DICTIONNAIRE

DE

L'ADMINISTRATION FRANÇAISE

SUPPLÉMENT ANNUEL

Pour tenir au courant le *Dictionnaire de l'administration française,* il paraîtra régulièrement, à la date du 1er novembre, un supplément donnant un résumé de la législation et de la jurisprudence administratives de l'année. Ce supplément sera combiné de façon à s'adapter au *Dictionnaire,* et à faciliter les recherches.

Nancy, imp. Berger-Levrault et Cie.

FAUX. 1. Toute suppression ou altération de la vérité constitue un faux ; mais pour qu'il y ait *crime de faux*, il faut qu'il y ait dol ou intention frauduleuse et préjudice causé ou possible : *falsitas est veritatis mutatio dolose in alterius præjudicium facta.* (FARINACIUS, p. 150.)

2. L'usage du faux fait en connaissance de cause est assimilé par la loi pénale à la fabrication du faux.

Le faux peut se produire par paroles, par faits, par écrits. Nous passerons rapidement en revue ces trois formes du crime de faux.

SOMMAIRE.

CHAP. I. — FAUX TÉMOIGNAGE.

3. Le crime de faux témoignage peut être commis au civil ou au criminel ; au criminel, il ne résulte que d'une déposition faite dans le débat, et non dans l'instruction préparatoire. Ainsi une fausse déposition faite devant le magistrat instructeur n'est point punissable. La fausse déposition doit de plus être rendue contre l'accusé ou en sa faveur ; si elle porte sur un fait qui ne tienne pas directement au procès, elle ne constitue point un crime. En matière civile, toute déclaration mensongère faite devant un officier public ayant un caractère pour la recevoir à un moment quelconque de l'instance, constitue le crime de faux témoignage.

4. Les fausses déclarations faites dans un acte de notoriété ne sont point assimilées à un faux en écriture, mais à un faux témoignage.

5. Le faux témoignage est puni de la réclusion en matière criminelle, d'un emprisonnement de deux à cinq ans et d'une amende de 50 fr. à 2,000 fr. en matière correctionnelle et civile, d'un emprisonnement d'un an à trois ans et d'une amende de 16 fr. à 500 fr. en matière de simple police.

Le fait d'avoir reçu de l'argent, ou une récompense, ou des promesses pour rendre un faux témoignage entraîne une aggravation dans l'échelle des peines ; ainsi, dans ce cas, en matière criminelle, la peine est celle des travaux forcés à temps ; en matière correctionnelle et civile, la peine est la réclusion, et en matière de simple police, la durée de l'emprisonnement est de deux ans comme minimum et cinq ans comme maximum, et l'amende ne peut être inférieure à 50 fr., ni supérieure à 2,000 fr.

CHAP. II. — FAUSSE MONNAIE.

6. La fabrication ou l'altération de monnaies françaises ou étrangères ayant cours légal dans le pays où la fabrication a eu lieu, et l'émission, l'exposition ou l'introduction en France de monnaies falsifiées, constituent le crime de fausse monnaie, lors même que la monnaie fabriquée serait d'une valeur égale ou même supérieure à celle de la monnaie véritable, ou qu'elle serait si grossièrement imitée qu'il serait impossible de s'y méprendre. Le crime existerait également dans le cas où le faussaire se contenterait de rogner les pièces légales ; mais celui qui colore des pièces françaises ou étrangères, pour en augmenter la valeur apparente, commet seulement un délit qui est puni d'un emprisonnement de six mois à trois ans ; la contrefaçon de pièces démonétisées ou de médailles même frappées par le Gouvernement échappe à la qualification légale. Il en est de même du cas où la pièce contrefaite ne porterait aucune empreinte, l'empreinte donnant seule à la monnaie son caractère légal.

7. La peine, qui a été de tous les temps et dans tous les pays très-sévère, est, sous l'empire de notre Code actuel, celle des travaux forcés à perpétuité, s'il y a eu contrefaçon de monnaies d'or ou d'argent ayant cours légal en France, et des travaux forcés à temps s'il y a eu contrefaçon de monnaies de billon ou de monnaies étrangères (*art.* 132 *et* 133 *C. P.*). Par une disposition exceptionnelle, les personnes coupables des crimes prévus par les art. 132 et 133 seront exemptes de peine, si, avant la consommation de ces crimes et avant toutes poursuites, elles en ont donné connaissance et révélé les auteurs aux autorités constituées, ou même si, après les poursuites commencées, elles ont procuré l'arrestation des autres coupables. Elles pourront néanmoins être mises, pour la vie ou à temps, sous la surveillance de la haute police.

CHAP. III. — FAUX POIDS.

8. L'usage de poids autres que ceux prescrits par les lois et règlements constitue une contravention, et pour en réprimer l'emploi, les maires, adjoints, commissaires et officiers de police doivent leur assistance aux vérificateurs, et ils ont, en outre, le droit de constater par eux-mêmes les contraventions. Ils poursuivent les défaillants, soit d'office, soit à la réquisition des vérificateurs, devant le tribunal de police (*O.* 18 *déc.* 1825). Si l'usage de faux poids est frauduleux, il devient un délit de la compétence des tribunaux correctionnels et rentre sous l'application des peines édictées aux art. 423, 424, 479, 480, 481. La distinction entre le délit et la contravention est souvent délicate, et nous ne pourrions entrer ici dans le détail des règles qui servent à l'établir dans chaque espèce. Nous ajouterons seulement qu'en aucun cas la bonne foi ne peut être admise comme excuse.

CHAP. IV. — CONTREFAÇON DES SCEAUX DE L'ÉTAT, DES BILLETS DE BANQUE, DES POINÇONS, ETC.

9. L'art. 139 punit de la peine des travaux forcés à perpétuité « ceux qui auront contrefait le sceau de l'État ou fait usage du sceau contrefait ; ceux qui auront contrefait ou falsifié, soit des effets émis par le Trésor public avec son timbre, soit des billets de banques autorisées par la loi, ou qui auront fait usage de ces effets et billets contrefaits ou falsifiés ou qui les auront introduits dans l'enceinte du territoire français. » Cet article ne s'applique qu'aux effets émis par le Trésor *avec son timbre*, aux billets de banques autorisées par la loi, tels que les billets de la Banque de France et les obligations du Crédit foncier.

Les banques qui ne sont point établies en vertu d'une loi sont des établissements privés que ne protége point l'art. 139. Le sceau de l'État n'est pas celui qui s'applique au nom du Gouvernement sur les marchandises ou autres objets, mais seulement celui qui doit être appliqué sur les actes officiels pour les rendre obligatoires. Les révélateurs des crimes prévus par l'art. 139 sont exemptés de peines, comme les révélateurs du crime de fausse monnaie.

10. Aux termes de l'art. 140, ceux qui auront contrefait ou falsifié, soit des timbres nationaux, soit des marteaux de l'État servant aux marques forestières, soit les poinçons servant à marquer les matières d'or ou d'argent, ou qui auront fait usage des papiers, effets, timbres, marteaux ou poinçons falsifiés ou contrefaits, seront punis des travaux forcés à temps dont le *maximum* (20 ans) sera toujours appliqué dans ce cas. — Les lois des 8 vendémiaire et 6 pluviôse an V contiennent l'énumération des diverses marques dont la contrefaçon est punie par l'art. 140. — La contrefaçon des marques forestières rentre dans les termes de cet article, lors même qu'il n'y a pas eu emploi d'un marteau contrefait, quelque grossière que soit l'imitation, et quel qu'ait été l'instrument employé, s'il y a intention de faire passer la fausse marque pour la véritable ; mais l'adjudicataire d'une coupe de bois qui, pour s'approprier des arbres réservés, a détruit l'empreinte du marteau national, ne peut être puni que comme destructeur d'un acte public (*C. P., art.* 439), et non comme faussaire. — Sera puni de la réclusion quiconque, s'étant indûment procuré les vrais timbres, marteaux ou poinçons ayant l'une des destinations exprimées en l'art. 140, en aura fait une application ou usage préjudiciable aux droits ou intérêts de l'État : — celui qui lave des feuilles de papier timbré ayant déjà servi, dans le but de les employer de nouveau, ne commet pas le crime de faux, mais seulement le délit de filouterie prévu par l'art. 401.

11. Ceux qui auront contrefait les marques destinées à être apposées au nom du Gouvernement sur les diverses espèces de denrées ou marchandises ou qui auront fait usage de ces fausses marques, ceux qui auront contrefait le sceau[1], timbre ou marque d'une autorité quelconque, ou qui auront fait usage des sceaux, timbres ou marques contrefaits, ceux qui auront contrefait les timbres-poste ou fait usage sciemment de timbres-poste contrefaits, seront punis d'un emprisonnement de deux ans au moins et de cinq ans au plus. Ils pourront en outre être privés des droits mentionnés en l'article 42 du Code pénal et placés sous la surveillance de la haute police pendant cinq ans au moins et dix ans au plus (*art.* 142 *du C. P.*). La loi du 28 juillet 1824 punit des peines indiquées dans l'article 423 du Code pénal, c'est-à-dire de l'emprisonnement et de l'amende, les apposition, addition, retranchement, altération, sur des objets fabriqués, du nom ou de la raison commerciale d'un fabricant. S'il y a contrefaçon d'une marque de fabrique ou usage d'une marque contrefaite, ou même simplement imitation

fraduleuse de cette marque, ces divers faits constituent des délits qui sont punis par les articles 7, 8 et 9 de la loi des 23-27 juin 1857, sur les marques de fabrique et de commerce. (*Voy.* **Propriété industrielle.**) Les propriétaires de marques de fabrique peuvent, en outre, d'après la loi du 26 novembre-2 décembre 1873, moyennant un droit payé au Trésor, faire apposer sur leurs produits les timbres et poinçons de l'État, et dans ce cas la contrefaçon est punie des travaux forcés à temps conformément à l'article 140 du Code pénal.

CHAP. V. — **FAUX EN ÉCRITURE PUBLIQUE OU AUTHENTIQUE, EN ÉCRITURE DE COMMERCE, EN ÉCRITURE PRIVÉE.**

12. *Caractères généraux.* Le faux en écriture peut être, soit *matériel* ou *formel*, soit *intellectuel, moral* ou *substantiel.* Le faux matériel consiste dans la fabrication d'un acte faux ou l'altération d'un acte véritable. Le faux intellectuel est commis par celui qui, sans contrefaire, ou altérer l'écriture de la pièce, en dénature la substance, ainsi par un officier public qui insère dans un acte d'autres conditions que celles qui lui sont dictées ou constate la présence d'une personne autre que celle qui comparaît devant lui.

13. Nous avons dit que la supposition d'une chose constituait un élément essentiel du crime de faux ; pour qu'il y ait crime, il faut que l'altération frauduleuse de la vérité rentre dans les cas prévus par la loi ; de simples allégations mensongères peuvent ne pas constituer le crime de faux. Ainsi la jurisprudence constante décide que les faux comptes ou les faux calculs glissés dans un acte, et que la déclaration d'indigence faite par ou pour un individu qui n'est pas indigent ne rentrent point dans cette catégorie. Les mensonges de cette nature constituent tantôt l'abus de confiance, tantôt l'escroquerie. La loi n'a point tracé de ligne précise de démarcation pour apprécier, dans beaucoup de cas, si le fait incriminé est un crime ou un délit ; il faut se reporter à la jurisprudence, et dans l'impossibilité où nous sommes de l'analyser ici, nous ne saurions mieux faire que de renvoyer aux recueils SIREY ou DALLOZ, V° FAUX.

14. La seconde condition essentielle du crime de faux, c'est l'intention frauduleuse de son auteur : pour qu'il y ait intention frauduleuse, il ne suffit pas que l'on agisse sciemment, il faut encore que l'on ait le dessein de nuire à autrui. Ainsi, il n'y a pas crime de faux dans le fait d'avoir signé le nom de plusieurs personnes au bas d'une pétition sans intention de nuire, ni dans le fait d'inscrire après coup et à une date inexacte l'acte de naissance d'un enfant, si l'auteur de cette infraction n'a par là cherché à faire tort à personne.

15. Le troisième et dernier élément essentiel du faux consiste dans le préjudice résultant ou pouvant résulter de l'altération commise. Pour qu'il y ait crime, il faut donc que l'acte ait pour objet, soit de porter atteinte à la réputation d'un tiers, soit de faire naître ou d'éteindre, à son préjudice, un droit quelconque. Ainsi, il a été jugé qu'il n'y avait point crime de faux dans l'antidate d'un sous-seing privé si elle est faite d'accord par les parties, un acte de ce genre n'ayant date certaine contre les tiers que du jour de son enregistrement, ni dans la fabrication d'une fausse lettre missive, ayant uniquement pour objet d'obtenir une chose qui ne pouvait pas être refusée, par exemple dans la fabrication d'une lettre adressée au nom d'un maire au sous-préfet pour obtenir copie du cadastre.

16. L'usage de l'acte incriminé n'est pas une condition essentielle du crime de faux. Ainsi le crime de fabrication d'une pièce fausse est punissable lors même qu'il n'aurait été fait aucun usage de cette pièce.— Bien plus, la tentative du crime, l'acte par exemple d'un individu qui fait à un officier public une déclaration fausse, et voit sa fraude découverte avant que l'acte ait été signé, est punissable comme si le crime eût été accompli. —Celui qui sollicite ou facilite le faux, est, suivant les circonstances, poursuivi soit comme co-auteur, soit comme complice. —La criminalité de faux subsiste lors même que le faux aurait eu pour objet une soustraction au préjudice d'un parent dont le degré de parenté écarterait le caractère légal de vol. — L'usurpation dans un acte écrit d'un nom idéal constitue aussi bien le crime de faux que celle du nom d'une personne réellement existante.

17. *Du faux en écritures authentiques et publiques.* Aux termes de l'art. 1317 du Code civil, « l'acte authentique est celui qui a été reçu par l'officier public ayant le droit d'instrumenter dans le lieu où l'acte a été rédigé, et avec les solennités requises.» La jurisprudence a donc justement rangé parmi les actes authentiques ou publics, dont l'altération ou la simulation est punie de peines spéciales : 1º les actes du pouvoir législatif ou du pouvoir exécutif, depuis la loi jusqu'à l'arrêté du maire ; 2º les actes judiciaires, procédures ou jugements ; 3º les actes que les préposés de diverses administrations font en cette qualité, comme les actes de l'état civil, les registres des hypothèques et de l'enregistrement ; 4º enfin les actes notariés. Il faut placer dans ces diverses catégories tous les actes d'huissier et commissaire-priseur, les procès-verbaux de gendarmerie et de gardes forestiers et champêtres, les registres qui, dans diverses administrations, sont destinés à constater les versements de sommes, les cachets des autorités constituées, les taxes apposées sur les lettres, les actes de l'autorité militaire approuvant une substitution de numéros entre frères, les certificats tendant à établir une exemption du service militaire délivrés par les maires, les congés et les certificats de bonne conduite délivrés par les conseils d'administration des régiments, les rapports de mer faits par les capitaines de navires, les registres d'écrou des prisons, les rôles des contributions publiques, les pièces comptables sur le vu desquelles paient les agents du Trésor, les certificats et mémoires délivrés par les piqueurs et conducteurs des ponts et chaussées, les acquits-à-caution, les bulletins délivrés par les préposés aux poids publics ou les essayeurs des matières d'or et d'argent, les diplômes, brevets de capacité ou certificats d'aptitude délivrés par les facultés ou commissions spéciales, enfin les lettres d'ordination délivrées par les évêques, mais non les actes de baptême,

de mariage et d'inhumation ou les bans rédigés par des ecclésiastiques, ces actes n'ayant aucune valeur légale.

18. Il n'existe de faux en écriture authentique et publique qu'autant que la pièce falsifiée aurait, en la supposant vraie, un caractère d'authenticité et de publicité. Ainsi, il y a seulement faux en écriture privée si le fonctionnaire dont on a contrefait la signature était incompétent pour délivrer l'acte dont il s'agit. Cependant, un vice de forme qui rendrait l'acte nul ne suffirait pas pour atténuer le crime.

19. *Des faux en écriture publique commis par des fonctionnaires ou officiers publics.* Aux termes des art. 145 et 146, tout fonctionnaire ou officier public qui, *dans l'exercice de ses fonctions*, se sera rendu coupable du crime de faux, soit matériel, soit intellectuel, est puni des travaux forcés à perpétuité. La loi du 27 ventôse an XI punit d'une amende de 30 fr. les surcharges et interlignes faits par les notaires après la clôture des actes, lors même qu'ils ne contiennent rien de contraire à la vérité. Il ne faut point confondre ces infractions avec des altérations mensongères faites dans le dessein de nuire à autrui ou de frauder les lois fiscales.

20. *Des faux en écriture publique commis par de simples particuliers.* L'art. 147 du Code pénal ne punit que de la peine des travaux forcés à temps le faux en écriture publique, s'il a été commis par un simple particulier. Celui qui, dans un acte public, déclare ne pas savoir signer et se fait attribuer un nom qui ne lui appartient pas, commet le crime de faux, sans que l'officier public ou les témoins soient solidaires de son crime, s'ils sont de bonne foi ; mais celui qui, même devant un officier public, prend *verbalement* un faux nom dans un but quelconque, échappe à l'application de l'art. 147.

21. *Faux en écriture de commerce et de banque.* Toute personne qui commet un faux en écriture de commerce ou de banque française ou étrangère, est punie des travaux forcés à temps. On doit entendre par écriture de commerce ou de banque, non-seulement les effets de commerce, mais encore les livres, registres et autres pièces qui peuvent emporter obligation ou décharge. On sait que les lettres de change, quelle que soit la qualité de leur signataire, sont réputées effets de commerce. La Cour de cassation a cependant admis une exception pour le cas où la fausse signature mise au bas d'une lettre de change, serait celle d'une femme ou d'une fille. Quant aux billets à ordre, ils ne doivent être réputés effets de commerce que lorsqu'ils ont été souscrits ou endossés par des négociants et qu'ils ont eu pour objet un fait de commerce.

22. *Faux commis dans les passe-ports, permis de chasse, feuilles de route ou certificats.* La loi a considéré que les faux commis dans les passe-ports, permis de chasse, feuilles de route et certificats étaient moins préjudiciables, soit aux fortunes particulières, soit à l'ordre public, et elle les a, en conséquence, rangés parmi les délits punis de simples peines correctionnelles. Les art. 153 à 164 punissent ces diverses infractions de peines qui varient suivant leur gravité et suivant la qualité de ceux qui les ont commises. Nous nous contenterons de renvoyer à ces divers articles, dont l'interprétation ne souffre aucune difficulté.

23. *Du faux en écriture privée.* Tous les faux qui réunissent les caractères généraux que nous avons attribués au crime de faux, et qui ne sont commis ni dans un acte public ou authentique, ni dans un acte de commerce ou de banque, sont punis de la réclusion (*art.* 150). Sans entrer dans la longue énumération des cas où il y a faux en écriture privée, notons seulement qu'on répute coupable de ce crime celui qui vend sous le nom d'un tiers des biens appartenant à ce tiers, qui dicte un sous-seing faux, ou qui abuse d'un blancseing *qui ne lui a pas été confié.*

CHAP. VI. — PROCÉDURE.

24. Le faux peut donner lieu à une action principale et criminelle ou à une action incidente soulevée dans un procès civil.

25. Des formes spéciales ont été édictées par le législateur pour les instructions relatives au crime de faux ; elles sont énumérées dans les art. 448 à 464 du Code d'instruction criminelle. Nous ne les reproduisons pas en détail ; nous noterons seulement que les dépositaires publics de toute pièce arguée de faux, ou jugée nécessaire pour servir de terme de comparaison avec une pièce fausse, sont tenus de la remettre sur l'ordonnance donnée par l'officier du ministère public ou par le juge d'instruction, sous peine d'y être contraints par corps, l'ordonnance dont nous venons de parler et l'acte de dépôt valant décharge pour le dépositaire envers toutes les parties intéressées.

26. Lorsque dans un procès civil une pièce est arguée de faux, le procès civil est suspendu jusqu'à la fin de l'action criminelle. Une seule exception est introduite à cette règle fondamentale de notre Code, c'est pour le cas où de la pièce arguée de faux dépend une question de filiation. Aux termes de l'art. 327 du Code civil, l'accusation qu'intente un enfant contre un tiers, comme auteur d'un faux commis dans son acte de naissance, ne peut être suivie avant le jugement civil à intervenir sur la question d'état. Une jurisprudence constante interdit même, en ce cas, au ministère public, toute action dans l'intérêt de la vindicte sociale, dût un crime rester impuni. La règle posée par l'art. 327 est appliquée non-seulement aux faux commis dans les actes de naissance, mais aux faux commis dans les actes de mariage ou de décès, qui ont pour objet de créer une filiation. Paul Andral.

FEMMES. 1. En France, les femmes ne jouissent d'aucun droit politique. En conséquence, elles sont privées de la capacité électorale et de l'éligibilité aux fonctions de député, de membres des conseils généraux et municipaux, etc.; elles ne peuvent faire partie du Sénat.

En ce qui concerne l'ordre de la succession au trône, la loi salique, qui déclare les femmes inhabiles à régner, a constamment servi de règle sous la monarchie royale ou impériale.

2. Dans l'ordre administratif, on peut admettre comme un principe général que les femmes ne peuvent exercer aucune fonction. Toutefois,

certains emplois leur sont accessibles, le plus souvent à titre de récompense des services de leurs maris et de leurs parents. Ainsi, elles peuvent être nommées receveuses de bureaux de poste dans les petites communes, obtenir la concession d'un bureau de tabac, de papier timbré. Elles sont en outre employées dans les ateliers de l'administration du timbre. Il est aussi d'autres fonctions qu'elles doivent à leurs talents et à leur capacité : au Conservatoire de musique elles sont chargées de différentes classes à titre de professeur ; elles sont nommées, après examen, institutrices des écoles primaires de filles, directrices des salles d'asile. Enfin, il existe une inspectrice générale des prisons de femmes, une directrice de l'école spéciale de dessin pour les jeunes personnes, une sage-femme en chef de l'école d'accouchements. On pourrait encore ajouter à cette nomenclature quelques emplois dans certains établissements publics. Comme on le voit, le nombre des places réservées aux femmes est fort restreint. Nous croyons qu'il serait possible de l'augmenter sans inconvénients. De sérieuses considérations, qui ne pourraient être développées ici, semblent militer en faveur de cette extension de leurs droits.

FENÊTRES (Contribution des portes et). *Voy.* **Contributions directes.**

FERME. Ce mot a plusieurs significations. Nous ne le considérons ici que comme exprimant un mode de perception. La ferme consiste en une adjudication qui met entre les mains d'un particulier ou d'une compagnie le recouvrement, à son profit et à ses risques et périls, de certains droits ou impôts indirects, moyennant une redevance fixe en argent. Les conditions imposées au fermier sont consignées dans un cahier des charges. L'État et les départements usent rarement de ce moyen de recouvrement, mais il est employé souvent, faute de mieux, par les communes pour la perception des droits d'octroi, des droits de place sur les halles et marchés, etc. La ferme se distingue de la régie en ce qu'elle a pour effet d'inscrire au budget des recettes une somme déterminée à l'avance et d'un chiffre certain, tandis que la régie ne peut qu'évaluer, d'après des probabilités, une recette éventuelle, susceptible d'augmentation ou de diminution.

FERME-ÉCOLE. *Voy.* **Enseignement agricole.**

FÊTES PUBLIQUES. *Voy.* **Dimanche** et **Préséances.**

FIACRES. *Voy.* **Voitures publiques.**

FILLES PUBLIQUES. *Voy.* **Débauche.**

FIN. Ce mot s'emploie souvent comme synonyme de *but.*

FIN DE NON-RECEVOIR. 1. Moyen qui tend à écarter définitivement une action sans en atteindre le fond. C'est là une véritable *défense,* qu'il ne faut pas confondre avec une exception (*voy. ce mot*). Celle-ci ne libère pas le défendeur, tandis que la fin de non-recevoir le libère.

2. Les fins de non-recevoir se tirent en général : 1° du défaut de qualité du demandeur ; 2° du défaut d'autorisation de plaider nécessaire à certaines personnes, comme aux femmes mariées, aux établissements publics, aux communes ; 3° du défaut d'intérêt du demandeur ; 4° de la chose jugée ; 5° de l'acquiescement ; 6° de l'extinction de l'obligation (prescription, compensation, etc.).

3. Elles peuvent être admises en tout état de cause, même en appel, à moins que celui qui pouvait l'opposer n'y ait renoncé.

Néanmoins, si la fin de non-recevoir est dirigée non contre le droit lui-même, mais contre le mode de son exercice, elle doit être proposée avant toute défense au fond. Telle est, par exemple, celle résultant contre le demandeur au pétitoire de ce qu'il n'a pas exécuté le possessoire.

FINANCES. Nous ne pouvons que renvoyer ici aux mots **Caisse d'amortissement, Caisse des dépôts et consignations, Contributions directes, Contributions indirectes, Impôts, Ministères,** et en général aux articles réunis sous la rubrique *Finances* (terme plus large que le mot impôt[1]) dans notre table systématique. On trouvera une définition et un exposé de la théorie dans notre *Dictionnaire général de la politique.*

BIBLIOGRAPHIE.

L'administration financière de la France, du chevalier Charles de Hock, traduit de l'allemand, par A. F. Legentil. In-8°. Paris, Guillaumin. 1858.

Système financier de la France, par le marquis d'Audiffret. 2ᵉ édit. In-8°. Paris, Guillaumin. 1854. 3ᵉ édit. P. Dupont et Guillaumin. 1863.

Les finances françaises sous l'ancienne monarchie, la République, le Consulat et l'Empire, par le baron de Nervo. 2 vol. in-8°. Paris, Michel Lévy. 1863.— Sous la Restauration, id. 1865.

Fortune publique et finances de la France, par Paul Boiteau. 2 vol. in-8°. Paris, Guillaumin. 1866.

FLAGRANT DÉLIT. 1. D'après l'art. 41 du Code d'instruction criminelle, on nomme flagrant délit, l'acte qui se commet actuellement ou qui vient de se commettre. Sont aussi réputés flagrant délit, le cas où le prévenu est poursuivi par la clameur publique (*voy. ce mot*), et celui où le prévenu est trouvé saisi d'effets, armes, instruments ou papiers faisant présumer qu'il est auteur ou complice, pourvu que ce soit dans un temps voisin du délit. De plus, l'art. 46 du même Code met sur la même ligne les réquisitions faites au procureur de la République par un chef de maison pour un crime ou délit, même non flagrant, commis dans l'intérieur de sa maison ; c'est là, en effet, une infraction aux lois fort dangereuse, qu'on dénonce habituellement sans retard.

2. La loi ordonne à tout dépositaire de la force publique, et même à tout particulier, de saisir le prévenu surpris en flagrant délit ou poursuivi, soit par la clameur publique, soit dans les cas assimilés au flagrant délit, et de le conduire devant le procureur de la République, sans qu'il soit besoin de mandat d'amener, si le crime ou délit emporte peine afflictive ou infamante. (*C. d'I. C., art.* 106.)

3. Dans tous les cas de flagrant délit, lorsque le fait est de nature à entraîner une peine afflictive ou infamante, le procureur de la République se transporte sur les lieux, sans aucun retard, pour y dresser les procès-verbaux nécessaires à l'effet de constater le corps du délit, son état, la situation des lieux, et pour recevoir la liste des per-

[1]. On peut parler d'impôt sans donner des chiffres, mais on ne pourrait traiter de finances sans rapprocher le montant des recettes du montant des dépenses.

sonnes qui auraient été présentes ou qui auraient des renseignements à donner. Il donne avis de son transport au juge d'instruction, sans être toutefois tenu de l'attendre pour procéder.

4. Le procureur de la République peut aussi appeler à son procès-verbal les parents, voisins ou domestiques, présumés en état de donner des éclaircissements sur le fait ; il reçoit leurs déclarations signées par les parties.

5. Il peut aussi défendre à toute personne de s'éloigner du lieu jusqu'après la clôture de son procès-verbal, sous peine d'être saisie et déposée dans la maison d'arrêt, pour se voir condamner par le juge d'instruction, sur les conclusions du procureur de la République, à un emprisonnement de dix jours et à une amende de 100 fr.

6. Le procureur de la République peut se saisir des armes et de tout ce qui paraît avoir servi ou avoir été destiné à commettre le crime ou le délit, ainsi que de tout ce qui paraît en avoir été le produit ; enfin, de tout ce qui peut servir à la découverte de la vérité ; il interpelle le prévenu de s'expliquer sur les choses saisies qui lui sont représentées ; il dresse du tout un procès-verbal signé par le prévenu. De plus, si la nature du crime ou du délit est telle que la preuve puisse vraisemblablement être acquise par les papiers ou autres pièces et effets en la possession du prévenu, le procureur de la République se transporte de suite dans le domicile du prévenu, pour y faire la perquisition des objets qu'il jugera utiles à la constatation de la vérité ; s'il existe dans ce domicile des papiers ou effets qui puissent servir à conviction, ou à décharge, le procureur en dresse procès-verbal et s'en saisit.

7. Les devoirs des officiers de police auxiliaires du procureur de la République, dans les cas de flagrant délit déterminés au n° 1, sont réglés par les art. 48 à 54 du même Code.

Les juges de paix, les officiers de gendarmerie, les commissaires de police dressent les procès-verbaux, reçoivent les déclarations des témoins, font les visites et les autres actes qui sont de la compétence des procureurs de la République.

Les maires et adjoints reçoivent également les dénonciations et font aussi les mêmes actes en se conformant aux mêmes règles.

Dans le cas de concurrence entre les procureurs de la République et les officiers de police qui viennent d'être mentionnés, le procureur fait les actes attribués à la police judiciaire ; s'il a été prévenu, il peut continuer la procédure ou autoriser l'officier qui l'aura commencée à la suivre. Il peut d'ailleurs toujours charger un officier de police auxiliaire de partie des actes de sa compétence énumérés au n° 3.

Tous ces officiers de police auxiliaires doivent renvoyer sans délai les dénonciations, les procès-verbaux et autres actes par eux faits au procureur de la République, qui les examine et les transmet avec les réquisitions nécessaires au juge d'instruction.

8. Quant au juge d'instruction, il peut faire directement et par lui-même les actes attribués au procureur de la République, en se conformant aux règles imposées à celui-ci. Il peut aussi requérir sa présence.

Quand le flagrant délit a été constaté et que le procureur de la République a transmis les autres pièces au juge d'instruction, celui-ci doit faire sans délai l'examen de la procédure; il peut refaire les actes ou ceux des actes qui ne lui paraîtraient pas complets.

9. La loi accorde en cette matière aux préfets des départements et au préfet de police à Paris des attributions extraordinaires et tout exceptionnelles, car la poursuite des crimes et des délits ne fait pas, en général, partie de leur autorité. D'après l'art. 10 du Code d'instruction criminelle, ils *peuvent* faire personnellement, ou requérir les officiers de police judiciaire, chacun en ce qui le concerne, de faire tous actes nécessaires à l'effet de constater les crimes, délits et contraventions, et d'en livrer les auteurs aux tribunaux chargés de les punir.

FLÉAU. *Voy.* **Épidémie, Épizootie, Inondation.**

FLEUVE. *Voy.* **Cours d'eau navigables.**

FLOTTAGE. 1. Opération qui consiste à confier au cours de l'eau dans les ruisseaux ou rivières les bois destinés soit au chauffage, soit à la construction.

2. Il existe deux modes de flottage, l'un à bûches perdues, l'autre en trains ou radeaux.

3. Le premier consiste à lancer à l'eau, dans les ruisseaux ou rivières non flottables en trains, mais situées à proximité des forêts, des bûches isolées qui, entraînées par le courant, descendent jusqu'au port où elles doivent être recueillies pour être livrées à la consommation, ou le plus souvent pour être confectionnées en trains, et dirigées sur un port plus éloigné. Ce genre de flottage exige plusieurs opérations. Dès que les bois sont jetés, et pendant leur écoulement, ils doivent être suivis par des ouvriers placés des deux côtés du ruisseau, chargés de repêcher les bûches, de veiller à ce qu'elles ne s'arrêtent pas sur les rives ou n'embarrassent au passage des ponts; il faut, enfin, qu'arrivés à leur destination, les bois soient retirés de l'eau et empilés sur les bords.

4. Le flottage en trains s'effectue au moyen de bois réunis et reliés par des perches vulgairement appelées *étoffes*, et composant un assemblage conduit et dirigé à l'aide de la rame et du gouvernail. On distingue deux espèces de trains; les uns, fabriqués avec du bois de chauffage, les autres avec du bois de charpente, de sciage et de charronnage. Nous ne saurions entrer ici dans tous les détails pratiques qui se rapportent à la construction, à la conduite ou au déchargement des trains. (*Voy.* le *Dict. de l'approvisionnement de Paris en combustibles*, de P. ROUSSEAU.)

5. Le flottage des bois perdus, ne s'exerçant que sur les ruisseaux ou les rivières qui ne sont ni navigables ni flottables, est soumis à des règlements particuliers. C'est au préfet qu'il appartient d'autoriser ce flottage, lorsqu'il semble avoir un caractère d'utilité publique.

6. Le flottage en trains est assimilé à la navigation; il est soumis aux règlements généraux et particuliers, qui ont pour but d'assurer la liberté et la sûreté de la navigation. (*Voy.* **Cours d'eau navigables, Navigation.**)

7. Nous devons remarquer ici que le flottage des bois nécessité par l'approvisionnement de Paris, est placé sous un régime exceptionnel et soumis à un règlement spécial dont les nombreuses dispositions sont contenues dans une ordonnance de 1672 et dans une foule d'autres actes. Ces dispositions ont pour but de régler et de faciliter l'arrivée des bois à Paris, depuis les forêts où les bois sont abattus jusqu'aux ports où ils sont déchargés (*Voy.* **Cours d'eau navigables et flottables**, *n°* 93). Le service de cet immense approvisionnement a nécessité la création d'un personnel spécial. Il se compose de gardes-ports placés sous les ordres d'inspecteurs des ports, les uns et les autres exerçant leur surveillance, pour tout ce qui concerne la police des ports, sous la direction des ingénieurs chargés du service de la navigation, et, pour ce qui concerne les opérations commerciales, sous la direction d'un inspecteur principal. (*D.* 21 *août* 1852.) [*Voy.* **Gardes-ports, Inspection des ports.**]

FOIRES ET MARCHÉS. 1. Création des foires et marchés. Les lois et règlements distinguent trois classes de réunions commerciales (*Avis du C.* 7 *juillet* 1868):

1° Les foires proprement dites, ouvertes au commerce de toutes espèces de denrées indistinctement;

2° Les marchés aux bestiaux, plus spécialement consacrés à la vente des animaux de travail et de boucherie;

3° Enfin les simples marchés, destinés soit à approvisionner les communes en denrées alimentaires, soit à fournir aux diverses industries les matières ou ustensiles qui leur sont nécessaires. C'est à cette dernière catégorie qu'appartiennent les marchés aux grains, aux cuirs, aux chanvres, etc.

2. Depuis 1789, la législation relative à ces réunions a subi d'assez nombreux changements, ainsi que le montre la nomenclature suivante des actes édictés à leur sujet.

Une instruction de l'Assemblée nationale des 12-20 août 1790, concernant les fonctions des assemblées municipales, confère à celles-ci, par un des paragraphes du chapitre VI, le droit d'initiative concernant les propositions de foires et marchés.

L'art. 3, titre XI, de la loi des 16-24 août de la même année confie aux corps municipaux la police des marchés ainsi que l'inspection sur la fidélité du débit et sur la salubrité des denrées qui s'y vendent.

L'arrêté des Consuls du 7 thermidor an VIII désigne de manière à ne plus laisser de doute à cet égard, les autorités auxquelles il appartient de statuer sur les réunions commerciales. Les foires se réglant par les Consuls sur l'avis du ministre de l'intérieur et du préfet, pour les marchés c'est le ministre qui décide sur l'avis du préfet.

La loi du 10 mai 1838 prescrit par ses art. 6 et 41 de prendre les avis des conseils d'arrondissement et des conseils généraux sur les projets relatifs aux réunions commerciales.

Le décret sur la décentralisation administrative du 25 mars 1852 transporte aux préfets le droit, qui appartenait précédemment au ministre, de statuer sur les simples marchés.

Le décret du 13 août 1864 étend plus loin le principe de décentralisation introduit par le décret précédent. Il autorise les préfets à statuer au sujet des foires et marchés aux bestiaux, comme ils le faisaient déjà pour les simples marchés. Ce décret contient une réserve importante lorsque l'enquête s'étend sur le territoire d'un département voisin et que le préfet de ce département fait opposition; le désaccord est tranché par le ministre de l'agriculture et du commerce.

La loi sur les conseils municipaux du 24 juillet 1867 a, par son art. 11, supprimé la nécessité, en ce qui concerne les marchés d'approvisionnement, de prendre l'avis du conseil général et du conseil d'arrondissement. L'établissement de ces réunions reste d'ailleurs réglé par les dispositions du décret du 25 mars 1852.

Enfin, la loi du 10 août 1871, sur les conseils généraux, a, par son art. 46, § 24, fait passer des préfets à ces assemblées, le droit de statuer sur les foires et marchés aux bestiaux. Les dispositions légales et réglementaires antérieures sont maintenues, notamment en ce qui concerne les enquêtes auxquelles ces réunions restent soumises. (*Avis du C. 5 déc. 1872.*)

3. Dans la pratique, cette législation se résume aux quelques règles qui suivent. Tout projet relatif à une réunion commerciale ne peut être l'objet d'une discussion valable qu'autant qu'il est dû à l'initiative de la commune intéressée ou qu'il a été adopté par elle. Pour un simple marché d'approvisionnement, l'enquête qui doit précéder la discussion est très-sommaire; dès que le conseil municipal a délibéré sur le projet, celui-ci est soumis à l'examen des communes du voisinage qu'il intéresse, puis le préfet prend les dispositions nécessaires pour autoriser ou défendre la tenue du marché.

4. Cette enquête est plus étendue pour les foires et marchés aux bestiaux. La demande de la commune en instance doit alors être soumise à l'examen de toutes les communes du canton, puis de toutes celles qui sont situées dans un rayon de deux myriamètres. Si dans cette étendue se trouvent comprises quelques communes appartenant à un département voisin, le conseil général de celui-ci est appelé à donner son avis sur le projet qui intéresse sa circonscription administrative. L'enquête est enfin complétée par l'avis du conseil d'arrondissement et du sous-préfet, puis elle est soumise à l'examen du conseil général, appelé à statuer.

5. Deux cas se présentent alors : si le projet n'a rencontré aucune opposition de la part des départements voisins, une décision définitive peut être prise immédiatement ; si, au contraire, il s'est produit quelque opposition de cette nature, le conseil général est tenu de surseoir à toute décision jusqu'à ce que l'entente entre les pouvoirs départementaux ait pu s'établir. Un des moyens propres à amener cette entente indispensable sur les questions d'intérêt commun a été indiqué par l'art. 89 de la loi du 10 août 1871 ; il consiste à former des conférences où chaque département se trouve représenté.

6. Une observation très-importante se place ici: l'article suivant de la loi établit d'une manière très-précise que, en cas de désaccord persistant sur ces questions, aucune décision ne peut être prise isolément par un des départements.

Cette règle découle de la nature même des choses, mais la loi qui l'a établie, a omis de désigner l'arbitre chargé de trancher le différend. Le Conseil d'État, consulté au sujet de cette lacune, a déclaré par son avis précité, du 5 décembre 1872, qu'on ne pouvait être comblée en appliquant par analogie le décret du 13 août 1864, mais qu'il appartenait au législateur seul de compléter son œuvre sous ce rapport.

7. L'art. 3 de la loi du 10 août 1871, ayant chargé les préfets de pourvoir à l'exécution des décisions du conseil général, ces fonctionnaires doivent prendre des arrêtés pour rendre exécutoires celles de ces décisions qui concernent les réunions commerciales. Ces actes doivent d'ailleurs, comme par le passé, contenir une disposition en vertu de laquelle les foires et marchés sont remis au lendemain lorsqu'ils coïncident soit avec un dimanche, soit avec un jour de fête légale.

8. *Police des marchés.* De la loi des 16-24 août 1790 et de celle du 28 pluviôse an VIII résultent pour les maires le droit et le devoir de prendre les mesures nécessaires pour assurer le maintien du bon ordre dans les foires et marchés, ainsi que la fidélité du débit et la salubrité des denrées qui y sont apportées [1].

9. Fixer l'heure d'ouverture et de fermeture de la vente; interdire aux marchands d'exposer leurs marchandises sur les voies publiques ailleurs que dans les emplacements affectés à la tenue de la foire ou du marché; assigner, quand il y a lieu, à chaque espèce de denrées la place spéciale où elle doit être mise en vente; prendre toutes les dispositions nécessaires pour maintenir la liberté de la circulation et la sûreté du passage; déterminer les emplacements particuliers où doivent être rangées les voitures qui ont amené les marchandises du dehors ; ordonner toutes les mesures convenables pour le maintien du bon ordre parmi les portefaix et gens de peine employés au déchargement, à l'arrimage, au rechargement ou au transport de ces marchandises; prescrire, dans l'intérêt de la santé publique, la vérification préalable de certaines denrées qui sont sujettes à se corrompre promptement, comme le poisson et la viande; exiger que les marchands soient toujours munis des assortiments de poids et mesures prescrits par les arrêtés préfectoraux ; telles sont les principales mesures qui paraissent être les conséquences directes des devoirs imposés aux administrations municipales par la loi des 16-24 août 1790.

10. Il arrive néanmoins qu'en ce qui concerne particulièrement les marchés, les maires ne se bornent pas à des prescriptions de ce genre. Dans l'espoir de faciliter l'approvisionnement de leurs administrés, ils ont recours à d'autres dispositions qui, au point de vue économique, sont de nature à soulever de graves objections. Ainsi, ils

[1] Une ordonnance de police du 30 décembre 1865 (p. 257 de l'année 1865 du *Recueil*) règle tout ce qui concerne les marchés publics de Paris : la tenue des places, la salubrité, les mesures d'ordre public, etc.

ne défendent pas seulement d'exposer les marchandises sur la voie publique ailleurs qu'au marché; ils exigent que toutes les denrées alimentaires qui entrent en ville soient portées d'abord à la halle, lors même qu'elles seraient déjà vendues à des habitants de la localité; ils défendent de la manière la plus expresse d'aller au-devant des cultivateurs et d'arrêter les marchandises sur les routes ou dans les rues qui conduisent aux marchés; enfin ils interdisent aux revendeurs et aux marchands du dehors d'entrer sur les lieux de vente avant une heure déterminée, afin de laisser aux habitants de la commune le temps de faire leurs approvisionnements sans avoir à subir les effets de la concurrence.

Ces diverses mesures, très-discutables au point de vue d'une bonne administration, mais qu'aucune loi n'interdit, ont été sanctionnées par plusieurs arrêts de la Cour de cassation. On peut citer notamment ceux des 6 mars 1824, 13 mai et 15 juillet 1830, 24 juin 1831, 6 octobre 1832, 5 décembre 1833, 29 novembre 1839, 19 juin et 28 juillet 1840, 23 avril et 27 novembre 1841, et 25 septembre 1847.

11. On sait qu'aux termes de l'arrêté du 7 brumaire an IX, aucunes personnes autres que celles spécialement commissionnées à cet effet ne peuvent exercer la profession de peseur, mesureur et jaugeur dans l'enceinte des halles et marchés. L'emplacement doit en être disposé d'une manière apparente, et c'est à l'administration municipale qu'il appartient de le déterminer, sous l'approbation du sous-préfet. (*Voy.* **Organisation communale** et **Poids et mesures.**)　　　L. GLORIA.

ADMINISTRATION COMPARÉE.

Angleterre. La législation sur les foires et marchés a été codifiée par la loi de 1847 (10-11 Vict., ch. 14). C'est le roi qui confère le droit d'ouvrir une foire, ce droit il peut l'accorder à une localité, mais aussi au propriétaire d'un terrain. Nous ne croyons pas que cette faveur soit demandée de nos jours, car les dernières lois sur la matière, notamment celle du 7 juillet 1873 (36-37 Vict., ch. 37), ne s'occupent plus de réglementer la *création*, mais plutôt de la suppression des foires (ou aussi la réduction du nombre des jours, les modifications d'époque). Le « propriétaire » (*owner*) ou concessionnaire d'une marché, que ce soit une localité ou un simple particulier, est chargé de la police du marché; il peut nommer des agents, mais il ne peut pas lever, sur les marchands, etc., plus de taxe qu'il ne faut pour couvrir les frais. — À Londres, et dans un rayon de 15 milles (1,608 mètres) autour du point appelé *Charing Cross*, la police de la métropole a une grande autorité sur les marchés. Dans la plupart des autres villes, la matière a été réglée par une loi d'intérêt local, dont les principales dispositions se retrouvent dans la loi de 1847 précitée.

Prusse. En principe, les foires et marchés ne doivent avoir lieu que dans les villes; on ne les autorise que dans les bourgs et villages où l'utilité en est bien évidente (*Circ. Int.* 16 octobre 1820). L'autorisation de fonder un marché est accordée, selon l'importance de la concession, par le président de la province ou par le ministre; il ne paraît pas exister sur ce point une délimitation bien rigoureuse, c'est une affaire de tradition administrative. — La police des marchés est réglée par la loi industrielle organique (*Gewerbeordnung*) du 21 juin 1869, art. 64 et suivantes. L'accès du marché est libre pour tous, sauf lorsque des droits immémoriaux confèrent des priviléges à certaines productions de l'industrie manuelle locale (*Handwerkerwaaren*). Les taxes ne doivent pas dépasser le taux nécessaire pour couvrir les frais ou celui d'une indemnité pour la location de terrains, de baraques, ustensiles, etc. C'est l'autorité locale qui est chargée de la police du marché.

Bavière. C'est le ministre du commerce qui propose au roi d'accorder une foire ou un marché à une ville (rarement à une commune rurale). L'autorité locale en a toujours la police. Les taxes ne doivent pas dépasser ce qui est nécessaire pour couvrir les frais. Interdiction de tout privilége.

Autriche. Relativement à la création de marchés, la loi organique de l'industrie du 20 décembre 1859, art. 71, dit seulement que des dispositions spéciales indiqueront la voie à suivre pour

obtenir des marchés. Cette voie ne peut être qu'administrative, et il ne s'agit au fond que de fixer quand le *Statthalter* (voy. **Département**) et quand le ministre doivent intervenir. Les art. 62 à 70 établissent la liberté du marché, interdisent les taxes trop élevées (dépassant les frais), chargent l'autorité locale de la police.

Belgique. Les conseils provinciaux autorisent — avec l'approbation du roi — l'établissement, la suppression et le changement des foires et marchés (*L. provinciale,* art. 82 et 86). L'autorisation doit être précédée d'une enquête, dans laquelle les conseils municipaux des communes environnantes, dans un rayon de 2 lieues, sont entendus (*Instr. min.* 6 octobre 1838). Les droits de place sur les foires et marchés étant considérés comme des impôts, leur taux doit être soumis à l'avis de la députation permanente du conseil provincial et à l'approbation du roi. La police des foires et marchés appartient à l'autorité locale, en vertu de la loi (française) du 16-24 août 1790.

Suisse. Comme partout, le gouvernement (à Berne, le *Regierungsrath,* conseil gouvernemental) concède le droit de marché, et la police locale le réglemente. Le droit de place est fixé dans le règlement du marché, mais il ne doit pas dépasser 60 centimes par jour. Liberté pour tous de se présenter au marché, munis d'une patente spéciale.

Observation générale. Les législations allemande, autrichienne et suisse prévoient que des étrangers pourraient venir trafiquer sur les foires et marchés; elles renferment encore cette disposition quelque peu surannée que l'admission de l'étranger pourrait être refusée à titre de représailles.　　　M. B.

FOLLE ENCHÈRE. 1. Lorsqu'après une vente aux enchères publiques avec autorisation de la justice un acquéreur ne peut payer le prix, et en général remplir les conditions de l'adjudication, on dit qu'il a enchéri follement; il a fait une *folle enchère.* Dans ce cas, l'immeuble est remis aux enchères, et la folle enchère se prend, dans un second sens, pour la procédure suivie pour arriver à la revente. (*C. de Pr.,* art. 733.)

2. La folle enchère peut être provoquée: 1° par le vendeur; 2° par ses créanciers; 3° par les créanciers inscrits de l'adjudicataire.

3. L'effet de la vente sur folle enchère est de résoudre sous beaucoup de rapports la première vente aux enchères. C'est ainsi que l'immeuble passe franc et quitte de toutes charges et hypothèques dont l'aurait grevé ce premier acquéreur; mais les baux et autres actes d'administration, consentis par celui-ci sans fraude, sont maintenus. De plus, les droits de mutation et de transcription de la première vente sont reportés sur la seconde; dès lors, le second acquéreur doit les rembourser au fol enchérisseur. (*Voy.* **Enchères.**)

FONCIÈRE (Contribution). Voy. **Contributions directes.**

FONCTIONNAIRES.

SOMMAIRE.

CHAP. I. — DIFFÉRENTES CLASSES DE FONCTIONNAIRES
    PUBLICS.

1. Le mot *fonctionnaire* n'a, ni dans le langage usuel, ni dans la langue de la loi, une signification nettement définie. Pris dans une acception générale, il devrait comprendre toutes les personnes qui concourent, d'une manière quelconque et dans une sphère plus ou moins élevée, à la gestion de la chose publique. Mais une première restriction élimine les agents qui ne sont pas investis d'une portion de l'autorité et de la puissance publique, savoir : 1° les employés des administrations publiques qui n'ont point par eux-mêmes le droit de prendre des décisions et qui ne font que préparer ou exécuter les mesures prescrites par les véritables fonctionnaires ; 2° à plus forte raison, les commis, ou employés de fonctionnaires qui sont dépourvus de tout caractère officiel et ne font rien que sous la responsabilité de ceux qui les emploient ; 3° les employés des administrations départementales et communales ; 4° les agents de la force publique, dont l'office se borne à exécuter les ordres du Gouvernement.

2. La qualité de fonctionnaire n'appartient pas non plus : 1° aux membres des conseils généraux, conseils d'arrondissement, conseils municipaux, et en général des corps délibérants qui n'ont pas l'action administrative ; 2° aux présidents des assemblées électorales ou des sociétés de secours mutuels ; 3° aux membres de commissions chargées de la gestion des intérêts privés d'un établissement départemental ou communal, comme les commissions administratives des hospices (*Cass.* 23 *mai* 1862), ou les membres des bureaux de bienfaisance ou des conseils de fabrique.

3. Les ministres du culte sont rangés par des jurisconsultes au nombre des fonctionnaires, comme exerçant leurs fonctions en vertu d'une délégation directe ou indirecte de l'autorité civile (VIVIEN, SERBIGNY, etc.). D'après DALLOZ, au contraire, « le prêtre est fonctionnaire dans l'ordre spirituel et non dans l'ordre temporel. L'État n'a pas de doctrine religieuse ; on ne peut donc voir ses représentants et ses agents dans ceux qui exercent le ministère sacerdotal, bien qu'ils reçoivent un salaire de l'État. » C'est cette dernière opinion qui est adoptée par la jurisprudence. (*Voy. Cass.* 10 *sept.* 1836.)

4. Après ces éliminations il reste dix classes de fonctionnaires, savoir : 1° les ministres, préfets, sous-préfets, maires et adjoints ; 2° les membres des cours et tribunaux ; 3° les officiers de police judiciaire ; 4° les membres de la Cour des comptes, du Conseil d'État et des conseils de préfecture ; 5° les membres du corps diplomatique ; 6° les membres du corps enseignant, y compris les instituteurs primaires (*C. de Montpellier* 8 *févr.* 1873) ; 7° les officiers de terre et de mer ; 8° les agents chargés de l'assiette et de la perception des impôts, du paiement des dépenses publiques, de la gestion du domaine ; 9° les agents chargés de la direction et de la surveillance des travaux publics ; 10° les secrétaires généraux, directeurs généraux et inspecteurs généraux des différents services.

5. Dans le langage de la loi, la qualité de fonctionnaire est restreinte et peu précise. Ceux qui sont indiqués ci-dessus ne sont pas tous compris dans le Code pénal, et la dénomination de fonctionnaire ne s'applique pas toujours aux mêmes personnes. Tel qui est réputé fonctionnaire relativement à telle disposition, ne l'est pas relativement à telle autre. (*Voy.* DALLOZ.)

6. Les notaires sont qualifiés fonctionnaires publics par la loi du 25 ventôse an XI, comme établis pour recevoir les actes et contrats auxquels les parties doivent ou veulent donner le caractère d'authenticité attaché aux actes de l'autorité publique, les conserver et en délivrer des expéditions. Ils profitent sous ce rapport de l'art. 258 du Code pénal, mais non des lois du 17 mai 1819 et du 25 mars 1822. (*Cass.* 23 *mai* 1862.)

7. Certains emplois sont occupés par des femmes, dont les unes ont le caractère de fonctionnaires, et les autres celui d'employés. Parmi les premières sont comprises la surintendante et les dames des maisons d'éducation de la Légion d'honneur, les inspectrices des prisons, les institutrices communales, les directrices de salles d'asile, les directrices de bureaux de poste. Les autres femmes sont occupées à des travaux secondaires dans les établissements d'instruction publique, dans les bureaux du timbre et à l'imprimerie nationale.

CHAP. II. — HIÉRARCHIE ET COMPÉTENCE.

8. Chaque branche de service a son échelle de fonctions rangées par ordre hiérarchique. Tout en se rattachant au centre d'où part la direction commune, tout en obéissant à la volonté suprême qui se transmet de degré en degré, chaque service fonctionne dans sa sphère, indépendant des autres (*voy.* Hiérarchie). De même, la tâche assignée à chaque fonctionnaire forme sa compétence, et ceux dont l'action est circonscrite par la loi

dans une certaine partie du territoire, tels que les préfets, les évêques, les juges de paix, sont sans qualité pour exercer leurs attributions en dehors de cette circonscription. Seuls, les préposés des contributions indirectes peuvent constater des contraventions dans un autre arrondissement que celui dans lequel est fixée leur résidence. (*Cass.* 11 *févr.* 1825.)

CHAP. III. — DIFFÉRENTS MODES DE PROMOTION.

Sect. 1. — Président de la République.

9. Le président de la République est élu par le Sénat et la Chambre des députés réunis en assemblée nationale. Il est rééligible. Il nomme à tous les emplois civils et militaires. (*L.* 25 *févr.* 1875.)

10. Les nominations se font, soit directement, soit par délégation.

Sect. 2. — Fonctions conférées par le président de la République.

11. Le président de la République nomme par décret : 1° les ministres ; 2° *en conseil des ministres,* le vice-président du Conseil d'État et les conseillers d'État en service ordinaire ; 3° les présidents de section et les conseillers d'État en service extraordinaire ; 4° les maîtres des requêtes, le secrétaire général et le secrétaire spécial du contentieux, sur la présentation du vice-président et des présidents de sections ; 5° les auditeurs, d'après les résultats d'un concours ;

Les deux commissaires du Gouvernement près le Tribunal des conflits et les deux suppléants ;

Administrations centrales : Les sous-secrétaires d'État, secrétaires généraux, directeurs généraux, directeurs et administrateurs;

Justice : Les présidents, conseillers et juges des cours et tribunaux, depuis le premier président de la Cour de cassation jusqu'aux suppléants de juge de paix ; les officiers du ministère public et les greffiers ; les greffiers des tribunaux de commerce et les présidents et vice-présidents des conseils de prud'hommes ; les *référendaires* au sceau, les notaires, le directeur de l'imprimerie nationale ;

Le premier président de la Cour des comptes, les présidents de chambre, les conseillers-maîtres, les conseillers référendaires, le procureur général, le greffier en chef et les auditeurs appelés à présenter des rapports aux chambres ;

Cultes : Les archevêques, les évêques, les chanoines du chapitre de Saint-Denis ; le président du Conseil central des églises réformées ; l'inspecteur ecclésiastique de la Confession d'Augsbourg, le président et un membre laïque du Directoire ;

Instruction publique : Les membres du conseil supérieur de l'instruction publique ; les inspecteurs généraux ; les recteurs; les professeurs des Facultés, du Collège de France, du Muséum d'histoire naturelle, de l'École des langues orientales vivantes ; le directeur, les astronomes et le physicien de l'Observatoire ; les membres du Bureau des longitudes, ainsi que le président, le vice-président et le secrétaire de ce bureau ; les administrateurs et conservateurs des bibliothèques publiques ; le directeur de l'École d'Athènes ; le directeur de l'École de Rome ; le directeur de l'École normale supérieure ; les directeurs et conservateurs des musées nationaux, les adminis-

trateurs des manufactures de Sèvres, des Gobelins et de Beauvais ; le directeur général des archives nationales ; le directeur de l'École nationale des Beaux-Arts, du Conservatoire de musique et de déclamation ; les directeurs des théâtres nationaux ;

Affaires étrangères : Les ambassadeurs, envoyés extraordinaires, ministres plénipotentiaires, chargés d'affaires, secrétaires d'ambassade ou de légation, consuls généraux, consuls, secrétaires-interprètes, drogmans et chanceliers ;

Intérieur : Les préfets, sous-préfets, secrétaires généraux et conseillers de préfecture ; les maires et adjoints des chefs-lieux de département, d'arrondissement et de canton ; les inspecteurs généraux des archives départementales, des établissements pénitentiaires, des établissements de bienfaisance, des asiles d'aliénés, des lignes télégraphiques ; les commissaires de police départementaux ; les commissaires de police dans les villes de plus de 6,000 âmes ;

Le gouverneur général de l'Algérie ; le directeur général des affaires civiles et financières; les membres du conseil de gouvernement ; les conseillers rapporteurs ; les préfets, sous-préfets, conseillers de préfecture, maires et adjoints dans les chefs-lieux de département ou d'arrondissement, et dans les villes où siége un tribunal de première instance ;

Guerre : Les officiers de l'armée de terre, depuis le maréchal jusqu'au sous-lieutenant ; les commandants des corps d'armée et des subdivisions ; les intendants, sous-intendants et adjoints ; les officiers d'administration ; les employés de l'artillerie, du génie et des équipages militaires ; les médecins et les pharmaciens militaires ; les membres des comités consultatifs de l'artillerie et des fortifications ; les membres du conseil de santé des armées ; ceux de la commission mixte des travaux publics ; le commandant et le commandant en second de l'École polytechnique et des Écoles militaires ; le gouverneur et les principaux fonctionnaires de l'Hôtel des invalides;

Marine : Les officiers de l'armée navale, depuis l'amiral jusqu'à l'aspirant de 1re classe; les officiers des troupes de la marine ; les commandants de flottes, d'escadres, de stations, de bâtiments et tous les autres officiers ; les membres du conseil d'amirauté, du conseil des travaux, de la commission supérieure de l'établissement des invalides de la marine et l'administrateur de cet établissement ; les gouverneurs, commandants militaires, ordonnateurs, directeurs de l'intérieur et conseillers privés dans les colonies, ainsi que les contrôleurs coloniaux ; les préfets maritimes, majors généraux de la marine, directeurs des constructions, des mouvements des équipages et de l'artillerie dans les ports ; les agents administratifs des directions des travaux, et les agents comptables des matières ; les officiers du génie maritime ; les ingénieurs hydrographes ; les examinateurs et professeurs des écoles d'hydrographie ; le commandant, l'examinateur et les professeurs de l'École navale ; le directeur de l'École d'application du génie maritime ; les directeurs des établissements de l'artillerie et du génie ; les commissaires-rapporteurs et greffiers des tribunaux maritimes ; le contrôleur central et le directeur du Dépôt des cartes et plans de la marine ;

Finances : Le directeur général, le sous-directeur et le caissier des caisses d'amortissement et des dépôts et consignations, ainsi que les membres de la commission de surveillance ; le gouverneur et les sous-gouverneurs de la Banque de France, ainsi que les directeurs des succursales ; le gouverneur et les sous-gouverneurs du Crédit foncier ;

Le caissier-payeur central des finances ; le sous-caissier et le sous-payeur ; le contrôleur central ; les inspecteurs des finances ; les trésoriers-payeurs généraux et les receveurs particuliers ; les directeurs des contributions directes, de l'enregistrement et des domaines, des douanes et des contributions indirectes dans les départements ; le directeur du timbre à Paris ; les directeurs des manufactures de tabacs ; les conservateurs des forêts ; le directeur de l'École forestière ; le président et les membres de la commission des monnaies et médailles ; les commissaires du Gouvernement et les directeurs de fabrication dans les hôtels de monnaies ; le graveur général ;

Travaux publics : Les inspecteurs généraux et ingénieurs des ponts et chaussées ; ceux des mines ; les membres des conseils généraux des ponts et chaussées et des mines ; les inspecteurs généraux et membres du conseil général des bâtiments civils ; le directeur et l'inspecteur de l'École des ponts et chaussées et de l'École des mines ;

Agriculture et commerce : L'inspecteur général et les directeurs des Écoles vétérinaires ; le directeur et les professeurs du Conservatoire des arts et métiers ; les inspecteurs généraux de l'agriculture ; le directeur de l'École centrale des arts et manufactures ; le directeur et les inspecteurs généraux des Haras.

Sect. 3. — Fonctions conférées par les Ministres ou par d'autres fonctionnaires.

12. Les fonctionnaires qui ne sont pas compris dans l'énumération précédente, sont nommés par les ministres, sauf les exceptions ci-après indiquées :

Les employés de l'administration du Sénat et de celle de la Chambre des députés sont nommés par les présidents de ces assemblées. Le vice-président du Conseil d'État nomme les employés des bureaux, sur la proposition du secrétaire général. Dans la chancellerie de la Légion d'honneur et dans les établissements qui en dépendent, les nominations sont faites par le grand chancelier.

Les archevêques et évêques nomment et instituent les curés, après que la nomination a été agréée par le président de la République ; ils nomment les vicaires généraux, les directeurs et professeurs des séminaires, les vicaires, desservants et aumôniers d'établissements publics ; ils nomment les chanoines moyennant l'autorisation du Gouvernement. Le Directoire de la Confession d'Augsbourg, et, dans l'Église réformée, les consistoires nomment les pasteurs ; mais ces nominations doivent être confirmées par le Gouvernement.

Les chefs de corps militaires nomment les caporaux, sergents, brigadiers, maréchaux des logis, fourriers, adjudants sous-officiers, tambours-majors et trompettes-majors. Les membres des conseils de guerre sont nommés par les commandants des régions militaires ; ceux des conseils de justice à bord des bâtiments, par les capitaines, et les officiers mariniers, jusqu'au grade de second maître inclusivement, par le conseil d'avancement du bâtiment, ou provisoirement par le commandant pendant une campagne.

Les consuls nomment les agents consulaires.

Les directeurs généraux de l'enregistrement et des domaines, des contributions indirectes et des douanes, des contributions directes, des postes, des forêts, nomment les employés inférieurs désignés aux art. 38, 46, 51, 66, 77 et 85 de l'ordonnance du 17 décembre 1844, et le président de la commission des monnaies et médailles nomme aussi divers employés désignés à l'art. 97 de la même ordonnance.

Les employés de bureau, stationnaires, surveillants et piétons, dans l'administration des lignes télégraphiques, sont nommés par le directeur général de ce service.

Les nominations qui appartiennent aux préfets, autres que le préfet de la Seine et le préfet de police, sont indiquées dans l'article **Département,** et celles qui appartiennent à ces deux derniers préfets sont indiquées dans l'article **Seine.** Les porteurs de contraintes sont nommés par les sous-préfets. Quant aux nominations attribuées aux maires, voyez **Organisation municipale.**

Sect. 4. — Élection.

13. Dans le Tribunal des conflits, les trois conseillers d'État en service ordinaire et trois conseillers à la Cour de cassation sont élus par leurs collègues pour trois ans. Les deux autres membres et les deux suppléants sont élus par la majorité des autres juges.

Les juges des tribunaux de commerce et les membres des conseils de prud'hommes sont élus, les premiers par des électeurs commerçants, les seconds par des assemblées de patrons et d'ouvriers.

Les conseils presbytéraux des cultes protestants, les consistoires, le conseil central des églises réformées, les consistoires israélites se composent par un système électif.

Sect. 5. — Voie du sort.

14. La seule fonction conférée par le sort est celle de juré. Le premier président de la cour d'appel ou le président du tribunal du chef-lieu d'assises tire au sort, pour chaque session, 36 jurés et 4 suppléants sur une liste annuelle dressée par une commission spéciale.

Sect. 6. — Fonctions dévolues accidentellement.

15. En cas d'absence ou d'empêchement des maires et adjoints, ces fonctionnaires sont remplacés par le conseiller municipal qui se trouve inscrit le premier dans l'ordre du tableau, si le préfet n'a pas désigné un autre remplaçant (*L.* 5 *mai* 1855). A Terre-Neuve, c'est le plus âgé des capitaines arrivés dans chaque havre pour la pêche de la morue, qui est appelé à remplir les fonctions de capitaine-prud'homme. L'un ou l'autre des officiers dont les conseils de guerre doivent se composer peut, surtout dans le service naval, se trouver dans la localité seul de son grade et lui devoir ainsi ces fonctions accidentelles.

CHAP. IV. — CONDITIONS.

16. Les Français sont tous également admissibles aux emplois civils et militaires (*Const.* 1830, 1848) ; mais dans l'application, ce principe est soumis nécessairement à certaines conditions, dont les deux premières sont la nationalité et la jouissance des droits civils.

Pour le clergé, la magistrature, l'armée et la diplomatie, la nationalité est formellement et rigoureusement exigée ; dans les autres services, le Gouvernement peut faire fléchir cette règle à l'égard d'étrangers simplement autorisés à résider en France en attendant l'expiration du stage prescrit pour la naturalisation, et il a été fait exception complète en faveur de savants étrangers.

17. Les emplois ne sont ni héréditaires, ni transmissibles à prix d'argent. Seuls, les greffiers des cours et tribunaux ont le droit de céder leur office comme les titulaires de charges privées. (*L.* 28 *avril* 1816.)

18. Aucune condition de fortune personnelle n'est imposée aux candidats. Seulement, dans l'armée, les officiers ne peuvent se marier qu'après avoir justifié que leur future épouse possède un revenu de 1,200 fr. au moins.

19. L'âge forme une des conditions d'admission. En général, le minimum prescrit est la majorité. Pour quelques fonctions, l'âge est fixé au-dessous ; ainsi les sous-lieutenants, maîtres-répétiteurs des lycées, les employés des postes, peuvent être nommés à dix-huit ans, les préposés des douanes à vingt ans. Pour un plus grand nombre de fonctions où l'esprit doit être formé par l'exercice de la pensée et l'habitude du monde, la loi exige un âge supérieur à la majorité, savoir : évêques, trente ans ; prêtres, vingt-deux ans ; conseillers d'État, présidents, conseillers-maîtres, procureur général et greffier en chef de la Cour des comptes, trente ans ; maîtres des requêtes, vingt-sept ans ; conseillers référendaires et conseillers de préfecture, vingt-cinq ans ; juges de paix, juges des tribunaux de commerce, prud'hommes, jurés, trente ans ; présidents des tribunaux de commerce, quarante ans ; substituts des procureurs de la République, vingt-deux ans ; juges ou juges suppléants des tribunaux de première instance, procureurs de la République, substituts des procureurs généraux, vingt-cinq ans ; présidents des tribunaux de première instance et conseillers ou greffiers des cours d'appel, vingt-sept ans ; présidents des cours d'appel et procureurs généraux, trente ans ; chanceliers de missions diplomatiques, vingt-cinq ans ; maires, adjoints, conseillers municipaux, commissaires de police, gardes champêtres, gardes forestiers, gardes-pêche, vérificateurs des poids et mesures, vingt-cinq ans ; directrices des salles d'asile, vingt-quatre ans. (*Voy. aussi* **Limites d'âge.**)

20. Pour d'autres fonctions, qui exigent la vigueur physique et qui comportent un service actif, la loi fixe à la fois un minimum et un maximum d'âge, savoir : gendarmes et officiers de gendarmerie, de vingt-cinq à quarante ans ; employés secondaires des ponts et chaussées, de dix-huit à vingt-huit ans ; gardes et éclusiers, pontiers, maîtres et gardiens de phares, de vingt et un à quarante ans ; élèves d'administration

des hôpitaux, subsistances et habillements militaires, de vingt à trente ans ; préposés des douanes, de vingt à trente ans, excepté ceux qui ont été employés dans d'autres administrations ou qui ont servi dans l'armée pendant huit ans au moins (le maximum, dans ces cas, est trente-cinq ans) ; ingénieurs des écoles d'arts et métiers, de vingt-cinq à quarante ans, ou à cinquante, s'ils sont attachés déjà à ces établissements ; professeurs des mêmes écoles, de vingt-cinq à trente-cinq ans, ou à quarante-cinq, s'ils sont déjà employés dans ces établissements ; employés dans les manufactures de l'État, vingt et un à vingt-quatre ans.

21. Il est pourvu en outre, mais sans unité ni ensemble, à ce que les candidats aient l'aptitude nécessaire. Pour un grand nombre de fonctions, ils sont obligés, soit de produire des diplômes, brevets ou autres titres attestant qu'ils possèdent les connaissances requises, soit de subir des examens de capacité. En première ligne, la nomination des ministres des cultes, des membres du corps enseignant, des magistrats de l'ordre judiciaire, des officiers de l'armée de terre ou de mer, est soumise à des conditions en rapport avec l'importance de leurs attributions. (*Voy.* les articles qui les concernent.) L'État entretient diverses institutions préparatoires où se recrute principalement le personnel des services qu'elles concernent. Ainsi, au clergé sont destinés les séminaires ; à l'enseignement supérieur, l'École normale supérieure et les facultés ; à la magistrature, les facultés de droit ; à l'armée de terre et à l'armée navale, l'École de Saint-Cyr, l'École navale et autres Écoles militaires (*voy.*) ; au corps des ponts et chaussées et à celui des mines, l'École polytechnique, l'École des ponts et chaussées et celle des mines ; aux interprètes et drogmans, l'École *des jeunes de langues* ; aux archivistes, l'École des chartes ; au service des forêts, l'École forestière de Nancy ; aux officiers des haras, l'École des haras du Pin ; aux vétérinaires de l'armée, l'École d'Alfort. A l'expiration du temps d'études, les élèves sont soumis à des examens, desquels dépend l'admission dans les services publics.

Les auditeurs au Conseil d'État sont nommés au concours et les élèves-consuls à l'examen. Les vérificateurs des poids et mesures, les employés secondaires des ponts et chaussées, les employés des manufactures de l'État, ne sont nommés qu'après avoir subi des examens spéciaux. Dans l'administration, le diplôme de licencié en droit est nécessaire pour être admis au ministère des affaires étrangères, ou adjoint à l'inspection générale des finances, et il faut aussi justifier de ce grade pour obtenir l'emploi de chef de bureau, de sous-chef ou de rédacteur au ministère de la justice et à la direction générale des cultes, à moins d'être membre de l'ordre judiciaire. Le diplôme de bachelier ès lettres est exigé des écrivains de la marine. Pour entrer comme surnuméraire dans l'administration centrale des finances, il faut subir un concours auquel on n'est admis qu'en produisant le diplôme de bachelier et en justifiant de ressources suffisantes pour assurer son existence pendant le surnumérariat. Les surnuméraires du ministère de l'instruction publique et du ministère de la marine doivent être pourvus du diplôme de bachelier ès lettres ou de bachelier ès sciences ; ceux des administrations des contributions directes ou indirectes, ou de l'enregistrement, doivent remplir plusieurs conditions indiquées dans les articles relatifs à ces services. Comme l'examen ou le concours ne peuvent servir qu'à constater la capacité scientifique, on dresse communément une liste sur laquelle on n'inscrit que les candidats jugés préalablement admissibles sous les autres rapports. Dans d'autres administrations, on n'exige encore qu'un examen sur les matières de l'instruction primaire.

22. Le stage que l'administration admet les candidats à faire sous sa direction, s'accomplit sous des dénominations diverses. Les jeunes gens qui se préparent ainsi reçoivent le titre d'élèves, d'auditeurs, de surnuméraires, d'attachés, d'aspirants ou d'auxiliaires. La durée du stage varie. Tantôt les candidats n'y sont admis que moyennant des diplômes ou des examens (*n°* 21), tantôt ils en sont dispensés, notamment lorsqu'il s'agit d'emplois inférieurs qui ne demandent qu'une instruction élémentaire. Dans certains services, les surnuméraires reçoivent des émoluments ; dans d'autres, il ne leur en est pas alloué. Les perceptions, directions des postes et autres emplois des finances peuvent être conférés sans surnumérariat aux anciens serviteurs de l'État.

23. Les fonctions politiques, telles que celles de préfet, d'agent diplomatique, de membre du Conseil d'État ou de ministre, demandant des qualités particulières qui ne s'acquièrent pas par l'étude, l'accès en est ouvert, sans justification préalable d'aptitude, à tous ceux dont le concours est jugé utile par le Gouvernement.

24. La nomination aux chaires des facultés se fait, soit sur la proposition du ministre et au choix parmi les docteurs, soit sur une double liste de présentation demandée à la faculté et au conseil académique. Au Collège de France, au Muséum d'histoire naturelle et à l'École des langues orientales vivantes, il est pourvu aux vacances, soit sur des listes de présentation dressées par les professeurs et par la classe correspondante de l'Institut, soit sur la proposition du ministre. Il en est de même pour le Bureau des longitudes et l'Observatoire.

25. Les maires et adjoints doivent être membres du conseil municipal, et de plus, d'après la loi du 5 mai 1855, ils doivent être inscrits au rôle d'une des quatre contributions directes.

26. Certains emplois civils et militaires sont exclusivement attribués aux sous-officiers ayant passé douze ans sous les drapeaux, dont quatre avec le grade de sous-officier, moyennant un examen d'aptitude. (*L.* 8 *août* 1873).

CHAP. V. — CAUSES D'INCAPACITÉ LÉGALE.

27. L'ordre et l'intérêt public exigent non-seulement que ceux qui aspirent à servir l'État remplissent les conditions d'âge, de nationalité et d'aptitude, mais que l'accès des fonctions publiques ou de plusieurs d'entre elles soit même interdit à certains individus. Le plus grand nombre de ces exclusions sont établies pour cause d'indignité. Ainsi la dégradation civique comprend : « la destitution et l'exclusion des condamnés de toutes fonctions, emplois et offices publics, la priva-

tion du droit de vote, d'élection et d'éligibilité. » (*C. P. art.*, 34.) La même exclusion est prononcée contre les membres de l'instruction publique qui sont rayés du tableau (*D.* 17 *mars* 1808); et les tribunaux jugeant correctionnellement peuvent « dans certains cas interdire l'exercice du droit de vote, d'élection, d'éligibilité, d'être appelé ou nommé aux fonctions de juré ou autres fonctions publiques, ou aux emplois de l'administration, ou d'exercer ces fonctions ou emplois » (*C. P., art.* 42). La loi du 21 novembre 1872 déclare incapables de remplir les fonctions de juré « les individus condamnés à des peines afflictives ou infamantes, ou à des peines infamantes seulement », ainsi que les autres individus désignés à l'art. 2. De même, l'emploi d'instituteur, d'institutrice ou de directrice de salle d'asile est interdit aux individus « qui ont subi une condamnation pour crime ou pour un délit contraire à la probité ou aux mœurs, ainsi qu'à ceux qui sont privés par jugement de tout ou partie des droits mentionnés en l'art. 42 du Code pénal, ou interdits en vertu de la loi du 27 mars 1850 », et les individus qui ont été condamnés aux peines énoncées dans l'art. 7 de la loi du 27 juillet 1872, « sont exclus du service militaire et ne peuvent à aucun titre servir dans l'armée ».

28. Parfois l'incapacité est fondée sur l'état de dépendance des individus. Ainsi les agents salariés du maire ne peuvent être ses adjoints (*L.* 5 *mai* 1855). Les domestiques et les serviteurs à gages ne peuvent remplir les fonctions de juré. (*L.* 21 *nov.* 1872.)

29. Les liens de parenté forment une autre cause d'incapacité. Les parents et alliés, jusqu'au degré d'oncle et neveu inclusivement, ne peuvent « être simultanément membres d'un même tribunal ou d'une même cour, soit comme juges, soit comme officiers d'un ministère public, ou même comme greffiers, sous une dispense du président de la République »; et il n'est accordé aucune dispense pour les tribunaux composés de moins de huit juges (*L.* 20 *avril* 1810). Dans les communes de 500 âmes et au-dessus, les parents au degré de père, de fils, de frère, et les alliés au même degré ne peuvent être en même temps membres d'un conseil municipal (*L.* 5 *mai* 1855). L'emploi de chancelier d'une mission diplomatique ou d'un consulat ne peut être conféré à un parent du chef de la mission ou du consul. (*O.* 20 *août* 1833.) [*Comparez* **Élections**, n° 37.]

30. La loi exclut du jury, comme incapables, « ceux qui ne savent pas lire et écrire en français, les interdits, les individus pourvus de conseils judiciaires et ceux qui sont placés dans un établissement public d'aliénés ».

CHAP. VI. — INCOMPATIBILITÉS.

31. Aux causes d'incapacité qui atteignent les individus, il faut joindre les incompatibilités qui touchent aux fonctions elles-mêmes. Ainsi le caractère spirituel du ministère ecclésiastique le rend incompatible avec les fonctions administratives ou judiciaires. Une loi du 24 vendémiaire an III a prononcé en règle générale : 1° l'incompatibilité des fonctions judiciaires avec les fonctions administratives, notamment avec celles qui dépendent des administrations financières et sont

« sujettes à comptabilité pécuniaire » ; 2° l'incompatibilité des fonctions judiciaires entre elles et des fonctions administratives entre elles. « Aucun citoyen, est-il dit dans le titre II, ne peut exercer ni concourir à l'exercice d'une autorité chargée de la surveillance médiate ou immédiate des fonctions qu'il exerce dans une autre qualité. »

32. Les fonctions de conseillers d'État en service ordinaire et de maître des requêtes sont incompatibles avec toute fonction publique salariée (*L.* 24 *mai* 1872) ; seulement les officiers généraux ou supérieurs de l'armée de terre ou de mer, les inspecteurs et ingénieurs des ponts et chaussées, des mines et de la marine, peuvent être détachés au Conseil d'État, en conservant les droits attribués à leurs positions, mais sans cumuler les traitements (*art.* 7).

33. Les fonctionnaires désignés dans l'art. 20 de la loi du 2 août 1875, ne peuvent être en même temps sénateurs, et l'exercice des fonctions publiques rétribuées sur les fonds de l'État est incompatible avec le mandat de député (*L.* 30 *nov.* 1875), sauf les exceptions énoncées dans les art. 8 et 9.

De nombreux fonctionnaires désignés dans l'art. 21 de la loi du 2 août 1875, et l'art. 12 de la loi du 30 novembre 1875, ne peuvent être élus sénateurs, ni députés dans leur ressort, pendant l'exercice et les six mois qui suivent la cessation de leurs fonctions. Les sous-préfets ne peuvent être élus dans le département où ils exercent leurs fonctions. (*Id.*)

Les militaires ne peuvent prendre part à aucun vote quand ils sont présents à leur corps, à leur poste ou dans l'exercice de leurs fonctions. (*L.* 30 *nov.* 1875 , *art.* 2.) Aucun militaire ou marin en activité, disponibilité ou non-activité, ne peut être élu député (*art.* 7).

34. D'après la loi du 21 nov. 1872, les sénateurs, députés, ministres, membres du Conseil d'État ou de la Cour des comptes, et autres fonctionnaires désignés dans l'art. 3, ne peuvent être jurés.

35. Les lois du 22 juin 1833 et du 10 août 1871 désignent un certain nombre de fonctionnaires qui ne peuvent faire partie d'un conseil général ou d'un conseil d'arrondissement, et les fonctions de maire, d'adjoint ou de conseiller municipal sont incompatibles avec d'autres, qui se trouvent indiquées dans l'article **Organisation municipale.**

36. Les serviteurs de l'État doivent d'ailleurs s'interdire toute profession et toute opération qui pourraient, soit les détourner des occupations auxquelles ils sont tenus de se consacrer, soit exposer leur délicatesse à faiblir et compromettre la dignité du pouvoir. Ainsi les fonctions de juge sont incompatibles avec les professions d'avoué et d'huissier (*L.* 27 *mars* 1791), avec celle de notaire (*D.* 1er *brum. an II*). Le juge ne peut acheter des biens qui se vendent à l'audience de son tribunal. Il est interdit « aux juges, aux magistrats remplissant le ministère public et aux greffiers de devenir cessionnaires des procès, droits et actions litigieux qui sont de la compétence du tribunal dans le ressort duquel ils exercent leurs fonctions » (*C. civ.*, *art.* 1597). Les

administrateurs de biens de communes ou d'établissements publics ne peuvent s'en rendre adjudicataires, ni par eux-mêmes, ni par personnes interposées (*C. civ.*, *art.* 1596). Le commerce est interdit aux ecclésiastiques par le droit canon, aux magistrats de l'ordre judiciaire par d'anciennes ordonnances, aux consuls, drogmans et chanceliers (*O.* 20 *août* 1833), aux administrateurs de la marine (*Arr.* 22 *prair. an XI*), aux préposés des douanes, soit par eux-mêmes, soit par leurs femmes (*Circ.* 21 *niv. et* 16 *prair. an VIII*), aux instituteurs et institutrices des communes (*L.* 15 *mars* 1850), aux directrices des salles d'asile. (*D.* 21 *mars* 1855.) Les fonctions de conseiller d'État sont incompatibles avec celles d'administrateur d'une compagnie privilégiée ou subventionnée (*L.* 24 *mai* 1872), et les fonctions de conseiller de préfecture avec toute profession. (*L.* 21 *juin* 1865.)

CHAP. VII. — EXEMPTIONS ET DISPENSES.

37. Parmi les exemptions ou dispenses de services, les unes ont pour objet d'empêcher que les fonctionnaires ne soient dérangés dans leurs travaux. Ainsi, les articles 427 et 428 du Code civil dispensent de la tutelle les fonctionnaires qui y sont désignés. La loi du 27 juillet 1872 dispense du service militaire, à titre conditionnel, les membres de l'instruction qui se vouent pendant dix ans à la carrière de l'enseignement, et les professeurs des institutions nationales des sourds-muets et des jeunes aveugles qui remplissent la même condition. Les préposés des douanes ne peuvent être forcés de se charger de tutelle ou curatelle, ou aucune charge publique. (*L.* 22 *août* 1791.)

38. D'autres dispenses sont motivées par l'âge ou la position des personnes. Ainsi la loi du 21 novembre 1872 dispense des fonctions de juré : 1° les septuagénaires ; 2° ceux qui ont besoin pour vivre de leur travail manuel et journalier.

CHAP. VIII. — INSTALLATION, SERMENT, ENREGISTREMENT ET VISA DES COMMISSIONS, CAUTIONNEMENT.

39. Les fonctionnaires nommés ou élus ne peuvent entrer dans l'exercice de leurs fonctions qu'après l'accomplissement de formalités consistant, selon les emplois, dans la prestation d'un serment, une réception officielle, le dépôt d'un cautionnement, ou l'enregistrement et le visa des commissions.

40. La prestation d'un serment professionnel [1] est exigée par la loi pour les fonctions qui comportent une autorité directe et une action sur le public.

Les membres des cours et tribunaux et ceux de la Cour des comptes prêtent le serment suivant : « Je jure et promets de bien et fidèlement remplir mes fonctions, de garder religieusement le secret des délibérations, et de me conduire en tout comme un digne et loyal magistrat » (*D.* 22 et 27 *mars* 1852). Le serment professionnel des greffiers est ainsi conçu : « Je jure et promets de bien et loyalement remplir mes fonctions et d'observer en tout les devoirs qu'elles m'imposent. » (*D.* 5 *avril* 1852).

Les officiers, sous-officiers et militaires de la

1. Le serment politique est aboli par un décret-loi du 5 septembre 1870.

gendarmerie jurent « d'obéir à leurs chefs en tout ce qui concerne le service auquel ils sont appelés, et, dans l'exercice de leurs fonctions, de ne faire usage de la force qui leur est confiée que pour le maintien de l'ordre et l'exécution des lois. » (*D.* 1ᵉʳ *mars* 1854.)

Les commissaires de police doivent prêter le serment « de bien et fidèlement remplir leurs devoirs » ; les gardes champêtres et les gardes particuliers, « de veiller à la conservation de toutes les propriétés qui sont sous la foi publique et de toutes celles dont la garde leur a été confiée » (*L.* 6 *oct.* 1791); les fonctionnaires et employés des postes, « de garder et observer fidèlement la foi due au secret des lettres et de dénoncer aux tribunaux les contraventions qui peuvent avoir lieu et qui parviennent à leur connaissance (*L.* 28 *août* 1790); les inspecteurs et gardes jurés des pêches maritimes, « de dénoncer toutes contraventions aux règlements de la pêche dans les intérêts de tous, et sans haine ni ménagement pour les contrevenants » (*R.* 14 *juill.* 1816); les chanceliers de missions diplomatiques ou de consulats, « de remplir avec fidélité les obligations de leur emploi ». (*O.* 20 *août* 1833.)

41. La prestation de serment est la consécration du caractère public du fonctionnaire, la condition de sa compétence. Aussi le Code pénal porte-t-il à l'art. 196 que « tout fonctionnaire qui sera entré en exercice de ses fonctions sans avoir prêté serment, pourra être poursuivi et puni d'une amende de 16 à 150 fr. » ; et toutes les législations spéciales disposent que les officiers et agents chargés de constater des délits ou des contraventions doivent prêter serment avant leur entrée en fonctions. Toutefois, un fonctionnaire qui n'a pas encore pu remplir cette formalité, n'en est pas moins protégé par l'art. 19 de la loi du 19 mai 1819 (*Cass.* 5 *avril* 1860), et par l'art. 422 du Code pénal. (*Cass.* 26 *juin* 1851 *et* 5 *janv.* 1856).

Dans les cours et tribunaux, ainsi qu'à la Cour des comptes, les nouveaux membres sont reçus par leurs compagnies assemblées en audience solennelle et prêtent serment devant elles. Dans l'armée de terre et l'armée navale, les nouveaux officiers sont reconnus, c'est-à-dire proclamés par leur supérieur devant le corps ou l'équipage sous les armes. Les membres de certaines facultés sont aussi dans l'usage de s'assembler pour recevoir leurs nouveaux collègues.

42. La prestation de serment des officiers et agents qui concourent à la police judiciaire est particulièrement importante en ce que les actes faits par un officier ou agent non assermenté sont nuls et ne peuvent produire aucun effet (*Cass.* 10 *juin* et 1ᵉʳ *sept.* 1843). Cette formalité s'accomplit devant différentes autorités, savoir : *Devant le tribunal civil de première instance :* les agents et préposés de l'administration forestière; les maîtres et contre-maîtres chargés de la garde des arbres marqués pour la marine; les gardes-pêche, les préposés des douanes, les vérificateurs des poids et mesures, les gardes du génie, les gendarmes, les agents du service sanitaire. *Soit devant le tribunal civil, soit devant le juge de paix :* les préposés des contributions indirectes, ceux des octrois, ceux de la garantie

des matières d'or et d'argent, les syndics des gens de mer, ceux de la pêche au hareng. *Devant le juge de paix :* les gardes champêtres, les gardes particuliers et les gardes-ventes. *Devant l'administration de la marine :* les inspecteurs et gardes jurés des pêches maritimes. *Devant le préfet :* les commissaires de police, les inspecteurs du travail des enfants, les agents de l'administration des ponts et chaussées, les agents voyers, les commissaires et gardes des chemins de fer, les inspecteurs et surveillants des lignes télégraphiques. *Devant le sous-préfet :* les porteurs de contraintes. *Devant le maire :* les officiers et maîtres des ports de commerce.

43. Si les fonctionnaires auxquels est imposée l'obligation d'un serment préalable sont en outre assujettis au dépôt d'un cautionnement, ils sont tenus de justifier du versement avant d'être admis à prêter serment. (*L.* 28 *avril* 1816, *art.* 96.)

44. Le fonctionnaire ou préposé promu à un grade supérieur ou appelé à d'autres fonctions doit prêter serment de nouveau. Cette formalité n'est pas nécessaire lorsqu'un fonctionnaire est seulement envoyé dans une autre résidence avec le même grade et les mêmes fonctions (*Cass.* 21 *juill.* 1832); mais comme les parties contre lesquelles il dresse des procès-verbaux de contravention et le tribunal saisi de la poursuite doivent pouvoir vérifier s'il a légalement agi, il est nécessaire qu'il fasse enregistrer préalablement l'acte de sa prestation de serment au greffe du tribunal civil du lieu de sa nouvelle résidence. Les gardes du génie sont même tenus de faire enregistrer cet acte, non-seulement au greffe, mais encore à la mairie. (*O.* 1ᵉʳ *août* 1821.)

45. Des dispositions spéciales obligent, en outre : 1° les agents de l'administration forestière et de la pêche fluviale « à faire enregistrer leur commission au greffe du tribunal civil de leur résidence » (*C. f., art.* 5; *O.* 15 *avril* 1829); 2° les préposés des octrois à « faire viser leur commission par le président du tribunal et à la représenter lorsqu'ils en sont requis » (*O.* 9 *déc.* 1814); 3° les vérificateurs des poids et mesures à « faire viser leur commission au greffe du tribunal et en justifier aux assujettis qui le requièrent » (*O.* 17 *avril* 1839); les préposés des douanes à « faire enregistrer leur prestation de serment au greffe du tribunal civil, à la faire inscrire à la suite de leur commission, à être toujours munis de leur commission dans l'exercice de leurs fonctions et à l'exhiber à la première réquisition, sans la faire enregistrer » (*L.* 22 *août* 1791 *et* 21 *avril* 1818); les préposés des contributions indirectes à « faire enregistrer l'acte de leur prestation de serment et à le faire transcrire sur leur commission » (*L.* 1ᵉʳ *germ. an XIII*); les gardes du génie à faire enregistrer leur commission au greffe du tribunal civil et à la mairie. Il est regrettable que, malgré l'étroite analogie qui existe entre elles, toutes ces matières ne soient pas soumises à des règles uniformes.

Quant au cautionnement, voyez l'article spécial qui le concerne.

CHAP. IX. — COSTUME.

46. Des costumes sont assignés aux diverses fonctions pour distinguer entre eux les services et les degrés hiérarchiques, et pour faciliter l'action des fonctionnaires, en avertissant le public de l'autorité dont ils sont revêtus. Aussi la loi pénale a-t-elle rangé parmi les crimes et délits l'usurpation d'un costume ou d'un uniforme. Non-seulement cet acte est prévu et puni (*C. P., art.* 259), mais en cas d'arrestation illégale, la peine est aggravée si l'arrestation a été exécutée avec un faux costume (*art.* 344), et il en est de même en cas de vol, si le coupable était revêtu de l'uniforme ou du costume d un fonctionnaire public ou d'un officier civil ou militaire (*art.* 381 et 384).

47. Les ecclésiastiques portent, conformément à l'arrêté du 17 nivôse an XI, « les habits convenables à leur état, suivant les canons, règlements et usages de l'Église » ; c'est-à-dire les habits sacerdotaux qui sont d'un usage traditionnel, et un costume de ville qui comprend en France la soutane, la ceinture et le rabat.

Les membres des cours et tribunaux ont le costume d'audience réglé par les arrêtés du 20 vendémiaire an XI, du 2 nivôse an XI et du 29 messidor an XII. Celui des membres de la Cour des comptes est réglé par un décret du 28 septembre 1807.

« Les professeurs doivent faire leurs leçons en robe d'étamine noire ; par-dessus la robe est placée la chausse, qui varie de couleur suivant les facultés, et de bordure suivant les grades. » (*D.* 17 *mars* 1808.)

Des décrets ou des décisions du Chef de l'État règlent les uniformes de l'armée de terre et de l'armée navale.

L'uniforme et l'armement des préposés du service actif des douanes sont déterminés par une ordonnance du 30 juin 1835. D'après la loi du 6 octobre 1791, les gardes champêtres doivent être munis des armes nécessaires et porter au bras une plaque de métal ou d'étoffe où sont inscrits les mots : *La loi,* le nom de la commune et celui du garde.

Les préfets, sous-préfets, secrétaires généraux, conseillers de préfecture ont un costume de grande tenue, qui est obligatoire, et un costume de petite tenue, qui est facultatif, l'un et l'autre réglés dans une circulaire du 10 avril 1873, conformément à trois arrêtés de l'an VIII. Les maires et les adjoints portent l'écharpe aux couleurs nationales.

48. Les officiers de police judiciaire et une partie des agents placés sous leurs ordres doivent être revêtus du costume et des insignes qui leur sont assignés, pour faire les actes de leur ministère. Toutefois il a été jugé par la Cour de cassation qu'un acte n'est pas nul parce que l'officier de police judiciaire qui l'a fait ne se trouvait pas revêtu du signe caractéristique de ses fonctions, ou parce qu'il n'a pas déclaré dans son procès-verbal qu'il était revêtu de ses insignes au moment où il constatait l'infraction (*Cass.* 10 *mars* 1815 *et* 14 *févr.* 1840). De même, en cas de rébellion ou d'outrages envers les fonctionnaires ou agents désignés aux art. 209, 219 et 222 à 233 du Code pénal, les peines portées par ces articles pourraient être appliquées, bien que le fonctionnaire ou l'agent ne fût pas revêtu de son costume ou de ses insignes. L'accomplissement

de cette dernière condition n'est formellement exigé que dans un seul cas, celui où le maire ou le commissaire de police sont appelés à dissiper un attroupement ; ces fonctionnaires doivent alors « porter l'écharpe tricolore ». (*L.* 7 *juin* 1848.)

CHAP. X. — RANGS ET PRÉSÉANCES.

49. Dans les circonstances où des fonctionnaires de divers ordres doivent se rencontrer ensemble, par exemple dans des cérémonies publiques, leur situation respective est déterminée par des règlements. (*Voy.* **Honneurs, Préséances.**)

CHAP. XI. — RÉTRIBUTION.

50. Les fonctions publiques sont généralement rétribuées. Les fonctions qui s'exercent gratuitement, sont celles de membre des conseils généraux, d'arrondissement, municipaux, de maire, d'adjoint, de juge d'un tribunal de commerce, et de suppléant en expectative. Dans les conseils de prud'hommes, les fonctions des patrons sont gratuites ; mais les ouvriers peuvent recevoir une indemnité. Il existe encore un certain nombre d'autres fonctions honorifiques.

Sect. 1. — Traitements.

51. Le plus souvent la rétribution consiste en un traitement fixe qui se paie par douzièmes, de mois en mois. Dans quelques cas elle est éventuelle ; ainsi, les conservateurs des hypothèques, les receveurs municipaux, les receveurs de l'enregistrement, des contributions indirectes ou des hospices, les percepteurs des contributions directes, reçoivent des remises proportionnées aux recettes opérées par leurs soins, et comme quelquefois la rétribution pourrait être insuffisante, on garantit, lorsqu'il y a lieu, un minimum de traitement. Dans d'autres cas, le traitement fixe est combiné avec un traitement éventuel : c'est ainsi que sont rétribués les trésoriers-payeurs généraux et les receveurs particuliers, les greffiers des cours et tribunaux, les chanceliers de missions diplomatiques ; les curés ont un *casuel.*

52. Dans certains établissements universitaires, dans plusieurs écoles, et dans quelques corps de l'armée, les traitements s'accroissent progressivement après un certain nombre d'années de service. (*Voy. n°* 98.)

53. Certains fonctionnaires sujets à être mis en disponibilité sans remplir les conditions voulues pour avoir droit à une pension, notamment les préfets et les sous-préfets, peuvent obtenir pendant un temps déterminé un traitement de non-activité. Cet avantage s'accorde aussi aux agents diplomatiques et consulaires temporairement privés de leur emploi par des causes étrangères au mérite de leurs services, et qui comptent dix ans d'activité de service (*O.* 30 *juin* 1843). Les agents diplomatiques en congé touchent la moitié de leur traitement pendant six mois (*O.* 25 *août* 1845). Les officiers touchent une solde de non-activité ou de disponibilité.

54. Tous les traitements, soit fixes, soit éventuels, se touchent dans les caisses du Trésor, sauf les exceptions suivantes. Les conservateurs des hypothèques et les greffiers des cours et tribunaux perçoivent directement le prix des actes qui leur sont demandés, parce que leurs fonctions constituent un office ministériel et leur imposent une responsabilité pécuniaire. Par des raisons semblables, les chanceliers des consulats prélèvent directement les droits qui leur sont attribués. Les secrétaires des conseils de prud'-hommes sont assimilés aux greffiers. D'après l'antique usage, les curés et desservants reçoivent eux-mêmes leur casuel, et les instituteurs communaux peuvent être autorisés dans certains cas à percevoir la rétribution scolaire.

Sect. 2. — Suppléments et accessoires.

55. Au traitement ou à la solde s'ajoutent différents suppléments et accessoires à cause de positions spéciales. Les militaires ont des prestations en nature; on accorde des suppléments de solde aux instructeurs en chef, aux officiers de tir, à des officiers pour ancienneté de grade ou pour résidence à Paris ou autres garnisons, aux militaires employés dans les écoles militaires, dans les dépôts de recrutement, ou attachés au service des remontes. La solde des officiers est plus ou moins élevée, suivant que les troupes sont sur le pied de paix, sur le pied de rassemblement ou sur le pied de guerre ; on leur alloue des indemnités pour frais de représentation, pour remplacement de fourrages, pour logement et ameublement, pour frais de bureaux, pour remplacement de vivres, pour pertes d'effets et de chevaux. Ils reçoivent des gratifications pour l'entrée en campagne. On donne aux sous-officiers promus officiers des gratifications de première mise d'équipement, et le même avantage est accordé aux sous-officiers instructeurs. Les officiers de marine touchent un supplément de solde quand ils sont embarqués et une indemnité de table pour leur nourriture à bord. Les employés envoyés d'Europe en Algérie ou dans les colonies reçoivent un supplément de traitement. Il est pourvu au logement du président du Sénat, du président et des questeurs de la Chambre des députés, du premier président de la Cour des comptes, des préfets et sous-préfets, des archevêques, évêques et curés, des généraux commandant les divisions, la place de Paris et les écoles militaires, du président de la commission des monnaies, des agents diplomatiques et consulaires, des directeurs d'établissements qui exigent une constante surveillance, tels que les proviseurs et censeurs des lycées, les directeurs des prisons, les conservateurs de bibliothèques ou de musées (*voy.* **Logement**). Les archevêques et les évêques sont indemnisés de leurs dépenses de premier établissement, et des fonds sont alloués aux officiers généraux, aux préfets et aux sous-préfets pour leurs frais de bureau. On indemnise de leurs frais de voyage les fonctionnaires envoyés en mission. Les ingénieurs des ponts et chaussées et ceux des mines sont autorisés à recevoir des honoraires pour les projets, rapports, vérifications, instructions, réglementations et récolements qu'ils ont à faire pour des communes, des associations ou des particuliers intéressés dans des travaux ; mais l'état des honoraires doit être arrêté par le préfet et notifié aux parties, et le recouvrement s'opère conformément au décret du 7 fructidor an XII. Les préposés des douanes ont droit à une gratification pour chaque arrestation de fraudeur ou de déserteur et à des indemnités quand ils assistent aux naufrages, ou qu'ils con-

voient des bâtiments de commerce destinés à remonter les fleuves. Tous les agents chargés de constater les fraudes commises au préjudice du Trésor ont droit à une part dans les amendes et dans le produit des confiscations.

Sect. 3. — Retenues et saisies-arrêts.

56. Aux termes de la loi du 9 juin 1853, les traitements des fonctionnaires et employés directement rétribués par l'État sont soumis à des retenues permanentes ou éventuelles dont le produit est affecté au service des pensions de retraite. Aucune retenue n'est imposée aux ecclésiastiques, aux militaires, aux ministres, aux sous-secrétaires d'État, aux membres du Conseil d'État, aux préfets et sous-préfets (*voy.* **Pensions**). Quant aux saisies-arrêts, les traitements des ecclésiastiques et des ministres ou pasteurs protestants sont seuls insaisissables (*Arr.* 18 *niv. an XI et* 15 *germ. an XII*). Les autres traitements peuvent être saisis jusqu'à concurrence du cinquième sur les premiers mille francs et les sommes au-dessous, du quart sur les cinq mille francs suivants, et du tiers sur toute portion excédant six mille francs (*L.* 21 *vent. an IX*). Les saisies-arrêts ou oppositions doivent être faites conformément au décret du 18 août 1807, combiné avec les art. 13 et 14 de la loi du 9 juillet 1836, et l'art. 11 de la loi du 8 juillet 1837. (*Voy.* **Oppositions**.)

CHAP. XII. — CUMUL.

57. On distingue trois sortes de cumul : le cumul des fonctions, le cumul des traitements, et le cumul, soit d'un traitement d'activité avec une pension, soit de deux pensions.

58. Nous avons indiqué aux n°s 31 et 32 les incompatibilités qui existent entre les diverses fonctions publiques ; il en résulte que le cumul des fonctions et des traitements ne peut être que très-restreint. Néanmoins il est interdit, par l'ordonnance royale du 31 mai 1838, art. 44, « de cumuler en entier les traitements de plusieurs places, emplois ou commissions, dans quelque partie que ce soit : en cas de cumul de deux traitements, le moindre est réduit de moitié ; en cas de cumul de trois traitements, le troisième est en outre réduit au quart, et ainsi de suite en suivant cette proportion. Mais cette réduction n'a pas lieu pour les traitements cumulés qui sont au-dessous de 3,000 fr., ni pour les traitements plus élevés qui en sont exceptés par les lois. « Cette règle, qui ne concerne du reste que les traitements payés sur les fonds de l'État ou sur les fonds départementaux ou communaux, est complétée par l'art. 28 de la loi de finances du 8 juillet 1852, qui est ainsi conçu : « Les professeurs, savants, gens de lettres et artistes peuvent remplir plusieurs fonctions et occuper plusieurs chaires rétribuées sur les fonds du trésor public ; mais le montant des traitements cumulés, tant fixes qu'éventuels, ne peut dépasser 20,000 fr. »

59. Le cumul d'un traitement d'activité avec une pension de retraite ou de deux pensions est traité dans l'article **Pensions**.

CHAP. XIII. — OBLIGATIONS DES FONCTIONNAIRES.

60. Les fonctions étant créées dans l'intérêt, non des titulaires, mais du public, la loi n'en admet aucune qui ne suppose un office à accomplir.

Une autre conséquence du même principe est que tout fonctionnaire doit aussi remplir en personne l'emploi dont il est titulaire. On ne déroge à cette règle qu'en faveur des évêques à qui l'on donne des coadjuteurs, ou de professeurs de l'enseignement supérieur qui peuvent se tenir indéfiniment éloignés de leur chaire, tout en conservant leur titre, et qui sont autorisés à se faire remplacer par des suppléants. Les maires aussi peuvent déléguer une partie de leurs fonctions à un ou plusieurs de leurs adjoints. (*L.* 18 *juill.* 1837.)

61. Il est interdit de se substituer un délégué sans caractère public, même dans le cas où l'on éprouverait un empêchement légitime. Ainsi les trésoriers-payeurs généraux ne peuvent prendre des fondés de pouvoirs qu'à la condition de faire agréer ces derniers par le ministre des finances.

62. Une autre obligation imposée à tous les fonctionnaires est de résider dans le lieu assigné à l'exercice de leurs fonctions. Il leur est interdit de s'absenter sans une permission de l'autorité compétente.

63. Les officiers de l'armée ne peuvent contracter mariage sans avoir obtenu l'agrément du ministre de la guerre. Les employés du service actif des contributions indirectes sont soumis à une obligation semblable.

64. Les obligations morales des fonctionnaires sont tracées dans les *Études administratives* de VIVIEN. Ils doivent avoir une vie régulière, une bonne tenue ; ils doivent être assidus, courtois et conciliants à l'égard du public ; la probité, l'obéissance et la discrétion sont chez eux des qualités essentielles. Comme la loi morale n'exerce pas toujours son empire, il est pourvu au maintien de l'ordre dans les différents services par les mesures et les peines indiquées ci-après [1].

CHAP. XIV. — DISCIPLINE.

Sect. 1. — Mesures disciplinaires préventives.

65. Ces mesures sont en très-petit nombre. Les juges sont tenus, avant l'audience, de faire inscrire leur nom sur un registre, et les absents ne reçoivent pas les droits d'assistance. De même, à la Cour des comptes, chaque président de chambre et chaque conseiller-maître doivent s'inscrire sur un registre, et les sommes vacantes pour défaut d'assistance sont réparties entre ceux qui ont assisté aux séances. À la fin de chaque mois, le greffier en chef doit présenter au premier président un relevé des comptes dont les référendaires n'ont pas fait le rapport. (*D.* 28 *sept.* 1807.)

Sect. 2. — Peines disciplinaires.

66. L'institution du pouvoir disciplinaire a pour objet, non-seulement d'assurer l'exécution régulière des services publics, mais encore de sauvegarder la considération et la dignité nécessaires à chaque corps. La surveillance n'est donc pas limitée aux fautes inhérentes aux fonctions ; elle embrasse même les actions de la vie privée.

67. Dans les cours et tribunaux, les peines disciplinaires sont appliquées, par les cours d'appel, lorsqu'il s'agit de membres de ces cours ou des cours d'assises, par les tribunaux de pre-

mière instance, lorsqu'il s'agit de membres de ces tribunaux, ou de juges de paix ou de juges de police, et par la Cour de cassation lorsque les faits peuvent entraîner la déchéance (*L.* 20 *avril* 1810 ; *S.-C.* 16 *therm. an* X, et *D.* 1er *mars* 1852). Le juge qui compromet la dignité de son caractère est averti par le président, et si l'avertissement reste sans effet, le juge peut être puni, soit de la censure, soit de la suspension provisoire (*L. et D. préc.*). Tout juge qui se trouve dans les liens d'un mandat d'arrêt ou de dépôt, d'une ordonnance de prise de corps ou d'une condamnation correctionnelle, même pendant l'appel, est suspendu provisoirement de ses fonctions ; tout jugement de condamnation, même à une peine de simple police, rendu contre un juge, est transmis au ministre de la justice qui dénonce à la Cour de cassation, s'il y a lieu, le magistrat condamné (*L.* 20 *avril* 1810). Lorsqu'un magistrat inamovible a été frappé de la suspension provisoire, le ministre de la justice le dénonce, s'il y a lieu, à la Cour de cassation, et cette Cour peut, après l'avoir entendu, le déclarer déchu de ses fonctions (*D.* 1er *mars* 1852). Les officiers de police judiciaire, même les juges d'instruction, sont soumis à la surveillance du procureur général qui peut les avertir en cas de négligence, et les citer à la chambre du conseil en cas de récidive (*C. d'I. C.*, art. 279 à 282). Les officiers du ministère public et les greffiers dont la conduite est répréhensible, sont rappelés à leur devoir par le procureur général, et, s'il y a lieu, dénoncés au ministre de la justice. Dans le cas où des officiers du ministère public, et même des juges, s'absenteraient sans un congé régulier, ils seraient privés de leur traitement pendant le temps de leur absence, et si elle durait plus de six mois, ils pourraient être considérés comme démissionnaires et remplacés (*L.* 20 *avril* 1810). Les juges et les officiers du ministère public qui, après un mois d'absence, seraient requis par le procureur général de se rendre à leur poste et n'y reviendraient pas dans le mois, pourraient être remplacés comme démissionnaires (*Id.*). De même, tout juge suppléant et tout membre d'un conseil de prud'hommes qui sans motifs légitimes refuseraient le service auquel ils seraient appelés, pourraient être considérés comme démissionnaires. (*L.* 11 *avril* 1838 ; *D.* 16 *nov.* 1854.) Les commis-greffiers peuvent être révoqués par le greffier en chef en vertu des art. 26 et 27 du décret du 18 août 1810.

68. La Cour des comptes peut prononcer contre ceux de ses membres qui auraient manqué aux devoirs de leur état ou compromis la dignité de leur caractère, la censure, la suspension des fonctions et la déchéance. Cette dernière n'est exécutoire qu'en vertu d'un décret. (*D.* 30 *mars* 1852.)

69. Les archevêques connaissent des réclamations et des plaintes contre la conduite et les décisions des évêques suffragants ; les évêques exercent la même attribution sur les clercs de leurs diocèses, et les uns et les autres peuvent infliger les peines canoniques. (*Voy.* **Culte catholique.**)

70. Dans l'armée de terre, les infractions au règlement sur le service sont punies de différentes peines disciplinaires, savoir : pour les officiers,

---

1. Les obligations politiques des préfets ont été tracées dans une circulaire du ministre de l'intérieur du 6 mai 1876, que tous les journaux ont reproduite le 7 ou le 8 du même mois. (*Voy..* le *J. Off.* du 7.)

les arrêts simples, la réprimande du colonel, les arrêts de rigueur, la prison ; et pour les sous-officiers, la privation de sortir du quartier après l'appel du soir, la consigne au quartier ou dans la chambre, la salle de police et la prison. A bord des bâtiments de l'État, les officiers peuvent être punis des arrêts, et les officiers mariniers, maîtres et quartiers-maîtres, des peines portées par les art. 1567 à 1584 du décret du 28 août 1852. Les peines sont prononcées par les supérieurs. De plus, la loi du 19 mai 1834 a déterminé plusieurs infractions à la discipline pour lesquelles un officier peut être suspendu de son emploi, ou mis en non-activité par décision du Chef de l'État, ou mis en réforme par décision du Chef de l'État rendue sur le rapport du ministre de la guerre et d'après l'avis d'un conseil d'enquête. La destitution ne peut être prononcée que par un conseil de guerre. Les caporaux, brigadiers ou sous-officiers peuvent être suspendus pendant deux mois par le commandant du régiment et cassés par le ministre de la guerre.

74. Le ministre de l'instruction publique prononce disciplinairement contre les membres de l'instruction secondaire publique, suivant la gravité des cas : 1° la réprimande devant le conseil académique : 2° la censure devant le conseil supérieur ; 3° la mutation pour un emploi inférieur ; 4° la suspension pour une année au plus, avec ou sans privation totale ou partielle du traitement ; 5° le retrait d'emploi, après avoir pris l'avis du conseil supérieur et avoir entendu les inculpés (*D.* 11 *juill.* 1863). Le ministre peut prononcer les mêmes peines, à l'exception de la mutation pour un emploi inférieur, contre les professeurs de l'enseignement supérieur. Le retrait d'emploi ne peut être prononcé contre eux que sur l'avis conforme du conseil supérieur. Le conseil académique prononce sur les poursuites tendant à la révocation. (*L.* 15 *mars* 1850.)

72. Le préfet peut réprimander, suspendre, avec ou sans privation totale ou partielle de traitement, pour un temps qui n'excède pas six mois, ou révoquer les instituteurs, les institutrices ou les directrices de salle d'asile. La révocation entraîne l'incapacité d'exercer la profession d'instituteur dans la même commune et l'interdiction absolue peut être prononcée par le conseil académique. (*Id., L.* 1854.)

73. Dans la diplomatie et l'administration, les fonctionnaires ou agents qui manquent à leurs devoirs, sont, suivant la gravité des faits, avertis, ou réprimandés, ou privés de gratifications ou d'avancement, ou suspendus avec privation de traitement, ou destitués. Les peines plus graves que la réprimande sont prononcées par le ministre. Dans les directions générales du ministère des finances et dans celle des lignes télégraphiques, les employés inférieurs peuvent être suspendus ou révoqués par le directeur général, après avis du conseil d'administration.

Sect. 3. — Peines pour crimes ou délits.

74. Les fonctionnaires devant plus rigoureusement que tous autres respecter les lois dont ils sont chargés d'assurer l'exécution, la loi prévoit et punit les abus qu'ils peuvent commettre. Ainsi celui qui livre soit des secrets d'État aux agents d'une puissance étrangère ou de l'ennemi, soit des plans à l'ennemi ou aux agents de l'ennemi, encourt la peine de mort ; si les plans sont livrés aux agents d'une puissance neutre ou alliée, la peine encourue est la détention (*C. P.*, art. 80, 81). Celui qui retient, contre l'ordre du Gouvernement, un commandement militaire quelconque, ou le commandant qui tient son armée ou sa troupe rassemblée après que le licenciement ou la séparation en ont été ordonnés, encourent la peine de mort (*art.* 93). Celui qui requiert ou ordonne, fait requérir ou ordonner l'action ou l'emploi de la force publique contre la levée des gens de guerre légalement établie, est puni de la déportation, et, si la réquisition ou l'ordre sont suivis de leur effet, le coupable est puni de mort (*art.* 94). La loi réprime aussi les attentats à la liberté individuelle (*voy.*) ou aux droits civiques, les mesures concertées contrairement aux lois, ou contre l'exécution des lois, ou contre les ordres du Gouvernement, les empiétements des autorités administratives ou judiciaires (*art.* 114 *à* 131) ; les faux (*voy.*) en écritures publiques ou authentiques (*art.* 145, 146) ; les faux commis dans les passeports ou les feuilles de route (*art.* 155, 158).

75. Tout crime commis par un fonctionnaire public dans l'exercice de ses fonctions est une forfaiture (*C. P., art.* 166). La loi qualifie forfaitures et punit comme telles : 1° les soustractions commises par des dépositaires publics ; 2° les concussions commises par des fonctionnaires publics ; 3° la participation à des affaires incompatibles avec la qualité de fonctionnaire ; 4° la corruption des fonctionnaires ; 5° les abus d'autorité, soit contre les particuliers, soit contre la chose publique, notamment la violation du domicile, le déni de justice, les violences, la suppression ou l'ouverture des lettres confiées à la poste, l'emploi de la force publique contre l'exécution d'une loi, d'une ordonnance ou mandat de justice, ou d'un ordre émané de l'autorité légitime ; 6° les délits relatifs à la tenue des actes de l'état civil ; 7° l'exercice de l'autorité publique illégalement anticipé ou prolongé (*art.* 169 *à* 197). La forfaiture pour laquelle la loi ne prononce pas de peines plus graves, est punie de la dégradation civique (*art.* 167). Toutefois les simples délits ne constituent pas les fonctionnaires en forfaiture (*art.* 168).

76. La loi distingue et punit quatre ordres de faits, par lesquels les ministres des cultes peuvent troubler l'ordre dans l'exercice de leur ministère. Ce sont : 1° les contraventions tendant à compromettre l'état civil des personnes ; 2° les critiques, censures ou provocations dirigées contre l'autorité publique dans un discours pastoral prononcé publiquement ; 3° les critiques, censures ou provocations dirigées contre l'autorité publique dans un écrit pastoral ; 4° la correspondance des ministres des cultes avec les cours ou puissances étrangères sur des matières de religion. (*C. P., art.* 199 *à* 208.)

77. La loi punit encore : 1° tout commandant, officier ou sous-officier de la force publique, qui, après en avoir été légalement requis par l'autorité civile, refuserait de faire agir la force à ses ordres (*C. P., art.* 234) ; 2° les commandants de la gendarmerie ou de la force armée, les concierges, gardiens, geôliers et tous autres préposés à la conduite, au transport ou à la garde des prévenus, qui, par négligence ou par connivence, laisseraient s'accomplir, ou procureraient, ou faciliteraient une évasion (*art.* 237 à 241, 243, 244, 246, 247); 3° les gardiens de scellés qui les ont laissé briser, ou qui les ont brisés, ou qui ont participé au bris (*art.* 249 à 252); 4° les greffiers, archivistes ou autres dépositaires de pièces, papiers, registres, actes et effets, qui les ont laissé soustraire, détruire ou enlever, ou qui en eux-mêmes commis ces soustractions, destructions ou enlèvements (*art.* 254, 255).

78. Des lois spéciales prévoient le cas où des fonctionnaires enfreindraient leurs dispositions. Ainsi, en matière de recrutement, la loi du 27 juillet 1872 définit et punit certains délits dont pourraient se rendre coupables des fonctionnaires, agents ou employés du Gouvernement, et des peines sont établies par la loi électorale contre les fonctionnaires ou agents qui tenteraient d'exercer sur les électeurs une influence illégitime, ou qui violeraient le scrutin.

79. L'armée de terre et l'armée navale ont chacune un Code pénal spécialement destiné aux personnes dont elles se composent. (*Voy.* **Justice militaire.**)

80. Pour les abus ecclésiastiques, voyez **Appel comme d'abus.**

Sect. 4. — Prise à partie.

81. La loi permet aux parties de poursuivre la réparation civile du tort qui a pu leur être causé par un juge, en prenant ce dernier à partie. Cette voie extraordinaire est admise : 1° s'il y a dol, fraude ou concussion, qu'on prétendrait avoir été commis soit dans le cours de l'instruction, soit lors des jugements; 2° si la prise à partie est expressément prononcée par la loi (*C. d'I. C.*, *art.* 77, 112, 164, 271, 370, 486); 3° si la loi déclare les juges responsables à peine de dommages-intérêts (*C. de Pr.*, *art.* 15; *C. civ.*, *art.* 2063); 4° s'il y a déni de justice (*C. de Pr.*, *art.* 506). Mais, afin de protéger les juges contre l'abus qui pourrait être fait de cette disposition, la loi prescrit une procédure particulière. (*Voy.* n° 86.)

CHAP. XIV. — GARANTIES ÉTABLIES EN FAVEUR DES FONCTIONNAIRES.

82. Si la loi prévoit et punit les actes par lesquels les fonctionnaires peuvent troubler l'ordre ou compromettre l'intérêt de l'État, elle protège aussi certaines catégories de fonctionnaires par diverses garanties qui consistent, les unes dans des restrictions mises au droit de révocation, les autres dans la répression des violences et des outrages auxquels ces fonctionnaires sont exposés dans l'exercice de leur mandat, et d'autres dans des formes particulières auxquelles sont soumises les actions intentées contre eux.

Sect. 1. — Garanties relatives au droit de révocation.

83. Ce droit est péremptoire dans la plupart des services. Il est limité dans quelques-uns par une instruction administrative. Ainsi les ingénieurs des ponts et chaussées et ceux des mines ne peuvent être révoqués que par décret rendu sur la proposition du ministre et l'avis du conseil général des ponts et chaussées ou des mines. Lorsqu'un professeur de l'enseignement supérieur ou de l'enseignement secondaire est inculpé d'une faute qui peut entraîner sa révocation, il est admis à présenter sa défense devant le comité consultatif de l'instruction publique, et la peine n'est prononcée que d'après l'avis motivé de ce comité.

Les conseillers d'État ne peuvent être révoqués qu'en conseil des ministres.

Seuls, les membres des cours et tribunaux composant la magistrature assise, ainsi que les officiers de l'armée de terre et de l'armée de mer, jouissent du privilège de l'inamovibilité, les premiers pour que la justice ne soit jamais soupçonnée de manquer d'indépendance, les seconds parce que leur profession est un devoir du citoyen et que le choix n'en est pas toujours libre (VIVIEN). Les juges ne peuvent être suspendus ou déclarés déchus de leurs fonctions que dans les cas indiqués au n° 67. Quant aux officiers, la loi distingue le grade de l'emploi ; le grade ne peut être retiré que dans les cas et suivant des formes déterminés par la loi du 19 mai 1834 ; mais les officiers peuvent être mis hors cadre sans emploi, en vertu d'une décision rendue par le Chef de l'État, sur le rapport du ministre de la guerre et d'après l'avis d'un conseil d'enquête.

Sect. 2. — Garanties contre les violences et les outrages.

84. Les atteintes portées à l'autorité publique et les entraves opposées à l'action légitime du pouvoir sont rangées par la loi pénale au nombre des crimes et délits contre la chose publique. La rébellion contre « les gardes champêtres ou forestiers, la force publique, les préposés à la perception des taxes et contributions, les porteurs de contraintes, les préposés des douanes, les officiers ou agents de la police administrative ou judiciaire agissant pour l'exécution des lois, des ordres ou ordonnances de l'autorité publique, des mandats de justice ou jugements », est punie par les art. 209 à 221 du Code pénal. Les art. 222 à 233 du même Code punissent les outrages et les violences envers les magistrats de l'ordre administratif ou judiciaire, les agents dépositaires de la force publique, ou les commandants de cette force, dans l'exercice ou à l'occasion de l'exercice de leurs fonctions, ou même envers ces citoyens chargés d'un ministère de service public, pendant qu'ils exercent ce ministère ou à cette occasion. Il a été jugé que ces articles sont applicables à tout dépositaire de l'autorité publique, entre autres, au président d'un collège électoral. (*Cass.* 19 août 1837.)

Quiconque outrage ou frappe le ministre d'un culte dans ses fonctions, encourt les peines portées aux art. 262 et 263 du Code pénal. Les lois du 17 mai 1819 et du 25 mars 1822 punissent : 1° la diffamation ou l'injure, par les moyens énoncés en l'art. 1er, envers les cours, tribunaux, corps constitués, autorités ou administrations publiques ; 2° la diffamation, soit envers les dépositaires ou agents de l'autorité publique pour des faits relatifs à leurs fonctions, soit envers les agents diplomatiques accrédités auprès du Gouvernement ; 3° l'outrage fait publiquement d'une manière quelconque, à raison de leurs fonctions ou de leur qualité, soit à un fonctionnaire public, soit à un ministre d'un culte reconnu par l'État, soit à un juré; 4° l'outrage fait à un ministre d'un culte reconnu par l'État dans l'exercice de ses fonctions, ainsi que le même outrage accompagné d'excès ou de violences.

Sect. 3. — Garanties en cas de prise à partie.

85. Les juges ne peuvent être pris à partie que dans les cas énoncés ci-dessus au n° 82, et l'action est soumise à des formes particulières qui sont réglées dans les art. 505 à 516 du Code de procédure civile.

Sect. 4. — Garanties relatives aux actions intentées contre les fonctionnaires.

86. Le Sénat peut être constitué en cour de justice pour juger, soit le président de la République, soit les ministres. Le président n'est responsable que dans le cas de haute trahison. Les ministres sont solidairement responsables, devant les Chambres, de la politique générale du Gouvernement, et individuellement, de leurs actes personnels. Quant aux crimes ou délits qui seraient commis par eux hors de leurs fonctions, il serait procédé suivant le droit commun.

87. La garantie établie par l'art. 70 de la Constitution de l'an VIII à l'égard de crimes commis par des membres du Conseil d'État, hors de leurs fonctions, est abolie par la loi du 19 septembre 1870. (*Voy. n° 90*).

88. Des règles particulières d'instruction et de compétence sont établies : 1° dans les art. 479 et 480 du Code d'instruction criminelle pour les crimes ou délits que des juges de paix, des membres de tribunaux de première instance, des officiers chargés du ministère public près des tribunaux, commettraient hors de leurs fonctions; 2° dans les art. 481 et 482 du même Code, pour les délits ou les crimes commis hors de leurs fonctions par des membres des cours d'appel ou des officiers exerçant près d'elles le ministère public; 3° dans les art. 483 à 503 du même Code, pour les crimes ou délits que des juges de paix, des officiers de police judiciaire, des membres de tribunaux de première instance, des conseillers de cours d'appel, des officiers chargés du ministère public près des tribunaux ou des cours, ou des tribunaux entiers, commettraient dans l'exercice de leurs fonctions. Toutefois, la loi du 20 avril 1810 et le décret du 6 juillet de la même année ont apporté trois modifications à ces règles. « Les causes de police correctionnelle, dans les cas prévus par l'art. 479 du Code d'instruction criminelle, sont portées à la chambre civile, présidée par le premier président. » En second lieu, c'est aux cours d'appel qu'il appartient de connaître, conformément à cet art. 479, des délits de police correctionnelle commis par des membres de ces cours, et « la connaissance des faits emportant peine afflictive ou infamante dont seraient accusés des membres de ces mêmes cours, est attribuée à la cour d'assises du lieu où siège la cour d'appel. » Toutes les dispositions précitées sont applicables aux juges suppléants et aux suppléants des juges de paix (*Cass.* 20 mai 1826 et 4 juin 1830); elles ne le sont pas aux greffiers (*Cass.* 4 juill. 1846); elles embrassent, avec les crimes et délits, les simples contraventions (*Cass.* 9 avril 1842). Lorsque le magistrat a pour com-

plices des particuliers ou qu'il s'agit de délits connexes, tous les prévenus sont indistinctement soumis aux règles qui précèdent. (*Voy. Cass.* 15 sept. 1871.)

89. La loi du 20 avril 1810 a étendu à certains dignitaires et hauts fonctionnaires une partie des règles particulières qui sont établies à l'égard des magistrats de l'ordre judiciaire et exposées au n° 88. Ainsi, dans le cas où un grand-officier de la Légion d'honneur, un général commandant une région ou subdivision, un archevêque, un évêque, un président de consistoire, un membre de la Cour de cassation ou de la Cour des comptes, un préfet, serait prévenu d'avoir commis hors de ses fonctions, ou dans l'exercice de ses fonctions, un délit emportant une peine correctionnelle, il appartiendrait au procureur général près la cour d'appel de le faire citer devant cette cour, qui prononcerait sans qu'il pût y avoir appel, suivant l'art. 479 du Code d'instruction criminelle. Dans le cas où une de ces mêmes personnes serait prévenue d'avoir commis un crime emportant peine afflictive ou infamante, c'est à la cour d'assises du lieu où siège la cour d'appel qu'il appartiendrait d'en connaître. (*Voy. Cass.* 19 fév. 1872.)

Les officiers de l'armée de terre et de l'armée navale ne sont justiciables que des conseils de guerre.

Sect. 5. — Garantie dite constitutionnelle en faveur des agents du Gouvernement.

90. Un décret-loi du 19 septembre 1870 a abrogé l'art. 75 de la Constitution de l'an VIII, qui avait continué d'être appliqué et d'après lequel « les agents du Gouvernement, autres que les ministres, ne pouvaient être poursuivis pour des faits relatifs à leurs fonctions qu'en vertu d'une décision du Conseil d'État. »

Cette disposition si succincte avait été l'objet de longues et vives controverses. On lui reprochait de livrer à la discrétion du pouvoir des droits essentiels. Des jurisconsultes, entre autres HENRION DE PANSEY et ROULLIER, soutenaient que l'art. 75 était abrogé virtuellement par la Charte de 1814. CORMENIN doutait fortement de la légalité de l'application qu'on en faisait. Au contraire, la Cour de cassation décidait que cette disposition n'était pas abolie, et des jurisconsultes la défendaient en alléguant en sa faveur que les fonctionnaires ne pouvaient être à chaque instant obligés d'abandonner leur service pour venir devant les tribunaux se défendre contre des plaintes bien ou mal fondées, que l'administration serait entravée dans sa marche, que la crainte de voir leurs actes débattus publiquement refroidirait le zèle des fonctionnaires, qu'ils pourraient d'ailleurs n'avoir fait qu'exécuter les ordres de leurs supérieurs.

91. Lors même que ces raisons eussent été complètement fondées, ce qui n'était pas, une atteinte si considérable au droit commun aurait dû être restreinte autant que possible, tandis que, par un penchant trop ordinaire, on donnait à l'art. 75 une extension abusive et ce défaut capital était aggravé encore par des décrets dictatoriaux de 1852. On avait le tort de ne pas l'appliquer également à tous les agents. Dans plusieurs administrations financières, les agents pouvaient être traduits en justice par les directeurs généraux ; d'autres ne pouvaient l'être que par le ministre ; dans le service des douanes, c'était le pouvoir d'autoriser les poursuites qui était conféré par le directeur général, et par une autre incohérence plus singulière, les agents des contributions indirectes et de l'octroi pouvaient être poursuivis sans aucune autorisation. Enfin, l'art. 75 causait d'autres embarras encore : il fallait distinguer, non-seulement si les faits rentraient dans l'exercice de la fonction, mais encore si le défendeur avait ou n'avait pas la qualité d'agent du Gouvernement ou s'il ne jouissait pas d'autres garanties légales.

92. Mais le décret du 19 septembre 1870 a rencontré dans l'application des difficultés inattendues. La Cour de cassation a décidé que cette abrogation avait pour effet nécessaire de rendre les tribunaux compétents : 1° pour apprécier et qualifier les actes imputés aux agents du Gouvernement et qui donnaient lieu à une action en réparation ; 2° pour apprécier les motifs qui avaient servi de base aux faits et la responsabilité qui pouvait en résulter. (*Voy. Cass.* 3 *juin* 1872, 18 *mars et* 20 *juin* 1873.) Une jurisprudence différente a été adoptée par le Tribunal des conflits. (*Voy. Jugement du* 30 *juill.* 1873.) Ce tribunal a décidé que le décret du 19 septembre 1870 n'a eu d'autre effet que de supprimer la fin de non-recevoir résultant du défaut d'autorisation, avec toutes ses conséquences légales, et de rendre ainsi aux tribunaux judiciaires toute leur liberté d'action dans les limites de leur compétence ; que ce décret n'a pu avoir pour conséquence d'étendre les limites de leur juridiction, de supprimer la prohibition qui leur est faite, par d'autres dispositions que celles abrogées par ce décret, de connaître des actes administratifs, et d'interdire dans ce cas à l'autorité administrative le droit de proposer le déclinatoire et d'élever le conflit d'attributions ; qu'une telle interprétation serait inconciliable avec la loi du 24 mai 1872 qui, en instituant le Tribunal des conflits, a consacré de nouveau le principe de la séparation des pouvoirs et les règles de compétence qui en découlent.

93. Cette doctrine n'aurait pas seulement pour effet de rétablir sous une autre forme la garantie abrogée par le décret de 1870. Il en résulterait en outre, suivant l'observation faite par M. DUCROCQ, dans son *Cours de droit administratif*, qu'il n'y aurait plus aucune autorité, ni administrative ni judiciaire, compétente pour connaître des poursuites exercées contre les agents du Gouvernement pour des faits relatifs à leurs fonctions. Or, s'il importe de sauvegarder le principe de la séparation des pouvoirs, il n'importe pas moins d'assurer aux particuliers le droit de faire juger par les tribunaux compétents les griefs qu'ils peuvent avoir contre des fonctionnaires.

94. L'abrogation de la garantie constitutionnelle a entraîné celle de la garantie qui résultait pour les membres du Conseil d'État de l'art. 121 du Code pénal, des art. 127 et 129 du même Code, concernant les poursuites exercées sans autorisation contre les agents du Gouvernement, et des lois ou règlements qui, pour simplifier la

procédure, conféraient aux préfets et aux chefs des administrations financières, le droit de statuer sur les demandes d'autorisation (*n*° 91). La même abrogation a rendu applicables aux agents du Gouvernement les dispositions du Code d'instruction criminelle, l'art. 11 de la loi du 20 avril 1810 et les dispositions concernant l'action civile de la partie qui se prétend lésée, notamment la loi du 5 avril 1871, d'après laquelle, en cas d'imputation contre les dépositaires ou agents de l'autorité publique, à l'occasion de faits relatifs à leurs fonctions, la preuve de la vérité des faits diffamatoires peut être faite devant le jury, conformément aux art. 20 à 25 de la loi du 26 mai 1819, et l'action civile résultant des délits à l'occasion desquels la preuve est admise, ne peut être poursuivie séparément de l'action publique, sauf dans le cas du décès de l'auteur du fait incriminé ou d'amnistie.

95. Le décret du 19 septembre 1870 portait, comme article 2, qu'il serait ultérieurement statué sur les peines civiles qu'il pourrait y avoir lieu d'édicter dans l'intérêt public contre les particuliers qui auraient dirigé des poursuites téméraires contre des fonctionnaires. L'Assemblée nationale, sur la proposition de la commission chargée d'examiner les décrets législatifs du gouvernement de la Défense nationale, a décidé, en 1871, qu'il ne serait pas donné suite à cette disposition.

CHAP. XV. — RÉCOMPENSES.
Sect. 1. — Avancement.

96. Dans l'armée de terre et dans l'armée navale, aucune nomination ne peut se faire que parmi les titulaires du grade immédiatement inférieur à l'emploi vacant. Cette règle est également établie dans les services administratifs militaires, dans le corps des ponts et chaussées, dans celui des mines, ainsi que dans les consulats et l'Université. La loi exige en outre, dans l'armée, dans les ponts et chaussées et les mines, ainsi que dans les consulats, qu'on ait passé un certain temps dans un grade pour pouvoir être promu au grade supérieur. L'avancement de grade en grade se pratique dans beaucoup d'autres services où il n'est pas positivement prescrit, mais avec la faculté d'y déroger en cas de services exceptionnels.

97. Les promotions se font généralement au choix ; l'ancienneté ne constitue un droit à l'avancement que dans l'armée, ainsi qu'à la Cour des comptes, et encore n'est-ce que dans des proportions assez restreintes.

98. Souvent les fonctionnaires d'un même grade sont divisés en plusieurs classes auxquelles sont assignés des traitements qui vont en croissant de la dernière à la première. Ainsi, il existe trois classes de préfets, deux classes de référendaires et d'officiers d'administration militaire, cinq classes de commissaires de police. La classe est quelquefois attachée à la résidence, telle localité offrant plus de difficultés ou occasionnant plus de dépenses que telle autre, et dans ce cas un changement de classe entraîne un changement de résidence. Mais, en général, l'objet de la subdivision par classes est d'entretenir le zèle des fonctionnaires en leur décernant des récompenses plus fréquemment qu'une simple division par grades ne permettrait de le faire.

Sect. 2. — Récompenses pécuniaires.

99. On leur donne le nom de gratification dans les services administratifs; elles sont décernées par les ministres, sur la proposition des chefs intermédiaires, aux fonctionnaires ou employés qui s'en sont rendus dignes, soit par des travaux extraordinaires, soit par leur zèle et leur bonne conduite. Dans l'ordre judiciaire, les juges dont la présence à l'audience est constatée par l'inscription de leurs noms sur le registre de pointe, reçoivent des droits d'assistance dont sont privés ceux qui se sont absentés sans cause légitime. Il en est de même à la Cour des comptes pour les conseillers-maîtres, et de plus, « une somme est employée en distribution, à titre de préciput et de récompenses de travaux, à ceux des référendaires qui l'ont mérité ». (*D.* 28 *sept.* 1807.)

Sect. 3. — Distinctions honorifiques.

100. Tous les mérites, dans les fonctions civiles comme dans le service militaire, peuvent être récompensés par l'admission dans la Légion d'honneur et la promotion aux grades supérieurs de cet ordre. L'instruction publique a des distinctions spéciales qui consistent dans le titre d'officier d'académie et dans celui d'officier de l'instruction publique; les conditions à remplir et les insignes attribués aux titulaires sont déterminés dans deux décrets du 9 décembre 1850 et du 16 janvier 1851. Dans l'armée, les actions d'éclat sont mises à l'ordre du jour et consignées au *Journal officiel;* outre la croix d'honneur, la médaille militaire (*D.* 29 *févr.* 1852) peut être décernée pour *valeur et discipline* suivant la devise de cet ordre. A la Cour de cassation, à la Cour des comptes et dans les cours d'appel, les présidents et conseillers qui pendant trente ans se sont montrés fidèles à leur serment de magistrat, peuvent obtenir, en se retirant, le titre de président ou de conseiller honoraire; ils continuent de jouir des honneurs et priviléges attachés à leur état (*D.* 16 *juill.* 1810). Une distinction semblable peut être accordée aux conseillers de préfecture qui ont bien mérité dans l'exercice de leurs fonctions (*D.* 15 *mars* 1854). Les hauts fonctionnaires ont des places et des gardes d'honneur dans les fêtes et cérémonies publiques; des escortes les entourent lorsqu'ils arrivent dans leurs résidences, et des factionnaires sont placés à la porte de leurs hôtels. Enfin, lorsqu'un homme s'est illustré par de grands services civils ou militaires, sa mort est un deuil public; le Trésor pourvoit à ses funérailles; les autorités civiles et militaires y assistent, et des monuments perpétuent sa mémoire.

CHAP. XVI. — CONGÉS ET VACANCES.

101. Les dimanches et les jours de fête reconnus par la loi n'interrompent qu'une partie des fonctions publiques. Le clergé, l'armée de terre, l'armée navale, une partie de l'instruction publique, la police administrative, la police judiciaire, une partie du service des douanes et des contributions indirectes et du service des forêts, ceux des postes et des lignes télégraphiques poursuivent chaque jour de l'année le cours de leurs travaux.

102. Les vacances aussi ne forment qu'une exception. Celles du Conseil d'État, des cours et tribunaux et de la Cour des comptes ont lieu du 1er septembre au 1er novembre; pendant cet intervalle, un certain nombre de membres désignés à tour de rôle demeurent chargés de l'expédition des affaires urgentes, et de plus la chambre criminelle de la Cour de cassation et les chambres criminelles des cours d'appel n'ont point de vacances; on y supplée par des congés donnés successivement aux magistrats dont ces chambres se composent. Dans l'instruction publique, l'enseignement est suspendu depuis le milieu du mois d'août jusqu'au commencement du mois d'octobre. Dans les administrations centrales les travaux continuent sans interruption.

103. Il est interdit à tout fonctionnaire, agent ou employé, de quitter son poste sans avoir obtenu l'autorisation. Dans l'ordre judiciaire, les premiers présidents et les procureurs généraux ne peuvent s'absenter plus de trois jours sans un congé du ministre de la justice, et les membres des cours d'appel, sans une permission du premier président, ou, si l'absence doit être plus longue, sans un congé du ministre. De même les avocats généraux et substituts ne peuvent s'absenter plus de trois jours sans la permission du procureur général, et si l'absence doit être d'une plus longue durée, sans un congé du ministre. (*D.* 6 *juill.* 1810.) Des règles analogues sont établies pour les tribunaux inférieurs dans un décret du 18 août 1810. Dans l'armée, des permissions d'absence d'un à huit jours peuvent être accordées par le commandant du régiment, de neuf à quinze jours par le général de brigade, et de seize à trente jours par le général de division. Lorsque l'absence est de plus de huit jours pour les officiers sans troupe, ou de plus de trente jours pour les militaires des corps de troupes, il faut un congé du ministre de la guerre (*O.* 2 *nov.* 1833). Dans l'Université, des congés d'un an sont accordés aux professeurs que la fatigue ou le besoin de suivre des études obligent à suspendre leurs fonctions. Les membres du corps diplomatique et consulaire sont autorisés, après un long séjour à l'étranger, à venir en France pendant un certain temps. Dans les autres services, des permissions d'absence d'un à quinze jours peuvent être accordées par les directeurs ou chefs de division; pour de plus longues absences, il faut un congé du ministre.

104. Les permissions d'absence et les congés font subir aux traitements des retenues plus ou moins élevées suivant les circonstances et qui sont réglées dans l'art. 16 du décret du 9 novembre 1853 sur les pensions de retraite. Les absences pour cause de maladie sont traitées avec faveur, et celles « qui ont pour cause l'accomplissement d'un devoir imposé par la loi ne donnent lieu à aucune retenue ». Les membres des cours et tribunaux qui n'ont pas joui des vacances, peuvent obtenir, en une ou plusieurs fois dans l'année, un congé sans retenue; ce congé peut être de deux mois pour les magistrats composant la chambre criminelle de la Cour de cassation. (*Voy.* **Pensions.**)

CHAP. XVII. — CESSATION DES FONCTIONS.

105. Les causes qui font cesser les fonctions sont le décès du titulaire, la suppression de l'emploi ou l'expiration du temps pour lequel il a été conféré. Le fonctionnaire peut aussi se démettre de son emploi ; mais il ne doit cesser d'en remplir les devoirs qu'après que sa démission a été acceptée et qu'on a pourvu à son remplacement. De plus, le Code pénal, art. 126, prévoit le cas où des fonctionnaires auraient « par délibération arrêté de donner des démissions dont l'objet ou l'effet serait d'empêcher ou de suspendre l'accomplissement d'un service quelconque ».

106. Les autres causes qui mettent fin aux fonctions sont : la dégradation civique (*C. P.*, *art.* 34, 114, 177) : la perte des droits civils; l'interdiction qui peut être prononcée par les tribunaux correctionnels (*C. P.*, *art.* 42); la déchéance ou la suspension prononcée en vertu des art. 58 et 59 de la loi du 20 avril 1810; la suspension, la destitution ou révocation, la mise en non-activité ou en réforme (*voy.* n°s 67 à 73), et la mise à la retraite. En général, les fonctionnaires sont admis à faire valoir leurs droits à la pension de retraite, soit sur une demande de leur part, soit d'après une décision des chefs de service. La loi fixe elle-même une époque pour les magistrats de l'ordre judiciaire : les membres de la Cour de cassation sont mis de plein droit à la retraite à 75 ans, et les membres des cours d'appel et des tribunaux de première instance, à 70 ans ; toutefois, les magistrats qui ont atteint cet âge ne cessent leurs fonctions que lorsqu'ils ont été remplacés (*D.* 1er *mars* 1852). Le président de la Cour des comptes, les présidents de chambre et les conseillers-maîtres sont mis à la retraite de plein droit à l'âge de 75 ans, et les référendaires sont assimilés aux juges. (*D.* 30 *mars* 1852.)

Les ingénieurs ordinaires des ponts et chaussées ou des mines cessent leurs fonctions à 60 ans; les ingénieurs en chef à 62 ans; les inspecteurs généraux de la 2e classe à 65, et ceux de la 1re à 70 (*D.* 1851). Les professeurs ne peuvent être mis à la retraite que sur leur demande ou après que le ministre a pris l'avis du comité consultatif de l'instruction publique, s'ils appartiennent à l'enseignement secondaire, et du Conseil supérieur, s'ils appartiennent à l'enseignement supérieur (*D.* 13 *avril* 1875). Quant aux officiers de l'armée de terre et de mer, voyez **Armée** et **Marine**.

Smith.

ADMINISTRATION COMPARÉE.

Les questions qui se rapportent aux fonctionnaires sont, comme on peut le voir en parcourant le sommaire de l'article ci-dessus, très-nombreuses et très-variées; il est impossible de les aborder toutes ici, nous nous bornerons donc à indiquer quelques points saillants. On en a d'ailleurs touché d'autres dans divers articles spéciaux, comme **Contributions directes et indirectes**, **Départements**, **Pensions** et autres.

Allemagne.

L'Allemagne se vante d'avoir une des premières reconnu l'importance d'une bonne organisation du personnel des fonctionnaires. Dès le siècle dernier, l'examen a été une condition de rigueur, et depuis lors on a souvent modifié les règlements relatifs à cette matière. Ce principe est toujours resté debout, que le futur fonctionnaire doit avoir fréquenté une université et passé deux examens, l'un immédiatement après avoir terminé ses études, l'autre, plus pratique, après un stage d'au moins deux années. Il y a, bien entendu, pour certains services, des conditions spéciales de savoir, mais l'espace ne nous permet pas les détails.

Une fois installé, le fonctionnaire — soit judiciaire, soit administratif — qui remplit honorablement ses devoirs, est inamovible. La destitution par caprice, et même pour opinion politique, est inadmissible. Pour se défaire d'un fonctionnaire désagréable, mais sans reproche (sérieux), il n'y a que la suppression de la fonction — si cela est possible — et dans ce cas encore le fonctionnaire jouit, selon le cas, de sa pension ou d'un traitement de disponibilité, traitement qui s'appelle en allemand *Wartegeld* (indemnité d'attente), indiquant la rentrée en fonction. Le ministre peut aussi déplacer un fonctionnaire « dans l'intérêt du service », et pourvu que la nouvelle place soit pour le rang et le traitement l'équivalent de la précédente, le fonctionnaire doit céder. Il est inutile de dire que la législation allemande renferme les dispositions nécessaires sur les droits et les devoirs des fonctionnaires; il importe seulement de signaler l'esprit de cette législation qui, tout en maintenant une discipline rigoureuse, en veillant avec un soin jaloux à l'honorabilité des fonctionnaires jusqu'à leur interdire (*L.* 10 *juin* 1874) presque entièrement de figurer dans le conseil d'administration d'une société anonyme, leur laisse une grande indépendance d'opinion, même politique, et l'on rencontre assez fréquemment des fonctionnaires parmi les membres de l'opposition parlementaire. (*Voy.*, dans Rœnne, la bibliographie des ouvrages traitant des fonctions publiques en Allemagne.)

Grande-Bretagne.

Une classe nombreuse de fonctionnaires et d'employés anglais sont compris sous l'expression de *Civil service*. Autrefois, le recrutement de ce personnel se faisait uniquement par voie de *patronage*. C'était le privilège des ministres et autres chefs de service, non de chercher des hommes pour remplir des fonctions administratives, mais de trouver des places pour leurs protégés et pour ceux de leurs amis et adhérents. Il en est résulté des inconvénients sérieux, aggravés encore par le mode unique d'avancement usité : l'ancienneté. On sentit la nécessité de faire disparaître ces abus. On commença par une enquête, dont les très-curieux résultats furent publiés en 1854, l'on introduisit les examens, et il fut ordonné qu'un rapport annuel sur le *civil service* ferait connaître au parlement la marche de cette expérience. Il s'agissait de respecter les droits acquis, mais d'améliorer l'administration en lui infusant peu à peu un sang plus généreux, c'est-à-dire en comblant les vides par des hommes passés au crible des concours (*competition*). Des examens furent institués, mais l'épreuve ne semble pas avoir réussi du premier coup. Divers rapports, et notamment celui qu'on a publié au commencement de 1875, font connaître les procédés suivis, et nous ne sommes nullement étonné qu'ils n'aient pas produit l'effet désiré. Au lieu de fonder simplement une école d'administration dans laquelle on n'aurait admis que des jeunes gens convenablement préparés par une instruction générale, et dans laquelle on enseignerait le droit administratif, l'économie politique et autres notions qu'on jugerait utiles au futur administrateur, on institua des examens tendant à constater l'instruction générale des aspirants aux fonctions. On divisa les employés en plusieurs classes si mal combinées qu'on dut abandonner ce système, parce qu'il n'aidait pas à trouver l'homme qu'il faut à la place.

La seule chose bonne dans le nouveau système, c'est qu'on a introduit l'avancement au mérite. Mais les études ne sont pas closes en Angleterre, aussi nous bornons-nous à renvoyer aux rapports précités. (*Voy.* aussi **Pensions**.)

Italie.

Un décret royal du 24 octobre 1866 institue des examens et fait intervenir l'avancement au mérite à côté de l'avancement à l'ancienneté. Les examens ne sont exigés que pour la classe supérieure des fonctionnaires et employés, ceux de la classe inférieure ne travailleraient qu'à la tâche, comme les auxiliaires des administrations françaises, ou les employés subalternes des administrations anglaises après 1854. Les auxiliaires ne sont en France que des exceptions, tous les bons administrateurs cherchent à éviter la nécessité de les introduire en grand nombre, si ce n'est lors d'un recensement ou pour un autre travail exceptionnel et temporaire, mais en Angleterre on est en train de semble vouloir élever l'auxiliariat à la hauteur d'une institution. Nous croyons que l'expérience ne lui sera pas favorable : ou les auxiliaires seront de fait définitivement engagés, alors ils ne différeront des autres employés que par ce fait de ne pas avoir droit à une pension, ce qui serait une injustice ; ou leur situation serait précaire, alors tous les hommes de quelque valeur chercheront et trouveront à se caser ailleurs et l'administration publique ne gardera que le rebut, ce qui serait contraire à l'intérêt de l'État. Ce n'est donc pas encore là la solution. (*Voy.* **Pensions**.)

États-Unis.

Dans la grande république américaine, les fonctions publiques ont été considérées jusqu'à présent comme la dépouille opime que se partagent les vainqueurs aux grandes élections quatriennales (du président). Les inconvénients du renouvellement périodique du personnel administratif sont reconnus ; aussi, par suite d'une décision du congrès du 3 mars 1871, M. le président Grant institua-t-il une commission qui proposa dans son rapport tout un plan de réforme et demanda qu'aucun fonctionnaire ne fût nommé, s'il n'avait satisfait à des examens. M. Grant envoya ce rapport au congrès (le 19 décembre 1871) et promit que ses propositions seraient mises à exécution à partir du 1er janvier 1872. Mais nous ne savons pas encore comment cette promesse a été exécutée.

Maurice Block.

FONDATION. 1. On entend par ce mot toute libéralité entre vifs ou testamentaire en faveur d'un établissement public ou religieux.

SOMMAIRE.

CHAP. **I. HISTORIQUE**, 2 à 7.
    II. CONSTITUTION DES FONDATIONS, 8 à 13.
    III. MODE D'EXÉCUTION DES FONDATIONS, 14 à 20.
    IV. COMPÉTENCE, 21, 22.

CHAP. I. — HISTORIQUE.

2. L'institution des fondations, auxquelles l'ancienne législation se montrait très-favorable, a suivi de près l'établissement des paroisses, des hospices, des écoles chrétiennes et des cures.

Les fondations consistaient dans le don, soit d'une somme d'argent, soit d'un immeuble, soit de prestations annuelles.

Elles devaient être approuvées par l'évêque.

3. L'institution des fondations disparut successivement pendant la période révolutionnaire. La loi du 12 juillet-24 août 1790, titre I, art. 22, supprima tous titres et *fondations de pleine collation laïcale*. Le décret du 10-18 février 1791, art. 1er, ordonna la vente, comme biens nationaux, des immeubles réels affectés à l'acquit des fondations de messes et autres services. Le décret des 26 septembre-16 octobre de la même année déclara, art. 1 et 2, que les biens dépendant de fondations faites en faveur d'ordres, de corps et de corporations qui n'existaient plus dans la constitution française, faisaient partie des biens nationaux et, comme tels, devaient être mis à la disposition de la nation pour être vendus. Enfin, le décret du 13 brumaire an II supprima toutes les autres fondations, en déclarant dans son art. 1er, que tout l'actif affecté, à quelque titre que ce soit, à l'acquit des fondations, faisait désormais partie des propriétés nationales.

4. Toutefois, malgré la non-exécution des charges imposées, les débiteurs de rentes affectées aux fondations, durent continuer à les acquitter entre les mains de la régie des droits d'enregistrement. (*Cass.* 21 *brum. an IX.*)

5. Les fondations furent rétablies en même temps que le culte catholique (*Concord., art.* 15); toutefois, celles dont les biens avaient été vendus comme biens nationaux restèrent éteintes.

6. Quant aux biens de fondations qui n'avaient pas été aliénés et qui étaient restés entre les mains de l'État, la propriété en fut donnée aux fabriques, à la charge de payer aux curés, desservants ou vicaires, les messes, obits ou autres services auxquels lesdites fondations donnaient lieu. (*D.* 22 *fruct. an XIII; voy.* **Fabrique.**)

7. La loi du 4 ventôse an IX affecta, à titre de dotation, quelques biens et rentes d'anciennes fondations aux établissements de bienfaisance, à la charge de payer régulièrement la rétribution des services religieux imposés par ces fondations aux fabriques des églises auxquelles ces fondations doivent retourner. (*D.* 19 *juin* 1806, *art.* 1er.)

CHAP. II. — CONSTITUTION DES FONDATIONS.

8. Les fondations nouvelles peuvent avoir pour objet l'entretien des ministres et l'exercice du culte, l'établissement de communautés religieuses d'hommes ou de femmes, la création d'hospices ou d'hôpitaux, ou simplement de lits nouveaux dans les hospices déjà existants, pour le traitement des malades indigents, la distribution d'aumônes aux habitants pauvres, et enfin la création d'établissements d'éducation ou la création de bourses dans ces établissements. (*Voy.* **Bureau de bienfaisance.**)

9. Les fondations sont établies suivant les règles édictées en matière de dons et legs aux établissements publics et ecclésiastiques. (*Voy.* **Dons et legs.**) Elles doivent, en conséquence, être autorisées, savoir: les fondations faites au profit d'établissements de bienfaisance, par un arrêté du préfet sur l'avis du sous-préfet (*D.* 25 *mars* 1852, *tabl. A,* § 42, *et Circ. min.* 5 *mai* 1852), et les fondations faites au profit des établissements religieux, par un décret (*C. civ., art.* 910), rendu en Conseil d'État sur l'avis préalable de l'évêque (*O.* 2 *avril* 1817, *art.* 1er), puisque l'administration de ces établissements n'a pas été décentralisée.

Les fondations mixtes, c'est-à-dire celles qui intéressent à la fois des établissements de bienfaisance et des établissements religieux, doivent être scindées en ce qui concerne leur autorisation; le préfet est compétent pour autoriser ces fondations en tant qu'elles s'appliquent aux premiers, bien que le ministre des cultes ait à faire rendre un décret d'autorisation pour les mêmes fondations en tant qu'elles s'appliquent aux seconds. Seulement, avant de prendre une décision dans ce cas, les préfets doivent transmettre directement le dossier de l'affaire au ministre des cultes, en lui faisant connaître qu'ils sont décidés à autoriser les fondations en ce qui les concerne, et ne statuer qu'après la notification du décret intervenu sur la proposition de ce ministre. (*Même Circ.*)

10. Les décret et arrêté d'autorisation ne sont pas susceptibles d'être attaqués par la voie contentieuse. (*Arr. du C.* 21 *juill.* 1853.)

11. Tant que l'autorisation n'a pas eu lieu, il ne peut être procédé qu'aux *actes conservatoires*. (*O.* 14 *janv.* 1831, *art.* 1er.)

12. L'autorisation accordée, l'acceptation est faite par les évêques, lorsque les fondations sont faites au profit de leur évêché, de leur cathédrale ou de leurs séminaires; par les doyens des chapitres, si la disposition est faite au profit des chapitres; par le curé ou desservant, lorsqu'il s'agit de fondations faites au profit d'une cure ou d'une succursale ou pour la subsistance des ecclésiastiques employés à la desservir; par les trésoriers des fabriques, lorsque la disposition profite aux fabriques ou s'applique à l'entretien des églises ou au service divin; par le supérieur des associations religieuses, lorsqu'il s'agit de fondations faites au profit de ces associations; par les Consistoires, lorsqu'il s'agit de legs faits pour la dotation des pasteurs ou pour l'entretien des temples; par les administrateurs des hospices, bureaux de charité et de bienfaisance, lorsqu'il s'agit de libéralités en faveur des hôpitaux et autres établissements de bienfaisance; par les administrateurs des collèges, quand les dons ou legs ont pour objet les collèges, ou des fondations de bourses pour les étudiants ou des chaires nouvelles; par les maires des communes, lorsque les dons ou legs sont faits au profit de la généralité des habitants, ou pour le soulagement et l'instruction des pauvres de la commune; enfin, par les administrateurs de tous les autres établissements d'utilité publique, légalement constitués, pour tout ce qui est donné ou légué à ces établissements. (*O. 2 avril* 1817, *art.* 3.)

13. L'administration doit veiller à ce que, par un abus coupable, les fondations n'aient pas pour résultat de priver les familles des biens qui leur reviennent légitimement. (*Avis du C. 8 avril* 1835.) [*Voy.* **Dons et legs,** *n°* 23.]

CHAP. III. — MODE D'EXÉCUTION DES FONDATIONS.

14. Les marguilliers des fabriques sont chargés de veiller à ce que toutes fondations soient fidèlement acquittées et exécutées suivant l'intention des fondateurs, sans que les sommes puissent être employées à d'autres charges. (*D.* 30 *déc.* 1809, *art.* 26.) A cet effet, un extrait du sommier des titres contenant les fondations qui doivent être desservies pendant le cours d'un trimestre est affiché dans la sacristie, au commencement de chaque trimestre, avec les noms du fondateur et de l'ecclésiastique qui doit acquitter chaque fondation. (*Ibid.*)

Il est rendu compte à la fin de chaque trimestre, par le curé ou desservant, au bureau des marguilliers, des fondations acquittées pendant le cours du trimestre. (*Ibid.*)

15. Les curés et vicaires ont les mêmes devoirs, et, en cas d'inexécution, ils doivent en informer l'évêque. (*Ibid., art.* 29, *et* AFFRE, p. 542.)

16. Enfin, les héritiers des fondateurs peuvent aussi contraindre à l'exécution des fondations ; mais l'inexécution ne les dispense dans aucun cas de l'obligation qui leur est imposée par la fondation.

17. Les fondations doivent être exécutées de la manière et au lieu prescrits par le fondateur. (*Concile de Trente.*)

Dans le cas où le fondateur de services religieux n'a pas désigné d'église déterminée pour la célébration de ces services, ils doivent être célébrés dans celle de la paroisse où il avait son domicile au moment de son décès. Toutefois l'évêque a le droit de changer le lieu destiné à l'acquit de la fondation, lorsque cette translation est justifiée par les circonstances. (AFFRE, p. 594.)

18. Les annuels auxquels les fondations tant anciennes que nouvelles ont attaché des honoraires, et généralement tous les annuels emportant une rétribution quelconque, sont donnés de préférence aux vicaires et ne peuvent être acquittés qu'à leur défaut par les prêtres habitués ou autres ecclésiastiques (*D.* 30 *déc.* 1809, *art.* 31), à moins, toutefois, qu'il n'en ait été ordonné autrement par le fondateur. (*Ibid.*)

19. Lorsque les revenus de la fondation excèdent les charges, l'excédant appartient à la fabrique. (*Décis. min.* 26 *déc.* 1811.)

20. Mais lorsque les libéralités et les charges qui en sont la conséquence ne sont pas proportionnées, l'évêque peut réduire ces dernières conformément aux lois canoniques. (*D.* 30 *déc.* 1809, *art.* 29.) Ce principe, qui régit aussi bien les anciennes fondations que les nouvelles, doit être appliqué, par analogie, toutes les fois que les charges d'une fondation quelconque sont ou deviennent par la suite supérieures à ses revenus.

CHAP. IV. — COMPÉTENCE.

21. L'autorité judiciaire est seule compétente en matière de fondations sur les questions de droit commun étrangères aux actes de l'administration. Ainsi, elle seule peut connaître des contestations entre le domaine et les particuliers sur la propriété d'une rente de fondation pieuse. (*Arr. du C.* 11 *déc.* 1813.)

22. Mais elle est incompétente pour connaître de toutes les questions qui comportent l'appréciation de ces actes. Ainsi, c'est à la juridiction administrative à décider si le bénéfice d'une fondation créée au profit de l'église d'une communauté religieuse supprimée appartient à l'État ou à la fabrique de la paroisse dans le ressort de laquelle se trouvait cette communauté. (*Arr. du C.* 30 *juin* 1813, 19 *déc.* 1821.)   STÉPHANE PERROT.

FONDÉ DE POUVOIRS. 1. On appelle ainsi celui qui reçoit d'une personne le pouvoir de faire quelque chose pour elle ou en son nom. Le pouvoir ainsi donné se nomme *mandat,* et celui qui le donne se nomme *mandant.* Le *fondé de pouvoirs* prend aussi le nom de *mandataire,* et quelquefois celui de *procureur fondé* ou *procureur* seulement. Toutefois le mot *procuration* exprime plus exactement la demande faite par le mandant au mandataire de le représenter, plutôt que le contrat complet.

2. Le mandat peut être donné par acte public, par acte sous seing privé ou même par lettre (*C. civ., art.* 1985). Mais dans certains cas il faut qu'il soit notarié. (Exemple : mandat de faire ou d'accepter une donation.)

3. Le mandat oblige le mandataire : 1° à accomplir la mission qu'il a acceptée tant qu'elle n'est pas révoquée ; 2° à la remplir en bon père de famille ; 3° à rendre compte au mandant.

4. Quant aux obligations du mandant, elles existent envers le mandataire et envers les tiers.

1° *Envers le mandataire.* Le mandant doit lui rembourser ses avances et les frais ou dépenses autorisés par lui ou bien par la loi ou l'usage. Le fondé de pouvoirs pourra agir contre lui à cet effet. Toutefois, les pouvoirs donnés par un fonctionnaire public, à raison de ses fonctions, ne donnent pas lieu contre lui à l'action personnelle. Ainsi la Cour de cassation a jugé, le 24 mars 1825, que le receveur d'enregistrement qui a chargé un huissier de poursuivre des redevables, n'est point tenu personnellement des frais faits par l'huissier. Mais il est bien entendu que l'État devra les rembourser, si l'huissier a fait les productions et diligences nécessaires. (*Voy. aussi Cass.* 11 *févr.* 1834.)

2° *Envers les tiers.* Le mandant doit exécuter les obligations que le fondé de pouvoirs a contractées en son nom conformément à la procuration.

5. Comme exemples de fondés de pouvoirs dans l'ordre purement administratif, nous citerons les fondés de pouvoirs des percepteurs, des receveurs particuliers et des trésoriers-payeurs généraux, pour lesquels quelques règles ont été tracées par l'instruction générale du 20 juin 1859.

Le percepteur doit, aux termes de l'art. 1237 de cette instruction, prendre possession de son emploi dans le mois de la notification qui lui est faite de sa nomination. Lorsqu'il en est empêché, il doit constituer un fondé de pouvoirs, auquel le service est remis sur la production du récépissé constatant l'accomplissement des conditions imposées aux percepteurs pour leur entrée en fonctions. Le fondé de pouvoirs gère pour le compte et sous la responsabilité du titulaire. Il doit être agréé par le receveur des finances et accrédité par le sous-préfet.

Les percepteurs sont tenus d'exercer *personnellement* leurs fonctions et ne peuvent se faire représenter par un fondé de pouvoirs que *temporairement* et dans les cas d'absence autorisée, de maladie ou d'autre empêchement légitime. (*Id.*, *art.* 1268.)

Les titulaires de perceptions d'une certaine importance, qui veulent se faire aider par un ou plusieurs commis, n'en doivent pas moins conserver la direction de leur service, tenir leur caisse, faire leurs tournées de recouvrement dans les communes et délivrer eux-mêmes quittance aux contribuables. (*Id.*, *art.* 1269.)

Les receveurs particuliers peuvent également, dans le cas d'absence dûment autorisée, comme en cas d'empêchement légitime, se faire représenter par un fondé de pouvoirs agréé par le trésorier-payeur général et le sous-préfet. (*Id.*, *art.* 1360.)

Les trésoriers généraux sont autorisés à avoir des fondés de pouvoirs *permanents,* qui doivent être agréés par le préfet. Ils accréditent la signature de ces fondés de pouvoirs auprès de la Cour des comptes et des différentes administrations. Un trésorier général peut avoir simultanément deux fondés de pouvoirs sous la condition que, s'ils sont autorisés à signer séparément, ils soient investis de pouvoirs parfaitement égaux et qu'ils engagent le comptable, uniformément, sans distinction d'attributions ou de circonstances éventuelles. (*Id.*, *art.* 1393.)

FONDS, FONDS DE CONCOURS, DE SECOURS, etc. 1. Ce mot s'emploie en administration pour désigner une somme inscrite chaque année au budget de l'État pour un objet déterminé auquel elle doit être appliquée par le ministre compétent. Ainsi il y a le fonds pour secours en cas de grêle, incendie, inondation et autres cas fortuits ; le fonds dit de *non-valeurs* (*voy.* **Contributions directes,** n° 320) et composé de centimes additionnels qui suppléent aux contributions qu'on ne peut recouvrer ; le fonds de subventions établi en faveur des départements qui ont besoin d'être aidés pour leurs dépenses ordinaires ; le fonds d'abonnement des préfectures et sous-préfectures (*voy.* **Département**) , et les fonds d'encouragements pour l'industrie, l'agriculture ou l'enseignement.

2. On désigne sous le nom de fonds de concours, les sommes que les départements, les communes ou des particuliers fournissent à l'État comme des contingents volontaires pour des dépenses d'intérêt général et qui sont portés en recette aux produits divers du budget.

FONTAINES PUBLIQUES. 1. L'entretien des fontaines publiques et le soin d'en régler l'usage ont toujours été confiés aux corps municipaux (*Édit de juin* 1700, *art.* 4). Plusieurs ordonnances de police, dont quelques-unes sont fort anciennes, défendent de déposer des immondices et de gêner la circulation aux abords des fontaines, d'y laver du linge, d'y abreuver des chevaux ou d'autres animaux. Chacun doit puiser l'eau selon son tour d'arrivée, et se retirer dès que son vase est plein.

2. Les fontaines et bornes-fontaines sont considérées comme monuments d'utilité publique. Quiconque les détruit ou les dégrade, est passible des peines portées en l'art. 257 du Code pénal.

3. Les fontaines dont les eaux sont affectées à un usage public font partie du domaine public et sont inaliénables et imprescriptibles. (*C. d'Aix* 13 *juin* 1865.)

FORAIN. On appelle marchands forains ceux qui, n'ayant ni établissement ni magasins dans une ville, viennent y débiter leurs marchandises sur le marché. L'autorité municipale, chargée de veiller au maintien du bon ordre dans les lieux publics, peut prendre toutes les mesures qu'elle juge nécessaires relativement à l'arrivée, au séjour et à la vente des marchands forains sur les marchés et dans les rues. Les forains sont, en outre, soumis à la surveillance de la police, qui a le droit d'examiner leurs poids et mesures, le titre des matières d'or et d'argent qu'ils vendent, et d'exiger la représentation de leur patente.

On donne le nom de débiteur forain à celui qui n'a ni domicile ni résidence dans la commune où demeure son créancier, mais qui peut y avoir momentanément des effets. Dans ce cas, le créancier, même sans titre, peut, sans commandement préalable, mais avec permission du président du tribunal de première instance et même du juge de paix, faire saisir les effets appartenant à son débiteur. (*C. de Pr.*, *art.* 822, 823.)

FORCE MAJEURE. Cette expression se voit presque toujours associée à celle de *cas fortuit;* et même quand le législateur n'emploie que l'une, l'autre doit être sous-entendue. Elles n'ont pas, cependant, toutes deux exactement la même signification. La force majeure est, en effet, une force à laquelle on ne peut résister, mais qui dérive d'une volonté légitime ou illégitime. Le cas fortuit est un événement qui arrive par le pur effet du hasard et indépendamment de toute volonté. Au surplus, l'effet du cas fortuit est le même que celui de la force majeure : il consiste, en général, à annuler toute responsabilité.

FORCE PUBLIQUE. 1. La force publique est destinée à défendre le pays contre les ennemis du dehors et à maintenir l'ordre à l'intérieur. Elle se compose de l'armée de terre, de l'armée navale, de la gendarmerie et de divers autres éléments, savoir : 1° les gardes forestiers, les gardes champêtres et les gardes des particuliers (*C. d'I. C.*, *art.* 16 ; *Cass.* 2 *mai* 1839 *et* 16 *déc.* 1841) ; 2° les préposés du service actif des douanes, qui sont militairement organisés en brigades et peuvent même être appelés au service militaire en cas d'invasion du territoire ou pendant que la guerre a lieu sur l'extrême frontière (*O.* 31 *mai* 1831) ; 3° les officiers de paix, inspecteurs, gardes municipaux, gardiens de la paix, appariteurs et autres agents de police (*D.* 18 *juin* 1811 ; *Cass.* 28 *août* 1829) ; 4° enfin toutes personnes, dans les cas de flagrant délit, sans qu'il soit besoin de mandat d'amener. (*C. d'I. C.*, *art.* 106 ; *voy.* n° 7.)

2. Le président de la République dispose de la force armée. (*L. const.* 25 *fév.* 1875.)

3. La gendarmerie est spécialement « instituée pour veiller à la sûreté publique et pour assurer le maintien de l'ordre et l'exécution des lois; une surveillance continue et répressive constitue l'essence de son service; elle est particulièrement destinée à la sûreté des campagnes et des voies de communication » (*D.* 1er *mars* 1854). Ce n'est que dans le cas où l'action de la gendarmerie est insuffisante, que les autres corps de l'armée doivent l'appuyer. Cet emploi de la force publique à l'intérieur est réglé par une loi du 10 juillet 1791, art. 9, 13, 16 et 17. D'une part, les commandants de divisions et de subdivisions militaires, de places de guerre ou de postes militaires sont tenus « de se concerter avec les autorités civiles à l'effet de procurer l'exécution de toutes les mesures ou précautions qu'elles ont pu prendre pour le maintien de la tranquillité publique ou pour l'observation des lois, ainsi que d'obtempérer à leurs réquisitions ». D'autre part, les autorités civiles doivent, à moins qu'il n'y ait urgence ou péril en la demeure, faire les réquisitions par écrit, y spécifier « clairement et en détail » les objets auxquels elles s'appliquent, et les remettre signées aux commandants militaires; « après quoi l'exécution de ces dispositions et toutes mesures capables de la procurer sont laissées à la discrétion du commandant militaire, qui en est responsable jusqu'à ce qu'il lui ait été notifié par les officiers civils que ses soins ne sont plus nécessaires ou qu'ils doivent prendre une autre direction ». Le commandant qui, après en avoir été légalement requis, refuserait de faire agir la force à ses ordres, encourrait les peines portées par l'art. 234 du Code pénal.

4. Tous les officiers de police judiciaire (*C. d'I. C., art.* 9) ont, « dans l'exercice de leurs fonctions, le droit de requérir directement la force publique » (*Même Code, art.* 25). Ce droit est également établi en faveur des huissiers par le décret du 11 juin 1811 (*art.* 77), et en faveur des préposés des douanes, des contributions directes et indirectes, des octrois, des postes et des eaux et forêts par la loi du 6 août 1791 (*tit.* 13, *art.* 14), celle du 28 germinal an VI (*art.* 133), l'arrêté du 27 prairial an IX (*art.* 9), le décret du 1er floréal an XIII (*art.* 34), l'ordonnance du 9 décembre 1814 (*art.* 65), le décret du 1er mars 1854 (*art.* 459), le Code forestier (*art.* 64), et la loi du 15 avril 1829 (*art.* 43). Ce droit n'appartient qu'aux fonctionnaires à qui il est expressément conféré; ainsi le président d'un conseil général, bien que chargé du maintien de l'ordre dans la salle des séances, ne peut requérir les agents de la force publique ni leur donner des ordres; il doit s'adresser à l'autorité compétente. (*Cass.* 3 *déc.* 1874.)

5. Lorsqu'un prévenu refuse d'obéir à un mandat d'amener, ou tente de s'évader, le porteur du mandat peut employer la force publique du lieu le plus voisin, et elle est tenue de marcher sur la réquisition contenue dans le mandat (*C. d'I. C., art.* 99). Ce droit et cette obligation sont également établis par l'art. 108 du même Code pour l'exécution des mandats de dépôt ou d'arrêt.

Dans ces deux cas, la réquisition est comprise dans le mandat; autrement, elle doit être adressée par écrit au commandant de la force publique, et il est nécessaire d'y mentionner l'acte législatif qui l'autorise, ainsi que le motif par lequel elle est faite.

6. Les commandants qui reçoivent des réquisitions doivent, tout en y obtempérant, les porter à la connaissance de leurs supérieurs. La même obligation est imposée aux autorités civiles, officiers de police judiciaire et autres agents de l'autorité, qui requièrent la force publique dans les cas précités.

7. Lorsqu'un prévenu est surpris en flagrant délit, ou poursuivi, soit par la clameur publique, soit dans les cas assimilés au flagrant délit, la loi confère un droit d'arrestation provisoire, non-seulement aux dépositaires ou agents de la force publique, mais encore à toute personne, sans qu'il soit besoin de mandat d'amener, si le crime ou délit emporte peine afflictive ou infamante. (*C. d'I. C., art.* 106.) C'est non-seulement un droit, mais même une obligation (*voy. Id.*). Les gardes champêtres et les gardes forestiers doivent user du même droit d'arrestation lorsque le délit emporte la peine d'emprisonnement ou une peine plus grave. (*Id., art.* 106.)

8. Lorsque l'état de siége est déclaré, l'emploi de la force publique éprouve d'importantes modifications, qu'on trouve exposées au mot **État de siége.**

9. Toute attaque ou résistance avec violences ou voies de fait envers la force publique est qualifiée, selon les circonstances, crime ou délit de rébellion par le Code pénal, art. 209, et punie des peines portées aux art. 210 à 221. L'outrage fait par paroles, gestes ou menaces à un commandant ou à un agent de la force publique, dans l'exercice ou à l'occasion de l'exercice de ses fonctions, ainsi que les violences ou voies de fait dirigées contre les mêmes personnes et dans les mêmes circonstances, sont prévus et punis par le Code pénal, art. 223 à 227, 230 à 233. Des peines plus graves sont établies aux art. 93 et suivants du même Code contre l'emploi illégal de la force publique, et les attaques ou la résistance qu'elle éprouverait de la part de bandes armées. (*Voy. aussi* Émeute, Gendarmerie, Réquisition et autres articles.)   SMITH.

FORÊTS.

   CHAP. I. — INTRODUCTION.

1. Bois et forêts sont synonymes.

Il y a en France 8 à 9 millions d'hectares de forêts ou bois, savoir : 990,612 à l'État, 1,912,311 aux communes et aux établissements publics ; le surplus, dont on ne connaît pas la contenance exacte, aux particuliers. Les essences principales qui entrent dans la composition de ces forêts sont, parmi les bois feuillus, c'est-à-dire parmi ceux qui repoussent de souches et qui, sauf un petit nombre d'exceptions, perdent toutes leurs feuilles pendant l'hiver, le chêne, le hêtre, le charme, et, parmi les résineux, qui ne repoussent pas de souches dans nos climats et qui, sauf le mélèze, conservent toujours des feuilles, le sapin, l'épicéa, le mélèze, les pins sylvestre, maritime, etc.

2. On distingue plusieurs manières de cultiver et d'exploiter les bois, et à ces diverses manières, que l'on désigne par ces mots : *Modes d'exploitation,* correspondent autant d'états différents de peuplements.

3. Lorsqu'on laisse croître les arbres qui forment un massif jusqu'à l'âge où ils sont susceptibles de porter des semences fertiles, et qu'on les exploite de manière à en obtenir un réensemencement naturel, on leur applique le mode de traitement dit de la *futaie,* et le massif porte le nom de *futaie.* Lorsqu'on les coupe avant l'époque où ils produisent des semences, et que l'on compte, pour la régénération, sur la faculté qu'ont les souches de rejeter, on les exploite d'après le mode dit du *taillis simple,* et le massif porte cette dernière dénomination. Enfin, lorsqu'au milieu du taillis on laisse épars çà et là un certain nombre de sujets (arbres), destinés à parcourir une ou plusieurs révolutions (périodes de renouvellement du taillis), le repeuplement prend le nom de *taillis sous futaies* ou *taillis composé.*

4. On estime que la production annuelle totale des forêts est, en France, tout au plus de 20 millions de mètres cubes de bois, valant sur place 130 millions de francs. Cette production est loin de suffire aux besoins de notre consommation, à laquelle l'importation fournit, chaque année, des bois communs pour plus de 150 millions de francs.

5. Les forêts de l'Algérie ne sont pas comprises dans ces évaluations. Elles sont encore peu connues et ne rendent pour ainsi dire rien. Leur étendue est pourtant très-considérable ; elle embrasserait près de 2 millions d'hectares, d'après les sommiers de consistance tenus par les agents forestiers de la colonie.

La gestion de ce domaine, gestion fort irrégulière d'ailleurs, fait partie des attributions du ministre de l'intérieur.

6. Le Code forestier promulgué le 31 juillet 1827 et l'ordonnance royale du 1er août suivant, rendue pour l'exécution de ce code, forment aujourd'hui, avec quelques autres dispositions ultérieures peu importantes, la réunion des règles auxquelles est soumise, en France, l'exploitation du sol forestier.

7. Le législateur a divisé le sol forestier en deux parties : l'une sur laquelle l'État exerce un droit de propriété ou de tutelle et qui comprend : 1° les bois et forêts de l'État ; 2° ceux de la couronne ; 3° ceux possédés à titre d'apanages et de majorats réversibles à l'État ; 4° ceux des communes et des établissements publics ; 5° ceux enfin sur lesquels l'État, les communes et les établissements publics ont des droits de propriété indivis avec des particuliers.

L'autre, sur laquelle l'État n'exerce ni droit de propriété ni tutelle, et qui comprend généralement tous les bois de particuliers.

Les bois et forêts rangés dans la première classe sont soumis au *régime forestier,* ce qui veut dire que les lois et règlements qui constituent ce régime, leur sont applicables. Les bois et forêts des particuliers sont affranchis de ce régime. Toutefois, on verra qu'ils sont soumis à quelques-unes de ses dispositions.

  CHAP. II. — PERSONNEL.
  Sect. 1. — **Administration centrale.**

8. Les attributions conférées par le Code forestier à l'administration des forêts sont exercées, sous l'autorité du ministre des finances, par un directeur général, secondé par deux administrateurs, un vérificateur général des aménagements et des employés et des agents de divers grades. (*O. régl.* 1er *août* 1827; *O.* 24 *juin* 1860 *et* 11 *juillet* 1864.)

9. Le directeur général est nommé par le président de la République. Il jouit d'un traitement de 25,000 fr. Les administrateurs et le vérificateur général sont nommés également par le Chef de l'État. Ils jouissent, savoir : les administrateurs, d'un traitement de 12,000 à 15,000 fr., le vérificateur, d'un traitement de 8,000 à 12,000. Le directeur général surveille et dirige toutes les opérations relatives au service. Il correspond seul avec les diverses autorités.

10. Le directeur général soumet au ministre des finances, après délibération du conseil : le budget général de l'administration, la création et la suppression d'emplois supérieurs, la nomination des élèves de l'École forestière, la destitution, révocation ou mise en jugement des agents forestiers du grade d'inspecteur et au-dessus, la liquidation des pensions, les changements dans la circonscription des arrondissements forestiers, les projets d'aménagements, de partages, d'échanges de bois, de cantonnements ou de rachats, de droits d'usage, les coupes extraordinaires, le cahier des charges pour les coupes ordinaires, les concessions à charge de repeuplement, lorsque la contenance des terrains dépasse 5 hectares et la durée de la concession six années, les remises ou modérations d'amendes au-dessus de 1,000 fr., les dispositions de service donnant lieu à une dépense de plus de 500 fr., les instructions générales, les pourvois au Conseil d'État. (*O. régl.*, *art.* 7 ; *O.* 10 *mars* 1831, 16 *décembre* 1844, *D.* 25 *mars* 1852.)

Le même fonctionnaire autorise, après délibération du conseil : la coupe des arbres morts ou dépérissants, le recépage des bois incendiés ou abroutis, dont le produit excède 500 fr., et leur exploitation par entreprise ou par économie, dans les forêts domaniales, lorsque les frais de l'opération excèdent 200 fr., la concession de terrains vagues, à charge de repeuplement, lorsque la concession est de 4 ans au moins et de 6 ans au plus. (*Ibid.*)

11. Il statue, sauf le recours des parties devant le ministre des finances, dans les affaires autres que celles mentionnées ci-dessus. Il doit toutefois prendre l'avis du conseil d'administration sur les destitutions, révocations ou mises en jugement des agents au-dessous du grade d'inspecteur et des préposés, sur les affaires contentieuses et sur les dépenses au-dessous de 500 fr. (*O. régl.*, *art.* 8.)

12. Les administrateurs se réunissent en conseil, sous la présidence du directeur général : ils se partagent la surveillance et la direction du service central.

13. Le service de l'administration centrale se compose du bureau central et du personnel, placé sous les ordres immédiats du directeur général, et de deux divisions, à la tête de chacune desquelles se trouve un administrateur. Ces deux divisions se subdivisent en bureaux ; les chefs de bureau sont nommés par le ministre, les employés par le directeur général.

Le traitement est : pour les chefs de bureau, de 6,000 à 9,000 fr.; pour les sous-chefs, de 4,500 à 5,500 fr.; pour les commis principaux, de 3,000 à 4,000 fr.; pour les autres employés, de 1,600 à 3,000 fr.

14. Il n'y a pas de règle fixe pour le recrutement du personnel de la direction générale. Cependant, à partir du grade de commis principal, les membres de ce personnel sont choisis le plus souvent parmi les agents du service actif, et il est admis que le grade de commis principal correspond à celui de garde général ou de sous-inspecteur, celui de sous-chef à celui d'inspecteur, celui de chef à celui de conservateur. Pour être promu à un grade, il faut compter au moins deux ans d'exercice dans le grade inférieur. La même règle est applicable aux agents du service extérieur.

Sect. 2. — Service extérieur.

15. La France est divisée en 33 conservations forestières, 141 inspections, 516 cantonnements. On y compte 33 conservateurs, 151 inspecteurs, 629 sous-inspecteurs ou gardes généraux, 3,535 gardes généraux adjoints, brigadiers, gardes domaniaux, 5,104 gardes communaux ou mixtes. Dans ce nombre sont compris les agents ou préposés attachés au service sédentaire.

16. Chacun des agents dénommés ci-dessus fait, suivant l'ordre hiérarchique, les opérations, vérifications et tournées prescrites par les règlements. Chacun d'eux surveille le service des agents et préposés qui lui sont subordonnés, leur transmet les ordres et instructions de ses chefs. (*O. régl.*, *art.* 14.)

17. Les conservateurs (traitement, 8,000 à 12,000 fr.) autorisent : 1° la vente par forme de menus marchés des bois incendiés et abroutis, des chablis, bois de délit, etc.; 2° l'élagage sur les routes et lisières; 3° les prorogations de délais de coupe et de vidange; 4° la délivrance aux adjudicataires de chemins de vidange autres que ceux désignés dans le procès-verbal d'adjudication; 5° la concession de terrains vagues à charge de repeuplement, lorsque la durée de la concession n'excède pas quatre années, et la contenance des terrains 25 ares pour les gardes et 5 hectares pour les autres concessionnaires; 6° la délivrance des harts, rouettes, souches, épieux et plants, et autres menus produits. (*O.* 4 *déc.* 1844.)

18. L'inspecteur du service actif ordinaire (traitement, 4,000 à 6,000 fr.) dirige les opérations de martelage et de récolement; il exerce les poursuites au nom de l'administration. Ce sont là les actes caractéristiques de ses attributions.

19. Le sous-inspecteur du service actif ordinaire (traitement, 2,700 à 3,400 fr.) est un agent essentiellement actif; chef de cantonnement, il a sous les ordres immédiats des gardes généraux adjoints, des brigadiers et des gardes. Il procède à toutes les reconnaissances de lieux que nécessite l'instruction des affaires ; il concourt avec l'inspecteur aux opérations relatives aux coupes, après en avoir fait l'arpentage ; il remplace l'inspecteur, le cas échéant, et il est ordinairement placé à la même résidence.

20. Le garde général (1,800 à 2,200 fr.) a les mêmes attributions que le sous-inspecteur.

21. Le garde général adjoint est employé ordinairement comme brigadier ; mais il a la qualité d'agent, et il peut, en conséquence, être chargé des mêmes missions et travaux que le garde général. Son traitement est de 1,200 à 1,500 fr.

22. Le brigadier exerce une surveillance sur un certain nombre de simples gardes. Sa fonction principale consiste à surveiller les travaux de toute nature. Traitement, 800 à 1,000 fr.

23. Les gardes forestiers domaniaux (traitement, 600 à 700 fr.) sont choisis parmi : 1° les sous-officiers de l'armée comptant 12 ans de services, dont 4 au moins comme sous-officiers; 2° les fils de gardes domaniaux, sachant lire et écrire et âgés de plus de vingt-cinq ans ; 3° les gardes communaux ayant 4 ans d'exercice au moins et âgés de moins de quarante ans.

24. Pour être garde cantonnier (traitement,

600 à 700 fr.), il suffit de savoir lire et écrire, d'être âgé de vingt-cinq ans et de justifier de son aptitude pour les travaux de terrassement.

Pour être garde sédentaire (traitement, 800 fr.), il faut savoir écrire passablement, connaître les quatre premières règles de l'arithmétique et être âgé de moins de trente-cinq ans.

25. Les gardes généraux adjoints sont choisis parmi les brigadiers qui ont satisfait à un examen réglé par le ministre. (*Voy. n° 34.*) Les gardes généraux sont choisis, soit parmi les gardes généraux adjoints, soit parmi les gardes généraux stagiaires, et après un examen sur les matières enseignées à l'École de Nancy (*n° 31*).

26. Nul ne peut exercer un emploi forestier s'il n'est âgé de vingt-cinq ans accomplis ; néanmoins les élèves de l'École forestière peuvent obtenir des dispenses d'âge. (*C. f., art. 3.*)

27. Les emplois forestiers sont incompatibles avec toutes autres fonctions, soit administratives, soit judiciaires. (*C. f., art. 4.*)

28. Nul ne peut exercer un emploi forestier dans l'étendue de la conservation où il fait ses approvisionnements de bois comme propriétaire ou fermier d'une usine consommant du bois (*O., art. 32*). Il est interdit aux agents et gardes, sous peine de révocation, de faire le commerce du bois, d'exercer aucune industrie où le bois est employé comme matière principale, de tenir auberge (*Id., art. 31*), de rien exiger ni recevoir des communes ou autres, pour les opérations relatives à leurs fonctions, ni de prendre part, soit directement, soit indirectement, aux adjudications.

Ils ne peuvent entrer en fonctions qu'après avoir prêté serment devant le tribunal de première instance de leur résidence, et fait enregistrer leur commission, ainsi que l'acte de prestation de leur serment, au greffe des tribunaux dans le ressort desquels ils doivent exercer leurs fonctions. (*C. f., art. 5.*)

29. Les agents et gardes doivent être pourvus, chacun, d'un marteau particulier, pour la marque des bois de délit et des chablis. Ils en déposent l'empreinte au greffe du tribunal.

Les gardes de l'administration forestière peuvent, dans les poursuites exercées au nom de l'administration, faire toutes citations et significations d'exploits (*C. f., art.* 173). Ils sont officiers de police judiciaire.

Ils sont responsables des délits, dégâts, abroutissements, qui ont eu lieu dans leur triage, lorsqu'ils n'ont pas dûment constaté les délits. (*C. f., art. 6.*)

Il y en a un certain nombre, la moitié environ, qui sont logés en maison forestière ; ils reçoivent alors huit stères de bois de chauffage, ont la faculté de cultiver un jardin de cinquante ares à un hectare et de faire paître deux vaches dans la forêt.

30. Les agents et gardes forestiers entrent dans la composition des forces militaires du pays ; ils sont organisés en compagnies, qui prennent le nom de compagnies de chasseurs forestiers, et qui sont destinées à concourir : les unes au service de l'armée active, les autres au service de l'armée territoriale.

Les cadres de ces compagnies comprennent un capitaine commandant, un capitaine en second, un lieutenant et un sous-lieutenant, un sergent-major, cinq sergents, dont un fourrier, huit caporaux, deux clairons.

Les sous-officiers sont pris parmi les brigadiers, les caporaux parmi les brigadiers et les soldats de première classe. Les gardes ont rang de soldats de première classe. Les gardes généraux adjoints sont assimilés aux sous-lieutenants, etc.

A dater du jour de l'appel à l'activité, les compagnies de chasseurs forestiers font partie intégrante de l'armée et jouissent des mêmes droits, honneurs et récompenses.

Les officiers sont nommés par le président de la République. (*L.* 27 *juill.* 1872, 24 *juill.* 1873, 13 *mars* 1875; *D.* 2 *avril* 1875.)

Sect. 3. — Écoles forestières.

31. Une école spéciale a été instituée à Nancy par une ordonnance royale en date du 1er décembre 1824, pour former les jeunes gens qui se destinent au service de l'administration des forêts. Nul n'y est admis comme élève du Gouvernement que par voie de concours. Nul ne peut concourir s'il ne justifie : 1° qu'il aura au 1er novembre de l'année du concours, plus de dix-neuf ans et moins de vingt-deux ; 2° que ses parents sont en mesure de lui fournir pendant son séjour à l'école une pension annuelle de 1,500 fr., outre les frais de trousseau et les frais accessoires, et, après sa sortie, une pension annuelle de 600 fr., jusqu'au moment où il sera employé comme garde général en activité ; 3° qu'il jouit d'une bonne constitution.

Les pièces justificatives doivent, avec la demande d'admission au concours, être parvenues à la direction générale des forêts avant le 31 mai, sous peine de rejet.

32. Les connaissances exigées sont : l'arithmétique, l'algèbre, la géométrie, l'application de la géométrie, la trigonométrie, la physique, la chimie, la cosmographie, la mécanique, l'histoire naturelle, les éléments de la langue allemande, la langue latine, la langue française, l'histoire et la géographie, le dessin d'imitation, le dessin linéaire et le lavis ; le diplôme de bachelier ès sciences est en outre nécessaire.

Le concours se compose de deux parties : 1° l'examen oral, qui est fait dans le même temps, et par le même jury, que l'examen des aspirants à l'École polytechnique ; 2° les compositions écrites, qui sont faites sous la surveillance des agents forestiers.

Le classement définitif des candidats est fait par un jury spécial d'admission, institué par ordonnance du 12 octobre 1840, et présidé par le directeur général des forêts. Le ministre arrête le nombre des élèves admis suivant l'ordre établi par ce classement.

33. L'école est dirigée par un agent supérieur, ayant le titre de conservateur. Dix professeurs, dont huit ayant rang d'inspecteur ou de sous-inspecteur, y enseignent l'économie forestière, l'histoire naturelle, l'art des constructions, la jurisprudence, les éléments de l'agriculture et l'allemand. Les élèves y reçoivent en outre l'instruction militaire.

Les élèves passent deux ans à l'école ; ils y sont casernés, cependant ils prennent leurs repas en ville. Leur passage d'une division dans une autre et leur sortie de l'école sont soumis à des épreuves nombreuses. S'ils y échouent, ils ne peuvent entrer dans l'administration que comme brigadiers ; dans le cas contraire, ils sont envoyés comme gardes généraux stagiaires, avec un traitement annuel de 1,200 fr., auprès de chefs de service. Après le stage, qui dure en moyenne dix à douze mois, ils sont nommés gardes généraux en activité, et, par conséquent, ils deviennent chefs de cantonnement.

Le nombre des élèves admis chaque année est de douze à quinze.

Quatre bourses ont été instituées à l'École forestière en faveur des fils d'agents et de gardes forestiers. (*D.* 31 *juill.* 1856 ; *Décis. min.* 6 *juin* 1862.)

34. Des écoles secondaires destinées à former des préposés pour le grade de garde général adjoint ont été établies à Villers-Cotterets, Épinal, Grenoble et Toulouse, par un arrêté ministériel du 8 avril 1870 et des décisions du directeur général du 9 et du 24 mai de la même année.

N'y sont admis que les préposés ayant moins de quarante ans et comptant au moins un an d'exercice dans le service actif.

L'enseignement y est donné par des agents du service ordinaire ; il comprend les mathématiques appliquées, les éléments de la botanique, de l'économie forestière et du droit forestier.

CHAP. III. — BOIS DE L'ÉTAT.

Sect. 1. — Délimitation et bornage.

35. Les forêts de l'État ont été placées sous le régime du droit commun, relativement à la délimitation et au bornage, en ce sens : 1° que ces opérations peuvent être requises, soit par l'un, soit par l'autre des propriétaires limitrophes (*C. f.*, *art.* 8 ; *C. civ.*, *art.* 646) ; 2° qu'elles doivent être contradictoires, ou du moins réputées telles ; 3° qu'elles se font à frais communs quand elles sont amiables, à moins que l'une des parties ne demande une clôture particulière (*C. f.*, *art.* 14) ; 4° que les actions dont elles peuvent être l'objet sont imprescriptibles ; 5° que les tribunaux ordinaires sont seuls compétents pour connaître de ces actions. (*C. f.*, *art.* 13.)

La demande en délimitation ou en bornage, qu'elle soit faite par l'administration forestière ou par les riverains, doit être adressée, avec un mémoire détaillé à l'appui, au préfet du département dans lequel est située la forêt. Le préfet statue sur l'accueil à faire à cette demande, après avoir pris l'avis de l'administration des domaines, et suit l'affaire devant les tribunaux, d'après les formes déterminées par la loi du 5 novembre 1790 et le règlement du 3 juillet 1834, si des contestations de l'une ou l'autre partie s'opposent à ce qu'elle soit réglée à l'amiable.

ART. 1. — DÉLIMITATION.

36. *Délimitation générale.* Quand il s'agit d'une délimitation générale, le préfet nomme les agents forestiers qui doivent opérer, comme experts et arpenteurs, dans l'intérêt de l'État ; il annonce l'opération, en fixe le jour ainsi que le point de départ, par un arrêté qui est publié et

affiché dans les communes limitrophes et signifié, deux mois avant le commencement de l'opération, au domicile des propriétaires riverains ou à celui de leurs fermiers, gardes ou agents (*C. f.*, *art.* 10 ; *O. régl.*, *art.* 59). La publicité de cet arrêté est constatée par des certificats que les maires adressent au préfet. Le délai de deux mois est un délai franc dans lequel ne sont compris ni le jour de la signification, ni celui de l'échéance. Il ne peut être prolongé en raison des distances (*C. de Pr.*, *art.* 1833). Lorsqu'une forêt se trouve sur plusieurs départements, chacun des préfets de ces départements doit prendre un arrêté.

37. Au jour indiqué, que les riverains soient ou non présents, les experts procèdent à l'opération et ils en dressent un procès-verbal dont ils déposent la minute au secrétariat de la préfecture, après l'avoir présentée à la signature de toutes les parties intéressées, et l'avoir soumise à la formalité du timbre et de l'enregistrement. Ce dépôt est constaté par un avis du préfet publié et affiché dans les communes limitrophes (*C. f.*, *art.* 11). Les riverains peuvent recueillir des extraits du procès-verbal certifiés par le secrétaire général de la préfecture en ce qui concerne leur propriété, sauf à en payer les frais à raison de 75 cent. par rôle d'écriture (*O. régl.*, *art.* 63). Les contestations élevées au moment de l'opération ne s'opposent pas à ce qu'elle suive son cours. Les experts se bornent à les mentionner dans leur procès-verbal ; s'ils jugent qu'un terrain a été usurpé sur le sol forestier, et si le détenteur ne consent pas à le restituer, ils tracent, outre la ligne de possession actuelle, la ligne à revendiquer. Lorsque les limites présentent des sinuosités nombreuses, ils peuvent les faire disparaître en traçant une ligne droite et en établissant des compensations, pourvu que ces compensations n'entraînent la cession au riverain d'aucun produit de la forêt.

38. Il est statué sur la délimitation par un décret, dans l'année qui suit la publication de l'avis de dépôt du procès-verbal, et ce décret est rendu public de la même manière que ce dernier acte (*C. f.*, *art.* 11) ; dans la même année les riverains peuvent adresser au préfet leur opposition ou réclamation (*Ibid.*), et, dans ce cas, la délimitation, en ce qui les concerne, est déférée aux tribunaux. S'ils laissent écouler l'année sans réclamer, la délimitation est considérée comme définitive et leur interdit toute revendication ultérieure (*C. f.*, *art.* 12) ; c'est là un des caractères les plus saillants de cette législation.

39. *Délimitation partielle.* Quand il s'agit d'une délimitation partielle, l'arrêté du préfet qui la fixe est notifié au moyen d'un simple avis et, lorsque les parties sont disposées à s'entendre amiablement, que l'expert de l'État est accepté par le riverain et qu'il opère seul, l'opération n'entraîne pas d'autres frais que ceux de timbre et d'enregistrement du procès-verbal. La sanction du ministre des finances est suffisante pour valider ce procès-verbal, qu'il n'est pas nécessaire de déposer à la préfecture, et qui devient la loi des parties, dès qu'il a été valablement approuvé par elles. Si la délimitation ne peut pas se faire à l'amiable, elle est déférée aux tribunaux. Toutefois lorsque l'action est intentée par les riverains, il est sursis à statuer, si l'administration forestière offre d'y faire droit dans le délai de six mois, en procédant à la délimitation générale. (*C. f., art.* 9.)

ART. 2. — BORNAGE.

40. Lorsque la ligne séparative est déterminée, soit amiablement, soit judiciairement, les experts procèdent au bornage en présence des parties intéressées, convoquées par les mêmes moyens que ceux voulus pour la délimitation. Si le bornage succède à une délimitation générale, il doit, d'après l'art. 12 du Code forestier, être effectué dans le mois qui suit l'expiration du délai d'un an ; cependant il n'en serait pas moins régulier et valable pour avoir été exécuté après cette expiration. Lorsqu'il succède à une délimitation partielle, il peut avoir lieu dès que le procès-verbal de cette dernière a reçu l'approbation de toutes les parties.

Le procès-verbal qui constate le bornage indique avec soin la nature des signes de bornage et leurs dimensions (bornes, fossés continus, fossés d'angle, etc.).

Les frais sont partagés par portions égales, lorsque les signes de bornage sont de simples bornes ; si l'une des parties voulait avoir des fossés, ils seraient à sa charge et pris en entier sur son terrain. (*C. f., art.* 14.)

41. Comme la délimitation, le bornage peut être judiciaire ; c'est ce qui arriverait si des contestations s'élevaient sur la manière d'y procéder, soit parce qu'il ne serait pas conforme au procès-verbal de délimitation, soit parce qu'il n'y aurait pas accord sur l'adoption des signes de bornage, soit parce qu'il y aurait lieu de la part des riverains de mettre l'administration en demeure d'exécuter l'opération. L'action en bornage peut être intentée tant que la ligne séparative n'est pas fixée par des bornes ayant un caractère usité. (*Cass.* 30 *déc.* 1818.)

Sect. 2. — **Aménagement.**

42. L'aménagement est une opération qui consiste à régler le mode de culture (taillis ou futaie), la marche et la quotité des exploitations d'une forêt, de manière à en obtenir le rapport annuel soutenu le plus avantageux dans l'intérêt du propriétaire.

43. Le traitement en futaie étant celui qui, dans un temps donné, procure les produits matériels les plus considérables et les plus utiles, et permet le mieux, dès lors, de satisfaire aux besoins divers de l'industrie, du commerce, de l'agriculture et des services publics, c'est un devoir pour l'administration forestière de l'adopter dans ses règlements d'exploitation ; l'ordonnance réglementaire du 1er août 1827 lui en a fait d'ailleurs une obligation. Elle veut (*art.* 68) que les aménagements des forêts de l'État soient réglés principalement dans l'intérêt des produits en matière et de l'éducation des futaies; que l'administration recherche, en conséquence, les forêts et parties de forêts qui pourront être réservées pour croître en futaie, et en propose l'aménagement en indiquant celles où le mode d'exploitation par éclaircie pourra être le plus avantageusement adopté.

Ce vœu de l'ordonnance réglementaire, rendue pour l'exécution du Code forestier, se retrouve dans divers actes antérieurs, et notamment dans l'ordonnance en date du 11 octobre 1820, en vertu de laquelle l'administration des forêts a été séparée de celle de l'enregistrement et des domaines et constituée en administration indépendante.

44. Tous les bois et forêts du domaine de l'État doivent, aux termes de l'art. 15 du Code forestier, être assujettis à des aménagements réglés par des décrets, conformément à la nature du sol et des essences. (*O. régl., art.* 67.)

45. Dans toutes les forêts aménagées en taillis, l'âge de la coupe doit être au moins de vingt-cinq ans, et il n'y a d'exception à cette règle que pour les forêts dont le châtaignier et les bois blancs forment les essences dominantes, ou qui sont situées sur un terrain de très-mauvaise qualité. (*O. régl., art.* 69.)

46. Mais il y a des forêts qui ne sont pas susceptibles d'un aménagement régulier. Ce sont, par exemple, les sapinières situées sur les hautes montagnes, et dans lesquelles les circonstances climatériques, s'opposant à ce qu'on interrompe jamais le massif, les coupes se font en *jardinant* [1]. Pour ces forêts, l'ordonnance d'aménagement se borne à déterminer l'âge ou la grosseur que les arbres doivent atteindre, avant que la coupe puisse en être ordonnée. (*O. régl., art.* 72.)

Sect. 3. — **Jouissance.**

47. La jouissance des forêts comporte une série de formalités et d'opérations, variables selon la nature des produits.

Les produits se partagent en deux classes : les produits principaux, les produits accessoires.

ART. 1. — PRODUITS PRINCIPAUX.

48. Ce sont, sauf un petit nombre d'exceptions, tous ceux que l'on retire des coupes de bois que réclament la culture et l'aménagement. Ces coupes sont *ordinaires* ou *extraordinaires ; ordinaires*, quand elles sont prévues par l'aménagement ou conformes à l'usage ; *extraordinaires*, dans le cas contraire. Ainsi, les coupes par anticipation et celles des bois ou portions de bois mis en réserve pour croître en futaie, et dont le terme d'exploitation n'a pas été fixé par une ordonnance d'aménagement, sont *extraordinaires*. (*O. régl.* 1er *août* 1827, *art.* 71.)

Les coupes sont vendues sur pied ou vendues après l'exploitation.

Vendues sur pied, elles le sont ordinairement en bloc, moyennant un prix définitivement fixé, séance tenante, et sans garantie de quantité ni de qualité. Mais elles peuvent l'être aussi par unités de produits, pour le prix en être réglé après le dénombrement de ces produits.

§ 1. — *Coupes vendues sur pied, en bloc.*

49. Une coupe, quel qu'en soit le caractère, ne peut être faite sans qu'on en ait autorisé l'assiette. Quand cette assiette est autorisée, il peut être nécessaire de procéder à l'arpentage. Après l'arpentage, les agents désignent les bois à abattre et ceux à réserver. C'est l'opération connue sous le nom de *balivage* ou *martelage*. Ils font en

---

1. *Jardiner*, c'est enlever çà et là, de manière à ne pas interrompre le massif, les arbres les plus vieux, quand ils ont d'ailleurs l'âge ou la grosseur déterminés.

même temps l'estimation des arbres destinés à être exploités. La coupe est ensuite mise en adjudication, si l'administration ne préfère la faire exploiter à ses frais. Dans les deux cas, l'exploitation s'effectue conformément à certaines règles. Lorsqu'elle est terminée, les agents forestiers vérifient si ces règles ont été observées. C'est le *récolement*.

50. *Assiette des coupes.* Chaque année, les agents forestiers, chefs de service, adressent à l'administration l'état des coupes à asseoir conformément aux aménagements ou à l'usage établi.

51. Dans les forêts où la possibilité n'a pas été déterminée par un inventaire régulier, on porte sur l'état le volume approximatif, en mètres cubes, des arbres à exploiter. Dans les forêts qui s'exploitent par contenance, la contenance de chaque coupe est fixée, en divisant la contenance totale de la série d'exploitation par l'âge de la révolution. (Par exemple, si la contenance est de 2,000 hectares et la révolution de 25 ans, la coupe est de 40 hectares.)

52. Les états d'assiette sont soumis à l'approbation du directeur général, qui autorise les coupes, s'il y a lieu, après délibération du conseil d'administration. (O. 10 *mars* 1831.)

53. Il ne peut être fait dans les forêts de l'État aucune coupe extraordinaire quelconque sans un décret spécial du Chef de l'État (*C. f.*, art. 16). Toutefois, les coupes d'arbres épars, non dépérissants, sont autorisées par le ministre des finances, et celles d'arbres épars, morts ou dépérissants, par le directeur général des forêts, quand elles n'ont pas assez d'importance pour déranger les combinaisons de l'aménagement. Les chefs de service adressent à l'administration, pour chaque coupe extraordinaire à autoriser, un procès-verbal contenant les faits et motifs qui sont de nature à justifier l'exploitation. (*O. régl.*, art. 73.)

54. *Arpentage des coupes.* Lorsque les coupes ordinaires ou extraordinaires ont été autorisées, il est procédé, s'il y a lieu, à leur arpentage.

55. On applique cette opération aux coupes que l'on exploite par *contenance*, ce qui veut dire qu'on y abat tous les bois compris dans une contenance déterminée, sauf un nombre plus ou moins grand de réserves. Les coupes de taillis simple ou de taillis sous futaie, celles de nettoiement et d'éclaircies sont donc en général susceptibles d'être arpentées ; les coupes de futaie, qui sont basées sur le volume, n'ont pas besoin de l'être. Si toutes les forêts étaient régulièrement aménagées, les coupes à faire par contenance y seraient délimitées et abornées une fois pour toutes, et la gestion forestière se trouverait ainsi déchargée d'un travail qui prend beaucoup de temps. Il ne serait même pas nécessaire de procéder à des aménagements réguliers pour rendre superflues les opérations d'arpentage ; il suffirait de fixer, d'une manière qui permit de les retrouver à la révolution suivante, les limites des coupes arpentées une première fois. C'est un avantage que l'administration forestière a eu pour but de réaliser par une circulaire en date du 8 juillet 1841, n° 505. Mais cette circulaire n'a pas produit les bons effets qu'on en attendait, et il en résulte que l'on recommence à chaque révolution, dans les forêts non aménagées, les travaux d'arpentage exécutés dans le cours de la révolution précédente.

Les arpentages, qui étaient autrefois confiés à un corps spécial de géomètres, institué par l'ordonnance réglementaire du 1er août 1827, font aujourd'hui partie des attributions des agents forestiers. (*Circ. 31 janv.* 1848, art. 604.)

56. Quand il ne s'agit pas de la première coupe d'un canton ou d'une série, la coupe à arpenter doit avoir, en tout ou en partie, son premier côté commun à l'un de ceux de la coupe précédente. L'angle formé par ce côté et le suivant reçoit le n° 1 ; l'ordre des numéros des autres angles se continue ensuite, en allant du nord à l'est.

57. Les coupes sont délimitées par des pieds corniers (arbres ou piquets placés au sommet des angles), et par des parois (arbres ou piquets placés sur les lignes séparatives, de 100 mètres en 100 mètres au plus). Les arbres de limite sont marqués, au pied, du marteau de l'arpenteur, et au corps, de celui de l'État, savoir : les corniers, sur deux faces, dans la direction des deux côtés de l'angle, les parois sur une face, en regard de la coupe. (*O. régl.*, art. 76.)

58. Les laies et tranchées qu'il est nécessaire d'ouvrir pour le mesurage des coupes ne doivent pas avoir plus d'un mètre de largeur (*O. régl.*, art. 75); les bois provenant de ces tranchées et laies sont vendus en la forme des menus marchés (*voy. les n*os 99 *et* 101), quand ils ne sont pas compris dans l'adjudication de la coupe.

59. Les agents dressent des plans et des procès-verbaux d'arpentage des coupes qu'ils ont mesurées, et ils y indiquent toutes les circonstances nécessaires pour servir à la reconnaissance des limites de ces coupes lors du récolement. (*O. régl.*, art. 77.)

60. Les minutes des procès-verbaux sont visées pour timbre et enregistrées en débet. Il n'est alloué aux agents forestiers, à raison des arpentages, aucuns frais de déplacement, d'expédition, de porte-chaînes, de bûcherons, de bureau, etc.

La différence tolérée entre la contenance portée à l'état d'assiette et celle indiquée par les agents, ou entre cette dernière et la contenance réelle, est au maximum d'un vingtième de la contenance réelle.

61. *Balivage et martelage.* Lorsque les coupes sont arpentées ou simplement autorisées, si l'arpentage n'est pas nécessaire, il y a lieu de procéder au choix et à la désignation des arbres, qui devront être abattus ou réservés. C'est là une des opérations les plus délicates de la gestion forestière : tout l'avenir d'un peuplement peut en dépendre. Aussi exige-t-elle le concours de deux agents au moins. (*O. régl.*, art. 78.)

62. La marque des coupes se fait en *réserve* ou en *délivrance* ; en *réserve*, lorsque la désignation des arbres ne comprend que ceux qui doivent être conservés; en *délivrance*, lorsqu'elle s'applique à ceux qu'il est permis ou prescrit d'exploiter.

Toutes les fois, et c'est le cas le plus ordinaire, que les arbres à désigner peuvent le supporter, on les marque en les frappant d'un marteau, dont l'empreinte, uniforme pour toute la France, est déterminée par l'administration.

Dans les taillis, le martelage des coupes se fait en réserve ; aux termes de l'ordonnance réglementaire, il doit être réservé par hectare cinquante brins ou rejets de l'âge de la coupe. Ces brins et rejets sont appelés *baliveaux,* d'où est venu le mot *balivage.* Lorsqu'ils ont parcouru une révolution, ils prennent la qualité de *modernes ;* après une nouvelle révolution, ils entrent dans la classe des *anciens.* La même ordonnance (*art.* 70) porte que les modernes et les anciens ne pourront être abattus qu'autant qu'ils seront dépérissants, ou hors d'état de prospérer jusqu'à une nouvelle révolution ; mais cette prescription n'est pas observée. On comprend, en effet, qu'elle ne pourrait l'être sans entraîner à la longue la ruine du taillis, par suite du couvert trop épais qui résulterait de l'accumulation des vieux arbres. L'expérience a fait reconnaître que, lorsque ce couvert occupe plus du tiers de la coupe, les avantages que présentent les réserves, comme bois de qualité supérieure, ne compensent pas la perte qui est la conséquence des entraves apportées au développement du taillis.

63. Les arbres de limite et les arbres à réserver sont marqués du marteau de l'État, savoir : les arbres de limite, à la hauteur d'un mètre ; les baliveaux de l'âge à la patte ; les modernes, de deux marques à la racine, sur deux blanchis rapprochés l'un de l'autre ; les anciens, d'une seule marque à la racine. (*O. régl., art.* 79 ; *Circ.* 26 *nov.* 1823, *n°* 91.)

Les baliveaux de l'âge peuvent être désignés par un simple griffage ou toute autre marque autorisée par l'administration, lorsqu'ils sont trop faibles pour recevoir l'empreinte du marteau de l'État. (*O. régl., art.* 79.)

64. Dans les futaies, qui s'exploitent ordinairement par volume, les coupes sont presque toutes marquées en délivrance. Telles sont celles qui sont connues sous la dénomination de coupes de *régénération.* Comme, dans les coupes de cette nature, le nombre des sujets à conserver est ordinairement plus grand que celui des sujets à exploiter, la marque en délivrance est plus commode et plus expéditive que l'autre. Chacun des arbres abandonnés, destinés à l'exploitation, est frappé du marteau de l'État sur deux points, au corps et à la racine, de manière que, la marque à la racine subsistant après l'abatage, on puisse constater que tous les arbres coupés l'ont été régulièrement (*O. régl., art.* 80 ; *Circ.* 26 *nov.* 1823, *art.* 91). Il y a des coupes dans lesquelles les sujets à réserver se distinguent des autres par des caractères naturels bien tranchés, tels que l'essence, l'âge, etc. On peut alors se dispenser d'employer le marteau pour la désignation des bois à exploiter ou à respecter. Ainsi, par exemple, dans les coupes définitives où les bois à couper consistent en gros arbres, tandis que ceux à réserver se composent de très-jeunes brins, on peut se borner à prescrire la réserve de tous les sujets dont la grosseur n'atteindrait pas une mesure déterminée.

65. La marque des coupes de nettoiement ou d'éclaircie se fait tantôt en réserve, tantôt en délivrance, suivant l'état de consistance du peuplement. Cependant la marque en réserve étant de règle générale, l'autre doit être autorisée spécialement par l'administration. Les peuplements nettoyés ou éclaircis au marteau sont, d'ailleurs, bien rarement dans un état satisfaisant. Si la marque s'est faite en réserve, ils sont trop clairs ; si elle s'est faite en délivrance, ils sont trop serrés. Dans les deux cas, l'espacement ménagé entre les sujets laissés sur pied est ordinairement très-irrégulier. La longueur de l'opération et la fatigue qu'elle occasionne aux agents et aux gardes, le grand nombre des tiges parmi lesquelles il faut faire un choix, la difficulté de prévoir l'effet que produira l'enlèvement de tel ou tel arbre, expliquent ces résultats. Nous dirons plus tard comment on les prévient.

Pour l'exactitude et la régularité des balivages et des martelages, les marques doivent être, dans chaque coupe, appliquées du même côté et autant que possible au nord. (*Circ.* 26 *nov.* 1823, *art.* 91.)

66. Les agents consignent les résultats de leurs opérations sur des calepins spéciaux. Ils contrôlent leurs notes et ils dressent ensuite des procès-verbaux de balivage et de martelage, indiquant le nombre et l'espèce des arbres qui ont été marqués en délivrance ou en réserve (*O. régl., art.* 81). Ces actes doivent être rédigés sur les lieux et envoyés dans le délai de 8 jours au conservateur. (*Id.*)

67. *Estimation.* En même temps qu'ils procèdent au martelage d'une coupe, les agents font toutes les opérations nécessaires pour en déterminer la valeur. Une circulaire du 9 mai 1840 a réglé la marche à suivre dans ces opérations. En voici le résumé :

68. L'estimation des produits en matière s'effectue, soit au moyen du dénombrement et du cubage individuel de tous les arbres compris dans le périmètre de la coupe, soit au moyen de places d'essai, c'est-à-dire en appliquant à la masse les résultats du dénombrement et du cubage sur certaines parties du peuplement, choisies comme types. La première méthode est employée dans les coupes où les arbres à abattre sont peu nombreux et volumineux ; la seconde, dans les coupes où les bois abandonnés à l'exploitation se composent d'un grand nombre de sujets de petites dimensions, comme dans les taillis. Les deux méthodes sont employées simultanément, lorsqu'il y a à estimer dans la même coupe de gros arbres et un sous-bois.

69. Les arbres à évaluer sont classés, pour chaque essence, d'après leur circonférence mesurée à 1 mètre du sol. La différence entre deux classes consécutives ne doit pas dépasser $0^m,25$. On détermine ensuite la hauteur moyenne afférente à chaque classe et on cube les arbres, soit comme cylindres, et, dans ce cas, on établit préalablement par des expériences la circonférence moyenne que comporte une circonférence donnée à 1 mètre du sol, soit comme cônes, sauf à obtenir le volume réel, en multipliant le résultat obtenu par un facteur de conversion, qui est également fourni par des expériences. La portion de chaque arbre ou classe d'arbres qui est propre au service, à l'industrie, au chauffage ou au charbon, est, ainsi que le volume des branchages, apprécié enfin à vue d'œil, ou, ce qui est infiniment préférable, au moyen de données recueillies en abattant et en débitant un certain nombre d'arbres pris comme types.

70. L'estimation en argent est établie d'après le prix commercial des divers produits, et, pour que les agents ne se trompent pas dans cette opération délicate, il est nécessaire qu'ils se tiennent exactement au courant des mouvements industriels susceptibles de faire varier le prix des bois, et des manœuvres que les marchands pourraient tenter dans le but de dissimuler ces prix.

71. Il est dressé, pour chaque coupe, deux procès-verbaux distincts : l'un pour l'estimation en matière, l'autre pour l'estimation en argent. Ces actes doivent porter la signature de tous les agents qui ont concouru à l'estimation, et être adressés au conservateur quinze jours au moins avant celui fixé pour la vente (*Circ.* 9 *mai* 1840 *et* 27 *mars* 1846, *n*ᵒˢ 474 *et* 584). Il y est joint un état récapitulatif indiquant 1° le numéro de l'affiche, 2° le numéro de la forêt, 3° le numéro de la coupe, 4° l'estimation nette, 5° le prix d'adjudication, 6° les observations du chef de service. (*Circ.* 16 *août* 1841, *n°* 511.)

72. *Adjudication.* Aucune vente de coupe ordinaire ou extraordinaire ne peut avoir lieu dans les bois de l'État que par voie d'adjudication publique, laquelle doit être annoncée par des affiches, au moins 15 jours d'avance. (*C. f., art.* 17, 18.)

73. Les affiches sont rédigées par l'agent forestier supérieur de l'arrondissement, approuvées par le conservateur et apposées sous l'autorisation du préfet (*O. régl., art.* 84). Elles indiquent le lieu, le jour et l'heure de la vente, les fonctionnaires qui doivent la présider, la situation, la nature, la contenance des coupes, les bois qui y sont compris, ceux des laies et tranchées s'il y a lieu, le nombre, la classe et l'essence des arbres marqués en réserve, les coupes dans lesquelles les adjudicataires sont tenus d'effectuer des repeuplements, les chemins devant servir à la vidange, les fournitures de bois imposées, le décret qui a autorisé la coupe, si elle est extraordinaire (*O. régl., art.* 79, 84, 85 ; *Circ. n°* 485 ; *Cah. des charg.*). Elles sont apposées dans le chef-lieu du département, dans le lieu de la vente, dans la commune de la situation des bois et dans les communes environnantes. (*C. f., art.* 17.)

74. Les clauses générales des adjudications sont établies par un cahier des charges approuvé par le ministre des finances. Les clauses particulières sont arrêtées par les conservateurs sous l'approbation du directeur général des forêts. Les unes et les autres sont toutes de rigueur et ne peuvent jamais être réputées comminatoires. (*O. régl., art.* 82.)

75. Quinze jours avant l'époque fixée pour l'adjudication, l'agent forestier chef de service dépose au secrétariat de l'autorité administrative qui doit présider à la vente : 1° les procès-verbaux d'arpentage, de balivage et de martelage des coupes ; 2° une expédition des cahiers des charges générales et des clauses particulières et locales. Ce dépôt est constaté par le visa du fonctionnaire chargé de présider à la vente. (*O. régl., art.* 83.)

76. Les adjudications ont lieu par-devant les préfets et sous-préfets dans les chefs-lieux d'arrondissement (qui peuvent ne pas être ceux de la situation des bois), lorsque l'évaluation des coupes dépasse 500 fr. Dans le cas contraire, elles peuvent avoir lieu dans des chefs-lieux de commune,

sous la présidence des maires. Dans tous les cas, les agents forestiers et les receveurs chargés de l'encaissement des produits sont tenus d'y assister. (*O. régl., art.* 86.)

77. Le bureau de la vente se compose : du préfet ou de son délégué, président ; du receveur des finances ou de son délégué, du receveur des domaines, du conservateur des forêts ou de son délégué, de l'agent supérieur qui a coopéré à l'estimation.

Les agents forestiers ont seuls le droit de déterminer la valeur des coupes, et par conséquent celui de fixer les mises à prix et d'arrêter les rabais. (*Décis. min.* 15 *janv.* 1840 ; *Circ.* 14 *août* 1840, *n°* 485.)

Toutes les contestations qui peuvent s'élever pendant les opérations d'adjudication, soit sur la validité de ces opérations, soit sur la solvabilité de ceux qui auront fait des offres et de leurs cautions, sont décidées immédiatement par le fonctionnaire président (4 *mai* 1837), sauf aux parties intéressées à se pourvoir, s'il y a lieu, devant l'autorité judiciaire.

78. Les ventes se font, soit par adjudication aux enchères et à l'extinction des feux, soit par adjudication au rabais, soit sur soumissions cachetées. (*O. régl., art.* 87 ; *O.* 26 *nov.* 1836.)

Aux enchères, les feux sont allumés lorsque les offres sont à peu près égales à l'estimation, et la vente est faite après l'extinction, sans enchère, de trois bougies allumées successivement. Si, pendant la durée de la dernière, il survient des enchères, l'adjudication ne peut être prononcée qu'après l'extinction d'un dernier feu, sans enchère survenue pendant sa durée.

Au rabais, la mise à prix et le chiffre auquel les rabais doivent être arrêtés étant fixés, la mise à prix est annoncée par le crieur, puis diminuée successivement, jusqu'à ce qu'une personne prononce les mots : *Je prends.* Lorsque plusieurs personnes prononcent ce mot en même temps, la coupe est tirée au sort entre elles, ou mise aux enchères si l'une d'elles le réclame.

Sur soumissions cachetées, les soumissions sont rédigées sur papier timbré et remises cachetées au commencement de la séance publique. Le président fixe un délai, passé lequel aucune soumission n'est plus admise. Il est ensuite procédé à l'ouverture des soumissions déposées, et l'adjudication est prononcée en faveur du plus offrant, si l'offre est d'ailleurs jugée suffisante. Lorsque plusieurs amateurs offrent le même prix, et que ce prix est convenable, ils tirent la coupe au sort, à moins que l'un d'eux ne préfère les enchères.

79. Les coupes sont ordinairement adjugées en bloc et sans garantie de nombre d'arbres, de contenance, d'essence, d'âge et de qualité.

Chaque adjudicataire est tenu : 1° de faire immédiatement après l'adjudication, et séance tenante, sa déclaration de command (*voy.*), s'il en a une à faire (*C. f., art.* 23) ; si le command n'a pas donné de mandat régulier, il doit accepter l'adjudication par le procès-verbal même d'adjudication et séance tenante, ce qui ne donne lieu à aucun droit particulier ; 2° de fournir, dans les cinq jours qui suivent celui de l'adjudication, une caution et un vérificateur de caution reconnus solvables, et ce, sous peine d'être déchu et de payer les frais de la première adjudication à raison de 1,60 p. 100 (*Cah. des charges gén., art.* 8); 3° d'élire domicile, au moment de l'adjudication, dans le lieu de cette adjudication, à défaut de quoi, tous actes postérieurs lui sont valablement signifiés au secrétariat de la sous-préfecture (4 *mai* 1837); 4° de payer, outre le prix principal de l'adjudication, 1,60 p. 100 tant pour les droits fixes de timbre et d'enregistrement des procès-verbaux et actes relatifs à l'adjudication que pour tous autres frais: les droits proportionnels d'enregistrement sur le montant de l'adjudication et sur les charges accessoires; 5° de verser, immédiatement après la réception des cautions, le 1,60 p. 100 et les droits proportionnels d'enregistrement dans la caisse du receveur, soit de l'enregistrement, soit des domaines; 6° de fournir au trésorier-payeur général, dans les dix jours de l'adjudication, quatre traites payables au domicile dudit trésorier, savoir : la première au 31 mars, la deuxième au 30 juin, la troisième au 30 septembre, la quatrième au 31 décembre de l'année qui suit celle de l'adjudication. (*Cahier des charges générales.*)

80. Toute adjudication est définitive du moment où elle est prononcée par le procès-verbal (*C. f., art.* 25). Cet acte, rédigé par un employé de la préfecture ou de la sous-préfecture, sur papier visé pour timbre en débet, est signé sur-le-champ par tous les fonctionnaires présents et par l'adjudicataire ou son fondé de pouvoirs (*O. régl., art.* 91). Il emporte exécution parée et contrainte par corps contre l'adjudicataire, ses associés et cautions, tant pour le paiement du prix principal, que pour accessoires et frais de l'adjudication (*C.F., art.* 28). Les expéditions dudit acte, signées du président et du secrétaire de la vente, font foi jusqu'à inscription de faux. (*O.* 6 *juill.* 1825.)

81. Les conservateurs adressent immédiatement après la séance à l'administration une affiche annotée, en marge de laquelle ils indiquent, pour chaque article, leur estimation celle des agents et le prix de vente; ils y joignent un rapport explicatif sur les résultats de la vente.

82. Les ventes sont entachées de nullité : 1° lorsqu'elles n'ont pas eu lieu par voie d'adjudication publique ; 2° lorsqu'elles n'ont pas été précédées des publications et affiches prévues par les art. 17 et 18 du Code forestier; 3° lorsqu'elles ont été faites au profit d'une association secrète, établie dans le but d'obtenir les bois à plus bas prix, ou au profit des auteurs de manœuvres tendant au même résultat; 4° lorsqu'elles concernent des coupes extraordinaires non régulièrement autorisées ; 5° lorsqu'elles sont contraires à l'art. 21 du Code forestier, dont voici la teneur : « Ne peuvent prendre part aux ventes, ni par eux-mêmes, ni par personnes interposées, directement ou indirectement, soit comme parties principales, soit comme associés ou cautions : les agents et gardes forestiers et les agents forestiers de la marine dans toute l'étendue de la France; les fonctionnaires chargés de présider ou de concourir aux ventes, et les receveurs du produit des coupes, dans toute l'étendue du territoire où ils exercent leurs fonctions; les parents et alliés en ligne directe, les

frères et beaux-frères, oncles et neveux des agents et gardes forestiers et des agents forestiers de la marine, dans toute l'étendue du territoire pour lequel ces agents ou gardes sont commissionnés; les conseillers de préfecture, les juges, officiers du ministère public et greffiers des tribunaux de première instance, dans tout l'arrondissement de leur ressort. »

L'annulation des ventes est prononcée par le préfet, sauf recours au ministre des finances. (*Décis. min.* 6 *mai* 1830.)

83. *Exploitations.* L'adjudicataire ne peut commencer l'exploitation de sa coupe sans en avoir obtenu la permission de l'agent forestier chef de service. Il est tenu de la demander, dans un délai d'un mois, à partir de l'adjudication, sous peine de payer à l'État, à titre de dommages-intérêts, une somme égale au 40° du prix principal de son adjudication, et ce par chaque quinzaine de retard. Il peut exiger, dans le même délai d'un mois, mais avant la délivrance du permis, qu'il soit procédé contradictoirement à la vérification des réserves indiquées au procès-verbal de balivage et de martelage, afin de mettre sa responsabilité à couvert, dans le cas où il existerait un déficit. Si la vérification n'en constate pas, il paie à titre de frais de déplacement 10 fr. par jour à chacun des agents vérificateurs et 3 fr. par jour à chaque garde. Il paie en outre les frais de timbre et d'enregistrement du procès-verbal de vérification. S'il se trouvait un excédant de réserves, il ne pourrait dans aucun cas ni être délivré à l'adjudicataire, ni donner lieu à une indemnité. L'art. 31 du Code forestier oblige l'adjudicataire à avoir un garde-vente ou facteur agréé par l'agent forestier local et assermenté devant le juge de paix. Ce garde-vente tient un registre sur papier timbré, coté et paraphé par l'agent forestier, et il y inscrit, jour par jour et sans lacune, la mesure et la quantité des bois débités et vendus, ainsi que les noms des acheteurs. L'adjudicataire doit se procurer un marteau triangulaire pour en marquer les bois de charpente sortant de la coupe. Il dépose l'empreinte de ce marteau au greffe du tribunal et chez l'agent forestier, dans le délai de dix jours, à dater de la délivrance du permis d'exploiter.

Ce permis est délivré sur la présentation : 1° des certificats constatant l'admission des cautions, la fourniture des traites et les paiements exigés par le cahier des charges ; 2° de l'acte de prestation de serment, du registre et du marteau du garde-vente.

L'agent forestier qui délivrerait le permis sans la présentation de ces pièces, serait responsable du prix principal de la coupe.

84. Les conditions imposées à l'adjudicataire, soit par le Code forestier, soit par l'ordonnance réglementaire, soit par le cahier des charges générales et spéciales, sont très-nombreuses et varient suivant les localités. Nous ne pouvons citer que les principales :

85. *Abatage, façonnage et vidange.* A moins de clauses contraires, les bois sont exploités à tire et aire, à la cognée, le plus près de terre que faire se peut, de manière que l'eau ne puisse séjourner sur les souches. L'abatage doit être terminé le 15 avril de l'année qui suit celle de la vente, pour les bois non écorcés, et le 1er juillet suivant, pour ceux qui le sont. Dans les futaies, l'abatage peut sans inconvénient avoir lieu en tout temps. Les coupes doivent être nettoyées, en ce qui concerne le ravalement des anciens étocs et l'enlèvement des ronces et autres arbustes nuisibles, avant le terme fixé pour l'abatage. Le façonnage des ramiers doit être terminé avant le 1er juin de l'année qui suit celle de la vente, à moins qu'il n'y ait dans la coupe du bois à écorcer, auquel cas le délai court jusqu'au 15 juillet suivant. Les adjudicataires ne peuvent établir leur faultes, loges ou ateliers, que sur les emplacements désignés par l'administration.

La vidange doit être terminée en général avant le 15 avril de la deuxième année qui suit celle de la vente. Elle s'opère par les chemins désignés par l'administration.

Un adjudicataire peut obtenir la prolongation des délais, soit pour la coupe, soit pour la vidange ; il doit en faire la demande sur papier timbré, vingt jours avant l'expiration de ces délais, et s'engager à payer l'indemnité fixée par l'administration.

Les adjudicataires sont tenus de faire niveler et planter les emplacements occupés par leurs faultes, loges, ateliers, et de réparer en général tout dommage résultant de l'exploitation ou de la vidange.

86. Récolement. Le récolement doit être fait par deux agents, dans les trois mois qui suivent le jour de l'expiration des délais de vidange. Ces trois mois écoulés, l'adjudicataire peut mettre l'administration en demeure de procéder à l'opération. Il est libéré s'il n'est pas fait droit à la réquisition dans le mois suivant. (C. f., art. 47.)

L'adjudicataire ou son cessionnaire est invité à assister au récolement par une citation qui doit lui être signifiée au moins dix jours d'avance (C. f., art. 48). Dans le délai d'un mois, après la clôture du procès-verbal de récolement, l'administration et l'adjudicataire peuvent requérir l'annulation de cet acte pour vice de forme (C. f., art. 50) devant le conseil de préfecture, sauf pourvoi au Conseil d'État, dans les trois mois à partir de la notification de l'arrêté dudit conseil.

L'adjudicataire est tenu de représenter tous les bois marqués en réserve, même ceux cassés ou endommagés.

À l'expiration des délais fixés par l'art. 50 précité, et si l'administration n'a élevé aucune contestation, le préfet délivre à l'adjudicataire, après avoir pris l'avis du conservateur, la décharge d'exploitation. (C. f., art. 51 ; O. régl., art. 99.)

§ 2. — *Coupes vendues sur pied, par unités de produits.*

87. Les ventes par unités de produits ont lieu aux mêmes clauses que les précédentes, sauf les modifications qui résultent des dispositions suivantes :

La vente comprend sans garantie de contenance, de nombre d'arbres ou de quantité : 1° tous les bois désignés soit avant, soit pendant l'exploitation, par les employés forestiers, à charge par l'adjudicataire de les faire abattre et façonner et d'en payer la valeur sur procès-verbal de dénom-

brement, d'après les prix fixés par le procès-verbal d'adjudication.

L'adjudication porte sur l'ensemble des diverses unités de marchandises.

88. Les cautions sont reçues du consentement des receveurs du domaine.

89. Les adjudicataires versent dans un délai qui ne peut dépasser six mois, à la caisse du receveur des domaines, le prix principal d'adjudication réglé par le procès-verbal de dénombrement, et dans les dix jours de la clôture de ce procès-verbal, 1,60 p. 100 du prix principal, tant pour les droits fixes du timbre et d'enregistrement des actes relatifs à la vente que pour tous autres frais. Ils versent dans le même délai à la même caisse les droits proportionnels d'enregistrement et de caution sur le prix principal et sur les charges accessoires. Le droit fixe de certificateur de caution est payé, en outre, dans le même délai après le premier dénombrement.

§ 3. — *Coupes vendues après façonnage.*

90. Il faut distinguer, parmi ces coupes, celles *dites par entreprise,* qui sont exploitées par les soins d'un entrepreneur responsable, et celles *dites par économie,* qui sont exploitées par les soins directs des agents forestiers.

91. Coupes par entreprise. Les coupes invendues et les coupes d'éclaircie peuvent être exploitées par entreprise, sur l'autorisation du directeur général des forêts, dans la limite des crédits dont l'administration dispose. L'adjudication du façonnage, lorsque les conditions n'en sont pas arrêtées de gré à gré, a lieu au rabais et à l'extinction des feux ; elle comprend l'abatage, le façonnage proprement dit et le transport sur les lieux de dépôt, désignés par les agents forestiers. Les prix sont fixés par pièce ou mètre cube de bois de charpente, par pièce ou stère de bois d'industrie, par stère de chauffage, par cent de fagots, d'échalas, etc.

92. L'entrepreneur fournit une caution et un certificateur de caution. Indépendamment des droits de timbre et d'enregistrement payés comptant, il verse 1 1/2 p. 100 du prix de son marché pour frais d'adjudication. Il ne peut commencer ses travaux qu'après en avoir obtenu la permission de l'agent forestier local. Il n'est pas obligé d'avoir un garde-vente. Il est tenu de n'employer que les ouvriers autorisés par les agents forestiers et d'obéir à tous les ordres qui lui sont donnés par ces agents pour l'ébranchement, l'élagage, l'abatage, le façonnage, l'empilage.

Le salaire qui lui est dû est déterminé par des procès-verbaux de dénombrement dressés contradictoirement avec lui, soit dans le cours des travaux, soit après leur achèvement; il subit une déduction si les travaux ne sont pas exécutés convenablement et dans les délais voulus.

93. Le récolement des coupes façonnées par entreprise a lieu dans les dix jours qui suivent le terme fixé pour la vidange, et opère la décharge en faveur de l'entrepreneur.

94. Les bois façonnés sont vendus par lots, au comptant ou à terme, et en la forme ordinaire, si ce n'est que la vente, quelle que soit la valeur des lots, peut être effectuée dans les chefs-lieux de canton et dans les communes voisines des forêts (*O.* 20 *mai* 1837). Lorsque la vente d'un lot se fait au comptant ou à un terme d'échéance de six mois au plus, le prix en est versé à la caisse du receveur des domaines ; mais l'adjudicataire paie immédiatement entre les mains dudit receveur le 1,60 p. 100, tant pour les droits fixes de timbre et d'enregistrement des actes de vente, que pour tous autres frais, et les droits proportionnels d'enregistrement. Dans tous les autres cas, quand il s'agit de lots de plus de 500 fr., le prix de vente, réglé en traites comme pour les coupes ordinaires, à six mois au moins d'échéance, est payable à la caisse du receveur des finances ; l'adjudicataire ne verse immédiatement à la caisse des domaines que le 1,60 p. 100 du prix principal de vente, ainsi que les droits proportionnels d'enregistrement.

95. Pour enlever les bois, l'adjudicataire a besoin du permis de l'agent local ; il ne peut se servir que des chemins indiqués au procès-verbal d'adjudication.

96. *Coupes par économie.* Les nettoiements, et même les éclaircies, lorsqu'elles portent sur de jeunes massifs, sont des opérations très-délicates qui exigent des soins particuliers qu'on ne saurait attendre d'un adjudicataire, ni même d'un entrepreneur. Les peuplements auxquels elles s'appliquent sont d'ailleurs composés de sujets, trop faibles pour supporter impunément l'empreinte du marteau, et trop nombreux pour qu'il ne soit pas fort difficile, pour ne pas dire impossible, de désigner d'une manière convenable, en une fois, en même temps, tous ceux d'entre eux dont l'enlèvement ou la conservation pourrait être utile. Il faut donc que les agents forestiers eux-mêmes fassent procéder, sous leur direction, à cette exploitation ; c'est ce qu'on appelle *exploiter par économie.*

97. Le crédit nécessaire pour payer les frais de l'exploitation est mis à la disposition des agents, qui choisissent eux-mêmes les ouvriers, dirigent leur travail et paient leur salaire.

98. L'adjudication des bois façonnés se fait ensuite comme celle des bois façonnés par entreprise.

ART. 2. — PRODUITS ACCESSOIRES.

99. Sont considérés comme produits accessoires :

1° Les bois provenant de recepages, d'essartements, d'élagages ; ceux dont l'abatage ou l'extraction est nécessaire pour les études de tracé et l'ouverture des routes, l'établissement de maisons forestières, scieries, sécheries, fossés et pépinières, la culture des terrains concédés à charge de repeuplement, les travaux publics, l'exploitation des mines, carrières, etc. ; les arbres endommagés, morts ou dépérissants ; les chablis, lorsque l'estimation de ces bois ou arbres est pour chaque lot inférieur à 500 fr. ; les bois provenant de délits, les remanants des bois délivrés aux usagers ; 2° la glandée, le pâturage, le panage, les semences, plants, souches, épines, bruyères et autres arbustes ou plantes ; 3° les produits des carrières, plâtrières, sablières, les pierres et autres matériaux ; 4° la chasse, la pêche, les indemnités de toute nature et recettes imprévues provenant d'objets appartenant au sol forestier ou attribués à l'État, à l'occasion de la gestion des forêts.

100. *Première catégorie.* Les agents locaux reconnaissent et proposent, et le directeur général autorise, l'exploitation des arbres endommagés, morts ou dépérissants.

Les conservateurs autorisent la vente des bois incendiés ou abroutis, lorsque les produits présumés n'excèdent pas 500 fr., et l'exploitation des mêmes bois par entreprise ou par économie, lorsque les frais d'exploitation ne doivent pas excéder 200 fr. (*O.* 4 *déc.* 1844) ; ils autorisent l'élagage sur les routes et lisières des bois soumis au régime forestier.

101. Les gardes constatent, les agents reconnaissent et marquent de leurs marteaux les chablis et bois de délits ; le conservateur en autorise la vente (*O. régl., art.* 101, 102). Cet agent supérieur autorise également les autres menus marchés. (*Id.*)

102. Quant aux essartements pour les routes et travaux, etc., la décision qui autorise ces routes et ces travaux autorise en même temps la coupe des bois. (*Voy.* Essartement.)

103. L'adjudication des bois ci-dessus spécifiés s'effectue dans les mêmes formes que les adjudications des coupes façonnées par entreprise ou par économie.

104. *Deuxième catégorie.* Les agents forestiers procèdent chaque année, sur l'ordre du conservateur, à la reconnaissance des cantons où le panage, la glandée et la paisson peuvent avoir lieu sans inconvénients pour le sol forestier (*O. régl., art.* 100) ; les procès-verbaux dressés à cet effet indiquent le nombre des animaux admissibles au parcours. Les adjudications de glandée, panage et paisson sont autorisées par le conservateur et effectuées dans les mêmes formes que celles des coupes de bois. (*O. régl., art.* 100 ; *C. f., art.* 53.)

Lorsque les autres produits compris dans la deuxième catégorie sont susceptibles d'être vendus, il est procédé à leur adjudication, sur l'autorisation du conservateur, dans les formes ordinaires ; mais ces produits ont le plus souvent trop peu de valeur pour qu'on puisse en faire l'objet d'une adjudication. Le conservateur peut donc en autoriser l'extraction moyennant des prestations de journées de travail ou des fournitures de graines, lesquelles sont employées à des repeuplements. Au reste, l'emploi des journées et des fournitures est réglé par l'administration supérieure. Cette destination, donnée à une grande quantité de menus produits invendables et nuisibles, la plupart, au sol forestier, constitue une des améliorations les plus intelligentes qui se soient introduites dans la gestion forestière ; elle remonte à un petit nombre d'années.

105. *Troisième catégorie.* L'extraction des produits de la troisième catégorie est autorisée par les conservateurs, moyennant un prix fixé par eux.

106. Les extractions de matériaux ont quelquefois pour objet des travaux publics ; dans ce cas, les ingénieurs des ponts et chaussées désignent les lieux où elles doivent être faites et déterminent, de concert avec les agents forestiers, les limites des terrains où l'extraction pourra être effectuée, le nombre, l'espèce et les dimensions des arbres dont elle nécessitera l'abatage, ainsi que les conditions à imposer aux entrepreneurs. (*O. régl., art.* 170 et 171.)

107. La *quatrième catégorie* ne donne lieu à aucune observation particulière.

Sect. 4. — Servitudes.

108. Parmi les servitudes spéciales auxquelles les forêts sont soumises, on distingue les droits d'usage en bois, le pâturage, la glandée, le panage, les affectations, les délivrances de bois pour les services publics.

ART. 1. — USAGES.

109. Nous renvoyons au mot **Usages** pour tout ce qui concerne les droits d'usage en bois, le parcours (pâturage, etc.) et les affectations.

ART. 2. — DÉLIVRANCES POUR LES SERVICES PUBLICS.

110. *Marine.* La section 1re du titre IX du Code forestier contient plusieurs dispositions relatives au martelage, dans les forêts soumises au régime forestier, des bois propres aux constructions navales. Nous ne reproduirons pas ces dispositions, qui ne sont plus appliquées.

111. En vertu d'un décret du 16 octobre 1858 et d'un règlement ministériel du 19 février 1862, l'administration forestière est autorisée à livrer directement au ministère de la marine les bois extraits des forêts du domaine de l'État et propres aux constructions navales.

L'administration forestière donne d'avance à la marine un aperçu des ressources qu'offre chaque coupe en bois de construction (*Décis. min.* 27 *mai et* 24 *juill.* 1865). Avant l'époque du martelage, les agents de la marine désignent, au moyen d'un ceinturage à l'huile, les arbres qu'ils jugent propres aux constructions navales.

Quand il est procédé au martelage de la coupe, les agents forestiers marquent, parmi ces arbres, ceux que l'on peut abandonner à l'exploitation et ils les frappent d'un marteau spécial.

112. Les arbres de marine ne sont compris dans les ventes que pour les houppiers. Les adjudicataires sont chargés de les abattre, de les écorcer et de les transporter à un lieu déterminé.

La marine les fait ensuite examiner, choisit ceux qui lui conviennent et les fait façonner et transporter à ses frais.

Les pièces rebutées, de même que les remanants de toute nature, restent à la charge de l'administration forestière, qui en opère la vente suivant les formes ordinaires.

Le nombre et les dimensions des pièces livrées à la marine sont établis par un procès-verbal dressé contradictoirement par l'ingénieur de la marine et par l'agent forestier, et le compte définitif des sommes dues par le département de la marine à celui des finances est arrêté par une commission nommée par les ministres de ces deux départements.

113. *Administration de la guerre.* L'administration de la guerre a le droit de requérir la délivrance sur pied, dans les forêts de l'État, des bois nécessaires à la mise en défense des places fortes (*O.* 24 *déc.* 1830). Les agents forestiers martèlent et estiment ces bois, de concert avec les officiers du génie. L'administration de la guerre les fait abattre, façonner et transporter. Les remanants sont vendus à son profit en la forme des menus marchés.

Sect. 5. — Conservation et police.

ART. 1. — INSTANCES CIVILES.

114. L'instruction de toutes les affaires qui tiennent à la propriété des forêts, soit qu'il s'agisse de revendiquer, de défendre ou d'aliéner, est attribuée à l'administration des domaines. Cependant les agents forestiers sont appelés à y concourir en remettant aux préfets, pour être communiqués aux directeurs des domaines, tous les titres, plans ou documents qu'ils peuvent avoir par devers eux.

ART. 2. — DÉLITS ET CONTRAVENTIONS.

115. *Coupe, enlèvement ou mutilation de bois.* La loi a partagé les essences forestières en deux classes, la première comprenant les chênes, hêtres, charmes, ormes, frênes, érables, platanes, pins, sapins, mélèzes, châtaigniers, noyers, alisiers, sorbiers, cormiers, mérisiers et autres fruitiers ; la deuxième, toutes les espèces qui ne sont pas comprises dans la première. La coupe ou l'enlèvement d'arbres ayant, à 1 mètre du sol, 2 décimètres de tour et au-dessus, donne lieu pour les arbres de la 2e classe à une amende, qui est de 50 centimes pour chacun de ces deux décimètres, et qui s'accroît ensuite progressivement de 5 centimes pour chacun des autres décimètres. Si les arbres appartiennent à la 1re classe, l'amende est double pour les deux premiers décimètres (*C. f.*, art. 192). Il peut en outre être prononcé un emprisonnement de cinq jours au plus, si l'amende n'excède pas 15 fr., et de deux mois au plus si l'amende est supérieure à cette somme. La mesure est prise sur la souche quand l'arbre a disparu, et calculée dans la proportion de 1/5 en sus de la somme des dimensions des quatre faces, quand l'arbre est équarri (*C. f.*, art. 193). Enfin, s'il ne reste ni le tronc ni la souche, la grosseur de l'arbre est arbitrée par le tribunal d'après les documents du procès. (*Id.*)

116. Les mêmes faits, lorsqu'ils s'appliquent à des bois ayant moins de 2 décimètres de tour, sont passibles d'une amende qui est, pour chaque charretée, de 10 fr. par bête attelée, de 5 fr. par charge de bête de somme, de 2 fr. par fagot ou charge d'homme. Il peut en outre être prononcé un emprisonnement de cinq jours au plus. S'il s'agit d'arbres plantés ou semés depuis moins de 5 ans, l'amende est de 3 fr., quelle qu'en soit la grosseur (au-dessous de 2 décimètres), et on y ajoute un emprisonnement d'un mois au plus (*C. f., art.* 194).

Lorsqu'il y a plusieurs fagots, l'amende est toujours de 2 fr. par fagot, bien qu'ils puissent ne faire que la charge d'un homme. (*Cass.* 18 *juill.* 1834.)

117. La mutilation des arbres, l'enlèvement des chablis et bois de délit sont passibles des mêmes peines que la coupe et l'enlèvement des arbres sur pied (*C. f., art.* 196, 197). L'élagage exécuté sans l'autorisation des propriétaires, sur des arbres qui avaient plus de trente ans lors de la promulgation du Code forestier, donne lieu aux mêmes condamnations que la mutilation (*C. f., art.* 150). Il n'y a d'exception que pour les arbres élagués dans un but d'utilité publique. L'arrachis de plants est puni d'une amende de 10 à 300 fr. et d'un emprisonnement de cinq jours au plus.

L'emprisonnement est de quinze jours à un mois si les plants proviennent d'une plantation ou d'un semis artificiel. (*C. f., art.* 195.)

118. *Extraction de menus produits.* Toute extraction ou enlèvement non autorisé de pierres, sables, minerais, terres ou gazons, tourbes, bruyères, genêts, herbages, feuilles, engrais, glands, faînes et autres fruits, donne lieu à une amende qui est, pour chaque charretée, de 10 à 30 fr. par chaque bête attelée, de 5 à 15 fr. par chaque bête de somme, et de 2 à 6 fr. par charge d'homme (*C. f., art.* 144). L'amende est double si le délinquant est un usager ou un adjudicataire de glandée, panage ou paisson. (*C.f., art.* 57, 85.)

119. *Pâturage et panage.* Les propriétaires et les conducteurs d'animaux trouvés de jour en délit dans les bois de dix ans et au-dessus, sont passibles d'une amende de 1 fr. pour un cochon, 2 fr. pour une bête à laine, 3 fr. pour un cheval ou autre bête de somme, 4 fr. pour une chèvre, 5 fr. pour un bœuf, une vache ou un veau. L'amende est double lorsque les bois ont moins de dix ans (*C. f., art.* 199). Une clairière, quand elle fait partie du sol forestier, est considérée comme la forêt elle-même (*Cass.* 16 *mars* 1833). L'introduction en forêt d'une voiture attelée de bêtes non muselées, est punissable des peines portées par l'article précédent.

120. *Mesures d'ordre.* Il est défendu de porter ou allumer du feu, sans autorisation, dans l'intérieur et à 200 mètres des forêts, sous peine d'une amende de 20 fr. à 100 fr. (*C. f., art.* 148). L'emploi du feu est interdit, même aux propriétaires dans leurs propres bois, dans la région des Maures et de l'Estérel (Provence), à une certaine époque de l'année fixée par le préfet ; et ce, sous peine d'une amende de 20 à 500 fr. (*L.* 13 *avril* 1870). Le fait d'être trouvé dans la forêt, hors des chemins ordinaires, avec des instruments pouvant servir à commettre des délits, est puni d'une amende de 10 fr. (*C. f., art.* 146) ; ceux dont les voitures, bestiaux, animaux de charge ou de monture, sont trouvés hors desdits chemins, sont condamnés, pour chaque voiture, à une amende de 10 fr. pour les bois de dix ans et au-dessus, et de 20 fr. pour ceux au-dessous de cet âge; pour chaque tête ou espèce de bestiaux non attelés, aux amendes fixées pour délit de pâturage par l'art. 199. (*Voy.* n° 119 ; *C. f., art.* 147.)

121. *Circonstances aggravantes.* La peine est toujours double, en matière de délits ou contraventions forestières : 1° dans les cas de récidive, c'est-à-dire lorsque dans les douze mois précédents il a été rendu contre le délinquant ou contrevenant un premier jugement ; 2° quand les délits ou contraventions ont été commis la nuit, ou que les délinquants ont fait usage de la scie pour couper les arbres sur pied. (*C.f., art.* 200 *et* 201.)

122. Il y a toujours lieu, outre l'amende, à la restitution des objets enlevés ou de leur valeur, et à la confiscation des instruments du délit. (*C. f., art.* 198.)

123. Les dommages-intérêts, s'il y a lieu d'en adjuger, ne peuvent être inférieurs à l'amende simple. (*C. f., art.* 202.)

124. *Adjudications, exploitations.* Les fonctionnaires ou agents coupables d'avoir ordonné ou effectué une vente nulle, sont passibles solidairement d'une amende de 3,000 fr. à 6,000 fr., et l'acquéreur, d'une amende égale à la valeur des bois vendus (*C. f., art.* 18.), si la vente a été faite clandestinement. Dans le cas où, sans être clandestine, elle n'aurait pas été précédée des affiches voulues, ou aurait été faite dans un autre lieu ou à un autre jour que ceux indiqués par les affiches, l'amende prononcée contre les mêmes fonctionnaires ou agents, et en cas de complicité contre les adjudicataires, serait de 1,000 à 3,000 fr. (*C.f., art.* 19.)

125. Dans tous les cas où les ventes et adjudications sont annulées pour cause de fraude ou collusion, l'acquéreur ou adjudicataire, indépendamment de l'amende et des dommages-intérêts, est condamné à restituer les bois déjà exploités et à en payer la valeur, sur le pied du prix de vente ou d'adjudication. (*C. f., art.* 205.)

126. Les contraventions aux dispositions formulées au n° 82 donnent lieu contre les agents et gardes forestiers, les agents forestiers de la marine, les fonctionnaires chargés de présider ou de concourir aux ventes, les receveurs, les parents et alliés des agents et gardes forestiers et des agents forestiers de la marine, à une amende qui ne peut excéder le quart, ni être moindre de 1/12 du montant de l'adjudication, et contre les conseillers de préfecture, les juges, officiers du ministère public et greffiers, à des dommages-intérêts (*C. f., art.* 21). Ces peines sont indépendantes de celles dont les fonctionnaires précités seraient passibles, pour malversations, concussion ou abus de pouvoir. (*C.f., art.* 207.)

127. Toute association secrète ou manœuvre tendant à nuire aux enchères, à les troubler, est passible des peines prévues par l'art. 412 du Code pénal. (*C. f., art.* 22.)

128. Tout changement apporté, après l'adjudication, soit à l'assiette, soit au balivage des coupes, donne lieu, contre l'adjudicataire, à une amende égale au triple de la valeur des bois non compris dans l'adjudication, sans préjudice de la restitution. Si les bois sont de meilleure qualité ou plus âgés que ceux de la vente, l'amende est celle applicable aux bois coupés en délit, et on y ajoute une somme double à titre de dommages-intérêts. Les agents forestiers convaincus d'avoir permis ou toléré ces changements, sont punis de pareille amende, sauf l'application, s'il y a lieu, de l'art. 207 du Code forestier. (*C. f., art.* 29.)

129. Est puni de la réclusion quiconque s'étant procuré indûment le marteau de l'État, en a fait un usage contraire aux intérêts de ce dernier (*C. P., art.* 141); la contrefaçon de ce marteau est punie des travaux forcés. (*C. P., art.* 140.)

Est puni d'un emprisonnement de trois mois à deux ans, celui qui a contrefait les marteaux des particuliers servant aux marques forestières, ou qui en a fait usage, ou qui s'étant procuré les vrais marteaux, en a fait une application préjudiciable aux intérêts ou aux droits des particuliers. (*C.f., art.* 200.)

130. L'adjudicataire qui commence son exploitation sans avoir obtenu le permis d'exploiter, est considéré et poursuivi comme délinquant (*C.f., art.* 30). Celui qui ne dépose pas chez l'agent forestier local et au greffe du tribunal), dans le délai voulu, l'empreinte de son marteau, est passible d'une amende de 100 fr.; il est punissable d'une amende de 500 fr. s'il a plus d'un marteau pour la même vente, ou s'il en marque d'autres bois que ceux de ladite vente (*C. f., art.* 32). Les amendes encourues pour abatage ou déficit d'arbres réservés, sont du tiers en sus de celles fixées par l'art. 192 (*voy. n°* 115); mais si l'essence et les dimensions de ces arbres ne peuvent être constatées, l'amende est de 50 fr. au moins, et 200 fr. au plus (*C. f., art.* 34), sans préjudice de la restitution et des dommages-intérêts. La coupe ou l'enlèvement des bois ne peut avoir lieu dans les coupes, ni avant, ni après le coucher du soleil, sous peine d'une amende de 100 fr. (*C. f., art.* 35.)

L'écorcement sur pied, non autorisé, des arbres abandonnés, est puni d'une amende de 50 à 500 fr. sans préjudice des dommages-intérêts, qui ne peuvent être inférieurs à la valeur des bois écorcés. (*C. f., art.* 36.)

131. Toute contravention aux clauses du cahier des charges, relatives au mode d'abatage et au nettoiement des coupes, donne lieu à une amende de 50 à 500 fr., sans préjudice des dommages-intérêts (*C. f., art.* 37). Tout établissement de loge, atelier, fosse, fourneau, etc., en d'autres places que celles désignées par les agents forestiers, est punie d'une amende de 50 fr. (*C. f., art.* 38). La traite des bois par d'autres chemins que ceux indiqués par les mêmes agents, donne lieu à une amende de 50 à 200 fr. outre les dommages-intérêts (*C. f., art.* 39); l'outre-passe des délais de coupe ou de vidange, à une amende de 50 à 500 fr. et les dommages-intérêts ne peuvent être inférieurs à la valeur des bois laissés dans la coupe (*C. f., art.* 40). Il est défendu d'allumer du feu ailleurs que dans les loges ou ateliers, à peine d'une amende de 10 à 100 fr. et de dommages-intérêts (*C. f., art.* 42); de déposer dans les ventes d'autres bois que ceux qui en proviennent, à peine d'une amende de 100 à 1,000 fr. (*C. f.,* art. 43.)

132. L'adjudicataire, à dater du permis d'exploiter et jusqu'à ce qu'il ait obtenu la décharge, est responsable de tout délit commis dans la vente ou à l'ouïe de la cognée, si son garde-vente n'en fait son rapport et ne le remet à l'agent local dans un délai de 5 jours (*C. f., art.* 45). Il est, ainsi que ses cautions, responsable et contraignable par corps, au paiement des amendes et restitutions encourues pour les délits commis, soit dans la vente, soit à l'ouïe de la cognée, par ses facteurs, gardes-ventes, ouvriers, bûcherons et autres employés. (*C. f., art.* 46.)

133. Les entrepreneurs des coupes sont assimilés aux adjudicataires, soumis à la même responsabilité et passibles des mêmes peines. (*C. f., art.* 82.)

134. *Panage, glandée.* Les adjudicataires du panage et de la glandée sont tenus de ne pas introduire dans les forêts un plus grand nombre de porcs que celui qui est déterminé par l'acte d'adjudication, sous peine d'une amende double de celle prévue par l'art. 199 (*voy. n°* 119 ; *C. f., art.* 54); de faire marquer les porcs d'un fer chaud, sous peine d'une amende de 3 fr. par chaque porc non marqué; de déposer l'empreinte au bureau de l'agent forestier local, sous peine d'une amende de 50 fr. (*C. f., art.* 55); ils sont condamnés aux peines portées par l'art. 199 (*voy. n°* 119), lorsque les porcs sont trouvés hors des cantons désignés par l'acte d'adjudication ou des chemins indiqués pour s'y rendre, et en cas de récidive, le pâtre est condamné à un emprisonnement de cinq à quinze jours (*C. f., art.* 56). Ils ne peuvent abattre, ramasser ni emporter des glands, faînes ou autres fruits, semences ou productions, sous peine d'une amende double de celle prononcée par l'art. 144. (*Voy. n°* 118 ; *C. f., art.* 57.)

135. Dans les cas prévus au n° 125, l'amende infligée aux fonctionnaires ou agents sera de 100 fr. au moins et de 1,000 fr. au plus, et celle encourue par l'acquéreur, égale au montant du prix de la vente. (*C. f., art.* 53.)

136. *Constructions à distance prohibée.* Il ne peut être établi, sans l'autorisation du Gouvernement : 1° aucun four à chaux ou à plâtre, soit temporaire, soit permanent, aucune briqueterie et tuilerie, dans l'intérieur et à moins de 1 kilomètre des forêts, à peine de 100 à 500 fr. d'amende et de la démolition (*C. f., art.* 151); 2° aucune maison sur perches, loge, baraque, hangar, dans l'enceinte et à moins de 1 kilomètre des forêts, sous peine d'une amende de 50 fr. et de la démolition dans le mois qui suivra le jugement qui l'aura ordonnée (*C. f., art.* 152); 3° aucune construction de maison ou de ferme, dans l'intérieur et à moins de 500 mètres des forêts, sous peine de démolition, à moins qu'il n'ait pas été statué sur la demande en autorisation, dans le délai de six mois (*C. f., art.* 153); 4° aucun atelier à façonner le bois, aucun chantier ou magasin pour faire le commerce de bois, dans lesdites maisons ou fermes qui auraient été autorisées, sous peine d'une amende de 50 fr. et de la confiscation des bois (*Id., art.* 154); 5° aucune scierie dans l'enceinte et à moins de 2 kilomètres des forêts, sous peine d'une amende de 100 à 500 fr., et de la démolition dans le mois qui suivra le jugement (*Id., art.* 155); sont exceptées des dispositions des trois articles précédents, les maisons et usines qui font partie de villes, villages ou hameaux, formant une population agglomérée. (*Id., art.* 156.)

137. Les possesseurs ou exploitants des scieries situées dans le rayon prohibé, qui y font transporter des bois non marqués du marteau du garde forestier local, sont passibles d'une amende de 50 à 100 fr., qui est double en cas de récidive. (*C. f., art.* 158.)

ART. 3. — CONSTATATION DES DÉLITS ET CONTRAVENTIONS.

138. Les agents et les gardes forestiers recherchent et constatent par procès-verbaux les délits et contraventions, savoir : les agents, dans toute l'étendue du territoire pour lequel ils sont commissionnés; les gardes, dans l'arrondissement du tribunal près duquel ils sont assermentés. (*C. f., art.* 160.)

Ils peuvent, dans ce but, s'introduire dans les maisons, cours adjacentes et enclos, en présence, soit du juge de paix ou de son suppléant, soit du maire du lieu ou de son adjoint, soit du commissaire de police. (*C. f.*, *art.* 161.)

139. Cette assistance n'est pas nécessaire pour les fours à chaux, les maisons sur perches, loges, baraques, hangars, les maisons renfermant des chantiers ou ateliers, les usines spécifiées au n° 136. Les agents et gardes peuvent y faire les perquisitions nécessaires, quand ils sont au nombre de deux ou accompagnés de deux témoins domiciliés dans la commune. (*C. f.*, *art.* 157).

140. Les fonctionnaires précités doivent accompagner les gardes quand ils en sont requis; ils sont tenus de signer le procès-verbal (*C. f.*, *art.* 162). S'ils refusaient leur assistance, il en serait rendu compte immédiatement au procureur de la République (*O. régl.*, *art.* 182), qui pourrait les poursuivre en réparation des dommages que leur refus aurait pu causer à l'État.

141. Les agents et préposés forestiers ont le droit de requérir directement la force publique (*C. f.*, *art.* 104). Tout commandant, officier ou sous-officier qui refuse de se rendre à cette réquisition légalement faite, est passible d'un emprisonnement de un à trois mois (*C. P.*, *art.* 234). Ils sont autorisés à saisir et à mettre en séquestre les bestiaux trouvés en délit, ainsi que les instruments, voitures et attelages des délinquants. (*C. f.*, *art.* 161.)

142. Les gardes doivent écrire eux-mêmes leurs procès-verbaux, les signer et les affirmer au plus tard le lendemain de la clôture desdits procès-verbaux, par-devant le juge de paix du canton ou l'un de ses suppléants, ou par-devant le maire ou l'adjoint, soit de la commune de leur résidence, soit de celle où le délit a été commis ou constaté, le tout sous peine de nullité. Il est, en outre, nécessaire, lorsqu'un procès-verbal n'est pas écrit de la main de son auteur, que l'officier qui reçoit l'affirmation, lui en donne lecture et mentionne cette formalité (*C. f.*, *art.* 165.) Les procès-verbaux des agents ne sont pas soumis à l'affirmation. (*C. f.*, *art.* 166.)

143. Lorsqu'un procès-verbal porte saisie, il doit en être fait, aussitôt après l'affirmation, une expédition qui est déposée dans les vingt-quatre heures au greffe de la justice de paix, pour qu'elle puisse être communiquée à ceux qui réclameraient les objets saisis (*C. f.*, *art.* 167.) Les juges de paix peuvent donner mainlevée provisoire des objets saisis, à la charge du paiement des frais de séquestre, et moyennant une bonne et valable caution (*C. f.*, *art.* 168.) Ils ordonnent la vente au marché le plus voisin des bestiaux saisis qui ne sont pas réclamés ou pour lesquels il n'est pas fourni de caution valable, dans les cinq jours qui suivent le séquestre. Si le propriétaire réclame après la vente, il ne peut avoir droit qu'à la restitution du prix net de la vente. (*C. f.*, *art.* 169.)

144. Les procès-verbaux des agents et gardes forestiers doivent être, sous peine de nullité, enregistrés dans les quatre jours qui suivent celui de leur affirmation, ou, s'ils ne sont pas soumis à l'affirmation, de leur clôture; l'enregistrement s'en fait en débet. (*C. f.*, *art.* 170.)

145. Les facteurs des adjudicataires ou entrepreneurs de coupes constatent par procès-verbaux, qu'ils doivent remettre dans le délai de cinq jours à l'agent forestier local, les délits et contraventions commis dans l'enceinte et à l'ouïe de la cognée, c'est-à-dire à 250 mètres des coupes. (*C. f.*, *art.* 31 *et* 45.)

ART. 4. — POURSUITES, AUDIENCES ET JUGEMENTS.

146. L'administration est chargée des poursuites en réparation de tous délits et contraventions commis dans les bois de l'État, sans préjudice du droit qui appartient au ministère public (*C. f.*, *art.* 159). Toutes les actions et poursuites sont portées devant les tribunaux correctionnels, seuls compétents pour en connaître. (*C. f.*, *art.* 171.)

147. Les dispositions du Code d'instruction criminelle sur la poursuite des délits et contraventions, sur les citations et délais, sur les défauts, oppositions, jugements, appels et recours en cassation, sont applicables à la poursuite des délits et contraventions en matière forestière, sauf les modifications résultant des dispositions ci-après :

148. *Citations.* L'agent forestier chef de service cite au nom de l'administration. C'est lui qui fait dresser les originaux et les copies des actes de citation. Les chefs de cantonnement les font ensuite remettre par les gardes, qui peuvent, dans les actions et poursuites exercées au nom de l'administration forestière, faire' toutes citations et significations d'exploits (*C. f.*, *art.* 173). Leurs attributions sont taxées comme pour les actes faits par les huissiers des juges de paix.

149. L'acte de citation doit, à peine de nullité, contenir la copie du procès-verbal et de l'acte d'affirmation.

150. Il doit être remis par le garde citateur en personne, soit au prévenu, soit à son domicile, à peine, pour le garde, d'une suspension de trois mois et d'une amende de 200 à 2,000 fr. (*D.* 14 *juin* 1813.)

151. Faute par un adjudicataire d'avoir élu domicile dans le lieu de l'adjudication, la citation lui est valablement signifiée au secrétariat de la sous-préfecture (*C. f.*, *art.* 27). L'original d'une citation doit être enregistré dans les quatre jours.

152. *Prescription.* Les actions en réparation de délits et contraventions, en matière forestière, se prescrivent par trois mois, à compter du jour où ils ont été constatés, lorsque les prévenus sont désignés dans les procès-verbaux. Dans le cas contraire, le délai de prescription est de six mois, à compter du même jour. (*C. f.*, *art.* 185.)

153. Ces dispositions ne sont point applicables aux contraventions, délits et malversations, commis par les agents et gardes dans l'exercice de leurs fonctions. Les délais de prescription sont dans ce cas déterminés par le Code d'instruction criminelle. (*C. f.*, *art.* 186.)

154. Ces mêmes dispositions sont modifiées en ce qui concerne les adjudicataires et entrepreneurs de coupes, en ce sens que ceux-ci sont responsables, à dater du permis d'exploiter et jusqu'à ce qu'ils aient obtenu leur décharge, de tout délit commis dans leurs ventes ou à l'ouïe de la cognée, si leurs facteurs n'en font d'ailleurs leur rapport dans le délai de cinq jours. (*C. f.*, *art.* 45.)

155. L'action civile, en ce qui concerne les délits commis et non constatés dans une coupe non récolée, peut être exercée pendant trente ans devant les tribunaux civils. L'action correctionnelle se prescrit par trois ans. Les délais courent du jour où la vidange a été terminée, à moins qu'il ne soit prouvé que les délits ont été commis depuis la vidange. (*Cass. 5 juin* 1830.)

156. *Audiences.* Les agents forestiers ont le droit d'exposer les affaires devant le tribunal. Ils y occupent une place à côté des procureurs de la République et sont entendus à l'appui de leurs conclusions. Si le prévenu ne comparaît pas, il est jugé par défaut.

157. Les procès-verbaux, revêtus de toutes les formalités voulues, font foi jusqu'à inscription de faux des faits matériels, lorsqu'ils sont dressés et signés par deux agents ou gardes, quelles que soient les condamnations auxquelles ils peuvent donner lieu (*C. f., art.* 176). Ils font encore foi, jusqu'à inscription de faux, bien qu'ils ne soient dressés et signés que par un seul agent ou garde, lorsque la condamnation ne doit pas être de plus de 100 fr., tant pour l'amende que pour les dommages-intérêts. (*C. f., art.* 177.)

158. Les procès-verbaux qui ne font pas foi jusqu'à inscription de faux, peuvent être corroborés ou combattus par toutes les formes légales, conformément à l'art. 154 du Code d'instruction criminelle. (*C. f., art.* 178.)

159. Lorsqu'un prévenu s'inscrit en faux contre un procès-verbal, il est tenu d'en faire, par écrit et en personne, ou par un fondé de pouvoirs spécial, par acte notarié, la déclaration au greffe du tribunal, avant l'audience indiquée par la citation. Au jour indiqué pour l'audience, le tribunal donne acte de la déclaration et fixe un délai de 3 à 8 jours, pendant lequel le prévenu doit faire au greffe le dépôt des moyens de faux et la désignation des témoins qu'il veut faire entendre. A l'expiration de ce délai, le tribunal admet ou repousse les moyens, et dans le premier cas il est procédé sur le faux conformément aux lois (*C. f., art.* 179). Le prévenu jugé par défaut, mais qui a fait opposition, peut être admis à s'inscrire en faux avant l'audience motivée par son opposition. (*C. f., art.* 180.)

160. Lorsque, dans une instance en réparation de délits ou contraventions, le prévenu excipe d'un droit de propriété, le tribunal statue sur l'incident conformément aux règles suivantes :

L'exception préjudicielle n'est admise qu'autant qu'elle se fonde sur des titres et des faits de possession de nature à ôter au fait qui sert de base aux poursuites, tout caractère de délit ou de contravention.

Dans le cas de renvoi à fins civiles, le jugement fixe un bref délai pour que le prévenu saisisse les juges compétents et justifie de ses diligences ; à défaut de quoi il est passé outre. Toutefois, en cas de condamnation, il est sursis à l'exécution du jugement, sous le rapport de l'emprisonnement, et le montant des amendes, restitutions et dommages-intérêts est versé à la Caisse des dépôts et consignations. (*C. f., art.* 182.)

161. *Jugements.* Aucune excuse n'est admissible en matière forestière. Les juges ne peuvent dans aucun cas réduire les peines, à raison des circonstances atténuantes qui auraient accompagné le fait incriminé (*C. f., art.* 203). Ils ne doivent pas admettre les moyens de défense fondés sur la bonne foi de l'inculpé ou sur l'absence d'intentions coupables. Toutefois, il y a des faits justificatifs qu'ils ne sauraient repousser : tels sont la démence, la contrainte irrésistible, la légitime défense, la force majeure.

162. *Appels et pourvois.* Les agents de l'administration forestière peuvent, en son nom, interjeter appel des jugements et se pourvoir contre les arrêts et jugements en dernier ressort, mais ils ne peuvent se désister de leurs appels sans autorisation spéciale (*C. f., art.* 183). Ce droit est indépendant de celui que la loi accorde au ministère public. (*C. f., art.* 184.)

ART. 5. — EXÉCUTION DES JUGEMENTS.

163. Les jugements sont signifiés par simple extrait contenant le nom des parties et le dispositif du jugement. Cette signification fait courir les délais de l'opposition et de l'appel des jugements par défaut. (*C. f., art.* 209.)

164. Le recouvrement des amendes, restitutions, frais et dommages-intérêts, est confié aux receveurs de l'enregistrement et des domaines. Les jugements sont exécutoires par voie de contrainte par corps ; et l'exécution parée] peut être poursuivie cinq jours après un simple commandement. (*C. f., art.* 210, 211.)

165. Les condamnés qui justifient de leur insolvabilité sont libérés après quinze jours de détention lorsque les condamnations n'excèdent pas 15 fr. ; au bout d'un mois pour des condamnations s'élevant ensemble de 15 à 50 fr. ; au bout de deux mois, quelles que soient les condamnations. La détention est double en cas de récidive. (*C. f., art.* 213.)

CHAP. IV. — BOIS FAISANT PARTIE DE LA DOTATION DE LA COURONNE.

166. Les bois et forêts qui faisaient partie du domaine de la couronne étaient exclusivement régis et administrés, par le ministre de la maison du roi ou de l'empereur, conformément aux dispositions applicables aux forêts et bois de l'État.

167. Les agents et gardes des forêts de la couronne étaient en tout assimilés aux agents et gardes de l'administration forestière, tant pour l'exercice de leurs fonctions que pour la poursuite des délits et contraventions. (*C. f., art.* 86, 87, 88.)

CHAP. V. — BOIS INDIVIS.

168. Toutes les dispositions relatives à la conservation et à la régie des forêts de l'État sont applicables aux bois dans lesquels l'État a des droits de propriété indivis, soit avec des communes ou des établissements publics, soit avec des particuliers. (*C. f., art.* 113 ; *O. régl., art.* 147.)

169. Quant aux bois indivis entre des communes ou des établissements publics et des particuliers, ils sont régis conformément aux dispositions qui concernent ces communes et ces établissements. (*O. régl., art.* 147.)

170. Les frais de délimitation, d'arpentage et de garde, sont supportés par les copropriétaires, chacun dans la proportion de ses droits. Ces copropriétaires ont, dans les restitutions et dommages-intérêts, la même part que dans le produit des ventes, chacun dans la proportion de ses droits. (*C. f.*, *art.* 115 *et* 116.)

171. Les projets de travaux extraordinaires sont communiqués à tous les copropriétaires. (*O.*, *art.* 148.)

172. Aucune coupe ordinaire ou extraordinaire, exploitation ou vente, ne peut être faite par les possesseurs copropriétaires avec l'État, les communes ou les établissements publics, sous peine d'une amende égale à la valeur des bois abattus et vendus. La vente est, nulle. (*C. f.*, *art.* 114.)

173. L'administration forestière, pour les bois qui intéressent l'État, et les préfets, pour ceux qui intéressent les communes et les établissements publics, nomment les gardes, règlent leur salaire, les révoquent s'il y a lieu. (*C.f.*, *art.* 115.)

CHAP. VI. — BOIS DES COMMUNES ET DES ÉTABLISSE-MENTS PUBLICS.

Sect. 1. — Régime forestier.

174. Les bois des communes ou des établissements publics ne sont soumis au régime forestier que lorsqu'ils sont reconnus susceptibles d'aménagement ou d'une exploitation régulière par l'autorité administrative, sur la proposition de l'administration forestière et d'après l'avis des conseils municipaux ou des administrateurs des établissements publics (*C. f.*, *art.* 90). Aux termes de l'art. 128 de l'ordonnance royale du 1er août 1827, l'administration devait dresser incessamment un état général de ces bois. C'est ce qui n'a point eu lieu : les reconnaissances des bois à soumettre se sont faites partiellement et successivement. Elles ne sont pas encore terminées. Lorsque l'opportunité de la soumission est contestée, la vérification de l'état des bois est faite par les agents forestiers, contradictoirement avec les maires ou administrateurs. Le procès-verbal de cette vérification est ensuite transmis au préfet qui, après avoir fait délibérer les conseils municipaux des communes ou les administrateurs des établissements propriétaires et pris l'avis du conseil général, transmet le tout avec son avis au ministre des finances. Il est statué par le Président de la République.

175. Les bois communaux ne peuvent être considérés comme légalement soumis au régime forestier qu'autant que les formalités précédentes ont été remplies (*Cass.* 27 *avril* 1853 *et* 23 *sept.* 1837). Toutefois, les bois anciennement placés sous le régime forestier, et qui y ont été maintenus par des arrêtés des préfets, doivent être considérés comme soumis provisoirement, jusqu'à l'entier achèvement des formalités prescrites. (*Cass.* 14 *mai et* 2 *sept.* 1830.)

La soumission n'est régulière et obligatoire que lorsqu'elle a été notifiée aux maires ou aux administrateurs.

176. Les conseils de préfecture ne sont pas compétents pour statuer sur l'opposition formée à la soumission par une commune (*Arr. du C.* 1er *juill.* 1840). Ils le sont lorsqu'il s'agit de la conversion en bois de terrains en pâturage, conversion qui, d'ailleurs, donne lieu aux mêmes formalités que la soumission.

177. Les bois des communes ou des établissements publics soumis régulièrement au régime

forestier, sont assujettis aux mêmes règlements que les bois de l'État, sauf les modifications suivantes.

Sect. 2. — Délimitation et bornage.

178. Les maires et administrateurs sont consultés pour la nomination des experts ; ils ont le droit d'assister aux opérations, de faire consigner leurs dires au procès-verbal.

179. Les conseils municipaux et les administrateurs délibèrent sur cet acte avant qu'il soit soumis à l'homologation (*O.*, *art.* 130 *et* 131). En cas de contestation ou d'opposition, les actions sont suivies, s'il y a lieu, par les maires ou administrateurs, dans les formes ordinaires. (*Id.*, *art.* 132.)

180. Le receveur de la commune ou de l'établissement est chargé de poursuivre le paiement des frais mis à la charge des riverains. (*Id.*, *art.* 133.)

Sect. 3. — Aménagement.

181. Les conseils municipaux et les administrateurs doivent être consultés sur les propositions d'aménagements ou de modifications d'aménagements qui concernent leurs bois, ainsi que sur les travaux d'amélioration, tels que recepages, repeuplements, clôtures, routes, constructions de loges pour les gardes, etc.

S'ils n'élèvent aucune objection contre les travaux projetés, ces travaux peuvent être autorisés sur la proposition du conservateur. Dans le cas contraire, c'est le ministre des finances qui statue. (*O.*, *art.* 135, 136.)

Le conseil général donne son avis sur la délibération du conseil municipal relative à l'aménagement.

182. Un quart des bois appartenant aux communes et aux établissements publics doit toujours être mis en réserve, lorsque ces communes ou établissements possèdent au moins dix hectares de bois réunis ou divisés. Cette disposition n'est pas applicable aux bois totalement peuplés en arbres résineux. (*C. f.*, *art.* 93.)

183. L'art. 68 de l'ordonnance portant que les aménagements des bois de l'État sont réglés principalement dans l'intérêt des produits en matière et de l'éducation des futaies, n'est point applicable aux bois des communes et des établissements publics. (*O. régl.*, *art.* 134.)

Sect. 4. — Jouissance.

184. Hors le cas de dépérissement des quarts en réserve, l'autorisation de les couper n'est accordée que pour cause de nécessité bien constatée, et à défaut d'autres moyens d'y pourvoir. (*O. régl.*, *art.* 140.)

185. Aucune coupe extraordinaire ne peut être autorisée, sans que les conseils municipaux ou les administrateurs en aient délibéré.

Les maires et les administrateurs doivent, avant le 15 mai de chaque année, adresser au préfet les demandes relatives aux coupes extraordinaires à exploiter dans le cours de l'année suivante. Ces propositions sont transmises par le préfet au conservateur, avant le 30 du même mois. Les conservateurs forment, par département, un état de ces demandes. Ils s'expriment leur avis et l'adressent aux préfets, avec les procès-verbaux de reconnaissance et autres pièces à l'appui, avant le 1er octobre suivant. Les préfets l'envoient enfin avec leur avis à l'administration, avant le 15 novembre suivant (*Arr. min.* 4 *févr.* 1837). L'administration fait ses propositions et le Chef de l'État statue.

186. Les demandes sur lesquelles il y a désaccord entre les agents forestiers et les préfets, sont traitées séparément (*Circ.* 1er *oct.* 1839). Si le désaccord existe entre les préfets et l'administration supérieure des forêts, il n'est statué par le Chef de l'État que lorsque le ministre de l'intérieur a été consulté. (*O.* 10 *mars* 1831.)

187. Les demandes qui ne sont pas adressées au conservateur avant le 30 juin, sont renvoyées à l'année suivante (*Arr. min.* 4 *févr.* 1837), à moins qu'elles ne soient motivées par des besoins urgents, auquel cas elles sont instruites au fur et à mesure de leur présentation. (*Id.*)

188. Les préfets peuvent autoriser exceptionnellement, dans des cas véritablement urgents, tels que ceux d'incendie, d'inondations, sauf à faire régulariser leurs arrêtés par l'autorité compétente, la délivrance des bois nécessaires à une commune ou à un établissement public (*O. régl.*, art. 123 *et* 146); mais les agents ne doivent marquer les coupes de cette nature que lorsqu'elles sont réellement exigées par les circonstances de force majeure ci-dessus spécifiées (*Circ.* 30 *déc.* 1836, n° 384). Dans les coupes des bois des communes et des établissements publics, la réserve prescrite par l'art. 70 de l'ordonnance royale est de 40 baliveaux au moins et de 50 au plus par hectare. Lors de la coupe des quarts en réserve, le nombre des arbres à conserver est de 60 au moins et de 100 au plus par hectare. (*O. régl.*, art. 137.)

189. Les adjudications ont lieu en présence des maires ou adjoints pour les bois des communes, et des administrateurs pour ceux des établissements publics, sans toutefois que leur absence entraîne la nullité des opérations, lorsqu'ils ont été dûment appelés. Toute vente ou coupe effectuée par l'ordre de ces maires ou administrateurs est nulle (*C. f.*, art. 100). Les incapacités prononcées par l'art. 21 (*voy.* n° 82) sont applicables aux maires, adjoints et receveurs des communes, ainsi qu'aux administrateurs et receveurs des établissements publics. En cas de contravention, les ventes sont annulées. (*C. f.*, art. 101.)

190. Outre le prix principal, les adjudicataires des coupes des communes ou des établissements publics ont à payer : les droits de timbre et d'enregistrement des procès-verbaux et des autres actes relatifs à l'adjudication; les droits proportionnels d'enregistrement sur le montant de l'adjudication et sur les charges accessoires. Ils versent, immédiatement après la réception des cautions, le dixième du prix principal d'adjudication dans la caisse du receveur de la commune ou de l'établissement propriétaire; les droits fixes et proportionnels de timbre et d'enregistrement dans les caisses des receveurs, soit de l'enregistrement, soit du domaine.

191. Les indemnités dues par les adjudicataires pour délais de coupe et de vidange, sont versées dans les caisses du receveur des communes ou des établissements propriétaires. (*O. régl.*, art. 138.)

192. Lorsque, faute d'offres suffisantes, l'adjudication sur pied des coupes des communes ou des établissements publics, d'une valeur quelconque, a été tentée sans succès au chef-lieu d'arrondissement, le préfet, sur la proposition du conservateur, peut autoriser l'exploitation de ces coupes par entreprise ou par économie, et la vente en bloc ou par lots des produits façonnés. S'il y a dissentiment entre le préfet et le conservateur, le ministre des finances statue.

L'adjudication des travaux de façonnage est faite par les soins des maires et administrateurs. Les agents forestiers n'y interviennent pas ; ils interviennent toujours dans celle des bois façonnés.

193. Les coupes des bois des communes ou des établissements publics peuvent aussi être vendues sur pied, par unités de produits. Dans ce cas, les adjudicataires ont à payer :

Dans le délai de six mois au plus, à la caisse du receveur de la commune ou de l'établissement propriétaire, le prix principal réglé par le procès-verbal de chaque dénombrement, et, dans les dix jours de la clôture du procès-verbal de dénombrement, à la caisse du receveur de l'enregistrement, les droits fixes de timbre et d'enregistrement des actes relatifs à l'adjudication, les droits proportionnels d'enregistrement et de caution et le droit fixe de certificateur de caution.

Le montant des charges de toute nature pour travaux ou fournitures incombant à l'adjudicataire est défalqué en bloc du prix principal sur le procès-verbal du dénombrement définitif.

194. *Coupes dont les communes ou les établissements publics consomment elles-mêmes les produits.* Lors des adjudications des coupes ordinaires et extraordinaires des bois des établissements publics, il est fait réserve, en faveur de ces établissements, de la quantité de bois, tant de chauffage que de construction, nécessaire pour leur propre usage. Ces bois ne peuvent être vendus ni échangés sans l'autorisation du préfet, sous peine de nullité des ventes ou échanges. (*C. f.*, art. 102; *O. régl.*, art. 142.)

195. Les coupes destinées à être partagées en nature pour l'affouage (*voy. ce mot*) des habitants, ne peuvent être exploitées qu'après que la délivrance en a été faite par les agents forestiers (*C. f.*, art. 103), et pour que cette délivrance ait lieu, il faut que la commune ou l'établissement propriétaire ait présenté et fait agréer un entrepreneur de l'exploitation.

196. Cet entrepreneur ne peut commencer l'exploitation qu'après avoir obtenu le permis d'exploiter ; il est tenu d'avoir un garde-vente et de se conformer à tout ce qui est prescrit aux adjudicataires pour l'usance et la vidange. Il est soumis à la même responsabilité et passible des mêmes peines. (*C. f.*, art. 82.)

197. Les portions d'affouage qui ne seraient pas enlevées sont vendues par les maires, sans la participation des agents forestiers. (*Décis. min.* 14 *juill.* 1848.)

198. Les adjudications de panage, de glandée ou de paisson ne peuvent avoir lieu dans les bois des communes et des établissements publics sans l'autorisation du préfet et sans l'avis des conseils municipaux et des administrateurs. (*O. régl.,* *art.* 139.)

199. L'introduction des chèvres, brebis ou moutons ne peut être autorisée que par des décrets. (*C. f., art.* 110.) La durée du panage et de la glandée ne peut excéder trois mois. (*C. f., art.* 66.)

200. Le pâturage et le panage ne peuvent s'exercer que dans les cantons déclarés défensables par l'administration forestière. Chaque année, avant le 1ᵉʳ mars pour le pâturage, et un mois avant l'époque fixée par l'administration pour la glandée et le panage, les agents forestiers font connaître ces cantons, ainsi que le nombre des bestiaux à y introduire (*C. f., art.* 69). Le troupeau de chaque commune ou section de commune doit être conduit par un ou plusieurs pâtres communs, choisis par l'autorité municipale. Les porcs et les bestiaux doivent être marqués d'une marque spéciale. Le fer servant à la marque est déposé chez l'agent forestier local, l'empreinte au greffe du tribunal. Chaque animal doit avoir une clochette.

201. En cas de contestation sur l'état et la possibilité des forêts, il est statué par le conseil de préfecture, sauf pourvoi au Conseil d'État.

202. La délivrance des menus produits dans les bois des communes et des établissements publics est autorisée par les maires ou administrateurs, sauf l'approbation du conservateur, qui règle les conditions de l'exploitation. Le prix est fixé par le préfet. (*O. régl., art.* 169.)

Sect. 5. — Conservation et police.

203. Les dispositions du Code forestier, applicables aux bois de l'État, en ce qui concerne la répression des délits et contraventions, le sont également aux bois des communes et des établissements publics, sauf les exceptions qui résultent des articles ci-après.

204. La propriété des bois communaux ne peut jamais donner lieu à partage entre les habitants (*C. f., art.* 92). L'aliénation partielle ou totale des bois des communes et des établissements publics ne peut être autorisée que par des décrets du Chef de l'État. (*Avis du C.* 22 *août* 1839 ; *Circ.* 2 oct. 1839, *n°* 457.)

205. Les communes et les établissements publics ne peuvent faire aucun défrichement de leurs bois, sans autorisation spéciale du Gouvernement ; ceux qui l'auraient ordonné ou effectué seraient passibles des peines portées contre les particuliers. (*Voy.* **Défrichement.**)

206. Toute vente ou coupe effectuée par l'ordre des maires et des administrateurs, donne lieu contre eux à une amende de 300 à 6,000 fr. (*C. f., art.* 100.)

207. Les contraventions à l'art. 21 du Code forestier (*voy. n°* 82), commises par les maires, adjoints, administrateurs, receveurs des communes ou des établissements publics, sont punies des peines prononcées par ledit article. (*C. f., art.* 101.)

208. Les administrateurs qui auraient vendu ou échangé les bois délivrés pour les besoins des établissements, seraient passibles d'une amende égale à la valeur de ces bois et de la restitution. (*C. f., art.* 102.)

209. Dans les coupes affouagères communales, aucun bois ne peut être partagé sur pied ni abattu par les habitants individuellement, et les lots ne peuvent être faits qu'après l'entière exploitation, à peine de la confiscation de la portion de bois abattu afférente à chacun des contrevenants. Les fonctionnaires ou agents qui auraient permis ou toléré la contravention seraient passibles d'une amende de 50 fr. et responsables de la mauvaise exploitation et des délits qui pourraient avoir été commis. (*C. f., art.* 81.)

210. Les entrepreneurs des coupes affouagères sont soumis à la même responsabilité et passibles des mêmes peines que les adjudicataires, en cas de délits et contraventions (*C. f., art.* 82), et les communes propriétaires sont garantes solidaires des condamnations prononcées. (*Id.*)

211. L'introduction des chèvres, brebis ou moutons dans les bois des communes ou des établissements publics, est punie des peines prononcées par l'art. 199 (*voy. n°* 119), et, en outre, pour les pâtres et bergers, de 15 fr. d'amende, et, en cas de récidive, d'un emprisonnement de 5 à 15 jours. (*C. f., art.* 78.)

212. Les communes et les établissements publics ne peuvent jouir du pâturage et du panage que pour les bestiaux à leur propre usage, et non pour ceux dont ils font commerce, à peine d'une amende double de celle prononcée par l'art. 199. (*Voy. n°* 119.)

213. Les habitants des communes qui conduisent ou feraient conduire leurs bestiaux à garde séparée, seraient passibles de 2 fr. d'amende par tête de bétail (*C. f., art.* 72). Les communes sont responsables des condamnations prononcées contre leurs pâtres pour tout délit ou contravention que ceux-ci auraient commis pendant le temps de leur service et dans les limites du parcours (*Id.*). Chaque bête trouvée sans clochette dans les bois donne lieu à une amende de 2 fr. (*C. f., art.* 75). Les bestiaux et les porcs trouvés hors des cantons déclarés défensables donnent lieu contre le pâtre à une amende de 3 à 30 fr., et en cas de récidive à un emprisonnement de 5 à 15 jours (*C. f., art.* 76). L'excédant du nombre des bestiaux sur celui fixé par l'administration donne lieu à l'application de l'art. 199. (*Voy. n°* 119 ; *C. f., art.* 77.)

214. La défense de construire des maisons ou fermes à la distance de 500 mètres des forêts ne s'applique pas aux bois communaux qui ont une contenance de moins de 250 hectares. (*C. f., art.* 153.)

Sect. 6. — Personnel.

215. La gestion des bois des communes et des établissements publics, soumis au régime forestier, est confiée à l'administration des forêts de l'État. Toutefois, les communes et les établissements publics ont des gardes particuliers, dont le salaire est à leur charge (*C. f., art.* 108). Ces gardes sont nommés par les préfets, sur la proposition des conservateurs. Ils sont d'ailleurs soumis à la même discipline, à la même responsabilité, et jouissent de la même autorité que les gardes domaniaux. (*C. f., art.* 99.)

Le salaire des gardes qui surveillent, à la fois, des cantons appartenant à l'État et d'autres appartenant à des communes ou établissements publics, est payé proportionnellement par chacune des parties intéressées. (*C. f., art.* 97.)

Les coupes ordinaires et extraordinaires sont principalement affectées au paiement des frais de garde et de la contribution foncière. Si les coupes sont délivrées en nature et que les communes n'aient pas d'autre ressource, il en est distrait une portion pour le prix être affecté au paiement de ces charges. (*C. f., art.* 109.)

216. Pour indemniser le Gouvernement des frais d'administration des bois des communes et des établissements publics, il est payé au profit du Trésor, sur les produits *principaux* de ces bois, 5 centimes par franc en sus du prix principal de leur adjudication ou cession. Quant aux produits délivrés en nature, il est perçu par le Trésor le 20ᵉ de leur valeur, laquelle est fixée définitivement par le ministre des finances, sur l'avis des préfets, les propositions des agents forestiers et les observations des conseils municipaux et des administrateurs. (*L.* 25 *juin* 1841, 19 *juill.* 1845.)

Toutefois la somme à rembourser par chaque commune ou chaque établissement public ne pourra pas dépasser 1 fr. par hectare des bois qui lui appartiennent. (*L.* 14 *juill.* 1856.)

Moyennant cette subvention, toutes les opérations de conservation et de régie dans les bois des communes et des établissements publics sont faites par les agents et préposés de l'administration forestière, sans aucuns frais. Les poursuites pour délits et contraventions commis dans ces bois et la perception des restitutions et dommages-intérêts prononcés en faveur des communes et des établissements propriétaires, sont effectuées sans frais par les agents du Gouvernement. (*C. f., art.* 107.)

217. Il n'y a que les opérations extraordinaires nécessitant la création de services spéciaux, telles que les aménagements, qui puissent occasionner des frais aux communes et aux établissements publics.

CHAP. VII. — BOIS DES PARTICULIERS.

218. Les bois des particuliers ne sont pas soumis au régime forestier ; cependant ils jouissent du bénéfice de plusieurs de ses dispositions, de même qu'ils sont assujettis à quelques restrictions ou servitudes spéciales.

219. Les particuliers ne peuvent défricher leurs bois sans l'autorisation du Gouvernement. (*Voy.* **Défrichement.**)

Ils ne peuvent, à certaines époques de l'année fixées par le préfet, employer le feu, même dans leurs propres bois, sous peine d'une condamnation à une amende de 20 à 500 fr. (*L.* 13 *avril* 1870.) Ils sont tenus de reboiser ou de laisser reboiser par l'administration leurs dunes ou leurs terrains en montagne, quand l'intérêt général le réclame. (*Voy. les mots* **Dunes** *et* **Reboisement.**)

220. D'un autre côté, sont applicables aux bois des particuliers : 1° la plupart des dispositions du Code forestier et de l'ordonnance rendue pour son exécution, relatives à l'exercice et à l'extinction des droits d'usage (*voy.* le mot **Usages**); 2° les dispositions analysées dans les articles 115 à 123, 125, 129 (§ 2), 138 (§ 2),

139, 140 (dernier paragraphe), 142, 143, sauf l'enregistrement en débet, 147, 152, 160, 161.

Toutefois, lorsqu'il y a lieu d'effectuer la vente des bestiaux saisis, le produit net de la vente est versé à la caisse des dépôts et consignations (*C. f., art.* 189), et l'enregistrement des actes ne peut pas être fait en débet.

221. Les délits et contraventions commis dans les bois des particuliers sont constatés par des gardes dont les procès-verbaux font foi jusqu'à preuve du contraire (*C. f., art.* 188), et doivent être, dans le délai d'un mois, à dater de l'affirmation, remis au procureur de la République ou au juge de paix, suivant leur compétence respective. (*C. f., art.* 191.)

222. Il n'est d'ailleurs rien changé aux dispositions du Code d'instruction criminelle relativement à cette compétence. (*C. f., art.* 190.)

223. Les gardes forestiers domaniaux et communaux peuvent rechercher et constater dans les propriétés des particuliers les infractions aux règlements qui régissent l'emploi du feu dans la région des Maures et de l'Esterel. (*L.* 13 *avril* 1870.) Leurs procès-verbaux sont transmis dans le délai de 20 jours, à dater de leur affirmation, au procureur de la République, qui seul exerce les poursuites. (*Id.*)

224. Les jugements contenant des condamnations au profit des particuliers sont, à leur diligence, signifiés et exécutés dans les mêmes formes que les jugements rendus à la requête de l'administration forestière. Le recouvrement des amendes est opéré par les receveurs de l'enregistrement et des domaines. Les délinquants insolvables peuvent être admis à se racheter au moyen de prestations, en ce qui concerne les amendes et les frais. (*C. f., art.* 215.)

Les propriétaires sont tenus de pourvoir aux frais de nourriture des délinquants détenus, lorsque la détention a lieu à leur requête et dans leurs intérêts. (*C. f., art.* 216.)

La mise en liberté des condamnés ainsi détenus ne peut être accordée qu'autant que la validité des cautions ou l'insolvabilité des condamnés aura été, en cas de contestation de la part des propriétaires, jugée contradictoirement entre eux. (*C. f., art.* 217.)

225. Les gardes des bois de particuliers doivent être agréés par le sous-préfet et prêter serment devant le tribunal de première instance. (*C. f., art.* 117.)

226. Les bois des communes étrangères, situés en France, sont assimilés à ceux des particuliers. (*Décis. min.* 2 *mai* 1851.)　　　TASSY.

BIBLIOGRAPHIE.

Recueil concernant les eaux et forêts, par M. Saint-Yon. 1610.

Conférence de l'ordonnance de Louis XIV, du mois d'août 1689, sur le fait des eaux et forêts, par M. Gallon; nouv. édit. 2 vol. in-4°. Paris. 1752.

Lois forestières, par Pecquet. 2 vol. in-4°. 1753.

Dictionnaire portatif des eaux et forêts, par M. Massé. In-8°. Paris. 1766.

Recueil des lois relatives à l'administration des forêts nationales, imprimé par ordre du Directoire exécutif. In-8°. Impr. de la République. Paris, an V.

Dictionnaire forestier, par M. Dumont. 2 vol. in-8°. An XI.

Mémorial forestier, ou Recueil complet des lois, arrêts et instructions relatives à l'administration forestière, par M. Goujon. 6 vol. Paris. 1805.

Traité du régime forestier, ou Analyse méthodique et raisonnée des arrêts, règlements, décisions, instructions, etc., par M. Dralet. 2 vol. in-8°. Paris, Arthus-Bertrand. 1812.

Annales forestières, faisant suite au Mémorial, par MM. Baudrillart et Doniol. De 1808 à 1816. 8 vol. Une nouvelle revue paraît depuis 1841, également sous le titre d'*Annales forestières*.

Manuel rural et forestier, ou Recueil des lois, arrêtés, etc., par M. L. Rondonneau. In-8°. Paris, Rondonneau et Décle. 1818.

Traité des délits, des peines et des procédures en matière d'eaux et forêts, par M. Dralet. 3e édit. In-12. Toulouse, Manavit. Paris, Mad. Huzard. 1818.

Ordonnance de Louis XIV, ou Nouveau règlement général pour les eaux et forêts du royaume, du mois d'août 1669. Paris, J. Décle. 1821.

Petit manuel forestier, contenant, etc., par M. P. E. Herbin de Halle. In-8°. Paris, Bottin. 1822.

Traité général des eaux et forêts (Dictionnaire), par M. Baudrillart. 2 vol. in-4°. Paris, Mad. Huzard. 1825.

Code forestier, suivi de l'ordonnance réglementaire et d'une table alphabétique des matières. In-18. Paris, Chassaignon, Delarue, Corbet aîné. 1827.

Code forestier, annoté par MM. Fœlix et de Vaulx. 2 vol. 1827.

Code forestier expliqué par ses motifs par M. Ad. Chauveau. In-18. Paris. 1827.

Code forestier conféré avec la législation et la jurisprudence relatives aux forêts, par M. A. Ganneraux. 2 vol. 1827.

Du régime des bois communaux, selon le nouveau Code forestier, par Henrion de Pansey. In-8°. Paris, Th. Barrois père. 1827.

Vocabulaire du Code forestier, etc., par M. Biret. In-8°. Paris, Tournachon-Molin. 1827.

Commentaire sur le Code forestier, par MM. Coin-Delisle et Frederich. 2 vol. in-8°. Paris, Pélicier, Ladrange. 1827-1828.

Mémorial statistique et administratif des forêts du royaume pour l'année 1828 (5e année; la 1re est de 1821), contenant, etc., par M. P. E. Herbin de Halle. In-18. Paris, Bottin. 1828.

Code forestier, annoté par M. J. B. Sirey. In-4°. Paris, impr. de Marchand-Dubreuil. 1828.

Commentaire sur le Code forestier, suivi de l'ordonnance d'exécution, par M. A. Garnier-Dubourgneuf. In-12. Paris, Dufour et Cie. 1828.

Le Code forestier conféré et mis en rapport avec la législation qui régit les différents propriétaires et usagers dans les bois, par M. Curasson. In-8°. Paris et Besançon, Gauthier frères. 1828.

Code forestier, avec l'exposé des motifs, la discussion des deux Chambres, l'ordonnance d'exécution, etc., par M. Brousse. 3e édit. In-8°. Paris, Mad. veuve Charles Béchet. 1829.

Code forestier, suivi de l'ordonnance d'exécution et d'une table des matières par ordre alphabétique. In-18. Lyon, Rivet. 1830.

Code forestier, suivi de l'ordonnance d'exécution et de la jurisprudence forestière, annoté par M. Dupin. 2e édit. In-18. Paris, Joubert. 1834.

Commentaire du Code forestier et de l'ordonnance rendue pour son exécution, ou Manuel du droit forestier, par M. E. Meaume. In-8°. Paris, Delamotte; Nancy, Grimblot et Raybois. 1844.

Manuel de l'adjudicataire et du garde-vente des coupes dans les bois de l'État, des communes et des établissements publics, par M. E. Meaume. In-8°. Nancy, Mad. veuve Raybois. 1846.

Recueil chronologique des règlements sur les forêts, la chasse et la pêche, contenant les lois, ordonnances royales, arrêts de la Cour de cassation, décisions ministérielles et les circulaires et instructions administratives. Ouvrage publié depuis 1815 jusqu'en 1842 inclus, par MM. Baudrillart et Herbin de Halle; continué depuis 1843 par M. Théodore Chevalier. In-4°. Arthus Bertrand, Mad. Bouchard-Huzard. 1848.

Manuel des gardes forestiers, par M. Boyard. In-8°. Paris, Roret. 1856.

Police des bois, défrichements et reboisements. Commentaire pratique sur les lois promulguées en 1859 et 1860, par Féraud-Giraud. In-8°. Aix, Makaire; Paris, Durand. 1861.

Les Codes de la législation forestière, par Jacquot. Nouvelle édit. in-18. Paris, A. Durand. 1861.

Nouveau manuel du garde forestier, par Boyard et Vasserot. In-18. Paris, Roret. 1866.

La France forestière, depuis les temps les plus reculés jusqu'à nos jours, par A. de Kirwan. In-8°. Paris, Douniol. 1869.

Répertoire de législation et de jurisprudence forestière, recueil périodique des lois, décrets, etc., en matière de bois et forêts, par M. C. Deville. Tome IV. In-8°. Paris, impr. de Hennuyer. 1870.

Dictionnaire général des forêts; 1re partie, législation et administration; recueil complet des lois, décrets, etc., en vigueur concernant les forêts depuis 1672 jusqu'en 1871, par M. Antonin Rousset. In-8°, 2 col. Nice, Cauvin et Cie. 1872.

Annuaire des eaux et forêts, contenant le tableau complet au 1er février 1874 du personnel de l'administration des forêts, etc. 13e année. Paris, bureau de la Revue des eaux et forêts. 1874.

ADMINISTRATION COMPARÉE.

Les forêts peuvent être considérées à plusieurs points de vue : 1° comme domaine productif de l'État et des établissements publics, qu'il faut cultiver, aménager, exploiter et conserver; 2° comme propriété d'une nature particulière dont la conservation importe à la salubrité publique, à la conservation des sources, des pâturages, etc., et à laquelle, pour cette raison, on impose une servitude d'utilité publique.

En parlant des forêts, on doit donc distinguer, au point de vue du droit ou de l'administration, les forêts de l'État, les forêts des établissements publics et même les bois des particuliers. De plus, on ne doit pas confondre les pouvoirs que l'État possède en vertu de sa souveraineté territoriale et de ses droits généraux de police, avec les droits dont il jouit comme propriétaire d'un domaine utile. C'est en vertu de sa souveraineté qu'il surveille plus ou moins l'exploitation des forêts qui ne font pas partie du domaine privé.

Allemagne.

Prusse. L'Allemagne en général, et plus spécialement la Prusse, se vante d'avoir, plus que tout autre pays, contribué aux progrès de la sylviculture. Ce n'est pas sans raison. L'Allemagne se compose depuis bien des siècles d'un certain nombre d'États possédant chacun des domaines et forêts, et comme les princes tenaient beaucoup à leurs bois, tant à cause de la chasse qu'à cause des revenus, ils veillaient généralement à la bonne administration des forêts. On exigea de bonne heure un certain savoir des fonctionnaires chargés de l'exploitation des bois; la sylviculture fit partie des « sciences camérales » avec l'économie politique, l'administration et les finances ; il y eut des professeurs d'économie et de culture forestières, les praticiens publièrent leurs observations et de l'ensemble de la littérature forestière se dégagea un corps de doctrine qui fit école. C'est à l'Allemagne, par exemple, qu'on a emprunté le système des trois coupes : coupe sombre ou préparatoire, dans laquelle on abat peu de bois, afin que la forêt reste sombre pour faciliter l'ensemencement naturel; coupe claire, où l'on abat beaucoup de bois, pour donner de l'air et de la lumière aux jeunes plantes et leur permettre de croître; coupe définitive, où l'on abat les vieux arbres, terminant ainsi la *révolution*, les jeunes arbres étant devenus assez forts pour constituer un nouveau « peuplement ».

La « science forestière » qui se trouvait ainsi créée fut enseignée dans des écoles spéciales. La première a été fondée, par Zantier, en 1767 ; elle était encore privée. Puis vint l'académie forestière de Berlin, 1770, fondée par l'État. D'autres suivirent en Autriche et dans les différents États allemands. L'école de Nancy est de 1824, celle de Saint-Pétersbourg de 1833. Des qu'il y eut des écoles, on ne put être forestier d'un grade supérieur (*Oberforster*, garde général, et au-dessus) qu'après avoir fait ses études.

Les forêts de l'État sont un domaine productif appartenant à la nation et sont exploitées à ce titre par des fonctionnaires placés sous une autorité centrale, la direction des domaines et forêts du ministère des finances. Chaque département (*Regierungs-Bezirk*, voy. Département) est divisé en inspections forestières; les inspecteurs dépendent des *Regierungen* (préfet ou comité gouvernemental) et dirigent les *Oberfœrster*, lesquels ont sous leurs ordres des forestiers (gardes) et autres agents subalternes. Le mode d'administration des forêts est réglé par l'instruction du 4 juin 1870 (Berlin, chez Decker), dont l'application incombe immédiatement aux *Oberfœrster* ou gardes généraux. Cette instruction traite de l'aménagement des forêts de l'État, et en même temps des droits et devoirs des fonctionnaires.

Il n'y a pas, en Prusse, de législation générale sur les forêts autres que celles de l'État, si ce n'est sur les contraventions et délits forestiers (*L.* 11 mars 1850, confirmée le 31 mai 1870) et sur le reboisement (*L.* 21 juill. 1875, voy. Reboisement). Il n'y eut, pour exercer la surveillance de l'État, que des ordonnances royales applicables tantôt à tel grand territoire (une ou plusieurs provinces), tantôt à telle petite principauté ou comté. M. de Rœnne cite, pour les anciennes provinces, 22 droits différents, parmi lesquels, pour le ressort de Cologne, nous trouvons la célèbre ordonnance (française) des eaux et forêts de 1669, les arrêtés des administrateurs provisoires de 1814 et divers autres actes. On travaille du reste, depuis longtemps, à un code général des forêts. Il n'y a de généralement applicables que la tutelle de l'État sur la propriété communale et celle des établissements publics (voy. Organisation communale). La surveillance de l'aménagement ou du mode de culture ne s'étend pas également loin dans les diverses provinces. L'ordonnance du 24 décembre 1816, par exemple, s'appliquant aux provinces de Saxe, Westphalie et du Rhin, abolit toutes les restrictions jusqu'alors en vigueur dans ces contrées quant à la culture, etc. Les communes et établissements publics peuvent exploiter eux-mêmes leurs bois, sauf à suivre les instructions du Gouvernement quant à l'aménagement; c'est-à-dire ils doivent, pour administrer leurs bois, faire choix d'un forestier, et ne peuvent opérer de coupe extraordinaire qu'avec l'autorisation du Gouvernement.

Sous le *Landrecht* de 1798, et antérieurement, le particulier ne pouvait pas exploiter son bois comme il l'entendait; il ne pouvait ni défricher, ni faire des coupes extraordinaires, « dévaster » (*verwüsten*). On constata que les restrictions avaient eu des inconvénients, aussi l'édit du 14 septembre 1811 rendit-il toute liberté au propriétaire, même celle de défricher, mais cette loi n'est applicable qu'au territoire possédé par la Prusse en 1811; les autres provinces sont régies par les lois antérieures, et c'est ainsi que la rive gauche du Rhin est encore soumise à la loi du 9 floréal an XI et au décret du 6 novembre 1813.

Bavière. Le Code forestier de ce pays porte la date du 28 mars 1852, l'instruction, celle du 29 juin de la même année. Cette loi est avant tout protectrice des forêts : elle déclare qu'on ne pourra pas acquérir de servitude dans les forêts (de l'État) et qu'on devra racheter celles qui existent; elle fait dépendre le défrichement d'une autorisation, que l'administration peut accorder seulement dans certains cas. (*Voy.* Défrichement [le texte].)

Autriche. Le Code forestier autrichien est du 3 décembre 1852. Son art. 1er distingue : 1° les forêts de l'État, comprenant aussi celles des établissements publics, quand elles sont administrées par l'État; 2° les forêts des communes; 3° les forêts des particuliers. L'art. 2 dispose que « le changement d'emploi » du sol forestier (le défrichement) des forêts de l'État ne peut avoir lieu qu'avec l'autorisation ministérielle; les communes et les particuliers doivent obtenir l'autorisation de l'autorité administrative du cercle (préfet). Le sol défriché sans autorisation doit être reboisé. Cette disposition est développée dans divers autres articles. D'après les art. 22 et 23, l'administration surveille le mode d'exploitation de l'ensemble des forêts, les particuliers aussi bien que les communes possédant des bois d'une certaine étendue, doivent faire choix d'un forestier remplissant les conditions de capacité requises pour le service de l'État. (Les programmes d'examen se trouvent dans l'arrêté ministériel du 16 janvier 1850, *Bulletin des lois* de cette année, n° 63.) Il n'est pas indispensable que le candidat ait suivi les cours d'une école forestière, pourvu qu'il passe son examen d'une manière satisfaisante et justifie d'un stage. C'est au ministère de l'intérieur que ressortirent les réclamations en matière forestière.

Italie. Un projet de loi, déposé dans la session 1874-1875, et arrivé à l'état de rapport, pose, dès l'art. 1er, le principe fondamental : « *La proprietà e l'uso dei boschi e dei terreni boschivi sono soggetti alle limitazioni portate dalla presente legge.* » En quoi consiste la limitation de la propriété? On ne pourra défricher qu'avec l'autorisation de l'administration, le conseil provincial et le conseil de santé entendus. Si ce conseil déclare que la forêt est nécessaire à la salubrité publique — sans doute aussi à l'alimentation des sources, — l'autorisation ne peut être donnée. Il ne s'agit bien entendu que des bois proprement dits, et non des vignes, olivettes ou vergers.

Lorsque les bois sont situés sur une pente, et en général

lorsqu'ils servent de protection contre des avalanches, contre l'affouillement d'une rivière, etc., si ledit bois a 50 hectares au moins, l'aménagement doit être concerté entre le propriétaire et l'administration forestière. L'agent forestier des établissements publics se concerte avec l'autorité forestière provinciale, et le plan d'aménagement est approuvé par la députation provinciale. Les frais d'administration des forêts seront à la charge de l'État, les frais de garde (police forestière) seront supportés, un tiers par l'État, un tiers par la province et un tiers par la commune sur le territoire de laquelle la forêt se trouvera.

Angleterre. L'Angleterre n'a plus que peu de bois, de sorte qu'il n'y a presque plus lieu à législation forestière. Les dispositions que nous avons trouvées s'appliquent aux forêts de la couronne et ne les considèrent que comme domaines. S'il y a des forêts privées, elles appartiennent à des lords et sont situées dans la plaine, deux raisons pour que la législation ne s'en soit pas occupée. Faisons remarquer, en passant, que les forêts s'appellent *woods* (bois), le mot *forest* a une signification particulière. (*Voy.* Chasse.)

Suisse. *Berne.* L'importance capitale des forêts pour la Suisse est reconnue depuis longtemps. Le canton de Berne, par exemple, avait un règlement protecteur dès le 7 juillet 1786 (étendu le 4 mai 1836 à des territoires acquis postérieurement à 1786), mais depuis lors plusieurs lois sont intervenues. La loi du 1er décembre 1860 interdit tout défrichement non autorisé par le Gouvernement. Cette loi indique les cas où l'autorisation *peut* être accordée, et ceux où elle *doit* être refusée. L'aménagement est loin d'être libre; la loi de 1860 prescrit aux communes et corporations de soumettre au grand conseil un plan d'exploitation, ou si ces établissements publics ou d'utilité publique se permettent des coupes exagérées (dépassant le taux de la reproduction annuelle), le Gouvernement peut intervenir (*L. de* 1860). Enfin, le particulier lui-même n'est pas libre d'exploiter ses bois à volonté. Ainsi, il ne peut pas abattre plus de 10 tiges pour l'exportation, s'il n'y a pas été autorisé par le grand conseil. — Les agents forestiers (représentant l'administration forestière — le canton est divisé en 7 circonscriptions forestières) doivent, avant d'être admis, passer un examen dont le programme a été publié le 9 septembre 1862.

Belgique. La Belgique n'a pas des forêts très-étendues, elle n'en protège qu'avec plus de soin ce qu'elle en a. Le Code forestier du 19 décembre 1854 y a pourvu. (*Voy. aussi* l'arr. roy. du 20 déc. 1854.) Nous rappellerons que la tutelle des communes est exercée par la députation permanente, c'est elle qui autorise les coupes ordinaires et, s'il y a lieu, les coupes extraordinaires, mais celles-ci seulement en cas de calamités publiques.

Espagne. On trouvera dans l'excellent *Derecho administrativo español* de Don Manuel Colmeiro, t. II, p. 99 et suivantes, un exposé clair et suffisamment complet de cette législation en Espagne, précédé d'un historique qui remonte à 1351 et qui montre que l'utilité des forêts était appréciée à une époque relativement barbare. La législation actuelle est très-protectrice des forêts (*montes*).

Autres pays. Nous nous bornons à dire que même en Russie et aux États-Unis, où il y a cependant des forêts très-étendues, on songe à les conserver au moyen de lois restrictives.

MAURICE BLOCK.

FORFAIT (MARCHÉ A). *Voy.* Marché.
FORFAITURE. *Voy.* Fonctionnaire.
FORGES. *Voy.* Carrières, Établissements insalubres, Mines, Usines.
FORMALITÉS. 1. Conditions extérieures exigées pour la rédaction d'un acte.

2. On distingue les formalités en *substantielles* et *accidentelles*. Les formalités substantielles sont indispensables; il est de règle qu'un acte pour lequel elles n'ont pas été observées est nul, à moins que le principe contraire ne résulte de la loi. Quant aux formalités accidentelles, leur négligence n'emporte pas la nullité. On nomme souvent les premières formalités *intrinsèques*, et les secondes formalités *extrinsèques*.

3. On divise encore les formalités en *antécédentes, concomitantes* et *subséquentes*; celles-ci suivent l'acte; les secondes l'accompagnent et les premières le précèdent.

4. On appelle enfin formalités *habilitantes*,

celles qui rendent capable de certains actes. Telle est l'autorisation du Gouvernement qui est nécessaire dans certains cas aux communes et établissements publics.

5. Comment constate-t-on que les formalités ont été remplies? Il est de principe qu'elles sont présumées omises quand l'acte ne mentionne pas leur accomplissement. Mais la preuve de l'accomplissement pourra être faite, en général, par tout moyen; néanmoins, si la loi avait exigé la mention de cet accomplissement dans l'acte, par écrit, la preuve testimoniale ne serait pas admissible.

FORTIFICATIONS. *Voy.* **Servitudes défensives.**

FORTS et PORTEURS DANS LES HALLES ET MARCHÉS. 1. C'est à l'autorité municipale qu'appartient le soin de maintenir le bon ordre dans les halles et marchés publics (*L.* 16-24 *août* 1790). Dans ce but, elle peut décider que les travaux de chargement, de déchargement et de transport de marchandises ne pourront être effectués que par des forts ou porteurs commissionnés par elle. Aussi, dans tous les marchés qui sont de grands centres d'approvisionnements, ces ouvriers sont soumis à des règlements de police spéciaux. Nul ne peut exercer la profession de fort ou de porteur sur les marchés, qu'après en avoir fait préalablement la déclaration à la mairie et justifié de sa moralité. Les forts et porteurs sont tenus, en outre, de porter ostensiblement une médaille qui leur est délivrée à la mairie, et de se soumettre à toutes les prescriptions de l'autorité.

2. A Paris, il convient de distinguer le service des forts de celui des porteurs. (*O. de pol.* 6 *mai* 1861.)

3. Les forts font exclusivement la décharge et le rangement des marchandises dans les lieux désignés par la préfecture de police pour le commerce en gros. Dans les halles closes, les marchandises étant placées sous la responsabilité des facteurs, et subsidiairement sous celle des forts, ceux-ci peuvent seuls enlever les marchandises pour les livrer aux porteurs ou à ceux que les acquéreurs leur ont désignés; ils sont également responsables des marchandises qui, dans les halles closes, sont mises en réserve et confiées à leur garde. Les forts, dont le nombre est de 500 à 600, sont distingués par une plaque aux armes de la ville de Paris, qu'ils portent attachée à la veste, du côté droit. Commissionnés par le préfet de police, ils exercent sous les ordres de l'inspecteur général des halles et marchés. Ils forment, en outre, une corporation qui a ses statuts particuliers, qui leur assure, après 30 années de service, une retraite de 600 fr. par an; à partir de 15 ans, ils ont droit à une pension proportionnelle à la durée de leur service.

4. Les porteurs ne sont pas commissionnés, mais seulement médaillés. Pour obtenir une médaille, ils doivent s'adresser au commissaire de police. C'est la préfecture qui leur donne une plaque ou médaille qu'ils portent au bras droit. (*O. pol.* 13 *mai* 1831.) Les porteurs sont admis à la halle et aux marchés de détail, où ils peuvent accepter les travaux qui se présentent.

FOSSÉS. *Voy.* **Chemins vicinaux.**

FOSSES D'AISANCE. 1. L'art. 674 du Code civil oblige celui qui veut construire une fosse d'aisance, près d'un mur mitoyen ou non, à laisser la distance prescrite par les règlements et usages particuliers, ou à faire les ouvrages prescrits par les mêmes règlements en usage, pour éviter de nuire au voisin. En général, on observe encore à cet égard les dispositions des anciennes coutumes. C'est ainsi qu'à Paris on applique toujours l'art. 191 de la coutume de Paris, qui exige un contre-mur d'un pied d'épaisseur, si la fosse est contre un mur, et quatre pieds de maçonnerie d'épaisseur si elle est contre un puits.

2. La construction et la reconstruction des fosses d'aisance doivent se faire à Paris conformément aux ordonnances des 24 septembre et 23 octobre 1819 et du 5 juin 1834.

L'art. 1er de l'ordonnance du 24 septembre 1819 prohibe l'emploi pour fosses d'aisance des puits, puisards, égouts, aqueducs ou carrières abandonnées, sans y faire les constructions prescrites par l'ordonnance.

3. Les fosses placées sous le sol des caves doivent avoir une communication immédiate avec l'air extérieur. Les caves sous lesquelles elles sont construites doivent être assez spacieuses pour contenir quatre travailleurs et leurs ustensiles, et avoir au moins deux mètres de hauteur sous la voûte. (*O.* 24 *sept.* 1819, *art.* 2 et 3.)

4. Les fosses doivent, autant que les localités le permettent, être construites sur un plan circulaire, elliptique ou rectangulaire. La construction des fosses à angles rentrants n'est pas permise, hors le seul cas où la surface de la fosse est au moins de quatre mètres carrés de chaque côté de l'angle, et alors il doit être pratiqué des deux côtés une ouverture d'extraction (*art.* 7).

5. Il est défendu d'établir des compartiments ou divisions dans les fosses, d'y construire des piliers et d'y faire des chaînes ou des arcs de pierres apparentes. Les fosses doivent avoir au moins deux mètres de hauteur sous clef. Le fond doit être fait en forme de cuvette concave, et les angles intérieurs doivent être effacés par des arrondissements de 25 centimètres de rayon. Les murs, la voûte et le fond doivent être entièrement construits en pierres meulières, maçonnées avec du mortier de chaux maigre et de sable de rivière bien lavé. Les parois des fosses doivent être enduites de pareil mortier lissé à la truelle. On ne peut donner moins de 30 à 35 centimètres d'épaisseur aux voûtes, et moins de 45 ou 50 aux massifs et aux murs (*art.* 5, 6, 8 *et* 14).

6. Les fosses doivent être ouvertes par une ouverture en plein cintre ou qui n'en diffère que d'un tiers de rayon. L'ouverture d'extraction des matières doit être placée au milieu de la voûte, autant que les localités le permettent. La cheminée de cette ouverture ne doit pas excéder 1 mètre 50 centimètres de hauteur, à moins que les localités n'exigent impérieusement une hauteur plus grande. Quand la cheminée a cette hauteur, elle doit avoir une longueur d'un mètre au moins sur 65 centimètres de largeur. Si la hauteur est plus grande, ces dimensions doivent être augmentées de manière que chacune d'elles soit égale aux deux tiers de la hauteur. En outre, il doit être placé, à la voûte, dans la partie la plus éloignée du tuyau de chute et de l'ouverture d'extraction, si elle n'est pas dans le milieu, un tampon mobile d'un diamètre d'au moins 50 centimètres ; ce tampon doit être en pierre, encastré dans un châssis en pierre et garni dans son milieu d'un anneau en fer. Néanmoins le tampon n'est pas exigé pour les fosses dont la vidange se fait au niveau du rez-de-chaussée, et qui ont sur ce même sol des cabinets d'aisance avec trémie ou siége sans bande, et pour celles qui ont une superficie moindre de 6 mètres dans le fond et dont l'ouverture d'extraction est dans le milieu (*art.* 9 *à* 13).

7. Le tuyau de chute doit être vertical. Son diamètre intérieur doit être d'au moins 25 centimètres s'il est en terre cuite, et de 20 centimètres s'il est en fonte (*art.* 14).

8. Parallèlement à ce tuyau doit être placé un tuyau d'évent conduit jusqu'à la hauteur des souches des cheminées de la maison ou de celles des maisons contiguës, si elles sont plus élevées, son diamètre doit être de 25 centimètres au moins ; s'il dépasse cette dimension, il dispense du tampon mobile (*art.* 15).

9. L'orifice intérieur des tuyaux de chute et d'évent ne peut être descendu au-dessous des points les plus élevés de l'intrados de la voûte (*art.* 16).

10. Toute fosse laissant filtrer des eaux par les murs ou par le fond, doit être réparée (*art.* 27).

11. D'après l'art. 31 de cette ordonnance, les propriétaires qui veulent faire construire dans leurs maisons des fosses mobiles inodores ou tous les autres appareils reconnus par l'administration, ne sont pas tenus à l'observation des règles qui précèdent.

12. En cas de contravention à cette ordonnance et d'opposition aux règles prescrites par l'administration, les tribunaux de police ou les tribunaux civils, suivant la nature de l'affaire, sont compétents (*art.* 32).

13. L'ordonnance du 23 octobre 1819 a exigé une déclaration avec annexe de plans à la préfecture de police lorsqu'on veut réparer, reconstruire ou supprimer une fosse. Elle a de plus prescrit diverses précautions sanitaires dont elle a déclaré responsables les propriétaires et les entrepreneurs. Les maires peuvent d'ailleurs prendre toutes les mesures qu'ils jugent convenables. (*L.* 16-24 *août* 1790, *tit.* 2, *art.* 3.)

14. L'ordonnance du 5 juin 1834 a déclaré qu'il n'était permis d'établir en remplacement des fosses d'aisance en maçonnerie que des appareils approuvés par l'autorité compétente (*art.* 28), et qu'on ne pouvait devenir entrepreneur de fosses mobiles sans une permission du préfet de police (*art.* 30). [*Voy. aussi* Vidange.]

FOUILLES. D'après l'art. 552 du Code civil, la propriété du sol emporte celle du dessus et du dessous. Le propriétaire peut donc faire toutes les fouilles qu'il juge à propos, et tirer de ces fouilles tous les produits qu'elles peuvent fournir, sauf, ajoute le § 3 de l'article précité, les modifications résultant des lois et règlements relatifs aux mines et des lois et règlements de police. (*Voy.* Carrières, Chemins vicinaux, Mines, Travaux publics.)

FOUR. 1. Celui qui veut construire un four ou fourneau est obligé de laisser la distance prescrite par les règlements et usages particuliers sur ces objets, ou à faire les ouvrages prescrits par les mêmes règlements et usages pour éviter de nuire au voisin (*C. civ., art.* 674). Cette règle s'applique à tous les fours, aussi bien à ceux de boulangerie, de pâtisserie, etc., qui sont destinés à cuire des aliments, qu'à ceux qui servent à une exploitation industrielle.

2. La distance et les ouvrages à faire ayant été déterminés par les différentes coutumes et par les usages, il n'a pas été nécessaire de faire sur cette matière des ordonnances de police. D'après la plupart des coutumes et usages, la distance du mur au four est d'un demi-pied (0^m,16); de plus, le mur du four ou fourneau, nommé *contremur*, est d'un pied (0^m,33) d'épaisseur.

3. Les fours des bâtiments situés à moins de 100 toises (200 mètres) d'autres habitations doivent être visités au moins une fois par an par les officiers municipaux, qui examinent leur état et peuvent en ordonner la réparation ou la démolition suivant leur plus ou moins grand délabrement.

FOURNITURES. C'est la dénomination générale des objets de tout genre que l'État, les départements, les communes, les hôpitaux et hospices, les fabriques, achètent pour leurs différents services, depuis les vaisseaux et le matériel des arsenaux jusqu'aux menus articles de bureau. Les conventions relatives à ces achats sont dites marchés de fournitures. Les règles sont exposées au mot **Marchés administratifs.** S.

FOURRIÈRE. 1. C'est le lieu déterminé par l'autorité municipale pour recevoir en séquestre les animaux saisis en délit ou trouvés sur la voie publique (*L.* 6 *oct.* 1791, *tit.* 2, *art.* 12). Le droit de mettre en fourrière n'appartient pas seulement aux agents judiciaires et à ceux de l'autorité municipale, il appartient aussi aux parties lésées qui peuvent saisir les animaux, mais à la condition de les mettre en fourrière dans les vingt-quatre heures. (*Voy.* Animaux.)

2. Pendant que les animaux sont en fourrière, l'administration les nourrit et les entretient. Elle veille aussi à la garde et à la conservation des objets mis en fourrière avec les animaux pendant tout le temps que cela a lieu. Or, ce temps ne peut dépasser huit jours, et même s'il s'agit d'un délit forestier, il ne peut aller au delà de cinq jours (*C. f., art.* 169). Après ces délais, si la mainlevée provisoire de la mise en fourrière peut être ordonnée, les animaux et objets sont restitués à leur propriétaire qui paie les frais. Si la mainlevée provisoire ne peut pas être ordonnée, ils sont mis en vente, et les frais sont prélevés sur le prix par privilége et de préférence à tous autres. (*D.* 18 *juin* 1811.)

Toutefois le délai de huit jours peut être prolongé s'il est nécessaire à une instruction criminelle. Dans ce cas il faut au tribunal l'autorisation du procureur général, qui doit sur-le-champ en informer le ministre. (*Décis. min.* 22 *mars* 1832, 15 *oct.* 1832, 18 *févr.* 1833.)

3. La fourrière de la préfecture de police est spécialement et exclusivement créée pour recevoir les animaux, voitures et autres objets saisis ou abandonnés sur la voie publique. (*Arr. 28 févr.* 1839.)

FRAIS DE JUSTICE. La procédure administrative est bien moins coûteuse que la procédure devant les tribunaux; il ne peut y avoir de frais que devant les conseils de préfecture et le Conseil d'État. (*Voy. ces mots.*) Il est des matières administratives qui donnent lieu à des amendes. (*Voy. ce mot.*)

Le décret du 2 novembre 1864 indique dans quels cas l'État peut être condamné aux dépens. Ces cas sont : lorsque l'administration de l'État agit comme représentant du domaine de l'État, et dans les affaires qui sont relatives aux marchés de fournitures ou à l'exécution de travaux publics.

FRANÇAIS (Qualité de). *Voy.* **Droits civils et politiques et Naturalisation.**

FRANCHISE POSTALE. 1. La franchise postale est la gratuité du transport par la poste de certains objets de correspondance ou assimilés à la correspondance. Elle était, avant 1789, une des charges de la ferme des postes, mais les abus auxquels elle avait donné lieu la firent supprimer lorsque l'État prit à son compte l'exploitation des postes. Pendant quelques années elle fut remplacée par des états de crédit ouverts aux fonctionnaires. Ce système occasionnant un travail inutile puisque le Trésor se trouvait débiteur de lui-même, on en revint à la franchise sous la réserve expresse qu'elle ne serait exercée qu'au profit du service de l'État (*L. 25 frim. an VIII*). Dans certains pays on emploie des timbres-poste spéciaux pour l'affranchissement de la correspondance officielle; mais quel que soit son mode d'application, la franchise existe de fait en tout pays où le produit des postes figure au même budget que la dépense qu'occasionne le transport de la correspondance relative au service de l'État.

La réglementation des franchises est basée en France sur la loi du 25 frimaire an VIII, sur les ordonnances royales des 17 novembre 1844 et 27 novembre 1845, sur le décret (loi) du 24 août 1848, sur le décret présidentiel du 11 novembre 1850 et sur de nombreuses décisions ministérielles accordant de nouvelles franchises, nonobstant l'article 2 de l'ordonnance du 17 novembre 1844, lequel dispose « qu'aucune autre franchise ne pourra être accordée que par nous (le roi) et sur le rapport de notre ministre secrétaire d'État des finances, après qu'il s'en sera entendu avec le ministre que cette concession pourra concerner. »

Nous allons analyser ces actes en nous appuyant sur les instructions et circulaires du ministre des finances et du directeur général des postes, et en tenant compte des modifications que les décisions ministérielles ont introduites dans la réglementation.

CHAP. I. — DE L'OBJET DE LA FRANCHISE.

2. La correspondance des fonctionnaires publics relative au service de l'État est seule admise à circuler en franchise par la poste. Il est interdit de comprendre dans les paquets administratifs des lettres, papiers et objets quelconques étrangers au service. (*O. 17 nov. 1844, art. 1 et 3; D. 24 août 1848, art. 6.*)

3. Sont assimilés à la correspondance de service:

Le bulletin des lois;

Les bulletins des arrêts de la Cour de cassation;

Les tables générales et décennales de ces deux bulletins;

Le *Journal officiel* de la République française expédié directement par l'éditeur;

Le *Journal officiel* de l'Algérie, expédié directement par l'éditeur;

Les budgets, rapports, comptes rendus, circulaires, proclamations, affiches et *autres publications officielles faites directement par le Gouvernement ou par ses agents en son nom.* En conséquence, les budgets départementaux, les procès-verbaux des conseils généraux, etc., ont également droit à la franchise (*Circ. Int. 30 juin* 1845);

Toutes autres publications ou tous imprimés concernant le service direct du Gouvernement qui ont été achetés des fonds de l'État, sous la condition de faire la déclaration qu'on trouvera plus loin au n° 22.

L'art. 8 de l'ordonnance du 17 novembre 1844 mentionne encore un certain nombre de publications que nous passons sous silence, parce qu'elles rentrent évidemment dans la catégorie des *publications officielles.*

4. Sont également considérés comme correspondances de service (*art. 9*):

Les rôles des contributions directes et les portatifs des préposés de l'administration des contributions indirectes;

Les listes électorales et du jury;

Les registres destinés à l'inscription de l'état civil, au service des brigades de gendarmerie, et les registres d'écrou;

Les formules d'actes de poursuites à timbrer à l'extraordinaire, dont l'envoi est échangé entre les receveurs généraux et particuliers des finances dans la mesure des besoins d'un mois. (*Circ. postes 28 févr.* 1853.)

Les livrets des caisses d'épargne adressés par les trésoriers-payeurs généraux et les receveurs particuliers aux percepteurs de leurs départements respectifs, et *vice versa*;

Les décorations et médailles d'honneur décernées par le Gouvernement;

Les échantillons destinés à servir au jugement du titre des espèces;

Les poinçons de garantie et ceux destinés à la marque de révision des poids et mesures ;

Les tubes de vaccin expédiés par les préfets et sous-préfets aux fonctionnaires à l'égard desquels leur contre-seing opère la franchise ;

Les échantillons de fils, tissus et matières textiles expédiés par les préposés de l'administration des douanes, sous la condition de ne pas peser plus d'un kilogramme, d'être pliés sous une seule bande ouverte par les deux côtés, et de ne contenir aucune pièce manuscrite ou autre. (*O., art.* 56.)

Depuis l'ordonnance de 1844, la nomenclature des objets assimilés à la correspondance de service s'est beaucoup trop accrue pour pouvoir être donnée ici, et nous ne pouvions qu'engager ceux de nos lecteurs qui voudraient se rendre un compte exact des objets assimilés à la correspondance de service, à se reporter au *Manuel des franchises* publié par l'administration des postes.

5. L'art. 11 de l'ordonnance admet encore à circuler en franchise, mais sous le couvert et le contre-seing de fonctionnaires intermédiaires :

La correspondance de service des avoués agrégés à l'agent judiciaire du Trésor dans les départements, avec les avoués qui sont leurs correspondants dans les arrondissements, sous le couvert et le contre-seing des préfets et des sous-préfets ;

La *correspondance* des sociétés scientifiques entre elles (*voy.* n° 6) dans toute la France, sous le couvert et le contre-seing des préfets ;

Les avertissements destinés aux redevables de l'enregistrement, soit qu'ils demandent le paiement de droits réglés, soit qu'ils aient le caractère de renseignement sur des droits à acquitter par les particuliers ou sur des restitutions autorisées à leur profit (*Circ. Post.* 28 *févr.* 1853), sous le couvert et le contre-seing des maires, d'une part, et des receveurs de l'enregistrement et des conservateurs des hypothèques, de l'autre ;

La correspondance des préfets et sous-préfets avec les présidents des commissions cantonales de statistique, et *vice versa*, sous le contre-seing et le couvert des maires des cantons.

Les pièces et papiers dont se compose cette correspondance doivent être remis *ouverts* au fonctionnaire expéditeur, qui les plie en deux ou en quatre, pour les revêtir ensuite d'un croisé de bande, sur lequel il appose son contre-seing et formule l'adresse du fonctionnaire désigné pour transmettre cette correspondance. La destination ultérieure de chaque pièce ou de chaque objet composant ladite correspondance pourra être indiquée par une vedette, soit en tête, soit au bas de la première page (*art.* 12).

Cette nomenclature, comme les précédentes, s'est également augmentée considérablement en vertu de décisions ministérielles. (*Voy. la fin du* n° 4.)

6. L'ordonnance du 17 novembre 1844 exclut expressément (*art.* 10) du bénéfice de la franchise attribuée à la correspondance de service des fonctionnaires certains imprimés (livres, brochures, formules) qu'on pourrait confondre avec les objets énumérés aux nᵒˢ 3, 4 et 5 ci-dessus.

Tels sont les journaux et publications de librairie ; les annuaires départementaux ; les bulletins, recueils, etc., des sociétés d'agriculture, savantes et autres ; les livres à déposer au secrétariat des préfectures, conformément à la loi du 21 octobre 1814, et dont le dépôt provisoire aura été effectué à la mairie ou à la sous-préfecture du lieu où les livres ont été imprimés (*Instr.* 12 *févr.* 1845). Les livres destinés aux élèves indigents des écoles primaires communales. (*Circ. Instr. publ.* 12 *mai* 1845.)

Les *approvisionnements* de formules d'imprimés à l'usage des fonctionnaires ou établissements publics sont également exclus du bénéfice de la franchise ; mais ce serait à tort qu'on étendrait cette prohibition, soit à un petit nombre de ces formules, soit à toute espèce d'imprimés accompagnant la correspondance de service des fonctionnaires. (*Circ. du Dir. gén. des postes* 22 *mars* 1845 ; *Circ. Int.* 30 *juin* 1845 ; *Voy. aussi infrà*, n° 16.)

Enfin, l'envoi en franchise, soit de caisses, soit de registres, livres ou atlas reliés ou cartonnés est interdit au départ de Paris, à moins d'autorisation spéciale du ministre des finances. (*Arr. min. fin.* 28 *févr.* 1845.)

En cas de doute sur l'assimilation de certains objets à la correspondance de service, la question doit être soumise au receveur des postes qui en réfère à l'administration. S'il y a urgence, les fonctionnaires acquittent provisoirement la taxe des dépêches qu'ils croient avoir le droit d'expédier en franchise, sauf à former une demande ultérieure en dégrèvement. (*Décis. min. fin.* 7 *janv.* 1854.)

CHAP. II. — DES CONDITIONS DE LA FRANCHISE.
Sect. 1. — De la qualité des correspondants.

7. La franchise est déterminée : 1° par la qualité seule de la personne ou du fonctionnaire destinataire ; 2° par la qualité seule de l'expéditeur ; 3° à la fois par la qualité du fonctionnaire expéditeur et du fonctionnaire destinataire.

Dans le premier cas, l'indication, sur l'adresse, de la qualité du destinataire suffit pour opérer exemption de taxe. Dans le second cas, l'auteur de la dépêche doit se faire connaître en apposant son contre-seing sur l'adresse. Cette même formalité répond également aux exigences du troisième cas.

8. Les personnes ou fonctionnaires auxquels leur qualité confère la franchise des correspondances à leur adresse sont :

Le président de la République, le président du Sénat, de la Chambre des députés, du Conseil d'État : le grand chancelier de la Légion d'honneur ; les ministres à portefeuille ; le président du contentieux du Conseil d'État ; les premiers présidents de la Cour de cassation et de la Cour des comptes ; le vice-président du Conseil d'État ; les procureurs généraux de la Cour de cassation et de la Cour des comptes ; le commandant de la première division militaire et celui de Paris et du département de la Seine ; le chef d'état-major général du ministre de la guerre ; le préfet de police, les directeurs généraux dépendant du ministère des finances, ainsi que le directeur général de la caisse des dépôts et consignations ; le directeur général des lignes télégraphiques ; le directeur du personnel au ministère de la guerre ; le directeur de la sûreté publique au ministère de l'intérieur ; le secrétaire général du Conseil d'État, le gouverneur général de l'Algérie; le président de la commission d'enquête des tabacs.

Toutes les personnes et les fonctionnaires ci-dessus reçoivent en franchise et sans condition de contre-seing, toute lettre fermée ou paquet cacheté (*voy. la sect. suiv.*) qui leur arrive de n'importe quelle partie de la France. Pour les correspondances provenant de l'étranger, elles ne sont tenues de payer que les taxes dont l'administration des postes a fait l'avance.

Indépendamment des fonctionnaires dénommés ci-dessus, les fonctionnaires ci-après jouissent de la franchise pour les correspondances qui leur sont adressées, à de certaines conditions.

Le directeur de l'imprimerie nationale pour les demandes d'abonnement au *Bulletin des lois*, etc.; le préfet de la Seine dans le département; les commandants de corps d'armée dans le ressort de leur commandement; les procureurs généraux et les procureurs de la République dans leurs ressorts respectifs et le préfet du Rhône dans le département du Rhône et les départements limitrophes.

9. Lorsque la franchise est déterminée par la qualité seule de la personne qui écrit, cette qualité est indiquée sur l'adresse par une griffe spéciale. Le président de la République jouit seul de cette prérogative ou du droit d'*affranchissement* illimité; jouit aussi de la franchise sans condition en ce qui concerne les destinataires, mais pour le service des postes seulement, le directeur général de l'administration des postes. Les ministres, y compris celui des finances, n'ont la *franchise* illimitée que pour les lettres qu'ils *reçoivent ;* leur contre-seing n'affranchit que les lettres qu'ils adressent à des fonctionnaires déterminés.

10. En ce qui concerne les fonctionnaires dont les droits de franchise et d'affranchissement se trouvent limités, nous nous voyons forcés de renvoyer le lecteur à *Manuel de la franchise*, le nombre de ces franchises étant de plus de 120,000. Toutefois, nous aurons l'occasion, dans les deux *sections* de ce chapitre qui suivent, de faire connaître quelques différences importantes dans les conditions de franchise de quelques-uns de ces fonctionnaires.

Sect. 2. — Mode de fermeture des lettres et paquets.

11. Les lettres et paquets relatifs au service de l'État s'expédient par lettres fermées ou sous bandes. Les lettres fermées sont en général mises sous enveloppe, dans un ou deux cas seulement elles sont pliées et cachetées selon la forme ordinaire (*O., art.* 21). L'expédition sous bande peut être considérée comme formant la règle, et celle par lettre fermée, l'exception. (*Circ.* 12 *févr.* 1845.)

12. La faculté d'expédier la correspondance de service par lettres fermées est permanente ou éventuelle.

Elle est permanente pour les personnes et fonctionnaires jouissant de la franchise illimitée (*voy. n° 8*), et pour les suivants : ambassadeurs, ministres et consuls de France à l'étranger; directeurs dans les divers ministères; gouverneurs ou commandants des possessions françaises d'outre-mer; chefs de service, commissaires généraux et principaux de la marine (écrivant aux consuls,

vice-consuls, gouverneurs et commandants des colonies); et quelques autres fonctionnaires dans les cas spéciaux. (*État n° 3 annexé à l'Ord. de* 1844.)

La faculté d'expédier la correspondance de service par lettre fermée est éventuelle pour les fonctionnaires et dans les cas indiqués au n° 1154 du *Bulletin des lois* de 1844, pages 960 et 961.

13. Les fonctionnaires qui sont autorisés éventuellement, mais seulement en cas de nécessité, à expédier leur correspondance de service par lettres fermées doivent, indépendamment de leur contre-seing, déclarer sur la suscription par une note signée d'eux, qu'il y a nécessité de fermer la dépêche. Cette note doit être ainsi conçue : *nécessité de fermer* (*art.* 23). Les préfets et sous-préfets peuvent également fermer leurs dépêches relatives à la police, en écrivant à la main sur l'adresse le mot *police* (*art.* 22).

Lorsque les préfets usent de cette faculté, ils ne peuvent contre-signer leurs lettres au moyen de la griffe (*voy. n°* 17) fournie par l'administration des postes. Leur contre-seing, comme la signature de la note ci-dessus mentionnée, doit être mis de leur main (*art.* 23).

14. La correspondance des maires avec le préfet de leur département et avec le sous-préfet de leur arrondissement, peut avoir lieu par lettres pliées et cachetées selon la forme ordinaire, mais non sous enveloppe, et à condition : 1° que ces lettres ne dépassent pas le poids légal d'une lettre simple; qu'elles ne renferment aucune autre lettre ou pièce quelconque; qu'indépendamment de son contre-seing, l'expéditeur écrive sur l'adresse, et d'une manière apparente, le mot *confidentiel.* L'omission d'une seule de ces formalités donne lieu à l'application de la taxe. (*art.* 24).

15. Les lettres et paquets contre-signés qui doivent être mis sous bandes ne sont reçus que lorsque les bandes n'excèdent pas le tiers de la surface de ces lettres ou paquets (*art.* 25).

16. Les lettres ou papiers expédiés sous pli cacheté, sous enveloppe ou sous bandes, sauf les paquets d'acquits-à-caution que s'adressent réciproquement les directeurs des contributions indirectes de département et d'arrondissement (*art.* 27), et certaines lettres adressées à des officiers et agents du ministère de la marine (*art.* 79), ne doivent être fermés intérieurement de quelque manière que ce soit. Toutefois, afin de préserver un paquet volumineux des avaries auxquelles il pourrait être exposé dans le transport, le fonctionnaire expéditeur peut lier ce paquet par une ficelle placée *extérieurement* et nouée par une simple boucle. (*O. roy.* 1844, *art.* 26.)

L'adresse extérieure des paquets d'acquits-à-caution, dont il vient d'être question, doit porter les mots : *Acquits-à-caution,* et la suscription des paquets intérieurs être bornée au nom du département ou de l'arrondissement.

Sect. 3. — Du contre-seing.

17. Le contre-seing, dit l'ordonnance du 17 novembre 1844, art. 13, consiste dans la désignation des fonctions de l'envoyeur, suivie de sa signature.

La désignation des fonctions peut être imprimée sur l'adresse ou indiquée par un timbre; mais, sauf les exceptions dont il sera question dans le numéro suivant, tous les fonctionnaires sont tenus d'apposer *de leur main*, sur l'adresse des lettres et paquets qu'ils expédient, leur signature au-dessous de la désignation de leurs fonctions. Néanmoins, les archevêques et les évêques peuvent formuler leur contre-seing au moyen des initiales de leurs prénoms, précédées d'une croix (†) et suivies de l'indication de leur qualité ; mais ce contre-seing doit être écrit tout entier de la main de l'envoyeur.

18. Le contre-seing du président de la République, ainsi que celui des fonctionnaires que nous allons désigner, a lieu au moyen d'une *griffe* fournie par l'administration centrale de la poste. L'emploi de cette griffe ne doit être confié qu'à une seule personne, qui en demeure responsable.

Les fonctionnaires autorisés à contre-signer leurs dépêches au moyen d'une griffe sont : les ministres secrétaires d'État ; le grand chancelier de la Légion d'honneur ; les présidents du Sénat, du Conseil d'État, de la Cour des comptes ; les directeurs généraux dépendant du ministère des finances, y compris le directeur général de la caisse des dépôts et consignations et le directeur de l'administration des tabacs ; le directeur général des lignes télégraphiques ; le directeur de l'administration des cultes ; le directeur des poudres et salpêtres ; le directeur de l'imprimerie nationale ; les préfets des départements et de police ; le président de la commission des monnaies ; les procureurs généraux à la Cour des comptes et à la cour d'appel de Paris ; le recteur de l'académie de Paris, le secrétaire général du Conseil d'État ; l'archevêque de Paris ; le chef d'état-major du ministre de la guerre ; le commandant en chef de l'armée de Paris ; le gouverneur général de l'Algérie ; le liquidateur de l'ancienne liste civile ; les maréchaux ou généraux commandant les corps d'armée ; les préfets maritimes ; le président de la commission des colonies agricoles de l'Algérie ; les sous-préfets et le syndic des agents de change de Paris.

19. Sauf le cas d'empêchement pour cause légitime, aucun fonctionnaire n'a le droit de déléguer à d'autres personnes le contre-seing qui lui est attribué.

Lorsqu'un fonctionnaire est hors d'état de remplir ses fonctions, celui qui le remplace par intérim contre-signe les dépêches à sa place, mais en énonçant expressément qu'il remplit par intérim les fonctions auxquelles le contre-seing est attribué (*art.* 16). Par exemple : *Pour le trésorier-payeur général malade, le fondé de pouvoirs.*

CHAP. III. — DU DÉPÔT DE LA CORRESPONDANCE DE SERVICE DANS LES BUREAUX DE POSTE.

20. Les lettres et paquets relatifs au service doivent être remis, dans les départements, aux receveurs des postes, et, à Paris, au bureau de l'expédition des dépêches, à l'hôtel des postes ou aux guichets des bureaux établis dans Paris, jusqu'au poids de 120 grammes. Lorsqu'ils sont jetés à la boîte, ils sont assujettis à la taxe, sauf dans les cas suivants : 1° lorsque les lettres et paquets trouvés dans la boîte sont adressés à des personnes ou fonctionnaires jouissant de la fran-

chise à raison de leur qualité ; 2° lorsque ces dépêches, valablement contre-signées, émanent de fonctionnaires résidant dans des communes dépourvues d'établissements de poste aux lettres et qu'elles ont, en conséquence, été déposées dans les boîtes rurales de ces communes ou dans les boîtes mobiles des courriers (*art.* 28).

21. Le receveur des postes qui reconnaît qu'on a omis des conditions ou formalités prescrites pour procurer la franchise, doit en avertir sur-le-champ le contre-signataire. Si les vérifications nécessaires peuvent être opérées avant le départ du courrier, le receveur des postes doit insister auprès du fonctionnaire expéditeur pour qu'elles soient immédiatement effectuées. Dans le cas contraire, le receveur des postes appose sur la dépêche un timbre destiné à justifier la taxe qu'il applique ou dont il provoque l'application par le bureau de destination.

Lorsque ces irrégularités ne sont aperçues que par les agents des bureaux intermédiaires ou de destination, la taxe ou le timbre dont il vient d'être question doit être appliqué par ces derniers (*art.* 29, 30, 31).

22. Lorsque des publications ou des imprimés non officiels, concernant le service direct du Gouvernement (*voy.* n° 3), sont déposés au bureau, ils doivent être accompagnés d'une déclaration écrite, signée du contre-signataire et indiquant (*art.* 8 et 50) :

Le titre de chaque ouvrage ; le nombre d'exemplaires à expédier ; la qualité du destinataire ; que l'envoi est fait pour le service du Gouvernement. Des modèles de ces déclarations se trouvent dans tous les bureaux de poste.

23. Les déclarations sont adressées, en même temps que les exemplaires de ces publications, au directeur général des postes, en ce qui concerne les expéditions partant de Paris, et aux receveurs des bureaux de poste pour celles des fonctionnaires résidant dans les départements.

Les receveurs des postes frappent ces déclarations, à la date de leur réception, du timbre du bureau où le dépôt des imprimés a eu lieu, et les envoient immédiatement au directeur du département des postes (*art.* 34 et 35).

24. Chaque paquet formé d'imprimés non officiels régulièrement déclarés est frappé par le receveur du bureau d'expédition, indépendamment du timbre à date, d'un second timbre portant les mots : *Imprimés déclarés*. C'est ce second timbre qui opère l'affranchissement.

Si la déclaration n'avait pas été jointe, et si la réclamation du receveur faite auprès du fonctionnaire expéditeur était restée sans effet, les paquets seraient frappés d'un timbre portant les mots : *Imprimés non déclarés*, et soumis à la taxe (*art.* 36 et 37).

25. Les envois du Bulletin des lois et du Bulletin des arrêts de la Cour de cassation, ainsi que des Tables générales et décennales de ces Bulletins ont lieu par l'imprimerie nationale. Ils se divisent en envois officiels et en envois particuliers (*art.* 39). Les envois officiels sont adressés sous chargement aux fonctionnaires et autorités ; les envois particuliers sont destinés aux abonnés et ne sont pas chargés, à l'exception, toutefois, des paquets contenant des séries ou parties de séries de numéros anciens (*art.* 41 *et* 42).

26. La formalité du chargement peut être appliquée aux correspondances en franchise, sauf à celles pour l'étranger.

27. Les lettres adressées au Chef du Gouvernement doivent être recommandées d'office (*art.* 46).

28. Les lettres et paquets contre-signés qui sont dans le cas d'être chargés, ne peuvent être reçus ni expédiés en franchise que lorsqu'ils sont accompagnés d'une réquisition signée des autorités ou fonctionnaires qui les envoient. Cette réquisition doit être annexée au registre du dépôt des lettres chargées (*art.* 47).

29. Les lettres et paquets émanés de fonctionnaires autorisés seulement à expédier sous bandes leur correspondance de service, circulent sous cette forme, quoique chargés. Cependant les bandes doivent être fermées de deux cachets en cire avec empreinte, comme les chargements expédiés sous enveloppe. Les cachets ne doivent porter que sur les bandes (*art.* 47).

30. La perte d'une lettre ou d'un paquet chargé, *expédié en franchise*, ne donne droit à aucune indemnité (*art.* 48). Les particuliers qui veulent faire charger des lettres ou paquets destinés aux fonctionnaires jouissant de la franchise illimitée, doivent acquitter le droit fixe de recommandation (*art.* 49).

31. Doivent toujours être expédiés sous chargement (*art.* 50) : les décorations et médailles d'honneur décernées par le Gouvernement; les échantillons destinés à servir au jugement du titre des espèces ; les poinçons de garantie relatifs à la fabrication des monnaies ; les poinçons destinés à la marque de révision des poids et mesures; les tubes de vaccin expédiés par les préfets et sous-préfets aux fonctionnaires à l'égard desquels leur contre-seing opère la franchise ; enfin les échantillons de fils, tissus et matières premières susceptibles d'être filées ou tissées, expédiés par les préposés de l'administration des douanes (*art.* 9, 8° *à* 13°), et un certain nombre d'objets non dénommés ci-dessus et désignés par des décisions ministérielles postérieures à l'ordonnance de 1844. Les art. 51 à 56 de l'ordonnance du 17 novembre font connaître les formalités auxquelles ces objets sont soumis aux bureaux de poste.

CHAP. IV. — DU TRANSPORT DES CORRESPONDANCES CIRCULANT EN FRANCHISE.

32. Lorsque les services établis par l'administration des postes sont insuffisants pour effectuer le transport simultané des paquets et objets admis à circuler en franchise, les receveurs des postes font exécuter ce transport par des moyens extraordinaires et par la voie la plus économique. Ils en chargent les messageries, ou obligent les entrepreneurs de service à se faire accompagner d'un aide, à se pourvoir d'un cheval ou d'une voiture supplémentaire, selon le poids ou le volume des paquets à transporter. Enfin, ils préviennent le receveur du bureau de destination, lorsqu'ils le croient nécessaire, du départ de cet envoi extraordinaire (*art.* 58 *et* 59).

33. Le maximum du poids des paquets expédiés en franchise est fixé ainsi qu'il suit :

1° À cinq kilogrammes, lorsque le transport de ces paquets doit être opéré jusqu'à destination, soit par un service en malle-poste ou en bateau à vapeur, soit sur un chemin de fer ou par un service d'entreprise de voiture ;

2° À deux kilogrammes, lorsqu'ils sont dirigés sur une route desservie, en quelque point que ce soit, par un service d'entreprise à cheval;

3° À un kilogramme, lorsqu'ils doivent être transportés, sur une portion quelconque du trajet à parcourir, par un service d'entreprise à pied (*art.* 60).

Les dépêches échangées entre fonctionnaires résidant dans la même ville (Paris excepté) ne sont admises que jusqu'au poids de 100 grammes. (*Décis. min. fin.* 13 *juin* 1851 *et* 9 *mai* 1856.)

34. L'art. 61 de l'ordonnance du 17 novembre 1844 avait excepté de la limitation du poids les rôles des contributions directes, les listes électorales et des jurys, les registres destinés à l'enregistrement des actes de l'état civil et *les paquets revêtus du contre-seing ou expédiés à l'adresse des personnes jouissant de la franchise illimitée.* Une décision du ministre des finances, du 28 février 1845, ayant interdit au départ de Paris, (*art.* 1er), à moins d'autorisation spéciale, l'envoi en franchise, soit de caisses, soit de registres, livres ou atlas reliés ou cartonnés, et les ministres de l'intérieur et de la marine ayant renoncé spontanément, par lettres des 24 janvier et 18 février 1845, au bénéfice de l'art. 61 ci-dessus, le ministre des finances adressa, le 6 mars de la même année, une circulaire à ses collègues, par laquelle il les invite à suivre cet exemple. Actuellement la poste n'accepte plus de paquet dont le poids dépasse cinq kilogrammes.

35. Si plusieurs paquets à l'adresse d'un même fonctionnaire, revêtus d'un même contre-seing et pesant ensemble plus que le maximum déterminé dans le numéro précédent, sont présentés simultanément à un bureau de poste, le receveur de ce bureau peut en répartir l'expédition entre plusieurs courriers, et inviter, à cet effet, le contre-signataire à faire connaître l'ordre dans lequel ces paquets doivent être expédiés. (*Art.* 63 *de l'Ord., et Décis. Fin.* 28 *févr.* 1845, *art.* 2.)

Cette disposition de l'ordonnance du 17 novembre a dû toujours rester lettre morte, d'abord, parce que les paquets arrivent aux bureaux peu de temps avant le départ du courrier, et ensuite parce que l'extérieur du paquet n'en indique que rarement le contenu.

CHAP. V. — DE LA DISTRIBUTION DE LA CORRESPONDANCE CIRCULANT EN FRANCHISE.

36. Les paquets contre-signés, dont la forme, le poids ou le volume, ou même le nombre, rendraient impossible leur introduction dans la boîte ou le portefeuille des facteurs, ou leur transport par le moyen de ces agents, sont conservés au bureau de destination pour y être distribués au guichet.

Lorsque ce cas se présente, les receveurs doivent donner immédiatement avis aux fonctionnaires destinataires de l'arrivée des paquets, et les inviter à les faire prendre au bureau (*art.* 64, 65, 66).

37. La correspondance particulière et administrative des préfets et des généraux commandant les régions et subdivisions de région doit, sans exception, être remise, au moment de l'ouverture des dépêches, aux destinataires ou aux personnes accréditées pour les retirer (*art.* 67).

38. Peuvent également faire retirer leur correspondance particulière et administrative avant la distribution générale : les présidents des cours d'appel et tribunaux de première instance ; les procureurs généraux et de la République ; les sous-préfets, les généraux de brigade commandant les subdivisions, les intendants et sous-intendants militaires, les commandants de gendarmerie, les commandants de place et les chefs de corps ; les maires, les trésoriers-payeurs 'généraux et receveurs particuliers des finances.

Ces fonctionnaires doivent, s'ils veulent user de leur droit, faire connaître par écrit, aux receveurs des postes, la personne qu'ils chargent du soin de retirer leur correspondance (*art.* 68).

39. Les fonctionnaires non désignés dans les articles ci-dessus reçoivent leur correspondance par la distribution ordinaire, sans aucune préférence ni distinction (*art.* 69). Au contraire, même dans les villes où les receveurs sont autorisés à faire au guichet de leur bureau une distribution exceptionnelle en faveur des négociants, les fonctionnaires dont nous parlons ne sont admis à réclamer le même avantage à titre gratuit que pour leur correspondance administrative (*art.* 70).

CHAP. VI. — DES CONTRAVENTIONS EN MATIÈRE DE FRANCHISE.

40. Dans les cas de suspicion, de fraude ou d'omission des formalités prescrites, les préposés des postes sont autorisés à taxer en totalité les dépêches, ou à demander que leur contenu soit vérifié en leur présence par le destinataire ou son fondé de pouvoirs (*O. 17 nov.* 1844). Alors deux cas sont possibles : 1° la lettre, adressée à un fonctionnaire jouissant de la franchise en raison de sa qualité, est sans contre-seing ; 2° la lettre est contre-signée par un fonctionnaire.

41. Lorsque la dépêche n'est pas contre-signée, le destinataire peut refuser la taxe et n'est pas forcé de se prêter à la vérification au bureau de poste. Mais si, dans les vingt-quatre heures qui suivent le refus d'acquitter la taxe, le fonctionnaire n'a pas fait connaître l'intention de soumettre le contenu de cette dépêche à la vérification, elle doit être envoyée à l'administration des postes pour y être ouverte immédiatement.

Toute dépêche revêtue du contre-seing d'un fonctionnaire non autorisé à correspondre en franchise avec le fonctionnaire destinataire et dont l'ouverture n'est pas requise dans les formes déterminées par l'ordonnance du 27 novembre 1845, est renvoyée taxée à l'expéditeur.

Vérification faite, les lettres de service sont adressées sur-le-champ au fonctionnaire qu'elles concernent, et les autres sont renvoyées aux particuliers qui les ont écrites, et si le domicile de ces derniers est inconnu, elles tombent au rebut. Celles de ces lettres qui sont soumises à la taxe ne supportent que la taxe ordinaire. (*O. 17 nov.* 1844, *art.* 71, 72, 73.)

42. Si la dépêche taxée pour cause de suspicion, de fraude ou d'omission des formalités prescrites porte un contre-seing, le receveur des postes doit, dans les vingt-quatre heures qui suivent le refus d'acquitter la taxe, adresser au fonctionnaire destinataire un premier avertissement, à l'effet de provoquer l'ouverture et la vérification du contenu de la dépêche refusée. (*Id.*, *art.* 74.)

43. S'il résulte de la vérification que la dépêche soumise à l'ouverture ne contient que des papiers relatifs au service, le receveur des postes la délivre sur-le-champ franche de port au destinataire. Il ne dresse pas de procès-verbal de cette opération ; mais il conserve, pour justifier la détaxe, les bandes, enveloppes ou portions d'adresse sur lesquelles le timbre d'origine de la dépêche, le contre-seing et la taxe étaient apposés.

Toutefois, s'il est impossible de détacher ou de produire ces éléments de justification, le receveur se fait délivrer, par le fonctionnaire auquel la dépêche est adressée, un certificat constatant les motifs qui s'opposent à ce que cette justification soit produite, en énonçant le nom et le lieu d'origine de la dépêche, la qualité de l'envoyeur, la taxe dont cette dépêche était frappée (*art.* 77).

44. Si la vérification donne lieu à reconnaître que la dépêche est en tout ou en partie étrangère au service de l'État, le receveur des postes dresse un procès-verbal en quadruple expédition, contenant la description sommaire de chaque pièce, tant officielle qu'étrangère au service, renfermée dans cette dépêche. Les objets relatifs au service sont remis sur-le-champ au destinaire ou à son fondé de pouvoirs. Les autres sont joints à trois des quatre expéditions du procès-verbal, dont un exemplaire est visé pour timbre et enregistré, et transmis immédiatement à l'administration des postes (*O. 17 nov.* 1844, *art.* 78 ; *Arr. 13 déc.* 1848, *art.* 13 et 14). Le quatrième exemplaire du procès-verbal reste au bureau.

45. Enfin, si, vingt-quatre heures, ou, si le fonctionnaire réside dans une commune rurale, deux jours après l'envoi du premier avertissement (*voy.* n° 42), le destinataire ne s'est pas prêté à la vérification de la dépêche en suspicion, il lui est adressé un deuxième et dernier avertissement. Si, après un nouveau délai de vingt-quatre ou quarante-huit heures, le second avertissement reste sans effet, le receveur des postes adresse les paquets à l'administration centrale pour y être vérifiés. (*O. 17 nov.* 1844, *art.* 74 et 75 ; *Arr.* 13 déc. 1848, *art.* 16.)

46. Les objets étrangers au service trouvés dans des paquets vérifiés, soit par les receveurs soit par l'administration centrale, sont adressés par cette dernière au destinataire ou à l'expéditeur, avec charge de double taxe, sans préjudice des pénalités encourues en vertu des art. 6 et 8 du décret du 24 août 1848.

Les poursuites judiciaires sont exercées à la diligence de l'administration, qui transmet directement au procureur de la République les procès-verbaux qui peuvent y donner lieu. (*Arr.* 13 déc. 1848, *art.* 14 à 17.)

47. En créant la taxe uniforme et en la fixant à un prix modique, le décret du 24 août 1848 a en même temps aggravé considérablement la pénalité édictée contre l'abus de la franchise, qu'il a assimilé au transport frauduleux des correspondances (*L. 27 prair. an IX*). « Mais, dit la circulaire du directeur de l'administration générale des postes du 20 décembre 1848, si intention a été que la fraude fût déférée à la justice, l'Assemblée nationale n'a certainement pas voulu qu'il en fût de même de simples irrégularités résultant de l'ignorance ou de l'oubli des règlements, et que les poursuites et les peines fussent les mêmes pour des expéditions irrégulières que pour des envois de correspondances étrangères au service, d'incluses cachetées destinées à des tiers et des objets auxquels l'expéditeur ne peut ignorer que la taxe soit applicable. Pour se conformer à ces vues, l'administration étant dans l'intention de ne poursuivre judiciairement que les cas de fraude avérés, les receveurs pourront ne faire viser pour timbre et enregistrer que ceux des procès-verbaux de saisie qui devront donner lieu à des poursuites judiciaires.... »

CHAP. VII. — DU RENVOI DE CERTAINES CORRESPONDANCES RELATIVES AU SERVICE RECONNUES NON DISTRIBUABLES.

48. Les receveurs des postes doivent renvoyer sans retard à l'administration centrale les correspondances de service désignées ci-après :

1° Les lettres du grand chancelier de la Légion d'honneur adressées aux membres de l'ordre, lorsque les destinataires ne se trouvent pas précisément à la résidence et même au domicile indiqué sur l'adresse. La distribution de ces lettres ne doit être essayée sur aucune autre destination et pour quelque motif que ce soit. Les receveurs des postes consignent cependant au dos des lettres, en les renvoyant, les renseignements recueillis, au dernier domicile du destinataire, sur la nouvelle résidence ;

2° Les lettres et paquets portant un contre-seing, ou seulement le cachet officiel d'un fonctionnaire quelconque, adressés à des personnes inconnues, ou même à des personnes connues ; mais dont la résidence actuelle est ignorée ;

3° Les lettres et paquets contre-signés adressés à un fonctionnaire décédé et refusés par le nouveau titulaire ou par l'intérimaire, et aussi dans le cas d'une interruption de fonctions qui durerait depuis plus de dix jours ;

4° Les lettres émanées de la Cour des comptes, adressées nominativement à un comptable justiciable de cette Cour, qui ne pourraient être distribuées, soit que le destinataire ait disparu sans laisser d'adresse, soit qu'étant décédé il n'ait pas laissé d'héritiers connus, soit enfin qu'elles aient été refusées par ses héritiers ou leurs représentants (*art.* 80).

49. Au contraire, les lettres et paquets *poste restante* à un fonctionnaire public ne sont renvoyés à l'administration des postes qu'après avoir été conservés inutilement pendant trois mois au bureau de destination. De même, les lettres et paquets adressés à un fonctionnaire sous un titre qui n'existe point dans l'arrondissement du bureau, doivent être renvoyés à Paris aux époques fixées pour le renvoi des lettres adressées à des destinations déclarées inconnues (*art.* 81).

MAURICE BLOCK.

FRANCISATION (ACTE DE). Acte délivré par l'administration pour constater la nationalité et l'état matériel d'un navire. L'art. 226 du Code de commerce le classe comme la seconde pièce du bord ; elle vient immédiatement après l'acte de propriété. (*Voy.* **Douanes**, *n°s* 154 *et* 155.)

FRÈRES DE LA DOCTRINE CHRÉTIENNE OU DES ÉCOLES CHRÉTIENNES. 1. L'institut des frères des écoles chrétiennes, dits de Saint-Yon, est une congrégation religieuse qui est vouée à l'enseignement primaire. Cette congrégation a été autorisée par l'art. 109 du décret du 17 mars 1808 qui est ainsi conçu : « Les frères des écoles chrétiennes seront brevetés et encouragés par le grand-maître de l'Université qui visera leurs statuts intérieurs, les admettra au serment, leur prescrira un habit particulier et fera surveiller leurs écoles. Les supérieurs de cette congrégation pourront être membres de l'Université. »

2. D'après l'art. 36 de l'ordonnance royale du 29 février 1816, « toute association religieuse ou charitable telle que celle des écoles chrétiennes pourra être admise à fournir, à des conditions convenues, des maîtres aux communes qui en demanderont, pourvu que cette association soit autorisée et que ses règlements et les méthodes qu'elle emploie aient été approuvés par l'autorité supérieure universitaire. »

3. Les frères de Saint-Yon ont, en conséquence, ouvert un certain nombre d'écoles. Dans quelques circonstances, ils ont passé des conventions écrites, mais dans la plupart des cas, ils se sont contentés de faire connaître aux municipalités les conditions sous lesquelles avait lieu l'ouverture de leurs écoles en envoyant leur prospectus.

Il est résulté de cette façon de procéder quelques difficultés au sujet desquelles la jurisprudence n'est pas encore complètement établie. Les communes sont-elles liées vis-à-vis de l'institut par le seul fait qu'elles ont accepté pendant plusieurs années ses services aux conditions imposées par le prospectus ? ou bien, lorsqu'elles ont intérêt à le faire, sont-elles en droit de réclamer vis-à-vis des frères des écoles chrétiennes l'application pure et simple des lois scolaires ? C'est une question qui n'est pas encore résolue. Un jugement du tribunal civil de Toulouse, en date du 10 mars 1873, confirmé le 11 août suivant par la cour d'appel de cette ville, établit, il est vrai, que l'exécution d'un contrat entre les frères et la municipalité résulte d'un certain nombre de circonstances, parmi lesquelles figure l'inscription du traitement des frères aux budgets votés successivement et approuvés par le préfet pendant plusieurs années consécutives. Mais c'est un arrêt isolé et qui n'a pas encore suffisamment établi pour les frères leur situation réelle vis-à-vis des municipalités lorsque celles-ci ne sont pas disposées à accepter les engagements tacites des administrations qui les ont précédées.

4. Les frères des écoles chrétiennes et spécialement leurs noviciats peuvent être soutenus au besoin soit par les départements où il serait jugé nécessaire d'en établir, soit sur les fonds de l'instruction publique. (*Art.* 37 *de l'O. roy.* 29 *févr.* 1816.)

5. Les écoles pourvues de maîtres par cette association restent soumises, comme les autres, à la surveillance des autorités désignées par les lois sur l'enseignement primaire. (*Id., art.* 38.)

6. Les frères de la Doctrine chrétienne ne sont pas soumis aux lois en vigueur pour les pensions civiles. L'ordonnance royale du 13 février 1838, relative aux caisses d'épargne établies en exécution de l'art. 15 de la loi du 28 juin 1833 dans l'intérêt des instituteurs, renferme une exception ainsi formulée. « En ce qui concerne les instituteurs communaux appartenant à des congrégations enseignantes, le supérieur général de chaque congrégation pourra être autorisé à retirer à la fin de chaque année le montant des retenues qui auront été faites sur le traitement des différents membres de la congrégation pour en disposer dans l'intérêt de ladite congrégation. »

7. Après 1850, la même exception est maintenue et le conseil de l'instruction publique, saisi de la question de savoir si la loi du 9 juin 1853 sur les pensions civiles était applicable aux membres des associations religieuses vouées à l'enseignement et légalement autorisées, a, dans sa séance du 11 mars 1854, émis un avis motivé duquel il résulte qu'à ce point de vue les membres de ces associations ne peuvent être assimilés aux fonctionnaires de l'enseignement public.

8. Les frères des écoles chrétiennes étaient dispensés par l'ordonnance du 21 avril 1828 de l'examen auquel sont soumis les laïques qui veulent obtenir un brevet de capacité pour devenir instituteurs primaires. Leur lettre d'obédience leur suffisait pour l'exercice de leur profession. Depuis le 18 avril 1831 ils sont tenus de passer le même examen que les laïques pour obtenir le brevet de capacité. S. LEBOURGEOIS.

FRONTIÈRE. *Voy.* **Servitudes défensives** et **Travaux mixtes.**

FUMÉE. 1. La fumée des usines et manufactures étant désagréable et souvent nuisible aux voisins, le décret du 25 janvier 1865 déclare, article 19, que : « le foyer des chaudières de toute catégorie doit brûler sa fumée. » Cette disposition a été souvent développée dans les règlements de police locale.

2. On s'est demandé si les usiniers pouvaient être condamnés à des dommages-intérêts envers leurs voisins, lorsque ceux-ci ne justifiaient pas d'un préjudice particulier. La cour d'Aix a décidé, par un arrêt du 27 novembre 1872, qu'il n'y avait pas lieu d'ordonner l'exécution du décret de 1865 s'il résultait de circonstances spéciales que cette exécution n'était pas absolument nécessaire ; la cour de Paris a admis le même principe par un arrêt du 5 mai 1875.

Mais la décision de 1872 a été cassée par la Cour suprême (15 *juin* 1874), et il ne nous paraît pas douteux que celle de 1875 le sera également si elle est déférée à la Cour de cassation.

L'arrêt du 15 juin 1874 est ainsi motivé :

Attendu que la cour d'appel a reconnu et constaté que le mode de construction de l'usine ne lui permettait de brûler qu'en partie, et que, cependant, au lieu d'ordonner que le foyer serait muni d'appareils plus efficaces et brûlerait la fumée conformément aux prescriptions du décret, elle s'est livrée à l'examen de certaines circonstances desquelles elle a conclu que l'état de choses dont se plaignait le demandeur ne lui causait aucun préjudice pouvant motiver une réparation pécuniaire ; — qu'en cela la cour d'Aix s'est méprise sur l'objet principal de la demande portée devant elle, laquelle tendait spécialement à l'exécution de la mesure préventive prescrite par le décret du 25 janvier 1865, et qu'en outre elle a méconnu le caractère de la disposition susvisée dudit décret, laquelle, édictée dans un intérêt privé, celui du voisinage, donne à tout individu qui est voisin d'une machine à vapeur, le droit d'exiger l'exécution de la mesure prescrite sans l'obliger en aucune manière à prouver l'existence d'un dommage autre que celui auquel l'exposerait la non-absorption de la fumée. — Casse.

FUMIER. *Voy.* **Engrais.**

FUTAIE. Une futaie est une forêt dont la coupe n'a lieu qu'à de longs intervalles. Les futaies sont particulièrement destinées à produire du bois de construction et des bois d'œuvre de fortes dimensions. (*Voy.* **Forêts.**)

G

GARANTIE. 1. Depuis les temps les plus reculés, la fabrication et le commerce de l'orfèvrerie, en France, sont soumis à des obligations consacrées par l'usage d'abord, et plus tard par des règlements. L'ensemble de ces obligations, dont la loi du 19 brumaire an VI retrace et définit les divers caractères, constitue la garantie.

2. Le principal objet de la garantie est, ainsi que son nom l'indique, de préserver le public des fraudes que pourrait faire naître le commerce de l'orfèvrerie et de tous autres objets dans la composition desquels il entre une certaine quantité d'or ou d'argent. Cette institution a de plus en vue la perception d'un impôt somptuaire qui, sous la dénomination de *droit de garantie,* forme l'un des impôts indirects mentionnés par la loi du 28 avril 1816.

SOMMAIRE.

Sect. 3. **Dispositions spéciales.**   [à 102.

  ART. 1. FABRICATION DU PLAQUÉ ET DOUBLÉ, 98
     2. DE L'AFFINAGE, 103 à 107.
     3. DE L'ARGUE, 108 à 110. [111 à 122.

  CHAP. VI. CONSTATATION DES DÉLITS ET POURSUITES,
  Bibliographie.
  Administration comparée.

  CHAP. I. — DU TITRE DES OUVRAGES D'OR ET D'ARGENT.

3. L'art. 2 des anciennes coutumes rédigées en 1260 ordonne de fabriquer l'or à la touche de Paris [1], et l'art. 3 veut que « nul orfèvre n'euvre à Paris d'argent qui ne soit aussi bon qu'estellin ou meilleur [2]. »

4. Quelques modifications furent apportées aux titres de l'orfèvrerie sous les règnes de Louis XII et de François Ier. Un édit de Henri II, rendu en 1554, les fixe à 22 karats pour l'or, avec un quart de karat de tolérance ou remède, et à 11 deniers 12 grains pour l'argent, avec une tolérance de 2 grains.

5. Louis XIV, tout en maintenant les dispositions de cette ordonnance, établit une distinction entre les gros et menus ouvrages d'or. Le titre de 22 karats fut conservé pour les premiers, mais il abaissa celui des seconds à 20 karats 3/4.

6. Ces différents titres étaient en vigueur, bien que, depuis 1791, la suppression de toute surveillance eût entraîné de graves abus, lorsque fut édictée la loi du 19 brumaire an VI. Cette loi les adopta en les exprimant en millièmes, et en autorisa deux autres empruntés à l'Allemagne et à Genève.

Elle s'exprime ainsi dans son art. 4 : « Il y a trois titres légaux pour les ouvrages d'or et deux pour les ouvrages d'argent, savoir : pour l'or, le premier de neuf cent vingt millièmes (920/1000); le second de huit cent quarante millièmes (840/1000); le troisième de sept cent cinquante millièmes (750/1000); et pour l'argent : le premier de neuf cent cinquante millièmes (950/1000); le second de huit cent millièmes (800/1000).

7. Enfin, aux remèdes de 1/4 de karat et de deux grains succédèrent les tolérances de trois millièmes pour l'or et de cinq millièmes pour l'argent [3].

Toutefois, l'on ne tarda pas à délaisser les deux premiers titres assignés à l'or, et, à vrai dire, il ne se fabrique plus actuellement en France d'ouvrages en or au-dessous de 750 millièmes.

    CHAP. II. — DES POINÇONS.

8. Le titre est garanti à l'aide de poinçons que l'État fait appliquer sur chaque pièce après essai de la matière.

9. Tous les ouvrages d'or et d'argent mis dans le commerce reçoivent une marque de l'État; mais, lorsque ces ouvrages sont neufs et de fabrication nationale, ils doivent, au préalable, porter la marque du fabricant [4]. (L. 19 brum.)

---

1. Un édit du roi Jean, donné au palais de Saint-Ouen en août 1355, nous apprend ce que c'était que cette touche. Il y est dit : « Art. 3. Nul orfèvre ne peut euvrer d'or à Paris qu'il ne soità la touche de Paris ou meilleur, laquelle touche passe tous les ors dont l'on euvre en nulle terre, lequel est à 19 karats 1 quint. »
2. L'estellin ou Esterlings était une monnaie d'Angleterre qui avait alors grand cours en France. Cette monnaie était à onze deniers de loi.
3. Par une interprétation admise dans la pratique, mais contestable au point de vue légal, ces limites de 3 à 5 millièmes ne sont rigoureusement imposées qu'aux objets sans soudure. Quant à ceux dont la confection nécessite une certaine quantité de soudure, on leur accorde une tolérance de 20 millièmes.
4. Cette marque est un poinçon losange portant la lettre ou les lettres initiales du nom du fabricant avec un symbole particulier. L'origine du poinçon de maître est fort ancienne. Dans les

---

an VI, art. 9 et 48 : Arr. de l'admin. des monnaies 17 niv. an VI.)

10. La loi du 19 brumaire an VI déterminait le nombre et la destination des poinçons de l'État; mais, depuis lors, le nombre ainsi que la forme de ces poinçons ont été plusieurs fois changés, notamment les 11 prairial an XII, 22 octobre 1817 et 7 avril 1838.

L'ordonnance rendue à cette dernière époque énonce les causes de ces changements successifs. « Considérant, y est-il dit, qu'il résulte de nombreuses saisies d'or et d'argent que les poinçons de l'État ont été, en majeure partie, contrefaits, et qu'il importe, autant pour conserver la garantie publique que pour assurer les revenus du Trésor, d'arrêter l'emploi des poinçons faux, avons ordonné, etc.

« Art. 1er. A dater du 10 mai prochain, un poinçon de recense sera appliqué sur tous les ouvrages d'or et d'argent existant dans le commerce et portant l'empreinte des marques légales. »

11. Dans son art. 2 cette ordonnance ajoute : qu'indépendamment du poinçon de recense destiné à valider les marques anciennes, de nouveaux poinçons seront employés, à partir de la même époque, pour la garantie des ouvrages de nouvelle fabrication.

12. Les poinçons forment deux classes que l'on désigne par les noms de poinçons simples ou supérieurs et poinçons de contre-marque ou bigornes.

Les premiers sont destinés à indiquer le titre, l'origine ou la destination des objets. Les seconds servent à contre-marquer, par l'effet du contrecoup du poinçon supérieur, le revers des ouvrages soumis à la marque ; ce sont de petites enclumes gravées représentant différentes familles d'insectes.

13. Les poinçons simples ou supérieurs se divisent en poinçons de titre, de garantie, d'importation, d'exportation et de recense.

Les poinçons de titre sont destinés à marquer des ouvrages d'un certain volume, dont le titre a été analysé au moyen de procédés donnant des résultats mathématiquement exacts, tels que la coupellation ou la voie humide [1].

---

registres tenus par la Maison commune des orfèvres depuis le commencement du XIVe siècle, il en est fait mention comme existant depuis de longues années. On y voit que le poinçon de tous les maîtres se composait d'une partie commune, qui était une fleur de lis couronnée et d'une devise particulière au maître, à laquelle on donnait le nom de contre-seing. Cette devise n'était autre chose que le symbole des poinçons actuels. En 1493, Charles VIII ayant ordonné que les orfèvres de provinces eussent, comme ceux de Paris, des poinçons à contreseing, on ajouta à ceux des maîtres de Paris deux grains placés uniformément entre le pied de la fleur de lis et le contre-seing. Cette précaution était nécessaire, parce que le titre était beaucoup mieux observé à Paris qu'ailleurs. Enfin, l'ordonnance de 1506 prescrivit d'y ajouter les initiales du nom du maître ; mais ces poinçons ne furent d'abord appliqués que sur les gros ouvrages. La déclaration du 23 novembre 1721 et les lettres-patentes du 12 novembre 1733 en étendirent l'usage aux menus bijoux d'or et d'argent.
1. La coupellation, qui emprunte son nom à la coupelle, petit vase dans lequel se fait la fusion de l'alliage qu'on veut analyser, consiste à séparer les éléments constitutifs de cet alliage. Depuis le XIVe siècle, la coupellation était usitée en France pour l'essai de l'argent, lorsque Louis XII, par son ordonnance du 15 novembre 1506, en fit une loi pour tous les orfèvres du royaume. A cette époque, l'ignorance où l'on était des procédés connus sous les noms d'incartation et de départ, ne permit pas d'étendre la coupellation à l'or. Ce ne fut que deux siècles plus tard que, par la déclaration du 23 novembre 1721, on enjoignit « d'esseyer en la même manière qu'il se

14. Les poinçons de garantie s'appliquent sur les menus bijoux essayés par le procédé moins rigoureux du touchau, qui ne peut indiquer qu'un titre approximatif[1]. En conséquence, dans le commerce, la valeur représentative des poinçons de l'espèce est celle des derniers titres admis par la loi. L'un de ces poinçons est spécialement affecté à la marque des chaînes d'or. On le nomme poinçon de remarque. (*O.* 17 *avril* 1838, *art.* 4.)

15. Les poinçons d'importation comprennent les poinçons dits étrangers et le poinçon d'horlogerie. Les poinçons étrangers sont de deux sortes : l'un, représentant un charançon dans un ovale, est destiné à la marque des produits des pays liés à la France par des traités de commerce, produits dont le titre ne peut, en vertu des traités, se trouver inférieur à celui des articles similaires fabriqués en France[2]; l'autre, qui contient les lettres E T dans un rectangle, s'applique : 1° sur les ouvrages d'orfévrerie et de bijouterie provenant des pays non contractants; 2° sur ceux que l'on vend aux enchères, soit dans les établissements du mont-de-piété, soit après décès, et dont le titre inférieur ne permettrait pas l'application d'un autre poinçon. (*Décis.* 15 *nov.* 1822 *et* 14 *juill.* 1824.) Toutefois, dans le cas de vente après décès, le bénéfice de la marque du poinçon étranger est un privilége exclusivement réservé aux héritiers du défunt. Tout autre adjudicataire supporterait le bris de la pièce qui n'accuserait pas le titre légal (*Circ. de l'admin. des monnaies* 26 *déc.* 1822); enfin, sur les ouvrages d'art et de curiosité d'une fabrication ancienne, lorsqu'ils s'écartent des titres actuellement en usage. (*Sens de la correspondance administr.*)

16. Le poinçon spécial d'horlogerie sert à marquer les boîtes de montres étrangères régulièrement importées. Ces objets doivent se trouver au titre des boîtes de montres fabriquées en France; mais, étant essayées au touchau, le poinçon qui les recouvre est, relativement au titre, l'équivalent des poinçons de garantie.

17. Le poinçon d'exportation s'appose sur les ouvrages destinés à être exportés sans acquittement préalable du droit de garantie. Ce poinçon est le même pour l'or et pour l'argent (*L.* 10 *août* 1839); mais, le titre des ouvrages de l'espèce ne pouvant différer de celui des autres ouvrages français, le poinçon qui leur est réservé indique nécessairement qu'ils remplissent les conditions légales de titre.

18. Quant au poinçon de recense, nous avons dit quel était son rôle. L'application de ce poinçon est générale et gratuite. Elle n'a lieu qu'à des époques et dans un délai déterminés.

Lorsque l'État ordonne une recense, les poinçons en usage sont détruits.

19. L'application des poinçons étant toujours précédée par l'essai de la matière et l'acquittement du droit, sauf l'exception concernant le poinçon d'exportation, leur présence revêt un double caractère. En effet, ils remplissent, d'une part, l'office de quittance, et, de l'autre, ils attestent que le titre a été vérifié.

Tableau des poinçons en usage depuis la recense de 1838.

DÉSIGNATION.			TYPES.	FORMES.	CHIFFRE indiquant le titre, et position de ce chiffre.	PLACE du signe distinct des bureaux pour les départements[2].
Titre et garantie.	Or	Paris et les départements.	Tête de médecin grec.	Huit pans rég[ts]	1er devant le front.	Sous le menton.
				Ovale coupé	2e sous le menton.	Derrière la nuque.
				Six pans irrég.	3e vis-à-vis le nez.	Derrière la nuque.
	Argent	Paris et les dép.	Tête de Minerve.	Six pans irrég.	1er devant le front.	Sous le menton.
				Ovale coupé	2e sous le menton.	Devant le front.
Petite garantie	Or	Paris	Tête d'aigle	Découpée		
		Départements.	Tête de cheval	Découpée		Dans la joue.
	Argent	Paris	Tête de sanglier.	Découpée		
		Départements.	Crabe.	Découpée		Entre les pattes.
Remarque pour les chaînes d'or		Paris et les dép.	Tête de rhinocéros.	Découpée		Entre la corne et le front.
Étranger (or et arg.)	Paris et les départements.	Or et argent.	Charançon.	Ovale.		Entre les pattes.
	Id.		E T.	Rectangle.		Entre les lettres.
Horlogerie importée.	Paris et les 6 bur. spéc.[1]	Or.	Chimère.	Découpée		
	Id. (plus fort).	Argent	Id. (plus fort).	Découpée		Entre l'aile et la croupe.
Exportation (Or et argent.)	Paris et les départements.	Gros.	Tête de Mercure.	Huit pans		Au-dessus de la tête.
	Petit.		Id. (réduite)	Découpée		Sur le cou.
Recense (Or et argent.)	Paris et les départements.	Grosse.	Tête de girafe.	Découpée		Sous la mâchoire infér.
	Petite.		Tête de dogue.	Découpée		Sur le collier.
Bigorne de contre-marque	Paris	Grosse.	Insectes enlacés, vus de profil.		Le poinçon servant aux lingots dits de tirage, est rond. Il représente la figure de la lune vue de face et entourée de huit étoiles, avec la légende : GARANTIE NATIONALE.	
		Moyenne.	Autres familles d'insectes.			
		Petite.	Autres familles d'insectes.			
	Départements.	Grosse.	Les mêmes insectes que pour la bigorne de Paris, mais vus de face.		1. Ces bureaux sont ceux de Lyon, Besançon, Bordeaux, Marseille, Toulouse, Le Havre, Paris, Nancy, Bellegarde, Pontarlier, Chambéry, Annecy, Nice et Alger. 2. Il n'y a aucun signe particulier sur les poinçons du bureau de Paris.	
		Moyenne.				
		Petite.				

pratique pour ceux d'argent, tous les ouvrages d'or, à l'exception des menus. »

L'essai par la voie humide, dont nous sommes redevables à l'illustre Gay-Lussac, lorsqu'il remplissait les fonctions d'essayeur de la garantie de Paris, consiste à déterminer le titre des matières d'argent par la quantité d'une dissolution de sel marin titré, nécessaire pour précipiter exactement l'argent contenu dans un poids donné d'alliage.

1. L'essai au touchau consiste à frotter successivement sur une pierre de touche la matière que l'on veut essayer et un morceau du métal dont le titre a été fixé, et à comparer entre elles les traces résultant de ce frottement, après en avoir fait disparaître le cuivre au moyen de l'acide.

L'approximation que l'on obtient par ce mode d'essai varie suivant l'habileté du touchau. Un essayeur du bureau de garantie de Paris, qui a laissé un nom justement estimé dans les sciences, VAUQUELIN, pense qu'elle peut varier de 8 à 10 millièmes pour l'or et de 15 millièmes pour l'argent.

2. Décret du 13 janvier 1864.

20. Lorsqu'on ne fait pas usage des poinçons, ils sont renfermés dans une caisse à trois serrures et sous la garde des employés de la garantie. (*L. brum., art.* 18.)

21. Les employés qui calqueraient les poinçons ou qui en feraient usage sans observer les formalités prescrites par la loi, seraient destitués et condamnés à un an de détention. (*Id., art.* 46.)

L'art. 140 du Code pénal punit du maximum des travaux forcés à temps la fabrication et l'emploi de poinçons faux, et l'art. 141 prononce la peine de la réclusion contre quiconque s'étant procuré les vrais poinçons, en ferait une application ou un usage préjudiciable aux droits ou intérêts de l'État.

22. La fabrication des poinçons de l'État est confiée au graveur général des monnaies. (*L. brum., art.* 17.) Elle s'exécute sous la surveillance de l'administration des monnaies, dépositaire des matrices de ces poinçons.

CHAP. III. — DU DROIT DE GARANTIE.

23. L'origine de l'impôt sur l'orfévrerie, successivement appelé droit de remède, droit de marque et de contrôle, et enfin droit de garantie, remonte à l'édit de 1577, rendu sous le règne de Henri III. On le nommait alors droit de remède, parce qu'il devait rendre aux ouvrages d'orfévrerie le prix que leur ôtait l'alliage ou remède. En 1631, Louis XIII lui substitua le droit de 3 sous par once d'orfévrerie, dont les premiers produits furent affectés au rétablissement de la Sainte-Chapelle; mais il paraît que cette taxe était tombée en désuétude, lorsque la déclaration du 31 mars 1671 établit les droits de marque et de contrôle. Ceux-ci, plusieurs fois modifiés par des édits ou ordonnances, étaient de 6 livres 4 sous par once d'or, et de 10 sous 6 deniers par once d'argent, au moment où intervint la loi du mois d'août 1790, qui abolit tous les impôts indirects.

24. Sous l'empire de la loi du 19 brumaire an VI, il prit le nom de droit de garantie, et fut fixé pour l'orfévrerie à 20 fr. par hectogramme d'or, et 1 fr. par hectogramme d'argent (*art.* 21.) Ce droit, successivement augmenté de 1 décime par franc par l'arrêté du 6 prairial an VII, d'un second décime par la loi du 13 juillet 1855, fut élevé, en principal, à 30 fr. par hectogr. d'or et 1 fr. 50 cent. par hectogr. d'argent. (*L. du 30 mars* 1872). Enfin, aux deux décimes dont il était grevé, vint s'ajouter un demi-décime. (*L.* 31 *déc.* 1873.)

25. Le droit de garantie frappe non-seulement les produits indigènes, mais encore tous les ouvrages d'or et d'argent venant de l'étranger, à l'exception : 1° de ceux qui appartiennent aux ambassadeurs et envoyés des puissances étrangères ; 2° de ceux qui servent à l'usage personnel des voyageurs, pourvu que leur poids n'excède pas en totalité 5 hectogrammes (*L. brum., art.* 23); 3° de l'argenterie des Français qui rentrent en France, lorsqu'il est prouvé, d'une part, qu'elle est à leur usage et qu'elle est marquée de poinçons nationaux antérieurs au postérieurs à l'an VI. (*Décis. min.* 6 *déc.* 1814, 31 *juill.* 1817 ; *Circ. des douanes et contr. ind.* 13 *déc.* 1854.)

26. Mais lorsque les ouvrages introduits en France, en vertu des exceptions ci-dessus, sont mis dans le commerce, le droit de garantie les atteint. (*L. brum., art.* 24.)

27. Les deux tiers de ce droit étaient restitués : 1° au fabricant qui exportait des ouvrages neufs fabriqués en France et marqués des poinçons de titre et de garantie (*Id., art.* 25); 2° au négociant qui expédiait à l'étranger des produits introduits en vertu des traités internationaux et soumis au même régime de contrôle que les ouvrages d'or et d'argent français. En vertu de l'art. 2 de la loi du 30 mars 1872, la totalité du droit est restitué aux exportateurs de ces deux sortes d'objets.

CHAP. IV. — DES BUREAUX DE GARANTIE.

28. L'examen du titre des ouvrages d'or et d'argent, la surveillance des établissements dans lesquels on confectionne ou vend ces ouvrages, la perception du droit de garantie, enfin, l'application des poinçons, sont confiés à des bureaux placés dans les principaux centres de population, et le plus avantageusement pour le commerce (*L.* 19 *brum. an VI, art.* 34 *et* 35). Ils sont actuellement au nombre de 72, et tous, à l'exception de celui de Paris, ont un signe particulier gravé sur leurs poinçons respectifs[1].

Sect. 1. — Composition des bureaux de garantie.

29. Les bureaux de garantie sont composés d'un essayeur, d'un receveur et d'un contrôleur; mais à Paris, et dans les autres communes populeuses, le ministre des finances peut augmenter le nombre des agents de ce service. C'est ainsi qu'à Paris le bureau de garantie, institué en direction (*O.* 31 *déc.* 1861), comprend des agents de tous grades au nombre de 65, indépendamment de deux essayeurs et vingt-deux aides-essayeurs. Ceux de Lyon, Marseille, Bordeaux et Besançon, comptent également un ou plusieurs employés auxiliaires. (*L. de brum., art.* 36.)

30. Jusqu'à l'année 1820, la direction de la garantie appartenait à l'administration des monnaies. La régie de l'enregistrement devait en régler les dépenses et veiller au recouvrement des droits. La loi du 5 ventôse an XII avait fait passer cette partie du service dans les attributions de la régie des contributions indirectes, et l'ordonnance du 5 mai 1820 lui en confia la direction, réservant, toutefois, la connaissance des questions d'art et de titre à l'administration des monnaies[2].

31. Depuis cette époque, les appels aux emplois et fonctions de la garantie sont réglés de la manière suivante :

Les essayeurs sont nommés par les préfets, les receveurs par le directeur général des contributions indirectes, les contrôleurs et autres em-

1. Ces bureaux sont ceux de Bellegarde, Lyon, Moulins, Gap, Nice, Charleville, Marseille, Caen, Aurillac, Angoulême, La Rochelle, Bourges, Dijon, Saint-Brieuc, Guéret, Périgueux, Besançon, Pontarlier, Valence, Évreux, Chartres, Brest, Nîmes, Toulouse, Bordeaux, Montpellier, Rennes, Tours, Grenoble, Blois, Le Puy, Nantes, Orléans, Agen, Angers, Saumur, Chaumont, Laval, Nancy, Vannes, Lille, Dunkerque, Valenciennes, Beauvais, Arras, Boulogne, Clermont, Pau, Perpignan, Lyon, Chambéry, Annecy, Paris, Rouen, Le Havre, Versailles, Niort, Amiens, Albe, Toulon, Avignon, Poitiers, Châtellerault, Limoges, Auxerre, Alger, Oran, Constantine, Philippeville, Bône, Sétif, Batna.

2. Depuis l'ordonnance royale du 26 décembre 1827, l'administration des monnaies a pris le titre de Commission des monnaies.

ployés par le ministre des finances sur une proposition concertée entre l'administration des monnaies et celle des contributions indirectes. (*S.* 19 *brum. an VI, art.* 36 *et* 40; *O.* 5 *mai* 1820, *art.* 3 *et* 5.)

32. Les essayeurs de la garantie reçoivent leurs instructions de l'administration des monnaies. Ils ne peuvent exercer leurs fonctions qu'après avoir obtenu, de cette administration, un certificat de capacité en remplissant les conditions prescrites par l'art. 59 de la loi du 22 vendémiaire an IV sur l'organisation des monnaies. Ils sont révocables par le préfet, sauf l'approbation du ministre des finances. Ces fonctions sont incompatibles avec la profession de fabricant d'ouvrages d'or et d'argent. (*L.* 13 *germ. an VI, art.* 4.)

33. Si l'on ne pouvait pourvoir immédiatement au remplacement d'un essayeur, le contrôleur en tiendrait lieu, et procéderait de la manière suivante :

1° Il ferait l'essai au touchau des pièces qui doivent être soumises à cet essai ;

2° Il formerait des prises d'essai des autres pièces et les enverrait, sous son cachet et sous celui du fabricant, à l'essayeur du bureau de garantie le plus voisin. Celui-ci ferait les essais et enverrait sa déclaration des résultats;

3° Cette déclaration reçue, on procéderait à la marque des ouvrages. (*L.* 13 *germ. an VI, art.* 3.)

34. Les essayeurs n'ont pas d'autre rétribution que celle qui leur est allouée pour les frais de chaque essai d'or et d'argent. (*L. de brum., art.* 42.)

35. Ces frais sont, pour les essais au touchau, de 9 centimes par décagramme d'or et de 20 centimes par hectogramme d'argent. Toutefois, lorsqu'il s'agit d'ouvrages d'argent venant de l'étranger, le droit, à raison de 20 centimes par hectogr., ne doit être exigé que sur les quantités du poids de 500 grammes et au-dessous. Passé ce poids, la perception se fait à raison de 80 centimes par pesée de 2 kilogrammes. (*Décis. de l'adm. des monn.* 5 *avril* 1836.)

36. Les essais à la coupelle sont de 3 fr. par essai d'or, de doré et d'or tenant argent, et de 80 cent. par essai d'argent. (*L. de brum., art.* 62 *et* 64; *Circ. des monn.* 15 *févr.* 1827.)

La somme à percevoir pour l'essai à la coupelle d'une quantité quelconque d'ouvrages d'or ou d'argent réunis en un seul lot, est réglée à raison d'un droit d'essai par chaque pesée de 120 grammes d'ouvrages d'or ou de 2 kilogrammes d'ouvrages d'argent, et aussi à raison d'un droit d'essai pour toutes quantités d'un poids inférieur présentées isolément (*Décis. min.* 15 *nov.* 1822). Dans tous les cas, les cornets et boutons d'essai sont remis au propriétaire de la pièce. (*L. de brum., art.* 63.)

37. Lorsque le produit des essais faits pendant l'année ne se sera pas élevé à 600 fr., déduction faite des frais que la loi laisse à la charge de l'essayeur, celui-ci pourra recevoir du ministre des finances un traitement dont le maximum est fixé à 400 fr. (*L.* 13 *germ. an VI, art.* 1er.)

Le traitement des receveurs, contrôleurs et autres employés de la garantie est porté au budget de l'administration des contributions indirectes. (*Voy.* **Contributions indirectes.**)

38. Ces agents sont révocables, savoir : les receveurs par le directeur général de cette administration ; les contrôleurs et autres employés supérieurs, par le ministre des finances.

39. L'essayeur, le receveur et le contrôleur ont chacun une des clefs de la caisse dans laquelle sont renfermés les poinçons. Chacun d'eux inscrit en outre sur un registre, qui doit être coté et paraphé par l'administration départementale, le résultat des opérations effectuées au bureau et à l'accomplissement desquelles ils prennent part dans la proportion et suivant les règles ci-après. (*L. de brum., art.* 45, 53, 54, 55.)

Sect. 2. — **Fonctions des employés de la garantie.**

ART. 1. — DE L'ESSAYEUR.

40. L'essayeur recherche et détermine la quantité de métal fin contenu dans les ouvrages et lingots présentés au bureau de garantie. En conséquence, il doit être muni de tous les appareils, ustensiles et agents chimiques nécessaires, tels que balances et fourneaux d'essai.

41. Avant de procéder à cet examen, il doit exiger que chacun de ces ouvrages, lorsqu'ils sont neufs, soit recouvert de la marque du fabricant qui les a confectionnés. Il doit veiller, en outre, à ce qu'ils soient assez avancés pour n'éprouver aucune altération d'un travail complémentaire. Enfin, les ouvrages provenant de différentes fontes doivent lui être présentés séparément. Lorsqu'il opère par la coupellation, et ce mode d'essai est applicable à la grosse et à la petite orfévrerie, aux tabatières ou boîtes de montres, en un mot, à tous les ouvrages dont le volume autorise des prises d'essai, il le fait sur un mélange de matières empruntées à chacune des pièces provenant de la même fonte. (*Voy. suprà*, nos 32 à 37.)

Dans l'essai par le procédé du touchau, il doit opérer sur chaque pièce, en évitant de prendre ses touches sur les parties soudées. Il importe aussi qu'il fonde et convertisse en grenaille quelques-unes de ces pièces, afin de rechercher si le titre du métal mis en fusion répond à celui des surfaces de l'ouvrage, et, dans le cas où cette opération ferait naître quelques doutes, il doit recourir à des essais de coupelle. (*L. de brum., art.* 48, 49, 51. *Voy. suprà*, nos 13 *et* 15.)

42. Une nomenclature annexée à la décision ministérielle du 15 novembre 1822 énumère les objets à essayer au touchau. On y retrouve à peu près toute la bijouterie proprement dite. Il faut y joindre, d'après cette même décision, les ouvrages d'or et d'argent provenant des ventes faites au mont-de-piété et ceux qui, vendus publiquement après le décès de leur propriétaire, seraient adjugés à un ou à plusieurs héritiers du défunt (*voy.* n° 80). Toutefois, dans ce dernier cas, l'essai à la coupelle peut être demandé par les parties intéressées.

Enfin, la commission des monnaies a décidé, le 5 avril 1836, que ce mode d'essai était applicable à tous les ouvrages étrangers importés en France.

43. Lorsque les ouvrages soumis à l'examen de l'essayeur se trouvent à l'un des titres prescrits par la loi, il en fait mention sur son registre ordonnancé, perçoit ses droits et remet les ouvrages au receveur avec un extrait de son registre

.énonçant leur nature et leur titre. (*L. de brum.*, art. 53.)

44. Les ouvrages d'or et d'argent qui, sans être au-dessous du plus bas des titres fixés par la loi, ne sont pas précisément à l'un d'eux, reçoivent la marque du titre immédiatement inférieur à celui qu'aura dénoncé l'essai, ou sont brisés si le propriétaire le préfère.

Lorsqu'un ouvrage est trouvé inférieur au dernier des titres prescrits pour chaque métal, l'essayeur peut procéder à un nouvel essai, sur la demande du propriétaire. Celui-ci supporte les frais, si cet essai confirme le premier, et, dans ce cas, de même que dans celui où le propriétaire n'exigerait pas que l'on renouvelât l'épreuve, la pièce lui est rendue après avoir été rompue en sa présence.

45. En cas de contestation sur le titre, il est fait une prise d'essai sur l'ouvrage pour être envoyée, sous les cachets du fabricant et de l'essayeur, à l'administration des monnaies, qui les fait analyser dans son laboratoire, en présence du vérificateur des essais. Pendant ce temps, l'ouvrage présenté est laissé au bureau de garantie, sous les cachets de l'essayeur et du fabricant, et lorsque l'administration des monnaies a fait connaître le résultat de son essai, l'ouvrage est définitivement titré et marqué conformément à ce résultat. Si c'est l'essayeur qui se trouve avoir été en défaut, les frais de transport et d'essai sont à sa charge ; au cas contraire, ils sont supportés par le propriétaire de l'objet.

46. Les lingots d'or et d'argent non affinés, qui sont apportés à l'essayeur du bureau de garantie pour être essayés, doivent l'être par lui sans autres frais que ceux fixés par la loi pour les essais de coupelle, et il ne peut exiger que le prix d'un essai par lingot.

Par une délibération prise le 14 février 1828, la commission des monnaies a décidé qu'elle ne procéderait au contre-essai des lingots qu'autant qu'ils auraient été préalablement paraphés par un essayeur de la garantie.

47. Avant de rendre ces lingots à leur propriétaire, l'essayeur doit les marquer de son nom et de son poinçon, des chiffres indicatifs du vrai titre et de son numéro particulier. Il fait mention de ces divers objets sur son registre, ainsi que du poids des matières essayées. (*L. brum.,* art. 66 ; *Décis.* 15 nov. 1822.)

48. L'essayeur qui contreviendrait aux dispositions ci-dessus serait condamné à une amende de 100 fr. pour la première fois, de 200 fr. pour la seconde, et la troisième fois il serait destitué. (*Id.,* art. 67.)

49. L'essayeur est en outre civilement responsable du titre des matières essayées par lui en cas d'erreur dans le titre. Si les lingots livrés au commerce ont passé de mains en mains sous la foi du titre qui leur a été attribué, il est soumis à une action en réparation du préjudice causé. Cette erreur ne donne même action que contre lui, et il a été jugé que le vendeur de lingots d'or ou d'argent paraphés et numérotés par un essayeur, ne peut être garantie à l'acheteur, à raison des différences qui pourraient exister dans le titre, lorsque ces lingots ont été reçus sans réclamation ni réserve. (*C. d'Aix,* 6 août 1825.)

50. Si l'essayeur soupçonne l'un des ouvrages d'or, de vermeil ou d'argent, d'être fourré de fer, de cuivre ou de toute autre matière étrangère, il le fait couper en présence du propriétaire. Si la fraude est reconnue, l'ouvrage est confisqué et le délinquant dénoncé aux tribunaux, qui le condamnent à une amende de vingt fois la valeur de l'objet. Si, au contraire, il n'y a pas de fraude, le dommage est payé sur-le-champ au propriétaire et passé en dépense comme frais d'administration. (*L. brum.,* art. 65.)

51. On entend par fourré tout ouvrage ou lingot d'or ou d'argent dans l'intérieur duquel on a introduit des corps étrangers ou des métaux d'un titre inférieur, disposés de manière à dissimuler leur présence. L'objet du fourré est donc de tromper l'acheteur sur la valeur de l'ouvrage ou du lingot, en présentant des surfaces mensongères.

La contexture de l'art. 65 de la loi de brumaire a fait naître plusieurs questions importantes : entre autres, celle de savoir si l'emploi excessif de soudure dans les ouvrages creux peut constituer le délit de fourré. Après avoir traversé des phases diverses, cette question a été résolue affirmativement par la Cour de cassation, le 30 juin 1843.

52. La jurisprudence a également varié relativement à l'époque à laquelle les ouvrages fourrés peuvent être saisis. Un arrêt de la Cour suprême, en date du 9 juin 1820, semblait établir que ces ouvrages n'étaient saisissables qu'au moment de leur présentation au bureau de garantie, et les partisans de cette doctrine s'appuyaient en outre sur un arrêt rendu par la cour de Grenoble, le 26 juin 1814. Cependant, si l'on consulte attentivement ces arrêts, on reconnaît que l'un est applicable à des ouvrages en cours de fabrication, et, à l'égard des ouvrages de l'espèce, nous partageons entièrement l'avis de la Cour de cassation. Quant à l'arrêt de la cour de Grenoble, il concerne des bijoux recouverts de la marque légale et saisis entre les mains d'un marchand. Il est beaucoup moins concluant, en ce sens que l'intérêt du procès roulait principalement sur une question de bonne foi prévue par l'art. 65. Mais, plus tard, cette interprétation restrictive de l'art. 65 a été écartée par plusieurs cours, notamment par celles de Paris et de Lyon (*C. de Lyon,* 20 janv. 1842 ; *de Paris,* 14 juill. 1854). Ces cours pensent que les prohibitions de l'art. 65 sont absolues, et qu'elles atteignent le fourré sans distinction entre le cas où il a précédé et celui où il a suivi l'essai ; autrement, disent-elles, l'essai, au lieu d'être une garantie, une mesure de prévoyance établie dans l'intérêt des acheteurs pour les protéger contre la mauvaise foi des fabricants, ne serait plus qu'un brevet d'impunité pour toutes les fraudes que ceux-ci pourraient commettre après l'accomplissement de l'opération.

53. Il est impossible de ne pas reconnaître que cette opinion satisfait mieux à la raison que la précédente.

Dans tous les cas, et lors même que l'on admettrait la bonne foi du propriétaire de l'objet frauduleux, les tribunaux ne peuvent se dispen-

ser de prononcer la confiscation de cet objet.
(*D. 1er germ., an XIII.*)

54. On trouverait, ce nous semble, dans les dispositions plus générales de l'art. 423 du Code pénal, une répression non moins efficace du fourré commis ou découvert postérieurement à l'essai.

55. Lorsqu'un ouvrage d'or, d'argent ou de vermeil, quoique marqué d'un poinçon indicatif de son titre, est soupçonné de n'être pas au titre indiqué, le propriétaire peut l'envoyer à l'administration des monnaies, qui le fera essayer avec les formalités prescrites pour l'essai des monnaies. Si cet essai donne un titre plus bas, l'essayeur sera dénoncé aux tribunaux et condamné, pour la première fois, à une amende de 200 fr.; pour la seconde, à une amende de 600 fr.; et, la troisième fois, il sera destitué. (*L. brum., art. 61.*)

56. En principe, la marque légale apposée sur un ouvrage d'or ou d'argent doit être la garantie absolue du titre. Mais, comme dans toute œuvre humaine, il fallait prévoir l'erreur, la négligence ou la fraude; cette pensée inspira l'art. 61, qui donne à tout propriétaire d'ouvrages d'or ou d'argent le droit d'en faire vérifier le titre. Mais ce droit est exclusivement réservé au propriétaire de l'ouvrage. En conséquence, l'administration elle-même ne pourrait l'exercer, en cas de soupçon grave, qu'en se rendant acquéreur de la pièce suspecte. (*Avis du C. 26 mars 1824; Circ. des monnaies 20 mai 1824; Id. des contr. ind. 2 juin même année.*)

57. L'essayeur d'un bureau de garantie peut prendre sous sa responsabilité autant d'aides que les circonstances l'exigent. (*L. brum., art. 68.*)

58. En vertu d'une ordonnance du 15 juillet 1842, les aides choisis par l'essayeur du bureau de garantie de Paris sont sous les ordres et rétribués par lui; mais ils sont commissionnés par le préfet de la Seine et doivent prêter serment devant le tribunal civil.

59. Un arrêt du 9 novembre 1843 a décidé que les aides-essayeurs sont des préposés d'une administration publique, et, à ce titre, passibles des peines prononcées par l'art. 477 du Code pénal lorsqu'ils se sont rendus coupables du délit prévu et réprimé par ledit article.

ART. 2. — DU RECEVEUR.

60. Nous avons dit que l'essayeur, après avoir reconnu la légalité du titre des ouvrages soumis à sa vérification, faisait mention du résultat de son opération sur son registre, et remettait ensuite lesdits ouvrages, accompagnés d'un bulletin énonciatif de leur nature et de leur titre, au receveur. Celui-ci le pèse, évalue et déduit, contradictoirement avec le fabricant et le contrôleur, les corps étrangers qu'ils peuvent contenir, tels que cristaux, pierres précieuses, fer, etc., et perçoit le droit de garantie conformément à la loi. Après quoi, il les enregistre et déduit lui-même au contrôleur, en y joignant le bulletin d'essai et la note du fabricant, sur laquelle il a dû inscrire un abrégé des droits perçus (*L. brum., art. 54; Circ. des monn. 13 sept. 1813; Id. des contr. ind. 20 mai 1823*). Le receveur coopère en outre aux recherches et poursuites en matière de garantie.

ART. 3. — DU CONTRÔLEUR.

61. Le contrôleur est muni d'un registre coté

et paraphé comme ceux de l'essayeur et du receveur. Il y transcrit l'extrait que lui remet le receveur, et conjointement avec celui-ci et l'essayeur, il tire de la caisse à trois clefs les poinçons nécessaires à la marque de chacun des objets qu'il reçoit et les applique en présence du propriétaire et de ses collègues[1]. (*L. brum., art. 55; Circ. des monn. 15 mai 1810.*)

62. Mais là ne se bornent pas ses attributions. Chargé essentiellement de surveiller le titre des matières et ouvrages d'or et d'argent et de les poinçonner, il l'est également de la direction du service, ainsi que de la tenue et police du bureau dont il fait partie. Sa surveillance embrasse toutes les opérations de l'essayeur, ainsi que celles du receveur. Elle s'étend sur tous les établissements dans lesquels on fabrique ou vend des matières et ouvrages d'or et d'argent, sur tous les individus qui prennent part à cette fabrication ou à cette vente. Enfin, il vise tous les états de recette et de dépense du bureau. (*Arr. 13 prair. an VII; L. brum., art. 70.*)

63. Il correspond avec l'administration des contributions indirectes pour les questions relatives à la suite du service, au personnel et à la comptabilité, et avec l'administration des monnaies pour les questions d'art et de titre, la fabrication, l'entretien et l'application des poinçons, la perception des droits d'essai, etc. (*O. 5 mai 1820; Circ. des monn. 15 fév. 1829*). Il est tenu d'avoir un registre où doit être consigné le détail de ses opérations, et, tous les trois mois, il en adresse un extrait à chacune des administrations chargées du service de la garantie, conformément aux règles tracées par ces administrations. (*Circ. des contr. ind. 8 oct. 1812, 16 mai 1823 et 27 fév. 1824.*)

ART. 4. — DISPOSITIONS GÉNÉRALES.

64. Aucun employé de la garantie ne peut laisser prendre de calque ni donner de description, soit verbale, soit par écrit, des ouvrages qui ont été apportés au bureau, sous peine de destitution. (*L. brum., art. 47.*)

Ces agents font les recherches, saisies ou poursuites dans les cas de contravention aux lois et règlements sur la fabrication et la vente des ouvrages et matières d'or et d'argent[2]. (*Id., art. 71.*)

Ils doivent concourir, par une surveillance soutenue, à la répression de la fabrication et de l'émission de la fausse monnaie. (*Circ. des monnaies de mess. an XII et 25 déc. 1817.*)

CHAP. V. — **CONDITIONS AUXQUELLES LE COMMERCE D'OR ET D'ARGENT EST SOUMIS.**

Sect. 1. — Commerce intérieur.

ART. 1. — OBLIGATIONS DES FABRICANTS ET MARCHANDS ÉTABLIS.

65. Quiconque veut exercer la profession de fabricant d'ouvrages d'or et d'argent, est tenu de

---

1. Un catalogue joint à la circulaire 172 du 2 mai 1838 (contributions indirectes) indique les points d'application des poinçons.
2. Aux termes du décret du 28 floréal an XIII et de l'ordonnance du 5 mai 1820, les employés de la régie des contributions indirectes sont aptes à constater, concurremment avec les employés spéciaux de la garantie, les contraventions aux lois relatives à cette matière (*Arr. 17 vent. an XII et 17 nov. 1808*). Mais, en l'absence d'un contrôleur spécial, l'un des deux employés agissant doit avoir au moins le grade de receveur à cheval. (*Circ. 8 oct. 1822, secret. gén.*)

se faire connaître au préfet du département et à la mairie de la commune où il réside, et de faire insculper dans ces deux administrations son poinçon particulier avec son nom sur une planche de cuivre à ce destinée. L'administration doit veiller à ce que le même symbole ne soit pas employé par deux fabricants du même arrondissement[1]. (*L. brum., art.* 72.)

66. A la mort du fabricant, son poinçon doit être porté, dans un délai de cinq jours, au bureau de garantie de son arrondissement pour y être biffé de suite. Pendant ce temps, le dépositaire du poinçon est responsable de l'usage qui en est fait, comme le sont les fabricants eux-mêmes[2]. Le fabricant qui cesse le commerce est soumis à la même obligation. Celui qui veut s'absenter pour plus de six mois déposera son poinçon au bureau, et le contrôleur fait poinçonner les ouvrages fabriqués chez lui en son absence. (*L. brum., art.* 90 *et* 91.)

67. La loi n'ayant pas fait de distinction entre les fabricants qui travaillent pour leur propre compte et ceux qui travaillent pour le compte d'autrui, a nécessairement compris les uns et les autres dans ses dispositions générales. En conséquence, tout ouvrier travaillant à façon en chambre, c'est-à-dire dans son domicile particulier, à la confection des ouvrages d'or ou d'argent, même pour le compte d'un tiers, est assimilé au fabricant et tenu, comme lui, à une déclaration de profession et aux obligations qui en dérivent. (*C. de Paris* 24 *juill.* 1841 *et* 18 *mars* 1842.)

68. Ne sont pas réputés fabricants les graveurs, ciseleurs, découpeurs, lamineurs, sertisseurs, reperceuses et polisseurs.

69. Le marchand qui se borne au commerce de l'orfévrerie ou des matières d'or et d'argent, sans entreprendre la fabrication, n'est tenu que de faire sa déclaration à la mairie de sa commune. Il est dispensé d'avoir un poinçon. (*L. brum., art.* 73.)

Doivent être rangés dans la catégorie des marchands d'ouvrages et matières d'or et d'argent :

1° Les changeurs qui achètent des bijoux, de l'argenterie et autres objets d'or et d'argent (*Cass.* 27 *juin* 1842), et ceux même qui se bornent au change des monnaies françaises altérées (*Décis. min.; Lettre des monn.* 22 *nov.* 1820);

2° Les prêteurs sur gage, s'ils ne sont pas autorisés par le Gouvernement (*Cass.* 28 *juin* 1842);

3° Les brocanteurs qui achètent et revendent des ouvrages d'or et d'argent comme objets de commerce, à l'exception de ceux qui se bornent au commerce des vieux galons et hardes brodées de tissus d'or et d'argent. (*Cass.* 21 *mars* 1823).

70. Les fabricants et marchands d'or et d'argent ouvrés ou non ouvrés doivent être munis d'un registre coté et paraphé par l'autorité municipale[3], afin d'y inscrire sans délai la nature, le nombre, le poids et le titre des matières et ouvrages qu'ils

achètent ou vendent, ainsi que les ouvrages de même espèce qui leur sont confiés pour les raccommoder ou qu'ils détiennent sous quelque prétexte que ce soit, avec les noms et demeures de ceux qui les leur ont vendus ou confiés[1]. (*L. brum., art.* 74; *Déclar.* 26 *janv.* 1749.)

71. D'après l'art. 4 de la loi du 20 juillet 1837, il n'est pas nécessaire que ce registre soit timbré. Il suffit qu'il soit coté, paraphé et ordonnancé par le commissaire de police du quartier dans lequel demeure le fabricant ou marchand, ou par l'autorité locale (*Circ. des cont. ind.* 10 *mai* 1838, *art.* 175). Mais la disposition de la loi qui prescrit de le tenir étant générale et absolue, celui qui contreviendrait à cette disposition ne pourrait être excusé sous le prétexte qu'il ne sait pas écrire. (*Cass.* 21 *mars* 1823.)

Les marchands sont tenus de représenter leur registre à l'autorité publique toutes les fois qu'ils en sont requis. (*L. brum., art.* 76.)

72. Ils ne peuvent acheter que de personnes connues ou ayant des répondants à eux connus (*Id., art.* 76), et, dans le cas où ils achèteraient des ouvrages de hasard sans marques ou dépourvus des marques légales en vigueur, ils doivent les faire marquer dans les vingt-quatre heures qui suivent ces achats, s'ils ne préfèrent les briser. (*Déclar.* 26 *janv.* 1749, *art.* 17.)

73. Ils sont tenus de placer, dans le lieu le plus apparent de leur magasin ou boutique, un tableau énonçant les articles de la loi relatifs aux titres et à la vente des ouvrages d'or et d'argent. (*L. de brum., art.* 78.)

74. Ils sont également tenus de remettre aux acheteurs des bordereaux énonciatifs de l'espèce, du titre, du poids et de la forme des ouvrages qu'ils leur vendent, en désignant si ce sont des ouvrages neufs ou vieux. Ces bordereaux, signés par eux, doivent indiquer en outre le lieu et la date de la vente. (*L. de brum., art.* 79.)

75. Il est interdit aux joailliers de mêler dans les mêmes ouvrages des pierres fausses avec les fines sans le déclarer aux acheteurs. En conséquence, leur bordereau ou facture doit énoncer ce fait et indiquer, dans tous les cas, la quantité de pierres fines dont sont composés les ouvrages qu'ils vendent[2]. (*Id., art.* 87 *et* 89.)

76. Les fabricants ne peuvent fabriquer leurs ouvrages qu'à un des titres fixés par la loi[3], et ils doivent les porter au bureau de garantie dans l'arrondissement duquel ils sont placés, pour y être essayés et marqués avant leur entier achèvement[4]. (*L. de brum., art.* 4, 5, 6, 48, 77 et 107.)

---

1. Les art. 15, 16 et 17 de la déclaration du 26 janvier 1749 ont été remis en vigueur par l'arrêté du 18 prairial an VII.

2. La loi de brumaire exigeait que ces bordereaux fussent uniformes et fournis par la régie ; mais cette obligation est à peu près tombée en désuétude. L'administration tolère que les fabricants et marchands disposent eux-mêmes leurs factures.

3. Les décisions ministérielles des 8 août 1823 et 12 janvier 1826 autorisent la fabrication des ouvrages composés d'or, d'argent et de platine.

4. L'arrêté du 1ᵉʳ messidor an VI dispose, art. 1ᵉʳ, que « les ouvrages de joaillerie dont la monture est très-légère et contient des pierres ou perles fines ou fausses, des cristaux dont la surface est entièrement émaillée, ou, enfin, qui ne pourraient supporter l'empreinte des poinçons sans détérioration, continueront d'être seuls dispensés de l'essai et du paiement du droit de garantie ». La nomenclature des ouvrages compris dans cette exception se trouve à la suite du catalogue joint à la circulaire 172 du 2 mai 1838.

---

1. A Paris, le bureau de garantie remplace la mairie de la commune en ce qui concerne l'insculpation du poinçon de maître. Les plaques de cuivre destinées à cet usage lui sont fournies par la commission des monnaies.

2. Cette précaution, prise en vue de prévenir l'abus qu'on pourrait faire du poinçon d'un fabricant, est empruntée aux anciennes Coutumes de la communauté des orfévres.

3. Commissaire de police, maire ou adjoint.

77. En cas de recense, les fabricants et marchands doivent porter à ces mêmes bureaux, dans les délais déterminés, tous les ouvrages qu'ils possèdent et qui sont marqués des anciens poinçons, afin de les soumettre à la vérification des marques et à l'application du poinçon de recense. Ce délai expiré, les anciennes marques sont considérées comme non avenues. (*L. de brum.*, *art. 82.*)

78. Les contrevenants aux dispositions concernant la déclaration préalable, l'insculpation du poinçon de maître, la tenue du registre ordonnance, la présentation dudit registre à l'autorité compétente, l'achat des matières et ouvrages d'or et d'argent, l'exhibition du tableau énonçant les articles de la loi relatifs au titre des ouvrages d'or et d'argent, la remise de bordereaux aux acheteurs, le transport des ouvrages d'or et d'argent au bureau de garantie, sont condamnés, pour la première fois, à une amende de 200 fr.; pour la seconde, à une amende de 500 fr. avec affiche de la condamnation dans toute l'étendue du département; la troisième fois, l'amende est de 1,000 fr. et le commerce de l'orfévrerie leur est interdit sous peine de confiscation de tous les objets de leur commerce. (*L. brum., art. 80.*)

79. L'art. 5 du Code pénal du 25 septembre-6 octobre 1791 (*tit. 1er, sect. VI*) et la loi du 19 brumaire, art. 108, punissait de six ans de fers ceux qui entent, soudent ou transportent les marques de l'État sur des ouvrages d'or ou d'argent. Nous pensons que ce fait tombe sous l'application de l'art. 141 du Code pénal. Notre opinion s'appuie sur un arrêt de la Cour de cassation rendu, le 4 janvier 1834, pour un fait analogue, le transport des empreintes du marteau de l'État. Les mêmes motifs qui ont déterminé la Cour de cassation à ranger ce fait au nombre des cas prévus par l'art. 141, s'appliquent lorsqu'il s'agit du transport des marques de garantie.

Les fabricants ou marchands qui garderaient des ouvrages marqués de faux, ou les exposeraient en vente avec connaissance, sont condamnés, la première fois, à une amende de 200 fr.; la seconde, à une amende de 400 fr., avec affiche de la condamnation dans tout le département aux frais du délinquant ; et, la troisième fois, à une amende de 1,000 fr., avec interdiction de tout commerce d'or et d'argent. (*L. brum., art. 109.*)

ART. 2. — OBLIGATIONS DES MARCHANDS FORAINS OU AMBULANTS.

80. Indépendamment des obligations communes à tous les marchands d'ouvrages d'or et d'argent, les marchands forains ou ambulants sont tenus, à leur arrivée dans une commune, de se présenter à l'administration municipale ou à l'agent de cette administration dans le lieu où elle ne réside pas, et de lui montrer les bordereaux des orfévres qui leur auront vendu les ouvrages d'or et d'argent dont ils sont porteurs.

81. La municipalité ou l'agent municipal fait examiner les marques de ces ouvrages par des orfévres, ou, à défaut, par des personnes connaissant les marques et poinçons, afin d'en constater la légitimité; et les objets qui ne seraient point accompagnés de bordereaux ou marqués des poinçons voulus, seront saisis et déposés au greffe du tribunal de police correctionnelle du canton. Le tribunal appliquera aux délits de ces marchands les peines portées contre les orfévres pour les contraventions semblables. (*L. brum., art. 92, 93, 94.*)

ART. 3. — OBLIGATIONS DES COMMISSAIRES-PRISEURS.

82. L'art. 28 de la loi du 19 brumaire an VI exige que les ouvrages d'or et d'argent déposés au mont-de-piété et dans les autres établissements destinés à des ventes ou à des dépôts de vente, soient soumis au paiement des droits de garantie lorsqu'ils ne les ont pas acquittés avant le dépôt.

Le décret du 8 thermidor an XIII, portant règlement sur l'organisation et les opérations du mont-de-piété de Paris, s'occupe, dans ses art. 74 et 75, 87 et 88, des moyens d'assurer l'exécution de la loi de brumaire en ce qui concerne le mont-de-piété. Il y est dit que lorsqu'un rôle de vente dressé en exécution du présent décret comprendra des ouvrages composés ou seulement garnis d'or ou d'argent, il en sera donné avis aux contrôleurs des contributions indirectes en service pour le mont-de-piété, avec invitation de venir procéder à la vérification desdits ouvrages, et qu'après l'adjudication de ces objets, ceux qui auront été reconnus sans marque, ne seront délivrés qu'après l'acquittement du droit, à l'exception de ceux que l'adjudicataire consentirait à faire briser.

83. Une décision ministérielle du 20 mai 1806 porte que l'art. 28 est applicable aux ventes qui s'opèrent chez les particuliers, après décès, en vertu de jugement ou de toute autre cause, et une circulaire du 28 juin 1823 prescrit aux commissaires-priseurs ou autres officiers publics qui président à ces ventes, de faire une déclaration préalable des objets d'or et d'argent qu'ils veulent mettre en adjudication. Le contrôleur de la garantie ou autre employé de la régie chargé d'assister à ces ventes, doit se conformer aux règles tracées pour celles qui s'effectuent au mont-de-piété, et qui sont applicables aux ventes de l'espèce. (*Circ. des contr. ind. 28 juin 1823.*)

84. L'omission de la déclaration prescrite par la circulaire du 28 juin 1823 aux commissaires-priseurs, rend ces fonctionnaires passibles de poursuites disciplinaires. (*Cass. 25 févr. 1837.*)

Sect. 2. — Commerce extérieur.

ART. 1. — EXPORTATION.

85. Nous avons dit, en parlant du droit de garantie, que l'État, conformément aux dispositions de l'art. 2 de la loi du 30 mars 1872, le restituait intégralement lorsque les ouvrages neufs d'orfévrerie fabriqués en France, et préalablement soumis à l'acquittement de ce droit, étaient régulièrement exportés[1].

En vue d'activer la vente des produits de l'espèce à l'étranger, une loi rendue le 10 août 1839 permet, en outre, d'exporter des ouvrages sans marque des poinçons français et sans acquittement de la taxe de garantie.

86. Le règlement d'administration publique du 30 décembre 1839, dont nous allons reproduire les dispositions, trace les règles auxquelles doi-

1. Les fabricants qui veulent obtenir la restitution du droit de garantie doivent adresser à l'administration l'ampliation de leur soumission d'exportation, attestant par une annotation des agents de la douane que leurs ouvrages sont sortis du territoire français.

vent se conformer les fabricants qui voudraient user de cette latitude.

87. Tout fabricant qui veut exporter des ouvrages d'or et d'argent en franchise du droit de garantie, et sans application de la marque des poinçons français, peut les présenter à l'essai sans les marques de son poinçon particulier, et après que la fabrication en a été achevée, pourvu qu'il ait fait au bureau de garantie une déclaration préalable du nombre, de l'espèce et du poids desdits ouvrages, et qu'il se soit engagé à les y apporter achevés dans un délai qui ne doit pas excéder dix jours (*art.* 1er).

88. Les ouvrages d'orfévrerie qui ne pourraient être essayés à la coupelle ou par la voie humide sans détérioration, s'ils étaient achevés, sont apportés bruts au bureau et remis au fabricant après essai, pour en terminer la fabrication, moyennant qu'il souscrive également l'engagement de les apporter achevés dans le délai de dix jours.

Les ouvrages ainsi rapportés après achèvement, et dont l'identité est reconnue, sans toutefois qu'il puisse être exigé un nouveau droit d'essai, et ceux qui, en vertu de la dispense prononcée par l'art. 1er, ne sont présentés à l'essai qu'entièrement finis, sont aussitôt après renfermés dans une boîte scellée et plombée, et remis au fabricant sur sa soumission de les exporter dans les délais prescrits par la loi (*art.* 2 *et* 3).

89. Les fabricants qui veulent conserver à leur domicile les ouvrages qu'ils destinent à l'exportation sont admis, sur déclaration, à les faire marquer d'un poinçon spécial dit d'*exportation*, en suivant, quant à ces ouvrages, les règles ordinaires d'essai et de contrôle. Ils sont dispensés de payer les droits de garantie, à charge par eux de justifier ultérieurement de la sortie de ces ouvrages.

Si les fabricants veulent conserver à domicile les ouvrages destinés à être exportés sans aucune marque des poinçons français, ils sont admis, après essai, à faire appliquer le poinçon sur une perle métallique, fabriquée suivant un modèle fourni par l'administration et attachée à l'ouvrage par un fil de soie, et pourvu que l'ouvrage soit disposé de manière que cette marque volante n'en puisse être enlevée. [1]

Les ouvrages ainsi marqués seraient remis au fabricant, à charge par lui de justifier ultérieurement de leur exportation dans les formes prescrites (*art.* 4 *et* 5).

90. Au moment de la remise aux fabricants, leur compte est chargé des ouvrages marqués du poinçon d'exportation ou des marques volantes; la décharge s'opère, soit par la justification de l'exportation dans les formes prescrites, soit par la prise en charge au compte d'un négociant, d'un commissionnaire ou d'un marchand en gros, ainsi qu'il sera expliqué ci-après.

Les manquants reconnus au compte des fabricants, lors des recensements et inventaires, sont soumis au paiement intégral des droits de garantie. Il est procédé, pour le décompte et le recouvrement des droits, conformément aux règles prescrites pour les contributions indirectes (*art.* 6 *et* 7).

91. Les ouvrages déclarés pour l'exportation, et pris en compte chez les fabricants, peuvent

1. Cette mesure n'a pas encore reçu d'application.

être achetés par des négociants, des commissionnaires ou des marchands en gros patentés en cette qualité, lesquels sont tenus, avant d'en prendre livraison, de faire au bureau de garantie une déclaration descriptive de ces objets, et de se soumettre à la prise en charge aux mêmes conditions que le fabricant.

Il est interdit sous les peines de droit, à toutes autres personnes faisant commerce d'ouvrages d'or et d'argent, d'avoir en leur possession des ouvrages marqués du poinçon d'exportation ou de marques volantes. Elles ne peuvent avoir que des ouvrages empreints des poinçons ordinaires de titre et de garantie (*art.* 8).

92. Tout fabricant, négociant, commissionnaire ou marchand en gros qui exporte des ouvrages d'or et d'argent, marqués ou non marqués, pour lesquels les formalités prescrites par l'ordonnance du 30 décembre 1839 ont été remplies, ne doit les emballer qu'en présence des employés de la régie, lesquels escortent le colis et assistent au plombage en douane. Le compte de l'expéditeur ou la soumission d'exportation sont déchargés sur la justification, dans le délai de trois mois, de la sortie du colis qu'ils ont vu marquer, ficeler et plomber (*art.* 10).

ART. 2. — IMPORTATION.

93. Les ouvrages d'or et d'argent venant de l'étranger sont présentés aux employés des douanes pour être pesés, plombés et dirigés sur un bureau de garantie afin d'y recevoir la marque de l'un des poinçons dits étrangers et acquitter le droit de garantie.

Sont exceptés des dispositions ci-dessus : 1º les objets appartenant aux ambassadeurs et envoyés des puissances étrangères ; 2º ceux qui servent à l'usage personnel des voyageurs, pourvu que leur poids n'excède pas en totalité cinq hectogrammes. (*L. de brum.,* art. 23.)

94. Lorsque l'argenterie de ménage est importée, soit par des Français, soit par des étrangers venant s'établir en France, on opère au bureau de garantie de la manière suivante : les pièces reconnues de fabrication étrangère ou revêtues de la marque spéciale d'exportation sont immédiatement poinçonnées et soumises au droit de marque. Celles qui sont trouvées empreintes des poinçons français appliqués, soit antérieurement, soit postérieurement à l'an VI, sont remises en franchise des droits de douane et de garantie. Cette remise est faite par les agents du bureau des douanes où l'argenterie est réintégrée. (*Décis.* 31 *juill.* 1817 ; *Circ. des douanes et des contr. ind.* 13 *févr.* 1854.)

95. L'argenterie importée en France par des étrangers qui ne doivent y séjourner qu'un temps limité, est admise en franchise, à charge de réexportation dans un délai qui ne peut excéder trois années et moyennant la consignation au bureau des douanes du montant des droits d'entrée et de garantie dont cette argenterie est reconnue passible. À l'expiration du délai déterminé pour la réimportation, les sommes consignées sont définitivement acquises au Trésor si la réexportation n'a pas été effectuée. (*Décis. min.* 5 *sept.* 1832.)

ART. 3. — RÉIMPORTATION.

96. Les ouvrages d'or et d'argent exportés et

restés invendus à l'étranger peuvent être réimportés en France :

1° S'ils portent l'empreinte du poinçon d'exportation ; le bureau de garantie qui a reçu la soumission de sortie les reprend alors en charge au compte de l'expéditeur. (*Circ. des douanes et des contr. ind.*, 28 sept. 1853);

2° Lorsque, marqués des poinçons en usage pour l'intérieur, l'exportateur a rempli les formalités prescrites par la décision ministérielle du 20 juillet 1825.

Ces formalités consistent à exprimer la réserve de retour dans une déclaration descriptive jointe aux ouvrages que l'on veut exporter ; et, dans cette déclaration, on doit énoncer, pour les pièces de quelque importance, la forme, les ornements et le poids de chacune d'elles. Les autres peuvent être réunies par série et former des articles collectifs. Cette réserve est stipulée en tête de la soumission d'exportation reçue par le bureau, laquelle doit contenir, en outre, la description du poinçon de fabrique appliqué sur les ouvrages. A défaut de l'accomplissement de ces formalités, les ouvrages réimportés doivent être traités comme produits étrangers, lors même qu'ils seraient recouverts des marques françaises en usage pour l'intérieur. (*Décis. min.* 6 *déc.* 1814 *et* 14 *janv.* 1825.)

97. Lorsque les ouvrages exportés sous la réserve de retour rentrent en France, l'exportateur restitue les droits qui lui ont été remboursés, conformément aux dispositions de l'art. 2 de la loi du 30 mars 1872. (*Décis.* 20 *juill.* 1825; *Circ. des contr. ind.* 11 *juill.* 1840.)

Sect. 3. — Dispositions spéciales.

ART. 1. — FABRICATION DU PLAQUÉ ET DOUBLÉ.

98. Le plaqué et le doublé, qui, dans la pensée commune, représentent une seule et même chose, forment deux industries distinctes, bien que chacune d'elles se propose le même objet : former des ouvrages composés de métaux différents et superposés.

On peut dire d'une manière générale que le doublé est cette industrie dans laquelle l'or ou l'argent placé sur le cuivre est laminé ou étiré avec ce métal avant de recevoir aucune application.

Le plaqué, au contraire, consiste dans l'application de feuilles ou d'ornements en or ou en argent sur des objets en métal et d'une forme déterminée.

Ces industries datent du dix-huitième siècle. Ce fut en Angleterre qu'un ouvrier, nommé Bolsover, en fit en 1742 les premiers essais.

En 1785, Louis XVI voulant encourager la première manufacture de doublé qui venait d'être fondée à Paris, hôtel de Pompone, y fit une commande de cent mille livres tournois, payés d'avance.

Cette courte exposition nous a paru nécessaire pour indiquer la situation du doublé et du plaqué en France lorsque fut édictée la loi de brumaire, et justifier la faveur dont le législateur de l'an VI a voulu les entourer, soit en s'abstenant de toute mesure fiscale à leur égard, soit en leur créant une position exceptionnelle dans l'industrie.

99. Quiconque veut plaquer ou doubler l'or et l'argent sur le cuivre ou sur tout autre métal est tenu d'en faire la déclaration à la mairie de sa commune, au préfet et au bureau de garantie. Il

peut employer l'or et l'argent dans telles proportions qu'il le juge convenable.

Il est tenu de mettre sur chacun de ses ouvrages son poinçon particulier, dont la forme doit être un carré parfait. Il ajoutera à l'empreinte de ce poinçon celle du chiffre indicatif de la quantité d'or ou d'argent contenue dans l'ouvrage, sur lequel il placera, empreint en toutes lettres, le mot « doublé ». (*L. brum.*, *art.* 27; *Décis. des monnaies* 17 *niv. an VI.*)

Ces marques doivent être appliquées, non-seulement sur les feuilles de doublé, mais encore sur tous les ouvrages formés de ces feuilles. (*Arr.* 28 *nov.* 1811 *et* 16 *avril* 1822.)

100. Les fabricants de doublé et de plaqué sont tenus de se conformer à toutes les obligations des fabricants orfévres concernant le registre légal et la remise de bordereaux de vente. Ces bordereaux porteront la désignation de l'ouvrage, de son poids et de la quantité d'or ou d'argent qu'il contient. (*L. de brum.*, *art.* 98.)

101. Le contrevenant à l'une des dispositions relatives à la marque des ouvrages en plaqué ou doublé, à l'acquisition et à la vente de ces ouvrages et à la délivrance de bordereaux, encourt la confiscation des objets sur lesquels porte la contravention, en outre d'une amende qui est, pour la première fois, de dix fois la valeur des objets confisqués; pour la seconde fois, du double de la première; enfin, la troisième fois, l'amende est quadruple de la première, et le commerce ainsi que la fabrication d'or et d'argent, sont interdits au délinquant, sous peine de confiscation de tous les objets de son commerce. (*Id.*, *art.* 98.)

102. Le fabricant de doublé est assujetti comme le fabricant orfévre, et sous les mêmes peines, à n'acheter des matières ou ouvrages d'or et d'argent que de personnes connues et ayant des répondants à lui connus.

Sont applicables aux fabricants d'ouvrages dorés ou argentés par les procédés galvaniques ou électro-chimiques, les dispositions de la loi relatives aux fabricants de plaqué. En conséquence, ils sont tenus de se servir exclusivement pour marquer leur produit du poinçon dont la forme est un carré parfait. Néanmoins, par dérogation à l'art. 97 de la loi organique de brumaire an VI, ils sont dispensés d'inscrire sur leurs ouvrages le mot « doublé » et la quantité d'or ou d'argent qui y est superposée. (*D.* 26 *mai* 1860.)

ART. 2. — DE L'AFFINAGE.

103. L'affinage a pour but de ramener à l'état de pureté l'or et l'argent qui se trouvent alliés, soit entre eux, soit avec d'autres métaux.

La profession d'affiner et de départir les matières d'or et d'argent est libre dans toute l'étendue de la France (*L. brum.*, *art.* 112); mais, quiconque veut exercer cette profession est tenu d'en faire la déclaration au maire, au préfet et à l'administration des monnaies. (*Id.*, *art.* 113.)

104. L'affineur ne peut recevoir que des matières essayées et titrées par un essayeur autre que celui qui doit juger des lingots affinés (*Id.*, *art.* 114). Il délivre au porteur de ces matières une reconnaissance qui en désigne la nature, le poids, le titre, tel qu'il a été indiqué par l'essayeur, et le numéro (*Id.*, *art.* 115). Les affineurs

tiennent un registre coté et paraphé par l'administration du département, sur lequel ils inscrivent, jour par jour, et par ordre de numéros, la nature, le poids et le titre des matières qui leur sont apportées à affiner, et de même pour les matières qu'ils rendent après l'affinage. (*Id., art.* 116.)

105. L'affineur qui contreviendrait aux dispositions ci-dessus encourra les peines portées en l'art. 80 de la loi du 19 brumaire an VI, contre les marchands orfèvres. (*Id., art.* 121.)

Ils sont tenus d'insculper leurs noms en toutes lettres sur les lingots affinés provenant de leurs travaux. (*L. de brum., art.* 117.)

106. La loi de brumaire frappait les lingots affinés d'un droit qui était de 8 fr. 18 c. par kilogramme d'or, et de 2 fr. 04 c. par kilogramme d'argent; et, par son art. 117, elle exigeait que ce droit fût acquitté par les affineurs. Mais, depuis longtemps, les dispositions de la loi relatives à cet objet sont tombées en désuétude. On ne tarda pas à reconnaître, en effet, que leur application soulevait de grandes difficultés, tant en raison de la nécessité d'établir, en cas de saisie d'un lingot trouvé sans marque dans le commerce, que le degré de fin de ce lingot était dû à l'opération de l'affinage, que par suite de l'exhaussement qu'elles amenaient dans le prix des matières destinées à être converties en espèces monnayées.

107. L'administration des monnaies consultée sur ce point, répondit, par sa lettre du 28 décembre 1822, que les matières qui ne seraient pas propres et destinées à l'argue, ne devaient pas être considérées comme lingots affinés sujets au droit de garantie.

Depuis lors, les lingots d'argent dits de tirage sont les seuls que l'on ait soumis au bureau de garantie.

Aux termes de l'art. 119 de la loi de brumaire, ces lingots ne sont passés en délivrance qu'autant qu'ils ne contiennent pas plus de 20 millièmes d'alliage.

Les lingots passés en délivrance et soumis à l'acquittement du droit [1] sont marqués du poinçon à ce destiné, par le contrôleur, qui doit multiplier les empreintes.

ART. 3. — DE L'ARGUE.

108. L'argue est une machine dont on se sert pour dégrossir et diminuer les lingots d'argent et de cuivre doré ou argenté que l'on veut rendre propres à la passementerie et à la fabrication des tissus.

La loi de brumaire a placé les argues entre les mains de l'État. Elle exige que les tireurs d'or et d'argent portent leurs lingots pour y être dégrossis, marqués et titrés, et fixe le droit que doit payer chaque portion de matières pour ce travail.

109. Le droit d'argue, modifié par l'art. 13 de la loi du 4 août 1844, reste fixé ainsi qu'il suit :

Pour les lingots de doré, 30 cent. par hectogramme lorsque les propriétaires ont leurs filières, et 45 c. par hectogramme lorsqu'ils n'ont pas de filière ;

Pour les lingots d'argent, 12 cent. lorsque les propriétaires auront leurs filières, et 25 cent. quand ils n'en auront pas.

1. Ce droit, qui était en principal de 82 cent. par kilogramme, a cessé d'être appliqué en 1864.

Les argues publiques, au nombre de trois, étaient placées à Paris, Lyon et Trévoux.

110. Par décision ministérielle du 8 décembre 1830, l'argue de Paris fut supprimée, et cette suppression amena la création d'argues clandestines. Mais déjà une ordonnance rendue le 5 mai 1824 et applicable aux lingots de cuivre doré ou argenté avait autorisé l'établissement d'argues particulières, moyennant l'observation de certaines prescriptions, dont les principales sont une déclaration préalable conforme à celle des orfèvres et affineurs, et la défense de filer leur trait sur soie.

Enfin, en 1864, les argues de Lyon et de Trévoux disparurent à leur tour, cette dernière par la suppression du bureau dont elle faisait partie. (*Décis.* 8 *oct.* 1864.)

CHAP. VI. — CONSTATATION DES DÉLITS ET POURSUITES.

111. Les employés chargés de veiller à l'exécution des lois et règlements sur le commerce des métaux précieux, sont tenus de se transporter dans tous les établissements disposés pour la fabrication ou la vente des ouvrages et matières d'or et d'argent. C'est ce que l'on appelle, dans le langage des contributions indirectes, exercer les assujettis ou les redevables. La loi de brumaire indique les formes que l'on doit observer dans ces recherches et dans la constatation des faits dont elles amèneraient la découverte et qui seraient de nature à être dénoncés aux tribunaux.

112. Conformément aux prescriptions de cette loi, le contrôleur et le receveur du bureau de garantie, accompagnés d'un officier municipal [1], assistés, au besoin, par l'essayeur ou l'un des agents, se transportent chez les fabricants, marchands ou particuliers qui leur sont signalés ou qu'ils soupçonnent de transgresser les lois sur la garantie. S'ils y rencontrent des poinçons faux, ils les saisissent, ainsi que les ouvrages et lingots qui en sont marqués, ou enfin les ouvrages achevés et dépourvus de marques légales qui s'y trouvent. Ils saisissent également les ouvrages sur lesquels les marques des poinçons sont entées, soudées ou contre-tirées en quelque manière que ce soit. (*L. de brum., art.* 101, 105, 107 *et* 108.)

113. Il doit être dressé à l'instant, et sans déplacer, procès-verbal de la saisie et de ses causes, ou bien seulement de la contravention, lorsque celle-ci n'entraîne pas de saisie.

Ce procès-verbal, où l'on expose les dires de toutes les parties intéressées et qui porte leur signature, doit être remis, dans le délai de dix jours au plus, au procureur de la République [2] près le tribunal de police correctionnelle, qui demeure chargé de faire la poursuite, également dans le délai de dix jours. (*L. brum., art.* 102 *et* 105.)

114. Le procès-verbal doit être dressé par des employés assermentés, sous peine de nullité (*Cass.* 9 *vend. an VIII*), et les verbalisants font usage du papier timbré s'ils ne veulent encourir l'amende de 20 fr. prononcée par la loi du 16 juin 1824.

115. Dans le cas où la saisie porterait sur des

1. Commissaire de police, maire ou adjoint.
2. Depuis l'ordonnance du 5 mai 1820, les contrôleurs de la garantie étant placés sous les ordres du directeur des contributions indirectes, c'est par l'intermédiaire de ce fonctionnaire qu'ils font parvenir au procureur de la République les procès-verbaux qu'ils dressent.

poinçons faux, il serait nécessaire de désigner l'espèce de poinçons contrefaits, le signe caractéristique de chacun d'eux, et le lieu où ils ont été trouvés. On doit aussi faire mention des circonstances qui ont amené la saisie. Quant aux prévenus de crimes de faux, c'est à l'officier public présent à la saisie et à la rédaction du procès-verbal, à s'assurer de leur personne.

116. Les procès-verbaux devant être dressés sans déplacer, et la dérogation à cette prescription pouvant entraîner la nullité de ces actes, si elle n'est la conséquence d'une force majeure ou ne provient du fait de la partie, on ne peut se dispenser de désigner le lieu de leur rédaction et d'énoncer, de concert avec l'officier de police, les causes qui auraient motivé un déplacement.

117. Les procès-verbaux en matière de garantie ne sont pas soumis à la formalité de l'affirmation (*Cass.* 2 *janv. et* 1ᵉʳ *mai* 1806 *et* 26 *janv.* 1809.) Toutefois, l'administration engage les verbalisants à remplir cette formalité (*Circ.* 17 *juin* 1821, *secr. gén.*). Ils doivent être enregistrés dans les quatre jours de leur date, à peine de nullité (*L.* 12 *frim. an VII, art.* 34). Ils font foi en justice jusqu'à inscription de faux. (*L.* 5 *vent. an XII*; *Cass.* 17 *déc.* 1812, 25 *févr. et* 27 *août* 1813.)

118. Les visites et recherches des employés ne peuvent être faites que pendant le jour, savoir : depuis sept heures du matin jusqu'à six heures du soir pendant les mois de janvier, février, novembre et décembre ; depuis six heures du matin jusqu'à sept heures du soir pendant les mois de mars, avril, septembre et octobre; et depuis cinq heures du matin jusqu'à huit heures du soir pendant les mois de mai, juin, juillet et août. (*L. brum.*, *art.* 106; *Id.* 28 *avril* 1816, *art.* 235 *et* 236.)

119. Les poinçons, ouvrages et objets saisis sont mis sous les cachets de l'officier municipal, des employés du bureau de garantie présents et de celui chez lequel la saisie aura été faite, pour être déposés sans délai au greffe du tribunal de police correctionnelle (*L. brum., art.* 103). Cependant, si au moment de la clôture du procès-verbal, le greffe se trouvait fermé, ou s'il était placé dans une autre commune que celle où la saisie est faite, il convient que les objets saisis, mis sous cachets, restent entre les mains de l'officier municipal jusqu'au lendemain matin. L'acte de dépôt doit contenir la mention des causes qui ont motivé ce retard. (*Circ. des monn.* 2 *nov.* 1810; *C. de Metz* 3 *sept.* 1821.)

120. L'administration ne peut pas transiger sur les procès-verbaux en matière de garantie. (*D.* 28 *flor. an XIII.*)

121. Dans le cas où le tribunal, conformément aux prescriptions des art. 65, 80, 89, 94, 99, 107, 108, 109, 122, de la loi de brumaire, et 423 du Code pénal, prononce la confiscation des objets saisis, ils sont remis, après l'expiration du délai d'appel, à la disposition des agents de l'administration des contributions indirectes, qui les vendent en se conformant aux prescriptions de l'art. 38 du décret du 1ᵉʳ germinal an XIII. (*L. brum., art.* 104; *Décis. min.* 29 *juin* 1821.)

Il est prélevé sur le prix qui en provient un dixième au profit de celui qui a le premier dénoncé le délit ; un second dixième est partagé entre les employés verbalisants, de la manière suivante: l'employé du grade de contrôleur a deux parts, et les employés d'un grade inférieur une part. Le surplus, ainsi que les amendes, est mis dans la caisse de la régie. Toutefois, une retenue d'un vingt-cinquième par franc est faite au profit de la caisse des retraites, tant sur la part des employés que sur celle du Trésor. (*L. brum.*, *art.* 104 ; *Décis. admin.* 4 *sept.* 1822 ; *Décis. min.* 12 *oct.* 1822; *Circ. des contr. ind.* 16 *avril* 1823.)

122. On se ferait une fausse idée du droit de garantie si on ne le considérait que sous le rapport de ses produits. Sans doute, l'intérêt du Trésor exige qu'on recueille tous les droits qui lui sont dus ; mais un intérêt plus puissant et plus général est d'empêcher que la confiance due à la vérité de la marque ne soit altérée, et qu'on ne répande dans le commerce une grande quantité d'ouvrages d'or et d'argent à bas titre ; comme c'est là le but principal de la loi, les employés chargés de l'exécuter ne doivent pas se regarder seulement comme des agents de perception, ils doivent se considérer comme dépositaires de la confiance publique, qui repose sur l'exactitude de leurs opérations. Leurs visites chez les marchands et fabricants, leur présence dans les foires et dans les ventes publiques, leur surveillance sur les colporteurs, sont des devoirs que l'ordonnance du 5 mai 1820 leur impose, et dont l'accomplissement est le gage le plus puissant de la sécurité des acheteurs. Mais, d'un autre côté, ils ne doivent pas perdre de vue que tous ceux qui se livrent au commerce des matières d'or et d'argent sont, par la nature de l'objet de leur spéculation, des redevables d'une classe particulière, pour lesquels ils doivent avoir les plus grands égards dans leurs relations. La loi du 19 brumaire an VI, en exigeant la présence, soit du commissaire de police, soit du maire ou de son adjoint, aux visites qui se font chez ces commerçants, montre assez l'importance qu'on doit attacher à ces opérations. Un des ménagements que les employés doivent y apporter, est de ne jamais prendre eux-mêmes dans les magasins les pièces qu'ils voudront soumettre à leurs vérifications ; ils doivent se les faire présenter par le propriétaire lui-même, ou *par quelqu'un chargé de le représenter*. Cette précaution, bonne à observer pour maintenir l'ordre dans les vérifications, est en même temps un moyen assuré d'éviter toutes contestations pénibles avec les redevables de mauvaise foi. (*Circ. contr. ind.* n° 58, 8 *oct.* 1822.) TH. MOREAU.

BIBLIOGRAPHIE.

Statuts et priviléges du corps des marchands-orfèvres-joailliers de la ville de Paris, recueillis des textes de tous les édits, ordonnances, déclarations, etc. 1734. Se trouve à la bibliothèque de l'Arsenal à Paris.

Code de l'orfévrerie, ou Recueil et abrégé chronologique des principaux règlements concernant les droits de marque et de contrôle sur les ouvrages d'or et d'argent, etc., par M. Poullin de Vieville. Paris. 1785. Se trouve à la Bibliothèque nationale.

Manuel des employés de la garantie, etc., par M. A. L. de St-H. In-8°. Paris, Arthus-Bertrand. 1813.

Manuel des contributions indirectes et des octrois, par M. D. Girard. Paris. 1821.

Traité de la garantie des matières et ouvrages d'or et d'argent, contenant les lois, etc., par M. B. L.

Raibaud. In-8°. Paris, Carrière, Smith, Renard, Delaunoy; Marseille, l'auteur. 1825. (Avec une suite.)

Traité d'orfévrerie, bijouterie et joaillerie, par M. Placide Boué. Montpellier. 1832.

L'Art de l'essayeur, par M. Chaudet. Paris. 1835.

Nouveau Manuel simplifié de la garantie des matières et ouvrages d'or et d'argent, contenant, etc., par M. Lachèze. In-18. Paris, Roret, 1838.

Matières d'or et d'argent. Suite du Traité de la garantie, contenant, etc., par M. B. L. Raibaud. In-8°. Paris, Hivert; Marseille, l'auteur. 1838.

Code des orfévres, bijoutiers, horlogers et autres marchands d'or et d'argent, par M. J. Fontaine, avocat. Paris. 1843.

Code des contributions indirectes, ou Lois organiques annotées par MM. Saillet et Alibo. Lyon. 1847.

Code de la garantie, ou Droit de marque sur les matières d'or et d'argent, par M. M. Dareste.

ADMINISTRATION COMPARÉE.

Grande-Bretagne. La loi la plus récente date de 1854. Elle oblige les fabricants d'objets en or ou en argent de les soumettre à l'essai et à la marque. On admet pour l'or cinq titres : 22 carats, 18, 15, 12, 9 carats (l'or fin est à 24 carats), et pour l'argent, deux seulement : 11 onces 10 pennyweight et 11 onces 2 *dwts.* L'argent fin est à 12 onces, l'argent *sterling* se compose : de 11 oz (onces) 2 *dwts*, et de 18 *dwts* (pennyweights) de cuivre. Le droit de garantie est de 17 shillings pour l'once d'or et de 1 1/2 sh. pour l'once d'argent (le shilling = 1 fr. 25 c.). Un certain nombre d'objets sont exemptés de la taxe, lorsque la matière employée est à un des trois plus bas titres ; il s'agit de chaînes, bagues, boutons, boucles, bijoux ornés de pierreries. Les petits objets en argent, chaînes, boîtes à montre, broches, bracelets, etc., sont exempts, quel que soit leur titre. — L'impôt est restitué à la sortie pour les objets exportés.

Belgique. Une loi de 1868 supprime la garantie obligatoire. Chacun peut fabriquer des objets en or et en argent au titre qu'il veut. Mais il y a la garantie facultative ; l'acheteur ou le vendeur peut faire soumettre à l'essai tout objet en or ou en argent, mais l'administration n'a que deux poinçons pour l'or, indiquant le titre de 800 et de 750, et deux pour l'argent, marquant les titres de 900 et de 800 millièmes. On ne marque pas les objets à plus bas titre ; ceux dont le titre serait entre les deux limites recevraient le poinçon du titre inférieur. Les poinçons portent : O 1 et O 2 ; A 1 et A 2. Le droit d'essayage est de 10 fr. par hectogramme d'or et 50 centimes par hectogramme d'argent. L'acheteur a le droit de demander du marchand une facture avec indication de titre, de poids, etc.

Pays-Bas. Législation analogue (L. 18 *sept.* 1852). On peut fabriquer des objets de tout titre, mais l'administration ne poinçonne pour l'or que 916 — 833 — 750 — 583 millièmes ; pour l'argent, 934 et 833 millièmes. Si l'objet est d'un autre titre, le poinçon signifie seulement que le droit a été payé. (Comme la marque est généralement illisible pour le public, il vaudrait mieux ne pas marquer du tout les objets qui ne sont pas au titre réglementaire.)

Italie. La loi du 3 mai 1873 ressemble beaucoup à la loi belge, mais il y a 3 types d'or : 900 — 750 — 500 millièmes, et 3 types d'argent : 950 — 900 — 800 millièmes. Les droits pour l'essayage sont très-minimes.

Russie. La Russie a un règlement du 13 juin 1861 pour assurer le titre des matières d'or et d'argent. Ce règlement est très-minutieux et très-sévère. Les matières d'or et d'argent non contrôlées trouvées dans les magasins sont confisquées et le délinquant condamné à une amende égale au triple de la valeur de l'objet confisqué.

Autriche. La législation française semble avoir servi de modèle à la loi du 26 mai 1866, mais l'Autriche nous a dépassé dans la réglementation. Le contrôle (le poinçon de la garantie) est obligatoire pour toutes les matières d'or et d'argent ; il donne lieu au prélèvement d'une taxe. Les matières d'or et d'argent se divisent au point de vue du contrôle en : 1° lingots ; 2° orfévrerie et bijouterie ; 3° tréfilerie.

Les lingots mis dans le commerce doivent porter le nom du fondeur et être essayés dans les bureaux de garantie (l'argent, par la voie humide) puis marqués avec indication de titre en chiffres, et un numéro d'ordre. Le droit est de 1 fl. (2 fr. 50 c.) par 500 grammes d'or, et un demi-florin par livre d'argent. Si les lingots pèsent plus de 5 livres (2,45), on ne paye que la moitié pour la quantité qui dépasse ces 5 livres.

L'orfévrerie et la bijouterie ne peuvent être fabriquées qu'aux titres indiqués à l'art. 20, savoir : 920 — 840 — 750 et 580 millièmes pour l'or ; 950 — 900 — 800 et 750 millièmes pour l'argent. Les objets doivent porter la marque du fabricant. Si à l'essai on trouve que celui-ci n'est pas même au titre le plus bas, ils sont brisés et rendus au fabricant ; les objets présentés à l'importation sont simplement prohibés dans ce cas ; s'ils ont le

titre, ils payent la taxe et sont ainsi nationalisés. Le droit est, par livre, de 12 fl. pour les objets d'or et de 1 fl. 1/2 pour les objets d'argent. Le droit n'est pas dû pour les marchandises exportées.

La tréfilerie est imposée selon un tarif que l'espace ne nous permet pas de reproduire. On trouvera encore d'autres détails dans la loi précitée.

Allemagne. Chaque État a ses dispositions spéciales, mais ni la Prusse, ni le Wurtemberg ni quelques autres États n'ont de législation spéciale sur la fabrication des matières d'or et d'argent. On s'occupe (1876) d'établir une législation générale pour toute l'Allemagne.

Suisse. Autant de lois que de cantons.

Bibliographie. On trouvera la législation complète de tous les pays, avec un historique, dans une excellente publication sur la matière, dont voici le titre : *Die gesetzliche Regelung des Feingehalts*, etc., par Arthur DE STUDNITZ. Pforzheim, Otto Riecker. In-8°. 1875. (M. DE STUDNITZ a obtenu des documents de tous les gouvernements européens.)   M. B.

GARDE-CANAL. Agent chargé de veiller à la conservation des canaux et même des propriétés qui en dépendent. Comme les canaux appartiennent à la grande voirie, ces agents sont des préposés de la grande voirie quand ils sont commissionnés par l'administration des ponts et chaussées. Ils doivent constater toute infraction faite aux règlements sur les canaux et en dresser procès-verbal. Ils ont aussi mission de constater les délits de pêche, concurremment avec les officiers de police judiciaire (*L.* 15 *avril* 1829, *art.* 36). Ils sont placés immédiatement sous les ordres des ingénieurs et des conducteurs. (Voyez, du reste, l'art. 69 du décret du 22 février 1813, qui contient plusieurs dispositions sur ces gardes.)

GARDE CHAMPÊTRE. 1. Ce fut Charles V qui, par l'édit de mai 1369, institua les premiers gardes champêtres, sous le nom de *gardes des ablais.* Charles VI, par une ordonnance de juillet 1383, détermina les fonctions de ces agents auxquels on donnait, suivant les localités, les noms de *gardes des champs, messiers* (voy. **Garde-messier**), *banniers, bangards, bladiers, dégâtiers, sergents de verdure.* Les gardes champêtres sont aujourd'hui des fonctionnaires institués « pour assurer les propriétés et veiller à la conservation des récoltes ». (*L.* 28 *sept.*-6 *oct.* 1791, sect VII, t. Ier, art. 1er.)

SOMMAIRE.

Bibliographie.

CHAP. I. — NOMINATION.

2. La première des lois qui, dans notre droit moderne, se soit occupée des gardes champêtres et qui les ait créés sous cette dénomination, la loi des 28 septembre-6 octobre 1791, se borna à permettre aux municipalités d'avoir un ou plusieurs gardes champêtres. Prévoyant le cas où une commune serait trop pauvre ou trop peu étendue par son territoire pour en avoir un et l'occuper utilement, elle autorisa plusieurs municipalités à se réunir pour choisir et payer le même garde champêtre, qui, dès lors, aurait été placé sous l'autorité des deux maires et aurait surveillé les propriétés des deux communes. La loi du 20 messidor an III (3 *juill.* 1795) vint bientôt rendre obligatoire ce qui n'était d'abord que facultatif et retira aux communes le droit de s'associer. Elle dispose en effet que, dans toutes les communes rurales de la République, il sera établi immédiatement des gardes champêtres et qu'il y aura au moins un garde champêtre par commune. Le § 1er de l'art. 38 du Code du 3 brumaire an IV (25 oct. 1795) confirme cette disposition.

3. Chaque commune rurale est donc légalement obligée d'avoir un garde champêtre. L'administration peut la forcer de se soumettre à cette prescription, et le traitement de ce fonctionnaire doit être et est, en effet, d'après la loi du 18 juillet 1837, considéré comme une dépense obligatoire du budget de la commune [1]. Quelques-unes cependant, par suite de l'insouciance de leurs administrateurs, d'autres, et c'est le plus grand nombre, faute de ressources suffisantes, sont privées de garde champêtre, malgré l'importance des motifs qui devraient les engager, même en dehors de toute prescription légale, à choisir un surveillant et un défenseur de la propriété rurale.

4. Aux termes de l'art. 13 de la loi du 18 juillet 1837, les gardes champêtres étaient nommés par le maire, sauf l'approbation du conseil municipal et l'agrément du sous-préfet. Ils sont aujourd'hui nommés par les préfets, sur la présentation des maires (D. 25 mars 1852, art. 25, n° 21). Les gardes champêtres n'en sont pas moins les ordres immédiats des maires, auxquels ils doivent obéir sans objection, pour tout ce qui est dans les limites de leurs attributions.

5. D'après les dispositions législatives en vigueur, pour être admis aux fonctions de garde champêtre, il faut : 1° être âgé de vingt-cinq ans au moins ; 2° être de bonne vie et mœurs. Certains préfets, considérant que la police des campagnes laisse beaucoup à désirer, ont cherché à diriger le choix des maires. Le préfet de l'Isère, par exemple, dans une circulaire du 15 mars 1849, s'exprime ainsi : « Conformément à l'arrêté du 25 fructidor an IX, les gardes champêtres seront dorénavant choisis, autant que possible, parmi les anciens militaires et les citoyens qu'ont honorés des actes de courage et de dévouement. » Il a décidé également qu'aucun garde ne pourra être agréé s'il ne réunit les conditions suivantes : être âgé de vingt-cinq ans au moins et de quarante-cinq ans au plus ; avoir une bonne conduite ; savoir lire et écrire. Il est désirable que le postulant sache écrire ou au moins signer son nom ; le Code rural, ni aucune loi postérieure, n'exigeant que le garde rédige lui-même son procès-verbal, ni que le rapport et l'affirmation soient signés du garde, il en résulte que des individus ne sachant pas même signer leur nom ne sont pas incapables d'être gardes champêtres.

6. Aux termes de l'art. 5, sect. VII, tit. Ier de la loi du 28 septembre-6 octobre 1791, tout garde champêtre doit, avant d'entrer en fonctions, prêter serment de veiller à la conservation de toutes les propriétés qui sont sous la foi publique et de toutes celles dont la garde lui est confiée par l'acte de nomination. Depuis lors, ce serment n'a pas varié. En exécution de cette loi, les juges de paix l'ont reçu jusqu'au décret du 31 août 1830. Après ce décret, le serment politique qu'il exigeait et le serment professionnel ont été prêtés

---

[1]. Perçu ou imposé sous la forme de centimes additionnels à la contribution foncière.

devant le tribunal de première instance (Cass. 17 mars 1845 et 2 août 1847). Après le décret du 2 mars 1848, qui abolit le serment politique, on est retombé sous l'empire de la loi de 1791, et les juges de paix ont de nouveau reçu le serment des gardes champêtres ; le décret du 5 avril 1852 avait rétabli le serment politique ; mais ce serment ayant été de nouveau supprimé en 1870, le garde champêtre prête seulement le serment professionnel devant le juge de paix du canton.

CHAP. II. — ATTRIBUTIONS ET COMPÉTENCE.

7. Attributions générales. En sa qualité d'officier de police judiciaire, un garde champêtre ne peut exercer les fonctions attachées à son titre que dans le territoire où il est assermenté (C. d'I. C., art. 16). Il est institué pour rechercher et constater les atteintes aux propriétés rurales, lorsque le fait rentre dans la classe des délits ou contraventions de police (C. d'I. C., art. 8, 9, 16). Il est sans pouvoir pour constater des faits de dommage qui n'ont pas ce caractère. Il peut arrêter et conduire devant le juge de paix tout individu surpris en flagrant délit ou dénoncé par la clameur publique, lorsque ce délit entraîne la peine de l'emprisonnement ou une peine plus grave. Il a non-seulement le droit de recueillir les preuves et les indices qui servent à constater le délit, il peut encore suivre les choses enlevées dans les lieux où elles auraient été transportées et les mettre en séquestre ; mais il ne saurait s'introduire dans les maisons, ateliers, bâtiments, cours adjacentes ou enclos, si ce n'est en présence du juge de paix ou de son suppléant, ou du commissaire de police, ou du maire ou adjoint ; le procès-verbal doit être signé par l'autorité en présence de laquelle il a été rédigé.

8. Le garde champêtre a le droit de constater les délits ou contraventions qui portent atteinte aux chemins vicinaux ou à leur viabilité ou qui constituent une usurpation sur le chemin, parce que la loi du 6 octobre 1791 met au nombre des délits ruraux la détérioration et l'usurpation des chemins publics dans les campagnes.

9. Attributions spéciales. L'art. 5 de la sect. VII de la loi de 1791 dit qu'indépendamment de leurs fonctions ordinaires, qui consistent à veiller à la conservation de toutes les propriétés rurales et forestières, les gardes champêtres des communes sont, en outre, obligés de remplir les diverses fonctions dont ils se trouvent chargés par leur nomination. Ces fonctions spéciales, même indépendantes de la garde générale des propriétés de la commune, se sont augmentées peu à peu par suite de dispositions législatives, qu'il est utile de connaître. Ainsi, 1° d'après l'art. 628 du Code de procédure, ils sont établis gardiens des saisies-brandons ; 2° aux termes de l'ordonnance du 27 janvier 1815, art. 2, les maires peuvent les requérir pour exécuter les mesures propres à prévenir la contagion des épizooties ; 3° par la loi du 24 décembre 1824, art. 48, et la loi du 28 avril 1826, art. 42, ils ont le droit de constater les fraudes sur les tabacs, présider à la saisie des tabacs, ustensiles et mécaniques prohibés, à celle des chevaux, voitures et autres objets servant au transport, et constituer prisonniers les fraudeurs et colporteurs. Les agents des douanes

peuvent requérir les gardes champêtres pour arriver à la saisie des objets introduits ou importés en fraude (*D.* 1er *germ. an XIII, art.* 51); 4° l'art. 7 de l'ordonnance du 19 mars 1817 leur impose l'obligation de rechercher toute fabrication clandestine de sel ou de liqueur saline, hors des trois lieues de la ligne des côtes; 5° un décret du 11 juin 1806, relatif aux attributions des gardes champêtres, dans leurs rapports avec la gendarmerie (*art.* 3 *et* 5), leur confère la mission d'informer les maires et les officiers de gendarmerie de tous les délits et contraventions de toute nature qui se commettent dans l'étendue du territoire dont la surveillance leur est confiée; 6° ils doivent, en outre, prévenir les maires lorsqu'il s'établit dans leurs communes des individus étrangers à la localité, et les informer de tout ce qu'ils découvrent de contraire au maintien de l'ordre et de la tranquillité publique (*Même D.*). Dans les cas urgents, les gardes champêtres d'un canton, et même d'un arrondissement, peuvent être requis par la gendarmerie pour la seconder dans l'exécution des ordres qu'elle reçoit pour le maintien de la tranquillité publique (*O.* 29 *oct.* 1820). Lorsqu'ils arrêtent des déserteurs, des conscrits réfractaires, des hommes évadés des bagnes, ou autres individus de ce genre, ils ont droit à la gratification accordée de ces cas à la gendarmerie; 7° ils sont chargés, concurremment avec les maires, les commissaires de police, les gendarmes, les cantonniers, de veiller à la conservation des plantations des routes (*D.* 16 *déc.* 1811, *art.* 106). En conséquence, ils ont droit au tiers des amendes prononcées contre ceux qui ont causé des dégâts et fait des dommages aux plantations (*Même D.*, *art.* 107); 8° les gardes champêtres ont qualité pour constater, concurremment avec les maires et adjoints, les commissaires de police, les gendarmes et les gardes forestiers, etc., tous les délits commis en matière de chasse (*L.* 22-30 *avril* 1790, *art.* 8); 3 *mai* 1844, *art.* 22), et ils ont droit aux gratifications accordées à tous les agents sur les procès-verbaux desquels les amendes sont prononcées (*L.* 3 *mai* 1844, *art.* 10, 22; *O.* 5 *mai* 1845); 9° ils ont également le droit de constater les délits commis contre les lois relatives à la police de la pêche fluviale (*L.* 14 *avril* 1829, *art.* 36); 10° la loi du 21 juin 1873 (*art.* 2) étend aux gardes champêtres le pouvoir donné par l'art. 5 de la loi du 28 février 1872 aux agents qu'il énumère, de verbaliser en cas de contravention aux lois sur la circulation des boissons; 11° en leur qualité d'agents de la force publique, ils sont compétents pour faire exécuter les arrêtés pris par les maires dans les limites de leurs attributions. C'est ainsi qu'il a été jugé que les gardes champêtres peuvent, comme auxiliaires des officiers locaux de police, être chargés de faire exécuter les arrêtés légalement pris par l'autorité municipale, et, spécialement, qu'ils sont dans l'exercice de leurs fonctions lorsqu'ils font exécuter l'arrêté d'un maire qui prescrit la fermeture des cabarets à une heure déterminée (*Cass.* 2 *mai* 1839); 12° enfin, le Conseil d'État a décidé que les gardes champêtres ont qualité pour constater une contravention aux lois et règlements de la grande voirie (*Arr. du C.* 1er *mars* 1842.) Le Conseil d'État, pour juger ainsi, s'est fondé sur les art. 106 et 112 du décret du 16 décembre 1811, qui classe les gardes champêtres parmi les agents chargés de la surveillance des routes.

10. Au sujet des attributions des gardes champêtres, on s'est demandé s'ils avaient le droit de constater les délits qui portent atteinte aux propriétés forestières. Cette question a été fort controversée. Elle a été résolue affirmativement par M. Mangin (*Traité des procès-verbaux, p.* 198), par M. Fournel (*Lois rurales de la France,* t. II, p. 107, n° 8) et Carnot (t. I, p. 61, n° 15), et nous croyons devoir partager cette opinion (*voy.* 9). On a parfois cependant admis la négative. Ainsi, il a été jugé : 1° qu'un garde champêtre n'a pas qualité pour dresser procès-verbal d'un délit forestier commis dans un bois communal, attendu que des lois spéciales ont chargé l'administration forestière de la surveillance des bois appartenant aux communes et aux établissements publics; 2° que ses officiers ont seuls qualité pour constater les délits qui se commettent dans ces bois comme dans ceux de l'État. (*Metz,* 28 *janv.* 1822.)

11. *Ressort et compétence territoriale.* Il est de règle générale que les gardes champêtres, institués uniquement pour surveiller les biens de la commune, ne peuvent instrumenter au delà du territoire qu'elle comporte, mais leur juridiction s'étend, en outre, sur les parcelles de terre de la commune qui se trouvent enclavées dans d'autres communes limitrophes.

12. Tout garde champêtre doit visiter au moins une fois par jour, souvent même pendant la nuit, le territoire confié à sa garde. Il peut parcourir tous les champs sans suivre les chemins et sentiers, mais en évitant de commettre les moindres dégâts; il peut pénétrer dans les clos non adjacents à des bâtiments et cours, pourvu qu'ils ne soient pas garnis de portes ni de barrières fermant à clef; mais il ne doit pas entrer dans ceux adjacents à des bâtiments, quoiqu'ils n'aient ni portes ni barrières, à moins que le propriétaire ne l'y autorise. Sauf le cas de perquisition, il n'a pas le droit de s'introduire dans les maisons, bâtiments, cours adjacentes et enclos.

CHAP. III. — PROCÈS-VERBAUX ET RAPPORTS.

13. Les gardes champêtres doivent constater ou faire constater par écrit toutes les contraventions et tous les délits dont ils acquièrent la connaissance dans l'accomplissement de leurs fonctions. L'obligation est formelle. Il ne s'ensuit pas, toutefois, qu'une contravention ou un délit reconnu par un garde champêtre et non constaté par un procès-verbal ne puisse être poursuivi, et que le garde champêtre soit incapable d'en rendre témoignage. Les tribunaux peuvent l'appeler comme témoin, à défaut ou en cas d'insuffisance des procès-verbaux.

14. L'acte par lequel le garde champêtre constate lui-même par écrit les faits qu'il a reconnus et découverts, se nomme *procès-verbal.* Le *rapport* est l'acte rédigé et écrit par un fonctionnaire compétent sur les renseignements fournis par le garde.

15. Les gardes champêtres doivent écrire le

procès-verbal en entier de leur main, sans lacune, ni blanc, ni intervalle. Les renvois, interlignes et surcharges seront approuvés et paraphés. Les procès-verbaux doivent être signés, contenir deux dates, l'une indiquant l'heure, le jour, le mois et l'an de la contravention, l'autre énonçant le moment précis de leur clôture, être rédigés dans les vingt-quatre heures, indiquer la nature et les circonstances du délit, les indices, les preuves, etc. Ils doivent être en outre affirmés, à peine de nullité. Le juge de paix ou son suppléant, et à leur défaut le maire ou ses adjoints, peuvent recevoir l'affirmation.

16. Quant au rapport, les fonctionnaires qui peuvent le rédiger et l'écrire sont : 1° les maires, adjoints et commissaires de police pour les délits commis dans l'étendue de la commune où ils exercent leurs fonctions ; 2° les greffiers des justices de paix pour les délits commis dans leur canton ; 3° le juge de paix ou l'un de ses suppléants. (*L.* 27 *déc.*-5 *janv.* 1791, *art.* 8 ; 28 *sept.*-6 *oct.* 1791, *tit.* I⁰ʳ, *sect. VII, art.* 6 ; 24 *flor. an X ; Cass.* 5 *févr. et* 20 *août* 1819 ; 19 *mars* 1830 ; 27 *déc.* 1832 ; 10 *févr.* 1843.)

CHAP. IV. — SURVEILLANCE, MESURES DISCIPLINAIRES.

17. Placés sous la surveillance des maires, des sous-préfets et des préfets comme agents communaux, les gardes champêtres sont soumis, en qualité d'officiers de police judiciaire et agents de la force publique, à la surveillance des procureurs de la République. Plusieurs préfets ont cru nécessaire de régulariser cette surveillance. Le préfet du Nord, par exemple, a prescrit que les gardes champêtres eussent des livrets, que ces livrets fussent inspectés et que les gardes fussent soumis à des revues générales.

18. Les tribunaux n'ont aucun pouvoir disciplinaire sur les gardes champêtres (*Cass.* 10 *juin* 1824, 29 *févr.* 1828). L'art. 13 de la loi du 18 juillet 1837 dispose qu'ils peuvent être suspendus par les maires, mais que le préfet peut seul les révoquer, sauf leur recours auprès du ministre de l'intérieur. Il suit de là que le sous-préfet n'a pas le droit de les suspendre ou de les révoquer. Son pouvoir se borne à rendre compte au préfet de la conduite des gardes champêtres, et à demander les mesures de répression qu'il croit utiles.

19. En dehors des actes de négligence qui n'entraînent que des mesures disciplinaires, ou ne donnent lieu qu'à des dommages-intérêts par suite de la responsabilité à laquelle ils sont soumis par l'art. 7 de la loi 1791, dans le cas où ils n'auront pas fait dans les 24 heures le rapport des délits, les gardes champêtres peuvent se rendre coupables, dans l'exercice de leurs fonctions, de crimes ou délits entraînant des peines sévères. En leur qualité d'officiers de police judiciaire, ils ne peuvent être poursuivis que suivant les formes prescrites par les art. 483 et suivants du Code d'instruction criminelle. En conséquence, c'est aux procureurs généraux seuls qu'il appartient de les poursuivre (*Cass.* 4 *oct.* 1811), et les juges d'instruction ne peuvent jamais procéder contre eux sans avoir préalablement reçu une délégation du premier président de la cour d'appel (*C. de Paris,* 27 *oct.* 1843). Du reste, à l'époque où l'art. 75 de la Constitution de l'an

VIII était en vigueur, ils pouvaient être poursuivis sans l'autorisation du Gouvernement. (*Cass.* 19 *août* 1808, 2 *août* 1809, 4 *juin* 1812 ; *Arr. du C.* 4 *août* 1819, 18 *juin* 1823. [*Voy. aussi* Garde particulier, Procès-verbaux, etc.])

PORLIER.

BIBLIOGRAPHIE.

Formulaire alphabétique, ou Manuel pratique des gardes champêtres, des gardes forestiers et des gardes-pêches, contenant, etc., par M. J. M. Dufour. 2ᵉ édit. In-12. Paris, Bavoux. 1824.

Nouveau Manuel théorique et pratique des gardes champêtres, forestiers et gardes-pêches, contenant, etc., par L. Rondonneau. In-18. Paris. Roret. 1829.

Mémorial du garde champêtre, ou Instruction générale et méthodique sur les attributions du garde champêtre. 2ᵉ édit. In-12. Levrault. 1829.

Nouveau Manuel du garde champêtre, par M. Hébert. In-12. Ay et Avenay-sur-Ay, l'auteur. 1841.

Des Gardes champêtres et de leur organisation, par M. Genreau. Petit in-8°. Chartres, Garnier. 1848.

Guide et formulaire des gardes champêtres communaux et particuliers, par M. T. Larade. 4ᵉ édit. revue, etc. In-18. Paris, Pesron. 1851.

Guide-Manuel général du garde champêtre et du messier, etc., par M. Marc Deffaux. In-18. Paris, Passard. 1853.

Manuel complet des gardes champêtres, par M. Boyard. In-8°. Paris, Roret. 1856. Nouvelle édit. 1866.

Code usuel des gardes champêtres, des gardes particuliers et des gardes messiers, par Rousset. In-8°. Paris, P. Dupont. 1863. 2ᵉ édit. 1866.

GARDE-CHIOURME. On appelait ainsi le surveillant des forçats, *chiourme* signifiant autrefois l'ensemble des forçats qui ramaient sur une galère.

GARDE DE SANTÉ. C'est celui qui est préposé pour veiller aux lois, ordonnances, décrets et règlements sur la police sanitaire. Il y a des gardes de santé placés non-seulement dans les villes, mais aussi dans les vaisseaux. (*Voy.* **Régime sanitaire.**)

GARDE DES SCEAUX. C'est le ministre de la justice.

GARDE DU COMMERCE. Sous le régime de la contrainte par corps (*voy. ce mot*) en matière commerciale, les gardes du commerce étaient chargés d'appréhender au corps les débiteurs. Ce régime a été supprimé par la loi du 22 juillet 1867.

GARDE DU GÉNIE. Les gardes du génie, nommés aussi *gardes des fortifications,* sont des agents chargés de la conservation du domaine militaire de l'État. Quand ils sont nommés ou quand ils changent de résidence, ils doivent faire enregistrer leur commission à la mairie du lieu de leurs fonctions et au greffe du tribunal d'arrondissement (*O.* 1ᵉʳ *août* 1821, *art.* 34). Leurs procès-verbaux font foi jusqu'à inscription de faux. (*Id., art.* 31.)

GARDE FORESTIER, GARDE GÉNÉRAL DES FORÊTS. *Voy.* **Forêt.**

GARDE MESSIER. A l'époque des moissons, les communes ou les propriétaires donnent aux gardes champêtres des aides qu'on nomme *gardes-messiers* ou *gardes champêtres adjoints.* Leurs fonctions consistent à surveiller les moissons pendant qu'elles se font ; elles cessent lorsque celles-ci sont finies. Ils sont rétribués par les propriétaires ou par les communes.

GARDE NATIONALE. 1. Cette institution, qui

a joué un rôle plutôt politique que militaire, est aujourd'hui abolie ; aussi nous bornerons-nous à quelques courtes indications.

2. La garde nationale rappelait, à beaucoup d'égards, les milices urbaines ou provinciales du moyen âge ; mais son institution ne remontait qu'à 1789. Réunie spontanément dès l'origine de la Révolution, elle fut organisée par la loi du 29 septembre 1791. Dans la pensée de ses auteurs, c'était la nation armée qui devait former à la fois : 1° la garde permanente et populaire de chaque commune, c'est-à-dire un auxiliaire, ou le personnel même, de la police locale ; 2° une réserve pour les corps militaires en cas de danger extrême de la patrie ; 3° enfin une sauvegarde contre les excès du pouvoir exécutif. Ce dernier point de vue devint rapidement prédominant. Bien que, comme toute force publique, la garde nationale dût être essentiellement obéissante, et qu'il lui fût interdit de délibérer, son obéissance s'adressait encore plus à la loi qu'au Gouvernement. C'est ainsi, pour prendre un exemple spécial, que tout garde national qui commettait un délit par ordre de ses supérieurs était personnellement responsable. (Voy. DALLOZ, *Répertoire général, etc., Garde nationale.*)

3. Après avoir pris une part active au mouvement révolutionnaire, de 1789 à 1795, la garde nationale ne fut employée sous le Directoire qu'au maintien de l'ordre dans chaque commune ; sous l'Empire, on cessa même de la convoquer. Reconstituée en 1814, elle combattit à coté de l'armée qui résistait aux invasions, et continua, sous la Restauration, un service municipal régulier. En 1827, la garde nationale de Paris fut licenciée à la suite d'une manifestation politique. Réorganisée par la loi du 22 mars 1831, dans toute la France, cette institution reproduisit fidèlement les variations du droit politique. La loi de 1831 y appela tous les citoyens valides de 20 à 60 ans, payant une contribution foncière, à l'exclusion des domestiques et sous la réserve d'exemptions et d'indignités. Par suite de l'établissement du suffrage universel, le recrutement de la garde nationale comprit tous les électeurs. (*Décret du 8 mars* 1848.) La restriction de l'exercice du droit de suffrage par la loi du 31 mai 1850 eut pour corollaire la loi du 15 mars 1851, qui éleva l'âge d'admission à 25 ans et ramena les conditions de résidence à celles de la loi de 1831.

4. La loi de 1851, malgré l'ajournement qu'elle subit avant même d'avoir été appliquée, est restée en principe, jusqu'à la fin, le code de l'institution. Cette loi reproduisant celles des 22 mars 1831, 19 avril 1832 et 14 juillet 1837, organisa dans tous leurs détails : 1° un service dans la commune pour la défense de l'ordre ; 2° un service hors de la commune pour le même objet ; 3° un service auxiliaire de l'armée ; dans le premier cas, la garde nationale était soumise à l'autorité civile ; dans les deux autres, à l'autorité militaire.

5. A la suite du coup d'État du 2 décembre 1851, le régime de la garde nationale fut profondément modifié. Un décret du 11 janvier 1852 déclara dissoutes les gardes nationales et annonça leur réorganisation par un décret qui fut rendu le 14 du même mois. Cette législation rompit nettement avec la tradition que la garde nationale est le contrôle armé du pouvoir. Les conseils de recensement durent restreindre notablement la composition de l'effectif ; du reste, la garde nationale ne fut réorganisée qu'à Paris et n'eut qu'un service de parade.

6. Une nouvelle invasion amena la reconstitution soudaine de la garde nationale comme auxiliaire de l'armée ; mais le rôle politique inhérent à ses traditions reparut et se développa jusqu'à donner naissance à un gouvernement insurrectionnel, dont la défaite entraîna l'abolition de l'institution elle-même. Il suffit, pour l'intelligence de ces faits, de relater les principaux actes législatifs ou gouvernementaux rendus à cette occasion : décret du 7 août 1870, qui appelle à faire partie de la garde nationale les hommes valides de 30 à 40 ans ; loi du 12 août 1870, qui réorganise les gardes nationales par toute la France, conformément à la loi de 1851 ; décret du 11 octobre 1870, qui les mobilise dans les départements ; décret du 8 novembre 1870, qui mobilise celle de Paris ; décret du 3 février 1871, qui dissout la garde mobilisée de Paris (décrets de la Commune insurrectionnelle : du 31 mars 1871, qui abolit la conscription et appelle tous les citoyens à faire partie de la garde nationale ; du 5 avril 1871, qui rétablit les gardes mobilisées) ; décret du 26 mai 1871, qui dissout la garde nationale de Paris ; loi du 24 août 1871, qui supprime les gardes nationales de toute la France, en spécifiant que l'application de la loi s'effectuera à mesure des progrès de la réorganisation de l'armée.　　　　J. DE B.

GARDE PARTICULIER. 1. Tout propriétaire a le droit d'avoir un garde champêtre pour la conservation de ses domaines particuliers. Il est seulement tenu de le faire agréer par le sous-préfet de l'arrondissement et de lui faire prêter serment devant le juge de paix (C. f., 117 ; O. 1er août 1827, 150, et D. 5-7 avril 1852, art 5). Si le garde particulier n'est pas nommé dans ces conditions, il n'a point le caractère d'officier de police judiciaire, et ses rapports ne font pas foi en justice. (Cass. 21 août 1821.) [*Comparez* Garde-champêtre *et* Procès-verbaux.]

2. La question s'est élevée de savoir si la faculté qu'a tout propriétaire de nommer un garde, pouvait être étendue au fermier. Un arrêt de la cour criminelle de la Haute-Marne, du 20 fructidor an X, avait résolu cette question négativement ; mais cet arrêt fut cassé par arrêt du 27 brumaire an XI. Puisque la faculté de nommer un garde particulier a pour objet la conservation des récoltes, cette faculté doit en effet appartenir à celui qui veut jouir de ces récoltes et qui, en outre, pendant toute la durée de son bail, est responsable des détériorations dont la propriété aurait à souffrir.

3. Lorsqu'un propriétaire a un garde particulier, la responsabilité des délits commis sur les terres de ce propriétaire tombe-t-elle sur ce garde particulier ou sur le garde champêtre communal, ou sur les deux ensemble ? Nous pensons que cette responsabilité les atteint l'un et l'autre. Lorsque, par suite de la négligence des gardes

champêtres à faire les rapports des délits dans les vingt-quatre heures, les propriétaires ou fermiers ne peuvent obtenir la répression des délits ruraux qui ont été commis sur leurs terres, ces agents sont personnellement responsables du tort qui en résulte pour ces propriétaires ou ces fermiers, c'est-à-dire qu'indépendamment de la destitution, de la suspension ou des autres peines de discipline qu'ils peuvent avoir encourues par leur négligence, ils sont civilement tenus de réparer le dommage causé par leur faute. (*C. rur.* 1791, *art.* 7.)

4. Pour affranchir le garde champêtre communal de toute responsabilité dans le cas prévu, on pourrait dire que cet agent a pu se croire dispensé d'exercer la surveillance sur les propriétés d'un habitant qui s'est reposé de ce soin sur un garde particulier. Dans ce système, ce serait à ce dernier exclusivement qu'il appartiendrait de veiller sur les propriétés de son maître, puisque, étant payé uniquement pour cela, c'est à lui à faire son devoir. Sa négligence ne saurait donc, dans aucun cas, compromettre la responsabilité du garde champêtre communal. Ce raisonnement est complètement inadmissible. Le propriétaire qui a un garde particulier pour la conservation de ses domaines, n'en est pas moins obligé de contribuer, comme les autres habitants, au paiement du garde champêtre communal. Il a donc droit, comme les autres, à toute la vigilance de ce garde, ainsi qu'au dédommagement que la loi lui accorde dans le cas où celui-ci ne remplirait pas son devoir. Ainsi nul doute que le garde champêtre ne soit responsable. Quant au garde particulier, sa responsabilité ne saurait être douteuse, puisqu'il est en effet le mandataire immédiat du propriétaire, et qu'aux termes de l'art. 1991 du Code civil, le mandataire est tenu d'accomplir le mandat tant qu'il en demeure chargé, et répond des dommages-intérêts qui pourraient résulter de son inexécution.

5. Les fonctions de garde particulier sont incompatibles avec l'état de domesticité. (*C. de Bourges* 29 *juin* 1853.)

GARDE-PORT. 1. Agent établi pour la police des ports sur les rivières navigables ou flottables.

2. Dans le bassin de la Seine et sur les canaux de ce même bassin où se trouvent des ports affectés principalement au commerce des bois, le service de ces agents est obligatoire pour le commerce; partout ailleurs il est facultatif.

L'institution des gardes-ports remonte à 1641; elle a subi différentes transformations; l'organisation actuelle repose sur les bases établies par le décret du 21 août 1852.

3. *Nomination.* Le décret précité dispose :

Les gardes-ports sont nommés et commissionnés par le ministre des travaux publics. Ils sont choisis sur une liste double de candidats présentés de concert par les syndicats réunis des commerces de bois à brûler, bois à ouvrer et charbon de bois du département de la Seine, et par les syndicats du commerce du département intéressés aux nominations à faire.

A défaut de syndicats constitués, les intérêts du commerce sont représentés :

Pour les ports de l'Oise, l'Aisne et l'Ourcq, par le tribunal de commerce de Compiègne ;

Pour les ports de la Marne, du canal latéral à la Marne et du Grand-Marin, par le tribunal de commerce de Château-Thierry ;

Pour les ports de la Seine, depuis Bray-sur-Seine jusqu'à Choisy, par le tribunal de commerce séant à Montereau ;

Pour les ports de la haute Seine, du canal de la Haute-Seine et de l'Aube, par le tribunal de commerce de Troyes ;

Pour les ports des canaux de Briare, d'Orléans et du Loing, par le tribunal de commerce de Montargis ;

Pour les ports de l'Yonne, depuis Montereau jusqu'à Cravant, et pour ceux du canal de Bourgogne (versant de la Seine), par le tribunal de commerce de Joigny.

4. En dehors du bassin de la Seine, les listes des candidats pour ces emplois seront présentées de concert par les syndicats réunis du commerce de bois et charbon de bois de Paris, et par les syndicats du commerce des départements *intéressés* aux nominations à faire. A défaut de syndicat constitué, le commerce du département sera représenté par les tribunaux de commerce des localités intéressées.

5. Les gardes-ports ne peuvent entrer en fonctions qu'après avoir prêté serment devant le tribunal de première instance du lieu de leur résidence, et avoir fait enregistrer leur commission et l'acte de prestation de leur serment au greffe du même tribunal.

6. Tout commerce ou toute autre fonction salariée leur est interdit.

7. *Fonctions.* En ce qui concerne la police du port, ces agents sont chargés de surveiller l'amarrage, le garage, le tirant d'eau des bateaux ou trains et le temps qu'ils doivent rester le long des quais.

En ce qui concerne la police des marchandises, les gardes-ports ont mission d'assurer leur conservation pendant et après le débarquement, ainsi que dans les dépôts où elles séjournent. Ils doivent également veiller à la confection des trains.

La police du service général des quais rentre également dans leurs attributions.

8. Ils constatent au moyen de procès-verbaux les différentes contraventions qu'ils ont reconnues. Aux termes du décret du 26 nivôse an VI, ils ont pouvoir pour rechercher les bois volés sur le port et opérer au besoin les perquisitions nécessaires, en observant toutefois dans ce cas les formalités voulues par la loi.

9. Ils sont responsables des délits qu'ils n'ont point dûment constatés, et passibles des amendes qui eussent été encourues par les délinquants. Les pertes ou avaries provenant du fait de leur négligence ou d'une erreur, peuvent donner lieu contre eux à une action en indemnité.

Les procès-verbaux des gardes-ports doivent être écrits de leur main et affirmés au plus tard le lendemain de leur clôture, par-devant le juge de paix ou l'un de ses suppléants, le maire ou l'adjoint, soit de la commune du port ou de leur résidence, soit de l'une des communes où le délit a été commis ou constaté.

Les gardes-ports peuvent être pris pour arbitres dans les difficultés qui s'élèvent entre les intéressés.

10. Dans l'exercice de leurs fonctions, ces agents sont astreints à une comptabilité particulière, dont les règles sont tracées par le décret organique de 1852, et dont les détails sont précisés par, l'instruction ministérielle du mois de décembre de la même année.

Cette comptabilité a pour but de constater l'arrivée et le dépôt des marchandises, ainsi que les ventes et achats dont elles sont l'objet pendant leur séjour sur les ports.

Ils doivent fournir à l'inspecteur des ports, au commencement de chaque mois, l'état sommaire des arrivages et des enlèvements qui ont eu lieu dans le cours du mois précédent, et à la fin de chaque année l'inventaire des marchandises qui restent sur le port.

11. Les gardes-ports relèvent, en ce qui concerne la police des ports, des inspecteurs des ports et des ingénieurs chargés du service de la navigation.

12. *Rémunération.* La rémunération des services rendus par les gardes-ports est à la charge du commerce ; elle a lieu d'après les bases du tarif annexé au décret du 21 août 1852. Les rétributions dues lors de l'arrivage sont au compte de l'expéditeur ; le destinataire doit solder les rétributions dues à l'enlèvement. L'encaissement de ces rétributions est opéré par les gardes-ports, qui délivrent, en reconnaissance du paiement, des quittances détachées d'un registre à souche.

En dehors des sommes allouées par le tarif, les gardes-ports ont droit au remboursement des sommes avancées par eux pour frais de main-d'œuvre ou autres dans l'intérêt des marchandises, ainsi qu'à une rémunération fixée de gré à gré pour les services particuliers par eux rendus dans un intérêt privé. (*Voy.* **Inspecteurs des ports.**)

GARDE-RIVIÈRE. Agent institué pour la distribution des eaux entre les divers intéressés, et la surveillance des mesures réglementaires.

Le traitement des gardes-rivières est supporté par les propriétaires intéressés, proportionnellement à leur intérêt, par application des lois des 14 floréal an XI et 16 septembre 1807.

GARDES-PÊCHE. 1. Aux termes de la loi du 15 avril 1829, le Gouvernement exerce la surveillance et la police de la pêche dans l'intérêt général. En conséquence, il a institué à cet effet des agents spéciaux, dits gardes-pêche, chargés de rechercher et de constater les délits dans l'arrondissement du tribunal près duquel ils sont assermentés.

2. Avant que ne fût rendu le décret du 29 août 1862, qui a placé le service de la pêche dans les attributions du ministère des travaux publics, les gardes-pêche étaient assimilés en tout aux gardes forestiers et, d'après l'ordonnance royale du 17 décembre 1844, ils étaient nommés par le directeur général des forêts ; aujourd'hui ils sont nommés par le ministre des travaux publics.

3. Un arrêté ministériel du 2 mars 1866 détermine l'équipement et l'armement des gardes-pêche. Ces agents doivent toujours être revêtus de leurs insignes dans l'exercice de leurs fonctions. Ils se divisent en brigadiers et gardes. Les brigadiers forment trois classes, dont le traitement

est fixé, suivant la classe, à 800 fr., 900 fr. et 1,000 fr. Les gardes forment deux classes à 600 fr. et 650 fr.

4. Nul ne peut être nommé garde s'il a moins de 25 ans accomplis, s'il est âgé de plus de 35 ans et s'il ne sait lire et écrire. La moitié des emplois qui viennent à vaquer est réservée aux sous-officiers congédiés et proposés par le ministre de la guerre. L'emploi de garde-pêche est incompatible avec toute autre fonction. Ces agents sont autorisés à saisir les filets et autres instruments de pêche prohibés, ainsi que le poisson pêché en délit, mais ils ne peuvent sous aucun prétexte s'introduire dans les maisons et enclos y attenant pour la recherche des filets prohibés.

GARDE-VENTE. On donne ce nom à l'agent chargé par l'adjudicataire d'une coupe d'arbres de surveiller cette coupe. Tout adjudicataire d'une coupe doit avoir un garde-vente assermenté devant le juge de paix et agréé par l'agent forestier de la localité. Ses procès-verbaux font foi jusqu'à preuve du contraire. (*Voy.* **Forêts.**)

GARDIEN DE LA PAIX. C'est le nom actuel des sergents de ville ou agents municipaux de la sécurité publique de Paris. Ils sont à la nomination du préfet de police.

GARENNE. *Voy.* **Lapins.**

GARNI (Hôtel). *Voy.* **Maison garnie.**

GARNISAIRE. Parmi les moyens légaux employés par l'administration pour obtenir le paiement des impôts directs des contribuables qui s'y refusent, se trouve celui de la *garnison*. Il consiste dans l'envoi chez le contribuable d'un homme qui y demeure aux frais du récalcitrant pendant un temps déterminé ; de là le nom de *garnisaire* qui est donné à l'individu ainsi envoyé. (*Voy.* **Contributions directes.**) Un projet de loi, présenté au commencement de 1876, et qui n'a pas encore abouti, propose de réduire sensiblement l'emploi de ce moyen coercitif. Nous aurons donc à y revenir dans le *Supplément*.

GARNISON. Nous traiterons du casernement au mot **Organisation communale**, article avec lequel on doit comparer, selon le point de vue auquel on se place, les mots **État de siège**, **Logements militaires** et, à certains égards aussi, **Octroi**.

Quant au service dans les places de guerre et les villes de garnison, il a été réglé en dernier lieu par le décret du 13 octobre 1863, qu'on trouvera au *Bulletin des lois*, précédé d'un *Rapport*.

GAVITEAU. *Voy.* **Bouée.**

GAZ D'ÉCLAIRAGE. 1. L'usine à gaz étant un établissement dangereux ou incommode de 2e classe[1] (*O. 20 août 1824 et 27 janv. 1846 ; D. 31 déc. 1866*), est soumise à la législation spéciale qui régit les ateliers dangereux, etc., et que nous avons exposée au mot **Établissements dangereux, insalubres ou incommodes**.

2. Ces usines ont d'ailleurs été spécialement réglementées par le décret du 9 février 1867, qui indique les mesures de précaution à prendre au point de vue du danger et de la salubrité publique.

---

1. Les gazomètres destinés à des particuliers ne sont que des établissements de 3e classe. (*D. 31 déc.* 1866.)

3. Elles sont soumises à l'inspection de l'autorité municipale, chargée de veiller à ce que les conditions prescrites soient observées. (*D. 9 fév. 1867, art. 14.*)

4. Le gaz étant susceptible de nuire à la santé, de faire explosion, etc., l'autorité municipale peut réglementer la conduite des tuyaux à l'intérieur des maisons, etc. A Paris, ces règlements sont dans les attributions du préfet de police (*voy. O. de pol. 27 oct. 1855, insérée dans le Moniteur* (alors officiel) *du 2 déc. de la même année*). En ce qui concerne l'éclairage des rues, voyez **Éclairage et Organisation communale.**

5. Les contestations qui s'élèvent entre une commune et une entreprise d'éclairage au gaz et qui ont le caractère de réclamation relative à l'exécution d'un marché de travaux publics, sont de la compétence de l'autorité administrative. (*Cons. de préfecture, L. 28 pluv. an VIII, art. 4.*)

GAZONNEMENT. *Voy.* **Reboisement.**

GENDARMERIE. 1. La gendarmerie est un corps à la fois administratif et militaire. Gardien de l'ordre public, le gendarme n'est pas seulement soldat, il est aussi fonctionnaire ; dans certaines circonstances, il est officier de police judiciaire, auxiliaire du procureur de la République. Dans la difficile mission qui lui est confiée, la gendarmerie sait toujours apporter un esprit de modération et de conciliation que l'on ne peut trop louer et admirer ; elle sait faire respecter la loi avec fermeté, mais sans rigueur inutile. Les services qu'elle rend sont continuels, et il n'est personne qui n'ait été souvent à même de les apprécier. Mais nous n'avons pas à faire ici l'éloge de la gendarmerie ; nous avons à parler de sa composition, de son organisation et de ses attributions.

SOMMAIRE.

CHAP. I. COMPOSITION ET ORGANISATION, 2 à 6.
II. ATTRIBUTIONS, 7 à 45.
Bibliographie.

CHAP. I. — COMPOSITION ET ORGANISATION.

2. Nous avons fait connaître la composition et l'organisation de la gendarmerie au mot **Armée** [1] ; nous pouvons donc nous y référer en ajoutant les principales dispositions relatives aux *élèves-gendarmes.*

3. Il est admis dans la gendarmerie des élèves-gendarmes, nommés suivant les besoins du service et sans dépasser le complet de l'effectif. (*D. 10 oct. 1855.*)

Ces élèves, qui sont pris dans les corps d'infanterie et de cavalerie de l'armée, doivent avoir au moins vingt-trois ans d'âge et dix-huit mois de service. (*Id., art. 2.*)

4. Les élèves destinés à la gendarmerie départementale sont placés aux chefs-lieux des compagnies et dans les diverses résidences d'officiers. Néanmoins, si les besoins du service l'exigent, les élèves peuvent être momentanément répartis dans les autres brigades. Ceux qui sont placés dans les corps organisés régimentairement font le même service que les militaires de ces corps. (*Id., art. 3.*)

1. En Prusse, la gendarmerie ne fait pas partie de l'armée ; elle est dans les attributions du ministre de l'intérieur.

5. Les élèves-gendarmes peuvent être titularisés, lorsqu'ils réunissent les conditions d'âge et de durée de service déterminées par le décret du 1er mars 1854. Ceux qui, par leur inaptitude, sont reconnus ne pas convenir au service spécial de la gendarmerie, sont réintégrés dans leurs anciens corps. (*Id., art. 4.*)

6. Les élèves-gendarmes ont droit aux prestations fixées par le tarif annexé au décret du 18 février 1863.

CHAP. II. — ATTRIBUTIONS.

7. La gendarmerie est une force instituée pour veiller à la sûreté publique et pour assurer le maintien de l'ordre et l'exécution des lois. Son action s'exerce dans toute l'étendue du territoire continental et colonial de la République, ainsi que dans les camps et armées. Elle est particulièrement destinée à la sûreté des campagnes et des voies de communication.

8. La nature de leurs fonctions oblige souvent les gendarmes à dresser des procès-verbaux ; aussi doivent-ils être assermentés. Aux termes de la loi du 17 juillet 1856, les procès-verbaux dressés par les brigadiers de gendarmerie et les gendarmes ne sont dans aucun cas assujettis à la formalité de l'affirmation. Un décret du 23 décembre 1857 a déclaré cette loi exécutoire dans les colonies.

9. Les gendarmes ont qualité pour dresser procès-verbal dans toute l'étendue du territoire français, et non pas seulement dans le ressort de la circonscription de la brigade dont ils font partie ou du tribunal près duquel ils ont prêté serment.

10. Les attributions de la gendarmerie sont très-nombreuses et se rattachent à différents services ; aussi la gendarmerie dépend-elle de quatre ministères : ce sont ceux de la guerre, de l'intérieur, de la justice, de la marine et des colonies. Les rapports de la gendarmerie avec les différents ministres sont expliqués d'une manière détaillée par le décret du 1er mars 1854, tit. II, chap. Ier, sect. I à IV, art. 73 à 90 ; nous allons les faire connaître.

11. *Rapports de la gendarmerie avec le ministre de la guerre.* La gendarmerie est chargée d'exercer une surveillance sur les militaires absents de leurs corps. A cet effet, il est adressé au ministre, du 5 au 10 du premier mois de chaque trimestre et pour chaque compagnie, un rapport spécial du service des brigades sur la recherche des déserteurs et insoumis dont le signalement leur a été adressé et sur la rentrée des militaires sous les drapeaux. (*D. 1er mars 1854, art.* 74 ; *D.* 24 *avril* 1858.)

12. La gendarmerie étant chargée du maintien de l'ordre public, dès qu'il se produit un événement qui est de nature à le troubler, rapport doit en être adressé au ministre de la guerre, ainsi que des mesures qui ont été prises. Le rapport en ce cas doit être fait par l'officier qui commande la gendarmerie dans l'arrondissement où les troubles ont eu lieu (*art.* 76).

De plus, lorsque des rapports sont adressés par la gendarmerie aux trois autres ministres dont elle relève, duplicata doit en être envoyé au ministère de la guerre (*art.* 75).

13. Le ministre de la guerre doit être averti immédiatement et directement par un rapport spécial des événements extraordinaires dont l'énumération suit : vols avec effraction commis par plus de deux malfaiteurs ; incendies, inondations et autres sinistres de même nature ; assassinats ; attaques des voitures publiques, des courriers, des convois des deniers de l'État ou de munitions de guerre ; enlèvement et pillage des caisses publiques et des magasins militaires ; arrestations d'embaucheurs, d'espions employés à lever le plan des places et du territoire, ou à se procurer des renseignements sur la force et les mouvements des troupes ; saisie de leur correspondance et de toutes pièces pouvant donner des indices ou fournir des preuves de crimes et de complots attentatoires à la sûreté intérieure ou extérieure de l'État ; provocations à la révolte contre le Gouvernement ; attroupements séditieux ayant pour objet le pillage des convois de grains ou farines ; émeutes populaires ; découvertes d'ateliers ou d'instruments servant à fabriquer la fausse monnaie et arrestation des faux-monnayeurs ; assassinats tentés ou consommés sur des fonctionnaires publics ; attroupements, armés ou non armés, qualifiés séditieux par la loi ; distributions d'argent, de vin, de liqueurs enivrantes et autres manœuvres tendant à favoriser la désertion ou à empêcher les militaires de rejoindre leurs drapeaux ; attaques dirigées et exécutées contre la force armée chargée des escortes et des transfèrements des prévenus ou condamnés : rassemblements, excursions et attaques de malfaiteurs réunis et organisés en bandes, dévastant et pillant les propriétés ; découvertes de dépôts d'armes cachés, d'ateliers clandestins de fabrication de poudre, de lettres comminatoires, de signes et mots de ralliement, d'écrits, d'affiches et de placards incendiaires provoquant à la révolte, à la sédition, à l'assassinat, au pillage ; envahissement avec violence d'un ou de plusieurs postes télégraphiques, et destruction, par des individus ameutés, des appareils de télégraphie ; dégradation d'une partie quelconque de la voie d'un chemin de fer, commise en réunion séditieuse, avec rébellion ou pillage, et généralement de tous les événements qui exigent des mesures promptes et décisives, soit pour prévenir le désordre, soit pour le réprimer (*art.* 77).

14. Pour les événements ci-dessus spécifiés, des rapports spéciaux doivent être adressés directement au ministre par les officiers de gendarmerie de tous grades. Hors ces cas exceptionnels, et à moins d'ordres particuliers, les chefs de légion seuls correspondent directement avec le ministre.

15. *Rapports de la gendarmerie avec le ministre de l'intérieur.* C'est ce ministre qui prescrit à la gendarmerie les mesures qui ont pour but d'assurer la tranquillité publique, le maintien de l'ordre, l'exécution des lois et règlements ; c'est lui qui donne les ordres relatifs à la police générale et à la sûreté de l'État. En conséquence, chaque chef de légion lui adresse, du 5 au 10 de chaque mois, un rapport sur le service qui a été fait dans le mois précédent. Ce rapport doit rendre compte du service ordinaire et extraordinaire accompli par

les brigades ; des arrestations civiles et militaires opérées pendant le mois ; du nombre des prisonniers transférés, soit de brigade en brigade, soit par les chemins de fer, soit dans les voitures cellulaires ; des escortes de malles et courriers porteurs de fonds publics ou des dépêches du Gouvernement ; et des événements qui sont de nature à influer sur la tranquillité intérieure. Le ministre doit aussi recevoir un état nominatif des individus arrêtés, avec l'indication des motifs de l'arrestation et des lieux où ils ont été conduits.

16. La gendarmerie étant chargée de la surveillance des repris de justice, mendiants, vagabonds, gens sans aveu, condamnés libérés et des individus assujettis à l'internement ou à toute autre mesure de sûreté générale, rapport de cette surveillance doit aussi être adressé mensuellement au ministre de l'intérieur.

17. Indépendamment de ces rapports mensuels, les chefs de légion doivent adresser au ministre de l'intérieur, du 5 au 10 janvier de chaque année, un tableau sommaire et récapitulatif du service fait par chaque compagnie pendant les 12 mois de l'année précédente.

18. Dans tous les cas énumérés ci-dessus, dans lesquels un avis immédiat doit être adressé au ministre de la guerre, un avis semblable doit être transmis au ministre de l'intérieur.

19. C'est ce ministre qui est chargé d'assurer le casernement des gendarmes. Toutefois les baux passés à cet effet par les préfets ne sont soumis à son approbation que lorsqu'il le juge nécessaire, tandis qu'ils sont toujours soumis à l'approbation du ministre de la guerre, auquel des états descriptifs des bâtiments affectés au logement des gendarmes doivent être transmis par les chefs de légion avec leurs observations, immédiatement après la passation ou le renouvellement des baux (*art.* 75 *et* 79 *à* 85).

20. *Rapports de la gendarmerie avec le ministre de la justice.* Les officiers de gendarmerie sont officiers de police judiciaire auxiliaires du procureur de la République. Ils relèvent du garde des sceaux pour les fonctions qu'ils remplissent en cette qualité. En conséquence, chaque chef de légion doit lui adresser, du 5 au 10 de chaque mois, un rapport sur les actes de police judiciaire qui ont été faits par les officiers de chaque compagnie, et à la fin de chaque année, un tableau sommaire du service judiciaire fait par les officiers de l'arme pendant les 12 mois écoulés (*art.* 86 *et* 87).

21. *Rapports de la gendarmerie avec le ministre de la marine.* La gendarmerie rend compte au ministre de la marine de l'arrestation des marins et des militaires des troupes de la marine en état de désertion. Pour l'escorte des condamnés dans les colonies pénitentiaires et pour la police à exercer dans ces établissements, la gendarmerie relève encore du ministre de la marine. Des rapports mensuels et un état récapitulatif annuel lui sont adressés.

22. La gendarmerie coloniale est aussi dans les attributions de ce même ministre pour la direction du service, l'administration et la comptabilité ; mais elle reste dans celles du ministre de la guerre pour l'organisation et le personnel (*art.* 88, 89 *et* 90).

23. *Rapports de la gendarmerie avec les autorités locales.* L'action des autorités locales sur la gendarmerie ne peut s'exercer que par voie de réquisition adressée au commandant de la gendarmerie du lieu, ou, en cas de refus, à son supérieur hiérarchique.

24. Les réquisitions ne peuvent être données ni exécutées que dans l'arrondissement de celui qui les donne et de celui qui les exécute. Elles doivent énoncer la loi qui les autorise, le motif, l'ordre, le jugement ou l'acte administratif en vertu duquel elles sont faites.

25. Les cas où la gendarmerie peut être requise sont tous ceux prévus par les lois et règlements ou spécifiés par les ordres particuliers de service. Elle ne doit pas être détournée des fonctions qui font l'objet principal de son institution, et c'est seulement en cas d'extrême urgence et quand l'emploi des moyens ordinaires amènerait des retards préjudiciables aux affaires que les autorités peuvent recourir à la gendarmerie pour la communication d'ordres ou d'instructions (*art.* 91 à 104).

26. *Rapports de la gendarmerie avec les autorités judiciaires.* Les commandants de gendarmerie doivent avertir les procureurs généraux et les procureurs de la République de tous les faits qui sont de nature à motiver des poursuites judiciaires.

27. Les gendarmes peuvent être chargés de notifier aux prévenus et de mettre à exécution les mandements de justice. Ils ne peuvent être employés à porter des citations aux témoins appelés devant les tribunaux civils que dans le cas d'une nécessité urgente et absolue. Dans aucun cas, ils ne peuvent être employés comme garnisaires. (*Voy. ce mot.*)

28. La notification des citations adressées aux jurés appelés à siéger dans les cours d'assises est une des attributions essentielles de la gendarmerie (*art.* 104 à 109 ; *D. 24 avril* 1858).

29. *Rapports de la gendarmerie avec l'autorité administrative.* La gendarmerie doit toujours être à la disposition des autorités administratives pour le maintien de l'ordre public. Tous les jours, le chef d'escadron commandant la gendarmerie d'un département doit adresser au préfet un rapport sur tous les événements de nature à compromettre la paix publique, qui se sont passés dans le département. De semblables rapports sont adressés aux sous-préfets par les commandants d'arrondissement.

30. Les officiers commandant l'arrondissement adressent en outre, tous les cinq jours, aux sous-préfets un tableau sommaire de tous les délits et de toutes les arrestations dont la connaissance leur est parvenue par les rapports des brigades. Ce tableau, en ce qui concerne l'arrondissement du chef-lieu de chaque département, est remis au préfet par le commandant de la compagnie.

31. En cas de troubles, les autorités administratives peuvent requérir la réunion de plusieurs brigades sur un lieu menacé. Les officiers n'ont alors qu'un droit de remontrances; ils ne peuvent discuter les mesures que les préfets prescrivent

pour le maintien de l'ordre. Mais les autorités administratives ne peuvent s'immiscer dans l'exécution des ordres qu'elles ont donnés aux officiers de gendarmerie, qui sont alors chargés de la responsabilité de l'exécution (*art.* 110 à 120).

32. *Rapports de la gendarmerie avec les autorités militaires.* Les officiers de gendarmerie sont placés sous les ordres des généraux qui commandent les circonscriptions militaires territoriales. Les commandants des compagnies doivent, tous les mois, adresser à ces généraux un état numérique des hommes placés sous leurs ordres, et les chefs de légion l'état des mutations des officiers de tous grades.

33. En état de paix, les officiers de gendarmerie sont subordonnés aux commandants de place pour les objets qui concernent le service particulier de ces places, sans être néanmoins tenus de leur rendre compte du service spécial de la gendarmerie, ni de l'exécution d'autres ordres que ceux qui sont relatifs au service des places et à leur sûreté.

34. En état de guerre, les officiers de gendarmerie des arrondissements militaires et des places de guerre dépendent, dans l'exercice de leurs fonctions habituelles, des généraux commandant les circonscriptions militaires, et ils sont tenus de se conformer, en outre, aux mesures d'ordre et de police qui intéressent la sûreté des places et postes militaires.

35. En état de siége, toute l'autorité résidant dans les mains du commandant militaire, elle est exercée par lui sur la gendarmerie comme sur les autres corps.

36. La gendarmerie doit informer l'autorité militaire de tous les événements extraordinaires qui peuvent donner lieu de sa part à des dispositions particulières de service.

37. Lorsque la gendarmerie a besoin d'une force supplétive pour agir, l'officier qui la commande s'adresse au préfet ou au sous-préfet, qui transmet sa réquisition à l'officier commandant la troupe de ligne. En cas d'urgence, l'officier de gendarmerie peut requérir directement la troupe de ligne. Alors à égalité de grade, c'est l'officier de gendarmerie qui commande.

38. *Du service de la gendarmerie aux armées.* Nous avons indiqué sommairement, au mot **Armée**, les règles relatives à ce service. Mais depuis l'impression de cet article, est intervenu un décret du 24 juillet 1875, qui modifie sur certains points le décret du 1er mars 1854. Voici quelles sont les principales modifications introduites par ce décret, rendu nécessaire par la nouvelle organisation de l'armée.

39. Lorsqu'une armée est constituée et mobilisée, le commandant supérieur de la gendarmerie y reçoit le titre de grand prévôt, et le commandant de la gendarmerie de chaque corps d'armée, celui de prévôt (*art.* 505).

40. Le grand prévôt exerce sa juridiction sur toute l'armée, les prévôts sur les corps d'armée auxquels ils sont attachés. Cette juridiction embrasse tout ce qui est relatif aux crimes, délits et contraventions commis sur le territoire occupé par l'armée et sur les flancs et derrières de l'armée, dans les limites fixées par les art. 51,

52, 75, 173, 174 et 271 du Code de justice militaire.

41. Les officiers de gendarmerie commandant les forces publiques près des divisions ont les mêmes attributions que le prévôt, chacun dans l'arrondissement de la division à laquelle il est attaché (*art.* 513).

42. Les art. 514 à 518 tracent les règles relatives aux rapports de la gendarmerie avec l'autorité militaire; les art. 518 à 553 celles relatives à l'accomplissement des devoirs généraux qui incombent à la gendarmerie.

43. Au point de vue administratif, toute la gendarmerie d'un corps d'armée est considérée comme faisant corps pour toute la durée de la campagne. La solde est touchée par corps d'armée chez le payeur du corps. Quand une division se trouve détachée, elle s'administre séparément et touche sa solde chez le payeur de la division (*art.* 512).

44. *Des officiers de gendarmerie comme officiers de police judiciaire.* En cette qualité, les officiers de gendarmerie peuvent faire tous les actes qui sont de la compétence du procureur de la République (*C. d'I. C., art.* 32 *à* 46, 48 *et* 49). Le décret du 1er mars 1854 contient sur ce point la reproduction de beaucoup d'articles des Codes pénal et d'instruction criminelle. Il donne des indications précises et utiles, auxquelles les officiers de gendarmerie se reporteront toujours avec fruit. Ces indications sont contenues dans les art. 238 à 268 du décret.

45. Nous ne pouvons entrer ici dans tous les détails du décret du 1er mars 1854 qui règle le service de la gendarmerie, nous nous bornerons à y renvoyer le lecteur, en indiquant en même temps les articles auxquels on devra se reporter pour chaque matière. Ainsi, les règles que doit suivre la gendarmerie pour la police judiciaire et administrative sont contenues dans les art. 271 à 312; pour la police des routes et des campagnes, art. 313 à 335; pour la police militaire, 336 à 365; pour le transfèrement des prisonniers civils, 366 à 394; pour le transfèrement des prisonniers militaires, 395 à 414; pour le transfèrement des prisonniers par les voitures cellulaires, 429 à 458. La responsabilité de la gendarmerie dans le transfèrement des prisonniers est traitée dans les art. 415 à 428. Les règles sur le service extraordinaire légalement requis sont tracées dans les art. 459 à 486; sur les procès-verbaux et les feuilles de service, 487 à 504; sur le service de la gendarmerie aux armées, 505 à 536; sur l'ordre intérieur, la police et la discipline des corps et compagnies de gendarmerie, 537 à 588; sur les remontes, 589 à 612; sur les devoirs généraux et droits de la gendarmerie dans l'exécution du service, 613 à 643. (*Voy. le décret du 14 avril* 1858, portant modification de certains articles du décret du 1er mars 1854; *le décret du 18 févr.* 1863; *le décret du 24 juill.* 1875.)

D. CH. DUVERDY [1].

1. Mis à jour par M. Ferdinand Roze.

BIBLIOGRAPHIE.

Manuel de la gendarmerie, ou Recueil des ordonnances, règlements et de tous les actes relatifs au service et à l'administration de ce corps. In-12. Paris, impr. de Troussel. 1836.

Instruction sur le service journalier de la garde municipale de Paris, imprimé avec l'approbation du préfet de police. Nouvelle édit. In-12. Paris, Boucquin. 1847.

Instruction sur les devoirs de la gendarmerie dans son service ordinaire et extraordinaire, par un officier de l'arme. In-18. Paris, Léautey. 1849.

Ordonnance du Roi du 29 octobre 1820 (annotée), portant règlement sur le service de la gendarmerie, etc. In-4º. Paris, Léautey. 1851.

Manuel de la gendarmerie, ou Recueil des lois, ordonnances, règlements, etc., par M. H. Rouillard. In-12. Paris, Léautey. 1853.

Décret portant règlement sur l'organisation et le service de la gendarmerie, du 1er mars 1854. In-8º. Paris, Léautey. 1854.

Code de la gendarmerie. Décret du 1er mars 1854, contenant outre les dispositions réglementaires, les rapports de ce corps avec les autorités locales et avec les autorités judiciaires. In-8º. Grenoble, Prudhomme; Paris, A. Durand.

Manuel des formalités à remplir par les officiers de gendarmerie dans l'exécution des commissions rogatoires, par E. Peloux. In-8º. Paris, Léautey. 1856.

Guide général de la gendarmerie, par A. Hativel. In-8º. Paris, Léautey. 1857.

Précis historique sur la gendarmerie depuis les premiers temps de la monarchie jusqu'à nos jours, par Chamberet. In-12. Paris, Dumaine. 1861.

Dictionnaire de la gendarmerie, etc., par MM. Cochet de Savigny et Perrève. 14e édit. In-8º. Paris, Léautey. 1874.

Mémorial de la gendarmerie, collection complète des lois, décrets, ordonnances, etc., relatifs au service de la gendarmerie depuis 1791, avec tables, par M. P. C. M. Cochet de Savigny. 2e édit. 2 vol. in-8º. Paris, Léautey. 1874.

Formulaire général et annoté de la gendarmerie, contenant sur chaque matière les modèles d'actes d'instructions et procès-verbaux, les textes de lois, etc., par M. Perrève et M. Cochet de Savigny. In-8º. Paris, Léautey. 1874; 23e édit.

GÉNIE MARITIME. *Voy.* **Marine.**

GÉNIE MILITAIRE. *Voy.* **Armée.**

GENS DE MER. Expression fort large qui sert à désigner toutes les personnes qui servent à bord d'un vaisseau, d'un navire ou d'un autre bâtiment de mer, depuis le simple mousse jusqu'au capitaine lui-même. Cette expression a donc un sens plus étendu que celle de *gens d'équipage,* qui ne comprend pas le capitaine et les officiers sous le commandement desquels ils sont placés. Quelquefois pourtant *gens de mer* est synonyme de matelots; c'est ainsi que l'art. 319 du Code de commerce dit que nul prêt à la grosse ne peut être fait aux matelots *ou gens de mer* sur leurs loyers ou voyages. (*Voy.* **Caisse des Invalides** *et* **Marine.**)

GÉRANT DE JOURNAL. *Voy.* **Presse.**

GIBIER. *Voy.* **Chasse.**

GITE D'ÉTAPE. 1. Localité qui indique le terme d'une journée de marche d'un soldat. D'après la carte dressée conformément à l'arrêté du 1er fructidor an VIII, les gîtes ont été choisis de manière à ce que la journée de marche fût de trente kilomètres au moins et de quarante au plus. Aujourd'hui les gîtes d'étape sont désignés dans le livret arrêté en juillet 1866 par le ministre de la guerre (le précédent était d'avril 1850).

2. Les intendants militaires doivent se conformer, autant que possible, aux indications de ce livret ; mais les communes qui n'y sont pas portées n'en doivent pas moins le logement aux militaires isolés, ainsi qu'aux détachements en marche. (*Voy.* **Logements militaires.**)

3. Quant aux indemnités accordées aux militaires voyageant isolément, et à la législation des frais de route, nous ne pouvons que renvoyer aux décrets des 12 juin 1867 et 19 mai 1869.

4. Les maires des gîtes d'étape sont tenus de faire fournir, sur la présentation des feuilles de route, le logement chez l'habitant aux corps et aux détachements de troupes en marche, et aux militaires voyageant isolément. (*L.* 10 *juill.* 1791 ; 23 *mai* 1792 ; *Règl.* 20 *juill.* 1824, *art.* 111.)

5. Les sous-intendants militaires doivent, autant que possible, donner à l'avance avis aux maires des époques d'arrivée et de séjour des corps et détachements, afin que les billets de logement puissent être préparés. (*Id.*)

6. Lorsque les troupes en marche ne peuvent être logées en totalité dans le gîte d'étape désigné sur la feuille de route, les maires doivent, autant que possible, placer les détachements en avant ou à la hauteur de ce gîte, afin de leur éviter des marches inutiles. (*Id., art.* 113.)

7. Le logement fourni par l'habitant aux troupes en marche, c'est-à-dire restant moins de quatre nuits, est une charge communale qui ne donne lieu au paiement d'aucune indemnité, ni par la troupe, ni par les officiers (*Id., art.* 127 *et* 136). Mais les logements fournis aux troupes en station donnent lieu à une indemnité de 7 1/2 centimes par nuit pour les simples soldats couchant à deux ; de 15 centimes pour les sous-officiers ayant droit à un lit chacun ; de 5 centimes par nuit pour le logement d'un cheval dans une écurie. Ces indemnités, imputables sur les fonds du ministère de la guerre, sont payées par l'entremise du maire et sur des états adressés par celui-ci au sous-intendant militaire. (*Id., art.* 105 *et* 135.) [*Voy.* **Logements militaires** *et* **Organisation communale.**]

GLACES ET NEIGES. 1. Les maires, dans les départements, et, à Paris, le préfet de police, doivent prendre les mesures nécessaires à l'enlèvement des glaces et neiges. (*L.* 16-24 *août* 1790, *titre XI, art.* 3.)

2. Les propriétaires et locataires sont tenus de faire casser la glace, balayer et relever les neiges qui se trouvent devant leurs maisons, boutiques, cours ou jardins, jusqu'au milieu de la rue, et d'en faire faire des tas, le long des ruisseaux pour les rues qui ont des trottoirs, et près des bornes pour celles qui n'en ont pas. En cas de verglas, ils doivent mettre du sable, de la cendre ou du mâche-fer. De plus, ils doivent faire tenir libre le ruisseau et les bouches d'égouts. (*O.* 4 *déc.* 1844.)

3. Il est défendu de former des glissades sur la voie publique. Celles qui seraient faites seraient recouvertes de sables, terres, cendres, etc., aux frais des contrevenants. (*Même O.*)

4. Les contrevenants seront punis de 1 à 5 fr., punis d'une amende de 1 à 5 fr. (*C. P., art.* 471, n° 15.)

5. Pour les barrières de dégel, voyez **Voirie.**

GLANAGE. 1. On a toujours appelé ainsi l'action de ramasser dans les champs, après la récolte, les produits du sol abandonnés ou négligés par leur propriétaire.

2. La première trace qui existe du glanage dans nos lois, se rencontre dans l'ordonnance du 2 novembre 1550, qui a permis le glanage aux personnes infirmes ou âgées et aux enfants, mais, bien entendu, après que le laboureur aura enlevé les gerbes. Pareille disposition se rencontre dans trois règlements du parlement de Paris des 7 juin 1779, 16 février 1781 et 11 juillet 1782. Ce droit a été reconnu aussi par la loi du 28 septembre-6 octobre 1791. Son existence actuelle n'est pas contestable en présence de l'art. 471 du Code pénal. Les anciens règlements sont d'ailleurs toujours applicables en l'absence de toute loi moderne réglant l'exercice de ce droit. (*C. P., art.* 484.)

3. Aujourd'hui, comme autrefois, le glanage n'est permis qu'aux indigents qui ne peuvent pas travailler. Aussi les maires ont-ils adopté l'usage de donner des cartes aux personnes à qui ils entendent accorder ce droit.

4. Il est défendu de glaner en dehors de sa commune et dans les enclos ruraux.

5. Il n'est pas permis non plus de glaner dans un champ non entièrement dépouillé et vidé de ses récoltes, ou avant le moment du lever et celui du coucher du soleil. L'art. 471 du Code pénal prononce, dans son n° 10, une amende de 1 à 5 fr., à la place de la confiscation des produits du glanage, qui était autrefois ordonnée. Mais le propriétaire, sa femme ou ses enfants peuvent évidemment ramasser les fruits avant l'achèvement de la récolte : l'article précité est en leur faveur et non contre eux.

GLANDÉE. Ce terme, qui dérive du mot *gland*, est pris dans deux acceptions : 1° c'est le droit de ramasser des glands ; 2° dans un sens plus spécial, c'est le droit de mettre des porcs dans les bois et forêts pour leur faire consommer des glands, et, en général, toutes les productions des arbres. (*Voy.* **Forêts.**)

GLUCOSE. *Voy.* **Sucre.**

GOËMON. *Voy.* **Mer.**

GOUTTIÈRE. Conduit placé sous le toit et destiné à recevoir les eaux pluviales. Tout propriétaire a le droit de construire une gouttière dans sa maison, pourvu que les eaux en découlent sur son fonds, à moins pourtant qu'une servitude n'oblige le voisin à les recevoir. Depuis l'ordonnance du 13 juillet 1704, il est défendu d'établir à Paris des gouttières saillantes. L'ordonnance du 30 novembre 1831 a commandé l'établissement de chenaux et de gouttières sous les toits avec des tuyaux de descente, afin que les eaux pluviales soient conduites jusque dans la rue.

GOUVERNEMENT. *Voy.* **Administration.**

GOUVERNEMENT PROVISOIRE. *Voy.* **Décret.**

GRACE, COMMUTATION DE PEINE. 1. La grâce est l'acte par lequel il est fait remise à un condamné de tout ou partie de sa peine ; quand il y a seulement substitution d'une peine plus faible à celle qui a été prononcée, la grâce constitue ce qu'on appelle plus proprement la commutation de peine. La grâce ne doit pas être confondue ni avec l'amnistie, ni avec la réhabilitation, ni avec la révision. (*Voy. ces mots.*)

2. Le droit de grâce est exercé par le président de la République, en vertu d'une délégation de l'Assemblée nationale (*L.* 17 *juin* 1871). Il est absolu et peut s'étendre à tous les condamnés et à toutes les peines. Les condamnés en état de récidive même peuvent en profiter. Il n'y a d'exception que pour les condamnés par contumace ; à leur égard, l'exception est plus apparente que réelle, puisque le jugement de contumace se trouvant anéanti de plein droit par la représentation de la personne condamnée, la grâce accordée dans ce cas serait une véritable abolition de délit et pourrait être un empêchement au condamné de demander aux tribunaux sa pleine et entière absolution. Le droit de grâce ne peut s'appliquer, en effet, à la différence de l'amnistie, qu'aux seuls condamnés.

3. Toutes les peines, même celles de simple police, peuvent être remises par voie de grâce. La grâce ne s'étend jamais aux réparations civiles ni aux frais de justice, qui ne constituent que de simples dettes, soit envers les particuliers, soit envers l'État.

4. La loi a distingué deux ordres de peines : celles qui s'appliquent aux délits de droit commun et celles qui s'appliquent aux délits politiques ; quand il y a simple commutation, la grâce ne peut changer la nature de la peine, même en l'abaissant, et substituer les travaux forcés à temps, par exemple à la déportation ; mais elle peut remplacer les travaux forcés à perpétuité par un emprisonnement perpétuel, quoique cette peine ne soit pas prévue par le Code pénal, parce que l'adoucissement est incontestable et évident.

5. Les propositions de grâce sont soumises au Chef de l'État par le ministre de la justice ; depuis le décret du 10 juillet 1852, les ministres de la guerre et de la marine, toutefois, sont chargés des rapports au président de la République pour toutes les condamnations prononcées par les juridictions militaires et maritimes, mais après avoir préalablement pris l'avis du garde des sceaux, avis qui doit être consigné en regard de la proposition du ministre compétent.

6. Les grâces peuvent être divisées en deux catégories : 1° celles qui sont accordées immédiatement après la condamnation ; 2° celles qui sont accordées après que le détenu a subi la moitié de sa peine.

7. Les premières sont exceptionnelles et ne sont prononcées que lorsque les circonstances particulières doivent appeler d'une manière spéciale sur le condamné l'attention du ministre de la justice. Les magistrats qui ont présidé le tribunal ou la cour ayant prononcé la peine, et le ministère public, ou bien les jurés, peuvent officieusement en prendre l'initiative et s'adresser au ministre de la justice ; mais ces démarches ne doivent, en aucun cas, revêtir une forme publique et officielle.

8. Il faut établir une exception évidemment, en ce qui concerne les peines capitales. Depuis une circulaire du 27 septembre 1830, lorsqu'une condamnation à mort a été prononcée, et qu'elle est devenue définitive, soit que le condamné, ou

quelqu'un pour lui, forme un recours en grâce, soit qu'il s'abstienne et refuse même de le faire, la procédure est envoyée au ministère de la justice ; le président des assises, le procureur général et le conseil d'administration du ministère de la justice donnent leur avis motivé et proposent ou de laisser à la justice son libre cours ou de commuer la peine. Le ministre soumet, dans tous les cas, une proposition au chef de l'État, et aucune condamnation capitale n'est exécutée sans qu'elle ait été approuvée par l'autorité qui a le droit de la modifier.

9. Les condamnés, lorsqu'une grâce immédiate ne les en exempte pas, sont, après le jugement, dirigés sur les prisons départementales ou sur les maisons centrales. Ils sont désormais placés sous la surveillance et la responsabilité du ministre de l'intérieur ; d'autres enfin sont envoyés à la Guyane française ou à la Nouvelle-Calédonie, pour y subir la peine des travaux forcés ; ils passent dans les attributions du ministre de la marine. Ordinairement, les condamnés ne peuvent plus obtenir leur grâce qu'ils n'aient subi la moitié de leur peine ; et les condamnés à perpétuité, qu'après dix ans. Des raisons administratives, faciles à apprécier, et la crainte aussi peut-être de trop affaiblir l'intimidation que la peine doit produire, ont fait adopter cette règle, à laquelle, à moins de circonstances tout à fait exceptionnelles, il n'est jamais dérogé.

10. Des grâces collectives sont plus particulièrement accordées à certaines époques de l'année, déterminées, aujourd'hui, le 24 juin pour les peines supérieures à un an et un jour d'emprisonnement, et tous les trois mois pour les peines inférieures.

11. Les propositions, en ce qui concerne les individus détenus dans les prisons, sont faites par les préfets, sur l'avis des directeurs ; en ce qui concerne les colonies pénales, par le ministre de la marine, sur l'avis des gouverneurs. Ces propositions sont communiquées aux procureurs généraux des lieux où les condamnations ont été prononcées, et c'est sur les divers documents ainsi recueillis que statue le ministre de la justice.

12. Si le ministre de la justice prend l'initiative de la grâce, dans le cas où le condamné est dans les prisons, il écrit au procureur général du lieu de la détention, qui consulte le directeur et correspond directement avec son chef hiérarchique sans aucun intermédiaire, et au procureur général du lieu où la condamnation a été prononcée ; s'il s'agit d'un condamné aux travaux forcés, c'est au ministre de la marine que le garde des sceaux s'adresse ; et c'est par son entremise qu'il reçoit l'avis du gouverneur de la Guyane ou de la Nouvelle-Calédonie.

13. La bonne conduite du condamné au lieu de sa détention est le principal motif de ces grâces ; toutefois les antécédents, la position de famille du condamné, ou l'excessive sévérité de la peine prononcée contre lui, restent comme éléments de la décision à intervenir, et il n'existe pas de règle, en pareille matière, pour que la grâce soit accordée par l'un de ces motifs plutôt que par un autre.

14. Aucune disposition légale n'a donné au re-

cours en grâce le privilége de suspendre l'exécution du jugement de condamnation ; mais les magistrats doivent, lorsqu'ils ont été consultés par le garde des sceaux, et afin de ne point paralyser les effets de cette haute prérogative du Chef de l'État, surseoir à l'exécution jusqu'à ce que le ministre de la justice ait statué.

15. L'effet de la grâce n'étant pas d'abolir le crime ni l'arrêt de condamnation auquel il a donné lieu, l'individu gracié, qui commet un nouveau crime, est passible, en cas de condamnation, des peines de récidive.

La grâce fait simplement cesser la peine pour le présent et pour le passé ; mais elle ne peut avoir d'effet rétroactif ; elle prend le condamné dans l'état où il est ; il en résulte qu'elle ne peut lui rendre ce qu'il a perdu ou payé, et que la remise de la peine n'emporte jamais, comme conséquence, la restitution de l'amende une fois perçue par le Trésor, mais les objets confisqués peuvent être restitués.

16. La grâce ou la commutation de peine ne porte jamais préjudice aux droits acquis à des tiers.

17. Certaines administrations sont autorisées par les lois qui les régissent, à transiger avec les individus qui ont encouru des amendes, dites *fiscales,* pour contraventions aux lois en matière de douanes , contributions indirectes , forêts, pêche, octroi, postes, enregistrement et domaines (*voy. ces mots*) ; la transaction peut également avoir lieu avant comme après jugement, et a pour effet d'éteindre toute action ; il est inutile d'insister pour faire comprendre que ce droit de transaction est tout à fait distinct de la grâce et ne peut être confondu avec elle.

I. ALAUZET.

GRACIEUSE (Voie). *Voy.* **Administration.**

GRADES UNIVERSITAIRES. *Voy.* **Instruction supérieure.**

GRADUÉS DES UNIVERSITÉS ÉTRANGÈRES. Leurs diplômes doivent être vérifiés par une Faculté française correspondante pour être valables. Celui qui voudrait faire reconnaître un pareil diplôme devrait adresser une demande au ministre de l'instruction publique, qui soumet les pièces à la Faculté. (*Décis.* 1er *oct.* 1854.)

GRAINS. *Voy.* **Céréales et Subsistances.**

GRAND-LIVRE DE LA DETTE PUBLIQUE. *Voy.* **Dette publique et Rente.**

GRAND PRIX DE ROME. *Voy.* **Beaux-Arts,** nos 3 et 7.

GRAPPILLAGE. *Voy.* **Glanage.**

GRATIFICATION. Somme d'argent donnée à des employés en surérogation de leur traitement et comme récompense, soit de travaux extraordinaires, soit de zèle et d'assiduité.

Il n'existe aucune disposition réglementaire relative à la distribution des gratifications. Rarement des crédits les prévoient ; on en trouve cependant plusieurs exemples dans les budgets. Habituellement on n'emploie pour être distribués en gratification que des reliquats de compte, des économies réalisées et d'autres ressources analogues.

GRAVITEAUX. *Voy.* **Bouée.**

GRAVURE. *Voy.* **Imprimerie.**

GREFFIER, COMMIS-GREFFIER, GREFFE ET DROIT DE GREFFE. 1. La loi a établi des greffiers près chaque tribunal de police, de justice de paix, de commerce, de première instance, et près chaque cour ; nous ne parlerons pas du greffier de la Cour des comptes, ni de celui du Conseil d'État, qui porte le titre de secrétaire général. Quoique appartenant à l'ordre judiciaire, les greffiers ne sont pas magistrats ; ils ne doivent pas être classés parmi les officiers ministériels, par cela seul qu'ils sont autorisés, comme eux, à présenter leurs successeurs ; et ce n'est qu'en prenant ce mot dans sa plus large acception que la dénomination de fonctionnaires peut leur être attribuée.

Les principales fonctions des greffiers consistent à assister les tribunaux et chacun de leurs membres ; à écrire tous les jugements et les actes du ministère des juges et à les signer avec eux ; à en conserver les minutes et à en délivrer les expéditions ; à tenir certains registres, à fournir les tableaux ou autres actes conformément aux prescriptions des lois sur la matière ; enfin, à conserver les archives du corps judiciaire auquel ils sont attachés et les dépôts faits au greffe.

2. Le nom de greffe est donné au lieu affecté aux archives des tribunaux et des cours, lesquelles comprennent les minutes des jugements et de tous les actes émanés de la justice ; dans les greffes des tribunaux de première instance sont également déposés les doubles des registres de l'état civil de chaque arrondissement.

3. Le greffe est un lieu public qui doit être ouvert tous les jours, les dimanches et fêtes exceptés, pendant huit heures au moins, et conformément à ce qui sera déterminé par le tribunal ou la cour (*D.* 30 *mars* 1808, *art.* 90 ; *O.* 15 *janv.* 1826, *art.* 78) ; et sans que les actes faits après l'expiration de l'heure fixée pour la fermeture du greffe cessent d'être valables. Si le public est admis, en conséquence, dans les greffes, il n'en faut pas conclure que toute personne, même intéressée, puisse faire elle-même les recherches et prendre communication des pièces et minutes déposées aux archives. Les greffiers, responsables des pièces et des registres qui leur sont confiés, ou leurs commis assermentés, peuvent seuls procéder à ce travail et délivrer toutes les expéditions, copies ou extraits qui leur sont demandés ; ils sont tenus de le faire, sans ordonnance de justice, pour toute personne, quelle qu'elle soit, qui leur en fait la demande, à peine de dépens et dommages-intérêts, sous la seule condition du versement des droits d'expédition qui leur sont alloués. (*C. de Pr. civ.,* art. 853.)

4. La loi du 28 avril 1816 a donné aux greffiers, en même temps qu'aux notaires et à tous les officiers ministériels, le droit de présenter leurs successeurs ; ce n'est que dans le cas de création ou de vacance par destitution que le Gouvernement nomme directement.

5. Les conditions imposées à l'aspirant sont, en outre de cette présentation faite par le titulaire ou par ses héritiers, lorsqu'il est décédé : 1° d'être âgé de vingt-cinq ans accomplis, s'il sollicite un greffe de justice de paix, d'un tribunal de commerce ou de première instance (*L.* 16 *vent. an XI, art.* 1er), et de vingt-sept ans, s'il s'agit d'un greffe près une cour d'appel ou la Cour de cassation ; et, en outre, dans ces deux cas, d'être licencié en droit et d'avoir suivi le barreau pendant deux ans (*L.* 20 *avril* 1810, *art.* 65; *O.* 15 *janv.* 1826, *art.* 73); il n'est point accordé de dispenses d'âge; 2° de jouir des droits civils et politiques; 3° d'avoir satisfait à la loi du recrutement; 4° de n'être parent ni allié, jusqu'au degré d'oncle ou de neveu inclusivement, d'un membre de la cour ou du tribunal auquel le candidat veut être attaché; des dispenses ne peuvent être accordées par le Chef de l'État que dans les tribunaux composés de huit juges au moins. (*L.* 20 *avril* 1810, *art.* 63.)

6. Le candidat doit faire parvenir sa demande au ministre de la justice par l'intermédiaire du chef du parquet; elle est accompagnée des pièces établissant son aptitude, en même temps que du traité, soit authentique, soit sous seing privé, contenant les conditions de la cession qui lui a été consentie; ce traité est soumis à l'enregistrement; les parties y joignent un état des produits du greffe pendant les cinq dernières années. Si le ministre de la justice accueille la présentation et approuve les conditions du traité, la nomination, sur sa proposition, est faite par le Chef de l'État. Avant son installation, le greffier doit verser le cautionnement prescrit par la loi et prêter serment.

7. Les fonctions de greffier sont incompatibles avec toute autre fonction publique salariée ou tout office.

8. Les greffiers sont tenus de résider dans la ville où siége le corps judiciaire auquel ils sont attachés; le défaut de résidence serait considéré comme absence (*D.* 30 *mars* 1808, *art.* 10); ils n'ont pas de vacances et ne peuvent s'absenter qu'en obtenant un congé, qui leur est accordé dans la même forme qu'aux magistrats.

9. Ils peuvent encourir, comme peines disciplinaires, l'avertissement, la réprimande et la destitution, sans préjudice, bien entendu, des poursuites correctionnelles ou criminelles, s'il y a lieu; l'action disciplinaire est exercée à leur égard par le juge de paix ou le président et par le ministre de la justice, seul investi du droit de prononcer la destitution. (*L.* 27 *vent. an VIII, art.* 92.)

10. L'art. 2 du titre IX de la loi du 16-24 août 1790 porte : « Il y aura en chaque tribunal un greffier [âgé au moins de vingt-cinq ans, lequel sera tenu de présenter aux juges et de faire admettre au serment, un ou plusieurs *commis*, également âgés d'au moins vingt-cinq ans, en nombre suffisant pour le remplacer en cas d'empêchement, desquels il sera responsable. » Des lois postérieures ont maintenu cette règle, et le décret du 30 janvier 1811, art. 6 et 7, a fixé le nombre de ces commis, en ordonnant qu'il y aurait, soit dans les cours, soit dans les tribunaux, un commis assermenté par chaque chambre ou section, et un, en outre, pour la cour d'assises. Les greffiers des juges de paix peuvent également avoir un commis assermenté, dont le traitement est à leur charge. (*L.* 28 *flor. an X, art.* 4); mais ils n'y sont obligés que dans les villes où il existe un tribunal de police divisé en deux sections. Le traitement des commis-greffiers près les tribunaux de commerce et de première instance et près des cours est payé par l'État.

11. Les commis assermentés ne doivent pas être confondus avec les simples expéditionnaires, dont le secours peut être nécessaire pour les travaux intérieurs du greffe, et qui n'ont aucun caractère légal.

12. Les commis-greffiers doivent justifier, pour être nommés, qu'ils remplissent les mêmes conditions d'aptitude que les greffiers eux-mêmes; ils doivent, comme eux également, prêter serment avant d'entrer en fonctions. Ils sont choisis par le greffier, qu'ils sont appelés à suppléer, et présentés par lui à l'acceptation du tribunal; à la Cour de cassation, il doit obtenir l'agrément de la cour. Le greffier reste responsable de tous leurs actes, et, par suite, a le droit de les révoquer. Les commis-greffiers sont soumis, en outre, à la même action disciplinaire que les greffiers.

13. Les greffiers reçoivent comme émoluments : 1° un traitement fixe; 2° des remises sur les droits de greffe, qu'ils sont tenus de percevoir pour le compte de l'État et qu'ils versent au Trésor public, à l'exception des greffiers des justices de paix et de police; 3° des droits qui leur sont dus personnellement pour les divers actes de leur ministère.

Le principe du traitement fixe qui est alloué aux greffiers, a été posé par la loi des 2-11 septembre 1790; le chiffre en a été modifié à plusieurs reprises; mais il a toujours paru insuffisant, puisqu'ils n'ont cessé de le cumuler avec les droits de greffe, qui, sous l'ancien régime, formaient le seul revenu attaché à leurs fonctions.

14. L'origine des remises sur les droits de greffe se trouve dans les lois du 21 ventôse et du 22 prairial an VII, qui ont créé de nouveaux droits d'enregistrement, dont la perception a été confiée aux greffiers; d'autres lois sont venues modifier les anciens actes de procédure soumis à l'impôt; mais le principe a été maintenu sous les modifications que rendaient nécessaires les lois nouvelles (*D.* 12 *juill.* 1808). Depuis la loi des finances du 23 juillet 1820 (*art.* 2), les greffiers perçoivent directement sur les sommes qui leur sont allouées. (*Voy.* **Enregistrement.**)

15. Le troisième élément qui contribue à former l'émolument des greffiers, résulte des droits qui leur sont personnellement attribués pour les actes de leur ministère.

Ces droits sont réglés par les art. 9 à 20 formant le chap. II du livre Ier du tarif du 16 février 1807 pour les greffiers des justices de paix; et par les art. 41 à 64, tit. Ier. chap. V, du tarif du 18 juin 1811 pour les greffiers des tribunaux de simple police.

16. Dans les lieux où il n'y a pas de commissaires-priseurs, les greffiers des justices de paix peuvent, ainsi que les notaires et les huissiers, procéder aux ventes publiques de meubles (*L.* 26· *juill.* 1790, *art.* 89; 28 *avril* 1816). Un tarif du 18 juin 1843 a porté à 6 p. 100 du montant des ventes le droit dû aux commissaires-priseurs; il est certain que ce tarif est particulier à cette classe d'officiers ministériels; toutefois, lorsqu'ils sont remplacés par les greffiers, il semble que l'action disciplinaire au moins ne pourrait être intentée contre les greffiers qui percevraient pour le même acte un honoraire égal, les anciens tarifs paraissant insuffisants et d'une application difficile.

17. Les greffiers des justices de paix peuvent encore procéder aux ventes publiques de récoltes pendantes par racines. (*L.* 12 *juill.* 1851.)

18. L'ordonnance du 9 octobre 1825 et l'arrêté modificatif du 8 avril 1848 contiennent l'énumération des actes des greffiers des tribunaux de commerce, et déterminent les droits qui leur sont dus.

Le décret du 24 mai 1854 a étendu l'application de ce tarif aux greffiers des tribunaux civils de première instance, qui exercent la juridiction commerciale (*art.* 4 *et* 5).

Ce même décret a établi un tarif désiré depuis longtemps pour les droits dus aux greffiers des tribunaux de première instance (*art.* 1 *et* 3), et aux greffiers des cours d'appel (*art.* 6 *et* 7).

Un décret du 8 décembre 1862 fixe les allocations des greffiers à titre de remboursement de papier timbré.

Ces documents ne se prêtent pas à l'analyse ; il serait trop long de les rapporter en entier ; nous ne pouvons donc qu'y renvoyer ceux qui auraient besoin de les consulter.

Les greffiers destitués peuvent être relevés des déchéances et incapacités résultant de leur destitution, par la réhabilitation. (*L.* 19 *mars* 1864.)

J. ALAUZET.

BIBLIOGRAPHIE.

Dictionnaire des droits de greffe, contenant toutes *les* lois en vigueur au 1er janvier 1854, par Sorel. In-12. Paris, Guiraudet. 1854.

Code et Dictionnaire des droits de greffe, par Comps. In-8°. Paris, Cosse. 1857.

GRÊLE. *Voy.* **Sinistres (Secours en cas de).**

GRENIER D'ABONDANCE. *Voy.* **Subsistances.**

GRIFFE. On appelle ainsi, soit une empreinte destinée à tenir lieu de signature, soit l'instrument qui sert à faire cette empreinte, et qui est ordinairement une sorte de cachet. La griffe ne peut cependant pas tenir toujours lieu de signature ; il y aurait à cela trop de dangers. Elle peut, en effet, être imitée facilement, et l'instrument une fois imité, pourrait être apposé sur une foule d'actes ; de plus, celui qui signe voit bien l'acte qu'il signe,

tandis que la griffe peut être mise par un autre. C'est là ce qui a fait défendre aux fonctionnaires (*Arr. des consuls* 17 *vent. an* X), l'emploi de la griffe par l'ordonnance du 14 décembre 1825, rappelée et expliquée par les deux circulaires du ministre de l'intérieur du 6 juillet et du 1er août 1843, et, pour l'administration de la guerre, par une note du 8 juillet 1866.

Les commerçants mettent souvent leur griffe au lieu de leur signature sur les effets de commerce qui sont remis par eux à leurs débiteurs. C'est là un abus qu'on ne saurait trop blâmer ; il est bien certain, néanmoins, que cette griffe doit valoir libération, car on doit interpréter les titres en faveur du débiteur, à moins pourtant que la griffe n'ait été mise par le débiteur. La griffe mise sur les prospectus et les circulaires tient lieu de signature. Les libraires la mettent quelquefois au commencement de chaque exemplaire d'un ouvrage pour constater leur propriété.

GROSSE. Copie d'un acte authentique *revêtue de la formule exécutoire*, caractère qui manque aux simples expéditions.

GUADELOUPE. *Voy.* **Colonies.**

GUERRE (ÉTAT DE). *Voy.* **État de guerre.**

GUYANE. *Voy.* **Colonies.**

GYMNASTIQUE. L'utilité des exercices corporels était reconnu depuis longtemps, lorsqu'un arrêté ministériel du 23 mars 1854 tenta d'organiser la gymnastique. Depuis lors, cette matière n'a pas été perdue de vue, et pour l'établir plus solidement, un décret du 3 février 1869 déclare que la gymnastique fait partie de l'enseignement primaire et secondaire. Les mesures ont été prises en même temps pour assurer la mise à exécution des prescriptions du décret. Un programme très-développé, œuvre d'une commission spéciale qui a consulté l'organisation de la gymnastique dans les pays voisins, est inséré, à la suite du décret, dans le *Bulletin administratif* du ministère de l'instruction publique, année 1869, n° 201. Ce numéro renferme aussi le rapport de M. le Dr Hillairet sur la gymnastique.

H

HAIE. 1. La haie est une clôture formée avec des arbustes, épines, charmilles, églantiers, etc., ou avec des branchages secs entrelacés. La haie faite avec des arbustes, épines, charmilles, etc., est dite *haie vive* ou *à pied*, par opposition à la *haie sèche* ou *morte*, qui est faite avec des branchages secs.

2. Que la haie soit vive ou sèche, d'après l'art. 670 du Code civil, quand elle sépare des héritages elle est toujours réputée mitoyenne, à moins qu'il n'y ait qu'un seul des héritages en état de clôture, ou qu'il n'y ait titre ou possession suffisante du contraire.

Les propriétaires de la haie mitoyenne en profitent également ; ils sont dès lors tenus de l'entretenir à frais communs. Mais si l'un d'eux ne veut pas supporter ces frais, il peut s'en débarrasser en abandonnant son droit de mitoyenneté

au copropriétaire et en lui notifiant l'abandon. Cet abandon entraîne nécessairement celui du terrain sur lequel se trouve la haie et même celui d'un demi-mètre de terrain du côté de celui qui cède la mitoyenneté.

Les arbres qui se trouvent dans la haie mitoyenne sont mitoyens comme la haie, et chacun des deux propriétaires a droit de requérir qu'ils soient abattus (*C. civ., art.* 673). La communauté des arbres est pourtant imparfaite ; car tant qu'ils ne sont pas abattus, chaque propriétaire ne peut recueillir que les fruits placés de son côté. Quand ils sont abattus, le droit de propriété est indivis.

3. L'art. 671 du Code civil établit une différence entre les haies vives et les haies sèches. Il résulte, en effet, de cet article, qu'il n'est permis de planter des haies vives qu'à la distance prescrite par les règlements particuliers actuellement existants ou par les usages constants et reconnus, et à défaut de règlements et usages, qu'à la distance d'un demi-mètre de la ligne séparative des deux héritages. Cette distance a été prescrite à cause des branches et racines qui s'étendent. Aussi n'est-elle pas imposée pour les haies sèches, auxquelles l'art. 671 ne s'applique pas.

L'art. 672 porte dans son § 1er que le voisin peut exiger que les arbres et haies vives plantés à une moindre distance que celles de l'art. 671 soient arrachés. Mais quand le propriétaire qui a planté la haie vive s'est conformé à cette disposition, il n'en conserve pas moins la propriété du demi-mètre de terrain dont il s'agit. De plus, le propriétaire voisin ne peut pas le forcer de lui vendre la mitoyenneté : la loi n'a donné ce droit aux propriétaires voisins que pour les murs.

4. Celui sur la propriété duquel avancent les branches des arbres du voisin, peut contraindre celui-ci à élaguer. Si ce sont les racines qui avancent sur sa propriété, il a droit de les couper lui-même (*art.* 672, §§ 2 *et* 3).

5. L'ordre public étant intéressé au respect des clôtures, l'art. 456 du Code pénal punit d'un emprisonnement, qui peut varier d'un mois à un an, et d'une amende égale au quart de la restitution et des dommages-intérêts, sans qu'elle puisse toutefois être moindre de 50 fr., celui qui coupe ou arrache des haies vives ou sèches ou qui déplace ou supprime des arbres plantés et reconnus pour établir les limites entre différentes propriétés, sauf préjudice, bien entendu, de l'action civile de la partie lésée, qui a droit à la restitution et à des dommages-intérêts.

6. On ne peut pas planter de haie le long d'un chemin sans demander alignement au maire, pour les chemins de petite communication, et au préfet pour les voies de grande communication.(*Voy.* **Chemins vicinaux**, nos 323 et suiv., p. 455, et aussi le mot **Arbre**.)

HALAGE (Chemin de). *Voy.* **Cours d'eau navigables.**

HALLES et MARCHÉS. *Voy.* **Foires et Marchés**, ainsi qu'**Organisation communale.**

HAMEAU. 1. On appelle ainsi une petite agglomération de maisons. Dans le langage ordinaire, le hameau est un petit village, le village un grand hameau. Tantôt un hameau se composera de 3 ou 4, tantôt de 20 à 30 maisons.

2. Les hameaux forment souvent des sections de commune ayant des propriétés ou des intérêts à part. Nous en traitons, à ce point de vue, au mot **Organisation communale.**

3. Mais, sans former, à proprement parler, une *section de commune*, les hameaux peuvent avoir des intérêts communs. Ainsi, l'art. 643 du Code civil ne distingue pas entre les « communes, villages ou hameaux » lorsqu'il s'agit de l'approvisionnement d'eau. Le propriétaire d'une source ne peut en changer le cours lorsqu'elle fournit aux habitants de ces localités l'eau qui leur est nécessaire ; mais si les habitants n'en ont pas acquis ou prescrit l'usage, le propriétaire a droit à une indemnité.

4. Nous ne croyons pas devoir prendre à la lettre le mot *Section*, dont il est question au mot **État civil**, no 5. Il peut très-bien s'agir ici d'un simple hameau (qui est au fond une section sans intérêt particulier).

5. L'instruction primaire a également fourni à la loi l'occasion de mentionner les hameaux (*L.* 10 *avril* 1867, *art.* 2). C'est au conseil municipal à examiner dans quel cas une école primaire spéciale peut être accordée à un hameau.

6. Le Code forestier, art. 156, parlant de la distance des forêts en deçà de laquelle il ne sera pas permis de construire, réunit dans la même exception les villes, villages et hameaux.

HANNETON. Ce n'est pas cet insecte que tout le monde connaît qui fait du mal, mais sa chenille, le ver blanc. Toutefois, en détruisant le hanneton avant qu'il ait eu le temps de pondre, on prévient le mal en proportion du nombre d'insectes qu'on aurait détruits. Les lois des 16-24 août 1790, 22 septembre et 6 octobre 1791, 18 juillet 1837, autorisent les maires à prendre des arrêtés pour ordonner la destruction de hannetons. (*Voy.* aussi **Échenillage** et **Insectes nuisibles.**)

HARAS. 1. Établissement, soit public, soit privé, où l'on entretient des étalons et des juments destinés surtout à améliorer l'espèce chevaline.

CHAP. I. — INTRODUCTION.

2. Les nombreux haras particuliers qui existaient autrefois en France avaient disparu avec les institutions féodales : cette disparition eut pour conséquences rapides la diminution de la population chevaline et la dégénérescence des races. La pénurie de chevaux, au point de vue du nombre et de la qualité, devint telle qu'à partir du seizième siècle on fut obligé d'acheter à l'étranger presque toute la remonte de la cavalerie. Pour porter remède à la situation, c'est-à-dire pour développer et améliorer la production chevaline, l'intervention de l'État parut indispensable : elle fut établie sur ses premières bases en 1665 et, depuis cette époque jusqu'à nos jours, le fonctionnement n'en a été interrompu que pendant la Révolution.

3. Un édit de 1639 avait tenté de constituer une administration des haras : il n'y fut pas donné suite. C'est à Colbert qu'est due la première organisation sérieuse, dans laquelle le principal rôle fut dévolu à l'industrie particulière ; des arrêts du Conseil, rendus les 17 octobre 1665, 29 septembre 1668 et 28 octobre 1683, réglementèrent l'action du pouvoir royal sur la production. Mais les guerres que la France eut à soutenir sous le règne de Louis XIV épuisèrent le pays, qui exporta en dix années plus de cent millions de livres pour se procurer les

chevaux nécessaires à l'armée. Cet état de choses appelait de nouvelles et énergiques mesures : un règlement, portant la date du 22 février 1717, attribua l'administration des haras du royaume aux intendants des provinces et détermina d'une manière précise la nature et le mode de l'intervention de l'État dans la reproduction de l'espèce chevaline. Les dispositions importantes de cette organisation furent maintenues jusqu'à la Révolution de 1789 : au moment où celle-ci éclata, 3,300 reproducteurs environ étaient entretenus par le Gouvernement, confiés à des garde-étalons ou approuvés entre les mains des particuliers. Le nombre des haras ou dépôts placés sous la surveillance de l'administration générale était de quinze.

4. L'Assemblée constituante, en décrétant, le 29 janvier 1790, la suppression des dépenses relatives aux haras, supprima de fait l'institution elle-même ; les réquisitions de 1793 et de 1794 dispersèrent ensuite toutes les richesses que les établissements de l'État et des particuliers avaient pu réunir. Peu d'années s'étaient écoulées qu'il fallut songer à revenir sur cette mesure. Une loi du 2 germinal an III (22 *mars* 1795), restée sans effet, et un rapport présenté le 18 fructidor an VI (4 *sept.* 1798) au conseil des Cinq-Cents, préparèrent le décret du 4 juillet 1806 : ce décret rétablit les haras sur une grande échelle, proclama le principe de la double intervention de l'État dans la production chevaline, — intervention directe exercée par les reproducteurs entretenus dans ses établissements, — intervention indirecte manifestée par des encouragements de diverse nature à l'industrie privée, fonda le comité central des haras, devenu plus tard le conseil supérieur et chargé d'éclairer l'administration par ses études et ses avis sur les questions de science hippique et les procédés d'amélioration, créa enfin une organisation complète, qui a servi d'assise à toutes les organisations ou plutôt à toutes les réorganisations ultérieures, et dont les principes essentiels subsistent encore dans leur intégrité.

5. Ce n'est pas à dire qu'après 1806 l'administration des haras n'ait subi aucune perturbation. Les événements politiques, les courants d'idées favorables à tel ou tel système, les nécessités budgétaires, les opinions personnelles des hommes placés à sa tête ont, au contraire, maintes fois modifié sa marche, accru et diminué tour à tour l'intensité de son action directe ou de son action indirecte. Les ordonnances, décrets et arrêtés de 1825, de 1832, de 1833, de 1840, de 1848, de 1852, de 1863 et de 1871 témoignent de ces vicissitudes, d'où l'on a fini par tirer un enseignement : elles ont démontré que, pour mettre la production chevaline du pays en état de répondre aux exigences de sa nouvelle organisation militaire, il fallait à l'administration des haras une stabilité, une fixité de vues et de doctrines et des ressources dont elle avait presque toujours manqué, et que l'on ne pouvait lui assurer ces conditions indispensables de vitalité et de progrès que par une mesure législative. Tel a été le but de la loi votée le 29 mai 1874 par l'Assemblée nationale.

6. Pour apprécier les modifications diverses que l'organisation et le fonctionnement de l'administration des haras ont subies depuis 1806 jusqu'à nos jours, on peut consulter les documents suivants :

D. du 4 juillet 1806 ; Arr. des 13 juillet 1818 et 27 mars 1820 ; O. des 28 mai 1822 et 16 janvier 1825 ; Arr. du 16 mars 1825 ; Règl. du 29 octobre 1825 ; Arr. des 9 juin 1826 et 13 avril 1827 ; O. des 12 novembre et 10 décembre 1828, 13 mai 1829 et 7 mai 1831 ; O. du 19 juin 1832 ; Arr. du 31 octobre 1832 ; O. des 3 mars, 10 décembre et 15 décembre 1833 ; Arr. des 2 juin 1834 et 5 janvier 1835 ; O. du 12 décembre 1835 ; Arr. des 15 janvier 1836 et 15 décembre 1837 ; O. du 9 mars 1838 ; Arr. des 8 janvier 1839, 26 février et 7 avril 1840 ; O. du 24 octobre 1840 ; Arr. et Régl. du 25 octobre 1840 ; Arr. du 15 mars 1842 ; O. des 3 juin et 12 novembre 1842 ; Arr. du 2 mars 1846 ; O. du 22 juin 1846 ; Arr. des 30 septembre et 9 octobre 1846 ; Arr. des 23 et 27 octobre 1847, 10 novembre 1847, 4 février et 25 avril 1848 ; Arr. du Chef du pouvoir exécutif du 11 décembre 1848 ; Arr. des 12 et 26 avril 1849, 24 et 25 janvier, 5 mars et 8 novembre 1850 ; Rapp. du général de Lamoricière sur les travaux du conseil supérieur des haras dans sa session de 1850 ; D. du 17 juin 1852 ; Arr. des 10 juillet et 10 septembre 1852 ; D. du 20 octobre 1852 ; Arr. des 2 mars et 21 septembre 1854 et 27 juillet 1857 ; D. du 5 août 1857 ; Rapp. des 10 novembre et 19 décembre 1860 ; D. du 19 décembre 1860 ; Arr. des 10, 12 et 14 février, 21 mars 1861 ; Arr. des 30 janvier, 1er avril et 2 décembre 1862 ; Arr. du 7 février 1863 ; D. du 30 janvier 1863 ; Arr. des 6 et 15 octobre 1863, 9 janvier 1865, 16 et 17 mars 1866, 5 novembre 1868, 16 mars et 11 septembre 1871 ; Arr. du 30 mars 1872 ; L. du 29 mai 1874 ; Arr. du 14 août 1874 ; Arr. des 28 février et 1er mars 1875.

CHAP. II. — ORGANISATION ACTUELLE.

7. La loi du 29 mai 1874 n'a pas créé une nouvelle organisation de toutes pièces. Appelée à asseoir les haras sur des bases stables, elle a confirmé d'une part l'état de choses existant, édicté d'autre part les mesures propres à régler et à développer la double action que l'administration doit exercer sur la production chevaline. Ainsi, dans le premier ordre d'idées, elle a maintenu les dépôts d'étalons au nombre de 22, les cadres des fonctionnaires et le conseil supérieur ; dans le second, elle a stipulé qu'un inspecteur général des haras serait désormais chargé de la direction du service ; que l'École des haras serait rétablie et que les élèves diplômés de cette école pourraient seuls être nommés officiers des haras ; qu'à partir de 1875, l'effectif des dépôts serait augmenté chaque année de 200 étalons, jusqu'à ce qu'il eût atteint le chiffre de 2,500 ; que les crédits affectés aux primes seraient portés, par augmentation annuelle de 100,000 fr., à 1,500,000 fr., et qu'une allocation de 50,000 fr. serait spécialement attribuée aux épreuves des étalons arabes et anglo-arabes. Elle a résolu enfin, pour assurer le développement de cette même production du cheval de sang arabe et anglo-arabe, que la jumenterie de Pompadour serait reconstituée avec 60 poulinières.

Le maximum de l'effectif et de la dotation des primes sera atteint en 1881 ; la jumenterie sera en plein fonctionnement dès 1877.

La direction des haras dépend du ministère de l'agriculture et du commerce.

Sect. 1. — Personnel. — École. — Commissions.

8. Le personnel des haras se compose d'un inspecteur général directeur, de 6 inspecteurs généraux et des fonctionnaires chargés à divers titres du service des établissements, au nombre de 22 directeurs, 22 sous-directeurs agents-comptables, 5 surveillants et 22 vétérinaires. Il y a, en outre, 2 régisseurs de domaines, l'un

au haras de Pompadour, l'autre au dépôt.d'étalons du Pin.

Le personnel des gagistes en pied se compose d'adjudants, de brigadiers chefs, de brigadiers et de palefreniers, dont le nombre est fixé d'après les nécessités du service des établissements. Aux termes de la loi du 24 juillet 1873, la moitié des places vacantes de palefreniers de 2ᵉ classe est réservée aux anciens sous-officiers des armées de terre et de mer.

9. Les classes et les traitements des fonctionnaires des haras ont été fixés, par le décret du 19 décembre 1860 et l'arrêté du 27 du même mois, ainsi qu'il suit : Inspecteurs généraux : 1ʳᵉ classe, 9,000 fr. ; 2ᵉ classe, 7,500 fr. Directeurs d'établissements : 1ʳᵉ classe, 6,000 fr. ; 2ᵉ classe, 5,000 fr. ; 3ᵉ classe, 4,000 fr. Sous-directeurs agents-comptables : 1ʳᵉ classe, 3,000 fr.; 2ᵉ classe, 2,600 fr.; 3ᵉ classe, 2,200. Vétérinaires : 1ʳᵉ classe, 2,000 fr. ; 2ᵉ classe, 1,000 fr.

Le traitement afférent à l'emploi de surveillant est de 1,500 fr. (*Arr.* 14 *août* 1874.)

Les gages du personnel inférieur ont été fixés, par arrêté du 14 août 1874, aux chiffres ci-après indiqués, en conformité de la loi du 4 du même mois sur le budget de l'exercice 1875 : Adjudants, 1,600 fr. Brigadiers chefs, 1,450 fr. Brigadiers et palefreniers maréchaux, 1,250 fr. Palefreniers : 1ʳᵉ classe, 1,150 fr. ; 2ᵉ classe, 1,050 fr.

10. L'École des haras, instituée par l'ordonnance du 24 octobre 1840, supprimée par le décret du 10 octobre 1852, rétablie en principe par la loi du 29 mai 1874 et réorganisée par l'arrêté du 14 août, à dater du 1ᵉʳ décembre de la même année, est installée au dépôt d'étalons du Pin et placée sous le commandement du directeur de cet établissement. L'enseignement est divisé en six chaires et comprend la science hippique, l'hygiène, la zoologie, l'anatomie, la physiologie végétale et animale, la botanique fourragère, l'extérieur du cheval, la maréchalerie, la pathologie, l'agriculture théorique et pratique, l'administration et la tenue des établissements, la comptabilité administrative et agricole, l'équitation théorique et pratique, l'attelage, le dressage. Le nombre des élèves admis chaque année par voie de concours est de neuf au maximum. L'autorisation de se présenter au concours n'est accordée par le ministre qu'à des jeunes gens âgés de 18 ans au moins et de 25 ans au plus. Les demandes d'admission doivent être adressées au ministre avant le 15 juillet, avec les pièces suivantes : acte de naissance, certificat de vaccine, attestation d'études dans un collège ou dans toute autre institution du deuxième degré. L'examen des candidats a lieu au Pin, dans le courant du mois d'août, devant tous les professeurs de l'école, réunis en jury sous la présidence d'un inspecteur général des haras ou, à son défaut, sous celle du directeur de l'établissement. Les candidats sont interrogés sur l'arithmétique, la géométrie, l'histoire, la géographie, les éléments de physique et de chimie. Ils doivent faire, en outre, une composition écrite sur un sujet ayant trait aux études hippiques et agricoles et une reprise de manége. Ils peuvent, d'après leur demande, être interro-

gés sur la langue anglaise et sur la langue allemande ; le jury tient compte, dans ses appréciations, du degré de leur instruction à cet égard. La durée de l'enseignement est de deux ans ; nul élève ne peut doubler plus d'une année d'études. Un examen semestriel constate les progrès et l'instruction des élèves, et ceux auxquels cet examen est défavorable, après les six premiers mois d'études, sont éliminés de l'école. L'enseignement et le logement sont gratuits. Aucun élève renvoyé de l'école ne peut y rentrer.

Les élèves diplômés sont nommés, par ordre de numéros de sortie, aux places de surveillants qui deviennent, avant leur trentième année, vacantes dans les haras. Les sous-directeurs sont choisis parmi les surveillants en fonctions.

11. Le conseil supérieur des haras est nommé par le Président de la République pour neuf années. Il est composé de 24 membres, renouvelables par tiers tous les trois ans. Il donne son avis sur le budget, sur les règlements généraux des concours et des courses, sur la nature et l'importance des encouragements qui se rapportent à la production et à l'élevage et sur toutes les questions qui lui sont soumises par le ministre ou, en son absence, par le directeur des haras. Il tient au moins deux sessions par an et fait, après chacune d'elles, sur l'ensemble de ses travaux, un rapport dont il est donné communication à l'Assemblée nationale.

12. Les inspecteurs généraux des haras forment, auprès du directeur et sous sa présidence, un comité consultatif, institué par le décret du 19 décembre 1860. Il peut être consulté sur la répartition des étalons dans les dépôts, la distribution des encouragements, les demandes consignées aux rapports d'inspection générale, les budgets des établissements, les règlements généraux de service et les affaires importantes à soumettre au conseil supérieur.

13. Une ordonnance du 3 mars 1833 a créé le registre matricule des chevaux de race pure existant en France (*stud-book français*), et institué une commission spéciale pour la tenue de ce registre. Cette commission, transformée en commission centrale des courses et du *stud-book*, par arrêté du 19 décembre 1860, puis rétablie en commission spéciale par arrêté du 17 mars 1866, est nommée par le ministre et présidée par lui. Elle statue sur l'inscription des chevaux de race pure au *stud-book*, conformément aux dispositions de l'ordonnance précitée du 3 mars 1833.

Sect. 2. — Établissements. — Arrondissements.

Circonscriptions.

14. Le nombre des établissements est ainsi fixé : un haras (celui de Pompadour) et 21 dépôts d'étalons.

15. Ces établissements sont répartis dans six arrondissements d'inspection générale.

1ᵉʳ arrondissement, comprenant les circonscriptions des dépôts de Blois (Cher, Eure-et-Loir, Indre, Indre-et-Loire, Loir-et-Cher, Loiret) ; Compiègne (Aisne, Nord, Oise, Pas-de-Calais, Seine-et-Marne, Seine-Inférieure, Somme) ; Montier-en-Der (Ardennes, Aube, Marne, Haute-Marne, Yonne).

2ᵉ arrondissement, comprenant les circonscriptions des dépôts d'Angers (Maine-et-Loire, Mayenne, Sarthe) ; Le Pin (Calvados, rive droite de l'Orne, Orne, Seine, Seine-et-Oise) ; Saint-Lô (Calvados, rive gauche de l'Orne, Manche).

3ᵉ arrondissement, comprenant les circonscriptions des dépôts d'Hennebont (Finistère, arrondissements de Quimper, Châteaulin et Quimperlé, Ille-et-Vilaine, Morbihan) ; Lamballe (Côtes-du-Nord, Finistère, arrondissements de Brest et de Morlaix) ; La Roche-sur-Yon (Loire-Inférieure, Deux-Sèvres, Vendée) ; Saintes (Charente, Charente-Inférieure, Vienne).

4e arrondissement, comprenant les circonscriptions des dépôts de Libourne (Dordogne, Gironde) ; Pau (Landes, Basses-Pyrénées) ; Tarbes (Ariége, Haute-Garonne, Hautes-Pyrénées) ; Villeneuve-sur-Lot (Lot, Lot-et-Garonne, Tarn-et-Garonne).

5e arrondissement, comprenant les circonscriptions des dépôts d'Aurillac (Cantal, Haute-Loire, Puy-de-Dôme) ; Perpignan (Alpes-Maritimes, Aude, Bouches-du-Rhône, Corse, Gard, Hérault, Pyrénées-Orientales, Var, Vaucluse) ; Rodez (Ardèche, Aveyron, Lozère, Tarn) ; du haras de Pompadour (Corrèze, Creuse, Haute-Vienne).

6e arrondissement, comprenant les circonscriptions des dépôts d'Annecy (Basses-Alpes, Hautes-Alpes, Drôme, Isère, Savoie, Haute-Savoie) ; Besançon (arrondissement de Belfort, Côte-d'Or, Doubs, Jura, Haute-Saône) ; Cluny (Ain, Allier, Loire, Nievre, Rhône, Saône-et-Loire) ; Rosières (Meurthe-et-Moselle, Meuse, Vosges). (*Arr.* 19 *déc.* 1871 *et* 22 *juin* 1872.)

Sect. 3. — Monte.

16. Les étalons des divers établissements sont répartis tous les ans dans un grand nombre de stations, où ils sont mis à la disposition des propriétaires de juments. Lorsque les directeurs de dépôts ont reçu l'approbation de leurs propositions pour l'organisation de la monte, ils envoient aux préfets des départements compris dans leur circonscription un extrait de la répartition arrêtée, pour être insérée au *Bulletin des actes administratifs*. Ils font, en outre, imprimer des affiches qui indiquent la composition des stations et le prix fixé pour la saillie de chaque étalon ; ces affiches sont envoyées aux maires de toutes les communes intéressées, avec prière de les faire apposer.

CHAP. III. — REMONTE. — ENCOURAGEMENTS DIVERS.

Sect. 1. — Remonte.

17. L'achat des étalons destinés à la remonte des dépôts est effectué par des commissions d'inspecteurs généraux qui sont présidées par le directeur des haras et opèrent ordinairement, dans les diverses contrées de la France, à l'automne. Aucun étalon (les chevaux de gros trait exceptés) n'est acheté qu'après avoir subi, sur l'hippodrome, une épreuve publique au galop ou au trot.

Les inspecteurs généraux sont également chargés, par des décisions spéciales, des acquisitions de chevaux à l'étranger.

Sect. 2. — Primes.

18. D'après les diverses statistiques, le nombre des juments consacrées à la reproduction est de 600,000 environ, pour le service desquelles 12,000 étalons sont nécessaires, à raison de 50 juments par étalon. Il est reconnu que, pour agir utilement sur la condition générale de la population chevaline, la force étalonnière du pays doit se composer d'au moins 5,000 étalons de qualité. L'État se chargeant d'en fournir lui-même 2,500, il faut tendre à ce que les particuliers en entretiennent un pareil nombre. En vue de ce résultat, des primes sont accordées, sur la proposition des inspecteurs généraux des haras, aux propriétaires des chevaux entiers capables de concourir avec ceux de l'État à l'amélioration de l'espèce.

19. Ces chevaux entiers sont dénommés *étalons approuvés*. Le décret du 19 décembre 1860 (*art.* 25) a fixé de la manière suivante le chiffre des primes d'approbation. Pour les chevaux de pur sang, de 500 à 3,000 fr.; pour les chevaux de demi-sang, de 400 à 1,500 fr.; pour les chevaux de trait, de 300 à 800 fr.

20. Toutes les dispositions relatives au service des étalons approuvés sont consignées dans l'arrêté du 10 février 1861 (*art.* 27 à 44). Pour être proposés à la prime, les étalons doivent être âgés de 4 ans au moins, avoir subi des épreuves publiques (les épreuves ne sont pas obligatoires pour les chevaux de gros trait) et avoir au minimum une taille de 1m,46 pour les chevaux arabes de pur sang, 1m,50 pour les chevaux anglo-arabes de pur sang, 1m,54 pour les chevaux anglais de pur sang, 1m,52 pour les chevaux de demi-sang, 1m,54 pour les chevaux de trait. La totalité de la prime n'est payée que si l'étalon a sailli, savoir : l'étalon de pur sang, 30 juments ; l'étalon de demi-sang, 40 juments ; l'étalon de trait, 50 juments. Au-dessous de ces chiffres, un décompte est fait proportionnellement au nombre des juments saillies. Aucune portion de prime n'est payée pour l'étalon qui n'a pas sailli la moitié du nombre de juments qui lui est dévolu. L'approbation est constatée par un titre délivré, au nom du ministre, par le directeur des haras ; elle n'est valable que pour un an, mais peut être renouvelée aussi longtemps que l'étalon est jugé apte au service de la reproduction.

21. A l'action des étalons *approuvés* dans l'œuvre de la reproduction s'ajoute celle des étalons *autorisés*. Ces derniers, qui n'ont pas les qualités nécessaires pour contribuer au perfectionnement de l'espèce et sont seulement propres à maintenir le niveau de l'amélioration, ne reçoivent pas de prime. Un titre, analogue au titre d'approbation, constate l'autorisation.

22. La jument prend, suivant son mérite, une part plus ou moins importante à l'amélioration. De là l'opportunité d'encourager les éleveurs à faire et à conserver des mères capables de concourir au même progrès que les étalons d'élite. L'État accorde donc aux poulinières et aux pouliches des primes qui sont distribuées dans des concours départementaux. Les fonds des départements et des sociétés s'ajoutent à ceux des haras.

23. L'arrêté du 10 février 1861 (*art.* 10 à 26) réglemente les concours de poulinières et de pouliches.

Pour être admises au concours, les poulinières de demi-sang et de trait et les poulinières de pur sang suitées d'un produit de demi-sang doivent être âgées de 4 ans au moins, être suitées de leur produit de l'année provenant d'un étalon de l'État, approuvé ou autorisé, être exemptes des vices rédhibitoires prévus par la loi et mesurer 1m,47 au moins.

24. Les pouliches de 3 ans provenant d'étalons de l'État, approuvés ou autorisés, sont seules admises à concourir. Les propriétaires doivent justifier qu'elles ont été saillies à 3 ans par un étalon de l'une des mêmes catégories et prendre l'engagement de les faire courir, la même année, dans une des épreuves spéciales au trot.

25. La présidence d'honneur des concours appartient aux préfets et aux sous-préfets, et, en leur absence, aux inspecteurs généraux des haras. Dans tous les concours hippiques, qu'ils soient ou non subventionnés par l'État, le jury chargé de la distribution des primes est nommé par le ministre. Il se compose, indépendamment de l'inspecteur général des haras de l'arrondissement ou de son délégué, président, d'un officier de la remonte militaire et de trois membres choisis sur une liste de neuf candidats présentés par le préfet. Les programmes des concours sont préparés de concert par les préfets et les directeurs de dépôts d'étalons (*Arr. 2 févr.* 1874) et soumis à l'approbation du ministre avant d'être publiés.

26. Indépendamment des encouragements distribués dans les concours, l'État accorde, sur la proposition des inspecteurs généraux des haras, des primes de 200 à 600 fr. aux poulinières de pur sang suitées d'un produit de l'année de pur sang arabe ou anglo-arabe.

Sect. 3. — **Courses.** — **Épreuves.**

27. Les courses sont la base même de l'amélioration : elles ont pour objet de constater la race et les qualités individuelles des reproducteurs. Les courses plates au galop sont la pierre de touche des reproducteurs de l'ordre le plus élevé, du cheval de pur sang. Les courses au trot intéressent plus particulièrement le perfectionnement du cheval de demi-sang et de race indigène. Les steeple-chases et les courses à obstacles concourent au même but et donnent à peu près des résultats de même sorte que les courses au galop. Sous toutes les formes, les courses mettent en relief la valeur du cheval et conduisent au choix intelligent des reproducteurs, à l'élevage judicieux des produits.

28. L'État, les départements, les villes, les sociétés affectent des sommes considérables aux courses de diverse nature. Les prix de courses donnés par l'État sont divisés en deux catégories : Prix *classés* au règlement, prix *non classés.* Chaque année, le ministre détermine la répartition et les conditions des prix non classés.

29. Les prix classés, ouverts aux chevaux nés et élevés en France, sans distinction de circonscription, sont répartis et réglés comme il suit (*Arr. 1er mars* 1875) :

Prix nationaux. Le gagnant d'un prix national portera 2 kilogrammes de surcharge ; de plusieurs de ces prix, 4 kilogrammes.
Prix principaux. Pour chevaux n'ayant jamais gagné de prix national. Le gagnant d'un prix principal portera 3 kilogrammes de surcharge ; de plusieurs de ces prix, 4 kilogrammes.

Prix spéciaux. Pour chevaux de toute espèce n'ayant jamais gagné de prix national ou principal. Le gagnant d'un prix spécial portera 3 kilogrammes de surcharge ; de plusieurs de ces prix, 4 kilogrammes.

La valeur des prix, les distances, l'âge des chevaux aptes à courir, les lieux des courses, sont fixés conformément au tableau suivant :

LIEUX DE COURSES.	DÉSIGNATION des PRIX.	MONTANT des PRIX.	AGE DES CHEVAUX.	DISTANCES à parcourir.
		francs.		mètres.
Amiens. . . .	principal.	3,000	3 ans et au-dessus	3,000
Angers. . . .	spécial.	2,000	3 ans	2,500
Angoulême .	national .	5,000	4 ans et au-dessus	4,000
	spécial.	1,500	3 ans	2,500
Bordeaux . .	principal.	2,500	3 ans et au-dessus	3,000
	national .	5,000	4 ans et au-dessus	4,000
	national .	5,000	4 ans et au-dessus	4,000
	spécial.	2,000	3 ans	2,500
Caen. . . .	principal.	2,500	3 ans et au-dessus	3,000
	national .	5,000	4 ans et au-dessus	4,500
Chalon-sur-S.	national .	5,000	4 ans et au-dessus	4,000
Craon . . .	principal.	2,500	3 ans et au-dessus	3,000
Deauville . .	spécial.	2,000	3 ans	2,500
	national .	5,000	4 ans et au-dessus	4,500
Dieppe . . .	principal.	3,000	3 ans et au-dessus	3,000
Fontainebleau	principal.	3,000	3 ans et au-dessus	3,000
Le Mans . .	spécial.	1,500	3 ans	2,500
	principal.	2,500	3 ans et au-dessus	3,000
Le Pin . . .	spécial.	1,500	3 ans	2,500
	principal.	2,500	3 ans et au-dessus	3,000
Lille. . . .	spécial.	2,000	3 ans	2,500
	principal.	3,000	3 ans et au-dessus	3,000
Limoges . .	principal.	2,500	3 ans et au-dessus	3,000
	national .	5,000	4 ans et au-dessus	4,000
Lyon	spécial.	2,000	3 ans	2,500
	national .	5,000	4 ans et au-dessus	4,500
Marseille . .	spécial.	2,000	3 ans	2,500
	national .	5,000	4 ans et au-dessus	4,500
Montauban .	principal.	3,000	3 ans et au-dessus	3,000
	spécial.	2,000	3 ans	2,500
Mt-de-Marsan	principal.	3,000	3 ans et au-dessus	3,000
	national.	5,000	4 ans et au-dessus	4,500
	spécial.	2,000	3 ans	2,500
Nantes . . .	principal.	3,000	3 ans et au-dessus	3,000
	national .	5,000	4 ans et au-dessus	4,500
Pau	principal.	2,500	3 ans et au-dessus	3,000
	spécial.	1,500	3 ans	2,500
Périgueux. .	principal.	2,500	3 ans et au-dessus	3,000
	national .	5,000	4 ans et au-dessus	4,500
Saint-Brieuc.	spécial.	1,500	3 ans	2,500
	principal.	2,500	3 ans et au-dessus	3,000
	spécial.	2,000	3 ans	2,500
Tarbes . . .	principal.	3,000	3 ans et au-dessus	3,000
	national.	5,000	4 ans et au-dessus	4,500
Toulouse . .	spécial.	2,000	3 ans	2,500
	principal.	2,500	3 ans et au-dessus	3,000
Total. .	147,000			

30. Les poids sont ainsi réglés, suivant le mois où la course a lieu :

1° *Courses pour chevaux de 3 ou 4 ans, courant seuls entre eux* . . . . 56 *kilogrammes.*

2° *Courses pour chevaux de 3 ans et au-dessus* (kilogr.) :

MOIS.	DISTANCES DE 2,000 A 2,500 MÈTRES.				DISTANCES DE 3,000 A 3,500 MÈTRES.				DISTANCES DE 4,000 A 4,500 MÈTRES.			
	3 ans.	4 ans.	5 ans.	6 ans et au-dessus.	3 ans.	4 ans.	5 ans.	6 ans et au-dessus.	3 ans.	4 ans.	5 ans.	6 ans et au-dessus.
Avril et mai.	51	62	65	66 1/2	50 1/2	62	66	67 1/2	49	62	66 1/2	68
Juin	52	62	64 1/2	66	51 1/2	62	65 1/2	67	50 1/2	62	66	67 1/2
Juillet	53	62	64	65 1/2	52 1/2	62	65	66 1/2	51 1/2	62	65 1/2	67
Août	54	62	64	65 1/2	53 1/2	62	65	66	52 1/2	62	65 1/2	67
Septembre	55	62	63 1/2	64	54 1/2	62	64	65	53 1/2	62	65	66
Octobre et novembre . .	55 1/2	62	63 1/2	64	55	62	64	63	54	62	65	66

3° *Courses pour chevaux de 4 ans et au-dessus* (kilogr.) :

MOIS.	DISTANCES DE 2,000 A 2,500 MÈTRES.			DISTANCES DE 3,000 A 3,500 MÈTRES.			DISTANCES DE 4,000 A 4,500 MÈTRES.		
	4 ans.	5 ans.	6 ans et au-dessus.	4 ans.	5 ans.	6 ans et au-dessus.	4 ans.	5 ans.	6 ans et au-dessus.
Avril et mai	57	60	61 $1/2$	57	61	62 $1/2$	57	61 $1/2$	63
Juin	57	59 $1/2$	61	57	60 $1/2$	62	57	61	62 $1/2$
Juillet.	57	59	60 $1/2$	57	60	61 $1/2$	57	60 $1/2$	62
Août	57	59	60	57	59 $1/2$	61	57	60 $1/2$	62
Septembre.	57	58 $1/2$	59	57	59	60	57	60	61
Octobre et novembre. . . .	57	58 $1/2$	59	57	59	60	57	60	61

31. La somme de 50,000 fr. destinée, par la loi du 29 mai 1874 sur les haras, à encourager par des courses spéciales la production d'étalons arabes ou issus d'arabes à la première ou à la seconde génération, est distribuée en *prix classés* de la manière suivante (*Arr. 28 févr. 1875*) :

HIPPODROMES.	1re CLASSE : chevaux de 4 ans, nés et élevés en France. Distance : 4,000 mèt.	2e CLASSE : chevaux de 3 ans, nés et élevés en France. Distance : 2,200 mèt.	3e CLASSE : chevaux de 4 ans, nés et élevés dans la division du Midi. Distance : 4,000 mèt.	4e CLASSE : chevaux de 3 ans, nés et élevés dans la division du Midi. Distance : 2,200 mèt.
Auch	»	»	»	2,000f
Aurillac	»	»	»	2,000
Bayonne-Biarritz .	»	»	2,500f	2,000
Le Dorat. . . .	»	»	»	2,000
Limoges.	»	5,000f	»	2,000
Maubourguet . . .	»	»	2,500	»
Montauban. . . .	»	»	»	2,000
Mont-de-Marsan .	»	»	»	2,000
Pau	»	4,000	2,500	»
Périgueux	»	»	2,500 ·	»
Tarbes.	5,000f	»	2,500	»
Toulouse.	5,000	»	2,500	»
Vic-le-Bigorre . .	»	»	»	2,000

Les poids sont ainsi réglés :
Pour chevaux de trois ans . . . . 55 kilogrammes.
Pour chevaux de quatre ans . . . 64 kilogrammes.

Les arabes de pur sang reçoivent une modération de poids : à trois ans, de 5 kilogrammes; à quatre ans, de 8 kilogrammes.

Les juments et pouliches portent 1 kilogramme et demi de moins.

Le gagnant d'un prix de 4e classe porte 2 kilogrammes de surcharge et 1 kilogramme pour chaque prix gagné en sus dans la même classe ;

Le gagnant d'un prix de 3e classe porte 2 kilogrammes de surcharge et 1 kilogramme pour chaque prix gagné en sus dans la même classe ;

Le gagnant d'un prix de 2e classe porte 3 kilogrammes de surcharge ;

Le gagnant d'un prix de 1re classe porte 3 kilogrammes de surcharge ;

Le cheval ayant gagné un prix de classe inférieure et courant un prix de classe supérieure quitte ses surcharges ;

Le cheval ayant gagné un prix de classe supérieure et courant un prix de classe inférieure garde ses surcharges ;

En aucun cas les surcharges cumulées ne doivent dépasser 6 kilogrammes.

32. Un arrêté spécial du 5 novembre 1868 réglemente les steeple-chases classés, affectés aux chevaux de demi-sang.

33. Les épreuves d'étalons et les épreuves de pouliches rentrent dans la catégorie des courses subventionnées par l'État. Les étalons destinés à la remonte des haras ne sont achetés et les étalons particuliers ne sont approuvés qu'après avoir subi des épreuves, à moins qu'ils ne soient classés parmi les chevaux de trait. Les courses plates au galop constituent l'épreuve des étalons de pur sang, dont les succès influent sur la fixation du prix d'achat. L'épreuve des étalons de demi-sang consiste dans la course au trot spéciale et obligatoire : il en est de même pour les pouliches primées dans les concours.

Sect. 4. — Écoles de dressage. — Primes de dressage.

34. Aux termes de l'arrêté du 11 septembre 1871, les écoles de dressage et d'équitation, qui sont des entreprises privées ou relevant des administrations départementales, doivent, pour obtenir une subvention de l'État, justifier d'une bonne organisation et de services rendus à l'élevage, au point de vue du dressage des chevaux, de l'éducation des hommes d'écurie et de l'équitation.

35. Les primes de dressage accordées aux chevaux les meilleurs et les mieux dressés à la selle et à l'attelage donnent lieu à un certain nombre de concours. Le plus considérable est celui que la *Société hippique française* organise chaque année à Paris. Cette société, créée en 1866 et déclarée établissement d'utilité publique par décret du 16 octobre de la même année, est subventionnée par l'État, mais soutenue principalement par les souscriptions de ses membres. Elle distribue des primes importantes aux chevaux les plus beaux et les mieux dressés pour tous les genres de service de luxe.

36. D'après l'exposé qui précède, les encouragements que l'administration des haras accorde chaque année, en vue de développer et d'améliorer la production chevaline en France, sont, en dehors des achats d'étalons, qui constituent eux-mêmes un véritable encouragement : les primes aux étalons approuvés; les primes aux poulinières et aux pouliches; les prix affectés aux courses au galop et au trot, aux steeple-chases, aux épreuves d'étalons et de pouliches; les subventions aux écoles de dressage et les primes de dressage.

JULES COCHERIS.

HARENGS (Pêche aux). *Voy.* **Pêche maritime.**

HART. Le lien d'osier ou d'un autre bois pliant auquel on donne ce nom, sert à lier des fagots. Le bois nécessaire pour faire des harts peut être délivré dans les forêts communales, contre une taxe au profit de la caisse municipale.

C'est sur la demande du maire, faite sur papier timbré et indiquant les noms des habitants, que les agents forestiers procèdent à la délivrance des harts.

HASARD (Jeux de). *Voy.* **Jeux de hasard.**

HAUTE POLICE. *Voy.* **Surveillance de la haute police.**

HERBAGE. 1. Sont punis d'une amende de 11 à 15 fr. ceux qui, sans y être dûment autorisés, enlèvent des gazons ou des herbages des chemins publics. (*C. P., art.* 479.)

2. Tout enlèvement de gazon, bruyère, genêt, herbages, etc., existant sur le sol des forêts, est puni d'une amende en proportion avec la quantité enlevée. (*C. f., art.* 144.)

3. Les maires peuvent, par arrêtés, enjoindre aux propriétaires riverains de la voie publique de faire arracher l'herbe qui croît devant leurs propriétés, sur les routes ou dans les rues. (*Cass.* 17 *déc.* 1824.)

HERBORISTE. *Voy.* **Médecine (Exercice de la).**

HIÉRARCHIE. 1. C'est la subordination des différents fonctionnaires les uns aux autres. Le mot hiérarchie ne s'applique qu'aux rapports de commandement et d'obéissance qui existent entre les fonctionnaires du même ordre ou appartenant au même corps, mais non aux rapports personnels qui peuvent s'établir entre des fonctionnaires appartenant à des corps différents; cette seconde classe de rapports sont réglés par les lois de préséances (*voy.* **Préséances**). Ainsi, les maires, sous-préfets et préfets font partie d'une autre hiérarchie que les substituts, les procureurs de la République et les procureurs généraux, et les militaires, les marins, les agents des finances, les ingénieurs des ponts et chaussées ou des mines forment encore des hiérarchies différentes.

2. Il peut y avoir des assimilations de grades entre des hiérarchies distinctes, comme, par exemple, l'assimilation d'un chef de bureau à un colonel ou un capitaine de vaisseau, d'un sous-chef à un lieutenant-colonel ou à un inspecteur, etc.; mais il ne saurait jamais y avoir subordination entre un sous-chef et un colonel, ou entre un lieutenant-colonel et un chef de bureau.

3. Il existe cependant quelques exceptions à la règle générale que nous venons d'énoncer. Ainsi les officiers de police judiciaire sont subordonnés à leurs ordres sont subordonnés au procureur de la République pour tout ce qui concerne ce service, bien que la plupart d'entre eux comptent parmi les fonctionnaires ou agents de l'administration. Les gendarmes, quoique appartenant à la hiérarchie militaire, dépendent en même temps de fonctionnaires ressortissant au ministère de l'intérieur. Beaucoup d'agents des finances, qui forment cependant une hiérarchie particulière dont les règlements peuvent, à beaucoup d'égards, servir de modèles, sont subordonnés dans une certaine mesure aux préfets des départements. Il est vrai que ces derniers, représentant la puissance pu-

blique d'une manière générale, dépendent en cette qualité de tous les ministres, et peuvent même requérir la force militaire, mais sans la commander en personne.

4. Ajoutons, enfin, qu'il y a des circonstances exceptionnelles, pendant la durée desquelles les fonctionnaires appartenant à une hiérarchie peuvent être complétement subordonnés à ceux d'une autre hiérarchie : nous ne citons comme exemples que l'état de siège (*voy.*) qui met les autorités civiles sous les ordres du commandant militaire, ainsi que les flottes chargées d'appuyer les demandes d'un ambassadeur, et qui doivent régler leurs mouvements d'après les indications de ce dernier.   M. B.

HOIRIN. *Voy.* **Bouée.**

HOMICIDE. 1. Comme l'indique son étymologie, ce mot exprime l'action de tuer un homme. Mais il signifie aussi, dans un second sens, l'auteur même de cette action.

2. On distingue deux sortes d'homicides : l'homicide volontaire et l'homicide involontaire.

3. L'*homicide involontaire* consiste dans l'action de donner la mort sans en avoir eu l'intention. Il peut être purement accidentel ou accompagné de faute. Dans le premier cas, il ne constitue ni crime, ni délit et ne donne lieu à aucune peine. C'est ainsi qu'il faut décider du couvreur ou du maçon qui, ayant averti par un signal de ne pas passer sous une maison, laisse tomber involontairement une tuile ou une pierre et tue le passant.

4. Il faut décider autrement quand la mort est arrivée par un homicide involontaire, mais accompagné de faute ; dans ce cas, l'homicide est imputable. Mais l'art. 319 du Code pénal ne le punit que d'un emprisonnement de trois mois à deux ans et d'une amende de 50 à 600 fr. Le même article dit que la faute consiste dans l'une des circonstances suivantes : la maladresse, l'imprudence, l'inattention, la négligence ou l'inobservation des règlements ; et, comme les dispositions pénales sont d'une interprétation restrictive, cette énumération est limitative.

5. L'*homicide volontaire* consiste dans l'action d'avoir donné ou voulu donner la mort à quelqu'un. Il suppose donc deux éléments : 1° le fait d'avoir donné la mort. Par conséquent, il faut que la personne sur laquelle l'attentat est commis soit vivante à ce moment : c'est ce qui fait faire de l'avortement un crime spécial. Il faut aussi que l'auteur de l'homicide se soit livré à un fait matériel, positif ou négatif; ne serait pas puni comme homicide celui qui aurait cru donner la mort par sortilége ; 2° la volonté de tuer.

6. Tout homicide volontaire n'est pas punissable ; il en est que la loi ordonne ou tolère. De là, la division des homicides volontaires en homicides légaux, légitimes et illégitimes.

7. L'homicide *légal* est prévu par l'art. 327 du Code pénal en ces termes : « Il n'y a ni crime, ni délit, lorsque l'homicide était ordonné par la loi et commandé par l'autorité légitime. L'une de ces conditions ne suffirait pas : il faut qu'il y ait ordre de la loi *et* commandement de l'autorité légitime. Ainsi, l'homicide est légal, quand il résulte de la répression d'une sédition, après les sommations prescrites, ou de l'exécution d'un arrêt criminel. Il faut d'ailleurs, pour que l'acte soit légal, que l'emploi de la force soit nécessaire.

8. L'homicide *légitime* est celui qui est commandé par la nécessité actuelle de sa propre défense ou de celle d'autrui. L'art. 329 du Code pénal dit à cet égard que : « Sont compris dans le cas de nécessité actuelle de défense les deux cas suivants : 1° si l'homicide a été commis (si les blessures ont été faites, ou si les coups ont été portés) en repoussant, pendant la nuit, l'escalade ou l'effraction des clôtures, murs ou entrée d'une maison ou d'un appartement habité ou de leurs dépendances ; 2° si le fait a eu lieu en se défendant contre les auteurs de vols ou de pillages exécutés avec violence. »

9. L'homicide qui ne rentre pas dans une des catégories précédentes est *illégitime* ; il est qualifié de *meurtre* par l'art. 295 du Code pénal. Le § 3 de l'art. 304 le punit des travaux forcés à perpétuité.

10. Mais le meurtre peut s'aggraver : 1° par les relations que son auteur avait avec la victime ; 2° par les circonstances qui l'accompagnent.

En premier lieu, le meurtre s'aggrave par les relations de son auteur avec la victime. Il reçoit dans ces cas des noms spéciaux. D'après l'art. 299 du Code pénal, le meurtre des père ou mère légitimes, naturels ou de tout autre ascendant légitime, est qualifié de *parricide,* et l'art. 13 actuel du même Code dit que : « Le coupable condamné à mort pour parricide sera conduit sur le lieu de l'exécution en chemise, nu-pieds et la tête couverte d'un voile noir ; il sera exposé sur l'échafaud pendant qu'un huissier fera au peuple lecture de l'arrêt de condamnation et il sera immédiatement exécuté à mort. » Avant la loi du 28 avril 1832, outre les peines actuelles, le parricide avait le poing coupé. L'art. 13 du Code pénal est appliqué par l'art. 86 du même Code au *régicide,* c'est-à-dire l'attentat contre la vie ou contre la personne du roi ou de l'empereur. L'*infanticide* est le meurtre d'un enfant nouveau-né (*C. P.,* art. 300). L'*assassinat* est tout meurtre commis avec préméditation ou de guet-apens (art. 296). L'*empoisonnement* est tout attentat à la vie d'une personne par l'effet de substances qui peuvent donner la mort plus ou moins promptement, de quelque manière que ces substances aient été employées ou administrées, et quelles qu'en aient été les suites (art. 301). Les auteurs de tous ces crimes sont punis de mort par l'art. 302. Remarquons, en terminant cette énumération, que depuis quelques années la Cour de cassation range la mort donnée dans un duel parmi les meurtres.

En second lieu, le meurtre s'aggrave par les circonstances qui l'accompagnent : par des tortures ou des actes barbares. Le meurtrier est alors toujours puni de mort (art. 303). Il en est de même lorsque le meurtre a été accompagné ou suivi d'un autre crime, et lorsqu'il a eu pour objet, soit de préparer, faciliter ou exécuter un délit, soit de favoriser la fuite ou d'assurer l'impunité des auteurs ou complices de ce délit (art. 304, §§ 1er et 2.)

Enfin, l'art. 233 du Code criminel punit également de mort celui qui, *avec l'intention de donner la mort,* a porté des coups ou fait des blessures à un des fonctionnaires ou agents dé-

signés aux art. 228 et 230 (magistrats, officiers ministériels, agents de la force publique ou citoyens chargés d'un ministère de service public), dans l'exercice ou à l'occasion de l'exercice de leurs fonctions.

11. Le meurtre peut aussi s'atténuer par les circonstances qui l'accompagnent : 1° quand il est dans un des cas d'excuse déterminés par la loi ; 2° quand il a été commis par un mineur de seize ans ; 3° quand la volonté de son auteur n'a pas été libre.

1° Le meurtre est excusable s'il a été provoqué par des coups ou violences graves envers les personnes, ou s'il a été commis en repoussant, pendant le jour, l'escalade ou l'effraction des clôtures, murs ou entrée d'une maison ou d'un appartement habité ou de leurs dépendances (*art. 321, 322*). Dans le cas d'adultère de la femme surprise en flagrant délit par le mari, le meurtre commis par celui-ci sur elle ou sur son complice est excusable (*art. 324, § 2*). Le crime de castration suivie de mort est aussi excusable, d'après l'art. 325, s'il a été immédiatement provoqué par un outrage à la pudeur. Le parricide n'est jamais excusable (*art. 323*). Le meurtre commis par l'époux sur l'épouse, ou par celle-ci sur l'époux, n'est pas excusable, si la vie de l'époux ou de l'épouse qui a commis ce meurtre n'a pas été mise en péril dans le moment même du meurtre (*art. 324, § 1er*). Dans tous ces cas de meurtre excusable, qui sont les seuls admis par la loi (*art. 65*), la peine est réduite à un emprisonnement d'un à cinq ans ; de plus, les coupables peuvent être mis, par l'arrêt ou le jugement, sous la surveillance de la haute police pendant cinq ans au moins et dix ans au plus (*art. 326*).

2° Lorsque l'accusé a moins de seize ans, s'il est décidé par le jury qu'il a agi *sans discernement,* il sera acquitté ; mais il sera, selon les circonstances, remis à ses parents, ou conduit dans une maison de correction pour y être élevé et détenu pendant tel nombre d'années que l'arrêt déterminera, et qui toutefois ne pourra excéder l'époque où il aura accompli sa vingtième année (*art. 66*). S'il est décidé qu'il a agi *avec discernement,* il sera condamné à la peine de dix à vingt ans d'emprisonnement dans une maison de correction, et il pourra être mis par l'arrêt sous la surveillance de la haute police pendant cinq ans au moins et dix ans au plus (*art. 67*).

3° Enfin, d'après l'art. 64, il n'y a ni crime, ni délit, lorsque le prévenu était en état de démence au temps de l'action, ou lorsqu'il a été contraint par une force à laquelle il n'a pas pu résister.

HOMMAGE PUBLIC. *Voy.* **Monuments, Noms des rues, Récompenses.**

HOMOLOGATION. 1. On appelle ainsi la confirmation, l'approbation donnée à un acte par des juges, ou par l'administration, pour le rendre exécutoire. Le sens de ce terme se rapproche beaucoup de celui d'*entérinement* (*Voy.* ce mot.)

2. C'est ainsi que, d'après les art. 458 et 467 du Code civil, les délibérations des conseils de famille qui autorisent pour le mineur un emprunt, une aliénation d'immeuble, une constitution d'hypothèque ou une transaction, doivent être homologuées par le tribunal civil de première instance. Il en est de même des actes de notoriété tenant lieu, pour le mariage, d'actes de naissance. (*C. civ., art.* 72.)

3. Pour obtenir l'homologation des juges judiciaires, il faut présenter l'acte ou une expédition de la délibération, s'il s'agit de délibération du conseil de famille, au président du tribunal civil de première instance, lequel, par une ordonnance mise au bas de l'acte, ordonne la communication au ministère public, et commet un juge pour en faire le rapport au jour fixé. Le procureur de la République donne ses conclusions au bas de l'ordonnance, et la minute du jugement d'homologation est mise sur le même cahier, à la suite de ces conclusions. (*C. de Pr. civ., art.* 885, 886.)

4. Pour l'homologation administrative, il n'y a pas de formalités prescrites par la loi. Il suffit donc de présenter l'acte à l'autorité qui doit homologuer et qui approuve l'acte. Si l'homologation doit être donnée par un conseil, ou après son avis, il peut y avoir lieu à nommer un rapporteur si la question a besoin d'examen.

5. Nous citerons deux exemples d'homologations administratives : 1° l'art. 59 de la loi du 18 juillet 1837, *sur l'administration municipale,* dit que : « Toute transaction consentie par un conseil municipal ne peut être exécutée qu'après l'homologation par ordonnance royale (aujourd'hui par décret), s'il s'agit d'objets immobiliers ou d'objets mobiliers d'une valeur supérieure à 3,000 fr., et par arrêté du préfet en conseil de préfecture, dans les autres cas. » Actuellement l'homologation a lieu par arrêté préfectoral (*D.* 25 *mars* 1852, *tabl.* A, 43°). 2° Les tarifs des *chemins de fer,* fixés par les compagnies, doivent être homologués par le ministre des travaux publics, qui vérifie, avant de donner son approbation, si les tarifs sont d'accord avec l'intérêt public. (*Voy.* **Chemin de fer.**)

HONNEURS. 1. Témoignages publics de respect prescrits par les lois et règlements ou consacrés par l'usage.

Les honneurs peuvent se distinguer soit en honneurs civils, militaires, maritimes et religieux, soit en honneurs rendus à des personnages vivants et en honneurs funèbres.

Bien que la matière ne manque pas d'importance pratique, les limites de cet ouvrage ne nous permettent pas d'en exposer les règles, même sommairement ; nous nous bornerons à donner l'indication des principaux textes.

SOMMAIRE.

CHAP. I. DISPOSITIONS SPÉCIALES, 2 à 41.
  II. DISPOSITIONS GÉNÉRALES, 42.
Bibliographie.

CHAP. I. — DISPOSITIONS SPÉCIALES.

2. SAINT-SACREMENT. Règl. d'adm. publ. 24 mess. an XII, tit. 2 ; O. 29 oct. 1820, art. 104 ; D. 1er mars 1854, art. 153 ; O. 4 mars 1831, art. 955-963 ; 13 mai 1818, art. 398 ; A. Cass. 4 juin 1836, 25 mai 1840 et 3 févr. 1844 ; D. 13 oct. 1863, art. 307, 327, 338, 342, 397 ; Règl. 12 frim. an XIII, art. 85.

3. PAVILLON NATIONAL, DRAPEAUX, ÉTENDARDS. D. 15 août 1851, art. 710 ; O. 4 mars 1831 et 6 déc. 1829 ; D. 13 oct. 1863, art. 324, 397.

4. PRÉSIDENT DE LA RÉPUBLIQUE. Règl. mess.,

tit. 3, tit. 25, art. 1 et 2 ; tit. 26, art. 14 ; O. 29 oct. 1820, art. 95 ; D. 1er mars 1854, art. 142 ; Consigne gén. des postes de Paris, *Monit. univ.,* 20 et 22 sept. 1824, 25 sept. et 26 oct. 1827, etc. ; D. 13 oct. 1863, art. 308, 325, 328, 338, 343, 349, 378, 394, 397 ; Règl. d'adm. publ. 12 frim. an XIII, tit. 1er et art. 51 ; O. 31 oct. 1827, art. 673, remis en vigueur dans son ensemble par le décret du 4 septembre 1852 ; D. 11 août 1856, art. 1er; TOUSSAINT, *Code des préséances et des honneurs,* p. 306, 307.

5. SOUVERAINS ÉTRANGERS. D. 15 août 1851, art. 740, et TOUSSAINT, p. 267 ; *Monit.* des 19, 28 août, 24 nov. 1855 ; D. 13 oct. 1863, art. 395, 397.

6. SÉNAT. Règl. mess., tit. 9, 26, art. 1 et 2 ; Circ. min. int. 6 juill. 1859 ; D. 13 oct. 1863, art. 330, 338, 347, 364, 397.

7. CHAMBRE DES DÉPUTÉS. Règl. mess., tit. 12, 26, art. 1 et 2 ; Circ. min. int. 6 juill. 1859 ; D. 13 oct. 1863, art. 330, 338, 347, 364, 397.

8. CONSEIL D'ÉTAT. Règl. mess., tit. 10, 26, art. 1, 2, 11, 16 ; D. 13 oct. 1863, art. 330, 338, 347, 364, 397 ; TOUSSAINT, p. 215, n° 2 ; D. 4 mai 1812, art. 5 et 6 ; Règl. 12 frim. an XIII, tit. 9 et 20, art. 72, 73, 61, 74 ; O. 1827, art. 696 ; O. 5 nov. 1828 ; Décis. imp. 18 déc. 1857.

9. MINISTRES. Règl. mess., tit. 7, 6, 5 et 26, art. 1, 2, 11, 16 ; D. 13 oct. 1863, art. 311, 235, 329, 338, 345, 349, 350, 360, 376, 394, 397 ; Règl. frim., tit. 6, et art. 73, 74, 72, 85 ; D. 1er mars 1854, art. 143 ; C. I. C. art. 513 ; D. 4 mai 1812, art. 2, 5 et 6 ; D. 15 août 1851, art. 712.

10. AGENTS DIPLOMATIQUES ET CONSULAIRES FRANÇAIS ET ÉTRANGERS. Règl. mess., tit. 13 ; Décis. imp. 30 sept. 1807 ; D. 13 oct. 1863, art. 395, 397 ; Règl. frim., tit. 11 ; D. 15 août 1851, art. 734, 735, 741, § 2, 750, §§ 1 et 3 ; D. 4 mai 1812, art. 5 et 6 ; TOUSSAINT, p. 152 et suiv.

11. MARÉCHAUX DE FRANCE, AMIRAUX ET GRAND CHANCELIER DE LA LÉGION D'HONNEUR. Règl. mess., tit. 8, 24, 26, art. 1, 2, 11, 16 ; D. 4 mai 1812, art. 5 et 6 ; O. 2 nov. 1833 ; D. 1er mars 1854, art. 144 ; Décis. imp. 26 fév. 1858 et Circ. min. int. 8 mars 1858 ; Décis. 13 oct. 1863, art. 299, 301, 312, 325, 329, 338, 340, 341, 345, 346, 351, 356, 357, 360, 373, 376, 394, 397 ; Règl. frim., tit. 7 et art. 73, 74, 72, 84 ; D. 15 août 1851, art. 713, 714, 732, 767 ; O. 13 août 1830 ; TOUSSAINT, p. 134.

12. COUR DE CASSATION. Règl. mess., tit. 20 ; D. 16 oct. 1863, art. 330, 347, 397.

13. COUR DES COMPTES. L. 16 sept. 1807, art. 7 ; D. 13 oct. 1863, art. 330, 347, 397.

14. CARDINAUX, ARCHEVÊQUES ET ÉVÊQUES. Règl. mess., tit. 19, tit. 26, art. 16 ; Circ. min. cultes 6 mai 1834, 15 mars 1842 ; D. 26 mars 1811 ; D. 13 oct. 1863, art. 299, 318, 330, 338, 345, 351, 360, 373, 394, 397 ; Lett. min. cultes 17 juin 1844.

15. GOUVERNEURS DES COLONIES. Ord. 30 sept. 1827, art. 269 et suiv., 24 sept. 1828, art. 280 et suiv ; O. 27 août 1828, art. 46, 22 août 1833, art. 46 ; D. 15 août 1851, art. 726 et 755.

16. GÉNÉRAUX DE DIVISION. Règl. mess., tit. 14, 24, 25, art. 6 et 8, tit. 26, art. 2, 11, 16 ; D. 4 mai

1812, art. 5 et 6 ; D. 1ᵉʳ mars 1854, art. 145 et 147 ; O. 3 mai 1832 et 2 nov. 1833 ; Note du min. de la guerre 26 juill. 1836 ; Décis. roy. 21 juin 1835, 21 juin 1836 ; D. 13 oct. 1863, art. 299, 301, 313, 325, 330, 338, 340, 341, 345, 346, 351, 356, 357, 360, 361, 373, 376, 397 ; D. 28 déc. 1875, art. 8, 9, 10 et 4 ; Règl. frim., art. 47, 48, 71, 60, 84 ; D. 15 août 1851, art. 733, §§ 1 et 2.

17. Vice-amiraux. D. 13 oct. 1863, art. 299, 300, 301, 313, 325, 330, 338, 340, 341, 345, 351, 356, 357, 360, 361, 373, 376, 397 ; D. 28 déc. 1875, art 8 ; Règl. frim., tit. 12 et art. 50, 74, 55, 56, 71, 60 ; D. 15 août 1851, art. 715, 716, 760, 763, § 2, 728, §§ 1 et 2, 750, §§ 1 et 4, 751, §§ 5 et 6, 750, § 5, 759, 761, 767, 768, 769 ; O. 14 déc. 1828.

18. Préfets maritimes. O. 17 déc. 1828 ; D. 13 oct. 1863, art. 299, 300, 301, 313, 325, 330, 338, 340, 341, 345, 346, 351, 356, 357, 360, 373, 397 ; D. 28 déc. 1875, art. 8 ; Décr. 15 août 1851, art. 727, 754, § 2, 764 ; Règl. frim., art. 55, 56, 58.

19. Préfets. Règl. mess., tit. 17 et 26, art. 1 et 16 ; D. 1ᵉʳ mars 1854, art. 148, 149 ; D. 4 mai 1812, art. 5 et 6 ; D. 13 oct. 1863, art. 299, 319, 333, 338, 345, 346, 360, 373, 397.

20. Cours d'appel, cours d'assises, tribunaux. Règl. mess., tit. 20, tit. 1ᵉʳ, art. 11, tit. 26, art. 16 ; Règl. frim., art. 85 ; Lett. min. just. à proc. gén. Alger, 18 sept. 1852 ; D. 2 oct. 1807, art. 3 ; Règl. d'adm. publ. 6 juill. 1810, art. 77, 78 et 95, 27 fév. 1811, art. 3 et suiv. ; Avis du C. 13 oct. 1812 ; Circ. min. just. 2 sept. 1823, 29 oct. et 29 nov. 1825, 11 août 1827 ; Circ. min. guerre 30 sept. 1825 ; O. 30 sept. 1827, art. 278 et suiv., 24 sept. 1828, art. 289 et suiv. ; D. min. just. 8 juin 1847 ; D. 1ᵉʳ mars 1854, art. 151 et 156 ; D. 13 oct. 1863, art. 299, 301, 320, 330, 331, 348.

21. Généraux de brigade. Règl. mess., tit. 15, 24, 25, art. 6 et 8, 26, art. 2, 16 ; Décis. roy. 21 juin 1836 ; D. 1ᵉʳ mars 1854, art. 146 et 147 ; O. 3 mai 1832, 2 nov. 1833 ; D. 13 oct. 1863, art. 299, 301, 314, 325, 338, 340, 341, 356, 358, 360, 361, 362, 373, 376, 397 ; D. 28 déc. 1875, art. 10 et 3 ; Règl. frim., art. 43, 44, 50, 71, 52, 53, 56, 60, 84 ; D. 15 août 1851, art. 731, 733, § 2.

22. Contre-amiraux, et chefs de divisions navales. D. 13 oct. 1863, art. 299, 300, 301, 314, 338, 340, 341, 356, 357, 361, 362, 373, 376, 397 ; D. 28 déc. 1875, art. 11 ; Règl. frim., art. 50, 41, 42, 74, 55, 56, 71, 60, 84 ; D. 151, août 1851, art. 717, 718, 760, 728, 750, 75 §§ 4 et 6 ; 759, 761, 763, § 2 ; 768, 769, 770.

23. Sous-Préfets. Règl. mess., tit. 27, art. 19 ; 26, art. 16.

24. Majors généraux de la marine. D. 13 oct. 1863, art. 299, 300, 301, 321, 332, 340, 341, 357, 361, 362, 373, 397 ; D. 28 déc. 1875, art. 11 et 12 ; Règl. frim., art. 56, 74 ; D. 15 août 1851, 729, § 1ᵉʳ.

25. Gouverneurs de place, commandants de place ou d'armes et adjudants de place. Règl. mess., tit. 18, 26, art. 2 et 16 ; D. 28 déc. 1875, art. 8 ; D. 24 déc. 1811 ; 1ᵉʳ mars 1854, art. 159 ;

D. 13 oct. 1863, art. 299, 321, 332, 340, 341, 357, 364, 366, 373, 397 ; Règl. frim., art. 47, 84, 85 ; D. 15 août 1851, art. 726.

26. Municipalités. Règl. mess., tit. 20 ; Règl. frim., art. 85 ; D. 13 oct. 1863, art. 332, 347, 397.

27. Conseils de fabrique. D. 30 déc. 1809, art. 21.

28. Officiers des états-majors. 1° *de terre*. Instr. de fév. 1823, tit. 31 ; O. 2 nov. 1833 ; D. 24 déc. 1811 ; Règl. mess., tit. 26 ; Règl. frim., art. 60, tit. 21 et 22, art. 84, 85 ; D. 13 oct. 1863, art. 338, 339, 340, 341, 364 et suiv., 397. — 2° *de mer*. D. 15 août 1851, art. 719, 720, 729, § 2 ; 772, 763, § 2 ; Règl. frim., art. 60, tit. 21 et 22, art. 84 ; D. 13 oct. 1863, art. 338, 339, 340, 341, 364 et suiv., 397.

29. Officiers des troupes de terre. Règl. mess., tit. 21, 25, art. 6 ; 26, art. 3, 8, 14, 15 ; Circ. min. de la guerre 6 juin 1832 ; Toussaint, p. 294 ; O. 3 mai 1832, art. 172 ; O. 2 nov. 1833, *Inf.*, 164, 196 et suiv. ; *Cav.*, 248 et suiv. ; Décis. roy. 8 juill. 1835 ; D. 24 déc. 1811 ; Règl. frim., art. 74, 75, 76, 78, 60, 84 ; D. 13 oct. 1863, art. 321, 338, 339, 340, 341, 364, 366 à 369, 373, 378, 379, 397 ; D. 15 août 1851, art. 730, 758, 3° ; 759, 4° ; 776.

30. Officiers de marine. Règl. frim., art. 74, 76, 84 ; D. 13 oct. 1863, art. 321, 338, 339, 340, 341, 364, 366, 368, 369, 373, 397 ; D. 15 août 1851, art. 722 à 725, 730, 731, 738, 750, 751, 758, §§ 1, 2, 3 ; 759, 760, 761, 763, 770, 771, 773, 774, 776.

31. Aumôniers des armées de terre et de mer. D. 13 oct. 1863, art. 338, 339, 360, 365, 368, 369, 373, 397 ; D. 15 août 1851, art. 776, 3°.

32. Intendance militaire, officiers et adjudants d'administration militaires, interprètes. Règl. mess., tit. 22 ; Instr. fév. 1823, art. 57 à 60, etc. ; O. 2 nov. 1833, *Inf.*, art. 198 ; *Cav.*, 250 ; O. 10 juin 1835 ; Décis. roy. 8 juill. 1835 ; D. 7 oct. et 31 déc. 1850 ; D. 13 oct. 1863, art. 299, 315, 316, 317, 338 à 341, 257, 364 à 370, 372, 373, 376, 378, 379, 397.

33. Services administratifs de la marine. Règl. frim., art. 48, §§ 1 et 2 ; 76, § 4 ; 85 ; D. 15 août 1851, art. 730, 731, 776 ; O. 3 janv. 1835 et 31 déc. 1838, 3 mars 1838, 6 juin 1814, 17 juill. et 29 sept. 1835, 14 juin 1844, 23 déc. 1847 ; D. 14 mai 1853 et 11 avril 1854 ; D. 13 oct. 1863, art. 299, 300, 301, 317, 338, 339, 364 à 369, 373, 397.

34. Service de santé dans les armées de terre. O. 2 nov. 1833, *Inf.*, art. 196, 197, 198 ; *Cav.*, 248, 249, 250 ; Décis. min. guerre 20 fév. 1835 ; Instr. min. guerre 14 août 1837 ; Décis. min. guerre 8 juill. 1826 et 4 fév. 1842 ; Circ. min. guerre 20 juill. 1831 et 16 déc. 1872 ; D. 23 mars 1852, art. 27 ; 13 oct. 1863, art. 299, 300, 301, 317, 338, 340, 365 à 369, 473, 397. *Vétérinaires.* Arr. min. guerre 12 juin 1852, art. 33 ; Décis. 1ᵉʳ nov. 1858 ; D. 13 oct. 1863, art. 339, 340, 369, 370.

35. Service de santé de la marine. D. 15 août 1851, art. 776 ; 13 oct. 1863, art. 299, 300, 301, 317, 338, 339, 340, 341, 363, 366 à 369, 373.

36. Sous-officiers, caporaux, brigadiers et

SOLDATS DES TROUPES DE TERRE ET DE MER, GARDES ET EMPLOYÉS DE L'ARTILLERIE ET DES ÉQUIPAGES MILITAIRES, CHEFS DE MUSIQUE, ASPIRANTS DE 2ᵉ CLASSE ET VOLONTAIRES DE LA MARINE, MAITRES ET CHEFS ARTIFICIERS, CHEFS ET SOUS-CHEFS OUVRIERS D'ÉTAT ET OUVRIERS D'ÉTAT. Règl. mess., tit. 26, art. 1 et 3; 25, art. 6; Règl. frim., art. 85; D. 1ᵉʳ mars 1854, art. 160; O. 3 mai 1832; D. 15 août 1851, art. 774 et 775; Décis min. guerre 8 avril et 25 oct. 1843; D. 13 oct. 1863, art. 340, 370, 371, 373, 397.

37. GARDES ET PIQUETS, CORPS DE TROUPES. Règl. mess., tit. 25, art. 7; Règl. frim., art. 85; O. 1ᵉʳ mars 1768, 2 nov. 1833; Consigne gén. des postes de Paris; D. 13 oct. 1863, art. 322, 323, 329, 337, 397.

38. NAVIRES FRANÇAIS ET ÉTRANGERS. D. 15 août 1851, tit. 17, chap. 7.

39. MEMBRES DE LA LÉGION D'HONNEUR ET DE L'ORDRE DE JUILLET. Règl. mess., tit. 10, 26, art. 1, 3, 16; Règl. frim., art. 85; O. 26 mars 1816; D. 15 août 1851, art. 758, 4°; 16 mars 1852, art. 36 et 37; Décis. roy. 18 fév. 1834, concernant les étrangers membres de la Légion d'honneur; L. 13 déc. 1830, art. 10; O. 30 avril 1831, art. 5; D. 13 oct. 1863, art. 338, 360, 361, 362, 364, 367, 369, 397.

40. MÉDAILLE MILITAIRE. D. 13 oct. 1863, art. 740, 370, 397; Décis. imp. 2 mars 1853. D. 22 mai 1875.

41. CITOYENS BLESSÉS OU TUÉS EN COMBATTANT POUR LA PATRIE. L. 3ᵉ jour complém. de l'an IV; L. 11 vendém. an VIII; Règl. mess., tit. 26, art. 13, § 2; Règl. frim., art. 83.

CHAP. II. — DISPOSITIONS GÉNÉRALES.

42. Indépendamment des dispositions spéciales que nous venons d'énumérer, il est nécessaire d'en citer d'autres ayant un caractère plus général et s'appliquant soit à l'ensemble de la matière, soit à l'ensemble d'une de ses grandes divisions. Nous indiquerons notamment :

Dans le Règl. 24 mess. an XII, l'art. 3 du tit. 1ᵉʳ; l'art. 20 du tit. 2; les art. 3, 4, 5, 9, 10, 13, 12, 14 du tit. 25; les art. 4, 5, 6, 7, 9, 10, 12, 13, § 1ᵉʳ; 16 du tit. 26;

Dans le D. du 12 frim. an XIII, les art. 51 à 54, 57, 58, 68, 71, 67, 81, 82, § 1ᵉʳ; 69;

Dans le D. du 15 août 1851, les art. 759, 761, 762, 763, 751, 766, 752, § 2; 754, 736, 737, 738, 741, 742, 743, 745 à 749, 739;

Dans le D. du 13 oct. 1863, les art. 302 et suiv., 326, 334, 335, 336, 358, 363, 374 à 377, 380 à 385, 386 et suiv., 396;

L'O. roy. du 10 juill. 1816, le D. du 25 fév. 1809, les O. roy. des 3 mai 1832, 2 nov. 1833, 1ᵉʳ mars 1768, 19 mars 1817; l'Instr. prov. de fév. 1823; les O. du 6 déc. 1829 et 4 mars 1831; le D. du 1ᵉʳ mars 1854, art. 152, 154, 160, 161;

La L. 18 germ. an X org. du culte cath., art. 48 et 47, le *Journ. des Cons. munic.*, année 1835, p. 215; les décis. du Min. des cultes en date des 17 sept. 1807, 30 août 1810, 17 juin 1822, 15 juill. 1836, etc., etc. (*Voy. aussi l'article* **Préséances.**)

CHARLES TRANCHANT.

BIBLIOGRAPHIE.

Code des préséances et des honneurs, par G. Toussaint. 1 vol. in-8°. Paris, chez Dumaine. 1845.
Honneurs et préséances, par M. B.... 1 vol. in-18. Paris, chez Blot. 1852.
Recueil des dispositions relatives aux honneurs et préséances militaires, etc., par Garrel. 1 vol. in-18. Paris, chez Dumaine. 1861.
Le cérémonial officiel. 1 vol. in-8°. Paris, Paul Dupont. 1868.
Honneurs et préséances civils et militaires. *Extrait de l'ouvrage* LE CONSEIL D'ÉTAT, par M. J. Delarbre. 1 vol. in-12. Paris, chez Berger-Levrault et Cⁱᵉ. 1876.
Répertoire du *Journal du Palais*, t. VIII (1848), article HONNEURS CIVILS ET MILITAIRES.
Répertoire de Dalloz, articles PRÉSÉANCES, HONNEURS, CÉRÉMONIES.

HOPITAUX ET HOSPICES. 1. Les hôpitaux *civils*, ainsi désignés par opposition aux hôpitaux *militaires*, se divisent en *hôpitaux* proprement dits et en *hospices*.

Les *hôpitaux* sont des établissements dans lesquels sont reçus et traités les indigents malades; les *hospices* sont des établissements qui reçoivent et entretiennent les vieillards indigents et invalides des deux sexes, les infirmes incurables, les orphelins pauvres, les enfants trouvés et abandonnés, les vieillards valides et incurables à titre de pensionnaires, les aliénés dans certains cas.

Lorsqu'un même établissement réunit le double caractère qui vient d'être spécifié, il prend le nom d'*hôpital-hospice.*

2. Les hôpitaux et hospices, sauf de rares différences qui seront signalées en leur place, sont régis par les mêmes règles administratives. Des principes communs s'appliquent à l'établissement où l'admission n'a lieu que pour une cause accidentelle et où la sortie est prononcée lorsque cette cause n'existe plus, et à l'établissement recevant pour une cause permanente des hôtes qui doivent généralement y demeurer. Nous diviserons ainsi qu'il suit les matières à traiter.

CHAP. I. — DE L'ADMINISTRATION DES HÔPITAUX
       ET HOSPICES.

3. Avant 1789, l'administration de chaque hospice était attribuée à un bureau de direction dont la composition et les attributions étaient déterminées par la déclaration du roi du 12 décembre 1698.

La loi du 16 vendémiaire an V plaça les hospices sous la surveillance directe des municipalités, le rôle de l'État étant réduit à une simple surveillance. Ce rôle fut agrandi par la loi du 16 messidor an VII, qui soumit les nominations à l'approbation de l'autorité centrale. L'ordonnance du 31 octobre 1821 maintint ce système. Malgré les modifications importantes qu'elle a reçues depuis, notamment par l'ordonnance du 6 juin 1830, se combinant avec celle du 6 février 1818, elle renferme encore quelques dispositions restées en vigueur.

Sect. 1. — Les commissions administratives.
ART. 1. — ORGANISATION DES COMMISSIONS.

4. Aux termes du décret du 23 mars 1852, appliquant l'art. 6 de la loi du 7 août 1851, qui avait décidé qu'un règlement d'administration publique déterminerait cette composition, les commissions étaient composées de cinq membres *nommés par le préfet* et du maire de la commune. D'après la loi du 21 mai 1873, portant abrogation de ce décret, les commissions sont également composées de cinq membres renouvelables, du maire et du plus ancien curé de la commune. Les membres sont nommés pour cinq ans. Chaque année, la commission se renouvelle par cinquième, mais le nouveau membre est nommé par le préfet sur *une liste de trois candidats présentés par la commission*.

5. Lors de la discussion de la loi, on demanda que cette liste fût dressée par le conseil municipal et non par la commission. Diverses propositions de loi (proposition Lambrecht déposée le 15 juillet 1871, projet déposé par le Gouvernement le 5 mars 1872) attribuaient au conseil municipal la faculté de nommer directement quelques membres. Cette intervention directe ou indirecte du conseil municipal fut rejetée par l'Assemblée.

Le régime adopté en 1873 est du reste celui qui fonctionnait avant le décret de 1852. Il serait infiniment regrettable, comme on l'a dit souvent, que la politique se substituât à l'assistance dans le sein des commissions. Il convient cependant que dans les présentations dont elles sont investies par la loi actuelle, les commissions fassent en sorte de réagir contre la tendance déjà signalée en 1852, qui les portait « à présenter toujours les mêmes personnes », tendance aboutissant, suivant les expressions du projet déjà cité de M. Lambrecht, « à une sorte de permanence dans le personnel des commissions, car dans un certain nombre l'esprit de tradition s'était transformé en esprit de routine et d'immobilité ».

6. D'après la loi de 1873, dans les communes où siègent un conseil presbytéral et un conseil israélite, les commissions comprennent en outre un délégué de chacun de ces conseils. Toutefois, dans les communes où il existe, soit pour les protestants, soit pour les israélites, des hospices ou hôpitaux spéciaux ayant une administration séparée, le conseil presbytéral ou le consistoire n'ont à désigner aucun délégué pour faire partie de la commission administrative des autres établissements hospitaliers.

Le nombre des membres peut, en raison de l'importance des établissements et des circonstances locales, être augmenté par un décret spécial rendu sur l'avis du Conseil d'État; c'est le cas de toutes les commissions de grandes villes.

7. La présidence appartient au maire ou à son représentant. Le président a voix prépondérante en cas de partage. Les commissions nomment tous les ans un vice-président. En cas d'absence du maire et du vice-président, la présidence appartient au plus ancien des membres présents, et, à défaut d'ancienneté, au plus âgé.

8. Les fonctions des membres des commissions sont gratuites (*art.* 3).

Les membres sortants sont rééligibles (*art.* 4).

Si le remplacement a lieu dans le cours d'une année (par suite de décès ou de démission), les fonctions du nouveau membre expirent à l'époque où auraient cessé celles du membre qu'il a remplacé.

Ne sont pas éligibles ou sont révoqués de plein droit les membres qui se trouveraient dans un des cas d'incapacité prévus par les lois électorales (*art.* 4).

9. Les commissions peuvent être dissoutes et leurs membres révoqués par le ministre de l'intérieur. — La commission est alors remplacée ou complétée dans le délai d'un mois. — Les membres révoqués ne peuvent être présentés dans l'année qui suit leur révocation.

10. Il ne peut y avoir dans la même commission des membres parents ou alliés, surtout si leur degré de parenté ou d'alliance est trop rapproché. Les membres ne peuvent être parents ou alliés au receveur ou à l'économe qu'au degré de cousin germain inclusivement. (*Circ.* 13 *févr.* 1818.)

Les conseillers de préfecture ne peuvent être investis des fonctions d'administrateurs des hospices, pour ne pas être, le cas échéant, juges et partie. Il n'a pas été statué ainsi vis-à-vis des membres des cours et tribunaux, les cas de contestations judiciaires étant assez rares, ni vis-à-vis des membres du conseil municipal, bien qu'ils puissent avoir des intérêts à débattre avec les hospices. Les débiteurs, les locataires, les fournisseurs des hospices et autres personnes appelées à contracter avec eux sembleraient bien, par application des principes ci-dessus, ne pouvoir être nommés administrateurs. La législation actuelle ne reproduit cependant pas d'une manière formelle cette cause d'incompatibilité; on s'accorde toutefois, surtout quand il s'agit d'intérêts sérieux, pour conseiller de l'appliquer. En aucun cas, les médecins des hôpitaux ne peuvent en être également les administrateurs. (*L.* 24 *vendém. an III, t.* 2, *art.* 1er, *et implicitement L.* 21 *mai* 1873.)

11. Les administrateurs ne peuvent s'immiscer dans le maniement des fonds des établissements sans se rendre comptables des deniers publics. Leurs biens peuvent être mis sous le séquestre jusqu'à la reddition des comptes de cette gestion occulte. Ils sont soumis aux mêmes mesures de rigueur que les comptables réguliers. (*Voy.* **Comptabilité occulte.**)

Ils ne sont pas fonctionnaires publics dans le sens de l'art. 6 de la loi du 28 mars 1822; dès lors l'individu prévenu d'outrages à leur égard

n'est pas passible des peines spécifiées par ledit article. (*Cass.* 23 *mai* 1862.)

ART. 2. — ATTRIBUTIONS ET FONCTIONS GÉNÉRALES.

12. Les attributions et fonctions des commissions seront indiquées successivement, avec détail, au fur et à mesure que nous nous occuperons des divers actes d'administration dont elles sont chargées. Il convient cependant de dire ici qu'elles se manifestent principalement soit par voie de direction et de réglementation, soit par voie de conseil et de surveillance. D'une manière générale, elles se manifestent aussi par voie de délibération, de nomination ou de gestion.

13. Les commissions *dirigent* et *surveillent* les services intérieurs et extérieurs des établissements hospitaliers (*L.* 7 *août* 1851, *art.* 4). Elles *règlent définitivement par leurs délibérations* les objets suivants : le mode d'administration des biens et revenus des établissements hospitaliers; les conditions des baux et fermes de ces biens lorsque leur durée n'excède pas dix-huit ans pour les biens ruraux et neuf pour les autres ; le mode et les conditions des marchés pour fournitures et entretien dont la durée n'excède pas une année; les travaux de toute nature dont la dépense ne dépasse pas 3,000 fr.

La commission arrête également, mais avec l'approbation préfectorale, les règlements du service tant intérieur qu'extérieur et de santé, et les contrats à passer pour le service avec les congrégations hospitalières (*art.* 8).

14. Les commissions délibèrent sur les objets suivants : les budgets, comptes et, en général, toutes les recettes et dépenses ; les acquisitions, échanges, aliénations des propriétés, leur affectation au service et, en général, tout ce qui concerne leur conservation et amélioration ; les projets de travaux pour constructions, grosses réparations et démolitions dont la valeur excède 3,000 fr.; les conditions ou cahiers des charges des adjudications de travaux et marchés pour fournitures ou entretien dont la durée excède une année: les actions judiciaires et transactions; les placements de fonds et emprunts; les acceptations de dons et legs (*art.* 9).

Ces diverses délibérations sont soumises à l'avis du conseil municipal et suivent, quant aux autorisations, les mêmes règles que les délibérations de ce conseil. Néanmoins, l'aliénation des biens immeubles formant la dotation des hospices et hôpitaux ne peut avoir lieu que sur l'avis conforme du conseil municipal (*art.* 10).

Le président peut toujours, à titre conservatoire, accepter, en vertu de délibérations de la commission, les dons et legs faits aux établissements charitables. Le décret ou l'arrêté préfectoral qui intervient a son effet du jour de cette acceptation (*art.* 11).

15. Le nombre et l'ordre des séances sont déterminés d'avance. En fait, les réunions sont ordinairement hebdomadaires. Des séances extraordinaires ont lieu quand les circonstances le comportent. Un des membres de la commission est désigné à tour de rôle et pour un certain temps à l'effet de surveiller spécialement toutes les parties du service intérieur. Les commissions choisissent dans leur sein un des membres qui, sous le titre d'*ordonnateur*, est chargé de la signature de tous les mandats à délivrer pour l'acquittement des dépenses. Cette délégation peut être permanente.

L'un des administrateurs exerce la tutelle des enfants assistés, et l'ensemble de la commission compose le conseil de tutelle.

Lorsqu'il y a un quartier d'aliénés, la commission en a l'administration, sauf le concours d'un préposé responsable. Un de ses membres est désigné par elle pour remplir auprès des aliénés non interdits les fonctions d'administrateur provisoire.

La commission ne peut délibérer qu'à la majorité des membres qui la composent.

16. L'exercice des droits spéciaux que peuvent se réserver dans la direction des hospices les fondateurs de ces établissements, lorsqu'ils ont été autorisés ou déclarés d'utilité publique, est réglé par le décret du 31 juillet 1806. Ces réserves ne peuvent jamais constituer, ni pour eux, ni pour leurs représentants, de droits dérogeant aux règles fondamentales de l'organisation hospitalière.

On peut être à la fois administrateur d'un hospice et d'un bureau de bienfaisance.

17. Tous les hospices et hôpitaux situés dans une même ville dépendent d'une seule commission, à moins que, par exception et dans une grande ville, la différence des destinations et des intérêts de ces établissements exige deux commissions.

Dans le cas où un établissement charitable a été fondé une commission ou par un conseil municipal dans une commune autre que celle du siège de la commission ou du conseil municipal, les pouvoirs de la commission fondatrice restent entiers sur cet établissement. S'il est placé dans un autre département, il peut y avoir un partage d'attributions conservant au préfet de la localité où siège la commission la surveillance de l'administration des hospices, et réservant au préfet de la situation de la succursale les droits de l'autorité publique [1].

C'est ce qui existe pour plusieurs des hospices de Paris situés hors de son territoire.

Sect. 2. — Service administratif. — Les agents de l'administration hospitalière. — Service de santé, etc.

ART. 1. — NOMENCLATURE.

18. Le personnel des employés et agents placés sous les ordres de la commission administrative se compose de : un secrétaire, un receveur, un économe, un certain nombre d'employés de bureau, un ou plusieurs médecins, un ou plusieurs chirurgiens, un pharmacien, un aumônier, des sœurs hospitalières, des infirmiers et servants.

1. C'est ainsi que le dépôt de mendicité fondé à Villers-Cotterets (Aisne) par le conseil municipal de Paris est administré par le préfet de police de cette ville, sous la réserve des droits de police et de surveillance du préfet de l'Aisne. Du reste, un règlement approuvé par le ministre, qui maintiendrait une séparation réelle et constante entre les deux administrations, préviendrait toutes les difficultés (*Avis du C. de l'int.* 3 déc. 1834. Voir MM. VUILLEFROY et MORNIER, *Principes d'administration,* p. 412). En fait, plusieurs hospices de Paris sont situés hors de son territoire : hôpitaux de Berck-sur-Mer, de Forges, de la Roche-Guyon, et ils ont toujours été administrés sans contestation par l'administration de l'assistance publique.

ART. 2. — LE SECRÉTAIRE.

19. Le secrétaire est, parmi les principaux agents de l'administration, celui qui est le plus spécialement attaché aux travaux de la commission. Il prépare la correspondance, tient le registre des délibérations et tous les autres registres administratifs ; il prépare l'expédition des ordonnances de dépenses et il surveille les travaux des bureaux. Il a de plus la garde des papiers et des archives, dont il est responsable. Tous les membres de la commission ont le droit de prendre communication des délibérations, mais cette communication doit avoir lieu sans déplacement du registre. Le secrétaire est nommé par la commission, mais ne peut être révoqué qu'avec l'autorisation du préfet. Dans certaines villes l'usage s'est introduit de permettre en fait au secrétaire de s'attribuer, avec l'assentiment de la commission, la qualification de *secrétaire-directeur*. (Rouen, Bordeaux.)

20. Aux termes de la loi du 21 mai 1873 (*art.* 6), sur la proposition de la commission et avec l'autorisation du préfet, les fonctions de secrétaire peuvent être remplies par le receveur. Mais c'est là, en fait, une exception qui n'a d'application que dans les localités peu importantes.

ART. 3. — LE RECEVEUR.

21. Aux termes du décret du 25 mars 1852 (*art.* 5), les préfets nomment directement les receveurs, quel que soit le chiffre du revenu de l'établissement.

Lorsque le revenu des établissements n'excède pas 30,000 fr., les fonctions de receveur sont toujours exercées par le receveur de la commune. La commission exerce à l'égard des receveurs les droits attribués au conseil municipal à l'égard des receveurs des communes.

On doit comprendre dans les 30,000 fr. les recettes cumulées des hospices et des bureaux de bienfaisance. (*Instr. gén. des fin. de* 1859.)

Il ne peut y avoir qu'un receveur pour les hospices d'une même ville.

22. Les receveurs ne peuvent être membres de l'administration, ni parents ou alliés d'aucun de ces membres jusqu'au degré de cousin germain inclusivement. D'autres incompatibilités résultent de l'art. 1273 de l'instruction générale du 20 juin 1859. Avant leur installation, ils doivent prêter le serment professionnel.

23. *Cautionnement.* Le receveur est assujetti à fournir un cautionnement. L'installation, une fois la nomination faite, ne peut avoir lieu qu'après le versement de ce cautionnement, à moins qu'il ne doive pas s'élever à 1,000 fr., auquel cas le percepteur-receveur est dispensé de fournir ce supplément. (*Instr. gén., art.* 1222.)

D'après l'art. 25 de la loi du 8 juin 1864, appliquant aux receveurs les prescriptions déterminées par l'art. 13 de la loi du 8 août 1847, le cautionnement est de 10 p. 100 sur les premiers 100,000 fr., de 6,50 p. 100 pour les 400,000 fr. suivants, de 5 p. 100 sur toute somme excédant les premiers 500,000 fr. Lorsque pendant trois ans consécutifs le cautionnement a été reconnu d'un cinquième au moins au-dessous du montant des recettes ordinaires, il est procédé à sa révision. (*Circ. Int.* 27 juin 1864.) On tient compte tant des recettes en numéraire que des recettes en *nature*.

24. Le cautionnement doit être fourni en immeubles ou en rentes sur l'État, sauf au préfet à autoriser le comptable à le fournir en numéraire. Quand il ne s'élève pas à plus de 200 fr., il peut toujours être fourni en numéraire. Les receveurs à titre gratuit ne sont pas dispensés de fournir un cautionnement. Quand le receveur est en même temps percepteur, le cautionnement doit toujours être réalisé en numéraire et versé au Trésor public. Quand il ne cumule pas ce double emploi, la partie du cautionnement qu'il réalise en espèces doit être versée dans les caisses des monts-de-piété. (*Inst. gén.* 20 *juin* 1859, *art.* 1231.)

25. Lorsque le cautionnement est composé de rentes ou d'immeubles, le dépôt en est fait entre les mains des commissions. Dans le premier cas, les rentes doivent être nominatives et non au porteur (*Inst. min.* 20 *juin* 1859, *art.* 1230); dans le second, la valeur des immeubles doit excéder d'un tiers au moins la fixation en deniers. La commission est toujours appelée à délibérer sur l'acceptation des immeubles offerts. (*Ibid., art.* 1227). L'ordonnance du 6 juin 1830 laissant au receveur la faculté de fournir son cautionnement en rentes ou en immeubles, il peut naturellement le réaliser partie en immeubles, partie en rentes, en se conformant aux prescriptions de la circulaire du 16 septembre 1830. (*Ibid., art.* 1231.)

Le taux des intérêts est le même que celui qui a été fixé pour les fonds versés dans la caisse d'amortissement.

Les receveurs, une fois installés, ont le caractère de comptables de deniers publics et sont soumis à la responsabilité qui pèse sur ces derniers.

26. Les receveurs peuvent être chargés des fonctions d'économe.

27. Les établissements ont une hypothèque légale sur les biens et sur le cautionnement des receveurs. L'application en a lieu dans deux cas principaux : celui de *déficit* et celui de *débet.*

28. *Traitement.* Les traitements consistent en remises proportionnelles tant sur les recettes que sur les paiements. Ces remises sont calculées ainsi qu'il suit : sur les premiers 5,000 fr., 2 p. 100 sur les recettes et sur les dépenses; sur les 25,000 fr. suivants, 1,50 ; sur les 70,000 fr. suivants, 0,75 ; sur les 100,000 fr. suivants, jusqu'à un million, 0,33 ; sur les sommes excédant un million, 0,12[1].

29. *Révocation.* Le receveur ne peut être révoqué que par le ministre de l'intérieur (*L.* 21 *mai* 1873, *art.* 6). Les préfets peuvent prononcer la suspension provisoire du comptable. Cette suspension, en cas de désordre grave dans le service du receveur, peut être aussi prononcée par les receveurs ou inspecteurs des finances, les inspecteurs généraux des établissements de bienfaisance et même les maires. Les membres des commissions ne peuvent que la provoquer.

Dans tous les cas où elle est prononcée, il est pourvu au service par la nomination d'un *gérant*

1. Une commission avait été instituée en 1868, par le ministre de l'intérieur, pour rechercher un nouveau mode de rémunération. Les documents recueillis par cette commission ayant été détruits lors de l'incendie du ministère des finances, en 1871, une autre commission a été nommée en 1875 dans le même but de révision du tarif actuel.

provisoire (*Inst. gén.* 20 *juin* 1859, *art.* 1321 à 1324). Ce gérant est investi de toutes les attributions du titulaire ; il a droit à ses émoluments pour le temps correspondant à sa gestion. (*Ibid.,* 1347.)

ART. 4. — L'ÉCONOME.

30. Aux termes de l'ordonnance du 29 novembre 1831, la gestion, l'emmagasinage et la distribution des denrées et autres objets de consommation doivent être confiés à des agents nommés économes. Les économes sont nommés par la commission administrative.

31. Par analogie avec les receveurs, ils prêtent le serment professionnel.

32. En général, un seul économe doit suffire lors même que les hospices sont divisés en plusieurs établissements. Cependant, dans les cas exceptionnels, et si un seul employé ne pouvait utilement chargé de tous les magasins, les fonctions d'économe pourraient être divisées entre plusieurs agents qui seraient responsables chacun en ce qui le concernerait.

33. Les fonctions d'économe ne sont incompatibles ni avec celles de receveur, ni avec celles de secrétaire ou d'employé des hospices à tout autre titre.

34. Leurs cautionnements sont fixés d'après les mêmes bases que ceux des receveurs. Il n'en est cependant exigé que dans les établissements où la valeur des denrées s'élève annuellement à 20,000 fr. et au delà.

35. Les économes sont révocables par les commissions ; mais leur révocation n'est définitive qu'après avoir été approuvée par le préfet.

ART. 5. — LES EMPLOYÉS.

36. Aux termes de l'ordonnance du 31 octobre 1821, les employés et agents placés soit dans les bureaux, soit dans le service matériel, sont nommés par la commission et révocables par elle. Leur nombre et leurs traitements sont fixés par la commission, sauf l'approbation de l'autorité, qui règle le budget. On doit veiller à ce que leur nombre ne dépasse pas celui que comportent les nécessités du service.

ART. 6. — LE PERSONNEL DU SERVICE DE SANTÉ.

37. *Médecins, chirurgiens, pharmaciens.* Les médecins et chirurgiens sont nommés par la commission et ne peuvent être révoqués que par le préfet.

38. Les médecins et chirurgiens en chef ne peuvent être pris que parmi « les médecins et chirurgiens reçus suivant les formes », c'est-à-dire ne peuvent être choisis parmi les officiers de santé. Leur service est déterminé par le règlement intérieur de l'établissement auquel ils sont attachés. Si leur traitement, qui est fixé par les commissions, sauf approbation préfectorale, est en général fort modique, c'est autant en considération de la faveur qui s'attache au titre de médecin d'hospice, que parce que leurs fonctions se bornent en général à une ou deux visites par jour (généralement une) et leur permettent ainsi l'exercice de leur profession au dehors.

39. Le pharmacien est nommé par la commission. L'objet principal de sa fonction est de préparer les drogues et remèdes conformément aux prescriptions médicales. Il doit faire lui-même les distributions. Il ne doit pas se faire une clientèle au dehors[1]. Tout son temps appartient à l'administration; aussi peut-il obtenir la pension de retraite, qui est refusée aux médecins et chirurgiens.

Lorsqu'il existe plusieurs hospices dans la même ville, il convient d'établir dans l'un d'eux une pharmacie pour tous, de manière qu'il n'y ait dans les autres que des lieux de dépôt et qu'il ne s'y fasse aucune autre préparation que celles dites *magistrales*.

Le pharmacien répond des matières qui lui sont confiées et doit en rendre compte chaque année à la commission; sa comptabilité est rattachée à celle de l'économe.

40. *Élèves.* Dans les grands hôpitaux, qu'on considère avec raison comme des établissements d'instruction autant que des lieux de secours, on admet généralement des élèves pour aider les médecins dans leurs visites et préparations. C'est ordinairement à la suite d'un concours public que les élèves sont nommés par la commission. Le temps d'exercice de chaque élève est limité.

Dans les villes où il existe une école secondaire de médecine, la commission doit fournir pour le service de la clinique de ladite école une salle de cinquante lits au moins.

ART. 7. — LE PERSONNEL DU SERVICE HOSPITALIER.
LES SŒURS HOSPITALIÈRES.

41. Par application du décret du 18 février 1809 (*art.* 5), le service intérieur des hôpitaux et hospices peut être confié à des sœurs hospitalières tirées des congrégations autorisées par le Gouvernement. En fait, ce service leur est généralement confié; mais la commission, sous la réserve, bien entendu, des stipulations du traité spécial passé avec elles et devenu la règle de leurs rapports réciproques, peut le leur retirer soit pour le confier à d'autres communautés religieuses, soit pour le remettre à des laïques, de même que les communautés peuvent refuser leur concours. (*Avis du C. 23 mars* 1845.) Les commissions se concertent avec les congrégations pour régler le nombre des sœurs à attacher aux hospices et les conditions de leur admission; mais les conventions qu'elles arrêtent ne sont définitives qu'après l'approbation préfectorale. (*L. 7 août* 1851, *art.* 8.)

42. Les sœurs sont placées, quant au temporel, sous l'autorité des commissions et tenues de se conformer aux règlements administratifs.

Elles sont chargées de soigner les malades et les indigents, de distribuer, après les avoir reçus de l'économe, les vêtements, les aliments, tous les autres objets nécessaires au service.

Elles distribuent les médicaments aux malades lorsqu'il n'y a pas de pharmacien attaché à l'établissement; mais dans ce cas les seuls remèdes qu'elles puissent préparer elles-mêmes sont les médicaments magistraux ou non composés, et, de même qu'au pharmacien, il leur est interdit de vendre au public aucune espèce de remèdes.

Elles surveillent les ateliers de travail. (Le produit de ces ateliers est recouvré par le receveur.)

43. Les infirmiers et servants sont placés sous

1. Les hospices peuvent d'ailleurs tenir une pharmacie, non-seulement pour leurs malades, mais encore pour le public. (*Arr. Cour de Lyon* 23 *juin* 1847.)

la direction de la supérieure; mais celle-ci ne peut les prendre ou les renvoyer qu'avec l'approbation de la commission.

44. Les sœurs ne peuvent gérer aucun des biens ni percevoir aucune des parties des revenus de l'administration, même lorsque les revenus sont en nature. Sous aucun prétexte, les sœurs, pas plus qu'aucune autre personne attachée aux établissements, ne peuvent recevoir de dépôt d'argent. L'importance de cette disposition n'a pas besoin d'être indiquée. Les dépôts doivent être immédiatement remis au receveur. Les traitements, ou plutôt les indemnités de vestiaire des sœurs, varient de 100 à 300 fr. Elles ont de plus le logement, la nourriture et le blanchissage. Dans quelques hospices elles n'ont pas d'indemnité.

45. Les sœurs que leur âge ou leurs infirmités rendraient incapables de continuer leur service pourront être conservées à titre de *reposantes*, à moins qu'elles n'aiment mieux se retirer, auquel cas il pourra leur être accordé des pensions.

ART. 8. — LES AUMÔNIERS ET CHAPELAINS.

46. Ils sont nommés par les évêques diocésains, sur la présentation de trois candidats faite par la commission. (*O. 31 oct.* 1821, *art.* 18.)

Leurs traitements ainsi que les frais du culte sont réglés par les préfets, sur la proposition des commissions et l'avis des sous-préfets. Dans quelques établissements l'aumônier est logé et nourri. Dans d'autres cet avantage est remplacé par un supplément de traitement.

Il ne peut être établi de chapelle dans l'intérieur des établissements que sur l'autorisation du Gouvernement, après avis du préfet et de l'évêque.

Pour ce qui touche les fondations religieuses, l'affectation du casuel, etc., voyez **Aumôniers.**

ART. 9. — INFIRMIERS ET SERVANTS.

47. Les infirmiers et servants sont nommés par la commission. Si l'hospice n'est pas desservi par des sœurs (*voy. n°* 41 *et* 43), ils sont naturellement sous la direction de l'économe.

Sect. 3. — Pensions de retraite.

48. Un décret du 7 février 1809 règle tout ce qui concerne la pension de retraite des employés des hospices de Paris. Il résulte implicitement des termes de ce décret, que tous les emplois rétribués dans les administrations charitables peuvent donner lieu à pension. Il n'y a pas là de droit absolu pour les employés, mais les hospices sont autorisés en principe à recourir, d'après les bases du décret de 1809, au système des retenues et à la liquidation des pensions. Certains hospices possèdent une caisse de retenues pour les retraites.

49. Les droits à la pension ne peuvent être réclamés qu'après 30 ans de service effectif, dont 10 ans au moins passés dans l'administration de l'hospice qui se charge de payer la pension.

Les commissions délibèrent sur la liquidation proposée et qui ne devient définitive qu'à la suite d'un arrêté préfectoral.

50. Pour en déterminer le montant, il doit être fait une moyenne du traitement fixe dont le réclamant a joui pendant les trois dernières années de son service. Les indemnités de logement, nourriture et autres objets de ce genre (les gratifications exceptées) sont considérés comme ayant fait partie du traitement fixe (*art.* 13). Le maximum de la retraite peut atteindre les deux tiers de la moyenne ainsi déterminée. (*Voir, pour plus de détails, le décret de* 1809, *art.* 15 *à* 22.)

51. Les receveurs, les économes, les secrétaires, les employés et agents spéciaux, les infirmiers et servants *peuvent* être pourvus de pension et *doivent* même en être pourvus quand l'administration possédant une caisse spéciale, ils ont concouru, par le versement des retenues, à la formation des fonds de cette caisse.

Pour les pensions des sœurs, voyez n° 45. Quant aux infirmiers et servants, quand les ressources le permettent, on ne pourrait non plus leur refuser une pension, bien qu'ils ne soient l'objet d'aucune désignation légale à ce sujet.

Une ordonnance du 16 avril 1823 a étendu aux aumôniers le bénéfice du décret de 1809.

Quant aux médecins et chirurgiens, l'administration ayant toujours vu dans l'allocation qu'ils reçoivent plutôt une indemnité de déplacement qu'un traitement, ils ne sont pas admis à jouir du bénéfice de la retraite.

On admet, au contraire, à cet avantage les pharmaciens comme ayant, particulièrement dans les grands hospices, des fonctions plus effectives, mais il faut pour cela qu'ils soient attachés exclusivement à l'établissement charitable.

CHAP. II. — SERVICE INTÉRIEUR.

Sect. 1. — Les malades et indigents reçus dans les hôpitaux et hospices.

52. L'admission est gratuite ou rétribuée. La création dans les hôpitaux de salles spéciales destinées à admettre des malades moyennant rétribution, a des avantages réels à plus d'un point de vue. Mais la destination essentielle des établissements hospitaliers est l'admission gratuite, c'est-à-dire celle des indigents.

ART. 1. — ADMISSION DANS LES HÔPITAUX.

53. L'hôpital, s'il n'a pas une destination spéciale, doit en principe recevoir toutes les catégories de malades et d'individus. Se fondant sur leurs statuts, les sœurs se refusent d'ordinaire à soigner certaines maladies spéciales. L'administration doit s'efforcer dans ce cas, en ayant recours à des laïques, de concilier ces répugnances avec les droits de l'humanité. Du reste, les grandes villes ont presque toutes aujourd'hui des hôpitaux spécialement affectés au traitement des maladies contagieuses.

54. L'admission des indigents malades est prononcée par un des membres de la commission (un membre ordinairement délégué à cet effet), d'après l'avis du médecin et hors les cas d'urgence, sur la présentation de deux certificats, l'un d'indigence délivré par l'autorité locale du domicile, l'autre du médecin qui a soigné la maladie.

55. Dans les communes où il n'y a pas d'hôpital pour les militaires, ils sont reçus dans les hospices civils.

Le service dans les salles militaires, quand on en forme, doit être constitué sur les mêmes bases que dans les établissements destinés aux malades des corps d'armée [1].

1. En attendant l'adoption du projet de loi pendant devant la Chambre des députés, le service des salles militaires est soumis aux prescriptions du règlement général du service de santé des militaires malades du 1er avril 1831. (*Voy.* le supplément annuel du *Dictionnaire.*)

56. Les administrateurs et les magistrats chargés des prisons peuvent faire transférer dans un hôpital un détenu malade.

L'administration hospitalière est responsable de l'évasion, si l'on a mis à sa disposition les moyens de surveillance nécessaires pour la prévenir ou l'empêcher. Une chambre de sûreté est ordinairement établie. Toutes les prisons importantes ont aujourd'hui, au surplus, une infirmerie qui reçoit leurs malades.

Les forçats libérés qui tombent malades en route rentrent dans la catégorie des indigents ordinaires et sont en conséquence soumis aux mêmes règles qu'eux.

ART. 2. — ADMISSION DANS LES HOSPICES.

57. D'après l'art. 2 de la loi du 7 août 1851, l'administration hospitalière détermine, sauf l'approbation du préfet, « les conditions de *domicile et d'âge* nécessaires pour être admis dans chaque hospice ».

L'art. 8 de la même loi, s'appropriant le principe de l'art. 6 de la loi du 16 messidor an VII, charge exclusivement la commission de l'admission et du renvoi des indigents. Les formalités de l'admission sont fixées par les art. 13 et suivants de la circulaire du 31 janvier 1840.

58. Quand il n'existe pas, ce qui est le cas le plus fréquent, d'établissements pour les vieillards valides et incurables remis à titre de pensionnaires, il importe autant que possible de leur consacrer un quartier spécial et réservé. L'admission peut avoir lieu moyennant abandon de biens ou de capitaux de la part de l'individu admis. Ce genre d'admission, qui ouvre un asile à des personnes ne possédant pas tout à fait assez de ressources pour subvenir à leurs besoins, présente des avantages réels, malgré l'objection de principe tirée au point de vue économique de la concurrence faite à l'industrie privée.

59. Dans certains cas du reste, par exemple si l'individu reçu possédait en entrant des ressources quelconques ou s'il lui arrive plus tard quelque fortune, l'hospice a une action en répétition : dans la première hypothèse, jusqu'à concurrence des biens qu'a laissés cet individu ; dans la seconde, seulement pour la part proportionnelle de secours qu'il a reçus à partir du jour où il a cessé d'être tout à fait indigent. Ce qui a été donné avant ce jour est considéré comme l'ayant été à titre gratuit et irrévocable.

(En ce qui concerne les orphelins pauvres, les enfants trouvés et abandonnés, voyez **Enfants assistés**.)

ART. 3. — DOMICILE DE SECOURS.

60. Il est réglé par les lois des 24 vendémiaire an II et 7 août 1851 (*voy.* **Domicile de secours**). Consulter aussi l'enquête parlementaire de 1873.

ART. 4. — RENVOIS ET SORTIES.

61. Les malades et convalescents sortent de l'hôpital lorsque le médecin a jugé qu'ils peuvent le faire sans danger. Lors de la discussion de la loi de 1851 il a été entendu *qu'un convalescent hors d'état de travailler* ne devait pas être renvoyé d'un hôpital. Lorsque le malade est reconnu incurable, il doit cesser de rester dans l'hôpital ; il est alors placé à l'hospice, si cela est possible. Les vieillards et incurables indigents sont renvoyés de l'hospice, sur délibération de la commission, lorsque l'état d'indigence ou d'infirmité qui avait motivé leur admission vient à cesser.

62. Le renvoi peut aussi avoir lieu par mesure disciplinaire. Il est naturellement fort rare dans les hôpitaux. Dans les hospices, il peut être motivé par l'absence sans permission, par l'inconduite notoire et notamment par les habitudes persistantes d'ivresse.

63. La sortie de l'hospice peut aussi avoir lieu par l'effet de la volonté de l'individu admis.

ART. 5. — DÉCÈS, INHUMATION, DISSECTION, EFFETS MOBILIERS DES DÉCÉDÉS.

64. Le décès est constaté et l'acte en est dressé conformément aux art. 78, 79, 80 et suivants du Code civil. Les administrateurs doivent donc *à la fois* et informer l'officier de l'état civil et tenir des registres destinés à inscrire leurs déclarations et les renseignements relatifs aux décès.

L'art. 80 du Code civil est du reste formel. Les inhumations sont régies par le droit commun, c'est-à-dire par les art. 77 et 81 du Code civil. Aucune inhumation ne peut avoir lieu dans les hôpitaux. (*Déc. 23 prair. an XII.*)

65. Lorsque les corps sont réclamés par les parents et amis des défunts pour être inhumés à leurs frais, ils leur sont rendus. Dans le cas contraire, un certain nombre sont transportés aux amphithéâtres. L'utilité incontestable que retire la science de la dissection des cadavres doit se concilier ici avec le respect dû aux morts. Dans de grands hôpitaux, des règlements intérieurs approuvés par le ministre n'admettent la réclamation des corps que si les réclamants se sont engagés au moment de l'admission à solder les frais des journées du malade.

66. Les effets mobiliers, servant à son usage, apportés à l'hospice par un individu qui y est mort et qui y a été traité *gratuitement,* appartiennent à l'hospice, à l'exclusion de tous autres héritiers et du domaine en cas de déshérence. Mais il ne s'agit pas des valeurs mobilières qu'il pourrait posséder ; celles-ci appartiennent à ses héritiers, et, à défaut d'héritiers, à l'État. (*Avis du C. 3 nov.* 1809, *interprété par l'avis du C. 27 fév.* 1849.)

ART. 6. — SECOURS D'HOSPICE.

67. Nous avons signalé les avantages des secours d'hospice que M. de Gasparin réclamait déjà dans un rapport au roi, en 1837, et qui avaient fait plus tard l'objet d'une prescription importante de la loi du 7 août 1851 (*art.* 17).

Aux termes de cet article, la commission pouvait, avec l'approbation du conseil général et du préfet, convertir une partie des revenus attribués aux hospices, mais seulement jusqu'à concurrence d'un cinquième, en secours à domicile annuels en faveur des vieillards infirmes placés dans leurs familles.

Les avantages de ce mode : maintien du lien de famille, extension du bienfait du traitement gratuit à beaucoup d'individus demi-indigents, diminution progressive du nombre des lits d'hôpitaux se substituant à un accroissement de plus en plus marqué, ces avantages ont tellement frappé le législateur que, d'après la loi du 21 mai 1873 (*art.* 7), ce n'est plus seulement le cinquième de

leurs revenus, c'est le *quart* que les hospices peuvent maintenant, de concert avec les bureaux de bienfaisance, affecter *au traitement des malades à domicile et à l'allocation de secours annuels en faveur des vieillards ou infirmes placés dans leurs familles.*

La portion des revenus ainsi employés pourra même être portée au *tiers* avec l'assentiment du conseil général. C'est surtout à Paris qu'il a été donné jusqu'à présent un développement sérieux à ces *secours d'hospice.*

68. Dans l'enquête parlementaire de 1873, on a insisté sur l'utilité des secours à domicile ; 32 conseils généraux ont réclamé, mais seulement pour le cas où le vieillard n'a plus de famille, son placement dans les hospices ou asiles ; 11 autres ont préféré le placement immédiat dans ces établissements.

Sect. 2. — Les règlements sur le régime intérieur.

69. Le service intérieur de chaque hospice doit être régi par un règlement proposé par la commission et approuvé par le préfet. Afin de ramener tous les règlements à l'uniformité, le ministre de l'intérieur a fait dresser, le 31 janvier 1840, un modèle de règlement résumant toutes les règles applicables au service intérieur et traitant notamment de la nature des maladies et infirmités soignées dans l'établissement, du mode d'admission et de renvoi, du nombre des lits assignés à chaque espèce d'indigents, de l'ordre et de la police intérieure, du régime alimentaire.

70. En ce qui concerne le travail, qui est obligatoire et approprié à l'âge et aux conditions de santé de chacun, l'économe chargé de la direction des ateliers tient un compte particulier des matières fournies et des produits fabriqués. Pour atténuer les effets de la concurrence vis-à-vis du travail extérieur, il conviendrait que le travail s'appliquât autant que possible à des objets utilisés pour le service de l'administration elle-même. Le travail des femmes est le moins difficile à organiser à ce point de vue. Le produit du travail est intégralement versé dans la caisse du receveur. Le tiers en est remis tous les mois aux indigents travailleurs. Le prix de journée est fixé par le préfet, sur l'avis de la commission.

71. Relativement au *régime alimentaire,* voir, outre le règlement de 1840, l'instruction du 20 novembre 1836, le règlement des hospices de Paris de 1841 (DURIEU et ROCHE, t. II, p. 627), et le projet de régime alimentaire adressé par le ministre de l'intérieur aux préfets le 27 avril 1864.

CHAP. III. — COMPTABILITÉ. RECETTES ET DÉPENSES.

72. Ce sujet comporterait, surtout au point de vue technique et d'application, des développements fort étendus. On devra ici se restreindre aux points les plus importants, sauf à renvoyer aux sources.

La comptabilité des hospices, comme celle des bureaux de bienfaisance, se rattachant par beaucoup de points à celle des communes, on a senti depuis longtemps la nécessité de mettre en harmonie la première avec la seconde. L'ordonnance du 31 octobre 1821, la circulaire du 11 novembre 1826, entrèrent dans cette voie ; le principe général en fut posé dans l'ordonnance du 22 janvier 1831. L'article 12 de la loi du 7 août 1851, portant : « la comptabilité des hospices est soumise aux règles de la comptabilité des communes », n'a fait que répéter le principe définitivement formulé par cette ordonnance. Pour les hospices comme pour les communes le point de départ de la comptabilité est donc le budget annuel, c'est-à-dire l'état des recettes et l'état des dépenses présumées de l'année. Le recouvrement des recettes et leur emploi en dépenses réalisent l'exécution de ce budget. L'ensemble des règles d'après lesquelles cette réalisation a lieu s'appelle la *comptabilité-espèces*, par opposition à la *comptabilité-matières* qui assure la vérification de l'entrée en magasin des denrées, de leur consommation et de leur sortie.

Sect. 1. — Comptabilité-espèces.
ART. 1. — LE BUDGET.

73. Le budget de l'exercice prochain est délibéré par la commission dans le mois qui suit la clôture de l'exercice précédent, afin qu'il puisse être utilement examiné par toutes les autorités qui ont à en connaître.

Dans les villes où il y a plusieurs hospices, le budget doit être rédigé de manière que les dépenses de chaque établissement soient présentées séparément et additionnées ensuite pour ne former qu'un seul total. Quant aux recettes, elles doivent être portées en masse sans distinction des établissements.

74. Une fois délibéré par la commission, qui doit auparavant avoir réglé le budget de l'exercice clos, le budget est adressé au maire pour être soumis au conseil municipal, dont l'avis est réclamé même lorsque la commune ne fournit aucune subvention. Cependant si, par négligence ou mauvais vouloir, le conseil municipal mis en demeure n'avait pas fourni d'avis, on pourrait passer outre.

Lorsque le conseil municipal a émis son avis, le budget est renvoyé par le maire à la commission, qui détermine les modifications que cet avis et, s'il y a lieu, la subvention communale pourraient rendre nécessaires. Elle adresse ensuite le budget au préfet, chargé de le régler, quel qu'en soit le chiffre (*D. 25 mars* 1852, *art.* 1er). Avant ce décret, il appartenait au ministre de régler les budgets au-dessus de 100,000 fr.

75. Le budget et les chapitres additionnels adressés au préfet doivent être accompagnés de pièces suivantes : le budget primitif, 1° d'un cahier d'explications détaillées sur les causes qui ont motivé des changements tant en recettes qu'en dépenses sur les fixations du budget précédent ; 2° de l'avis du conseil municipal ; 3° de l'état des consommations présumées pour la gestion-matières de l'économe ; 4° de l'avis du sous-préfet.

Le budget supplémentaire, 1° de l'état des restes à recouvrer, et de celui des restes à payer ; 2° du compte d'administration de l'exercice précédent, accompagné du compte moral ; 3° de l'état des situations du receveur ; 4° du règlement de l'exercice clos ; 5° d'un cahier d'explications détaillées sur les causes qui ont nécessité les demandes de crédits supplémentaires ou produit des recettes de même nature ; de l'avis du conseil municipal, de l'avis du sous-préfet.

76. Les commissions peuvent porter au budget un crédit pour dépenses imprévues. La somme inscrite pour ce crédit ne peut excéder le dixième des recettes ordinaires.

77. Si une administration hospitalière avait refusé de voter le budget ou partie du budget, l'autorité supérieure ne pourrait pas user du moyen d'inscription d'office qui lui est accordé pour les communes par l'art. 39 de la loi du 18 juillet 1837 ; modifier l'opinion des administrateurs ou les révoquer serait le seul moyen de vaincre leur résistance. (*Voir, sur l'ensemble des règles du budget, Instr. gén.* 20 *juin* 1859, *art.* 1047 *à* 1052.)

ART. 2. — RECETTES ET DÉPENSES.

78. *Recettes.* Elles sont divisées en recettes *ordinaires* et en recettes *extraordinaires*.

79. Aux termes de l'art. 21 de l'ordonnance du 31 octobre 1821, les receveurs ont seuls qualité pour recevoir et pour payer.

Ils recouvrent les divers produits aux échéances déterminées par les titres de perception et les règlements. Ils font contre les débiteurs en retard tous les actes et exercent toutes les poursuites nécessaires.

Ils sont responsables de la rentrée des revenus en nature, comme du recouvrement des revenus en argent, et ils ne peuvent dégager leur responsabilité à cet égard qu'en justifiant de la remise qu'ils ont faite entre les mains des économes, des objets en nature provenant de ces revenus et qui doivent entrer dans la consommation de l'établissement.

Ils délivrent quittance de toutes les sommes et objets en nature versés à leur caisse. Les quittances des allocations et secours accordés aux hospices ne sont pas passibles du timbre ; mais la loi de finances de 1866 soumet au timbre les quittances des produits et revenus de toute nature dans lesquels sont comprises les subventions.

80. *Dépenses.* Comme les recettes, elles sont divisées en ordinaires et extraordinaires.

Aucune dépense ne peut être acquittée que sur les crédits régulièrement ouverts et approuvés dans le budget de l'établissement, et ces crédits ne peuvent être affectés à d'autres dépenses.

81. Les receveurs sont personnellement responsables de tout paiement qui ne résulterait point d'un crédit spécial ou d'une autorisation régulière, ou qui excéderait cette autorisation.

82. Les crédits non employés ne peuvent être appliqués à d'autres dépenses ou reportés d'un budget sur l'autre.

83. Le droit d'approuver, et partant de limiter et de spécialiser, les crédits n'a pas pour conséquence de donner au préfet le droit absolu d'imposer certaines dépenses, comme si les dépenses étaient divisées en facultatives et obligatoires ; mais dans certains cas, s'il s'agissait par exemple de réparations urgentes à un bâtiment ou de la régularisation d'un service en souffrance, le préfet pourrait, en cas de refus ou de négligence de la commission, ordonner l'exécution de la dépense. (DURIEU, t. II, p. 12.)

84. Les mandats de paiement doivent être délivrés par le membre de la commission délégué comme *ordonnateur* des dépenses. (*Inst.* 20 *juin* 1859, *art.* 1805.)

85. Tout receveur qui aurait indûment refusé ou retardé un paiement régulier est responsable des dommages-intérêts qui pourraient en résulter ; il encourt en outre, suivant la gravité du cas, la perte de son emploi. (*Inst.* 20 *juin* 1859, *art.* 1002.)

86. Si le comptable est chargé de plusieurs services tels que le service communal et celui du bureau de bienfaisance, il ne peut avoir qu'une seule caisse, mais il ne peut se servir des fonds d'un service pour payer les dépenses de l'autre. L'instruction du 20 juin 1859 règle les conditions du versement au Trésor des fonds dépassant les besoins du service et celles des remboursements.

87. Soumis comme tous les comptables aux principes généraux en matière de comptabilité publique, les receveurs ont à tenir des écritures spéciales principalement déterminées par la circulaire du ministère de l'intérieur du 30 mai 1827. (Pour les détails relatifs à ces écritures, intéressant surtout les hommes spéciaux, nous renvoyons à cette circulaire, au décret du 31 mai 1862 et à l'instruction générale du 20 juin 1859, art. 144 et suivants.)

88. Les receveurs sont tenus de rendre, chaque année, un compte de gestion pour leurs opérations de l'année précédente. Aux termes du décret du 27 janvier 1866 qui règle actuellement ce compte, il doit être établi de manière à présenter toutes les opérations du même exercice, en distinguant les opérations des douze premiers mois de l'exercice (qui a 15 mois), des opérations complémentaires effectuées pendant les trois premiers mois de l'année suivante. Le receveur est aussi tenu de fournir un *compte de deniers* et un *compte de matières.*

Sect. 2. — Comptabilité-matières.

89. L'ensemble des règles d'après lesquelles l'économe doit *passer écriture et rendre compte* de l'entrée et de la sortie des objets de *consommation,* s'appelle la comptabilité en *matières* et se subdivise en *comptabilité des produits* et en *comptabilité des consommations.* (Voir, pour les détails, l'ordonnance du 29 novembre 1831, et l'instruction ministérielle du 20 novembre 1836; *voy. aussi* Matières [Comptabilité-]).

Pour toutes les obligations résultant de leur qualité de comptables et notamment pour l'exécution des injonctions, la gestion des économes est assimilée à celle des receveurs.

Pour lui permettre de subvenir aux menues dépenses, une somme, qui ne peut dépasser le *douzième* du crédit afférent à l'avance nécessaire à chaque dépense, est mise tous les mois à la disposition de l'économe. (*Instr. gén.* 20 *juin* 1859, *art.* 1499.)

Sect. 3. — Compte d'administration. Compte moral.

90. Aux termes de l'ordonnance du 31 mai 1838 (art. 507), la commission, en même temps qu'elle arrête les comptes qui lui sont soumis par ses préposés, doit préparer son propre compte d'administration.

Ce compte se divise en deux parties : l'une qui n'a pour objet que de présenter le compte matériel des opérations effectuées durant l'exercice, les résultats de la gestion administrative ;

l'autre qui justifie ces résultats et indique les améliorations que la situation des établissements peut provoquer; c'est ce qu'on appelle le *compte moral.*

La transmission de ces comptes à l'administration supérieure se fait comme celle des comptes du receveur.

Sect. 4. — Présentation et jugement des comptes.

91. Les comptes de gestion des receveurs sont jugés par la Cour des comptes, pour les établissements dont les revenus excèdent 30,000 fr., par les conseils de préfecture pour les autres, sauf recours à la Cour des comptes. Les changements de juridiction sont déterminés par le chiffre qu'ont atteint les revenus ordinaires pendant trois années consécutives.

92. Il ne peut être présenté aucun compte devant l'autorité chargée de le juger, qu'il ne soit en état d'examen et appuyé des pièces justificatives.

93. Après la présentation d'un compte, il ne peut y être fait aucun changement. Avant sa présentation, le compte doit être vérifié par le conseil municipal et par le receveur des finances; il est ensuite transmis au préfet, chargé de le remettre à la Cour des comptes ou au conseil de préfecture, suivant le cas. (*Instr.* 20 *juin* 1859, *art.* 1554.) Cette présentation doit toujours avoir lieu avant le 1er septembre de l'année qui suit celle pour laquelle le compte est rendu. (*D.* 27 *avril* 1866.) C'était autrefois avant le 1er juillet. Le receveur doit donner avis au procureur général près la Cour des comptes de l'envoi qu'il fait au greffier en chef de cette cour.

94. Le compte de l'économe, accompagné des pièces réglementaires, est soumis à la commission administrative qui, par dérogation avec ce qui a lieu pour les comptes des receveurs et aux termes de l'art. 1er de l'ordonnance du 29 novembre 1831, est chargée de l'apurer, sauf l'approbation du préfet.

Le retard dans la présentation du compte du receveur est puni par l'autorité chargée de le juger. (*Instr.* 20 *juin* 1859, *art.* 1556.) Le retard de l'économe est également poursuivi par les voies de droit. Les comptes doivent être jugés avant l'époque fixée pour la présentation des comptes de l'année suivante. Les charges et injonctions imposées aux comptables par les arrêts et arrêtés doivent être exécutées dans le délai de *deux mois à partir du jour de la notification.*

95. La révision des arrêtés de comptes peut être demandée, dans des cas déterminés, par les intéressés devant les premiers juges. Ils peuvent aussi se pourvoir devant une juridiction supérieure.

Sect. 5. — Surveillance et vérification de la comptabilité.

96. Le système qui y préside constitue une inspection permanente très-fortement organisée. Ainsi, et à titre de surveillance immédiate, les commissions doivent s'assurer chaque mois, par la vérification des registres des receveurs, des diligences qu'ils ont faites pour la perception des revenus. Elles peuvent en outre, toutes les fois qu'elles le jugent utile, vérifier leur caisse et leurs livres. (*Ord.* 31 *oct.* 1821.)

Les préfets sont tenus de faire vérifier la situation des receveurs au moins deux fois par an et toujours à la fin de l'année. (*Ibid.*)

Les inspecteurs généraux des établissements de bienfaisance et les inspecteurs des finances vérifient extraordinairement et à des époques indéterminées toutes les parties de la comptabilité.

D'autre part, les trésoriers-payeurs généraux et particuliers des finances sont chargés de surveiller les caisses et les écritures des receveurs. Ils peuvent placer un agent spécial auprès d'eux, requérir du maire leur suspension en cas d'irrégularités graves et leur remplacement par un gérant provisoire, ou même, s'il y a urgence, y pourvoir d'office sous leur responsabilité ; ils répondent de leur gestion lorsque le comptable réunit à ses fonctions celles de percepteur. (*Instr.* 20 *juin* 1859, *art.* 1196 et 1284 *et suiv.*) Les inspecteurs des finances peuvent également les suspendre en cas de déficit.

Sect. 6. — **Responsabilité civile des administrateurs et agents. — Responsabilité des comptables.**

97. Les administrateurs et agents sont susceptibles, comme tous les fonctionnaires administratifs, d'encourir la responsabilité civile résultant, en règle générale, des art. 1382 et 1383 du Code civil. S'ils n'ont eu ni le dépôt ni le maniement des fonds de l'établissement, leur erreur, leur faute grave, les délits ou crimes dont ils se seraient rendus coupables et qui auraient eu pour effet soit de nuire à l'établissement, soit de légitimer contre lui l'action des tiers, ne peuvent donner à ces derniers d'autre garantie qu'une action civile fondée sur ces articles. S'ils ont manié des fonds, ils sont devenus comptables de l'établissement, et ce dernier a acquis sur leurs biens, aux termes de l'art. 2121 du Code civil, une hypothèque légale indépendante de ses droits sur le cautionnement de l'agent. Les préposés de l'économat, les gardes-magasins et les sœurs hospitalières elles-mêmes, si elles ont rempli ces fonctions, sont soumis à cette même disposition.

98. L'application du cautionnement du comptable au profit de l'établissement créancier a lieu dans deux cas principaux : celui du *déficit* dont la constatation est le fait de l'administration arrêtant le flagrant délit, et celui du *débet* qui est le jugement proprement dit d'une période terminée avec forcément de recettes ou radiation de dépenses. Le comptable est soumis, dans le premier cas, à l'action administrative (poursuite en quelque sorte provisoire et conservatoire par le préfet) ; dans le second, à l'action judiciaire (administrative), c'est-à-dire à l'application de l'arrêté ou du jugement du compte, la poursuite se faisant d'abord sur le cautionnement, ensuite contre ses biens en vertu de l'hypothèque légale.

CHAP. IV. **BIENS DES ÉTABLISSEMENTS HOSPITALIERS.**

Sect. 1. — **Nomenclature générale des biens.**

99. D'après la loi du 16 vendémiaire an V, si importante dans l'histoire des hôpitaux, la dotation et l'actif des hospices se composent : 1° des biens qui leur ont été restitués en nature ou à titre de remplacement ; 2° des rentes foncières qui leur ont été rendues, des rentes nationales qui leur ont été données en paiement, des rentes celées et des domaines nationaux usurpés qu'ils ont été

autorisés à revendiquer contre les détenteurs qui en jouissaient sans titre légal ; 3° des immeubles, rentes ou capitaux provenant de legs ou donations valablement acceptés ; 4° des rentes sur l'État qu'ils ont acquises avec les capitaux provenant soit de dons et legs par eux recueillis en argent ou en effets, soit de remboursements qui leur auraient été faits par les débiteurs, et des rentes sur particuliers provenant soit de leur dotation originaire, soit des rentes restituées en remplacement de leurs biens vendus, soit de fondations pieuses.

100. Leurs ressources *éventuelles* se composent : 1° des subventions qui leur sont accordées par l'État, le département ou les communes, dans le cas d'insuffisance de leurs revenus, et des fonds alloués pour le service des enfants trouvés ; 2° de la portion qui leur est attribuée dans le produit de certaines amendes ; 3° du produit des droits perçus sur les bals, spectacles, concerts, danses et fêtes quelconques où le public est admis en payant ; 4° des journées de militaires et marins dans le cas où l'hospice les reçoit en traitement ; 5° du produit du travail des indigents et des enfants admis dans l'hospice ; 6° des revenus des biens des enfants admis dans ces hospices et de ces biens eux-mêmes, si ces enfants meurent sans héritiers ; 7° des effets mobiliers apportés par les malades traités gratuitement et décédés ; 8° des pensions payées par les individus admis à cette condition ; 9° enfin des offrandes faites par les citoyens et du produit des dons, aumônes, quêtes et collectes.

Sect. 2. — **Revenus fixes.**

ART. 1. — BIENS RESTITUÉS.

101. Les biens restitués ont été l'occasion de plusieurs difficultés juridiques soit sur le caractère de la remise — donation ou restitution — et les conséquences de cette remise au point de vue des dettes des hospices, soit sur la faculté de recours des hospices contre l'État au sujet des biens remplacés, etc. Nous n'avons pas à parler ici de ces difficultés, dont le caractère devient de plus en plus historique.

ART. 2. — RENTES SUR L'ÉTAT ET SUR PARTICULIERS.

102. Historiquement une partie des rentes sur l'État que possèdent les hospices leur viennent de ce qu'ayant reçu, pendant les années V, VI, VII et VIII de la République, de très-nombreux malades, sur la demande des départements de la guerre, de la marine et de l'intérieur, qui ne purent que leur remettre des à-compte, l'arrêté du 15 brumaire an IX pourvut au paiement des sommes importantes qui leur restaient dues, en capitaux de rentes appartenant à l'État, ce paiement devait être fait à chaque hospice en rentes dues dans le département de la situation.

Un grand nombre de rentes et de biens qui se trouvaient sujets à la mainmise nationale ou à la confiscation par suite des lois de la Révolution, ayant échappé aux recherches de la régie, la loi du 4 ventôse an IX décida (art. 1er) que toute rente et tout domaine de cet ordre «seraient affectés aux besoins des hospices les plus voisins de leur situation », mais malgré le silence de cette loi sur les personnes par lesquelles seraient faites les découvertes de rentes ou de bien celés, l'attribution des hospices fut restreinte, par une décision interprétative du Gouvernement en date du 7 nivôse an XII, aux rentes que leurs propres agents découvriraient. C'est ainsi, par exemple, que le décret du 30 décembre 1809 a admis les *fabriques* à solliciter la possession des biens et rentes celés dont elles révéleraient l'existence.

103. Le principe posé par la loi du 4 ventôse an IX, étant toujours en vigueur, il en résulte que des agents des administrations hospitalières ou des tiers, dans un but de bienfaisance, ont fait et font encore quelquefois des révélations de biens ou de rentes celés au domaine. Si ces tiers stipulent à leur profit une indemnité quelconque sur le produit de la découverte, l'autorité administrative est appelée à autoriser les transactions.

104. A toutes les époques, les hospices ont été engagés à préférer les placements en rentes sur l'État à toutes autres et même aux propriétés immobilières. Sous l'ancien régime, des textes nombreux, ayant tous pour but de diminuer les conséquences de la mainmorte et de soustraire les revenus des établissements charitables aux désavantages d'une exploitation directe de biens immeubles, font foi de cette préférence, qui n'était pas, du reste, partagée par ces établissements ni par leurs bienfaiteurs. (Voir, pour l'époque postérieure à 1789, le rapport des inspecteurs généraux de 1874, p. 25.)

Les articles 9 et 10 de la loi du 7 août 1851 ont réglementé cette matière en déclarant que la commission *délibérerait* sur les placements de fonds et emprunts, et que cette délibération, soumise *à l'avis du conseil municipal,* suivrait, quant aux *autorisations,* les mêmes règles que les délibérations de ces conseils, c'est-à-dire devrait être définitivement approuvée par le préfet (*L.* 18 *juillet* 1837, *art.* 18 ; *D.* 25 *mars* 1852, *art.* 1er.)

105. En 1862, les hospices furent invités (loi du 12 février) à convertir en rente 3 p. 100 leurs rentes 4 $\frac{1}{2}$ et 4 p. 100. Pour opérer cette conversion, ils furent obligés de payer une soulte équivalente à dix-huit mois d'arrérages de ces rentes. Aussi exprimèrent-ils des doléances, déclarant la mesure aussi regrettable pour leurs intérêts qu'elle était favorable aux intérêts de l'État. La conversion était, au surplus, facultative, tout en étant fortement conseillée par le Gouvernement. (*Circ. fin.* 18 *févr.* 1862.)

106. Les rentes sur particuliers étant fort peu avantageuses pour les hospices et la perception des arrérages de ces rentes étant toujours difficile, les administrations doivent tendre à leur remboursement, fût-ce au prix de quelques sacrifices.

107. Nous avons vu plus haut que l'admission à l'hospice peut avoir lieu moyennant abandon de biens ou de capitaux.

Les administrateurs peuvent recevoir à cet effet, sur la simple autorisation du préfet, les sommes offertes en placement à rentes viagères et à fonds perdu par les pauvres entretenus dans les établissements, ou les sommes offertes par des tiers pour l'admission de ces pauvres. L'intérêt annuel des fonds placés en rentes viagères ne peut être au-dessus de 10 p. 100 du capital.

Sect. 3. — Ressources éventuelles.

ART. 1. — SUBVENTIONS DÉPARTEMENTALES OU COMMUNALES.

108. La subvention pour les *enfants assistés* fait partie des dépenses ordinaires des départements. La loi du 5 mai 1869 a introduit sur ce point des modifications importantes, en exonérant les hospices dépositaires des charges que leur imposait le décret du 19 janvier 1811 ; en mettant à la charge de l'État les frais d'inspection et un cinquième des dépenses extérieures. Un cinquième incombe désormais aux communes, sauf déduction du produit des legs spéciaux et des amendes de police correctionnelle. Les quatre cinquièmes restant dans ces deux ordres de dépenses sont mis à la charge du budget départemental.

Cette loi, disons-le en passant, n'a pas été vue avec faveur par toutes les administrations hospitalières, au moins en ce qui concerne l'abandon par elles des fondations, dons et legs spéciaux aux enfants assistés. Elles allèguent que la loi aura pour effet d'affaiblir, sinon de tarir une des sources importantes de la charité publique, les particuliers ne se souciant pas de faire des dons à l'État ou aux départements.

109. La subvention aux hospices communaux n'est pas, en dehors de la part contributive dans la dépense des enfants assistés, rangée parmi les dépenses obligatoires des communes, mais, en fait, les subventions imputées sur les dépenses facultatives sont considérables et forment une des ressources principales des hospices, du moins dans les grandes villes.

ART. 2. — PRODUIT DES AMENDES.

110. Les rédacteurs des anciens édits consacraient à certains hôpitaux généraux le produit des amendes et confiscations. Le même principe a été introduit dans la législation moderne, notamment par l'ordonnance du 30 décembre 1823. D'après cette ordonnance, les amendes de police *municipale* et *rurale* n'entrent plus dans le fonds commun autorisé par le décret du 17 mai 1809, et elles appartiennent exclusivement aux communes dans lesquelles les contraventions ont été commises. Quant à celles de police *correctionnelle*, elles sont centralisées à la trésorerie générale de chaque département et forment un fonds commun employé, sous la direction du préfet, un tiers au service des enfants trouvés et les deux autres tiers au service des communes. (*Inst. gén.* 20 *juin* 1859, *art.* 1077).

111. Aux termes de la loi du 16 pluviôse an XII, les bénéfices des monts-de-piété doivent être versés dans la caisse des hospices. (*Voy. le mot* **Mont-de-piété,** nos 7 à 11.)

ART. 3. — DROITS DES PAUVRES SUR LES SPECTACLES. (*Voy.* **Droit des indigents.**)

ART. 4. — JOURNÉES DE MILITAIRES ET MARINS.

112. Le produit de ces journées donne aux hospices un bénéfice d'une certaine importance, qui fait partie de leurs ressources éventuelles ; nous avons indiqué plus haut les règles relatives au détail de ce service.

ART. 5. — PRODUIT DU TRAVAIL DES ATELIERS.

113. Les deux tiers du produit du travail sont versés dans la caisse des hospices ; le tiers restant doit être remis en entier aux indigents, soit à la fin de chaque semaine ou de chaque mois, soit à leur sortie, suivant le mode fixé par la commission. (*Instr. gén,* 20 *juin* 1859, *art.* 1070.)

ART. 6. — DROITS SUR LES BIENS DES ENFANTS ADMIS DANS LES HOSPICES, ET SUR LES BIENS ET EFFETS MOBILIERS DES MALADES.

114. La perception des premiers est réglementée par la loi du 15 pluviôse an XIII (*art.* 7, 8 et 9); celle des seconds, par l'avis du Conseil d'État du 3 novembre 1809. (*Voy. plus haut, n°* 66.)

ART. 7. — JOURNÉES DE MALADES PAYANTS.

115. Ces journées fournissent aux hospices des ressources d'une certaine importance.

ART. 8. — DONS ET LEGS.

Voy. ce mot.

ART. 9. — QUÊTES ET COLLECTES.

116. D'après l'arrêté ministériel du 5 prairial an XIII, les administrateurs des hospices sont autorisés à faire quêter dans tous les temples consacrés à l'exercice des cérémonies religieuses et à confier la quête aux filles de charité vouées au service des pauvres et des malades.

Ce même arrêté et un décret du 12 septembre 1806 les autorisent à faire poser dans tous les temples et dans d'autres lieux convenables des troncs destinés à recevoir les aumônes et les dons que la bienfaisance individuelle voudrait y déposer.

Les produits des quêtes et collectes doivent être versés intégralement dans la caisse de l'établissement auquel ils appartiennent.

CHAP. V. — ADMINISTRATION ET GESTION DES BIENS ET DROITS DES HOSPICES. — CAPACITÉ CIVILE.

Sect. 1. — Gestion des biens-fonds. — Baux, etc.

117. *Sommier.* Toute administration d'hospices doit faire tenir un sommier général des biens, rentes et revenus quelconques appartenant à ces hospices, et ce sommier doit être revu et rectifié chaque année, selon les changements survenus dans la dotation hospitalière. On comprend, en effet, qu'il n'y aurait pas de bonne administration sans une connaissance exacte et une constatation toujours possible des biens et propriétés sur lesquels cette administration doit s'exercer.

118. *Régie* ou *mise en fermage.* Les commissions peuvent exploiter par elles-mêmes les biens des hospices, pourvu qu'elles aient été autorisées par le préfet; mais l'exploitation par les commissions n'est admise que comme exception, la mise en fermage étant la règle ordinaire. C'est là une question de fait et d'appréciation. Dans certains cas, en effet, par exemple lorsqu'il s'agit de bois, vignes, prés, à la proximité de l'hospice, la mise en fermage est considérée comme plus ou moins de raison comme lui étant préjudiciable, mais les facilités qui n'ont cessé d'être données aux commissions pour ce dernier mode d'exploitation, prouvent combien, d'accord du reste en cela avec les véritables règles économiques, l'administration le préfère à la régie directe. Aussi les préfets sont-ils invités à ne l'autoriser qu'avec beaucoup de réserve.

119. La loi du 7 août 1851 (*art.* 8) porte que les commissions régleront, par leurs délibérations, le mode d'administration des biens et revenus des hospices, sauf le contrôle du préfet, qui peut annuler les délibérations à cet égard, trente jours après la notification officielle.

Lorsque les biens sont exploités par l'établissement, cette exploitation se fait sous la surveillance de l'économe, qui pourvoit à la récolte des revenus en nature et en constate l'entrée sur ses livres.

120. *Impôts.* Les hospices acquittent la contribution assise sur leurs propriétés foncières de toute nature, en principal et en centimes additionnels.

Les bâtiments employés au service des hospices ne sont pas soumis à la contribution des portes et fenêtres; mais les parties de ces bâtiments occupées par les employés y sont astreintes.

Les hospices doivent le droit de patente lorsqu'ils exploitent une usine ou un établissement industriel.

121. Les biens affectés à la dépense des hospices sont insaisissables comme toutes les propriétés de l'État.

122. Les baux des maisons et biens ruraux, pour la durée ordinaire, doivent être adjugés aux enchères par-devant un notaire désigné par le préfet. La présence de ce notaire à l'adjudication est indispensable. Un membre de la commission et le receveur assistent aussi aux enchères. Depuis le décret du 25 mars 1852, le préfet approuve les baux à donner et à prendre, quelle qu'en soit la durée. (*Art.* 1er, *tableau A, n°s* 41, 42, 43, 44; *voy. Instr. gén.* 20 *juin* 1859, *art.* 854, 1056, 858.)

La résiliation ou la diminution des baux ne peut avoir lieu sans l'approbation de l'autorité compétente. (*Arr.* 14 *vendémiaire an XI.*)

123. Les bois, taillis ou futaies des hospices sont soumis au régime forestier.

Les administrations hospitalières ne peuvent opérer de défrichements sans autorisation. Leurs bois et forêts sont assujettis à un aménagement réglé par décret. Aucune coupe extraordinaire ne peut non plus être faite dans ces bois sans décret. (Voir, pour plus de détails, le mot **Forêts**.)

124. Le droit de chasse doit être affermé par la commission. Les administrateurs ne peuvent s'en rendre adjudicataires. (Voir, pour plus de détails, le mot **Forêts**, et pour ce qui concerne les forêts des communes, au mot **Organisation communale.**)

Sect. 2. — Gestion des droits réels.

125. Cette gestion est réglée par des principes identiques à ceux qui concernent la gestion des biens-fonds. Ainsi les commissions ne peuvent aliéner une servitude, consentir la radiation d'une hypothèque, transiger sur une action tendant à la revendication d'un immeuble, sans remplir les formalités qui leur sont imposées à cet égard. De même elles ne peuvent acquérir des droits de la même nature qu'en observant des formalités analogues. (*L.* 13 *août* 1851, *art.* 8 *et suiv.*). Elles ne pourraient non plus donner à bail des droits réels qu'en suivant les règles tracées pour les baux des biens-fonds.

ART. 1. — HYPOTHÈQUES.

126. Les hospices peuvent être propriétaires de droits hypothécaires. L'hypothèque est alors légale, judiciaire ou conventionnelle. La première est celle qui leur appartient, par la seule force de la loi et indépendamment de toute convention, sur les biens de leurs *receveurs* et *administrateurs comptables.* (*C. civ., art.* 2117, 2121.) Elle frappe les biens possédés par les comptables avant leur nomination et tous ceux qu'ils acquièrent postérieurement à *titre gratuit*. Les biens acquis à *titre onéreux* sont frappés d'un privilége au profit de l'établissement. La seconde résulte non-seulement des jugements et actes judiciaires, mais encore des décisions administratives et des actes administratifs dans le cas où cet effet y est attaché par les lois. La troisième dérive des actes authentiques dans lesquels elle a été stipulée valablement. Elle ne résulterait pas virtuellement des marchés passés entre l'administration charitable et les entrepreneurs de fournitures et de travaux ; il faut qu'elle soit stipulée formellement.

Dans les trois cas, il faut qu'il ait été pris inscription pour la conservation des droits des hospices. C'est le receveur qui, à ses risques et périls, est chargé de cette inscription et de tous autres actes conservatoires analogues.

127. La radiation, la réduction ou le transport d'une hypothèque ne pourrait avoir lieu, d'après la proposition de la commission, que sur l'autorisation du conseil de préfecture, après avis du *comité consultatif*. S'il s'agit de l'hypothèque légale grevant les biens d'un comptable et spécialement du receveur, la décharge ne peut être donnée que par la Cour des comptes. S'il s'agit de l'économe, c'est au préfet qu'il appartient de prononcer la radiation ou la réduction.

128. Les biens des hospices peuvent être aussi grevés d'hypothèques, soit de leur chef, soit du chef de ceux qui les leur ont vendus ou donnés. Dans le second de ces deux cas, le créancier, lorsque l'échéance de sa créance est arrivée, au lieu de poursuivre à défaut de paiement l'expropriation par les voies ordinaires, doit avoir recours à la réclamation par voie administrative, c'est-à-dire s'adresser à l'autorité chargée de surveiller les hospices.

Lorsque l'hypothèque est du chef de l'hospice, elle peut résulter de jugements, qui emportent toujours hypothèque ; elle peut aussi avoir été consentie. Pour que ce consentement soit régulier, la constitution d'une hypothèque équivalant à la fois à une obligation et à une aliénation, il faut qu'elle ait été préalablement et spécialement autorisée par un décret. Il en est de même lorsqu'elle se rattache à un emprunt ou à tout autre engagement. Ce genre d'autorisation n'est accordé que rarement, pour une nécessité absolue ou des avantages incontestables.

Quant au créancier qui aurait obtenu une condamnation contre l'hospice, le jugement emportant virtuellement hypothèque, il n'a pas besoin de recourir à l'autorisation du préfet.

ART. 2. — CRÉANCES. — CAPITAUX.

129. Tant que le remboursement de la créance n'est pas exigible ou facultatif, aucune difficulté n'est possible : le receveur n'a qu'à recevoir les arrérages dus et à en donner quittance. Lorsque l'hospice a le droit d'exiger le remboursement ou que le débiteur a le droit de le faire, il y a des règles spéciales et pour que le remboursement soit valablement opéré et pour un emploi utile du capital remboursé.

130. *Remboursement et emploi.* Aux termes de l'avis du Conseil d'État du 21 décembre 1808, le remboursement peut toujours, sauf les distinc-

tions résultant de l'art 1187 du Code civil, avoir lieu quand les débiteurs se présentent pour se libérer ; mais ceux-ci doivent avertir les administrateurs un mois d'avance, pour qu'ils avisent aux moyens de placement et requièrent les autorisations nécessaires.

131. Des trois modes admis pour l'emploi des capitaux remboursés (rentes sur l'État, rentes sur particuliers, biens-fonds), nous avons indiqué plus haut celui qu'il convient de préférer ; le lecteur en trouvera les motifs dans l'ouvrage de M. DURIEU (t. II, p. 133). Il y verra que non-seulement le Gouvernement n'autorise pas le placement des capitaux hospitaliers sur particuliers, ni en actions sur les compagnies, mais qu'il n'en permet pas non plus l'emploi en acquisitions immobilières, à moins que les immeubles à acquérir ne soient destinés au service hospitalier.

132. C'est au préfet qu'il appartient de régler l'emploi des capitaux remboursés.

133. *Placement des fonds sans emploi.* Les receveurs, sauf à être forcés en recette du montant des intérêts perdus, doivent verser en compte courant au Trésor, qui en paie l'intérêt, les fonds provenant des recettes courantes et qui resteraient sans emploi dans leur caisse. Le taux qui doit servir de base au calcul des intérêts est fixé tous les ans par le ministre des finances, avec les autres conditions du service du Trésor (art. 766 *de l'Instr. gén. du 20 juin* 1859) ; il est habituellement fixé à 3 p. 100, sauf déduction d'un cinquième p. 100 affecté aux frais de service.

134. Les intérêts produits par ces placements sont réglés au commencement de chaque année, pour l'année précédente, par les décomptes des trésoriers généraux et portés au crédit des hospices en augmentation des capitaux placés. (*Ibid.*, art. 772 *et* 940.)

Sect. 3. — **Acquisitions. — Aliénations. —**
Échanges. — Emprunts.

ART. 1. — ACQUISITIONS.

135. Les art. 9 et 10 de la loi du 7 août 1851, combinés avec l'art. 46 de la loi du 18 juillet 1837, voulaient que les délibérations relatives aux acquisitions fussent rendues exécutoires sur arrêté du préfet en conseil de préfecture, quand il s'agissait d'une valeur n'excédant pas 3,000 fr. pour les communes d'un revenu au-dessus de 100,000 fr. et 20,000 fr. pour les autres communes. S'il s'agissait d'une valeur supérieure, il devait être statué par décret.

Aujourd'hui et depuis le décret du 25 mars 1852, les préfets ont le droit de statuer sur les aliénations, acquisitions et sur toutes les affaires départementales, communales et d'assistance publique qui exigeaient auparavant la décision de l'administration centrale. Il leur appartient donc de statuer sur les demandes d'acquisition de biens-fonds, quels que soient le chiffre du budget de l'établissement et celui de l'acquisition projetée. Les pièces à produire sont : 1° la délibération de la commission ; 2° un procès-verbal d'estimation de l'objet à acquérir ; 3° une soumission du propriétaire portant engagement de vendre au prix convenu ; 4° une délibération du conseil municipal.

136. Si l'utilité de l'acquisition était contestée par le conseil municipal ou par les habitants de la commune, on aurait recours à une enquête *de commodo et incommodo*.

137. A défaut de l'autorisation exigée, l'acquisition serait nulle. Mais la nullité étant admise dans l'intérêt de l'établissement, ne pourrait être opposée que par lui ; le vendeur, même de bonne foi, ne serait pas reçu à l'invoquer.

ART. 2. — ALIÉNATIONS.

138. Les aliénations aussi sont régies par la loi du 7 août 1851 et le décret du 25 mars 1852.

L'établissement qui désire aliéner un immeuble doit adresser au préfet : 1° une délibération de la commission indiquant les avantages de l'aliénation projetée et l'emploi qui sera fait de son produit ; 2° un procès-verbal d'estimation de l'objet à mettre en vente ; 3° une délibération du conseil municipal.

139. La vente doit être faite par adjudication publique, à moins de circonstances particulières autorisant une exception à cette règle. Il ne peut y avoir lieu à cette exception que : 1° lorsque l'objet est d'une valeur minime ; 2° lorsqu'il y a pour l'établissement un avantage évident que la formalité des enchères pourrait compromettre ; 3° lorsque l'aliénation est faite au profit de l'État, d'une commune ou d'un autre établissement public. Ni les administrateurs, ni les receveurs ne peuvent se rendre adjudicataires des biens des établissements confiés à leurs soins.

140. Les hospices ne sont pas tenus d'employer le ministère d'un notaire pour la vente de leurs biens, à moins que l'autorisation ne l'exige.

La vente serait nulle à défaut d'autorisation.

Par analogie avec ce qui se pratique pour les rentes des communes sur l'État, les rentes des hospices sont considérées comme immeubles, et leur aliénation est, par conséquent, soumise aux règles précédentes. (*Instr. gén.*, 20 *juin* 1859, *art.* 944 *et* 972.) Il en est de même des rentes foncières et des créances.

141. La vente des objets mobiliers doit être autorisée par le préfet. Elle a lieu d'ordinaire aux enchères publiques, par l'intermédiaire de commissaires-priseurs ou autres officiers ministériels compétents. Mais le préfet peut autoriser la vente à l'amiable, sur la demande motivée de la commission. Dans ce dernier cas, la vente est faite par les soins de l'économe, qui remet immédiatement le prix au receveur.

ART. 3. — ÉCHANGES.

142. Tout ce qui vient d'être dit pour l'acquisition et l'aliénation des immeubles s'applique également à l'échange. Seulement l'échange participant à la fois de l'acquisition et de la vente, chacun des échangistes est tenu des frais de son acquisition.

Pour obtenir l'autorisation, que les préfets n'accordent pas sans le plus sérieux examen, on doit leur soumettre : 1° une délibération de la commission qui indique les avantages de l'échange projeté ; 2° un procès-verbal d'estimation contradictoire des objets à échanger ; 3° une soumission de la personne qui consent à l'échange ; 4° une délibération du conseil municipal; 5° l'avis du sous-préfet.

ART. 4. — EMPRUNTS.

143. La loi du 24 juillet 1867, en ce qui concerne les attributions des conseils municipaux, a confié au préfet le pouvoir d'autoriser les emprunts des établissements de bienfaisance communaux qui n'ont pas plus de 100,000 fr. de revenus ordinaires, lorsque le terme de remboursement n'excède pas douze ans, que la somme à emprunter ne dépasse pas le chiffre des revenus ordinaires et que l'avis du conseil municipal est favorable.

144. Si l'une de ces trois conditions fait défaut, l'emprunt ne peut être autorisé que par un décret. Le décret est rendu en Conseil d'État si l'avis du conseil municipal est contraire, ou s'il s'agit d'un établissement ayant plus de 100,000 fr. de revenus, c'est-à-dire dont les recettes ordinaires ont atteint ce chiffre, d'après les comptes administratifs des trois derniers exercices. Enfin, l'emprunt ne peut être autorisé que par une loi lorsque la somme à emprunter dépasse 500,000 fr., ou lorsque, réunie au chiffre d'autres emprunts non encore remboursés, elle excède 500,000 fr.

Sect. 4. — Constructions et réparations d'immeubles. — Adjudications de travaux.

145. Les plans et devis d'une certaine importance, après avoir été soumis au conseil des bâtiments civils, étaient autrefois soumis à l'approbation ministérielle. Aujourd'hui, aux termes du décret du 25 mars 1852, c'est au préfet qu'il appartient d'autoriser les constructions, reconstructions et réparations, quelle qu'en soit l'importance. Suivant la circulaire du 5 mai 1852, les préfets doivent faire vérifier avec soin, par des hommes de l'art, les plans et devis qui leur sont soumis, réclamer au besoin l'avis du conseil des bâtiments civils, s'assurer des ressources de l'hospice qui entreprend la construction et n'autoriser qu'avec beaucoup de réserve les travaux supplémentaires exécutés sans autorisation.

146. En vertu de l'art. 8 de la loi du 7 août 1851 non abrogé par le décret de 1852, l'administration hospitalière peut encore régler le mode et les conditions des marchés de travaux de toute nature, dont la dépense n'excède pas 3,000 fr., sauf le droit d'annulation par le préfet dans les 30 jours de cette délibération. Mais d'après la circulaire du 5 mai 1852, les préfets doivent veiller à ce que ce droit ne soit exercé qu'en conformité des règles générales, notamment de celles relatives à l'adjudication publique. Que si des circonstances spéciales leur faisaient préférer le mode des marchés de gré à gré, le préfet devrait examiner avec soin, pendant le délai suspensif ci-dessus spécifié, la nature de ces circonstances et user au besoin du droit d'annulation que cet article lui confère (*Ibid.*). Lorsque la valeur des travaux excède 3,000 fr., il y a lieu à délibération de la commission et à l'approbation du préfet. (*L.* 7 *août* 1851, *art.* 9.)

147. Les commissions ne doivent pas, par exemple, en divisant les réparations à faire à un bâtiment et en traitant avec plusieurs entrepreneurs pour chaque nature d'ouvrage, éluder la règle qui leur est prescrite pour des travaux qui, pris ensemble, excéderaient 3,000 fr.

148. Depuis la loi du 7 août 1851 modifiant l'ordonnance du 14 novembre 1837, l'administration hospitalière a le droit de fixer le mode et les conditions des marchés de travaux n'excédant pas

3,000 fr. Elle peut donc traiter de gré à gré pour ces travaux.

Sect. 5. — Fourniture d'objets mobiliers. — Approvisionnements. — Adjudications.

149. Cette matière est actuellement régie par la loi du 7 août 1851 (art. 8) et le décret du 25 mars 1852, art. 1er et n° 49 du tableau A.

Aux termes de ces deux textes, les commissions règlent le mode et les conditions des marchés pour fournitures et entretien dont la durée n'excède pas une année, et les travaux de toute nature dont la dépense ne dépasse pas 3,000 fr. Quant aux fournitures dont la durée excède une année et aux travaux de plus de 3,000 fr., la commission délibère seulement sur les conditions du cahier des charges des adjudications, qui doivent être définitivement approuvées par le préfet.

L'adjudication est donc toujours la règle, et le marché à l'amiable l'exception. Il faut en outre distinguer, pour les travaux et fournitures, ainsi qu'il suit : 1° les marchés pour fourniture et entretien dont la durée n'excède pas une année peuvent être passés à l'amiable par l'administration hospitalière et sans autorisation. Elle est libre d'en fixer le mode et les conditions ; 2° il en est de même des travaux de construction ou de réparation dont le chiffre n'excède pas 3,000 fr.; 3° les travaux et marchés pour fourniture ou entretien dont la durée excède une année doivent être passés par adjudication après approbation des conditions du cahier des charges par le préfet ; 4° il en est de même pour constructions, grosses réparations et démolitions dont la valeur excède 3,000 fr.

150. L'adjudication n'est définitive qu'après avoir été approuvée par le préfet. Elle peut être résiliée soit, conformément au droit commun, par suite d'inexécution des engagements de l'entrepreneur, soit par la mort de l'entrepreneur ou la volonté de l'administration charitable, sauf l'indemnité due dans ce dernier cas à l'entrepreneur.

151. Il convient de distinguer les marchés pour fourniture et entretien, des marchés pour *fourniture des aliments et objets de consommation journalière*. Aux termes de l'art. 15 de la loi du 7 août 1851, introduisant ici une innovation fort importante, « la commission, d'accord avec le conseil municipal et sur l'approbation du préfet, peut traiter de gré à gré ou par voie d'abonnement pour cette dernière fourniture ».

Sect. 6. — Procès. — Transactions.

152. *Procès.* — Les hospices, dans les diverses circonstances de leur vie civile, peuvent être amenés à intenter des actions devant les tribunaux ou à défendre aux actions intentées contre eux. Dans l'ancien droit, pendant que les actions à intenter pour ou contre les communes étaient assujetties à la formalité de l'autorisation préalable, les hôpitaux en étaient en pareil cas formellement ou implicitement dispensés. L'arrêté du 7 messidor an IX, la loi du 18 juillet 1837 (art. 21), la loi du 7 août 1851, sont venus successivement modifier et transformer cet état de choses, et aujourd'hui, à l'exemple des communes, les administrations des hospices ne peuvent défendre à des actions judiciaires ou en intenter qu'après en avoir obtenu l'autorisation du conseil de préfec-

ture, sur l'avis du comité consultatif, sauf recours au Conseil d'État. Le pourvoi devant le Conseil d'État est dispensé de l'autorisation préalable. Les administrations hospitalières autorisées à défendre en première instance n'ont pas besoin d'une autorisation nouvelle pour défendre à l'appel du jugement rendu en leur faveur, ni pour interjeter appel incident. L'avis du comité consultatif est demandé dans toutes les affaires contentieuses, sans exception, qui intéressent les hospices. Ainsi il est réclamé même pour les contestations de la juridiction administrative. Un hospice peut cependant poursuivre sans autorisation la rentrée de ses revenus annuels, et ce n'est que lorsqu'il s'élève une contestation sur le fond du droit que l'autorisation lui est nécessaire. Il en est de même des actes de poursuite nécessaires contre les débiteurs en retard. Ce n'est que lorsqu'il y a opposition de leur part que l'action judiciaire est engagée et qu'il y a lieu de suivre les formalités qu'elle comporte.

153. L'avis du comité consultatif n'est, du reste, décisif ni pour le conseil de préfecture ni pour le Conseil d'État.

Les trois jurisconsultes dont se compose ce comité et dont les fonctions sont gratuites, sont choisis par le sous-préfet. (Voir, pour ce qui concerne les procès, le mot **Organisation communale**, où la matière est traitée plus amplement.)

Les procès doivent être suivis au nom et à la requête de la commission.

154. *Transaction.* — Un établissement de bienfaisance ne peut transiger que sur l'approbation du préfet (*D. 25 mars* 1852). Pour obtenir l'autorisation, l'hospice doit lui adresser : 1° une expédition authentique de la transaction ou du projet de transaction ; 2° un avis du comité consultatif ; 3° une délibération de la commission administrative; 4° une délibération du conseil municipal ; 5° l'avis du sous-préfet ; 6° celui du conseil de préfecture.

La connaissance des contestations auxquelles une transaction donne lieu postérieurement, rentre d'elle-même dans la juridiction des tribunaux ordinaires.

CHAP. VI. HOPITAUX ET HOSPICES DE PARIS.

155. Les hôpitaux et hospices de Paris étaient autrefois régis par l'arrêté consulaire du 7 nivôse an IX, par l'ordonnance du 18 février 1818, par celle du 1er avril 1837. Ils étaient régis en outre, et ils le sont encore maintenant, par les principes généraux des ordonnances des 31 octobre 1821, 24 décembre 1826 et 2 avril 1831. Mais leur mode actuel d'organisation résulte de la loi du 10 janvier 1849. En abrogeant les décrets transitoires des 29 septembre 1870 et 18 février 1871, la loi du 21 mai 1873 a confirmé au contraire, au moins provisoirement, celle de 1849. Il ressort de la comparaison de ces divers textes que les hôpitaux et hospices de Paris sont, en général, soumis aux mêmes règles d'administration que les hôpitaux et hospices communaux. Ils ne s'en différencient sensiblement que par l'organisation de leur personnel administratif.

Avant le régime actuel, cette organisation comprenait : 1° un conseil général de 15 membres, nommé par le Chef de l'État, se renouvelant par cinquième et dont les fonctions étaient gratuites; 2° une commission administrative et d'exécution de cinq membres nommés par le ministre, sur la présentation du conseil général, et dont les fonctions étaient salariées. (*Arr. consul.* 27 niv. an IX.)

Les attributions du conseil général, qui étaient celles d'un corps délibérant, s'étendaient même au delà de l'administration hospitalière et comprenaient l'administration des secours à domicile et du bureau des nourrices. Un secrétaire général attaché au conseil était spécialement chargé de la tenue des registres et de la direction des bureaux. La commission administrative était chargée d'exécuter les délibérations du conseil général. Toutes les fonctions exécutives étaient partagées entre les cinq membres de cette commission et il avait été établi, en conséquence, cinq divisions administratives correspondant à cette division des fonctions.

156. *Organisation actuelle.* — Après la révolution de 1848, cette organisation succomba, malgré le dévouement des administrateurs, devant les objections dont elle était l'objet, tant au point de vue de la rééligibilité de ces administrateurs produisant, disait-on, l'immobilisation du personnel avec ses inconvénients ordinaires, qu'au point de vue de la gratuité impliquant l'irresponsabilité et la mollesse de direction. La simultanéité du fonctionnement des deux conseils, l'isolement de chacun des membres du second dans une sphère d'indépendance réciproque, étaient également considérés comme contraires à l'unité de vue si nécessaire dans une administration.

La loi de 1849 institua donc à Paris *une administration générale de l'assistance publique* et plaça dans ses attributions le service des secours à domicile et celui des hôpitaux civils. Cette administration est, comme l'ancienne, sous l'autorité du préfet de la Seine et du ministre de l'intérieur, mais elle est confiée à un directeur responsable surveillé par un conseil.

157. Aux termes du règlement d'administration publique du 24 avril 1849, ce conseil est ainsi composé : le préfet de la Seine, président ; le préfet de police, deux membres du conseil municipal, deux maires ou adjoints ; deux administrateurs des bureaux de bienfaisance des arrondissements municipaux, un conseiller d'État ou un maître des requêtes au Conseil d'État, un membre de la Cour de cassation, un médecin et un chirurgien des hôpitaux et hospices en exercice, un professeur de la Faculté de médecine, un membre de la chambre de commerce, un membre d'un des conseils de prud'hommes, cinq membres pris en dehors des catégories indiquées ci-dessus.

158. Les membres du conseil de surveillance autres que les préfets de la Seine et de police sont nommés par le Chef de l'État, sur la proposition du ministre de l'intérieur. A cet effet pour chaque nomination, il est adressé au ministre une liste de candidats. Ces listes, à l'exception de celle présentée par les conseils de prud'hommes, doivent porter trois noms et elles sont établies, suivant les cas, par le conseil municipal, le Conseil d'État, la Cour de cassation, la Faculté de médecine, la chambre de commerce, la réunion des médecins

et chirurgiens des hôpitaux et hospices en exercice, les conseils de prud'hommes, le préfet de la Seine pour les candidats à choisir dans tous les autres cas.

159. Les membres du conseil, à l'exception des deux préfets, sont renouvelés par tiers tous les deux ans. Le renouvellement des deux premiers tiers a lieu par la voie du sort. Le membre qui est nommé par suite de vacance provenant de décès ou de toute autre cause, sort du conseil au moment où serait sorti le membre qu'il a remplacé. Les membres sortants sont rééligibles (*art.* 3 .

160. Le conseil est présidé par le préfet de la Seine et, à son défaut, par un vice-président choisi par le conseil dans son sein et élu tous les ans. En cas de partage, la voix du président est prépondérante. Le secrétaire général de l'administration remplit les fonctions de secrétaire du conseil. Le préfet convoque le conseil au moins une fois tous les quinze jours (*art.* 4).

161. Le directeur est nommé par le ministre de l'intérieur, sur la proposition du préfet de la Seine (*L.* 10 *janv.* 1849, *art.* 2). Il exerce son autorité sur les services intérieurs et extérieurs. Il prépare les budgets, ordonnance toutes les dépenses et présente le compte de son administration. Il représente les établissements hospitaliers en justice, soit en demandant, soit en défendant. Il a la tutelle des enfants assistés et celle des aliénés (*Ibid*, *art.* 3). Il a le droit d'assister aux séances du conseil de surveillance (*D.* 24 *avril* 1849, *art.* 5). Il a sous ses ordres tout le personnel de l'administration centrale, de l'inspection et celui des établissements. Les employés de tout grade, les architectes et inspecteurs des travaux, les préposés et médecins du service des enfants assistés sont nommés par le préfet, sur une liste de trois candidats présentés par le directeur. Il nomme les surveillants et agents de service; les révocations sont prononcées par l'autorité qui a nommé aux emplois (*art.* 6).

162. Les divers objets sur lesquels le conseil de surveillance est appelé à donner son avis embrassent : 1° les budgets, les comptes et en général toutes les recettes et les dépenses des établissements hospitaliers et des secours à domicile ; 2° les acquisitions, échanges, ventes de propriétés et tout ce qui intéresse leur conservation et amélioration; 3° les conditions des baux à ferme et à loyer ; 4° les projets de travaux, réparations et démolitions; 5° les cahiers des charges des adjudications et l'exécution des conditions qui y sont insérées; 6° l'acceptation ou la répudiation des dons et legs; 7° les placements de fonds et les emprunts; 8° les actions judiciaires et les transactions; 9° la comptabilité tant en deniers qu'en matières; 10° les règlements du service intérieur des établissements et du service de santé et l'observation desdits règlements; 11° toutes les communications qui lui sont faites par l'autorité supérieure et le directeur. (*L.* 1849, *art.* 5.)

163. Les médecins, chirurgiens et pharmaciens sont nommés au concours ; leur nomination est soumise au ministre de l'intérieur. Ils ne peuvent être révoqués que par lui, sur l'avis du conseil de surveillance et sur la proposition du préfet de la Seine. Les élèves, également nommés au concours, se divisent en deux classes : les internes, qui sont logés dans les établissements, et les externes, qui habitent au dehors. Le temps de l'externat ne peut excéder quatre années; celui de l'internat, trois années. Le service de la pharmacie n'admet que des élèves internes de deux classes : le temps d'exercice des uns est de six ans, celui des autres de quatre.

164. La comptabilité générale est confiée à un receveur nommé par le préfet de la Seine. Des fonctionnaires spéciaux sont chargés de la comptabilité-matières (boulangerie centrale, cave centrale). La pharmacie est centralisée sous la direction d'un pharmacien en chef.

165. Dans chaque établissement, il y a un directeur et un économe.

166. Parmi les biens et les revenus, signalons le produit du mont-de-piété de Paris, dont les prêts se font avec les fonds appartenant aux hospices ou au moyen d'emprunts garantis par une hypothèque générale sur les biens dépendant de leur dotation. Le régime alimentaire et celui des approvisionnements ont été surtout fixés par des arrêtés du conseil municipal du 9 juillet 1806 et du 14 juin 1820 ; les règles d'admission et de séjour, par des arrêtés du 6 frimaire an X et du 9 novembre 1829.　　　Émile LAURENT.

BIBLIOGRAPHIE.

Mémoire sur les hôpitaux de Paris, par Tenon. 1 vol. 1780.

Rapport au conseil général des hospices de Paris, sur l'état des hôpitaux, de l'an X à 1814, par un de ses membres (Pastoret). In-4°. 1816.

Rapport sur la situation des hospices, des enfants trouvés, des aliénés, de la mendicité et des prisons (publié par le ministre de l'intérieur). In-4°. Impr. royale. 1818. Il y eut postérieurement plusieurs rapports statistiques (1823, Mme Huzard ; 1837, impr. royale.)

Instruction concernant l'administration et la comptabilité des hospices, des bureaux de bienfaisance et des enfants trouvés. In-folio. Paris, Leblanc. 1823.

Lois concernant les communes, les hospices, les prisons et les établissements publics, par Dupin. 2 vol. 1823.

Recueil des clauses et conditions des marchés pour le service des hospices. 1 vol. Paris. 1823.

Manuel des commissions administratives des hospices et des bureaux de charité, ou Législation, etc. (ordre alphabétique), 5e édit., par Péchart. In-8°. Paris, l'auteur. 1826.

Code administratif des hôpitaux, hospices civils et secours à domicile 4 vol. in-4°. Paris, 1824 ; et suppl. par Valdruche. 1 vol. 1827.

Mémoire pour les hôpitaux de Paris contre le Théâtre-Français. In-4°. 1829.

Instruction sur la comptabilité des économes des hospices et hôpitaux civils. 1 vol. in-4°. Paris, 20 novembre 1836.

Rapport à M. le Ministre de l'intérieur et au conseil général des hospices dans le département de la Seine ; suivi de documents officiels. In-8°. Paris, impr. de Dupont. 1838.

Notices sur la direction des nourrices, adressées au conseil général des hospices civils de Paris, par L. Fauléon. In-4°. Paris, impr. lith. de Lenelletier. 1841.

Manuel du service des salles militaires dans les hospices civils, par Pils. 1 vol. in-12. 1841.

Répertoire de l'administration et de la comptabilité des établissements de bienfaisance, par MM. Durieu et Roche. Paris. 1842. 2 vol. in-8°.

Rapport au conseil général des hospices sur l'ad-

mission dans les hospices de Paris des vieillards et infirmes des communes rurales. In-8°. 1845.

Administration des hôpitaux, hospices civils et secours de la ville de Paris ; comptes des recettes et dépenses depuis l'an XI (moins 1812, 1813, 1815 et 1816, qui n'ont pas été imprimés). In-4°. Vol. annuel.

Code de l'administration charitable, etc., par M. le baron de Watteville. Paris, Cotillon. 1847. 1 vol. in-8°.

Documents adressés à la commission chargée de la réorganisation de l'administration des hospices, hôpitaux et secours à domicile de la ville de Paris. Août 1848. Paris, impr. de Dupont. 1848.

Études d'économie charitable. Observations sur le projet de loi relatif aux hôpitaux et aux hospices, présenté à l'Assemblée nationale par sa commission de l'assistance publique, par L. Lamothe. In-8°. Paris, Guillaumin. 1851.

Rapport sur les hospices. Paris, Lurieu. 1860.

La loi, les hôpitaux homœopathiques et les ambulances homœopathiques en France et à l'étranger, par M. Henri Becker. In-18. Paris, Baillière, Daudoz et Cie. 1870.

Voyez aussi la bibliographie du mot **Assistance publique**, le Répertoire de Dalloz, etc.

ADMINISTRATION COMPARÉE.

Allemagne. La plupart des hôpitaux et hospices sont des fondations, mais il existe aussi de nombreuses institutions locales, fondées et entretenues par les communes, par les arrondissements et même, surtout pour les établissements d'aliénés, par les provinces. Où il n'y a pas d'hôpitaux, il y a des médecins des pauvres et des secours médicaux à domicile. Cette matière, comme toute l'assistance publique (voy.), est essentiellement d'ordre municipal, c'est la commune et, subsidiairement, la province qui procurent les fonds, qui administrent, qui dépensent. L'État ne s'est réservé que la haute surveillance. Cette surveillance trouve surtout son application aux fondations. Le fondateur est libre de donner à l'établissement qu'il crée telle organisation qu'il préfère, mais il doit en soumettre les statuts ou règlements à l'approbation de l'État (*Regierung*, préfet). L'État doit son approbation à tout ce qui n'est ni nuisible, ni impossible (Code général ou *Landrecht*, II, §§ 32 et suivants). Si des déviations ou des abus naissent dans ces établissements, l'État peut les faire cesser. Du reste, les fondations sont administrées par les organes créés dans l'acte de fondation, et d'après les principes qui y sont énoncés ; les conditions d'entrée, l'étendue des soins et toutes les autres dispositions échappent donc à la réglementation administrative, sauf pour ce qui concerne l'hygiène et la salubrité publiques. Les directeurs de ces établissements jouissent des droits et sont tenus aux obligations des fonctionnaires de l'État.

La législation relative au domicile de secours s'applique aux malades soignés dans un hôpital communal. Cet hôpital peut demander à la commune qui est tenue au secours, une indemnité d'après un tarif indiqué dans une circulaire du ministre de l'intérieur du 21 août 1871 (*Ministerial-Blatt* de 1871, p. 249).

Il existe aussi des mesures pour former des infirmiers et des gardes-malades. On trouvera sur ce point des détails intéressants dans HORN, *Medicinalwesen*, t. II, p. 236, et dans ROENNE et SIMON, *Medicinalwesen*, t. I, p. 236. Un règlement récent a été inséré dans le *Journal officiel* allemand, *Reichs-Anzeiger*, du 25 février 1876. 1re Beilage.

La Bavière a une institution particulière qui a été décrite à peu près ainsi dans la loi du 29 avril 1869 : Les domestiques, ouvriers des fabriques ou autres, les apprentis qui tombent malades, ont droit aux secours dans la commune où ils travaillent, même s'ils n'y ont pas de domicile de secours (art. 11) ; mais cette commune peut leur imposer une cotisation régulière pour la *caisse de maladie*, laquelle cotisation ne doit pas dépasser 3 kreutzer (10 centimes) par semaine (art. 20). La commune peut aussi imposer la même cotisation aux domestiques et ouvriers qui y ont leur domicile de secours, s'ils n'ont pas un ménage, ni n'habitent chez leurs parents. En revanche, les personnes qui ont payé la cotisation ont droit aux secours de maladie, soins d'un médecin, médicaments, etc., pourvu que la maladie ne dure pas plus de 90 jours. Ces secours ne sont pas considérés comme constituant l'assistance publique. Les cotisations sont versées à la caisse municipale, ou dans une caisse spéciale, le maître ou patron répond de la cotisation. Les fabricants et entrepreneurs peuvent être obligés par les communes d'établir une caisse de maladie spéciale pour leurs ouvriers ; lorsque de pareilles caisses existent, les ouvriers ne sont pas tenus aux versements à la caisse municipale (art. 21).

Angleterre. Il y a un certain nombre d'hôpitaux et d'hospices érigés par des fondations. Ces établissements sont administrés par des *trustees* et sont considérés comme des institutions privées. Mais dans chaque *workhouse* (*voy.* **Assistance publique**, ADMIN. COMP.), il y a toujours une partie réservée à l'infirmerie ; c'est l'hôpital des pauvres. Le *workhouse* en est d'ailleurs aussi l'hospice. Les secours à domicile sont également usités. C'est généralement le *workhouse* qui reçoit les orphelins et les enfants trouvés, mais l'asile d'aliénés est entretenu aux frais du comté.

Autriche. En Autriche aussi, les hôpitaux de même que les hospices sont des fondations ou des institutions communales. Les fondations sont administrées selon leurs statuts et sont surveillées par le Gouvernement. Les établissements communaux sont surveillés par les médecins d'arrondissement (*O.* 1er oct. 1850, citée par M. DE STUBENRAUCH, dans son *Traité de l'administration autrichienne*). Les règlements relatifs aux hôpitaux sont purement locaux ; il faut généralement un certificat de médecin pour être admis.

Italie. La loi sur les *opere pie* est du 2 août 1862. Elle maintient l'administration statutaire des établissements, mais elle les place sous la tutelle des députations provinciales, qui sont appelées à approuver les règlements intérieurs, à revoir les comptes, à permettre les acquisitions et les aliénations d'immeubles (*L.* 5 juin 1850). Le Gouvernement n'intervient que dans l'administration des établissements qu'il subventionne, mais le préfet et le sous-préfet peuvent en tout temps faire procéder à la vérification de leur caisse et prendre d'urgence les mesures conservatoires. Si une administration d'œuvre pie ne se conformait pas à ses statuts, elle pourrait être dissoute, la députation provinciale et le Conseil d'État entendus, mais à la charge de nommer immédiatement une administration provisoire.

Suisse. Les hospices et hôpitaux appartiennent au canton, ou à la commune ; quelques-uns sont le produit de fondations ou jouissent, par d'autres raisons, de droits corporatifs, mais ils sont toujours sous la surveillance du gouvernement cantonal. Parmi les règlements intérieurs on peut citer entre autres celui du 31 juillet 1843 sur le *Inselspital* de Berne. Ce canton a aussi des dispositions sur l'établissement d'un hôpital privé (*O.* 15 mai 1865). L'autorisation est accordée par le fonctionnaire correspondant du ministre de l'intérieur, qui prescrit les mesures nécessaires et organise la surveillance de l'hôpital. M. B.

HOPITAUX MILITAIRES. *Voy.* **Armée**, n° 66, et **Hôpitaux et Hospices**, n° 55.

HORLOGERIE. *Voy.* **Garantie** et **Enseignement industriel.**

HORLOGES COMMUNALES. 1. Il peut y avoir des cas où il importe de régler les horloges publiques d'une manière uniforme. Ainsi, avant la généralisation des chemins de fer, le ministre de l'intérieur dut inviter les préfets, par une circulaire du 18 février 1839, à donner des instructions pour que les horloges des communes que traversent les courriers des postes fussent réglées d'une manière uniforme. Quant au système qu'il convient d'adopter, le ministre recommanda de régler les horloges communales d'après le *temps moyen* et non d'après le *temps vrai* (selon l'*Annuaire du Bureau des longitudes*).

2. L'horloge est dans les attributions de l'autorité civile (maire) ; le curé ou desservant ne saurait refuser les clefs du clocher à la personne chargée du service de l'horloge communale. (Comparez l'article **Cloche.**)

HOTEL GARNI. *Voy.* **Maison garnie.**

HUILES, HUILES MINÉRALES. 1. Il existait un impôt sur diverses sortes d'huiles dès avant 1789; cet impôt fut supprimé par le décret du 26 novembre 1790. La loi du 25 mars 1817 établit sur les huiles un droit d'entrée dans les villes de 2,000 âmes et au-dessus au profit du Trésor, mais cet impôt ayant peu rapporté, on le supprima par la loi du 17 août 1822. Cependant, par ordonnance royale du 25 décembre de la même année on établit un droit d'octroi sur l'huile entrant à Paris, bien entendu au profit de la caisse municipale, et d'autres villes, sans doute, ont également porté ce droit à leur tarif d'octroi.

Le nouvel impôt au profit du Trésor a été établi en 1871 et en 1873 (*voy. plus loin*).

2. Il importe de distinguer l'huile végétale de l'huile minérale et même de l'huile animale (baleine, foie de morue, etc.), les unes et les autres n'étant pas soumises aux mêmes dispositions légales. Nous ne traiterons ici que des taxes de contribution indirecte, les droits de douane étant hors de notre cadre.

SOMMAIRE.

CHAP. I. HUILES NON MINÉRALES, 3 à 12.

II. HUILES MINÉRALES, 13 à 15.

CHAP. I. — HUILES NON MINÉRALES.

3. L'art. 4 de la loi du 31 décembre 1873 est ainsi conçu :

Il est perçu au profit du Trésor public, sur les huiles de toute sorte, à l'exception des huiles minérales, qui seront introduites ou fabriquées dans les communes ayant au moins 4,000 âmes de population agglomérée, un droit fixé en principal conformément au tarif ci-après :

POPULATION AGGLOMÉRÉE.	HUILES et autres liquides pouvant être employés comme huile, à l'exception des huiles minérales.
	Les 100 kilogr.
De 4,000 à 10,000.	6
De 10,001 à 20,000.	7
De 20,001 à 50,000.	8
De 50,001 à 100,000.	10
Au-dessus de 100,000	12

Ce droit est perçu dans les faubourgs des lieux sujets, mais les habitations éparses et les dépendances rurales entièrement détachées du lieu principal en sont exemptées.

4. Ont été remises en vigueur, par l'art. 4 de la loi de 1873, pour la perception du droit d'entrée sur les huiles, les dispositions des art. 90, 91, 92, 93, 94, 95, 96, 97, 98, 99, 100, 101, 102, 103, 104, 105, 106, 107, 108 de la loi du 25 mars 1817, sauf certaines modifications que nous indiquons aux n°s 5 à 11 qui suivent :

5. Les filateurs de laine, les fabricants de tissus de laine, de toile cirée ou de taffetas ciré, les teinturiers, les tanneurs, corroyeurs, mégissiers et autres industriels peuvent recevoir en entrepôt les huiles qui sont nécessaires à leur fabrication ou à l'entretien de leurs machines, et elles sont exemptes de droit.

6. Les frais de surveillance des employés, pour éviter qu'il ne soit fait abus de cette exception, seront à la charge de ceux qui réclameront le droit d'en faire usage.

7. Aux entrées des villes sujettes, les employés peuvent, après interpellation, faire sur les bateaux, voitures et autres moyens de transport toutes les visites et recherches nécessaires.

8. Les marchands autres que les fabricants, établis à l'intérieur, ne peuvent réclamer l'admission en entrepôt, que s'ils ont en magasin au moins 500 kilogrammes d'huiles diverses passibles de l'impôt.

9. Les fabricants et marchands d'huiles admis à jouir de la faculté de l'entrepôt sont tenus de se munir d'une licence, au taux fixé pour les débitants de boissons par l'art. 6 de la loi du 1er septembre 1871.

10. Lorsque les droits afférents aux quantités d'huiles fabriquées ou introduites s'élèvent à 300 fr., les fabricants ou commerçants qui renoncent à l'entrepôt sont admis, dans les mêmes conditions que les fabricants de sucre, à les acquitter en une obligation cautionnée à quatre mois de terme.

11. Il sera facultatif aux villes frappées de l'impôt sur les huiles de le payer par voie d'abonnement. En cas d'abonnement, seront applicables à l'impôt sur les huiles les art. 73, 74 et 75 de la loi du 28 avril 1816. Dans les villes où l'abonnement est accordé, l'entrée et la fabrication des huiles sont affranchies de toute formalité.

12. L'art. 6 de la loi de 1873 indique les pénalités auxquelles s'exposent les personnes qui transgresseraient les prescriptions de cette loi.

CHAP. II. — HUILES MINÉRALES.

13. La loi du 16 septembre 1871 avait établi un droit de fabrication sur l'huile de schiste ; mais par suite de l'introduction de l'huile de pétrole et du traité de commerce avec l'Angleterre, il est devenu nécessaire de modifier la loi de 1871. On l'a remplacée par la loi du 29 décembre 1873, dont nous allons faire connaître les dispositions. (L'exposé des motifs a été déposé dans la séance du 5 février 1873, on le trouvera au *Journal officiel.*)

14. Les huiles de schiste et toutes autres huiles minérales propres à l'éclairage, sont soumises aux droits intérieurs ci-après, décime compris :

Essence à 700° de densité et au-dessous, à la température de 15°, les 100 kilogr.	14 fr. 50
Huiles raffinées à 800° de densité et au-dessus, à la température de 15°, les 100 kilogr.	34 50
Huiles brutes : pour chaque kilogramme d'huile pure à 800° qu'elles contiennent, à la température de 15°	0 22
Pour chaque kilogramme d'essence à 700° qu'elles contiennent, à la température de 15°	0 32

Les résidus liquides et les huiles à l'état imparfait provenant d'huiles brutes non libérées du droit, seront taxés d'après les bases admises pour l'huile brute. (*L.* 29 *déc.* 1873, *art.* 1er.)

15. Le droit de 34 fr. 50 c. par 100 kilogr. sur les huiles raffinées s'applique d'une manière fixe à l'huile qui est présentée sous forme de raffinée à l'acquit des droits, chaque fois que la densité ne sera pas inférieure à 800°. Dans le cas où la densité serait au-dessous de 800°, ce droit serait augmenté de 10 cent. par degré de densité en moins (*art.* 2).

Les fabricants français continueront à avoir la faculté d'acquitter les droits, exclusivement sur les huiles brutes, d'après la base indiquée à l'art. 1er ci-dessus (*n°* 14). (*Id.*, *art.* 3. *Voy.* aussi **Transport de marchandises dangereuses.**)

HUIS CLOS. 1. Cette expression s'emploie pour dire que l'audience n'est pas publique, que les portes (*huis*) sont fermées.

2. Il est de principe en France que la justice doit être rendue publiquement ; c'est une des garanties de la bonne administration de la justice. Aussi n'est-ce que par exception et pour de graves motifs qu'on procède à huis clos aux débats.

3. Les juges civils peuvent ordonner le huis clos si la discussion publique doit entraîner le scandale ou des inconvénients graves ; mais, dans ce cas, le tribunal est tenu d'en délibérer, et de rendre compte de sa délibération au procureur général près la cour d'appel, et, si la cause est pendante dans une cour d'appel, au ministre de la justice. (*C. de Pr. civ.*, *art.* 87.)

4. La publicité des audiences est largement appliquée pour la juridiction criminelle. Mais les juges peuvent déclarer par un jugement que la publicité est dangereuse pour l'ordre et les mœurs, et ordonner le huis clos. Cette faculté appartient aussi bien aux juges spéciaux des tribunaux militaires et maritimes qu'aux cours d'assises, et aux tribunaux correctionnels et de simple police.

5. Le huis clos est requis par les organes du ministère public dans les juridictions civiles et criminelles, et par le commissaire du Gouvernement chargé de veiller à l'application de la loi dans les tribunaux militaires et maritimes. A défaut de la réquisition de ces magistrats, le huis clos peut être ordonné d'office par les juges.

Le juge qui ordonne le huis clos est maître d'en ordonner la suspension ou même la cessation. Dans tous les cas, l'arrêt ou jugement est lu publiquement.

6. Le huis clos, ce semble, ne trouve pas son application aux tribunaux administratifs. (*Voy.* **Conseil de préfecture et Conseil d'État.**)

HUISSIERS. 1. Les huissiers sont des officiers ministériels institués pour signifier et faire exécuter les actes nécessaires à l'instruction des procès, les jugements, les titres revêtus de la forme exécutoire, et assigner toute personne devant les cours et tribunaux.

2. Dans les lieux où il n'existe point de commissaire-priseur, ils ont le droit, concurremment avec les notaires et les greffiers, de faire les ventes publiques de meubles et effets mobiliers.

3. Des huissiers, dont le nombre est déterminé par le Gouvernement, existent près chaque tribunal. La Cour de cassation, les cours d'appel et les justices de paix désignent parmi eux ceux qui seront chargés du service intérieur de leurs audiences et qui porteront le nom d'*huissiers audienciers.*

4. La résidence des huissiers est déterminée exclusivement par le tribunal, qui la fixe et peut la changer, sans que sa décision donne lieu à appel ou à un recours en cassation.

5. Les huissiers audienciers sont tenus, à peine d'être remplacés, de résider dans les villes où siègent les cours et tribunaux près desquels ils doivent accomplir leur service ; les huissiers ordinaires doivent également, sous la même peine, garder la résidence qui leur aura été assignée par le tribunal de première instance. Ils ne peuvent refuser leur ministère, toutes les fois qu'ils en sont requis, mais ils ne peuvent instrumenter pour leurs parents et alliés et ceux de leurs femmes en ligne directe à l'infini, et pour les parents et alliés collatéraux, jusqu'au degré de cousin issu de germain inclusivement. (*C. Pr. civ*, *art.* 4 *et* 66.)

6. L'exercice du ministère d'huissier est incompatible avec toute fonction publique salariée.

7. Il est également défendu aux huissiers de tenir auberge ou cabaret, même sous le nom de leurs femmes, sans y être autorisés. (*D.* 14 *juin* 1813, *art.* 41.) En vertu du droit de surveillance sur les officiers ministériels que l'art. 45 de la loi du 20 avril 1810 confère au Gouvernement, cette autorisation est exigée pour toute espèce d'emploi.

8. Les huissiers sont nommés par le président de la République, sur le rapport du ministre de la justice. Ils ont le droit de présenter leurs successeurs. Les candidats doivent : 1° être âgés de vingt-cinq ans accomplis ; 2° avoir satisfait à la loi du recrutement ; 3° avoir travaillé pendant deux ans au moins, soit dans l'étude d'un notaire ou d'un avoué, soit chez un huissier ; ou pendant trois ans au greffe d'une cour d'appel ou d'un tribunal de première instance ; 4° avoir obtenu de la chambre de discipline un certificat de moralité, de bonne conduite et de capacité, sauf le recours au tribunal.

9. Il ne peut être accordé aucune dispense ni pour l'âge du candidat, ni pour la durée du stage. Le travail exigé soit dans une étude de notaire, d'avoué ou d'huissier, soit au greffe d'une cour ou d'un tribunal de première instance, n'admet aucun équivalent.

10. La demande de nomination est adressée au ministère de la justice, par l'intermédiaire des magistrats.

11. Après avoir été nommés, les huissiers doivent prêter serment avant d'entrer en fonctions.

12. Chaque communauté d'huissiers a une chambre de discipline.

13. Les huissiers sont placés dans les mêmes conditions que les avoués et les commissaires-priseurs, en ce qui concerne les clauses autorisées dans les traités de cession, la discipline, les délibérations des chambres, la destitution et les suppressions d'offices. (*Voy.* **Officiers ministériels.**)

J. ALAUZET [1].

1. Mis à jour par M. EYRAUD.

BIBLIOGRAPHIE.

Manuel légal des huissiers, etc., par L. Rondonneau. In-12. Paris, Garnery, Rondonneau et Décle. 1813.

Instruction sur l'organisation des huissiers, etc., par un magistrat. In-8°. Paris, Nève. 1813.

Le Code des huissiers, contenant, etc., publié sous la direction de M. de Foulan. In-8°. Paris, Ch. Béchet. 1829.

Répertoire de législation, jurisprudence et style des huissiers, par P. Leglize aîné. Nouv. édit. 5 vol. in-8°. Paris, Rozet. 1832.

Dictionnaire des huissiers, ou Répertoire général des décisions judiciaires et de doctrine sur la profession d'huissier, par M. Loiseau. In-8°. Paris, impr. de Moquet. 1836. Partie supplémentaire, par Ch. Vergé. Période de 1835 à 1844. In-8°. Paris, Joubert et Thorel. 1844.

Jurisprudence des huissiers, ou Recueil périodique des lois, des arrêts civils et criminels, et des décisions administratives et commerciales qui les concernent, par M. Urbain Loiseau, etc. In-8°. Paris, impr. de Mme Poussin. 1838.

Comptabilité spéciale aux huissiers, par M. P. Faure. In-4°. Valence, Charvin. 1838.

Code des huissiers. In-8°. Riom, Leboyer. 1844.

Guide des huissiers en matière civile, commerciale et criminelle, contenant un formulaire complet, etc., par M. J. L. Jay. In-8°. Paris, Delhomme. 1847.

Encyclopédie des huissiers, ou Dictionnaire général et raisonné, etc. 2e édit., par M. Marc Duffaux et MM. Ad. Billequin et A. Harel. In-8°. Paris, Cosse. 1852.

Des Cessions et suppressions d'office, par M. Greffier. 2e édit. Paris, Durand.

Voy. aussi le Répertoire de Dalloz, etc.

HUISSIERS DU SÉNAT, ETC. 1. On appelle encore huissiers une certaine classe d'agents d'un rang intermédiaire entre celui d'employé et celui de garçon de bureau, qui sont chargés du service d'ordre dans les assemblées délibérantes (Sénat, Chambre des députés), ou qui se tiennent dans les antichambres des ministres et autres fonctionnaires d'un rang élevé, pour introduire les personnes auxquelles une audience est accordée.

2. Ils sont habituellement vêtus de noir et portent au cou une chaîne et une médaille d'argent. Quelques-uns ont un costume particulier et portent même l'épée.

3. Aucune condition d'admission n'est imposée aux personnes qui aspirent à obtenir un de ces emplois d'huissier.

4. Ils sont nommés par les présidents des corps ou par les ministres qu'ils sont appelés à servir.

HUITRES (PARC AUX). *Voy.* **Pêche maritime.**

HYDROGRAPHE, HYDROGRAPHIE. 1. L'étymologie du mot *hydrographie* signifie description des eaux. Aussi appelle-t-on ainsi le recueil des cartes et plans de la marine Les *hydrographes* sont les ingénieurs du Dépôt des cartes et plans de la marine qui s'occupent du recueil. (*Voy.* **Dépôt des cartes et plans de la marine** et **Marine militaire.**)

HYDROMEL. Boisson fermentée faite avec du miel. Pour les droits, *voyez* **Boissons.**

HYDROPHOBIE (RAGE). *Voy.* **Chiens.**

HYGIÈNE PUBLIQUE. 1. L'hygiène publique embrasse tout ce qui tend à la conservation de la santé ; elle comprend, par conséquent, tous les moyens préventifs, tout ce qui empêche le mal de naître, aussi bien que les moyens curatifs qui tendent à le faire disparaître. L'hygiène publique peut donc être considérée comme un groupe de sciences, s'appuyant, d'une part sur la médecine, et de l'autre sur un ensemble de mesures de prévoyance administrative inspirées par l'expérience.

2. On comprend donc qu'il serait impossible de resserrer cette vaste matière en un seul article ; le Dictionnaire lui en consacre donc un grand nombre, on en trouvera la liste à la *Table systématique.* Les prescriptions de l'autorité s'étendent à l'exercice de la médecine, puis à tout ce qui a pour but de maintenir la salubrité, d'empêcher les causes morbides de naître et de s'étendre, du moins en tant que cela peut dépendre de l'autorité publique. (*Voy.* par exemple : **Cimetière, Établissements insalubres, Enfants (Travail des), Épidémie, Épizootie, Fosses d'aisance, Logements insalubres, Médecine (Exercice de la), Rouissage, Régime sanitaire, Remèdes secrets, Substances vénéneuses, Vaccine, etc., etc.)**

3. L'hygiène publique embrassant un si grand nombre de matières, que tous les pouvoirs de l'État peuvent avoir à intervenir tour à tour, on trouvera l'indication de leurs attributions respectives dans les divers articles que nous venons de citer. Pour ce qui concerne plus spécialement la salubrité communale, le soin en a été confié aux autorités municipales par le décret du 16 août 1790.

A cause des connaissances spéciales nécessaires en ces matières, on a dû créer des institutions, comprenant des médecins et autres savants, destinées à donner leur avis aux diverses autorités, tant municipales que supérieures, chargées de prescrire les mesures nécessaires dans l'intérêt de la santé et de la salubrité publiques. Voici quelles sont ces institutions :

CHAP. I. — COMITÉ CONSULTATIF D'HYGIÈNE PUBLIQUE.

4. Ce comité a été institué auprès du ministre de l'agriculture et du commerce, par un décret du 10 août 1848, modifié par celui du 1er février 1851, et a remplacé le conseil supérieur de santé, qui avait été créé par l'art. 55 de l'ordonnance du 7 août 1832. L'organisation du comité a été encore changée par les décrets des 23 octobre 1856, 5 novembre 1869 et 10 mars 1872, mais ses attributions sont restées à peu près les mêmes.

5. Il est chargé de l'étude et de l'examen de toutes les questions qui lui sont renvoyées par le ministre en ce qui concerne les quarantaines et les services qui s'y rattachent [1] ; les mesures à prendre pour prévenir et combattre les épidémies et pour améliorer les conditions sanitaires des populations manufacturières et agricoles ; la propagation de la vaccine ; l'amélioration des établissements thermaux et les moyens d'en rendre l'usage de plus en plus accessible aux malades pauvres et peu aisés ; les titres des candidats aux places de médecins inspecteurs des eaux minérales ; l'institution et l'organisation des conseils et des commissions de salubrité [2] ; la police médicale et pharmaceutique : la salubrité des ateliers ; enfin, il indique au ministre les questions à soumettre à l'Académie de médecine. (*D.* 1848 *et* 1869.)

6. Le comité d'hygiène publique est composé de vingt membres, dont onze sont nommés par le ministre de l'agriculture et du commerce, savoir : six médecins, un ingénieur, un architecte, un chimiste, deux conseillers d'État ou fonctionnaires de l'administration. Un secrétaire ayant voix délibérative est attaché au conseil. Les membres reçoivent des jetons de présence de 15 fr., le secrétaire un traitement annuel.

En cas de vacance, la nomination des nouveaux membres est faite sur une liste de trois candidats présentés par le comité. Le président et le secrétaire sont nommés par le ministre.

7. Sont de plein droit membres du comité :

1° Le directeur des affaires commerciales au ministère des affaires étrangères ; 2° l'inspecteur du service de santé militaire : 3° l'inspecteur général du service de santé de la marine ; 4° le directeur général des douanes ; 5° le secrétaire gé-

[1]. Notamment la correspondance avec les médecins sanitaires établis en Orient, dont les rapports mensuels présentent le plus constant et le plus grand intérêt.

[2]. Les rapports annuels des conseils départementaux d'hygiène publique ou de salubrité sont soumis au comité et examinés par lui dans leur ensemble. Ils font l'objet de rapports spéciaux adressés au ministre.

néral du ministère du commerce ; 6° le directeur du commerce intérieur ; 7° l'inspecteur général du service sanitaire ; 8° l'inspecteur général des écoles vétérinaires ; 9° le directeur de l'administration de l'assistance publique.

Le chef du bureau de la police sanitaire et industrielle assiste aux délibérations du comité, avec voix consultative.

Les membres du comité ne peuvent faire partie d'aucun autre conseil ou commission de salubrité ou d'hygiène publique.

8. Le comité se réunit une fois par semaine ; il ne peut délibérer s'il n'y a au moins dix membres présents.

CHAP. II. — CONSEILS ET COMMISSIONS D'HYGIÈNE PUBLIQUE DANS LES DÉPARTEMENTS.

9. L'organisation des conseils d'hygiène publique date de 1848.

Avant cette époque, l'institution de conseils de salubrité ou de commissions d'hygiène était entièrement facultative. Elle dépendait uniquement des préfets ou des maires, et beaucoup de départements en étaient dépourvus ; il en existait cependant dans toutes nos villes importantes, notamment à Paris, à Lyon, à Marseille, à Lille, à Nantes, à Bordeaux et dans la plupart des villes manufacturières.

10. L'arrêté du Gouvernement du 18 décembre 1848 a donc répondu à l'un des besoins les plus impérieux de notre époque, en ordonnant la création de commissions de salubrité, non-seulement dans les chefs-lieux de département, mais encore dans les sous-préfectures, et même dans les cantons. Jusqu'alors les questions les plus importantes pour la santé publique, telles que la salubrité des ateliers, des maisons d'asile, des hôpitaux, des prisons ; la construction des égouts, des canaux, des réservoirs, des fontaines, des halles et marchés, etc., restaient sans solution ou étaient tranchées de fait par des autorités tout à fait incompétentes, surtout dans les petites villes et dans les communes rurales.

11. L'arrêté du 18 décembre 1848 ne statue d'ailleurs que pour les départements. Il laisse en dehors le département de la Seine, pour lequel il a été statué par un décret postérieur, que nous donnerons plus loin, nos 22 et suivants. Nous passons à l'analyse de l'arrêté du 18 décembre.

12. Il y a dans chaque arrondissement un *conseil* d'hygiène publique et de salubrité, composé de sept membres au moins et de quinze au plus, conformément à un tableau dressé par le ministre de l'agriculture et du commerce.

Les membres du conseil d'hygiène d'arrondissement sont nommés pour quatre ans par le préfet et renouvelés par moitié tous les deux ans.

Ces dispositions sont également applicables au conseil d'hygiène publique et de salubrité établi dans chaque chef-lieu de département.

13. Des *commissions* d'hygiène publique peuvent, en outre, être instituées dans les chefs-lieux de canton par un arrêté spécial du préfet, après avoir consulté le conseil d'arrondissement.

14. Les conseils d'hygiène sont présidés par le préfet ou le sous-préfet, et les commissions de canton par le maire du chef-lieu. Chaque conseil élit un vice-président et un secrétaire, qui sont renouvelés tous les deux ans.

15. Les conseils et les commissions d'hygiène se réunissent au moins une fois tous les trois mois, et chaque fois qu'ils sont convoqués par l'autorité.

Les membres des commissions d'hygiène de canton peuvent être appelés aux séances du conseil d'arrondissement ; ils y ont alors voix consultative.

Dans quelques départements, les membres reçoivent des jetons de présence sur les fonds départementaux.

16. Les conseils d'hygiène d'arrondissement sont chargés de l'examen des questions relatives à l'hygiène publique de l'arrondissement qui leur sont renvoyées par le préfet ou le sous-préfet. Ils peuvent être spécialement consultés sur : 1° l'assainissement des localités et des habitations ; 2° les mesures à prendre pour prévenir et combattre les maladies endémiques, épidémiques et transmissibles ; 3° les épizooties et les maladies des animaux ; 4° la propagation de la vaccine ; 5° l'organisation et la distribution des secours médicaux aux malades indigents ; 6° les moyens d'améliorer les conditions sanitaires des populations industrielles et agricoles ; 7° la salubrité des ateliers, écoles, hôpitaux, maisons d'aliénés, établissements de bienfaisance, casernes, arsenaux, prisons, dépôts de mendicité, asiles, etc.; 8° les questions relatives aux enfants trouvés ; 9° la qualité des aliments, boissons, condiments et médicaments livrés au commerce ; 10° l'amélioration des établissements d'eaux minérales appartenant à l'État, aux départements, aux communes et aux particuliers, et les moyens d'en rendre l'usage accessible aux malades pauvres ; 11° les demandes en autorisation, translation ou révocation des établissements dangereux, insalubres ou incommodes ; 12° les grands travaux d'utilité publique, constructions d'édifices, écoles, prisons, casernes, ports, canaux, réservoirs, fontaines, halles, établissements des marchés, routoirs, égouts, cimetières, la voirie, etc., sous le rapport de l'hygiène publique.

17. Ils doivent réunir et coordonner les documents relatifs à la mortalité et à ses causes, à la topographie et à la statistique de l'arrondissement, en ce qui touche à la salubrité publique, et envoyer ces pièces au préfet, qui en transmet une copie au ministre de l'agriculture et du commerce.

18. Le conseil d'hygiène publique et de salubrité du département a pour mission de donner son avis : 1° sur toutes les questions d'hygiène publique qui lui sont renvoyées par le préfet ; 2° sur les questions communes à plusieurs arrondissements ou relatives au département tout entier. Il est chargé de centraliser et de coordonner, sur le renvoi du préfet, les travaux des conseils d'arrondissement. Il doit faire chaque année, au préfet, un rapport général sur les travaux des conseils d'arrondissement, et ce rapport est immédiatement transmis par le préfet, avec les pièces à l'appui, au ministre de l'agriculture et du commerce.

19. Le décret précité est complété par un arrêté ministériel du 15 février 1849, qui fixe le nombre des membres des conseils d'hygiène et de salubrité de département et d'arrondissement. Le nombre des médecins, pharmaciens, des chimistes et vétérinaires, est fixé pour chaque conseil dans les proportions suivantes, savoir : pour les conseils de

10 membres : 4 médecins, 2 chimist., 1 vétérin.re ;
12 — 5 — 3 — 1 —
15 — 6 — 4 — 2 —

20. Les autres membres sont pris soit parmi les notables agriculteurs, commerçants ou industriels, soit parmi les hommes qui, à raison de leurs fonctions ou de leurs travaux habituels, sont appelés à s'occuper des questions d'hygiène. L'ingénieur des mines, l'ingénieur des ponts et chaussées, l'officier du génie chargé du casernement, ou, à son défaut, l'intendant ou le sous-intendant militaire, l'architecte du département, les chefs de division ou de bureau de la préfecture dans les attributions desquels se trouvent la salubrité, la voirie et les hôpitaux, peuvent, dans le cas où ils ne feraient pas partie du conseil d'hygiène publique et de salubrité de leur résidence, être appelés à assister aux délibérations de ce conseil avec voix consultative.

21. Dans les cantons où il n'a pas été établi de commissions d'hygiène publique, des correspondants peuvent être nommés par le préfet, sur la proposition du conseil d'arrondissement.

CHAP. III. — **CONSEIL D'HYGIÈNE PUBLIQUE ET DE SALUBRITÉ DU DÉPARTEMENT DE LA SEINE.**

22. Ce conseil, réorganisé par le décret du 15 décembre 1851, et qui, jusqu'à cette date, s'appelait *conseil de salubrité*, est le premier qui ait été établi en France ; il fut créé le 6 juillet 1802, et il a été, depuis sa création, le promoteur infatigable de toutes les mesures concernant l'hygiène et la salubrité.

23. Le décret du 15 décembre 1851 se borna à maintenir cette organisation, en lui donnant le nom de conseil d'hygiène publique et de salubrité. Cette organisation résulte des arrêtés du préfet de police, en date des 24 décembre 1832, 1er mars et 7 septembre 1838, et 24 février 1844.

24. L'arrêté du 24 décembre 1832 est l'acte fondamental de l'organisation du conseil de salubrité. Il porte à douze le nombre des membres titulaires, à six le nombre des adjoints, et admet un nombre indéterminé de membres honoraires à raison de leurs fonctions. Tous les membres sont nommés par le préfet de police ; mais les titulaires et les adjoints ne peuvent l'être que sur une liste de trois candidats présentés par le conseil. Ces nominations sont soumises à l'approbation du ministre de l'agriculture et du commerce.

25. Les arrêtés des 1er mars 1838 et 24 février 1844 ont augmenté le nombre des fonctionnaires qui, à raison de leurs fonctions, font de droit partie du conseil de salubrité.

Ces fonctionnaires sont : le doyen et les professeurs d'hygiène publique et de médecine légale à la Faculté de médecine ; le directeur de l'École de pharmacie, l'ingénieur en chef des ponts et chaussées du département de la Seine ; l'ingénieur en chef du service municipal de Paris ; l'ingénieur en chef des mines, chargé du service spécial des appareils à vapeur ; l'architecte commissaire de la petite voirie ; un des membres du conseil de santé des armées, désigné par le ministre de la guerre ; le chef de la 2e division et le chef du bureau sanitaire de la préfecture de police.

Enfin, un décret du 19 janvier 1852, en portant à quinze le nombre des membres titulaires du conseil de salubrité, appelle le secrétaire général de la préfecture de police à faire partie du conseil en raison de ses fonctions.

26. Le décret du 15 décembre 1851 charge le conseil d'hygiène du département de la Seine d'exercer, dans tout le ressort de la préfecture de police, des attributions déterminées par les art. 9, 10 et 12 de l'arrêté du 18 décembre 1848, et que nous avons données aux nos 16 à 18.

Il établit, en outre, dans chacun des arrondissements de la ville de Paris, et dans chacun des arrondissements de Sceaux et de Saint-Denis, une commission d'hygiène et de salubrité, composée de neuf membres, et présidée, à Paris, par le maire de l'arrondissement, et, dans les arrondissements ruraux, par le sous-préfet.

27. Les membres de ces commissions sont nommés par le préfet de police, sur une liste de trois candidats présentés, pour chaque place, par le maire de l'arrondissement, à Paris ; par les sous-préfets de Sceaux et de Saint-Denis, dans les arrondissements ruraux. Les candidats sont choisis parmi les habitants notables de l'arrondissement. Dans chaque commission, il doit y avoir deux médecins au moins, un pharmacien, un vétérinaire reçu dans les écoles spéciales, un architecte, un ingénieur. S'il n'y a pas de candidats dans ces trois dernières professions, le choix doit porter de préférence sur des mécaniciens, directeurs d'usines ou de manufactures. Les membres des commissions d'hygiène publique du département de la Seine sont nommés pour six ans, et renouvelés par tiers tous les ans. Les membres sortants peuvent être réélus.

28. Chaque commission élit un vice-président et un secrétaire, qui sont renouvelés tous les deux ans.

Elles se réunissent au moins une fois par mois à la mairie ou au chef-lieu de la sous-préfecture, et elles sont convoquées extraordinairement toutes les fois que l'exigent les besoins du service.

Le préfet de police peut, lorsqu'il le juge utile, déléguer un des membres du conseil d'hygiène publique du département auprès de chaque commission pour prendre part à ses délibérations avec voix consultative.

29. Les commissions d'hygiène recueillent toutes les informations qui peuvent intéresser la santé publique dans l'étendue de leur circonscription. Elles appellent l'attention du préfet de police sur les causes d'insalubrité qui peuvent exister dans leurs arrondissements respectifs, et elles donnent leur avis sur les moyens de les faire disparaître.

Elles peuvent être consultées, d'après l'avis du conseil d'hygiène publique et de salubrité du département, sur les mesures et dans les cas déterminés par l'art. 9 de l'arrêté du Gouvernement du 18 décembre 1848. Elles concourent à l'exécution de la loi du 13 avril 1850, relative à l'assainissement des logements insalubres (*voy. ce mot*), soit en provoquant, lorsqu'il y a lieu, dans les arrondissements ruraux, la nomination des commissions spéciales qui peuvent être créées par les conseils municipaux en vertu de l'art. 1er de cette loi, soit en signalant aux commissions déjà instituées les logements dont elles auraient reconnu l'insalubrité. En cas de maladies épidémiques, elles sont appelées à prendre part à l'exécution des mesures extraordinaires qui peuvent être ordonnées pour combattre les maladies, ou pour procurer de prompts secours aux personnes qui en seraient atteintes.

Elles doivent réunir les documents relatifs à la mortalité et à ses causes, à la topographie et à la statistique de l'arrondissement, en ce qui concerne la salubrité, et transmettre ces documents au préfet de police, qui les communique au conseil d'hygiène publique, chargé de les coordonner, de les faire compléter, s'il y a lieu, de les résumer chaque année, et de faire un rapport général, qui doit être transmis par le préfet de police au ministre de l'agriculture et du commerce.

CHAP. IV. — COMMISSIONS DES LOGEMENTS INSALUBRES.

(*Voy.* Logements insalubres.)

BIBLIOGRAPHIE.

Table présentant par ordre alphabétique les matières traitées par les conseils d'hygiène et de salubrité du Nord, depuis 1859 jusqu'à la fin de 1868, par M. Tancrez. In-8°. Lille, impr. de Danel. 1870.

Principes de l'assainissement des villes, par M. Ch. de Freycinet. In-8°. Paris, Dunod. 1870.

Recueil des travaux du comité consultatif d'hygiène publique. Publ. du ministère de l'agriculture et du commerce. Paris, Baillière et fils. Années 1872 et suiv.

Hygiène et assainissement des villes, par M. J. B. Fonssagrives. In-8°. Paris, J.-B. Baillière et fils. 1874.

Rapport sur les travaux des conseils d'hygiène publique et de salubrité du département de la Sarthe (1871-1872), par M. J. Le Bèle. In-8°. Le Mans, impr. de Monnoyer. 1874.

Annales d'hygiène. Revue trimestrielle.

ADMINISTRATION COMPARÉE.

Dans les divers pays dont nous avons parcouru la législation, partout le législateur s'est borné à pourvoir aux nécessités de la santé publique, au fur et à mesure qu'elle était menacée par un danger ou un autre. Aussi, les prescriptions sont-elles dispersées dans un grand nombre de lois, dont les plus importantes ont été rappelées dans les divers articles que nous avons consacrés à ces matières. Ici, nous ne pouvons dire qu'une chose, c'est que dans toutes les contrées la salubrité locale est confiée aux soins de l'autorité municipale (police locale), les maires, bourgmestres, magistrats (comité municipal en Allemagne), syndics, alcades. En Angleterre, les campagnes n'ont pas d'autorité municipale embrassant l'ensemble des attributions, mais des fonctionnaires ou des comités spéciaux pour chaque matière administrative ; on a donc confié la salubrité publique aux *guardians* chargés de la bienfaisance publique (voy. Assistance publique). Ils forment *the rural sanitary Authority*, et peuvent s'adjoindre un médecin. On trouvera dans la loi 35-36 Vict., ch. 79, tout ce qui concerne l'organisation de ce service public. L'Italie est peut-être le pays où la législation a établi la plus complète hiérarchie d'autorités sanitaires ; elle est exposée dans la loi du 20 mars 1865 (*Legge sulla sanità pubblica*), et de plus dans la loi du 22 juin 1874. Le ministre de l'intérieur, et sous ses ordres les préfets et les sous-préfets peuvent nommer des conseils et des inspecteurs de santé ; le syndic ne peut pas déléguer son autorité, il doit l'exercer par lui-même.

Ce n'est que lorsque le mal est d'une nature plus ou moins générale que l'autorité supérieure et le législateur même interviennent. Leur intervention se borne le plus souvent à sanctionner les mesures proposées par des hommes spéciaux constitués en « conseils techniques ». Cependant, jamais administrateur ne devrait approuver l'avis d'un médecin, d'un architecte, d'un ingénieur sans l'avoir examiné de près, tant au point de vue de la législation en vigueur qu'au point de vue des convenances sociales, des habitudes, des mœurs et même des préjugés. Il doit prévoir les difficultés d'application, éviter de choquer sans nécessité des idées reçues, éclairer le public afin d'obtenir le concours volontaire des intéressés, et il doit jamais oublier que lors même que les lois ne le rendent pas responsable, il l'est toujours de fait devant l'opinion.   M. B.

HYPOTHÈQUE.

SOMMAIRE.

Bibliographie.

CHAP. I. — CARACTÈRE DE L'HYPOTHÈQUE.

1. Les biens du débiteur sont le gage commun de ses créanciers, et le prix se partage également entre eux, à moins de causes de préférence ; les seules causes de préférence reconnues par la loi sont les priviléges et les hypothèques. L'hypothèque est un droit réel sur les immeubles affectés à l'acquittement d'une obligation, droit indivisible de sa nature, et qui les suit dans quelles mains qu'ils passent. (*C. civ., art.* 2114.)

2. L'hypothèque n'a lieu que dans les cas et suivant les formes autorisés par la loi ; elle est ou légale ou judiciaire ou conventionnelle. Les immeubles qui sont dans le commerce sont seuls susceptibles d'hypothèque ; l'usufruit des immeubles peut être grevé d'hypothèque pendant sa durée.

3. Parmi les hypothèques légales, l'art. 2121 range celle que l'État, les communes et les établissements ont sur les biens des receveurs et administrateurs comptables, sans préjudice du privilége qu'assurent au Trésor l'art. 2098 du Code civil et la loi du 5 septembre 1807. Cet art. 2098 stipule cependant que le Trésor ne peut pas obtenir de privilége au préjudice des droits antérieurement acquis à des tiers.

4. Le Trésor a hypothèque sur les immeubles que les comptables possédaient avant leur nomination et sur ceux acquis depuis à titre gratuit, *mais à charge d'inscription*. Sous ce dernier rapport l'hypothèque légale de l'État diffère de l'hypothèque de la femme, du mineur et de l'interdit (*L.* 5 *sept.* 1807, *art.* 6). Les communes ont-elles hypothèque légale sur les biens des fermiers des octrois ? La question est controversée. M. Persil (*Quest.*, t. Ier, p. 269) et la cour de Pau (25 *juin* 1816) se sont prononcés pour la négative ; mais nous croyons qu'il faut décider l'affirmative avec un arrêt de la cour d'Aix du 12 février 1806. Le décret du 15 novembre 1811 rangeait l'Université parmi les établissements publics jouissant du bénéfice de l'hypothèque légale.

5. L'État a de plein droit et sans stipulation, hypothèque, en vertu des adjudications administratives, sur les biens des adjudicataires, tels, par exemple, que ceux des travaux publics. Les dispositions des lois des 5 novembre 1790 et 4 mars 1793, loin d'avoir été abrogées par le Code, sont confirmées par l'art. 2098. Ainsi jugé par la cour de Paris le 29 mars 1830, et par la Cour de cassation le 12 janvier 1835. Jugé cependant en sens contraire, Pau, 16 juin 1832.

6. Le fermier des biens d'un hospice n'est point assimilé à un comptable, en ce sens que l'hospice ait hypothèque légale sur ses biens pour le prix des fermages (*Cass.* 3 *juill.* 1817). Les caisses d'épargne n'ont pas hypothèque légale sur les immeubles de leurs comptables (*Cass.* 8 *juill.* 1856) [les caisses d'épargne ayant été considérées comme des établissements privés]. Les percepteurs ne sont pas non plus soumis à l'hypothèque légale au profit de l'État. (*C. de Colmar* 10 *juin* 1820 ; Troplong, t. II, n° 430 *bis* ; Duranton, t. XIX, n° 322.)

7. Nous ne pouvons pas même indiquer ici les nombreuses et délicates questions que soulève en droit civil le chapitre des hypothèques : tout ce qui concerne les formalités rigoureuses sous l'empire desquelles s'établissent, se conservent et s'éteignent les hypothèques, est réuni au Code civil, livre III, tit. XVIII, art. 2114 à 2195, auxquels nous ne pouvons que renvoyer le lecteur. Toutefois, nous devons mentionner : la loi du 17 janvier 1855, qui rétablit l'obligation de la transcription pour tous les actes translatifs de propriété, et modifie sur quelques points notre régime hypothécaire ; la loi du 14 juillet 1866, qui dispense les communes de remplir les formalités de la purge des hypothèques pour des acquisitions d'immeubles faites de gré à gré et dont le prix n'excède pas 500 fr. ; la loi du 5 janvier 1875, qui modifie l'art. 2200 du Code civil et prescrit la tenue d'un double registre pour assurer la conservation des registres et en faciliter la reconstruction. Le décret d'application de la loi du 5 janvier est du 28 août 1875, et il importe de le consulter.

CHAP. II. — CONSERVATEURS DES HYPOTHÈQUES.

8. La loi du 21 ventôse an VII a remis la conservation des hypothèques à la régie de l'enregistrement, qui l'a confiée à un conservateur établi près de chaque tribunal civil.

9. Les conservateurs des hypothèques sont chargés : 1° de l'exécution des formalités prescrites pour la conservation des hypothèques et la consolidation des mutations de propriétés immobilières ; 2° de la perception des droits établis au profit du Trésor public pour chacune de ces formalités. (*Id.*, *art.* 3.)

Du reste, les droits et devoirs des conservateurs et les limites de leur responsabilité sont réglés par les art. 2196 à 2204 du Code civil, combinés avec la loi du 21 ventôse an VII et les art. 52, 53 et 54 de la loi du 11 brumaire an VII.

10. Avant d'entrer en fonctions, le conservateur doit faire enregistrer sa commission au greffe du tribunal civil du département, prêter serment et fournir un double cautionnement, dont l'un en immeubles et l'autre en numéraire.

11. En ce qui concerne le cautionnement en immeubles, les dernières dispositions sont formulées dans la loi de finances du 8 juin 1864 ; nous allons les reproduire :

« Art. 26. *A partir de la promulgation de la présente loi,* les cautionnements que les conservateurs des hypothèques sont tenus de fournir en immeubles, conformément aux art. 5 et 8 de la loi du 21 ventôse an VII, pourront être constitués, en totalité ou en partie, soit en immeubles, soit en rentes nominatives 3 p. 100 sur l'État[1]. La quotité de ces cautionnements aura pour base la moyenne des salaires des 5 années antérieures à la nomination, en déduisant la plus forte et la plus faible, et en prenant le tiers des autres (ce sera donc plus le chiffre de la population). Elle se règlera à chaque mutation, suivant les bases ci-après : 12,500 fr. en immeubles ou 500 fr. de rentes pour 2,500 fr. de salaire et au-dessus ; 25,000 fr. en immeubles ou 1,000 fr. de rentes pour 2,501 à 5,000 fr. de salaire ; 37,500 fr. en immeubles ou 1,500 fr. de rentes pour 5,001 à 10,000 fr. de salaire ; 50,000 fr. en immeubles ou 2,000 fr. de rentes pour 10,001 à 15,000 fr. de salaire ; 62,500 fr. en immeubles ou 2,500 fr. de rentes pour 15,001 à 20,000 fr. de salaire ; 75,000 fr. en immeubles ou 3,000 fr. de rentes pour 20,001 à 25,000 fr. de salaire ; 87,500 fr. en immeubles ou 3,500 fr. de rentes pour 25,001 à 30,000 fr. de salaire ; 100,000 fr. en immeubles ou 4,000 fr. de rentes pour 30,001 à 35,000 fr. de salaire ; 112,500 fr. en immeubles ou 4,500 fr. de rentes pour 35,001 à 40,000 fr. de salaire ; 125,000 fr. en immeubles ou 5,000 fr. de rentes pour 40,001 à 45,000 fr. de salaire ; 137,500 fr. en immeubles ou 5,500 fr. de rentes pour 45,001 à 50,000 fr. de salaire ; 150,000 fr. en immeubles ou 6,000 fr. de rentes pour 50,001 à 55,000 fr. de salaire ; 162,500 fr. en immeubles ou 6,500 fr. de rentes pour 55,001 à 60,000 fr. de salaire ; 175,000 fr. en immeubles ou 7,000 fr. de rentes pour

---

1. Cette disposition est surtout utile lors des changements de résidence. On achète plus facilement de la rente qu'un immeuble (*voy. art.* 27).

60,001 à 100,000 fr. de salaire ; 200,000 fr. en immeubles ou 8,000 fr. de rentes pour 100,000 fr. de salaire et au-dessus.

« Art. 27. Les conservateurs qui ont cessé leurs fonctions depuis moins de 10 ans auront la faculté de transformer leur cautionnement actuel en immeubles en un cautionnement en rentes. La même faculté est accordée au conservateur en exercice. Les conservateurs appelés à une nouvelle résidence pourront fournir en immeubles ou en rentes le supplément de cautionnement dont ils seront tenus, par application des bases posées en l'article précédent. L'affectation des immeubles actuellement hypothéqués cessera de plein droit aussitôt que le cautionnement aura été reconstitué en rentes.

« Art. 28. Les cautionnements pourront être faits en tout ou en partie au moyen de rentes appartenant à des tiers.

« Art. 29. Avant de prêter le serment prescrit par la loi, le conservateur qui fournira la totalité ou partie de son cautionnement en rentes sur l'État, déposera au greffe du tribunal civil de l'arrondissement dans lequel il remplira ses fonctions, une expédition de l'acte de cautionnement qu'il aura souscrit, ou qui aura été souscrit en son nom. Sont maintenues en ce qui concerne les immeubles affectés au cautionnement, les dispositions de l'art. 6 de la loi du 21 ventôse an VII.

« Art. 30. La libération des cautionnements en rentes aura lieu conformément à l'art. 8 de la loi du 21 ventôse an VII. Elle sera prononcée par le tribunal de l'arrondissement dans lequel le conservateur aura exercé ses fonctions en dernier lieu, et le procureur impérial entendu. » (Voy. l'instruction, n° 2289.)

Le cautionnement en immeubles est reçu par le tribunal civil de la situation des biens, en présence du procureur de la République. L'inscription en est faite à la diligence et aux frais du conservateur (droit fixe d'un franc).

Il demeure spécialement et exclusivement affecté à la responsabilité du conservateur des hypothèques, pour les erreurs et omissions dont la loi le rend garant envers les citoyens. Cette affectation subsiste pendant toute la durée des fonctions et dix années après. (L. 21 vent. an VII, art. 5, 7 et 8.)

12. Le cautionnement en numéraire (et non celui en rentes ou immeubles) est destiné à garantir l'État contre les malversations de son préposé. Il est fixé au double du montant des remises d'une année commune. (L. 24 avril 1806, art. 15, et Décis. du Cons. d'adm. 3 nov.-1er déc. 1835.)

13. Le traitement des conservateurs consiste en remises payées, pour les actes qu'ils délivrent, conformément au tarif annexé au décret du 21 septembre 1810, dont le n° 7 a été réduit de moitié en faveur du Trésor par l'ordonnance royale du 1er mai 1816.

Voici le tarif du 21 septembre 1810 modifié par la loi du 5 janvier 1875. 1° Enregistrement et reconnaissance des dépôts d'actes de mutation pour être transcrits, ou de bordereaux pour être inscrits, 20 cent. (L. 5 janv. 1875); 2° pour l'inscription de chaque droit d'hypothèque ou privilége, quel que soit le nombre des créanciers, si la formalité est requise par le même bordereau, 1 fr.; 3° pour chaque inscription faite d'office par le conservateur, en vertu d'un acte translatif de propriété soumis à la transcription, 1 fr.; 4° pour chaque déclaration, soit de changement de domicile, soit de subrogation, soit de tous les deux par

le même acte, 50 cent.; 5° pour chaque radiation d'inscription, 1 fr.; 6° chaque extrait d'inscription ou certificat qu'il n'en existe aucune, 1 fr.; 7° pour la transcription de chaque acte de mutation, par rôle d'écriture du conservateur, contenant 30 lignes à la page et 18 syllabes à la ligne, 50 cent. (D. 9 juin 1866); 8° pour chaque certificat de non-transcription d'acte de mutation, 1 fr.; 9° pour les copies collationnées des actes déposés ou transcrits dans les bureaux des hypothèques, par rôle d'écriture, 1 fr.; 10° chaque duplicata de quittance, 25 cent.; 11° transcription de chaque procès-verbal de saisie immobilière (C. Pr. civ., art. 677), par rôle d'écriture, 1 fr.; 12° enregistrement de la dénonciation de la saisie immobilière au saisi (Id., art. 678), et la mention qui en est faite au registre (Id., art. 693), 1 fr.; 13° enregistrement de chaque exploit de notification de placards aux créanciers inscrits, tenant lieu de l'inscription des exploits de notification des procès-verbaux d'affiches (Id., art. 693), 1 fr.; 14° pour l'acte du conservateur constatant son refus de transcription en cas de précédente saisie (Id., art. 680), 1 fr.; 15° pour la radiation de la saisie immobilière, 1 fr.

CHAP. III. — DROITS D'HYPOTHÈQUE.

14. Les droits d'hypothèque consistent en un droit sur l'inscription des créances hypothécaires et sur la transcription des actes emportant mutation de propriétés immobilières. (L. 21 vent. an VIII, art. 19.)

15. Le droit d'inscription des créances hypothécaires ou des hypothèques garantissant des ouvertures de crédit, est de un pour mille (L. 28 avril 1816 et 23 août 1871, art. 5). La perception de ces droits suit les sommes et valeurs de 20 fr. en 20 fr. inclusivement, sans fraction.

Le droit de transcription d'immeubles et droits immobiliers est un droit fixe d'un franc, outre le droit d'enregistrement et le salaire du conservateur. (L. 28 avril 1816, art. 60.)

16. Les acquisitions de biens faites par l'État ne sont soumises à aucun droit.   Paul ANDRAL.

BIBLIOGRAPHIE.

Traité des formalités hypothécaires, par Baudot. 2 vol. in-8°. 3e édit. Paris. 1845.

Dictionnaire des priviléges et hypothèques, par Hervieu. In-4°. Paris. 1864.

Commentaire-traité des priviléges et hypothèques, par Paul Pont. 2 vol. in-8°. Paris. 1868.

De l'hypothèque en droit romain. De la réserve et de la quotité disponible en droit français, par M. F. C. Leduc. In-8°. Paris, Pichon-Lamy et Dewez. 1870.

De l'hypothèque des femmes en droit romain et en droit français, par G. Sabouraud. In-8°. Paris, Marescq aîné. 1870.

Traité de la purge des hypothèques légales, par M. L. Gauthier. In-8°. Paris, impr. de Michels ; l'auteur. 1873.

I

IDENTITÉ. Ce terme exprime la certitude qu'un individu est bien celui qu'on croit ou qu'il dit être. Le mot identité est également employé lorsqu'il s'agit de choses.

ÎLE DE FRANCE. Voy. Colonies.

ILES ET ILOTS. Voy. Cours d'eau navigables.

ILLUMINATION. Lumières ou lampions allumés, placés sur la façade des édifices publics et les fenêtres des maisons en signe de réjouissance les jours de fêtes publiques. C'est l'autorité administrative qui ordonne l'illumination des édifices publics ; mais elle n'a pas le pouvoir d'obliger les particuliers à illuminer leurs maisons. (*Cass.* 27 *janv.* 1820.)

IMAGES, IMAGER. Les fabricants d'images ou imagers sont tenus de déclarer, dans le département de la Seine au préfet de police, et dans les autres départements aux préfets, les presses, fontes, caractères ou autres ustensiles d'imprimerie dont ils sont propriétaires, possesseurs ou détenteurs. (*D.* 18 *nov.* 1810.)

La publication ou mise en vente des images est, du reste, soumise à la même législation que celle des gravures. (*D.* 17 *févr.* 1852, *art.* 22.) [*Voy.* Imprimerie.]

IMMONDICES. *Voy.* **Boue.**

IMPORTATIONS. *Voy.* **Douane.**

IMPOSITIONS. Ce mot est plutôt synonyme de cotisation que d'impôt. L'imposition, comme la cotisation, est une contribution départementale ou communale ; seulement le mot cotisation peut être également employé par des particuliers ou des sociétés qui répartissent entre eux le montant d'une dépense dont ils se sont, en général, chargés bénévolement. Actuellement la plupart des impositions ont lieu sous forme de centimes additionnels. (*Voy.* **Centimes additionnels, Département, Organisation communale.**)

IMPOTS. 1. On entend par ce mot les contributions de toutes sortes dont le produit sert à couvrir les dépenses de l'État.

2. On divise les impôts en contributions directes et contributions indirectes. Les premières comprennent les impôts dont l'assiette ou la distribution se fait au moyen de rôles nominatifs et annuels [1] : telles sont la contribution foncière, celle des portes et fenêtres, etc. (*Voy.* **Contributions directes.**)

3. Les contributions indirectes ne sont payées qu'au moment de faire certaines acquisitions, ou lorsqu'on se trouve dans certaines situations ou circonstances spécifiées par les lois. Les matières relatives aux contributions indirectes ont été traitées aux mots **Contributions indirectes, Allumettes chimiques, Boissons, Enregistrement, Huile, Licence, Savon, Sel, Sucre, Tabac, Timbre, Vinaigre, Voitures publiques.**

IMPRESCRIPTIBLE. *Voy.* **Domaine, Inaliénabilité et Prescription.**

IMPRIMERIE, LIBRAIRIE. 1. Bien avant la découverte de l'imprimerie, qui remonte au milieu du quinzième siècle, et qui est due, comme on sait, à Gutenberg, de Mayence, le pouvoir soumit l'expression de la pensée à certaines règles restrictives. En effet, dès le moyen âge, l'université de Paris exerçait sa surveillance sur les manuscrits, dans un but purement scientifique, il est vrai, celui d'assurer l'exactitude des textes. L'invention de l'imprimerie rendit la police de la presse nécessaire. Elle fut, du reste, acceptée comme ayant une origine plus que divine, ainsi que le disait Louis XII ; mais il s'aperçut bientôt

1. Nous répétons ici la définition usuelle, nous pourrions presque dire légale, mais sous toutes réserves. En effet, le droit de licence est compté parmi les impôts indirects, bien qu'il soit perçu au moyen de rôles nominatifs et annuels.   **M. B.**

des dangers qu'elle entraînait après elle. François Ier alla jusqu'à défendre de rien imprimer, sous peine de la corde. La rigueur de cette législation empêcha qu'elle ne s'établît en fait. On se contenta de soumettre à la censure l'impression des ouvrages. La publication d'un écrit fut soumise à une autorisation préalable ; le droit d'accorder cette autorisation fut d'abord conféré à l'université de Paris ; il fut ensuite partagé entre l'université et le parlement, puis appartint à l'université, au parlement et au Gouvernement réunis. Il ne tarda pas à rester au Gouvernement seul. La surveillance de l'imprimerie fut alors placée dans les attributions du chancelier, spécialement confiée à un directeur et réglée par un acte du 28 février 1723, qui codifiait toutes les dispositions antérieures. Restreint d'abord à Paris seulement, ce règlement fut étendu aux provinces en 1734. Aux termes du règlement du 28 février 1723, aucun écrit ne pouvait être imprimé sans une autorisation préalable.

2. Toutefois, ce principe de l'autorisation préalable n'était applicable ni aux petits imprimés peu importants, ni aux mémoires judiciaires garantis par la signature d'un avocat. L'autorisation était accordée : pour certains écrits ecclésiastiques, par l'évêque ; pour les publications du parlement, par le parlement ; pour les autres écrits de moins de deux feuilles, par le lieutenant général de police, et, selon le cas, par le chancelier.

3. Elle était précédée d'un examen préalable fait à un double point de vue : politique et religieux. Les censeurs chargés d'examiner étaient les délégués du chancelier. On exigeait l'autorisation même pour des réimpressions.

4. D'un autre côté, le commerce de la librairie était soumis à certaines règles. L'exercice de la profession de libraire ou d'imprimeur entraînait la possession d'un brevet constituant une véritable propriété pour celui qui l'avait obtenu. En même temps, l'introduction des livres étrangers était subordonnée à certaines conditions. Des peines assez sévères frappaient les contraventions aux règles sur l'imprimerie et la librairie, et les délits reconnus exister dans le contenu d'un ouvrage étaient punis, quoique l'ouvrage eût été autorisé.

5. Toutefois, cette législation répressive fut surtout comminatoire ; les individus qui violaient ses prescriptions furent rarement poursuivis. On se contenta de punir les distributeurs contrevenant aux mesures préventives. Quant aux auteurs, on parut ignorer leurs noms, et l'on fit brûler leurs ouvrages, mais dans des délais qui permirent à tout le monde de les lire. La législation préventive fut elle-même peu observée. Il était facile d'en éluder les dispositions en faisant imprimer à l'étranger les ouvrages, qu'on introduisait ensuite en France. De son côté, le Gouvernement ne veillait pas à l'exécution rigoureuse de la censure préalable. Il accordait des permissions tacites ; ne voulant pas autoriser publiquement un ouvrage qu'il n'approuvait pas, mais dont cependant il ne tenait pas à prohiber la publication, il l'autorisait en fait, pourvu qu'il ne portât aucun nom de censeur ou de libraire. Sous Louis XV, et surtout sous Louis XVI, l'usage de ces autorisations tacites devint très-fréquent, particulièrement pendant l'administration de Malesherbes. On trouve un assez grand nombre d'ouvrages publiés sous ce dernier règne, grâce à des autorisations tacites, et qui contiennent cependant des idées peu en harmonie avec l'ordre de choses alors établi.

6. *Typographie.* Le régime particulier auquel étaient naguère soumises les professions d'imprimeur et de libraire, était constitué par le décret du 5 février 1810 et par la loi du 21 octobre 1814. Nul ne pouvait être imprimeur ou libraire s'il n'était breveté et assermenté. Les conditions exigées de l'aspirant au brevet d'imprimeur étaient: de justifier de sa capacité, de ses bonne vie et mœurs et de son attachement à la patrie et au souverain.

Cette justification était effectuée au moyen d'une enquête faite par l'administration et de certificats produits par le postulant. Dans les enquêtes administratives on consultait la notoriété, et les attestations réclamées des candidats en ayant, pour la capacité, de quatre imprimeurs brevetés, et pour la moralité, des autorités municipales. Le décret du 5 février 1810 énonçait, en outre, que le nombre des imprimeurs serait fixé dans les départements, et il réduisait ce nombre à soixante pour Paris. Un décret du 11 février 1811 a élevé le nombre des imprimeurs de Paris à quatre-vingts.

La loi du 11 mai 1868 a accordé aux journaux l'autorisation d'établir une imprimerie exclusivement destinée à l'impression du journal. En présentant cette loi, le gouvernement impérial, avait annoncé une liberté plus complète.

Le gouvernement de la Défense nationale a réalisé cette promesse en proclamant libres les professions d'imprimeur et de libraire, à la charge de faire une simple déclaration au ministère de l'intérieur. (*D. du 10 sept.* 1870.) Un décret ultérieur devait régler les conséquences de la liberté à l'égard des titulaires de brevet.

En attendant, voici les dispositions des anciennes lois qu'on peut considérer comme étant encore en vigueur.

7. Toute imprimerie clandestine (est réputée telle, suivant l'art. 13, l'imprimerie non déclarée à la direction de la librairie) doit être détruite; les possesseurs et dépositaires sont passibles d'une amende de 10,000 fr. et d'un emprisonnement de six mois.

8. L'imprimeur ne peut imprimer un écrit avant d'avoir déclaré qu'il se propose de l'imprimer, ni le mettre en vente ou le publier, de quelque manière que ce soit, avant d'en avoir déposé deux exemplaires. La déclaration préalable et le dépôt ont lieu, à Paris, au bureau de l'imprimerie et de la librairie, et dans les départements, au secrétariat de la préfecture.

9. L'oubli de l'une des deux premières obligations est puni d'une amende de 1,000 fr., pour la première fois, et de 2,000 fr. pour la seconde. L'omission du nom et de la demeure de l'imprimeur fait encourir à celui-ci une amende de 3,000 fr., qui est doublée, sans préjudice de l'emprisonnement prononcé par le Code pénal, en cas d'indication d'un faux nom et d'une fausse demeure.

10. L'imprimeur est tenu d'avoir un livre coté et paraphé par le maire de la ville où il réside; ce livre est destiné à recevoir, par ordre de date,

l'inscription du titre de chaque ouvrage qu'il est dans l'intention d'imprimer.

11. Le décret impérial du 7 germinal an XIII (29 mars 1805) porte que les livres d'église, les heures et prières ne pourront être imprimés ou réimprimés qu'avec la permission des évêques diocésains; cette permission doit être textuellement rapportée et imprimée en tête de chaque exemplaire. Les contrevenants sont poursuivis conformément à la loi du 19 juillet 1793. Des termes de ce décret, il résulte que l'évêque diocésain a la faculté d'accorder ou de refuser la permission, en vertu d'une appréciation souveraine et sans être tenu de faire connaître les motifs de son adhésion ou de son refus, ce qui implique nécessairement le libre choix de l'imprimeur ou des imprimeurs chargés, sous sa direction, de toutes les impressions liturgiques réclamées par les besoins de son diocèse (*Cass.* 5 *juin* 1847). Le décret n'établit aucune distinction entre le rite propre au diocèse et les rites étrangers.

12. Le décret du 5 février 1810 déclarait, dans son art. 40, qu'il serait statué ultérieurement à l'égard des conditions d'exercice de quelques autres professions se rattachant à la profession d'imprimeur. La partie réellement importante des mesures annoncées par cet article a été successivement exécutée.

13. *Lithographie, imprimerie en taille-douce.* Ainsi l'ordonnance du 8 octobre 1817 et le décret du 22 mars 1852 ont assimilé à la typographie les impressions obtenues par les procédés de la lithographie et de la taille-douce; d'où il suit que les imprimeurs lithographes et les imprimeurs en taille-douce, tenus à une déclaration comme les imprimeurs en lettres, sont soumis à toutes les obligations que la loi du 21 octobre 1814 impose à ceux-ci.

14. Aux termes de l'ordonnance du 9 janvier 1828, le nombre des exemplaires des épreuves des planches et estampes lithographiées et gravées, dont le dépôt est exigé par la loi, est fixé à trois. Outre les deux exemplaires des écrits imprimés avec gravures ou dessins, et les trois épreuves des planches gravées ou lithographiées, un exemplaire, certifié par l'imprimeur conforme à tout le tirage, doit être, en outre, déposé, pour servir de pièce de comparaison, afin d'obtenir l'autorisation préalable prescrite par l'art. 22 du décret du 17 février 1852[1].

15. La loi n'exige la formalité du dépôt, ni pour les dessins, ni pour les peintures non reproduits par la typographie, la gravure, la lithographie, la photographie ou tout autre procédé. Les bustes, statuettes, plâtres et bronzes destinés au commerce, sont assujettis à l'autorisation préalable.

16. *Fondeurs en caractères.* Le décret du 22 mars 1852 a astreint les fondeurs en caractères, les clicheurs ou stéréotypeurs, les fabricants de presses de tous genres, les marchands

1. Cet article est ainsi conçu : « Aucuns dessins, aucunes gravures, lithographies, médailles, estampes ou emblèmes, de quelque espèce qu'ils soient, ne pourront être publiés, exposés en vente, sans une autorisation préalable du ministre de la police (de l'intérieur) à Paris, et des préfets, dans les départements. En cas de contravention, les dessins, etc., pourront être confisqués, et ceux qui les auront publiés seront condamnés à un emprisonnement d'un mois à un an, et à une amende de 100 fr. à 1,000 fr. »

d'ustensiles d'imprimerie, à une déclaration quotidienne de leurs ventes, conforme à l'inscription faite par eux sur le registre coté et paraphé qu'ils sont également tenus d'avoir. Chaque infraction à l'une de ces dispositions est punie d'une amende de 50 à 200 fr.

17. Presses de petite dimension. Les détenteurs de presses de petite dimension, de quelque nature qu'elles soient, et dont l'emploi est circonscrit à des impressions privées de peu d'importance, doivent faire une déclaration.

18. Cette déclaration est reçue par le ministre de l'intérieur, à Paris, et par les préfets, dans les départements.

19. Les contrevenants sont passibles des peines édictées par l'art. 13 de la loi du 21 octobre 1814 (six mois d'emprisonnement et 10,000 fr. d'amende).

20. Librairie. Le prétendant au brevet de librairie n'était astreint à justifier que de ses bonnes vie et mœurs et de son attachement à la patrie et au souverain (D. 5 févr. 1810, art. 33). Toutefois, l'administration, pensant que la garantie de la moralité requise par la loi comprend la condition de capacité, a toujours exigé que la capacité des candidats au brevet de librairie fût constatée par un certificat émanant de quatre libraires brevetés. (L. 21 oct. 1814 et D. 17 févr. 1852.)

Le décret du 10 septembre 1870 a supprimé le brevet et actuellement il suffit d'une simple déclaration pour ouvrir une librairie.

21. La location comme la vente des livres fait partie du commerce de la librairie (Cass. 30 déc. 1806), et, par conséquent, une déclaration est nécessaire à ceux qui louent comme à ceux qui vendent. Cette doctrine s'applique également aux bouquinistes en boutique, qui, quoique sur une échelle plus restreinte, se livrent au même commerce.

22. Les étalagistes, au contraire, qui mettent en vente des ouvrages sur la voie publique et qui n'ouvrent pas de magasin aux acheteurs, sont placés dans une catégorie particulière. La police locale, chargée de la petite voirie, est maîtresse d'attacher à la permission dont elle dispose les obligations et restrictions que l'intérêt public lui semble commander. (Voy. aussi **Colportage**, **Dépôt légal** et **Presse**.)

BIBLIOGRAPHIE.

Législation de l'imprimerie d'après la nouvelle loi sur la presse, par J. Delalain. In-12. Paris, J. Delalain et fils. 1869.

Code alphabétique. Dictionnaire des crimes, délits et contraventions commis par la voie de l'imprimerie, la librairie, etc., par M. de Gonet. In-8°. Montpellier, Gras. 1869.

Presse, imprimerie, librairie; Manuel administratif suivi d'un recueil des lois sur la presse, etc., annotés par M. Robaglia. In-8°. Lyon, Gallet. 1874.

ADMINISTRATION COMPARÉE.

L'obligation, pour l'imprimeur, de signer tout écrit qui sort de ses presses et d'ajouter son adresse, existe dans tous les pays, peut-être sans exception. Pour l'Angleterre, la prescription se trouve dans les lois 2-3 Vict., ch. 12, et 32-33 Vict., ch. 24, où les personnes qui distribuent des écrits sans nom d'imprimeur sont également punissables. L'amende est de 12 fr. au plus par exemplaire distribué. Cette loi de 32-33 Victoria est curieuse à plus d'un titre ; elle abolit un certain nombre de dispositions sévères sur la presse, mais elle maintient l'obligation de signer l'écrit. De plus, elle oblige l'imprimeur à tenir, pendant six mois, à la disposition du ministère public, un exemplaire de chaque écrit, signé du nom de l'employer (celui qui en a commandé l'impression).

L'omission du nom de l'imprimeur ne peut être poursuivie que par le ministère public (attorney general) et non, comme d'autres crimes ou délits, par des particuliers.

Nous n'avons pas trouvé que le libraire fût soumis à des obligations particulières en Angleterre, si ce n'est à celle de ne pas vendre de livres obscènes (20-21 Vict., ch. 83).

En Allemagne, la loi organique de l'industrie oblige tout imprimeur, libraire, bouquiniste, directeur de cabinet de lecture, à faire une déclaration à l'autorité locale. Trois jours après, il peut ouvrir son local. Il doit recevoir dans les trois jours le certificat de sa déclaration (L. 21 juin 1869, art. 15). Le défaut de déclaration est puni d'une amende de 150 marks (1 fr. 25 c.) au maximum et, en cas d'insolvabilité, de prison (maximum 1 mois).   M. B.

IMPRIMERIE NATIONALE. 1. L'imprimerie nationale doit son origine à Louis XIII, qui l'établit en 1640 dans les galeries du Louvre, et à Richelieu, qui la fit inaugurer la même année par l'impression d'un in-folio : De imitatione Christi, suivi de deux volumes : Novum testamentum latine. Ces essais furent tellement remarquables, qu'elle fut bientôt proclamée à l'étranger la première du monde. Le décret rendu le 14 frimaire an II lui attribua exclusivement l'impression du Bulletin des lois de la République, qu'il ordonna.

2. L'imprimerie fut transportée, au mois de brumaire an III, rue de la Vrillière, à l'hôtel de Toulouse. La loi du 8 pluviôse de la même année compléta le décret du 14 frimaire an II, en décidant que cet établissement imprimerait seul les actes de la Convention nationale. La loi du 19 frimaire an X lui attribua l'impression de tous les actes du Gouvernement, des ministres et des administrations publiques. L'ordonnance du 28 décembre 1814 avait supprimé ce privilège ; celle du 1er janvier 1815 le rétablit ; l'ordonnance du 12 janvier 1820 le supprima en partie de nouveau, et celle du 23 juillet 1823 le rétablit encore une fois.

3. L'ordonnance royale du 12 janvier 1820 n'avait conservé à l'imprimerie royale que le monopole des impressions suivantes : 1° le service du cabinet du roi et de sa maison ; 2° le service des chancelleries et des conseils du roi ; 3° les objets qui, par leur nature, exigent le secret ou une garantie particulière, tels que bons et effets du Trésor, billets de loterie, congés, passe-ports ; 4° l'impression et la distribution du Bulletin des lois. (O. 12 janvier 1820.)

4. La même ordonnance autorise expressément, dans son art. 2, les imprimeurs à réimprimer et à débiter les lois et ordonnances aussitôt après leur publication officielle au Bulletin des lois, et, dans son art. 4, les ministres et chefs d'administrations générales à traiter avec tous imprimeurs du commerce pour les impressions nécessaires à leur service.

5. L'ordonnance du 23 juillet 1823, au contraire, visant les lois des 4 décembre 1793, 27 janvier et 9 juin 1765, l'arrêté du 10 décembre 1811, les décrets des 24 mars 1809 et 22 janvier 1811, les ordonnances des 28 décembre 1814 et 12 janvier 1820, dispose, dans son art. 2, que l'imprimerie est chargée :

« 1° De l'impression du Bulletin des lois ;

« 2° Des travaux d'impression qu'exigera le service de notre cabinet et de notre maison, de notre chancellerie, de nos conseils, des ministères et des administrations générales qui en dépendent. »

Ces attributions ont été confirmées par une décision impériale du 25 juin 1864. Souvent discutées dans les assemblées législatives, les attributions de l'imprimerie de l'État ont été consacrées par une série de votes qui ont affermi la constitution légale de ce grand établissement.

6. Il n'est exécuté aucun travail d'impression à l'imprimerie nationale pour le compte des particuliers, sauf lorsqu'il s'agit d'ouvrages exigeant des caractères qui ne se trouvent pas dans les imprimeries particulières. Dans ce cas, une autorisation spéciale du ministre de la justice est nécessaire.

7. En outre des impressions autorisées dont il est question au n° 6, et qui sont exécutées aux frais des auteurs ou éditeurs, l'imprimerie nationale peut être chargée par le Gouvernement d'imprimer gratuitement les ouvrages qui sont jugés dignes de cette faveur par une commission spéciale instituée auprès du ministère de la justice.

8. L'administration de l'imprimerie nationale a subi des vicissitudes diverses; elle est depuis 1823 (O. 23 juill. 1823) régie directement par l'État et placée sous les ordres d'un directeur nommé par le Chef du gouvernement.

Le personnel administratif ou dirigeant comprend : 1 sous-directeur, 6 chefs de service, 52 sous-chefs, protes, sous-protes, commis et employés divers. Le service de la correction compte 12 correcteurs ayant pour la plupart une spécialité scientifique ou de linguistique, et 9 lecteurs de premières épreuves. Les ateliers occupent en moyenne 1,100 personnes, dont 300 à 350 femmes. Les traitements et les salaires payés par l'établissement sont passibles d'une retenue de 5 ou de 3 p. 100 au profit de la caisse des retraites de l'imprimerie nationale, dont les statuts sont fixés par une ordonnance royale du 20 août 1824 et par divers décrets en date des 24 janvier 1860 et 21 mars 1873.

9. Le local que l'imprimerie nationale occupe aujourd'hui, rue Vieille-du-Temple, dans le palais Cardinal, construit en 1812, et qui dépendait de l'hôtel Soubise, lui a été accordé par un décret du 6 mars 1808. Son matériel a été estimé, au 1er janvier 1854, à près de six millions. Elle possède (1876) 34 presses mécaniques, mises en mouvement par 2 machines à vapeur, 1 presse mécanique rotative à papier sans fin, 70 presses à bras, 25 presses lithographiques de divers systèmes, à bras ou à la vapeur, 30 machines à rogner ou à couper le papier, 2 balanciers, 10 presses hydrauliques ou laminoirs pour le satinage.

INALIÉNABILITÉ. 1. Le droit de disposer des biens, de les aliéner, est une des conséquences de la propriété. L'aliénabilité des biens est donc la règle. L'inaliénabilité et sa conséquence, l'imprescriptibilité, qui ont pour résultat de mettre des biens hors du commerce, constituent l'exception. Il faut donc qu'elles résultent d'actes législatifs.

2. Les biens faisant partie du domaine public sont inaliénables. (Voy. **Domaine.**)

3. Sous le régime monarchique, les biens meubles et immeubles composant la dotation de la couronne étaient également mis hors du commerce. (S.-C. 12 décembre 1852, etc.) Mais les meubles sujets à la détérioration peuvent être vendus à charge de remplacement. (Voy. aussi **Incessible.**)

4. On ne peut aliéner une succession future. La loi ne veut pas qu'on spécule sur la mort de quelqu'un.

5. Les immeubles stipulés dotaux sous le régime dotal sont inaliénables. L'art. 1554 du Code civil, qui le déclare, est fondé sur la protection accordée à la femme.

6. On ne peut aliéner non plus les biens faisant partie des substitutions permises par la loi. (C. civ., art. 896 et suiv. et 1048 et suiv.)

INAMOVIBILITÉ. C'est le contraire de l'amovibilité (voy. ce mot). Les juges, les conseillers à la Cour des comptes, à la Cour de cassation et aux cours d'appel, les évêques et les curés, etc., sont inamovibles ; les procureurs généraux, etc., les juges de paix, les fonctionnaires administratifs, ne sont point inamovibles.

INCENDIE. 1. De tout temps des mesures de police ont été prises pour éviter les incendies par faute, négligence ou imprudence. La loi du 24 août 1790, titre XI, art. 3, n° 5, a placé les incendies au premier rang des accidents et fléaux calamiteux que l'autorité municipale doit prévenir ou faire cesser par des précautions ou des secours convenables.

2. A Paris, les mesures ou précautions à prendre pour prévenir et arrêter les incendies ont été posées dans une ordonnance de police du 24 novembre 1843. Cette ordonnance a rapport : 1° à la construction et à l'entretien des cheminées, poêles, fourneaux et calorifères ; 2° aux couvertures; 3° aux fours, forges, usines, ateliers ; 4° aux entrepôts, magasins et dépôts de matières combustibles inflammables, détonantes et fulminantes, théâtres et salles de spectacle ; 5° aux halles, marchés, abattoirs, voies publiques ; 6° aux extinctions des incendies.

Nous nous bornerons à résumer quelques-unes des dispositions les plus importantes de cette ordonnance. (Voy. aussi l'article **Cheminées.**)

3. Il est défendu d'entrer, soit dans les écuries, soit dans les magasins, caves ou autres lieux renfermant des dépôts d'essence ou de spiritueux et, en général, de toutes matières inflammables, ou bien encore dans les halles, marchés ou ports avec des lumières non renfermées dans des lanternes, d'allumer des feux dans les halles et marchés et d'y apporter aucuns chaudrons à feux, réchauds ou fourneaux ; de faire du feu sur les ports, quais, héberges, sans autorisation, et de brûler de la paille sur aucune partie de la voie publique, dans les cours, jardins et terrains particuliers, et d'y mettre en feu aucun amas de matières combustibles ; de rechercher les fuites de gaz avec du feu et de la lumière (art. 23 à 29).

D'après l'art. 30, l'autorité municipale peut défendre de fumer dans les rues auprès des pailles, meules, granges et fermes, pour toute l'étendue de la préfecture de police. (Cette disposition est tombée en désuétude, parce qu'il n'est pas possible de tenir la main à son application.)

4. Aussitôt qu'un incendie ou un simple feu de cheminée se manifeste, on doit en avertir le poste le plus prochain de sapeurs-pompiers et le commissaire de police du quartier. De plus, la personne chez qui le feu se manifeste doit ouvrir les portes de son domicile à la première réquisition des sapeurs-pompiers et autres agents de l'autorité. Les habitants de la rue et des autres rues adjacentes doivent tenir aussi leurs portes ouvertes et laisser puiser l'eau à leurs puits et pompes. En cas de refus, les portes doivent être ouvertes à la diligence du commissaire de police ou du commandant du détachement de sapeurs-pompiers (*art.* 31. 33, 34 *et* 36).

5. Les gardiens des pompes et réservoirs publics sont tenus de fournir l'eau nécessaire pour l'extinction des incendies ; mais, en cas d'insuffisance des moyens fournis par les édifices publics, les commissaires de police et commandants de sapeurs-pompiers peuvent et doivent mettre en réquisition les seaux, pompes, échelles. Ils peuvent aussi, moyennant rétribution, requérir les chevaux et ustensiles nécessaires pour aider et éclairer les travailleurs (*art.* 32, 42 *et* 43.)

6. Ce sont les sapeurs-pompiers qui sont chargés d'éteindre les incendies. La loi du 25 mars 1831, prévoyant dans son art. 40 le cas où il n'y aurait pas de sapeurs-pompiers, porte qu'il doit être formé un corps volontaire, disposition qui est restée en vigueur après la suppression de la garde nationale. (*Voy. ce mot* et **Sapeurs-pompiers.**) Enfin, dans les villes où ce corps n'existe pas et dans celles où il est insuffisant, le maire peut ordonner des patrouilles et des rondes de nuit.

7. Le Code pénal, art. 434, édicte des punitions contre les incendiaires, en spécifiant les différents degrés de culpabilité. D'autres dispositions se rattachant plus ou moins à ce crime, se trouvent aux articles 305 à 308 et 436.

8. L'interdiction d'allumer du feu dans les champs plus près que cinquante toises des maisons est toujours en vigueur (*Cass.* 21 *nov.* 1861). De même, il est interdit d'allumer du feu dans le voisinage des forêts (*C. f., art.* 151 *et suiv.*). Il y a lieu aussi de rappeler ici la loi du 15 juillet 1845 sur la police des chemins de fer, puisque des mesures de précaution à prendre contre l'incendie y sont prescrites.

9. Le refus de prêter secours dans un incendie, sur la réquisition de l'autorité, constitue une contravention prévue au Code pénal, art. 475, § 12.

10. Les dommages causés à un tiers, sur l'ordre de l'administration communale, à une propriété non exposée, pour l'extinction d'un incendie, donnent droit à une indemnité (*C. civ., art.* 545 ; *L.* 11 *frim. an VIII, art.* 4, § 9). La commune peut avoir son recours contre celui qui a causé le dommage ; mais elle ne peut se faire rembourser ses frais, le prix de l'eau, par les incendiés. (*Trib. de la Seine, jugement de* 1866.)

INCESSIBLE. Ce qui ne peut pas être cédé ou transporté. Sont incessibles : 1° les choses déclarées insaisissables par la loi (*C. de Pr., art.* 581 ; *voy.* **Saisie**); 2° les droits exclusivement attachés à une personne (*C. civ., art.* 1166) : tels sont les droits d'usage et d'habitation (*C. civ., art.* 631 *et* 634), le droit de présentation pour un office. etc. (*Comparez* **Inaliénabilité.**)

INCOMPATIBILITÉ. Mot qui exprime que la même personne ne doit pas être chargée de plusieurs fonctions à la fois. L'incompatibilité est fondée sur trois idées : 1° sur ce que la même personne ne peut pas remplir deux fonctions,

dont l'une doive surveiller l'autre ; 2° sur ce que la même personne ne peut pas s'occuper convenablement ou utilement de plusieurs fonctions différentes ; 3° sur ce qu'il n'est pas juste que la même personne cumule les avantages attachés à plusieurs fonctions. (*Voy.,* pour l'énumération des incompatibilités, le mot **Fonctionnaires**, etc.)

INCOMPÉTENCE. Ce terme indique qu'un tribunal ou un juge n'a pas qualité pour prononcer sur une contestation.

INDEMNITÉ. 1. Dans un premier sens, l'indemnité est ce qu'on donne à quelqu'un pour réparer un préjudice qu'il a éprouvé. Dans cette acception, ce terme est synonyme de *dommages-intérêts* (*voy. ce mot*). Cette synonymie est même si grande, que beaucoup d'auteurs confondent ces deux mots et que dans le langage ordinaire on ne les distingue pas toujours. Il est facile cependant de se rendre compte de la différence. Les dommages-intérêts sont, en effet, la réparation d'un préjudice causé par la faute, l'imprudence ou la négligence : par conséquent, ils sont le résultat d'un délit ou d'un quasi-délit (*C. civ., art.* 1382-1383). L'indemnité, au contraire, ne suppose ni faute, ni imprudence, ni négligence. C'est ce qui apparaîtra par les exemples suivants.

2. D'après l'art. 545 du Code civil, nul ne peut être contraint de céder sa propriété, si ce n'est pour cause d'utilité publique et moyennant une juste et préalable indemnité. C'est ce qui est répété dans la loi du 3 mai 1841, sur l'*expropriation pour cause d'utilité publique* (*voy.* **Expropriation**, etc.). L'administration qui prend la propriété d'un particulier n'est assurément coupable ni d'une faute, ni d'une imprudence, ni d'une négligence. Elle la prend dans l'intérêt de la société ; aussi la somme qu'elle donne au propriétaire se nomme indemnité et non dommages-intérêts.

3. La loi du 21 mai 1836 sur les *chemins vicinaux* (*voy. ce mot*) accorde aussi une indemnité dans son article 17 pour les extractions de matériaux ou fouilles faites par l'administration ou les entrepreneurs de travaux publics dans des propriétés particulières. (*Voy.* **Travaux publics.**)

4. De même, la loi du 15 avril 1829, sur la *pêche fluviale* (*voy. ce mot*), accorde, dans le § 3 de son art. 3, une indemnité aux propriétaires riverains qui perdraient leur droit de pêche par suite de la déclaration faite par l'administration que le cours d'eau qui borde leur propriété est navigable et flottable.

5. Le mot *indemnité* se prend aussi dans une autre signification. Il désigne alors l'écrit par lequel on promet de rendre quelqu'un indemne.

INDEMNITÉ EN CAS DE GUERRE. 1. Les lois distinguent les dommages causés par des faits de guerre accidentels et aléatoires, commandés par la présence de l'ennemi, des dommages causés par des mesures de défense prises par précaution et de propos délibéré ; les derniers seuls créent, pour ceux qui en sont victimes, un droit à une indemnité.

SOMMAIRE.

CHAP. I. — DOMMAGES RÉSULTANT DE MESURES DE DÉFENSE.

2. La défense du pays, nécessité suprême, exige des dérogations fréquentes au principe, que toutes nos constitutions ont proclamé et garanti, de l'inviolabilité de la propriété privée.

3. C'est autour des places fortes que ces dérogations sont les plus onéreuses. Les servitudes défensives dont sont grevées les propriétés environnantes et qui consistent dans des prohibitions de construire ou de réparer, ne donnent lieu à aucune indemnité. C'est l'application de la règle générale d'après laquelle une indemnité n'est jamais due pour l'établissement d'une servitude d'utilité publique. (*Voy.* **Servitudes défensives militaires.**)

4. En état de paix, les garanties dont la propriété est entourée sont absolues. Y a-t-il dépossession ou démolition de constructions préexistantes au classement de la place dans l'intérieur des zones, ou de constructions quelconques en dehors de ces zones, c'est la loi du 3 mai 1841 qui est applicable ; c'est l'expropriation ordinaire. Y a-t-il occupation temporaire, on applique la loi du 30 mars 1831 ou du 16 septembre 1807, suivant que l'occupation a pour but des travaux de défense ou des fouilles, dépôts ou extractions de matériaux. Dans aucun de ces cas, le droit à indemnité n'est contestable. (*Art.* 35 à 38 *du décret du* 10 *août* 1853.)

5. L'état de guerre ne permet pas d'employer ces formalités tutélaires, mais lentes, des lois que nous venons de citer, et nécessite des règles exceptionnelles. D'après l'art. 38 du décret de 1853, qui n'est d'ailleurs que la reproduction des principes consacrés dans les lois des 10 juillet 1791, 17 juillet 1819, et 10 juillet 1851, les inondations et les occupations de terrains nécessaires à la défense d'une place ne peuvent être ordonnées que par décret ou, en cas d'urgence, par le gouverneur ou le commandant de la place, après avis du conseil de défense ; l'indemnité est réglée dès que l'occupation a cessé. Il en est de même pour toute destruction ou détérioration de constructions situées dans les zones de servitudes. Seulement, les propriétaires n'ont droit à une indemnité qu'autant qu'ils justifient que les constructions existaient avant que le sol fût soumis aux servitudes défensives.

6. C'est en somme accorder une indemnité : 1° pour tout dommage causé aux propriétés situées en dehors des zones ; 2° pour tout dommage causé aux constructions situées dans ces zones, à moins qu'elles n'aient été élevées par tolérance depuis la création de la place.

7. L'état de siège est fictif ou réel. Fictif, il a surtout un caractère politique ; il peut atteindre un département tout entier et ne supposer ni la présence ni l'approche de l'ennemi. Il ne modifie en rien les règles que nous venons d'énoncer. (*Art.* 11 *de la loi du* 9 *août* 1849.) [*Voy.* **État de paix.**]

8. Il n'en est pas de même de l'état de siège réel, qui ne concerne que les places fortes ou les postes militaires et en suppose l'investissement. Aucune indemnité n'est due aux propriétaires qui sont victimes des mesures prises par l'autorité militaire dans ces circonstances. Ceci résulte de

l'art. 39 du décret de 1853, dont certains auteurs ont contesté la légalité, parce qu'ils n'ont pas reconnu qu'il ne s'appliquait qu'à l'état de siège réel, et n'était dès lors qu'une conséquence du principe général, d'après lequel le fait de guerre accidentel, à l'inverse de la mesure précautionnelle de défense, n'ouvre jamais droit à indemnité.

9. Le principe de non-indemnité n'est pas particulier aux dommages causés pour la défense d'une place assiégée ; il s'applique à tout dommage résultant d'un fait de guerre commis en rase campagne par un corps d'armée ou un détachement en face de l'ennemi.

10. Quelle est l'autorité chargée de statuer sur les demandes en indemnité ? L'art. 15 de la loi du 17 juillet 1819 a déclaré la législation sur l'expropriation applicable aux principaux cas où une indemnité est accordée en cas de guerre. La juridiction compétente est donc aujourd'hui le jury, à moins que des textes spéciaux n'aient édicté d'autres règles.

11. Mais des questions préjudicielles peuvent s'élever : une place est-elle ou non classée comme place de guerre ? Les actes de l'autorité militaire sont-ils des actes volontaires et réfléchis, ou des faits de guerre accidentels ? Il ne saurait être douteux que ces questions, portant sur l'interprétation d'un acte du pouvoir exécutif, sur l'appréciation de mesures prises par l'autorité militaire n'appartiennent exclusivement à l'autorité administrative, au Conseil d'État.

12. Parmi les lois votées par l'Assemblée nationale, une seule doit être signalée ici : c'est la loi du 28 juillet 1874. Elle concerne spécialement les personnes qui ont éprouvé préjudice lors des destructions opérées par le génie militaire pour les besoins de la défense nationale. Un dédommagement leur a été alloué, sauf à celles : 1° qui n'ont pas renoncé à toute action devant les tribunaux judiciaires et administratifs ; 2° qui n'ont pas adressé ou renouvelé leur demande à l'administration dans certains délais ; 3° qui avaient souscrit un engagement de démolir à première réquisition ou dont les immeubles avaient été construits en contravention aux lois. Une commission a été chargée d'examiner toutes les réclamations et d'arrêter souverainement l'indemnité de chacun.

CHAP. II. — DOMMAGES CAUSÉS PAR L'ENNEMI.

13. Lorsqu'un dommage est la conséquence des dévastations commises par l'ennemi, les propriétaires qui l'ont supporté méritent assurément toute la bienveillance de l'État. Mais, d'après la législation en vigueur, ils n'ont aucune action contre lui, qui n'a contracté vis-à-vis d'eux aucune dette. L'application d'un système contraire aurait pour l'État des conséquences trop onéreuses : obligé d'indemniser tous ceux qui ont eu à souffrir de la présence de l'ennemi, il aurait à supporter le poids d'une responsabilité sans limites qui épuiserait ses finances. D'ailleurs, dit-on, les déprédations de l'ennemi ne seraient-elles pas plus nombreuses s'il savait que la nation doit rendre indemnes ceux de ses membres qui les ont subies ?

14. Mais si l'État ne doit légalement aucune indemnité pour dommages causés par l'ennemi, il n'en est pas moins de son devoir de secourir ceux qui ont été le plus cruellement atteints et de leur accorder un dédommagement, par respect pour la solidarité nationale, mais sans que la répartition des secours ou leur insuffisance puisse motiver un recours contentieux. La France a, en tout temps, reconnu que soulager les infortunes causées par les ravages de l'ennemi et par les hasards de la guerre, dans la mesure de ses ressources, était pour elle une dette sacrée.

15. La nation n'a malheureusement que trop souvent eu à remplir ce devoir; les lois du 11 août 1792, le 16 août 1793, le décret du 16 messidor an II, et la loi du 16 avril 1816 en sont la preuve. Diverses lois spéciales votées par l'Assemblée nationale ne sont que l'application de ces principes.

C'est ainsi que la loi du 6 septembre 1871 a accordé, à titre de dédommagement, une somme de cent millions aux personnes « qui avaient subi, pendant l'invasion, des contributions de guerre, des réquisitions soit en argent, soit en nature, des amendes et des dommages matériels ». Elle a mis, en outre, à la disposition du Gouvernement six millions, pour être répartis entre ceux qui avaient le plus souffert des opérations d'attaque dirigées par l'armée française pour rentrer dans Paris. Les pertes éprouvées ont été appréciées par des commissions locales. Cette loi concerne exclusivement, de l'aveu même de son rapporteur, les dommages qui ne peuvent donner droit à une réparation complète.

16. C'est ainsi encore que la loi du 7 avril 1873 a alloué, en outre : 1° à la ville de Paris, 140 millions destinés à réparer les dommages causés par les opérations militaires du second siège et ceux résultant de l'insurrection du 18 mars 1871 ; 2° aux départements, 120 millions destinés à la réparation de toutes les pertes subies par le fait de l'invasion. Nous ne faisons qu'indiquer les décrets du 23 octobre 1871 et du 31 octobre 1873, qui ont réparti les secours votés entre les départements, ainsi que la loi du 26 juillet et le décret du 23 août 1873, relatifs à l'émission de bons de liquidation.

17. Les questions de compétence sont ici fort simples : toutes les fois qu'un dommage n'ouvre aucun droit à une indemnité, la réclamation que forme celui qui l'a subi doit être portée au ministre de la guerre et appréciée souverainement par lui, à moins que des lois spéciales, comme celle du 6 septembre 1871, n'en aient attribué l'examen à d'autres autorités.

JOSEPH DE PARIEU.

INDIGENTS. *Voy.* **Assistance publique, Bureau de bienfaisance, Droits des indigents, Hospices,** etc.

INDIVIS. C'est la chose qui n'est pas partagée entre ceux qui en sont propriétaires. Chacun d'eux a un droit sur toutes les molécules de la chose ; ce droit peut être de la moitié, du tiers, du quart, etc.; mais cette limitation est intellectuelle. D'après l'art. 815 du Code civil, nul ne peut être contraint à demeurer dans l'indivision. C'est là une règle d'ordre public nécessitée par les discordes qui existent trop souvent entre les *communistes* (ou propriétaires par indivis) et par les entraves que l'indivision apporte au droit de pro-

priété. Quand l'objet ne peut pas être partagé commodément et sans perte, on le licite, et le prix est partagé entre ceux qui ont droit à la chose, suivant la quotité de leurs droits. (*C. civ., art* 1686.)

INDUSTRIE. 1. Nous avons indiqué dans l'article **Commerce** l'action tutélaire et modératrice à la fois que l'administration exerce sur cette branche de travail : le régime industriel repose sur les mêmes principes. Proclamée en 1789, la liberté du travail est reconnue, confirmée et garantie par nos lois constitutionnelles, sauf les restrictions jugées nécessaires pour ménager les autres *intérêts* sociaux. En observant ces limites, et en contribuant à l'acquittement des charges publiques, l'industrie peut, sous la protection qui lui est due en retour et à la faveur des encouragements dont elle l'objet, travailler à l'agrandissement de son domaine, suivant les inspirations de son génie.

2. L'intime liaison qui existe entre le commerce et l'industrie fait qu'un grand nombre des mesures et des institutions déjà relatées dans l'article **Commerce**, profitent également à ces deux branches de travail. Nous ne parlerons ici que des objets qui concernent spécialement l'industrie.

3. Pour prospérer, la fabrique n'a pas seulement besoin de l'ordre règne autour d'elle, que la stabilité entretienne la confiance, et que la vigilance de la police garantisse la sûreté des personnes et des choses ; il faut encore que l'ordre règne dans l'atelier, que les limites des droits et des devoirs de chacun y soient observées, que les conventions soient nettement établies et loyalement exécutées. L'administration pourvoit par divers moyens à l'accomplissement de ces conditions. Des livrets servent à constater les obligations des ouvriers envers les patrons, les comptes de matières, les prix de façon. L'apprentissage a ses règles spéciales qui déterminent les devoirs réciproques des maîtres et des apprentis. Lorsque les patrons sont en désaccord avec leurs ouvriers, les juges de paix ou les conseils de prud'hommes sont à la disposition des parties pour agir entre elles comme conciliateurs ou comme juges. Ouvriers ou patrons sont libres de se coaliser pour obtenir des conditions plus avantageuses, mais par des voies pacifiques et loyales ; les violences et les manœuvres portant atteinte au libre exercice de l'industrie sont interdites et punies.

4. L'administration favorise les progrès de l'industrie en propageant dans les populations ouvrières les arts du dessin et les connaissances scientifiques dont l'application peut agrandir le domaine ou élever le niveau de l'art industriel. En communiquant aux fabricants des faits nouveaux, en mettant à leur disposition des échantillons de matières premières ou de produits étrangers, on éclaire la production, on lui ouvre de nouvelles voies. Les expositions la stimulent ; des bureaux d'essais, de conditionnement et de titrage, la garantissent contre la livraison frauduleuse. Les usines et ateliers, pour lesquels les habitants paient patente, sont exemptés de la contribution mobilière ; les manufactures le sont aussi de la contribution des portes et fenêtres. L'inventeur d'un procédé ou d'un produit industriel, l'auteur d'un modèle ou d'un dessin de fabrique, peuvent s'en assurer pendant un certain temps l'exploitation exclusive ; et la marque de fabrique jouit d'une garantie spéciale que des conventions internationales peuvent étendre aux fabricants et aux marchands des pays étrangers.

5. Mais si les avantages que procure au pays une industrie prospère, justifient les soins assidus qui tendent à la développer, cet intérêt doit se concilier avec d'autres qu'il faut également garantir. Ainsi la fabrication des monnaies est réservée à l'État afin de prévenir les altérations auxquelles elles seraient exposées, et l'usage des machines et outils qui pourraient servir à frapper des pièces fausses, est soumis à une surveillance spéciale. Un titre légal est imposé aux ouvrages d'or et d'argent. Par des raisons de sûreté, la fabrication des poudres est interdite à tout autre qu'aux préposés de l'État. Diverses dispositions ont pour but de combattre la dangereuse influence que peuvent exercer des publications contraires à l'ordre ou aux bonnes mœurs. L'autorité peut prescrire des mesures de salubrité, imposer aux industries qui s'exercent sur la voie publique ou qui sont sujettes à troubler le repos des habitants, toutes les restrictions qu'exige le maintien d'une bonne police.

6. Des précautions sont prises à l'égard des établissements industriels, qui pourraient, s'ils étaient livrés à eux-mêmes, compromettre la santé ou la vie des citoyens, ou nuire aux propriétés privées, ou porter atteinte au domaine public. Ainsi la création des établissements dangereux, insalubres ou incommodes est soumise à une autorisation préalable ; les machines à vapeur sont essayées et surveillées. Les usines établies sur les cours d'eau doivent être disposées de manière qu'elles ne puissent ni entraver la navigation, ni léser les droits des riverains, ni causer des inondations. Ce n'est aussi qu'en fournissant à l'administration certaines garanties qu'il est permis de s'occuper de préparations pharmaceutiques, d'exploiter des eaux minérales naturelles et d'en fabriquer d'artificielles. (Des articles séparés ont été consacrés aux matières indiquées sommairement ci-dessus.)

7. D'autres restrictions sont apportées à la liberté de l'industrie, soit pour la conservation des richesses minérales et du sol forestier (voy. **Forêts et Mines**), soit pour augmenter le revenu public ou en assurer la perception (voy. **Boissons, Douane, Sel, Sucre, Tabac**, etc.), soit pour assurer la régularité de certains services. (Voy. **Postes, Télégraphie.**)

8. La prévoyance de l'administration s'étend au régime auquel sont soumis les ouvriers dans les établissements où ils travaillent. On veille à ce que leur santé ne soit point altérée par des travaux trop prolongés ; des précautions sont prises afin de les préserver soit des effets de l'insalubrité des matières ou des procédés employés, soit des accidents qui peuvent arriver dans les ateliers à moteur mécanique, dans les mines ou dans les carrières. Non-seulement les enfants ne peuvent être admis avant un certain âge, ni assujettis à un travail excessif, mais les chefs d'établissements doivent pourvoir à ce que ces jeunes ouvriers reçoivent l'instruction nécessaire à leur développement moral et intellectuel.

9. En échange de la protection dont elle jouit, l'industrie contribue aux charges publiques par des impôts qui l'affectent, les uns directement et exclusivement, et les autres seulement comme une intermédiaire entre le trésor public et les consommateurs. Ce sont, avec l'impôt direct des patentes, les droits indirects de douanes, de navigation, de timbre ; ceux qui portent sur les sucres, les sels, les boissons ; la taxe des lettres ; les droits de garantie, de vérification des poids et mesures ; les redevances sur les mines ou pour permission d'usines et de prises d'eau temporaires ; les contributions sur les fabriques d'eaux minérales ; les droits d'essai, de conditionnement, de titrage, de télégraphie privée ; les contributions destinées à subvenir aux dépenses des bourses et des chambres de commerce ; la taxe des brevets d'invention ; celle des modèles, dessins et marques de fabrique. L'industrie doit d'ailleurs se soumettre, non-seulement aux règles établies pour la perception des droits qui la concernent, mais encore à toutes les mesures douanières que l'administration est autorisée à prendre dans l'intérêt général.   Smith.

INGÉNIEUR. C'est le titre donné à certains fonctionnaires, sortis pour la plupart de l'École polytechnique, et dont les fonctions sont scientifiques autant qu'administratives. Tels sont les ingénieurs des mines et des ponts et chaussées (voy. **Mines, Ponts et chaussées**), les ingénieurs hydrographes de la marine, les ingénieurs géographes, et, en général, les officiers du génie.

L'École centrale des arts et manufactures forme des ingénieurs civils qui ne sont point fonctionnaires. (Voy. **Enseignement industriel**.)

INHUMATION et EXHUMATION. 1. L'inhumation est le dépôt du corps dans le lieu destiné à le recevoir, dans la tombe ; l'exhumation est, au contraire, l'enlèvement du corps de ce lieu.

SOMMAIRE.

CHAP. I. — INHUMATION.

2. D'après l'art. 77 du Code civil, aucune inhumation ne peut être faite sans une autorisation, sur papier libre et sans frais, de l'officier de l'état civil, qui ne peut la délivrer qu'après s'être transporté auprès de la personne décédée, pour s'assurer du décès. Toutefois, dans les villes dont la population est nombreuse, cette visite n'est pas faite par l'officier de l'état civil lui-même ; elle est faite par des hommes de l'art, des *médecins vérificateurs des décès*, chargés par lui de le suppléer. Ces médecins sont placés à Paris sous la surveillance des *médecins inspecteurs des décès*, qui ont pour mission de rechercher si les premiers font en réalité la visite dont il s'agit.

Jusqu'à ce que la visite soit faite, il est défendu de mettre la personne décédée dans la bière et de lui couvrir même le visage, afin que l'on puisse reconnaître les signes de vie qui pourraient se présenter.

3. De plus, l'inhumation ne peut avoir lieu, aux termes du même art. 77, que vingt-quatre heures après le décès. Mais il faut excepter de cette règle les cas suivants : 1° maladie contagieuse ; 2° putréfaction du corps ; 3° mort d'un supplicié ; 4° mort violente, quand l'inspection du corps ne laisse aucun doute sur le décès.

Dans ce dernier cas, l'art. 12 de la déclaration du 9 avril 1736 et l'art. 81 du Code civil qui l'a reproduit, exigent que l'inhumation ne soit faite qu'après qu'un officier de police, assisté d'un docteur en médecine ou en chirurgie, aura dressé procès-verbal de l'état du cadavre et des circonstances y relatives, ainsi que des renseignements qu'il aura pu recueillir sur les prénoms, nom, âge, profession, lieu de naissance et domicile de la personne décédée. Le décret du 3 janvier an XIII impose, dans son art. 18, aux maires et autres officiers de police l'obligation de se faire représenter les corps des ouvriers qui ont péri par accident dans une exploitation, et de ne permettre leur inhumation qu'après avoir dressé le procès-verbal dont parle l'art. 81. (*Voy.* **Mort.**)

Si l'autorité soupçonnait une mort violente par empoisonnement, elle pourrait ordonner l'examen ou même l'autopsie du corps.

4. Outre les conditions précédentes, il faut, pour que le moulage, l'autopsie, l'embaumement ou la momification du corps puisse avoir lieu, à moins que ces opérations n'aient été ordonnées par des décisions judiciaires ou par les directeurs des hospices et des hôpitaux : 1° une déclaration préalable au fonctionnaire chargé de la police municipale, contenant l'autorisation de la famille et indiquant l'heure du décès et le lieu et l'heure de l'opération (*O. pol.* 25 *janv.* 1838 *et* 6 *sept.* 1839); 2° l'autorisation du fonctionnaire chargé de la police municipale.

5. Ceux qui ont fait inhumer un individu décédé, même un enfant mort-né (*Cass.* 2 *sept.* 1843), sans avoir obtenu l'autorisation préalable de l'officier public, dans le cas où elle est prescrite, sont punis de six jours à deux mois d'emprisonnement et d'une amende de 16 à 50 fr., sans préjudice de la poursuite des crimes dont les auteurs de ce délit pourraient être prévenus dans cette circonstance. La même peine a lieu contre ceux qui ont contrevenu, de quelque manière que ce soit, à la loi et aux règlements relatifs aux inhumations précitées. (*C. P.*, *art.* 358.)

Quant au curé ou pasteur qui aurait concouru à une inhumation non autorisée par l'officier de l'état civil, il ne serait passible que de l'amende édictée par l'art. 475 du Code pénal (*D.* 4 *therm. an XIII; Cass.* 27 *janv.* 1832). Les fossoyeurs ne sont passibles d'aucune peine (*Cass.* 7 *mai* 1842), lorsqu'ils ont agi de bonne foi.

6. Quand ces délais et formalités sont remplis, l'inhumation peut, et même doit avoir lieu dans le cimetière de la commune aux jour et heure indiqués ordinairement par l'officier de l'état civil. Elle ne peut avoir lieu ailleurs sans une autorisation spéciale, ni dans le cimetière d'une commune voisine, même plus proche (*Cass.* 28 *mars* 1862), ni même dans la propriété du défunt. (*D.* 23 *prair. an XII, C. P., art.* 471, *n°* 15 ; *Cass.* 14 *avril* 1838.) Si l'inhumation devait avoir lieu dans un autre cimetière, dans un édifice public ou dans une propriété privée, l'autorité pourrait donner l'autorisation sous certaines conditions; elle pourrait, par exemple, exiger certaines précautions sanitaires, l'embaumement ou l'emploi de plusieurs cercueils, dont un en plomb.

7. Il est défendu à tous cochers, charretiers et autres conducteurs de voitures, diligences et charrettes, de quelque genre qu'elles puissent être, d'arrêter les convois funèbres, de les interrompre ou de les séparer dans leur marche. (*O. pol.* 1er *févr.* 1835, *art.* 1er.)

8. Quant au mode de transport, il est déterminé par l'autorité municipale, sauf l'approbation de l'autorité administrative supérieure (*D.* 18 *mai* 1806, *art.* 9.) Tout transport à bras est aboli à Paris ; il doit y être fait avec des chars attelés de chevaux, à moins qu'il ne s'agisse d'un enfant de moins de sept ans, qui peut être transporté sur un brancard recouvert d'une draperie. (*Arr. préfect. de la Seine* 27 *germ. an IX.*)

9. Les fournitures des transports sont faites par les fabriques et les consistoires. (*D.* 23 *prair. an XII*, 23.) Elles sont taxées par les conseils municipaux dans des tarifs soumis à l'approbation du préfet. (*D.* 25 *mars* 1852, *tabl. A, n°* 46.)

10. La remise des corps des suppliciés aux familles qui les réclament doit se faire sans appareil (*C. P., art.* 14); les autres funérailles et convois peuvent se faire avec toute la pompe désirée par la famille. L'ordre et la pompe des obsèques religieuses sont réglés (pour les catholiques) par les évêques. (*D.* 18 *mars* 1806, *art.* 6.) [*Voy.* **Pompes funèbres.**]

11. *Enterrements civils.* Dans un intérêt de police, c'est-à-dire quand elle s'attend à des manifestations, l'autorité peut réglementer les enterrements civils, en indiquant les heures, le chemin à suivre ; elle doit éviter de son côté de froisser les susceptibilités des intéressés.

12. *Inhumations précipitées.* Par suite d'un vote du Sénat, le ministre de l'intérieur a appelé l'attention des préfets sur la nécessité de veiller avec le plus grand soin à la stricte observation des formalités prescrites par le Code civil, en vue de prévenir le danger des inhumations précipitées. A la suite de nouvelles pétitions au Sénat, le ministre revient à la charge par une circulaire du 24 décembre 1866 (*voy. Bullet. off. du Min. de l'intér.*) et prescrit de nouvelles précautions à prendre, et notamment de n'autoriser l'inhumation que si l'on reconnaît la mort à l'un des deux signes suivants : la rigidité cadavérique ou la putréfaction commençante.

Ajoutons que cette matière est d'une nature très-délicate; elle a donné lieu à des discussions au sein du Conseil d'hygiène et de l'Académie de médecine ; cette dernière a même ouvert un concours sur cet important sujet, que nous devons nous borner à signaler ici. (*Voy. plus haut, n°* 5.)

CHAP. II. — **EXHUMATION.**

13. L'exhumation ne peut avoir lieu qu'avec la permission de l'autorité, sous peine d'un emprisonnement de trois mois à un an et d'une amende de 16 à 200 fr., conformément à l'art 360 du Code pénal.

14. L'exhumation peut avoir lieu dans trois cas : 1° sur la demande de la famille; 2° par décision administrative ; 3° d'après l'ordre de la justice. Dans tous ces cas, outre un membre de la famille ou un ami du défunt, le commissaire de

police, ou bien dans les localités où il n'y en a pas, celui qui en remplit les fonctions, doivent assister à l'exhumation, avec un homme de l'art, pour veiller à l'observation des mesures hygiéniques. Le fonctionnaire public doit aussi en dresser procès-verbal et le remettre à l'autorité dans le plus bref délai.

15. *Exhumation demandée par la famille.* L'administration peut l'autoriser dans le but de donner au défunt une sépulture plus convenable. Elle prescrit alors les mesures de salubrité publique qui doivent être observées.

L'autorisation doit être demandée aux maires dans les départements, et au préfet de police à Paris. L'ordonnance du 1er février 1817, qui indique les formalités à remplir dans la demande pour Paris, doit être aussi appliquée dans les départements, la loi n'ayant rien prescrit à leur égard. D'après cette ordonnance, il faut que la demande soit faite par le plus proche parent ou par un fondé de pouvoir, sur papier timbré, et que sa signature soit légalisée par le maire ou le commissaire de police auquel on justifiera de la qualité en vertu de laquelle est faite la demande. (*O. de pol.* 5 *juin* 1872, *art.* 4.)

16. *Exhumation par décision administrative.* L'administration peut ordonner l'exhumation : 1° quand le corps a été inhumé dans un endroit non réservé aux sépultures ; 2° quand on a violé les règles imposées pour le dépôt du corps, telles que celles sur la profondeur de la fosse ; 3° quand l'inhumation a eu lieu sans l'autorisation préalable ; 4° quand la salubrité publique exige le déplacement de tous les corps inhumés dans un cimetière.

17. Dans les cas d'exhumation indiqués dans les deux numéros précédents, le procès-verbal d'exhumation constate en même temps l'inhumation nouvelle, et, quand celle-ci a lieu dans un cimetière ou dans un endroit situé dans la même commune, l'assistance des mêmes personnes qui ont été présentes à l'exhumation. Mais si le nouveau lieu de sépulture est dans une autre commune, c'est le commissaire de police de cette commune, ou le fonctionnaire qui le remplace, qui doit assister à l'inhumation et en dresser procès-verbal.

18. *Exhumation par autorité de justice.* Elle a lieu dans le cours d'une instruction criminelle pour vérifier les causes de mort d'un individu qu'on croit décédé de mort violente. Elle est ordonnée par le magistrat instructeur ou l'officier de police judiciaire qui auraient eu le droit d'empêcher l'inhumation et d'ordonner l'autopsie du cadavre. On doit d'ailleurs suivre les règles de police prescrites pour les exhumations opérées par décision administrative.

19. L'exhumation et l'autopsie doivent avoir lieu en présence de l'inculpé et du magistrat qui les a ordonnées. Toutefois, celui-ci peut donner commission rogatoire à un magistrat de l'endroit où l'exhumation doit avoir lieu, si cet endroit est trop éloigné. Les frais de cette espèce d'exhumation sont à la charge de la justice criminelle, et sont fixés par des tarifs locaux. (*D.* 18 *juin* 1811, *art.* 20.)

CHAP. III. — TRANSLATION DES CORPS.

20. Le Code pénal, art. 360, édicte des peines contre la violation des tombeaux ou sépultures.

La jurisprudence prend le terme *violation* dans un sens très-large, puisque toute exhumation sans autorisation, même celle qui a pour but d'honorer le défunt, rentre dans sa définition ou du moins dans celle qui ressort d'une interprétation de la jurisprudence. (*Cass.* 10 *avril* 1845.)

21. L'ordonnance de police précitée de 1872 défend de procéder sans autorisation :

1° A l'inhumation d'un corps apporté des départements ou de l'étranger ;

2° A tout transport de corps de Paris ou d'une commune du ressort de la préfecture de police, dans un département ou à l'étranger ;

3° A tout transport de corps de Paris ou d'une commune du ressort de la préfecture de police dans le cimetière d'une autre commune du même ressort ;

4° A tout dépôt provisoire de corps dans une église.

La demande d'autorisation doit être faite sur papier timbré.

22. Si le transport d'un corps a lieu, soit par les chemins de fer, soit par les diligences ou autres voitures publiques, on doit, au moment de la remise du corps, justifier au directeur de ces entreprises des autorisations dont il vient d'être parlé.

Faute de cette justification, les directeurs de ces entreprises doivent, sous leur responsabilité personnelle, prévenir immédiatement le maire ou le commissaire de police, qui, après avoir constaté le fait par un procès-verbal circonstancié, fait, s'il y a lieu, transporter le corps au cimetière le plus voisin. (*O. de p.* 1872.)

23. Le transport du mort peut avoir lieu dans un cercueil de bois, si les parents l'accompagnent ; mais les chemins de fer demandent qu'il y ait un double cercueil lorsque le mort n'est pas accompagné. (*Voy.* **Cimetières, Mort, Pompes funèbres**, etc.)

INITIATIVE. 1. Expression par laquelle on désigne en politique ou en administration le droit de proposer une loi ou une mesure quelconque, ainsi que de rendre spontanément un décret ou de prendre un arrêté.

2. Dans l'administration, l'initiative est à la fois un droit et un devoir pour chaque chef de service, depuis le plus élevé jusqu'à celui qui est placé au bas de l'échelle hiérarchique. Ce droit, ou ce devoir, est souvent une simple conséquence de la position du fonctionnaire ; mais quelquefois aussi il lui est conféré par une disposition législative ou réglementaire spéciale. Ainsi, chaque fois qu'une loi ou un décret désigne le fonctionnaire *sur la proposition duquel* la décision administrative doit être prise, ce fonctionnaire se trouve investi sur ce point du droit d'initiative.

Il est inutile d'ajouter que le fonctionnaire supérieur peut toujours inviter son subordonné à lui faire des propositions.

3. Le fonctionnaire appelé à prendre une décision est rarement lié par les propositions de son inférieur hiérarchique. Il ne le serait que si la loi ou le règlement disposait expressément que la décision doit être conforme à la proposition.

On peut dire que souvent la proposition ne se distingue de l'avis qu'en ce que la première est un avis spontané, et le dernier une proposition demandée ou provoquée.

4. L'initiative exercée par les fonctionnaires donne lieu à une question délicate, celle de la responsabilité. En général, c'est celui qui adopte la proposition, ou le signataire de l'acte administratif, qui est responsable; mais il est des cas où la responsabilité va atteindre l'auteur de la proposition, par exemple lorsqu'il y a des preuves qu'il a surpris la bonne foi de ses supérieurs.

5. L'arrêté pris sur la proposition d'un chef de service contient, surtout si la proposition était obligatoire, la formule : *sur la proposition du,* avant le dispositif et après les *considérants* et les *visas,* s'il y en a.

Habituellement, le chef de service qui propose une mesure est également chargé de la mettre à exécution, ce qui est indiqué par la formule : le..... *est chargé de l'exécution du présent arrêté* (ou décret).

Il est inutile d'ajouter que ces formules ne sont employées que lorsque la forme de l'acte le comporte. Ainsi, on ne saurait s'en servir lorsque la décision est prise sur un simple rapport, par une signature posée sous le mot *approuvé,* placée en marge de ce document. L'auteur du rapport est l'auteur de la proposition, qui n'est souvent qu'une demande de permission d'agir, de prendre une mesure, et c'est lui qui naturellement en procure l'exécution.   M. B.

INONDATIONS. 1. C'est un des fléaux calamiteux que la loi des 16-24 août 1790, titre XI, art. 3, charge les corps municipaux « de prévenir par les précautions convenables et de faire cesser par la distribution des secours nécessaires ». Le maire peut donc : 1° prescrire aux propriétaires riverains d'un canal de faire construire, chacun le long de sa propriété, un mur d'encaissement d'une hauteur déterminée (*Cass.* 27 *sept.* 1839); 2° rappeler la disposition de la loi du 28 septembre-6 octobre 1791, titre II, art. 15, qui défend aux propriétaires ou fermiers de moulins à eau de donner une trop grande élévation au déversoir, et leur enjoint de tenir les eaux à une hauteur fixée par l'autorité administrative.

A cette disposition s'ajoute l'art. 457 du Code pénal ainsi conçu : « Seront punis d'une amende qui ne pourra excéder le quart des restitutions et des dommages-intérêts, ni être au-dessous de 50 fr., les propriétaires ou fermiers, ou toutes personnes jouissant de moulins, usines ou étangs qui, par élévation du déversoir de leurs eaux au-dessus de la hauteur déterminée par l'autorité compétente, auront inondé les chemins ou les propriétés d'autrui. S'il est résulté du fait quelques dégradations, la peine sera, outre l'amende, un emprisonnement de six jours à un mois. » (*Voy. Cass.* 4 *nov.* 1824, 19 *sept.* 1840, 11 *mars* 1854.) L'action civile est donc ouverte en même temps que l'action publique.

2. Les contraventions sont de la compétence du juge de police lorsqu'il s'agit des arrêtés municipaux rendus en vertu de l'art. 471, n° 15, du Code pénal ; elles sont de la compétence du tribunal correctionnel lorsqu'il y a inondation ou dégradation de la propriété d'autrui (*C. P., art.* 457), et lorsqu'il y a dégradation d'une grande route, c'est une affaire de grande voirie. (*Voy.* **Voirie.**)

3. Une loi du 28 mai 1858 charge l'État d'exécuter les travaux nécessaires pour mettre les villes à l'abri des inondations. Mais les départements, les communes et les propriétaires doivent contribuer aux dépenses dans la proportion de leur intérêt, et les dépenses comprennent, avec la construction, l'entretien et les réparations.

4. Les travaux doivent être autorisés par des décrets rendus dans la forme des règlements d'administration publique et déterminant la répartition des dépenses. Chaque décret doit être précédé d'une enquête dont les formes sont réglées par un décret du 15 août 1858. Un projet indiquant le tracé et la dépense, un mémoire descriptif et un plan parcellaire des propriétés sont déposés pendant un mois dans chaque mairie et des registres y sont ouverts pour recevoir les observations. Les délais peuvent être prolongés par le préfet ; ils ne courent qu'à dater des publications et des affiches. Le préfet désigne un commissaire enquêteur qui, après la clôture de l'enquête, convoque individuellement les propriétaires à une assemblée qui se tient sous sa présidence. Les membres présents donnent leur avis sur le projet et sur la part des propriétaires dans la dépense. Puis les conseils municipaux et le conseil général sont appelés à délibérer, tant sur les travaux que sur les parts contributives du département et des communes. Enfin une commission de neuf membres au moins et de treize au plus examine les pièces, entend les ingénieurs et les autres personnes qu'elle juge à propos de consulter et donne son avis. (*Voy. D.* 15 *août* 1858.)

5. La répartition des dépenses entre les propriétaires intéressés se fait conformément à la loi du 16 septembre 1807. (*Voy.* **Marais.**)

Les taxes établies sont recouvrées au moyen de rôles rendus exécutoires par le préfet et perçues comme en matière de contributions directes. (*L.* 28 *mai* 1858, *art.* 5.)

6. A la défense des vallées présentent des problèmes plus difficiles à résoudre, la loi, en ce qui les concerne, se borne aux dispositions suivantes : « Il ne pourra être établi, sans qu'une déclaration ait été faite à l'administration qui a le droit d'interdire ou de modifier le travail, aucune digue sur les parties submersibles des vallées de la Seine, de la Loire, du Rhône, de la Garonne et de leurs affluents, ci-après désignées : *Seine,* Yonne, Aube, Marne et Oise ; *Loire,* Allier, Cher et Maine ; *Rhône,* Ain, Saône, Isère et Durance ; *Garonne,* Gers et Baïse. Dans les vallées protégées par des digues, sont considérées comme submersibles les surfaces qui seraient atteintes par les eaux si les levées venaient à être rompues ou supprimées. Ces surfaces sont indiquées sur des plans tenus à la disposition des intéressés (*art.* 6).

7. Les parties submersibles sont indiquées sur des plans généraux qui sont déposés pendant un mois dans chaque mairie. Un commissaire désigné par le préfet reçoit ensuite les déclarations des habitants pendant deux mois. Les pièces sont transmises au ministre des travaux publics avec l'avis des ingénieurs. Puis un décret délibéré en Conseil d'État détermine les limites des parties submersibles, et des extraits des plans généraux restent déposés dans chaque mairie, de manière que tout propriétaire puisse en prendre connaissance. (*D.* 15 *août* 1858.)

8. Les déclarations que doivent faire les propriétaires sont enregistrées à la préfecture et communiquées à l'ingénieur en chef. Ce dernier fait connaître s'il pense que le travail doit être interdit ou modifié, et le préfet statue, sauf recours au ministre. L'arrêté du préfet est notifié au propriétaire dans le délai d'un mois à dater de l'enregistrement de la déclaration. Passé ce délai, le propriétaire, s'il n'a reçu aucune notification, peut exécuter les travaux, sauf le pouvoir résultant pour l'administration de la disposition indiquée ci-après. (*Id.*)

9. Toute digue établie dans les vallées désignées au n° 6 et qui serait reconnue faire obstacle à l'écoulement des eaux ou restreindre d'une manière nuisible le champ des inondations, pourrait être déplacée, modifiée ou supprimée par ordre de l'administration, sauf le paiement, s'il y avait lieu, d'une indemnité de dommage qui serait réglée conformément à la loi du 16 septembre 1807. (*L.* 28 *mai* 1858, *art.* 7.)

10. Les infractions à la prescription d'une déclaration préalable sont poursuivies et punies comme en matière de grande voirie. (*Id., art.* 6.) [*Voy.* **Cours d'eau navigables** et **Syndicat des travaux.**] SMITH.

INSAISISSABLE. *Voy.* **Saisie.**

INSCRIPTION DE FAUX. 1. On nomme ainsi la procédure au moyen de laquelle on parvient à faire connaître en justice la fausseté de certains actes que la loi présume vrais et protège (*C. de Pr., art.* 218 *et suiv.*). On dit de ces actes qu'ils font foi jusqu'à inscription de faux. Ce caractère ne peut d'ailleurs leur être donné que par la loi. Les autres actes ne font foi que jusqu'à simple preuve du contraire, ou même ne font foi qu'autant que la véracité en est prouvée par ceux qui les produisent.

2. Les actes qui font foi jusqu'à inscription de faux sont :

1° Les *actes législatifs :* traités diplomatiques, lois, sénatus-consultes, décrets, statuts;

2° Les *actes administratifs,* tels qu'arrêtés des ministres, préfets, conseils de préfecture, arrêts du Conseil d'État, etc., actes de l'état civil, des registres des hypothèques, de l'enregistrement, etc.;

3° Les *actes des juges et tribunaux judiciaires :* arrêts, jugements, ordonnances, etc. ;

4° Les *actes notariés;*

5° Les *actes reçus par officiers publics* ayant droit d'instrumenter dans le lieu où ils sont rédigés et avec les formalités requises. Parmi ceux-ci nous mentionnerons les *procès-verbaux,* qui présentent un intérêt administratif tout particulier. (*Voy.* à *l'article* **Procès-verbal** *la liste des procès-verbaux qui font foi jusqu'à inscription de faux.*)

3. Les formalités à suivre dans cette procédure sont excessivement longues et compliquées. La loi a voulu, par ces difficultés, forcer celui qui veut s'inscrire en faux de bien réfléchir. C'est dans un but analogue que l'art. 246 du Code de procédure prononce une amende de 300 fr. contre celui qui succombe dans sa demande. Quant à la procédure, elle est décrite dans les art. 215 et suivants du même Code. D'après ces articles, celui qui veut

s'inscrire en faux doit préalablement sommer l'autre partie, par acte d'avoué à avoué, de déclarer si elle veut ou non se servir de la pièce, en ajoutant que, dans le cas où elle s'en servirait, il s'inscrira en faux. Dans les huit jours, la partie sommée doit faire signifier, par acte d'avoué, sa déclaration, signée d'elle ou du porteur de sa procuration spéciale et authentique, dont copie doit être donnée, si elle entend ou non se servir de la pièce arguée de faux. Si elle ne fait pas cette déclaration, ou si elle déclare qu'elle ne veut pas se servir de sa pièce, le demandeur peut se pourvoir à l'audience, sur un simple acte, pour faire ordonner que la pièce maintenue fausse sera rejetée par rapport au défendeur, sauf au demandeur à en tirer telles inductions ou conséquences qu'il jugera à propos, ou à former telles demandes qu'il avisera pour ses dommages-intérêts. Si le défendeur déclare qu'il veut se servir de la pièce, le demandeur doit déclarer par acte au greffe, signé de lui ou de son fondé de pouvoir spécial et authentique, qu'il entend s'inscrire en faux. Il poursuivra l'audience sur un simple acte, à l'effet de faire admettre l'inscription et de faire nommer le commissaire devant lequel elle sera poursuivie. Telles sont les premières formalités à suivre. Les autres sont indiquées dans les art. 219 et suivants du Code de procédure.

INSCRIPTION DE RENTE. *Voy.* **Rentes sur l'État.**

INSCRIPTION MARITIME. *Voy.* **Marine.**

INSECTES NUISIBLES. En vertu du titre XI, art. 3, 5°, l'autorité municipale a le droit de prescrire les mesures nécessaires pour détruire les insectes nuisibles. Les contraventions à ces règlements sont punies conformément à l'art. 471, 15°, du Code pénal. (*Voy.* **Échenillage,** etc.)

INSPECTEURS DES PORTS. 1. Ces agents sont chargés de la police générale des ports. La première organisation de l'inspection des ports remonte à une époque fort ancienne : elle a subi d'assez nombreuses transformations. En vertu du décret du 21 août 1852, elle remplace aujourd'hui, avec des attributions plus étendues, l'ancienne institution des jurés compteurs.

Les inspecteurs des ports relèvent, pour tout ce qui concerne la police des ports, des ingénieurs chargés du service de la navigation, et, pour ce qui concerne les opérations commerciales, d'un *inspecteur principal.*

2. *Nomination.* Pour être nommé inspecteur des ports, il faut être âgé de vingt-cinq ans et avoir exercé les fonctions de garde-port (*voy.*) pendant trois ans au moins.

Les inspecteurs sont nommés par le ministre des travaux publics.

3. Les règles applicables à la présentation, à la prestation de serment des gardes-ports sont communes aux inspecteurs des ports.

4. Tout commerce ou toute fonction salariée est incompatible avec les fonctions d'inspecteur des ports.

5. *Fonctions.* Les inspecteurs des ports exercent une surveillance générale : ils vérifient la comptabilité des gardes-ports, apposent leur visa sur le livre-journal et autres registres, s'assurent de l'exécution des prescriptions réglementaires concernant le rangement, l'enlèvement et le dépôt des marchandises.

Au commencement de chaque trimestre, ils adressent à l'*inspecteur principal* l'état des mouvements qui ont eu lieu sur les ports dans le cours du trimestre précédent. Ils y joignent des notes sur leurs tournées et le service des gardes-ports. A la fin de chaque année, ils adressent, tant à l'inspecteur principal qu'à l'ingénieur en chef, un état général de la situation.

6. Les inspecteurs des ports tiennent deux registres : l'un, où sont reproduits textuellement leurs lettres et rapports; l'autre, où ils inscrivent les mouvements de marchandises que leur signalent mensuellement les gardes-ports.

Pour leurs procès-verbaux, les inspecteurs des ports sont soumis aux mêmes règles que les gardes-ports. Ils peuvent, comme eux, servir d'arbitre entre les parties intéressées.

7. *Rémunération.* Les inspecteurs des ports partagent avec les gardes-ports les rétributions fixées par le tarif annexé au décret du 21 août 1852. Ils ont droit au cinquième du produit de ces rétributions. Leurs comptes avec les gardes-ports doivent être réglés à la fin de chaque trimestre et au plus tard à la fin de chaque année.

8. *Inspecteur principal.* Un inspecteur principal veille à l'ensemble du service. Il est nommé directement par le ministre, qui choisit parmi les inspecteurs des ports. Son traitement est imputé sur les fonds du Trésor et sa résidence fixée par l'administration centrale.

9. L'inspecteur principal reçoit toutes les réclamations relatives à la gestion des agents des ports.

Il adresse à l'administration centrale des états trimestriels, et, à la fin de chaque année, un état récapitulatif du mouvement de l'année entière: il y joint des notes sur la manière dont chaque agent fait son service. (*Voy.* Gardes-ports.)

INSTALLATION. Certains fonctionnaires sont investis de leurs attributions d'une manière plus ou moins solennelle. Cette cérémonie, lors même qu'elle est très-simple, est désignée par le mot installation. (*Voy.* Fonctionnaire.)

INSTANCE. On appelle ainsi le débat porté en justice. Mais ce mot sert aussi à exprimer le degré de juridiction auquel une affaire est soumise; c'est dans ce sens qu'on dit *première instance* et *instance d'appel*.

INSTITUT DE FRANCE. 1. L'Institut fut créé par le titre IV de la loi du 3 brumaire an IV. L'art. 1er de ce titre le divisa en cinq classes, dont chacune fut destinée à suivre, dans une certaine sphère et conformément aux lois et aux ordres du Gouvernement, les travaux scientifiques ayant pour objet l'utilité générale et la gloire de la France. L'arrêté du 3 pluviôse an XI supprima la classe des sciences morales et politiques, lorsque la Restauration arriva, elle ne trouva plus que quatre classes. L'art. 1er de l'ordonnance du 21 mars 1816 substitua à ces classes les académies suivantes : 1° *Académie française ;* 2° *Académie royale des inscriptions et belles-lettres ;* 3° *Académie royale des sciences ;* 4° *Académie royale des beaux-arts.* L'ancienne classe des sciences morales et politiques a été rétablie

sous le nom d'*Académie des sciences morales et politiques* par l'ordonnance du 26 octobre 1832.

2. L'*Académie française* se compose de quarante membres. L'*Académie des inscriptions et belles-lettres* se compose de quarante membres, de dix académiciens libres et de huit membres associés étrangers; elle a, de plus, cinquante correspondants, dont trente étrangers et vingt français. L'*Académie des sciences* se compose de soixante-six membres, de dix académiciens libres et de huit associés étrangers; elle se divise en onze sections, à chacune desquelles sont attachés des correspondants. Cinq des sections de cette académie appartiennent aux sciences mathématiques, les six autres aux sciences physiques. Elles portent les noms suivants : 1re section : de géométrie (six correspondants); 2e de mécanique (*id.*); 3e d'astronomie (seize correspondants); 4e de géographie et de navigation (huit correspondants); 5e de physique générale (neuf correspondants); 6e de chimie (*id.*); 7e de minéralogie (huit correspondants); 8e de botanique (dix correspondants); 9e d'économie rurale (*id.*); 10e d'anatomie et de zoologie (*id.*); 11e de médecine et de chirurgie (huit correspondants). Chacune de ces sections comprend huit membres titulaires, excepté la quatrième, qui n'en a que six. L'*Académie des beaux-arts* se compose de quarante membres répartis inégalement entre ses cinq sections; de dix académiciens libres, de dix associés étrangers, de quarante correspondants et de deux correspondants honoraires. La 1re section : de peinture, contient quatorze membres; la 2e, de sculpture, huit; la 3e, d'architecture, huit aussi; la 4e, de gravure, quatre; enfin la 5e, de composition musicale, six. L'*Académie des sciences morales et politiques* était composée de trente membres répartis entre cinq sections, de cinq académiciens libres, de cinq associés étrangers et d'un nombre de correspondants variant suivant les sections, jusqu'à deux décrets du 14 avril 1855 ; ces décrets ont créé une sixième section, sous le titre de *politique, administration, finances,* composée de dix membres, ce qui a porté à quarante le nombre des membres de cette académie. Le décret du 9 mai 1866 supprima cette section, dont les membres furent répartis entre les autres sections, ce qui porta le nombre des membres à huit par section. Les décrets des 7 janvier et 28 mars 1857 avaient porté de 5 à 6 le nombre des académiciens libres et des associés étrangers. Voici maintenant le nombre des sections et le nombre des correspondants attachés à chacune d'elles : la 1re section, de philosophie, a neuf correspondants ; la 2e, de morale, en a neuf également; la 3e, de législation, droit public et jurisprudence, neuf aussi; la 4e, d'économie politique, finances et statistique, douze ; la 5e, d'histoire générale et philosophique, huit.

3. L'Institut de France est sous la protection spéciale et directe du Chef de l'État (*O.* 21 *mars* 1818, *art.* 2 *et* 3; *D.* 14 *avril* 1855, *préamb.*). Il est placé dans les attributions du ministère de l'instruction publique. (*O.* 11 *oct.* 1832, *art.* 3; *D.* 14 *avril* 1855, *art.* 2, 5 *et* 6.)

Chaque académie remplace, par l'élection, les membres décédés (*L.* 3 *germ. an IV,* 15 *germ.*

an IV, arrêté 3 pluv. an II). Elle a son régime indépendant et la libre disposition des fonds qui lui sont spécialement affectés; mais l'agence, le secrétariat, la bibliothèque et, en général, toutes les collections de l'Institut demeurent communs à toutes les académies. (*O. 21 mars 1816, art. 3 et 4.)*

Les fonctionnaires préposés à la bibliothèque et aux différents services de l'Institut sont nommés par le ministre de l'instruction publique, qui règle l'emploi des fonds affectés par le budget au traitement de ces fonctionnaires. (*D. 14 avril 1855, art. 6.)*

4. Chaque académie publie les Mémoires de ses membres et de ses associés. (*L. 3 brum. an IV, tit. IV, art. 5; L. 15 germ. an IV, art. 24.)* De plus, un rapport annuel sur l'état des travaux confiés par les règlements à chacune des cinq académies est rédigé, conformément à l'art. 40 de la loi du 15 germinal an IV, arrêté en assemblée générale de l'Institut, et présenté au Chef de l'État, par le ministre de l'instruction publique et des cultes. (*D. 14 avril 1855, art. 5.)*

5. Les séances ordinaires de l'Institut, à l'exception de celles de l'Académie des sciences, ne sont pas publiques (*L. 9 flor. an IV*); l'Académie des inscriptions et l'Académie des sciences morales et politiques admettent cependant depuis longtemps des auditeurs et peuvent être considérées comme publiques en fait. L'Académie française n'admet à ses séances que des souverains étrangers; l'Académie des beaux-arts n'a encore admis personne que nous sachions, mais les membres d'une académie peuvent toujours assister aux séances d'une autre. Il y a des séances publiques annuelles, dans lesquelles il est distribué des prix sur des questions indiquées d'avance dans les programmes. (*L. 3 brum. an IV, sect. 5, art. 10; L. 15 germ. an IV, art. 28 à 30.)* D'après l'art. 4 du premier des deux décrets du 14 avril 1855, dans la séance publique commune aux cinq académies, un prix d'une valeur de 10,000 fr. doit être, tous les trois ans, décerné à l'ouvrage ou à la découverte que les classes auront jugé le plus propre à honorer ou à servir le pays. Le jugement est rendu conformément aux règles du concours des autres prix.

6. La séance publique annuelle commune aux cinq classes de l'Institut avait été fixé au 15 août par le décret du 14 avril 1855, mais depuis le décret du 12 juillet 1872, elle a lieu le 25 octobre. Quant à l'époque et à l'ordre de toutes les séances publiques particulières aux cinq académies, ils sont réglés par décision spéciale de chaque académie. (*Règl. 21 juin 1816, art. 4.)*

7. Chaque membre de l'Institut reçoit une indemnité de 1,500 fr. ne pouvant être sujette ni à une réduction, ni à aucune retenue. (*L. 29 mess. an IV; O. 21 mars 1816, art. 23.)*

8. Il n'est pas rare que le Gouvernement confie des missions permanentes ou temporaires aux membres de l'Institut. Il y en a même qu'il attache à des établissements publics, pour qu'ils leur soient utiles par leurs lumières.

INSTITUTEUR, INSTITUTRICE. *Voy.* **Instruction primaire.**

INSTITUTION CANONIQUE. Acte par lequel la nomination d'une personne à une fonction ecclésiastique est confirmée par le pape ou son représentant. Le décret du 12 juillet 1790 avait dépouillé le saint-siège du droit d'institution canonique. Ce droit lui a été rendu par le concordat de 1802, promulgué comme loi de l'État le 18 germinal an X, et par la loi organique qui porte cette dernière date.(*Voy.* **Culte, Cure, Évêché.**)

INSTITUTIONS LIBRES. *Voy.* **Instruction secondaire.**

INSTRUCTION (MINISTÉRIELLE). 1. Les lois, et même les décrets réglementaires, ne pouvant pas prévoir tous les cas qui se présenteront au moment de leur application, ces actes sont habituellement suivis d'une instruction émanée du ministre compétent.

2. Cette instruction a pour but d'interpréter l'acte législatif; d'un côté pour indiquer aux fonctionnaires subordonnés la solution qu'il conviendrait de donner aux difficultés les plus importantes ou les plus fréquentes que cet acte peut faire naître, et de l'autre pour maintenir ou établir l'uniformité d'interprétation. Lorsqu'il s'agit de lois ou de décrets réglant des matières administratives, les préfets ou autres fonctionnaires attendent, en général, l'instruction ministérielle, ou du moins la notification de la loi ou du décret, avant de procéder à leur exécution.

3. Ces instructions étant adressées à tous les fonctionnaires du même ordre (aux préfets, aux procureurs généraux, etc.) portent aussi souvent le nom de *circulaires.* (*Voy. ce mot et* **Ministres.**)

4. On ne doit pas confondre une instruction ministérielle avec les instructions données par un ministre. Les instructions ne s'appliquent en général qu'à des cas spéciaux.

INSTRUCTION (PUBLIQUE).

SOMMAIRE.

CHAP. I. — INTRODUCTION.

1. Le service de l'instruction publique, dans son acception la plus générale, embrasse tous les établissements d'éducation et d'enseignement. En France, toutefois, on désigne plus ordinairement par ces mots une catégorie d'écoles de divers degrés qui offrent cela de commun : 1° qu'elles relèvent des mêmes autorités; 2° que les maîtres y doivent remplir certaines conditions de capacité déterminées, dont ils justifient par des brevets et des diplômes obtenus à la suite de concours et d'examens. Telles sont les Facultés de différents ordres, les lycées et collèges, et les écoles primaires. Aujourd'hui, on y rattache assez souvent quelques établissements qui dépendaient autrefois du ministère de l'intérieur, et qui, placés en 1833 dans les attributions du ministère de l'instruction publique, y sont depuis restés. Ce sont : le Collège de France, l'École des langues orientales, l'École des chartes, le Muséum d'histoire naturelle, l'Observatoire et les bibliothèques publiques.

2. L'instruction publique était tombée, à la suite des événements de la Révolution, dans un état déplorable de désordre et d'impuissance qui compromettait les destinées morales du pays, lorsque la loi du 11 floréal an X vint restaurer ces ruines en instituant les lycées. Cependant les études, si longtemps négligées, ne se relevèrent qu'après la fondation de l'Université impériale, que la loi du 10 mai 1806 établit en principe, et qui fut organisée deux ans après par décret du 17 mars 1808. L'Université impériale formait un corps dont les membres contractaient des obligations civiles, spéciales et temporaires, et à qui étaient exclusivement confiés l'enseignement et l'éducation publiques dans tout l'empire. Elle avait à sa tête un grand-maître chargé de la régir et qui était assisté dans cette direction par un conseil composé de membres ayant tous occupé des fonctions éminentes dans le corps. Vingt-sept académies, administrées par autant de recteurs, embrassaient dans leurs circonscriptions respectives les établissements d'instruction de tous les degrés: Facultés, lycées, colléges. Des inspecteurs généraux et des inspecteurs particuliers avaient mission de vérifier chaque année l'état des études et de la discipline, de s'assurer de l'aptitude des maîtres et des progrès des élèves, de surveiller l'administration et la comptabilité.

3. L'Université fondée par Napoléon Ier a eu, depuis qu'elle est établie, ses jours de prospérité et ses jours de décadence; elle a subi un grand nombre de changements, dont le plus profond a été sans doute l'application du principe de liberté à l'enseignement public; mais, comme la plupart des institutions administratives qui datent de la même époque, elle avait reçu de ses fondateurs une si forte organisation, que la plupart des bases posées par le décret du 17 mars 1808 subsistent encore dans la législation actuelle. Il n'y a plus aujourd'hui de grand maître à la tête de l'instruction publique; mais il y a un ministre qui a hérité de toutes celles des attributions du grand-maître qui sont compatibles avec la liberté. L'ancien conseil de l'Université a disparu; mais il est remplacé par un conseil nouveau, où les personnages les plus éminents de l'État siégent à côté des inspecteurs généraux chargés de la surveillance des établissements d'éducation. Le nombre des académies a varié plus d'une fois; mais sous ce nom d'académie l'enseignement a conservé son administration et ses autorités propres à côté de la magistrature, de l'armée et du clergé. Nous allons esquisser à grands traits les différentes parties de cette organisation d'après les actes qui l'ont renouvelée et définie depuis une série d'années: la loi du 15 mars 1850, le décret du 9 mars 1852, la loi du 14 juin et le décret du 20 août 1854, la loi du 25 mars 1873 et celle du 12 juillet 1875.

CHAP. II. — ADMINISTRATION CENTRALE, CONSEIL SUPÉRIEUR.

4. En concédant la liberté d'enseignement, les lois du 15 mars 1850 et 12 juillet 1875 ont enlevé au ministre de l'instruction publique une prérogative importante qui lui était attribuée par la législation antérieure: nous voulons dire le droit [d'autoriser les établissements d'éducation.

Aucun ne pouvait s'ouvrir, aux termes du décret de 1808, que par la permission du grand-maître; aujourd'hui, au contraire, tout Français remplissant les conditions d'âge, de capacité et de moralité fixées par la loi, peut fonder une école primaire, une école secondaire, un cours, un établissement d'enseignement supérieur, même une Faculté, même une Université[1], sans être tenu de demander l'assentiment de l'autorité universitaire ni celui du Gouvernement. Mais si les établissements privés, qui composent déjà une partie si considérable de l'instruction publique, sont soustraits désormais à l'action immédiate du ministre, il a conservé à l'égard des établissements publics une part d'autorité considérable.

5. C'est sur sa proposition que le président de la République nomme et révoque les inspecteurs généraux, les recteurs, les professeurs des Facultés, du Collège de France, du muséum d'histoire naturelle et de l'École des langues orientales vivantes, les membres du Bureau des longitudes et de l'Observatoire de Paris et de Marseille, les administrateurs et conservateurs des bibliothèques publiques.

6. Le ministre nomme et révoque par voie d'arrêté les professeurs de l'École des chartes, les inspecteurs d'académie, les membres des conseils académiques, les fonctionnaires et professeurs des écoles préparatoires de médecine et de pharmacie, les fonctionnaires et professeurs de l'enseignement secondaire public, les inspecteurs primaires, les employés des bibliothèques publiques, et généralement toutes les personnes attachées à des établissements d'instruction publique appartenant à l'État. Toutefois, même en ce qui concerne les établissements de l'État, les pouvoirs laissés au Gouvernement par les lois nouvelles ne sont pas arbitraires ni exclusifs de toute garantie pour les fonctionnaires. S'agit-il de la nomination des professeurs du Collége de France, du Muséum d'histoire naturelle et de l'École des langues orientales? Le Gouvernement est tenu: 1° d'inviter les professeurs de l'établissement dans lequel la vacance existe, à présenter des candidats; 2° d'adresser la même invitation à l'Académie des inscriptions et belles lettres, à l'Académie des sciences ou à l'Académie des sciences morales et politiques, suivant la chaire qui se trouve vacante. Une règle analogue est suivie pour la nomination des membres du Bureau des longitudes. S'agit-il de mesures disciplinaires à prendre contre ces professeurs? Les pouvoirs du Gouvernement sont définis par l'art. 76 de la loi du 15 mars 1850, que l'art. 5 de la loi du 25 mars 1873 a remis en vigueur:

7. Le ministre prononce disciplinairement contre les membres de l'enseignement secondaire public: 1° la réprimande devant le conseil académique; 2° la censure devant le conseil supérieur; 3° la mutation pour un emploi inférieur; 4° la suppression des fonctions pour une année ou plus, avec ou sans privation totale ou partielle du traitement; 5° le retrait d'emploi, après avoir pris l'avis du con-

---

1. Nous croyons devoir faire remarquer que la loi du 12 juillet 1875 prend le mot université dans le sens de groupe de Facultés, tandis que pour la loi de 1808 et les lois postérieures, l'*Université* était l'ensemble de l'instruction publique. **M. B.**

seil supérieur. Le ministre peut prononcer les mêmes peines, à l'exception de la mutation pour un emploi inférieur, contre les professeurs de l'enseignement supérieur; le retrait d'emploi ne peut être prononcé contre eux que sur l'avis conforme du conseil supérieur. La révocation a lieu dans les formes prévues par l'art. 14 de la loi du 15 mars 1850, c'est-à-dire après une instruction devant le conseil académique.

8. Après avoir fait connaître les pouvoirs confiés au ministre et les restrictions qui s'y trouvent apportées par sa législation actuelle, examinons maintenant les attributions des autres autorités préposées à l'enseignement public.

Le conseil supérieur institué près le ministre de l'instruction publique est composé ainsi qu'il suit:

Le ministre, président; 3 membres du Conseil d'État en service ordinaire, élus par le Conseil d'État; 1 membre de l'armée, nommé par le ministre de la guerre, le conseil supérieur de la guerre entendu; 1 membre de la marine, nommé par le ministre de la marine, le conseil d'amirauté entendu; 4 archevêques ou évêques, élus par leurs collègues; 1 délégué de l'Église réformée, élu par les consistoires; 1 délégué de l'Église de la confession d'Augsbourg, élu par les consistoires; 1 membre du consistoire central israélite, élu par ses collègues; 2 membres de la Cour de cassation, élus par leurs collègues; 5 membres de l'Institut, élus par l'Institut en assemblée générale et choisis dans chacune des cinq classes; 1 membre du Collège de France, élu par ses collègues; 1 membre d'une Faculté de droit, élu par les professeurs des Facultés de droit; 1 membre d'une Faculté de médecine, élu par les professeurs des Facultés de médecine; 1 membre d'une Faculté des lettres, élu par les professeurs des Facultés des lettres; 1 membre d'une Faculté des sciences, élu par les professeurs des Facultés des sciences; 1 membre de l'académie de médecine, élu par ses collègues; 1 membre du conseil supérieur des arts et manufactures, élu par ses collègues; 1 membre du conseil supérieur du commerce, élu par ses collègues; 1 membre du conseil supérieur de l'agriculture, élu par ses collègues; 7 membres de l'enseignement public, nommés par le président de la République en conseil des ministres, et choisis parmi les inspecteurs généraux, recteurs et anciens recteurs, professeurs et anciens professeurs des Facultés, professeurs du Collège de France, professeurs du Muséum d'histoire naturelle, directeur de l'École normale supérieure, proviseurs des lycées; 4 membres de l'enseignement libre, élus par le conseil.

Les membres du conseil sont élus pour six ans. Ils sont rééligibles.

Le conseil tient deux sessions par an. En dehors de ces deux sessions ordinaires, il peut être convoqué par le ministre.

Le ministre doit, en outre, le convoquer chaque fois que dix de ses membres en font la demande.

Le conseil peut choisir dans son sein des commissions chargées d'étudier, dans l'intervalle des sessions, les questions sur lesquelles il a à délibérer, et de lui en faire rapport.

Quand les questions à examiner sont exclusivement relatives aux établissements d'enseignement public, les commissions nommées doivent être choisies en majorité parmi les membres du conseil appartenant à cet enseignement.

9. Toutes les questions qui intéressent l'enseignement sont de la compétence du conseil; quelques-unes même lui sont nécessairement déférées. Ainsi, il est nécessairement consulté sur les règlements relatifs aux examens, aux concours, aux programmes d'études dans les écoles publiques et à la surveillance des écoles libres; sur tous les arrêtés en général portant règlement pour tous les établissements d'instruction publique; sur la création des Facultés, lycées et collèges; sur les secours et les encouragements à accorder aux établissements particuliers d'enseignement secondaire; sur les livres qui peuvent être introduits dans les écoles publiques et sur ceux qui doivent être défendus dans les écoles libres comme contraires à la morale, à la constitution et aux lois; sur les demandes en dispense de stage et sur celles formées par les étrangers à l'effet d'être autorisés à enseigner en France. (*L.* 15 *mars* 1850, *art.* 5 et 60; *D.* 5 déc. 1850.)

Enfin, le conseil a des attributions judiciaires; il prononce en dernier ressort dans toutes les affaires tendant à interdire les membres de l'enseignement de l'exercice de leur profession. (*L.* 15 *mars* 1850, *art.* 14, 30 et 68.)

10. C'est aux inspecteurs généraux que la surveillance des établissements d'instruction publique est spécialement confiée. Aux termes du décret du 9 mars 1852, ils sont au nombre de dix-huit, dont huit pour l'enseignement supérieur, c'est-à-dire pour les Facultés et les écoles supérieures de pharmacie; leur traitement est de 12,000 fr.; six pour l'enseignement secondaire: lycées, collèges communaux, institutions libres; leur traitement est de 10,000 fr.; quatre pour l'enseignement primaire; leur traitement est de 8,000 fr.

Les inspecteurs généraux, dont la mission est de recueillir des informations sur les personnes et les choses, ne sont pas nécessairement associés au gouvernement de l'instruction publique. Toutefois, à raison des services que leur expérience peut rendre à l'administration, un arrêté ministériel du 28 octobre 1852 avait décidé qu'ils se réuniraient périodiquement, afin de donner leur avis sur toutes les questions que le ministre jugerait opportun de leur soumettre. Un décret du 25 mars 1873 a été plus loin: il a institué un comité consultatif de l'enseignement public.

Le comité consultatif, présidé par le ministre, est composé de 12 inspecteurs généraux désignés par le ministre, du vice-recteur de l'Académie de Paris, du directeur de l'École normale supérieure, d'un professeur de chacune des Facultés de droit, de médecine, des sciences et des lettres, d'un professeur du Collège de France et d'un professeur du Muséum d'histoire naturelle, des directeurs de l'enseignement supérieur, secondaire et primaire au ministère de l'instruction publique, et du chef de division de la comptabilité centrale. Le comité se divise en trois sections, chaque section se réunit nécessairement une fois par mois. Le comité se réunit en assemblée générale une fois par trimestre. Le comité donne son avis sur les projets de lois, de règlements et de programme d'études, sur les questions de contentieux administratif et de discipline qui lui sont renvoyées par le ministre. Il est consulté sur les questions relatives à l'avancement des fonctionnaires et membres du corps enseignant. Il délibère sur les vœux émis dans les comités mensuels de perfectionnement, dans les assemblées de Facultés et dans les réunions des professeurs des lycées et collèges. A la fin de chaque année scolaire, le comité consultatif tient une session spéciale pour dresser un tableau général d'avancement de tous les membres du corps enseignant, et proposer, s'il y a lieu, des mutations et des mesures disciplinaires. Pendant cette session, les présidents des jurys d'agrégation sont appelés à siéger dans le comité avec voix délibérative.

CHAP. III. — ACADÉMIES, RECTEURS, INSPECTEURS.

11. L'administration de l'instruction publique, représentée au sommet par le ministre, assisté du conseil supérieur, du comité consultatif et des inspecteurs généraux, est appuyée à sa base sur l'institution des académies.

12. Les circonscriptions académiques avaient été calquées à l'origine sur les circonscriptions judiciaires, comme elles l'ont été depuis sur les circonscriptions administratives. Voilà pourquoi, sous le régime du décret de 1808, il y avait vingt-sept académies, autant que de cours impériales, et sous celui de la loi de 1850, quatre-vingt-six, autant que de départements. La loi du 14 juin 1854 a fait prévaloir un point de vue nouveau qui est particulier à l'instruction publique. Elle a considéré l'académie comme une réunion, et en quelque sorte une hiérarchie d'écoles primaires et secondaires rattachées à un corps central d'établissements d'instruction supérieure qui exerce une véritable juridiction scolaire. Il importait de ne pas multiplier ces foyers d'études, et de consulter, autant que possible, en les organisant, les souvenirs les plus intimes de notre histoire et les besoins les plus marqués de notre civilisation. On a été conduit ainsi à réduire le nombre des académies à seize, non compris l'Académie d'Alger. Les chefs-lieux étaient : Aix, Besançon, Bordeaux, Caen, Clermont, Dijon, Douai, Grenoble, Lyon, Montpellier, Nancy, Paris, Poitiers, Rennes, Strasbourg, Toulouse. Aujourd'hui nous ne possédons plus Strasbourg; mais une académie nouvelle a été créée à Chambéry.

13. Chacune des académies est administrée par un recteur assisté d'autant d'inspecteurs d'académie qu'il y a de départements dans la circonscription. Nul ne peut être nommé recteur s'il n'est pourvu du grade de docteur.

Les attributions du recteur comprennent : 1° la direction et la surveillance des établissements d'enseignement supérieur et des établissements publics d'enseignement secondaire ; 2° la surveillance de l'enseignement secondaire libre ; 3° le contrôle des méthodes de l'enseignement primaire public.

14. Le recteur dirige personnellement et surveille, soit par lui-même, soit avec le concours des inspecteurs d'académie, les établissements d'enseignement supérieur. Il assiste, quand il le juge convenable, aux délibérations des Facultés et des écoles préparatoires; dans ce cas, il les préside, mais il ne prend point part aux votes. Il réunit, tous les mois, en comité de perfectionnement, les doyens des Facultés et les directeurs des écoles préparatoires du ressort. Il convoque les Facultés, soit ensemble, soit séparément, pour délibérer sur les programmes particuliers de chaque cours et les coordonner entre eux. Il transmet ces programmes au ministre, avec son avis motivé. Il fait au ministre ses propositions sur les budgets et sur les comptes annuels des établissements d'enseignement supérieur. Il statue, après avis des Facultés et des écoles préparatoires, sur toutes les questions relatives aux inscriptions des étudiants.

15. En ce qui concerne les établissements publics d'enseignement secondaire, le recteur reçoit, avec l'avis de l'inspecteur d'académie, les rapports hebdomadaires des proviseurs des lycées et des principaux des collèges communaux. Il les résume dans le rapport mensuel qu'il adresse au ministre. Il dresse le tableau d'avancement des fonctionnaires des lycées et des régents des classes supérieures des collèges communaux. Il propose des candidats pour les emplois vacants de maître répétiteur des lycées et de régent des classes de grammaire des collèges communaux. Il donne son avis au ministre sur les comptes administratifs et sur les budgets des lycées et collèges. Lorsqu'il est en tournée, il réunit, s'il y a lieu, les bureaux d'administration placés près des lycées et des collèges communaux.

16. Le recteur pourvoit à ce que les établissements particuliers d'enseignement secondaire soient inspectés une fois par an au moins, et il adresse au ministre le résumé des rapports de l'inspection.

17. Enfin, c'est le recteur qui propose les mesures propres à améliorer les méthodes d'enseignement dans les écoles normales primaires et dans les écoles primaires publiques. Il peut, lorsqu'il est en tournée, réunir et présider les commissions de surveillance de ces écoles. Chaque année, il adresse au ministre un rapport sur l'état de l'instruction primaire, publique et libre, de l'académie.

18. L'inspecteur d'académie correspond avec le recteur pour tout ce qui concerne les affaires de l'enseignement supérieur, celles de l'enseignement secondaire public ou libre, et les méthodes de l'enseignement primaire public. Il lui adresse tous les trois mois un rapport sur l'état de l'enseignement dans l'école normale et dans les écoles primaires du département. En l'absence du recteur, il préside, s'il y a lieu, les bureaux d'administration placés près des lycées et des collèges communaux et les commissions de surveillance des écoles normales primaires. (*D. 22 août 1854, art. 20 et suiv.*)

19. La Corse ne pouvait pas être le siège d'une grande académie dans le sens que la loi attache à ce mot; mais sa situation tout exceptionnelle exigeait des dispositions particulières. L'inspecteur d'académie délégué à Ajaccio prend le titre de vice-recteur ; il correspond directement avec le ministre de l'instruction publique pour tout ce qui concerne l'administration des lycées et collèges, ainsi que la surveillance de l'enseignement secondaire libre. Il reste, d'ailleurs, soumis à toutes les autres obligations imposées aux inspecteurs d'académie. (*D. 22 août 1854, art. 25.*)

20. Parmi les attributions, soit des recteurs, soit des inspecteurs d'académie, il est à remarquer que le gouvernement de l'instruction primaire ne figure pas, sinon pour la partie purement scolaire. C'est, en effet, à un magistrat politique et administratif, c'est au préfet que la législation en vigueur a conféré le pouvoir de nommer et de révoquer les instituteurs, et, par conséquent, de les réprimander et de les suspendre, suivant les cas, avec ou sans privation partielle ou totale de traitement. Déjà les art. 191 et 192 du décret du 15 novembre 1811, concernant le régime de l'Université, et la loi transitoire du 11 janvier 1850, avaient placé les écoles primaires sous l'autorité des préfets ; ces dispositions ont été renouvelées par la loi du 14 juin 1854. On a présumé que dans un système qui réduit à seize le nombre des académies, le recteur était en général trop éloigné des communes pour exercer une action rapide et efficace, et que, d'un autre côté, l'inspecteur d'académie, n'ayant ni responsabilité politique, ni pouvoir qui lui fût propre, manquerait peut-être, dans les occasions importantes, de vigueur et de résolution. Toutefois, l'avenir de l'instruction primaire était intéressé à ce que l'autorité administrative ne pût prendre de décision, ni quant aux choses, ni quant aux personnes, sans avoir été éclairée. Aussi l'inspecteur d'académie est tenu de soumettre au préfet un rapport écrit et signé sur les nominations et mutations des instituteurs communaux et sur les peines disciplinaires qu'il peut y avoir lieu de leur appliquer ; et pour qu'il s'entoure lui-même de tous les renseignements propres à éclairer sa conscience, il a la faculté de correspondre directement, pour l'instruction des affaires de l'instruction primaire, avec les délégués du conseil départemental, avec les maires et curés, et avec les instituteurs primaires publics et libres. (*D. 22 août* 1854, *art.* 23.) [*Comparez* **Instruction primaire**.]

CHAP. IV. — CONSEIL ACADÉMIQUE ET CONSEIL DÉPARTEMENTAL.

21. Au chef-lieu de l'académie, à côté du recteur, au chef-lieu du département, à côté du préfet, siégent deux conseils, le conseil académique et le conseil départemental, dont la composition toute différente et les attributions répondent au rôle qui est assigné par la loi à ces divers magistrats.

22. Le conseil académique se compose : 1° du recteur, président ; 2° des inspecteurs de la circonscription ; 3° des doyens des Facultés ; 4° de sept membres, choisis tous les trois ans par le ministre de l'instruction publique : un parmi les archevêques ou évêques de la circonscription, deux parmi les membres du clergé catholique ou parmi les ministres des cultes non catholiques reconnus, deux dans la magistrature, deux parmi les fonctionnaires publics ou autres personnes notables de la circonscription. (*L.* 14 *juin* 1854, *art.* 3.)

23. Le conseil académique veille au maintien des méthodes d'enseignement qui sont prescrites par le ministre en conseil supérieur de l'instruction publique, et qui doivent être suivies dans les écoles publiques d'instruction primaire et secondaire du ressort. Il donne son avis sur les questions d'administration de finances ou de discipline qui intéressent les collèges communaux, les lycées et les établissements d'enseignement supérieur. (*Id.*, *art.* 4.)

24. Le conseil académique se réunit deux fois par an, au mois de juin et au mois de novembre, sur la convocation du recteur. Chacune de ses sessions dure huit jours au moins et un mois au plus. Il peut être convoqué en session extraordinaire par le ministre de l'instruction publique. Dans la session de juin, le conseil académique entend les comptes rendus des inspecteurs d'académie touchant le service de l'instruction secondaire et de l'instruction primaire dont ils sont spécialement chargés dans les départements. Dans la session de novembre, il entend les rapports détaillés des

doyens sur l'état des études et sur les résultats des examens dans chaque Faculté. Le recteur détermine les parties de ces rapports qui seront lues dans la séance solennelle de rentrée. (*D.* 22 *août* 1854, *art.* 14.)

25. Le conseil départemental de l'instruction publique est composé : 1° du préfet, président ; 2° de l'inspecteur d'académie ; 3° d'un inspecteur de l'instruction primaire désigné par le ministre ; 4° de l'évêque ou de son délégué ; 5° d'un ecclésiastique désigné par l'évêque ; 6° d'un ministre de l'une des deux Églises protestantes, désigné par le ministre de l'instruction publique dans les départements où il existe une église légalement établie ; 7° d'un délégué du consistoire israélite dans chacun des départements où il existe un consistoire légalement établi ; 8° du procureur général près la cour d'appel dans les villes où siège une cour d'appel et, dans les autres, du procureur de la République près le tribunal de 1re instance ; 9° d'un membre de la cour d'appel ou d'un membre du tribunal de 1re instance désigné par le ministre ; 10° de quatre membres du conseil général désignés par le ministre. (*L.* 15 *mars* 1850, *art.* 10 ; 14 *juin* 1854, *art.* 5.)

26. Le conseil départemental n'intervient pas dans les affaires des Facultés, des lycées, ni même des collèges communaux, qui sont laissées au conseil académique ; il ne s'occupe que de l'instruction primaire. Il est nécessairement consulté sur les règlements relatifs aux écoles primaires publiques et au régime intérieur des écoles normales. Il fixe le taux de la rétribution scolaire, sur l'avis des conseils municipaux et des délégués cantonaux. Il détermine les cas où les communes peuvent, à raison des circonstances et provisoirement, établir ou conserver des écoles primaires dans lesquelles seront admis des enfants de l'un et l'autre sexe, ou des enfants appartenant aux différents cultes reconnus. (*L.* 15 *mars* 1850, *art.* 14 ; *L.* 14 *juin* 1854, *art.* 10.)

27. Le conseil départemental a un second ordre d'attributions non moins importantes : il connaît des affaires disciplinaires et contentieuses qui intéressent les établissements particuliers d'instruction publique de tous les degrés. Ainsi, il prononce sur les difficultés relatives à l'ouverture des écoles libres et à l'exercice du droit d'enseigner. En cas de poursuites dirigées contre des maîtres particuliers, il est saisi de la plainte et il applique la peine définie par la loi. Ces jugements ne peuvent être réformés que par le conseil supérieur de l'instruction publique. Le législateur a voulu que la liberté d'enseignement trouvât sa garantie dans les juridictions qui sont appelées à réprimer ses abus.

28. L'Académie de Paris, à cause de son étendue et de l'importance des établissements qu'elle renferme, n'a jamais été complétement soumise au droit commun. Sous le régime du décret du 17 mars 1808, elle relevait directement du Grand-Maître de l'Université, qui remplissait les fonctions rectorales. Cette combinaison, abandonnée en 1850, a paru offrir des avantages qui ont engagé le Gouvernement à y revenir, et l'art. 33 du décret du 22 août 1854 a disposé que le ministre de l'instruction publique pourrait exercer à Paris les fonctions de recteur, sauf à être assisté dans ce cas par un vice-recteur. Quant au nombre des inspecteurs, il a été porté à huit, dont quatre sont spécialement attachés aux Facultés de droit, de médecine, des lettres et des sciences.

29. Les traitements des fonctionnaires des académies ont été réglés ainsi qu'il suit :

1 vice-recteur à Paris à 18,000 fr. ; 3 recteurs à 18,000 fr. ; 7 recteurs à 15,000 fr. ; 5 recteurs à 13,000 fr. ; 8 inspecteurs de la Seine à 7,500 fr. ; 1 inspecteur d'académie à Versailles ; 23 inspecteurs d'académie de 1re classe à 5,500 fr. ; 22 inspecteurs d'académie de 2e classe à 5,000 fr. ; 42 inspecteurs d'académie de 3e classe à 4,500 fr. ; 1 secrétaire d'académie à Paris à 7,000 fr. ; 33 secrétaires à 3,500 fr. ; 5 secrétaires à 3,000 fr. ; 5 secrétaires à 2,500 fr. ; 7 commis d'académie à Paris, de 1,600 à 2,700 fr. ; 11 commis dans les départements, 1re classe, à 2,000 fr. ; 16 commis dans les départements, 2e classe, à 1,600 fr. ; 27 commis de l'inspection académique de 1re classe à 1,800 fr. ; 83 commis de 2e classe à 1,600 fr. ; 26 commis de 3e classe à 1,400.

30. Une indemnité supplémentaire est accordée aux inspecteurs d'académie qui ont le titre d'agrégé.

À l'égard de l'académie d'Alger, des dispositions spéciales ont été adoptées ; les traitements y sont ainsi réglés :

1 recteur à 13,000 fr. ; 3 inspecteurs à 5,000 fr. ; 1 secrétaire à 3,500 fr.

CHAP. V. — ÉCOLE NORMALE SUPÉRIEURE.

31. Pour compléter cet aperçu général de l'organisation de l'instruction publique, il nous reste à parler de l'École normale supérieure destinée au recrutement du corps enseignant.

32. La création de l'École normale remonte à un décret de la Convention, en date du 9 brumaire an III, modifié et complété par le titre XIV du décret du 17 mars 1808. Supprimée par l'ordonnance du 6 septembre 1822, qui mettait à sa place des écoles partielles, dont une seule, l'école préparatoire du collège Louis-le-Grand, a été instituée ; rétablie immédiatement après la révolution de Juillet, par l'ordonnance du 6 août 1830, l'École normale supérieure a passé, depuis sa fondation, par de nombreuses vicissitudes ; mais les services qu'elle rend à l'instruction publique l'ont fait triompher jusqu'à ce jour des épreuves qu'elle a eu à subir.

33. Les fonctionnaires de l'École normale sont aujourd'hui : le directeur de l'école, un sous-directeur, l'aumônier, l'économe, les maîtres de conférence, au nombre de vingt-quatre ; les maîtres-surveillants, le bibliothécaire. Le traitement du directeur de l'école est de 12,000 fr., et celui du sous-directeur, qui est en même temps maître de conférences, de 3,000 fr. ; le traitement des maîtres de conférences varie de 2,500 fr. à 7,500 francs.

34. L'entretien des élèves est complètement à la charge de l'État (*D. 4 août* 1848). Les places sont données à la suite d'épreuves qui ont lieu chaque année pour le nombre de places déterminé par le ministre, d'après le besoin de l'enseignement.

35. Les inscriptions des candidats ont lieu du 1er janvier au 1er février. Un registre est ouvert à cet effet dans toutes les académies. Aucune inscription n'est reçue si le candidat n'est Français ou admis à jouir des droits civils, et s'il n'a pas déposé au secrétariat d'une des académies les pièces suivantes :

1° Son acte de naissance, constatant qu'au 1er janvier de l'année dans laquelle il se présente, il était âgé de dix-huit ans au moins ou de vingt-

quatre ans au plus. S'il est âgé de plus de vingt ans, il doit produire un certificat du maire de sa commune constatant qu'il a satisfait à la loi du recrutement ;

2° Un certificat de vaccine ;

3° Un certificat constatant que le candidat n'est atteint d'aucune infirmité ou d'aucun vice de constitution qui le rende impropre à l'enseignement. Ce certificat est délivré par un médecin que le recteur commet à cet effet ;

4° L'engagement légalisé de se vouer pour dix ans à l'instruction publique, si le candidat est majeur ; et, en cas de minorité, une déclaration du père ou du tuteur, aussi légalisée, et l'autorisant à contracter cet engagement ;

5° Une note signée de lui, indiquant la profession de son père et la demeure de sa famille, ainsi que le lieu ou les lieux que le candidat a habités depuis l'âge de quinze ans ;

6° Un certificat d'aptitude morale aux fonctions de l'enseignement, délivré par le chef ou les chefs des établissements auxquels il peut avoir appartenu, soit comme élève, soit comme maître.

36. Le 1er février, à midi, la liste des inscriptions est close dans toutes les académies et transmise ce jour-là même, en un seul envoi, au ministre de l'instruction publique, avec toutes les pièces à l'appui. Sur les renseignements qui lui sont adressés par les recteurs, le ministre arrête la liste des candidats qui peuvent être admis à prendre part aux épreuves.

37. Les épreuves se divisent en deux séries : les premières, qui consistent dans des compositions écrites, sont subies par tous les candidats autorisés à concourir et déterminent l'admission ou la non-admission de chacun d'eux aux épreuves orales ; les autres ont lieu entre les candidats admis à l'épreuve orale, pour décider de leur admission définitive.

Les épreuves ou compositions écrites sont faites chacune le même jour, durant le même espace de temps, dans toutes les académies.

Les candidats admis à l'examen oral doivent produire :

1° Le diplôme de bachelier ès lettres ou le diplôme de bachelier ès sciences mathématiques, selon la section d'études à laquelle ils se destinent ;

2° L'engagement légalisé des père et mère, ou du tuteur, de restituer à l'État le prix de la pension dont ils auront joui, dans tous les cas où, par leur fait, ils ne rempliraient pas l'engagement décennal. Tout candidat majeur au moment de son admission s'oblige solidairement avec ses parents à faire, auxdits cas, le remboursement du prix de la pension. Tout élève qui atteint sa majorité durant son séjour à l'École doit contracter la même obligation au moment où il devient majeur. L'engagement fait pour un concours n'est plus valable pour un autre concours. L'admission définitive est prononcée par arrêté ministériel. (*Arr.* 7 *déc.* 1850.)

38. L'École normale, aux termes de l'art. 5 du décret du 10 avril 1852, ne préparait plus qu'aux grades de licencié ès lettres, de licencié ès sciences et à la pratique des meilleurs procédés d'enseignement et de discipline scolaire.

Elle a été rendue par des décrets subséquents à son ancienne destination qui était de préparer directement des élèves aux épreuves de l'agrégation des lycées. Aux termes du décret du 20 juillet 1858, les élèves de l'École normale supérieure qui ont suivi avec succès le cours triennal, peuvent être autorisés par le ministre, et en fait ils le sont toujours, à se présenter immédiatement, suivant la section à laquelle ils appartiennent, aux différents concours de l'agrégation. Il n'est plus, d'autre part, question de la quatrième ni de la cinquième année d'études établie par l'art. 13 du décret du 22 août 1854, disposition qui n'a jamais été appliquée. **C. JOURDAIN.**

BIBLIOGRAPHIE.

Recueil de lois et règlements concernant l'instruction publique, depuis l'édit de Henri IV, en 1598, jusqu'à ce jour, publié par le grand-maître de l'Université. 8 vol. in-8° et 1 vol. de tables. Paris, impr. royale. 1814-1828.

Bulletin universitaire, contenant les ordonnances, règlements et arrêtés concernant l'instruction publique (depuis le 1er janvier 1828 jusqu'au 31 décembre 1849, 18 vol.). Paris, 1830-1849. Ce recueil a été remplacé par la publication suivante.

Bulletin administratif de l'instruction publique (depuis le 1er janvier 1850). Paris, 1850 et années suivantes, in-8°.

Code annoté de l'instruction primaire, contenant l'historique de la législation primaire depuis 1789, la loi du 18-28 juin 1833, les circulaires ministérielles, etc. 1 vol. Paris, 1833.

Discours sur l'enseignement du droit en France, avant et depuis la création des écoles actuelles, prononcé le 5 novembre 1838, à la séance solennelle de rentrée de la Faculté de droit de Paris, par M. Berriat Saint-Prix. In-8°. Paris, Langlois, 1838.

Recueil des lois, décrets, ordonnances, etc., concernant l'enseignement du droit, publié par ordre du ministre de l'instruction publique. Paris, impr. royale, 1838. 1 vol. in-8°.

Manuel législatif et administratif de l'instruction primaire, par Kilian. 1 vol. Paris, 1840.

Essai sur la réorganisation de l'enseignement du droit en France, et sur l'introduction des études politiques et administratives (en plusieurs articles), par M. Hepp, *Revue de législation et de jurisprudence*, t. XIV, p. 81, 257 et 418 (1841). 6e art., t. XV, p. 245. (Voy. aussi les articles de MM. Bayle-Mouillard 1835, Wolowski 1838-1839 et 1847, Laboulaye 1840, 1845 et 1847.

Code de l'instruction primaire, par Franque et Tempié. 1 vol. in-18. 1842.

Du pouvoir de l'État sur l'enseignement, d'après l'ancien droit public français, par M. Troplong. Paris, 1844. 1 vol. in-8°. (Voy. aussi *Revue de législ. et de jurispr.*, t. XIX, p. 5. 1844.)

Code universitaire et statuts de l'Université de France, recueillis et mis en ordre par Amb. Rendu. 1 vol. in-8°, 2e édit., Paris, 1835 ; 3e édit., Paris, 1846.

De l'Université de France et de sa juridiction disciplinaire, par M. Rendu. Paris, 1847. 1 vol. in-12.

Documents officiels sur l'école d'administration fondée par le Gouvernement, ou Guide de l'aspirant au titre d'élève du Collège de France. In-8°. Paris, Ducrocq 1848.

Le ministère de l'instruction publique et des cultes depuis le 24 février jusqu'au 5 juillet 1848, par H. Carnot. Paris, Pagnerre, 1848.

Recueil des lois et actes de l'instruction publique (depuis le 24 février 1848). Paris, Delalain, 1848 et années suivantes. 7 vol. in-8°.

Instruction historique et pratique sur la loi d'enseignement, adressée par Mgr. l'évêque de Langres à MM. les curés de son diocèse. Paris, 1850. 1 vol. in-8°.

Loi sur l'enseignement, avec un commentaire contenant l'indication et le sommaire des divers actes législatifs et réglementaires sur l'instruction publique depuis 1791, par M. G. de Champeaux. In-8°. Paris, Coursier, Lecoffre, Cosse, Cotillon, 1850.

Instruction sur la loi d'enseignement en ce qui concerne l'instruction primaire, par Th. Barrau. Paris, Hachette, 1851. 1 vol. in-12. Nouv. édit. 1853.

Actes de la législation de l'instruction primaire antérieurs au 15 mars 1850, non abrogés par la nouvelle loi, publiés par MM. Nau et Delalain. Introduction aux Annales législatives de l'instruction primaire. In-8°. Paris, Delalain, 1851.

De la loi de l'enseignement. Commentaire historique et administratif, précédé d'une introduction, par Eugène Rendu. In-8°. Paris, Fouraut, 1851.

Commentaire sur la loi d'enseignement du 15 mars 1850, en ce qui concerne l'instruction primaire, avec le texte de tous les actes officiels, publié par le comité de l'enseignement libre, sous la présidence de M. le comte Molé. In-18. Paris, Lecoffre, 1851.

Guide des délégués cantonaux chargés par la loi du 15 mars 1850 de la surveillance des établissements d'instruction primaire, par F. Denoyencourt. In-12. Paris, Delalain, 1851.

Lois sur l'enseignement des 15 mars 1850, 9 mars 1852 et 13 juin 1854, combinées entre elles et accompagnées de notes explicatives, par Delalain. 2e édit. 1854, Paris, Delalain. 1 vol. in-12.

Plan d'études pour les lycées impériaux, suivi de l'instruction publiée pour son exécution. Paris, Delalain. 1854. 1 vol. in-12.

Nouvelle législation des salles d'asile, recueillie et annotée par J. Delalain, imprimeur de l'Université. Paris, 1855. In-12.

Le budget de l'instruction publique et des établissements scientifiques et littéraires, par Charles Jourdain. 1 vol. in-8°. Paris, 1857.

Rapport sur l'organisation et les progrès de l'instruction publique, par Charles Jourdain. Paris, 1867. In-8°.

Législation de l'enseignement spécial annotée par MM. Nau et Delalain. In-12. Paris, J. Delalain et fils. 1869.

Les pensions de retraite des instituteurs ; dispositions légales et réglementaires, par M. C. Brunel. In-18. Paris, L. Hachette et Cie, 1870.

L'instruction obligatoire, par M. Ch. Robert. In-8°. Paris, Hachette et Cie, 1871.

Lois de l'instruction primaire, combinées entre elles, avec indication des décrets et arrêtés rendus pour leur exécution, par MM. Nau et Delalain. In-12. Paris, imp. de Delalain et fils. 1871.

Nouveau Code de l'instruction primaire, par A. Pichard. In-18. Paris, Hachette et Cie, 1871.

Nomination des instituteurs primaires, législation de 1789 à 1871, par A. Pinet. In-8°. Paris, Delagrave et Cie, 1871.

Législation des établissements libres d'instruction secondaire expliquée, etc., etc. par MM. Nau et Delalain. In-12. Paris, J. Delalain et fils, 1871.

Exposé sommaire de la législation actuelle sur les obligations des communes envers les instituteurs des écoles primaires, par M. Auzias. In-8°. Grenoble, Côte, 1872.

L'instruction primaire devant l'Assemblée nationale, par M. Eug. Rendu. In-8°. Paris, Hachette, 1873.

Question des livres scolaires ; historique, législation, 1873. In-8°. Paris, imp. de Noblet, 1873.

Essais sur l'instruction publique, par MM. Ch. Lenormant, réunis et publiés par son fils. In-12. Paris, Didier et Cie, 1873.

Agenda-Annuaire, ou Guide pratique de l'étudiant, contenant la législation des Facultés, le personnel, le

prix des Facultés, etc., par M. S. A. Fort. In-32.
Paris. Delahaye. 1874.

La réforme de l'enseignement secondaire, par M.
Jules Simon. 2e édit., in-18 jésus. Hachette et Cie.
1874.

La législation de l'instruction primaire depuis 1789
jusqu'à nos jours. Recueil des lois, décrets, réglements, etc., par M. Gréard. 3 vol. Paris, impr. de
Mourgues frères, 1874.

Annuaire de l'instruction publique. In-18. Paris, J.
Delalain et fils.

ADMINISTRATION COMPARÉE.

La division de l'instruction publique en : primaire, secondaire
et supérieure, avec des branches latérales pour les matières spéciales ou techniques, existe de fait dans tous les pays, mais le
classement n'est pas toujours aussi tranché, aussi raide et aussi
symétrique qu'en France ; il faut surtout se méfier de l'expression : *enseignement supérieur*, qui n'a souvent qu'un sens relatif : supérieur à.... (par exemple, l'instruction primaire). De
même pour l'instruction secondaire. Les Facultés, ou plutôt les
Universités, sont parfois considérées comme au-dessus de l'enseignement supérieur ou aussi comme un enseignement spécial
(par exemple, le droit, la médecine). C'est principalement pour
cette raison que nous avons réuni ici l'ensemble de l'instruction
publique de chaque pays, sans cependant aborder l'instruction
spéciale, ni l'instruction professionnelle. On comprendra aussi
que nous ne pouvons donner que de courtes indications ; il faudrait littéralement plusieurs volumes pour entrer dans quelques
détails, mais nous ajouterons quelques indications bibliographiques.

Prusse.

L'instruction publique en Prusse est dirigée par le « ministre
des cultes, de l'instruction et des affaires médicales ». Ce ministère existe depuis 1817. Aux recteurs français correspondent
les comités provinciaux d'instruction publique (*Provincial-Schulkollegien*, fondés par l'Instruction du 31 déc. 1825), chargés de
ce qu'on appelle en France l'enseignement secondaire et des
écoles normales d'instituteurs. Auprès de chaque *Regierung* (préfecture) est un conseiller de l'instruction publique (*Schulrath*),
qui répond à l'inspecteur d'académie. C'est ce conseiller qui
s'occupe directement, ou au nom du préfet (*Regierungspraesident*), de l'enseignement primaire. Il y a aussi des inspecteurs
de l'instruction primaire. Autrefois cette fonction était un accessoire de celle du doyen pour les catholiques, ou du *Superintendent* pour les protestants, mais la loi du 11 mars 1872 a tenu
à faire reconnaître d'une manière plus évidente la disposition
inscrite dans la constitution prussienne de 1850 (*art.* 23) que
les écoles sont sous la surveillance de l'État. Par suite de cette
loi, un certain nombre d'inspecteurs laïque sont été nommés ; il
est aussi des inspecteurs ecclésiastiques, mais ils exercent l'inspection au nom de l'État et non au nom de l'Église.

Nous allons passer en revue les différents degrés de l'enseignement, en commençant par l'école élémentaire.

Instruction primaire. C'est à regret que, à cause du défaut
d'espace, nous nous abstenons de résumer l'histoire déjà longue
de l'instruction primaire en Prusse [1]. Mais l'importance qu'on y
a toujours attachée ressort du fait que la Constitution lui consacre plusieurs articles (21 à 26). Ces articles posent des principes que nous reproduisons à peu près textuellement. « On
pourvoira, par des écoles publiques, à l'éducation de la jeunesse.
Les parents ne peuvent pas priver leurs enfants du degré d'instruction que l'école primaire publique est chargée de conférer.
Il est permis à tous ceux qui peuvent justifier devant l'autorité
de leur moralité, de leurs aptitudes et de leur savoir, d'enseigner ou d'ouvrir des écoles. Tous les établissements publics ou
privés, destinés à l'enseignement, sont soumis à la surveillance
de l'État. En fondant des écoles primaires publiques, il y a lieu
de tenir compte, autant que possible, des différents cultes.
L'instruction religieuse y est conférée sous la direction des paroisses des différents cultes. L'instruction devra être gratuite ;
les dépenses de toutes sortes (traitement convenable pour l'instituteur, le matériel, etc.) sont à la charge des communes.
L'État n'intervient que lorsque la commune est dans l'impossibilité de remplir ce devoir. » L'art. 26 promet une loi organique de l'instruction publique, et l'art. 112 maintient l'organisation actuelle jusqu'à ce qu'il en soit autrement ordonné.

Cette loi organique, promise dans la première fois dans l'Instruction du 23 octobre 1817, et que M. Cousin s'est hâté, dès
1819, de présenter comme promulguée, a été en effet plusieurs
fois élaborée, mais elle n'a pas encore abouti (1876). En attendant, divers principes sont appliqués : 1° l'obligation, pour les
parents, de faire donner l'instruction primaire à leurs enfants
(*Édits des* 28 sept. 1717, 19 sept. 1736, etc.) ; 2° l'obligation,
pour les communes, d'entretenir une ou plusieurs écoles (*A.
Land-Recht*, II, 12, §§ 29 à 36) ; 3° l'obligation de l'enseignement

religieux. L'école n'en est pas moins laïque, mais cette expression ne doit pas être prise dans le sens que lui donnent certaines
personnes en France qui voient dans la laïcité l'exclusion de la
religion ; l'école est laïque, parce qu'elle est un établissement
de l'État. La séparation de l'école et de l'église a été prononcée,
selon M. Rœnne, dès 1787, par la création d'un *Ober-Schulkollegium* (conseil supérieur de l'instruction publique) [1], et il
cite à l'appui de son opinion un texte du *Code général du
1795 (A. L.-R.)*, II, titre 12, § 10 : « Personne ne peut être
repoussé d'une école publique pour cause de religion » ; et,
§ 11 : « Les enfants qui doivent être élevés dans une autre
religion que celle qui est enseignée dans l'école, ne sont pas
tenus à assister à l'enseignement religieux. » Ces principes ont
toujours été appliqués, même aux époques où l'autorité supérieure s'efforçait de donner à la religion une place prépondérante dans l'instruction primaire. Le seul point que la loi a toujours favorisé, c'est de donner à chaque culte son école propre,
c'est-à-dire lorsqu'une commune d'une certaine grandeur se
compose par moitié de catholiques et de protestants, au lieu de
faire une école divisée par classes, chaque classe ayant son
maître particulier, on réserve une école pour la paroisse catholique et une école pour la paroisse protestante.

Nous continuons l'énumération des principes : 4° la gratuité.
Cela ne veut pas dire, bien entendu, que l'instituteur ne sera
pas payé, mais seulement qu'il n'y aura pas, pour les écoles
primaires publiques, de rétribution scolaire. Le traitement de
l'instituteur sera inscrit sur la caisse communale, les habitants
contribuant à cette caisse, non en raison du nombre de leurs
enfants, mais en proportion de leur revenu. La gratuité,
entendue dans ce sens, se trouve déjà dans le Code général de
1795 (*A. L.-R.*, II, 12, § 31), et c'est bien ainsi qu'on l'a comprise en rédigeant la Constitution. Le commentaire officiel de ce
passage, donné par le ministre, M. de Ladenberg, déclare que
par la gratuité de l'instruction de l'école primaire est « imposée
par justice lorsque la diffusion de l'instruction élémentaire
est demandée par l'État, non dans l'intérêt de l'individu, mais
dans l'intérêt public, celui des communes et de l'État ». (*Voy.*
dans le même sens une déclaration officielle postérieure. *Prov.-
Corresp.*, 27 janv. 1869.) Néanmoins, malgré cette manière de
voir persistante du Gouvernement, la gratuité ne s'est pas généralisée ; il existe cependant dans un certain nombre de villes
et même dans des communes plus petites. En tout cas, les pauvres sont exemptés partout. Pour faire cesser cette contradiction entre la Constitution et les usages, le Gouvernement a présenté un projet de loi tendant à supprimer le dernier alinéa de
l'art. 25 (voy. par exemple, dans le *Journal officiel* prussien du
10 février 1869, le discours du ministre, M. Mühler). Mais le
parlement a maintenu la disposition et la contradiction avec les
faits qu'elle renferme, bien que des hommes très-compétents
se soient élevés contre la gratuité. Il faudra donc l'établir un
jour si une Chambre future ne supprime pas l'article de la Constitution.

Un autre principe fondamental : 5° la liberté de l'enseignement, est inscrit dans la Constitution (*art.* 20) sous la forme :
« La science et son enseignement sont libres » ; mais cette disposition ne s'applique pas complétement à l'enseignement primaire. La question à laquelle nous touchons en ce moment peut
à peine être résolue ici ; nous distinguerons cependant ce qui
est relatif au personnel de ce qui concerne les matières enseignées. Il est de principe — le Code de 1795 le prescrit déjà —
que pour enseigner il faut faire preuve de capacité (posséder le
brevet) et avoir une bonne conduite. Néanmoins, avant la Constitution de 1850, il fallait une autorisation pour ouvrir une école
privée (en France on dit : une école *libre*), et l'on faisait, et l'on
fait encore, des difficultés pour autoriser une concurrence à
l'école publique. (*Instr.* 31 déc. 1839 ; *Décis.* 3 sept. 1863 ;
Min.-Blatt für innere Verw., 1863, p. 197.) L'autorisation
peut, en effet, être refusée aux écoles publiques suffisent aux
besoins de l'instruction. Nous avouons ne pas savoir comment
on met d'accord une pareille décision avec la lettre de la Constitution [2]. Mais il ne s'agit ici que de la jeunesse. Pour l'enseignement de matières non scolaires à des adultes, il ne faut ni
diplôme, ni certificat. (*Décis. des ministres de l'instr. publ. et de
l'intérieur du* 27 févr. 1862. *Min.-Bl. für innere Verw.*, 1862,
p. 114, n° 76.)

En ce qui concerne les matières enseignées, on accentuait
plutôt un autre principe : 6° la surveillance de l'État. Sur ce
point, le « *Regulativ* » (ou l'instruction ministérielle), rédigé
par M. le conseiller Stiehl, a été l'objet de longues et vives attaques, comme faisant la part trop grande à l'enseignement du
caléchisme, des psaumes et autres matières bibliques, et pas
assez aux autres matières religieux. Cette Instruction a été remplacée par
une autre, plus libérale, du 15 octobre 1872, rédigée sous le
ministère Falk et qu'on trouvera dans le *Journal officiel* allemand
(*Reichs-Anz.*) du 8 novembre 1872 (publiée aussi séparément.)

1. *Voy.* par exemple TRÜB, *Preussisches Volksschulwesen*. (Gotha,
Rud. Besser, 1867.)

1. Ce conseil devint en 1808 une direction au ministère de l'intérieur
et fut érigé en ministère par ordonnance royale du 29 novembre 1817.
(*Voy.* WIESE, *Das höhere Schulwesen*, t. I, p. 4.)
2. La limitation du nombre des écoles sera sans doute maintenue jusqu'à la promulgation de la loi organique de l'instruction publique.

librairie Decker). Ces instructions se composent des subdivisions suivantes : 1° organisation, mission et but de l'école primaire. Matières enseignées, méthodes, observations pédagogiques ; 2° définition des diverses écoles primaires supérieures et autres *écoles intermédiaires* (*Mittelschulen*), telles qu'écoles urbaines (dites bourgeoises), etc. Cette catégorie d'écoles ne comprend ni les gymnases (lycées), ni les progymnases (collèges), ni les *Realschulen* ; 3° plan d'étude développé d'une école intermédiaire, indication du nombre de leçons par semaine pour chaque matière ou faculté, etc. ; 4° règlement pour l'examen d'admission des élèves-maîtres d'une école normale d'instituteurs (*Seminar*) ; 5° plan d'étude développé pour les écoles normales ; 6° règlement pour l'examen des instituteurs, ainsi que des directeurs et professeurs des écoles intermédiaires. Cette série d'instructions (*Regulativ*) a été complétée par : 7° le règlement pour l'examen des institutrices, daté du 24 avril 1874 et inséré dans le *Journal officiel* allemand du 30 mai 1874. On comprend que ces instructions ont été développées ou interprétées par d'autres décisions ministérielles ; nous citons notamment celle du 18 février 1876 (*Reichs-Anz.*, 7 *mars* 1876) sur l'enseignement de la religion, dans laquelle est accentué cet enseignement comme chose de la paroisse (ensemble des fidèles) et non du clergé, surtout depuis que la loi du 11 mars 1872 a expliqué le sens de la « surveillance de l'État » par le droit de nommer des inspecteurs laïques.

La loi prussienne fait aussi la part de la commune. La commune civile, et non la commune religieuse ou paroisse, exerce la surveillance des écoles par des délégués pères de famille ; elle propose les instituteurs, que la *Regierung* confirme. Tel est le vœu de la Constitution (*art.* 24) ; mais ce vœu n'a pu encore être réalisé partout, faute de loi organique indiquant le mode d'application. Les instituteurs sont donc encore nommés par les préfets (*Regierung*) (voy. les *Instructions* de 1817). Nous n'avons pas besoin de répéter que la rétribution scolaire a été maintenue, mais les communes doivent fournir le local, le matériel, le chauffage, etc. Les instituteurs jouissent d'une pension de retraite ; ils sont tenus à des versements à la caisse des veuves.

Instruction secondaire. Ce qu'on appelle ainsi en France est désigné en Prusse par l'expression instruction supérieure et comprend les gymnases, les progymnases et les écoles urbaines supérieures (*hœhere Bürgerschulen*), ces dernières étant des écoles primaires supérieures dans lesquelles on enseigne le latin. Un grand nombre de ces établissements proviennent de fondations, d'autres ont été érigés par des communes, d'autres, en petit nombre, ont été créés par l'État. Le fondateur est le « patron », mais l'État est co-patron, surtout lorsqu'il accorde des subventions. Chaque gymnase, ayant un *statut* et jouit des avantages d'un établissement public ; il en supporte aussi la tutelle. Le gymnase a des ressources propres, des propriétés ou des rentes, et perçoit une rétribution des élèves. Ni les gymnases, ni les *Realschulen* ne connaissent l'internat ; il y a cependant un petit nombre de fondations qui ont un « Alumnat » ou une pension.

Le personnel enseignant se divise en : maîtres (*Lehrer*), maîtres supérieurs (*Oberlehrer*) et professeurs. Les candidats doivent avoir passé un examen approprié, ils sont ensuite nommés par le patron, les curateurs de la fondation, la municipalité ou le comité provincial, selon le cas, par le ministre ; les directeurs des gymnases sont nommés par le roi. Pour les professeurs, le patron a le droit de présentation, ce qui constitue un pouvoir délibératif ; dans ce cas, le candidat ne peut être refusé que pour des raisons graves. Le patron peut aussi n'avoir que le droit de proposition, c'est-à-dire un pouvoir purement consultatif ; alors le comité provincial est plus libre et il peut rejeter la proposition s'il a un candidat supposé meilleur. Cette matière est très-compliquée, elle n'est qu'indiquée ici.

L'État, bien entendu, a un ample droit de surveillance sur les gymnases et les *Realschulen* ; tout ce qui concerne l'enseignement est dans ses attributions ; il approuve les plans d'étude et au besoin fait les prescriptions nécessaires. L'État est aussi représenté dans les examens de sortie ; un délégué du conseil provincial de l'instruction publique (qui répond au recteur) préside à ces examens qui se font par les directeurs et principaux professeurs en présence des parents des élèves, examens très-sérieux et sans distributions de prix. Les prix ne sont pas nécessaires en Allemagne, car les examens (annuels ou semestriels, selon les établissements) ont une sanction très-réelle, le passage d'une classe dans une autre. Ceux qui, après avoir été en première (*prima*), obtiennent le « diplôme de maturité » sont admis à l'Université (aux Facultés) ; ce diplôme remplace donc celui du bachelier, lequel n'existe pas en Allemagne. L'enseignement secondaire donne en Allemagne aux jeunes gens qui en ont pu profiter un avantage très-apprécié, celui de pouvoir être volontaire d'un an. Les volontaires n'ont qu'à faire preuve de capacité, mais ils n'ont rien à payer à l'État. Beaucoup de jeunes gens sans fortune sont volontaires d'un an ; quelquefois ils se soutiennent en donnant des leçons dans leurs moments de loisir. Nous renvoyons, pour plus amples détails, à WIESE, *Das*

hœhere Schulwesen (3 vol.), et à L. VON STEIN, *Das Bildungs-wesen.*

(Le *Journal officiel* français, 25 et 31 octobre, 11 et 23 novembre 1872, 20 et 27 janvier 1873, renferme une série de bons articles sur la matière ; nous aurions à signaler seulement deux ou trois légères erreurs, sans importance d'ailleurs.)

Instruction supérieure. Les *Universités* sont formées par des groupes de Facultés et comprennent l'ensemble des professeurs et des étudiants immatriculés. Ce sont des établissements publics ayant leurs statuts, leurs propriétés, leurs revenus, leur juridiction et une certaine autonomie. C'est à elles surtout que s'applique l'art. 20 de la Constitution : *Die Wissenschaft und ihre Lehre ist frei* (la science et son enseignement sont libres). Les Universités n'en sont pas moins sous la surveillance de l'État, qui y entretient un représentant et en nomme les professeurs, généralement par suite d'une présentation faite par le sénat académique.

Les Universités ont habituellement quatre Facultés : théologie, droit, médecine, philosophie, cette dernière comprend les lettres et les sciences. Les Facultés sont formées, à titre d'autorité, par les professeurs ordinaires présidés par un doyen annuel élu. L'ensemble des professeurs nomment le recteur et les membres du *sénat académique* dont fait partie aussi le juge universitaire (qui est le juge de paix pour les affaires concernant les étudiants). Le représentant de l'État, le curateur, s'occupe plutôt des intérêts administratifs et économiques des Universités ; c'est généralement lui qui correspond avec le ministre ou le ministère de l'instruction publique. Les Facultés ont seules le droit de conférer les grades universitaires ; on ne fait guère plus de *magister* et de licenciés, mais seulement des docteurs. On ne peut être professeur sans être docteur.

Le personnel enseignant se divise en : 1° professeurs, 2° *Privatdocenten*, 3° maîtres. Les professeurs sont : *a*) ordinaires (ou titulaires), nommés par l'État et jouissant de la plénitude des droits se rattachant à leurs fonctions et notamment d'un traitement ; *b*) extraordinaires (ou agrégés), nommés par le ministre de l'instruction publique, qui enseignent, mais ne font pas partie du sénat académique. Il leur est souvent accordé un petit traitement. Les *Privatdocenten*, ou professeurs libres, doivent être agrées, *habilités*, par l'Université et par le ministre : le diplôme de docteur, un *curriculum vitæ*, et souvent un travail spécial ou discours public sont exigés, mais ce ne sont là que les formalités. Une fois admis, leur enseignement compte comme celui des professeurs ; ils peuvent certifier aux étudiants d'avoir suivi auprès d'eux les cours obligatoires. Les *Privatdocenten* n'ont pas de traitement. Les maîtres (de langues, de musique, d'escrime) figurent à l'Université parce que toutes les sciences et les arts doivent y être représentés. Il est inutile d'ajouter que chaque Université exige un nombreux personnel administratif.

Les étudiants, pour être immatriculés et jouir de leurs droits, doivent présenter leur diplôme de maturité (voy. plus haut). Il y a cependant aussi des auditeurs libres. Les règlements prescrivent la durée des études et souvent les cours qu'on doit avoir suivis pour être admis aux examens. Mais les étudiants peuvent suivre ces cours chez le professeur ou le *Privatdocent* qu'ils préfèrent, ils peuvent y joindre toute autre étude qui leur plaît, en vertu de la *Lernfreiheit* (liberté d'apprendre). Les leçons des professeurs, aussi bien que celles des *Privatdocenten*, sont rétribuées par les étudiants (tant par semestre) ; il est interdit aux *Privatdocenten* de réduire leurs honoraires au-dessous de ceux des professeurs. Une proposition de loi a été faite au parlement d'Autriche à Vienne (1875), de supprimer les honoraires payés aux professeurs et d'augmenter proportionnellement leur traitement. Cette proposition a été vivement combattue, notamment par M. L. de Stein, qui a démontré que la suppression des honoraires directs tuait l'émulation entre les professeurs et portait un coup mortel à l'institution des *Privatdocenten*. Lorsqu'on pourra avoir les leçons gratis, on ne suivra plus les leçons qu'il faudra payer. Quand il faut payer partout, on va de préférence chez le plus capable. La proposition ne passa pas.

Pour connaître à fond l'organisation des Universités allemandes, il faut en étudier les statuts. (Voy. KOCH, *Die preuss. Universitäten* (collection de documents en 2 vol.) ; et ROENNE, *Unterrichtswesen.*)

Autres États allemands.

La législation des autres États allemands ne diffère pas assez de celle de la Prusse pour qu'il y ait lieu de leur consacrer ici un article spécial. Bornons-nous à mentionner la Saxe et le Wurtemberg comme les pays où les *Fortbildungsschulen* (école primaire complémentaire ou de perfectionnement, ou plus simplement : école du dimanche ou du soir) semblent plus répandues et même devenues obligatoires. Dans tous les pays allemands l'instruction primaire l'est ; dans tous, les élèves des écoles secondaires désignées dans un règlement d'administration publique, inséré au *Journal officiel* allemand, jouissent de la faculté de faire leur volontariat d'un an ; les diplômes d'une Université allemande sont valables dans tous les États allemands, mais généralement les examens universitaires ne dispensent pas les candidats aux fonctions publiques de passer un examen d'État.

Seulement il est des examens auxquels on n'est admis que si l'on a suivi les cours d'une Université.

Autriche.

L'Autriche a un ministère de l'instruction publique et des cultes. La Constitution autrichienne dans son art. 17 dit : *La science et son enseignement sont libres* (voy. *suprà*, PRUSSE). Tout citoyen dont la capacité a été constatée conformément à la loi, a le droit de fonder des établissements d'instruction et d'éducation et d'y donner l'enseignement. L'instruction privée n'est soumise à aucune restriction semblable. Le soin de donner l'instruction religieuse appartient aux représentants des divers cultes. (*L.* 25 *mai* 1868, 20 *juin* 1872.) L'État a la direction et exerce la haute surveillance de l'instruction et de l'éducation dans les écoles publiques.

Instruction primaire. La loi organique de l'instruction primaire du 14 mai 1869 renferme les dispositions suivantes : « Toute école fondée ou entretenue en totalité ou en partie par l'État, la province ou la commune, est une école publique ; elle peut avoir des maîtres ou professeurs et doit recevoir des élèves de tout culte (cela veut dire qu'elle n'est exclusivement ni protestante ni catholique) ; en France on dirait qu'elle est laïque. — La fréquentation de l'école est obligatoire depuis l'âge de 6 ans jusqu'à 14 ans. Le ministre fixe, pour chaque catégorie d'écoles, le programme et l'organisation intérieure ; il prononce sur l'admission des livres de classe. Il doit y avoir un maître pour 80 élèves au plus. — Les matières enseignées sont, outre la religion, la lecture, l'écriture et le calcul, des notions d'histoire, de géométrie, d'histoire naturelle, le chant et la gymnastique.

« Un traitement convenable doit être assuré à l'instituteur ; il a aussi droit à une pension, réversible en partie sur la veuve et les orphelins. — C'est avant tout la commune qui doit entretenir l'école ; au besoin, la province ou même l'État lui viennent en aide. Les écoles normales primaires sont à la charge de l'État. — Pour ouvrir une école privée, il suffit d'avoir obtenu un diplôme de capacité et un certificat de bonne conduite. — Il doit y avoir une école primaire supérieure (*Bürgerschule*) dans chaque district. » Le *Bericht über œsterreichisches Unterrichtswesen* de M. FICKEN (Vienne, 1873) cite un grand nombre de lois et de règlements, mais il exprime des doutes sur leur complète exécution. En tout cas, on ne doit pas oublier que la loi de 1869 est un *Reichsgesetz* (loi de l'empire) posant les principes dont des lois provinciales (*Lændergesetze*) fixent le mode d'application. Ces lois d'application existent, et M. FICKER les résume par groupes.

Instruction secondaire. En Autriche, l'expression *Mittelschulen*, écoles intermédiaires (ou moyennes), s'applique aux gymnases, *Realschulen*, et autres écoles secondaires. Les gymnases publics (lycées) sont des établissements de l'État, ou sont établis par les provinces et les communes, à l'aide d'une subvention, et se soumettent aux programmes et autres prescriptions du ministre de l'instruction publique. Aux mêmes conditions, quelques établissements privés jouissent du caractère de « gymnases publics », c'est-à-dire qu'ils peuvent délivrer des certificats ou diplômes valables. Il existe aussi des gymnases entretenus par le clergé qui n'ont aucun rapport avec l'État. — Les gymnases reçoivent des élèves de tous les cultes (ils ne sont pas « confessionnels »), mais l'évêque peut surveiller l'enseignement religieux. — La commune peut nommer une délégation de 3 membres pour suivre l'enseignement et faire connaître à la direction les *desiderata* de la localité. Si le gymnase est communal, les pouvoirs de la délégation sont naturellement plus étendus.

Les personnes qui voudraient approfondir cette question trouveront dans le livre précité de M. FICKER (chef de division au ministère de l'instruction publique) tous les détails désirables.

Instruction supérieure. Les Universités autrichiennes ne se distinguent assez des Universités allemandes pour que nous puissions leur consacrer de l'espace. Ces établissements ne sont arrivés qu'après bien des luttes, que M. FICKER raconte, à l'état satisfaisant qu'ils ont atteint de nos jours. Voyez aussi Ad. BEER, *Die Fortschritte des Unterrichtswesens, etc.* (Vienne, C. Gerold, Sohn, 1867). Le tome Ier et unique renferme près de 400 pages à l'Autriche. Signalons aussi : *Lehrfreiheit, Wissenschaft und Collegiengeld*, von Lorenz v. STEIN (Vienne, Alfred Holder, 1875), brochure dans laquelle l'éminent auteur démontre qu'il est dans l'intérêt de la science que les professeurs reçoivent, à côté de leur traitement, une rétribution directe des étudiants. (N. B. Ces rétributions ne sont pas payées de la main à la main, l'étudiant les verse à la caisse de l'Université au nom de qui de droit.)

La Hongrie a sa propre législation en matière d'instruction publique ; les principes n'en diffèrent pas essentiellement de celle de l'Autriche, mais elle semble être moins généralement appliquée. (On discute un projet de loi en 1876.)

Grande-Bretagne.

Pendant longtemps l'État a évité toute intervention dans l'instruction publique ou, comme on dit de l'autre côté du canal, dans l'éducation. Les écoles étaient des fondations pieuses ou des créations des différentes Églises. Mais l'enseignement est resté ainsi en arrière de celui du continent, et de nombreux abus s'y sont introduits. C'est en 1834 que les premiers fonds, d'abord assez faibles, furent votés par le parlement en faveur de l'éducation populaire, et c'est en 1839 que s'établit le *Committee of council of education* comme subdivision du conseil privé. Nominalement, ce conseil, comprenant plusieurs ministres, est sous la direction du président du conseil privé, mais le vice-président du comité qui est le ministre de l'instruction publique, bien qu'en Angleterre on ait une répugnance — on ne sait pas trop pourquoi — à lui donner ce titre. C'est lui qui propose et défend au parlement les projets de loi, c'est lui qui répond aux questions et interpellations. Il est secondé par un nombreux personnel de secrétaires et d'*examiners* (rédacteurs) et surtout par des inspecteurs de différents grades chargés d'aller visiter les écoles. Le comité de l'éducation a encore dans ses attributions le département des sciences et des arts avec les bibliothèques publiques, les musées et autres institutions analogues.

Instruction primaire. Après plusieurs tentatives de législation, la loi du 9 août 1870 (33-34 Vict., ch. 75) réorganisa l'instruction élémentaire. Chaque localité doit avoir suffisamment d'écoles pour recevoir l'ensemble des enfants d'âge scolaire. Si la localité (la commune, dite en Angleterre *paroisse*) est trop pauvre, le comité d'éducation pourra réunir plusieurs villages et former un district scolaire (art. 5 et 40). Dans chaque localité ou dans chaque district scolaire, où le nombre des écoles est insuffisant, le comité d'éducation peut faire élire un bureau scolaire (*schoolboard*) ayant tous les pouvoirs nécessaires, et si ce bureau néglige de prendre les mesures nécessaires, le comité peut prescrire directement ce qu'il faut (art. 6).

Pour qu'une école soit « une école élémentaire *publique* », elle doit remplir les conditions suivantes : 1o Aucun enfant ne doit être tenu d'assister à l'instruction religieuse ou à des exercices religieux contrairement au vœu de ses parents (*Conscience Clause*) ; 2o le temps consacré à la religion doit être placé au commencement des classes, à l'heure qui aura été approuvée par le comité et d'après un tableau qui doit être affiché dans l'école (*Times table*) ; 3o l'école doit être toujours ouverte aux inspecteurs royaux, qui toutefois n'ont aucune autorité en matière religieuse ; 4o l'école doit remplir les autres conditions requises pour obtenir une subvention (*grant*) de l'État. L'art. 7 ainsi que l'art 14, § 2, « aucun catéchisme ou formulaire d'une religion déterminée ne sera enseigné dans l'école », établissent la laïcité de l'école.

C'est immédiatement après la promulgation de la loi que le comité d'éducation dut s'assurer s'il y a partout le nombre d'écoles nécessaires, en le constatant au besoin par une enquête, afin de provoquer, s'il y a lieu, la création des bureaux scolaires. Il en existe un grand nombre, mais il n'en existe pas partout ; beaucoup de localités ont déclaré ne pas en avoir besoin. Ces bureaux sont élus par tous ceux qui payent un impôt direct. Les femmes chefs de famille sont électeurs et éligibles, et plusieurs ont été élues. Les pouvoirs de ces bureaux sont très-étendus. Ils peuvent faire des règlements (*byelaws*), établir l'obligation pour les parents d'envoyer leurs enfants à l'école, en fixant l'âge scolaire. Lorsque cette obligation a été établie, il n'y a d'excuse : 1o que si l'enfant reçoit l'instruction ailleurs ; ou 2o que s'il est malade ; ou 3o qu'il n'y a pas d'école à une distance de 3 milles (ou 4,827 mètres) au maximum du domicile de l'enfant. Le bureau peut aussi édicter des pénalités pour le cas de non-fréquentation de l'école, mais les peines ne doivent pas être appliquées avant que les parents aient été avertis. Il résulte d'un discours de M. FORSTER (alors vice-président du comité d'éducation) qu'on n'approuverait aucun règlement qui ne renfermerait pas la clause de l'avertissement préalable. L'art. 36 confère aussi au bureau le droit de nommer un agent qui conduit à l'école les enfants qui vaguent dans les rues, qui dresse procès-verbal, qui va avertir les parents, etc.

Le bureau nomme les instituteurs et fait surveiller l'enseignement par les délégués. Il crée des écoles ou accepte celles que les directeurs ou les administrateurs de fondations mettent à sa disposition. Il peut rendre l'école tout à fait gratuite (art. 26), ou fixer une rétribution scolaire (*fees*) dont il peut exempter les pauvres (art. 17), ou aussi il peut payer l'instruction des enfants pauvres dans une école existante (art. 25). Cette disposition de l'art. 25 a donné lieu à beaucoup de discussions. Les bureaux en ont profité pour mettre des enfants catholiques dans des écoles catholiques privées existantes, et de même des enfants protestants dans des écoles de leur « dénomination ». Mais comme le fonds sur lequel ces rétributions sont payées provient de l'ensemble des citoyens, il en est qui ont trouvé dur qu'avec leur argent on aidât à soutenir une école dont les doctrines religieuses ne soient pas les leurs. Chose curieuse, c'est par scrupule religieux qu'on s'oppose (ou prétend s'opposer) à l'envoi des enfants dans une école de leur culte. Il y a cependant encore une autre raison : les écoles entretenues direc-

---

1. *The elementary education act* 1870, avec commentaire par Francis ADAMS, London, Simpkin, Marshall et Cie.

tement par le bureau sont nécessairement laïques ; si le bureau éparpille ses fonds, il ne peut pas avoir d'école à soi, et dans ce cas tous les besoins peuvent ne pas se trouver être satisfaits.

Le bureau peut construire des maisons d'école, il peut les acheter ou les louer et même exproprier un terrain pour construire une école (art. 18 à 21) ; il peut lever des impositions et contracter des emprunts pour l'organisation et l'entretien de l'école. Pour lever des impositions, le bureau s'adresse avant tout à la *rating authority*, celle qui, dans la commune, a le droit de lever les impositions : dans les villes, le *town council* (conseil municipal), à Oxford, le *local board* (conseil local), dans les communes rurales, les *overseers* des pauvres. (Voy. Assistance publique.) Au besoin, ces autorités lèvent des centimes spéciaux pour les écoles. Dans les districts, on s'adresse aux diverses communes et l'on demande à chacune sa quote-part. Si les autorités refusent ou se montrent négligentes, les bureaux peuvent lever directement des impositions spéciales. Les impositions ne sont d'ailleurs qu'une ressource complémentaire. Le fonds scolaire se compose en premier lieu des fondations qui pourraient exister, ensuite des rétributions payées par les parents, ensuite de la subvention de l'État, enfin d'un impôt sur le revenu des habitants de la localité sans aucune distinction.

Les conditions sous lesquelles les subventions de l'État sont accordées se trouvent en partie dans la loi de 1870 et en partie dans l'*Education Code*, règlement émané du comité du conseil privé. Celui auquel nous allons emprunter quelques prescriptions est de février 1872. Il ne peut être accordé à une école une subvention supérieure à son revenu annuel, à moins que la taxe locale n'atteigne pas 500 fr., ou 9 fr. 35 c. par enfant. Ces communes pauvres reçoivent, outre la subvention dont on va indiquer la forme, la différence entre le revenu réel de l'école et les 500 fr. qui sont considérés comme un minimum. Il est alloué à toute école ouverte au moins 400 fois dans l'année (la journée pleine — matinée et après-midi — est comptée pour 2) : 1° 6 sh. (7 fr. 50 c.) par élève ayant suivi l'école pendant toute l'année ; 2° 8 sh. par élève de 4 à 7 ans présent le jour de l'examen, et pour chaque élève ayant plus de 7 ans d'âge qui passe un bon examen pour la lecture, 4 sh. ; de même 4 sh. pour l'écriture et autant pour l'arithmétique. — Toute école ouverte le soir au moins 80 fois pendant l'année peut obtenir 7 sh. 6 par élève qui a été présent au moins 50 fois ; 3° pour chaque élève présent à l'examen, 2 ½ sh. pour la lecture, 2 ½ sh. pour l'écriture et 2 ½ sh. pour l'arithmétique. — La subvention est réduite de 1 sh. par élève dans les écoles où l'on n'enseigne pas le chant. Nous renvoyons pour les autres détails au Code précité.

Instruction secondaire. L'Écosse seule a un système qui ressemble à l'organisation qu'on rencontre sur le continent. Chaque ville a ses écoles publiques qu'elle surveille et qu'elle maintient plus ou moins au niveau des progrès réalisés ailleurs. En Angleterre proprement dite, à peu près toutes les écoles secondaires proviennent de fondations (*endowed schools*). Beaucoup de ces écoles avaient cessé de rendre le service pour lequel elles avaient été créées, et les abus étaient si criants que l'État dut intervenir. Une commission fut nommée et la loi du 2 août 1869 (32-33 Vict., chap. 56) l'investit des pouvoirs nécessaires pour faire cesser les abus. Cette commission a publié plusieurs rapports, mais, bien que le comité du conseil privé ait gardé un droit de surveillance sur les écoles dotées, le Gouvernement n'a aucune influence sur les célèbres institutions qui sont entretenues par la rétribution des élèves. Comme nous n'avons ici que le point de vue administratif, nous ne pouvons donc pas exposer l'organisation d'Eton, Harrow, etc. On trouvera sur ce point d'amples détails dans le classique rapport de MM. Demogeot et Montucci adressé au ministre de l'instruction publique après une mission en Angleterre. Un très-bon exposé de la loi sur les *endowed schools* se trouve dans l'*Annuaire de législation étrangère*. (Paris, Cotillon, 4ᵉ année, p. 38 et suivantes.)

Instruction supérieure. Quand on parle de l'instruction supérieure anglaise, chacun pense à Oxford et Cambridge. Ces deux Universités continuent à jouer un rôle important, mais elles sont loin de constituer l'ensemble de l'enseignement supérieur. D'abord il y a encore l'Université de Londres, les quatre Universités d'Écosse et celles d'Irlande. Mais ces institutions, bien qu'elles soient loin d'être identiques entre elles, diffèrent tellement des Universités du continent, qu'aucune comparaison n'est possible.

Les Universités d'Angleterre ne font que compléter l'éducation reçue dans les établissements d'enseignement secondaire ; car celui-ci correspond à peu près que jusqu'à la seconde de nos lycées. On fait sa rhétorique et sa philosophie dans les Universités. Un jeune homme qui renonce aux professions libérales et veut embrasser une carrière immédiatement utile ne va pas aux Universités, il suit des cours analogues à ceux de notre enseignement professionnel.

Ainsi, au lieu de Facultés de droit il y a des sociétés, à Londres, qui sont autorisées à former des jeunes gens pour le barreau. Un jeune homme qui veut se faire avocat se présente à l'une des quatre sociétés qu'on appelle *inns of court* (voy. Avocat). On constate d'abord qu'il n'appartient à aucune profession inférieure à celle d'avocat ou à celle d'avoué ; il doit ensuite faire par écrit une demande appuyée par deux avocats (*barristers*) appartenant à la société dont il veut faire partie. Si le candidat est gradé, il est admis sans examen ; sinon, il suffit d'un examen élémentaire (lecture, écriture, un peu de grammaire et de latin). On prend, en entrant, des inscriptions qui coûtent une livre sterling ; on donne ensuite 5 livres pour assister aux cours.

Les quatre sociétés ou *inns* (hôtels) se sont entendues pour former un conseil central qui nomme les professeurs, au nombre de cinq. Chaque *inn* en nomme un et le rétribue ; le conseil nomme le cinquième. Les cours ne sont pas obligatoires, pas plus que les examens. Pour être reçu avocat, il faut avoir suivi les cours ou subi un examen, ou s'engager comme élève chez un *barrister* [1].

Les *solicitors* (avoués) ont des *inns* dites *of chancery* qui ne sont que des associations particulières et privilégiées, sans charte de corporation ; ils ont, de plus que les *barristers*, trois examens obligatoires.

S'il n'y a pas en Angleterre de véritable enseignement du droit, c'est sans doute parce que le droit y est en grande partie coutumier et s'apprend par la pratique ; mais on tend à le codifier. D'un autre côté, on peut dire que les *inns of court* représentent plutôt le stage que l'enseignement. Les Universités donnent bien les grades, mais ils ne sont exigés pour entrer dans aucune carrière, si ce n'est dans la carrière ecclésiastique. Encore les évêques peuvent-ils remplacer les grades par un examen.

C'est aussi la raison pour laquelle les professeurs des Universités sont très-peu suivis. Les *tutors* ou préparateurs aux grades qu'on trouve dans tous les collèges dépendant des Universités le sont beaucoup plus ; les *tutors libres* (*private tutors*), qui ne comptent pas dans l'Université, sont très-recherchés. Tout le monde peut s'établir *tutor* à ses risques et périls ; il y en existe à Oxford et à Cambridge. Les Universités confèrent le grade de bachelier à la suite d'un examen, et celui de maître ès arts au bout d'un certain temps de stage, de 2 à 3 ans, sans examen.

Les Universités et les *inns of court* ne sont pas des établissements absolument privés, car le parlement a le droit de les surveiller et même d'en modifier l'organisation. La réforme aurait été bien plus rapide si les Universités n'étaient pas aussi riches, et si tant de personnes influentes ne voyaient pas leur sort attaché à ces institutions qui ont à distribuer des centaines de *fellowships* (bénéfices). On s'occupe (1876) à diminuer un peu le nombre des sinécures. Nous devons renvoyer, pour toute cette organisation intérieure d'Oxford et de Cambridge, au rapport de MM. Demogeot et Mattucci sur l'*Enseignement supérieur* (min. de l'instr. publ.), au livre de V. A. Huber sur l'*Histoire des Universités anglaises* (*Geschichte der englischen Universitäten*, 2 vol.) et au *blue books*, notamment au *Report of Commissionners of the State, Discipline, Studies and revenues*, etc., 1852, n° 1482. Puis les *parl. Papers* de 1856 à 1859. Id. 1864, n° 288, vol. XLI, etc.

Disons encore quelques mots de l'enseignement de la médecine. Il y a, en Angleterre et en Écosse, trois corporations formées autrefois et qui existent toujours : le collège des médecins, celui des chirurgiens, celui des pharmaciens. Ce sont des corps indépendants. Au collège des médecins, une série de leçons se fait en vertu d'un legs. Le collège des chirurgiens a reçu en don un musée d'anatomie et doit faire un cours de vingt-quatre leçons par an. Autrefois, on pouvait être admis dans le collège des médecins sans diplôme, mais en 1858, année dont datent aussi beaucoup de réformes dans les Universités anglaises et écossaises, on a établi à Londres un conseil général d'éducation et d'enregistrement. Tous ceux qui exercent la médecine sont obligés de se faire inscrire, et tout médecin enregistré peut exiger des honoraires. Tous les corps qui confèrent la *licentiam ad exercendum* (le droit d'exercer) sont obligés de se conformer au programme du conseil général. Dans chaque hôpital de Londres, il y a un enseignement complet de la médecine, d'après le programme fixé par le conseil général. (Voy. Médecine [Exercice de la], admin. comp.)

Les corps examinants sont les Universités (Oxford, Cambridge, Londres). Le grade de bachelier suffit pour se faire enregistrer. L'Université de Londres (fondée en 1837), qui n'est pas un corps enseignant, mais examinant, a sous sa dépendance deux collèges : *University college et King's college*. Chacun de ces collèges a son hôpital et sa charte de corporation. L'État envoie, pour assister aux examens, un membre du conseil médical général.

L'enseignement de la chirurgie se donne également dans les hôpitaux, la corporation des chirurgiens ne faisant pas d'élèves. Les hôpitaux, qui sont soutenus par des souscriptions volontaires considérables, ont des administrateurs à vie. Ces administrateurs, qui sont choisis parmi les médecins qui font les cours, nomment les médecins des hôpitaux.

Les Universités irlandaises sont soumises à une législation spéciale que se complique beaucoup par les questions politiques

---

[1]. Le *Times* du 20 décembre 1872 renferme un excellent article sur l'enseignement des *inns of court*.

et religieuses. Il est encore question, au moment où nous écrivons ces lignes, de retoucher les lois existantes.

Belgique.

La Constitution belge de 1830 dit, art. 17 : « L'enseignement est libre ; toute mesure préventive est interdite ; la répression des délits n'est réglée que par une loi. — L'instruction publique donnée aux frais de l'État est également réglée par la loi. » Ces principes sont réellement appliqués : pleine liberté est donnée aux particuliers de créer des institutions et d'enseigner sans que le Gouvernement ait à intervenir autrement que pour toute autre industrie.

Instruction primaire. La législation date de 1842 (*L.* 23 *sept.*) ; nous allons en indiquer les dispositions caractéristiques. Chaque commune est tenue d'avoir au moins une école primaire (*art.* 1er), sauf si la localité est suffisamment pourvue d'écoles privées (*art.* 2) ; elle pourra aussi *adopter* une ou plusieurs de ces écoles privées (*art.* 3). La députation permanente du conseil provincial statue, sauf recours au roi, sur la demande de dispense ou d'autorisation (*art.* 4). Les enfants pauvres reçoivent l'instruction gratuitement (*art.* 5). L'instruction primaire comprend la religion et la morale, la lecture, l'écriture, l'arithmétique, les poids et mesures, et les éléments de la langue française, flamande ou allemande, selon les localités. « L'enseignement de la religion et de la morale est donné sous la direction des ministres du culte professé par la majorité des élèves de l'école », mais les autres élèves sont dispensés d'assister à cet enseignement (*art.* 6). La surveillance des écoles est exercée par les communes, celle de l'instruction religieuse par les prêtres ou ministres (*art.* 7). Les livres autres que ceux employés à l'enseignement de la religion sont soumis à l'approbation du Gouvernement (*art.* 9). La nomination des instituteurs communaux a lieu par le conseil municipal ; on ne peut choisir que des candidats ayant fait preuve de capacité (*art.* 10). Il y a des inspecteurs cantonaux nommés par le Gouvernement pour 3 ans ; ils ne reçoivent pas de traitement, mais une légère indemnité, 400 fr. au plus (*art.* 13 à 15). Il y a un inspecteur provincial par province ; il est nommé par le roi et reçoit un traitement (*art.* 16 à 19). Les frais de l'instruction primaire sont à la charge de la commune ; c'est une dépense obligatoire (*art.* 20). Si la commune est pauvre, la province et, au besoin, l'État lui viennent en aide (*art.* 23). Aucune école ne pourra obtenir de subvention ou une allocation quelconque de la commune, de la province ou de l'État, si l'autorité qui la dirige ne consent à la soumettre au régime d'inspection établi par la loi de 1842 (*art.* 26). La loi prévoit l'organisation d'un enseignement primaire supérieur, la création d'écoles normales, des bourses et autres moyens d'encouragement.

Instruction secondaire, dite en Belgique : « Enseignement moyen ». La loi du 1er juin 1850 ; elle ne s'applique qu'aux établissements dépendant de l'État, des provinces ou des communes (*art.* 1er), ou subventionnés par ces dernières (*art.* 32), ce qui exclut implicitement les institutions privées, qui sont complètement indépendantes. Les écoles *moyennes* sont : ou supérieures, et s'appellent Athénées royaux (lycées), ou inférieures, et constituent les écoles moyennes proprement dites ; si elles sont communales, elles portent quelquefois le nom de collèges (*art.* 5). L'école moyenne peut être annexée à l'Athénée (*art.* 2). Les écoles moyennes comprennent les écoles de commerce et les écoles primaires supérieures. La loi passe en revue les diverses situations dans lesquelles une école peut se trouver : appartenant à l'État, à une province, à la commune ou subventionnée, et indique la part d'influence et la part des dépenses qui reviennent à chacun. Remarquons que l'État ne se charge pas de tous les frais des Athénées royaux ; les villes où ils sont situés fournissent le local et contribuent aux dépenses. La loi limite même l'allocation de l'État à 30,000 fr., limitation étrange sous plusieurs rapports et que nous développerions s'il entrait dans notre cadre de faire de la critique (*art.* 20). Il y a dans chaque Athénée deux enseignements : 1o les humanités (lycée ou gymnase) ; 2o le professionnel (*Realschulen* ou enseignement secondaire spécial). Ces deux enseignements peuvent être séparés (*art.* 20). [*Voy. aussi* le Règl. organ. du 30 juillet 1860 et celui du 25 juin 1861.]

Un conseil de perfectionnement de l'instruction moyenne, composé de 10 membres, est établi auprès du ministre compétent. Le ministre le préside. Ce conseil est chargé de donner son avis sur les programmes des études, sur les livres employés ou donnés en prix, etc. (*art.* 33). Il y a deux inspecteurs, et il peut être nommé un inspecteur général (*art.* 34). Il y a un concours général entre tous les établissements d'enseignement moyen, auquel les écoles privées sont autorisées à prendre part ; les écoles publiques ne peuvent pas s'en dispenser (*art.* 35). Les professeurs doivent passer un examen (*art.* 37). Le Gouvernement peut organiser des cours normaux, instituer des bourses pour former des professeurs.

Instruction supérieure. On distingue les Universités de l'État des Universités privées (catholiques). (En France on remplace le mot *privé* par le mot *libre*.) La loi du 15 juillet 1849, titre Ier, la seule qui soit encore en vigueur, organise les Universités de l'État. Les dépenses sont en partie à la charge de l'État, et en partie à la charge des villes et des étudiants. Il y a des professeurs ordinaires, des professeurs extraordinaires, jouissant les uns et les autres d'un traitement, et des agrégés qui sont seulement rétribués pour leurs cours. L'art. 12 interdit aux professeurs les répétitions rétribuées, l'art. 14 les réserve aux agrégés. L'art. 13 est du petit nombre de ceux qui méritent d'être signalés, au moins son 3e alinéa. En principe, le professeur doit être docteur « ou licencié [1] », mais « des dispenses peuvent encore être accordées par le Gouvernement aux hommes qui auront fait preuve d'un mérite supérieur, soit dans leurs écrits, soit dans l'enseignement ou la pratique de la science qu'ils sont chargés d'enseigner ». — Les étudiants payent un droit d'inscription dont une partie constitue un revenu supplémentaire pour les professeurs et l'autre une rétribution pour les agrégés. Le roi nomme les professeurs, un commissaire du Gouvernement surveille l'Université. Le règlement organique du 9 décembre 1849 s'étend sur la discipline, l'art. 10 charge le recteur d'avertir les parents lorsque « les élèves » (les étudiants) suivent « irrégulièrement *un ou plusieurs cours* ».

Les Universités privées se font leurs propres règlements.

C'est la loi sur les jurys d'examen qui a donné lieu aux plus ardentes polémiques. Cette loi est du 1er mai 1857, elle est développée et expliquée par l'arrêté royal du 10 juin 1857. Selon l'art. 24 (complété par d'autres), pour la collation des grades de l'État forme des jurys d'examen composés, en nombre égal, de professeurs de l'État et de professeurs d'une Université privée, siégeant dans une ville d'université et présidés par un personnage choisi en dehors du corps enseignant. On accouple donc les quatre Universités deux à deux, une de l'État et une privée, et chaque professeur interroge ses élèves en présence de ses collègues de l'autre Université (*art.* 34 du règlement organique). Il y a eu outre à Bruxelles un jury central composé de professeurs de quatre Universités et d'autres personnes qui est également autorisé à conférer les grades. (*Arr.* 10 juin 1857, *art.* 6, § 2.) Les diplômes sont toujours délivrés au nom du roi. (*L.* 1er mai 1857.) La loi, aussi bien que le règlement organique, entre dans de nombreux détails ; on les trouvera dans le *Code politique* de BRUXELLES (Bruxelles, chez Decq, brochure in-32), et dans d'autres publications ou recueils. En 1874, la loi du 14 mars a maintenu le jury mixte, mais cette organisation est de plus en plus impopulaire.

États-Unis.

Les lois sont très-bienveillantes aux États-Unis pour l'instruction ou l'*éducation* publique, et cette bienveillance se manifeste par les fonds considérables qu'on met à sa disposition. Ainsi, on sait que de vastes et même fertiles territoires sont encore déserts, et que ces territoires appartiennent à la Confédération. Ces territoires sont successivement arpentés et divisés en circonscriptions communales, *townships*, de six milles carrés (le mille a 1,609 mètres), dont un 36e est réservé comme *school section*. Un fonds, dit *Union State deposit fund*, appartenant à la Confédération, est devenu disponible en 1835, et sur ce fonds 150 millions de francs ont été distribués entre les divers États ; or, plusieurs de ces derniers ont réservé le produit annuel de leur quote-part pour être versé à leur *fonds scolaire*. Quelques États ont consacré à ce fonds d'autres revenus encore, mais presque partout des taxes locales sont *aussi* nécessaires pour couvrir les dépenses causées par l'instruction publique. C'est que l'instruction primaire, et généralement aussi l'instruction secondaire, y sont gratuites.

Toutes les Constitutions d'État s'occupent des écoles et souvent entrent dans des détails assez infimes (par exemple, fixant l'indemnité par jour des membres du bureau d'éducation, Constitution de Iowa, *art.* 192), tandis que d'autres restent dans les hauteurs de la raison pure : « *Knowledge and learning generally diffused throughout a community, being essential to the preservation of a free government* », dit la Constitution d'Arkansas (*art.* 92). Elle prend donc telle et telle mesure pour répandre l'instruction, etc. Les Constitutions se préoccupent surtout de deux points : celui des fonds, et de la surveillance des écoles ; celle-ci se fait généralement par un bureau d'éducation élu. Un grand nombre de Constitutions prévoient la création d'Universités et règlent même l'emploi des fonds provenant de fondations scolaires, mais on ne doit pas y chercher cette classification uniforme qu'on rencontre en Europe.

Notre cadre ne comportant que les généralités, mais des dispositions positives, et de pareilles dispositions étant du ressort de la législation des États, nous allons prendre les lois d'un des États regardés les plus avancés, le Massachussetts, dont la capitale Boston a des prétentions au titre d'Athènes américaine, pour en faire quelques extraits. Nous traduisons tantôt, et tantôt nous résumons.

Chaque *town* (commune), dit la loi (G. S. [2], 38, § 1, 1862, ch. 7), doit entretenir à ses frais et pendant au moins 6 mois l'an un nombre suffisant d'écoles dirigées par des maîtres ca-

---

1. Les Universités belges ne font cependant que des *candidats* et des *docteurs.*

2. *General Statute.*

pables et de bonne conduite pour que tous les enfants d'âge scolaire puissent y être admis. Les matières à enseigner sont : « l'orthographe, la lecture, l'écriture, la grammaire anglaise, la géographie, l'arithmétique, l'histoire des États-Unis et la bonne conduite (morale pratique *good behavior* [1]). L'algèbre, la musique vocale, le dessin, la physiologie, l'hygiène et l'agriculture seront enseignés dans des conférences (lectures) ou autrement, et dans toutes les écoles où le comité scolaire le jugera utile. »

Chaque commune (dit le § 2 de la même loi) peut, et chaque commune de 500 familles (3,000 habitants) doit entretenir, outre l'école élémentaire ci-dessus, une école supérieure (*high school*) dans laquelle on enseignera les matières suivantes : « histoire générale, comptabilité, arpentage, géométrie, physique, chimie, botanique, droit constitutionnel tant de cet État (de Massachussetts) que des États-Unis, enfin le latin ». Si la commune a 4,000 habitants, on doit enseigner en outre : « le grec, le français, l'astronomie, la géologie, la rhétorique, la logique, la morale, l'économie politique ».

La commune doit voter les fonds nécessaires pour entretenir l'école (§ 12) ; si elle ne le fait pas, elle est passible d'une amende égale au double de la somme la plus élevée qui ait été votée jusqu'alors dans cette commune pour le service scolaire (§ 14). Il y a aussi des amendes pour la non-nomination des comités scolaires, etc. Les fonds sont versés dans la caisse du comté (arrondissement), mais les 3/4 en sont employés pour les écoles de la commune punie. Les membres du comité scolaire sont élus. Ce comité nomme les instituteurs et professeurs après s'être assuré de leur aptitude ; il peut les révoquer. Le comité doit exiger — dans les écoles publiques — la lecture journalière d'un passage de la Bible, sans commentaire, mais les livres rédigés dans l'esprit d'un culte déterminé sont exclus de l'école (*sectarian books excluded*, § 57). Les livres d'enseignement doivent être agréés par le comité, et ils ne peuvent être changés qu'avec l'assentiment unanime du comité (dans quelques cas les 2/3 des voix suffisent). Sauf pour les pauvres, les livres sont achetés aux frais des parents (§ 31). Le comité ou ses membres individuellement doivent visiter fréquemment les écoles.

La commune doit procurer et entretenir les maisons d'école, les fournir du matériel, les chauffer, etc. (§ 36). Au besoin, elle peut exproprier un terrain bien situé pour y construire une école, en suivant les formalités prévues dans la loi sur les expropriations publiques (§ 38 de la loi précitée).

Des prescriptions très-détaillées, développées dans plusieurs lois (1862, 1865), indiquent comment on doit relever dans une commune le nombre des enfants de l'âge scolaire — à 13 ans, — comment l'instituteur doit tenir un registre de présence, comment le comité local doit faire son rapport au bureau (général) d'éducation (de l'État). Toutefois, l'obligation de fréquenter l'école, telle qu'elle résulte de la loi (G. S., 41, § 1er), ne s'applique qu'aux enfants de 8 à 14 ans. Ainsi, « toute personne ayant *sous son contrôle* (parents ou tuteurs) un enfant de 8 à 14 ans, doit, tant que dureront ses pouvoirs, envoyer à l'école publique pendant au moins douze semaines par an, si l'école publique de la commune est ouverte aussi longtemps (*if the public schools of such city or town so long continue*) ; sur ces 12 semaines, 6 au moins doivent être de fréquentation consécutive. » La pénalité est de 20 dollars au maximum. L'absence de l'école est constatée naturellement par l'instituteur ; elle peut l'être par le comité scolaire, mais encore, non-seulement par tout agent de police voyant l'enfant vaguer dans la rue, mais aussi par un agent spécial chargé de la recherche des fainéants et des vagabonds (*truant officer*). La commune peut voter des fonds pour établir un moyen de conduire les enfants à l'école et de les reconduire chez eux. Les parents d'un enfant refusé à l'école peuvent demander des dommages-intérêts à l'auteur du refus. Aucun enfant n'est admis sans avoir été vacciné. Des lois spéciales règlent ce qui est relatif au travail des enfants dans les manufactures. (*Voy.* Enfants [Travail des].)

L'État de Massachussetts a un *School fund* qui a été déclaré perpétuel (G. S., 36, § 1). Il est employé en subventions pour l'entretien d'écoles publiques, surtout dans les communes pauvres. Mais aucune somme ne peut être accordée à une localité qui ne s'est pas imposé une taxe scolaire équivalant à autant de fois 1 1/2 dollar (environ 8 fr.) qu'il y a d'enfants de 5 à 15 ans.

Pour avoir une idée de la situation de l'instruction publique aux États-Unis, il faut parcourir les *Annual Reports* des *Boards of Education*. Il est naturellement parfois des documents qui sont plus complets sur le sujet, nous pouvons signaler ainsi, par exemple, le 29e rapport de Massachussetts. Sur la partie pédagogique de l'enseignement, on consultera utilement Hippeau : *Instruction publique aux États-Unis*. (Paris, Didier et Cie.)

Autres pays.

Le manque d'espace nous oblige à nous restreindre à quelques indications sommaires sur les autres États. Pour la Suisse, nous

nous bornons à renvoyer à la *Allg. Beschreibung und Statistik der Schweiz*, faite par plusieurs fonctionnaires et savants suisses sous la direction de M. Max Wirth. Le 3e volume de cet ouvrage est tout entier consacré à l'instruction publique. Reproduisons seulement l'art. 27 de la Constitution amendée en 1874 : « La Confédération a le droit de créer (outre l'école polytechnique existante) une Université fédérale et d'autres établissements d'instruction supérieure ou de subventionner des établissements de ce genre. — Les cantons pourvoient à l'instruction primaire, qui doit être suffisante et placée exclusivement sous la direction de l'autorité civile. Elle est obligatoire et, dans les écoles publiques, gratuite. — Les écoles publiques doivent pouvoir être fréquentées par les fidèles de tous les cultes, sans qu'ils aient à souffrir d'aucune façon dans leur liberté de conscience ou de croyance. — La Confédération prendra les mesures nécessaires contre les cantons qui ne satisferont pas à ces obligations. »

Aux Pays-Bas, la loi du 13 août 1857 maintient l'école laïque. Elle charge les communes de nommer les instituteurs, qui doivent être brevetés. L'instruction n'est pas obligatoire.

La loi du 13 novembre 1859 et le règlement du 15 septembre 1860 organisent l'instruction primaire, en Italie, en obligeant les communes à établir des écoles. Celles-ci nomment les instituteurs, mais avec l'approbation du conseil scolaire provincial (*D. roy.* 1er sept. 1865). La loi de 1859 déclare l'enseignement obligatoire et gratuit, et le Gouvernement fait des efforts pour que cette loi devienne une vérité. Pour l'enseignement secondaire il y a lieu de signaler le règlement du 1er septembre 1865, et pour les Universités le règlement du 14 septembre 1862, amendé le 1er septembre 1865 et postérieurement. Les Universités ne peuvent pas se fonder sans faire approuver leurs statuts par l'État.

Les pays scandinaves ont une organisation scolaire très-avancée, mais la Russie a encore fort à faire pour être au niveau des pays voisins. Le Portugal a des lois excellentes, mais nous croyons savoir qu'elles ne sont pas appliquées. Quant à l'Espagne, elle avait également un enseignement qui a sans doute aussi de bonnes écoles, mais la *Gazette de Madrid* nous a appris, en 1874, que lors de l'avènement de la République d'alors beaucoup de petites communes ont profité de leur autonomie pour fermer l'école. Elles ont sans doute été réouvertes depuis.

Maurice Block.

INSTRUCTION PRIMAIRE. 1. L'instruction primaire comprend obligatoirement les matières énumérées dans les lois du 15 mars 1850 (*art.* 23), du 10 avril 1867 (*art.* 16) et du 21 juin 1865 (*art.* 9), savoir : l'instruction morale et religieuse, la lecture, l'écriture, les éléments de la langue française, le calcul et le système légal des poids et mesures, l'histoire et la géographie, et pour les écoles de filles, les travaux à l'aiguille.

Elle *peut* comprendre en outre : l'arithmétique appliquée aux opérations pratiques, les notions des sciences physiques et naturelles applicables aux usages de la vie, les instructions élémentaires sur l'agriculture, l'industrie et l'hygiène, l'arpentage, le nivellement, le dessin linéaire, le dessin d'ornement et d'imitation, les langues vivantes étrangères, la tenue des livres, les éléments de géométrie, le chant et la gymnastique.

SOMMAIRE.

CHAP. I. — DES AUTORITÉS PRÉPOSÉES A L'INSTRUCTION PRIMAIRE.

2. Sous l'autorité du ministre de l'instruction publique, le service de l'enseignement primaire est confié à des fonctionnaires et à des assemblées à la tête desquels se trouvent placés les recteurs et les préfets. Au recteur est réservée la direction morale et intellectuelle ; aux préfets, la direction purement administrative. (*Voy.* **Instruction [publique.]**)

Sect. 1. — Du recteur.

3. Le recteur, comme président du conseil académique et comme supérieur hiérarchique des inspecteurs d'académie et des inspecteurs primaires, surveille la marche de l'enseignement primaire ; il a dans ses attributions tout ce qui concerne la partie pédagogique et véritablement scolaire. Il dirige les études, contrôle les méthodes et exerce, par conséquent, son autorité sur les écoles normales primaires et sur les commissions d'examen.

4. Il propose au ministre les mesures propres à améliorer les méthodes d'enseignement dans les écoles normales et dans les écoles primaires publiques. Il lui fait annuellement son rapport sur l'état de l'enseignement public et libre dans son académie. (*D. du 22 août* 1854, *art.* 21 ; *Circ.* 31 *oct.* 1854.)

Sect. 2. — Du préfet.

5. Le préfet, sur le rapport de l'inspecteur d'académie, nomme et révoque les instituteurs communaux, les institutrices et les directrices de salle d'asile. Comme président du conseil départemental, il a la haute main sur le régime disciplinaire du personnel et sur la création des écoles. Enfin, il est chargé de la gestion financière de l'enseignement. (*Circ.* 31 *oct.* 1854.)

6. Il décide, après avis du conseil municipal et du conseil départemental, s'il y a lieu de confier une école à un instituteur laïque ou congréganiste. (*Circ.* 28 *oct.* 1871.)

7. Il nomme, dans les écoles mixtes, les maîtresses de travaux à l'aiguille, sur la proposition du maire. (*L.* 10 *avril* 1867, *art.* 1er.)

Il détermine, chaque année, sur l'avis du conseil municipal et du conseil départemental, le taux de la rétribution à payer pour les élèves gratuits (*art.* 9).

Sect. 3. — Des conseils académiques et des conseils départementaux.

8. Le *conseil académique*, après avoir entendu la lecture des rapports présentés par les inspecteurs d'académie sur la marche générale du service de l'instruction primaire, compare les données fournies par chacun de ces rapports. Il apprécie les résultats des mesures prises par l'administration ; il juge de l'observation des règlements et des méthodes prescrites ; il signale les abus ; il indique les moyens d'y remédier. (*Circ.* 8 *mai* 1855.)

9. Le *conseil départemental* a un rôle important en ce qui concerne l'instruction primaire. Il donne des *avis*, des *autorisations*, et il prend des *décisions*.

Il donne son *avis* sur l'état des différentes écoles du département, sur les réformes à introduire dans l'enseignement ; sur la discipline et l'administration des écoles publiques, sur les secours et les encouragements à accorder aux écoles ; sur la direction laïque ou congréganiste des établissements ; sur les subventions à attribuer aux écoles gratuites ; sur celles que les établissements libres peuvent recevoir des communes, du département ou de l'État; sur le choix des écoles libres dont les maîtres peuvent être dispensés du service militaire.

Il donne également son avis sur les budgets des écoles normales ; sur les récompenses à accorder aux instituteurs ; sur la concession du traitement fixe qui peut être attribué par les communes aux instituteurs, conformément aux dispositions de l'art. 13 de la loi du 10 avril 1867. Il est nécessairement consulté sur les règlements relatifs aux écoles primaires publiques. (*L.* 15 *mars* 1850, *art.* 14 *et* 15; *D.* 14 *juin* 1854, *art.* 7; *Circ.* 28 *oct.* 1871.)

10. Il *autorise*, s'il y a lieu, les communes à se réunir pour l'entretien d'une école ; à exiger tout ou partie de l'enseignement facultatif (*voy.* *n°* 1) ; il autorise l'instituteur à exercer une fonction administrative ; à ouvrir un pensionnat primaire ; il permet à une école publique ou libre de recevoir des enfants des deux sexes lorsqu'il existe dans la commune une école publique ou libre de filles; il autorise l'admission dans les écoles des enfants au-dessous de six ans lorsqu'il existe dans la commune une salle d'asile. Il dispense, s'il le juge convenable, une commune d'entretenir une école publique, à condition qu'elle pourvoira à l'enseignement primaire gratuit dans une école libre ; il dispense les communes de plus de cinq cents âmes d'entretenir une école spéciale de filles ; il peut, selon les degrés de l'enseignement, dispenser les cours publics de l'application de certaines dispositions de la loi (*L.* 15 *mars* 1850, *art.* 36, 32, 53, 52, 77; *L.* 10 *avril* 1867, *art.* 1er.)

11. Il prend des *décisions* relativement au taux de la rétribution scolaire pour les élèves payants ; il fixe la portion de rétribution scolaire qui peut servir dans certains cas à former le traitement des adjoints et des adjointes ; il désigne les établissements dans lesquels sont entretenus les élèves-maîtres et les élèves-maîtresses ; il nomme la commission chargée des examens au brevet de capacité ; il délivre des certificats de stage aux personnes qui justifient avoir enseigné pendant trois ans au moins dans les écoles publiques ou libres autorisées à recevoir des stagiaires les matières comprises dans la première partie de l'art. 23 de la loi du 15 mars 1850 et dans l'art. 16 de la loi du 10 avril 1867. En cas de réunion de plusieurs communes pour l'enseignement primaire, il peut, selon les circonstances, décider, après avis du conseil municipal, que l'école de garçons et l'école de filles seront dans deux communes différentes. Il prescrit, dans l'intérêt de la moralité et de la santé des élèves, toutes les mesures indiquées dans le règlement du 30 décembre 1850. Il désigne les instituteurs et les institutrices chargés de la direction des cours d'adultes. Il fixe le nombre des écoles publiques de filles à établir dans chaque commune ; il décide la création des écoles de hameau et il

détermine les écoles publiques auxquelles, d'après le nombre des élèves, il doit être attaché un adjoint ou une adjointe.

Il propose au ministre les dispenses de stage pour l'enseignement libre et il présente les candidats pour la formation du jury chargé d'examiner les aspirants au brevet de capacité mentionné en l'art. 60 de la loi du 15 mars 1850. (*L.* 15 *mars* 1850, *art.* 15, 34, 35, 46, 47, 51, 53, 54, 60, 62; *L.* 10 *avril* 1867, *art.* 2 et 9.)

12. En matière contentieuse et disciplinaire, il prononce contradictoirement sur les oppositions formées à l'ouverture des écoles primaires libres, des pensionnats primaires, des cours d'adultes, et sur la convenance du local destiné aux écoles publiques. (*L.* 15 *mars* 1850, *art.* 28, 53, 35 ; *D.* 7 *oct.* 1850, *art.* 7.)

Il frappe d'interdiction absolue, pour cause de fautes graves dans l'exercice des fonctions, inconduite ou immoralité, les instituteurs et les institutrices, les directeurs et directrices de salles d'asile, de pensionnats primaires, de cours d'adultes, tout aussi bien pour l'enseignement libre que pour l'enseignement public. Il prononce contre les mêmes personnes la censure, la suspension pour un temps qui ne peut excéder six mois, ou l'interdiction de l'exercice de leur profession dans les communes où elles exercent. (*L.* 15 *mars* 1850, *art.* 30, 33, 50, 53, 55 *et* 57.)

Des décisions prises sur le contentieux et la discipline, il peut être interjeté appel devant le conseil supérieur.

Sect. 4. — Des inspecteurs d'académie.

13. L'inspecteur d'académie correspond avec le recteur pour tout ce qui concerne les méthodes de l'enseignement primaire public. Il lui adresse tous les trois mois un rapport sur l'état de l'enseignement dans l'école normale et dans les écoles primaires du département.

14. En l'absence du recteur, il préside les commissions de surveillance des écoles normales. (*D.* 22 *août* 1854, *art.* 22.)

15. Il est tenu de soumettre au préfet un rapport signé sur les nominations et mutations des instituteurs communaux et sur les peines prévues en l'art. 33 de la loi du 15 mars 1850, qu'il pourrait y avoir lieu de leur appliquer. Les droits qui lui incombent à cet égard sont nettement définis dans la circulaire du 24 mai 1876. Pour l'instruction des affaires de l'instruction primaire, il correspond avec les délégués du conseil départemental, avec les maires et les curés et avec les instituteurs publics ou libres (*art.* 23).

16. Il fait partie du conseil départemental. (*L.* 14 *juin* 1854, *art.* 5.)

17. La loi du 19 juillet 1875 a donné aux inspecteurs d'académie de nouvelles attributions qui ont une grande importance. C'est sur le vu d'un état qu'ils dressent chaque mois que le préfet mandate le traitement des instituteurs et des institutrices publics du département ; c'est donc l'inspection académique qui a désormais, au point de vue du traitement, la surveillance complète des intérêts des instituteurs.

Sect. 5. — Des inspecteurs primaires.

18. De même que l'inspecteur d'académie est à la tête de l'instruction primaire dans son département, de même l'inspecteur primaire est le chef de service dans sa circonscription. Il correspond avec tous les fonctionnaires qui ont à s'occuper des écoles ; il est chargé de guider les administrations municipales et de stimuler leur zèle pour l'enseignement populaire. Comme toutes les personnes chargées de l'inspection, il dresse procès-verbal de toutes les contraventions qu'il reconnaît.

Si la contravention consiste dans l'emploi d'un livre défendu, l'ouvrage est saisi et renvoyé avec le procès-verbal au préfet, qui soumet l'affaire au conseil départemental. (*D.* 29 *juill.* 1850, *art* 42.)

19. Les inspecteurs primaires donnent au préfet, par l'intermédiaire de l'inspecteur d'académie, leur avis sur les secours et encouragements de tout genre relatifs à l'instruction primaire ; ils s'assurent que les allocations accordées sont employées selon leur désignation. Ils font au préfet, par l'intermédiaire de l'inspecteur d'académie, des propositions pour la liste d'admissibilité des instituteurs communaux, qui doit être dressée par le conseil départemental. Ils donnent aussi, de la même manière, leur avis sur les nominations des instituteurs communaux.

Ils assistent, avec voix délibérative, aux réunions des délégués cantonaux. Ils font parvenir au préfet les demandes formées par les instituteurs communaux et les déclarations des instituteurs libres à l'effet d'ouvrir un pensionnat primaire. Ils inspectent les écoles normales primaires et surveillent particulièrement les élèves-maîtres entretenus par le département dans les établissements d'instruction primaire. Ils surveillent l'instruction donnée aux enfants admis pour le compte des communes dans les écoles libres.

Ils adressent, tous les trois mois, au préfet par l'intermédiaire de l'inspecteur d'académie, un rapport sur la situation de l'instruction primaire dans les communes qu'ils ont parcourues pendant le trimestre et des notes détaillées sur le personnel des écoles (*art.* 43).

20. Il y a un inspecteur par arrondissement (*D.* 22 *août* 1854, *art.* 24). Toutefois, dans quelques arrondissements, on a dû, en raison de l'importance du service, nommer deux inspecteurs ou plus.

Les nominations sont faites par le ministre parmi les candidats qui ont été déclarés aptes aux fonctions de l'inspection après un examen spécial dont le programme a été déterminé par l'arrêté du 16 décembre 1850. (*D.* 29 *juill.* 1850, *art.* 38.)

21. Pour être admis à l'examen, il faut : 1° être âgé de vingt-cinq ans ; 2° posséder le diplôme de bachelier ès lettres ou le brevet complet pour l'enseignement primaire, ou bien encore un brevet attestant que l'examen a porté sur toutes les matières comprises dans l'art. 23 de la loi du 15 mars 1850 ; 3° avoir exercé pendant deux ans au moins des fonctions dans l'enseignement, les fonctions de secrétaire d'académie, de membre d'un ancien comité supérieur d'instruction primaire ou de délégué d'un conseil académique pour la surveillance des écoles (*art.* 39).

Sont dispensés de l'examen exigé par l'art. 38 les directeurs d'écoles normales, les principaux

des collèges communaux, les chefs d'établissement libre d'instruction secondaire et les licenciés (*art.* 40).

22. Les inspecteurs primaires sont partagés en classes ; la classe est attachée à la personne et non à la résidence. Le fonctionnaire appelé pour la première fois à l'emploi d'inspecteur est nécessairement de la dernière classe. Nul ne peut être promu à la classe supérieure sans avoir passé un an au moins dans la classe immédiatement inférieure (*art.* 37). Le traitement de la première classe est de 3,000 fr., celui de la deuxième classe 2,700 fr., de la troisième 2,400 francs. À Paris, il est de 5,000 fr.

Dans un certain nombre de départements, les conseils généraux votent, sur les crédits du budget spécial, une allocation destinée à augmenter le traitement des inspecteurs primaires.

23. Au commencement de chaque année, le ministre répartit entre les diverses académies le crédit jugé nécessaire pour les frais de tournées des inspecteurs primaires. (*Arr.* 14 *août* 1855, *art.* 1er.)

Le recteur, sur l'avis de l'inspecteur d'académie, propose au ministre la sous-répartition du crédit entre les inspecteurs de l'instruction primaire de son ressort.

Cette sous-répartition, faite proportionnellement au nombre des communes et des écoles dans chaque arrondissement, en tenant compte des difficultés de parcours et des autres nécessités du service, indique : 1° la somme affectée aux tournées trimestrielles ordinaires ; 2° celle qui peut être réservée pour les missions extraordinaires. En aucun cas, le montant de cette réserve ne peut excéder le quart de la somme affectée aux tournées ordinaires (*art.* 2).

À la fin de chaque trimestre, l'inspecteur d'académie dresse l'état des écoles que les inspecteurs primaires doivent visiter pendant le trimestre suivant (*art.* 4).

Les frais de tournées sont fixés ainsi qu'il suit : pour chaque jour de tournée ordinaire ou de mission extraordinaire, lorsque la commune dans laquelle ils se transportent est à moins de seize kilomètres du lieu de leur résidence : 7 fr., et au delà de seize kilomètres, 9 fr. (*Arr.* 1er *janv.* 1862, *art.* 1er.)

L'instruction du 28 février 1862 trace les règles que les inspecteurs doivent observer pour les tournées trimestrielles.

À la fin de chaque trimestre, l'inspecteur adresse à l'inspection académique un état de ses frais de tournées dressé conformément à l'art. 8 de l'arrêté du 3 janvier 1851.

Cet état est vérifié par l'inspecteur d'académie ; et, après cette vérification, le préfet prend les mesures nécessaires pour faire acquitter le montant des frais.

24. Les fonctions d'inspecteur primaire sont incompatibles avec tout autre emploi public rétribué.

Le ministre, sur l'avis du conseil départemental, peut toutefois autoriser ces fonctionnaires à accepter l'inspection soit des enfants-trouvés et abandonnés, soit des enfants employés dans les manufactures. (*D.* 29 *juill.* 1850, *art.* 36.)

Sect. 6. — Des délégués cantonaux et communaux.

25. En dehors des fonctionnaires qui représentent l'administration supérieure, la surveillance des écoles est confiée à des personnes qui résident dans la localité et qui, par leur situation et par les pouvoirs dont elles sont investies par le conseil départemental, se trouvent en mesure de fournir tous les renseignements nécessaires pour la régularité du service. Au premier rang de ces auxiliaires utiles, il faut placer les délégués cantonaux.

Le conseil départemental désigne un ou plusieurs délégués résidant dans chaque canton et détermine les écoles particulièrement soumises à la surveillance de chacun.

26. Les délégués sont nommés pour trois ans; ils sont rééligibles et révocables. Chaque délégué correspond tant avec le conseil départemental, auquel il doit adresser ses rapports, qu'avec les autorités locales pour tout ce qui regarde l'état et les besoins de l'enseignement primaire dans sa circonscription. Il peut, lorsqu'il n'est pas membre du conseil départemental, assister à ses séances avec voix consultative pour les affaires intéressant les écoles de sa circonscription. Les délégués se réunissent, au moins une fois tous les trois mois, au chef-lieu de canton, sous la présidence de celui d'entre eux qu'ils désignent, pour convenir des avis à transmettre au conseil départemental. (*L. 15 mars* 1850, *art.* 42.)

Nul chef ou professeur dans un établissement primaire, public ou libre, ne peut être nommé délégué du conseil départemental. (*D. 29 juill.* 1850, *art.* 44.)

27. Les délégués ont entrée dans tous les écoles libres (*voy. n°* 110) ou publiques de leur circonscription; ils les visitent au moins une fois par mois. Ils visitent aussi les cours d'adultes et les salles d'asile. Ils communiquent aux inspecteurs de l'instruction primaire tous les renseignements utiles qu'ils ont pu recueillir. (*Art.* 45.)

28. Pour rendre complétement efficaces les travaux des délégations cantonales et pour leur permettre de donner leur avis sur les mesures qui intéressent l'arrondissement tout entier, les délégués des cantons peuvent être réunis au chef-lieu d'arrondissement afin de délibérer sur les objets qui leur sont soumis (*art.* 46.)

29. Dans l'instruction de certaines affaires, l'avis du délégué cantonal est exigé par les règlements. Ainsi, pour les créations d'école cet avis est obligatoire.

30. Dans les communes de deux mille âmes et au-dessus il est nommé un ou plusieurs délégués communaux, choisis parmi les habitants de la localité. Ils sont désignés par le conseil départemental. (*L. 15 mars* 1850, *art.* 44.)

Sect. 7. — Des maires et des ministres des cultes.

31. L'école primaire étant un établissement communal, le maire a le droit de surveillance sur les écoles. (*L.* 15 *mars* 1850, *art.* 18.)

En cas d'urgence, il peut suspendre provisoirement l'instituteur communal, à charge de rendre compte, dans les deux jours, au préfet (*art.* 33).

Il dresse, chaque année, de concert avec les ministres des différents cultes, la liste des enfants qui doivent être admis gratuitement dans les

écoles. Cette liste est approuvée par le conseil municipal et définitivement arrêtée par le préfet (*art.* 45).

Il peut se pourvoir devant le ministre contre la fixation du taux de la rétribution scolaire. (*L. 10 avril* 1867, *art.* 12.)

Il vise les rôles de rétribution scolaire après s'être assuré que les prescriptions légales ont été observées.

Il reçoit les déclarations d'ouverture d'écoles libres, de pensionnats; il visite et approuve le choix du local. En cas de refus d'approuver ce local, il est statué par le conseil départemental. (*L.* 15 *mars* 1850, *art.* 28, 53; *D. du* 7 *octobre* 1850, *art.* 1, 2, 3, 22; *D.* 30 *déc.* 1850, *art.* 1, 2, 3.)

32. Les ministres des différents cultes inspectent les écoles mixtes pour leurs coreligionnaires seulement. (*L.* 15 *mars* 1850, *art.* 18 *et* 44.)

Ils font partie des commissions d'examen pour le brevet de capacité (*art.* 46.)

Ils dressent, de concert avec le maire, les listes des enfants qui doivent être admis gratuitement dans les écoles.

CHAP. II. — DU BREVET DE CAPACITÉ.

33. Le brevet de capacité est un diplôme que doivent posséder les candidats aux fonctions d'instituteur. (*Voy. infrà* n° 67.)

Chaque année, le conseil départemental nomme une commission d'examen chargée de juger publiquement, et à des époques déterminées par le recteur, l'aptitude des aspirants au brevet de capacité, quel que soit le lieu de leur domicile. (*L.* 15 *mars* 1850, *art.* 46.)

34. Les commissions d'examen tiennent deux sessions par an à des époques fixées par le recteur qui peut, en outre, pour des cas graves, autoriser une troisième session. (*D.* 29 *juill.* 1850, *art.* 50; *Arr.* 3 *juill.* 1866, *art.* 1er.)

L'examen porte sur l'instruction morale et religieuse, la lecture, l'écriture, les éléments de la langue française, le calcul, le système légal des poids et mesures, les éléments de l'histoire et de la géographie de France.

Il se compose d'une épreuve écrite et d'une épreuve orale.

Pour épreuve écrite, les candidats font une page d'écriture, une dictée d'orthographe, un sujet de rédaction, une question d'arithmétique. (*Arr.* 3 *juill.* 1866, *art.* 14.)

Les épreuves écrites sont examinées et jugées par la commission réunie, qui prononce l'admission aux épreuves orales et dresse la liste par ordre de mérite des candidats admis à ces épreuves (*art.* 4).

Les aspirants admis aux épreuves orales sont appelés, selon l'ordre de la liste de mérite, séparément ou par séries devant le jury entier, pour être interrogés (*art.* 5).

Les épreuves orales ont lieu dans l'ordre suivant : 1° lecture du français dans un recueil de morceaux choisis en prose et en vers; 2° questions sur le catéchisme et l'histoire sainte ; 3° analyse d'une phrase au tableau noir; 4° questions d'arithmétique et de système métrique; 5° questions sur les éléments de l'histoire et de la géographie de la France. Des questions sur les procédés d'enseignement des diverses matières comprises dans le programme obligatoire seront, en outre, adressées aux candidats (*art.* 15).

Les candidats qui voudront être examinés sur tout ou partie des matières facultatives en feront la demande à la commission. (*L.* 15 *mars* 1850, *art.* 46.)

Les matières facultatives font également l'objet d'épreuves écrites et d'épreuves orales. Elles forment trois groupes ou séries qu'il n'est pas permis de séparer, savoir : 1re série : arithmétique appliquée aux opérations pratiques, tenue des livres, éléments de géométrie, arpentage, nivellement, dessin linéaire et d'ornement, chant ; — 2e série : notions des sciences physiques et d'histoire naturelle applicables aux usages de la vie ; instructions élémentaires sur l'agriculture, l'industrie, l'hygiène et la gymnastique ; — 3e série : dessin d'imitation ; — 4e série : langues vivantes. Les candidats doivent obtenir une note qui ne peut pas être inférieure à 5 pour chacune des matières dont la série est composée et non pour l'ensemble. (*Instr.* 18 *déc.* 1873.)

36. Les brevets délivrés font mention des matières spéciales sur lesquelles les candidats auront répondu d'une manière satisfaisante. Lorsque les quatre séries facultatives figurent sur le diplôme, on l'appelle alors un *brevet complet*.

Toutes les autres indications relatives au brevet d'aptitude sont contenues dans le décret du 29 juillet 1850, l'arrêté du 16 décembre 1850, dans celui du 15 février 1853 ; dans le règlement du 2 juillet 1866, et surtout dans l'instruction du 18 décembre 1873.

37. Les mêmes règlements sont applicables aux aspirantes au brevet de capacité ; toutefois pour celles-ci on ajoute un travail à l'aiguille aux épreuves obligatoires.

Pour le second examen, qui comprend les matières facultatives, l'examen ne porte que sur ce qui est exigé pour l'éducation des femmes. (*Circ.* 26 *janv.* 1854.) En outre, pour que le brevet puisse être délivré aux aspirantes, il suffit qu'elles obtiennent la moyenne de cinq points pour l'ensemble des matières facultatives, les notes obtenues dans les diverses facultés pouvant se compenser ainsi l'une par l'autre, à moins toutefois que l'une des épreuves ne soit nulle. (*Instr.* 18 *déc.* 1873.)

38. L'aspirant au brevet de capacité qui a été refusé à un premier examen ne peut être admis à en subir un second soit dans l'académie où il s'est présenté, soit dans un autre ressort, qu'après un intervalle de quatre mois. (*Arr.* 3 *juill.* 1866.)

CHAP. III. — DES ÉTABLISSEMENTS PUBLICS D'INSTRUCTION PRIMAIRE.

Sect. 1. — Des écoles normales.

ART. 1. — DE L'ENSEIGNEMENT.

39. Tout département est tenu de pourvoir au recrutement des instituteurs communaux, en entretenant des élèves-maîtres, soit dans les établissements d'instruction primaire désignés par le conseil départemental, établissements que l'on appelle *cours normaux,* soit aussi dans l'école normale établie à cet effet par le département. (*L.* 15 *mars* 1850, *art.* 35.)

40. L'enseignement dans les écoles normales comprend : l'instruction morale et ~~religieuse~~, la lecture, l'écriture, les éléments de la langue française, le calcul et le système légal des poids et mesures, l'arithmétique appliquée aux opérations pratiques, la tenue des livres, les éléments de l'histoire et de la géographie générale et particulièrement l'histoire et la géographie de la France, des notions des sciences physiques et d'histoire naturelle applicables aux usages de la vie, l'horticulture, ainsi que les notions élémentaires sur l'agriculture, l'industrie et l'hygiène ; les éléments de la géométrie, l'arpentage et le nivellement ; le dessin ; le chant ; la gymnastique ; des notions d'administration communale et de tenue des registres de l'état civil. (*D.* 2 *juill.* 1866, *art.* 1er.)

La durée du cours d'études est de trois ans (*art.* 3).

41. Pour être admis à subir l'examen d'entrée dans une école normale, il faut être âgé de seize ans au moins et de vingt ans au plus au 1er janvier de l'année dans laquelle on se présente ; il faut prendre en outre l'engagement de servir pendant dix ans au moins dans l'enseignement primaire public (*art.* 13). Pour la condition d'âge, une circulaire du 19 mai 1868 permet d'accorder des dispenses d'âge à ceux des candidats qui ont seize ans avant le 1er octobre.

Une enquête est faite par les soins de l'inspecteur d'académie et des inspecteurs primaires sur la conduite et les antécédents des candidats. Au vu des pièces exigées, et d'après les résultats de l'enquête, la commission de surveillance dresse du 1er au 15 juillet la liste des candidats admis à se présenter. Les candidats inscrits sur cette liste sont examinés du 15 au 31 juillet au chef-lieu du département par une commission nommée par le recteur, commission dont le directeur de l'école normale fait nécessairement partie (*art.* 15).

Les programmes pour l'examen sont indiqués dans l'arrêté du 31 décembre 1867.

42. Il est accordé des bourses entretenues par l'État ou par les départements. (*Voy.* **Bourses.**) Les boursiers qui, par leur fait, sortent de l'école avant la fin du cours, ou qui refusent d'accomplir leur engagement décennal, sont tenus de restituer à l'État ou au département le prix de la pension dont ils auront joui. Toutefois, ils peuvent être dispensés de cette obligation par le ministre, sur l'avis du conseil départemental. (*D.* 2 *juill.* 1866, *art.* 17.)

43. Tout élève-maître appelé pour la première fois aux fonctions d'instituteur public reçoit en sortant de l'école normale, pour se rendre à son poste, une indemnité qui ne peut excéder cent francs.

44. Le décret du 2 juillet 1866 règle toutes les questions relatives au régime intérieur et à la discipline. Nous nous contenterons d'indiquer les punitions qui peuvent être infligées aux élèves suivant la gravité des fautes. Ces punitions sont : la retenue, la réprimande, l'exclusion. — Le directeur prononce la *retenue.* — La *réprimande* est prononcée, suivant le cas, par le directeur, la commission de surveillance ou le préfet. Pour les élèves libres et pour les boursiers tant du département que de l'État, l'exclusion est prononcée par le préfet, sur l'avis du directeur, la commission de surveillance entendue. En cas de faute grave, le directeur peut prononcer l'exclusion provisoire. Lorsque l'exclusion est prononcée, le ministre en est immédiatement informé.

45. Chaque département étant tenu d'assurer le recrutement de son personnel enseignant, devrait avoir son école normale. Cependant le défaut de ressources ne leur permet pas à tous de posséder un établissement spécial. C'est pour ce motif qu'il a été décidé qu'une école normale pouvait être entretenue par plusieurs départements. Il y a là une exception qu'il a fallu admettre, mais qui doit disparaître dans un temps peu éloigné. (*L.* 11 *juin* 1833, *art*. 11; *Avis du C.* 16 *déc.* 1874.)

46. La surveillance de l'école est confiée à une commission de cinq membres, y compris le président, nommés pour trois ans par le recteur. (*D.* 2 *juill.* 1866, *art*. 9.) Cette commission est chargée : 1° de préparer la liste des candidats admissibles aux examens d'entrée ; 2° de proposer au commencement de l'année scolaire la répartition des bourses ; 3° de rédiger le règlement particulier de l'école, lequel doit être approuvé par le recteur ; 4° de désigner, à la fin de la première et de la seconde année, les élèves qui sont admis aux cours de l'année supérieure ; 5° de dresser le budget et d'examiner les comptes de l'école (*art*. 10). Elle est chargée, en outre, de certaines inspections et elle adresse des rapports aux recteurs (*art*. 11 *et* 12).

ART. 2. — DU DIRECTEUR ET DES MAÎTRES ADJOINTS DES COURS NORMAUX.

47. Le directeur est nommé par le ministre ; il est chargé, indépendamment de l'économat, des conférences pédagogiques et d'une partie de l'enseignement. Il dresse, sous l'approbation du recteur, la liste des livres à mettre entre les mains des élèves, ainsi que celle des livres de lecture composant la bibliothèque de la salle d'étude. Il est personnellement responsable de la tenue des catalogues de livres et des registres de prêt, ainsi que des inventaires du mobilier usuel et scientifique (*art*. 6). Le traitement des directeurs est de 4,000 fr. pour la 1re classe, 3,600 fr. et 3,300 fr. pour la 2e, 3,000 et 2,700 fr. pour la 3e.

48. Les maîtres adjoints secondent le directeur, soit pour l'enseignement, soit pour la surveillance et les écritures. Ils ne peuvent résider hors de l'établissement qu'avec l'autorisation du recteur (*art*. 7). Leur traitement est de 2,200 fr. et 2,000 francs pour la 1re classe ; 1,900 fr. et 1,700 fr. pour la 2e ; 1,600 fr. et 1,400 fr. pour la 3e.

49. Les cours normaux sont généralement des établissements appartenant à l'enseignement libre qui sont désignés par le conseil départemental et dans lesquels on place des élèves-maîtres qui ont des bourses payées, soit au moyen de fonds votés par le conseil général, soit des crédits inscrits au budget du ministère. Ces élèves-maîtres jouissent des privilèges attribués aux élèves des écoles normales.

ART. 3. — COMPTABILITÉ ET RÉGIME ÉCONOMIQUE DES ÉCOLES NORMALES.

50. La comptabilité intérieure des écoles normales est confiée, dans chaque établissement, au directeur, sous le contrôle de la commission de surveillance, des inspecteurs d'Académie, des recteurs et des inspecteurs généraux. L'époque de la clôture de l'exercice pour les recouvrements et les paiements qui s'y rattachent est fixée au 31 mai de la deuxième année de l'exercice. Toutes les prescriptions relatives à la comptabilité des écoles normales et à leur régime économique sont contenues dans les règlements du 16 octobre 1867 et du 26 décembre 1855.

Sect. 2. — **Des écoles primaires publiques ou écoles communales.**

ART. 1. — DÉFINITION DE CES ÉCOLES.

51. Sous l'empire de la loi du 28 juin 1833, la première qui ait nettement défini l'enseignement public, les écoles publiques étaient celles qu'entretenaient, en tout ou en partie, les communes, les départements ou l'État (*art*. 8). Par conséquent, toute école dont la création remonte à une époque comprise entre 1833 et 1850 est une école publique du moment qu'elle était subventionnée et que l'instituteur était nommé par le comité d'arrondissement (*art*. 22). Du 15 mars 1850 au 10 avril 1867, une école était publique lorsqu'elle était fondée ou entretenue par la commune, le département ou l'État ; dans ce cas, l'instituteur était nommé par le conseil municipal (de 1850 à 1852), le recteur (de 1852 à 1854), ou le préfet (à *dater du* 14 *juin* 1854). La loi du 10 avril 1867 a établi des conditions spéciales qui n'existaient pas auparavant. Depuis cette époque, pour qu'une école soit reconnue comme école publique, il faut : 1° un avis du conseil municipal ; 2° une décision du Conseil départemental ; 3° une approbation ministérielle.

L'omission de l'une de ces trois formalités entache de nullité la création de l'école en tant qu'école communale.

52. Toute commune doit entretenir une ou plusieurs écoles primaires. Le conseil départemental peut autoriser une commune à se réunir à une ou plusieurs communes voisines pour l'entretien d'une école. Le conseil départemental peut dispenser une commune d'entretenir une école publique, à condition qu'elle pourvoira à l'enseignement primaire gratuit, dans une école libre, de tous les enfants dont les familles sont hors d'état d'y subvenir. Dans ce cas, les écoles libres qui tiennent lieu d'écoles publiques sont soumises à l'inspection comme les écoles communales ; la dispense accordée par le conseil peut toujours être retirée. (*L.* 15 *mars* 1850, *art*. 36.)

53. Toute commune de 500 habitants et au-dessus est tenue d'avoir au moins une école publique de filles, si elle n'en est pas dispensée par le conseil départemental, en vertu de l'art. 15 de la loi du 15 mars 1850. (*L.* 10 *avril* 1867, *art*. 1er.)

54. Le nombre des écoles de garçons ou de filles à établir dans chaque commune est fixé par le conseil départemental, sur l'avis du conseil municipal.

55. Le conseil détermine les écoles publiques auxquelles, d'après le nombre des élèves, il doit être attaché un adjoint ou une adjointe. Il peut décider, sur la proposition de la municipalité, qu'une partie de la rétribution scolaire servira à former leur traitement (*art.* 2 *et* 6). Ces décisions sont soumises à l'approbation du ministre.

56. Les écoles de filles, avec ou sans pensionnat, sont divisées en deux ordres, savoir : les écoles de premier ordre et les écoles de second ordre. (*D.* 31 *décembre* 1853, *art.* 6.)

ART. 2. — DES ÉCOLES MIXTES.

57. On distingue les écoles mixtes quant aux cultes et les écoles mixtes quant au sexe.

Les communes peuvent, avec l'autorisation du conseil départemental, admettre provisoirement dans la même école des enfants appartenant aux différents cultes reconnus. (*L.* 15 *mars* 1850, *art.* 15.) Les ministres de ces cultes n'inspectent que leurs coreligionnaires dans les écoles mixtes quant au culte (*art.* 18).

58. Le conseil départemental peut aussi autoriser l'admission dans la même école des enfants de l'un et l'autre sexe. Des institutrices peuvent être chargées de la direction des écoles publiques communes aux enfants des deux sexes qui, d'après la moyenne des trois dernières années, ne reçoivent pas annuellement plus de quarante élèves. (*D.* 31 *déc.* 1853, *art.* 9.) Dans toute école mixte tenue par un instituteur, une femme nommée par le préfet, sur la proposition du maire, est chargée de diriger les travaux à l'aiguille des filles. Son traitement est fixé par le préfet, après avis du conseil municipal.

Aucune école primaire publique ou libre ne peut, sans l'autorisation du conseil départemental, recevoir d'enfants des deux sexes, s'il existe dans la commune une école publique ou libre de filles.

ART. 3. — DES ÉCOLES DE HAMEAU.

59. Les écoles de hameau sont établies dans les sections de communes ; elles sont dirigées par des adjoints ou des adjointes. Elles sont créées par décision du conseil départemental, après avis du conseil municipal ; cette décision est soumise à l'approbation ministérielle. (*L.* 10 *avril* 1867, *art.* 2.)

60. Dans certaines sections de communes qui sont peu importantes, et qui, dans la saison d'hiver, n'ont avec les localités où il existe des écoles que des communications difficiles, on établit des classes qui sont ouvertes un certain nombre de mois seulement et qui, pour cette raison, prennent le nom d'*écoles temporaires.* Elles sont soumises au même régime que les écoles de hameau.

ART. 4. — DES ÉCOLES PRIMAIRES SUPÉRIEURES.

61. La loi du 28 juin 1833 avait divisé les écoles en écoles élémentaires et en écoles supérieures. On peut considérer comme écoles supérieures celles où l'on donne l'enseignement facultatif, conformément aux dispositions des lois du 15 mars 1850 (*art.* 36, § 6), du 17 avril 1867 (*art.* 16) et du 21 juin 1865 (*art.* 9).

ART. 5. — DES ÉCOLES SPÉCIALES A UN CULTE RECONNU.

62. Dans les communes où les différents cultes reconnus sont professés publiquement, des écoles séparées sont établies pour les enfants appartenant à chacun de ces cultes, à moins que la commune ne soit dispensée de cette obligation par le conseil départemental. (*L.* 15 *mars* 1850, *art.* 36.)

Lorsque dans une école spécialement affectée aux enfants d'un culte, on admet des enfants d'un

autre culte, il est tenu par l'instituteur un registre sur lequel est inscrite la déclaration du père, ou, à son défaut, de la mère ou du tuteur, attestant que leur enfant ou pupille a été admis à l'école sur leur demande. Cette déclaration est signée par les père, mère ou tuteur. S'ils ne savent signer, l'instituteur fait mention de cette circonstance et certifie leur déclaration. Le registre doit être représenté à toute personne préposée à la surveillance de l'école. (*D.* 7 *oct.* 1850, *art.* 12.)

ART. 6. — RÈGLEMENT DES ÉCOLES.

63. Nous avons dit que le conseil départemental était nécessairement consulté sur le règlement des écoles. Toutefois, les principes généraux à adopter ont été réunis dans un règlement modèle qui porte la date du 17 août 1851 et sont généralement reproduits dans les règlements particuliers à chaque département. Nous en extrayons les prescriptions suivantes : L'instituteur tient un registre d'inscription et un registre de notes. Chaque jour, à l'ouverture de la classe, il prend note des absences. Il a soin de les faire connaître aux parents ; celles qui ne sont pas justifiées sont punies. La surveillance de l'instituteur ne se borne pas à l'intérieur de la classe, il est tenu de l'exercer pendant les récréations et les sorties particulières. Dans les écoles qui reçoivent les enfants des deux sexes, les garçons et les filles ne pourront jamais être réunis pour les mêmes exercices. Ils seront séparés par une cloison de 1ᵐ,50 au moins de hauteur, disposée de manière que l'instituteur ait vue des deux côtés de la salle. L'entrée et la sortie auront lieu à des heures distinctes. L'intervalle sera d'un quart d'heure au moins.

Les seules punitions dont l'instituteur puisse faire usage sont : les mauvais points, la réprimande, la privation partielle ou totale des récréations, l'exclusion provisoire de l'école, le renvoi définitif. Cette dernière peine sera, s'il y a lieu, prononcée par le préfet, après avis des autorités locales préposées à la surveillance de l'école.

L'instituteur ne peut ni intervertir les jours de classe, ni s'absenter même pour un jour, sans y avoir été autorisé par l'inspecteur primaire et sans en avoir informé les autorités locales. Dans les circonstances graves et imprévues, il lui suffira d'obtenir l'autorisation du maire et du curé. Si l'absence doit durer plus de huit jours, l'autorisation du préfet est nécessaire.

ART. 7. — DE LA GRATUITÉ ET DES ÉCOLES GRATUITES.

64. La question de la gratuité est une des plus graves de l'instruction primaire. Nous n'avons pas à traiter ici cette question sous toutes ses faces, mais seulement à indiquer les principales dispositions en vigueur qui y sont relatives.

L'enseignement primaire est donné gratuitement à tous les enfants dont les familles sont hors d'état de le payer (*L.* 15 *mars* 1850, *art.* 24). Les enfants pauvres ont donc leur instruction assurée dans toutes les communes de France. Le maire dresse, chaque année, de concert avec les ministres des différents cultes, la liste des enfants qui doivent être admis gratuitement dans les écoles publiques. Cette liste est approuvée par le conseil départemental et définitivement arrêtée par le préfet (*art.* 45). Lorsque la liste a été arrêtée, il en est délivré par le maire un extrait, sous forme de billet d'admission, à chaque enfant qui y est porté. Aucun élève ne peut être reçu gratuitement dans une école communale, s'il ne justifie d'un billet d'admission délivré par le maire. (*D.* 28 *mars* 1866.)

65. En outre, toute commune qui veut établir une ou plusieurs écoles entièrement gratuites jouit de cette faculté et elle peut, pour pourvoir à la dépense, en sus de ses ressources propres et des centimes spéciaux, voter une imposition extraordinaire, laquelle n'excède pas quatre centimes additionnels. Elle peut aussi, après avis du conseil départemental, recevoir sur les fonds du département ou de l'État une subvention prélevée sur les crédits inscrits au budget de l'instruction publique. (*L.* 10 *avril* 1867, *art.* 8.)

Sect. 3. — **Des cours d'adultes.**

66. Il peut être créé des écoles primaires communales pour les adultes au-dessus de dix-huit ans, pour les apprentis au-dessus de douze ans. Ces deux catégories d'écoles sont désignées sous la dénomination générale de cours d'adultes. Le conseil départemental désigne les instituteurs et les institutrices chargés de diriger les cours d'adultes et d'apprentis.

Il ne peut réunir dans ces écoles les élèves des deux sexes. (*L.* 15 *mars* 1850, *art.* 54.)

Les directeurs et directrices de cours d'adultes payants ou gratuits peuvent recevoir annuellement une indemnité fixée par le ministre, après avis du conseil municipal et sur la proposition du préfet.

L'art. 14 de la loi du 10 avril 1867 classe parmi les dépenses obligatoires pour la commune cette indemnité, dont le taux n'est pas d'ailleurs déterminé réglementairement. Les dépenses de chauffage et d'éclairage, bien qu'ayant un caractère de nécessité absolue, sont considérées comme dépenses facultatives.

Sect. 4. — **Personnel enseignant.**

ART. 1. — DES INSTITUTEURS.

67. Le mode de nomination des instituteurs a varié suivant les époques. Élus d'abord par un jury composé de trois membres désignés par l'administration du district et pris hors de son sein parmi les pères de famille (*D.* 27 *brum. an III*), ils ont été ensuite nommés par les maires et les conseils municipaux (*L.* 11 *flor. an X*), puis par le recteur, sur la présentation du maire et du curé, après avis du comité cantonal (*O.* 29 *fév.* 1816), et enfin par le comité d'arrondissement sur présentation du conseil municipal. Depuis 1852, cette nomination a été remise aux délégués du pouvoir central ; elle est subordonnée avant toutes choses à des conditions d'âge et de capacité.

Tout Français âgé de vingt et un ans accomplis peut exercer la profession d'instituteur primaire, s'il est muni d'un brevet de capacité.

Le brevet de capacité peut être suppléé par le certificat de stage, délivré par le conseil départemental aux personnes qui justifient avoir enseigné pendant trois ans au moins les matières obligatoires de l'enseignement primaire. Il peut être suppléé aussi par le diplôme de bachelier, par un certificat constatant qu'on a été admis dans une

des écoles spéciales de l'État, ou par le titre de ministre non interdit ni révoqué de l'un des cultes reconnus par l'État. (*L.* 15 *mars* 1850, *art.* 25.)

68. Sont incapables de tenir une école publique ou libre, ou d'y être employés, les individus qui ont subi une condamnation pour crime ou pour un délit contraire à la probité ou aux mœurs, les individus privés par jugement de tout ou partie des droits mentionnés en l'art. 42 du Code pénal et ceux qui ont été révoqués par le préfet ou interdits par le conseil départemental (*art.* 26).

69. Les instituteurs communaux sont nommés par le préfet et choisis soit sur une liste d'admissibilité dressée par le conseil départemental, soit sur la présentation qui est faite par les supérieurs pour les membres des associations religieuses vouées à l'enseignement et autorisées par la loi ou reconnues comme établissements d'utilité publique (*voy.* n° 81). Les consistoires jouissent du droit de présentation pour les instituteurs appartenant aux cultes non catholiques (*art.* 31).

70. Les instituteurs peuvent, suivant les cas, être réprimandés, suspendus avec ou sans privation totale ou partielle de traitement, ou révoqués par le préfet du département. Le conseil départemental peut, après l'avoir entendu ou dûment appelé, frapper l'instituteur d'une interdiction absolue, sauf appel devant le conseil supérieur dans le délai de dix jours, à partir de la notification de la décision. Cet appel n'est pas suspensif. En cas d'urgence, le maire peut suspendre provisoirement l'instituteur communal, à charge de rendre compte dans les deux jours au préfet et d'avertir l'inspecteur primaire (*art.* 33).

71. Il est interdit aux instituteurs communaux d'exercer aucune fonction administrative sans l'autorisation du conseil départemental. Toute profession commerciale ou industrielle leur est absolument interdite (*art.* 33). (*D.* 6 *oct.* 1850, *art.* 7 ; 9 *mars* 1852, *art.* 4 ; *L.* 14 *juin* 1854, *art.* 8.)

Il n'y a pas incompatibilité entre les fonctions d'instituteur public et celle de chantre, de clerc paroissial ou de membre du conseil de fabrique. Ce ne sont pas là des fonctions administratives dans le sens de la loi. Un instituteur tenant en dépôt des livres exclusivement destinés aux élèves qui suivent son école ne peut être considéré comme exerçant la profession de libraire. Les tribunaux se sont prononcés sur ce point.

72. Dans les écoles payantes, le traitement des instituteurs se compose : 1° d'un traitement fixe de 200 fr. ; 2° du produit de la rétribution scolaire ; 3° d'un traitement éventuel calculé à raison du nombre d'élèves gratuits présents à l'école ; 4° d'un supplément accordé à tous les instituteurs et institutrices dont le traitement fixe joint au produit de la rétribution scolaire et de l'éventuel n'atteint pas les minima déterminés par la loi du 19 juillet 1875. Ces minima sont les suivants : 1re classe, 1,200 fr. ; 2e classe, 1,100 fr. ; 3e classe, 1.000 fr. ; 4e classe, 900 fr. L'instituteur titulaire débute nécessairement par la dernière classe. La promotion à une classe supérieure est de droit après cinq ans passés dans la classe immédiatement inférieure et ne peut avoir lieu avant l'expiration de cette période. (*L.* 19 *juill.* 1875, *art.* 2.)

L'obtention du brevet complet[1] élèvera de cent francs, pour les instituteurs de tout ordre, les traitements minima auxquels ils ont droit d'après leur classe. Le même avantage est accordé aux instituteurs non pourvus du brevet complet, placés dans le premier huitième de la liste de mérite qui est dressée chaque année par le conseil départemental. L'allocation annuelle est réduite à cinquante francs pour ceux qui figurent dans le second huitième. (*L.* 19 *juill.* 1875. *art.* 3.)

73. Dans les communes qui n'ont point à réclamer le concours du département ou de l'État pour former le traitement des instituteurs, ce traitement peut, sur la demande du conseil municipal, être remplacé par un traitement fixe, avec l'approbation du préfet, sur l'avis du conseil départemental.

74. Les instituteurs qui ont obtenu la médaille d'argent dans les conditions fixées par l'arrêté du 21 août 1858, ont droit à une allocation supplémentaire et annuelle de cent francs, tant qu'ils sont en activité (*art.* 4).

Une indemnité annuelle, variant de cinquante à cent cinquante francs, pourra être attachée à la résidence des instituteurs et institutrices de tout ordre, dans les circonscriptions scolaires où des circonstances exceptionnelles la rendraient nécessaire. Des tableaux seront dressés à cet effet, tous les cinq ans, par le conseil départemental, et arrêtés, après avis du conseil général et du recteur d'académie, par décrets en la forme de règlements d'administration publique (*art.* 5).

75. Dans les communes où la gratuité est établie, le traitement des instituteurs se compose : 1° d'un traitement fixe de 200 fr.; 2° d'un traitement éventuel calculé à raison du nombre d'élèves présents ; 3° d'un supplément destiné à compléter le minimum légal tel qu'il résulte des lois en vigueur. (*L.* 10 *avril* 1867, *art.* 9.)

Dans certains cas exceptionnels et pour fournir des moyens d'instruction dans quelques communes qui ne se trouvent pas dans une situation favorable, le préfet peut nommer des instituteurs qui ne remplissent pas les conditions légales et que l'on nomme pour cette raison instituteurs *provisoires*. Ces nominations ne peuvent d'ailleurs jamais être faites dans un intérêt privé. Les instituteurs provisoires n'ont droit qu'au traitement fixe de 200 fr., à la rétribution scolaire et à l'éventuel. Aucun minimum de traitement ne leur est garanti. (*Circ.* 24 *déc.* 1850, 9 *août* 1870.)

ART. 2. — DES INSTITUTEURS ADJOINTS.

76. Les instituteurs adjoints peuvent n'être âgés que de dix-huit ans et ils ne sont pas soumis à la condition du brevet. Ils sont nommés et révocables par l'instituteur, avec l'agrément du préfet. Les instituteurs adjoints appartenant aux

---

[1]. On entend par brevet complet tout brevet délivré sous l'empire des règlements antérieurs au 3 juillet 1866 et qui jusque-là était considéré comme brevet complet. Après le 3 juillet 1866, le brevet doit comprendre toutes les matières facultatives énumérées dans les trois premières séries ; l'absence des langues vivantes pour lesquelles il n'y a pas d'enseignement régulier dans les écoles normales, ne sera pas une clause d'exclusion. (*Circ.* 16 *déc.* 1875.)

associations religieuses sont nommés et peuvent être révoqués par les supérieurs de ces associations. (*L.* 15 *mars* 1850, *art.* 34.) Dans les communes qui reçoivent une subvention du département ou de l'État, il n'est accordé un adjoint que pour quatre-vingts élèves. La loi du 19 juillet 1875 attribue aux adjoints un traitement de 700 fr. Une portion de ce traitement peut être prélevée sur le produit de la rétribution scolaire si le conseil départemental le juge convenable. Les adjoints ont droit à un logement.

ART. 3. — DES INSTITUTEURS ADJOINTS CHARGÉS D'UNE ÉCOLE DE HAMEAU.

77. Les adjoints appelés à diriger une école sont choisis soit parmi les aspirants au brevet de capacité, soit parmi les habitants des hameaux qui présentent des garanties suffisantes d'instruction et de moralité. (*Inst. min.* 12 *mai* 1867.) Ils ont droit à un traitement de 800 fr. (*L.* 19 *juill.* 1875, *art.* 4.)

ART. 4. — DES INSTITUTRICES ET DES INSTITUTRICES ADJOINTES.

78. Les institutrices sont soumises aux mêmes conditions d'âge et de grade que les instituteurs, avec cette réserve que les lettres d'obédience tiennent lieu de brevet de capacité aux institutrices appartenant à des congrégations religieuses. Leur traitement est composé de la même manière que celui des instituteurs et les conditions d'avancement sont les mêmes. Les minima sont fixés aux chiffres suivants : institutrices titulaires, 1re classe, 900 fr.; 2e classe, 800 fr.; 3e classe, 700 fr.

79. Les institutrices adjointes peuvent n'être âgées que de dix-huit ans et ne pas posséder le brevet. Elles sont nommées et révocables par l'institutrice, avec l'agrément du préfet. Lorsqu'elles appartiennent à une congrégation religieuse, elles sont nommées et peuvent être révoquées par leurs supérieures. (*L.* 15 *mars* 1850, *art.* 34.) Leur traitement est de 600 fr. (*L.* 19 *juill.* 1875, *art.* 1er.) Les adjointes chargées d'une école de hameau ont droit à un traitement de 650 fr. (*L.* 19 *juill.* 1875, *art.* 1er.)

ART. 5. — DES INSTITUTRICES DANS LES COMMUNES DE MOINS DE 500 AMES.

80. Dans les communes de moins de 500 habitants, les écoles spéciales de filles sont facultatives. La dépense qui résulte de l'entretien de ces écoles est donc entièrement à la charge des communes, et les institutrices qui ont la direction des écoles n'ont pas droit à un minimum de traitement réglementaire.

ART. 6. — DES INSTITUTEURS ET DES INSTITUTRICES CONGRÉGANISTES.

81. L'art. 6 de la loi du 19 juillet 1875 reproduisant les dispositions de l'art. 36 de l'ordonnance royale du 29 février 1816, dispose que les associations religieuses vouées à l'enseignement et reconnues par l'État sont admises à fournir, à des conditions convenues, des maîtres aux communes où elles sont appelées. Il en résulte pour les instituteurs et les institutrices congréganistes une situation exceptionnelle. Ils peuvent passer avec les municipalités des traités qui les placent en dehors des lois scolaires, en ce qui concerne le traitement. Aussi la plupart d'entre eux reçoivent, en effet, un traitement qui est inférieur aux minima réglementaires et qui cependant constitue pour la commune une dépense obligatoire. (*Voy.* **Frères des Écoles chrétiennes.**)

CHAP. IV. — DES RECETTES ET DES DÉPENSES.
Sect. 1. — Recettes ordinaires.
ART. 1. — NATURE DES RESSOURCES.

82. Les dépenses d'entretien des écoles publiques sont et ont toujours été des dépenses essentiellement communales; par conséquent, ce sont les ressources communales qui doivent y faire face. L'art. 14 de l'ordonnance du 29 février 1816 et les art. 5 et 6 de l'ordonnance du 14 février 1830 imposaient aux municipalités l'obligation absolue de pourvoir à l'établissement et à l'entretien des écoles primaires. Jusqu'en 1833, il n'était prélevé sur les fonds du trésor public que des sommes insignifiantes qui n'avaient pour but que d'encourager les auteurs de livres et de méthodes pour l'enseignement populaire. Ce n'est qu'à partir de 1833 que, dans le but de favoriser les développements de l'instruction, l'État vient en aide aux communes qui n'ont pas les ressources suffisantes pour couvrir les dépenses de l'école. Les ressources affectées à l'entretien des écoles primaires se trouvent dès lors groupées dans l'ordre suivant :

1° Fondations, dons et legs;
2° Revenus ordinaires de la commune;
3° Produit de la rétribution scolaire;
4° Produit de quatre centimes additionnels au principal des contributions directes;
5° Subvention du département ou de l'État.

La subvention de l'État n'est allouée que dans le cas où le département ne peut acquitter les dépenses scolaires, soit sur ses ressources propres, soit sur le produit de quatre centimes spéciaux. Les revenus de l'instruction primaire se composent donc d'abord des ressources communales, ensuite des ressources départementales; le trésor public vient en dernier lieu combler le déficit.

ART. 2. — FONDATIONS, DONS ET LEGS.

83. Les fondations, dons ou legs, sont des libéralités entre vifs ou testamentaires; elles peuvent avoir pour objet la fondation ou l'entretien en tout ou en partie d'une école communale. L'acceptation de legs et fondations est autorisée suivant les règles établies par la loi du 24 juillet 1867. Tous les différends qui peuvent s'élever entre les communes et les fondateurs ou les héritiers quant à l'exécution des clauses du contrat, sont de la compétence exclusive des tribunaux ordinaires.

Les souscriptions résultant d'engagement pris envers les communes par des particuliers, pour l'entretien d'une école, doivent être, comme les dons et legs, classées au premier rang des ressources scolaires. (*Instr.* 9 *août* 1870.)

ART. 3. — REVENUS ORDINAIRES DES COMMUNES.

84. Aux termes de l'art. 40 de la loi du 15 mars 1850, reproduisant les dispositions de l'art. 13 de la loi du 28 juin 1833, ce n'est qu'en cas d'insuffisance des revenus ordinaires qu'il est pourvu aux dépenses obligatoires au moyen d'une imposition spéciale votée par le conseil municipal, ou, à défaut de ce vote, établie par un décret du

pouvoir exécutif. (*Arr. du C.* 11 *août* 1869, *Pourvoi de la Compagnie des petites voitures* 18 *juin* 1875, *Pourvoi Fabien.*)

Les municipalités doivent en conséquence faire emploi de leurs revenus ordinaires disponibles avant de recourir au vote des centimes spéciaux.

ART. 4. — RÉTRIBUTION SCOLAIRE.

85. La rétribution scolaire est le prix payé par les familles dont les enfants fréquentent l'école communale. Le taux de cette rétribution est fixé par le conseil départemental, sur l'avis des conseils municipaux. (*L.* 15 *mars* 1850, *art.* 15.) Le préfet du département et le maire de la commune peuvent se pourvoir devant le ministre de l'instruction publique contre la délibération du conseil départemental. (*L.* 10 *avril* 1867, *art.* 12.)

L'instituteur tient un registre matricule, commençant au 1er janvier de chaque année, de tous les enfants admis à son école. Ce registre, coté et paraphé par le maire, sert à l'établissement des rôles trimestriels de la rétribution scolaire. Il doit être conforme au modèle annexé à la circulaire ministérielle du 5 décembre 1860. Les instituteurs tiennent, en outre, un registre d'abonnement, si ce mode de rétribution est en usage dans la commune. Il ne peut être admis que des abonnements finissant au 31 décembre. Les parents qui ne se sont pas abonnés au commencement de l'année et qui présentent leur enfant à l'école postérieurement à cette époque doivent choisir entre le paiement de l'abonnement entier pour l'année ou le paiement de la rétribution par mois.

La rétribution scolaire est due par tous les élèves externes et pensionnaires qui suivent les classes de l'école et qui ne sont pas portés sur la liste des élèves gratuits. Elle est perçue dans la même forme que les contributions publiques directes. Elle est exempte des droits de timbre et donne droit aux mêmes remises que les autres recouvrements. (*L.* 15 *mars* 1850, *art.* 41; *D.* 7 *oct.* 1850, *art.* 21.)

Le rôle de la rétribution scolaire est dressé par trimestre. Il comprend tous les enfants présents à l'école pendant le trimestre, avec l'indication du nombre de douzièmes dus pour chacun d'eux. Il n'est tenu compte dans ce rôle d'aucune fraction de douzième, tout mois commencé étant dû en entier. (*D.* 31 *déc.* 1853, *art.* 14.) Lorsque plusieurs communes sont réunies pour l'entretien d'une même école, l'instituteur dresse un rôle trimestriel spécial unique pour chaque commune. Il dresse également un rôle trimestriel spécial unique pour les enfants des communes voisines non réunies qui sont admis à suivre l'école. (*D.* 7 *oct.* 1850, *art.* 25.)

En cas de retard dans le paiement, les poursuites s'exercent suivant le mode réglé pour les contributions directes. Les réclamations auxquelles la confection des rôles donne lieu sont rédigées sur papier libre et déposées au secrétariat de la sous-préfecture. Ces réclamations ainsi que les états des cotes indûment imposées, dressés par les receveurs municipaux, sont présentés dans les trois mois qui suivent l'émission des rôles.

Lorsqu'il s'agit de décharge ou de réduction, il est statué par le conseil de préfecture, sur l'avis du maire, du délégué cantonal et du sous-préfet.

Il est procédé sur les demandes en remise ou modération par le préfet, après avis du conseil municipal et du sous-préfet.

Il y a lieu à décharge ou réduction quand les cotes ont été indûment ou mal établies, et à remise ou modération quand les redevables se trouvent dans l'impossibilité d'acquitter la totalité ou une partie de leur cotisation (*art.* 30).

86. Lorsque la commune alloue à l'instituteur ou à l'institutrice un traitement fixe invariable, conformément aux dispositions de l'art. 13 de la loi du 10 avril 1867, elle perçoit pour son compte le produit de la rétribution scolaire. Dans ce cas, les rôles et les avertissements sont dressés par le maire et signés par lui.

87. Pour les élèves gratuits, chaque année, le préfet, sur l'avis du conseil municipal et du conseil départemental, fixe le taux de rétribution à payer par la commune ; la somme totale entre dans la composition du traitement de l'instituteur et forme ce que l'on appelle l'éventuel. (*L.* 10 *avril* 1867, *art.* 9.)

ART. 5. — CENTIMES SPÉCIAUX.

88. Lorsque la commune a épuisé ses revenus ordinaires, le conseil municipal doit voter des centimes additionnels au principal des quatre contributions directes. Cette imposition, qui ne pouvait excéder deux centimes d'après les dispositions de l'art. 40 de la loi du 15 mars 1850, a été portée à trois centimes par l'art. 14 de la loi du 10 avril 1867, et à quatre par l'art. 7 de la loi du 19 juillet 1875.

ART. 6. — SUBVENTION DU DÉPARTEMENT ET DE L'ÉTAT.

89. Les communes doivent avoir emploi de toutes les ressources prévues par les lois avant de pouvoir obtenir des subventions du département et de l'État. (*Circ.* 18 *août* 1862.)

L'instruction ministérielle du 30 mars 1875 a nettement établi que les municipalités ne pouvaient prélever sur leurs revenus ordinaires des dépenses facultatives, que lorsqu'elles avaient pourvu aux frais d'entretien des écoles qui sont reconnues comme obligatoires par la loi du 18 juillet 1837. Lorsque les ressources communales ont été employées, on a recours aux subventions du département et de l'État. Les fonds de subvention départementale se composent : 1° des sommes disponibles sur les revenus ordinaires ; 2° du produit de quatre centimes additionnels au principal des quatre contributions directes.(*L.* 15 *mars* 1850, *art.* 40 ; *L.* 19 *juill.* 1875, *art.* 7.)

90. Le crédit inscrit au budget du ministère de l'instruction publique à titre de subvention de l'État aux communes pour les dépenses obligatoires est de 12,837,000 fr. pour l'exercice 1876 ; il sera porté à 16,637,000 fr. lorsque la loi du 19 juillet 1875 sera complètement en vigueur.

Un département n'a droit à un subside fourni par le Trésor que lorsqu'il a épuisé complétement ses fonds de subvention.

Sect. 2. — **Dépenses obligatoires.**

ART. 1. — LOYER DE MAISON D'ÉCOLE. — TRAITEMENT DES MAÎTRES ET MAÎTRESSES.

91. Toute commune doit avoir un local convenable tant pour son habitation que pour la tenue de son école, le mobilier de classe et

un traitement. La même obligation existe envers l'instituteur adjoint, l'institutrice adjointe et ens vers les maîtres et maîtresses chargés d'une école de hameau. (*L.* 10 *mars* 1850, *art.* 37 ; *L.* 10 *avril* 1867, *art.* 3.) Les dépenses relatives aux adjoints et aux adjointes ne sont obligatoires que lorsque la classe compte au moins 80 élèves. (*Instr.* 9 *août* 1870.) Les dépenses d'entretien des écoles de filles (loyer et traitement de l'institutrice) sont obligatoires dans les communes de 500 âmes et au-dessus. (*L.* 10 *avril* 1867, *art.* 1er.)

ART. 2. — DÉPENSES DES ÉCOLES NORMALES ET DES COMMISSIONS D'EXAMEN.

92. Les frais d'entretien des écoles normales, des cours normaux et les dépenses des commissions d'examen sont également obligatoires, mais seulement pour les départements ; ceux-ci, en cas d'insuffisance de ressources, reçoivent une subvention de l'État.

ART. 3. — DÉPENSES DES COURS D'ADULTES.

93. Les indemnités accordées aux directeurs des cours d'adultes ne sont pas obligatoires au même titre que la dépense de l'école ordinaire. La commune ne doit y appliquer ses ressources légales que quand elle a pourvu à l'entretien de l'école du jour. (*Instr.* 9 *août* 1870.)

ART. 4. — AUTRES.

94. *Imprimés.* Les imprimés dont la dépense est seule obligatoire sont les rôles et imprimés se rapportant au service de la rétribution scolaire, ainsi que le registre matricule, la liste des élèves gratuits et les mandats de paiement.

95. *Chauffage.* D'après une jurisprudence déjà ancienne, le chauffage des écoles est une charge des familles, qui ont la faculté de l'acquitter soit en argent, soit en nature ; la commune n'intervient pour sa quote-part que comme représentant les élèves gratuits. Elle est obligée de pourvoir à cette dépense, comme elle pourvoit aux frais d'entretien de ses bâtiments municipaux et ne saurait prétendre, dès lors, pour cet objet, à aucune subvention, soit sur les fonds du département, soit sur les fonds de l'État. (*Instr.* 9 *août* 1870.)

Sect. 3. — **Recettes extraordinaires ; dépenses facultatives et extraordinaires.**

§ 1. — *Recettes extraordinaires.*

96. Lorsque les communes ou les départements n'ont plus de ressources ordinaires applicables à des dépenses facultatives, ils peuvent recourir au vote de centimes additionnels pour dépenses facultatives ou de centimes extraordinaires.

L'État, de son côté, consacre une somme annuelle de 5,079,762 fr. pour les dépenses de cette nature.

§ 2. — *Dépenses facultatives et extraordinaires.*

97. Nous ne pouvons citer toutes les dépenses facultatives et extraordinaires de l'instruction primaire ; nous mentionnerons les plus importantes.

En première ligne, nous placerons les dépenses de construction de maison d'école, qui sont des dépenses extraordinaires : bien qu'ayant ce caractère, elles sont très-utiles pour les communes, lesquelles ont un grand intérêt à s'exonérer du loyer de l'école et à se rendre propriétaires d'une maison. Les municipalités ont avantage à construire une maison ou à en acquérir une qu'elles font approprier aux besoins scolaires.

Les communes qui demandent des secours à l'État pour construction, appropriation ou réparation de locaux destinés à des écoles primaires, doivent présenter à l'appui de leur demande un plan en double expédition des travaux à exécuter. (*Arr.* 14 *juill.* 1858, *art.* 1er.) La circulaire du 30 juillet 1858 indique d'ailleurs les principales conditions que doivent remplir les bâtiments scolaires.

Lorsqu'il a été statué sur la demande de secours, les deux exemplaires sont renvoyés au préfet avec mention de l'approbation ministérielle. Un exemplaire est remis au maire, l'autre à l'inspecteur d'académie (*art.* 2).

Après l'exécution des travaux, l'inspecteur d'académie délivre un certificat constatant, s'il y a lieu, que les plans approuvés ont été scrupuleusement exécutés (*art.* 3).

Dans le cas où les plans approuvés par le ministre n'auraient pas été scrupuleusement suivis dans l'exécution des travaux, le concours de l'État ne pourra être requis et la promesse de secours sera considérée comme nulle et non avenue (*art.* 4).

98. Les dépenses de la gratuité absolue sont facultatives. Toute commune qui veut rendre une ou plusieurs de ses écoles entièrement gratuites doit faire en sorte de pourvoir à la dépense sur ses propres ressources. Elle peut, dans ce cas, voter une imposition extraordinaire de quatre centimes additionnels, en sus de ses ressources propres et des quatre centimes spéciaux.

Elle peut aussi obtenir une subvention sur les fonds du département ou de l'État, mais cette subvention est purement éventuelle et ne saurait lui être attribuée que dans les limites des crédits votés par le conseil général et de ceux qui sont portés annuellement, à cet effet, au budget du ministère de l'instruction publique. (*L.* 10 *avril* 1867, *art.* 8.)

Lorsqu'une commune a établi la gratuité absolue dans un certain nombre de ses écoles, elle n'a pas droit à une subvention obligatoire pour celles de ses écoles qui sont payantes. Elle s'est en effet privée volontairement d'une partie des ressources applicables à l'instruction primaire, c'est-à-dire de la rétribution scolaire dont le produit peut être supérieur à celui des quatre centimes additionnels.

99. Les frais d'entretien des écoles spéciales de filles, dans les communes de moins de 500 âmes, sont également facultatives et ne donnent droit à aucune subvention. Toutefois, on a maintenu exceptionnellement des subventions aux communes qui avaient autrefois 500 âmes et dont la population s'est trouvée inférieure à ce chiffre dans le recensement de 1872.

100. Parmi les autres dépenses facultatives supportées par les communes, nous indiquerons les dépenses pour les distributions de prix, les achats de livres aux élèves indigents, le matériel des cours d'adultes et en général les dépenses d'entretien des écoles autres que le loyer et le traitement.

101. Celles qui sont supportées par les départements et par l'État sont : les dépenses d'ins-

tallation et de matériel des écoles normales primaires, les encouragements aux auteurs de livres ou de méthodes utiles à l'instruction primaire, les subventions pour les écoles gratuites, etc.

102. Enfin, un grand nombre de conseils généraux votent chaque année des sommes affectées au paiement de secours à d'anciens instituteurs, à d'anciennes institutrices ou à des veuves d'instituteurs. L'État, de son côté, consacre une somme de 515,212 fr. à cet objet.

En outre, la loi de finances du 29 décembre 1873 a établi une règle favorable aux instituteurs admis à la retraite. Les fonds nécessaires pour porter leur pension au minimum de 500 fr. sont inscrits annuellement au budget du ministère de l'instruction publique.

Sect. 4. — Du paiement du traitement de l'instituteur.

103. Les ressources qui servent à payer le traitement de l'instituteur sont inscrites au budget communal, et jusqu'en 1876, c'est le maire de la commune où est située l'école qui a été chargé de mandater intégralement le traitement ; lorsque des communes réunies faisaient partie du même arrondissement de perception, chacune d'elles mandatait au profit de l'instituteur les dépenses qui lui étaient propres. Ce système n'a pas donné, au point de vue de la régularité des paiements, les résultats indispensables surtout pour les communes rurales de peu d'importance, soit que les maires ne mandatassent pas en temps utile les sommes qui revenaient à l'instituteur, soit qu'aux époques de paiement la caisse municipale ne renfermât pas les ressources nécessaires. Il arrivait souvent que les maîtres éprouvaient des retards très-préjudiciables à leurs intérêts. Le législateur a cherché à remédier à cet état de choses et par l'art. 8 de la loi du 19 juillet 1875, il a été décidé que les ressources d'origine diverse affectées aux services de l'instruction primaire continueraient à figurer au budget communal, mais que les traitements seraient mandatés par le préfet et acquittés suivant le mode établi en matière de cotisations municipales. Ils sont payés mensuellement, et par douzièmes, sur le vu d'un état dressé par l'inspecteur d'académie.

Le préfet doit veiller à ce que les différentes recettes applicables à l'enseignement primaire soient régulièrement encaissées par les communes et que les subventions soient versées de bonne heure dans la caisse municipale. Il doit en outre prendre un arrêté fixant le contingent de chaque commune et notifier cet arrêté aux maires et receveurs municipaux ainsi qu'au trésorier-payeur du département. Les contingents ainsi déterminés sont versés aux époques suivantes : un quart dans la première quinzaine de janvier, un second quart dans la première quinzaine d'avril ; un troisième quart dans la première quinzaine de juillet ; deux douzièmes au commencement d'octobre ; le dernier douzième dans les dix premiers jours de décembre. (*Circ. Min. Int.* 24 *nov.* 1875.)

Le montant de la rétribution scolaire doit être compris dans les mandats de paiement délivrés à l'instituteur et supporter, comme le traitement fixe et les suppléments de traitement, la retenue de 5 p. 100 pour le service des pensions civiles.

En fin d'année, il est procédé à un décompte à l'effet de constater si l'instituteur a reçu le minimum de traitement qui lui est garanti. Ce décompte, qui doit être préparé par le receveur pour être soumis au conseil municipal, est établi d'après le montant des rôles trimestriels. Il est fait déduction, sur le montant des rôles, des non-valeurs résultant des dégrèvements prononcés. A la suite de ce décompte se trouve la liquidation du traitement de l'instituteur faite par le maire. (*D.* 7 *oct.* 1850, *art.* 27 ; *Circ.* 5 *déc.* 1860.)

104. Les quittances des instituteurs ne sont sujettes au timbre que si le traitement fixe et le supplément de traitement payés par la commune excèdent 300 fr. Les sommes provenant de la rétribution scolaire et de la subvention fournie par le département ou par l'État en sont exemptes, quelle qu'en soit la quotité.

Sect. 5. — Retenues pour les pensions civiles.

105. Les instituteurs titulaires, adjoints ou provisoires, lorsqu'ils sont pourvus d'un brevet de capacité, et à l'exception de ceux qui appartiennent à des corporations religieuses, sont soumis, quel que soit leur âge, pour les différentes allocations qu'ils touchent, aux retenues pour les pensions civiles. Ces retenues sont de 5 p. 100 et du premier douzième de traitement et d'augmentation ; elles s'exercent sur le montant du traitement, quelle que soit l'origine des attributions dont il se compose. Pour la retenue du premier douzième, une règle spéciale a été établie ; il a été décidé que cette retenue frappe nécessairement toutes les augmentations qui peuvent avoir lieu sur le traitement fixe alloué par la commune, puisqu'elles constituent pour l'instituteur un véritable avancement, au sens propre de la loi et du règlement d'administration publique ; mais elle n'est due, en ce qui concerne la rétribution scolaire, que si l'instituteur est appelé à un nouvel emploi. Ainsi pour les traitements au-dessus du minimum (il ne peut y avoir de question que pour ceux-là), l'instituteur ne subit la retenue du premier douzième d'augmentation que lorsqu'il change de commune.

Il y a, toutefois, une exception à cette règle ; c'est lorsque l'instituteur reçoit un avancement par suite de l'élévation du traitement minimum. Il y a là, en effet, un avancement définitif et il n'y a plus à se préoccuper d'une disposition qui a eu pour objet de faire disparaître les difficultés que présente un prélèvement opéré sur la rétribution scolaire, ressource qui est essentiellement variable d'une année à l'autre.

CHAP. V. — ÉTABLISSEMENTS LIBRES D'ENSEIGNEMENT PRIMAIRE.

106. Les instituteurs libres sont soumis aux mêmes conditions d'âge et de capacité que les instituteurs publics. Tout instituteur qui veut ouvrir une école libre doit préalablement déclarer son intention au maire de la commune où il veut l'établir, lui désigner le local et lui donner l'indication des lieux où il a résidé et des professions qu'il a exercées pendant les dix années précédentes. (*L.* 15 *mars* 1850, *art.* 27.) Il est ouvert à cet effet, dans chaque mairie, un registre spécial destiné à recevoir les déclarations.

Chaque déclaration doit être accompagnée : 1° de l'acte de naissance de l'instituteur ; 2° de son brevet de capacité ou du titre reconnu équivalent au brevet de capacité par l'art. 25 de la loi organique. Cette déclaration est signée sur le registre par l'instituteur et le maire. Une copie en est immédiatement affichée à la porte de la mairie et y demeure pendant un mois. (*D.* 7 *oct.* 1850, *art.* 1er.) Une déclaration semblable doit, en outre, être adressée par le postulant au préfet, au procureur de la République et au sous-préfet.

Dans les trois jours qui suivent cette déclaration, le maire adresse au préfet les pièces jointes à ladite déclaration et le certificat d'affiche. Dans le même délai, le maire, après avoir visité ou fait visiter le local destiné à l'école, est tenu de délivrer gratuitement à l'instituteur, en triple expédition, une copie légalisée de sa déclaration. S'il refuse d'approuver le local, il doit faire mention de cette opposition et des motifs sur lesquels elle est fondée, au bas des copies légalisées qu'il délivre à l'instituteur. Une de ces copies est remise par l'instituteur au procureur de la République et une autre au sous-préfet, lesquels en délivrent récépissé. La troisième copie est remise au préfet par l'instituteur, avec les récépissés du procureur de la République et du sous-préfet (*art.* 2). Sur le refus d'approbation du local, il est statué par le conseil départemental.

A l'expiration du délai d'un mois, le maire transmet au préfet les observations auxquelles la déclaration affichée peut avoir donné lieu, ou l'informe qu'il n'en a pas été reçu à la mairie (*art.* 2). Le préfet, soit d'office, soit sur la plainte du procureur de la République ou du sous-préfet, peut faire opposition à l'ouverture de l'école dans l'intérêt des mœurs publiques, dans le mois qui suit la déclaration à lui faite. S'il croit devoir former cette opposition, il la signifie à la partie par un arrêté motivé. Elle est jugée à bref délai contradictoirement par le conseil départemental, sauf recours devant le conseil supérieur.

Trois jours au moins avant la séance fixée pour le jugement de l'opposition, la partie est citée à comparaître devant le conseil départemental. L'opposition est alors jugée suivant les formes prescrites au chapitre II du règlement d'administration publique du 29 juillet 1850. Copie de la décision du conseil est transmise par le préfet au maire de la commune, qui fait transcrire cette décision en marge de la déclaration de l'instituteur sur le registre spécial (*art.* 14).

A défaut d'opposition, l'école peut être ouverte à l'expiration du mois, sans autre formalité (*art.* 28).

107. Quiconque aura ouvert ou dirigé une école en contravention à ces dispositions ou avant l'expiration du délai ci-dessus fixé, sera poursuivi devant le tribunal correctionnel du lieu du délit et condamné à une amende de 50 fr. à 500 **fr.** L'école sera fermée. En cas de récidive, le délinquant sera condamné à un emprisonnement de six jours à un mois et à une amende de 100 à 1,000 fr. La même peine de six jours à un mois d'emprisonnement et de 100 fr. à 1,000 fr. d'amende sera prononcée contre celui qui, dans le cas d'opposition formée à l'ouverture de son école, l'aura néanmoins ouverte avant qu'il ait été statué sur cette opposition, ou bien au mépris de la décision du conseil départemental qui aurait accueilli l'opposition.

Ne seront pas considérées comme tenant école les personnes qui, dans un but purement charitable et sans exercer la profession d'instituteur, enseigneront à lire et à écrire aux enfants avec l'autorisation du délégué cantonal. Néanmoins, cette autorisation pourra être retirée par le conseil départemental (*art.* 29).

La condamnation prononcée contre un instituteur pour fait d'ouverture d'une école clandestine ne le prive pas, dans la suite, du droit d'ouvrir une école, s'il se conforme aux dispositions de la loi. (*Décis.* 8 *nov.* 1836.)

108. Les tribunaux ont été appelés dans différentes circonstances à juger des questions relatives à l'enseignement primaire libre. Une de celles qui se sont représentées le plus souvent a été de savoir en quoi consistait exactement une école primaire. Nous reproduisons deux décisions prises à ce sujet. Ne tient pas école dans le sens de la loi celui qui donne à des enfants l'instruction, isolément ou par groupe de famille, soit qu'il reçoive ces enfants chez lui, soit qu'il se transporte chez leurs père et mère (*Cass.* 27 *juillet* 1860). Sont considérées, au contraire, comme ayant ouvert une école les personnes qui réunissent pour les instruire des enfants appartenant à deux familles différentes. (*Cass.* 1er *juin* 1827.)

Les instituteurs libres qui reçoivent des enfants des deux sexes sans l'autorisation du conseil départemental, sont passibles des peines indiquées ci-dessus.

109. Tout instituteur libre, sur la plainte du préfet ou du procureur de la République, pourra être traduit, pour faute grave dans l'exercice de ses fonctions, d'inconduite ou d'immoralité, devant le conseil départemental et être censuré, suspendu pour un temps qui ne pourra excéder six mois, ou interdit de l'exercice de sa profession dans la commune où il est établi. (*L.* 15 *mars* 1850, *art.* 30.) Lorsqu'un instituteur libre a été suspendu de l'exercice de ses fonctions, il peut être admis par le conseil départemental à présenter un suppléant pour la direction de son école. (*D.* 7 *oct.* 1850, *art.* 5.) Le conseil départemental peut même le frapper d'une interdiction absolue. Il y aura lieu à appel devant le conseil supérieur. Cet appel devra être interjeté dans le délai de dix jours, à compter de la notification de la décision et ne sera pas suspensif.

110. L'inspection des écoles libres porte sur la moralité, l'hygiène et la salubrité. Elle ne peut porter sur l'enseignement que pour vérifier s'il n'est pas contraire à la morale, à la Constitution et aux lois. Toutefois, comme il a déjà été dit, les écoles libres qui tiennent lieu d'écoles publiques ou qui reçoivent des subventions des communes, du département ou de l'État, sont soumises à l'inspection comme les écoles publiques. (*L.* 10 *avril* 1867, *art.* 17.)

Tout chef d'établissement primaire qui refusera de se soumettre à la surveillance de l'État, sera traduit devant le tribunal correctionnel de l'arrondissement et condamné à une amende de 100 fr.

à 1,000 fr. En cas de récidive, l'amende sera de 500 fr. à 3,000 fr.; si le refus de se soumettre à la surveillance de l'État a donné lieu à deux condamnations dans l'année, la fermeture de l'établissement pourra être ordonnée par le jugement qui prononcera la seconde condamnation. Le procès-verbal des inspecteurs constatant le refus du chef d'établissement fera foi jusqu'à inscription de faux. (*L.* 15 *mars* 1850, *art.* 22.)

CHAP. VI. — DES PENSIONNATS PRIMAIRES.

Sect. 1. — **Conditions communes aux instituteurs publics et libres.**

111. Tout Français âgé de vingt-cinq ans, ayant au moins cinq années d'exercice comme instituteur ou comme maître dans un pensionnat primaire, et remplissant les conditions exigées des instituteurs publics et libres, peut ouvrir un pensionnat primaire, après avoir déclaré son intention au préfet du département et au maire de la commune.

Toutefois, les instituteurs communaux ne pourront ouvrir de pensionnat qu'avec l'autorisation du conseil départemental, sur l'avis du conseil municipal. Le programme de l'enseignement et le plan du local doivent être adressés au maire et au préfet.

Le conseil départemental prescrit, dans l'intérêt de la moralité et de la santé des élèves, toutes les mesures indiquées dans le règlement du 30 décembre 1850.

Les dispositions concernant l'ouverture, l'opposition à l'ouverture des établissements libres et les peines disciplinaires dont les instituteurs libres sont passibles, peuvent être appliquées aux pensionnats primaires.

112. Les pensionnats de filles sont soumis aux mêmes règles en tout ce qui n'est pas contraire aux prescriptions relatives aux institutrices publiques ou libres. (*L.* 15 *mars* 1850, *art.* 35.)

113. Tout instituteur qui reçoit des pensionnaires doit tenir un registre sur lequel il inscrit les noms, prénoms et l'âge de ses élèves pensionnaires, la date de leur entrée et celle de leur sortie. Chaque année il transmet, avant le 1er novembre, au préfet, un rapport sur la situation et le personnel de son établissement. (*D.* 30 *déc.* 1850, *art.* 9.)

114. Tout instituteur dirigeant un pensionnat, qui change de commune ou qui, sans changer de commune change de local ou apporte au local affecté à son pensionnat des modifications graves, doit en faire la déclaration au préfet et au maire de la commune et se pourvoir de nouveau devant le conseil départemental (*art.* 10). La nouvelle déclaration devra être accompagnée du plan du local.

115. Il est ouvert, dans chaque pensionnat, un registre spécial destiné à recevoir les noms, prénoms, date et lieu de naissance des maîtres et employés, et l'indication des emplois qu'ils occupaient précédemment et les lieux où ils ont résidé, ainsi que la date des brevets, diplômes ou certificats de stage dont ils seraient pourvus. Les autorités préposées à la surveillance de l'instruction primaire devront toujours se faire représenter ce registre quand elles inspecteront les écoles (*art.* 11).

116. Aucun pensionnat primaire ne pourra être établi dans des locaux dont le voisinage serait reconnu dangereux sous le rapport de la moralité et de la santé des élèves (*art.* 12). Aucun pensionnat ne peut être annexé à une école primaire qui reçoit les enfants des deux sexes (*art.* 13).

Sect. 2. — **Conditions spéciales aux instituteurs publics.**

117. La déclaration de l'instituteur public pour l'ouverture d'un pensionnat est soumise par le maire au conseil municipal dans sa plus prochaine réunion. Le conseil municipal, avant de donner son avis sur la demande, s'assure que le local est approprié à sa destination et que la tenue de l'école communale n'aura pas à souffrir de l'établissement projeté (*art.* 5). L'autorisation donnée par le conseil départemental mentionne le nombre des élèves pensionnaires que l'instituteur peut recevoir. Cette autorisation mentionne également le nombre des maîtres et employés qui devront partager avec l'instituteur la surveillance du pensionnat. Le plan du local, visé par le préfet, et l'autorisation délivrée par le conseil départemental doivent être représentés par l'instituteur aux autorités préposées à la surveillance des écoles (*art.* 6). Le régime intérieur des pensionnats primaires est réglé par le préfet en conseil départemental, sauf révision par le ministre en conseil supérieur (*art.* 7).

Sect. 3. — **Conditions spéciales aux instituteurs libres.**

118. Tout instituteur libre qui veut ouvrir un pensionnat primaire doit justifier qu'il s'est soumis aux prescriptions relatives à l'ouverture d'un établissement libre. Il doit, en outre, déposer entre les mains du maire une déclaration accompagnée : 1° de son acte de naissance et, s'il est marié, de son acte de mariage ; 2° d'un certificat dûment légalisé, attestant qu'il a exercé pendant cinq ans au moins, soit comme instituteur, soit comme maître dans un pensionnat primaire ; 3° du programme de son enseignement ; 4° du plan du local dans lequel le pensionnat doit être établi ; 5° de l'indication du nombre maximum des pensionnaires qu'il se propose de recevoir ; 6° de l'indication des noms, prénoms, date et lieu de naissance des maîtres et employés qu'il s'est adjoints pour la surveillance du pensionnat (*art.* 1er). Les formalités à remplir pour l'opposition à l'ouverture d'un pensionnat sont les mêmes que celles qui sont prescrites pour l'opposition à l'ouverture d'un externat.

CHAP. VII. — **DE QUELQUES QUESTIONS SE RAPPORTANT A L'INSTRUCTION PRIMAIRE.**

Sect. 1. — **Engagements décennaux.**

119. La loi du 27 juillet 1872 sur le recrutement a rangé ceux qui, en raison des services qu'ils rendent à l'enseignement primaire, peuvent être dispensés du service militaire, dans quatre catégories différentes, savoir :

1° Les instituteurs et les instituteurs adjoints exerçant dans les écoles publiques et les membres et novices des associations religieuses enseignantes ; 2° les instituteurs et les adjoints exerçant dans les écoles libres subventionnées par la commune, le département ou l'État, aux termes des art. 17 et 18 de la loi du 10 avril 1867 ; 3° les

directeurs, maîtres adjoints et élèves-maîtres exerçant dans les écoles fondées ou entretenues par des associations laïques ; 4° les instituteurs et les adjoints exerçant dans les écoles libres désignées par le ministre, après avis du conseil départemental.

Les maîtres ou élèves-maîtres compris dans ces quatre catégories sont dispensés du service militaire s'ils ont, avant l'époque fixée pour le tirage, contracté devant le recteur l'engagement de se vouer pendant dix ans à l'enseignement et s'ils réalisent cet engagement dans les établissements ci-dessus désignés. Avant d'accepter leur engagement, les recteurs sont tenus de vérifier s'ils remplissent les conditions exigées par la loi. (*Circ.* 23 *janv.* 1873.)

120. Lorsque l'engagement décennal est expiré, les instituteurs sont appelés à faire partie de l'armée territoriale. Toutefois ils peuvent, à cette époque, demander à contracter un nouvel engagement qui les dispense de tout service militaire. Le ministre de la guerre se montre généralement disposé à accueillir les demandes de cette nature.

Sect. 2. — **Caisse des écoles.**

121. La caisse des écoles, dont l'institution dans chaque commune est autorisée par l'art. 15 de la loi du 10 avril 1867, a pour but d'encourager et de faciliter la fréquentation de l'école. Elle peut suppléer à l'insuffisance des revenus communaux pour un grand nombre de dépenses qui, sans être obligatoires, sont d'une utilité incontestable.

Elle peut servir à allouer des secours aux familles indigentes qui ont besoin des services de leurs enfants et qui, pour ce motif, sont portées à ne pas les envoyer à la classe. Les ressources de la caisse peuvent procurer aux enfants indigents des vêtements, des livres et du papier. Elles sont utilisées, dans certains cas, pour donner des prix aux élèves les plus assidus, pour aider certaines familles à payer la rétribution scolaire, ou encore pour attribuer à l'instituteur lui-même des gratifications ou des livres dont il a besoin.

Une délibération du conseil municipal, approuvée par le préfet, peut créer, dans toute commune, une caisse des écoles.

Le revenu de cette caisse se compose de cotisations volontaires et de subventions de la commune, du département ou de l'État. Elle peut recevoir, avec l'autorisation du préfet, des dons et des legs. Plusieurs communes peuvent être autorisées à se réunir pour la formation et l'entretien de cette caisse. Le service de la caisse est fait gratuitement par le percepteur.

La caisse des écoles est gérée par une commission administrative présidée par le maire. Le percepteur peut être membre de droit du comité chargé de l'administration de la caisse.

122. En 1873, le nombre des caisses des écoles était de 479 ; elles disposaient de ressources s'élevant à 223.700 fr. Ce nombre s'augmente chaque année.

Sect. 3. — **Récompenses honorifiques.**

123. La création de récompenses honorifiques, sous forme de médailles, décernées aux instituteurs, remonte à l'arrêté du 15 juin 1818. Elle

a été confirmée par les règlements des 7 février
1829, 28 avril 1837, 9 février 1838 et 21 août
1858. Les médailles et les mentions honorables
sont décernées chaque année, sur la proposition
du préfet, après avis du conseil départemental et du
recteur de l'Académie. Le nombre des récompenses
honorifiques qui peut être accordé chaque année
est fixé par l'art. 2 de l'arrêté du 21 août 1858.

Nul instituteur, nulle institutrice ne peut obtenir une mention honorable qu'après avoir exercé
comme titulaire pendant cinq ans au moins (art. 3).
Nul ne peut obtenir la médaille de bronze s'il n'a
reçu la mention honorable depuis deux années au
moins. Nul ne peut obtenir la médaille d'argent
s'il n'a reçu la médaille de bronze depuis deux
années au moins (art. 3).

124. Pour être nommé officier d'académie, un
instituteur doit être depuis deux ans titulaire de
la médaille d'argent. (D. 27 déc. 1866, art. 7.)

S. LEBOURGEOIS.

BIBLIOGRAPHIE et ADMINISTRATION COMPARÉE. Voy. Instruction
(publique).

INSTRUCTION SECONDAIRE. 1. Il est difficile de délimiter exactement l'instruction secondaire, qui confine par ses éléments à l'instruction
primaire, et par ses branches les plus élevées à
l'enseignement supérieur. Toutefois, l'absence
d'une définition précise en cette matière n'a jamais été, que nous sachions, une entrave ni pour
l'administration, ni pour les tribunaux. Quand on
enseigne dans un établissement les langues anciennes et les langues vivantes, l'histoire et les
éléments des sciences mathématiques et naturelles, lorsque cet établissement reçoit des élèves
de neuf à dix-huit ans, lorsqu'il s'annonce comme
devant préparer au baccalauréat ès lettres et ès
sciences ou aux écoles spéciales du Gouvernement, aucun doute ne peut s'élever ; l'institution,
quelque titre qu'elle porte et quelque méthode
qu'on y pratique, est un établissement d'instruction secondaire.

2. La loi du 31 mai 1865 a établi un autre
ordre d'enseignement secondaire auquel a été
donné le nom d'enseignement secondaire spécial.
Ce dernier a surtout pour but de préparer aux
professions pour lesquelles la connaissance des langues anciennes n'est pas absolument nécessaire,
c'est-à-dire au commerce et à l'industrie.

SOMMAIRE.

CHAP. I. — DES ÉTABLISSEMENTS PUBLICS
D'INSTRUCTION SECONDAIRE.

Sect. 1. — Des lycées.

ART. 1. — CRÉATION DES LYCÉES.

3. Les lycées, appelés à une autre époque colléges royaux, sont des établissements publics
d'instruction secondaire placés sous la direction
immédiate et exclusive de l'État.

4. Leur origine remonte à la loi du 11 floréal
an X, dont les art. 9 et 10 portent qu'il y aura
un lycée au moins par arrondissement de chaque
cour d'appel. Le nombre des lycées s'est considérablement accru depuis un demi-siècle. Le tableau des lycées en exercice n'en porte que cin-
quante-six en 1852 ; aujourd'hui même, après la
perte de Metz, de Strasbourg et de Colmar, on en
compte quatre-vingts, y compris le lycée d'Alger.

5. Les lycées sont établis en vertu d'un décret
du président de la République, après avis du
conseil supérieur de l'instruction publique. Quand
une ville veut obtenir dans ses murs la création
d'un lycée, elle doit, selon l'art. 75 de la loi du
15 mars 1850, faire les dépenses de construction
et d'appropriation requises à cet effet, fournir le
mobilier et les collections nécessaires à l'enseignement, assurer l'entretien et la réparation des
bâtiments. Si elle veut de plus avoir un pensionnat près du lycée, elle doit fournir le local et le
mobilier convenables et fonder pour dix ans, avec
ou sans le concours du département, un nombre
de bourses fixé de gré à gré avec le ministre. A
l'expiration des dix années, les villes et les départements sont libres de supprimer les bourses,
sauf le droit acquis aux boursiers en jouissance
de leur bourse. Mais, dans le cas où l'État voudrait conserver le pensionnat, le local et le mobilier restent à sa disposition et ne font retour à
la commune que lors de la suppression de l'établissement.

ART. 2. — FONCTIONNAIRES ET PROFESSEURS.

§ 1. — Du proviseur.

6. La direction et l'administration des lycées
sont confiées au proviseur. Tous les autres fonctionnaires lui sont subordonnés en tout ce qui
concerne leurs fonctions.

Responsable devant Dieu et devant les hommes,
dit le statut du 4 septembre 1821, de la bonne
administration de l'établissement, il exerce une
surveillance générale sur tout ce qui intéresse la
religion, les mœurs, l'ordre et les études.

C'est sur sa proposition que sont nommés les
maîtres et aspirants répétiteurs, les maîtres auxiliaires, les professeurs des classes élémentaires,
le médecin et le chirurgien. Il nomme directement
les maîtres d'art et d'agrément, et toutes les personnes nécessaires au service du lycée. (Id., arr.
min. 30 sept. 1831, 17 août 1853.)

7. Les proviseurs sont nommés par le ministre.

L'art. 31 du décret du 17 mars 1808 avait voulu qu'ils joignissent au grade de docteur ès lettres celui de bachelier dans les sciences. Moins sévère, l'ordonnance du 26 mars 1829 exige seulement qu'ils aient obtenu la licence ès lettres ou ès sciences.

8. Le traitement fixe des proviseurs est à Paris de 9,000 fr., et dans les départements de 7,500, 7,000, 6,500, 6,000 et 5,500 fr., suivant la catégorie du lycée et suivant la classe à laquelle le fonctionnaire appartient. Dans ce traitement est comprise l'allocation supplémentaire qui peut être attribuée, après approbation du compte d'administration, à la fin de chaque exercice, et qui est fixée à 1,000 fr. pour les proviseurs des lycées de Paris et pour ceux des départements. (*D. 25 sept. 1872.*)

§ 2. — *Du censeur.*

9. Le censeur est le surveillant spécial et immédiat de tout ce qui concerne l'enseignement et la discipline. Il reçoit directement les ordres du proviseur et lui rend compte de l'exécution. Il le remplace dans toutes ses fonctions en cas d'absence ou d'empêchement. Il surveille personnellement le lever et le coucher des élèves, l'entrée et la sortie des classes, le réfectoire, les promenades et le parloir. Il est le conservateur de la bibliothèque et de toutes les collections d'objets relatifs aux sciences. (*Statut du 4 sept. 1821, art. 13 et suiv.*)

10. Pour être nommé censeur il faut être agrégé ou bien être licencié et officier d'académie, ayant rempli pendant cinq ans les fonctions de chargé de cours dans un lycée, de surveillant général avec nomination ministérielle ou de principal. (*D. 29 juill. 1859.*)

11. Le traitement des censeurs est à Paris et à Vanves de 8,000 fr.; à Versailles, de 7,500 fr.; dans les départements, de 5,600, 5,400, 5,200, 4,600, 4,400, 4,200, 4,000, 3,800 et 3,600 fr. (*D. 25 sept. 1872.*)

§ 3. — *Des aumôniers.*

12. L'aumônier est chargé d'instruire les élèves dans la religion et de leur faire contracter des habitudes religieuses. (*Voy.* **Aumôniers.**)

§ 4. — *De l'économe.*

13. L'économe, que la loi du 11 floréal an X désignait sous le nom de procureur-gérant, est chargé, sous la surveillance du proviseur, de tout ce qui concerne le matériel du lycée. Il fait les recettes et les dépenses et effectue les paiements. Il a le mobilier sous sa garde et en dresse tous les ans l'inventaire. Il dirige les domestiques, il prend soin des vêtements des élèves et surveille la propreté de la maison et le service des réfectoires et des cuisines.

14. Aux termes de l'ordonnance du 1er décembre 1837, nul ne pouvait être nommé économe d'un lycée qu'après avoir exercé pendant trois ans au moins les fonctions de premier commis d'économat ; les économats des lycées de Paris devaient être réservés aux professeurs obligés de quitter leur chaire pour cause de fatigue ou d'infirmité. Mais cette ordonnance a été abrogée par le décret du 9 mars 1852, qui confère au ministre de l'instruction publique le droit de nommer par délégation du Chef de l'État les fonctionnaires et professeurs de l'enseignement secondaire public.

15. Les économes reçoivent un traitement fixe et un traitement éventuel. Leur traitement fixe a été ainsi réglé : dans les lycées de Paris, de Vanves et de Versailles, 3,000 fr.; dans les lycées des départements de la première à la troisième classe, 2,400 fr., 2,200 fr. et 2,000 fr.

Leur traitement éventuel est prélevé sur les ressources déterminées par l'art. 10 du décret du 16 avril 1853 et il ne peut dépasser, savoir : pour les lycées d'internes de Paris, de Vanves et de Versailles, 5,000 fr.; pour les lycées d'externes de Paris, 2,250 fr.; pour les lycées des départements, 4,000 fr.

Dans les lycées des départements, le traitement éventuel des économes ne doit pas être inférieur à 600 fr. (*D. 15 déc. 1869.*)

16. Après l'examen et l'approbation des comptes d'administration et en cas de bonne gestion, il peut être accordé aux économes des gratifications annuelles fixées ainsi qu'il suit : pour les lycées de Paris, de Vanves et de Versailles, 750 fr.; pour les lycées des départements, 1re classe, 600 fr.; 2e classe, 500 fr.; 3e classe, 400 fr. (*D. 15 déc. 1869, art. 1er.*)

17. Aux économes sont attachés des commis d'économat partagés en trois classes et des commis aux écritures dont les traitements sont fixés ainsi qu'il suit :

Lycées de Paris, de Vanves et de Versailles :	
Commis d'économat de 1re classe . . .	1,800 fr.
Commis d'économat de 2e classe . . .	1,600
Commis d'économat de 3e classe . . .	1,400
Commis aux écritures	1,200
Lycées des départements :	
Commis d'économat de 1re classe . . .	1,600
Commis d'économat de 2e classe . . .	1,400
Commis d'économat de 3e classe . . .	1,200
Commis aux écritures	1,000

18. Les commis d'économat sont répartis par tiers dans les trois classes qui leur sont attribuées.

Une indemnité annuelle de 600 fr. dans les lycées de Paris et de 400 fr. dans les lycées des départements peut être accordée aux commis d'économat de première classe qui comptent plus de quinze années de service. (*D. 15 déc. 1869.*)

19. Les commis d'économat peuvent, sur la proposition du proviseur et du recteur, être dispensés de prendre leurs repas dans l'établissement. Cette autorisation n'est accordée qu'aux commis mariés et dans le cas seulement où il n'en résulte aucun préjudice pour le service. Les commis d'économat reçoivent dans ce cas une indemnité annuelle de 500 fr. (*Arr. 25 nov. 1859*).

§ 5. — *Des professeurs.*

20. Le corps des professeurs des lycées comprend des professeurs titulaires, des professeurs divisionnaires et des chargés de cours.

21. Les uns et les autres sont nommés par le ministre de l'instruction publique. (*D. 9 mars 1852.*) Toutefois, le décret du 11 décembre 1859 a attribué aux recteurs la nomination : des professeurs chargés des conférences préparatoires à la licence et à l'agrégation, des professeurs chargés des suppléances éventuelles, des instituteurs brevetés chargés de l'enseignement primaire et des maîtres de chant.

Il faut en outre distinguer les professeurs et les chargés de cours de l'enseignement classique, des professeurs et des chargés de cours de l'enseignement spécial.

Pour recevoir le titre de professeur titulaire ou divisionnaire, qu'il s'agisse de l'enseignement classique ou de l'enseignement spécial, il faut être agrégé. Quiconque n'est pas agrégé ne peut être que chargé de cours.

Les agrégés qui n'ont pas vingt-cinq ans d'âge et cinq ans d'exercice dans l'enseignement public sont nommés professeurs à titre provisoire. Une fois qu'ils remplissent ces deux conditions, ils peuvent être nommés à titre définitif. (*D.* 26 *nov.* 1875.)

22. Les professeurs titulaires reçoivent un traitement fixe que le décret du 25 septembre 1872 a réglé de la manière suivante :

Lycées de Paris, professeurs de première, seconde, troisième et quatrième classes : 7,500 fr., 7,000 fr., 6,500 fr., 6,000 fr.

Lycée de Versailles, professeurs de première, seconde, troisième et quatrième classes : 7,000 fr., 6,500 fr., 6,000 fr., 5,500 fr.

Lycées des départements, professeurs de première classe : 5,000 fr., 4,000 fr., 3,600 et 3,400 fr., selon la catégorie du lycée auquel ils appartiennent ; professeurs de seconde classe : 4,800 fr., 3,800 fr. et 3,200 fr. ; professeurs de troisième classe : 4,600 fr., 3,600 fr., 3,200 fr., 3,000 fr.

Les professeurs divisionnaires touchent, à Paris, 5,500 et 5,000 fr.; à Versailles, 5,000 et 4,500 fr.; dans les départements, de 4,800 fr. à 2,400 fr.

Les chargés de cours sont assimilés pour le traitement aux professeurs divisionnaires.

Quant aux chargés de cours qui ne sont ni licenciés, ni pourvus du certificat d'aptitude pour les langues vivantes, leur traitement varie de 3,500 fr. à 2,000 fr.

23. Les professeurs touchaient autrefois un traitement éventuel qui a été supprimé par le décret du 25 septembre 1872. Désormais les professeurs des lycées ne reçoivent plus que le traitement fixe dont nous avons fait connaître les chiffres variables suivant la position du fonctionnaire.

24. En cas d'absence, les professeurs et maîtres chargés de classes sont passibles d'une retenue proportionnelle à leur traitement. Cette retenue a été fixée pour chaque jour d'absence à :

12 fr. 50 c.	pour un traitement fixe de	4,500 fr.
11	00	Id.	Id.	4,000
9	50	Id.	Id.	3,500
8	00	Id.	Id.	3,000
6	50	Id.	Id.	2,500
5	50	Id.	Id.	2,000
5	00	Id.	Id.	1,800
4	50	Id.	Id.	1,700
4	00	Id.	Id.	1,600
3	50	Id.	Id.	1,400
3	00	Id.	Id.	1,200
2	50	Id.	Id.	1,000

(*Arr.* 14 *mars* 1854.)

Au lycée d'Alger, les retenues à opérer ne sont que d'un demi-jour du traitement fixe par jour d'absence.

Les professeurs et maîtres n'ont droit au remboursement des retenues qu'en cas de maladie

régulièrement constatée ou lorsque l'absence a eu lieu par suite de circonstances extraordinaires dont il doit être justifié. (*Arr.* 14 *mars* 1854.)

25. Il est à remarquer que la distinction des classes, parmi les professeurs comme parmi les proviseurs, censeurs, aumôniers et économes, n'a pas aujourd'hui la même signification qu'autrefois. Du temps de l'Université, la classe et le traitement étaient attachés tout à la fois à la fonction et à l'établissement dans lequel on l'exerçait. Le professeur était de premier, de second ou de troisième ordre et il jouissait d'un traitement plus ou moins élevé : 1° suivant la nature de l'enseignement dont il était chargé ; 2° suivant le lycée où il enseignait. Aujourd'hui le traitement dépend encore de la catégorie du lycée dont le professeur fait partie; mais il a quelque chose de plus personnel qu'autrefois. Le professeur chargé de l'enseignement des mathématiques spéciales peut appartenir à la dernière classe, et c'est même par cette classe qu'il débute en général; le professeur de sixième peut obtenir le traitement le plus élevé que le budget de l'instruction publique permette d'assurer aux professeurs du lycée où il exerce. Cette réforme, jointe à la suppression de l'éventuel, a permis d'accorder aux fonctionnaires, sur le théâtre même de leur succès, l'avancement qu'ils ne pouvaient obtenir qu'au prix de déplacements dispendieux et très-préjudiciables aux intérêts du service.

26. L'art. 101 du décret du 17 mars 1808 et l'art. 33 du statut du 4 septembre 1821 laissaient aux professeurs la faculté d'avoir dans leur domicile un ou deux pensionnaires particuliers. La circulaire du 4 avril 1852 et le décret du 16 avril 1853 supprimèrent cette tolérance et interdirent aux fonctionnaires et professeurs, employés dans les écoles dépendant du ministère de l'instruction publique, de faire des classes ou conférences dans les établissements particuliers d'instruction secondaire ou d'y donner des répétitions. Cependant, sur les plaintes du corps enseignant, il fallut se départir d'une rigueur qui était excessive. Aujourd'hui les professeurs usent en pleine liberté du droit de recevoir des élèves et de donner des leçons particulières.

§ 6. — *De l'agrégation.*

27. L'établissement de l'agrégation remonte à l'année 1766. Elle fut créée par l'Université de Paris, de concert avec le Parlement, qui comptait ainsi relever et fortifier les études alors en décadence. Il devait y avoir trois ordres d'agrégés, savoir : pour les classes de philosophie, pour celles d'humanités et pour celles de grammaire. Les épreuves consistaient en épreuves écrites, argumentations et leçons. Les candidats devaient être âgés de vingt-deux ans pour la philosophie, de vingt ans pour les humanités et la grammaire, et produire des lettres de maîtres ès arts. La plupart de ces dispositions avaient été reproduites dans le décret du 17 mars 1808 et dans les ordonnances et arrêtés successifs qui, depuis un demi-siècle, ont réglé les examens de l'agrégation, sagement maintenus par l'Université de France, héritière de l'Université de Paris, lorsque le décret du 10 avril 1852 fit subir à l'institution les modifications les plus graves. La forme ancienne du concours disparut et fut remplacée par de simples examens. Toutes les agrégations spéciales, qui, dans le dernier état de la législation, comprenaient la philosophie, les lettres, l'histoire, la grammaire, les sciences physiques et naturelles, et les mathématiques, furent supprimées ; on y substitua deux grandes agrégations, l'une pour les lettres, et l'autre pour les sciences. (*D.* 10 *avril* 1852, *art.* 6 ; *arr.* 21 *févr.* 1853.)

Mais cette réforme avait fait trop bon marché d'institutions éprouvées par le temps pour avoir elle-même une longue durée. Les agrégations particulières qu'elle avait réunies en une agrégation générale ont successivement reparu. Il y a aujourd'hui huit ordres d'agrégations : 1° pour les classes de philosophie ; 2° pour celles d'histoire et de géographie ; 3° pour les classes supérieures des lettres ; 4° pour les classes de grammaire ; 5° pour les langues vivantes ; 6° pour les mathématiques ; 7° pour la physique et la chimie ; 8° pour l'histoire naturelle.

28. Nul n'est admis à se présenter aux épreuves s'il n'est pourvu de certains grades et s'il ne justifie d'un stage dont les élèves de l'école normale supérieure sont seuls exempts.

29. Sous l'administration de M. Duruy, un nouvel ordre d'agrégation a été institué ; c'est l'agrégation de l'enseignement spécial, laquelle est double, l'une pour les classes littéraires et les sciences économiques, l'autre pour les sciences appliquées.

Une disposition de la loi de finances du 19 décembre 1873 assure une allocation supplémentaire de 500 fr. aux fonctionnaires des lycées de département qui ont le titre d'agrégé pour les classes de l'enseignement classique, et 300 fr. à ceux qui l'ont obtenu pour les classes de l'enseignement spécial. (*D.* 17 *juill.* 1857, 17 *et* 20 *juill.* 1858, 11 *juill.* 1860, 29 *juin* 1863, 27 *nov.* 1864, 28 *mars* 1866, 24 *déc.* 1866, 31 *déc.* 1873.)

30. Un arrêté du 27 juillet 1860 a rétabli un examen qui avait existé autrefois et qui avait pour but de constater l'aptitude à l'enseignement des langues vivantes. A la suite de cet examen, il est délivré un certificat d'aptitude soit pour l'anglais, l'allemand, l'italien ou l'espagnol.

§ 7. — *Des maîtres répétiteurs.*

31. A côté des professeurs se trouvent placés les maîtres répétiteurs. Les établissements d'instruction publique possédaient naguère une catégorie nombreuse de fonctionnaires, bien connus sous le nom de maîtres d'études, et dont le seul emploi consistait dans le maintien de la discipline.

Le décret du 17 août 1853 les a remplacés par des maîtres-répétiteurs, qui sont sans doute chargés de veiller au bon ordre, mais qui doivent aussi concourir à l'enseignement en dirigeant le travail des élèves, en remplaçant les professeurs empêchés, en prenant part au service des répétitions et conférences.

32. Les candidats aux fonctions d'aspirant répétiteur doivent être âgés de dix-huit ans au moins et être pourvus du diplôme de bachelier ès lettres ou ès sciences. Nul n'est nommé répétiteur de

2ᵉ classe s'il n'a exercé pendant un an au moins, avec un titre régulier, les fonctions d'aspirant répétiteur.

33. Peuvent être nommés maîtres répétiteurs de 1ʳᵉ classe :

Les maîtres répétiteurs de 2ᵉ classe, après un an d'exercice s'ils sont licenciés ou s'ils ont été admis aux épreuves orales de l'agrégation de grammaire ;

Les maîtres répétiteurs de 2ᵉ classe, après cinq ans d'exercice, dont trois au moins dans le même lycée.

34. Les répétiteurs et les aspirants répétiteurs sont nommés, remplacés ou révoqués par le ministre de l'instruction publique, sur la proposition du proviseur et sur l'avis du recteur, chargés l'un et l'autre de s'assurer, au préalable, de la moralité et de l'aptitude des candidats.

35. Le proviseur peut, en cas d'urgence, suspendre les répétiteurs de leurs fonctions, à la charge par lui d'en référer immédiatement au recteur, et sans que la durée de cette suspension puisse excéder trois mois.

36. Les maîtres répétiteurs peuvent être chargés des fonctions de surveillant général, par délégation du proviseur, avec l'agrément du recteur, sans qu'ils cessent d'être considérés comme maîtres répétiteurs de 1ʳᵉ ou de 2ᵉ classe. Leur traitement est alors de 1,500 fr. quelle que soit leur classe.

Après cinq ans d'exercice dans la 1ʳᵉ classe, les maîtres répétiteurs peuvent être nommés, par le ministre, surveillants généraux.

Après cinq ans comme surveillants généraux, ils peuvent être nommés censeurs, s'ils sont licenciés et officiers d'académie.

37. Le traitement des maîtres répétiteurs est fixé ainsi qu'il suit :

	Départements.	Paris.
Répétiteurs de 1ʳᵉ classe . .	1,200ᶠ	1,500ᶠ
Répétiteurs de 2ᵉ classe . .	1,000	1,200
Aspirants répétiteurs. . .	700	800

Le traitement des maîtres répétiteurs de 1ʳᵉ classe peut, après cinq années d'exercice, être augmenté de 300 fr. (*D.* 27 *juill.* 1859.)

38. Les maîtres élémentaires de septième et de huitième ont reçu, en vertu du décret du 26 septembre 1872, le titre de professeurs.

Depuis la même époque, les maîtres répétiteurs pourvus du grade de licencié et qui auront été pendant deux ans chargés d'une classe élémentaire peuvent être nommés, par le ministre, professeurs chargés de cours. Dans les classes de septième et de huitième ils reçoivent 2,500 fr. à Paris, 2,000 fr. dans les départements.

Après cinq années d'exercice ce traitement peut être porté à 3,000 fr. à Paris et à 2,200 fr. dans les départements.

39. Les surveillants généraux pourvus d'une nomination ministérielle sont divisés en trois classes et leurs traitements sont fixés ainsi qu'il suit : lycées de Paris, de Vanves et de Versailles, 1ʳᵉ classe 3,000 fr., 2ᵉ classe 2,500 fr., 3ᵉ classe 2,000 fr. ; lycées des départements, 1ʳᵉ classe 2,400 fr., 2ᵉ classe 2,000 fr., 3ᵉ 1,800 fr.

Nul ne peut être promu à la 2ᵉ classe qu'après cinq années d'exercice dans la 3ᵉ, et à la 1ʳᵉ classe qu'après dix ans passés dans la deuxième [1]. (*D.* 30 *déc.* 1874.)

ART. 3. — DE L'ADMISSION DES ÉLÈVES.

40. La population des lycées se compose d'élèves entretenus, les uns aux frais de leurs parents, les autres aux frais de l'État, des départements ou des communes.

§ 1. — *Des élèves payants.*

41. Les élèves payants se divisent en élèves pensionnaires, demi-pensionnaires et externes.

Le statut du 4 septembre 1821 exige que, pour être admis dans le pensionnat des lycées, les enfants aient atteint l'âge de huit ans, et qu'ils sachent lire et écrire. Aucun externe ne peut suivre les classes sans autorisation du proviseur.

42. Les rétributions que les familles ont à payer sont le prix de pension ou de demi-pension et les frais d'études, outre le supplément pour les conférences, répétitions et examens, à la charge des élèves qui veulent y assister. Elles diffèrent selon les lycées et selon la division à laquelle l'élève appartient.

Selon l'importance des villes où sont situés les lycées, le prix de pension varie de 500 à 900 fr. pour la division élémentaire, de 600 à 950 fr. pour la division de grammaire, de 650 à 1,000 fr. pour la division supérieure, et de 800 à 1,000 fr. pour la classe de mathématiques spéciales.

A Paris, les familles paient 1,000 fr. en division élémentaire, 1,200 fr. dans les classes de grammaire, 1,400 fr. dans les classes supérieures, 1,500 fr. en mathématiques spéciales.

Le taux de la demi-pension est fixé généralement à la moitié du prix de pension augmenté de 50 fr. pour la division élémentaire, de 75 fr. pour la division de grammaire, et de 100 fr. pour la division supérieure.

43. Le prix des livres classiques et fournitures scolaires est compris dans le prix total de la pension. Le prix des trousseaux fournis par l'établissement est fixé pour les lycées des départements à 500 fr.; pour les lycées de Paris à 600 fr. Les familles peuvent en acquitter le montant en trois termes : le premier avec le premier trimestre de la pension, le second avec le second trimestre, et le troisième avec le troisième trimestre. (*Circ.* 31 *avril* 1853.)

44. Dans un certain nombre de lycées, il existe un *externat surveillé* en faveur des enfants de la ville qui demeurent chez leurs parents, et qui, suivant les cours des lycées, ont un grand intérêt, pour ne pas perdre leur temps en voyages continuels, à rester dans l'établissement pendant l'intervalle des classes.

§ 2. — *Des élèves boursiers.* (*Voy.* **Bourses.**)

ART. 4. — DU PLAN D'ÉTUDES DES LYCÉES.

45. Le plan d'études des lycées a subi des vi-

1. Dans le but de faciliter le recrutement des professeurs des lycées et des collèges, et en même temps d'alléger la tâche des maîtres répétiteurs, il a été créé, au lycée du chef-lieu de chaque académie, des emplois de maîtres répétiteurs auxiliaires. Le nombre de ces maîtres est fixé annuellement sur la proposition du recteur.

Les maîtres auxiliaires sont assujettis aux conditions de grades et d'engagement décennal exigées des maîtres répétiteurs.

Ils font à l'intérieur un service actif qui ne peut excéder deux heures par jour, sauf les cas d'urgence reconnus par le recteur. Ils peuvent être délégués temporairement dans un des lycées ou collèges de l'académie.

Leur traitement est de 400 fr. (*D.* 11 *janv.* 1868.)

cissitudes fréquentes dont il serait hors de propos de raconter en ce moment l'histoire. La plus importante a eu lieu sous le ministère de M. Fortoul, qui avait tenté ce que l'on appelle la bifurcation des études, c'est-à-dire la séparation des études scientifiques et des études littéraires. On sait que cette tentative a complétement échoué et qu'il a fallu en revenir aux anciens errements.

46. Le règlement qui régit actuellement les études secondaires classiques est l'arrêté du 23 juillet 1875.

Suivant leur âge et le degré de leur instruction, les élèves des lycées sont répartis en trois divisions : la division élémentaire, la division de grammaire et la division supérieure. Il faut y joindre, dans un certain nombre de grands établissements, la classe de mathématiques spéciales.

47. Dans la division élémentaire, les enfants sont préparés à l'enseignement secondaire. Ils apprennent la lecture, l'écriture, l'orthographe, la grammaire française, l'histoire sainte, la géographie, le calcul, les langues vivantes, la musique vocale et les premiers éléments du latin.

48. Après un examen constatant qu'ils sont en état de suivre les classes, ils sont admis dans la division de grammaire qui embrasse les trois années de sixième, de cinquième et de quatrième ; chacune des trois années est consacrée : à l'étude des grammaires française, latine et grecque, à l'étude de la géographie et de l'histoire ancienne, des langues vivantes, de la musique vocale. L'arithmétique est enseignée en cinquième et en quatrième. Dans cette dernière classe on donne aux élèves des notions préliminaires de géométrie.

49. A l'issue de la classe de quatrième, les élèves subissent un examen appelé examen de grammaire, dont le résultat est constaté par un certificat spécial indispensable pour passer dans la division supérieure.

50. La division supérieure comprend deux parties : la partie littéraire et la partie scientifique. La partie littéraire se compose des classes d'humanités, de la rhétorique et de la philosophie. On enseigne aussi dans ces classes l'histoire et la géographie, les langues vivantes, les mathématiques, la physique et la chimie élémentaire.

51. La partie scientifique comprend la classe de mathématiques préparatoires, la classe de mathématiques élémentaires et dans un certain nombre de lycées la classe de mathématiques spéciales. Outre l'enseignement scientifique, les élèves qui suivent ces classes reçoivent l'enseignement littéraire nécessaire, surtout pour ceux qui n'ont pas passé par les classes de lettres. On y enseigne aussi l'histoire, la géographie et les langues vivantes. Enfin, un petit nombre de lycées renferment une école préparatoire aux écoles spéciales du Gouvernement organisée conformément aux prescriptions de la circulaire du 15 juin 1865.

52. Des conférences sur la religion et sur la morale correspondant aux différentes divisions sont faites par l'aumônier ou sous sa direction ; le programme en est dressé par l'évêque diocésain. Des mesures analogues sont prescrites pour les élèves des cultes non catholiques reconnus.

53. Ce système d'études se complète par des

enseignements accessoires, en particulier celui du dessin et de la gymnastique.

L'enseignement du dessin commence à la classe de sixième ; il est continué d'année en année jusqu'à la classe de philosophie inclusivement.

L'enseignement de la gymnastique est donné à tous les élèves, qui sont partagés à cet effet en trois divisions : celle du petit collége, celle du moyen collége et celle du grand collége. En rhétorique, en philosophie, en mathématiques élémentaires et en mathématiques spéciales, les élèves font des exercices militaires.

54. Indépendamment des leçons faites par les professeurs, et qui composent le fond régulier de l'enseignement des lycées, on a organisé dans chaque établissement des conférences, des répétitions et des examens qui permettent de compléter l'instruction des élèves et de vérifier leurs progrès. Tous les élèves internes y sont admis gratuitement, les élèves externes moyennant une rétribution modique.

55. A la fin de chaque année scolaire ont lieu des concours entre les établissements d'enseignement secondaire, savoir :

Les *concours académiques* établis par l'arrêté du 10 avril 1865. Ils s'ouvrent chaque année entre les lycées et colléges d'une même académie à une date fixée par le recteur. Un certain nombre d'académies sont groupées entre elles pour la composition en mathématiques spéciales. (*Arr.* 13 *mai* 1865.)

Le *concours général des lycées des départements,* institué par décret du 28 mai 1864. L'arrêté du 30 décembre 1868 a étendu ce concours aux classes d'enseignement secondaire spécial.

Le *concours général des lycées de Paris et de Versailles,* établi en vertu de l'art. 13 de l'arrêté consulaire du 23 fructidor an XI.

56. Telles sont les principales dispositions du plan d'études qui est en vigueur dans les lycées. Ceux qui voudraient le connaître plus en détail devraient se reporter aux arrêtés ministériels des 29 et 30 août, 10 et 14 septembre 1852, 26 janvier et 29 décembre 1853, 13 mars 1854, aux instructions du 15 novembre 1854, du 24 mars 1865 et surtout à l'arrêté du 23 juillet 1875.

ART. 5. — DE LA COMPTABILITÉ DES LYCÉES.

57. Les prescriptions relatives à la comptabilité des lycées sont contenues dans le règlement du 16 octobre 1867, lequel a reproduit une partie des dispositions édictées par le décret du 31 mai 1862.

Cette comptabilité est établie par gestion et divisée par exercice.

58. L'époque de la clôture de l'exercice pour les recouvrements et les paiements qui s'y rattachent est fixée au 31 mars de la deuxième année de l'exercice.

59. Les recettes des lycées sont ordinaires, extraordinaires ou supplémentaires.

60. Les recettes ordinaires se composent: 1° des subventions allouées par le trésor public pour les dépenses ordinaires ; 2° des sommes payées par le Trésor pour les bourses et les dégrèvements ; 3° des sommes payées par les départements ou par les villes, soit à titre de subvention ordinaire, soit pour les bourses départementales et communales ; 4° des bourses et portions de bourses fondées par les par-

ticuliers ; 5° des sommes payées par les particuliers pour les pensions, parties de pensions et trousseaux à la charge des familles ; 6° des sommes payées par les externes pour frais d'études et autres ; 7° des arrérages de rentes sur l'État et intérêts de capitaux ; 8° du produit en argent des domaines et jardins exploités par l'administration.

61. Les recettes extraordinaires se composent : 1° des subventions du Trésor pour les dépenses extraordinaires ; 2° des sommes payées par les départements ou par les villes à titre de subvention extraordinaire ; 3° du prix des immeubles aliénés ; 4° du prix d'aliénation de rentes sur l'État ; 5° du produit des emprunts ; 6° des dons et legs ; 7° de toutes autres recettes accidentelles.

62. Les recettes supplémentaires se composent : 1° de l'excédant de recettes de l'exercice précédent ; 2° des recettes à recouvrer sur les exercices antérieurs ; 3° des recettes non prévues au budget primitif.

63. Les dépenses des lycées se divisent également en dépenses ordinaires, dépenses extraordinaires et dépenses supplémentaires.

64. Les dépenses ordinaires se composent principalement : 1° des dépenses de nourriture ; 2° des dépenses d'habillement, d'entretien et de blanchissage ; 3° des traitements ; 4° des frais du service intérieur : 5° des dépenses d'entretien et de réparation.

65. Les dépenses extraordinaires ont en général pour objet : 1° les constructions et grosses réparations ; 2° les achats de terrains et de bâtiments ; 3° les frais de procédure ; 4° les achats de rentes sur l'État.

66. Les dépenses supplémentaires se composent : 1° des dépenses restant à solder sur l'exercice précédent et sur les exercices antérieurs ; 2° des dépenses non prévues au budget et pour lesquelles des crédits supplémentaires ont été ouverts en vertu de décisions spéciales.

67. Toutes les ressources allouées aux lycées sur les fonds du Trésor sont ordonnancées au nom des économes.

68. Les budgets des lycées sont arrêtés par le ministre, après avis des bureaux d'administration et des conseils académiques.

Le ministre ouvre les crédits supplémentaires.

Les articles additionnels au budget de l'exercice, comprenant les restes à payer et à recouvrer sur les exercices précédents, sont arrêtés par le recteur après vérification du bureau d'administration.

Le proviseur, en sa qualité d'administrateur du lycée, engage les dépenses et ordonne les paiements dans les limites des crédits. Il est tenu de se conformer, d'ailleurs, aux règlements sur les dépenses des lycées.

69. Le proviseur communique au bureau d'administration l'état des divers objets de consommation nécessaires au service du lycée, et ses propositions relatives au mode d'achat. Ces propositions, adressées au recteur avec la délibération du bureau d'administration, sont soumises au conseil académique, lequel décide s'il y a lieu de faire une adjudication publique, d'autoriser le proviseur à passer marché à l'amiable, ou de charger l'économe de faire les achats de gré à gré.

En l'absence du conseil académique, la décision est prise par le recteur.

70. Tous marchés pour fournitures excédant trois mille francs sont l'objet d'une adjudication avec concurrence et publicité, sauf dans les cas prévus dans l'art. 69 du décret du 31 mai 1862.

Le bureau d'administration arrête, sous l'approbation du recteur, les cahiers des charges, pour les marchés de toute nature.

Les marchés que le proviseur est autorisé à faire à l'amiable sont soumis à l'approbation du conseil académique, ou, en son absence, au recteur, et ne sont exécutoires qu'après avoir été approuvés par le conseil académique ou par le recteur.

71. Le proviseur propose les acquisitions de rentes et d'immeubles, les emprunts, les achats d'objets mobiliers, les constructions et les réparations à faire sur les fonds du lycée, enfin les aliénations de rentes et d'immeubles, et les ventes d'objets mobiliers reconnues utiles au service. Le bureau d'administration et le conseil académique sont consultés.

Les baux à ferme sont passés par le proviseur, qui en règle les conditions. Le bureau d'administration est consulté, mais les baux ne sont valables et définitifs qu'après avoir été approuvés par le conseil académique ou par le recteur.

72. Aucune dépense faite pour le compte du lycée ne peut être acquittée que sur un mandat délivré par le proviseur ordonnateur, ou, en son absence, par le fonctionnaire chargé de l'administration de l'établissement.

Le proviseur ne peut délivrer des mandats que pour des services faits, pour des travaux exécutés, pour des fournitures livrées.

Néanmoins il peut délivrer des mandats d'à-compte sur les travaux non encore terminés, ou sur les fournitures dont les mémoires ne sont pas encore réglés.

73. Avant le 20 avril, le proviseur soumet au bureau d'administration, avec les pièces à l'appui, le compte d'administration du lycée pour l'exercice précédent. Il y joint un rapport détaillé sur les différentes parties du service en général, et sur celles qui sont plus particulièrement confiées à l'économe. Le bureau d'administration vérifie le compte présenté par le proviseur.

Avant le 1er mai, le proviseur remet au recteur ledit compte, avec l'avis du bureau d'administration et les pièces et rapports à l'appui.

Une copie de ce compte est jointe au compte de l'économe.

Le recteur soumet le compte à l'examen du conseil académique dans sa plus prochaine session.

74. L'économe est agent comptable, chargé seul, sous sa responsabilité, de poursuivre la rentrée de tous les revenus du lycée et de toutes les sommes qui lui seraient dues, ainsi que d'acquitter les dépenses ordonnancées par le proviseur jusqu'à concurrence des crédits régulièrement accordés.

Le mobilier, ainsi que les magasins et approvisionnements de toute nature sont entièrement à sa garde.

75. Comme manutenteur des deniers et des matières, il fournit un cautionnement. En cas de

décès, de démission ou de révocation de l'économe, et tant qu'il n'a pas été régulièrement pourvu à son remplacement, le proviseur pourvoit aux besoins du service.

76. L'économe ne peut payer aucune somme sans 1° qu'un crédit ait été ouvert, 2° qu'un mandat du proviseur soit présenté, 3° que ledit mandat soit accompagné des pièces justificatives prescrites par les règlements. Les pièces justificatives restent annexées aux quittances des parties prenantes.

77. Le paiement d'un mandat est suspendu par l'économe : 1° s'il n'a pas été délivré en vertu d'un crédit régulièrement ouvert, ou s'il excède ce crédit; 2° s'il y a omission ou irrégularité matérielle dans les pièces justificatives qui doivent être produites par les parties prenantes; 3° s'il y a opposition dûment signifiée contre le paiement réclamé.

Tout refus ou retard doit être motivé dans une déclaration immédiate délivrée par l'économe au porteur du mandat, lequel en réfère au proviseur.

78. Si le proviseur requiert par écrit et sous sa responsabilité qu'il soit passé outre au paiement, l'économe y procède sans autre délai, et il annexe au mandat, avec une copie de sa déclaration, l'original de la réquisition qu'il a reçue. Le proviseur informe immédiatement le recteur des circonstances et des motifs qui ont accompagné la réquisition.

79. L'économe est tenu de faire, sous sa responsabilité personnelle, toutes les diligences nécessaires pour la perception des revenus, legs, donations et autres ressources affectées au service du lycée; de faire faire contre les débiteurs en retard de payer, et à la requête du proviseur, les exploits, significations, poursuites et commandements nécessaires; d'avertir l'administration de l'expiration des baux; d'empêcher les prescriptions; de veiller à la conservation des domaines, droits, priviléges et hypothèques; de requérir, à cet effet, l'inscription au bureau des hypothèques de tous les titres qui en sont susceptibles; enfin de tenir registre de ces inscriptions, et autres poursuites et diligences.

80. Des commissaires, pris dans le sein du conseil académique ou du bureau d'administration et désignés par le recteur, assistent avec le proviseur à l'inventaire; ils le comparent avec la balance des comptes du registre de magasin, et consignent sur l'inventaire le résultat du contrôle.

81. Le proviseur vérifie tous les huit jours la caisse de l'économe.

82. A la fin de chaque mois, il constate : au registre à souche, le numéro de la dernière quittance par l'économe; au livre-journal de caisse, le solde en caisse et la concordance du journal avec le registre à souche; au sommier, la conformité des enregistrements du sommier avec ceux du livre-journal de caisse.

Si toutes les écritures ne sont pas au courant suivant l'ordre prescrit, si le solde en caisse n'est pas d'accord avec les écritures, le proviseur doit en dresser le procès-verbal, qu'il transmet immédiatement au ministre par l'intermédiaire du recteur.

Le proviseur vérifie chaque mois le registre de magasin. Il assiste à l'inventaire qui doit être fait le dernier jour de chaque trimestre, et signe le procès-verbal avec les commissaires délégués par le recteur.

83. Le recteur vérifie tous les trois mois, par lui-même ou par un délégué, les caisses des lycées et les écritures des économes.

Le résultat de cette vérification est constaté par un procès-verbal qu'il adresse au ministre; il y joint un rapport dans lequel il fait connaître si le proviseur a vérifié la caisse et arrêté les écritures aux époques déterminées.

S'il a reconnu des irrégularités dans la tenue de la caisse et des écritures, il propose au ministre les mesures qui peuvent être nécessaires.

84. Le 20 du dernier mois de chaque trimestre, le recteur délègue les membres du conseil académique ou du bureau d'administration, chargés d'assister avec le proviseur à l'inventaire trimestriel des objets en magasin, qui doit être fait par l'économe.

85. Le proviseur tient la main à ce que les comptes et les pièces à l'appui soient envoyés par l'économe au ministre avant le 20 avril.

86. Les comptes de gestion, après avoir été vérifiés, sont transmis à la Cour des comptes, avant le 1er juin de chaque année, par le ministre, qui y joint toutes les pièces justificatives. Il est procédé à leur jugement en la forme suivie pour ceux des établissements de bienfaisance. Les arrêts rendus par la cour sont transmis aux économes par l'entremise des recteurs. (*Id., art.* 696.)

Sect. 2. — Des colléges communaux.

87. A côté des lycées, la loi du 11 floréal an X avait placé, sous le nom d'écoles secondaires, les établissements fondés par les communes ou tenus par les particuliers, dans lesquels on enseignait les langues latine et française, les premiers principes de la géographie, de l'histoire et des mathématiques. Un assez grand nombre d'écoles secondaires furent, en conséquence, établies par les communes dans les bâtiments des anciens colléges supprimés après 1792; elles étaient, ainsi que les écoles particulières, placées sous l'inspection des préfets. Le ministre de l'intérieur en nommait le directeur et les principaux fonctionnaires. Lors de la création de l'Université, elles entrèrent dans le cadre de ses établissements avec le titre de colléges. Elles ont reçu le nom de colléges communaux à l'époque où les lycées étaient appelés colléges royaux.

88. Pour établir un collége communal, toute ville doit satisfaire aux conditions suivantes : fournir un local approprié à cet usage et en assurer l'entretien; placer et entretenir dans ce local le mobilier nécessaire à la tenue des cours et à celle du pensionnat, si l'établissement doit recevoir des élèves internes; garantir pour cinq ans au moins le traitement fixe des fonctionnaires, lequel est considéré comme dépense obligatoire pour la commune, en cas d'insuffisance des revenus propres du collége, de la rétribution collégiale payée par les externes et des produits du pensionnat. (*L.* 15 *mars* 1850, *art.* 74.)

89. Les fonctionnaires des colléges communaux sont : le principal, chargé de l'administration de l'établissement; les professeurs parmi lesquels se trouvent généralement compris l'aumônier et les maîtres d'études.

90. Le mode d'administration n'est pas uniforme : certains colléges sont en régie, c'est-à-dire au compte des villes, qui encaissent les bénéfices obtenus sur la gestion du pensionnat et le produit de la rétribution collégiale payée par les élèves externes. D'autres colléges, en plus grand nombre, sont au compte des principaux, qui les administrent à leurs risques et périls moyennant une subvention communale.

91. Quand le collége est en régie, le traitement du principal figure avec celui des autres fonctionnaires sur un état de traitement qui est acquitté par le receveur de la ville. Quand, au contraire, le collége est au compte du principal, le traitement de ce fonctionnaire porté au budget est fictif; son traitement réel consiste dans les bénéfices qu'il réalise sur la gestion du pensionnat et sur la rétribution collégiale. Aussi, dans ce cas, afin de donner une base certaine à la perception des retenues à opérer sur le traitement des principaux pour le service des pensions civiles, l'art. 9 du décret du 9 novembre 1853, consacrant une disposition des anciens règlements de l'Université, a décidé que ces retenues seraient calculées d'après le traitement du professeur le mieux rétribué, surévalué d'un quart.

92. Près de chaque collége est établi un bureau d'administration désigné par le recteur, et dont les fonctions embrassent l'administration, la discipline et la comptabilité de l'établissement. Le bureau arrête chaque année le compte de recettes et de dépenses, et invite l'administration communale à ajouter aux revenus du collége lorsqu'ils sont insuffisants. Il dresse le budget, qui est arrêté par le conseil municipal et transmis ensuite, par l'intermédiaire du recteur de l'académie, au ministre de l'instruction publique pour être approuvé.

93. L'État peut venir en aide au collége par des allocations prélevées sur un fonds de subvention inscrit annuellement au budget, et spécialement affecté à améliorer et à développer les diverses parties de l'enseignement, à encourager la création des chaires nouvelles, à subvenir à l'entretien et à l'augmentation des bibliothèques, collections et mobiliers scientifiques. Les communes qui veulent obtenir une allocation doivent justifier de l'insuffisance de leurs ressources en produisant : 1° leur budget de l'exercice courant; 2° un certificat du receveur de l'arrondissement constatant la situation financière de la commune. Chaque demande doit, en outre, être accompagnée : 1° d'une délibération du bureau d'administration et d'une délibération du conseil municipal, indiquant l'objet et la quotité de l'allocation demandée; 2° d'un inventaire du mobilier usuel et scientifique; 3° d'un plan des bâtiments et des devis des travaux que la commune se proposerait de faire pour suffire aux besoins de l'enseignement. Les demandes d'allocation ainsi instruites sont transmises au ministre de l'instruction publique par les recteurs des académies avec un avis motivé. (*Arr.* 14 *nov.* 1845.)

94. Le nombre des colléges communaux est aujourd'hui de 250.

CHAP. II. — DES ÉTABLISSEMENTS D'ENSEIGNEMENT SECONDAIRE SPÉCIAL.

95. En fondant l'*enseignement secondaire spécial*, la loi du 31 mai 1865 s'est proposé de réunir sous une dénomination commune, et de soumettre à des programmes parfaitement déterminés les différents cours qui, dans les lycées et les colléges, portaient le nom de *cours professionnels, industriels et commerciaux*. C'est là que se réunissaient les enfants dont les familles ne pouvaient s'imposer les lourds sacrifices qu'exige l'enseignement classique et pour lesquels cependant l'école primaire n'offrait pas un champ d'études qui parût suffisant.

Depuis longtemps on cherchait à résoudre ce problème qui consiste à fournir l'instruction strictement nécessaire aux élèves qui se préparent au commerce et à l'industrie, et jusqu'alors on avait reculé devant les difficultés que la pratique semblait offrir.

L'enseignement secondaire spécial a-t-il donné toute satisfaction sur ce point ? Nous n'avons pas à l'examiner ici.

Disons seulement qu'à Paris surtout, un certain nombre de colléges municipaux sont entrés franchement dans la nouvelle voie ; ils jouissent d'une faveur marquée et ils rendent des services qui sont incontestables.

L'élan est donné et l'on s'est mis à rechercher sérieusement les méthodes qui peuvent rendre l'enseignement spécial complétement fructueux. Avec les perfectionnements que l'expérience introduira, on arrivera sans doute à constituer des cours qui rendront des services réels.

96. L'enseignement secondaire spécial comprend l'instruction morale et religieuse ; la langue et la littérature françaises ; l'histoire et la géographie ; les mathématiques appliquées, la physique, la mécanique, la chimie, l'histoire naturelle et leurs applications à l'agriculture et à l'industrie ; le dessin linéaire, la comptabilité et la tenue des livres.

Il peut comprendre en outre : une ou plusieurs langues vivantes étrangères ; des notions usuelles de législation et d'économie industrielle et rurale et d'hygiène ; le dessin d'ornement et le dessin d'imitation ; la musique vocale et la gymnastique. (*L. 31 mai* 1865, *art.* 1er.)

97. Il est institué un conseil de perfectionnement près de chacun des établissements où est donné l'enseignement spécial. (*Idem, art.* 3.)

98. A la fin des cours, les élèves sont admis à subir, devant un jury dont les membres sont nommés par le ministre de l'instruction publique, un examen à la suite duquel ils obtiennent, s'il y a lieu, un diplôme. (*Idem, art.* 4.)

99. Pour recruter le personnel nécessaire à l'enseignement secondaire spécial, on a créé l'école normale de Cluny et on a institué une agrégation pour cet ordre d'enseignement. (*Voy.* n° 29.)

100. En même temps on a déterminé les traitements auxquels auraient droit les professeurs des cours spéciaux : les professeurs titulaires sont assimilés pour le traitement aux professeurs divisionnaires de l'enseignement classique ; les chargés de cours reçoivent un traitement qui varie de 3,500 à 2,000 fr., selon la catégorie du

lycée et suivant la classe à laquelle ils appartiennent. Le traitement des maîtres élémentaires est, pour les lycées de Paris, de 1,400 fr., pour les lycées des départements : 1re classe, 1,200 fr., 2e classe, 1,000 fr. ; les maîtres et aspirants répétiteurs reçoivent : à Paris, les aspirants répétiteurs, 700 fr., les maîtres répétiteurs de 1re classe, 1,200 fr., de 2e classe, 1,000 fr., dans les départements, les aspirants répétiteurs, 600 fr., les maîtres répétiteurs de 1re classe, 1,000 fr., de 2e classe, 800 fr. (*D. 28 mars* 1866.)

101. Deux lycées sont particulièrement consacrés à l'enseignement secondaire spécial, ce sont ceux de Mont-de-Marsan et de Pontivy. Enfin sept colléges communaux donnent exclusivement cet enseignement, ce sont : les colléges d'Alais, Bruyères, Cluny (collége annexe), Lesneveu, Pertuis, Thiers et Verneuil.

CHAP. III. — DES ÉTABLISSEMENTS PARTICULIERS D'INSTRUCTION SECONDAIRE.

Sect. 1. — Des établissements laïques.

102. Les établissements particuliers d'instruction secondaire se partageaient, sous l'empire des règlements de l'Université, en deux classes : les institutions et les pensions, selon le degré plus ou moins élevé de l'enseignement qui y était donné. Parmi les institutions, il y en avait un certain nombre qu'on désignait par le nom d'institutions de *plein exercice*, ce qui voulait dire qu'elles pouvaient préparer directement des candidats au baccalauréat, et que, pour être admis à l'examen, leurs élèves n'étaient pas dans l'obligation d'avoir suivi les classes des lycées ou des colléges communaux. Elles étaient, en général, établies dans les villes qui n'étaient pas le siége d'un lycée. Mais ces distinctions ont été abrogées par la loi du 15 mars 1850, qui impose à tous les établissements d'instruction secondaire les mêmes obligations, et qui leur reconnaît à tous les mêmes droits.

103. Tout Français, âgé de vingt-cinq ans au moins, qui veut ouvrir une école secondaire libre, doit préalablement déclarer son intention à l'inspecteur d'académie du département où il veut s'établir, lui désigner le local et lui donner l'indication des professions qu'il a exercées pendant les dix années précédentes. A ces déclarations doivent être jointes les pièces suivantes, dont il est donné récépissé au postulant : 1° un certificat de stage, constatant qu'il a rempli, pendant cinq ans au moins, les fonctions de professeur ou de surveillant dans un établissement d'instruction secondaire publique ou libre ; 2° soit le diplôme de bachelier, soit un brevet de capacité délivré par un jury spécial, dont les membres sont désignés, pour chaque département, par le ministre de l'instruction publique ; 3° le plan du local et l'indication de l'objet de l'enseignement. L'inspecteur d'académie, à qui le dépôt des pièces a été fait, en donne avis au préfet du département et au procureur de la République de l'arrondissement dans lequel l'établissement doit être fondé.

104. Le diplôme de bachelier peut être suppléé, pour l'ouverture d'un établissement libre d'enseignement secondaire spécial, par un brevet de capacité, à la suite d'un examen dont les programmes sont réglés par des arrêtés délibérés en conseil supérieur. (*L.* 31 *mai* 1865, *art.* 6.)

105. Les certificats de stage sont délivrés par le conseil départemental d'instruction publique, sur l'attestation des chefs des établissements où le stage a été accompli. Toute attestation fausse est punie des peines portées en l'article 160 du Code pénal. Sur la proposition des conseils départementaux et l'avis conforme du conseil supérieur de l'instruction publique, le ministre peut accorder des dispenses de stage. La délibération du conseil départemental doit être motivée.

106. Pendant le mois qui suit le dépôt des pièces, l'inspecteur d'académie, le préfet et le procureur de la République peuvent se pourvoir devant le conseil départemental et s'opposer à l'ouverture de l'établissement dans l'intérêt des mœurs publiques ou de la santé des enfants. L'opposition doit être motivée, signée de l'auteur et écrite sur papier libre. Elle est déposée au secrétariat de l'académie et notifiée à la personne ou au domicile de la partie intéressée, à la diligence de l'inspecteur d'académie, en la forme administrative. Dans la quinzaine qui suit la notification de l'opposition, il y est statué par le conseil départemental. Trois jours avant la séance fixée pour le jugement, la partie intéressée est citée à comparaître à la diligence de l'inspecteur d'académie. Le jugement est notifié dans le délai d'un mois à la partie et au procureur de la République ou au préfet, s'ils ont formé opposition. Appel peut être interjeté devant le conseil supérieur de l'instruction publique. Si dans la quinzaine, à partir du jour de la dernière notification, aucun appel n'est survenu, le jugement est réputé définitif, soit qu'il ait validé l'opposition, soit qu'il l'ait infirmée. Dans le cas où aucune opposition n'a eu lieu, l'établissement peut être immédiatement ouvert à l'expiration du mois qui suit le dépôt des pièces.

107. Sont incapables de tenir un établissement d'instruction secondaire : 1° les individus qui ont subi une condamnation pour crime ou pour un délit contraire à la probité et aux mœurs ; 2° ceux qui ont été privés par jugement de l'exercice de tout ou partie des droits civiques, civils et de famille ; 3° ceux à qui la profession de l'enseignement a été interdite par application des art. 14, 30, 33 et 68 de la loi du 15 mars 1850.

108. Quiconque a ouvert un établissement d'instruction secondaire sans avoir satisfait aux conditions qui précèdent, est passible d'une amende de 100 à 1,000 fr. prononcée par le tribunal correctionnel du lieu du délit. L'établissement est fermé en cas de récidive ou si l'établissement a été ouvert avant qu'il ait été statué sur l'opposition, ou contrairement à la décision du conseil départemental qui l'aurait accueillie ; le délinquant est condamné à un emprisonnement de quinze jours à un mois et à une amende de 1,000 à 3,000 fr. Toutefois le législateur a permis aux ministres des différents cultes reconnus de donner l'instruction secondaire à quatre jeunes gens au plus destinés aux écoles ecclésiastiques, sans être soumis aux prescriptions de la loi, et sous la seule condition d'en faire la déclaration

au recteur. Le conseil départemental veille à ce que ce nombre ne soit pas dépassé.

109. En cas de désordre grave dans le régime intérieur d'un établissement libre d'instruction secondaire, le chef de cet établissement peut être appelé devant le conseil départemental et soumis à la réprimande, avec ou sans publicité. La réprimande ne donne lieu à aucun recours. Quand elle a lieu avec publicité, le jugement est inséré par extrait dans le *Recueil des actes administratifs* de la préfecture et dans un journal du département que le conseil désigne.

110. Tout chef d'établissement, toute personne attachée à l'enseignement ou à la surveillance d'une maison d'éducation peut aussi, sur la plainte du ministère public ou de l'inspecteur d'académie, être traduit pour cause d'inconduite ou d'immoralité, devant le conseil départemental et être interdit de sa profession à temps ou toujours, sans préjudice des peines encourues pour crimes ou délits prévus par le Code pénal. Appel de la décision peut toujours avoir lieu dans les quinze jours de la notification devant le conseil supérieur. L'appel n'est pas suspensif.

111. Lorsqu'un établissement particulier d'instruction secondaire se trouve dans le cas d'être fermé, soit parce qu'il a été indûment ouvert, soit parce que son chef a été frappé d'interdiction, l'inspecteur de l'académie et le procureur de la République doivent se concerter pour que les parents ou tuteurs des élèves soient avertis, et pour que les élèves pensionnaires dont les parents ne résident pas dans la localité soient recueillis dans une maison convenable. S'il se présente une personne digne de confiance qui offre de se charger des élèves pensionnaires ou externes, l'inspecteur d'académie peut l'y autoriser provisoirement ; il en informe immédiatement le conseil départemental qui examine s'il y a lieu de maintenir l'autorisation accordée. Cette autorisation n'est valable que pour trois mois au plus.

112. Aucune condition de grades ni de stage n'est exigée aujourd'hui des maîtres employés à la surveillance ou à l'enseignement dans les établissements particuliers d'instruction secondaire ; mais ils doivent justifier de leur nationalité, et n'être atteints par aucune des incapacités légales qui s'opposent à l'exercice de la profession d'instituteur. Afin de pouvoir vérifier si ces conditions étaient remplies, on a exigé que chaque chef d'établissement inscrivît, sur un registre spécial, les noms, prénoms, dates et lieux de naissance des répétiteurs ou surveillants qu'il emploie, avec l'indication de la fonction qu'ils remplissent. Ce registre doit être communiqué à toute réquisition des autorités préposées à la surveillance et à l'inspection.

113. A l'égard des répétiteurs et surveillants, comme à l'égard des chefs d'établissement euxmêmes, la condition de nationalité peut être levée au moyen d'une autorisation spéciale accordée par le ministre, après avis du conseil supérieur de l'instruction publique. Cette autorisation, qui peut toujours être retirée, n'est accordée qu'aux étrangers qui sont admis à jouir des droits civils en France. Le postulant doit donc joindre à sa demande un certificat constatant le fait de cette jouissance. Il doit indiquer, en outre, les lieux où il a résidé et les professions qu'il a exercées pendant les dix dernières années, le tout appuyé d'attestations fournies, soit par les autorités de son pays, soit par les autorités françaises, et pouvant prouver la sincérité de ses déclarations. Dans certains cas, laissés à l'appréciation du ministre et du conseil supérieur, des actes émanés des autorités françaises, comme la concession d'un secours, la permission régulièrement accordée d'exercer le ministère ecclésiastique ou toute autre délégation authentique, peuvent suppléer au certificat de jouissance des droits civils. (*D.* 5 *déc.* 1850; *Circ.* 17 *févr.,* 14 *mai et* 7 *juin* 1851.)

114. En concédant la liberté d'enseignement sous les conditions de moralité, d'instruction et de bonne discipline, nécessaires dans l'intérêt de cette liberté elle-même, le législateur a voulu assurer aux établissements libres tous les encouragements légitimes qui pouvaient contribuer à leur succès. Ainsi ils peuvent obtenir, des communes, des départements et même de l'État, sur l'avis du conseil départemental et du conseil supérieur de l'instruction publique, un local et une subvention qui toutefois ne doit pas excéder le dixième des dépenses annuelles de l'établissement. Les dépenses, d'après la jurisprudence du conseil supérieur, se calculent en général déduction faite des frais de nourriture et d'entretien des élèves internes. Le recteur de l'académie réunit au dossier les pièces suivantes qu'il transmet au ministre de l'instruction publique : 1° délibération du conseil municipal; 2° convention passée entre la commune et le chef de l'établissement subventionné; 3° pièces constatant la capacité légale du chef dudit établissement; 4° budget des dépenses présumées; 5° avis du préfet; 6° délibération motivée du conseil départemental; 7° pièces constatant l'origine et la propriété des bâtiments; 8° rapport motivé du recteur.

115. Lorsqu'il s'agit des bâtiments qui se trouvent compris dans l'attribution générale faite à l'Université par le décret du 11 décembre 1808, ils ne peuvent être affectés aux établissements libres que par un décret, lequel est rendu sur la demande des communes. Les tribunaux civils et administratifs ont eu à s'occuper plus d'une fois des difficultés auxquelles a donné lieu l'interprétation des décrets du 11 décembre 1808 et 9 avril 1811, qui semblaient avoir accordé, simultanément et d'une manière contradictoire, aux communes et à l'Université, les bâtiments et édifices consacrés au service de l'enseignement. L'Université soutenait que le décret du 11 décembre 1808 lui attribuait un droit absolu de propriété sur tous les biens meubles et immeubles dépendant des anciens collèges et universités devenus, par les lois révolutionnaires, la propriété de l'État, et elle voyait dans les art. 168 et 169 du décret du 15 novembre 1811 la confirmation de son droit. Les communes, au contraire, croyaient trouver dans le décret du 9 avril 1811 un droit à la propriété, sinon de tous les biens, au moins des édifices et bâtiments de ces mêmes collèges. La Cour de cassation, par son arrêt du 6 mai 1844, a décidé la question de propriété en faveur des communes; mais elle a reconnu en même temps

que l'Université avait sur ces édifices un droit d'usufruit qui lui permettait d'en user sans contrôle, pour le service de l'enseignement. Le Conseil d'État, au contraire, saisi de la même question le 22 août 1843, a pensé que l'Université avait non-seulement la jouissance, mais encore la propriété des édifices consacrés aux collèges.

Quelle que soit l'opinion à laquelle on se range, il est manifeste que dans l'une et l'autre hypothèse, pour modifier l'affectation spéciale prescrite par le décret du 11 décembre 1808, et pour la transporter à un établissement particulier, il faut un décret du pouvoir exécutif. C'est ainsi que le conseil supérieur de l'instruction publique a constamment appliqué la disposition de l'art. 69 de la loi du 15 mars 1850. Sur ce point délicat et controversé, la jurisprudence peut être considérée comme fixée.

116. Au nombre des établissements d'instruction secondaire qui se présentaient pour profiter des facilités et des avantages offerts par la nouvelle législation, plusieurs étaient sous le patronage avoué des membres de l'épiscopat. La situation particulière des établissements de cette catégorie donnait lieu, dans la pratique, à des questions très-complexes qui intéressaient à la fois l'État, l'Église et la liberté. Le décret du 31 mars 1851 a réglé dans les termes suivants cette matière délicate : « Les traités qui peuvent être projetés par les communes, les départements ou l'État, et qui doivent avoir pour effet de concéder aux évêques diocésains des bâtiments et des subventions pour l'établissement d'écoles libres, sont passés entre les communes, les départements ou l'État et les évêques, non en leur dite qualité, mais en leur nom personnel, agissant comme fondateurs et bienfaiteurs de l'établissement projeté, intéressés comme tels à sa prospérité et à sa conservation, procédant à ce titre à la désignation du personnel et notamment du directeur de l'établissement, lequel, toutefois, demeure seul responsable vis-à-vis des autorités préposées à la surveillance de l'enseignement libre, et doit remplir les conditions prescrites par la loi. » Conformément à ces dispositions, plusieurs traités passés entre les communes et les évêques pour la transformation des anciens collèges communaux en établissements libres sous le patronage de l'autorité épiscopale, ont été soumis depuis 1851 à l'approbation du conseil de l'instruction publique et sont aujourd'hui en cours d'exécution.

117. Le décret du 17 mars 1808 avait frappé tous les établissements d'instruction publique de redevances assez fortes. Ainsi, sur le prix de la pension payée par chaque élève, il était précompté un vingtième, que le chef de l'établissement versait tous les trois mois entre les mains du trésorier de l'Université nationale. Les chefs d'institution et les maîtres de pension étaient en outre soumis à un droit annuel qui était, pour les premiers, de 150 fr. à Paris et de 100 fr. dans les départements, et pour les seconds, de 75 fr. à Paris, de 50 francs dans les départements. Lorsque les revenus de l'Université eurent été réunis à ceux de l'État, le montant de la rétribution universitaire et du droit annuel fut encaissé par le Trésor. Mais cette rétribution, supprimée par l'art. 14 de la loi du 4 août 1844, a cessé d'être perçue à dater du 1er janvier 1845, et le droit annuel a été remplacé par un droit de patente que la loi du 18 mai 1850 a fixé au quinzième de la valeur locative de l'habitation du chef de l'établissement. Les locaux affectés au logement et à l'instruction des élèves ne sont pas compris dans l'estimation.

Sect. 2. — Des écoles secondaires ecclésiastiques (petits séminaires).

118. Les établissements d'instruction secondaire comprennent une dernière classe d'écoles se rattachant, du moins par une communauté d'intérêts, aux établissements particuliers : ce sont les écoles secondaires ecclésiastiques, vulgairement appelées *petits séminaires.*

L'Église a toujours attaché une importance extrême à ces écoles, qui ont pour objet spécial d'élever des enfants pour le sacerdoce, et sans lesquels le recrutement du clergé pourrait se trouver compromis; mais depuis un demi-siècle elles ont éprouvé de nombreuses vicissitudes. Soumises par les décrets du 8 avril 1809 et du 15 novembre 1811 au régime de l'Université, affranchies en 1814 de quelques-unes des entraves de ce régime, elles avaient été replacées, en 1828, dans des conditions peu favorables à leur liberté, qui avaient été maintenues, malgré les réclamations incessantes de l'épiscopat, pendant toute la durée du gouvernement de Juillet, lorsque la loi de 1850 est venue leur ouvrir une ère nouvelle. Sous l'empire des ordonnances du 16 juin 1828, le nombre de leurs élèves ne pouvait dépasser vingt mille. Aucun externe ne pouvait y être reçu. Après l'âge de quatorze ans, tous les élèves admis depuis deux ans étaient tenus de porter l'habit ecclésiastique. S'ils se présentaient aux épreuves du baccalauréat ès lettres avant leur entrée dans les ordres, ils ne pouvaient obtenir qu'un diplôme spécial lequel n'avait d'effet que pour parvenir aux grades en théologie. Les maîtres préposés à la direction et à l'enseignement devaient avoir affirmé par écrit n'appartenir à aucune congrégation religieuse non légalement établie en France.

119. Aujourd'hui ces entraves ont complétement disparu. Les supérieurs des écoles secondaires ecclésiastiques ne sont pas même astreints à l'obligation du stage et du baccalauréat ès lettres imposée à tous les chefs d'institution. La loi ne leur impose plus d'autre condition que de rester soumis à la surveillance de l'État. Cette surveillance, comme celle de toutes les écoles libres en général, porte essentiellement sur la moralité, l'hygiène et la salubrité; elle ne peut porter sur l'enseignement que pour vérifier s'il n'est pas contraire à la morale, à la Constitution et aux lois. Mais comme les écoles secondaires ecclésiastiques ont au-dessus de leur chef immédiat un chef supérieur, qui est l'évêque, l'instruction ministérielle du 10 mai 1851 recommande aux inspecteurs de concerter avec l'autorité diocésaine l'époque et l'ordre de leur visite, et d'en référer d'abord à cette autorité, si leur attention a été appelée par quelque chose de répréhensible.

Le nombre des écoles secondaires ecclésias-

tiques n'est pas limité; mais il ne peut en être établi de nouvelles sans une autorisation du Gouvernement qui est accordée sous forme de décret.

S. LEBOURGEOIS.

BIBLIOGRAPHIE et ADMINISTRATION COMPARÉE. *Voy.* Instruction (publique.)

INSTRUCTION SUPÉRIEURE. 1. L'enseignement supérieur comprend cinq ordres de Facultés, savoir : des Facultés de théologie, de droit, de médecine, des sciences, des lettres.

Il faut y joindre les écoles supérieures de pharmacie, et, à un degré plus bas dans la hiérarchie, les écoles préparatoires de médecine, ainsi que les écoles préparatoires à l'enseignement des sciences et des lettres dont l'institution est consacrée par l'art. 4 du décret du 22 août 1854.

En dehors de ces écoles, soumises à la juridiction des recteurs et des conseils académiques, sont placés : le *Collège de France*, le *Muséum d'histoire naturelle*, l'*École des langues orientales*, l'*Observatoire* et le *Bureau des longitudes*, l'*École des chartes*, l'*École des hautes études*, l'*École normale supérieure.*

SOMMAIRE.

Bibliographie.
Administration comparée.

CHAP. I. — DES FACULTÉS EN GÉNÉRAL.

2. Les Facultés occupent le premier rang parmi les écoles de l'Université; elles sont chargées de l'enseignement des sciences approfondies et de la collation des grades qui sont exigés pour les diverses fonctions et professions ecclésiastiques, politiques et civiles. (*D. org. 17 mars 1808; O. roy.* 17 *févr.* 1815, *art.* 30.)

La direction et la surveillance des établisse-

ments publics d'enseignement supérieur universitaires appartient au recteur. (*Voy.* **Instruction**
[**publique**].)

Le recteur assiste, quand il le juge convenable,
aux délibérations des Facultés, écoles supérieures
de pharmacie et écoles préparatoires ; dans ce
cas, il les préside, mais il ne prend pas part aux
votes. Il réunit tous les mois, au comité de perfectionnement, les doyens des Facultés et les
directeurs des écoles d'enseignement supérieur
public du ressort ; il convoque les Facultés, soit
ensemble, soit séparément, pour délibérer sur les
programmes particuliers de chaque cours et les
coordonner entre eux ; il transmet ces programmes
au ministre, avec son avis motivé ; il fait au ministre ses propositions sur les budgets et sur les
comptes annuels des établissements d'enseignement supérieur ; il statue, après avis des Facultés
et écoles, sur toutes les questions relatives aux
inscriptions des étudiants. (*D. 22 août 1854,
art.* 17 *et* 18.)

3. Chaque Faculté a pour chef un doyen nommé
par le ministre[1], qui est chargé, sous l'autorité du
recteur de l'académie, de diriger l'administration
et la police et d'assurer l'exécution des règlements.
Il ordonnance les dépenses conformément au budget annuel. Il convoque et préside l'assemblée de
la Faculté formée de tous les professeurs titulaires. Dans les Facultés de médecine, deux membres sont adjoints tous les ans au doyen, à l'effet
de le seconder dans ses fonctions, de le remplacer
en cas d'empêchement et de lui donner leur avis
pour tout ce qui concerne l'administration.

En cas de partage dans les délibérations de la
Faculté, le doyen a voix prépondérante. (*Statut
du* 9 *avril* 1825.)

4. Lorsqu'il y a urgence, le doyen peut ordonner la suspension d'un cours.

5. Dans les écoles supérieures de pharmacie,
les fonctions analogues à celles du doyen sont
remplies par le directeur de l'école.

6. Les professeurs des Facultés et des écoles
supérieures de pharmacie sont nommés par le
Chef de l'État, sur la proposition du ministre de
l'instruction publique.

Pour être nommé professeur dans une Faculté,
il faut être âgé de trente ans au moins, être docteur dans l'ordre de cette Faculté, et avoir fait
pendant deux ans, soit un cours dans un établissement de l'État, soit un cours particulier légalement autorisé, analogue à ceux qui sont professés
dans les Facultés.

Quand il s'agit de pourvoir à une nomination,
le ministre propose au Chef de l'État un candidat
choisi, soit parmi les docteurs remplissant les conditions voulues, soit sur une double liste de présentation qui est nécessairement demandée à la
Faculté où la vacance se produit, et au conseil
académique. (*D.* 9 *mars* 1852.)

7. Si la vacance a lieu dans une des Facultés de
l'Académie de Paris, les Facultés du même ordre
dans les départements en reçoivent avis : elles
peuvent recommander au ministre la candidature
de l'un de leurs membres. (*D.* 9 *mars* 1852,
art. 1 *et* 2 ; *D.* 22 *août* 1854, *art.* 6 *et suiv.*)

[1]. L'usage s'est introduit — et cet usage est excellent — de
demander à la Faculté de proposer un candidat.   M. B.

8. Le traitement des professeurs ainsi que celui des agrégés dont il sera parlé plus loin (*n*° 9),
est réglé comme il suit par le décret du 14 janvier 1876.

Facultés de théologie catholique.	
Professeurs à Paris, de	5,500 à 6,500f
Professeurs dans les départements, de . .	3,500 à 5,500
Facultés de théologie protestante.	
Professeurs dans les départements, de . .	4,500 à 6,500
Facultés de droit.	
Professeurs à Paris	15,000
Professeurs dans les départements, de . .	6,000 à 11,000
Agrégés à Paris	7,000
Agrégés dans les départements, de . .	3,000 à 3,500
Facultés de médecine.	
Professeurs à Paris	13,000
Professeurs dans les départements, de . .	6,000 à 10,000
Agrégés à Paris	4,000
Agrégés dans les départements, de . . .	3,000 à 3,500
Facultés des sciences.	
Professeurs à Paris	13,000
Professeurs dans les départements, de . .	6,000 à 10,000
Agrégés à Paris et dans les départements, de	2,000
Facultés des lettres.	
Professeurs à Paris	15,000
Professeurs dans les départements, de . .	6,000 à 11,000
Agrégés à Paris et dans les départements, de	2,000
Écoles supérieures de pharmacie.	
Professeurs à Paris, de	8,000 à 10,000
Professeurs dans les départements, de . .	6,000 à 8,000
Agrégés à Paris	4,000
Agrégés dans les départements, de . . .	3,000 à 3,500

Des augmentations de traitement peuvent être
accordées aux professeurs qui ne jouissent pas
du traitement maximum, après avis du comité
consultatif de l'enseignement public (*section de
l'enseignement supérieur*), qui dresse, chaque
année, un tableau d'avancement d'après l'ancienneté des services et la valeur des travaux
scientifiques et littéraires des professeurs.

En cas d'absence du professeur ou de l'agrégé
désigné, pour faire un examen, il est payé à l'a-
grégé ou docteur délégué pour le remplacer, une
indemnité calculée pour chaque examen ou
séance d'après le tableau ci-dessous :

NATURE DES ACTES.	Paris.	Dépar-tements.
Facultés de droit.		
Pour les examens de capacité, de bacca-lauréat, de licence ou de doctorat (exa-mens et thèses)	10f	10f
Facultés de médecine.		
Pour les examens de fin d'études et les thèses de doctorat en médecine . . .	10	10
Pour les examens de fin d'études de phar-macien, d'herboriste et de sage-femme de 1re classe	10	10
Pour les examens de fin d'études des offi-ciers de santé.	8	8
Facultés des sciences et lettres.		
Pour examen ou thèse, soit à la Faculté des sciences, soit à la Faculté des lettres.	9	7
Écoles supérieures de pharmacie.		
Pour chacun des deux premiers examens de fin d'études des pharmaciens de 1re classe	10	10
Pour chacune des deux séances du 3e exa-men et pour la surveillance des prépa-rations.	10	10
Pour chaque examen d'herboriste de 1re classe	10	10
Pour chacun des examens de pharmaciens ou d'herboristes de 2e classe.	8	8

Si un professeur est autorisé à se faire suppléer dans son enseignement et aux examens, le
suppléant reçoit la moitié du traitement total.

Sauf les cas exceptionnels, dont le ministre est

juge, la suppléance a lieu pour une année entière et le suppléant, quelle que soit la durée du cours dont il est chargé, reçoit la moitié du traitement total de la chaire.

Les suppléances ne peuvent se prolonger au delà de cinq années. Passé ce terme, le professeur, après avis de la Faculté intéressée et du comité consultatif, peut être appelé à faire valoir ses droits à la retraite.

9. *Agrégation des Facultés.* — Indépendamment des professeurs titulaires, il existe auprès des Facultés de droit, de médecine, des sciences et des lettres et des écoles supérieures de pharmacie, un corps d'agrégés recruté par voie de concours.

Les agrégés sont à la disposition du ministre, qui peut les attacher temporairement aux diverses Facultés du même ordre, selon les besoins des services, et leur confier les suppléances. (*Art.* 10 *et* 11 *du décret du* 22 *août* 1854.)

Les fonctions habituelles des agrégés consistent essentiellement dans la participation aux examens pour la collation des grades.

Ils peuvent, en outre, être autorisés à faire des cours complémentaires qui figurent sur l'affiche de la Faculté.

Les conditions à remplir pour pouvoir se présenter à l'agrégation, ainsi que les règles à suivre pour le concours propre à chaque ordre d'enseignement, sont déterminées par le statut du 16 novembre 1874, le décret et l'arrêté ministériel du 2 novembre 1875.

L'institution des agrégés des Facultés de droit remonte à la création des écoles de droit, en 1804 (ils s'appelaient alors suppléants); celle des agrégés de médecine à l'ordonnance du 2 février 1823 ; celle des agrégés des Facultés des sciences et des lettres à l'ordonnance du 24 mars 1840 ; celle des agrégés des écoles de pharmacie à l'ordonnance du 27 décembre 1840.

10. *Discipline.* — Les professeurs et agrégés des établissements d'enseignement supérieur, lorsqu'ils contreviennent à leurs obligations professionnelles ou lorsqu'ils compromettent par leurs actes, leurs écrits ou leurs discours le corps auquel ils appartiennent, peuvent être punis de peines disciplinaires qui sont au nombre de cinq, savoir : la réprimande devant le conseil académique ; la censure devant le conseil supérieur ; la suspension avec ou sans traitement pour un temps qui ne peut excéder six mois ; le retrait d'emploi ; la révocation.

Les trois premières peines sont prononcées par le ministre ; les deux dernières par le conseil supérieur de l'instruction publique. (*Art.* 76 *de la loi du* 15 *mars* 1850, *remis en vigueur par la loi du* 25 *mars* 1873.)

11. Le décret du 15 novembre 1811 a défini les différents délits disciplinaires dont les membres de l'Université peuvent se rendre coupables. L'ordonnance du 2 février 1823 et le statut du 9 avril 1825 ont complété ce décret spécialement en ce qui concerne les professeurs et agrégés des Facultés D'autre part, le règlement d'administration publique du 29 juillet 1850 a déterminé les formes de la procédure à suivre devant les conseils de l'instruction publique, au premier et au second degré de juridiction.

De leur côté, les étudiants sont astreints à certaines règles de conduite qu'ils ne sauraient violer sans s'exposer, d'après la gravité des faits, à la perte d'une ou plusieurs inscriptions, à l'exclusion temporaire ou définitive de la Faculté ou école, de l'académie ou de toutes les académies. Ces peines sont prononcées, suivant les cas, par le conseil des professeurs, par le conseil académique, par le conseil supérieur de l'instruction publique. Sauf l'exception dont il sera parlé au n° 14 ci-dessous, l'étudiant peut toujours en appeler devant le conseil académique, lorsqu'il a été condamné à perdre plus de deux inscriptions ou lorsqu'il est l'objet d'un jugement portant exclusion.

12. Le registre des inscriptions est, dans toutes les Facultés et écoles, ouvert aux étudiants, du 15 octobre au 15 novembre, et pendant les quinze premiers jours des mois de janvier, avril et juillet. Lorsque ce dernier jour se trouve être un dimanche ou une fête chômée, les registres ne sont fermés que le lendemain.

La première inscription doit être prise au commencement de l'année scolaire, de manière que l'étudiant suive la totalité des cours dans l'ordre prescrit. Il peut être autorisé par le ministre, pour des motifs graves, à prendre la première inscription au trimestre de janvier ; mais elle ne peut être ajournée, sous aucun prétexte, au troisième trimestre.

13. Tout étudiant qui se présente pour prendre la première inscription dans une Faculté ou dans une école secondaire de médecine, est tenu de déposer, outre les diplômes exigés par les règlements : 1° son acte de naissance ; 2° s'il est mineur, le consentement de ses parents ou tuteur à ce qu'il suive ses études dans la Faculté ou dans l'école. Ce consentement indique le domicile actuel des parents ou tuteur ; s'ils ne résident pas dans la ville qui est le siége de l'école ou de la Faculté, l'étudiant doit être présenté par une personne habitant cette ville, et chez laquelle il est censé avoir son domicile de droit (*Stat.* 9 *avril* 1825). Les diplômes exigés sont pour les Facultés de théologie, de droit et des lettres, celui de bachelier ès lettres ; pour les Facultés des sciences et de médecine, et pour les écoles supérieures de pharmacie, celui de bachelier ès sciences. (*D.* 10 *avril* 1852, *art.* 12.)

14. Tout étudiant, convaincu d'avoir pris sur le registre une inscription pour un autre étudiant, perd toutes les inscriptions prises par lui, soit dans la Faculté où le délit a été commis, soit dans toute autre. Cette punition est sans appel.

15. Le statut du 9 avril 1825, portant règlement général sur la discipline et la police intérieure des Facultés et des écoles secondaires de médecine, enjoignait à chaque professeur (*art.* 23) de faire, au moins deux fois par mois, l'appel des étudiants inscrits, et qui devaient suivre son cours en vertu des règlements. Cette disposition, quelque temps tombée en désuétude, a été renouvelée par le décret du 10 avril 1852, qui, en laissant aux professeurs le choix des moyens, leur recommande de s'assurer de l'assiduité de leurs auditeurs.

CHAP. II. — DES FACULTÉS DES LETTRES.

16. Les Facultés des lettres sont au nombre de quinze, qui sont établies dans les villes d'Aix, Besançon, Bordeaux, Caen, Clermont, Dijon, Douai, Grenoble, Lyon, Montpellier, Nancy, Paris, Poitiers, Rennes, Toulouse.

Sect. 1. — Des cours.

17. L'enseignement de la Faculté de Paris comprend la philosophie, l'histoire de la philosophie, l'éloquence grecque, l'éloquence latine, la poésie grecque, la poésie latine, l'éloquence française, la poésie française, la littérature étrangère, l'histoire ancienne, l'histoire moderne, la géographie et l'archéologie.

Dans les départements, les chaires sont, en général, au nombre de cinq pour chaque Faculté ; elles ont pour objet la philosophie, la littérature ancienne, la littérature française, la littérature étrangère et l'histoire. A Nancy, Bordeaux, Lyon, Montpellier et Toulouse, l'enseignement de la littérature ancienne est partagé entre deux chaires, l'une de littérature grecque et l'autre de littérature latine ; il existe, en outre, des chaires de géographie à Caen, Bordeaux, Lyon, Nancy et Toulouse, et des chaires d'archéologie à Bordeaux, Lyon et Toulouse.

18. Les professeurs des Facultés des lettres distribuent leurs leçons de telle sorte que, tout en variant le choix du sujet, ils puissent parcourir en trois années le cercle entier de leur enseignement, et présenter un tableau fidèle des principaux monuments qu'ils sont chargés d'expliquer à la jeunesse.

19. Les cours sont divisés de la manière suivante:

Philosophie. Le professeur prend le sujet de son enseignement : la 1ʳᵉ année, dans la psychologie et la logique ; la 2ᵉ, dans la théodicée et la morale ; la 3ᵉ, dans l'histoire de la philosophie.

Littérature ancienne. Le professeur prend le sujet de son enseignement : la 1ʳᵉ année, dans la littérature grecque, depuis son origine jusqu'au temps de Périclès, et dans la littérature latine, depuis son origine jusqu'au temps d'Auguste ; la 2ᵉ, dans la littérature grecque pendant les siècles de Périclès et d'Alexandre, et dans la littérature latine pendant le siècle d'Auguste ; la 3ᵉ, dans la littérature grecque, depuis la mort d'Alexandre jusqu'au règne de Justinien, et dans la littérature latine, depuis la mort d'Auguste jusqu'à la fin de l'empire d'Occident.

Dans les Facultés des lettres qui n'ont qu'une seule chaire de littérature ancienne, le professeur réunit, par voie de comparaison, l'étude des chefs-d'œuvre de la littérature grecque et de la littérature latine, ou traite chaque année, dans le premier semestre, de la littérature grecque, et, dans le second, de la littérature latine.

Littérature française. Le professeur prend le sujet de son enseignement : la 1ʳᵉ année, dans la littérature française, depuis l'origine jusqu'au premier tiers du dix-septième siècle inclusivement ; la 2ᵉ, dans la littérature française, depuis le premier tiers du dix-septième siècle jusqu'à la fin de ce siècle ; la 3ᵉ, dans la littérature du dix-huitième siècle.

Littératures étrangères. Dans les Facultés des lettres de Besançon, de Dijon, de Poitiers, de Rennes, le professeur prend le sujet de son enseignement : la 1ʳᵉ année, dans la littérature anglaise ; la 2ᵉ, dans la littérature allemande et les autres littératures des peuples du Nord ; la 3ᵉ, dans les littératures méridionales. — Dans les Facultés des lettres d'Aix, de Bordeaux, de Grenoble, de Lyon, de Montpellier, le professeur prend le sujet de son enseignement : la 1ʳᵉ année, dans la littérature italienne ; la 2ᵉ, dans la littérature espagnole et portugaise ; la 3ᵉ, dans les littératures septentrionales.

Histoire. Le professeur prend le sujet de son enseignement : la 1ʳᵉ année, dans l'histoire ancienne ; la 2ᵉ, dans l'histoire du moyen âge ; la 3ᵉ, dans l'histoire moderne. (Arr. 7 mars 1853.)

Sect. 2. — Examens et grades.

20. Les Facultés des lettres procèdent chaque année dans trois sessions aux examens du baccalauréat ès lettres. La première session a lieu en juillet-août, la deuxième en octobre-novembre, la troisième à l'époque de Pâques ; elle est exclusivement réservée à certaines catégories de candidats (élèves se destinant aux écoles du Gouvernement, étudiants en médecine et en pharmacie, jeunes gens âgés de vingt ans, etc.). Aucun examen isolé ou collectif ne peut avoir lieu en dehors des sessions.

21. Pour être admis à l'examen, il faut produire son acte de naissance dûment légalisé, et, en cas de minorité, avoir le consentement régulier de son père et de sa mère. Ces pièces doivent être transmises, dans la quinzaine qui précède l'ouverture de la session, au secrétariat de l'académie où le candidat se propose de subir l'examen. L'art. 63 de la loi du 15 mars 1850 a affranchi les candidats de l'obligation de produire un certificat d'études constatant qu'ils avaient fait deux années distinctes de rhétorique et de philosophie dans un établissement où ce double enseignement était autorisé. Les candidats peuvent choisir la Faculté devant laquelle ils subiront leur examen. Mais le candidat refusé ne peut se présenter avant trois mois de nouvelles épreuves, sous peine de nullité du diplôme indûment obtenu.

22. Le registre d'inscription est clos, irrévocablement, la veille du jour de l'ouverture de chaque session.

23. Tout candidat régulièrement inscrit doit être examiné dans la session pour laquelle il s'est fait inscrire. Lorsque, sans excuse valable et jugée telle par le jury, il ne répond pas à l'appel de son nom le jour qui lui a été indiqué, il perd le montant des droits d'examen qu'il a consignés. L'examen est divisé en deux parties : les épreuves de la première partie, qui ne peuvent être subies qu'à seize ans, sauf dispense du ministre, comprennent : une version latine, un discours latin, l'explication des auteurs grecs, latins et français en usage dans la classe de rhétorique, l'histoire et la géographie. Les épreuves de la seconde partie ne peuvent être subies qu'un an après : elles comprennent pour l'écrit : 1° une composition française sur un sujet de philosophie ; 2° la traduction en français d'un texte de langue vivante ; pour l'oral : 1° des interrogations sur les parties de la philosophie, de l'histoire et de la géographie enseignées dans la classe de philosophie des lycées ; 2° sur les sciences dans la limite du plan d'études pour les classes de lettres ; 3° et sur une langue vivante.

24. Toutes les parties de l'examen sont obligatoires ; l'ajournement ne peut être prononcé qu'en vertu d'une délibération du jury.

25. Les candidats déjà bacheliers ès sciences sont dispensés de la partie scientifique de l'examen du baccalauréat ès lettres.

26. Le président du jury d'examen, s'il vient à découvrir quelque fraude, est tenu de porter immédiatement les faits à la connaissance du doyen et du recteur, avec tous les renseignements qui peuvent éclairer la justice disciplinaire. Le recteur défère sans délai les délinquants au ministre, qui statue directement et sans recours en vertu de son pouvoir disciplinaire, ou, suivant la gravité des faits, renvoie l'affaire devant le conseil académique. Le conseil, après avoir entendu ou dûment appelé les délinquants, prononce, suivant les cas, outre la nullité de l'examen entaché de fraude, la peine de l'exclusion de toutes les Facultés à temps ou à toujours, sauf recours au conseil supérieur. C'est le ministre qui délivre les diplômes sur le vu des certificats d'aptitude délivrés par le jury.

27. Deux sessions d'examen ont lieu chaque année pour l'obtention de la licence dans les Facultés des lettres; l'une dans le premier, l'autre dans le dernier mois de l'année scolaire. Dans l'Académie de Paris, une troisième session a lieu généralement aux vacances de Pâques.

28. Pour être admis à l'examen, les candidats doivent justifier du diplôme de bachelier ès lettres, obtenu depuis un an, et avoir pris des inscriptions depuis une année au moins à deux des cours de la Faculté des lettres, à leur choix. Il peut être accordé des dispenses d'inscriptions et d'assiduité aux candidats qui, par leurs fonctions dans l'instruction publique, n'auraient pu suivre les cours de la Faculté.

29. Les examens de licence consistent en épreuves écrites et en épreuves orales. Les épreuves écrites sont : 1° une composition de prose latine; 2° une composition de prose française; 3° une composition de vers latins; 4° un thème grec. Les sujets sont choisis par le doyen, de concert avec ceux des membres de la Faculté qui prennent part à l'examen. Les compositions sont faites sous la surveillance d'un membre de la Faculté, désigné à tour de rôle. Le doyen fixe les jours et heures des séances. Les candidats ne peuvent s'aider d'aucun manuscrit ni d'aucun ouvrage imprimé, à l'exception des dictionnaires grec et latin, ils n'ont aucune communication entre eux ni au dehors; le tout à peine d'exclusion. La Faculté prononce d'abord sur le mérite des compositions, et décide, d'après cette dernière épreuve, quels sont les candidats qui seront admis à subir les épreuves orales.

30. Pour l'épreuve orale, chaque candidat explique, à livre ouvert, un texte grec, un texte latin et un texte français, choisis, par la voie du sort, parmi des ouvrages indiqués par un arrêté pris en conseil supérieur pour une période de trois ans. A la suite des explications, les candidats répondent à toutes les questions de philosophie, d'histoire, de littérature, de langue et de goût, auxquelles les textes expliqués peuvent donner lieu. Les épreuves orales durent une heure au moins pour chaque candidat.

31. La Faculté, forme d'après l'ensemble des épreuves écrites et orales, une liste des candidats par ordre de mérite. Cette liste est transmise au ministre de l'instruction publique avec les certificats d'aptitude et avec un rapport spécial du doyen sur la force du concours et le talent de chacun des candidats admis. (*Arr.* 17 *juill.* 1840.)

32. Pour être admis aux épreuves de doctorat dans une Faculté des lettres, il faut justifier du grade de licencié et soutenir deux thèses, l'une en latin, l'autre en français, sur deux matières distinctes, choisies par le candidat, d'après la nature de ses études et parmi les objets de l'enseignement de la Faculté.

33. Les thèses manuscrites sont remises au doyen, qui les fait examiner par le professeur chargé de l'enseignement auquel chaque thèse se rapporte. Celui-ci donne son avis sur l'admissibilité de la thèse. Elle n'est imprimée et rendue publique que sur le visa du doyen et avec le permis du recteur. Si une thèse répandue dans le public n'était pas conforme au manuscrit visé par le doyen, elle serait censée non avenue. Un exemplaire de chaque thèse doit être remis à chaque professeur dix jours au moins avant la soutenance. Il en est déposé, en outre, dix exemplaires au secrétariat de la Faculté.

Les thèses sont soutenues publiquement devant tous les membres de la Faculté qui jugent convenable d'y assister. A défaut du doyen, la thèse est présidée par le professeur chargé de l'enseignement auquel elle se rapporte.

L'épreuve terminée, le doyen adresse au ministre, avec deux exemplaires de chaque thèse, un rapport détaillé sur la manière dont les épreuves ont été soutenues. (*Arr.* 17 *juill.* 1850.)

CHAP. III. — DES FACULTÉS DES SCIENCES ET DES ÉCOLES PRÉPARATOIRES A L'ENSEIGNEMENT DES SCIENCES ET DES LETTRES.

Sect. 1. — Facultés.

34. Il existe seize Facultés des sciences, établies comme les Facultés des lettres au siége des académies, sauf, toutefois, deux exceptions : la Faculté des sciences de l'Académie de Douai est établie à Lille; celle de l'Académie d'Aix est établie à Marseille.

35. L'enseignement de la Faculté des sciences de Paris embrasse l'astronomie physique, l'astronomie mathématique, l'algèbre supérieure, la géométrie supérieure, le calcul différentiel et intégral, la mécanique, la mécanique physique et expérimentale, le calcul des probabilités, la physique, la chimie, la minéralogie, la géologie, l'organographie végétale, la botanique, la zoologie et la physiologie comparée, la physiologie générale.

Dans les Facultés des départements, les mathématiques pures et appliquées, la physique et la chimie forment la base de l'enseignement que complètent un ou plusieurs cours d'histoire naturelle, et quelquefois, comme à Toulouse, Bordeaux et Lyon, un cours d'astronomie.

Sect. 2. — Écoles préparatoires.

36. Les villes qui ne sont pas siéges de Facultés et qui ont établi des cours municipaux sur quelques parties élevées des sciences et des lettres, peuvent obtenir que ces cours prennent le titre et le rang d'écoles préparatoires à l'enseignement supérieur des sciences et des lettres, à la charge par ces villes de fournir un local convenable, les collections nécessaires à l'enseignement et une subvention annuelle pour le traitement des professeurs et les dépenses du matériel.

37. Les professeurs des écoles préparatoires à l'enseignement des sciences et des lettres sont nommés par le ministre de l'instruction publique. Ils deviennent membres du corps enseignant et jouissent dès lors de tous les droits et avantages attachés à cette qualité. Leur traitement est fixé par délibération du conseil municipal, sous l'approbation du ministre de l'instruction publique.

39. Les cours des écoles préparatoires ont pour objet les mathématiques, la mécanique, la chimie, l'histoire naturelle, la littérature française, l'histoire de France, la géographie physique et politique, et le dessin. L'enseignement est partagé en deux années d'études.

40. Les professeurs des Facultés des sciences peuvent être autorisés, par décision du ministre, à ouvrir des cours pour des applications spéciales, analogues à ceux qui se font dans les écoles préparatoires, c'est-à-dire sur la géométrie, la géométrie descriptive, la mécanique et le dessin. Des cours complémentaires de littérature française, d'histoire de France et de géographie physique et politique, conformes aux programmes suivis dans les écoles préparatoires, peuvent également être ouverts dans les Facultés des lettres placées près des Facultés des sciences. Le décret du 22 août 1854 autorise les Facultés des sciences à délivrer, après examen, des certificats de capacité pour les sciences appliquées. Les écoles préparatoires jouissent du même droit; mais dans ce cas le jury d'examen, composé de tous les professeurs de l'école, est présidé par un professeur de la Faculté des sciences. Des conférences, des interrogations, des exercices pratiques, des manipulations, sont organisés en faveur des étudiants qui aspirent à ces certificats.

41. Ajoutons que les étudiants sont admis à prendre, dans les écoles préparatoires des sciences et des lettres, des inscriptions qui peuvent être converties en inscriptions des Facultés correspondantes sous des conditions déterminées par un arrêté délibéré en conseil supérieur de l'instruction publique. (*D.* 22 *août* 1854, *art.* 4; *Arr.* 26 *déc.* 1854.)

Sect. 3. — Examens et grades.

42. *Baccalauréats.* Il y a deux sortes de baccalauréats ès sciences : le baccalauréat ès sciences dit complet et le baccalauréat ès sciences dit restreint pour les sciences mathématiques. Les formalités préliminaires à remplir par les candidats sont les mêmes pour les baccalauréats ès sciences que pour le baccalauréat ès lettres.

43. Les épreuves sont de deux sortes; les unes écrites, les autres orales. Elles comprennent pour le baccalauréat complet : 1° une composition sur un sujet de mathématiques et une composition sur un sujet de physique; 2° des interrogations sur les mathématiques élémentaires et sur les matières scientifiques enseignées dans la classe de mathématiques élémentaires des lycées. Pour le baccalauréat ès sciences restreint elles comprennent : 1° une composition écrite sur un sujet de physique ou de chimie, et une composition empruntée aux sciences naturelles; 2° des interrogations sur les mathématiques, la cosmographie, la physique, la chimie et les sciences naturelles, conformément aux programmes de la classe de philosophie et de la classe de mathématiques préparatoire des lycées.

Pour l'un et l'autre baccalauréat, les épreuves littéraires consistent : 1° en une version latine de la force de celle de la classe de seconde; 2° dans l'explication à livre ouvert d'un auteur latin et d'un auteur français, et en interrogations sur une langue vivante, l'histoire, la géographie et la philosophie, conformément au programme de la classe de mathématiques élémentaires.

Les candidats déjà bacheliers ès lettres sont dispensés de la partie littéraire de l'examen; les candidats au baccalauréat ès sciences physiques déjà bacheliers ès sciences mathématiques sont dispensés des épreuves littéraires et des épreuves mathématiques; les candidats au baccalauréat ès sciences mathématiques déjà bacheliers ès sciences physiques sont dispensés de la partie littéraire de l'examen.

44. Le jury pour le baccalauréat ès sciences est formé de deux professeurs de la Faculté des sciences et d'un professeur de la Faculté des lettres.

45. Il faut avoir obtenu le grade de bachelier ès sciences pour être admis aux épreuves de la licence mathématiques ou physiques.

46. Pour les sciences, on distingue trois sortes de licences : l'une ès sciences mathématiques, l'autre ès sciences physiques, et la troisième ès sciences naturelles. Les examens pour les diverses licences sont subis devant des jurys distincts, composés de trois examinateurs que les doyens choisissent dans le sein des Facultés. Ils comprennent des épreuves écrites, des épreuves pratiques et des épreuves orales. Nul candidat n'est admis à l'une des trois épreuves s'il n'a satisfait à celles qui précèdent.

47. L'épreuve écrite porte : pour la licence ès sciences mathématiques, sur deux sujets distincts, l'un pris dans la géométrie analytique et le calcul différentiel et intégral, l'autre dans la mécanique; — pour la licence ès sciences physiques, sur un sujet de physique générale; — pour la licence ès sciences naturelles, sur deux sujets empruntés, l'un au programme de botanique, l'autre au programme de zoologie, d'anatomie et de physiologie.

Le sujet de l'épreuve écrite est choisi par le président du jury d'examen. Quatre heures sont accordées pour cette épreuve. Il est interdit aux candidats de faire usage de notes manuscrites ou de livres, les tables de logarithmes exceptées.

48. L'épreuve pratique a lieu dans un des cabinets ou dans un des laboratoires de la Faculté. Elle dure quatre heures. Le sujet en est tiré au sort et traité immédiatement.

Les sujets des épreuves écrites, pratiques et orales, sont empruntés aux programmes arrêtés en conseil supérieur de l'instruction publique.

50. Pour être admis aux épreuves du doctorat dans les Facultés des sciences, il faut justifier du grade de licencié et soutenir une thèse, soit sur la mécanique et l'astronomie, soit sur la physique et la chimie, soit sur les trois parties de l'histoire naturelle, suivant celle de ces sciences à l'enseignement de laquelle le candidat déclare se destiner.

51. Lorsqu'une thèse présentée pour le doctorat ès sciences mathématiques renferme une découverte, elle est toujours admise à la discussion, quelle que soit la branche des mathématiques à laquelle elle se rapporte, et dans ce cas à la seconde thèse peut être substituée la discussion de questions déterminées que la Faculté désigne d'office. En aucun cas, les thèses relatives aux sciences physiques ne sont admises à la discussion, si elles ne renferment des résultats nouveaux.

52. Pour être immatriculé comme candidat au certificat de capacité des sciences appliquées, soit dans les écoles préparatoires, soit dans les Facultés, il faut être âgé au moins de seize ans, et avoir subi d'une manière satisfaisante un examen portant sur les matières suivantes : 1° l'orthographe et la langue française ; 2° l'arithmétique usuelle ; 3° la géométrie plane ; l'algèbre, jusqu'à la résolution des équations du 1er degré inclusivement. L'examen a lieu devant les professeurs de l'école.

53. Les étudiants immatriculés comme candidats sont tenus de subir, soit devant l'école, soit devant la Faculté où ils ont pris leurs inscriptions, deux examens, l'un sur les matières de l'enseignement de première année, l'autre sur les matières de l'enseignement de deuxième année. Nul n'est admis à prendre la cinquième inscription de Faculté ou la sixième d'école préparatoire sans avoir subi avec succès le premier examen.

54. Chacun des deux examens se divise en épreuves écrites, en épreuves pratiques, et en épreuves orales. Les épreuves orales sont seules publiques. Nul n'est admis aux deux dernières épreuves s'il n'a satisfait convenablement à l'épreuve écrite. Les candidats ajournés ne peuvent se présenter à un nouvel examen qu'après un délai de trois mois.

55. Les sujets des trois sortes d'épreuves sont empruntés aux programmes de l'enseignement. L'épreuve écrite porte sur un sujet de composition pris dans la partie scientifique. L'épreuve pratique a lieu dans un des cabinets ou laboratoires de l'école ou de la Faculté ; elle dure quatre heures.

56. L'épreuve orale consiste en interrogations sur la matière de chaque cours. Les questions auxquelles le candidat doit répondre sont indiquées par un bulletin tiré au sort. L'épreuve dure une heure et demie.

57. Il y a chaque année, dans les Facultés où est autorisé l'enseignement des sciences appliquées, deux sessions d'examen pour le certificat de capacité des sciences appliquées. La première session a lieu du 1er au 15 avril, et la deuxième, du 1er au 15 septembre. Les candidats sont tenus de se faire inscrire avant l'époque fixée pour l'ouverture de la session. Aucun examen isolé ou collectif ne peut avoir lieu en dehors des sessions.

58. Le certificat de capacité des sciences appliquées atteste l'aptitude générale des candidats pour ce genre d'études, sans aucune mention particulière d'une aptitude spéciale. (*Règl.* 26 *déc.* 1854.)

Aucun privilége n'étant attaché à ce certificat, peu de personnes se présentent à l'examen. Il est à peine délivré deux ou trois de ces titres dans une année.

CHAP. IV. — **FACULTÉS DE MÉDECINE.**

59. La loi du 14 frimaire an III avait décidé l'établissement de trois écoles de santé : à Paris, Montpellier et Strasbourg. Ce sont ces écoles, modifiées et agrandies par la loi du 19 ventôse an XI, auxquelles le décret du 17 mars 1808 a donné le nom de Facultés de médecine, et qu'il a comprises sous ce titre dans l'organisation générale de l'Université. Récemment, il en a été créé trois autres : à Bordeaux, à Lyon et à Lille. La Faculté de Strasbourg, par suite de la cession de l'Alsace, a été transférée à Nancy.

60. L'enseignement des écoles de médecine devait embrasser d'après leur première institution : « l'organisation et le physique de l'homme, les

signes et les caractères de ses maladies d'après l'observation, les moyens curatifs connus, les propriétés des plantes et des drogues usuelles, la chimie médicinale, les procédés des opérations, l'application des appareils et l'usage des instruments ; enfin, les devoirs publics des officiers de santé. » Les progrès de la science ont successivement agrandi ce cadre, et aujourd'hui la Faculté de Paris ne possède pas moins de vingt-neuf chaires, Montpellier dix-huit, Nancy tend à dépasser ce nombre.

61. Nul n'est admis à prendre sa première inscription en médecine s'il ne justifie du grade de bachelier ès lettres ; à la troisième inscription il faut produire le diplôme de bachelier ès sciences physiques.

62. Le cours d'études comprend quatre années. A la fin de chaque année, les étudiants subissent un examen sur les différentes matières qui ont dû leur être enseignées ; ils ne sont admis à prendre la cinquième, la neuvième et la treizième inscription que s'ils ont répondu avec succès. (*D.* 22 *août* 1854, *art.* 12.)

63. D'autres examens, désignés sous le nom d'examens de fin d'études, ont lieu au terme du cours ; ils ont pour objet la délivrance des grades de docteur en médecine et d'officier de santé, nécessaires l'un ou l'autre pour l'exercice de l'art de guérir.

64. Les candidats au doctorat ont à subir cinq examens : 1° sur l'anatomie et la physiologie ; 2° sur la pathologie et la nosologie ; 3° sur la matière médicale, la chimie et la pharmacie ; 4° sur l'hygiène et la médecine légale ; 5° sur la clinique. Ils soutiennent, en outre, une thèse qui comprend nécessairement quatre questions, portant, l'une, sur les sciences physiques, chimiques et naturelles ; l'autre, sur l'anatomie et la physiologie ; la troisième, sur les sciences chirurgicales, et la dernière, sur les sciences médicales proprement dites. Ces questions sont tirées au sort par le candidat dès qu'il a subi le quatrième examen de fin d'études. Il lui est permis d'ajouter à ce programme obligatoire une dissertation inaugurale sur un sujet de son choix.

65. Nul n'est admis à se présenter aux examens, s'il n'a pris dans une Faculté de médecine les seize inscriptions représentant le cours entier d'études. Toutefois les douze premières inscriptions de Faculté peuvent être compensées par quatorze inscriptions prises dans une école préparatoire de médecine et de pharmacie, moyennant un supplément de droit de 5 fr. par inscription. (*D.* 22 *août* 1854, *art.* 12.)

66. Les candidats doivent, en outre, justifier qu'ils ont suivi pendant les deux dernières années au moins, soit en qualité d'externes, soit comme simples élèves en médecine, le service d'un hôpital. Les inscriptions subséquentes ne sont délivrées à ces élèves que sur l'attestation du directeur de l'hôpital, constatant qu'ils ont rempli avec assiduité pendant le trimestre expiré les fonctions auxquelles ils ont été appelés pour le service des malades.

67. Quelques facilités que leur situation explique ont été accordées aux étudiants en médecine admis dans le service de santé militaire. Ainsi quatre ans de service constatés dans les hôpitaux militaires, soit en qualité de chirurgien-élève, soit en qualité de chirurgien sous-aide, comptent pour l'obtention des seize inscriptions qui doivent être prises dans les Facultés de médecine. (*O. 16 mai* 1841.)

68. Les docteurs en médecine peuvent exercer leur profession sur toute l'étendue du territoire.

69. Indépendamment du titre de docteur en médecine, les Facultés de médecine, concurremment avec les écoles préparatoires de médecine et de pharmacie, délivrent, depuis le décret du 22 août 1854, le titre d'officier de santé que conféraient autrefois les jurys médicaux.

70. Les officiers de santé ne peuvent exercer la médecine que dans le département pour lequel ils ont été reçus ; néanmoins le ministre a le pouvoir de les autoriser à postuler un diplôme pour un autre département, avec dispense de subir les deux premiers examens probatoires.

La pratique des grandes opérations chirurgicales leur est interdite.

71. Pour obtenir le diplôme d'officier de santé, il faut : 1° avoir pris des inscriptions et suivi les cours pendant trois années dans une Faculté de médecine, ou pendant trois années et demie dans une école préparatoire ; 2° subir deux examens de fin d'année et trois examens de fin d'études devant une Faculté de médecine ou une école préparatoire sur les principales parties des sciences médicales, et faire une composition écrite sur une question tirée au sort. Le dernier examen ne peut être subi avant l'âge de vingt et un ans révolus. Ce diplôme n'est valable que pour le département pour lequel on a été reçu.

Pour être admis à suivre les cours d'une Faculté de médecine ou d'une école préparatoire, les aspirants au diplôme d'officier de santé doivent être âgés de dix-sept ans révolus et produire un certificat d'examen de grammaire. (*D. 22 août et 28 oct.* 1854; *Arr.* 23 *déc.* 1854, 2 *avril* 1857 *et 7 avril* 1859.)

CHAP. V. — ÉCOLES SUPÉRIEURES DE PHARMACIE.

72. La création des écoles supérieures de pharmacie remonte à la loi du 21 germinal an XI, qui en établit trois au siége des écoles de médecine, c'est-à-dire à Paris, Strasbourg[1] et Montpellier. Elles ont reçu plusieurs organisations successives par l'arrêté du Gouvernement du 25 thermidor an XI, l'ordonnance du 27 septembre 1840 et le décret du 22 août 1854.

L'École de pharmacie de Paris est composée de huit professeurs titulaires. Les autres écoles ont cinq professeurs. Il y a de plus, dans chaque école, des agrégés nommés au concours, lesquels remplacent les professeurs en cas d'empêchement, participent aux examens et peuvent être autorisés à ouvrir des cours complémentaires.

73. L'enseignement, partagé en trois années, comprend : pour la première année, la physique, la chimie et l'histoire naturelle médicale ; pour la seconde année, l'histoire naturelle médicale, la matière médicale et la pharmacie proprement dite ; pour la troisième année, la toxicologie. Les cours commencent au mois de novembre et sont terminés en juillet. Tous les six mois, les élèves sont tenus

1. L'École de Strasbourg a été transférée à Nancy par décret du 1er octobre 1872.

de subir des examens destinés à constater qu'ils ont profité de l'enseignement oral. Un concours a lieu entre eux à la fin de l'année sur les différentes matières des cours. Ceux qui ont mérité les prix, obtiennent la remise de leurs frais d'études pour le temps qu'ils ont encore à passer dans l'école.

74. Les écoles supérieures de pharmacie confèrent le titre de pharmacien de première classe et le certificat d'aptitude à la profession d'herboriste de première classe. Elles délivrent, en outre, mais seulement pour les départements compris dans leur ressort, les certificats d'aptitude pour les professions de pharmacien et d'herboriste de seconde classe.

Les pharmaciens de première classe et les herboristes reçus par les écoles supérieures de pharmacie peuvent exercer leur profession dans toute l'étendue du territoire français.

75. Les aspirants au titre de pharmacien de première classe doivent justifier de trois années d'études dans une école supérieure de pharmacie et de trois années de stage dans une officine. Il n'est exigé qu'une seule année d'études dans une école supérieure de pharmacie des candidats qui ont pris dix inscriptions aux cours d'une école préparatoire de médecine et de pharmacie.

Les aspirants au titre de pharmacien de première classe ne peuvent prendre la première inscription, soit dans les écoles supérieures, soit dans les écoles préparatoires de médecine et de pharmacie, que s'ils sont pourvus du grade de bachelier ès sciences physiques.

76. Les aspirants au titre de pharmacien de seconde classe doivent justifier : 1° de trois années de stage en pharmacie ; 2° de douze inscriptions dans une école supérieure de pharmacie ou dans une école préparatoire de médecine et de pharmacie.

Les aspirants, comme les candidats au titre d'officier de santé, ne peuvent prendre leur première inscription avant l'âge de dix-sept ans révolus et sans justifier devant un jury spécial, composé de trois membres par les soins du recteur de l'académie, des connaissances exigées dans la division de grammaire des lycées. (*Arr.* 23 *déc.* 1854.)

Les pharmaciens de deuxième classe ne peuvent exercer que dans les départements pour lesquels ils ont été reçus. Cependant, le ministre peut, comme aux officiers de santé, leur accorder la permission de postuler un nouveau diplôme, en ne subissant que le dernier examen probatoire.

CHAP. VI. — ÉCOLES PRÉPARATOIRES DE MÉDECINE ET ÉCOLES DE PLEIN EXERCICE.[1]

77. En dehors des écoles ou Facultés de médecine établies par la loi du 11 floréal an X, il se forma, dès l'origine, des cours d'instruction médicale, et peu à peu des établissements inférieurs, dont l'objet était d'initier un certain nombre d'élèves aux premiers éléments de l'art de guérir. L'arrêté du Gouvernement du 20 prairial an XI a formellement reconnu cet enseignement préparatoire, institué dans les hôpitaux des principales villes en vertu de décrets spéciaux. En 1820, une ordonnance royale du 18 mai la fit rentrer sous le régime de l'Université. C'est à partir de cette époque que les écoles secondaires de médecine furent régulièrement constituées. Elles ont été réorganisées par l'ordonnance du 13 octobre 1840 sous le nom d'écoles préparatoires de médecine et de pharmacie.

78. L'enseignement a pour objet les matières suivantes : 1° chimie et pharmacie ; 2° histoire naturelle médicale et matière médicale ; 3° anatomie et physiologie ; 4° clinique interne et pathologie interne ; 5° clinique externe et pathologie externe ; 6° accouchements, maladies des femmes et des enfants.

79. Il y a, au moins, dans chaque école, six professeurs titulaires et deux professeurs adjoints. Les professeurs titulaires et adjoints doivent être nommés par le ministre de l'instruction publique, sur une double liste de candidats présentée, l'une par l'école où la place est vacante, l'autre par la Faculté de médecine dans la circonscription de laquelle ladite école se trouve placée. Les candidats sont tenus d'être docteurs en médecine ou pharmaciens de première classe ou licenciés ès sciences, et âgés de trente ans.

80. Il est attaché à chaque école un chef des travaux anatomiques, un prosecteur et un préparateur de chimie et d'histoire naturelle.

81. Les professeurs reçoivent un traitement annuel, dont le minimum est fixé à 1,500 fr. pour les titulaires et à 1,000 fr. pour les adjoints. Le chef des travaux anatomiques a un traitement de 500 fr. ; le prosecteur et le préparateur un traitement de 250 fr. chacun. Les suppléants touchent un traitement de 500 fr.

Les professeurs titulaires, adjoints et suppléants subissent, sur leur traitement, la retenue du vingtième pour le service des pensions civiles.

82. L'administration des hospices de chaque ville où une école préparatoire est établie, fournit, pour le service de la clinique médicale et chirurgicale de l'école, une salle de cinquante lits au moins.

83. Les écoles préparatoires de médecine et de pharmacie étant des établissements communaux, les villes où elles sont ouvertes pourvoient à toutes les dépenses, soit du personnel, soit du matériel. Toutefois, les hospices et les conseils généraux des départements peuvent voter des subventions qui viennent en déduction des sommes à la charge des villes.

84. Le budget annuel de chaque école est arrêté par le ministre de l'instruction publique.

Les droits d'inscriptions trimestrielles qui doivent être acquittés par chaque élève, sont fixés à 25 fr. Le produit en est versé dans la caisse, soit de la ville, soit du département, soit des hospices jusqu'à concurrence des sommes allouées par les conseils municipaux, départementaux ou des hospices pour l'entretien de l'établissement.

85. L'art. 17 du décret du 22 août 1854 a supprimé les anciens jurys médicaux et attribue aux écoles préparatoires le privilége important de conférer, pour les départements de leur circonscription, le diplôme d'officier de santé et de pharmacien de seconde classe à tout aspirant qui justifiera des conditions préalables exigées par les règlements. Elles délivrent également des certificats d'aptitude à la profession d'herboriste et de sage-femme de seconde classe. Le jury d'examen des officiers de santé et des sages-femmes est composé, sous la présidence d'un professeur de la Faculté de médecine du ressort, de deux professeurs de l'école, titulaires ou adjoints ; le jury d'examen des pharmaciens et des herboristes de seconde classe est composé également de deux professeurs titulaires ou adjoints de l'école, sous la présidence d'un professeur de l'école supérieure de pharmacie.

Les écoles préparatoires qui remplissent certaines conditions déterminées par le décret du 19 décembre 1874, peuvent être érigées en écoles de plein exercice. Dans ce cas, les études ont la même valeur que dans les Facultés et écoles supérieures de pharmacie. Les écoles de Marseille et de Nantes sont dans ce cas.

CHAP. VII. — FACULTÉS DE DROIT.

86. Les Facultés de droit ont été créées par la loi du 22 ventôse an XII, sous le nom d'écoles de droit. Elles ont pris le nom de Facultés à partir du décret du 18 mars 1808.

Il existe aujourd'hui neuf Facultés de droit établies à Aix, Caen, Dijon, Grenoble, Nancy, Paris, Poitiers, Rennes et Toulouse.

87. La Faculté de Paris compte dix-neuf chaires, dont l'enseignement, partagé entre autant de professeurs, embrasse le droit romain, le Code civil, la législation criminelle, la procédure civile et criminelle, la législation pénale comparée, le Code de commerce, le droit administratif, le droit des gens, l'histoire du droit romain et du droit français, le droit français étudié dans ses origines féodales et coutumières, l'économie politique.

Dans les Facultés de département, le nombre des chaires varie de huit à neuf. Les cours ont pour objet le droit romain, le Code civil, la procédure civile, la législation criminelle, le droit commercial et le droit administratif.

88. Dans la plupart des Facultés, l'enseignement ordinaire est complété ou développé par des cours que les agrégés font, avec l'autorisation du ministre, sur les différentes parties de la science du droit.

89. Le cours ordinaire des études est de trois ans ; ceux qui veulent obtenir le grade de docteur font une année d'études de plus. Les étudiants suivent, pendant la première année, des cours de Code civil et de droit romain ; pendant la seconde année, un cours de Code civil, un cours de droit romain, un cours de procédure civile et un cours de droit criminel ; pendant la troisième année, un cours de Code civil, un cours de Code de commerce et un cours de droit administratif.

90. Pour obtenir le diplôme de bachelier en droit, il faut avoir complété deux années d'études et avoir subi, à la fin de chaque année, un examen sur les matières de l'enseignement. Pendant la troisième année, les candidats à la licence passent deux autres examens, dont le premier porte sur les quatre livres des Institutes de Justinien, développées et complétées par des textes choisis dans le Digeste, le Code et les Novelles. Le second examen comprend, outre des interrogations, une composition écrite sur les matières de l'enseignement de la troisième année. La série des épreuves pour la licence en droit se termine par une thèse en diverses parties, dont l'une latine et les autres françaises ; les sujets en sont tirés au sort par l'étudiant. Le diplôme de licencié en droit est nécessaire pour exercer les fonctions de magistrat dans les tribunaux civils, pour être avocat. Il est exigé également pour plusieurs fonctions de l'ordre administratif, auditeur au Conseil d'État et à la Cour des comptes, conseiller de préfecture ; mais cette exigence n'est pas absolue et résulte de dispositions purement réglementaires. Les candidats au doctorat soutiennent encore deux examens, qui ont lieu en présence de cinq professeurs, et un acte public, composé de deux dissertations, dont l'une a nécessairement pour sujet une question de droit romain. Nul n'est reçu aux examens et aux thèses pour le doctorat, s'il n'obtient trois boules blanches. Tout candidat qui aurait deux boules noires, est refusé. (*Arr.* 5 *déc.* 1850 *et* 4 *févr.* 1853.)

91. Chaque année, il est distribué, dans les Facultés de droit, des prix et des mentions honorables, d'après le résultat d'un concours qui a lieu : 1° entre les élèves de troisième année ; 2° entre les élèves de quatrième année, aspirant au doctorat, et les docteurs reçus par chaque Faculté, soit dans le courant de l'année, soit l'année précédente. Deux premiers prix et deux seconds prix sont distribués parmi les élèves de troisième année : 1° d'après une composition écrite sur un sujet de droit romain ; 2° d'après une composition écrite sur un sujet de droit français, choisi parmi les diverses matières enseignées dans les Facultés de droit. Deux médailles d'or sont décernées parmi les élèves de quatrième année, aspirant au doctorat, et les docteurs, d'après une dissertation écrite dont le sujet, choisi par le ministre de l'instruction publique sur une liste de questions prises dans les diverses matières de l'enseignement du droit, a été publié au moins huit mois d'avance. Les élèves de troisième année qui ont obtenu un premier ou un deuxième prix, sont dispensés des frais d'inscriptions, d'examen et de diplôme, pour l'admission au doctorat. La distribution des prix et médailles a lieu dans la séance solennelle de rentrée de chaque Faculté.

CHAP. VIII. — FACULTÉS DE THÉOLOGIE.

92. Il existe aujourd'hui en France cinq Facultés de théologie catholique, qui sont placées à Paris, Bordeaux, Rouen, Aix et Lyon, et une Faculté protestante, à Montauban, pour le culte réformé.

93. Toutes les Facultés catholiques comprennent une chaire de dogme, une chaire de morale, une chaire d'Écriture sainte, une chaire d'histoire et de discipline ecclésiastique. Quelques-unes y joignent une chaire d'éloquence sacrée, une chaire de droit canon, et même une chaire d'hébreu, distincte de la chaire d'Écriture sainte.

94. Aux termes du décret du 17 mars 1808, pour être bachelier en théologie, il faut : 1° être âgé de vingt ans ; 2° être bachelier ès lettres ; 3° avoir fait un cours de trois ans dans une Faculté de théologie ; 4° avoir soutenu une thèse publique. Les candidats à la licence doivent produire les lettres de bachelier, obtenues depuis un an au moins, et subir deux thèses publiques, dont l'une est nécessairement en latin. Pour être docteur, il faut soutenir une dernière thèse générale.

95. Dans la Faculté protestante de Montauban, la durée des études théologiques est fixée à trois ans, au terme desquels les étudiants peuvent se présenter à l'examen du baccalauréat en théologie.

96. Les professeurs des Facultés de théologie catholique sont nommés par décret, sur la présentation de l'archevêque diocésain, bien que légalement les chaires vacantes dussent être données après concours.

Les professeurs de la Faculté de Montauban sont désignés par les consistoires et leur nomination n'est à proprement parler qu'une simple institution.

Pour être professeur dans une Faculté de théologie catholique, il faut justifier du grade de docteur ; la même obligation n'existe pas pour les professeurs de la Faculté de théologie protestante de Montauban.

CHAP. IX. — DE LA COMPTABILITÉ DES ÉTABLISSEMENTS D'INSTRUCTION SUPÉRIEURE ET DES REVENUS UNIVERSITAIRES, DROITS D'EXAMENS, DIPLÔMES.

97. Les établissements d'enseignement supérieur, chargés de la collation des grades, ont été soumis successivement à des régimes de comptabilité très-différents. A l'époque où l'Université avait l'administration de ses biens, c'est-à-dire avant 1835, les Facultés de droit et de médecine ont eu longtemps des ressources propres, qui ne se confondaient pas avec celles du corps, et sur lesquelles étaient imputées toutes les dépenses, à l'exception des traitements fixes des professeurs que le trésor public avait à sa charge. En 1829, cette anomalie cessa par la centralisation de toutes les recettes dans la caisse de l'Université, et, six ans plus tard, l'Université elle-même ayant perdu la libre disposition de ses revenus, les dépenses et les recettes de l'enseignement supérieur furent inscrites au budget général de l'État. Ce dernier régime, après avoir duré vingt ans, fut détruit à son tour par la loi du 14 juin 1854, qui, sans replacer les établissements supérieurs dans une situation de tout point identique à celle que les règlements universitaires leur avaient faite, isola néanmoins leur comptabilité de la comptabilité générale, pour en former un service spécial. Les dispositions financières de la loi de 1854 ont été abrogées également, et actuellement les dépenses de l'enseignement supérieur sont votées annuellement par le pouvoir législatif. Les recettes sont faites pour le compte du crédit public.

98. Les recettes des établissements d'enseignement supérieur se composent des rétributions, les unes obligatoires, les autres facultatives, qui sont acquittées par les étudiants.

99. Les rétributions obligatoires sont : 1° les droits d'immatriculation dans les Facultés des sciences et dans les Facultés de droit pour les aspirants au certificat de capacité ; 2° les droits d'inscription aux cours des Facultés et des écoles supérieures de pharmacie ; 3° les droits d'examen ; 4° les droits de certificat de capacité ; 5° les droits de certificat d'aptitude ; 6° les droits de diplôme ; 7° les droits de visa spéciaux.

100. Les rétributions facultatives sont : les droits perçus pour les conférences, manipulations et exercices pratiques en dehors des cours, dans les établissements où ces moyens accessoires d'instruction sont organisés.

Les frais matériels des manipulations sont à la charge des étudiants.

101. Les droits d'immatriculation sont payés en même temps que la première inscription.

Les droits d'inscription sont payés d'avance, au commencement de chaque trimestre; ils sont acquis au compte du Trésor même quand l'étudiant a encouru la perte d'une ou plusieurs inscriptions par mesure disciplinaire.

102. Les droits d'examen sont versés par les étudiants au moment où ils s'inscrivent pour subir l'examen. Ces droits sont acquis, quel que soit le résultat de l'examen. L'étudiant qui, sans cause légitime dûment constatée, ne répond pas à l'appel de son nom le jour qui lui a été fixé, perd le montant des droits d'examen qu'il a versés.

Les droits de certificat de capacité et de visa, de certificat d'aptitude et de diplôme sont perçus en même temps que les droits d'examen auxquels ils correspondent; ils sont remboursés aux étudiants qui n'auraient pas été jugés dignes du certificat de capacité ou du certificat d'aptitude.

103. Les rétributions facultatives sont perçues par trimestre et d'avance, savoir : trois dixièmes pour chacun des trois premiers trimestres, un dixième pour le quatrième.

104. Lorsqu'il y a lieu de délivrer un duplicata, le requérant ne peut l'obtenir qu'en payant la moitié des droits fixés pour le diplôme, le certificat de capacité ou d'aptitude dont il réclame une nouvelle expédition.

105. Les gradués des universités étrangères ne peuvent jouir du bénéfice de la décision qui déclarerait leurs grades équivalents aux grades français correspondants, sans avoir acquitté intégralement, au profit du fonds commun, les frais d'inscription, d'examen, de certificat d'aptitude et de diplôme qu'auraient payés les nationaux.

106. Des remises ou des modérations de droits peuvent être accordées aux étudiants des Facultés qui se distingueraient par leurs succès ou qui, par leur position de famille, auraient des titres à cette faveur. Les remises sont prononcées par le ministre de l'instruction publique et des cultes, après avis des Facultés. De semblables remises peuvent être accordées aux gradués des universités étrangères.

107. Les droits à percevoir dans les établissements d'enseignement supérieur de différents ordres ont été fixés de la manière suivante par le décret du 22 août 1854 :

108. Facultés des lettres :

RÉTRIBUTIONS OBLIGATOIRES.

Baccalauréat . .	Examens (deux à 30 fr.) . . . 60 f	120 f
	Certificats d'aptitude (deux à 10 fr.) 20	
	Diplôme. 40	
Licence . . .	Inscriptions (quatre à 10 fr.) . 40	140
	Examen. 40	
	Certificat d'aptitude. 20	
	Diplôme. 40	
Doctorat. . .	Examen. 80	140
	Certificat d'aptitude. 20	
	Diplôme. 40	

Inscriptions à deux cours de la Faculté des lettres, obligatoires pour les étudiants des Facultés de droit (douze à 10 fr.). 120

RÉTRIBUTIONS FACULTATIVES.

Conférences pour les aspirants à la licence ès lettres ; rétribution annuelle 150

109. Facultés des sciences et écoles préparatoires à l'enseignement des sciences et des lettres :

RÉTRIBUTIONS OBLIGATOIRES.

Certificat de capacité pour les sciences appliquées.	Droit d'immatriculation . . . . 100 f	400 f
	Inscriptions (huit à 10 fr.) . . . 80	
	Examens (deux à 60 fr.) 120	
	Certificat de capacité 75	
	Visa du certificat 25	
Baccalauréat .	Examen. 40	100
	Certificat d'aptitude. 20	
	Diplôme. 40	
Licence . . .	Inscriptions (quatre à 10 fr.) . 40	140
	Examen. 40	
	Certificat d'aptitude. 20	
	Diplôme. 40	
Doctorat. . .	Examen. 80	140
	Certificat d'aptitude. 20	
	Diplôme. 40	

RÉTRIBUTIONS FACULTATIVES.

Conférences, manipulations et exercices pratiques pour les étudiants des Facultés des sciences ; rétribut. ann. 150

110. Dans les écoles préparatoires à l'enseignement des sciences et des lettres, indépendamment, 1° des droits d'inscription perçus pour le compte des caisses municipales et qui sont déterminés par le budget de chaque école ; 2° des droits d'examen partagés entre les examinateurs et dont le taux est de 60 fr. par examen, les droits à payer au compte de l'enseignement supérieur par les aspirants aux certificats de capacité pour les sciences appliquées, sont fixés ainsi qu'il suit :

Complément de 5 fr. par inscription (dix inscript.) 50 f	150 f
Certificat de capacité. 75	
Visa du certificat 25	

111. Facultés de médecine, écoles supérieures de pharmacie, écoles préparatoires de médecine et de pharmacie :

RÉTRIBUTIONS OBLIGATOIRES.

Doctorat en médecine.	Inscriptions (seize à 30 fr.) . . . 480 f	1260 f
	Trois examens de fin d'année (30 fr. par examen) 90	
	Cinq examens de fin d'études (30 fr. par examen) 250	
	Cinq certif. d'apt. (40 fr. p. certif.) 200	
	Thèse. 100	
	Certificat d'aptitude. 40	
	Diplôme. 100	
Certificat de sage-femme de 1re classe.	Deux examens (40 fr. par examen.) 80	130
	Certificat d'aptitude. 40	
	Visa du certificat 10	

RÉTRIBUTIONS FACULTATIVES.

Conférences, exercices pratiques et manipulations pour les aspirants au doctorat en médecine ; rétribution annuelle. 150

112. Écoles supérieures de pharmacie :

RÉTRIBUTIONS OBLIGATOIRES.

Titre de pharmacien de 1re classe.	Inscriptions (douze à 30 fr.) . . 360 f	1390 f
	Travaux pratiques pendant les trois années (100 fr. par année) . . . 300	
	Cinq examens semestriels (30 fr. par examen) 150	
	Les deux premiers examens de fin d'études (80 fr. par examen) . 160	
	Le troisième exam. de fin d'études. 200	
	Trois certif. d'apt. (40 f. p. certif.) 120	
	Diplôme. 100	
Certificat d'herboriste.	Examen. 50	100
	Certificat d'aptitude. 40	
	Visa du certificat 10	

RÉTRIBUTIONS FACULTATIVES.

Conférences, exercices pratiques et manipulations pour les aspirants au titre de pharmacien de 1re classe ; rétribution annuelle 150

113.

RÉTRIBUTIONS OBLIGATOIRES.

Officiers de santé.	Inscriptions de la Faculté de médecine (douze à 30 fr.). . . . 360 f	780 f
	Examens (deux à 50 fr.) 100	
	Un troisième examen 100	
	Trois certif. d'apt. (40 f. p. certif.) 120	
	Diplôme. 100	

Pharmaciens de 2e classe.	Inscriptions (douze à 25 fr.) . .	300f	
	Années de travaux pratiques (trois à 50 fr. par semestre). . . .	300	
	Examens de fin d'études (deux à 50 fr.)	100	1120f
	Troisième examen de fin d'études.	200	
	Certificats d'aptitude (trois à 40 f.)	120	
	Diplôme (D. 14 juill. 1875). . .	100	
Herboristes. .	Certificat d'aptitude.	40	50
	Visa du certificat.	10	
Sages-femmes de 2e classe.	Certificat d'aptitude.	20	25
	Visa du certificat	5	

114. Facultés de droit :

RÉTRIBUTIONS OBLIGATOIRES.

Capacité. . .	Inscriptions (quatre à 30 fr.) . .	120f	
	Examen.	60	245f
	Certificat d'aptitude.	40	
	Visa du certificat d'aptitude. .	25	
Baccalauréat .	Inscriptions (huit à 30 fr.) . . .	240	
	Deux examens (60 fr. par examen)	120	540
	Deux certif. d'apt. (40 f. p. certif.)	80	
	Diplôme.	100	
Licence . . .	Inscriptions (quatre à 30 fr.) . .	120	
	Deux examens (60 fr. par examen)	120	
	Deux certif. d'apt. (40 f. p. certif.)	80	560
	Thèse.	100	
	Certificat d'aptitude.	40	
	Diplôme.	100	
Doctorat. . .	Inscriptions (quatre à 30 fr.) . .	120	
	Deux examens (60 fr. par examen)	120	
	Deux certif. d'apt. (40 f. p. certif.)	80	560
	Thèse.	100	
	Certificat d'aptitude.	40	
	Diplôme.	100	

RÉTRIBUTIONS FACULTATIVES.

Conférences pour les aspirants au baccalauréat, à la licence et au doctorat en droit; rétribution annuelle. . 150

115. Facultés de théologie :

RÉTRIBUTIONS OBLIGATOIRES.

Baccalauréat .	Inscriptions (quatre à 5 fr.). . .	20f	
	Examen.	10	45f
	Certificat d'aptitude.	5	
	Diplôme.	10	
Licence . . .	Inscriptions (quatre à 5 fr.). . .	20	
	Examen.	10	45
	Certificat d'aptitude.	5	
	Diplôme.	10	
Doctorat. . .	Inscriptions (quatre à 5 fr.). . .	20	
	Examen.	10	80
	Certificat d'aptitude.	10	
	Diplôme.	40	

CHAP. X. — DES ÉTABLISSEMENTS LIBRES D'ENSEIGNEMENT SUPÉRIEUR, PLACÉS SOUS LA SURVEILLANCE DE L'ADMINISTRATION ACADÉMIQUE.

116. Il faudrait remonter au moyen âge pour retrouver, en France, un enseignement public libre; mais au fur et à mesure que l'autorité royale prit plus d'extension, le droit d'enseigner, sans devenir exclusivement le privilège des universités, ne fut exercé *en fait* que par certaines corporations religieuses. C'était alors plutôt le partage d'un monopole que la liberté proprement dite. Après 1789, la liberté des professions ayant été proclamée d'une manière générale, celle d'instituteur à tous les degrés s'y trouva nécessairement comprise.

Le projet de loi élaboré par le comité de Constitution de l'Assemblée constituante ne laisse à cet égard aucun doute sur la pensée des législateurs de cette époque; il porte en effet, à son chapitre XIX : *Liberté de l'enseignement*, « Il sera libre à tout particulier, en se soumettant aux lois générales sur l'enseignement public, de former des établissements d'instruction; ils seront tenus seulement d'en instruire la municipalité et de publier leurs règlements. » La loi du 29 frimaire an II, loi peu libérale d'ailleurs, consacre cependant son premier titre à la liberté de l'en-

seignement; bientôt après, le décret du 29 brumaire an III, relatif aux écoles primaires, contient également cette déclaration : « La loi ne peut porter aucune atteinte au droit qu'ont les citoyens d'ouvrir des écoles particulières et libres sous la surveillance des autorités constituées. » Enfin, la Constitution de l'an III, art. 300, s'exprime ainsi : « Les citoyens ont le droit de former des établissements particuliers d'éducation et d'instruction, ainsi que des sociétés libres pour concourir aux progrès des sciences, des lettres et des arts. »

117. Cependant ce principe de la liberté de l'enseignement, qui avait été affirmé avec tant de solennité par la Convention, ne devait pas être longtemps respecté. La loi du 11 floréal an X vint y porter une première atteinte grave en subordonnant la fondation des établissements particuliers d'instruction secondaire à l'autorisation du Gouvernement (*tit. III, art.* 8), et, quatre ans après, la loi du 10 mai 1806 acheva l'œuvre de monopolisation de l'enseignement en créant, sous le nom d'*Université impériale*, « un corps chargé exclusivement de l'enseignement et de l'éducation publics dans tout l'empire ».

Lors de la restauration de la monarchie, on put croire que le monopole institué dans un but particulier au Gouvernement qui venait de tomber (voir l'Exposé des motifs de la loi de 1806) disparaîtrait avec le régime qui l'avait vu naître, le préambule de l'ordonnance du 17 mai 1815 le laissait entendre; cependant il n'en fut rien et, malgré les efforts tentés auprès des grands pouvoirs publics, aucun projet de loi ne fut présenté dans ce sens pendant les règnes de Louis XVIII et de Charles X.

118. La Charte de 1830 reprit à cet égard la tradition de 1789, et elle décida, art. 69, qu'il serait fait une loi organique sur « l'instruction publique et la liberté de l'enseignement ». La loi du 28 juin 1833, à laquelle M. Guizot eut la gloire d'attacher son nom et qui a été le point de départ de la propagation de l'instruction primaire en France, donna satisfaction à la Charte pour cet ordre d'enseignement. A plusieurs reprises, les Chambres discutèrent des projets ayant pour but d'étendre à l'instruction secondaire les dispositions libérales des Constituants de 1830, mais aucun d'eux n'aboutit et la révolution du 24 février 1848 trouva encore debout le régime universitaire de 1808. Mais le mouvement qui s'était produit sur cette grande question n'avait pas été stérile et la Constitution républicaine du 4 novembre 1848, plus explicite encore que sa devancière, déclara (chap. II, *Droits des citoyens garantis par la Constitution*, art. 9) : « L'enseignement est libre. — La liberté d'enseignement s'exerce selon les conditions de capacité et de moralité déterminées par les lois et sous la surveillance de l'État. — Cette surveillance s'étend à tous les établissements d'éducation et d'enseignement sans aucune exception. »

119. Il était réservé à l'Assemblée issue des élections de 1849 de mener à bonne fin l'œuvre entreprise depuis tant d'années et, après de longues et brillantes discussions, elle vota définitivement la loi du 15 mars 1850, qu'on a appelée la loi Falloux, du nom du ministre qui l'avait présentée. Cette loi confirmait la liberté de l'enseignement primaire, établissait la liberté de l'enseignement secondaire et prévoyait, à son article final, une loi sur la liberté de l'enseignement supérieur. Il a fallu encore un quart de siècle avant que cette loi vît le jour, bien que, dès les premiers mois de son existence, une proposition émanée de l'initiative parlementaire eût été déposée dans ce sens. Enfin, après trois discussions aussi ardentes qu'approfondies, l'Assemblée nationale a voté, le 12 juillet 1875, la loi dont voici les principales dispositions :

L'enseignement supérieur est libre (art. 1er).

Tout Français âgé de vingt-cinq ans, n'ayant encouru aucune des incapacités prévues par l'art. 8 de la présente loi, les associations formées légalement dans un dessein d'enseignement supérieur, peuvent ouvrir librement des cours et des établissements d'enseignement supérieur aux seules conditions prescrites par les articles suivants.

Toutefois, pour l'enseignement de la médecine et de la pharmacie, il faut justifier, en outre, des conditions requises pour l'exercice des professions de médecin ou de pharmacien.

Les cours isolés dont la publicité n'est pas restreinte aux auditeurs régulièrement inscrits restent soumis aux prescriptions des lois sur les réunions publiques (art. 2).

L'ouverture de chaque cours doit être précédée d'une déclaration signée par l'auteur du cours. Cette déclaration indique les noms, qualités et domicile du déclarant, le local où seront faits les cours et l'objet ou les divers objets de l'enseignement qui y sera donné. Elle est remise au recteur dans les départements où est établi le chef-lieu de l'académie, et à l'inspecteur d'académie dans les autres départements. Il en est donné immédiatement récépissé.

L'ouverture du cours ne peut avoir lieu que dix jours francs après la délivrance du récépissé.

Toute modification aux points qui ont fait l'objet de la déclaration primitive doit être portée à la connaissance des autorités désignées dans le paragraphe précédent. Il ne peut être donné suite aux modifications projetées que cinq jours après la délivrance du récépissé (art. 3).

Les établissements libres d'enseignement supérieur doivent être administrés par trois personnes au moins.

La déclaration prescrite de la loi doit être signée par les administrateurs ; elle indique leurs noms, qualité et domicile, le siège et les statuts de l'établissement, ainsi que les autres énonciations mentionnées plus haut (à l'art. 2).

En cas de décès ou de retraite de l'un des administrateurs, il doit être procédé à son remplacement dans le délai de six mois. Avis en est donné au recteur ou à l'inspecteur de l'académie.

La liste des professeurs et le programme des cours sont communiqués chaque année aux autorités désignées dans le paragraphe précédent.

Indépendamment des cours proprement dits, il peut être fait dans lesdits établissements des conférences spéciales, sans qu'il soit besoin d'autorisation préalable (art. 4).

Les établissements d'enseignement supérieur, comprenant au moins le même nombre de professeurs pourvus du grade de docteur que les Facultés de l'État qui comptent le moins de chaires, peuvent prendre le nom de Faculté libre des lettres, des sciences, de droit, de médecine, etc., s'ils appartiennent à des particuliers ou à des associations. Quand ils réunissent trois Facultés, ils peuvent prendre le nom d'Universités libres (art. 5).

Les cours ou établissements libres d'enseignement supérieur sont toujours ouverts et accessibles aux délégués du ministre de l'instruction publique. La surveillance ne peut porter sur l'enseignement que pour vérifier s'il n'est pas contraire à la morale, à la Constitution et aux lois (art. 7).

Sont incapables d'ouvrir un cours et de remplir les fonctions d'administrateur ou de professeur dans un établissement libre d'enseignement supérieur : 1° les individus qui ne jouissent pas de leurs droits civils ; 2° ceux qui ont subi une condamnation pour crime, ou pour un délit contraire à la probité ou aux mœurs ; 3° ceux qui, par suite de jugement, se trouveront privés de tout ou partie des droits civils, civiques et de famille, indiqués dans les n°s 1, 2, 3, 5, 6, 7 et 8 de l'art. 42 du Code pénal ; 4° ceux contre lesquels l'incapacité aura été prononcée en vertu d'infraction à la présente loi que nous analysons (art. 8 et 16).

Les étrangers peuvent être autorisés à ouvrir des cours ou à diriger des établissements libres d'enseignement supérieur dans les conditions prescrites par l'art. 78 de la loi du 15 mars 1850 (art. 9).

L'art. 291 du Code pénal n'est pas applicable aux associations formées pour créer et entretenir des cours ou établissements d'enseignement supérieur dans les conditions déterminées par la loi sur la liberté de l'enseignement supérieur (art. 10).

Les établissements d'enseignement supérieur fondés, ou les associations formées en vertu de la présente loi peuvent, sur leur demande, être déclarés établissements d'utilité publique, dans les formes voulues par la loi, après avis du conseil supérieur de l'instruction publique. Une fois reconnus, ils peuvent acquérir et contracter à titre onéreux ; ils pourront également recevoir des dons et des legs dans les conditions prévues par la loi. La déclaration d'utilité publique ne peut être révoquée que par une loi (art. 11).

En cas d'extinction d'un établissement d'enseignement supérieur reconnu, soit par l'expiration de la Société, soit par la révocation de la déclaration d'utilité publique, les biens acquis par donation entre vifs et par disposition à cause de mort, font retour aux donateurs et aux successeurs des donateurs et testateurs, dans l'ordre réglé par la loi, et, à défaut de successeurs, à l'État. Les biens acquis à titre onéreux font également retour à l'État si les statuts ne contiennent à cet égard aucune disposition. Il est fait emploi de ces biens pour les besoins de l'enseignement supérieur par décrets rendus en Conseil d'État, après avis du conseil supérieur de l'instruction publique (art. 12).

Les élèves des Facultés libres peuvent se présenter, pour l'obtention des grades, devant les Facultés de l'État, en justifiant qu'ils ont pris, dans la Faculté dont ils ont suivi les cours, le nombre d'inscriptions voulu par les règlements. Les élèves des universités libres peuvent se présenter, s'ils le préfèrent, devant le jury spécial dont il va être question. Le candidat ajourné devant une Faculté de l'État ne peut se présenter ensuite devant le jury spécial, et réciproquement, sans en avoir obtenu l'autorisation du ministre de l'instruction publique. L'infraction à cette disposition entraînerait la nullité du diplôme ou du certificat obtenu (art. 13).

Le baccalauréat ès lettres et le baccalauréat ès sciences restent exclusivement conférés par les Facultés de l'État (art. 13).

Le jury spécial dont il vient d'être parlé est formé de professeurs ou agrégés des Facultés de l'État et de professeurs des universités libres, pourvus du diplôme de docteur. Ils sont désignés, pour chaque session, par le ministre de l'instruction publique, et, si le nombre des membres de la commission d'examen est pair, ils sont pris en nombre égal dans les Facultés de l'État et dans l'université libre à laquelle appartiennent les candidats à examiner. Dans le cas où le nombre est impair, la majorité est du côté des membres de l'enseignement public. La présidence, pour chaque commission, appartient à un membre de l'enseignement public. Le lieu et les époques des sessions d'examen sont fixés chaque année par un arrêté du ministre, après avis du conseil supérieur de l'instruction publique (art. 14).

Les élèves des universités libres sont soumis aux mêmes règles que ceux des Facultés de l'État, notamment en ce qui concerne les conditions préalables d'âge, de grades, d'inscription, de stage dans les hôpitaux, le nombre des épreuves à subir devant le jury spécial pour l'obtention de chaque grade, les délais obligatoires entre chaque grade et les droits à percevoir (art. 15).

Les infractions aux dispositions ci-dessus peuvent être punies, suivant les cas, d'une amende (1,000 fr. au plus), de la suspension du cours ou de l'établissement pour trois mois au plus, ou de la fermeture. Le jugement est exécutoire nonobstant appel.

Le procureur de la République a seul qualité pour faire opposition à l'ouverture d'un cours, pour cause d'incapacité de la part de la personne qui veut ouvrir le cours, ou si l'enseignement porte sur un sujet contraire à l'ordre public ou à la morale publique et religieuse (art. 16 et suiv.).

En cas de condamnation pour délit commis dans un cours, les tribunaux peuvent prononcer la fermeture du cours. La poursuite entraîne la suspension provisoire du cours ; l'affaire sera portée à la plus prochaine audience.

Indépendamment des pénalités énoncées plus haut, tout professeur peut, sur la plainte du préfet ou du recteur, être traduit devant le conseil départemental de l'instruction publique pour cause d'inconduite notoire, ou lorsque son enseignement sera contraire à la morale et aux lois, ou pour désordre grave occasionné ou toléré par lui dans son cours. Il peut, à raison de ces faits, être soumis à la réprimande avec ou sans publicité ; l'enseignement peut même lui être interdit à temps ou toujours, sans préjudice des peines encourues pour crimes ou délits. Le conseil départemental doit être convoqué dans les huit jours à partir de la plainte. Appel à la décision rendue peut toujours être porté devant le conseil supérieur, dans les quinze jours à partir de la notification de cette décision. L'appel n'est pas suspensif.

L'art. 463 du Code pénal peut être appliqué aux infractions prévues par la loi de 1875.

CHAP. XI. — DES ÉTABLISSEMENTS D'ENSEIGNEMENT SUPÉRIEUR NON SOUMIS A LA JURIDICTION ACADÉMIQUE.

120. Ce tableau de la législation de l'enseignement supérieur serait incomplet, si nous n'ajoutions quelques mots sur les établissements laissés en dehors de la juridiction académique : le Collège de France, le Muséum d'histoire naturelle, l'École des langues orientales, le Bureau des longitudes, l'Observatoire, l'École nationale des chartes, l'École des hautes études, l'École normale supérieure.

Sect. 1. — Collége de France (voy. ce mot).

Sect. 2. — Muséum d'histoire naturelle.

121. Le *Muséum d'histoire naturelle*, que la Convention réorganisa par son décret du 10 juin 1793, a subi, depuis cette époque, un changement considérable dans sa constitution. Un décret, en date du 29 décembre 1863, a enlevé à l'assemblée des professeurs la direction de l'établissement et n'a maintenu aux professeurs que l'administration de leurs collections respectives. Le directeur n'est plus élu annuellement par ses collègues; il est nommé, pour cinq ans, par le Chef de l'État, sur la présentation de trois candidats choisis par l'assemblée des professeurs. Il a l'initiative de toutes les propositions et correspond seul avec le ministre; il a sous ses ordres immédiats le secrétaire de l'école, les aides naturalistes, le contrôleur des ateliers et les surveillants. Un directeur suppléant, nommé dans les mêmes conditions que lui, le remplace en cas d'absence.

Les professeurs sont nommés après présentation par l'assemblée des professeurs et l'Académie des sciences. Le ministre peut choisir en dehors des présentations le savant qui lui paraît le plus propre à occuper la chaire vacante. (*D.* 9 *mars* 1852.)

L'établissement comprend seize chaires, savoir: physiologie comparée; anatomie comparée, deux chaires; mammifères et oiseaux; reptiles et poissons; insectes, crustacés et arachnides; annélides, mollusques et zoophytes; botanique; culture; géologie; minéralogie; paléontologie; physique végétale; chimie appliquée aux corps organiques; chimie appliquée aux corps inorganiques; anthropologie. Il y a de plus un cours de dessin.

Sect. 3. — École des langues orientales vivantes.

122. L'*École des langues orientales vivantes* a été créée par le décret du 10 germinal an III. Elle comprend les chaires d'arabe vulgaire, de persan, de turc, de malais et javanais, d'arménien, de grec moderne, d'hindoustani, de chinois vulgaire, de japonais, d'annamite. Les cours sont publics et gratuits. (*D.* 8 *nov.* 1869.) L'École est placée sous l'autorité d'un administrateur nommé pour cinq ans par le ministre; il est assisté d'un secrétaire qui remplit les fonctions de trésorier, d'archiviste et de bibliothécaire, qui a voix consultative dans les délibérations de l'École.

123. Il y a, auprès de l'École, un conseil de perfectionnement composé, sous la présidence du ministre de l'instruction publique, de l'administrateur et d'un délégué des départements de l'instruction publique, des affaires étrangères, de la guerre, de la marine, de l'agriculture, du directeur de l'imprimerie nationale et d'un autre fonctionnaire de cet établissement, du président de la Chambre de commerce de Paris.

124. En cas de vacance d'une chaire à l'École des langues orientales, les professeurs présentent deux candidats et le conseil de perfectionnement deux autres; l'Académie des inscriptions en présente également deux; mais ces présentations ne

sont pas obligatoires pour le Gouvernement, le ministre peut présenter au choix du Chef de l'État un candidat désigné par ses travaux.

125. Les élèves de l'École qui ont suivi les cours pendant trois ans et ont satisfait aux examens de fin d'études reçoivent un diplôme; la liste en est envoyée aux ministres des affaires étrangères, de la guerre, de la marine, du commerce. Ceux d'entre eux qui se sont le plus distingués aux examens peuvent être envoyés, aux frais de l'État, dans les pays dont ils ont appris la langue, afin d'y perfectionner leur instruction. Pendant le cours de leurs études, ils peuvent, sur l'avis de l'assemblée des professeurs et du conseil de perfectionnement, obtenir des bourses qui varient entre 1,000 et 1,500 fr. (*D.* 8 *nov.* 1869.)

126. Il est institué des membres correspondants de l'école. (*Arr.* 26 *fév.* 1872.)

Les cours de l'École commencent le premier lundi de novembre et se terminent le 31 juillet.

Auprès des professeurs il y a des répétiteurs qui assistent à leurs leçons et sont tenus, en outre, de donner trois répétitions ou conférences par semaine, d'une heure au moins chacune. (*D.* 11 *mars* 1872.)

Les élèves de l'École des langues orientales jouissent de la dispense du service militaire, sous la condition de servir dix ans dans les fonctions qui leur sont confiées.

Sect. 4. — Bureau des longitudes (voy. ce mot).

Sect. 5. — Observatoires.

127. L'*Observatoire* national de Paris, fondé sous Louis XIV, rattaché au Bureau des longitudes par un décret de la Convention, a repris sa vie propre depuis le 30 janvier 1854.

Le personnel de cet établissement comprend: un directeur, des astronomes ou physiciens titulaires, des astronomes ou physiciens adjoints, des aides-astronomes ou physiciens, des calculateurs et un secrétaire agent comptable.

Le directeur, assisté d'un conseil, administre l'Observatoire, dirige le service scientifique, pourvoit au service intérieur et est exclusivement chargé de la publication des travaux. (*D.* 13 *fév.* 1873.)

Il existe, en outre de l'Observatoire de Paris, des observatoires à Marseille et à Toulouse, et à Paris même, deux observatoires spéciaux, l'un de météorologie, l'autre d'astronomie physique.

Sect. 6. — École des chartes.

128. L'*École des chartes*, établie au palais des archives nationales, est placée sous l'autorité d'un directeur nommé par le ministre de l'instruction publique et sous la surveillance d'un conseil de perfectionnement chargé de régler les études et de faire les examens. Les membres du conseil de perfectionnement sont au nombre de neuf, savoir: le directeur général des archives, le directeur de la Bibliothèque nationale, le directeur de l'École et cinq membres de l'Académie des inscriptions et belles-lettres, désignés par cette Académie. (*D.* 24 *juill.* 1872.)

129. L'enseignement de l'École comprend: la paléographie, les langues romanes, la bibliographie, le classement des bibliothèques et des archives, la diplomatique; les institutions politiques administratives et judiciaires de la France; le droit civil et canonique du moyen âge.

130. Les élèves sont nommés par le ministre de l'instruction publique ; ils ne peuvent être révoqués que par lui, sur le rapport du directeur, le conseil de perfectionnement entendu. Tout bachelier ès lettres, âgé de moins de vingt-quatre ans, qui se sera fait inscrire au secrétariat de l'École des chartes avant la rentrée des cours, pour obtenir le titre d'élève, et qui aura justifié de son âge et de son diplôme, est candidat de plein droit si le conseil de perfectionnement de l'école le présente au choix du ministre. Les élèves sont gratuits ou boursiers. Les uns et les autres participent également aux études et répétitions intérieures. Ils sont admis aux mêmes épreuves et acquièrent les mêmes droits. Les élèves boursiers sont au nombre de huit. Les bourses sont annuelles et consistent dans un traitement de six cents francs chacune. A la fin de chaque année d'études, les huit bourses sont mises au concours ; savoir : deux bourses pour les élèves du premier cours, trois bourses pour ceux du deuxième et trois bourses pour ceux du troisième. Les bourses une fois obtenues ne peuvent être perdues que par un jugement du conseil de perfectionnement, approuvé par le ministre.

131. Il est procédé par le conseil de perfectionnement, assisté des professeurs titulaires, et, à leur défaut, de répétiteurs en égal nombre, à des examens de fin d'année auxquels concourent nécessairement tous les élèves, sous peine de perdre leur titre. Les élèves qui ne se sont pas présentés aux examens ou n'y sont pas déclarés capables de passer aux études de l'année suivante, ne peuvent plus suivre les cours qu'à titre d'auditeurs libres.

Les examens de la troisième année portent sur toutes les matières de l'enseignement. Les élèves déclarés admissibles au service paléographique soutiennent, dans la séance inaugurale de la rentrée suivante, un acte public sur un thème imprimé qu'ils ont choisi. A la suite de cette épreuve sont conférés les diplômes d'archiviste paléographe. Ils sont donnés par le ministre de l'instruction publique, et contre-signés par le président du conseil et par le directeur de l'école.

132. Au diplôme d'archiviste paléographe est attaché le droit à un traitement fixe de 600 fr., qui ne se cumule avec aucune fonction rétribuée dont le traitement lui soit supérieur. Il ne se perd que par le refus d'acceptation des emplois institués pour les archivistes paléographes.

Ce diplôme donne en outre droit :

Aux fonctions de répétiteurs et professeurs de l'École des chartes ;

A celles d'auxiliaires pour les travaux de l'Académie des inscriptions et belles-lettres ;

A celles d'archivistes des départements ;

A celles d'employés dans les bibliothèques publiques.

Ceux des anciens élèves qui sont pourvus du grade de licencié ès lettres, sont admis, après deux ans d'enseignement, à se présenter au concours d'agrégation d'histoire des lycées.

Sect. 7. — **École pratique des hautes études.**

133. L'*École pratique des hautes études*, fondée à Paris, par le décret du 31 juillet 1868, auprès des établissements scientifiques relevant du ministère de l'instruction publique, a pour but de placer, à côté de l'enseignement théorique, les exercices qui peuvent le fortifier et l'étendre. Elle est divisée en cinq sections : mathématiques ; physique et chimie ; histoire naturelle et physiologie ; sciences historiques et physiologiques ; sciences économiques.

Les professeurs ou les savants chargés de diriger les travaux des élèves portent, dans la seconde et la troisième section, le titre de directeurs de laboratoires ; dans la première, la quatrième et la cinquième, celui de directeurs d'études.

134. Aucune condition d'âge, de grade ou de nationalité n'est exigée pour l'admission provisoire à l'École des hautes études. Une épreuve a lieu seulement après trois mois au plus, et s'il y est satisfait, l'admission définitive est prononcée par le ministre.

135. L'école est placée sous la surveillance d'un conseil supérieur formé des secrétaires perpétuels de l'Académie des sciences et de l'Académie des inscriptions, de l'administrateur du Collège de France, des directeurs du Muséum, de l'Observatoire, de l'École normale, des Archives nationales et de l'École des chartes, de l'administrateur général de la Bibliothèque nationale, des conservateurs du Musée des antiques, des doyens des Facultés de droit, de médecine, des sciences et des lettres de Paris, et des membres des commissions de patronage de chacune des sections. (Voir, pour plus de détails, les *décrets des 31 juill. 1868 et 30 janvier* 1869, *les arrêtés portant règlement intérieur de l'École des 31 juillet* 1868 *et 27 février* 1874.)

136. Indépendamment de l'École des hautes études, il a été institué, par un décret spécial du 31 juillet 1868, des laboratoires d'enseignement et des laboratoires de recherches ouverts aux élèves et aspirants élèves de ladite École. La direction de ces laboratoires est confiée soit aux professeurs des établissements scientifiques dépendant du ministère de l'instruction publique, soit à des savants libres.

Sect. 8. — **École normale supérieure.** (*Voy. ce mot.*)

PAUL DES CILLEULS.

Bibliogr. et Admin. comp. Voy. Instruction (publique).

INSTRUMENTS DE MUSIQUE. La loi du 16 mai 1866, pour trancher les doutes de la jurisprudence, dispose que la fabrication et la vente d'instruments de musique servant à reproduire mécaniquement des airs de musique qui sont du domaine privé, ne constitue pas un fait de contrefaçon musicale.

INSURRECTION. Voy. **Émeute.**

INTENDANCE. INTENDANTS MILITAIRES. Voy. **Armée.**

INTERCALATION. 1. Addition de mots, de lettres ou de chiffres dans les intervalles laissés dans les écrits.

2. Les intercalations sont défendues dans les actes publics, parce qu'elles pourraient faciliter les additions frauduleuses. Elles peuvent, au surplus, constituer un faux et être punies de travaux forcés à perpétuité. (*C. P., art.* 145.) [*Voy.* **Interligne.**]

INTÉRÊT DE L'ARGENT. *Voy.* **Usure.**

INTÉRIM. Se dit du temps pendant lequel un fonctionnaire en congé limité est remplacé par un autre. Dans le langage officiel il ne paraît guère en usage que pour l'intérim d'un ministère.

L'intérimaire est celui qui est chargé de l'intérim.

INTERLIGNE. 1. C'est l'espace laissé entre deux lignes.

2. On ne doit laisser d'interligne dans aucun acte public, quoique la loi ne mentionne que quelques-uns d'entre eux, et qu'elle ne prononce même pas d'amende dans tous les cas prévus par elle. Voici quelques exemples des actes énumérés par les lois.

Les mentions de dépôt, les inscriptions et transcriptions doivent être faites, sur les registres des hypothèques, par les conservateurs, sans aucun blanc ni interligne, à peine contre eux de 1,000 à 2,000 fr. d'amende, et des dommages-intérêts des parties, payables aussi par préférence à l'amende. (*C. civ., art.* 2203.)

Dans les actes notariés, les mots interlignés sont nuls. Ils donnent, en outre, lieu à 10 fr. d'amende contre le notaire. (*L.* 25 vent. *an XI, art.* 16; *L.* 16 juin 1824, *art.* 10.)

L'art. 42 du Code civil défend aux officiers de l'état civil de laisser des blancs dans leurs actes.

3. Le motif de ces prohibitions, c'est que les interlignes pourraient être remplies après coup par des intercalations, et que l'acte pourrait être dénaturé ou au moins recevoir des additions mensongères. (*Voy.* Intercalation.)

INTERNATIONALE. 1. C'est le nom donné à une association de travailleurs, dont les doctrines reposent, d'après les opinions exprimées dans ses congrès : 1° sur le moyen de soutenir pécuniairement les grèves ; 2° sur l'abolition de l'hérédité du capital ; 3° sur la réintégration du sol ou de la propriété immobilière dans la communauté ; 4° sur la réorganisation du mariage, abstraction faite de tout caractère religieux et des effets civils que la loi actuelle lui assure ; 5° sur la destruction de toute patrie particulière aux différents peuples, au moyen de l'effacement de toutes les frontières, etc., etc.

2. Une loi du 14 mars 1872 a édicté des peines contre les affiliés de cette association internationale des travailleurs.

3. Elle décide d'abord, par son art. 1er, que toute association internationale qui, sous quelque dénomination que ce soit, et notamment sous celle d'association internationale des travailleurs, a pour but de provoquer à la suspension du travail, à l'abolition du droit de propriété, de la famille, de la patrie, de la religion ou du libre exercice des cultes, constitue, par le seul fait de son existence et de ses ramifications sur le territoire français, un attentat contre la paix publique.

4. L'acte seul de s'affilier à une des associations prévues par l'art. 1er, par l'art. 2, d'un emprisonnement de trois mois à deux ans et d'une amende de 50 à 1,000 fr. L'interdiction, pendant cinq ans au moins et dix ans au plus, des droits mentionnés en l'art. 42 du Code pénal peut être prononcée contre le coupable.

5. Par son art. 3, la loi dispose que l'emprisonnement peut s'élever à cinq ans et l'amende à 2,000 fr. contre celui qui a accepté une fonction dans une de ces associations ou qui a

sciemment concouru à son développement, soit en recevant ou en provoquant à son profit des souscriptions, soit en lui procurant des adhésions collectives ou individuelles, soit enfin en propageant ses doctrines, ses statuts ou ses circulaires. La surveillance de la haute police pour une durée de 5 à 10 ans peut être ajoutée aux peines ci-dessus. Les dispositions des art. 2 et 3 sont applicables aux étrangers comme aux Français.

6. La loi frappe même (*art.* 4) d'une peine de six mois d'emprisonnement et d'une amende de 50 à 500 fr. celui qui a prêté ou loué sciemment un local pour une réunion d'une partie ou section quelconque des associations dont il s'agit.

YVERNÈS.

INTERPRÉTATION. 1. C'est l'explication d'un texte obscur de loi ou d'acte législatif. Il faut distinguer l'*interprétation par voie d'autorité* de l'*interprétation de doctrine*. La première appartient au législateur ; elle oblige d'une manière générale. La seconde appartient aux juges ; elle peut différer avec les espèces, et n'oblige que les parties entre lesquelles la contestation était pendante et pour cette seule contestation.

2. *Interprétation par voie d'autorité*. Cette interprétation ne peut être faite que par l'auteur de l'acte législatif ou réglementaire. Pour qu'il y ait lieu à cette interprétation, il faut qu'elle soit utile en pratique ; il faut donc qu'il y ait eu une décision rendue sur le texte sujet à interprétation. (*Arr. du C.* 20 *mai* 1842.)

3. *Interprétation par voie de doctrine*. Cette interprétation appartient aux juges ou aux tribunaux de tous ordres, qui ne peuvent pas la refuser ; car l'art. 4 du Code civil dit que le juge qui refuse de juger, sous prétexte du silence, de l'obscurité ou de l'insuffisance de la loi, peut être poursuivi comme coupable de déni de justice, et l'art. 185 du Code pénal prescrit de prononcer dans ce cas une amende de 200 à 500 fr., et l'interdiction de l'exercice de fonctions publiques depuis cinq ans jusqu'à vingt.

4. Toutefois il y a une distinction importante à faire en ce qui touche les actes administratifs. Il faut distinguer ceux de ces actes qui contiennent des prescriptions *individuelles*, spéciales, applicables à une seule personne, de ceux qui contiennent des prescriptions *réglementaires*, générales, applicables à tous.

Les tribunaux sont compétents pour interpréter les actes administratifs qui contiennent des règles générales.

Mais l'administration peut seule interpréter les actes administratifs qui contiennent des prescriptions individuelles ; et parmi ces actes on range les décisions contentieuses. Dans ce cas, les tribunaux doivent surseoir jusqu'à ce que l'autorité administrative ait interprété : c'est, du reste, à eux seuls qu'il appartient de décider, si l'acte a besoin d'interprétation. Néanmoins on admet une exception à cette règle pour les actes administratifs d'intérêt individuel qui empiètent sur le pouvoir judiciaire. (*Cass.* 24 déc. 1835, 11 avril 1835, *etc.*)

5. Les tribunaux sont encore incompétents pour examiner, si, pour un décret rendu en Conseil d'État, on a observé les formalités préalables voulues par la loi. Mais ils sont universellement reconnus compétents pour décider si un décret est ou non contraire à une disposition législative, et pour ne pas l'appliquer dans le cas où il est illégal.

6. Dans tous les cas où il y a lieu à l'*interprétation par voie de doctrine*, le juge ou l'administrateur doit s'aider, dans la discussion, de l'exposé des motifs, de l'intitulé de la loi, des lois antérieures et des usages, et faire cette interprétation conformément à l'équité et à la raison. Il est difficile de poser des règles d'interprétation immuables. En voici pourtant quelques-unes que l'on regarde comme d'une application nécessaire.

1° Il faut expliquer le texte d'un acte par son esprit.

2° Quand deux lois présentent un sens opposé et un sens conforme, on doit préférer celui-ci.

3° Quand une loi est générale, on ne doit pas créer de distinctions.

4° Des lois spéciales ne doivent pas être sacrifiées aux lois générales.

5° Les dispositions prohibitives ne se présument pas.

6° Le juge pénal ne doit jamais prononcer une peine qui n'ait pas été posée par le législateur.

7° Les lois pénales doivent être interprétées dans le sens le plus favorable au prévenu.

8° Les lois fiscales doivent être interprétées dans le sens restreint aux intérêts du fisc.

9° Les lois civiles doivent céder devant les lois politiques.

10° On doit, dans le doute, interpréter les lois de compétence dans le sens favorable à la compétence ordinaire.

INTERPRÈTE. 1. Les *interprètes*, appelés également *truchements* (trucheman, drogman), sont des personnes chargées de traduire des écrits ou des paroles d'une langue dans une autre, ou bien d'expliquer le langage des sourds-muets. Ils sont nécessaires aussi bien en matière criminelle qu'en matière civile, toutes les fois que des magistrats ou des jurés ont besoin d'apprécier un acte ou des paroles. Ils ont été établis par l'art. 11 du titre IV de l'ordonnance de 1670, qui a été répété par les art. 332 et 333 du Code d'instruction criminelle, qu'on applique par analogie aux matières civiles. Les interprètes sont aussi utiles dans la rédaction des actes quand une des parties n'entend pas la langue ou l'idiome de l'autre. En matière commerciale, l'office d'interprète peut être rempli par des courtiers de commerce. (*C. de com., art.* 77 et 80.)

2. Les magistrats prennent leurs interprètes parmi les *interprètes jurés* ou *assermentés*, qui sont investis de la confiance des tribunaux. Pour obtenir ce titre, pour une ou plusieurs langues, les candidats doivent présenter leur demande au président de la cour ou du tribunal. Un des membres de la cour ou du tribunal fait son rapport, et l'organe du ministère public donne son avis.

3. Les interprètes sont astreints, comme les experts, au serment particulier de bien et fidèlement remplir leurs fonctions, chaque fois qu'ils procèdent à une opération. Ils y procèdent, d'ailleurs, de la même façon que les jurés.

4. Il existe, sous le titre de *secrétaires-interprètes* du Gouvernement, trois fonctionnaires choisis parmi les drogmans du Levant et nommés par le Chef de l'État, sur la présentation du ministre des affaires étrangères. Ils sont chargés de traduire pour le Gouvernement les discours, mémoires ou actes en langue orientale. Les secrétaires-interprètes ont été créés par l'ordonnance royale du 20 août 1833, qui fait connaître leurs attributions, etc., d'une manière plus détaillée.

INVALIDE MILITAIRE. 1. On appelle *invalides militaires*, les soldats, sous-officiers, officiers, qui, ayant, à cause de leurs services ou de leurs blessures, des droits à la pension de retraite et préférant à cette pension la vie commune avec d'anciens militaires comme eux, sont admis, sur leur demande adressée au ministre de la guerre, à l'*Hôtel national des invalides de Paris*. Ils occupent le premier rang dans l'armée depuis l'ordonnance royale du 25 mai 1832, qui a voulu récompenser ceux qui ont versé leur sang pour la patrie ou lui ont rendu de longs et honorables services.

2. L'Hôtel des invalides, créé par Louis XIV, a fait l'objet, depuis 1789 surtout, d'une foule d'actes législatifs. Parmi les plus importants à consulter, nous citerons les décrets des 28 mars-17 avril 1791, 30 avril 1792, 19 frimaire an IX, 8 floréal an XI, 24 novembre 1806 et 25 mars 1811; les ordonnances des 12 septembre 1814 et 4 mai 1820; la décision du ministre de la guerre du 21 août 1822; les ordonnances des 24 juin 1829, 10 mars 1832, 25 mai 1832; la loi du 19 mai 1834 et les ordonnances des 21 septembre 1837 et 8 mars 1844, enfin le décret du 29 juin 1863, lequel est précédé d'un rapport inséré au *Bulletin des lois*. Ce décret réorganise l'Hôtel des invalides.

3. Cet hôtel fait partie de l'administration de la guerre. Les invalides militaires sont organisés militairement, et, en conséquence, justiciables des conseils de guerre.

4. L'Hôtel des invalides est commandé par un gouverneur, qui est ordinairement un général ou un maréchal de France. Un intendant militaire, choisi parmi les intendants les plus anciens, et ayant sous ses ordres un sous-intendant militaire, nommé par le ministre de la guerre, est placé à la tête du service administratif.

5. Il est défendu aux invalides de vendre ou même de donner, en totalité ou en partie, les effets qui leur sont distribués pour leur usage personnel, sous peine d'un mois de prison pour les officiers, de vingt jours pour les sous-officiers, et de quinze jours pour les soldats. De plus, le récidiviste peut être expulsé de l'hôtel; mais dans ce cas on lui donne sa pension de retraite. (*Arr. 8 fruct. an VIII.*)

6. Les successions des invalides morts dans l'hôtel sont régies par les lois qui règlent les successions de militaires décédés aux armées ou aux hôpitaux. Leurs veuves peuvent être secourues sur les fonds destinés au service de l'hôtel. (*O.* 25 *mai* 1832, 33 *janv.* 1833.)

INVALIDES DE LA MARINE. *Voy.* **Caisse des invalides de la marine.**

INVENTAIRE. On appelle ainsi la description écrite et par articles des immeubles, meubles, titres, papiers d'une personne, d'une société ou d'une maison. Cependant, on se sert ordinairement du mot *état* pour désigner la description des immeubles. L'inventaire et l'état servent à constater les biens qui y sont énumérés et à conserver les droits des parties ou à établir la situation de celui à qui ils appartiennent. C'est à cet effet que les lois prescrivent l'inventaire des biens-meubles contenus dans les établissements publics.

INVENTION. *Voy.* **Brevet d'invention.**

IRRIGATIONS.

SOMMAIRE.

CHAP. I. IRRIGATIONS INDIVIDUELLES.
Sect. **1. Sources,** 1 et 2.
2. Cours d'eau non navigables ni flottables, 3 à 18.
3. Cours d'eau navigables, 19 à 22.
CHAP. II. CANAUX D'IRRIGATION.
Sect. **1. Établissement du canal,** 23 à 26.
2. Associations syndicales, 27 et 28.
3. Concessionnaires, 29 et 30.
CHAP. III. DES SERVITUDES ÉTABLIES PAR LES LOIS DU 29 AVRIL 1845 ET DU 11 JUILLET 1847, 31 à 34.

CHAP. I. — IRRIGATIONS INDIVIDUELLES.
Sect. 1. — Sources.

1. Aux termes de l'art. 641 du Code civil, celui qui a une source dans son fonds peut en user à sa volonté, sauf le droit que le propriétaire inférieur pourrait avoir acquis par titre ou par prescription. Il ne peut non plus (*art.* 642) changer le cours naturel des eaux coulant de la source, lorsqu'elles sont nécessaires en aval à un centre de population, sauf à recevoir de la commune inférieure une indemnité, si cette dernière n'avait pas acquis ou prescrit l'usage des eaux (*art.* 643).

Mais, dans ces limites, il est absolument libre d'utiliser le produit de la source comme il l'entend, et les pouvoirs de police, que l'administration, comme nous le dirons plus loin, possède sur les cours d'eau non navigables, s'arrêtent au seuil de sa propriété. (*Arr. du C.* 23 déc. 1858, CORNET D'YZEUX; 1er *mars* 1860, BONNARD; 14 *mars* 1861, DUBEAU.)

2. L'administration n'aurait pas davantage à intervenir dans une contestation pendante au sujet de l'usage des eaux d'la source entre le propriétaire du fonds où elle naît et un propriétaire d'aval, l'intérêt public ne pouvant être engagé dans un pareil litige. Mais il en serait différemment dans le cas de difficultés survenues entre le premier et une commune inférieure. Il est évident, par exemple, que si le maître de la source en détournait les eaux au préjudice des habitants de la commune, l'administration serait autorisée à prendre par voie d'arrêté préfectoral les mesures d'urgence que requerrait la situation (*Arr. du C.* 18 *nov.* 1818), sans préjudice de l'action civile de la commune, et tous droits réservés.

Tel est le régime légal des irrigations effectuées par le moyen d'eau de source.

Sect. 2. — Cours d'eau non navigables ni flottables, ou flottables à bûches perdues.

3. Au sortir du fonds où elles surgissent, les eaux coulant de la source deviennent le plus généralement cours d'eau non navigable ni flottable.

La loi n'a dit nulle part quelle condition elle entendait faire aux cours d'eau de cette catégorie. Mais

c'est une jurisprudence aujourd'hui bien établie qu'il convient de les ranger au nombre des *res nullius* dont parle l'art. 714 C. c. et dont l'usage, commun à tous, est réglé par des lois de police. (*Arr. du C.* 17 *août* 1851, héritiers ROUXEL; 18 *nov.* 1852, MAGNIER; 15 *mai* 1858, DUMONT; *Cass.* 10 *juin* 1846, PARMENTIER; 17 *juin* 1850, GALAND; 6 *mai* 1861, GOUTANT.)

4. Cependant certains droits peuvent appartenir privativement à des particuliers sur ces cours d'eau, et, notamment, celui de les utiliser pour l'irrigation.

D'abord, ce droit est formellement attribué aux riverains par l'art. 644 C. c., sans distinction entre le cas où les eaux peuvent être dérivées directement sur le fonds riverain et celui où, par suite de la disposition des lieux, elles ne peuvent l'être qu'au moyen d'ouvrages établis dans une autre propriété, le droit d'arrosage existant indépendamment du procédé à mettre en pratique pour en user. (*Cass.* 14 *mars* 1849, GIRAUD-AGNEL.)

Des non-riverains peuvent avoir acquis ce même droit des premiers ou le tenir de la destination du père de famille.

5. Il a été enfin jugé (*Cass.* 9 *août* 1843, AMAT et DRULHON) que les particuliers auxquels le droit de prise d'eau avait été concédé par les anciens seigneurs, propriétaires, avant la Révolution, des cours d'eau non navigables, n'avaient pas été atteints dans leurs droits par le Code. Ils ont pu, par conséquent, le transmettre à d'autres.

6. Il va de soi que les contestations qui peuvent s'élever entre les divers ayants droit à l'usage des eaux dont il s'agit, sont de la compétence des tribunaux civils. L'art. 645 du Code et la loi du 25 mai 1838 l'ont dit, d'ailleurs, expressément.

7. D'autre part, la police des cours d'eau non navigables appartient incontestablement à l'administration, dont les pouvoirs à cet égard ont été précisés par diverses lois et décrets[1] et par la jurisprudence. Et il est reconnu qu'elle a mission : 1° d'assurer le libre écoulement des eaux; 2° de veiller, en cas de besoin, à leur équitable répartition entre les généralités d'intérêts qui s'en servent, de manière à leur faire produire la plus grande somme d'utilité possible.

8. Par suite, en ce qui concerne spécialement les irrigations, aucun barrage ne peut être établi dans le lit d'un cours d'eau non navigable sans la permission de l'administration, permission qu'elle peut refuser si elle juge l'existence du barrage inconciliable avec la protection des aux intérêts dont elle a la garde. (*Arr. du C.* 18 *avril* 1866, DE COLMONT.) En autorisant l'établissement ou le maintien du barrage, elle a le droit d'imposer au permissionnaire les dispositions techniques qu'elle juge convenables pour qu'il ne constitue pas un obstacle au libre cours des eaux et ne puisse être une cause d'inondation. Rien ne s'oppose, d'ailleurs, à ce que la retenue d'irrigation soit fixée à une hauteur telle que le

1. Lois des 22 décembre 1789, janvier 1790, 12-20 août 1790, 28 septembre et 6 novembre 1791; arrêté du Gouvernement du 19 ventôse an VI, art. 645 du Code; décrets des 25 mars 1852 et 13 avril 1861.

remous du barrage se fasse sentir, en amont, au delà de la propriété de l'arrosant, si cela est matériellement possible. C'est une application du principe rappelé plus haut, que le lit des cours d'eau non navigables n'est pas susceptible de propriété privée. (*Voir les arrêts cités à ce sujet.*)

9. L'administration peut aussi limiter la jouissance du permissionnaire, soit en l'obligeant à laisser en tout temps une ouverture dans le corps de son barrage, soit en fixant les périodes et la durée des arrosages, soit en limitant les dimensions de ses vannes de prise d'eau (*Avis du C.* 16 *janvier* 1866. *Rivière de l'Yèvre, cité dans* DE PASSY. *Étude sur le service hydraulique,* 2 *édit., p.* 57.) C'est seulement alors que les simples saignées effectuées sans barrage et qui peuvent être pratiquées librement, tombent sous le coup de l'action administrative.

10. L'administration peut encore édicter des règlements généraux de police auxquels tous les usagers, irrigants ou autres, sont tenus, quels que soient leurs droits antérieurs, de se soumettre[1].

11. Elle a enfin le pouvoir d'ordonner la suppression des barrages; mais c'est une jurisprudence constante que l'irrigant ne peut être privé de son droit, en tout ou en partie, sans indemnité, que dans l'intérêt du libre écoulement et de la répartition des eaux, le seul qui justifie l'intervention de l'administration en pareille matière. Des instructions dans ce sens ont été données aux préfets par une circulaire ministérielle du 20 avril 1865.

12. Les irrigations dont il est ici question relèvent donc à la fois de l'autorité judiciaire et de l'autorité administrative. Les principes ci-après marquent la limite séparatrice des deux compétences.

L'administration, sauf un cas tout exceptionnel indiqué ci-dessous (chap. II), ne crée pas le droit d'irrigation, qui se fonde exclusivement sur la loi ou sur des titres reconnus par la loi et lui est dès lors antérieur. Elle se borne à en réglementer l'exercice, de telle sorte qu'il ne compromette pas certains intérêts généraux, *pour autant que le*

[1]. L'administration ne pouvant toujours veiller par elle-même à l'observation de ces règlements, a souvent délégué ce soin à des commissions de propriétaires, auxquelles a été donné le nom, devenu impropre aujourd'hui, de *syndicats.* D'abord, elle en a nommé elle-même les membres; plus tard, elle a laissé leur nomination au choix des intéressés. Mais, quel que soit le mode de leur organisation, il est certain que ces commissions, véritables délégations de l'autorité établies par un préfet d'administration publique, s'imposent aux intéressés, qui doivent supporter les dépenses faites par elles dans l'accomplissement de leur mission.

Lorsque le règlement de police fixe les conditions d'existence des prises d'eau ou détermine l'ordre des arrosages, la commission veillera, au moyen de gardes-rivières ou autrement, à ce qu'aucun des usagers ne sorte des limites assignées à l'exercice de son droit. Mais elle ne s'occupera de l'irrigation qu'à ce seul point de vue, sa mission étant encore une fois de pure police.

La légalité des institutions de ce genre, sorties des lois du 12-20 août 1790, du 28 septembre et du 6 octobre 1791, comme les syndicats forcés de curage sont issus de la loi du 14 floréal an XI, n'a jamais été contestée. Mais ce ne sont pas là des associations ; leur principe est tout autre.

Il n'y a donc aucune raison de penser que l'administration ait été atteinte dans le droit qui lui a été toujours reconnu de les créer, par la loi du 21 juin 1865, laquelle n'a, du reste, pas prévu la création d'associations syndicales pour l'objet dont il s'agit.

Il existe un certain nombre de ces syndicats : D. 1er déc. 1852 et 17 sept. 1857, syndicat de l'Iton (Eure) ; D. 9 juin 1860, usagers du canal de Crillon (Vaucluse) ; D. 1er juin 1865, usagers de la plaine de Bigorre (Hautes-Pyrénées).

droit existe et sous toute réserve de ceux des tiers.

13. De là, il suit que l'autorisation donnée par elle de construire une prise d'eau, ne fait nul obstacle à ce que l'autorité judiciaire ordonne la suppression de la prise d'eau si elle a été établie sans droit.

14. De là il suit également que si les tribunaux sont tenus de respecter les dispositions du règlement d'eau ayant un caractère d'intérêt général, celui-ci devant toujours primer l'intérêt privé, les clauses dudit règlement qui n'ont pas ce caractère ne s'imposent nullement à la justice. Ce sont de simples : *Je n'empêche,* dont l'intéressé ne peut bénéficier *qu'autant qu'il en a le droit.*

L'autorité judiciaire pourra donc, si ce droit n'existe pas, frapper d'invalidité, entre les mains du permissionnaire les clauses dont il s'agit.

Ces principes ont été consacrés par plusieurs arrêts de la Cour de cassation et du Conseil d'État. (*Cass.* 16 *avril* 1873, LASSALLE-SUPERVIELLE; 19 *janv.* 1875, TURCAT-LAUGIER ; *Arr. du C.* 5 *nov.* 1869, ROQUELAURE-PRAT DE L'ESTANG; 30 *janv.* 1874, ROUSSEAU-ROBERT; 10 *juill.* 1874, JULIAN C. MICHAELIS.)

15. Les règlements d'irrigation, qu'ils soient demandés par les intéressés ou provoqués d'office par l'administration, qu'ils soient particuliers ou généraux ne peuvent intervenir, qu'à la suite d'une instruction dont les formes ont été réglées par des circulaires ministérielles en date des 19 thermidor an VI, 16 novembre 1834 et 23 octobre 1851.

Elle consiste dans une première enquête de 20 jours qui porte sur la question de principe; dans une visite des lieux faite en présence des intéressés par l'ingénieur de l'arrondissement, qui rédige ensuite, s'il y a lieu, le projet du règlement à intervenir ; enfin, dans une seconde enquête de 15 jours portant sur les dispositions du projet de règlement.

Les enquêtes doivent avoir lieu dans toutes les communes intéressées. (*Arr. du C.* 28 *nov.* 1861, MARÉCHAL.) La juridiction administrative attribue le caractère obligatoire d'un acte de gouvernement à celles des prescriptions desdites circulaires qui constituent une garantie pour les particuliers. (*Arr. du C.* 12 *janv.* 1860, PUJO; 9 *mai* 1861, DE MISEREY; 26 *nov.* 1863, RALLIER; 15 *juin* 1864, GAUNARD; 20 *juill.* 1867, TRÔNE.)

16. Les pouvoirs que possède l'administration en cette matière se répartissent ainsi qu'il suit entre ses divers représentants.

S'il n'y a pas de répartition d'eau à faire entre les usagers et qu'il s'agisse uniquement du règlement du barrage au point de vue du libre écoulement des eaux, le préfet est compétent. (*D.* 25 *mars* 1852, *tableau D.*, §§ 3 et 4.) Si, au contraire, le règlement projeté comprend une répartition d'eau, le préfet ne peut établir cette répartition que de la manière prescrite par les anciens règlements ou les usages locaux (*tableau D,* § 7).

A défaut d'anciens règlements ou d'usages locaux, ou s'il est nécessaire de modifier ceux qui existent, il est statué par décret délibéré en Conseil d'État. Quant aux décisions portant refus d'édicter un règlement d'eau, elles peuvent valablement émaner de l'autorité préfectorale.

17. Les règlements d'eau sont, par leur nature, des actes de pure administration. Leurs dispositions ne sauraient donc être *en elles-mêmes* contrôlées par une juridiction. Ils ne peuvent, dès lors, être déférés au Conseil d'État que par la voie du recours pour excès de pouvoir, et annulés que dans trois cas : 1° s'ils ne sont pas intervenus dans les formes voulues ; 2° s'ils ont été pris par une autorité incompétente ; 3° enfin, si leurs dispositions ne sont pas commandées par l'intérêt général et constituent une immixtion illégale de l'administration dans des questions d'ordre purement privé.

18. Les règles exposées dans cette section s'appliquent de tous points aux irrigations pratiquées au moyen des *cours d'eau flottables à bûches perdues,* qui, au point de vue des arrosages, ne se distinguent en rien des cours d'eau non navigables.

Sect. 3. — Cours d'eau navigables et flottables.

19. D'après l'art. 538 du Code, les cours d'eau navigables et flottables font partie du domaine public, déclaré inaliénable et imprescriptible par l'édit de Moulins de 1566. Personne ne peut donc avoir le *droit* de se servir de leurs eaux et, en ce qui touche l'irrigation, l'art. 644 le rappelle expressément. Mais l'administration ne fait aucune difficulté, lorsqu'il ne doit en résulter aucun inconvénient pour la navigation, d'autoriser des particuliers à prendre dans les cours d'eau du domaine public l'eau qui leur est nécessaire, dans une mesure qu'elle détermine.

Il est évident que les ouvrages de la prise d'eau ne peuvent être établis que dans les conditions techniques indiquées par les ingénieurs.

Les lois de finances du 16 juillet 1840 (*art.* 8) et du 14 juillet 1856 (*tableau D*) soumettent ces concessions à une redevance annuelle au profit du Trésor.

Il est d'ailleurs dans la nature des choses qu'elles soient essentiellement précaires et révocables. Aussi est-il toujours stipulé par l'administration que, dans aucun temps ni sous aucun prétexte, le permissionnaire ne pourra réclamer un dédommagement quelconque dans le cas où il viendrait à être privé par le Gouvernement de tout ou partie des avantages de sa concession.

20. L'instruction des affaires de cette nature est soumise aux mêmes règles que celle des règlements relatifs aux cours d'eau non navigables. Il faut ajouter toutefois qu'aux termes d'une circulaire ministérielle du 29 janvier 1875, conforme à un avis du Conseil d'État du 22 décembre 1874, s'il s'agit d'une prise d'eau à établir dans un canal de navigation ou d'une prise d'eau devant s'opérer au moyen de machines, dans un cours d'eau quelconque du domaine public, et ne devant pas avoir pour effet d'altérer sensiblement le régime du cours d'eau, la première enquête peut être supprimée. L'enquête unique, qui aura lieu dans ces cas, durera 20 jours au lieu de 15.

21. Les autorités compétentes pour accorder les permissions sont, d'après les décrets de 1852 et de 1861 (*tableau D,* §§ 1 *et* 2), complétés par

un avis du Conseil d'État du 6 octobre 1859, le préfet et le chef de l'État, entre lesquels les décisions à prendre sont partagées d'après les distinctions suivantes :

En ce qui touche les rivières, s'il s'agit soit de prises d'eau *temporaires,* soit de prises d'eau *permanentes,* mais s'effectuant par le moyen de machines dans les conditions indiquées ci-dessus, le préfet est compétent pour statuer. Dans les autres cas, l'intervention d'un décret est nécessaire.

En ce qui touche les canaux, il faut toujours un décret.

Il n'est, d'ailleurs, ici question que des autorisations. Une décision préfectorale suffit pour le rejet, comme en matière de cours d'eau non navigables.

22. Les actes administratifs dont il vient d'être parlé ne peuvent être déférés au Conseil d'État et annulés que dans les conditions exposées dans la section précédente.

CHAP. II. — CANAUX D'IRRIGATION.
Sect. 1. — Établissement du canal.

23. Les canaux d'irrigation sont alimentés au moyen de prises pratiquées dans les cours d'eau navigables ou non. Rien ne s'oppose, en effet, à ce que l'administration concède, dans les conditions indiquées ci-dessus, l'eau des cours d'eau du domaine public, aussi bien à une entreprise collective d'irrigation qu'à un particulier.

24. Quant aux cours d'eau non navigables, il est admis que son pouvoir de police va jusqu'à lui permettre d'autoriser le détournement d'une partie du volume de la rivière de son cours naturel. Elle peut donc permettre qu'un canal d'irrigation s'embranche sur la rivière. Mais, dans ce cas, il est de jurisprudence que, alors même que la prise et la conduite d'eau pourraient être établies sans expropriation, la dérivation doit être déclarée d'utilité publique. (*D. du 27 mai 1872, autorisant une dérivation du Tech pour l'établissement d'Amélie-les-Bains ; du 18 mars 1874, autorisant une dérivation du Rançon au profit de l'établissement du Creuzot.*) Et cela n'est que juste, la nouvelle œuvre pouvant porter atteinte à des droits légitimement acquis.

25. Si la déclaration d'utilité publique ne s'applique qu'à la dérivation, un décret délibéré en Conseil d'État suffit pour la prononcer. S'il est également nécessaire de déclarer d'utilité publique la construction du canal, il faut à cet effet une loi ou un décret, suivant que le canal a plus ou moins de 20 kilomètres. (*L. 3 mai 1841 et 27 juillet 1870.*)

26. L'État n'exécute jamais par lui-même les travaux de cette nature ; il en laisse le soin soit à des associations syndicales, soit à des compagnies concessionnaires.

Sect. 2. — Associations syndicales.

27. Aux termes de la loi du 21 juin 1865, qui régit aujourd'hui les sociétés de ce genre, celles qui se constituent en vue des irrigations ne peuvent se former tout d'abord qu'à titre d'*associations libres,* par le consentement *unanime* des intéressés. Mais ces associations ne reçoivent, pour l'accomplissement de leur mission, de l'autorité publique à laquelle elles sont étrangères, aucune aide. Il faut donc, pour qu'elles puissent établir un canal, qu'elles aient acquis à l'amiable les terrains nécessaires à l'établissement de la prise d'eau et du canal ou, du moins, le droit d'y établir leurs ouvrages. Encore, dans le cas où la prise est pratiquée sur un cours d'eau non navigable et si, d'ailleurs, l'emploi des eaux est réglementé, le canal ne recevrait-il qu'un volume d'eau proportionné à l'importance des seules parcelles *riveraines* comprises dans l'association. Restant libres, les associations syndicales d'irrigation sont donc à peu près réduites à l'impuissance.

28. Mais l'art. 8 de la loi leur permet, si leurs statuts ne s'y opposent pas et que la majorité déterminée par l'art. 12 le demande, d'obtenir leur transformation, par arrêté préfectoral, en associations *autorisées,* c'est-à-dire d'obtenir les avantages ci-après :

1° Leurs taxes seront assimilées, au point de vue du recouvrement, aux contributions publiques (art. 15); 2° leurs contestations relatives à la fixation du périmètre, à la division des terrains en différentes classes, au classement des propriétés, à la répartition et à la perception des taxes, à l'exécution des travaux, sont jugées par le conseil de préfecture, sauf recours au Conseil d'État; 3° elles seront armées, après déclaration d'utilité publique de leur entreprise, du droit d'expropriation dans les conditions de l'art. 16 de la loi du 21 mai 1836; 4° s'il y a lieu à l'établissement de servitudes, il sera statué en premier lieu par le juge de paix, suivant les prescriptions de l'art. 5 de la loi du 10 juin 1854.

L'arrêté d'autorisation peut, dans le délai d'un mois à partir de son affichage, être déféré au ministre par les intéressés ou les tiers. Il doit être statué sur leur recours par décret rendu en Conseil d'État (art. 13).

Les associations libres d'arrosage ont, on le voit, tout intérêt à recevoir l'investiture administrative. Mais, même pourvues des priviléges qui en résultent, elles ne peuvent se livrer qu'à des opérations d'une importance forcément limitée.

Sect. 3. — Concessionnaires.

29. Les entreprises d'irrigations qui doivent dépasser les limites d'une œuvre locale, ne peuvent être et ne sont réalisées que par des compagnies se chargeant d'exécuter le canal au lieu et place de l'État, avec les moyens d'action appartenant à celui-ci, et auxquelles est accordé en échange, en outre de subventions, le droit d'exploiter le canal à leur profit pendant tant d'années. En vertu de la loi de finances du 23 juin 1857, les redevances dues à la compagnie pour prix de l'eau vendue par elle sont recouvrables comme des contributions publiques. Ces concessions sont accordées par décrets délibérés en Conseil d'État, et auxquels sont annexés une convention et un cahier de charges déterminant les droits et obligations de la compagnie.

30. Il existe, particulièrement dans le Midi, de nombreux canaux d'irrigation créés dans ces conditions. Parmi les plus récemment concédés, on peut citer le canal de Pierrelatte (Drôme [*D.* 5 *août* 1857]; celui de Saint-Martory (Haute-Garonne) [*D.* 10 *mai* 1866]; celui de la Bourne (Drôme) (*L.* 21 *mai* 1874.)

CHAP. III. — DES SERVITUDES ÉTABLIES PAR LES LOIS DES 29 AVRIL 1845 ET 11 JUILLET 1847.

31. Ces lois ont eu pour but, en offrant à ceux qui possèdent le droit d'arrosage des facilités pour l'exercer, de répandre la pratique de l'irrigation.

32. La première leur permet d'obtenir, à la charge d'une juste et préalable indemnité : 1° le passage des eaux d'irrigation à travers les fonds qui les séparent de la propriété à arroser; 2° le passage de ces mêmes eaux à travers les fonds qui les séparent du cours d'eau où elles se rendent après avoir rempli leur office; dans l'un et l'autre cas, sont exceptés de la servitude les maisons, cours, jardins, parcs et enclos attenant aux habitations.

Le propriétaire qui veut user de cette servitude ne peut dériver une quantité supérieure à celle dont il a le droit de disposer, la loi de 1845 ne créant aucun droit nouveau quant à la propriété des eaux (*Ain,* 30 *juin* 1845, GIRAUD-AGNEL; *Lyon,* 15 *nov.* 1854, MAILLY), et se bornant, on le répète, à fournir à l'usager le moyen de tirer le meilleur parti possible de celui qu'il possède.

33. La loi du 11 juillet 1847 permet au riverain d'obtenir, à la charge également d'une juste et préalable indemnité, la faculté d'appuyer sur la propriété du riverain opposé son barrage de prise d'eau.

Le riverain opposé pourra toujours réclamer l'usage commun du barrage en contribuant pour moitié aux frais de son établissement et de son entretien. Cette loi s'applique, évidemment d'une manière plus spéciale, aux riverains des cours d'eau non navigables.

34. Les contestations qui peuvent naître de ces servitudes sont jugées par les tribunaux civils. Quant à l'administration, elle n'a pas à intervenir dans l'application des lois dont il s'agit. On pourrait seulement se demander, en ce qui touche la servitude d'appui du barrage établi dans un cours d'eau non navigable, si la réglementation administrative de ce barrage ne doit pas précéder la fixation, par les tribunaux, de l'indemnité due au riverain opposé. Mais il résulte des principes exposés plus haut (chap. I, section 2) que si, en fait, ce mode de procéder est préférable, rien ne s'oppose, légalement parlant, à ce que les tribunaux statuent sur le litige des deux riverains sans attendre la réglementation administrative, le droit d'irrigation ne dépendant pas de sa réglementation par l'autorité et lui étant antérieur.

ISRAÉLITE (CULTE). *Voy.* **Cultes non catholiques.**

IVRESSE. 1. Jusqu'en 1873, la législation française n'avait contenu aucune mesure répressive contre l'ivrognerie; mais le 23 janvier de cette année, l'Assemblée nationale a voté une loi tendant à réprimer l'ivresse publique et à combattre les progrès de l'alcoolisme.

2. Le législateur avait à lutter contre certaines vues théoriques. On lui contestait d'abord le droit d'atteindre un acte qui, en soi, ne nuit qu'à l'individu; ensuite la constatation et l'appréciation des différents degrés de l'ivresse constituaient, pour quelques esprits, de graves difficultés pratiques. Nous n'avons pas à entrer dans la discussion des considérations opposées au système de la nouvelle loi, bornons-nous à rappeler que l'Assemblée a reconnu que, dans l'espèce, une loi pénale était légitime et nécessaire, et analysons les principales dispositions de cette loi.

3. Aux termes de son art. 1er, tout individu trouvé en état d'ivresse manifeste dans les rues, chemins, places, cafés, cabarets ou autres lieux publics, est puni d'une amende de 1 à 5 fr. inclusivement.

4. Les art. 474 et 483 du C. I. sont applicables, c'est-à-dire qu'en cas de récidive commise dans les douze mois de la première condamnation, et dans le même canton, il peut être prononcé contre le délinquant un emprisonnement qui ne doit pas dépasser trois jours.

5. En cas de seconde récidive commise dans les mêmes conditions que la première, l'infraction devient un délit et le prévenu est traduit devant le tribunal correctionnel, qui peut le condamner à un emprisonnement de six jours à un mois et à une amende de 16 à 300 fr.

6. Ces peines peuvent s'élever jusqu'au double du maximum contre celui qui, ayant été condamné en police correctionnelle depuis moins d'un an, s'est rendu de nouveau coupable du même délit. Dans ce cas, et c'est là une des dispositions les plus importantes de la loi, le coupable doit être déclaré, par le second jugement, incapable d'exercer les droits suivants : 1° de vote et d'élection ; 2° d'éligibilité ; 3° d'être appelé ou nommé aux fonctions de juré ou autres fonctions publiques, ou aux emplois de l'administration, ou d'exercer ces fonctions ou emplois ; 4° de port d'armes pendant deux ans.

7. Une circulaire du garde des sceaux, en date du 23 février 1874, pose en principe que, pour être réprimée, la troisième récidive dont il s'agit n'a pas besoin d'avoir été commise dans le ressort du tribunal correctionnel qui a statué sur la précédente.

8. La même loi du 23 janvier 1873 édicte aussi des pénalités pécuniaires ou corporelles contre les débitants de boissons qui auront servi à boire à des gens ivres ou à des mineurs de seize ans. Les peines de la récidive indiquées ci-dessus leur sont applicables : de plus, en cas de récidive correctionnelle, leurs établissements peuvent, en vertu du jugement de condamnation, être fermés pendant un délai qui ne doit pas excéder un mois. (Voy. Cabaret.)

9. Le texte de la loi doit être affiché dans tous les débits de boissons, sous peine d'une amende qui peut également être prononcée contre ceux qui lacèrent ou détruisent l'affiche.   YVERNÈS.

J

JAUGEAGE. Ce terme vient de *jauge,* sorte de règle en bois ou en métal divisée en mètres, décimètres et centimètres. Il désigne l'opération au moyen de laquelle on mesure avec cet instrument le tonnage des bâtiments et la capacité des tonneaux et fûts.

Un décret du 24 mai 1873, inséré au *Bulletin des lois* (*Journal officiel,* 31 *mai* 1873) indique les règles à suivre pour le jaugeage des navires. Ce décret donne ainsi suite à celui du 24 décembre 1872, qui rend applicable en France la méthode de jaugeage établie en Angleterre.

JET. Le Code pénal, art. 471, § 6, édicte une pénalité de 1 à 5 fr. d'amende contre « ceux qui auront jeté ou exposé au-devant de leurs édifices des choses de nature à nuire par leur chute ou par des exhalaisons insalubres ». Il n'y a contravention que lorsqu'il s'agit de la voie publique.

L'autorité municipale, chargée de la police, peut interdire de poser des pots à fleurs sur le rebord des fenêtres, de secouer des paillassons par des fenêtres donnant sur la rue, de jeter de l'eau, etc., etc.

Il a été jugé que le fait, par un maçon, dans une ville où un règlement municipal défend de jeter quoi que ce soit dans les rues par les fenêtres, même en avertissant par un cri préalable, d'avoir jeté des décombres dans la rue par une fenêtre d'une maison où il travaillait, ne peut être excusé sous prétexte qu'il n'y aurait, en pareil cas, qu'un fait de dépôt *nécessaire* de matériaux sur la voie publique.(*Cass.* 1er *avril* 1854.)

En cas de démolition, on demande l'autorisation de clore un espace devant la maison.

JETÉE. Dans une première acception, ce terme désigne un amas de pierres ou autres matériaux destinés à rompre la violence des flots. On en voit dans presque tous les ports, rades, etc. Dans un second sens, c'est l'amas de matériaux jetés le long d'un chemin à la réparation duquel ils servent.

JETONS. Les jetons non considérés comme des médailles, et ne peuvent, par conséquent, être frappés qu'à la *monnaie,* sur une commande adressée au directeur, après avoir obtenu l'autorisation du ministre de l'intérieur. (*L.* 9 *sept.* 1835. *Voy.* Monnaies).

Jetons de présence. C'est un souvenir et le plus souvent une rétribution accordée aux membres d'une commission ou d'une société (publique ou privée) assistant aux séances. C'est un moyen d'indemniser les personnes assidues, et quelquefois d'assurer leur assiduité. Il y a des jetons d'une faible valeur, il en est d'un certain prix. Quelquefois les jetons sont donnés en nature, mais généralement ils sont remplacés par la signature du membre sur une feuille de présence et rachetés à la fin du mois ou de l'année par l'administration ou la société.

JEUNES AVEUGLES. *Voy.* Aveugles.

JEUNES DE LANGUES. 1. On appelle de ce nom les élèves de l'École des langues orientales, à Paris, entretenus aux frais du département des affaires étrangères, et qui sont destinés à remplir à l'étranger les fonctions de drogman.

2. Cette institution est de date fort ancienne et remonte à l'administration de Colbert. Réglementée d'abord par les arrêts du Conseil des 18 novembre 1669 et 31 octobre 1670, elle fut modifiée par

celui du 7 juin 1718. A cette époque, l'État faisait simultanément les frais de l'éducation de dix jeunes Orientaux au collége des Jésuites à Paris, et de douze enfants français aux couvents des Capucins de Constantinople et de Smyrne. Ce système, qui pouvait avoir pour résultat d'engager l'État dans des dépenses faites pour des enfants qui ne deviendraient jamais capables de servir utilement dans les emplois qui leur étaient destinés, dut être bientôt abandonné. L'arrêt du Conseil du 20 juillet 1721 statua qu'à l'avenir il serait élevé dans le collége des Jésuites de Paris, au lieu de douze jeunes Orientaux, dix jeunes enfants français, de l'âge de huit ans, pris dans les familles françaises établies au Levant, ou faisant en France le commerce des échelles, et que ces enfants, après avoir reçu à Paris une première éducation et suivi un cours d'arabe et de turc, seraient ensuite envoyés au collége les Capucins de Constantinople, pour se perfectionner dans l'étude des langues orientales, de manière à devenir aptes aux emplois de drogman.

3. Cette législation a, depuis lors, été modifiée par suite des réformes qu'a subies notre organisation consulaire au Levant ; mais le principe qui lui sert de base a été maintenu en raison même de l'utilité incontestable d'une école préparatoire pour les jeunes drogmans.

4. Il n'y a plus aujourd'hui de collége spécial à Constantinople, et les jeunes de langues, en sortant de l'école du drogmanat attachée au lycée Louis-le-Grand de Paris, sont ordinairement envoyés à Constantinople ou dans les consulats généraux du Levant pour y terminer leur éducation, sous la direction du premier drogman de l'échelle à laquelle ils sont attachés, par le ministre des affaires étrangères, avec le titre d'élèves-drogmans.

5. Le nombre total des élèves-drogmans employés dans le Levant et des jeunes de langues entretenus à Paris ne doit pas excéder celui de douze.

6. Les jeunes de langues sont nommés par arrêté du ministre des affaires étrangères, et choisis principalement parmi les fils et petits-fils, ou à défaut de ceux-ci, parmi les neveux des secrétaires-interprètes et des drogmans. Ils ne peuvent être admis que depuis l'âge de huit ans jusqu'à celui de douze ans ; ils peuvent d'ailleurs perdre le bénéfice de la faveur dont ils ont été l'objet et être rendus à leur famille, par décision du ministre des affaires étrangères, pour cause d'insubordination ou d'incapacité. (*O.* 20 *août* 1833, *art.* 29, 30 *et* 31).   C. DE VALLAT.

JEUNES DÉTENUS. *Voy.* **Prisons.**

JEUX DE HASARD. 1. On appelle *jeux de hasard* ceux où la chance, le hasard procure le gain, ou du moins y contribue dans une très-forte proportion, et où, bien entendu, l'enjeu consiste en une somme d'argent. Tels sont : le lansquenet, la roulette, la bouillotte, l'écarté, etc. C'est, au surplus, aux tribunaux qu'il appartient de déterminer si tel ou tel jeu est un jeu de hasard, la loi n'ayant pas fait d'énumération. (*C. de Paris,* 10 *mai* 1844.)

2. Tous les législateurs ont porté avec raison leur attention sur ce genre de jeux, qui ont des conséquences funestes, car ceux qui perdent rencontrent trop souvent la ruine, et ceux qui gagnent s'adonnent à l'oisiveté. La législation française ne s'est pas bornée à déclarer, dans l'art. 1965 du Code civil, qu'aucune action n'était accordée pour une dette de jeu ou pour le paiement d'un pari. Elle a encore puni de peines plus ou moins sévères ceux qui tiennent des jeux. Or, il faut à cet égard distinguer la tenue de jeux *clandestins* de la tenue de jeux *publics*.

3. La loi punit plus sévèrement la tenue de jeux clandestins que la tenue de jeux publics, à cause de la difficulté de surveillance qui existe pour les premiers. Aux termes de l'art. 410 du Code pénal, ceux qui ont tenu une maison de jeu de hasard et y ont admis le public, soit librement, soit sur la présentation des intéressés ou affiliés, les banquiers de cette maison, tous ceux qui ont établi ou tenu des loteries non autorisées par la loi, tous administrateurs, préposés ou agents de ces établissements, sont punis d'un emprisonnement de deux mois au moins et six mois au plus, et d'une amende de 100 à 6,000 fr. Les coupables peuvent de plus être, à compter du jour où ils auront subi leur peine, interdits pendant cinq ans au moins et dix ans au plus de certains droits civiques, civils et de famille, mentionnés en l'art. 42 du Code pénal. Dans tous les cas, on confisque tous les fonds ou effets qui sont trouvés exposés au jeu ou mis à la loterie, les meubles, instruments, ustensiles, appareils employés ou destinés au service des jeux ou loteries, les meubles et les effets mobiliers dont ces lieux sont garnis ou décorés. Le simple joueur n'est pas puni.

4. Quant aux jeux publics, l'art. 475 du Code pénal punit d'une amende de 6 à 10 fr. tous ceux qui établissent ou tiennent dans les rues, chemins, places ou lieux publics, des jeux de loterie ou d'autres jeux de hasard. De plus, d'après l'art. 477. les tables, instruments, appareils des jeux ou des loteries, sont saisis et confisqués, ainsi que les enjeux, les fonds, denrées, objets ou lots proposés aux joueurs. En cas de récidive, les personnes indiquées ci-dessus sont punies, outre l'amende, d'un emprisonnement de six jours à un mois, et d'une amende de 16 à 200 fr. (*C. P., art.* 478, § 2.)

5. L'autorité municipale a le droit général et absolu de régler, dans l'intérêt du bon ordre, tous les jeux publics non compris dans cette prohibition. Il appartient dès lors aux maires, nonseulement de déterminer quels sont, suivant les localités, les jeux de commerce qu'ils jugent sans inconvénient de laisser jouer dans les lieux publics, mais encore de les défendre indistinctement dans tous les établissements où ils ne les auraient pas expressément autorisés. (*Cass.* 22 *avril* 1837 *et* 28 *mai* 1841.)

6. Il a été jugé que l'autorité municipale peut interdire tous jeux de cartes dans les cabarets ou cafés. (*Cass.* 29 *déc.* 1865.)

JOAILLIER. *Voy.* **Garantie.**

JOUETS D'ENFANTS. Il est défendu d'employer des couleurs nuisibles pour peindre les jouets des enfants. Cette matière peut être réglementée: par le ministre de l'agriculture et du commerce pour la France ; par le préfet de police pour Paris ; par les préfets dans les départements autres que celui de la Seine ; par les maires dans les communes.

JOUISSANCES COMMUNALES. *Voy.* **Organisation communale.**

JOURNAL. *Voy.* **Presse.**

JOURNAL OFFICIEL. 1. Le premier journal officiel date de l'an VIII. Ce fut le *Moniteur universel,* qui avait été fondé en 1789 par Panckouke, l'éditeur de l'*Encyclopédie méthodique.* La révolution commençait : chaque jour amenait en abondance des faits et des discours que le nouveau journal fut destiné à réunir. Il dut en grande partie le succès qu'il obtint au compte rendu des Assemblées législatives, qui était rédigé avec talent par Maret, depuis duc de Bassano. Le premier numéro parut le 24 novembre 1789 ; il portait pour titre : *Gazette nationale,* et en sous-titre : *Moniteur universel.* En nivôse an VIII, le Gouvernement voulant avoir un organe dans la presse, fit choix de ce journal et le divisa en deux parties, l'une officielle réservée au pouvoir, et l'autre non officielle qui devait être communiquée chaque soir en épreuve au Gouvernement. Lorsque vint l'Empire, le sous-titre : *Moniteur universel,* devint le titre principal. Le 14 juillet 1815, le Gouvernement créa une gazette officielle qui dura peu, et le *Moniteur* recouvra la qualité d'organe du pouvoir, dont il jouit jusqu'en 1868.

2. En 1852, le Gouvernement voulant répandre le journal officiel, fit avec les propriétaires du *Moniteur* un traité d'après lequel ils abaissèrent le prix de l'abonnement de 112 à 40 fr. Ils obtinrent en compensation le droit de publier des annonces et des romans-feuilletons ; ils eurent en outre le privilège de certaines annonces et furent exemptés des droits de timbre et de poste. En 1864, nouveau traité par lequel un second journal fut ajouté au premier sous le titre de : *Petit Moniteur du soir.* Le prix du numéro fut fixé à cinq centimes, et celui de l'abonnement à 15 francs.

3. Des plaintes s'élevèrent sur les lenteurs qu'éprouvait la publication des documents parlementaires et sur le morcellement des travaux législatifs par petites fractions ; on blâma certaines insertions financières et certains romans. On eut pu ajouter que par sa grandeur le format était des plus incommodes. Le Gouvernement décida que le traité ne serait pas renouvelé, et mit en adjudication « le droit exclusif d'imprimer et de publier les deux journaux officiels du matin et du soir ». L'adjudication eut lieu le 24 septembre 1868. Le 1er janvier 1869, le nouvel entrepreneur publia le premier numéro de chacun des deux journaux sous les titres de : *Journal officiel* (édition du matin), et *Journal officiel* (édition du soir). Le *Moniteur universel* continua d'ailleurs à paraître de son côté comme journal ordinaire sans attache officielle.

4. L'adjudicataire est tenu de publier chaque jour dans l'édition du matin, les comptes rendus sténographiques des Assemblées législatives, ainsi que les lois, décrets et actes officiels, judiciaires ou administratifs, dont l'insertion est réclamée par le Gouvernement. Les exposés de motifs et les projets de loi doivent être insérés au journal du matin, dans les cinq jours qui suivent la distribution aux membres des Assemblées. Les rapports faits aux Assemblées doivent être publiés au même journal dans les trois jours qui suivent leur dis-

tribution. Le ministre de l'intérieur a la direction politique, littéraire et scientifique des deux journaux ; il choisit seul les écrivains. La publication des faits divers est sous la responsabilité du gérant, sauf le droit qu'a le ministre d'interdire la publication de ceux de ces faits dont l'insertion lui paraît inopportune ou non convenable. Les frais de la rédaction sont à la charge de l'adjudicataire, et cette dépense est fixée à forfait à la somme annuelle de 200,000 fr. versés au Trésor par trimestre et d'avance. L'adjudicataire, en outre, doit fournir un cautionnement de 100,000 fr. En compensation, l'adjudicataire profite du produit des abonnements et de celui des annonces dans des limites déterminées.

5. En 1871, lorsque le Gouvernement s'établit à Versailles, l'adjudicataire fut obligé, par les difficultés du moment, d'adopter un plus petit format, renfermant d'ailleurs la même quantité de matières. Ce format se trouva plus commode que l'ancien et fut conservé lorsque l'impression se rétablit à Paris.

6. La publication du *Journal officiel* du soir, interrompue par la guerre de 1870, fut reprise le 15 juillet 1874, sous le titre de : *Bulletin français.* Le prix de l'abonnement est de 15 fr., et de 12 fr. pour les communes.

Par suite du décret du 5 novembre 1870, le *Journal officiel* est devenu l'organe de la promulgation des lois et décrets. (*Voy.* **Promulgation.**)

L. SMITH.

JOURNÉE DE TRAVAIL. 1. Elle est considérée par le droit administratif, et même par le droit pénal, quant à sa valeur, dont la détermination est utile dans un assez grand nombre de cas pour servir de base à des prestations, à des amendes et à l'impôt personnel. Il ne s'agit pas ici, on le comprend, de la journée de travail effective, ni de salaire, mais d'une mesure qui s'exprime en numéraire.

2. Aussi le législateur a reconnu la nécessité de déterminer qui fixera la valeur des journées de travail. La valeur de la journée de travail est fixée par les conseils généraux, sur la proposition des préfets, soit pour tout le département soit seulement pour un arrondissement, une commune, mais sans descendre au-dessous du minimum légal de 50 cent. et sans dépasser le maximum de 1 fr. 50 c. (*L. 23 juill.* 1820, *art.* 28 ; *L. 21 avril* 1832, *art.* 18 ; *Instr.* 24 *juin* 1836.)

JOURS FÉRIÉS. *Voy.* **Dimanche.**

JUGES. *Voy.* **Juridictions civiles, etc.**

JURIDICTION ADMINISTRATIVE. 1. « La loi, dit HENRION DE PANSEY, dans son savant ouvrage sur l'autorité judiciaire, confère une juridiction toutes les fois qu'elle donne le droit d'appliquer les lois aux cas particuliers, par des décisions dont elle règle la forme et qu'elle prend l'engagement de faire exécuter. »

Or, cette juridiction peut être volontaire ou contentieuse : volontaire, lorsque le magistrat statue alors qu'il existe de contradiction provenant du fait des tiers ; contentieuse, lorsqu'il surgit une opposition provenant des tiers intéressés.

C'est une question débattue depuis longtemps dans la science que celle de savoir s'il existe réellement une juridiction administrative contentieuse.

De longues controverses se sont produites dans la presse et à la tribune; elles partagent encore les meilleurs esprits. Il semble cependant que la solution du problème ressort naturellement de l'analyse des pouvoirs que comporte le droit d'administrer.

2. Administrer, c'est pourvoir à l'exécution des lois qui tendent à la satisfaction de tous les besoins collectifs de la société, pour lesquels, à cause de leur nature et de leur multiplicité, la prévoyance individuelle serait insuffisante.

Faire prédominer partout les intérêts publics sur les intérêts privés, concilier dans une juste mesure les droits de l'État avec ceux des particuliers, user avec la modération de la force et la sagesse de l'expérience, des pouvoirs quelquefois limités, souvent discrétionnaires, qui lui sont conférés par la loi, telle est la mission de l'administration, qui n'est autre chose que le pouvoir exécutif en action.

3. Pour atteindre le but qui lui est proposé, elle emploie différents moyens :

Tantôt elle procède par mesures générales et réglementaires ;

Tantôt elle agit par voie de transmission, en portant à la connaissance des administrés les lois et autres actes de l'autorité supérieure, et en reportant au Gouvernement les plaintes et les réclamations des administrés ;

Tantôt elle procure l'action administrative ;

Tantôt, enfin, elle agit directement sur les personnes et sur les choses. Mais dans cette dernière partie de ses attributions, il est possible qu'elle rencontre une opposition dans les intérêts ou les droits privés. Il se peut qu'une résistance surgisse. Dans cette hypothèse, quelle sera l'autorité constitutionnelle chargée d'apprécier la valeur de la réclamation et de juger cette contestation entre l'administration d'un côté, et les citoyens de l'autre?

4. Lorsque sa réclamation n'est fondée que sur un intérêt lésé par un acte administratif, la difficulté n'existe pas. L'administration est investie d'une autorité de commandement qui a précisément pour but d'imposer aux citoyens les sacrifices jugés nécessaires pour le bien général de l'État. Le recours se portera devant l'administration mieux informée, et par la voie hiérarchique. Le Ministre, dans chaque branche de service public, et, au sommet, le Chef de l'État, ont le droit incontestable et incontesté de réformer les actes des agents inférieurs, quoiqu'ils ne puissent que rarement se substituer à eux.

5. Mais lorsqu'un droit reconnu solennellement par la loi aura été violé, ou qu'un contrat souscrit par l'administration elle-même ne sera pas exécuté ; lorsque nous rencontrerons à la fois un acte spécial ou un fait particulier de l'administration, suscitant une réclamation fondée sur un droit acquis et se rapportant à un intérêt de l'ordre administratif, quelle autorité sera appelée à statuer?

Un grand nombre de magistrats, de jurisconsultes, de publicistes, ont proclamé hautement la compétence exclusive de l'ordre judiciaire. Selon eux, toutes les fois qu'il s'agira d'apprécier une plainte fondée sur les termes exprès d'une loi, d'un règlement d'administration publique, d'un décret, d'une ordonnance ou d'un arrêté, de telle sorte que, les faits une fois vérifiés, il ne restera plus qu'à appliquer le texte même de la loi ou de la disposition impérative, les tribunaux ordinaires pourront seuls en connaître. Le droit de l'administration se trouverait alors restreint à l'appréciation des mesures discrétionnaires prises par les agents. Il nous sera facile de démontrer que cette opinion repose sur une confusion profonde.

6. Le contentieux administratif existe aussi bien que le contentieux judiciaire; mais il en diffère essentiellement, et quant à sa nature, et quant aux règles d'interprétation et de procédure auxquelles il est soumis.

7. Les tribunaux civils, en effet, n'ont qu'une mission : terminer les contestations qui peuvent s'élever entre particuliers ; et quoique l'État soit intéressé à ce qu'une justice égale et impartiale soit distribuée entre tous les citoyens, on ne peut pas dire cependant que l'ordre général soit troublé par une sentence inique ou mal fondée en droit. Cette mission, l'ordre judiciaire l'accomplit, sans avoir égard ni aux personnes, ni aux conséquences, souvent irréparables, qui peuvent résulter de son jugement. Il n'a qu'une règle, la loi, inflexible comme les vérités dont elle s'inspire, et il statue d'après une procédure longue, sévère et compliquée, parce qu'il ne faut rien laisser à l'arbitraire lorsque l'état et la propriété des personnes sont en jeu.

8. Dans les contestations administratives, au contraire, que trouvons-nous? D'un côté l'administration, de l'autre un particulier. Quels motifs doivent dicter la décision des juges? La prédominance de l'intérêt général sur les résistances individuelles. D'après quelles formes devront-ils procéder? Avec une célérité, une latitude d'appréciation qui ne peuvent se rencontrer dans les différends civils. En un mot, non-seulement le contentieux administratif n'a pas été enlevé à l'ordre judiciaire, mais la nature même de sa constitution lui défendait d'en connaître. Il est bien vrai que certaines classes de contestations, par exemple celles qui sont relatives aux biens nationaux vendus révolutionnairement, ont été attribuées à des juridictions administratives ; mais il ne faut voir là qu'une exception fondée sur des nécessités politiques.

9. Il existe donc deux espèces de contentieux : l'un purement judiciaire et dont la connaissance est et doit être attribuée aux tribunaux ordinaires; l'autre essentiellement administratif, qui doit ressortir à une juridiction particulière souveraine pour l'apprécier, comme les tribunaux civils le sont dans la sphère des intérêts privés. L'un n'est pas le démembrement de l'autre, et d'aucun côté on ne peut dire qu'il y ait eu empiétement; car la séparation de l'autorité judiciaire et de l'autorité administrative est, depuis soixante ans, un des principes fondamentaux de notre droit public.

10. Mais où placer les tribunaux administratifs? Dans l'administration elle-même, sous peine de rendre son action impossible ou dépendante.

11. En effet, gouverner, en faisant régner partout des lois uniformes dans leur application, pourvoir aux besoins sans cesse renaissants d'une association nombreuse qui doit vivre de la vie physique, morale et intellectuelle, se conserver et se développer, étendre par des dispositions plus spéciales et mieux définies les principes essentiels déposés dans les lois et la Constitution, afin d'en obtenir partout la stricte exécution, telle est, nous l'avons déjà dit, la mission de l'administration. Pour atteindre ce but, à chaque degré de la hiérarchie administrative sont placés des agents, entourés eux-mêmes de conseils qui préparent et facilitent leurs décisions sans les entraver jamais, de telle sorte qu'il n'est pas un acte de pouvoir chargé de l'action administrative qui n'offre toutes les garanties d'une longue et mûre délibération.

Mais ces garanties même exigent que les mesures prises soient exécutées sans qu'une autorité autre que l'administration elle-même statue sur la justesse et l'opportunité d'une résistance. Qu'un tribunal, indépendant par sa nature, par l'inamovibilité de ses membres, soumis à des influences de tradition et de corporation, puisse arrêter un seul instant, sur un seul point du pays, l'action gouvernementale, l'ensemble des services administratifs sera désorganisé. « La France, a dit M. DE CORMENIN, est, de tous les États de l'Europe, celui qui peut, avec le plus de vitesse, d'adhérence et de certitude, transporter sur un point donné le plus d'hommes, d'argent et de moyens de combat. Au même instant, le Gouvernement veut, le ministre ordonne, le préfet transmet, le maire exécute, les régiments s'ébranlent, les flottes s'avancent, le tocsin sonne, le canon gronde, et la France est debout. » Que deviendra cette puissante centralisation, si, au moment où il faudra agir, un pouvoir souverain et étranger à l'administration délibère et statue avec plénitude de juridiction ?

12. D'un autre côté, les lois ont corrigé ce que les attributions conférées aux agents administratifs pouvaient avoir d'exorbitant, en laissant à chacun d'eux la responsabilité de ses actes. Or, cette responsabilité ne saura être réelle et efficace que si l'administration est indépendante. Car, sans liberté d'action, l'action administrative ne se conçoit plus.

13. Disons-le donc hardiment : le pouvoir d'administrer comporte logiquement le pouvoir de juger administrativement. Et nous pouvons jusqu'à un certain point caractériser le pouvoir du Gouvernement pourvoyant à l'exécution des lois, par ces paroles, qu'ULPIEN appliquait au magistrat romain : *Mixtum imperium cui jurisdictio inest* (*D. L.* 3, *de Jurisdictione*). Sans doute, la justice administrative n'offre pas un ensemble aussi imposant et aussi complet que la justice ordinaire. Formée à des époques différentes, elle porte l'empreinte reconnaissable des temps au milieu desquels elle a été organisée. Soumis à l'influence inévitable des passions politiques, les législateurs ont souvent méconnu des principes essentiels ; ils ont souvent fait supporter à l'ordre judiciaire ou à l'ordre administratif les conséquences qui n'atteignent d'ordinaire que les partis vaincus. Ce que le Chef de l'État et le Conseil d'État de 1804 ont fait pour les droits privés, aucun homme, aucun Gouvernement ne l'a encore tenté pour le droit administratif. Espérons cependant qu'il viendra une époque où il sera possible d'en poser avec unité et con-

cordance les principes généraux. Espérons, non pas qu'on fera un recueil des quatre-vingt mille textes des lois ou décrets qui nous régissent aujourd'hui, mais qu'on en extraira un système de dispositions qui assureront, sur tous les points essentiels et fondamentaux, des règles aussi simples, aussi uniformes, aussi incontestées que celles du Code civil, la seule chose peut-être qui soit restée intacte et respectée au milieu des révolutions qui ont bouleversé la France.

14. Quoi qu'il en soit, les principes que nous venons d'établir étaient ceux de l'Assemblée constituante, lorsqu'elle entreprit son œuvre de régénération. Ce furent ceux de tous les gouvernements qui se sont succédé, et par une série d'améliorations nous sommes arrivés à l'état légal qui nous régit aujourd'hui, état imparfait sans doute, mais qui est bien loin d'offrir tous les inconvénients qu'on lui a reprochés. Était-il, du reste, nous ne dirons pas facile, mais possible, de fonder du premier coup un système irréprochable, alors que le législateur n'avait plus pour se guider l'ancien droit romain ou le droit coutumier qu'il s'agissait seulement d'ajuster aux institutions nouvelles ? Le progrès s'est accompli lentement, et sa marche ne deviendra réellement rapide que lorsque la science administrative sera étudiée et comprise comme la science du droit pénal et du droit privé.

15. On a souvent répété que l'autorité judiciaire et l'autorité administrative étaient confondues en France avant 1789. C'est une erreur. Les fonctionnaires et les tribunaux étaient nombreux, trop nombreux peut-être. La Chambre des comptes, la Cour des aides, les Greniers à sel, la Table de marbre, la Juridiction des élections, les Traites foraines, etc., distribuaient la justice aux administrés. Mais l'autorité judiciaire ne respectait pas toujours des limites qui, du reste, n'étaient posées exactement nulle part.

16. En 1790, le comité chargé de préparer le projet de loi sur l'organisation judiciaire, réclama dans chaque département un tribunal d'administration qui jugerait, d'après des formes précises et des lois déterminées, les affaires contentieuses qui peuvent s'élever à l'occasion de l'impôt ou relativement à l'administration. Des vues d'économie, la crainte de multiplier à l'infini le nombre des procès en augmentant celui des juges, des appréhensions excitées par un ordre de choses antérieur, empêchèrent l'Assemblée de donner suite à ce projet. Mais la loi du 16-24 août 1790 posa en ces termes le principe de la séparation de l'autorité judiciaire et l'autorité administrative : « Les fonctions judiciaires sont distinctes et demeureront toujours séparées des fonctions administratives. Les juges ne pourront, à peine de forfaiture, troubler, de quelque manière que ce soit, les opérations des corps administratifs, ni citer devant eux les administrateurs pour raison de leurs fonctions. » (*Tit. II, art.* 13.)

17. Mais en attendant une loi d'organisation définitive, il fallait cependant donner des juges aux parties. Les lois du 10-15 juin 1791, des 6, 7 et 11 septembre 1791, confièrent aux administrations départementales nouvellement établies la connaissance en premier ou en dernier ressort des demandes formées par les contribuables en décharge et réduction, remise et modération ; des difficultés survenues entre les entrepreneurs et l'administration sur l'interprétation ou sur l'exécution des clauses de leurs marchés ; des contestations venant à s'élever sur le règlement des indemnités dues aux particuliers à raison des terrains pris ou fouillés pour la confection des chemins, canaux et autres ouvrages publics. La conciliation était portée devant les directoires de district ou devant la municipalité du lieu, lorsque les particuliers croyaient avoir à se plaindre de torts ou dommages provenant du fait des entrepreneurs et non du fait de l'administration. Toutes les autres affaires contentieuses restaient dévolues aux juges ordinaires.

18. La loi du 27 avril 1791 sur l'organisation du ministère, remit au conseil des ministres, remplaçant le Conseil d'État, « l'examen des difficultés et la discussion des affaires dont la connaissance appartenait au pouvoir exécutif, tant à l'égard des objets dont les corps administratifs et municipaux étaient chargés sous l'autorité du roi, que sur toutes les autres parties de l'administration générale, et la discussion des motifs qui pourraient nécessiter l'annulation des actes irréguliers des corps administratifs » (art. 17).

19. Une des premières lois du régime consulaire, la loi du 28 pluviôse an VIII, prit et développa les principes déposés dans les lois antérieures, confia dans chaque département l'action à un fonctionnaire unique, remit la délibération sur les intérêts départementaux au conseil général, et le contentieux à un conseil de préfecture. Rœderer s'exprimait ainsi dans son rapport au Corps législatif : « Remettre le contentieux de l'administration à un conseil de préfecture a paru nécessaire pour ménager au préfet le temps que demande l'administration ; pour garantir aux personnes intéressées qu'elles ne seront pas jugées sur des rapports et des avis de bureaux ; pour donner à la propriété des juges accoutumés au ministère de la justice, à ses règles et à ses formes ; pour donner tout à la fois à l'intérêt particulier et à l'intérêt public la sûreté qu'on ne peut guère attendre d'un jugement porté par un seul homme ; car cet administrateur qui balance avec impartialité les intérêts collectifs, peut se trouver prévenu et passionné quand il s'agit de l'intérêt d'un particulier ; il peut être sollicité par ses affections et ses haines personnelles à trahir l'intérêt public ou à blesser des droits particuliers. » (Voir, pour les détails, le mot Conseil de préfecture.)

20. À la même époque, le Conseil d'État était créé. La Constitution du 22 frimaire an VIII l'appelait à résoudre les difficultés qui s'élèvent en matière administrative ; et le règlement du 5 nivôse suivant lui donnait le droit de prononcer sur les affaires contentieuses dont la décision était précédemment remise aux ministres. C'était le constituer juge d'appel des matières contentieuses. Les principes que nous avons établis étaient passés formellement dans les lois, et la discussion théorique était seule possible désormais ; car des dispositions législatives qui se succédèrent à des époques rapprochées, non-seulement étendirent les attributions des conseils de préfecture et du Con-

seil d'État (voy. ce mot), mais encore établirent un grand nombre de tribunaux nouveaux. Ainsi :

21. La loi du 16 septembre 1807 créa, pour remplacer le bureau de comptabilité de la Constitution de l'an VIII, une Cour des comptes composée de magistrats inamovibles, pourvue d'un ministère public, et à laquelle, outre certaines fonctions gouvernementales et judiciaires, est attribué aujourd'hui le droit de juger en premier ou en dernier ressort, sans appel possible que pour incompétence ou excès de pouvoir, les comptes de recette et de dépense d'un grand nombre de comptables, dont l'énumération se trouve au mot **Cour des comptes.**

22. La loi du 16 septembre 1807, sur les dessèchements de marais, a conféré au Chef du pouvoir exécutif le droit de nommer des commissions spéciales chargées de statuer sur toutes les contestations qui peuvent s'élever relativement au classement des diverses propriétés avant ou après le dessèchement, à leur estimation, à la vérification de l'exactitude des plans cadastraux, à la vérification et à la réception des travaux de dessèchement, etc. La création de ces commissions spéciales pourrait être ordonnée pour l'exécution de tous les grands travaux d'utilité publique.

23. Le conseil supérieur de l'instruction publique prononce en premier et en dernier ressort en matière disciplinaire concernant les membres de l'enseignement public secondaire et supérieur. (L. 15 mars 1850.)

24. Enfin, les conseils privés et les conseils d'administration des colonies, les intendances sanitaires pourvoient en premier ou en dernier ressort, et quelquefois sauf appel au Conseil d'État, à la distribution de la justice administrative.

25. D'un autre côté, nous trouverons des fonctionnaires investis légalement d'une juridiction personnelle, mais qui n'en est pas moins contentieuse, car toutes les fois que sur une réclamation fondée sur un droit il intervient une décision, cette décision est un jugement, que le tribunal d'où elle émane soit composé de vingt membres ou d'un seul ; ainsi :

26. Les ministres cumulent avec les fonctions de commandement dont ils sont investis, le droit de prendre une décision qui a tous les caractères d'un jugement, lorsque sur un obstacle apporté à leur action au nom d'un droit lésé, ils prononcent et font l'application de la loi. C'est ainsi qu'ils statuent comme juges en matière de liquidation de la dette publique, de pensions, de marchés ou de fournitures passés en leur nom ou avec leurs agents ; ou qu'ils connaissent en appel des décisions contentieuses des préfets, à moins que ces dernières n'aient été prises en vertu d'attributions spéciales ou que le recours ne s'exerce pour incompétence ou excès de pouvoir, auquel cas il pourrait être porté directement devant le Conseil d'État.

27. Les préfets, qu'ils statuent seuls ou en conseil de préfecture, sont également juges du contentieux, soit lorsqu'ils agissent en vertu de la nature même de leurs fonctions, qui leur donnent quelquefois le droit de faire disparaître les résistances privées alors même qu'elles s'appuient sur un droit reconnu ; soit lorsqu'ils ont reçu de la loi une attribution spéciale, comme en matière de marchés de fournitures passés avec la régie (*Arr. régl. 9 therm. an IX*), ou de difficultés survenues pour l'nterprétation des baux entre les communes et les fermiers de l'octroi (*D. 17 mai* 1809); en matière de grande voirie, sur le recours formé contre l'arrêté du sous-préfet (*L. 29 flor. an X*); de voirie urbaine, sur le recours formé contre l'arrêté du maire. (*L. 29 flor. an X.*)

28. Les sous-préfets enfin et les maires sont aussi de véritables juges dans un petit nombre de cas : on pourrait citer, comme conférant ce droit aux premiers, l'arrêté du 8 prairial an XI, sur les contestations qui peuvent s'élever au sujet du paiement de l'octroi de navigation, et la loi du 21 mars 1832, sur le recrutement de l'armée ; pour les secours, les lois des 16-24 août 1790, 23 juin 1806, 28 avril 1816, etc.

29. Sans doute, cette compétence personnelle des fonctionnaires directs de l'administration a été violemment attaquée par quelques auteurs, niée même par un grand nombre; mais comment nier la juridiction administrative là où on trouve une réclamation suscitée par un acte administratif, fondée sur un droit acquis et appréciée par un magistrat qui fait l'application de la loi? Comment en attaquer sérieusement l'utilité ou la nécessité quand on songe que la séparation des pouvoirs est le principe fondamental de toutes les constitutions qui nous ont régis depuis 1791, quand on réfléchit surtout à l'impossibilité absolue d'énumérer limitativement tous les cas de contentieux administratif pour les attribuer à des tribunaux déterminés, puisque toute loi administrative qui confère un droit à un citoyen peut donner lieu à un litige. En dehors donc de tous les cas spécialement dévolus à des juridictions établies, la décision n'appartient et ne peut appartenir qu'aux agents de l'administration elle-même ; et les particuliers trouveront auprès d'eux une sécurité aussi grande qu'auprès des tribunaux ordinaires, puisqu'au sommet de la hiérarchie le Conseil d'État ressaisira sa compétence et connaîtra souverainement des décisions des ministres et des préfets.

30. Mais ce que la loi n'avait pu faire, la science du droit administratif l'a fait. C'est elle qui, en se pénétrant de la pensée du législateur, en allant jusqu'aux principes généraux qui l'ont inspiré, en étudiant la jurisprudence du Conseil d'État, a formulé les caractères essentiels qui constituent le contentieux administratif. Ces caractères sont les suivants ; il faut :

1° Qu'il y ait un acte spécial ou un fait particulier de l'administration ;

2° Que la réclamation contre cet acte soit fondée sur un droit acquis ;

3° Que la réclamation se rapporte à un intérêt de l'ordre administratif.

31. Il résulte de ces trois règles :

1° Que tous les actes de commandement, c'est-à-dire ceux qui émanent de l'administration en vertu de son droit de pourvoir aux besoins collectifs de la société, que les actes du pouvoir discrétionnaire ou facultatif qu'elle tient de son devoir de surveillance et de protection, ne peuvent pas donner lieu à un recours contentieux ;

2° Que la réclamation, pour qu'on puisse exercer ce recours, doit être fondée sur des droits certains

et d'un caractère actuellement irrévocable, naissant soit d'une loi administrative, d'un décret, d'un contrat administratif ou d'une loi de l'ordre civil ;

3° Enfin, que la contestation ait pour objet un intérêt né des circonstances politiques de la Révolution de 1789, un intérêt d'ordre purement administratif ; ce qui exclut, sauf quelques exceptions motivées par la nature même des choses, les intérêts de l'ordre réel, de simple jouissance ou des revenus, et les intérêts de l'ordre constitutionnel, civil et pénal.

32. Telle est la théorie rationnelle de la juridiction administrative, juridiction longtemps contestée mais incontestable, et sans laquelle le principe posé pour la première fois dans la loi du 16-24 août 1790 serait resté une lettre morte. Mais ce n'était pas assez d'avoir établi les règles fondamentales, d'avoir créé des tribunaux, d'avoir protégé les fonctionnaires administratifs par la garantie constitutionnelle de l'art. 75 de la Constitution de l'an VIII[1], il fallait encore prévoir le cas où l'ordre viendrait à être renversé, où l'autorité judiciaire et l'autorité administrative se disputeraient de connaître d'un litige qui leur serait soumis ; en un mot, où il y aurait conflit positif ou négatif. Nous croyons inutile d'entrer ici dans les détails, cette matière ayant été traitée au mot **Conflit.**

33. Nous avons établi qu'en droit il doit y avoir une juridiction administrative. Cette juridiction existe. Il nous reste à voir quel est le caractère des jugements émanés des tribunaux administratifs et quelle en est la force exécutoire.

34. On qualifie souvent d'extraordinaire la juridiction administrative par rapport à la juridiction civile, qu'on appelle ordinaire. Cette distinction est vraie, si l'on veut dire par là que les tribunaux administratifs ne connaissent pas de l'exécution de leurs jugements ; car, une fois la sentence rendue, comme, en général, elle se résout en des condamnations sur les biens des justiciables, en retombe sous l'empire des lois communes. Mais elle est fausse, si l'on veut entendre par là que les matières soumises aux juges administratifs sont un démembrement de la compétence judiciaire, comme les affaires commerciales, par exemple. Les deux justices sont, à raison de leur nature même, indépendantes absolument l'une de l'autre. Elles n'ont rien de commun, ni quant à leur nature, ni quant à leurs formes de procéder, ni quant à leurs principes, et nous ne pouvons que répéter ici ces paroles de HENRION DE PANSEY : «Si le juge ordinaire et territorial n'a pas le droit de connaître des affaires administratives, ce n'est pas qu'à cet égard sa compétence soit restreinte, c'est qu'elle ne s'est jamais étendue jusque-là. »

35. La force exécutoire des jugements émanés des autorités administratives est aussi pleine, aussi entière que celle qu'obtiennent les tribunaux de première instance et des cours d'appel. Comme eux, ils emportent hypothèque et contrainte par corps ; ils n'ont besoin ni de visa, ni du mandement d'aucune autorité. La doctrine contraire, qui s'était produite quelque temps après l'institution des conseils de préfecture, n'était en aucune

1. Cette disposition a été effacée de nos lois. (*Voy. l'article* **Fonctionnaire**, *n°* 90.)

façon fondée en droit et a été repoussée avec raison par un avis du Conseil d'État du 25 thermidor an XII, approuvé par le Chef de l'État et ayant, par conséquent, force de loi ; et aussi par la loi du 29 floréal an X sur les contraventions de grande voirie, art. 4 : « Il sera définitivement statué en conseil de préfecture ; les arrêtés seront exécutés sans visa ni mandement des tribunaux, nonobstant et sauf tout recours. On pourrait citer dans le même sens les lois des 12 vendémiaire et 13 frimaire an VIII, la loi du 16 septembre 1807 sur la Cour des comptes, etc.

Notons enfin, en terminant, que l'autorité judiciaire ne sera compétente pour connaître des voies d'exécution des jugements administratifs, qu'autant qu'ils porteront condamnation à des restitutions et amendes ; car la force de l'administration suffira seule toutes les fois que l'exécution ressortira de son pouvoir propre de commandement.   F. Laferrière.

BIBLIOGRAPHIE.

Code de compétence, par Jourdan. 3 vol. 1811.

De la procédure administrative, par M. le baron de Gerando. In-8°. Paris. impr. de David. 1822.

Jurisprudence administrative, règles de compétence, etc., par M. J. B J. Juge. In-8°. Bordeaux, veuve Cavazza ; Paris, Warée oncle. 1827.

Des tribunaux administratifs, ou Introduction à l'étude de la jurisprudence administrative, contenant un examen critique de l'organisation de la justice administrative et quelques vues d'amélioration, par L. A. Macarel. In-8°. Paris, Renouard. 1828.

De la juridiction administrative, par M. de Broglie. (Revue française, nov. 1828.)

De la juridiction administrative, par H. A. Quénault. In-8°. Paris, Delaunay. 1830.

Ordonnance de Louis XIV, roi de France et de Navarre, concernant la jurisprudence des prévôts des marchands et échevins de Paris, du mois de décembre 1672. In-18. Paris, Pissin. 1833.

De la juridiction administrative en France, par M. H. Colombel. 1 vol. in-8°. Paris, Joubert. 1841.

Droit, procédure et jurisprudence en matière administrative, par C. A. Lamarquière. In-8°. Paris, l'auteur ; Ledoyen. 1843.

Principes de compétence et de juridiction administrative, par Chauveau-Adolphe. 3 vol. in-8°. Toulouse, Lebon ; Paris, Cotillon, Durand. 1841-1845.

Traité de l'organisation, de la compétence et de la procédure en matière contentieuse administrative, dans leurs rapports avec le droit civil, par M. Serigny. In-8°. Paris, Joubert. 1846.

Éléments de notre organisation gouvernementale, administrative et judiciaire, par M. Coffinières. In-12. Paris, Simon. 1850.

Conférence sur l'administration et le droit administratif, par M. L. Aucoc. In-8°. Tome Ier. Paris, Dunod. 1868.

Voy. aussi les traités, cours, etc., de droit administratif, à la Bibliographie du mot ADMINISTRATION, le Répertoire de Dalloz, au mot COMPÉTENCE ADMINISTRATIVE, etc.

ADMINISTRATION COMPARÉE.

La doctrine de la séparation des pouvoirs, en se répandant et en se consolidant dans la plupart des pays, a fait sentir la nécessité de bien distinguer le domaine administratif du domaine judiciaire. Ces deux domaines ont été assez longtemps confondus, tantôt les juges empiétaient sur l'administration, tantôt, et plus souvent peut-être, les administrateurs empiétaient sur la justice. C'était le contentieux administratif, à cause de sa nature mixte, qui donnait habituellement lieu à confusion. Généralement, cependant, les affaires de cette nature étaient réglées par l'administration, qui avait ainsi l'air d'être juge dans sa propre cause. La création de tribunaux administratifs chargés de juger le contentieux qui se rattache aux intérêts généraux ou aux services publics doit donc être considérée comme un progrès.

Mais tous les pays n'ont pas résolu le problème de la même façon. L'Angleterre n'a presque rien changé à ses anciens errements ; les autres pays se sont moins divisés sur la compétence de ces tribunaux que sur leur organisation : la France les compose de juges amovibles nommés par le Chef du Gouvernement ; en Prusse, les juges inamovibles l'emportent en nombre, mais ils sont secondés par un élément électif ; en Belgique, l'élément électif domine.

Nous allons exposer brièvement les différents systèmes en vigueur, en ne parlant que des tribunaux administratifs proprement dits.

Allemagne. Le contentieux administratif n'a été séparé qu'assez récemment de l'administration proprement dite. Le premier tribunal administratif proprement dit a été créé, si nous ne nous trompons, dans le grand-duché de Bade, par une loi de 1864. Les principes sur lesquels cette loi est fondée, ont été développés lors de la première séance de la cour (d'appel) administrative, le 10 janvier 1865 (voy. *Deutsche Gemeinde-Zeitung* du 21 janv. 1865) ; mais des discours prononcés à cette occasion, nous n'avons à retenir qu'un point : le tribunal comprend des membres électifs, ce sont des citoyens qui peuvent n'être ni juristes, ni administrateurs. C'était, fut-il dit alors, procéder au couronnement de l'édifice du *selfgovernment* : les citoyens s'administrant, ils prennent part, en qualité de jurés, à la distribution de la justice, il ne restait à leur faire une place dans les tribunaux qui jugent le contentieux administratif.

Cette idée a trouvé son développement dans une série de lois prussiennes. On a procédé un peu par tâtonnement, c'est-à-dire on voyait le but, mais il a fallu chercher quelque temps le chemin qui y mène. Les projets de loi se suivaient à courts intervalles, mais en se modifiant, disons : en s'améliorant. L'organisation actuelle des tribunaux administratifs repose principalement sur la loi du 3 juillet 1875, et sur quelques dispositions sur les lois des 13 décembre 1873 et 29 juin 1875 ; la loi de 1872 donne cependant aussi quelques indications sur la compétence de ces tribunaux : quant à l'ensemble des matières qui doivent leur être attribuées, le législateur a reconnu qu'on ne pouvait pas les indiquer dans une loi unique, la compétence se complétera peu à peu au fur et à mesure que les cas se présenteront et pourront être classés. (Une loi complémentaire vient d'être votée, en 1876, nous ne la connaissons pas encore, voy. le *Supplément annuel.*)

Les juridictions administratives sont à deux instances ou une cour suprême qui est, selon le cas, deuxième instance ou cour de révision (de cassation).

C'est la commission exécutive de l'arrondissement (*Kreis-Ausschuss,* voy. Département, p. 766) qui est la première instance en matière de contentieux administratif. Cette commission se compose de six habitants de l'arrondissement, présidée par le sous-préfet ; elle ne comprend donc ni savant ni fonctionnaire, ni légiste, ni fonctionnaire ; c'est une sorte de jury qui peut ne pas savoir le droit. La loi de 1875 se borne à dire que la compétence de ce tribunal sera prescrite par les lois, mais une partie au moins de cette compétence ressort des dispositions contenues dans la loi du 13 décembre 1872, art. 135. Nous trouvons dans l'énumération des matières qui y est donnée, les questions de domicile de secours, de voirie ; les affaires de dessèchement et d'irrigation, de curage, de police rurale ; la commission recevant les plaintes portées contre les prescriptions des *bailly* ou maires de canton sur la police industrielle (établissements insalubres, autorisations d'ouvrir un cabaret, etc.), du police relative aux incendies (prescriptions concernant la construction des maisons), et autres où l'administration proprement dite se confond avec le contentieux. Au fond, si antérieurement le fonctionnaire chargé de l'administration prononçait sur la plupart des réclamations que ces prescriptions faisaient naître, c'est actuellement une commission qui prescrit et décide, mais à charge d'appel.

L'appel va aux tribunaux administratifs proprement dits. Il y en a un par département. C'est l'équivalent de nos conseils de préfecture. Ces tribunaux sont composés de deux membres que le roi nomme à vie (ils sont donc inamovibles), l'un de ces membres doit remplir les conditions requises pour être juge, l'autre pour celles exigées pour pouvoir appartenir à l'administration supérieure. L'un de ces deux membres — qui doivent se consacrer entièrement au tribunal — est nommé directeur (président), l'autre est destiné à remplacer le directeur en cas d'empêchement. Le roi désigne en outre, un suppléant à chacun de ces deux membres ; ces suppléants sont pris parmi les fonctionnaires supérieurs ou les juges du siège du tribunal ; cette suppléance est pour eux une fonction accessoire, mais ils la gardent aussi longtemps qu'ils sont investis de leur fonction principale. (L. 3 juill. 1875, art. 9.) Les trois autres membres du tribunal sont élus par la représentation provinciale, parmi les membres du ressort du tribunal. La même assemblée élit en même temps trois à six suppléants. L'élection a lieu, en principe, pour trois ans, mais le statut provincial peut fixer une autre périodicité. La présence de trois membres, généralement ce seront les deux membres perpétuels et un membre élu, est nécessaire pour valider une décision. Lorsqu'il y a quatre membres, le plus jeune d'âge s'abstient de voter, sauf s'il est rapporteur.

Au-dessus des tribunaux administratifs fonctionne la cour suprême de contentieux administratif. Elle se compose d'un président, de présidents de chambres (dites sénats) et du nombre de conseillers nécessaires. La moitié des membres doivent être qualifiés pour être juges, l'autre moitié doit être préparée pour l'administration supérieure. Ils sont nommés à vie par le roi, sur la proposition du conseil des ministres. La présence d'au moins cinq membres est nécessaire pour délibérer.

La cour est la deuxième instance pour les affaires qui arrivent en première instance devant les tribunaux administratifs; elle est instance de révision (cour de cassation) pour les affaires qui ont été jugées en appel par les tribunaux.

La loi du 3 juillet 1875 s'étend sur la procédure, mais ne parle pas de la compétence. En fait, le contentieux administratif est envisagé en Allemagne à peu près comme en France : les affaires de droit privé (droit civil et commercial, ainsi que le droit pénal) vont aux tribunaux civils; les affaires entre particuliers et l'État, en tant qu'elles touchent les intérêts généraux et les services publics, vont aux tribunaux administratifs.

Nous aurions à parler ici de la Cour des comptes, ainsi que de quelques autres institutions, s'il s'agissait de mentionner tout ce qui ressemble à la justice administrative, mais nous croyons devoir nous borner à ne traiter que des tribunaux administratifs proprement dits.

Les grands-duchés de Bade et de Hesse ont également des juridictions administratives. En Wurtemberg, un projet de loi fut proposé en 1867, en Bavière, en 1869, mais les propositions n'avaient pas encore abouti en 1876. L'opinion publique cependant semble favorable à une législation dans un sens moderne, (Voy. le rapport de M. Gneist au 12e congrès des Juristes, Juristentag 1875, Verhandlungen, etc. Les comptes rendus sont publiés.)

Autriche. Le tribunal suprême administratif est prévu dans la Constitution de 1867, l'idée en a été réalisée par une loi de 1875, et c'est en 1876 qu'on l'a mise en vigueur. Ce tribunal suprême dont la moitié des membres doivent être légistes, n'est au fond qu'une cour de cassation administrative isolée, c'est-à-dire qui ne forme pas le couronnement d'un système de juridictions hiérarchisées. Ce sont les fonctionnaires ou les comités administratifs qui prononcent en première et deuxième instance, le tribunal suprême se borne à confirmer ou à casser, et, dans ce dernier cas, l'affaire revient devant le fonctionnaire ou le comité, qui doit prendre une décision conforme. Le tribunal suprême est donc une autorité à laquelle on porte ses plaintes contre les excès de pouvoir, et dans la plupart des autres cas où l'on se croit lésé par une décision administrative, mais elle ne juge pas le fond, elle indique seulement dans quel sens l'affaire doit être réglée, et abandonne à l'administration les détails d'exécution. Un auteur de mérite, M. K. de Kissling, dans *Reichsgericht et Verwaltungsgerichtshof* et dans *Beiträge zur Theorie des Verwaltungsrechts* 1875 (Wien, Manz), pense que cette organisation est la seule qui puisse être adoptée dans un pays comme l'Autriche, où les différentes provinces se ressemblent si peu.

Angleterre. Le principe du contentieux administratif dans le sens continental n'avait pas l'occasion de se dégager en Angleterre tant qu'il n'y avait pas d'administration. Ce qui en existait affectait pendant des siècles la forme judiciaire, c'est lui qui était chargé de pourvoir aux besoins administratifs, le juge comme représentant du roi qui était le détenteur de la puissance publique — administrative (police) et judiciaire. Les réclamations prenaient la forme de plaintes, les ordres celle d'injonctions. Sur le continent, l'administrateur *jugeait* parfois; en Angleterre, le juge *administrait* souvent. Depuis le commencement de ce siècle, l'Angleterre a une tendance à se rapprocher des errements du continent, elle crée des administrations — le besoin s'en est fait vivement sentir, — et pour les services dont ces administrations sont chargées, la loi leur confère dans bien des cas le droit de juger les contestations qui s'y rapportent. Il en est ainsi en matière militaire, maritime (cour de l'amirauté), de bienfaisance, de salubrité, etc. : l'administration spéciale interprète, décide, juge, pourvoit à l'exécution, dans la mesure des pouvoirs qui lui ont été conférés par la loi. Dans les autres cas, souvent aussi concurremment, mais seulement en première instance, c'est le juge de paix qui est le juge administratif, sauf appel, s'il y a lieu, à un tribunal, rarement à une administration centrale. Les affaires de voirie, d'élection[1], qui sont de la compétence des conseils de préfecture, rentrent dans les attributions des juges de paix, mais ces magistrats n'ont pas à s'occuper de la comptabilité communale. En matière de contribution, ce sont des commissions composées de notables du comté qui contrôlent les travaux des répartiteurs *et jugent* les *réclamations*. En matière de chemins de fer, certaines affaires sont de la compétence de commissaires nommés en 1873. Ces commissaires forment un tribunal administratif.

---

1. Les élections communales seules. Il est question de les confier à un juge spécial

Belgique. On soutient souvent que la Belgique n'a pas établi la justice administrative, ce qui, pour beaucoup de personnes, veut dire que les tribunaux civils sont appelés à juger le contentieux administratif. Or, ils n'en jugent que très-peu, car la députation provinciale a presque les mêmes attributions contentieuses que notre conseil de préfecture. Seulement, ses membres, au lieu d'être des fonctionnaires inamovibles, nommés par le Chef de l'État, comme en France, ou d'être, les uns inamovibles, les autres élus, comme en Prusse, sont, au nombre de six, élus pour quatre ans. La députation est, de plus, présidée par le gouverneur (préfet). Ainsi composée, elle juge la comptabilité communale, prononce en matière d'élection, intervient dans les questions de voirie, etc. Comme le droit public français, le droit constitutionnel belge distingue par la compétence les affaires d'intérêt général des affaires d'intérêt privé; mais au lieu de confier les intérêts généraux à des fonctionnaires nommés par le Gouvernement, il les met entre les mains de fonctionnaires élus par leurs concitoyens; nous disons fonctionnaires, car les membres de la députation sont rééligibles.

Italie. La loi italienne du 20 mars 1865, annexe *E*, dispose (*art.* 2) que les tribunaux ordinaires auront à prononcer sur les contraventions et sur toutes les matières qui touchent à un droit civil ou politique, lors même que l'administration publique y semblerait intéressée. Toutes les autres affaires sont dévolues aux autorités administratives. Il y a d'ailleurs un tribunal suprême du contentieux administratif. Néanmoins il ne laisse subsister bien des doutes et fait regretter les *acts* si détaillés du Parlement anglais. On croit pouvoir reconnaître ici une tendance à étendre la compétence judiciaire; mais en ces matières les principes généraux ne suffisent pas, il faut savoir comment ils sont appliqués.   Maurice Block.

JURIDICTIONS CIVILES, COMMERCIALES ET CRIMINELLES.

1. Le nom de juridiction, qui indique le pouvoir de juger dans une certaine limite de territoire, a été donné aussi à l'ensemble des tribunaux ou juges qui exercent ce pouvoir. Sous ce rapport on distingue les différentes espèces de juridiction selon la nature des affaires sur lesquelles elles prononcent. Il y a des juridictions administratives (*Voy.* **Conseil d'État, Conseil de préfecture, Cour des comptes, Juridiction administrative**, etc.); des juridictions civiles, des juridictions commerciales et des juridictions criminelles : ces trois dernières embrassent toutes les institutions judiciaires proprement dites.

CHAP. I. — INTRODUCTION.

2. Sous l'ancienne monarchie, l'autorité judiciaire était répartie entre diverses juridictions aussi compliquées que mal définies. Il existait une juridiction ecclésiastique, qui s'était progressivement fort étendue. La justice séculière se divisait en seigneuriale et royale; la première, suivant son étendue, était haute, moyenne ou basse. La justice royale était exercée par une foule de tribunaux; à la juridiction ordinaire appartenaient les prévôts royaux, les baillis ou sénéchaux, les présidiaux, les conseils supérieurs, les parlements, les conseils des parties; dans la juridiction extraordinaire on comptait les juges consulaires, les amirautés, les maîtrises, les cours des aides, les requêtes de l'hôtel, etc.

3. La multiplicité de ces juridictions, la confusion qui régnait dans leurs attributions, rendaient une réforme nécessaire : elle fut opérée par la révolution de 1789. D'abord, les justices seigneuriales tombèrent avec la féodalité, supprimée depuis la nuit du 4 août 1789. L'Assemblée constituante simplifia l'organisation des juridictions et la mit en harmonie avec la nouvelle division du territoire. La loi du 24 août 1790 confia la juridiction civile à des tribunaux de district, composés de cinq ou six juges élus par le peuple ; elle établit de plus un juge de paix par chaque canton, et des tribunaux de commerce. Par réaction contre les abus des anciennes cours souveraines, elle voulut que tous les tribunaux de district fussent égaux entre eux, et elle les rendit réciproquement juges d'appel les uns à l'égard des autres. Elle fit administrer la justice criminelle par des tribunaux de police municipale et correctionnelle (*L.* 19-22 *juill.* 1791) et par les tribunaux criminels de département (*L.* 20 *janv.*-25 *févr.* 1791). Enfin, au-dessus de toutes les juridictions, elle plaça une Cour de cassation. (*L.* 27 *nov.*-1er *déc.* 1791.)

4. Après la substitution momentanée, par la Constitution de 1793, des arbitres publics aux tribunaux, la Constitution de l'an III rétablit les juridictions civiles de l'Assemblée constituante, en remplaçant les tribunaux de district par des tribunaux de département. L'organisation des juridictions criminelles de 1791 fut reprise aussi par le Code de brumaire an IV, qui supprima les tribunaux exceptionnels fondés pendant les troubles révolutionnaires.

5. L'ordre judiciaire fut reconstitué, sous le Consulat, par la loi du 27 ventôse an VIII, qui maintint les justices de paix, les tribunaux de commerce, les tribunaux criminels de département, et la Cour de cassation, donna un tribunal à chaque arrondissement, et créa vingt-neuf tribunaux d'appel : ces derniers ont pris, lors du rétablissement du gouvernement monarchique par le sénatus-consulte du 28 floréal an XII, la dénomination de cours impériales ; leurs membres ont reçu le titre de conseillers ; les magistrats des juridictions inférieures ont gardé le nom de juges. Le Code d'instruction criminelle régla la compétence et l'organisation des divers tribunaux de répression. De nombreux actes législatifs et réglementaires ont successivement pourvu à toutes les nécessités de l'administration de la justice.

6. C'est depuis la charte de 1814 qu'a été proclamé sans restriction le principe de l'inamovibilité des juges (*art.* 58). Il y a exception pour les juges de paix, et, naturellement, pour les juridictions qui ne reçoivent qu'une mission temporaire, comme les tribunaux de commerce.

7. Auprès des tribunaux d'arrondissement, des cours d'appel, de la Cour de cassation, les lois ont placé une fonction importante, le ministère public, qui n'existe pas pour les juges de paix prononçant en matière civile, ni pour les tribunaux de commerce. Toutes les juridictions criminelles en sont pourvues. (*Voy.* **Ministère public.**)

Les tribunaux se complètent par des officiers

qui n'en font pas partie, mais qui sont attachés à leur service. (*Voy.* **Avoués, Greffiers, Huissiers.**)

8. Les membres des tribunaux de toutes les juridictions sont soumis à des peines disciplinaires. Le ministre de la justice a le droit de surveiller et reprendre les membres des cours et tribunaux. La Cour de cassation a droit de censure et de discipline sur les cours d'appel ; elle peut, pour causes graves, en suspendre les magistrats, et les mander auprès du ministre pour rendre compte de leur conduite ; les cours d'appel surveillent les tribunaux d'arrondissement de leur ressort, et ceux-ci les juges de paix (*S.-C.* 16 *therm. an X*); outre cela, chaque juridiction a un pouvoir disciplinaire sur ses propres membres. L'étendue en a été réglée, ainsi que le mode de procéder pour en faire l'application, par la loi du 20 avril 1810, art. 48 et suiv. Quant aux officiers ministériels, s'ils s'écartent des lois et règlements, les tribunaux devant lesquels ils exercent peuvent les punir de peines graduées, depuis la simple injonction d'être plus exacts ou circonspects, jusqu'à la suspension à temps. (*D.* 30 *mars* 1808, *art.* 102.)

9. Sous l'ancienne monarchie, on n'arrivait à la fin d'un procès qu'en suivant hiérarchiquement une série de décisions plus ou moins nombreuses, suivant la nature des juridictions, jusqu'à ce qu'on parvînt au juge souverain. La réforme de l'ordre judiciaire par la révolution de 1789 rendit l'administration de la justice plus expéditive et moins coûteuse ; le décret du 1er mai 1790 porta qu'il y aurait deux degrés de juridiction en matière civile, sauf les exceptions particulières qui pourraient être déterminées. Ces exceptions sont de deux espèces ; ou bien, soit à raison de la nature urgente de la contestation, soit à cause de son peu d'importance, les juges peuvent prononcer, dans les cas prévus, immédiatement et en dernier ressort, ce qui supprime le second degré de juridiction ; ou bien la contestation peut être portée directement devant le juge d'appel, en supprimant le premier degré, ce qui arrive lorsqu'une cour d'appel, saisie de l'appel d'un jugement interlocutoire, évoque et juge le fond de l'affaire. (*C. de Pr.*, *art.* 473.)

10. Le système des juridictions de toute nature est uniforme pour toutes les parties du territoire français ; il y a quelques modifications dans les colonies, et des règles particulières pour les tribunaux algériens. (*Voy.* **Algérie, Colonies.**)

CHAP. II. — JURIDICTIONS CIVILES.

11. Les tribunaux d'arrondissement forment la juridiction civile ordinaire, c'est-à-dire, qu'à moins d'une restriction expresse, ils connaissent de toutes les affaires civiles ; les justices de paix et les tribunaux de commerce sont des juridictions spéciales, c'est-à-dire prononçant seulement sur les espèces de contestations qui leur sont spécialement attribuées par la loi.

Dans l'exposé que nous allons présenter des juridictions civiles, nous suivrons l'ordre hiérarchique, en commençant par le degré inférieur.

Sect. 1. — Justices de paix.

12. Sous le nom, emprunté à l'Angleterre, de justice de paix, l'Assemblée constituante créa une institution toute nouvelle, qui a survécu à toutes les révolutions politiques.

13. *Organisation.* La loi du 24 août 1790 établit dans chaque canton un juge de paix électif et deux assesseurs. La loi du 29 ventôse an IX supprima les assesseurs. D'après le sénatus-consulte du 16 thermidor an X, les juges de paix furent nommés pour dix ans par le Chef du Gouvernement, sur la présentation de deux candidats; la candidature tomba en désuétude. Depuis la charte de 1814, le Chef du Gouvernement nomme les juges de paix sans condition de candidature ni limitation de durée; il peut aussi les révoquer. Des greffiers et des huissiers sont attachés à chaque justice de paix. Le juge de paix a deux suppléants, nommés par le Chef de l'État, qui le remplacent en cas de maladie, absence ou autre empêchement (*L. 22 frim. an VIII, art.* 60; *S.-C. 16 therm. an X, art.* 8; *L. 20 vent. an IX, art.* 1, 2 et 3). Aucune condition de savoir, etc., n'est imposée aux juges de paix.

14. *Attributions.* Le juge de paix a reçu de la loi de son institution (*L. 24 août* 1790) une mission jusqu'alors inconnue dans l'ordre judiciaire français, celle de conciliateur. Aucune demande en justice ne peut être portée devant les tribunaux d'arrondissement, sans avoir été précédée d'une citation en conciliation devant le juge de paix, qui entend les parties, s'efforce de les concilier, et constate leur accord et les conditions de leur arrangement ou le fait de la non-conciliation. Les formalités très-simples de cette procédure préliminaire, ainsi que la nomenclature des contestations qui en sont dispensées, font l'objet des art. 48 à 58 du Code de procédure civile.

15. Le pouvoir du juge de paix, lorsqu'il statue comme juge; est tantôt une juridiction en premier ressort, tantôt une juridiction sans appel. Il a reçu, depuis la loi de 1790, des augmentations et modifications considérables, qui se trouvent dans les lois des 25 mai 1838, 20 mai 1854 et 2 mai 1855. C'est un grand avantage pour les justiciables d'avoir, à proximité, une juridiction équitable, où les affaires se décident simplement, promptement et à peu de frais. La compétence des juges de paix serait même plus étendue sans inconvénient si des conditions de capacité et d'expérience étaient attachées à la nomination de ces magistrats.

16. Les juges de paix peuvent prononcer sur les demandes personnelles et mobilières de l'ordre civil, en dernier ressort jusqu'à la valeur de 100 fr., et, à charge d'appel, jusqu'à la valeur de 200 fr.; nous disons de l'ordre civil, parce que le juge de paix ne pourrait, en aucune façon, connaître d'une demande personnelle et mobilière appartenant à la juridiction commerciale ou à la juridiction administrative, par exemple des demandes en paiement de droits que la régie de l'enregistrement est chargée de recouvrer. (*L. 22 frim. an VII, art.* 64.)

17. Les juges de paix prononcent encore, en dernier ressort, jusqu'à 100 francs, et à charge d'appel, tantôt jusqu'au taux de la compétence en premier ressort des tribunaux d'arrondissement, c'est-à-dire 1,500 fr., tantôt sans limitation de sommes, sur des affaires qu'il importe de terminer promptement, ou que la connaissance des lieux permet au juge local de mieux apprécier, ou qu'il est équitable de ne pas exposer aux frais et à la publicité plus grande de la juridiction supérieure. La nomenclature de ces affaires est renfermée dans

les art. 2, 4, 5, 6 de la loi du 25 mai 1838 et dans la loi du 2 mai 1855, art. 1er.

18. Des lois spéciales ont fait entrer dans leur juridiction des affaires qui les mettent en contact avec l'administration; par exemple, ils statuent sur les conséquences civiles des infractions aux lois des douanes, telles que l'opposition aux saisies faites par les employés et l'amende qui s'ensuit (*L. 22 août* 1791, 4 *germ. an II*, 14 *fruct. an III;* voy. **Douanes**); la loi du 2 ventôse an VIII leur défère les contestations civiles relatives à l'application du tarif en matières d'octroi, quel que soit le taux de la demande; ils règlent l'indemnité réclamée par les propriétaires riverains dépossédés par suite de la fixation de la largeur d'un chemin vicinal (*L. 21 mai 1836, art.* 15). Dans l'origine, ils connaissaient des actions pour contrefaçon en matière de brevets d'invention : cette attribution leur a été enlevée par l'art. 20 de la loi du 25 mai 1838.

19. *Procédure.* La procédure des justices de paix est réglée par le tit. 1er, liv. 1er du Code de procédure, et par les art. 11 à 19 de la loi du 25 mai 1838. Les affaires de la compétence des juges de paix n'étant pas soumises au préliminaire de conciliation, cette formalité bienfaisante a été remplacée par une autre encore plus facile. Toute citation en justice doit, sauf des cas prévus par la loi, être précédée d'un avertissement, envoyé franco par le greffier, appelant les parties devant le juge de paix qui tente de les concilier. (*L. 2 mai* 1855.)

20. Dans les cas où les jugements ne peuvent être rendus qu'en premier ressort, l'appel est porté devant le tribunal de l'arrondissement. On ne peut se pourvoir en cassation contre une sentence de juge de paix que pour excès de pouvoir. (*L. 25 mai 1838, art.* 15.)

Sect. 2. — Tribunaux d'arrondissement.

21. Cette juridiction est désignée sous plusieurs noms dont aucun n'est entièrement exact, ni celui de tribunaux d'arrondissement, puisque, dans certains cas, plusieurs arrondissements ressortissent au même tribunal (Paris, Saint-Denis et Sceaux au tribunal de la Seine; Nice et Puget-Théniers au tribunal de Nice); ni celui de tribunaux de première instance, puisqu'ils sont juges d'appel des décisions des juges de paix; ni celui de tribunaux civils, puisqu'ils ont aussi des attributions correctionnelles.

22. *Organisation.* D'après les lois du 27 ventôse an VIII et du 20 avril 1810, le nombre des juges de chaque tribunal variait de 3 à 12, suivant la population de l'arrondissement et l'importance de la ville où il siégeait; la loi du 11 avril 1838, en se fondant sur d'autres renseignements statistiques, a modifié le personnel d'un certain nombre de tribunaux. A chacun d'eux sont attachés des juges suppléants dont il sera parlé ci-après; il y avait autrefois des juges auditeurs, institution qui a été supprimée par la loi du 10 décembre 1830.

23. Les tribunaux composés de 6 à 10 juges et 4 suppléants, se divisent en deux chambres; ceux de 10 à 12 juges et 4 ou 5 suppléants se divisent en trois chambres; ceux de 15 et 16 juges se divisent en quatre chambres (*L. et D. successifs*). Les juges doivent être répartis de manière qu'il y en ait trois au moins et cinq au plus dans chaque chambre (*D.* 18 *août* 1810, *art.* 5). Il s'opère chaque année un roulement, de manière que tous les juges fassent consécutivement le service de toutes les chambres (*D.* 30 *mars* 1808, *art.* 50; *O.* 11 *oct.* 1820). Si le nombre des affaires exige la formation de chambres temporaires, elles sont créées, prorogées, supprimées par décret (*L.* 27 *août* 1310, *art.* 39). L'organisation du tribunal civil de la Seine est tout exceptionnelle quant au nombre de magistrats et de chambres qui le composent (11 chambres, 74 juges et 15 suppléants).

24. Le Chef de l'État nomme, parmi les juges, un président du tribunal, et un vice - président pour chaque chambre. (*L.* 27 *vent. an VIII, art.* 14 ; *D.* 18 *août* 1810, *art.* 8.)

25. Lorsque le nombre de juges dont une chambre se compose n'est pas complet, on appelle un membre d'une autre chambre, si elle ne tient pas audience en même temps, ou un juge suppléant. Les juges suppléants ne sont appelés ainsi que momentanément et ne remplissent point de fonctions habituelles (*L.* 27 *vent. an VIII, art.* 12). Ils sont attachés à chaque chambre et sont compris dans le roulement annuel (*D.* 18 *août* 1810, *art.* 5). Ils sont pris habituellement parmi les avocats; à défaut de suppléants, on appelle, pour compléter le tribunal, des hommes de loi, avocats, avoués. (*D.* 30 *mars* 1808.)

26. Dans les tribunaux composés de plusieurs chambres, le service, pendant les vacances, se fait par une chambre des vacations.(*D.* 30 *mars* 1808.)

27. *Compétence.* Les tribunaux civils d'arrondissement connaissent, en dernier ressort, des actions personnelles et mobilières jusqu'à la valeur de 1,500 fr. en principal, et des actions immobilières jusqu'à 60 fr. de revenu, déterminé, soit en rentes, soit par prix de bail. (*L.* 11 *avril* 1838, *art.* 1er.)

Il y a certains cas, toujours exceptionnels, où ils jugent en dernier ressort; par exemple, ils prononcent sans appel, quelle que soit la valeur du litige, sur toutes les contestations relatives à la perception des droits d'enregistrement et de timbre. (*L.* 22 *frim. an VII, art.* 65.)

28. Leur compétence d'attributions, dans les limites du premier ou du dernier ressort, est générale : elle embrasse toutes les affaires qui ne sont point de la juridiction administrative, et qui n'ont point été attribuées aux juges de paix, aux tribunaux de commerce ou aux prud'hommes, et même les affaires commerciales, quand il n'existe pas de tribunal de commerce dans le ressort (*C. de C., art.* 640); les actions civiles relatives à la perception des contributions indirectes (*L.* 11 *sept.* 1790, *tit.* 4, *art.* 2); les actions en nullité ou déchéance des brevets d'invention précédemment attribuées aux juges de paix (*L.* 25 *mai* 1838, *art.* 20); les difficultés d'exécution de leurs jugements, de ceux des tribunaux civils et de commerce, et de ceux des juridictions criminelles, en ce qui concerne les condamnations civiles. Ils sont juges d'appel des sentences rendues, en premier ressort, par les juges de paix, ou, dans les mêmes limites que les juges de paix, par des arbitres.

29. Leur compétence territoriale est déterminée par la nature de l'action ; ainsi, en matière personnelle, les contestations sont portées devant le tribunal du domicile du défendeur ; en matière civile devant celui de la situation des biens (*C. de Pr., art.* 59); la loi détermine, en outre, la compétence en matière de succession, de faillite, de société, etc.

Dans un grand nombre de cas, le président du tribunal peut, seul, ordonner les mesures d'urgence que les circonstances exigent, et il juge sans délai quand il y a lieu à *référé.* (*Voy. ce mot.*)

30. *Procédure.* On y distingue diverses périodes : la demande, l'instruction, le jugement, les recours contre le jugement, les voies d'exécution. Ces matières forment l'objet du Code de procédure et de quelques lois qui l'ont modifié ; les formalités qu'il prescrit sont nombreuses, exigent l'intervention d'un avoué et entraînent des frais considérables ; elles sont simplifiées dans les causes qu'on nomme sommaires, et parmi lesquelles la loi du 11 avril 1838 range toutes les actions personnelles et mobilières.

Sect. 3. — Cours d'appel.

31. *Organisation.* La loi détermine le nombre des cours et l'étendue du ressort de chacune d'elles. Le nombre de leurs membres varie selon l'importance du ressort ; il peut être augmenté par une loi (*D.* 6 *juill.* 1810, *art.* 1er ; *O.* 1er *août* 1821, *art.* 1er ; *L.* 20 *avril* 1810, *art.* 4 et 5). Elles sont divisées en chambres ; celles qui ont 24 membres forment trois chambres, une pour les affaires civiles, une pour les affaires correctionnelles, une pour les mises en accusation. Dans les cours qui ont 30 membres, il y a deux chambres civiles, cinq dans celle de Paris qui a 72 présidents et conseillers. Les chambres des appels correctionnels peuvent prononcer sur les affaires civiles et doivent compter sept juges. (*O.* 24 *sept.* 1828, *art.* 1er.)

Il y a un premier président et autant de présidents qu'il y a de chambres, tous nommés par le Chef de l'État (*S.-C.* 28 *flor. an XII, art.* 135 ; *D.* 30 *mars* 1808, *art.* 1, 2 et 3). Toutefois une loi du 3 juillet 1873 décide qu'un titre de président de chambre sera supprimé, par voie de première extinction, dans toutes les cours d'appel, à l'exception de celles de Paris et de Bastia. Pour certaines affaires importantes, la loi exige la tenue d'audiences solennelles, dans la chambre présidée par le premier président, qui s'adjoint celle des appels correctionnels, de manière qu'il y ait au moins quatorze juges. (*D.* 6 *juill.* 1810, *art.* 7 ; *O.* 24 *sept.* 1828, *art.* 3.)

Dans certains cas, les cours peuvent se réunir en assemblée générale de toutes les chambres. (*L.* 20 *avril* 1810, *art.* 61 *et suiv.*)

Il y a tous les ans un roulement, par suite duquel le tiers des membres d'une chambre passe dans une autre. (*D.* 6 *juill.* 1810, *art.* 16.)

32. Les chambres civiles ne peuvent juger qu'au nombre de sept conseillers. Les cours d'appel n'ont point de suppléants en titre pour remplacer les membres absents ou empêchés ; il y avait autrefois près d'elles des conseillers auditeurs ; la loi du 10 décembre 1830 a ordonné qu'il n'en serait plus nommé à l'avenir. Les conseillers d'une chambre peuvent être appelés à juger dans une autre, en cas de nécessité seulement et pour remplacer les magistrats empêchés (*D.* 30 *mars* 1808, *art.* 4; 6 *juill.* 1810, *art.* 9). A défaut de titulaires d'une autre chambre, le nombre légal est complété par des avocats. C'est une mesure nécessaire pour ne pas suspendre le cours de la justice, et la jurisprudence applique aux cours ce qui se fait pour les tribunaux.

33. Si le besoin du service exige une chambre temporaire pour l'expédition des affaires civiles, elle se compose de conseillers des autres chambres désignés par le Chef de l'État (*D.* 6 *juill.* 1810, *art.* 10). Chaque année, il doit se former une chambre des vacations, dont la composition et le service sont réglés par les art. 40, 41, 42 du décret du 30 mars 1808, et l'art. 32 du décret du 6 juillet 1810.

34. *Attributions.* La justice civile est rendue souverainement par les cours d'appel (*L.* 20 *avril* 1810, *art.* 7). Les cours prononcent sur l'appel des jugements des tribunaux d'arrondissement (*L.* 27 *vent. an VIII, art.* 27); des arbitres volontaires, quand l'affaire aurait été, sans l'arbitrage, de la compétence des tribunaux d'arrondissement (*C. de Pr., art.* 1023); sur l'appel des ordonnances de référé (*C. de Pr., art.* 809); des jugements des consuls les plus voisins de leur ressort (*O.* 1681, *liv. I, tit.* 9, *art.* 18). Quoique, en général, les cours soient des juges d'appel et forment le second degré de juridiction, elles prononcent, dans certains cas, en premier et en dernier ressort; par exemple, sur la réhabilitation des faillis (*C. de C., art.* 604), sur les prises à partie (*C. de Pr., art.* 509), sur certaines fautes de discipline commises par les avocats (*D.* 30 *mars* 1808, *art.* 103), etc. Il faut, pour cela, qu'il y ait un texte expressément dérogatoire à la règle fondamentale des deux degrés de juridiction.

35. La seule cour compétente pour prononcer sur un appel est celle dans le ressort de laquelle se trouve le tribunal dont la décision est attaquée.

36. *Procédure.* Les cours sont saisies par un acte d'appel; la procédure qui se fait devant elles par le ministère obligé des avoués, et les formes des arrêts, sont réglées par les art. 443 à 473 du Code de procédure civile.

CHAP. III. — JURIDICTIONS COMMERCIALES.

37. La juridiction commerciale se compose des tribunaux de commerce, des prud'hommes et des cours d'appel.

38. *Tribunaux de commerce.* Ces tribunaux sont électifs; mais leurs membres ne peuvent siéger qu'après avoir reçu l'institution par décret (*D.* 6 *oct.* 1809, *art.* 7). L'élection est faite par les notables commerçants. (*Voy.* **Notables.**)

39. Les tribunaux de commerce ne sont pas établis d'une manière uniforme sur l'ensemble du territoire, comme les tribunaux d'arrondissement; il n'en est créé que dans les lieux où les intérêts commerciaux ou industriels prennent un grand développement (*C. de C., art.* 615); leur nombre, leur répartition, leur ressort ont été déterminés par des décrets spéciaux, notamment par celui du 6 octobre 1809. Les conditions pour pouvoir être élu membre d'un tribunal de commerce sont dé-

terminées par la loi du 10 janvier 1872 qui a remplacé les art. 618 à 621 du Code de commerce. L'élection a lieu pour deux années. Le président et les juges sortant d'exercice après deux années, peuvent être réélus immédiatement pour deux ans; cette nouvelle période expirée, ils ne sont éligibles qu'après un an d'intervalle. (*C. de C., art.* 623; *L.* 3 *mars* 1840, *art.* 3.) Leurs fonctions sont gratuites. (*C. de C., art.* 628.)

40. Chaque tribunal de commerce se compose d'un président, de juges et de suppléants, tous électifs. Le nombre des juges ne peut être au-dessous de deux, ni au-dessus de quatorze, non compris le président. Le nombre des suppléants est proportionné aux besoins du service; un règlement d'administration publique fixe, pour chaque tribunal, le nombre des juges et celui des suppléants (*L.* 3 *mars* 1840, *art.* 5); si, par suite d'empêchement ou de récusation, il ne reste pas un nombre suffisant de juges ou de suppléants, le tribunal est complété par des négociants pris sur la liste des notables. (*D.* 6 *oct.* 1809, *art.* 4.)

41. Il n'y a point de ministère public auprès des tribunaux de commerce. Le ministère des avoués y est interdit. Pour y représenter une partie, il faut un pouvoir spécial; les corporations, sous le nom d'agréés, ont été autorisées à cet effet, mais leur ministère n'est pas obligatoire. (*Voy.* **Agréé.**)

42. La compétence d'attributions des tribunaux de commerce embrasse toutes les contestations relatives aux engagements et transactions entre négociants, marchands et banquiers, et, entre toutes personnes, les contestations relatives aux actes de commerce. La loi définit ce qu'il faut entendre par actes de commerce. (*C. de C., art.* 631 à 638.)

43. La compétence territoriale des tribunaux de commerce est la même que celle des tribunaux civils, dans le ressort desquels ils se trouvent placés (*C. de C., art.* 616). Le taux du dernier ressort est, comme pour les tribunaux civils, fixé à 1,500 fr. en principal. De plus, les tribunaux de commerce jugent en dernier ressort toutes les demandes dans lesquelles leurs justiciables, usant de leurs droits, déclarent vouloir être jugés définitivement et sans appel. (*L.* 3 *mars* 1840, *art.* 1er.)

44. La procédure devant les tribunaux de commerce est sommaire et rapide. Les appels de leurs jugements en premier ressort sont portés devant les cours d'appel.

45. *Prud'hommes.* Enfin, une juridiction spéciale, celle des prud'hommes, statue, dans des limites et avec des formes déterminées, sur les contestations entre certains fabricants et leurs ouvriers. (*Voy.* **Prud'hommes.**)

CHAP. IV. — JURIDICTIONS CRIMINELLES.

46. C'est la qualification donnée par la loi pénale à un acte légalement punissable qui détermine la juridiction appelée à en connaître. La punition des contraventions appartient aux tribunaux de simple police; celle des délits, aux tribunaux correctionnels; celle des crimes, aux cours d'assises. Quelques infractions d'une nature spéciale sont déférées à des juridictions particulières.

47. Des magistrats sont spécialement chargés

de la première instruction des affaires criminelles. Il y a un juge d'instruction dans chaque arrondissement ; il est nommé, pour trois ans, par le Chef de l'État, parmi les juges du tribunal civil où il siège, et garde son rang. Le nombre de juges d'instruction est augmenté dans les localités où cela est nécessaire (*C. d'I. C.*, *art.* 55, 56). Il a été porté jusqu'à vingt pour Paris. Quand il a terminé l'information, le juge d'instruction la communique au procureur de la République, qui lui adresse ses réquisitions dans les trois jours, puis il décide qu'il n'y a pas lieu de poursuivre, ou renvoie, suivant la nature du fait, devant la juridiction compétente pour en connaître. (*L.* 17 *juill.* 1856.)

48. L'instruction des flagrants délits donne lieu à une procédure spéciale introduite par la loi du 20 mai 1863.

Tout individu arrêté en état de flagrant délit pour un fait puni de peines correctionnelles est immédiatement conduit devant le procureur de la République, qui l'interroge et, s'il y a lieu, le traduit sur le champ à l'audience du tribunal. — Dans ce cas, le procureur de la République peut mettre l'inculpé sous mandat de dépôt (*art.* 1er).

S'il n'y a pas d'audience, le procureur de la République est tenu de faire citer l'inculpé pour l'audience du lendemain. Le tribunal est, au besoin, spécialement convoqué (*art.* 2).

Les témoins peuvent être verbalement requis par tout officier de police judiciaire ou agent de la force publique. Ils sont tenus de comparaître sous les peines portées par l'art. 157 du Code d'instruction criminelle (*art.* 3).

Si l'inculpé le demande, le tribunal lui accorde un délai de trois jours au moins pour préparer sa défense (*art.* 4).

Si l'affaire n'est pas en état de recevoir jugement, le tribunal en ordonne le renvoi, pour plus ample information, à l'une des plus prochaines audiences, et, s'il y a lieu, met l'inculpé provisoirement en liberté, avec ou sans caution (*art.* 5).

L'inculpé, s'il est acquitté, est immédiatement, et nonobstant appel, mis en liberté (*art.* 6).

La loi de 1863 n'est point applicable aux délits de presse, aux délits politiques, ni aux matières dont la procédure est réglée par des lois spéciales (*art.* 7).

Sect. 1. — Tribunaux de simple police.

49. La juridiction de simple police appartient exclusivement aux juges de paix (*L.* 27 *janv.* 1873). Quand ils prononcent comme tribunal de police, les juges de paix ont les mêmes greffiers et huissiers que lorsqu'ils jugent civilement. (*C. d'I. C.*, *art.* 141 ; *voir cependant l'art.* 16 *de la loi du* 25 *mai* 1838.)

50. Les tribunaux de police connaissent des contraventions, c'est-à-dire des faits qui, d'après la loi pénale, peuvent donner lieu, soit à 15 fr. d'amende ou au-dessous, soit à 5 jours d'emprisonnement ou au-dessous (*C. d'I. C.*, *art.* 137). Cette attribution n'est pas absolument exclusive. On verra que, dans certains cas, les tribunaux correctionnels et les cours d'assises prononcent sur les contraventions.

51. Les tribunaux de police se trouvent, quant à plusieurs objets de leur compétence, en contact avec l'autorité administrative ; ce sont eux, par

exemple, qui statuent sur les contraventions aux règlements de police municipale ; ils ne peuvent ni apprécier, ni modifier, ni suppléer de tels actes, qui appartiennent exclusivement à la sphère administrative : ils ne peuvent que les appliquer. Les maires sont autorisés à prendre des arrêtés pour ordonner les mesures locales *sur les objets confiés par les lois à leur vigilance et à leur autorité* (*L.* 18 *juill.* 1837, *art.* 11). La plupart de ces objets sont énumérés par les lois des 16-24 août 1790, 19-22 juillet 1791, 28 septembre-6 octobre 1791, et dans quelques autres lois spéciales. Si un maire a pris un arrêté sur des objets que la loi n'a pas mis dans ses attributions, les tribunaux de paix ne sont pas tenus de punir les infractions à cet arrêté illégal ; la question de savoir si un maire est sorti du cercle de ses attributions réglementaires, présente souvent de grandes difficultés : la jurisprudence de la Cour de cassation présente à cet égard une foule de décisions tendant à bien fixer les lignes de démarcation (*Voy.* **Police**). En matière de voirie, la répression des contraventions appartient tantôt aux conseils de préfecture, tantôt aux tribunaux de police. (*Voy.* **Conseils de préfecture et Voirie**.)

52. Le jugement des contraventions de simple police est dévolu aux juges de paix, qui connaissent des contraventions commises dans toute l'étendue du canton (*L.* 27 *janv.* 1873), et de certaines contraventions énumérées par le Code, parmi lesquelles sont classées les contraventions forestières poursuivies dans l'intérêt des particuliers.

53. Le tribunal de police n'est institué que pour connaître des contraventions. Si le fait qu'on lui a déféré n'a pas ce caractère, ni celui de délit, il annule la poursuite et prononce, s'il y a lieu, sur les dommages-intérêts ; si le fait est un délit ou un crime, il renvoie devant le ministère public qui agira en conséquence ; enfin, si le fait est une contravention et qu'il ait été prouvé, il applique la peine et statue sur les réparations civiles. (*C. d'I. C.*, *art.* 159, 160, 161.)

54. Le jugement n'est qu'en premier ressort et sujet à l'appel s'il prononce un emprisonnement, ou si les amendes, restitutions et autres réparations civiles excèdent la somme de 5 fr. outre les dépenses. Il peut y avoir lieu à recours en cassation (*C. d'I. C.*, *art.* 172, 177). Les formes de la citation, de la comparution des parties, de l'audition des témoins, du jugement, les moyens d'instruction et de preuve, sont réglés par les art. 145 à 165, 170, 171 du Code d'instruction criminelle.

Sect. 2. — Tribunaux correctionnels.

55. Sous ce titre, les tribunaux d'arrondissement prononcent sur les délits forestiers poursuivis à la requête de l'administration, et sur tous les délits dont la peine excède cinq jours de prison ou 15 fr. d'amende (*C. d'I. C.*, *art.* 179) ; ces délits sont ceux que mentionne le Code pénal, et ceux que définissent et atteignent des lois particulières, tels que ceux relatifs à la chasse, à la pêche dans les rivières navigables, à l'habitude d'usure, etc. Ils prononcent, en outre, comme juges d'appel des sentences des tribunaux de simple police. (*C. d'I. C.*, *art.* 174.)

56. Les jugements correctionnels peuvent être

rendus par trois juges. (*C. d'I. C.*, art. 180.) L'instruction est publique ; ses formes et celles des jugements sont réglées par les art. 182 et suiv. du Code d'instruction criminelle. Si le fait n'est qu'une contravention, et que le renvoi devant le juge de police n'ait pas été demandé, le tribunal correctionnel prononce ; s'il peut entraîner une peine plus grave que celle d'un délit, il renvoie devant le juge d'instruction. (*C. d'I. C.*, art. 192, 193.)

57. Les jugements rendus en matière correctionnelle sont toujours en premier ressort, et peuvent être attaqués par la voie de l'appel. (*C. d'I. C.*, art. 199.) Cet appel est porté, comme celui des jugements civils, devant la cour d'appel du ressort. (*L.* 13 *juin* 1856.)

58. Les formes et les conditions de l'appel, l'instruction et l'arrêt sur cet appel sont réglés par les art. 202 et suivants du Code d'instruction criminelle. Il doit être prononcé dans le mois, et après un rapport présenté par un des conseillers. (*L.* 13 *juin* 1856.) Si le jugement est annulé parce que le fait n'a point de caractère pénal, le juge d'appel renvoie le prévenu et statue, s'il y a lieu, sur les dommages-intérêts ; si c'est parce que le fait n'est qu'une contravention et que le renvoi au tribunal de police n'ait pas été demandé, il prononce la peine et statue, s'il y a lieu, sur les dommages-intérêts ; si c'est parce que le fait est de nature à entraîner une peine afflictive ou infamante, la cour décerne, s'il y a lieu, le mandat de dépôt ou même le mandat d'arrêt et renvoie le prévenu devant le fonctionnaire public compétent, autre que celui qui a rendu le jugement ou fait l'instruction ; enfin, si le jugement est annulé pour violation ou omission des formes légales, la cour d'appel prononce sur le fond. (*L.* 13 *juin* 1856.) Il y a lieu à pourvoi devant la Cour de cassation. (*Id.*)

Sect. 3. — Cours d'appel.

59. Les cours d'appel ont diverses attributions comme juridictions criminelles.

60. Elles prononcent sur l'appel des jugements correctionnels ; les chambres des appels de police correctionnelle ne peuvent rendre arrêt qu'au nombre de cinq membres au moins, y compris le président. (*D.* 6 *juill.* 1810, art. 2.)

61. Une section de la cour, sous le nom de chambre des mises en accusation, examine, sans publicité, d'après le rapport du procureur général sur l'instruction, s'il y a lieu de renvoyer le prévenu devant la cour d'assises. (*L.* 17 *juill.* 1856.) La chambre d'accusation peut ordonner, s'il y a lieu, des informations nouvelles (*C. d'I. C.*, art. 228) ; selon les résultats de son examen, elle peut ou ordonner la mise en liberté du prévenu contre lequel elle ne trouve pas de charges suffisantes, ou le renvoyer devant le tribunal de simple police ou de police correctionnelle, si elle ne voit dans le fait qu'on lui impute, ou dans celui qui reste contre lui en écartant les autres, qu'une contravention ou un délit ; enfin, elle peut ordonner sa mise en accusation et son renvoi devant la cour d'assises. (*L.* 17 *juill.* 1856.) L'accusé n'a le droit de demander la nullité de l'arrêt de la chambre des mises en accusation qui le traduit devant les assises que dans les quatre cas suivants : 1° pour cause

d'incompétence ; 2° si le fait n'est pas qualifié crime par la loi ; 3° si le ministère public n'a pas été entendu ; 4° si l'arrêt n'a pas été rendu par le nombre de juges fixé par la loi. (*L.* 10 *juin* 1853.)

62. Indépendamment des fonctions des chambres de mise en accusation, la loi autorise les cours d'appel à ordonner d'office des poursuites, qu'il y ait eu ou non une instruction commencée, pourvu qu'il n'ait pas encore été décidé s'il y a lieu de prononcer la mise en accusation. (*C. d'I. C.*, art. 235.)

63. Les cours d'appel ont reçu l'attribution exceptionnelle de juger, en dernier ressort et de la manière prescrite par l'art. 479 du Code d'instruction criminelle, les délits correctionnels qui seraient imputés à certains hauts fonctionnaires. (*L.* 20 *avril* 1810, art. 10 [1].)

Sect. 4. — Cours d'assises.

64. Avant le Code d'instruction criminelle, il y avait un tribunal criminel par département ; depuis ce Code, l'organisation de la juridiction appelée à prononcer sur les crimes a complétement changé. Il est tenu des assises dans chaque département, pour juger les individus qu'y a renvoyés la chambre des mises en accusation de la cour d'appel (*C. d'I. C.*, art. 251). Les assises se tiennent tous les trois mois, et plus souvent si le besoin l'exige (art. 259), dans le chef-lieu du département, à moins que la cour, toutes les chambres assemblées, n'ait désigné un autre tribunal. (*Art.* 258 ; *L.* 20 *avril* 1810, art. 21 ; *D.* 6 *juill.* 1810, art. 90.)

65. Autrefois composées de cinq membres, nombre nécessaire pour que leurs arrêts fussent valables, les cours d'assises ne sont plus formées, depuis la loi du 4 mars 1831, que de trois membres, plus un organe du ministère public et un greffier. Dans les départements où siége la cour d'appel, les assises sont tenues par trois membres de la cour, dont un président ; dans les autres départements, par un conseiller à la cour, délégué pour présider, et par deux juges, pris soit parmi les conseillers de la cour si celle-ci en délégue à cet effet, soit, ce qui est le plus ordinaire, parmi les présidents ou juges du tribunal de première instance du lieu où siégent les assises. Le juge d'instruction ni les membres de la chambre de mise en accusation qui ont statué sur la mise en accusation ne peuvent faire partie de la cour d'assises (*C. d'I. C.*, art. 252, 253, 257, *et L.* 21 *mars* 1855). Les conseillers appelés aux assises peuvent, en cas d'absence ou d'empêchement, être remplacés par d'autres membres de leur cour, et, à défaut, par des juges de première instance, ceux de première instance par des suppléants (art. 264). Les présidents d'assises sont désignés d'avance par le premier président de leur cour ou par le ministre de la justice. Pour qu'un même magistrat puisse présider plusieurs assises, celles-

1. Art. 10. « Lorsque des grands-officiers de la Légion d'honneur, des généraux commandant une division ou un département, des archevêques, des évêques, des présidents de consistoire, des membres de la Cour de cassation, de la Cour des comptes et des cours d'appel, des préfets seront prévenus de délits de police correctionnelle, les cours d'appel en connaîtront de la manière prescrite par l'art. 479 du Code d'instruction criminelle. » (*C. d'I. C.*, art. 501 *et suiv.*)

ci, dans les ressorts qui n'ont pas plus de trois départements, doivent se tenir successivement de mois en mois. Sur tous les détails de l'organisation préparatoire des assises, voyez la loi du 10 avril 1840, art. 16 à 22, et le décret du 6 juillet 1810, art. 79 à 97.

66. Outre les membres des tribunaux, les cours d'assises se composent encore d'un jury de douze citoyens qui prononcent sur la culpabilité de l'accusé. Quant à la manière de former le jury et aux conditions nécessaires pour en faire partie, voyez au mot **Jury**.

67. Les cours d'assises exercent la plénitude de juridiction en matière criminelle, correctionnelle ou de police, dans tous les cas où une loi spéciale n'en a pas décidé autrement. Elles sont des juges de deuxième ressort, en ce sens qu'elles ne peuvent, en général, prononcer que lorsque la chambre des mises en accusation a déclaré qu'il y a lieu à accusation et leur a renvoyé l'accusation. Elles connaissent, en outre, des faits qualifiés crimes, pour le jugement desquels elles ont été instituées, de faits qui ne sont que des délits, quand une loi spéciale les leur attribue; par exemple, les délits relatifs à la traite des noirs (*L. 4 mars* 1831); ceux qui sont commis à leurs audiences (*C. d'I. C., art.* 504 *à* 506). En vertu de la loi du 15 avril 1871, elles connaissent des délits de presse et des délits politiques. Elles jugent, non-seulement l'action publique, mais aussi l'action civile qui en est l'accessoire.

68. Il est de principe que, devant la Cour d'assises et les jurés, le débat sur l'accusation soit essentiellement oral; l'accusé y assiste, libre, et avec le secours d'un défenseur; le public y est admis, à moins que l'ordre public ou les mœurs n'exigent une discussion secrète; l'audition des témoins et tous les moyens d'arriver à la découverte de la vérité sont repris ou ordonnés, quels qu'aient été les travaux de la première instruction. Quand les débats sont terminés, le président résume l'affaire et remet au chef du jury les questions sur lesquelles les jurés doivent répondre : le jury se retire pour délibérer dans un local séparé où il n'a aucune communication avec le public; rentré à l'audience, son chef lit la déclaration des jurés sur la culpabilité de l'accusé. S'il est déclaré non coupable, le président ordonne son acquittement et sa mise en liberté. S'il est déclaré coupable d'un fait punissable, la cour applique la peine, même quand elle n'est plus que correctionnelle ou de simple police; si le fait dont l'accusé est déclaré coupable n'est pas défendu par une loi pénale, ou s'il est prescrit, la cour prononce l'absolution de l'accusé.

69. La décision des jurés n'est susceptible d'aucun recours devant une autre juridiction; si elle est irrégulière ou incomplète, la cour d'assises peut demander au jury de la rectifier ou compléter; et si elle est convaincue que, tout en observant les formes, les jurés *en déclarant l'accusé coupable* se sont trompés au fond, elle peut ordonner *immédiatement* que l'affaire sera renvoyée devant un nouveau jury, mais non devant un troisième jury (*L. 9 juin* 1853). Quant à l'arrêt de condamnation, il est susceptible de pourvoi en cassation. (*Voy. au surplus sur la procédure de-*

vant les cours d'assises, les art. 310 à 380 du C. d'I. C., modifiés par les diverses lois rendues sur le jury jusqu'en 1872[1].)

Sect. 5. — **Juridictions spéciales.**

70. Le nombre des tribunaux spéciaux ou exceptionnels était grand sous l'ancien régime. Depuis la Révolution, le droit commun fléchit, à plusieurs époques, sous les passions politiques ou sous des considérations de gouvernement; et l'on vit s'établir pour des périodes plus ou moins longues, le tribunal criminel extraordinaire, devenu ensuite tribunal révolutionnaire, des commissions militaires extraordinaires, des cours spéciales et des cours spéciales extraordinaires, des cours prévôtales des douanes; le Code d'instruction criminelle admettait les cours spéciales. La charte de 1814, art. 62 et 63, fit cette déclaration de principes : « Nul ne pourra être distrait de ses juges naturels : il ne pourra, en conséquence, être créé de commissions, ni tribunaux extraordinaires. » Il y avait exception pour les cours prévôtales, qui furent, en effet, établies par une loi du 20 décembre 1815. L'art. 54 de la charte de 1830 prohiba le rétablissement des tribunaux extraordinaires « à quelque titre et sous quelque dénomination que ce puisse être ». L'art. 4 de la Constitution de 1849 reproduisit littéralement cette disposition.

71. Quelque absolus que paraissent les termes de cette législation, ils sont loin de dire ce qu'ils semblent exprimer; par cela seul qu'ils n'expliquent pas ce que c'est que les juges naturels d'un citoyen, ils laissent la place libre à des juridictions, non pas extraordinaires, il est vrai, mais exceptionnelles ou plutôt spéciales. Les juges naturels de toute personne sont ceux que la loi lui donne, soit à raison de son état ou profession, soit à raison de l'acte dont elle s'est rendue coupable. Sous ce double rapport, les citoyens peuvent cesser et cessent d'appartenir à la juridiction ordinaire des tribunaux de police ou aux cours d'assises. Ainsi, les militaires et les marins, comme tels, sont jugés par des tribunaux militaires et maritimes; toute personne qui commettait un attentat contre la personne du souverain ou contre la sûreté de l'État, était traduite devant la haute cour de justice, comme précédemment devant la cour des pairs. Cet état de choses a subsisté sous les chartes de 1814 et 1830; le véritable base de ces deux lois était plutôt historique que constitutionnel; il voulait surtout prévenir le retour des juridictions menaçantes qui embrassaient tout, parce que rien n'y était défini, et des commissions qui, nommées seulement en vue de tel accusé, remplaçaient, avec la marque évidente de la partialité, le tribunal permanent que tout citoyen connaît d'avance.

72. Les juridictions spéciales que les lois politiques de 1814 et des époques suivantes ont maintenues, sont :

73. *Les conseils de guerre et de révision permanents,* institués par la loi du 13 brumaire an V, pour juger et punir les délits militaires et ceux commis par les militaires. (*Voy.* **Justice mili-**

---

1. Les éditions du Code d'instruction criminelle postérieures à la loi du 21 novembre 1872 contiennent les dernières modifications que ce Code a subies.

taire.) Il ne peut plus être créé de conseil de guerre ou commission militaire extraordinaire.

74. Les *tribunaux maritimes,* juridictions qui se composent de plusieurs espèces de tribunaux, dont on trouvera l'énumération et les attributions au mot **Tribunaux maritimes.**

75. *Autres juridictions spéciales.* Nous ne citons ici que pour mémoire les juridictions universitaires dont la compétence est exposée au mot (**Instruction publique**).

CHAP. V. — COUR DE CASSATION.

76. L'ordre judiciaire de l'ancienne monarchie présentait bien quelques éléments analogues à la pensée fondamentale de la Cour de cassation ; mais c'est à la révolution de 1789 qu'il faut attribuer l'honneur d'avoir fondé cette belle institution, conséquence et garantie de l'unité de notre législation, et qui s'est maintenue à travers toutes les vicissitudes des événements politiques[1].

77. Pour ramener les tribunaux de France à la stricte observation des formes et des lois, pour maintenir entre eux l'uniformité de jurisprudence, une juridiction suprême les domine tous ; c'est à elle que l'on dénonce toutes les décisions judiciaires qui ont violé la loi ou qui en ont fait une fausse application. La création du tribunal de cassation se trouve dans la loi du 1er décembre 1790 ; ses attributions essentielles ont peu varié ; les principaux changements qu'il a subis portent sur son organisation et ses dispositions intérieures.

78. *Organisation.* D'après la loi de 1790, les membres du tribunal étaient élus pour quatre ans et pouvaient être réélus ; chacune de ses sections choisissait un président pour six mois. Il y avait un ministère public et des greffiers, portion de la Cour dont nous n'avons pas à nous occuper ici : nous n'en parlerons pas en analysant les lois postérieures. Après les modifications introduites par les décrets des 5 vendémiaire, 2 brumaire et 24 messidor an IV, la loi la plus importante est celle du 27 ventôse an VIII, sur l'ordre judiciaire ; elle porte que le *tribunal* de cassation, composé de 48 juges, divisés en trois sections, chacune de 16 juges, siège à Paris ; le tribunal entier nomme son président pour trois ans, et de même chaque section élit le sien (*art. 58 à 64*). L'élection populaire, encore conservée par cette loi, fut abrogée par le sénatus-consulte du 16 thermidor an X, qui attribue au Sénat, sur la présentation du premier Consul, la nomination des membres du tribunal de cassation ; il donne au ministre de la justice le droit de présider la Cour de cassation. Aux termes des art. 135 et 136 du sénatus-consulte du 28 floréal au XII, le tribunal de cassation prend le titre de Cour de cassation ; ses présidents sont nommés à vie par l'Empereur ; un décret du 19 mars 1810 donne aux juges le titre de conseillers. Celui du 28 janvier 1811 porte le nombre des présidents à trois, outre le premier président.

79. La charte de 1814 maintint l'ordre judiciaire existant et proclama le principe de l'inamovibilité des juges ; mais la Restauration entendait n'accorder la prérogative de l'irrévocabilité qu'aux magistrats institués par elle ; c'est ce que proclame le préambule de l'ordonnance du 15 février

1. Elle a été imitée depuis dans plusieurs autres pays. M. B.

1815 relative à la Cour de cassation, qui, à l'aide de cette distinction, et tout en maintenant le nombre existant, 49 membres, y compris le premier président et les trois présidents, élimina un certain nombre de conseillers, en ne leur donnant pas l'institution et en en nommant d'autres.

80. L'ordonnance du 15 janvier 1826, portant règlement pour le service de la Cour de cassation, maintient et régularise ce qui existait. La Cour se divise en trois chambres, savoir : la chambre des requêtes, la chambre civile et la chambre criminelle, qui peuvent se réunir en audience solennelle. Les chambres ne rendent d'arrêts qu'au nombre de onze membres au moins. En cas d'absence ou autre empêchement, ce nombre est complété par des membres des autres chambres qui ne tiendraient pas audience. Le droit de présidence, attribué au ministre de la justice dans des cas prévus, est maintenu (*art. 2 à 6*). Ce dernier droit, depuis 1830, a été considéré comme abrogé et n'a plus été exercé.

81. La chambre criminelle, qui n'a point de vacances, est chargée du service des vacations pour les affaires civiles urgentes (*art. 64 et suiv.*).

82. *Attributions.* Elles sont fixées en ces termes par la loi du 27 novembre 1790 , créatrice de l'institution : «Art. 2. Les fonctions du tribunal de cassation seront de prononcer sur toutes les demandes en cassation contre les jugements rendus en dernier ressort, de juger les demandes en renvoi d'un tribunal à un autre, pour cause de suspicion légitime ou de sûreté publique, les conflits de juridiction, les règlements de juges, les prises à partie contre un tribunal entier. (Sur ces derniers objets, la législation a été modifiée par le Code de procédure.) —Art. 3. Il annulera toutes les procédures dans lesquelles les formes auront été violées et tout jugement qui contiendra une contravention expresse au texte de la loi. Sous aucun prétexte et dans aucun cas, le tribunal ne pourra connaître du fond des affaires ; après avoir cassé les procédures ou le jugement, il renverra le fond des affaires aux tribunaux qui devront en connaître.»

83. En général, la Cour de cassation prononce sur les décisions de tous les tribunaux, c'est-à-dire de toute autorité judiciaire proprement dite ; elle ne peut connaître d'aucune décision de la justice administrative ; les jugements des tribunaux militaires ne peuvent lui être soumis que par des non-militaires, qui soutiennent que la juridiction militaire était incompétente à leur égard : ceux des juges de paix ne lui sont déférés que pour excès de pouvoir ; elle n'a point à statuer sur les sentences des arbitres volontaires, qui ne sont pas considérés comme des tribunaux, sur les actes qui n'ont pas le caractère de jugements, sur les jugements non définitifs, ni sur ceux qui ont acquis l'autorité de la chose jugée.

84. La Cour de cassation ne pouvant jamais juger le fond des affaires, elle ne forme pas un troisième degré de juridiction ; lorsqu'elle annule une décision, celle-ci est considérée comme non avenue, et elle est remplacée par celle que rend le tribunal auquel la cour suprême renvoie. La nouvelle décision peut encore être annulée ; cependant une affaire ne peut être éternisée de cassation en cassation; il y a été pourvu. La loi du 16 septembre 1807 voulait qu'après deux cassations de jugements entre les mêmes parties et attaqués par les mêmes moyens, il y eût lieu à une interprétation de la loi par le Gouvernement; un avis du Conseil d'État du 17 décembre 1823 déclara que la loi de 1807 n'avait point été abrogée par la charte; la loi du 30 juillet 1828 contenait des dispositions assez compliquées, qui aboutissaient à un référé législatif, pour obtenir des Chambres une loi interprétative. Ce système, fréquemment attaqué, a été remplacé par la loi du 1er avril 1837, qui, dans l'hypothèse dont il s'agit, veut que le tribunal ou la cour, saisie après une deuxième cassation, se conforme, sur le point de droit, à la décision de la Cour de cassation.

85. De ce que la Cour est instituée pour maintenir la saine et uniforme application des lois, et de ce qu'elle ne connaît pas du fond des affaires, il s'ensuit qu'elle ne juge que les questions de droit, et que les cours et tribunaux restent appréciateurs souverains des faits, quant à leur existence et à leur sens, et interprètes des actes. Mais on soutient, avec raison ce semble, que la Cour de cassation est compétente pour décider si un tribunal a donné à un fait ou un acte son caractère légal, décision contestée et très-importante en matière de contrat, et lorsqu'il s'agit des réponses du jury, lequel n'a mission que pour constater et non pour qualifier les faits sur lesquels il est interrogé.

86. Outre les attributions générales de la Cour, chacune de ses chambres a sa compétence particulière. La chambre des requêtes juge, en général, dans toutes les matières civiles non exceptées par une loi particulière, si le pourvoi est admissible ; si elle le trouve fondé, elle le déclare par un arrêt et renvoie l'affaire à la chambre civile ; dans le cas contraire, elle rend un arrêt motivé après lequel aucun autre pourvoi ne peut être formé dans la même affaire (*L. 27 vent. an VIII, art.* 60). En outre, la chambre des requêtes annule, sur la dénonciation du Gouvernement, les actes par lesquels les juges ont excédé leurs pouvoirs en matière civile, ou les délits commis par eux relativement à leurs fonctions (*L. 27 vent. an VIII, art.* 80); elle prononce définitivement en matière électorale (*D. org. 2 fév.* 1852), et dans certaines limites, sur les demandes en règlement de juges, en renvoi d'un tribunal à un autre, sur l'admission des demandes de prise à partie (*L. 27 vent. an VIII, art.* 60; *C. de Pr., art.* 368, 369, 509); elle prononce préalablement dans le cas de crime de forfaiture commis, dans l'exercice de leurs fonctions, par des tribunaux entiers ou des magistrats individuellement. (*C. d'I. C., art.* 491, 492.)

87. La chambre civile prononce définitivement sur les demandes en cassation ou en prise à partie lorsque les requêtes ont été admises (*L. 27 vent. an VIII, art.* 60). Elle connaît directement des pourvois en matière d'expropriation pour cause d'utilité publique (*L. 3 mai* 1841, *art.* 20, 42), des pourvois formés, dans le seul intérêt de la loi, en matières civiles, par le procureur général près la Cour de cassation (*L. 27 vent. an VIII, art.* 88), des pourvois, quand il y a lieu, contre les décisions disciplinaires.

88. La chambre criminelle prononce sur les demandes en cassation, en matière criminelle, correctionnelle ou de police, sans jugement préalable d'admission (*L. 27 vent. an VIII, art.* 60; *C. d'I. C., art.* 426); sur les demandes en règlement de juges et en renvoi d'un tribunal à un autre (*C. d'I. C., art.* 528, 542, 552 *et suiv.*); sur les demandes en annulation pour excès de pouvoir, sur l'ordre du ministre de la justice (*C. d'I. C., art.* 441); sur les pourvois dans l'intérêt de la loi (*art.* 442); sur les demandes en révision. (*Art.* 443 *et L. 29 juin* 1867.)

Dans certains cas déterminés par les lois, les trois chambres se réunissent en audience solennelle, par exemple, pour la solennité de la rentrée, pour un renvoi après une première cassation, etc. (15 *janv.* 1826, *art.* 71; *L. 1er avril* 1837, *art.* 1er.)

89. *Procédure.* Pour beaucoup de détails, on suit encore l'ancien règlement de 1738, fait par le Conseil des parties et modifié par les lois ou ordonnances rendues depuis 1789, particulièrement l'ordonnance du 15 janvier 1826, portant règlement pour le service de la Cour de cassation.

90. Le pourvoi en cassation doit, en toutes matières autres que le grand criminel et les affaires concernant l'administration des domaines et les revenus de l'État (*C. d'I. C., art.* 420), être accompagné de la consignation d'une amende, dont ne sont dispensées que les personnes qui sont attestées indigentes. (*L. 2 brum. an IV, art.* 17; *C. d'I. C., art.* 419, 420); elle est restituée lorsque la décision attaquée a été cassée. Le pourvoi est déposé au greffe; il doit faire connaître les parties en cause, la décision rendue, et indiquer les moyens sur lesquels il se fonde, c'est-à-dire signaler les lois que l'on prétend avoir été violées (*Règl. de* 1738; *L. 2 brum. an IV, art.* 17). En matière criminelle, il se fait par une déclaration au greffe (*C. d'I. C., art.* 417, 418). Le délai dans lequel on doit se pourvoir est réglé diversement, suivant l'espèce de décision contre laquelle le pourvoi est dirigé. En général, pour les matières civiles, il est de trois mois à partir de la signification du jugement attaqué (*L. 1er déc.* 1790, *art.* 14). Dans les matières civiles, le pourvoi ne suspend point l'exécution de la décision critiquée; au contraire, dans les affaires criminelles de tous les degrés, il est essentiellement suspensif.

91. La Cour n'ayant à statuer que sur des questions de droit, la procédure qui se fait devant elle, quand elle a été saisie d'une affaire par le pourvoi, est fort simple.

92. À la chambre des requêtes, le président nomme un rapporteur. Quand celui-ci a remis au greffe son rapport écrit et les pièces, le procureur général désigne un des avocats généraux pour préparer des conclusions. Lorsqu'elles sont prêtes, les avocats sont avertis. À l'audience, le conseiller fait son rapport ; l'avocat du demandeur en cassation est entendu, puis le ministère public : enfin, la Cour admet ou rejette le pourvoi. Les arrêts d'admission ne sont pas motivés, ceux de rejet doivent l'être (*Règl. de* 1738; *O. 15 janv.* 1836). L'arrêt d'admission est signifié dans le même

délai que le pourvoi et avec les formes des exploits.

93. Devant la chambre civile, le défendeur assigné par la signification de l'arrêt d'admission, signe un mémoire de défense, qu'il signifie à l'avocat adverse et dépose au greffe avec les pièces. Le demandeur peut répliquer par un mémoire déposé de même. Si le défendeur n'a pas produit de défense, il peut être pris défaut contre lui (*L.* 2 *brum. an IV, art.* 16; *Règl.* 1738, *part. II, tit.* 2, *art.* 1er; *O.* 15 *janv.* 1826, *art.* 10). Après le rapport d'un conseiller, les plaidoiries contradictoires des avocats et les conclusions du ministère public, la chambre rejette le pourvoi ou casse la décision attaquée. En cas de rejet, le demandeur est condamné à 300 fr. d'amende, y compris les 150 fr. consignés, à 150 fr. d'indemnité envers la partie adverse, et aux frais (*Règl.* 1738, *part. I, tit.* 4, *art.* 35). Un arrêt contradictoire de la Chambre civile ne peut plus être attaqué par aucune voie, requête civile ou autre. (*C. de Pr., art.* 480, 490.) Lorsqu'une décision n'a été cassée que dans l'intérêt de la loi, elle conserve sa force à l'égard des parties. (*L.* 27 *vent. an VIII, art.* 88.)

94. La chambre criminelle est saisie par l'envoi du pourvoi que fait parvenir à la cour le ministre de la justice. Le condamné peut adresser directement ses requêtes et une copie des décisions et de la demande en cassation (*C. d'I. C., art.* 423, 424). Un conseiller fait son rapport. La chambre peut prononcer aussitôt après le délai du pourvoi, et elle doit statuer dans le mois au plus tard (*C. d'I. C., art.* 425). Lorsque le pourvoi a été rejeté, la partie qui l'a formé ne peut plus se pourvoir contre le même jugement (*C. d'I. C., art.* 438). Le rejet du pourvoi entraîne, sauf le droit de grâce réservé au Chef de l'État, la nécessité d'assurer l'exécution de la condamnation. A cet effet, l'arrêt de rejet est délivré au procureur général près la Cour de cassation, lequel l'adresse, par extrait, au ministre de la justice, et celui-ci l'envoie au ministère public près la juridiction qui a rendu la décision attaquée. (*C. d'I. C., art.* 439.)

95. L'arrêt qui casse une décision civile ou criminelle renvoie l'affaire devant un des trois tribunaux du même ordre le plus voisin de celui dont le jugement ou arrêt a été annulé, pour être procédé sur les derniers errements qui n'ont pas été atteints par la Cour de cassation (*L.* 1er *déc.* 1790, *art.* 21; *L.* 2 *brum. an IV, art.* 24; *L.* 27 *vent. an VIII, art.* 87.) En matière criminelle, des règles spéciales, relatives au tribunal qui doit être saisi et aux conséquences du renvoi, sont prescrites par les art. 427 et suivants du Code d'instruction criminelle.   A. GRUN.

1. Mis à jour par E. YVERNÈS.

BIBLIOGRAPHIE.

Lois et décrets impériaux sur la nouvelle organisation de l'ordre judiciaire, suivis d'un appendice contenant la loi du 24 août 1790, celle du 27 ventôse an VIII, etc. In-8°. Paris, Galand, Rondonneau et Dècle. 1812.

Manuel des tribunaux de simple police, par M. L. A. Sochet. In-8°. Paris, Billois. 1813.

Esprits, origine et progrès des institutions judiciaires des principaux pays de l'Europe, par J. D. Meyer. In-8°. Paris, Mad. veuve Lepetit. 1821.

Œuvres sur l'administration de la justice, par J. B. Selves. In-8°. Paris, Dalibon. 1822.

De l'administration de la justice et de l'ordre judiciaire en France, par M. D. 2 vol. in-8°. Paris, Treuttel et Würtz. 1824.

Des divers corps de justice en France et des lois criminelles, améliorations proposées. In-8°. Paris, Farcy. 1826.

De l'autorité judiciaire en France, par M. le président Henrion de Pansey. 3e édit. 2 vol. in-8°. Paris, Th. Barrois père. 1827.

Le droit français dans ses rapports avec la juridiction des justices de paix, par M. G. L. J. Carré. 3 vol. in-8°. Paris, Warée aîné. 1829.

De la compétence des juges de paix, par M. Henrion de Pansey. 9e édit., augmentée d'une notice sur la vie de l'auteur, par M. Rozet. In-8°. Paris, Th. Barrois et P. Duprat. 1830.

Examen critique de l'organisation et de la compétence des tribunaux de commerce, par Édouard Grar. In-8°. Paris, Bacheliers; Valenciennes, Lemaître. 1831.

De l'administration de la justice criminelle en France, dans ses rapports avec le nombre des cours d'assises, par M. A. Mesnard. Paris, Mad. veuve Charles Béchet. 1831.

Manuel de la Cour de cassation, par M. Godard-Desaponay. In-8°. Paris, Gobelet; Nève. 1831.

Cours élémentaire d'organisation judiciaire, etc., par G. L. J. Carré, revu et annoté par Victor Foucher. In-8°. Paris, Dupont et Cailleux. 1833.

Encyclopédie des juges de paix, par Victor Augier. 5 vol. in-8°. Paris, impr. de Plassan. 1831-1835.

De la nécessité d'exiger des candidats à la magistrature des conditions spéciales de capacité, par M. Foucart. *Revue de législation et de jurisprudence*, t. Ier, p. 346. (1835.)

Sur le projet de loi d'organisation judiciaire, par M. Foucher. *Revue de législation et de jurisprudence*, t. Ier, p. 381. (1835.)

Code spécial de la justice de paix, contenant par ordre alphabétique, le texte des lois, décrets, etc., par H. Baudouin. In-8°. Paris, l'auteur; Videcoq. 1838.

Loi sur les justices de paix, contenant les exposés des motifs, les rapports aux deux Chambres, les discours, etc. In-8°. Nancy, Thomas; Paris, Thorel. 1838.

Traité-Manuel des fonctions des greffiers des justices de paix, par L. Giraudeau. In-18. Paris, l'auteur. 1839.

Recueil général et raisonné des compétences, attributions et jurisprudence des justices de paix, contenant, etc., par M. Biret. 4e édit. 2 vol. in-8°. Paris, Arthus-Bertrand; Roret. 1839.

De l'administration de la justice criminelle en France, depuis la réforme de la législation, par M. de Lacuisine. In-8°. Paris, Joubert. 1841.

De la compétence des tribunaux de commerce, par M. Orillard. In-8°. Paris, Joubert. 1841.

Traité de la compétence des juges de paix, par M. Curasson. 2e édit. 2 vol. in-8°. Dijon, Lagier; Paris, Joubert. 1841.

Lois et règlements à l'usage de la Cour de cassation, par M. le conseiller Tarbé. 1841.

Du noviciat judiciaire, par M. Bonnier. In-8°. Paris, Joubert. 1842.

Des tribunaux de commerce, des commerçants et des actes de commerce, par M. Louis Nouguier. 3 vol. in-8°. Paris, Delamotte. 1844.

De la nature de l'autorité judiciaire, par M. Foucart. *Revue de législation et de jurisprudence*, t. XXIII, p. 433. (1845.)

De l'aptitude aux fonctions judiciaires. Rapport fait à la Cour de cassation par M. Bérenger (de la Drôme). *Revue de législation et de jurisprudence*, t. XXIII, p. 108. (1845.)

Dictionnaire de législation usuelle, par M. Chabrol-Chaméane. 2 vol. in-8°. Paris, 1845.

Dictionnaire de jurisprudence usuelle, par MM. Dutard et Sassère. 4e édit. In-8o. Paris, Baudot et Moine. 1847.

De l'organisation judiciaire, par M. Féraud-Giraud. *Revue de législation et de jurisprudence*, t. XXXI, p. 352. (1848.)

Examen critique du projet sur l'organisation judiciaire, présenté à M. le ministre de la justice, par M. P. Pont. *Revue de législation et de jurisprudence*, t. XXXII, p. 345. (1848.)

De l'organisation judiciaire et de la suppression des chambres des mises en accusation, par M. Guyho. *Revue de législation et de jurisprudence*, t. XXXVI, p. 142. (1849.)

Organisation judiciaire. Rapport de M. de Crouseilhes. *Revue de législation et de jurisprudence*, t. XXXVII, p. 403. (1850.)

Manuel encyclopédique, théorique et pratique des juges de paix, de leurs suppléants, greffiers et huissiers audienciers, etc., par J. E. Allain. 3 vol. in-8o. Paris, Cosse et Delamotte. 1851.

Dictionnaire des juges de paix et de police, par M. Bioche. In-8o. Paris, Videcoq fils aîné. 1851.

De l'assistance judiciaire, etc., par M. Dorigny. In-8o, Paris, Cotillon. 1851.

Du barreau et de la magistrature, suivis d'un essai sur les juridictions, par Frédéric Billot. In-8o. Paris, Aug. Durand; Aix, Aubin. 1851.

Dictionnaire de procédure civile et commerciale, contenant, etc., par M. Bioche. 3e édit. 6 vol. in-8o. Paris, Videcoq fils aîné. 1851-1852.

Dictionnaire des justices de paix et des tribunaux de simple police, par L. Longchampt. 3e édit. In-8o. Paris, l'auteur. Videcoq fils aîné. 1852.

Journal des justices de paix et des tribunaux de simple police, par M. Bioche. T. Ier 1852. In-8o. Paris, Videcoq. 1852.

Journal des tribunaux de commerce, par M. Teulet et Camberlin, avec la collaboration de MM. Devanluy et Lemonnier. 1852. 1re année. In-8o. Paris, Videcoq fils aîné, M. Blouet.

Manuel du juge de paix et du justiciable de la justice de paix, par Paul Cère. In-18. Paris, Cotillon. 1854.

Répertoire des ouvrages de droit, de législation et de jurisprudence, publiés spécialement en France depuis 1789 jusqu'à la fin de novembre 1853, suivi d'une table analytique et raisonnée des matières. In-8o, Paris, Cotillon, Durand. 1853.

Encyclopédie des justices de paix et des tribunaux de simple police, par M. A. Bost. In-8o. Paris, impr. de Vray et de Scury. 1854.

La cour d'assises, par Ch. Nouguier. 5 vol. in-8o. Paris, Cosse et Marchal. 1860-1870.

Études sur le Code pénal, par M. Blanche. 7 vol. in-8o. Paris, Cosse et Marchal. 1861-1872.

Études sur l'administration de la justice civile, par M. Lavielle. 1 vol. in-8o. Paris, Cotillon. 1861.

De la réduction des cours d'assises et de leur centralisation au chef-lieu de la cour d'appel, par M. Frémont. Paris, Cotillon. 1861.

Commentaire traité de la loi du 20 mai 1863 sur les flagrants délits, par G. Rousset. 1 vol. in-8o. Paris, Cotillon. 1863.

De l'amélioration de la loi criminelle, par Bonneville de Marsanguy. 2 vol. in-8o. Paris, Cotillon. 1864.

Études sur l'organisation judiciaire, par Perrot de Chezelles. 1 vol. in-8o. Paris, Cosse et Marchal. 1865.

Projet d'organisation judiciaire, par M. Pontois. 1 vol. in-8o. Paris, Cotillon. 1870.

Compétence et procédure des justices de paix; examen du projet de loi, etc., par M. Guilbon. 2e partie. In-4o. Paris, impr. de Renou et Maulde. 1870.

La magistrature française et le pouvoir ministériel, par M. de Vallée. In-8o. Paris, Lachaud. 1871.

Éléments généraux de législation française, notions fondamentales du droit civil, pénal, administratif, etc., par M. Bourguignon. In-18. Paris, Garnier frères. 1872.

De l'organisation judiciaire en France, par M. Odilon Barrot. In-12. Paris, Didier et Cie. 1872.

Code annoté des juges de paix, 1re partie: Code de l'audience; 2e partie: Code du cabinet, par M. N. A. Carré. In-8o. Paris, Cosse, Marchal et Billard. 1873.

Nouveau manuel des tribunaux de commerce: 1o législation; 2o historique et organisation; 3o formulaire général, par MM. Teulet et Camberlin. In-8o. Paris. Marescq aîné. 1874.

De l'administration de la justice civile et commerciale en Europe, par E. Yvernès. Impr. nationale. 1876.

Jurisprudence générale. Répertoire méthodique et alphabétique de législation, de doctrine et de jurisprudence en matière de droit civil, commercial, criminel, administratif, de droit des gens et de droit public. Nouv. édit., par M. Dalloz aîné, avec la collaboration de M. Armand Dalloz, son frère, et celle de plusieurs jurisconsultes. In-4o. Paris, au bureau de la publication (rue de Lille).

Voy. aussi la Bibliographie de JURY.

ADMINISTRATION COMPARÉE.

Il n'est pas possible d'exposer l'organisation judiciaire de plusieurs pays dans un espace aussi restreint que celui dont nous disposons; nous devons donc nous borner à relever quelques points importants.

Les pays qui jusqu'à présent avaient trois instances, tendent tous à remplacer la troisième instance par une Cour de cassation. Sur ce point le système français prévaut. Mais il paraît que le système des échevins (*Schœppen*) a des chances de ressusciter en Allemagne. Ce ne sera pas précisément le jury civil, institution qui se meurt en Angleterre, qu'on rétablira; les échevins seront des assesseurs siégeant comme juges, à coté de légistes prononçant sur le droit autant que sur le fait, ce sera une juridiction mixte. Le ministère public existe maintenant partout, même en Angleterre proprement dite, et quoi qu'on en dise, la forme diffère, mais le fait n'en est pas moins patent. On ne peut pas laisser un meurtrier sans poursuite. Seulement cette institution laisse encore à désirer en Angleterre, tandis qu'elle semble suffisamment bien organisée en Écosse.   M. B.

Angleterre.

Juridictions criminelles. — En Angleterre, lorsqu'un crime ou un délit a été commis, la partie lésée dépose généralement sa plainte devant le juge de paix, qui est le magistrat chargé de l'instruction. Le prévenu comparait devant le tribunal composé d'un ou de plusieurs juges. Lorsqu'il s'agit de faits peu graves, les juges de paix et, à Londres, les juges de police peuvent prononcer eux-mêmes la sentence (*summary proceedings*). Dans les autres cas, les magistrats envoient les accusés en jugement devant l'une des juridictions suivantes: la cour du banc de la Reine, compétente pour juger toutes les infractions à la loi; la cour criminelle centrale établie en 1834 (4-5 Will. IV, ch. 36); les assises tenues périodiquement dans les comtés par les juges des cours supérieures; les *quarter sessions*, réunion trimestrielle des juges de paix du comté, et les *borough courts* où siège le *recorder* du bourg (avocat investi d'une magistrature spéciale). Il n'y a pas, à proprement parler, de ministère public en Angleterre; tout ce qui concerne les poursuites criminelles est dans les attributions du secrétaire d'État de l'intérieur. A la différence de l'Angleterre, l'Écosse et l'Irlande possèdent cette institution dont le chef est, dans le premier pays, le *lord advocate*, et dans le second *l'attorney general*. Depuis 20 ans, en Angleterre, l'opinion se prononce en faveur de la création d'un ministère public; le premier *bill* a été présenté à la Chambre des communes, en 1854, par M. Phillimore, et le dernier à la session de 1873 par le secrétaire d'État de l'intérieur; mais jusqu'à présent aucun n'a été voté.

Juridictions civiles. — Une réforme importante a été accomplie par l'acte du 5 août 1873 qui a été mis à exécution le 2 novembre 1876. Sont réunies et forment une cour suprême de justice pour l'Angleterre: la haute cour de chancellerie, la cour du banc de la Reine, la cour des plaids communs de Westminster, la cour de l'Echiquier, la haute cour de l'amirauté, la cour des testaments, la cour des divorces et mariages, et la cour des faillites de Londres. La cour suprême est divisée en deux sections permanentes, dont l'une, sous le nom de *haute Cour*, divisée en cinq chambres, exerce la juridiction de première instance et connait des appels des juridictions inférieures, et l'autre, sous le nom de *Cour d'appel*, exerce la juridiction d'appel à l'égard des jugements ou ordres émanés de la haute Cour.

Parmi les cours inférieures de justice, il convient surtout de citer les cours de comté, au nombre de 60, et qui tiennent leurs audiences dans 521 endroits différents de l'Angleterre; elles sont formées d'un juge unique et ont compétence en matière de contrats jusqu'à 50 l. st. (1,250 fr.) et en matière de délits ou quasi-délits jusqu'à 10 l. st. (250 fr.).

L'acte de 1873 n'a pas touché à l'institution du jury (*voy. ce mot*).

Il existe en Angleterre des juges de paix ; mais leurs attributions sont surtout administratives ou criminelles. (*Voy.* **Département et Organisation communale.**)

L'Angleterre n'a pas de juridiction équivalente à la Cour de cassation française, si ce n'est peut être en matière criminelle pour les cas réservés de la Couronne.

Autriche.

Juridictions criminelles. — Le Code d'instruction criminelle autrichien, du 23 mai 1873, a été publié le 30 juin suivant et mis en vigueur le 1er janvier 1874. Il donne juridiction en matière criminelle, aux tribunaux de district (*Bezirksgerichte*) ; aux cours de première instance ; aux cours d'assises ; aux cours de seconde instance et à la Cour suprême comme Cour de cassation (*art.* 8).

Un juge unique constitue le tribunal de district ; il est appelé à connaître de toutes les contraventions prévues par le Code pénal du 27 mai 1852 et de celles qui lui sont expressément renvoyées (*art.* 9).

Aux cours de première instance appartient le jugement des crimes et des délits qui ne sont pas de la compétence des cours d'assises, ainsi que celui des recours exercés contre les décisions et les ordonnances des tribunaux de district ; le tribunal est constitué par la réunion de quatre juges ; les résolutions qui n'interviennent pas sur le fond de l'affaire peuvent être prises par trois juges, sauf exception expresse (*art.* 13, 357, 401, 410, 411 *et* 435).

Les cours d'assises sont appelées à statuer, avec l'assistance du jury, sur les crimes et délits commis par la voie de la presse, et sur ceux qui leur sont renvoyés par l'art. 6 de la loi sur la mise en vigueur du Code d'instruction criminelle (*art.* 14).

Les cours de seconde instance forment la juridiction d'appel pour les décisions des cours d'assises, mais seulement quant à la peine et aux intérêts civils. Elles jugent à cinq membres (*art.* 15, 283 *et* 343).

La Cour suprême statue comme Cour de cassation sur tous les pourvois formés aux termes du Code d'instruction criminelle (*art.* 344). Il faut 7 juges pour la validité de ses arrêts (*art.* 16).

Le ministère public fonctionne en Autriche, absolument comme en France.

Juridictions civiles. — Les tribunaux de paix sont au nombre de 824, un par canton. Leur compétence (jusqu'à 75 fr.) et la procédure à suivre sont réglées par une loi du 27 avril 1873. Ce ne sont pas les seuls tribunaux à juge unique. Dans les villes importantes, on a établi, pour faciliter et accélérer le jugement des affaires, des tribunaux à un seul juge qui portent le nom de tribunaux à délégués urbains ; mais ils ne peuvent statuer au delà de 525 florins (1,312 fr. 50 c.). Les tribunaux d'arrondissement ont plusieurs juges ; on les appelle *Landesgerichte*. Des cours d'appel jugent en deuxième instance. La Cour de cassation forme le tribunal suprême et prononce en troisième instance ; sa juridiction s'étend sur tous les pays représentés au *Reichsrath*.

Prusse.

Juridictions criminelles. — La justice criminelle est rendue, en Prusse, par des juges uniques (*Einzelrichter*), des tribunaux collégiaux et des cours d'assises (*Schwurgerichte*). Les premiers jugent les contraventions punies de six semaines de prison ou de 150 marks d'amende au plus (187 fr. 50 c.), et les délits forestiers (*L.* 3 et 14 mai 1852, 14 avril 1856) ; les seconds statuent sur les délits (*Vergehen*) frappés d'un emprisonnement de six semaines à cinq ans ou d'une amende supérieure à 150 marks (*O.* 3 janv. 1849 ; *L.* 22 juin 1852 et 6 mars 1854) ; enfin aux *Schwurgerichte* ou assises sont déférés les crimes (*Verbrechen*) punis de mort, des travaux forcés ou d'un emprisonnement de plus de cinq ans. Ces derniers tribunaux se réunissent à époques fixes. (*O.* 2 et 3 janv. 1849 ; *L.* 21 et 22 mai 1852 ; régulat. 18 juill. 1850.) Ils se composent de 5 magistrats (1 président et 4 assesseurs) et de 12 jurés.

Les tribunaux d'appel se divisent en sénat civil et en sénat criminel. Devant ce dernier sont portés : l'appel des condamnations pour délits et le recours contre les condamnations pour contraventions ; c'est lui qui prononce le renvoi des crimes devant les cours d'assises. Il juge à 3 membres. (*O.* 3 janv. 1849 ; *L.* 18 mars 1850 et 3 mars 1852.)

Le tribunal suprême a juridiction sur tout le territoire ; c'est la troisième et dernière instance ; sa compétence s'étend sur toutes les affaires criminelles pour lesquelles le pourvoi en nullité ou en révision est autorisé par la loi. Ses membres ne peuvent rendre la justice qu'au nombre de sept. (*O.* 2 janv. 1849 *et L.* 17 mars 1852.)

En matière criminelle, le ministère public (*Staatsanwaltschaft*) poursuit d'office, devant les tribunaux, les infractions à la loi, et en demande, au nom de la société, la répression.

Juridictions civiles. — Il n'y a de juges de paix que dans le ressort de la cour d'appel de Cologne, qui est encore sous le régime de la loi française. Dans les autres parties de la Prusse, les tribunaux de première instance sont ou tribunaux de ville

ou tribunaux de cercle. Les premiers n'existent que dans les villes qui ont au moins 50,000 âmes ; les seconds sont institués pour les autres villes et pour la campagne. Aux tribunaux de cercle sont rattachées presque partout des commissions judiciaires destinées à rapprocher le prétoire des plaideurs ; c'est un juge unique qui expédie sur place les causes simples ou urgentes. Dans certains départements fonctionnent aussi des députations judiciaires ; elles se composent d'au moins 3 membres et connaissent des causes qui exigent une décision collective (*collegialisch*). Il faut encore mentionner les commissions d'assemblée de justice qui se composent d'un membre du tribunal de cercle et d'un greffier et se transportent où il est besoin pour y tenir des jours de justice. La compétence des tribunaux de ville et de cercle est illimitée ; toutes les personnes ou choses existant dans leur ressort sont soumises à leur juridiction. Il y a, d'autre part, un grand nombre de tribunaux spéciaux (universitaires, disciplinaires, etc.).

Les tribunaux d'appel sont juridiction d'appel, de recours et de grief (ou plainte) pour toutes les décisions des tribunaux de ville et de cercle, députations ou commissions judiciaires.

Le tribunal suprême, qui siège à Berlin, est la cour de justice la plus élevée ; il décide sur les recours en révision et sur les actions en nullité dans les cas déterminés par la loi.

Russie.

Juridictions criminelles. — La loi sur l'organisation judiciaire en Russie a été promulguée par un *ukase* du 3 décembre 1864.

Au premier échelon se trouvent les juges de paix, qui d'après le Code de procédure criminelle (*art.* 33 *et suiv.*), connaissent de tous les délits n'entraînant pas une amende de plus de 300 roubles (1,200 fr.), des arrêts de plus de trois mois, un emprisonnement de plus d'un an ou des dommages-intérêts de plus de 500 roubles (2,000 fr.). Sont susceptibles d'appel, les jugements qui prononcent plus de 15 roubles d'amende (60 fr.), de 3 jours d'arrêts ou de 30 roubles de dommages-intérêts. L'appel est porté devant l'assemblée des juges de paix.

Viennent ensuite les tribunaux d'arrondissement, qui statuent sur toutes les affaires qui excèdent la compétence des juges de paix ; toutefois si l'infraction poursuivie est de nature à entraîner la perte totale ou partielle des droits civiques, ils sont assistés de jurés. Dans ce dernier cas, il n'y a pas d'appel ; quant aux autres jugements susceptibles d'être attaqués par cette voie, ils sont portés devant les cours d'appel.

Les cours de justice ou d'appel ont une compétence directe en matière d'attentat contre la sûreté de l'État et délits commis par les fonctionnaires publics. (Art. 1062 *et* 1073 *du C. de Pr. C.*)

Cette organisation est dominée par le Sénat faisant fonctions de Cour de cassation.

L'institution du ministère public existe en Russie ; elle est calquée sur celle de la France.

Juridictions civiles. — En Russie, les juges de paix sont élus, mais confirmés par le Gouvernement ; ils sont honoraires ou titulaires ; leur compétence en matière personnelle et mobilière s'étend jusqu'à 500 roubles (2,000 fr.). Appel peut être formé au delà de 30 roubles. Les jugements en dernier ressort peuvent être attaqués en cassation et portés devant l'assemblée des juges de paix. Les tribunaux d'arrondissement connaissent de toutes les affaires qui ne rentrent pas dans la compétence des juges de paix, et les cours de justice ou cours d'appel constituent une deuxième instance pour les affaires civiles jugées par les tribunaux d'arrondissement, que l'appel ait lieu au fond ou pour vices de procédure. Une Cour suprême de cassation a été instituée en 1864, par la création, au Sénat, de deux départements de cassation établis, l'un pour les affaires criminelles, l'autre pour les affaires civiles. La Cour de cassation ne statue pas au fond ; elle est seulement chargée de veiller à l'observation exacte des lois et à l'uniformité de leur interprétation par toutes les institutions judiciaires de l'Empire.

JURIDICTIONS COMMERCIALES. — Les affaires contentieuses en matière commerciale sont, en principe, déférées partout aux tribunaux civils ordinaires ; si des tribunaux spéciaux sont quelquefois appelés à en connaître, c'est moins le caractère de la contestation que l'importance de la circonscription qui justifie cette exception. En Allemagne, la loi fédérale du 12 juin 1869 avait décidé qu'il serait institué « un tribunal de commerce suprême de la Confédération ». Ce tribunal, établi à Leipzig le 5 août 1870, a été érigé par la Constitution de l'Empire, en date du 16 avril 1871, en tribunal de commerce suprême pour tout le territoire de l'Empire allemand. Quant aux faillites, elles sont nécessairement portées devant les tribunaux civils ou consulaires, sauf en Angleterre, où la direction de ces procédures a été longtemps confiée à une cour particulière, qui a été du reste réunie, par un acte de 1873, à la *high court*. (*Voy. plus haut* ANGLETERRE.)

Pour tout ce qui concerne les juridictions civiles et commerciales, on trouvera des développements sur leur organisation, leur compétence et la procédure, dans notre ouvrage sur l'« administration de la justice civile et commerciale en Europe » (Imprimerie nationale, 1876).

E. YVERNÈS.

JURISPRUDENCE. 1. Ce mot exprime aujourd'hui la réunion des décisions administratives ou judiciaires qui sont rendues sur une même question et dans des espèces analogues. Elle constitue une autorité morale qui exerce une certaine influence sur l'esprit des juges. Toutefois, on ne doit invoquer la jurisprudence qu'avec beaucoup de discernement ; les décisions des juges, en effet, sont souvent motivées par des considérations de fait, qui s'appliquent rarement à des espèces autres que celles dans lesquelles elles ont été rendues.

2. L'art. 5 du Code civil défend aux juges de prononcer par voie de disposition générale et réglementaire sur les causes qui leur sont soumises. Il en est ainsi, à plus forte raison, des causes qui ne leur sont pas soumises. Un juge ou un tribunal ne peuvent donc pas dire que toutes les fois que telle question se présentera, ils la décideront de telle manière, ce serait empiéter sur le pouvoir législatif. Cette disposition se trouve sanctionnée par l'art. 127 du Code pénal.

3. Aussi les juges ne sont jamais liés par les décisions rendues sur des espèces analogues à celles qu'ils ont à juger, soit par d'autres juges, soit par eux-mêmes. La jurisprudence n'a qu'une autorité de raison sur les magistrats : elle ne peut avoir d'influence qu'autant qu'elle est équitable. Néanmoins, d'après une loi du 1er avril 1837, lorsque, après la cassation d'un premier arrêt ou jugement rendu en dernier ressort, le deuxième arrêt ou jugement rendu dans la même affaire, entre les mêmes parties, procédant en la même qualité, est attaqué par les mêmes moyens que le premier, si le deuxième arrêt ou jugement est cassé par la Cour de cassation (chambres réunies) pour les mêmes motifs que le premier, la cour ou le tribunal auquel l'affaire est renvoyée doit se conformer à la décision de la Cour suprême. (*Voy.* **Juridictions civiles,** etc.)

JURY. 1. Le jury est une institution judiciaire dont les fonctions se trouvent expliquées au mot **Juridictions civiles, commerciales et criminelles.**

Le jury est composé de citoyens choisis d'après certains principes par les fonctionnaires de l'ordre judiciaire et de l'ordre administratif. C'est à ce dernier titre surtout que nous devons nous en occuper ici.

SOMMAIRE.

CHAP. I. HISTORIQUE, 2, 3.

   II. DES CONDITIONS REQUISES POUR ÊTRE JURÉ, 4 à 7.

   III. DE LA COMPOSITION DES LISTES ANNUELLES, 8 à 19.

   IV. DE LA COMPOSITION DE LA LISTE POUR CHAQUE SESSION, 20, 21.

   V. DE LA NOTIFICATION, DES EXCUSES ET DES AMENDES, 22 à 24.

   VI. DU JURY EN MATIÈRE CIVILE, 25.

Bibliographie.
Administration comparée.

CHAP. I. — HISTORIQUE.

2. L'institution du jury en matière criminelle remonte à la Constitution du 3 septembre 1791, et l'organisation en fut réglée par un décret du 16 du même mois. Elle fut mise en vigueur au mois de janvier 1792.

Pour être juré, il fallait réunir les conditions requises de l'électeur, savoir : 1° être citoyen *actif*, c'est-à-dire Français, âgé de 25 ans, domicilié dans le canton, payant une contribution directe d'au moins 3 fr. (trois journées de travail), inscrit au rôle des gardes nationales, n'être pas serviteur à gages, avoir prêté le serment civique ; 2° être propriétaire, usufruitier, locataire ou fermier d'un bien, d'un revenu égal à un nombre de journées de travail qui variait, selon les localités rurales ou urbaines, entre cent et quatre cents journées. (*Const. de* 1791, *tit.* 3, *ch.* 1er, *sect.* 2.) Chaque année, avant le 15 décembre, tout citoyen de cette catégorie devait, à peine d'être privé durant une année du droit d'élire ou d'être élu, se faire inscrire sur un registre spécial. Sur les copies de ce registre, le procureur général, syndic du département, dressait, tous les trois mois, une liste de deux cents citoyens, approuvée ensuite par le directoire du département et sur laquelle étaient tirés les douze jurés titulaires et les trois jurés adjoints *de jugement.* (*D.* 16 *sept.* 1791, *II° part., tit.* 11.)

La liste destinée au jury d'accusation était dressée, tous les trois mois, par le procureur syndic du district ; elle comprenait trente citoyens réunissant aussi les conditions requises pour être électeurs. Sur ces noms étaient tirés les huit jurés d'accusation, une huitaine avant le jour indiqué pour leur réunion, par le tribunal du district. (*Même décret, II° part., tit.* 10.)

3. Tels étaient les principes posés en la matière par la Constitution et le décret de 1791. Ils reçurent depuis de nombreuses modifications et il ne peut entrer dans le cadre de cet article de retracer ni même d'analyser les changements survenus. Qu'il nous suffise de citer les principales dispositions qui ont réglementé l'institution du jury : décret du 29 mai 1792 et du 2 nivôse an II ; Const. de l'an III ; Code de brum. an IV ; Const. de frim. an VIII ; S.-C. org. du 16 therm. an X ; S.-C. du 28 flor. an XII ; Code d'inst. crim. de 1810 ; loi du 2 mai 1827 ; loi du 19 avril 1831 ; D. du 7 août 1848 ; loi du 4 juin 1853. La loi en vigueur est du 21 nov. 1872. Le jury d'accusation a été supprimé par le Code d'instruction criminelle de 1810. Vingt années d'expérience n'avaient pas justifié l'introduction de ce jury en France. Il fut remplacé par les chambres du conseil des tribunaux de première instance et les chambres d'accusation des cours d'appel.

CHAP. II. — DES CONDITIONS REQUISES POUR ÊTRE JURÉ.

4. Nul ne peut remplir les fonctions de juré, à peine de nullité des déclarations de culpabilité auxquelles il aurait concouru, s'il n'est âgé de trente ans accomplis, s'il ne jouit des droits politiques, civils et de famille, ou s'il est dans l'un des cas d'incapacité ou d'incompatibilité que nous allons énumérer. (*L.* 21 *nov.* 1872, art. 1er.)

5. Sont *incapables* d'être jurés : 1° les individus qui ont été condamnés, soit à des peines afflictives et infamantes, soit à des peines infamantes seulement ; 2° ceux qui ont été condamnés à des peines correctionnelles pour faits qualifiés crimes par la loi ; 3° les militaires condamnés au boulet ou aux travaux publics ; 4° les condamnés à l'emprisonnement de trois mois au moins, toutefois les condamnations pour délits politiques ou de presse peuvent n'entraîner que des incapacités temporaires ; 5° les condamnés à l'amende ou à l'emprisonnement, quelle qu'en soit la durée, pour vol, escroquerie, abus de confiance, soustraction commise par des dépositaires publics, attentats aux mœurs prévus par les art. 330 et 334 du Code pénal ; les condamnés à l'emprisonnement pour outrage à la morale publique et religieuse, attaque contre le principe de la propriété et les droits de la famille, délits contre les mœurs commis par l'un des moyens énoncés dans l'art. 1er de la loi du 17 mai 1819, vagabondage ou mendicité ; pour infraction aux dispositions des art. 60, 63 et 65 de la loi sur le recrutement de l'armée, et aux dispositions de l'art. 423 du Code pénal, de l'art. 1er de la loi du 27 mars 1851 et de l'art. 1er de la loi du 9 mai 1855 ; pour les délits prévus par les art. 134, 142, 143, 174, 251, 305, 345, 362, 363, 364, § 3, 365, 366, 387, 389, 399, § 2, 400, § 2, et 418 du Code pénal ; 6° ceux qui sont en état d'accusation et de contumace ; 7° les notaires, greffiers et officiers ministériels destitués ; 8° les faillis non réhabilités dont la faillite a été déclarée soit par les tribunaux français, soit par jugement rendu à l'étranger, mais exécutoire en France ; 9° ceux auxquels les fonctions de juré ont été interdites en vertu de l'art. 396 du Code d'instruction criminelle ou de l'art. 42 du Code pénal ; 10° ceux qui sont sous mandat d'arrêt ou de dépôt ; 11° sont incapables, mais pour cinq ans seulement, à dater de l'expiration de leur peine, les condamnés à un emprisonnement de moins de trois mois pour quelque délit que ce soit, même pour les délits politiques ou de presse ; 12° sont également incapables les interdits, les individus pourvus de conseils judiciaires, ceux qui sont placés dans un établissement public d'aliénés, en vertu de la loi du 30 juin 1838. (*Id., art.* 2.)

6. Les fonctions de jurés sont *incompatibles* avec celles de ministre, de député, membre de la Cour des comptes ou du Conseil d'État (conseiller, maître des requêtes et auditeur) ; sous-secrétaire d'État ou secrétaire général d'un ministère ; préfet et sous-préfet, secrétaire général de préfecture, conseiller de préfecture ; membre de la Cour de cassation ou des cours d'appel, juge titulaire ou suppléant des tribunaux civils et des tribunaux de commerce ; officier du ministère public près les tribunaux de 1re instance, juge de paix, commissaire de police ; ministre d'un culte reconnu par l'État ; militaire de l'armée de terre ou de mer en activité de service et pourvu d'emploi ; fonctionnaire ou préposé du service actif des douanes, des contributions indirectes, des forêts de l'État et de l'administration des télégraphes ; instituteur primaire communal. (*Id., art.* 3.)

7. La loi prévoit encore les circonstances suivantes qui empêchent ou qui dispensent d'être jurés :

Ne peuvent être jurés : les domestiques ou serviteurs à gages ; ceux qui ne savent pas lire et écrire en français (*art.* 4).

Sont dispensés d'être jurés : 1° les septuagénaires ; 2° ceux qui ont besoin pour vivre de leur travail manuel et journalier ; 3° ceux qui ont rempli lesdites fonctions pendant l'année courante ou l'année précédente (*art.* 5).

Enfin, nul ne peut être juré dans la même affaire où il aura été officier de police judiciaire, témoin, interprète, expert ou partie, à peine de nullité. (*C. d'I. C., art.* 392.)

CHAP. III. — DE LA COMPOSITION DE LA LISTE ANNUELLE.

8. La liste annuelle est composée : de 3,000 jurés pour le département de la Seine ; d'un juré par 500 habitants pour les autres départements, sans toutefois que le nombre des jurés puisse être inférieur à 400 et supérieur à 600. (*L.* 21 *nov.* 1872, *art.* 6.)

9. Le nombre des jurés pour la liste annuelle est réparti par arrondissements et par cantons, proportionnellement au tableau officiel de la population. Cette répartition est faite par arrêté du préfet, pris sur l'avis conforme de la commission départementale, et pour le département de la Seine, sur l'avis conforme du bureau du conseil général, au mois de juillet de chaque année. À Paris, la répartition est faite entre les arrondissements et les quartiers.

En adressant aux juges de paix l'arrêté de répartition, le préfet leur fait connaître les noms des jurés des cantons désignés par le sort pendant l'année précédente et pendant l'année courante. (*Id., art.* 7.)

10. Une commission, composée, dans chaque canton, du juge de paix, président, des suppléants du juge de paix et de tous les maires, dresse une liste préparatoire de la liste annuelle. Cette liste contient un nombre de noms double de celui fixé pour le contingent du canton. Dans les cantons formés d'une seule commune, la commission est composée, indépendamment du juge de paix et de ses suppléants, du maire de la commune et de deux conseillers désignés par le conseil municipal.

11. Dans les communes divisées en plusieurs cantons, il y a autant de commissions que de cantons. Chacune de ces commissions est composée, indépendamment du juge de paix et de ses suppléants, du maire de la ville ou d'un adjoint délégué par lui, de deux conseillers municipaux désignés par le conseil et des maires des communes rurales comprises dans le canton. (*Id., art.* 8.)

12. À Paris, les listes préparatoires sont dressées pour chaque quartier par une commission composée du juge de paix de l'arrondissement ou d'un suppléant du juge de paix, président, du maire de l'arrondissement ou d'un adjoint, du conseiller municipal nommé dans le quartier, et, en outre, de quatre personnes désignées par ces trois premiers membres parmi les jurés qui ont été portés l'année précédente sur la liste de l'arrondissement et qui ont leur domicile dans le quartier. (*Id., art.* 9.)

13. Les commissions chargées de dresser les listes préparatoires se réunissent dans la première quinzaine du mois d'août, au chef-lieu de leur circonscription, sur la convocation spéciale du juge de paix, délivrée dans la forme administrative. Les listes sont dressées en deux originaux, dont l'un reste déposé au greffe de la justice de paix, et l'autre est transmis au greffe du tribunal civil de l'arrondissement. Dans le département de la Seine, le second original des listes dressées par les commissions de canton ou de quartier est

envoyé au greffe du tribunal de la Seine. Le public est admis à prendre connaissance des listes préparatoires pendant les quinze jours qui suivent le dépôt de ces listes au greffe de la justice de paix. (*Id.*, *art.* 10.)

14. La liste annuelle est dressée, pour chaque arrondissement, par une commission composée du président du tribunal civil ou du magistrat qui en remplit les fonctions, président, des juges de paix et des conseillers généraux. En cas d'empêchement, le conseiller général d'un canton est remplacé par le conseiller d'arrondissement, ou s'il y a deux conseillers d'arrondissement, par le plus âgé des deux.

A Paris, la commission est composée, pour chaque arrondissement, du président du tribunal civil de la Seine ou d'un juge délégué par lui, président, du juge de paix de l'arrondissement et de ses suppléants, du maire, des quatre conseillers municipaux de l'arrondissement. — Les commissions de Saint-Denis et de Sceaux sont présidées par un juge du tribunal de la Seine, délégué par le président de ce tribunal. (*Id.*, *art.* 11.)

15. Dans tous les cas prévus par la présente loi, le maire, s'il est empêché, est remplacé par un adjoint expressément délégué. (*Id.*, *art.* 12.)

16. La commission chargée de dresser la liste annuelle des jurés se réunit au chef-lieu judiciaire de l'arrondissement, au plus tard dans le courant de septembre, sur la convocation faite par le président du tribunal civil. Elle peut porter sur cette liste des noms de personnes qui n'ont point été inscrites sur les listes préparatoires des commissions cantonales, sans toutefois que le nombre de ces noms puisse excéder le quart de ceux qui sont portés pour la liste. Elle a également la faculté d'élever ou d'abaisser, pour chaque canton, le contingent proportionnel fixé par le préfet, sans toutefois que la réduction ou l'augmentation puisse excéder le quart du contingent du canton, ni modifier le contingent de l'arrondissement. — Les décisions sont prises à la majorité ; en cas de partage, la voix du président est prépondérante. (*Id.*, *art.* 13.)

La liste de l'arrondissement, définitivement arrêtée, est signée séance tenante. Elle est transmise, avant le 1er décembre, au greffe de la cour ou du tribunal chargé de la tenue des assises. (*Id.*, *art.* 14.)

17. Une liste spéciale de jurés suppléants, pris parmi les jurés de la ville où se tiennent les assises, est aussi formée, chaque année, en dehors de la liste annuelle du jury. Elle comprend 300 jurés pour Paris ; 50 pour les autres départements. Cette liste est dressée par la commission de l'arrondissement où siègent les assises : à Paris, chaque commission d'arrondissement arrête une liste de quinze jurés suppléants. (*Id.*, *art.* 15.)

18. Le premier président de la cour d'appel ou le président du tribunal chef-lieu d'assises dresse, dans la première quinzaine de décembre, la liste annuelle du département par ordre alphabétique, conformément aux listes d'arrondissement. Il dresse également la liste spéciale des jurés suppléants. (*Id.*, *art.* 16.)

19. Le juge de paix de chaque canton est tenu d'instruire immédiatement le premier président

de la cour ou le président du tribunal chef-lieu d'assises des décès, incapacités ou incompatibilités légales qui frapperaient les membres dont les noms sont portés sur la liste annuelle. (*Id.*, *art.* 17 et art. 390 *du C. d'I. C.*)

CHAP. IV. — DE LA COMPOSITION DE LA LISTE POUR CHAQUE SESSION.

20. Dix jours au moins avant l'ouverture des assises, le premier président de la cour d'appel ou le président du tribunal chef-lieu d'assises, dans les villes où il n'y a pas de cour d'appel, tire au sort, en audience publique, sur la liste annuelle, les noms des 36 jurés qui forment la liste de la session. Il tire en outre 4 jurés suppléants sur la liste spéciale (*art.* 18).

La loi du 31 juillet 1875 a ajouté à cet article la disposition suivante : Si les noms d'un ou de plusieurs jurés ayant rempli lesdites fonctions pendant l'année courante ou pendant l'année précédente viennent à sortir de l'urne, ils seront immédiatement remplacés sur la liste de session par les noms d'un ou de plusieurs autres jurés tirés au sort.

21. Si, au jour indiqué pour le jugement, le nombre des jurés est réduit à trente, par suite d'absence ou pour toute autre cause, ce nombre est complété par les jurés suppléants, suivant l'ordre de leur inscription ; en cas d'insuffisance, par des jurés tirés au sort, en audience publique, parmi les jurés inscrits sur la liste spéciale ; subsidiairement (*D.* 6 *juill.* 1810, *art.* 90), parmi les jurés de la ville inscrits sur la liste annuelle. (*L.* 21 *nov.* 1872, *art.* 19.)

CHAP. V. — DE LA NOTIFICATION, DES EXCUSES ET DES AMENDES.

22. La liste entière des jurés de la session n'est point envoyée aux citoyens qui la composent, mais le préfet notifie à chacun d'eux l'extrait de la liste qui constate que son nom y est porté. Cette notification doit leur être faite huit jours au moins avant celui où la liste doit servir. Ce jour est mentionné dans la notification, laquelle contient aussi une sommation de se trouver à la cour au jour indiqué, sous les peines portées au Code d'instruction criminelle, art. 396. (*Voy. infrà.*)

A défaut de notification à la personne, elle doit être faite à son domicile, ainsi qu'à celui du maire et de l'adjoint du lieu ; celui-ci est tenu de lui en donner connaissance. (*C. d'I. C.*, *art.* 389.)

23. Tout juré qui ne s'est pas rendu à son poste sur la citation qui lui aura été notifiée ou qui se retire avant l'expiration de ses fonctions, est condamné par la cour d'assises à une amende de 500 fr. pour la première fois, de 1,000 fr. pour la seconde, et de 1,500 fr. pour la troisième fois. Cette dernière fois, il est de plus déclaré incapable d'exercer à l'avenir les fonctions de juré. (*C. d'I. C.*, *art.* 396 et 398.)

L'amende de 500 fr. ci-dessus peut être réduite par la cour à 200 fr., sans préjudice des autres dispositions de l'art. 396 du Code d'instruction criminelle qui les édicte. (*L.* 21 *nov.* 1872, *art.* 20.)

24. Il est bien entendu qu'aucune peine ne saurait être édictée contre celui qui justifie qu'il était dans l'impossibilité de se rendre à la cour au jour indiqué. La cour prononce sur la validité de l'excuse. (*C. d'I. C.*, *art.* 397.)

CHAP. VI. — DU JURY EN MATIÈRE CIVILE.

25. En France, le jury *civil* ne vient au secours de la justice ordinaire que dans deux cas : en matière d'expropriation pour cause d'utilité publique (*L.* 3 *mai* 1841) et en matière de chemins vicinaux (*L.* 21 *mai* 1836). Une loi générale sur l'expropriation pour utilité publique, du 7 juillet 1833, avait déjà attribué à un jury la _fixation des indemnités. Il a été exceptionnellement formé, en vertu de la loi du 21 avril 1871, sur les loyers de Paris et des cantons du département de la Seine, un jury spécial, chargé de se prononcer sur les contestations entre propriétaires et locataires, relatives aux loyers restant dus pour les termes échus du 1er octobre 1870 jusqu'au 1er avril 1871. (*Voy.* **Chemins vicinaux** et **Expropriation forcée pour cause d'utilité publique.**)

E. YVERNÈS.

BIBLIOGRAPHIE.

Le Guide des jurés, etc., par M. Fleurigeon. In-8°. Paris, Fantin. 1812.

Instructions pour les jurés, etc., par J. M. Dufour (de Saint-Pathus). In-18. Paris, Audibert. 1812.

De la procédure par jurés en matière criminelle, par Ch. de Rémusat. In-8°. Paris, Belin. 1820.

Histoire du jury, par M. Aignan. In-8°. Paris, Alexis Eymery. 1822.

Recherches sur l'administration de la justice criminelle chez les Français, etc., par M. Legrand de Laleu. In-8°. Paris, Fantin ; Delaunay. 1823.

Manuel du juré, ou Exposition, etc., par Victor Guichard et J. J. Dubochet. 2e édit. In-8°. Paris, Sautelet ; Alexandre Mesnier. 1828.

Code du jury et des élections, contenant, etc., par Jules Persin. In-8°. Paris, F. Didot. 1828.

Du jury en Corse, par F. M. Patorni. In-8°. Paris, impr. de Selligue. 1828.

Du jury appliqué aux délits de la presse, par Faustin-Hélie. In-8°. Paris, J. Renouard. 1834.

Du jury, par M. Bérenger. *Revue de législation et de jurisprudence*, t. II, p. 321. (1835.)

De la séparation des pouvoirs du jury et des cours d'assises, par M. Ch. Goupil de Préfelu. *Revue de législation et de jurisprudence*, t. I, p. 291. (1835.)

Nouveau Manuel du juré, etc., par C. B. Merger. 3e édit. In-18. Paris, Malteste ; Delamotte. 1838.

Théorie du jury, ou Observations sur le jury et sur les institutions judiciaires criminelles anciennes et modernes, par C. F. Oudot. In-8°. Paris, Joubert. 1842.

Du jury et de sa composition, par M. Faustin-Hélie. *Revue de législation et de jurisprudence*, t. XV, p. 325. (1842.)

De l'exposition et du jury. In-8°. Paris, Sartorius. 1848.

Du jury, par M. Cherbuliez. *Revue de législation et de jurisprudence*, t. XLII, p. 193. (1851.)

De la position des questions au jury en matière criminelle, par M. Pagès. *Revue de législation et de jurisprudence*, t. XL, p. 291 (1851) ; t. XLI, p. 52-246. (1851.)

Le jury en matière criminelle, par Ch. Berriat Saint-Prix. 3e édit. In-12. Paris, Cosse et Marchal. 1858.

De l'indication de la loi pénale dans la discussion devant le jury, par M. Beudent. 1 vol. in-8°. Paris, Cosse et Marchal. 1861.

Du jury en matière criminelle, par M. Bigorie de Laschamps. 1 vol. in-12. Paris, Cosse et Marchal. 1862.

Lois du jury : compétence et organisation. Les lois nouvelles ; loi du 15 avril 1871 ; loi du 21 septembre 1872, commentées et expliquées par M. J. C. Barbier. In-8°. Paris, Thorin. 1873.

Voy. aussi le Répertoire de Dalloz, etc., et la Bibliographie du mot JURIDICTIONS CIVILES, etc.

ADMINISTRATION COMPARÉE.

JURY CRIMINEL. — L'institution du jury en matière criminelle a été adoptée par presque tous les pays d'Europe. La place qui nous est réservée ne nous permet pas d'analyser, sous ce point de vue, toutes les législations étrangères ; nous nous bornerons d'y rechercher pour quelques pays les dispositions qui régissent deux questions, selon nous, majeures : 1° quelles sont les personnes aptes, en général, à être appelées aux fonctions de juré, et 2° comment se forme dans chaque affaire le jury de jugement.

Angleterre. Aux termes de l'acte 6, Georges IV, ch. 50, constitutif du jury, sont jurés : tout Anglais âgé de 21 à 60 ans, domicilié en Angleterre, possédant dans le comté une rente foncière de 10 l. st. si le bien est sa propriété, — de 20 l. st. si le bien est affermé ; — ou tout chef de maison (*house holder*) soit propriétaire, soit locataire, pourvu que cette maison ait au moins 15 fenêtres ou soit soumise à la taxe des pauvres pour 30 l. st. dans le comté de Middlessex et pour 20 l. st. dans les autres comtés ; enfin toute personne ayant un produit annuel de 20 l. st. par bail, pour 21 ans et au-dessus, ou tout terme viager sur une ou plusieurs têtes. C'est le shériff qui compose la liste du jury de session (*Panel*), en prenant sur la liste générale 48 noms au moins et 72 au plus. La même liste sert pour toute la session. Les récusations s'exercent jusqu'à ce que le nombre des jurés se trouve réduit à 12. Le verdict ne peut être rendu qu'à l'unanimité. Ce jury de jugement s'appelle le petit jury ; celui d'accusation porte le nom de grand jury.

Autriche-Hongrie. L'institution du jury, introduite une première fois en Autriche en 1848, y fut supprimée par le Code d'instruction criminelle de 1853 ; elle y a été rétablie par une loi votée le 14 mars 1873 et promulguée le 23 mai suivant.

Nul ne peut être appelé aux fonctions de juré : 1° s'il n'est âgé de 30 ans accomplis ; 2° s'il ne sait lire et écrire ; 3° s'il ne jouit du droit de bourgeoisie dans une commune des pays représentés au Reichsrath ; 4° s'il n'a son domicile depuis au moins une année dans la commune de sa résidence actuelle ; 5° si, en dehors des cas exceptionnels déterminés par la loi, il ne paie par an, en principal, 10 florins au moins de contributions directes, dans les localités de 30,000 habitants et au-dessous, et 20 florins au moins dans les autres, ou bien si, abstraction faite du paiement de cette contribution, il n'exerce la profession d'avocat, de notaire, de professeur ou instituteur à une école supérieure ou intermédiaire, ou s'il n'a obtenu le grade de docteur à une université du pays. — Pour former la liste de session, on commence par effacer de la liste annuelle ceux qui sont appelés à faire leur service militaire pendant la session. Les noms restants sont placés dans une urne d'où le président de la cour de première instance tire d'abord 36 jurés de la liste ordinaire et puis 9 jurés supplémentaires. Pour le jugement il faut 12 jurés, le verdict affirmatif doit être rendu à la majorité des deux tiers. En cas de partage, la décision la plus favorable à l'accusé prévaut.

Bavière. Code d'instruction criminelle du 10 novembre 1848. Sont capables d'être jurés, tous les citoyens âgés de 30 ans : 1° qui sont investis des fonctions de bourgmestre, de membre d'une municipalité, de représentant d'une commune ou qui les ont exercées pendant les douze dernières années ; 2° qui ont obtenu le grade de docteur à une université ou qui peuvent exhiber un certificat authentique constatant qu'ils ont passé avec succès un examen sur les études universitaires ; 3° qui peuvent présenter un certificat constatant qu'ils ont fait, dans une académie, des études complètes sur les beaux-arts, et qu'ils sont passés maîtres dans les arts sur lesquels ont porté leurs études ; 4° qui sont rangés au nombre des contribuables payant seulement au moins 20 florins de contributions directes. Quinze jours avant la session, le président du tribunal d'appel tire au sort, sur la liste générale, 45 noms qu'il transmet au président des assises, lequel les réduit à 30. Au jour fixé pour chaque affaire, ces 30 noms sont mis dans une urne et le président en tire 12 jurés qui forment le jury de jugement. Les décisions contre l'accusé ne peuvent être prises qu'à la majorité d'au moins 8 voix.

Belgique. Loi du 18 juin 1869. Nul ne peut être juré s'il n'est Belge de naissance ou s'il n'a obtenu la grande naturalisation, s'il ne jouit des droits civils et politiques et s'il n'a 30 ans accomplis (*art.* 97). Les jurés sont pris : 1° parmi les citoyens portés sur les listes électorales et versant au Trésor de l'État, en contributions directes, une somme variant de 110 à 250 fr. pour les chefs-lieux de province et de 90 à 170 fr. pour les autres communes ; 2° indépendamment de toute contribution, parmi les membres de la Chambre des représentants, les membres des conseils provinciaux, les bourgmestres, échevins, conseillers communaux et receveurs des communes de 4,000 âmes et au-dessus, les docteurs en droit, en médecine, en chirurgie, en sciences et en lettres, les ingénieurs diplômés, les notaires, les avoués et les pensionnaires de l'État pour 1,000 fr. au moins (*art.* 98). Il est tiré au sort 30 noms pour chaque session (*art.* 108). Le nombre de 12 jurés est nécessaire pour le jury de jugement (*art.* 113). Si l'accusé n'est déclaré coupable du fait principal qu'à la simple majorité, les juges délibèrent entre eux et l'acquittement est prononcé, si la majorité de la Cour ne se réunit à l'avis de la majorité du jury (art. 118).

Suisse. (Canton de Genève.) Le jury fonctionne non-seulement pour le jugement des affaires criminelles, mais aussi pour celui des affaires correctionnelles (*L. régl.* 12 *avril* 1848). Pour pouvoir être juré, il suffit d'être électeur, d'avoir plus de 25 ans et moins de 70. Le jury de chaque affaire criminelle se compose de 12 jurés ; en matière correctionnelle, il ne faut que 6 jurés. Les décisions du jury contre l'accusé se prennent à la majorité des voix. En cas d'égalité, l'avis favorable à l'accusé prévaut.

Prusse. (*L.* 3 *janv.* 1849, *modifiée par celle du* 3 *mai* 1852.) Pour pouvoir remplir les fonctions de juré, il faut être âgé de 30 ans accomplis, avoir la qualité de Prussien, jouir du plein exercice des droits civils et politiques, savoir lire et écrire, être domicilié depuis un an au moins dans la commune où l'on réside, payer annuellement soit 16 thalers d'impôt sur le revenu, soit 20 thalers d'impôt foncier, soit 24 thalers de droits de patente. Sont dispensés de cette dernière condition les notaires, les avoués, les docteurs en médecine ou en chirurgie, les professeurs, les fonctionnaires nommés par l'Empereur, et ceux jouissant d'un traitement annuel de 500 thalers au moins. — Le président de la cour d'assises choisit sur la liste annuelle 30 personnes qui forment le jury de la session. A chaque affaire, le magistrat tire au sort le jury du jugement qui est formé aussitôt que 12 noms, non récusés, sont sortis de l'urne. La décision du jury contre l'accusé doit se former à la majorité des voix ; en cas de partage, l'avis favorable à l'accusé prévaut. Une disposition de la loi du 3 mai 1852 est importante à noter : si l'accusé avoue tous les faits mis à sa charge, la cour d'assises, toutes les fois qu'elle n'a pas lieu de suspecter cet aveu, peut prononcer son arrêt sans jurés, après avoir entendu le ministère public en ses réquisitions et la défense en ses observations (art. 75).

Russie. (*Ukase* 20 *nov. et* 3 *déc.* 1864, *art.* 81 à 109.) Les jurés sont choisis, sans distinction de rang, parmi les habitants de la localité, sujets russes, qui ont de 25 à 70 ans, et qui sont domiciliés depuis deux ans au moins dans le cercle. Sur la liste générale sont portés les juges de paix honoraires, les fonctionnaires civils des dix dernières classes, à l'exception des magistrats, des caissiers, des forestiers, des employés de police, etc. ; toutes les personnes revêtues de fonctions électives dans les municipalités et les corporations de la noblesse, à l'exception des maires des villes, les paysans revêtus des fonctions électives de juges du village, d'arbitres ou prud'hommes ou qui ont rempli honorablement, pendant trois ans au moins, celles d'ancien du village ou de l'église, de chef de la commune, etc. ; toutes les autres personnes possédant au moins 109 hectares de terre ou d'autres propriétés immobilières d'une valeur de 2,000 roubles à Saint-Pétersbourg et à Moscou, de 1,000 roubles dans les chefs-lieux de gouvernement et les arrondissements urbains, de 500 roubles dans les autres localités, ou, enfin, des revenus, traitements et émoluments de 500 roubles dans les deux capitales et de 200 roubles ailleurs. — Pour le jury de la session, le président tire au sort les noms de 30 jurés. La récusation s'exerce jusqu'à ce qu'il reste au moins 18 jurés, parmi lesquels 12 sont tirés au sort pour le jugement. Le verdict est rendu à la majorité, le partage égal des voix profitant à l'accusé.

Saxe. (*L.* 14 *sept.* 1868.) Sont capables d'être jurés, les sujets qui ont accompli leur 30ᵉ année, ont leur domicile réel en Saxe depuis au moins un an et qui, de plus, sont membres du *Reichstag* ou du *Landstag*, d'un conseil municipal ou d'une assemblée municipale légalement reconnue ou d'une chambre de commerce ou d'industrie, maires ou doyens d'âge d'une commune, juges de paix ou docteurs, ou enfin qui payent au moins annuellement 16 thalers de contributions directes. — Le jury de jugement se compose de 12 jurés. L'accusé n'est déclaré coupable que si plus de 7 voix ont répondu affirmativement. Les réponses à la question des circonstances atténuantes ne sont considérées comme négatives que si plus de 7 voix y ont répondu négativement.

Wurtemberg. (*L.* 4 *août* 1849.) Peuvent être jurés tous les citoyens wurtembergeois, âgés de 30 ans, qui payent un impôt direct et qui ne se trouvent dans aucun des cas d'incapacité énumérés dans cette loi. — Les décisions du jury contre l'accusé se forment à la majorité des deux tiers des voix.

Jury civil. Angleterre. Les jurés siègent au criminel et au civil et les conditions essentielles sont les mêmes, mais une loi du 9 août 1870 (32-34 Vict., ch. 77) abroge diverses dispositions exceptionnelles, spéciales à Londres et au comté de Middlesex. Elle précise les titres requis pour le jury anglais. Les étrangers doivent être inscrits sur la liste du jury après 10 ans de résidence. Les condamnés, sauf les proscrits politiques, sont exclus. La récusation varie de 10 s. (12 fr. 50 c.) à 1 l. 1 s. (26 fr.). La loi ne stipule aucune rémunération pour le jury criminel.

Portugal. Le jury était d'abord obligatoire, depuis qu'il est facultatif, les parties ne l'ont jamais appelé.   E. Y.

JURY D'EXPERTISE. *Voy.* **Douane.**

JURY D'EXPROPRIATION. *Voy.* **Expropriation.**

JURY MÉDICAL. *Voy.* **Médecine (Exercice de la)**

JUSTICE MILITAIRE. **1.** La justice militaire est administrée par le ministre de la guerre. Elle a pour organes des tribunaux qu'on appelle conseils de guerre et conseils de révision.

SOMMAIRE.

CHAP. I. HISTORIQUE, 2 à 11.

      II. ORGANISATION DES CONSEILS DE GUERRE, 12 à 23.

     III. COMPÉTENCE DES CONSEILS DE GUERRE, 24, 25.

      IV. PROCÉDURE ET PÉNALITÉ, 26 à 36.

       V. CONSEILS DE RÉVISION, 37 à 48.

      VI. PRISONS MILITAIRES, 49 à 54.

     VII. PUNITIONS DISCIPLINAIRES, 55 à 58.

CHAP. I. — HISTORIQUE.

2. Ce n'est pas au delà du XIVᵉ siècle qu'il faut remonter pour chercher l'origine d'une juridiction militaire. Antérieurement, les gens de guerre étaient livrés à l'arbitraire des seigneurs. A partir du règne de Philippe de Valois, on trouve la pensée d'une sorte de juridiction spéciale. Depuis cette époque, l'usage s'établit de juger les militaires dans une assemblée désignée sous le nom de conseil de guerre, nom qui ne fut consacré législativement que par l'ordonnance de 1665.

3. La composition des conseils de guerre n'était tantôt par une règle fixe ; c'étaient tantôt neuf juges, tantôt cinq, trois même, quand le crime était tenu pour avéré et qu'on ne pensait pas qu'il fût nécessaire de rassembler des preuves et d'entendre des témoins. Dans les occasions solennelles, il y avait quinze, vingt juges ; d'autres fois, on formait quatre corps de juges, composés de tous les officiers du régiment, de tous les sergents, de vingt ou vingt-quatre caporaux et de dix ou douze soldats délégués par le corps, suivant que le régiment avait dix ou douze compagnies.

4. Les ordonnances de Louis XIV ne changèrent rien à cet ordre de choses ; seulement depuis l'ordonnance de 1670 sur la procédure criminelle, le nombre des juges ne descendit plus au-dessous de sept, parce que cette ordonnance fixait ce chiffre comme minimum dans les affaires criminelles ordinaires.

5. A partir de 1789, l'organisation des juridictions militaires fut réglée par la loi, mais elle subit, pendant la période révolutionnaire, de fréquents changements. De 1790 à 1796 on voit se succéder quatre organisations de tribunaux militaires.

6. Les lois des 29 octobre 1790, 16-17 mai 1792, instituèrent des cours martiales, qui comprenaient un jury d'accusation et un jury de jugement, le premier statuant sur le fait, et le second sur la condamnation ou la décharge de l'accusé.

7. Les lois des 12 mai 1793 et 3 pluviôse an II organisèrent des tribunaux révolutionnaires. D'après les lois du 12 mai 1793, les cours martiales étaient remplacées par deux tribunaux criminels militaires ambulants pour chacune des armées de la République. Le jury était maintenu. La loi instituait en outre des juges de paix et des officiers de police de sûreté militaires. La loi du 3 pluviôse an II créa une organisation à peu près semblable à celle qui existe aujourd'hui pour les tribunaux de droit commun et formés, à différents degrés, de conseils de discipline, de tribunaux de police correctionnelle et de tribunaux criminels.

8. La loi du 17 septembre 1795 établit un nouveau mode pour le jugement des délits militaires. Elle institua des conseils militaires ou de guerre, composés d'un certain nombre d'officiers, de sous-officiers et de soldats. Ces conseils, qui n'étaient que des commissions militaires, jugeaient d'abord indistinctement tous les militaires ; mais la loi du 4 brumaire an IV restreignit leur compétence, en instituant des conseils de guerre spéciaux pour le jugement des officiers au-dessus du grade de capitaine.

9. Enfin parut la loi du 13 brumaire an V, qui organisa des tribunaux réguliers et permanents. Un conseil de guerre, composé de 7 membres, était établi dans chaque division d'armée et dans chaque division de troupes employées à l'intérieur. Bientôt la loi du 18 vendémiaire an VI créa des tribunaux chargés de réviser les jugements des conseils de guerre. Ce sont deux lois qui ont posé les bases de l'organisation actuelle des juridictions militaires. Ajoutons que la loi du 21 brumaire an V édicta un code des délits et des peines ; cette loi, en établissant des pénalités nouvelles, tempéra en partie la rigueur excessive de la législation de 1793, sans cependant la faire disparaître entièrement, puisqu'elle se référait aux lois précédemment rendues pour tous les délits qu'elle ne prévoyait pas.

10. Nous ne pouvons entrer ici dans le détail des lois, arrêtés ou décrets, ayant trait à la justice militaire, qui sont intervenus depuis l'an V. Le besoin d'une coordination d'ensemble se faisait depuis longtemps sentir lorsque fut promulgué, en 1857, le Code de justice militaire. L'esprit général qui a présidé à la rédaction de ce code peut se résumer ainsi : organisation des tribunaux militaires dans le but d'assurer la répression éclairée, mais énergique, de tous les actes contraires à la discipline et de consacrer l'indépendance du juge et les garanties de l'accusé ; maintien de la séparation des juridictions civiles et militaires, sauf de rares exceptions commandées par des circonstances extraordinaires ; célérité dans l'instruction et la procédure ; enfin, modération dans les peines en se mettant en rapport avec les mœurs publiques, sans cependant affaiblir ni désarmer la puissance militaire.

11. Le Code de justice militaire, tel qu'il a été promulgué en 1857 (*D.* 9 juin 1857), est toujours en vigueur. Quelques-unes de ses dispositions ont été modifiées par des lois plus récentes ; c'est ainsi qu'une loi du 16 mai 1872 a réglé à nouveau la composition des conseils de guerre et de révision pour le cas où l'inculpé serait un général de division ou un maréchal de France. L'organisation nouvelle de l'armée devait nécessairement entraîner la modification d'un certain nombre d'articles du Code ; la loi du 18 mai 1875 a pourvu à cette nécessité. Enfin, une loi du 18 novembre 1875 a eu pour objet de coordonner les lois des 27 juillet 1872, 24 juillet 1873, 13 mars, 19 mars et 6 novembre 1875, avec le Code de justice militaire.

CHAP. II. — ORGANISATION DES CONSEILS DE GUERRE.

12. Il y a un conseil de guerre permanent au chef-lieu de chacune des circonscriptions militaires territoriales formées, à l'intérieur, sous le titre de région de corps d'armée ou de commandement supérieur et, en Algérie, sous le titre de division militaire.

Si les besoins du service l'exigent, d'autres conseils de guerre permanents peuvent être établis dans la circonscription, par un décret du Chef de l'État qui fixe le siège de chacun de ces conseils et en détermine le ressort. (*L.* 18 *mai* 1875, art. 2.)

13. Pour être nommé membre d'un conseil de guerre, il faut être Français ou naturalisé Français et avoir l'âge de 25 ans accomplis. Les parents ou alliés jusqu'au degré d'oncle ou de neveu inclusivement ne peuvent être membres du même conseil de guerre ni remplir, près de ce conseil, les fonctions de commissaire du Gouvernement, rapporteur ou greffier. Nul ne peut siéger comme président ni juge, ni remplir les fonctions de rapporteur : 1° s'il est parent ou allié de l'accusé jusqu'au degré de cousin issu de germain inclusivement ; 2° s'il a porté plainte, donné l'ordre d'informer ou dû déposer comme témoin ; 3° si dans les cinq ans qui ont précédé la mise en jugement, il a été engagé comme plaignant, partie civile ou prévenu dans un procès criminel contre l'accusé ; 4° s'il a précédemment connu de l'affaire comme administrateur. (*C. just. mil.,* art. 22 et 23.)

14. Le conseil de guerre permanent est composé d'un colonel ou lieutenant-colonel, président, et de six juges, savoir : un chef de bataillon, chef d'escadron ou major ; deux capitaines, un lieutenant, un sous-lieutenant, un sous-officier (*Ibid., art.* 3.) Toutefois la composition du conseil de guerre, telle qu'elle vient d'être indiquée, est maintenue ou modifiée suivant le grade de l'accusé. (*Voy. Code Just. mil.,* art. 10 à 19. *L.* 16 *mai* 1872 *fixant la composition du conseil de guerre pour le cas où l'inculpé est un général de division ou un maréchal de France ; enfin L.* 26 *juill.* 1872 *modifiant l'art.* 10 *du C. Just. mil.*)

15. Si l'accusé est un individu assimilé aux militaires, le conseil est composé suivant le grade auquel le rang de l'accusé correspond. (*C. Just. mil.,* art. 13 ; *D.* 18 *juill.* 1857.)

S'il y a plusieurs accusés de différents grades ou rangs, la composition du conseil est déterminée par le grade ou le rang le plus élevé (*art.* 14).

Enfin, lorsque, dans les cas prévus par les lois, il y a lieu de traduire devant un conseil de guerre soit comme auteur principal, soit comme complice un individu qui n'est ni militaire ni assimilé aux militaires, le conseil est composé comme il est dit aux art. 3 et 33 pour les sous-officiers, caporaux et soldats, à moins que le grade ou le rang d'un coaccusé militaire n'exige une autre composition. (*C. Just. mil.,* art. 18, *modif. par la loi du* 18 *mai* 1875.)

16. Il y a près chaque conseil de guerre un commissaire du Gouvernement, un rapporteur et un greffier. Il peut être nommé un ou plusieurs substituts du commissaire du Gouvernement et du rapporteur, et un ou plusieurs commis-greffiers. (*C. Just. mil., art.* 4.)

Les commissaires du Gouvernement et leurs substituts remplissent près les conseils de guerre les fonctions de ministère public. Les rapporteurs et leurs substituts sont chargés de l'instruction. Les greffiers et commis-greffiers font les écritures. (*Ibid., art.* 5.)

17. Les présidents et les juges sont pris parmi les officiers et sous-officiers en activité dans la circonscription; ils sont nommés par le général commandant la circonscription, ou par le ministre de la guerre lorsqu'il s'agit du jugement d'un colonel, d'un officier général ou d'un maréchal de France. (*Ibid., art.* 6 et 8.)

18. Les commissaires du Gouvernement et les rapporteurs sont pris parmi les officiers supérieurs, les capitaines, les sous-intendants militaires ou adjoints soit en activité, soit en retraite. Les substituts sont pris parmi les officiers en activité dans la circonscription. Toutefois, en cas de nécessité, il peut être dérogé à cette règle par décision ministérielle.

Les commissaires du Gouvernement et les rapporteurs sont nommés par le ministre de la guerre; les substituts par le général commandant la circonscription. (*Ibid., art.* 7 et 9, *modif. par la loi du* 18 *mai* 1875.)

19. Les greffiers sont nommés par le Chef de l'État, sur la proposition du ministre de la guerre; les commis-greffiers par le ministre, sur la proposition du général commandant la circonscription. (*D.* 6 *avril* 1859, *art.* 1.)

Les commis-greffiers sont choisis parmi les sous-officiers en activité de service ou libérés. (*Ibid., art.* 2. — *Voy. L.* 13 *mars* 1875.) Les greffiers sont divisés en quatre classes. Les emplois de greffier de 4e classe sont donnés en totalité au choix aux commis-greffiers. Les emplois de greffier de 1re, 2e et 3e classe sont donnés aux greffiers de la classe immédiatement inférieure, moitié au choix, moitié à l'ancienneté. Nul ne peut passer à une classe supérieure s'il n'a accompli au moins deux années de service dans la classe immédiatement inférieure. (*Ibid., art.* 3 et 4.)

20. Des sergents sont huissiers ou appariteurs des conseils de guerre.

21. *Des conseils de guerre aux armées.* Lorsqu'un corps d'armée ou plusieurs corps d'armée réunis en armée sont appelés à opérer soit sur le territoire français, soit au dehors, un ou deux conseils de guerre sont établis sur l'ordre du ministre de la guerre dans chaque division active, ainsi qu'au quartier général de l'armée et, s'il y a lieu, de chaque corps d'armée.

Si une division active ou un détachement de troupes de la force d'un bataillon doit opérer isolément, deux conseils de guerre peuvent être formés dans la division ou le détachement.

Ces conseils de guerre sont composés de cinq juges seulement. Le commissaire du Gouvernement remplit à la fois les fonctions de magistrat instructeur et celles de ministère public.

Les membres du conseil de guerre sont nommés, suivant le cas, par le commandant du détachement, le général commandant la division, le général commandant le corps d'armée ou, enfin, par le général en chef. (*C. Just. mil., art.* 33 à 38, *modif. par la loi du* 18 *mai* 1875.)

22. *Des conseils de guerre dans les communes et départements en état de siége, dans les places de guerre assiégées ou investies.* Lorsqu'une ou plusieurs communes, un ou plusieurs départements ont été déclarés en état de siége, les conseils de guerre permanents des circonscriptions territoriales dont font partie ces communes où ces départements, statuent sur les crimes ou délits dont la connaissance leur est déférée par la loi sur l'état de siége. (*C. Just. mil., art.* 43.)

Le siége de ces conseils peut être transféré par décret dans l'une de ces communes ou l'un de ces départements.

23. Il est établi deux conseils de guerre dans toute place de guerre assiégée ou investie.

Ces conseils sont composés comme les conseils de guerre aux armées. Leurs membres sont nommés et remplacés par le gouverneur ou le commandant supérieur de la place. (*Art.* 44, *modif. par la loi du* 18 *mai* 1875.)

CHAP. III. — COMPÉTENCE DES CONSEILS DE GUERRE.

24. Les tribunaux militaires ne statuent que sur l'action publique, sauf les cas prévus par l'art. 75 du Code de justice militaire, lequel règle la compétence des prévôtés. L'action civile ne peut être poursuivie que devant les tribunaux civils; l'exercice en est suspendu tant qu'il n'a pas été prononcé définitivement sur l'action publique intentée avant ou pendant la poursuite de l'action civile.

25. Les art. 53 à 72 du Code de justice militaire contiennent les règles relatives à la compétence des conseils de guerre. Ils indiquent quelles personnes sont justiciables de ces conseils en temps de paix et en temps de guerre, dans quelles circonstances et pour quels faits on peut être traduit devant la justice militaire, enfin, quel tribunal doit être saisi de l'affaire.

La loi du 18 novembre 1875 a réglé, au point de vue de la juridiction des tribunaux militaires, la situation des hommes appartenant à la réserve de l'armée active et à l'armée territoriale.

CHAP. IV. — PROCÉDURE ET PÉNALITÉ.

(*Art.* 83 à 159 *Code de Justice militaire.*)

26. La procédure devant les tribunaux militaires est plus rapide et plus simple que celle qui est suivie devant les tribunaux ordinaires; mais elle émane des mêmes principes et offre à l'accusé de sérieuses garanties.

27. Dès qu'une plainte est portée au général commandant la circonscription, il donne l'ordre d'informer. Cet ordre et tous les documents à l'appui sont envoyés au commissaire du Gouvernement près le conseil de guerre qui doit connaître de l'affaire. Le commissaire du Gouvernement transmet immédiatement toutes les pièces au rapporteur, et celui-ci commence l'information.

28. Le rapporteur procède à l'interrogatoire du prévenu. Il cite les témoins par le ministère des agents de la force publique et reçoit leurs dépositions. Il décerne les commissions rogatoires et fait les autres actes d'instruction que l'affaire peut exiger, en se conformant aux art. 73, 74, 75, 76, 78, 79, 82, 83 et 85 du Code d'instruction criminelle.

29. L'instruction terminée, le rapporteur transmet les pièces avec son rapport et son avis au commissaire du Gouvernement, lequel les adresse avec ses conclusions au général commandant la circonscription, qui prononce sur la mise en jugement. Si l'inculpé est colonel, officier général ou maréchal de France, c'est le ministre qui donne l'ordre d'informer et statue sur la mise en jugement.

30. L'ordre de mise en jugement est adressé au commissaire du Gouvernement avec toutes les pièces de la procédure. Celui-ci le notifie à l'accusé, trois jours au moins avant la réunion du conseil, en lui faisant connaître le crime ou le délit pour lequel il est mis en jugement, le texte de loi applicable, les noms des témoins qu'il se propose de faire citer. Il l'avertit également que s'il ne fait pas choix d'un défenseur, il lui en sera nommé un d'office par le président. Le défenseur doit être pris soit parmi les militaires en activité, soit parmi les avocats ou avoués. L'accusé peut obtenir du président la permission de prendre pour défenseur un de ses parents ou amis.

31. Le conseil de guerre se réunit au jour et à l'heure fixés par le général commandant la circonscription.

Les séances sont publiques. Le conseil peut toutefois ordonner le huis-clos. Dans tous les cas, le jugement est prononcé publiquement.

32. Lorsque l'audience est ouverte, il est donné lecture par le greffier de toutes les pièces de l'instruction ; le président procède ensuite à l'interrogatoire de l'accusé et reçoit les dépositions des témoins ; le commissaire du Gouvernement est entendu dans son réquisitoire, puis l'accusé et le défenseur dans leur défense. Le commissaire du Gouvernement peut répliquer, mais l'accusé et son défenseur ont toujours la parole les derniers.

33. Quand les débats sont terminés, le tribunal se retire dans la chambre des délibérations. D'abord sont posées les questions de fait constituant la culpabilité ; sur ce point, les juges prononcent comme jurés. La culpabilité reconnue, on vote sur l'application de la peine. Le président recueille les voix en commençant par le grade inférieur ; il émet son opinion le dernier. Les questions ne peuvent être résolues contre l'accusé qu'à la majorité de 5 voix contre 2.

34. Le tribunal rentre alors à l'audience. Le président lit le jugement et le commissaire du Gouvernement va le lire au condamné devant la troupe rassemblée sous les armes, en le prévenant qu'il a 24 heures pour se pourvoir en révision. Le commissaire du Gouvernement a le même délai après l'expiration de celui que la loi accorde au condamné, etc.

35. S'il n'y a pas recours en révision et si le pourvoi en cassation est interdit, le jugement est exécutoire dans les 24 heures après l'expiration du délai fixé pour le recours. S'il y a recours en révision, il est sursis à l'exécution du jugement.

36. Les peines militaires sont déterminées par les art. 185 à 203 du Code de justice militaire. Ce sont, en matière criminelle, la mort, les travaux forcés à perpétuité ou à temps, la déportation, la détention, la réclusion, le bannissement, la dégradation militaire. Les peines autres que la mort sont appliquées conformément aux dispositions du Code pénal ordinaire. Elles ont les effets déterminés par ce code et emportent, en outre, la dégradation militaire.

Les peines, en matière de délit, sont la destitution, les travaux publics, l'emprisonnement, l'amende. Les peines des fers et du boulet ont été supprimées par le Code de justice militaire.

CHAP. V. — CONSEILS DE RÉVISION.

37. Le pourvoi en révision ne peut avoir pour objet que l'application qui a été faite de la loi ; les juges du conseil de révision ne peuvent point connaître du fond de l'affaire ; ils n'ont point à apprécier les faits.

38. *Organisation.* Il est établi pour les circonscriptions territoriales des conseils de révision permanents, dont le nombre, le siège et le ressort sont déterminés par décret du Chef de l'État, inséré au *Bulletin des lois. (C. Just. mil.*, art. 26.)

39. Les conseils de révision sont composés d'un président, général de brigade, et de quatre juges, savoir : deux colonels ou lieutenants-colonels, deux chefs de bataillon, ou d'escadron ou majors, pris parmi les officiers en activité de la circonscription territoriale où siège le conseil et nommés par le général commandant la circonscription. (*Ibid.*, art. 27, 28. *Voy. aussi L. 16 mai* 1872.)

40. Il y a près chaque conseil de révision un commissaire du Gouvernement, pris parmi les officiers supérieurs ou les intendants militaires en activité de service ou en retraite, et nommé par le ministre de la guerre. Le général commandant la circonscription peut nommer un substitut au commissaire du Gouvernement. (*Ibid.*, art. 27 et 29.)

41. En temps de guerre, il est établi un conseil de révision au quartier général de l'armée. Le général en chef de l'armée ou le général commandant un corps d'armée peut en outre, selon les besoins du service, établir un conseil de révision pour une ou plusieurs divisions, un ou plusieurs détachements. (*Ibid.*, art. 38 à 42.)

42. Lorsqu'une ou plusieurs communes, ou plusieurs départements ont été déclarés en état de siège, chaque conseil de révision permanent connaît des recours formés contre tous les jugements des conseils de guerre placés dans sa circonscription. Le siège du conseil de révision peut être transféré par décret dans l'une de ces communes ou l'un de ces départements. (*Ibid.*, art. 47.)

43. Il est établi un conseil de révision dans toute place assiégée ou investie. Les membres en sont nommés par le gouverneur ou le commandant supérieur de la place. (*Ibid.*, art. 48.)

44. *Procédure.* Dès que le recours en révision est formé, le commissaire du Gouvernement près le conseil de guerre transmet toutes les pièces de la procédure au commissaire du Gouvernement près le conseil de révision. Les pièces restent déposées pendant 24 heures au greffe, où le défenseur peut en prendre communication sans déplacement.

A l'expiration du délai de 24 heures, les pièces sont renvoyées par le président à l'un des juges pour en faire le rapport.

45. Le conseil de révision prononce dans les trois jours à dater du dépôt des pièces.

L'audience est publique. Le rapporteur lit son

rapport ; il expose les moyens de recours et présente ses observations, sans toutefois faire connaître son opinion. Après le rapport, le défenseur a la parole ; il ne peut plaider sur le fond de l'affaire. Le commissaire du Gouvernement est ensuite entendu, et le défenseur est admis à présenter ses observations sur les conclusions du ministère public. Le tribunal se retire alors dans la chambre du conseil et rend un jugement qui confirme ou qui annule le jugement qui lui a été déféré. Le jugement est prononcé par le président en audience publique.

46. S'il y a confirmation, l'affaire est renvoyée au greffe du conseil de guerre qui a jugé, pour que la sentence reçoive son exécution. La sentence est exécutée dans les 24 heures après la réception du jugement qui a rejeté le recours.

Si, au contraire, il y a annulation pour incompétence, l'examen du procès est renvoyé à la juridiction qui doit en connaître. Enfin, si l'annulation a été prononcée pour vice de forme, le fond du procès est renvoyé à celui des deux conseils de guerre de la même circonscription qui n'a point encore eu à statuer sur les faits, ou, à défaut d'un deuxième conseil dans la circonscription, devant celui d'une des circonscriptions voisines.

La procédure est recommencée à partir du premier acte nul et il est procédé à de nouveaux débats. Toutefois, si l'annulation n'est prononcée que pour fausse application de la peine aux faits dont l'accusé a été déclaré coupable, la déclaration de culpabilité est maintenue et l'affaire n'est renvoyée devant le nouveau conseil de guerre que pour l'application de la peine.

47. Ajoutons qu'en temps de guerre, la faculté de former un recours en révision contre les jugements des conseils de guerre aux armées, peut être temporairement suspendue par un décret du Chef de l'État, rendu en conseil des ministres.

Le commandant supérieur d'une place assiégée ou investie a toujours le droit d'ordonner cette suspension. (*L. 18 mai* 1875, *art.* 71.)

48. En principe, il ne peut pas être formé de pourvoi en cassation contre les jugements des conseils de guerre et des conseils de révision. Par exception, certains condamnés (*voy. C. Just. mil., art.* 80 *et* 81) peuvent se pourvoir en cassation contre les jugements des conseils de guerre, mais seulement pour cause d'incompétence et après qu'il a été statué sur le recours en révision ou que le délai pour le former est expiré.

Les pourvois en cassation sont absolument interdits lorsque la faculté du recours en révision a été suspendue comme il est dit plus haut.

CHAP. VI. — PRISONS MILITAIRES.

49. Comme il n'y a que les peines correctionnelles qui n'excluent point des rangs de l'armée, nous n'avons point à nous occuper de celles qui sont afflictives ou infamantes. Les hommes condamnés à une peine afflictive ou infamante sont dégradés et remis à l'autorité civile pour subir leur peine. Cependant le recours à la clémence du Chef de l'État est possible. Le ministre de la guerre lui rend compte des condamnations prononcées et lui propose les grâces et commutations de peine qui peuvent se concilier avec les exigences de la discipline. Mais d'abord les pièces

de la procédure sont communiquées au ministre de la justice, qui a droit de contrôle sur toutes les juridictions.

50. Lors donc qu'une peine afflictive ou infamante a été commuée en l'une des peines correctionnelles des travaux publics ou de l'emprisonnement, ou bien quand les peines ont été prononcées par le jugement du conseil de guerre, les condamnés sont conduits dans les établissements pénitentiaires. Ces établissements sont de deux natures : les pénitenciers militaires proprement dits, les ateliers militaires des travaux publics. On y exerce des industries et on y exécute des travaux, suivant des traités conclus avec des fabricants ou des entrepreneurs par les conseils d'administration de ces établissements et approuvés par le ministre de la guerre.

51. L'organisation et l'administration sont toutes militaires. Le personnel de commandement et de surveillance est ainsi composé : un chef de bataillon ou capitaine commandant ; un capitaine, lieutenant ou sous-lieutenant adjoint ; un adjudant greffier ; des sous-officiers de surveillance, dont le nombre est indéterminé. (*L.* 13 *mars* 1875.)

Le service de la comptabilité comprend : un officier d'administration comptable, un officier d'administration aide-comptable, des sous-officiers comptables dont le nombre est indéterminé. (*Ibid.*)

52. Le personnel attaché aux prisons militaires se compose d'un adjudant, agent principal, chef du service ; d'un adjudant sous-officier greffier ; de sous-officiers de surveillance et de sous-officiers comptables en nombre indéterminé. (*Ibid.*)

Exceptionnellement, ces prisons peuvent être commandées par un officier du grade de capitaine ou de chef de bataillon. (*Ibid.*)

53. Des inspections sont passées tous les six mois dans les ateliers de travaux publics, les pénitenciers et les prisons militaires. Des réductions de peines ou des grâces sont proposées au Chef de l'État, à la suite de ces inspections ; la première condition est d'avoir subi la moitié de la peine. Quant au système pénitentiaire appliqué aux prisons militaires, voyez **Prisons**.

54. A l'expiration de leur peine ou après l'obtention de leur grâce, les condamnés libérés sont dirigés sur les bataillons d'infanterie légère d'Afrique ou incorporés exceptionnellement dans des régiments, lorsque leur conduite a été régulièrement bonne, que leurs antécédents et les faits qui ont amené leur condamnation permettent d'user d'indulgence à leur égard.

CHAP. VII. — PUNITIONS DISCIPLINAIRES.

55. Pour les fautes qui ne sont pas de nature à le faire traduire devant un conseil de guerre, le soldat peut être frappé de peines disciplinaires. La loi a déterminé le caractère et la durée de ces punitions, qui sont infligées par les chefs aux divers degrés de la hiérarchie, suivant la gravité de la peine.

56. Lorsque tous les genres de punition ont été successivement et inutilement employés, le soldat est traduit devant un conseil de discipline, sorte de tribunal de famille, qui ne rend point un jugement, mais qui émet seulement son avis sur la question de savoir si l'homme doit être envoyé dans l'une des compagnies de fusiliers de discipline créées par l'ordonnance du 1er avril 1818.

57. Le soldat envoyé dans une compagnie de discipline ne peut en sortir qu'après y avoir passé une année, sans avoir subi, au moins pendant les six derniers mois, de punition. Toutefois, lorsque, pendant les dix mois qui ont suivi son entrée dans la compagnie, il n'a point encouru de punition, le ministre peut exceptionnellement ordonner sa rentrée dans le régiment.

Si l'homme ne s'amende point, il est envoyé dans une autre compagnie, dite de pionniers, où il est soumis à un régime plus rigoureux.

58. La compagnie de pionniers reçoit aussi les hommes qui, pour la seconde fois, ont mérité d'être envoyés dans les compagnies de fusiliers de discipline. C'est sur les pionniers que sont dirigés les soldats des corps ou les jeunes gens appelés par le recrutement qui se mutilent pour échapper au service militaire. La 2e compagnie de pionniers est spécialement affectée à ce que l'on appelle les mutilés volontaires; ils y passent, employés à des travaux de terrassement ou autres, tout le temps qu'ils doivent rester sous les drapeaux.   FERDINAND ROZE[1].

[1] L'article de la première édition était de M. Chénier, ancien chef de bureau de la justice militaire, au ministère de la guerre. En rédigeant le présent article, qui résume une législation sensiblement différente, M. F. Roze a conservé quelques passages du travail précédent.

JUSTICE DE PAIX. *Voy.* **Juridictions civiles, commerciales et criminelles.**

L

LADRERIE. Maladie à laquelle les porcs sont sujets. Il est défendu de conserver dans ses étables des porcs atteints de ladrerie.

Par une circulaire en date du 16 septembre 1819 (reproduite dans la réimpression des circulaires du ministère de l'intérieur), le ministre de l'intérieur a donné des instructions sur les mesures à prendre par l'autorité administrative lorsque des cas de cette maladie se présentent dans une commune.

LAIS ET RELAIS DE LA MER. 1. On entend par lais de la mer les alluvions que le flot a déposées, et par relais les terrains que la mer a abandonnés et qu'elle ne visite plus, même à l'époque des grandes marées.

2. Il ne faut pas confondre les lais et relais avec le rivage même de la mer. Les lais et relais commencent là où finit ce rivage. L'ordonnance de la marine de 1681 a défini ce que l'on doit comprendre par rivage de la mer. L'art. 1er du titre VII de cette ordonnance dispose que « sera réputé bord et rivage de la mer tout ce qu'elle couvre et découvre pendant les nouvelles et pleines lunes et jusqu'où le grand flot de mars peut s'étendre sur les grèves ». Ce sont donc les terrains apportés ou délaissés par la mer à partir de la limite indiquée par l'ordonnance précitée qui constituent des lais et relais. Cette limite est déterminée par des décrets du Président de la République, rendus sous forme de règlements d'administration publique, tous les droits des tiers réservés, sur le rapport du ministre des travaux publics lorsque cette délimitation a lieu à l'embouchure des fleuves ou rivières, et sur le rapport du ministre de la marine lorsque cette délimitation a lieu sur un autre point du littoral. (*D. L.* 21 *févr.* 1852, *art.* 2 *et* 3.) La doctrine et la jurisprudence sont aujourd'hui unanimes à reconnaître que les lais et relais de la mer, nonobstant les termes de l'art. 538 du Code civil, font partie du domaine de l'État et sont, dès lors, soumis aux règles ordinaires de la prescription.

3. Nous avons exposé au mot **Cours d'eau navigables** combien il importait, dans l'intérêt de la propriété riveraine, de bien préciser les limites de la mer, et quelles étaient les conditions auxquelles il nous semblait qu'on pouvait reconnaître la ligne séparative du domaine fluvial et du domaine maritime; nous ne reviendrons pas sur ces questions, nous nous occuperons des lais et relais de la mer uniquement au point de vue de la concession qui peut être faite de ces terrains par l'administration.

4. La loi du 5 janvier 1791 assimilait les lais et relais de la mer aux autres biens de l'État: il en résultait que ces terrains ne pouvaient être aliénés que dans les formes prescrites pour la vente des domaines nationaux, c'est-à-dire aux enchères avec publicité et concurrence.

5. La loi du 16 septembre 1807 a dérogé au principe général que nous venons de rappeler. L'art. 41 de cette loi dispose que « le Gouvernement concédera, aux conditions qu'il aura réglées, les marais, lais, relais de la mer, le droit d'endigage, les accrues, atterrissements et alluvions des fleuves, rivières et torrents quant à ceux de ces objets qui forment propriété publique ou domaniale ». Il résulte de cet article que le Gouvernement a la faculté d'aliéner les lais et relais de la mer, soit par concession directe, soit par adjudication publique. Ces deux modes ont été pratiqués pendant plus de trente années; mais à la suite d'une discussion soulevée dans la Chambre des députés en 1838, une décision du ministre des finances, en date du 4 décembre 1841, prise sur l'avis du Conseil d'État, arrêta que désormais les lais et relais de la mer seraient vendus aux enchères comme les autres biens de l'État. On craignait alors que la faculté de concession directe ne rendît trop nombreuses des concessions faites au profit de compagnies financières, sans que l'on se fût suffisamment préoccupé des intérêts de la navigation, des pêcheries, de l'agriculture et de la salubrité.

6. Pour donner satisfaction à des craintes sans fondement, on rendait impossible dans la plupart des cas toute concession. L'expérience de douze années l'a constaté. Consulté de nouveau sur cette question en 1854, le Conseil d'État a reconnu qu'il convenait de rapporter la décision du 4 décembre 1841, et de substituer à cette décision une disposition qui, tout en maintenant comme règle générale le mode de concession aux enchères, permit néanmoins au ministre des finances de lui préférer le mode de concession directe lorsque les circonstances paraîtraient l'exiger. Une décision du ministre des finances, conforme à ce dernier avis du Conseil d'État, a restitué à l'administration l'initiative et la faculté d'appréciation que la loi du 16 septembre 1807 lui avait conférées et qu'un simple arrêté ministériel n'avait pu, d'ailleurs, lui enlever valablement.

7. Les concessions de lais et relais de la mer peuvent donc être faites dans l'avenir comme par le passé, soit par adjudication publique *(voy. L. 15-16 floréal an X, 5 ventôse an XII, 18 mai 1850, 1er juin 1864)*, soit par concession directe.

8. Hâtons-nous d'ajouter que, dans l'un comme dans l'autre cas, la concession ne peut être faite qu'après une instruction dont les formes ont été déterminées par l'ordonnance du 23 septembre 1825 et par le décret du 16 avril 1853 sur la zone frontière. Cette instruction a pour but de constater si la concession peut être consentie sans nuire à aucun intérêt public ou privé.

9. Aux termes de l'ordonnance et du décret précités, toute demande de concession de lais et relais de la mer, accrues et atterrissements, doit être précédée, aux frais des demandeurs :

1° De plans levés, vérifiés et approuvés par les ingénieurs des ponts et chaussées;

2° D'un mesurage et d'une description exacts, avec l'évaluation en revenu et en capital;

3° D'une enquête administrative *de commodo et incommodo.*

Le projet d'aliénation doit ensuite être soumis, par les soins du préfet du département, à une conférence au premier degré, composée d'un ingénieur des ponts et chaussées, du chef du génie de la localité et d'un représentant de chacun des services des domaines et de la marine.

Le procès-verbal de la conférence est rédigé en quadruple expédition, dont une est adressée à chacun des chefs de service sous les ordres desquels se trouvent les agents qui ont pris part à la conférence. Les chefs de service échangent entre eux leurs observations. Il est d'usage de demander également l'avis du directeur des douanes, au point de vue des conditions à imposer ou des réserves à faire dans l'intérêt de son service, bien qu'aucun agent de cette administration ne soit appelé à prendre part à la conférence du premier degré.

Ce n'est que dans le cas de désaccord entre les divers chefs de service, que ceux-ci sont appelés à se réunir en conférence au second degré.

10. Le dossier complet est adressé par le préfet du département au ministre des finances, qui soumet au Président de la République le projet du décret à intervenir. Ce projet de décret a dû, au préalable, être accepté par les ministres de la guerre, de la marine et des travaux publics, dont l'avis y est spécialement visé, sauf certains cas où les ministres de la guerre et des travaux publics ont délégué au chef de service un droit d'adhésion directe.

11. L'intervention de la commission mixte des travaux publics n'est nécessaire, aux termes de l'art. 18 du décret du 16 août 1853, que lorsque les départements ministériels intéressés ne sont pas tombés d'accord sur le projet d'aliénation.

12. Lorsque la vente ne doit pas avoir lieu par voie de concession directe, mais aux enchères publiques, le ministre de la marine est seul appelé à émettre un avis au vu du dossier des conférences *(D. 21 févr. 1852, art. 3)*, et le directeur des domaines procède à l'adjudication de concert avec le préfet[1].   ALBERT VERPY.

LANDES. Les landes appartenant à l'État, qui sont contiguës à une forêt de l'État, sont soumises au régime forestier. *(Cass. 5 mai 1830.)* [*Comparez* **Dunes, Forêts, Reboisement.**]

LANGUES VIVANTES (ENSEIGNEMENT DES). *Voy.* **Instruction secondaire** *(nᵒˢ 20 et suiv.).*

LAPINS. 1. Les lapins de garenne sont immeubles par destination quand le propriétaire les a placés pour le service et l'exploitation du fonds *(C. civ., art. 524).* Mais il doit prendre diverses précautions dans l'intérêt de ses voisins.

2. D'après l'art. 564 du Code civil, les lapins qui passent dans une autre garenne appartiennent au propriétaire de la nouvelle garenne, pourvu qu'ils n'y aient point été attirés par fraude et artifice. S'il y avait fraude, le coupable serait puni, comme voleur, d'un emprisonnement d'un an au moins et de cinq ans au plus, et d'une amende de 16 à 500 fr. *(C. P., art. 388.)*

3. Les lapins sont considérés comme animaux nuisibles; ils peuvent donc être compris dans la nomenclature des animaux malfaisants ou nuisibles, que le préfet détermine par un arrêté pris en vertu de l'art. 9 de la loi du 3 mai 1844. *(Voy.* **Chasse,** *nᵒˢ 59 et suiv., et les explications données lors de la discussion de l'art. 9 de la loi.)*

4. Le maire peut interdire d'élever des lapins dans l'intérieur des villes. *(Cass. 1er juill. 1808.)*

LAVOIRS. *Voy.* **Bains et lavoirs.**

LAZARET. *Voy.* **Régime sanitaire.**

LÉGALISATIONS. 1. La légalisation est l'attestation d'une signature apposée à un acte qui est mise au bas ou en marge de cet acte par un fonctionnaire public, déterminé par la loi. Elle est exigée ordinairement toutes les fois qu'on veut se servir de l'acte en dehors du ressort de l'officier public ou de la commune du simple particulier qui l'a signé. Elle peut avoir lieu non-seulement pour les signatures des personnes vivantes, mais même pour celles des personnes décédées, quand cette signature est bien connue.

2. Voici les différentes catégories des actes qui ont besoin d'être légalisés et les fonctionnaires qui sont chargés de cette formalité :

1° Les actes administratifs des sous-préfets, maires et autres agents inférieurs de l'administra-

1. Mentionnons ici un travail intéressant de M. ROUGON, commissaire de la marine, sur ce qu'on appelait les *cinquante pas du roi.* Nous avons sous les yeux un tirage à part d'un article étendu, publié à la Martinique en 1866, dans le nᵒ 10 du 1er volume de la *Revue encyclopédique coloniale.*

Nous devons nous borner à signaler ici le travail en reproduisant la définition de l'auteur et le sommaire de sa brochure : « Aux Antilles françaises, depuis la dépêche ministérielle du 3 décembre 1757, l'espace de terrain connu sous le nom de *cinquante pas du roi,* — et que l'art. 34, § 5, de l'ordonnance organique du 9 février 1827 appelle *pas géométrique,* — a toujours été réservé, tant par les seigneurs dont il commence à posséder et à établir les îles que par les compagnies qui leur ont succédé dans cette possession, et par le roi depuis qu'il les a réunies à son domaine par un édit du mois de décembre 1674. »

La brochure renferme les chapitres suivants : Origine; destination; étendue et limites; propriété; jouissance; concessions; jugement des contestations; réfutation.   M. B.

tion. Ceux des sous-préfets et des maires sont légalisés par le préfet; ceux des agents inférieurs par le préfet ou par les sous-préfets (*Avis du C.* 26 *nov.* 1819); ceux des agents de l'administration des finances, suivant leur nature, par les trésoriers-payeurs généraux ou les autres supérieurs hiérarchiques des signataires;

2° Les actes d'administration, d'ordre ou d'intérêt public délivrés par les commissaires de police, les membres des bureaux de charité, les médecins, les chirurgiens, etc. Ils doivent être légalisés par le maire;

3° Les certificats de vie nécessaires pour toucher des rentes ou pensions de l'État. La signature des notaires est légalisée par le président du tribunal civil ou par le juge de paix dans les cantons où ne siége pas le tribunal. (*L.* 2 *mai* 1861.) Le notaire doit déposer sa signature, qui est apposée sur une feuille de papier timbré. Cependant l'omission du dépôt ne fait pas obstacle à la légalisation. (*Instr. de la Régie.*) Il est cependant des certificats de vie qui n'ont pas besoin d'être légalisés.

4° L'acte du courtier qui constate le cours des marchandises : il est légalisé par le commissaire de police de la Bourse ;

5° Les brevets de capacité pour l'instituteur primaire: ils sont légalisés par le recteur ;

6° Les actes de l'état civil dont on veut faire usage hors du ressort de l'officier civil : ils sont légalisés par le président du tribunal civil de première instance (*C. civ., art.* 45), ou par le juge de paix dans les cantons où ne siége pas le tribunal. (*L.* 2 *mai* 1861.)

7° Les actes signés par les membres du tribunal de commerce ou du syndicat des agents de change et courtiers : ils sont légalisés par le président du tribunal de commerce;

8° Les jugements et arrêts qu'on veut exécuter à l'étranger : ils sont légalisés ainsi qu'il est dit plus loin au n° 4 ;

9° Les actes notariés dont on veut se servir en dehors du ressort du notaire : ils sont légalisés par le président, ou, en cas d'empêchement, par un juge du tribunal civil de première instance du lieu de la résidence du notaire ou de la délivrance de l'acte (*L.* 25 *vent. an IX, art.* 28), ou enfin par le juge de paix dans les cantons où ne siége pas le tribunal. (*L.* 2 *mai* 1861.)

10° La signature de l'imprimeur des journaux où sont insérés les annonces ou des placards (affiches) pour les ventes judiciaires d'immeubles : elle est légalisée par le maire. (*C. de Pr., art.* 698 et 699.)

3. Les actes qui viennent des colonies doivent être, en outre, légalisés par le gouverneur de la colonie. Ceux qui sont destinés aux colonies doivent, en outre, être légalisés par le ministre de qui dépend le fonctionnaire signataire, et visés par le ministre de la marine. (*Lettre du Garde des sceaux* 16 *mars* 1837.)

4. Pour les actes qui sont destinés à l'étranger, la signature de celui qui a légalisé doit être aussi légalisée par le fonctionnaire supérieur, et de même la signature de celui-ci jusqu'à ce qu'on arrive au ministre. Celle du ministre est légalisée par le ministre des affaires étrangères, et la signature de ce dernier par l'ambassadeur ou autre agent diplomatique du pays de destination. (*O.* 25 *oct.* 1833.)

5. La légalisation des actes au ministère des affaires étrangères est sujette à des droits fixés par les lois de finances. Celle qui est donnée par les agents de l'administration ne donne lieu à aucun droit. (*Arr. du C.* 26 *nov.* 1819). Celle qui est donnée par les juges est sujette à un droit de 25 centimes, perçu par le greffier. (*L.* 21 *vent. an VII, art.* 14.)

LÉGAT. Voy. **Nonce.**

LÉGATION. Ce mot désigne collectivement le ministre plénipotentiaire, ainsi que les secrétaires, attachés, en un mot, tout le personnel sous ses ordres, et même la maison ou l'hôtel où se trouvent les bureaux. Lorsque le chef de la mission a le titre d'ambassadeur, on dit dans le même sens l'ambassade.

LÉGION D'HONNEUR. 1. Institué sous le Consulat, mais inauguré seulement lors de l'établissement de l'Empire, maintenu par la charte de 1814, réorganisé par une ordonnance du 26 mars 1816, l'ordre de la Légion d'honneur est actuellement régi par le décret du 16 mars 1852 et par la loi du 25 juillet 1873 sur les récompenses nationales. Nous ferons connaître en même temps les dispositions applicables à la médaille militaire et les règles qui président à la collation et au port des insignes des ordres étrangers.

CHAP. I. — LÉGION D'HONNEUR.

Sect. 1. — Organisation et composition de l'ordre.

2. Le Chef de l'État est le chef souverain et le grand-maître de l'ordre (*art.* 2).

3. L'ordre se compose de chevaliers, d'officiers, de commandeurs, de grands-officiers et de grands-croix. Ses membres sont nommés à vie. Le nombre des chevaliers n'est pas limité; mais celui des officiers est fixé à 4,000; celui des commandeurs à 1,000; celui des grands-officiers à 200; celui des grands-croix à 80 seulement (*art.* 3 à 6).

4. Les étrangers peuvent être admis dans l'ordre, mais ils ne contractent aucune obligation envers l'État, et ne figurent pas dans le cadre (*art.* 7).

Sect. 2. — Admission et avancement.

5. En temps de paix, il faut, pour être admis dans la Légion d'honneur, avoir exercé pendant vingt ans, avec distinction, des fonctions civiles ou militaires. Nul ne peut être admis dans la Légion d'honneur qu'avec le grade de chevalier. Pour être nommé à un grade supérieur, il est indispensable d'avoir passé dans le grade inférieur, savoir : 1° pour le grade d'officier, quatre ans dans celui de chevalier; 2° pour le grade de commandeur, deux ans dans celui d'officier; 3° pour

le grade de grand-officier, trois ans dans celui de commandeur ; 4° pour le grade de grand-croix, cinq ans dans celui de grand-officier. Chaque campagne est comptée double aux militaires dans l'évaluation des années exigées ; mais on ne peut jamais compter qu'une campagne par année, sauf les cas d'exception déterminés par un décret spécial (art. 11, 12, 13 et 14).

6. En temps de guerre, les actions d'éclat et les blessures graves peuvent dispenser des conditions exigées pour l'admission ou l'avancement. En temps de paix, comme en temps de guerre, les services extraordinaires dans les fonctions civiles ou militaires, les sciences ou les arts, peuvent également dispenser de ces conditions, mais sous la réserve expresse de ne franchir aucun grade (art. 15 et 16).

7. Pour donner lieu à ces dispenses, les actions d'éclat, blessures ou services extraordinaires doivent être dûment constatés, et les propositions doivent expliquer avec détail le fait pour lequel on demande la décoration (art. 17).

8. Chaque ministre propose les personnes qui, par leurs fonctions, leurs professions ou leurs travaux, ressortissent à son département. Le grand chancelier propose les anciens militaires, marins ou fonctionnaires qui ne relèvent plus d'aucun ministre.

9. Les projets de décret portant nomination ou promotion dans l'ordre sont communiqués au conseil de l'ordre, qui vérifie si les nominations ou promotions sont faites en conformité des lois, décrets ou règlements en vigueur. La déclaration rendue par le conseil de l'ordre à la suite de cette vérification est mentionnée dans chaque décret. (L. 25 juill. 1873, art. 3.)

10. Les décrets portant nomination ou promotion dans la Légion d'honneur sont insérés, sous peine de nullité, au Journal officiel et au Bulletin des lois. — Ces décrets donnent, pour chaque nomination ou promotion, l'exposé sommaire des services qui l'ont motivée, et particulièrement s'il s'agit d'un fait méritant une récompense exceptionnelle. — Ils doivent, en outre, pour chaque promotion, indiquer la date de l'obtention du grade précédent. (Même loi, art. 2.)

11. Il n'est fait qu'une nomination de chevalier sur deux extinctions. Il ne doit être fait également qu'une promotion sur deux extinctions dans les autres grades, jusqu'à ce qu'ils aient été ramenés aux chiffres réglementaires. Tous les six mois le conseil de l'ordre arrête le nombre des extinctions notifiées dans le cours du semestre expiré. Ce tableau est inséré au Journal officiel et sert de base à la fixation du nombre de décorations qui pourront être accordées dans le cours du semestre suivant. (Même loi, art. 1er.)

Les extinctions de légionnaires nommés ou promus à titre militaire sont attribuées aux ministères de la guerre et de la marine. Les extinctions de légionnaires nommés ou promus à titre civil sont attribuées aux ministères civils et à la grande chancellerie.

Sect. 3. — Mode de réception.

12. Nul ne peut porter la décoration du grade auquel il a été nommé ou promu, qu'après la réception, à moins que cette décoration ne lui soit remise directement par le Chef de l'État.

Sect. 4. — Pensions, Brevets, Prérogatives.

13. Les officiers, sous-officiers et soldats de terre et de mer en activité de service, nommés ou promus dans l'ordre de la Légion d'honneur postérieurement au décret du 16 mars 1852, reçoivent une allocation annuelle fixée, pour les légionnaires, à 250 fr. ; pour les officiers, à 500 fr. ; pour les commandeurs, à 1,000 fr. ; pour les grands-officiers à 2,000 fr. ; pour les grands-croix, à 3,000 fr. La valeur des décorations est imputée sur la première annuité. Les mêmes pensions sont accordées à tous les officiers de terre et de mer, membres de la Légion d'honneur antérieurement au décret du 22 janvier 1852 et admis à la retraite depuis ce décret. (D. 22 janv. 1852, art. 10, et D. 26 mars 1852, art. 33 et 34.)

Ces dispositions sont applicables à tous les officiers de terre et de mer nommés ou promus dans l'ordre, pendant leur activité de service, depuis le 6 avril 1814 jusqu'au 22 janvier 1852. (L. 16 juin 1859, art. 16.)

14. Les officiers généraux des armées de terre et de mer qui, après leur passage au cadre de réserve, sont promus dans l'ordre, ne jouissent pas du traitement afférent au grade de cette promotion. (D. 15 juill. 1853, art. 1er.)

15. L'art. 7 de la loi organique du 29 floréal an X fixait le traitement à 5,000 fr. pour chaque grand-officier ; 2,000 fr. pour chaque commandeur ; 1,000 fr. pour chaque officier et 250 fr. pour les légionnaires. Ces traitements furent maintenus par l'ordonnance du 19 juillet 1814, au profit des titulaires alors existants, dans la proportion de la rente des revenus considérablement amoindris de la Légion d'honneur ; mais il fut statué qu'à l'avenir les nominations ou promotions ne donneraient droit à aucun traitement (art. 4).

16. La loi du 6 juillet 1820 eut le caractère d'une mesure de réparation. Elle porte, dans son art. 1er, que tous les membres de la Légion d'honneur qui, antérieurement au 6 avril 1814, recevaient un traitement de 250 fr. sur les fonds de cet ordre, et les militaires des armées de terre et de mer, soit retirés, soit en activité de service, qui, étant soldats ou sous-officiers, ont été nommés chevaliers depuis la même époque, recevront sur les fonds du Trésor une somme de 125 fr. par an pour compléter leur traitement et le porter au taux annuel de 250 fr. Telle est la règle aujourd'hui applicable aux nominations antérieures à 1852.

17. Les décorations conférées pendant les Cent-Jours ont été, à deux époques différentes, l'objet de mesures spéciales. La loi du 26 avril 1832 a accordé le traitement de 250 fr. aux sous-officiers et soldats en activité de service dans les armées de terre ou de mer, nommés du 20 mars au 7 juillet 1815, et le décret du 12 août 1853 statue que les officiers nommés ou promus à la même époque par l'empereur Napoléon Ier recevront, à partir du 1er janvier 1854, le traitement affecté à leur grade dans l'ordre par les règlements en vigueur à l'époque de leur nomination.

18. Les sous-officiers et soldats des armées de terre et de mer, amputés par suite de leurs blessures, qui auraient été nommés membres de la Légion d'honneur postérieurement à l'ordonnance du 18 juillet 1814 et depuis leur admission à la retraite, ont droit au traitement. (*L. 16 juin* 1837.)

Les mêmes dispositions sont applicables aux officiers de terre et de mer amputés par suite de leurs blessures et nommés ou promus dans l'ordre après leur admission à la retraite. (*D. 27 déc.* 1861, *art.* 1er.)

Les blessures ayant entraîné la perte absolue de l'usage de deux membres ou d'un seul, ont été assimilées aux blessures ayant nécessité l'amputation. (*Jurisprudence du Conseil d'État.*)

19. Les pensions militaires de la Légion d'honneur sont incessibles et insaisissables. (*Avis du C.* 2 *févr.* 1808). Le droit au traitement de la Légion d'honneur et la jouissance de ce traitement sont suspendus par la résidence hors du territoire français sans autorisation. (*L.* 23 *mai* 1834, *art.* 12). Le droit de percevoir les annuités échues est sujet à la prescription quinquennale. (*Arr. du C.* 5 *févr.* 1841.)

Sect. 5. — Discipline des membres de l'ordre.

20. La qualité de membre de la Légion d'honneur se perd par les mêmes causes que celles qui font perdre la qualité de citoyen français. L'exercice des droits et prérogatives des membres de la Légion d'honneur est suspendu par les mêmes causes que celles qui suspendent les droits de citoyen français (*D.* 16 *mars* 1852, *art.* 38 et 39).

L'exécution de ces dispositions pénales a lieu à la diligence du grand chancelier, le conseil de l'ordre entendu (*D.* 24 *nov.* 1852, *art.* 1 et 2.)

21. Peuvent, en outre, être privés temporairement ou définitivement de tous les droits et prérogatives attachés à la qualité de membre de l'ordre : 1° les légionnaires qui ont été l'objet de condamnations correctionnelles prononcées par les tribunaux ou les conseils de guerre (*D.* 16 *mars* 1852, *art.* 46, *et* 24 *nov.* 1852, *art.* 5); 2° les légionnaires civils qui ont commis des actes contraires à l'honneur non susceptibles d'être poursuivis devant les tribunaux (*D.* 14 *avril* 1874); 3° les légionnaires, officiers des armées de terre et de mer, qui ont été mis en réforme pour faute contre l'honneur ou pour inconduite habituelle (*D.* 14 *avril* 1874); 4° les légionnaires, sous-officiers, soldats ou marins en activité de service, qui ont été l'objet de peines disciplinaires pour faits portant atteinte à l'honneur (*Même décret.*) Ces privations temporaires ou définitives sont prononcées par le Chef de l'État, sur la proposition du grand chancelier et après avis du conseil de l'ordre (*D.* 24 *nov.* 1852, *art.* 5 *et* 14 *avril* 1874, *art.* 2).

22. Aucune peine infamante ne peut être exécutée contre un membre de la Légion d'honneur, qu'il n'ait été dégradé. Pour cette dégradation, le président de la cour ou du conseil de guerre prononce, immédiatement après la lecture du jugement, la formule suivante : « Vous avez manqué à l'honneur ; je déclare, au nom de la Légion, que vous avez cessé d'en être membre. » (*D.* 16 *mars* 1852, *art.* 42 *et* 43.)

23. Le décret du 14 avril 1874, rendu en exécution de l'art. 6 de la loi du 25 juillet 1873, établit aussi des peines disciplinaires moindres, par exemple la censure et la suspension totale ou partielle de l'exercice des droits de légionnaire. Ces peines peuvent être appliquées dans des cas où un légionnaire aurait manqué aux lois de l'honneur, sans que le fait fût de nature à être poursuivi devant les tribunaux. Dans ces cas, il doit être donné à l'inculpé l'occasion de se justifier, avant qu'aucune peine puisse être prononcée. Le décret du 14 avril 1874 indique le mode de procéder.

Sect. 6. — Administration de l'ordre et des établissements qui en dépendent.

24. L'administration est confiée à un grand chancelier, dépositaire du sceau de l'ordre. Il a l'initiative des règlements à faire et des décisions à prendre ; il présente les candidats au Chef de l'État ; il dirige et surveille toutes les parties de l'administration proprement dite, et présente annuellement les projets de budget. (*D.* 16 *mars* 1851, *art.* 45 *et suiv.*)

25. Un secrétaire général remplace le grand chancelier en cas d'absence ou de maladie, et le représente. Ce fonctionnaire est, en outre, chargé de la haute direction des bureaux de la grande chancellerie.

26. Un conseil de l'ordre est établi près du grand chancelier, qui doit le réunir tous les mois. Les membres sont nommés par le Chef de l'État. Ce conseil veille, de concert avec le grand chancelier, à l'observation des statuts et règlements ; il donne son avis sur la répartition des nominations et promotions semestrielles, sur les projets de décrets portant nomination ou promotion, sur l'établissement du budget, sur le règlement des comptes, sur les mesures de discipline à prendre envers les membres de l'ordre, enfin, sur toutes les questions que le grand chancelier juge utile de lui soumettre. (*D.* 16 *mars* 1852, *art.* 55 *et* 56; *L.* 25 *juill.* 1873.)

27. La comptabilité de la Légion d'honneur est régie par le chapitre xxviii du décret du 31 mai 1862, portant règlement sur la comptabilité publique.

Sect. 7. — Maisons d'éducation.

28. La création des maisons d'éducation de la Légion d'honneur forme le complément naturel d'une institution destinée, dans la pensée de son fondateur, à récompenser ceux qui ont préféré l'honneur à la fortune et exercé avec distinction des fonctions publiques souvent trop peu rétribuées. Ces maisons sont établies à Saint-Denis, à Écouen et aux Loges.

29. La maison de Saint-Denis tient son organisation définitive de l'ordonnance du 3 mars 1816, modifiée, en ce qui concerne le personnel, par un décret du 22 décembre 1853 et par le statut du 14 août 1857.

30. Elle est destinée à recevoir 400 élèves gratuites, filles de membres de la Légion d'honneur sans fortune, et 50 élèves pensionnaires, filles, petites-filles, sœurs, nièces ou cousines des membres de l'ordre. La pension pour ces dernières est fixée à 900 fr. (*art.* 1, 2 *et* 4.)

31. Les élèves sont reçues de neuf à onze ans. Les demandes de places gratuites doivent être accompagnées d'un acte de notoriété portant que la demoiselle appartient à des parents qui ne peuvent subvenir à son éducation. Les places sont accordées par rang d'âge, en commençant par les demoiselles qui sont le plus près d'atteindre l'âge de onze ans (*art.* 12 à 14 *du Statut*).

32. L'instruction des élèves comprend des leçons de lecture, d'écriture, de calcul, de grammaire, d'histoire, de géographie, de dessin, de musique et de botanique usuelle. Les élèves reçoivent également des leçons de danse qui peuvent être nécessaire à leur santé et à leur maintien. Elles font leurs robes, leur linge et celui de la maison, et apprennent tout ce qui peut être nécessaire à une mère de famille pour la conduite de l'intérieur de sa maison (*art.* 12 *et* 13).

33. La direction est confiée à une surintendante qui a sous ses ordres six dames dignitaires, quinze dames de 1re classe, trente dames de 2e classe et vingt dames novices. (*D.* 29 *juin* 1854.)

34. Les succursales d'Écouen et des Loges sont desservies par la congrégation de la Mère-de-Dieu. Elles reçoivent 400 élèves gratuites, filles de membres de la Légion d'honneur. Ces élèves sont reçues de neuf à onze ans et sortent à dix-huit ans, ou plus tôt si les parents désirent les retirer. Les places sont accordées par rang d'âge, en commençant par les demoiselles qui sont le plus près d'atteindre l'âge de onze ans.

35. L'instruction est moins élevée dans la succursale d'Écouen que dans la maison de Saint-Denis, et moins élevée dans la succursale des Loges que dans celle d'Écouen. Cette différence a sa raison d'être dans la répartition faite par l'ordonnance du 23 avril 1821, qui dispose que les places de Saint-Denis seront données aux filles des membres de la Légion d'honneur ayant le grade d'officier supérieur et au-dessus, ou exerçant une fonction civile correspondante à ce grade, et qui réserve les places des succursales aux filles des officiers inférieurs jusqu'au grade de soldat inclusivement, ou exerçant une fonction civile correspondante à un grade inférieur.

CHAP. II. — **MÉDAILLE MILITAIRE.**

36. Cette décoration a été créée par le décret du 22 janvier 1852. Elle donne droit à 100 fr. de rente viagère (*art.* 11). La médaille militaire est réservée à l'activité de service et peut être conférée, sur la proposition des ministres de la guerre et de la marine : 1° aux sous-officiers, caporaux ou brigadiers, soldats ou marins qui se seront rengagés après avoir fait un congé, ou qui auront fait quatre campagnes simples; 2° à ceux dont les noms auront été cités à l'ordre de l'armée, quelle que soit leur ancienneté de service; 3° à ceux qui auront reçu une ou plusieurs blessures en combattant devant l'ennemi ou dans un service commandé; 4° à ceux qui se seront signalés par un acte de courage ou de dévouement méritant récompense. (*D.* 29 *fév.* 1852, *art.* 5.)

37. Cette disposition est applicable à tous les employés, gardes et agents militaires qui, dans les armées de terre et de mer, ne sont pas considérés et traités comme officiers. (*Id., art.* 6.)

38. Exceptionnellement, la médaille militaire peut être conférée, sur la proposition du grand-chancelier, aux anciens sous-officiers, soldats et marins qui ont été retraités avec la pension de l'une des cinq premières classes (cécité, amputation, de deux membres ou d'un seul), blessures ayant

entraîné la perte absolue de l'usage de deux membres ou d'un seul).

39. La médaille militaire peut se porter simultanément avec la croix de la Légion d'honneur. La rente viagère qui y est attachée est, comme le traitement de la Légion d'honneur, incessible et insaisissable. Elle peut se cumuler avec toute allocation ou pension sur les fonds de l'État ou des communes, mais non avec le traitement alloué aux membres de la Légion d'honneur. (*Id., art.* 3.)

40. Il n'est fait annuellement que deux nominations de médaille militaire sur trois extinctions. (*L.* 25 *janv.* 1875.)

41. Les dispositions pénales relatives aux membres de l'ordre sont applicables aux médaillés militaires. (*D.* 24 *nov.* 1852 *et* 9 *mai* 1874.)

42. A l'imitation de ce qui a lieu pour la Légion d'honneur, un château national doit servir de maison d'éducation aux filles et aux orphelines indigentes des familles dont les chefs auront obtenu la médaille militaire. Cette pensée, consignée dans l'art. 12 du décret du 22 janvier, n'a pas encore reçu de commencement d'exécution.

CHAP. III. — **DES ORDRES ÉTRANGERS.**

43. Les ordres étrangers avaient donné lieu à des abus très-graves, tant sous le rapport de la collation même des grades par des autorités ou corporations n'ayant pas la puissance souveraine, qu'en ce qui regarde le mode de porter les insignes des ordres régulièrement conférés. Trop souvent l'autorisation n'était pas demandée ou le port des insignes n'avait pas lieu conformément à l'autorisation obtenue. C'est pour faire cesser ces désordres qu'est intervenu le décret du 13 juin 1853, dont les dispositions ne doivent pas être séparées de celles d'un rapport présenté à la même date par le grand-chancelier à l'empereur, et qui détermine les mesures nécessaires pour assurer la complète exécution du décret.

44. Tous les ordres étrangers non conférés par une puissance souveraine sont, aux termes de l'art. 1er, illégalement et abusivement obtenus. Telles sont les décorations accordées, à quelque titre que ce soit, par des chapitres, corporations, confréries, prétendus grands-maîtres ou leurs délégués, etc. L'ordre de Malte étant un ordre étranger, ne peut être accepté ou porté par un Français qu'autant que, conféré par un souverain, l'autorisation en a été accordée par le Chef de l'État ou ses prédécesseurs.

45. Tout Français qui, ayant obtenu des ordres étrangers, n'a pas reçu l'autorisation de les porter, doit les déposer à l'instant, sauf à se pourvoir auprès du grand chancelier pour solliciter cette autorisation (*art.* 2).

46. Toute décoration étrangère ne peut être portée en sautoir que par les officiers supérieurs ou les fonctionnaires d'un rang analogue. Les plaques ou grands-cordons sont seulement portés par les officiers généraux ou les fonctionnaires civils d'un rang correspondant. On n'a à tenir aucun compte des autorisations contraires qui auraient été accordées avant le 13 juin 1853. (*Voy. le rapport précité.*)

47. Il est interdit à tout Français, sous les peines édictées en l'art. 259 du Code pénal, de porter, soit d'autres insignes que ceux de l'ordre ou du grade pour lesquels l'autorisation a été conférée (*art.* 3), soit aucun costume ou uniforme spécial afférent à un ordre ou à une décoration étrangère.

48. L'autorisation de porter une décoration étrangère d'un certain grade ne dispense pas celui auquel elle a été accordée, de l'obligation de demander une autorisation nouvelle pour chaque promotion ultérieure. (*Circ. Min. Int.* 14 *janv.* 1854.) Les demandes en autorisation doivent être adressées hiérarchiquement au grand chancelier, par l'intermédiaire du ministre dont relève le demandeur par ses fonctions ou son emploi, et par le préfet de son département, si le demandeur n'exerce aucune fonction publique ou n'a que des fonctions gratuites. Les ministres, les membres du Sénat, du Corps législatif, du Conseil d'État et du conseil de l'ordre de la Légion d'honneur, sont autorisés à adresser leur demande directement au grand chancelier (*art.* 4). Les demandes sont examinées et vérifiées en conseil de l'ordre.

49. Lorsque le postulant n'est pas membre de la Légion d'honneur, sa demande doit être accompagnée d'un extrait régulier de son acte de naissance (*art.* 6). La grande chancellerie exige en outre la production : 1° du titre ou brevet original de l'ordre dont on sollicite l'autorisation ; 2° de la traduction authentique de ce brevet ou titre ; 3° d'un récépissé de la somme due pour droits de chancellerie, laquelle est versée à la Caisse des dépôts et consignations pour les personnes qui résident à Paris, et dans les caisses des receveurs particuliers des finances pour celles qui habitent dans les départements.

50. Les produits des droits de chancellerie sont employés à couvrir les frais d'expédition des ampliations de décrets d'autorisation et à augmenter le fonds de secours affecté aux orphelins de la Légion d'honneur. Ces droits sont fixés, pour les décorations portées à la boutonnière, à 100 fr. ; pour les décorations portées en sautoir, à 150 fr. ; pour les décorations avec plaque sur la poitrine, à 200 fr. ; pour les décorations avec grand cordon en écharpe, à 300 fr. Les militaires jusques et y compris le grade de capitaine, et les marins jusques et y compris celui de lieutenant de vaisseau, sont exempts des droits. (*D.* 10 *juin* 1853, *art.* 10 à 12, *modif. par le D.* 22 *mars* 1875.)

51. Les décrets d'autorisation sont insérés au *Journal officiel* (*art.* 7), et une ampliation en est délivrée à l'impétrant. Les personnes autorisées avant le décret de 1853, peuvent, en s'adressant au grand chancelier, obtenir la délivrance d'un titre de cette nature. (*D.* 1853, *art.* 8 *et* 9.)

52. Les dispositions disciplinaires des lois, décrets et ordonnances sur la Légion d'honneur sont applicables aux Français décorés d'ordres étrangers. Il en résulte que le droit de porter les insignes de ces ordres peut être suspendu ou retiré dans les cas ou selon les formes déterminés pour les membres de la Légion d'honneur. L'exclusion de la Légion d'honneur emporte toujours en même temps le retrait du droit de porter une décoration étrangère. (*D.* 24 *nov.* 1852, *art.* 7 *et* 9 ; *D.* 9 *mai* 1874.)

BIBLIOGRAPHIE.

Comptes des recettes et dépenses et budget de la Légion d'honneur, de l'an X à 1834. In-4°.

Manuel du légionnaire, ou Recueil des principaux décrets, lois, ordonnances, etc., précédé d'un précis historique sur la Légion d'honneur, etc., par G. de Chamberet. In-18. Paris, Dumaine. 1852.

Décrets et statuts organiques concernant l'ordre national de la Légion d'honneur. In-plano. Paris, Raymond. 1852.

Légion d'honneur, médailles militaire et commémoratives, décorations et ordres étrangers, par d'Amade. Nice, librairie de Cauvin.

Livre d'or de la Légion d'honneur, à la grande chancellerie.

LÉGION ÉTRANGÈRE. 1. La loi du 9 mars 1831 a permis de former dans l'intérieur du royaume une légion d'étrangers, à condition qu'on ne l'emploierait que hors du territoire continental de la France. La *légion étrangère* a été, en conséquence, organisée par une ordonnance du 10 mars de la même année. L'ordonnance du 29 juin 1835 a déclaré que la légion étrangère cesserait de faire partie de l'armée française : dès lors, les membres de la légion ne furent pas justiciables des conseils de guerre pour les crimes et délits qu'ils commettaient sous les drapeaux.

2. Mais une ordonnance du 16 décembre 1835 a réorganisé le 1er bataillon de l'ancienne légion, et prescrit la formation d'une nouvelle légion, qui a été complétée par la création d'autres bataillons en vertu d'ordonnances subséquentes. Le 16 mars 1838 a été rendue une ordonnance très-complète sur cette légion, qu'une nouvelle ordonnance du 30 décembre 1840 a divisée en deux régiments de trois bataillons chacun. (*Voy., pour l'organisation actuelle, le mot* **Armée**, n° 38.)

LÉGITIMATION. C'est l'acte par lequel un enfant naturel reçoit le titre et les droits d'enfant légitime. (*C. civ., art.* 333.) Aux termes de l'art. 331 du même code, les enfants nés hors mariage, autres que ceux nés d'un commerce incestueux ou adultérin, peuvent être légitimés par le mariage subséquent de leur père et mère, lorsque ceux-ci les ont légalement reconnus avant leur mariage ou qu'ils les reconnaissent dans l'acte même de célébration. La légitimation, continue l'art. 332, peut avoir lieu même en faveur des enfants décédés qui ont laissé des descendants, et, dans ce cas, elle profite à ces descendants. Le mariage des père et mère est aujourd'hui, en France, le seul mode de légitimation.

LEGS ET DONS. *Voy.* **Dons et legs,** et subsidiairement : **Aliénés, Établissements publics, Fabrique, Hospice, Organisation communale,** etc.

LETTRE DE MARQUE. On appelait ainsi l'autorisation d'armer en course. En Europe, elle était donnée par le ministre de la marine et des colonies (*Arr.* 2 *prair. an XI, art.* 15) ; dans les colonies et établissements français situés à l'étranger au delà des mers, par les gouverneurs. (*Même arr., art.* 112.) La course a été abolie en 1856.

LETTRE DE NATURALISATION. *Voy.* **Naturalisation.**

LETTRES PATENTES. 1. On donne ce nom aux actes émanant du Chef de l'État, scellés du grand sceau et contre-signés par un ministre secrétaire d'État. Elles peuvent être révoquées ou modifiées par le Chef du Gouvernement. Leur nom leur à été donné par opposition aux *lettres de cachet*, qui, étant fermées, ne pouvaient être lues sans être ouvertes.

2. Les lettres patentes sont soumises à un droit d'enregistrement, sans le paiement duquel on ne peut obtenir une expédition. (*L.* 21 *avril* 1818, *art.* 55.)

LEVÉE (synonyme de digue). *Voy.* **Inondations** et **Syndicat.**

LIBELLE, LIBELLER. Le libelle est un écrit ordinairement de peu d'étendue, injurieux, diffamatoire, et le plus souvent calomnieux (BESCHERELLE). Le verbe *libeller*, au contraire, indique une rédaction faite dans les formes voulues.

LIBÉRALITÉS. *Voy.* **Dons et legs.**

LIBÉRÉ. On donne ce nom aux condamnés à des peines afflictives, lorsqu'ils ont subi leur peine ou obtenu leur grâce.

Les forçats et reclusionnaires libérés sont soumis à la surveillance de la police et ne peuvent habiter que les localités qui leur sont indiquées. Le séjour de Paris leur est en général interdit. (*Voy.* **Patronage** et **Surveillance de la haute police.**)

LIBERTÉ DU TRAVAIL. *Voy.* **Commerce, Industrie.**

LIBERTÉ INDIVIDUELLE. 1. C'est le droit de disposer librement de sa personne et d'obtenir protection contre toutes les atteintes portées à ce droit.

2. Avant 1789, la liberté individuelle n'avait que des garanties bien imparfaites. L'Assemblée nationale abolit les lettres de cachet et disposa que nul ne pouvait être arrêté ni détenu que dans les cas et les formes déterminés par la loi (*Const. du 3 sept.* 1791); ce principe fut confirmé par la Constitution du 24 juin 1793. — Le Code pénal de 1791 et celui de brumaire an IV édictèrent des peines contre les crimes d'arrestation ou de détention illégale. La liberté individuelle fut encore sauvegardée par la Constitution de l'an VIII, le Code d'instruction criminelle de 1808 et le Code pénal de 1810. Enfin les Chartes de 1814 et de 1830 reproduisirent les termes de la Constitution du 3 septembre 1791, et les constitutions qui vinrent après consacrèrent le principe.

3. C'est la loi qui fixe les limites de la liberté individuelle; d'où il suit qu'il faut envisager la question sous un double point de vue : eu égard à l'autorité et à ses agents d'une part, et eu égard aux simples particuliers d'autre part.

4. *Atteintes à la liberté individuelle commises par les détenteurs de l'autorité publique.* — En principe, le droit d'arrestation n'appartient qu'au juge d'instruction ; le ministère public et ses auxiliaires ne l'exercent qu'exceptionnellement et dans les cas énumérés par la loi. Si les autorités administratives peuvent aussi ordonner quelquefois des arrestations, c'est seulement en cas de flagrant délit et pour livrer les délinquants aux autorités judiciaires.

5. La protection due à la liberté des citoyens se manifeste surtout par les peines édictées contre ceux qui attentent à ce droit primordial. L'art. 114 du Code pénal punit de la dégradation civique le fonctionnaire public ou l'agent du Gouvernement qui aura ordonné ou fait un acte attentatoire à la liberté individuelle.

6. L'agent qui s'est rendu coupable d'arrestation arbitraire, c'est-à-dire faite hors des cas déterminés par la loi, est passible, envers la victime, de dommages-intérêts qui ne peuvent être au-dessous de 25 fr. pour chaque jour de détention illégale et pour chaque individu. (*Art.* 119 *C. P.*)

7. Par son article 119, le Code pénal fournit les moyens d'assurer la liberté individuelle contre les détentions illégales et par son art. 120 il prévient les arrestations arbitraires en punissant les gardiens des maisons de justice qui auraient reçu un prisonnier sans mandat ou jugement.

8. D'autres dispositions du Code pénal protègent contre les actes des fonctionnaires le domicile des citoyens et la sûreté de leurs personnes. L'art. 184 prononce une amende de 16 à 500 fr. contre le magistrat ou le fonctionnaire qui s'est introduit illégalement dans le domicile d'un citoyen hors les cas prévus par la loi, et l'art. 186 frappe de pénalités graduées l'agent qui, sans motif légitime, a usé de violences envers les personnes.

9. *Atteintes à la liberté individuelle commises par des particuliers.* — Le droit d'arrestation n'appartient aux simples citoyens que quand ils saisissent le coupable et qu'il s'agit d'un crime flagrant ou qu'ils obéissent à un ordre émanant de l'autorité. Hors ces cas, celui qui arrête, détient ou séquestre un citoyen, est puni des travaux forcés à temps. (*Art.* 341 *C. P.*)

10. Toutefois les fous peuvent être détenus par leurs parents (argument par *a contrario* de l'art. 475, § 7), et les enfants mineurs peuvent être incarcérés par voie de correction paternelle. (*Art.* 375 *et suiv. C. civil.*)

11. Si la détention dont il est question ci-dessus, n° 9, a duré plus d'un mois, le coupable est condamné aux travaux forcés à perpétuité (*art.* 342 *C. P.*), et si elle a été accompagnée de tortures corporelles, il est puni de mort. (*Art.* 344 *C. P.*)

12. Mais l'art. 343 réduit la peine à un emprisonnement de deux à cinq ans si les coupables du crime prévu par l'art. 341 C. P., non encore poursuivis de fait, ont rendu la liberté à la personne arrêtée, séquestrée ou détenue avant le dixième jour accompli depuis celui de l'arrestation, détention ou séquestration.

13. Enfin l'art. 184, § 2, du C. P. énonce que tout individu qui s'est introduit à l'aide de menaces ou de violences dans le domicile d'un citoyen, encourt la peine de l'emprisonnement pour une durée de 6 jours à 3 mois et d'une amende de 16 fr. à 200 fr.

14. Nous venons de parler des atteintes à la liberté individuelle réprimées par la loi ; mais il en est qu'elle autorise : telles que la contrainte par corps, la détention préventive. En ce qui concerne la contrainte par corps, elle a été supprimée en matière commerciale, civile et contre les étrangers et maintenue en matière criminelle, correctionnelle et de simple police pour les condamnations pécuniaires. (*L.* 22 *juill.* 1867.) Une loi du 19 décembre 1871 l'a rétablie pour les frais de justice criminelle. Pour la détention préventive, il faut consulter le Code d'instruction criminelle, la loi du 20 mai 1863 sur les flagrants délits et celle du 14 juillet 1865 sur la mise en liberté provisoire.   E. YVERNÈS.

LIBRAIRIE. *Voy.* **Imprimerie.**

LICENCE.

CHAP. I. — INTRODUCTION.

1. Le mot *licence* a ici le sens du mot *permis*. Se munir d'une licence, c'est acquérir le droit, la faculté d'exercer telle ou telle industrie spécialement désignée. La licence a ainsi certains rapports avec la *patente* (*Voy.* **Patentes**). Cependant l'une ne tient pas lieu de l'autre. Beaucoup d'industriels ou de commerçants ne sont soumis qu'à la patente ; les personnes assujetties à la licence sont généralement soumises aussi à la patente. Du reste, l'impôt de la licence et l'impôt de la patente ne sont pas considérés comme des taxes de même nature : celui-ci fait partie des contributions directes ; celui-là est classé parmi les contributions indirectes.

2. La plupart des branches de commerce ou d'industrie qui, au point de vue fiscal, sont placées sous l'action du service spécial des contributions indirectes, donnent lieu à la perception du droit de licence, et c'est le service spécial des contributions indirectes qui seul est chargé du recouvrement de ces droits.

3. Avant la révolution de 1789, le droit de licence portait la désignation d'*annuel*. La perception en était faite par l'administration des aides.

4. Le droit de licence n'est à vrai dire qu'un droit nominal. L'objet principal de la licence est de bien déterminer les établissements sur lesquels les employés de la régie ont à exercer leur surveillance et de faciliter ainsi l'action de ces préposés.

CHAP. II. — INDUSTRIES ASSUJETTIES AU DROIT DE LICENCE.

5. Sont soumis à la licence :

Les cabaretiers, cafetiers, liquoristes, buvetiers, et tous autres qui se livrent à la vente en détail des vins, cidres, poirés, hydromels, bières, eaux-de-vie, esprits ou liqueurs composées d'eaux-de-vie ou d'esprits, que ces boissons proviennent de leur récolte, de leur fabrication, ou qu'elles proviennent d'achat (*L.* 28 *avril* 1816, *art.* 144 *et* 171) ;

Les aubergistes, traiteurs, restaurateurs, maîtres d'hôtels garnis, concierges et autres donnant à manger au jour, au mois ou à l'année, soit qu'ils se livrent au débit des boissons, soit qu'ils ne s'y livrent pas (*L.* 28 *avril* 1816, *art.* 144 *et* 171 ; *L.* 23 *avril* 1836) ;

Les liquoristes et les marchands en gros de boissons, même ceux qui sont établis dans les entrepôts réels (*L.* 28 *avril* 1816, *art.* 144 ; *L.* 24 *juin* 1824 ; *L.* 4 *mars* 1875) ;

Les brasseurs, à l'exception seulement de ceux qui ne fabriquent que pour leur consommation. (*L.* 28 *avril* 1816, *art.* 128, 144 *et* 171) ;

Les bouilleurs et distillateurs, sauf ceux qui opèrent exclusivement sur des *vins, cidres, poirés, marcs, lies, cerises* ou *prunes* provenant de leur récolte (*L.* 28 *avril* 1816, *art.* 144 *et* 171 ; *L.* 20 *juill.* 1837, *art.* 8 ; *L.* 10 *août* 1839, *art.* 15 ; *L.* 14 *déc.* 1875) ;

Les fabricants de cartes, sans distinction entre ceux qui exportent leurs produits et ceux qui les livrent à l'intérieur (*L.* 23 *avril* 1816, *art.* 164 *et* 171) ;

Les fabricants de sucre indigène et les fabricants de glucoses (*L.* 18 *juill.* 1837, *art.* 1er ; *L.* 31 *mai* 1846, *art.* 4) ;

Les fabricants qui emploient dans l'industrie soit de l'alcool ordinaire, soit de l'alcool préalablement dénaturé, s'ils réclament le crédit des droits pour les esprits en nature de leur fabrication (*L.* 24 *juill.* 1843 *et* 2 *août* 1872) ;

Les fabricants de chicorée (*L.* 4 *sept.* 1871) ;

Les fabricants de papier (*même loi*) ;

Les fabricants de savon (*L.* 30 *déc.* 1873) ;

Les fabricants d'acide stéarique, de bougies, de cierges ou de produits assimilés (*même loi*) ;

Les entrepositaires (fabricants ou simples marchands) d'huiles autres que les huiles minérales (*L.* 31 *déc.* 1873) ;

Les fabricants et les marchands *entrepositaires* d'acide acétique ou de vinaigre (*L.* 17 *juill.* 1875) ;

Les entrepreneurs de voitures publiques à service régulier, c'est-à-dire les entrepreneurs de voitures faisant à jour fixe le trajet d'un point à un autre (*L.* 25 *mars* 1817, *art.* 115 *et* 123) ;

Les fabricants de salpêtre, mais seulement quand ils sont établis hors de la circonscription des salpêtreries de l'État. (*L.* 10 *mars* 1819, *art.* 4.)

Sont assimilés aux fabricants, s'ils réclament le crédit des droits, les simples marchands de *chicorée*, de *papier*, de *savon*, et d'*acide stéarique*, de *bougies* ou de *cierges*. (*Règl. d'admin. publ. pour l'exécution des lois des* 4 *sept.* 1871 *et* 30 *déc.* 1873.)

6. Ne doivent pas la licence :

Les cantiniers établis dans les camps, forts et citadelles, s'ils ne reçoivent que des militaires et s'ils ont une commission du ministre de la guerre (*L.* 28 *avril* 1816, *art.* 51) ;

Les chefs d'ateliers qui fournissent à leurs ouvriers la nourriture et la boisson moyennant prélèvement sur le salaire d'une somme déterminée à l'avance. (*Cass.* 22 *mars* 1828.)

7. Par tolérance, on n'exige pas la licence des traiteurs et rôtisseurs qui, sans fournir aucune espèce de boisson, se bornent à vendre au dehors des aliments. On ne l'exige pas non plus des simples particuliers qui, à titre de parenté ou d'amitié, et non par spéculation, reçoivent à leur table un très-petit nombre de pensionnaires.

8. La licence est due par les logeurs. (*Cass.* 14 *août* 1834.) Toutefois on ne l'exige pas des personnes qui, sans exercer véritablement la profession de logeur, louent en garni quelques parties de leur habitation.

9. Les liquoristes prennent la licence de débitant ou celle de marchand en gros, suivant qu'ils préfèrent se soumettre aux obligations imposées à l'une ou à l'autre de ces professions. (*L.* 24 *juin* 1824, *art.* 1er.)

10. Sont assimilés aux marchands en gros de boissons et soumis comme tels à la licence :

Les armateurs qui emmagasinent chez eux et en leur nom les boissons qu'ils achètent pour l'approvisionnement de leurs bâtiments ;

Les commissionnaires et tous autres qui reçoivent en leur nom des boissons destinées à la vente ;

Les simples consommateurs qui transportent sur un champ de foire ou une étape des boissons destinées à être vendues en gros ;

Les étapiers qui vendent en gros les boissons qu'ils reçoivent en dépôt.

11. Les colporteurs qui transportent leurs boissons à dos de bêtes de somme ne paient, à titre de licence, que le minimum du droit fixé pour les débitants de boissons. (*Décis. min.* 28 *févr.* 1817.)

12. Ne sont pas considérés comme marchands en gros, et sont dès lors affranchis du paiement de la licence :

Les simples commissionnaires de roulage ;

Les simples dépositaires de boissons en cours de transport ;

Les propriétaires qui vendent en gros, même sur les foires ou marchés, les boissons provenant de leur récolte ;

Les personnes qui se bornent à l'office de courtier, sans jamais recevoir des boissons à leur domicile, ni en vendre en leur nom ;

Enfin les gardes-magasins de la marine et de la guerre qui ne font aucun commerce de boissons pour leur propre compte.

13. Les brasseurs qui sont en même temps débitants de bière ou d'autres boissons doivent payer la licence de brasseur et celle de débitant.

Les simples marchands en gros de bières ne doivent pas la licence.

14. Par une disposition spéciale de la loi. (*L.* 10 *mars* 1819, *art.* 4), les fabricants de salpêtre qui sont soumis à la licence, ne supportent pas de patente.

15. Les débitants de tabacs, de poudres à feu et de cartes, ne doivent pas la licence; ils sont considérés comme agents de l'État.

CHAP. III. — MODE D'APPLICATION ET DE PERCEPTION. TARIF.

16. La licence s'applique aux établissements de commerce et d'industrie et non aux personnes qui exploitent les établissements. Ainsi, en cas de décès, de remplacement, la licence afférente à la période courante profite au successeur, sauf déclaration. En vertu de la même licence, les débitants et les marchands en gros peuvent d'ailleurs acheter et vendre des boissons de toute nature.

17. Il est dû une licence par établissement. Toutefois les débitants et marchands en gros de boissons n'ont pas à la payer pour les simples magasins de dépôt situés dans la même commune que leur établissement principal. Les marchands en gros n'ont pas non plus à prendre une seconde licence pour être autorisés à opérer des ventes soit à la circulation, soit sur les champs de foire ou étapes.

18. Par tolérance la régie n'exige pas une nouvelle licence des assujettis qui, sans rien changer à la nature de leur commerce, déplacent simplement leur établissement dans la même commune.

19. Les débitants forains ou ambulants peuvent, en vertu de la même licence, déplacer leurs établissements aussi souvent qu'ils le jugent convenable. La licence de ces débitants est renouvelée chaque trimestre. Elle est fixée au minimum du tarif.

20. A l'égard des entrepreneurs de voitures publiques (à service régulier), y compris les compagnies de chemins de fer, la perception du droit de licence est exceptionnellement basée sur le nombre et la nature des voitures. Il est dû une licence par voiture, y compris les voitures déclarées en service extraordinaire.

21. Les licences des voitures publiques et les licences des fabricants de sucre et de glucoses, des fabricants de chicorée, de papier, de bougies ou cierges, de savon, d'acide acétique ou de vinaigre, sont *annuelles.* (*L.* 25 *mars* 1817, *art.* 115 ; *L.* 18 *juill.* 1837, *art.* 1er ; *L.* 31 *mai* 1846, *art.* 4 ; *L.* 4 *sept.* 1871 ; *L.* 30-31 *déc.* 1873 *et L.* 17 *juill.* 1875.) Toutes les autres licences sont *trimestrielles.* (*L.* 21 *avril* 1832, *art.* 44.)

22. Le droit de licence est dû pour l'année entière ou pour le trimestre entier, à quelque époque que commence ou cesse l'exploitation du commerce ou de l'industrie. (*L.* 21 *avril* 1832, *art.* 44 *précité.*)

23. Voici le tarif des droits de licence :

PROFESSIONS et DÉSIGNATION DES LIEUX.		TAXE de la licence en principal.	
		Par an.	Par trim.
Débitants de boissons, restaurateurs, maîtres d'hôtels garnis, etc.	Dans les communes : Au-dessous de 4,000 âmes	12f	3f
	De 4,001 à 6,000 »	16	4
	De 6,001 à 10,000 »	20	5
	De 10,001 à 15,000 »	24	6
	De 15,001 à 20,000 »	28	7
	De 20,001 à 30,000 »	32	8
	De 30,001 à 50,000 »	36	9
	De 50,001 et au-dessus (Paris exc.) [*Voy.* n°29.]	40	10
March. en gros de boissons.	Dans tous les lieux. . .	100	25
Brasseurs	Dans les départements de l'Aisne, des Ardennes, Côte-d'Or, du Nord, du Pas-de-Calais, du Rhône, de Meurthe-et-Moselle, de la Seine-Inférieure, de Seine-et-Oise, de la Seine et de la Somme.	100	25
	Dans tous les autres départements	60	15
Bouilleurs et distillateurs.	Quel que soit le chiffre de la population . . .	20	5
Fabr. de cartes.	Idem.	100	25
Entrepreneurs de voitures publiques (à service régulier).	Par voiture d'eau et par voiture à 4 roues. . . .	5	»
	Par voiture à 2 roues. . (*L.* 25 *mars* 1817.). .	2	»
Fabricants de salpêtres.	Dans tous les lieux situés hors de la circonscription des salpêtreries de l'État (*L.* 10 *mars* 1819).	20	5
Fabricants de sucre indigène et de glucoses.	Dans tous les lieux. (*L.* 4 *sept.* 1871.)	100	»
Fabricants de chicorée. (*L.* 4 *sept.* 1871.) . .		20	»
Fabricants de papier. (*Même loi.*) . .		20	»
Fabricants de savon. (*L.* 30 *déc.* 1873.) . . .		20	»
Fabricants d'acide stéarique, de bougies ou de cierges. (*L.* 30 *déc.* 1873.)		20	»
Entrepositaires d'huiles autres que les huiles minérales. (*L.* 30 *déc.* 1873.) . . .		Même tarif que pour les débit. de boiss.	
Fabricants d'acide acétique ou de vinaigre. .		20	»
Simples marchands entrepositaires d'acide acétique ou de vinaigre. (*L.* 17 *juill.* 1875.) . .		10	»

Loi du 4 septembre 1871.

24. Le droit de licence est passible des décimes de guerre. (*L.* 25 *mars* 1817; *Loi annuelle du budget.*)

25. Tous les assujettis indistinctement doivent se munir de la licence avant de commencer leur exploitation ou leur commerce.

La première licence est perçue *au comptant* par le buraliste qui reçoit la déclaration d'établissement.

Les entrepreneurs de voitures publiques doivent renouveler la déclaration d'établissement au commencement de chaque année, et, en ce qui les concerne, la perception du droit de licence a toujours lieu *au comptant.*

A l'égard de tous les autres assujettis, le droit de licence est l'objet d'une constatation ou inscription à un rôle, pour les périodes (année ou trimestre) qui suivent celle à laquelle se rapporte la première déclaration. Le recouvrement en est assuré par voie d'avertissement et de contrainte. La régie n'est pas obligée de suivre cette marche (*Cass.* 6 *mars* 1818); elle l'a adoptée afin de simplifier les obligations des redevables.

26. Les débitants de boissons, les restaurateurs, les maîtres d'hôtels garnis et tous ceux qui sont assimilés aux débitants de boissons, ne peuvent se soustraire au paiement de la licence qu'en faisant une déclaration de cesser. (*L.* 28 *avril* 1816, *art.* 67.) Il n'en est pas de même des autres assujettis : la licence ne continue à être exigible qu'autant qu'ils ont continué à exercer leur profession.

27. En cas de simple substitution d'une voiture à une autre, il n'y a pas lieu de percevoir une nouvelle licence ; mais la substitution doit être déclarée. (*L.* 25 *mars* 1817, *art.* 117.)

28. On n'exige pas une nouvelle licence des redevables qui, après déclaration de cesser, reprennent leur exploitation avant l'expiration de la période pour laquelle ils ont payé la licence.

CHAP. IV. — DISPOSITIONS SPÉCIALES.

29. A Paris, les débitants et marchands en gros de boissons, ainsi que les liquoristes, ne doivent pas la licence : la taxe unique perçue aux entrées sur les boissons comprend le droit de licence. La licence y est due par les brasseurs, les fabricants de cartes, etc.

30. Relativement aux cafetiers, cabaretiers et à tous autres qui débitent des boissons *sur place,* la délivrance de la licence première est subordonnée à l'autorisation préalable du préfet. (*D.* 29 *déc.* 1851 *sur la police des cabarets.*) Roucou.

LICENCIÉ. *Voy.* **Instruction supérieure.**

LIEUX PUBLICS. La maison de chaque citoyen est un asile inviolable pendant la nuit, et nul officier public ne peut s'y introduire que dans les cas expressément prévus par la loi (*Const. de l'an VIII, art.* 76. — *Voy.* **Cabaret**, n° 18). Mais un officier public peut s'introduire pendant la nuit dans des lieux publics où la loi lui donne le droit d'exercer des vérifications, lorsque les lieux sont ouverts et que tout individu est admis à y entrer. (*Cass.* 22 *nov.* 1872. — *Voy.* **Cabaret**, *n°* 18.) Les employés de la régie peuvent s'introduire chez les débitants de boissons pendant tout le temps que les lieux de débit sont ouverts au public (*L. du* 28 *avril* 1816, *art.* 235). Ils n'ont plus ce droit dès que les établissements dont il s'agit sont fermés au public, lors même qu'un arrêté municipal aurait autorisé les visites à toute heure de la nuit. (*Voy. aussi* **Contributions indirectes** et **Police.**)

LIMITES D'AGE. 1. Cette expression est employée pour indiquer l'âge auquel certains fonctionnaires doivent être mis à la retraite. Elle est le correctif de ce que l'inamovibilité pourrait avoir de trop absolu. Elle s'explique, sinon se justifie, par la nécessité de ne maintenir en fonctions que ceux qui sont encore en état de les bien remplir. On a aussi employé cette mesure pour faciliter l'avancement et parfois même pour faciliter des réformes ou pour couvrir des actes de faveur. C'est à cette loi qu'est souvent applicable le mot *dura lex, sed lex.* La loi est dure, parce qu'elle force souvent de se priver des services d'hommes d'autant plus utiles que leur expérience est plus longue ; elle est dure encore, parce qu'elle contribue à grossir le chapitre des pensions.

Il en résulte qu'on ne devrait pas multiplier les limites d'âge.

2. La limite d'âge diffère selon la nature des fonctions.

Ainsi, les juges des tribunaux et les conseillers des cours d'appel sont mis à la retraite à l'âge de 70 ans, les conseillers à la Cour de cassation à 75 ans. (*D.* 1er *mars* 1852, *art.* 1er.) Les magistrats du parquet n'étant pas inamovibles, ni les juges de paix, ne sont pas soumis à la limite d'âge.

Dans l'armée nous trouvons comme extrême, pour les généraux de division, 65 ans ; pour les généraux de brigade, 62 ans ; colonels, 60 ans ; pour les lieutenants-colonels, 58 ans ; chefs de bataillon, 55 ans ; autrefois les capitaines étaient mis à la retraite à 53 ans, mais cette disposition est tombée en désuétude. En revanche, on a appliqué le principe aux employés du ministère de la guerre.

Les ingénieurs aussi sont soumis à des limites d'âge ; elle est de 60 ans pour les ingénieurs ordinaires, de 62 ans pour les ingénieurs en chef, de 65 et de 70 ans pour les deux classes d'inspecteurs généraux.

Des règlements analogues existent pour d'autres fonctionnaires ; mais il y a d'autant moins d'intérêt à allonger la liste, que des arrêtés ministériels y introduisent d'assez fréquents changements.

M. B.

LIQUEURS. *Voy.* **Boissons.**

LISTE CIVILE. 1. Cette institution, inhérente au régime de la monarchie constitutionnelle, n'existe plus en France ; mais la suppression en est de date assez récente pour que les principes qui régissaient la liste civile présentent encore de l'intérêt.

2. La dénomination de liste civile, empruntée à l'Angleterre, s'appliquait à l'ensemble des allocations et affectations attribuées au monarque. Sous l'ancienne royauté, rien de semblable ne pouvait exister ; le domaine de l'État se confondait avec celui du roi ou de la royauté ; les biens du roi, comme sa personne, étaient identifiés avec la nation. Ces vues de droit public furent changées par la révolution de 1789 ; une distinction fondamentale ayant été posée entre le domaine de l'État et celui du roi, il devint nécessaire de déterminer les dotations pécuniaires, mobilières et immobilières que recevrait la couronne.

3. L'Assemblée constituante établit la première liste civile. Les deux décrets du 26 mai 1791 en règlent l'organisation générale ; ils fixent l'allocation annuelle du roi à 25 millions, la dotation de la reine à 4 millions ; ils énumèrent les domaines et les palais attribués au roi. La Constitution du 3 septembre 1791 confirma ces dispositions et le principe que la liste civile est votée législativement au commencement et pour toute la durée de chaque règne. (*Voy. aussi S.- C.* 25 déc. 1852.)

4. La liste civile, supprimée par un décret du 12 août 1792, fut rétablie par le sénatus-consulte du 28 floréal an XII. telle qu'elle existait sous Louis XVI. Elle fut augmentée, quant aux biens meubles et immeubles, par le sénatus-consulte du 30 janvier 1810, relatif à la dotation de la couronne. La Charte de 1814 maintint le principe de la liste civile. Celle de Louis XVIII fut réglée par la loi du 8 novembre 1814 ; celle de Charles X par la loi du 15 janvier 1825 ; celle de Louis-Philippe par la loi du 2 mars 1832 ; celle de Napoléon III par le sénatus-consulte du 12 décembre 1852.

5. La loi du 2 mars 1832 a restreint l'expression de *liste civile* aux sommes annuelles attribuées au souverain ou à sa famille. Les propriétés mobilières et immobilières prenaient le nom de *dotation de la couronne* (*voy. ce mot*).

6. Les allocations annuelles ont varié. Elles furent, sous chaque règne, depuis Louis XVI, de 25 millions pour les souverains, à l'exception du roi Louis-Philippe, dont l'allocation fut fixée à 12 millions. Un douaire était dû à l'impératrice. Des dotations étaient aussi attribuées aux princes et princesses de la famille souveraine ; elles ne pouvaient être constituées en propriétés. Sous le second Empire, ces dotations s'élevaient à 1,500,000 fr.

7. La liste civile impériale était administrée par le ministre de la maison de l'empereur, qui le représentait dans les actions judiciaires. (*Voy. D.* 4 déc. 1852, 31 déc. 1852, 19 janv. 1853, 26 mai 1853.) Cette disposition avait remplacé, comme plus conforme à la dignité de la magistrature, l'art. 69 du Code de procédure civile, qui voulait que l'empereur fût assigné en la personne du procureur impérial, et la loi du 8 novembre 1814 qui imposait aussi au ministère public de plaider toutes les causes du roi.

8. Les pensions des employés ou fonctionnaires de la maison du souverain *attachés à sa personne*, étaient servies sur le domaine privé. (*L.* 2 mars 1832 ; *S.-C.* 12 déc. 1852.) Celles des employés *préposés à la gestion des biens de la couronne* étaient servies par l'État. (*D.* 24 nov. 1852, 31 déc. 1852.) La loi du 9 juin 1853 sur les pensions civiles leur fut en conséquence applicable.

9. La liste civile a disparu avec le régime monarchique. Le décret du gouvernement de la Défense nationale du 6 septembre 1870 a supprimé le ministère de la maison de l'empereur, décidé le retour à l'État des biens meubles et immeubles désignés sous le nom de biens de la

liste civile, et l'administration sous séquestre des biens du domaine privé. (*Voy.* **Dotation.**)

LISTE ÉLECTORALE, DU JURY, DES NOTABLES. *Voy.* **Élections, Jury, Notables.**

LITHOGRAPHIE. *Voy.* **Imprimerie.**

LITS MILITAIRES. *Voy.* **Armée.**

LIVRE D'ACQUIT. *Voy.* **Livret.**

LIVRES D'ÉGLISE. *Voy.* **Imprimerie.**

LIVRETS. 1. Petits cahiers reliés, de différentes formes, dont l'emploi est prescrit par des lois ou règlements pour y inscrire des fournitures, des comptes, des certificats ou divers renseignements. Il y a dans l'armée les livrets d'armement, de revue, d'ordinaire, etc. ; chaque soldat a aussi un livret sur lequel on inscrit à son crédit le montant de sa masse individuelle, et à son débit, le prix des effets qui lui sont remis et la valeur des réparations, dégradations, dégâts et pertes qui sont à sa charge. (*Voy.* **Armée.**) Aux mots **Caisses d'épargne** et **Caisse des retraites** se trouvent les dispositions relatives aux livrets des déposants. Nous parlons ici des livrets qui se rapportent au louage d'ouvrage.

SOMMAIRE.

CHAP. I. — LIVRETS D'OUVRIERS.

2. Les livrets d'ouvriers ont pour origine le congé d'acquit sans lequel les ouvriers ne pouvaient, sous l'empire des anciens règlements industriels, quitter les maîtres envers lesquels ils avaient pris des engagements. Ce fut pour assurer l'exécution de cette obligation que des lettres patentes du 2 janvier 1749 défendirent aux chefs d'établissement de recevoir aucun ouvrier qui ne serait pas muni d'un congé par écrit de son patron précédent, et comme ces congés donnés sur des feuilles volantes étaient sujets à s'égarer, d'autres lettres patentes du 8 janvier 1782 ordonnèrent à tous ouvriers d'avoir un livret ou cahier sur lequel seraient portés les certificats des patrons chez lesquels ils auraient travaillé.

3. Ces dispositions disparurent en 1791 avec les maîtrises et les jurandes. En l'an XI, il fut interdit de nouveau (*L.* 22 germ.) de recevoir un ouvrier s'il n'était porteur d'un livret renfermant l'acquit de ses engagements, et un arrêté consulaire du 9 frimaire an XII régla la forme et les conditions de ces livrets. L'ouvrier qui quittait un établissement sans avoir un livret en règle, pouvait être poursuivi comme vagabond. L'industriel qui le recevait pouvait être condamné à des dommages-intérêts envers le patron précédent et au payement des avances faites à l'ouvrier par ce dernier. (*Cass.* 19 juin 1828 et 2 août 1848.) Si un patron ne pouvait donner du travail à un ouvrier ou lui payer son salaire, ou s'il refusait de le faire, l'ouvrier était dégagé et pouvait exiger son livret ; mais le patron avait le droit d'y inscrire les avances et le nouveau patron était tenu de faire des retenues sur le produit du travail de l'ouvrier jusqu'à son entière libération et d'en mettre le montant à la disposition du créancier.

4. Cette législation donnait aux patrons le

moyen de mettre les ouvriers hors d'état de les quitter, en leur faisant de fortes avances qu'il leur était impossible de rembourser; c'était encourager en outre l'imprévoyance et la dissipation. Les critiques et les réclamations qui s'élevèrent finirent par amener une loi du 14 mai 1851, destinée à corriger l'abus des avances. D'après cette loi, l'ouvrier qui a terminé et livré l'ouvrage qu'il s'était engagé à faire, qui a travaillé pendant le temps réglé, soit par le contrat de louage, soit par l'usage des lieux, ou à qui le patron refuse de l'ouvrage ou un salaire, a le droit d'exiger la délivrance du congé d'acquit, lors même qu'il n'a pas acquitté les avances qu'il a reçues (*art.* 2). Le congé peut être refusé tant que le travail n'est pas terminé et livré, à moins que l'ouvrier, pour des causes indépendantes de sa volonté, ne soit hors d'état de travailler ou de remplir les conditions de son contrat (*art.* 3). Les avances ne peuvent être inscrites et ne sont remboursables au moyen de la retenue que jusqu'à concurrence de 30 fr., et la retenue est limitée au dixième du salaire journalier (*art.* 4 *et* 5). Quant à la juridiction en cas de contestation, voir n° 21.

5. A l'occasion des abus des avances, les livrets eux-mêmes furent attaqués comme étant gênants et inutiles; mais, loin de prendre en considération ces critiques, on jugea à propos, en 1854, de rendre l'obligation du livret plus rigoureuse, afin de suivre les mouvements des ouvriers; les femmes furent soumises à cette obligation comme les hommes; les patrons eurent à remplir des formalités nouvelles, et à la sanction civile, dont s'était contenté le législateur de l'an XII, vint s'ajouter une sanction pénale, applicable tant aux ouvriers qu'aux patrons. A Paris, en outre, une ordonnance de police obligea tout patron qui recevrait un ouvrier à faire viser par le commissaire de police, dans les 24 heures, la mention de l'entrée inscrite sur le livret. Cette législation occasionna de tels mécomptes qu'on se décida en 1869 à faire une enquête, à la suite de laquelle le Gouvernement présenta un projet de loi qui, en abrogeant la loi de 1851 et celle de 1854, soumettait aux règles du droit commun le contrat de louage d'ouvrage entre les patrons et les ouvriers, et donnait la faculté de constater ce contrat par un livret conventionnel qui pourrait servir de passe-port.

6. L'Exposé des motifs justifiait pleinement cette proposition. Beaucoup d'industries étaient restées en dehors de l'application de la loi, et il se manifestait une tendance de plus en plus générale à s'y soustraire. Aucune condamnation n'avait jamais été prononcée. On faisait observer que le livret ne servait ni d'instrument constatant le contrat de louage, puisqu'il ne renferme aucune condition, ni de certificat, puisqu'il ne doit contenir aucune note sur le porteur; qu'il n'est conforme ni au principe de l'égalité, ni à celui de la liberté du travail; que l'abandon d'un patron par un ouvrier et la réception de cet ouvrier par un autre patron ne portent atteinte ni à l'ordre public, ni à l'intérêt social; qu'il n'y a donc pas là matière à une peine.

7. L'affaire fut interrompue par les événements, mais la loi de 1854 reçut une atteinte dont elle ne saurait se relever. Toutefois nous devons indiquer les principales dispositions de cette loi et du décret rendu le 30 avril 1855 pour régler les mesures d'exécution.

8. Tous ouvriers et ouvrières de l'industrie doivent être munis d'un livret. Sont seuls exceptés les ouvriers qui sont membres d'une société de secours mutuels approuvée.

9. Les livrets sont délivrés par les maires et par le préfet de police dans le ressort de sa préfecture, et à Lyon, par le préfet du Rhône. La forme et le contenu sont réglés par un décret du 30 avril 1855.

Il ne doit être perçu, pour la délivrance, que le prix de confection, et ce prix ne peut dépasser 25 centimes.

10. Lorsqu'un ouvrier demande un premier livret, l'autorité compétente constate son *identité* et sa *position*; elle est juge des justifications qui doivent être produites suivant les circonstances, et elle peut exiger que l'ouvrier souscrive une déclaration dont la sanction se trouve dans l'art. 13 de la loi du 22 juin 1854, mais en ayant soin de lui donner lecture de cet article, qui est ainsi conçu : « Tout ouvrier coupable de s'être fait délivrer un livret, soit sous un faux nom, soit au moyen de fausses déclarations ou de faux certificats, ou d'avoir fait usage d'un livret qui ne lui appartient pas, est puni d'un emprisonnement de trois mois à un an. »

11. Tout ouvrier qui entre dans un établissement industriel doit présenter un livret en règle, afin que le chef d'établissement y inscrive la date de son entrée. De même, tout ouvrier qui travaille habituellement pour plusieurs patrons, doit leur présenter son livret lorsqu'ils lui confient de l'ouvrage, afin que chacun d'eux inscrive précisément le jour où ce fait a lieu. Puis le livret est remis à l'ouvrier et reste entre ses mains, à la condition de le représenter à toute réquisition des agents de l'autorité.

12. Les livrets perdus ou remplis, ou hors d'état de servir, sont remplacés avec les mêmes formalités que pour les premiers.

13. L'ouvrier qui ne travaille que pour un seul établissement et qui vient à le quitter, doit présenter son livret à son patron, afin que ce dernier y inscrive la date de la sortie, l'acquit des engagements, et, s'il y a lieu, le montant des avances dont l'ouvrier resterait débiteur envers lui. (*Voy.* n° 4.) Quant à l'ouvrier qui travaille habituellement pour plusieurs patrons, il n'est pas nécessaire que l'acquit de ses engagements soit porté sur son livret, pour qu'il puisse obtenir du travail d'un ou de plusieurs autres chefs d'établissement.

14. Le livret peut servir de passe-port à l'intérieur, moyennant le visa du fonctionnaire qui serait chargé de le délivrer (n° 9). Le visa est gratuit; il n'est accordé que sur la mention de l'acquit des engagements, et il ne peut l'être si l'ouvrier a interrompu l'exercice de sa profession, ou s'il s'est écoulé plus d'une année depuis le dernier certificat de sortie. (*D.* 30 *avril* 1855.)

15. Les livrets délivrés aux ouvriers qui se trouvent sous la surveillance de la haute police ne portent aucune indication de la situation légale de ces ouvriers. Mais lorsque l'un d'eux obtient

l'autorisation de changer de résidence, il est tenu de se pourvoir d'un passe-port à l'intérieur avec le signe de la surveillance. Son livret est visé pour la même destination, sans que l'état de surveillance y soit indiqué; puis ce document est transmis à la mairie du lieu où l'ouvrier va résider et où il doit aller le reprendre en échange du passeport dont il est porteur. (*Circ. Int.* 20 *août* 1854.)

16. Il est fait défense aux chefs d'établissement d'employer un ouvrier dépourvu d'un livret en règle. Si l'ouvrier est exclusivement attaché à l'établissement, le chef doit l'indiquer sur le livret en y inscrivant la date de l'entrée. S'il s'agit d'un ouvrier qui travaille pour plusieurs chefs d'établissement, chacun d'eux doit l'indiquer sur le livret en y inscrivant le jour où ils lui confient de l'ouvrage. De plus, tout chef d'établissement doit inscrire sur un registre spécial divers renseignements spécifiés par la loi du 22 juin 1854 et le décret du 30 avril 1855. Les registres sont dressés conformément au modèle annexé au même décret; ils ne sont pas timbrés; ils sont cotés et paraphés sans frais par les fonctionnaires chargés de la délivrance des livrets; ils doivent être communiqués aux maires et aux commissaires de police toutes les fois que ces fonctionnaires en font la demande.

17. Le chef d'établissement qui cesse d'employer un ouvrier doit inscrire la date de sa sortie et le congé d'acquit sous les conditions indiquées au n° 4. S'il ne peut ou ne veut le faire, le congé est inscrit par le maire ou par le commissaire de police.

18. Toute annotation ou indication, soit favorable, soit défavorable, est interdite. (*L.* 22 *juin* 1854; *Cas.* 30 *juill.* 1864.)

19. Les mentions inscrites sur chaque livret délivré, et les visas de départ doivent être relatés immédiatement sur un registre tenu dans les mairies, et les ouvriers doivent y apposer leur signature, ou il est fait mention qu'ils ne savent ou ne peuvent signer.

20. Les contraventions aux dispositions indiquées aux n°s 8, 16, 17, 18, sont punies d'une amende de 1 à 15 fr., sans préjudice de dommages-intérêts, s'il y a lieu; le tribunal peut, en outre, prononcer, suivant les circonstances, un emprisonnement de un à cinq jours. Tout individu coupable d'avoir fabriqué un faux livret ou falsifié un livret originairement véritable, ou fait sciemment usage d'un livret faux ou falsifié, est passible des peines portées à l'art. 153 du Code pénal. Tout ouvrier coupable de s'être fait délivrer un livret, soit sous un faux nom, soit au moyen de fausses déclarations ou de faux certificats, ou d'avoir fait usage d'un livret qui ne lui appartient pas, peut être puni d'un emprisonnement de trois mois à un an. Mais dans ce cas, ainsi que dans celui qui est énoncé précédemment, l'art. 463 du Code pénal est applicable. Enfin, aucun ouvrier soumis à l'obligation du livret n'est inscrit sur les listes électorales pour la formation des conseils de prud'hommes, s'il n'est pourvu d'un livret. (*L.* 22 *juin* 1854, *art.* 1 à 15.)

21. Les contestations qui peuvent s'élever sur la délivrance des congés ou la rétention des livrets sont jugées par les conseils de prud'hommes, et dans les lieux où il n'y en a pas, par les juges de paix. Les juges de paix prononcent, les parties présentes ou appelées par voie de simple avertissement. Leur décision est exécutoire sur minute et sans aucun délai. (*L.* 21 *mai* 1851.) Lorsque la contestation existe entre des patrons, elle est de la compétence du tribunal de commerce. (*C. de C.*, *art.* 631.)

CHAP. II. — LIVRETS DE DOMESTIQUES.

22. Un décret du 3 octobre 1810, que nous citons seulement pour mémoire, car il n'a jamais pu passer dans la pratique, a imposé à « tous les individus de l'un ou de l'autre sexe qui sont ou veulent se mettre en service à Paris », l'obligation d'être munis d'un livret, « délivré à la préfecture de police sur la production des documents propres à établir l'identité de l'impétrant et sur le vu d'un certificat délivré par le commissaire de police ». Les contrevenants encourent la peine d'un emprisonnement de huit jours à trois mois.

23. Il est interdit de recevoir et prendre à son service un domestique qui ne serait pas muni d'un livret en règle. Le maître conserve le livret entre ses mains, et à la sortie du domestique, il doit, le jour même, porter le livret ou le faire remettre, revêtu de son visa, au commissaire de police. Il doit y inscrire seulement le jour de l'entrée et le jour de la sortie, sans y exprimer aucune mention de blâme ou de satisfaction. Les contrevenants encourent la peine portée à l'art. 471, § 15, du Code pénal. « En cas de contestation sur la remise ou le visa du livret, le commissaire prête son concours, s'il en est requis, et statue provisoirement. »

24. Le domestique qui sort de service est tenu, sous peine d'un emprisonnement d'un à quatre jours, « de se présenter, dans les quarante-huit heures, au bureau de police où a été adressé le livret, et d'y faire connaître s'il veut continuer à servir ». En cas d'affirmation, le livret lui est rendu visé par le commissaire de police.

25. Le décret du 3 octobre 1810 ayant été rendu pour Paris seulement, et l'obligation du livret ne pouvant être imposée que par une disposition législative, l'autorité administrative n'a le droit d'ordonner ailleurs aucune mesure semblable. (*Cass.* 15 *juill.* 1854.)

CHAP. III. — LIVRETS DU TISSAGE ET DU BOBINAGE.

26. Ces livrets sont destinés à constater les conditions auxquelles des tisserands ou des bobineuses se chargent d'exécuter dans leurs demeures des travaux à façon. Les transactions de ce genre étaient sujettes à des abus qu'une loi du 7 mars 1850 a eu pour but d'empêcher en imposant à tout fabricant, commissionnaire ou intermédiaire qui livre des fils à tisser, l'obligation « d'inscrire, au moment de la livraison, sur un livret spécial appartenant à l'ouvrier et laissé entre ses mains: 1° le poids et la longueur de la chaîne; 2° le poids de la trame et le nombre des fils de trame à introduire par mètre de tissu; 3° la longueur et la largeur de la pièce à fabriquer; 4° le prix de façon, soit au mètre de tissu fabriqué, soit au mètre de longueur ou au kilogramme de la trame introduite dans le tissu (*art.* 1er) ». Pour les fils à bobiner, les mentions à inscrire sur le livret de l'ouvrière sont: 1° le poids brut qui représente la matière à travailler, plus les bobines vides; 2° le poids net de la matière; 3° le numéro du fil; 4° le prix de façon, soit au kilogramme des fils à bobiner, soit au mètre de longueur de ces mêmes fils (*art.* 2).

27. La même loi prescrit : 1° au fabricant, commissionnaire ou intermédiaire, d'indiquer le prix de façon en monnaie légale, afin que le salaire ne soit pas réglé en marchandises contre le gré de l'ouvrier; 2° à l'ouvrier, de remettre l'ouvrage exécuté au fabricant, commissionnaire ou intermédiaire de qui il a reçu directement la matière première; 3° au fabricant, commissionnaire ou intermédiaire, d'arrêter le compte de façon au moment même où l'ouvrage est rendu. Il peut être dérogé d'un commun accord à ces trois prescriptions; mais il faut que les conventions contraires soient inscrites sur le livret (*art.* 3 *et* 4). Notamment si l'on convient de régler le salaire en marchandises, on doit en déterminer l'espèce et la quantité.

28. Le fabricant, commissionnaire ou intermédiaire, doit inscrire sur un registre d'ordre toutes les mentions portées au livret de l'ouvrier (*art.* 5). Il est obligé en outre de tenir constamment exposés aux regards, dans le lieu où se règlent habituellement les comptes entre lui et l'ouvrier : 1° les instruments nécessaires à la vérification des poids et mesures; 2° un exemplaire de la loi en forme de placard (*art* 6).

29. Le Gouvernement peut étendre, par des règlements d'administration publique, les dispositions qui précèdent aux industries qui se rattachent au tissage et au bobinage, après avoir pris l'avis des chambres de commerce, des chambres consultatives des arts et manufactures et des conseils de prud'hommes, et sauf à soumettre ces règlements à l'approbation des assemblées législatives, dans le délai de trois années (*art.* 7). Une loi du 21 juillet 1856 a confirmé ainsi un décret du 20 juillet 1853 qui avait étendu la loi de 1850 à la coupe des velours de coton, à la teinture, au blanchiment et à l'apprêt d'étoffes, lorsque ces travaux s'opèrent à façon.

30. Les contraventions sont punies d'une amende de 11 à 15 fr.; il doit être prononcé autant d'amendes qu'il a été commis de contraventions distinctes. Si, dans les douze mois qui ont précédé la contravention, le prévenu a encouru une première condamnation, le tribunal peut ordonner l'insertion du nouveau jugement dans un journal de la localité, aux frais du condamné (*art.* 9).

CHAP. IV. — LIVRES D'ACQUIT.

31. Ces livres s'emploient dans la fabrication des tissus à façon chez les ouvriers, et ont pour objet : 1° de constater les règlements de compte entre les parties; 2° d'empêcher le détournement des ouvriers. D'après la loi du 18 mars 1806, les chefs d'atelier doivent « se pourvoir au secrétariat du conseil de prud'hommes d'un double livre d'acquit pour chacun des métiers qu'ils font travailler », et dans la huitaine du jour où les métiers montés à neuf commencent à fonctionner.

32. Les livres d'acquit sont imprimés d'après un modèle uniforme, numérotés et paraphés. On y inscrit, avec le nom, les prénoms et le domicile du chef d'atelier, la désignation du métier, et l'on relate le tout sur un registre tenu au conseil de prud'hommes. Le chef d'atelier appose sa signature sur ce registre et sur les deux livres d'acquit. Puis il doit déposer un des deux livres entre les mains du marchand-fabricant pour lequel le métier est monté, et il peut, s'il le désire, exiger un récépissé.

33. Lorsqu'un chef d'atelier cesse de travailler pour un marchand-fabricant, et qu'il ne lui doit rien, soit en argent, soit en matières, il est tenu de le faire certifier par ce marchand-fabricant sur les deux livres d'acquit. Si le chef d'atelier, au contraire, reste redevable d'avances ou de matières envers le marchand-fabricant, ce dernier spécifie la dette sur les deux livres, remet au chef d'atelier celui des deux qui appartient à ce dernier, et conserve le sien; puis il le fait viser par les autres marchands-fabricants qui occupent des métiers dans le même atelier, afin que ces derniers puissent énoncer les sommes qui leur seraient dues par le chef d'atelier.

34. Lorsqu'un chef d'atelier, en cessant de travailler pour un marchand-fabricant, *du consentement de ce dernier ou pour cause légitime*, reste débiteur envers lui, soit d'avances, soit de matières, tout marchand-fabricant qui veut donner de l'ouvrage à ce chef d'atelier, doit faire « la promesse de retenir la huitième partie du prix des façons dudit ouvrage, en faveur du marchand-fabricant dont la créance est la plus ancienne, et ainsi successivement ». Si, au contraire, le chef d'atelier a cessé de travailler pour le marchand-fabricant envers lequel il reste débiteur, *sans le consentement de ce dernier et sans cause légitime*, le marchand-fabricant qui veut occuper ce chef d'atelier, doit payer à celui qui est resté créancier, savoir : la totalité pour le compte en matières, nonobstant toute dette antérieure en argent, et jusqu'à concurrence de 500 fr. seulement pour le compte en argent. Cette différence est fondée sur ce que la dette des matières résulte d'un dépôt forcé, qui est confié par le marchand-fabricant au chef d'atelier pour son travail.

35. La date des dettes que les chefs d'atelier ont contractées envers les marchands-fabricants qui les ont occupés, est regardée comme certaine après l'apurement des comptes, l'inscription de la déclaration sur le livre d'acquit et le visa du bureau des prud'hommes; mais elle n'a d'effet que pour l'exécution des dispositions mentionnées ci-dessus.

36. Les déclarations indiquées aux n°s 33 et 34 doivent être portées par le marchand-fabricant sur le double resté entre les mains du chef d'atelier comme sur le sien.

37. Lorsqu'un marchand-fabricant a donné de l'ouvrage à un chef d'atelier dépourvu de livre d'acquit pour le métier que ce fabricant veut occuper, il est « condamné à payer comptant tout ce que ledit chef d'atelier peut devoir en compte de matières, et en compte d'argent jusqu'à 500 fr. » L. SMITH.

LOCOMOBILE, LOCOMOTIVE. Nous ne pouvons encore que renvoyer aux mots **Chemins de fer** et surtout **Machines à vapeur**, mais des dispositions ne tarderont pas à être prises sur l'emploi des locomotives sur les grandes routes; on les trouvera dans notre supplément annuel.

LOGEMENT DANS UN BATIMENT DE L'ÉTAT.

1. De nombreuses dispositions législatives et réglementaires, souvent de simples arrêtés ministériels, déterminent les fonctionnaires et agents qui jouissent d'un logement dans un bâtiment de l'État, des départements ou des communes ; il ne saurait entrer dans notre cadre de reproduire ici ces actes, nous dirons seulement que, depuis une série d'années, le projet de budget renferme, par ministère, l'état des logements affectés, dans les bâtiments de l'État, aux fonctionnaires et agents de ce département ministériel, ainsi que l'indication sommaire des motifs qui ont fait accorder le logement.

2. La disposition la plus récente et l'une des plus importantes intervenues en cette matière est celle de la loi de finances du 22 décembre 1871, dont l'art. 27 dispose : « Les ministres, sous-secrétaires d'État, secrétaires généraux, chefs de service et autres fonctionnaires ou employés des ministères qui sont logés aux frais de l'État, cesseront, à partir du 1er janvier 1872, de jouir de ces logements et des avantages qui y sont attachés. Il sera fait exception pour les préposés à la garde du matériel, et pour les concierges et gens de service..... »

3. L'ordonnance royale du 7 juillet 1844 se trouve ainsi en grande partie abolie; nous en retenons cependant les art. 4 à 6, d'après lesquels les fonctionnaires et toutes personnes logées, en raison de leurs emplois, dans un bâtiment affecté à un service public, supportent les frais, tant des réparations locatives que de l'entretien du local mis à leur disposition. L'administration peut néanmoins y faire exécuter, aux frais de l'État, la visite et le nettoiement des appareils de chauffage aussi souvent qu'elle le juge convenable pour la sûreté des édifices. Il n'est point fourni d'ameublement à ces fonctionnaires ; mais il peut leur être accordé, par arrêté ministériel, le chauffage et l'éclairage.

4. La loi du 26 juillet 1829 prescrit que l'inventaire du mobilier fourni par l'État ou les départements à des fonctionnaires publics doit être récolé à la fin de chaque année et lors des mutations de ces fonctionnaires, et l'ordonnance royale du 3 février 1830 prescrit le mode d'exécution (cette ordonnance vise les actes antérieurs).

LOGEMENTS INSALUBRES.

1. Sous l'ancienne monarchie, les règlements de police laissaient les propriétaires de maisons entièrement libres d'en disposer l'intérieur à leur gré ; ils prescrivaient seulement d'avoir des latrines (*Arr. du parl.* 1533, 1553, 1663; *O. de pol.* 1697, 1700), de ne garder aucune ordure ni eau croupie, de n'élever aucuns bestiaux, de n'infecter l'air par aucune exhalaison maligne. (*Id.*) Après 1789, les pouvoirs de l'autorité ne furent pas plus étendus ; lorsque les progrès de l'industrie et du commerce accrurent considérablement la population des villes, les règlements n'en durent pas moins se borner à ajouter aux anciennes prescriptions des mesures relatives à l'écoulement des eaux (*O. de pol.* 1838), et à l'éclairage par le gaz (1846). Aussi, au bout de soixante ans, un très-grand nombre de logements, surtout dans les villes industrielles, se trouvaient-ils dans un état pernicieux pour la santé ou la vie des habitants. Ce fut M. de Melun qui prit, en 1850, l'initiative de la réforme nécessaire, en faisant à l'Assemblée nationale une proposition de loi qui fut accueillie avec empressement.

2. Il ne s'agissait pas de l'insalubrité provenant, soit de causes extérieures et indépendantes de l'habitation, soit d'un encombrement forcé dans des espaces restreints, mais spécialement de l'insalubrité provenant de la disposition des lieux, par le fait des propriétaires ou des locataires. On n'entendait pas non plus gêner la liberté des propriétaires qui habitent seuls leurs maisons, mais seulement imposer à ceux qui les louent des conditions de salubrité qui ne violent ni le droit de propriété ni le domicile. C'est d'après ces principes, reconnus depuis par la jurisprudence, que fut rendue la loi du 13 avril 1850.

3. Tout conseil municipal qui le juge à propos, nomme une commission « chargée de rechercher et d'indiquer les mesures indispensables d'assainissement des logements et dépendances insalubres mis en location ou occupés par d'autres que le propriétaire, l'usufruitier ou l'usager » (*art.* 1er), ainsi que des logements de concierges. (*Arr. du C.* 3 déc. 1864.)

4. Dans les villes dont la population dépasse 50,000 âmes, le conseil municipal peut former, soit une commission de vingt membres, soit plusieurs commissions composées de neuf membres au plus et de cinq au moins. A Paris, le nombre des membres peut être porté à trente (*L.* 25 mai 1864). Dans les autres communes, la commission se compose de cinq à neuf membres. Elle doit comprendre un médecin et un architecte, ou tout autre homme de l'art, ainsi qu'un membre du bureau de bienfaisance et du conseil de prud'hommes, si ces institutions existent dans la commune. La présidence appartient au maire ou à un adjoint. Le médecin et l'architecte peuvent être choisis hors de la commune. La commission se renouvelle tous les deux ans par tiers; les membres sortants sont indéfiniment rééligibles. (*L. 13 avril 1850, art.* 2.)

5. La commission visite les lieux signalés comme insalubres. Elle détermine l'état d'insalubrité, en indique les causes et expose les moyens d'y remédier. Elle doit aussi signaler ceux des logements qui ne seraient pas susceptibles d'être sérieusement assainis. Les rapports sont déposés au secrétariat de la mairie et les parties intéressées sont mises en demeure d'en prendre communication et de produire leurs observations dans le délai d'un mois. A l'expiration de ce délai, les rapports et les observations sont soumis au conseil municipal qui détermine : 1° les travaux d'assainissement et les lieux où ils doivent être entièrement ou partiellement exécutés, ainsi que les délais dans lesquels ils doivent être achevés; 2° les habitations qui ne sont pas susceptibles d'assainissement (*art.* 4 et 5).

6. Un recours suspensif est ouvert aux intéressés contre ces décisions devant le conseil de préfecture, dans le délai d'un mois à dater de la notification de la délibération (*art.* 6).

7. S'il est reconnu, soit par le conseil municipal, soit par le conseil de préfecture, en cas de recours, que les causes d'insalubrité dépendent du fait du propriétaire ou de l'usufruitier, l'autorité municipale doit lui enjoindre, par mesure d'ordre et de police, d'exécuter les travaux jugés nécessaires (*art.* 7).

8. Les ouvertures pratiquées pour l'exécution des travaux d'assainissement sont exemptées, pendant trois ans, de la contribution des portes et fenêtres (*art.* 8).

9. En cas d'inexécution des travaux dans les délais déterminés, et si le logement a continué d'être occupé par un tiers, le propriétaire ou l'usufruitier est passible d'une amende de 16 à 100 fr. Si les travaux n'ont pas été exécutés dans l'année qui a suivi la condamnation, et si le logement a continué d'être occupé par un tiers, le propriétaire ou l'usufruitier est passible d'une amende égale à la valeur des travaux, et qui peut être élevée au double (*art.* 9).

10. S'il est reconnu qu'un logement n'est pas susceptible d'assainissement, et que les causes d'insalubrité dépendent de l'habitation elle-même, l'autorité municipale peut, dans un délai fixé par elle, en interdire provisoirement la location à titre d'habitation. L'interdiction absolue ne peut être prononcée que par le conseil de préfecture, et sauf le recours au Conseil d'État. Le propriétaire ou l'usufruitier qui contrevient à l'interdiction prononcée, est passible d'une amende de 16 fr. à 100 fr., et en cas de récidive dans l'année, d'une amende égale au double de la valeur locative du logement interdit (*art.* 10). Il peut d'ailleurs habiter seul sa maison s'il bon lui semble. (*Arr. du C.* 29 *déc.* 1858).

11. Lorsque par suite de l'exécution de la loi, un bail doit être résilié, le locataire n'a droit à aucuns dommages-intérêts. (*Voy. art.* 11.)

12. L'art. 463 du Code pénal est applicable à toutes les contraventions (*art.* 12).

13. Lorsque l'insalubrité est le résultat de causes extérieures et permanentes, ou lorsque ces causes ne peuvent être détruites que par des travaux d'ensemble, la commune peut, si elle le juge à propos, acquérir, suivant les formes et après l'accomplissement des formalités prescrites par la loi du 3 mai 1841, la totalité des propriétés comprises dans le périmètre des travaux. Les portions de ces propriétés qui, après l'assainissement opéré, resteraient en dehors des alignements arrêtés pour les nouvelles constructions, peuvent être revendues aux enchères publiques, sans que, dans ce cas, les anciens propriétaires ou leurs ayants droit puissent demander l'application des art. 60 et 61 de la loi du 3 mai 1841 (*art.* 13).

14. Les amendes sont attribuées au bureau ou établissement de bienfaisance de la localité où sont situées les habitations à raison desquelles ces amendes ont été encourues (*art.* 14).

Sмiтн.

BIBLIOGRAPHIE.

Commentaire de la loi du 13 avril 1850 sur les logements insalubres, par M. Alfred des Cilleuls. In-18 jésus. Paris, Cosse, Marchal et Billard. 1869.

ADMINISTRATION COMPARÉE.

Angleterre. Le 29 juin 1875 (38-39 Vict., ch. 36) parut une loi sur l'amélioration des logements des artisans et journaliers, applicable surtout aux ouvriers des grandes villes. Cette loi im-

pose aux autorités locales le devoir d'améliorer et, au besoin, de détruire les logements insalubres et de les remplacer par des logements sains, dût-elle exproprier les maisons et contracter un emprunt pour les reconstruire. La loi précitée indique les formalités à remplir, les enquêtes à faire. Le médecin chargé de l'hygiène publique, ou 12 contribuables de la ville peuvent mettre l'affaire en train.

Autres pays. Dans la plupart des autres pays, aucune maison ne peut être habitée, avant que le plan n'en ait été approuvé par la police locale, laquelle jouit aussi partout de l'autorité nécessaire pour faire disparaître toutes les causes d'insalubrité. Nous n'avons, ainsi que nous l'avons vu, autant que nous en rappeler, de loi spéciale aux habitations ouvrières. Du reste, jusqu'en ces derniers temps les villes du continent n'étaient pas dans des pays assez grandes pour que le mal ait paru bien profond, tandis que les rues nouvelles sont généralement larges et moins exposées à l'insalubrité. Au surplus, depuis les travaux du regretté docteur Villermé, l'attention publique est éveillée sur ce point, et le mal n'a pas complètement disparu, cela vient de la rapidité avec laquelle les villes s'étendent sous l'influence de l'immigration des ouvriers de la campagne.

LOGEMENTS MILITAIRES. 1. Le devoir de loger les troupes incombe en premier lieu à l'État, et subsidiairement à la commune (*L.* 8-10 *juill.* 1791, *tit. V, art.* 1er). Quelquefois la commune s'entend avec l'État pour compléter le casernement. (*Voy.* **Organisation communale.**) Cela est surtout le cas lorsque la commune demande une garnison à demeure, certaines localités croyant que « cela fait marcher le commerce ». Mais la troupe peut aussi n'être que de passage dans une commune, et n'y rester qu'un jour ou que quelques semaines. Dans ce cas, il n'y a d'autre ressource que de loger les militaires chez les habitants, qui reçoivent, il est vrai, une petite indemnité, mais celle-ci semble avoir plutôt pour but de reconnaître le devoir de l'État que de dédommager le citoyen. (*Voy.* **Gîte d'étape.**)

2. Le logement chez l'habitant étant une nécessité, il a existé de tout temps; on cite pour la France l'ordonnance du 20 janvier 1514 comme le premier acte gouvernemental régulier qui l'ait établi. Actuellement, la matière est régie par les lois des 23 janvier-7 avril 1790, qui expriment le principe, des 8-10 juillet 1791 et 23 mai 1792, qui en développent les conséquences, les règlements des 20 juillet 1824, 31 mars 1829 (décision ministérielle) et 13 octobre 1853 (sur le service des places de guerre), qui entrent dans les détails d'application.

3. C'est l'autorité municipale qui règle la répartition des hommes entre les habitants; il lui est permis de proportionner le nombre des hommes envoyés chez un habitant, soit au chiffre de ses impôts, à la grandeur de sa maison, en un mot, d'après ses facultés. Elle peut, en outre, prendre telle disposition d'ordre et de sécurité qu'elle juge utile, mais sans aggraver la charge imposée par les lois. (*Voy.* **Gîte d'étape.**)

4. En principe l'habitant doit le logement dans sa maison, mais il est des cas où il a le droit de loger le militaire à ses frais chez un autre habitant ou même à l'auberge. Les femmes seules, un caissier, etc., ne sont pas tenus de loger chez eux des militaires. Du reste, il est devenu de coutume de tolérer que tout habitant puisse prendre des dispositions pour loger le militaire hors de son domicile.

5. Le refus de loger un militaire rend l'habitant passible d'une peine de police et du remboursement des frais de logement qu'il a fallu fournir ailleurs.

6. L'habitant doit au soldat qu'il loge la lumière, une place au foyer et l'usage d'ustensiles de cuisine.

LOGEUR. *Voy.* **Maison garnie.**

LOI MARTIALE. On donne ce nom à la loi qui régit les cas où la tranquillité publique est troublée. C'était autrefois la loi du 21 octobre 1789, qui a été restreinte par le décret du 26 juillet 1791. La loi qui nous régit aujourd'hui est la loi sur les attroupements des 7-9 juin 1848. (*Voy.* **Attroupement** *et* **Cours martiales.**)

LOIS. 1. Les *lois* sont les règles obligatoires posées par les autorités compétentes et dans la forme prescrite par la Constitution. (*Voy.* **Constitution.**)

2. Autrefois certains actes avaient l'autorité de la loi. C'étaient : 1° les *arrêts de règlement* rendus par les parlements; 2° les *arrêts du Conseil,* revêtus de lettres-patentes enregistrées par les cours souveraines; 3° les *édits royaux;* 4° les *ordonnances royales;* 5° les *décrets.*

3. Les lois ne prescrivent que pour l'avenir; les lois pénales peuvent avoir un effet rétroactif lorsqu'elles réduisent une peine, mais jamais lorsqu'elles l'augmentent.

4. Toutes les lois : constitutionnelles, organiques, ordinaires. commandent l'obéissance au même degré. Les lois constitutionnelles exigent, pour être changées, des formalités spéciales. Les lois organiques ne se distinguent en rien des lois ordinaires; on leur donne ce nom parce qu'elles développent un principe constitutionnel, parce qu'elles viennent immédiatement après une nouvelle constitution, ou aussi parce que la matière est traitée dans son ensemble. Telle est, par exemple, une loi électorale. Si la loi électorale est remaniée plus tard, on la désigne rarement comme *organique.*

5. Le règlement d'administration publique (*voy.*) a force de loi. C'est une loi plus mobile, que le pouvoir exécutif a été chargé de rédiger. Quant au décret-loi, voyez **Décret.**

6. Les lois doivent être exécutées à Paris, un jour franc après la promulgation, et partout ailleurs, dans l'étendue de chaque arrondissement, un jour franc après que le *Journal officiel* qui les contient sera parvenu au chef-lieu de cet arrondissement. (*D.* 5 *nov.* 1870.) Toutefois, quand le pouvoir exécutif juge convenable de hâter l'exécution, en même temps qu'il donne aux préfets connaissance de ces actes, il leur ordonne de prendre aussitôt un arrêté portant que lesdits actes seront imprimés et affichés partout où besoin sera. Dans ce cas, ils doivent être exécutés à compter du jour de la publication, au jour qu'il vient d'être dit. (*O.* 27 *nov.* 1816, *art.* 4; *O.* 18 *janv.* 1817.) *Voy. aussi* **Droits civils et politiques, Promulgation.**

ADMINISTRATION COMPARÉE.

Comme nous citons beaucoup de lois anglaises, il ne sera pas sans utilité d'expliquer la formule abréviative employée pour ces lois. Les lois sont datées de l'année du règne du souverain : ainsi 12 G. IV signifie douzième année du règne de Georges IV. Or toutes les lois d'une même session étant considérées comme autant de chapitres d'un seul *statut,* on est obligé d'indiquer le chapitre; la citation complète de la loi sera donc comme suit : **12 G. IV,** c. 52. Ici c est l'initiale du mot chapitre.

Act 25-26 Vict., c. 89, se lit : loi de la session de la 25e et de la 26e année de la reine Victoria, chapitre 89.

Ajoutons que toutes les lois ainsi citées sont des lois écrites. Les lois coutumières se présentent plus souvent sous la forme de jugement ou d'arrêt.

LONGITUDE (**Bureau des**). *Voy.* **Bureau des longitudes.**

LOTERIE. 1. Opération dans laquelle les personnes engagées courent la chance d'obtenir un gain par le moyen d'un tirage au sort.

2. Pendant longtemps les loteries constituèrent en France un revenu pour l'État. Il percevait des droits sur celles qu'il autorisait et privilégiait (*Édit de Châteaurenard,* 1539, etc.), ou il en organisait lui-même avec bénéfice. (*Arr. du C.* 11 *mai* 1700; 7 *déc.* 1754; 7 *sept.* 1762, etc.) Les parlements résistèrent à l'établissement des loteries privées ou publiques. Arrêté quelquefois par leurs efforts (*voy. notamment l'édit de mars* 1687), le Gouvernement finit par se montrer tout à fait favorable aux loteries. Après en avoir créé ou autorisé beaucoup dont la destination était plus ou moins spéciale, il établit, le 30 juin 1776, par arrêt du Conseil, la loterie royale de France.

3. Les réformes de la Révolution n'épargnèrent point les loteries : le 28 vendémiaire an II, une loi fut rendue contre les loteries privées. Le 25 brumaire suivant, la loterie nationale fut supprimée par la Convention.

4. Rétablie par la loi du 9 vendémiaire an VI et l'arrêté du Directoire du 17 du même mois, réduite par la loi du 22 février 1829, la loterie de France a été définitivement supprimée à partir du 1er janvier 1836 par la loi de finances du 21 avril 1832 (*art.* 48).

5. Malgré des prohibitions réitérées (*L.* 9 *vend.,* 3 *frim.,* 9 *germ. an VI; C. P., art.* 410, 475, 477; *D.* 25 *sept.* 1813, *etc.*) et grâce à quelques incertitudes dans la jurisprudence, les loteries privées avaient reparu avec scandale à partir de la suppression de la loterie nationale. La loi du 17 mai 1836 a renouvelé la prohibition d'une manière formelle. L'art. 1er de cette loi défend les loteries de toute espèce. Sont réputées loteries, les ventes d'immeubles, de meubles ou de marchandises effectuées par la voie du sort, ou auxquelles auraient été réunies des primes ou autres bénéfices dus au hasard, et généralement toutes opérations offertes au public pour faire naître l'espérance d'un gain qui serait acquis par la voie du sort (*art.* 2).

6. Les auteurs, entrepreneurs et agents, soit des loteries françaises ou étrangères, soit des opérations y assimilées, sont passibles des peines prévues par l'art. 410 du Code pénal (3° et 4°). S'il s'agit de loteries d'immeubles, la confiscation prononcée par l'art. 410 est remplacée à l'égard du propriétaire de l'immeuble mis en loterie par une amende qui peut s'élever jusqu'à la valeur estimative de cet immeuble. En cas de contravention ultérieure, l'emprisonnement et l'amende mentionnés en l'art. 410 peuvent être élevés au double du maximum. Dans tous les cas, il peut être fait application de l'art. 463 du Code pénal (*art.* 3). Les individus qui ont colporté ou distribué les billets, ceux qui par des avis, annonces, affiches, ou par tout autre moyen de publication ont fait connaître l'existence des loteries ou facilité l'émission des billets, sont punis des peines portées en l'art. 411 du Code pénal. En cas de condamnation ultérieure, le maximum de l'amende peut être doublé. L'art. 463 est toujours applicable (*art.* 4).

7. L'art. 475, § 5, du Code pénal punit d'une peine non reproduite par la loi de 1836, ceux qui tiennent, dans les rues, chemins, places ou lieux publics, des jeux de loterie. Le maintien de cette disposition a été convenu dans la discussion de la Chambre des députés (*Voy. le Monit. de* 1836, *p.* 1120).

8. Aux termes de la loi de 1836 sont exceptées de ces prohibitions les loteries d'objets mobiliers exclusivement destinées à des actes de bienfaisance ou à l'encouragement des arts, lorsqu'elles ont été autorisées dans les formes déterminées par voie de règlement d'administration publique (*art.* 5).

9. D'après les dispositions combinées du règlement d'administration publique du 29 mai 1844 (*art.* 1er) et du décret du 13 avril 1861 (*art.* 6, 5°), les autorisations sont données : 1° pour les loteries dont le capital est supérieur à 2,000 fr., dans le département de la Seine, par le préfet de police; dans les autres départements, par le préfet, sur la proposition des maires; 2° pour les loteries dont le capital est de 2,000 fr. et au-dessous, par le sous-préfet.

10. Les autorisations ne sont accordées que pour un seul tirage [1]; elles doivent énoncer, dans l'intérêt du bon ordre et dans celui du bénéficiaire, les conditions auxquelles elles ont été accordées (*Règl.* 1844, *art.* 1er.) Les tirages doivent se faire sous l'inspection de l'autorité municipale, aux jours et heures qu'elle a déterminées. L'autorité municipale peut, lorsqu'elle le juge convenable, faire intervenir à cette opération ses délégués ou des commissaires agréés par elle. (*Règl.* 1844, *art.* 2.) Le produit net des loteries doit être entièrement et exclusivement appliqué à la destination pour laquelle elles ont été établies et autorisées; il doit en être valablement justifié. (*Règl.* 1844, *art.* 3.)

11. Le ministre de la police générale, par une circulaire du 13 novembre 1852, et le ministre de l'intérieur, par des circulaires des 22 décembre 1845, 16 juin 1857, 4 novembre 1858, 17 janvier 1860, ont donné aux diverses instructions sur l'exercice du droit d'autorisation.

12. Les loteries de bienfaisance ne doivent point être autorisées dans le but de venir en aide à une infortune particulière, mais dans le but de soulager des misères offrant un caractère plus ou moins général, par exemple celles qui, à la suite d'incendies, d'inondations, grêles, mauvaises récoltes, etc., atteignent dans leurs ressources une notable partie de la population, une commune, une contrée. S'il s'agit de créer un établissement charitable ou toute autre œuvre d'intérêt public, il faut qu'au préalable on ait eu recours à la ressource des souscriptions, qu'en outre l'œuvre, étrangère à toute idée d'agiotage, ait un but véritablement utile au bien-être des populations, au soulagement des classes pauvres, à la moralisation des individus, qu'enfin elle présente des chances sérieuses d'avenir. On peut autoriser les loteries des associations de charité, alors même que leur action est restreinte à un petit nombre de familles; mais dans le cas seulement où les

1. En fait, quelquefois, le ministre de l'intérieur a dispensé de cette règle et autorisé plusieurs tirages. (*Loterie Saint-Roch* en 1855, etc.)

opérations projetées n'entravent point celles des bureaux de bienfaisance.

13. Les loteries destinées à l'encouragement des arts peuvent avoir lieu au profit d'un seul artiste, à la condition que cet artiste aura un talent véritablement digne d'estime, et inspirera de l'intérêt par sa situation de fortune. On peut aussi, par dérogation aux règles suivies pour les simples œuvres de bienfaisance, autoriser des loteries en faveur des veuves ou des enfants d'artistes morts.

14. Les demandes faites par les associations charitables, religieuses ou artistiques ne doivent être examinées que quand l'organisation de ces associations a été approuvée par l'administration.

15. Le préfet, toutes les fois qu'il autorise une loterie, doit exiger, s'il y a opportunité, la création d'une commission organisée suivant les formes qu'il détermine et chargée de veiller au placement provisoire ainsi qu'à l'emploi des fonds. Il doit veiller à ce que les frais des petites loteries ne dépassent pas de 5 à 10 p. 100 du capital.

16. Le préfet doit exiger que le libellé des billets, des prospectus et autres publications concernant les loteries pour lesquelles on demande autorisation, soit soumis à son approbation préalable. Il ne peut fixer un délai plus long que six mois pour le tirage, ni prolonger, sans autorisation du ministre, le délai fixé. — Les arrêtés d'autorisation doivent prescrire que la liste des numéros gagnants, avec l'indication des lots échus, soit, dans les trois jours, adressée au préfet. Le préfet règle, suivant l'importance de la loterie, la publicité qui doit être donnée au tirage. Les arrêtés doivent stipuler que, dans un délai à fixer, au maximum, les lots non réclamés seront acquis à la loterie. Les billets imprimés doivent porter une clause dans ce sens.

17. Les préfets ne doivent point, sans en avoir référé au ministre, autoriser les loteries dont la mise dépasse 5,000 fr. Ils doivent lui rendre compte de toutes les autorisations qu'ils accordent directement.

18. La circulaire ministérielle du 4 novembre 1858 a prescrit des dispositions spéciales pour le cas où le capital d'une loterie atteindrait 50,000 fr.

19. On ne doit jamais autoriser de loteries étrangères.

20. En règle générale et à moins d'une autorisation spéciale du ministre de l'intérieur, on ne doit émettre, colporter et placer les billets d'une loterie que dans le département où doit se faire le tirage.

21. Si les préfets découvrent dans une loterie des fraudes ou malversations, ils doivent les dénoncer aux tribunaux.

22. Les sous-préfets, dans l'exercice du droit d'autorisation que leur confère le décret du 13 avril 1861, ont à s'inspirer des instructions que les circulaires ministérielles de 1845, 1852, 1857, 1858, 1860, ont données aux préfets. — Par une circulaire en date du 9 janvier 1859, le ministre de l'intérieur a invité les préfets à recommander aux sous-préfets et aux maires de ne pas autoriser les loteries rentrant dans la catégorie de celles visées en l'art. 475, 5°, du Code pénal.

23. Les contestations qui s'élèvent entre une

loterie légalement constituée et son gérant, soit sur le compte de gestion, soit sur le règlement des autres intérêts respectifs, sont de la compétence de l'autorité judiciaire. L'administration peut seulement être appelée à donner l'interprétation de l'acte d'autorisation. (*Arr. C. d'État* 15 *mai* 1856, LANGLOIS.)

24. L'autorisation donnée par l'administration pour l'établissement d'une loterie ne place pas sous la garantie et la responsabilité de l'État les opérations de cette loterie. (*Même arrêt.*)

CHARLES TRANCHANT.

LOUVETERIE. 1. A diverses époques, des mesures ont été prises pour arrêter les dévastations commises par les loups et autres animaux nuisibles, et atténuer, autant que possible, un fléau aussi terrible pour les troupeaux que pour les habitants des campagnes. Les édits du 25 mai 1413, de janvier 1583, les ordonnances de 1600 et de 1601, les arrêts du Conseil des 25 février 1697 et 24 janvier 1698, le règlement du 15 janvier 1785, l'arrêté du Directoire du 19 pluviôse an V et la loi du 10 messidor an V avaient été rendus pour ordonner des chasses ou battues et provoquer, par des encouragements pécuniaires, la destruction des loups et autres animaux voraces.

2. L'organisation des louvetiers et loutriers remonte à l'édit de janvier 1583. L'ordonnance de mai 1597 détermina les fonctions des sergents louvetiers, et celles des 15 et 20 août 1814 constituèrent la louveterie actuelle. Placée d'abord dans les attributions du grand veneur (*O.* 15 *août* 1814), elle a passé, par l'ordonnance du 14 septembre 1830, dans les attributions de l'administration des forêts, qui détermine les fonctions et le nombre des lieutenants de louveterie, par conservation forestière et par département, dans la proportion des bois qui s'y trouvent et des loups qui les fréquentent. Les commissions de ces lieutenants doivent être renouvelées tous les ans.

3. Chaque lieutenant est tenu d'entretenir à ses frais un équipage de chasse, composé au moins d'un piqueur, deux valets de limiers, un valet de chiens, dix chiens courants et quatre limiers. Il doit se procurer les pièges nécessaires pour la destruction de loups, renards et autres animaux nuisibles, dans la proportion des besoins.

4. Comme la chasse des loups ne fournit pas toujours l'occasion de tenir les chiens en haleine, les lieutenants de louveterie, aux termes du règlement précité de 1814, avaient le droit de chasser à courre, deux fois par mois, dans les forêts ou les biens du domaine de l'État de leur arrondissement, le chevreuil-brocard, le sanglier ou les lièvres, suivant les localités. L'ordonnance du 24 juillet 1832 (*art.* 6) a restreint ce droit à la chasse au sanglier. Après avoir fixé les obligations et les privilèges des lieutenants de louveterie, le règlement de 1813 a déterminé leur uniforme, ainsi que celui des piqueurs.

5. Ce sont les lieutenants de louveterie qui dirigent, sous la surveillance des agents forestiers, les chasses ou battues générales ou particulières, ordonnées par les préfets. Leur service étant réputé d'utilité générale, ils ont, ainsi que les gens qu'ils emploient, la faculté de poursuivre les animaux nuisibles sur les terres et dans les bois non clos des particuliers, ainsi que dans les bois de l'État.

6. Comme ils ne sont ni agents du Gouvernement, ni dépositaires d'aucune partie de la puissance publique, ils pouvaient être poursuivis, même sous le régime de l'art. 75 de la Constitution de l'an VIII, sans l'autorisation du Conseil d'État, à raison des délits par eux commis en leurdite qualité. (*Cass.* 21 *janv.* 1837.)

7. Les chasses et battues dirigées par les officiers de louveterie ne sont pas les seules mesures ordonnées par l'administration pour arriver à la destruction des loups et autres animaux nuisibles. Une instruction ministérielle, en date du 9 juin 1818, indique encore l'emploi, avec les précautions requises, des pièges, fossés, enceintes et batteries, ainsi que de l'empoisonnement, et recommande de donner la plus grande publicité aux primes accordées et dont le tarif est ainsi fixé : Pour une louve pleine, 18 fr.; pour une louve non pleine, 15 fr.; pour un loup, 12 fr.; pour un louveteau, 6 fr. La circulaire du 8 juillet de la même année indique les formalités à remplir pour faire liquider ces primes.

PORLIER.

LYON (VILLE DE). 1. L'importance exceptionnelle de la seconde ville de France, dont la population, d'après le dernier recensement dépasse 323,000 habitants, a depuis longtemps motivé une organisation municipale particulière.

2. En vertu de la loi du 19 juin 1851, qui est encore en vigueur, le préfet de police du Rhône exerce les fonctions de préfet de police telles qu'elles sont réglées par l'arrêté des consuls du 12 messidor an VIII, non-seulement dans la ville de Lyon, mais encore dans le territoire désigné sous le nom d'agglomération lyonnaise, qui renferme les communes de Caluire-et-Cuire, Oullins, Sainte-Foy, Villeurbanne, Vaux, Bron et Vénissieux (Rhône[1]); de Rillieux, Miribel et Saint-Rambert (Ain).

3. Toutefois cette loi, art. 2 de cette loi, complété par le décret du 4 septembre 1851, laisse aux maires des communes suburbaines le soin de veiller, sous le contrôle du préfet et sans préjudice des attributions qui leur sont conférées par les lois, à tout ce qui concerne l'établissement, l'entretien et la conservation des édifices communaux, cimetières, promenades, places, rues et voies publiques ne dépendant pas de la grande voirie, l'éclairage, le balayage, les arrosements, la solidité et la salubrité des constructions privées, les mesures relatives aux incendies, les secours aux noyés, la fixation des mercuriales, l'établissement et la réparation des fontaines, aqueducs, pompes et égouts; les adjudications, marchés et baux.

4. Le décret-loi du 24 mars 1852 conféra au préfet du Rhône l'administration municipale de Lyon et substitua au conseil municipal élu une commission de trente membres nommés par le Gouvernement. Cette commission ne s'assemblait que sur la convocation du préfet. Son président était désigné par décret. Le préfet était donc le véritable maire. Le même décret réunissait à la commune de Lyon celles de la Guillotière, la Croix-Rousse, et Vaise, et divisait la ville en cinq arrondissements municipaux. A la tête de ces arron-

1. Les communes de Villeurbanne, Vaux, Bron et Vénissieux, qui appartenaient au département de l'Isère, ont été réunies au département du Rhône par le décret-loi du 24 mars 1852 (art. 8).

dissements, dont le nombre a été porté à six par le dédoublement du 3e arrondissement (*L.* 17 *juill.* 1867), étaient placés un maire et deux adjoints spécialement chargés de la tenue des registres de l'état civil et de quelques autres attributions que détermina un décret réglementaire du 17 juin 1852.

5. La loi du 5 mai 1855, sans changer cette organisation, éleva de 30 à 36 le chiffre des membres de la commission municipale (*art.* 14).

6. La composition de la municipalité de Lyon demeura la même sous le régime de la loi du 24 juillet 1867. Mais l'art. 17 de cette loi régla les attributions de la commission, qu'il assimila, sous ce rapport, aux conseils municipaux, sous la double réserve que, d'une part, aucune imposition extraordinaire ne pourrait être établie, ni aucun emprunt contracté par la ville, sans y être autorisée par une loi, et que, de l'autre, les délibérations prises sur les objets énumérés dans les art. 1 et 9 de la loi du 24 juillet 1867, ne seraient exécutoires, en cas de désaccord entre le préfet et la commission, qu'en vertu d'une approbation donnée par décret.

7. En 1870, le Corps législatif fut saisi d'un projet préparé par le Gouvernement et le Conseil d'État et tendant à remplacer la commission par un conseil municipal électif. Cette proposition fut votée (séance du 21 juillet 1870); mais les événements ne permirent point de la soumettre à l'examen du Sénat.

8. Pendant la période qui suivit, la mairie centrale fut rétablie en fait. La loi du 14 avril 1871 n'ayant soumis que Paris à un régime exceptionnel, assimila implicitement Lyon aux autres communes. Le Gouvernement y nomma un maire, tout en laissant subsister les arrondissements municipaux, dans lesquels des adjoints ou des conseillers délégués par le maire remplissaient les fonctions d'officiers de l'état civil.

9. Cette situation était peu régulière. La loi du 4 avril 1873 y mit fin en décidant en principe que la ville de Lyon serait administrée comme la ville de Paris. Elle remit au préfet du Rhône les attributions qui appartiennent, pour Paris, au préfet de la Seine et au préfet de police (*art.* 1er). Comme avant 1870, il y a pour chacun des six arrondissements, un maire et deux adjoints, choisis par le Chef de l'État; ils sont chargés de la tenue des registres de l'état civil et ont les mêmes attributions que celles expressément conférées par des lois spéciales aux maires et adjoints de Paris. (*Voy.* **Seine.**) Ces magistrats ne peuvent être membres du conseil

municipal de Lyon (*art.* 2). Leurs fonctions sont essentiellement gratuites (*art.* 4).

10. Dans le but de couvrir les illégalités que l'on aurait pu relever contre les actes de l'état civil dressés depuis le 4 septembre 1870, l'art. 5 dispose qu'ils ne pourront être annulés à raison du seul défaut de qualité des personnes qui les ont reçus, pourvu que ces personnes aient eu à ce moment l'exercice public des fonctions municipales ou de celles d'officier de l'état civil.

11. Le conseil municipal est électif, mais il n'est point nommé au scrutin de liste. La ville de Lyon est divisée en trente-six sections nommant chacune, au scrutin individuel et à la majorité absolue, un membre du conseil (*art.* 7).

Conformément au même article, le tableau de ces sections a été dressé par un décret réglementaire du 30 avril 1873; il ne pourrait être modifié que dans la même forme. Le 1er arrondissement comprend 6 sections, le 2e 8, le 3e 8, le 4e 4, le 5e 5, le 6e 5.

12. Au commencement de chaque session ordinaire, le conseil municipal de Lyon nomme au scrutin secret et à la majorité son président, ses vice-présidents et ses secrétaires. Pour les sessions extraordinaires tenues dans l'intervalle, le bureau de la dernière session ordinaire est maintenu.

Le préfet du Rhône a entrée au conseil; il est entendu toutes les fois qu'il le demande.

Le conseil municipal de Lyon ne peut s'occuper, à peine de nullité de ses délibérations, que des matières d'administration communale telles qu'elles sont déterminées par les lois en vigueur sur les attributions municipales; en cas d'infraction, l'annulation est prononcée par le président de la République. (*L.* 4 *avril* 1873, *art.* 3; *L.* 14 *avril* 1871, *art.* 12, 13 *et* 14.)

13. Aux termes de l'art. 1er de la loi du 7 juillet 1874, la liste électorale est dressée à Lyon, dans chaque section, par une commission composée du maire de l'arrondissement ou d'un adjoint délégué, du conseiller municipal élu dans la section et d'un électeur désigné par le préfet. A cette commission sont adjoints, pour former la commission de révision, deux électeurs domiciliés dans la section et nommés, avant tout travail de révision, par la première commission (*art.* 2). Enfin, une liste électorale générale, comprenant les noms inscrits dans les listes de section, est dressée dans chaque arrondissement municipal (*art.* 1er).

14. Le décret du 26 mars 1852, relatif aux rues de Paris, est applicable aux rues de Lyon.

M

MAC-ADAM, MACADAMISER. On nomme *Mac-Adam* une méthode d'empierrement des routes, qui consiste à les couvrir de cailloux concassés et fortement tassés. Elle doit son nom à Mac-Adam, qui l'a appliqué le premier en grand en Angleterre, d'où elle a été importée en France.

MACHINES ET CHAUDIÈRES A VAPEUR.

SOMMAIRE.

CHAP. I. — HISTORIQUE [1].

1. C'est en 1749 que la première machine à vapeur a été établie en France, aux mines de Littry (Calvados), pour l'extraction de la houille. On ne comptait encore, en 1810, sur notre territoire, qu'une douzaine de machines à vapeur, dont deux seulement à *haute pression*, dénomination qui, à cette époque, s'entendait et s'est encore, longtemps après, entendue des pressions supérieures à deux atmosphères. Le décret du 15 octobre 1810, qui divise en trois classes les établissements insalubres, incommodes ou dangereux, met *les pompes à feu* dans la deuxième classe, une des deux qui imposent l'obligation d'obtenir une autorisation du préfet. En 1815, il n'y avait encore en France qu'une vingtaine de machines à vapeur : l'ordonnance du 14 janvier 1815, qui maintenait les trois classes établies par le décret de 1810, mais augmentait leur nomenclature, déjà augmentée par un arrêté ministériel du 22 novembre 1811, rangea les pompes à feu dans deux de ces classes : dans la première, elle plaçait les pompes à feu *qui ne brûlent pas leurs fumées;* dans la deuxième, celles *qui les brûlent.* Tout qu'à proprement parler le décret de 1810 et l'ordonnance de 1815 ne s'étaient occupés des machines à vapeur que par rapport aux inconvénients de la réunion pour le voisinage.

2. A partir de 1818, le nombre de ces machines s'accrut notablement, particulièrement celui des machines à haute pression. En 1823, on comptait déjà 228 machines à vapeur, dont 100 à basse pression et 128 à haute pression. Ce fut alors que fut rendue l'ordonnance du 29 octobre 1823 portant règlement sur les machines à vapeur à haute pression, qu'elle rangea dans la deuxième classe de la nomenclature de 1810, *lors même qu'elles brûleraient complétement leurs fumées.* Cette ordonnance, qui mit ces appareils sous la surveillance des ingénieurs des mines ou, à leur défaut, des ingénieurs des ponts et chaussées, prescrivit l'installation sur les chaudières de soupapes de

---

[1]. Pour l'historique de la réglementation avant 1823, on a fait quelques emprunts à l'article « Chaudières à vapeur », rédigé par M. Fournel, pour la 1re édition du Dictionnaire ; pour quelques-unes des observations auxquelles a donné lieu le décret de 1865, on s'est inspiré du travail fait par la commission des machines à vapeur et notamment par son rapporteur, M. Callon, à l'occasion de la révision de l'ordonnance du 22 mai 1843.

sûreté et de rondelles fusibles, et obligea à éprouver les chaudières à une pression quintuple de celle qu'elles étaient appelées à supporter dans leur usage habituel.

Cette pression d'épreuve parut bientôt exagérée pour les chaudières en fer ou en cuivre ; aussi fut-elle abaissée au triple par une nouvelle ordonnance en date du 7 mai 1828, qui enjoignit en même temps de donner aux parois des épaisseurs suffisantes pour leur permettre de résister sans altération aux pressions d'épreuve. Une instruction postérieure, en date du 12 juillet 1828, donna une table de ces épaisseurs, qui durent désormais être calculées d'après la formule :

$$e = 1,8 \, d \, (n - 1) + 3,$$

dans laquelle e est l'épaisseur de la tôle exprimée en millimètres, d le diamètre de la chaudière exprimé en mètres, n le numéro du timbre ou de la pression totale, et par conséquent $n-1$ la pression effective en atmosphères. L'ordonnance de 1828 imposa également l'épreuve aux cylindres en fonte des machines à haute pression et à leurs enveloppes.

3. Cependant le nombre des appareils à vapeur allait croissant avec une grande rapidité et les chaudières, qui, d'abord, n'avaient servi qu'à alimenter les machines motrices, avaient été peu à peu appliquées à d'autres usages. L'ordonnance du 23 septembre 1829, et, après elle, celle du 25 mars 1830, eurent pour objet de réglementer toutes les chaudières sans exception, à basse ou à haute pression et quelle que fût leur destination. Les chaudières à basse pression restèrent sans être assujetties à aucune condition d'épreuve ni d'emplacement ; mais elles durent être soumises à toutes les autres prescriptions de sûreté imposées aux chaudières à haute pression. Enfin, une instruction du 23 juillet 1832 précisa la règle à suivre pour déterminer les diamètres des soupapes, et posa la formule suivant laquelle ils furent désormais établis, formule qui est la suivante :

$$d = 2,6 \sqrt{\frac{s}{n - 0,412}},$$

dans laquelle d est le diamètre de la soupape en centimètres, s la surface de chauffe exprimée en mètres carrés et n le timbre de la chaudière, c'est-à-dire la pression totale absolue de la vapeur.

4. La réglementation qui précède, faite à différentes reprises, manquait, jusqu'à un certain point, d'unité et présentait diverses lacunes. En outre l'expérience avait fait reconnaître que, parmi les précautions exigées, il en était quelques-unes que l'on pouvait rendre moins rigoureuses, ou même supprimer entièrement ; et d'autres qu'il convenait au contraire d'étendre et de compléter, de manière à satisfaire à la fois, autant que possible, aux intérêts de l'industrie et à ceux de la sûreté publique. Coordonner les dispositions anciennes à conserver, et établir les dispositions nouvelles dont les enseignements de la théorie et de la pratique avaient manifesté l'utilité, tel fut l'objet de l'ordonnance du 22 mai 1843, qui annula toutes celles qui l'avaient précédée.

5. Bien que cette ordonnance ne soit plus aujourd'hui en vigueur, le soin avec lequel elle a été élaborée, la longue durée relative de son application et les progrès sérieux qu'elle a réalisés au point de vue de la sûreté, lui méritent une mention spéciale. D'ailleurs, elle ne peut être ici passée complétement sous silence, un de ses titres, celui qui est relatif aux machines locomotives, étant encore partiellement en vigueur, ainsi qu'il sera indiqué plus bas. Nous dirons enfin que le règlement qui lui a été substitué en 1865 en procède et a maintenu la plus grande partie de ses dispositions techniques. Le principe général d'où est dérivée l'ordonnance de 1843 ne diffère pas de celui qui avait servi de base aux règlements antérieurs : c'est la continuation, l'extension même du régime de protection préventive, conforme d'ailleurs aux idées et aux besoins de cette époque. Pas plus qu'auparavant, les chaudières ne purent être établies sans une autorisation préalable, délivrée par le préfet, après enquête et déterminant toutes les mesures de sûreté et les conditions d'emplacement auxquelles elles doivent être assujetties. Mais un des traits de ce règlement qui est digne d'attention est l'élasticité qui lui a été donnée, de manière à lui permettre de se prêter aux conditions les plus variées de la pratique et à ne pas lier d'une manière absolue les progrès de la construction mécanique. En effet, après avoir établi des règles fixes, applicables à la généralité des appareils tels qu'ils existaient, l'ordonnance a prévu que des cas particuliers pouvaient se présenter où la sécurité ne réclamait pas l'exécution radicale de toutes ces règles, et elle a autorisé, dans ces circonstances, le préfet, sous le contrôle du ministre des travaux publics, à dispenser de celles qui ne paraîtraient pas nécessaires. Par contre, aussi, elle a spécifié que si des appareils offraient des dangers d'une nature spéciale, des mesures, spéciales également, pourraient être imposées. Ces dispositions, d'apparence quelque peu arbitraire, ont eu, en fait et par la manière intelligente et modérée dont elles ont été appliquées, une heureuse influence au double point de vue de la sûreté et du progrès industriel, qui ont pu ainsi marcher parallèlement sans s'entraver mutuellement.

6. L'ordonnance de 1843 a donné lieu à un certain nombre de décisions ministérielles relatives aux conditions de son exécution : mais il ne paraît pas utile de les faire connaître ici, puisqu'elles ont été abrogées avec l'ordonnance elle-même. Toutefois, nous ferons une exception pour celles du 30 janvier 1845, et des 6 janvier, 5 mars et 31 août 1852, qui ont trait aux mesures de sûreté à imposer aux appareils, de jour en jour plus employés dans l'industrie, qui reçoivent la vapeur sans en produire, et pour celle du 21 décembre 1861, qui se rapporte aux chaudières cylindriques établies en acier fondu, et qui permettait de réduire de moitié l'épaisseur de leurs parois, dans certaines conditions de résistance à la rupture et de ductilité du métal employé.

7. À l'occasion de la mise à l'étude des mesures propres à affranchir l'industrie française des dispositions réglementaires qui la plaçaient dans un état d'infériorité relative vis-à-vis de l'industrie étrangère, l'administration des travaux publics entreprit en 1863 la révision de l'ordonnance du 22 mai 1843.

Réduire les précautions préventives à un petit nombre de conditions générales empruntées, autant que possible, à la pratique universelle, et, pour tout le reste, substituer l'initiative personnelle, avec la responsabilité qui en découle, à une tutelle administrative qui, dans les conditions où elle existait, ne paraissait plus justifiée pour des appareils entrés dans les habitudes et les nécessités de l'industrie, tel fut le programme adopté par l'administration et qui a servi de base au décret actuellement en vigueur. Cet ordre d'idées est nettement indiqué dans la circulaire ministérielle du 1ᵉʳ mars 1865, qui accompagne l'envoi aux préfets du nouveau règlement et où se trouvent les observations suivantes, qui en font parfaitement ressortir l'esprit : « Une très-grande liberté est donc laissée désormais au fabricant et à l'industriel...., mais cette liberté ne veut pas dire que toute règle, toute mesure de précaution soient effacées : elle veut dire que le fabricant, que l'industriel doivent s'imposer à eux-mêmes ces règles, ces mesures de précaution : que, s'ils y manquent, et en cas d'accidents surtout, la justice leur demandera un compte plus sévère des négligences et des abus dont ils se seront rendus coupables..... Plus la liberté laissée aux industriels est grande, plus leur responsabilité doit être sérieusement engagée et il importe essentiellement à la sécurité publique que toutes les fautes, que tous les abus soient sévèrement réprimés. »

8. Après avoir ainsi mis en relief le caractère essentiel du décret de 1865, nous allons en faire connaître les détails.

Le décret s'*applique exclusivement aux chaudières fermées* destinées à produire la vapeur autres que celles qui sont placées à bord des bateaux (*art.* 1ᵉʳ). Les machines proprement dites et les récipients de vapeur sont affranchis de toute réglementation : les précautions que peut réclamer leur usage sont, comme pour tous les engins dont se sert l'industrie, laissés à la libre disposition du fabricant qui les établit et de l'industriel qui les emploie, sous leur responsabilité. Ce n'est pas que les uns et les autres soient absolument sans danger ; s'il en est à peu près ainsi pour les cylindres en fonte des machines et pour leurs enveloppes qui, presque toujours, en raison des exigences pratiques de la construction, ont une résistance supérieure à celle qui suffit pour assurer leur travail sans fatigue, il n'en est pas de même des récipients clos ou susceptibles de l'être qui sont en communication avec des générateurs de vapeur. Les accidents qui proviennent du fait de ces appareils ne sont pas rares ; mais ils n'atteignent pas en général de grandes proportions. D'un autre côté, le nombre si rapidement croissant de ces récipients, leur variété, jointe aux circonstances si diverses de leur emploi, ont fait considérer comme préférable de ne plus les laisser assujettis à une surveillance dont l'efficacité, dans ces conditions, a paru douteuse.

CHAP. II. — FABRICATION, VENTE ET USAGE DES CHAUDIÈRES FERMÉES, DESTINÉES A PRODUIRE LA VAPEUR.

Sect. 1. — Des épreuves.

9. « Aucune chaudière neuve ou ayant déjà servi ne peut être livrée par celui qui l'a construite, réparée ou vendue, qu'après avoir subi une

épreuve par la presse hydraulique. » L'épreuve de la chaudière ne s'entend pas de chacune de ses parties prises isolément, quand elle est composée de la jonction de plusieurs parties distinctes, mais de leur assemblage complet. Si donc, par suite des nécessités de transport, il a été procédé à la fabrique à des épreuves partielles et indépendantes du corps principal proprement dit du générateur et de ses bouilleurs, réchauffeurs ou surchauffeurs, ou si, après avoir éprouvé toutes les pièces assemblées, on a été obligé de les démonter, l'épreuve doit être refaite à l'établissement, de manière à s'assurer de la solidité de l'ensemble, tel qu'il fonctionnera définitivement.

10. « L'épreuve doit avoir lieu chez le constructeur ou le vendeur, sur sa demande, sous la direction des ingénieurs des mines ou, à leur défaut, des ingénieurs des ponts et chaussées ou des agents sous leurs ordres. » Une réparation faite sur place, au lieu même où fonctionne la chaudière, donne-t-elle lieu, quand elle a quelque importance, à une épreuve subséquente ? Le silence du décret laisse du doute à cet égard ; mais les termes précis de la loi pénale du 21 juillet 1856, dont il sera parlé plus bas, ne permettent pas de résoudre la question autrement que par l'affirmative.

11. « Les épreuves des chaudières venant de l'étranger sont faites avant la mise en service, au lieu désigné par le destinataire dans sa demande.

12. « L'épreuve consiste à soumettre la chaudière à une pression effective double de celle qui ne doit pas être dépassée dans le service, toutes les fois qu'elle est comprise entre un demi-kilogramme et 6 kilogrammes par centimètre carré inclusivement. » (La pression effective est celle qui tend à rompre les parois de la chaudière ; c'est la tension totale absolue de la vapeur diminuée de la pression atmosphérique.) On a substitué dans le nouveau règlement la numérotation par kilogrammes à l'ancienne numérotation par atmosphères, pour avoir une base plus en conformité avec le système métrique. On a considéré que 1 kilogr. équivalait à 1 atmosphère. La différence 0ᵏ,033 par atmosphère provenant de cette substitution est sans importance dans les limites de pression actuellement en usage dans les chaudières. Pour les pressions effectives inférieures à un demi-kilogramme, la surcharge d'épreuve est constante et égale à un demi-kilogramme ; elle est aussi constante et elle est égale à 6 kilogr. pour les pressions effectives supérieures à 6 kilogr. Bien que le règlement ait supprimé l'exemption d'épreuve qui, sous l'ancien régime, existait pour les chaudières à faces planes où la tension effective de la vapeur ne s'élevait pas à plus d'un demi-kilogramme, on voit que, d'une manière générale, le règlement actuel a apporté un tempérament sérieux aux conditions antérieures. « L'épreuve est faite par pression hydraulique », au moyen d'une pompe qui agit jusqu'au soulèvement d'une soupape chargée de manière à faire équilibre à la pression voulue ou jusqu'à ce que l'aiguille d'un manomètre étalon soit arrivée au degré correspondant. La soupape ou le manomètre doivent être adaptés sur la pièce même à éprouver. La pression doit être maintenue pendant le temps nécessaire à l'examen de toutes

les parties de la chaudière. L'épreuve n'a pas pour but de s'assurer seulement de la solidité des tôles et de leurs assemblages, mais aussi de l'étanchéité des joints, qui ne doivent donner lieu qu'à des suintements faciles à arrêter par quelques coups de marteau. Bien qu'il soit difficile de préciser le point où commence la fuite qui n'est pas tolérable, on peut dire que l'étanchéité doit être considérée comme suffisante quand l'eau ne sort pas autrement que sous la forme d'un léger nuage ou de gouttelettes perlant d'une manière discontinue à travers les jonctions des tôles.

13. Le nouveau règlement ne fixe aucune condition d'épaisseur pour les parois des chaudières. Une formule d'épaisseur, pour être rationnelle, ne saurait aujourd'hui être indépendante des qualités de résistance et de ductilité du métal ; mais les qualités sont maintenant si variées qu'une formule qui en tiendrait compte se prêterait difficilement aux exigences de l'application. D'un autre côté, une formule générale en même temps que simple n'est guère possible que pour les formes cylindriques ordinaires ; c'est pour ces raisons qu'il a paru préférable de laisser au fabricant sa liberté d'action sous sa responsabilité. Aucune limite supérieure d'épaisseur n'est plus désormais exigée. La puissance des moyens de fabrication actuels et l'emploi de produits fondus ont permis de supprimer cette restriction, qui avait pour résultat de prohiber les grandes chaudières à foyer intérieur.

14. Après qu'une chaudière ou une partie de chaudière a été éprouvée avec succès, il y est apposé par l'agent qui a assisté à l'épreuve et sur une partie qui doit rester apparente après la mise en place, un timbre indiquant en kilogrammes par centimètre carré la pression effective que la vapeur ne doit pas dépasser. Le texte du règlement est absolu à cet égard. Ainsi, quand même la qualité des matériaux employés paraîtrait suspecte, l'épaisseur trop faible, le mode de consolidation des parois insuffisant, quand même la disposition générale de l'appareil serait telle que le fonctionnement ne saurait en avoir lieu sans inconvénient, le timbre doit être apposé dès que l'épreuve a réussi. Mais, dans l'un quelconque de ces cas, l'ingénieur peut et doit signaler les vices de construction ou de forme, ou telles autres défectuosités qu'il aura reconnues, dans le procès-verbal constatant l'essai auquel il a procédé. La crainte d'un tel signalement, sur une pièce administrative qui doit toujours accompagner la chaudière, constitue un frein sérieux contre les mauvaises tendances qui pourraient venir à s'établir. Elle est, avec la responsabilité en cas d'accident, le seul correctif de la liberté de construction concédée aux fabricants.

Sect. 2. — Des soupapes de sûreté.

15. « Chaque chaudière doit être munie de deux soupapes de sûreté, chacune d'une section suffisante pour maintenir à elle seule, quelle que soit l'activité du feu, la vapeur à un degré de pression qui n'excède en aucun cas la limite indiquée par le timbre. Le constructeur est laissé libre de répartir la section totale d'écoulement des deux soupapes réglementaires entre un plus grand nombre de soupapes. Les soupapes doivent être chargées de manière à se soulever et à laisser la vapeur s'écouler avant que la pression effective atteigne, ou tout au moins dès qu'elle atteint la limite maximum indiquée ci-dessus. » Le règlement, comme on le voit, détermine le but à réaliser ; mais il laisse au constructeur le choix des moyens pour y parvenir. L'application de l'ancienne formule :

$$d = 2,6 \sqrt{\frac{s}{n - 0,412}}$$

donnait pour les hautes pressions des valeurs convenables ; mais celles auxquelles elle conduisait, pour les basses pressions, étaient peut-être un peu fortes. Toutefois, jusqu'à ce que des expériences plus précises, faites dans des limites convenables de pression et sur les différents types de chaudières en usage, aient permis d'établir empiriquement des règles qui ne donnent lieu à aucune contestation, le mieux est de s'en tenir à la formule ancienne, dont les résultats ne sont pas du reste critiqués au point de vue de la sûreté. C'est ce que font les bons fabricants. Les dispositions de détail des soupapes, de même que le mode de leur chargement, sont laissés à la volonté du constructeur, sous sa responsabilité.

Sect. 3. — Du manomètre.

16. « Toute chaudière doit être munie d'un manomètre en bon état, placé en vue des chauffeurs, disposé et gradué de manière à indiquer la pression effective de la vapeur. Une ligne très-apparente marque sur l'échelle de l'instrument le point que l'index ne doit pas dépasser. Un seul manomètre peut servir pour plusieurs chaudières ayant un réservoir de vapeur commun. » Les manomètres généralement employés aujourd'hui sont métalliques, et le plus répandu est celui qui a été imaginé par M. Bourdon, et qui est fondé sur le principe de la formation, sous l'action intérieure de la vapeur, de lames métalliques creuses et courbes. L'ordonnance de 1843 avait spécifié que le manomètre serait à mercure (et de plus à air libre pour les pressions inférieures à 4 atmosphères absolues) ; mais des décisions postérieures étaient revenues sur ce que cette disposition avait d'exclusif, et l'administration avait, dès le 14 décembre 1849, autorisé l'emploi de toute espèce de manomètre, à la condition que, lorsqu'il s'agirait d'un manomètre autre que celui à l'air libre, le générateur fût pourvu d'un ajutage qui permît de vérifier l'exactitude de l'instrument employé. Dans ce but, elle a fait construire des manomètres étalons qu'elle a mis à la disposition des ingénieurs chargés de la surveillance. Le décret de 1865 a maintenu cet état de choses. Il n'exige pas, il est vrai, d'ajutage ; mais, comme il impose la vérification du *bon état* du manomètre et que l'ajutage donne le moyen le plus simple d'y arriver, ce dispositif continue à être universellement adapté aux chaudières ou aux manomètres.

Sect. 4. — Alimentation et indication du niveau de l'eau dans les chaudières.

17. L'alimentation convenable des chaudières est une des conditions les plus essentielles à la bonté et à la sûreté de leur marche. Aussi il est prescrit que « tout générateur doit être muni d'un appareil d'alimentation d'une puissance suffisante et d'un effet certain », et que « le niveau habituel

de l'eau dans la chaudière doit dépasser d'un décimètre au moins la partie la plus élevée des carneaux, tubes, ou conduits de la flamme et de la fumée dans les fourneaux ». Cette dernière prescription doit être considérée comme une des plus importantes à observer dans la pratique. Un abaissement de l'eau, qui met à découvert des parois exposées au contact des flammes, peut produire leur surchauffement et devenir une cause d'altération du métal. D'un autre côté, une alimentation imprudente, faite dans ces circonstances de surchauffement, peut être très-dangereuse par suite des phénomènes de vaporisation très-rapide qu'elle est susceptible de déterminer ; c'est là une des causes fréquentes d'explosion. Toutefois, cette prescription ne peut pas être observée d'une manière absolue dans tous les systèmes de chaudière, et son inexécution n'est pas de nature à compromettre la sûreté dans certaines circonstances particulières, par exemple dans les locomotives, où les gaz de la combustion lèchent la partie supérieure de la plaque tubulaire d'avant, et dans un certain nombre de chaudières verticales, où la cheminée traverse le dôme de vapeur. Quand les parties qui sont dans ce cas sont d'une étendue minime ou que le courant gazeux avec lequel elles sont en relation est suffisamment refroidi, l'expérience a prouvé qu'il n'y avait pas d'inconvénient sensible à apporter un certain tempérament à ce que la mesure a de trop rigoureux. Aussi le règlement, après avoir indiqué que « la prescription n'est naturellement pas applicable aux surchauffeurs distincts de la chaudière », énonce-t-il « qu'elle ne l'est pas non plus à des surfaces relativement peu étendues et placées de manière à ne jamais rougir, même lorsque le feu est poussé à son maximum d'activité, ni aux générateurs de vapeur dits à production de vapeur instantanée, ou à tous autres qui contiennent une trop petite quantité d'eau pour qu'une rupture puisse être dangereuse ».

En outre, en vue de permettre l'extension de cette tolérance à des dispositions qui pourraient être ultérieurement pratiquées, « le ministre des travaux publics peut, sur le rapport des ingénieurs et l'avis du préfet, accorder la même dispense dans tous les cas où, à raison soit de la forme ou de la faible dimension des générateurs, soit de la position spéciale des pièces contenant la vapeur, il serait reconnu que cette dispense ne peut pas avoir d'inconvénients.

18. « Le niveau habituel de l'eau doit être indiqué par une ligne tracée d'une manière très-apparente sur les parties extérieures du corps ou sur le parement du fourneau. Quant au niveau réel, qui varie à chaque instant, et à son emplacement relatif par rapport à la ligne réglementaire, il doit être donné par deux appareils indicateurs, indépendants l'un de l'autre et placés en vue du chauffeur. L'un d'eux est obligatoirement un tube en verre, disposé de manière à pouvoir être facilement nettoyé et remplacé au besoin. » Ce tube est, il est vrai, l'objet de quelques répugnances de la part de certains chauffeurs et manufacturiers ; mais sa fragilité et les inconvénients qui peuvent en être la suite peuvent être évités moyennant quelques soins et, au besoin, avec quelques dispositions faciles à établir.

**CHAP. III. — ÉTABLISSEMENT DES CHAUDIÈRES
PLACÉES A DEMEURE.**

Sect. 1. — Conditions d'établissement.

19. « Les chaudières destinées à être employées
à demeure ne peuvent être établies qu'après une
déclaration au préfet du département, qui en
donne acte (*art.* 10). » Ainsi l'établissement des
chaudières fixes n'est plus subordonné comme autrefois à une autorisation administrative et se trouve
affranchi des formalités et des lenteurs auxquelles
l'instruction préalable donnait quelquefois lieu. Ces
appareils ont désormais cessé d'être compris au
nombre des établissements insalubres et incommodes. « La déclaration doit faire connaître : 1° le
nom et le domicile du vendeur des chaudières ou
leur origine ; 2° la commune et le lieu précis où
elles sont établies ; 3° leur forme, leur capacité
et leur surface de chauffe ; 4° le numéro du timbre
en kilogrammes par centimètre carré ; 5° enfin, le
genre d'industrie et l'usage auxquels elles sont
destinées (*art.* 11). »

20. En ce qui concerne l'emplacement des chaudières, la base de classification qui avait été établie
par l'ordonnance de 1843, a été conservée ; c'est
toujours « le produit en mètres cubes, de la capacité de la chaudière, y compris ses tubes bouilleurs
ou réchauffeurs, par la tension absolue de la vapeur,
exprimée en kilogrammes » (*art.* 12). Cette base,
simple et pratique, est en même temps tout à fait
rationnelle. En effet, l'intensité probable d'une
explosion, et, par suite, l'importance des précautions à prendre pour en éviter ou en atténuer les
conséquences éventuelles, dépendent de la quantité de chaleur emmagasinée dans l'appareil et sont
fonction des volumes d'eau et de vapeur et de leur
température, quantités qui, elles-mêmes sont en
relation avec la capacité de la chaudière et le numéro de son timbre. Seulement, dans le nouveau
décret, le nombre des catégories a été réduit à
trois et la marge des deux catégories inférieures
a été quelque peu agrandie. « Les chaudières sont
de la première catégorie quand le produit est plus
grand que 15 ; de la deuxième si ce même produit surpasse 5 et n'excède pas 15 ; de la troisième s'il n'excède pas 5. Si plusieurs chaudières
fonctionnent ensemble dans un même emplacement et si elles ont entre elles une communication
quelconque, directe ou indirecte, on prend, pour
former le produit comme il vient d'être dit, la
somme des capacités de ces chaudières (*art.* 12).
Les chaudières de la première catégorie doivent
être établies en dehors de toute maison d'habitation et de tout atelier surmonté d'étages (*art.* 13). »
Au point de vue spécial dont il est ici question,
« n'est point considéré comme un étage au-dessus de l'emplacement d'une chaudière une construction légère, dans laquelle les matières ne sont
l'objet d'aucune élaboration nécessitant la présence d'employés ou d'ouvriers travaillant à poste
fixe (*art.* 13).

« Les chaudières comprises dans la deuxième
catégorie peuvent être placées dans l'intérieur de
tout atelier, pourvu que l'atelier ne fasse pas
partie d'une maison habitée par des personnes
autres que le manufacturier, sa famille et ses
employés, ouvriers ou serviteurs (*art.* 15).

« Les chaudières de la troisième catégorie peuvent

être établies dans un atelier quelconque, même
lorsqu'il fait partie d'une maison habitée par des
tiers. »

21. En ce qui concerne les sujétions imposées
dans l'intérêt des habitations voisines et de la
circulation publique, les anciennes prescriptions
ont été très-notablement adoucies. Elles créaient
en effet des entraves, quelquefois considérables,
surtout dans les villes où le terrain fait souvent
défaut, et amenaient quelquefois des difficultés sérieuses dans l'application, quand elles ne mettaient
pas en présence d'impossibilités. Relativement à
la voie publique, le nouveau règlement a considéré
qu'il n'y avait aucune raison pour soumettre les
chaudières placées dans les ateliers à des conditions auxquelles on n'assujettissait pas celles qui
fonctionnent dans les rues ou sur les routes. Si
les chaudières établies à demeure ont occasionné
des accidents de voirie, ces accidents ont été excessivement rares, et sans nier qu'il ne puisse
s'en représenter, on a pensé que le danger qu'elles
créaient était d'un ordre tel que le public pouvait
le supporter dans l'intérêt de l'industrie. Relativement aux maisons voisines, on ne protège que
les habitations appartenant à des tiers ; et encore
les précautions édictées cessent-elles d'être obligatoires si les tiers intéressés renoncent à s'en
prévaloir. C'est de la même modération d'idées
que procèdent les art. 14 et 17 du décret, qui
définissent le mode et l'étendue des sujétions
spéciales correspondant à chaque catégorie et qui
prennent la place des dispositions particulières
que le préfet, sous l'empire de l'ancienne ordonnance, avait à imposer dans chacun de ses arrêtés
d'autorisation. Les nouvelles obligations peuvent
se résumer ainsi : pour chaque catégorie, fixation
d'une distance minimum par rapport aux murs des
habitations appartenant à des tiers, distance en deçà
de laquelle les chaudières ne sauraient être établies (3 mètres pour la 1ʳᵉ catégorie, 1 mètre pour
la 2ᵉ, 0ᵐ,50 pour la 3ᵉ) ; puis, pour la première
catégorie, conditions diverses suivant la distance,
l'enfoncement en contre-bas du sol, et aussi suivant la direction relative de l'axe de la chaudière
par rapport au mur à couvrir (*voir l'art.* 14 pour
les distances, de même que pour les dimensions
et la situation du mur de défense). Pour en
terminer avec cet ordre de mesures, il convient
d'ajouter que « si, postérieurement à l'établissement d'une chaudière, un terrain contigu vient à
être affecté à la construction d'une habitation, le
propriétaire de ladite maison a le droit d'exiger
l'exécution des mesures qui eussent été prises si
la maison eût été construite avant l'établissement
de la chaudière » (*art.* 20).

Sect. 2. — Fumivorité des foyers des chaudières.

22. Sous le régime de l'ordonnance de 1843, le
préfet avait la faculté de prescrire, dans son
arrêté d'autorisation, les dispositions nécessaires
pour préserver le voisinage contre l'incommodité
des fumées provenant d'une combustion incomplète
des gaz produits par les foyers des chaudières.
Le décret actuel, en supprimant les autorisations,
devait nécessairement formuler une prescription
de nature à ne rien diminuer de la protection nécessaire contre des inconvénients qui, dans les
villes industrielles, pourraient atteindre les pros

portions d'un dommage public, à raison du grand nombre d'établissements à vapeur qu'elles renferment. C'est dans ce but qu'a été introduit l'art. 19, qui prescrit que « les foyers des chaudières de toute catégorie doivent brûler leurs fumées ». L'administration a d'ailleurs pensé que cette condition, qui, il est vrai, est loin d'être toujours exécutée, pouvait être obtenue à un degré pratique suffisant par un grand nombre d'artifices ou de procédés facilement applicables et qui n'augmentent pas d'une manière appréciable la consommation de combustible. C'est aux industriels à choisir, parmi tous ces moyens, et à leurs risques et périls, ceux qui, suivant les cas, sont le plus à leur convenance. (*Circ.* 12 *déc.* 1866.)

Sect. 3. — Chaudières établies dans l'intérieur des mines.

23. Ces chaudières sont assujetties aux mêmes mesures générales de sûreté que les chaudières établies à demeure à la surface du sol ; elles doivent faire l'objet d'une déclaration au préfet du département ; mais elles sont en outre soumises aux conditions spéciales fixées par les lois et règlements concernant l'exploitation des mines. Ces conditions concernent surtout l'échappement de la fumée, l'aérage de la mine et les dangers d'incendie.

CHAP. IV. — CHAUDIÈRES DES MACHINES LOCOMOBILES ET LOCOMOTIVES.

Sect. 1. — Chaudières des locomobiles.

24. Les chaudières de locomobiles sont soumises aux mêmes épreuves et munies des mêmes appareils de sûreté que les générateurs établis à demeure. Toutefois, elles peuvent n'avoir qu'un seul tube indicateur du niveau de l'eau en verre. Elles portent en outre une plaque sur laquelle sont gravées, en lettres très-apparentes, le nom du propriétaire, son domicile et un numéro d'ordre, si le propriétaire en possède plusieurs. Elles sont l'objet d'une déclaration adressée au préfet du département où est le domicile du propriétaire de la machine.

25. Aucune locomobile ne peut être employée sur une propriété particulière à moins de cinq mètres de tout bâtiment d'habitation et de tout amas découvert de matières inflammables appartenant à des tiers, sans le consentement formel de ceux-ci.

26. La substitution du consentement du propriétaire à l'autorisation du maire, qui était autrefois nécessaire quand l'appareil fonctionnait à moins de 100 mètres de distance de tout bâtiment, constitue un avantage relatif sérieux, et surtout profitable au développement de l'emploi de cette sorte de machines pour le travail agricole, emploi qui ne se trouvera plus ainsi subordonné comme auparavant au bon vouloir d'administrations locales, quelquefois peu favorablement disposées.

27. « Le fonctionnement des locomobiles sur la voie publique est régi par les règlements de police locaux. »

Sect. 2. — Chaudières des locomotives.

28. Les chaudières de machines locomotives sont soumises aux mêmes épreuves et munies des mêmes appareils de sûreté et plaques indicatrices que les chaudières de locomobiles. « La circulation des locomotives sur les chemins de fer a lieu dans les conditions déterminées par des règle-

ments d'administration publique. » Le règlement d'administration publique actuellement en vigueur est l'ordonnance du 15 novembre 1846, qui, entre autres stipulations, dispose, dans son art. 7, que ces machines ne pourront être mises en service qu'en vertu d'une autorisation de l'administration, et que lorsque, par suite de détérioration ou pour toute autre cause, leur interdiction aura été prononcée, elles ne seront remises en service qu'en vertu d'une nouvelle autorisation. En conséquence de cette clause, l'administration exige actuellement, pour ces appareils, comme autrefois, un permis de circulation délivré par le préfet du département où se trouve le point de départ de la machine, et elle s'en réfère, en ce qui concerne les formalités nécessaires pour l'obtention du permis, aux art. 56, 57 et 58 de l'ordonnance précitée du 22 mai 1843, actuellement rapportée dans ses autres dispositions.

29. Quant à la circulation des locomotives sur les routes autres que les chemins de fer, le décret renvoie à un règlement à intervenir, s'il y a lieu, la détermination des conditions auxquelles il devra être satisfait. Ce règlement a été rendu, le 20 avril 1866, sous forme d'un arrêté ministériel, en vingt-deux articles. Cet arrêté soumet l'emploi de ces appareils à une autorisation préalable, délivrée par le préfet, si le service est restreint à un seul département ; délivrée par le ministre des travaux publics, s'il en embrasse deux ou un plus grand nombre. Il indique la procédure à suivre pour l'obtention de ce permis, formule un certain nombre de dispositions de construction et de sûreté et notamment les précautions à prendre pour garantir la sûreté de la circulation sur les routes, et se termine enfin par les mesures d'ordre et de police nécessaires pour l'exécution du règlement.

CHAP. V. — DISPOSITIONS GÉNÉRALES.

Sect. 1. — Surveillance administrative.

30. Il n'est apporté aucun changement au mode et aux conditions antérieures de la surveillance administrative. Les ingénieurs des mines ou, à leur défaut, les ingénieurs des ponts et chaussées ainsi que les agents sous leurs ordres commissionnés à cet effet, restent chargés, sous la direction des préfets et avec le concours des autorités locales, de la surveillance relative à l'exécution des mesures prescrites par le décret réglementaire : ils constatent les contraventions et, en cas d'accident ayant occasionné la mort ou des blessures graves, accident dont ils doivent être prévenus immédiatement et directement par le propriétaire ou le chef de l'établissement, ils se transportent sur les lieux, visitent les chaudières, en vérifient l'état et recherchent les causes de l'accident.

En cas d'explosion, les chaudières ne doivent point être réparées et les fragments de la chaudière rompue ne doivent point être déplacés ou dénaturés avant la clôture du procès-verbal de l'ingénieur.

Sect. 2. — Mesures diverses.

31. Ces mesures, qu'il n'est pas utile d'indiquer ici en détail, bien qu'elles soient en très-petit nombre, concernent les chaudières dépendant des services spéciaux de l'État, les attributions du préfet de police en ce qui se rapporte à la surveillance des chaudières à vapeur, dans l'étendue de son ressort, et affranchissent des conditions d'établissement actuellement prescrites les chaudières à demeure pour l'établissement desquelles il a été satisfait à l'ordonnance du 22 mai 1843.

CHAP. VI.— DISPOSITIONS PÉNALES.

32. La loi pénale du 21 juillet 1856 concerne les contraventions commises aux règlements sur les appareils et les bateaux à vapeur; nous n'en retiendrons ici que la partie relative aux chaudières à vapeur autres que celles qui sont établies sur les bateaux. Le trait caractéristique que la loi vise, en général, pour chacune des prescriptions réglementaires dont elle punit l'inexécution, est d'être imposée par un règlement d'administration publique. Elle n'a fait d'exception que pour une ou deux mesures qu'elle spécifie textuellement et d'une manière absolue, sans indiquer leur conformité avec aucun règlement, bien qu'elles dérivent évidemment de l'ordonnance du 22 mai 1843. Ce règlement ayant été abrogé, il en résulte que les dispositions de la loi qui se rapportent aux précautions qu'il prescrit sont devenues caduques et que, sauf l'exception à laquelle nous venons de faire allusion, la loi ne reste plus applicable que pour celles de ses prescriptions qui sont comprises dans le décret du 25 janvier 1865.

33. Les contraventions prévues sont en général punies d'amende ; mais elles peuvent donner lieu en outre à la prison lorsqu'elles sont de nature à compromettre la sûreté d'une manière directe et immédiate. De plus, l'agent qui a directement commis la faute n'est pas le seul atteint ; le propriétaire, chef d'entreprise, directeur-gérant ou préposé, par les ordres duquel la contravention a eu lieu, est puni d'une peine double de celle qui, dans chaque cas, frappe l'agent. Tel est le résumé de cette loi, pour le détail de laquelle nous renvoyons à son texte même. •   H. CLÉRY.

ADMINISTRATION COMPARÉE.

Angleterre. Il faut distinguer entre le bateau à vapeur, la machine fixe et la locomotive. La loi 17-18 Vict., ch. 104, ne s'applique qu'aux vapeurs transportant des voyageurs (non compris le bac à vapeur). Ces navires sont visités deux fois par an par des personnes commissionnées par le *Board of Trade*. Les visites sont devenues annuelles (une par an) depuis la loi 36-37 Vict., ch. 73 ; *les autres dispositions n'ont pas été modifiées.* On ne visite pas seulement la machine, mais encore la coque du navire, lequel ne peut partir que s'il est certifié en bon état. La loi 25-26 Vict., ch. 63, veut en outre que le capitaine du navire soit diplômé par le *Board of Trade*, et qu'il ait à bord un ou deux mécaniciens (*engineers*) brevetés ; dans les grands vapeurs maritimes, l'un au moins des mécaniciens doit avoir un brevet de 1ʳᵉ classe.

On comprend que la surveillance n'est pas instituée dans l'intérêt du propriétaire de la machine, pour l'empêcher d'être trompé, mais dans l'intérêt d'un voyageur qui est obligé de lui confier sa vie.

La même règle s'applique aux machines fixes. On n'essaie pas les chaudières, mais, dans les fabriques on prend les mesures nécessaires pour que les machines (à vapeur ou non) ne causent aucun accident. Ce sont les inspecteurs des fabriques qui sont chargés de cette surveillance et qui peuvent prescrire les mesures de précaution nécessaires. De même, des règlements de police enjoignent aux propriétaires de machines de brûler leur fumée (*voy.*). De même pour les sifflets, la loi 35-36 Vict., ch. 61 (6 *août* 1872), dispose qu'aucune fabrique ne pourra avoir de sifflet ou trompette à vapeur pour donner des signaux aux ouvriers (arrivée et départ) sans une autorisation de l'autorité sanitaire, à peine d'une amende de 125 fr. pour le premier jour et de 50 fr. pour chaque journée suivante. La loi 27-28 Vict., ch. 75 (1864), défend d'établir une machine à vapeur à moins de 25 *yards* d'une route à barrière (grande route), à moins qu'elle ne soit dans une cour ou entourée de murs, etc., de manière à ne

pas pouvoir causer de danger aux voyageurs, aux chevaux ou au bétail.

La loi de 1861 sur l'emploi des locomotives sur les routes ordinaires n'a pour but que de régler le paiement des taxes aux barrières, car il s'agit de *turnpike-roads*.

Allemagne. La législation allemande ne diffère que par les détails de la législation française. La loi organique de l'industrie du 21 juin 1869 ne permet, art. 24 et suiv., l'établissement de *chaudières* à vapeur (pour machines ou non) qu'avec l'autorisation de l'autorité compétente, qui doit prescrire en même temps les mesures de sécurité nécessaires. La loi prévoit un règlement d'administration publique, lequel a été en effet publié, d'après une décision du conseil fédéral, sous la date du 29 mai 1874. Il ne semble pas nécessaire d'en reproduire les dispositions avec lesquelles il sera utile de comparer une instruction ministérielle du 4 septembre 1869 (*Ministerial-Blatt*, 1869, p. 200). Il est à remarquer que les voisins ne peuvent pas empêcher l'établissement d'une machine à vapeur — sauf dans les cas où il s'agit d'un atelier insalubre et incommode et dans les conditions prévues par la loi. Dans les autres cas, ils ne peuvent que demander une indemnité, s'il y a lieu. [*L. de* 1869, *art.* 26.]

Un règlement ministériel (*Regulativ*) du 18 avril 1844 prescrivit le nécessaire pour empêcher les accidents, abordages et autres sur les lacs et rivières navigables de la province de Prusse (Vistule, etc.); mais il ne semble pas que ces prescriptions aient été étendues à d'autres cours d'eau.

Autriche. La loi organique de l'industrie du 20 décembre 1859, art. 31, dispose qu'une machine à vapeur (fixe) ne peut être établie sans une autorisation spéciale. La machine est considérée ou traitée comme établissement incommode ou insalubre. Aussi l'art. 32 dit qu'on veillera à ce qu'il n'en résulte pas d'inconvénients pour les églises, écoles, hôpitaux et autres établissements ou monuments publics du voisinage.

Belgique. En Belgique, l'arrêté royal du 21 avril 1864 fait dépendre l'autorisation d'établir une machine en une chaudière à vapeur, de l'examen de la machine d'une part, et d'une enquête *de commodo* de l'autre. C'est le gouverneur qui donne l'autorisation.

Pays-Bas. La Hollande a renouvelé sa réglementation par l'ordonnance royale du 24 septembre 1869 (reproduite dans le *Handelsarchiv* du 10 décembre 1869). L'autorisation n'est accordée qu'après un examen minutieux ; des conditions graves sont posées, on indique même (*art.* 12) les formules pour calculer le diamètre des soupapes de sûreté. Les prescriptions relatives à la surveillance sont très-détaillées.

               MAURICE BLOCK.

MAGASINS GÉNÉRAUX.

1. Ce sont les dépôts de marchandises qui ont pour but, sinon de faciliter la vente, du moins de faciliter au possesseur d'une marchandise l'obtention d'un crédit. Généralement ces établissements sont ouverts à des époques de crises. C'est ainsi que les magasins généraux ont été institués par un décret du Gouvernement provisoire, en date du 21 mars 1848. Dans la pensée du ministre des finances (M. Garnier-Pagès), qui en proposa la création, ils avaient pour objet de faciliter la circulation des marchandises, de même que l'ouverture récente des comptoirs d'escompte avait eu pour but de faciliter la circulation du papier.

2. Aux termes du décret du 21 mars 1848, les magasins généraux devaient être placés sous la surveillance de l'État et recevoir en dépôt les matières premières, produits fabriqués et autres marchandises, dépôt constaté par la délivrance d'un récépissé transmissible par voie d'endossement.

3. Un arrêté du 21 mars 1848, rendu par le ministre des finances, en exécution du décret, affecta les bâtiments de l'entrepôt réel des douanes au dépôt des marchandises nationales ou nationalisées par le paiement des droits de douane, et des marchandises étrangères. Le décret du 7 septembre 1852 a autorisé une compagnie particulière à établir des magasins généraux sur les terrains situés place de l'Europe, d'après le mode fixé, en principe, par le décret de 1848, mode qui devait être revisé par un règlement d'administration publique. Mais cette compagnie ayant, dès le début de ses opérations, acquis la concession de l'entrepôt réel des douanes, les magasins généraux sont demeurés dans les bâtiments de cet entrepôt.

4. Dans les départements, des magasins ont été également ouverts, aux termes du décret du 21 mars 1848, sur la demande des chambres de commerce ou des conseils municipaux. Le nombre de magasins ainsi ouverts s'est élevé à près de soixante; mais plusieurs ont dû être fermés, leurs opérations ne présentant pas un suffisant degré d'activité pour qu'il parût utile de conserver ce nouveau mode de dépôt. Le Gouvernement lui-même introduisit dans l'application du système des modifications restrictives, consacrées par une décision ministérielle du 12 juillet 1855. D'après cette décision, émanée du département des finances, on ne doit plus admettre dans les magasins généraux, annexés aux entrepôts réels, que les marchandises nationales ou nationalisées ; les marchandises étrangères qui n'ont point encore acquitté les droits de douane en sont exclues. De plus, les chambres de commerce ou les municipalités doivent assumer la responsabilité des erreurs commises par le gérant des magasins, ainsi que des avaries subies par les marchandises déposées.

5. Établi dans un temps de crise, le système des magasins généraux a procuré au commerce un soulagement momentané; la crise passée, il parut un moment ne pas vouloir se développer, mais la législation s'étant complétée par la loi du 28 mai 1858 et le décret (régl. d'admin. publ.) du 12 mars 1859, les années 1859 et suivantes virent s'établir un assez grand nombre de magasins généraux. (*Voy.* les décrets dans le *Bulletin des lois* de ces années.)

6. En 1870, au commencement de la guerre, la loi du 31 août facilite la création de ces établissements. Cette loi est ainsi conçue:

Art. 1er. Les magasins généraux autorisés par la loi du 28 mai 1858 et le décret du 12 mars 1859 pourront être ouverts par toute personne et par toute société commerciale, industrielle ou de crédit, en vertu d'une autorisation donnée par un arrêté du préfet, après avis de la chambre de commerce, à son défaut, de la chambre consultative, et à défaut de l'une ou de l'autre, du tribunal de commerce.

Cet avis devra être donné dans les huit jours qui suivront la communication de la demande.

A l'expiration de ce délai et dans les trois jours qui suivront, le préfet sera tenu de statuer.

Art. 2. Le concessionnaire d'un magasin général devra être soumis, par l'arrêté préfectoral, à l'obligation d'un cautionnement variant de vingt mille à cent mille francs.

Ce cautionnement pourra être fourni, en totalité ou en partie, en argent, en rentes, en valeurs cotées à la Bourse, ou par une première hypothèque sur des immeubles d'une valeur double de la somme garantie.

Cette valeur sera estimée par le directeur de l'enregistrement et des domaines, sur les bases établies pour la perception des droits de mutation en cas de décès.

Pour la conservation de cette garantie, une inscription sera prise dans l'intérêt des tiers, à la diligence et au nom du directeur de l'enregistrement et des domaines.

Art. 3. Les exploitants de magasins généraux pourront prêter sur nantissement des marchandises qui leur sont déposées, ou négocier les warrants qui les représenteront.

Art. 4. Les magasins généraux actuellement existants pourront profiter des dispositions de la présente loi, en se conformant, s'ils ne l'ont pas fait déjà, aux conditions qu'elle impose.

Art. 5. Sont abrogés le deuxième paragraphe de l'art. 1er de la loi du 28 mai 1858 et toutes dispositions de lois ou décrets antérieurs contraires à la présente loi. (Ce paragraphe imposait aux fondateurs l'obligation d'obtenir une autorisation du Gouvernement.)

7. L'espace ne nous permet pas d'analyser le règlement d'administration publique du 12 mars 1859[1], mais voici les principales dispositions de la loi du 28 mai 1858.

8. Les magasiniers délivrent aux déposants des récépissés énonçant leurs nom, profession et domicile, et les indications propres à en obtenir l'identité et à en déterminer la valeur (*art.* 1er).

9. A chaque récépissé est annexé un bulletin de gage, qui, sous la dénomination de *warrant*, contient les mêmes mentions que le récépissé (*art.* 2).

10. Les récépissés et les warrants peuvent être transférés par voie d'endossement, ensemble ou séparément (*art.* 3).

11. L'endossement du récépissé et du warrant réunis transmet la propriété de la marchandise. — Si le warrant est détaché du récépissé, le cessionnaire de ce dernier ne peut disposer de la marchandise qu'à la condition de payer la créance garantie par le warrant, ce qu'il peut toujours faire même avant l'échéance, en consignant le prix, si le porteur du warrant est inconnu, ou d'en laisser payer le montant sur le prix de vente de la marchandise. — Quant au warrant détaché du récépissé, il confère nantissement de la marchandise (*art.* 4).

12. L'endossement du récépissé et du warrant, transférés ensemble ou séparément, doit être daté. — Celui du warrant séparé doit énoncer, en outre, le montant en capital et intérêts de la créance garantie, la date de son échéance, les nom, profession et domicile du créancier. — Le premier cessionnaire du warrant doit faire transcrire l'endossement sur les registres du magasin (*art.* 5).

13. A défaut de paiement à l'échéance, le porteur du warrant séparé du récépissé peut faire vendre le gage, huit jours après le protêt, sans formalité de justice. — Il est payé de sa créance sur le prix par privilège et préférence, sans autre déduction que celle des contributions, taxes et droits, frais de vente, de magasinage et autres. — Toutefois le porteur du warrant désintéressé, le reliquat du produit de la vente appartient au porteur du récépissé. — Si le produit de la vente n'a pas suffi pour désintéresser le créancier, il a recours contre l'emprunteur et les endosseurs; seulement il perd son recours contre ces derniers s'il n'a pas fait procéder à la vente dans le mois qui suit la date du protêt (*art.* 7, 8, 9).

14. Les établissements publics de crédit peuvent recevoir les warrants comme effets de commerce, avec dispense d'une des signatures exigées par leurs statuts (*art.* 11).

15. Les droits d'enregistrement sont fixés de la manière suivante : lorsque le récépissé reste entre les mains du déposant, en tant que certificat de propriété, il ne donne ouverture, et cela conformément aux principes généraux de l'enregistrement, qu'à un droit fixe. — Lorsqu'il est transféré et qu'il y a transmission de propriété, suivant les mêmes principes, il devrait donner lieu à un droit proportionnel. — Mais cette perception était inconciliable avec l'esprit de la loi et on a appliqué le droit fixe de un franc. — Le warrant séparé du récépissé est assujetti au droit d'enregistre-

---

1. On le trouvera, avec la circulaire ministérielle, dans notre *Annuaire* de 1860.

ment de 50 cent. par 100 fr. établi par l'art. 69, § 2, n° 6, de la loi du 22 frimaire an VII, pour les billets à ordre et les effets négociables ou de commerce autres que les lettres de change (*art.* 13).

MAGISTRATS. *Voy.* **Fonctionnaires.**

MAIN-FORTE. Chacun est tenu de prêter main-forte aux agents de la force publique qui la requièrent dans les circonstances d'accidents, tumultes, naufrage, inondation, incendie ou autres calamités, ainsi que dans le cas de brigandages, pillages, flagrant délit, clameur publique ou d'exécution judiciaire, sous peine d'une amende de 6 à 10 fr. (*C. P.*, *art.* 475, 12°.)

MAINLEVÉE. 1. C'est l'acte qui fait cesser l'effet d'un acte précédent. Ainsi, on donne mainlevée d'une opposition formée sur un cautionnement ou sur une somme que quelqu'un doit toucher; d'une saisie, d'une inscription hypothécaire, d'une interdiction, d'une opposition au mariage, etc.

2. L'art. 49, § 4, du Code de procédure dispense du préliminaire de conciliation les demandes en mainlevée de saisie ou opposition.

MAINMORTE (**TAXE OU IMPÔT DES BIENS DE**[1]). **1.** On donne habituellement ce nom à l'impôt direct qui a été créé par la loi du 20 février 1849, dont l'art. 1er est ainsi conçu :

« Il sera établi, à partir du 1er janvier 1849, sur les biens immeubles passibles de la contribution foncière, appartenant aux départements, communes, hospices, séminaires, fabriques, congrégations religieuses, consistoires, établissements de charité, bureaux de bienfaisance, sociétés anonymes et tous établissements publics légalement autorisés, une taxe annuelle représentative des droits de transmission entre vifs et par décès. Cette taxe sera calculée à raison de 62 1/2 cent. pour franc du principal de la contribution foncière. » Elle a été élevée à 70 cent. par l'art. 5 de la loi du 30 mars 1872.

Ainsi qu'on le voit, cet impôt est assis sur les propriétés de corporations ou d'établissements qui aliènent rarement et ne meurent pas, et qui, par conséquent, n'acquittent pas ou n'acquittent que par exception les droits de mutation auxquels donne lieu la transmission des propriétés particulières. Le législateur de 1849 a voulu rétablir, au profit du Trésor, l'égalité contributive entre les biens de mainmorte et ceux des autres propriétaires.

2. Il résulte du texte de l'art. 1er que la réunion de quatre conditions est nécessaire pour que cet impôt soit dû. Il faut : 1° qu'il s'agisse d'immeubles ; 2° que ces immeubles soient passibles de la contribution foncière ; 3° qu'ils *appartiennent* à l'un des êtres moraux qu'énumère la loi ; 4° que le propriétaire soit expressément compris dans cette énumération.

Quant à la première condition, il suffit de remarquer, d'une part, que la loi ne paraît pas avoir eu en vue les biens qui ne sont immeubles que par leur destination ou l'objet auquel ils s'appliquent, mais seulement les immeubles par leur nature (*C. civ.*, *art.* 517) ; d'autre part, qu'elle ne pourrait pas être étendue à certains objets, meubles

par leur nature, mais que la loi fiscale frappe de l'impôt foncier, notamment les bacs et bateaux d'une certaine espèce. (*L.* 18 *juill.* 1836, *art.* 2 ; *C. civ.*, *art.* 519 et 531.)

La seconde condition ne saurait donner lieu ici à aucune explication spéciale : on ne peut que renvoyer à la législation concernant la contribution foncière. (*Voy.* **Contributions directes.**)

En troisième lieu, il faut et il suffit que l'immeuble *appartienne* à l'un des établissements désignés. Ainsi, la taxe est due par les établissements qui n'ont encore que la nue propriété, par ceux qui ont affermé leurs immeubles à bail emphytéotique, etc. En revanche, elle n'est pas due par les compagnies concessionnaires de chemins de fer et de canaux ; car les chemins de fer et les canaux, même concédés à perpétuité, n'*appartiennent* pas aux compagnies.

Enfin, l'énumération que contient l'art. 1er est limitative, si élastique que soit, d'ailleurs, la disposition qui atteint tous *les établissements publics légalement autorisés*. Ainsi, en ce qui touche les sociétés anonymes proprement dites, toute autre société, quelle que pût être son ancienneté, quelque analogie qu'elle pût présenter avec la société anonyme, échapperait à l'impôt. Mais, en sens inverse, il est dû par toute société anonyme[1], si courte que puisse être sa durée et sans qu'il y ait à se préoccuper de son objet[2].

3. Aux termes de l'art. 2 de la loi, les formes prescrites pour l'assiette et le recouvrement de la contribution foncière doivent être suivies pour l'établissement et la perception de la nouvelle taxe.

4. Du reste, cette taxe est à la charge du propriétaire seul pendant la durée des baux qui existaient au 20 février 1849, nonobstant toutes stipulations contraires (*art.* 3). Quant aux baux passés depuis 1849, on retombe sous l'empire de la règle établie par la loi du 3 frimaire an VII, d'après laquelle la contribution foncière est due au fisc par le propriétaire, sans préjudice de l'obligation imposée à tous fermiers ou locataires de la payer en l'acquit du propriétaire, et sauf l'effet que pourraient produire, entre les parties, les stipulations qu'elles auraient faites sur ce point.

E. REVERCHON.

MAIRE. *Voy.* **Organisation communale.** Les attributions spéciales des maires se trouvent en outre exposées dans les articles consacrés aux diverses matières administratives où ce fonctionnaire doit intervenir.

MAISON. *Voy.* **Alignement, Boues et immondices, Cheminées, Contributions directes, Égouts, Fosses d'aisance, Rue, Voirie,** etc., etc. Il est utile aussi de consulter le décret du 26 mars 1852, relatif aux rues de Paris.

MAISON CENTRALE. *Voy.* **Prisons.**

MAISON D'ACCOUCHEMENT. *Voy.* **Accouchement** et **Charité maternelle.** Pour les maisons particulières d'accouchement où l'on entre en payant, voyez **Maison de santé.**

---

1. On peut consulter sur cette matière un travail assez étendu qui a été publié, en 1855, par le *Bulletin des contributions directes et du cadastre.*

1. Même par celles qui, depuis la loi du 24 juillet 1867, ont été fondées sans l'autorisation du Gouvernement.
2. Voyez un grand nombre de décisions du Conseil d'État sur ces questions pendant les années 1850, 1851 et 1852, qui ont été confirmées sur tous les points par la jurisprudence postérieure.

MAISON D'ARRÊT, DE CORRECTION, DE FORCE, DE JUSTICE. *Voy.* **Prisons.**

MAISON DE DÉBAUCHE, DE TOLÉRANCE. *Voy.* **Débauche.**

MAISON DE JEUX. *Voy.* **Jeux.**

MAISON DE REFUGE. 1. Établissements charitables privés, fondés, soit pour recueillir des personnes frappées de réprobation par la société et les ramener à la vertu, soit pour offrir un asile temporaire à l'indigent valide, avec obligation, toutefois, de travailler dans des ateliers ouverts à cet effet.

2. Les plus importants sont : 1° ceux institués pour protéger, secourir et moraliser les femmes qui veulent renoncer à de coupables habitudes et revenir à une vie meilleure ; 2° ceux formés pour recueillir les condamnés à leur sortie de prison (*voy.* **Patronage**); 3° ceux qui ont pour but de favoriser le placement des servantes momentanément sans place, et de leur donner un asile où elles sont logées et nourries pendant un certain temps.

3. Nous mentionnerons, parmi les premiers établissements que nous venons d'indiquer, l'œuvre du Bon-Pasteur, qui, depuis plusieurs années, a pris des développements considérables.

Cette institution et toutes celles, du reste, destinées à ramener aux bonnes mœurs les filles qui se sont mal conduites, sont régies par le décret du 26 décembre 1810.

4. Elles sont soumises à la surveillance des municipalités et des procureurs de la République, qui, tous les trois mois, doivent les visiter, dresser procès-verbal de leur visite et envoyer ce procès-verbal au ministre de la justice. Elles doivent tenir des registres contenant les noms, prénoms, âge et domicile des hôtes qu'elles reçoivent, la date de leur entrée, celle de leur sortie, ainsi que les noms, prénoms et domicile des magistrats ou des parents qui les y ont fait placer. (*D. précité, art.* 8.)

5. Toutes les fois qu'une personne étant dans la maison veut adresser une pétition à l'autorité administrative ou judiciaire, la supérieure doit laisser passer et même faire parvenir la pétition, sans en prendre connaissance. (*Même D.*)

6. Le fonctionnaire public ou les parents, par l'autorité desquels une fille est entrée dans une de ces maisons, doivent toujours être admis à lui parler et à exiger qu'elle leur soit représentée. (*Id. art.* 9.)

7. Les maisons de refuge ne peuvent s'établir sans autorisation du Gouvernement et sans que leurs statuts aient été approuvés. Lorsqu'une commune veut en établir, le préfet en transmet la demande avec son avis au ministre de l'intérieur.

MAISON DE RETRAITE. 1. Établissement où, moyennant un prix de pension ou la cession d'un capital une fois payé, on entretient des vieillards.

2. Les fondateurs d'une maison de retraite doivent se pourvoir d'une autorisation du Gouvernement avant de l'ouvrir.

3. Néanmoins, cette autorisation n'est pas nécessaire, lorsqu'une administration hospitalière reçoit quelques pensionnaires dans un de ses locaux, conformément aux circulaires ministérielles des 31 janvier et 6 août 1840, ou qu'elle établit une simple annexe à ses services. Il suffit, en

pareil cas, que l'annexe ait été permise par l'autorité qui règle le budget. (*Voy. le Répertoire de* DURIEU et ROCHE.)

4. Bien qu'elles ne soient pas gratuites, les maisons de retraite présentent de nombreux avantages. Le prix de la pension y est souvent réduit au-dessous de la dépense réelle ; elles encouragent la prévoyance et l'économie. Aussi le ministre de l'intérieur, par une circulaire en date du 6 août 1840, a-t-il vivement recommandé aux préfets cette institution, qui n'est pas aussi répandue qu'elle le mérite.

L'admission dans les maisons de retraite est, d'ailleurs, généralement recherchée, ce qui est peut-être le meilleur argument en leur faveur. (*Voy.* **Hôpitaux et hospices**).

MAISONS DE SANTÉ. 1. Établissements où, moyennant rétribution, on reçoit les malades pour y être soignés et les femmes enceintes pour y faire leurs couches. Il en est qui sont spécialement consacrés aux aliénés.

2. Les maisons de santé en général n'ont été réglementées par aucune législation spéciale. Seulement la loi du 30 juin 1838 détermine les règles relatives aux établissements particuliers ou publics dans lesquels les aliénés sont reçus ou traités. (*Voy.* **Aliénés.**)

3. Pour le ressort de la préfecture de police de la Seine, ce qui concerne l'établissement des maisons de santé en général, leur régime intérieur, leurs rapports avec l'administration, a été réglé par une ordonnance de police du 9 août 1828.

Ainsi, il ne peut être établi à Paris, dans le département de la Seine et dans les communes de Saint-Cloud, Sèvres et Meudon, aucune maison de santé, sans une autorisation du préfet de police. (*O. précit., art.* 1er.)

Toute personne qui veut établir une de ces maisons indique dans sa demande le nombre des pensionnaires que l'établissement peut contenir. Ce nombre, qui est mentionné dans la permission, ne peut être excédé, à moins que l'on ne justifie de nouvelles constructions ou d'une extension suffisante donnée aux localités. (*Id., art.* 3.)

4. Relativement aux maisons particulières d'accouchement, nous ferons remarquer que, pendant longtemps, le Gouvernement les a assimilées, du moins quant à la surveillance, aux maisons meublées dont il est fait mention au § 2 de l'art. 475 du Code pénal. Dans un certain nombre de départements, les préfets ont même pris des arrêtés spéciaux à ce sujet. Ces arrêtés ont été souvent appliqués sans obstacle ; mais lorsque leur exécution s'est trouvée, par la résistance des sages-femmes, portée devant la justice, il a été décidé que, dans l'état actuel de la législation, aucune surveillance ne pouvait être exercée sur les maisons particulières d'accouchement. (*Exposé des motifs du projet de loi sur les enfants trouvés, annexé à la Circ. Min. Int. 6 août* 1853.)

MAISONS GARNIES. 1. Nous comprenons sous ce titre les hôtels, auberges et, en général, toutes les maisons où on loge en garni, que la location soit à la nuit, au mois, ou suivant tout autre terme ou délai.

2. C'est la loi du 19-22 juillet 1791, titre Ier, art. 5, reproduite et sanctionnée par l'art. 475, n° 2, du Code pénal, qui a fixé les obligations auxquelles sont soumises les personnes qui tiennent des maisons garnies. Dans les villes et campagnes, les aubergistes, hôteliers, logeurs ou loueurs de maisons garnies sont tenus d'inscrire de suite et sans aucun blanc, sur un registre tenu régulièrement, c'est-à-dire paraphé par un officier municipal ou un commissaire de police, les noms, qualités, domicile habituel, dates d'entrée et de sortie de tout individu qui aurait couché ou passé une nuit dans leur maison. Ils doivent, en outre, représenter ce registre aux époques déterminées par les règlements, et toutes les fois qu'ils en sont requis, aux maires, adjoints, officiers ou commissaires de police, ou aux agents commis à cet effet. La contravention à l'une des dispositions précédentes est punie d'une amende de 6 à 10 fr. inclusivement. (*C. P.*, *art.* 475, *n° 2.*) En cas de récidive, la peine de l'emprisonnement pendant cinq jours au plus peut être prononcée. (*Id.*, *art.* 478.)

3. A cette prescription de la loi l'autorité municipale a dû ajouter des règlements sévères ; la profession de logeur est, en effet, une de celles qui intéressent le plus la sûreté publique et le bon ordre que les corps municipaux ont pour mission de sauvegarder. Nous citons les dispositions généralement adoptées.

4. Toutes personnes qui veulent exercer la profession d'aubergiste ou de logeur en garni, sont tenues d'en faire préalablement la déclaration à la mairie et de la renouveler toutes les fois qu'elles changent de domicile.

5. Il leur est enjoint de placer extérieurement sur la porte d'entrée principale une enseigne, portant en caractères apparents la désignation de la profession d'aubergiste ou de logeur, et indiquant que tout ou partie de la maison est louée en garni. Ils sont, en outre, invités à numéroter leurs chambres ou appartements meublés.

6. Il est défendu aux maîtres d'hôtel et logeurs d'inscrire sciemment sur leur registre, sous des noms faux ou supposés, les personnes logées chez eux. La contravention à cette défense est punie d'un emprisonnement de six jours au moins et d'un mois au plus.

7. Il leur est interdit de donner retraite aux vagabonds et gens sans aveu, de louer aucune chambre à des filles publiques et de les recueillir chez eux. (*Cass.* 11 *sept.* 1840.)

8. Défense leur est faite de tenir leurs maisons ouvertes après les heures de fermeture indiquées par les règlements. Lorsqu'un arrêté municipal a fixé l'heure à laquelle doivent être fermées les auberges de la commune, les aubergistes sont en contravention, même quand les personnes étrangères trouvées à une heure prohibée, n'y auraient été reçues que par des pensionnaires de cette auberge et dans leurs chambres particulières. (*Cass.* 24 *déc.* 1824.) Ils peuvent néanmoins recevoir, à toute heure de nuit, les voyageurs qui se présentent chez eux pour y loger.

9. Lorsqu'un aubergiste ou maître d'hôtel garni cesse d'exercer cette profession, il doit en faire immédiatement la déclaration à la mairie, et y déposer son registre.

10. Outre ces prescriptions de police, nous mentionnerons ici certaines dispositions légales relatives à la responsabilité et aux droits des logeurs.

Ceux qui exercent cette profession sont responsables, comme dépositaires, des effets apportés par le voyageur qui loge chez eux ; le dépôt, dans ce cas, est regardé comme nécessaire. Ils sont aussi responsables du vol ou du dommage des effets du voyageur, soit que le vol ait été fait, ou que le dommage ait été causé par les domestiques ou les préposés de la maison, ou par des étrangers allant et venant dans l'hôtel (*C. civ.*, *art.* 1952 *et* 1953) ; mais ils ne sont pas responsables des vols faits avec force armée ou autre force majeure (*Id.*, *art.* 1954). Les aubergistes et hôteliers sont passibles de la réclusion, s'ils volent les objets qui leur sont confiés à ce titre. (*C. P.*, *art.* 386.)

11. Ils ont un privilége pour le paiement de leurs fournitures sur les effets du voyageur transportés dans leur auberge. (*C. civ.*, *art.* 2102, *n° 5.*) L'action qu'ils peuvent exercer contre leurs débiteurs à raison du logement et de la nourriture qu'ils fournissent, se prescrit par six mois. (*Id.*, *art.* 2271.)

BIBLIOGRAPHIE.

Code manuel des propriétaires et locataires, hôteliers, aubergistes, etc., avec les modèles de tous les actes sous seing privé relatifs aux locations, par M. Agnel. 5e édit. in-18 jésus. Cosse, Marchal et Billard, 1874.

MAITRE D'ÉCOLE. *Voy.* **Instruction primaire.**

MAITRE DE PENSION. *Voy.* **Instruction secondaire.**

MAITRE DE PONT ET PERTUIS. On nomme ainsi les individus préposés par l'autorité municipale au passage des bateaux ou bâtiments sous les ponts et dans les pertuis des cours d'eau. Ordinairement ce sont des mariniers. D'après le décret du 25 janvier 1811, qui a réglé le service des chefs de pont et qui a reproduit plusieurs dispositions d'une ordonnance de 1672, il leur est dû une rétribution ; cette rétribution a pour effet de mettre à leur charge les avaries.

MAITRE DE PORT. *Voy.* **Port.**

MAITRE DES REQUÊTES. *Voy.* **Conseil d'État.**

MAJORATS. Le majorat est une propriété immobilière dont les revenus sont affectés au soutien d'un titre nobiliaire, transmissible dans la descendance masculine du titulaire par ordre de primogéniture.

La loi du 12 mai 1835 a interdit l'institution des majorats pour l'avenir, et déclaré que les majorats existants à ce jour ne pourraient s'étendre au delà de deux degrés, l'institution non comprise. Quant aux majorats de propre mouvement, il n'y a pas eu de disposition nouvelle. La loi du 7 mai 1849 a ajouté, entre autres dispositions, que, pour l'avenir, la transmission, limitée à deux degrés, à partir du premier titulaire, n'aurait lieu qu'en faveur des appelés déjà nés ou conçus lors de la promulgation, et que, s'il n'existait pas d'appelés à cette époque, ou si ceux qui entreraient décédaient avant l'ouverture de leur droit, les biens des majorats deviendraient immédiatement libres entre les mains des possesseurs (*art.* 2).

MAJORITÉ LÉGALE. Le Code civil, art. 388 ,

fixe à 21 ans l'âge où cesse la minorité ou la tutelle[1]. A 21 ans, l'homme jouit de presque tous ses droits civils et politiques. Il est électeur et il peut s'engager en matière civile et commerciale. Ce n'est qu'à 25 ans qu'il peut, à la rigueur, se marier sans le consentement de ses parents. (*Art.* 148 *du C. civ. Voy.* **Acte respectueux** et **État civil.**) C'est à 25 ans aussi qu'il devient éligible et qu'il peut être considéré comme jouissant de l'intégrité de ses droits civils et politiques. Il est cependant certaines fonctions qu'il ne peut obtenir avant l'âge de 30 ans, mais de pareilles restrictions formulées dans un intérêt public et s'appliquant à la totalité des citoyens ne peuvent jamais être considérées comme lésant les droits d'un citoyen. (*Comp.* **Age.**)

Les femmes sont également majeures à 21 ans; elles jouissent alors de l'intégrité des droits civils, elles peuvent aussi remplir certaines fonctions, mais la loi française ne leur a pas conféré les droits politiques. (*Comp.* **Femmes.**)

MALFAÇON. La malfaçon consiste en ce qu'un ouvrage est fait contrairement aux règles de l'art. Lorsque quelqu'un a sujet de se plaindre de ce vice de construction, il peut agir en justice pour le faire réparer ou pour obtenir une indemnité.

MANDATS D'AMENER, D'ARRÊT, DE COMPARUTION, DE DÉPOT. 1. On nomme *mandat* l'ordre donné par un magistrat à des inculpés ou des témoins de comparaître devant lui.

2. Le *mandat d'amener* (*C. d'I. C.*, art. 80, 91, 92 *et* 157) enjoint à l'individu qui y est désigné, de comparaître devant celui dont l'ordre émane, pour être interrogé, et à tout agent de la force publique de l'amener devant lui, s'il refuse de le faire volontairement, ou s'il veut se soustraire par la fuite aux conséquences de son acte. Ce mandat s'applique : 1° à l'individu inculpé d'un délit emportant une peine correctionnelle qui n'a ni domicile, ni résidence; 2° à ce même individu ayant domicile ou résidence, s'il refuse d'obéir au mandat de comparution, ou s'il est à craindre qu'il cherche à fuir; 3° à tout individu inculpé d'un crime emportant une peine afflictive ou infamante; 4° au témoin régulièrement cité qui refuse de comparaître.

3. Le *mandat d'arrêt* est employé contre l'individu inculpé d'un délit emportant peine afflictive, infamante ou correctionnelle (pourvu qu'elle ne consiste pas en une simple amende), qui a comparu devant le juge d'instruction, sans détruire les charges qui pèsent sur lui, ou même qui a refusé de comparaître. Ce mandat ordonne la détention de l'individu, et grève ses biens d'un privilége au profit du Trésor, qui prend date du jour du mandat, et qui est destiné à garantir le paiement des frais en cas de condamnation.(*C. d'I. C.*, art. 94.)

4. Le *mandat de comparution* est une simple assignation de comparaître, sans aucune mesure coercitive. Le magistrat a le droit de l'employer au lieu du mandat d'amener à l'égard de l'individu inculpé d'un délit emportant peine correctionnelle, quand il est domicilié. (*C. d'I. C.*, art. 91, § 1er.)

1. La loi allemande du 17 février 1875 généralise la disposition qui fait commencer la majorité à 21 ans.

5. Le *mandat de dépôt* se confond avec celui d'arrêt. Toutefois il ne grève pas les biens d'un privilége au profit du Trésor comme le fait le mandat d'arrêt. Dans la pratique on l'emploie de préférence au mandat d'arrêt, quand les charges ne présentent pas un caractère de haute gravité; aussi le mandat d'arrêt ne doit-il être lancé qu'après les conclusions du ministère public.

6. Le droit de décerner des mandats d'amener, d'arrêt, de comparution et de dépôt n'appartient qu'aux juges d'instruction, ou aux magistrats qui en tiennent lieu, au tribunal correctionnel, qui reconnaît que l'individu qu'il va juger peut être passible d'une peine afflictive ou infamante, et à la chambre des mises en accusation, qui prononce le renvoi de l'inculpé à la chambre des appels correctionnels. Quand toutefois le fait peut entraîner une peine afflictive ou infamante, ou en cas de flagrant délit, les procureurs de la République, les préfets des départements, le préfet de police à Paris et les officiers de police auxiliaire peuvent, en l'absence du juge d'instruction, décerner un mandat de comparution ou même un mandat d'arrêt. (*Voy.*, du reste, *C. d'I. C.*, art. 91 et suiv.)

MANDAT DE PAIEMENT. Acte par lequel une personne en autorise une autre, ou lui ordonne de payer une somme déterminée. Dans l'administration, les mandats de paiement ne peuvent émaner que des ordonnateurs, et doivent être appuyés des pièces justificatives prévues par les règlements.

MANDEMENT. On nomme ainsi, dans certains cas, l'ordre donné par une autorité. Il y a d'ailleurs plusieurs sortes de mandements. Ainsi l'on distingue : 1° *Mandement de collocation*, extrait délivré par le greffier d'un ordre ou d'un règlement du juge, qui détermine la portion de l'actif du débiteur qui revient au créancier; 2° *Mandement d'exécution*, formule exécutoire des jugements commençant ainsi : *Mandons, ordonnons*, etc.

On appelle encore *mandement* la lettre ou l'acte qui donne l'ordre à un receveur de payer une somme d'argent.

Quant aux mandements des évêques, voyez **Évêque**, nos 35 et suivants, ainsi qu'**Appel comme d'abus** et **Culte catholique.**

MANUFACTURES. *Voy.* **Industrie.**

MANUFACTURES (TRAVAIL DES ENFANTS DANS LES). *Voy.* **Enfants**, etc.

MANUFACTURES D'ARMES. *Voy.* **Armes.**

MANUFACTURES DE TABAC. *Voy.* **Tabac.**

MANUFACTURES INSALUBRES. *Voy.* **Établissements dangereux**, etc.

MANUFACTURES NATIONALES. 1. En dehors des manufactures de tabac (*voy.* **Tabac**), l'État possède trois établissements qu'on désigne sous le nom de manufacture nationale. La manufacture de porcelaine de Sèvres et les manufactures de tapisseries des Gobelins et de Beauvais. Sous la monarchie, ces établissements étaient dans les attributions de la couronne ou de la liste civile, un décret du 31 octobre 1870 les réunit au ministère de l'agriculture et du commerce, un autre décret, du 2 janvier 1871, les fit passer au ministère de l'instruction publique et des beaux-arts. Ce service fait partie maintenant de la direction des beaux-arts et forme un bureau.

2. *Manufacture de porcelaine de Sèvres.* Elle tire son origine d'une fabrique fondée à Vincennes en 1740 par une société particulière ; le roi Louis XV prit une part importante dans l'affaire en 1752 et lui donna le titre royal ; en 1756 elle fut transférée à Sèvres, et en 1759 elle fut définitivement annexée à la couronne.

3. La fabrication ancienne, dite de vieux sèvres (on donne ce nom aux porcelaines des règnes de Louis XV et de Louis XVI), comprenait la pâte tendre et la pâte dure ; plus récemment on a fabriqué à la manufacture les vitraux peints (de 1828 à 1848) et la faïence (1854 à 1872), mais ces deux ateliers ont été fermés à la suite de diverses réductions des crédits. En revanche, une loi de 1874 a institué à Sèvres un atelier de mosaïque décorative.

4. Une commission de perfectionnement de quatorze membres est chargée d'examiner et d'apprécier, au point de vue de l'art, les travaux qui s'exécutent à la manufacture. Le personnel comprend : un administrateur, un directeur des travaux d'art, un conservateur du musée et un agent comptable ; les services sont dirigés par des chefs d'atelier ; les ateliers se composent d'un nombre variable d'ouvriers et d'artistes peintres, sculpteurs et décorateurs ; ce personnel est fixe ou à l'extraordinaire, le personnel fixe a droit à la pension de retraite.

5. La concession des produits de Sèvres se fait par arrêtés ministériels ; les porcelaines décorées qui ne sont pas réservées par le ministre, sont mises en vente au siége de la manufacture ; une autorisation ministérielle spéciale est nécessaire pour l'exécution des commandes.

6. *Manufacture de tapisseries des Gobelins.* L'édit royal qui organise la manufacture date de 1667, mais dès 1662, le roi Louis XIV avait ordonné à Colbert de réunir dans les bâtiments des Gobelins les ouvriers qui, sur plusieurs points de Paris, travaillaient pour les maisons du roi.

7. La manufacture des Gobelins fabrique des tapisseries de haute lisse et des tapis de pied ; ces derniers produits proviennent de l'atelier de la Savonnerie annexé aux Gobelins.

8. Il existe à la manufacture une école de dessin et une école de tapisserie où les élèves sont admis gratuitement.

9. Un administrateur, un directeur des teintures, un professeur de dessin, un agent comptable et un certain nombre de chefs d'atelier, d'artistes tapissiers et de compagnons forment le personnel de la manufacture ; tous les agents et artistes font partie de l'établissement à titre fixe et ont droit à pension.

10. Le ministre affecte, par arrêtés, les produits des Gobelins à la décoration des édifices publics.

11. *Manufacture de tapisseries de Beauvais.* L'organisation administrative et technique de cette manufacture, fondée par un édit de 1664, est à peu près semblable à celle des Gobelins.

12. La manufacture produit des tapisseries de basse lisse plus spécialement destinées aux panneaux et aux ameublements ; elle possède une école de dessin et reçoit gratuitement des élèves tapissiers. GERSPACH.

MARAIS.

CHAP. I. — RÈGLES GÉNÉRALES.

1. La propriété des marais est soumise à des règles particulières à cause de l'intérêt considérable que présentent les desséchements pour la production, l'impôt et l'assainissement. C'est sous le règne de Henri IV que les travaux commencèrent à être encouragés par des actes de concession qui contenaient des dispositions sur la propriété des marais. Les encouragements continuèrent pendant le xviie et le xviiie siècle. De 1766 à 1779, il se fit des concessions qui comprirent avec les marais les terres vaines et vagues. (*Voy.* **Organisation communale,** *allotissements.*) En 1790, deux lois du 1er mai et du 26 décembre invitèrent les assemblées départementales à s'occuper des desséchements et tracèrent les règles à suivre. Une loi du 14 frimaire an II ordonna de mettre en culture les étangs et les lacs qu'on met à sec pour pêcher, et par une autre loi du 3 frimaire an VII, la contribution foncière des terrains desséchés fut fixée à un décime seulement par hectare pendant les vingt-cinq premières années. Mais les circonstances étaient trop défavorables ; une loi rendue le 16 septembre 1807 ne produisit elle-même de bons effets qu'après le retour de la paix. En 1860, une loi ordonna de rendre propres à la culture les marais et les terres incultes appartenant aux communes (*voy.* n° 42) ; puis à cette mesure qui produisit peu d'effet, vint se joindre, en 1865, la loi qui autorisa la formation d'associations syndicales pour divers travaux dans lesquels sont compris les desséchements de marais. (*Voy.* **Syndicats.**)

Ces trois lois, avec la disposition indiquée ci-dessus de la loi du 3 frimaire an VII et la disposition indiquée ci-après de la loi du 26 décembre 1790, forment la législation en vigueur.

2. Le Gouvernement peut ordonner tous les desséchements de marais qu'il juge utiles ou nécessaires (*L.* 16 *sept.* 1807, *art.* 1er) ; il peut les faire exécuter par des concessionnaires ou les exécuter lui-même (*art.* 2), et concéder les marais dépendant d'une propriété publique et domaniale (*art.* 41). En outre, les marais peuvent être desséchés, soit par des associations syndicales (*voy.* **Syndicats**), soit par les propriétaires eux-mêmes (*voy.* n° 39), et ceux des communes peuvent l'être suivant des règles particulières indiquées au n° 42.

CHAP. II. — DESSÉCHEMENTS EXÉCUTÉS PAR DES CONCESSIONNAIRES.

Sect. 1. — Concessions.

3. Le desséchement d'un marais ne doit être concédé qu'après que l'administration a constaté que le ou les propriétaires n'entendent pas s'en charger eux-mêmes. La préférence doit toujours leur être accordée, s'ils se soumettent à exécuter le desséchement suivant le plan arrêté et dans le délai fixé (*L.* 16 *sept.* 1807, *art.* 3). Ils doivent donc être requis de déclarer dans l'espace de six mois, s'ils veulent faire dessécher eux-mêmes les marais (*L.* 26 *déc.* 1790, *art.* 4). De plus, le projet de desséchement doit être annoncé par voie d'affiches apposées dans la forme ordinaire, et rester déposé au secrétariat de la préfecture pendant un mois au moins, suivant l'ordonnance du 18 février 1834.

4. Lorsque le ou les propriétaires d'un marais ne consentent pas à le faire dessécher dans les délais et selon les plans adoptés, ou s'ils n'exécutent pas les conditions auxquelles ils se sont soumis, ou s'ils ne sont pas d'accord, ou si parmi les propriétaires, il y a une ou plusieurs communes, le desséchement est concédé aux personnes ou aux communes dont la soumission est jugée la plus avantageuse. Celles qui seraient faites par des communes propriétaires ou par un certain nombre de propriétaires réunis, seraient préférées à conditions égales. (*L.* 18 *sept.* 1807, *art.* 4.)

5. Les concessions sont faites par des décrets rendus en Conseil d'État, sur des plans levés ou vérifiés et approuvés par les ingénieurs des ponts et chaussées, suivant les conditions prescrites par la loi et les règlements, et fixées d'après les circonstances locales (*Id.*, *art.* 5). Ces décrets, bien entendu, ne font pas obstacle à ce que ceux qui prétendent droit à la propriété des marais concédés fassent valoir leurs droits devant les tribunaux. (*Arr. du C.*, 1er *sept.* 1819.)

6. Les agents chargés de lever les plans peuvent, en vertu d'un arrêté du préfet qui les y autorise, entrer dans les propriétés privées pour y faire les études nécessaires, sauf la réparation des dommages qui pourraient être causés.

7. Les plans sont levés, vérifiés et approuvés aux frais des entrepreneurs du desséchement. Le plan général du marais doit comprendre tous les terrains qui sont présumés devoir profiter du desséchement. Chaque propriété est distinguée et son étendue exactement circonscrite. Au plan général sont joints tous les profils et nivellements nécessaires, qui doivent, le plus possible, être exprimés sur le plan par des cotes particulières. (*L.* 16 *sept.* 1807, *art.* 6.)

Les frais de ce travail sont payés par les entrepreneurs, sur les états dressés par les ingénieurs et mandatés au profit de ces derniers par les préfets. (*D.* 7 *fruct. an XII*, *art.* 15.)

Dans le cas où l'entrepreneur qui a fait la première soumission et fait lever ou vérifier le plan, ne demeure pas concessionnaire, il doit être remboursé de ses frais par l'entrepreneur à qui la concession est accordée. (*L.* 16 *sept.* 1807, *art* 6.) Le remboursement comprend les intérêts à partir du jour où l'avance des frais a été faite. (*Arr. du C.* 8 *fév.* 1855).

8. La concession forme un contrat synallagmatique, 1° entre le concessionnaire et les propriétaires ; 2° entre le concessionnaire et le Gouvernement. Elle engage, non-seulement le concessionnaire, mais encore ses cessionnaires, successeurs et ayants cause (*Arr. du C.* 23 *juin* 1824), et par suite, en cas de vente des fonds desséchés, l'obligation de contribuer aux dépenses d'entretien passe à l'acquéreur. (*Arr. du C.* 2 *fév.* 1825). Les contestations sont jugées par le conseil de préfecture. (*Voy.* n° 37.)

9. La déchéance de la concession, ou d'autres peines peuvent être stipulées contre le concessionnaire qui ne remplirait pas son engagement, et ne pourrait invoquer aucun événement de force majeure. Elles sont prononcées par l'autorité qui a accordé la concession, sauf le recours de droit.

Sect. 2. — Mesures préalables à l'exécution des travaux.

10. D'après la loi du 16 septembre 1807, art. 43 et 44, il doit être formé une commission spéciale composée de sept membres nommés par le président de la République. Ces commissions avaient, avant la loi du 21 juin 1865 sur les associations syndicales, les trois caractères d'agent administratif, de conseil et de juridiction. L'art. 26 de cette loi ayant enlevé ce dernier pouvoir aux commissions spéciales, elles n'ont plus à remplir que les attributions indiquées aux n°s 18, 20, 23 et 24.

Les membres sont choisis parmi les personnes présumées avoir le plus de connaissances relatives soit aux localités, soit aux objets sur lesquels ils ont à prononcer. (*L.* 16 *sept.* 1807, *art.* 44.) Les formes de leurs réunions, les époques et les lieux où doivent se tenir les séances, les règles pour la présidence et le secrétariat, ainsi que les frais qu'occasionnent les travaux des commissions sont déterminés, dans chaque cas, par un règlement d'administration publique (*art.* 45). Les avis ou décisions doivent être motivés et rendus par cinq membres au moins. (*Id.*, *art.* 43.)

11. En second lieu, il doit être formé, entre les propriétaires, un syndicat qui les représente. Les syndics sont nommés par le préfet et choisis parmi les propriétaires les plus imposés à raison des marais à dessécher. Ils doivent être au moins au nombre de trois et au plus au nombre de neuf. Le nombre est déterminé dans l'acte de concession. (*L.* 16 *sept.* 1807, *art.* 7.)

12. Les syndics ne représentent les propriétaires que pour la nomination des experts (n° 13), pour le règlement destiné à fixer les contributions nécessaires aux dépenses d'entretien (n° 34), et pour déterminer, conjointement avec les experts, l'emparquement des portions de marais qui doivent être laissées aux communes pour le pacage de leurs bestiaux pendant la durée des desséchements, lorsque l'acte de concession renferme cette condition. Ils n'ont aucune autre attribution. (*Arr. du C.* 8 *sept.* 1819.)

D'un autre côté, comme ils représentent collectivement tous les propriétaires, ils ne peuvent agir au nom d'un propriétaire qui aurait des réclamations à former contre le concessionnaire, sans avoir un pouvoir spécial de ce propriétaire. (*Arr. du C.* 8 *sept.* 1819, 6 *août* 1823.)

13. Les syndics réunis nomment et présentent un expert au préfet du département. Le concessionnaire en présente un autre, et le préfet nomme un tiers expert. (*L.* 16 *sept.* 1807, *art.* 8.)

14. Les membres de la commission spéciale, ainsi que les experts, peuvent être récusés suivant les formes tracées par le Code de procédure. (*Arr. du C.* 2 *avril* 1828.)

15. Les terrains des marais sont divisés par les experts en plusieurs classes, dont le nombre ne doit pas excéder dix, ni être au-dessous de cinq. Ces classes sont formées d'après les divers degrés d'inondation. Par exception, lorsque la valeur des différentes parties du marais éprouve d'autres variations que celles provenant des divers degrés de submersion, les classes sont formées sans égard à ces divers degrés, et de manière à ce que toutes les terres de même valeur présumée soient dans la même classe. (*L.* 16 *sept.* 1807, *art.* 9).

Le périmètre des diverses classes est tracé sur le plan cadastral qui a servi de base à l'entreprise. Ce tracé est fait par les ingénieurs et les experts réunis (*art.* 10).

16. Le plan ainsi préparé reste déposé pendant un mois au secrétariat de la préfecture. Le préfet doit en donner avis par des affiches et inviter les intéressés à prendre connaissance du plan, à présenter leurs observations sur son exactitude, sur l'étendue donnée aux limites jusques auxquelles doivent se faire sentir les effets du desséchement, et sur le classement des terres (*art.* 11).

Ces observations sont communiquées aux entrepreneurs du desséchement, aux ingénieurs et aux experts, afin qu'ils présentent les leurs en réponse. Le préfet ordonne les vérifications qu'il juge à propos, fait opérer les modifications qui lui semblent nécessaires, et arrête le plan. Dans le cas où des intéressés persistent dans leurs réclamations, ils peuvent les porter devant le conseil de préfecture, comme il est dit au nᵒ 37. (*L.* 16 *sept.* 1807, *art.* 12 ; *L.* 21 *juin* 1865, *art.* 26.)

17. Lorsque le plan a été arrêté, les deux experts nommés par les propriétaires et par les entrepreneurs du desséchement, ainsi que le tiers expert, se rendent sur les lieux, et après avoir recueilli les renseignements nécessaires, les experts procèdent à l'appréciation de chacune des classes de terrains dont le marais se compose, eu égard à la valeur réelle de chacune d'elles au moment de l'estimation, en les considérant dans leur état de marais et sans jamais faire une estimation détaillée par propriété. Si les deux experts sont en désaccord, le tiers expert les départage. (*L.* 16 *sept.* 1807, *art.* 13.)

18. Le procès-verbal dressé par les experts reste déposé pendant un mois au secrétariat de la préfecture, et le préfet doit en donner avis par des affiches. De plus, le procès-verbal doit être soumis à la commission spéciale qui est chargée de contrôler et d'homologuer l'estimation. Elle peut la modifier, soit d'office, soit conformément aux réclamations des intéressés, et après qu'elle a homologué le procès-verbal, les réclamations qui peuvent s'élever sont soumises à la juridiction du conseil de préfecture. (*L.* 16 *sept.* 1807, *art.* 14 ; *L.* 21 *juin* 1865, *art.* 26.)

Sect. 3. — Exécution des travaux.

19. Lorsque l'estimation a été définitivement arrêtée, les travaux de desséchement doivent être commencés, poursuivis et terminés dans les délais fixés par l'acte de concession et suivant les conditions qu'il renferme. (*L.* 16 *sept.* 1807, *art.* 15.) L'administration supérieure est maîtresse d'ailleurs de proroger les délais fixés, à la charge de remplir les formalités prescrites et notamment d'appeler les parties intéressées à produire leurs observations. (*Arr. du C.* 14 *juin* 1852.)

20. Dans le cas où l'exécution des travaux exige l'expropriation de terrains, les travaux sont déclarés d'utilité publique par un décret rendu en Conseil d'État (*L.* 21 *juin* 1865, *art.* 18). Les ingénieurs procèdent à la rédaction de plans parcellaires qui restent déposés dans les mairies pendant huit jours, et les intéressés sont invités par voie d'affiches et de publications à venir en prendre connaissance. Les maires constatent l'accomplissement de ces formalités ; de plus ils reçoivent les réclamations faites par écrit, et mentionnent dans un procès-verbal, que les parties qui comparaissent sont tenues de signer, les réclamations faites verbalement. La commission spéciale donne son avis. Puis le préfet détermine par un arrêté motivé les terrains qui doivent être cédés et fixe l'époque à laquelle il sera nécessaire d'en prendre possession.

21. Si la cession ne peut s'opérer à l'amiable, il est procédé à l'expropriation suivant les dispositions de la loi du 3 mai 1841, art. 13 et suiv. (*voy.* **Expropriation**), sauf les dispositions exceptionnelles établies par la loi du 21 mai 1836 sur les chemins vicinaux, lesquelles sont applicables aux desséchements en vertu de la loi du 21 juin 1865 (*art.* 18). En conséquence, le tribunal choisit sur la liste annuelle formée pour l'arrondissement par le conseil général, sept personnes qui sont appelées à former le jury chargé de régler les indemnités ; les quatre premières sont jurés titulaires, et les trois autres jurés supplémentaires. Le tribunal désigne, pour présider et diriger le jury, un juge ou le juge de paix du canton, lequel a voix prépondérante en cas de partage. Le droit de récusation appartient à l'administration et aux intéressés. Le juge reçoit les acquiescements des parties ; son procès-verbal emporte translation définitive de la propriété. Le recours en cassation a lieu suivant l'art. 42 de la loi du 3 mai 1841.

22. Dans le cas où il est nécessaire de supprimer des moulins ou autres usines, de les déplacer ou de les modifier, ou de réduire l'élévation de leurs eaux, la nécessité est constatée par les ingénieurs des ponts et chaussées. Le prix de l'estimation, faite à dire d'experts, est payé par les concessionnaires avant qu'ils puissent faire cesser le travail des moulins et usines. L'administration a préalablement à examiner si les moulins et usines sont légalement établis, ou si d'après le titre en vertu duquel ils sont établis, ils ne peuvent être démolis sans indemnité pour cause d'utilité publique. (*L.* 16 *sept.* 1807, *art.* 48.) [*Voy.* **Usines.**]

Sect. 4. — Estimation des terrains après le desséchement.

23. Lorsque les travaux sont terminés, le préfet doit en donner avis par affiches et inviter les intéressés à assister à la vérification et à la réception, qui doivent être faites par la commission spéciale. Les réclamations que des intéressés auraient à présenter, sont soumises à la juridiction du conseil de préfecture. (*L. 16 sept.* 1807, *art.* 17; *L.* 21 *juin* 1865, *art.* 26.)

24. Le procès-verbal de vérification et de réception des travaux est soumis à l'approbation du préfet. Puis les experts et le tiers-expert procèdent, de concert avec les ingénieurs, à une classification des terrains desséchés, suivant leur valeur nouvelle et l'espèce de culture dont ils sont devenus susceptibles. (*L. 16 sept.* 1807, *art.* 18). Cette classification est opérée, publiée, contrôlée et homologuée suivant les règles indiquées aux nᵒˢ 17 et 18.

Les réclamations qui peuvent s'élever, sont soumises à la juridiction du conseil de préfecture. (*L.* 21 *juin* 1865, *art.* 26.)

Sect. 5. — Partage de la plus-value.

25. Après que l'estimation des terrains desséchés a été arrêtée, les entrepreneurs ont à dresser un rôle contenant : 1° le nom des propriétaires ; 2° l'étendue de leurs propriétés ; 3° les classes dans lesquelles elles se trouvent placées ; 4° la première estimation, calculée à raison de l'étendue et des classes ; 5° la valeur nouvelle depuis le desséchement, réglée par la seconde estimation et le second classement ; 6° la différence entre les deux estimations. Ce rôle, qui sert ainsi à établir la plus-value acquise par chaque propriété et l'indemnité due par chaque propriétaire, est soumis à la commission spéciale, arrêté par elle et rendu exécutoire par le préfet. (*L. 16 sept.* 1807, *art.* 20.) Le recouvrement se fait comme en matière de contributions directes. (*L.* 21 *juin* 1865, *art.* 26.) [*Voy.* **Contributions directes.**]

26. S'il reste dans les marais des portions qui n'ont pu être desséchées, les entrepreneurs n'ont aucun droit sur elles. (*L. 16 sept.* 1807, *art.* 19.)

27. Le montant de la plus-value obtenue par le desséchement est divisé entre le propriétaire et le concessionnaire, dans les proportions déterminées par l'acte de concession. (*Id.*, *art.* 20.)

28. Les propriétaires ont la faculté de se libérer de l'indemnité par eux due, en délaissant une portion relative de terrain calculée sur le pied de la dernière estimation. Dans ce cas, il n'est dû que le droit fixe d'un franc pour l'enregistrement de l'acte de mutation de propriété. (*Id.*, *art.* 21.)

29. Si des propriétaires ne veulent pas délaisser du terrain, ils peuvent constituer, au profit des concessionnaires, une rente sur le pied de 4 p. 100, sans retenue. Le capital de cette rente est toujours remboursable, même par portions, et moyennant 25 capitaux ; mais les portions ne peuvent être moindres d'un dixième. (*Id.*, *art.* 22.) Ces règles, du reste, peuvent être modifiées par des traités particuliers. (*Arr. du C.* 10 *sept.* 1817.)

30. Les indemnités dues aux concessionnaires sont privilégiées sur toute la plus-value, à charge seulement de faire transcrire l'acte de concession

dans le bureau ou les bureaux des hypothèques de l'arrondissement ou des arrondissements où sont situés les marais. Moyennant cette transcription, toute hypothèque inscrite avant le desséchement est restreinte sur une portion de propriété égale en valeur à la première valeur estimative des terrains desséchés. (*L. 16 sept.* 1807, *art.* 23.)

31. Si le marais est grevé d'usufruit, et que le propriétaire désintéresse le concessionnaire, l'usufruitier doit lui tenir compte des intérêts (*C. civ.*, *art.* 609). Si l'usufruitier avance l'indemnité, elle doit lui être remboursée à la fin de l'usufruit, sans intérêts. (*Id.*)

La loi de 1807 n'a pas prévu le cas où des habitants ont un droit d'usage sur les terrains du marais concédé. La possession sans titre ne constitue aucun droit à l'usager ; mais s'il a un titre, il a droit à une part relative dans la plus-value résultant du desséchement, et cette part doit être prise sur celle du propriétaire. (*Voy.* Geichard, *Des Landes*, etc.)

32. Lorsque, d'après l'étendue des marais ou la difficulté des travaux, le desséchement ne peut être opéré en trois ans, l'acte de concession peut attribuer au concessionnaire une portion des deniers du produit des terrains qui les premiers ont profité des travaux. (*L. 16 sept.* 1807, *art.* 16.) En pareil cas, l'indemnité doit être réglée sur le revenu réel de l'année, bien que ce revenu se soit élevé très-haut par une cause accidentelle. (*Arr. du C.*, 2 *sept.* 1829.) Les contestations qui peuvent s'élever sont soumises à la juridiction du conseil de préfecture. (*L.* 21 *juin* 1865, *art.* 26.)

Sect. 6. — Servitudes.

33. Lorsqu'il y a lieu à l'établissement de servitudes conformément aux lois, les contestations sont portées en premier ressort devant le juge de paix du canton, qui, en prononçant, doit concilier les intérêts de l'opération avec le respect dû à la propriété. S'il y a lieu à expertise, il peut n'être nommé qu'un seul expert. (*L.* 21 *juin* 1865, *art.* 26 ; 10 *juin* 1854, *art.* 5.)

Sect. 7. — Conservation des travaux.

34. Durant le cours des travaux de desséchement, les canaux, fossés, rigoles, digues et autres ouvrages sont entretenus et gardés aux frais des concessionnaires. A partir de la réception des travaux, l'entretien et la garde sont à la charge des propriétaires anciens et nouveaux. Les syndics déjà nommés, auxquels le préfet peut en adjoindre deux ou quatre choisis parmi les nouveaux propriétaires, dressent un projet de règlement destiné à fixer le genre et l'étendue des contributions nécessaires au paiement des dépenses. La commission spéciale donne son avis sur ce projet ; elle y joint des propositions pour la formation d'un syndicat composé de propriétaires, et le préfet soumet ces projets au ministre avec son propre avis. Puis il est statué par un décret rendu en Conseil d'État. (*L. 16 sept.* 1807, *art.* 25 *et* 26.)

35. Les cotisations mises ainsi à la charge de chacun des propriétaires dans la proportion de son intérêt, constituent des taxes légalement établies et exigibles (*Cass.* 8 *nov.* 1844). Le recouvrement s'opère comme en matière de contributions directes. (*L.* 21 *juin* 1865, *art.* 15 *et* 26.)

36. La conservation des travaux de dessèchement est commise à l'administration publique. (*L.
16 sept.* 1807, *art.* 27.) En conséquence, les
préfets sont compétents pour prescrire toutes les
mesures nécessaires à cet effet. (*Arr. du C.* 4
mars 1819, 2 *sept.* 1829, 10 *févr.* 1843, 12 *mars*
1846.) Les contraventions et réparations sont
poursuivies comme en matière de grande voirie,
et les délits par les voies ordinaires. (*L.* 16 *sept.*
1807, *art.* 27.)

Sect. 8. — Juridiction.

37. La loi du 21 juin 1865 sur les associations
syndicales a transféré aux conseils de préfecture
(*art.* 26), le jugement des contestations qui,
d'après la loi du 16 septembre 1807, étaient de la
compétence des commissions spéciales. En conséquence, les conseils de préfecture connaissent de
toutes contestations relatives à la fixation du périmètre des terrains à dessécher, aux plans, à la
division des terrains en différentes classes, à
l'estimation avant et après le dessèchement, à
l'exécution des travaux, au partage de la plus-
value, au paiement des indemnités et aux taxes
d'entretien. Les conseils de préfecture ont aussi
une compétence pour statuer sur les contestations
entre les concessionnaires et le Gouvernement.

CHAP. III. — DESSÉCHEMENTS EXÉCUTÉS PAR L'ÉTAT.

38. Dans le cas où des obstacles naturels, ou
une opposition persévérante du ou des propriétaires, ne permettent pas de procéder par voie de
concession et obligent le Gouvernement à se
charger d'un dessèchement, le ou les propriétaires
peuvent être contraints de délaisser leurs fonds,
en vertu d'un règlement d'administration publique
rendu sur le rapport du ministre compétent. (*L.
16 sept.* 1807, *art.* 24.) L'estimation est faite par
trois experts, dont l'un nommé par les propriétaires, un autre par le préfet, et le tiers expert
par le ministre des travaux publics. (*Id.*, *art.* 8.)
Puis l'estimation est soumise au contrôle et à
l'homologation de la commission spéciale qui a dû
être formée comme pour les dessèchements concédés. (*Voy. n° 10.*) Il est procédé à la formation
d'un syndicat, à la nomination d'experts, à l'estimation des terrains avant et après le dessèchement,
au paiement des indemnités, aux expropriations,
à l'établissement des servitudes et à la conservation
des travaux, de la même manière que lorsque l'entreprise a été concédée, sauf les deux points suivants.

Le second expert est nommé par le préfet et le
tiers expert par le ministre des travaux publics
(*L.* 16 *sept.* 1807, *art.* 8), et la part de l'État
dans la plus-value est fixée de manière à le rembourser de toutes ses dépenses. (*Id.*, *art.* 20.) Les
travaux s'exécutent suivant les règles indiquées
dans l'article **Travaux publics.** La juridiction est
la même que pour les dessèchements exécutés
par des concessionnaires. (*Voy. n° 37.*)

**CHAP. IV. — DESSÉCHEMENTS EXÉCUTÉS
PAR DES PROPRIÉTAIRES.**

39. Les dessèchements peuvent être exécutés
par les propriétaires, soit en vertu d'un décret de
concession et conformément à celles des règles
énoncées aux n°s 3 et suiv. qui leur sont applicables, soit en vertu du droit indiqué ci-après.

40. Tout propriétaire qui a un terrain submergé

en totalité ou en partie, peut obtenir le passage
des *eaux nuisibles* sur les fonds intermédiaires,
moyennant une juste et préalable indemnité. (*L.
29 avril* 1845, *art.* 3.) Il peut donc faire faire
sans permission les travaux nécessaires. La limitation de la faculté de passage aux eaux nuisibles
est soumise à l'appréciation des tribunaux ; ainsi
il a été jugé que cette faculté n'est pas applicable
à des terrains en nature d'étang. (*Cass.* 26 *mars*
1849.)

41. Les contestations auxquelles peuvent donner
lieu l'établissement de la servitude, la fixation du
parcours de la conduite d'eau, de ses dimensions
et de sa forme, et les indemnités dues, soit au
propriétaire du fonds traversé, soit au propriétaire du fonds qui reçoit l'écoulement des eaux,
sont portées devant les tribunaux, qui doivent
concilier l'intérêt de l'opération avec le respect
dû à la propriété. (*L.* 29 *avril* 1845, *art.* 4.)

**CHAP. V. — DESSÉCHEMENTS DE MARAIS APPARTENANT
A DES COMMUNES.**

42. Il a été déclaré par une loi du 28 juillet
1860, que les marais et les terres incultes appartenant aux communes, dont la mise en valeur
aurait été reconnue utile, seraient desséchés,
assainis et rendus propres à la culture. Les mesures d'exécution ont été réglées ainsi qu'il suit.

43. Lorsqu'un préfet juge utile d'appliquer aux
marais ou aux terres incultes d'une commune la
disposition précitée, il invite le conseil municipal
à délibérer, 1° sur la partie des biens à laisser à
l'état de jouissance commune ; 2° sur le mode de
mise en valeur du surplus ; 3° sur la question de
savoir si la commune entend pourvoir par elle-
même à cette mise en valeur. S'il s'agit de biens
appartenant à une section de commune, une
commission syndicale (*voy.* **Organisation communale**) doit être formée et appelée à délibérer
(*art.* 2).

44. En cas de refus ou d'abstention du conseil
municipal ou de la commission syndicale, comme
en cas d'inexécution de la délibération prise, un
décret rendu en Conseil d'État, après avis du
conseil général, déclare l'utilité des travaux et en
règle le mode d'exécution. Ce décret est précédé
d'une enquête et d'une délibération du conseil
municipal prise avec l'adjonction des plus imposés (*art.* 3).

45. Les travaux sont exécutés aux frais de la
commune ou de la section propriétaire. Si les
sommes nécessaires ne sont pas fournies par les
communes, elles sont avancées par l'État qui se
rembourse de ses avances, en principal et intérêts,
au moyen de la vente publique d'une partie des
terrains améliorés, opérée par lots, s'il y a lieu
(*art.* 4).

46. Les communes peuvent s'exonérer de toute
répétition de la part de l'État, en faisant l'abandon
de la moitié des terrains mis en valeur. Si les
abandon est fait, sous peine de déchéance, dans
l'année qui suit l'achèvement des travaux. Dans
le cas d'abandon, l'État vend les terrains délaissés,
dans la forme indiquée ci-dessus (*art.* 5).

47. Dans les cas prévus au n° 43, le décret
qui déclare l'utilité des travaux peut ordonner
que les marais ou autres terrains communaux
soient affermés. Cette location doit se faire aux

enchères, à la charge par l'adjudicataire d'opérer la mise en valeur des marais ou terrains. La durée du bail ne peut excéder 27 ans (*art.* 6).

48. La loi sur le drainage est applicable aux travaux (*art.* 7). [*Voy.* **Drainage.**]

49. Les mesures nécessaires à l'exécution des dispositions qui précèdent sont déterminées par un règlement d'administration publique en date du 6 février 1861.   SMITH.

MARAIS SALANTS. 1. On nomme *marais salants, salins* ou *salines,* un terrain destiné à l'évaporation de l'eau de mer. Il est partagé en différents compartiments, appelés *pièces* dans le langage technique, par lesquels l'eau de mer passe successivement à des degrés de concentration de plus en plus forte jusqu'au dernier, où se dépose le sel.

2. Les marais salants et, en général, les sels sont aujourd'hui régis par la loi du 17 juin 1840, complétée par l'ordonnance du 27 juin 1841. Nous n'avons à nous occuper ici que des mesures de surveillance et d'hygiène publique, renvoyant pour les autres détails au mot **Sel.**

3. Tout fabricant exploitant des mines de sel ou des eaux salées doit entourer les puits, galeries, trous de sonde et les sources, ainsi que les bâtiments de son usine, d'une enceinte en bois ou en maçonnerie de trois mètres d'élévation, ayant à l'intérieur et à l'extérieur un chemin de ronde de deux mètres au moins de largeur, avec accès sur la voie publique par une seule porte ou entrée. L'administration peut exiger que l'enceinte en bois soit remplacée par une clôture en maçonnerie, dans tout établissement, usine ou exploitation où il a été commis une contravention aux dispositions de la loi du 17 juin 1840, ou à celles des ordonnances qui en règlent l'application. De plus, les exploitants et fabricants sont soumis aux visites et vérifications des employés des contributions indirectes ou des douanes, et tenus de leur ouvrir, à toute réquisition, leurs fabriques, ateliers, magasins, etc., même de nuit, si le travail se prolonge après le coucher du soleil. (*O.* 26 *juin* 1841, *art.* 2 et 7.)

4. Les fabriques de sel sont rangées parmi les établissements insalubres de troisième classe.

5. Les propriétaires et fermiers des marais salants sont exempts de la patente. (*L.* 25 *avril* 1844, *art.* 13, n° 4.)

MARCHAND FORAIN. *Voy.* **Forain.**

MARCHANDISES DANGEREUSES, etc. *Voy.* **Transport.**

MARCHANDISES NEUVES, ETC. *Voy.* **Ventes aux enchères de marchandises neuves.**

MARCHEPIED DES RIVIÈRES. *Voy.* **Cours d'eau.**

MARCHÉS ADMINISTRATIFS. 1. Ce sont toutes les conventions par lesquelles des particuliers ou des sociétés s'engagent envers l'État, les départements, les communes, les établissements de bienfaisance, les fabriques ou les associations syndicales autorisées, et moyennant un prix déterminé, à fournir les objets nécessaires à tel ou tel service, à exécuter des travaux ou des transports, à fabriquer des objets ou à exploiter des établissements, à prêter des sommes d'argent ou à faire des opérations de trésorerie, à assurer des

marchandises expédiées pour un service public, ou à exécuter certains services, tels que le balayage, l'enlèvement des boues, l'éclairage.

Les marchés de travaux et ceux d'emprunts ou d'opérations de trésorerie, sont soumis, notamment en ce qui concerne la compétence, à des règles spéciales qui sont exposées aux mots **Emprunts** et **Travaux publics.** Pour les autres marchés, il existe des règles générales et des règles particulières qui se trouvent réunies ci-après :

CHAP. I. — MARCHÉS AU COMPTE DE L'ÉTAT.

Sect. 1. — Formation des marchés.

2. Les marchés, soit par adjudication, soit de gré à gré, sont passés par les ministres qu'ils concernent, et ceux qui sont passés par délégation ne deviennent définitifs et valables qu'après avoir été approuvés par le ministre compétent. (*L.* 4 *mars* 1793 ; *O.* 4 *déc.* 1836.)

Sont exceptés les marchés passés ou les achats faits par des délégués, soit en cas de nécessité résultant de force majeure, soit en vertu d'une autorisation spéciale ou dérivant des règlements. Ces circonstances doivent être relatées dans les marchés ou dans les mémoires ou factures. (*Voy. O.* 4 *déc.* 1836.)

3. Lorsqu'un marché est passé par un délégué,

les parties contractantes sont liées dans les termes de la condition à laquelle est subordonnée l'exécution de la convention, c'est-à-dire l'approbation ministérielle. Il en résulte, 1° que ni l'entrepreneur, ni le délégué, ne peuvent revenir sur la convention faite ; 2° que si le ministre peut refuser son approbation, il ne peut apporter des modifications au marché ou y faire des additions sans le consentement de l'entrepreneur, et que ce dernier est alors en droit de renoncer au marché ; 3° que le ministre ne peut refuser d'approuver une adjudication prononcée au profit d'un soumissionnaire pour lui en substituer un autre (*Arr. du C.* 26 *juill.* 1851), ni se prévaloir de ce qu'il n'a pas approuvé un marché pour faire une réduction sur les prix, après que le marché a été respectivement et pleinement consommé. (*Arr. du C.* 26 *fév.* 1817.)

4. Tous les marchés au nom de l'État doivent être faits avec concurrence et publicité. Par exception, il peut être traité de gré à gré pour les objets suivants : 1° fournitures, transports et travaux dont la dépense totale n'excède pas 10,000 fr., ou s'il s'agit d'un marché passé pour plusieurs années, dont la dépense annuelle ne dépasse pas 3,000 fr. ; 2° tous objets, lorsque les circonstances exigent que les opérations du Gouvernement soient tenues secrètes (les marchés doivent alors avoir été approuvés par le président de la République, sur un rapport spécial); 3° objets dont la fabrication est exclusivement attribuée à des brevetés ou qui n'ont qu'un possesseur unique ; 4° ouvrages ou objets d'art et de précision dont l'exécution ne peut être confiée qu'à des artistes éprouvés ; 5° exploitations, fabrications et fournitures qui ne sont faites qu'à titre d'essai ; 6° matières qui, à raison de leur nature particulière et de leur emploi spécial, sont choisies et achetées aux lieux de production, ou livrées sans intermédiaire par les producteurs eux-mêmes ; 7° fournitures, transports ou travaux qui n'ont été l'objet d'aucune offre aux adjudications ou à l'égard desquels il n'a été proposé que des prix inacceptables, mais à condition que l'administration, si elle a cru devoir arrêter et faire connaître un maximum de prix, ne dépasse pas ce maximum ; 8° fournitures, transports et travaux qui, dans le cas d'urgence évidente, amenée par des circonstances imprévues, ne peuvent pas subir les délais des adjudications ; 9° affrètements passés au cours des places par l'intermédiaire des courtiers, et assurances sur les chargements qui s'ensuivent ; 10° achats de tabacs ou de salpêtre indigènes, dont le mode est réglé par une législation spéciale ; 11° transport des fonds du Trésor.

5. S'il arrivait qu'un marché fût fait à l'amiable pour un objet non compris dans les exceptions indiquées ci-dessus, n° 4, le marché ne serait pas moins valide, puisque la nullité n'est pas prononcée par la loi. La règle n'aurait de sanction que dans la responsabilité ministérielle. (DUFOUR, DALLOZ ; *voy.* n° 14.)

6. Tout marché de gré à gré pour exploitation de manufactures d'armes ou fabrication d'armes neuves, dont la durée embrasse plusieurs années, n'a d'effet qu'après le vote du premier crédit destiné à en assurer l'exécution. (*L.* 19 *juill.* 1845.)

7. Les adjudications pour fournitures, travaux, exploitations ou fabrications qui ne peuvent, sans inconvénient, être livrés à une concurrence illimitée, sont soumises à des restrictions qui n'admettent à concourir que des personnes reconnues capables par l'administration et produisant des garanties exigées par les cahiers des charges. (*O.* 4 *déc.* 1836.)

8. Le mode d'approvisionnement des tabacs exotiques employés par l'administration est déterminé par un règlement spécial. (*Id.*)

9. Les formes des adjudications sont indiquées au mot **Adjudication.**

10. Les marchés de gré à gré ont lieu, soit sur un engagement souscrit à la suite du cahier des charges, soit sur une soumission, soit sur correspondance, suivant l'usage du commerce. Il peut y être suppléé par des travaux sur simple mémoire ou par des achats faits sur simple facture, pour les objets livrés immédiatement, quand la valeur n'excède pas 1,000 fr. (*Id. et D.* 13 *avril* 1861.)

11. Les dispositions indiquées ci-dessus ne sont point applicables aux marchés passés aux colonies ou hors du territoire français, ni aux travaux que l'administration est dans la nécessité d'exécuter en régie ou à la journée. (*O.* 4 *déc.* 1836.)

12. Aucune stipulation d'intérêts ou de commissions de banque ne peut être consentie au profit d'un entrepreneur, fournisseur ou régisseur, à raison d'emprunts temporaires ou d'avances de fonds pour l'exécution et le paiement des services publics. (*D.* 31 *mai* 1862.)

13. Aucun marché, aucune convention ne doit stipuler d'à-compte que pour un service fait. Les à-compte ne doivent pas excéder les 5/6 des droits constatés par pièces régulières présentant le décompte du service fait, à moins que des règlements spéciaux n'aient déterminé une autre limite. (*Id.*)

14. Il doit être fourni chaque année, au Sénat et à la Chambre des députés, un état sommaire : 1° des marchés de 50,000 fr. et au-dessus passés dans le courant de l'année échue ; 2° des marchés inférieurs à cette somme, mais qui s'élèvent ensemble, pour des objets de même nature, à 50,000 fr. et au-dessus. Cet état doit indiquer le nom et le domicile des parties contractantes, ainsi que la durée, la nature et les principales conditions du contrat. (*D.* 31 *mai* 1862.)

Sect. 2. — Garanties générales en faveur de l'administration.

15. Les cahiers des charges et les marchés doivent déterminer les garanties que les entrepreneurs ont à produire, soit pour être admis aux adjudications, soit pour répondre de l'exécution de leurs engagements. Ils doivent aussi déterminer l'action que l'administration exercera sur ces garanties en cas d'inexécution des engagements des entrepreneurs. (*O.* 4 *déc.* 1836.) Cette disposition concerne les garanties conventionnelles qui sont spécifiées suivant les circonstances ; il existe, en outre, deux garanties générales, lesquelles sont : 1° une hypothèque générale établie en faveur de l'État « sur les immeubles appartenant aux fournisseurs et à leurs cautions, à compter du jour où les marchés ont été acceptés » (*L.* 4 *mars* 1793, *art.* 3 ; *Cass.* 9 *juin* 1847); 2° les peines établies par le Code pénal contre les délits des fournisseurs.

ART. 1. — HYPOTHÈQUE.

16. Les marchés emportent hypothèque sans avoir besoin d'être passés par-devant notaire, (*Cass.* 12 *janv.* 1835 , 9 *juin* 1847.) Mais l'hypothèque n'a pas les caractères d'une hypothèque légale ; elle est soumise à l'inscription, laquelle est prise par le préfet au nom de l'État et remonte au jour où le marché a été passé. (*L.* 4 *mars* 1793.) Il n'est pas nécessaire de déterminer une certaine somme, conformément à l'art. 2132 du Code civil : il suffit d'indiquer le montant de l'adjudication. (*Cass.* 12 *janv.* 1835.)

ART. 2. — PEINES CONTRE LES FOURNISSEURS ET ENTREPRENEURS.

17. Les fournisseurs qui trompent sur la nature de la marchandise, ou qui vendent à faux poids, ou qui appliquent aux objets livrés le nom d'un fabricant qui n'en est pas l'auteur, encourent les peines établies par le Code pénal, art. 423 et 424, et par la loi du 28 juillet 1824.

18. Les individus chargés de fournitures, d'entreprises ou de régies pour le compte des armées de terre ou de mer, qui, sans y avoir été contraints par force majeure, ont fait manquer ce service, sont passibles de la réclusion et d'une amende, sans préjudice de peines plus fortes en cas d'intelligence avec l'ennemi. (*C. P.*, *art.* 430.) Lorsque la cessation du service provient de leurs agents, ceux-ci sont passibles des mêmes peines. (*Id.*, *art.* 431.) Si des fonctionnaires publics ou des agents préposés ou salariés du Goûvernement, avaient aidé les coupables à faire manquer le service, ils seraient punis des travaux forcés à temps, sans préjudice de peines plus fortes en cas d'intelligence avec l'ennemi. (*Id.*, *art.* 432.)

19. Si le service n'a pas manqué, mais que par négligence les livraisons et les travaux aient été retardés, ou qu'il y ait eu fraude sur la nature, la quantité ou la qualité des travaux ou des choses fournies, les coupables sont punissables de la peine d'emprisonnement de six mois au moins et de cinq ans au plus, et d'une amende qui ne peut être moindre de 100 fr. (*Id.*, *art.* 433.)

20. Dans les divers cas indiqués ci-dessus, la poursuite ne peut être faite que sur la dénonciation du Gouvernement. (*Id.*, *art.* 433.) La dénonciation doit émaner, sinon du Président de la République, du moins du ministre compétent. (*Cass.* 13 *juill.* 1860.)

Sect. 3. — Garanties conventionnelles.

21. Ces garanties sont : 1° les cautionnements ; 2° les clauses pénales stipulées dans les marchés ; 3° le droit de passer des marchés d'urgence ou par défaut ; 4° le droit de résilier les marchés avec ou sans indemnité.

ART. 1. — CAUTIONNEMENTS.

22. Les cautionnements sont réglés par les ministres, suivant l'importance des entreprises et les circonstances de temps et de lieu. Ils consistent, soit en immeubles, soit en numéraire ou en effets publics ayant cours sur la place, soit en caution personnelle se rendant garantie de l'entrepreneur.

Les ministres peuvent, suivant les circonstances, fixer des délais pour la réalisation du cautionnement et accepter une caution provisoire en attendant. (*Règl.* 15 *nov.* 1822.) Dans le cas où le cautionnement n'est pas réalisé dans le délai fixé, le ministre peut, après avoir mis en demeure l'entrepreneur, résilier le marché, ou faire passer au compte et aux risques de l'entrepreneur un marché par défaut. (*Arr. du C.* 15 *août* 1834.)

23. Les cautionnements étant affectés à la garantie de tous les engagements contractés par les entrepreneurs l'État possède, sur les valeurs qui lui sont remises, un droit de gage qui lui permet de se faire payer de préférence aux autres créanciers, suivant les art. 2073 et 2077 du Code civil.

24. Les cautionnements immobiliers sont réalisés par un acte passé entre les entrepreneurs et le ministre ou son délégué, ou quelquefois par un acte devant notaire. L'entrepreneur doit produire préalablement son contrat de mariage, un état hypothécaire délivré par le conservateur de son arrondissement, et un extrait de la matrice du rôle. Il est pris inscription au nom de l'État.

Dans les départements, les actes sont transmis dans les vingt-quatre heures au préfet, qui les soumet à l'examen du conseil de préfecture. Si les garanties offertes semblent suffisantes, le préfet fait faire l'inscription hypothécaire et en transmet l'extrait au ministère avec une expédition de l'acte de cautionnement. (*Règl.* 15 *nov.* 1822.)

25. Si le cautionnement est fourni en numéraire, la somme se verse, à Paris, à la Caisse des dépôts et consignations, et, dans les départements, à la caisse des receveurs des finances, en leur qualité de préposés de la Caisse. Les bailleurs de fonds, s'il y en a, font constater leurs droits au privilège de second ordre dans les déclarations de versement, ou signifient, dans la forme extrajudiciaire, aux préposés entre les mains de qui les cautionnements ont été versés, l'acte notarié qui établit leur qualité. (*Arr. min.* 1er *juin* 1839.) Il est alloué, à compter du soixante et unième jour à partir de la date du versement, jusques et non compris le jour du remboursement, un intérêt de 3 p. 100, qui est acquitté du 1er janvier au 31 octobre, sur la représentation des titres, aux chefs-lieux des départements ou des arrondissements de la résidence des titulaires ou bailleurs de fonds, (*Id.* ; *O.* 3 *juill.* 1816). En Algérie, on suit les règles spéciales qui sont établies par un arrêté ministériel du 21 mai 1852.

26. Lorsque les cautionnements sont réalisés en effets publics, les titres sont déposés à la Caisse des dépôts ou chez les receveurs des finances. Les titulaires souscrivent, sur un registre spécial, un transfert au Trésor. La Caisse touche les arrérages, et à cet effet, un compte est ouvert avec le déposant, comme avec le Trésor.

27. Pour obtenir le remboursement d'un cautionnement en numéraire ou en effets publics, il faut adresser au ministre des finances une demande en remboursement, accompagnée : 1° du certificat d'inscription, récépissé ou certificat, et, à défaut de ce titre, d'une déclaration de perte, faite sur papier timbré et dûment légalisée (*Arr. du C.* 24 *germ. an VIII*) ; 2° d'un certificat de non-opposition, délivré par le greffier du tribunal de première instance de l'arrondissement, enregistré et visé par le président du même tribunal (*L.* 6 *vent. an XIII*), et 3° de l'acte de mainlevée, qui a dû être obtenu préalablement du préfet. (*D. 25 mars* 1852.) Outre ces pièces, les bailleurs de fonds doivent fournir leur certificat de privilège de second ordre, et les héritiers, un certificat de propriété, suivant le modèle adopté. (*D.* 18 *sept.* 1806.) Quant aux immeubles engagés à titre de cautionnement, la radiation de l'inscription prise au nom de l'État s'effectue à la requête des intéressés et sur la production de l'acte de mainlevée délivré par le préfet. (*D.* 25 *mars* 1852.)

ART. 2. — CLAUSES PÉNALES.

28. Ces clauses sont stipulées en cas d'inexécution totale ou partielle du marché, ou de retard dans les livraisons, ou de fourniture de marchandises de mauvaise qualité. Elles consistent communément, soit à opérer une retenue sur le cautionnement, soit à faire exécuter le service au compte de l'entrepreneur. La jurisprudence ne tient pas compte de l'absence de faute ou de négligence de la part de ce dernier, ni des pertes qu'il a pu éprouver, ni des obstacles qui ont pu l'empêcher d'exécuter le marché. Elle n'admet pas non plus l'excuse tirée de ce que l'entrepreneur serait hors d'état de remplir ses obligations. Dès l'instant que l'inexécution est constante, rien ne peut dispenser l'entrepreneur de supporter la clause pénale. (*Arr. du C.* 8 *juin* 1832, 2 *août* 1836, 1er *nov.* 1837, 20 *mars* 1838, 27 *janv.* 1843.)

29. Il n'est tenu compte des cas de force majeure que s'ils ont été réservés dans le marché, et l'on n'admet comme tels que les accidents physiques. (*Arr. du C.* 20 *juin* 1832, 11 *août* 1864; *voy. n*os 37, 38.)

30. Mais la pénalité n'est encourue qu'après qu'une sommation a été faite d'exécuter le marché et que l'inexécution ou le retard a été régulièrement constaté. Ainsi l'entrepreneur de l'arrosage d'une ville, qui s'est soumis à une retenue en cas de négligence, n'en est pas passible si les rapports ou procès-verbaux établissant les manquements de service, ne lui ont pas été notifiés. (*Arr. du C.* 19 *août* 1837.)

ART. 3. — MARCHÉS PAR DÉFAUT OU D'URGENCE.

31. Il est ordinairement stipulé que si l'entrepreneur ne remplit pas ses engagements, il pourra être passé un marché par défaut ou d'urgence à ses risques et périls. Moyennant cette stipulation, les marchés sont valables et inattaquables, quelles que soient les circonstances qui ont empêché l'exécution des engagements. (*Arr. du C.* 17 *nov.* 1824.) Mais les marchés doivent être précédés d'une notification faite par écrit à l'entrepreneur, et s'il y a une caution personnelle, celle-ci doit être mise en demeure de remplir l'engagement.

32. Les marchés par défaut étant aux risques et périls des entrepreneurs primitifs, si le prix est supérieur à celui du premier marché, l'entrepreneur est passible de la différence. (*Arr. du C.* 1er *sept.* 1811, 27 *août* 1828.) Si au contraire, le prix est inférieur au premier, l'entrepreneur n'a aucun droit au bénéfice qui en résulte. (*Arr. du C.* 22 *juin* 1825.)

ART. 4. — RÉSILIATION.

33. Dans la plupart des marchés, l'administration se réserve la faculté de les résilier sans indemnité pour des causes déterminées, par exemple : pour retard dans les fournitures, pour cause

de négligence, si l'entrepreneur se substitue un tiers sans autorisation, ou si l'objet fourni n'a pas les avantages promis. (*Arr. du C.* 15 *août* 1821, 17 *janv.* 1831, 17 *juin* 1835, 16 *juin* 1841, 28 *juill.* 1869.) Mais lors même que la faculté de résiliation n'est pas stipulée, l'art. 1184 du Code civil autorise le ministre, si l'entrepreneur ne remplit pas son engagement, et après qu'il a été mis en demeure de le faire, à déclarer le contrat résilié, et à passer un marché par défaut ou à mettre l'entreprise en régie. Le recours qui est ouvert au fournisseur devant le Conseil d'État ne saurait avoir pour effet de le faire remettre en possession de l'entreprise ; il peut seulement lui faire obtenir une indemnité.

34. Le ministre peut aussi, sans que l'entrepreneur soit en faute, déclarer le marché résilié, si l'exécution en est devenue onéreuse pour l'État, si une circonstance imprévue vient à rendre la fourniture inutile, ou que la fourniture excède les besoins du service. Le ministre décide en même temps, soit qu'il y a lieu d'allouer au fournisseur une indemnité montant à telle somme, soit qu'il n'y a pas lieu d'en allouer une, et dans ce dernier cas, ou si le fournisseur ne trouve pas l'indemnité suffisante, le recours est ouvert devant le Conseil d'État. D'après la jurisprudence, l'entrepreneur peut être indemnisé seulement du dommage que lui cause l'inexécution du marché, et non des bénéfices qu'elle l'a empêché de faire. Le motif donné dans un arrêt du 22 janvier 1840, est que « la résiliation, prononcée dans un intérêt public, ne constitue pas par elle-même le droit à une indemnité pour la privation des profits ».

35. L'entrepreneur, de son côté, a la faculté de demander la résiliation du marché, mais seulement : 1° si cette faculté a été stipulée en sa faveur et dans les cas pour lesquels elle l'a été ; 2° dans les cas de force majeure. (*Voy.* n° 29 ; *Arr. du C.* 1er *fév.* 1829.)

36. La mort de l'entrepreneur met fin au marché, suivant l'art. 1795 du Code civil. La résiliation est prononcée, soit d'office, soit sur la demande des héritiers. Ces derniers peuvent obtenir que l'entreprise soit continuée, soit par eux, soit à leur profit, par un gérant accepté par l'administration.

37. La faillite aussi est une cause de résiliation ; mais les ayants cause du failli peuvent lui être substitués avec le consentement du ministre.

Sect. 4. — Exécution des marchés.

38. Les clauses réciproquement acceptées et les modifications ou additions consenties sont la loi des parties. (*Arr. du C.* 22 *fév.* 1826, 21 *oct.* 1831, 16 *nov.* 1836, 23 *mai* 1839.)

ART. 1. — LIVRAISON.

39. Si les conditions de la livraison ne sont pas déterminées dans les marchés, on suit les règles de droit commun en matière de vente, c'est-à-dire les art. 1584, 1585 et 1606 du Code civil.

40. L'administration se réserve toujours la faculté de rejeter les objets qui ne répondent pas aux conditions du marché. En conséquence, l'entrepreneur est lié par l'appréciation des agents chargés de la réception et il ne saurait faire procéder à une vérification en dehors de l'administration. (*Arr. du C.* 15 *nov.* 1851.)

41. Si une livraison qui devait être faite dans un délai déterminé, est empêchée par un événement de force majeure, cet événement produit un effet résolutoire qui peut être invoqué par l'administration comme par l'entrepreneur. (*Arr. du C.* 8 *mai* 1874.)

42. Dans le cas où une livraison est empêchée par un événement de force majeure et où les objets périssent, la perte est pour le compte de l'entrepreneur, à moins de stipulation contraire dans le marché. (*Arr. du C.* 1ᵉʳ *déc.* 1819, 20 *mars* 1838.)

43. Les fournitures entrées dans les magasins de l'État ne peuvent être revendiquées, à titre de privilége, pour défaut de paiement. (*Arr. du C.* 16 *fév.* 1811.)

ART. 2. — CHANGEMENT DE PRIX.

44. Les entrepreneurs ne peuvent, à moins de disposition contraire dans la loi ou dans les marchés, obtenir une augmentation de prix sous le prétexte qu'un événement a rendu onéreuse l'exécution de leurs engagements. (DALLOZ.)

ART. 3. — SUPPLÉMENTS DE FOURNITURES.

45. Une indemnité est due pour tout excédant de fournitures ou de transports qui dépasse évidemment la convention. (*Arr. du C.* 3 *déc.* 1817.)

46. La fourniture supplémentaire qui est demandée par l'administration doit être liquidée d'après le cours du commerce au moment de la livraison, quand elle n'a pas été prévue dans le marché, et d'après le prix principal quand elle a été prévue sans indication de prix. (*Arr. du C.* 16 *fév.* 1825.)

ART. 4. — SOUS-TRAITANTS.

47. Les marchés sont personnels; ils ne peuvent être cédés en totalité ou en partie qu'avec l'assentiment de l'administration, lors même que l'interdiction ne serait pas stipulée dans le marché. Le sous-traitant qui n'a pas été formellement reconnu est sans action contre l'État, et celui qui l'a été, n'est toujours à l'égard de l'administration qu'un préposé de l'entrepreneur, dépourvu de toute action directe contre l'État, à moins qu'il n'ait été stipulé en son nom une promesse ou une garantie de paiement. (*Arr. du C.* 22 *août* 1834, 11 *fév.* 1836, 20 *juill.* 1854.)

48. Le défaut d'assentiment de l'administration ne saurait être invoqué comme une cause de nullité, soit par l'entrepreneur, soit par le sous-traitant.

49. Une faveur spéciale est accordée aux sous-traitants des services de la guerre. D'après un décret du 12 décembre 1806, les sous-traitants qui, n'ayant pas été payés par l'entrepreneur, se croient fondés à ne pas lui remettre les pièces justificatives de leurs fournitures dans les délais fixés par les règlements, sont autorisés à les déposer dans les mains de l'intendant militaire, et ce dernier leur délivre des bordereaux qui leur tiennent lieu d'opposition, tant sur les sommes dues à l'entrepreneur que sur son cautionnement.

ART. 5. — INDEMNITÉS.

50. Le ministre qui a traité avec un entrepreneur, décide, si cet entrepreneur, dans tel ou tel cas, a droit à une indemnité et il en fixe la quotité. Le recours est ouvert devant le Conseil d'État.

51. D'après la jurisprudence, il n'est point dû d'indemnité dans les cas de résiliation pour infraction au marché, de retard de paiement, de dommages accidentels, de faits de guerre, de pertes dans la négociation des valeurs reçues, de privations de bénéfices ou autres causes, si l'indemnité n'est pas stipulée dans le marché. (*Arr. du C.* 17 *mars* 1825, 17 *janv.* 1831, 20 *juin* 1837, 15 *mars* et 17 *déc.* 1838.) Les dommages doivent être constatés par des procès-verbaux des autorités compétentes. (*Arr. du C.* 7 *avril* 1824.)

Sect. 5. — **Action en paiement et liquidation.**

52. L'État n'est obligé qu'envers l'entrepreneur avec lequel un ministre a traité, mais il l'est, soit que le ministre ait traité directement, soit qu'il ait autorisé des agents à faire des achats et que ceux-ci aient souscrit des obligations pour le paiement. (*Arr. du C.* 2 *juill.* 1823, 20 *mai* 1831.)

53. L'État n'est point obligé pour les achats faits par ceux de ses agents qui sont chargés, à titre d'abonnement, de se procurer les objets nécessaires à leurs services; les engagements qu'ils prennent leur sont personnels. (*Arr. du C.* 1ᵉʳ *sept.* 1825.)

54. Il n'y a pas d'action contre l'État pour des marchés conclus et exécutés sans approbation ou autorisation régulière. (*Arr. du C.* 20 *juill.* 1854, 4 *juill.* 1872.) La qualité d'agent de l'administration ne suffit pas pour donner un droit envers l'État à ceux qui ont traité sans s'assurer de l'autorisation; il faut que l'agent ait reçu mission formelle. (*Arr. du C.* 22 *août* 1834, 11 *fév.* 1836, 20 *juill.* 1854.)

55. La liquidation des marchés doit être faite par les ministres qu'ils concernent. (*Arr. du C.* 4 *fév.* 1824; *L.* 29 *janv.* 1831.) Ce sont, en conséquence, ces ministres qui ont à opposer les fins de non-recevoir et les déchéances, et à statuer sur les difficultés qu'elles comportent, sauf le recours au Conseil d'État. (*Arr. du C.* 28 *mai* 1838, 14 *janv.* 1842.)

56. La liquidation faite par tout autre que le ministre n'est que provisoire. Ainsi une liquidation faite par un sous-intendant est subordonnée à la révision du ministre, dont la décision est seule susceptible d'être déférée au Conseil d'État. (*Arr. du C.* 26 *mars* 1829; *D.* 31 *mai* 1862, *art.* 62.)

57. La liquidation ne peut être demandée que par l'entrepreneur qui a traité avec l'administration. Des cessionnaires ne peuvent se présenter comme créanciers directs. (*Arr. du C.* 23 *nov.* 1825, 22 *nov.* 1833.) Toutefois les créanciers des fournisseurs peuvent exercer les droits de ces derniers en vertu de l'art. 1166 du Code civil. (*Arr. du C.* 22 *déc.* 1824, 12 *janv.* 1825.) De plus, si des préposés ou sous-traitants d'un fournisseur ont fait des livraisons sur la promesse formelle du ministre qu'ils seraient payés directement, l'entrepreneur ne peut s'opposer à ce qu'on liquide séparément ces livraisons. (*Arr. du C.* 4 *juill.* 1827; 13 *nov.* 1822, 26 *déc.* 1834.)

58. Dans chaque ministère, des règlements particuliers déterminent les pièces que les fournisseurs ont à produire à l'appui de leurs demandes de liquidation, et presque toujours les marchés renferment à ce sujet des clauses qui font la loi des parties.

Dans le service de la guerre, toutes les réclamations dont les pièces n'ont pas été présentées dans les six mois qui suivent le trimestre pendant lequel la dépense a été faite, ne peuvent plus être admises en liquidation. (*D.* 13 *juin* 1806.) Toutefois, la rigueur de cette règle est atténuée par des règlements de la même administration qui exceptent de l'application de la déchéance les cas de force majeure dûment constatés. Les entrepreneurs peuvent alors faire la preuve des accidents et de la réalité des fournitures par des certificats des maires et autres autorités compétentes. (*Voy. Arr. du C.* 24 *oct.* 1821, 6 *août* 1823.)

59. Des à-comptes alloués ou des paiements effectués pendant la durée du marché ne font pas obstacle à ce que le ministre revienne sur un chef de dépense. L'arrêté de compte termine seul la liquidation. (*Arr. du C.* 20 *mars* 1838.)

60. D'après l'art. 541 du Code civil, il peut être procédé à la révision de comptes arrêtés par les ministres, pour erreurs, omissions, faux ou doubles emplois, mais seulement pour ces motifs. (*Voy. Arr. du C.* 24 *mars* 1832, 3 *déc.* 1863, 4 *août* 1866.)

61. Un entrepreneur n'est pas fondé à réclamer l'intérêt des sommes qui lui sont dues par l'État, s'il n'en a pas été stipulé dans le marché, et lors même qu'il aurait fait l'avance des sommes dues. (*Arr. du C.* 4 *août* 1824, 19 *avril* 1826.)

62. Une indemnité allouée à un entrepreneur ne peut donner lieu à une allocation d'intérêts qu'à partir de la liquidation. (*Arr. du C.* 23 *janv.* 1820, 6 *fév.* 1831.) Si le paiement n'a pas lieu immédiatement après la liquidation, l'intérêt est dû à partir du jour de la demande. (*Arr. du C.* 7 *déc.* 1870.)

63. L'intérêt doit être calculé à 5 p. 100 suivant la loi du 3 sept. 1807. (*Arr. du C.* 6 *fév.* 1831.) Pour les paiements à faire à l'étranger, le taux de l'intérêt est celui du lieu où ils devaient être opérés. (*Arr. du C.* 11 *août* 1864.)

Sect. 6. — Compétence.

64. La compétence relativement à tous les marchés autres que ceux de travaux publics, est basée sur l'interprétation d'une loi du 12 vend. an VIII, d'une autre loi du 13 frim. suivant, et du décret du 11 juin 1806, relatif au Conseil d'État. La jurisprudence considère comme des actes de gestion les décisions que prennent les ministres sur les contestations relatives aux marchés; mais ces décisions produisent les effets des jugements, lorsqu'elles sont portées au contentieux devant le Conseil d'État qui est chargé d'en connaître. Les ministres sont investis d'un pouvoir de juridiction en premier ressort pour l'interprétation, l'exécution ou la résiliation des marchés passés par eux ou en leur nom pour le compte de l'État, et le recours est ouvert devant le Conseil d'État contre leurs décisions.

Les contestations qui peuvent s'élever sur les marchés de travaux, sont, par exception, attribuées en premier ressort aux conseils de préfecture (*voy.* **Travaux publics**), et quant aux emprunts (*voy. ce mot*), le ministre des finances est compétent pour statuer, en vertu d'un arrêté consulaire du 18 ventôse an VIII, indépendamment de la loi du 12 vendémiaire an VIII.

65. Les préfets, les intendants militaires et autres chefs de service prononcent sur les questions relatives à l'exécution des marchés passés pour les services locaux, mais c'est comme agents de l'autorité administrative. En accueillant ou en rejetant les prétentions des entrepreneurs, ils ne prennent pas des décisions susceptibles de revêtir l'autorité de la chose jugée; ils n'émettent qu'un avis destiné à éclairer le ministre. Aussi n'y a-t-il pas de délai pour s'adresser à ce dernier, et c'est devant lui que les questions prennent le caractère de litiges. (*Voy.* Cormenin et Dufour.)

66. Sont soumis à la règle énoncée au n° 64 : 1° un traité par lequel une compagnie s'engage, comme commissionnaire, à acheter à l'étranger et à faire arriver en France des grains pour le compte du Gouvernement, et à rendre un compte de clerc à maître (*Arr. du C.* 22 *fév,* 1826); 2° un contrat d'assurance passé par l'État pour le transport des subsistances de l'armée. (*Arr. du C.* 11 *avril* 1837.) On doit considérer, au contraire, comme marché de travaux, l'entreprise du service d'une maison de détention et de l'exploitation du travail des détenus. (*Arr. du C.* 20 *janv.* 1853.)

67. Lorsqu'un marché comprend des matières à fournir et des travaux à exécuter, la distinction à établir pour la compétence présente souvent des difficultés qui font varier la jurisprudence. Tantôt on décide suivant que la fourniture ou le travail a le plus d'importance. (*Voy. Arr. du C.* 11 *août* 1859, 8 *janv. et* 26 *déc.* 1867.) Tantôt les deux objets sont soumis chacun séparément à la juridiction qui leur est propre. (*Voy. Arr. du C.* 12 *déc.* 1868.) Ainsi pour l'éclairage au gaz, la pose des conduites serait de la compétence du conseil de préfecture, et le reste serait soumis à la règle indiquée au n° 64.

68. Comme la compétence à raison de la matière est d'ordre public, la clause d'un marché de fournitures qui soumettrait les contestations au conseil de préfecture ou à des arbitres, devrait être réputée non écrite. (*Arr. du C.* 17 *nov.* 1824, 15 *fév.* 1826.)

69. Lorsqu'un entrepreneur agit sous les ordres et avec les fonds du Gouvernement, lui et les tiers avec lesquels il a traité pour l'exécution de son mandat, sont justiciables de l'autorité administrative, c'est-à-dire le ministre et le Conseil d'État. (*Arr. du C.* 1818, 1er *sept.* 1819.) C'est au ministre qu'il appartient de déclarer si l'entrepreneur a agi en qualité d'agent du Gouvernement ou en son nom privé. (*Arr. du C.* 24 *mars* 1824.)

La même autorité est encore compétente lorsqu'il a été passé un marché par défaut et qu'il s'élève une contestation entre le premier entrepreneur et le second. (*Arr. du C.* 4 *mars* 1819.)

70. En conséquence des règles énoncées aux n°s 47, 52 et 53, les contestations qui s'élèvent, soit entre des entrepreneurs et leurs associés, créanciers ou cautions, soit entre des entrepreneurs et des fonctionnaires qui ont agi pour leur propre compte, soit entre des entrepreneurs et des sous-traitants, pourvu que l'administration n'ait eu aucune participation aux sous-traités, sont du ressort des tribunaux ordinaires. (*Arr. du C.* 16 *janv. et* 17 *juill.* 1822, 13 *juill.* 1828, 8 *fév.* 1866.)

Comme d'ailleurs les entreprises de fournitures et de transports sont des actes de commerce (*C. de com., art.* 632), les contestations relatives aux sous-traités sont de la compétence des tribunaux de commerce. (*Cass.* 10 *fév.* 1836.)

71. Les tribunaux civils connaissent seuls des questions concernant la propriété, les saisies immobilières, le rang des hypothèques, l'ordre entre les créanciers, l'État agit devant ces tribunaux aux poursuites et diligences de l'agent judiciaire du Trésor. (*D.* 12 *août* 1791.)

CHAP. II. — MARCHÉS AU COMPTE DES DÉPARTEMENTS, COMMUNES, ÉTABLISSEMENTS DE BIENFAISANCE, FABRIQUES ET ASSOCIATIONS SYNDICALES.

72. Les marchés des départements sont passés par les préfets suivant les délibérations des conseils généraux ; ceux des communes, par les maires, suivant les délibérations des conseils municipaux ; ceux des fabriques, par le bureau des marguilliers ; ceux des hôpitaux et hospices, par les commissions administratives de ces établissements, excepté dans le département de la Seine où ils sont passés par le directeur de l'assistance publique. Enfin, ceux des associations syndicales sont passés par les syndics. La liquidation est faite par les mêmes autorités, et il en est rendu compte suivant les règles établies pour chaque institution.

73. La formation des marchés au compte des départements est soumise aux mêmes règles que celle des marchés au compte de l'État. (*Voy. n°⁵* 4 à 7, 9, 10, 12, 13 ; *Arr. du C.* 21 *fév.* 1845.) Quant aux communes, établissements de bienfaisance, fabriques et associations syndicales, voyez les articles qui les concernent.

74. Les départements, communes et autres établissements mentionnés ci-dessus, ne profitent point des garanties générales indiquées au n° 15, et ne possèdent que celles qu'ils s'assurent dans leurs marchés. En conséquence, les cautionnements en immeubles doivent être constitués par acte passé devant notaire.

75. Les règles de compétence pour le jugement des contestations diffèrent suivant qu'il s'agit de marchés de travaux ou de tous autres marchés. Pour les premiers voyez l'article **Travaux publics** ; quant aux autres, les contestations n'étant déférées par aucun texte de loi à la juridiction administrative, les tribunaux ordinaires sont seuls compétents (*Arr. du C.* 8 *sept* 1819, 1ᵉʳ *déc.* 1853, 10 *janv.* 1861, 3 *janv.* 1873), et les parties ne peuvent, par une convention privée, déroger à cet ordre de juridiction. (*Arr. du C.* 13 *juill.* 1825, 10 *juin* 1829, 1ᵉʳ *déc.* 1853.)

CHAP. III. — FOURNITURES DE LA GUERRE.

76. Ces fournitures se composent : 1° des subsistances ; 2° de l'habillement, du campement et du harnachement ; 3° du mobilier pour le logement ; 4° du matériel de l'artillerie et du génie ; 5° des objets nécessaires au service des malades dans les hôpitaux, infirmeries et ambulances ; 6° des armes de toute espèce. Les marchés sont soumis aux règles générales énoncées au chap. Iᵉʳ, et de plus à des règles particulières indiquées ci-après.

Sect. 1. — Subsistances.

77. Le service des subsistances embrasse le pain, les vivres de campagne, les liquides, les fourrages, les approvisionnements de siége, le chauffage et l'éclairage. (*Voy.* **Armée**, *n°* 73.)

Les achats sont effectués, soit par des marchés passés suivant les règles énoncées aux n°⁵ 2 à 30, soit à commission, soit par des transactions verbales dites achats sur facture.

ART. 1. — ACHATS PAR MARCHÉS.

78. Ces achats se divisent en marchés par livraison, c'est-à-dire dans lesquels les objets, denrées, combustibles ou effets mobiliers sont livrés dans les magasins de l'État, et marchés à la ration, c'est-à-dire dans lesquels les denrées rationnées sont remises directement aux parties prenantes.

Les titulaires des marchés de livraison ont à leur charge tous les frais de transport, droits d'octroi, pertes, déchets et avaries, jusqu'à ce que le comptable ait pris en charge les objets, ainsi que le timbre de toutes les pièces comptables.

Les marchés à la ration comprennent l'achat, l'emmagasinement, la conservation, la manutention et la distribution des denrées. L'entrepreneur est tenu d'entretenir constamment dans les magasins ou dans les parcs un approvisionnement destiné, non-seulement à assurer le service, mais encore à garantir les intérêts de l'État qui a privilége sur l'approvisionnement. L'entrepreneur est chargé de tous les frais de gestion, de la moitié des frais d'inventaire, et des autres dépenses énoncées au cahier des charges. Il doit rembourser le prix des fournitures faites par les autorités locales avant qu'il ait pu assurer le service.

ART. 2. — ACHATS A COMMISSION.

79. Ces achats exceptionnels sont confiés à des négociants ou autres personnes étrangères à l'administration. Si l'ordre d'achat ne peut être établi en double expédition, les conditions sont constatées par correspondance suivant les usages du commerce. Les commissionnaires opèrent en leur propre nom et pour leur propre compte. Ils doivent se conformer aux usages commerciaux, tenir compte des bonifications qu'ils obtiennent des vendeurs. Ils sont responsables non-seulement du dol, mais encore des fautes qu'ils commettent. (*C. civ., l. III, titre* 13, *art.* 1992, 1993.) Leurs opérations sont contrôlées au moyen de carnets cotés et paraphés sur lesquels ils doivent inscrire toutes leurs opérations, et de bulletins d'achat qu'ils doivent remettre à l'administration. Il leur est alloué un droit dont le taux est fixé dans l'ordre d'achat, ou, à défaut, réglé suivant les usages du commerce. Quant aux frais accessoires relatifs aux achats et livraisons, il en est compté de clerc à maître ou par abonnement. Des avances peuvent être faites aux commissionnaires suivant le règlement sur la comptabilité publique.

ART. 3. — ACHATS SUR FACTURE.

80. Les marchés de gré à gré peuvent être remplacés par des achats sur facture, quand la valeur n'excède pas 1,000 fr. Ces achats sont exécutés par l'officier comptable du service, moyennant l'approbation des fonctionnaires de l'intendance.

Sect. 2. — Habillement, campement et harnachement.

81. Les fabricants ne peuvent être admis aux adjudications qu'en justifiant par des documents authentiques et par des visites d'officiers, qu'ils sont en possession d'établissements en état de fabriquer régulièrement les objets nécessaires. Les fournitures sont faites pour le service de la guerre et pour celui de la marine. Les adjudicataires sont tenus, en sus d'un cautionnement en deniers, d'entretenir constamment dans les magasins de l'État un approvisionnement qui forme un cautionnement en matières. Les fournitures sont vérifiées par des commissions qui les admettent ou les rejettent. Chaque pièce d'étoffe admise est marquée d'un timbre.' Les fabricants sont exclus de toute participation au service pour fabrication mauvaise ou frauduleuse. (*Cahier des charges de 1864.*) Des marchés sont passés aussi pour la confection d'effets avec des tissus fournis par l'État. (*Voy.* **Armée**, n° 80.) Les conseils d'administration des corps de troupes passent les marchés ou abonnements pour les fournitures de petit équipement et pour les travaux dont la dépense est imputable sur les masses générales d'entretien. (*Voy.* **Armée**, n°ˢ 118 à 127.)

Sect. 3. — **Hôpitaux.**

82. Les fournitures comprennent : 1° les comestibles et combustibles ; 2° les objets mobiliers et les effets confectionnés ; 3° les médicaments et le matériel chirurgical. Les conditions sont les mêmes que pour les subsistances.

Sect. 4. — **Mobilier pour le logement.** (*Voy.* **Armée**, n° 103.) — **Matériel de l'artillerie et du génie.** (*Voy.* **Armée**, n° 114.) — **Armes.** (*Voy.* ce mot.)

CHAP. IV. — **FOURNITURES DE LA MARINE.**

83. Les marchés sont à peu de chose près soumis aux mêmes règles que ceux de la guerre. On n'a guère à citer qu'une condition particulière imposée aux entrepreneurs, « celle de renoncer : 1° à toute prétention à une indemnité pour pertes, de quelque nature qu'elle soit, qui auraient été éprouvées par eux, à raison de leurs fournitures, même celles qui proviendraient de force majeure; 2° à toute réclamation pour intérêts ou commissions, à raison d'avances de fonds. »   SMITH.

MARCHÉS PUBLICS. *Voy.* **Foires et marchés.**

MARGUILLIER. *Voy.* **Fabrique.**

MARIAGE. *Voy.* **État civil.**

MARIAGE DES MILITAIRES ET MARINS. 1. En dehors de la législation ordinaire, le mariage des militaires se trouve soumis aux dispositions suivantes :

2. Les officiers de tous genres en activité de service (officiers de toutes les armes, intendants militaires, officiers de santé, etc.), appartenant, soit à l'armée de terre, soit à la marine (officiers et aspirants de la marine nationale, officiers des troupes d'artillerie de la marine, du génie maritime, de l'administration de la marine, etc.), ne peuvent se marier qu'après en avoir obtenu la permission par écrit du ministre de la guerre ou de la marine. (*D.* 16 *juin* 1808; 3 *et* 28 *août* 1808.)

Toutefois, les gouverneurs des colonies sont autorisés à consentir au mariage des officiers qui leur sont subordonnés, lorsque les circonstances ne permettent pas d'attendre la permission du ministre, à la charge par le gouverneur d'en rendre compte au ministre de la marine par la plus prochaine occasion. (*D.* 3 *août* 1808, art. 2.)

3. Les sous-officiers et soldats en activité de service des armées de terre et de mer ne peuvent se marier qu'après en avoir obtenu la permission du conseil d'administration de leur corps. (*Même D.*)

D'après l'art. 156 de l'instruction du 21 octobre 1818 sur les appels, ces dispositions sont applicables aux jeunes soldats désignés par le sort, encore qu'ils n'aient pas été mis en activité. Ils doivent demander, par l'intermédiaire du maire et du préfet, l'autorisation de se marier, au général commandant le département. Le nombre des femmes est limité dans chaque corps. Il n'y a que les cantinières et les blanchisseuses qui puissent être femmes de militaires. Quand le mari d'une cantinière devient sous-officier, la cantine est retirée à la femme, qui, dès lors, est obligée de quitter la caserne.

Une circulaire ministérielle, du mois de décembre 1874, a déterminé ainsi qu'il suit les catégories de militaires qui, d'après la nouvelle loi du recrutement, peuvent contracter mariage sans l'autorisation préalable exigée par le décret du 16 juin 1808 : 1° les hommes en disponibilité de l'armée active ; 2° les hommes de la réserve ; 3° les hommes qui se trouvent dans leurs foyers comme dispensés, classés dans le service auxiliaire, ajournés, ayant obtenu des sursis d'appel ou des sursis de départ ; 4° les militaires de l'armée de mer envoyés en congé renouvelable qui sont dans une position analogue à la disponibilité.

Les jeunes soldats des classes appartenant à la première ou à la deuxième portion du contingent et laissés dans leurs foyers en attendant leur appel à l'activité restent soumis à l'autorisation préalable. Quant aux militaires en congé, il va sans dire qu'ils ne peuvent se marier sans une autorisation préalable.

4. Les militaires et marins qui contractent mariage sans la permission réglementaire encourent la destitution et la perte de leurs droits, tant pour eux que pour leurs veuves et leurs enfants, à toute pension ou récompense militaire (*même D.*). Les officiers qui demandent l'autorisation de se marier doivent justifier que leur femme aura une dot de 1,200 fr. de rente en fortune personnelle, c'est-à-dire non en rente viagère. (*Décis. min.* 17 *déc.* 1843.) Le chiffre de 1,200 fr. de rente *au minimum* (et non compris les bijoux et le trousseau) est encore répété dans une circulaire du mois de mars 1875. Les déclarations d'apport de la future doivent être faites désormais par acte notarié. L'apport total ne pourra être constitué ni en argent comptant, ni en valeurs au porteur.

5. Tout officier de l'état civil qui, sciemment, célèbre le mariage d'un officier, sous-officier ou soldat en activité de service, sans s'être fait remettre ces permissions, ou qui néglige de les joindre à l'acte de célébration de mariage, est destitué de ses fonctions. (*D.* 16 *juin* 1808 ; *Circ. min.* 26 *déc.* 1836, 30 *sept.* 1839, *etc.*)

On trouvera d'amples détails sur cette matière délicate dans le *Dict. de législ. et d'adm. milit.* de SAUSSINE et CHEVALET (Paris et Nancy, Berger-Levrault et Cⁱᵉ.) Voyez surtout la circulaire du 21 août 1852, qui doit se trouver aussi dans le *Journal militaire* de 1852.

MARINE MARCHANDE. 1. On comprend, sous cette dénomination, les bâtiments affrétés par des particuliers, pour transporter sur mer des marchandises ou des passagers.

2. Plusieurs parties de la législation relative à la marine marchande étant traitées aux mots **Armateur, Cabotage, Caisse des invalides de la marine, Consul, Douane, Francisation, Marine militaire, Naufrage, Navigation, Pêche, Tribunaux maritimes,** nous devons nous borner ici à donner succinctement quelques notions qui n'ont pu trouver place dans ces articles.

3. *Différents genres de navigation.* Les lois et les règlements concernant la marine marchande distinguent trois genres de navigation : 1° la navigation au *long cours* ; 2° celle au *cabotage,* qui se divise elle-même en grand et petit cabotage (*voy.* **Cabotage**); 3° celle au *bornage.*

4. La navigation *au long cours* est celle faite au delà des mers dans les limites établies par l'art. 377 du Code de commerce, ainsi conçu : Sont réputés voyages de long cours ceux qui se font au delà des limites ci-après déterminées : au sud, le 30e degré de latitude nord ; au nord, le 72e degré de latitude nord ; à l'ouest, le 15e degré de longitude du méridien de Paris ; à l'est, le 44e degré de longitude du méridien de Paris.

Cette rédaction a été substituée par la loi du 14 juin 1854 au texte primitif ainsi conçu : Sont réputés voyages de long cours ceux qui se font **aux Indes-Orientales et Occidentales,** à la mer Pacifique, au Canada, à Terre-Neuve, au Groënland et aux autres côtes et îles de l'Amérique méridionale et septentrionale, aux Açores, Canaries, à Madère, et dans toutes les côtes et pays situés sur l'Océan, au delà des détroits de Gibraltar et du Sund.

5. Le *cabotage* comprenait autrefois tous les voyages qui ne sont pas indiqués dans cet article ; mais le décret du 20 mars 1852 a modifié cette acception, en reconnaissant une navigation inférieure au petit cabotage, celle dite *au bornage,* ou celle faite par une embarcation jaugeant vingt-cinq tonneaux au plus, avec faculté d'escales intermédiaires entre son port d'attache et un autre point déterminé, qui n'en doit pas être distant de plus de 15 lieues marines. (*D. préc., art.* 2.)

Il résulte de là que le mot *cabotage* doit être employé aujourd'hui par opposition, soit à la navigation *au long cours,* soit à celle *au bornage.*

6. Il y a pourtant une autre manière de comprendre le *cabotage.* Dans la douane, plus conforme en cela à la pratique commerciale, le cabotage comprend seulement, sans considération de la longueur des voyages, la navigation qui a lieu de *port français à port français.* C'est proprement le commerce intérieur par mer, opposé au commerce fait par la même voie avec l'étranger. Telle est également la définition qu'on a dû en donner à l'article **Cabotage,** traité exclusivement au point de vue du *cabotage en douane.*

7. *Règlements généraux.* Sont reconnus navires ou bâtiments français, ceux énumérés qui se sont soumis aux formalités indiquées aux n° 133 et suivants du mot **Douane.**

8. Les officiers et les trois quarts des équipages doivent être sujets français. (*L.* 21 *sept.* 1793.)

9. Dans la composition de tout équipage, il doit y avoir un mousse pour dix hommes d'équipage,

deux mousses pour vingt hommes, trois mousses pour trente hommes et ainsi de suite, en continuant de calculer par dizaine d'hommes. (*D.* 23 *mars* 1852, *art.* 2.) Mais sur les bâtiments armés pour le long cours, le grand cabotage ou les grandes pêches, les mousses peuvent être remplacés par des novices, ou jeunes gens âgés de moins de 18 ans qui ne seront tenus de justifier d'aucune condition de navigation. (*D.* 15 *mars* 1862, *abrogeant et remplaçant l'art.* 3 *du D.* 23 *mars* 1852.)

10. Il doit en outre être embarqué un chirurgien : 1° sur tout navire expédié au long cours, s'il reçoit à bord cent personnes, tant hommes d'équipage que passagers (*D.* 17 *sept.* 1864) ; 2° sur tout navire expédié pour la pêche de la baleine et autres poissons à lard, lorsque l'équipage est de vingt hommes et au-dessus. (*O.* 4 *août* 1819.)

11. *Conditions exigées pour commander un bâtiment du commerce.* Le choix du capitaine d'un bâtiment marchand appartient au propriétaire de ce bâtiment ; mais le capitaine d'un navire étant tout à la fois chargé de graves intérêts et investi de certains pouvoirs qui tiennent à l'ordre public, la loi exige que ce choix soit fait parmi des navigateurs reçus spécialement à cet effet.

12. Pour aspirer au grade de capitaine ou de maître d'un bâtiment, il faut avoir vingt-quatre ans accomplis avant le 1er juillet de l'année de l'examen et avoir fait soixante mois de navigation, dont douze sur les bâtiments de l'État autres que les stationnaires et bâtiments de servitude employés dans l'intérieur des ports et rades. (*D.* 3 *brum. an IV, art.* 9 et 10 ; *Arr.* 11 *therm. an X ; O.* 7 *août* 1825 ; *D.* 20 *mars* 1852, *art.* 1er ; *D.* 26 *janv.* 1857.)

13. Les candidats qui désirent être reçus *capitaines au long cours* ou *maîtres au cabotage* doivent, en outre, subir deux examens publics, l'un sur la pratique, l'autre sur la théorie de la navigation ; le premier est fait par deux officiers de la marine désignés par le ministre de ce département ; le second par deux examinateurs d'hydrographie. (*D.* 26 *janv.* 1857.)

14. Nul ne peut être admis à soutenir les examens s'il ne produit : 1° un acte de naissance ; 2° l'état de ses services dûment certifié ; 3° une attestation de bonne conduite, délivrée par le maire du domicile et visée par le commissaire du quartier ; 4° un certificat des capitaines des bâtiments à bord desquels il a navigué, attestant son aptitude et sa bonne conduite, et visé par le commissaire de marine du port dans lequel les bâtiments ont effectué leur retour. (*O.* 7 *août* 1825 ; *art.* 22.)

Les matières sur lesquelles portent les examens et qui diffèrent, suivant qu'il s'agit d'obtenir le grade de capitaine au long cours ou de maître au cabotage, sont indiquées dans les programmes arrêtés par le ministre de la marine et annexés au décret du 26 janvier 1857.

15. Les candidats qui, après examen, réunissent les conditions de capacité requises, obtiennent du ministre de la marine, selon la nature des examens subis, des brevets de capitaine au long cours ou de maître au cabotage.

16. Les officiers et les aspirants de première classe de la marine de l'État retraités, réformés ou démissionnaires, peuvent obtenir l'un ou l'autre brevet de capitaine au long cours ou de maître au cabotage sans subir les examens déterminés par le décret du 26 janvier 1857, pourvu qu'ils justifient des conditions d'âge et de navigation exigées par le décret.

17. Les maîtres ou patrons des bâtiments équipés pour le bornage sont dispensés des examens; ils sont autorisés à exercer leur commandement par les préfets maritimes.

18. Les conditions exigées pour devenir maître au *grand cabotage* ont été longtemps distinctes de celles exigées pour être maître au *petit* cabotage; mais cette distinction a été effacée par l'ordonnance du 25 novembre 1827, portant que les maîtres au *petit* cabotage seront désignés désormais sous le titre de *maîtres au cabotage* et pourront commander des navires pour les deux navigations indifféremment.

Il en est autrement pour les colonies françaises. La distinction entre les maîtres au *grand* et au *petit* cabotage continue à subsister, et une ordonnance royale du 31 août 1828, sur le cabotage dans les colonies, après avoir déterminé les limites assignées au *grand* et au *petit* cabotage pour chaque colonie (*art. 1 à 5*), règle ensuite avec détail tout ce qui concerne la réception des capitaines, maîtres et patrons pour ces deux genres de navigation.

19. *Obligations des capitaines.* Le premier devoir du capitaine, avant de prendre charge pour les voyages au long cours, est de faire visiter son navire. (*L. 9-13 août 1791, art. 14; C. de C., art. 225.*)

Cette visite est faite par d'anciens navigateurs, désignés par les tribunaux de commerce, et à défaut par les officiers municipaux. (*L. 9-13 août 1791, art. 3 et 6.*)

Le procès-verbal de visite est déposé au greffe du tribunal de commerce; il en est délivré extrait au capitaine (*C. de C., art. 225*). S'il n'y a pas de tribunal de commerce dans le port, le procès-verbal peut être reçu par le juge de paix du canton, qui, à l'expiration de vingt-quatre heures, l'envoie au tribunal de commerce dont la juridiction s'étend sur le canton. (*O. 1er nov. 1826.*)

20. Le capitaine qui prend à bord des passagers doit les porter sur le rôle d'équipage. Ceux-ci doivent être munis de passe-ports visés par l'autorité civile du lieu de l'embarquement et le commissaire de la marine. (*Lett. min. 25 mars 1817.*) Cette disposition ne s'applique plus aux navires étrangers, et il serait désirable que le passe-port ne fût plus exigé sur les navires français.

Pour les bateaux à vapeur spécialement affectés au transport des passagers *à l'étranger* ou *dans une colonie française,* une liste des personnes embarquées, indiquant leurs noms, prénoms, âge, qualité, lieu de naissance et domicile, doit être remise au bureau de l'inscription maritime ou à la chancellerie du consulat. (*Déc. min. 23 janv. 1837.*)

21. Le capitaine est tenu d'avoir à bord: 1° l'acte de propriété du navire; 2° l'acte de franci-

sation; 3° le rôle d'équipage, visé avant le départ au bureau de l'inscription maritime; 4° les connaissements; 5° les chartes-parties; 6° les procès-verbaux de visite, dressés conformément à ce qui a été dit plus haut; 7° les acquits de paiement ou à caution des douanes. (*C. de C. art. 226.*)

22. Il doit encore être pourvu: 1° d'un acte de police, appelé *congé,* sans lequel aucun navire ne peut sortir des ports; c'est à proprement parler le passe-port du bâtiment; il est délivré au bureau du port ou arrondissement auquel appartient le bâtiment, signé par le receveur des douanes, contre-signé par le commis principal à la navigation et par l'employé qui a vérifié la jauge (*L. 27 vend. an II; Arr. min. 30 juin 1829; Circ. Min. fin. 15 juill. 1829*); 2° d'un bulletin dit *patente de santé,* qui fait connaître l'état sanitaire des lieux d'où vient le navire et son propre état au moment du départ; il est délivré par les administrations sanitaires, à l'étranger par les consuls, et s'il n'y a pas de consul, par les autorités du pays (*O. 7 août 1822*); 3° d'un *manifeste* ou état général de toutes les marchandises qui sont dans le navire, avec les noms des chargeurs et des destinataires, et des marques de chaque ballot; 4° d'un registre *de bord,* coté et paraphé par l'un des juges du tribunal de commerce, ou, à défaut, par le maire ou son adjoint. C'est sur ce registre que le capitaine doit inscrire les résolutions prises dans son voyage, la recette, la dépense du navire, et généralement toutes les circonstances qui concernent ses fonctions.

23. Lorsque le navire est arrivé à sa destination, le capitaine fait viser par le chef ou l'un des préposés des douanes son livre de bord (*L. 2 juill. 1836, art. 7*); il fait, devant le président du tribunal du commerce, un rapport sur tous les faits relatifs à sa navigation (*C. de C., art. 242*); il dépose au bureau des douanes, outre le manifeste, l'acte de francisation et le congé, qui y sont conservés jusqu'au prochain départ. Il remet son rôle d'équipage au préposé de l'inscription maritime.

Dans les lieux où il n'y a pas de tribunal de commerce, le rapport de navigation est fait devant le juge de paix du canton, qui doit l'envoyer sans délai au tribunal de commerce. (*C. de C., art. 243.*)

Un double du rapport du capitaine est déposé au bureau de la douane. (*Circ. 4 mars et 20 avril 1808.*)

24. *Rapports avec les consuls.* Le capitaine qui aborde dans un port étranger est tenu de se présenter au consul de France, de lui faire un rapport et de prendre un certificat constatant l'époque de son arrivée et de son départ, l'état et la nature de son chargement. (*C. de C., art. 244; O. 29 oct. 1833, art. 45.*)

Il doit recevoir les marins que les commissaires ou consuls lui donnent à conduire dans leurs quartiers et qui ont été débarqués des navires marchands, laissés malades dans les hôpitaux ou qui faisaient partie des équipages de navires désarmés ou condamnés, ainsi que les déserteurs. (*Même O., art. 51; D. 7 août 1860.*)

Il est aussi tenu de recevoir, moyennant un prix déterminé par les règlements, les militaires français à l'étranger qui sont renvoyés en France. (*Voy.* **Consul, Rapatriement.**)

25. *Service des dépêches.* Les capitaines partant d'un port étranger pour revenir en France sont obligés de recevoir les dépêches des consuls ou agents diplomatiques aux ministres ou aux administrations publiques, et réciproquement, lorsqu'ils partent de France pour un port étranger, ils doivent recevoir les dépêches adressées aux consuls, ambassadeurs ou envoyés diplomatiques, dans le pays où ce port est situé.

La remise de ces dépêches est mentionnée sur le rôle d'équipage. (*O.* 29 *oct.* 1833, *art.* 53.)

26. Quant aux obligations des capitaines relativement aux dépêches de l'administration des postes, voyez au mot **Postes.**

27. *Pouvoir disciplinaire du capitaine.* Le décret-loi disciplinaire et pénal du 24 mars 1852 pour la marine marchande investit le capitaine d'un pouvoir disciplinaire sur les officiers, matelots et autres hommes de son équipage.

En mer, il connaît les infractions qualifiées de fautes de discipline par ce décret-loi ; il y applique les peines prévues par le même acte, à la condition d'en rendre compte aux autorités maritimes ou consulaires ; à cet effet, il tient un registre dit *Livre de punitions.*

En rade, il constate ces infractions et en demande la répression aux consuls, aux commandants des bâtiments de l'État ou aux commissaires de l'inscription maritime, à défaut, au plus âgé des capitaines présents sur rade. Il agit de même en ce qui concerne la constatation à l'égard des faits qualifiés par le décret-loi, de délits maritimes, dont les auteurs sont déférés à une juridiction spéciale instituée par le même décret, sous le nom de *Tribunal maritime commercial.*

Font partie de ce tribunal, selon les localités, un commandant d'un bâtiment de l'État, un commissaire de l'inscription maritime ou consul président, des officiers de la marine militaire ou de la marine du commerce ; des juges du tribunal de commerce, des officiers de port, des quartiers maîtres de navires de commerce.

A l'égard des crimes commis à bord, le capitaine les constate également dans un rapport qui sert d'introduction à une procédure suivie en France devant les tribunaux ordinaires.

28. La personne et l'autorité du capitaine sont garanties à bord des navires par le même décret du 24 mars 1852, qui punit des peines de six jours à cinq ans d'emprisonnement, ou d'un an à trois ans d'embarquement correctionnel sur un bâtiment de l'État, la désobéissance, le refus formel d'obéir, le refus de service, les voies de fait et les outrages commis envers le capitaine.

29. Le même acte réprime les délits maritimes commis par le capitaine. En sorte qu'il est justiciable de la même juridiction dont il est membre pour les infractions suivantes : abus de pouvoir et voies de fait ; destruction, dégradation ou vente d'objets du bord ; altérations de vivres ou rations ; privation de la ration stipulée par l'équipage ; abandon du navire en danger ou en rade ; rupture de l'engagement ; abandon ou usurpation de commandement ; infraction des articles du Code de commerce relatifs au dépôt des papiers de bord ; omission de visites dues aux commandants de l'État ; infractions à la police des rades ; à la police de la navigation ; outrages envers les fonctionnaires de la marine dans l'exercice de leurs fonctions ; contrebande ; ivresse habituelle ou dans l'exercice du commandement.

Ces divers délits sont punis ou de l'amende, ou d'un emprisonnement variant de six jours à trois ans, ou d'une interdiction de commandement qui varie de six mois à deux ans et qui même peut être définitive.

30. Indépendamment des cas de suspension ou de retrait de la faculté de commander prévus par le décret disciplinaire et pénal, le ministre de la marine peut infliger cette même peine lorsqu'il le juge nécessaire, après une enquête contradictoire dans laquelle le capitaine est entendu. (*Art.* 87 *du D.-L.* 24 *mars* 1852.)

31. *Hypothèques maritimes.* Une loi du 10 décembre 1874 rend les navires susceptibles de l'hypothèque conventionnelle.

L'hypothèque peut être constituée (*art.* 1er, 5 *et* 26) : 1° sur les navires francisés présents à leur port d'attache ; 2° sur les navires en construction, si la déclaration en est faite au bureau des douanes du lieu où le navire est sur les chantiers ; 3° sur les navires en cours de voyage, sous la condition que la déclaration en aura été faite avant le départ du navire au bureau où il est immatriculé et inscrite, tant sur le registre du receveur des douanes que sur l'acte de francisation qui accompagne le navire.

32. Les receveurs principaux des douanes sont chargés de l'application du régime hypothécaire. Ils sont responsables.

33. Les art. 2, 3, 4, 6, 7, 8 et 9 de la loi du 10 décembre 1874 règlent les formes, conditions et rang des hypothèques.

Aux termes de l'art. 10, l'inscription hypothécaire n'est valable que pour une durée de trois années. Elle cesse son effet si elle n'est pas renouvelée avant ce terme.

34. Si le titre constitutif de l'hypothèque est à ordre, sa négociation par voie d'endossement emporte la translation du droit hypothécaire (*art.* 12).

35. L'inscription garantit, au même rang que le capital, deux années d'intérêt en sus de l'année courante (*art.* 13).

Les art. 14 et 15 sont relatifs aux voies et moyens à suivre pour les radiations.

36. D'après l'art. 16, les receveurs des douanes sont tenus de délivrer, à tous ceux qui le requièrent, l'état des inscriptions existantes sur un navire ou un certificat qu'il n'en existe pas.

37. Les art. 17 à 25 garantissent les droits des créanciers ou acquéreurs et déterminent les obligations de ceux-ci.

38. L'art. 27 abroge les paragraphes 9 de l'art. 191 et 7 de l'art. 192 du Code de commerce. Il ajoute à l'art. 191 la disposition suivante : Les créanciers hypothécaires sur le navire viendront, dans leur ordre d'inscription, après les créances privilégiées.

39. Enfin, l'art. 28 donne le droit au capitaine d'emprunter hypothécairement, avec l'autorisation du juge, sur la part de celui ou ceux des propriétaires qui, après avoir consenti à fréter le

navire, refuseraient de concourir aux frais nécessaires pour l'expédition.

40. Les remises et salaires alloués aux receveurs des douanes pour le service de l'hypothèque
maritime sont fixés de la manière suivante par le
décret du 23 avril 1875 : 1° à un demi pour
mille sur le capital des créances pour hypothèques
ou renouvellement d'inscription ; 2° à un quart
pour mille sur les hypothèques en cours de
voyage. L'agent qui, à son tour, est appelé à inscrire l'hypothèque perçoit une remise d'un quart
pour mille ; 3° à un franc pour chaque inscription
hypothécaire ; à un franc pour le report de cette
inscription sur l'acte de francisation, sur le registre de la francisation ou sur le registre du
nouveau port d'attache ; à un franc pour chaque
radiation d'inscription ; à un franc pour chaque
extrait d'inscription ou certificat.

MARINE MILITAIRE.

CHAP. I. — NOTIONS GÉNÉRALES.

1. « La marine, destinée à protéger l'État, son commerce, ses colonies, est essentiellement militaire ; elle doit être organisée de manière à remplir son but. » Ainsi s'exprimait la section de la marine du Conseil d'État dans un rapport précédant l'organisation de l'an VIII et adressé à l'empereur Napoléon Ier. C'est encore aujourd'hui la définition la plus exacte qu'on puisse donner du rôle de la marine militaire et par conséquent de la mission confiée au département de la marine.

2. Les attributions de ce département, lesquelles comprennent à la fois la marine et les colonies, sont à peu de chose près aujourd'hui ce que le décret de l'assemblée nationale du 27 avril-27 mai 1791 les avait établies. L'organisation générale repose sur des principes qui peuvent se résumer de la manière suivante : unité de commandement. — Séparation du commandement de l'administration, mais subordination de l'administration au commandement. — Intervention permanente ou inopinée d'un contrôle qui surveille, prévient ou relève les irrégularités, mais sans jamais pouvoir mettre d'obstacle à l'action responsable.

3. Le ministre, éclairé par des conseils spéciaux, renseigné sur ce qui se passe au loin par des inspecteurs généraux, prend ses décisions sur la proposition des directeurs de l'administration centrale, et les notifie aux autorités maritimes dans les ports ou à la mer, ainsi qu'aux gouverneurs et commandants des colonies.

4. Ces autorités ont, d'ailleurs, leurs pouvoirs propres qu'elles tiennent de la délégation du ministre, comme nous aurons à l'indiquer en décrivant les différents rouages de l'organisation maritime, à l'administration centrale, dans les ports, dans les établissements de la marine hors des ports et sur les bâtiments à la mer.

CHAP. II. — ADMINISTRATION CENTRALE.
Sect. 1. — Ministère de la marine.

5. Bien des actes sont intervenus depuis le siècle dernier pour statuer sur l'organisation de l'administration centrale du ministère de la marine. Le premier en date dans cette période est le décret du 12 février 1792. Jusqu'en 1817 on en compte huit ; alors paraît, sous la date du 31 décembre, l'organisation due au maréchal Gouvion Saint-Cyr, et elle a eu cette rare fortune de durer 27 ans. Depuis 1817, il y en a eu neuf autres, en négligeant celles qui n'ont eu pour objet que des modifications partielles. Les dispositions actuellement en vigueur se trouvent contenues dans les actes suivants : le règlement du 19 juillet 1852 qui concerne l'admission, l'avancement, le service et la discipline de l'administration centrale ; le décret du 29 janvier 1853 qui détermine l'uniforme des directeurs, chefs et commis ; celui du 27 décembre 1862 fixant la hiérarchie et les traitements, et celui du 23 octobre 1871 constituant cinq directions (personnel, matériel, services administratifs, colonies et comptabilité générale),

outre le cabinet du ministre, l'établissement des invalides et le contrôle central.

6. L'administration centrale du ministère de la marine et des colonies est constituée d'après la hiérarchie suivante : directeur, chef de cabinet ayant rang de directeur, sous-directeur, chef de bureau, chef-adjoint, sous-chef, commis principal et commis divisés en quatre classes.

7. Les admissions ont lieu soit par le dernier échelon, celui de commis, soit par les grades intermédiaires de la manière suivante :

8. Le surnumérariat ayant été supprimé en fait, les emplois de commis de quatrième classe sont uniquement dévolus aujourd'hui à des candidats qui ont été employés trois ans au moins dans l'un des services du département de la marine et des colonies. (*Règl.* 19 *juill.* 1852, *art.* 2.)

9. Les emplois de sous-chefs sont donnés à des commis principaux ayant au moins deux ans de grade. (*Id., art.* 9.)

10. Les emplois de chefs sont donnés à des sous-chefs ayant au moins deux ans de grade. (*Id.*)

11. Toutefois, si les besoins du service exigent que, pour remplir une vacance, il soit fait appel au personnel des ports et des colonies, l'emploi de sous-chef ne peut être attribué qu'à un sous-commissaire de la marine, réunissant les conditions de l'avancement, ou sous la même réserve à un officier ou fonctionnaire du grade correspondant de l'un des services de la marine et des colonies ; de même, s'il agit d'une vacance de chef de bureau, il ne peut être confié, dans ce cas, qu'à un officier supérieur des corps de la marine. (*Id. art.* 9.)

12. L'emploi de sous-directeur ne peut être donné qu'à un chef de bureau ayant au moins deux ans de grade. (*Id., art.* 11.)

13. Les directeurs sont nommés par le Chef de l'État sur la proposition du ministre de la marine. (*Id., art.* 6.)

14. Nous ne parlerons pas des traitements puisqu'ils peuvent varier d'une période à une autre et qu'on trouvera à cet égard au budget de chaque année toutes les indications nécessaires.

15. Quant aux pensions, il est utile de rappeler que le personnel central de la marine a les siennes assurées sur la *Caisse des invalides de la marine* (*voy. ce mot*). Elles sont régies par un acte spécial, le décret du 2 février 1808.

Sect. 2. — Conseils, comités, commissions.

16. Nous avons dit (*n°* 3) que le ministre est entouré de conseils spéciaux appelés à lui donner des avis *consultatifs*. Il n'y a plus, en effet, aujourd'hui comme autrefois des comités dirigeant la marine. En 1669, sous Colbert, il existait un conseil pour les affaires maritimes. En 1715, après la mort de Louis XIV, chaque département ministériel était administré par des conseils spéciaux : celui de la marine avait à sa tête le comte de Toulouse, amiral de France, et était, à l'origine, composé de 4 officiers généraux, 3 intendants, 1 maître des requêtes et 1 commissaire général. L'institution disparut après 1791. Elle fut rétablie par l'empereur en 1810, puis supprimée en 1814, et c'est en 1824 qu'apparaît le *conseil d'amirauté*.

17. Nous avons aujourd'hui, à côté de lui, le conseil des travaux, le conseil supérieur du service de santé, le comité consultatif du contentieux et le *conseil des prises*. Nous retracerons succinctement l'organisation et les attributions actuelles de ces conseils et comités.

18. *Conseil d'amirauté.* Le conseil d'amirauté a été réorganisé par un décret du 23 octobre 1871 ; comme le constate le rapport qui précède ce décret, il a une double mission : d'une part, il donne son avis sur toutes les mesures qui ont rapport à l'administration générale de la marine et des colonies ; d'autre part, appréciateur compétent des services et des droits de chacun, il établit tous les ans les tableaux d'avancement des divers corps de la marine.

19. Il a pour président le ministre de la marine, et se compose de : 1° 8 membres titulaires et ayant seuls voix délibérative (5 officiers généraux de la marine, 1 général d'artillerie de marine, 1 inspecteur général du génie maritime ou 1 directeur des constructions navales et 1 commissaire général de la marine) ; 2° 2 membres adjoints (2 capitaines de vaisseau ou 1 officier de ce rang pris parmi l'un des corps qui concourent à la formation du conseil, lorsque les fonctions de secrétaire sont remplies par un capitaine de vaisseau) assistant à toutes les séances, mais ne pouvant voter que s'ils remplacent un membre titulaire absent ; 3° un secrétaire (1 capitaine de vaisseau ou 1 officier de ce rang pris dans l'un des corps qui concourent à la formation du conseil).

20. Les membres titulaires, les membres adjoints et le secrétaire sont nommés pour trois ans ; ils peuvent être réélus. Toutefois, les membres adjoints ne peuvent être nommés de nouveau qu'après avoir exercé pendant deux ans les fonctions de leur grade, soit à la mer, soit dans un port.

21. Aux termes du décret du 23 octobre 1871, le classement des officiers du corps de la marine, au lieu d'être fait, comme jusqu'alors, par l'ensemble des membres du conseil, est exclusivement opéré par les officiers généraux et supérieurs de la marine, membres de ce conseil.

22. De plus, et par voie d'analogie pour les autres corps, les commissions chargées du classement provisoire doivent être, en majorité, composées de représentants de ces corps. Puis, chacune des commissions prend part au classement définitif des officiers des corps qu'elle représente, en venant s'adjoindre aux officiers généraux de la marine, membres du conseil d'amirauté, au directeur du personnel et aux autres directeurs compétents.

23. Telle est l'organisation actuelle, et nous aurons complètement renseigné nos lecteurs à cet égard, quand nous aurons cité : 1° l'arrêté ministériel du 23 octobre 1871 réglant le mode de fonctionnement intérieur du conseil d'amirauté ; 2° une décision présidentielle du 13 septembre 1875, aux termes de laquelle le vice-président du conseil ne peut être qu'un officier général de la marine.

24. Rappelons, en terminant, que sous le régime de 1871 (art. 12 du décret du 23 octobre) comme sous celui qui le précédait, « *le ministre, seul responsable, n'est jamais lié par les avis du conseil d'amirauté.* »

25. *Conseil des travaux.* Le principe de l'institution du conseil des travaux a été consacré dans deux actes, l'un de 1800, l'autre de 1811. Le premier (arrêté du 18 pluviôse an VIII ou 7 février 1800) établissait près du ministre de la marine un conseil d'examen des projets relatifs aux travaux maritimes, composé de 3 directeurs des travaux et du directeur de l'école des ponts et chaussées. Le second (décret du 29 mars 1811) créait un conseil des constructions navales. En 1831, une ordonnance royale du 19 février, s'appuyant sur ce que le conseil d'amirauté ne devait s'occuper que des questions de législation et de haute administration touchant aux différentes parties du service de la marine et des colonies, déclare qu'il est indispensable de confier à un conseil spécial l'examen des plans et devis des travaux de tous genres à exécuter dans les arsenaux maritimes. Voilà l'origine du conseil des travaux. Elle est rappelée avec soin dans les considérants de l'ordonnance du 19 février 1831. Une seconde ordonnance du 17 décembre 1845, une décision impériale du 25 mars 1868, et, en dernier lieu, un décret présidentiel du 23 octobre 1871, ont introduit diverses modifications dans l'organisation de ce conseil.

26. D'après ces actes, le conseil est composé de la manière suivante : 2 vice-amiraux, dont le plus ancien préside ; 1 général de division d'artillerie de marine, inspecteur général de l'arme ; 1 général d'artillerie adjoint à l'inspection générale ; 1 contre-amiral ; 1 inspecteur général du génie maritime ; 1 inspecteur général des ponts et chaussées, chargé de l'inspection générale des travaux maritimes ; 1 directeur des constructions navales, adjoint à l'inspection générale du génie maritime ; 2 capitaines de vaisseau ; 2 colonels d'artillerie de marine ; 2 ingénieurs de 1re classe de la marine ; 1 inspecteur divisionnaire ou un ingénieur en chef des ponts et chaussées adjoint à l'inspection générale des travaux maritimes ; 1 ingénieur, 1 sous-ingénieur de la marine, secrétaire, n'ayant pas voix délibérative.

27. Un officier général de l'armée de terre est désigné pour faire partie du conseil, toutes les fois qu'il s'agit de questions relatives à la fabrication du matériel d'artillerie et aux expériences dont ce matériel est l'objet.

28. En cas d'absence ou d'empêchement du président, il est remplacé par l'officier général le plus ancien, qui dirige alors momentanément la discussion des affaires soumises au conseil.

29. Lorsque l'inspecteur général d'artillerie est plus ancien que le vice-amiral président du conseil, il se borne à présider la section de l'artillerie et n'est pas tenu d'assister aux séances générales, dont la présidence est exercée par un officier d'une ancienneté de grade moindre que la sienne.

30. La durée des fonctions des membres du conseil est de trois ans pour les officiers généraux et de deux ans pour les officiers supérieurs. Ils peuvent être réélus.

31. Les inspecteurs généraux d'artillerie, du génie maritime et des travaux maritimes, ne sont pas assujettis à une durée de fonctions limitée. Ils font partie du conseil d'une manière permanente. (*D.* 23 oct. 1871.)

32. Le conseil des travaux donne son avis sur les objets ci-après : rédaction des programmes à publier pour les concours sur des questions d'art ayant rapport aux constructions navales, à l'artillerie de marine et aux travaux maritimes ; examen des projets, plans et rapports relatifs soit à la construction, à l'installation et à l'armement des bâtiments de guerre de tous rangs et des machines à vapeur de toute espèce, soit au matériel d'artillerie, ou ayant trait aux bâtiments et constructions élevés sur le sol ou fondés à la mer dans les ports et autres établissements de la marine tant en France qu'aux colonies. Il est, en outre, chargé d'examiner les inventions nouvelles et de procéder à l'examen préparatoire des affaires destinées à la commission mixte des travaux publics. (*Voy.* **Travaux mixtes.**)

33. *Conseil supérieur de santé.* Établi par l'art. 11 du décret du 14 juillet 1865, ce conseil, dont les attributions ont été réglées par l'arrêté du 14 janvier 1867, donne son avis sur les questions renvoyées à son examen par le ministre, relativement au service de santé de la marine et des colonies : hygiène des équipages, des troupes et des ouvriers de la marine, projets de construction d'hôpitaux, de casernes, de prisons ; organisation des hôpitaux de la marine en France et aux colonies ; organisation et fonctionnement du service de santé à bord des bâtiments de l'État, ainsi que dans les arsenaux ou établissements de la marine.

34. Il est chargé, en outre, de rédiger les instructions médicales, et, en particulier, celles qui sont relatives à des missions scientifiques ; il prépare les programmes des cours à professer chaque année dans les écoles de médecine navale et arrête le choix des questions destinées à servir aux divers examens pour les différents grades ou pour les fonctions d'agrégé à l'enseignement.

35. Le conseil supérieur de santé est composé de l'inspecteur général du service, président, et de deux inspecteurs adjoints, l'un pris dans le service médical parmi les médecins en chef provenant des médecins principaux, l'autre parmi les pharmaciens en chef. Un médecin de 1re ou de 2e classe remplit les fonctions de secrétaire.

36. *Comité consultatif du contentieux.* Les questions de droit international, civil, criminel, qui peuvent être soulevées dans les affaires ressortissant à l'administration supérieure de la marine et des colonies sont (*Arr.* 29 *mars* 1865) soumises à ce comité, qui se compose d'un conseiller d'État, président, d'un maître des requêtes au Conseil d'État, d'un conseiller référendaire à la Cour des comptes, de deux auditeurs au Conseil d'État, d'un ancien auditeur, d'un des avocats du ministère de la marine et d'un sous-chef de bureau de l'administration centrale remplissant les fonctions de secrétaire.

37. *Conseil des prises.* (*Voy. ce mot.*)

38. Outre les quatre conseils ou comités organiques précités, le ministre de la marine groupe autour de ses bureaux des commissions chargées d'examiner telle ou telle question spéciale ou de fonctionner consultativement d'une manière permanente ou quasi-permanente pour un objet déterminé. Le cadre que nous avons cherché à nous tracer ne serait pas complet si nous ne disions pas quelques mots de ces commissions. Pour les unes, au nombre de quatre, il suffit de citer leur dénomination pour expliquer leur mission.

39. Ce sont : la *commission de contrôle et de révision de règlement d'armement et d'habillement* ; la *commission supérieure des défenses sous-marines* ; la *commission centrale d'examen des travaux des officiers* ; la *commission des bibliothèques des divisions des équipages de la flotte et des prisons maritimes*, et la *commission des marchés.*

40. Les autres, au nombre de trois, sont des commissions mixtes, c'est-à-dire qui fonctionnent à la fois pour divers départements ministériels, savoir : la *commission des phares* (*voy.* **Phares et fanaux**); la *commission mixte des travaux publics* (*voy.* **Travaux mixtes**), et la *commission de défense des côtes.*

41. L'*établissement des Invalides de la marine* forme au ministère une direction spéciale chargée de centraliser l'administration et la comptabilité des trois caisses des prises, des gens de mer et des invalides, qui lui sont confiées. Elle se compose de trois bureaux et de la trésorerie générale des invalides de la marine. Pour plus amples détails, voyez l'article **Caisse des Invalides.**

Sect. 3. — **Contrôle central.**

42. En tête des services chargés à Paris de renseigner le ministre sur l'action de son administration, auprès comme au loin, nous placerons le *contrôle central* dont nous avons dit déjà quelques mots. (*Voy.* n° 2.)

Le rôle du contrôle central et celui de l'inspection, tantôt permanente, tantôt mobile, suivant le cas, ont été si nettement définis dans une déclaration générale de la Cour des comptes (1860) que nous n'avons rien de mieux à faire que de reproduire un extrait de cette déclaration pour donner une exacte idée du but, du fonctionnement et des résultats de l'institution.

« Nous ne trouvons que rarement, disait M. le premier président Barthe, l'occasion de signaler des irrégularités de quelque importance dans le ministère de la marine. En reconstituant le service administratif des ports et des arsenaux sur les bases fondées en l'an VIII par le génie organisateur du premier Consul, l'ordonnance du 14 juin 1844 a mis fin aux désordres qui avaient attristé la période de temps écoulée de l'année 1835 à l'année 1844, et qui avaient donné lieu à la demande et au vote d'un crédit extraordinaire de 93 millions. La création d'un contrôle central..... a donné au ministre de la marine, qui qui pèse la responsabilité générale des services, le moyen d'être informé à temps de tous les actes dans lesquels elle pourrait se trouver engagée. La garde et la conservation des matières, la comptabilité, l'administration, l'ordonnancement, confiés au corps du commissariat, le rétablissement d'un contrôle *local* indépendant, complètent l'ensemble des garanties que nous avions souvent réclamées. Cette organisation a eu pour résultat de maintenir l'ordre dans ce qui constitue l'une des grandes forces de la France et de rétablir la confiance publique en dissipant les préjugés fâcheux. On doit être assuré que les principes sur lesquels reposent la séparation effective du contrôle et de l'action et la surveillance efficace de la fortune de l'État sont désormais à l'abri de toute innovation qui pourrait les affaiblir. »

Quand nous traiterons de l'organisation des arsenaux, nous préciserons davantage le fonctionnement de l'inspection. (*Voy. n*os 80 *et* 81.)

Sect. 4. — Inspections générales.

43. Six inspections générales permanentes et deux services spéciaux qui participent de l'inspection existent au ministère de la marine, savoir :

L'inspection générale de l'artillerie de la marine et des colonies, l'inspection générale du génie maritime et celle des travaux maritimes ; celles de l'infanterie de marine, du service de santé et de l'aumônerie de la flotte. Les deux services spéciaux sont l'inspection des charbonnages et la surveillance des travaux confiés à l'industrie.

44. *L'inspection générale de l'artillerie de la marine et des colonies* avait été remplacée, en 1864, par un *comité consultatif* de l'artillerie, dont faisaient partie deux officiers généraux de l'arme que le ministre chargeait, chaque année, d'inspections générales soit en France, soit aux colonies. Par un arrêté présidentiel du 10 juin 1871, le comité consultatif de l'artillerie a été supprimé et ses attributions sont passées au conseil des travaux, où le nombre des officiers d'artillerie a été augmenté. Par un décret du 23 octobre de la même année, l'inspection générale permanente de l'artillerie de la marine et des colonies a été rétablie. Elle est confiée à un général de division de l'artillerie de marine, qui prend le titre d'inspecteur général permanent, et à un général de brigade de la même arme, qui est désigné sous le nom d'adjoint à l'inspection générale.

45. Indépendamment des inspections spéciales et inopinées que le ministre peut confier à l'inspecteur général et à son adjoint, ce dernier est plus spécialement chargé de procéder à des tournées périodiques d'inspection, soit en France, soit aux colonies. Mais, à part ces missions spéciales, le rôle de l'inspecteur général permanent de l'artillerie est l'étude et la préparation des projets, tracés et instructions qui se rapportent : 1° à l'établissement, à la construction, à l'amélioration et à l'entretien du matériel de l'artillerie en France et aux colonies ; 2° à la détermination et à l'exécution des expériences ; 3° aux inspections générales du matériel d'artillerie, etc.

46. *L'inspection générale du génie maritime* a son rôle tracé par le décret du 11 avril 1854, dont l'art. 11 contient les dispositions suivantes : L'inspecteur général du génie maritime réside à Paris ; un directeur des constructions navales est adjoint à l'inspection générale ; l'inspecteur général peut être appelé à donner son avis sur la destination des officiers du génie maritime de tous grades ; il fait, lorsque le ministère lui en donne l'ordre, des inspections dans les ports pour s'assurer de la bonne exécution des travaux ; il provoque, auprès du ministre, toutes les mesures qui ont pour objet de maintenir l'uniformité de confection des ouvrages de même nature à faire dans les divers arsenaux ; d'introduire dans les ateliers des constructions navales la connaissance et la pratique des procédés nouveaux dont le but est d'améliorer les arts mécaniques ; d'obtenir de l'économie

dans les dépenses ; enfin, d'assurer le perfectionnement de l'architecture navale.

47. Il rend compte au ministre de toutes les dérogations qu'il a remarquées ou dont il lui a été donné connaissance, soit aux instructions générales, soit aux règlements relatifs à la construction et à l'armement des bâtiments de l'État, ainsi qu'à la conduite des travaux.

A la fin de chaque année, il remet au ministre un rapport sur toutes les parties du service dont l'inspection lui est confiée.

48. *L'inspection générale des travaux maritimes* est chargée de la surveillance des ouvrages hydrauliques et civils exécutés d'après les ordres du ministre de la marine ; elle est exercée par un inspecteur général des ponts et chaussées détaché à cet effet près du ministre de la marine, et qui a pour adjoint un ingénieur en chef du même corps. (*O.* 21 *mai* 1814 *et D.* 13 *oct.* 1851.)

49. *L'inspection générale de l'infanterie de marine* est confiée à un général de division et à deux généraux de brigade. Les attributions ont été déterminées par un arrêté ministériel du 9 juillet 1874, rendu en exécution d'un décret du 26 novembre 1869. Aux termes de cet arrêté, l'inspecteur général et ses adjoints n'ont d'action directe de commandement sur le personnel de leur arme que par délégation du ministre et pendant la durée de leurs missions dans les localités où sont stationnées les troupes inspectées. En dehors de ces missions, l'inspecteur général est bien autorisé à correspondre avec les chefs de corps tant en France qu'aux colonies, sous le couvert des préfets maritimes et des gouverneurs, pour se tenir au courant des détails du service ; mais, dans aucun cas, cette correspondance ne peut sortir des limites de simples renseignements, ni comprendre ou impliquer des intimations d'ordres aux chefs de corps, soit directement, soit par l'intermédiaire des autorités locales.

50. L'inspecteur général peut prendre auprès du ministre l'initiative de toute proposition relative à son arme et il est consulté par les directeurs compétents sur les questions d'organisation, d'administration et de comptabilité, sur la tenue de l'armement, sur les permutations et sur les demandes en autorisation de mariage des officiers. Au commencement de chaque année, après en avoir délibéré avec les inspecteurs généraux adjoints de retour de leur tournée, et sur le communiqué des rapports d'ensemble des autres inspecteurs généraux aux colonies, l'inspecteur général remet au ministre un rapport sur la situation générale du service de l'arme.

51. *L'inspection générale du service de santé* a été organisée en dernier lieu par le décret du 14 juillet 1865. L'inspecteur général réside à Paris, préside le conseil supérieur de santé (*voy. n*° 33) ainsi que les conseils de santé, lorsqu'il se trouve en inspection dans les ports ; il correspond avec les chefs de service de santé dans les ports pour ce qui est relatif à l'enseignement, à l'hygiène et aux questions techniques. Il est consulté sur les destinations spéciales à donner aux officiers du corps de santé ; il fait, sur l'ordre du ministre, des inspections dans les arsenaux et établissements de la marine ; il soumet au ministre ses vues sur les améliorations à introduire dans son service et lui remet à la fin de chaque année un rapport sur la situation générale de ce service.

52. *L'aumônier en chef de la flotte*, nommé par le Chef du pouvoir exécutif, est chargé de la direction et de la centralisation du service religieux à la mer et dans les ports. Il s'entend avec les évêques pour le choix des aumôniers à proposer au ministre. Il adresse des instructions aux aumôniers au moment où ceux-ci prennent leur service à bord, et en cours de campagne, s'il y a lieu. Il fait des tournées d'inspection générale toutes les fois que le ministre le juge convenable. (*D.* 31 *mars* 1852 *et* 5 *mars* 1864.)

53. Un aumônier supérieur est affecté à Paris, sous l'autorité d'un aumônier en chef, à la centralisation du service religieux ; il supplée l'aumônier en chef dans la direction du service en cas d'absence ou d'empêchement.

54. *Centralisation du service des bois, des recettes* (réceptions) *et de la surveillance des travaux hors des ports.* Par décision du 2 février 1874, le ministre a confié à un directeur des constructions navales, en résidence à Paris et placé sous les ordres du directeur du matériel, la centralisation des services suivants :

Le *service forestier*, divisé en quatre grands bassins forestiers (Seine, Loire, Gironde et Rhône), comprenant la surveillance des fournitures de bois avec recettes définitives sur les ports flottables et le martelage dans les forêts domaniales, tel qu'il a été rétabli par le décret de 1858 ;

Le *service des recettes* sur les lieux de production, en ce qui regarde la surveillance de la fabrication et la constatation de la qualité des tôles, cornières, fers à T et autres matières qu'il y aurait intérêt à recevoir en usines ;

Et le *service de la surveillance des travaux* qui s'exécutent au compte de la marine dans les chantiers et ateliers de l'industrie privée.

55. Le directeur-centralisateur a sous ses ordres immédiats les ingénieurs, maîtres, contre-maîtres et agents du personnel ouvrier, détachés des ports militaires pour concourir aux recettes diverses et à la fourniture des travaux confiés à l'industrie.

56. *Inspection des charbonnages.* Le département de la marine passant directement des traités avec les compagnies houillères françaises pour la fourniture des charbons de terre de toute espèce nécessaires à son service, deux capitaines de frégate inspecteurs, en résidence à Paris, ayant sous leurs ordres des maîtres mécaniciens de la marine détachés sur les mines, veillent à l'exécution des marchés et procèdent, sur les lieux d'extraction, à la recette (réception) des charbons, avant leur expédition aux ports.

Un des inspecteurs est chargé du service des mines du Nord et du Centre, et l'autre des mines de l'Ouest et du Midi.

Sect. 5. — Dépôt des cartes et plans de la marine.

57. Cet établissement, dont nous avons déjà parlé (p. 770), est dirigé par un officier général de la marine qui a le titre de *directeur général* et a sous ses ordres les ingénieurs hydrographes, les officiers de la marine et tout le personnel attaché au dépôt. Il y a près de lui : 1° un comité hydrographique qui donne son avis sur les questions scien-

tifiques ; 2° et un conseil d'administration chargé de l'examen de toutes les questions administatives. (*D.* 25 *nov.* 1854.) Pour ses attributions, voyez l'article **Dépôt des cartes et plans de la marine.**

Telle est l'organisation de la marine militaire au point central, c'est-à-dire à Paris. Nous allons maintenant indiquer ce qu'elle est dans les arsenaux et dans les établissements de la marine hors des ports, puis à la mer.

CHAP. III. — ARSENAUX ET ÉTABLISSEMENTS DE LA MARINE MILITAIRE.

Sect. 1. — Division de la France en arrondissements et sous-arrondissements maritimes.

58. L'ordonnance du 14 juin 1844 (art. 2) dispose que le territoire de la France est divisé en cinq arrondissements maritimes.

Le premier comprend les ports et côtes de la Manche depuis la frontière de Belgique jusqu'à Cherbourg inclusivement, qui en est le chef-lieu. Il se divise en trois sous-arrondissements, dont les chefs-lieux sont Dunkerque, le Havre et Cherbourg.

Le deuxième arrondissement comprend les ports et côtes de l'Océan depuis Cherbourg exclusivement jusqu'à la rive droite de la rivière de Belon et les îles adjacentes. Brest en est le chef-lieu. Il se divise en deux sous-arrondissements ayant pour chefs-lieux Saint-Servan et Brest.

Le troisième arrondissement comprend les ports et côtes de l'Océan depuis la rive droite de la rivière de Belon jusqu'au port de la Roche, dans la baie de Bourgneuf, et les îles adjacentes. Lorient en est le chef-lieu. Il se divise en deux sous-arrondissements, dont les chefs-lieux sont Lorient et Nantes.

Le quatrième arrondissement comprend les ports et côtes de l'Océan depuis le port de la Roche, dans la baie de Bourgneuf, jusqu'à la frontière de l'Espagne et les îles adjacentes. Rochefort en est le chef-lieu. Il se divise en deux sous-arrondissements, dont les chefs-lieux sont Rochefort et Bordeaux.

Enfin, le cinquième arrondissement comprend les ports et côtes de France sur la Méditerranée, les îles adjacentes et l'île de Corse. Toulon en est le chef-lieu. Il se divise en trois sous-arrondissements, dont les chefs-lieux sont Toulon, Marseille et Bastia.

En Algérie, le service de la marine militaire est constitué d'une manière particulière, comme nous l'expliquerons plus loin (n° 92).

Sect. 2. — Arrondissements maritimes, etc.

59. Étudions maintenant l'organisation administrative de ces arrondissements maritimes. Nous y retrouverons mis en pratique les principes que nous avons rappelés à propos de l'administration centrale de Paris (n° 2) : unité de commandement. — Séparation de l'administration, du commandement et du contrôle. — A côté de l'autorité qui décide et dirige, qui est responsable, et, pour l'éclairer, des conseils spéciaux, des chefs de service indépendants les uns des autres, mais bien hiérarchisés et ayant leurs attributions et leurs relations réciproques nettement déterminées. — Tous les rouages de cette machine savamment construite ont un objectif permanent : *le bâtiment armé.*

60. Préfet maritime. Dans chacun des cinq arrondissements maritimes, le service de la marine est dirigé par un préfet maritime « ayant (disait l'art. 3 de l'ordonnance du 14 juin 1844) les rang et jouissance des honneurs de vice-amiral commandant en chef une escadre ». Sous le régime de cette ordonnance, comme sous celui de la législation antérieure, rien ne limitait le choix du ministre pour la désignation des fonctionnaires appelés à remplir les fonctions de préfet maritime. C'est ainsi que le maréchal de camp du génie Cafarelli avait pu être mis à la tête de la préfecture maritime de Brest, et que des administrateurs, anciens intendants de la marine, ont pu occuper ces fonctions dans d'autres ports. Mais peu après, le caractère essentiellement militaire de ces positions a bientôt dominé le caractère administratif qu'elles avaient à l'origine. Aussi, dès 1863, à l'occasion de l'augmentation du cadre des officiers généraux de la marine, était-il admis en principe que les fonctions de préfet maritime seraient exclusivement confiées à des vice-amiraux. La répartition du territoire militaire de la France en dix-huit rétions ayant à leur tête un général de division commandant en chef, l'organisation des réservis-ges de l'armée de mer (**D.** 25 *avril* 1874), enfin l'importance toujours croissante des attributions des préfets maritimes, tant au point de vue de la préparation des forces navales que de la défense du littoral, ont amené le Président de la République à prendre, le 20 avril 1875, une décision portant : 1° que les préfets maritimes, chargés, en vertu de l'ordonnance du 14 juin 1844, de la direction du service de la marine dans chacun des cinq arrondissements maritimes, commandent en chef les corps militaires de la marine et les forces navales stationnées dans leur arrondissement, à l'exception de celles qui sont placées en dehors de leur dépendance par décision spéciale du ministre ; 2° qu'ils seront *exclusivement* choisis parmi les vice-amiraux ; 3° que le vice-amiral commandant en chef, préfet maritime, a droit au rang et aux honneurs et porte les insignes attribués aux vice-amiraux commandant en chef une escadre.

61. Un décret du 28 décembre 1875 (le Conseil d'État entendu), complétant ou révisant le décret du 24 messidor an XII sur les honneurs et préséances, dispose, en outre, que le vice-amiral commandant en chef, préfet maritime, prend rang et séance dans l'étendue de son arrondissement maritime de la manière suivante : au chef-lieu de cet arrondissement, dans l'arsenal maritime et dans la place, il a la préséance sur le général de division commandant le corps d'armée ; il prend rang après lui dans tous les autres lieux de la région du corps d'armée. (*Même D., art.* 2.)

62. En vertu des dispositions concertées entre la guerre et la marine, le commandement de l'état de siége a été remis aux préfets maritimes, les troupes de l'armée de terre en garnison dans les ports restant, d'ailleurs, à la disposition des généraux commandant les corps d'armée.

Ces détails étaient essentiels à donner pour bien établir, telle qu'elle est aujourd'hui, la situation de préfet maritime.

63. Voyons maintenant quel est son rôle dans l'arrondissement qu'il dirige. Ce rôle peut se ré-

sumer par les termes mêmes de l'ordonnance de 1844 (*art.* 9), portant que le préfet maritime a la direction supérieure de tous les services et établissements de la marine dans son arrondissement. Il reçoit directement les ordres du ministre et il a seul la correspondance avec lui pour la direction des divers services. Sauf décision spéciale (même ordonnance), il a sous ses ordres tous les bâtiments armés de son arrondissement, à l'exception de ceux qui sont placés sous les ordres d'un commandant en chef d'armée, d'escadre ou de division. La sûreté des ports militaires et des arsenaux, la police des rades de l'arrondissement, le service des forts et des batteries qui les défendent, la protection maritime de la côte et du cabotage et la police des pêches maritimes lui sont confiés. Il est responsable de toutes les dépenses en denrées, matières et main-d'œuvre indûment faites. Il règle en conseil d'administration (même ordonnance) les dépenses dans la limite des crédits assignés par le ministre.

64. Le préfet maritime a sous ses ordres immédiats : un major général, un major de la flotte, un commissaire général, un directeur des constructions navales, un directeur des mouvements du port, un directeur de l'artillerie, un directeur des travaux hydrauliques et un directeur du service de santé. En outre, le préfet maritime a près de lui un inspecteur en chef, qui lui est subordonné sous le rapport hiérarchique seulement, et qui ne relève, pour l'exercice de ses fonctions, que du ministre, avec lequel il correspond directement.

65. Major général. Le major général a une origine très-ancienne, mais c'est dans la grande ordonnance de 1689 que, pour la première fois, nous voyons ses fonctions un peu clairement définies. D'autres règlements, et particulièrement l'ordonnance du 14 juin 1844, ont fixé ses attributions qui, toutes distinctions faites, peuvent être comparées à celles des généraux de brigade du département de la guerre placés en sous-ordre, et en partie aussi à celles des commandants de place. Le décret du 28 décembre 1875 dispose que ces généraux prendront rang dans les cérémonies avec le contre-amiral major général, la préséance étant assignée à l'ancienneté de grade. Toutefois, dans les établissements de la marine, elle appartient au major général. Réciproquement dans l'intérieur des établissements de la guerre, elle appartient au général de brigade.

66. Le major général remplace le préfet maritime absent ou empêché. Il a sous ses ordres : les officiers de la marine de tous grades, les aspirants, les volontaires et la *division des équipages*, qui est aux bâtiments de l'État ce qu'est le *dépôt* aux régiments de l'armée de terre. Le major général commande toutes les troupes de la marine. C'est à lui qu'est confiée la sûreté du chef-lieu de l'arrondissement : les forts, les batteries, les postes qui dépendent de la marine ; le service sémaphorique, les prisons de la marine sont placés sous sa garde et sa surveillance.

67. Sous son autorité est également placé le personnel des navires en armement et en désarmement ; chaque jour, il est tenu au courant des travaux relatifs à ces bâtiments. Cette surveillance s'étend aux bâtiments armés. Il préside la commission chargée de les inspecter à leur départ, à leur retour et après leur désarmement. Il centralise les journaux de bord et les devis d'armement et s'assure qu'ils ont été tenus ou dressés suivant les règlements en vigueur. Enfin, il désigne au préfet maritime les officiers qui, d'après leur tour d'embarquement, sont appelés à servir à terre ou à la mer.

68. *Major de la flotte.* La création du major de la flotte remonte moins haut que celle du major général. Néanmoins, dès 1857, le commandant supérieur des bâtiments à vapeur était investi de fonctions analogues à celles que nous voyons remplies, depuis le décret du 25 août 1861, par le major de la flotte. Un décret du 8 mai 1873 est venu affirmer l'importance de la *majorité* de la flotte et rendre l'action de l'officier placé à la tête de ce service aussi complète que possible.

69. Le major de la flotte est un officier supérieur, parfois un officier général, nommé par le Chef de l'État. Sa mission principale consiste à centraliser le service des bâtiments en réserve et à intervenir dans toutes les opérations concernant les navires à vapeur et à voiles. Il reçoit communication des ordres adressés aux chefs de service et relatifs à ces bâtiments, s'assure de leur exécution et en rend compte au préfet.

70. Il visite les navires à leur retour et s'assure que les règlements ont été observés dans tout le cours de la campagne, prend connaissance de l'état des machines et de la coque. Il fait partie des commissions chargées de procéder aux expériences, à la réception et à la condamnation des appareils à vapeur. Il veille à l'approvisionnement du port en charbon et à sa distribution sur les navires.

71. *Commissaire général de la marine.* Le premier des officiers de l'administration après l'intendant de la marine avait, au xviie siècle, le titre de commissaire général de la marine. Depuis la suppression des fonctions d'intendant, le commissaire général de la marine est devenu le premier officier du corps du commissariat. C'est l'ordonnance du 14 juin 1844 qui a déterminé en dernier lieu le rôle que nous lui voyons remplir aujourd'hui.

72. Les détails du service dont cet officier général est chargé dans les ports sont divisés ainsi qu'il suit : 1° approvisionnements ; 2° revues, armements et prises ; 3° travaux ; 4° hôpitaux, maisons d'arrêt et prisons ; 5° vivres ; 6° comptabilité des fonds ; 7° inscription maritime, comprenant le recrutement de la flotte, la comptabilité de l'établissement des invalides, la police de la navigation commerciale et de la pêche maritime.

73. Le commissaire général donne des ordres pour la réception des matières brutes et ouvrées qui entrent dans le port en vertu d'adjudications ou de marchés ; il en surveille la conservation, la délivrance et la comptabilité ; administre les hôpitaux et les prisons. Il tient la comptabilité des bâtiments armés et en ordonnance les dépenses, prépare les éléments des travaux du conseil des prises, fait la liquidation et la répartition du produit qu'elles fournissent. Il est chargé de la revue des effectifs et des inspections administratives de tous les corps et de toutes les personnes employées par la marine dans les ports et sur les bâtiments de l'État, ainsi que de l'ordonnancement de leur solde.

74. Le commissaire général a, quant à la police des corps, autorité sur tous les membres du commissariat qui l'aident dans sa tâche ; c'est lui qui entre les divers services du port et des escadres ou en propose la répartition au préfet ; toutefois, le ministre se réserve les nominations de commissaire d'armée, d'escadre, de division et ceux de l'inscription maritime.

75. *Directeur des constructions navales.* Il est chargé des constructions, refontes et radoubs, des travaux d'entretien des bâtiments flottants ou dont l'exécution a lieu dans les chantiers. Par suite, il a dans ses attributions les chantiers et ateliers du port, et les magasins renfermant les matières et objets qui entrent dans la construction des navires. Sous ses ordres sont placés tous les officiers et élèves du génie maritime employés dans le port ; il est chargé de la haute direction des écoles destinées à l'instruction des ouvriers. (*O. 14 juin* 1844.)

76. *Directeur des mouvements du port.* Le directeur des mouvements du port est un capitaine de vaisseau ; il est chargé : 1° de la garde et de la conservation des bâtiments flottants désarmés du port ; 2° du placement de leur mâture et de leur démâtement, du lestage et délestage, et, en général, de tous leurs mouvements dans le port ; 3° de tous les ateliers où s'exécutent les travaux relatifs à son service ; 4° de l'entretien des pompes à incendie en service ; 5° de la garde, de la conservation, de la délivrance et de la comptabilité des objets déposés dans le magasin de sa direction ; 6° du curage des ports, etc. ; 7° du placement des ancres et chaînes d'amarrage ; 8° du balisage et de l'éclairage des phares entretenus par la marine ; 9° des signaux et des vigies, ainsi que des secours à donner aux navires en danger ; 10° de la surveillance du service des pilotes lamaneurs. (*O. 14 juin* 1844.)

77. *Directeur de l'artillerie.* Dans chaque port militaire, le directeur de l'artillerie est ordinairement un colonel. Il est chargé de tous les travaux relatifs à sa spécialité : 1° des ateliers de charronnage, forges, armurerie et artifices de guerre ; 2° des épreuves des bouches à feu et des poudres ; 3° de la conservation des bouches à feu, projectiles et munitions ; 4° de la garde des objets confiés à sa direction. L'école de pyrotechnie est placée sous son autorité. Il a sous ses ordres les officiers d'artillerie, les compagnies d'ouvriers, pendant leur présence dans les ateliers, les gardes d'artillerie, les maîtres canonniers entretenus, les gardiens de batterie et ceux des poudrières. (*O. 14 juin* 1844.) Il commande les batteries dépendant de la marine.

78. *Directeur du service de santé.* Le directeur du service de santé a, dans tous les ports, la présidence du conseil de santé lorsque le préfet ne juge pas convenable de prendre cette présidence. Il correspond directement avec le préfet et avec l'inspecteur général du service de santé pour ce qui est relatif à l'enseignement, à l'hygiène et aux questions techniques. Il répartit, après avoir pris les ordres du préfet, les officiers du corps de santé dans les différentes sections du service, soit dans les ports, soit à la mer. Il dirige et surveille l'enseignement de l'école de médecine navale. Chaque année il adresse au préfet un rapport sur l'ensemble de son service, dont un double est transmis au ministre. (*D. du 14 juill.* 1865 *et du* 31 *mai* 1875.)

79. *Directeur des travaux hydrauliques et bâtiments civils.* Le directeur des travaux hydrauliques et bâtiments civils est un ingénieur de 1re classe des ponts et chaussées attaché à la marine pour diriger la construction et surveiller l'entretien des édifices appartenant au département dans chaque port : quais, bassins, cales, phares, etc., mais aucune modification ne peut être faite à ces bâtiments sans l'autorisation du ministre, après avis du conseil d'administration du port. Tous les matériaux propres à ces constructions sont placés sous sa garde et il en a la comptabilité. Des ingénieurs et des conducteurs lui sont adjoints et mis sous ses ordres. Il faut ajouter, d'ailleurs, que la plupart des travaux exécutés par cette direction le sont à l'entreprise.

80. *Inspecteur en chef des services administratifs de la marine dans les ports.* L'institution d'un contrôle dans les ports remonte à Colbert. Modifiée par ses successeurs, maintenue par l'Assemblée nationale par le décret du 2 brumaire an IV, complétée par l'arrêté du 7 floréal an VIII, amoindrie par les ordonnances du 29 novembre 1815, du 17 décembre 1828 et du 3 janvier 1835, elle s'est vue restituer par l'ordonnance du 21 décembre 1844 et par les décrets du 12 janvier 1853 et 19 mai 1858 le rôle important qu'elle remplit aujourd'hui dans nos institutions maritimes.

81. L'inspecteur en chef dans le port est chargé, au nom du ministre, de veiller à la régularité de toutes les parties du service administratif. Il appartient à la première ou à la deuxième classe de son grade.

Il est subordonné au préfet maritime, mais seulement sous le rapport hiérarchique. Il ne relève, pour l'exercice de ses fonctions, que de l'autorité du ministre, avec lequel il correspond directement. Il requiert près des chefs de service, et, s'il est besoin, près du préfet, l'exécution ponctuelle des lois, décrets, règlements et ordres ministériels, et il fait connaître au ministre, après en avoir donné avis au préfet, celles de ses représentations auxquelles il n'aurait pas été fait droit. Il surveille la réception, la conservation et l'emploi des matières et marchandises appartenant à l'État. Cette surveillance s'étend sur toutes les dépenses en deniers ou en matières. Par suite, tous les magasins, ateliers, bureaux ou autres établissements de la marine lui sont ouverts, ainsi qu'aux officiers de l'inspection. Ils prennent connaissance de tous états, registres ou pièces publiques. L'inspecteur en chef fait des tournées d'inspection administrative dans les ports et quartiers de l'arrondissement.

Tous les chefs de service dont nous venons d'indiquer les attributions fonctionnent tantôt isolément, chacun dans la sphère que nous venons de décrire, tantôt réunis en *conseil d'administration.*

82. *Conseil d'administration.* Au chef-lieu de chaque arrondissement, existe un conseil d'administration présidé par le préfet maritime et composé du major général, du commissaire général, du directeur des constructions navales, du directeur du port, du directeur de l'artillerie et du directeur des travaux hydrauliques. L'inspecteur en chef y assiste avec voix représentative. Un sous-commissaire de la marine, nommé par le préfet maritime, remplit les fonctions de secrétaire.

83. Le conseil tient ses séances à l'hôtel de la préfecture maritime aussi souvent que le préfet le juge convenable, mais au moins deux fois par mois. Il peut être saisi par le préfet de toutes les questions qui intéressent le service de la marine, et, s'il donne le plus souvent un avis consultatif, il prend aussi, dans certains cas, des décisions soumises à l'approbation définitive du ministre, ou même rendues immédiatement exécutoires. Il statue sur l'avancement des ouvriers ; il nomme des commissions pour procéder aux vérifications et épreuves qu'il juge nécessaires. Les délibérations sont naturellement prises à la majorité des voix, et la voix du président est prépondérante en cas de partage ; mais, par une disposition spéciale de l'ordonnance du 14 juin 1844, chaque membre du conseil (*art.* 115, § 2) a le droit de faire mentionner son opinion au procès-verbal, lorsqu'elle est contraire à l'avis de la majorité.

84. Ainsi, à l'instar du ministre, sous les ordres duquel il est directement placé, le préfet maritime commandant en chef exerce ses pouvoirs dans tout son arrondissement, éclairé par le conseil d'administration et aidé des divers chefs de service ci-dessus mentionnés qui résident au chef-lieu. Examinons comment se passent les choses hors du chef-lieu.

Sect. 3. — Sous-arrondissements maritimes, quartiers et sous-quartiers.

85. *Sous-arrondissements.* Les chefs-lieux des sous-arrondissements, désignés sous le nom de ports secondaires, sont : Dunkerque et le Havre dans le premier arrondissement ; Saint-Servan dans le deuxième ; Nantes dans le troisième ; Bordeaux dans le quatrième ; Marseille et Bastia dans le cinquième.

86. Le chef du service de la marine, dans chacun de ces sous-arrondissements, est un officier supérieur du commissariat de la marine. Toutefois (*art.* 118 *de l'O.* 14 *juin* 1844), lorsque des travaux extraordinaires de construction et d'armement y ont lieu, l'exercice de l'autorité principale peut être attribué à un officier de la marine ou à un officier du génie maritime. Dans ce cas, l'officier du commissariat exerce dans le sous-arrondissement les fonctions conférées aux commissaires généraux dans les ports militaires (*n°* 71 à 74).

87. Bien que placé sous les ordres du préfet maritime, le chef du service de la marine dans un port secondaire peut, quand le bien du service l'exige, correspondre directement avec le ministre, mais il informe le préfet maritime de toutes ses opérations.

88. *Quartiers, sous-quartiers, etc.* Les *sous-arrondissements* se subdivisent en *quartiers,* *sous-quartiers* et *syndicats*. Les fonctionnaires et agents chargés des intérêts de la marine dans ces localités ont le titre de commissaires de l'inscription maritime dans les quartiers, d'administrateurs dans les sous-quartiers et de syndics des gens de mer dans les syndicats. (*Voy.* **Syndics.**) Des gendarmes de la marine, des gardes maritimes et des inspecteurs de pêches sont, en outre, attachés au service des quartiers.

Sect. 4. — Établissements hors des ports.

89. La marine possède, en dehors des ports militaires et de commerce, quatre établissements spéciaux : la fonderie de Ruelle (Charente), celle de Nevers et les forges de la Nièvre, qui dépendent du service de l'artillerie ; l'atelier de construction de machines à Indret, près Nantes, et les forges de la Chaussade à Guérigny (Nièvre), pour la fabrication des câbles-chaînes, des ancres et des cabestans. Ces deux derniers établissements dépendent du service du génie maritime. Il y a, en outre, à la Villeneuve des forges pour le service de l'artillerie, mais cet établissement, situé à Brest, dépend de ce port.

90. Ces établissements sont régis par les mêmes règlements que les arsenaux de la marine. Toutefois, ils ont été dotés d'une organisation administrative particulière : à la tête de chacun d'eux est un directeur, choisi par le ministre dans le corps de l'artillerie de la marine ou dans celui du génie maritime, suivant la spécialité de l'établissement, et qui correspond directement avec le ministre. Ce directeur a sous ses ordres un sous-directeur, un agent chargé des détails administratifs, un agent comptable, garde-magasin des matières, un ou plusieurs médecins de la marine, chargés du service de santé, et à Indret, un aumônier.

91. Le personnel attaché à chaque établissement comprend des officiers et des agents désignés dans un tableau annexé au décret du 2 mai 1857. Un conseil d'administration remplit des fonctions analogues à celles de ces conseils dans les ports militaires. L'inspection est représentée d'une manière permanente à Indret et à Guérigny.

Sect. 5. — Service de la marine en Algérie.

92. Le service de la marine dans les possessions françaises du nord de l'Afrique est dirigé, sous l'autorité du gouverneur général, par un contre-amiral qui porte le titre de commandant de la marine et qui réside à Alger. (*O.* 10 *août* 1834.) Sous ses ordres, le service administratif est confié à un commissaire de la marine, chef de service. (*Ibid.*)

93. Un conseil d'administration, à l'instar de celui qui existe dans les ports militaires de la France, dans les chefs-lieux de sous-arrondissement et dans les établissements hors des ports, a été institué en Algérie par une décision impériale du 26 juin 1869. Il se compose du contre-amiral commandant de la marine, du commissaire chef du service administratif, du capitaine de frégate, capitaine de port à Alger.

94. Le littoral est divisé en douze quartiers ou directions de port, à la tête desquels se trouve placé, suivant le cas, soit un officier de marine, soit un officier du commissariat.

L'inscription maritime n'est pas organisée en Algérie.

95. La station locale de l'Algérie se compose actuellement d'une corvette, d'un transport et d'un brick stationnaire à Alger, servant d'école de mousses indigènes.

CHAP. IV. — DIVERS CORPS DE LA MARINE.

Après avoir exposé les divers rouages qui constituent l'organisation de la marine militaire, montrons maintenant ceux qui les mettent en mouvement, c'est-à-dire les divers corps de la marine.

Sect. 1. — Officiers de marine.

96. L'organisation générale du corps des officiers de la marine a été réglée dans ses dispositions fondamentales par l'ordonnance du 1er mars 1831, par la loi du 20 avril 1832, modifiée par celle du 14 mai 1837, par la loi du 17 juin 1841 et subsidiairement par la loi du 19 mai 1834, les ordonnances des 24 novembre 1835, 29 décembre 1836, 31 juillet 1845, le décret du 29 janvier 1853, la loi du 28 mai 1853, les décrets des 17 juin 1854 et 19 mai 1860, les lois des 6 juillet 1860, 6 mai 1863 et 7 mai 1864, enfin les décrets des 20 mai 1868 sur le service à bord des bâtiments de la flotte, 24 juin 1870 et 12 décembre 1874.

97. *Recrutement.* Le corps des officiers de vaisseau se recrute : 1° au moyen des aspirants sortant de l'École navale ; 2° au moyen des aspirants provenant de l'École polytechnique ; 3° par la nomination au grade d'enseigne de vaisseau des premiers maîtres ayant subi un examen ; 4° par l'admission au grade d'enseigne de vaisseau titulaire, des enseignes de vaisseau auxiliaires pourvus du brevet de capitaine au long cours. (*Voy. n° 109.*)

98. *Hiérarchie.* La hiérarchie des grades, en remontant des grades inférieurs aux plus élevés, est la suivante et correspond aux grades de l'armée de terre ci-après indiqués, savoir :

Aspirant de 2e classe (pas d'assimilation).
Aspirant de 1re classe, assimilé au lieutenant en 2e d'artillerie.
Enseigne de vaisseau, assimilé au lieutenant en 1er d'artillerie.
Lieutenant de vaisseau, assimilé au capitaine.
Capitaine de frégate, assimilé au lieutenant-colonel.
Capitaine de vaisseau, assimilé au colonel.
Contre-amiral, assimilé au général de brigade.
Vice-amiral, assimilé au général de division.
Amiral, assimilé au maréchal.

99. Il n'existe pas d'assimilation pour le grade d'aspirant de deuxième classe. Aux termes du décret du 15 août 1851, remplacé par le décret du 20 mai 1868, « les aspirants de deuxième classe sont subordonnés aux premiers-maîtres (adjudants). Ils ont autorité sur les maîtres (sergents-majors) et sur toutes les personnes d'un rang inférieur.

100. On désigne sous la dénomination générique d'*officiers généraux*, les amiraux, vice-amiraux, contre-amiraux ; sous celle d'*officiers supérieurs*, les capitaines de vaisseau et de frégate, et sous celle d'*officiers*, les lieutenants de vaisseau, les enseignes et les aspirants de première classe.

101. Les vice-amiraux et les contre-amiraux forment le *cadre de l'état-major général* de l'armée navale. Ce cadre est divisé en deux sections. La première comprend l'*activité* et la *disponibilité* ; la deuxième comprend la *réserve*. (*L.* 17 *juin.* 1841.)

102. La première section, en temps de paix, se compose au plus de quinze vice-amiraux et de trente contre-amiraux. (*L. 6 mai* 1863.)

103. Les vice-amiraux à l'âge de soixante-cinq ans et les contre-amiraux à soixante-deux ans accomplis cessent d'appartenir à la première section et passent dans la seconde. (*L. du 28 mai* 1853.)

104. En temps de paix, les emplois d'activité dévolus aux officiers généraux de la marine sont exclusivement conférés aux officiers généraux faisant partie de la première section. (*L. 17 juin* 1841.)

105. En temps de guerre, les officiers généraux de la deuxième section peuvent être appelés à des commandements à la mer et à des positions actives à l'extérieur. (*D. 29 janv.* 1853.)

106. Les officiers généraux appelés à siéger au conseil d'amirauté sont choisis parmi ceux qui font partie de la première section. (*L. 17 juin* 1841.)

107. Les vice-amiraux qui ont commandé en chef une armée navale en temps de guerre, ou ceux qui ont commandé en chef une force navale et qui, dans leur grade et dans une expédition maritime, se sont signalés par un éminent service de guerre, sont maintenus de droit et sans limite d'âge dans la première section. (*L. 17 juin* 1841.)

108. En dehors des grades ci-dessus énumérés, il y a lieu de mentionner les *aspirants volontaires* créés par l'ordonnance du 26 octobre 1826 et dont l'organisation a été modifiée par décret du 31 décembre 1856.

109. Lorsque la totalité des officiers est reconnue insuffisante, en temps de guerre notamment, pour les besoins des armements, il y est suppléé par des officiers auxiliaires, choisis parmi les capitaines au long cours. Ces officiers auxiliaires, d'abord investis du rang et du grade de lieutenant de frégate par la loi du 1er mars 1831, ont été depuis désignés sous le nom d'*enseignes de vaisseau auxiliaires* et assimilés aux enseignes titulaires.

110. *Avancement.* La dignité d'amiral, établie par la loi du 29 avril 1791, supprimée en l'an IV et rétablie par l'ordonnance du 1er mars 1831, ne peut être conférée qu'au vice-amiral qui a commandé en chef une armée navale en temps de guerre, ou au vice-amiral qui a commandé en chef une force navale, et qui, dans son grade et dans une expédition maritime, s'est signalé par un éminent service de guerre. (*L. 17 juin* 1841, *art.* 2.)

111. Nul ne peut être promu vice-amiral s'il n'a servi pendant deux ans à la mer, avec le grade de contre-amiral dans une escadre ou une division navale. (*L. 28 mai* 1853, *art.* 2.)

112. Nul ne peut être promu au grade de contre-amiral s'il ne réunit au moins trois années de commandement à la mer, dans le grade de capitaine de vaisseau, ou s'il ne compte quatre années de ce grade, dont deux au moins de service à la mer en qualité de commandant commissionné d'une division navale de trois bâtiments de guerre. (*L. 14 mai* 1837, *art.* 4.)

113. En temps de paix, il ne peut être fait de promotions que parmi les officiers généraux compris dans la première section, en raison de vacances survenues. (*L. 17 juin* 1841, *art.* 5.)

114. Pour être promu au grade de capitaine de vaisseau, il faut avoir servi sur les bâtiments de l'État comme capitaine de frégate pendant trois ans, dont une année, au moins, en qualité de commandant, ou quatre ans comme capitaine de frégate, dont deux sur les bâtiments de l'État, et deux en qualité de commandant, à partir du grade de lieutenant de vaisseau. (*L. 14 mai* 1837, *art.* 3.)

115. Pour être nommé capitaine de frégate, il faut avoir servi dans le grade de lieutenant de vaisseau au moins quatre ans, dont deux à bord des bâtiments de l'État. (*L. 20 avril* 1832, *art.* 10.)

116. Pour être promu lieutenant de vaisseau, il faut avoir servi deux ans au moins à bord des vaisseaux de l'État dans le grade d'enseigne de vaisseau. (*L. 14 mai* 1837, *art.* 1er.)

117. Pour être nommé enseigne de vaisseau, il faut avoir servi sur les bâtiments de l'État pendant deux ans au moins, soit en qualité d'élève de 1re classe, soit en qualité d'enseigne de vaisseau auxiliaire pourvu du brevet de capitaine au long cours. (*L. 20 avril* 1832, *art.* 7.)

118. Les premiers maîtres réunissant deux années au moins de service dans ce grade sur les bâtiments de l'État peuvent aussi être nommés enseignes de vaisseau après avoir satisfait à un examen, tant sur la théorie de la navigation que sur les connaissances pratiques de la marine. (*L. 7 mai* 1864.)

L'avancement est donné partie au choix, partie à l'ancienneté, depuis le dernier grade jusqu'à celui de capitaine de frégate inclusivement ; mais à partir du grade de capitaine de vaisseau jusqu'à celui d'amiral, on n'avance plus qu'au choix.

L'avancement au choix n'est donné qu'aux officiers qui, réunissant d'ailleurs les conditions pour passer d'un grade à un autre, sont portés sur le *tableau d'avancement*. (*Voy. Conseil d'Amirauté, n°* 18.)

119. *Embarquement.* Les conditions et la durée de l'embarquement des officiers de la marine ont été précisées d'abord par le règlement du 17 mars 1837, puis par l'arrêté ministériel du 5 mars 1862, modifié depuis, mais dans des dispositions de détail.

Le tour de l'embarquement est réglé d'après une liste, dite *liste d'embarquement*, dressée par grade, dans chaque port, par le préfet maritime. (*Arr. min.* 5 mars 1862.) Tous les ports concourent, à tour de rôle, au remplacement des officiers des bâtiments faisant partie de l'escadre d'évolutions, dans l'ordre des numéros d'arrondissement, et dans la proportion des officiers attachés à chaque port. (*Ibid.*)

120. Des officiers de marine, jusqu'au grade de contre-amiral exclusivement, sont répartis numériquement entre les ports militaires (*Arr.* 25 janv. 1875), qui, à ce point de vue, sont désignés sous le nom de *ports d'attache*. Ils doivent y demeurer, à l'exception des capitaines de vaisseau et de frégate, qui ont la faculté de résider hors des ports.

Lorsque le cadre réglementaire d'un port n'est

n'est pas complet, et que le service en souffre, le ministre puise dans le personnel des ports qui offrent le plus de ressources. Lorsqu'il y a lieu de déplacer des officiers en raison de besoins urgents, il est procédé ainsi qu'il suit : pour un embarquement immédiat, on prend les officiers en tête de la liste d'embarquement; pour le service à terre, on prend les officiers à la queue de la même liste. (Arr. 14 août 1860.)

121. *Service à terre.* Les services à terre qui, dans chaque port, comportent des emplois sédentaires dévolus aux officiers de marine sont : l'état-major du préfet maritime; la *majorité* générale du port; la division des équipages de la flotte ; la direction des mouvements du port; la majorité de la flotte; les conseils de guerre et les tribunaux maritimes; les commissions permanentes de recette et de visites ; les inspections du service électrosémaphorique et des charbonnages; la direction des ports de commerce; l'établissement des pupilles de la marine. (*Arr. min.* 25 juill. 1873.)

122. En dehors du cadre général, le décret du 4 août 1860, modifié par celui du 25 juillet 1873, a créé, dans les ports, un cadre particulier de lieutenants de vaisseau en résidence fixe. Les lieutenants de vaisseau pourvus d'un emploi constituant résidence fixe renoncent, par le seul fait de l'acceptation de ces fonctions, à concourir pour l'avancement avec les lieutenants de vaisseau du cadre général (*D.* 4 août 1860). En revanche, ils peuvent prolonger leur activité jusqu'à l'âge de cinquante-huit ans (*D.* 25 juill.). Les lieutenants de vaisseau du cadre de résidence fixe sont chargés du port et de la rade, des défenses sous-marines, de l'observatoire et du service de l'habillement dans les divisions des équipages de la flotte.

123. *Cadre actuel et solde.* Différents actes ont successivement modifié l'effectif du cadre de l'état-major de l'armée navale. (*L.* 17 juin 1841, 6 juill. 1860 et 6 mai 1863; *D.* 4 août 1860; *Décis.* 14 août 1861; *D.* 24 avril 1867; *D.* 25 juill. 1873; *D.* 12 déc. 1874.)

124. Voici quel est le cadre actuel tel qu'il est porté au budget de 1877 avec l'indication de la solde attribuée à chaque grade par le décret du 1er juin 1875 :

	SOLDE à terre.	SOLDE à la mer.	SOLDE de réserve.
2 amiraux	30,000f	30,000f	»
15 vice-amiraux	18,000	21,000	9,000f
30 contre-amiraux . . .	12,000	14,000	6,000
100 capitaines de vaisseau . .	6,500	7,600	»
200 capitaines de frégate . .	5,000	6,000	»
700 { 350 lieutenants de vaisseau de 1re classe . .	3,000	3,600	»
{ 350 lieutenants de vaisseau de 2e classse . .	2,500	3,000	»
420 enseignes	2,000	2,400	»
140 aspirants de 1re classe. .	1,600	1,600	»

124. Les différentes positions dans lesquelles les officiers peuvent se trouver au point de vue du service et, par suite, de la solde, sont les suivantes: *l'activité et la disponibilité; la non-activité; la réforme* et *la retraite.* Ces différents états ont été prévus et réglés par la loi du 19 mai 1834.

125. Quant aux fonctions multiples qui incombent aux officiers de vaisseau du fait de l'exercice de leur profession maritime à bord des vaisseaux, elles sont énumérées en détail dans le décret du 20 mai 1868 et dans le règlement sur le service à bord des bâtiments de la flotte du 24 juin 1870. En outre, les officiers de marine peuvent être chargés de missions scientifiques spéciales ayant trait aux différentes branches de l'art naval (navigation, hydrographie, météorologie), ou envoyés en exploration dans des pays inconnus.

126. Enfin, les officiers sortant des écoles de canonnage, des défenses sous-marines, de tir et de gymnastique, après avoir justifié d'une instruction théorique et pratique suffisante, sont portés sur les listes des spécialités et jouissent à ce titre de certains avantages. (*Arr.* 2 juin 1875.)

Sect. 2. — Équipages de la flotte.

ART. 1. — ORGANISATION DES DIVISIONS.

127. Antérieurement à 1822, des modifications fréquentes avaient eu lieu dans l'organisation et la dénomination de ce personnel, tour à tour appelé *équipages de mer*, de *haut-bord* et de *flottille* et de *marins de la garde*; il a reçu en 1822, avec une organisation plus rationnelle que les précédentes, la désignation d'*équipages de ligne* qu'il a conservée jusqu'en 1856.

Les *réformes* profondes dont la marine a été l'objet de 1830 à 1870, ne pouvaient manquer d'en entraîner dans les *équipages de ligne*; la suppression des *compagnies permanentes*, en substituant à celles-ci l'individualité des *marins groupés par spécialité professionnelle*, indiquait naturellement cette réorganisation. C'est ce que fit, en effet, le décret du 5 juin 1856, dont l'article 1er a changé la dénomination d'*équipages de ligne* en celle d'*équipages de la flotte.* D'autres décrets (24 sept. 1860, 22 oct. 1863, etc.) ont complété, depuis, l'œuvre importante qui, on peut le dire, a été la base même du recrutement de notre flotte. (*Voy.* **Recrutement, Hiérarchie.**)

128. Le personnel des équipages de la flotte à terre est réparti en cinq divisions, dont deux de 1re classe, placées l'une à Brest et l'autre à Toulon, et trois de 2e classe, placées à Cherbourg, Lorient et Rochefort. Les divisions sont commandées par des capitaines de vaisseau.

129. Il y a dans chaque division un conseil d'administration, chargé de pourvoir au service général de l'habillement, de faire acquitter la solde à terre et de diriger toutes les autres opérations relatives à l'administration.

130. Chaque division de 1re classe se compose d'un état-major et de compagnies de dépôt divisées comme suit :

1 compagnie de matelots canonniers.
1 compagnie de matelots fusiliers.
1 compagnie de mécaniciens et ouvriers chauffeurs.
3 compagnies de marins de l'inscription maritime.
1 compagnie de marins du recrutement.

131. Les divisions de 2e classe se composent chacune d'un état-major, d'un petit état-major et de compagnies de dépôt, savoir:

1 compagnie dite des spécialités.
2 compagnies de marins de l'inscription maritime et du recrutement.

Chacune de ces compagnies est divisée en deux sections.

La division de Lorient comprend, en outre, un bataillon d'instruction d'apprentis fusiliers. (*Voy.* n°⁸ 140 à 144.)

132. Il est établi dans chaque division : une école élémentaire où sont enseignées les matières indiquées par le règlement du 25 mai 1870, une école de comptabilité pour les élèves-fourriers, un cours préparatoire pour les fourriers-secrétaires militaires de capitaines comptables, un gymnase, une école d'escrime et une école de natation. Il y a, en outre, dans chacune des deux premières divisions, une école de musique, et, à la division de Rochefort une école normale pour la préparation des instituteurs élémentaires de la flotte. (*Voy.* n° 344.)

133. Les premiers-maîtres, maîtres et seconds-maîtres de toutes spécialités et professions forment le cadre de la maistrance. Lorsqu'ils ne servent pas à bord ou dans les divisions, ces maîtres sont placés en disponibilité dans leurs foyers, avec solde réduite, et rappelés à l'activité à tour de rôle.

ART. 2. — GABIERS BREVETÉS.

134. Le décret qui organise le personnel des gabiers brevetés est du 11 mai 1866. Il a été édicté pour retenir dans leur spécialité des hommes dont le nombre tend d'autant plus à diminuer que celui des bâtiments à vapeur augmente davantage. Les marins qui ont satisfait aux épreuves imposées par le programme reçoivent, suivant leur aptitude, des brevets de 1re ou de 2e classe qui donnent droit à un supplément de 25 ou de 20 centimes par jour et permettent aux hommes qui en sont pourvus d'occuper, à l'exclusion de tous autres, à bord des bâtiments de la flotte, les fonctions de gabier titulaire ou supplémentaire et de jouir d'autres avantages.

135. Depuis 1875, deux bâtiments à voile servant de bâtiments d'instruction de matelotage et d'écoles de timonerie (*voy.* n° 335), reçoivent un contingent nombreux de jeunes apprentis gabiers qui, après une campagne de deux mois, se présentent, en rentrant dans un port de France, à l'examen de la commission chargée de délivrer les brevets de gabiers aux candidats préparés par les divers bâtiments rentrant à ce port.

ART. 3. — MATELOTS-CANONNIERS.

136. Les apprentis canonniers nécessaires au service de la flotte sont pris tant parmi les marins de l'inscription maritime que parmi les hommes du recrutement. Ils reçoivent une instruction préparatoire, soit à bord des bâtiments armés en guerre sur lesquels ils sont embarqués, soit dans les compagnies de dépôt des matelots-canonniers établies à Brest et à Toulon, et surtout, pour la presque totalité, sur le bâtiment d'instruction mouillé en rade de Brest (actuellement la *Bretagne*) servant de dépôt pour tous les jeunes marins qui arrivent au service. Cette instruction ne devient réelle et complète qu'à bord d'un vaisseau armé servant d'école d'application. (*Voy.* n° 337.)

Ils demeurent quatre mois au plus dans les compagnies de dépôt à terre ou six mois sur le bâtiment de dépôt d'instruction.

137. A leur sortie de l'école d'application, où ils restent huit mois, ils reçoivent, selon leur aptitude, un brevet de 1re, de 2e ou de 3e classe et rentrent dans les divisions en attendant une destination ultérieure, en qualité de matelots-canonniers.

138. Les canonniers brevetés, quelles que soient leurs fonctions à bord des bâtiments de la flotte, reçoivent les suppléments de solde attachés aux fonctions de chef de pièce, de chargeur et de premier servant de gauche. (*D.* 11 *août* 1856.)

139. Après un nouveau séjour de quatre mois à l'école d'application de canonnage, lorsqu'ils l'ont quittée depuis plus de deux ans, ils peuvent devenir canonniers vétérans de la flotte; ce nouveau passage à l'école a pour but de les tenir au courant du progrès de l'artillerie de la flotte et leur donne droit à un supplément spécial de solde.

ART. 4. — MARINS-FUSILIERS.

140. Cette institution a pour objet d'assurer, à bord des bâtiments de la flotte, le service de la mousqueterie et des compagnies de débarquement. Des officiers de marine (lieutenants et enseignes de vaisseau) reçoivent l'instruction théorique et pratique relative aux armes de précision, à l'école de tir du camp de Châlons et au bataillon des apprentis fusiliers installé à Lorient; les marins reçoivent cette instruction au bataillon seulement.

141. Le bataillon de marins apprentis fusiliers se renouvelle à des époques fixées chaque année par le ministre: il est placé sous la direction d'un officier supérieur d'infanterie de marine et sous l'autorité supérieure du commandant de la division des équipages de la flotte du port de Lorient.

142. Les marins apprentis fusiliers sont divisés en compagnies dont les cadres, officiers compris, sont fournis par l'infanterie de marine. (*Voy.* n° 166.)

143. A la fin de la période d'instruction, les apprentis-fusiliers subissent un examen théorique et pratique et reçoivent, suivant leur capacité, des brevets de matelots-fusiliers de première, deuxième ou troisième classe; ils sont ensuite répartis selon les besoins du service entre les divisions des cinq arrondissements maritimes pour y recevoir une destination à la mer, où ils jouissent d'un supplément de solde.

144. Les officiers provenant de l'école de tir et du bataillon de Lorient font, à bord des bâtiments sur lesquels ils sont embarqués, un cours théorique et pratique relatif au tir et aux manœuvres d'infanterie qu'un corps de débarquement peut être appelé à exécuter. Des capitaines d'armes sergents d'armes sont périodiquement envoyés à l'école de tir du camp de Châlons où ils obtiennent le brevet d'instructeur de tir.

ART. 5. — MATELOTS-TIMONIERS.

145. Les matelots-timoniers ont été organisés par les décrets des 5 juin 1856, 4 août 1860 et 20 février 1868. Ils sont pris, suivant les ressources de chaque provenance, tant parmi les marins de l'inscription maritime que parmi les hommes du recrutement. Ils reçoivent, sous le titre d'apprentis-timoniers, l'instruction nécessaire à leur spécialité, soit dans les compagnies de gabiers établies dans les divisions de Brest et de Toulon, soit sur les bâtiments d'instruction. Ils embarquent ensuite sur deux navires armés spécialement pour servir d'écoles de matelotage et de timonerie. (*Voy. n° 335*.)

146. A la fin de la campagne d'instruction, ils reçoivent, suivant leur aptitude, un brevet de première ou de deuxième classe qui leur permet d'occuper, à l'exclusion de tous autres, à bord des bâtiments de la flotte, toutes les fonctions relatives à la timonerie auxquelles sont accordés des suppléments de solde.

ART. 6. — MÉCANICIENS ET CHAUFFEURS DE LA FLOTTE.

147. L'organisation du personnel des mécaniciens et chauffeurs de la flotte a été arrêtée, dans ses dispositions essentielles, par les ordonnances des 24 mai 1840, 28 novembre 1845, 7 mars 1849, les décrets des 5 juin 1856, 25 septembre 1860, 21 juillet et 11 août 1862, 29 mai 1867 et 19 décembre 1873.

148. Créés d'abord en un corps distinct, par l'ordonnance du 24 mai 1840, sous la désignation de corps d'*ouvriers mécaniciens et d'ouvriers chauffeurs*, en vue de pourvoir au service des machines à vapeur des bâtiments de l'État, les mécaniciens ont été incorporés dans les équipages de la flotte par le décret du 5 juin 1856.

149. La hiérarchie des grades a été fixée ainsi qu'il suit :

Premiers-maîtres, seconds-maîtres, quartiers-maîtres et élèves mécaniciens, grades correspondant à ceux des spécialités dans les équipages de la flotte ; ouvriers chauffeurs de première, deuxième et troisième classe assimilés aux matelots de mêmes classes.

150. Le décret du 21 juillet 1862, pour assurer un recrutement meilleur que celui qui avait été établi par l'ordonnance du 28 novembre 1845, aux termes de laquelle les ouvriers mécaniciens et les ouvriers chauffeurs se recrutaient au moyen d'engagements volontaires, a créé des *élèves mécaniciens* choisis parmi les quartiers-maîtres mécaniciens et les ouvriers chauffeurs de la flotte, les élèves des écoles d'arts et métiers et les ouvriers civils exerçant la profession d'ajusteur, de forgeron ou de chaudronnier. (*Voy. Écoles des mécaniciens, n° 343*.)

151. A terre, les mécaniciens et les ouvriers chauffeurs sont employés à la conduite des machines à vapeur de la direction des mouvements du port, à la conservation des machines des bâtiments désarmés et en réserve et aux travaux des ateliers des machines à vapeur de la réserve. A bord des bâtiments, ils sont chargés de la conduite, de l'entretien et des réparations courantes des machines.

152. L'embarquement des mécaniciens a été successivement réglé par l'ordonnance du 28 novembre 1845, le règlement du 1er octobre 1860, modifié par l'arrêté ministériel du 10 mai 1865, l'arrêté du 23 août 1866, modifié par la circulaire du 19 juillet 1869, la circulaire du 11 mai 1869 ; leur avancement par le décret du 3 octobre 1852, la circulaire ministérielle du 13 juillet 1853, le décret du 14 septembre 1864 et l'arrêté du 3 décembre 1873. Le principe est que l'avancement a toujours lieu au concours, quel que soit le grade à obtenir.

Sect. 3. — Mécaniciens en chef et mécaniciens principaux.

153. Pour mettre le personnel des mécaniciens au niveau de l'importance qu'il avait acquise par suite du développement de la navigation à vapeur, le décret du 25 septembre 1860 a créé le grade de mécanicien en chef, assimilé à l'ancien capitaine de corvette, celui de mécanicien principal de première classe, assimilé au lieutenant de vaisseau de première classe, enfin, celui de mécanicien principal de deuxième classe, assimilé à l'enseigne de vaisseau.

154. Les mécaniciens en chef sont nommés par décret ; à terre, ils dépendent du major de la flotte, s'ils sont attachés à la réserve, et du major général, pour la discipline, comme tous les officiers des autres corps. Ils sont spécialement chargés de l'instruction des hommes appartenant aux compagnies de mécaniciens et de chauffeurs. A la mer, ils ont dans leurs attributions la surveillance immédiate des machines de tous les bâtiments de la division à laquelle ils sont attachés. Ils se recrutent parmi les maîtres mécaniciens des équipages de la flotte.

155. L'effectif du cadre des mécaniciens en chef et des mécaniciens principaux inscrit au budget de 1877, avec la solde correspondante, est le suivant :

	SOLDE à terre.	SOLDE à la mer.
2 mécaniciens en chef	4,500f	5,400f
8 mécaniciens principaux de 1re classe.	3,000	3,600
40 mécaniciens principaux de 2e classe.	2,000	2,400

Sect. 4. — Troupes de la marine.

ART. 1. — GENDARMERIE MARITIME.

156. Les brigades de gendarmerie chargées du service des arsenaux de la marine et dont l'origine remonte au décret du 12 octobre 1791 faisaient partie intégrante de la gendarmerie départementale, placée sous l'autorité du ministre de la guerre. Le 19 juin 1832, une ordonnance royale a institué, dans chaque port, une compagnie de gendarmerie spécialement affectée à la garde des ports et arsenaux et placée, comme les autres corps de troupes de la marine, sous les ordres du major général.

157. La législation concernant la gendarmerie départementale est en principe applicable à la gendarmerie maritime. Toutefois, un décret du 15 juillet 1858 a déterminé les obligations spéciales à ce corps.

158. L'effectif de la gendarmerie maritime a été fixé par le décret du 26 octobre 1866 à 621 hommes, y compris les officiers et les enfants de troupe, répartis en 5 compagnies, une par arrondissement maritime.

ART. 2. — ARTILLERIE DE LA MARINE ET DES COLONIES.

159. Tour à tour appelé corps d'artillerie, de bombardiers, de canonniers ; tantôt distinct des troupes de la guerre ; tantôt réuni à ces derniers, le régiment d'artillerie de la marine a de nouveau été institué en vertu des ordonnances des 7 août et 13 novembre 1822. Depuis lors, des modifications portant principalement sur l'effectif ont eu lieu dans ce corps. Les dernières dispositions concernant son organisation sont contenues dans les décrets des 5 juin 1855, 14 août 1861, 22 juin 1862, 20 décembre 1864 et 7 mars 1876.

160. Le corps de l'artillerie a dans ses attributions : le service et les travaux des directions d'artillerie dans les arsenaux maritimes; la fabrication des bouches à feu, des projectiles et des artifices pour le service de la flotte, la construction des affûts ainsi que la confection des objets d'armement et de gréement nécessaires à l'artillerie de la flotte, l'armement des forts et batteries destinées à la défense des ports et des rades, le service de l'artillerie dans les colonies, et, en cas d'insuffisance des autres troupes, la garde des divers établissements dans les ports militaires.

161. L'état-major général doit comprendre : un général de division, inspecteur en chef de l'arme, et 2 généraux de brigade; l'état-major particulier, 9 colonels, 8 lieutenants-colonels, 7 chefs d'escadron et 40 capitaines en 1ᵉʳ.

162. Les troupes de l'artillerie de la marine comportent : 1 régiment, 6 compagnies d'ouvriers, 1 compagnie d'artificiers et 1 corps d'armuriers. (*Voy.* n° 180.)

Le régiment comprend : 1 état-major et 1 petit état-major, 1 peloton hors rang, 28 batteries et 1 compagnie de conducteurs.

163. Dans l'état-major particulier de l'artillerie de marine sont compris, sous le nom d'employés militaires, des *gardes,* dont la dernière organisation date du 5 juillet 1875, et un personnel de gardiens de batterie.

Les gardes d'artillerie jouissent du bénéfice de la loi du 19 mai 1834 sur l'état des officiers et ont rang d'officier d'après la loi du 13 mars 1875 sur les cadres de l'armée. Ils sont répartis en quatre sections: des comptables, des artificiers, des ouvriers d'État et des contrôleurs d'armes. Chaque section comprend des gardes principaux de première et deuxième classe et des gardes de première, deuxième et troisième classe. Les avancements se font partie au choix, partie à l'ancienneté. Les gardes d'artillerie sont exclusivement recrutés parmi les sous-officiers d'artillerie et les chefs armuriers en activité de service. Les gardiens de batterie sont exclusivement recrutés parmi les sous-officiers d'artillerie et les sous-officiers des équipages de la flotte.

ART. 3. — INFANTERIE DE LA MARINE.

164. Le corps d'infanterie de marine, institué par l'ordonnance du 14 mai 1831, a été réorganisé en dernier lieu par le décret du 26 novembre 1869. Il se compose de quatre régiments destinés au service de la garnison de nos cinq ports militaires, de nos établissements d'outre-mer et aux expéditions de guerre maritimes et autres. Il doit fournir, au besoin, des détachements à bord des bâtiments de l'État.

165. L'état-major général de l'arme doit se composer de : 1 général de division chargé de l'inspection générale du corps et de 2 généraux de brigade adjoints à l'inspection générale.

166. En dehors des cadres régimentaires, le corps comprend le nombre d'officiers, sous-officiers, caporaux, soldats et clairons nécessaires

pour occuper les emplois : 1° du cadre des apprentis marins fusiliers (n° 140); 2° des cadres armés de la compagnie de discipline de la marine (n° 174) et des compagnies disciplinaires des colonies (n° 177); 3° du cadre du bataillon des tirailleurs sénégalais (n° 171) et des troupes d'infanterie indigène dans les colonies; 4° et enfin des corps spéciaux dont les besoins ultérieurs de la marine pourraient exiger la création.

167. L'infanterie de marine se recrute au moyen d'un contingent du recrutement, affecté chaque année, par une décision du ministre de la guerre, à l'armée de mer, et composé de jeunes gens compris dans la première partie de la liste cantonale et auxquels sont échus les premiers numéros sortis au tirage au sort; elle se recrute également par des engagements volontaires. L'effectif du corps est actuellement de 16,000 hommes.

168. La période ordinaire du service consécutif des corps de troupe dans nos possessions d'outre-mer est de trois ans, excepté au Sénégal et en Cochinchine où elle n'est que de deux ans.

169. Le service de santé dans les régiments d'infanterie de la marine et dans les corps spéciaux est confié à des officiers du corps de santé de la marine des grades de médecin de 1ʳᵉ classe et au-dessous.

170. Les dispositions des lois, décrets et instructions relatifs à l'armée de terre sont applicables aux militaires de tous grades de l'artillerie et de l'infanterie de marine, mais seulement après décision du ministre de la marine et des colonies.

ART. 4. — TIRAILLEURS SÉNÉGALAIS.

171. Un bataillon de tirailleurs a été créé par décret du 21 juillet 1857 et affecté spécialement au service de nos possessions au Sénégal. Il est commandé par un chef de bataillon et composé de cinq compagnies ayant chacune trois officiers. Il comprend, en outre, un capitaine-major, un lieutenant trésorier et un médecin aide-major.

172. Le recrutement du corps s'opère parmi les indigènes par voie d'engagement volontaire; cet engagement est de deux années et donne droit à une prime de 50 fr.

173. Les dispositions des lois, décrets et instructions concernant la justice militaire, les récompenses et les pensions de retraite dans les régiments d'infanterie de marine sont applicables au bataillon de tirailleurs sénégalais.

ART. 5. — COMPAGNIE DE DISCIPLINE.

174. La nécessité de soumettre à une discipline d'une sévérité exceptionnelle certains militaires et marins de l'armée de mer, qui, sans avoir commis de délits qui les rendent justiciables des conseils de guerre, persévèrent néanmoins dans des fautes qui ne peuvent plus être réprimées par des peines disciplinaires, a donné lieu à la création d'une compagnie détachée. Cette compagnie a été organisée à Lorient par les ordonnances des 21 avril 1824 et 25 décembre 1842. Envoyée ensuite aux îles Saint-Pierre et Miquelon, elle a été transférée, depuis, aux Saintes (Guadeloupe).

175. La compagnie de discipline a son dépôt à l'île d'Oléron. Elle comprend deux sections de fusiliers et une section de pionniers; celle-ci est destinée à recevoir ceux des fusiliers qui, par la nature de leurs fautes ou par leur mauvaise conduite, doivent être soumis à un régime plus sévère.

176. Le cadre de la compagnie comprend cinq officiers, dont un capitaine commandant. Ils sont choisis parmi les officiers de l'infanterie de marine, ainsi que les sous-officiers, caporaux et clairons. Ils conservent leurs droits à l'avancement.

ART. 6. — CORPS DES DISCIPLINAIRES DES COLONIES.

177. Les compagnies disciplinaires des colonies, qui ont été instituées par un décret du 23 mai 1860, modifié les 3 avril 1861 et 6 juillet 1862, ont été réorganisées par un décret du 30 janvier 1874, sous le titre de *corps des disciplinaires des colonies*. Le corps se compose de deux compagnies détachées, la première au Sénégal, la seconde à la Martinique et à Saint-Pierre (Terre-Neuve). Le dépôt est à l'île d'Oléron.

178. Ce corps est placé sous le commandement d'un chef de bataillon; l'état-major de chaque compagnie se compose d'un capitaine, de trois lieutenants, et de deux sous-lieutenants, fournis, ainsi que les sous-officiers, caporaux et clairons, par l'infanterie de marine.

179. Le corps des disciplinaires des colonies se compose de militaires des armées de terre et de mer qui ont subi une condamnation correctionnelle de six mois, au moins, et qui ont encore dix-huit mois de service à faire.

ART. 7. — ARMURIERS MILITAIRES DE LA MARINE.

180. Le décret du 23 janvier 1856 a institué, pour le service de l'armurerie, dans les directions des ports et des colonies, à bord des bâtiments de la flotte, et dans les corps de troupes et les divisions des équipages de la flotte, un corps *d'armuriers militaires de la marine*.

181. Ce personnel, organisé en vue des obligations auxquelles il doit satisfaire, se compose de chefs armuriers qui servent exclusivement à terre, de maîtres, seconds-maîtres et quartiers-maîtres armuriers. Ces derniers se recrutent par des engagements volontaires et par l'admission d'ouvriers militaires, dans des conditions déterminées par les règlements.

182. En outre des soldes fixées par les tarifs et qui varient de 350 à 1,150 fr., les armuriers reçoivent des indemnités de travail, des suppléments de paie et des hautes-paies. (*Arr.* 11 déc. 1868 *et Décis. min.* 16 *mars* 1876.)

Sect. 5. — **Corps entretenus et agents divers.**

ART. 1. — OFFICIERS DU GÉNIE MARITIME.

183. Les officiers du génie maritime sont chargés de préparer les plans et devis des navires de guerre et de leurs machines, d'en diriger soit la construction, soit la réparation dans les chantiers et ateliers de l'État, ou bien de surveiller l'exécution des travaux de ce genre qui sont confiés à l'industrie privée. De plus, ils sont préposés au service forestier de la marine, c'est-à-dire à la recette, la conservation et la préparation des bois qu'emploie l'architecture navale (*voy. n° 54*); ils font, en outre, partie des commissions et comités techniques, du conseil d'amirauté et du conseil des travaux. Le décret du 11 avril 1854 qui a réorganisé le génie maritime, a abrogé tous les actes organiques antérieurs relatifs à ce corps, notamment

l'ordonnance du 28 mars 1830, celles du 7 septembre 1831 et du 2 mars 1838 et l'arrêté présidentiel du 24 juillet 1848.

184. Les officiers du génie maritime se recrutent parmi les élèves de l'École polytechnique qui ont été déclarés admissibles dans les services publics; ils sont pris d'après l'ordre établi dans ladite école pour les examens de sortie. Ils suivent, en qualité d'élèves du génie maritime, des cours dans une école d'application établie actuellement à Cherbourg (*voy. n° 324*). Aux termes du décret du 14 juin 1865, un sixième des vacances dans le grade de sous-ingénieur de troisième classe est réservé aux maîtres entretenus des constructions navales de première, deuxième et troisième classe, réunissant au moins une année de service en cette qualité et ayant subi un examen déterminé.

185. La hiérarchie des grades du corps des officiers du génie maritime est la suivante :

Élève du génie maritime, assimilé à l'aspirant de 1re classe.
Sous-ingénieur de 3e classe, assimilé à l'enseigne de vaisseau.
Sous-ingénieur de 2e classe, assimilé au lieutenant de vaisseau de 2e classe.
Sous-ingénieur de 1re classe, assimilé au lieutenant de vaisseau de 1re classe.
Ingénieur de 2e classe, assimilé au capitaine de frégate.
Ingénieur de 1re classe, assimilé au capitaine de vaisseau.
Directeur des constructions navales, prend rang après le contre-amiral et avant le capitaine de vaisseau.
Inspecteur général du génie maritime, assimilé au contre-amiral.

186. L'avancement est réglé par le titre III du décret du 11 avril 1854. Pour passer d'élève du génie maritime au grade de sous-ingénieur de troisième classe, il faut, après avoir terminé les études exigées à l'école d'application, subir un examen portant sur les matières enseignées dans cette école. On ne peut être promu à un grade supérieur qu'après avoir servi, pendant trois ans, dans le grade immédiatement inférieur. Seuls, les sous-ingénieurs de troisième classe peuvent passer sous-ingénieurs de deuxième classe après deux années de service dans leur grade. L'avancement aux grades de sous-ingénieurs de deuxième et de troisième classe est accordé uniquement à l'ancienneté; au grade d'ingénieur de deuxième classe moitié à l'ancienneté, moitié au choix; aux grades d'ingénieur de première classe et de directeur des constructions navales, au choix. L'inspecteur général du génie maritime est choisi parmi les directeurs des constructions navales. (*D.* 11 *avril* 1854.)

187. L'embarquement des ingénieurs a été réglé par le décret du 30 décembre 1865, modifié par celui du 4 septembre 1876. Les officiers du génie maritime embarqués remplissent les fonctions déterminées dans le décret du 20 mai 1868, sur le service à bord, titre XIII.

188. L'effectif actuel du corps des officiers du génie maritime, arrêté par les décrets des 11 avril 1854 et 8 septembre 1860, est le suivant :

Inspection générale.	SOLDE à terre.	SOLDE à la mer.
1 inspecteur général	14,000f	»
1 directeur des constructions navales de 1re classe, adjoint à l'inspection.	12,000	»

Service général.	SOLDE à terre.	SOLDE à la mer.
5 directeurs des constructions navales de 1re classe.	12,000	»
5 directeurs des constructions navales de 2e classe	10,000	»
20 ingénieurs de 1re classe	6,500	7,600f
20 ingénieurs de 2e classe	5,000	6,000
26 sous-ingénieurs de 1re classe. .	3,000	3,600
26 sous-ingénieurs de 2e classe . .	2,500	3,000
14 sous-ingénieurs de 3e classe . .	2,000	2,400
7 élèves	1,600	»

ART. 2. — MAITRES ET OUVRIERS.

189. Depuis la loi du 4 juin 1864, qui a affranchi de l'inscription maritime les charpentiers, les perceurs, les calfats et les voiliers, il n'y a plus dans les arsenaux de la marine que des ouvriers civils. Ce personnel est régi par le décret du 18 janvier 1867 et se compose des chefs contre-maîtres, contre-maîtres, chefs ouvriers, ouvriers, apprentis, chefs journaliers et journaliers de quatre classes.

190. La solde des ouvriers est divisée en deux parties dont l'une, dite *matriculaire*, déterminée par le grade ou la classe, est uniforme pour tous les ports , et dont l'autre, dite *supplémentaire*, est variable « suivant le zèle plus ou moins soutenu de l'ouvrier ». Elle est payée par quinzaine. Elle peut varier d'un port à un autre et d'un service à l'autre.

191. Les apprentis sont admis de 14 à 17 ans; ils peuvent passer ouvrier de 17 à 18 ans, s'ils ont donné des preuves d'aptitude professionnelle. Le règlement précité du 18 janvier 1867 détermine les conditions de recrutement et d'avancement de ce personnel. A 50 ans d'âge et après 25 ans de service, ils ont droit à une pension.

192. Conformément à la loi du 13 mars 1875 (*art.* 36), ceux qui font partie de la réserve de l'armée active, de l'armée territoriale ou de la réserve de cette armée, sont, en cas d'appel, maintenus à la disposition du ministre de la marine.

193. Voilà pour les ouvriers affectés aux travaux en règle, c'est-à-dire la partie la plus importante des travaux de la marine. Quant aux travaux de la *direction des travaux hydrauliques et bâtiments civils* (voy. n° 79), ils sont presque exclusivement exécutés à l'entreprise.

ART. 3. — INGÉNIEURS HYDROGRAPHES.

194. Les ingénieurs hydrographes sont chargés du levé et de la construction des cartes marines, du dépouillement des documents nautiques et scientifiques recueillis par le Dépôt des cartes et plans de la marine (*voy. ce mot*); de la rédaction des avis à l'usage des navigateurs; des publications d'ouvrages scientifiques entrepris par le département de la marine; des observations de marées et du régime des eaux et des phénomènes magnétiques ou météorologiques utiles à la navigation; de l'acquisition, la réparation et la conservation des instruments de précision en usage à bord des bâtiments. Ils peuvent être appelés à remplir des missions hydrographiques sur les côtes de France et de l'étranger ou être attachés aux stations navales pour l'exécution de travaux hydrographiques et scientifiques.

195. Définitivement constitué par l'ordonnance du 6 juin 1814, le corps des ingénieurs hydro-

graphes a été successivement modifié dans son organisation par la décision royale du 6 octobre 1824, les ordonnances du 2 juin 1830 et 28 janvier 1844, l'arrêté du 15 septembre 1848, le décret du 5 mars 1856 et la décision ministérielle du 9 mars 1867.

196. La hiérarchie de ce corps est la suivante:
Élève ingénieur hydrographe, assimilé à l'aspirant de 1re classe;
Sous-ingénieur hydrographe de 3e classe, assimilé à l'enseigne de vaisseau;
Sous-ingénieur hydrographe de 2e et de 1re classe, assimilé au lieutenant de vaisseau;
Ingénieur hydrographe de 2e classe, assimilé au capitaine de frégate;
Ingénieur hydrographe de 1re classe, assimilé au capitaine de vaisseau;
Ingénieur hydrographe en chef, prend rang après le contre-amiral et avant le capitaine de vaisseau.

Le décret du 5 mars 1856 (titre VI) a assimilé le grade d'ingénieur hydrographe en chef à celui de directeur des constructions navales. Les autres grades du corps sont assimilés aux grades correspondants du génie maritime.

197. Les élèves hydrographes sont pris parmi les élèves de l'École polytechnique; après deux années d'exercice à la mer, ils sont nommés sous-ingénieurs de troisième classe au fur et à mesure des vacances.

Les conditions d'avancement des ingénieurs hydrographes sont les mêmes, au point de vue de la durée du stage dans chaque grade, que pour les ingénieurs des constructions navales. Elles ont été réglementées par le titre IV du décret du 5 mars 1856.

198. L'effectif et la solde des ingénieurs hydrographes sont les suivants:

	SOLDE à terre.	SOLDE à la mer.
1 ingénieur hydrographe en chef. . . .	10,000f	7,600f
3 ingénieurs hydrographes de 1re classe.	6,500	6,000
3 ingénieurs hydrographes de 2e classe .	5,000	6,000
2 sous-ingénieurs de 1re classe . . .	3,000	3,600
2 sous-ingénieurs de 2e classe	2,500	3,000
2 sous-ingénieurs de 3e classe. . . .	2,000	2,400
Élèves ingénieurs	1,600	»

Le nombre des élèves est déterminé d'après les besoins du service.

ART. 4. — INGÉNIEURS DES PONTS ET CHAUSSÉES DÉTACHÉS AU DÉPARTEMENT DE LA MARINE.

199. En dehors des ingénieurs des constructions navales et des ingénieurs hydrographes qui appartiennent en propre à des corps constitués de la marine, le ministère de la marine emprunte au ministère des travaux publics des ingénieurs des ponts et chaussées qui sont chargés, dans les ports militaires, de la direction et de la surveillance de tous les travaux hydrauliques, ainsi que de la construction et de l'entretien des édifices à terre dépendants de la marine.

200. Ces ingénieurs continuent à faire partie du corps des ponts et chaussées; mais ils sont également soumis à l'autorité du ministre de la marine, par lequel ils sont proposés *pour l'avancement*.

201. Leurs émoluments se composent d'un traitement fixe et d'un complément de solde. Le traitement fixe est passible d'une retenue de

5 p. 100 au profit du Trésor et le complément d'une retenue de 3 p. 100 au profit de la caisse des invalides de la marine. (*D.* 1ᵉʳ *juin* 1875.)

202. L'assimilation des grades du corps des ponts et chaussées avec les officiers de la marine est la même que pour les ingénieurs des constructions navales pour les grades correspondants.

ART. 5. — PROFESSEURS ET EXAMINATEURS
DE L'ÉCOLE NAVALE.

203. L'enseignement est donné à l'école navale (*voy.* n° 318) par des professeurs de première, deuxième, troisième et quatrième classe, choisis par le ministre parmi ceux de l'Université (*O. du* 1ᵉʳ *nov.* 1830, *art.* 2) et assimilés, tant pour le rang que pour la solde, aux professeurs d'hydrographie (*voy.* n° 204). Aux termes du règlement du 25 avril 1876, les épreuves d'admission à l'école navale sont passées devant des examinateurs désignés par le ministre. Les examinateurs sont au nombre de quatre : deux pour les sciences, deux pour les lettres. L'un d'entre eux est désigné par le ministre pour faire le classement de sortie des candidats. La commission d'examen est présidée par un capitaine de vaisseau.

ART. 6. — EXAMINATEURS ET PROFESSEURS
D'HYDROGRAPHIE.

204. Ce personnel se compose actuellement de :

	SOLDE à terre.	SOLDE à la mer.
3 examinateurs dont le traitement est de	6,500ᶠ	»
10 professeurs d'hydrographie de 1ʳᵉ cl..	4,500	5,400ᶠ
10 professeurs d'hydrographie de 2ᵉ cl..	3,000	3,600
3 professeurs d'hydrographie de 3ᵉ cl..	2,500	3,000

205. Aux termes de l'ordonnance du 7 août 1825 relative aux écoles d'hydrographie, les examinateurs hydrographes sont chargés de la direction de l'enseignement dans les écoles d'hydrographie, de l'examen des navigateurs aspirants au grade de capitaine au long cours et de maître au cabotage. Ils sont choisis parmi les professeurs de première classe réunissant au moins deux années de services.

206. Les professeurs d'hydrographie de troisième classe sont nommés au concours et par le Chef de l'Etat. Les avancements en classe des professeurs sont accordés par le ministre sur la proposition des examinateurs hydrographes. (*O.* 7 *août* 1825, *art.* 10.)

207. Au point de vue du règlement de la retraite, les examinateurs sont assimilés aux capitaines de vaisseau ; les professeurs de première classe aux capitaines de frégate ; les professeurs de deuxième classe aux lieutenants de vaisseau ; et les professeurs de troisième classe aux enseignes.

ART. 7. — OFFICIERS DU COMMISSARIAT.

208. Le corps du commissariat de la marine est chargé de l'administration à terre (dans les ports), à la mer et dans les colonies. Ses attributions nombreuses et complexes sont : les approvisionnements des divers services tant en matières brutes qu'en objets ouvrés, passation des marchés, recettes et vérification des matières ; les revues de tout le personnel salarié sur les fonds du dé-

partement de la marine ; la comptabilité des bâtiments ; la liquidation et la répartition des prises ; l'administration et la police des hôpitaux et des prisons ; le service des vivres ; la comptabilité et l'ordonnancement des dépenses liquidées dans les ports ; le contrôle administratif de la comptabilité du matériel en magasin ou en service à terre ou à la mer ; le contrôle administratif et la centralisation de la comptabilité de l'emploi des matières et de la main-d'œuvre aux travaux de confection, de transformation et de réparation exécutés dans les ateliers de la marine ; le service de l'inscription maritime ; la police des pêches et de la navigation ; l'administration des bris et naufrages ; la surveillance des recettes et des dépenses de la caisse des invalides de la marine ; enfin le service administratif à la mer et le service maritime aux colonies.

209. Successivement constituée et modifiée par les ordonnances des 15 avril 1689, 25 mars 1765 et 27 septembre 1776 ; par les décrets des 21 septembre 1791 et 3 brumaire an IV ; par le règlement du 27 avril 1800 ; par les ordonnances des 29 novembre 1815, 27 décembre 1826, 17 décembre 1828, 3 janvier 1835, 11 octobre 1836, 14 juin et 21 décembre 1844, enfin par les décrets des 14 mai 1853 et 30 janvier 1858, l'organisation générale du commissariat de la marine repose actuellement sur le décret du 7 octobre 1863 qui n'a été modifié que dans les détails par des actes postérieurs.

210. Par suite de la différence des attributions qui résulte, pour le commissariat, du service dans les ports, à la mer et aux colonies, il y a deux corps du commissariat, l'un pour le service métropolitain, l'autre pour le service colonial : leur recrutement est analogue, mais ils s'administrent séparément et sont placés sous la direction de services distincts.

211. Le recrutement du commissariat a lieu au moyen d'élèves-commissaires nommés par le ministre, parmi ceux des candidats pourvus soit du diplôme de licencié en droit, soit, à défaut, du seul diplôme de bachelier ès lettres, qui ont été jugés admissibles après un concours spécial. (*D.* 15 *sept.* 1871.) Les élèves-commissaires des deux origines sont dirigés sur un port et restent attachés à ce port pour y suivre un cours d'administration fait par un officier supérieur du corps et y être affectés aux principaux détails administratifs. (*D.* 27 *août* 1875.) Mais la durée du stage, qui n'est que de deux ans pour les élèves-commissaires provenant des licenciés en droit, est de trois ans pour les bacheliers ès lettres. (*D.* 15 *sept.* 1871, *art.* 4.) A l'expiration de ce temps, les élèves-commissaires sont soumis à un examen dont le programme est annexé à l'instruction ministérielle du 26 août 1868 pour l'obtention du grade d'aide commissaire.

212. Toutefois, quatre places d'aides-commissaires sont réservées chaque année : deux pour les enseignes qui, sur leur demande, auront été choisis par le ministre, deux pour les élèves de l'école polytechnique reconnus admissibles dans les services publics. (*D.* 7 *oct.* 1863.)

213. La hiérarchie des grades du commissariat a été fixée ainsi qu'il suit par le décret du 7 octobre 1863 et la décision impériale du 18 décembre 1867 :

Élève-commissaire (pas d'assimilation).
Aide-commissaire, assimilé à l'enseigne de vaisseau.
Sous-commissaire de 2º classe, assimilé au lieutenant de vaisseau de 2º classe.
Sous-commissaire de 1º classe, assimilé au lieutenant de vaisseau de 1º classe.
Commissaire adjoint, assimilé à l'ancien capitaine de corvette ou au chef de bataillon.
Commissaire, assimilé au capitaine de vaisseau.
Commissaires généraux de 1º et de 2º classe, prennent rang après les contre-amiraux et avant les capitaines de vaisseau.

214. Les conditions de l'avancement sont énumérées dans le chapitre Iᵉʳ du décret du 7 octobre 1863. Les avancements dévolus aux aides-commissaires, pour passer sous-commissaire, ont lieu deux tiers à l'ancienneté et un tiers au choix. Le grade de sous-commissaire est conféré : pour les quatre cinquièmes aux aides-commissaires, pour un cinquième à ceux des lieutenants de vaisseau qui, autorisés à concourir, auront été admis. Le grade de commissaire adjoint est conféré moitié à l'ancienneté, moitié au choix aux sous-commissaires. Celui de commissaire et de commissaire général est conféré au choix aux commissaires adjoints et aux commissaires. (D. 7 oct. 1863.)

215. Nul officier du commissariat ne peut être promu à un grade s'il n'a servi pendant trois années au moins dans le grade inférieur. Le temps de service à la mer ou dans les colonies compte pour l'avancement à raison de moitié en sus de sa durée. (D. 14 mai 1853.)

216. Les attributions des officiers du commissariat pour le service à terre dans les ports ont été précisées en détail par l'ordonnance du 14 juin 1844, principalement dans le chapitre II. Leurs attributions à la mer, d'abord mentionnées dans le décret du 20 mai 1868 sur le service à bord des bâtiments de la flotte, sont résumées dans l'art. 2 du décret du 8 septembre 1873. A la mer le service administratif est dirigé : dans une armée navale, par un commissaire général ou un commissaire de marine : dans une escadre, par un commissaire adjoint ; dans une division navale placée sous les ordres d'un officier général commandant en chef, par un commissaire adjoint. Les officiers du commissariat employés à la mer prennent, suivant leur position, les titres temporaires de commissaire général ou de commissaire d'armée, de commissaire d'escadre, de commissaire de division et d'officier d'administration à bord des bâtiments isolés.

217. Le cadre et le traitement actuel du commissariat, tels qu'ils résultent des décrets des 7 octobre 1863, 8 septembre 1873 et 1ᵉʳ juin 1875 et qu'ils sont indiqués au budget de 1877, sont les suivants :

	SOLDE à terre.	SOLDE à la mer.
5 commissaires généraux de 1ʳᵉ classe.	12,000ᶠ	14,000ᶠ
4 commissaires généraux de 2º classe.	10,000	12,000
26 commissaires.	6,500	7,600
50 commissaires adjoints	4,500	5,400
90 sous-commissaires de 1ʳᵉ classe . .	3,000	3,600
90 sous-commissaires de 2º classe. . .	2,500	3,000
150 aides-commissaires.	2,000	2,400
30 élèves commissaires	1,600	»

ART. 8. — COMMIS DU COMMISSARIAT.

218. Le corps du commissariat a pour auxiliaires des employés civils désignés sous le nom de commis du commissariat (D. 1ᵉʳ juin 1867) qui sont affectés au service des écritures dans les ports. A l'origine, ce personnel a été formé à l'aide des anciens écrivains et commis de marine (D. 14 mai 1853) qui n'avaient pas satisfait au concours pour entrer dans le commissariat. Les commis du commissariat se recrutent actuellement parmi les officiers mariniers, les marins ou militaires des corps de la marine et les sous-officiers de l'armée de terre libérés du service. (D. 7 oct. 1863.)

218 bis. De plus, en dehors du corps des commis du commissariat, existe un personnel d'auxiliaires civils purement temporaire et ne se recrutant pas obligatoirement, comme les commis du commissariat, parmi les sous-officiers de l'armée. (D. 30 oct. 1867.)

ART. 9. — OFFICIERS DE L'INSPECTION DES SERVICES ADMINISTRATIFS.

219. L'inspection des services administratifs de la marine qui, comme le commissariat, est un corps d'administration militaire, a été créée en vue d'assurer, dans les ports, et au sein même de l'administration centrale, la régularité de toutes les parties du service administratif. Instituée par le décret du 12 janvier 1853, elle a été réorganisée par le décret du 19 mai 1858. (Voy. nº 80.)

220. La hiérarchie et l'assimilation de ce corps, en remontant des grades inférieurs aux plus élevés, sont les suivantes :

Inspecteur adjoint des services administratifs, assimilé à l'ancien capitaine de corvette ou au chef de bataillon.
Inspecteur, assimilé au capitaine de vaisseau.
Inspecteurs en chef de 2º et de 1ʳᵉ classe, prennent rang après les contre-amiraux et avant les capitaines de vaisseau.

221. En dehors du cadre constitutif du corps, le décret du 16 mars 1864 a adjoint aux officiers de l'inspection un personnel civil affecté au service des bureaux, recruté au choix des inspecteurs en chef, sauf approbation du ministre, et pris de préférence parmi les anciens serviteurs de marine retraités.

222. Les officiers de l'inspection sont soumis à la loi du 19 mai 1834 sur l'état des officiers.

223. Le recrutement des inspecteurs adjoints s'effectue au concours parmi les lieutenants de vaisseau, les capitaines d'artillerie, les sous-ingénieurs de première et deuxième classe de la marine et les sous-commissaires de la marine. (D. 16 août et arr. 9 déc. 1872.)

224. Pour être promu au grade supérieur, il faut trois ans de services effectifs dans le grade immédiatement inférieur. L'avancement au grade d'inspecteur en chef est donné au choix. Les inspecteurs en chef ne peuvent être élevés à la première classe qu'après deux ans de services, au moins, dans la seconde classe. A parité de grade, le temps de service dans l'inspection et dans le commissariat est compté pour l'avancement. Les officiers de l'inspection et ceux du commissariat peuvent être appelés à passer d'un corps dans l'autre par permutation d'office et à égalité de grade. (D. 12 janv. 1853, art. 11.)

225. Le service de l'inspection se divise en inspection mobile et en inspection permanente,

dans les ports, arsenaux et établissements maritimes.

226. Dans chacun des cinq ports militaires, le service est confié à un inspecteur en chef de première ou de deuxième classe. (*Voy. n° 80.*) Quant aux inspecteurs, inspecteurs adjoints, ils sont répartis, suivant les besoins, entre le contrôle central, les chefs-lieux d'arrondissement et les établissements de la marine. (*D. 19 mai 1858. art. 6.*)

227. La décision impériale du 22 décembre 1869, modifiée par l'arrêté ministériel du 23 janvier 1875, a fixé le cadre, et le décret du 1er juin 1875 la solde des officiers de l'inspection des services administratifs ainsi qu'il suit :

1 inspecteur en chef chargé du contrôle central .	20,000 f
2 inspecteurs en chef de 1re classe	12,000
3 inspecteurs en chef de 2e classe.	10,000
12 inspecteurs	6,500
12 inspecteurs adjoints.	4,500

ART. 10. — COMPTABLES DES MATIÈRES.

228. Les agents comptables des matières sont affectés à la gestion des magasins des divers services de la marine. Ils sont chargés de la recette, de la garde, de la conservation, de la délivrance et de la comptabilité des matières qui existent en approvisionnement dans les ports. Ils doivent fournir un cautionnement et sont responsables devant la Cour des comptes.

229. Composé d'un personnel exclusivement civil, le corps des agents comptables n'est pas soumis à la loi du 19 mai 1834 sur l'état des officiers. Il a été successivement régi par l'ordonnance du 23 décembre 1847 et les décrets des 28 février 1850, 17 janvier 1867 et 13 décembre 1873. L'organisation actuelle de ce corps repose sur le décret du 17 janvier 1867.

230. Les agents comptables sont assimilés, pour la retraite et les insignes seulement, aux grades correspondants du commissariat. Voici leur hiérarchie (*D. 28 févr. 1850*) :

Sous-agent comptable, assimilé à l'aide-commissaire.
Agent comptable, assimilé au sous-commissaire.
Agent comptable principal, assimilé au commissaire adjoint.

231. Les agents comptables ont sous leurs ordres, pour la tenue des écritures, des commis de comptabilité et des écrivains titulaires et auxiliaires, pour la garde et la délivrance des matières, des magasiniers de première, deuxième et troisième classe, et des distributeurs de première et de deuxième classe, qui sont respectivement assimilés aux commis du commissariat, maîtres entretenus et seconds-maîtres.

232. Le cadre des agents comptables inscrits au budget de 1877, avec la solde correspondante, est le suivant :

5 agents comptables principaux . . .	4,500 f
44 agents comptables.	2,500
50 sous-agents comptables.	2,000
Quant au personnel subalterne, les traitements varient de	800 à 1,400

ART. 11. — COMMIS AUX VIVRES.

233. Un décret du 11 juin 1863 a organisé ce personnel pour assurer le service de comptabilité et de distribution de vivres tant à bord des bâtiments de la flotte que dans les établissements de la marine à terre. Ce personnel se compose de 40 premiers commis aux vivres de première classe et 40 de deuxième classe, 60 seconds commis aux vivres de première classe et 60 de deuxième classe.

Leurs traitements varient de 900 fr. à 1,300 fr. à terre, mais ils s'élèvent, lorsqu'ils sont embarqués et s'améliorent encore des indemnités de rassemblement, des frais de bureau, etc.

ART. 12. — MAGASINIERS ENTRETENUS DE LA FLOTTE.

234. Pour assurer à bord des bâtiments armés la tenue de la comptabilité du matériel, la garde du magasin général et le service des délivrances, le décret du 11 juin 1863 a créé un personnel de magasiniers de la flotte : ils sont au nombre de 158 et répartis en quatre classes.

235. Aux termes de ce décret, les magasiniers de la flotte sont nommés par le ministre, sur la proposition des préfets maritimes. Pour être nommé magasinier de quatrième classe, il faut être âgé d'au moins vingt-un ans et de trente-cinq ans au plus, et avoir été employé dans les arsenaux pendant deux ans au moins comme écrivain des divers services ou comme distributeur. Les officiers mariniers, sergents-majors et fourriers des équipages de la flotte, les sous-officiers des corps de troupe de la marine, ou, à défaut, ceux de l'armée de terre libérés du service, les ouvriers et journaliers des arsenaux réunissant six années de service peuvent aussi être nommés magasiniers de quatrième classe.

236. La solde des magasiniers a été fixée par le décret du 1er juin 1875 et varie de 900 fr. à 1,300 fr.

ART. 13. — PERSONNEL ADMINISTRATIF DES DIRECTIONS DE TRAVAUX.

237. Ce personnel est chargé, dans les ports militaires, de la comptabilité de l'emploi des matières mises en œuvre dans les directions de travaux, de celle des machines, outils et apparaux qui y sont en service ainsi que de la tenue des matricules des ouvriers et du paiement de leur solde. Dans les établissements de la marine situés hors des ports, il remplit de plus les fonctions qui, dans les ports, incombent au commissariat, à savoir : les approvisionnements, les revues, l'expédition des mandats, etc., l'ordonnancement excepté.

238. Les différents actes qui successivement ont régi le personnel administratif des directions de travaux sont : les ordonnances des 24 septembre 1841, 16 août 1846 et 23 décembre 1847 ; l'arrêté présidentiel du 18 décembre 1848 ; le décret du 9 mars 1867 et la décision impériale du 18 décembre 1867 ; enfin le décret du 5 mars 1876.

239. Aux termes de ce dernier acte, la hiérarchie de ce personnel est la suivante :

Écrivains de 1re et de 2e classe, commis de 1re, 2e et 3e classe, assimilés au commis du commissariat.
Sous-agent administratif, assimilé à l'aide-commissaire.
Agent administratif de 2e et de 1re classe, assimilé au sous-commissaire.
Agent administratif principal, assimilé au commissaire adjoint.

240. Les écrivains de deuxième classe sont nommés après un examen, dans les ports, par le préfet maritime, sur la proposition du directeur compétent; dans les établissements, par le directeur, sur la proposition de l'agent administratif.

L'avancement à l'emploi d'écrivain de première classe a lieu à l'ancienneté; l'emploi de commis de troisième classe est donné après examen aux écrivains comptant trois ans de grade.

L'avancement à l'emploi de commis de deuxième classe a lieu un tiers à l'ancienneté et deux tiers au choix ; à celui de commis de première classe au choix. (*D.* 5 *mars* 1876, *art.* 3 *et* 4.)

241. Le cadre et la solde actuelle du personnel administratif des directions de travaux ont été fixés comme suit par les décrets des 1er juin 1875 et 3 mars 1876 :

7 agents administratifs principaux.	4,500f
15 agents administratifs de 1re classe.	3,000
15 agents administratifs de 2e classe	2,500
50 sous-agents administratifs	2,000
350 commis de 1re classe	1,700
125 commis de 2e classe.	1,400
125 commis de 3e classe.	1,200
Écrivains de 1re classe	1,000
Écrivains de 2e classe.	800

Le nombre des écrivains est déterminé suivant les besoins du service.

ART. 14. — PERSONNEL DU SERVICE DES MANUTENTIONS.

242. Ce personnel est chargé, dans les arsenaux et les ports secondaires et sous la surveillance du chef de détail des subsistances, de la direction des transformations et manipulations des denrées destinées à la subsistance des rationnaires de la marine. La partie administrative du service des manutentions rentre dans les attributions du commissariat ; la garde et la conservation des matières est dévolue au compte des comptables des matières.

243. Aux termes du décret de réorganisation du 28 novembre 1857, les grades du personnel du service des manutentions et leur assimilation sont les suivants :

Chef de manutention principal, assimilé au commissaire adjoint.

Chef de manutention, assimilé au sous-commissaire.

Sous-chef de manutention, assimilé à l'aide-commissaire.

244. Les sous-chefs de manutention sont nommés au concours parmi les aides-commissaires, les commis du commissariat, les pharmaciens de deuxième classe, les commis aux vivres entretenus, les maîtres entretenus de toutes classes du service des subsistances. (*Arr.* 30 *mars* 1858.)

Les chefs de manutention et les chefs de manutention principaux sont pris au choix parmi les officiers du grade immédiatement inférieur du même service ayant au moins trois ans de grade.

245. Le cadre du personnel des manutentions a été fixé comme suit par le décret du 28 novembre 1857 :

2 chefs de manutention principaux	4,500f
5 chefs de manutention	3,000
4 sous-chefs de manutention	2,000

ART. 15. — CONDUCTEURS DES TRAVAUX HYDRAULIQUES.

246. Le personnel qui les compose est assimilé à la maistrance des arsenaux et placé sous les ordres des ingénieurs des ponts et chaussées chargés de la direction des travaux hydrauliques et des bâtiments civils dans les ports militaires.

La première organisation date du 11 décembre 1822, la dernière du 17 mars 1875. Les conducteurs des travaux hydrauliques sont divisés en conducteurs principaux de première et de deuxième classe, en conducteurs ordinaires, de première, de deuxième et de troisième classe.

Leur nombre s'élève à quarante-deux, répartis suivant les besoins du service, par le ministre, qui nomme à tous les emplois ; leur solde varie de 1,600 fr. à 3,700 fr.

247. Les conducteurs ordinaires de troisième classe se recrutent parmi les chefs contre-maîtres et contre-maîtres des arsenaux, les élèves des écoles normales de maistrance, les sous-officiers libérés du service et les élèves des écoles des arts et métiers âgés de plus de vingt-un ans. Ils doivent tous avoir satisfait à un examen dont le programme a été fixé par un arrêté du 10 août 1868.

Les conducteurs principaux de deuxième classe sont choisis parmi les conducteurs ordinaires ayant trois ans de service au moins ; les conducteurs principaux sont pris au choix parmi ceux de deuxième classe.

ART. 16. — AUMÔNIERS DE LA MARINE.

248. Leur mission est d'assurer le service religieux de la flotte et des établissements de la marine à terre. Les principaux actes relatifs à l'organisation des aumôniers sont : l'ordonnance de 1689 qui, la première, a réglé leur service dans les ports et à bord des bâtiments, l'arrêté du 11 février 1803, le règlement du 16 décembre 1815, l'ordonnance du 8 janvier 1823, la décision royale du 26 février 1823, l'ordonnance du 22 janvier 1824, le titre XIV de celle du 31 octobre 1827, le règlement du 23 août 1845 et la décision ministérielle du 21 juin 1854. C'est en 1852, à la date du 31 mars, qu'un décret a institué des aumôniers à bord des bâtiments et créé un emploi d'aumônier en chef de la flotte, chargé de la centralisation du service religieux à la mer. Puis, successivement les décrets des 26 janvier 1857 et 5 mars 1864 et l'arrêté du 26 décembre 1873 ont complété et modifié ce service.

249. Le décret du 5 mars 1864 a constitué ainsi qu'il suit le personnel de l'aumônerie de la marine :

1 aumônier en chef, assimilé au commissaire général.

4 aumôniers supérieurs, assimilés aux commissaires adjoints.

30 aumôniers de 1re classe ⎱ assimilés aux sous-commissaires.
30 aumôniers de 2e classe ⎰

L'aumônier en chef est nommé par le Chef de l'État (*voy.* n° 52). Les aumôniers supérieurs sont choisis par le ministre de la marine parmi les aumôniers de première classe naviguant, et les aumôniers de première classe parmi ceux de deuxième classe. (*D.* 5 *mars* 1864.)

250. Un aumônier est embarqué à bord de tout bâtiment portant pavillon d'officier général ou guidon de chef de division navale, ainsi que de tout bâtiment destiné à une expédition de guerre ou appelé à exécuter soit une longue campagne, soit une mission exceptionnelle. (*D.* 5 *mars* 1864.)

Les aumôniers supérieurs ne peuvent être placés qu'à bord des bâtiments portant pavillon d'officier général commandant en chef.

251. Voici, d'après le budget de 1877, l'effectif actuel des aumôniers de la marine :

		SOLDE à terre.	SOLDE à la mer.
1 aumônier en chef { maximum . . .		12,000f	»
{ minimum . . .		10,000	
4 aumôniers supérieurs		4,500	5,400
23 aumôniers de 1re classe		3,000	3,600
23 aumôniers de 2e classe		2,500	3,000

En cas d'insuffisance de l'effectif des aumôniers entretenus, il est fait appel temporairement à des aumôniers auxiliaires.

ART. 17. — OFFICIERS DU CORPS DE SANTÉ.

252. Ce corps pourvoit au service de santé du personnel de la marine, soit à terre dans les hôpitaux maritimes et leurs succursales, dans les corps de troupes de la marine et dans certains postes détachés tels que les usines de la marine hors des ports ; soit à la mer, à bord des bâtiments ; soit dans les colonies.

253. Les actes concernant la constitution de ce corps sont : l'arrêté du 17 nivôse an IX, les ordonnances des 29 novembre 1815, 17 juillet 1835, le règlement du 23 juillet 1836, les décrets des 25 mars 1854 et 14 juillet 1865, la décision impériale du 15 octobre 1867; enfin, le décret du 31 mai 1875. L'organisation actuelle du corps de santé est régie et par le décret du 14 juillet 1865 et par celui du 31 mai 1875. Ce service comprend le service médical et le service pharmaceutique.

254. La hiérarchie du service médical a été fixée par le décret du 31 mai 1875 et l'assimilation par celui du 25 mars 1854 et par une décision impériale du 25 avril 1870 :

Aide-médecin, assimilé à l'aspirant de 1re classe.
Médecin de 2e classe, assimilé à l'enseigne.
Médecin de 1re classe, assimilé au lieutenant de vaisseau.
Médecin principal et médecin professeur, assimilés à l'ancien capitaine de corvette ou au commissaire adjoint.
Médecin en chef, assimilé au capitaine de vaisseau.
Médecin inspecteur ; directeur du service de santé de 2e et de 1re classe, prennent rang avant les capitaines de vaisseau et après les contre-amiraux.
Inspecteur général, assimilé au contre-amiral.

Celle du service pharmaceutique :

Aide-pharmacien, assimilé à l'aspirant de 1re classe.
Pharmacien de 2e classe, assimilé à l'enseigne.
Pharmacien de 1re classe, assimilé au lieutenant de vaisseau.
Pharmacien principal et pharmacien professeur, assimilés à l'ancien capitaine de corvette ou au commissaire adjoint.
Pharmacien en chef, assimilé au capitaine de vaisseau.
Pharmacien inspecteur, prend rang avant les capitaines de vaisseau et après les contre-amiraux.

255. Les médecins et pharmaciens destinés aux divers services de la marine et des colonies, reçoivent leur enseignement dans les écoles de médecine navale (voy. n° 325) établies dans les ports de Brest, de Rochefort et de Toulon.

256. Les officiers du corps de santé sont placés sous le régime de la loi du 18 mai 1834, concernant l'état des officiers. Les aides-médecins et aides-pharmaciens, les médecins et pharmaciens de deuxième et de première classe et les médecins et pharmaciens professeurs sont nommés par voie de concours, d'après le classement établi par les juges médicaux. Les conditions de ces concours ont été déterminées par le décret du 31 mai 1875 et par le règlement ministériel du 2 juin 1875. Les médecins et pharmaciens de première classe sont nommés au concours et au choix. Les nominations au choix ne peuvent avoir lieu que par moitié seulement des vacances. Le choix ne peut s'exercer que sur des médecins ou pharmaciens de deuxième classe, reconnus admissibles à l'avancement après concours et portés sur un tableau dressé à cet effet. Les médecins et pharmaciens principaux sont nommés moitié à l'ancienneté, moitié au choix; les médecins et pharmaciens en chef au choix. Les médecins et

pharmaciens principaux et les médecins et pharmaciens en chef sont choisis sur un tableau d'avancement dressé par le conseil d'amirauté. Les inspecteurs adjoints du service médical et du service pharmaceutique, les directeurs du service de santé et l'inspecteur général du même service sont nommés au choix. (D. 14 juillet 1865.)

257. Le directeur du service de santé et le médecin inspecteur sont choisis parmi les médecins en chef ayant accompli deux années de service effectif dans leur grade.

Ceux qui sont appelés à diriger les écoles de médecine navale de Brest, Rochefort et de Toulon ne peuvent être choisis que parmi les médecins en chef provenant de l'enseignement. Les directeurs du service de santé de Cherbourg et de Lorient et le médecin inspecteur sont choisis parmi les médecins en chef provenant des médecins principaux. Le pharmacien inspecteur est choisi parmi les pharmaciens provenant de l'enseignement. L'inspecteur général du service de santé est choisi parmi les directeurs du service de santé appartenant à l'enseignement. (D. 31 mai 1875.) [Voy. n° 51.]

258. A la mer, le service de santé est dirigé, dans une armée navale, par un médecin en chef; dans une escadre sous les ordres d'un vice-amiral commandant en chef, par un médecin en chef ou un médecin principal; dans une division navale commandée par un officier général commandant en chef, par un médecin principal; sur tout bâtiment monté par un officier général en sous-ordre, par un médecin principal; dans une division navale placée sous le commandement d'un capitaine de vaisseau, par un médecin de première classe pourvu d'une commission de médecin de division, qui remplit les fonctions de médecin-major du bâtiment; sur tout autre bâtiment, comportant la présence d'un médecin, et selon les effectifs réglementaires, par un médecin de première classe, un médecin de deuxième classe ou par un aide-médecin. (D. 31 mai 1875.)

259. Les officiers du corps de santé prennent, suivant leur position, les titres temporaires de médecin en chef d'armée, de médecin en chef ou de médecin principal d'escadre, de médecin principal de division, de médecin de division, de médecin-major. (Ibid.)

260. A terre, les médecins de première et de deuxième classe sont attachés au service des corps de troupes de la marine. Ils prennent, suivant leur grade, le titre et exercent les fonctions de médecin-major et de médecin aide-major. (Ibid.)

261. Les emplois du service de santé aux colonies sont attribués à ceux des médecins de la marine qui en font la demande, ou donnés à la suite de concours ouverts dans les écoles. Toutefois, lorsqu'il y a lieu de remplir, entre deux concours, des emplois devenus vacants dans le service colonial, et que les demandes n'ont pas été produites, il est procédé à ces remplacements par la désignation, dans chacun des grades de médecin de première classe et de médecin de deuxième classe, de l'officier le plus jeune de grade parmi ceux qui sont inscrits au premier rang de chacune des listes d'embarquement des cinq ports militaires. (Ibid.)

262. Le service de santé aux colonies est dirigé, suivant son importance, par un médecin en chef, par un médecin principal ou par un médecin de première classe pourvu du diplôme de docteur en médecine. (*D.* 14 *juill.* 1865, *art.* 39.) Les médecins en chef appelés au service colonial sont désignés d'après une liste spéciale sur laquelle figurent tous les médecins en chef provenant des médecins principaux employés en France. La durée de leurs fonctions est de trois ans. Les médecins en chef provenant de l'enseignement peuvent être admis, sur leur demande, à servir aux colonies, mais ils renoncent à l'enseignement, dans ce cas, à leur retour en France. (*D.* 31 *mai* 1875, *art.* 19.)

263. En cas d'insuffisance numérique des officiers appelés à occuper les emplois du service de santé aux colonies, et lorsqu'il n'est pas possible de recourir aux ressources du cadre général, il est fait appel à des médecins ou à des pharmaciens auxiliaires.

264. Les emplois de pharmaciens du service colonial sont remplis par des pharmaciens de la marine. La durée des services est de dix-huit mois pour les aides-pharmaciens. (*Ibid, art.* 21.)

265. Les médecins et les pharmaciens principaux, les médecins et les pharmaciens de première et de deuxième classe, qui ont été affectés au service colonial, sont replacés dans le service des ports et de la flotte après avoir servi aux colonies pendant deux ans. (*Ibid., art.* 22.)

266. La durée de l'embarquement, les conditions de l'inscription sur les listes d'embarquement et le départ pour les colonies ainsi que les permutations ont été respectivement déterminés dans les première, deuxième, troisième et quatrième sections du titre IX du règlement du 2 juin 1875.

267. Des emplois temporairement sédentaires, dits *prévôtés,* sont attribués dans les ports militaires, dans les établissements hors des ports et en Algérie à des médecins de première et de deuxième classe de la marine. Pour les premiers, la durée de ces fonctions est de deux ans, et pour les seconds, d'un an. L'officier titulaire d'une prévôté est rayé temporairement de la liste d'embarquement. (*Règl.* 2 *juin* 1875, *art.* 104.)

268. Le cadre des officiers de santé comporte actuellement, d'après le budget de 1877 :

	SOLDE à terre.	SOLDE à la mer.	SOLDE aux colonies.
1° *Service médical.*			
1 inspecteur général . . .	14,000ᶠ	»	»
3 directeurs du service de santé de 1ʳᵉ classe. . .	12,000	»	»
4 directeurs du service de santé de 2ᵉ classe . .	10,000	»	»
16 médecins en chef. . . .	6,500	7,600	9,000
9 médecins professeurs . .	4,500	»	6,500
34 médecins principaux . .	4,500	5,400	6,500
161 médecins de 1ʳᵉ classe .	3,000	3,600	5,250
163 médecins de 2ᵉ classe. .	2,000	2,400	4,000
150 aides-médecins. . . .	1,600	1,800	2,800
2° *Service pharmaceutique.*			
4 pharmaciens en chef . .	6,500	7,600	9,000
6 pharmaciens professeurs .	4,500	»	6,500
2 pharmaciens principaux .	4,500	5,400	6,500
12 pharmaciens de 1ʳᵉ classe .	3,000	3,600	5,250
16 pharmaciens de 2ᵉ classe .	2,000	2,400	4,000
19 aides-pharmaciens . . .	1,600	1,800	2,800

ART. 18. — INFIRMIERS.

269. Le corps des infirmiers maritimes, créé par le décret du 19 mars 1853, pour le service des hôpitaux de la marine et des bâtiments de la flotte, a été réorganisé par un décret du 29 juin 1876. Les infirmiers doivent contracter l'engagement de servir cinq années dans le corps, suivant les conditions déterminées par la loi du 27 juillet 1872 sur le recrutement de l'armée, et le décret du 18 juin 1873 sur les engagements et rengagements de l'armée de mer. Ils sont soumis aux lois et règlements sur le service militaire.

270. La hiérarchie et le cadre des infirmiers maritimes sont fixés de la manière suivante :

Maîtres infirmiers	6
Seconds-maîtres infirmiers	42
Quartiers-maîtres infirmiers.	72
Matelots infirmiers de 1ʳᵉ classe	152
Matelots infirmiers de 2ᵉ classe	153

En outre de leur solde, ils reçoivent des hautes-paies d'ancienneté de service et des allocations diverses.

Sect. 6. — **Maistrance, gardiennage et surveillance.**

ART. 1. — MAÎTRES PRINCIPAUX ENTRETENUS.

271. Le mot *maître* est un terme générique employé pour désigner les hommes gradés qui, sous les ordres des officiers exercent une autorité directe sur les matelots d'un équipage ou sur les ouvriers et individus de leur profession. Les maîtres entretenus ont été, dans les arsenaux et établissements de la marine, depuis 1765, l'objet d'ordonnances nombreuses. La plus récente (*D. du 1ᵉʳ mars* 1872) fixe leur nombre à 262, divisés en maîtres principaux de première et de deuxième classe, et en maîtres de première, de deuxième et de troisième classe.

272. Ils sont répartis dans les services des constructions navales (*ports, Indret* et *Guérigny*), des mouvements du port, de l'artillerie (*ports, Ruelle, Nevers, La Villeneuve*), des subsistances, forestier et de la Cochinchine. Leur solde varie de 1,600 à 2,300 fr.

273. Les maîtres entretenus des constructions navales peuvent devenir, après concours, sous-ingénieurs du génie maritime. (*Voy.* n° 184.)

ART. 2. — SYNDICS DES GENS DE MER ET GARDES MARITIMES. (*Voy.* **Syndics.**)

ART. 3. — GUETTEURS DES ÉLECTRO-SÉMAPHORES.

274. Les sémaphores établis sur le littoral des cinq arrondissements maritimes sont en communication, à l'aide du *code de signaux,* avec les bâtiments de la marine de l'État comme avec ceux de la marine du commerce ou des marines étrangères.

275. Ce service a été organisé par le décret du 17 mai 1862, le règlement du 5 mai 1867 et le décret du 25 février 1873. Il est dirigé, dans chaque arrondissement maritime, par le major général sous *l'autorité du préfet maritime.*

276. Le major général a sous ses ordres, pour la direction et la surveillance du service, des capitaines de frégate ayant le titre d'inspecteurs des électro-sémaphores. Ces inspecteurs sont au nombre de huit, répartis sur tout le littoral. Le nombre des postes sémaphoriques est actuellement de 147; deux agents sont affectés à chaque poste pour la manœuvre des appareils.

277. Le personnel des électro-sémaphores qui

se recrute, après examen, parmi les marins de toutes professions, ayant au moins cinq années d'embarquement, soit à l'État, soit au commerce, comprend :

64 chefs guetteurs de 1 e classe; 65 chefs guetteurs de 2e classe; 64 guetteurs de 1re classe; 65 guetteurs de 2e classe; 24 guetteurs de réserve ou suppléants. Leur solde varie de 800 à 1,100 fr.

ART. 4. — MARINS VÉTÉRANS.

278. Dans les arsenaux maritimes, l'important service de l'armement, des mouvements, de la garde et de la conservation des bâtiments de la flotte, était confié, il y a peu de temps encore, à trois groupes de personnel connus sous le nom d'escouades de *gabiers de ports*, de *gardiens de vaisseau* et de *canotiers de directions*, et qui n'avaient pas de caractère militaire. Un décret du 21 novembre 1874 les a licenciés, mais en les reconstituant sous la dénomination de *marins vétérans* et en les assimilant, quant aux obligations militaires, mais non quant à la hiérarchie, ni à la solde, aux équipages de la flotte.

Ils sont donc soumis aujourd'hui aux règles de compétence juridictionnelle, de discipline et de subordination applicables aux corps militaires de la marine et sont restés sous l'autorité du port.

279. Les degrés de hiérarchie des corps des marins vétérans sont désignés par les mêmes dénominations que dans les équipages de la flotte, mais, nous venons de le dire, sans qu'il y ait aucune parité de situation à établir. Les insignes de grades diffèrent d'ailleurs absolument de ceux des équipages de la flotte.

280. Les marins vétérans se recrutent parmi les quartiers-maîtres et matelots des équipages de la flotte présentant certaines conditions de conduite, d'âge, et d'ancienneté de services. Ils font tous partie de l'inscription maritime et contractent, en entrant dans le corps, une réadmission de trois années. (*Arr.* 10 *févr.* 1875.)

281. La solde qui leur est allouée est fixée de la manière suivante :

Premiers-maîtres	1,300 f
Maîtres	1,100
Seconds-maîtres	900
Quartiers-maîtres	800
Matelots	700

ART. 5. — AGENTS DU GARDIENNAGE.

282. Sous cette dénomination, sont compris divers agents dont le plus grand nombre est préposé à un service de surveillance, soit de la sûreté générale de l'arsenal, soit de la conservation du matériel qui y est contenu. Leur nombre s'élève à 795 soit : 6 gardiens chefs, 15 gardiens-majors, 140 portiers-consignes, 17 gardiens-concierges, 35 gardiens-portiers, 65 gardiens ambulants, 492 gardiens de bureaux, 25 patrons de canot. Leur solde varie de 900 à 1,800 fr.

283. Ces emplois ne sont donnés qu'à d'anciens marins, ouvriers des ports ou soldats des divers corps de la marine ou de l'armée, ayant accompli la période de service obligatoire en temps de paix ou ayant été blessés sur les travaux. (*D.* 8 *mai* 1872.)

ART. 6. — COMPAGNIES DE POMPIERS.

284. Il existe dans chacun de nos cinq ports militaires une compagnie d'ouvriers pompiers, placée sous les ordres du directeur des mouve-

ments du port, et dont la formation a été déterminée par un règlement du 17 mars 1838.

285. Nul n'y est admis 1° s'il ne contracte pas l'engagement de servir pendant une année; 2° s'il n'est âgé de 22 ans au moins; s'il ne sait ni lire ni écrire. Le choix doit porter de préférence sur les ouvriers employés depuis deux ans dans les arsenaux en qualité de mécaniciens, forgerons, ajusteurs, chaudronniers, tourneurs en métaux, charrons, serruriers, cordonniers, couvreurs, maçons, etc.

286. L'effectif des compagnies de pompiers s'élève à 512, savoir : 19 contre-maîtres, 44 aides contre-maîtres et 449 ouvriers de première, de deuxième et de troisième classe répartis entre les cinq ports. Leur solde varie de 650 à 1,150 fr. (*D.* 14 mars 1868.)

Sect. 7. — Trésoriers des invalides.

287. Ce personnel se compose d'un trésorier général, chargé, à Paris, de l'ensemble de la comptabilité des trois services : *Prises, gens de mer* et *Invalides*, et de trésoriers particuliers de première, deuxième et de troisième classe, chargés, dans les ports et les quartiers de l'inscription maritime, du recouvrement de tous les revenus qui composent la dotation de la caisse des invalides et du paiement des pensions de toute nature et autres dépenses assignées sur ces produits. Ils sont en même temps caissiers des gens de mer et des prises.

288. Les traitements des trésoriers des invalides ont été fixés par le décret du 1er juin 1875 ainsi qu'il suit :

Trésorier général	15,000 f
Trésorier de 1re classe	3,500
Trésorier de 2e classe	2,500
Trésorier de 3e classe	2,000

289. Les trésoriers particuliers ne sont que de simples préposés du trésorier général et un seul compte embrasse toutes les opérations de tous les comptables de l'établissement pour les trois caisses, contrairement à ce qui se pratique pour les autres comptables du Trésor, dont les comptes individuels sont séparément soumis à la Cour des comptes qui statue par arrêt séparé sur chacun d'eux. (*Voy.* Caisse des invalides.)

CHAP. V. — RECRUTEMENT DE L'ARMÉE DE MER.

290. L'armée de mer, en tant que personnel au-dessous du grade d'officier, se recrute : 1° par les hommes de l'inscription maritime; 2° par les engagés volontaires; 3° à défaut d'un nombre suffisant d'hommes de ces deux catégories, par un contingent du recrutement affecté à l'armée de mer. Ce contingent est fourni par chaque canton proportionnellement aux demandes du ministère de la marine, et composé de jeunes gens compris dans la première partie de la liste du recrutement cantonal et auxquels sont échus les plus bas numéros sortis au tirage au sort.

Sect. 1. — Inscription maritime.

291. Depuis la précédente édition du *Dictionnaire de l'Administration* (1862), d'importantes modifications ont été apportées au régime de l'inscription maritime. Rappelons-les sommairement tout d'abord :

Ainsi un décret du 22 octobre 1863, complétant et modifiant celui du 5 juin 1856, a réglé la formation du personnel des équipages de la flotte. Une loi du 4 juin 1864 a supprimé l'inscription des ouvriers des professions maritimes; un décret du 27 février 1866 a modifié le décret précité du 22 octobre 1863 sur le personnel des équipages.

292. Conformément à la loi du 27 juillet 1872 sur le recrutement de l'armée, l'appel des marins au service a lieu à vingt ans au lieu de vingt-un, le remplacement, qui était autorisé par l'art. 13 des décrets des 22 octobre 1863 et 27 février 1866 a été supprimé. Un décret du 31 décembre 1872 a posé des règles nouvelles de l'appel des inscrits maritimes; un arrêté ministériel du 29 avril 1874 a statué sur l'inscription provisoire et définitive des hommes de l'armée de terre sur les matricules des gens de mer. Enfin, une décision présidentielle du 18 novembre 1874 a soumis à la levée permanente les mécaniciens et les chauffeurs du commerce qui en étaient affranchis, en temps de paix, par le décret du 28 janvier 1857.

En l'état actuel des choses, voici les principales dispositions en vigueur :

293. Levée. Tout individu âgé de dix-huit ans révolus qui a fait deux voyages au long cours, soit sur les bâtiments de l'État, soit à bord des navires de commerce, ou qui compte dix-huit mois de navigation ou deux ans de petite pêche et qui déclare vouloir continuer la navigation ou la pêche, est inscrit comme matelot et peut être repris pour le service de la flotte. (*L. 3 brumaire an IV, art.* 5 : *D. 5 juin* 1856, *art.* 193.) Tout marin inscrit est appelé au service lorsqu'il a atteint l'âge de vingt ans révolus. (*D. 31 déc.* 1872.) Dans le mois pendant lequel il a accompli sa vingtième année, ou dans le mois qui suit son retour en France, il est tenu de se présenter devant un commissaire de l'inscription maritime; il est alors levé, dirigé sur un port chef-lieu d'arrondissement et incorporé à la division des équipages de la flotte (*voy.* n° 127). Dès l'âge de dix-huit ans, s'il est reconnu apte à faire un bon service, il peut devancer l'appel. L'inscrit maritime fait son service à dix-huit ans en deux périodes. Pendant la première, qui est de cinq ans (elle était de six avant le décret du 31 décembre 1872), l'inscrit maritime peut recevoir, quand il est en France, un congé renouvelable sans solde et se livrer à toute espèce de navigation. Il demeure, après cette période, deux ans encore et dans les mêmes conditions, en position de congé renouvelable. Le temps passé dans cette position est compté comme services à l'État pour tout inscrit qui s'engage à ne naviguer qu'au cabotage, au bornage et à la petite pêche. Enfin, après cette dernière période, l'inscrit ne peut plus être levé que par voie de décret et en cas d'armements extraordinaires (*art.* 18 *des D. des* 22 *oct.* 1863 *et* 27 *fév.* 1866). Grâce à ces dispositions, il y a parité absolue de situation entre les inscrits maritimes appelés au service de la flotte et les jeunes soldats affectés au même service sous le nom d'apprentis marins (*n*° 307). Après les trois premières années de service, le marin qui n'a pas été envoyé en congé a droit à une prime de vingt centimes par jour.

294. Les levées des gens de mer pour le service de la flotte portent (*D. 25 juin* 1861) d'abord sur les marins qui n'ont pas encore de service à

l'État, puis, en cas d'insuffisance, sur ceux qui ont le moins de service, ou, à durée égale de service, sur ceux qui ont été le plus anciennement congédiés. Mais des sursis sont accordés à l'aîné d'orphelins de père et de mère; au marin ayant un frère déjà levé; au fils unique, à l'aîné des fils, ou à défaut de fils et de gendre, au petit-fils unique ou à l'aîné des petits-fils d'une femme actuellement veuve ou d'un père aveugle ou entré dans sa soixante-dixième année. Aucun autre sursis ne peut être accordé que par le ministre de la marine sur les propositions des préfets maritimes ou des chefs de service de la marine.

295. *Avantages réservés aux inscrits maritimes.* Les inscrits ont seuls le droit d'exercer la navigation maritime et la pêche côtière (*L. 3 brum. an IV*). Ils sont dispensés de tout autre service public (*id.*). Ils jouissent pendant la durée de leur service et pendant les quatre mois qui suivent leur rentrée dans leurs foyers, de l'exemption de logement de gens de guerre. (*Décl. 21 mars* 1778.) Ils sont admis à suivre gratuitement les cours d'hydrographie. (*O. 7 août* 1825.) En activité de service, ils voyagent en chemin de fer au quart de prix de la place, en congé renouvelable, ils ont droit à cette immunité lorsqu'ils sont rappelés ou qu'ils voyagent en vertu d'un ordre de service. (*Arr. min. des trav. publ.* 15 *juin* 1866.) Ils sont admis gratuitement dans les hôpitaux s'ils tombent malades dans les quarante jours qui suivent la date de leur congé. Enfin, moyennant une retenue qui n'excède jamais 3 p. 100 de son salaire, l'inscrit a droit à une pension dite *demi-solde* après vingt ans de navigation et cinquante ans d'âge, quelle que soit la durée de son service à l'État. Sa veuve et ses orphelins en touchent une partie. Des secours journaliers peuvent être accordés aux enfants.

Sect. 2. — Engagements.

296. Les conditions de l'engagement et du rengagement pour l'armée de mer sont contenues dans le titre IV de la loi du 27 juillet 1872 et dans le décret du 18 juin 1873 : on y verra que l'âge minimum pour l'engagement des apprentis marins est de dix-huit ans, la faculté de s'engager à seize ans étant réservée aux jeunes gens sortant des écoles des mousses et à ceux pour lesquels le ministre de la marine jugerait à propos de prendre une décision spéciale. L'âge maximum pour les jeunes gens sans services à l'État est fixé à vingt quatre ans. Il est porté à trente ans pour les musiciens, ouvriers chauffeurs, charpentiers, voiliers et calfats, réunissant au moins cinq ans de services antérieurs depuis l'âge de seize ans.

297. Pour les élèves et quartiers-maîtres mécaniciens et les ouvriers mécaniciens, la limite minimum d'âge est de dix-huit ans et le maximum vingt-cinq ans, s'ils sont sans services à l'État, ou de trente ans s'ils appartiennent aux spécialités ci-dessus indiquées et s'ils ont des services antérieurs à l'État. (*Voy.* Recrutement.)

298. Les engagements volontaires pour chacun des différents corps de l'armée de mer sont ouverts ou suspendus par une décision du ministre de la marine suivant les besoins du service.

299. Aucun acte d'engagement ne peut être reçu dans les colonies. Les jeunes gens résidant en Algérie ne peuvent y contracter un engagement pour la marine qu'après une autorisation spéciale du ministre de la marine.

300. *Rengagements.* Ils ne sont contractés dans les équipages de la flotte que pour trois, quatre ou cinq ans. Ils sont reçus sans conditions d'âge et de services, sous la réserve que leur durée ne maintiendra pas au service au delà de cinquante-cinq ans les officiers mariniers, et au delà de cinquante ans, s'ils peuvent réunir à cet âge vingt-cinq ans de services, les quartiers-maîtres et matelots.

301. Nul n'est rengagé au titre des équipages de la flotte qu'après avoir été soumis à l'examen des commissions spéciales instituées dans chacun des ports militaires. Le temps de service dû par le marin qui se rengage dans sa dernière année d'activité sous les drapeaux se confond dans la durée du rengagement.

Sect. 3. — Recrutement.

302. La loi du 27 juillet 1872, modifiée le 4 décembre 1875, dispose que, pour les hommes qui ne proviennent pas de l'inscription maritime, le temps de service dans l'armée de mer est de cinq ans et de quatre ans dans la réserve. Ils passent ensuite immédiatement dans la réserve de l'armée territoriale où ils restent jusqu'à l'âge de quarante ans.

303. Des permutations soumises aux chances d'un tirage au sort peuvent avoir lieu entre les jeunes gens affectés à l'armée de mer et ceux affectés à l'armée de terre. (*D. 18 juin* 1873.)

304. Les changements introduits par la loi du 27 juillet 1872 dans la constitution des forces militaires du pays ont eu naturellement leur effet en ce qui concerne la flotte. Aussi le département de la marine, justement pénétré de l'importance des modifications introduites dans le service militaire, a-t-il eu le soin de faire réunir dans un volume publié à l'imprimerie nationale (1874) tous les actes constitutifs de la législation nouvelle; ces actes sont accompagnés de commentaires, de notes, de références qui font de ce volume un compendium absolument indispensable à consulter pour ceux qui veulent pénétrer dans les détails de l'organisation nouvelle au point de vue de la marine. Nous nous bornerons donc à y renvoyer ici et à indiquer seulement les points essentiels.

Sect. 4. — Hiérarchie et avancement.

305. Le premier degré de la hiérarchie militaire dans le personnel des équipages de la flotte comprend les *novices,* les *apprentis marins* et les *matelots;* ces derniers sont divisés en trois classes.

De jeunes garçons, sous la dénomination de *mousses,* sont attachés à ce personnel.

Les autres degrés de la hiérarchie militaire se composent des grades ci-après, divisés en deux classes : *quartiers-maîtres, seconds-maîtres, maîtres* et *premiers-maîtres.* (*D. 5 juin* 1856.)

ART. 1. — MOUSSES. (*Voy. École des mousses, n°* 330.)

ART. 2. — NOVICES.

306. Sont compris sous cette dénomination tous les marins qui ne réunissent pas encore les conditions voulues pour être matelots et qui ne sont pas liés au service par un engagement volontaire contracté conformément à la loi du recrutement.

Dès leur arrivée au service, ils sont, pour la plupart, embarqués sur le bâtiment servant de dépôt d'instruction (*voy. n°* 334), actuellement la *Bretagne,* en rade de Brest, d'où ils sont ensuite dirigés sur les écoles des diverses spécialités.

ART. 3. — APPRENTIS MARINS.

307. Les jeunes gens provenant de l'école des mousses de la flotte (*voy. n°* 330), qui souscrivent un engagement, quelle que soit leur provenance, les engagés volontaires pour cinq ans et les hommes provenant du recrutement qui ne réunissent pas les qualités pour être matelots de troisième classe, peuvent être admis comme apprentis marins et sont embarqués sur le bâtiment servant de dépôt d'instruction. (*Voy. Matelots, n°* 334.)

ART. 4. — QUARTIERS-MAITRES ET OFFICIERS-MARINIERS.

308. Nul ne peut être nommé matelot de troisième classe s'il n'a au moins dix-huit ans d'âge et, en outre : 1° les marins qui proviennent du recrutement ou de l'engagement volontaire, un an d'embarquement; 2° ceux qui proviennent de l'inscription maritime, deux campagnes au long cours, dix-huit mois de navigation ou deux ans de petite pêche.

309. Pour être *matelot de deuxième classe,* il faut avoir six mois de services comme matelot de troisième classe à terre ou à la mer, ou justifier de quarante-huit mois de navigation à l'État, au long cours ou au grand cabotage, depuis l'âge de dix-huit ans.

310. Pour être *matelot de première classe,* il faut avoir six mois de services comme matelot de deuxième classe à terre ou à la mer.

311. Nul ne peut être nommé *quartier-maître* s'il n'a six mois de services comme matelot de n'importe quelle classe. ((*D. 24 sept.* 1860, *art.* 199.)

312. Pour être *second-maître,* il faut avoir servi comme quartier-maître au moins six mois à bord des bâtiments armés (*L. 20 avril* 1832), et savoir lire et écrire.

313. Pour être *premier-maître* ou *maître,* il faut avoir servi au moins six mois comme second-maître à bord d'un bâtiment ayant au moins 250 hommes d'équipage, ou avoir rempli pendant le même temps les fonctions de maître chargé sur un bâtiment armé, de 150 hommes au moins d'équipage.

314. Les seconds-maîtres, les maîtres, les premiers maîtres et les sergents-majors, sergents-fourriers, capitaines et sergents d'armes sont qualifiés d'*officiers mariniers.*

Sect. 5. — Réserve.

315. Nous avons exposé la composition de l'armée de mer, montré ses cadres, son état-major, son personnel, qui se recrute à trois sources différentes (*voy. n°* 291); nous avons indiqué quelle était, depuis la loi de 1872 (*n°* 302), la durée du service actif et de la réserve: il nous reste à faire connaître l'organisation de cette réserve au point de vue de la marine.

316. Comme on l'a vu (*n°* 58), les forces maritimes de la France sont concentrées sur le littoral dans les cinq grands ports. Les engagés volontaires dans les équipages de la flotte et les corps de troupes, les jeunes soldats affectés à l'armée de mer, viennent tout d'abord recevoir dans ces ports leur première éducation militaire. C'est là aussi qu'après la période quinquennale d'activité, ces mêmes hommes devront se rendre isolément de tous les points du territoire lorsque la marine rappellera la réserve que la loi du 27 juillet 1872 laisse à sa disposition. Aussi un décret du 25 avril 1874, prenant pour base la direction de nos principales voies ferrées, a-t-il divisé la France en cinq circonscriptions de réserve maritime, dont chacune a l'un des ports militaires pour point de ralliement de tous les réservistes de l'armée de mer qui s'y trouvent en résidence. Dans chaque port existe un bureau des réservistes, chargé des contrôles et du service des rappels à l'activité.

CHAP. VI. — ÉCOLES DE LA MARINE.

317. *École polytechnique.* Bien que l'école polytechnique ne soit pas spéciale à la marine, nous croyons utile de rappeler ici qu'elle fournit à la flotte des aspirants de première classe, des aides-commissaires, les deux tiers de ses officiers d'artillerie, ainsi que tous les élèves du corps du génie maritime et de celui des ingénieurs hydrographes.

Chaque année, suivant les besoins du service, le ministre de la marine fait connaître au ministre de la guerre le nombre des places qui, dans ces différents corps, peuvent être attribuées aux élèves de l'école polytechnique déclarés admissibles dans les services publics, aux examens de sortie. (*Voy.* Écoles militaires.)

318. *École navale.* Le décret du 27 septembre 1810 avait institué deux écoles spéciales de la marine, l'une sur le *Tourville*, à Brest, la seconde sur le *Duquesne*, à Toulon. Fondue en une seule, établie à Angoulême par ordonnance du 31 janvier 1816, elle passa sur l'*Orion*, en rade de Brest, le 16 mai 1827. Depuis lors l'école navale n'a pas quitté Brest; elle est établie aujourd'hui sur le vaisseau *le Borda*, et est organisée conformément aux dispositions des ordonnances du 1er novembre 1830, 21 avril 1832, 4 mai 1833, de la loi du 5 juin 1850, des décrets du 19 janvier 1856, 24 septembre 1860 et 14 décembre 1862.

319. Commandée par un capitaine de vaisseau, l'école navale relève directement de l'autorité du préfet du deuxième arrondissement maritime. L'enseignement, à la fois théorique et pratique, est confié à 20 professeurs, dont 8 lieutenants de vaisseau. Le *Borda* a une annexe, le *Bougainville*, pour les exercices de matelotage à la mer.

320. Cette école fournit au corps de la marine le plus grand nombre de ses officiers; les élèves y sont admis par la voie du concours depuis l'âge de quatorze ans jusqu'à l'âge de dix-sept ans. (*L.* 20 *avril* 1832, *et Déc.* 24 *septembre* 1860.) Un règlement du 25 avril 1876 détermine les conditions de ce concours.

321. Des bourses et des demi-bourses sont concédées aux jeunes gens qui ont préalablement constaté l'insuffisance des ressources de leur famille. Elles sont accordées par le ministre de la marine, sur la proposition des conseils d'administration et d'instruction des écoles. (*L.* 5 *juin* 1850.)

322 Après deux ans d'études, les élèves qui ont satisfait à l'examen de sortie reçoivent le titre

d'aspirant de marine de deuxième classe et embarquent sur un bâtiment d'instruction, à bord duquel ils font une troisième année d'études. (*Voy.* n° 323.)

Un conseil de perfectionnement, présidé par le vice-amiral préfet du deuxième arrondissement maritime, est chargé d'examiner toutes les questions concernant l'enseignement à l'école navale et à l'école d'application des aspirants de marine; il discute les projets de règlements relatifs à l'instruction et à la police intérieure; il rédige les programmes du cours, et donne son avis sur les modifications à introduire dans les conditions d'admission à l'école navale. Ce conseil se réunit à Brest, chaque année, le 1er septembre, et toutes les fois que les circonstances l'exigent. (*D.* 11 *août* 1856 *et* 31 *mars* 1873.)

323. *École d'application des aspirants de marine.* Jusqu'en 1864, les aspirants de deuxième classe ne pouvaient être nommés à la première classe qu'après deux années de navigation sur les bâtiments de l'État. La loi du 7 mai 1864 a réduit à une seule la période de navigation sur un bâtiment d'instruction, lequel remplit, à l'égard de l'éducation professionnelle des officiers de marine, le rôle des écoles d'application pour les officiers des armes spéciales. A leur sortie de l'école navale, les aspirants de deuxième classe sont embarqués sur le bâtiment-école d'application pour une campagne d'un an, après laquelle ils sont admis à passer leur examen pour le grade d'aspirant de première classe. (*D.* 24 *septembre* 1864 *et arr.* 15 *octobre* 1864.)

324. *École d'application du génie maritime.* Cette école, établie à Paris dès 1765, fut transférée en l'an X à Brest, plus tard à Lorient, rétablie en 1854 à Paris et enfin transportée à Cherbourg en 1872. Les élèves de l'école polytechnique admis dans le génie maritime, y suivent pendant deux ans un cours complet d'application.

L'école d'application du génie maritime est dirigée par un directeur des constructions navales, ou par un officier supérieur du génie maritime. Elle relève directement du préfet maritime. (*Règl.* 14 *août* 1872, *modifié par celui du* 1er *mars* 1876.)

325. *Écoles de médecine navale.* Elles sont au nombre de trois, établies à Brest, à Rochefort et à Toulon. Les conditions relatives à l'admission des élèves sont les mêmes que celles qui sont établies pour les facultés de médecine de l'État. Les étudiants suivent les cours pendant deux années, après lesquelles ils subissent un examen et deviennent aides-médecins ou aides-pharmaciens. La direction de ces écoles est placée dans les attributions du directeur du service de santé du port. (*Règl.* 10 *avril* 1866 *et* 2 *juin* 1875.)

326. *École des défenses sous-marines.* Cette école, constituée à Boyardville (île d'Oléron) en 1869, modifiée après la guerre de 1870, a été réorganisée par un décret du 9 avril 1876. Un navire mouillé en rade est annexé à l'école. Des capitaines de frégate, des lieutenants et enseignes de vaisseau, des officiers mariniers, quartiers-maîtres et marins des équipages de la flotte et du corps des marins vétérans y reçoivent pendant six mois l'instruction théorique et pratique spéciale

aux torpilles, ainsi qu'aux autres engins sous-marins destinés à l'attaque et à la défense.

327. L'école est placée sous le commandement d'un capitaine de vaisseau nommé par décret et relève du vice-amiral préfet maritime à Rochefort. L'enseignement est donné par des officiers professeurs et un personnel d'instructeurs pris dans la maistrance de la flotte et appartenant pour la moitié au moins à la spécialité du canonnage. La période d'instruction des officiers supérieurs est fixée à cinq mois, celle des lieutenants de vaisseau, des enseignes de vaisseau et des élèves marins à six mois.

328. *Établissement des pupilles de la marine.* Créé à Brest le 15 novembre 1862 et réorganisé le 19 octobre 1868, cet établissement est destiné à recueillir, à élever et à diriger vers les professions maritimes les enfants des gens de mer, ceux des soldats des corps de troupes de la marine et des ouvriers des ports qui meurent en activité de service ou qui sont titulaires d'une pension de retraite. Les orphelins de père et de mère peuvent y être admis dès l'âge de sept ans; ceux qui ont encore leur père ou leur mère ne sont admis qu'à neuf ans. Ils reçoivent dans cet établissement l'instruction primaire, religieuse, maritime et militaire. A treize ans révolus ils passent à l'école des mousses. (*Voy. n° 330.*)

329. L'établissement des pupilles est installé à terre, il est placé sous l'autorité supérieure du préfet maritime et relève du major général pour tout ce qui concerne le commandement, la police, la discipline et l'instruction. Un capitaine de frégate exerce le commandement de l'école.

330. *École des mousses.* On a longtemps cru qu'on pouvait faire accepter à la marine de l'État, comme mousses, des enfants dont on voulait réformer la conduite et le caractère. Il n'en est rien. Les mousses de l'État se recrutent, au contraire, parmi les fils de marins présentant les meilleures garanties de conduite et d'aptitude et destinés, par la suite, à fournir à la flotte une grande partie de ses officiers mariniers.

331. Établie à bord d'un bâtiment en rade de Brest, en exécution du décret du 5 juin 1856, l'école des mousses reçoit un nombre d'enfants limité par les besoins du service et les ressources financières. La durée du séjour est de deux ans au moins et de trois ans au plus. Les mousses sont choisis : 1° parmi les pupilles de la marine; 2° parmi les enfants des salariés de la marine, tant des ports que du littoral, en accordant la préférence aux enfants des marins morts ou mutilés au service, puis aux enfants de ceux qui ont le plus de service à l'État; 3° parmi les enfants des officiers, sous-officiers et soldats des troupes de terre et de mer, et en cas d'insuffisance, parmi les enfants de l'intérieur de la France.

332. Les mousses à admettre à l'école de Brest doivent avoir treize ans au moins et quatorze ans au plus, être d'une bonne constitution, avoir été vaccinés et avoir une taille de 1ᵐ,33 à 1ᵐ,38. Tous ces enfants ne sont admis qu'avec le consentement de leurs parents ou tuteurs, qui s'obligent par écrit à rembourser à l'État les frais de toute nature auxquels aura donné lieu leur séjour à l'école, si, à seize ans, ils ne contractent pas un

engagement de cinq ans pour servir dans les équipages de la flotte.

333. L'instruction donnée aux mousses, quoique principalement nautique et militaire, comprend l'instruction élémentaire et religieuse, le chant, la boxe, la gymnastique, la natation, etc. (*D.* 5 *juin* 1856 *et Circ. min.* 23 *avril* 1874 *et* 3 *mai* 1875.)

334. *Dépôt d'instruction pour les novices et apprentis marins.* L'organisation de ce dépôt date du 11 juin 1867. Il est établi à bord du vaisseau *la Bretagne*, en rade de Brest. Sont embarqués sur ce bâtiment : 1° les novices de toute provenance présents au port et les apprentis marins de l'engagement volontaire qui manifestent des dispositions pour la spécialité de gabier; 2° les apprentis canonniers ainsi que les apprentis marins qui doivent accomplir six mois d'embarquement avant d'être destinés au bâtiment-école des matelots-canonniers; 3° les apprentis timoniers de toute provenance destinés aux vaisseaux-écoles de matelotage et de timonerie; 4° les apprentis marins désignés pour suivre ultérieurement les cours des bataillons de fusiliers à Lorient. Le bâtiment-école est commandé par un capitaine de vaisseau.

335. *École d'application de timonerie.* Organisée d'abord à bord du vaisseau-école d'application des canonniers, l'école de timonerie, reconnue par le décret du 5 juin 1856, a été transportée, en 1875, à bord de deux bâtiments à voiles, la frégate *l'Isis* et la corvette *Cornélie.* (*Voy. n*ᵒˢ 145 *et* 146.)

336. *Écoles de pilotage.* Elles ont été instituées par décret du 14 juillet 1865 dans le but de former des pilotes brevetés pour la flotte. Elles sont au nombre de deux, l'une pour le littoral nord, sur l'aviso *le Faon,* l'autre pour la côte ouest, sur l'aviso *le Travailleur.* Les hommes auxquels l'instruction est donnée y demeurent pendant trois ans (*Règl.* 16 *janv.* 1867); ils sont divisés en apprentis pilotes de deuxième et de première classe. Les écoles sont placées sous l'autorité supérieure du préfet du deuxième arrondissement maritime.

337. *École d'application de canonnage.* En rétablissant l'institution des matelots-canonniers brevetés, la décision royale du 21 octobre 1837 décida, en même temps, que leur instruction se ferait à la mer. Deux corvettes d'abord, remplacées plus tard (1839) par une frégate de premier rang, furent affectées à cette école d'application flottante, qui a été réorganisée par les décrets des 5 juin 1856, 4 août 1860 et 20 février 1868 et se trouve installée aujourd'hui sur l'*Alexandre,* vaisseau à voiles de deuxième rang, et sur ses annexes, l'*Implacable,* batterie flottante, et le *Janus,* brick à voiles. L'école d'application de canonnage est commandée par un capitaine de vaisseau. (*Voy. n*ᵒˢ 136 *à* 139.)

L'école d'application de canonnage sert aussi d'école d'application pour les officiers de marine.

338. *École d'artillerie.* Cette école a été instituée par l'ordonnance du 30 avril 1844, concernant le corps d'artillerie de la marine (*Tit.* 1ᵉʳ, *art.* 6), et placée à Lorient, sous les ordres du colonel du régiment d'artillerie en garnison dans ce port. (*Circ.* 2 *juin* 1865.) L'administration de l'école a été réglée par une ordonnance du 4 novembre 1847.

339. *École de pyrotechnie.* Elle a été établie à Toulon par une ordonnance du 18 décembre 1840. Elle est chargée : 1° de former des artificiers, des chefs et des maîtres artificiers; 2° de donner une instruction spéciale aux premiers-maîtres, maîtres, seconds-maîtres et quartiers-maîtres ainsi qu'à un certain nombre de matelots-canonniers brevetés de la flotte; 3° de suivre les recherches utiles aux perfectionnements de l'art pyrotechnique appliqué au service de la marine. Elle est confiée, sous l'autorité et la surveillance du directeur de l'artillerie, à un chef de bataillon d'artillerie de la marine. (*Déc. 26 mars* 1859.)

340. *Écoles d'enseignement élémentaire des apprentis des arsenaux de la marine.* Les écoles d'enseignement élémentaire établies dans les ports, ont été organisées par un décret du 7 avril 1851. Elles sont destinées exclusivement à l'instruction des apprentis de toutes classes et professions, en activité de service dans les divers ateliers des ports. Elles sont placées sous la direction supérieure du directeur des constructions navales; un ingénieur de la marine en a la direction secondaire et la surveillance. Les bases de l'instruction sont : les devoirs de la religion, la lecture, l'écriture, la grammaire, les éléments du calcul et du dessin linéaire. Elles ont chacune un professeur pourvu du brevet et assisté d'un contre-maître ou un aide-contre-maître. Les élèves forment deux divisions. La durée maxima des études est de trois années.

341. *Écoles de maistrance.* Ces écoles, dont l'objet est de former des contre-maîtres et des chefs d'atelier pour les arsenaux de la marine, ont été établies en 1819, à Brest, Rochefort et Toulon. Réorganisées par décret du 7 avril 1851, elles ont été reconstituées de nouveau par un décret du 8 février 1868.

342. Elles sont divisées en écoles préparatoires et en écoles normales. Les premières sont établies dans chacun de nos ports militaires et à Indret. Elles admettent, après examen, des ouvriers possédant déjà l'instruction primaire et leur donnent les éléments des connaissances théoriques qui se rapportent à leurs diverses professions.

Les secondes, qui sont au nombre de deux (Brest et Toulon), développent par un enseignement supérieur les connaissances déjà acquises soit par les meilleurs élèves des écoles du premier degré, soit par des hommes provenant des équipages de la flotte et admis au concours. Ces écoles sont placées dans les attributions du directeur des constructions navales.

343. *Écoles des mécaniciens.* Instituées par décret du 24 septembre 1860 et organisées par un règlement du 18 août 1862 sur le bâtiment central de la réserve à Brest et à Toulon, ces écoles reçoivent tous les mécaniciens des équipages de la flotte qui se trouvent dans ces ports sans y être embarqués. Les élèves y sont attachés d'une manière fixe pendant une période scolaire (10 mois) s'ils réunissent les conditions voulues pour concourir au grade supérieur à la fin de la période; dans le cas contraire, ils suivent les cours, tout en restant sur la liste d'embarquement.

Les écoles des mécaniciens des équipages de la flotte sont placées sous le commandement d'un capitaine de frégate qui relève du major de la flotte.

344. *Cours normal des instituteurs élémentaires de la flotte.* Ce cours, créé à Rochefort par décision présidentielle du 22 décembre 1872, a pour objet d'initier aux pratiques et aux méthodes de l'enseignement les officiers mariniers, quartiers-maîtres, magasiniers et armuriers qui seront appelés ultérieurement à diriger l'école élémentaire faite aux équipages de tous les bâtiments, conformément au règlement du 25 mai 1870. La durée des études est de cinq mois. Le programme des matières que les élèves instituteurs doivent apprendre à enseigner a été arrêté le 31 janvier 1874. Le cours est dirigé par un professeur mis à la disposition de la marine par le département de l'instruction publique.

345. *Écoles d'hydrographie.* Etablies dans le plus grand nombre de nos ports de guerre et de commerce, elles sont destinées à former des capitaines au long cours et des maîtres au cabotage. (*O. et règl.* 7 *août* 1825.) L'enseignement y est donné par des professeurs nommés par le chef de l'État. (*Voy. n°*ˢ 204 à 207.) Les conditions pour l'admission au commandement des bâtiments de commerce ont été réglées par un décret du 26 janvier 1857.

CHAP. VII. — ADMINISTRATION, SOLDE, RETRAITES, JUSTICE MARITIME, LÉGION D'HONNEUR.

Sect. 1. — Administration.

346. Il serait difficile de résumer complétement dans le cadre de ce travail les principales dispositions qui régissent la marine militaire sous le rapport de l'administration, de la solde, de la comptabilité; cependant si l'on veut se borner à saisir les grandes lignes, on trouvera que ces dispositions peuvent se résumer en un petit nombre d'articles en dehors des points spéciaux que nous avons d'ailleurs séparément traités toutes les fois que l'occasion s'en présentait. Ainsi, les règles générales de l'organisation administrative des ports, le fonctionnement des services à terre se trouvent nettement formulés dans l'ordonnance du 14 juin 1844. D'un autre côté, le décret du 31 mai 1862 renferme pour tous les services publics les règles générales à suivre, qu'il s'agisse de comptabilité en deniers ou de comptabilité en matières.

347. Pour ce qui concerne spécialement la marine, un règlement du 14 janvier 1869, rendu en exécution du décret précité, après avoir reproduit les dispositions générales en vigueur pour l'établissement du budget, l'exécution des services, la liquidation, l'ordonnancement et le paiement des dépenses, la reddition des comptes, édicte les prescriptions spéciales à la marine militaire, notamment en fait d'armements ou de désarmements et sur le service des traites.

348. En ce qui touche la comptabilité des matières de la marine (*voy. ce mot*) nous rappellerons ici que les actes ci-après indiqués contiennent aujourd'hui toute la doctrine : la loi du 24 avril 1833 (*art.* 10), qui dispose que les comptes du matériel seront, chaque année, imprimés et soumis aux Chambres; la loi du 6 juin

1843 (*art.* 14), qui soumet les comptes-matières
au contrôle de la Cour des comptes ; l'ordonnance
du 26 août 1844 portant règlement d'administration publique sur la comptabilité des matières
appartenant à l'État ; le décret du 30 novembre
1857 sur la comptabilité des matières de la marine ; l'instruction générale du 1er octobre 1854,
spéciale aux services des approvisionnements de
la flotte et des travaux hydrauliques, avec les
modifications qu'y ont introduites les arrêtés des
2 décembre 1857 et 12 octobre 1859.

349. Un autre détail peut encore attirer l'attention ; nous voulons parler du fonctionnement
du service des achats dans la marine militaire
(adjudications, marchés de gré à gré, recettes, etc.).
A cet égard, les notions contenues dans le décret
précité du 31 mai 1862 peuvent être utilement
complétées, si l'on se reporte à un document publié par le ministère de la marine, le 10 juin
1870, sous le titre de : *Conditions générales des
marchés* (Imprimerie nationale). Ce document intéresse surtout ceux qui, par la nature de leurs
affaires, sont appelés à traiter avec l'administration
de la marine.

Sect. 2. — Solde.

350. S'agit-il seulement de se renseigner sur
ce qu'est le service de la solde dans la marine de
l'État, au point de vue des allocations de toute
nature attribuées suivant les grades, suivant la
position, aujourd'hui, en cette matière complexe
et qui abonde en détails, le décret du 1er juin
1875 forme un code complet pour tous les corps
de la marine, à l'exception des corps de troupe
et des équipages de la flotte ; il ne contient pas
moins de cinquante-deux tarifs. Aussi permet-il
de se rendre compte exactement, sous ce rapport,
de la situation faite à tout officier ou agent d'un
des corps de la marine, dans l'une quelconque des
situations d'activité ou de congé qui peuvent se
présenter.

Sect. 3. — Pensions de retraite.

351. Quant aux pensions de retraite, elles sont
servies par la *Caisse des invalides de la marine,*
et nous renvoyons pour les détails à ce mot, p. 322.

Sect. 4. — Justice maritime.

352. Le Code de justice militaire pour l'armée
de mer porte la date du 4 juin 1858. Ce Code
subdivise en trois classes, comme dans la justice pénale ordinaire, les faits qui dans l'armée
de mer peuvent donner lieu à l'application d'une
peine : crimes, délits, manquements à la discipline.

353. Pour les crimes, les peines sont : la mort,
les travaux forcés à perpétuité, la déportation, les
travaux forcés à temps, la détention, la réclusion,
le bannissement, la dégradation. Pour les délits :
la destitution, les travaux publics, l'emprisonnement, la privation de commandement, l'inaptitude
à l'avancement, la réduction de grade ou de classe,
le cachot ou double boucle, l'amende. Les peines
pour manquement à la discipline sont : l'emprisonnement dont le maximum est de deux mois, le
cachot ou double boucle dont le maximum est de
dix jours. Ces dernières peines remplacent les
châtiments corporels (la cale, la bouline, les coups
de corde, l'attache au grand mât).

354. Le Code de justice pour l'armée de mer

range les pénalités pour crimes en deux classes,
celles qui sont afflictives et infamantes et celles
qui sont seulement infamantes. Le droit à l'obtention et à la jouissance des pensions militaires
est suspendu par les condamnations à une peine
afflictive ou infamante. (*L.* 11 *avril* 1831,
art. 26.)

355. *Juridiction.* Il y a soit à terre, soit à bord,
des marins, des militaires, des ouvriers civils,
même des passagers. Il était impossible de soumettre tous ces individus à la même juridiction.
On a donc distingué la justice à terre et la justice
à bord. A terre, elle est rendue par des conseils de
guerre et des conseils de révision permanents, par
des tribunaux maritimes et des tribunaux de révision
permanents ; à bord, par des conseils de guerre,
des conseils de révision, des conseils de justice.

ART. 1. — CONSEILS DE GUERRE PERMANENTS (A TERRE)

356. Il y a deux conseils de guerre permanents
au chef-lieu de chaque arrondissement maritime ;
l'étendue de leur ressort, comme celui des tribunaux maritimes, a été déterminée par le décret du
21 juin 1858. Dans le cas où un jugement d'un
de ces conseils a été annulé par le conseil de
révision, il est renvoyé devant l'autre conseil de
guerre.

357. Les conseils de guerre sont composés d'un
président, qui doit toujours être d'un grade supérieur à celui de l'accusé, et de six juges choisis,
suivant le cas, conformément au tableau inséré
dans l'art. 4 du Code de justice maritime. Près
de chaque conseil de guerre existe un commissaire, un rapporteur, un greffier avec un ou plusieurs substituts et un ou plusieurs commis-
greffiers.

358. Les conseils de guerre permanents connaissent de tous les crimes et délits autres que
ceux du ressort des tribunaux maritimes, commis
soit à bord, soit à terre par les individus qui relèvent de cette juridiction, à raison de leur qualité
ou de leur situation ; ils jugent donc aussi bien
les crimes et délits communs que les crimes et
les délits maritimes, sauf quelques exceptions.

359. Les officiers de tous grades et de tous
les corps de la marine, les officiers mariniers et
sous-officiers, les marins, les soldats et les agents
assimilés aux marins ou militaires sont justiciables des conseils de guerre permanents, tant qu'ils
sont en activité de service ou portés présents sur
les contrôles. L'énumération exacte de ces différents justiciables est donnée dans les art. 76 et
77 du Code de justice.

ART. 2. — CONSEILS DE RÉVISION PERMANENTS.

360. Le décret du 21 juin 1858 a décidé,
conformément aux art. 26 et 46 du Code de justice, qu'il y a pour les cinq arrondissements maritimes deux conseils de révision permanents,
siégeant, l'un à Brest pour les premier, deuxième
et troisième arrondissements, et l'autre à Toulon
pour les quatrième et cinquième.

361. Les conseils de révision sont composés
de la manière suivante : le major général, président, ou juge s'il n'a pas le grade requis pour
présider ; quatre juges pris parmi les capitaines
de vaisseau, capitaines de frégate, colonels ou
lieutenants-colonels, chefs de bataillon et d'esca-

dron, ou majors; un commissaire-rapporteur, un greffier et au besoin un substitut et un commis-greffier.

362. Les conseils de révision ne connaissent pas du fond des affaires. Ils ne jugent les recours formés contre les jugements des conseils de guerre que dans les cas déterminés par l'art. 87 du Code de justice (vice de forme, violation des règlements de compétence, fausse application de peines, etc.).

ART. 3. — TRIBUNAUX MARITIMES PERMANENTS.

363. Il y en a deux au chef-lieu de chaque arrondissement, et il peut, au besoin, en être créé dans les sous-arrondissements et dans les établissements hors des ports. Leur ressort est le même que celui des conseils de guerre permanents.

364. Ils sont composés : d'un capitaine de vaisseau ou de frégate, président, et de six juges, savoir : un juge du tribunal de première instance; un juge suppléant ou à défaut un avocat attaché au barreau ou un avoué; un commissaire adjoint ou un sous-commissaire de la marine; deux lieutenants de vaisseau; un sous-ingénieur de première ou de deuxième classe. Près de chaque tribunal maritime, il y a un commissaire-rapporteur et un greffier, un ou plusieurs substituts et un ou plusieurs commis-greffiers.

365. Tous individus, auteurs ou complices de crimes et délits commis dans l'intérieur des ports, arsenaux et établissements de la marine, lorsque ces crimes ou délits sont de nature à compromettre, soit la police ou la sûreté de ces établissements, soit le service maritime, sont justiciables des tribunaux maritimes, encore qu'ils ne soient ni marins, ni militaires. Ces tribunaux connaissent aussi des faits de piraterie prévus par la loi du 10 avril 1825.

ART. 4. — TRIBUNAUX DE RÉVISION PERMANENTS.

366. Il y en a deux, l'un siégeant à Brest pour les premier, deuxième et troisième arrondissements maritimes, et l'autre à Toulon pour les quatrième et cinquième arrondissements.

Leur composition est celle-ci : le major général de la marine, président, ou juge s'il n'a pas le grade requis pour présider; quatre juges : le président du tribunal de première instance, le procureur de la République près le même tribunal, un capitaine de vaisseau et un commissaire de la marine; un commissaire-rapporteur, un greffier, un substitut et un commis-greffier.

367. Les tribunaux de révision se prononcent sur les recours formés contre les jugements des tribunaux maritimes du ressort des tribunaux de révision. Ils ne statuent que sur la forme.

ART. 5. — CONSEILS DE GUERRE (A BORD).

368. Ces conseils de guerre ne sont pas permanents comme nous venons de les voir à terre; ils ne sont formés que lorsqu'un crime ou un délit de leur compétence y donne lieu.

369. Leur composition est la même que celle des conseils à terre. Les membres en sont pris parmi les officiers, officiers mariniers, présents sur les lieux. Un officier de la marine exerce les fonctions de commissaire-rapporteur, un aide-commissaire celles de greffier.

370. Ils connaissent des crimes ou délits com-

mis, soit à bord, soit à terre (sauf les cas où les conseils de guerre permanents à terre doivent être saisis), par tous individus portés présents sur les rôles d'équipage des bâtiments de l'État ou détachés du bord pour un service spécial, lorsque ces bâtiments ne sont pas dans l'enceinte d'un arsenal maritime.

ART. 6. — CONSEILS DE RÉVISION.

371. Le conseil de révision doit être formé en même temps que le conseil de guerre, à bord des bâtiments de l'État.

372. Il se compose d'un officier général de la marine ou un capitaine de vaisseau, président, de quatre juges pris parmi les capitaines de vaisseau ou de frégate des bâtiments présents sur les lieux, ou, à défaut, parmi les officiers supérieurs de troupe embarqués ou employés à terre. En cas d'impossibilité de recourir à cette composition, ce conseil est formé d'un capitaine de frégate, président, et de deux juges pris soit parmi les officiers supérieurs, soit parmi les plus anciens lieutenants de vaisseau ou capitaines présents sur les lieux.

Les fonctions du ministère public sont confiées soit à un officier supérieur du corps de la marine ou du commissariat, soit à un lieutenant de vaisseau, soit à un sous-commissaire. Un aide-commissaire remplira celles de greffier.

373. Les conseils de révision se prononcent sur les recours formés contre les jugements des conseils de guerre à bord.

ART. 7. — CONSEILS DE JUSTICE.

374. Il y a lieu d'en réunir à bord lorsqu'un délit de la compétence de ces conseils y a été commis. Le conseil de justice est alors composé du commandant ou du second, comme président, et de quatre juges, savoir : de trois officiers de marine et d'un officier marinier, pris sur le bâtiment où le délit a été commis, ou, en cas de complicité, à bord du bâtiment auquel appartient le prévenu le plus élevé ou le plus ancien en grade. Un officier d'administration ou tout autre homme de l'équipage remplit les fonctions de greffier.

375. Le conseil de justice connaît de tous les délits n'emportant pas une peine supérieure à deux ans d'emprisonnement, et commis par des individus qui, n'ayant ni le grade d'officier ou d'aspirant, sont portés présents sur les rôles d'un bâtiment de l'État ou détachés à bord pour un service spécial.

ART. 8. — RECOURS EN CASSATION.

376. Les accusés ou condamnés non marins ou militaires ou assimilés ou non justiciables des conseils de guerre, ont seuls le droit de se pourvoir en cassation contre les jugements des conseils de guerre et de révision, des tribunaux maritimes et des tribunaux de révision.

CHAP. VIII. — LE BÂTIMENT DE GUERRE.

377. L'objectif de l'organisation de la marine militaire dont nous venons de présenter une esquisse trop rapide pour pénétrer complètement dans tous ses détails si multiples, c'est le *bâtiment de guerre*. Voyons comment se combinent, pour le produire, les éléments groupés sous le pavillon du ministère de la marine: d'abord il faut construire le bâtiment.

378. Le conseil d'amirauté (ou, comme en 1857,

une commission composée d'officiers généraux et de membres du Conseil d'État) arrête le programme de la composition de la flotte, et détermine les types de navires de diverses classes dont elle doit se composer. En prévision des besoins et dans la limite des crédits accordés, les plans des navires à construire sont mis au concours parmi les officiers du génie maritime, d'après des indications arrêtées par le ministre, le conseil des travaux entendu. — Tous les projets produits dans ce concours sont examinés à Paris par le conseil des travaux et par l'inspection générale du génie maritime. Si le ministre les approuve et décide qu'il sera procédé à leur exécution, les plans approuvés sont renvoyés dans les ports avec l'ordre de mise en chantier. Il peut être confié aussi des commandes à des constructeurs du commerce. La surveillance de ces constructions est alors remise à des ingénieurs de la marine.

379. Autrefois, quand on construisait en bois, on mettait quinze à vingt ans pour achever un bâtiment ; aujourd'hui on construit surtout en fer et cinq ans suffisent pour atteindre ce but. Pendant que la coque se fait à Toulon, par exemple (à moins qu'elle n'ait été confiée à un chantier de l'industrie privée), les machines sont entreprises à Indret ou dans une usine particulière, les plaques de blindage sont commandées aux ateliers civils, et l'artillerie est confectionnée à Ruelle ou à Nevers. (*Voy. n° 89.*)

Le tout terminé, les machines à bord, on procède aux essais, et, s'ils sont satisfaisants, le bâtiment peut être armé immédiatement, ou placé dans l'une des catégories de la réserve.

380. Le décret et le règlement du 8 mai 1873, qui ont statué en dernier lieu sur l'armement, les essais, l'entretien et la conservation des bâtiments de la marine de l'État, établissent deux positions pour les bâtiments neufs ou réparés : celle d'armement et celle de réserve, comprenant trois catégories. On peut passer directement de l'une ou de l'autre de ces catégories à l'armement quand le port reçoit l'ordre d'armer.

381. On arme le bâtiment. Le commandant est nommé par le Chef de l'État ; si c'est un capitaine de vaisseau, il choisit son second, ainsi qu'un des lieutenants de vaisseau de son état-major. Si c'est un capitaine de frégate ou un lieutenant de vaisseau, il n'a qu'un seul officier à son choix. Le tour d'embarquement (*Arr. 5 mars* 1862) désigne les autres officiers. La *maistrance* (c'est-à-dire les sous-officiers) est prise au tour d'embarquement dans la *division des équipages* (*voy. n°* 127) qui fournit aussi les *spécialités* et l'équipage, conformément aux dispositions du règlement du 1er janvier 1869.

382. Un mot à ce sujet. Autrefois, on embarquait, au moment de l'armement, le nombre de matelots jugé nécessaire, et le capitaine, suivant la locution en usage, avait charge de *débrouiller* et de *tirer parti*, comme il le pouvait, des éléments divers et parfois assez incohérents. Aujourd'hui, tout autre est le mode de procéder. Grâce à ses précieuses écoles, la marine forme à l'avance et avec le plus grand soin *des spécialités*, c'est-à-dire des hommes experts dans leur profession : fusiliers pour le service de la mousqueterie (*voy.*

n° 140), canonniers (n° 136), gabiers (n° 134), timoniers (n° 145), mécaniciens et chauffeurs (n° 147), de sorte que sans retard le bâtiment qui arme reçoit un personnel tout formé, et le capitaine, le lendemain de son arrivée à bord, se voit entouré d'un état-major d'officiers dont la réputation n'est plus à faire, d'une maistrance expérimentée et, enfin, de ces *spécialités* dans lesquelles s'encadrent aisément les matelots de pont. Voilà pour le personnel.

383. Quant au *matériel*, le bâtiment a fait ses essais avec le strict nécessaire qui lui a été délivré provisoirement. Il s'agit maintenant de l'armer complètement, de lui délivrer tout ce que prescrit le *règlement d'armement*, qui forme en quelque sorte l'inventaire du mobilier obligatoire de cette demeure flottante.

384. Tout le matériel normal embarqué sur un bâtiment a été divisé en un certain nombre de catégories ; de chacune d'elles est chargé un *maître*.

Ce *maître chargé* a en main un extrait du règlement d'armement qu'on appelle *la feuille*, partagée elle-même en autant de parts qu'il y a de magasins où se feront les délivrances. Il sait ainsi ce qu'on doit lui fournir et ce dont il est responsable.

385. Enfin, et par une salutaire mesure de prévoyance, l'art. 23 de l'ordonnance du 14 juin 1844 dispose qu'après la clôture de l'armement, une commission, nommée par le préfet maritime et présidée par le major général, se rend à bord et constate que l'état-major et les maîtres chargés ont l'exact accomplissement de toutes les dispositions prescrites au sujet de l'armement. Là toutes les observations peuvent se produire, et il en est tenu compte.

386. L'inventaire est alors arrêté ; un magasinier tient à bord les écritures des mouvements de tout le matériel, soit pour son compte (matières de consommation), soit pour celui des maîtres, et l'inventaire de l'officier d'administration vient résumer cette comptabilité simple et bien ordonnée.

387. Ajoutons qu'une circulaire du 13 août 1874 prescrit aux bâtiments de rendre compte, au 31 décembre de chaque année, en quantités et en valeurs, des consommations faites à bord pendant l'année. Les états produits sont communiqués à la commission du règlement d'armement, qui y trouve un puissant élément d'appréciation et de contrôle.

388. Le bâtiment, une fois armé au personnel et au matériel, est conduit hors de l'arsenal ; son capitaine fait hisser le pavillon national et la flamme ou la marque distinctive de son grade ou de sa position, et enfin son numéro. Il est, dès à présent, en possession de la plénitude de ses pouvoirs ; ses droits et ses obligations sont tracés par le règlement, et notamment par celui du 20 mai 1868 sur le service à bord ; le commandement, la discipline, la route à suivre, l'instruction de son équipage, la bonne conservation de l'instrument de combat qui lui a été confié, la protection de nos nationaux à l'étranger, voilà son rôle ; son second est chargé du *détail général* et de la police du bâtiment ; il reçoit et transmet les ordres du capitaine, en surveille l'exécution et lui en rend compte.

389. Les officiers du bâtiment ont chacun leur poste et leur détail (instruction des hommes, artillerie, montres, gréement, machines, etc.). Ils font leurs quarts, chacun à son tour. L'officier *de quart* donne seul l'ordre d'exécution des manœuvres, lorsque le capitaine ou le second n'ont pas pris eux-mêmes le commandement. Le maître de manœuvre de quart répète les commandements au moyen des coups de sifflet indiqués par le règlement, et c'est lui qui exerce une autorité incessante sur tous les hommes de l'équipage. Avec lui, au-dessous des officiers, se placent les autres *maîtres chargés*, de canonnage, capitaine d'armes, de timonerie, mécanicien, charpentier, voilier, calfat, pilote côtier, armurier, forgeron, qui exercent une surveillance spéciale sur tous les hommes de l'équipage dépendant de leur profession. Puis vient l'aumônier, un ou plusieurs médecins, et enfin l'officier d'administration, lequel compose, avec le capitaine et le second, le conseil d'administration du bâtiment. Ce conseil dirige tous les détails administratifs, quittance les mandats, ordonne l'acquittement des dépenses, et peut, dans certains cas, être rendu pécuniairement responsable.

390. Au départ de France, l'état-major reçoit des avances de solde dont la quotité varie suivant la destination du bâtiment ; les officiers-mariniers et marins n'en touchent pas. A l'extérieur et à l'étranger, les uns et les autres sont tenus au courant de leur solde et les fonds nécessaires à cet effet, comme pour les dépenses générales des bâtiments (combustibles, vivres, etc.), sont acquittés au moyen de traites tirées par trois officiers au moins, dont le capitaine, à un mois de vue sur l'agent comptable de la marine et payables au Trésor. En escadre, deux signatures suffisent, celles du commissaire et du commandant en chef.

391. Sur les bâtiments de guerre, le capitaine a certainement la plus haute part des responsabilités qu'on puisse réunir sur la tête d'un seul homme. Sur lui reposent, en effet, non-seulement les soins indispensables de l'exercice de l'autorité, de la conduite de son navire, les soins à prendre de l'administration, de la santé, de l'instruction, de la discipline de son équipage, mais encore toutes les préoccupations de la politique ; car son bâtiment représente la France, et enfin, à un moment donné, c'est à lui que revient la tâche délicate et périlleuse de soutenir l'honneur du pavillon.

392. Former des hommes à la hauteur de cette mission et des équipages dignes de leurs capitaines, mettre à la mer et y entretenir des bâtiments de guerre, dans toute l'étendue de l'acception de ce mot, que les Anglais traduisent énergiquement par *man of war*, tel est le but de la marine militaire. Deux choses sont indispensables pour l'atteindre : du *temps* et de *l'argent*. Rien ne s'improvise en marine ; il faut donc savoir faire largement des dépenses actuelles qui seront de l'économie un jour. Car si l'argent manque lorsque le temps vient à notre aide, le temps, à son tour, pourrait nous manquer, quand l'argent arriverait. Alors les efforts les plus généreux, les sacrifices les plus considérables demeureraient sans résultats, puisqu'ils viendraient trop tard et nous laisseraient à la merci des circonstances.

JULES DELARBRE.

BIBLIOGRAPHIE.

Code des armées navales, ou Recueil des édits, déclarations, ordonnances, etc., sur le fait de la marine de 1617 à 1689. In-4°. Amsterdam, Boudet. 1758.

Recueil des lois relatives à la marine de 1789 à 1808. 17 vol. in-8°. Paris.

Commentaire sur l'ordonnance de la marine de 1681, par Valin. In-4°. Paris, Brissot. 1829.

Exposé de l'établissement des invalides de la marine, par Lacoudrais. In-8°. Paris, Everat. 1831.

Collection de lois maritimes antérieures au XVIIIe siècle, par J. M. Pardessus. 6 vol. in-4°. Paris, impr. royale. 1828-1845.

Annales maritimes et coloniales de 1809 à 1847 (partie législative). 37 vol. in-4°. Paris, impr. royale. Suivies du *Bulletin officiel de la marine*, à partir de 1847. In-8°. Paris. (En 1876, il y avait déjà 61 vol.)

Les Coutumes de la mer, ou Collection des usages maritimes des peuples de l'antiquité et du moyen âge, par J. M. Pardessus. 2 vol. in-4°. Paris, impr. royale. 1847.

Instruction sur la comptabilité du matériel de la marine, 1er octobre 1854. In-4°. Paris, impr. impériale. 1854.

Code des pensions de la guerre et de la marine, par Durat-Lasalle. In-8°. Paris, Guiraudet. 1855.

Décrets sur les équipages de la flotte des 5 juin, 11 août et 3 décembre 1856. In-8°. Paris, impr. impériale. 1856.

Code de justice maritime, 4 juin 1858. In-4°. Paris, impr. impériale. 1858.

Législation et administration de la marine, par E. Prugnaud. 3 vol. in-8°. 3e édit. Rochefort, Mercier. 1858.

Instruction sur la comptabilité de l'établissement des invalides de la marine, 19 décembre 1859. In-4°. Paris, impr. impériale. 1859.

Répertoire des lois, décrets, ordonnances, règlements et instructions sur la marine de 1400 à 1859, par Blanchard. 3 vol. in-8°. Paris, impr. impériale. 1849-1859.

Manuel financier à l'usage du département de la marine, par Blanchard. 2e édit. In-8°. Paris, impr. impériale. 1860.

Diplomatie de la mer, par Th. Ortolan. 4e édit. 2 vol. in-8°. Paris, Plon. 1864.

Lois, décrets, règlements et décisions sur la marine de 1861 à 1864. In-8°. Paris, impr. impériale. 1864.

Indicateur alphabétique des règlements qui régissent le service à bord des bâtiments de l'État, par Leplat-Duplessis. 2 vol. in-18. Paris, Dumaine. 1859-1867.

Notices sur les ports militaires de la France. In-8°. Paris, Challamel. 1867.

Règlement général sur l'administration des quartiers de la marine, 7 novembre 1866. In-8°. Paris, impr. impériale. 1867.

Décret sur le service à bord des bâtiments de la flotte, 20 mai 1868. In-8°. Paris, impr. impériale. 1868.

Droits et devoirs des neutres en temps de guerre maritime, par Hautefeuille. 3e édit. 3 vol. in-8° Paris, Guillaumin. 1868.

Notices sur les établissements de la marine. Indret, Ruelle et La Chaussade. In-8°. Paris, Challamel. 1869.

Règlement sur la comptabilité des dépenses du ministère de la marine, 14 janvier 1869. In-4°. Paris, impr. impériale. 1869.

Sommaire des affaires déférées à l'examen du conseil d'amirauté de 1824 à 1868. In-4°. Paris, impr. impériale. 1862-1869.

Mémoire sur l'inscription maritime adressé à la commission d'enquête sur la marine marchande. Histoire de cette institution, etc., par M. J. de C. Isenoy. In-8°. Paris, A. Bertrand. 1870.

Règlement sur le service intérieur à bord des bâtiments de la flotte, 24 juin 1870. In-8°. Paris, impr. impériale. 1870.

Conditions générales pour les fournitures de toute espèce et pour toutes les entreprises autres que celles des travaux hydrauliques et bâtiments civils à exécuter pour le service de la marine en vertu de marchés passés en France et en Algérie (10 juin 1870). In-folio. Paris, Paul Dupont. 1870.

Règlement sur le service intérieur à bord des bâtiments de la flotte (24 juin 1870), ministère de la marine et des colonies. In-18. Paris, Dumaine. 1871.

Compte de la justice maritime, à partir de 1859. 3 vol. in-4°. Paris. 1865-1872.

Répertoire des dates des lois, décrets, ordonnances, etc., relatifs à la marine. In-8°. Paris, P. Dupont. 1872.

Jurisprudence du conseil des prises pendant la guerre 1870-1871, par H. Barboux. In-18. Paris, Sotheran. 1872.

Manuel du service administratif à bord des bâtiments de l'État, par Griffon du Bellay. 3e édit. In-8°. Paris, Challamel. 1874.

Notions élémentaires de droit public maritime, d'administration et de comptabilité en vigueur dans la marine, par C. Châtelain. In-8°. T. Ier. Saïgon. 1874.

Statistique des pêches maritimes de 1866 à 1874. In-8°. Paris, Dupont.

Code des bris et naufrages, par Tartara. In-18. Paris, Lacroix. 1874.

Code international de signaux à l'usage des bâtiments de toutes nations. Édit. française. In-8°. Paris. Challamel aîné. 1874.

Liste des bâtiments de la marine française (guerre et commerce) et de leurs signaux distinctifs dans le Code international de signaux, publiée par ordre de M. le vice-amiral Pothuau (1er janvier 1874). In-8°. Paris, Challamel aîné. 1874.

Aide-mémoire à l'usage des membres des tribunaux de la marine, par H. Gay-Lussac. In-8°. Paris, Dumaine. 1875.

Affaires examinées par le conseil des travaux de la marine de 1824 à 1875. In-4°. Paris, impr. nationale.

Moniteur de la flotte. In-folio. Paris. 1854 à 1876.

Revue maritime et coloniale. à partir de 1861 jusqu'en 1874. Paris, chez P. Dupont; à partir de 1875, chez Berger-Levrault et Cie. (Ensemble 50 vol.)

Annuaire de la marine, à partir de 1763. Depuis 1875, chez Berger-Levrault et Cie.

MARONAGE. Se dit du droit de se faire délivrer des arbres dans une forêt pour la construction et la réparation des maisons, étables, etc. L'affouage ne s'applique qu'à la répartition des bois de chauffage. Le maronage a été traité au mot **Affouage.**

MARQUES DE FABRIQUE. *Voy.* **Propriété industrielle.**

MARRONNAGE. Ce terme s'applique à la position de certaines personnes exerçant une profession réglementée sans avoir rempli les conditions prescrites par la loi; la profession est alors exercée clandestinement.

MARTELER (MARTEAUX DES AGENTS FORESTIERS). *Voy.* **Forêts.**

MASQUÉS. 1. Le maintien du bon ordre, au milieu des grands rassemblements d'hommes que provoquent les réjouissances publiques, est un des devoirs de l'autorité municipale. Les mascarades appellent plus particulièrement son attention à cause des désordres dont elles peuvent être l'occasion ou le prétexte. Aussi, dans tous les centres importants de population, l'autorité, chargée de la police, publie-t-elle des arrêtés à l'occasion du carnaval. Ces arrêtés sont pris en vertu des pouvoirs que confère aux corps municipaux la loi des 16-24 août 1790, et conformément aux art. 259,

330, 471, n°s 11 et 15; art. 475, n° 8; art. 479, n° 8, du Code pénal.

2. Les mesures généralement adoptées, et spécialement dans le ressort de la préfecture de police de Paris, sont les suivantes : Il est défendu à toute personne masquée de se présenter sur la voie publique avec des armes ou des bâtons ; de paraître sous le masque, soit avant, soit après certaines heures ; de prendre un déguisement de nature à troubler l'ordre ou à blesser la décence ; d'apostropher qui que ce soit par des mots grossiers ou des provocations injurieuses ; de jeter, dans les maisons, les voitures et sur les personnes, aucun objet pouvant causer des blessures, endommager ou salir les vêtements. Tout individu portant un masque ou un déguisement, invité par un officier de police à le suivre, doit sur-le-champ déférer à cette injonction. Les contrevenants aux dispositions prises par l'autorité sont arrêtés et conduits devant l'officier de police, pour être pris à leur égard telles mesures qu'il appartiendra, sans préjudice des poursuites à exercer devant les tribunaux.

3. Les mesures de surveillance s'étendent aussi aux bals publics, qui ne peuvent recevoir aucune personne masquée ou déguisée, qu'avec une permission expresse de l'autorité, et seulement pendant le temps du carnaval.

MATÉRIAUX SUR LES ROUTES, ETC. *Voy.* **Chemins vicinaux** et **Travaux publics.**

MATERNITÉ. 1. On donne ce nom à des écoles d'accouchement. Il en est dans un grand nombre de départements. L'école d'accouchement de Paris est destinée à former des sages-femmes de première classe pour toute l'étendue du pays. Cet établissement dépend de l'*Assistance publique* de Paris.

2. On enseigne dans cette école : la théorie et la pratique des accouchements ; la vaccination et les soins à donner aux enfants ; la saignée et les pansements ; les éléments de botanique, d'histoire naturelle et de pharmacologie. (*Voy.* **Médecine** [**Exercice de la**], n°s 21 *et suiv.*)

3. Les personnes qui se destinent à la profession de sage-femme sont reçues à cette école depuis l'âge de dix-huit ans révolus jusqu'à trente-cinq ans. Les élèves doivent, pour obtenir leur admission : savoir lire, écrire et orthographier *correctement* et produire : 1° leur acte de naissance, l'acte de leur mariage, si elles sont mariées, ou si elles sont veuves, l'acte de décès de leur époux ; 2° un certificat de bonne vie et mœurs, délivré par le maire de leur commune ; ce certificat doit énoncer l'état des père et mère de l'élève, et, si elle est mariée, l'état de son mari ; 3° un certificat constatant qu'elles ont été vaccinées ou qu'elles n'ont pas eu la petite vérole.

4. Les élèves ne peuvent résider à l'école moins d'un an. Pendant cette année, elles ne peuvent sortir que six fois avec leurs pères et mères et maris, ou des personnes expressément désignées par eux. Aucune femme enceinte ne peut être admise comme élève sage-femme.

5. Le prix de la pension est de 600 fr., et avec les accessoires 697 fr. 75 c. Il y a des bourses.

MATIÈRES (COMPTABILITÉ). 1. L'importance des matières appartenant à l'État, et plus particulièrement de celles consommées ou transformées par les ministères de la guerre et de la marine, avait excité l'attention des pouvoirs publics à partir de 1830, et l'on sentit alors la nécessité d'organiser une comptabilité plus détaillée, et de la soumettre, comme les comptes généraux des ministres (*L.* 24 *avril* 1833, *art.* 10; *O.* 31 *mai* 1838, *art.* 161), au contrôle de la publicité, et surtout d'une magistrature souveraine et inamovible, de la Cour des comptes.

2. Bien qu'il en dût résulter pour elle un accroissement considérable de travail, la Cour des comptes insista à différentes reprises sur la nécessité d'établir ces garanties essentielles. Ses rapports de 1835 à 1841 témoignent, en effet, de l'importance qu'elle attachait à ce nouveau contrôle.

3. L'art. 14 de la loi du 6 juin 1843 portant règlement définitif du budget de l'exercice 1840, prescrivit que les comptes-matières seront soumis au contrôle de la Cour des comptes et qu'une ordonnance royale, rendue dans la forme des règlements d'administration publique, c'est-à-dire le Conseil d'État entendu, déterminera la nature et le mode de ce contrôle et réglera la forme de comptabilité des matières appartenant à l'État dans toutes les parties du service public. Cette ordonnance a été rendue le 26 août 1844 : elle contenait les bases principales de la comptabilité-matières.

4. Des difficultés d'exécution retardèrent la production des comptes-matières la Cour prescrite par l'ordonnance précitée ; cette haute magistrature signala ces difficultés dans son rapport public concernant l'exercice 1846 (p. 143 à 149), et présenta en même temps des observations sur le mode de jugement établi par l'ordonnance du 26 août 1844 qui substitue aux arrêts proprement dits de simples déclarations dans lesquelles elle signale au ministre compétent les irrégularités découvertes par suite de ses vérifications.

5. Depuis lors ce système a été perfectionné, quant aux détails seulement, en ce qui concerne le mode de comptabilité des ministères de la guerre et de la marine.

6. Pour le premier de ces départements ministériels, le règlement du 25 janvier 1845 a été modifié par un décret du 28 juillet 1849. D'après ce règlement, le matériel de la guerre est divisé en deux grandes catégories : l'une, comprenant les *matières, denrées et objets de consommation ou de transformation*, dont la gestion est soumise à la Cour des comptes (*voy.* au mot **Cour des comptes**, l'indication des services divers de cette première catégorie), et l'autre applicable aux *valeurs mobilières ou permanentes*, dont la comptabilité est purement administrative.

7. La comptabilité-matières des divers services de la guerre, en Afrique et aux armées actives ou corps expéditionnaires hors du territoire français, est réglée par des dispositions spéciales qui se rapprochent, autant que possible, des principes posés dans le règlement précité. (*Compte général du matériel de la guerre pour l'année* 1852, p. 3.)

8. Plus tard le décret du 31 mai 1862, profitant des améliorations réalisées, est venu rem-

placer l'ordonnance constitutive du 26 août 1844. Les dispositions qu'il contient, bien que modifiées postérieurement sur des points de détail, sont d'une telle importance qu'il a paru indispensable de les reproduire en entier.

TITRE VI.

Chapitre XXX. — Comptabilité des matières.

Art. 861. Les comptes en matière sont soumis au contrôle de la Cour des comptes.

§ 1er. — *Dispositions générales.*

Art. 862. La comptabilité des matières comprend :

1o Les matières de consommation et de transformation ;

2o Les valeurs mobilières ou permanentes de toute espèce.

§ 2. — *Matières de consommation et de transformation.*

Art. 863. La comptabilité des matières de consommation et de transformation appartenant à l'État est régie par les dispositions ci-après.

Art. 864. Dans chaque magasin, chantier, usine, arsenal et autre établissement appartenant à l'État et géré pour son compte, il y a un agent ou préposé responsable des matières y déposées. Cet agent est comptable de la quantité desdites matières, suivant l'unité applicable à chacune d'elles.

Art. 865. Les dispositions générales concernant les comptables des deniers publics, et notamment celles des art. 18, 19 et 29 du présent décret, sont applicables aux comptables des matières.

Art. 866. Chaque comptable est tenu d'inscrire sur des livres élémentaires, l'entrée, la sortie, les transformations, les détériorations, les pertes, déchets et manquants, ainsi que les excédants de toutes les matières confiées à sa garde.

Art. 867. Aux époques fixées par les règlements spéciaux de chaque département ministériel, chaque comptable forme d'après ses livres, en observant l'ordre des nomenclatures adoptées pour le service, des relevés résumant, par nature d'entrée et de sortie et pour chaque espèce de matières distincte ou collective, toutes ses opérations à charge ou à décharge. Ces relevés, contrôlés sur les lieux, sont adressés, par voie hiérarchique, avec les pièces justificatives, au ministre ordonnateur du service. Les matières qui, par leur nature ou leur peu de valeur, sont susceptibles d'être réunies, peuvent être présentées, dans les relevés, sous une même unité ou groupées par collection, suivant la classification établie par les nomenclatures. Dans les trois premiers mois de l'année, chaque comptable établit en outre, et fait parvenir au ministre, le compte général de sa gestion de l'année précédente.

Art. 868. Toute opération d'entrée, de transformation, de consommation ou de sortie de matières, doit être appuyée, dans les comptes individuels, de pièces justificatives établissant régulièrement la charge ou la décharge du comptable. Les manutentions et transformations de matières, ainsi que les déchets ou excédants, sont justifiés par des certificats administratifs. La nature des pièces justificatives, ainsi que les formalités dont elles doivent être revêtues, sont déterminées, pour les divers services de chaque département ministériel, par une nomenclature spéciale, et d'après les bases générales ci-après, savoir :

Entrées réelles et entrées d'ordre.	Inventaires, procès-verbaux ou récépissés avec certificats de prise en charge par le comptable, factures d'expédition, connaissements ou lettres de voiture.
Sorties réelles et sorties d'ordre.	Ordres en vertu desquels les sorties ont eu lieu, factures d'expédition, procès-verbaux, récépissés, certificats administratifs tenant lieu de récépissés.
Transformations et fabrications, détériorations, déchets ou excédants.	Procès-verbaux constatant les résultats de l'opération, certificats administratifs tenant lieu de procès-verbaux.

Art. 869. Dans tous les cas où par suite des circonstances de force majeure un comptable se sera trouvé dans l'impossibilité d'observer les formalités prescrites, il sera admis à se pourvoir auprès du ministre ordonnateur du service, pour obtenir, s'il y a lieu, la décharge de sa responsabilité.

Art. 870. Dans les dépôts où les matières ne peuvent pas être soumises à des recensements annuels, les existants, au commencement de chaque année et à chaque changement de gestion, sont établis par des certificats administratifs. Lesdits certificats tiennent lieu d'inventaire.

Art. 871. D'après les documents fournis par les comptables, il est tenu, dans chaque ministère, une comptabilité centrale des matières, où sont résumés, après vérification, tous les faits relatés dans ces documents. Cette comptabilité sert de base aux comptes généraux publiés, chaque année, par les ministres.

Art. 872. Chaque ministre, après avoir fait vérifier les comptes individuels des comptables de son département, les transmet à la Cour des comptes avec les pièces justificatives. Il y joint un résumé général par branche de service.

Art. 873. La Cour des comptes, après avoir procédé à la vérification des comptes individuels, statue sur lesdits comptes par voie de déclaration. Une expédition de chaque déclaration est adressée au ministre ordonnateur, qui en donne communication au comptable. Le ministre, sur le vu de cette déclaration et les observations du comptable, arrête définitivement le compte.

Art. 874. Immédiatement après l'arrêté définitif de tous les comptes de chaque année, le ministre transmet à la Cour des comptes un résumé faisant connaître la suite qui a été donnée à ses déclarations et les redressements que leur prise en considération motivera dans les comptes de la gestion suivante.

Art. 875. La Cour des comptes prononce, chaque année, en audience solennelle, dans les formes déterminées aux art. 442, 443 et 444 du présent décret, une déclaration générale sur la conformité des résultats des comptes individuels des comptables en matières avec les résultats des comptes généraux publiés par les ministres.

Art. 876. La même Cour consigne, dans son rapport annuel, les observations auxquelles aura donné lieu l'exercice de son contrôle, tant sur les comptes individuels que sur les comptes généraux, ainsi que ses vues d'amélioration et de réforme sur la comptabilité en matières.

§ 3. — *Valeurs mobilières ou permanentes.*

Art. 877. La comptabilité des valeurs mobilières ou permanentes embrasse les mobiliers de l'État garnissant les hôtels, pavillons, casernes, quartiers, chapelles, hôpitaux et autres établissements ; les machines, engins, outils et ustensiles d'exploitation, les gabarits, modèles types et étalons ; les bibliothèques, archives, musées, cabinets et laboratoires ; les dépôts de cartes et d'imprimés ; les objets d'art et de sciences.

Art. 878. La comptabilité des valeurs mobilières ou permanentes n'est point soumise au contrôle de la Cour des comptes.

§ 4. — *Dispositions spéciales*

Art. 879. Les règles ci-dessus prescrites ne sont applicables qu'au matériel compris dans l'intérieur de l'Empire, elles ne concernent ni le matériel des armées actives, ni le matériel en service à bord des bâtiments, ni les comptabilités en matières sur lesquelles la Cour des comptes statue par arrêts, conformément aux règlements spéciaux.

Art. 880. Le compte général de chaque ministère est soumis à l'examen de la commission instituée annuellement en vertu de l'art. 192 du présent décret.

9. La Cour des comptes a exprimé à diverses reprises le désir de voir établir autant que possible une corrélation entre les comptes-matières et les comptes en deniers. Pour réaliser ce résultat, de nouvelles dispositions ont été prises par les ministères de la guerre et de la marine.

10. Pour la guerre, un règlement du 19 novembre 1871, approuvé le même jour par un arrêté du président de la République, a eu pour effet d'établir l'uniformité dans les règles applicables aux différents services de ce département ministériel et de simplifier les écritures ; il donne en outre de nouvelles garanties au contrôle par la facilité de multiplier les recensements du matériel ; enfin, il établit la corrélation, jusque-là vainement cherchée, entre le compte en deniers et le compte-matières.

Cette corrélation permet de suivre les transformations de la richesse publique, lorsqu'elle passe des caisses du Trésor dans les magasins et dans les arsenaux de l'État sous la forme d'approvisionnements ; elle donne au pouvoir législatif la possibilité de s'assurer que les crédits votés pour les approvisionnements de guerre sont exclusivement consacrés à leur destination.

11. Les principales améliorations que le règlement du 19 novembre 1871 a consacrées consistent : 1° dans la réunion du matériel en une seule catégorie soumise au contrôle de la Cour des comptes ; 2° dans l'élimination, des anciennes nomenclatures, des objets qui ne donnent pas lieu à approvisionnements, par la raison qu'ils sont consommés aussitôt qu'achetés et qu'ils ne sauraient faire partie du matériel de la guerre proprement dit ; 3° dans la réduction des entrées et des sorties au nombre de deux : a) *Entrées ou sorties*

réelles ; b) *entrées ou sorties d'ordre* ; 4° et enfin dans la corrélation entre les comptes-matières et les comptes en deniers. Cette dernière modification, qui est la plus importante et la plus nouvelle, nécessite quelques explications.

12. Le procédé employé pour réaliser cette mesure si désirée consiste à indiquer dans le compte-matières, à côté des unités entrées, la valeur en argent de ces unités, c'est-à-dire le prix réellement payé ; mais la concordance ainsi établie entre le compte en deniers de l'exercice et le compte-matières de la période annale peut se trouver altérée d'abord par la faculté accordée à l'administration de la guerre de faire des approvisionnements de vivres et de fourrages avant l'ouverture de l'exercice sur lequel ils doivent être payés ; ensuite par la faculté contenue dans l'article 33 du décret du 31 mai 1862 d'achever, jusqu'au 1er février de la seconde année, les services du matériel dont l'exécution n'aurait pu être terminée avant le 31 décembre.

Il pouvait donc arriver que les matières entrées donnassent lieu à des paiements imputables sur trois exercices différents. Pour éviter cette difficulté et afin de ne comprendre dans le compte-matières que les seules dépenses imputables sur le crédit législatif de l'année du compte, on a adopté la règle suivante : Lorsqu'une dépense est imputable sur un exercice autre que celui de l'année du compte-matières, on ne la fait figurer parmi les opérations du compte que comme entrée sans dépenses en deniers et on la fait figurer, en outre, dans les écritures de l'année d'imputation tout à la fois aux entrées à la charge de paiement et aux sorties ne donnant pas lieu à paiement.

13. Indépendamment de cette corrélation générale, il a été établi une corrélation particulière entre chacune des opérations du compte-matières et les opérations semblables du compte-deniers par la prescription, pour tous les services, de porter sur la pièce justificative de chaque entrée à charge de paiement, le montant de la dépense et le numéro de la pièce correspondante dans la comptabilité-deniers, et d'appuyer en outre la pièce d'entrée soit des talons des factures d'achat dans les services où il existe des registres à souche, soit des extraits sommaires des marchés.

14. Une autre amélioration consiste dans la nouvelle forme donnée aux comptes-matières ; cette mesure a eu pour effet d'apporter une grande simplification dans les écritures : elles se réduisent aux pièces justificatives qui sont la base de toute comptabilité, à un registre-journal d'un modèle simplifié et à un grand-livre qui, comprenant toutes les opérations, présente non-seulement la corrélation si souvent cherchée entre le compte-matières et le compte en deniers, mais encore tient lieu de compte de gestion et d'inventaire.

15. Ce compte est vérifié, au moins une fois dans le cours de chaque trimestre, par le contrôle local ; en fin d'année, il est totalisé et certifié par le comptable, vérifié et arrêté par le sous-intendant militaire, et une expédition en est transmise au ministre de la guerre avec toutes les pièces justificatives. Après la vérification du contrôle central et après que les résultats en ont été con-

signés sur les résumés généraux, il est adressé, avec les pièces qui l'accompagnent, à la Cour des comptes.

Les règles nouvelles établies par le règlement du 19 novembre 1871 sont appliquées aux établissements de l'Algérie.

16. Quant au département de la marine, un règlement du 13 décembre 1845, rendu pour l'exécution de l'article 15 de l'ordonnance du 26 août 1844, contenait des dispositions analogues à celles qui avaient été édictées par le décret du 28 juillet 1849 relatif à la comptabilité-matières de la guerre. Il portait, art. 90, qu'il n'est pas applicable au matériel de la marine déposé hors du territoire continental, ni au matériel en service à bord des bâtiments de l'État, dont la comptabilité fera l'objet de dispositions spéciales[1].

Ce règlement a été modifié par un décret du 22 septembre 1854, qui a introduit une innovation très-remarquable en disposant, art. 1er, que les comptables des matières du département de la marine justifieraient des quantités et des *valeurs* du matériel placé sous leur responsabilité.

17. A la suite du décret précité, une nouvelle instruction générale, très-détaillée, a été publiée par le ministre, le 1er octobre 1854, pour remplacer celle du 15 janvier 1846 ; elle contenait de notables améliorations sur presque tous les points du service. Elle renfermait surtout de nombreuses dispositions pour faciliter la corrélation entre les comptes matières et ceux en deniers, et donner aux évaluations en argent le plus de précision possible.

Les résultats en ont été des plus satisfaisants ; les comptes ont acquis la clarté qui leur manquait lorsqu'ils étaient rendus seulement en quantités par unités collectives ; les relations de la flotte avec les arsenaux se sont améliorées et l'ensemble du système a marché avec une parfaite régularité.

18. Mais ce système ayant fait peser sur le personnel des comptables et des services administratifs un surcroît de travail considérable, un décret du 30 novembre 1857, qui régit aujourd'hui la comptabilité-matières du département de la marine, est venu modifier quelques prescriptions du règlement du 13 décembre 1845, en conservant les avantages déjà obtenus par le compte en valeurs établi par le décret du 22 septembre 1854[2].

1. Les comptes ministériels de la guerre et de la marine, publiés chaque année, comprennent l'ensemble de toutes les matières, c'est-à-dire non-seulement celles de consommation et de transformation dont la comptabilité est soumise au contrôle de la Cour des comptes, mais encore celles de même nature hors du territoire continental, ainsi que les valeurs mobilières permanentes qui appartiennent au contrôle administratif. Le prix en argent de toutes ces matières est évalué à plus d'un milliard.

2. Tout en rendant hommage aux efforts faits par le ministère de la marine pour améliorer sa comptabilité en matières, la Cour des comptes a reconnu que le système institué par les décrets précités ne répond pas encore complètement aux exigences des contrôles judiciaire et législatif. Aussi sur la demande de la troisième sous-commission de l'Assemblée nationale chargée de la révision des services administratifs, l'étude des modifications qu'il pourrait y avoir lieu d'introduire dans ce système, a été confiée le 3 février 1873 à une commission mixte qui a été appelée à examiner en outre les améliorations à apporter dans les comptabilités du matériel et des vivres à bord des bâtiments de la flotte. Cette commission a terminé ses travaux ; mais le ministre de la marine auquel il appartient de statuer définitivement, a ordonné de nouvelles études dont il convient d'attendre les résultats.

19. Les règlements des ministères des finances du 20 avril 1845, de l'agriculture et du commerce des 1er février 1850 et 20 avril 1854, de l'intérieur du 26 décembre 1853, concernant des services beaucoup moins importants que ceux de la guerre et de la marine, ont dû par cela même renfermer un moins grand nombre de dispositions.

Aucun règlement n'a été publié jusqu'à présent pour les autres ministères.

20. Les décisions rendues par les ministres pour le règlement des comptes-matières et régulièrement notifiées aux comptables, ne peuvent être attaquées que dans la forme et les délais déterminés par le décret du 22 juillet 1806, sur le contentieux du Conseil d'État.

En cas d'erreurs matérielles, les réclamations, ou, en d'autres termes, les demandes en révision, ne sont admissibles que dans les délais fixés par les art. 9 et 10 de la loi du 29 janvier 1831, concernant les exercices clos et périmés. (*Règl. Min. Guerre, art.* 95 ; *Id. Marine, art.* 82.)

A. LANJALLEY.

MATIÈRES D'OR ET D'ARGENT. *Voy.* **Garantie.**

MATIÈRES EXPLOSIBLES. *Voy.* **Transport de matières dangereuses.**

MATIÈRES SOMMAIRES. 1. On nomme ainsi, par opposition aux *matières ordinaires*, les affaires de peu d'importance ou urgentes qui peuvent et doivent être instruites et jugées promptement et avec peu de frais.

2. Sont réputés sommaires et instruits comme tels : 1° les appels des juges de paix ; 2° les demandes purement personnelles, à quelque somme qu'elles puissent monter, quand il y a titre, pourvu qu'il ne soit pas contesté ; 3° les actions personnelles et mobilières lorsqu'elles n'excèdent pas 1,500 fr. ; 4° les actions immobilières quand elles n'excèdent pas 60 fr. de revenu, déterminé soit en rentes, soit par prix de bail ; 5° les demandes provisoires ou qui requièrent célérité ; 6° les demandes en paiement de loyers et fermage et arrérages de rentes. (*C. de Pr., art.* 104 *et L.* 11 *avril* 1838, *art.* 1er.)

3. Certaines matières administratives ont un côté par lequel elles peuvent être de la compétence des tribunaux. Sont, dans ce cas, comprises parmi les matières sommaires : 1° les demandes en expropriation pour cause d'utilité publique ; 2° les affaires relatives aux domaines et rentes cédées aux hospices par le Gouvernement ; 3° les oppositions aux états dressés par les maires relativement aux recettes municipales, lorsque la matière appartient aux tribunaux ordinaires ; 4° toutes actions civiles relatives aux chemins vicinaux, intentées par les communes ou dirigées contre elles ; 5° les demandes en nullité de ventes d'animaux domestiques pour vices rédhibitoires. (*Voy.* DALLOZ. *Répert.*, v° MATIÈRES SOMMAIRES.)

MATRICE DES ROLES. Registre à souche contenant l'indication complète des contribuables et de la matière imposable. Elle est dressée par les soins du directeur des contributions directes de chaque département. (*Voy.* **Contributions directes,** *n°s* 44 *et suiv.*)

MAYOTTE. *Voy.* **Colonies.**

MÉDAILLES. *Voy.* **Monnaies.**

MÉDAILLE MILITAIRE. *Voy.* **Légion d'honneur.**

MÉDECIN. *Voy.* **Médecine, (Exercice de la).**

MÉDECIN CANTONAL. 1. On nomme ainsi les médecins chargés de soigner gratuitement les pauvres des communes rurales.

2. L'institution des médecins cantonaux s'est peu à peu répandue en France ; en 1865, il en existait déjà dans 51 départements. Dès avant 1848, grâce à l'initiative de quelques conseils généraux, on avait établi des médecins des pauvres. D'ailleurs, plusieurs circulaires, émanées du ministre de l'intérieur (nous citerons surtout celle du 15 août 1854), ont invité les préfets à appeler l'attention et la bienveillance des conseils généraux sur le développement de cette œuvre. La circulaire de 1854 exprime le désir qu'un vote de subsides en permette l'organisation complète dans les départements, ou du moins, si l'insuffisance des ressources s'y oppose, qu'une première allocation en consacre le principe.

3. Dans les départements où les médecins cantonaux sont établis, leur service est réglé par des arrêtés préfectoraux, qui contiennent généralement les dispositions suivantes :

1° Le service est organisé par circonscriptions;

2° Les médecins cantonaux reçoivent un traitement fixe ;

3° Sur la demande du maire, et, en cas d'urgence, sur celle des pauvres eux-mêmes, ils doivent visiter dans leur circonscription tous les indigents trop malades pour pouvoir se transporter chez eux. (*Circ. Int.* 30 *nov.* 1857.) A cet effet, au commencement de chaque année, une commission, composée du maire, du curé, de quelques notables et du médecin cantonal, dresse une liste des indigents à visiter et à secourir dans chaque commune. Cette liste a pour effet de ne pas frustrer les médecins d'une légitime rémunération qu'ils sont en droit de réclamer des familles qui ne sont pas dans l'indigence.

4. Outre les soins médicaux, les médecins cantonaux fournissent encore des médicaments mis à leur disposition jusqu'à concurrence d'un chiffre déterminé.

5. La dépense résultant de l'institution des médecins cantonaux est supportée par les départements avec le concours des communes.

MÉDECINE ET PHARMACIE (EXERCICE DE LA).

CHAP. I. — INTRODUCTION.

1. En présentant au Corps législatif la loi du 19 ventôse an XI, relative à l'étude de la médecine, FOURCROY s'exprimait en ces termes : « Depuis le décret du 28 août 1792, qui a supprimé les Universités, les Facultés et les corporations savantes, il n'y a plus de réceptions régulières de médecins ni de chirurgiens. Ceux qui ont appris leur art se trouvent confondus avec ceux qui n'en ont pas la moindre notion. Presque partout on accorde des patentes également aux uns et aux autres. La vie des citoyens est entre les mains d'hommes avides autant qu'ignorants. L'empirisme le plus dangereux, le charlatanisme le plus éhonté, abusent partout de la crédulité et de la bonne foi. Aucune preuve de savoir et d'habileté n'est exigée. Ceux qui étudient depuis sept ans et demi dans les trois écoles de médecine, instituées par la loi du 14 frimaire an III, peuvent à peine faire constater les connaissances qu'ils ont acquises, et se distinguer des prétendus guérisseurs qu'on voit de toutes parts. Les campagnes et les villes sont également infestées de charlatans, qui distribuent les poisons et la mort avec une ardeur que les anciennes lois ne peuvent plus réprimer. Les pratiques les plus meurtrières ont pris la place de l'art des accouchements. Les rebouteurs et les méges impudents abusent du titre d'officier de santé, pour couvrir leur ignorance et leur avidité. »

2. On avait appris ainsi, par une expérience directe et positive, la nécessité d'exiger certaines garanties de savoir et de capacité de ceux qui veulent se livrer à l'art de guérir.

3. Mais, ainsi que le faisait remarquer FOURCROY, le traitement heureux des maladies suppose la bonne préparation des médicaments. Il ne suffisait donc pas de soumettre l'exercice de la médecine à des règles spéciales, il fallait en même temps réglementer la profession de pharmacien et le débit des médicaments, qui donnaient également lieu à de nombreux abus.

4. Le mal, d'ailleurs, datait de loin. « Avant la Révolution, la pharmacie était soumise en France à une foule de modes, variés suivant les différentes provinces, soit pour la réception de ceux qui voulaient l'exercer, soit pour la surveillance de la préparation et de la vente des drogues simples et composées. Des abus sans nombre existaient dans cette partie qui intéresse la vie des hommes. On colportait impunément dans les villes, on vendait dans toutes les places, et surtout dans les foires, des préparations mal faites ou sophistiquées, qui ajoutaient encore aux ravages produits par l'impéritie des guérisseurs. Dans les grandes villes seulement, les pharmaciens, établis après un apprentissage assez long et des épreuves assez rigoureuses pour assurer leur capacité, préparaient des médicaments qui méritaient la confiance des médecins et des malades. Paris seul se distinguait par l'établissement d'un collège de pharmacie, où l'enseignement des sciences qui éclairaient la pratique de cet art, était fait avec soin. » (*Exposé des motifs de la loi du 21 germ. an XI.*)

5. Les deux lois du 19 ventôse et 21 germinal an XI forment encore aujourd'hui la base de la législation sur l'exercice de la médecine et de la pharmacie. Pour ce qui concerne la période antérieure à la Révolution, nous nous bornerons à indiquer ici l'édit du mois de mars 1707, la déclaration du roi du 23 avril 1743, les lettres patentes du 22 juillet 1748, l'édit du mois de mai 1768, relatifs à l'exercice de la médecine et de la chirurgie; l'arrêt du parlement de Paris du 23 juillet 1718 et la déclaration du roi du 25 avril 1777, portant règlement sur la police de la pharmacie [1].

CHAP. II. — DE L'EXERCICE DE LA MÉDECINE.

Sect. 1. — Des docteurs en médecine et en chirurgie.

6. Nous n'avons pas à nous occuper ici des conditions d'étude et d'examen, auxquelles est subordonnée l'obtention du titre de docteur. Elles ont été indiquées au mot **Instruction supérieure.**

7. Aux termes de l'art. 27 de la loi du 19 ventôse an XI, les docteurs peuvent seuls remplir les fonctions de médecins et chirurgiens jurés appelés par les tribunaux, celles de médecins et chirurgiens en chef dans les hospices civils, ou chargés par des autorités administratives des divers objets de salubrité publique. Néanmoins, lorsqu'il s'agit d'une mort violente ou d'une mort dont la cause est inconnue ou suspecte, le procureur de la République peut, en vertu de l'art. 14 du Code d'instruction criminelle, se faire assister par un officier de santé.

8. Les docteurs en médecine et en chirurgie peuvent exercer dans toute l'étendue du territoire français, en se faisant inscrire sur les listes dont il sera parlé ci-après.

9. Aux termes de la loi du 19 ventôse an XI, les docteurs en médecine ou en chirurgie reçus suivant les formes établies par la loi, sont tenus de présenter, dans le délai d'un mois, après la fixation de leur domicile, les diplômes qu'ils ont obtenus au greffe du tribunal de première instance et au bureau de la sous-préfecture de l'arrondissement dans lequel ils veulent s'établir.

10. Chaque année, les procureurs de la République près les tribunaux de première instance doivent dresser les listes des médecins, chirurgiens et officiers de santé établis dans le ressort de chaque tribunal, et transmettre une copie de ces listes au ministre de la justice.

11. Les préfets sont aussi chargés par la même loi de dresser tous les ans les listes de tous les docteurs et officiers de santé domiciliés dans l'étendue de leur département, et d'en envoyer copie à la fin de chaque année au ministre de l'agriculture et du commerce.

Sect. 2. — Des officiers de santé.

12. L'art. 15 de la loi du 19 ventôse an XI s'exprimait ainsi : « Les jeunes gens qui se destineront à devenir officiers de santé ne seront pas obligés d'étudier dans les écoles de médecine; ils pourront être reçus officiers de santé après avoir été attachés, pendant six années, comme élèves à des docteurs, ou après avoir suivi, pendant cinq années consécutives, les pratiques des hôpitaux civils et militaires. Une étude de trois années consécutives dans les écoles de médecine leur tiendra

1. On pourra aussi consulter une proposition de loi sur l'enseignement et l'exercice de la médecine déposée à l'Assemblée nationale, le 7 février 1872, le rapport sommaire du 15 mars, mais surtout le rapport (plus développé) du 28 juin de la même année. La proposition n'avait pas encore abouti en 1876.

lieu de la résidence de six années chez les docteurs, ou de cinq années dans les hospices. »

13. La même loi avait établi que pour la réception des officiers de santé il serait formé, au chef-lieu de chaque département, un jury médical, composé de deux docteurs domiciliés dans le département, nommés par le Chef de l'État, et d'un commissaire pris parmi les professeurs d'une des trois Facultés de médecine, et également désigné par décret.

14. C'est suivant ce régime qu'ont été reçus les officiers de santé depuis l'an XI jusqu'au 31 décembre 1854. Aujourd'hui les aspirants au titre d'officier de santé doivent, aux termes d'un décret du 22 août 1854, justifier de douze inscriptions dans une Faculté de médecine, ou de quatorze inscriptions dans une école préparatoire de médecine et de pharmacie.

15. Un arrêté du ministre de l'instruction publique, délibéré en conseil supérieur de l'instruction publique, a déterminé, conformément à l'art. 18 du même décret, la circonscription des facultés de médecine, écoles supérieures de pharmacie et écoles préparatoires de médecine et de pharmacie, chargées de la délivrance des certificats d'aptitude pour les officiers de santé, pharmaciens, sages-femmes et herboristes, la composition des jurys d'examen, l'époque de leur réunion, etc.

16. Les officiers de santé ne peuvent exercer leur profession que dans le département pour lequel ils ont été reçus. S'ils veulent exercer dans un autre département, ils doivent subir de nouveaux examens et obtenir un nouveau certificat d'aptitude. Cependant, ils peuvent être dispensés par le ministre de l'instruction publique des deux premiers examens de fin d'études. Le troisième examen doit être subi devant le jury de la faculté de médecine, de l'école supérieure de pharmacie ou de l'école préparatoire de médecine et de pharmacie de laquelle relève le département où il se propose d'exercer. (D. 23 août 1873.) Ils doivent, comme les docteurs, faire enregistrer leurs diplômes au greffe du tribunal de leur arrondissement. (Voy. supra, n°s 8 à 10.)

17. Ils ne peuvent pratiquer les grandes opérations chirurgicales que sous la surveillance et l'inspection d'un docteur, dans les lieux où il en est établi. Dans le cas d'accidents graves, arrivés à la suite d'opérations exécutées hors de la surveillance et de l'inspection prescrites, il y a recours à indemnité contre l'officier de santé qui s'en est rendu coupable.

Sect. 3. — Des médecins étrangers qui veulent exercer la médecine en France.

18. Un médecin ou chirurgien étranger n'a pas le droit d'exercer la médecine ou la chirurgie sur le territoire français, en vertu du diplôme qu'il a pu obtenir dans son pays.

19. Pour pouvoir se livrer légalement à l'exercice de sa profession, il faut qu'il obtienne un diplôme dans une faculté de France ou que le Gouvernement lui accorde l'autorisation spéciale exigée par l'art. 4 de la loi du 19 ventôse.

20. La demande d'autorisation doit être adressée au ministre de l'instruction publique, qui ne prononce qu'après avoir pris l'avis de la faculté de médecine. Ces autorisations peuvent être révo-

quées, lors même que le médecin étranger a payé les frais d'inscription et d'examen.

Sect. 4. — Des sages-femmes.

21. Nulle ne peut exercer la profession de sage-femme qu'après avoir obtenu le diplôme ou certificat d'aptitude exigé par l'art. 32 de la loi du 19 ventôse an XI ; ce certificat n'est délivré qu'aux sages femmes qui ont été examinées sur la théorie et la pratique des accouchements, sur les accidents qui peuvent les précéder, les accompagner et les suivre, et sur les moyens d'y remédier.

22. Avant de se présenter à ces examens, elles doivent avoir suivi au moins deux cours théoriques d'accouchements et vu pratiquer ou pratiqué elles-mêmes les accouchements pendant six mois dans un hospice sous la surveillance d'un professeur.

23. Les sages-femmes ne peuvent employer les instruments, dans les cas d'accouchements laborieux, sans appeler un docteur.

24. La loi du 19 ventôse an XI impose aux sages-femmes l'obligation de faire enregistrer leur diplôme au tribunal de première instance et à la sous-préfecture de l'arrondissement où elles s'établissent et où elles ont été reçues.

25. La liste des sages-femmes reçues pour chaque département doit être dressée dans les tribunaux de première instance et par les préfets, de la même manière que celle des docteurs et des officiers de santé. (*Voy.* **Maternité.**)

Sect. 5. — Des oculistes et dentistes.

26. Par un arrêt du 20 juillet 1833, la Cour de cassation a jugé que la défense d'exercer la médecine ou la chirurgie sans être pourvu du diplôme, s'applique nécessairement à l'art de l'oculiste, lequel se rattache tout à la fois à l'exercice de la médecine et à celui de la chirurgie, puisque le traitement des maladies des yeux est susceptible d'exiger, suivant leur nature, l'emploi de médicaments tant internes qu'externes, et qu'il peut aussi, dans un grand nombre de cas, nécessiter des opérations chirurgicales.

27. Des considérations analogues sembleraient pouvoir être invoquées, quoiqu'à un degré moindre, pour exiger de ceux qui exercent la profession de dentiste des connaissances médicales et chirurgicales. Néanmoins, la Cour de cassation a déclaré que la loi du 19 ventôse an IX n'était pas applicable aux personnes qui se livreraient à cette profession. (*Cass.* 23 *févr.* 1827 *et* 15 *mai* 1846.)

Sect. 6. — Dispositions pénales.

28. Tout individu qui exerce la médecine ou la chirurgie, ou pratique l'art des accouchements sans avoir été reçu dans les formes déterminées par la loi, et s'être fait inscrire sur les listes dont il a été parlé ci-dessus, est passible d'une amende envers les hospices. Il a été jugé (*Cass.* 17 *déc.* 1859) qu'un médecin peut se rendre complice de l'exercice illégal de la médecine, lorsque, au lieu de l'exercer par lui-même, d'après son propre examen et son contrôle, il se borne à adopter les prescriptions d'une somnambule et d'en signer les ordonnances. Ce n'est là qu'un artifice coupable, destiné à couvrir de son nom et de sa signature la pratique illégale d'un tiers.

29. L'amende peut être portée jusqu'à 1,000 fr. pour ceux qui prennent le titre et exercent la pro-

fession de docteur ; à 500 fr. pour ceux qui se qualifient d'officiers de santé et donnent des soins aux malades en cette qualité ; à 100 fr. pour les femmes qui pratiquent illicitement l'art des accouchements.

30. L'amende est double en cas de récidive, et les délinquants peuvent, en outre, être condamnés à un emprisonnement dont la loi a fixé le maximum de durée à six mois.

31. On désigne sous le nom de *bailleuls*, des individus qui, dans les campagnes, exercent l'art de réduire les luxations et les fractures des os. Cet art étant une branche de la chirurgie, il est interdit de l'exercer sans diplôme. (*Cass* 1er *mars* 1844.)

CHAP. III. — DE L'EXERCICE DE LA PHARMACIE.

Sect. 1. — Des pharmaciens.

32. De même que la loi du 19 ventôse an XI a établi deux classes de médecins, celle du 21 germinal de la même année a créé deux classes de pharmaciens. (*Voy.*, pour les conditions d'études, le mot **Instruction supérieure.**)

33. Pour être reçu pharmacien, il faut être âgé au moins de 25 ans accomplis. Tout pharmacien nouvellement reçu doit présenter son diplôme, à Paris, au préfet de police, et dans les autres villes au préfet du département, devant lequel il prête le serment d'exercer son art avec probité et fidélité. Le préfet lui délivre, sur son diplôme, l'acte de prestation de serment.

34. Les pharmaciens de 1re classe peuvent exercer leur profession dans toute l'étendue du territoire français. Ceux de 2e classe ne peuvent s'établir que dans le département où ils ont été reçus, sauf en renouvelant leur examen dans les conditions indiquées ci-dessus (no 16) pour les officiers de santé. (*D.* 23 *août* 1873.)

35. Nul ne peut obtenir de patente pour exercer la profession de pharmacien, ouvrir une officine de pharmacie, préparer, vendre et débiter aucun médicament, s'il n'a été reçu suivant les formes déterminées par la loi.

Néanmoins, les officiers de santé établis dans les bourgs, villages ou communes où il n'y aurait pas de pharmaciens ayant officines ouvertes, peuvent fournir des médicaments simples ou composés aux personnes près desquelles ils sont appelés, mais sans avoir le droit de tenir une officine ouverte.

36. Les préfets doivent faire imprimer et afficher chaque année les listes des pharmaciens établis dans les différentes villes de leur département. Ces listes contiennent les noms et prénoms des pharmaciens, les dates de leur réception et les lieux de leurs résidences.

37. Aux termes de l'art. 32 de la loi du 21 germinal an XI, les pharmaciens ne peuvent livrer et débiter des préparations médicinales ou des drogues composées quelconques que d'après la prescription qui en est faite par les docteurs en médecine ou en chirurgie ou par des officiers de santé et sur leur signature. Ils ne peuvent vendre aucun *remède secret.* (*Voy. ce mot.*)

38. Ils doivent se conformer, pour les préparations et compositions qu'ils exécutent et tiennent dans leurs officines, aux formules insérées et décrites dans les dispensaires ou formulaires qui ont été rédigés ou qui le seront dans la suite par les écoles de médecine (*voy. le mot* Codex). Ils ne peuvent faire, dans les mêmes lieux ou officines, aucun autre commerce ou débit que celui des drogues et préparations médicinales.

39. Dans l'état actuel de la jurisprudence, ces prescriptions manquent de sanction pénale. Un arrêt de la cour de Paris avait admis, il est vrai, que l'arrêt du parlement de Paris du 23 juillet 1748, portant règlement sur le service de la pharmacie, n'avait pas cessé d'avoir force de loi ; mais le 26 mai 1837, la Cour de cassation a jugé que cet ancien règlement avait été implicitement abrogé par la loi du 21 germinal an XI.

40. Quant à la défense faite à tout individu qui n'a pas été reçu pharmacien de vendre des médicaments, elle trouve, suivant la jurisprudence de la Cour de cassation, sa sanction, soit dans l'art. 36 de la loi du 21 germinal an XI, combiné avec la loi du 29 pluviôse an XIII, quand le débit a lieu au poids médicinal. soit dans l'art. 6 de la déclaration du roi du 25 avril 1777 dans les autres cas. (*Arr.* 22 *juin* 1833 *et* 15 *nov.* 1844.)

41. La peine prononcée par l'art. 6 de la déclaration de 1777 est de 500 fr. d'amende ; celle qui résulte du rapprochement de l'art. 36 de la loi de l'an XI et de la loi de l'an XIII, consiste en une amende qui peut varier de 25 à 600 fr., à laquelle peut s'ajouter, en cas de récidive, un emprisonnement de trois jours au moins et de dix jours au plus.

42. Cette dernière peine est applicable à toute distribution de drogues et préparations médicamenteuses, sur des théâtres ou étalages, dans les places publiques, foires et marchés. Toutefois, il résulte d'une lettre du ministre de l'instruction publique et des cultes du 27 novembre 1862, que des religieuses peuvent distribuer « *gratuitement et dans un but charitable* » des médicaments simples (dits magistraux), mais non les vendre, ni les préparer. (*Voy.* la lettre dans notre *Annuaire de* 1864.)

43. Les dispositions qui concernent la vente des *substances vénéneuses* font l'objet d'un article séparé. (*Voy.* Substances vénéneuses.)

Sect. 2. — Des herboristes.

44. Nul ne peut vendre des plantes ou des parties de plantes médicinales indigènes, fraîches ou sèches, ni exercer la profession d'herboriste, sans avoir subi auparavant un examen qui prouve qu'il connaît exactement les plantes médicinales.

45. Il y a aussi deux classes d'herboristes. Les écoles supérieures de pharmacie confèrent le titre d'herboristes de 1re classe. Les certificats d'aptitude pour la profession d'herboriste de 2e classe sont délivrés, suivant les localités, par les écoles supérieures de pharmacie ou par les écoles préparatoires de médecine et de pharmacie, sous la présidence d'un professeur de l'école supérieure.

46. Les herboristes de 1re classe peuvent exercer leur profession dans toute l'étendue du territoire français ; ceux de 2e classe ne peuvent l'exercer que dans le département pour lequel ils ont été reçus. Ils doivent, qu'ils soient de 1re ou de 2e classe, faire enregistrer leur certificat d'aptitude à la municipalité du lieu où ils s'établissent. A Paris, l'enregistrement se fait à la préfecture de police.

Sect. 3. — Des droguistes et épiciers.

47. Les épiciers et droguistes ne peuvent vendre aucune composition ou préparation pharmaceutique, sous peine de 500 fr. d'amende. Ils ont la faculté de faire le commerce en gros des drogues simples, sans pouvoir en débiter au poids médicinal. (*L.* 21 *germ. an XI, art.* 33.)

48. En interdisant le débit *au poids médicinal*, la loi n'a pas entendu proscrire seulement les ventes au poids indiquées dans les dispensaires ou formulaires rédigés, ou qui le seraient dans la suite par les écoles de médecine ; mais toutes les ventes en détail de préparations médicamenteuses. (*Cass.* 16 *déc.* 1836. *Chambres réunies.*)

49. La vente ou distribution de médicaments faite d'après les doses dans lesquelles ils doivent être employés, lors même qu'elle a lieu par *petits paquets*, a été aussi considérée comme ayant le caractère du débit au poids médicinal. (*Cass.* 23 *juin* 1835 *et* 18 *janv.* 1839. *Chambre crim.*)

Sect. 4. — Visites annuelles des officines et magasins des pharmaciens, herboristes, droguistes et épiciers.

50. D'après les dispositions combinées des art. 29, 30 et 31 de la loi du 21 germinal an XI, et celles de l'art. 42 de l'arrêté consulaire du 25 thermidor de la même année, les officines et magasins des pharmaciens, droguistes et épiciers doivent être visités au moins une fois chaque année, par les professeurs des écoles de pharmacie, près du siège de ces écoles ; dans les autres départements, les conseils d'hygiène publique et de salubrité en ont été chargés par le décret du 23 mars 1859.

51. L'objet de ces visites est de vérifier la bonne qualité des drogues et médicaments simples et composés, ainsi que celle des sirops et drogues médicinales que peuvent vendre les épiciers, et qui ne sont pas considérés comme médicaments. Les drogues mal préparées ou détériorées sont saisies à l'instant par le commissaire de police, et il est procédé ensuite contre les délinquants conformément aux lois et règlements.

52. L'art 42 de l'arrêté du 25 thermidor an XI porte qu'il sera payé pour les frais de la visite 6 fr. par chaque pharmacien, et 4 fr. par chaque épicier ou droguiste, conformément à l'art. 16 des lettres patentes du 10 février 1780, et la loi de finances autorise, chaque année, la perception de cette taxe : le produit en est beaucoup trop faible, dans le plus grand nombre des départements, pour assurer une indemnité convenable aux membres des jurys médicaux. Il est pourvu à cette insuffisance au moyen d'un supplément porté au budget départemental ; mais c'est une dépense facultative que plusieurs conseils généraux refusent de voter tous les ans, et il en résulte que, dans un certain nombre de départements, les visites ne s'effectuent pas, chaque année, comme la loi le prescrit.

53. Dans certains départements, afin de diminuer les frais d'inspection, le jury se divise en deux sections, composées chacune d'un médecin et de deux pharmaciens

54. Aux termes de l'art. 17 de la loi du 23 juillet 1820, les épiciers non droguistes, chez lesquels il n'est pas trouvé de drogues appartenant à l'art de la pharmacie, ne sont pas soumis au paiement du droit de visite.

55. Pour prévenir les difficultés qui pourraient résulter de cette disposition, il a été dressé un tableau des substances qui, parmi celles que peuvent vendre les épiciers, doivent être considérées comme drogues médicinales. Ce tableau est annexé à une ordonnance royale du 20 septembre 1820, qui l'a approuvé.

56. Les herboristes ne sont pas désignés dans l'arrêté consulaire du 25 thermidor an XI et dans les lois de finances qui ont maintenu les taxes établies par cet arrêté. Il en résulte que, lorsqu'ils ne font que le commerce de l'herboristerie proprement dite, ils ne contribuent pas aux frais de visites; mais lorsqu'ils vendent en outre des drogues médicinales mentionnées dans le tableau annexé à l'ordonnance de 1820, ils paient la taxe des visites comme épiciers-droguistes.

57. Après que les rétributions dues par les pharmaciens, les épiciers et les droguistes, pour la visite de leurs officines, magasins ou laboratoires, ont été constatées par les procès-verbaux des professeurs des écoles de pharmacie et des membres des jurys médicaux, chargés de cette opération, elles sont comprises dans un rôle rendu exécutoire par les préfets. Ce rôle est remis aux trésoriers-payeurs généraux, pour être recouvré par les percepteurs des contributions directes, et le montant en est ajouté aux produits extraordinaires destinés aux dépenses obligatoires du département. Les préfets adressent aux trésoriers-payeurs généraux, en même temps que le rôle, des extraits de cotes destinés aux débiteurs, et qui leur sont immédiatement remis par les soins du percepteur chargé du recouvrement. (*Circ. min.* 15 *mars* 1829 *et* 13 *juill.* 1830.)

58. Depuis 1868 (*L.* 31 *juill.* 1867), dans le budget de chaque année, on porte en recette le produit présumé des rétributions, et en dépense un crédit déterminé approximativement d'après les opérations des années précédentes, sauf à compléter ce crédit, s'il y a lieu, par des autorisations spéciales, ou à annuler, en fin d'exercice, la portion qui n'a pas été employée. Antérieurement à 1868, le produit des droits de visite figurait au budget départemental.

59. Le ministre de l'agriculture et du commerce fixe, sur les propositions des préfets, la quotité des indemnités qui doivent être allouées aux membres des jurys de médecine qui ont fait la visite des pharmacies, des boutiques et magasins de droguistes, épiciers et herboristes.

60. Les droits perçus pour frais de visite chez les pharmacies, droguistes, etc., étant recouvrés en vertu de rôles nominatifs, rendus exécutoires par les préfets dans les formes établies pour les contributions directes, les demandes en décharge ou réduction de ces taxes doivent, aux termes de l'art. 4 de la loi du 28 pluviôse an VIII, être portées devant le conseil de préfecture. (*Arr. du C.* 24 mars 1849.)   L. FOUBERT[1].

1. Mis à jour par M. B.

BIBLIOGRAPHIE.

Manuel légal des médecins, chirurgiens et pharmaciens, contenant les lois, arrêtés, décrets, etc., recueillis par F. Rondonneau. In-18. Paris, Rondonneau et Decle. 1812.

Code des médecins, chirurgiens et pharmaciens, par J. P. Beullac. In-18. Paris, Béchet jeune. 1823.

Code des pharmaciens, ou Recueil des édits royaux, etc., par A. Laterrade. In-12. Paris, Moreau. 1826.

Traité de compétence des médecins dans les questions judiciaires relatives à l'aliénation mentale, par Elias Regnault. 1 vol. 1832.

Code expliqué des pharmaciens, ou Commentaire sur les lois et la jurisprudence en matière pharmaceutique, par A. Laterrade. In-18. Paris, Crochard. 1834.

Jurisprudence de la médecine, de la chirurgie et de la pharmacie en France, comprenant la médecine légale, par A. Trébuchet. In-8º. Paris, J.-B. Baillière. 1834.

Traité de la jurisprudence médicale destiné à organiser les différentes branches de l'art de guérir, par MM. A. Lepoutre et L. Petit. In-8º. Paris, Germer-Baillière. 1841.

Traité de médecine légale et de jurisprudence médicale, par Legrand du Saulle. 1re et 2e parties. In-8º. Paris, Adrien Delahaye. 1874.

ADMINISTRATION COMPARÉE.

Allemagne.

Avant 1869, chaque État allemand avait sa législation médicale séparée, et dont les dispositions étaient souvent très-restrictives. Non-seulement personne ne pouvait exercer la médecine sans avoir subi les examens prescrits, mais dans quelques États le nombre des médecins ou pharmaciens était limité. La loi organique du 21 juin 1869, dans son art. 29, règle la matière pour l'Allemagne entière. Voici les dispositions de cet article, qui modifie profondément la législation établie :

« Pour avoir le droit de se dire pharmacien ou médecin (ou chirurgien, oculiste, accoucheur, dentiste, vétérinaire), ou de se donner un titre équivalent, ou pour être reconnu tel par l'État ou une commune et être chargé de fonctions (médicales), il faut avoir été approuvé après avoir subi un examen. Le diplôme de docteur en médecine conféré par une faculté ne sera plus exigé. » Le conseil fédéral indique les autorités qui pourront procéder à l'examen et accorder l'approbation et veille à la publication des noms des personnes qui l'ont reçue. (En fait, ce sont des facultés de médecine qui procèdent à l'examen.) « Les personnes qui ont obtenu l'approbation, peuvent s'établir dans n'importe quelle localité, sauf les restrictions, pour les pharmaciens, prévues à l'art. 6 (*voy. plus loin*). Le conseil fédéral pourra déterminer dans quel cas des personnes ayant rendu des services scientifiques peuvent être dispensées, à titre exceptionnel, de subir les examens prescrits. » Cette dernière disposition ne peut avoir que de rares applications, mais elle devrait se trouver dans toute législation pour pouvoir récompenser et utiliser les *autodidacts*. Ajoutons que l'art. 30 fait dépendre d'une autorisation l'ouverture d'une maison de santé et l'exercice de la profession de sage-femme. Une publication du conseil fédéral (règlement d'administration publique), du 25 septembre 1869, renferme toutes les dispositions relatives aux examens et autres conditions à remplir pour obtenir l'approbation. Cette dernière est conférée par arrêté ministériel.

L'art. 29 n'interdit pas l'exercice de la médecine, il est seulement défendu, à peine de 100 thalers d'amende ou six semaines de prison, de se dire approuvé ou même de se dire médecin (*Arzt*). Personne ne peut être puni s'il y a guérison, mais celui qui n'a pas reçu l'approbation est responsable des suites de sa cure. En revanche, le médecin (approuvé) est généralement tenu de traiter le malade qui s'adresse à lui. Autrefois (*C. P. prussien de* 1851, *art.* 200), refuser les services médicaux était un délit sévèrement puni ; depuis la loi de 1869 (*art.* 144), on peut tout au plus considérer le refus comme une contravention, et seulement si le malade était en danger. (*C. P. allem.*, *art.* 360, nº 10.)

Le dentiste — qui s'appelle en allemand *Zahnarzt* (médecin pour les dents) — a besoin d'une approbation spéciale, qu'il ne reçoit qu'après avoir subi un examen devant une commission médicale (*Règl.* 25 *sept.* 1869). C'est à cause du mot médecin (*Arzt*) qui se trouve dans *Zahnarzt*. S'il évitait ce mot, si par exemple il s'appelait arracheur de dents (*Zahnausreisser*), il pourrait se passer d'approbation. Le médecin a le droit de tout guérir, même les maladies des dents, il peut même arracher les dents, mais il ne peut pas se qualifier de dentiste, sous peine d'amende, le dentiste ayant une approbation spéciale qu'il a obtenue après avoir fait ses humanités, fréquenté une Université pendant deux ans et s'être exercé dans une clinique. Du reste, le médecin qui voudrait se faire dentiste, obtiendrait facilement l'approbation nécessaire.

Les dispositions relatives aux sages-femmes se trouvent dans la circulaire du ministère de l'instruction publique, des cultes et des affaires médicales du 2 juin 1870. Les élèves sages-femmes doivent avoir fréquenté une école spéciale et subir un examen.

Pour ce qu'on appelle la *petite chirurgie*, on a créé en 1851 une classe d'*assistants médicaux* (*Heildiener*) que la circulaire ministérielle du 27 décembre 1869 (*Recueil de 1870*) déclare maintenue. C'est une sorte d'officiers de santé d'un degré inférieur qui remplacent ce qu'on appelait autrefois les chirurgiens de 2e classe. Ils sont approuvés pour des opérations déterminées et ne peuvent fonctionner — généralement du moins — que sous les yeux d'un médecin.

Le pharmacien doit avoir appris régulièrement sa profession. Pour être élève pharmacien, aussi « aide-pharmacien », il suffit de subir des épreuves sur lesquelles le règlement ministériel du 11 août 1864 entre dans des détails nécessaires. Mais, pour que l'élève pharmacien soit admis à diriger une pharmacie, il doit pousser ses études plus loin et passer, devant une Faculté, l'examen prescrit par la loi de 1869 et dont les conditions ont été fixées par le règlement fédéral du 5 mars 1875. (*Voy.* le *Journ. offic. allem.* du 13 mars 1875.)

Personne ne peut préparer et vendre des médicaments, ni posséder une pharmacie s'il n'a pas le brevet ou diplôme de pharmacien, mais dans quelques États allemands, et notamment en Prusse, il faut encore trouver l'occasion de se procurer une pharmacie. Le nombre en est limité. Il y a deux sortes de pharmacies : les unes sont constituées en *privilèges réels*, c'est-à-dire constituent un bien transmissible, un droit attaché à un immeuble ; il est des provinces où il n'y en a pas d'autres. Les autres sont des *concessions* attachées à la personne et qui ne sont accordées que si le besoin d'une nouvelle pharmacie se fait sentir dans une localité. (*Voy.* les conditions dans le *Règl.* 24 oct. 1811.) Un pharmacien diplômé reçoit ainsi la permission spéciale de fonder une officine, et en droit strict, l'établissement devrait être dissout à la mort du concessionnaire, mais en fait, on en tolère la vente, de sorte qu'il n'y a plus de différence pratique entre les deux sortes de pharmacies. On s'occupe, depuis 1869, d'une nouvelle législation sur cette matière, elle est encore en préparation (novembre 1876).

Les pharmacies sont sous la surveillance du médecin d'arrondissement (*Kreisphysicus*) et visitées de temps à autres.

Le médecin d'arrondissement représente l'administration pour les affaires sanitaires. Il reçoit à cet effet un traitement et jouit des droits — et doit remplir les devoirs — d'un fonctionnaire public ; il est chargé de la médecine légale, de la surveillance des établissements sanitaires, il doit suivre le mouvement des épidémies, conseiller les mesures à prendre, etc. Pour pouvoir être nommé *Kreisphysicus*, il faut : 1° posséder le diplôme de docteur en médecine d'une Faculté allemande ; 2° avoir obtenu l'approbation comme médecin ; 3° avoir pratiqué au moins deux ans ; 4° avoir passé ensuite un examen spécial qui se compose de trois sortes d'épreuves très-sérieuses : épreuve écrite, épreuve pratique (dans un hôpital), épreuve orale. Les détails sont indiqués dans un arrêté ministériel *non daté*, inséré au *Journal officiel allemand* du 24 mai 1875, et cet arrêté est suivi d'un règlement pour l'épreuve orale, daté du 17 octobre 1868. L'examen porte surtout sur la médecine légale. Le *Kreisphysicus* a du reste sa pratique médicale comme tout autre médecin, il soigne les pauvres gratuitement, mais les gens aisés doivent le rémunérer. La plainte, pour honoraires, est admise.

Angleterre.

Depuis la loi du 2 août 1859 (21-22 Vict., c. 90), toutes les mesures sont prises pour distinguer le « praticien qualifié » de celui qui ne l'est pas. Au fond, la loi voulait de tout temps qu'on ne pût exercer la médecine sans le savoir ; déjà en 1518 une charte royale confirme le collège (la Société) royal des physiciens (médecins) et l'autorisa à conférer des diplômes, droit qu'avaient naturellement aussi les Universités ; mais pendant longtemps les mesures prises n'eurent pas de sanction et jusqu'au milieu de ce siècle on trouvait encore des médecins et pharmaciens peu qualifiés, ou du moins qui avaient appris leur profession en se faisant apprenti d'un médecin, et sans suivre d'autre cours qui ressortirait de la pratique de leur maître. La loi de 1858 précitée crée un conseil général d'éducation (d'hygiène ?) et d'enregistrement médical, composé de délégués des Universités de médecine de Londres, Édimbourg, Dublin, Aberdeen, Glasgow, Oxford, Cambridge et Durham, de divers corps médicaux et de six membres nommés par le Gouvernement. Ce conseil est chargé de surveiller la tenue du registre médical, renfermant les noms et adresses de toutes les personnes qui ont justifié de leur capacité de pratiquer la médecine, la chirurgie, l'accouchement et la pharmacie. Les justifications nécessaires pour être inscrit consistent en diplômes reçus après examen devant les diverses Universités et les corps médicaux énumérés dans la loi (art. 15). Chacune de ces institutions ont leurs règlements spéciaux, il n'y a pas de législation générale sur les études à faire. Le *Medical Register* est publié tous les ans et ceux qui s'y trouvent nommés ont seuls le droit de se dire médecin, chirurgien, accoucheur ou pharmacien. Ils peuvent seuls recevoir des fonctions médicales, soit de l'État, soit des comtés, etc. ; leurs certificats sont seuls foi en justice. Ils sont aussi les seuls qui aient une action judiciaire pour leurs honoraires, mais leurs règlements intérieurs leur interdisent (ou du moins leur ont longtemps interdit) de faire usage de ce droit. Ils ont d'ailleurs quelques autres privilèges, comme de ne pas être jurés, etc., etc.

Il y a lieu de faire remarquer que les pénalités ne s'appliquent qu'à ceux qui usurpent un des titres mentionnés dans la loi (*assumption of title*). On n'est pas puni pour avoir exercé l'art de guérir sans être enregistré, mais pour avoir pris une qualification à laquelle on n'avait pas droit. Ainsi on peut se dire dentiste, mais on ne peut pas se désigner comme « médecin ou chirurgien-dentiste ».

La profession de pharmacien, paraît-il, n'a été séparée de celle d'épicier qu'en 1606 ; à cette époque, le vrai pharmacien c'était ce que nous appellerons, par analogie avec l'officier de santé, un praticien médical d'ordre inférieur et qu'on nomme souvent chirurgien en Angleterre, bien que le *surgeon* ne soit pas autorisé à prescrire des remèdes pour l'usage interne. Le *surgeon* (chirurgien) tenait une pharmacie et préparait les médicaments. Souvent il donnait ses consultations gratis et ne se faisait payer que la médecine. Peu à peu la législation devint sévère, surtout depuis la création de la Société pharmaceutique de la Grande-Bretagne (*Charte du 18 fév. 1843*). À partir de cette date, on pouvait bien encore s'appeler *chemist* (équivalent de pharmacien), mais pour avoir droit au titre de *pharmaceutical chemist*, il fallait remplir les conditions d'études et d'apprentissage imposées par ladite Société et passer un examen. La Charte de 1843 a été étendue et confirmée par la loi 15-16 Vict., c. 56. Tous les pharmaciens étaient depuis lors portés sur un registre officiel. La loi 31-32 Vict., c. 12, et surtout 37-38 Vict., c. 34 (16 *juill.* 1874), développe encore l'intérêt de la bonne tenue des pharmacies, qui sont d'ailleurs soumises à l'inspection.

La question de l'admission des femmes à l'exercice de la médecine et de la pharmacie, qui a été résolue en leur faveur dans un certain nombre de pays, a donné lieu en Angleterre à une décision que nous allons rapporter d'après le *Journal officiel* du 5 août 1872. Le *conseil général médical* a nommé une commission, composée de professeurs des Universités d'Oxford, de Cambridge et de Londres. Cette commission a rédigé et soumis au conseil, qui l'a discuté et approuvé, un rapport dont voici les conclusions.

« Les femmes eussent mieux fait de renoncer à l'idée de se faire docteur en médecine, le succès dans la carrière médicale exigeant des aptitudes, des qualités étrangères à leur mission : la force, la persévérance et l'impassibilité devant les scènes de douleur et de sang ; si pourtant, malgré ces considérations elles passent outre, et persistent à vouloir embrasser la carrière médicale, elles ne doivent pas en être exclues. Si l'un des dix-neuf corps autorisés admet les femmes à ses examens, le conseil enregistrera les diplômes obtenus à la suite de ces épreuves. Si aucun de ces corps ne veut admettre les femmes à ses examens, il faudra bien établir des examens spéciaux pour ses femmes.

« Jusqu'ici, la seule femme qui ait qualité légale pour exercer la médecine est mistress Élizabeth Garret Anderson, qui a, dit le *World*, passé son examen devant la Société de pharmacie, ses études ayant été faites au-dehors. Aussitôt après son admission, il a été décidé qu'on n'admettrait plus à l'examen que les personnes ayant suivi les cours d'une école « reconnue » ; or, aucune école reconnue n'ayant encore admis à ses cours les élèves de l'autre sexe, cette décision a coupé court à toute présentation ultérieure, et personne ne s'est tenté de suivre l'exemple de miss Anderson. » (C'est le *Journal officiel* qui dit tantôt *miss* (mademoiselle) et tantôt *mistress* (madame).

Autres pays.

Pour éviter d'inutiles répétitions, nous dirons que dans presque tous les pays civilisés, l'exercice public de la médecine, de la chirurgie, de l'accouchement et la pharmacie n'est permis qu'aux personnes ayant fait preuve du savoir nécessaire. Divers pays (par exemple la Hollande et la Belgique, loi du 12 mars 1818 et arrêté royal du 31 mai de la même année) ont organisé une surveillance de l'exercice de la médecine. En Allemagne et en Autriche on distinguait le chirurgien du médecin, mais ces distinctions ont été pour la plupart effacées. Dans plusieurs pays, — en Autriche, en Allemagne, en Suisse, en Russie, etc. — le médecin était tenu de se rendre chez le malade qui l'appelait, sauf, bien entendu, excuse légitime ; les exigences de la loi tendent à diminuer, mais sont encore bien élevées, par exemple en Russie (*Rapp. du conseil médical de septembre 1875*), en Suisse (L. *bernoise* 14 mars 1865, *et d'autres*), en Autriche (C. P.). On distingue généralement les cas d'un danger pressant ou d'une maladie grave, des légères indispositions, la punition est plus ou moins élevée selon le mal causé par le refus du médecin. Généralement, le médecin n'est pas autorisé à préparer lui-même sa médecine. Partout il est tenu de garder le secret sur les défauts ou maladies de ses clients.

Les pharmaciens sont partout soumis à des épreuves, leurs produits sont examinés périodiquement, mais nous constatons que la limitation du nombre des pharmacies est de plus en plus rare.

MAURICE BLOCK.

MENACES. Les menaces sont considérées par nos lois sous deux points de vue : ou bien elles font partie d'un autre délit, ou bien elles sont elles-mêmes un délit ou un crime spécial. On peut consulter à cet égard les art. 179, 223, 224, 305 à 308 du Code pénal.

MÉNAGERIE. *Voy.* **Animaux.**

MENDIANT ET DÉPOT DE MENDICITÉ. 1. On appelle *mendiant*, l'individu qui demande l'aumône *habituellement*. On appelle *dépôt de mendicité*, l'établissement où l'on conduit les individus arrêtés pour cause de mendicité.

2. Le dépôt tient le milieu entre l'hospice et la prison. Il a pour but, en effet, d'une part, de donner un asile au mendiant ; d'autre part, de le contraindre au travail, de le corriger de ses vices et de sa paresse, encouragés souvent par la bienfaisance elle-même. Il n'est point destiné à recevoir le mendiant *vagabond* ou celui qui n'a ni feu ni lieu (*Circ. min.* 19 *déc.* 1808) ; ce dernier est soumis à des lois spéciales.

3. En France, depuis des siècles, l'autorité publique est intervenue pour réprimer ou empêcher la mendicité. Charlemagne, en 806, ordonne que les mendiants soient secourus dans leurs paroisses et *défend de leur faire l'aumône partout ailleurs.* Une ordonnance de saint Louis (1230) prescrit « que tout fainéant qui, n'ayant rien et ne gagnant rien, fréquente les tavernes, soit *arrêté*, interrogé sur ses facultés, *banni de la ville*, s'il est surpris en mensonge ou convaincu de mauvaise vie ». Jean le Bon fut plus sévère : une de ses ordonnances (1251) porte que les mendiants *sains de corps et oiseux* « seront pris et mis en *prison au pain et à l'eau*, et ainsi tenus l'espace de quatre jours ; et quand ils auront été délivrés, s'ils sont trouvés oiseux, ils seront mis au *pilori* ; et la tierce fois *signés au front d'un fer chaud* ». Sous François Ier, une ordonnance de 1545 charge le prévôt des marchands et les échevins de la ville de Paris d'ouvrir des *ateliers* de travail pour y employer les mendiants valides « aux taux et salaires qui leur seraient arbitrés, et sous peine de *fouet* s'ils étaient trouvés mendiant après lesdites œuvres commencées d'être punis publiquement de *verges*, et, en outre, bannis du pays à temps ou à perpétuité ».

4. Pendant le dix-septième et le dix-huitième siècle, plusieurs autres édits ou arrêts (27 *août* 1612, 16 *janv.* 1629, *avril* 1656, *août* 1661, *juin* 1662, 12 *oct.* 1686, 23 *mars* 1720, 18 *juill.* 1724, 5 *fév.* 1731, 20 *oct.* 1750) furent encore rendus successivement contre la mendicité ; et malgré les mesures les plus sévères, malgré les pénalités les plus rigoureuses, les mendiants n'avaient pas cessé de pulluler.

5. En 1764, on conçut un nouveau système, celui des maisons de *correction*, qui depuis ont été nommées *dépôts de mendicité*. Tel fut l'objet de l'édit rendu cette même année et de l'arrêt du conseil du 21 septembre 1767.

6. Ces fondations réduisirent le mal. Cependant l'Assemblée constituante le trouva encore fort étendu et elle s'occupa des moyens de l'atténuer. Un décret du 30 mai 1790, dont la plupart des dispositions sont encore en vigueur, ordonna l'ouver-

ture d'ateliers pour l'emploi des mendiants valides.

7. Le décret de 1790 maintenait en principe l'institution des dépôts de mendicité ; mais celui du 15 octobre 1793 (24 *vend. an II*) les supprima et les remplaça par des maisons de *répression*.

Destinées à recevoir tout à la fois des individus condamnés pour délit de mendicité et de vagabondage et ceux condamnés correctionnellement à la réclusion pour tous autres délits, ces maisons, soit par le fait même de cette confusion, soit faute de ressources, avaient déjà cessé d'exister en 1807. Un décret du 5 juillet 1808, dicté par Napoléon lui-même au duc de Bassano, ordonna alors qu'un dépôt de mendicité serait ouvert *dans chaque département*.

Ce décret, celui de 1790, et les art. 260 à 282 du Code pénal, qui substituent de simples peines correctionnelles aux peines draconiennes prononcées par le décret du 15 octobre 1793, notamment la *transportation* pour les mendiants en état de récidive, constituent notre législation actuelle sur la mendicité[1].

8. D'après le décret de 1790, un secours de 30 centimes par myriamètre, payable de cinq en cinq myriamètres, par les municipalités, est accordé à tout mendiant qui voyage muni d'un passeport (*art.* 7). Ce passe-port doit être visé par l'officier municipal auquel il est présenté ; la somme délivrée doit y être relatée. (*Voy.* **Passe-port** ou **Secours de route.**)

Les secours sont acquittés sur les fonds des dépenses obligatoires des départements ; les maires des communes placées sur la route indiquée par le passe-port du mendiant, en font seulement l'avance sur les fonds communaux (*Circ. min.* 11 *août* 1808 ; *D.* 23 *mars* 1810 ; *Circ. min.* 17 *avril suiv.*, 6 *fév.* 1816, 25 *oct.* 1833). Tout membre d'une autorité municipale qui fait payer le secours à un mendiant hors de sa route n'en est pas remboursé. (*Circ. précitée* de 1808.)

9. Si chaque département doit avoir son dépôt de mendicité, il ne s'ensuit pas qu'il y ait un établissement séparé par département ; plusieurs circonscriptions peuvent en effet se réunir pour entretenir un dépôt en commun. (*Voy.*, par exemple, *D.* 13 *févr.* 1861, 15 *et* 18 *avril* 1863 *et d'autres.*)

10. A l'origine, tous les dépôts étaient institués sur le même plan ; un règlement commun, dressé par le ministre de l'intérieur, déterminait en détail le régime moral, économique et industriel[2].

L'expérience l'a modifié sensiblement et aujourd'hui il n'y a peut-être pas deux dépôts assujettis

1. Aux termes de l'art. 274 du Code pénal, toute personne qui a été trouvée mendiant dans un lieu pour lequel il existe un établissement public organisé afin d'obvier à la mendicité, doit être punie de trois à six mois d'emprisonnement, et être, après l'expiration de sa peine, conduite au dépôt de mendicité. C'est là, toutefois, une mesure de police et non une peine (*Cass.* 1er *juin* 1833) ; aussi la personne enfermée peut-elle être rendue par l'administration, mais par celle-ci seulement et non par le tribunal, à la personne qui la réclame (*Cass.* 21 *sept.* 1855). Dans les lieux où il n'existe point de tels établissements, continue l'art. 275 du Code pénal, les mendiants d'habitude, qui sont valides, sont punis d'un mois à trois mois d'emprisonnement, s'ils sont arrêtés dans le canton de leur résidence, et de six mois à deux ans, s'ils sont arrêtés hors de ce canton. Les articles suivants du Code pénal, jusques et y compris l'art. 282, règlent les cas où ces mendiants ont commis ou sont présumés avoir commis des délits.

2. Voyez ce règlement, en 181 articles, dans le *Recueil des instructions du ministère de l'intérieur*, t. II, p. 111.

à une constitution identique. Voici pourtant des règles qui sont généralement suivies :

11. Quand le mendiant arrive au dépôt, on lui fait prendre un bain et on l'habille du costume de l'établissement. Ses haillons, passés au soufre, sont mis en magasin, pour lui être restitués à sa sortie.

12. Le travail des hommes consiste dans le tissage, dans la confection de chaussures de lisière, de chapeaux de paille, de sabots et d'autres objets nécessaires au vêtement des reclus ; celui des femmes, dans la couture, le tricot, la buanderie, etc. Quelques mendiants et mendiantes sont chargés de divers services de l'établissement.

13. Le prix de la journée est fixé suivant la nature et la quantité de l'ouvrage. La moitié du salaire appartient au dépôt ; l'autre appartient au mendiant. Mais, sur cette part, on ne lui donne qu'un franc par mois au plus ; l'excédant forme une réserve appelée *masse*, qu'on lui délivre quand il est remis en liberté, ce qui a lieu seulement lorsque sa *masse* est assez forte pour qu'il n'ait plus besoin de mendier. (F. MARBEAU, *Annales de la charité* de 1855.)

14. L'organisation administrative est assez semblable à celle des établissements publics d'aliénés : 1° un directeur salarié dirige toutes les parties du service ; 2° une commission gratuite surveille son administration ; 3° un receveur effectue les recettes et les dépenses.

15. Les dépôts de mendicité autorisés par une ordonnance royale ou par un décret, sont aptes à posséder ; ils peuvent acquérir, recevoir des libéralités et faire tous les actes de la vie civile par l'intermédiaire du directeur, sur l'avis de la commission de surveillance et les autorisations exigées des autres établissements publics en pareil cas. (DURIEU et ROCHE, *Répertoire des établissements de bienfaisance.*)

ADMINISTRATION COMPARÉE.

La mendicité est un mal qu'on a toujours et partout cherché à extirper, mais, il nous semble, sans grand succès. Le mal, croyons-nous, est moindre de nos jours qu'il y a un ou plusieurs siècles, mais la diminution est due plus particulièrement au progrès général du bien-être, à l'extension de l'industrie, à la diffusion de l'instruction, même à l'établissement du service militaire obligatoire, ce service étant un moyen d'élever l'éducation morale de certains individus. Les mesures prises par les Gouvernements semblent avoir été peu efficaces, parce que la police n'avait guère affaire qu'à des pêcheurs endurcis, des ivrognes et des paresseux, ou à des infirmes. Les mesures ne différaient pas beaucoup d'un pays à l'autre.

En Prusse, le *Landrecht* ou Code général de 1794 (partie II, titre 19, §§ 3 à 5) dispose que, quiconque ne voudra pas employer les moyens propres à gagner sa vie, soit par paresse, soit par amour de l'oisiveté, ou par d'autres mauvais penchants, sera mis en demeure de travailler, soit par la coercition, soit par des punitions, et maintenu sous surveillance. Une loi de 1843, le Code pénal de 1851 et le Code pénal fédéral ont plus ou moins développé ces dispositions. Actuellement, le vagabondage, la mendicité et le penchant à l'oisiveté invétéré (*Arbeitsscheu*) sont des contraventions et, en cas de récidive, même des délits passibles de un jour à six semaines de prison. Mais un individu ainsi condamné peut être placé par l'administration dans un dépôt de mendicité (maison de travail), et s'il est étranger, transporté jusqu'à la frontière.

La loi belge sur les mendiants et vagabonds, du 6 mars 1866, punit la mendicité et le vagabondage de un jour à plusieurs mois de prison, selon le cas, et met ensuite le délinquant entre les mains du Gouvernement (de la police), qui pourra l'enfermer correctionnellement, pour un temps plus ou moins long, dans un dépôt de mendicité. La loi énumère les circonstances aggravantes, parmi lesquelles il y a lieu de signaler la location d'un infirme ou d'un enfant âgé de moins de 14 ans. Les petits mendiants peuvent être placés dans une école de réforme et retenus

jusqu'à l'âge de 20 ans. La loi du 3 avril 1848 (*Arr. roy.* 19 *juill.* 1849) se rapporte aux dépôts de mendicité.

Les lois suisses sont très-analogues, voyez, par exemple, la loi bernoise du 14 avril 1858. La mendicité est passible d'une peine de police, et le délinquant peut être placé dans une maison de travail, aux frais de la commune dont il est originaire.

　　　　　　　　　　　　　　　　　　M. B.

MENSE. Ce mot, sur l'étymologie duquel on n'est pas d'accord (il nous semble cependant qu'on ne doit se tromper en le faisant dériver de *mensa*, table), est employé pour désigner les biens et revenus formant la dotation d'un évêché, d'un chapitre ou d'une cure et qu'on appelle la *mense épiscopale*, *capitulaire*, *curiale*. (*D. nov.* 1813, *art.* 29, 34, 58, 60 ; *voy.* **Évêché, Chapitre, Cure.**)

MER. 1. Les attributions de l'administration concernant les choses de la mer sont exposées dans différents articles du Dictionnaire. Elles consistent principalement : 1° à former, entretenir et diriger la *marine militaire* ; 2° à construire et à entretenir des *ports*, *phares*, *fanaux*, *balises* ; 3° à veiller à la sûreté et à la liberté de la circulation dans les *ports* et *rades*, et sur les *côtes* ; 4° à constater et à poursuivre devant les *tribunaux maritimes* les crimes ou délits commis dans les ports et arsenaux, ou à bord des bâtiments ; 5° à délimiter le domaine public maritime (*cours d'eau navigables*, n° 40), et à concéder les *lais* et *reluis* de la mer ; 6° à pourvoir au jugement et à la liquidation des *prises maritimes* ; 7° à diriger le sauvetage en cas de *naufrage* ; 8° à percevoir les droits de *navigation* ; 9° à faire observer les obligations auxquelles est soumise la *marine marchande*, les règlements de police qui la concernent, ainsi que les prescriptions relatives aux *bateaux à vapeur* ; 10° à distribuer les encouragements affectés aux *pêches maritimes*, sous des conditions déterminées ; 11° à mettre à la disposition des navigateurs les collections de documents et renseignements qui peuvent leur être utiles (*dépôt des cartes et plans*). Nous n'avons à parler ici que des produits naturels du domaine public maritime, et à l'exception du sel et des poissons ou coquillages, dont il est traité dans les articles **Sels** et **Pêches.**

SOMMAIRE.

CHAP. I. VARECH, SART OU GOÉMON, 2 à 11.
　　II. MATIÈRES DIVERSES, 12, 14.

CHAP. I. — VARECH, SART OU GOÉMON.

2. Ces noms, différents suivant les localités, désignent les herbes marines qui servent à l'engrais des terres et à la fabrication de la soude. Par rapport à la législation, ces produits se divisent en trois classes : 1° les goémons qui tiennent à la rive ; 2° ceux qui, poussant en mer, tiennent aux fonds et aux rochers ; 3° ceux qui sont détachés par la mer et portés à la côte par le flot. Les récoltes sont réglées par trois décrets rendus le 4 juillet 1853, le 19 novembre 1859 et le 8 février 1868, en vertu d'un décret-loi du 9 janvier 1859.

3. Tout habitant d'une commune riveraine de la mer a le droit de participer à la récolte des goémons de rive, sous les conditions énoncées aux n°ˢ 4, 5 et 6, ainsi que le droit de vendre son goémon à des forains et de le transporter où bon lui semble. Les individus qui possèdent des terres dans les communes riveraines et qui n'y habitent pas, peuvent aussi y récolter du goëmon, mais sous la condition de l'employer dans la circonscription de ces communes (*D. 4 juill.* 1853), et par conséquent il ne leur est pas permis d'en vendre à des forains.

Les goëmons attenant au sol dans l'intérieur des pêcheries appartiennent aux habitants des communes riveraines, et ces derniers peuvent les couper aux jours fixés, comme il est dit au n° 4. Mais les goëmons poussant dans l'intérieur des parcs et dépôts à coquillages appartiennent aux détenteurs de ces établissements.

4. Les ayants droit au goëmon de rive peuvent être autorisés à faire deux coupes chaque année. Le maire fixe les époques et les jours des coupes ; il doit en donner avis au commissaire du quartier de l'inscription maritime et faire connaître, par des affiches apposées dix jours au moins à l'avance, le jour de l'ouverture de la récolte. Il est chargé de régler les mesures de police nécessaires par un arrêté qui est soumis à l'approbation du préfet.

5. Les coupes ne peuvent avoir lieu que pendant le jour. Il est permis d'arracher ou de couper les goëmons avec des couteaux ou des faucilles. Il est défendu de récolter à aucune époque : 1° les herbes marines qui croissent le long des quais ou des ouvrages en maçonnerie construits en mer ou sur le rivage; 2° celles qui croissent sur les digues ou berges des fleuves, rivières ou canaux.

6. Les ayants droit ne peuvent se faire aider par des ouvriers étrangers à la commune. (*Cass.* 28 août 1857.)

Les marins pêcheurs ne peuvent prendre part qu'aux coupes pratiquées sur le littoral des communes où ils sont domiciliés.

7. La récolte des goëmons de rive n'étant qu'une jouissance de fruits du domaine public, il en résulte : 1° qu'une commune ne peut acquérir le droit de la faire en dehors de son territoire (*C. Caen,* 21 nov. 1851); 2° qu'en cas de contestation entre deux communes, c'est à l'autorité administrative qu'il appartient de statuer (*Arr. du C. 14 déc.* 1857), savoir : le ministre de la marine, et en appel, le Conseil d'État. Le même ministre a compétence pour fixer les portions du rivage sur lesquelles deux communes ont respectivement le droit de récolter le varech. (*Arr. du C. 31 mars* 1865.)

8. Les goëmons poussant en mer peuvent se récolter pendant toute l'année, mais seulement au moyen de bateaux pourvus de rôles d'équipage. De même, lorsqu'ils sont disposés en dromes, ces dromes ne peuvent être remorquées que par des bateaux pourvus de rôles d'équipage. Par exception, lorsque les goëmons sont destinés aux besoins particuliers des cultivateurs, ces derniers et leurs valets de ferme peuvent accidentellement s'adjoindre aux équipages réguliers, sans que toutefois leur nombre excède deux individus par tonneau, non compris les hommes de bord.

9. Il est permis à toute personne de recueillir en tout temps les goëmons venant épaves à la côte. Mais ceux que la mer dépose à l'intérieur des pêcheries, parcs et dépôts de coquillages, appartiennent aux détenteurs de ces établissements.

La récolte des goëmons épaves doit s'opérer avec des fourches ou perches armées d'un seul croc ; l'usage de la drague est interdit.

10. Les conseils municipaux règlent la distribution des goëmons de rive et les conditions qui peuvent être imposées aux parties prenantes, comme pour les biens communaux. (*Voy.* **Organisation communale.**)

11. L'enlèvement, le transport et l'emploi des sels ou soudes de varech sont soumis à certaines conditions relativement à l'impôt sur le sel. (*Voy. L. 17 juin* 1841; *O. 26 juin* 1841; *Circ. min.* 4 mai 1842.)

CHAP. II. — MATIÈRES DIVERSES.

12. L'ordonnance de 1681 sur la marine a défendu en principe d'enlever aucuns matériaux sur les rivages sans une permission de l'autorité maritime. Aujourd'hui, comme des extractions semblables touchent à la fois à la police de la pêche qui est du ressort du ministère de la marine, et à la conservation du rivage qui est du ressort du ministère des travaux publics, un décret du 8 février 1868, concernant la récolte des goëmons, porte accessoirement que tous les produits autres que ceux qui sont destinés à être employés comme amendements, ne peuvent être enlevés qu'avec l'autorisation du préfet, après avis du préfet maritime, et les amendements marins, avec l'autorisation du préfet maritime, après avis du préfet du département.

13. D'après le décret précité du 4 juillet 1853, les amendements marins ne peuvent être enlevés : 1° qu'avec la drague spécifiée dans ce décret ; 2° qu'aux époques et dans les lieux déterminés par l'autorité maritime ; 3° que de jour et au moyen de bateaux pourvus de rôles d'équipage. Par exception, il est permis aux cultivateurs d'enlever les amendements sur les grèves accessibles aux voitures, avec tous moyens quelconques de transport, mais seulement sur les parties de grèves déterminées par l'autorité maritime. Enfin, le dragage ne peut se faire à moins de 100 mètres des limites des huîtrières existantes.

14. On trouvera dans l'article **Épaves,** les règles concernant les divers objets que la mer jette sur des rivages. Ces objets appartiennent pour un tiers à celui qui les trouve, et pour les deux tiers à la caisse des invalides de la marine.   Smith.

MERCURIALES. 1. Dans l'administration, on donne ce nom à des états périodiques du prix courant de certaines denrées, extraits de registres tenus dans les mairies.

2. L'utilité de la constatation authentique du prix de divers objets de première nécessité, et notamment des céréales, s'est fait sentir de bonne heure et dans tous les pays, de sorte qu'il est actuellement impossible de fixer la date des premières mercuriales officielles. Le régime administratif nouveau, créé par la révolution de 1789 et perfectionné depuis lors, n'a fait que généraliser cet usage et le soumettre à des règles uniformes et précises.

3. Le but des mercuriales n'est pas seulement de fournir au public un guide sûr pour ses transactions commerciales, elles servent encore aux tribunaux pour déterminer le montant de certaines dettes ou indemnités (*voy.,* par exemple, *C. de*

Pr., art. 129; *L.* 25 *mai* 1838, *etc.*), et à l'autorité administrative comme base de l'évaluation du montant de certaines fournitures (*Circ. Min. Int.* 8 *avril* 1824); ou aussi, et assez longtemps, pour établir la taxe du pain et de la viande (*L.* 20-22 *juill.* 1791, *art.* 30; *Circ. Min. Int.* 16 *sept.* 1819); il y avait aussi des *mercuriales spéciales* du temps de l'échelle mobile (*Voy. L.* 16 *juillet* 1819).

4. Quant aux mercuriales générales, elles sont établies dans tous les chefs-lieux de département et d'arrondissement, et dans les autres villes où il y a un marché de quelque importance. Elles doivent être dressées d'après un modèle uniforme pour toutes les localités et embrassent les objets suivants (*Circ. Min. Agr. et Com.* 28 *déc.* 1839): *Graines et légumes secs :* (à l'hectolitre) froment, méteil, seigle, orge, baillarge, maïs, avoine, pois, lentilles, haricots ; la circulaire du 5 mai 1859 prescrit de marquer le prix des céréales concurremment à l'hectolitre et au quintal. *Comestibles divers :* (au quintal de 100 kil.) farine; et, si la taxe est établie, (au kil.) pain blanc, bis blanc et bis; (à l'hectol.) châtaignes, pommes de terre; (au kil.) viande de bœuf, vache, veau, mouton, cochon ; il s'agit ici seulement de la viande de boucherie ; en ce qui concerne le prix des animaux sur pied, voir n° 8 ; *Fourrages :* (au quintal métrique) foin, paille. *Combustibles :* (au stère) bois ; (à l'hectolitre) charbon.

5. C'est l'autorité municipale qui, de tout temps, a établi les mercuriales; la législation moderne n'a fait que conserver un état de choses existant. Le maire détermine les prix moyens d'après les déclarations d'achats ou de ventes faites sur le marché, et consigne les résultats obtenus sur un registre spécial dont la tenue est formellement prescrite, notamment par la circulaire du 8 avril 1824. (*Voy. aussi Circ. Min. Int.* 20 *therm. an X et* 1ᵉʳ *avril* 1817.) Un extrait de ces registres est adressé, le 15 et le 30 de chaque mois, au sous-préfet, qui le transmet au préfet. Ce fonctionnaire réunit en un tableau récapitulatif les états de tous les marchés de son département et l'adresse tous les quinze jours au ministère de l'agriculture et du commerce.

6. Les prix moyens doivent, autant que possible, surtout pour le froment, être calculés de la manière suivante : on note successivement les quantités vendues, et l'on place en regard de ces chiffres le prix de l'unité et la valeur totale produite en multipliant les quantités par les prix. On additionne ensuite, d'un côté, toutes les quantités, et de l'autre toutes les valeurs, et on divise le total général des valeurs par le total des quantités, le quotient est le prix moyen (*Circ.* 1ᵉʳ *avril* 1817). Une moyenne obtenue en opérant seulement sur les prix, sans tenir compte des quantités auxquelles ils s'appliquent, ne produira, en général, qu'un résultat inexact.

7. Le prix des grains avait d'abord été relevé au quintal, et ensuite au myriagramme (*Circ. Min. Int.* 22 *pluv. an VI*). La circulaire du 20 thermidor an X prescrivit d'établir, à partir du 1ᵉʳ vendémiaire suivant, les mercuriales à l'hectolitre;

en 1859 on a prescrit de donner les prix au poids et à la mesure; on constate aussi annuellement le poids moyen (*poids légal*) des grains. (*Circ.* 16 *sept.* 1819).

8. En exécution de la circulaire du 8 décembre 1847, les mercuriales des marchés à bestiaux de boucherie sont venues s'ajouter à celles dont nous avons indiqué les détails au n° 4. Ces mercuriales sont fournies tous les quinze jours. (*Circ.* 15 *déc.* 1848.)

Les circulaires du 22 juin 1849 et 2 septembre 1850 insistent sur la nécessité de ne pas confondre les mercuriales des animaux sur pied avec celles de la viande de boucherie, et indiquent le mode d'établir le poids moyen des bestiaux et le prix moyen du kilogramme de viande. Nous croyons devoir reproduire ici quelques passages de la circulaire du 2 septembre 1850 :

1° Le poids moyen de chaque espèce de bestiaux dans l'ensemble du département doit être établi en multipliant, pour chaque marché, le nombre des animaux vendus par le poids moyen desdits animaux, ce qui donne le nombre de kilogrammes vendus ; en additionnant ensuite, d'une part, tous les animaux vendus sur les différents marchés, d'autre part, tous les kilogrammes qu'ils fournissent, et en divisant le nombre total des kilogrammes par celui des animaux vendus.

2° Pour obtenir le prix moyen du kilogramme de chaque espèce dans l'ensemble du département, il faut, après avoir multiplié pour chaque marché le nombre des animaux vendus par leur poids moyen, ce qui donne le nombre de kilogrammes vendus, multiplier encore ce nombre par le prix moyen du kilogramme, ce qui donne les sommes payées sur chaque marché ; additionner, d'une part, tous les kilogrammes vendus, d'autre part, toutes les sommes payées sur les différents marchés, et diviser le chiffre total des sommes payées par le nombre total de kilogrammes vendus.

9. Les mercuriales des marchés aux bestiaux doivent indiquer, pour les différents marchés et pour l'ensemble du département : 1° le poids moyen en viande de bœufs, vaches, veaux et moutons vendus ; 2° le prix moyen du kilogramme de viande de chaque espèce.　　M. B.

ADMINISTRATION COMPARÉE.

Les mercuriales sont réglementées : 1° afin de les rendre plus digne de foi, le prix moyen étant la base d'un grand nombre de transactions et même d'un certain nombre d'impôts ; 2° enfin, de les rendre comparables, soit d'une année, soit d'une localité à l'autre ; il faut, donc d'un certain but, régler les procédés d'une manière uniforme ; 3° pour se conformer aux usages du commerce, qui peut trouver par exemple que le poids offre une meilleure unité que la mesure, etc.

En Angleterre, les mercuriales ont été réglementées par des lois, la plus récente est du 29 juillet 1864 (27-28 Vict., c. 87) ; elle prescrit de publier le prix des grains mensuellement dans la *Gazette de Londres* (officielle) et indique les villes où, plus exactement, *les marchés* dont le mouvement servira de base aux mercuriales.

En Prusse, une circulaire du ministre de l'intérieur du 3 septembre 1875 (*Journ. offic. allem.* 14 sept. 1875) modifie les instructions données antérieurement, notamment celle du 29 mars 1872 (insérée au *Journ. offic. allem.* 8 avril 1872) qui renferme les cadres modèles. (*Voy. aussi la Circ.* 4 juill. 1872.)

La mercuriale doit s'appliquer aux céréales, aux fourrages, à la viande, au lard, au beurre, aux œufs, mais les préfectures peuvent étendre la liste selon les besoin locaux. Ce sont donc les préfets qui indiquent les marchés dont les mercuriales doivent être publiées. Les prix sont constatés, dans les petites localités, par les agents de police chargés de la surveillance du marché ;

dans les grandes, par des fonctionnaires commissionnés pour ce but, ou par des commissions présidées par un membre de la municipalité. Depuis du 1er janvier 1876, les prix sont indiqués au poids.   M. B.

MESSAGE. Les communications politiques ou du moins solennelles du pouvoir exécutif adressées au pouvoir législatif prennent souvent le nom de message. Quelquefois les règlements parlementaires prévoient sous ce nom des communications de chambre à chambre. Le Gouvernement ne peut pas adresser un message à la nation, mais il lance une proclamation.

MESURES. Voy. Poids et mesures.

MÉTROPOLE. Ce terme a plusieurs acceptions. C'est, d'un côté, la mère patrie d'une colonie, et, de l'autre, le siège d'un archevêché dont dépendent plusieurs évêques suffragants. C'est aussi souvent la capitale d'un grand État.

MINES.

CHAP. I. — NOTIONS HISTORIQUES ET GÉNÉRALITÉS.

Sect. 1. — Classification des substances minérales, définition des mines.

1. La loi organique du 21 avril 1810 classe, sous les trois qualifications de mines, minières

et carrières, les masses de substances minérales ou fossiles renfermées dans le sein de la terre ou existant à sa surface (art. 1er).

Sont considérées comme mines les masses de substances connues pour contenir en filons, en couches ou en amas, de l'or, de l'argent, du platine, du mercure, du plomb, du fer, du cuivre, de l'étain, du zinc, de la calamine, du bismuth, du cobalt, de l'arsenic, du manganèse, de l'antimoine, du molybdène, de la plombagine ou autres matières métalliques, du soufre, du charbon de terre ou de pierre, du bois fossile, des bitumes, de l'alun et des sulfates à base métallique (art. 2). — La loi spéciale du 17 juin 1840 a ajouté à cette nomenclature les mines de sel (voy. ce mot) et les sources ou puits d'eau salée naturellement ou artificiellement.

Étaient compris sous le nom de minières les minerais de fer d'alluvion, les terres pyriteuses propres à être converties en sulfate de fer et les terres alumineuses (art. 3). Mais, en exécution d'une loi du 9 mai 1866, cette catégorie de propriété minérale a cessé d'exister depuis le 1er janvier 1876. (Voy. nos 72 à 74.)

Pour ce qui concerne les tourbières et les carrières (art. 4), voir ces mots.

2. On voit, par ces dispositions, que les substances minérales sont classées selon leur nature, et non d'après leur mode d'exploitation ou la profondeur plus ou moins grande de leur gisement. Seulement les art. 2 et 4 sont purement énonciatifs, tandis que l'art. 3, aujourd'hui abrogé ainsi qu'il vient d'être dit, était essentiellement limitatif. En un mot, avant comme après la loi de 1866, l'hésitation, au sujet du classement d'une substance minérale non désignée nominativement par la loi de 1810, est la même : cette substance doit-elle être rangée parmi les mines (art. 2) les carrières (art. 4)? C'est, d'ailleurs, au Gouvernement qu'il appartient de trancher cette difficulté, qui se présente fort rarement.

3. Il est assez singulier de lire, dans l'exposé des motifs de la loi de 1810, que les régimes de la concession, de la permission et de la déclaration caractérisent respectivement les mines, les minières et les carrières. En effet, c'est seulement à un point de vue secondaire que d'indiquer en ces termes la base essentielle de notre classification légale de la propriété souterraine. Les trois catégories sont autrement tranchées : la libre disposition par le propriétaire du sol est complètement laissée pour les carrières; — conservée pour les minières, à la condition que ce propriétaire, le cas échéant, exploitera lui-même ou laissera un permissionnaire d'usines légalement institué exploiter à sa place; — complétement retirée pour les mines, puisqu'elles ne peuvent être exploitées qu'en vertu d'un acte gouvernemental.

Sect. 2. — Notions historiques.

4. Sous l'ancienne monarchie française, les mines ont été constamment régies par le droit régalien (voy. Administration comparée) ; mais, usurpé par les seigneurs féodaux, il subsista dans leurs mains jusqu'au moment où il fut revendiqué par la couronne. Des lettres patentes de Charles VI, du 30 mai 1413, constituent le plus ancien des

actes souverains sur la propriété des mines qui soient connus, et consacrent formellement la reprise de ce droit. Louis XI le confirma de nouveau dans une ordonnance de septembre 1471, dont les dispositions présentent des analogies remarquables avec notre législation actuelle, ainsi que l'a le premier remarqué M. Migneron.

Ces deux actes appartiennent à une première période, caractérisée par une liberté absolue d'exploiter les mines. Durant une deuxième et courte période, puisqu'elle ne comprend que la seconde moitié du XVI° siècle, un privilégié obtient la concession temporaire de toutes les mines du royaume. Depuis le règne de Henri IV, qui rendit deux édits (1597 et 1601. *Voy. aussi n° 57*) pour déterminer les attributions, la discipline et la composition de l'administration des mines, jusqu'à la Révolution, il y eut des retours successifs aux régimes de ces deux périodes ; c'est alors seulement qu'apparurent les premiers règlements techniques.

5. A partir de 1789, deux lois organiques ont réglé la concession et l'exploitation des mines ; ce sont celles du 28 juillet 1791 et du 21 avril 1810.

La première de ces lois, posant en principe que les mines sont à la disposition de la nation, donnait cependant au propriétaire de la surface le droit d'exploiter jusqu'à cent pieds de profondeur, nonobstant toutes concessions faites à d'autres, et lui reconnaissait même un droit de préférence pour l'obtention de la concession ; elle n'attribuait au fisc aucun droit sur le produit des mines, sans pourtant y mettre obstacle, fixait à cinquante ans la durée maximum des concessions et prononçait la déchéance des anciens concessionnaires, au profit des propriétaires du sol qui avaient exploité auparavant. Cette loi laissa les mines sans contrôle, sans activité, sans produits, ainsi que le déclare Regnaud de Saint-Jean d'Angely, dans l'Exposé des motifs de la loi de 1810 ; les mesures prises par le Gouvernement impérial pour en atténuer les défauts étaient restées insuffisantes ; bientôt le développement de l'industrie générale et le dépérissement des mines démontrèrent la nécessité d'une législation nouvelle.

Sect. 3. — Principes généraux de la loi du 21 avril 1810, sur la propriété des mines.

6. La loi de 1810, conçue dans un esprit différent de celui qui avait prévalu en 1791, a réagi contre le système qui exagérait les droits du propriétaire de la surface. Sans rétablir d'une manière complète le droit régalien de l'ancienne législation française, cette loi a voulu donner au Gouvernement le droit de concéder la propriété minérale à ceux qui seraient présumés capables de l'exploiter le mieux possible, dans l'intérêt commun ; à cet effet, elle a créé une propriété souterraine, distincte de la propriété superficiaire.

7. En déterminant, au point de vue du droit commun, les conditions de la propriété immobilière, le Code civil avait dit, dans l'art. 552 : « § 1er. La propriété du sol emporte la propriété du dessus et du dessous ; — § 3. Le propriétaire peut faire au-dessous toutes les constructions et fouilles qu'il jugera à propos, et tirer de ces fouilles tous les produits qu'elles peuvent fournir, sauf les modifications résultant des lois et règlements relatifs aux mines et des lois et règlements de police. » La loi de 1810 a développé et précisé les réserves faites par cet article, en 1804 et sous le régime de la loi de 1791, pour assurer l'exploitation bien entendue de la richesse minérale : d'après la loi de 1810, la concession d'une mine, même donnée au propriétaire du sol (ce qui est tout à fait exceptionnel), crée une propriété immobilière nouvelle, complétement séparée de celle de la surface, transmissible comme toute autre (sauf les exceptions examinées aux n°° 49 à 52) et sur laquelle peuvent s'établir, conformément au Code civil, de nouveaux droits de privilége et d'hypothèque. (*L.*, *art.* 7, 8, 19 *et* 21.)

8. L'acte de concession confère sur la mine un droit de propriété perpétuelle, dont le concessionnaire ou ses ayants droit ne peuvent être expropriés qu'avec les garanties et selon les formes prescrites pour les autres propriétés. Le retrait même de la concession, qui peut être prononcé dans certains cas (*voy.* n°° 66 à 68), n'a pas pour effet de priver, d'une manière absolue, le concessionnaire de sa propriété.

9. La loi déclare immeubles, conformément à l'art. 524 du Code civil, les bâtiments, machines, puits, galeries et autres travaux établis à demeure, ainsi que les chevaux, agrès, outils et ustensiles servant à l'exploitation. Ne sont considérés comme chevaux attachés à l'exploitation que ceux qui sont exclusivement attachés aux travaux intérieurs des mines. (*L.* 1810, *art.* 8.)

Les actions ou intérêts dans une société ou entreprise pour l'exploitation des mines sont réputés meubles, conformément à l'art. 529 du Code civil, ainsi que les matières extraites, les approvisionnements, etc. (*art.* 8 *et* 9).

10. Les concessionnaires de mines, qui sont assujettis à un régime fiscal tout particulier (*voy.* n°° 44 à 47), ne sont point imposables à la contribution des patentes, pour le seul fait de l'extraction et de la vente des matières par eux extraites (*L.*, *art.* 32; *L.* 25 *avril* 1844, *art.* 13, § 4). Il a même été jugé, par le Conseil d'État, que la fabrication du coke et des agglomérés par un exploitant de mines de houille n'est pas sujette à patente.

CHAP. II. — ORGANISATION DE L'ADMINISTRATION DES MINES.

Sect. 1. — Conseil général des mines.

11. La Convention avait créé, en l'an II, une agence des mines, qui fut composée de trois membres et placée sous l'autorité de la commission des armes et poudres. La loi du 30 vendémiaire an IV donna à cette agence le nom de *Conseil des mines* et la plaça sous l'autorité du ministre de l'intérieur.

Le conseil général des mines actuel, chargé d'éclairer par ses avis la marche de l'administration des mines, a été organisé par le décret du 18 novembre 1810. Présidé théoriquement par le ministre des travaux publics, auquel cette administration ressortit depuis la création du département ministériel, en 1830, et de fait par un vice-président annuellement désigné, ce conseil se compose des inspecteurs généraux des mines de 1re et de 2e classe, ainsi que d'un inspecteur général de 2e classe ou ingénieur en chef secrétaire, ayant voix délibérative. Le secrétaire général du ministère est membre permanent du conseil, ainsi que le directeur des mines. (*D.* 12 *oct.* 1876.)

12. Le conseil général des mines donne son avis sur les demandes en concession ; sur les travaux d'art à imposer aux concessionnaires, comme condition de la concession ; sur les reprises des travaux ; sur l'utilité ou les inconvénients des partages de concession, et généralement sur tous les objets pour lesquels il est jugé utile de connaître son opinion. Il est nécessairement consulté sur les questions contentieuses qui doivent être décidées soit par le ministre des travaux publics, soit par le Conseil d'État. (*D.* 18 *nov.* 1810, *art.* 46.) Enfin il dresse périodiquement le tableau d'avancement du corps des mines. (*D.* 21 *oct.* 1876.)

Sect. 2. — Division du service.

13. Le service des mines, réorganisé par le décret du 24 décembre 1851, est divisé en trois parties : 1° le service ordinaire ; 2° le service extraordinaire ; 3° les services détachés (*art.* 1er).

Le *service ordinaire* comprend tous les services permanents et se subdivise en service des arrondissements minéralogiques, services spéciaux, distraits du service ordinaire des arrondissements, et services divers ; ces derniers embrassent le secrétariat du conseil général des mines, les bureaux de l'administration centrale, l'École des mines de Paris, celle des mineurs de Saint-Étienne et celle des maîtres-ouvriers mineurs d'Alais (*art.* 2).

Le *service extraordinaire* comprend la direction des recherches, l'exploitation temporaire des mines ou carrières au compte de l'État, des départements ou des communes ; les études géologiques des terrains ; les topographies souterraines ; les missions scientifiques ou industrielles, et tous autres travaux dont les ingénieurs des mines peuvent être temporairement chargés (*art.* 3).

Enfin les *services détachés* comprennent tous les services qui, n'étant pas réglés sur le budget des travaux publics, sont ou peuvent être confiés aux ingénieurs des mines, tels que le service des mines en Algérie ou dans les colonies ; le service de la consolidation des carrières sous la ville de Paris et autres villes ; le service des sources d'eaux minérales, les missions à l'étranger pour études scientifiques, industrielles ou commerciales, conférées par les ministres autres que celui des travaux publics ; les positions de directeur, professeur, répétiteur aux écoles spéciales du Gouvernement (*art.* 4) ; les services municipaux des villes ayant au moins 30,000 âmes de population. (*D.* 24 *sept.* 1860 *et* 28 *oct.* 1868.)

Sect. 3. — Corps des ingénieurs des mines, gardes-mines.

14. Les grades dans le corps des ingénieurs des mines sont fixés ainsi qu'il suit : inspecteur général, ingénieur en chef, ingénieur ordinaire, élève ingénieur. Les titulaires de ce dernier grade sont recrutés parmi les élèves de l'École polytechnique qui ont rempli les conditions exigées. Le grade d'inspecteur général se divise en deux classes, de même que celui d'ingénieur en chef ; celui d'ingénieur ordinaire en trois classes et

celui d'élève ingénieur en deux classes [1]. (*D.* 24 *déc.* 1851, *art.* 5.)

15. La nomination aux grades a lieu par décret, sur la proposition du ministre des travaux publics. Les avancements de classe ont lieu par décision ministérielle (*art.* 14). La révocation est prononcée par le président de la République, sur la proposition du ministre et de l'avis du conseil général des mines (*art.* 24).

Le grade d'ingénieur ordinaire de 3e classe est conféré aux élèves ingénieurs qui ont complété leurs études et satisfait aux conditions exigées par les règlements de l'École d'application (*art.* 10). Une durée de services, fixée, selon les cas, à deux ou trois ans dans la classe dont l'ingénieur fait partie, lui est nécessaire pour être promu à une classe supérieure, soit dans le même grade, soit dans un grade plus élevé.

16. Les cadres du corps des mines se divisent en cadre du service ordinaire ou permanent, cadre du service extraordinaire ou éventuel, cadre des services détachés, cadre de non-activité (*art.* 7).

Les cadres du service ordinaire et du service extraordinaire sont réglés par le ministre, suivant les besoins du service et en raison des crédits ouverts au budget.

Le cadre des services détachés est réglé semblablement par le ministre des travaux publics, d'après la demande des ministres sous l'autorité desquels doivent se trouver placés les ingénieurs en service détaché.

Enfin le cadre de non-activité comprend tous les ingénieurs sortis à divers titres de l'activité. (*D.* 28 *mars* 1852.)

17. L'effectif des cadres du service ordinaire et du service extraordinaire du corps des mines est réglé de la manière suivante : 3 inspecteurs généraux de 1re classe ; 5 inspecteurs généraux de 2e classe ; 28 ingénieurs en chef, dont 14 de 1re classe et 14 de 2e classe ; 61 ingénieurs ordinaires, dont 19 de 1re, 30 de 2e et 12 de 3e classe ; 15 élèves ingénieurs. (*D.* 24 *déc.* 1851, *art.* 8.)

18. Les attributions diverses des fonctionnaires composant le corps des mines sont ainsi fixées (*D.* 18 *nov.* 1810):

Les inspecteurs généraux résident à Paris ; ils sont employés, dans des circonscriptions déterminées, aux tournées ou missions, tant ordi-

---

1. Les traitements des membres du corps des mines sont fixés ainsi qu'il suit (*D.* 11 *déc.* 1851) :

Inspecteurs généraux de 1re classe . . .	15,000 fr.
» » 2e classe . . .	12,000
Ingénieurs en chef de 1re classe. 8,000 et	7,000
» » 2e classe . . .	5,000
Ingénieurs ordinaires de 1re classe . . .	4,500
» » 2e classe . . .	3,500
» » 3e classe . . .	2,500
Élèves ingénieurs	1,800

Le traitement des ingénieurs en chef de 1re classe ne peut être porté au maximum de 8,000 fr. qu'après jouissance du traitement minimum pendant au moins deux ans. Le nombre des ingénieurs en chef auxquels ce maximum est alloué ne peut excéder les deux cinquièmes de l'effectif de la classe.

En outre du traitement ci-dessus mentionné, les ingénieurs reçoivent : 1° des allocations annuelles, réglées par le ministre et destinées à les couvrir de leurs frais et loyer de bureau ; 2° une indemnité pour leurs frais de tournées ordinaires, déterminée, par le ministre, à la fin de chaque année, à raison des tournées effectives dont ils ont justifié.

naires qu'extraordinaires, que comporte le service des mines.

Les ingénieurs résident dans la circonscription qui leur est assignée.

Les ingénieurs en chef sont chargés de l'exécution tant des lois et des règlements que des mesures ordonnées par l'administration supérieure ou préfectorale. Ils dénoncent à celle-ci ou au ministère public, s'il y a lieu, les infractions aux lois et règlements ; ils font des tournées d'inspection et contrôlent la surveillance exercée par les ingénieurs ordinaires. Ils donnent leur avis motivé sur les demandes en concession, permission, etc., sur les questions d'art et sur tous les objets contentieux pour lesquels ils sont consultés par les autorités compétentes.

Les ingénieurs ordinaires sont placés sous les ordres des ingénieurs en chef. Ils dressent procès-verbal des contraventions, préparent l'instruction des affaires, surveillent les travaux, recueillent et transmettent tous les renseignements relatifs aux exploitations.

19. Les ingénieurs des mines ont pour auxiliaires, — en ce qui concerne la surveillance des exploitations minérales de toute nature, des sources d'eaux minérales et des appareils à vapeur, le contrôle de l'exploitation technique et du matériel des chemins de fer, — des agents appelés *gardes-mines* (*D.* 24 *déc.* 1851, *art.* 30). Ceux-ci sont divisés en six classes (*D.* 17 *juill.* 1856). Leur cadre est fixé par le ministre, d'après les besoins du service et en raison des crédits ouverts au budget (*D.* 28 *mars* 1852). Ils sont choisis, autant que possible, parmi les maîtres-mineurs, gouverneurs ou directeurs de mines, les contre-maîtres d'ateliers, d'usines, et les élèves des écoles professionnelles (*D.* 24 *déc.* 1851, *art.* 34). Nul ne peut être nommé garde-mines de 5e classe, s'il n'a été déclaré admissible à la suite d'examens et s'il n'est Français, âgé de 21 ans au moins et de 30 ans au plus. Les militaires porteurs d'un congé régulier sont, par exception, admis à concourir jusqu'à l'âge de 35 ans (*art.* 35). Toutefois les brevetés de l'École des mines de Paris et de l'École des mineurs de Saint-Étienne, qui satisfont d'ailleurs à ces conditions d'âge, peuvent être nommés gardes-mines de 5e classe, sans examen préalable (*art.* 39). Les gardes-mines sont nommés et révoqués par le ministre [1].

Sect. 4. — Enseignement spécial et professionnel.

20. L'enseignement spécial nécessaire à l'exercice des fonctions d'ingénieur, ou à la profession d'exploitant de mines ou d'usines métallurgiques, etc., est donné dans trois établissements, qui sont : l'École des mines de Paris, l'École des mineurs de Saint-Étienne (Loire) et l'École des maîtres-ouvriers mineurs d'Alais (Gard). Pour ces deux dernières écoles, voir Enseignement industriel.

21. L'École des mines de Paris, créée par l'ar-

1. Le traitement des gardes-mines, successivement augmenté, est fixé ainsi qu'il suit (*D.* 26 *nov.* 1875) :

Gardes-mines principaux (1/12).	2,800 fr.
— de 1re classe (2/12)	2,400
— de 2e classe (3/12)	2,100
— de 3e classe (4/12)	1,800
— de 4e classe (3/12)	1,500

Ils reçoivent, de plus, des frais de tournées.

rêt du Conseil d'État du roi du 19 mars 1783, a été réorganisée par la loi du 30 vendémiaire an IV et par l'ordonnance du 5 décembre 1816 ; elle est actuellement régie par un décret du 15 septembre 1856.

Cette institution a pour objet : 1o de former les ingénieurs destinés au recrutement du corps des mines, ainsi que des directeurs d'exploitations minières et d'usines diverses; 2o de vulgariser les sciences et arts concernant l'industrie minérale ; 3o de réunir les matériaux nécessaires pour compléter la statistique géologique et minéralogique de la France ; 4o de conserver, de classer et de tenir au courant diverses collections scientifiques et une bibliothèque spéciale relative aux mines ; 5o de faire les expériences et les essais ou analyses qui peuvent intéresser les progrès de l'industrie minérale. Tout particulier peut faire essayer une substance minérale, en la déposant au secrétariat de l'école et en faisant connaître sa provenance. Deux ingénieurs sont chargés de ce service, qui est gratuit.

L'École des mines, dirigée par un inspecteur général de 1re classe, est placée sous l'autorité du ministre des travaux publics. L'enseignement, qui, d'ailleurs, est gratuit, comprend la minéralogie, la géologie, la paléontologie, l'exploitation des mines, la mécanique, la métallurgie, la docimasie, les chemins de fer et les constructions, le droit administratif, la législation des mines et l'économie industrielle, l'agronomie, les langues allemande et anglaise.

L'École des mines de Paris ne donne pas seulement l'instruction professionnelle aux élèves ingénieurs, fonctionnaires publics ; elle reçoit aussi des élèves *externes*, des élèves *étrangers* et des élèves *libres*.

Les élèves *externes* sont admis après concours, par décision ministérielle, et participent à tous les cours et exercices pratiques de l'école. Un arrêté ministériel, du 1er août 1861, auquel est annexé un programme détaillé des connaissances exigées des aspirants, règle l'admission aux places d'élèves externes à l'École des mines de Paris.

Les aspirants qui ne possèdent pas toutes les connaissances nécessaires pour suivre les cours spéciaux de l'école peuvent être admis, après concours, à suivre des cours préparatoires qui y ont été institués. L'admission est réglée par un arrêté semblable et de même date.

Les élèves *étrangers* et les élèves *libres* sont admis dans des conditions qui sont l'objet d'arrêtés individuels.

Le ministre des travaux publics détermine aussi les cours oraux auxquels le public est admis.

Les *Annales des mines* de 1868 reproduisent les programmes de tous ces cours spéciaux et préparatoires.

CHAP. III. — RÉGIME LÉGAL DES MINES.

Sect. 1. — Recherche et découverte.

22. Les recherches de mines sont le préliminaire obligé de toute demande en concession, l'administration ayant, d'ailleurs, la faculté d'admettre tous les travaux qui lui semblent de nature à fournir la preuve que la substance concessible se trouve dans de telles conditions de gisement qu'elle puisse être utilement exploitée.

Ainsi, bien que des puits et galeries soient évidemment plus propres que des sondages à remplir ce but, ceux-ci peuvent à la rigueur être admis. Par qui ces explorations peuvent-elles être légalement faites? La loi de 1810 répond à cette question. Aux termes de l'art. 10, nul ne peut faire des travaux de recherche, pour découvrir des mines, sur un terrain qui ne lui appartient pas, sans le consentement du propriétaire de la surface ou sans l'autorisation du Gouvernement, donnée sur l'avis de l'administration des mines, à la charge d'une préalable indemnité envers le propriétaire et après qu'il a été entendu. Ajoutons que les ingénieurs des mines surveilleront les travaux dont il s'agit, soit dans l'intérêt de la sûreté publique, soit pour empêcher que les recherches ne servent à déguiser une exploitation.

23. Il serait contraire à l'esprit de la loi d'admettre que l'explorateur (propriétaire ou non du sol) qui, en faisant des recherches, retire des minerais de ses travaux, puisse en disposer librement; une autorisation ministérielle lui est nécessaire à cet effet.

L'administration est exclusivement compétente pour statuer sur la destination des produits des recherches, en cas de contestation entre le propriétaire superficiaire et l'explorateur de mines.

24. L'autorité judiciaire a seule, aux termes des art. 43 et 44 de la loi de 1810, qualité pour juger les questions relatives aux indemnités dues par l'explorateur au propriétaire, à raison des dommages causés par l'occupation des terrains fouillés. Cette occupation est nécessairement une application des règles suivies pour celle, par un concessionnaire, de terrains situés dans le périmètre qui lui a été concédé. (*Voy.* n° 40.)

25. Le droit qui appartient au Gouvernement d'accorder des permis de recherche de mines, nonobstant le refus du propriétaire du sol, est à peu près du même ordre que celui d'instituer des concessions. C'est donc avec raison qu'il est exercé, non par le ministre, comme l'indiquait par erreur l'instruction ministérielle du 3 août 1810, mais par le Chef du pouvoir exécutif; toutefois, dans le silence de la loi, le Conseil d'État n'est pas consulté sur un tel détail.

26. Nulle permission de recherche de mines ne peut, sans le consentement formel du propriétaire de la surface, donner le droit de faire des sondes, d'ouvrir des puits ou galeries, et d'établir des machines ou magasins dans les enclos murés, cours ou jardins, terrains attenants aux habitations ou clôtures murées, dans la distance de 100 mètres desdites clôtures ou des habitations.

Cette règle s'applique naturellement aux concessions de mines (*L.*, art. 11), et, techniquement fort gênante, elle est l'objet d'incessantes protestations de la part des industriels, d'autant plus que la jurisprudence invariable de la Cour de cassation est extrêmement défavorable à ceux-ci. C'est, en effet, devant l'autorité judiciaire que sont portées les oppositions formées, en vertu dudit article, par des particuliers aux travaux de mines.

Le but de ces dispositions étant de protéger les habitations contre les atteintes que l'exploitation des mines pourrait porter à leur solidité, il faut en conclure que, lorsque le propriétaire de la maison ou de l'enclos n'est pas en même temps propriétaire des terrains compris dans le rayon de 100 mètres, c'est néanmoins son consentement seul qu'il est nécessaire d'obtenir. La séparation d'une propriété bâtie de la propriété exploitée, par un chemin public, loin de diminuer les inconvénients du voisinage, les aggrave par cela même que ce chemin facilite l'exploitation de la mine. Il suit de là également que la prohibition de l'art. 11 de la loi de 1810 doit s'appliquer aux recherches exécutées par les propriétaires du sol eux-mêmes dans le périmètre dont il s'agit.

27. Dans aucun cas, les recherches de mines ne peuvent être entreprises ou autorisées, sur un terrain concédé, pour des substances comprises dans la concession (*art.* 12); mais le propriétaire de la surface, son ayant droit ou l'explorateur restent libres d'y exécuter ou d'y laisser faire des recherches relatives à des substances non concédées. Seulement, celui qui entreprend de telles explorations est tenu de ne causer aucun dommage au concessionnaire. Il faut donc procéder à cet égard comme au cas des concessions de mines superposées. (*Voy.* n° 29.)

28. L'administration des mines intervient, lorsqu'il s'agit de recherches à faire dans des terrains appartenant à l'État, à des communes ou à un établissement public, pour examiner si les conditions de l'exploration sont convenables, sous le rapport des intérêts divers en présence.

Lorsque ces terrains sont plantés en bois, l'administration des forêts intervient semblablement, soit comme représentant le propriétaire du sol, si le terrain est domanial, soit pour éclairer de ses conseils la commune ou l'établissement public.

Sect. 2. — Institution des concessions.

29. Les mines ne peuvent être exploitées qu'en vertu d'un acte de concession résultant d'un décret délibéré en Conseil d'État (*art.* 5). Le décret instituant une concession de mines en détermine l'étendue (*art.* 29). Cette concession ne s'applique pas seulement aux couches minérales découvertes par l'explorateur; en l'absence de clause contraire, elle comprend tous les gîtes de même nature situés dans le périmètre de la concession, quelle que soit la forme sous laquelle ces gîtes se présentent. De même, si les substances minérales sont connexes, alternées, juxtaposées, si, comme cela a fréquemment lieu pour des métaux, elles sont tellement unies qu'elles constituent un seul et même gisement, de sorte qu'il ne soit pas possible de les exploiter isolément, quoiqu'elles puissent être ultérieurement séparées par des opérations mécaniques ou chimiques, la concession d'une de ces substances comprend aussi toutes les autres.

Quand, au contraire, il s'agit de substances formant chacune des gîtes distincts susceptibles d'être exploités séparément, la concession de l'une d'elles ne s'étend point aux autres de nature différente. Plusieurs concessions sont instituées et chacune emporte une redevance particulière pour le propriétaire de la surface. (*Voy.* n°ˢ 38 *et* 39.)

30. Quelles sont les personnes aptes à demander une concession de mines? Tout Français ou tout étranger, agissant isolément ou en société, a le droit de demander et peut obtenir, s'il y a lieu, une semblable concession (*art.* 13). Toutes les formes de société définies par le Code civil et le Code de commerce peuvent être adoptées par les demandeurs.

31. Une demande en concession doit toujours être adressée au préfet du département (*art.* 22); elle doit indiquer les nom, prénoms, qualités et domicile du demandeur; la désignation du lieu de la mine, la nature du minerai à extraire, l'état dans lequel les produits seront livrés au commerce, l'étendue de la concession demandée, les indemnités offertes au propriétaire des terrains et à l'inventeur, s'il y a lieu; enfin la soumission de se conformer au mode d'exploitation déterminé par le Gouvernement. (*Inst. min.* 3 août 1810.)

La demande doit être accompagnée d'un plan régulier de la surface, en triple expédition et sur une échelle de 10 millimètres par 100 mètres. Ce plan doit être vérifié par l'ingénieur des mines et certifié par le préfet. (*L., art.* 30.).

L'individu ou la société qui demande la concession doit justifier des facultés nécessaires pour entreprendre et conduire les travaux, et des moyens de satisfaire aux redevances et indemnités qui lui seront imposées par l'acte de concession (*art.* 14).

32. La demande en concession est enregistrée à la préfecture, à la date de sa réception, sur un registre spécial qui est ouvert au public (*art.* 22). Le secrétaire général de la préfecture délivre au demandeur un extrait certifié de cet enregistrement (*art.* 25).

Dans les dix jours, le préfet ordonne que la demande sera publiée et affichée.

Les affiches ont lieu, pendant quatre mois, aux chefs-lieux du département et de l'arrondissement où la mine est située, au lieu du domicile du demandeur et dans toutes les communes sur le territoire desquelles la concession peut s'étendre; elles sont rédigées par le service des mines et insérées dans les journaux du département.

Les publications sont faites devant la porte de la maison commune et des églises paroissiales et consistoriales, à la diligence des maires, à l'issue de l'office, un jour de dimanche, et au moins une fois par mois, pendant la durée des affiches. Les maires sont tenus de certifier ces publications (*art.* 22, 23 *et* 24).

Dans le mois qui suit l'expiration du délai des affiches et publications, et sur la preuve de l'accomplissement des formalités qui viennent d'être rappelées, le préfet, après avoir consulté les ingénieurs des mines, donne son avis et le transmet au ministre des travaux publics (*art.* 27), qui soumet l'affaire au conseil général des mines. De 1810 à 1837, l'art. 22 de la loi de 1810 avait été observé dans toute sa rigueur, même pour des demandes en concession produites en quelque sorte au hasard et sans recherches sérieuses. Les abus qui résultaient de cette manière de procéder ont, en 1837, décidé l'administration à ne plus afficher de telles demandes qu'autant que l'existence d'un gîte minéral concessible serait constatée. Mais, des inconvénients graves s'étant manifestés, l'administration a reconnu qu'il était préférable de revenir purement et simplement au

système primitif. C'est ce qui a lieu, en vertu d'une circulaire ministérielle du 10 décembre 1863.

Il est définitivement statué par un décret délibéré en Conseil d'État, que la demande en concession soit accueillie ou rejetée; dans ce dernier cas, il est d'usage que ce soit seulement le ministre qui statue, mais le demandeur a le droit de réclamer un rejet par décret rendu dans la forme des règlements d'administration publique.

33. Les oppositions et les demandes en concurrence, lesquelles ne sont en réalité que des oppositions à la demande primitive, qui seraient formées pendant le délai d'affiches, sont reçues par le préfet, auquel elles doivent être notifiées par acte extrajudiciaire; elles sont enregistrées sur le registre spécial des demandes en concession et notifiées aux intéressés (*art.* 26). Les demandes en concurrence ne doivent donc pas nécessairement être affichées; il faut que l'instruction administrative ait fait reconnaître que cette formalité est indispensable.

Après l'expiration du délai d'affiches, les réclamations peuvent encore se produire. En effet, jusqu'à l'émission du décret instituant la concession, toute opposition est admissible, soit devant le ministre des travaux publics, soit devant le Conseil d'État. Dans ce dernier cas, elle doit être présentée par requête signée d'un avocat au Conseil.

Si l'opposition est motivée sur ce que la propriété de la mine aurait été acquise par concession ou autrement, les parties sont renvoyées devant l'autorité judiciaire (*art.* 28).

34. Pour bien déterminer le caractère des décrets qui statuent, après l'accomplissement des formalités prescrites, sur les demandes en concession de mines, il convient de faire remarquer qu'ils ne sont susceptibles d'aucun recours par la voie contentieuse et que ce sont des actes de haute administration, dont l'interprétation ne saurait appartenir aux tribunaux. C'est à ces principes qu'il faut rattacher l'art. 17 de la loi de 1810, aux termes duquel l'acte de concession, intervenu après une instruction régulière et complète, purge, en faveur du concessionnaire, tous les droits des propriétaires de la surface ou des inventeurs, après qu'ils ont été entendus ou appelés.

Une circulaire ministérielle du 8 octobre 1843 a pour annexes les modèles des clauses à insérer dans les projets d'acte de concession de mines et de cahier des charges. Toutefois, il convient de rapprocher de cette seconde annexe le cahier des charges de la concession des mines de fer de Pompey (Meurthe-et-Moselle), qui a été exceptionnellement inséré *in extenso* dans les *Annales des mines* de 1861 (partie administrative, p. 50), parce que ce cahier des charges renferme diverses modifications importantes, introduites par le Conseil d'État, après une discussion approfondie, et toujours maintenues depuis.

35. Le Gouvernement est juge souverain des motifs d'après lesquels la préférence doit être accordée aux divers demandeurs en concession de mines, qu'ils soient propriétaires de la surface, inventeurs ou autres (*art.* 16). Les principales considérations qui le déterminent à accorder une concession sont : 1° l'existence reconnue d'un minéral utilement exploitable ; 2° la faculté d'asseoir l'exploitation sur une étendue de terrain suffisante pour qu'elle soit suivie par les moyens les plus économiques ; 3° la justification des moyens nécessaires pour satisfaire aux dépenses de l'entreprise.

36. La loi de 1810 a respecté les concessions antérieures à sa promulgation, ainsi que les exploitations non encore régularisées en vertu de la loi de 1791. Les premières ont été déclarées incommutables. Les secondes ont dû être converties en concessions, à la charge par les concessionnaires ou exploitants d'exécuter les conventions faites avec les propriétaires de la surface, et sans que ceux-ci aient pu invoquer les dispositions des art. 6 et 42 de la loi nouvelle, relatifs aux redevances dues aux propriétaires du sol. (*L.* 1810, *art.* 51 *et* 56.)

Sect. 3. — Obligations et droits des concessionnaires.

ART. 1. — ENVERS LES PROPRIÉTAIRES DU SOL.

37. Les concessionnaires sont tenus de payer aux propriétaires du sol deux indemnités bien distinctes : l'une est une redevance annuelle, qui purge les droits du propriétaire sur les produits de la mine concédée ; l'autre se rapporte aux occupations de terrain résultant de l'exploitation.

38. Le droit du propriétaire à une redevance annuelle a son principe dans deux articles de la loi de 1810, portant l'un que l'acte de concession règle les droits des propriétaires de la surface sur le produit de la mine concédé (*art.* 6), et l'autre que ces droits sont réglés à une somme déterminée par l'acte de concession (*art.* 42). Cette redevance, qui n'a nullement le caractère d'un prix payé au propriétaire du sol à titre d'expropriation (car, avant la concession, la propriété de la mine n'existe pas encore), résulte d'un droit de tréfonds que le législateur reconnaît, pour ainsi dire théoriquement, au propriétaire. La fixation de cette redevance appartient au Gouvernement seul, qui la règle nonobstant toutes conventions antérieures ou contraires.

39. D'après quelles règles la redevance due au propriétaire du sol sur le produit de la mine doit-elle être fixée, en présence de ces deux articles distincts et quelque peu contradictoires ? La loi de 1810 n'a pas eu pour but d'associer ce propriétaire aux bénéfices d'une exploitation qui lui est étrangère. Il n'y a pas de règles absolues et la redevance tréfoncière dépend de la nature et de l'importance des mines à exploiter, des difficultés de l'exploitation et surtout des usages locaux. C'est le plus souvent, suivant les expressions d'un avis du conseil des mines approuvé, le 27 juillet 1810, par le ministre de l'intérieur, « une légère rente foncière, par hectare, sur toute l'étendue de la concession », 10 cent. par exemple. Dans l'intérêt de l'exploitation des mines, cette redevance doit être, en général, peu élevée ; toutefois, il est certaines parties de la France, le département de la Loire notamment, où l'usage de redevances importantes en faveur des propriétaires du sol a constitué, pour ces derniers, une sorte de droit acquis que le Gouvernement a respecté.

La valeur des droits de redevance annuelle appartenant au propriétaire de la surface demeure réunie à la valeur de ladite surface et est affectée, avec elle, aux hypothèques prises par les créanciers du propriétaire (*art.* 18).

Cette redevance tréfoncière est due aux communes, aux départements et à l'État, à raison des chemins vicinaux, des routes départementales et des routes nationales qui leur appartiennent respectivement dans l'étendue des concessions de mines.

40. La seconde indemnité due par le concessionnaire au propriétaire du sol est relative aux occupations de terrain résultant de travaux postérieurs à la concession.

Un concessionnaire tient, en effet, de son acte institutif le droit d'occuper, dans le périmètre de sa concession seulement et sous la surveillance de l'administration, les terrains nécessaires à l'exploitation de la mine, c'est-à-dire pour l'établissement des ouvrages qui pénètrent dans l'intérieur de la terre, des machines servant à l'extraction des minerais, à l'épuisement des eaux souterraines, etc., des lieux de dépôt de ces minerais, des rigoles d'écoulement de ces eaux, des chemins de charroi, enfin, sur lesquels s'opère le transport des produits et qui, bien que non indiqués par la loi de 1810, sont compris, par une jurisprudence constante, parmi les travaux des mines. C'est, dans tous les cas, au préfet à examiner, sur le rapport des ingénieurs des mines, s'il y a nécessité d'occuper les terrains, et à en accorder l'autorisation, quand cette nécessité existe.

Si les travaux ne sont que passagers et si le sol où ils ont été faits peut être mis en culture, au bout d'un an, comme il l'était auparavant, l'indemnité est réglée au double de ce qu'aurait donné en produit net le terrain endommagé (*art.* 43).

Lorsque l'occupation des terrains prive le propriétaire de la jouissance des revenus au delà d'une année ou lorsqu'après les travaux, les terrains ne sont plus propres à la culture, il peut exiger du concessionnaire l'acquisition de ces terrains, ainsi que de la totalité des pièces de terre trop endommagées ou dégradées sur une trop grande partie de leur surface. Le terrain à acquérir est toujours estimé au double de sa valeur avant l'exploitation de la mine (*art.* 44).

Par qui sont jugées les contestations relatives à la fixation de cette indemnité ? Par les tribunaux et cours, conformément à l'esprit de la loi de 1810, qui tend à attribuer à l'autorité judiciaire la connaissance de tous les litiges relatifs aux travaux postérieurs à l'acte de concession et effectués par le concessionnaire en vertu des droits de propriété qu'il tient de cet acte.

41. C'est également à l'autorité judiciaire que ressortit le cas de la destruction ou de la dégradation d'un terrain ou d'un immeuble par les travaux souterrains d'une mine, mais en vertu des règles ordinaires du droit commun. D'une part, on ne saurait admettre, comme cela a été abusivement prétendu, que la redevance tréfoncière (*voy.* n°⁵ 38 *et* 39) ait pour objet d'affranchir le concessionnaire de mines des conséquences de son exploitation vis-à-vis du propriétaire de la surface. D'autre part, il y a là une simple application de l'art. 1382 du Code civil. La Cour de cassation, quelque temps hésitante, a nettement et invariablement reconnu que la loi de 1810 n'avait en rien dérogé aux conséquences qui résultent de la nature des choses, c'est-à-dire de la juxtaposition de deux propriétés, qui doivent se respecter mutuellement, et des principes généraux du droit.

Parmi les divers cas où il a été reconnu que le législateur avait entendu protéger les propriétaires superficiaires contre les entreprises des concessionnaires de mines, il en est un qui mérite une mention particulière, celui du tarissement des eaux servant à l'exploitation du fonds. La chambre des requêtes de la Cour de cassation a décidé, le 8 juin 1869, que l'exploitant était tenu d'indemniser le propriétaire des dommages que causerait, par ce tarissement, l'industrie établie sur le tréfonds, sans pouvoir s'abriter derrière le principe d'après lequel celui qui fait des fouilles, amenant la suppression des sources de l'héritage voisin, n'encourt aucune responsabilité envers le propriétaire de cet héritage. Mais elle a décidé, le 12 août 1872, dans une espèce où le concessionnaire était en même temps propriétaire du terrain au-dessous duquel étaient exécutés les travaux d'exploitation, que la faculté, pour tout propriétaire, d'user des eaux qui se trouvent dans son fonds, constitue un avantage accidentel, dont il peut être privé, sans dédommagement, par les fouilles qu'un autre propriétaire vient à pratiquer dans son propre fonds. Il n'est pas besoin d'insister sur les conséquences graves d'une jurisprudence conforme à ce dernier arrêt.

42. La loi de 1810, qui permet au propriétaire de la surface d'interdire les ouvertures de puits et galeries à moins de 100 mètres des maisons et enclos murés (*art.* 11, *voy. n°* 26), ne défend pas, d'une manière absolue, les travaux d'exploitation des mines sous des lieux habités. Elle prévoit même que de semblables travaux pourront avoir lieu et, dans ce cas, impose au concessionnaire l'obligation de donner caution de payer les indemnités qui seraient dues en cas d'accident; les demandes ou oppositions des intéressés sont encore portées devant l'autorité judiciaire (*art.* 15). Toutefois, c'est à l'administration seule sont soumises les oppositions relatives à l'interdiction des travaux projetés.

ART. 2. — ENVERS LES INVENTEURS ET EXPLORATEURS ÉVINCÉS.

43. Afin d'encourager les recherches de mines, qui forment une branche importante de l'industrie minérale, la loi de 1810 décide que, si l'inventeur d'une mine n'en obtient pas la concession, le concessionnaire devra lui payer une indemnité, dont le montant sera fixé par l'acte de concession (*art.* 16, § 2) et qui est proportionnée au mérite de l'invention et à l'importance de la mine.

Cette indemnité, qui a le caractère de la rémunération d'un service rendu à l'industrie, est complétement distincte de celle due, à titre de remboursement d'avances, par le concessionnaire à l'inventeur, en raison des travaux utiles (dit la jurisprudence) faits antérieurement à la concession, et qui est réglée par le conseil de préfecture, conformément à l'art. 46 de la loi de 1810.

Ledit article s'applique également aux explorateurs autres que l'inventeur et, transitionnellement, s'est appliqué aux anciens exploitants (*voy.* n° 36) qui, pour les travaux faits par eux, pouvaient avoir droit à une indemnité semblable. Les indemnités dues pour des travaux antérieurs à la concession sont garanties et sanctionnées par l'art. 20, aux termes duquel la mine peut être affectée par privilége au paiement des travaux de recherche et d'exploitation.

ART. 3. — ENVERS LE GOUVERNEMENT ET ENVERS LES OUVRIERS.

§ 1. — *Redevances dues à l'État.*

44. Les concessionnaires de mines sont tenus de payer à l'État : 1° une redevance fixe; 2° une redevance proportionnelle au produit de l'extraction.

La redevance fixe et annuelle, réglée d'après la superficie de la concession, est de 10 fr. par kilomètre carré.

La redevance proportionnelle est une contribution à laquelle les mines sont assujetties sur leurs produits et qui, réglée théoriquement chaque année par le budget, ne peut jamais s'élever au-dessus de 5 p. 100 du produit net (*art.* 33, 34, 35), mais atteint normalement toujours ce taux.

Il est imposé en sus un décime par franc, qui devait former un fonds de non-valeurs à la disposition de l'administration, pour dégrèvements à accorder par la voie gracieuse aux propriétaires de mines, à la suite de pertes ou d'accidents (art. 36), mais en fait ne se distingue pas de la partie principale de l'impôt des mines.

La remise de tout ou partie de la redevance proportionnelle peut être accordée, pour un certain nombre d'années, par un décret spécial délibéré en Conseil d'État (*art.* 38).

La destination du produit des deux redevances sur les mines était primitivement déterminée (art. 39). Ce produit devait former un fonds spécial, affecté aux dépenses de l'administration des mines et à celles des recherches, ouvertures, mises en activité de mines nouvelles ou rétablissements de mines anciennes. Mais, par suite du système introduit, en 1815, dans les finances de la France, les redevances des mines ont été confondues dans les ressources générales de l'État.

45. La redevance proportionnelle est imposée et perçue comme la contribution *foncière*, (*directe* aurait dû écrire le législateur, car la redevance proportionnelle des mines est essentiellement un impôt de *quotité*, comme la patente, tandis que la contribution foncière est un impôt de répartition). Les demandes en décharge ou en réduction de cette redevance sont jugées par les conseils de préfecture (*art.* 37) et, en appel, par le Conseil d'État.

La perception et le mode à suivre pour la détermination du produit net ont été fixés par un règlement d'administration publique du 6 mai 1811, auquel il convient d'ajouter un décret semblable du 11 février 1874.

Sans entrer ici dans les détails, il suffira de noter qu'un comité, dit d'évaluation, est chargé de l'appréciation « définitive » ou, plus exactement, finale du produit net imposable. Or, ainsi que le constate le rapport des ministres des travaux publics et des finances au président de la République, qui sert d'exposé des motifs au décret complémentaire de 1874, — d'une part, les comités d'évaluation ne se conformaient pas toujours à la jurisprudence administrative et la méconnaissaient même souvent, au détriment du Trésor ; — d'autre part, le Gouvernement admettait l'impossibilité d'obtenir, par application du décret de 1811, la modification d'une décision du comité d'évaluation. En conséquence, il a résolu la difficulté en complétant le décret organique et en enlevant aux comités le caractère définitif qui leur avait été attribué depuis 1811. Désormais, en cas de désaccord entre un de ces comités et l'ingénieur des mines ou le percepteur des contributions directes, il est statué par le préfet ou par le ministre des travaux publics, sauf le recours des contribuables.

Le décret de 1874 n'a pas seulement pour objet de mettre fin à cet état de choses. Il constitue, en outre, un retour à peu près pur et simple à des règles édictées par le décret de 1811, qui avaient cessé d'être en vigueur durant une courte période, dont l'origine coïncide avec l'inauguration des traités de commerce et qui a pris fin par suite des pertes considérables que cette période a causées au Trésor.

46. Aux termes de l'art. 35 de la loi de 1810, il peut être fait un abonnement à la redevance proportionnelle pour ceux des propriétaires de mines qui le demanderont. Cet abonnement n'est pas considéré comme devant favoriser le concessionnaire, au détriment du Trésor, et ne doit être consenti que s'il est jugé avantageux aux intérêts de celui-ci.

Toutefois, de 1861 à 1874, un régime tout différent a été en vigueur, attendu que l'abonnement, de facultatif qu'il avait été jusqu'alors pour l'administration, lui est devenu obligatoire, au gré de l'exploitant et pour une durée de 5 ans. D'abord un décret du 13 juin 1860, destiné à favoriser l'extension de l'abonnement, l'a réglé en prenant simplement pour base le produit net moyen des deux dernières années antérieures. Puis, les singularités d'application de ce décret en rendant la modification absolument nécessaire, un décret du 27 juin 1866 a stipulé que l'abonnement serait réglé sur le produit net moyen des cinq dernières années, sans qu'il soit tenu compte de celles qui n'auraient pas donné de produit net.

Cette amélioration était encore insuffisante, et l'état de nos finances militant impérieusement en faveur de toute mesure propre à développer nos ressources fiscales, le décret de 1874 a mis fin à ce droit absolu qui se trouvait reconnu à l'exploitant. Seulement le refus d'une soumission d'abonnement, — qui, suivant le taux, est acceptée par le préfet, le ministre des travaux publics ou le président de la République, — est assujetti à certaines formes.

47. Comment s'établit le revenu net imposable qui doit servir de base à l'assiette de la redevance proportionnelle? Cette détermination comprend deux opérations distinctes :

1° L'évaluation du *produit brut,* qui s'opère, depuis 1860 seulement, d'après les quantités vendues et les prix sur les lieux où les ventes se sont effectuées. — Auparavant et dans un ordre d'idées plus conforme à la nature de cet impôt spécial, mais moins favorable aux concessionnaires, qui ont également obtenu cette modification à la suite des traités de commerce, la valeur du produit brut s'établissait d'après les quantités extraites pendant l'année et les prix sur le carreau des mines ;

2° La fixation du chiffre total des dépenses afférentes à l'exploitation proprement dite, dépenses dont l'énumération détaillée se trouve dans une circulaire ministérielle du 12 avril 1849, complétée le 1er décembre 1850 et modifiée, dans un sens très-favorable aux concessionnaires, par une circulaire du 6 décembre 1860. Notons seulement ce principe essentiel que les dépenses de premier établissement sont précomptées, en totalité, pour l'année dans laquelle elles ont été faites et sans jamais donner lieu à un prélèvement par annuités.

C'est par la comparaison de ces deux chiffres que s'obtient le revenu net de la mine, s'il y a lieu.

48. Rappelons ici l'obligation qui résulte, pour les concessionnaires de mines, de l'art. 14 de la loi du 21 mai 1836 sur les chemins vicinaux, aux termes duquel ils peuvent être tenus de payer des subventions spéciales à raison de la détérioration desdits chemins employés pour l'exploitation. (*Voy.* **Chemins vicinaux,** n° 208).

§ 2. — *Interdiction de diviser ou de réunir les concessions sans autorisation.*

49. Au nombre des obligations imposées aux concessionnaires, dans l'intérêt général, se place l'interdiction de vendre une mine par lots ou de la partager, sans l'autorisation du Gouvernement (*L.* 1810, *art.* 7, § 2) ; d'où il résulte que son fractionnement par voie d'amodiation ne peut non plus avoir lieu sans autorisation. Le législateur a voulu ainsi éviter les inconvénients qui seraient la conséquence d'un morcellement abusif de la propriété souterraine. Une loi du 27 avril 1838 a donné à ce principe la sanction qui lui avait manqué jusqu'alors ; aux termes de l'art. 7 de cette loi, lorsqu'une concession de mines appartient à plusieurs personnes ou à une société, les concessionnaires doivent, sur la réquisition du préfet, justifier qu'il est pourvu, par une convention spéciale, à ce que les travaux d'exploitation soient soumis à une direction unique et coordonnés dans un intérêt commun. Faute par ces concessionnaires d'avoir fait ladite justification ou d'exécuter la convention destinée à assurer l'unité de la concession, la suspension de tout ou partie des travaux peut être prononcée par un arrêté du préfet, sauf recours au ministre et, s'il y a lieu, au Conseil d'État par la voie contentieuse, sans préjudice, d'ailleurs, de l'application des art. 93 et suivants de la loi de 1810.

50. En cherchant à éviter, d'autre part, les inconvénients résultant du monopole, cette loi n'a pas voulu empêcher, d'une manière absolue, une concentration qui peut, dans certains cas, présenter des avantages ; aussi dispose-t-elle que plusieurs concessions pourront être réunies dans les mains du même concessionnaire, à la charge toutefois de tenir en activité l'exploitation de chaque concession (*art.* 31).

51. Mais les dangers que présente l'agglomération des concessions sont, en général, plus redoutables que son utilité n'est sensible. Plus d'une fois déjà le Gouvernement a dû chercher les moyens d'y pourvoir. C'est ainsi qu'en 1848, le ministre des travaux publics avait présenté à l'Assemblée constituante un projet de loi tendant à défendre toute réunion de concessions non autorisée ; mais ce projet de loi avait été retiré. De nombreuses réclamations s'étant de nouveau produites à l'occasion de réunions de mines opérées sur divers points du territoire, un décret du 23 octobre 1852, « considérant que, dans certains cas, ces réunions sont de nature à porter un grave préjudice aux intérêts du commerce et de l'industrie », a fait défense à tout concessionnaire de mines de réunir son exploitation à d'autres concessions de même nature, par association ou acquisition, ou de toute autre manière, sans l'autorisation du Gouvernement. Ce décret porte, en outre, que tous actes de réunion, opérés contrairement à ses dispositions, seront considérés comme non avenus et pourront donner lieu au retrait des concessions, sans préjudice des poursuites que les concessionnaires des mines pourraient avoir encourues, en vertu des art. 414 et 419 du Code pénal, relatifs aux coalitions et manœuvres illicites tendant à provoquer la baisse des salaires et l'élévation abusive du prix des denrées.

52. Sous l'influence des justes préoccupations qui avaient inspiré le décret du 23 octobre 1852, et à la suite d'une hausse exceptionnelle qui s'était produite dans le prix de la houille sur les marchés de Lyon et de Saint-Étienne, le Gouvernement a exigé le fractionnement en groupes séparés des 32 concessions houillères qui appartenaient à la Compagnie générale des mines de la Loire. Ce fractionnement a eu lieu par la formation de quatre groupes distincts, et plusieurs décrets, en date du 17 octobre 1854, ont autorisé les quatre sociétés anonymes entre lesquelles l'exploitation de ces 32 concessions s'est partagée.

§ 3. — *Surveillance administrative.*

53. Les concessionnaires de mines, investis d'une propriété *sui generis*, doivent se soumettre à la surveillance exercée sur leur exploitation par l'administration des mines. Cette surveillance est définie par la loi de 1810 et sanctionnée par celle de 1838.

54. Les ingénieurs des mines exercent, sur les exploitations des concessionnaires, une surveillance à la fois préventive et répressive pour la conservation des édifices et la sûreté du sol et des individus ; ils observent la manière dont les travaux sont dirigés, soit pour éclairer les concessionnaires sur leurs imperfections et sur les améliorations dont ils sont susceptibles, soit pour avertir l'administration des abus, vices ou dangers qui s'y trouveraient. Si l'exploitation compromet la sûreté publique, la conservation des puits, la solidité des travaux, celle des habitations de la surface ou la sûreté des ouvriers mineurs, il y est pourvu par le préfet, sur l'avis des ingénieurs (*L.* 1810, *art.* 50). Il résulte de ces principes que,

soit pour ouvrir, soit pour abandonner un champ d'exploitation, le concessionnaire doit se soumettre à la surveillance administrative. Un décret du 3 janvier 1813, destiné à réglementer cette action, donne aux ingénieurs, en cas de danger imminent, le droit d'adresser des réquisitions aux autorités locales (*art.* 5). Il a néanmoins été reconnu insuffisant, et ses dispositions ont été complétées et modifiées par un règlement d'administration publique du 26 mars 1843.

55. *Accidents.* Les mesures générales prescrites à tous les concessionnaires, en prévision des accidents, sont contenues dans les art. 15 et 16 de ce décret de 1813. Les exploitants doivent entretenir, sur leurs établissements, les médicaments et moyens de secours qui leur sont indiqués par le ministre, et se conformer à l'instruction réglementaire approuvée par lui à cet effet. Le ministre désigne celles des exploitations qui, à raison de leur importance et du nombre d'ouvriers qu'elles emploient, doivent entretenir à leurs frais un chirurgien spécial. Au cas où un accident a eu lieu, l'exploitant est tenu d'en prévenir d'urgence le maire et l'ingénieur, qui doivent se rendre immédiatement sur les lieux et donner les ordres nécessaires, comme en cas de péril imminent. Les exploitants voisins sont tenus de fournir, sauf indemnité, s'il y a lieu, tous les moyens de secours qui sont à leur disposition, et peuvent, à cet effet, être requis par le maire et l'ingénieur. Les dépenses qu'exigent les secours donnés aux blessés, noyés ou asphyxiés, sont essentiellement à la charge des exploitants (*art.* 11 à 22).

56. Un arrêt du Conseil d'État du roi, en date du 14 mai 1604, dont les dispositions bienfaisantes ont été remplacées par celles de ce décret de 1813, décidait qu'un trentième du produit net de chaque mine serait affecté à l'entretien d'un ou deux prêtres et d'un chirurgien, et à l'achat de médicaments pour secourir les ouvriers blessés. Ajoutons que, dans le plus grand nombre des mines de France, des caisses de secours et de prévoyance ont été instituées dans l'intérêt des ouvriers ; elles sont, en général, fondées sur une retenue de 3 p. 100 prélevée sur le montant des salaires.

§ 4. — *Participation obligée à certains travaux communs.*

57. Il convient de rattacher au droit général de contrôle qui appartient à l'État, sur la richesse minérale, les obligations qui résultent pour les concessionnaires de la loi du 27 avril 1838. Lorsqu'une mine isolée est inondée ou menacée de l'être, il peut arriver que l'inondation compromette la sûreté publique ou la solidité des travaux d'exploitation ; l'art. 50 de la loi de 1810 pourvoit à cette éventualité (*voy.* n° 54). Mais, quand plusieurs mines sont voisines, il y a solidarité entre les exploitants, en ce qui touche les dangers d'inondation et les moyens d'y remédier. C'est pour assurer l'assèchement en commun des mines inondées qu'a été rendue cette loi du 27 avril 1838, qui donne au Gouvernement le droit de contraindre les concessionnaires à exécuter ensemble et à leurs frais les travaux nécessaires, soit pour assécher les mines inondées, soit pour arrêter l'inondation. L'exercice de ce droit doit être précédé d'une enquête administrative, à laquelle tous les intéressés sont appelés et dont les formes sont déterminées par un règlement d'administration publique du 23 mai 1841.

58. Aux termes de cette ordonnance, l'enquête s'ouvre sur un mémoire rédigé par l'ingénieur en chef des mines et faisant connaître : la quantité des produits que les mines fournissaient avant d'être envahies par les eaux ; la quantité de ceux que fournissent encore les mines qui peuvent être atteintes ; les relations de ces diverses mines entre elles ; les causes de l'inondation ; la manière dont elle se propage ; ses progrès ; enfin les circonstances d'où il résulte qu'elle est de nature à compromettre l'existence des mines, la sûreté publique ou les besoins des consommateurs. Ce mémoire est porté à la connaissance du ministre des travaux publics, qui statue sur l'opportunité de l'enquête ; en cas de décision affirmative, il est déposé, pendant deux mois, avec les plans et coupes qui doivent y être joints, à la sous-préfecture de l'arrondissement dans lequel les mines sont situées ; des registres, destinés à recevoir les observations auxquelles la mesure projetée pourra donner lieu, sont ouverts, pendant le même délai, à cette sous-préfecture et dans les communes de la circonscription des mines dont il s'agit. L'enquête est annoncée au public par des affiches et chacun des concessionnaires en reçoit individuellement notification.

59. Une commission d'enquête de 5 à 7 membres, nommés par le préfet, est formée au chef-lieu de l'arrondissement ; elle examine les réclamations présentées, entend les intéressés et toutes les personnes qu'elle croit propres à lui fournir des renseignements, puis elle donne son avis motivé sur la question de savoir s'il y a lieu à l'application de la mesure indiquée dans l'art. 1er de la loi de 1838. Cet avis est transmis au préfet avec les pièces de l'enquête. Les chambres de commerce et les chambres consultatives des arts et manufactures qu'il paraît utile de consulter sont appelées à émettre leur opinion. Toutes les pièces sont adressées au ministre par le préfet, qui doit y joindre son avis motivé.

60. Le ministre décide, d'après l'enquête, quelles sont les concessions inondées ou menacées d'inondation qui doivent opérer, à frais communs, les travaux d'assèchement. La décision du ministre est notifiée administrativement aux concessionnaires intéressés. Le recours formé contre cette décision n'est pas suspensif. (*L.* 1838, *art.* 2.)

61. Les concessionnaires ou leurs représentants sont convoqués en assemblée générale, à l'effet de nommer, pour la gestion des intérêts communs, un syndicat de 3 à 5 membres. Le nombre des syndics, le mode de convocation et de délibération de l'assemblée générale sont réglés par le préfet ; la loi pose en principe toutefois que, dans les délibérations de cette assemblée, chaque concessionnaire a un nombre de voix proportionnel à l'importance de sa concession, — mesurée par le montant de la redevance proportionnelle acquittée durant les trois dernières années d'exploitation.— et que la délibération n'est valable que si les membres présents surpassent en nombre le tiers des concessions et représentent entre eux plus de la moitié des voix attribuées à la totalité des concessions comprises dans le syndicat (*art.* 2).

62. Un décret, rendu dans la forme des règlements d'administration publique et après que les syndics ont été appelés à faire connaître leurs propositions et les intéressés leurs observations, détermine l'organisation définitive et les attributions du syndicat, les bases de la répartition de la dépense entre les concessionnaires intéressés, et la forme dans laquelle il sera rendu compte des recettes et des dépenses. Un arrêté ministériel règle, sur la proposition du syndicat, le système et le mode d'exécution et d'entretien des travaux d'épuisement, ainsi que les époques périodiques où les taxes devront être acquittées par les concessionnaires (*art.* 3).

63. Les rôles de recouvrement des taxes réglées en vertu de la loi de 1838 sont dressés par les syndics et rendus exécutoires par le préfet. Les réclamations des concessionnaires sur la fixation de leur quote-part dans lesdites taxes sont jugées, par le conseil de préfecture, sur mémoire des réclamants communiqué au syndicat et après avoir pris l'avis des ingénieurs des mines. Les réclamations relatives à l'exécution des travaux sont jugées comme en matière de travaux publics. Le recours, soit au conseil de préfecture, soit au Conseil d'État, n'est pas suspensif (*art.* 5). A défaut de paiement dans le délai de deux mois, à compter de la sommation faite au concessionnaire, la mine est réputée abandonnée et le retrait de la concession peut être prononcé (*art.* 6).

64. Dans le cas où les concessionnaires, dûment convoqués, ne se réuniraient pas en assemblée générale ou si celle-ci ne nommait pas le nombre de syndics fixé par le préfet, le ministre, sur la proposition de ce dernier, instituerait d'office une commission de 3 à 5 membres pour exercer les attributions des syndics. Le ministre a aussi le pouvoir de suspendre le syndicat et de le remplacer par une commission, s'il ne met pas à exécution les travaux d'assèchement ou contrevient au mode d'exécution et d'entretien réglé par l'arrêté ministériel. Les pouvoirs des commissaires nommés d'office cessent, de plein droit, à l'époque fixée pour l'expiration de ceux des syndics (*art.* 4).

Sect. 4. — Retrait des concessions.

65. Le principe du retrait des concessions se trouvait en germe dans l'art. 49 de la loi de 1810, qui donne au Gouvernement le droit de pourvoir, ainsi qu'il appartiendra, dans les cas où l'exploitation est restreinte ou suspendue de manière à inquiéter la sûreté publique ou les besoins des consommateurs. Mais, trop vaguement formulé, ce principe serait resté inefficace, si la loi de 1838 n'avait précisé et défini le droit qu'elle reconnaît au Gouvernement de prononcer, dans certains cas, la déchéance des concessionnaires et de mettre la mine en adjudication. Toutefois, cette loi entoure le concessionnaire menacé de déchéance de toute la protection compatible avec l'intérêt général, en lui permettant d'arrêter les effets de la dépossession, jusqu'au jour de la mise en adjudication de la mine (*art.* 6, § 6), et en décidant qu'en cas d'adjudication, le prix de la concession lui sera payé. (*Id.*, § 5.)

66. Le retrait des concessions est prononcé par le ministre des travaux publics, sauf recours au Conseil d'État, par la voie contentieuse. La décision du ministre est notifiée au concessionnaire déchu, publiée et affichée par les soins du préfet. Après l'expiration du délai de recours ou après la notification du décret confirmatif de la décision ministérielle attaquée, il est procédé publiquement, par voie administrative, à l'adjudication de la mine abandonnée. Les concurrents sont tenus de justifier des facultés suffisantes pour satisfaire aux conditions du cahier des charges. S'il ne se présente aucun soumissionnaire, la mine reste à la disposition du domaine, libre et franche de toutes charges provenant du fait du concessionnaire déchu ; celui-ci peut, en ce cas, retirer les chevaux, machines et agrès, qu'il aura attachés à l'exploitation et qui pourront en être séparés sans préjudice pour la mine, à la charge de payer, s'il s'agit de travaux communs, toutes les taxes dues jusqu'à la dépossession, et sauf au domaine à retenir, à dire d'experts, les objets qu'il jugera utiles. (*L. 1828, art. 6.*)

67. Dans quels cas le retrait d'une concession peut-il être prononcé ? On a vu plus haut (*n° 51*) que cette mesure peut être prise en cas de réunion de mines opérée sans autorisation et (*n° 63*) en cas de non-paiement des taxes relatives à l'assèchement en commun de plusieurs mines inondées ; or la loi de 1838 indique encore deux autres cas de déchéance. D'une part, l'art. 9 décide que, dans toutes les circonstances où les lois et règlements sur les mines autorisent l'administration à faire exécuter des travaux aux frais du concessionnaire, c'est-à-dire en cas d'éboulement, d'incendie ou d'inondation partielle affectant une exploitation isolée, le défaut de paiement de ces dépenses pourra entraîner le retrait de la concession. D'un autre côté, la même mesure de rigueur peut être prise, aux termes de l'art. 10, dans tous les cas prévus par l'art. 49 de la loi de 1810, c'est-à-dire lorsque l'exploitation est restreinte ou suspendue de manière à inquiéter la sûreté publique ou les besoins des consommateurs.

Sect. 5. — Sociétés minières.

68. Aux termes de l'art. 32 de la loi de 1810, une société formée pour la concession et l'exploitation des mines est civile et non commerciale. Mais de nombreuses restrictions ont été admises à ce principe, qui est tout à fait contraire à la nature des choses et donne lieu à de continuelles difficultés. Il est rationnel d'admettre, avec la jurisprudence, qu'une telle société doit, suivant les cas, être considérée comme civile ou commerciale.

CHAP. IV. — LÉGISLATION SPÉCIALE DU FER.
Sect. 1. — Précédents historiques.

69. De tout temps en France, les mines de fer ont été l'objet de mesures particulières. Il est inutile de remonter ici au delà de l'arrêt du Conseil d'État du roi du 20 juin 1631, « permettant aux maîtres de forges de tirer mines et castines [1]

[1] Pour ce qui concerne la castine, un arrêté ministériel du 2 juillet 1811 prouve que l'administration ne regardait pas l'arrêt de 1631 comme abrogé par la loi de 1810. En admettant qu'il en fût ainsi, il est à coup sûr hors de doute que cet arrêt a été implicitement abrogé par la loi de 1866, qui a supprimé tous les privilèges des maîtres de forges.

en tous lieux, en dédommageant les propriétaires de la valeur du dessus de leurs terres seulement. » Le principe de la législation spéciale qui a pris fin seulement le 1er janvier 1876 (*L. 9 mai* 1866) ne se trouve même que dans l'art. 9 du titre des droits de marque sur le fer de l'ordonnance fiscale de juin 1680, aux termes duquel article « ceux qui ont des mines de fer dans leurs fonds sont tenus, à la première sommation qui leur est faite par les propriétaires des fourneaux voisins, d'y établir des fourneaux pour convertir la matière en fer, sinon permission au propriétaire du plus prochain fourneau, et, à son refus, aux autres propriétaires des fourneaux, de proche en proche, de tirer la mine de fer, en payant aux propriétaires des fonds, pour tout dédommagement, un sol pour chacun tonneau de mine de 500 pesant. » Cette indemnité fut portée à 2 sols 6 deniers par arrêt du Conseil du 7 avril 1786.

70. Le second des deux titres dont se compose la loi sur les mines du 28 juillet 1791 est exclusivement consacré aux mines de fer. On y retrouve l'obligation, pour les propriétaires de terrains recélant du minerai de ce métal, d'en faire eux-mêmes l'extraction (*art.* 9), sinon de la laisser faire par les maîtres de forges. Seulement et aussi pour le cas où cette extraction serait interrompue ou ne serait pas conduite avec activité, ceux-ci se pourvoient auprès de l'autorité judiciaire, afin d'obtenir l'autorisation nécessaire (*art.* 10) ; ce sont aussi les tribunaux qui, dans tous les cas, déterminent le prix du minerai, après expertise, lorsque ce prix n'a pu être réglé de gré à gré (*art.* 11 *et* 12) ; en outre, le maître de forges est tenu de dédommager semblablement le propriétaire du sol à raison de la non-jouissance du terrain et des dégâts occasionnés par l'exploitation (*art.* 13). Enfin les maîtres de forges avaient le droit d'établir des lavoirs et des chemins de charroi sur le terrain d'autrui, en indemnisant toujours le propriétaire, dans les formes qui viennent d'être indiquées.

71. Telles étaient essentiellement aussi les dispositions édictées par la loi de 1810 (*art.* 59 *à* 67, 79 *et* 80) en faveur des maîtres de forges, pourvu qu'ils fussent régulièrement institués. Mais ces dispositions ne formaient pas, comme en 1791, un titre de la loi des mines exclusivement applicable au fer. Elles étaient groupées en un ensemble correspondant à une classe distincte de propriété minérale, caractérisée légalement par ce fait qu'elle n'est laissée à la disposition du propriétaire du sol qu'à la condition qu'il l'exploite, si cela est reconnu nécessaire par l'administration ; les questions de prix et d'indemnité sont seules réservées à l'autorité judiciaire.

Sect. 2. — Particularités des concessions de mines de fer.

72. Ainsi que cela a été dit tout d'abord (*n°* 1), il n'y a plus de *minières* [1] depuis le 1er janvier 1876, ni pour les servitudes ni pour les privilèges. Mais, si le législateur français ne reconnaît plus que des *mines* et des *carrières*, le minerai de

[1] Relativement aux terres pyriteuses et aux terres alumineuses, dont le législateur de 1866 a même pensé à s'occuper, tout ce qui est dit ici des *maîtres de forges* s'applique nécessairement à ces terres, en supposant qu'il s'agisse alors de *fabricants de produits chimiques*.

fer conserve encore cette particularité d'être rangé tantôt parmi les unes et tantôt parmi les autres.

73. Il appartient aux carrières, quand il peut être exploité à ciel ouvert ou par travaux souterrains peu profonds (*L.* 1810, *art.* 68). — Suivant la nouvelle teneur donnée par le législateur de 1866 à l'art. 57 de la loi de 1810, une simple *déclaration* de l'exploitant correspond au cas où cette carrière ne pourra jamais devenir une mine, tandis qu'une *permission* est exigée pour attribuer à l'administration le droit de prendre les mesures nécessaires au passage ultérieur de la carrière dans la classe des mines. Il n'est pas besoin de dire que ce passage est une source abondante de grosses difficultés. En tout cas, le propriétaire du sol n'est plus obligé, si cela ne lui convient pas, d'exploiter son minerai de fer ou de le laisser exploiter par un maître de forges.

74. Ce minerai appartient à la classe des mines, dès que l'exploitation par travaux souterrains proprement dits est reconnue inévitable ou dès que l'exploitation à ciel ouvert menace de rendre, au bout de peu d'années, celle-ci impraticable (*art.* 69). — Mais le concessionnaire des mines de fer est alors tenu d'indemniser les propriétaires au profit desquels l'exploitation du minerai avait lieu, dans la proportion du revenu qu'ils tiraient de leur carrière (*art.* 70, 2°).

CHAP. V. — DES EXPERTISES ET DES CONTRAVENTIONS.

Sect. 1. — Expertises.

75. Les contestations qui ont les mines pour objet soulèvent de nombreuses questions de fait, dont la solution comporte des lumières spéciales. Les expertises ont, dès lors, en matière de mines, une importance toute particulière, qui a été reconnue par le législateur de 1810, lorsqu'il a posé en principe que, dans tous les cas, prévus ou non par la loi, où il y aura lieu à expertise, les dispositions du titre XIV du Code de procédure civile (*art.* 303 à 323), relatives à la nomination, au nombre des experts, à leur récusation, au serment qu'ils doivent prêter à toutes leurs opérations, seront exécutées (*L.*, *art.* 87). La loi ajoute qu'ils seront choisis parmi les ingénieurs des mines ou parmi les hommes notables et expérimentés dans les travaux des mines (*art.* 88).

76. Le procureur de la République doit toujours être entendu et donner ses conclusions sur le rapport des experts. Les frais et vacations des experts sont réglés et arrêtés, selon les cas, par les tribunaux. Il n'y a, d'ailleurs, jamais lieu à honoraires, pour les ingénieurs des mines, à raison des opérations par eux faites dans l'intérêt de la surveillance et de la police administrative. Enfin la consignation des sommes jugées nécessaires pour subvenir aux frais d'expertise pourra être ordonnée par le tribunal contre la partie qui poursuivra l'expertise (*art.* 89 à 92).

Sect. 2. — Contraventions.

77. Les contraventions des propriétaires de mines, exploitants non encore concessionnaires ou autres personnes, aux lois et règlements, sont dénoncées et constatées dans la même forme que les contraventions commises en matière de voirie et de police.

78. Les procès-verbaux de contravention sont affirmés dans les formes et délais prescrits par les lois (*art.* 93 *et* 94); ils sont adressés en original aux procureurs de la République, qui sont tenus de poursuivre d'office les contrevenants devant les tribunaux de police correctionnelle, ainsi qu'en matière de délits forestiers et sans préjudice des dommages-intérêts pour les parties.

79. Quant à la pénalité, l'art. 96 de la loi porte qu'elle consistera dans une amende, de 500 fr. au plus et de 100 fr. au moins, double en cas de récidive, et d'une détention qui ne pourra excéder la durée fixée par le Code de police correctionnelle, laquelle est de cinq années au plus (*C. P.*, *art.* 40). Il résulte de la jurisprudence en cette matière que la détention n'est applicable qu'au cas de récidive, la première contravention n'étant punie que d'une amende simple.

Lorsqu'une contravention en matière de mines a été accompagnée d'accidents ayant occasionné la perte ou la mutilation d'un ou plusieurs ouvriers, la pénalité est aggravée par les dispositions de droit commun des art. 319 et 320 du Code pénal. LAMÉ FLEURY.

BIBLIOGRAPHIE.

Édits, ordonnances, arrêts et règlements sur le fait des mines et minières de France. 1748.

Mémoire de Turgot sur les mines. 1790. (Œuvres complètes, édit. Guillaumin, t. XI.)

De l'état actuel de la législation sur les mines, par H. de Villefosse. 1 vol. 1816.

Jurisprudence générale des mines en Allemagne, traduite de l'ouvrage de Franz Ludwig Cancrin, avec annotations relatives à ce qui a trait à la même matière dans les principaux États de l'Europe et notamment en France, par Blavier. 3 vol. in-8°. 1825.

Législation sur les mines ou Loi du 21 avril 1810 expliquée par les discussions du Conseil d'État, les exposés des motifs, rapports, discours, etc., par Locré. 1 vol. 1828.

Code des mines ou Recueil des lois, arrêtés, décrets, ordonnances, etc., concernant les mines, minières, salines et carrières, par Barrier. 1829.

Jurisprudence des mines, par de Cheppe (*Annales des mines*[1], 1833 à 1848).

Traité sur la législation des mines, minières et carrières, en France et en Belgique, par Delebecque. 2 vol. 1836-1838.

Législation française sur les mines, minières, carrières, tourbières, salines, usines, établissements, etc., par A. Richard. 2 vol. in-8°. 1838.

Traité sous la forme de commentaire sur la législation des mines, minières, carrières, tourbières, usines; sociétés d'exploitation et chemins de transport, par Peyret-Lallier. 2 vol. 1844.

Nouveau Code des mines, par Chicora et Ernest Dupont. Bruxelles. 1846.

De la législation des mines sous l'ancienne monarchie, ou Recueil méthodique et chronologique des lettres patentes, édits, ordonnances, déclarations, arrêts du Conseil d'État du roi, du parlement et de la cour des monnaies de Paris, etc., concernant la législation minérale, publié sur les manuscrits originaux, annoté et mis en ordre par Lamé Fleury. 1857.

Recueil méthodique et chronologique des lois, décrets, ordonnances, arrêtés, circulaires, etc., concernant le service des ingénieurs au corps des mines. [Publication officielle, tome Ier (1856). Mines, minières, tourbières, carrières; — tome II (1857). Personnel, écoles], par le même.

---

1. Cette publication officielle donne, d'ailleurs, le texte de tous les documents réglementaires concernant les mines (lois, décrets, arrêtés, circulaires, etc.).

Texte annoté de la loi du 21 avril 1810, par le
même. 1857.

De la propriété des mines et de son organisation
légale en France et en Belgique. Guide théorique et
pratique du légiste, de l'ingénieur et de l'exploitant,
suivi de recherches sur la législation minière des principales nations, par Ed. Dalloz et Ant. Gouiffès. 2 vol.
1862.

Traité pratique de la jurisprudence des mines,
minières, forges et carrières, par Etienne Dupont.
2e édit. 3 vol. 1863.

Révision de la législation des mines. Documents
officiels et privés, pour servir à la discussion des
propositions de modification à la loi du 21 avril 1810,
par F. Laur. 1 vol. 1876.

Répertoire de législation, par DALLOZ, v° MINES.

ADMINISTRATION COMPARÉE.

Les principes relatifs à la propriété des mines ont varié
selon les temps et les peuples. Tandis qu'à Athènes, l'État était
propriétaire absolu des mines, à Rome, au contraire, elles
étaient considérées comme une dépendance de la surface du sol ;
toutefois les constitutions des empereurs reconnurent à l'État,
sur la richesse minérale, un certain droit de souveraineté,
appelé depuis droit régalien (Code Justinien. l. XI, t. VI). Ce
droit, qui a généralement prévalu dans la législation des peuples modernes, s'y rencontre naturellement sous diverses
formes. On peut cependant, avec M. Migneron (Annales des
Mines, 1833), en résumer les éléments « dans la triple attribution qu'il conférait au prince : 1° de régler la destination de
la propriété souterraine ou, en d'autres termes, de pourvoir
du privilège de l'exploiter les personnes qui pouvaient le mieux
la mettre en valeur ; 2° d'en surveiller l'exploitation, dans ses
rapports avec l'ordre public, la conservation du sol et la sûreté
des ouvriers ; 3° de percevoir un tribut sur les produits qu'en
obtenait l'exploitant. »

Ce système légal d'attribution de la propriété des mines est
celui qui a le plus généralement prévalu, ainsi qu'il ressort
de la législation de presque tous les peuples : les mines y sont
considérées comme des propriétés publiques. Toutefois, deux
autres systèmes ont également été adoptés par des législateurs
des deux mondes.

L'un est celui de la propriété privée, où la propriété souterraine demeure annexée à la propriété superficiaire, sans aucune
restriction. C'est ainsi qu'en Angleterre les choses se passent,
bien que le droit de fouilles, en s'appelant royalty, indique
nettement qu'il émanait primitivement du souverain. Il n'est
guère limité que par le paiement d'un impôt, sauf pour les
mines d'étain des provinces de Cornwall et de Devon, et les
mines de plomb du comté de Derby, assujetties à des règlements particuliers. Finalement, il n'y a à signaler, pour le
Royaume-Uni, que l'existence des deux lois de police les plus
récentes (10 août 1872, Annales des mines, partie administrative, 7e série, tome II, p. 26 et 78) sur la réglementation des
houillères et des mines métalliques.

Le troisième système attribue la propriété des mines au
premier occupant ; elles appartiennent à celui qui les découvre,
comme dans l'Amérique du Nord, où la liberté complète d'exploration n'est corrigée que par l'obligation d'une occupation
effective.

En fait, ces trois systèmes de propriété se rencontrent respectivement dans un large développement de l'industrie minière, parce qu'ils peuvent tous trois atteindre le but d'attribuer
cette propriété spéciale à celui qui est le mieux en état de l'exploiter, suivant les conditions du milieu social et économique
où il exerce son activité. On entrevoit là une complexité de
considérations d'ordres très-différents, qui touche à l'histoire
même de la civilisation et qui ressortirait d'un examen
circonstancié, auquel il est évidemment impossible de se livrer
ici, des diverses législations étrangères.

Mais on peut affirmer, d'après les plus anciens monuments
juridiques, que l'usage du droit régalien a été général sur le
continent européen. On reconnaît, par exemple, que l'autorité
souveraine n'a jamais cessé d'exercer, en Allemagne, une action
directe et réglementaire sur l'exploitation des gîtes minéraux.
Cette action revêt des formes multiples et variées, mais existe
toujours. Toutes les législations, — uniformes quant à un principe
général, différentes, suivant les coutumes locales, quant aux applications, — viennent aboutir à un mode souvent très-compliqué
d'administration et de juridiction, qui s'oppose précisément à ce
que nous puissions donner ici les détails. Bornons-nous à mentionner, à ce point de vue, qui s'écarte si particulièrement du régime
français, le mode d'intervention directe d'une autorité minière
toujours inscrit dans les législations de l'Autriche (23 mai 1854,
Annales des mines, p. a. 6e série,
t. VIII, p. 239), de la Prusse (24 juin 1865, t. VII, p. 81), de
la Saxe (16 juin 1868, t. IX, p. 61) et de la Bavière (20 mars
1869).

Durant plus d'un demi-siècle, notre loi de 1810 avait été
maintenue dans les provinces rhénanes des royaumes de Prusse
et de Bavière, dont les législations offrent au surplus la plus
grande analogie. Elle a visiblement été imitée par l'Italie.

Elle n'a pas cessé d'être en vigueur en Belgique, à quelques
modifications près, qu'il est possible d'indiquer brièvement et
qui se retrouvent principalement dans une loi complémentaire
du 2 mai 1837.

La question de la redevance tréfoncière est incontestablement
mieux réglée par cette loi, véritablement organique. L'indemnité attribuée au propriétaire du sol se compose, comme
l'impôt auquel sont spécialement assujettis les concessionnaires
de mines, d'une partie fixe et d'une partie proportionnelle au
produit de la mine. La redevance fixe, déterminée par l'acte
de concession, ne peut être moindre que 25 c. par hectare. La
redevance proportionnelle est fixée de 1 à 3 p. 100 du produit
net de la mine, qu'il est annuellement évalué dans l'assiette
de l'impôt, et répartie entre les propriétaires de la surface, au
prorata de la superficie de leurs terrains ; un recours est, en
conséquence, réservé à ces propriétaires contre l'évaluation
du produit net de la mine. (L., art. 9.)

La préférence reconnue, par notre loi de 1791 (où elle était
d'ailleurs si peu nettement définie), en faveur du propriétaire
du sol, lui est rendue par la loi belge (art. 11). Le propriétaire
ou une société de plusieurs propriétaires, — pourvu que l'étendue
des terrains soit reconnue suffisante à l'exploitation régulière
et profitable de la mine, pourvu qu'il justifie réunir en lui la
garantie des facultés nécessaires à l'entreprise, — a un droit de
priorité à la concession. Néanmoins, cette règle peut fléchir
au cas où le propriétaire du sol se trouve en concurrence avec
l'inventeur ou avec un demandeur en extension de concession.

En ce qui concerne l'art. 11 de la loi de 1810, il avait été,
dès le 14 mars 1826, par un simple arrêté du roi des Pays-Bas,
interprété dans le sens opposé à celui de la jurisprudence de
notre Cour de cassation. Cette interprétation a été définitivement consacrée par une loi spéciale du 8 juin 1865.

Enfin, aux termes de l'art. 12 de la loi de 1837, le Gouvernement peut déclarer qu'il y a utilité publique à établir des
voies de communication dans l'intérêt d'une concession de
mines, après une enquête et conformément aux dispositions
de la législation sur l'expropriation pour cause d'utilité publique. L'indemnité payée au propriétaire est doublée. L'autorité
judiciaire peut, pour la fixation de l'indemnité, prendre en
considération cette circonstance que les biens expropriés sont
occupés par les propriétaires. Dès 1838, elle avait décidé que le
principe du doublement n'était pas applicable au cas de l'établissement d'un chemin de fer destiné à desservir plusieurs
mines, attendu que, dans ce cas, l'utilité publique est l'objet
essentiel et même exclusif du chemin de fer, tandis que l'intérêt
du concessionnaire est l'objet primitif et direct de la disposition exceptionnelle dont il s'agit.

En Turquie nos lois, nos règlements d'administration,
publique et même quelques-unes de nos circulaires ministérielles ont été combinées, le 3 avril 1869 (Annales des mines,
7e série, t. IV, p. 80), en un ensemble très-complet et très-
méthodiquement coordonné, qui n'a pas moins de 98 articles.
La concession d'une mine n'est toutefois octroyée que pour 99
ans, durant lesquels elle n'est disponible et transmissible
qu'en vertu d'une autorisation du Gouvernement ; à l'expiration
de cette emphytéose, le concessionnaire expirant a un droit
de préférence au renouvellement. Une zone de protection
contre les travaux de mines est constituée en faveur des habitations, cours et jardins, dont le consentement est expressément requis. Le règlement turc n'a pas, comme notre loi de
1810, un titre spécial concernant la sanction pénale des dispositions légales, mais il mentionne, au fur et à mesure, pour les
diverses contraventions, les amendes dont doivent être passibles les contrevenants. La peine d'emprisonnement n'est
jamais prononcée.

En Suède et en Norwége, les mines sont toutes des propriétés de la couronne ; mais la liberté d'exploitation n'y
est restreinte que par des formalités réglementaires. En
Russie, après bien des tergiversations, la législation allemande
a fini par être imitée en grande partie, dans ce qu'elle a
d'essentiel et de général. Les modifications introduites par la
Belgique, dans la législation française, indiquent les points
principaux au sujet desquels il peut être intéressant d'inter-
roger cette législation allemande.

En Autriche, en Prusse, en Saxe (pour les mines métalliques seulement) et en Bavière, la loi ne reconnaît, en principe, au propriétaire de la surface, aucun droit sur le tréfonds.

Dans la première de ces contrées, les minerais concessibles,
définis avec une netteté toute particulière, ne peuvent être

1. La houille, qu'on est habitué à considérer comme type de la substance concessible, a été de tout temps laissée, en Saxe, à la libre disposition du propriétaire du sol. Avant 1854 elle était soumise à une servitude analogue à celle qui caractérisait notre minière (voy. ce mot).
Du reste, en Autriche, la houille n'est concessible dans tout l'empire
que depuis 1854. Antérieurement, dans certaines provinces, elle faisait
partie de la propriété superficiaire.

recherchés, même par le propriétaire du sol, sans une autorisation administrative. La recherche, qui comprend deux phases bien distinctes (la reconnaissance et l'exploration), est également assez compliquée et donne, d'ailleurs, toute satisfaction à l'inventeur.

En Saxe, la recherche des mines doit être précédée de la même formalité, tandis qu'en Prusse et en Bavière, elle n'est exigée que pour le cas où le propriétaire du sol refuse son consentement à l'explorateur, un droit de préférence étant de plus reconnu à l'inventeur, même accidentel.

Partout les recherches sont absolument interdites sur les voies publiques et dans les cimetières, indépendamment d'une réserve pour les motifs d'intérêt public qui ne seraient point explicitement prévus. Le consentement du propriétaire du sol est nécessaire en ce qui concerne les bâtiments et clôtures, puis dans une zone environnante dont la largeur est variable suivant les pays, mais est toujours très-inférieure à celle édictée en France.

Partout les concessionnaires de mines sont investis, sous le contrôle de l'administration et moyennant une indemnité qui n'est pas fixée au double, comme en France, du privilège de réclamer au propriétaire du sol l'occupation et même la cession du terrain nécessaire à l'exploitation. Or ce mot est entendu dans un sens bien autrement large qu'en France. Ainsi ce privilège n'est pas limité à l'intérieur de la concession intéressée, même alors qu'il s'agit non pas seulement de l'aérage des travaux ou de l'écoulement des eaux, mais encore d'un meilleur aménagement du gîte minéral. Ces « travaux de secours », exécutés soit par le concessionnaire ou par un groupe de concessionnaires, soit par un entrepreneur, peuvent l'être dans des terrains concédés, pourvu qu'ils ne gênent ni ne compromettent les travaux des concessionnaires ainsi soumis à une servitude.

La loi autrichienne, qui diffère plus particulièrement de la loi française (notamment en ce qui concerne les recherches de mines, l'institution des concessions, etc.), renferme une disposition qu'il importe de mentionner, parce qu'elle favorise beaucoup les entreprises d'intérêt commun. Les mines ayant une liaison naturelle par leur situation et certaines circonstances, peuvent être réunies en une « circonscription » minière, dont il appartient à l'administration de déterminer l'étendue et de provoquer au besoin la formation, après avoir entendu les intéressés. Cette institution fort importante existe également en Saxe, où elle a été l'objet de prescriptions très-détaillées du législateur.

En Saxe également, en Prusse et en Bavière, la question de la responsabilité de l'exploitant de mines, pour les dommages causés à la propriété superficiaire, est traitée dans la loi spéciale, avec cette particularité qu'il y a exception pour les droits postérieurs à l'existence des travaux souterrains ou nés alors que le danger ne pouvait point être ignoré de quiconque y apportait une attention ordinaire.

Il convient de noter, pour terminer cet examen, nécessairement très-succinct, qu'en Allemagne toutes les législations minières, qui sont détaillées au point de devenir méticuleuses, renferment des dispositions particulières aux sociétés formées pour l'exploitation des mines, aux caisses obligatoires de secours des ouvriers mineurs, aux attributions administratives et même judiciaires de l'autorité minière, très-étendues et souvent contraires à notre procédure française.

LAMÉ FLEURY.

MINISTÈRE PUBLIC. 1. On comprend sous ce nom des fonctionnaires attachés aux cours et tribunaux, pour y représenter la société et sauvegarder l'ordre public et les bonnes mœurs. Le ministère public, tel qu'il existe aujourd'hui, a été organisé par les articles 41, 63 et 67 de la Constitution du 22 frimaire an VIII, par le sénatus-consulte organique du 28 floréal an XII et par la loi du 20 avril 1810.

2. Un ministère public est établi auprès de la plupart des tribunaux judiciaires et administratifs. Seuls les conseils de préfecture, les tribunaux de commerce, les justices de paix, les conseils de prud'hommes sont constitués sans ministère public.

3. Le ministère public est le plus souvent représenté par des fonctionnaires spéciaux ; mais, dans quelques tribunaux, ces fonctions sont confiées à des personnes désignées par les lois ou par l'autorité compétente. Les fonctionnaires spéciaux chargés du ministère public portent le titre de procureurs généraux, procureurs de la République [1], avocats généraux, substituts des procureurs généraux ou de la République. Les personnes qui ne remplissent que temporairement ou accessoirement les fonctions du ministère public sont : les commissaires du Gouvernement, les maires, leurs adjoints, les commissaires de police, et, au besoin, un conseiller municipal. Accidentellement, un juge ou suppléant peut également représenter le ministère public.

Nous allons maintenant faire connaître sommairement l'organisation du ministère public établi auprès de chaque tribunal.

SOMMAIRE.

CHAP. I. ORGANISATION, 4 à 12.
　　II. CONDITIONS, 13 à 16.
　　III. FONCTIONS, 17 à 23.
Bibliographie.

CHAP I. — ORGANISATION.

4. Près du Conseil d'État, jugeant au contentieux, les fonctions de commissaire du Gouvernement sont remplies par des maîtres des requêtes désignés par le Chef de l'État. (*D.* 25 *janv.* 1852, *art.* 18.)

5. Près de la Cour des comptes, il y a un procureur général (*L.* 16 *sept.* 1807, *art.* 13). En cas d'empêchement du procureur général, les fonctions du ministère public sont momentanément remplies par un des conseillers-maîtres que le ministre des finances désigne. (*O.* 31 *mai* 1838, *art.* 350.)

6. Près de la Cour de cassation, les fonctions du ministère public sont exercées par un procureur général et six avocats généraux, dont deux sont attachés à chaque chambre. L'un d'eux porte le titre de premier avocat général, qui lui est conféré par le Gouvernement. (*O.* 18 *juill.* 1846.)

7. Près des cours d'appel, ces fonctions sont remplies par un procureur général et par des avocats généraux, dont l'un, désigné par le Chef de l'État, prend le titre de premier avocat général (*D.* 6 *juill.* 1810, *art.* 46, *et O.* 18 *juill.* 1846), ou par des substituts du procureur général. Le nombre des avocats généraux et des substituts n'est pas le même dans toutes les cours. En cas d'empêchement de ces magistrats, leurs fonctions sont remplies par le dernier conseiller nommé (*D.* 29 *avril* 1811, *art.* 3), ou par un juge suppléant. (*Cass.* 18 *nov.* 1829.)

8. Près de la cour d'assises, ces fonctions sont remplies, dans les départements où siègent les cours d'appel, soit par le procureur général, soit par un des avocats généraux, soit par l'un des substituts du procureur général (*C. d'I. C.*, *art.* 252, § 2); dans les autres départements, par le procureur de la République près le tribunal de première instance du lieu de la tenue des assises, ou par l'un de ses substituts, sans préjudice du droit qu'a le procureur général de remplir lui-même ces fonctions ou d'envoyer à sa place un de ses substituts près la cour (*C. d'I. C.*, *art.* 253, 271 *et* 284). En cas d'empêchement de ces fonctionnaires, ils sont remplacés par un juge ou un juge suppléant. (*Cass.* 29 *vendém.* an X, *et L.* 10 *déc.* 1830, *art.* 3.)

---

[1]. A d'autres époques, procureurs royaux ou impériaux. Dans d'autres pays on dit, d'une manière beaucoup plus rationnelle : *Procureurs du Gouvernement* ou aussi *de l'État.*

9. Près des tribunaux civils de première instance et des tribunaux de police correctionnelle, il y a un procureur de la République et des substituts. Leur nombre varie avec les tribunaux. Dans le tribunal de première instance de la Seine, le nombre en a été porté peu à peu à vingt-cinq. En cas d'empêchement, leurs fonctions sont exercées par un juge suppléant désigné par le tribunal. (*D.* 18 *août* 1810, *art.* 20.)

10. Quant aux tribunaux de police dans les cantons, les fonctions du ministère public sont remplies par le commissaire de police du lieu où siége le tribunal, et, s'.l y a plusieurs commissaires, par celui d'entre eux qui sera désigné par le procureur général; en cas d'empêchement du commissaire de police, ou s'il n'y en a pas, ces fonctions sont exercées par le maire du chef-lieu de canton ou par son adjoint, ou aussi par l'un des maires du canton, désigné par le procureur général, pour une année entière. (*L.* 27 *janv.* 1873 *modifiant les art.* 138, 144 *et* 178 *du C. d'I. C.*)

11. Près des conseils de guerre et des tribunaux maritimes, les fonctions du ministère public sont exercées par des officiers désignés par le Gouvernement. (*Voy.* **Justice militaire.**)

12. Les organes du ministère public sont amovibles et révocables, car ils participent du pouvoir exécutif.

CHAP. II. — CONDITIONS.

13. Pour pouvoir remplir les fonctions du ministère public, il faut réunir plusieurs conditions. Les conditions générales, applicables à tous les officiers du ministère public, sont : 1° être mâle et majeur; 2° être Français; 3° prêter serment. Les procureurs généraux qui se trouvent à Paris le prêtent entre les mains du Chef de l'État; ceux qui n'y sont pas, devant un commissaire délégué à cet effet; les autres organes du ministère public prêtent serment devant leur cour. (*O.* 3 *mars* 1815.)

14. Mais il y a de plus des conditions spéciales à tel ou tel officier du ministère public. Pour être procureur général près de la Cour des comptes, il faut avoir trente ans accomplis. (*L.* 16 *sept.* 1807, *art.* 13.) Pour être membre du ministère public près des Cours de cassation et d'appel, et près des tribunaux de première instance, il faut : 1° être licencié en droit; 2° avoir suivi le barreau pendant deux ans. De plus, pour être procureur général près une cour d'appel, il faut avoir trente ans accomplis; pour être avocat général, ou substitut du procureur général, ou procureur de la République, il faut avoir vingt-cinq ans; pour être substitut du procureur de la République, il faut avoir vingt-deux ans accomplis. (*L.* 20 *avril* 1810, *art.* 64 *et* 65.)

15. Les officiers du ministère public doivent se faire installer dans leurs fonctions en audience solennelle de leur tribunal dans le mois de la notification officielle de leur nomination, à moins d'empêchement légitime, sous peine de remplacement. (*Arr.* 19 *vend. an IX, art.* 2.)

16. Ils doivent aussi, dans les vingt-quatre heures de leur installation, visiter les membres de leur tribunal nommés avant eux, suivant l'ordre des préséances; leur visite leur est rendue dans les vingt-quatre heures qui suivent. (*D.* 24 *mess. an XII, tit. XX, art.* 10.)

CHAP. III. — FONCTIONS.

17. Le ministère public peut agir en matière civile comme partie principale, c'est-à-dire comme demandeur ou défendeur, ou bien comme partie jointe lorsqu'il ne fait qu'énoncer son opinion au tribunal auquel il est attaché. C'est en général de cette dernière manière qu'il agit en matière civile : il a toujours le droit de conclure; et lorsque l'instance intéresse une personne incapable, il en a le devoir. Cependant il agit comme partie principale dans certaines affaires contentieuses, dans des affaires non contentieuses et dans des affaires de discipline.

De quelque manière qu'il agisse, il n'est jamais condamné aux dépens, ni, à plus forte raison, à des dommages-intérêts, car il est le représentant de la société. Cependant, quand il agit dans l'intérêt du domaine de l'État, celui-ci peut être condamné aux dépens en sa personne.

18. Les procureurs généraux et de la République sont investis du droit de présenter et de surveiller les officiers ministériels, tels que les greffiers, les notaires, les avoués, etc. Relativement aux avocats, le droit de surveillance est très-limité. L'ordonnance du 20 novembre 1822 le limite aux droits de se faire représenter les décisions du conseil de l'ordre des avocats emportant avertissement, réprimande ou absolution de l'avocat inculpé (*art.* 22 *et* 23) et d'appeler de ces décisions (*art.* 25). [*Voy.* **Avocat.**]

19. Les procureurs de la République font partie de droit des commissions de surveillance des prisons (*O.* 9. *avril* 1819), du conseil départemental de l'instruction publique (*L.* 15 *mars* 1850, *art.* 10; 14 *juin* 1854, *art.* 5); ils surveillent les asiles d'aliénés. (*L.* 28 *juin* 1838, *art.* 19.)

20. En matière criminelle, le ministère public agit comme partie principale. Il poursuit les crimes, les délits et les contraventions; il provoque l'instruction et la surveille; il traduit les accusés devant les tribunaux; il poursuit l'exécution des arrêts et jugements et appelle de ceux-ci.

21. Les organes du ministère public sont soumis hiérarchiquement l'un à l'autre. Le principe en cette matière est que tous les officiers du ministère public attachés à la même cour d'appel et aux tribunaux qui ressortissent à elle, ne sont que les substituts du procureur général près de la cour d'appel. (*L.* 20 *avril* 1810, *art.* 45.) C'est lui qui a la plénitude de l'exercice de l'action publique; le ministre de la justice lui-même n'en a pas l'exercice, quoiqu'il puisse donner des ordres aux procureurs généraux. Il résulte de cette règle que les inférieurs en hiérarchie du procureur général doivent poursuivre les infractions aux lois chaque fois que celui-ci les en charge; et qu'aussitôt que la connaissance d'une infraction leur parvient, ils doivent lui en donner avis et exécuter ce qu'il leur commande. (*C. d'I. C., art.* 274, 275 *et* 277.)

22. En ce qui concerne les attributions du procureur général près la Cour des comptes, voyez **Cour des comptes.**

23. Les fonctions des commissaires du Gouvernement au Conseil d'État sont analogues à celles des organes du ministère public qui sont attachés aux tribunaux civils; elles consistent principalement à donner leurs conclusions sur les affaires qui lui sont soumises et dont ils prennent communication. (*D*. 25 *janv.-févr.* 1852, *art.* 18 *et* 20.) De plus, le commissaire du Gouvernement propose au président de la section le rôle des séances auxquelles il est chargé de porter la parole. (*D*. 30 *janv.* 1852, *art.* 17.)

BIBLIOGRAPHIE.

Traité sur le ministère public et de ses fonctions dans les affaires civiles, criminelles, correctionnelles et de simple police, par Charles-Frédéric Schenck. 2 vol. in-8°. Paris, Fournier. 1813.

Considérations sur l'institution du ministère public, par M. C. J. Bobillard. In-8°. Paris, Mad. Seignot. 1821.

Le ministère public en France, traité et code de son organisation, sa compétence, etc., par MM. J. L. M. Ortolan et L. Ledeau. Paris, Fanjat. 1830.

Manuel du procureur du Roi, etc., par Fr. Louis Massabiau. 2e édit. In-8°. Paris, Joubert. 1843.

Répertoire administratif des parquets, par L. G. Faure. 2 vol. in-8°. Clermont-Ferrand. Perol. 1844.

Mémorial du ministère public, répertoire abrégé de jurisprudence, doctrine, législation, instructions ministérielles, et documents concernant les attributions administratives et judiciaires du ministère public, etc., par M. Dutruc. Tomes I et II. In-8°. Paris, Cosse, Marchal et Billard. 1871.

Voy. DALLOZ, *Répertoire*, etc.

MINISTÈRES. 1. On appelle ministère, ou département ministériel, l'ensemble des attributions et des services confiés à un fonctionnaire supérieur, appelé ministre, qui, sous l'autorité immédiate du Chef de l'État, est chargé d'assurer l'action du Gouvernement. Le mot ministère s'applique également au corps des employés de tous grades formant l'administration centrale, et même au bâtiment où se trouvent les bureaux.

SOMMAIRE.

CHAP. I. HISTORIQUE, 2 à 11.
    II. ATTRIBUTIONS GÉNÉRALES DES MINISTRES, 12.
Sect. 1. Actes d'administration, 13 à 18.
    2. Actes du contrôle, 19.
    3. Actes de juridiction. 20.
    4. Actes réglementaires, 21.

CHAP. I — HISTORIQUE.

2. Si l'on remonte jusqu'à l'origine de la monarchie en France, on voit qu'à toutes les époques le Chef de l'État a senti la nécessité de s'entourer de conseillers qui l'aidassent à partager le fardeau des affaires. Mais il y a loin de ces familiers du prince, dont les attributions n'étaient ni bien définies, ni nettement limitées, aux auxiliaires du pouvoir exécutif que, dans presque tous les États de l'Europe, on appelle aujourd'hui des ministres. Sous la première et la seconde race, le grand chancelier, nommé d'abord grand référendaire, paraît seul représenter un véritable ministre. Chargé du contre-seing des actes de l'autorité supérieure et, plus tard, de l'administration de la justice, il conserve l'exercice de cette délégation de l'autorité royale à travers toutes les époques.

3. Sous la troisième race, nous voyons siéger auprès du roi un conseil privé composé de quelques-uns des grands officiers de la couronne. Porté

d'abord à cinq [1], le nombre de ces conseillers s'accrut par la suite au point de devenir à peu près illimité. Ce fut moins un conseil de ministres, qu'une assemblée dont pouvaient faire partie tous ceux qu'y appelait le bon plaisir du souverain. C'est plutôt dans l'institution des secrétaires d'État qu'on trouverait l'origine des fonctions ministérielles telles que nous les comprenons aujourd'hui. Chargés d'abord de la rédaction des dépêches, sous les ordres du chancelier, ces fonctionnaires devinrent bientôt les secrétaires du roi, et plus tard ils furent chargés d'attributions spéciales, qui devinrent comme les germes des différents ministères. Louis XI fut le premier qui commença d'établir l'ordre dans l'administration, en créant trois départements : un pour les affaires d'État, un pour les finances, et le troisième pour la justice. Mais cette organisation subit sous ses successeurs de nombreuses modifications. La division régulière des services publics ne peut être que l'œuvre lente du temps et de l'expérience; elle ne date que du 11 mars 1626, créa quatre ministères : 1° de la maison du roi; 2° des affaires étrangères; 3° de la guerre; 4° de la marine. Le chancelier et le contrôleur des finances gardèrent les attributions qu'ils avaient sous le régime précédent. Louis XIV maintint l'organisation établie par son prédécesseur, mais en supprimant la charge de premier ministre qu'avaient occupée Richelieu et Mazarin.

4. Après la mort de Louis XIV, le conseil des ministres, ou, pour mieux dire, toute l'administration, subit une réforme complète. Les ministres furent remplacés par un conseil de régence, composé de sept conseils divisés comme suit : 1° conseil de conscience; 2° de guerre; 3° de finances; 4° de marine; 5° des affaires étrangères; 6° des affaires du dedans; 7° du commerce. Soixante-dix personnes, dix par conseil, formaient le conseil de régence. Mais, en 1718, sur les remontrances du Parlement, et d'après l'avis du cardinal Dubois, le régent supprima les conseils et créa cinq ministères.

5. La révolution de 1789 devait apporter une modification profonde dans l'organisation des ministères; jusque-là les ministres n'avaient été que les agents de la volonté royale; ils devinrent responsables de leurs actes. Par une loi du 25 mai 1791, l'Assemblée constituante créa six ministères : la justice, l'intérieur, les contributions et revenus publics, la guerre, la marine et les relations extérieures. Au roi seul appartenait le choix et la révocation des ministres. L'Assemblée se réservait le droit de fixer et de limiter leurs attributions. La trésorerie et la comptabilité générale formaient des administrations à part, confiées à des commissaires relevant directement de l'Assemblée. Après le 10 août 1792, l'Assemblée législative choisit elle-même les ministres, qui furent transformés, sous la Convention nationale, en conseil exécutif provisoire, lequel fit bientôt place à douze commissions exécutives, composées chacune de trente-deux membres et subordonnées au Comité de salut public. (1er *avril* 1794.)

6. La Constitution du 5 fructidor an III (22

---

1. Le connétable, le sénéchal, le chambrier, le bouteiller et le chancelier.

août 1795) rétablit les ministres, confia au Directoire leur nomination et leur révocation, et réserva à la Convention nationale le pouvoir de déterminer leur nombre et leurs attributions. La Constitution consulaire de l'an VIII (13 déc. 1799) n'apporta pas de notables changements à cette organisation. Toutefois, il y a lieu de remarquer que les ministres devaient être choisis sur une liste nationale dressée dans les collèges électoraux du département.

7. Le sénatus-consulte du 28 floréal an XII (18 mai 1804), qui établit l'empire, fit disparaître la responsabilité ministérielle ; le nombre des ministres fut successivement porté à onze[1], auxquels l'empereur adjoignit plus tard un ministre secrétaire d'État. Chargé d'abord de recevoir les décrets du Corps législatif, d'y apposer le sceau de l'État et de les contre-signer, ce haut fonctionnaire eut bientôt le contre-seing de tous les actes de la puissance exécutive. De plus, il avait toutes les affaires de gouvernement qui n'étaient pas attribuées aux autres ministres, et transmettait parfois à ses collègues les ordres de l'empereur.

8. Le nombre et les attributions des ministres furent notablement modifiés sous la Restauration. De douze qu'ils étaient sous l'Empire, ils furent réduits à sept : justice, affaires étrangères, guerre, marine, intérieur, finances, maison du roi. On leur adjoignit plus tard un ministre des affaires ecclésiastiques, un ministre de l'instruction publique et un ministre du commerce et des manufactures (1828), lequel fut supprimé en 1829. La maison du roi cessa d'être un département ministériel pour devenir une intendance générale.

Sous le gouvernement de Juillet, peu de changements furent apportés à l'organisation ministérielle ; notons toutefois le rétablissement du ministère du commerce (1831) et la création d'un nouveau ministère, celui des travaux publics (1839). Les deux chartes de 1814 et de 1830 consacrèrent l'inviolabilité du roi et la responsabilité de ses ministres. Mais cette responsabilité ne fut jamais nettement définie. Les ministres formèrent un conseil présidé par le roi, ou par un des ministres désignés par lui comme président.

9. La révolution de Février vint remettre en question toute l'organisation politique et administrative de la France. La Constitution du 4 novembre 1848 donna au président de la République le droit de nommer et de révoquer les ministres, mais elle réserva au pouvoir législatif celui de fixer leur nombre et leurs attributions ; de plus, elle disposa que les actes du président autres que ceux de nomination et de révocation des ministres ne pourraient avoir d'effet que s'ils étaient contre-signés par un ministre. Enfin, elle déclara chaque ministre responsable de ses actes.

10. Pendant la durée du second Empire la situation des ministres a varié suivant les nombreuses modifications que la constitution de l'État a éprouvées de 1852 à 1870. Aux termes de l'art. 13 de la Constitution du 22 janvier 1852, les ministres ne dépendent que du Chef de l'État ; ils sont responsables, chacun en ce qui le con-

cerne, des actes du Gouvernement, c'est-à-dire de ceux seulement auxquels ils prennent part ; ils ne forment plus un conseil de membres solidaires. Toutefois, la responsabilité ministérielle est purement judiciaire et personnelle. Le contre-seing d'un acte émané de l'empereur ne sert qu'à prouver la vérité de la signature, et à montrer à quelle branche de l'administration se rattache l'acte du pouvoir exécutif.

L'empereur choisit, nomme et révoque les ministres ; il est seul responsable devant le peuple français ; il gouverne au moyen des ministres, qui exercent, par délégation, la partie des attributions du pouvoir exécutif que l'empereur leur confie.

Les ministres ne peuvent être membres du Corps législatif, ni prendre la parole dans ses séances, principe nouveau, qui n'avait encore été inscrit dans aucune des constitutions antérieures ; mais ils ont rang et voix délibérative au Conseil d'État.

11. Le 24 novembre 1860 l'empereur décrète que des ministres sans portefeuille seront désignés pour défendre, avec le président et les membres du Conseil d'État, les projets de loi du Gouvernement. En vertu d'un décret du 19 janvier 1867, les ministres sont envoyés au Sénat et au Corps législatif par délégation spéciale. Enfin par un sénatus-consulte du 6 septembre 1869, les ministres sont responsables, peuvent être membres de l'une ou l'autre Chambre et délibèrent en conseil sous la présidence de l'empereur.

Un plébiscite du 8 mai 1870 approuva les réformes opérées dans la Constitution de 1852.

D'après l'art. 6 de la Constitution du 25 février 1875, les ministres sont solidairement responsables de la politique générale du Gouvernement, et individuellement de leurs actes personnels. Ils sont nommés par le président de la République.

CHAP. II. — ATTRIBUTIONS GÉNÉRALES DES MINISTRES.

12. Les ministres sont les premiers agents du pouvoir exécutif. Placés au sommet de l'administration, ils impriment le mouvement et la direction aux affaires. Les actes de l'autorité ministérielle peuvent être ramenés à 4 catégories : actes d'administration, de contrôle, de juridiction, actes réglementaires.

Sect. 1. — Actes d'administration.

13. Les moyens d'action dont le ministre dispose, dans la sphère purement administrative, sont les ordres, les instructions et les décisions. Les ordres et les instructions sont tracés de supérieur à subordonné ; les décisions peuvent être adressées également aux fonctionnaires ou aux administrés.

14. Les ordres sont nécessités par une circonstance grave, un fait prévu ou imprévu. Ils commandent l'obéissance.

15. Lorsque les ordres exigent quelques développements pour être bien compris, ils sont accompagnés d'instructions, les unes individuelles, c'est-à-dire adressées à un fonctionnaire en particulier, les autres sous forme de circulaires, c'est-à-dire adressées, en même temps et dans les mêmes termes, à toute une classe de fonctionnaires. Les instructions interviennent aussi pour commenter une loi ou un décret, en préciser le sens et en déterminer l'application. Pour le fonctionnaire qui la reçoit, l'instruction a la force d'une injonction impérative ; mais les instructions n'ont rien d'obligatoire

---

[1]. Savoir : Intérieur, Guerre, Relations extérieures, Finances, Marine, Justice, Trésor public, Matériel de la guerre, Cultes, Police générale, Manufactures et commerce.

pour les citoyens et pour les tribunaux appelés à juger les contestations que l'exécution des lois et règlements peut soulever[1].

16. Enfin, les ministres prononcent des décisions, soit pour résoudre des difficultés qui leur sont soumises par les fonctionnaires inférieurs, soit pour accueillir ou repousser une demande qui leur serait adressée par un particulier. Le pouvoir discrétionnaire des ministres est défini par les lois et décrets en vigueur sur les différentes questions qui leur sont soumises. Les décisions prises par le ministre, dans l'étendue de son pouvoir discrétionnaire, ne peuvent donner lieu à aucun recours, si ce n'est par la voie gracieuse, qui consiste à en appeler de nouveau au bon vouloir de l'autorité. Elles ne sont donc soumises qu'au contrôle supérieur des Chambres par application de la responsabilité ministérielle. Il n'en serait pas de même pour une décision portant atteinte à un droit acquis. Celle-là pourrait donner lieu à un recours par la voie contentieuse, dont nous parlerons plus loin.

17. On doit encore classer parmi les actes d'administration, les marchés passés par les ministres, pour le service de leur département, et qui sont de véritables contrats pour lesquels le ministre agit comme représentant l'État. Tels sont les marchés de fournitures et les adjudications de travaux publics.

18. Nous noterons enfin que le ministre est l'ordonnateur supérieur des dépenses qui regardent les services compris dans son département, et aucun fonctionnaire sous ses ordres ne peut faire une dépense, sans que le ministre, par une ordonnance de délégation, ait mis à sa disposition les fonds nécessaires.

Sect. 2. — Actes de contrôle.

19. Au ministre est réservé le contrôle de certains actes dont il n'a pas l'initiative; ainsi il approuve ou annule certains règlements locaux émanés de l'autorité préfectorale. D'autre part, certaines délibérations des conseils généraux et des conseils municipaux ne sont exécutoires que sur l'approbation du ministre. (*L.* 18 *juill.* 1837, 10 *mai* 1838; *D. mars* 1852.)

Les ministres exercent souvent dans leurs départements respectifs un droit de contrôle et de surveillance sur des agents qui ne leur sont pas directement subordonnés, mais dont ils peuvent refuser la nomination ou provoquer la destitution. Tels sont par exemple : les divers officiers ministériels, les agents d'émigration, etc.

Sect. 3. — Actes de juridiction.

20. Les ministres exercent un droit de juridiction en matière de contentieux administratif, c'est-à-dire qu'ils prononcent sur une réclamation ou une contestation fondée sur un droit réel ou prétendu. Par exemple : ils statuent sur le recours des parties contre les arrêtés des préfets, sur les dettes des communes, sur les difficultés qui s'élèvent à l'occasion des marchés de fournitures et de travaux publics, sur les demandes de pensions, etc. Nous ajouterons, suivant l'opinion de la plupart des auteurs, que le ministre est le juge administratif pour tous les cas que les lois n'ont

[1]. Aucoc, *Conférences sur le droit administratif,* t. Ier, liv. II, chap. Ier, § 2.

pas attribués à un autre juge. Les décisions ministérielles, en matière contentieuse, ont la force et les effets des jugements. Contre les décisions de cette nature on a le recours au Conseil d'État. Le recours est recevable, soit pour cause d'incompétence ou d'excès de pouvoir, soit pour mal statué au fond. (*Voy.* **Juridictions administratives.**)

Sect. 4. — Actes réglementaires.

21. Dans quelques cas exceptionnels, les ministres ont le pouvoir réglementaire, mais seulement lorsqu'ils y sont autorisés par une disposition de loi ou un règlement d'administration publique.

À la différence des instructions, ces règlements sont obligatoires pour les citoyens et pour les tribunaux. Tel est, par exemple, celui qui concerne la police des chemins de fer.

Les questions qui se rattachent aux différentes attributions dont se compose chaque département ministériel sont exposées, dans le *Dictionnaire,* par des articles spéciaux. Quant à la nomenclature détaillée des services, elle se trouve indiquée dans l'*Almanach national.*   EDMOND BOUQUET.

MINISTRE PLÉNIPOTENTIAIRE. *Voy.* **Agent diplomatique.**

MINISTRES. *Voy.* **Administration, Ministères.** Leurs attributions spéciales se trouvent exposées dans les articles consacrés aux différentes matières de leur compétence.

MINUTE. On appelle *minute* l'original d'un acte émané d'une autorité ou d'un officier public qui doivent le signer. Ainsi, on dit : les minutes d'un jugement, d'un procès-verbal, d'un acte notarié, etc. Dans les bureaux administratifs, on appelle encore minute le brouillon d'une lettre, d'une note. En général, les minutes peuvent être faites sur des feuilles volantes; quelquefois cependant elles doivent être faites sur un registre, ce qui arrive, par exemple, pour les actes de l'état civil. Les minutes doivent être datées et conservées aux greffes, aux secrétariats des administrations ou dans les bureaux respectifs et chez les officiers publics qui ont passé les actes.

MISE A PRIX. Somme qui doit servir de point de départ et de *minimum* à une vente aux enchères ou à une adjudication. La mise à prix est indiquée dans le cahier des charges. Lorsqu'aucun acheteur ne se présente sur la mise à prix fixée, elle peut être diminuée, mais seulement par l'autorité ou la personne qui l'avait déterminée.

MISE EN CAUSE. Expression qui signifie l'action d'appeler dans un procès une tierce personne pour que le jugement lui soit applicable. Ainsi, on met en cause celui qui est tenu de garantir, afin que le jugement lui soit applicable et qu'il n'y forme pas tierce opposition.

MISE EN DEMEURE. 1. Demande faite par le créancier à son débiteur d'exécuter son engagement. Les effets de la mise en demeure sont : 1° d'obliger le débiteur à remplir son obligation ; 2° de mettre à sa charge la perte de la chose ; 3° de l'obliger à payer les dommages-intérêts convenus ; 4° de donner au créancier un droit sur les fruits de ce qui lui est dû.

2. La mise en demeure suppose en premier lieu une dette exigible. Or, la dette est exigible quand elle est pure et simple ou quand la condition ou les termes sont arrivés.

3. Il faut en outre l'une des circonstances suivantes :

1° *Une sommation* faite au débiteur par le créancier ou *un autre acte équivalent* (*C. civ.*, art. 1139), c'est-à-dire, suivant l'interprétation de la jurisprudence, une citation en conciliation, suivie d'une assignation dans le mois, ou un commandement ; 2° *que la convention porte que, sans qu'il soit besoin d'acte et par la seule échéance du terme, le débiteur sera mis en demeure* (*C. civ.*, art. 1139) ; 3° que la loi constitue en demeure de plein droit ; exemple : l'art. 1912 du même Code dit que le débiteur d'une rente constituée peut être contraint au rachat s'il cesse de remplir ses obligations pendant deux années ; 4° que le temps pendant lequel seulement la chose pouvait être faite, soit écoulé.

MISE EN JUGEMENT DES FONCTIONNAIRES. *Voy.* **Fonctionnaires.**

MISSION DIPLOMATIQUE OU SCIENTIFIQUE.

1. Il est souvent nécessaire d'envoyer à un endroit éloigné des personnes chargées de discuter des intérêts politiques, commerciaux ou autres, de faire des recherches, d'étudier la situation d'un pays, ses progrès ou tel objet particulier. Ces personnes sont alors chargées d'une mission.

2. Les missions ayant un but politique ou diplomatique ne peuvent émaner que du Gouvernement, par l'organe du ministre des affaires étrangères. Des missions purement administratives peuvent être confiées par tous les ministres, et même par les préfets, aux personnes de leur choix. Quant aux missions scientifiques, elles sont accordées non-seulement par les ministres et dans des limites restreintes par les préfets, mais même par des établissements publics, comme l'Institut.

3. Sauf, en ce qui concerne les élèves couronnés de l'École des beaux-arts, les jeunes gens envoyés aux Écoles d'Athènes et de Rome (*voy. ces articles*), et un petit nombre d'autres exceptions analogues, aucune prescription ne gêne le choix de l'administration relativement à la personne, ni ne fixe les indemnités à allouer. Toutefois, les indemnités accordées aux inspecteurs et autres fonctionnaires voyageant fréquemment sont fixées une fois pour toutes, soit à la journée, soit au kilomètre, soit à forfait, par un arrêté ministériel ou même préfectoral.

MITOYENNETÉ. L'étymologie de ce terme en indique le sens : il vient en effet des mots *moi* et *toi* et exprime par là la copropriété de deux personnes. La *mitoyenneté* est une servitude établie par la loi qui oblige deux personnes d'être copropriétaires indivis d'une chose, sans que l'un d'eux puisse en demander le partage, ni que son premier acquéreur puisse en refuser la copropriété à celui qui tient son droit de la loi. La loi établit plusieurs règles pour la conservation de la chose commune. (*Voy.* **Fossé, Haie, Mur.**)

MOBILIÈRE. *Voy.* **Contributions directes.**

MOBILISATION. La loi du 19 mars 1875 est ainsi conçue :

Article unique. — L'art. 22 de la loi du 24 juillet 1873, sur l'organisation générale de l'armée, est complétée par l'addition du paragraphe suivant :

« La mobilisation peut aussi avoir lieu par voie d'affiches et de publications sur la voie publique. En conséquence, tout homme à la disposition de l'autorité militaire ou faisant partie de la disponibilité et de la réserve de l'armée active, de l'armée territoriale et de la réserve de cette armée, devra se mettre en route de façon à arriver à son corps le jour fixé par l'ordre de mobilisation ou par le certificat dont il sera porteur, en vertu de l'article 38 de la loi du 27 juillet 1872, et sans attendre la notification individuelle d'un ordre de route ou d'appel. »

MODÈLES DE FABRIQUE. *Voy.* **Propriété industrielle.**

MODULE. Appliqué aux médailles, ce mot est synonyme de diamètre.

MONITEUR DES COMMUNES. *Voy.* **Bulletin des lois.**

MONITEUR UNIVERSEL. *Voy.* **Journal officiel.**

MONNAIES ET MÉDAILLES.

SOMMAIRE.

CHAP. I. — SYSTÈME MONÉTAIRE EN VIGUEUR EN FRANCE.

1. Au point de vue administratif, les monnaies sont des disques d'or, d'argent et de bronze d'un poids, d'un titre et d'une figure déterminés par l'autorité publique et servant de mesure de la valeur pour faciliter les échanges.

2. Le droit de les fabriquer est un des attributs de l'État.

3. Il est de principe que la valeur intrinsèque des monnaies soit égale à leur valeur nominale et que leur fabrication pour le compte des particuliers ainsi que leur pouvoir libératoire soient illimités. On admet une exception pour les monnaies divisionnaires ou d'appoint : leur valeur intrinsèque peut être inférieure à leur valeur nominale, mais leur fabrication est limitée et réservée exclusivement au Trésor public ; leur pouvoir libératoire est également limité.

4. Le système monétaire en vigueur en France fait partie du système des poids et mesures, fondé sur le mètre et la division décimale, dont la Convention décréta l'adoption le 1er août 1793, qui fut définitivement constitué par les lois du 18 germinal an III et du 1er vendémiaire an IV, et dont la loi du 4 juillet 1837 a prescrit l'emploi exclusif, sous les peines portées par les art. 479, 480 et 481 du Code pénal. (*Voy.* **Poids et Mesures.**)

5. L'unité des monnaies porte le nom de *franc* et sa valeur est celle de cinq grammes d'argent au titre de neuf dixièmes de fin (*L.* 18 *germ. an III, art.* 5 ; *L.* 28 *therm. an III, art.* 1er). Pendant longtemps le franc et ses dérivés contenaient en effet les quantités d'argent au titre prescrit ; mais par suite de la rupture de l'équilibre entre ces deux métaux précieux, c'est-à-dire, par suite des faits qui ont dérangé le rapport légal de 15 $\frac{1}{2}$ à 1 (15 grammes $\frac{1}{2}$ d'argent équivalant à 1 gramme d'or), le Gouvernement a dû, suivant en cela l'exemple de pays voisins, réduire de 900 à 835 millièmes de fin d'abord (*L.* 25 *mai* 1864) les pièces de 1 franc, 50 centimes et 20, et ensuite, en se conformant à la convention du 15 décembre 1865, en outre la pièce de 2 fr. (*L. 14 juill.* 1866.) [*Voy. plus loin n°* 19.]

6. Les pièces d'argent, nous venons de le dire, sont de 1 franc, puis (conformément au principe posé par l'art. 8 de la loi du 18 germinal an III, d'après lequel chaque mesure a son double et sa moitié) d'un demi-franc ou 50 centimes et de 2 francs. Il existe en outre deux autres pièces d'argent, qui sont, l'une la moitié de 10 francs, 5 f.ancs, et l'autre le double décime ou 20 centim·es. Ainsi par une dérogation aux règles de la nomenclature du système général des poids et mesures, les multiples décimaux du franc ne portent aucun nom particulier; et les dixièmes et centièmes de franc s'appellent *décimes* et *centimes*. (*L. 18 germ. an III, art.* 7.)

7. Les pièces d'or représentent les multiples décimaux du franc. Il y a des pièces d'or de 10 francs (*D.* 3 *mai* 1848), 20 francs, 40 francs (*L.* 7 *germ. an XI, art.* 8), de 50 francs et de 100 francs (*D.* 12 *déc.* 1854). Le décret du 12 janvier 1854 a, de plus, ordonné la fabrication des pièces de 5 francs en or.

8. À l'extrémité opposée de l'échelle se placent des monnaies de cuivre ou de bronze, qui représentent le centime, deux centimes, le décime et le demi-décime; et dont le cours est limité à l'appoint de la pièce de 5 francs.

9. *Poids des monnaies d'argent.* Le poids de la pièce d'un franc est de 5 grammes (c'est le titre seulement, et non le poids qui a été réduit), et toutes les autres pièces d'argent ont un poids proportionnel (*L.* 7 *germ. an XI et* 28 *therm. an III*). Il est impossible, en pareille matière, d'obtenir une exactitude mathématique ; aussi la loi a-t-elle dû fixer les limites *maxima* et *minima* entre lesquelles le poids réel pourrait varier. La tolérance est la même, soit en dedans, soit en dehors du poids légal : elle est fixée à $^{10}/_{1000}$ pour les pièces de 20 centimes, à $^{7}/_{1000}$ pour celles d'un demi-franc, à $^{5}/_{1000}$ pour celles d'un franc et de 2 francs, et à $^{3}/_{1000}$ pour celles de 5 francs. (*L.* 7 *germ. an XI.*)

10. *Poids des monnaies d'or.* Le poids de la pièce d'or de 20 francs est du 155e d'un kilogramme ou de $6^{gr},45161$. La tolérance est fixée à $^{1}/_{1000}$ en dehors, autant en dedans, pour les pièces d'or de 100 francs et de 50 francs, de $^{2}/_{1000}$ pour les pièces de 20 francs et de 10 fr. (*L.* 7 *germ. an XI; D.* 3 *mai* 1848 *et* 12 *janv.* 1854), et à $^{3}/_{1000}$ en dehors, autant en dedans, pour les pièces de 5 francs. (*D.* 12 *janv.* 1854.)

11. *Titre des monnaies d'argent et d'or.* Des expériences faites en France et en Angleterre, tendent à démontrer que la combinaison métallique qui résiste le mieux à l'usure résultant du frottement, ou, pour parler le langage technique, qui subit le moins de *frai*, consiste dans $^{11}/_{12}$ d'or ou d'argent pur et $^{1}/_{12}$ d'alliage. Le désir de suivre exclusivement les divisions décimales et de faciliter les calculs sur la quantité de fin contenue dans les pièces de monnaie, a déterminé l'adoption d'un titre un peu moins élevé (*voy. n°5*), nous ont d'ailleurs forcés d'abandonner ce système pour une partie de nos monnaies. Actuellement il est pour les monnaies d'or et pour la pièce d'ar

gent de 5 francs de $^{9}/_{10}$ de fin et de $^{1}/_{10}$ de cuivre avec une tolérance uniforme de $^{2}/_{1000}$ tant en dehors qu'en dedans. Le titre des pièces divisionnaires d'argent est de 835 millièmes de fin et la tolérance de $^{3}/_{1000}$ uniformément. (*L.* 25 *mai* 1864 *et* 27 *juin* 1866.) Mais le cours de ces monnaies à titre réduit est limité entre rapticuliers à cinquante francs pour chaque paiement.

12. *Diamètre des pièces d'or et d'argent.* Le diamètre des pièces d'argent est ainsi fixé : 16 millimètres pour les pièces de 20 centimes, 18 millimètres pour celles de 50 centimes, 23 millimètres pour celles de 1 franc, 27 millimètres pour celles de 2 francs, et 37 millimètres pour celles de 5 francs.

13. Le diamètre des pièces d'or est de 17 millimètres pour la pièce de 5 francs, 19 millimètres pour celle de 10 francs, 21 millimètres pour celle de 20 francs, 26 millimètres pour celle de 40 francs, 28 millimètres pour celle de 50 francs, et enfin 35 millimètres pour celle de 100 francs. (*D.* 7 *avril* 1855.)

14. *Monnaie de bronze.* En exécution de la loi du 6 mai 1852, les anciennes monnaies de cuivre ont été retirées de la circulation et remplacées par une nouvelle monnaie en bronze composé de 95 parties de cuivre, 4 d'étain, 1 de zinc, alliage qui, après expérience, a été considéré comme susceptible des empreintes les plus pures et les plus durables.

15. La tolérance du titre en dessus et en dessous est d'un centième pour le cuivre, et d'un demi-centième pour chacun des deux autres métaux. (*L.* 6 *mai, art.* 3.)

16. Le poids du centime est de 1 gramme ; celui de la pièce de 2 centimes, de 2 grammes ; celui de la pièce de 5 centimes, de 5 grammes, et celui de la pièce de 10 centimes, de 10 grammes. « Cette nouvelle combinaison de l'unité monétaire avec l'unité de poids, disait l'Exposé des motifs de la loi (M. VUITRY, rapporteur), tend à fortifier l'autorité et l'harmonie du système métrique décimal. Rien n'est plus propre à en augmenter l'intelligence, à en populariser l'esprit, que la création d'une monnaie d'appoint, qui placera dans toutes les mains les poids usuels, et les fera intervenir dans les transactions les plus ordinaires. La monnaie de cuivre aura aussi, sous ce rapport, l'avantage de se trouver dans les mêmes conditions que la monnaie d'argent. »

17. La tolérance du poids en fort et en faible est d'un pour cent pour les pièces de 5 et de 10 centimes, et d'un demi pour cent pour les pièces d'un et de deux centimes. (*L.* 6 *mai* 1852, *art.* 3.)

18. En même temps qu'on donnait aux pièces de cuivre le même poids qu'aux pièces d'argent, on leur donnait d'autres diamètres, pour prévenir ou les méprises ou les fraudes qui auraient pu se commettre à l'aide du blanchiment. Le diamètre du décime est de 30 millimètres ; celui de la pièce de 5 centimes, de 25 millimètres ; celui de la pièce de 2 centimes, de 20 millimètres, et, enfin, celui du centime, de 15 millimètres.

19. *Convention monétaire.* Une convention monétaire a été conclue le 23 décembre 1865 entre la France, la Belgique, l'Italie et la Suisse. Par cette convention les pays contractants se sont constitués à l'état d'union pour ce qui concerne le poids, le titre, le module et le cours de leurs espèces monnayées d'or et d'argent.

Il y a identité sous ces rapports entre les monnaies des quatre pays, et par suite ces monnaies sont admises sans distinction d'origine dans les caisses publiques de chacun des États contractants, avec la réserve toutefois pour les monnaies divisionnaires d'argent qu'elles ne seront acceptées, lorsqu'elles ne sont pas de fabrication nationale, que jusqu'à concurrence de 100 francs pour chaque paiement.

20. Chacun des gouvernements doit reprendre les monnaies d'appoint en argent qu'il a émises et les échanger contre une valeur égale de monnaie courante (pièces d'or ou pièces de 5 francs en argent) à condition que la somme présentée ne sera pas inférieure à 100 francs. Cette obligation sera prolongée pendant deux années à partir de l'expiration du traité, qui est fixée au 1er janvier 1880 s'il est dénoncé un an à l'avance ; mais qui reste en vigueur pour une nouvelle période de 15 ans s'il n'est pas dénoncé régulièrement.

21. L'émission des monnaies divisionnaires d'argent a été calculée pour chaque État à raison de 6 francs par habitant. Sur cette base la France peut émettre 239 millions, la Belgique 32 millions, l'Italie 141 millions et la Suisse 17 millions de francs.

22. Depuis 1865 la Grèce est entrée dans l'union monétaire en vertu du droit d'accession réservé par l'art. 12 de la convention.

Divers autres pays, tels que les Républiques de l'Amérique du Sud, la Roumanie, ont adopté le même système. L'Autriche-Hongrie frappe des pièces d'or de 8 florins ou 20 francs et de 4 florins ou 10 francs. L'Espagne frappe des pièces d'argent d'après les mêmes bases.

23. *Dispositions spéciales aux monnaies d'appoint.* Les particuliers ont conservé le droit de faire fabriquer des monnaies d'or; ils avaient jusqu'en 1876 le droit de faire fabriquer des pièces de 5 francs en argent, dont le titre était à 9/10, droit qui leur a été retiré, du moins provisoirement, par la loi du 5 août 1876; le droit de faire fabriquer des pièces d'argent inférieur a cessé en 1864 (*L. du 25 mai, art.* 4); le droit de faire frapper des monnaies de cuivre n'a peut-être jamais existé pour les particuliers.

24. Les pièces d'argent sont reçues dans les caisses publiques, quelle qu'en soit la quantité. Entre particuliers, elles ne pourront être employées dans les paiements, si ce n'est de gré à gré, que pour une somme limitée par la loi du 25 mai 1864, art. 5, à 20 francs et portée par la loi du 14 juillet 1866 à 50 francs.

CHAP II. — FABRICATION DES MONNAIES.

25. Jusqu'à la fin du siècle dernier, le Gouvernement prélevait un droit régalien, dit « seigneuriage », sur la fabrication des monnaies, indépendamment des frais de fabrication désignés sous le nom de brassage. Depuis la loi du 7 germinal an XI, il est admis que l'État ne doit demander que les frais de fabrication, de manière que la valeur intrinsèque des monnaies tende à se confondre avec leur valeur nominale.

26. En 1790 les frais de fabrication étaient en

France, pour l'or, de 2 9/10 p. 1000 ; pour l'argent, de 14 6/10 p. 1000. Ils furent fixés par la loi du 7 germinal an XI, art. 11, à 9 fr. par kilogr. d'or (2 2s/31 p. 1000), et à 3 fr. par kilogr. d'argent (15 p. 1000). L'ordonnance du 25 février 1835 abaissa ces frais, tous déchets compris, à 6 fr. (1 2s/31 p. 1000), et à 2 fr. (10 p 1000). Le décret du 22 mai 1849 réduisit encore les frais de fabrication sur l'argent : ils sont aujourd'hui, en vertu de ce décret, de 1 fr. 50 cent. par kilogr. (3/4 p. 100 ou 7 1/2 p. 1000.) (*Voy. le tarif approuvé par décret du* 15 *sept.* 1849.) Une décision du ministre des finances ayant arrêté, dans l'intérêt de la facilité des paiements et des transactions, que sur chaque million d'or 50,000 fr. seraient frappés en pièces de 5 francs et 100,000 fr. en pièces de 10 francs, l'accroissement de dépenses résultant de la fabrication de ce nombre considérable de petites pièces a contraint d'élever pour l'or la rétribution à 6 fr. 70 cent. le kilogr., ou à 2 4/31 p. 1000. (*D.* 22 *mars* 1854 ; *Tarif approuvé par D. du* 8 *avril* 1854.)

27. Les droits que nous venons d'indiquer sont seuls perçus, lorsque les matières apportées à l'hôtel des monnaies sont au titre monétaire, c'est-à-dire à 9/10 de fin. Si elles sont au-dessous, elles doivent, indépendamment des frais de fabrication, supporter les frais d'*affinage ou de départ* (*L.* 7 *germ. an XI, art.* 12). Le tarif de ces frais d'affinage a été successivement réglé par un arrêté du 4 prairial an XI et par une ordonnance du 15 octobre 1828.

28. Les ateliers monétaires ou hôtels des monnaies, autrefois au nombre de 31, réduits à 15 par un édit de 1772, fermés, à l'exception de celui de Paris, pendant les troubles politiques de 1793, portés à 8 par la loi du 22 vendémiaire an IV, à 15 par l'arrêté du 10 prairial an XI (*art.* 7), et à 7 en vertu de l'ordonnance du 16 novembre 1837, sont aujourd'hui au nombre de 2. Ils sont établis à Paris et Bordeaux [1].

29. Auprès de chaque atelier monétaire est placé un commissaire, nommé par le président de la République (*art.* 7 *de l'arrêté du* 25 *juin* 1871), sur la présentation du ministre des finances (*Arr.* 10 *prair. an XI, art.* 8 *et* 9 ; *O.* 26 *déc.* 1827, *art.* 3 *et* 4 ; *O.* 14 *nov.* 1844, *art.* 95), et chargé de veiller à l'exacte observation, soit des règlements sur la fabrication des espèces, soit des tarifs des frais de fabrication et d'affinage. (*Arr.* 10 *prair. an XI, art.* 17 à 20 ; *O.* 26 *déc.* 1827, *art.* 16.)

30. Ce fonctionnaire a sous sa direction immédiate deux agents nommés par le ministre des finances : l'un, appelé *contrôleur au monnayage,* en surveille spécialement les opérations, et l'autre, qui porte le titre de *contrôleur au change,* tient registre de toutes les matières destinées à être converties en espèces [2]. (*O.* 1827, *art.* 18.)

31. Un entrepreneur, appelé *directeur,* est chargé du monnayage à ses risques et périls,

1. Chaque hôtel des monnaies a une lettre monétaire qu'il imprime sur toutes les pièces sorties de ses presses. Ces marques sont : pour Paris, A ; et pour Bordeaux, K.
2. A Paris, à raison de l'étendue et de la complication du service, le commissaire et le contrôleur au monnayage sont assistés par un commissaire et un contrôleur adjoints. (*O.* 10 *juill.* 1846 *et* 15 *févr.* 1847.)

moyennant l'abandon des droits de fabrication et d'affinage, fixés au tarif et payés par le public. Ce n'est pas le directeur néanmoins qui profite des tolérances en faible ou qui perd les tolérances en fort ; l'État lui tient compte de celles-ci et devient son créancier jusqu'à concurrence de celles-là. (Voy. les Comptes généraux des finances, note préliminaire du compte des monnaies.)

32. L'État a mis, à l'origine, à la disposition des directeurs les machines et ustensiles nécessaires à la fabrication et au monnayage ; mais aujourd'hui, aux termes de l'art. 3 de l'ordonnance du 25 février 1835, les directeurs sont chargés de remplacer et entretenir toutes les machines et d'acheter toutes celles que pourrait exiger le perfectionnement du service.

33. Le directeur reçoit, en présence du contrôleur au change, les matières qu'apportent les particuliers ; il en est seul responsable ; il est tenu de les payer au prix du tarif. Il verse un cautionnement et soumet sa comptabilité à la Cour des comptes (O. 26 déc. 1827, art. 17). Il est nommé par le président de la République, sur la présentation du ministre des finances.

34. L'administration centrale des monnaies relève du ministre des finances (Arr. 10 prair. an XI, art. 3). Sous ses ordres et à la tête du service est placée une administration composée d'un directeur président du conseil d'administration et de deux administrateurs, nommés par le président de la République.

35. Une des attributions de cette administration consiste à juger, sur les échantillons qui lui sont transmis, le poids et le titre de toutes les fabrications faites dans les divers hôtels. Ce jugement détermine si les tolérances sont ou non dépassées, si par suite les pièces doivent être refondues ou livrées au public. Il a aussi pour but de fixer avec précision le quantum des tolérances en dedans ou en dehors, qui, comme nous l'avons vu, sont portées par l'État au débit ou au crédit du directeur.

36. L'ordonnance du 26 décembre 1827, modifiée dans ses art. 21, 24 et 25 par le décret du 21 décembre 1849, indique en quel nombre le commissaire et le contrôleur au monnayage prélèvent au hasard des échantillons sur chaque brève ou masse de monnaies provenant de la même fonte, dans quelles formes la commission vérifie le poids de ces échantillons et en déclare le titre. Qu'il nous suffise de dire que cette déclaration n'intervient qu'après des analyses contradictoires faites par deux essayeurs et un vérificateur.

37. Si le jugement de l'administration condamne les échantillons, la brève entière est refondue. S'il est favorable, le commissaire de la monnaie doit encore, sous sa responsabilité, vérifier le poids et l'empreinte de chacune des pièces composant la brève : il sépare et fait refondre celles qu'il trouve faibles de poids ou défectueuses.

38. L'administration est de plus chargée de trancher les contestations qui s'élèveraient entre les directeurs de fabrication et les particuliers sur le titre des matières apportées au monnayage. Elle a aussi des attributions consultatives. (O. 14 nov. 1844, art. 90 ; voy., en outre, au mot **Garantie**.)

39. Son président a des pouvoirs qui lui sont propres : il a la surveillance de toutes les parties du service, la correspondance, la nomination aux emplois du personnel intérieur, la présentation pour tous les autres emplois et l'ordonnancement des dépenses. (O. 14 nov. 1844, art. 87.)

40. Des deux administrateurs ou commissaires généraux, l'un est plus spécialement chargé de tout ce qui concerne l'empreinte, le titre et le poids des monnaies, l'autre de l'essai des matières d'or et d'argent employées à la fabrication (art. 88 et 89).

41. Un graveur général, nommé par le président de la République, sur la présentation du ministre des finances, est attaché à la commission des monnaies. (O. 26 déc. 1827, art. 2 ; O. 14. nov. 1844, art. 95.)

CHAP. III. — DES MÉDAILLES.

42. Renouvelant les dispositions de l'arrêt du Conseil du 15 janvier 1685, l'arrêté du 5 germinal an XII, dont la pleine vigueur a été plusieurs fois reconnue par la Cour de cassation (Arr. 8 déc. 1832 ; 5 mars 1836), interdit aux particuliers, à moins d'une autorisation spéciale du Gouvernement et sous peine de 1000 livres d'amende, de frapper ou faire frapper des médailles, jetons ou pièces de plaisir, d'or, d'argent ou d'autres métaux, ailleurs que dans l'atelier ouvert par l'État à cet effet (Arr., art. 1 et 2). Aucune médaille ne peut être publiée, exposée ou mise en vente sans l'autorisation préalable du ministre de l'intérieur à Paris ou du préfet dans les départements. (L. 9 sept. 1835 et D. 17 févr. 1852.)

43. Au moment où était rendu l'arrêté de l'an XII, la monnaie des médailles était établie dans la galerie du Louvre : en 1814, on la trouve transportée rue Guénégaud, et comprise, malgré ce déplacement, dans l'administration de la liste civile (L. 8 nov. 1814, art. 3 et 4). L'hôtel de la rue Guénégaud fut distrait de la dotation de la couronne par la loi du 2 mars 1832 (art. 3 et tableau annexé), et à partir du 1er janvier 1832, la fabrication et la vente des médailles rentrèrent dans le domaine de l'État. Une ordonnance du 24 mars 1832 les plaça dans les attributions de la commission des monnaies et du ministre des finances, en laissant toutefois au ministre de l'intérieur le droit de délivrer seul aux particuliers la permission préalable dont ils doivent être munis pour faire frapper des médailles même dans l'atelier de l'État.

44. Les médailles et autres pièces de toute nature sont vendues par l'État aux prix fixés par un tarif sur lequel délibère l'administration et qu'approuve le ministre des finances (O. 24 mars 1832, art. 2, et tarif du 24 déc. 1849). La fabrication des médailles est centralisée à la monnaie de Paris. Le bénéfice de l'État s'est élevé, pour l'année 1875, à une somme de plus de 80,000 fr.

45. Depuis que la monnaie des médailles a été supprimée et que ce service, confié à l'administration des monnaies, est réuni tout entier dans l'hôtel des monnaies de Paris, il a été établi, dans cet hôtel, un musée de médailles et de monnaies, confié à la garde d'un conservateur que nomme le ministre des finances, sur la présentation du président de l'administration. (O. 14 nov. 1844, art. 92.)

CHAP. IV. — DISPOSITIONS PÉNALES.

46. Les peines établies contre le faux monnayage sont déterminées par les art. 132 à 139 du Code pénal.

47. « Refuser de recevoir les espèces et monnaies nationales, non fausses ni altérées, selon la valeur pour laquelle elles ont cours », constitue une contravention de police punie par les art. 475, 11°, et 478 du même Code.

48. L'introduction des monnaies de cuivre et de billon, de fabrique étrangère, est prohibée sous les peines portées par les lois concernant les marchandises prohibées à l'entrée du territoire français. (*D.* 11 *mai* 1807.)

En ce qui concerne les monnaies d'or et d'argent, les prohibitions d'entrée ou de sortie, édictées pendant la période révolutionnaire, ont été supprimées par la loi du 13 nivôse an III et par l'ordonnance du 8 juillet 1814, et sont aujourd'hui complétement tombées en désuétude.

Les monnaies étrangères ne peuvent, du reste, on le comprend, avoir cours forcé : il n'existe d'exception qu'à l'égard des monnaies de l'ancien royaume d'Italie (*D.* 24 *janv.* 1807 ; *Cass.* 10 *août* 1826) et depuis 1866 pour les pays avec lesquels nous sommes engagés par un traité (*voy.* n° 19).

49. Quant à la pénalité relative aux médailles, voir le n° 42.

BIBLIOGRAPHIE.

De l'administration des finances de la France, par M. Necker, t. III. chap. I à X. 1785.

De la Constitution monétaire, précédé d'observations sur le rapport du comité des monnaies, et suivi des lois monétaires présentées à l'Assemblée nationale, par Mirabeau l'aîné. In-8°. 1790.

Rapport au Roi sur l'administration des finances, par le comte de Chabrol, en date du 15 mars 1830. (Partie intitulée : *Commission des monnaies*.)

De la nécessité de refondre les sous, de supprimer le billon, et des améliorations à faire dans la fabrication des monnaies, etc., par A. P. Frichot. In-8°. Paris, impr. de Crapelet. 1838.

Mémoire à consulter et consultation sur l'affaire relative aux monnaies de la principauté de Monaco. In-4°. Paris, impr. de Mad. Huzard. 1838.

Rapport au ministre des finances par MM. Dumas et de Colmont sur les monnaies. 5 février 1840.

Institutes de droit administratif français, de M. de Gerando. 2e édit. 1842. T. II, liv. III, chap. 3.

Exposé des motifs d'un projet de loi relatif à la démonétisation des espèces de billon et de cuivre, etc., présenté par M. Humann. (*Moniteur*, 1842, p. 461.) Rapport sur ce projet de loi, déposé par M. Pouillet. (*Moniteur*, 1842, p. 1051.)

Deux mots sur la réduction des décimes au poids de 10 grammes. In-8°. Paris, impr. de Duverger. 1842.

Refonte des monnaies. Note explicative des propositions d'A. P. Frichot, pour faire suite au mémoire du 9 août 1838. In-8°. Paris, impr. de Crapelet. 1842.

Exposé des motifs d'un projet relatif aux mêmes mesures, présenté par M. Lacave-Laplagne.(*Moniteur*, 1843, p. 271.) Rapport sur ce second projet fait par M. Pouillet, député, (*Moniteur*, 1843, p. 1113.) — Discussion sur ce projet à la Chambre des députés. (*Moniteur*, 1843, p. 1131 à 1365.)

Refonte des monnaies ; nouveaux développements du projet d'A. P. Frichot. In-8°. Paris. impr. de Crapelet. 1843.

Nouveau système de réforme monétaire pour la refonte des monnaies d'argent, de billon, de cuivre et de bronze, etc., par A. Bonneville. In-8°. Paris, Guillaumin. 1843.

Nouvelles observations sur la refonte des monnaies à l'occasion du rapport de M. Pouillet, par A. P. Frichot. In-8°. Paris, impr. de Crapelet. 1843.

Conséquences de la discussion et du vote de la Chambre des députés pendant la session de 1843 sur la refonte des monnaies. Rareté de la monnaie d'or, etc. Projet d'exécution d'A. P. Frichot. In-8°. Paris, impr. de Crapelet, 1844.

De la refonte des monnaies de cuivre et de billon, d'après le projet de loi présenté à la Chambre des députés et discuté, etc., par M. Charles Rey. In-8°. Nîmes, impr. de Ballivet. 1844.

Exposés des motifs et rapports, par MM. Michel Poisat et Gay-Lussac, et discussion à la Chambre des députés et à la Chambre des pairs sur le projet de loi relatif à la démonétisation des espèces de billon. (*Moniteur* des 25 mars, 10, 12, 13 et 18 mai, 5 et 6 juin 1845.)

Cours de droit administratif, par M. Macarel. 1845. T. IV, p. 40. Fabrication des monnaies.

De la nécessité de refondre les monnaies pour donner plus d'extension à l'usage des billets de banque et remédier à la crise actuelle. Développement du projet du 1er mars 1844, par A. P. Frichot. In-8°. Paris, impr. de Crapelet. 1847.

La monnaie, par M. Michel Chevalier. Paris, Capelle. 1850. 1 vol. in-8°.

Exposé des motifs du projet de loi sur la refonte des monnaies de cuivre. 2 avril 1852. Rapport sur ce projet, etc., par M. Devinck. (*Moniteur* des 6, 21 et 24 avril 1852.) — Rapport au Sénat sur ce projet, par M. Dumas. (*Moniteur* du 6 mai 1852.)

De la démonétisation de l'or, par Louis Halphen. In-8°. Paris, impr. de Duverger. 1852.

Au Conseil d'État. Refonte de la monnaie de cuivre, par Noblet. In-4°. Paris, impr. de Gratiot. 1852.

De la démonétisation de l'or, par Edme Collot. In-12. Paris, Schiller aîné. 1853.

Répertoire de jurisprudence de DALLOZ, v° MONNAIE.

MONOPOLE. 1. Il est contraire à l'esprit de la législation française de conférer à un particulier un monopole *dans un intérêt privé.* Les monopoles ou les restrictions qui en approchent ont tous pour but de favoriser un intérêt général. Ainsi lorsqu'une compagnie reçoit le droit exclusif de construire ou d'exploiter un chemin de fer ou un tramway, ou une usine à gaz pour l'éclairage d'une ville, c'est parce que, dans le plus grand nombre de cas, le monopole est une condition fondamentale du succès d'entreprises de cette nature.

2. Le monopole temporaire accordé à l'inventeur est également créé dans un intérêt public, et de plus, comme il est obtenu en vertu d'une loi générale, s'appliquant non à un individu, mais à toute une classe de citoyens dont les rangs sont ouverts à tous, le droit exclusif de l'inventeur peut à peine être considéré comme un monopole dans l'acception vulgaire du mot.

3. Les monopoles peuvent être accordés, selon leur nature ou leur importance, par une loi ou par un décret. Il en est même qui peuvent être établis par arrêté préfectoral ou municipal, mais alors seulement comme mesure d'ordre ou de sécurité publique. (*Cass.* 25 *juill.* 1850 ; 12 *sept.* 1851 ; 14 *août* et 3 *déc.* 1853, *etc.*)

Parmi les monopoles légaux nous citons la Banque de France, les agents de change, autrefois les courtiers, les imprimeurs, etc. Dans quelques villes, la limitation des bouchers et des boulangers était également comprise dans cette catégorie.

On ne saurait, à proprement parler, dire que les notaires, les huissiers, etc., ont un monopole. Ce sont, à certains titres, des fonctionnaires dont le nombre ne peut être illimité.

4. C'est tout à fait à tort qu'on confondrait les professions réglementées avec les monopoles. C'est abuser de ce mot que de dire que les médecins ont le monopole du droit de guérir, les avocats celui de plaider, etc.; mais les professions du médecin, de l'avocat, sont soumises à certaines conditions applicables à tous les candidats, sans exclusion, ni privilèges.

5. L'État s'est réservé plusieurs monopoles, ou plutôt il perçoit certains impôts, en vendant le produit ou le service imposé. (*Voy.* **Postes, Poudre, Tabac.**)

MONT-GENÈVRE. Cet hospice, situé dans le département des Hautes-Alpes, a été rangé parmi les établissements généraux de bienfaisance par un arrêté du ministre de l'intérieur de 1846, et reçoit une subvention de l'État. Son objet principal est de donner l'hospitalité aux voyageurs égarés. (*Voy.* **Hôpitaux et Hospices.**)

MONTS-DE-PIÉTÉ.

SOMMAIRE.

CHAP. I. — INTRODUCTION.

1. Les monts-de-piété sont des établissements de prêt sur nantissement ou sur gage mobilier. La pratique habituelle du prêt sur nantissement étant interdite aux particuliers, c'est l'administration elle-même qui exerce cette industrie, sans aucune pensée de gain, dans l'intérêt des emprunteurs qu'elle soustrait ainsi aux exactions de l'usure.

2. En principe, les prêts des monts-de-piété ne sont pas gratuits; ils se font même quelquefois à des taux d'intérêts fort élevés.

Les premiers monts-de-piété en Italie avaient été créés comme établissements de bienfaisance, et ne prêtaient qu'à des pauvres, sans intérêt ou à des intérêts minimes. La France en possède quelques-uns de semblables. Mais de tels établissements, outre qu'ils doivent être suffisamment dotés à cet effet, ne peuvent exercer qu'une action des plus restreintes. Le prêt gratuit ou à peu près tel ne se conçoit qu'en faveur d'individus en petit nombre, d'une moralité dûment constatée; il est à peu près impraticable dans un grand centre de population. L'institution actuelle a une portée plus vaste; elle ne distingue pas entre telle ou telle classe de misères et de besoins, par la raison qu'une charité éclairée n'exclut personne, et qu'une bonne police ne permet pas que les usuriers pressurent même l'imprévoyance et le vice; elle offre ses avances à tous, mais à un intérêt pareil pour tous.

Appliqué sur une grande échelle, le prêt gratuit donnerait lieu à de nombreux abus; et il est d'ailleurs d'une bonne morale que les secours ne soient pas trop faciles. Toutefois certains taux,

tels que 9, 10, 12 et 15, semblent contraires à l'esprit de l'institution. L'absence de ressources propres de la plupart des monts-de-piété qui ne disposent eux-mêmes que de capitaux empruntés à intérêt, et les frais considérables d'administration, expliquent en grande partie ces taux excessifs [1].

3. Les opérations des monts-de-piété sont :

1° L'*engagement* ou la mise en gage de l'objet sur lequel le prêt est consenti: l'acte qui constate cette opération et qui est délivré à l'emprunteur s'appelle *reconnaissance*;

2° Le *dégagement* ou le retrait du nantissement contre le remboursement de la somme avancée et le paiement des intérêts échus;

3° Le *renouvellement* que l'emprunteur, hors d'état de rendre, effectue à l'expiration du terme, s'il ne veut perdre le gage qu'il a remis, et qui lui donne du temps pour sa libération [2];

4° La *vente* faite aux enchères des articles abandonnés par leurs propriétaires. L'excédant du prix de vente sur la somme due au mont-de-piété prend le nom de *boni*.

Le *boni* est remis à l'emprunteur; s'il n'est pas réclamé à la fin de la troisième année à partir de la date de l'engagement, il est attribué aux hospices.

CHAP. II. — DES MONTS-DE-PIÉTÉ EN GÉNÉRAL.

4. Un certain nombre des monts-de-piété de France ont été fondés sous l'ancien régime. Celui d'Avignon date de 1577, celui d'Arras de 1621. L'établissement de Paris a été créé par lettres patentes de 1777, où il est dit : « Les monts-de-piété nous ont paru le moyen le plus capable de faire cesser les désordres que l'usure a introduits, et qui n'ont concouru que trop fréquemment à entraîner la ruine de plusieurs familles. »

La Révolution ferma les monts-de-piété comme des maisons de monopole; et durant douze années (de la Terreur au commencement de l'Empire) la liberté du prêt sur nantissement fit renaître les anciens désordres. Une loi du 16 pluviôse an XII (6 février 1804) disposa, art. 1er, qu'aucune maison de prêts ne pourrait être établie qu'au profit des pauvres et avec l'autorisation du Gouvernement, et prescrivit, art. 2, la clôture des maisons existantes. Un décret du 24 messidor an XII (13 juill. 1804) enjoignit, art. 14, aux préfets des départements d'adresser le plus tôt possible au ministre de l'intérieur, pour être soumis à l'empereur en Conseil d'État, les projets pour l'établissement et l'organisation, au profit des pauvres, des monts-de-piété dans les lieux où il serait utile d'en fonder. Le Code pénal de 1810, art. 411, de plus prononça des peines contre ceux qui au-

1. Le mont-de-piété de Paris prête à 9 p. 100 et même à 9 1/2 si on comprend le 1/2 p. 100 du droit de prisée attribué aux commissaires-priseurs : néanmoins le mont-de-piété de Paris fait les quatre cinquièmes de ses opérations à perte. Le dernier cinquième compense le déficit et laisse même le plus souvent un excédant, parce qu'il porte sur les gros prêts qui sont seuls productifs.

En 1874, le nombre des opérations à perte s'est élevé à 1,700,200 fr. ; les frais d'exploitation qui sont variés et considérables, s'élèvent à 4 1/2 p. 100 au minimum, et quand le mont-de-piété ne peut réaliser ses emprunts qu'au-dessus de 4 1/2, il y a perte, non-seulement sur les petits prêts, mais sur l'ensemble des affaires.

2. Le renouvellement est un fait complexe, qui implique une opération de dégagement, et une opération d'engagement.

raient établi ou tenu des maisons de prêts sur gage sans autorisation légale. On comptait, en 1875, 43 monts-de-piété en France.

5. Pendant assez longtemps, à part la disposition générale de la loi du 16 pluviôse an XII (6 février 1804), les monts-de-piété n'étaient régis que par leurs règlements particuliers. La loi du 24 juin 1851 [1] a défini leur caractère et déterminé leurs bases, en y apportant quelques modifications.

6. En vertu de cette loi (art. 1er), les monts-de-piété sont institués comme établissements d'utilité publique, et avec l'assentiment des conseils municipaux, par le Chef de l'État, selon les formes prescrites pour ces établissements. Il suit de là que leurs règlements doivent être soumis à l'examen du Conseil d'État [2].

Leur administration est confiée (art. 2) à un conseil et à un directeur.

Le conseil est présidé par le maire de la commune ; à Paris, par le préfet de la Seine. Ses membres sont nommés, à Paris, par le ministre de l'intérieur ; dans les départements, par le préfet, et sont choisis : un tiers dans le conseil municipal, un tiers parmi les administrateurs des établissements charitables, un tiers parmi les autres citoyens domiciliés dans la commune. Ils sont renouvelés par tiers chaque année, les membres sortants étant rééligibles. Leurs fonctions sont gratuites.

L'agent qui, avec ou sans le titre de *directeur*, centralise l'administration sous la surveillance du conseil, est nommé (art. 2) par le ministre de l'intérieur ou par le préfet, sur la présentation dudit conseil, lequel, en cas de refus motivé du ministre ou du préfet, est tenu de présenter un autre candidat ; la même autorité qui le nomme peut le révoquer.

En ce qui touche l'organisation et les conditions particulières de la gestion des différents monts-de-piété, la loi se réfère au décret d'institution ; elle les assimile, cependant, pour les règles de comptabilité, aux établissements de bienfaisance (art. 2).

7. Les éléments constitutifs de leurs dotations, les fonds employés à leurs opérations et la destination de leurs bénéfices, sont l'objet des art. 3, 4 et 5. La dotation de chaque mont-de-piété se compose : 1° des biens meubles et immeubles affectés à sa fondation et de ceux dont il deviendra propriétaire, notamment par dons et legs ; 2° des bénéfices et bonis constatés par les inventaires annuels ; 3° des subventions qui pourront lui être attribuées sur les fonds de la commune, du département ou de l'État. Les opérations s'effectuent au moyen : 1° des fonds disponibles sur la dotation ; 2° de ceux que l'établissement s'est procurés par voie d'emprunt, ou qui ont été versés à intérêt dans sa caisse. Les conditions des emprunts sont réglées annuellement par l'administration, sous l'approbation du ministre de l'intérieur ou du préfet. Les excédants de recettes sont conservés,

1. *Voy.* le rapport de M. MORTEMART sur le projet de loi, dans le *Moniteur universel* de 1851. On trouvera dans le *Journal officiel* de l'année 1873 un instructif rapport sommaire de M. GUYART, sur une proposition de loi qui n'a pas abouti.
2. *Voy.* à titre d'exemple le décret du 20 mars 1872 relatif au mont-de-piété de Brest. Le décret règle de nombreux points.

en tout ou en partie, dans les limites tracées par le décret d'installation, pour former la dotation ou pour l'accroître. Lorsque la dotation suffit tant à couvrir les frais généraux qu'à abaisser l'intérêt au taux de 5 p. 100, ils doivent être attribués aux hospices ou aux autres établissements de bienfaisance, par arrêté du préfet, sur l'avis du conseil municipal.

Autorisés ainsi à capitaliser leur excédant de recettes (*voy. la fin du n° 11*), les monts-de-piété pourront abaisser successivement le taux de l'intérêt, ce qui était très-difficile à un grand nombre d'entre eux, et notamment à celui de Paris, qui, astreints à verser leurs bénéfices annuels dans les caisses des hospices, se trouvaient hors d'état de se créer une dotation par leurs épargnes, et n'opéraient qu'avec des fonds d'emprunt. Pour ne pas rendre, du reste, le prêt trop facile, le législateur a interdit la réduction de l'intérêt au-dessous du taux légal. Lorsqu'il sera descendu à ce taux, mais seulement alors, on pourra donner aux bénéfices un emploi de charité, et on appliquera de la sorte, plus judicieusement qu'on ne l'a fait jusqu'ici, le principe que les monts-de-piété doivent être administrés au profit des pauvres.

8. Des agents intermédiaires connus sous le nom de *commissionnaires*, sont accrédités auprès de divers monts-de-piété. La loi a clos la controverse qui s'était élevée à leur sujet, et a reconnu leur existence, en statuant (art. 6) qu'il sera pourvu, par règlement d'administration publique, à tout ce qui concerne leur institution et leur surveillance.

9. Dans le but de diminuer le trafic des *reconnaissances*, trop souvent vendues à perte par des emprunteurs imprévoyants, et d'empêcher de graves abus, elle a permis (art. 7) à tout déposant de requérir, trois mois après l'emprunt, et sans attendre l'époque normale du remboursement, la vente de l'objet déposé, dont le prix doit lui être, en ce cas, remis sans délai, sous la simple déduction de la somme due au mont-de-piété en principal et accessoires. Elle a interdit néanmoins de vendre les marchandises neuves avant l'expiration d'une année, afin que les monts-de-piété ne fussent pas convertis en maisons de consignations et de vente.

10. Enfin, elle a exempté (art. 8) des droits de timbre et d'enregistrement les obligations, reconnaissances et tous actes concernant l'administration des monts-de-piété.

11. À l'exception de cette faveur, qui est commune à tous les établissements, les autres dispositions de la loi de 1851 ne sont pas applicables (art. 10) aux monts-de-piété établis à titre purement charitable, et qui, au moyen de dons et de fondations spéciales, prêtent gratuitement ou à un intérêt inférieur au taux légal. Ces derniers monts-de-piété, tels que ceux de Toulouse et de Grenoble, d'Angers et d'Aix, continuent d'être régis par les conditions de leurs actes constitutifs. Pour ne pas troubler les relations existantes entre la plupart des monts-de-piété et les hospices, on a même restreint l'application *immédiate* de l'ensemble des dispositions à celles de ces maisons qui ont été fondées comme établisse-

ments distincts : c'est le cas des plus récemment instituées. Il en résulte que les dispositions les plus favorables de la loi, notamment celle qui autorise la capitalisation des bénéfices pour améliorer les conditions du prêt, ne sont pas applicables au mont-de-piété de Paris.

CHAP. III. — DU MONT DE-PIÉTÉ DE PARIS.

12. Depuis le décret du 8 thermidor an XIII, l'administration du mont-de-piété de Paris a été remaniée à plusieurs reprises; elle a été reconstituée en dernier lieu par le décret du 24 mars 1852, dont les dispositions s'écartent en quelques points de celles de la loi générale de 1851. Aux termes de ce nouveau décret, cette administration, placée sous l'autorité du préfet de la Seine et du ministre de l'intérieur, est confiée à un directeur responsable, sous la surveillance d'un conseil (*art.* 1er).

Le directeur est nommé (*art.* 2) par le ministre de l'intérieur, sur une liste triple de candidats présentés par le préfet de la Seine. Il exerce son autorité sur les services intérieurs et extérieurs; il prépare les budgets, ordonnance toutes les dépenses, et présente le compte de son administration. Les employés de tout grade sont nommés par le préfet, sur une liste triple de candidats qu'il lui présente; il nomme lui-même les surveillants et gens de service (*art.* 11).

Le conseil de surveillance est composé du préfet de la Seine, président, du préfet de police, de trois membres du conseil municipal, de trois membres pris, soit dans le conseil de surveillance de l'assistance publique, soit parmi les administrateurs des bureaux de bienfaisance. et de trois citoyens domiciliés dans Paris (*art.* 14). Les membres autres que les deux préfets sont choisis par le ministre de l'intérieur, sur des listes triples présentées par le préfet de la Seine (*art.* 5). Ils sont renouvelés par tiers tous les deux ans, les membres sortants étant rééligibles (*art.* 6). Le conseil est convoqué par le préfet de la Seine au moins une fois chaque mois (*art.* 7). Il donne son avis sur les objets ci-après : 1° le budget et les comptes ; 2° les projets de travaux neufs, de grosse réparation ou de démolition ; 3° l'acceptation et la répudiation des dons et legs ; 4° les actions judiciaires et les transactions; 5° la fixation du taux de l'intérêt des prêts et des emprunts ; 6° les règlements de service ; 7° les cahiers des charges des adjudications de travaux et fournitures, et en général tous les actes de propriété et de gestion (*art.* 8). Le directeur assiste aux séances du conseil (*art.* 9).

13. Sous les modifications qui résultent de ce décret et de quelques autres mesures de détail, le mont-de-piété de Paris est régi par le règlement général annexé au décret du 8 thermidor an XIII (27 juillet 1805). D'après ce règlement (*art.* 1er), il se compose d'un chef-lieu établi rue des Blancs-Manteaux, dans les bâtiments des hospices civils, et de plusieurs succursales, ou bureaux, avec magasins particuliers, distribuées dans les divers quartiers de la ville (*art.* 1 à 3). Il n'existe en réalité que deux succursales, situées actuellement rue Bonaparte et rue Servan ; mais l'administration a fondé successivement, depuis 1839, vingt-trois bureaux sans magasins. Le nombreux personnel de l'établissement se divise (*art.* 5) en

agents en chef, agents secondaires et *employés.* Plusieurs des agents sont astreints au dépôt d'un cautionnement (*art.* 36 et suiv.). Les prêts se font au moyen d'emprunts garantis par une hypothèque générale sur les biens dépendant de la dotation des hospices de Paris et par une hypothèque spéciale sur les bâtiments du mont-de-piété et sur les capitaux versés dans sa caisse à quelque titre que ce soit (*art.* 42 à 45). (Depuis l'an XIII, le mont-de-piété n'a eu recours qu'à l'emprunt.)

14. Ces prêts sont assujettis à certaines conditions, dont on indiquera ici les principales. Afin que le mont-de-piété ne devienne pas une maison de recel pour les objets volés, on exige une garantie morale du déposant, celle d'être connu et domicilié, ou au moins assisté d'un répondant connu et domicilié lui-même. Si des doutes s'élèvent sur la légitimité de sa possession, le prêt doit être suspendu et la police informée (*art.* 47 à 50). Les effets mobiliers offerts en nantissement sont estimés par des commissaires-priseurs attachés au mont-de-piété, aux risques et périls de ces derniers, de manière que, dans le cas de vente des objets appréciés, si le produit de la vente était au-dessous de la valeur avancée sur leur foi, plus les droits et frais, ils seraient tenus de payer la différence (*art.* 30 à 35 *et* 51, 52). Un an est le terme assigné par les règlements pour la durée du prêt; mais dans la pratique, on use de tolérance, et l'exécution n'a jamais lieu avant le quatrième mois ; dans l'intervalle, l'emprunteur peut se libérer et retirer ses effets quand il le veut (*art.* 54).

15. Parmi les objets donnés en nantissement, les uns, en vaisselle ou en bijoux d'or et d'argent, n'éprouvent pas d'altération sensible et possèdent une valeur à peu près constante, une valeur en poids du moins, car celle que l'art y ajoute est sujette à de grandes dépréciations ; les autres sont plus susceptibles de se détériorer. Le montant des sommes à prêter est fixé, pour les premiers, aux quatre cinquièmes de la valeur au poids, et pour les seconds, aux deux tiers de leur prix d'estimation (*art.* 58). Une reconnaissance au porteur, sur papier non timbré, contenant la désignation du nantissement déposé, la date et le montant du prêt, est remise à l'emprunteur (*art.* 59 à 61).

16. Si, à l'expiration de l'année, l'emprunteur n'est pas en mesure de rendre le prêt, on lui offre le moyen d'éviter la perte de son nantissement ; il peut en empêcher la vente en renouvelant son engagement (*art.* 61 à 64). Ce renouvellement se fait sous la condition de payer les droits échus, et en même temps, s'il y a lieu à réappréciation, la différence entre le prix de l'estimation primitive et celui de l'estimation nouvelle.

17. Les effets non dégagés à l'expiration du terme, ou dont l'engagement n'aurait pas été renouvelé, sont destinés à être vendus (*art.* 71 et *suiv.*). Mais cette vente ayant pour but de faire rentrer l'établissement dans ses avances et non de lui procurer des profits au détriment des emprunteurs, les excédants du produit de la vente ou les bonis sont conservés à ces derniers, qui ont trois ans à compter du prêt pour les réclamer utilement sur la remise de leur reconnaissance. Ceux qui n'ont pas été retirés au bout de ce temps sont prescrits, et le montant en est versé dans la caisse des hospices (*art.* 93 *et suiv.*).

18. Les commissionnaires jouaient autrefois dans le mont-de-piété de Paris un rôle important; ils servaient d'intermédiaires à la plus grande partie de ses opérations. Ils sont aujourd'hui au nombre de 12 seulement, et ils n'interviennent plus que pour un quart environ dans l'ensemble des affaires.

Avant la Révolution, l'insuffisance d'une maison unique, et les abus nombreux commis par les intermédiaires auxquels les emprunteurs avaient recours, provoquèrent un arrêt du Parlement de Paris d'août 1779, défendant de faire la commission ou le courtage au mont-de-piété à toutes personnes autres que celles autorisées à cet effet. Des commissionnaires, agréés par l'administration, soumis à sa surveillance et à l'obligation de déposer un cautionnement, furent, en conséquence, répartis dans les divers quartiers de la ville.

19. Les mêmes motifs qui, sous l'ancien régime, avaient donné naissance à l'institution des commissionnaires, déterminèrent leur rétablissement sous le régime nouveau. Toutefois, le décret de l'an XIII ayant gardé le silence à leur égard, ils ne furent d'abord reconstitués que d'une manière provisoire, et régis, durant vingt ans, soit par les règlements anciens, soit par de simples arrêtés de l'administration, jusqu'en 1824, époque à laquelle leurs attributions devinrent l'objet d'un règlement spécial. Depuis lors on a agité la question de savoir s'il ne conviendrait pas de supprimer les intermédiaires; mais le Conseil d'État, dans sa séance du 6 août 1863, ayant émis un avis contraire, l'autorité supérieure a écarté cette suppression et maintenu la double institution des bureaux auxiliaires et des commissionnaires.

20. Le règlement de 1824 détermine le mode de nomination des commissionnaires, les garanties qu'on leur demande, les obligations qu'ils ont à remplir, la pénalité attachée aux infractions qu'ils peuvent commettre, leurs attributions et leurs droits. Ils reçoivent leur salaire des particuliers qui les emploient; leurs droits de commission sont fixés, pour les engagements, à 2 p. 100 de la somme prêtée par l'établissement; pour les renouvellements, au même taux, et pour les dégagements, à 1 p. 100.

21. Originairement les commissionnaires n'étaient que des intermédiaires dans la stricte rigueur du mot, transmettant le nantissement au mont-de-piété et la somme à l'emprunteur. L'impatience du besoin, qui n'attend pas, les obligea bientôt à des avances qui se trouvèrent plus ou moins d'accord avec le prêt de l'établissement. Elles sont généralement supérieures, et l'excédant est désigné par le mot de *différences*. Il est alloué aux commissionnaires sur ces différences un intérêt de 6 p. 100.

HENRI RICHELOT [1].

1. Mis à jour par M. C.

ADMINISTRATION COMPARÉE.
En Prusse, il existe des monts-de-piété comme institutions communales, à titre d'annexes à des caisses d'épargne. Berlin a même un mont-de-piété royal placé sous la surveillance de la *Seehandlung* (institution financière, sorte de banque appartenant à l'État). A des époques de calamité, l'État a quelquefois organisé des *Darlehnscassen* (caisses de prêt) pour faire des avances, — on en a vu des exemples, en France, dans le

Comptoir d'escompte de 1848 et autres. — Dans ce cas, il y avait, ou absence de gage, ou un gage immobilier. Avant 1869, des particuliers ne pouvaient ouvrir une maison de prêt sur gage qu'avec l'autorisation de l'autorité. La loi du 21 juin 1869 supprime la nécessité de l'autorisation, mais le prêteur sur gage reste soumis à la réglementation locale, et le droit de prêter sur gage peut être retiré à quiconque s'est rendu coupable, par cupidité, d'un délit ou d'un crime contre la propriété.

La Grande-Bretagne a, depuis 1872 (35-36 Vict., c. 93), une loi qui *consolide* (codifie) la législation antérieure, relative aux *Pawnbrokers*. Toute personne peut ouvrir une maison de prêt sur gage; elle doit avoir une enseigne portant son nom, et indiquant sa profession de *pawnbroker*. Elle doit se munir d'une licence (patente) délivrée par l'administration des contributions intérieures; mais cette licence n'est accordée que sur la présentation d'un certificat de moralité de l'autorité locale. La personne qui sollicite un certificat adresse sa demande, par lettres recommandées (*registered*), à un *overseer* des pauvres de la paroisse où elle désire s'établir, et au chef de la police du district. Mais 28 jours avant de faire cette demande, elle a dû faire connaître son intention en l'affichant à la porte de l'église pendant au moins deux dimanches de suite. On ne peut pas refuser le certificat si l'individu n'est pas notoirement immoral, ou si sa maison n'est pas fréquentée par des voleurs ou des gens de mauvaise vie.

La loi de 1872 est très-détaillée; elle règle tout ce qui concerne les gages, l'engagement, le dégagement, la vente des gages, — qui ne peut avoir lieu qu'aux enchères publiques, — la tenue du registre. Elle est très-complète, mais nous devons nous borner à y renvoyer.

La Belgique a réglementé ses monts-de-piété par la loi du 30 avril 1848. Ce sont des établissements créés par les hospices ou hôpitaux, ou autres fondations, et placés sous la surveillance de l'autorité municipale, qui en nomme les administrateurs.

Les monts-de-piété peuvent emprunter, au besoin, l'argent qui leur est nécessaire et en payer l'intérêt. Notons deux articles qui nous ont frappé; l'art. 12 dispose : « Les bénéfices obtenus après paiement des frais d'administration et des intérêts des fonds prêtés, et, entre autres, les bénéfices provenant du boni des gages vendus non réclamés dans les deux ans à partir du jour de la vente, seront appliqués à former la dotation nécessaire pour subvenir aux opérations des monts-de-piété. La quotité de cette dotation sera déterminée par le règlement organique de chaque établissement. » C'est parce que le mont-de-piété de Paris n'a pas cette faculté, qu'il est obligé de prendre des intérêts si élevés.

L'art. 25 de la loi belge est ainsi conçu : « Les déposants au mont-de-piété auront la faculté de payer des à-compte sur la somme qu'ils ont empruntée, et de dégager successivement les divers objets formant un seul gage. »

En Autriche aussi (L. 20 déc. 1859, art. 16), de même en Bavière (voy. PŒZL, p. 419), les monts-de-piété, ou le prêt sur gage, sont besoin d'une autorisation (concession).

MONUMENTS.

1. Lorsque des particuliers se proposent d'élever un monument public au moyen de souscriptions, ils doivent en demander l'autorisation à l'administration. Il convient, en général, de présenter la demande par la voie hiérarchique, c'est-à-dire de l'adresser au maire de la commune où le monument doit être érigé et de le prier d'y joindre son avis.

2. L'autorisation obtenue, la construction du monument doit avoir lieu sous la surveillance de l'autorité, qui dans tous les cas conserve le droit de fixer telles prescriptions qu'elle croit utiles et même d'en ordonner la démolition. La Cour de cassation, en effet, a décidé (23 *déc.* 1834) que lorsque la démolition d'un monument exécuté sur des fonds de souscription a été ordonnée par un arrêté du ministre, les tribunaux, sur la réclamation, soit des souscripteurs, soit de la commission qui les représente, sont incompétents pour en arrêter les effets.

3. Les inscriptions à placer à la façade des monuments publics doivent être rédigées par l'Académie des inscriptions et belles-lettres. (O. 16 *juill.* 1816; *Inst.* 25 *juill.* 1828.)

4. En ce qui concerne les dégâts causés aux monuments publics, voyez **Dégâts et dégradations.** Quant aux monuments historiques, voir ce mot.

MONUMENTS HISTORIQUES [1]. 1. On donne ce nom à des ouvrages d'art, rarement meubles, presque toujours immeubles, qu'il est intéressant de conserver en raison de leur belle exécution, de leur rareté, de leur origine ou des souvenirs qui s'y rattachent. Le rétable d'or du musée de Cluny, qui fut autrefois donné à la cathédrale de Bâle par l'empereur Henri II, est un monument historique *meuble*. On comprend sous le même nom :

1° Des *constructions d'origine inconnue*, telles que les *dolmens*, les *menhirs*, les *enceintes vitrifiées* (par exemple, le camp de Péran, Côtes-du-Nord) ou formées de blocs amoncelés (comme le mur des Païens, Alsace); des cavernes construites de main d'homme (la grotte de Cordes, Bouches-du-Rhône); des édifices bizarres sans destination certaine (la Pirelonge, le fanal d'Ebuon, Charente-Inférieure); des tumulus, des tombeaux, etc.;

2° Des *monuments romains* ou *gallo-romains*, temples, théâtres, amphithéâtres, aqueducs, arcs de triomphe, palais, thermes, tombeaux, statues, inscriptions, etc.;

3° Les *monuments du moyen âge et de la Renaissance*, depuis le cinquième siècle jusqu'au dix-septième, églises, monastères, châteaux, hôtels de ville, fortifications, statues, tombeaux, inscriptions, etc.

2. En 1830 un fonds spécial pour la conservation des monuments historiques de toutes les époques fut inscrit au budget du ministère de l'intérieur. En 1853 (*voy.* **Beaux-Arts**), il a été transporté à celui du ministère d'État. En 1855, il était de 900,000 fr.

Le ministre d'État en fait la répartition sur l'avis de la *commission des monuments historiques*, composée de dix-huit membres, nommés par décret impérial. Cette commission est, en outre, chargée de la surveillance du musée de Cluny, de la rédaction de la liste des monuments historiques et de la publication des plans et dessins des édifices les plus remarquables parmi ceux dont le ministère d'État a entrepris la restauration. Un *inspecteur général des monuments historiques* examine les travaux en cours d'exécution et en rend compte au ministre. Les affaires relatives aux monuments historiques sont traitées par un bureau spécial, dont le chef est secrétaire de la commission et adjoint de l'inspecteur général. Le ministre d'État a, dans les départements, des *correspondants pour les monuments historiques* accrédités auprès des préfets.

3. Une liste des monuments historiques de la France, approuvée par le ministre, comprend tous ceux que la commission a jugés réellement dignes d'intérêt. On sent que cette liste ne peut être absolument fixe. Lorsque des rectifications y sont faites, elles sont publiées par le ministre et communiquées aux préfets et aux correspondants.

4. L'inscription d'un monument sur ce catalogue ne lui donne pas des droits à une subvention du Gouvernement; elle le recommande seulement à l'attention et au respect publics. Les allocations

1. Nous avons cru devoir reproduire sans changement l'article de M. Mérimée, qui a été inspecteur général des monuments historiques. Nous dirons seulement que depuis 1870 les attributions du ministère d'État ont passé au ministère des travaux publics (du moins jusqu'en 1876). **M. B.**

destinées à des réparations ont lieu par ordre du ministre, après un rapport écrit par un membre de la commission et l'avis de cette commission.

5. Les demandes de subvention doivent être accompagnées d'un mémoire descriptif, de plans et dessins; enfin, d'un devis des travaux à exécuter; lesquels, selon leur ordre d'urgence, sont divisés en trois catégories. Dans le cas où ces conditions ne pourraient être remplies, si le monument paraît mériter une étude spéciale, la commission demande au ministre l'autorisation de la faire exécuter par un des architectes attachés à son département.

6. Les fonds des monuments historiques ne pouvant suffire à tous les travaux dont l'urgence est démontrée, le ministre réclame d'ordinaire le concours des communes intéressées et fixe la somme pour laquelle elles devront contribuer à la dépense générale, comme condition *sine quâ non* des allocations qu'il accorde. Il se réserve toujours le droit de désigner l'architecte qui dirigera les travaux et d'en surveiller l'exécution.

7. Les architectes chargés des restaurations des monuments historiques sont nommés par le ministre, sur la proposition de la commission. Lorsque les travaux sont assez considérables pour exiger un inspecteur spécial, les architectes le proposent au ministre, qui le nomme.

8. Parmi les monuments historiques figurent un grand nombre d'édifices religieux, qui, comme tels, peuvent recevoir des secours du ministère des cultes. En tant que *monuments historiques*, ils peuvent également recevoir des allocations du ministère d'État. Plusieurs églises ont été ainsi restaurées par le concours des deux ministères. Toutefois, l'entretien des cathédrales ressortit exclusivement au ministère des cultes. Il en est de même de tous les travaux qui ont pour objet l'appropriation au service divin d'un monument classé sur la liste du ministère d'État.

9. Quelques édifices appartenant à des particuliers sont inscrits sur la liste des monuments historiques; on a voulu ainsi en recommander la conservation à leurs possesseurs. Dans quelques cas exceptionnels, le Gouvernement a contribué à la restauration de plusieurs de ces monuments, mais en exigeant des propriétaires, comme condition de son concours, l'engagement pour eux et leurs successeurs de n'altérer en rien à l'avenir leur caractère et leur disposition.

10. Lors de la discussion de la loi sur l'expropriation pour cause d'utilité publique, il a été reconnu que cette loi était applicable lorsqu'il s'agit de la conservation d'un monument historique. Plusieurs décisions des tribunaux ont fixé la jurisprudence sur ce point. Nous ne citerons que les applications les plus importantes.

Le chœur de l'église de Cunault (Maine-et-Loire), aliéné dans la Révolution, était devenu propriété particulière, tandis que la nef était demeurée affectée au culte. L'administration a obtenu l'expropriation du chœur et l'a réuni à l'église dont il faisait partie.

L'intérieur et les abords des théâtres antiques d'Arles et d'Orange et l'amphithéâtre romain de la première de ces villes étaient obstrués par des maisons modernes appartenant à des particuliers.

Le ministère a fait exécuter l'expropriation de toutes les constructions modernes bâties sur le sol antique de ces monuments et même de celles qui en gênaient l'accès. Les possesseurs de salles ou de caves antiques dépendant de ces mêmes édifices ont été pareillement expropriés. Enfin, un arrêt du tribunal de première instance de Châlons-sur-Marne du 12 janvier 1849, confirmé par un arrêt de la cour d'appel de Paris du 18 février 1851, établit qu'aucune indemnité pour démolition ou expropriation n'est due aux personnes qui ont bâti sans autorisation sur *les fondations d'un monument public*. Dans l'espèce, il s'agissait d'une maison construite entre des contre-forts de l'église de Notre-Dame, à Châlons.

11. Quelquefois, mais rarement, le ministre accorde des allocations pour faire des fouilles sur un emplacement où l'on peut s'attendre à des découvertes intéressantes. En général, les objets provenant de ces fouilles sont donnés aux musées départementaux les plus proches ou les plus importants. Néanmoins l'administration se réserve de réclamer les objets d'une rareté exceptionnelle, pour les placer dans les collections de la capitale. La même disposition s'applique aux découvertes faites à la suite de travaux de restauration.

Le paiement des travaux exécutés sur les crédits alloués pour la conservation des monuments historiques est régi par le règlement sur la comptabilité publique, destiné à servir à l'exécution de l'ordonnance royale du 31 mai 1838, en ce qui concerne le ministère de l'intérieur.

12. Lorsque les travaux s'exécutent au compte de l'État ou des départements, ils sont justifiés de la manière indiquée au chapitre XXXII du règlement du ministère de l'intérieur relatif aux travaux de constructions et réparations aux bâtiments des cours impériales, en ce qui concerne le service de régie ou les travaux par adjudication, la remise des devis, soumissions, les certificats d'à-compte et de réception.

Pour les acquisitions, les justifications indiquées au chapitre XXXII sont applicables au service des monuments historiques.

13. Lorsque les travaux sont, par leur nature, à la charge des communes, les subventions de l'État peuvent être versées dans les caisses municipales de ces communes, et dans ce cas il suffit de produire :

1° Un certificat de l'architecte, visé par le préfet, constatant que les travaux sont exécutés ou en cours d'exécution;

2° La quittance à souche du receveur municipal.

P. MÉRIMÉE.

MORT. 1. Les dispositions légales qui prescrivent la constatation des décès de toute nature et le mode de rédaction des actes de décès, sont exposées au mot **État civil.** Nous nous bornons ici à mentionner les mesures de police qui doivent être prises par les autorités locales, lorsqu'on trouve des cadavres dont la mort peut être attribuée à un accident, au suicide ou à la violence.

2. Lorsqu'un cadavre est trouvé sur la voie publique ou retiré de l'eau, ou enfin découvert dans quelque lieu que ce soit, le commissaire de police, ou le maire, dès qu'il en est averti, doit se transporter à l'endroit indiqué, accompagné d'un homme de l'art chargé de constater avec la plus grande exactitude l'état actuel du cadavre. L'officier de police doit, en outre, indiquer dans son procès-verbal la position du cadavre, son signalement, ses vêtements, les dépositions des témoins, les renseignements recueillis, enfin toutes les circonstances qui peuvent aider à remonter à la cause du décès. La déclaration du médecin est toujours écrite de sa main au procès-verbal et signée par lui.

3. Dans le cas où l'examen du cadavre révélerait que des violences auraient été exercées sur l'individu, l'homme de l'art devrait requérir un nouvel examen par deux médecins assermentés près la cour d'appel du département. Si ce même examen faisait présumer un crime dont on ne pourrait acquérir la certitude que par l'autopsie cadavérique, il serait du devoir de l'officier de police de proposer cette opération au procureur de la République, qui seul peut l'autoriser.

4. Si l'individu est reconnu et réclamé par des personnes domiciliées, la remise du cadavre leur est faite par l'officier de police, à la charge de le faire inhumer de la manière accoutumée. Il leur est en même temps délivré un extrait du procès-verbal, pour servir à dresser l'acte de décès.

5. Dans le cas où l'individu n'est ni reconnu ni réclamé, l'officier de police doit le faire exposer dans un lieu accessible au public. A Paris, le corps est porté à la *Morgue* avec tous ses vêtements, où il reste exposé pendant trois jours. A l'expiration de ce délai, si l'individu n'a pas été réclamé, il est inhumé en vertu d'un ordre du préfet de police.

6. Si le cadavre trouvé est celui d'un enfant nouveau-né, les hommes de l'art, appelés par l'officier de police, doivent rechercher si l'enfant est né à terme, s'il a vécu, et quelle est la cause de sa mort.

7. Lorsque des débris et ossements humains sont trouvés sur la voie publique, ou en faisant des fouilles, il en est donné avis à l'officier de police, qui doit en rechercher l'origine et prendre des mesures pour les faire inhumer. (*O. pol.* 2 *déc.* 1822.)

8. Pour compléter les dispositions que nous venons d'indiquer succinctement, la préfecture de police de Paris a publié une instruction sur les secours à donner aux noyés et autres asphyxiés ; elle a pris soin également de faire déposer dans certains endroits déterminés, des boîtes contenant les principaux moyens de secours et de pansement. En effet, l'expérience a démontré que dans les différents cas d'asphyxie : par submersion, par les gaz méphitiques, le froid, la chaleur, la strangulation, la mort n'était souvent qu'apparente; on doit donc, à moins que la putréfaction, signe certain de la mort réelle, ne soit évidente, administrer des secours à tout individu asphyxié, quelquefois pendant plusieurs heures de suite. (*O. pol.* 17 *juill.* 1850. *Voy.* **Secours aux asphyxiés,** etc.)

MORT CIVILE. 1. Peine qui entraînait la privation des droits civils et, à plus forte raison, des droits politiques (*voy.* **Droits civils,** etc.). La loi du 31 mai 1854 l'a abolie et remplacée par certaines incapacités. Toutefois elle a maintenu cette peine pour les condamnés à la déportation pour crimes commis antérieurement à sa promulgation. (*Voy.* **Effet rétroactif.**)

2. Par la mort civile, le condamné perdait la propriété de tous les biens qu'il possédait : sa succession était ouverte au profit de ses héritiers, auxquels ses biens étaient dévolus de la même manière que s'il était mort naturellement et sans testament ; il ne pouvait plus ni recueillir aucune succession, ni transmettre à ce titre les biens acquis par la suite ; il ne pouvait ni disposer de ses biens, en tout ou en partie, soit par donation entre vifs, soit par testament, ni recevoir à ce titre, si ce n'est pour cause d'aliments ; il était incapable d'être nommé tuteur ou de concourir aux opérations relatives à la tutelle ; il ne pouvait être témoin dans un acte solennel ou authentique, ni être admis à porter témoignage en justice ; il ne lui était permis de procéder en justice, soit en défendant, soit en demandant, que sous le nom et par le ministère d'un curateur spécial qui lui était nommé par le tribunal où l'action était portée ; il était incapable de contracter un mariage qui produisît aucun effet civil ; le mariage qu'il avait contracté précédemment était dissous quant à tous ses effets civils ; son épouse et ses héritiers pouvaient exercer respectivement les droits et les actions auxquels sa mort naturelle aurait donné ouverture, les biens acquis par lui depuis la mort civile encourue, et dont il se trouvait en possession au jour de sa mort naturelle, appartenaient à l'État par droit de déshérence : néanmoins, il était loisible au Chef de l'État de faire, au profit de sa veuve, de ses enfants ou de ses parents, telles dispositions que l'humanité pouvait lui suggérer. (*C. civ., art.* 25 *et* 33.)

MORUE. *Voy.* **Pêche maritime.**

MORVE. Maladie qui se rencontre plus particulièrement parmi les chevaux et qu'on considère généralement comme contagieuse. L'homme peut également contracter cette maladie.

MOTIF. Les jugements doivent être motivés. Il n'en est pas de même des lois, décrets, arrêtés et décisions des diverses autorités. Toutefois un projet de loi est en général précédé d'un exposé de motifs, et souvent des *considérants* ou même de simples *visas* motivent les décrets et arrêtés.

MOULIN. *Voy.* **Usine.**

MOUVEMENT DE LA POPULATION. *Voy.* **Population.**

MOUVEMENT DES FONDS. *Voy.* **Comptabilité.**

MUNICIPALITÉ. L'origine de ce mot remonte à l'administration romaine, où l'appelait *municipes*, ou villes municipales, les villes dont les habitants jouissaient à peu près des mêmes droits et des mêmes priviléges que ceux de Rome, tout en se gouvernant par leurs propres lois. César appliqua ce régime aux diverses provinces de la Gaule après les avoir conquises.

C'est en 1789 que nous voyons le mot municipalité employé pour la première fois en France dans le *langage administratif* ; il signifiait tantôt l'administration municipale, tantôt la circonscription territoriale de chaque municipalité ; enfin, on donnait aussi ce nom à la maison où les magistrats municipaux remplissaient leurs fonctions. (*L.* 14-22 *déc.* 1789, 16-24 *août* 1790.) Aujourd'hui le mot municipalité a cessé d'être en usage dans la loi ; cependant on l'emploie encore quelquefois dans le langage ordinaire comme synonyme de mairie.

MUR. Chacun peut contraindre son voisin, aux termes de l'art. 663 du Code civil, à contribuer aux constructions et réparations de la clôture qui sépare leurs maisons, cours et jardins. La hauteur de la clôture est fixée par des règlements et usages locaux, c'est-à-dire en général par les anciennes coutumes. À défaut d'usages et de règlements, l'art. 663 détermine la hauteur à dix pieds (32 décimètres), compris le chaperon, dans les villes de 50,000 âmes et au-dessus, et de huit pieds (26 décimètres) dans les autres.

MUSÉE. *Voy.* **Beaux-Arts.**

MUSÉUM D'HISTOIRE NATURELLE. *Voy.* **Instruction supérieure.**

MUSIQUE. *Voy.* **Conservatoire de musique, Diapason et Instruments.**

MUSIQUES MILITAIRES. Les musiques militaires ont été réorganisées par le décret du 5 octobre 1872, qui indique les dispositions antérieures restées en vigueur. Ce décret est commenté par le règlement ministériel du 14 octobre 1872 et diverses décisions postérieures qu'on trouvera au *Journal militaire* et au *Dictionnaire de législation et d'administration militaires* de Saussine et Chevalet (Paris, Berger-Levrault et Cⁱᵉ).

Nous nous bornons à reproduire deux articles du règlement du 14 octobre qui peuvent présenter un intérêt plus général :

« Art. 1ᵉʳ. L'admission dans les musiques militaires des artistes civils est supprimée.

« Art. 10. Il est interdit aux chefs et sous-chefs de musique de diriger ou de jouer dans les orchestres d'établissements où le public paie une entrée. »

MUTATION. 1. C'est le changement qui s'opère dans le droit de propriété d'un bien, ou dans la possession d'un droit.

2. Ce terme est très-usité en matière d'enregistrement. Ainsi on dit : *droit de mutation entre vifs* ou *par décès*, en parlant du droit payé à l'enregistrement quand un bien est transmis par vente ou donation ou bien par testament ou succession.

3. Dans les communes cadastrées, les contrôleurs doivent inscrire sur un registre spécial toutes les mutations des propriétés foncières de leurs communes. Ce registre doit présenter les augmentations et diminutions survenues dans les contenances, les attributions et les revenus portés sur les matrices. Les contrôleurs doivent opérer les mutations sur les matrices déposées dans les communes respectives. Ils doivent aussi, chaque année, en faire part au directeur, qui fait, de son côté, les changements nécessaires sur ces matrices déposées dans ses bureaux. (*Règl.* 10 oct. 1821, *art.* 37, 38, 41 ; *Règl.* 15 *mars* 1827, *art.* 108 ; *Inst. min.* 26 *févr.* 1841.)

N

NAISSANCE (Acte de). *Voy.* **État civil.**

NANTISSEMENT. 1. Ce mot désigne un contrat par lequel un débiteur remet une chose à son créancier pour sûreté de la dette. (*C. civ.*, *art.* 2071.)

2. La chose donnée en nantissement est mobilière ou immobilière. Dans le premier cas, le contrat prend le nom de gage ; dans le second il prend celui d'antichrèse. (*Id.*, *art.* 2072.)

3. Le gage confère au créancier le droit de se faire payer sur la chose qui en est l'objet, par privilège et préférence aux autres créanciers (*Id.*, *art.* 2073) ; mais le créancier n'a qu'un simple droit de détention sur la chose, et ne peut en disposer. Le débiteur conserve la propriété, et ne peut en être dépouillé qu'après l'observation de certaines formalités tracées par la loi. Le prêt sur gage est soumis à des règlements et restrictions particuliers. (*Voy.* **Banque de France, Monts-de-piété.**)

4. L'antichrèse ne s'établit que par écrit. Le créancier n'acquiert par ce contrat que la faculté de percevoir les fruits de l'immeuble, à la charge de les imputer annuellement sur les intérêts, s'il lui en est dû, et ensuite sur le capital de la créance (*Id.*, *art.* 2085). Il faut remarquer que l'antichrèse ne donne ni droit de propriété (car le fonds n'est pas aliéné), ni droit d'hypothèque, puisqu'un titre droit ne peut s'acquérir que d'après les formes générales établies par les lois, et par une inscription régulière.

NATURALISATION. 1. *Législation antérieure.* Les lois qui règlent les conditions auxquelles serait attachée la qualité d'indigène, ont varié selon les temps et selon les pays : deux systèmes ont toujours été en présence : l'un qui fait dépendre la nationalité du lieu de la naissance, l'autre, de la filiation ; c'est le dernier que la loi française qui nous régit aujourd'hui a choisi. C'est par suite d'une transaction entre ces deux systèmes qu'on a formulé l'art. 9 du Code civil, modifié par les lois postérieures ; l'art. 10 n'est qu'une conséquence favorable du principe adopté ; la loi du 22 décembre 1790 sur les descendants des religionnaires fugitifs est une application spéciale de cette même règle.

2. Par naturalisation, il faut entendre l'acte qui rattache l'étranger à une patrie à laquelle aucun lien naturel ne l'unissait lors de sa naissance.

3. La naturalisation, telle qu'elle vient d'être définie, était connue sous l'ancienne jurisprudence ; elle était accordée par des lettres du *grand sceau*, appelées *lettres de naturalité* ; anciennement elles portaient le nom de *lettres de bourgeoisie*, ce qui semblait confondre les droits et les privilèges municipaux avec ceux de naturel du pays. Le roi seul, à l'exclusion de tout seigneur, juge ou toute cour souveraine, pouvait accorder la naturalisation ; mais les *lettres de naturalité* devaient être enregistrées au Parlement et entérinées à la Chambre des comptes, et même au bureau des finances.

4. La loi du 30 avril-2 mai 1790 inaugura des principes nouveaux et fit résulter la naturalisation de plein droit d'un temps déterminé de séjour continu en France. La Constitution du 14 septembre 1791 et celle du 24 juin 1793 maintinrent ce principe. La volonté de l'étranger de se fixer en France, résultait forcément de certaines circonstances énumérées par la loi, et l'étranger pouvait quelquefois se trouver dans l'alternative de quitter le pays, ou de se voir naturalisé de plein droit, sans aucune demande ni aucune démarche de sa part.

5. La Constitution du 5 fructidor an III fit disparaître ce système et exigea, pour que l'étranger obtînt la naturalisation par le bénéfice de son séjour en France, une déclaration formelle et explicite de sa part, de son intention de s'y fixer définitivement. La Constitution du 22 frimaire an VIII adopta la même règle.

6. Tous les étrangers qui, sous l'empire des lois qui viennent d'être rappelées, ont acquis la qualité de Français, n'ont pu la perdre désormais qu'aux mêmes conditions que l'indigène même ; elle leur a été attribuée d'une manière définitive et sans que les lois postérieures qui ont modifié la législation sur cette matière, aient pu en aucune manière les atteindre.

7. Le décret du 17 mars 1809 maintint comme condition préalable pour obtenir la naturalisation, l'obligation de se soumettre aux prescriptions de la Constitution du 22 frimaire an VIII ; mais ces conditions une fois remplies ne donnèrent plus que l'aptitude à obtenir la naturalisation ; elle n'a pu résulter, depuis ce moment, que d'une concession formelle du Chef du Gouvernement, devenu maître absolu d'accorder ou de refuser cette faveur selon les circonstances.

8. Un sénatus-consulte du 19 février 1808, modificatif d'un précédent sénatus-consulte du 26 vendémiaire an XI, avait permis au Gouvernement d'adoucir les conditions préliminaires en faveur des étrangers que des circonstances particulières rendaient dignes d'une naturalisation exceptionnelle.

9. La loi du 14 octobre 1814, nécessitée par les événements politiques, établit certaines règles exclusivement applicables aux habitants des provinces réunies à la France sous la République et sous l'Empire, et qui furent rendues à leurs anciens souverains ; mais le Gouvernement, même dans les cas prévus par cette loi, resta appréciateur souverain de l'opportunité qu'il y avait à accorder la naturalisation aux individus qui justifiaient de leur aptitude légale à l'obtenir.

10. Une discussion s'est élevée sur la portée que doivent avoir les lettres patentes délivrées en vertu de cette loi, sous l'ancien nom de *lettres de naturalité*, auxquelles on a voulu donner un effet rétroactif, prétendant que l'étranger qui en avait été pourvu était censé avoir conservé sans interruption la qualité de Français que lui avait donnée la réunion de son pays à la France. Cette opinion est complétement erronée, quoique l'on puisse citer à l'appui quelques décisions judiciaires.

11. La naturalisation obtenue en vertu des lois qui viennent d'être rappelées ne donnait pas à un étranger, depuis l'ordonnance du 4 juin 1814, le droit de siéger dans les assemblées législatives ; mais cette même ordonnance déclarait que, pour d'importants services rendus à l'État, un étranger pourrait être élevé à la *plénitude de la qualité de citoyen français* au moyen de lettres de naturalisation délivrées par le roi et vérifiées par les deux Chambres. C'est ce qu'on a appelé *grande naturalisation*, distincte de la *naturalisation exceptionnelle* conférée en vertu du sénatus-consulte du 19 février 1808.

12. Cette législation est restée en vigueur jusqu'au décret du Gouvernement provisoire en date du 28 mars 1848 ; mais ce décret, rendu particulièrement en vue des élections générales auxquelles on se préparait, n'était pas destiné à former la législation définitive sur cette matière. Il a été remplacé par la loi du 3 décembre 1849. Cette loi confirme le principe établi par le décret du 17 mars 1809, et rétablit, quant à l'éligibilité à l'Assemblée nationale, une règle analogue à celle qui était contenue dans l'ordonnance du 4 juin 1814, abrogée implicitement par le décret du Gouvernement provisoire du 5 mars 1848.

Ainsi l'art. 1er de la loi de 1849 exigeait que les étrangers, pour solliciter la naturalisation, justifiassent qu'ils avaient résidé dix ans en France, depuis la date du décret qui les avait admis à y établir leur domicile, conformément à l'art. 13 du Code civil.

13. De même la naturalisation accordée par le Gouvernement, en vertu de la loi du 3 décembre 1849, ne donnait pas aux étrangers qui l'avaient obtenue, le droit de siéger au Corps législatif ; l'éligibilité ne pouvait leur être accordée que par une loi. Toutefois cette disposition, aux termes de l'art. 5, ne devait porter aucune atteinte aux droits qui étaient acquis aux étrangers naturalisés avant la promulgation de la loi, en vertu des dispositions législatives antérieures.

14. La naturalisation, de quelque manière qu'elle ait été conférée, était personnelle à celui qui l'avait obtenue et ne profitait pas aux enfants déjà nés ; aucune distinction ne devait être faite à cet égard entre les majeurs et les mineurs. Les enfants nés depuis la naturalisation étaient Français.

15. La loi du 7 février 1851 confirma ces principes, en même temps qu'elle conféra aux enfants des personnes naturalisées un nouvel et très-précieux avantage : « L'art. 9 du Code civil, dit cette loi, est applicable aux enfants de l'étranger naturalisé, quoique nés en pays étranger, s'ils étaient mineurs lors de la naturalisation. À l'égard des enfants nés en France ou à l'étranger, qui étaient majeurs à cette époque, l'art. 9 du Code civil leur est applicable dans l'année qui suivra celle de ladite naturalisation. »

En vertu de cette loi, les enfants des étrangers naturalisés peuvent, par une simple déclaration faite à la mairie de leur domicile et sous les conditions qui viennent d'être transcrites, obtenir de plein droit, et sans le concours de l'administration, la naturalisation.

16. *Législation actuelle.* La loi du 29 juin 1867 est venue sensiblement adoucir les dispositions antérieures. Au lieu de dix ans, le délai n'est plus que de trois ans et la naturalisation confère, en outre, à l'étranger *tous les droits* de citoyen français ; elle assimile, de plus, à la résidence en France le séjour en pays étranger pour l'exercice d'une fonction confiée par le Gouvernement français.

17. Toutes les demandes de naturalisation sont soumises à l'examen du Conseil d'État, qui donne son avis.

18. Les étrangers doivent donc aujourd'hui, pour être naturalisés, adresser une demande sur papier timbré au ministre de la justice, en y joignant leur acte de naissance, et justifier d'un séjour de trois ans en France, soit depuis le décret d'admission à domicile, en produisant l'ampliation du décret qui a dû leur être remise, soit depuis la déclaration faite antérieurement à la promulgation de la loi nouvelle, conformément à l'art. 3 de la Constitution de l'an VIII, en produisant une expédition de cette déclaration, qui leur est délivrée par la mairie où elle a été faite. Ces conditions remplies, le Gouvernement reste juge de l'opportunité de la mesure.

19. L'art. 2 de la loi de 1867 rappelle les termes du sénatus-consulte du 19 février 1808, ainsi que l'art. 2 de la loi du 3 décembre 1849, et le délai de trois ans qui vient d'être mentionné est réduit à une année en faveur des étrangers qui ont rendu des services importants à la France, qui ont apporté dans son sein des talents, des inventions ou une industrie utile, ou qui y ont formé de grands établissements.

20. La loi du 29 juin 1867 est commune aux deux sexes, et une femme étrangère peut en invoquer l'application ; mais l'art. 12 du Code civil a établi en outre, pour les femmes, un mode particulier de naturalisation qui a été maintenu sous tous les régimes : « L'étrangère qui aura épousé un Français, dit ce texte, suivra la condition de son mari » ; et le décès de son mari ne lui ferait pas perdre une qualité qui lui est accordée par la loi sans aucune restriction.

21. Lorsque le Gouvernement revendiqua, en 1809, le privilège de conférer la naturalisation, elle ne pouvait avoir lieu que par décret ; ce décret était inséré au *Bulletin des lois*, et une ampliation en était délivrée à la partie intéressée. Une ordonnance du 8 octobre 1814 et la loi de finances du 28 avril 1816 exigèrent le paiement d'une somme qui se montait, avec les honoraires du référendaire, à 172 fr., et en même temps la forme des lettres patentes usitée sous l'ancienne jurisprudence fut rétablie. À partir du 24 février 1848, les lettres patentes, délivrées en plusieurs circonstances, ont été supprimées d'une manière générale, et l'on a repris la forme usitée sous Napoléon Ier, celle des décrets, dont les ampliations sont délivrées aux parties intéressées, pendant que les originaux restent déposés aux archives du ministère de la justice. C'est cette dernière forme qui s'est maintenue ; mais les droits tels qu'ils avaient été fixés pour les lettres patentes, n'en restent pas moins exigibles ; ils sont actuellement de 175 fr., y compris les honoraires du référendaire, et indépendants d'une semblable somme de 175 fr.

due pour l'admission à la jouissance des droits civils, conformément à l'art. 13 du Code civil. Le Gouvernement peut en faire remise en tout ou en partie.

22. La naturalisation n'est irrévocablement accordée qu'après la délivrance de l'ampliation, qui est suivie de l'insertion du décret au *Bulletin des lois* ; jusque-là il n'est encore intervenu que des actes préliminaires et le Gouvernement reste toujours maître de suspendre ou de rapporter.

23. Sous l'ancienne jurisprudence, les lettres patentes de naturalité pouvaient être révoquées. La naturalisation est maintenant irrévocable; il n'en est pas ainsi de l'admission à domicile. (*L.* 3 déc. 1849, *art.* 3.)

24. La naturalisation des habitants de l'Algérie a été favorisée par des lois spéciales. Le sénatus-consulte du 23 juillet 1865 déclarait Français les israélites et les musulmans indigènes de l'Algérie, mais il exigeait pour l'obtention des droits de citoyen français une demande de leur part. Il permettait, en outre, aux étrangers de solliciter la naturalisation au bout de trois ans de résidence en Algérie, sans qu'ils eussent à justifier d'une admission à domicile préalable.

25. Le décret du 24 octobre 1870 a exempté de toute demande les israélites indigènes, en conférant à tous le titre et les droits de citoyen français.

NATURALITÉ (Lettres de). *Voy.* **Naturalisation.**

NAUFRAGE. 1. Destruction d'un navire par fortune de mer. Le naufrage peut avoir lieu par submersion ou par échouement sur la côte, avec bris, dans des circonstances très diverses. Nous ne mentionnerons que pour mémoire les échouements sans voies d'eau qui permettent de relever le navire et de lui faire continuer son voyage.

2. Nous n'avons pas à nous occuper ici des questions nombreuses du ressort des tribunaux, auxquelles les naufrages peuvent donner lieu. Mais ces sinistres étant de nature à mettre en péril la vie des hommes ou leurs propriétés, l'autorité peut être appelée à leur accorder la protection qui leur est due. C'est le plus souvent l'administration qui préside au sauvetage ; c'est elle qui prévient le pillage des effets tirés de la mer; c'est elle qui les conserve pour les rendre à leur légitime propriétaire. Nous ne pouvons retracer ici que les principaux points de cette législation.

3. Les personnes témoins d'un naufrage doivent en donner immédiatement avis à l'officier d'administration et au syndic des gens de mer du port d'où dépend le lieu du naufrage, et en leur absence, à l'agent municipal le plus voisin. Mais on ne doit pas attendre l'arrivée de l'autorité pour commencer le sauvetage ; l'ordonnance de 1681 enjoint « à tous de faire tout devoir pour secourir les personnes qu'ils verraient dans le danger de naufrage, et de travailler incessamment, en attendant l'arrivée des officiers de l'amirauté, à sauver les effets provenant des naufrages et des échouements ».

4. Aussitôt qu'un fonctionnaire public est averti d'un naufrage, il en prévient le juge de paix, le maire ou toutes autres autorités civiles ou militaires, qui doivent prendre aussitôt, dans le cercle

de leurs attributions respectives, toutes les mesures propres à assurer le succès de leurs efforts communs. (*L.* 9-13 *août* 1791, *tit. I*er, *art.* 5.)

5. Dès que le fonctionnaire administratif (faisant partie de la marine ou du corps municipal) est arrivé sur le lieu du naufrage, il prend en main la direction du sauvetage, requiert les travailleurs nécessaires (*O.* 1681 ; *C. P., art.* 475, 12° [1]), et éloigne au besoin les individus dont la présence lui paraît avoir des inconvénients.

6. Les navires ou leur cargaison appartenant toujours à leurs légitimes propriétaires, ceux-ci ou leurs représentants et mandataires (*Arr.* 17 *flor. an IX*), s'ils se trouvent sur les lieux, ainsi que les consuls des États étrangers, pour les navires de leurs nationaux, ont le droit de diriger le sauvetage. L'autorité ne doit s'en charger qu'en leur absence.

7. Les individus choisis pour travailler au sauvetage sont employés par journées ou par marées de jour et de nuit. On doit toujours préférer les matelots de l'équipage.

Les travailleurs requis, soit par l'autorité, soit par les *intéressés*, ont droit à salaire.

8. Lorsque le sauvetage est opéré par les soins de l'administration, le fonctionnaire qui le dirige doit inventorier les objets amenés sur le rivage et en dresser procès-verbal.

Il doit ensuite les faire transporter dans des magasins qui ne peuvent jamais lui appartenir, ni à ses subordonnés, ni dépendre de leurs habitations. Les objets sauvés, déduction faite des frais de sauvetage, sont confiés, toujours dans le cas où le propriétaire, ou son représentant, ne serait pas présent, à un gardien solvable nommé par l'administration.

Les procès-verbaux de sauvetage sont enregistrés au droit fixe de 2 fr.

9. Les officiers du sauvetage doivent prendre des renseignements pour s'assurer des causes du naufrage. A cet effet, ils saisissent des papiers du navire, interrogent l'équipage, font afficher au lieu le plus apparent de l'échouement et à la porte de leur bureau le nom du navire naufragé, celui de sa nation, de son capitaine, du lieu de son départ et de celui de sa destination. (*O.* 1770, *art.* 5.)

10. Que le sauvetage s'opère sous la direction de l'administration ou sous celle du propriétaire du navire, les employés des douanes doivent assister à la reconnaissance des objets sauvés et signer le procès-verbal. Ils reçoivent une expédition du procès-verbal, délivrée sans frais ; ils surveillent le dépôt au magasin des marchandises sauvées ; ils ont droit à une clef de ce magasin, car les marchandises naufragées sont soumises à la législation des douanes, comme si elles étaient importées librement en France. (*Avis du C.* 8 *juill.* 1806.)

11. Les marchandises périssables, à dire d'ex-

« Seront punis d'amende depuis 6 fr. jusqu'à 10 fr. inclusivement...... 12° ceux qui, le pouvant, auront refusé ou *négligé* de faire les travaux, le service, ou de prêter le secours dont ils auront été requis, dans les circonstances d'accidents, de tumultes, *naufrage*, inondation, incendie ou autres calamités, ainsi que dans les cas de brigandage, pillage, flagrant délit, clameur publique ou d'exécution judiciaire. »

pert, doivent être vendues sans délai par l'administration, mais au profit des ayants droit. Les autres objets sont conservés un an et un jour (O. 1681). Si, à l'expiration de ce délai, ils n'ont pas été réclamés, ils sont vendus par l'officier d'administration de la marine (*Arr.* 17 *flor. an IX*), et leur produit est déposé dans la caisse des invalides, après l'acquittement des frais.

12. Les communes dans lesquelles a lieu le pillage d'un navire naufragé en sont rendues responsables, conformément aux dispositions de la loi du 10 vendémiaire an IV (*Arr.* 27 *therm. an VII*). Il ne s'agit ici que du pillage par attroupement à force ouverte. Les cas de vol isolé ou de recel sont jugés conformément au droit commun.

13. Lorsque le capitaine d'un navire français fait naufrage sur une côte étrangère, c'est au consul de France à lui accorder protection et à s'occuper du sauvetage conformément à l'ordonnance royale du 29 octobre 1833, art. 55 et suiv.

14. Ceux qui ont trouvé sur le rivage de la mer, hors le cas d'un naufrage connu auquel on travaille actuellement, des épaves ou effets provenant de bris, naufrages ou échouements, doivent, sous peine d'être punis comme receleurs, mettre les objets trouvés en sûreté et faire leur déclaration dans les vingt-quatre heures à l'officier des classes du lieu. Cet officier porte cette déclaration sur un registre spécial et en donne avis aux employés des douanes, qui dressent procès-verbal et le signent avec l'officier et le sauveteur. Ce dernier a droit à une indemnité.

Les navires et objets trouvés en pleine mer, ou tirés de son fond, appartiennent pour un tiers aux inventeurs.

15. Les marins appartenant à des navires français naufragés à l'étranger, doivent être rapatriés. (*Voy.* **Rapatriement.**)

BIBLIOGRAPHIE.

Nouveau Code des bris et naufrages, ou Sûreté et sauvetage, par M. J. Tartara. In-18 jésus. Eug. Lacroix. 1874.

NAVIGATION INTÉRIEURE (Droit de).

SOMMAIRE.

CHAP. I. — HISTORIQUE.

1. L'entretien des voies navigables est une des charges de l'État. Cette charge a amené l'établissement de droits perçus au profit du Trésor sur les marchandises qui empruntent ces voies de transport. Sous l'ancienne monarchie, la navigation était entretenue à l'aide de ressources d'origines diverses, telles que la fiscalité féodale, les fonds du Trésor royal ou des divers États, notamment ceux de Bretagne, de Languedoc et de Provence, les péages des compagnies concessionnaires, et, dans certains cas, les contributions des riverains; mais, malgré la diversité de ces ressources, l'entretien de la navigation était à peu près nul; les subsides alloués sur les fonds du Trésor étaient très-faibles et les subventions accordées par les États et les généralités étaient peu considérables. Quant

à la fiscalité féodale, elle avait bien plus pour but d'assurer des revenus parfois considérables aux seigneurs, que d'améliorer les voies navigables. Ainsi, dans un tableau des charges publiques fait en 1758 sous l'administration de M. de Boulogne, alors contrôleur général des finances, on lit cet article : « Grand nombre des péages dont le revenu appartient aux seigneurs des paroisses, lesquels sont évalués à 2,500,000 livres. » Une somme de 2,500,000 en 1758 représente aujourd'hui une valeur pécuniaire presque triple.

2. Ces perceptions étaient abusives au dernier point; elles comprenaient des droits de pertuis, d'avalage, de pontonnage, de halage, et un bien petit nombre de ces perceptions était la représentation de travaux exécutés ou de dépenses faites dans l'intérêt général. L'autorité souveraine avait à plusieurs reprises cherché à abolir celles de ces perceptions qui ne reposaient sur aucun titre, mais la plupart des édits royaux furent impuissants à détruire ces usurpations consacrées par le temps ou tolérées en faveur de seigneurs dont l'influence rendait stérile l'action de la loi. Ces abus ne disparurent qu'en 1790, lorsque la loi du 17 mars sapa dans sa base même l'institution féodale.

3. A dater de cette loi la navigation fut affranchie de tout péage. Cet état d'affranchissement a duré douze années. Pendant cette période, la France, agitée par des convulsions révolutionnaires et préoccupée des luttes engagées contre l'Europe, mit en oubli la navigation intérieure; l'entretien des fleuves et rivières fut abandonné jusqu'au jour où un gouvernement régulier saisit les rênes de l'État. Mais à cette époque les ressources du Trésor étaient loin de suffire aux besoins du pays, et un droit de navigation dut être établi afin de permettre à l'administration d'assurer l'entretien et d'entreprendre l'amélioration de nos voies navigables. C'est ainsi que la loi du 30 floréal an X a créé ce droit, qualifié alors d'octroi de navigation.

4. Cette loi dispose qu'il sera perçu dans toute l'étendue de la République un droit de navigation intérieure dont les produits seront spécialement et limitativement affectés au balisage, à l'entretien des chemins et ponts de halage, à celui des pertuis, écluses, barrages et autres ouvrages d'art établis pour l'avantage de la navigation. Elle ajoute que les produits des droits formeront des masses distinctes dont l'emploi sera fait limitativement sur chaque canal, fleuve et rivière, sur lesquels la perception aura été faite, et qu'il sera arrêté par le Gouvernement un tarif des droits de navigation pour chaque fleuve, rivière ou canal, après avoir consulté les principaux négociants, marchands et mariniers qui les fréquentent.

5. La pensée du législateur était évidente : à la marchandise, au commerce, à l'industrie qui fréquentent ta voie navigable, la charge d'en assurer l'entretien et l'amélioration. Mais si la spécialité du droit de navigation avait un avantage, cette mesure présentait en même temps de sérieux inconvénients. Établi en vue de faire face aux dépenses nécessaires sur chaque rivière ou sur chaque canal, ce droit devait varier selon les besoins de cette rivière ou de ce canal; il en résultait que le péage des voies navigables variait dans des proportions considérables d'une voie à l'autre et que ces variations créaient au commerce des difficultés d'une autre nature en rendant impossible, en raison des frais trop élevés des transports, l'apparition de telle ou telle marchandise sur les marchés d'approvisionnements. Cet état de choses s'est cependant maintenu jusqu'en 1836, bien que la spécialité du produit des droits de navigation ait été abrogée dès 1814.

6. La loi du 9 juillet 1836, complétée par le décret du 9 février 1867, a établi un droit uniforme sur tous les cours d'eau du domaine public, et a prescrit un mode de perception simple et facile. Nous allons donner quelques explications sur ces deux points et faire connaître l'économie de la législation.

CHAP. II, — TARIFS ET MODE D'IMPOSITION.

7. D'après la loi du 9 juillet 1836, le droit de navigation intérieure ou de péage spécialisé sur toute la partie navigable ou flottable des fleuves et rivières dénommés au tableau annexé à cette loi, était imposé par distance de 5 kilomètres, en raison de la charge réelle des bateaux en tonneaux de mille kilogrammes, ou du volume des trains.

8. Ce droit devait être perçu pour chaque cours de navigation, conformément à un tarif uniforme, à l'exception de la navigation du Nord. Ce tarif établissait deux espèces de taxe, l'une pour la descente, l'autre pour la remonte. Aussitôt sa mise à exécution, ce tarif souleva des réclamations. Il fut reconnu que les taxes, en favorisant les intérêts généraux, froissaient les intérêts de quelques localités ; une ordonnance du 27 octobre 1837 accorda un dégrèvement. D'un autre côté, une ordonnance du 30 novembre 1839, rendue en conformité de la loi du 14 juillet 1837, relative à l'application du système décimal, prescrivit qu'à dater du 1er janvier suivant, la perception des droits de navigation faite par l'État aurait lieu par distance d'un myriamètre ; que le droit serait appliqué par dixième de myriamètre, que toute fraction de 500 mètres et au-dessus serait comptée pour un kilomètre et que toute fraction inférieure serait négligée.

9. Les taxes déterminées par cette ordonnance ont été modifiées d'abord par le décret du 22 août 1860 et, en dernier lieu, par celui du 9 février 1867, dont le tarif est aujourd'hui appliqué indistinctement sur tous les cours d'eau (fleuves, rivières et canaux) administrés par l'État. Ce tarif est fixé ainsi qu'il suit :

	Fleuves, rivières et canaux assimilés aux rivières.	Canaux et rivières canalisées.
	Par kilom.	Par kilom.
Marchandises de 1re classe (par tonne)	2 millimes.	5 millimes.
Marchandises de 2e classe (par tonne)	1 millime.	2 millimes.
TRAINS ET RADEAUX.		
Bois de toute nature, par mètre cube d'assemblage	2 dix-mill.	2 millimes.

Nous indiquerons plus loin la composition des classes.

10. Au chiffre des perceptions auxquelles peuvent donner lieu ces taxes, il faut ajouter les décimes de guerre.

11. Le tarif que nous venons d'indiquer est applicable aux canaux exécutés en vertu des lois de 1821 et 1822, ainsi qu'aux canaux concédés d'Orléans, du Loing, de Briare, de Roanne à Digoin, de la Sensée, d'Aire à la Bassée, lesquels ont été rachetés, en vertu des lois des 28 juillet et 1er août 1860. Pour les autres voies concédées, dont le rachat n'a pas encore eu lieu, il existe des tarifs spéciaux ; ces tarifs, déterminés lors de la concession, peuvent être et sont fréquemment modifiés. Les modifications proposées ou consenties par les compagnies concessionnaires ne sont exécutoires qu'après un acte du pouvoir exécutif. Nous ne pouvons indiquer chacun de ces tarifs, ainsi que les modifications qu'ils ont successivement subies.

12. Les marchandises, d'après le décret du 9 février 1867, sont divisées en deux classes, la première classe comprend :

1º Sucres, cafés, denrées coloniales, épiceries, savons ; 2º vins, eaux-de-vie, esprits, liqueurs, vinaigres, cidres, bières, eaux gazeuses et minérales, et autres boissons ; 3º céréales en grains ou en farines, fécules, pommes de terre, riz, menus grains et graines diverses ; 4º métaux ouvrés, armes de toute espèce, machines, voitures ; 5º soies, cotons, laines, chanvre, lin, crin, ouvrés ou non ouvrés ; tissus de toute nature, sparterie, quincaillerie, cristaux, glaces, porcelaines, parfumerie, passementerie, mercerie, tabletterie, liéges ouvrés, ivoire, nacre, écaille, ouvrés ou non ouvrés ; corne façonnée, cartons, papiers de tenture et à écrire, librairies, cuirs et peaux, fourrures et pelleteries, statues, marbres en caisses, éponges, meubles ; 6º comestibles, fruits et légumes frais, légumes secs, fruits secs et confits, salaisons, conserves, huiles de toute nature, fruits oléagineux, beurre, fromage, miel, suif, cire, saindoux, glucoses, gélatines, colle forte, amidon, houblon et tabac.

Toutes les marchandises non comprises dans cette nomenclature rentrent dans la deuxième classe.

13. Les bateaux chargés de marchandises donnant lieu à la perception de droits différents, supportent ces droits proportionnellement au poids et suivant la nature de chaque partie du chargement.

14. Tout bateau sur lequel il y a des voyageurs paie le droit imposé à la première classe.

15. Les marchandises chargées sur des trains ou radeaux sont imposées par tonne de 1,000 kilogr. comme si elles étaient transportées par bateaux ; les trains et radeaux qui les portent ne sont passibles que du droit spécial fixé par le tarif.

16. Sont exempts des droits :

Les bateaux vides ;

Les bâtiments et bateaux de la marine nationale affectés au service militaire de ce département ou du département de la guerre, sans intervention de fournisseur ou d'entrepreneur ;

Les bateaux employés exclusivement au service ou aux travaux de la navigation par les agents des ponts et chaussées ;

Les bateaux pêcheurs, lorsqu'ils portent uniquement des objets relatifs à la pêche ;

Les bascules à poisson vides ou ne renfermant que du poisson ;

Les bacs, batelets et autres canots servant à transporter d'une rive à l'autre ;

Enfin, les bateaux appartenant aux propriétaires ou fermiers et chargés d'engrais, de denrées, de récoltes et de grains en gerbes pour le compte de ces propriétaires ou fermiers, lorsqu'ils ont obtenu l'autorisation de se servir de bateaux particuliers dans l'étendue de leur exploitation.

CHAP. III. — JEAUGEAGE. FORMALITÉS A REMPLIR POUR OBTENIR UN PERMIS DE NAVIGATION.

17. Aucun bateau ne peut naviguer sur les fleuves, rivières et canaux, qu'après avoir été préalablement jaugé à l'un des bureaux qui sont désignés pour chaque cours de navigation.

18. Le procès-verbal de jaugeage détermine le tirant d'eau à vide ; la dernière ligne de flottaison, à charge complète, est fixée de manière que le bateau dans son plus fort chargement présente toujours un décimètre en dehors de l'eau. Toute charge qui produirait un enfoncement supérieur à la ligne de flottaison ainsi fixée est interdite.

19. Le nombre des tonneaux imposables est déterminé, au moment du jaugeage de chaque bateau et pour chaque degré d'enfoncement, par la différence entre le poids de l'eau que déplace le bateau chargé et celui de l'eau que déplace le bateau vide, y compris les agrès. Le degré d'enfoncement est indiqué au moyen d'échelles métriques incrustées dans le bordage extérieur du bateau. Les dispositions qui précèdent sont toutes applicables aux bateaux à vapeur ; mais lors du jaugeage, la machine, le combustible pour un voyage et les agrès sont compris dans le tirant d'eau à vide. (*Voy.* **Navigation maritime,** n°s 10 *et suiv.*)

20. Indépendamment des prescriptions que nous venons d'énoncer, aucun bateau ne peut naviguer sans un permis de navigation délivré par l'autorité à laquelle est dévolue la police de la navigation. Les permis, en ce qui touche les bateaux à vapeur, ne sont accordés qu'après une visite et un rapport fait par la commission spéciale instituée par arrêté préfectoral. Les conditions que doivent remplir les bateaux à vapeur pour être autorisés à naviguer sont déterminées par des règlements spéciaux. (*Voy.* **Bateaux à vapeur.**)

CHAP. IV. — PERCEPTION.

21. La perception des droits de navigation se fait à chaque bureau de navigation.

Les bateliers ont la faculté de payer, au départ ou à l'arrivée, la totalité des droits pour le voyage entier, lors même que leurs bateaux devraient circuler sur plusieurs cours d'eau pour se rendre à destination.

22. Toutes les fois qu'un batelier a payé, au départ, jusqu'au lieu de destination pour la totalité du chargement possible de son bateau en marchandises de première classe, il n'est tenu, aux bureaux intermédiaires, que de représenter son laissez-passer.

23. Lorsque le batelier veut payer le droit à l'arrivée, il doit se munir, au premier bureau de navigation, d'un acquit-à-caution, qui doit être représenté aux employés des lieux de destination,

et déchargé par eux après justification de l'acquittement des droits.

24. A défaut de cette justification, le batelier ou sa caution sont tenus de payer les droits pour tout le trajet parcouru, comme si le bateau avait été entièrement chargé de marchandises de première classe.

25. Tout conducteur de bateaux ou de trains, doit, à défaut de bureau de navigation, se munir, à la recette buraliste des contributions indirectes du lieu de départ ou du chargement, d'un laissez-passer qui indiquera, d'après sa déclaration, le poids et la nature du chargement, ainsi que le point de départ.

26. Ce laissez-passer ne peut être délivré, pour les bateaux chargés, qu'autant que le déclarant s'engage par écrit et par caution à acquitter les droits au bureau de navigation le plus voisin du lieu de destination ou à celui devant lequel il aurait à passer pour s'y rendre. Tout chargement supplémentaire fait en cours de transport doit être déclaré de la même manière.

27. Les laissez-passer, acquits-à-caution, connaissements et lettres de voiture doivent être représentés, à toute réquisition, aux employés des contributions indirectes, des douanes, des octrois, de la navigation, ainsi qu'aux éclusiers, maîtres de ponts et de pertuis. Ces pièces doivent toujours être en rapport avec le chargement.

28. La régie des contributions indirectes consent des abonnements payables par mois, d'avance ou par voyage :

Pour les bateaux qui servent habituellement au transport des voyageurs ou des marchandises d'un port à un autre ;

Pour ceux de petite capacité, lorsqu'ils ne sont pas au delà de 15 kilomètres du port auquel ils appartiennent.

29. La perception du droit de navigation sur les navires, bâtiments et bateaux allant des ports situés à l'embouchure des fleuves à la mer, ou venant de la mer à destination de ces ports, a été supprimée par le décret du 22 mars 1860.

CHAP. V. — PÉNALITÉS. COMPÉTENCE.

30. Toute contravention aux dispositions de la loi du 9 juillet 1836 et aux ordonnances ou décrets qui en ont réglé l'application, est punie d'une amende de 50 à 200 fr., sans préjudice des peines établies par les lois en cas d'insultes, violences ou voies de fait.

31. Les propriétaires des bâtiments, bateaux et trains sont responsables des amendes résultant des contraventions commises par les bateliers et les conducteurs.

32. Le produit des amendes est réparti comme en matière de voitures publiques.

33. Aux termes de l'art. 21 de la loi, les contraventions sur le fond du droit de navigation doivent être jugées, et les contraventions constatées et poursuivies dans les formes propres à l'administration des contributions indirectes. Il s'ensuit que les contraventions sur le fond du droit doivent être portées devant les tribunaux civils, et les procès-verbaux de contraventions déférés aux tribunaux correctionnels. (*Voy.* **Contributions indirectes.**)   M. A. DUMOUSTIER [1].

1. Mis à jour par M. Paul Michel.

BIBLIOGRAPHIE.

Rapport et projet de décret sur la navigation générale et intérieure de la République, présentés à la Convention au nom du comité d'agriculture et des travaux publics, par Marragon. In-4°. An IV.

Collection complète des lois et arrêtés concernant la perception des droits de navigation, par Ravinet. 1 vol. 1824.

Dictionnaire de la navigation, par Ravinet. 2 vol. 1824.

Rapport au Roi sur la navigation intérieure. In-4° 1824.

Essai général de navigation intérieure de la France, par M. Brisson. In-18. Paris, F. Didot. 1828.

Histoire de la navigation intérieure de la France, par Dutens. 2 vol. in-4°. 1829.

Répertoire universel du commerce et de la navigation, contenant les droits de navigation, les tarifs des douanes de toutes les contrées, par M. Maiseau. In-8°. Paris, Legrand et Decauriet. 1837.

Traité de la perception des droits de navigation et de péage sur les fleuves, rivières et canaux navigables ou flottables, etc., par Ernest Grangez. 1 vol. in-8°. Paris, Augustin Mathias. 1840. 2e édit. 1854. E. Lacroix.

Tarif des droits de navigation, dressé et publié par les soins de l'administration des douanes, et approuvé par M. le Ministre des finances. In-4°. Impr. nat. Décembre 1850.

La navigation intérieure et la jurisprudence administrative en matière de voirie, par M. A. de Courcy. In-18 jésus. Paris, impr. de Renou et Maulde. 1870.

Traité sur les transports par chemin de fer, par terre et par eau, d'après la jurisprudence connue jusqu'à ce jour, par M. Chauvet. In-18. Reims, Brissart. 1870.

Cours de navigation intérieure: fleuves et rivières, par M. H. de Lagréné. In-4°. Paris, Dunod. 1872.

Des cours d'eau navigables et flottables, par M. Alf. Plocque. 1re partie. In-8°. Paris, Durand et Pedone-Lauriel. 1873.

NAVIGATION MARITIME.

SOMMAIRE.

CHAP. I. — INTRODUCTION.

1. De tous les modes de transport, la navigation maritime est sans contredit le plus économique. Il ne peut donc y avoir de commerce étendu et florissant sans une marine active et puissante. La suprématie commerciale a, tour à tour, appartenu aux peuples qui ont dominé les mers.

Ainsi, dans l'antiquité, les Phéniciens, les Carthaginois, les Grecs, les Romains; dans le moyen âge les Vénitiens, les Génois, les Espagnols; dans les temps modernes, les Portugais, les Hollandais, les Français, les Anglais, les Américains du Nord, ont successivement occupé le premier rang dans le domaine maritime, et par suite dans le domaine commercial.

2. Si la mer sépare les nations, la navigation est le lien qui les unit et les met incessamment en communication. Jamais, à aucune autre époque, la navigation n'a été aussi active qu'aujourd'hui. Les progrès de l'art nautique, l'application de la vapeur à la locomotion par eau, ont amené la facilité et l'économie des voyages, et aujourd'hui on peut dire en quelque sorte qu'il n'y a plus de distances.

3. En France, la navigation, au point de vue de la législation douanière, se divise en deux grandes catégories: navigation réservée, navigation de concurrence.

CHAP. II. — NAVIGATION RÉSERVÉE.

4. Cette navigation se subdivise elle-même en trois classes, savoir:

1° Cabotage. (*Voy. ce mot.*)

2° Pêches maritimes. (*Voy. ce mot.*)

3° Navigation coloniale. (*Voy.* **Colonies** et **Douanes.**)

CHAP. III. — NAVIGATION DE CONCURRENCE.

5. Cette navigation est celle qui s'exerce concurremment avec tous les pavillons étrangers, soit pour l'importation des produits qui arrivent en France, soit pour l'exportation de ceux que le pays expédie à l'étranger.

6. Aucun navire français ne peut prendre la mer sans être pourvu de son acte de francisation et de son congé. (*L. 27 vend. an II. Voy.* **Douanes, Francisation, Marine marchande.**)

7. Les navires construits à l'étranger peuvent être admis à la francisation après l'acquittement des droits d'importation fixés par les tarifs.

8. Les droits qui affectent le corps du navire sont de plusieurs sortes.

Les droits de navigation proprement dits sont: le droit de francisation, le droit de quai et le droit d'expédition; mais on range aussi dans cette classe les droits d'acquit et de congé; ainsi que les droits de passe-port, de permis et de certificat, bien que ces derniers se rapportent plutôt à la cargaison du navire qu'au navire lui-même, et que le droit de passe-port ne soit, en fait, qu'un droit de police.

9. Ainsi que sa dénomination l'indique, le droit de francisation affecte exclusivement les navires français. La quotité de ce droit varie en raison du tonnage des navires. (*Voy. le mot* **Douanes,** nos 136 *et suiv.*)

10. Les droits de navigation sont basés sur la capacité des navires. Cette capacité est déterminée par l'opération du jaugeage.

Un décret en date du 24 décembre 1872 a rendu applicable aux navires de commerce français le système de jaugeage établi en Angleterre par l'acte du 10 août 1854.

Un second décret du 24 mai 1873 détermine les règles à suivre pour obtenir le tonnage effectif des navires.

Les constructions existant sur le pont concourent à former le tonnage total, dont on ne retranche que les espaces affectés au logement de l'équipage. Cette déduction ne peut cependant excéder le vingtième du tonnage total.

Dans les navires mus par la vapeur, déduction est faite des espaces occupés par l'appareil moteur et les soutes à charbon. Dans aucun cas cette déduction ne peut dépasser 50 p. 100 du tonnage total.

Pour les remorqueurs à vapeur la déduction est uniformément de 50 p. 100.

11. Le mode de jaugeage déterminé pour le jaugeage des bâtiments français de toute espèce, est également applicable, pour percevoir les droits de navigation, aux bâtiments des pays étrangers.

12. Les capitaines étrangers ne sont pas tenus de déclarer le tonnage de leurs navires. Le jaugeage fait, selon la méthode légale, par des employés des douanes, est la seule base de perception du droit de tonnage. (*Circ.* 13 *mars* 1823.)

13. Les navires étrangers qui arrivent directement d'un port de France, avec des expéditions énonçant le tonnage d'après lequel ils ont déjà payé des droits, ne sont pas, si leur identité est d'ailleurs reconnue, assujettis à une nouvelle opération de jauge, et les droits sont perçus d'après le tonnage constaté. (*Circ.* 19 *août* 1828.)

Cependant si le chef du service des douanes de la localité ordonne de procéder à une nouvelle jauge et que la contenance reconnue excède de beaucoup celle constatée au port de prime abord, la nouvelle perception doit s'établir d'après le résultat de la dernière opération. Mais il n'y a jamais lieu d'exercer de répétition pour la portion des droits afférente aux excédants ainsi constatés. (*Même circ.*)

14. La loi du 30 janvier 1872 a établi un droit de quai sur les navires français et étrangers arrivant de l'étranger ou des colonies françaises, chargés en totalité ou en partie. Ce droit est de 50 centimes par tonneau de jauge pour les arrivages des pays d'Europe ou du bassin de la Méditerranée, et de 1 fr. pour les provenances de tous les autres pays.

Les navires affectés au transport des voyageurs acquittent le droit de quai à raison de 50 centimes ou de 1 fr. par voyageur.

Sont exempts de cette taxe : les bâtiments de l'État, les yachts de plaisance, les navires sur lest et les navires en relâche forcée qui ne font aucune opération de commerce.

15. Le droit d'expédition est en quelque sorte un second droit de tonnage ; il est proportionnel à la capacité des navires. En voici les bases :

Navires français.		Navires étrangers.	
De 5 tonn. et au-dessous, exempts.		De 5 tonnes et au-	
De 5 tonn. à 150 tonn. .	2 fr.	dessous.	exempts.
De 150 tonn. à 300 tonn. .	6	De 5 à 200 tonn. .	18 fr.
De plus de 300 tonn. . .	15	Plus de 200 tonn.	36
		(*L.* 27 *vend. an II.*)	

Les navires étrangers assimilés par les traités de navigation aux navires français paient les mêmes droits d'expédition que ces derniers.

16. Le droit d'expédition affecte exclusivement le corps du navire. Il est indivisible comme le droit de tonnage, nonobstant le double fait de l'*entrée* et de la *sortie*.

Ce droit, de même que le droit de tonnage, est dû par le seul fait de l'entrée dans un port de France. Il doit être perçu dans les vingt jours de l'arrivée et avant le départ du navire. (*Décis.* 8 *vent. an II.*)

17. Les paquebots affectés au transport des voyageurs doivent, comme tous les autres navires, acquitter le droit d'expédition afférent à leur tonnage et à leur pavillon, sans qu'il puisse être question de scinder ce droit ; mais en pareil cas et par application de la décision du 13 mars 1832, le tonnage se calcule d'après le nombre des passagers débarqués, au lieu d'être établi sur la contenance effective du navire.

18. L'exemption du droit d'expédition, accordée par la décision du 19 brumaire an X aux embarcations de 5 tonneaux et au-dessous, ne s'applique pas aux bâtiments qui n'amèneraient que 5 passagers ou moins. Ces paquebots, dont la contenance

réelle est toujours de plus de 5 tonneaux, doivent, dans le cas dont il s'agit, acquitter le minimum des droits d'expédition, c'est-à-dire 2 fr. ou 18 fr., selon le pavillon du navire. (*Circ.* 5 *mai* 1849.)

19. Le droit d'acquit, lequel est de 50 cent. par bâtiment pour les navires français et de 1 fr. pour les navires étrangers non assimilés au pavillon national, n'est dû que lorsque le navire est passible du droit de tonnage ou du droit d'expédition. (*Décis.* 21 *germ. an XI et* 23 *oct.* 1833.)

20. Le droit de congé est établi sur les bases suivantes :

Navires de 30 tonneaux } non pontés . . .	1	
et au-dessous. . . . } pontés	3	par bâtiment.
Au-dessus de 30 tonneaux.	6	

Ce droit est exigible toutes les fois que la douane délivre un congé à un navire, soit pour un premier voyage, soit à titre de renouvellement. Mais, dans ce dernier cas, si le congé a plus d'une année de date, il n'y a aucune perception à effectuer pour l'arriéré, c'est-à-dire pour le temps qui s'est écoulé depuis l'expiration du délai d'un an. (*Circ.* 14 *mai* 1841.)

21. Le droit de passe-port est de 1 fr. par bâtiment. Ce droit n'étant pas un droit de navigation proprement dit, est exigible dans tous les cas et pour tous les navires étrangers, sans en excepter ceux appartenant à des pays avec lesquels la France est liée par des traités de navigation. (*D.* 6 *mars* 1847.)

22. Le droit de permis et de certificat est de 50 cent. pour les bâtiments français et de 1 fr. pour les bâtiments étrangers (*L.* 27 *vend. an II*). Ce droit se paie pour chaque embarquement ou débarquement de marchandises (*Circ.* 21 *flor. an V*). Il est perceptible lors même que, pour quelque cas que ce soit, le bâtiment est affranchi du droit de tonnage. (*Circ.* 12 *vent. an VII.*)

23. Si un consignataire présente à la fois, pour être embarquées sur un même navire, des marchandises faisant l'objet de plusieurs expéditions de même nature (transit-exportation avec permis ou exportations simples), émanant, soit des bureaux frontières, soit des douanes de l'intérieur, il peut, bien qu'une déclaration et un permis soient apposés sur chacune de ces expéditions, les réunir dans un bulletin en forme de déclaration collective énonçant le numéro et la date de chaque expédition, ainsi que le bureau d'où elle émane. Cette réunion, considérée comme une seule opération d'embarquement, ne donne par cela même ouverture qu'à un droit unique de permis. (*Circ.* 6 *sept.* 1847.)

24. La houille embarquée à bord des navires français, dans le cas prévu par l'art. 23 de la loi du 2 juillet 1836, doit être considérée comme un objet d'approvisionnement nécessaire pour la navigation du navire, et par suite il y a lieu de l'affranchir du droit de permis. (*Décis.* 31 *août* 1843.)

25. Les marchandises étrangères extraites d'entrepôt doivent être soumises au droit de permis, lors même qu'elles sont destinées à être consommées en mer par l'équipage d'un navire français. (*Décis.* 11 *sept.* 1847.)

26. Pour jouir de l'immunité du droit de permis, il faut, selon qu'il s'agit d'importation ou d'exportation, que les marchandises que l'on transborde aient déjà payé le droit de permis ou qu'elles y soient ultérieurement assujetties. (*Décis.* 18 *prair. an VII et* 14 *déc.* 1819.)

27. Le transbordement des marchandises destinées à être réexpédiées immédiatement suppose la double opération de débarquement et d'embarquement. On ne perçoit cependant qu'un seul droit pour le permis unique qui est délivré en pareille circonstance. (*C. 20 avril* 1841.)

28. Le droit de certificat n'est exigible que pour les certificats destinés à être produits en justice. (*Décis.* 22 *nov.* 1850.)

Le droit de certificat n'affectant que la cargaison, les certificats de jauge qui se rapportent au corps du navire n'en sont pas passibles. (*Tarif officiel des droits de navigation,* 1850.) J. OZENNE [1].

1. Mis à jour par E. B.

NEUTRALITÉ. 1. Lorsqu'une guerre vient à éclater entre deux nations, la puissance qui n'est pas engagée par quelque convention antérieure à y prendre part et qui était simplement amie de l'une ou de l'autre, a le droit, en vertu de sa liberté naturelle ou de son indépendance, de rester neutre, c'est-à-dire de s'abstenir de tout concours ou de toute participation aux hostilités et de continuer à entretenir les mêmes rapports d'amitié avec les belligérants. La *neutralité* est l'état que la guerre crée pour les puissances qui n'y prennent pas part, par rapport à celles qui y sont engagées [1].

2. Le droit public distingue différentes espèces de neutralités. Ainsi, on appelle neutralité *naturelle,* celle que tout État a le droit de garder lorsqu'il n'est lié par aucun engagement contraire, et neutralité *conventionnelle,* celle qu'un État s'engage à observer, alors même qu'il aurait intérêt à une guerre qui est imminente, ou même pendante.

Lorsqu'un État se borne à déclarer sa neutralité et à ne rien faire au préjudice ou en faveur de l'un ou de l'autre des États belligérants, on dit que sa neutralité est *pacifique;* elle est, au contraire, *armée,* lorsqu'un État rassemble des forces et arme pour la maintenir, même par la force, contre les prétentions contraires aux droits qui en résultent.

3. Le droit que possède tout État indépendant de demeurer en paix tandis que d'autres États font la guerre, étant un attribut incontestable de sa souveraineté, il est évident qu'il n'est pas nécessaire pour qu'une puissance reste dans l'état de neutralité, qu'elle ait avec les nations belligérantes un traité qui l'y autorise. La neutralité n'a même pas besoin d'être formellement déclarée, quoiqu'en pareil cas et dans les grandes guerres, il soit d'usage que les puissances neutres en fassent la déclaration expresse par des proclamations ou des ordonnances publiques.

Ce fut ainsi qu'au commencement de la guerre d'Orient, presque tous les États restés neutres publièrent des déclarations conçues toutes dans

1. Voyez VATTEL, *Droit des gens;* G. F. MARTENS, *Précis du droit des gens moderne;* SCHMALTZ, *Droit des gens européen;* KLUBER, *Droit des gens moderne de l'Europe;* WHEATON, *Elements of international law;* ORTOLAN, *Règles internationales et diplomatie de la mer;* CALVO, *le Droit international, théorique et pratique;* MAURICE BLOCK, *Dictionnaire général de la politique.*

le même esprit, et qui, en annonçant leur intention de demeurer strictement attachés à la neutralité, rappelaient à leurs sujets les devoirs qu'ils avaient à remplir, tant vis-à-vis des belligérants que vis-à-vis de leur propre Gouvernement, afin de pouvoir jouir, sous sa protection, des droits dérivant de la neutralité.

4. La théorie générale de la neutralité des nations se réduit à deux principes, dont le premier renferme tous leurs droits, et dont le second comprend tous leurs devoirs.

D'après le premier de ces deux principes, il faut que les nations belligérantes, en se faisant mutuellement la guerre, ne portent aucune atteinte aux intérêts des nations neutres, soit que ces intérêts dérivent des rapports que ces nations ont entre elles, soit qu'ils dérivent des rapports qu'elles avaient où elles pouvaient avoir avant la guerre, tant avec l'une qu'avec l'autre des deux nations belligérantes.

L'autre principe, c'est que les nations neutres, auxquelles est interdit tout acte qui pourrait, d'une façon quelconque, avoir trait à la guerre, s'abstiennent d'introduire dans leurs rapports avec l'une des nations belligérantes, des innovations qui, favorables à celle-là, tourneraient au détriment de l'autre.

5. En vertu de ce dernier principe, on a posé avec raison, comme base fondamentale de la conduite des neutres, une exacte impartialité. Le neutre étant en effet l'ami commun des deux belligérants, ne peut favoriser l'un au détriment de l'autre; mais ce devoir d'impartialité a cependant une limite, et il n'est absolu que par rapport à la guerre.

6. Dans tout ce qui ne regarde pas la guerre, dit VATTEL, une nation impartiale ne refusera point à l'un des partis, à raison de sa querelle présente, ce qu'elle accorde à l'autre. Mais ceci ne lui ôte point, dans ses négociations, dans ses liaisons d'amitié et dans son commerce, la liberté de se conduire selon le plus grand bien de l'État. Quand cette raison l'engage à des préférences pour des choses dont chacun dispose librement, elle ne fait qu'user de son droit. Il n'y a point là de partialité; mais si elle refusait quelqu'une de ces choses à l'un des partis, uniquement parce qu'il fait la guerre à l'autre et pour favoriser celui-ci, elle ne garderait plus une exacte neutralité.

7. L'application pratique de ces règles, si simples en théorie, a été, en plusieurs circonstances, l'occasion de graves difficultés. Les relations que la neutralité produit peuvent, en effet, donner lieu, par leur nature et par celle des objets sur lesquels elles portent, à de considérables divergences d'appréciation sur le sens et sur l'étendue des droits et des obligations réciproques des neutres et des belligérants. Aussi n'est-il guère de matière, dans le domaine du droit des gens, qui ait soulevé plus de débats et fait naître plus de systèmes, soutenus tous avec autant de chaleur que de bonne foi par leurs différents auteurs.

8. Il ne saurait y avoir lieu ici à entrer dans une discussion approfondie sur la valeur relative de ces systèmes opposés, dont les uns, plus favorables aux belligérants qu'aux neutres, sacrifieraient volontiers ceux-ci à l'intérêt des premiers, et dont les autres voudraient, au contraire, imposer au belligérant l'obligation absolue de ne froisser ni directement, ni même indirectement, les intérêts du neutre.

Sans doute, en se posant sur le terrain des principes abstraits, ce dernier système serait plus fondé en droit que le premier, mais on comprend qu'il n'est pas possible que les nations neutres restent complétement insensibles à l'existence de la guerre entre les États avec lesquels elles continuent à maintenir des rapports accoutumés d'amitié et de commerce. Cette impossibilité peut même souvent leur causer des dommages réels ; mais c'est là une nécessité dont le neutre doit peser les conséquences, et qui peut dès lors l'amener à se déclarer contre celui des belligérants auquel la cause de la guerre peut être justement imputée, et à renoncer à une neutralité qui, en prolongeant la lutte, lui est plus préjudiciable qu'avantageuse.

9. La neutralité, considérée en général, crée des droits et des obligations relativement à quatre objets principaux, qui sont : la conduite politique du neutre à l'égard des puissances en guerre, le régime de son territoire, celui des personnes sujettes à son gouvernement, et, en dernier lieu, celui des biens et propriétés appartenant tant au Gouvernement qu'aux sujets neutres.

10. Un État neutre, dit KLUBER, n'est dans la guerre ni juge ni partie. C'est de cette maxime principale que découlent les règles particulières d'après lesquelles le neutre doit se guider dans tous les cas spéciaux. Ainsi, non-seulement il doit s'abstenir de toute action qui pourrait favoriser ou aider, dans ses opérations de guerre, l'un ou l'autre des belligérants, mais il ne doit point souffrir de la part de ceux-ci la moindre violation de ses droits de neutralité ; il lui est, par conséquent, défendu de prêter aucun secours de guerre à l'un, et partout où son autorité s'étend, il doit empêcher ses sujets d'en prêter d'aucune sorte.

On s'est demandé si les prêts d'argent étaient compris parmi les secours qu'un État neutre ne peut pas accorder à un belligérant sans violer sa neutralité. Malgré l'opinion de VATTEL, qui ne voit dans un prêt d'argent qu'une question de confiance et non un secours réel, on doit reconnaître que le neutre qui prête de l'argent à un belligérant, lui fournit évidemment le moyen de se procurer ce dont il a besoin pour continuer la guerre, et que cet acte est une violation manifeste de la neutralité[1].

11. La neutralité ne modifie en rien les droits souverains de l'État neutre sur son territoire : seulement elle impose au Gouvernement l'obligation d'empêcher qu'aucun acte d'hostilité ne soit exercé dans les limites de sa juridiction territoriale. Ainsi, le neutre a le droit d'exiger que les belligérants n'usent point de son territoire pour la guerre ; qu'ils n'y prennent ni armes, ni munitions ; qu'ils n'y fassent aucun armement, soit enrôlement,

1. A coup sûr, lorsqu'un Gouvernement prête de l'argent à un belligérant, il sort de la neutralité ; mais en est-il de même lorsqu'il n'empêche pas les parties contendantes à emprunter sur son marché monétaire ? N'est-il pas des pays qui sont pour ainsi dire le banquier de tout le monde ? **M. B.**

soit rassemblement de troupes ; que leurs troupes ne l'occupent pas militairement et qu'elles ne la traversent qu'après que le libre passage leur a été accordé ; qu'enfin la personne et les biens des sujets de l'État belligérant, ainsi que les propriétés de cet État lui-même y soient respectés et à l'abri de tout acte hostile.

12. Tous les individus qui sont soumis à la juridiction d'un Gouvernement neutre doivent, comme ce Gouvernement lui-même, s'abstenir de toute participation aux hostilités. Leur neutralité leur défend, nommément, de prendre part dans des armements de corsaires, de faire des levées de troupes pour un belligérant et de lui fournir des armes ou des munitions de guerre. Ces obligations, dont l'infraction fait perdre à celui qui la commet le caractère de sujet neutre, ont été rappelées expressément au commencement de la guerre d'Orient dans les déclarations publiées à cette occasion par les Gouvernements neutres.

En pays ennemi, les sujets d'un État neutre doivent être respectés dans leurs personnes et dans leurs biens meubles, à moins qu'ils n'aient pris une part active aux hostilités. Quant aux contributions de guerre et autres charges dont peuvent être atteints les immeubles des belligérants, comme sous ce rapport les neutres sont soumis à la juridiction directe de l'État dans lequel leurs biens sont situés, ils doivent suivre le sort commun des régnicoles.

Ces principes sont applicables de plein droit aux propriétés mobilières ou immobilières qu'un Gouvernement neutre possède dans le territoire d'un État belligérant.

13. Les droits et les devoirs des neutres dans une guerre maritime sont plus difficiles à déterminer, et la question du commerce des neutres pendant la guerre, particulièrement celle de leur commerce avec les belligérants, est une des plus controversées du droit des gens.

Un État belligérant peut défendre à ses sujets ainsi qu'aux habitants de la partie du territoire ennemi que ses forces de terre ou de mer occupent momentanément, de faire le commerce, soit avec les autres parties du territoire de l'État ennemi, soit même avec les pays neutres ; mais il n'a pas le droit d'obliger les neutres à s'abstenir de commercer avec son ennemi ; l'état d'inimitié survenu entre deux puissances ne pouvant à lui seul, selon l'expression de KLUBER, porter préjudice aux droits des tiers.

14. Tel est bien sans doute le droit absolu du neutre, mais ce n'est là qu'un principe abstrait dont l'application pratique sans réserves n'est pas possible. On comprend, en effet, que si la liberté qu'a le neutre de commercer avec qui il veut était maintenue entière, il serait trop facile d'en abuser et que, sous une apparence trompeuse d'abstention, le neutre pourrait fournir à l'un des belligérants, par la voie du commerce, des secours réels et par conséquent le moyen de prolonger la lutte. Aussi quelque parfait que soit le droit qu'a le neutre, pendant une guerre maritime, de commercer avec les belligérants, l'usage des nations, fondé sur des considérations d'équité qui, dans l'espèce, l'emportent sur le droit strict, restreint-il l'exercice de ce droit des neutres dans une juste mesure, afin qu'il ne puisse pas annuler ceux des belligérants.

15. Ces restrictions, que les exigences de l'état de guerre apportent à la liberté commerciale du neutre résultent, soit de l'exercice du droit de blocus, soit de l'opposition au transport de la contrebande de guerre ou à celui de la propriété ennemie sur navire neutre et de la propriété neutre sur navire ennemi, soit enfin du droit de visite ou d'enquête du pavillon, juste moyen d'action dont la loi des nations autorise l'usage en temps de guerre maritime. (*Voy.* **Blocus, Contrebande de guerre, Prises.**)

16. Il n'existe cependant pas de principes uniformes et généralement admis qui déterminent d'une manière précise, à l'égard de ces restrictions, l'étendue des droits des belligérants et la limite extrême des obligations des neutres. Il n'y a pas, sur cette délicate question, de loi universelle, et cette absence d'un droit commun admis par tout le monde, obligatoire pour toutes les nations, a permis jusqu'ici à chacune d'elles de régler le plus conformément à ses intérêts et aux exigences de sa situation, par des stipulations internationales et même par des lois privées, les obligations et les droits particuliers que la neutralité fait naître.

Si toutefois les lois ont varié sur ce point selon les mœurs et les circonstances, si la politique du moment a presque toujours modifié les principes du droit politique, on peut dire avec M. Portalis, que dans nos temps modernes les règlements ont paru constamment incliner vers l'équité générale, et que la France s'honore d'avoir eu l'initiative des maximes douces et généreuses qui ont prévalu en Europe depuis le traité d'Utrecht.

17. Le règlement du 26 juillet 1778 est le dernier qui ait été publié en France sur la navigation des neutres pendant la guerre. Momentanément suspendues pendant l'époque de la Révolution, ses sages et libérales dispositions, auxquelles le monde entier avait applaudi lors de sa publication, ont été remises en vigueur par un arrêté du Gouvernement consulaire du 29 frimaire an VIII. Il est aujourd'hui une loi de l'État.

18. Ce règlement fut cependant modifié pour la durée de la guerre d'Orient, par une déclaration de l'empereur du 29 mars 1854, qui fut insérée dans le *Moniteur* (*officiel*) du lendemain, en même temps qu'une déclaration identique était publiée dans la *Gazette de Londres,* au nom de Sa Majesté britannique.

Dans cet acte mémorable, et par lequel les deux Gouvernements alliés ont spontanément renoncé à se prévaloir d'une partie de leurs droits de belligérants et adopté en faveur des neutres les mêmes résolutions, dans une matière sur laquelle jusqu'ici leurs doctrines avaient été si différentes, il est posé en principe :

1° Que tout blocus, pour être valable, doit être effectif ;

2° Que le pavillon neutre couvre la marchandise, à l'exception de la contrebande de guerre et des dépêches de l'ennemi ;

3° Que la marchandise neutre reste libre sous pavillon ennemi.

Jamais un document de cette nature n'avait été conçu dans des termes aussi favorables, et dans aucune guerre le commerce neutre n'avait été assuré de pareils avantages ; l'union intime de la France et de l'Angleterre pouvait seule permettre de consacrer un système aussi libéral.

19. Il constituait un précédent considérable qui répondait, d'ailleurs, si bien à des besoins communs à tous les peuples, que les plénipotentiaires réunis au Congrès de Paris, en 1856, n'hésitèrent pas à affirmer, dans une déclaration collective, les règles qui avaient été observées par les puissances belligérantes à l'égard des neutres.

20. Cette déclaration du Congrès de Paris porte la date du 16 avril 1856. (DE CLERCQ, *Recueil des traités de la France;* VII, 91.) Elle constitue aujourd'hui, on peut le dire, la loi des nations. Tous les États secondaires lui ont donné successivement leur accession. Les États-Unis d'Amérique ont refusé, toutefois, d'y accéder, et il en a été de même de l'Espagne et du Mexique.

C. DE VALLAT.

NOMS (CHANGEMENT ET ADDITION DE). **1.** Toute personne n'a d'autres nom et prénoms que ceux qui lui sont assignés dans son acte de naissance, et quiconque les altère ou les modifie est passible d'une amende de 500 à 10,000 fr. (*Art.* 259 *du Code pénal, modifié par la loi du 28 mai* 1858.)

2. Le titre Ier de la loi du 11 germinal an XI, après avoir décidé que les noms en usage dans les différents calendriers et ceux des personnages connus de l'histoire ancienne pourront seuls être reçus comme prénoms, renvoie toute personne qui aurait des motifs légitimes pour faire changer les prénoms qui lui ont été donnés dans son acte de naissance, à se pourvoir devant les tribunaux civils. Mais la demande ne peut être formée que par une personne portant un prénom autre que l'un de ceux qui doivent être légalement donnés.

3. Le Gouvernement ne peut statuer sur les questions de prénoms. Les tribunaux civils sont seuls compétents à cet égard.

4. Quant aux changements de noms (soit par substitution d'un nom à l'ancien, soit par addition d'un nom nouveau) deux voies sont ouvertes selon la nature des motifs invoqués. Si le changement est réclamé comme un droit, un jugement du tribunal est nécessaire pour rectifier l'acte de naissance, en ordonnant l'inscription du nom qui s'y trouvait dénaturé ou omis. Si au contraire on sollicite ce changement à titre de faveur, c'est au Gouvernement qu'on doit s'adresser.

5. En ce cas, la demande sera insérée au *Journal officiel* et dans les journaux désignés pour l'insertion des annonces judiciaires de l'arrondissement où réside le pétitionnaire et de celui où il est né. Il ne peut être statué sur ladite demande que trois mois après la date de ces insertions. (*D.* 8 *janv.* 1859, *art.* 9.)

6. Un exemplaire de chacun de ces journaux doit être joint à la requête, ainsi que l'acte de naissance de l'impétrant ; celui-ci doit fournir également l'acte de naissance de la personne dont il voudrait prendre le nom, son consentement, ou son acte de décès.

7. Le nom d'une commune ne peut être accordé comme nom patronymique. (*L.* 20 *juill.* 1808, *art.* 3.)

8. Si la demande n'énonce à l'appui aucun motif grave et légitime, elle est rejetée. Dans le cas contraire, après avoir été soumise à une instruction préalable, elle est renvoyée au Conseil d'État, qui donne son avis. (*L.* 11 *germ. an XI, art.* 5.) Le ministre de la justice prononce ensuite définitivement, et si la demande est accueillie, propose au président de la République un décret qui est inséré au *Bulletin des lois.* Ce n'est qu'après la révolution d'une année, à partir de cette insertion, que l'impétrant peut demander au tribunal un jugement qui ordonne sur les registres de l'état civil la rectification qu'a autorisée le décret (*art.* 6).

9. Pendant le cours de cette année, toute personne y ayant droit peut se pourvoir par voie contentieuse devant le Conseil d'État pour obtenir, s'il y a lieu, la révocation du décret; passé ce délai, il devient irrévocable, si aucune opposition n'a été formée, ou si elle a été rejetée.

Le secrétaire général du Conseil d'État délivre un certificat à cet effet.

10. Un droit de sceau de 650 fr., compris les honoraires alloués au référendaire, est dû par chaque personne qui obtient un changement de nom.   J. ALAUZET [1].

1. Mis à jour, par M. EYRAUD.

NOMS DES RUES. 1. Les dénominations à attribuer aux rues et places publiques, ou les changements à apporter à ces dénominations, doivent être déterminées par le maire de la commune. C'est, en effet, un objet de police et de voirie municipale. Il n'est point classé parmi ceux que la loi du 18 juillet 1837 a fait entrer dans l'énumération des attributions des conseils municipaux. Ces conseils ne pourraient donc qu'émettre des vœux à cet égard, en usant du droit que leur donne l'art. 24 de la loi précitée; mais les maires ne sont pas dans l'obligation de les consulter (*Circ. Min. Int.* 3 *août* 1841). Les arrêtés des maires, qui fixent les noms des rues, doivent être approuvés par le ministre de l'intérieur, pour les communes d'une population de 2,000 habitants et plus, et par le préfet, pour les autres communes. (*Id.* 2 *oct.* 1815.)

2. Parmi les dénominations qui sont attribuées, soit à de nouvelles rues, soit à des rues anciennes dont on veut changer les noms, il en est qui ont pour objet de conserver ou de rappeler les souvenirs de personnages illustres, quelquefois même c'est un honneur que l'on veut déférer à un personnage vivant. Ces dénominations ont alors le caractère d'hommages publics décernés par une autorité constituée, et l'acte qui les décerne, qu'il s'agisse d'une ville, ou d'une commune ayant moins de 2,000 habitants, doit être soumis à l'approbation du Chef de l'État. (*O.* 10 *juill.* 1816.)

Voici comment s'exprime sur cette matière une circulaire du ministre de l'intérieur du 20 octobre 1875 :

Je suis, dit le ministre (M. Buffet), loin de blâmer le sentiment qui porte les municipalités à perpétuer le souvenir des services rendus soit au pays, soit à la commune; je crois néanmoins utile de signaler certains écueils.

Un de mes prédécesseurs, par une circulaire du 10 février 1856, les avait déjà prévenues qu'il ne saurait donner aucune suite aux demandes tendant à faire approuver des témoignages de reconnaissance publique décernés à des personnes vivantes, et, plus spécialement, à des fonctionnaires en service.

Même parmi les personnages décédés, il en est sur lesquels l'histoire ne s'est pas prononcée, et dont la vie et les œuvres, trop rapprochées de nous, donnent lieu à des appréciations divergentes [1]. Il convient d'écarter ces noms et de s'en tenir à ceux que le temps a mis à l'abri des variations de l'opinion publique.

Enfin, pour conserver leur caractère et leur prix, ces sortes d'hommages ne doivent pas être prodigués, et il faut les réserver aux hommes qui se recommandent par de réels et incontestables services.

Un autre intérêt de pure édilité doit mettre les mêmes municipalités en garde contre les noms propres, alors surtout que ces noms doivent prendre la place d'anciennes dénominations. Les changements présentent toujours, en cette matière, plus d'inconvénients que d'avantages, et les meilleures appellations sont celles que l'usage a consacrées. A moins donc de nécessité absolue, il convient de les conserver.

3. L'approbation n'est pas nécessaire, quand il s'agit de donner à une rue le nom du propriétaire ou de l'entrepreneur qui l'a fait ouvrir. L'attribution d'un nom de personne n'étant point dans ce cas une récompense ou un hommage, demeure soumise aux règles générales que nous avons indiquées plus haut.

4. L'opération de l'inscription du nom des rues étant d'intérêt général, est à la charge du budget des villes, mais les propriétaires sont tenus de laisser apposer les plaques indicatives.

5. A Paris, d'anciennes ordonnances, confirmées par un décret du 23 mai 1806, ont imposé aux propriétaires l'obligation d'entretenir les inscriptions; mais en fait la charge de cet entretien ne leur a jamais été imposée. On n'a maintenu que l'obligation de réserver les emplacements destinés à recevoir les inscriptions. A Paris, les plaques sont uniformément établies sur fond bleu avec des lettres blanches.

6. Une ordonnance de police du 9 juin 1824 défend, sous les peines de simple police, de dégrader ni masquer les inscriptions indicatives des rues. (*Voy. aussi* **Dégradation, Monument, Numérotage des maisons, Voirie,** etc.)

NONCE ET LÉGAT. Titres particuliers donnés aux ambassadeurs du pape.

NON-VALEURS. On appelle ainsi les recettes prévues au budget qui n'ont pu être perçues. (*Voy.* **Contributions directes, Départements, Organisation communale.**)

NOSSI-BÉ. *Voy.* **Colonies.**

NOTABLES COMMERÇANTS. On appelait ainsi autrefois les électeurs appelés à désigner les membres des tribunaux et chambres de commerce et à siéger éventuellement à ces tribunaux. (*C. de C., art.* 618; *D.* 6 *oct.* 1809, 30 *août* 1852.) Depuis la loi du 21 décembre 1871 qui abroge le décret du 2 mars 1852 et modifie les art. 618, 619, 620 et 621 du Code de commerce, loi qui a reçu son application par le décret du 22 janvier 1872, le mot de notable cesse d'être employé, et il n'est plus question que d'électeurs.

Nous renvoyons pour les détails aux actes législatifs que nous venons d'indiquer.

NOTAIRES. 1. « Les notaires, dit l'art. 1er de la loi du 25 ventôse an XI, sont des fonctionnaires publics établis pour recevoir tous les actes et contrats auxquels les parties doivent ou veulent faire donner le caractère d'authenticité attaché aux actes de l'autorité publique et pour en assurer la

1. Des noms peuvent devenir des manifestations politiques, et il y a des inconvénients à mêler la politique aux affaires municipales.

date, en conserver le dépôt, en délivrer des grosses et expéditions. »

2. Ils sont institués à vie et tenus de prêter leur ministère lorsqu'ils en sont requis. (*Même L.*, *art. 2 et 3.*)

3. Le nombre des notaires de chaque département, leur placement et leur résidence sont déterminés par le Gouvernement, de manière toutefois que, dans les villes de 100,000 habitants et au-dessus, il n'y ait pas plus d'un notaire par 6,000 habitants; que dans les autres villes, bourgs ou villages, il n'y ait jamais moins de deux notaires par chaque arrondissement de justice de paix, ni plus de cinq (*art.* 31).

4. Lorsque le Gouvernement pense que l'intérêt public exige la création d'un nouvel office, les notaires déjà en exercice n'ont droit à aucune indemnité. Le Gouvernement peut également supprimer une charge reconnue inutile, lorsqu'elle est vacante par décès, démission ou destitution, et les ayants droit reçoivent dans ce cas, s'il y a lieu, une indemnité, qui est payée par les notaires ayant le droit d'exercice dans le lieu où l'office est éteint, et généralement par les notaires seuls du même canton; l'indemnité est fixée par le décret qui prononce la suppression.

5. Chaque notaire doit résider dans le lieu qui lui est fixé par l'acte qui l'a institué. En cas de contravention, il est considéré comme démissionnaire, et le ministre de la justice, après avoir pris l'avis du tribunal, peut proposer au Chef de l'État son remplacement (*L. 25 vent. an XI, art.* 4). Le décret ne désigne généralement pour lieu de résidence que la commune, dans toute l'étendue de laquelle, par suite, le notaire a le droit de se fixer.

6. S'il en est requis, il peut, sans enfreindre la loi de résidence, se transporter dans les diverses communes de son ressort pour instrumenter.

7. Le ressort de chaque notaire est fixé par la loi, et une loi seule pourrait déroger aux dispositions qui existent sur ce sujet. Les notaires nommés dans les villes où est établie une cour d'appel, exercent leurs fonctions dans toute l'étendue du ressort de cette cour; ceux qui sont nommés dans les villes où siége un tribunal de première instance, dans l'étendue du ressort de ce tribunal; ceux des autres communes, dans l'étendue du ressort du juge de paix (*même L.*, *art.* 5). C'est en se basant sur la règle qui vient d'être rappelée, que les notaires ont été divisés en 1re, 2e et 3e classe, selon l'étendue de leur ressort; les notaires de 1re classe sont ceux qui ont le ressort le plus étendu. Ces règles, bien entendu, ne s'appliquent pas aux parties; chacun peut aller chez quel notaire de France que ce soit, pour y faire dresser un acte, et l'acte est valable si le notaire lui-même l'a rédigé dans l'étendue de son ressort, sans égard au domicile de la partie.

8. Pour être admis aux fonctions de notaire, il faut : 1° jouir de l'exercice des droits de citoyen; 2° avoir satisfait aux lois sur le recrutement; 3° être âgé de vingt-cinq ans; 4° justifier du stage exigé par la loi. (*Même L.*, *art.* 35.)

9. C'est par un certificat délivré par le maire de son domicile que l'aspirant établit qu'il jouit de ses droits civils et politiques.

S'il a trente ans accomplis, il y a présomption qu'il a satisfait à la loi du recrutement.

Les vingt-cinq ans dont il est obligé de justifier doivent être accomplis le jour de la nomination; des dispenses d'âge ne peuvent être accordées.

10. La durée du travail préparatoire ou du stage peut être modifiée, selon que l'aspirant veut être nommé notaire de 1re, de 2e ou de 3e classe. En règle générale, le temps de travail ou stage doit être de six années *entières et non interrompues*, dont une des deux dernières au moins en qualité de *premier clerc*, chez un notaire d'une classe égale à celle où se trouve la place que l'aspirant veut remplir (*même L.*, *art.* 36). La durée du stage est de rigueur et les six années doivent être entièrement accomplies, ainsi que l'année de première cléricature, sauf les exceptions établies par la loi.

11. Le Gouvernement reste maître d'apprécier, au contraire, les circonstances qui constituent l'interruption de stage et de ne pas reprocher au candidat, soit la force majeure, telle qu'une maladie, soit une cause légitime, telle que le service militaire, soit une occupation utile à l'instruction du candidat, telle que la fréquentation d'une école de droit ou d'une étude d'avoué; mais il est évident que, dans aucun cas, l'interruption ne peut être comptée dans la supputation des six années exigées.

12. La loi du 25 ventôse an XI a établi des exceptions à la règle générale qu'elle avait posée. L'art. 37 dispose que le temps de travail pourra n'être que de quatre années, lorsque trois auront été passées dans l'étude d'un notaire d'une classe supérieure à la place qui devra être remplie, et lorsque, pendant la quatrième, l'aspirant aura été premier clerc chez un notaire d'une classe égale ou supérieure. Ainsi, le candidat qui veut être nommé notaire de 2e classe peut se contenter de justifier qu'il a travaillé pendant trois ans comme clerc dans une étude de 1re classe, et pendant un an comme premier clerc dans une étude de 1re ou de 2e classe.

13. Le notaire déjà reçu et exerçant depuis un an, est dispensé de toute justification pour être admis à une place de notaire dans une classe immédiatement supérieure; c'est-à-dire pour passer de la troisième à la seconde, ou de la seconde à la première. (*Id.*, *art.* 38.)

14. Celui qui a exercé pendant deux ans les fonctions d'avoué près d'un tribunal civil ou d'avocat, peut également, après un stage de quatre années seulement chez un notaire de 1re ou de 2e classe, être nommé, pourvu que pendant l'une des deux dernières années il ait travaillé en qualité de premier clerc chez un notaire d'une classe égale à celle où il veut être admis. (*Id.*, *art.* 38.)

15. Si le stage a été accompli chez un notaire d'une classe inférieure à celle où l'aspirant désire être nommé, l'art. 40 de la loi du 25 ventôse an XI exige, au contraire, que les six années de cléricature soient augmentées d'un tiers en sus. L'année de première cléricature doit être aussi augmentée dans la même proportion.

16. Pour être admis à exercer dans la 3e classe, particulièrement, l'art. 41 a introduit une règle spéciale, et il suffit que l'aspirant justifie qu'il a travaillé pendant trois années chez un notaire de 1re ou de 2e classe; ou qu'il a exercé pendant deux années comme avoué ou comme avocat, et qu'en outre il a travaillé pendant un an chez un notaire.

Le temps de travail ne peut compter double dans le cas prévu par cet article, que s'il a duré les trois années entières; il ne compterait, dans le cas contraire, que pour sa durée réelle. Le travail comme premier clerc cesse d'être exigé.

17. Le titre de licencié en droit ne donne lieu à aucune faveur.

18. Le Gouvernement peut accorder des dispenses de stage, d'une manière absolue et selon son appréciation, aux individus qui auront exercé des fonctions administratives ou judiciaires (*art. 41.*)

19. L'art. 43 exige, en outre, que l'aspirant, pour être nommé, demande à la chambre de discipline du ressort dans lequel il devra exercer, un certificat de moralité et de capacité. Les anciens notaires ou ceux qui, encore en exercice, demanderaient à remplir les mêmes fonctions dans une autre résidence, doivent également produire le certificat de la chambre quant à la moralité. La moralité est attestée, en outre, par le maire du domicile.

20. Depuis que tous les officiers publics ont été admis à présenter leurs successeurs, le candidat doit joindre à sa demande la démission du notaire qu'il veut remplacer et le traité qui fixe les conditions auxquelles cette démission est donnée; ce traité est soumis à l'enregistrement; les parties y joignent un état de produits de l'étude pendant les cinq dernières années. En cas de décès, la présentation est faite par les héritiers. S'il y a destitution, le Gouvernement nomme d'office et fixe l'indemnité que la personne nommée devra verser à la caisse des dépôts et consignations au profit de qui de droit.

21. Les notaires sont institués par décret rendu sur le rapport du ministre de la justice, qui a le droit absolu de refuser les candidats qui lui sont présentés, quand il juge qu'ils n'offrent pas toutes les garanties désirables.

22. Avant d'entrer en fonctions, les notaires doivent déposer le cautionnement fixé par la loi, et dont le montant varie selon les résidences, et prêter le serment professionnel.

23. Les fonctions de notaire sont incompatibles avec celles de juges, magistrats du parquet, greffiers, avoués, huissiers, commissaires de police, avocats, commissaires-priseurs et toute fonction publique salariée. D'un autre côté, les droits qui leur sont conférés, et qui ont été énumérés en commençant cet article, leur appartiennent exclusivement: aucun autre individu, même officier ministériel, ne peut recevoir les actes dont la rédaction est attribuée aux notaires.

Les notaires doivent dans tous les actes qu'ils reçoivent, être assistés d'un second notaire ou de deux témoins.

24. En outre des fonctions qui leur sont expressément accordées par l'art. 1er de la loi du 25 ventôse an XI, les notaires peuvent être désignés par les tribunaux pour représenter les présumés absents (*C. civ., art.* 113); être commis dans les partages ou concourir aux ventes judiciaires, aux termes de divers articles du Code civil.

Les notaires peuvent encore, quelquefois en concurrence avec les huissiers, et quelquefois exclusivement, signifier certains actes extra-judiciaires, tels que les protêts (*C. de C., art.* 173, ou les actes respectueux. (*C. civ., art.* 154.)

Enfin ils peuvent, dans les cas prévus par la loi, procéder, en concurrence avec les greffiers des justices de paix et les huissiers, aux ventes publiques de meubles; ils ont exclusivement le droit de vendre les coupes de bois futaies. (*L.* 5-11 *juin* 1851.)

25. Les actes reçus par les notaires dans lesquels leurs parents ou alliés en ligne directe à tous les degrés, et en ligne collatérale, jusqu'au degré d'oncle ou de neveu inclusivement, seraient parties ou qui contiendraient quelque disposition en leur faveur seraient nuls comme actes notariés. (*L. 25 vent. an XI, art.* 8 et 68.)

26. Aucun règlement officiel n'a déterminé, jusqu'à présent, les honoraires dus aux notaires sauf par les parties qui recourent à leur ministère, sauf dans quelques cas très-rares et pour des actes de peu d'importance, si ce n'est pour les ventes judiciaires d'immeubles (*O. 25 oct.* 1841); ils sont fixés, soit par vacation, soit à raison de l'importance pécuniaire de l'affaire ou des soins particuliers qu'elle a exigés. Ces honoraires sont réglés amiablement entre les notaires et les parties, et en cas de dissentiment, fixés par le président du tribunal de première instance, auquel les parties peuvent toujours recourir (*L. 25 vent. an XI, art.* 51). Les tarifs dressés par les chambres de discipline dans presque tous les arrondissements ne peuvent être imposés et n'ont aucun caractère obligatoire.

27. Les notaires sont soumis à une discipline; mais il est nécessaire, avant d'en parler, de faire connaître l'organisation générale du corps de notaires en France.

28. L'ordonnance du 4 janvier 1843, qui a abrogé l'arrêté du 2 nivôse an XII, a organisé les notaires par arrondissement, et a décidé (*art.* 22) que tous les notaires résidant dans le ressort de chaque tribunal de première instance, se réuniraient à certaines époques et formeraient les *assemblées générales*. Ces assemblées générales peuvent faire des règlements sur les matières qui intéressent la corporation entière et ont seules le droit d'établir une bourse commune destinée à subvenir aux dépenses nécessaires de la corporation; mais leur principale attribution est de nommer les membres qui doivent composer la chambre de discipline. (*O. 4 janv.* 1843, *art.* 25.)

Les chambres de discipline existant ainsi dans chaque arrondissement, président elles-mêmes à leur constitution et nomment un président, un syndic, un rapporteur, un secrétaire et un trésorier (*art.* 6).

29. Les attributions des chambres de notaires sont, d'une part, de maintenir la discipline et de prononcer ou de provoquer à cet effet l'application de peines prévues par les lois et règlements; d'autre part, de prévenir ou concilier tous différends, soit entre les tiers et les notaires, soit entre notaires; de délivrer ou de refuser les certificats de capacité et de moralité des aspirants, et de représenter tous les notaires de l'arrondissement collectivement sous le rapport de leurs droits et intérêts communs (*O. 4 janv.* 1843, *art.* 2). Elles agissent donc, soit comme juges, soit comme conciliateurs ou administrateurs.

30. La loi du 25 ventôse an XI, qui a réorganisé le notariat en France, a confié exclusivement aux chambres des notaires et à l'autorité judiciaire toutes les matières de discipline. La répression de toute infraction punissable, qu'elle soit commise par un notaire ou par l'assemblée générale ou chambre, ne peut, dans aucun cas, appartenir qu'aux tribunaux ; l'administration n'agit que pour requérir, par le ministère public et selon la forme ordinaire, la punition des coupables. (*L.* 25 *vent. an XI, art.* 53.)

31. Les chambres des notaires peuvent prononcer, suivant la gravité des cas, soit le rappel à l'ordre, soit la censure simple, soit la censure avec réprimande, soit la privation de voix délibérative dans l'assemblée générale, soit l'interdiction de l'entrée de la chambre pendant trois ans au plus, ou six ans en cas de récidive. (*O. 4 janv.* 1843, *art.* 14.)

32. Les tribunaux de première instance peuvent prononcer la suspension, la destitution et l'amende, ainsi que toute condamnation à des dommages-intérêts, s'il y a lieu (*L.* 25 *vent. an XI, art.* 53). Le tribunal, une fois saisi, pourrait, si le fait lui semblait de nature à ne pas entraîner une peine plus forte, prononcer l'une des mesures de discipline intérieure que les chambres ont également le droit d'infliger.

33. La loi n'a pas limité la durée de la suspension qui peut être prononcée contre un notaire. Le notaire suspendu n'est pas privé du droit de présenter un successeur, mais il n'y est pas contraint, quelque préjudice qui puisse en résulter pour les habitants du lieu où sa résidence avait été fixée.

34. La destitution enlève à celui qui en est atteint la faculté de présenter un successeur. Il est pourvu d'office par le Gouvernement à la vacance.

35. L'action disciplinaire est indépendante de l'action civile ou de l'action criminelle dont un notaire peut être passible ; les deux poursuites peuvent être intentées pour le même fait contre le même individu, et le sort de l'une n'entraîne pas pour l'autre une solution semblable ; il peut y avoir cumul de peines dans ce cas, parce que celles qui sont prononcées en matière disciplinaire, ne portent qu'abusivement le nom de peines et n'en présentent pas le véritable caractère. Aussi ne peuvent-elles pas être remises par voie de grâce.

36. Il résulte de ce qui vient d'être dit que les assemblées générales et les chambres de discipline peuvent quelquefois prendre des délibérations qui n'auraient aucun caractère judiciaire et devraient être considérées comme des actes de pure administration. Même en matière de discipline, les délibérations peuvent être entachées d'incompétence ou d'excès de pouvoir.

Dans le premier cas, les délibérations, s'il y a lieu, doivent être annulées par un arrêté du ministre de la justice ; dans le second, elles doivent être déférées à la Cour de cassation.

37. Lorsqu'un notaire se retire, après vingt années consécutives d'exercice, la chambre de discipline de l'arrondissement peut le proposer pour le titre de notaire honoraire (*O. 4 janv.* 1843, *art.* 29). Cette délibération ne doit pas être provoquée par le notaire même qu'elle concerne ; une expédition en est remise au procureur de la République et transmise au ministre de la justice par le procureur général ; cette faveur est accordée par décret du Chef de l'État aux notaires dont l'exercice a été exempt de tout reproche.

Les notaires honoraires ont le droit d'assister aux assemblées générales. Ils y ont voix consultative. (*Id., art.* 30.)   J. ALAUZET.

BIBLIOGRAPHIE.

Législation des offices ; admission au notariat et aux divers autres offices. In-8°. Paris, Journal des notaires. (Encyclopédie du notariat.) 1869.

Questions fiscales. Examen de la jurisprudence au point de vue de la pratique notariale, par M. Vavasseur. In-8°. Paris, Cosse, Marchal et Cie 1870.

Étude comparative sur l'institution du notariat dans les divers pays, par M. Pradines. In-8°. Paris, imp. de Brière. 1871.

NOTIFICATION. Acte par lequel on donne reconnaissance à une personne d'un fait ou d'une décision en suivant les formes judiciaires ou administratives. Les notifications judiciaires se font par exploit d'huissier et prennent le nom de signification ; les notifications administratives par les divers agents de l'administration, suivant le service dont il s'agit, ou même par simple lettre.

NOTORIÉTÉ (ACTE DE). *Voy.* **Acte de notoriété.**

NOURRICES (BUREAU DES) ET PROTECTION DES ENFANTS DU PREMIER AGE. 1. Tel que l'avaient fait successivement les lois de l'ancienne monarchie dans le but de remplacer par un service public la vieille industrie des *recommanderesses* et tel qu'il avait été complété et modifié par des textes plus récents, comme l'arrêté du 29 germinal an IX, la loi du 25 mars et le décret du 30 juin 1806, la loi du 10 janvier 1849 et le règlement du ministre de l'intérieur du 9 janvier 1851, le bureau des nourrices, si connu sous le nom de *bureau municipal* ou *grand bureau*, n'est guère plus aujourd'hui qu'un souvenir.

2. Le désir de procurer aux habitants de Paris de bonnes nourrices, soumises à une surveillance sérieuse, de leur garantir le paiement régulier de leurs salaires et même, comme le disait la déclaration de 1769, « d'entretenir entre elles et les pères et mères une correspondance continuelle les mettant en état de concourir tous également à la sûreté des jours de leurs enfants », avait établi cette institution. La création des bureaux particuliers de placement, née à la fois de la liberté du travail, de la concurrence des *meneurs* renvoyés par l'administration et de la protection intéressée de quelques médecins et des sages-femmes, amena bientôt la population, sans souci du peu de garantie que présentaient relativement ces bureaux et des avantages moraux et matériels que lui offrait le bureau municipal, à préférer les premiers au second et même à le délaisser complètement.

3. L'administration de l'assistance publique n'a pas été sans lutter contre cette concurrence. Un inspecteur et des sous-inspecteurs d'arrondissement, fonctionnaires comptables, cautionnés, correspondant suivant les cas avec le directeur de l'administration, celui du bureau et les autorités locales ; des médecins chargés de donner des soins aux enfants et aux nourrices, ayant sous leurs ordres pour les transports une surveillante présentée par eux sous leur responsabilité, agréée et révocable par l'administration ; une surveillance s'effectuant au moyen de visites périodiques ; tels étaient les principaux traits de la réglementation de ce service.

4. Depuis 1851, l'administration garantit même et paya effectivement à ses nourrices, à défaut de paiement par les parents, un salaire mensuel de 15 fr. pendant dix mois. Cette mesure amena le résultat suivant : la catégorie des familles pauvres, clientes presque exclusives du bureau municipal, cessant trop souvent d'acquitter la pension, l'administration devait se substituer à la famille, et les nourrices ne recevant plus alors que 15 fr. par mois au lieu du prix de nourriture généralement fixé à 20 fr., n'offraient plus leurs services qu'aux bureaux particuliers dont, d'ailleurs, elles redoutaient moins la surveillance malgré les diverses ordonnances de police qui l'organisent.

5. L'administration alla cependant plus loin : elle paya des primes aux sages-femmes, d'où de nombreux abus, et, pour atténuer au point de vue financier les conséquences funestes de son système de garanties, elle eut recours à l'expédient des *bons* de un ou deux mois de secours, à l'aide desquels elle faisait porter les enfants aux bureaux particuliers et les faisait placer par ces bureaux. Aucun de ces efforts, pourtant excessifs, ne réussit. Le bureau municipal qui avait en 1820 jusqu'à 10,000 enfants sous sa surveillance, arriva à ne reconcourir au placement des enfants en nourrice que dans la proportion de 657 sur 12,000 (1875). Le montant des subventions s'éleva, au contraire, à des chiffres exorbitants.

6. Aussi sollicitée dès 1863 par des représentants autorisés de l'Assistance, demandée officiellement en 1866 par son directeur, qui ne le considérait plus que comme « un instrument usé ne pouvant plus fonctionner pour le bien », réclamée tous les ans depuis 1872 par le conseil général de la Seine, la suppression du bureau municipal, considéré comme entraînant « une espèce de démoralisation pour la population en même temps qu'une charge énorme pour les finances municipales », fut prononcée dans le courant de 1876. Il avait été créé surtout en vue de placements rétribués par les familles ; il était devenu en réalité une simple dépendance du service des enfants assistés. C'est comme annexe du service des secours pour prévenir les abandons d'enfants et en revêtant le caractère départemental que doit fonctionner le nouveau service, car il ne pouvait s'agir que d'une transformation et non en réalité d'une suppression ; certains besoins respectables restant toujours à satisfaire et devant être satisfaits au moyen des ressources que peuvent fournir les circonscriptions des enfants assistés. Les familles indigentes sont donc toujours aidées dans la recherche des nourrices ; seulement elles le sont dans d'autres conditions.

7. Quant aux bureaux particuliers qui, du reste,

ont cherché à s'améliorer, l'application de la loi du 23 décembre 1874, qui a rendu universel le contrôle sur les enfants placés en nourrice, fera disparaître, il faut l'espérer, le danger principal de leur fonctionnement, qui est de promettre aux parents une surveillance de leurs enfants, quand, en réalité, elle est purement nominale.

8. Cette loi, votée sur la proposition de M. le docteur Th. Roussel, et inspirée par l'effrayante mortalité des enfants en bas âge, n'est pas, disait son rapporteur, « une œuvre originale sur une question nouvelle ; mais seulement la dernière expression et le résumé pratique d'un travail législatif souvent repris sur une question pendante depuis des siècles et dont l'intérêt public et l'humanité ne permettaient pas d'ajourner la solution. Elle a pour objet, en outre, d'étendre à tous les nourrissons français la protection autrefois réservée aux seuls nourrissons parisiens.

9. Tout enfant âgé de moins de deux ans, qui est placé, moyennant salaire, en nourrice, en sevrage ou en garde, hors du domicile de ses parents, devient par ce fait l'objet d'une surveillance de l'autorité publique, ayant pour but de protéger sa vie et sa santé (*art.* 1er). Deux points sont à noter dans cet article : 1° l'âge de deux ans comme limite légale de la protection spéciale instituée en faveur du premier âge ; 2° l'adjonction à la catégorie des enfants en nourrice d'une catégorie appelée des enfants en sevrage ou en garde.

10. La surveillance est confiée dans le département de la Seine au préfet de police et dans les autres départements aux préfets, avec l'assistance d'un comité composé de deux membres du conseil général, de l'inspecteur des enfants assistés et de six autres membres nommés par le préfet, dont un pris parmi les médecins membres du conseil d'hygiène et trois parmi les membres des sociétés légalement reconnues qui s'occupent de l'enfance, ou, à leur défaut, parmi les membres des commissions administratives des hospices et des bureaux de bienfaisance (*art.* 2).

11. Dans les départements où le nourrissage mercenaire est très-développé, il peut être institué, en outre, pour concourir à l'application de la loi, des commissions locales, de chacune desquelles font partie deux mères de famille (*art.* 2).

12. Les auteurs de la loi ont attaché une grande importance à l'institution, par le ministère de l'intérieur, d'un comité supérieur ayant pour mission de réunir tous les documents résultant des dispositions nouvelles, d'adresser chaque année au ministre un rapport sur les travaux des comités départementaux, etc. Ce comité est composé d'un membre de l'Académie de médecine, des présidents de la Société protectrice de l'enfance de Paris, de la Société de charité maternelle, de la Société des crèches, et de sept membres nommés par décret.

Il doit être publié chaque année une statistique de la mortalité des enfants du premier âge, et un rapport sur l'exécution de la loi (*art.* 4).

13. Dans les départements où l'utilité en est reconnue, il peut être créé par le préfet une inspection médicale des enfants en nourrice, en sevrage ou en garde (*art.* 5).

14. La loi soumet à la surveillance : toute personne ayant un nourrisson ou plusieurs enfants en garde ou en sevrage, placés chez elle moyennant salaire, ainsi que tous les intermédiaires qui s'emploient au placement des enfants en nourrice (*art.* 6).

15. Toute personne qui place un enfant en nourrice, en sevrage ou en garde, moyennant salaire, doit en faire la déclaration à la mairie et remettre à la nourrice ou à la gardeuse un bulletin contenant un extrait de naissance de l'enfant (*art.* 7). La nourrice ou gardeuse doit déposer ce bulletin à la mairie de la commune, où on lui fera connaître les autres formalités à remplir pour se conformer à l'art. 9 de la loi. Il est ouvert à la mairie un registre spécial pour les déclarations (*art.* 10).

16. Toute personne qui veut se procurer un nourrisson ou un ou plusieurs enfants en sevrage ou en garde, est tenue de se munir préalablement des certificats exigés par les règlements pour indiquer son état civil et son aptitude à nourrir ou à recevoir des enfants en sevrage ou en garde (*art.* 8).

17. Nul ne peut ouvrir un bureau de nourrices sans une autorisation du préfet ; à Paris, du préfet de police (*art.* 11).

18. En cas de décès d'un enfant par négligence ou par maladresse, l'application des peines portées à l'art. 319 du Code pénal peut être prononcée. (Homicide involontaire.)

Les mois de nourrice font partie des créances privilégiées (*art.* 14).

19. Les dépenses auxquelles l'exécution de la loi donne lieu, sont mises par moitié à la charge de l'État et des départements intéressés (*art.* 15).

E. L.

NOUVELLE-CALÉDONIE. *Voy.* **Colonies pénales.**

NOYÉS. *Voy.* **Secours aux axphyxiés, etc.**

NUIT. D'après l'art. 1037 du Code de procédure, aucune signification ni exécution ne peut être faite, depuis le 1er octobre jusqu'au 31 mars, avant six heures du matin et après six heures du soir, et, depuis le 1er avril jusqu'au 30 septembre, avant quatre heures du matin et après neuf heures du soir, si ce n'est en vertu de permission du juge dans le cas où il y aurait péril en la demeure. Cette même fixation de la nuit a été établie par l'ordonnance du 29 octobre 1820, portant règlement sur le service de la gendarmerie, qui a défendu à tout gendarme de pénétrer la nuit dans les maisons des citoyens, si ce n'est dans les cas d'incendie, d'inondation ou de réclamation venant de l'intérieur de la maison, et ce sous peine de se rendre coupable d'abus de pouvoir et d'encourir dès lors un emprisonnement de six jours à un an, une amende de 16 à 500 fr., et peut-être la dégradation civique. (*C. P., art.* 114 *et* 184.)

NUMÉROTAGE DES MAISONS. 1. Le numérotage des maisons n'est pas seulement utile aux habitants, c'est un moyen d'ordre pour l'administration. Il sert, en outre, à indiquer les propriétés pour le service des contributions et pour d'autres usages publics. Avant 1805, les maisons de Paris étaient numérotées par quartiers, et d'une manière fort irrégulière. Un décret du 15 pluviôse an XIII (4 fév. 1805) fit cesser cet état de choses, en prescrivant un mode de numérotage pour la ville de Paris.

Parmi les principales dispositions de ce décret nous remarquerons les suivantes :

2. Le numérotage est exécuté, pour la première fois, aux frais de la ville, et l'entretien est à la charge du propriétaire. Cette règle, établie d'abord pour Paris, a été étendue à toutes les villes et communes où cette opération serait jugée nécessaire, par une ordonnance du 23 avril 1823.

3. La série des numéros doit être formée des nombres pairs pour le côté droit de la rue, et des nombres impairs pour le côté gauche. Le premier numéro de la série, soit paire ou impaire, commence à Paris, dans les rues perpendiculaires ou obliques au cours de la Seine, à l'entrée de la rue prise au point le plus rapproché de la rivière, et dans les rues parallèles, à l'entrée prise en remontant le cours de la rivière, de manière que, dans les premières, les nombres croissent en s'éloignant de la rivière, et dans les secondes, en la descendant.

4. Le décret de 1805 portait encore que les numéros seraient peints à l'huile, qu'ils seraient noirs sur fond d'ocre, pour les rues perpendiculaires ou obliques, et rouges sur le même fond d'ocre, pour les rues parallèles.

5. A partir de 1852, l'administration municipale s'est occupée de renouveler et de régulariser, à Paris, le numérotage des maisons, en apportant quelques améliorations au mode d'exécution suivi précédemment. Ainsi, à la peinture à l'huile, qui présentait de nombreux inconvénients, elle a substitué des plaques en porcelaine émaillée, établies sur fond bleu avec des chiffres blancs, qui se lisent parfaitement pendant le jour, et sont encore visibles à la lumière, elle a décidé aussi que cette couleur serait uniformément la même pour toutes les rues, sans aucune exception.

6. Enfin, pour assurer une longue durée au travail de régularisation, on a réservé, sur le plan particulier que l'administration a fait dresser pour chaque rue, pour les rues bordées en partie de propriétés non bâties, ou d'immeubles susceptibles d'être divisés, des numéros, à raison de 1 par chaque longueur de 15 mètres ; de cette façon, lorsqu'une construction nouvelle est établie, elle reçoit le numéro réservé, et il n'en résulte aucune irrégularité dans la série. (*Comparez* **Noms des rues, Voirie, etc.**).

O

OBJETS TROUVÉS. 1. Nous ne nous occuperons pas ici de la législation qui concerne les épaves de toute nature (*voy.* **Épaves, Naufrage**) ; nous nous bornons à indiquer les formalités à remplir par la personne qui a trouvé un objet sur la voie publique, et par le propriétaire qui l'a perdu, et nous rappellerons la législation relative aux trésors.

2. Celui qui trouve un objet doit en faire le dépôt au greffe du tribunal civil ou à la mairie. A Paris, le dépôt est fait à la préfecture de police. Tout individu qui s'approprie un objet qu'il a trouvé se rend coupable d'un vol. (*C. P.*, *art.* 379.)

3. A Paris, les formalités à remplir pour rentrer en possession d'un objet perdu sont les suivantes : le propriétaire de l'objet doit se rendre chez le commissaire de police du quartier qu'il habite, lui déclarer la perte, le lieu probable où l'objet a été égaré, en donner une description aussi complète que possible, signer au procès-verbal qui est dressé, et attendre sans faire plus de démarches. Si l'objet a été trouvé et porté au bureau central, ce procès-verbal en fait connaître le propriétaire, qui est averti par l'administration du reste des formalités à remplir.

4. Après un an et un jour, si l'objet n'a pas été réclamé par le propriétaire, il est remis à l'inventeur[1]. En l'absence de dispositions spéciales sur cette matière, l'administration a jugé qu'il importait de laisser à l'inventeur l'espoir de profiter un jour de ce qu'il avait trouvé, puisque cet espoir pouvait le décider à en faire le dépôt, et que d'ailleurs le délai d'un an suffisait pour garantir les droits du propriétaire. (Pour faciliter les recherches, la préfecture de police faisait insérer chaque semaine au *Moniteur officiel* la liste et la désignation des objets trouvés à Paris et déposés au bureau central, mais ce procédé est tombé en désuétude.)

5. En ce qui concerne les « trésors », ceux qu'on trouve sur son propre fonds sont considérés comme faisant partie de la propriété, on en prend simplement possession ; ceux qu'on trouve sur le fonds d'autrui appartiennent par moitié à l'inventeur et par moitié au propriétaire. « Le trésor est toute chose cachée ou enfouie, sur laquelle personne ne peut justifier sa propriété, et qui est découverte par le pur effet du hasard », dit le Code civil, art. 716. Ce dernier membre de phrase est de trop.

OCTROIS 1. Taxes établies au profit des communes sur des objets destinés à la consommation locale.

SOMMAIRE.

[1]. On trouvera au *Journal officiel* du 10 juillet 1876, p. 4995, sur les *objets trouvés*, une proposition de loi, avec exposé de motifs renfermant les résultats des recherches de M. Rameau, auteur de la proposition. Ces résultats sont intéressants, mais la proposition n'est pas heureuse ; elle ne donne, au bout de trois ans, que le tiers de la valeur à la personne qui a trouvé l'objet. C'est un moyen de faire déposer encore moins d'objets trouvés ; nous serions plutôt pour la réduction à six mois du délai exigé par la coutume actuelle.   M. B.

CHAP. I. — NOTIONS HISTORIQUES.

2. Dans l'ancien droit, lorsque le produit des biens patrimoniaux des communes n'était pas suffisant pour subvenir à l'acquittement de leurs charges, elles demandaient au roi de les autoriser à s'imposer certains droits, qui ont été qualifiés d'octrois. Ces octrois variaient suivant le commerce et les productions des localités ; ils différaient non-seulement par rapport aux denrées qui y étaient assujetties, mais aussi quant à la forme de la perception. La royauté, qui avait permis leur établissement, ordonna des prélèvements à son profit ; ainsi l'édit de décembre 1663 et l'ordonnance du 12 juillet 1681 réglèrent qu'il serait levé au profit du roi à perpétuité la première moitié de tous les octrois, et que toutes les dettes et charges des villes seraient prises sur l'autre moitié.

3. L'Assemblée constituante supprima les octrois par la loi du 19-25 février 1791.

Cette suppression avait privé les villes des ressources nécessaires pour subvenir à leurs dépenses locales ; aussi redemandèrent-elles des octrois au Gouvernement ; mais comme le principe des impôts indirects avait été vivement attaqué au commencement de la Révolution, ce ne fut qu'avec une certaine timidité que les octrois furent rétablis.

4. Ce rétablissement eut lieu sous le Directoire. Une première loi du 9 germinal an V porta, art. 6, qu'en cas d'insuffisance des centimes additionnels de la contribution personnelle pour les dépenses municipales, il pourrait être pourvu à un supplément de revenu par des *contributions indirectes et locales*, dont l'établissement et la perception pourraient être autorisés par le Corps législatif. Dans cette première loi, le nom d'*octrois* n'est pas encore prononcé ; mais ces taxes *indirectes et locales* étaient en réalité les anciens octrois.

Le principe qu'on venait de poser ne fut pas immédiatement réalisé. La première loi rendue en exécution de celle de germinal an V, fut la loi du 27 vendémiaire an VII. qui ordonna la perception d'un octroi pour l'acquit des dépenses locales de la commune de Paris : elle désigna la taxe sous son ancien nom d'*octroi* ; seulement c'était un octroi *municipal et de bienfaisance*, spécialement destiné à l'acquit des dépenses locales et de préférence à celles des hospices et des secours à domicile.

5. Quelque temps après, la loi du 11 frimaire an VII, sur les recettes et dépenses municipales, consacra un titre entier à l'établissement des taxes qu'avait annoncées la loi du 9 germinal an V (*it. V*).

On trouve dans cette loi les bases de la législation des octrois. Nous pouvons encore citer deux autres lois qui contiennent des dispositions générales s'appliquant à tous les octrois et dont les dispositions sont encore en vigueur, la loi du 2 vendémiaire et celle du 27 frimaire an VIII ; la première règle la manière de juger les contestations, et la seconde pose des règles de perception. Enfin, un grand nombre de lois spéciales établirent des octrois dans différentes villes.

6. Sous le Directoire, les octrois avaient été rétablis ; mais, ainsi que nous l'avons dit, il fallait une loi pour l'établissement de chaque octroi : sous le Consulat, un principe nouveau est posé ; les octrois peuvent être établis par les actes du Gouvernement (*L.* 5 *vent. an VIII*). Nous pouvons encore signaler une autre innovation ; la loi autorise le remplacement facultatif de tout ou partie de la contribution mobilière par des droits additionnels à l'octroi. (*L.* 26 *germ. an XI*, 5 *vent. an XII*, 24 *avril* 1806.)

7. Sous l'Empire, une loi du 24 avril 1806 décida qu'un prélèvement de 10 p. 100 serait fait au profit de l'État sur le produit net des octrois. Telle est l'origine de ce prélèvement du dixième qui a subsisté jusqu'en 1852, et qui a été supprimé par le décret de cette année.

8. Les lois que nous avons citées avaient pourvu au rétablissement des octrois ; mais leurs dispositions étaient fort incomplètes, et cette insuffisance de la législation avait fait naître beaucoup d'abus ; ce fut pour y remédier que fut rendu le décret du 17 mai 1809, qui est très-développé et rédigé avec un grand soin. Ce décret, tout en décidant que les octrois continuent d'être délibérés par les conseils municipaux et que la surveillance immédiate de leur perception appartient aux maires, dispose que la surveillance générale de la perception de tous les octrois de l'empire est exercée sous l'autorité du ministre des finances par l'administration des droits réunis ; il soumet les règlements locaux à des dispositions communes, détermine les matières qui seules pourront être soumises à la taxe et reconnaît trois modes d'administration des droits, la régie simple, la régie intéressée et la ferme. Ce décret, qui ne contient pas moins de 170 articles, a été reproduit en grande partie par l'ordonnance du 9 décembre 1814 qui régit actuellement la matière.

9. Il paraît que la surveillance des octrois municipaux dont le décret de 1809 avait chargé la direction générale des droits réunis, ne put pas s'exercer utilement à raison de l'organisation distincte et séparée de l'administration des octrois municipaux. Ce fut alors que fut rendu le décret du 8 février 1812, qui chargea l'administration des droits réunis de la perception des octrois municipaux.

10. Sous la Restauration, une loi du 8 décembre 1814 porta que l'administration directe et la perception des octrois rentreraient dans les attributions des maires (*art.* 121). Toutefois les maires purent, avec l'autorisation du ministre des finances, traiter de gré à gré avec l'administration des contributions indirectes pour qu'elle se chargeât de la perception de leurs octrois (*art.* 122) ; mais cette disposition devenait purement facultative, d'obligatoire qu'elle avait été ; c'était l'abrogation du décret de 1812. La loi de 1814 ne revint pas même purement et

simplement au système du décret de 1809 ; on avait vivement critiqué la régie intéressée et la mise à ferme ; la loi de 1814 porta en conséquence que dans aucun cas les octrois ne seraient affermés ni confiés à des régies intéressées (*art.* 121). Quant au prélèvement de 10 p. 100 autorisé par la loi du 24 avril 1806, il dut continuer d'avoir lieu (*art.* 126).

11. Il pouvait s'élever des difficultés sur le point de savoir quels étaient les anciens règlements sur les octrois qui étaient encore en vigueur : pour prévenir à cet égard toute interprétation fausse ou abusive, le Gouvernement résolut de présenter dans une seule ordonnance toutes les mesures générales d'exécution qui dérivaient de ces lois et règlements ; tel fut le but de l'ordonnance du 9 décembre 1814 dont la plupart des dispositions sont encore en vigueur, et qui forme le Code de la matière.

12. La loi du 28 avril 1816 modifia gravement le système de la loi du 8 décembre 1814. Voici les principales dispositions de cette loi : 1° elle permit d'affermer les octrois ou de les mettre en régie intéressée ; ainsi le conseil municipal dut délibérer sur la question de savoir si le mode de perception serait la régie simple, la régie intéressée, le bail à ferme ou l'abonnement avec la régie des contributions indirectes (*art.* 147) ; 2° les droits d'octroi continuèrent à n'être imposés que sur les objets destinés à la consommation locale (*art.* 148) ; 3° les droits d'octroi à établir sur les boissons ne purent excéder ceux perçus aux entrées des villes au profit de l'État (*art.* 149). Enfin cette loi maintint le prélèvement de 10 p. 100 sur le produit net des octrois, tout en ajoutant qu'il ne pourrait être fait aucun autre prélèvement, soit sur le produit net des octrois, soit sur les autres revenus des communes sous quelque prétexte que ce fût (*art.* 153).

13. Nous pouvons encore signaler sous la Restauration plusieurs autres dispositions législatives concernant les octrois, notamment la loi du 25 mars 1817 sur le remplacement facultatif du montant de la contribution personnelle et mobilière par des taxes additionnelles sur les octrois.

14. Après la révolution de Juillet, des attaques furent dirigées contre les octrois ; notamment le principe de la conversion facultative de la contribution personnelle et mobilière, c'est-à-dire d'un impôt direct en impôt indirect, fut vivement attaqué, et une loi du 26 mars 1831, tout en maintenant cette conversion pour les villes qui avaient été jusqu'alors autorisées à la faire, annonça que cette exception cesserait au 1er janvier 1833 pour les villes en faveur desquelles une loi spéciale n'en aurait pas ordonné la continuation. Mais l'année suivante les octrois avaient repris plus de faveur ; et la loi du 21 avril 1832, modifiée par la loi du 3 juillet 1846, disposa que, dans les villes ayant un octroi, le contingent personnel et mobilier pourrait être payé en totalité ou en partie par les caisses municipales, sur la demande qui en serait faite aux préfets par les conseils municipaux. Ces conseils déterminent la portion du contingent qui doit être prélevée sur les produits de l'octroi. La portion à percevoir au moyen d'un rôle est répartie en cote mobilière seulement,

soit au centime le franc des loyers, soit d'après un tarif gradué en raison de la progression ascendante de ces loyers, après déduction des faibles loyers que les conseils municipaux croient devoir exempter de la cotisation ; les délibérations prises par les conseils municipaux ne reçoivent leur exécution qu'après avoir été approuvées par le Gouvernement.

15. Nous terminons cet historique en mentionnant la loi du 24 juillet 1867 sur les conseils municipaux et la loi du 10 août 1871 sur les conseils généraux qui ont modifié notablement, dans un esprit de décentralisation, la législation sur les octrois.

CHAP. II. — ÉTABLISSEMENT ET SUPPRESSION DES OCTROIS.

16. En combinant les dispositions des lois des 24 juillet 1867 et 10 août 1871, on arrive aux distinctions suivantes :

L'établissement des taxes d'octroi votées par les conseils municipaux, ainsi que les règlements relatifs à leur exécution, sont autorisés par décrets rendus sur l'avis du Conseil d'État. (*L. 24 juill.* 1867, *art.* 8.)

Le maximum des taxes doit être déterminé dans un tarif général qui est établi après avis des conseils généraux par un règlement d'administration publique. (*Même loi, art.* 9.)

17. Le décret portant règlement d'administration publique en exécution de la loi a été rendu le 12 février 1870. On trouve le tarif général dans un tableau annexé au décret.

Mais, sauf cette réserve faite au pouvoir central, on a décentralisé et on s'est contenté de l'intervention soit du conseil général, soit du conseil municipal d'après les distinctions suivantes :

Aux termes de la loi du 10 août 1871, le conseil général a des pouvoirs plus ou moins étendus, suivant l'importance des objets. Ainsi, dans certains cas que nous allons indiquer, la délibération est exécutoire, si le délai fixé par la loi un décret motivé n'en a pas suspendu l'exécution (*art.* 48 *et* 49). Dans d'autres, il a un pouvoir plus étendu, en ce sens qu'il statue définitivement, et alors l'annulation ne peut être prononcée que pour excès de pouvoir ou pour violation d'une loi ou d'un règlement d'administration publique par un décret rendu dans la forme des règlements d'administration publique (*art.* 46 *et* 47).

Ainsi le conseil général est appelé à délibérer sur les demandes des conseils municipaux : 1° pour l'établissement ou le renouvellement d'une taxe d'octroi sur des matières non comprises dans le tarif général ; 2° pour l'établissement ou le renouvellement d'une taxe excédant le maximum fixé par ce tarif ; 3° pour l'assujettissement à la taxe d'objets non encore imposés dans le tarif local ; 4° pour les modifications aux règlements ou périmètres existants (*art.* 48, *n°* 4).

Le conseil général statue définitivement sur les délibérations des conseils municipaux ayant pour but la prorogation des taxes additionnelles d'octroi actuellement existantes ou l'augmentation des taxes au delà d'un décime, le tout dans les limites du maximum des droits et de la nomenclature des objets fixés par le tarif général (*art.* 46, *n°* 25).

Enfin dans certains cas la décentralisation est

plus grande encore. Les délibérations du conseil municipal sont exécutoires par elles-mêmes, sauf le droit d'annulation conféré au préfet par la loi du 18 juillet 1837 (*art.* 18) lorsqu'elles concernent : 1° la suppression ou la diminution des tarifs d'octroi ; 2° la prorogation des taxes principales d'octroi pour cinq ans au plus ; 3° l'augmentation des taxes jusqu'à concurrence d'un décime, sous la condition toutefois qu'aucune des taxes ainsi maintenues ou modifiées n'excède le maximum déterminé par le tarif général, ou qu'aucune de ces taxes ne porte sur des objets non compris dans ce tarif. (*L.* 24 *juill.* 1867, *art.* 9.)

18. Les octrois doivent être délibérés par les conseils municipaux ; c'est l'application de la règle d'après laquelle ces conseils sont appelés à délibérer sur les tarifs et règlements de perception de tous les revenus communaux (*L.* 18 *juill.* 1837, *art.* 19, *n°* 5). La nécessité de cette délibération du conseil municipal est consacrée pour les octrois par le décret du 17 mai 1809, art. 2, et l'ordonnance du 9 décembre 1814, art. 5. Enfin, la loi du 28 avril 1816, art. 147, porte qu'ils peuvent être établis *sur la demande du conseil municipal.*

19. Un octroi peut-il être établi dans une commune contre le vœu du conseil municipal ? Si l'on se réfère aux premières lois sur les octrois, il semble que l'initiative en cette matière appartienne à l'autorité locale. Ainsi, d'après la loi du 11 frimaire an VII, l'administration municipale rédige le projet des taxes municipales qui est transmis au Corps législatif pour être approuvé, s'il y a lieu (*art.* 52 *et* 57). Sous le Consulat, le Gouvernement est chargé de donner cette approbation, et il est substitué à cet égard au pouvoir législatif ; mais c'est au conseil municipal qu'il appartient de présenter les projets de tarifs qui sont ensuite soumis à l'approbation du Gouvernement. (*L.* 5 *vent. an VIII, art.* 2.)

Un nouveau système est établi dans le décret du 17 mai 1809. Sans doute, les octrois continuent d'être délibérés par les conseils municipaux (*art.* 2) ; mais s'ils négligent ou refusent de délibérer, s'ils votent négativement, des octrois peuvent être imposés aux communes. L'ordonnance de 1814 (*art.* 9) reproduisit les dispositions du décret de 1809.

Nous arrivons à la loi du 28 avril 1816, dont l'art. 147 porte que, lorsque les revenus d'une commune sont insuffisants pour ses dépenses, il peut être établi, *sur la demande du conseil municipal,* un droit d'octroi sur les consommations. Il en résulte que désormais le Gouvernement n'est plus libre d'imposer des octrois aux communes. Cette doctrine, qui a été contestée, nous paraît être la conséquence nécessaire de l'art. 147, qui exige pour l'établissement d'un octroi *la demande d'un conseil municipal.* Cette demande est donc une condition des mesures relatives aux établissements d'octroi, mais ce n'est pas la condition unique ; le vote de la commune a besoin de la sanction du Gouvernement, qui peut refuser d'autoriser l'octroi, rejeter certaines taxes, en réduire d'autres, mais non les aggraver d'office ; car toute aggravation serait dépourvue du consentement préalable du conseil municipal. Par là le droit de la commune est sauvegardé aussi bien que celui de l'État : la commune ne peut être imposée sans son aveu ; l'État refuse sa sanction, lorsqu'il le juge convenable.

20. La question s'est présentée devant le Conseil d'État dans les circonstances suivantes : D'après la loi du 17 août 1822, les produits des centimes additionnels que les villes étaient autorisées à ajouter temporairement aux tarifs de leur octroi pour subvenir à la dépense d'établissements d'utilité publique, ou pour se libérer d'emprunts, n'étaient pas soumis au prélèvement du dixième, auquel étaient assujettis les produits ordinaires des octrois. En 1840, le conseil municipal de la ville de Troyes ayant voté certaines taxes comme temporaires, l'ordonnance d'autorisation les confondit avec celles qui avaient été votées comme principales, les soumettant par là même au prélèvement du dixième. La ville de Troyes se pourvut contre cette ordonnance par la voie contentieuse, et le Conseil d'État réforma l'ordonnance par le motif que *si l'approbation du Gouvernement pouvait être refusée à l'établissement des taxes additionnelles, elles devaient, si elles étaient approuvées, conserver le caractère qui leur avait été attribué par le vote du conseil municipal* (*Arr. du C.* 16 déc. 1842). On peut encore citer, dans le même sens, un autre arrêt du Conseil du 5 juin 1848.

21. Dans les espèces qui précèdent, le Conseil d'État a annulé des décisions par lesquelles le Gouvernement imposait à la commune un octroi qu'elle n'avait pas voté ; mais il est de toute évidence que le Gouvernement peut supprimer ou restreindre des articles du tarif voté par le conseil municipal. Plusieurs villes ont attaqué devant le Conseil d'État, par la voie contentieuse, des ordonnances qui avaient rejeté d'un tarif des objets désignés par le conseil municipal comme devant être soumis au droit ; mais leur requête a été rejetée par le Conseil, *attendu qu'il résulte des lois et règlements que le Gouvernement est investi du droit de restreindre ou rejeter tout article d'un tarif d'octroi proposé par les conseils municipaux.* (*Arr. du C.* 18 juill. 1838 et 25 avril 1845.)

22. Les formalités qui doivent être observées pour l'établissement des octrois sont tracées dans l'ordonnance réglementaire du 9 décembre 1814. Les délibérations du conseil municipal portant établissement d'un octroi sont adressées par le maire au sous-préfet et renvoyées par celui-ci, avec ses observations, au préfet, qui les transmet, également avec son avis, au ministre de l'intérieur, qui autorise, s'il y a lieu, le conseil municipal à délibérer les tarifs et règlement (*art.* 6). Les projets de règlement et de tarifs délibérés par les conseils municipaux, en vertu de l'autorisation du ministre de l'intérieur, parviennent de même aux préfets avec l'avis des maires et des sous-préfets. Les préfets les transmettent au directeur général des contributions indirectes pour être soumis au ministre des finances, sur le rapport duquel le Chef de l'État accorde son approbation, s'il y a lieu (*art.* 7).

23. Examinons maintenant si les décrets portant établissement de taxes d'octroi peuvent être attaqués devant le Conseil d'État par la voie contentieuse. On doit distinguer si le pourvoi est formé par la commune ou par de simples particuliers.

24. *Pourvoi formé par la commune.* Lorsque le Gouvernement refuse son approbation aux propositions de la commune, lorsqu'il rejette un article du tarif ou restreint la taxe, il use d'un pouvoir discrétionnaire que la loi lui donne ; l'acte du Gouvernement est de pure administration ; il ne comporte pas de recours par la voie contentieuse. (*Arr. du C.* 18 juill. 1838, 25 avril 1845.)

Mais il y a des cas dans lesquels le pourvoi de la commune a été déclaré recevable. Ainsi, dans le cas où il est fait usage de la faculté accordée par l'art. 152 de la loi du 28 avril 1816 d'étendre au profit des grandes villes le rayon de l'octroi au delà de leur territoire, les communes voisines qui soutiennent que la ville, dans l'intérêt de laquelle cette extension a lieu, n'est pas une grande ville, sont recevables à former opposition à l'acte du Gouvernement qui a autorisé cette extension. (*Arr. du C.* 23 août 1836.)

Lorsqu'une ville soutient que les formalités prescrites par les lois, décrets et ordonnances relatives à l'établissement des règlements et tarifs d'octroi n'ont pas été observées, son pourvoi par la voie contentieuse est également recevable. (*Arr. du C.* 25 avril 1845.)

Enfin, avant le décret qui a supprimé le prélèvement du dixième au profit du Trésor, le Conseil d'État a plusieurs fois admis des pourvois de communes qui prétendaient que ce prélèvement leur avait été mal à propos imposé. (*Arr. du C.* 16 déc. 1842, 20 nov. 1845, 8 avril 1846, 21 mai 1847, 5 juin 1848, 5 févr. 1849, 26 juill. 1851.)

25. *Pourvoi formé par de simples particuliers.* Des difficultés se sont présentées relativement à ces recours. Dans une première espèce, une fraction de commune avait été englobée dans le rayon d'octroi d'une ville du consentement du conseil municipal de cette commune. Il a été jugé que les habitants de cette commune ayant été représentés par ce conseil, n'avaient pas qualité pour former opposition dans leur intérêt à l'ordonnance approbative du règlement d'octroi (*Arr. du C.* 15 juill. 1835). Dans une autre affaire, des habitants de fermes dépendant d'une commune demandaient la réformation de l'ordonnance qui avait compris le territoire des lieux qu'ils habitaient dans la circonscription de l'octroi ; ils se fondaient sur l'ordonnance de 1814, qui affranchit les dépendances rurales des lieux sujets à l'octroi. La question a été examinée au fond par le Conseil et la requête a été rejetée sur le motif que l'ordonnance de 1814 avait été, sur ce point, abrogée par la loi de 1816. (*Arr. du C.* 11 févr. 1836.)

26. Dans une autre affaire, la ville de Toulouse ayant usé de la faculté accordée par la loi du 28 juin 1833, d'après laquelle les entrepôts à domicile pour les boissons peuvent être, sur la demande des conseils municipaux, supprimés dans les communes, lorsqu'un entrepôt public y a été établi, un sieur Anglade, bouilleur à Toulouse, attaqua devant le Conseil d'État l'ordonnance qui avait approuvé la délibération du conseil municipal ; mais sa requête fut rejetée par le motif

« que l'ordonnance était un acte d'administration générale dont il n'avait été fait aucune application à l'exposant, et qu'ainsi il n'était pas fondé à la déférer au Conseil d'État par la voie contentieuse. » (*Arr. du C. 30 nov. 1836.*)

27. Plus tard la ville de Toulouse, usant de la faculté accordée par la loi du 24 mai 1834, demanda la fabrication des eaux-de-vie fût prohibée dans les limites de l'intérieur de son octroi. Une ordonnance royale du 1er juillet 1836 prononça cette prohibition et régla les bases de l'indemnité à accorder aux propriétaires dépossédés. Le sieur Anglade attaqua, par 'la voie contentieuse, cette disposition de l'ordonnance; mais sa requête fut rejetée par le motif « que l'ordonnance avait statué par voie réglementaire et dans un intérêt général, et qu'un acte de cette nature ne pouvait être attaqué devant le Conseil d'État par la voie contentieuse. » (*Arr. du C. 28 août 1837.*)

28. Cette doctrine a été maintenue par le Conseil en 1842, dans une affaire célèbre ; plusieurs fabricants de la ville de Douai avaient formé un pourvoi contre une disposition de l'ordonnance approbative du règlement de l'octroi d'après laquelle les charbons destinés à des fabrications de commerce général, ne devaient être admis à l'entrepôt qu'en 1847; la requête fut rejetée par le motif « que le pourvoi des requérants tendait à faire révoquer une disposition générale et réglementaire en matière d'octroi, et qu'une telle demande ne pouvait être présentée au Conseil d'État par la voie contentieuse. » (*Arr. du C. 15 juill. 1842.*)

29. En 1849, des propriétaires, au nombre de 71, demeurant dans des communes près de Bordeaux, se pourvurent devant le Conseil d'État contre une ordonnance royale de 1819 portant approbation du règlement de l'octroi de la ville de Bordeaux, en tant qu'elle avait compris dans les limites de l'octroi une partie des maisons de ces communes. Le commissaire du Gouvernement conclut à ce que leur pourvoi fût déclaré non recevable : 1° comme tardif : 2° pour défaut de qualité des demandeurs. Le Conseil ne trancha pas la question de savoir si les demandeurs avaient qualité pour attaquer l'ordonnance et se borna à rejeter le pourvoi comme tardif. (9 *juin* 1849.)

30. Toutefois, en 1854, le Conseil d'État a déclaré recevable le pourvoi formé par de simples particuliers ; il a jugé que les habitants d'une commune comprise dans la banlieue d'une ville, qui se fondent sur ce que le conseil municipal n'a pas été appelé à délibérer, ont qualité pour déférer au Conseil d'État, par la voie contentieuse, le décret approbatif d'un règlement d'octroi qui assujettit à la perception des droits la portion de la commune dans laquelle ils sont propriétaires ou locataires. (*Arr. du C. 28 déc. 1854.*)

CHAP. III. — MATIÈRES QUI PEUVENT ÊTRE SOUMISES AU DROIT D'OCTROI ET TARIFS.

Sect. 1. — Matières qui peuvent être soumises au droit d'octroi.

31. Relativement aux objets sur lesquels la taxe doit porter, la loi du 11 frimaire an VII laissait une grande latitude ; elle se bornait à dire que les administrations municipales auraient égard, dans leurs projets de taxes, aux exceptions et franchises qui pourraient être jugées nécessaires au commerce de la commune (*art.* 56). Seulement ne pouvaient être assujettis à ces taxes ni les grains et farines, ni les fruits, beurre, lait, fromages, légumes et autres menues denrées servant habituellement à la nourriture des hommes (*art.* 55). La loi du 27 vendémiaire an VIII déclara (*art.* 22) que les objets non destinés à la consommation de la commune, et qui n'y entraient que par transit ou pour y être entreposés jusqu'à leur sortie ultérieure, ne seraient pas sujets au droit. La loi du 5 ventôse an VIII, qui délégua au Gouvernement le pouvoir d'établir les taxes, porta qu'il serait établi des octrois « sur les objets de consommation locale » ; seulement cette loi ne contient aucune désignation des objets.

32. Mais dans le décret du 17 mai 1809 nous trouvons une règle nouvelle ; désormais aucun tarif ne peut porter que sur les objets compris dans les cinq divisions suivantes, savoir : 1° boissons et liquides ; 2° comestibles ; 3° combustibles ; 4° fourrages ; 5° matériaux (*art.* 16).

Le décret entre dans des détails étendus sur les objets compris dans ces divisions ; il maintient notamment l'exception établie par la loi de l'an VII, pour les grains, farines, etc. (*art.* 16 à 36). L'ordonnance du 9 décembre 1814 reproduisit à peu près dans les mêmes termes les dispositions du décret de 1809 (*art.* 11 à 24). Enfin, la loi du 28 avril 1816 porte (*art.* 147) « que la désignation des objets imposés, le tarif, le mode et les limites de la perception seront délibérés par les conseils municipaux et réglés de la même manière que les dépenses et les revenus communaux. » L'art. 148 ajoute que « les droits d'octroi continueront à n'être imposés que sur les objets destinés à la consommation locale. Il ne peut être fait d'exception que dans des cas extraordinaires et en vertu d'une loi spéciale. »

33. On a eu dès lors à se demander si tous les objets de consommation locale des communes peuvent depuis cette loi être assujettis au droit d'octroi, bien qu'ils ne rentrent pas dans les cinq catégories déterminées par le décret de 1809 et par l'ordonnance de 1814, et si les objets tels que les grains et farines qui, bien que rentrant dans l'une des catégories, ne pouvaient pas être imposés, ont pu l'être désormais.

La question a été vivement débattue dans la jurisprudence. Pour soutenir que les tarifs d'octroi ne peuvent porter que sur les objets compris dans les cinq divisions, voici comment on raisonne : La loi du 28 avril 1816 ne contient que quelques dispositions concernant les octrois et n'abroge ni explicitement ni implicitement la législation générale qui les régissait auparavant. En disant que la désignation des objets imposés sera délibérée par le conseil municipal, l'art. 147 de la loi n'a pas entendu conférer aux conseils municipaux, même avec la sanction du Gouvernement, le pouvoir de frapper d'un impôt de consommation toutes les matières premières ou fabriquées et affranchir de toutes règles l'établissement des droits d'octroi ; loin d'être conçue dans un esprit d'innovation, la loi du 28 avril 1816, art. 148, se réfère à la législation antérieure, en disant que les droits d'octroi *continueront à n'être imposés que sur les objets destinés à la consommation locale.*

34. Mais dans l'intérêt de l'opinion opposée, on fait valoir les arguments suivants : La division en cinq catégories des objets imposables a été établie dans le décret de 1809, qui, réservant à l'État le droit d'établir les octrois contre le vœu des communes, limitait en même temps ce droit à certains objets de consommation; mais, d'après la loi de 1816, les octrois ne peuvent être établis que sur la demande du conseil municipal; dès lors la loi a en même temps donné aux communes le droit d'imposer tous les objets de consommation. C'est aux communes qu'il appartient de créer les octrois avec l'approbation du Gouvernement ; c'est aussi à elles qu'il appartient de désigner les objets, non pas suivant telle ou telle catégorie, mais suivant leur appréciation : c'est ce qui résulte clairement des termes de l'art. 147 : *la désignation des objets imposés..... seront délibérés par le conseil municipal.* Il est facile de répondre à l'objection tirée de l'art 148. La loi de 1816 veut préciser la nature d'un impôt qui depuis sa création a toujours été un impôt de consommation locale, et elle dit que cette règle continuera à être appliquée; mais s'ensuit-il que le législateur ait voulu maintenir la règle des cinq catégories? Le contraire résulte de l'art. 148 : lorsqu'une loi, sans rien préciser, déclare que les grains de consommation locale sont susceptibles d'être imposés, il est évident que l'impôt peut frapper la généralité de ces objets et non pas seulement quelques-uns d'entre eux. Cette dernière doctrine nous paraît plus conforme à l'esprit de la loi de 1816.

35. La Cour de cassation a eu plusieurs fois à s'expliquer sur cette question importante, et il y a eu des variations dans sa jurisprudence. La question se présenta devant la Cour de cassation en 1834, à l'occasion des grains, farines, etc. : la Cour décida que les art. 147 et 148 de la loi du 28 avril 1816, ne reproduisant pas à l'égard des grains et farines les exceptions portées dans la législation antérieure, la généralité des expressions de la loi nouvelle contenait abrogation des dispositions des lois et règlements antérieurs. (*Cass.* 18 *juill.* 1834.)

Plus tard, la Cour de cassation abandonna cette doctrine, et décida que les tarifs d'octroi ne pouvaient porter que sur les objets compris dans les cinq catégories; ainsi elle décida que les métiers à filer le coton, ne rentrant dans aucune de ces cinq divisions, ne pouvaient être soumis au droit d'octroi (*Cass.* 2 *févr.* 1848) : elle consacra la même doctrine à l'égard des soudes factices (*Cass.* 6 *déc.* 1848 : 18 *juin* 1850). Mais depuis 1852, la Cour suprême est revenue à sa première jurisprudence. (*Cass.* 18 *févr.* 1852 : 19 *juill.* 1854.)

36. Le décret du 12 février 1870 paraît consacrer ce dernier état de la jurisprudence. Le tarif général annexé à ce décret renferme non-seulement les objets compris dans les cinq catégories, mais encore d'autres objets mentionnés comme objets divers. Et ce tarif général n'a rien de limitatif, puisque les conseils municipaux peuvent établir des droits d'octroi sur des objets non compris dans le tarif général, pourvu que leur délibération soit approuvée par le conseil général [1].

1. Nous croyons devoir reproduire, mais sans développements, la nomenclature des objets portés au tarif annexé au décret du

37. Ainsi, d'après le dernier état de la jurisprudence, les droits d'octroi peuvent être imposés sur tous les objets destinés à la *consommation locale.* Reste à fixer le sens de ces expressions.

Une question d'un très-grand intérêt pour les villes manufacturières a été soulevée; on s'est demandé si on doit considérer comme destinés à la consommation locale les objets qui doivent être consommés dans des établissements industriels pour la préparation des produits destinés au commerce général. Ainsi peut-on soumettre à des droits d'octroi les houilles ou charbons nécessaires à l'alimentation des usines, les soudes ou les huiles employées à la fabrication des savons, les sucres destinés à la fabrication des liqueurs, qui doivent être livrés au commerce général ?

38. Ce point a été l'objet de débats très-vifs. Dans une première opinion, on a prétendu que ces objets doivent être exempts des droits d'octroi; c'est en ce sens que le Conseil d'État s'est prononcé par un avis du 20 mars 1839. Il s'agissait de savoir si le combustible employé dans les établissements industriels peut être exempté de l'octroi : la ville de Dôle avait présenté une requête tendant à faire annuler une ordonnance royale du 21 juin 1838, qui avait accordé la faculté d'entrepôt à domicile et exemption du droit d'octroi pour les combustibles introduits dans le rayon d'octroi de la commune et qui seraient employés dans les établissements industriels pour la préparation de produits destinés au commerce général. Le Conseil d'État fut d'avis qu'il n'y avait pas lieu de modifier l'ordonnance du 21 juin 1838. Voici les considérants de cet avis : « L'art. 148 de la loi du 28 avril 1816 permet de n'imposer les droits d'octroi que sur les objets destinés à la consommation locale, et ne permet de faire exception à cette

12 février 1870 et dressé en vertu de l'art. 9 de la loi de 1867 :

Boissons et liquides. Vins, alcool, bière, vinaigre, limonade gazeuse.

Comestibles. Animaux vivants (bêtes à corne et à laine, porcs); charcuterie, graisse, lards et viandes salées, abats et issues, truffes, volailles et gibier truffés, pâtés et terrines truffés; volailles et lapins domestiques; huîtres et poissons de toutes sortes; gibier, beurre, fromage, conserves de fruits; huile comestible; oranges, citrons, limons.

Combustibles. Bois, fagots et cotrets, charbons de bois; charbons de terre et coke; huiles à brûler, minérales, végétales, animales; chandelles, suif, cire, spermaceti, bougies stéariques.

Fourrages. Foin, sainfoin, trèfle, luzerne et *autres fourrages* analogues; avoine, son et recoupe, orge.

Matériaux. Chaux, mortiers, ciments, plâtre; moellons, plâtras et meulières; pierres de taille, dalles, marbres et granites; fers et fontes, zinc, plomb, cuivre; ardoises pour toitures; briques, tuiles, carreaux, tuyaux et poteries pour constructions; argile, terre glaise, sable, gravois et cailloux; bois de charpente ou de menuiserie; verres à vitres, glaces.

Divers. Savons, vernis, blanc de céruse, essences de toutes natures, goudrons liquides, résidus de gaz et autres liquides pouvant être employés comme essences.

Le tarif indique pour chaque objet le maximum des taxes qui peuvent être établies dans les villes. Les villes sont divisées en six catégories selon le chiffre de la population (jusqu'à 4,000 ; 4 à 10,000; 10 à 20,000; 20 à 30,000; 30 à 100,000; au-dessus de 100,000).

L'article 45, n° 25, de la loi du 10 août 1871 soumet aux conseils généraux les délibérations des conseils municipaux « ayant pour but......, le tout dans les limites du maximum des droits et de la nomenclature des objets fixés par le tarif général établi conformément à la loi du 24 juillet 1867. L'approbation du conseil général ne suffit donc pas pour introduire un objet non prévu au tarif; cependant ces objets extraordinaires ne sont, en effet, pas complétement exclus, malgré l'art. 8, n° 3, de la loi du 24 juillet 1867, mais selon la circulaire du ministère de l'intérieur, du 23 août 1867, il faudra s'adresser au Gouvernement qui appréciera, le Conseil d'État entendu.   **M. B.**

règle que dans des cas extraordinaires et en vertu d'une loi spéciale. Or, les combustibles consommés dans les établissements industriels pour la préparation des produits destinés au commerce général ne peuvent pas être rangés dans la classe des objets réservés à la consommation locale ; ainsi l'ordonnance du 21 juin 1838 est strictement conforme aux principes de la législation sur la matière. » (*Cass.* 27 *nov.* 1844; 11 *févr.* 1846.)

39. Mais dans l'intérêt de l'opinion opposée on dit : 1° les lois qui ont créé et réglementé l'impôt de l'octroi s'accordent à autoriser les taxes sur les objets de consommation locale sans distinction de leur emploi ; on n'y trouve exprimée aucune exception pour les consommations industrielles; 2° le bénéfice de l'entrepôt qui est réclamé n'est établi que pour les matières introduites dans une commune sous la condition d'être réexportées sans altération de leur nature et en même quantité. Le principe de cette faculté, ainsi que les mesures réglementaires destinées à prévenir la fraude, sont exclusifs de toute application à des matières telles que la houille que l'on veut employer dans les usines et dont l'emploi entraîne l'entière destruction. (*Cass.* 8 *mars* 1847 ; 20 *mai*, 6 *déc.* 1848, 18 *févr.* 1852.)

40. Le décret du 12 février 1870 a consacré le premier système. Aux termes de ce décret ne sont soumis à aucun droit d'octroi les matières employées pour la confection et l'entretien du matériel de l'armée de terre, dans des constructions navales, ou pour la fabrication d'objets servant à la navigation ; les combustibles et toutes les autres matières embarquées sur les bâtiments de l'État ou du commerce pour être employés en mer (*art.* 11). Les combustibles employés par l'administration de la guerre pour la fabrication ou l'entretien du matériel de guerre et pour la confection d'objets destinés à être consommés hors du lieu sujet ; de même par la marine militaire et la marine marchande pour la confection d'objets destinés à la navigation ; enfin ceux qui sont employés dans les établissements industriels pour la préparation ou la fabrication d'objets destinés au commerce général, sont affranchis, au moyen de l'entrepôt, du paiement des droits d'octroi (*art.* 12). Les combustibles et matières destinés au service de l'exploitation des chemins de fer, aux travaux des ateliers et à la confection de la voie, sont affranchis de tous droits d'octroi (*art.* 13).

Sect. 2. — Des tarifs.

41. Nous devons nous référer pour l'établissement des tarifs aux dispositions des lois des 24 juillet 1867 et 10 août 1871 que nous avons expliquées plus haut. (*Voy.* chap. II, *Établissement des octrois.*) Nous nous bornerons à mentionner ici les limites que les lois ont posées au pouvoir des conseils municipaux en cette matière.

42. L'art. 149 de la loi du 28 avril 1816 porte que les droits d'octroi qui seront établis à l'avenir sur les boissons ne pourront excéder ceux qui seront perçus aux entrées des villes au profit du Trésor ; mais il ajoute que, si une exception à cette règle devient nécessaire, elle ne pourra avoir lieu qu'en vertu d'une ordonnance spéciale du roi. La loi du 11 juin 1842 alla plus loin, et porta que les exceptions à cette règle ne pour-

raient plus avoir lieu qu'en vertu d'une loi ; elle ajouta que, dans les communes qui, à raison de leur population, n'étaient pas soumises à un droit d'entrée sur les boissons, le droit d'octroi ne pourrait dépasser le droit déterminé par la loi pour les villes d'une population de 4,000 âmes (*art.* 9).

43. Le décret du 17 mars 1852, ayant réduit de moitié les droits d'entrée établis sur les vins, cidres, poirés et hydromels (*art.* 14), porta que les taxes d'octroi qui seraient supérieures aux droits d'entrée, dont le tarif était annexé au décret, seraient réduites au taux de ce dernier tarif dans un délai de trois ans, à partir du 1er janvier 1853, tout en ajoutant qu'une prolongation de délai pourrait être accordée aux communes qui, suivant des stipulations formelles d'emprunts régulièrement contractés ou autorisés avant le décret, auraient affecté exclusivement le produit de leurs taxes actuelles d'octroi sur les boissons au service des intérêts et de l'amortissement de ces emprunts (*art.* 15).

44. La réduction des droits d'octroi sur les boissons, qui devait, sauf certaines exceptions, s'effectuer au 1er janvier 1856, pouvait présenter des inconvénients au point de vue des ressources qui se trouvaient ainsi enlevées aux villes ; on disait que les municipalités seraient obligées de renoncer à des travaux utiles et à la subvention d'œuvres de bienfaisance, le tout faute de revenus ; aussi, lors de la discussion du budget de 1855, un amendement fut proposé par un grand nombre de députés qui demandaient l'abrogation de l'art. 15 du décret du 17 mars 1852. Cet amendement est devenu l'art. 18 de la loi du 22 juin 1854. Aux termes de cet article, les droits d'octroi sur les vins, cidres, poirés et hydromels ne peuvent être doubles des droits d'entrée déterminés par le tarif annexé au décret du 17 mars 1852 (le décime non compris); dans les communes qui, en raison de leur population, ne sont pas soumises à un droit d'entrée sur les boissons, le droit d'octroi ne peut pas dépasser le double du droit d'entrée déterminé par le décret du 17 mars 1852 pour les villes d'une population de 4,000 âmes ; il ne peut être établi aucune taxe d'octroi supérieure au double du droit d'entrée qu'en vertu d'une loi.

Enfin la loi du 31 décembre 1873 porte qu'à moins qu'une loi spéciale n'en décide autrement, les taxes d'octroi sur les vins, cidres, poirés et hydromels ne peuvent excéder de plus de 1/3 les droits d'entrée perçus par le Trésor public.

Dans les communes de moins de 4,000 âmes les taxes d'octroi peuvent atteindre, mais ne pas dépasser la limite fixée pour les communes de 4,000 à 6,000 âmes[1].

45. Une autre loi qui doit appeler notre attention, en ce qui concerne les tarifs, est celle du 10 mai 1846, relative à la perception des droits d'octroi sur les bestiaux. D'après le décret de 1809, art. 26, et l'ordonnance de 1814, art. 18, les bestiaux devaient être taxés par tête ; de plu-

---

1. Le décret du 17 mars 1852 était une mesure politique dont la loi de 1854 neutralisa les effets. Avant la loi de 1873 les droits sur les vins, etc., perçus par l'État avaient été augmentés. M. B.

sieurs points de la France il fut adressé des réclamations contre cette taxe ; le conseil supérieur de l'agriculture reconnut que ce mode de perception pouvait, en favorisant les bestiaux de forte taille, porter préjudice à l'amélioration et à la finesse des laines françaises qui se trouvaient à un plus haut degré chez les animaux de petite taille. En conséquence, une ordonnance du 4 juillet 1830 décida que désormais les droits d'octroi sur les bestiaux pourraient être établis au poids ou par tête. La loi du 10 mai 1846, émanée de l'initiative parlementaire, est allée plus loin ; elle ne laisse plus aux villes la faculté de choisir entre les deux modes de perception, et elle décide que les droits d'octroi sur les bestiaux de toute espèce seront établis à raison du poids des animaux, et que, néanmoins, ces mêmes droits pourront continuer à être fixés par tête pour les octrois où la taxe sur les bœufs n'excède pas 8 fr. (art. 1er).

CHAP. IV. — PERCEPTION DE L'OCTROI.

Sect. 1. — Règles générales.

46. Lorsque le tarif a été arrêté, on doit tracer les limites de la perception; les règlements de l'octroi doivent déterminer ces limites. (O. 1814, art. 25.)

47. Les conseils généraux délibèrent sur les demandes des conseils municipaux concernant les modifications aux règlements ou aux périmètres existants. (L. 10 août 1871, art. 48).

48. Aux termes de l'art. 152 de la loi du 28 avril 1816, des perceptions peuvent être établies dans les banlieues autour des grandes villes, afin de restreindre la fraude ; mais les recettes faites dans ces banlieues appartiennent toujours aux communes dont elles sont composées. Ainsi, ce n'est pas seulement sur son territoire que la commune peut étendre le rayon d'octroi ; elle peut, avec la sanction du Gouvernement, y comprendre même des communes voisines, contre la volonté de ces communes.

Ce droit doit être renfermé dans les limites tracées par la loi. Il n'existe qu'au profit des grandes villes. Le Conseil d'État a jugé que la ville de Mont-de-Marsan, dont la population était de 3,774 habitants, ne pouvait être considérée comme une grande ville, et que dès lors le rayon de son octroi n'avait pu être légalement porté au delà de son territoire. (Arr. du C. 23 août 1836.)

49. On s'est demandé si une commune comprise dans la banlieue d'une ville ne peut être assujettie à la perception des droits d'octroi établis ou à établir dans la ville, qu'autant que le conseil municipal de cette commune a été préalablement appelé à en délibérer.

L'affirmative nous paraît résulter de l'art. 10 du décret du 17 mai 1809 combiné avec l'art. 152 de la loi du 28 avril 1816. Le Conseil d'État, en effet, a décidé la question en ce sens, et a jugé qu'à défaut de délibération préalable du conseil municipal, il y a lieu d'annuler, pour inaccomplissement des formalités légales, le décret approbatif du règlement de l'octroi, dans la disposition par laquelle il approuve la partie du règlement relative à l'établissement de perceptions sur le territoire de la commune. (Arr. du C. 28 déc. 1854.)

50. Des difficultés se sont présentées à l'égard des marchandises qui, au moment où les limites de l'octroi sont étendues, se trouvent dans le périmètre nouveau et qui étaient destinées à être introduites dans l'ancien rayon de l'octroi pour être livrées à la consommation. La Cour de cassation a jugé que ces marchandises ne peuvent jouir des avantages commerciaux résultant de cette introduction, qu'à la condition de payer l'impôt municipal ainsi qu'elles l'eussent payé avant la mise à exécution du décret qui a étendu les limites de l'octroi. (Cass. 26 juin 1836 et 3 janv. 1855.)

51. Les règlements d'octroi doivent déterminer les bureaux où la perception s'opérera, et les obligations et formalités particulières à remplir par les redevables ou les employés à raison des localités (O. 1814, art. 25). Voici les règles tracées à ce sujet par l'ordonnance réglementaire du 9 décembre 1814.

52. Il ne peut être introduit d'objets assujettis à l'octroi que par les barrières ou bureaux désignés à cet effet. Les tarifs et règlements sont affichés dans l'intérieur et à l'extérieur de chaque bureau, lequel est indiqué par un tableau portant ces mots : *Bureau de l'octroi* (art. 27). Tout porteur ou conducteur d'objets assujettis à l'octroi est tenu, avant de les introduire, d'en faire la déclaration au bureau, et d'exhiber aux préposés de l'octroi les lettres de voiture, connaissements, chartes-parties et les expéditions délivrées par la régie des contributions indirectes. A cet effet, les préposés peuvent, après interpellation, faire sur les bateaux, voitures et autres moyens de transport, toutes les visites, recherches et perquisitions nécessaires, soit pour s'assurer qu'il n'y existe rien qui soit sujet aux droits, soit pour reconnaître l'exactitude des déclarations. Les conducteurs sont tenus de faciliter toutes les opérations relatives à ces vérifications. La déclaration relative aux objets arrivant par eau contient la désignation du lieu du déchargement, qui ne peut s'effectuer avant que les droits n'aient été acquittés ou au moins valablement soumissionnés (art. 28).

53. L'art. 30 de l'ordonnance de 1814 porte que les personnes voyageant à pied, à cheval ou en voiture suspendue ne peuvent être arrêtées, questionnées ou visitées sur leurs personnes, ou en raison de leurs malles ou effets. Mais cette disposition, en ce qui touche les voitures particulières suspendues, a été abrogée d'abord pour la ville de Paris par la loi du 29 mars 1832, art. 7, et ensuite pour toutes les communes de France ayant un octroi, par la loi du 24 mai 1834, art. 9 : désormais les voitures particulières suspendues sont soumises aux entrées aux mêmes visites que les voitures publiques.

54. La disposition de l'art. 30 reste applicable aux personnes voyageant à pied ou à cheval ; au reste, il a été jugé qu'elle doit être étendue à toutes les personnes entrant à pied ou à cheval, soit qu'elles voyagent ou non. En effet, l'ordonnance ne fixe pas la distance qu'il faut avoir parcourue pour être réputé voyageur. (Cass. 25 août 1827 et 22 mars 1834.)

Tout individu soupçonné de faire la fraude à la faveur de cette exception, peut être conduit devant un officier de police ou devant le maire, pour être interrogé et la visite de ses effets autorisée, s'il y a lieu. (O. 1814, art. 31.)

55. Les courriers ne peuvent être arrêtés à leur passage, sous prétexte de la perception; mais ils sont obligés d'acquitter les droits sur les objets soumis à l'octroi qu'ils introduisent dans un lieu sujet. A cet effet des préposés de l'octroi sont autorisés à assister au déchargement des malles (*O.* 1814, *art.* 33.)

56. Les messageries n'ont point droit à l'exemption du droit de visite; l'administration procède cependant, à l'égard des principales de ces entreprises, comme elle procédait à l'égard des malles-poste; mais elle les oblige à rembourser les frais de ce service particulier.

57. De même l'établissement des chemins de fer, dont le point d'arrivée se trouve dans l'intérieur des villes, nécessite un poste d'employés de l'octroi aux débarcadères. On s'est demandé si les concessionnaires des chemins de fer sont tenus, en l'absence d'une disposition expresse insérée dans le cahier des charges, de supporter les frais des services spéciaux d'octroi que nécessite l'entrée de ces chemins dans les villes. Cette question a été débattue entre la ville de Paris et les compagnies des chemins de fer de Paris à Saint-Germain et de Paris à Orléans, et a été résolue contre la ville de Paris par le Conseil d'État (*Arr. du C.* 17 *juill.* 1843.)

58. Dans les communes où la perception ne peut être opérée à l'entrée, il est établi au centre un ou plusieurs bureaux, suivant les localités. Dans ce cas, les conducteurs ne peuvent décharger les voitures, ni introduire au domicile des destinataires les objets soumis à l'octroi avant d'avoir acquitté les droits à ces bureaux. (*O.* 1814, *art.* 34.)

59. Toute personne qui récolte, prépare ou fabrique, dans l'intérieur d'un lieu sujet, des objets compris au tarif, est tenue d'en faire la déclaration et d'acquitter immédiatement le droit, si elle ne réclame pas la faculté de l'entrepôt. Les préposés de l'octroi peuvent reconnaître à domicile les quantités récoltées, préparées ou fabriquées, et faire toutes vérifications nécessaires pour prévenir la fraude (*art.* 36).

Sect. 2. — Passe-debout, transit et entrepôt.

60. La base de la législation en cette matière se trouve dans l'art. 22 de la loi du 27 frimaire an VIII, qui déclare ne pas soumettre au droit d'octroi les objets non destinés à la consommation de la commune et qui n'entrent que par *transit*, ou pour y être entreposés jusqu'à leur sortie ultérieure. Cet article charge le Gouvernement de régler les formalités et le mode de surveillance auxquels sont assujettis les propriétaires ou conducteurs de ces objets; et même d'ordonner, suivant les localités, la consignation du droit d'octroi, pour être restitué à la sortie des objets entreposés. Ce fut en exécution de cette disposition que le décret de 1809 d'abord, et ensuite l'ordonnance de 1814, ont tracé, sur le passe-debout, le transit et les entrepôts, certaines règles que nous devons maintenant exposer.

61. *Passe-debout.* Le passe-debout est le passage non interrompu par une commune en exemption de droits. (*D.* 1809, *art.* 60.)

Le conducteur d'objets soumis à l'octroi qui veut traverser seulement un lieu sujet ou y sé-

journer moins de vingt-quatre heures, est tenu d'en faire la déclaration au bureau d'octroi et de se munir d'un permis de *passe-debout* qui est délivré sur le cautionnement ou la consignation des droits. La restitution des sommes consignées, ainsi que la libération de la caution, s'opèrent au bureau de la sortie. Lorsqu'il est possible de faire escorter les chargements, le conducteur est dispensé de consigner ou faire cautionner les droits. (*O.* 1814, *art.* 37.)

62. *Transit.* Le transit est la faculté de passer dans une commune et d'y séjourner suivant les besoins des circonstances. (*D.* 1809, *art.* 67.)

En cas de séjour au delà de vingt-quatre heures dans un lieu sujet à l'octroi, d'objets introduits sur une déclaration de passe-debout, le conducteur est tenu de faire, dans ce délai et avant le déchargement, une déclaration de *transit* avec indication du lieu où les objets seront déposés; ces objets doivent être représentés aux employés à toute réquisition; la consignation ou le cautionnement subsistent pendant toute la durée du séjour. (*O.* 1814, *art.* 38.)

63. *Entrepôt.* L'entrepôt est la faculté donnée à un propriétaire ou à un commerçant de recevoir et d'emmagasiner dans un lieu sujet à l'octroi, sans acquittement du droit, des marchandises qui y sont assujetties et auxquelles est réservée une destination extérieure (*O.* 1814, *art.* 41). Il y a deux espèces d'entrepôts, l'entrepôt réel et l'entrepôt fictif. L'entrepôt réel se fait dans un magasin public; l'entrepôt fictif est l'admission en franchise dans des magasins, caves et domiciles particuliers (*D.* 1809, *art.* 72 *et* 90). Sur la demande des conseils municipaux, les entrepôts à domicile pour les boissons sont supprimés dans les communes sujettes au droit d'entrée ou d'octroi, lorsqu'un entrepôt public a été régulièrement établi. (*L.* 28 *juin* 1833, *art.* 9.)

64. L'entrepôt est toujours illimité; les règlements locaux doivent déterminer les objets pour lesquels l'entrepôt est accordé, ainsi que les quantités au-dessous desquelles on ne peut l'obtenir. (*O.* 1814, *art.* 41.)

La matière des entrepôts comprend un grand nombre de règles de détail pour lesquelles on peut consulter l'ordonnance réglementaire du 9 décembre 1814 (*art.* 42 à 45). On peut également consulter le décret du 12 février 1870, art. 7 à 9.

Sect. 3. — Sanction des règles établies pour la perception.

65. La première loi relative à l'octroi de Paris, celle du 27 vendémiaire an VII, se contentait de prononcer une amende du double droit contre tout porteur ou conducteur d'objets de consommation qui n'en avait pas fait la déclaration et acquitté le droit avant de les faire entrer dans Paris; mais l'expérience fit bientôt reconnaître, par la multiplicité des contraventions qui se commirent, qu'il fallait une peine plus forte pour empêcher les fraudes. Aussi la loi du 27 frimaire an VIII prononça-t-elle contre les contrevenants une amende égale à la valeur de l'objet soumis au droit d'octroi (*art.* 11).

66. La loi du 28 avril 1816 frappe de peines plus rigoureuses les fraudes commises contre les droits d'entrée dus au Trésor: les contraventions aux dispositions du chapitre concernant les droits d'entrée dus au Trésor sont punies de la confiscation des boissons saisies et d'une amende de 100 à 200 fr., suivant la gravité des cas et sauf celui de fraude par voitures suspendues, lequel entraîne toujours la condamnation à une amende de 1,000 fr. Dans le cas de fraude par escalade, par souterrain ou à main armée, il est infligé aux contrevenants une peine correctionnelle de six mois de prison, outre l'amende et la confiscation (*art.* 46). D'après les lois du 29 mars 1832, art. 8, et du 24 mai 1834, art. 9, ces dispositions sont applicables à la fraude sur toutes les denrées sujettes aux droits d'octroi, sauf que l'amende n'est que de 100 à 200 fr. pour la fraude dans les voitures particulières suspendues.

CHAP. V. — ADMINISTRATION DES OCTROIS.

67. L'administration des octrois a varié suivant les époques. Dans le décret de 1809, nous rencontrons trois modes d'administration : 1° la *régie simple* ; 2° la *régie intéressée* ; 3° la *ferme* (*voy.* **Ferme, Régie**). Le décret du 8 février 1812 chargea l'administration des droits réunis de la perception des octrois. La loi du 8 décembre 1814 rendit aux villes l'administration de leurs octrois, tout en leur laissant la faculté de traiter de gré à gré avec la régie des contributions indirectes pour qu'elle se chargeât de leur perception. Elle porte, en outre, que les octrois ne seraient plus ni affermés ni confiés à des régies intéressées ; il n'y eut plus dès lors que deux modes d'administration, la régie simple et l'abonnement avec l'administration des contributions indirectes. Enfin, la loi du 28 avril 1816, qui forme le dernier état de la législation sur la matière, est conçue dans un nouvel esprit. Dans le système de cette loi, les conseils municipaux doivent avoir une grande liberté dans le choix du mode de perception des octrois, ils doivent décider si ce mode sera la régie simple, la régie intéressée, le bail à ferme ou l'abonnement avec l'administration des contributions indirectes. Nous allons parcourir successivement chacun de ces modes de perception.

Sect. 1. — Régie simple.

68. La régie simple est la perception de l'octroi sous l'administration immédiate des maires (*D.* 1809, *art.* 102). Les frais d'exploitation et de premier établissement sont réglés par les autorités locales et communiqués à l'administration des contributions indirectes pour être soumis à l'approbation du ministre des finances, qui ne la donne qu'après avoir pris l'avis du ministre de l'intérieur (*art.* 103).

Sect. 2. — Régie intéressée.

69. La régie intéressée consiste à traiter avec un régisseur à la condition d'un prix fixe et d'une portion déterminée dans les produits excédant le prix principal et la somme abonnée pour les frais (*art.* 104). Ce contrat tient ainsi du bail ou de la société. L'abonnement pour les frais ne doit excéder autant que faire se peut 12 p. 100 du prix fixe du bail (*art.* 105). Le partage des bénéfices est fait à la fin de chaque année ; il n'est que provisoire ; à l'expiration du bail, il est fait le compte de la totalité des bénéfices pour établir une année commune, d'après laquelle la répartition est définitivement arrêtée conformément aux proportions déterminées par le cahier des charges (*art.* 106).

Sect. 3. — Ferme.

70. La ferme est l'adjudication pure et simple des produits d'un octroi moyennant un prix convenu, sans partage de bénéfices et sans allocation de frais (*art.* 108). L'adjudicataire ne peut transférer son droit au bail en tout ou en partie, sans le consentement exprès de l'autorité locale, approuvé par le ministre des finances (*art.* 109).

Sect. 4. — Dispositions communes à la régie intéressée et à la ferme.

71. Aucune adjudication ne peut excéder trois ans, sauf le cas où l'on doit y comprendre ce qui resterait à courir de l'année, et dans tous les cas elle doit avoir pour terme le 31 décembre (*art.* 112). Les adjudications sont faites par le sous-préfet ou le maire (*art.* 119). Elles sont faites aux enchères publiques, à l'extinction des bougies (ou feux), au plus offrant et dernier enchérisseur (*art.* 113). On peut cependant, s'il y a crainte de collusion ou de manœuvres combinées pour obtenir le bail à moindre prix, faire usage de soumissions cachetées (*Circ. min.* 6 *nov.* 1816). Après l'adjudication aucune enchère n'est reçue si elle n'est faite dans les 24 heures et signifiée par le ministère d'un huissier à l'autorité qui a procédé à cette adjudication, et s'il n'est offert un douzième en sus du prix auquel elle a été portée ; dans ce cas les enchères sont rouvertes sur la dernière offre (*art.* 117).

72. Ne sont admises aux enchères que les personnes d'une moralité, d'une solvabilité et d'une capacité reconnues par le maire, sauf le recours au préfet (*art.* 114). Aucune personne attachée à l'administration des contributions indirectes, aux administrations civiles ou aux tribunaux, ayant une surveillance ou juridiction quelconque sur l'octroi, ne peut être adjudicataire ni associé de l'adjudicataire (*art.* 127).

73. L'adjudication n'est définitive, et l'adjudicataire n'est mis en possession qu'après l'approbation du ministre des finances (*art.* 135). On s'est demandé quel est le caractère de cette approbation du ministre ; dans une affaire soumise au Conseil d'État, une personne dont l'adjudication n'avait pas été approuvée par le ministre, soutint que cette approbation n'est pas un acte purement facultatif, qu'elle ne peut être autre chose qu'un visa des opérations, visa qui ne doit pas être refusé quand l'adjudication a été régulière ; mais cette prétention a été repoussée par le Conseil qui a jugé que la décision par laquelle le ministre des finances refuse d'approuver l'adjudication est un acte purement administratif et n'est pas de nature à être déféré au Conseil d'État par la voie contentieuse (*Arr. du C.* 16 *janv.* 1828). Le Conseil d'État a jugé que lorsque le ministre des finances donne son approbation à un bail d'octroi après l'époque à laquelle les fermiers doivent entrer en possession, et que les adjudicataires qui ont été privés par ce retard de plusieurs mois de jouissance, n'ont consenti à entrer en possession, malgré cette privation, que moyennant l'engagement pris par le conseil municipal, avec l'approbation du préfet, de les dédommager de la perte qu'ils avaient éprouvée, ils ont droit à obtenir une indemnité (*Arr. du C.* 25 *janv.* 1839). Dans une affaire antérieure, le Conseil d'État avait jugé que le fermier devait, dans ce cas, être déclaré adjudicataire à partir du jour fixé par l'adjudication, à la charge par la ville de lui rendre compte de clerc à maître des produits de l'octroi perçus depuis ce jour jusqu'à celui de sa mise en possession. (*Arr. du C.* 22 *juin* 1825.)

74. Les adjudicataires doivent se conformer pour la perception et pour tout ce qui est relatif à l'octroi aux tarifs et règlements approuvés; ils sont également tenus de se conformer aux lois et règlements concernant les rapports des administrations d'octroi avec la régie des contributions indirectes (*art.* 118).

75. Les adjudicataires ont le libre choix de leurs préposés et peuvent les révoquer à volonté. Néanmoins les préfets, sur la demande des sous-préfets, des maires ou des directeurs des contributions indirectes, et, après avoir entendu les régisseurs, peuvent donner ordre à ces derniers de destituer ceux des préposés qui auraient donné lieu à des plaintes fondées (*art.* 119). Tout préposé qui, étant en fonctions depuis un an, n'est pas conservé par le fermier au moment de sa mise en jouissance, reçoit à titre d'indemnité, aux frais du nouvel adjudicataire, deux mois de son traitement (*art.* 120). L'adjudicataire est tenu, avant d'être mis en possession, de fournir un cautionnement dont la quotité et l'espèce sont déterminées dans le cahier des charges (*art.* 121). Le prix du bail est payé de mois en mois et d'avance; en cas de retard du paiement du prix du bail aux époques fixées, l'adjudicataire peut être poursuivi par toutes voies de droit et même par corps (*art.* 123). L'adjudicataire est tenu de donner connaissance au maire et aux préposés de l'administration des contributions indirectes de tous les procès-verbaux de contraventions; il ne peut transiger avec les contrevenants sans l'autorisation du maire; le préposé de l'administration des contributions indirectes chargé de la surveillance de l'octroi est présent à toutes les transactions et donne son avis (*art.* 124). La moitié des produits nets des amendes, ainsi que de ceux des ventes des objets saisis ou confisqués, soit que ces amendes aient été prononcées par jugement, soit qu'il y ait eu transaction, appartient à l'adjudicataire; il verse l'autre moitié et le décime par franc aux époques et de la manière prescrites (*art.* 126). A défaut d'exécution de la part de l'adjudicataire des clauses du cahier des charges, la commune peut, après une sommation ou commandement à lui fait, provoquer une nouvelle adjudication à sa folle enchère (*art.* 131).

76. Les adjudications d'octroi ont donné lieu à de nombreuses difficultés entre les villes et les adjudicataires; nous allons mentionner quelques-uns des arrêts rendus par le Conseil d'État en cette matière. Lors même que le cahier des charges porte que l'adjudicataire de l'octroi ne pourra être reçu, sous aucun prétexte, à réclamer des indemnités, il peut cependant en demander, lorsque, par suite de mouvements populaires, il a été dans l'impossibilité de recouvrer les droits; il s'agit d'un cas de force majeure que le cahier des charges n'a pu ni dû prévoir (*Arr. du C.* 27 *nov.* 1835). De même le fermier peut réclamer des indemnités toutes les fois qu'il entre dans les intérêts de la ville d'apporter au bail des modifications qui lui sont préjudiciables (*Arr. du*

C. 17 *juin* 1818 *et* 2 *juin* 1819). Il a droit également à une indemnité pour retard apporté à sa mise en jouissance (*Arr. du C.* 20 *juin et* 23 *août* 1820). De même, si des délais, accordés par décisions du ministre des finances et consentis par la commune aux entrepositaires, influent sur la quotité des recettes effectives de l'année, le fermier a droit à une indemnité calculée sur la perte qui a pu en résulter pour lui. (*Arr. du C.* 8 *sept.* 1819.)

77. La résiliation du bail peut aussi donner lieu à des difficultés; on a souvent à se demander s'il y a lieu à résiliation du bail ou seulement à une indemnité. Ainsi le Conseil d'État a jugé que, lorsque, par suite d'une émeute survenue dans une ville, la perception des droits avait été interrompue pendant plusieurs jours, le fermier ne pouvait être admis à demander la résiliation de son bail, mais avait droit seulement à une indemnité (*Arr. du C.* 22 *juin* 1836). La résiliation du bail donne lieu quelquefois à des indemnités, dont le chiffre peut être sujet à contestation. Ainsi, lorsque la résiliation du bail résulte de la suppression de l'octroi, le fermier a droit à une indemnité; toutefois, le Conseil d'État a pensé qu'un conseil de préfecture l'avait exagérée, en appliquant l'art. 1746 du Code civil, qui concerne les biens ruraux, dont le bail repose sur des chances de bénéfices plus certaines qu'un bail d'octroi. (*Arr. du C.* 10 *févr.* 1816.)

§ect. 5. — **Abonnement avec la régie des contributions indirectes.**

78. Le conseil municipal peut décider que le mode de perception sera l'abonnement avec la régie des contributions indirectes (*L.* 28 *avril* 1816, *art.* 147). Cette régie est autorisée à traiter de gré à gré avec les communes pour la perception de leurs octrois, et les traités ne sont définitifs qu'après avoir été approuvés par le ministre des finances (*art.* 158).

79. L'ordonnance du 9 décembre 1814 trace les règles à suivre en cette matière. Les maires adressent leurs propositions par l'intermédiaire du sous-préfet au préfet; celui-ci les communique au directeur des contributions indirectes, pour donner ses observations, et les soumet ensuite, avec son avis, au directeur général, qui propose, s'il y a lieu, au ministre des finances d'y donner son approbation (*art.* 94). Les conventions à faire entre la régie et les communes ne portent que sur les traitements fixes ou éventuels des préposés; tous les autres frais sont intégralement acquittés par les communes sur les produits bruts des octrois. La conséquence de ces conventions est de remettre la perception entre les mains des employés ordinaires des contributions indirectes. Cependant, dans les villes où il est nécessaire de conserver des préposés affectés spécialement au service de l'octroi, ces préposés continuent à être nommés par les préfets, sur la proposition des maires et après avoir pris l'avis des directeurs des contributions indirectes. Leur nombre et leur traitement sont fixés par cette régie; ils sont révocables, soit sur la demande du maire, soit sur celle du directeur. Les maires conservent le droit de surveillance sur les préposés et celui de transiger sur les contraventions (*art.* 95). Les traités conclus avec les communes subsistent jusqu'à ce que la commune ou la régie en ait notifié la cessation : cette notification a toujours lieu de part ou d'autre six mois au moins à l'avance (*art.* 96). Les receveurs versent le montant de leurs recettes, pour le compte de l'octroi, dans la caisse municipale, sous la déduction des frais de perception convenus par le traité, et dont ils comptent comme de leurs autres recettes pour le Trésor (*art.* 97).

CHAP. VI. — PERSONNEL.

80. Dans toutes les communes où les produits annuels du droit d'octroi s'élèvent à 20.000 fr. et au-dessus , il peut être établi un préposé en chef de l'octroi (*L. 28 avril* 1816, art. 157). D'après la loi de 1816, il était nommé par le ministre des finances, sur la présentation du maire, approuvée par le préfet, et sur le rapport du directeur général des contributions indirectes. Il est maintenant nommé par le préfet (*D. 25 mars* 1852, art. 15, nº 6). Quant aux autres préposés des octrois, ils étaient déjà, sous l'empire de la loi de 1816 (art. 156), nommés par les préfets, sur la proposition des maires ; ce mode de nomination subsiste encore aujourd'hui.

81. Il est évident que, si le maire refusait de faire la présentation, le préfet n'en pourrait pas moins faire la nomination ; cela a été jugé par le Conseil d'État, en ce qui concerne les nominations faites par le ministre. (*Arr. du C. 14 juill.* 1819.)

82. Le directeur général des contributions indirectes peut faire révoquer ceux de ces préposés qui ne rempliraient pas convenablement leurs fonctions. (*L. 28 avril* 1816, art. 156.)

83. Tous les préposés comptables des octrois sont tenus de fournir un cautionnement en numéraire, qui est fixé par le ministre des finances à raison du vingt-cinquième brut de la recette présumée. Le minimum ne peut être au-dessous de 200 fr. Pour les octrois des grandes villes, il est présenté des fixations particulières. Ces cautionnements sont versés au Trésor, qui en paie l'intérêt au taux fixé pour ceux des employés des contributions indirectes (*art.* 159).

84. Les préposés de l'octroi doivent être âgés au moins de vingt et un ans accomplis. Ils sont tenus de prêter serment devant le tribunal civil de la ville dans laquelle ils exercent, et dans les lieux où il n'y a pas de tribunal, devant le juge de paix (*O.* 1814, *art.* 58). Lors du changement de résidence d'un préposé, il n'y a pas lieu à une nouvelle prestation de serment ; il lui suffit de faire viser sa commission sans frais par le juge de paix ou par le président du tribunal civil du lieu où il doit exercer (*art.* 59). Les préposés de l'octroi doivent toujours être porteurs de leur commission, et sont tenus de la représenter lorsqu'ils en sont requis. Le port d'arme est accordé aux préposés de l'octroi comme aux employés des contributions indirectes (*art.* 60). Il est défendu à tous les préposés de l'octroi indistinctement de faire le commerce des objets compris au tarif. Tout préposé de l'octroi qui favorise la fraude, soit en recevant des présents, soit de toute autre manière, est mis en jugement et condamné aux peines portées par le Code pénal.

85. Aux termes de la loi du 8 décembre 1814, art. 144, les préposés ou employés de la régie,

prévenus de crimes ou délits commis dans l'exercice de leurs fonctions, sont poursuivis et traduits, dans les formes communes à tous les autres citoyens, devant les tribunaux compétents, sans autorisation préalable de la régie. Seulement le juge instructeur, lorsqu'il a décerné un mandat d'arrêt, est tenu d'en informer le directeur des contributions indirectes du département de l'employé poursuivi. La loi du 28 avril 1816, art. 244, a reproduit textuellement cette disposition. On s'est demandé si elle était applicable aux préposés de l'octroi. La Cour de cassation a jugé que cette règle, se trouvant dans les lois de 1814 et 1816, est par là même applicable aux employés de l'octroi ; par là se trouve virtuellement abrogé l'art. 144 du décret de 1809, d'après lequel les préposés de l'octroi ne pouvaient être poursuivis sans autorisation du préfet [1]. (*Cass. 25 août* 1827.)

86. L'assimilation, en ce qui concerne les poursuites, entre les préposés de l'octroi et ceux des contributions indirectes entraîne cette conséquence, que l'on doit appliquer aux préposés de l'octroi la jurisprudence admise à l'égard des préposés des contributions indirectes, d'après laquelle les tribunaux ne peuvent déclarer l'existence de détournements avant que les comptes de ces employés aient été vérifiés et arrêtés par l'administration. (*Cass. 9 janv.* 1852.)

CHAP. VII. — COMPTABILITÉ.

87. Tous les registres employés à la perception ou au service des octrois sont à souche ; les perceptions ou déclarations y sont inscrites sans interruption ni lacune. (*O.* 1814, *art.* 66.) Les expéditions et quittances délivrées par les employés sont marquées d'un timbre spécial, dont le prix est fixé à 10 cent. (*L. 28 avril* 1816, *art.* 243.) Néanmoins le ministre des finances a décidé que les articles de perception, dont le droit excéderait 1 fr., seraient seuls soumis au droit de timbre ; pour les autres articles de perception, dits de *petit comptant*, il est établi des registres de perception non timbrés. (*Décis. min. fin.* 2 avril 1816.)

88. Il y a des registres dont l'usage est commun aux octrois et aux droits d'entrée au profit du Trésor ; la moitié des dépenses relatives à ces registres est supportée par l'octroi et payée sur les mémoires dressés par la régie des contributions indirectes, approuvés par le ministre des finances (*O.* 1814, *art.* 69). Les registres autres que ceux dont l'usage est commun aux octrois et aux droits d'entrée sont cotés et paraphés par le maire ; ils sont arrêtés par lui le dernier jour de chaque année, déposés à l'administration municipale et renouvelés tous les ans (*art.* 70).

89. L'ordonnance du 23 juillet 1826 a simplifié les règles sur la comptabilité des octrois. Aux termes de cette ordonnance, les receveurs municipaux sont comptables de la totalité des recettes et des dépenses des octrois et en rendent compte aux mêmes époques et dans les mêmes formes que pour les autres recettes et dépenses communales (*art.* 1er).

1. Depuis la suppression de l'art. 75 de la Constitution de l'an VIII par le décret du 19 septembre 1870, cette question a perdu son intérêt. (*Voy.* Fonctionnaire, nº 90.) M. B.

Lorsque l'octroi n'est ni affermé, ni en régie intéressée, les receveurs municipaux produisent, à l'appui de leur gestion, les pièces justificatives du produit brut et des frais de perception. Lorsqu'il est en régie intéressée, ils doivent, outre les justifications ordinaires de la recette et des frais, produire, selon le cas, le compte provisoire de fin d'année et le compte définitif de fin de bail des bénéfices partagés avec le régisseur, conformément au décret du 17 mai 1809. Lorsque l'octroi est affermé, ces comptables n'ont à justifier que des versements dus et effectués par le fermier suivant les conditions du bail (art. 3).

90. Quant au jugement des comptes, on doit appliquer les règles tracées pour la comptabilité communale ; en conséquence, les comptes sont définitivement apurés par le conseil de préfecture pour les communes dont le revenu n'excède pas 30,000 fr., sauf recours à la Cour des comptes ; quant aux communes, dont le revenu excède 30,000 fr., les comptes sont réglés et apurés par cette cour. (L. 18 juill. 1837, art. 66.)

CHAP. VIII. — RAPPORTS DES OCTROIS AVEC L'ADMINISTRATION DES CONTRIBUTIONS INDIRECTES.

91. La surveillance générale de la perception et de l'administration des octrois est attribuée à la régie des contributions indirectes ; elle l'exerce sous l'autorité du ministre des finances, qui donne les instructions nécessaires pour assurer l'uniformité et la régularité du service et régler l'ordre de la comptabilité particulière à ces établissements. (O. 1814, art. 88.)

92. Les préposés des octrois sont tenus d'opérer la perception des droits établis aux entrées des villes au profit du Trésor, lorsque la régie le juge convenable ; elle fait exercer, relativement à ces perceptions, tel genre de contrôle ou de surveillance qu'elle croit nécessaire d'établir (L. 28 avril 1816, art. 154). La régie des contributions indirectes accorde pour cette perception aux préposés de l'octroi des remises dont le produit est réparti entre tous les préposés de l'octroi d'une même commune, dans la proportion qui est déterminée par le maire (O. 1814, art. 90). Le Conseil d'État a jugé que le maire a sur ce point un pouvoir discrétionnaire, et que cette répartition est une opération purement administrative qui ne peut être attaquée par la voie contentieuse. (Arr. du C. 6 mai 1836.)

93. Lorsque la régie charge de la perception des droits d'entrée les préposés commissionnés par elle, les communes sont tenues de les placer avec leurs propres receveurs dans les bureaux établis aux portes des villes. (L. 1816, art. 154.)

94. Les préposés des octrois sont tenus d'exiger de tous conducteurs d'objets soumis aux impôts indirects la représentation de leurs expéditions, de vérifier les chargements, de rapporter procès-verbal des fraudes ou contraventions qu'ils découvrent, de concourir au service des contributions indirectes toutes les fois qu'ils en sont requis, sans pouvoir être déplacés de leur poste ordinaire ; enfin, de remettre chaque jour à l'employé en chef des contributions indirectes un relevé des objets frappés du droit au profit du Trésor qui ont été introduits (O. 1814, art. 92). Toutefois, il a été jugé que les préposés de l'oc-

troi sont sans qualité pour procéder à la constatation des contraventions en matière de contributions indirectes hors des limites de la commune où ils sont assermentés pour exercer leurs fonctions. (Cass. 4 juin 1841.)

95. Réciproquement les employés des contributions indirectes concourent au service des octrois. Ainsi ils suivent, dans l'intérêt des communes comme dans celui du Trésor, les exercices dans l'intérieur du lieu sujet, chez les entrepositaires de boissons et chez les brasseurs et distillateurs. Il est tenu compte par l'octroi à la régie des contributions indirectes de partie des dépenses occasionnées pour ces exercices. (O. 1814, art. 91.)

Le Conseil d'État a jugé que cette dernière disposition n'a pas été abrogée par l'art. 153 de la loi du 28 avril 1816. En effet, une pareille contribution dans les dépenses ne peut être considérée comme un prélèvement interdit par cette loi, mais comme le remboursement des frais nécessaires pour obtenir cette perception (Arr. du C. 14 juill. 1819). L'indemnité pour ce service a été fixée par une décision du ministre des finances. Il a été jugé que le ministre est compétent pour fixer cette indemnité (Arr. du C. 28 juill. 1819), et que la commune ne peut attaquer ce règlement par la voie contentieuse. (Arr. du C. 3 juin 1820.)

96. Les employés des contributions indirectes doivent aussi rapporter procès-verbal pour les fraudes et contraventions relatives aux droits d'octroi qu'ils découvrent. (O. 1814, art. 92.)

CHAP. IX. — CONTENTIEUX.
Sect. 1. — Compétence judiciaire.

97. *Tribunaux de police correctionnelle.* Les tribunaux de police correctionnelle ont une compétence exclusive pour prononcer sur les contraventions en matière d'octroi. Il a même été jugé que les délits de fraude en matière d'octroi, commis par des militaires présents à leurs corps, ne sont pas de la compétence des conseils de guerre. La compétence appartient exclusivement aux tribunaux ordinaires. (Cass. 23 août 1833.)

98. Le tribunal correctionnel, saisi d'une poursuite pour refus d'acquitter des droits d'octroi, est incompétent pour connaître des difficultés élevées incidemment et comme moyens de défense sur l'application du tarif de l'octroi ; ces difficultés doivent être portées devant le juge de paix. (Cass. 15 déc. 1808 et 19 sept. 1845.)

99. Les contraventions aux droits d'octroi sont constatées par des procès-verbaux. Aux termes de l'art. 8 de la loi du 27 frimaire an VIII, ces procès-verbaux sont affirmés devant le juge de paix dans les vingt-quatre heures de leur date, sous peine de nullité, et ils font foi en justice jusqu'à inscription de faux. L'ordonnance du 9 décembre 1814 entre dans des détails minutieux sur la rédaction de ces procès-verbaux (art. 75 à 77), et prescrit pour cette rédaction la plupart des formalités exigées par le décret du 1er germinal an XIII pour les procès-verbaux concernant les contributions indirectes. Néanmoins il y a encore des différences entre ces deux espèces de procès-verbaux : 1° en matière d'octroi, l'affirmation du procès-verbal doit avoir lieu dans les vingt-quatre heures (L. 27 frim. an VIII, art. 8) ; en matière de contributions indirectes, il suffit qu'elle soit faite dans les trois jours (*D.* 1er *germ. an XIII, art.* 25); 2° en matière d'octroi, les procès-verbaux peuvent être rédigés par un seul préposé (*O.* 1814, *art.* 75); en matière de contributions indirectes, ils doivent l'être au moins par deux préposés (*D.* 1er *germ. an XIII, art.* 25); 3° les formalités prescrites pour les procès-verbaux en matière de contributions indirectes le sont à peine de nullité (*Id.*, *art.* 26). Quant aux procès-verbaux en matière d'octroi, il faut distinguer, la formalité de l'affirmation devant le juge de paix dans les vingt-quatre heures est prescrite par la loi de l'an VIII, à peine de nullité; quant aux formalités prescrites par l'ordonnance de 1814, la peine de nullité n'étant pas prononcée, il en résulte que leur inobservation ne peut emporter nullité qu'autant qu'il s'agirait de formalités substantielles. (*Cass.* 17 *juin* 1836.)

100. Tout objet sujet à l'octroi qui, nonobstant l'interpellation faite par les préposés, est introduit sans avoir été déclaré, ou sur une déclaration fausse ou inexacte, peut être saisi (*O.* 1814, *art.* 29). Il a même été jugé que le fait accompli de l'introduction sans déclaration ou sur une fausse déclaration n'est pas toujours nécessaire pour constituer la fraude et une contravention; la loi exige une déclaration, et elle la veut sincère; si surtout elle fait suite à une interpellation et qu'elle soit fausse, elle ne saurait être rectifiée par une seconde déclaration, quand elle n'est pas spontanée et quand elle n'est que le résultat de l'intention manifestée par les employés de vérifier l'exactitude de la déclaration (*Cass.* 21 *nov.* 1840). La Cour de cassation a jugé que des objets introduits dans une ville sans avoir payé les droits d'octroi peuvent être saisis plusieurs heures après que leur introduction a eu lieu à la vue des préposés, sur une déclaration incomplète et sans visite de leur part. (*Cass.* 29 *avril* 1843.)

101. Non-seulement les denrées introduites sans déclaration sont saisies par les employés, mais il en est de même des voitures, chevaux et autres objets servant au transport, à défaut par le contrevenant de consigner le maximum de l'amende ou de donner caution solvable. (*L.* 28 *avril* 1816, *art.* 27; *L.* 29 *mars* 1832, *art.* 8; *L.* 24 *mai* 1834, *art.* 9.)

102. Enfin, l'introduction ou la tentative d'introduction d'objets soumis aux droits d'octroi à l'aide d'ustensiles préparés ou de moyens disposés par la fraude, peut même autoriser l'arrestation des fraudeurs et colporteurs. (*L.* 28 *avril* 1816, *art.* 223, 224 et 225; *L.* 29 *mars* 1832, *art.* 9; *L.* 24 *mai* 1834, *art.* 9.)

103. Les maires sont autorisés, sauf l'approbation des préfets, à faire remise, par voie de transaction de la totalité ou de partie des condamnations encourues, même après le jugement rendu. Ce droit appartient exclusivement à la régie des contributions indirectes, et, d'après les règles qui lui sont propres, toutes les fois que la saisie a été opérée dans l'intérêt commun des droits d'octroi et des droits imposés au profit du Trésor. (*O.* 1814, *art.* 83.)

Le produit des amendes et confiscations pour contravention aux règlements de l'octroi, déduction faite des frais et prélèvements autorisés, est attribué moitié aux employés de l'octroi et moitié à la commune (*art.* 84).

104. La jurisprudence a tiré de ces dispositions des conséquences importantes au point de vue de l'exercice de l'action. Il en résulte qu'en matière d'octrois, comme en matière de contributions indirectes, on ne distingue pas l'action publique de l'action privée; elles se confondent et n'en forment qu'une seule, qui peut être exercée par l'administration. (*Cass.* 29 *août* 1826.)

Le ministère public n'a pas, en cette matière, l'exercice de l'action publique; en effet, les termes généraux de l'art. 1er du Code d'instruction criminelle ne dérogent pas aux règles particulières de procédure pour la poursuite de certaines contraventions. Or, il résulte des art. 83 et 84 de l'ordonnance de 1814 que l'administration de l'octroi est maîtresse absolue de l'action publique; elle l'exerce dans l'intérêt de la perception à laquelle elle est préposée avec faculté d'en suspendre l'effet en tout état de cause, au moyen de transactions dont elle est l'arbitre. (*Cass.* 12 *août* 1853.)

105. *Juges de paix.* Les contestations civiles qui peuvent s'élever sur l'application du tarif ou sur la quotité des droits exigés par les receveurs, sont portées devant le juge de paix. (*L.* 2 *vend. an VIII, art.* 1er; *L.* 27 *frim. an VIII, art.* 13; *O.* 9 *déc.* 1814, *art.* 81.)

106. Il importe de bien déterminer les limites respectives de la compétence du juge de paix et de celle de l'autorité administrative. Le juge de paix est compétent pour les difficultés qui s'élèvent entre la commune ou le fermier d'une part et les redevables de l'autre. Le Conseil d'État a même jugé que le juge de paix est compétent dans une contestation entre le fermier et plusieurs habitants de la ville relativement à l'application des droits, bien que le maire intervienne pour soutenir la prétention des habitants; en effet, il ne s'agit pas, dans l'espèce, de difficultés élevées entre la commune et le fermier sur le sens des clauses du bail, mais d'une difficulté entre le fermier et plusieurs habitants de la ville, contestation relative à l'application du tarif. (*Arr. du C.* 28 *mars* 1828.)

107. Il y a cependant des contestations pour lesquelles l'autorité administrative est compétente, même lorsqu'il s'agit de difficultés entre les communes ou les fermiers et les redevables.

Aux termes de l'art. 41 de l'ordonnance du 9 décembre 1814, les règlements locaux déterminent les objets pour lesquels l'entrepôt est accordé, ainsi que les quantités au-dessous desquelles on ne peut l'obtenir. Or, souvent les règlements d'octroi portent que le maire a le droit de prononcer sur les contestations qui s'élèvent sur l'admission à l'entrepôt, sauf le recours au préfet. Cette attribution est parfaitement légale; en effet, il ne s'agit pas dans l'espèce d'une contestation relative à l'application du tarif ou à la quotité du droit d'octroi; mais seulement d'une mesure administrative concernant les entrepôts; c'est ce qui a été jugé par le Conseil d'État. (*Arr. du C.* 15 *août* 1834.)

108. Occupons-nous maintenant de la procédure devant le juge de paix. Lorsqu'il y a lieu à contestation sur l'application du tarif ou sur la quotité du droit exigé par le receveur, tout porteur ou conducteur d'objets compris dans le tarif est tenu de consigner entre les mains du receveur le droit exigé ; il ne peut être entendu qu'en rapportant au juge de paix, qui en doit connaître, la quittance de la consignation. (*L. 2 vend. an VIII, art.* 13 ; *L. 27 frim. an VIII, art.* 14 ; *O.* 9 *déc.* 1814, *art.* 81.)

109. Il a été jugé plusieurs fois que la commune n'a pas besoin de se faire autoriser par les conseils de préfecture pour plaider en matière de recouvrement de droits d'octroi, et que, si la commune est défenderesse, le dépôt préalable d'un mémoire et l'autorisation du conseil de préfecture pour défendre à l'action sont inutiles ; on ne peut appliquer les art. 49, 51 et 54 de la loi du 18 juillet 1837 à une matière régie par une législation spéciale. (*Cass.* 26 *juin* 1836 ; 2 *févr.*, 20 *mai* 1848.)

Sect. 2. Compétence administrative.

110. Aux termes de l'art. 136 du décret du 17 mai 1809, les contestations qui peuvent s'élever sur l'administration ou la perception des octrois en régie intéressée entre les communes et les régisseurs de ces établissements sont déférées au préfet qui statue en conseil de préfecture, sauf recours en Conseil d'État. Il en est de même des contestations qui peuvent s'élever, entre les communes et les fermiers des octrois, sur le sens des clauses des baux ; toutes les autres contestations qui peuvent s'élever entre les communes et les fermiers des octrois sont portées devant les tribunaux.

111. Dans l'hypothèse prévue par l'art. 136, le préfet statuait *en conseil de préfecture,* c'est-à-dire après avoir pris l'avis de ce conseil, et ce n'est pas ce conseil qui prononce. Il était assez difficile de justifier la compétence donnée au préfet en conseil de préfecture dans une matière contentieuse ; il eût été plus logique d'attribuer la compétence au conseil de préfecture. La loi du 21 juin 1865 sur les conseils de préfecture a fait disparaître cette anomalie. Aux termes de l'art. 11 de cette loi, sont portées devant les conseils de préfecture toutes les affaires contentieuses dont le jugement était attribué au préfet en conseil de préfecture, sauf recours en Conseil d'État.

112. On s'est demandé quelle était l'étendue de la compétence administrative pour les contestations entre les communes et les fermiers ; il s'agit de bien fixer la portée de ces expressions *le sens des clauses des baux.* A cet égard deux systèmes ont été soutenus.

113. Dans un premier système on raisonne ainsi qu'il suit : Il ne faut pas, dit-on, interpréter l'art. 136 en ce sens qu'il n'aurait entendu attribuer à la juridiction administrative que les questions d'interprétation du bail par opposition à toutes les autres. On ne voit pas quels motifs on pouvait avoir de consacrer cette distinction vis-à-vis des fermiers, tandis qu'on s'en abstenait vis-à-vis des régisseurs intéressés, dont les droits et les obligations ont leur source dans un acte de même nature que le bail à ferme ; il est plus raisonnable d'admettre que l'on a voulu désigner, en parlant des contestations qui pourraient s'élever sur *le sens des clauses des baux,* toutes les contestations relatives aux rapports que l'adjudication établit entre la commune et le fermier, et que

l'expression d'une réserve au profit des tribunaux de toutes les autres contestations s'est glissée dans la rédaction sans qu'on se soit rendu compte de la signification qu'elle pouvait avoir.

114. Dans un second système, on soutient que la juridiction administrative est seulement compétente pour juger les contestations qui peuvent s'élever sur *le sens des clauses des baux.* En effet :

1° Il ne s'agit pas de savoir si les dispositions de l'art. 136 peuvent présenter des inconvénients dans la pratique ; mais il faut appliquer la loi, lorsque ses dispositions sont claires et précises. Or, il est évident que les rédacteurs du décret ont entendu établir une différence entre les régisseurs intéressés et les fermiers ; pour les régisseurs intéressés, toutes les contestations sont déférées à l'autorité administrative ; pour les fermiers, il y a lieu, tantôt à la compétence judiciaire, tantôt à la compétence administrative. Or, les partisans du premier système effacent complétement cette différence et arrivent à confondre, au point de vue de la compétence, le bail à ferme et la régie intéressée.

2° On conçoit même rationnellement la distinction établie par le décret. Dans la régie intéressée, il y a un contrat mixte tenant du bail et de la société ; il y a lieu à un partage de bénéfices provisoires à la fin de chaque année, définitif à l'expiration du bail ; on conçoit que pour les difficultés auxquelles donne lieu une association de ce genre entre une commune et un particulier, la loi ait établi la compétence administrative. Au contraire, la ferme est l'adjudication pure et simple des produits d'un octroi moyennant un prix convenu sans partage de bénéfice ; dans ce cas, les rédacteurs du décret ont établi en principe la compétence judiciaire ; seulement, s'il y a des difficultés sur l'interprétation du bail, ils appliquent la règle d'après laquelle l'autorité administrative doit interpréter ses actes.

115. Dans ce système, voici différentes hypothèses dans lesquelles nous trouvons la compétence de l'autorité judiciaire. Le fermier peut être d'accord avec la ville sur le sens des clauses du bail, en tant que ces clauses lui donnent droit à une indemnité ; mais il peut y avoir débat sur le chiffre de cette indemnité ; dans ce cas, le préfet n'est pas compétent, puisque le sens des clauses du bail n'est pas contesté ; mais le tribunal doit juger, parce qu'il s'agit d'une appréciation de faits indépendante du sens des clauses du bail. De même, l'autorité judiciaire est compétente pour statuer sur une demande en paiement de fermages formé par une ville contre le fermier d'un octroi et sur la demande reconventionnelle en indemnité formée par celui-ci, lorsqu'il n'y a pas de contestation sur le sens des clauses du bail. Ce dernier système nous paraît plus conforme au texte et à l'esprit du décret.

116. Arrivons maintenant à l'état de la jurisprudence sur ce point. La question que nous examinons s'est présentée devant le Conseil d'État dans l'espèce suivante. Le fermier d'un octroi avait formé, devant le conseil de préfecture, une demande en résiliation motivée sur ce qu'en 1830 un attroupement avait forcé les barrières et interrompu la perception pendant trois ou quatre jours au détriment du fermier. Le Conseil d'État annula, pour cause d'incompétence, l'arrêté du conseil de préfecture et renvoya les parties devant le préfet, en conseil de préfecture (*Arr. du C. 9 déc.* 1831). Le préfet, par un arrêté rendu en conseil de préfecture, rejeta la demande en résiliation formée par le fermier et lui alloua une indemnité pour interruption de jouissance pendant les troubles qui avaient agité la ville en 1830. Le fermier se pourvut au Conseil d'État contre cette décision, et c'est alors que fut agitée la question de compétence que nous examinons. Il y eut, à cet égard, dissentiment entre le ministre de l'intérieur et le ministre des finances ; le ministre de l'intérieur pensa que le préfet, en conseil de préfecture, avait été compétent pour rejeter la demande en résiliation et reconnaître le droit à une indemnité, mais qu'il n'avait pas pu, sans excès de pouvoir, fixer le montant de cette indemnité, et que cette fixation devait appartenir à l'autorité judiciaire en vertu de la disposition finale de l'art. 136 du décret de 1809. Le ministre des finances, au contraire, fut d'avis que le préfet avait été compétent sous l'un et l'autre point de vue. Le Conseil d'État décida que la compétence avait été souverainement fixée par son arrêt de 1831 (*Arr. du C. 22 juin* 1836). Le Conseil a jugé, par conséquent, qu'en renvoyant la question d'interprétation des clauses du bail devant le préfet en conseil de préfecture, il l'avait renvoyée tout entière, même au point de vue de la fixation du montant de l'indemnité. Cet arrêt a été invoqué par les partisans du premier système ; cependant, même dans cette affaire, la compétence du préfet en conseil de préfecture a été motivée sur ce qu'il s'agissait d'une contestation sur le sens des clauses du bail. Voici, en effet, les considérants de l'arrêt de 1831, qui, d'après l'arrêt de 1836, avait souverainement jugé la question de compétence : « Considérant qu'il ne s'agit, dans la contestation, que de fixer le sens et d'apprécier les dispositions des art. 9, 30 et 31 de l'adjudication également invoqués par les deux parties ; considérant que l'art. 136 du décret du 17 mai 1809 attribue au préfet, en conseil de préfecture, la décision à intervenir sur l'interprétation desdites clauses et conditions... » On peut encore noter d'autres arrêts du Conseil où la compétence du préfet, en conseil de préfecture, a été motivée sur ce qu'il s'agissait d'une contestation *sur le sens des clauses du bail. (Arr. du 12 avril* 1829 *et 9 mars* 1832.)

117. En 1838, une demande en dommages-intérêts fut formée par le fermier d'un octroi contre une commune et fut soumise à l'autorité judiciaire. Le tribunal se déclara compétent, malgré un déclinatoire proposé par le préfet, qui prit un arrêté de conflit motivé sur l'art. 136 du décret du 17 mai 1809. Le Conseil d'État confirma le conflit, « considérant que, d'après les conclusions par eux prises devant le tribunal de première instance, les fermiers de l'octroi se prévalaient pour réclamer des dommages-intérêts des dispositions du cahier des charges pour le bail qui avait été l'objet de leur adjudication, dispositions que la commune soutenait n'être pas de nature à justifier leur demande, et qu'aux termes de l'art. 136 du décret

du 17 mai 1809 toutes les contestations qui peuvent s'élever entre les communes et les fermiers sur le *sens des clauses des baux* doivent être déférées à l'autorité administrative. » (*Arr. du C. 17 sept.* 1838.)

118. Ainsi qu'on le voit, le Conseil d'État motive toujours la compétence administrative sur ce que la contestation porte *sur le sens des clauses du bail.* En 1851, le Tribunal des conflits a décidé que c'est à l'autorité judiciaire qu'il appartient de connaître d'une demande en indemnité formée contre une commune par le fermier de son octroi, à raison d'une modification de tarifs, lorsque le droit à une indemnité n'est pas contesté et que le litige porte seulement sur la quotité de cette indemnité. (*Trib. des conflits 8 nov.* 1851.)

119. Quant à la Cour de cassation, elle a jugé que l'autorité judiciaire est compétente pour statuer sur une demande en paiement de fermages formée par une ville contre le fermier d'un octroi et sur la demande reconventionnelle en indemnité formée par le fermier ; mais que si, pour évaluer l'indemnité réclamée, il est nécessaire d'interpréter le bail administratif, l'autorité judiciaire cesse d'être compétente et doit surseoir jusqu'à ce que l'autorité administrative ait déterminé le véritable sens du bail. (*Cass. 7 avril* 1835.)

120. Les règles de compétence que nous venons d'exposer sont tout à fait indépendantes des clauses particulières sur la compétence qui peuvent se rencontrer dans les cahiers de charges. Pendant longtemps le Conseil d'État avait considéré ces clauses comme valables et avait reconnu la compétence du conseil de préfecture, en se fondant sur ce qu'elle avait été stipulée dans l'adjudication du bail (*Arr. du C. 21 févr.* 1814, 13 *mai et 17 juin* 1818, 2 *juin* 1819, 3 *juin* 1820, 27 *août* 1823). Mais cette doctrine a été abandonnée ; le Conseil d'État a reconnu, en 1832, qu'on ne peut pas déroger par des conventions aux lois et règlements sur la compétence, qui sont d'ordre public (*Arr. du C. 9 mars* 1832). La même doctrine a été consacrée le 8 novembre 1851 par un jugement du Tribunal des conflits.　　　　VUATRIN.

BIBLIOGRAPHIE.

De l'administration des octrois municipaux, par Claparède. In-8°.

Considérations sur l'octroi, sur sa nature, sur sa législation, etc., par M. M****. In-8°. Pau, Perris. 1821.

Manuel des contributions indirectes et des octrois, par Girard, augmenté par Fromage. 1 vol. 1831.

Annales des contributions indirectes et des octrois, publiées par plusieurs employés de l'administration, sous la direction de Dareste. Paris, Dupont. 1833 et années suivantes.

Nouveau manuel complet, analytique et raisonné de la législation des octrois et des autres contributions indirectes par M. Biret. In-18. Paris, Roret. 1837.

Code des contributions indirectes. 3 vol. Paris. 1839 et années suivantes.

Tableaux des contraventions et des peines en matière de contributions indirectes, de tabacs et d'octrois, par Girard. 6e édit. 1 vol. 1841.

Législation des contributions indirectes, des tabacs et des octrois, de 1790 à 1816. — Idem, de 1816 à 1842. 2 vol. in-18. Paris, Dupont. 1843.

Manuel théorique et pratique à l'usage des employés des contributions indirectes et des octrois, par Littras. In-18. Lyon. 1848.

Manuel de l'employé de l'octroi, etc., par M. Bonnet. In-8°. Paris, Bonnet. 1851.

Traité des octrois, par M. T. Bonnal. In-8°. Paris, Guillaumin et Cie. 1873.

Voy. aussi le *Répertoire* de Dalloz, etc.

OFFICE. L'office est généralement défini par le titre qui donne le droit d'exercer quelque fonction publique. Toutefois ce mot ne peut se dire pour toute fonction publique : il est aujourd'hui restrictivement appliqué à certaines charges, dont on trouve l'énumération au mot **Officiers publics et ministériels.** On nomme *acte de nomination à l'office* celui par lequel on désigne son successeur au Gouvernement, et *acte de provision de l'office*, celui qui confère un office.

OFFICIEL; OFFICIEUX. Dans les rapports des fonctionnaires, soit entre eux, soit avec des particuliers, on distingue la forme officielle de la forme officieuse. L'une et l'autre s'appliquent aux relations de service ; mais la première est solennelle, souvent réglementée ; la seconde est simple, spontanée et en général plus rapide.

Chacune de ces deux formes a sa raison d'être. Il est des formalités tutélaires que, dans aucun cas, on ne peut se dispenser de remplir, comme il est des circonstances où le fonctionnaire agit dans l'intérêt du service, en évitant des lenteurs et des écritures inutiles.

La forme officielle est la seule qui soit expressément prescrite ; la forme officieuse ne peut être employée qu'en l'absence de toute prescription contraire.

OFFICIER DE L'ÉTAT CIVIL. *Voy.* **État civil.**

OFFICIER DE POLICE JUDICIAIRE. *Voy.* **Police.**

OFFICIER DE SANTÉ. *Voy.* **Médecine (Exercice de la).**

OFFICIERS PUBLICS ET MINISTÉRIELS.

1. L'art. 91 de la loi du 28 avril 1816 en a donné l'énumération en disant : « Les avocats à la Cour de cassation, notaires, avoués, greffiers, huissiers, agents de change, courtiers, commissaires-priseurs, pourront présenter à l'agrément de Sa Majesté des successeurs, pourvu qu'ils réunissent les qualités exigées par la loi. » Le nom d'officiers publics est exclusivement donné aux notaires.

2. La loi dont les termes viennent d'être rappelés a créé une législation nouvelle, à quelques égards, pour la transmission des offices : la vénalité, existant avant 1789, ayait été abolie forcément par la suppression des offices ministériels eux-mêmes; lorsque des lois particulières les ont rétablis les uns après les autres, quelquefois sous des noms nouveaux, le Gouvernement conféra gratuitement les charges et put, sans opposition, refuser d'y ajouter pour les titulaires le droit d'en disposer ; ils n'ont acquis cette prérogative que par les dispositions de la loi du 28 avril 1816.

3. Une loi particulière devait régler le droit de présentation, exercé, à défaut du titulaire, par ses héritiers ou ayants cause ; elle n'a pas été rendue ; mais le droit des héritiers n'en est pas moins reconnu et exercé par eux sans aucune contestation.

4. Les officiers ministériels destitués sont seuls privés de la faculté de présenter leurs successeurs.

5. Ce droit de présentation n'est pas purement honorifique : les titulaires peuvent vendre ou céder, à prix d'argent, l'office dont ils sont investis et la clientèle qui y est attachée, sauf le droit du Gouvernement de refuser l'investiture au candidat ; il décide souverainement à cet égard, et sa décision, qui n'a pas besoin d'être motivée, n'est susceptible d'aucun recours ; le rejet est basé soit sur des motifs personnels au candidat, soit sur le prix trop élevé de la cession ; les traités doivent, en effet, être soumis à son approbation. Le titulaire, dans ce cas, présente un autre candidat, ou réduit le prix à la limite qui a été fixée, à moins qu'il ne préfère continuer ses fonctions. L'art. 6 de la loi du 25 juin 1841 exige que ces traités soient enregistrés.

6. Tout candidat, officier ministériel ou public, doit être âgé de 25 ans. Il ne peut être accordé de dispenses à cet égard que pour les commissaires-priseurs. Outre la justification du stage, les aspirants huissiers, avoués ou commissaires-priseurs doivent produire un certificat de moralité et de capacité de la chambre de discipline (quand elle existe) ainsi que l'*admittatur* du tribunal, le tout sur papier timbré. Le certificat délivré par la chambre, sur l'avis obligatoire du procureur de la République, est seul exigé des candidats au notariat. Chaque dossier doit contenir en outre le traité de cession et un état des produits obtenus pendant les cinq dernières années.

7. Ce traité ne doit jamais contenir de clauses, telles que celles de délégation, compensation, etc., pouvant donner lieu à des difficultés ultérieures. Le prix doit être stipulé en chiffres précis et sans condition éventuelle pour le paiement.

8. En cas de destitution, le Gouvernement, sur l'avis du tribunal, détermine la somme que le successeur qu'il nomme devra, à titre d'indemnité, verser au profit de qui de droit.

9. Lorsqu'un office est devenu vacant par suite de décès ou de destitution du titulaire, le Gouvernement peut en prononcer la suppression après avoir pris l'avis de la corporation, du tribunal, de la cour et des parquets. En ce cas, si le titulaire n'a pas perdu le droit de céder, on l'invite à traiter avec ses confrères. Si, au contraire, ce droit a été perdu par destitution, le Gouvernement procède comme nous venons de l'exposer pour les nominations d'office. Après avis émis sur ce point par le tribunal, il fixe le taux de l'indemnité que les confrères appelés à profiter de la suppression devront verser à la caisse des dépôts et consignations.

10. Toutes conventions faites en dehors du traité enregistré et soumis au Gouvernement, toutes contre-lettres qui changent le prix stipulé, sont essentiellement nulles ; et le supplément de prix qui aurait été payé, peut, dans tous les cas, être répété de celui qui l'a indûment reçu.

11. Le cédant conserve, jusqu'à son entier paiement, un privilège sur le prix de revente de son office, par application des règles établies, par l'art. 2102, n° 4, du Code civil, en faveur du vendeur d'effets mobiliers. Mais, en cas de destitution, le privilège s'éteint, et tous les créanciers ont un droit égal sur l'indemnité qui est payée par le candidat choisi par le Gouvernement.

12. Les officiers ministériels doivent, avant d'entrer en fonctions, prêter serment et verser le cautionnement fixé par la loi.

13. Les officiers ministériels ou publics sont soumis à la discipline de leurs chambres syndicales et à celle du tribunal. Les peines prononcées par les chambres sont : le rappel à l'ordre, la censure et l'interdiction de l'entrée de la chambre. Outre ces peines, les tribunaux peuvent infliger la défense de récidiver, la suspension et même, pour les notaires, la destitution.

14. En ce qui concerne les officiers ministériels, sauf le cas très-rare de fautes découvertes à l'audience, le tribunal juge à huis-clos en la chambre du conseil, et sa décision n'est exécutoire qu'après la sanction du garde des sceaux, qui peut aggraver, atténuer et même supprimer la peine prononcée. Dans ces cas, la délibération du tribunal n'est pas susceptible de pourvoi en appel ou en cassation.

15. Il en est autrement pour les notaires. Le tribunal les juge en audience publique, et peut même prononcer leur destitution. Ses décisions échappent à la sanction du garde des sceaux, mais elles sont sujettes à appel et à cassation

16. Les émoluments des officiers ministériels sont fixés par les décrets de 1807 et de 1811. Les notaires, sauf pour quelques cas, n'ont pas de tarif, mais leurs états de frais peuvent être présentés à la taxe du président du tribunal comme ceux des officiers ministériels. (Voy. les articles consacrés aux divers officiers ministériels.)

BIBLIOGRAPHIE.

Traité des offices désignés dans l'art. 91 de la loi du 28 avril 1816, par M. le chevalier Dard. In-8º. Paris, Hingray. 1838.

Questions sur la transmission des offices, etc., par M. Joye. In-8º. Paris, Durand. 1839.

De la transmission des offices, des contre-lettres et des poursuites disciplinaires auxquelles elles peuvent donner lieu, par Adolphe T.... In-8º. Paris, Delamotte. 1840.

Histoire des offices, par Bataillard. 1 vol. 1840.

De la discipline des cours et des tribunaux, du barreau et des corporations d'officiers publics, par A. Morin. 2e édit. 2 vol. in-8º. Paris, Joubert. 1844.

De la compétence, ou des attributions respectives des divers officiers publics, notaires, commissaires-priseurs. etc., par M. Gand. In-8º. Paris, impr. de Poussielgue. 1844.

Du privilége des vendeurs d'offices sur les sommes fixées par la chancellerie et imposées aux successeurs des titulaires destitués, par Huet. In-8º. Paris, impr. de Crapelet. 1847.

De la situation et de l'avenir des officiers ministériels, par Henri Cauvin. In-8º. Paris, Laisné. 1848.

Essai sur la transmission des offices ministériels par un magistrat. In-8º. Rennes, Verdier. 1848.

L'officier ministériel. Recueil spécial des lois, décrets, arrêts et décisions judiciaires, etc., publié sous la direction de M. Dusser. Janvier 1853. In-8º. Paris, impr. de Gratiot. 1853.

OFFICIEUX. Voy. **Officiel.**

OFFRES RÉELLES. 1. On appelle *offres réelles* celles qui sont accompagnées de la représentation effective des deniers ou des choses offertes.

2. Lorsque le créancier refuse de recevoir son paiement, le débiteur peut lui faire des offres réelles, et, au refus du créancier de les accepter, consigner la somme ou la chose offerte. Les offres réelles suivies d'une consignation libèrent le débiteur ; elles tiennent lieu à son égard de paiement, lorsqu'elles sont valablement faites, et la chose ainsi consignée demeure aux risques du créancier (*C. civil, art.* 1257); elles arrêtent le cours des intérêts, préviennent l'effet de la clause pénale, libèrent les cautions ou les biens hypothéqués à la dette, etc.

3. Pour que les offres réelles soient valables, il faut : 1º qu'elles soient faites au créancier ayant la capacité de recevoir ou à celui qui a pouvoir de recevoir pour lui ; 2º qu'elles soient faites par une personne capable de payer ; 3º qu'elles soient de la totalité de la somme exigible, des arrérages ou intérêts dus, des frais liquidés et d'une somme pour les frais non liquidés, sauf à la parfaire ; 4º que le terme soit échu, s'il a été stipulé en faveur du créancier ; 5º que la condition sous laquelle la dette a été contractée soit arrivée ; 6º que les offres soient faites au lieu dont on est convenu pour le paiement, et que, s'il n'y a pas de convention spéciale sur le lieu du paiement, elles soient faites ou à la personne du créancier, ou au domicile élu pour l'exécution de la convention ; 7º que les offres soient faites par un officier ayant caractère pour ces sortes d'actes (*C. civ., art.* 1258), c'est-à-dire par un huissier, ou même, si l'acte ne contient pas d'assignation, par un notaire. (*C. de Lyon* 14 *mars* 1827 ; *Agen* 17 *mai, et Bordeaux* 30 *juin* 1836.)

4. Les offres réelles se font et se constatent par un procès-verbal qui doit désigner l'objet offert, de manière qu'on ne puisse y en substituer un autre ; et si ce sont des espèces, il doit en contenir l'énumération et la qualité ; il doit aussi faire mention de la réponse, du refus ou de l'acceptation du créancier, et s'il a signé, refusé ou déclaré ne savoir signer. (*C. de Pr., art.* 812 *et* 813.)

5. L'art. 1259 du Code civil exige quatre conditions pour la validité de la consignation : 1º qu'elle ait été précédée d'une sommation signifiée au créancier et contenant l'indication du jour, de l'heure et du lieu où la chose offerte sera déposée ; 2º que le débiteur se soit dessaisi de la chose offerte, en la remettant, s'il s'agit de deniers [1], dans le dépôt indiqué par la loi pour recevoir les consignations, avec les intérêts jusqu'au jour du dépôt : le dépôt doit être fait à la caisse des dépôts et consignations (*L.* 28 *avril* 1816, *art.* 110 *et suiv.; O.* 22 *mai et* 3 *juill.* 1816) ou dans nos consulats à l'étranger (*O.* 24 *oct.* 1833) ; si la chose due est un corps certain qui doit être livré au lieu où il se trouve, le débiteur doit faire sommation au créancier de l'enlever, par acte notifié à sa personne ou à son domicile ou au domicile élu pour l'exécution de la convention ; cette sommation faite, si le créancier n'enlève pas la chose et que le débiteur ait besoin du lieu dans lequel elle est placée, celui-ci peut obtenir de la justice la permission de la mettre en dépôt dans quelque autre lieu (*C. civ., art.* 1264); 3º qu'il y ait eu le procès-verbal énoncé au nº 4 ci-dessus ; 4º qu'en cas de non-comparution de la part du créancier,

---

1. Actuellement, la caisse des dépôts et consignations est autorisée à recevoir aussi des valeurs.

le procès-verbal du dépôt lui ait été signifié avec sommation de retirer la chose déposée.

6. Quand les offres réelles et la consignation sont valables, les frais qu'elles nécessitent sont à la charge du créancier. (*C. civ., art.* 1260.)

7. Tant que le créancier n'a pas accepté la consignation, le débiteur peut la retirer; et, s'il la retire, ses codébiteurs ou ses cautions ne sont pas libérés. Quand le débiteur a obtenu un jugement passé en force de chose jugée, qui a déclaré ses offres et sa consignation bonnes et valables, il ne peut plus, même du consentement du créancier, refuser sa consignation au préjudice de ses codébiteurs ou de ses cautions. De même, si le créancier a consenti à ce que le débiteur retirât sa consignation, après qu'elle a été déclarée valable par un jugement ayant acquis force de chose jugée, il ne peut plus, pour le paiement de sa créance, exercer les priviléges ou hypothèques qui y étaient attachés : il n'a plus d'hypothèque que du jour où l'acte par lequel il a consenti que la consignation fût retirée, aura été revêtu des formes requises pour emporter l'hypothèque. (*C. civ., art.* 1261 *à* 1263.)

OISEAUX. Au mot **Chasse** nous avons déjà eu l'occasion de parler des oiseaux, nous y revenons pour reproduire une circulaire du ministère de l'instruction publique du 31 mars 1876, relative à la protection des oiseaux utiles.

« Monsieur le Préfet, les ravages causés à l'agriculture par les insectes nuisibles ont pris depuis quelques années des proportions véritablement inquiétantes.

« M. le ministre de l'agriculture et M. le ministre de l'intérieur m'ont fait l'honneur d'appeler mon attention sur ce regrettable état de choses, dont l'une des causes principales est la disparition ou tout au moins la diminution du nombre des oiseaux insectivores. Ces oiseaux, qui sont les gardiens naturels de nos récoltes et les plus précieux auxiliaires de l'agriculture, sont cependant presque partout traités en ennemis. Le cultivateur, oubliant les services incessants qu'ils rendent, ne voit que les dégâts qu'ils commettent ; l'enfant poursuit leur destruction soit en leur tendant des piéges, soit en détruisant leurs nids, et ces alliés, que les étrangers viennent nous acheter pour les acclimater chez eux, disparaissent peu à peu de nos campagnes.

« Plusieurs circulaires ont déjà été adressées à MM. les inspecteurs d'académie, et de nombreuses notes ont été insérées au bulletin administratif de mon ministère, afin d'arrêter cette destruction; néanmoins je me fais un devoir de répondre au désir que m'ont exprimé mes collègues en réclamant de nouveau le concours des instituteurs.

« Je vous prie en conséquence, Monsieur le Préfet, d'adresser des instructions à tous les maîtres de votre département, afin qu'ils apprennent à leurs élèves à distinguer les insectes[1] nuisibles des insectes utiles à l'agriculture et qu'ils encouragent ces enfants à détruire les premiers, à protéger les seconds.

1. Il y a bien *insecte* dans le *Bulletin du Min. de l'instr. publ.* (année 1876, nᵒ 380, p. 213), mais n'est-ce pas un lapsus, et n'a-t-on pas voulu écrire *oiseaux* ?

« Il faut aussi que les instituteurs fassent comprendre aux enfants qu'ils nuisent aux intérêts mêmes de leurs familles en détruisant les nids, et qu'en agissant ainsi, ils se montrent aussi imprévoyants qu'ingrats. On devra en même temps leur rappeler qu'ils s'exposent à des peines sévères. La loi du 22 janvier 1874, qui complète, en la modifiant, celle du 3 mai 1844 sur la police de la chasse, donne, en effet, aux préfets les pouvoirs nécessaires pour prévenir la destruction des oiseaux ou favoriser leur multiplication. Des arrêtés préfectoraux ont été pris à cet effet, et les personnes qui contreviennent aux dispositions de ces arrêtés sont passibles d'une amende qui varie de 16 à 100 fr. (*art.* 11 *de la loi du* 6 *mai* 1844).

« Les instituteurs devront aussi, à l'occasion, rappeler aux pères de famille qu'ils se font à eux-mêmes un tort considérable en laissant détruire les nids ; ils sont reponsables des délits que leurs enfants mineurs pourraient commettre en l'espèce.

« J'ajouterai que, dans quelques communes que je pourrais citer, des instituteurs ont eu l'heureuse pensée d'organiser parmi leurs élèves des sociétés protectrices des animaux utiles. Ces sociétés ont rendu de grands services, et je verrais avec plaisir leur nombre s'augmenter.

« J attache, Monsieur le Préfet, le plus sérieux intérêt à l'exécution de cette circulaire.

« *Signé* WADDINGTON. »

ADMINISTRATION COMPARÉE.

Nous avons rencontré des prescriptions analogues dans les publications administratives d'autres pays. Nous nous bornons à citer l'ordonnance du président de la police de Berlin, datée du 30 mars 1875. On la trouve dans le *Journal officiel allemand* du 6 avril de la même année ; elle énumère les espèces d'oiseaux qu'on doit ménager.

OPÉRA. *Voy.* **Théâtre.**

OPPOSITION. 1. Acte ayant pour objet d'empêcher, soit qu'on exécute un autre acte, soit qu'on ne fasse quelque chose au préjudice de l'opposant.

2. On distingue un grand nombre d'oppositions dans la sphère seule de l'action administrative. Les principales sont : 1º l'opposition à mariage, conformément aux art. 172 et suivants du Code civil (*voy.* **État civil**) ; 2º l'opposition aux contraintes administratives (*voy. l'article suivant*) ; 3º l'opposition que peut faire au transfert d'une rente sur l'État le propriétaire de la rente elle-même, lorsque l'inscription se trouve perdue ou retenue par des tiers (*voy.* **Rentes sur l'État et Valeurs mobilières**) ; 4º l'opposition à l'ouverture d'une école libre (*voy.* **Instruction primaire**) ; 5º l'opposition à la formation de certains établissements industriels (*voy.* **Établissements insalubres**) ; 6º l'opposition à paiement (*voy. ce mot infrà*) ; etc.

OPPOSITION AUX CONTRAINTES ADMINISTRATIVES. 1. La seule voie que les redevables puissent prendre pour arrêter l'exécution d'une contrainte administrative est l'opposition avec assignation devant l'autorité compétente.

2. L'opposition aux contraintes décernées contre les débiteurs des contributions directes doit être portée devant les conseils de préfecture, en vertu de la loi du 28 pluviôse an VIII.

3. Il est de même de toutes les contraintes décernées par le préfet dans tous les cas où il est autorisé à en délivrer.

4. C'est devant le Conseil d'État que doit être portée l'opposition formée à une contrainte délivrée par le ministre des finances. (*Arr. du C. 23 nov.* 1831.)

5. Lorsqu'il s'agit d'une contrainte décernée par le comptable supérieur d'une administration contre un comptable inférieur, l'opposition de ce dernier doit être portée préalablement devant le ministre des finances. (*Arr. du C.* 22 *mai* 1813.)

OPPOSITION A PAIEMENT. 1. L'opposition est un acte par lequel un créancier arrête, dans les mains d'un tiers, les sommes dues à son débiteur, et empêche que ce tiers ne s'en dessaisisse jusqu'à ce qu'on lui apporte mainlevée de l'opposition, ou que le saisissant ait fait ordonner par justice que les deniers qu'il a arrêtés lui seront remis en déduction de sa créance (*C. de Pr.*, *art.* 557). Nous ne nous occuperons ici que de la saisie des sommes dues par l'État. (*Voy.* **Saisie-arrêts.**)

SOMMAIRE.

CHAP. I. DE LA SAISISSABILITÉ DES SOMMES DUES PAR L'ÉTAT.

Sect. **1.** Dispositions générales, 2 à 6.
　　2. Des traitements civils, 7 à 11.
　　3. Des traitements militaires, 12 à 16.
　　4. Des pensions, 17 à 19.

CHAP. II. FORMALITÉS A OBSERVER.

Sect. **1.** Réception, conservation et mainlevée des oppositions, 20 à 27.
　　2. De la délivrance des sommes retenues, 28 à 31.

CHAP. I. — DE LA SAISISSABILITÉ DES SOMMES DUES PAR L'ÉTAT.

Sect. **1.** — Dispositions générales.

2. En principe général, toutes les sommes dues aux créanciers de l'État peuvent être saisies-arrêtées en totalité entre les mains des comptables chargés d'effectuer les paiements en vertu d'un titre authentique ou d'une ordonnance que le juge accorde au bas d'une requête présentée pour cet effet.

3. Toutefois, ce principe a reçu des modifications importantes, notamment en ce qui concerne les travaux publics, les secours, les rentes, les traitements, les pensions.

4. Ainsi, jusqu'à la réception des travaux, les créanciers particuliers des entrepreneurs de travaux publics, autres que les ouvriers employés à l'entreprise, ou ceux qui ont fourni des matériaux et autres objets servant à la construction des ouvrages, ne peuvent former des saisies-arrêts pour les sommes dues par l'État à ces entrepreneurs. (*L.* 26 *pluv. an IX.*) Si l'opposition est formée après la réception des travaux, ils ne peuvent être payés qu'après l'acquittement des créanciers privilégiés. (*Avis du C.* 12 *févr.* 1819.)

5. Les secours accordés par les ministères, et considérés comme provisions alimentaires, tels que ceux pour grêle, inondations, incendies, naufrages ou autres désastres, ne peuvent être saisis que par les créanciers porteurs de titres d'une date postérieure à la décision ministérielle qui a alloué les secours, et, dans ce cas, c'est aux tribunaux qu'il appartient de fixer la portion saisissable. (*Règl. de compt. du Min. de l'agr. et du comm.* 3 *déc.* 1844, *art.* 131.)

6. La propriété des rentes inscrites au grand-livre de la dette publique et leurs arrérages sont totalement insaisissables. (*L.* 8 *niv. an VI,* 22 *et* 28 *flor. an VII. Voy.* **Rentes sur l'État.**)

Sect. **2.** — Des traitements civils.

7. Les traitements bruts des fonctionnaires publics et employés civils sont saisissables jusqu'à concurrence d'un cinquième sur les premiers 1,000 francs et toutes les sommes au-dessous, du quart sur les 5,000 francs suivants, et du tiers sur la portion excédant 6,000 francs, à quelque somme qu'elle s'élève et jusqu'à l'entier acquittement des créances. (*L.* 21 *vent. an IX.*)

Voici, pour indiquer la manière dont on interprète la loi, un tableau présentant les portions saisissables sur différents traitements.

TRAITEMENTS.		PORTIONS SAISISSABLES PAR MOIS suivant la proportion de			TOTAUX.
Par an.	Par mois.	1/5 sur les premiers 1,000 fr.	1/4 sur les 5,000 fr. suivants.	1/3 sur la port. excédant 6,000 fr.	
500 f	41 f 66 c	8 f 33 c	» f » c	» f » c	8 f 33 c
1,000	83 33	16 66	» »	» »	16 66
2,000	166 66	16 66	20 83	» »	37 49
3,000	250 »	16 66	41 67	» »	58 33
4,000	333 33	16 66	62 50	» »	79 16
5,000	416 66	16 66	83 33	» »	99 99
6,000	500 »	16 66	104 15	» »	120 82
7,000	583 33	16 66	104 16	27 77	148 59
8,000	666 66	16 66	104 16	55 55	176 37
10,000	833 33	16 66	104 16	111 11	231 93

8. Telles sont les règles applicables à tous les fonctionnaires ou agents civils recevant de l'État un traitement ou un salaire payé *mensuellement.* Ainsi le salaire des cantonniers employés sur les grandes routes, payé tous les mois, comme le traitement des fonctionnaires publics, est saisissable dans les proportions ci-dessus indiquées. (*Instr.* 27 *août* 1845.)

9. Ajoutons qu'il a été décidé spécialement que le principe posé dans la loi du 21 ventôse an IX devait être appliqué : 1° aux instituteurs communaux (*Décis. du conseil de l'instr. publ.* 20 *juin* 1835 *et* 9 *janv.* 1836); 2° aux percepteurs des contributions et aux receveurs des hospices ou des communes (*Instr. gén.* 13 *juin* 1810); 3° aux employés des octrois. (*O.* 9 *déc.* 1814, *art.* 61.)

10. Quelques traitements ont, d'un autre côté, été déclarés insaisissables en totalité. Ce sont :

1° Les traitements des ambassadeurs, ministres et agents diplomatiques (*Avis du C. oppr. le* 25 *nov.* 1810);

2° Les traitements des ministres des cultes salariés par l'État (*Arr. des Consuls* 18 *niv. an XI et* 15 *germ. an XII*);

3° Le traitement de 1500 francs que les membres de l'Institut reçoivent en cette qualité (*L.* 29 *mess. an IV; O.* 21 *mars* 1816, *art.* 23);

4° Le traitement des membres de la Légion d'honneur (*Avis du C.* 2 *févr.* 1808), et celui attaché à la médaille militaire par l'art. 11 du décret du 22 janvier 1852 (*D.* 29 *févr.* 1852, *art.* 3);

5° Les sommes allouées aux directeurs des contributions directes pour frais de bureaux et pour la confection des matrices cadastrales (*Décis.* 22 *janv.* 1838); aux contrôleurs des mêmes contributions à titre de frais de tournées et pour leur concours aux mutations cadastrales (*Décis.* 19 *oct.* 1839); aux inspecteurs généraux, aux recteurs et inspecteurs des académies et autres fonctionnaires pour frais de tournées ou missions (*Règl. sur la comptab. de l'Instr. publ.* 16 *déc.* 1841, *art.* 98);

Les remboursements des avances faites à l'étranger pour le service de l'État, soit par les agents diplomatiques, soit par les consuls ; les indemnités pour frais de déplacement et de découchers accordées aux conducteurs des ponts et chaussées (*Décis.* 28 *juill.* 1847, 18 *déc.* 1850, 30 *juill.* 1851); les sommes allouées pour frais fixes du service des routes forestières aux ingénieurs des ponts et chaussées (*Décis.* 1870) ; la subvention allouée au directeur d'une ferme-école pour le traitement des professeurs et la nourriture des élèves (*Décis.* 3 *juin* 1857); les sommes allouées au profit des agents du service des bâtiments civils et des géomètres en Algérie pour indemnité de déplacement et de tournées (*Décis. déc.* 1852); les allocations accordées pour frais de tournée aux conservateurs, inspecteurs et sous-inspecteurs des eaux et forêts (*Décis.* 21 *févr.* 1853); le tiers du produit du travail des détenus qui doit leur être remis à leur sortie (*Décis. janv.* 1806); les paiements ainsi que les chevaux, provisions, les ustensiles et équipages destinés au service de la poste (*L.* 24 *juill.* 1873, *art.* 76); les sommes allouées aux nourrices par l'administration des hospices pour la nourriture des enfants trouvés (*Cass.* 28 *janv.* 1850); les frais d'installation des agents consulaires. (*Décis.* 28 *juill.* 1847 *et* 29 *sept.* 1849.)

11. Toutes autres indemnités, gratifications et allocations, accordées aux fonctionnaires ou employés, sont considérées comme des accessoires des appointements fixes et sont susceptibles comme eux d'être grevées d'oppositions; dans ce cas, l'indemnité est cumulée avec le traitement, et c'est sur la somme produite par ce cumul que la retenue prescrite par la loi doit être faite. (*Instr. précit.* 27 *août* 1845.)

Sect. 3. — Des traitements militaires.

12. La solde d'activité, de disponibilité ou de non-activité des officiers et employés aux armées n'est saisissable que pour un cinquième, quel que soit son montant, et soit qu'il s'agisse d'un débet envers l'État ou envers des tiers (*L.* 19 *pluv. an III; Avis du C.* 11 *janv.* 1808 ; *O.* 25 *déc.* 1837). Néanmoins le ministre de la guerre peut ordonner d'office des retenues en sus du cinquième saisissable, lorsqu'il le juge convenable. (*O. sur la solde du* 25 *déc.* 1837, *art.* 446.)

13. Les frais de représentation et de bureau ; les indemnités de rassemblement de vivres, de logement, de fourrages ; celles de déplacement et de frais de poste ; la gratification d'entrée en campagne et les indemnités pour perte d'effets et de chevaux, ne sont point passibles d'opposition. (*Règl.* 1er *déc.* 1838.)

14. Il en est de même de la solde des matelots et autres marins au-dessous du grade d'officier, ainsi que des parts de prise leur revenant, à moins que les sommes réclamées ne soient dues pour loyers de maisons, subsistances et vêtements fournis aux marins ou à leurs familles, du consentement du commissaire de l'inscription maritime.

(*O.* 1689 ; *Arr. du Gouv.* 9 *vent. an IX ; Règl.* 2 *prair. an XI ; O.* 17 *juill.* 1816 ; *Circ. Min. Marine* 13 *sept.* 1836 ; *Règl. concernant les paquebots de la Méditerranée* 23 *févr.* 1839.)

15. Les soldes de réforme et leurs arrérages sont incessibles et insaisissables, excepté dans les cas de débets envers l'État et les corps, et pour aliments dus dans les circonstances prévues par les art. 203, 205 et 214 du Code civil. (*O.* 25 *déc.* 1837 ; *Règl.* 31 *oct.* 1840.)

16. Dans la gendarmerie, les retenues à effectuer au profit des tiers ne peuvent excéder le cinquième de la solde brute proprement dite des officiers, ou de la solde nette des sous-officiers, brigadiers ou gendarmes, prélèvement fait de la portion qui doit être versée à la masse de la compagnie. (*O.* 13 *févr.* 1839.)

Sect. 4. — Des pensions.

17. Nous avons exposé aux mots **Dettes de l'État** et **Pensions** les modifications apportées au principe de la saisissabilité en ce qui concerne les pensions civiles et militaires payées par l'État ; nous n'y reviendrons pas ici. Seulement nous ferons remarquer que les oppositions qui peuvent être mises sur ces pensions en cas de débets envers l'État ou les corps, se font par voie administrative ; celles pour cause d'aliments, dans les circonstances prévues par les art. 203, 205, 206, 207 et 214 du Code civil, ne sont reçues que lorsqu'elles sont formées en vertu de jugements ou avec permission du juge.

18. Ajoutons que les pensions accordées à titre de récompenses nationales, notamment aux combattants et aux veuves des combattants de juillet 1830, sont en principe insaisissables. (*Avis du C.* 7 *août* 1835.)

19. Les pensions payées conformément à la loi du 18 juin 1850, qui a créé la caisse des retraites pour la vieillesse, sont insaisissables seulement jusqu'à concurrence de 360 fr. (*L.* 18 *juin* 1850, *art.* 5.)

CHAP. II. — FORMALITÉS A REMPLIR.

Sect. 1. — Réception, conservation et mainlevée des oppositions.

20. Toutes oppositions sur des sommes dues par l'État, doivent être faites, *sous peine de nullité,* entre les mains des payeurs, agents ou préposés sur la caisse desquels les ordonnances ou mandats sont délivrés. (*L.* 9 *juill.* 1836, *portant règlement définitif du budget de* 1833, *art.* 13.)

21. Néanmoins, la loi pose une double exception : 1° à Paris, et pour tous les paiements à effectuer à la caisse du trésor public, les oppositions doivent être exclusivement faites entre les mains du *conservateur des oppositions,* au ministère des finances ; 2° les oppositions sur les cautionnements peuvent être effectuées, soit au trésor public, soit aux greffes des tribunaux civils pour les officiers ministériels, et aux greffes des tribunaux de commerce pour les agents de change et les courtiers. (*L.* 25 *niv. an XIII, art.* 2; *L.* 1836, *art.* 13.)

Seulement les oppositions faites aux greffes des tribunaux ne peuvent affecter que les capitaux et non les intérêts. (*Avis du C.* 12 *août* 1807.)

Tous les actes concernant les cautionnements pour publications de journaux et écrits périodiques ne peuvent être notifiés qu'au trésor public à Paris entre les mains du conservateur des oppositions. (*L.* 9 *sept.* 1835, *art.* 15 ; *O.* 18 *nov. suivant, art.* 7 *et* 8.)

Le conservateur des oppositions a seul qualité pour connaître des déclarations du privilége du second ordre au profit des bailleurs de fonds, des cautionnements en numéraire et pour délivrer le certificat mentionné à l'art. 2 du décret du 28 août 1808. (*D.* 14 *déc.* 1853.)

22. Indépendamment des formalités communes à tous les exploits, les oppositions notifiées aux payeurs du trésor public doivent exprimer : 1° les noms, qualités et demeures du saisissant et du saisi ; 2° la somme pour laquelle l'opposition est faite ; 3° la désignation de la créance saisie. Elles doivent encore contenir une copie ou un extrait du titre du saisissant ou de l'ordonnance qui a autorisé la saisie. (*L.* 19 *févr.* 1792, *art.* 8 ; *D.* 18 *août* 1807, *art.* 1 *et* 2.)

23. Elles ne sont point valables, si l'exploit n'est fait à la personne préposée pour le recevoir et visé par elle sur l'original, ou, en cas de refus, par le procureur de la République. (*D.* 18 *août* 1807, *art.* 5.)

24. Après leur dénonciation, les oppositions sont portées, par le conservateur des oppositions à Paris, et par les trésoriers-payeurs dans les départements, sur des registres spéciaux, d'où elles ne sont rayées que sur la production d'une mainlevée ou au fur et à mesure qu'elles acquièrent cinq années de date sans renouvellement, comme nous l'indiquerons tout à l'heure. (*Arr. Min. fin.* 24 oct. 1837.)

25. Les mainlevées d'oppositions sont de deux sortes : les unes judiciaires, les autres amiables. Celles judiciaires ne peuvent être ordonnées que par les tribunaux. Le jugement qui prononce la mainlevée ne peut être exécuté que lorsque celui-ci n'est plus susceptible d'opposition ni d'appel. Celles amiables doivent être données par un acte notarié, enregistré et légalisé, s'il y a lieu. Si l'acte est en minute, la production d'une expédition suffit ; s'il est en brevet, il est nécessaire d'y joindre l'exploit original de l'opposition. (*Instr.* 27 août 1845, *art.* 30.)

26. Les oppositions ne conservent leur effet que pendant cinq ans. Lorsqu'elles n'ont pas été renouvelées dans ce délai, elles sont rayées d'office et ne figurent plus dans les certificats délivrés par l'administration, en exécution de l'art. 14 de la loi de 1792 et des art. 7 et 8 du décret du 18 août 1807 pour tenir lieu de déclaration affirmative. (*L.* 1836, *art.* 14 ; *O.* 16 *sept.* 1837, *art.* 4.)

27. Ce renouvellement n'est point nécessaire cependant pour les oppositions faites au paiement des sommes dues par les *départements*. Les trésoriers-payeurs doivent les conserver jusqu'à ce que la mainlevée en ait été ordonnée ou consentie, sans jamais les rayer d'office. C'est la seule exception qui existe pour les oppositions sur les créances départementales. (*Instr.* 27 *août* 1845.)

Sect. 2. — De la délivrance des sommes retenues.

28. Le comptable entre les mains duquel existe une saisie-arrêt ne peut vider ses mains sans le consentement des parties intéressées ou sans y être autorisé par justice, sauf l'exception relative

aux sommes qui doivent être versées d'office à la caisse des dépôts et consignations. (*D.* 18 *août* 1807, *art.* 9. *Voy.* **Dettes de l'État,** n° 37.)

29. Ainsi, quand une ordonnance est mise en paiement, le comptable retient le montant de la somme portée dans chaque exploit d'opposition ou la portion saisissable, s'il s'agit de traitements et de pensions, et il paie le surplus au titulaire de la créance. (*Décis. Min. fin.* 16 *août* 1820.)

30. Lorsqu'un opposant a fait juger ses droits et s'est mis en mesure de recevoir conformément aux art. 563 et suivants du Code de procédure civile, il lui est payé la somme retenue pour lui, lorsque le montant des retenues faites est suffisant pour satisfaire aux causes des autres oppositions de même nature. (*Décis. Min. fin.* 16 *août* 1820.)

31. Si, au contraire, la somme est insuffisante, le comptable ne doit rien payer ; il renvoie les parties à faire régler leurs droits amiablement ou par justice, et lorsque plus tard des jugements lui sont présentés, il ne doit exécuter que ceux rendus avec le concours de tous les opposants. (*Décis. Min. fin.* 16 *août* 1820.)

Toutes ces dispositions sont applicables à la délivrance des sommes versées à la caisse des dépôts et consignations par suite d'oppositions [1].

1. Mis à jour par M. LARCHER.

OR (ET ARGENT). *Voy.* **Garantie** et **Monnaies.**

ORATOIRE. *Voy.* **Chapelle.**

ORDONNANCE D'EXÉQUATUR. *Voy.* **Exéquatur.**

ORDONNANCE ROYALE. *Voy.* **Décret.**

ORDONNANCEMENT. ORDONNANCE DE PAIEMENT. *Voy.* **Comptabilité.**

ORDONNATEUR. Celui qui déclare payable ou qui signe le mandat de paiement. Aucun paiement ne peut être fait autrement que sur le mandat d'un ordonnateur.

Les principaux ordonnateurs sont : les ministres, les préfets, les maires, les intendants militaires, les gouverneurs des colonies, etc.

Il y a incompatibilité entre les fonctions d'ordonnateur et de payeur ou receveur, en un mot, de comptable en deniers (*voy.* **Comptabilité**). L'ordonnateur ne rend qu'un compte moral.

ORDRES ÉTRANGERS. *Voy.* **Légion d'honneur.**

ORDURES. *Voy.* **Boues** et **Immondices.**

ORFÉVRERIE. *Voy.* **Garantie.**

ORGANISATION ADMINISTRATIVE. *Voy.* **Administration.**

ORGANISATION COMMUNALE.

SOMMAIRE.

Bibliographie.
Administration comparée.

CHAP. I. — CONSTITUTION DES COMMUNES.

1. Aussi loin qu'on remonte dans notre histoire, on constate l'existence d'agrégations de familles unies par des relations de voisinage, par des alliances, par des besoins et des intérêts communs. Leur organisation, leur nom, leur rôle ont varié avec les mœurs et les circonstances politiques; mais au fond se retrouve toujours l'association désignée maintenant sous le nom de commune. Ainsi se présentent successivement les cités gauloises jouissant des libertés municipales sous le contrôle des gouverneurs romains ; les municipes survivant dans le midi à l'invasion des Barbares ; les villages et bourgs naissant à l'ombre des manoirs féodaux et des monastères; les communes du moyen âge diversement organisées, les unes gérant leurs intérêts communs et pourvoyant à la police locale, quelques-unes investies de la juridiction, d'autres simplement administrées par les officiers du roi ou des seigneurs. Plus tard on n'aperçoit plus que des villes et des *communautés* d'habitants réduites à un état de dépendance à peu près uniforme. Après la révolution de 1789, les liens de la centralisation se relâchent, puis se resserrent par une réaction aussi forte, jusqu'à ce que les rapports de l'État et des communes arrivent peu à peu à se régler plus sagement. Il suffit, pour l'objet que nous nous proposons, d'indiquer que la commune forme aujourd'hui : 1° une des divisions administratives du pays; 2° une sorte de société politique qui a son gouvernement, sa police, sa législation; 3° une personne civile, capable de posséder, de contracter et d'agir en justice.

Sect. 1. — Territoire; sections de communes.

2. Le territoire des communes fut déterminé, lors de la division de la France en départements et de la création des municipalités, en vertu des lois du 22 décembre 1789 et du 4 mars 1790. Depuis cette époque les délimitations ont subi de grands changements; tantôt deux ou plusieurs communes ont été réunies, tantôt on a détaché d'une commune une portion qu'on a réunie à une autre commune ou érigée en commune distincte, tantôt on a formé ou agrandi une commune avec des parties détachées de plusieurs autres. Ces changements de circonscriptions ont donné naissance, dans le sein des communes, à de petites communautés, dites *sections*, qui, tout en faisant partie intégrante de l'unité communale au point de vue administratif, possèdent des droits de propriété, de jouissance et d'usage attachés à l'habitation sur le territoire de la section propriétaire. D'autres sections, en moins grand nombre, proviennent d'anciennes répartitions de pâturages entre des villages ou hameaux. Les lois de 1792 et de 1793 contribuèrent aussi à faire naître des sections en attribuant à des villages ou hameaux les terres vaines et vagues des seigneuries desquelles ils dépendaient. Dans tous les cas, c'est l'habitation qui détermine le droit, lorsqu'il n'existe pas de titre prouvant que les habitants ont acheté la propriété dont ils jouissent en commun (*voy.* PROUDHON; *Arr. du C.* 17 *juin* 1829, 10 *janv.* 1845). En supposant que la jouissance fût dévolue à un seul habitant, ce ne serait qu'à titre de communiste qu'il en userait, et s'il arrivait un autre habitant, ce dernier prendrait part à la jouissance. (*Voy.* SERAIGNY, AUCOC.)

3. La qualité de section est acquise à toute communauté qui offre les caractères indiqués ci-dessus, sans que l'autorité administrative ait à la lui conférer (*voy. C. Bourges* 19 *déc.* 1838). En cas de contestation, c'est à l'autorité judiciaire qu'il appartient, 1° de reconnaître l'existence d'une section (*Cass.* 6 *avril* 1859) et ses limites (*Cass.* 29 *juill.* 1856); 2° de statuer sur l'existence des droits de propriété, de jouissance et d'usage des sections. (*Id.; Arr. du C.* 9 août 1851.)

4. Les sections sont reconnues par la loi comme personnes civiles capables de posséder privativement et d'agir en justice à raison de cette propriété; mais d'après le principe de l'unité administrative, c'est au conseil municipal qu'il appartient d'aliéner, d'échanger, de partager et d'amodier les biens des sections. La loi n'accorde à ces dernières des représentants spéciaux que dans les cinq cas indiqués aux nᵒˢ 11, 355, 437, 579, et dans l'article Marais, n° 43. Dans les autres cas, « les garanties des sections consistent dans les formes à observer, dans la publicité qui accompagne les adjudications, dans les enquêtes, et surtout dans la tutelle de l'autorité supérieure. » (*Voy. Cass.* 25 *avril* 1855.) On trouvera indiqués ci-après, dans les *contrats* et les *impositions extraordinaires*, diverses garanties établies en faveur des sections.

5. Les agrégations d'habitants dont il vient d'être parlé, ne sont pas les seules qui portent le nom de *sections*. On le donne en outre : 1° à des portions habitées du territoire communal, bien qu'elles n'aient pas de propriétés spéciales ou une origine distincte (VIVIEN); 2° aux divisions établies pour les élections (*voy. ce mot*); 3° aux divisions établies pour la confection du plan cadastral (*voy. L.* 3 *frim.* an VII, art. 38, *et* Cadastre); 4° aux fractions de communes pour le service du culte.

Sect. 2. — Changements de circonscriptions et leurs effets sur les biens des communes.

6. Les changements de circonscriptions communales s'opèrent d'après la loi du 18 juillet 1837, combinée avec celles du 24 juillet 1867 et du 10 août 1871.

7. Toutes les fois qu'il s'agit de réunir deux ou plusieurs communes en une seule, ou de distraire une section d'une commune, soit pour la réunir à une autre, soit pour l'ériger en commune séparée, le préfet prescrit aux maires des communes intéressées d'ouvrir une enquête de *commodo et incommodo* dont il règle les formes et la durée suivant les circonstances, mais en ayant soin de choisir autant que possible le juge de paix pour diriger cette opération, et de faire comprendre dans les publications, non-seulement les changements en eux-mêmes, mais encore toutes les conditions auxquelles ils seraient soumis. (*L.* 18 *juill.* 1837, *art.* 2; *Circ. Int.; Voy.* **Enquête.**)

8. L'enquête terminée, les conseils municipaux sont appelés à donner leur avis. Ils doivent, dans ce cas, être assistés des plus imposés, domiciliés ou non, en nombre égal à celui des membres en exercice (*L.* 18 *juill.* 1837, *art.* 2, 42). Si un conseil est remplacé par une commission municipale, les plus imposés doivent être en nombre égal à celui des membres de cette commission. (*Circ.*) Ils doivent être convoqués individuellement par le maire au moins dix jours avant celui de la réunion (*L.* 18 *juill.* 1837, *art.* 42), et suivant l'ordre décroissant des contributions. La convocation doit être faite par écrit et à domicile, suivant la loi du 5 mai 1855; de plus elle doit être constatée sur le registre des actes municipaux.

Lorsque les plus imposés appelés sont absents, ils sont remplacés en nombre égal par les plus imposés portés après eux sur le rôle. (*L.* 18 *juill.* 1837, *art.* 42.)

Aucun des plus imposés ne peut se faire représenter. En conséquence, on ne doit point convoquer ceux qui sont en état d'incapacité légale, tels que les mineurs, les interdits, les femmes mariées séparées de biens, les veuves, ainsi que les personnes civiles, telles que les établissements publics, les sociétés anonymes, etc. (*Avis du C.* 21 *déc.* 1842). Les étrangers et les faillis non réhabilités ne peuvent non plus prendre part aux délibérations. (*Déc. min.*)

9. Si des conseillers municipaux ou des plus imposés ne se présentaient pas, ou se retiraient avant le vote, ou refusaient d'y participer, la délibération n'en serait pas moins valable, pourvu qu'elle fût adoptée par la moitié plus un des membres de l'assemblée (*Circ. int.* 14 *févr.* 1843; *Arr. du C.* 23 *janv.* 1868, 2 *févr.* 1870). Si aucun des plus imposés ne se présentait, on les convoquerait de nouveau, et si la convocation restait sans résultat, le maire les remplacerait par les plus imposés portés après eux sur le rôle de la commune. (*Circ.* 27 *mars* 1837.)

10. Dans le cas où, après une seconde convocation, les conseillers municipaux et les plus imposés ne se réuniraient pas en nombre suffisant, il serait procédé à une troisième convocation, et la délibération serait valable, quel que fût le nombre des membres présents. Seulement les trois assemblées

doivent être séparées par un intervalle de dix jours au moins. (*L.* 5 *mai* 1855, *art.* 17.)

11. Si le projet concerne une section d'une commune, on forme pour cette section et dans son sein une commission syndicale, qui est chargée d'examiner le projet et d'émettre un avis, pendant que le conseil municipal remplit le même office dans l'intérêt de la commune. Le nombre des membres de la commission syndicale est déterminé par un arrêté du préfet, et les membres sont élus par les électeurs municipaux domiciliés dans la section (*L.* 18 *juill.* 1837, *art.* 3). Si le nombre des électeurs n'est pas double de celui des membres à élire, la commission est composée des plus imposés de la section (*id.*). En cas de contestations sur les élections, on procède comme pour les élections municipales. Ce sont les membres qui nomment parmi eux le président et le secrétaire.

12. L'instruction comprend, avec l'enquête et les délibérations : 1° l'avis du géomètre en chef du cadastre ; 2° l'avis du directeur des contributions directes ; 3° un plan des lieux dressé conformément à la circulaire du 1ᵉʳ octobre 1839 ; 4° un tableau indiquant l'étendue, la population, les revenus, ainsi que les dépenses ordinaires des communes, et s'il s'agit de distraire une section d'une commune, l'étendue de cette section, le nombre des habitants qu'elle renferme, ainsi que le revenu qu'elle produit en centimes additionnels ; 5° des renseignements sur les biens et les droits que la mesure peut affecter, notamment sur les édifices servant à un usage public ; 6° le budget de la commune ou ceux des communes intéressées.

13. Chaque projet est porté devant le conseil d'arrondissement et le conseil général. Ce dernier statue lorsqu'il est compétent et donne seulement son avis lorsqu'il doit être statué par un décret ou par une loi (*n°* 14). Dans ce dernier cas, le préfet ajoute au dossier son avis en forme d'arrêté et transmet l'affaire au ministre de l'intérieur.

14. La loi du 10 août 1871 ayant substitué le conseil général au préfet pour tous les pouvoirs que ce dernier tenait de la loi du 24 juillet 1867 (*Avis du C.* 17 *oct.* 1872 ; *Circ. int.* 13 *mars* 1873), les changements à opérer dans la circonscription des communes situées dans le même canton, sans que les changements touchent aux limites du canton, de l'arrondissement ou du département, peuvent être prononcés par le conseil général, si les conseils municipaux, délibérant avec les plus imposés et avec les commissions syndicales, s'il y a lieu, ont donné leur consentement, tant à la nouvelle délimitation qu'aux conditions auxquelles les changements sont subordonnés (*L.* 10 *août* 1871, *art.* 46). Les changements ne peuvent être prononcés que par décret rendu en Conseil d'État, lorsque l'avis d'un conseil municipal ou d'une commission syndicale est contraire, ou accompagné de réserves (*L.* 24 *juill.* 1867, *art.* 13), et par une loi, lorsque l'avis du conseil général est contraire (*Id.*).

15. Les règles qui précèdent comprennent les délimitations de communes proprement dites et les suppressions d'enclaves. Si les conseils municipaux tombent d'accord, le conseil général est compétent ; sinon, il est statué par un décret.

Quant aux contestations entre deux communes

sur leurs limites respectives, le préfet statue comme juge administratif, en consultant le géomètre en chef du cadastre, le directeur des contributions directes, le sous-préfet et le conseil de préfecture. Si la contestation existe entre des communes appartenant à des départements différents, les préfets procèdent de concert à l'instruction de l'affaire, et transmettent les dossiers au ministre de l'intérieur. Il est statué par décret, le Conseil d'État entendu.

16. Les réunions de communes situées dans le même canton sont soumises aux règles énoncées au n° 14 (*Avis du C.* 18 *févr.* 1873 ; *L.* 24 *juill.* 1867, *art.* 13, *et* 10 *août* 1871, *art.* 46). Mais il ne peut être créé de commune nouvelle que par un décret, lorsque les conseils municipaux intéressés, délibérant avec les plus imposés, ont donné leur consentement et que l'avis du conseil général est favorable, ou, à défaut du consentement des conseils municipaux, lorsqu'il s'agit de communes qui n'ont pas 300 habitants et que l'avis du conseil général est favorable, et par une loi dans tous les autres cas. (*L.* 18 *juill.* 1837, *art.* 4 ; 24 *juill.* 1867, *art.* 13 ; *avis du C.* 18 *févr.* 1873.)

17. Tout changement qui tend à modifier la composition d'un canton, d'un arrondissement ou d'un département ne peut être prononcé que par une loi. (*L.* 18 *juill.* 1837, *art.* 4 ; 24 *juill.* 1867, *art.* 13.)

18. Lorsqu'une commune est réunie à une autre, les édifices et autres immeubles servant à usage public, deviennent la propriété de la commune à laquelle est faite la réunion (*L.* 18 *juill.* 1837, *art.* 5). De même lorsqu'une section est érigée en commune distincte, ou réunie à une autre commune ou fraction de commune, les édifices et autres immeubles servant à usage public et situés sur le territoire de la section distraite, deviennent la propriété de la nouvelle commune, ou de la commune à laquelle la réunion est faite (*Id., art.* 6). Si, dans l'application, ces règles causent du dommage aux habitants d'une des communes ou des sections intéressées, on garantit leurs intérêts au moyen d'indemnités ou de compensations fixées, soit à l'amiable, soit d'office par décision de l'autorité supérieure. Ces indemnités sont à la charge de la nouvelle commune entière. Il en est de même dans le cas où un immeuble servant à usage public et situé sur le territoire d'une section distraite, est la propriété d'une section autre. Cette dernière est seulement en droit de réclamer une indemnité qui est due par la nouvelle commune entière.

19. Il résulte de la discussion de la loi de 1837 que les communes qui se réunissent, conservent respectivement la propriété des biens patrimoniaux qui appartiennent à chacune d'elles. L'administration en est transférée au conseil municipal de la nouvelle commune, et s'ils donnent un produit en argent, le montant doit être versé dans la caisse municipale ; mais il doit être employé d'abord à satisfaire aux besoins de la section propriétaire (*Arr. du C.* 4 *sept.* 1856), et après qu'il a été satisfait à ces besoins, l'excédant doit être affecté à l'acquittement de la part de la section dans les dépenses générales de la commune. (*Voy. Arr. du C.* 10 *févr.* 1859, 2 *févr.* 1860.)

Ce n'est que sous cette condition que le conseil municipal peut changer le mode de jouissance de ces biens après la réunion, ou en opérer la vente, ou les affermer. (*Avis Com. Int.* 18 *juill.* 1836 ; *Sect. Int.* 25 *avril* 1862.)

Les mêmes règles s'appliquent à toute section de commune érigée en commune séparée, ou réunie à une autre commune ou à une autre section.

20. Si la section possède des droits indivis avec la commune dont elle est séparée, on partage immédiatement les biens mobiliers, tels que rentes, créances ou deniers. Quant aux immeubles, les parties doivent être mises en demeure de faire connaître leurs intentions. Si elles s'accordent à demander le partage, l'administration supérieure examine si cette mesure est préférable ou non à l'indivision, et elle statue en conséquence. Si le partage est décidé et que des valeurs mobilières soient assignées à la section, il en est disposé comme il est dit au n° 19, § 1er.

Au contraire, lorsque les parties maintiennent l'indivision, les revenus sont partagés entre elles, ou l'administration des biens est confiée à une commission syndicale (*voy.* n° 106), si l'une des parties le réclame.

21. Les sections emportent encore la propriété et la jouissance des biens meubles et immeubles légués pour assurer la distribution de secours publics. (*Voy. Cass.* 24 *mars* 1863.)

22. Les biens communaux proprement dits (n° 202) et les droits d'usage appartenant aux communes qui se réunissent, sont conservés respectivement par chacune d'elles (*L.* 18 *juill.* 1837, *art.* 5). Elles n'acquièrent l'une à l'égard de l'autre aucun droit sur ces biens.

De même les habitants d'une section érigée en commune séparée ou réunie à une autre commune ou à une autre section conservent : 1° la jouissance exclusive des biens communaux qui appartiennent à la section (*L.* 18 *juill.* 1837, *art.* 6); 2° leurs droits d'usage et d'affouage sur les biens de la commune dont elle est séparée, ainsi que le droit de participer au quart en réserve des bois (*Cass.* 13 *mai* 1828, 20 *avril* 1831). De leur côté, les habitants de la commune ou de la section à laquelle une section est réunie, n'acquièrent aucun droit sur les biens communaux de cette section.

23. Les biens communaux appartenant à une section sont administrés par le conseil municipal sous les conditions énoncées au n° 19, § 1er.

24. Lorsque la section détachée d'une commune possède des biens communaux par indivis avec cette dernière, cette propriété subsiste à moins qu'on ne la fasse cesser par un partage, et l'administration des biens est confiée à une commission syndicale (n° 106), si l'une des parties le réclame.

25. Indépendamment des conditions générales fixées par la loi, il en est beaucoup d'autres qui ne peuvent être réglées d'une manière uniforme à cause de la variété des intérêts engagés dans les changements de circonscriptions. Ces conditions particulières sont fixées par l'acte qui prononce la réunion ou la distraction (*L.* 18 *juill.* 1837, *art.* 7), et comme il faut faire pour chaque espèce une liquidation souvent compliquée, la fixation des con-

ditions particulières peut être renvoyée à un décret ultérieur, lorsque le changement de circonscription est prononcé par une loi (*Id.*).

26. Lorsque deux communes sont réunies, les dettes qu'elles peuvent avoir de part et d'autre demeurent respectivement à leur charge. De même lorsqu'une section est distraite d'une commune, les dettes dont elles peuvent être grevées conjointement pour des dépenses intéressant la totalité des habitants, sont partagées entre elles à raison des contributions directes payées dans chacune d'elles, sauf les dérogations que les circonstances rendraient nécessaire d'apporter à cette règle.

La section réunie à une autre commune, ne contribue pas à l'acquittement des dettes antérieures de cette dernière, et ne lui fait supporter aucune partie des siennes propres.

27. Les tribunaux ordinaires sont compétents pour statuer : 1° sur les questions de propriété; 2° sur les questions de jouissance exclusive conférée par la loi ou le décret. Les réclamations relatives aux indemnités, et les contestations sur l'exécution des conditions, se portent devant le préfet, sauf recours au ministre et au Conseil d'État, et si une interprétation est nécessaire, devant le Conseil d'État.

Sect. 3. — Domaine.

28. Les communes ont un domaine public municipal et un domaine particulier communal. Dans le premier sont compris les objets affectés perpétuellement à l'usage de tous et sur lesquels la commune n'a qu'un droit de surveillance et d'administration dans l'intérêt public, sauf à profiter des bénéfices que les immeubles peuvent donner accidentellement. (*Voy.* pour les détails, chap III, sect. 1.) Le domaine particulier communal se compose des biens et droits que la commune possède comme propriétaire.

ART. 1. — DOMAINE PUBLIC MUNICIPAL.

29. Le caractère de ce domaine est d'avoir une destination publique et perpétuelle. Il ne peut redevenir propriété libre de la commune que suivant les mêmes formes qu'il a été établi. Les choses qu'il renferme sont inaliénables et imprescriptibles tant qu'elles sont conservées dans leur destination primitive, et de ce principe il résulte : 1° que les immeubles ne peuvent être, de la part de tiers, l'objet d'actions possessoires fondées sur la possession annale (*Cass.* 18 *août* 1842, 31 *déc.* 1855); 2° que les immeubles ne sont pas sujets à la mitoyenneté (*Cass.* 5 *déc.* 1838), ni susceptibles d'être grevés de servitude, telle que la servitude d'égout ou celle *oneris ferendi*. (*Cass.* 15 *nov.* 1853.)

ART. 2. — DOMAINE PARTICULIER COMMUNAL.

30. Le domaine particulier communal se divise en *biens patrimoniaux*, c'est-à-dire les rentes de fonds placés et les immeubles qui ne sont pas destinés à satisfaire à des besoins publics, que les communes emploient à divers objets, ou qu'elles font valoir à leur profit, et en *biens communaux* proprement dits, c'est-à-dire ceux dont les fruits sont recueillis en nature par les habitants.

31. Les conseils municipaux règlent l'affectation d'une propriété communale à un service communal, lorsque cette propriété n'est encore affectée à aucun service public, sauf les règles prescrites par des lois particulières (*L.* 24 *juill.* 1867, *art.* 1). Mais les délibérations sont soumises aux formalités et au contrôle indiqués au n° 94.

En cas de désaccord entre le maire et le conseil municipal, la délibération n'est exécutoire qu'après approbation du préfet. (*Id.*)

Si la propriété est affectée à un service public, le conseil municipal délibère, et il est statué par le préfet ou par l'autorité supérieure suivant les lois et règlements. (*L.* 18 *juill.* 1837, *art.* 19.)

32. Avant la révolution de 1789, les villes seules avaient des biens patrimoniaux. Les communautés rurales, dépendant de fiefs seigneuriaux, étaient placées sous la haute tutelle des seigneurs, qui, en compensation de leurs droits, avaient les charges de l'administration. Mais ces communautés, ou du moins un grand nombre d'entre elles, possédaient des biens communaux et des droits d'usage qui provenaient, pour la moindre partie, d'anciennes répartitions entre les villages ou hameaux, et, pour la majorité, de concessions faites par les seigneurs à titre onéreux ou gratuit, en vue de faire fructifier leurs domaines en développant la production et la vente des produits agricoles.

33. Ces biens avaient subi de grandes vicissitudes. Des personnes puissantes avaient profité des temps de détresse pour se faire céder par les communautés des terres à vil prix. Des concessions, même faites à titre onéreux, avaient été restreintes par le triage (*voy.* MERLIN), et des droits d'usage par le cantonnement (*id.*). Plusieurs édits et ordonnances de l'ancienne monarchie constatent les atteintes que des seigneurs portaient trop souvent à la propriété des communautés par des fraudes ou des violences. Une loi des 13-20 avril 1791 commença par attribuer aux nouvelles communautés les terres vaines et vagues dont les seigneurs n'avaient pas pris possession publiquement avant le 4 août 1789, en vertu de la maxime : Nulle terre sans seigneur. Puis, en 1792, il fut décidé par une loi du 28 août, que les terres vaines et vagues dont les communes ne pourraient pas justifier avoir été anciennement en possession, seraient censées leur appartenir et leur seraient adjugées par les tribunaux si elles formaient leur action dans le délai de cinq ans, à moins que les ci-devant seigneurs ne prouvassent leur propriété par titre ou par possession exclusive, continuée paisiblement et sans trouble pendant quarante ans. La même loi autorisa les communes à se faire réintégrer dans les biens ou droits d'usage dont elles prouveraient qu'elles avaient été dépouillées, et à faire réformer tous les triages et cantonnements. Puis la loi du 10 juin 1793 exigea des détenteurs de biens communaux, au lieu de la possession de quarante ans, un acte authentique constatant qu'ils avaient acheté légitimement ces biens; elle maintint par exception les concessions, ventes ou partages faits quarante ans avant le 4 août 1789 ; et, à l'égard des détenteurs qui étaient entrés en possession depuis quarante ans, elle prononça l'éviction de tous ceux qui ne produiraient pas un titre légitime et n'auraient pas défriché par leurs mains ou par celles de leurs auteurs les terrains par eux acquis et actuellement en valeur.

34. Les effets avantageux que ces dispositions

devaient avoir pour la propriété communale, furent contrariés par les partages que la loi du 10 juin 1793 autorisa les communes à opérer entre les habitants. On ne procéda pas partout avec régularité; des particuliers profitèrent des circonstances pour s'approprier des terrains communaux. Les communes furent encore troublées en 1813, quand la loi des finances, voulant pourvoir à la pénurie du Trésor, transféra les biens communaux à la caisse d'amortissement pour être vendus au profit de l'État, et donna aux communes, en compensation, des inscriptions de rente 5 p. 100. L'effet de cette loi dura jusqu'en 1816 ; la loi des finances de cette année ordonna de remettre à la disposition des communes les biens qui n'auraient pas encore été vendus.

35. Les usurpations commises à la faveur de la loi du 10 juin 1793 se maintinrent malgré la loi du 9 ventôse an XII, qui ordonna la restitution aux communes des terrains dont les détenteurs ne justifieraient pas d'un acte de partage et qui ne se soumettraient pas à payer une redevance. L'exécution de cette disposition rencontrant de grands obstacles, on se décida en 1819 à transiger. Une ordonnance du 23 juin enjoignit aux détenteurs de biens usurpés d'en faire la déclaration dans le délai de trois mois, et décida que ceux qui rempliraient cette condition, seraient maintenus en possession moyennant le paiement des quatre cinquièmes de la valeur actuelle, déduction faite de la plus-value résultant des améliorations, ou moyennant une redevance annuelle égale au vingtième du prix du fonds. Les détenteurs qui n'ont pas profité de ces dispositions, peuvent être poursuivis en restitution des biens, ainsi que des fruits recueillis au moins pendant les cinq dernières années (*Circ.* 10 *juin* 1843). sans pouvoir devenir propriétaires de ces biens autrement qu'en payant la valeur intégrale à dire d'experts désignés par le sous-préfet (*Id.*), et en supposant que la commune consente à laisser les biens aux détenteurs et ne préfère pas les retenir (*Arr. du C.* 5 *sept.* 1842). Le conseil de préfecture est juge des contestations sur le fait et l'étendue de l'usurpation ; il peut, sur la demande de l'administration municipale, ordonner le déguerpissement du détenteur, et au besoin, la démolition des bâtiments que ce dernier aurait élevés sur les terrains usurpés (*Arr. du C.* 21 *juin* 1839). Cette compétence ne s'applique qu'aux usurpations commises du 10 juin 1793 au 9 ventôse an XII; les contestations à propos d'usurpations postérieures sont du ressort de l'autorité judiciaire (*Arr. du C.* 18 *août* 1857). Il en serait de même dans le cas où un détenteur se prétendrait propriétaire à tout autre titre qu'un partage.

Sect. 4. — Administration.

36. Les communes ayant des droits et des intérêts distincts de ceux de l'État, chacune d'elles est pourvue d'une administration propre. Mais comme elles tiennent néanmoins à l'État et comme leurs destinées sont liées à celles de la nation, l'administration municipale n'est pas complètement livrée à elle-même. Au-dessus d'elle est institué un pouvoir tutélaire qui, tout en la laissant agir dans les limites de sa compétence, veille à ce qu'elle ne porte pas atteinte aux droits de l'État ni à ceux des particuliers, à ce qu'elle ne blesse pas l'intérêt public, ni celui de l'association communale elle-même. Ce pouvoir, depuis l'organisation municipale de l'an VIII jusqu'en 1866, était exercé en général par l'autorité administrative et dans certains cas par le pouvoir législatif. Les lois des 18 juillet 1866 et 10 août 1871 y ont fait participer les conseils généraux, en les substituant aux préfets pour un certain nombre d'affaires indiquées plus loin dans le présent article et dans les articles **Conseil général** et **Département.**

37. De 1789 à l'an VIII, les corps municipaux chargés de l'administration communale, réunissaient l'action et la délibération. La loi du 28 pluviôse an VIII a établi le principe de l'unité d'agent exécutif pour les communes comme pour les départements : auprès du maire, fonctionnaire unique qui agit, est placé le conseil municipal chargé de pourvoir à la délibération qui éclaire ou contrôle l'action.

Sect. 5. — Noms des communes.

38. Les noms des communes sont déterminés dans les actes qui les créent. Les changements, s'il y a lieu, sont soumis aux formalités suivantes : vœu émis par le conseil municipal ; avis du conseil d'arrondissement, du sous-préfet, du conseil général, du préfet, du ministre de l'intérieur, de la section de l'intérieur du Conseil d'État, et décret du président de la République.

Sect. 6. — Chefs-lieux des communes.

39. Lorsque la population d'une commune est divisée en plusieurs agglomérations ou sections, le chef-lieu où siège l'administration municipale se fixe dans celle de ces agglomérations qui offre le plus de facilités pour le service. Cette fixation, quand il s'agit d'une nouvelle commune, est comprise dans l'acte qui la crée. Lorsque, sur un vœu émis par des habitants, le conseil municipal d'une commune est d'avis de transférer le chef-lieu d'une agglomération dans une autre, c'est le conseil général qui statue en vertu de l'art. 46 de la loi du 10 août 1871. Si le conseil municipal est d'un avis contraire, il est statué par un décret (*Circ. Int.* 13 *mars* 1873). C'est aussi par décret que sont autorisés les changements de chefs-lieux de canton, d'arrondissement ou de département. (*L.* 8 *pluv. an VIII et Arr. cons.* 17 *vent. an VIII ; Circ. Int.* 13 *mars* 1873.)

Sect. 7. — Dénominations des voies publiques.
(*Voy.* **Noms des rues** *et* **Voirie.**)

CHAP. II. — FONCTIONNAIRES ET AGENTS MUNICIPAUX.
Sect. 1. — Corps municipal.

40. Chaque commune a une municipalité ou corps municipal, composé du maire, d'un ou de plusieurs adjoints et de conseillers municipaux (*L.* 5 *mai* 1855, *art.* 1). Les fonctions sont gratuites (*L.* 14 *avril* 1871, *art.* 19). Toutefois, le conseil municipal peut mettre à la disposition du maire une somme pour certains frais de représentation.

Le corps municipal marche dans les cérémonies publiques après les membres du tribunal de première instance et avant le corps académique. (*D.* 24 *mess. an XII et* 15 *nov.* 1811.)

Sect. 2. — Maire.

ART. 1. — NOMINATION, SUSPENSION, RÉVOCATION, PRÉROGATIVES.

41. Le conseil municipal élit le maire parmi ses membres, au scrutin secret et à la majorité absolue. Si, après deux scrutins, aucun candidat n'a obtenu la majorité, il est procédé à un scrutin de ballotage entre les deux candidats qui ont obtenu le plus de suffrages, et en cas d'égalité de suffrages, le plus âgé est nommé.

La séance dans laquelle il est procédé à l'élection du maire est présidée par le plus âgé des membres du conseil municipal.

Dans les communes chefs-lieux de département, d'arrondissement ou de canton, les maires et adjoints sont nommés, parmi les membres du conseil municipal, par décret du Président de la République. (*L.* 12 *août* 1876.)

42. Les maires doivent être âgés de 25 ans accomplis. (*L.* 20 *janv.* 1874, *art.* 3.)

43. Ne peuvent être maires : 1° les préfets, sous-préfets, secrétaires généraux et conseillers de préfecture ; 2° les membres des cours, des tribunaux de première instance et des justices de paix, y compris les greffiers, mais à l'exception des juges suppléants et des suppléants de juges de paix ; 3° les ministres des cultes ; 4° les militaires et employés des armées de terre et de mer en activité de service ou en disponibilité ; 5° les ingénieurs des ponts et chaussées et des mines en activité de service, les conducteurs des ponts et chaussées et les agents voyers ; 6° les agents et employés des administrations financières et des forêts, ainsi que les gardes des établissements publics et des particuliers ; 7° les commissaires et agents de police ; 8° les fonctionnaires et employés des collèges communaux, et les instituteurs primaires communaux ou libres ; 9° les comptables et les fermiers des revenus communaux, et les agents salariés de la commune (*L.* 5 *mai* 1855, *art.* 5). Les membres des tribunaux de commerce et des conseils de prud'hommes peuvent être maires. (*Déc. Min. Just.* 1838 *et* 1858.)

44. Il ne doit être procédé à l'élection d'un maire qu'après qu'il a été pourvu aux vacances existant dans le conseil municipal. (*L.* 14 *avril* 1871, *art.* 9.)

45. L'installation d'un maire nommé par décret se fait dans une assemblée extraordinaire du conseil municipal. L'assemblée est présidée par le conseiller municipal inscrit le premier dans l'ordre du tableau (*Circ.* 15 *juill.* 1852). Si la convocation restait sans résultat, le maire constaterait l'abstention des membres du conseil par un procès-verbal qu'il transmettrait au sous-préfet. (*Id.*)

46. Le maire est nommé pour cinq ans. Il remplit ses fonctions, même après l'expiration de ce terme, jusqu'à l'installation de son successeur. (*L.* 5 *mai* 1855, *art.* 2.)

47. Le maire peut être suspendu par un arrêté du préfet. Toutefois cet arrêté cesse d'avoir effet s'il n'est confirmé, dans le délai de deux mois, par le ministre de l'intérieur (*Id.*). Le maire ne peut être révoqué que par un décret (*L.* 14 *avril* 1871, *art.* 9). Les maires révoqués ne sont pas rééligibles pendant une année. (*Id.*)

48. Les maires portent l'écharpe nationale. Ils prennent rang, dans les cérémonies publiques, après les présidents des tribunaux de commerce et avant les commandants d'armes (*D.* 24 *mess. an XII*). Ils ont la franchise postale, sous les conditions indiquées au mot **Franchises.** Pour les garanties dont ils jouissent en cas de poursuites, voyez **Fonctionnaires**.

ART. 2. — ATTRIBUTIONS.

49. La fonction essentielle du maire est de présider à l'administration de la commune, de la représenter dans tous les actes qui la concernent, de gérer ses biens, de veiller à ses intérêts, et de pourvoir à la police locale. Le maire est, en outre, agent du Gouvernement, officier de l'état civil (*voy. ce mot*), officier de police judiciaire (*voy.* **Police**), officier du ministère public dans certains cas (*voy.* **Ministère public**), et juge du contentieux administratif relativement aux indemnités qui peuvent être dues par les officiers dans les cantonnements ou rassemblements (*L.* 18 *janv.* 1793), et sur les déclarations de prix de vente faites par les débitants de boissons. (*L.* 28 *avril* 1816, *art.* 49.)

50. *Le maire, agent du Gouvernement.* La première de ses attributions en cette qualité est la publication des lois et règlements (*L.* 18 *juill.* 1837, *art.* 9), avec cette distinction que la promulgation des lois et règlements d'intérêt général leur donnant par elle-même force exécutoire, la publication faite par l'autorité municipale, soit spontanément, soit sur l'invitation de l'autorité supérieure, n'a pour objet que d'avertir le public, tandis que les décrets d'intérêt local qui ne sont pas insérés au *Bulletin des lois,* ou qui n'y sont indiqués que par leur titre, ne sont obligatoires que du jour où il en est donné connaissance aux personnes qu'ils concernent, par publication, affiche, notification ou envoi faits par les fonctionnaires publics chargés de l'exécution. (*Avis du C.* 25 *prair. an XIII.*)

51. De même, tout règlement administratif dont l'infraction emporte l'application d'une peine, n'a force d'exécution que par la connaissance qui en est légalement donnée à ceux auxquels est imposée l'obligation de s'y conformer. Le Recueil des actes administratifs de la préfecture ne constitue point la publication légale nécessaire (*Cass.* 5 *juill.* 1845), et il ne peut y être suppléé par un avis personnel donné aux citoyens par des agents de l'administration (*Cass.* 28 *févr.* 1847). En conséquence, toutes les fois qu'un préfet rend un arrêté qui impose certaines obligations ou qui interdit certaines facultés, cet arrêté doit être, non-seulement inséré dans le Recueil des actes administratifs, qui est adressé aux maires, mais encore imprimé en placard pour être affiché et publié dans toutes les communes du département. Les maires doivent constater cette publication par un certificat et faire inscrire ce certificat sur le registre des actes de la mairie, afin qu'il puisse en être justifié au besoin. Si l'arrêté ne concerne qu'une seule commune, il suffit qu'une expédition en soit envoyée au maire ; ce fonctionnaire fait imprimer l'arrêté en placard, ou en fait afficher des copies transcrites à la main, en ayant soin de constater la publication et l'affiche par un certificat inséré au registre (*Circ.* 19 *déc.* 1846). Si la publication n'était pas prouvée par un certificat inséré au registre, elle pourrait l'être par un certificat dressé ultérieurement. (*Cass.* 18 *sept.* 1847.)

Les règles énoncées ci-dessus s'appliquent également aux arrêtés municipaux.

52. Le maire est encore chargé, sous l'*autorité*

de l'administration supérieure : 1° de l'exécution des lois et règlements ; 2° des fonctions spéciales qui lui sont attribuées par les lois, et qu'on trouvera exposées en détail dans les articles consacrés aux matières qu'elles concernent ; 3° de l'exécution des mesures de sûreté générale. (*L.* 18 *juill.* 1837, *art.* 9.)

53. *Le maire, officier municipal.* En cette qualité, le maire agit sous la *surveillance* de l'administration supérieure ; il est chargé : « 1° de la police municipale, de la police rurale, de la voirie municipale, et de pourvoir à l'exécution des actes de l'autorité supérieure qui y sont relatifs » (*voy.* **Police et Voirie**) ; « 2° de la conservation et de l'administration des propriétés de la commune, et de faire, en conséquence, tous actes conservatoires de ses droits ; 3° de la gestion des revenus, de la surveillance des établissements communaux, et de la comptabilité communale ; 4° de la proposition du budget et de l'ordonnancement des dépenses ; 5° de la direction des travaux communaux ; 6° de souscrire les marchés, de passer les baux des biens et les adjudications de travaux communaux, dans les formes établies par les lois et règlements ; 7° de souscrire dans les mêmes formes les actes de vente, échange, partage, acceptation de dons ou legs, acquisition, transaction, lorsque ces actes ont été régulièrement autorisés ; 8° de représenter la commune en justice, soit en demandant, soit en défendant. » (*L.* 18 *juill.* 1837, *art.* 10.)

54. Le maire nomme à tous les emplois communaux pour lesquels la loi ne prescrit pas un mode spécial de nomination. (*L.* 18 *juill.* 1837, *art.* 12.)

55. En cas d'absence ou d'empêchement du maire, son autorité passe, de plein droit, aux mains d'un des adjoints suivant l'ordre des nominations. Si les adjoints sont absents ou empêchés en même temps que le maire, ce fonctionnaire est remplacé par un conseiller municipal que le préfet désigne, ou à défaut de cette désignation, par le conseiller municipal inscrit le premier sur le tableau qui doit être dressé d'après le nombre des suffrages obtenus, en suivant l'ordre des scrutins (*L.* 5 *mai* 1855, *art.* 4). Le conseiller municipal doit ne se trouver dans aucun des cas d'incompatibilité indiqués au n° 43.

56. Le maire est chargé seul de l'administration, mais il peut déléguer à un ou à plusieurs de ses adjoints *une partie* de ses fonctions, et en l'absence des adjoints, à ceux des conseillers municipaux qui sont appelés à en faire les fonctions (*L.* 18 *juill.* 1837, *art.* 14). La délégation partielle se fait librement suivant les conditions d'aptitude et les circonstances locales, sans qu'il soit nécessaire de suivre l'ordre des nominations ou élections.

57. Dans le cas où un maire refuserait ou négligerait de faire un des actes qui lui sont prescrits par la loi, le préfet, après l'en avoir requis, peut y procéder d'office par lui-même ou par un délégué spécial (*L.* 18 *juill.* 1837, *art.* 15). La réquisition préalable est toujours obligatoire.

ART. 3. — ARRÊTÉS MUNICIPAUX.

58. Le maire devant adresser des avertissements, des injonctions ou des prohibitions, soit au public, soit à un ou plusieurs habitants, quand il s'agit d'un acte particulier qui intéresse la sûreté, la salubrité ou le repos de la commune (*Cass.* 8 *oct.* 1836), la loi l'autorise à « prendre des arrêtés à l'effet, 1° d'ordonner les mesures locales sur les objets confiés par les lois à sa vigilance et à son autorité ; 2° de publier de nouveau les lois et règlements de police, et de rappeler les citoyens à leur observation (*L.* 18 *juill.* 1837, *art.* 11). Pour les publications et notifications, voyez n° 51.

59. Cette attribution du maire ne fait point obstacle à ce que l'administration supérieure statue elle-même sur les mêmes objets ; ainsi des mesures peuvent être prescrites, soit par un décret, soit par un arrêté préfectoral, sur la police municipale, la voirie urbaine ou l'administration communale ; mais ces actes doivent avoir un caractère général et s'appliquer à un certain nombre de communes, sinon à toutes. (*Voy. Cass.* 23 *sept.* 1853.)

60. Quand il existe, soit une loi, soit un décret, soit un arrêté préfectoral, sur un des objets confiés à l'autorité du maire, ce fonctionnaire peut seulement publier le texte de ces actes et les rappeler aux habitants ; il ne peut, ni le modifier, ni dispenser personne de s'y conformer. (*Cass.* 23 *avril* 1835, 31 *janv. et* 28 *mars* 1857.)

61. On distingue, parmi les arrêtés municipaux : 1° ceux dans lesquels le maire développe ou supplée la loi par des dispositions réglementaires ; 2° les arrêtés par lesquels le maire pourvoit aux objets confiés à la vigilance de l'autorité municipale, par voie d'injonctions ou de prohibitions adressées aux habitants individuellement. On distingue encore ceux qui ne sont destinés à recevoir qu'une exécution temporaire en vue d'un cas donné, et ceux qui sont destinés à satisfaire à des besoins habituels. De ces distinctions fondamentales découlent les conséquences indiquées ci-après.

62. Les arrêtés dont l'objet est temporaire, sont exécutoires, pourvu que le maire en transmette immédiatement une expédition au sous-préfet et que ce fonctionnaire en délivre un récépissé, et que le préfet n'use pas du droit qui lui appartient d'annuler l'arrêté ou d'en suspendre l'exécution s'il le juge contraire aux lois ou aux intérêts que l'administration supérieure a pour mission de protéger. (*Voy. L.* 18 *juill.* 1837, *art.* 11 ; *Circ. Int.* 1er *juill.* 1840.)

63. Les arrêtés qui portent règlement permanent, ne sont exécutoires qu'un mois après la remise de l'expédition constatée par le récépissé du sous-préfet (*L.* 18 *juill.* 1837, *art.* 11). Si le délai d'un mois ne suffit pas pour l'examen d'un arrêté, le préfet peut en suspendre l'exécution avant l'expiration du délai. Si le mois s'écoule sans que le préfet ait notifié au maire l'annulation ou la suspension de l'arrêté, cet acte devient alors exécutoire de plein droit ; mais le préfet conserve néanmoins le droit de l'annuler ou d'en suspendre l'exécution à quelque époque que ce soit. L'exercice de ce droit ne serait même pas interdit dans le cas où l'arrêté aurait obtenu antérieurement l'assentiment du préfet. (*Circ.* 1er *juill.* 1840.)

64. Comme le délai n'est point établi dans l'intérêt des tiers, le préfet peut ne pas en user, s'il

le juge à propos, et toutes les fois qu'il déclare l'intention de ne pas s'opposer à l'exécution d'un arrêté de ce genre, il n'y a pas lieu d'attendre l'expiration du mois qui suit l'envoi au sous-préfet [1]. (*Ibid.*)

65. Le préfet n'a point le droit de modifier les arrêtés qui lui sont soumis, ni d'y insérer des dispositions différentes de celles qu'il a annulées (*Arr. du C.* 11 *août* 1859 ; *Cass.* 25 *nov.* 1859). Il peut seulement indiquer les modifications qu'il juge nécessaires, s'il ne veut les annuler ou en suspendre l'exécution. Il n'a point à les revêtir de son approbation, car en le faisant, il n'ajouterait rien à la valeur légale de ces actes. (*Circ.* 1er *juill.* 1840.)

66. Lorsqu'un arrêté municipal a été annulé ou que l'exécution en a été suspendue, cette décision a des effets différents selon que l'arrêté a été jugé inutile ou inopportun, ou qu'il a été reconnu illégal. Dans le premier cas, les effets qu'a eus l'arrêté doivent être respectés, tandis que s'il était illégal, tout ce qui a été fait en exécution de cet acte, est sans force et sans valeur. (*Cass.* 17 *mai* 1836.)

67. Le maire ne peut rapporter un arrêté ou y déroger qu'expressément par un autre arrêté (*Cass.* 14 *juill.* 1854). Il ne peut y déroger temporairement par des décisions particulières. (*Cass.* 15 *déc.* 1836, 6 *janv.* 1854.)

68. Les particuliers qui se croient lésés par un arrêté municipal peuvent en demander l'annulation au préfet, et les réclamations rejetées par ce fonctionnaire peuvent être portées devant le ministre compétent. Cette voie est seule ouverte quand la réclamation est formée contre un règlement (n° 60). Lorsqu'il s'agit d'un arrêté individuel et spécial, le recours au contentieux est ouvert au réclamant, s'il prétend qu'un droit à lui appartenant a été méconnu. Le juge saisi d'une poursuite en contravention à un arrêté municipal a le droit de se refuser à l'appliquer, s'il ne le juge pas conforme aux lois qui régissent le pouvoir de l'autorité municipale. (*Cass.* 18 *janv.* 1838, 26 *févr.* 1854.)

Sect. 3. — Adjoints.

69. Le maire a pour le seconder dans l'exercice de ses fonctions un ou plusieurs adjoints suivant le nombre des administrés. Il y a un adjoint dans les communes de 2,500 habitants et au-dessous ; il y en a deux dans les communes de 2,501 à 10,000 habitants ; et dans les communes dont la population est plus nombreuse, le Gouvernement a la faculté de nommer un adjoint de plus par chaque excédant de 20,000 habitants. (*L.* 5 *mai* 1855, *art.* 3.)

70. Lorsque la mer ou quelque autre obstacle rend difficiles, dangereuses ou momentanément impossibles les communications entre le chef-lieu et une fraction de commune, un adjoint spécial pris parmi les habitants de cette fraction, est nommé en sus du nombre ordinaire. Cet adjoint remplit de droit les fonctions d'officier de l'état civil, et il peut être chargé, au moyen d'une délé-

---

1. Cette interprétation n'a pas été admise par la Cour de cassation. D'après trois arrêts des 20 juillet 1838, 17 mars 1848 et 14 mars 1851, les règlements permanents ne seraient jamais exécutoires avant l'expiration du délai d'un mois.

gation du maire, de l'exécution des lois et des règlements de police dans cette partie de la commune. (*Ibid.*)

71. Les règles indiquées aux n⁰ˢ 41 à 48, s'appliquent également aux adjoints. Les agents salariés du maire ne peuvent être ses adjoints (*L. 5 mai* 1855, *art.* 4).

72. Les adjoints ont en propre certaines fonctions qui leur sont conférées : 1° par le Code d'instruction criminelle, art. 144 (*voy.* **Ministère public**); 2° par la loi du 3 frimaire an VII (*voy.* **Contributions directes,** *n°* 55); 3° par le décret du 6 mai 1811, art. 18, sur les mines.

Sect. 4. — Conseil municipal.

ART. 1. — COMPOSITION.

73. Le nombre des membres de chaque conseil municipal est fixé par la loi du 5 mai 1855, en raison de la population de la commune, savoir :

NOMBRE de conseillers.		POPULATION.		
10	. . . . . de	500 habitants et au-dessous.		
12	. . . . . de	501	» à	1,500
16	. . . . . de	1,501	» à	2,500
21	. . . . . de	2,501	» à	3,500
23	. . . . . de	3,501	» à	10,000
27	. . . . . de	10,001	» à	30,000
30	. . . . . de	30,001	» à	40,000
32	. . . . . de	40,001	» à	50,000
34	. . . . . de	50,001	» à	60,000
36	. . . . . de	60,001	»	et au-dessus.

Le préfet détermine, lors du renouvellement triennal (*voy.* *n°* 75), le nombre des membres de chaque conseil par un arrêté basé sur le dernier recensement. (*Circ.* 15 *avril* 1837.)

74. Les conseils municipaux sont électifs. Sont éligibles tous les électeurs âgés de 25 ans accomplis, et réunissant les conditions requises pour être électeur (*voy.* **Élections**). On trouvera aussi indiquées dans l'article **Élections,** les incapacités, incompatibilités ou autres empêchements, ainsi que la formation des listes, la convocation des électeurs et les opérations de l'assemblée électorale.

75. La durée des fonctions de conseiller municipal est fixée provisoirement à trois ans par la loi du 14 avril 1871, art. 8. En cas de vacance dans l'intervalle des élections, on ne doit procéder à de nouvelles élections que si le nombre des conseillers est réduit de plus du quart. Toutefois, dans les communes divisées en sections ou arrondissements (*n°* 76), il doit être procédé à des élections partielles lorsque, par suite de décès ou d'exclusions, une section n'a plus de représentant dans le conseil (*id.*). Les conseillers élus dans l'intervalle des élections quinquennales, ne restent en fonctions que jusqu'à l'époque du renouvellement intégral.

76. Les communes peuvent être divisées en sections, dont chacune élit un nombre de conseillers proportionné au chiffre de la population. En aucun cas, ce fractionnement ne peut être fait de manière qu'une section ait à élire moins de deux conseillers. Le fractionnement est fait par le conseil général, sur l'initiative, soit du préfet, soit d'un membre du conseil général. soit du conseil municipal de la commune intéressée. Chaque année le conseil général dresse un tableau général des sections. Ce tableau est permanent pour l'année. (*L. 14 avril* 1871, *art.* 3.)

ART. 2. — ASSEMBLÉES ET DÉLIBÉRATIONS.

77. Les conseillers municipaux dont l'élection est admise ne peuvent néanmoins se réunir qu'après avoir été installés par le maire. Ils siègent dans l'ordre du tableau indiqué au n° 55.

78. Les conseillers municipaux ont par an quatre sessions ordinaires, qui sont fixées au commencement de février, mai, août et novembre. Chacune d'elles peut durer dix jours (*L. 5 mai* 1855, *art.* 15); à l'expiration de ce délai, la session est close, qu'il y ait eu dix séances ou non. (*Circ.* 17 *juill.* 1838).

Dans le cas où un conseil n'a pas terminé des affaires qui ne souffrent point de retard, ou si les intérêts de la commune exigent que le conseil se réunisse dans l'intervalle d'une session ordinaire à une autre, le sous-préfet peut autoriser le maire, sur sa demande, à convoquer le conseil, ou même prescrire cette mesure. De plus, « la convocation extraordinaire peut avoir lieu pour un objet spécial et déterminé, sur la demande du tiers des membres du conseil municipal, adressée directement au préfet, qui ne peut la refuser que par un arrêté motivé. Cet arrêté est notifié aux réclamants qui peuvent se pourvoir devant le ministre de l'intérieur. » (*L. 5 mai* 1855, *art.* 17.)

79. Les convocations se font par écrit et à domicile. Les lettres de convocation extraordinaire doivent faire connaître les objets dont le conseil municipal est spécialement appelé à s'occuper. Pour les sessions ordinaires, la convocation se fait trois jours au moins avant celui de la réunion, et pour les sessions extraordinaires cinq jours au moins avant celui de la réunion. Toutefois, en cas d'urgence, le sous-préfet peut abréger ces délais. (*L. 5 mai* 1855, *art.* 16.)

80. Dans les sessions ordinaires, le conseil municipal peut s'occuper de toutes les matières comprises dans ses attributions ; mais dans les réunions extraordinaires, il ne peut s'occuper que des objets pour lesquels il a été spécialement convoqué (*L. 5 mai* 1855, *art.* 17). Il ne peut, dans tous les cas, délibérer que lorsque la majorité des membres en exercice assiste à la séance (*L. 5 mai* 1855, *art.* 17), c'est-à-dire lors du vote et pas seulement lors de la discussion (*Arr. du C.* 2 *févr.* 1870). Lorsqu'après deux convocations successives, à huit jours d'intervalle, et dûment constatées, les membres du conseil municipal ne se sont pas réunis en nombre suffisant, la délibération prise après la troisième convocation est valable, quel que soit le nombre des membres présents (*L. 5 mai* 1855, *art.* 17). Si aucun des conseillers municipaux ne se rendait à la troisième convocation, le maire constaterait ce fait par un procès-verbal qui tiendrait lieu de délibération.

81. Le maire, ou l'adjoint qui le remplace, préside le conseil municipal et a voix prépondérante en cas de partage (*L. 5 mai* 1855, *art.* 19). Dans les séances où les comptes d'administration du maire sont débattus, le conseil municipal désigne au scrutin celui de ses membres qui exerce la présidence. Le maire peut assister à la délibération ; mais il doit se retirer au moment où le conseil municipal va émettre son vote, et le président adresse directement la délibération au sous-préfet. (*L. 18 juill.* 1837, *art.* 25.)

82. Les conseillers municipaux présents à la première séance de chaque session nomment entre eux, au scrutin secret, un secrétaire, dont les fonctions durent jusqu'au terme de la session. (*L. 5 mai* 1855, *art.* 19; *Circ.* 17 *juill.* 1838.)

83. Les résolutions sont prises à la majorité absolue des suffrages. Il est voté au scrutin secret toutes les fois que trois des membres présents le réclament. Les délibérations sont inscrites, par ordre de date, sur un registre coté et paraphé par le sous-préfet. Elles sont signées par tous les membres présents, ou mention est faite de la cause qui les a empêchés de signer, et copie en est adressée au sous-préfet dans la huitaine (*L. 5 mai* 1855, *art.* 18, 22). Les membres présents qui n'ont pas signé peuvent le faire postérieurement. (*Arr. du C.* 27 *déc.* 1865.)

84. Tout membre d'un conseil municipal, qui, sans motifs légitimes, a manqué à trois convocations consécutives, peut être déclaré démissionnaire par le préfet, sauf recours, dans les dix jours de la notification, devant le conseil de préfecture (*L. 5 mai* 1855, *art.* 20). Le préfet ne peut statuer qu'autant : 1° que les séances pour lesquelles le conseiller municipal a été convoqué, avaient été autorisées ou prescrites par l'administration, et qu'il a été mis en demeure par le préfet de faire connaître les motifs de son absence (*Arr. du C.* 19 *mars* 1863, 10 *févr.* 1869); 2° que le conseil municipal a constaté l'absence sans excuses ou a refusé d'admettre les excuses présentées (*Arr. du C.* 29 *juill.* 1847).

Il y a lieu également de prononcer l'exclusion de tout conseiller municipal qui perd ses droits civiques, ou qui est atteint par une des incompatibilités ou un des empêchements indiqués dans l'article **Élections**.

85. Tout membre d'un conseil municipal, qui, sans excuse valable, a refusé de remplir une des fonctions qui lui sont dévolues par les lois, doit être déclaré démissionnaire. Le refus est considéré comme résultant, soit d'une déclaration expresse, adressée à qui de droit, ou rendue publique par son auteur, soit de l'abstention persistante après avertissement de l'autorité chargée de la convocation. Le membre ainsi démissionnaire ne peut être réélu avant le délai d'un an. (*L. 7 juin* 1873.)

Les dispositions qui précédent sont appliquées par le Conseil d'État, sur l'avis transmis au préfet par l'autorité qui a donné l'avertissement suivi de refus. Le ministre de l'intérieur saisit le Conseil d'État dans le délai de trois mois, à peine de déchéance. La contestation est instruite et jugée dans le délai de trois mois. (*Id.*)

86. Les membres du conseil municipal ne peuvent prendre part à des délibérations relatives aux affaires dans lesquelles ils ont un intérêt, soit en leur nom personnel, soit comme mandataires (*L. 5 mai* 1855, *art.* 21). Ces délibérations seraient nulles. (*Arr. du C.* 3 *nov.* 1874.)

87. Le public n'est point admis aux séances du conseil municipal; mais la loi du 5 mai 1855, art. 22, autorise tous les habitants de la commune et même les personnes qui, sans y habiter, sont portées au rôle des contributions, à demander communication sans déplacement, et à prendre copie de toutes les délibérations du conseil muni-

cipal. De plus, la loi n'interdisant pas absolument la publication des délibérations, on induit de son silence que ces actes peuvent être publiés, pourvu que l'autorité supérieure y consente.

88. Toute délibération portant sur un objet étranger aux attributions des conseils municipaux, est nulle de plein droit. Le préfet, en conseil de préfecture, en déclare la nullité, et, en cas de réclamation du conseil municipal, il est statué par un décret, le Conseil d'État entendu. (*L. 5 mai* 1855, *art.* 23.)

« Sont également nulles de plein droit toutes les délibérations prises par un conseil municipal hors de sa réunion légale ; le préfet, en conseil de préfecture, déclare l'illégalité de la réunion et la nullité des délibérations. » (*L. 5 mai* 1855, *art.* 24.)

Ces deux dispositions excluent la formation de toute commission permanente qui tendrait à placer l'administration dans les mains du conseil municipal (*Arr. du C.* 6 *janv.* 1872). Non-seulement les délibérations seraient nulles, mais encore les conseillers municipaux qui y prendraient part, encourraient la peine portée par le Code pénal, art. 258, contre l'usurpation de fonctions. Les seules commissions que les conseils municipaux puissent former dans leur sein sont celles qui ont une mission limitée à la durée d'une session et consistant à préparer les éléments d'une délibération. (*Voy. Arr. du C.* 25 *juin* 1850.) Le maire est de droit membre et président de ces commissions. (*Voy. Bull. Int.* 1874.)

89. Tout conseil municipal qui se mettrait en correspondance avec un ou plusieurs autres, ou qui publierait des proclamations ou adresses, devrait être immédiatement suspendu par le préfet (*L. 5 mai* 1855, *art.* 25). De plus les conseillers municipaux qui prendraient part à ces actes, seraient passibles des peines portées en l'art. 123 du Code pénal.

90. Tout éditeur, imprimeur, journaliste ou autre qui rendrait publiques, soit des délibérations prises par un conseil municipal hors de ses réunions légales, soit la correspondance d'un conseil avec un ou plusieurs autres conseils, soit des proclamations ou adresses d'un conseil, serait passible des peines portées en l'art. 123 du Code pénal. (*L. 5 mai* 1855, *art.* 26.)

91. Dans le cas où un particulier se trouverait lésé par des allégations ou des expressions contenues dans une délibération d'un conseil municipal, il pourrait porter plainte devant le préfet. La loi du 14 décembre 1789, art. 60, autorise ce fonctionnaire à censurer, après vérification des faits, les énonciations qui lui ont été déférées, et à ordonner la transcription de l'arrêté qui contiendrait l'expression de son blâme, sur le registre des délibérations du conseil municipal. Si le maire refusait d'opérer cette transcription, le préfet pourrait la faire opérer par un délégué spécial. (*Arr. du C.* 29 *juin* 1850.)

ART. 3. — SUSPENSION ET DISSOLUTION.

92. Les conseils municipaux peuvent être suspendus par le préfet et dissous par le président de la République. La suspension est de deux mois et peut être prolongée par le ministre de l'intérieur jusqu'à une année ; à l'expiration de ce délai, si la dissolution n'a pas été prononcée par un décret, le conseil municipal reprend ses fonctions. (*L. 5 mai* 1855, *art.* 13.)

L'arrêté qui suspend un conseil municipal, n'est pas susceptible d'un recours au contentieux. (*Arr. du C.* 15 *janv.* 1875.)

93. Lorsque deux communes sont réunies, ou qu'une section est séparée d'une commune, ces mesures entraînent de droit la dissolution des conseils municipaux. On dresse de nouvelles listes électorales, et les électeurs sont convoqués pour recomposer les conseils. (*L.* 18 *juill.* 1837, *art.* 8.)

ART. 4. — ATTRIBUTIONS.

94. Le conseil municipal *règle* (définitivement) : 1° le mode d'administration des biens communaux ; 2° le mode de jouissance et la répartition des pâturages et fruits communaux, autres que les bois, ainsi que les conditions à imposer aux parties prenantes ; 3° les affouages, en se conformant aux lois forestières. (*L.* 18 *juill.* 1837, *art.* 17.)

Ces règlements ont force exécutoire, sauf les formalités suivantes :

Le maire doit avertir les habitants par la voie des annonces et publications usitées dans la commune, qu'un règlement a été arrêté par le conseil municipal et que les habitants peuvent en prendre connaissance à la mairie. Ceux qui ont des réclamations à faire, les présentent par écrit au conseil municipal, qui modifie ou maintient sa délibération. Le maire constate par un certificat les annonces et publications prescrites, puis il transmet le certificat, la délibération et les autres pièces au sous-préfet, qui en délivre un récépissé et adresse le dossier au préfet en y joignant son avis (*L.* 18 *juill.* 1837, *art.* 18 ; *O.* 18 *déc.* 1838). Les réclamations peuvent être reproduites devant le préfet.

Pendant les trente jours qui suivent la date du récépissé, le préfet peut annuler la délibération, soit d'office pour violation d'une disposition d'une loi ou d'un règlement d'administration publique, soit sur la réclamation d'une partie intéressée, et comme ce délai pourrait, dans certains cas, ne pas laisser à l'administration une latitude suffisante, la loi autorise en outre le préfet à suspendre l'exécution de la délibération pendant un second délai de trente jours. (*voy. L.* 18 *juill.* 1837, *art.* 18). Après l'expiration de ce délai, la délibération ne peut plus être annulée. (*Arr. du C.* 17 *nov.* 1876.)

Le préfet n'a point le droit de modifier la délibération ni d'y introduire des dispositions différentes (*Arr. du C.* 18 *avril* 1861) ; ce serait un excès de pouvoir.

La force exécutoire des règlements ne s'étendant pas au delà des questions réglementaires, les questions de droits individuels peuvent toujours être portées devant les tribunaux compétents.

95. En second lieu, le conseil municipal *règle :* 1° les acquisitions d'immeubles, lorsque la dépense, totalisée avec celle des autres acquisitions déjà votées dans le même exercice, ne dépasse pas le dixième des revenus ordinaires de la commune ; 2° les conditions des baux à loyer des maisons et bâtiments appartenant à la commune, pourvu que la durée du bail ne dépasse pas 18 ans ; 3° les projets, plans et devis de grosses réparations et d'entretien, lorsque la dépense totale afférente à

ces projets et aux autres projets de même nature adoptés dans le même exercice, ne dépasse pas le cinquième des revenus ordinaires de la commune, ni, en aucun cas, une somme de 50,000 fr.; 4° le tarif des droits de place à percevoir dans les halles, foires et marchés ; 5° les droits à percevoir pour permis de stationnement et de location sur les rues, places et autres lieux dépendant du domaine public municipal ; 6° le tarif des concessions dans les cimetières ; 7° les assurances des bâtiments communaux ; 8° l'affectation d'une propriété communale à un service communal, lorsque cette propriété n'est encore affectée à aucun service public, sauf les règles prescrites par les lois particulières ; 9° l'acceptation ou le refus de dons ou legs faits à la commune sans charges, conditions, ni affectation immobilière, lorsque ces dons ou legs ne donnent lieu à aucune réclamation. (*L.* 24 *juill.* 1867, *art.* 1.)

De plus, le conseil municipal peut voter dans la limite du maximum fixé chaque année par le conseil général (*L.* 18 *juill.* 1866, *art.* 4), des contributions extraordinaires n'excédant pas 5 centimes pendant 5 années, pour en affecter le produit à des dépenses extraordinaires d'utilité communale. Il peut aussi voter 3 centimes extraordinaires exclusivement affectés aux chemins vicinaux ordinaires. Il vote et règle les emprunts communaux remboursables sur les centimes extraordinaires votés comme il est dit ci-dessus pour des dépenses d'utilité communale, ou sur les ressources ordinaires, quand l'amortissement, en ce dernier cas, ne dépasse pas douze années. (*L.* 24 *juill.* 1867, *art.* 3.)

En cas de désaccord entre le maire et le conseil municipal, les délibérations ne sont exécutoires qu'après approbation du préfet. (*Id.*)

Dans tous les cas, les délibérations sont soumises aux formalités et au contrôle indiqués au n° 94 (*Id., art.* 6), et l'art. 42 de la loi du 18 juillet 1837 étant applicable aux contributions extraordinaires et aux emprunts (*Id.*), les plus imposés aux rôles de la commune doivent être appelés à délibérer pour ces objets avec le conseil municipal, dans les communes dont les revenus sont inférieurs à 100,000 fr. On suit les règles indiquées aux n°s 8, 9, 10.

96. Le conseil municipal dispose souverainement des excédants des recettes ordinaires sur les dépenses obligatoires. (*Voy. n°s* 533 *et* 582 ; *L.* 24 *juill.* 1867, *art.* 2.)

97. Le conseil peut décider, sauf les formalités et le contrôle indiqués au n° 94 : la suppression ou la diminution des taxes d'octroi, la prorogation des taxes principales d'octroi pour cinq ans au plus, et l'augmentation des taxes jusqu'à concurrence d'un décime pour cinq ans au plus, sous la condition qu'aucune des taxes ainsi maintenues ou modifiées n'excède le maximum déterminé dans le tarif général (*voy.* Octroi), ou qu'aucune des mêmes taxes ne porte sur des objets non compris dans ce tarif (*L.* 24 *juill.* 1867, *art.* 9). Quant aux autres délibérations relatives aux octrois, voir ce mot.

En cas de désaccord entre le maire et le conseil municipal, la délibération n'est exécutoire qu'après approbation du préfet. (*Id.*)

98. Le conseil municipal peut voter, sauf l'approbation du préfet, une contribution extraordinaire ne dépassant pas 4 centimes pour l'entretien d'une ou de plusieurs écoles gratuites en sus des centimes spéciaux de l'instruction primaire. (*L.* 10 *avril* 1867, *art.* 8.)

99. Le conseil municipal *délibère* sur les objets suivants : 1° le budget de la commune, et les recettes et dépenses ordinaires ou extraordinaires, excepté les recettes indiquées aux n°s 94 et 95 ; 2° les tarifs et règlements de perception de revenus communaux autres que ceux qui sont indiqués au n° 95 ; 3° les acquisitions autres que celles qui sont indiquées au n° 95 ; 4° les aliénations et échanges de propriétés communales ; 5° l'affectation d'une propriété communale à un service communal, lorsque cette propriété est affectée à un service public, sauf les règles prescrites par des lois particulières ; 6° tout ce qui intéresse la conservation et l'amélioration des propriétés communales, hormis les travaux indiqués au n° 95 et les assurances ; 7° la délimitation ou le partage des biens indivis entre deux ou plusieurs communes ou sections de communes ; 8° les conditions des baux à ferme ou à loyer dont la durée excède dix-huit ans, et celles des baux des biens pris à loyer par la commune, quelle qu'en soit la durée ; 9° les projets de constructions, de grosses réparations et de démolitions, et en général tous les travaux à entreprendre, hormis les projets de grosses réparations et d'entretien indiqués au n° 95 ; 10° l'ouverture de rues et places publiques, et les projets d'alignement de voirie municipale ; 11° l'établissement de marchés d'approvisionnement dans la commune ; 12° le parcours et la vaine pâture ; 13° l'acceptation ou le refus de dons ou legs faits à la commune et aux établissements communaux, avec charges, conditions et affectation immobilière, et lorsque ces dons ou legs donnent lieu à des réclamations ; 14° les actions judiciaires, les transactions, et tous autres objets sur lesquels les lois et règlements appellent les conseils municipaux à délibérer [1]. (*L.* 18 *juill.* 1837, *art.* 19 ; *L.* 24 *juill.* 1867, *art.* 1.)

100. Les délibérations relatives aux objets déterminés ci-dessus sont adressées au sous-préfet et sont exécutoires sur l'approbation du préfet, sauf les cas où elles sont soumises à l'approbation du conseil général, ou du ministre compétent, ou du président de la République. (*L.* 18 *juill.* 1837, *art.* 20 ; *voy.* notamment **Octroi.**)

101. Le conseil municipal vote encore, sauf l'approbation du préfet : 1° les contributions extraordinaires qui dépassent 5 centimes sans excéder le maximum fixé par le conseil général et dont la durée n'est pas supérieure à 12 années ; 2° les emprunts remboursables sur ces mêmes contributions extraordinaires ou sur les revenus ordinaires dans un délai excédant douze années (*L.* 24 *juill.* 1867, *art.* 5). Les plus imposés doivent être appelés à délibérer avec le conseil municipal (*Id.*, *art.* 6), suivant les formes indiquées aux n°s 8, 9, 10.

102. Le conseil municipal est toujours appelé à *donner son avis* sur les objets suivants : 1° cir-

1. Ces objets sont indiqués dans les articles du *Dictionnaire* qui traitent de chacun d'eux.

conscriptions relatives au culte ou à la distribution des secours publics ; 2° projets d'alignement de grande voirie dans l'intérieur des villes, bourgs et villages ; 3° acceptation des dons et legs faits aux établissements de charité et de bienfaisance ; 4° autorisations d'emprunter, d'acquérir, d'échanger, d'aliéner, de plaider ou de transiger, demandées par les mêmes établissements, et par les fabriques des églises et autres administrations préposées à l'entretien des cultes dont les ministres sont salariés par l'État ; 5° budgets et comptes des établissements de charité et de bienfaisance ; 6° budgets et comptes des fabriques et autres administrations préposées à l'entretien des cultes dont les ministres sont salariés par l'État, lorsqu'elles reçoivent des secours sur les fonds communaux ; 7° tous objets sur lesquels les conseils municipaux sont appelés par les lois et règlements à donner leur avis ou sont consultés par le préfet. (*L.* 18 *juill.* 1837, *art.* 21.)

103. Le conseil municipal *réclame*, s'il y a lieu, contre le contingent assigné à la commune, dans l'établissement des impôts de répartition (*Id.*, *art.* 22). Il délibère sur les comptes présentés annuellement par le maire. Il entend, débat et arrête les comptes de deniers des receveurs municipaux, sauf le règlement définitif, suivant la forme indiquée dans le chapitre VII (*Id.*, *art.* 23). Enfin, le conseil municipal *peut exprimer son vœu* sur tous les objets d'intérêt local. (*Id.*, *art.* 24.)

Sect. 5. — Exceptions établies à l'égard de Paris, Lyon et autres communes.

104. A Paris et dans les communes du département de la Seine, ainsi qu'à Lyon, l'organisation municipale diffère de celle qui résulte des lois générales, sous plusieurs rapports qu'on trouvera indiqués dans les articles **Lyon** et **Seine.**

Sect. 6. — Commissions municipales.

105. Lorsque le préfet prononce la suspension d'un conseil municipal, il doit nommer immédiatement une commission pour remplir les fonctions de ce conseil. En cas de dissolution, la commission qui remplace le conseil municipal est nommée par le président de la République, lorsqu'il s'agit d'un chef-lieu de département, d'arrondissement ou de canton ; dans les autres communes, la commission est nommée par le préfet. Le nombre des membres ne peut être inférieur à la moitié de celui des conseillers municipaux qu'ils remplacent (*L.* 5 *mai* 1855, *art.* 13 ; 14 *avril* 1871 *et* 20 *janv.* 1874). La commission ne peut être maintenue en fonctions pendant plus de trois ans (*L.* 24 *juill.* 1867, *art.* 22). Les commissions municipales sont d'ailleurs soumises aux mêmes règles que les conseils municipaux pour les incompatibilités, les incapacités, les attributions et les assemblées.

Sect. 7. — Commissions syndicales.

106. Il y a trois espèces de commissions syndicales. L'une est indiquée au n° 11, pour les changements de circonscription qui concernent des sections. Une autre est destinée aux procès de sections (*voy.* n° 437). La troisième se rencontre dans le cas où plusieurs communes possèdent par indivis des biens ou des droits qui ne se prêtent pas à un partage.

Si l'une de ces communes le demande, le préfet institue une commission syndicale composée de délégués des conseils municipaux des communes intéressées (*L.* 18 *juill.* 1837, *art.* 70 ; *D.* 25 *mars* 1852, *art.* 1). Chacun des conseils municipaux élit dans son sein, au scrutin secret et à la majorité des voix, le nombre de délégués qui a été déterminé par l'arrêté, et la commission est renouvelée aussitôt après le renouvellement des conseils municipaux (*L.* 18 *juill.* 1837, *art.* 70). Ces élections rentrant dans la catégorie des délibérations ordinaires, c'est au préfet qu'il appartient de statuer sur les contestations qui peuvent s'élever, sauf recours au ministre, ainsi qu'au Conseil d'État, s'il y avait excès de pouvoir. (*Arr. du C.* 3 *juill.* 1866.)

Les fonctions sont gratuites. Chaque commission est présidée par un syndic nommé par le préfet et choisi parmi les membres qui la composent. Les délibérations sont soumises aux règles établies pour celles des conseils municipaux. Les attributions sont aussi les mêmes que celles du conseil municipal et du maire pour l'administration des propriétés communales. (*L.* 18 *juill.* 1837, *art.* 70, 71.)

Les règles indiquées aux nᵒˢ 47 et 92 sont applicables aux commissions syndicales et aux syndics.

Sect. 8. — Personnel rétribué.

ART. 1. — EMPLOYÉS DES MAIRIES ET AUTRES AGENTS.

107. Les secrétaires, employés et hommes de service des mairies sont nommés et peuvent être révoqués par le maire. Les traitements sont fixés par le conseil municipal, sauf l'approbation du préfet. Quant aux pensions, voyez nᵒ 460.

Il en est de même pour les médecins vérificateurs des décès, les architectes, les agents employés aux travaux et les cantonniers. Toutefois, lorsque ces derniers doivent travailler aux chemins de deux ou plusieurs communes, ils sont nommés par le sous-préfet. (*Circ.* 21 *juill.* 1854.)

ART. 2. — COMMISSAIRES ET AGENTS DE POLICE.

108. Dans les villes chefs-lieux de département ayant plus de 40,000 âmes de population, l'organisation du personnel chargé des services de la police est réglée, sur l'avis du conseil municipal, par un décret, le Conseil d'État entendu. Les inspecteurs de police, les brigadiers, sous-brigadiers et agents de police sont nommés par le préfet, sur la présentation du maire (*L.* 24 *juill.* 1867, *art.* 23). La dépense est obligatoire (nᵒ 448).

Dans les autres communes, le maire nomme les agents indiqués ci-dessus ; mais ceux-ci doivent être agréés par les préfets. Ils peuvent être suspendus par le maire, et ne peuvent être révoqués que par le préfet. (*L.* 20 *janv.* 1874, *art.* 3.) Les traitements sont fixés par le conseil municipal, sauf l'approbation du préfet. Pour les pensions, voyez nᵒ 460.

Quant aux commissaires de police, voyez **Police**.

ART. 3. — RECEVEURS MUNICIPAUX.

109. Les recettes et les dépenses communales sont opérées par un comptable chargé seul et sous sa responsabilité de poursuivre la rentrée de tous revenus de la commune et de toutes sommes qui lui seraient dues, ainsi que d'acquitter les dépenses ordonnancées par le maire, jusqu'à concurrence

des crédits régulièrement accordés. (*L.* 18 *juill.* 1837, *art.* 62.)

110. Le percepteur des contributions directes remplit les fonctions de receveur municipal des communes de sa circonscription. Toutefois, dans les communes dont le revenu dépasse 30,000 fr., les fonctions de receveur municipal sont confiées, si le conseil municipal le demande, à un receveur municipal spécial, qui est nommé, savoir : par le préfet, si le revenu ne dépasse pas 300,000 fr., et par le président de la République, sur la proposition du ministre des finances, si le revenu est supérieur à cette somme. La nomination a lieu sur une liste de trois candidats, présentée par le conseil municipal. (*L.* 18 *juill.* 1837, *art.* 65 ; *D.* 25 *mars* 1852, *art.* 5.)

Le cautionnement et autres obligations imposées aux receveurs des communes sont indiqués dans l'article **Percepteurs et Receveurs**. Pour les formes de la comptabilité, et les mesures de surveillance auxquelles sont soumis les comptables, voyez chapitre IX, sect. 2.

111. Un décret du 27 juin 1876 a remplacé les remises proportionnelles que touchaient les receveurs municipaux en vertu des ordonnances du 17 avril et du 23 mai 1839, par un traitement fixe que le préfet arrête sur la proposition du trésorier-payeur général.

Ce traitement est déterminé par l'application du tarif des ordonnances précitées à la moyenne des opérations, tant ordinaires qu'extraordinaires, de recettes et de dépenses effectuées pendant les exercices 1867, 1868, 1869, 1872 et 1873, déduction faite des opérations reconnues non passibles de remises pendant les mêmes exercices, et sans tenir compte du dixième en plus ou en moins dont les conseils municipaux auraient augmenté ou réduit le tarif (*art.* 2). Les remises étaient fixées ainsi qu'il suit :

Sur les premiers 5,000 fr.	2 f. c	sur les recettes.
	2 »	sur les dépenses.
Sur les 25,000 fr. suivants.	1 50	sur les recettes.
	1 50	sur les dépenses.
Sur les 70,000 fr. suivants.	» 75	sur les recettes.
	» 75	sur les dépenses.
Sur les 100,000 fr. suivants,	» 33	sur les recettes.
jusqu'à un million.	» 33	sur les dépenses.
Sur les sommes excédant un	» 12	sur les recettes.
million	» 12	sur les dépenses.

Si, pendant un ou plusieurs des cinq exercices, des opérations exceptionnelles ont été exécutées pour les communes, le préfet peut, si elles en font la demande, distraire ces opérations du décompte (*art.* 3).

112. Le traitement fixé par le préfet forme une dépense obligatoire (*voy.* nᵒ 448). Il est payable sur mandat du maire, par mois ou par trimestre, au choix du comptable, et en ce qui concerne les receveurs-percepteurs, il est soumis, dans la proportion des trois quarts, aux retenues pour les pensions. L'autre quart est considéré comme destiné au paiement des frais de bureau. (*Circ. Int.* 1ᵉʳ *août* 1876.)

Si, dans le délai de deux mois à partir de la notification de l'arrêté, il n'est pas formé de réclamation par les receveurs ou les communes, la fixation du traitement est définitive. S'il y a des réclamations, il est statué par le préfet dans le délai d'un mois, sauf recours au ministre de l'intérieur, dont la décision est définitive. (*D.* 27 *juin* 1876, *art.* 4; *Circ. Int.* 1er *août* 1876.)

A Paris et à Lyon, le receveur municipal reçoit un traitement fixe sujet à la retenue pour les pensions.

113. Les conseils municipaux sont autorisés à augmenter le traitement d'un dixième, avec l'approbation du préfet et sur l'avis du trésorier-payeur général (*D.* 27 *juin* 1875, *art.* 5). L'augmentation est personnelle; elle doit être votée et approuvée chaque année. (*Circ. Int.* 1er *août* 1876.)

114. Les frais de bureau ne sont supportés par les receveurs que jusqu'à concurrence du quart de leur traitement; le surplus est à la charge de la commune. En cas de désaccord entre le comptable et la commune sur le chiffre de ces frais, le préfet statue, après avoir pris l'avis du trésorier-payeur général et sauf recours au ministre de l'intérieur (*art.* 6).

115. Chaque fois que la moyenne des revenus ordinaires des cinq derniers exercices est supérieure ou inférieure d'un dixième à celle des exercices qui ont servi à l'établir, le traitement peut, sur la demande de la commune ou du receveur, être révisé par le préfet, sauf recours au ministre de l'intérieur. L'augmentation ou la réduction est déterminée au moyen de l'application du tarif doublé à tous les revenus ordinaires, quels qu'ils soient, formant la différence en plus ou en moins. La première révision ne pourra avoir lieu avant le 1er janvier 1882 (*art.* 7).

116. Dans le cas où une nouvelle commune vient à être créée, le traitement du receveur de chacune des deux communes est fixé proportionnellement à la somme des revenus ordinaires de chacune d'elles. (*Circ. Int.* 1er *août* 1876.)

117. Dans les communes où les fonctions de receveur municipal sont réunies à celles de percepteur, la recette du produit des centimes additionnels ordinaires et extraordinaires, et de la portion allouée aux communes sur le produit des patentes, ne donne lieu à aucune remise, outre celle qui est allouée au comptable en sa qualité de percepteur, ou en exécution de l'art. 5 de la loi du 20 juillet 1837, qui alloue à ce même comptable trois centimes par franc pour le recouvrement des centimes additionnels (*O.* 17 *avril* 1839, *art.* 4). Le percepteur-receveur n'a droit non plus à aucune remise sur la dépense des contributions et prélèvements auxquels sont assujettis les biens et revenus communaux. (*Circ.* 25 *juill.* 1841.)

118. Les remises ne sont dues que pour les opérations qui engagent la responsabilité du receveur; ainsi il n'a pas droit à une remise pour le paiement, sans son concours, d'une somme consignée. (*Avis Sect. Fin.* 29 *juill.* 1841.)

En second lieu, les remises ne sont dues que pour les opérations qui constituent des recettes ou des dépenses réelles, et non pour celles qui ne constituent que des conversions de valeurs (*O.* 17 *avril* 1839, *art.* 5). En conséquence, des remises sont dues sur les intérêts des placements de fonds sans emploi faits au Trésor, et non sur le placement ou le retrait de ces fonds, ni sur les achats et aliénations de rentes (*Circ. Fin.* 1er *juin* 1839). Il n'en est pas dû pour la recette et le

remboursement des emprunts (*Circ. Int.* 12 *févr.* 1840), mais il en est dû pour le paiement des intérêts.

119. Les receveurs n'ont droit à aucune remise pour les fonds provenant de la vente d'un immeuble productif de revenu, et employés à l'acquisition d'un autre immeuble de même nature. Mais, si les fonds provenant de la vente d'un immeuble affecté à un service communal, sont employés à l'acquisition d'un immeuble productif de revenu, le receveur a droit à une remise sur la recette, et non sur la dépense. Réciproquement, en cas de vente d'un immeuble productif de revenu et d'emploi du prix, soit en un immeuble destiné à un service communal, soit pour les besoins ordinaires de la commune, une remise est due sur la dépense, et non sur la recette. (*Circ. Int.* 12 *févr.* 1840, 25 *juill.* 1841.)

120. Les remises sont dues pour les recettes ou dépenses provenant de taxes municipales qui représentent une redevance annuelle; elles ne sont pas dues lorsque les taxes constituent un capital déterminé. (*Circ. Int.* 20 *avril* 1843.)

121. Par une autre conséquence du même principe, le recouvrement d'un capital provenant d'une donation ou d'un legs, donne droit à une remise; quant à l'emploi, si le capital est converti en une autre valeur productive de revenu, il n'est point dû de remises; il en est dû, au contraire, si l'on emploie le capital pour le service municipal. Si au lieu d'une somme, c'est un immeuble qui a été donné ou légué à la commune, le receveur n'a point droit à une remise, et il ne lui en serait pas dû non plus si l'immeuble était vendu ultérieurement. (*Circ. Int.* 25 *juill.* 1841.)

Les règles indiquées au n° 118, § 3, sont applicables aux transactions sur droits immobiliers, et aux sommes reçues ou payées pour soultes d'échanges consentis par les communes. (*Circ. Int.* 20 *avril* 1843.)

122. Les receveurs n'ont droit à aucune remise sur les opérations auxquelles donnent lieu l'encaissement, le versement et le remboursement en principal et intérêts, des fonds de concours fournis par les communes pour la reconstruction du casernement. (*D.* 10 *juill.* 1875.)

123. Lorsque le service de la commune et celui d'un établissement de bienfaisance sont réunis entre les mains du même comptable, aucune remise ne lui est due pour le paiement des subventions allouées par la commune à l'établissement de bienfaisance, ni pour la recette de ces subventions (*O.* 17 *avril* 1839, *art.* 6). En supposant qu'un hospice vendît un immeuble à la commune, et que le prix en fût payé moyennant une rente annuelle, le receveur n'aurait point droit à une remise. (*Circ. Int.* 25 *juill.* 1841.)

124. Les recettes ou les dépenses qui ne concernent pas le service direct de la commune, par exemple le recouvrement et le paiement des secours ou indemnités accordés sur les fonds de l'État à des particuliers en cas de sinistre, ou pour le logement des troupes chez l'habitant, ne donnent droit à aucune remise, à moins d'un vote spécial du conseil municipal, approuvé par l'autorité administrative compétente (*O.* 17 *avril* 1839, *art.* 7). Toutefois, quand des habitants abandonnent à la commune les indemnités qui leur ont été accordées, c'est une recette communale qui donne lieu à une remise. (*Circ.* 25 *juill.* 1841.)

125. Les forcements de recettes, prononcés contre des receveurs lors du jugement des comptes, ne donnent droit à aucune remise si les forcements proviennent de rejets de dépenses (*I. g. fin.*); mais, lorsqu'il s'agit de sommes non recouvrées et mises à la charge des receveurs, ceux-ci ont le droit de prélever des remises sur les sommes versées de leurs propres deniers. (*Circ. Int.* 25 *juill.* 1841.)

ART. 4. — PESEURS, MESUREURS ET JAUGEURS PUBLICS.

126. Le préfet peut autoriser l'établissement d'un bureau public de pesage, mesurage et jaugeage, ainsi que la perception de droits pour prix de ces services, dans les communes où le conseil municipal en fait la demande (*Arr. cons.* 7 *brum. an IX*; *L.* 29 *flor. an X*). Le règlement de la perception et le tarif des droits sont proposés par le maire au conseil municipal (*L.* 18 *juill.* 1837); ils ne sont exécutoires qu'après avoir été approuvés par le préfet (*D.* 25 *mars* 1852), ou par le sous-préfet, lorsque les conditions ont été fixées par un arrêté du préfet. (*D.* 13 *avril* 1861.)

127. Les droits se perçoivent, soit en régie simple, soit en régie intéressée, soit par bail à ferme. Dans ces deux derniers cas, on suit celles des règles établies en matière d'octroi qui sont applicables aux droits de pesage et de mesurage. (*Voy.* **Octrois.**)

128. Les préposés qui exécutent les pesages, mesurages et jaugeages en régie simple, sont nommés et peuvent être révoqués par le préfet.

129. Aucune autre personne ne peut être préposé ne peut exercer dans l'enceinte des halles, marchés et ports, la profession de peseur, mesureur et jaugeur, à peine de confiscation des instruments. Cette enceinte doit être déterminée et désignée d'une manière apparente par l'autorité municipale (*Arr. cons.* 7 *brum. an IX*). Mais nul n'est contraint de se servir du ministère du préposé, si ce n'est en cas de contestation. (*L.* 29 *flor. an X.*)

130. Comme les préposés doivent délivrer, à toute personne qui le demande, un bulletin qui constate le résultat de l'opération, ils sont tenus de prêter serment de bien et fidèlement remplir leurs devoirs, devant le président du tribunal de commerce ou devant le juge de police du lieu (*Arr. cons.* 7 *brum. an IX*). Le bulletin fait foi jusqu'à preuve contraire.

131. D'après une circulaire du 15 prairial an X, confirmée par un décret du 6 juin 1808 relatif au poids public dans Paris, on applique aux contestations entre les communes ou les fermiers et des particuliers, les règles établies par la loi du 27 frimaire an VIII et reproduites dans l'ordonnance du 19 décembre 1814 (*voy.* **Octrois**). Quant aux contestations entre les communes et les fermiers, c'est aux tribunaux ordinaires qu'il appartient d'en connaître. (*Voy. Arr. du C.* 18 *oct.* 1833.)

ART. 5. — PRÉPOSÉS AUX PÉAGES, AUX LOCATIONS DE PLACE DANS LES MARCHÉS, HALLES ET ABATTOIRS.

132. Lorsque les perceptions sont établies en régie simple, les préposés sont nommés et peuvent être révoqués par le maire; leurs traitements sont fixés par le conseil municipal, sauf l'approbation du préfet. Toutefois, dans beaucoup de communes, les droits de location de places sont perçus par des agents chargés d'autres attributions, et quelquefois les taxes d'abatage se perçoivent au bureau de l'octroi.

ART. 6. — GARDES DES BOIS COMMUNAUX.

133. Les communes propriétaires de bois soumis au régime forestier doivent entretenir le nombre de gardes qui est déterminé par le maire, sauf l'approbation du préfet, sur l'avis de l'administration forestière (*C. For., art.* 94). Le même garde peut être chargé de la conservation, soit de bois appartenant à plusieurs communes, soit de bois appartenant à l'État et d'autres bois appartenant à une ou plusieurs communes (*art.* 97).

134. Les gardes sont nommés par le préfet, sur une liste de trois candidats présentés par le conservateur des forêts. Les candidats doivent être âgés de 25 ans au moins et 35 au plus, savoir lire et écrire, et être capables de rédiger un procès-verbal (*D.* 25 *mars* 1852, *art.* 5; *Arr. Min. Fin.* 3 *mars* 1852). Si des bois de l'État sont réunis à des bois communaux, le garde est nommé par l'administration des forêts. (*C. For., art.* 97.)

135. Les gardes des bois communaux sont assimilés en tout aux gardes des bois de l'État. (*Voy.* **Forêts.**)

136. Le traitement est réglé par le préfet, sur la proposition du conseil municipal et sur l'avis du conservateur des forêts (*Id.; Arr. Min. Fin.* 3 *mai* 1852). Lorsque le même garde est chargé de veiller sur les bois communaux et sur des bois de l'État, le traitement est payé proportionnellement par chacune des parties intéressées (*C. For., art.* 97). Il en est de même quand plusieurs communes ont un seul et même garde. Les contingents sont centralisés à la caisse du trésorier général parmi les fonds de cotisations municipales.

Le traitement est imputé sur le produit des coupes. (*Voy. n°* 488.)

Pour les retenues, voyez *Arr. Min. Fin.* 26 *déc.* 1859 et *Circ.* 15 *déc.* 1865.]

ART. 7. — AUTRES FONCTIONNAIRES ET AGENTS.

137. *Gardes champêtres.* Pour la nomination et les fonctions, voyez l'article **Gardes champêtres.** D'après l'art. 20 de la loi du 24 juillet 1867, ces gardes sont chargés en outre de rechercher, chacun dans le territoire pour lequel il est assermenté, les contraventions aux règlements de police municipale, et ils dressent des procès-verbaux pour constater ces contraventions.

D'après un avis de la section de l'intérieur en date du 28 décembre 1854, les préfets, étant chargés par le décret du 25 mars 1852 de nommer les gardes champêtres, comme les gardes des bois, auraient par cela même le droit de fixer le chiffre du traitement des premiers. Cette induction semble très-contestable. Si le traitement des gardes forestiers est fixé par le préfet (*n°* 136), c'est parce que le Code forestier lui donne ce pouvoir; aucune disposition légale ne le lui donne pour les gardes champêtres, pas plus que pour les conservateurs des musées et les professeurs de dessin, qu'il nomme cependant.

Quant au paiement du traitement, voyez n° 555, et quant aux pensions de retraite, voyez n° 460.

138. *Bibliothécaires et conservateurs des musées.* Le maire nomme les conservateurs et autres employés des bibliothèques communales. Les conservateurs des musées sont nommés par le préfet. Les traitements sont fixés par le conseil municipal, sauf l'approbation du préfet.

139. *Directeurs et professeurs des écoles de dessin.* Le préfet nomme ces fonctionnaires et peut les révoquer (*D.* 25 *mars* 1852). Les émoluments sont fixés par le conseil municipal, sauf l'approbation du préfet.

140. *Agents des entrepôts.* Lorsque les villes gèrent elles-mêmes les entrepôts, le conseil municipal règle l'organisation du personnel, le nombre et les traitements des préposés et hommes de service, par une délibération qui est soumise à l'approbation du préfet (*L.* 18 *juill.* 1837, *art.* 19, 20). Les employés sont nommés par le maire, qui peut également les révoquer.

141. *Gardiens de cimetières et fossoyeurs.* Les frais de garde sont à la charge des communes. Les gardiens et les fossoyeurs sont nommés et peuvent être révoqués par le maire ; leurs traitements sont fixés par le conseil municipal, sauf l'approbation du préfet.

142. *Concierges des bâtiments communaux.* Les règles indiquées au n° 107 s'appliquent également à ces concierges. Ceux des bâtiments militaires appartenant aux communes sont nommés par le maire, avec l'approbation du préfet (*D.* 16 *sept.* 1811); ils recherchent et constatent les contraventions qui portent atteinte à ces propriétés. On les choisit parmi les militaires en retraite sachant lire et écrire. (*Id.*)

143. *Pâtres communs.* Le maire nomme ces agents, sauf l'approbation du conseil municipal ; il peut les révoquer (*L.* 18 *juill.* 1837, *art.* 12). Ils sont rétribués au moyen d'une taxe établie par le conseil municipal à raison du nombre des bêtes envoyées au pâturage par chacun des participants. La délibération est soumise à l'approbation du préfet. (*L.* 18 *juill.* 1837, *art.* 44.)

Renvois. FONCTIONNAIRES DES COLLÉGES COMMUNAUX, INSTITUTEURS ET INSTITUTRICES, *voy.* **Instruction secondaire** *et* **Instruction primaire.** — DIRECTRICES DE SALLES D'ASILE, *voy.* **Salles d'asile.** — PERSONNEL DE L'OCTROI, *voy.* **Octroi.** — EMPLOYÉS DES SOURCES D'EAUX MINÉRALES, *voy.* **Eaux minérales.** — EMPLOYÉS DES BUREAUX DE CONDITIONNEMENT, *voy. ce mot.* — EMPLOYÉS DES ÉTABLISSEMENTS DE BIENFAISANCE, *voy.* **Bureaux de bienfaisance, Hospices et hôpitaux, Monts-de-piété.** — AGENTS DU SERVICE DES EAUX, *voy.* n° 174.

CHAP. III. — DOMAINE.
Sect. 1. — Domaine public municipal.

ART. 1. — RUES, PLACES ET PROMENADES PUBLIQUES, *voy.* **Noms des rues** *et* **Voirie.** — CHEMINS VICINAUX ET RURAUX, *voy. l'article qui les concerne.* — CHEMINS DE FER COMMUNAUX, *voy.* **Chemins de fer d'intérêt local.**

ART. 2. — PONTS ET OUVRAGES D'ART SUR LES COURS D'EAU.

144. Les communes peuvent mettre ces ouvrages à la libre disposition du public, ou se procurer le remboursement de leurs dépenses au moyen

de péages (*voy. ce mot*), ou en concéder l'entreprise (*voy. n°s* 325 *et suiv.*).

ART. 3. — EAUX.

145. Les eaux du domaine public municipal sont : 1° celles qui y prennent leur source et sont utilisées par le public ; 2° celles qui ont leur source dans des propriétés communales, mais qui sont appliquées à l'usage public ; 3° celles qui naissent dans des propriétés privées, mais qui sont nécessaires aux habitants de la commune (*C. civ., art.* 643). Les propriétaires des sources ne doivent pas en changer le cours ; mais ils peuvent les absorber pour un usage légitime, tant que l'eau n'a pas été acquise par titre ou par prescription, ou réclamer une indemnité réglée par experts. (*Id.*)

146. L'imprescriptibilité des eaux provenant d'une fontaine publique s'applique même à celles qui, abandonnées à elles-mêmes sur la voie publique, ont été recueillies par des particuliers et dirigées sur leurs fonds, depuis plus de trente ans, au moyen de travaux apparents. La commune reste libre de donner aux eaux un autre cours et une autre destination ; elle peut notamment en faire concession moyennant redevance. (*Cass.* 20 *août* 1861, 15 *nov.* 1869.)

D'après le même principe, les concessions sont essentiellement précaires et soumises, notamment quant au chiffre des redevances, à toutes les modifications que la commune veut y apporter. (*Cass.* 4 *juin* 1866.)

ART. 4. — ÉGLISES PAROISSIALES, CHAPELLES, TEMPLES ET SYNAGOGUES.

147. Parmi les édifices du culte qui appartiennent aux communes, les uns ont été acquis ou construits par elles ; d'autres l'ont été sur les fonds de l'État ou au moyen de souscriptions ; d'autres, qui avaient été mis à la disposition de la nation en 1789, ont été rendus à leur destination en l'an X pour l'exécution du Concordat. On choisit alors parmi les églises et les chapelles disponibles, celles qui convenaient à la nouvelle organisation du culte catholique, et on les remit aux évêques. Puis un décret du 30 mai 1806 concéda les églises, chapelles et presbytères restés sans emploi, aux fabriques des paroisses dans lesquelles ils étaient situés, à condition que le produit des aliénations ou locations, et les revenus des biens pris en échange, seraient employés à l'acquisition de presbytères, ou aux dépenses du logement des curés ou desservants là où il n'existerait pas de presbytères. De là les questions de propriété et de compétence indiquées ci-après.

148. Lorsqu'une église a été remise par l'État en l'an X pour être rendue à sa destination, cette église fait partie du domaine public municipal. (*Voy. Avis du C.* 3 *niv. et* 2 *pluv. an XIII, et Arr. du C.* 7 *mars* 1838, 6 *avril* 1854, 22 *déc.* 1859 : *Cass.* 15 *nov.* 1853.)

149. Si une église concédée en 1806 à une fabrique, a été rendue à sa destination depuis cette époque par suite de la création d'une paroisse nouvelle, elle a cessé d'appartenir à la fabrique à laquelle elle était échue et n'est pas devenue la propriété de la nouvelle fabrique ; c'est dans le domaine public municipal qu'elle est passée. (*Avis du Com. législ.* 12 *févr.* 1841.)

150. Le préfet peut, en vertu du décret du 25 mars 1852, prononcer, par un arrêté, la suppression d'une église devenue sans emploi par suite d'un changement de circonscription ecclésiastique. Mais il faut une délibération du conseil municipal, une délibération du conseil de fabrique et le consentement de l'évêque. En cas de désaccord entre l'évêque et le préfet, ce dernier en réfèrerait au ministre de l intérieur, qui statuerait d'abord avec le ministre des cultes, sauf le recours ouvert à l'évêque devant le Conseil d'État. D après un avis du Comité de l'intérieur, du 12 décembre 1837, l'église supprimée appartient à la commune; mais cette doctrine est combattue par différents auteurs, notamment M. Gaudry, qui soutient que d'après les deux décrets du 30 mai 1806 et du 30 mai 1809, les églises supprimées font partie des biens des fabriques.

151. Les communes et les fabriques étant également intéressées, quoique à des titres divers, à la conservation des édifices consacrés au culte, les unes et les autres possèdent le droit d'action et de défense dans les questions de propriété relatives à ces édifices. (*Voy. C. Paris* 18 *févr.* 1851, 24 *déc.* 1857; *Cass.* 7 *juill.* 1840, 15 *nov.* 1853.)

152. A quelle autorité appartient-il de déterminer, en cas de contestation, les effets de la remise faite en l'an X? Le Conseil d'État a décidé (23 *nov.* 1849) que ces questions ne pouvant être résolues que par l'interprétation des lois, décrets et arrêtés du Gouvernement concernant cette remise, il appartient au Conseil de statuer. La Cour de cassation n'a pas eu depuis lors à se prononcer ; mais elle avait jugé, le 6 décembre 1836, qu'il appartenait bien à l'autorité administrative d'interpréter les actes administratifs rendus pour l'exécution de ces lois et décrets, mais que c'était aux tribunaux ordinaires qu'il appartenait d'interpréter ces lois et décrets eux-mêmes.

153. C'est par le curé que l'emploi des cloches doit être réglé pour le culte ; mais la commune peut s'en servir pour des nécessités publiques.

154. Les règles concernant la construction et l'entretien sont exposées aux nos 375 et 470.

ART. 5. — CIMETIÈRES.

155. Toute commune doit avoir, à la distance de 35 à 40 mètres au moins de l'enceinte habitée, un ou plusieurs terrains consacrés à l'inhumation des morts (*O.* 6 *déc.* 1843, *art.* 1). Cette disposition n'est point considérée comme faisant obstacle à ce que deux communes établissent un cimetière en commun (*Décis. min.* 1856), ni à ce qu'une commune qui ne trouve pas d'emplacement convenable sur son territoire, soit autorisée à établir un cimetière sur le territoire d'une commune voisine (*Arr. du C.* 29 *mai* 1867, 14 *déc.* 1874), ni à ce qu'une commune fasse usage du cimetière d'une autre commune moyennant un prix de location. (*Déc. min.* 1857.)

156. L'établissement d'un cimetière crée des servitudes à l'entour. D'après un décret du 7 mars 1808, « nul ne peut, sans autorisation, élever aucune habitation, ni creuser aucun puits, à moins de 100 mètres des *nouveaux cimetières transférés* hors des communes ». Deuxièmement, « les bâtiments existants ne peuvent être restaurés ni augmentés sans autorisation ; et les puits peuvent,

après visite contradictoire d'experts, être comblés en vertu d'un arrêté du préfet, sur la demande de la police locale ».

Ces dispositions s'appliquent aux bâtiments qui, étant originairement distants de plus de 100 mètres, se sont trouvés rapprochés du cimetière par l'agrandissement qu'il a reçu ultérieurement (*Cass.* 23 *févr.* 1867). Elles ne s'appliquent pas aux habitations agglomérées, après que le cimetière a été transféré à 40 mètres au moins de l'enceinte habitée, suivant l'ordonnance du 6 décembre 1843 : c'est de l'autre côté que les prohibitions doivent être observées. (*Voy. Arr. du C.* 10 *janvier* 1856, 11 *mars* 1862; *Circ.* 30 *déc.* 1843.)

Les contraventions sont punissables d'après l'art. 471, § 15, du Code pénal, et de plus le juge doit ordonner la démolition.

157. Lorsqu'un conseil municipal reconnaît la nécessité d'agrandir le cimetière de la commune ou d'en établir un nouveau, il délibère sur le choix de l'emplacement et sur les frais. Le préfet doit prescrire une enquête *de commodo et incommodo* sur le choix de l'emplacement; il en règle les formes et la durée.

Le procès-verbal et les réclamations qui ont pu se produire séparément sont communiqués au conseil municipal, afin qu'il émette son avis ; puis le préfet détermine par un arrêté l'emplacement, et si le terrain n'appartient pas à la commune, l'acquisition en est faite suivant les règles ordinaires.

158. Le préfet peut aussi prendre l'initiative d'un déplacement de cimetière, et s'il ne trouve pas l'administration municipale disposée favorablement, il charge des experts de constater les inconvénients que présente l'emplacement actuel. Puis le rapport des experts est communiqué au conseil municipal, et si cette assemblée n'adopte pas les conclusions, le préfet peut prononcer par un arrêté la suppression du cimetière et déterminer un nouvel emplacement (*O.* 6 *déc.* 1843, *art.* 2). La dépense nécessaire est portée au projet de budget, et, comme elle est obligatoire, si le conseil municipal refuse de la voter, elle peut être inscrite d'office suivant les formes indiquées au n° 448. Le préfet a le même pouvoir dans le cas où il est nécessaire d'agrandir un cimetière. (*Décis. Int.* 1859.)

Dans tous les cas, il doit être procédé à une enquête (n° 157).

159. Aussitôt que le nouvel emplacement est prêt, l'ancien cimetière est fermé et l'on peut procéder à l'exhumation, au transport et à l'inhumation des restes. Ces trois opérations, ainsi que le transport des matériaux des tombes et les honoraires du médecin et du commissaire de police, sont à la charge de la commune ; les dépenses accessoires de pompe funèbre, de reconstruction de tombes ou autres, doivent être supportées par les familles.

160. Le terrain de l'ancien cimetière doit rester dans l'état où il se trouve pendant cinq ans. Après l'expiration de ce délai, la commune peut affermer le terrain, à condition qu'il ne soit qu'ensemencé ou planté, et qu'on n'y fasse aucune fouille ou fondation pour des constructions jusqu'à ce qu'il en soit autrement ordonné (*D.* 23 *prair. an XII*). Ce n'est que dix ans après la dernière inhumation que la commune peut disposer du terrain, l'aliéner, l'échanger ou y faire élever des constructions. (*L.* 15 *mai* 1791, *art.* 9.)

161. Les cimetières doivent être clos de murs de 2 mètres au moins de hauteur. On doit y faire des plantations en prenant les précautions convenables pour ne pas gêner la circulation de l'air (*D.* 23 *prair. an XII*). Les frais de clôture sont rangés parmi les dépenses obligatoires des communes; l'entretien, d'après l'art. 37 du décret du 30 décembre 1809, qui n'a pas été modifié sous ce rapport, est compris parmi les dépenses auxquelles les fabriques sont tenues de subvenir en première ligne et qui ne tombent à la charge des communes qu'en cas d'insuffisance des ressources des fabriques.

Par suite du même article du décret de 1809, les arbres que les communes ont plantés ou qui ont crû au milieu de haies servant de clôture aux cimetières, ou qui existaient sur le sol à l'époque où les cimetières ont été acquis par les communes, sont la propriété de ces dernières, y compris les fruits et émondes, tandis que les produits spontanés du sol des cimetières, c'est-à-dire les herbes, arbustes et buissons, ainsi que les arbres qui ont crû spontanément depuis le 30 décembre 1809, et les fruits et émondes, appartiennent aux fabriques (*Avis Com. legisl.* 22 *janv.* 1841). Toutefois, lorsqu'un cimetière a été fermé, ces produits appartiennent à la commune. (*Décis. min. Int. et Cultes,* 1868.)

Les cultes auxquels sont assignés des lieux d'inhumation particuliers, et qui en supportent les frais d'entretien, jouissent, en compensation, des produits énoncés ci-dessus. (*Décis. min. Int. et Cultes,* 1857.)

162. Les frais de garde et de fossoyage sont à la charge des communes. (*Voy. n°* 141.)

163. « Lorsque l'étendue des lieux consacrés aux inhumations le permet, il peut y être fait des concessions de terrains aux personnes qui désirent y posséder une place distincte pour y fonder leur sépulture et celle de leurs parents ou successeurs, et y construire des caveaux, monuments ou tombeaux[1]. » (*D.* 23 *prair. an XII.*)

164. Les conseils municipaux règlent par leurs délibérations les tarifs des concessions (*L.* 24 *juill.* 1867, *art.* 1); mais la délibération est soumise aux formalités et au contrôle indiqués au n° 94.

En cas de désaccord entre le maire et le conseil municipal, la délibération n'est exécutoire qu'après l'approbation du préfet. (*Id.*)

Les prix doivent être gradués et fixés invariablement pour chaque classe et basés sur le nombre de mètres de terrain. (*O.* 6 *déc.* 1843; *Bull. int.* 1859.)

Les conseils municipaux sont compétents et le produit appartient aux communes, lors même que les fabriques sont propriétaires des cimetières.

165. Les concessions sont divisées en trois classes : 1° concessions perpétuelles; 2° concessions trentenaires; 3° concessions temporaires. Les concessions trentenaires sont renouvelables

1. La ville de Paris est soumise à des dispositions particulières. *Voy.* Cimetières.

indéfiniment, moyennant une nouvelle redevance, qui ne peut dépasser le taux de la première. A défaut de paiement, le terrain fait retour à la commune ; mais il ne peut cependant être repris par elle que deux années révolues après l'expiration de la période pour laquelle il a été concédé, et dans l'intervalle les concessionnaires ou leurs ayants cause peuvent user du droit de renouvellement. Les concessions temporaires sont faites pour quinze ans au plus et ne peuvent être renouvelées. (*O.* 6 *déc.* 1843, *art.* 3.)

166. La jurisprudence n'est pas fixée sur la qualification du contrat auquel donne naissance une concession perpétuelle ou temporaire. Cependant comme le terrain concédé n'est susceptible ni de cession, ni d'hypothèque, ni de saisie, la solution qui a prévalu en matière d'enregistrement consiste à assimiler les concessions à des baux à durée limitée ou illimitée. (*Voy.* DALLOZ.)

167. Aucune concession ne peut avoir lieu qu'au moyen du versement d'un capital, dont deux tiers au profit de la commune et un tiers au profit des pauvres ou des établissements de bienfaisance (*O.* 6 *déc.* 1843, *art.* 3). Toutefois la fixation du tiers au profit de ces derniers n'est qu'un minimum que le concessionnaire est libre de dépasser, pourvu que la commune reçoive la somme qui lui est due. (*Circ. Int.* 30 *déc.* 1843.)

168. Le terrain nécessaire aux séparations et passages établis autour des concessions doit être fourni par la commune sans rétribution. (*O.* 6 *déc.* 1843, *art.* 4.)

169. En cas de translation d'un cimetière, les concessionnaires ont droit à un terrain égal dans le nouvel emplacement, et les restes inhumés sont transférés aux frais de la commune (*O.* 6 *déc.* 1843, *art.* 5). Moyennant l'accomplissement de cette condition, les cimetières peuvent être fermés et aliénés dans les délais prescrits. (*Circ. Int.* 30 *déc.* 1843.)

170. Les matériaux provenant des tombes et monuments abandonnés à l'expiration des concessions temporaires, reviennent aux communes : mais ils ne doivent être employés qu'à l'entretien ou à l'amélioration des cimetières. De plus, il faut que les administrations municipales aient mis les familles en demeure d'enlever les constructions dans un certain délai, et elles ne peuvent en prendre possession qu'après un avis itératif et une année révolue, à compter du premier avertissement. (*Décis. min. Fin.* 18 *déc.* 1843.)

ART. 6. — HÔTELS DE VILLE ET MAIRIES.

171. Les communes qui ne possèdent pas de bâtiment pour cette destination, sont tenues de prendre à loyer un local convenable. L'entretien est compris dans les dépenses obligatoires. (*Voy. n°* 448.)

ART. 8. — AUTRES PARTIES DU DOMAINE.

ARCHIVES, MUSÉES, BIBLIOTHÈQUES, *voy. les articles qui les concernent.* — BATIMENTS SERVANT AUX FACULTÉS, AUX LYCÉES, AUX COLLÉGES COMMUNAUX, *voy.* **Instruction supérieure** *et* **Instruction secondaire.** — SALLES D'ASILE, *voy. ce mot.* — HOSPICES, HÔPITAUX, MONTS-DE-PIÉTÉ, BUREAUX DE BIENFAISANCE, *voy. ces mots.* — JUSTICES DE PAIX, TRIBUNAUX DE POLICE, MAISONS DE POLICE ET DÉPÔTS DE SURETÉ, *voy. n°s* 468 *et* 506.

Sect. 2. — Domaine particulier communal.

ART. 1. — BIENS PATRIMONIAUX.

§ 1. — *Biens de ville et biens ruraux.*

172. Ce sont des maisons, terrains, enclos, moulins, usines, fermes, prés, terres labourables. Ces biens sont soumis aux règles générales de la loi civile quant à la propriété, sauf les formes administratives à observer pour les contrats (chap. IV). Ils sont soumis aux contributions et prélèvements dont il est traité aux nᵒˢ 481 et suiv., et la recette des revenus s'opère dans la forme indiquée aux nᵒˢ 588 et suiv.

§ 2. — *Eaux et établissements hydrauliques.*

173. Les eaux du domaine particulier communal sont, en premier lieu, celles qui ont leur source dans ce domaine et qui ne sont pas appliquées à des usages publics. La commune peut en disposer, sauf les droits acquis à des tiers ou au domaine public municipal, à la sortie de la propriété communale. On distingue, en second lieu, les eaux qui, bien que sortant du domaine public municipal, sont appliquées à des usages profitables pour la commune. Les puits, citernes, étangs, mares, fossés, ainsi que les constructions et établissements destinés à recevoir et à utiliser les eaux, sont du domaine particulier communal.

174. Les villes peuvent établir à leurs frais les appareils hydrauliques, en se conformant aux règles indiquées au chapitre V, et faire les fournitures d'eau en régie simple. Le conseil municipal règle d'après l'intérêt des fonds avancés pour la dépense d'établissement et d'après les frais présumés d'entretien, de personnel et de perception, la taxe due par chaque abonné à raison du volume d'eau dont il aura la jouissance, et la délibération du conseil municipal est exécutoire moyennant l'approbation du préfet (*L. 18 juill. 1837, art. 19, 20*). Dans ce système, le conseil municipal règle le service de distribution, l'organisation du personnel, le nombre et le traitement des employés, par une délibération qui est soumise à l'approbation du préfet (*Id.*). Le maire nomme les agents.

175. En second lieu, les villes peuvent mettre le service de distribution en régie intéressée, ou l'affermer, ou concéder à un entrepreneur la perception des produits pendant un certain temps, à la condition que le concessionnaire se charge d'établir les appareils et de faire le service de distribution. Pour la régie intéressée et le bail à ferme, on procède comme en matière d'octroi; si l'on veut établir le service par voie de concession, ce sont les règles indiquées aux nᵒˢ 325 et suiv. que l'on doit suivre.

176. Les eaux peuvent encore être utilisées pour l'établissement de bains et lavoirs à prix réduits (*Voy.* **Bains** *et* **Lavoirs**). Lorsqu'une ville exploite habituellement un établissement semblable et y perçoit des rétributions, elle est assimilée à la patente. (*Arr. du C.* 26 déc. 1860, 8 avril 1869.)

§ 3. — *Presbytères et logements pour les ministres du culte protestant et du culte israélite.*

177. Parmi les presbytères, les uns proviennent de la cession faite par la loi du 18 germinal an X, art. 72, qui porte que les presbytères et les jardins y attenant, non aliénés, seront rendus aux curés. D'autres ont été donnés à la fabrique, ou bâtis ou acquis par elle; d'autres sont biens de cure,

c'est-à-dire provenant de donations ou de legs faits au curé et acceptés par lui. Beaucoup d'autres, enfin, ont été construits ou acquis par les communes et ce sont les seuls qui leur appartiennent sans conteste. Car si le Conseil d'État leur attribue la propriété des presbytères rendus par l'État en l'an X, la Cour de cassation se prononce en faveur des fabriques. (*Voy.* le Recueil de DALLOZ.)

178. Le droit du desservant sur le presbytère constitue un droit d'usufruit régi par la loi civile; les actions auxquelles ce droit peut donner lieu appartiennent dès lors à la juridiction du droit commun (*C. Dijon,* 11 août 1869). Le desservant n'a qu'un droit personnel contre la commune. (*Cass.* 21 janv. 1868.)

179. Lorsqu'il n'existe pas de presbytère, la commune doit fournir un logement au curé ou desservant, si la fabrique ne peut subvenir à cette dépense (*voy.* nᵒ 477). Pour les logements des ministres du culte protestant et du culte israélite, voyez nᵒˢ 477 et 479.

180. La commune ou la fabrique ne sont pas absolument obligées de joindre un jardin au logement, ou d'ajouter à l'indemnité un supplément pour la jouissance d'un jardin; mais de même qu'il importe de procurer aux curés ou desservants une habitation isolée, les convenances et l'exiguïté des traitements de ces ecclésiastiques font un devoir de ne point leur refuser le jardin qui en forme le complément. En supposant que le logement ne soit pas convenable ou que l'indemnité soit refusée par le conseil municipal, ou qu'il y ait dissentiment sur le prix, le recours est ouvert devant le préfet, qui statue après avoir consulté l'évêque, s'il y a lieu. (*Circ.*)

181. Lorsqu'une commune a besoin d'un terrain, ou d'un bâtiment, ou de ressources pécuniaires pour un objet d'intérêt communal, et que l'étendue du presbytère et des dépendances dépasse la limite du nécessaire, la partie superflue peut en être distraite pour être, soit appropriée à un autre usage, soit aliénée. Le maire fait dresser un croquis qui indique notamment le logement et le jardin laissés au curé ou desservant, ainsi que la distribution destinée à les isoler. Le préfet ordonne une enquête dont il règle les formes et la durée. Puis le croquis, le procès-verbal de l'enquête et l'avis du commissaire enquêteur sont communiqués au conseil municipal et au conseil de fabrique. Lorsque ces assemblées ont délibéré, le sous-préfet émet son avis et transmet le dossier au préfet, qui le communique à l'évêque. Si ce dernier ne s'oppose pas à la mesure proposée, le préfet peut autoriser la distraction pour l'usage déterminé. Si l'évêque refuse son consentement, le préfet transmet les pièces, avec son avis motivé, au ministre de l'intérieur, qui consulte le ministre des cultes. Puis l'affaire est soumise au Conseil d'État et, s'il y a lieu, la distraction est autorisée par un décret. (*O.* 3 mars 1825; *D.* 25 mars 1852.)

Toute proposition qui ne serait fondée que sur le désir d'augmenter sans nécessité les ressources d'une commune, doit être rejetée (*Circ. Int.* 10 avril 1852). Du moment que le presbytère est isolé et garanti de tout trouble, la commune ne peut être astreinte à aucune compensation en nature ou en argent, soit envers le curé ou desservant, soit envers la fabrique. (*Avis Com. Int.* 18 *juin* 1836.)

182. Les réparations locatives sont à la charge des curés, desservants ou ministres des autres cultes.

§ 4. — *Bâtiments militaires.*

183. Les communes sont propriétaires de tous les bâtiments militaires situés sur leur territoire, et la jouissance en est attribuée à l'administration de la guerre (*D.* 23 *avril* 1810). Les réparations et loyers, ainsi que le mobilier sont à la charge de l'État; mais, à titre d'indemnité, les villes qui perçoivent des octrois doivent prélever sur le produit, au profit du Trésor, une somme annuelle qui ne peut s'élever au-dessus de 7 fr. par homme et de 3 fr. par cheval (*L.* 15 *mai* 1818, *art.* 46). Dans le cas où un bâtiment militaire viendrait à être affecté à une autre destination par le fait de la ville, ou si le Trésor ne recevait pas l'indemnité fixée, la ville aurait à pourvoir au logement des troupes (*D.* 23 *avril* 1810; *L.* 15 *mai* 1818). Réciproquement, si des bâtiments étaient abandonnés par l'administration de la guerre, les villes en acquerraient la libre jouissance. (*O.* 5 *août* 1818.)

184. Au commencement de chaque trimestre, l'intendance militaire dresse un décompte des journées d'occupation des hommes et des chevaux pendant le trimestre précédent, et elle y comprend : 1° les officiers et agents militaires qui ont droit au logement; 2° les chevaux des officiers qui ont droit aux fourrages. Le décompte est transmis au préfet qui le communique au maire. En cas de réclamation sur le nombre des journées, il est statué par le ministre de la guerre ; s'il s'agit du paiement, c'est le ministre des finances qui prononce, l'administration des contributions indirectes étant chargée d'opérer le prélèvement à raison d'un quinzième par mois de la somme portée au budget (*O.* 5 *août* 1818). Si le quinzième est inférieur à la dépense effective, la somme due est prélevée à raison d'un tiers, à la fin de chacun des mois du trimestre suivant, et lorsque le total des décomptes des trois premiers trimestres démontre l'insuffisance du fonds affecté à l'abonnement, la somme qui reste disponible sur ce fonds est prélevée par tiers sur chaque mois du dernier trimestre. (*Id.*)

185. Le produit moyen de l'abonnement peut être converti en abonnement fixe et d'une fraction constante de l'octroi, et les communes peuvent obtenir des dégrèvements en cas d'événements de force majeure ou d'insuffisance des revenus communaux. La demande faite par le conseil municipal pour obtenir un abonnement est soumise aux ministres de l'intérieur, de la guerre et des finances, et il est statué par un décret rendu sur le rapport du ministre de l'intérieur. En cas de désaccord entre les ministres, la section de l'intérieur est entendue, et si le conseil municipal refuse le taux arbitré par le ministre de l'intérieur, la perception se fait à l'effectif. (*Id.*)

186. Pour régler l'abonnement fixe, on calcule le nombre des troupes d'après la moyenne des cinq dernières années et déduction faite du nombre moyen de journées des militaires à l'hôpital ou en prison. Puis on calcule la consommation de chaque soldat, d'après le produit net de l'octroi et

déduction faite des droits perçus : 1° sur les matériaux, hormis le cas où les bâtiments militaires sont ou doivent être construits ou réparés aux frais de l'État ; 2° sur les fourrages dans les garnisons d'infanterie[1]. On divise ensuite le résultat par le montant de la population agglomérée de la commune, y compris le nombre moyen des troupes ; on a pour quotient la part afférente à chaque consommateur, et en multipliant ce quotient par le terme moyen de la force de la garnison, on trouve la quotité annuelle de l'abonnement (*Circ. int.* 7 *sept.* 1836). La durée doit être fixée à cinq ans. (*Id.*)

187. L'abonnement fixe forme entre l'État et la commune un contrat aléatoire dont les chances favorables ou contraires doivent être supportées par les parties. (*Avis Com. Int.* 19 *juin* 1835.)

188. Le prélèvement est dû pour l'armée navale comme pour l'armée de terre (*Arr. du C.* 1er *juin* 1849). Il est dû pour les troupes logées, soit dans le périmètre de l'octroi, soit en dehors. (*Arr. du C.* 20 *juill.* 1846, 10 *janv.* 1873.)

189. Dans les communes où il n'existe pas de casernes, le logement des troupes forme une prestation individuelle.

190. L'ordonnance de 1818 a prévu le cas où des villes offriraient de construire des casernes ou de contribuer à la dépense, afin de profiter de l'augmentation qu'une garnison produit dans les consommations sujettes à l'octroi. Les propositions peuvent être acceptées par un décret rendu sur le rapport du ministre de la guerre et d'après les avis des ministres de l'intérieur et des finances. En 1873, la réorganisation militaire nécessitant la construction d'un grand nombre de bâtiments, des villes prirent à leur charge l'acquisition des terrains et les constructions, ou les appropriations de bâtiments ; d'autres fournirent des fonds ou se chargèrent du mobilier. Le remboursement des fonds avancés s'opère au moyen d'annuités. (*Voy. L.* 4 *août* 1874.)

§ 5. — *Halles et marchés.*

191. Avant 1789, les seigneurs justiciers avaient seuls le droit d'établir des halles ou marchés et d'y percevoir des droits de location de place. La loi du 28 mars 1790 supprima sans indemnité ce privilège, mais en stipulant que « les bâtiments et halles continueraient d'appartenir à leurs propriétaires, sauf à eux à s'arranger à l'amiable, soit pour le loyer, soit pour l'aliénation, avec les municipalités des lieux », et une proclamation du roi du 20 août 1790 pourvut à la solution des difficultés qui pourraient s'élever entre les parties intéressées. Les limites qui nous sont assignées ne permettent pas de relater ici cette proclamation ni les avis et arrêts du Conseil d'État sur les questions qui se sont élevées. On les trouvera dans la Jurisprudence de DALLOZ.

192. Le droit d'établir des halles et marchés publics appartient exclusivement aux communes, comme faisant partie des attributions de police que la loi des 16-24 août 1790 a confiées à l'autorité municipale, et la loi du 18 juillet 1837, art. 31,

[1]. Les fourrages doivent être déduits, mais seulement lorsque le prélèvement s'opère à l'effectif. Quand il existe un abonnement fixe et que les fourrages ne sont pas soumis à l'octroi, on ne doit pas en comprendre la consommation dans les calculs.

autorise les communes à percevoir des droits de location de places, non-seulement dans les halles et marchés, mais encore dans les foires.

Les tarifs et règlements sont arrêtés par les conseils municipaux (*L.* 24 *juill.* 1867, *art.* 1er). Les délibérations sont soumises aux formalités et au contrôle indiqués au n° 94. (*Id., art.* 6.)

En cas de désaccord entre le maire et le conseil municipal, la délibération n'est exécutoire qu'après approbation du préfet. (*Id., art.* 1er.)

Le maire nomme les préposés et peut les révoquer.

193. Les droits doivent être établis à tant le mètre et à raison du terrain que les marchands veulent occuper, et non à raison de la marchandise qu'ils étalent (*Circ. Int.*). Toutefois le maire peut, dans l'intérêt de la sûreté publique, fixer la hauteur que les étalages ne doivent pas dépasser ; puis comme certains produits occupent autant et plus de place que d'autres sans valoir autant, on peut former des catégories de produits et en fixer les droits tant à raison de la superficie occupée qu'en considération de la nature ou de la quantité des objets déposés (*Cass.* 18 *nov.* 1850). Les bestiaux, chevaux, ânes et mulets sont taxés par tête. Des boutiques et des resserres se louent à la semaine ou à l'année.

194. Les droits peuvent se percevoir, soit en régie simple, soit en régie intéressée, soit par bail à ferme. Les communes peuvent aussi concéder à un entrepreneur la jouissance des droits pendant un certain temps, à condition qu'il se charge des frais d'établissement et d'entretien.

Quand le conseil municipal se prononce pour la régie intéressée ou la mise en ferme, on procède à l'adjudication comme en matière d'octroi. Les fermiers ou régisseurs sont tenus de fournir un cautionnement (*I. gén. fin., art.* 925). Les époques du versement des produits à la caisse municipale sont déterminées par l'acte d'adjudication. En cas de retard, le receveur municipal emploie contre le fermier ou le régisseur les moyens de poursuite indiqués au chapitre VIII, sect. 3. Si l'on établit le service par voie de concession, ce sont les règles indiquées au n° 325 que l'on doit suivre.

Les dispositions sur l'enregistrement sont applicables aux locations de places dans les halles et marchés couverts. (*Cass.* 12 *mai* 1875.)

195. Le maire règle par un arrêté la tenue de la halle ou du marché. (*Voy.* n°s 58 à 68.)

196. Les tribunaux civils sont compétents pour statuer sur les contestations qui s'élèvent entre la commune et le fermier sur l'exécution du contrat conclu entre eux. Mais s'il est nécessaire d'interpréter, soit les clauses du contrat, soit les actes administratifs qui s'y rattachent, l'interprétation doit être demandée au conseil de préfecture, sauf recours au Conseil d'État, par application de l'art. 136 du décret du 17 mai 1809, modifié par la loi du 21 juin 1865 (*Trib. confl.* 28 *mars* 1874). Cette règle est applicable également aux concessionnaires, les travaux qu'ils ont dû exécuter ne changeant pas le caractère du bail pour en faire un marché de travaux publics. (*Voy. Arr. du C.* 26 *août* 1858, 11 *janv.* 1862.)

Les contestations relatives à la perception des droits de location de places en régie appartiennent

à la juridiction civile. La Cour de cassation s'est fondée sur ce que le refus de payer le droit ne constitue pas une contravention passible des peines de police (*Cass.* 14 *août* 1856). Le Conseil d'État a considéré que les droits de place sont des taxes indirectes de la même nature que les octrois, et que d'après les lois des 6, 7, 11 septembre 1790, 2 vendémiaire, 27 frimaire et 5 ventôse an VIII, l'autorité judiciaire est seule compétente pour statuer sur les contestations auxquelles peut donner lieu l'application des tarifs d'octrois. (*Arr. du C.* 3 *avril* 1872.)

197. Dans les cas de contestation entre la commune et des particuliers, le recouvrement des droits peut se faire par la voie indiquée au n° 626.

§ 6. — *Abattoirs.*

198. L'article **Abattoir** renferme toutes les notions nécessaires. Nous avons seulement à ajouter ici que les n°s 194 à 197 sont applicables à ces établissements.

§ 7. — *Salles de spectacle.*

199. Ces salles sont données à loyer à des entrepreneurs ou concédées gratuitement. On suit dans le premier cas les règles indiquées au n° 214 ; dans le second, la concession est faite comme pour les marchés de gré à gré (n°s 326 *et* 329).

§ 8. — *Entrepôts.*

200. On distingue deux sortes d'entrepôt : ceux de douane et ceux d'octroi. Il est traité de ces derniers dans l'article **Octroi** ; quant aux entrepôts de douane, la création en est demandée par le conseil municipal : sa délibération est soumise, avec l'avis du préfet, au ministre de l'intérieur qui la communique, avec son propre avis, au ministre du commerce, et ce dernier, après avoir consulté le ministre des finances, provoque, s'il y a lieu, le décret d'institution. Le maire nomme et peut révoquer les employés. Pour le surplus, voyez l'article **Entrepôt**.

§ 9. — *Bois vendus par coupes.*

201. Parmi les bois communaux, il y en a qui sont soumis au régime forestier et d'autres qui ne le sont pas. Dans cette dernière catégorie sont compris : 1° les bois taillis ou futaies qui n'ont pas été reconnus susceptibles d'aménagement ou d'une exploitation régulière ; 2° les prés-bois, c'est-à-dire des terrains qui renferment des bouquets de bois et des arbres clair-semés ; 3° les arbres épars ou plantés sur les chemins, rues, promenades et autres lieux du domaine public municipal. Ces bois ou arbres peuvent être coupés et vendus suivant les formes indiquées aux n°s 283 et suivants. Quant aux bois soumis au régime forestier, voyez **Forêts**.

§ 10. — *Autres biens patrimoniaux.*

Maisons d'école, voy. **Instruction primaire.** —
Sources d'eaux minérales, voy. **Eaux minérales.**
— *Bureaux de conditionnement,* voy. ce mot. —
Rentes sur l'État ou sur particuliers, voy. n° 248. — *Produit des taxes municipales,* voy. *chap.* VIII.

ART. 2. — BIENS COMMUNAUX.

202. Ces biens sont ceux dont les habitants recueillent généralement les fruits en nature. On distingue : 1° les allotissements héréditaires ou viagers auxquels on donne aussi le nom de portions ménagères ; 2° les allotissements ou concessions temporaires ; 3° les pâturages en jouissance commune ; 4° les tourbières ; 5° le varech, sart ou goëmon ; 6° les bois servant à l'affouage et au pâturage.

§ 1er. — *Portions ménagères, ou allotissements héréditaires ou viagers.*

203. Ces allotissements ont été créés sous l'ancienne monarchie afin d'encourager l'agriculture. On commença par permettre, dans les généralités d'Auch et de Pau, « le partage par ménage des communaux pour les lots être possédés en propriétés incommutables à la charge d'une redevance au profit des habitants en commun. » (*Arr. du C.* 28 oct. 1771, 9 mai 1773, 26 oct. 1777.)

204. Un édit de juin 1769 permit aux communautés des Trois-Évêchés « de partager entre les ménages existants, sans distinction des veuves et par portions égales, la totalité ou une partie des terrains communaux ». Les parts sont indivisibles, inaliénables, et ne peuvent être saisies par les créanciers, « mais seulement les fruits ». Aucun habitant ne peut posséder deux parts. Les parts surnuméraires sont louées au profit de la commune pour trois ans. Les parts sont héréditaires en ligne directe seulement ; celles qui tombent en ligne collatérale ou qui deviennent vacantes, passent aux plus anciens mariés entre les habitants non pourvus. « La disposition testamentaire a lieu, sans préjudice de l'usufruit au profit de la veuve, en faveur d'un des enfants tenant ménage ; à son défaut, la part appartient à l'aîné des enfants établis. »

205. En janvier 1774 un édit permit en Bourgogne de faire des allotissements semblables, « sans distinction de veuves, filles et garçons tenant ménage séparé et contribuant aux impositions ». Les conditions sont les mêmes que dans l'édit précité de 1769, sauf une addition portant que les habitants devenus possesseurs ne peuvent résoudre les baux passés par la communauté.

206. En 1777, les terres appartenant aux communautés des trois châtellenies de Lille, Douai et Orchies, en Flandre, furent partagées entre les ménages existants, en vertu des lettres-patentes du 27 mars qui ont été interprétées par un arrêt du Conseil d'État du 13 mai 1784 et modifiées par deux arrêtés du préfet du Nord du 20 juillet 1813 et du 12 mars 1830. Les portions vacantes sont dévolues aux plus anciennement domiciliés. Lorsqu'un homme et une femme pourvus se marient, ils doivent renoncer à l'une de leurs portions à leur choix. Chaque portion reste affectée au ménage jusqu'après le décès des deux époux. Si l'époux survivant convole en secondes noces, la portion devient vacante après son décès ; toutefois si cet époux avait été pourvu d'une portion avant son premier mariage et l'avait conservée, le second mari ou la seconde femme jouit des mêmes droits que le premier mari ou la première femme ; mais à sa mort la portion passe à un autre ménage. Les nouveaux détenteurs doivent tenir compte aux anciens ou à leurs héritiers, à dire d'experts, de ce dont la terre se trouve couverte, ainsi que des semences et engrais, et s'il y a lieu, des sèves et rejets. Tout détenteur qui néglige pendant trois années de cultiver sa portion, ou qui n'a pas acquitté, dans les délais

prescrits, les contributions assises sur ladite portion et les redevances imposées au profit de la commune, est dépossédé par un arrêté du préfet. Il est interdit d'extraire des portions aucune espèce de chauffage. Les curés et vicaires ont le même droit que les habitants aux portions ménagères. À défaut d'ayants droit, les portions vacantes sont louées pour trois années au profit de la commune.

207. En Artois, le partage des terres communales fut ordonné par un arrêt du Conseil du 25 février 1779, qui fut confirmé par un arrêté consulaire du 9 fructidor an X. Nul habitant ne peut posséder deux portions à la fois. L'aîné mâle de chaque famille, et à défaut de mâles, l'aînée des filles, sont seuls admis à succéder aux portions. Les filles sont exclues tant qu'il existe, dans la descendance directe, un mâle apte à recueillir la part vacante (*Arr. du C.* 23 janv. 1874). La veuve ne peut obtenir une portion que comme la plus anciennement domiciliée parmi les chefs de famille non pourvus (*Arr. du C.* 22 juin 1841). Dans le cas où un détenteur ne laisse en mourant aucun héritier direct, sa portion retourne à la commune pour être assignée au chef de famille le plus anciennement domicilié et non encore pourvu. Si l'ancien détenteur a fait des impenses et des améliorations sur sa portion, « ses héritiers sont libres de les emporter sans dégrader, si mieux n'aime celui qui est envoyé en possession de la portion leur en payer la valeur suivant l'estimation. »

L'arrêt de 1779 a été modifié dans plusieurs communes. A Rœux, Pelves et Lens, l'hérédité a été abolie. A Biache-Saint-Vaast et à Pelves on a assimilé à la communauté conjugale une réunion d'individus vivant dans le même ménage. A Lens on a permis le cumul des portions dans le même ménage, pourvu que les allotis soient inscrits sur la liste des indigents. A Biache, Pelves et Lens on a exigé la mise en culture et prohibé les locations.

208. Les partages opérés en vertu des actes précités, ont été confirmés par la loi du 9 ventôse an XII combiné avec le décret du quatrième jour complémentaire de l'an XIII. Les communes ne peuvent changer le mode d'attribution et de jouissance, ni établir une redevance que lorsque les allotissements leur font retour, ou avec l'assentiment des détenteurs. (*Arr. du C.* 24 avril 1856, 23 juill. 1857, 19 mai 1858, 9 févr. 1860, 1er févr. 1871). Il est procédé à une enquête (*voy.* **Enquête**, n° 26) ; puis le procès-verbal, l'avis du commissaire-enquêteur, les réclamations, la délibération du conseil municipal et l'avis du sous-préfet sont soumis au préfet qui prononce. (*D.* 9 brum. an XIII ; *D.* 25 mars 1852 ; *Arr. du C.* 17 mars 1853.)

209. La jurisprudence ne reconnaît pas aux enfants naturels le droit de recueillir les portions laissées par leurs auteurs. Mais les enfants adoptifs sont habiles à exercer ce droit.

210. Dans le cas de séparation de corps, la portion reste à celui des conjoints du chef duquel elle provient, et si elle a été dévolue aux deux époux, elle doit rester à celui au profit duquel la séparation a été prononcée.

211. Le conseil de préfecture est juge, sauf recours au Conseil d'État, des contestations sur les conditions de transmission des portions, et en général sur l'exécution des actes relatifs à ces portions (*L. 9 vent. an XII; D. 4e jour compl. an XIII*). Mais c'est aux tribunaux ordinaires qu'il appartient de connaître des questions de propriété, de titres ou actes du droit commun, de nationalité et d'état civil, ainsi que des questions d'aptitude personnelle desquelles dérive le droit à l'allotissement. (*Arr. du C. 30 nov.* 1850.)

§ 2. — *Allotissements temporaires ou partages de jouissance.*

212. Lorsqu'un conseil municipal veut renoncer à la jouissance des pâturages en commun, sans se décider néanmoins à en voter l'amodiation, l'administration admet un système intermédiaire qui consiste à les distribuer par lots à des concessionnaires, afin que ceux-ci les mettent en culture. Il est prescrit dans ce cas : 1° de faire la distribution de manière que tous les chefs de ménage de la commune y participent; 2° de limiter la durée de l'allotissement à 15 ou 18 ans au plus; 3° d'obliger les concessionnaires à verser chaque année une certaine redevance dans la caisse municipale, ou à payer la valeur estimative en argent dans un certain délai. (*Voy. Arr. du C. 4 août* 1864, 4 *mars* 1865; *Bull. Int.* 1863, 1864.)

213. Le conseil municipal est compétent pour délibérer sur le partage, soit que les biens appartiennent à la commune entière, soit qu'ils appartiennent privativement à une section; mais, dans ce second cas, ils ne peuvent être distribués qu'entre les chefs de ménage de la section. Indépendamment de la délibération qu'il prend au sujet du partage, le conseil dresse, sur la proposition du maire, la liste des habitants réputés en droit de participer aux effets de cette mesure. Puis le sous-préfet prescrit l'ouverture d'une enquête dont il règle les formes et la durée, et il désigne un expert chargé de former les lots et de les tirer au sort. Les procès-verbaux et l'avis du commissaire-enquêteur sont communiqués au conseil municipal qui maintient ou modifie sa première délibération. Les pièces sont transmises au sous-préfet qui y joint son avis, et si le préfet approuve la mesure, il rend par un arrêté les délibérations exécutoires (*D.* 25 *mars* 1852, *art.* 1er). Quant aux contestations qui peuvent s'élever à propos du partage, il est statué suivant les règles indiquées au n° 311.

§ 3. — *Pâturages en jouissance commune.*

214. La jouissance indivise et précaire des pâturages d'une commune est réglée par le conseil municipal, soit qu'ils appartiennent à la commune entière, soit qu'ils appartiennent à une ou plusieurs sections. Si les pâturages appartiennent à une section, la jouissance doit en être réservée aux habitants de cette section. Quand il s'agit de pâturages indivis entre plusieurs communes ou sections, et qu'il a été créé une commission syndicale pour l'administration de ces biens (*n°* 106), c'est elle qui en règle la jouissance.

215. La participation aux pâturages n'appartient qu'aux chefs de famille ou de maison, hommes ou femmes, célibataires ou mariés, ayant un domicile réel et fixe, ainsi qu'un ménage distinct

(*D.* 20 *juin* 1806; *Avis du C.* 20 *juill.* 1807 et 26 *avril* 1808.) Quant aux affouages, voyez ce mot.

216. Les biens indivis entre deux ou plusieurs communes en vertu de titres qui ne font pas connaître la part de copropriété de chacune d'elles, doivent être divisés entre elles, non par portions égales, mais par feux conformément aux deux avis précités. (*Cass.* 26 *mars* 1867.)

217. Les nouveaux habitants ne doivent pas être assujettis à des conditions plus onéreuses que les autres, notamment le paiement d'un droit d'entrée. (*Avis Com. Int.* 12 *janv.* 1838.)

218. Les habitants doivent recueillir les fruits par eux-mêmes; ils ne peuvent en céder la jouissance. Les fermiers ou métayers ont droit à la portion qui serait allouée aux propriétaires dont ils occupent les fonds. (*Cass.* 23 *juill.* 1834.)

219. Le conseil municipal peut modifier non-seulement les règlements antérieurs, mais encore les usages existants. Seulement un règlement ne saurait atteindre les droits qui peuvent résulter de titres particuliers et faire obstacle à ce que le juge compétent reconnaisse et maintienne ces droits. (*Arr. du C.* 8 *juill.* 1847, 27 *juin* 1867.)

220. En réglant la jouissance des pâturages, le conseil municipal peut imposer le paiement d'une taxe au profit de la commune. Il dresse aussi, sur la proposition du maire, une liste des habitants réputés en droit de participer aux pâturages; puis le règlement et la liste sont portés à la connaissance des habitants et soumis au contrôle du préfet, comme il est dit au n° 94.

221. Les réclamations ressortissent à trois autorités différentes. Quand il s'agit de décider si ceux qui prétendent participer à la jouissance des biens remplissent les conditions exigées par l'usage ou par les lois, s'ils possèdent l'aptitude personnelle, s'il existe des droits fondés sur des titres particuliers, c'est aux tribunaux ordinaires qu'il appartient de statuer. (*Voy. Arr. du C.* 14 *avril et* 8 *déc.* 1853.)

Si une réclamation est fondée sur ce que le conseil municipal a méconnu un usage suivi de temps immémorial, ou mal interprété l'usage à appliquer, la question est du ressort du conseil de préfecture, en vertu de la loi du 10 juin 1793. (*Voy. Arr. du C.* 24 *janv.* 1835.)

Les autres réclamations, soit sur le règlement, soit sur la répartition, sont présentées, examinées, et admises ou rejetées suivant les règles indiquées au n° 94. Si le règlement n'est pas annulé par le préfet, il est procédé à la clôture de la liste, et le conseil municipal, sur la proposition du maire, arrête la répartition de la taxe par une délibération qui est soumise à l'approbation du préfet. (*L.* 18 *juill.* 1837, *art.* 44.)

§ 4. — *Tourbières.*

222. Les communes propriétaires de tourbières ne peuvent les exploiter qu'en remplissant les formalités indiquées dans l'article **Tourbières**. La distribution, le règlement des conditions à imposer aux parties prenantes, entre autres la fixation et le recouvrement de la taxe, s'opèrent comme pour l'affouage. Les seules particularités à noter sont : 1° que la taxe doit être calculée de manière à couvrir la dépense des travaux nécessaires; 2° qu'il est interdit aux participants de se distribuer eux-mêmes la tourbe extraite, que la distribution se fait par lots et que les lots sont formés par les soins du maire.

En cas de réclamations ou de contestations, on procède comme pour l'affouage.

§ 5. — *Varech, sart ou goëmon, voy.* **Mer.**

§ 6. — *Bois en jouissance commune.*

223. Cette jouissance comprend : 1° l'affouage et le marronnage qui s'exercent sur le bois même ; 2° le pâturage, le pacage, le panage, la glandée et la paisson. L'affouage et le marronnage sont l'objet d'un article spécial (*voy.* **Affouage**). Les autres droits peuvent être adjugés à des particuliers au profit de la caisse municipale, ou réservés aux habitants pour qu'ils en jouissent en commun. Cette jouissance est réglée différemment selon que les bois sont soumis au régime forestier, ou en sont affranchis. Dans cette seconde hypothèse, le mode de jouissance, la répartition, les redevances et les conditions sont réglées comme à l'égard du pâturage sur les autres terrains communaux, tandis que, pour les bois soumis au régime forestier, il faut en outre se conformer aux règles suivantes.

224. Chaque année, le maire remet à l'agent forestier local, avant le 31 décembre pour le pâturage, et avant le 30 juin pour le panage, la glandée et la paisson, l'état des bestiaux que possède chacun des ayants droit portés sur la liste qui doit être arrêtée par le conseil municipal, en distinguant ceux qui servent au propre usage des ayants droit et ceux dont ils font commerce. L'administration forestière détermine, et le maire fait connaître les cantons défensables, c'est-à-dire dans lesquels la jouissance pourra s'exercer, le nombre des bestiaux admis au pâturage et au panage, la durée de chacune de ces jouissances, et les chemins par lesquels les bestiaux devront passer.

Des clochettes doivent être mises au cou des animaux envoyés au pâturage. Il est défendu : 1° de mener ou de laisser aller des bestiaux hors des cantons défensables ou désignés pour le panage, ou hors des chemins indiqués pour s'y rendre ; 2° d'excéder le nombre d'animaux fixé par l'administration forestière; 3° d'introduire des chèvres dans les bois (*voy.* **Chèvres**) ; 4° d'y introduire des moutons et brebis sans une autorisation spéciale ; 5° d'user du pâturage ou du panage pour les animaux dont on fait commerce ; 6° d'abattre, de ramasser ou d'emporter des glands, faînes ou autres fruits, semences ou autres productions des bois. Les infractions sont punies des peines prononcées par le Code forestier.

§ 7. — *Servitudes. Droits d'usage. Parcours et vaine pâture.*

225. La propriété communale comprend des servitudes, les unes actives, les autres passives. La commune, comme tout propriétaire, a droit aux servitudes établies pour l'usage et l'utilité des héritages compris dans son patrimoine (*voy. n° 172*). Il existe des servitudes « pour l'utilité communale, c'est-à-dire la construction ou la réparation des chemins et autres ouvrages communaux » (*C. civ., art.* 650). Les communes peuvent aussi acquérir des servitudes, par exemple pour des conduites d'eau, en acquérant la propriété du fonds. Enfin, des droits d'usage sont établis au profit de certaines communes sur des forêts appartenant à l'État ou à des particuliers. (*Voy.* **Usage.**)

226. Des taxes peuvent être imposées par les communes usagères sur ceux qui profitent des droits d'usage ; les règles à suivre sont les mêmes que pour les taxes affouagères. (*Voy.* **Affouage.**) Seulement ces taxes ne doivent jamais dépasser l'avance faite par la caisse municipale pour le paiement des frais inhérents à l'exercice des droits d'usage. (*Avis Com. législ. int. fin.*, 29 *mars* 1838.)

227. Les servitudes passives des communes sont : 1° celles dont les habitants peuvent se prévaloir sur les rues, places et promenades publiques, comme nécessaires à leurs usances; 2° les servitudes légales qui sont établies sur les bâtiments, bois et terrains dont les communes sont propriétaires ; 3° les droits d'usage que des particuliers ou des communes sont en droit d'exercer dans les bois communaux. (*Voy.* **Usage.**)

228. Il existe encore deux servitudes communales, à la fois actives et passives : le *parcours,* c'est-à-dire le droit qu'ont les habitants de deux ou plusieurs communes de mener ou envoyer paître leurs bestiaux sur les terrains compris dans leurs circonscriptions respectives; et la *vaine pâture,* c'est-à-dire le droit qu'ont les habitants d'une commune de faire paître leurs bestiaux sur les fonds les uns des autres. Le parcours entraîne avec lui la vaine pâture, tandis que cette dernière peut ne pas être accompagnée du parcours.

229. On distingue la *vive* ou *grasse* pâture qui s'exerce sur certains cantons où elle absorbe tous les produits utiles du sol, tandis que la vaine pâture ne porte que sur des terrains dépouillés de leurs fruits, ou en jachères, ou incultes, et n'absorbe que des produits dont les propriétaires ne tirent aucun profit. La vive ou grasse pâture forme une servitude ordinaire, perpétuelle et à laquelle sont étrangères les dispositions relatées ci-après.

230. Le parcours ne peut avoir lieu qu'à la condition : 1° d'être fondé sur un titre ou sur une possession autorisée par les lois et coutumes (*L.* 6 *oct.* 1791, *sect. IV, art.* 2); 2° d'être reconnue.

231. Le droit de vaine pâture dans une commune, accompagné ou non de la servitude du parcours, ne peut exister que dans les lieux où il est fondé sur un titre particulier, ou autorisé par la loi ou par un usage local immémorial, et à la charge que la vaine pâture n'y soit exercée que conformément aux règles et usages locaux qui ne contrarient pas les réserves indiquées ci-après (*L.* 6 *oct.* 1791, *sect. IV, art.* 3). La vaine pâture peut n'être pas réciproque.

232. « Le droit de parcours et le droit simple de vaine pâture ne peuvent en aucun cas empêcher les propriétaires de clore leurs héritages, et tout le temps qu'un héritage est clos, il ne peut être assujetti ni à l'un ni à l'autre de ces droits » (*id., art.* 5). « L'héritage est réputé clos quand il est entouré d'un mur de quatre pieds (1ᵐ,33) de hauteur, avec barrière ou porte, ou quand il est fermé et entouré de palissades ou de treillages, ou d'une haie vive, ou d'une haie sèche, faite avec des pieux ou cordelée avec des branches, ou de toute autre manière en usage dans chaque localité, ou enfin d'un fossé de quatre pieds de large au moins à l'ouverture et de deux pieds de profondeur (*id.*, *art.* 6). Mais le propriétaire qui veut se clore, perd son droit au parcours et à la vaine pâture en proportion du terrain qu'il y soustrait. (*C. civ.*, *art.* 648.) [*Voy.* n° 241.]

La clôture affranchit de même du droit de vaine pâture réciproque ou non réciproque entre particuliers, si ce droit n'est pas fondé sur un titre. (*L.* 6 oct. 1791, *sect. IV*, *art.* 7.)

233. « Entre particuliers, tout droit de vaine pâture fondé sur un titre est rachetable à dire d'experts, suivant l'avantage que peut en retirer celui qui a ce droit, s'il n'est pas réciproque, ou en égard au désavantage qu'un des propriétaires a à perdre la réciprocité, si elle existe ; le tout sans préjudice du droit de cantonnement, tant pour les particuliers que pour les communes » (*id.*, *art.* 8). D'après cette disposition : 1° le propriétaire grevé ne peut être contraint au rachat, c'est pour lui une pure faculté (*C. de Riom*, 9 août 1838); 2° le rachat du droit de vaine pâture fondé en titre n'est permis que de particuliers à particuliers, et non de particuliers à communes. (*Cass.* 27 janv. 1829.)

234. Lorsque le droit de parcours d'une commune sur une autre commune est restreint par des clôtures faites comme il est dit au numéro 250, la première « ne peut prétendre, à cet égard, à aucune indemnité, même dans le cas où son droit serait fondé sur un titre ; mais elle a le droit de renoncer à la faculté réciproque qui résultait de celui de parcours entre elle et la commune voisine ; ce qui a également lieu si le droit de parcours s'exerce sur la propriété d'un particulier ». (*L.* 6 oct. 1791, *sect. IV*, *art.* 17.)

235. « Et dans aucun cas et dans aucun temps le droit de parcours, ni celui de vaine pâture, ne peuvent s'exercer sur les prairies artificielles, et ne peuvent avoir lieu sur aucune terre ensemencée ou couverte de quelques productions que ce soit, qu'après la récolte » (*id.*, *art.* 9). Mais quand on transforme en prairies artificielles des terrains qui étaient soumis à la vaine pâture, on perd dans la même proportion son droit sur les terres d'autrui. (*Cass.* 24 mai 1842.)

236. « Partout où les prairies naturelles sont sujettes au parcours ou à la vaine pâture, ils ne peuvent avoir lieu que dans les temps autorisés par les lois et coutumes, et jamais tant que la première herbe n'a pas été récoltée. » (*L.* 6 oct. 1791, *art.* 10.) La durée est fixée par le conseil municipal suivant l'usage, ou, s'il n'en existe pas, suivant les nécessités locales. Dans l'intérêt des pauvres qui vont glaner et râteler dans les champs et prés récoltés, la vaine pâture ne s'y exerce pas pendant deux jours après la récolte.

237. « Le droit dont jouit tout propriétaire de clore ses héritages, a lieu, même par rapport aux prairies, dans les communes où, sans titre de propriété et seulement par l'usage, elles deviennent communes à tous les habitants, soit immédiatement après la récolte de la première herbe, soit dans tout autre temps déterminé. » (*Id.*, *art.* 11.)

238. Dans les pays de parcours ou de vaine pâture soumis à l'usage du troupeau en commun, tout propriétaire ou fermier peut renoncer à cette communauté et faire garder, par troupeau séparé, un nombre de têtes de bétail proportionné à l'étendue des terres qu'il exploite dans la commune (*id.*, *art.* 12), et il ne doit pas être imposé alors pour le paiement du pâtre commun. Mais deux ou plusieurs propriétaires ou fermiers ne peuvent s'entendre pour réunir leurs bestiaux sous la garde d'un pâtre commun (*Cass.* 2 déc. 1841), et si la dépaissance s'exerce sur un terrain de *vive et grasse pâture* appartenant à la commune, les propriétaires ou fermiers qui ont des pâtres particuliers, peuvent être astreints à contribuer au salaire du pâtre commun. (*Arr. du C.* 9 juin 1849.)

239. « La quantité de bétail, proportionnellement à l'étendue du terrain, doit être fixée, dans chaque commune, à tant de bêtes par hectare, d'après les règlements et usages locaux, et, à défaut de documents positifs à cet égard, par le conseil municipal » (*L.* 6 oct. 1791, *sect. IV*, *art.* 13). « Néanmoins tout chef de famille domicilié qui n'est ni propriétaire ni fermier d'aucun des terrains sujets au parcours ou à la vaine pâture, et le propriétaire ou fermier à qui la modicité de son exploitation n'assurerait pas l'avantage qui va être déterminé, peuvent mettre sur ces terrains, soit par troupeau séparé, soit en troupeau commun, jusqu'au nombre de six bêtes à laine et d'une vache avec son veau, sans préjudicier aux droits des mêmes personnes sur les terres communales, s'il en existe dans la commune, et sans rien innover aux lois, coutumes ou usages locaux et de temps immémorial, qui leur accorderaient un plus grand avantage. » (*Id.*, *art.* 14.)

240. « Les propriétaires ou fermiers exploitant des terres sur les communes sujettes au parcours ou à la vaine pâture, et dans lesquelles ils ne sont pas domiciliés, ont le même droit de mettre dans le troupeau commun ou de faire garder par troupeau séparé, une quantité de têtes de bétail proportionnée à l'étendue de leur exploitation, mais dans aucun cas ces propriétaires ou fermiers ne peuvent céder leurs droits à d'autres (*id.*, *art.* 15). Ils ont le droit d'envoyer non-seulement les animaux qu'ils ont dans la commune, mais encore ceux qui dépendent de toute autre exploitation possédée par eux dans une commune voisine (*Cass.* 13 avril 1855), sauf la limitation indiquée au n° 257.

241. Quand un propriétaire d'un pays de parcours ou de vaine pâture a clos une partie de sa propriété, le nombre de têtes de bétail qu'il peut continuer d'envoyer dans le troupeau commun, ou par troupeau séparé, sur les terres particulières des habitants de la commune, doit être restreint proportionnellement » (*L.* 6 oct. 1791, *sect. IV*, *art.* 16), suivant les conditions indiquées au n° 239.

242. Si des sections de communes sont réunies à des communes soumises à des usages différents des leurs, soit relativement au parcours ou à la vaine pâture, soit relativement au troupeau en commun, la plus petite partie dans la réunion doit suivre la loi de la plus grande et l'autorité administrative est chargée de décider des contestations qui naissent à ce sujet. Cependant si une propriété n'est point enclavée dans les autres et ne gêne point le droit de parcours ou de vaine pâture auquel elle n'est point soumise, elle est exceptée de la règle qui précède. (*Id., art.* 18.)

243. Le parcours et la vaine pâture sont compris parmi les objets sur lesquels le conseil municipal est appelé à délibérer (*L.* 18 *juill.* 1837, *art.* 19). Les délibérations sont adressées au sous-préfet et deviennent exécutoires par l'approbation du préfet (*Id., art.* 20). Puis elles sont publiées par le maire sous forme de règlement municipal, et ce fonctionnaire peut y joindre les mesures de police qu'il juge nécessaires.

Le conseil municipal peut défendre de mener dans les pâturages communs certains animaux qui peuvent y causer du dommage, et assigner un cantonnement particulier aux diverses espèces d'animaux, mais il ne lui appartient pas d'affranchir des terrains du parcours ou de la vaine pâture, ni de suspendre ces servitudes.

Le parcours et la vaine pâture ont donné lieu à de nombreux jugements et arrêts qu'on trouvera dans les recueils de jurisprudence.

CHAP. IV. — CONTRATS DES COMMUNES.

244. Les communes peuvent contracter comme personnes civiles, mais sous le contrôle de l'administration supérieure dans les cas indiqués au n° 95, et moyennant l'autorisation formelle de cette administration dans les autres cas. Les engagements qu'elles prendraient sans satisfaire à cette obligation seraient relativement nuls, c'est-à-dire que les communes, en leur qualité de mineures, pourraient se prévaloir du manque d'autorisation pour se faire restituer contre leurs obligations, tandis que les parties avec lesquelles elles auraient traité, ne pourraient l'opposer aux communes (*Cass.* 3 *mai* 1841), ni obtenir des dommages-intérêts en cas d'inexécution de ces obligations. (*Cass.* 30 *janv.* 1828.)

245. Les refus d'autorisation ou d'homologation n'étant que des actes de tutelle administrative, ne sont susceptibles de recours au contentieux ni de la part des communes, ni de la part de tiers intéressés (*Arr. du C.* 23 *févr.* 1841). Si ces derniers se croient lésés dans des droits de propriété, ils peuvent s'adresser aux tribunaux (*id.*). Ainsi, en cas de transaction, la commune et les tiers peuvent en demander l'annulation aux tribunaux pour dol, fraude ou vice de forme. (*Arr. du C.* 17 *mai* 1833, 20 *juill.* 1850.)

246. C'est le maire ou son suppléant légal qui représente la commune dans tous les contrats et qui traite en son nom.

Sect. 1. — Acquisitions à titre onéreux.

247. Les acquisitions d'objets mobiliers sont portées au budget communal, au chapitre des dépenses ordinaires ou extraordinaires, et approuvées en même temps que le budget. Si la cause en est accidentelle et urgente, elles sont imputées sur le crédit ouvert pour les dépenses imprévues. Dans tous les cas, elles se font par les soins du maire et du receveur municipal (*voy.* n°ˢ 540 *et* 541).

248. Toute commune peut se rendre propriétaire de rentes sur l'État, suivant les formes indiquées au n° 100. Le capital est versé entre les mains du trésorier-payeur général, qui doit faire faire immédiatement l'acquisition sans autres frais que ceux de courtage, et remettre les inscriptions au receveur

municipal (*Avis du C.* 21 *déc.* 1808). Toute commune peut de même placer en rentes sur particuliers ses capitaux disponibles. (*Voy.* n° 362.)

249. Les acquisitions d'immeubles sont soumises à la délibération du conseil municipal. Lorsqu'elles sont décidées, le maire fait dresser un plan des lieux, et l'immeuble est estimé par deux experts, dont l'un est désigné par le sous-préfet et l'autre par le vendeur, à moins que ce dernier ne se borne à donner son prix ; dans tous les cas, il doit souscrire une promesse de vente. Le sous-préfet, s'il le juge à propos, fait ouvrir une enquête *de commodo et incommodo* (*Voy.* Enquête, n° 26). S'il s'élève des réclamations ou des oppositions, elles sont communiquées au conseil municipal, qui modifie ou maintient sa première délibération. Puis si la dépense totalisée avec celles des autres acquisitions déjà votées dans le même exercice, ne dépasse pas le dixième des revenus ordinaires de la commune, le conseil municipal peut régler l'acquisition par une délibération qui est soumise aux formalités et au contrôle indiqués au n° 95. (*L.* 24 *juill.* 1867, *art.* 1 et 6.)

En cas de désaccord entre le maire et le conseil municipal, la délibération n'est exécutoire qu'après approbation du préfet (*Id.*).

Le calcul du dixième doit être fait, non sur le total des recettes ordinaires figurant au budget de l'exercice courant, mais sur la moyenne de ces recettes d'après les comptes administratifs des trois dernières années. (*Circ.* 3 *août* 1867.)

250. Lorsque la dépense dépasse la limite indiquée ci-dessus, le maire transmet le dossier au sous-préfet ; ce fonctionnaire y joint son avis et l'acquisition est autorisée, s'il y a lieu, par un arrêté du préfet en conseil de préfecture (*L.* 18 *juill.* 1837 ; *D.* 25 *mars* 1852.) Cet arrêté, bien entendu, n'engage pas la commune envers celui qui a fait la promesse de vente ; il faut un contrat que la commune est encore libre de ne pas passer.

251. S'il est pourvu au paiement de l'acquisition au moyen d'un emprunt ou d'une imposition extraordinaire qui doivent être approuvés par une loi ou par un décret, c'est la même autorité qui statue sur l'acquisition.

252. Lorsque l'acquisition a été réglée par le conseil municipal ou autorisée par le préfet, par un décret ou par une loi, le maire traite au nom de la commune. Aucune disposition ne rend obligatoire le ministère des notaires ; mais dans le cas où le préfet la juge nécessaire pour garantir les intérêts de la commune, il peut la prescrire. C'est le maire qui choisit le notaire.

253. Comme les notaires ne peuvent ni se dessaisir d'aucune minute, si ce n'est dans les cas prévus par la loi et en vertu d'un jugement (*L.* 25 *vent. an XI*), ni délivrer en brevet, copie ou expédition, aucun acte soumis à l'enregistrement sur la minute ou l'original (*L.* 22 *frim. an VII*), le notaire doit, afin de mettre le préfet à même d'examiner les actes, lui délivrer, à titre de document destiné à l'administration, une copie qui est dispensée du timbre. (*Circ.* 6 *sept.* 1853.)

254. Dans le cas où l'immeuble acquis par une commune appartient à des mineurs et où les formalités prescrites par les art. 457, 458 et 459 du Code civil ne pourraient être remplies sans préjudice pour la commune, il est nécessaire de faire déclarer l'utilité publique de l'acquisition (*Avis du Com. int. 9 mai* 1834). Toutefois, lorsqu'il s'agit d'un immeuble de peu de valeur et que le tuteur offre hypothèque sur ses biens ou présente des garanties suffisantes de solvabilité, l'acquisition peut être autorisée sans l'accomplissement des formalités indiquées ci-dessus, pourvu que le tuteur se porte fort pour son pupille et s'engage à lui faire ratifier la vente à l'époque de sa majorité. (*Avis du Com. int.* 4 *janv.* 1833.)

255. Lorsqu'il s'agit de biens dotaux ou de biens d'incapables, les contrats d'acquisition doivent rappeler l'autorisation donnée par le tribunal et indiquer les mesures de conservation ou de remploi. Si l'aliénation est permise par le contrat de mariage et que le contrat ne rappelle pas les conditions fixées pour le remploi du prix, le receveur municipal doit se faire remettre, soit le contrat, soit un certificat de l'autorité qui a passé le contrat de vente, constatant que les époux sont mariés sans contrat. (*Instr. gén. fin., art.* 1018.)

256. L'autorisation du préfet n'est pas nécessaire pour acquérir des terrains délaissés par des propriétaires qui reconstruisent leurs façades, en vertu des autorisations administratives et suivant des plans régulièrement approuvés (*Circ.* 23 *janv.* 1836). Il existe aussi, pour les acquisitions en matière de chemins vicinaux et de voirie, des règles particulières qui sont indiquées dans les articles **Chemins vicinaux** et **Voirie.**

257. Lorsqu'une commune veut se porter acquéreur d'un immeuble mis en vente par autorité de justice, le maire communique au sous-préfet la délibération, les affiches, l'expertise et le cahier des charges ; le sous-préfet y joint son avis et le préfet en conseil de préfecture peut autoriser, s'il y a lieu, la commune à enchérir jusqu'à un certain maximum.

258. Le maire peut vendre un immeuble à la commune, et un adjoint ou un conseiller municipal ont le même droit ; mais il leur est interdit d'assister à la délibération et de figurer au procès-verbal ; leur présence entraînerait la nullité de la délibération. (*Avis du Com. int.* 25 *févr.* 1824.)

259. Les communes agissant comme personnes civiles, elles doivent observer les formalités prescrites pour purger les immeubles qu'elles achètent, des priviléges et hypothèques qui les peuvent être grevés. Aucune acquisition ne doit être payée par le receveur municipal qu'après qu'il a reçu deux certificats du conservateur des hypothèques, constatant, l'un la transcription du contrat, et l'autre l'absence d'inscription hypothécaire ou la radiation de celles qui existaient. (*Instr. gén. fin., art.* 1542.)

Par exception, lorsque les communes deviennent propriétaires d'immeubles dont l'acquisition a été déclarée d'utilité publique et que le prix ne dépasse pas 500 francs, elles peuvent le payer sans purger les hypothèques, sauf les droits des tiers (*L.* 3 *mai* 1841, *art.* 19). Cette disposition a été étendue, par un décret du 14 juillet 1866, à toutes les acquisitions d'immeubles faites à l'amiable et dont le prix n'excède pas 500 francs. Mais dans l'un et l'autre cas, il faut que le conseil municipal soit appelé à examiner et à décider s'il y a lieu

d'user ou de ne pas user de la faculté mentionnée ci-dessus, et que la délibération soit soumise à l'approbation du préfet (*O.* 18 *avril* 1842). Le receveur municipal ne doit acquitter le mandat délivré par le maire que si la délibération du conseil municipal et l'approbation du préfet y sont mentionnées. (*Id.*)

260. Lorsque les communes deviennent propriétaires d'immeubles en vertu de la loi sur l'expropriation pour cause d'utilité publique, elles ont le droit, en se soumettant aux conditions du décret du 14 juillet 1866 (*voy. n°* 259, § 2), d'user de la faculté de ne pas faire transcrire leur contrat d'acquisition. En dehors de ce cas, elles restent soumises au droit commun. (*Avis du C.* 31 *mars* 1869.)

261. Lorsque les communes usent de la faculté qui leur est conférée de ne pas purger les hypothèques des immeubles dont le prix n'excède pas 500 francs (*voy. n°* 259, § 2), elles ne sont pas tenues de produire préalablement un certificat négatif d'inscription hypothécaire. (*Avis du C.* 31 *mars* 1869.)

262. Pour le redressement d'un chemin vicinal ou l'alignement d'une rue, s'il y a un plan, la purge se fait suivant la loi du 3 mai 1841 ; s'il n'y a pas de plan, on se conforme au Code civil.

263. Les communes peuvent acquérir des immeubles dépendant du domaine de l'État, soit en se présentant aux enchères, soit en obtenant une cession directe. Dans cette seconde hypothèse, la délibération du conseil municipal et l'avis du préfet sont transmis au ministre des finances qui se concerte avec le ministre de l'intérieur. Si le projet leur paraît admissible, l'immeuble est estimé par deux experts désignés, l'un par le préfet et l'autre par le maire ; il est procédé à une enquête (*voy.* **Enquête**, *n°* 26), et l'utilité publique est déclarée, s'il y a lieu, par un décret rendu sur le rapport du ministre de l'intérieur. Le ministre des finances peut ensuite, en vertu de l'art. 13 de la loi du 3 mai 1841, consentir à l'aliénation de l'immeuble. Un contrat de vente est passé dans la forme des actes administratifs par le préfet et le maire.

264. Lorsqu'à propos d'une acquisition faite par une commune, un différend s'élève entre cette commune et le vendeur ou un tiers sur cette question, soit de propriété, soit d'interprétation ou d'exécution des clauses du contrat, c'est à l'autorité judiciaire qu'il appartient de statuer. L'autorité administrative est compétente seulement à l'égard des actes administratifs qui précèdent l'acquisition et pour interpréter ces actes. (*Arr. du C.* 8 *nov.* 1838.)

265. Pour les immeubles dépendant du domaine de l'État et acquis par les communes, l'interprétation des actes de vente et l'examen des questions qui s'y rattachent, appartiennent à la juridiction administrative (*Arr. du C.* 8 *nov.* 1838, 5 *août* 1841). Mais là se borne sa compétence. Si l'une des parties a des titres, moyens ou exceptions de droit commun à faire valoir, ou si des réclamations sont formées par des tiers relativement à des droits de propriété ou autres droits réels, c'est aux tribunaux civils qu'il appartient de statuer. (*Arr. du C.* 27 *févr.* 1835, 21 *déc.* 1837.)

Sect. 2. — Acquisitions à titre gratuit.

266. Ces acquisitions consistent, soit en concessions faites par l'État, soit en donations ou en legs, soit en dons manuels.

ART. 1. — CONCESSIONS DE L'ÉTAT.

267. Ces concessions s'opèrent suivant les règles indiquées dans l'article **Domaine**.

ART. 2. — DONATIONS.

268. Lorsqu'une donation est faite à une commune, le maire fait estimer l'objet donné, si c'est un immeuble, par un expert que désigne le sous-préfet, et si la donation est faite sans charges, conditions ni affectation immobilière, et ne donne lieu à aucune réclamation, le conseil municipal peut l'accepter ou la refuser. (*L.* 24 *juill.* 1867, *art.* 1er.)

La délibération est soumise aux formalités et au contrôle indiqués au n° 95. (*Id., art.* 6.)

En cas de désaccord entre le maire et le conseil municipal, le maire transmet au sous-préfet : 1° la délibération du conseil municipal; 2° l'acte de donation; 3° le budget avec un état de la situation financière de la commune; 4° un certificat de vie du donateur; 5° s'il s'agit d'un immeuble, le procès-verbal de l'estimation et un certificat du conservateur des hypothèques faisant connaître si l'immeuble est libre ou grevé; 7° des renseignements sur la position de fortune du donateur, sur celle de ses héritiers présomptifs, sur leur degré de parenté et sur les motifs de la donation. Le sous-préfet émet son avis et transmet le dossier au préfet qui accorde ou refuse l'autorisation par un arrêté rendu en conseil de préfecture.

269. S'il y a des charges, conditions ou affectation immobilière, ou lorsqu'il s'élève une réclamation, il doit être statué par un décret (*L.* 18 *juill.* 1837, *art.* 48; *voy. Arr. du C.* 17 *avril* 1874), et ce décret doit être rendu en assemblée générale du Conseil d'État, lorsque la valeur de la donation excède 50,000 francs. (*D.* 21 *août* 1872, *art.* 5.)

270. L'arrêté ou le décret peut, suivant les cas, soit autoriser l'acceptation suivant l'avis du conseil municipal, soit refuser l'autorisation, contrairement à l'avis du conseil, soit refuser d'approuver la délibération qui porterait refus de la donation, et autoriser le maire à l'accepter, soit enfin autoriser l'acceptation seulement pour une partie (*L.* 18 *juill.* 1837, *art.* 48; *Avis du C.* 22 *mai* 1838; *Arr. du C.* 14 *avril* 1864). Quant aux recours, voyez n° 245.

L'autorisation d'ailleurs ne fait pas obstacle à ce que l'autorité judiciaire soit appelée à connaître des questions relatives à la validité des donations. (*Arr. du C.* 29 *janv.* 1875.)

271. Dans le cas où la donation est faite à une section, on procède comme il est dit ci-dessus; mais l'emploi doit se faire suivant le vœu du donateur, ou sous la réserve indiquée au n° 19.

272. D'après un avis du Conseil d'État du 27 décembre 1855, c'est au pouvoir central qu'il appartient de statuer sur les donations faites en même temps à une commune ou à une institution de charité et à un établissement religieux. Mais par suite de la loi du 24 juillet 1867, un autre avis du 10 mars 1868 a restreint cette règle aux affaires

connexes, c'est-à-dire liées entre elles, subordonnées l'une à l'autre, et impliquant ainsi une charge ou une condition, suivant l'article 1er de la loi précitée. L'acceptation ou le refus des donations faites par dispositions distinctes (collectives, mixtes ou complexes) doivent être réglés par les conseils municipaux dans les termes de cette loi.

273. L'autorisation ne tranche que la question d'opportunité; elle laisse subsister les droits privés, réels ou prétendus, que des tiers ont pu ou peuvent alléguer. Comme elle forme un acte de tutelle administrative, les tiers intéressés ne peuvent l'attaquer par la voie contentieuse (*Arr. du C.* 13 *mars* 1867), mais ils sont fondés à s'adresser aux tribunaux ordinaires.

274. Lorsqu'un don est fait au profit des pauvres ou d'une partie des pauvres d'une commune, sans autre désignation, ou de certains établissements charitables, non légalement reconnus, le maire est chargé de l'accepter au nom de la commune et sauf l'autorisation nécessaire (*Avis du C.* 7 *déc.* 1858). Les bureaux de bienfaisance n'ont le droit d'accepter que les dons qui leur sont adressés pour être distribués (*Avis du C.* 6 *mars* 1873). Lorsque des donations sont faites à des établissements ecclésiastiques, fabriques, menses, consistoires, pour le soulagement des pauvres, et qu'il s'agit d'une fondation perpétuelle, le maire accepte le *bénéfice qui résulte de la donation en faveur des pauvres de la commune*, sans avoir le droit d'en contrôler l'emploi (*Id.*). Si la donation consiste en une somme destinée à être distribuée aux pauvres par les membres de la fabrique ou le curé, la fabrique peut accepter seule et sans l'intervention du maire. (*Voy.* **Dons et legs.**)

275. Si les biens donnés sont susceptibles d'hypothèques, la transcription des actes contenant la donation et l'acceptation, ainsi que la notification de l'acceptation qui aurait eu lieu par acte séparé, doit être faite aux bureaux des hypothèques à la diligence du receveur municipal, conformément à l'art. 939 du Code civil. (*Instr. gén. fin.; voy. aussi C. civil, art.* 941, 942.)

276. Après que l'autorisation a été accordée, le maire accepte la donation, soit dans l'acte même qui la constitue, soit par un acte séparé, également authentique, et, dans ce dernier cas, l'acceptation doit être notifiée au donateur, conformément à l'art. 932 du Code civil. Mais le maire peut toujours, en attendant la décision de l'autorité supérieure, accepter, à titre conservatoire, et en vertu d'une délibération du conseil municipal, une donation faite à la commune (*voy. C. civil, art.* 932). L'acceptation intervient ainsi sous condition résolutoire, et l'arrêté ou le décret, rendu ensuite, produit ses effets à compter du jour où elle a eu lieu. (*L.* 18 *juill.* 1837, *art.* 48.)

277. Le montant des donations en argent doit être versé dans la caisse municipale, à moins que le décret ou l'arrêté n'en prescrive le versement dans une autre caisse. Dans ce dernier cas, le receveur municipal se fait remettre une déclaration de versement par le comptable qui a reçu les fonds. Autrement, le receveur requiert le versement par les héritiers ou détenteurs; s'ils tardent ou refusent, le receveur leur fait faire un commandement ; puis, s'ils n'y satisfont pas, le maire se pourvoit en justice, et lorsqu'il a obtenu un titre exécutoire, le receveur municipal poursuit le recouvrement de la créance. Lorsqu'il s'agit d'un immeuble ou d'objets mobiliers autres qu'une somme d'argent, c'est le maire qui poursuit la délivrance. (*Instr. gén. fin., art.* 949.)

278. La jurisprudence varie à l'égard des dons manuels. Le 26 novembre 1836, la Cour de cassation jugea qu'il n'y avait pas matière à autorisation, tout étant consommé par le dessaisissement du donateur et par l'appréhension du donataire. Des cours d'appel continuèrent à considérer l'autorisation comme nécessaire. Appelée à juger de nouveau la question en 1867, la Cour de cassation, par un arrêt du 17 mars, déclara que l'acceptation pouvait avoir lieu sans autorisation préalable, mais que l'autorité compétente devait être appelée ultérieurement à examiner si la libéralité n'excédait pas les limites raisonnables.

ART. 3. — LEGS.

279. Tout notaire dépositaire d'un testament qui renferme un legs au profit d'une commune, est tenu d'en informer le maire aussitôt après l'ouverture ou la publication du testament (*O. 2 avril* 1817). Le maire communique cette information au receveur municipal qui doit, en attendant l'acceptation du legs, requérir, dans l'intérêt de la commune, tous les actes conservatoires jugés nécessaires (*D.* 31 *mai* 1862). Puis on procède suivant les règles indiquées pour les donations aux n°s 268 à 277 ; la seule différence est que le maire doit transmettre au préfet (*n°* 268) l'acte du décès du testateur, une expédition du testament, l'adhésion des héritiers ou leur opposition à la délivrance du legs, ou du moins la preuve de leur mise en demeure, et un état des biens laissés par le testateur.

280. Le maire peut former la demande en délivrance avant l'arrêté ou le décret d'autorisation. (*Voy. n°* 276.)

281. La commune représentée par le maire, suit la condition des particuliers pour l'exécution des donations ; toutes les questions sont du ressort des tribunaux ordinaires.

282. Les fruits ou les intérêts sont dus à dater du jour de la demande en délivrance si le legs comporte une demande de cette nature, ou du jour de l'ouverture de la succession, si la commune est instituée légataire universelle. (*Cass.* 2 *mai* 1864, 4 *déc.* 1866.)

Sect. 3. — **Aliénations à titre onéreux.**

283. Lorsque le maire juge à propos d'aliéner un immeuble communal autre que des bois soumis au régime forestier (*voy. n°* 288), il en fait la proposition au conseil municipal, et, s'il a reçu des offres pour traiter de gré à gré, il produit l'acte qui les renferme. Si le conseil approuve l'aliénation, le maire fait estimer l'immeuble par un expert que désigne le sous-préfet, et ce dernier doit toujours prescrire l'ouverture d'une enquête *de commodo et incommodo* dont il règle les formes et la durée. S'il s'élève des réclamations ou des oppositions, elles sont communiquées au conseil municipal, qui modifie ou maintient sa première délibération. Le maire l'adresse au sous-préfet, avec l'acte renfermant les offres, s'il en a été fait, un plan, le procès-verbal de l'enquête et les réclamations, s'il s'en est présenté. Le sous-préfet émet son avis et transmet le dossier au préfet, qui autorise, s'il y a lieu, l'aliénation par un arrêté en conseil de préfecture. (*L.* 18 *juill.* 1837 ; *D.* 25 *mars* 1852.)

L'enquête n'est pas nécessaire quand il s'agit d'aliénations au profit d'un particulier qui aurait à invoquer un droit de préférence, par exemple en exécution de l'art. 53 de la loi du 16 septembre 1807. (*Voy.* **Voirie.**)

284. On procède comme il est dit ci-dessus, pour un bien de section, sous la réserve indiquée au n° 19.

285. Le préfet décide, en donnant l'autorisation, si la vente doit se faire à l'amiable ou aux enchères publiques.

La commune peut être autorisée à traiter de gré à gré dans certains cas, par exemple quand la vente est faite à un établissement public, ou qu'il s'agit soit d'alignements de voirie, soit d'un objet de peu de valeur, soit d'une opération évidemment avantageuse pour la commune, soit d'un bien communal usurpé et dont l'usurpateur fait la déclaration, suivant l'ordonnance du 23 juin 1819. En général, la vente doit se faire aux enchères publiques. Les conditions sont déterminées dans un cahier de charges, dressé par le maire d'après la délibération du conseil municipal, et approuvé par le préfet sur l'avis du sous-préfet. Puis on procède à l'adjudication suivant les formes indiquées au n° 318.

286. Aucune disposition ne prescrit l'intervention d'un notaire ; mais le préfet peut attacher cette condition à l'autorisation. C'est le maire qui choisit le notaire (*Circ. Int.* 19 *déc.* 1840), et ce dernier doit fournir une copie de l'acte au préfet. (*Voy. n°* 253.)

287. Les actes de vente ne sont soumis à l'approbation du préfet par aucune disposition légale. La clause qui réserverait cette approbation serait sans valeur, et le préfet commettrait un excès de pouvoir en annulant ou en refusant de reconnaître une vente faite en vertu d'une autorisation régulière (*Arr. du C.* 4 *avril* 1861, 5 *juill.* 1863). Ce n'est qu'à des contribuables qu'il appartient de poursuivre l'annulation devant les tribunaux, s'ils le jugent à propos.

288. Les aliénations au profit de l'État s'effectuent suivant les règles indiquées dans l'article **Domaine.**

Pour l'aliénation du sol des chemins vicinaux voyez **Chemins vicinaux** ; pour celle des bois soumis au régime forestier, voyez **Forêts**, et pour celle des immeubles nécessaires à une entreprise d'utilité publique, voyez **Expropriation.**

Les aliénations d'objets mobiliers s'effectuent comme il est dit aux n°s 283 et 285, hormis les plans et les enquêtes.

Les aliénations d'inscriptions de rentes sont soumises à la délibération du conseil municipal, puis à l'approbation du préfet en conseil de préfecture (*D.* 25 *mars* 1852). L'arrêté d'approbation est présenté au trésorier-payeur général, qui est chargé de faire procéder à la vente et de remettre le produit au receveur municipal. (*Instr. gén. fin., art.* 973, 1159.)

289. Le maire ne peut, sous peine de nullité, se rendre acquéreur de biens de la commune qu'il administre, soit par lui-même, soit par personnes interposées (*C. civ.*, *art.* 1596), soit comme tuteur au nom d'un pupille (*Avis du Com. int.* 23 *janv.* 1824). Toutefois cette interdiction ne s'applique point au cas où le maire est obligé, comme propriétaire, de s'avancer sur la voie publique, en exécution d'un plan d'alignement, ou se trouve parmi les propriétaires riverains, qui, par suite de changement de direction ou d'abandon d'un chemin vicinal, peuvent s'en rendre acquéreurs, suivant l'art. 19 de la loi du 21 mars 1836.

290. La folle enchère n'est admissible que si elle a été stipulée dans le cahier des charges. Les surenchères ne sont recevables que pour les bois (*C. For.*); pour les autres biens, il faut que la condition en ait été faite. Il est interdit au maire de surenchérir.

291. Les actes de vente souscrits par le maire sans l'intervention d'un notaire, et les procès-verbaux d'adjudications passées par ce fonctionnaire n'ont point force d'exécution parée. Mais si un adjudicataire refuse ou néglige de payer le prix au terme fixé, le maire peut, en vertu de l'art. 63 de la loi de 1837, dresser un état de recouvrement, et, en le faisant viser par le sous-préfet, obtenir ainsi un titre exécutoire, sauf les oppositions que le débiteur a la faculté de former. (*Circ.* 19 déc. 1840.)

292. D'après les dispositions combinées de l'art. 1317 du Code civil et des art. 10 et 16 de la loi du 18 juillet 1837, les procès-verbaux d'adjudication ont le caractère d'actes authentiques. Le maire peut donc les conserver en minute et en délivrer des expéditions. Il n'est pas nécessaire de les rédiger en plusieurs originaux suivant l'art. 1325 du Code civil. Sauf la force exécutoire, ils produisent tous les autres effets des actes authentiques. (*Décis. Min. int. just.* 1861.)

293. Le préfet, lorsqu'il autorise une aliénation, précise l'emploi du produit. Lorsque les fonds ne sont pas nécessaires, le placement en rentes sur l'État doit être préféré à tout autre, et l'autorisation doit être soumise à la condition de capitaliser et de replacer le dixième des arrérages. (*Circ. Int.* 10 *avril* 1852.)

294. Tout créancier porteur de titres exécutoires peut provoquer la vente de biens autres que ceux qui sont du domaine public municipal, en adressant une demande au préfet (*L.* 18 *juill.* 1837, *art.* 46). Le préfet a compétence pour autoriser la vente d'office et pour en régler les formes (*D.* 25 *mars* 1852). Il est libre de choisir les biens dont l'aliénation lui paraît présenter le moins d'inconvénients. (*Décis. Int.* 1857.)

295. Lorsque les aliénations donnent lieu à des contestations, toutes les questions d'application des principes du droit commun, ainsi que les questions d'interprétation ou d'exécution des clauses renfermées dans les contrats, sont de la compétence des tribunaux ordinaires (*voy. Cass.* 21 nov. 1841, 4 *mars* 1857). L'autorité administrative n'est appelée à connaître que des contestations relatives aux actes administratifs qui ont précédé ou suivi la vente.

Cette autorité est aussi compétente pour statuer sur les réclamations qui peuvent être formées par des sections relativement à la vente de leurs biens, et, dans ce cas, la voie contentieuse ne leur est ouverte que pour excès de pouvoir ou violation des droits exclusifs de jouissance. (*Arr. du C.* 4 *sept.* 1856, 17 *mars* 1857.)

Sect. 4. — Aliénations à titre gratuit.

296. On suit pour les immeubles les règles énoncées au n° 283. Les aliénations d'objets mobiliers sont comprises dans le budget de la commune.

Sect. 5. — Échanges.

297. Les échanges d'immeubles autres que les bois soumis au régime forestier s'opèrent comme les acquisitions, sauf : 1° que l'expertise porte sur les deux immeubles, et 2° que l'échangiste doit produire ses titres de propriété et justifier que son immeuble est ligre d'hypothèques.

Les pièces de l'instruction sont la délibération du conseil municipal, la soumission de l'échangiste, les plans des immeubles, le procès-verbal d'expertise, le procès-verbal d'enquête, l'avis du commissaire-enquêteur, le budget communal et l'avis du sous-préfet. C'est sur ces documents qu'est basée la décision du préfet.

298. Lorsqu'il s'agit d'un échange de bois soumis au régime forestier, l'administration forestière doit être appelée à donner son avis, et l'on adjoint à l'expert désigné par le sous-préfet et à celui que choisit l'échangiste, un troisième expert nommé par l'administration des forêts. L'autorisation est accordée, s'il y a lieu, par un décret, la section des finances du Conseil d'État entendue.

299. Les échanges de biens de sections s'opèrent comme ceux des biens de la commune.

300. Les échanges entre les communes et l'État s'opèrent suivant les formes indiquées dans l'article Domaine.

301. Les actes d'échanges sont soumis aux règles indiquées aux n°s 252 et 253.

302. Le maire ne peut contracter par voie d'échange avec la commune qu'il administre, soit en son nom, soit comme tuteur. (*Avis du Com. int.* 19 *nov.* 1836.)

303. Les recours et la compétence sont soumis aux règles énoncées au n° 295. (*Voy. Arr. du C.* 16 *févr.* 1870.)

Sect. 6. — Partages.

304. Il est expliqué au n° 29 que les objets compris dans le domaine public municipal sont impartageables. Quant à ceux dont se compose le domaine particulier communal, ils appartiennent à la personne civile et par conséquent il n'appartient point à chacun des habitants d'en demander le partage suivant l'art. 815 du Code civil. Mais la loi va plus loin : le Code forestier interdit le partage des bois, et l'autorisation qu'avait donnée la loi du 10 juin 1793 de partager les autres biens patrimoniaux ou communaux proprement dits, a été suspendue par la loi du 21 prairial an IV. Les partages de terres vaines et vagues qui se font entre des habitants moyennant le payement de la valeur estimative sous forme de redevance annuelle (*n° 212*) rentrent en réalité dans la catégorie des aliénations à titre onéreux. Nous n'avons donc à parler ici que des partages de biens indivis qui peuvent se faire entre des communes ou des sections de communes.

305. L'art. 315 du Code civil, d'après lequel nul ne peut être contraint à rester dans l'indivision, est-il applicable aux communes ? Des jurisconsultes admettent que, suivant cet article, les tribunaux prononcent les partages, et qu'ensuite l'administration peut refuser de les autoriser si elle ne les juge pas opportuns. D'autres jurisconsultes n'admettent pas que des jugements puissent être annulés ainsi par l'autorité administrative; ils font observer, en outre, que les tribunaux ne peuvent appliquer aux communes les règles du droit civil concernant le partage par portions viriles et par tirage au sort; ils concluent que l'art. 815 est inapplicable, et que les partages ne sont possibles qu'avec le consentement des parties.

M. BATBIE propose un autre système qui nous semble propre à lever ces difficultés. Le conseil municipal qui voudrait le partage prendrait une délibération qui serait soumise au préfet. Si ce fonctionnaire y donnait son approbation, la commune demanderait au conseil de préfecture l'autorisation de plaider, et cette autorisation accordée, elle assignerait en partage la commune copropriétaire. Le tribunal pourrait ensuite ordonner le partage par feux, sans tirage au sort entre les communes, en vertu des avis du Conseil d'État de 1807 et de 1808 (n° 306), qui font loi en cette matière.

306. Soit que les biens indivis appartiennent à des communes ou à des sections, c'est aux conseils municipaux qu'il appartient de délibérer sur les partages. Le sous-préfet doit prescrire une enquête dans chacune des communes; il en règle les formes et la durée. Puis les maires nomment de part et d'autre des experts qui sont chargés de former les lots et de les tirer au sort : en cas de désaccord entre eux, le sous-préfet nomme un tiers expert.

Le partage doit se faire à raison du nombre de feux ou chefs de famille ayant domicile dans chaque commune ou section (*Avis du C.* 20 *juill.* 1807, 26 *avril* 1808; *Cass.* 20 *juill.* 1840), à moins qu'il n'existe des titres de propriété, des règlements conventionnels, ou une possession immémoriale qui attribue des droits différents aux communes propriétaires. Dans ces cas, le partage doit être soumis à la même inégalité (*Cass.* 12 *mai* 1840, 26 *mai* 1869). Si des communes ont des titres, tandis que d'autres n'en ont pas, on doit accorder aux premières la part que leurs titres leur attribuent et suivre pour les autres le mode de partage à raison du nombre des feux (*Cass.* 10 *avril* 1839). Ni le paiement de l'impôt par moitié, ni l'énoncé de la matrice cadastrale ne peuvent tenir lieu de ces titres. (*Cass.* 6 *août* 1849.)

307. Le procès-verbal de l'enquête et les avis des commissaires-enquêteurs sont communiqués aux conseils municipaux et transmis ensuite, avec les délibérations de ces conseils et les autres pièces, au sous-préfet, qui y joint son avis motivé. Le préfet rend, s'il y a lieu, les délibérations exécutoires, en les approuvant par un arrêté rendu en conseil de préfecture (*D.* 25 *mars* 1852). Les

maires font ensuite constater le partage par un acte authentique. (*Voy.* n° 253.)

308. Dans le cas où les communes copropriétaires appartiennent à des départements différents, les préfets se concertent pour donner de part et d'autre aux communes de leur ressort l'autorisation nécessaire. (*Circ.* 25 *juill.* 1839.)

309. Quand il s'agit de bois, on suit les règles indiquées ci-dessus, s'ils ne sont pas soumis au régime forestier. S'ils le sont, l'administration forestière est appelée à donner son avis, le dossier est transmis par le préfet au ministre de l'intérieur, et le partage est autorisé, s'il y a lieu, par un décret, la section des finances du Conseil d'État entendue. (*Avis du C.* 11 *nov.* 1852; *Voy. Circ. Min. fin.* 20 *déc.* 1867.)

310. Les objets mobiliers se partagent suivant les règles indiquées au n° 305.

311. Lorsqu'il s'élève une contestation sur les opérations matérielles d'un partage, c'est au préfet qu'il appartient de statuer, sauf le recours devant le ministre de l'intérieur. (*Arr. du C.* 25 *janv.* 1859.)

Si la contestation porte sur le mode de partage, sur ses effets, ou sur l'interprétation des actes administratifs qui s'y rapportent, le Conseil d'État induit de l'art. 1er, sect. V, de la loi du 10 juin 1793, que le conseil de préfecture est compétent, sauf recours au Conseil d'État. La Cour de cassation, qui suivait d'abord la même jurisprudence (*voy. Cass.* 26 *août* 1856), a jugé, par un arrêt du 22 juin 1868, que les délibérations des conseils municipaux sont des actes de propriétaire et qu'en conséquence c'est aux tribunaux civils qu'il appartient de les interpréter.

Quant aux dissentiments qui peuvent s'élever entre les copropriétaires sur l'étendue de leurs droits, si l'un d'eux invoque des titres privés ou élève des prétentions à la propriété de terrains compris dans le lot de l'autre, ou prétend que son lot n'a pas une valeur proportionnée à ses droits, la compétence judiciaire est incontestable. (*Arr. du C.* 26 *janv.* 1839, 17 *mai* 1855, 10 *sept.* 1864, 29 *août* 1865.)

Sect. 7. — Baux.

312. Les communes peuvent : 1° prendre à loyer un immeuble nécessaire pour un service communal; 2° donner à loyer des bâtiments ou des terrains communaux, ou affermer, soit des biens ruraux, soit les droits de chasse ou de pêche, soit des établissements communaux, tels que les abattoirs, les eaux minérales, soit des perceptions, telles que celles des droits d'octroi, de pesage et mesurage publics.

ART. 1. — BAUX D'IMMEUBLES PRIS A LOYER.

313. Ces baux sont proposés par le maire au conseil municipal. Si ce conseil approuve la proposition, il délibère sur les conditions. Le maire fait souscrire une promesse de bail par le propriétaire de l'immeuble; un expert désigné par le sous-préfet visite l'immeuble et en constate la contenance, la valeur et la situation; puis le sous-préfet fait ouvrir une enquête *de commodo et incommodo* dont il règle les formes et la durée. S'il s'élève des réclamations ou des oppositions, elles sont communiquées au conseil municipal, qui modifie ou maintient sa première résolution. Puis le maire transmet au sous-préfet la délibération du conseil municipal, le rapport de l'expert, le procès-verbal de l'enquête, l'avis du commissaire-enquêteur, la promesse de bail et le budget de la commune; le sous-préfet y joint son avis, et, s'il y a lieu, le préfet autorise, par un arrêté, la commune à prendre l'immeuble à loyer (*D. 25 mars 1852*). Dans tous les cas, le maire doit passer acte du bail devant un notaire désigné par le préfet. (*O. 7 oct. 1818.*)

ART. 2. — DAUX DE BIENS, DROITS OU ÉTABLISSE-MENTS COMMUNAUX DONNÉS A FERME OU A LOYER.

314. Ces baux sont soumis aux règles énoncées au n° 313, excepté que le conseil municipal a le pouvoir de régler les conditions des baux dont la durée ne dépasse pas 18 ans (*L. 24 juillet 1867, art. 1er*). Les délibérations, dans ce cas, sont soumises aux formalités et au contrôle indiqués au n° 95. En cas de désaccord entre le maire et le conseil municipal, ainsi que dans le cas où la durée du bail dépasse 18 ans, la délibération n'est exécutoire qu'après avoir été approuvée par le préfet. (*Id.*)

315. Lorsqu'il s'agit de mettre en régie intéressée ou d'affermer la perception des droits d'octroi, on suit les règles indiquées au mot Octroi. Pour la mise en régie intéressée ou en ferme des droits de location de places, de stationnement, de péage et autres, le conseil municipal délibère sur la proposition du maire, et si la délibération est approuvée par le préfet, on suit pour l'adjudication et les conditions les mêmes règles que pour les octrois.

Les régisseurs et les fermiers peuvent choisir et révoquer leurs agents; en conséquence, ils sont responsables des actes de ces derniers, et les préfets peuvent, sur la demande des sous-préfets ou des maires, et après avoir entendu les régisseurs ou fermiers, leur donner l'ordre de destituer ceux de leurs agents qui auraient donné lieu à des plaintes fondées. Les régisseurs ou fermiers doivent fournir un cautionnement (*Instr. gén, fin., art.* 855). Les époques du versement des produits dans les caisses municipales sont fixées dans les actes d'adjudication.

316. D'après la loi du 26 germinal an XI, art. 1er, on doit stipuler dans les baux de biens patrimoniaux ou communaux que les fermiers ou locataires sont tenus de payer, à la décharge des communes et en déduction du prix du bail, le montant des impositions assises sur ces biens. (*Circ. 29 prair. an XI.*)

317. L'autorité municipale ne doit insérer dans les cahiers des charges aucune stipulation qui tende à créer, au profit de l'adjudicataire, un privilège contraire à la liberté du commerce.

318. L'amodiation doit se faire aux enchères publiques, sauf les cas particuliers où le préfet juge préférable de traiter de gré à gré. Pour les adjudications aux enchères, le maire dresse, d'après les conditions renfermées dans la délibération du conseil municipal devenue exécutoire, un cahier des charges qui est soumis à l'approbation du préfet, après avis du sous-préfet.

« Les baux doivent être annoncés un mois d'avance à la porte des églises de la commune et des principales églises les plus voisines, à l'issue de la messe, et par des affiches apposées de quinzaine en quinzaine » (*L. 5 nov.* 1790), dans la commune et au chef-lieu de l'arrondissement ou du département. Un extrait doit être inséré dans un journal. (*D. 12 août* 1807; *O. 7 oct.* 1818.)

L'adjudication est passée par le maire assisté de deux membres du conseil municipal désignés par ce conseil, ou, à défaut, appelés dans l'ordre du tableau. Le receveur municipal doit assister à l'adjudication (*L. 18 juill.* 1837, *art.* 16). L'adjudication a lieu au plus offrant et dernier enchérisseur et à l'extinction des feux. Le maire fixe, à l'ouverture de la séance, le nombre des feux nécessaires, leur durée (au moins une minute) et la quotité de chaque enchère. « Les difficultés qui peuvent s'élever sur les opérations préparatoires de l'adjudication sont résolues, séance tenante, par le maire et les deux conseillers assistants, à la majorité des voix, sauf le recours de droit. » (*L. 18 juill.* 1837, *art.* 16.)

319. Il ne doit être passé acte de l'adjudication par-devant notaire, que si le préfet prescrit cette formalité (*Décis. Min. int.* 1857). Le maire choisit le notaire. (*Voy. n°* 253.)

320. Quelle que soit la durée du bail, l'acte passé par le maire n'est exécutoire qu'après avoir été homologué par un arrêté du préfet (*L. 18 juill.* 1837, *art.* 47). En conséquence les baux ne doivent être enregistrés que dans les vingt jours après celui de l'approbation. (*O. 17 oct.* 1818, *art.* 5.)

321. Les règles énoncées ci-dessus sont également applicables si le bien appartient privativement à une section. Le conseil municipal a le droit d'affermer le bien; seulement il doit le faire sous la réserve indiquée au n° 19.

322. Le maire ne peut se rendre adjudicataire, sous peine de nullité, ni par lui-même, ni par une personne interposée, d'aucune location, droit, perception ou entreprise du domaine de la commune (*C. civ., art.* 1596). Le receveur municipal ne peut non plus concourir à une adjudication pour ferme ou loyer, à cause des obligations qui lui sont imposées par l'arrêté consulaire du 19 vendémiaire an XII.

323. L'autorité administrative est juge des contestations sur les actes administratifs qui précèdent la consommation du bail. Mais celles qui s'élèvent, soit entre la commune et les propriétaires d'immeubles pris à loyer par elle, soit entre elle et les locataires ou fermiers d'immeubles communaux ou de droits perçus au profit de la commune, sur l'interprétation des clauses du bail, ou sur l'exécution de ces clauses, ou sur les questions d'indemnité, de garantie ou de résiliation, sont de la compétence des tribunaux civils (*Arr. du C.* 16 mars 1848, 10 janv. 1851), à moins que la connaissance de ces contestations ne soit réservée à l'autorité administrative par une loi.

324. Le recouvrement du prix des baux s'opère comme il est dit aux n°s 588 et suiv.

Sect. 8. — Marchés.

325. Les marchés ont pour objet, soit des travaux, soit des fournitures, soit des services municipaux, soit des emprunts. Ce n'est que par exception que les travaux s'exécutent en régie; en général, les communes traitent avec des entrepreneurs qui se chargent de les exécuter à forfait. Lorsqu'il s'agit d'établissements productifs de revenu, les communes peuvent concéder temporairement à des entrepreneurs la totalité ou une partie du produit de la perception, à condition que ces derniers se chargent des frais de construction et d'entretien.

Les services municipaux, tels que l'éclairage, le balayage, l'arrosage, s'exécutent par entreprises, moyennant une somme convenue, lorsque les communes ne préfèrent pas les faire faire en régie.

Les fournitures rentrent dans la classe des acquisitions d'objets mobiliers. Quant aux emprunts, voyez n° 341.

326. Les projets de marchés sont soumis au conseil municipal, qui est chargé de délibérer tant sur la mesure que sur le mode d'exécution et les conditions à stipuler (*L.* 18 *juill.* 1837, *art.* 19). La délibération, les devis, plans et autres pièces sont adressés au sous-préfet, qui y joint son avis et transmet le dossier au préfet.

Lorsque des villes ayant trois millions au moins de revenus ont à passer des marchés de gré à gré pour des travaux d'ouverture de nouvelles voies publiques ou pour tous autres travaux communaux déclarés d'utilité publique, ces marchés doivent être approuvés par des décrets rendus en Conseil d'État. (*L.* 24 *juill.* 1867, *art.* 16.)

Il en est de même pour les traités portant concession, à titre exclusif et pour une durée de plus de trente années, des grands services municipaux des villes de cette catégorie, ainsi que des traités et tarifs relatifs aux pompes funèbres. (*Id.*)

Le préfet approuve, s'il y a lieu, les autres marchés, et décide si la commune doit traiter par adjudication publique ou de gré à gré.

327. En principe les travaux, fournitures et services municipaux, doivent, lorsqu'ils sont donnés à l'entreprise ou concédés moyennant la perception de certains droits, faire l'objet d'adjudications avec concurrence et publicité (*O.* 14 *nov.* 1837, *art.* 1er); mais cette règle comporte plusieurs exceptions.

L'administration municipale peut traiter de gré à gré, moyennant l'approbation du préfet : 1° pour les travaux et fournitures dont la valeur n'excède pas 3,000 fr. ; 2° pour les objets dont la fabrication est exclusivement attribuée à des porteurs de brevets d'invention ; 3° pour les objets qui n'ont qu'un possesseur unique ; 4° pour les ouvrages et les objets d'art et de précision dont l'exécution ne peut être confiée qu'à des artistes éprouvés ; 5° pour les exploitations, fabrications et fournitures qui ne seraient faites qu'à titre d'essai ; 6° pour les matières et denrées qui, à raison de leur nature particulière et de la spécialité de l'emploi auquel elles sont destinées, doivent être achetées et choisies sur les lieux de production ou livrées sans intermédiaire par les producteurs eux-mêmes ; 7° pour les fournitures ou travaux qui n'auraient été l'objet d'aucune offre aux adjudications, ou à l'égard desquels il n'aurait été proposé que des prix inacceptables ; mais sans que l'administration municipale puisse dépasser le maximum de prix arrêté (*n°* 334) ; 8° pour les fournitures et travaux qui dans les cas d'urgence

absolue et dûment constatée, amenés par des circonstances imprévues, ne pourraient pas subir les délais des adjudications. (*O.* 14 *nov.* 1837, *art.* 2.)

328. Le maire peut d'ailleurs faire exécuter en régie, ou au moyen de marchés de gré à gré, et sans autorisation du préfet, les travaux de réparation ordinaire ou de simple entretien, dont la dépense n'excède pas 300 fr. (*D.* 17 *juill.* 1808.)

329. Lorsque le marché doit se faire de gré à gré, le maire le prépare conformément à la délibération approuvée, et le souscrit. Toutefois le marché ne devient définitif qu'après avoir été homologué par le préfet.

330. S'il est décidé que le marché se fera par adjudication publique, le maire dresse, d'après la délibération approuvée, un cahier de charges qui est soumis à l'approbation du préfet, après avis du sous-préfet. Le maire doit aussi transmettre une copie du cahier au receveur des finances de l'arrondissement avant l'adjudication. (*Inst. gén. fin.*, *art.* 1029.)

331. L'adjudication, sauf les cas d'urgence, est annoncée un mois à l'avance, par la voie des affiches et par tous les moyens ordinaires de publicité (*O.* 14 *nov.* 1837, *art.* 6). L'annonce doit faire connaître : 1° le lieu où l'on pourra prendre connaissance du cahier des charges ; 2° l'autorité chargée de procéder à l'adjudication ; 3° le lieu, le jour et l'heure fixés pour cette opération. (*Id.*)

332. Les adjudications publiques relatives à des fournitures, travaux, exploitations ou fabrications qui ne pourraient être sans inconvénient livrées à la concurrence illimitée, peuvent être soumises à des restrictions qui n'admettent à concourir que des personnes reconnues capables par l'administration et produisant les titres exigés par les cahiers des charges. (*Id., art.* 3.)

Les concurrents peuvent être astreints à fournir : 1° des certificats de capacité ; 2° un dépôt de garantie qui est rendu à ceux qui ne sont pas déclarés adjudicataires ; 3° un cautionnement dont le taux est fixé, en général, au vingtième du prix de l'adjudication et qui se fournit en numéraire, ou en immeubles, ou en inscriptions de rentes sur l'État.

333. Le cautionnement en numéraire est versé à la caisse des dépôts et consignations. Si l'adjudication doit être passée dans un chef-lieu de sous-préfecture, le versement s'opère à la caisse du receveur des finances qui en fait application au compte de la caisse. Si c'est dans une autre commune, le cautionnement est remis provisoirement au receveur municipal qui en délivre une quittance à souche et en fait le versement dans le plus court délai à la recette des finances. (*Inst. gén. fin.*, *art.* 1026.)

Si c'est un immeuble qui forme le cautionnement, l'administration municipale prend une inscription hypothécaire, en exigeant de l'adjudicataire qu'il justifie que l'immeuble est libre de tout privilège et hypothèque (*Instr. gén. fin.*, *art.* 1026). Si l'immeuble appartient à un tiers répondant, le cautionnement est consenti suivant l'art. 2127 du Code civil, et inscrit au bureau des hypothèques de la situation des biens grevés (*C. civ., art.* 2146). Enfin, si le cautionnement est fourni en rentes sur l'État, l'inscription est remise, à Paris, au directeur du contentieux des finances, pour être déposée à la caisse du Trésor, dans les départements, au directeur de l'enregistrement, pour être conservée par le receveur de l'enregistrement. (*Instr. gén. fin.*, *art.* 1026.)

Les dépôts de garantie sont versés à la caisse du receveur des finances, lorsque l'adjudication est passée au chef-lieu d'arrondissement, et à la caisse du receveur municipal, dans les autres communes. Ces receveurs convertissent en cautionnement les dépôts des adjudicataires et remboursent les autres. S'il s'agit de numéraire, les receveurs des finances font application des dépôts au compte de la caisse des dépôts et consignations, et pour les inscriptions de rentes, ils les remettent aux receveurs municipaux, afin que ceux-ci provoquent les actes de cautionnement. (*Instr. gén. fin.*, *art.* 1028.)

334. L'adjudication est passée par le maire assisté de deux membres du conseil municipal désignés par ce conseil, ou, à défaut, appelés dans l'ordre du tableau. Le receveur municipal doit aussi assister à l'opération. (*L.* 18 *juill.* 1837, *art.* 16.)

Les soumissions doivent être remises cachetées et en séance publique. Un maximum de prix ou un minimum de rabais, suivant l'objet de l'adjudication, est arrêté d'avance par le maire et indiqué sous une enveloppe qui est déposée cachetée sur le bureau à l'ouverture de la séance (*O.* 24 *nov.* 1837, *art.* 7). A l'instant fixé, le premier cachet est rompu en présence du public et l'on dresse un état des pièces contenues sous ce premier cachet. Le public se retire ; le maire, après avoir consulté ses assesseurs sur les certificats de capacité produits et les cautionnements offerts, arrête la liste des concurrents agréés, en éliminant ceux qui n'offrent pas des garanties suffisantes pour la moralité, la capacité ou la solvabilité (*Circ. Int.* 5 *août* 1828). Le public est réadmis et le maire annonce la décision prise ; puis les soumissions sont ouvertes, et, d'après la comparaison, le soumissionnaire qui a offert les conditions les plus avantageuses est déclaré adjudicataire.

335. Dans le cas où plusieurs soumissionnaires ont offert le même prix, il est procédé, séance tenante à une adjudication entre ces soumissionnaires seulement, soit sur de nouvelles soumissions, soit à extinction des feux. (*O.* 14 *nov.* 1837, *art.* 8.)

336. Les difficultés qui peuvent s'élever sur les opérations préparatoires sont résolues, séance tenante, par le maire et les deux conseillers assistants, à la majorité des voix, sauf le recours de droit. (*L.* 18 *juill.* 1837, *art.* 16 ; *voy.* **Adjudication.**)

337. Les résultats de l'adjudication sont consignés dans un procès-verbal qui doit être communiqué au préfet. Ce procès-verbal ayant un caractère authentique, le maire peut le conserver en minute et en délivrer des expéditions. (*Décis. Int. Just.* 1861.)

338. Les contestations sur les actes administratifs qui précèdent les marchés sont du ressort de l'autorité administrative. Ce sont les tribunaux civils qui connaissent des contestations sur l'interprétation ou l'exécution des clauses des marchés de fournitures ou de services municipaux. Quant

aux travaux, on établit une distinction entre ceux qui offrent pour le service public une utilité plus ou moins générale, et ceux qui s'appliquent à des biens patrimoniaux des communes et qu'elles font exécuter comme des propriétaires privés. Pour les travaux de la première espèce, les conseils de préfecture sont considérés comme compétents en vertu de l'art. 4 de la loi du 28 pluviôse an VIII, et cette compétence s'étend aux actions formées par les communes contre les architectes ou par les architectes contre les communes. En ce qui concerne les emprunts, voyez n° 351.

339. Les clauses et conditions générales des travaux des ponts et chaussées (*voy.* **Travaux publics**) ne sont applicables aux travaux communaux que si la condition en a été faite dans le cahier des charges de l'entreprise. (*Arr. du C.* 17 *févr.* 1859.)

340. Pour l'exécution des obligations réciproques des communes et des entrepreneurs de travaux, les torts et dommages, les plus-values, voyez **Travaux publics.**

Sect. 9. — Emprunts.

341. Les conseils municipaux votent et règlent, par leurs délibérations, les emprunts communaux remboursables en cinq ans sur le produit de contributions extraordinaires n'excédant pas 5 centimes pendant cinq années, ou sur les revenus ordinaires, lorsque l'amortissement ne dépasse pas douze années (*L.* 24 *juill.* 1867, *art.* 3). Mais les plus imposés doivent être appelés à délibérer avec le conseil municipal suivant la forme indiquée aux n°s 8, 9 et 13 (*Id.*, *art.* 6 ; *L.* 18 *juill.* 1837, *art.* 42). De plus, la délibération est soumise aux formalités et au contrôle indiqués au n° 95.

En cas de désaccord entre le maire et le conseil municipal, la délibération n'est exécutoire qu'après approbation du préfet. (*L.* 24 *juill.* 1867, *art.* 3.)

342. Lorsque les emprunts sont remboursables, soit sur le produit de contributions extraordinaires qui dépassent 5 centimes sans excéder le maximum fixé par le conseil général et dont la durée n'est pas supérieure à douze années, soit sur les revenus ordinaires, dans un délai excédant douze années, la délibération du conseil municipal est soumise à l'approbation du préfet (*L.* 24 *juill.* 1867, *art.* 5). Les emprunts ne doivent être destinés qu'à des dépenses d'une nécessité incontestable ; ils doivent être proportionnés aux ressources disponibles, et, à moins de circonstances exceptionnelles, il est prudent que le terme de l'amortissement n'excède pas 15 ou 20 ans. (*Circ. Int.* 3 *août* 1867.)

343. Tout emprunt remboursable sur des ressources extraordinaires, dans un délai excédant douze années, doit être autorisé par un décret, et ce décret est rendu en Conseil d'État s'il s'agit d'une commune ayant un revenu supérieur à 100,000 francs. Il est statué par une loi lorsque la somme à emprunter dépasse un million, ou lorsque cette somme, réunie au chiffre d'autres emprunts non encore remboursés, dépasse un million. (*L.* 24 *juill.* 1867, *art.* 7.)

344. Dans les communes dont les revenus sont inférieurs à 100,000 francs, les plus imposés aux rôles de la commune doivent être appelés à délibérer sur les emprunts avec le conseil municipal, en nombre égal à celui des membres en exercice. (*L.* 18 *juill.* 1837, *art.* 42; *voy.* n°s 8, 9 *et* 10)

345. Aucun emprunt ne doit être autorisé avant que la dépense à laquelle le produit est applicable, ait été elle-même autorisée.

346. Lorsque les communes ont recours, pour le remboursement des emprunts, soit à des centimes additionnels, soit à des taxes additionnelles d'octroi, soit à d'autres taxes municipales, ou une coupe extraordinaire de bois, l'emploi de celle de ces ressources qui est choisie doit être préalablement autorisé et assuré suivant les règles énoncées dans le chapitre VIII.

347. Les communes ne peuvent contracter des emprunts avec primes qu'en vertu d'une loi. (*L.* 21 *avril* 1832.)

348. Les emprunts peuvent se réaliser de quatre façons différentes.

D'abord, on peut mettre l'emprunt en adjudication avec publicité et concurrence, d'après les règles indiquées aux n°s 325 et suivants. Le recouvrement est poursuivi par le receveur municipal en vertu de la délibération du conseil municipal, ou du décret ou de la loi qui a autorisé l'emprunt. Les versements s'effectuent à la caisse municipale, ainsi que les remboursements et le paiement des intérêts, sur des mandats du maire expédiés au nom des porteurs de coupons.

Les communes, en second lieu, peuvent traiter de gré à gré avec la caisse des dépôts et consignations, en se conformant aux conditions déterminées par la commission de surveillance de cette caisse. (*Voy.* **Caisse des dépôts et consignations** *et Instr. gén. fin.*)

En troisième lieu, les communes peuvent contracter des emprunts de gré à gré par voie de souscription, avec la faculté d'émettre des obligations payables au porteur ou transmissibles par voie d'endossement.

Enfin les communes peuvent traiter avec le Crédit foncier en vertu de la loi du 6 juillet 1860. (*Voy.* **Crédit foncier.**)

349. Quel que soit le mode de remboursement, on comprend dans le budget de chaque exercice, au chapitre des dépenses extraordinaires, le montant des intérêts décroissants et la somme affectée à l'amortissement du capital, divisé en autant d'annuités que le comportent les termes de l'emprunt.

350. Tout emprunt doit être réalisé à l'époque fixée par l'acte qui l'autorise; sinon, l'autorisation est périmée. En conséquence, toute prorogation d'emprunt forme un emprunt nouveau qui doit être proposé, voté et autorisé suivant les formes indiquées ci-dessus.

351. C'est à l'autorité judiciaire qu'il appartient de statuer sur les contestations qui peuvent s'élever entre les souscripteurs d'un emprunt et la commune, sauf renvoi devant l'autorité administrative lorsqu'il surgit une question préjudicielle sur le sens ou la valeur d'un acte émané d'elle. (*Arr. du C.* 29 *juin* 1870.)

Sect. 10. — Arbitrages.

352. Les communes ne peuvent compromettre (*C. de Pr.*, art. 83, 1004), et, par suite, entrer dans les voies de l'arbitrage. (*Voy.* **Arbitrage.**)

Sect. 11. — Transactions.

353. Lorsque le maire reçoit des offres de transaction de la part de la personne avec laquelle la commune est en procès, ou lorsqu'il juge avantageux d'entrer dans cette voie, il prépare un acte de transaction qu'il soumet au préfet, et ce fonctionnaire chargé trois jurisconsultes, qu'il désigne, de donner une consultation pour éclairer la commune sur ses droits (*Arr. cons.* 21 *frim.* an XII). Cette consultation est communiquée au conseil municipal : si ce conseil consent à la transaction, il détermine à quelles conditions ; puis le sous-préfet et le conseil de préfecture sont appelés à donner leur avis, et le préfet approuve, s'il y a lieu, la délibération du conseil municipal. Le maire reprend alors les pourparlers avec l'adversaire de la commune, et s'ils tombent d'accord, ils procèdent à la signature de l'acte qui est dressé sous seing privé ou devant notaire, et soumis au préfet pour être homologué par un arrêté en conseil de préfecture. (*D.* 25 *mars* 1852.)

354. Lorsque l'acte est dressé sous seing privé, le préfet, en l'homologuant, prescrit dans son arrêté de passer un acte public dont une expédition doit rester annexée à cet arrêté. (*Circ. Int.* 10 *avril* 1852.)

355. Quand ce sont deux communes ou sections, ou une commune et une section, qui veulent transiger, une seule consultation suffit ; mais elle est indispensable comme pour une commune et un particulier (*Arr. du C.* 2 *févr.* 1860). Chaque section est représentée par une commission syndicale formée comme il est dit au n° 106.

356. Le maire peut transiger avec la commune qu'il administre. (*Décis. min.* 1856.)

357. C'est à l'autorité administrative qu'il appartient de connaître des contestations relatives aux actes administratifs qui précèdent les transactions. Le recours par la voie contentieuse est ouvert contre les actes entachés d'incompétence ou d'excès de pouvoir. Quant aux questions d'interprétation ou d'exécution des transactions elles-mêmes, c'est aux tribunaux civils qu'il appartient de statuer. (*Arr. du C.* 21 *nov.* 1834.)

Sect. 12. — Assurances.

358. Le conseil municipal règle les assurances des bâtiments communaux (*L.* 24 *juill.* 1867, *art.* 1er). En cas de désaccord entre le maire et le conseil municipal, la délibération n'est exécutoire qu'après approbation du préfet (*Id.*). Dans tous les cas, elle est soumise aux formalités et au contrôle indiqués au n° 94.

Sect. 13. — Banalités conventionnelles.

359. Un article spécial est consacré aux banalités; nous bornerons à indiquer ici les règles établies par la jurisprudence. La loi du 28 mars 1790 n'a supprimé que les banalités qui avaient un caractère féodal; celles qui ont été consenties, soit par les représentants légaux des communes, autorisés par les habitants agissant *in universi*, soit par la majorité des habitants (*Cass.* 16 *nov.* 1836), sont restées obligatoires pour tous les habitants présents et futurs, mais elles sont rachetables (*L.* 25 *août* 1792, *art.* 5 *et* 8). En cas de contestation, le propriétaire de la banalité doit prouver qu'elle n'est pas féodale, en produisant un titre; la possession la plus ancienne ne suffit pas pour établir le droit en litige, et le banier peut prescrire la banalité contre le propriétaire. On ne saurait, sous aucun prétexte, renouveler, au profit des communes, les banalités de leurs usines, quand même elles auraient acquis ces banalités à titre onéreux (*Arr. du C.* 29 *avril* 1809), et, à plus forte raison, les communes ne peuvent consentir, par des conventions particulières, soit à l'établissement de banalités nouvelles au profit d'un particulier, soit à la conversion de banalités d'origine féodale en banalités conventionnelles, même en se fondant sur des intérêts ou des besoins communaux (*Avis du C.* 11 *brum. an XIV*, 3 *juill.* 1808). Toutefois les banalités conventionnelles déclarées rachetables par les lois peuvent être rétablies par transaction ou par jugement des tribunaux. (*Avis du C.* 3 *juill.* 1808.)

360. Le rachat doit se faire non d'après le revenu actuel, mais d'après la somme principale reçue pour l'établissement de la banalité suivant l'art. 11 du titre II de la loi du 13 avril 1791. (*Montpellier*, 3 *août* 1848.)

Sect. 14. — Hypothèques.

361. Les communes ont une hypothèque légale sur les biens de leurs receveurs et administrateurs comptables (*C. civ.*, art. 2121). Leurs droits sont inscrits dans la forme prescrite par l'art. 2153 du Code civil ; ils ne prennent rang que du jour de l'inscription prise par la commune sur les registres du conservateur. (*C. civ.*, art. 2134.)

362. Les communes peuvent prendre hypothèque : 1° sur les biens des locataires ou fermiers à qui sont donnés à loyer ou à ferme des biens, des perceptions ou des services communaux (*voy.* n°s 314 *et suiv.*) ; 2° sur les immeubles que des adjudicataires présentent comme cautionnement (*voy.* n° 333) ; 3° sur les biens des particuliers sur qui des fonds ont été placés en rentes (n° 248). Dans ces cas, les communes doivent, suivant l'art. 2127 du Code civil, faire passer acte du consentement devant deux notaires ou un notaire et deux témoins. Ce n'est qu'en faveur de l'État que les actes passés en la forme administrative sont suffisants. (*Décis. Min. Just.* 1863.)

363. Le maire peut donner mainlevée d'une hypothèque inscrite au profit de la commune, pourvu que le conseil municipal l'ait autorisé à faire cet acte et que la délibération prise par le conseil ait été rendue exécutoire par un arrêté du préfet en conseil de préfecture. (*O.* 15 *juill.* 1840.)

364. En principe, il n'y a pas d'obstacle absolu à ce que les communes consentent des hypothèques sur leurs biens libres, puisqu'elles peuvent, en vertu de la loi du 18 juillet 1837, vendre ou échanger leurs immeubles, moyennant l'accomplissement de certaines formalités. Mais cette condition n'est guère utile aux emprunteurs, puisque ceux-ci ne peuvent obtenir par les voies ordinaires l'exécution de leurs titres contre les communes. (*Décis. min.*)

CHAP. V. — TRAVAUX.

Sect. 1. — Préparation et règlement des projets.

365. « Aucune construction nouvelle ou reconstruction entière ou partielle ne peut être autorisée que sur la production de projets et devis » (*L.* 18 *juill.* 1837, art. 45), et les travaux ne peuvent être entrepris qu'après que les ressources

destinées à les payer ont été réglées comme il est dit aux n°s 95, 99 et 100. (*Circ.* 12 *août* 1875.)

Le maire fait rédiger un programme de la destination de l'édifice, des conditions qu'il doit remplir, de la dépense présumée, et dresser un projet composé d'une partie graphique et de pièces écrites. La partie graphique comprend : 1° un plan général à l'échelle de 5 millimètres par mètre ; 2° des plans détaillés des fondations, des caves, de chaque étage et des combles à l'échelle de 10 millimètres par mètre ; 3° les élévations principale, latérale et postérieure, ainsi que les coupes longitudinales et transversales à la même échelle ; 4° les détails de construction et de décoration à l'échelle de 20 millimètres par mètre. Les pièces écrites comprennent : 1° un devis *descriptif*, indiquant les travaux à exécuter, la nature et la qualité des matériaux, la mise en œuvre, les mesures spéciales qui seraient nécessaires ; 2° un *détail métrique et estimatif*, accompagné de sous-détails, et faisant connaître les prix des matériaux et de la main-d'œuvre, déchets, faux frais et bénéfices, ainsi que les honoraires de l'architecte et la somme à valoir pour travaux imprévus ; 3° un cahier de charges, indiquant les obligations de l'entrepreneur, les conditions de l'adjudication, le mode et les époques de paiement. On peut aussi rédiger des avant-projets à des échelles moindres que celles indiquées ci-dessus, et les soumettre à un examen préalable avant de rédiger les projets détaillés. (*Circ.* 22 *oct.* 1812 *et* 15 *avril* 1842.)

366. Les projets et devis sont soumis au conseil municipal qui peut régler les projets, plans et devis de grosses réparations et d'entretien, lorsque la dépense totale afférente à ces projets et aux autres projets de la même nature, adoptés dans le même exercice, ne dépassent pas le cinquième des revenus ordinaires de la commune, ni, en aucun cas, une somme de 50,000 francs (*L.* 24 *juill.* 1867, art. 1er). Mais les délibérations sont soumises aux formalités et au contrôle indiqués au n° 94. (*Id.*, art. 6.)

Le calcul des revenus doit être fait, non sur le total des recettes ordinaires figurant au budget de l'exercice courant, mais sur la moyenne établie d'après les comptes administratifs des trois dernières années. (*Circ. Int.* 3 *août* 1867.)

367. En cas de désaccord entre le maire et le conseil municipal, la délibération n'est exécutoire qu'après l'approbation du préfet (*L.* 24 *juill.* 1867, art. 1er). Dans ce cas, comme dans ceux où les travaux dépassent la limite indiquée au n° 366, le maire transmet la délibération, le projet et le devis au sous-préfet, qui émet son avis et adresse le dossier au préfet. Ce fonctionnaire fait vérifier le projet et le devis par des hommes de l'art ; il prend l'avis d'une commission établie auprès de la préfecture et composée d'un ingénieur des ponts et chaussées, de l'agent voyer en chef, de l'architecte du département et de tels autres hommes de l'art que le préfet juge à propos de leur adjoindre. S'il désire connaître l'opinion du conseil des bâtiments civils ou du conseil général des ponts et chaussées, il communique les plans et devis au ministre de l'intérieur. Puis il examine, en dehors des questions d'art, l'utilité des travaux projetés, ainsi que les ressources destinées à subvenir à la dépense, et il approuve, s'il y a lieu, les plans et devis par un arrêté (*Circ.* 10 *avril* 1852). Quant aux travaux de simple entretien, voyez n° 328.

368. Lorsqu'un même travail intéresse plusieurs communes, les conseils municipaux sont appelés à délibérer sur leurs intérêts respectifs et sur la part de la dépense que chacune des communes doit supporter. Ces délibérations sont soumises à l'approbation du préfet. Si les conseils municipaux ne sont pas d'accord et que les communes soient situées dans le même département, le préfet statue après avoir entendu le conseil d'arrondissement et le conseil général; si les communes appartiennent à des départements différents, il doit être statué par décret, et dans l'un et l'autre cas, la part de la dépense assignée à chaque commune est portée d'office aux budgets respectifs. En cas d'urgence, le préfet peut ordonner les travaux par un arrêté et pourvoir à la dépense au moyen d'un rôle provisoire. Il est procédé ultérieurement à la répartition définitive de la dépense dans la forme déterminée ci-dessus. (*L.* 18 *juill.* 1837, art. 72.)

369. Si les architectes reconnaissent, pendant l'exécution des projets et devis approuvés, la nécessité d'y apporter certaines modifications ou d'y faire des additions, ils ne doivent les prescrire qu'après avoir pris les ordres de l'autorité compétente et présenté des projets modificatifs ou supplémentaires (*Circ.* 10 *févr.* 1840, 15 *avril* 1842). Il est « toujours et nécessairement stipulé dans les cahiers de charges que tous les ouvrages exécutés par les entrepreneurs en dehors des autorisations régulières, demeureront à la charge personnelle de ces derniers, sans répétition contre les communes » (*O.* 14 *nov.* 1837), sauf leur recours contre l'architecte qui a dirigé les travaux. De plus, il ne doit être accordé aux architectes aucun honoraire ni indemnité pour les dépenses qui excèdent les devis (*L. de finances,* 15 *mai* 1850), à moins que les travaux supplémentaires n'aient été ensuite régulièrement autorisés.

370. Les plans et devis supplémentaires sont examinés et approuvés comme les plans et devis primitifs. Si les travaux primitifs sont exécutés par un adjudicataire, les travaux supplémentaires doivent être exécutés aux conditions et moyennant le rabais de la première adjudication. (*Circ.* 10 *févr.* 1840.)

371. Les honoraires de l'architecte sont fixés par le conseil municipal, au taux qu'il juge à propos.

La prescription court au profit des architectes ou entrepreneurs, à partir du jour où la commune a pris possession des travaux après leur achèvement. (*Arr. du C.* 7 *janv.* 1858.)

Sect. 2. — Exécution et paiement des travaux.

372. Le maire veille à ce que les travaux s'exécutent suivant les plans et devis arrêtés, et à ce que les conditions imposées aux adjudicataires soient exactement remplies. On doit tenir, au fur et à mesure de l'exécution des travaux, des attachements figurés et écrits destinés à constater la disposition, la nature et les dimensions des travaux qui ne resteraient pas visibles ou facilement accessibles.

Les mémoires et décomptes des travaux doivent comprendre les détails métriques des parties exécutées, dans l'ordre et le système de mesurage, d'évaluation et de destination établis par les devis et cahiers des charges (*Circ.* 15 *avril* 1842). Le maire reçoit et délivre les certificats de réception. Il ne doit viser un mémoire qu'après l'avoir fait régler par un architecte ou un agent voyer ou son maître ouvrier. (*Instr.* 20 *juin* 1859.)

Le règlement des comptes des travaux est soumis à l'approbation du préfet; ce fonctionnaire doit s'assurer de l'exécution des marchés, et constater que rien ne s'oppose au paiement de la dépense, ainsi qu'à la restitution du cautionnement, qui ne peut avoir lieu qu'en vertu d'une décharge délivrée par le préfet. (*Circ.* 10 *févr.* 1840.)

373. Le paiement des travaux ne doit être fait par les receveurs municipaux que sur la production : 1° de la décision approbative des travaux ; 2° du procès-verbal d'adjudication dûment approuvé par le préfet; 3° de l'état d'avancement des constructions et des à-compte à payer, certifié véritable par l'architecte chargé de la surveillance et de la direction des travaux, et visé par le maire. Quand c'est le solde total de la dépense qui doit être payé, ces pièces sont, en outre, accompagnées du procès-verbal de réception des travaux et de la décision par laquelle le préfet en a définitivement réglé les comptes. (*Circ.* 10 *févr.* 1840.)

Sect. 3. — Règles particulières.

374. Lorsqu'il s'agit de construire ou de reconstruire, de réparer ou d'agrandir un édifice du culte, on procède comme il est dit au n° 470.

375. Les fabriques peuvent faire exécuter, sous leur direction et moyennant la seule autorisation de l'évêque, les travaux d'entretien, d'appropriation intérieure et d'embellissement des édifices consacrés au culte (*D.* 30 *déc.* 1809, art. 37, 41). Les communes, dans ce cas, n'interviennent que pour subvenir, s'il y a lieu, à l'insuffisance des ressources des fabriques. Mais quand il s'agit de grosses réparations, ou de travaux de construction ou de reconstruction, la fabrique ne peut se passer de l'assentiment du conseil municipal si elle n'est pas propriétaire de l'édifice, et lors même qu'elle subviendrait à la totalité de la dépense.

Puis, que la fabrique soit ou ne soit pas propriétaire, la direction des travaux appartient à la fabrique lorsqu'elle supporte la totalité ou la plus grande partie de la dépense. Si c'est au contraire la commune, la direction des travaux lui appartient. Enfin si la fabrique et la commune contribuent par portions égales, c'est au maire qu'il appartient de diriger les travaux (*Décis. Min. Int. et Cultes,* 31 *août* 1854). L'architecte est choisi et la dépense est ordonnancée et acquittée par l'autorité municipale, si c'est elle qui dirige les travaux, et dans le cas contraire, par la fabrique. Les fonds sont centralisés, d'après la même règle, soit dans la caisse de la commune, soit dans celle de la fabrique. (*Id.*)

376. Les travaux qu'exigent les bâtiments militaires sont exécutés par le ministère de la guerre, moyennant le prélèvement indiqué aux n°ˢ 183 et 490.

Quant aux alignements, aux chemins vicinaux, aux reboisements, défrichements et travaux destinés à mettre les villes à l'abri des inondations, voyez **Voirie, Chemins vicinaux, Reboisement, Inondations et Marais.**

CHAP. VI. — PROCÈS.

377. Les communes, comme propriétaires, ont les droits et les obligations communément attachés à cette qualité ; elles peuvent donc se trouver dans la nécessité de procéder devant les mêmes juridictions que les particuliers, soit pour soutenir des droits méconnus, soit pour repousser des prétentions qui ne paraissent pas fondées. Elles peuvent, en outre, comme personnes civiles, avoir à se porter demanderesses en matière criminelle, afin de poursuivre la répression de délits commis contre elles, et à se constituer partie civile relativement à ces délits ou à des crimes qui ont pu leur porter préjudice. Troisièmement, elles peuvent être traduites devant la justice criminelle comme responsables des faits de leurs représentants ou de leurs habitants. (*Voy.* n°s 508, 514 *et l'article* Réquisitions.)

378. Les sections de communes qui possèdent privativement des droits de propriété et de jouissance, sont reconnues capables d'agir en justice à raison de ces droits (n°s 3 *et* 4). La même capacité appartient aux communes constituées en associations syndicales pour la gestion de biens indivis entre elles (n° 106).

379. Les demandes qui intéressent les communes ou les sections de communes sont dispensées du préliminaire de conciliation (*C. de Pr. civ.*, art. 49). Elles doivent être communiquées au procureur de la République (*Id.*, art. 83), et il y a lieu à la requête civile : 1° si cette communication n'a pas été faite et que le jugement ait été rendu contre la commune (*Id.*, art. 480) ; 2° si la commune ou section n'a pas été défendue ou ne l'a pas été valablement (*art.* 481).

Sect. 1. — Attributions du conseil municipal.

380. Le conseil municipal est chargé de délibérer sur les actions judiciaires de la commune (*L.* 18 *juill.* 1837, *art.* 19). Aucune action ne peut être intentée ou soutenue sans une délibération formelle et régulière du conseil municipal; une adhésion donnée individuellement par des conseillers municipaux serait insuffisante (*Arr. du C.* 19 *déc.* 1834), et à plus forte raison, un maire ne saurait agir contre la volonté du conseil (*Cass.* 28 *déc.* 1863). Celui qui agirait sans autorisation ou avec une autorisation irrégulière, soit devant la juridiction ordinaire, soit devant la juridiction administrative, devrait être déclaré non recevable et condamné personnellement aux dépens. (*Arr. du C.* 5 *août* 1829, 19 *janv.* 1850, 17 *févr.* 1853.)

Cette règle ne souffre d'exception que pour les actes conservatoires. Ainsi, le maire peut, sans autorisation du conseil municipal, former une instance interruptive de prescription, interjeter un appel, former un pourvoi, produire des défenses ; mais il ne peut s'engager plus avant dans la procédure sans en avoir obtenu l'autorisation.

381. Des habitants sont sans droit et sans qualité pour exercer ou soutenir *ut singuli* une action relative à un droit qui intéresse l'univer-

salité des membres de la commune (*Cass.* 16 *juin* 1851), ou qui n'appartient à ces habitants qu'en cette qualité (*C. Montpellier*, 24 *mars* 1873). Le conseil municipal ne peut être suppléé que dans le cas et dans les formes indiquées aux n°s 432 et suiv.

382. Le conseil municipal doit seulement délibérer ; il est interdit à ses membres, et à plus forte raison, à une partie d'entre eux, d'exercer ou de soutenir une action au nom de la commune. (*Cass.* 21 *nov.* 1837 ; *Arr. du C.* 20 *avril* 1840.)

383. Dans le cas où un conseiller municipal aurait, soit en son nom personnel, soit comme mandataire, un intérêt dans une affaire soumise au conseil municipal, ce conseiller devrait se récuser, ou sinon, être exclu de la délibération. (*Voy. L.* 5 *mai* 1855, *art.* 21.)

Sect. 2. — Attributions du maire.

384. Le maire représente la commune, soit en demandant, soit en défendant (*L.* 18 *juill.* 1837, *art.* 10). Il donne les ajournements, constitue avoué, choisit les avocats, ainsi que les huissiers chargés d'instrumenter, et pourvoit aux enquêtes et aux expertises nécessaires. C'est en sa personne ou à son domicile que la commune est assignée ; il vise l'original de l'exploit et la copie lui en est laissée, soit à la mairie, soit à son domicile (*Cass.* 30 *avril* 1840). En cas d'absence du maire régulièrement constatée, l'assignation est valablement donnée à la commune en la personne ou au domicile de l'adjoint ou du conseiller municipal qui remplit les fonctions de maire (*Cass.* 8 *mars* 1834). En cas d'absence ou de refus du maire ou de ses suppléants naturels et légaux, le visa est donné, soit par le juge de paix, soit par le procureur de la République auquel, en ce cas, la copie de l'exploit est laissée (*C. de Pr.*, *art.* 69). Les significations de jugements ou d'arrêts sont faites au maire ou à ses suppléants, et visées par eux sans frais sur l'original; en cas de refus, l'original est visé par le procureur de la République. (*C. de Pr.*, *art.* 1039.)

Il n'est fait exception que pour les chemins vicinaux de grande communication (*voy. L.* 21 *mai* 1836, *art.* 9). Le préfet, qui représente l'agrégation des communes intéressées, doit, le cas échéant, demander au conseil de préfecture l'autorisation de plaider pour elles. (*Circ. Int.* 18 *févr.* 1836.)

385. Le maire peut user du droit de délégation que lui confère la loi de 1837. S'il est absent ou empêché sans avoir usé de ce droit, ou si ses intérêts sont opposés à ceux de la commune, il est remplacé de droit par un adjoint suivant l'ordre des nominations, et si les adjoints sont absents ou empêchés, ils sont remplacés par un conseiller municipal désigné par le préfet, ou, à défaut de cette désignation, par le conseiller municipal le premier dans l'ordre du tableau. (*Voy. L.* 5 *mai* 1855, *art.* 4.)

Si un maire agissait au nom de la commune, quoique ayant des intérêts opposés, elle serait recevable à former opposition aux décisions rendues à son préjudice, et si ces décisions avaient été signifiées au maire, elles ne feraient pas courir les délais de l'appel ou du pourvoi. (*Arr. du C.* 16 *nov.* 1835; *Cass.* 31 *déc.* 1855.)

386. En supposant qu'un maire néglige ou refuse d'agir en justice, soit de son chef, soit d'accord avec le conseil municipal, le préfet peut adresser des injonctions, provoquer la révocation du maire ou la dissolution du conseil municipal; mais il n'a qualité, ni pour agir lui-même au nom de la commune, ni pour en charger un délégué spécial. L'acte que le maire néglige ou refuse de faire ne rentre pas parmi ceux qui lui sont prescrits par l'art. 15 de la loi du 18 juillet 1837. (*Voy Cass.* 27 *mai* 1850, 30 *nov.* 1863, 3 *avril* 1867.)

Sect. 3. — **Autorisation du conseil de préfecture.**

ART. 1. — CAS OU LA COMMUNE EST DEMANDERESSE.

387. Nulle commune ne peut introduire en justice une action quelconque, sans être autorisée à le faire par un arrêté du conseil de préfecture. (*L.* 18 *juill.* 1837, *art.* 49.)

D'après ce principe, l'autorisation est nécessaire : 1° pour former une demande en intervention ou en désaveu; 2° pour former une demande reconventionnelle qui a sa source en dehors de l'action principale (*C. Grenoble,* 2 *août* 1832); 3° pour former opposition à une condamnation par défaut, si la commune n'avait pas été autorisée à plaider; 4° pour former tierce opposition à un jugement préjudiciable à ses droits et rendu sans qu'elle ait été appelée ni entendue; 5° pour se pourvoir en requête civile (*voy. Arr. du C.* 18 *janv.* 1851); 6° pour s'inscrire en faux principal; 7° pour poursuivre la répression de délits commis contre la commune ; 8° pour se porter partie civile relativement à des crimes ou des délits qui lui ont porté préjudice.

388. L'autorisation est nécessaire, quel que soit le défendeur, et lors même que ce serait l'État (*Arr. du C.* 15 *janv.* 1850). Mais elle n'est pas nécessaire pour intenter une action administrative devant les conseils de préfecture, ou le Conseil d'État. (*Arr. du C.* 31 *juill.* 1843, 9 *févr.* 1847, 9 *janv.* 1849.)

389. L'autorisation n'est pas nécessaire : 1° pour plaider sur des incidents, lorsque l'action principale a été autorisée (*Cass.* 7 *janv.* 1835, 13 *nov.* 1838); 2° pour former une demande en reprise d'instance, en renvoi à un autre tribunal, en vérification d'écritures; 3° pour défendre, soit à une demande en péremption d'instance. (*Cass.* 26 *mai* 1834), soit à une demande reconventionnelle qui se rattache à l'origine de l'action principale; 4° pour s'inscrire en faux incident; 5° pour obtenir l'exécution d'un jugement passé en force de chose jugée (*Cass.* 29 *févr.* 1832); 6° pour former une demande en référé (*C. Paris* 27 *juin* 1868); 7° pour plaider sur l'interprétation d'un arrêt (*C. Lyon* 20 *nov.* 1855); 8° pour défendre aux oppositions formées contre les états de recouvrement dressés par le maire et rendus exécutoires par le visa du sous-préfet; 9° pour exercer des poursuites à fins civiles devant la juridiction correctionnelle (*Arr. du C.* 2 *oct.* 1852); 10° pour exercer contre un débiteur des poursuites à fin de saisie; mais l'autorisation est nécessaire si le débiteur fait opposition aux poursuites et en demande la nullité.

390. Le maire peut aussi, sans autorisation : 1° intenter toute action possessoire et faire tous actes conservatoires ou interruptifs des déchéances

(*L.* 18 *juill.* 1837, *art.* 55), sauf à obtenir l'autorisation de continuer à exercer les actions engagées; 2° intenter des poursuites dans l'exercice des attributions de l'autorité municipale en matière de police.

391. C'est au maire seul qu'il appartient de demander l'autorisation (*Arr. du C.* 9 *juin* 1830, 4 *juill.* 1834; *voy.* n° 384); mais il ne peut la demander sans l'assentiment ni contrairement au refus du conseil municipal (*voy.* n° 380), et le conseil de préfecture commettrait lui-même un excès de pouvoir en accordant l'autorisation. (*Arr. du C.* 30 *juill.* 1840.)

392. L'autorisation est demandée par une requête adressée au conseil de préfecture par l'entremise du préfet et accompagnée des documents nécessaires pour l'apprécier. Le préfet commettrait un excès de pouvoir en refusant de soumettre au conseil de préfecture une demande de ce genre. (*Arr. du C.* 19 *mars* 1807, 23 *déc.* 1835.)

393. Pour que l'autorisation puisse être accordée, il faut : 1° que l'action soit de la compétence de l'autorité judiciaire (*Arr. du C.* 12 *mai* 1840); 2° que la commune ait qualité pour intenter l'action (*Arr. du C.* 24 *janv.* 1849); 3° que le litige présente pour la commune un degré d'intérêt et des chances de succès qui compensent les incertitudes et les frais d'un procès. (*Arr. du C.* 24 *janv.* 1849, 2 *nov.* 1852.)

394. Le conseil de préfecture n'a pas le droit de juger le fond de la contestation, soit en faveur de la commune, soit contre elle (*Arr. du C.* 6 *nov.* 1817, 27 *oct.* 1819). Il n'a pas même le droit, si la contestation est de sa compétence, de se saisir de l'action et de statuer; il doit, dans ce cas, se borner à refuser l'autorisation. (*Arr. du C.* 11 *juill.* 1845, 9 *févr.* 1850, 3 *juill.* 1861.)

395. Si un litige présente une question préjudicielle de la compétence du conseil de préfecture, ce conseil doit surseoir à statuer sur la demande en autorisation, jusqu'à ce que la commune se soit pourvue devant lui sur la question préjudicielle. (*Arr. du C.* 10 *févr.* 1830.)

396. Le conseil de préfecture peut, s'il ne se trouve pas suffisamment éclairé par les titres produits, demander que la commune en produise d'autres ou fasse valoir de nouveaux moyens (*Arr. du C.* 10 *févr.* 1820). Si l'affaire appartient à une autre autorité que celle que la commune se propose de saisir, le conseil peut refuser l'autorisation (*Arr. du C.* 5 *déc.* 1837, 12 *mai* 1840). Mais il ne doit, dans aucun cas, se déclarer incompétent. (*Arr. du C.* 12 *mai* 1840, 23 *déc.* 1845.)

397. Si la demande en autorisation comprend plusieurs chefs et que quelques-uns paraissent dénués de fondement, ou si la commune demande à intenter une action contre plusieurs parties, et que parmi ces parties il y en ait qui ne semblent pas devoir être mises en cause, le conseil de préfecture peut limiter l'autorisation, soit aux chefs qui présentent l'intérêt et les chances de succès nécessaires, soit aux parties qu'il y a lieu d'actionner (*Arr. du C.* 29 *janv.* 1839). De même, l'autorisation peut être limitée à une partie d'une demande unique dans ses termes. (*Arr. du C.* 5 *mars* 1841.)

398. Le conseil de préfecture ne doit jamais étendre l'autorisation au delà des limites fixées dans la délibération du conseil municipal (*Arr. du C.* 14 *juill.* 1847). S'il jugeait une extension utile, il ne pourrait qu'en référer au préfet, pour que le conseil municipal fût appelé à délibérer de nouveau.

399. Les décisions par lesquelles l'autorisation de plaider est accordée ou refusée aux communes forment de simples actes de tutelle administrative. En conséquence, les adversaires des communes ou les tiers, à quelque titre que ce soit, ne peuvent attaquer une décision de ce genre, soit par tierce opposition devant le conseil de préfecture, soit par un pourvoi devant le Conseil d'État, qu'autant que la décision a porté atteinte à leurs droits par quelque excès de pouvoir (*Arr. du C.* 23 *déc.* 1815, 30 *juill.* 1839, 8 *juin* 1842). Dans le cas d'ailleurs où l'autorisation est refusée, les tiers sont non-seulement sans qualité, mais sans intérêt. (*Voy. Arr. du C.* 16 *juill.* 1840.)

Par une seconde conséquence, les décisions des conseils de préfecture n'ont point le caractère irrévocable de la chose jugée. Les autorisations peuvent donc se rétracter tant que le procès n'est pas commencé, et tel conseil qui a rendu un arrêté de refus, peut ultérieurement, si la commune, en représentant sa demande, produit de nouveaux moyens, revenir sur son refus, lors même que son arrêté aurait été confirmé par le Conseil d'État sur un pourvoi de la commune. (*Arr. du C.* 6 *sept.* 1826, 29 *janv.* 1840, 10 *févr.* 1842.)

400. Toute décision du conseil de préfecture portant refus d'autorisation doit être motivée (*L.* 18 *juill.* 1837, *art.* 53). Toutefois cette formalité n'étant pas prescrite à peine de nullité, l'omission des motifs n'entraînerait pas l'annulation de l'arrêté.

Au contraire, lorsque l'autorisation est accordée, les motifs ne doivent pas être énoncés.

401. Le conseil de préfecture, en motivant sa décision ne doit jamais toucher le fond ; l'arrêté qui le préjugerait, pourrait être attaqué par la voie contentieuse comme entaché d'excès de pouvoir. (*Arr. du C.* 6 *nov.* 1817.)

402. Lorsque le conseil de préfecture a refusé à une commune l'autorisation de plaider, le maire peut, en vertu d'une délibération du conseil municipal, former un pourvoi au Conseil d'État (*L.* 18 *juill.* 1837, *art.* 50). Ce droit n'appartient qu'à la commune. Des habitants, ainsi que les tiers, le préfet et le ministre de l'intérieur seraient sans qualité pour agir (*Arr. du C.* 22 *nov.* 1829; *Cass.* 28 *juin* 1843). Toutefois les tiers peuvent attaquer les arrêtés qui paraissent entachés d'excès de pouvoir ou contraires à la loi, et le ministre de l'intérieur peut également se pourvoir contre un arrêté entaché d'un vice semblable, si les tiers ne l'attaquent pas eux-mêmes.

403. Le pourvoi est introduit et jugé dans la forme administrative ; il doit, à peine de déchéance, avoir lieu dans le délai de trois mois, à dater de la notification de l'arrêté du conseil de préfecture (*L.* 18 *juill.* 1837, *art.* 50), et il n'est formé que par l'enregistrement au secrétariat général du Conseil d'État. Comme des retards dans la transmission des pièces pourraient entraîner

une déchéance, les maires sont autorisés à transmettre ces pièces directement au président du Conseil d'État, et les préfets doivent, en leur notifiant un arrêté de refus, leur rappeler cette exception à la règle, ainsi que la durée du délai d'appel. (*Circ.* 1ᵉʳ *juill.* 1840.)

Il doit être procédé de même en cas de pourvoi contre des arrêtés accordant l'autorisation de plaider (*Arr. du C.* 30 *avril* 1840). Le pourvoi formé pour cause d'excès de pouvoir est recevable, soit par la voie administrative, soit par la voie contentieuse. (*Arr. du C.* 29 *janv.* et 19 *fév.* 1840; *voy.* Reverchon et Dalloz.)

404. Au pourvoi le maire doit joindre : 1º l'arrêté attaqué; 2º la délibération par laquelle le conseil municipal autorise le pourvoi; 3º les autres documents utiles à consulter. Toutefois, si le conseil municipal n'avait pu être appelé préalablement à délibérer, le pourvoi serait valable comme acte conservatoire, sous la condition que la délibération serait produite ultérieurement, en temps utile.

405. Les pourvois étant introduits dans la forme administrative, sont implicitement affranchis des droits de timbre, de greffe et d'enregistrement, et les communes qui les forment ne sont pas tenues d'employer le ministère des avocats au Conseil. Lorsqu'elles recourent à ces intermédiaires, ceux-ci ne doivent point suivre, dans l'instruction de ces pourvois, les formes établies en matière contentieuse. (*Lettre du prés. du Com. de législation* nov. 1839; *voy.* **Conseil d'État.**)

406. Lorsqu'un arrêté du conseil de préfecture est attaqué pour fausse appréciation des intérêts de la commune et réformé par le Conseil d'État, la commune peut plaider en vertu de l'arrêt de ce Conseil.

407. Lorsque le pourvoi est formé pour excès de pouvoir ou infraction à la loi, le Conseil d'État peut, soit confirmer l'arrêté de refus, soit examiner le fond de l'affaire, si elle est en état, et accorder lui-même l'autorisation d'ester en justice, soit enfin se borner, si l'affaire n'est pas en état, à réformer l'arrêté de refus. Dans cette troisième hypothèse, il faut que la commune se représente devant le conseil de préfecture. (*Arr. du C.* 5 *nov.* 1823, 1ᵉʳ *sept.* 1825, 3 *déc.* 1828.)

408. Si la commune qui a formé un pourvoi s'en désiste, ou si l'affaire se termine par une transaction avant le jugement, ou encore, si le conseil de préfecture rend le pourvoi inutile en accordant par un second arrêté l'autorisation primitivement refusée, le Conseil d'État déclare par un arrêt « qu'il n'y a lieu à statuer », afin de couvrir la responsabilité du maire. (*Arr. du C.* 6 *août* 1840, 18 *déc.* 1840, 10 *mars* 1848).

409. L'autorisation est spéciale; celle qui a été donnée pour procéder devant un tribunal est insuffisante pour procéder devant un autre qui lui est substitué lorsque la commune change la face du procès (*Cass.* 19 *pluv. an VII*). De même, l'autorisation donnée pour une instance qui est périmée ne suffit pas pour en introduire une nouvelle devant un nouveau tribunal. (*Cass.* 16 *prair. an XII.*)

410. « Après tout jugement intervenu, la commune ne peut se pourvoir devant un autre degré de juridiction qu'en vertu d'une nouvelle autorisation du conseil de préfecture » (*L.* 18 *juill.* 1837, **art.** 49), et pour demander cette autorisation, le maire doit être pourvu de celle du conseil municipal comme pour une première instance.

L'autorisation du conseil de préfecture est nécessaire pour le pourvoi en cassation et la requête civile, comme pour l'appel (*voy. Cass.* 12 *déc.* 1853). Elle n'est pas nécessaire : 1° pour appeler d'un jugement préparatoire ou interlocutoire; 2° pour interjeter un appel incident, s'il rentre directement dans la contestation sur laquelle porte l'appel principal (*Cass.* 2 *juill.* 1862); 3° pour former un pourvoi devant le Conseil d'État ou la Cour des comptes en matière de comptabilité communale. (*Arr. du C.* 23 *juill.* 1841.)

Les actions possessoires sont dispensées de l'autorisation en appel (*Cass.* 29 *févr.* 1848); mais elles ne le sont pas en cassation. (*Arr. du C.* 10 *janv.* 1845.)

411. L'autorisation doit être obtenue avant la formation de l'instance. Toutefois la jurisprudence ne pousse pas ce principe à l'extrême; elle admet : 1° que l'appel est valable sans autorisation comme acte conservatoire (*Cass.* 7 *janv.* 1845); 2° que l'autorisation peut intervenir même après que l'adversaire en a invoqué le défaut (*Cass.* 8 *nov.* 1845), ou tant que le jugement en dernier ressort ou l'arrêt définitif n'ont pas été rendus (*Cass.* 25 *mars* 1844, 14 *janv.* 1859), par conséquent même après l'arrêt d'admission d'un pourvoi en cassation (*Cass.* 8 *nov.* 1843); 3° que la commune à laquelle on oppose le défaut d'autorisation est fondée à demander un sursis pour l'obtenir, et que ce sursis ne peut lui être refusé, quelque avancée que soit l'instruction de l'affaire et dans le cas même où elle serait prête à recevoir jugement. (*Cass.* 24 *déc.* 1828, 16 *avril* 1834 et 1er *mars* 1848.)

412. Si l'autorisation est refusée par le conseil de préfecture et par le Conseil d'État, ou si la voie du recours a été négligée, les actes de procédure qui ont été faits sont considérés comme non avenus, et les frais occasionnés par ceux de ces actes qui ne seraient pas conservatoires, pourraient être mis à la charge du maire, soit au moyen d'un recours de la commune contre ce fonctionnaire, soit par le refus que ferait l'autorité compétente de comprendre ces frais parmi les dépenses communales, soit par un jugement, dont un arrêt de la cour d'appel de Paris du 9 décembre 1825 en fournit un exemple.

413. Les jugements ou arrêts rendus en dernier ressort ou passés en force de chose jugée, sans que la commune ait été autorisée à plaider, sont relativement nuls, en ce sens : 1° que, si la commune gagne son procès sans que son adversaire ait opposé le défaut d'autorisation en première instance ou en appel, ce dernier ne peut invoquer ce moyen devant la Cour de cassation (*nombreux arrêts*), et qu'il ne le peut non plus si, après avoir opposé le défaut d'autorisation en première instance, il a renoncé même tacitement à ce moyen en appel (*Cass.* 22 *juill.* 1851); 2° que, si la commune perd son procès, elle peut attaquer le jugement ou l'arrêt définitif par la voie de la requête civile, ou se prévaloir du dé-

faut d'autorisation en appel ou devant la Cour de cassation. (*Cass.* 14 *janv.* 1840.)

Ces règles s'appliquent également au cas où l'adversaire est une autre commune. (*Cass.* 15 *févr.* 1841.)

414. Les décisions rendues contradictoirement avec une commune ont l'effet de la chose jugée vis-à-vis de chacun de ses habitants, à moins que l'un d'eux ait des droits personnels ou puisse faire valoir des exceptions tendant à le soustraire à l'obligation commune. (*Cass.* 1er *juin* 1832, 19 *nov.* 1838.)

415. Les tribunaux ordinaires ne sont compétents, ni pour interpréter une autorisation de plaider, s'il existe du doute sur le sens ou la régularité de cet acte, ni pour examiner s'il est régulier et suffisant; c'est à l'autorité administrative qu'il appartient de l'interpréter et de le réformer s'il y a lieu (*Cass.* 29 *juill.* 1823, 16 *avril* 1834). Mais les tribunaux peuvent : 1° s'il n'existe pas de doute sur la portée d'une autorisation, en faire la base de leurs décisions sur les conséquences juridiques de cette autorisation (*Cass.* 13 *mai* 1824, 8 *déc.* 1845); 2° apprécier la qualité du représentant donné à une commune par un arrêté d'autorisation et se fonder sur le défaut de qualité de ce représentant pour déclarer la commune non recevable. (*Cass.* 21 *nov.* 1837, 16 *févr.* 1841.)

416. L'habitant d'une commune qui a plaidé et obtenu une condamnation contre elle, n'est pas passible des charges ou contributions imposées pour l'acquittement des frais et dommages-intérêts qui résultent du fait du procès. (*L.* 18 *juill.* 1837, *art.* 58.)

ART. 2. — CAS OÙ LA COMMUNE EST DÉFENDERESSE.

417. Quiconque, soit un particulier, soit une commune, soit un établissement public, soit l'État, veut intenter une action en justice contre une commune, est tenu d'adresser préalablement au préfet un mémoire exposant les motifs de la demande (*L.* 18 *juill.* 1837, *art.* 51) ; sauf les exceptions suivantes :

Le demandeur est dispensé de présenter un mémoire dans les cas où la commune peut défendre à l'action sans autorisation (*voy.* n° 389), notamment lorsqu'il s'agit d'une action possessoire (*Cass.* 20 *nov.* 1871), ou en matière de référé. (*Cass.* 10 *avril* 1872.)

De plus, d'après un arrêt de la Cour de cassation du 2 octobre 1847, la présentation du mémoire n'est pas exigible quand une commune est poursuivie par le ministère public ou par l'administration avec les auteurs d'un fait coupable, comme garante solidaire des condamnations.

Troisièmement, les contestations relatives à l'application d'un tarif d'octroi peuvent être portées devant le juge de paix en premier ressort, et en appel devant le tribunal civil, sans que le mémoire ait été déposé et sans que la commune ait été autorisée à défendre. (*Cass.* 2 *févr.* et 20 *mai* 1848.)

418. La présentation du mémoire interrompt la prescription et toutes déchéances (*L.* 18 *juill.* 1837, *art.* 51). Mais elle ne fait pas courir les intérêts et ne peut servir de point de départ pour la restitution des fruits. (*Cass.* 23 *déc.* 1840.)

419. La présentation du mémoire doit être constatée par un récépissé du préfet (*L.* 18 *juill.* 1837, *art.* 51). Ce fonctionnaire doit transmettre le mémoire au maire, avec l'autorisation de convoquer immédiatement le conseil municipal pour en délibérer (*Id.*). Si le mémoire n'était pas transmis, le demandeur aurait le droit de saisir les tribunaux après l'expiration du délai indiqué au n° 427.

420. Le conseil de préfecture doit surseoir à statuer : 1° si le mémoire n'a pas été présenté, (*Arr. du C.* 8 *juill.* 1840) ; 2° si le mémoire n'a pas été communiqué au conseil municipal (*Arr. du C.* 29 *janv.* 1840). Si le conseil statuait, son arrêté devrait être annulé.

421. En aucun cas, une commune ne peut défendre à une action qu'autant qu'elle y a été expressément autorisée (*L.* 18 *juill.* 1837, *art* 54), sauf les exceptions suivantes.

422. L'autorisation n'est pas nécessaire : 1° pour défendre à une action possessoire, soit en première instance, soit en appel (*L.* 18 *juill.* 1837, *art.* 55) ; 2° pour défendre à une demande incidente, à un appel incident (*Cass.* 7 *août* 1867), à une intervention survenue au cours de l'instance (*Cass.* 11 *mars* 1873), à une demande reconventionnelle qui naît des circonstances de l'action principale, à une demande en référé (*C. Paris* 27 *juin* 1868), à une action administrative (*Arr. du C.* 9 *fév.* 1847), à une action pénale exercée par le ministère public. (*Cass.* 2 *oct.* 1847.)

423. Quand une commune a été autorisée à plaider et qu'elle a obtenu gain de cause, elle n'a pas besoin d'une nouvelle autorisation pour défendre à un appel, ou à la requête civile, ou à un pourvoi en cassation contre la décision rendue en sa faveur. (*Cass.* 28 *févr.* 1838, 15 *nov.* 1864, 20 *févr.* 1868 ; *Arr. du C.* 13 *avril* 1842, 7 *août* 1843.)

424. Le conseil de préfecture peut autoriser la commune à défendre à une action, nonobstant l'avis contraire du conseil municipal. L'autorisation ne contraint pas la commune à plaider ; elle n'est qu'une faculté qui lui est offerte et ne donne pas qualité au maire pour constituer avoué si le conseil municipal persiste dans son refus (*Cass.* 3 *avril* 1867). Le maire doit alors s'abstenir, et le préfet ne saurait, ni agir lui-même au nom de la commune, ni en charger un délégué (voy. n° 386). La commune est jugée par défaut.

En supposant qu'un maire usât de l'autorisation accordée par le conseil de préfecture, la commune serait liée par le fait de son représentant, mais elle aurait son recours contre lui.

425. Les règles indiquées aux n°s 391, 392, 399, 400, 401, sont applicables au cas où les communes sont défenderesses.

426. Si le conseil de préfecture prévoit que des questions administratives pourront s'élever pendant l'instance, il peut accorder l'autorisation de plaider, sous la réserve de la compétence administrative. (*Arr. du C.* 9 *juin* 1843, 25 *avril* 1845.)

S'il reconnaît que l'affaire est de la compétence administrative, il ne peut refuser l'autorisation par ce motif, à la différence de ce qui a lieu lorsqu'une commune est demanderesse : car ce refus n'empêcherait pas le demandeur de porter l'affaire devant l'autorité judiciaire. L'autorisation est alors accordée pour décliner la compétence judiciaire (*Arr. du C.* 7 *août* 1843, 20 *avril* 1847), et le préfet élève le conflit, s'il y a lieu.

427. La décision du conseil de préfecture doit être rendue dans le délai de deux mois à partir de la date du récépissé du mémoire, et l'action ne peut être intentée qu'après la décision du conseil de préfecture, ou, à défaut de décision dans le délai de deux mois, qu'après l'expiration de ce délai (*L.* 18 *juill.* 1837, *art.* 52, 54). Si les deux mois s'écoulent sans que la commune ait été autorisée à plaider, ou si le conseil de préfecture lui refuse cette autorisation avant l'expiration du délai, le demandeur peut, dès que le refus lui est connu, agir contre la commune. Le tribunal doit alors rendre un jugement par défaut ; il ne peut admettre la commune à défendre. (*Cass.* 3 *déc.* 1855.)

428. La loi n'interdit pas au conseil de préfecture de statuer après que le délai de deux mois est expiré. Si l'autorisation est alors accordée avant que le tribunal ait prononcé, la commune peut engager un débat contradictoire. Si le tribunal a prononcé et que le délai de l'opposition ne soit pas expiré, la commune peut encore user de ce moyen. (*Voy. Arr. du C.* 30 *nov.* 1841, 22 *avril* 1842.)

429. Dans le cas où le conseil de préfecture refuse à une commune l'autorisation de défendre à une action, le maire peut, en vertu d'une délibération du conseil municipal, former un pourvoi devant le Conseil d'État.

Il doit être statué sur le pourvoi dans le délai de deux mois à partir du jour de l'enregistrement au secrétariat général du Conseil d'État (*L.* 18 *juill.* 1837, *art.* 53). L'instance est suspendue jusqu'à ce qu'il ait été statué sur le pourvoi, et, à défaut de décision dans le délai de deux mois, jusqu'à l'expiration de ce délai (*Id.*, *art.* 54). Mais le Conseil d'État conserve, comme le conseil de préfecture, le pouvoir de statuer nonobstant l'expiration du délai, et sa décision produit les mêmes effets.

Les autres règles du pourvoi sont les mêmes que lorsque la commune est demanderesse. (*Voy.* n°s 403 à 408.)

430. Si une commune a demandé inutilement au conseil de préfecture l'autorisation d'intenter une action contre une autre commune, et que, sur son pourvoi, le Conseil d'État ait estimé qu'il y a lieu de lui accorder cette autorisation, la commune adverse peut être autorisée d'office à défendre à l'action intentée contre elle. (*Arr. du C.* 21 *janv.* 1842, 31 *mars* 1843.)

431. La commune défenderesse ne peut être tenue de sortir des limites tracées dans le mémoire déposé par le demandeur et dans lesquelles elle a été autorisée à plaider (*C. Lyon* 29 *janv.* 1850). De son côté, elle doit se renfermer dans ces limites.

ART. 3. — CAS OU UN CONTRIBUABLE PEUT AGIR
AU NOM DE LA COMMUNE.

432. Tout contribuable inscrit au rôle de la commune a le droit d'exercer à ses risques et périls les actions qu'il croirait appartenir à la commune et que le conseil municipal, appelé à en délibérer, aurait refusé ou négligé d'exercer (*L.* 18 *juill.* 1837, *art.* 49). Cette disposition s'applique aussi bien aux actions à soutenir qu'aux actions à intenter.

Il n'est pas nécessaire que le contribuable habite dans la commune. Mais il faut : 1° que l'action intéresse la commune entière ; 2° que la commune ait refusé ou négligé d'exercer l'action ; 3° que le contribuable soit muni de l'autorisation du conseil de préfecture (*Id.*) ; 4° qu'il agisse à ses frais et risques. Il supporte les dépens en cas de perte du procès. S'il obtient gain de cause, il est juste de lui tenir compte des dépens qui ne pourraient être recouvrés et des frais qui n'entrent pas en taxe, conformément aux principes de la gestion d'affaires. Mais, suivant les mêmes principes, la commune ne doit rembourser cette partie des frais et dépens que jusqu'à concurrence de l'avantage que lui procure le litige, et c'est à l'autorité judiciaire qu'il appartient d'apprécier cet avantage.

433. Le contribuable doit être muni de l'autorisation de plaider, non-seulement dans les cas où la commune est soumise à cette obligation, mais encore dans ceux où elle en est affranchie (*Cass.* 7 *mars* 1860). Ainsi, il doit avoir l'autorisation pour les actions possessoires et pour les actions administratives. (*Arr. du C.* 20 *avril* 1854, 1er *sept.* 1860, 28 *janv.* 1864, 15 *janv.* et 20 *févr.* 1868.)

Au contraire, le contribuable qui succombe en première instance ou en appel, n'a pas besoin d'autorisation pour interjeter appel ou se pourvoir en cassation (*Cass.* 27 *mai* 1846, 28 *juill.* 1856). Mais s'il voulait intervenir dans une action intentée contre la commune (*Cass.* 2 *mars* 1875), interjeter appel d'un jugement rendu contre elle, ou former pour elle un pourvoi en cassation, l'autorisation serait nécessaire.

434. Les règles énoncées aux nos 392 à 401 sont applicables au contribuable.

435. Si le conseil de préfecture refuse au contribuable l'autorisation de plaider, ce dernier peut, comme la commune et dans les mêmes formes, se pourvoir devant le Conseil d'État. (*Arr. du C.* 27 *mai* 1867 ; *voy. nos* 402 à 408.)

436. Pour que l'adversaire du contribuable ne soit pas exposé à être actionné ultérieurement par la commune sur le point jugé entre eux, la loi du 18 juillet 1837, art. 49, exige que la commune soit mise en cause. Toutefois le maire ne doit intervenir qu'en vertu d'une délibération du conseil municipal.

Le maire n'a pas besoin d'une autorisation du conseil de préfecture, la commune étant implicitement autorisée par l'arrêté rendu pour le contribuable. (*Cass.* 3 *juin* 1861.)

La commune peut s'en rapporter à justice, ou se mêler au débat et prendre des conclusions positives. Dans ce second cas, elle supporte, en cas de perte du procès, les conséquences de sa détermination, et si le maire avait agi ainsi de lui-même, les frais pourraient être à sa charge.

ART. 4. — PROCÈS DE SECTIONS.

437. Lorsqu'une partie de commune, remplissant les conditions nécessaires pour être reconnue

comme section (*voy. nos* 2 *et* 3), se trouve dans le cas d'intenter ou de soutenir une action à elle appartenant, contre un particulier, un établissement public, ou une commune autre que celle dont elle fait partie, elle a pour défenseurs et représentants naturels le maire et le conseil municipal. Si le litige existe entre la section et la commune dont elle fait partie, ou une autre section de la même commune, une commission syndicale doit être formée pour la section dans le premier cas, et pour chacune des sections dans le second. (*Voy. L.* 18 *juill.* 1837, *art.* 56 et 57.)

Les habitants de la section s'adressent au préfet. D'après un arrêt du Conseil d'État, du 31 août 1847, le préfet aurait le droit d'apprécier, sauf recours au ministre, si les réclamants forment une section, et de refuser l'autorisation s'ils ne lui semblent pas remplir cette condition. M. Aucoc pense avec raison qu'il est préférable de laisser au conseil de préfecture le soin d'examiner et de vider la question. Du reste, il est reconnu que le préfet ne saurait examiner, ni la compétence, ni le degré d'intérêt ou les chances du procès. (*Arr. du C.* 24 *mai* 1851, 7 *avril* 1859, 5 *janv.* 1860.)

438. Le préfet compose la commission de trois ou cinq membres, qu'il choisit parmi les électeurs municipaux.

Lorsque le litige existe entre une section et la commune dont elle fait partie, les membres du conseil municipal qui peuvent être intéressés à la jouissance des biens ou droits revendiqués par la section, ne doivent point participer aux délibérations du conseil municipal relatives au litige (*L.* 18 *juill.* 1837, *art.* 56). Ils doivent être remplacés dans toutes ces délibérations par un nombre égal d'électeurs municipaux que le préfet choisit parmi les habitants ou propriétaires étrangers à la section (*Ibid.*). Par la même raison, les habitants de la section qui peuvent avoir un intérêt contraire au sien ne doivent point faire partie de la commission syndicale. (*Arr. du C.* 25 *juill.* 1834.)

Si le maire ou l'adjoint qui le remplace habitent dans la section, ils peuvent faire partie de la commission syndicale et même remplir les fonctions de syndic.

439. La commission syndicale délibère, comme le conseil municipal, sous la présidence d'un de ses membres qu'elle choisit à cet effet. Si elle est d'avis d'intenter ou de soutenir l'action, elle désigne un de ses membres, qui exerce alors pour la section les mêmes attributions que le maire pour la commune (*L.* 18 *juill.* 1837, *art.* 56), et l'action est intentée ou soutenue suivant les règles énoncées aux nos 387 à 431.

440. Si une section délaissait une action qui lui appartiendrait, ou si le conseil municipal refusait de plaider pour elle, un contribuable appartenant à cette section pourrait intenter ou soutenir cette action à ses frais et risques. Mais il devrait s'adresser au préfet pour que se formât une commission syndicale qui examinerait et déciderait si la section devrait agir elle-même. En cas de refus, le contribuable pourrait se charger de l'action, conformément aux règles énoncées aux nos 432 et suiv.

441. Dans le cas où une section obtient une condamnation contre la commune ou contre une autre section, elle n'est point passible des charges ou contributions imposées pour l'acquittement des frais et dommages-intérêts qui résultent du fait du procès (*L.* 18 *juill.* 1837, *art.* 58). Elle n'a à payer que les frais qui n'entrent pas en taxe.

442. Lorsqu'une section plaide contre une personne étrangère à la commune, le conseil municipal peut refuser de pourvoir à l'acquittement des frais sur les fonds communaux, et exiger que la section y subvienne elle-même, soit au moyen d'une imposition extraordinaire portant exclusivement sur les contribuables de la section, soit au moyen d'une taxe de jouissance établie sur les biens en litige. L'imposition est votée par le conseil municipal assisté des plus forts imposés de la section et approuvée dans les formes indiquées aux nos 101, 576 et 577. Le produit est versé dans la caisse municipale au compte particulier de la section, et au fur et à mesure des besoins, le syndic mandate les sommes nécessaires.

Pour le cas où un habitant d'une section obtient une condamnation contre elle, voyez n° 416.

ART. 5. — PROCÈS DES COMMUNES CONSTITUÉES EN ASSOCIATION SYNDICALE.

443. Lorsque des biens ou des droits appartenant par indivis à plusieurs communes sont administrés par une commission syndicale (n° 106), et que des contestations s'élèvent au sujet de ces biens entre les communes propriétaires et des particuliers ou d'autres communes, la commission syndicale et le syndic qui la préside agissent comme un conseil municipal et un maire agiraient au nom de leur commune (*voy. L.* 18 *juill.* 1837, *art.* 71). Si un différend s'élevait entre une des communes propriétaires et les autres, ces dernières seraient représentées par la commission syndicale et le syndic, et la commune dissidente le serait par son conseil municipal et son maire.

ART. 6. — ACQUIESCEMENT OU DÉSISTEMENT.

444. Ces actes ont le caractère de transactions sur procès. Lorsqu'une commune a obtenu l'autorisation de plaider, ou qu'elle a commencé à plaider sans autorisation, le maire ne peut ni acquiescer aux prétentions de l'adversaire, ni se désister de l'action, seulement en vertu d'une autorisation du conseil municipal: il faut que l'acquiescement ou le désistement soient autorisés par un arrêté du préfet en conseil de préfecture, d'après le décret du 25 mars 1852.

CHAP. VII. — DÉPENSES DES COMMUNES.

445. Au point de vue de la comptabilité, on distingue les dépenses ordinaires, c'est-à-dire qui se représentent tous les ans, et les dépenses extraordinaires. Mais, outre ces deux catégories dont il est parlé au chapitre IX, on distingue : 1° les dépenses obligatoires, c'est-à-dire que l'autorité supérieure a le droit d'inscrire d'office au budget communal, si le conseil municipal refuse de les voter (*L.* 18 *juill.* 1837, *art.* 39); 2° les dépenses facultatives; 3° les dépenses imprévues.

446. Le conseil municipal délibère sur toutes les dépenses, ordinaires ou extraordinaires. (*L.* 18 *juill.* 1837, *art.* 19.)

447. Toutes celles des dépenses proposées au budget d'une commune qui sont soumises à l'ap-

probation de l'autorité supérieure, peuvent être rejetées ou réduites par l'arrêté ou le décret qui règle ce budget; mais elles ne peuvent être augmentées, et il ne peut en être introduit de nouvelles qu'autant qu'elles sont obligatoires. (*Id., art.* 36 et 38; *L.* 24 *juill.* 1867.)

Sect. 1. — **Dépenses obligatoires.**

448. Si un conseil municipal ne vote pas les sommes nécessaires pour des dépenses obligatoires, ou ne vote que des sommes insuffisantes, le préfet doit appeler ce conseil à délibérer et le mettre en demeure de faire le nécessaire. Si le conseil persiste, son refus est consigné dans sa délibération, et les allocations sont inscrites d'office dans le budget par un arrêté du préfet en conseil de préfecture (*voy. L.* 18 *juill.* 1837, *art.* 39; *D.* 25 *mars* 1852). La mise en demeure est indispensable. (*Arr. du C.* 10 *févr.* 1869.)

449. Pour le cas où les membres en exercice ne se rendraient pas à la convocation en nombre suffisant, voyez n° 80.

450. Lorsque la dépense que le conseil municipal a refusé de voter est annuelle et variable, elle est inscrite pour sa quotité moyenne pendant les trois dernières années. S'il s'agit d'une dépense annuelle et fixe de sa nature, ou d'une dépense extraordinaire, elle est inscrite pour sa quotité réelle (*L.* 18 *juill.* 1837, *art.* 39). Lorsqu'il s'agit d'un service qui n'a pas encore existé dans la commune, la dépense est fixée, soit en vertu de dispositions légales, soit par une autorité compétente, quand on peut en faire intervenir une. (*Instr.*)

451. La commune au budget de laquelle un crédit est inscrit d'office ne peut former un recours que par la voie gracieuse, si elle conteste la quotité du crédit (*Arr. du C.* 15 *juin* 1841); mais si c'était le caractère obligatoire de la dépense qui était contesté, et si le conseil municipal n'avait pas été appelé à délibérer, l'inscription d'office pourrait faire l'objet d'un recours au contentieux. (*Arr. du C.* 5 *avril* 1852, 12 *août* 1854.)

452. Si les ressources de la commune sont insuffisantes pour subvenir à la dépense obligatoire inscrite d'office, le conseil municipal est convoqué, avec les plus imposés en nombre égal à celui des conseillers en exercice, pour en délibérer et voter l'imposition nécessaire. En cas de refus, ou si trois convocations successives restent infructueuses, la contribution extraordinaire est établie par un décret, dans les limites du maximum fixé annuellement par la loi de finances, et par une loi spéciale si la contribution doit excéder ce maximum. (*L.* 18 *juill.* 1837, *art.* 39.)

ART. 1. — FRAIS DE BUREAU ET D'IMPRESSIONS.

453. Cette dépense comprend les frais d'éclairage et de chauffage, ainsi que le traitement des employés de la mairie. Sont en dehors les traitements des autres agents indiqués aux nos 108 à 143.

454. Les imprimés que les communes ont à se procurer le plus habituellement sont les suivants : Liste des électeurs communaux; procès-verbaux d'élections; listes de scrutin; mouvement de la population; feuilles de recensement de la population; tableaux statistiques de toute nature, sur les cultures, les bestiaux, les consommations, etc. ; mercuriales: avis des journées à fournir pour les chemins vicinaux ; listes de souscriptions pour les chemins vicinaux de grande communication ; règlements pour les écoles primaires ; certificats d'exercice des instituteurs communaux ; rôles de la rétribution mensuelle ; états des impositions pour l'instruction primaire ; états des dépenses extraordinaires pour l'instruction primaire ; listes des élèves exempts de la rétribution scolaire ; compte administratif de l'exercice clos (l'état de situation du même exercice, qui doit être fourni par le receveur municipal à l'appui du compte du maire , est à la charge du comptable) ; règlement de l'exercice clos ; états des restes à payer ; formules du budget primitif et des chapitres additionnels ; mandats de paiement ; mandats de retrait de fonds du Trésor ; procès-verbaux de clôture des caisses municipales ; répartition des coupes affouagères ; rôle de la taxe sur le bétail (*Circ. Int.* 17 *janv.* 1837) ; registres destinés à renfermer , l'un les délibérations du conseil municipal (*L.* 18 *juill.* 1837, *art.* 28), l'autre les arrêtés du maire (*Circ. Int.* 3 *janv.* 1838); registre pour la taxe des chiens (*Circ. Fin.* 26 *sept.* 1855); registre pour l'inscription des livrets délivrés aux ouvriers. (*Voy.* **Livrets.**)

Ces imprimés et divers autres d'un usage moins fréquent se payent au moyen des cotisations municipales (*voy. n°* 542). Les impressions nécessaires aux adjudications sont comprises parmi les frais mis à la charge des adjudicataires. Quant aux imprimés pour le service de l'octroi, voyez **Octroi.**

455. Un arrêté consulaire du 17 germinal an XI a fixé la quotité des frais d'administration à 50 cent. par habitant dans les communes qui ont 20,000 fr. de revenus et au-dessus, et dont la population est inférieure à 100,000 âmes. Mais comme l'accroissement qu'ont pris les travaux des mairies a rendu cette quotité insuffisante dans beaucoup de communes, on porte au chapitre des dépenses ordinaires un premier crédit calculé à raison de 50 cent. par habitant, et le supplément qui est reconnu nécessaire est inscrit au chapitre des dépenses extraordinaires (*Circ.* 15 *juin* 1836). Dans le cas où la dépense devrait être inscrite d'office au budget (*voy. n°* 448), on se renfermerait dans la limite fixée par l'arrêté de l'an XI, et pour les petites communes auxquelles cet acte n'est pas applicable, on prendrait pour base la quotité moyenne des trois dernières années.

ART. 2. — ABONNEMENT AU BULLETIN DES LOIS.

456. Le *Bulletin des lois* est envoyé aux communes chefs-lieux de département, ou d'arrondissement, ou de canton. Le prix de l'abonnement est de 6 fr., qui sont payés par le receveur municipal entre les mains du receveur particulier (*Arr. cons.* 29 *prair. an VIII; D.* 12 *févr.* 1852). Lorsque des lois étendues viennent à être modifiées et doivent être publiées de nouveau *in extenso*, on demande aux communes un supplément de prix. La table décennale n'est pas comprise dans l'abonnement ; l'achat en est facultatif (*Circ. Int.* 31 *août* 1843). Les numéros détachés dont les communes peuvent avoir besoin, leur sont

vendus à prix réduit. La reliure forme une dépense obligatoire (*Décis. Min. Int.* 1857). Quant à la conservation, voyez **Archives.**

ART. 3. — ABONNEMENT AU BULLETIN DES COMMUNES.

457. Les communes autres que les chefs-lieux de département, d'arrondissement ou de canton, reçoivent, au lieu du *Bulletin des lois,* un placard intitulé : *Bulletin des communes,* et renfermant les lois et décrets (*D.* 27 *déc.* 1871, *art.* 2). Le prix en est de 4 fr. par an ; il est payé par le receveur municipal à la caisse du receveur particulier.

ART. 4. — FRAIS DE RECENSEMENT DE LA POPULATION.

458. Ce sont les imprimés et la rétribution des employés nécessaires. (*Voy.* **Population.**)

ART. 5. — REGISTRES DE L'ÉTAT CIVIL ET TABLES DÉCENNALES.

459. Cette dépense comprend l'achat, le timbre et le transport des registres, les réparations éventuelles et la conservation des doubles qui restent déposés dans les mairies. Le maire doit en outre dresser des tables annuelles et décennales, pour lesquelles voyez **État civil.**

ART. 6. — PENSIONS DES EMPLOYÉS MUNICIPAUX, DES COMMISSAIRES ET AGENTS DE POLICE, DES GARDES DES BOIS, DES GARDES CHAMPÊTRES, DES PRÉPOSÉS DE L'OCTROI, DES FONCTIONNAIRES DE L'ENSEIGNEMENT ET AUTRES.

460. D'après la loi du 18 juillet 1837, les communes ne sont point obligées d'accorder des pensions aux agents désignés ci-dessus, mais elles doivent payer celles qu'elles leur ont accordées et qui ont été régulièrement liquidées et approuvées.

461. Un certain nombre d'administrations municipales ont commencé par établir des caisses alimentées au moyen de retenues sur les traitements, d'après un décret du 4 juillet 1806 concernant le personnel du ministère de l'intérieur et rendu applicable aux employés municipaux en vertu d'un avis du Conseil d'État du 17 septembre 1811. Mais le personnel des administrations municipales étant trop restreint et les rétributions trop modiques pour produire des ressources suffisantes, il fallait que les conseils municipaux comblassent le déficit, ou que les liquidations fussent ajournées. Cet inconvénient fit naître l'idée d'établir des caisses d'épargne obligatoires, dont la première fut créée à Tours. Le règlement est inséré dans le *Bulletin des lois* de 1833.

Les communes peuvent encore assurer des pensions à leurs employés, au moyen de la caisse des retraites pour la vieillesse. Un règlement approuvé par le ministre des finances, le 26 décembre 1859, a appliqué ce dernier système aux gardes des bois communaux, excepté les gardes mixtes. (*Voy.* **Caisse des retraites pour la vieillesse.**)

462. Le service actif de l'octroi justifiant des conditions plus favorables qu'un service sédentaire, une ordonnance du 4 septembre 1840 a décidé que, lorsque les villes en auraient fait la demande, les pensions des employés de l'octroi seraient réglées selon l'ordonnance du 12 janvier 1825 qui régissait, avant la loi de 1853, les pensions des employés du ministère des finances.

Les préposés en chef des octrois profitent de la

loi du 9 juin 1853 et peuvent en outre obtenir une pension sur une caisse de retraites municipale, au moyen d'une seconde retenue versée dans cette caisse, et de la retenue du quart de leur part dans le produit net des saisies et des amendes. (*Voy. Instr. gén. fin.*, *art.* 359 *et* 360.)

463. Quel que soit le système de caisse adopté, le règlement est préparé par le maire et soumis au conseil municipal. S'il est adopté, la délibération est transmise au sous-préfet, qui donne son avis et adresse le dossier au préfet. Ce fonctionnaire, après avoir émis aussi son avis, transmet l'affaire au ministre de l'intérieur, et, s'il y a lieu, la création de la caisse est autorisée par un décret, le Conseil d'État entendu. C'est de cette manière aussi que les règlements peuvent être modifiés. (*Circ. Int.* 10 *avril* 1852.)

464. Les liquidations de pensions autres que celles qui sont servies par la caisse des retraites pour la vieillesse, sont préparées par le maire et soumises au conseil municipal, qui fixe le montant de la pension. Le sous-préfet donne son avis, et le préfet autorise, s'il y a lieu, la pension par un arrêté dans lequel il fixe l'époque de l'entrée en jouissance. (*D.* 25 *mars* 1852, *art.* 1er.)

465. Les receveurs des communes exercent les retenues prescrites et en versent le produit dans les caisses des receveurs des finances pour le compte de la caisse des dépôts et consignations. Lorsque les versements appartiennent à une caisse de retraites ou à une caisse d'épargne obligatoire, la caisse des dépôts et consignations ouvre à la commune un compte de fonds de retraites ; elle emploie en achats de rentes sur l'État les sommes qui ne sont pas nécessaires au service des pensions, et elle fait remettre, sur des mandats du maire, aux receveurs des communes où habitent les pensionnaires, les trimestres de pension qui leur sont dus (*Instr. gén. fin*). Pour les retenues placées à la caisse des retraites pour la vieillesse, voyez l'article concernant cet établissement.

466. Les fonctionnaires de l'enseignement rétribués, en tout ou en partie, sur les fonds communaux, ont droit au bénéfice de la loi du 9 juin 1853, en supportant sur leur traitement et sur leurs différentes rétributions, la retenue prescrite par cette loi. Les règles d'après lesquelles doivent s'opérer les retenues, sont établies par un décret du 9 novembre 1853 et une circulaire du ministère de l'instruction publique du 24 décembre de la même année. Ces dispositions sont applicables aux institutrices et aux directrices de salles d'asile.

Quant aux percepteurs-receveurs, voyez *Instr. gén. fin.*, *art.* 345, et **Percepteurs.**

467. Les conseils municipaux n'ont pas le droit de déclarer éteintes des pensions régulièrement liquidées. S'ils le font, le préfet est compétent pour statuer sur les réclamations, sauf recours au ministre de l'intérieur. (*Voy. Arr. du C.* 15 *janv.* 1875.)

ART. 7. — LOYER, RÉPARATION ET ENTRETIEN DE LA JUSTICE DE PAIX; ACHAT ET ENTRETIEN DU MOBILIER.

468. Ces dépenses ne sont à la charge que des chefs-lieux de canton. Lorsqu'une ville renferme plusieurs cantons, chacun d'eux doit avoir un prétoire distinct pour la justice de paix (*Décis. Min. Int.* 1838). Les autres frais qu'exige ce service, tels que chauffage, éclairage, frais de bureau et d'impression, reliure du *Bulletin des lois*, sont mis à la charge du département par la loi du 10 mai 1838.

ART. 8. — DÉPENSES DU CULTE.
§ 1. — *Culte catholique.*

469. Lorsqu'une fabrique ne peut, au moyen de ses propres ressources, payer intégralement les dépenses de l'établissement paroissial, le conseil municipal doit accorder la subvention nécessaire (*D.* 30 *déc.* 1809, *art.* 92 ; *L.* 18 *juill.* 1837, *art.* 30). On trouvera dans l'article **Fabrique**, nos 57, 75 à 79, le détail de ces dépenses et les formes suivant lesquelles les communes sont appelées à y subvenir.

De plus, lorsqu'il n'existe pas de presbytère, la commune doit fournir un logement au curé ou desservant, et, à défaut de logement, elle doit lui payer une indemnité pécuniaire, mais toujours, si les revenus de la fabrique sont insuffisants. (*D.* 30 *déc.* 1809; *L.* 18 *juill.* 1837 ; *Avis du C.* 21 *août* 1839.)

La commune est tenue de faire au presbytère les réparations nécessaires, mais non de le reconstruire. Elle est libre de payer une indemnité, lors même que le presbytère aurait été remis par l'État en l'an X. (*Déc. Min. Int.* 1856, 1865.)

470. Quand il s'agit de constructions ou de réparations, « le préfet nomme les gens de l'art par lesquels, en présence d'un des membres du conseil municipal et d'un des marguilliers, est dressé, le plus promptement possible, un devis estimatif des travaux ». Puis il est procédé comme il est dit dans l'article **Fabrique.**

471. L'assistance de la commune est obligatoire, soit que le bâtiment à réparer soit sa propriété, soit qu'il appartienne à la fabrique (*Arr. du C.* 24 *août* 1849), et les propriétaires forains sont, aussi bien que ceux qui habitent la commune, passibles des impositions destinées à subvenir aux dépenses du culte. (*Arr. du C.* 10 *mai* 1855, 27 *janv.* 1859.)

472. Quand une commune est hors d'état de subvenir à la dépense des travaux, elle peut se pourvoir devant les ministres de l'intérieur et des cultes afin d'obtenir un secours sur les fonds de l'État (*D.* 30 *déc.* 1809, *art.* 100). Ces secours ne sont accordés que pour des églises légalement constituées, et il n'en doit être employé aucune partie à l'ameublement ou à l'ornementation intérieure. Aucun secours n'est accordé pour des travaux en cours d'exécution ou achevés (*voy. Circ. Cultes*, 16 *août* 1855, 14 *août* 1857, 16 *août* 1859). La moitié du fonds de secours inscrit au budget est mise à la disposition du préfet. (*D.* 13 *avril* 1861.)

473. Quand une paroisse comprend plusieurs communes, les conseils municipaux sont appelés à délibérer sur la part de chacune d'elles, et en cas de désaccord, la répartition de la dépense est faite par arrêté du préfet, conformément à l'art. 4 du décret du 14 février 1810, c'est-à-dire au centime le franc des contributions personnelle et mobilière qui leur sont imposées, s'il s'agit d'une dépense ordinaire, et au centime le franc de leurs contributions foncière et mobilière, s'il s'agit d'une dépense extraordinaire. Mais le contingent de chacune d'elles doit être réparti chez elles entre tous les contribuables inscrits au rôle des quatre contributions directes. (*Avis du C.* 10 *juill.* 1855.)

474. Lorsqu'une commune renferme des sections constituées en paroisses distinctes, toute imposition nécessaire pour subvenir aux dépenses du culte dans une de ces sections doit être établie, non sur cette section seule, mais sur la commune entière (*Avis du C.* 9 *déc.* 1858 ; *Arr. du C.* 23 *juin* 1864.) Le motif est que les sections n'ont pas d'existence distincte pour les dépenses du culte. Mais la commune peut refuser de se charger d'une dépense facultative pour une section ; celle-ci ne peut alors y pourvoir qu'au moyen de souscriptions volontaires.

Il en est de même lorsqu'une paroisse se compose d'une commune et d'une ou plusieurs sections d'une autre commune.

475. Les obligations des communes relativement aux chapelles et annexes sont indiquées dans les articles **Chapelle** et **Annexe.** Les communes qui possèdent une chapelle sont dispensées de contribuer aux frais du culte du chef-lieu de la cure ou succursale. (*Avis du C.* 26 *avril* 1836.)

476. L'achat des cloches est facultatif ; mais la refonte est obligatoire pour la commune, si la fabrique ne peut y subvenir. (*Voy.* **Cloches.**)

§ 2. — *Culte protestant.*

477. Les frais de réparation ou d'entretien des temples et les autres dépenses du culte sont à la charge de la fabrique, s'il en existe une ; s'il n'en existe pas, ou si les ressources de la fabrique sont insuffisantes, on recourt à des collectes, et si ce moyen ne suffit pas, le déficit est à la charge de la commune. (*L.* 18 *germ. an XI,* 5 *mai* 1806, 18 *juill.* 1837.)

478. Les pasteurs ont droit à un logement ou, à défaut de logement, à une indemnité pécuniaire, à dater du jour de leur installation. Si le service du pasteur ne s'étend pas au delà d'une commune, le préfet, après avoir pris l'avis du conseil municipal et du consistoire, fixe le taux de l'indemnité ; si le service du pasteur embrasse plusieurs communes, les conseils municipaux et les consistoires sont appelés à donner leur avis et le préfet détermine la part contributive de chaque commune (*O.* 7 *août* 1842). Quand deux ou plusieurs pasteurs résident dans la même commune, et que leur service est borné à cette commune, une indemnité égale est due à chacun d'eux. S'ils sont appelés à desservir cette commune et les communes voisines, l'indemnité payée par ces différentes communes est répartie entre les pasteurs par portions égales. Si parmi plusieurs pasteurs résidant dans la même commune, le service de l'un deux est affecté à cette commune et celui des autres aux communes voisines, l'indemnité est due au premier par la commune de la résidence, et aux autres par les communes où ils exercent leur ministère. (*Id.*)

§ 3. — *Culte israélite.*

479. Une indemnité de logement est due aux grands rabbins des consistoires départementaux, quand ils remplissent les fonctions de rabbin communal, ainsi qu'aux rabbins communaux régu-

lièrement institués (*O.* 7 *août* 1842). L'indemnité est réglée comme il est dit au n° 478. Quant aux ministres officiants, les communes ne leur doivent ni logement ni indemnité. (*Circ.* 1ᵉʳ *sept.* 1842.)

ART. 9. — CONTINGENTS ASSIGNÉS AUX COMMUNES DANS LA DÉPENSE DES ENFANTS ASSISTÉS ET DES ALIÉNÉS INDIGENTS.

480. Les communes sont tenues de contribuer : 1° à la dépense des mois de nourrice et des pensions des enfants assistés ; 2° aux primes allouées aux nourrices pour les soins qu'elles donnent aux enfants ; 3° aux frais de l'inspection.

De plus, toute commune sur le territoire de laquelle un aliéné indigent a son domicile de secours (*voy.* **Domicile de secours**), doit concourir, avec le département, à l'assistance donnée à cet aliéné.

Le conseil général fixe la part de la dépense des enfants assistés que doivent supporter les communes et il répartit entre elles ce contingent (*L.* 10 *août* 1871, *art.* 46 ; *voy.* **Enfants assistés**). Le conseil général fixe aussi la part contributive des communes pour les aliénés indigents. (*Id.* ; *voy.* **Aliénés.**)

Les contingents sont centralisés à la caisse du trésorier-payeur général. (*Voy. ce mot et* **Comptabilité publique.**)

ART. 10. — CONTRIBUTIONS ET PRÉLÈVEMENTS SUR LES BIENS ET REVENUS COMMUNAUX.

481. *Contributions.* Les communes n'ont point d'impôt à payer pour les immeubles compris dans le domaine public municipal ; mais les biens dont se compose le domaine particulier communal, c'est-à-dire qui produisent ou peuvent produire des revenus au profit de la communauté, sont assujettis au paiement de la contribution foncière et d'une taxe annuelle représentative des droits de transmission entre vifs et par décès (*L.* 20 *févr.* 1849) [*voy.* **Mainmorte**]. Elle est même exigible pour les salles de spectacle concédées gratuitement à des entrepreneurs. (*Arr. du C.* 10 *mai* 1851.)

482. Les contributions sont acquittées par les receveurs des communes et les quittances leur sont allouées en dépense.

483. Lorsque la contribution porte sur des biens patrimoniaux « mis en ferme ou donnés à bail, les fermiers ou locataires sont tenus de payer, à la décharge de la commune et en déduction du prix du bail, le montant des impositions de tout genre assises sur ces propriétés ». (*L.* 26 *germ. an XI.*)

484. Lorsque les revenus ordinaires sont insuffisants pour payer les contributions assises sur des biens communaux proprement dits, ces contributions forment une dette ordinaire, au paiement de laquelle il est pourvu, à défaut d'autre moyen de libération, par une imposition extraordinaire dont le montant est réparti en centimes additionnels au rôle des quatre contributions directes payées dans la commune. (*Voy. L.* 26 *germ. an XI, art.* 2 ; *Circ. Int.* 9 *mai* 1845 ; *Arr. du C.* 4 *mars* 1858.)

485. Dans le cas où tous les habitants n'ont pas un droit égal à la jouissance d'un bien communal, la répartition des contributions assises sur ce bien doit être faite par le maire, avec l'autorisation du préfet et au prorata de la part qui en appartient à chacun. (*L. 26 germ. an XI, art. 3.*)

486. Lorsqu'une partie seulement des habitants a droit à la jouissance d'un bien communal ou que ce bien appartient à une section, la contribution est répartie entre les participants ou les contribuables de la section, au moyen d'un rôle spécial dressé par le directeur des contributions directes et non par le maire. S'il est nécessaire de recourir à une imposition extraordinaire pour un bien de section, on ne doit appeler que les plus forts contribuables de la section à se réunir au conseil municipal pour le vote de l'imposition. (*Voy. L. 26 germ. an XI, art.* 4 ; *Circ. Int.* 9 *mai* 1845.)

487. S'il s'élève des réclamations sur le recouvrement des rôles, c'est au conseil de préfecture qu'il appartient d'en connaître, sauf le recours au Conseil d'État. (*L. 28 pluv. an VIII, art.* 4.)

488. *Prélèvements.* La contribution foncière assise sur des bois communaux dont les coupes ne sont pas délivrées en affouage, se prélève, avec les frais de garde, sur le produit des coupes ordinaires ou extraordinaires. Si ce produit est insuffisant, le déficit s'impute sur les revenus ordinaires, et si ces revenus sont eux-mêmes insuffisants, il faut recourir à une imposition de centimes additionnels portant sur tous les contribuables. Lorsqu'il s'agit de bois dont les coupes sont distribuées en nature, on procède comme il est dit au mot **Affouage.**

489. L'État s'indemnise aussi sur le produit des bois communaux, des frais d'administration et de régie dont il est chargé. (*Voy.* **Forêts.**)

490. D'autres prélèvements s'opèrent sur le produit de l'octroi ; ce sont : 1° les sommes nécessaires pour indemniser l'État des frais de casernement dont il est chargé à la place des communes (*voy. n°* 183) ; 2° le prix, fixé à 10 centimes, du timbre des quittances et expéditions délivrées pour le service de l'octroi (*D.* 8 *févr.* 1812 ; *L.* 28 *avril* 1816 ; *Arr. du C.* 14 *juill.* 1819) ; 3° l'indemnité allouée à l'administration des contributions indirectes pour la dépense des exercices faits chez les entrepositaires de boissons, les brasseurs et les distillateurs, dans les villes soumises au droit d'entrée, indemnité qui est fixée à 5 p. 100 des produits constatés chez les contribuables (*O.* 9 *déc.* 1814 ; *Décis. min.* 20 *déc.* 1816 ; *Arr. du C.* 28 *juill.* 1819) ; 4° le prix des impressions et instruments fournis aux communes par l'administration des contributions indirectes pour le service de l'octroi (*O.* 9 *déc.* 1814) ; 5° le montant des dépenses de gestion quand l'administration des contributions indirectes gère l'octroi pour le compte de la commune ; 6° la somme affectée au paiement du contingent personnel et mobilier des communes. (*Voy. n°* 538.)

ART. 11. — SECOURS ET PENSIONS EN FAVEUR DES SAPEURS-POMPIERS.

491. Les sapeurs-pompiers, officiers, sous-officiers ou soldats, ceux de la ville de Paris exceptés, qui dans leur service ont reçu des blessures ou contracté une maladie entraînant une incapacité de travail personnel temporaire ou permanente,

ont droit à des secours ou à des pensions, suivant les circonstances (*L.* 5 *avril* 1851, *art.* 1er.) Des secours ou des pensions semblables sont dus aux veuves et enfants des sapeurs-pompiers qui ont péri dans le service ou qui sont morts des suites des blessures reçues ou des maladies contractées dans le service. (*Id.*)

492. Les secours et pensions sont dus : 1° si l'accident a eu lieu dans un incendie, par la commune où le sapeur-pompier a été tué, blessé ou atteint en luttant contre l'incendie ; 2° si l'accident, sans être arrivé dans un incendie, a eu lieu néanmoins dans le service, par la commune à laquelle appartient le bataillon, la compagnie ou la subdivision de compagnie dont le sapeur-pompier faisait partie. (*Id., art.* 3.)

493. Dans le délai d'un mois, au plus tard, après que la mort, les blessures ou la maladie ont été constatés par un procès-verbal du maire, le conseil municipal de la commune débitrice doit être réuni pour procéder à la liquidation des secours ou des pensions (*Id., art.* 4). S'il doit résulter de l'accident une incapacité de travail prolongée ou indéfinie, la décision peut être ajournée jusqu'à ce que les hommes de l'art soient en état d'émettre un avis avec certitude. (*Circ.* 28 *juin* 1851.)

494. Les secours et pensions sont accordés dans la proportion des besoins de celui ou de ceux qui les réclament et des ressources de la commune (*L.* 5 *avril* 1851, *art.* 5). Les pensions peuvent être temporaires ou à vie (*Id., art.* 2). Les délibérations des conseils municipaux peuvent être attaquées par toute partie intéressée, ainsi que par le maire au nom de la commune, ou d'office par le préfet. Le recours est porté devant le conseil général du département, qui statue en dernier ressort et comme jury d'équité, après avoir entendu le préfet. Jusqu'à la décision définitive du conseil général, la délibération est provisoirement exécutée, sauf règlement ultérieur. (*Id., art.* 6.)

495. La charge imposée aux communes peut être allégée au moyen, soit de subventions accordées par les conseils généraux, soit de caisses établies sur la demande des conseils municipaux, par des arrêtés préfectoraux, et qui s'alimentent par les subventions des conseils municipaux, les allocations des conseils généraux, les souscriptions des compagnies d'assurances contre l'incendie, et les intérêts des sommes qui ne sont pas nécessaires au service.

Les arrêtés qui instituent ces caisses leur donnent le caractère d'établissements d'utilité publique et les habilitent ainsi à recevoir des dons et legs avec l'autorisation du Gouvernement (*voy. Id., art.* 8 et 9). Les caisses sont soumises aux règles de la comptabilité communale (*art.* 10).

496. Les secours et les pensions sont incessibles et insaisissables. Les lois sur le cumul ne leur sont pas applicables. (*Id., art.* 11.)

ART. 12. — TRAVAUX OBLIGATOIRES.

497. Ces travaux comprennent : 1° les grosses réparations qu'exigent les édifices du domaine public municipal ; 2° la construction et l'entretien des chemins vicinaux (*voy.* **Chemins vicinaux**) ; 3° l'entretien, en partie, du pavé de la chaussée qui, dans les ports de commerce, est comprise entre le terre-plein des quais et les maisons, l'entretien des revers en pavé entre les maisons et le ruisseau de la rue latérale, et des pavages sur les quais où les communes perçoivent des droits de location de places (*D.* 5 *janv.* 1853, *et* **Voirie**) ; 4° les travaux de reboisement à la charge des communes (*voy.* **Reboisement**) ; 5° les travaux destinés à mettre les villes à l'abri des inondations (*voy.* **Inondations**) ; 6° les travaux de desséchement et d'assainissement des marais ou terres incultes appartenant aux communes. (*Voy.* **Marais**.)

Les mesures d'exécution sont indiquées aux n°s 365 et suiv.

Art. 13. — Assemblées électorales.

498. Les frais de tenue des assemblées électorales pour l'élection : 1° des membres du Sénat et de la Chambre des députés, des conseils généraux, des conseils d'arrondissement et des conseils municipaux ; 2° des membres des tribunaux de commerce et des conseils de prud'hommes ; 3° des membres des chambres consultatives des arts et manufactures et des chambres de commerce, sont à la charge des communes dans lesquelles se fait l'élection. (*L.* 7 août 1850.)

Il y a de plus les frais d'impression des cartes d'électeurs pour les élections municipales. (*L.* 10 *août* 1871.)

Art. 14. — Droits d'enregistrement et de timbre.

499. Les communes doivent ces droits pour les actes constatant les contrats qu'elles font avec des particuliers, et portant transmission de propriété, d'usufruit et de jouissance, ainsi que pour les marchés de travaux ou de fournitures. Mais les frais de marchés sont mis à la charge des adjudicataires, et en cas de vente, les frais sont à la charge de l'acheteur (*C. civ.*, art. 1593). Pour le surplus, voyez **Enregistrement**.

500. Les communes doivent verser à l'avance les sommes destinées au paiement des droits de timbre qui sont à leur charge. Ces sommes sont centralisées au compte des cotisations municipales. (*Circ. Fin.* 29 *févr.* 1856.)

501. Le maire est tenu, d'après la loi du 22 frimaire an VII, de tenir un répertoire à colonnes, sur lequel sont inscrits jour par jour, sans blanc ni interligne, par ordre de numéros, les actes administratifs soumis à la formalité de l'enregistrement. Ce répertoire dont la tenue peut être confiée au secrétaire de la mairie, doit être sur papier timbré, coté et paraphé par le sous-préfet. Le maire doit le communiquer à toute réquisition aux préposés de l'enregistrement, et en outre, le présenter, dans les dix premiers jours de janvier, avril, juillet et octobre, au visa du receveur de l'enregistrement. Le refus de communication ou le défaut de présentation est puni d'une amende de 10 fr. ; chaque omission est d'une amende de 5 fr. (*Bull. int.* 1859.)

502. Le livre de comptes divers par services que doit tenir le receveur municipal et l'expédition du compte de gestion qui doit être produite à l'autorité chargée du jugement, sont soumis aux droits de timbre.

503. Les titres d'obligations souscrits par les communes, sous quelque dénomination que ce soit, et dont la cession, pour être parfaite à l'égard

des tiers, n'est pas soumise aux dispositions de l'art. 1690 du Code civil, sont assujettis au timbre proportionnel (*voy.* **Timbre**). L'avance en est faite par les communes. La perception du droit suit les sommes et valeurs de vingt francs en vingt francs inclusivement et sans fraction. Les titres sont tirés d'un registre à souche. Toute contravention est passible d'une amende de 10 p. 100 du montant du titre. Le registre doit être communiqué aux préposés de l'enregistrement, selon le mode prescrit par la loi du 22 frimaire an VII, et sous les peines y énoncées. (*L.* 5 *juin* 1850, *art.* 27 *et* 28.)

Les communes peuvent s'affranchir de l'obligation énoncée ci-dessus en contractant avec l'État un abonnement pour toute la durée des titres. Le droit est annuel, et de cinq centimes par cent francs du montant de chaque titre. Le paiement du droit est fait à la fin de chaque trimestre au bureau d'enregistrement. Les titres sont tirés d'un registre à souche qui doit être communiqué aux préposés de l'enregistrement, selon le mode prescrit par la loi du 22 frimaire an VII et sous les peines qu'elle établit. Le timbre est apposé sur la souche et le talon ; sinon, la commune serait passible d'une amende de 12 p. 100 du montant du titre. (*Id.*, *art.* 16, 18 *et* 28.)

504. Les titres d'obligations ne peuvent être timbrés au comptant qu'à l'atelier général du timbre à Paris, où ils sont frappés d'un timbre noir et d'un timbre sec. Les communes des départements autres que celui de la Seine, doivent, lorsqu'elles ont à faire timbrer des titres, les remettre en feuilles détachées et en payant comptant les droits, au receveur du timbre extraordinaire, au chef-lieu du département. Les titres sont transmis par la poste à l'administration centrale de l'enregistrement, qui les fait timbrer sur la souche et le talon, et les renvoie immédiatement. (*D.* 27 *juill.* 1850.)

En cas d'abonnement, des timbres spéciaux sont appliqués sur la souche et le talon des titres, au chef-lieu du département où l'abonnement a été souscrit. Ces timbres portent pour légende : *Obligation-abonnement.*

Art. 15. — Logement des présidents des cours d'assises.

505. Le magistrat qui est chargé de présider les assises dans une autre ville que celle où est établi le siége de la cour d'appel, « doit être logé, soit à l'hôtel de ville, soit au palais de justice, s'il s'y trouve des appartements commodes et meublés, et sinon, dans une maison particulière et meublée, qui a été désignée d'avance par le maire » (*D.* 27 *févr.* 1811, *art.* 1er). « Pour éviter toute charge qui retomberait souvent sur le même individu, le maire est tenu de désigner successivement les principales maisons qui offrent la possibilité de disposer d'un appartement décent et commode, sans que le propriétaire ou principal locataire soit obligé de l'abandonner » (*art.* 2). Les frais de la location sont portés au budget communal.

Art. 16. — Dépôts de sûreté et maisons de police.

506. Lorsque les maisons de police ne servent qu'à l'exécution des condamnations de police municipale, les dépenses sont à la charge des communes. Quand on y renferme des condamnés transférés d'une prison dans une autre ou des prévenus conduits devant le magistrat, la dépense est partagée proportionnellement entre la commune et le département. La portion de la commune est comprise dans les cotisations municipales (n° 542).

ART. 17. — MATRICES DES RÔLES DES CONTRIBUTIONS DIRECTES.

507. Tous les trois ans les matrices de rôles (voy. Contributions directes) sont renouvelées et des copies en sont envoyées aux communes pour être déposées dans les mairies. Le directeur des contributions directes fait l'avance des frais, qui lui sont remboursés par les communes en un versement fait à la caisse du trésorier-payeur général à titre de cotisation municipale (n° 542).

ART. 18. — DETTES EXIGIBLES.

508. Les dettes communales proviennent : 1° d'emprunts légalement contractés; 2° d'acquisitions immobilières ou de constructions pour le paiement desquelles des termes ont été stipulés; 3° de condamnations judiciaires ; 4° enfin, d'engagements contractés à différents titres et constituant pour la commune une charge d'une certaine durée. Ces dettes s'acquittent, soit au moyen d'emprunts ou d'impositions extraordinaires, s'il n'existe pas de fonds libres, soit en vendant des biens mobiliers ou immobiliers. Une commune ne saurait être autorisée à se libérer par un moyen qui n'atteindrait qu'une partie des habitants, par exemple une taxe de pâturage (Avis du C. 20 sept. 1809), ni en aliénant un bien de section.

509. Une commune n'est valablement engagée par le maire qu'en vertu d'une délibération du conseil municipal. Si ce conseil n'avait pas délibéré, le créancier n'aurait action que contre le maire, à moins que le conseil municipal ne ratifiât l'obligation ou qu'il ne fût prouvé que la commune en a profité, et dans ce dernier cas, elle ne serait obligée que jusqu'à concurrence de ce dont elle aurait profité. La commune est également obligée lorsque le maire a été contraint d'agir par des circonstances tellement urgentes que l'accomplissement des formalités ordinaires était absolument impossible.

510. Lorsqu'un conseil municipal a voté la somme nécessaire à l'acquittement d'une dette et que sa délibération est devenue exécutoire, cet acte fait titre au profit du tiers intéressé. Si le conseil municipal conteste l'existence ou le montant de la dette, le créancier peut agir contre la commune devant le tribunal civil ou devant le conseil de préfecture, suivant la compétence. Après que le titre est obtenu, si le conseil municipal refuse de voter la somme nécessaire au paiement de la dette, le créancier ne peut procéder que par la voie administrative; il ne peut faire pratiquer une saisie sur les biens de la commune, ni former opposition entre les mains des débiteurs de la commune ou sur des fonds déposés en son nom à la caisse des dépôts et consignations (Avis du C. 12 août 1807, 1er mars 1815, 19 oct. 1825), « attendu que, d'une part, les communes ne peuvent faire aucune dépense sans l'assentiment de l'administration supérieure, et que, d'autre part, les communes n'ont que la disposition des fonds qui leur sont attribués par leur budget et qui tous ont une destination dont l'ordre ne peut être interverti ». (Avis du C. 12 août 1807.)

Le créancier doit donc s'adresser au préfet, qui examine si le titre est valable et exécutoire et si la situation financière de la commune lui permet de se libérer. Le préfet peut, tout en reconnaissant la validité du titre, refuser de contraindre, au moins immédiatement, la commune à s'acquitter, si elle ne possède pas les ressources nécessaires. (Arr. du C. 29 mars 1853.) Il peut opposer un refus absolu, si le titre ne lui paraît pas valable et exécutoire; mais son arrêté peut être déféré au ministre de l'intérieur, et la décision du ministre peut l'être au Conseil d'État. Si le titre n'est pas reconnu valable, le créancier ne peut que se retirer devant le tribunal compétent pour obtenir un titre. Troisièmement, le préfet peut autoriser la vente de biens mobiliers ou immobiliers appartenant à la commune. (Voy. n° 294.)

511. Lorsqu'un jugement commun à plusieurs communes les condamne à payer une dette, c'est à l'administration qu'il appartient de fixer la quote-part de chacune.

512. Pour le cas où une section de commune obtient une condamnation contre la commune ou contre une autre section, voyez n° 441.

513. Les propriétaires forains sont tenus, comme les propriétaires domiciliés dans la commune, de contribuer, en proportion de leurs cotes de contributions, aux impositions établies pour le paiement des dettes communales.

ART. 19. — DETTES RÉSULTANT DE LA RESPONSABILITÉ DES COMMUNES. (L. 10 vend. an IV.)

514. Cette loi porte : 1° que « tous citoyens habitant la même commune sont garants civilement des attentats commis sur le territoire de la commune, soit envers les personnes, soit contre les propriétés » (tit. Ier), et 2° que « chaque commune est responsable des délits commis à force ouverte ou par violence sur son territoire, ou par des attroupements ou rassemblements, armés ou non armés, soit envers les personnes, soit contre les propriétés nationales ou privées, ainsi que des dommages-intérêts auxquels ils peuvent donner lieu ». (Tit. IV, art. 1er.)

515. La commune est responsable qu'il y ait eu ou non lutte ou résistance de la part de l'individu lésé (Cass. 2 mai 1842), quels que soient le mode et la cause des rassemblements (Cass. 22 août 1839, 10 août 1869, 23 févr. 1875), lors même qu'ils auraient eu lieu d'abord dans un but inoffensif et même licite (Cass. 20 août 1869), que le dommage ait été le but principal ou qu'il n'ait été que la conséquence incidente d'une insurrection. (Cass. 8 févr. 1839.)

516. D'après deux arrêts de la Cour de cassation, 13 avril 1842 et 23 février 1875, la responsabilité des communes n'est pas restreinte aux dommages causés directement par les attroupements ou rassemblements; elle s'étend aux dégâts provenant des mesures employées pour rétablir l'ordre, ou causés par les troupes qui agissent contre les insurgés.

517. La déclaration de l'état de siège ne suffit pas pour faire disparaître la responsabilité de la commune; cette responsabilité subsiste lorsque l'autorité civile n'a pas été dessaisie de ses pouvoirs par l'autorité militaire. (C. *Besançon* 24 *août* 1874.)

518. « Dans le cas où les habitants d'une commune ont pris part aux délits commis sur son territoire par des attroupements et rassemblements, cette commune est tenue de payer à l'État une amende égale au montant de la réparation principale. » (*Tit. IV, art. 2.*)

519. « Si les attroupements et rassemblements ont été formés d'habitants de plusieurs communes, toutes sont responsables des délits qu'ils ont commis, et contribuables tant à la réparation des dommages-intérêts qu'au paiement de l'amende » (*tit. IV, art. 3*). Les tribunaux peuvent prendre pour base de la répartition, soit le nombre des habitants (*Cass.* 14 *janv.* 1852), soit les contributions payées par chaque commune (*Cass.* 17 *févr.* 1852), si toutefois les habitants de chacune ont participé également aux violences commises; sinon, l'on tient compte aussi du degré de participation. Il a été jugé d'ailleurs que l'action n'est ouverte et que la condamnation ne peut être prononcée que contre la commune qui a dû empêcher l'attroupement, et par conséquent contre celle sur le territoire de laquelle l'attroupement a commencé; qu'à l'égard des étrangers à cette commune qui ont pris part à l'attroupement, les juges ne peuvent que réserver à la commune condamnée son recours pour l'exercer ainsi qu'elle avisera (*Cass.* 17 *juill.* 1838). Il a été jugé encore que la commune sur le territoire de laquelle des dévastations ont été commises par des attroupements dans lesquels se trouvaient des habitants d'une autre commune, a un recours contre celle-ci, parce qu'elle n'a rien fait pour retenir ses habitants. (*Cass.* 14 *janv.* 1852.)

520. « Les habitants de la commune ou des communes contribuables, qui prétendraient n'avoir pris aucune part aux délits, et contre lesquels il ne s'élèverait aucune preuve de complicité ou participation aux attroupements, peuvent exercer leur recours contre les auteurs et complices des délits » (*tit. IV, art.* 4); de plus, suivant le droit commun, contre les personnes civilement responsables du fait des délinquants.

521. « Dans le cas où les rassemblements auraient été formés d'individus *étrangers* à la commune sur le territoire de laquelle les délits ont été commis, et où la commune aurait *pris toutes les mesures qui étaient en son pouvoir* à l'effet de les *prévenir* et d'en *faire connaître les auteurs*, elle est déchargée de toute responsabilité » (*tit. IV, art.* 5). Dans le cas même où une petite partie des habitants d'une commune s'est mêlée à un rassemblement formé sur son territoire, la jurisprudence ne déclare la commune responsable que si des habitants ont exercé une certaine influence sur le rassemblement. De plus, les mots *prévenir les rassemblements* ont été interprétés dans le sens plus précis d'*empêcher le désordre*; car il peut éclater subitement.

522. La commune est aussi dégagée de toute responsabilité quand des événements ont désorganisé l'administration municipale et que la commune est privée de l'appui des autorités consti-

tuées (*Cass.* 5 *déc.* 1822). Mais les habitants seraient responsables s'ils ne secondaient pas l'administration municipale et s'ils la laissaient lutter seule et avec ses propres ressources contre les perturbateurs. (*Cass.* 15 *mai* 1841.)

523. Trois arrêts de la Cour de cassation (6 *avril* 1838, 15 *mai* 1841, *et* 18 *déc.* 1843) ont déclaré la loi de l'an IV inapplicable à la ville de Paris, « attendu que l'application aux communes de ce principe de droit naturel qui oblige chaque individu à réparer le dommage qu'il a causé par son fait, son imprudence ou sa négligence, suppose nécessairement une organisation qui laisse aux communes la libre disposition de leurs moyens de surveillance, d'action et de répression :... attendu que Paris étant le siège du Gouvernement, c'est au Gouvernement seul qu'appartiennent dans cette ville la surveillance et la police générales, la direction et la disposition de la force publique... »

La Cour de cassation, par un arrêt du 10 août 1869, a déclaré la loi de l'an IV applicable à la ville de Lyon, bien que « le pouvoir municipal y soit exercé, non par un maire, mais par un fonctionnaire investi de pouvoirs plus généraux et plus étendus, par le motif que ce fonctionnaire n'en représente pas moins la commune et l'autorité municipale ».

524. « Lorsque par suite de rassemblements ou attroupements, un individu domicilié ou non sur une commune, y a été pillé, maltraité ou homicidé, tous les habitants sont tenus de lui payer, ou en cas de mort, à sa veuve et à ses enfants, des dommages-intérêts. » (*Id., tit. IV, art.* 6.)

525. « Lorsque par suite de rassemblements ou attroupements, un citoyen a été contraint de payer, lorsqu'il a été pillé ou volé sur le territoire d'une commune, tous les habitants sont tenus de la restitution, en même nature, des objets pillés ou choses enlevées par force, ou d'en payer le prix sur le pied du double de leur valeur, au cours du jour où le pillage a été commis » (*tit. V, art.* 1er). Il est dû en outre des dommages-intérêts qui ne peuvent être moindres que la valeur entière des objets pillés ou enlevés, ou dégradés, ou détruits (*tit. V, art.* 5, 6). La commune doit déclarer l'option aussitôt qu'elle est mise en cause; sinon, elle doit être condamnée à payer le double de la valeur.

526. Lorsqu'un délit de la nature de ceux qui sont indiqués aux nos 514, 524 et 525, a été commis sur le territoire d'une commune, l'administration municipale est tenue de le faire constater sommairement dans les vingt-quatre heures et d'en adresser procès-verbal, sous trois jours au plus tard, au parquet du tribunal civil de première instance (*tit. V, art.* 2). Si ce procès-verbal n'était pas dressé, il pourrait y être suppléé par des actes dressés par d'autres officiers revêtus d'un caractère public (*Avis C. d'État*, 5 *flor. an XIII*; *Cass.* 9 *déc.* 1806). Il a même été décidé qu'à défaut de procès-verbaux dressés par l'autorité, la preuve du délit peut être établie par témoins sur la demande de la partie lésée. (*C. Paris*, 29 *août* 1834.)

527. Le ministère public doit poursuivre d'office la réparation du délit, et la partie lésée a le droit d'exercer directement l'action ou d'y intervenir (*Cass.* 24 *juill.* 1837). Des étrangers peuvent exercer l'action en réparation (*Cass.* 17 *nov.* 1834). Le préfet a qualité pour intervenir dans l'intérêt des propriétés domaniales et des agents de l'administration.

528. « Les dommages-intérêts dont les communes sont tenues sont fixés par le tribunal civil, sur le vu des procès-verbaux et autres pièces constatant les voies de fait, excès et délits » (*tit. V, art.* 4), sans entendre les parties. Le tribunal peut ordonner une expertise si le montant des dommages n'est pas déterminé (*C. Paris,* 29 *août* 1834). Le montant de la réparation et des dommages-intérêts doit être réglé au plus tard dans les dix jours qui suivent l'envoi des procès-verbaux ou autres pièces, et le jugement doit être envoyé dans les vingt-quatre heures par le ministère public à la préfecture, qui est tenue de l'adresser sous trois jours à l'administration municipale. (*Tit. V, art.* 5, 7.)

529. D'après les termes de la loi, l'administration municipale est tenue de verser le montant des dommages-intérêts à la caisse du trésorier-payeur général dans le délai de dix jours, et à cet effet elle doit faire contribuer les vingt plus forts contribuables résidant dans la commune. Deuxièmement, la répartition et la perception pour le remboursement des sommes avancées doivent être faites sur tous les habitants de la commune par l'administration municipale, d'après le tableau des domiciliés et à raison des facultés de chaque habitant. Troisièmement, à défaut de paiement dans les dix jours, l'administration départementale doit requérir une force armée suffisante et l'établir dans la commune contribuable avec un commissaire pour opérer le versement de la contribution ; les frais de commissaire et de séjour de la force armée doivent être ajoutés au montant des contributions prononcées ; dans les dix jours du versement fait à la caisse du trésorier-payeur général, l'administration départementale doit faire remettre aux parties intéressées le montant du jugement portant fixation de dommages-intérêts. Mais d'après un avis du comité de l'intérieur, en date du 25 janvier 1822, il serait contraire aux articles 28 et 32 de la loi de finances du 28 avril 1816 et aux articles 39 et suivants de la loi du 15 mai 1818, d'obliger les vingt plus forts contribuables à faire l'avance du montant des condamnations ; la répartition ne peut donc être faite que par addition aux contributions des habitants et au centime le franc. Elle ne doit comprendre que les citoyens domiciliés dans la commune (*Avis Com. de législ.,* 29 *mai* 1839), et par *domicilié* on doit entendre tout habitant porté au rôle de la contribution personnelle au moment du délit. (*Avis Com. int.* 30 *avril* 1823.)

530. La commune ne doit appliquer à la réparation et aux dommages-intérêts, ni ses biens, ni ses fonds libres ; elle doit recourir à une imposition extraordinaire qui porte sur le principal des contributions directes payées par chaque obligé (*Avis Com. int.* 28 *sept.* 1821). L'obligation est personnelle et individuelle ; le fermier n'oblige pas le propriétaire forain, et le vendeur présent au moment du délit n'oblige pas l'acheteur (*Avis Com. int.* 30 *avril* 1833). Si un habitant change de domicile avant de s'être acquitté, on doit le poursuivre en paiement dans son nouveau domicile. (*Avis Com. int.* 6 *août* 1823.)

531. Le recouvrement de l'imposition extraordinaire s'effectue par douzièmes comme pour les contributions publiques. Mais le rôle étant spécial, l'administration a la faculté de percevoir tous les douzièmes échus, à quelque époque de l'année que le rôle soit émis. (*Déc. min.* 1844.)

532. L'action civile se prescrit par le même laps de temps que l'action publique, soit qu'elles aient été formées simultanément, soit qu'elles l'aient été séparément, et quoique l'action publique ait été suivie de condamnation. (*Cass.* 28 *févr.* et 6 *mars* 1855.)

ART. 20. — AUTRES DÉPENSES.

ENTRETIEN DE L'HÔTEL DE VILLE OU DU LOCAL AFFECTÉ A LA MAIRIE, *voy.* n° 171. — TRAITEMENT DU RECEVEUR MUNICIPAL, *voy.* n° 111. — TRAITEMENT DES PRÉPOSÉS DE L'OCTROI ET FRAIS DE PERCEPTION, *voy.* Octroi. — TRAITEMENT DES GARDES CHAMPÊTRES ET DES GARDES DES BOIS COMMUNAUX, *voy.* n°s 136, 137, 555. — TRAITEMENT ET FRAIS DE BUREAU DES COMMISSAIRES DE POLICE, *voy.* Police. — TRAITEMENT DES AGENTS DE POLICE, *voy.* n° 108. — DÉPENSES DE L'INSTRUCTION PUBLIQUE, *voy.* n° 554 *et* Instruction supérieure, Instruction secondaire *et* Instruction primaire. — DÉPENSES DES CHEMINS VICINAUX, *voy.* n° 553 *et* Chemins vicinaux. — FRAIS DE CASERNEMENT, *voy.* n° 183. — GROSSES RÉPARATIONS AUX ÉDIFICES COMMUNAUX AUTRES QUE LES BATIMENTS MILITAIRES, *voy.* n°s 365 à 373. — DÉPENSES DES CIMETIÈRES, *voy.* n°s 155 *et suiv.* — PLANS D'ALIGNEMENT, *voy.* Voirie. — DÉPENSES DES CONSEILS DE PRUD'HOMMES, DES CHAMBRES CONSULTATIVES DES ARTS ET MANUFACTURES, ET DES SOCIÉTÉS DE SECOURS MUTUELS, *voy. les articles qui concernent ces institutions.* — CONTRIBUTION AUX FRAIS D'INSPECTION DES EAUX MINÉRALES, *voy.* Eaux minérales. — FRAIS D'AMÉNAGEMENT, DE GARDE, DE CONSERVATION ET DE RÉGIE DES BOIS COMMUNAUX, *voy.* n°s 488 *et* 489. — FRAIS DE VISITE DES FOURS ET CHEMINÉES, *voy.* Cheminées. — PART CONTRIBUTIVE DANS LA DÉPENSE DES TRAVAUX DE DÉFENSE CONTRE LES INONDATIONS, *voy.* Inondations. — DÉPENSES RELATIVES A LA MISE EN VALEUR DES MARAIS ET TERRAINS INCULTES, *voy.* Marais. — COMMISSIONS DE STATISTIQUE, *voy.* Statistique. — SECOURS DUS AUX INDIGENTS, *voy.* Domicile de secours.

Sect. 2. — Dépenses facultatives.

533. Lorsqu'il est pourvu, dans le budget communal, à toutes les dépenses obligatoires et qu'aucune recette extraordinaire n'est appliquée aux dépenses obligatoires ou facultatives, les allocations votées par le conseil municipal pour des dépenses facultatives ne peuvent être ni changées ni modifiées par l'arrêté du préfet, ou par le décret qui règle le budget (*L.* 24 *juill.* 1867, *art.* 2). Mais la délibération est soumise aux formalités et au contrôle indiqués au n° 94. (*Id., art.* 6.)

Pour profiter de cette disposition, les communes ne doivent compter comme recettes ordinaires que celles qui sont énumérées dans l'art. 31 de la loi du 18 juillet 1837. Elles peuvent y comprendre les centimes spéciaux ordinaires votés pour les chemins vicinaux en vertu de la loi du 21 mai 1836, art. 2, et pour l'instruction primaire en vertu de la loi du 15 mars 1850, art. 40, ainsi que les centimes destinés à la rétribution des gardes-champêtres. (*Circ. Int.* 3 *août* 1867.)

534. *Cultes.* Les communes peuvent allouer : 1° des suppléments de traitement aux curés et aux desservants (*voy.* **Cure**); 2° des suppléments de traitement ou des indemnités aux ministres des autres cultes reconnus par l'État; 3° des suppléments de traitement aux desservants qui disent le dimanche des messes supplémentaires. (*Voy. aussi* **Chapelle** *et* **Annexe**.)

535. *Instruction publique.* Les communes peuvent concourir à la création ou à l'agrandissement d'établissements d'enseignement supérieur ou d'enseignement secondaire, établir des collèges communaux et subventionner des établissements particuliers *(voy.* **Instruction supérieure** *et* **Instruction secondaire**). Des écoles de dessin, des cours publics de sciences appliquées, des classes d'adultes, des écoles professionnelles existent comme établissements municipaux. Les communes peuvent encourager la fréquentation des écoles, soit par des indemnités allouées aux instituteurs et institutrices, soit par des caisses destinées à la distribution de secours et de récompenses (*voy.* **Instruction primaire**). Les grandes villes entretiennent des bourses dans les lycées, dans les écoles de beaux-arts et dans les établissements d'enseignement industriel ; elles ont des bibliothèques, des jardins botaniques, des musées ; certaines fondent des prix et allouent des encouragements à des sociétés savantes.

536. *Assistance publique.* Les communes donnent des subventions aux bureaux de bienfaisance, aux hospices, hôpitaux et autres établissements charitables. Il est pourvu, sur les fonds communaux, à l'entretien ou au traitement de vieillards ou d'incurables indigents. Des indemnités sont allouées à des sages-femmes pour qu'elles soignent gratuitement les femmes indigentes. Les communes peuvent aussi établir des ateliers de charité, construire des bains et lavoirs publics, maintenir le prix du pain à un taux modéré.

537. *Travaux et services municipaux.* Un grand nombre de travaux de construction et de voirie, sans être légalement obligatoires, ont un caractère d'utilité publique qui en fait des nécessités. Il y a encore les subventions des communes à des travaux exécutés par les départements ou par l'État et qui leur sont profitables à elles-mêmes, l'éclairage et l'arrosage de la voie publique, l'entretien des horloges publiques, l'achat et l'entretien des pompes et seaux à incendie, la solde des pompiers dans les grandes villes, l'inscription des noms des rues et numéros.

538. *Impôts directs et indirects.* Les communes peuvent prélever, si bon leur semble, une certaine somme sur le produit de l'octroi, pour affecter ce prélèvement au paiement total ou partiel du contingent personnel et mobilier qui leur est assigné. La portion à percevoir est répartie en cote mobilière seulement, soit au centime le franc des loyers d'habitation, soit d'après un tarif gradué en raison de la progression ascendante de ces loyers, et les plus faibles, par

exemple, ceux de 200 fr. et au-dessous, sont exemptés de toute cotisation. Les délibérations prises à ce sujet par les conseils municipaux ne sont exécutoires qu'après avoir été approuvées par un décret rendu sur le rapport du ministre des finances. (*L.* 21 *avril* 1832, *art.* 20.)

Les communes peuvent aussi affranchir les habitants des droits de circulation et de vente en détail des boissons dans l'intérieur, au moyen d'abonnements indiqués au mot **Boissons**.

Sect. 3. — Dépenses imprévues.

539. Les conseils municipaux sont autorisés à ouvrir, pour ces dépenses, un crédit spécial auquel s'appliquent les règles indiquées au n° 559. Le maire rend compte de l'emploi de ce crédit au conseil municipal dans la session qui suit la dépense effectuée.

Sect. 4. — Paiement des dépenses.

ART. 1. — RÈGLES GÉNÉRALES.

540. Le maire ordonne les dépenses sur les crédits régulièrement ouverts et délivre les mandats (*voy. Instr. gén. fin.*, art. 503, 504). S'il refusait d'ordonnancer une dépense régulièrement autorisée et liquidée, il serait prononcé par le préfet en conseil de préfecture, et l'arrêté du préfet tiendrait lieu du mandat du maire. (*L.* 18 *juill.* 1837, *art.* 61.)

541. Le receveur municipal est chargé seul et sous sa responsabilité d'acquitter les dépenses ordonnancées par le maire, jusqu'à concurrence des crédits régulièrement accordés. (*Id., art.* 62.) Il ne peut se refuser à acquitter les mandats, ni en retarder le paiement que dans le cas : 1° où la somme ordonnancée ne porte pas sur un crédit ouvert ou l'excède ; 2° où les pièces produites sont insuffisantes ou irrégulières ; 3° où une opposition a été dûment signifiée entre les mains du comptable. Tout refus, tout retard, doit être motivé dans une déclaration immédiatement délivrée par le receveur au porteur du mandat, lequel en réfère au maire, afin que celui-ci avise aux mesures à prendre ou à provoquer. (*O.* 23 *avril* 1823, *art.* 4.)

ART. 2. — EXCEPTION DITE FONDS DES COTISATIONS MUNICIPALES.

542. Pour certaines dépenses qui intéressent à la fois un nombre de communes plus ou moins considérable, on épargne aux créanciers le désagrément d'avoir à suivre, à chaque caisse municipale, le recouvrement de leurs créances, en centralisant les sommes que doivent les différentes communes, à la caisse du trésorier-payeur général sous le nom de *fonds de cotisations municipales.* (*Instr. gén. fin., art.* 605 à 636.)

Ces dépenses sont déterminées de concert par le ministre de l'intérieur et le ministre des finances ; en voici la nomenclature actuelle : 1° frais des registres de l'état civil et de confection des tables décennales ; 2° frais de confection et de renouvellement des matrices de rôles ; 3° frais d'impression des comptes, budgets et autres imprimés nécessaires au service des communes ; 4° frais de timbre des comptes et registres des communes ; 5° frais de confection des matrices, rôles et avertissements pour les prestations concernant les chemins vicinaux ; 6° salaire des agents forestiers qui sont chargés de la conservation des bois de plusieurs communes ; 7° salaire des concierges des maisons de dépôt entretenues par les communes ; 8° nourriture et entretien des enfants assistés ; 9° entretien des aliénés indigents ; 10° fonds destinés au paiement des imprimés concernant la comptabilité des caisses d'épargne ; 11° travaux d'intérêt commun et divers salaires.

543. Les recouvrements sont effectués d'après des arrêtés du préfet, qui sont notifiés au trésorier-payeur général, et les dépenses sont acquittées au moyen de mandats que le préfet délivre sur la caisse du trésorier-payeur général. (*Instr. gén. fin., art.* 605, 606.)

Les mandats doivent être accompagnés des pièces indiquées au n° 607 de l'Instruction générale des finances.

Les arrêtés des préfets sont accompagnés d'états formés par arrondissement et qui désignent la somme à verser par chaque commune. Le trésorier-payeur général en transmet des extraits aux receveurs particuliers. (*Id., art.* 612.)

544. Indépendamment des contingents des communes, le fonds de cotisations municipales comprend les deux tiers du produit des amendes de police correctionnelle. (*Voy. n°* 572.)

545. Les receveurs des finances n'ont droit à aucune taxation ou commission pour le service des cotisations municipales. (*Instr. gén. fin., art.* 639.)

CHAP. VIII. — RECETTES.

546. Les recettes sont ordinaires ou extraordinaires. (*L.* 18 *juill.* 1837, *art.* 31.)

Sect. 1. — Recettes ordinaires.

ART. 1. — REVENUS DES BIENS PATRIMONIAUX.

547. Les communes profitent : 1° du prix des baux à ferme ou à loyer des biens ruraux ou des biens de ville dont elles sont propriétaires ; 2° de l'intérêt des fonds qu'elles peuvent placer au Trésor. Lorsque ce sont des sommes excédant les besoins du service, elles sont versées aux receveurs des finances. Lorsque les placements proviennent de recouvrements faits à Paris pour les communes ou de cautionnements de receveurs en débet, le caissier du Trésor délivre des récépissés au nom des trésoriers-payeurs généraux des départements dont les communes font partie. (*Instr. gén. fin., art.* 756, 758.)

548. Pour obtenir un remboursement total ou partiel, le receveur municipal en présente la demande à l'ordonnateur, qui peut autoriser, pour chaque mois, le remboursement de toute somme égale à un douzième des revenus ordinaires, et jusqu'à concurrence de 300 fr., lorsque le douzième ne s'élève pas à cette somme. Les sous-préfets peuvent autoriser le remboursement, par mois, d'une somme égale aux deux douzièmes des revenus ordinaires et jusqu'à concurrence de 1,000 fr., quand les deux douzièmes ne s'élèvent pas à cette somme. Les préfets autorisent les remboursements plus élevés.

Les remboursements sont faits par les trésoriers-payeurs généraux et les receveurs particuliers. (*Id., art.* 761, 762.)

A la fin de chaque année, les trésoriers-payeurs généraux et les receveurs particuliers dressent le décompte des intérêts à allouer d'après le taux fixé chaque année par le ministre des finances, et

sauf une retenue qui est attribuée comme indemnité aux receveurs des finances et dont le taux est fixé par le même ministre. (*Id., art.* 766, 767.)

549. Les communes profitent encore : 1° des arrérages des rentes dont elles peuvent être propriétaires, soit sur l'État, soit sur particuliers (*voy. n°* 248) ; 2° des intérêts produits par les fonds qu'elles peuvent placer à la caisse des dépôts et consignations ; 3° de l'excédant des recettes des sources d'eaux minérales, des entrepôts et des bureaux de conditionnement et de titrage dont elles sont propriétaires ; 4° du produit des coupes ordinaires et des produits accessoires des bois communaux. (*Voy.* Forêts.)

550. Il est de règle que les fonds libres qui n'ont pas de destination spéciale et qui ne sont pas nécessaires aux besoins du service, soient placés en rentes sur l'État. Mais en considération de la dépréciation progressive du signe monétaire et de l'augmentation de valeur que reçoivent au contraire les propriétés immobilières, les aliénations d'immeubles communaux ne sont autorisées, lorsque le produit n'est pas absolument nécessaire au service, que sous la condition de capitaliser et de replacer le dixième des arrérages des rentes sur l'État acquises avec le produit de ces aliénations. (*Circ.* 10 *avril* 1852.)

ART. 2. — COTISATIONS AUXQUELLES EST SOUMISE LA JOUISSANCE DES BIENS COMMUNAUX.

551. L'établissement de ces cotisations est indiqué aux n°⁵ 220 et 221. Quant aux coupes affouagères, voyez **Affouages.**

ART. 3. — CENTIMES ADDITIONNELS AFFECTÉS AUX DÉPENSES ORDINAIRES.

552. D'après la loi annuelle des recettes, il est imposé chaque année sur la contribution foncière et sur la contribution personnelle et mobilière, des centimes additionnels dont le maximum est fixé à cinq. Cette imposition est établie sans l'intervention des communes (*L.* 15 *mai* 1818, *art.* 31). Ces centimes ne sont pas compris dans le maximum fixé par le conseil général en vertu de la loi du 18 juillet 1866.

ART. 4. — CENTIMES SPÉCIAUX POUR LES CHEMINS VICINAUX.

553. Les communes dont les revenus ordinaires sont insuffisants pour subvenir à la dépense des chemins vicinaux, sont tenues de voter, soit des prestations en nature dont le maximum est fixé à trois journées de travail, soit des centimes spéciaux en addition au principal des quatre contributions directes dont le maximum est fixé à cinq (*L.* 21 *mai* 1836, *art.* 2). Le concours des plus imposés n'est pas nécessaire (*id.*). Les centimes ne sont pas compris dans le maximum fixé par le conseil général en vertu de la loi du 18 juillet 1866.

ART. 5. — CENTIMES SPÉCIAUX POUR LES ÉCOLES PRIMAIRES.

554. Lorsque les revenus ordinaires sont insuffisants pour l'entretien des écoles primaires communales, les conseils municipaux doivent voter (*n°* 448) des centimes additionnels, dont le maximum est fixé par chaque loi de finances. La décision est prise sans le concours des plus imposés.

ART. 6. — CENTIMES SPÉCIAUX POUR LE TRAITEMENT
DES GARDES CHAMPÊTRES.

555. En cas d'insuffisance des revenus ordinaires, les conseils municipaux doivent pourvoir
au traitement des gardes champêtres au moyen
d'une imposition de centimes additionnels aux
quatre contributions directes. (*L. de fin.* 31 *juillet* 1867, *art.* 16.) La décision est prise sans le
concours des plus imposés. Ces centimes ne sont
pas compris dans le maximum fixé par le conseil
général en vertu de la loi du 18 juillet 1866. Les
propriétaires qui ont des gardes particuliers ne
sont pas exempts de l'imposition.

ART. 7. — CENTIMES POUR LES FRAIS DE PERCEPTION
DES IMPOSITIONS COMMUNALES ET POUR LES NON-
VALEURS.

556. Ces frais de perception sont ajoutés, à
raison de 3 centimes par franc, au montant des
impositions, pour être recouvrés avec elles et
versés dans les caisses municipales, afin que les
communes en tiennent compte aux percepteurs à
titre de dépense communale (*L.* 20 *juill.* 1837,
art. 5). Cette imposition n'a pas besoin d'être
votée. Le montant n'entre dans les recettes que
pour ordre.

On ajoute, pour les dégrèvements et non-
valeurs, au produit des centimes additionnels ordinaires et extraordinaires, savoir : 1 centime
par franc sur les centimes afférents aux contributions foncière, personnelle et mobilière, 3 centimes par franc sur les centimes afférents aux
portes et fenêtres, et 5 centimes par franc sur
les centimes afférents aux patentes. (*L.* 18 *juillet*
1852, *art.* 5, *et lois de recettes postérieures.*)

ART. 8. — CENTIMES ADDITIONNELS POUR INSUFFI-
SANCE DE REVENUS.

557. Lorsque les revenus ordinaires, avec le
produit des 5 centimes additionnels ordinaires
et des centimes spéciaux pour l'instruction primaire, les chemins vicinaux et le traitement des
gardes champêtres, sont insuffisants pour le paiement de dépenses annuelles obligatoires, les conseils municipaux votent des centimes additionnels
aux quatre contributions directes, et cette imposition est portée dans le budget au chapitre des
dépenses ordinaires.

ART. 9. — PART CONTRIBUTIVE DE L'ÉTAT AUX CEN-
TIMES ADDITIONNELS POUR SES FORÊTS ET BOIS.

558. L'État doit payer pour ses forêts les
centimes additionnels ordinaires affectés aux dépenses des communes. (*L.* 24 *juill.* 1867, *art.* 4,
et 8 *mai* 1869.)

ART. 10. — PORTION DANS L'IMPÔT DES PATENTES.

559. Cette portion est fixée à 8 centimes par
franc du principal brut. (*L.* 25 *avril* 1844),
quelle que soit la somme des décharges et des
dégrèvements. Le produit est calculé par les directeurs des contributions directes, sur les états
du montant des rôles, et il est remis aux communes aux époques et selon les règles indiquées
aux art. 199 à 203 de l'Instruction générale des
finances.

ART. 11. — PRODUIT DES PERMIS DE STATIONNEMENT
ET DES LOCATIONS SUR LA VOIE PUBLIQUE, SUR LES
PORTS, LES RIVIÈRES ET EN D'AUTRES LIEUX PUBLICS.

560. L'autorité municipale peut, en vertu des
dispositions qui la chargent de veiller à la sûreté

et à la commodité du passage sur la voie publique,
prohiber les stationnements qu'elle juge nuisibles
et autoriser ceux qui lui semblent exempts d'inconvénients. Les permissions de cette nature
sont accordées, soit à titre gratuit, soit à la condition de payer un droit au profit de la commune.

561. Les droits pour permis de stationnement
portent sur les voitures de place, les omnibus,
les charrettes et bêtes de somme qui arrivent
sur les marchés, les constructions légères ou les
chaises placées sur les promenades, les boutiques
de marchands de journaux ou autres, ainsi que
les emplacements occupés par des saltimbanques
et des théâtres ambulants. Ces droits s'établissent en raison de la superficie occupée ou censée
l'être. Ils peuvent se percevoir sur toutes les
parties de la voie publique et même sur des espaces occupés sous cette voie, par exemple l'occupation souterraine que nécessite la pose des
conduites de gaz. Ils peuvent être établis : 1° sur
les ports de l'intérieur et sur les ports maritimes (*Arr. du C.* 8 avril 1852) ; 2° sur les
fleuves et rivières, pourvu que le stationnement
des bateaux, trains de bois et autres objets, ne
gêne pas la navigation. Dans certains endroits,
on ne fait payer que la moitié pour les bateaux
vides.

Les droits sont fixés à tant par jour ou par an.
Des entreprises d'omnibus paient tant par an
tant de voitures ou de bateaux. Les droits pour les
conduites de gaz se paient aussi par abonnement.

562. Lorsque les droits doivent être perçus
sur des ports, quais, fleuves ou rivières, la délibération par laquelle le conseil municipal établit
les droits n'est exécutoire qu'après avoir été approuvée par un décret que préparent de concert
le ministre de l'intérieur et le ministre des travaux publics. (*Avis Sect. Int. et Trav. pub.*
2 juin 1875.)

Pour tous autres lieux, le conseil municipal
règle la perception et le tarif. (*L.* 24 *juill.* 1867,
art. 1er.) Mais la délibération est soumise aux formalités et au contrôle indiqués au n° 95.

En cas de désaccord entre le maire et le conseil municipal, la délibération n'est exécutoire
qu'après approbation du préfet. (*Id.*, *art.* 1er.)

563. Le maire ne pourrait de lui-même autoriser
un habitant à occuper momentanément une portion d'un lieu public moyennant le paiement d'une
indemnité à la commune. (*Cass.* 6 janv. 1854.)

564. Les droits de stationnement peuvent se
percevoir en régie simple, ou en régie intéressée,
ou par bail à ferme, comme il est dit au n° 194.

565. Les contestations se jugent suivant les
règles indiquées aux n°s 196, 197.

ART. 12. — EXPÉDITIONS DES ACTES ADMINISTRATIFS.

566. « Les premières expéditions des décisions
des autorités administratives de préfectures, de
sous-préfectures ou de municipalités » doivent
être délivrées gratuitement ; mais « les secondes
et ultérieures expéditions de titres, pièces ou renseignements déposés dans les bureaux des administrations, doivent être payées à raison de 75
centimes le rôle » (*Avis du C. appr. le* 18 août
1807). Les expéditions nécessaires aux indigents
doivent leur être délivrées gratuitement sur papier
libre (*L.* 15 *mai* 1818); il en est de même pour

celles qui sont requises par des administrations publiques. (*L.* 13 *brum. an VII.*)

Les droits sont perçus par les employés des mairies ; ils doivent être inscrits sur un registre (*Circ. Int.* 4 *mai* 1808), versés à la caisse municipale (*Instr. gén. fin.*) et portés en recette au budget communal. (*Circ. Int.* 4 *mai* 1808.)

ART. 13. — EXPÉDITIONS DES ACTES DE L'ÉTAT CIVIL

567. « Toute personne peut se faire délivrer, par les dépositaires des registres de l'état civil, des extraits de ces registres (*C. civil, art.* 45) », en payant, au profit de la commune, savoir : Dans les communes au-dessous de 50,000 âmes, acte de naissance, de décès ou de publication de mariage, 30 cent.; acte de mariage ou d'adoption, 60 cent. Dans les communes de 50,000 âmes et au-dessus, acte de naissance, de décès ou de publication de mariage, 50 cent.; acte de mariage ou d'adoption, 1 fr. À Paris, acte de naissance, de décès ou de publication de mariage, 75 cent., acte de mariage ou d'adoption, 1 fr. 50 c. (*D.* 12 *juill.* 1807.)

Les expéditions sont dispensées de l'enregistrement, mais elles doivent être délivrées sur papier timbré. (*L.* 28 *avril* 1816, *art.* 63.)

Les expéditions se délivrent sur papier libre aux indigents ou aux personnes qui les demandent pour des versements à la caisse des retraites pour la vieillesse. (*L.* 18 *juin et* 10 *déc.* 1850.)

568. Les pièces nécessaires au mariage des indigents, à la légitimation de leurs enfants naturels et au retrait de ceux qui ont été déposés dans des hospices, sont visées pour timbre et enregistrées gratis lorsqu'il y a lieu à l'enregistrement. La taxe des expéditions est réduite à 30 cent. lorsqu'il n'y a pas lieu à légalisation, et à 50 cent. lorsque cette dernière formalité doit être accomplie. (*L.* 10 *déc.* 1850, *art.* 5.)

569. Aucun droit n'est dû pour les publications de mariage qui se font dans chacune des municipalités où résident les parties ; ces dernières doivent seulement rembourser le droit de timbre pour chaque affiche, et elles ne doivent, quant à ces publications et affiches, aucun droit pour une expédition délivrée à la municipalité où le mariage doit être proclamé ; mais elles sont tenues de payer cette expédition pour chacune des autres municipalités où les publications et affiches ont eu lieu. (*Circ.* 6 *août* 1807.)

570. Les droits sont perçus par les employés des mairies et le montant est inscrit sur un registre à ce destiné. Le versement doit en être fait tous les trois mois à la caisse municipale. (*Instr. gén. fin., art.* 928.)

ART. 14. — TAXE DES TAUREAUX.

571. Il existe dans certaines communes des taureaux communs dont l'achat et l'entretien sont à la charge des habitants qui les emploient. La taxe est établie par le conseil municipal, sauf l'approbation du préfet.

ART. 15. — PRODUIT DES AMENDES.

572. Les communes profitent : 1° d'une partie du produit des amendes de police correctionnelle prononcées pour des délits commis sur leur territoire ; 2° de la totalité des amendes prononcées pour les contraventions de police rurale et municipale (*C. P., art.* 466 ; *L.* 18 *juill.* 1837, *art.* 31) ; 3° d'un tiers des amendes prononcées en matière de grande

voirie (*D.* 16 *déc.* 1811, *art.* 115); 4° des deux tiers des amendes prononcées pour contraventions aux lois du 27 mars 1851 et du 5 mai 1855 sur des fraudes dans la vente des marchandises ; 5° de la moitié des amendes prononcées pour contraventions aux règlements d'octroi (*O.* 9 *déc.* 1814; *voy.* Octroi; 6° des amendes prononcées pour délits de chasse, déduction faite de la gratification de 8, 15 ou 25 fr., suivant la gravité des cas, qui est due au garde ou au gendarme rédacteur du procès-verbal (*L.* 3 *mai* 1844, *art.* 10 *et* 19); 7° des deux tiers, dans certains cas, et de la totalité dans les autres cas, des amendes prononcées en matière de roulage sur les chemins vicinaux de grande communication (*L.* 30 *mai* 1851, *art.* 28 ; *voy.* Roulage) ; 8° des amendes dont se rendent passibles les receveurs municipaux qui ne présentent pas leurs comptes dans les délais prescrits. (*L.* 18 *juill.* 1837, *art.* 68.)

573. Les amendes énoncées ci-dessus sont recouvrées par les percepteurs. (*L.* 3 *déc.* 1873.)

Les amendes de simple police sont versées dans la caisse municipale.

Les amendes de police correctionnelle sont versées à la caisse du trésorier-payeur général, où elles forment un fonds commun qui est tenu à la disposition du préfet et qui est applicable : 1° au remboursement des frais de poursuites tombés en non-valeurs, soit en matière correctionnelle, soit en matière de simple police ; 2° au paiement des droits dus aux greffiers des tribunaux pour les relevés des jugements de condamnation ; 3° au service des enfants assistés, jusqu'à concurrence du tiers du produit excédant lesdits frais (*O.* 30 *déc.* 1823). La moitié des deux autres tiers est versée à la caisse des dépôts et consignations, pour le paiement de l'abonnement au *Journal officiel* et au *Bulletin des communes*; l'autre moitié est distribuée par la commission départementale entre les communes qui éprouvent de grands besoins et qui se montrent disposées à faire des sacrifices pour les services municipaux. (*Circ. Int.* 22 *janv.* 1840 ; *D.* 25 *mars* 1852 ; *L.* 10 *août* 1871.)

Les amendes pour contraventions à la loi sur la chasse, ainsi que la portion revenant aux communes dans les amendes pour contraventions de grande voirie, pour fraudes dans la vente des marchandises et pour contraventions à la police du roulage, sont versées dans la caisse municipale, déduction faite des gratifications dues aux agents qui ont dressé les procès verbaux.

ART. 16. — PRODUIT DES DROITS DE CHASSE ET DE PÊCHE.

574. Les communes propriétaires de bois peuvent se créer une ressource en affermant le droit de chasse, soit par adjudication publique, soit par bail de gré à gré, lorsque le préfet autorise ce second mode (*D.* 23 *prair. an XIII*). Il est interdit aux maires, adjoints et receveurs municipaux de se rendre adjudicataires de ce droit dans leurs communes. Lors même que les bois sont soumis au régime forestier, l'adjudication se fait sans le concours des agents forestiers ; le maire doit leur adresser une expédition du procès-verbal ou du bail. (*Circ.* 4 *nov.* 1850.)

575. Les communes qui possèdent des propriétés bordées par des cours d'eau non naviga-

bles, peuvent aussi affermer le droit de pêche à leur profit.

ART. 17. — AUTRES RECETTES ORDINAIRES.

PRESTATIONS ACQUITTÉES EN ARGENT, *voy.* **Chemins vicinaux.** — RÉTRIBUTIONS SCOLAIRES. *voy.* **Instruction primaire.** — PRODUIT DE L'OCTROI, *voy.* **Octroi.** — DROITS DE LOCATION DE PLACES DANS LES HALLES, FOIRES ET MARCHÉS, *voy.* *n°* 192. — DROITS D'ABATTOIR, *voy.* **Abattoir.** — PÉAGES, *voy. ce mot.* — DROITS DE PESAGE, MESURAGE ET JAUGEAGE PUBLICS, *voy.* *n°* 126. — DROITS DE VOIRIE, *voy.* **Voirie.** — CONCESSIONS DANS LES CIMETIÈRES, *voy.* *n°* 164. — CONCESSIONS D'EAU, *voy.* *n°* 174. — PORTION DES DROITS D'INSCRIPTION ET D'EXAMEN DANS LES ÉCOLES PRÉPARATOIRES A L'ENSEIGNEMENT DES SCIENCES ET DES LETTRES OU DES ÉCOLES PRÉPARATOIRES DE MÉDECINE OU DE PHARMACIE, *voy.* **Instruction secondaire.** — BÉNÉFICES RÉSULTANT DE LA GESTION DES COLLÉGES EN RÉGIE, *voy.* **Instruction secondaire.** — TAXE POUR LES PATRES COMMUNS, *voy.* *n°* 143. — TAXE SUR LES CHIENS, *voy.* **Chiens.** — TAXES DE PAVAGE, *voy.* **Voirie.** — CONTRIBUTIONS DES PROPRIÉTAIRES AUX FRAIS DE CONSTRUCTION DES TROTTOIRS, *voy.* **Voirie.** — DROITS D'EMMAGASINAGE DANS LES ENTREPÔTS, *voy.* **Entrepôt.** — DROITS DE CONDITIONNEMENT ET DE TITRAGE, *voy.* **Bureaux de conditionnement.** — TAXE DES INHUMATIONS, *voy.* **Inhumations.** — VINGTIÈME DE LA CONTRIBUTION ÉTABLIE SUR LES VOITURES ET LES CHEVAUX, *voy.* **Chevaux.** — PRIX DES LIVRETS D'OUVRIERS, *voy.* **Livrets.**

Sect. 2. — Recettes extraordinaires.

ART. 1. — IMPOSITIONS EXTRAORDINAIRES.

576. Nous avons indiqué, aux n°ˢ 95 et 101, celles de ces impositions que les conseils municipaux peuvent voter définitivement, les formalités et les conditions auxquelles ces votes sont soumis, ainsi que les impositions extraordinaires que les conseils ne votent que sauf l'approbation du préfet.

Toute imposition extraordinaire dépassant le maximum fixé par le conseil général, est autorisé par un décret, lequel est rendu en Conseil d'État, s'il s'agit d'une commune ayant un revenu supérieur à 100,000 fr. (*L.* 24 *juill.* 1867, *art.* 7.) Si l'imposition doit dépasser le maximum fixé par la loi de finances, il faut recourir à une loi spéciale.

577. Dans les communes dont les revenus sont inférieurs à 100,000 fr., toutes les fois qu'il s'agit de contributions extraordinaires, les plus imposés au rôle de la commune doivent être appelés à délibérer avec le conseil municipal, en nombre égal à celui des membres en exercice. (*L.* 18 *juill.* 1837, *art.* 42.) Pour la convocation et la tenue de l'assemblée, voyez n°ˢ 8, 9 et 10.

578. L'État doit payer pour ses bois et forêts les centimes extraordinaires affectés aux dépenses des communes. (*L.* 24 *juill.* 1867, *art.* 4.)

579. Lorsqu'il y a lieu d'établir une imposition extraordinaire qui ne doit porter que sur les habitants d'une section, le conseil municipal délibère ; mais les plus imposés de la section doivent être appelés à la délibération en nombre égal à celui des conseillers municipaux en exercice. (*Avis Sect. Int.* 8 *févr.* 1854.)

ART. 2. — REMBOURSEMENTS DES CAPITAUX EXIGIBLES ET DES RENTES RACHETÉES.

580. Les particuliers sur qui des capitaux ont été placés par une commune, sont poursuivis suivant le droit commun lorsqu'ils ne remplissent pas leurs obligations. Ils peuvent se libérer en remettant au maire, un mois d'avance, leur offre de remboursement en deux expéditions, qui sont adressées au préfet. L'une d'elles est renvoyée au maire après approbation ; l'autre est transmise au trésorier-payeur général, qui l'envoie au receveur municipal par l'intermédiaire du receveur particulier. (*Avis du C.* 21 *déc.* 1809 ; *Circ. Int.* 24 *sept.* 1825, 20 *juin* 1856.)

581. Le débiteur d'une rente constituée au profit d'une commune peut la racheter, sauf la condition qui a pu lui être imposée, suivant l'art. 1911 du Code civil, de n'opérer ce rachat qu'après un délai de 10 ans au plus, ou d'avertir le maire un mois à l'avance. (*Avis du C.* 21 *déc.* 1809.) Mais le débiteur peut être contraint au rachat dans les cas déterminés par les art. 1912 et 1913 du Code civil, et lorsque la rente est quérable, il doit être préalablement mis en demeure. Il est conseillé aux communes, par une circulaire du 24 septembre 1825, d'accepter le remboursement du capital moyennant une réduction d'un cinquième, et même de tâcher d'amener les débiteurs à faire le rachat à cette condition, toutes les fois que les rentes offrent peu de garanties, ou que le recouvrement en est difficile et le montant d'ailleurs peu considérable. Au reste, la délibération, soit pour exiger, soit pour accepter le rachat, n'est exécutoire qu'avec l'approbation du préfet.

ART. 3. — EXCÉDANTS DE RECETTES.

582. Le règlement du budget de chaque exercice fait ressortir ces excédants, lorsqu'il s'en trouve ; on les ajoute aux ressources de l'exercice suivant.

ART. 4. — INDEMNITÉS POUR ENRÔLEMENTS VOLONTAIRES.

583. Il est attribué aux communes une indemnité de 3 fr. sur chacun des vingt-cinq premiers enrôlements volontaires contractés dans les mairies, de 2 fr. sur chacun des soixante-quinze enrôlements qui suivent, et de 1 fr. sur les autres. Le montant de ces indemnités est remis aux receveurs municipaux par les trésoriers-payeurs généraux, après liquidation ministérielle.

ART. 5. — SUBVENTIONS.

584. Il est parlé au n° 472 des subventions accordées aux communes pour les édifices du culte et les presbytères, et à l'article **Instruction primaire,** n°ˢ 88 et suiv., de celles qui ont pour objet l'entretien des écoles. Il en est accordé aussi sur les fonds de l'État pour l'acquisition, la construction ou la réparation de maisons d'école, mais seulement sur la proposition du conseil général. (*L.* 10 *août* 1871, *art.* 68.)

Les départements aident les communes à subvenir aux dépenses des chemins de petite vicinalité, à l'établissement d'ateliers de charité, aux frais de traitement des malades et incurables indigents.

Les communes reçoivent encore des subventions, soit de particuliers, soit d'établissements publics, soit de l'État, pour des travaux ou services qui leur sont profitables. Les souscriptions des particuliers étant de simples contrats unilatéraux auxquels ne sont pas applicables les art. 932 et 937 du Code civil, le recouvrement peut s'effectuer sur des états dressés par le maire et rendus exécutoires par le visa du sous-préfet suivant l'art. 63 de la loi du 18 juillet 1837. (*Bull. Int.* 1858.)

D'autres subventions sont imposées à des particuliers à titre d'indemnité pour des travaux dont ils profitent. (*Voy. par exemple* **Chemins vicinaux.**)

Enfin des subventions peuvent être accordées aux communes pour le reboisement des montagnes. (*Voy.* **Reboisement.**)

ART. 6. — REMBOURSEMENTS D'AVANCES OU DE SOMMES INDUMENT PAYÉES.

585. Tantôt il s'agit de droits de timbre avancés par la caisse municipale pour le compte de particuliers, tantôt la commune se fait rembourser des dépenses résultant de l'exécution de mesures de police auxquelles des particuliers ont refusé ou négligé de se soumettre, par exemple : 1° des frais de balayage, d'enlèvement des glaces, ou d'arrosage, exécutés d'office ; 2° des frais de clôture de terrains dangereux, ou de démolition de maisons menaçant ruine, ou de travaux de pavage ou d'assainissement, exécutés d'office ; 3° des frais de transport d'objets embarrassant la voie publique, ou de destruction de denrées insalubres, ou de transport en fourrière d'objets saisis. Les propriétaires riverains remboursent les frais des travaux de raccordement de pavage faits pour leur compte.

ART. 7. — RESTITUTIONS OU DOMMAGES-INTÉRÊTS.

586. Les communes peuvent obtenir en justice des restitutions ou dommages-intérêts en réparation de délits ou quasi-délits commis à leur préjudice. Le montant est recouvré par les receveurs de l'enregistrement, moyennant une remise de 5 p. 100 (*L. 5 mai* 1855, *art.* 16), et mis, après liquidation, à la disposition des receveurs municipaux. Par exception, les restitutions et dommages-intérêts adjugés aux communes pour des délits commis dans leurs bois, doivent être recouvrés gratuitement par les préposés de l'enregistrement, suivant les art. 106 et 107 du Code forestier. (*Instr.* 25 *sept.* 1855.)

ART. 8. — DÉBETS A LA CHARGE DES RECEVEURS MUNICIPAUX.

587. L'autorité chargée de juger les comptes des receveurs municipaux peut y apporter des modifications consistant en augmentations sur la recette, ou en diminutions sur la dépense (*voy. Instr. gén. fin.,* art. 1557, 1560). Dans ces différents cas, le receveur doit verser dans la caisse municipale les sommes mises à sa propre charge, dans le délai de deux mois à partir du jour de la notification. (*Id.*)

ART. 9. — (*Renvois.*)

DONS ET LEGS, *voy.* nᵒˢ 268 et 279. — PRIX DES BIENS ALIÉNÉS, *voy.* nᵒ 283. — COUPES EXTRAORDINAIRES DE BOIS, *voy.* **Forêts.** — PRODUIT DES EMPRUNTS, *voy.* nᵒ 341. — INDEMNITÉS POUR CESSION DE TERRAINS PAR SUITE D'ALIGNEMENTS, *voy.* **Voirie.** — TAXES ADDITIONNELLES D'OCTROI, *voy.* **Octroi.**

Sect. 3. — Recouvrement.

588. Le maire est chargé de la gestion des revenus de la commune, de l'ordonnancement des dépenses, de la délivrance des mandats; mais « les recettes s'effectuent par un comptable chargé seul et sous sa responsabilité de poursuivre la rentrée de tous les revenus de la commune et de toutes les sommes qui lui sont dues. Tous les rôles de taxe, de sous-répartitions et de prestations locales doivent être remis à ce receveur. » (*L.* 18 *juill.* 1837, *art.* 62). [*Voy.* nᵒ 620.]

589. Les centimes additionnels et la part attribuée dans la contribution des patentes ne sont perçus directement par le receveur que lorsqu'il est en même temps percepteur. Dans tous les cas, c'est chez le receveur des finances que s'établit le décompte de la portion revenant à la commune.

590. Certaines recettes s'opèrent par l'entremise du receveur des finances, ou du trésorier-payeur général. (*Voy.* nᵒ 624.)

591. Les ressources spéciales relatives aux chemins vicinaux se recouvrent comme les contributions directes. Quant aux souscriptions volontaires, le recouvrement doit s'opérer au moyen d'un rôle rendu exécutoire par le sous-préfet, lorsqu'il s'agit de chemins ordinaires, et par le préfet, quand la souscription concerne un chemin de grande communication. (*Circ. Fin.* 30 *sept.* 1854.)

592. Les taxes particulières dues par les habitants, en vertu des lois et des usages locaux, sont perçues suivant les formes établies pour le recouvrement des contributions publiques (*L.* 18 *juill.* 1837, *art.* 44).

593. Les poursuites à exercer contre les débiteurs en retard ont deux premiers degrés que le receveur municipal, porteur de titres exécutoires, peut employer : 1° le commandement par ministère d'huissier, à la requête du maire ; 2° la saisie-exécution des meubles, en observant les formalités prescrites par le Code de procédure civile. Après ce second acte de poursuites, le receveur informe le maire « qu'il a fait procéder à la saisie-exécution; que, par le procès-verbal de cette saisie, en date du....., la vente a été, conformément au Code de procédure civile, indiquée pour le....., et qu'à moins d'ordres contraires de sa part, il passera outre à la vente. » S'il ne reçoit pas d'ordre de sursis, il passe outre. Si le maire juge, au contraire, qu'il y a lieu de surseoir, il doit en donner l'ordre écrit au receveur, qui suspend alors les poursuites. Lorsque le sursis doit se prolonger pendant un temps assez long, le maire demande au préfet l'autorisation de réunir le conseil municipal pour lui en référer ; et la délibération du conseil est ensuite soumise à l'approbation de ce fonctionnaire. (*Instr. gén. fin.,* art. 850.)

594. Lorsque l'émission d'une contrainte donne lieu à une opposition soulevant des questions de propriété, le receveur est incompétent pour y défendre au nom de la commune; c'est le maire qui doit agir. (*Cass.* 11 *juill.* 1860.)

595. En ce qui concerne les produits communaux assimilés pour le recouvrement aux contributions directes, les poursuites s'exercent suivant le mode réglé pour ces contributions, c'est-à-dire par voie de contrainte et de sommation avec frais, et, comme les receveurs municipaux sont placés sous la surveillance des receveurs des finances, ce sont ces derniers comptables qui décernent les contraintes et autorisent l'emploi des porteurs de contraintes. Les frais de poursuites sont déterminés par le tarif en usage dans le département, et les états en sont soumis à l'autorité administrative qui taxe les frais. Les receveurs des finances paient ces frais avec leurs fonds, et s'en font couvrir par les receveurs municipaux qui les prélèvent, à titre d'avances, sur les fonds libres des communes, sauf remboursement par les redevables (art. 851).

596. Quant aux recettes municipales qui ne sont pas assimilées pour le recouvrement aux contributions directes, voyez n° 626.

Smith.

CHAP. IX. — COMPTABILITÉ COMMUNALE.
Sect. 1. — Du budget communal.
ART. 1. — NOTIONS GÉNÉRALES.

597. Les recettes et les dépenses des communes ne peuvent être faites qu'en vertu du budget de chaque exercice, ou d'autorisations supplémentaires. (*Inst. gén. de la comptab. de* 1859.)

598. Le budget communal, comme les budgets de l'État et du département, a un exercice commençant le 1er janvier et finissant le 31 décembre. Il indique toutes les recettes et toutes les dépenses présumées de cet exercice, et il est établi sous forme de tableau dont l'Instruction générale donne le modèle (n° 216).

Comme il serait très-difficile, malgré la plus scrupuleuse attention, de prévoir à un seul moment de l'année, toutes les recettes et toutes les dépenses, et que des modifications sont presque inévitables dans la plupart des articles inscrits sur le budget, ces modifications trouvent leur place dans un autre tableau auquel on a donné le nom de budget supplémentaire ou de chapitres additionnels. (*Voir le modèle n° 222 de l'Instr. gén.*)

599. En dehors des deux budgets, il est encore admis, pour que le service municipal ne reste en souffrance dans aucune de ses parties, que des recettes ou des dépenses peuvent être autorisées en vertu de décisions spéciales et rattachées auxdits budgets, ce qui fait que les opérations de la comptabilité sont permanentes et ne peuvent être la cause d'aucun retard. (*Exéc. de l'art.* 34 *de la loi du* 18 *juill.* 1837.)

600. Bien que l'exercice finisse le 31 décembre, il est accordé, pour en compléter les opérations, un délai qui est fixé au 31 mars de l'année suivante ; mais à cette époque l'exercice est clos définitivement. Les dépenses faites peuvent être mandatées jusqu'au 15 mars et payées jusqu'au 31 mars de la seconde année ; on ne peut en faire de nouvelles après le 31 décembre de l'année qui donne son nom à l'exercice. (*Voy.* **Budget.**)

ART. 2. — FORME DU BUDGET.

601. Le budget est divisé, tant pour les recettes que pour les dépenses, en deux parties : recettes ou dépenses ordinaires et recettes ou dépenses extraordinaires. Bien que chaque recette et chaque dépense ait déjà été traitée dans le chapitre qui précède, il ne sera peut-être pas sans utilité d'en réunir ici la nomenclature.

Recettes ordinaires.

1° Revenus de tous les biens dont les habitants n'ont pas la jouissance en nature (prix de ferme des maisons, usines, biens ruraux, etc. ; rentes sur particuliers, rentes sur l'État, coupes ordinaires de bois et produits accessoires de ces coupes) ;

2° Cotisations imposées annuellement sur les ayants droit aux frais qui se perçoivent en nature ;

3° Produit des centimes ordinaires et autres ressources affectées aux communes par les lois de finances (centimes communaux ordinaires ; centimes pour l'instruction primaire, impositions, prestations, subventions, souscriptions volontaires et indemnités pour l'établissement, l'entretien et la réparation des chemins vicinaux) ;

4° Produit de la portion accordée aux communes dans l'impôt des patentes ;

5° Produit de la portion revenant aux communes dans les droits de permis de chasse ;

6° Produit des octrois municipaux ;

7° Produit des droits de place perçus dans les halles, foires, marchés, abattoirs, d'après les tarifs dûment autorisés ;

8° Produit des permis de stationnement et des locations sur la voie publique ; sur les ports et rivières et autres lieux publics ;

9° Produit des péages communaux, des droits de mesurage et de jaugeage, des droits de voirie et autres droits légalement établis ;

10° Prix de concession dans les cimetières ;

11° Produit des concessions d'eau, de l'enlèvement des boues et immondices de la voie publique, et autres concessions autorisées pour les services communaux ;

12° Produit des expéditions des actes administratifs et des actes de l'état civil ;

13° Portion que les lois accordent aux communes dans le produit des amendes prononcées par les tribunaux de simple police et par ceux de police correctionnelle ;

14° Intérêts des fonds placés au trésor public ;

15° Portion des droits à percevoir dans les écoles préparatoires à l'enseignement des lettres et des sciences, et dans les écoles préparatoires de médecine et de pharmacie ;

16° Bénéfice résultant de l'administration des collèges ;

17° Ressources affectées au traitement des instituteurs et institutrices primaires ;

18° Indemnité pour enrôlement volontaire ;

19° Produit de la taxe municipale sur les chiens ;

20° Produit du 20e de la contribution établie sur les voitures et les chevaux (*L.* 23 *juill.* 1872) ;

Et généralement du produit de toutes les taxes de ville et de police dont la perception est autorisée par la loi. (*L.* 18 *juill.* 1837, *art.* 31.)

Recettes extraordinaires.

1° Contributions extraordinaires, dûment autorisées ;

2° Prix des biens aliénés ;

3° Dons et legs ;

4° Remboursement des capitaux exigibles et des rentes rachetées ;

5° Produits des coupes extraordinaires de bois ;

6° Produit des emprunts ;

7° Prix de vente des inscriptions de rente sur l'État ;

8° Secours accordés par l'État ou par les administrations locales pour réparations aux édifices communaux ou autres dépenses,

Et de toutes recettes accidentelles. (*L.* 18 *juill.* 1837, *art.* 32.)

602. La nomenclature qui précède des recettes ordinaires et extraordinaires des communes résulte d'abord de la loi du 18 juillet 1837 (*art.* 31 *et* 32), et ensuite des instructions du ministre de l'intérieur, notamment de celles des 13 décembre 1842, 7 août 1846 et 5 mai 1852, n° 35. Cette division est également indiquée par le décret du 31 mai 1862, art. 484 et suiv.

603. Cette division établit que l'on doit séparer les recettes ordinaires, qui sont annuelles, des recettes extraordinaires, qui sont le résultat de faits accidentels ou de besoins qui ne se produisent dans la commune qu'à de certains intervalles, tels que les impositions extraordinaires, par exemple, ayant pour objet la reconstruction, soit d'une maison d'école, soit d'une église ou de tout autre édifice communal.

D'un autre côté, ces recettes doivent être bien établies, dans les deux chapitres séparés, de manière à correspondre avec les diverses dépenses en vue desquelles elles ont été créées. C'est pourquoi, il n'est pas absolument exact de dire que toutes les impositions extraordinaires doivent être inscrites dans le chapitre II. Au contraire, les formules de budget sont préparées de manière à faire inscrire au chapitre Ier, les impositions extraordinaires applicables au salaire des gardes champêtres, au supplément de traitement des desservants, et à l'insuffisance des revenus; et avec raison, puisque ces recettes servent à acquitter des dépenses ordinaires, ou annuelles, portées au chapitre Ier du tableau des dépenses.

Quant aux dépenses, il suffira de reproduire la nomenclature des dépenses obligatoires d'après le décret du 31 mai 1862 et quelques lois et décrets postérieurs, indiqués ci-après, qui ne modifient que légèrement la nomenclature de la loi du 18 juillet 1837, en renvoyant aux chapitres précédents pour les développements et les compléments.

1o L'entretien, s'il y a lieu, de l'hôtel de ville ou du local affecté à la mairie;

2o Les frais de bureau et d'imprimés pour le service des communes;

3o L'abonnement au Bulletin des lois ou au Bulletin des communes (D. 27 déc. 1871);

4o Les frais de recensement de la population;

5o Les frais des registres de l'état civil et la portion des tables décennales à la charge des communes;

6o Le traitement du receveur municipal, du préposé en chef de l'octroi, et les frais de perception;

7o Le traitement des gardes forestiers de la commune et des gardes champêtres;

8o Le traitement et les frais de bureau des commissaires de police, tels qu'ils sont déterminés par les lois et décrets;

9o Les pensions des employés municipaux et des commissaires de police, régulièrement liquidées et approuvées;

10o Les frais de loyer et de réparation du local de la justice de paix, ainsi que ceux d'achat et d'entretien de son mobilier, dans les communes chefs-lieux de canton;

11o Les dépenses relatives à l'instruction publique, conformément aux lois;

12o L'indemnité de logement aux curés et desservants et autres ministres des cultes salariés par l'État, lorsqu'il n'existe pas de bâtiment affecté à leur logement;

13o Les secours aux fabriques des églises et autres administrations préposées aux cultes dont les ministres sont salariés par l'État, en cas d'insuffisance de leurs revenus, justifiés par leurs budgets et leurs comptes appuyés de pièces;

14o Le contingent assigné à la commune, conformément à la déclaration du conseil général, dans la dépense des enfants assistés et des aliénés;

15o Les grosses réparations aux édifices communaux, sauf l'exécution des lois spéciales concernant les bâtiments militaires et les édifices consacrés au culte;

16o La clôture des cimetières, leur entretien et leur translation dans les cas déterminés par les lois et règlements d'administration publique;

17o Les frais du plan d'alignement;

18o Les frais et dépenses des conseils de prud'hommes, pour les communes où ils siègent, sans frais des chambres consultatives des arts et manufactures pour les communes où elles existent, ainsi que des sociétés de secours mutuels;

19o Les contributions et prélèvements établis par les lois sur les biens et revenus communaux;

20o Les secours et pensions accordés aux sapeurs-pompiers, à leurs veuves et à leurs orphelins;

21o La part contributive de la commune dans la dépense des travaux de défense contre les inondations;

22o Les frais de tenue des assemblées électorales pour l'élection de députés, de membres des conseils généraux, d'arrondissement et municipaux, ainsi que des tribunaux et chambres de commerce, des conseils de prud'hommes, de chambres consultatives des arts et manufactures, y compris les frais d'impression des cartes d'électeurs pour les élections municipales;

23o L'acquittement des dettes exigibles;

24o Les dépenses relatives à la mise en valeur des marais et terres incultes appartenant aux communes. (L. 28 juill. 1860.)

Les autres dépenses ont un caractère facultatif.

ART. 3. — PRÉPARATION ET RÉDACTION DU BUDGET.

604. C'est pendant la 2e session légale, qui se tient au mois de mai de chaque année, que les conseils municipaux sont appelés à former le budget normal de l'exercice suivant et le budget supplémentaire. En général, ces deux documents sont préparés par le maire avant la session.

605. Le maire rédige un compte administratif comprenant toutes les recettes effectuées et toutes les dépenses faites pendant l'exercice expiré. Ce compte comprend la période du 1er janvier au 31 mars, puisque les opérations de l'exercice sont continuées, pour achever la liquidation, pendant les trois mois qui suivent l'expiration de l'année. Mais il convient de rappeler, en ce qui concerne les dépenses, que l'on peut seulement pourvoir au paiement de celles qui ont été faites, et que les crédits ou portions de crédits non employés le 31 décembre ne peuvent être dépensés après cette époque. Ils doivent ou être annulés, ou être reportés au budget supplémentaire.

606. Le receveur municipal rédige de son côté et remet au maire un état de situation divisé en deux parties, l'une comprenant les recettes et les dépenses du 1er janvier au 31 décembre; l'autre comprenant les recettes et les dépenses des trois mois complémentaires, pour l'exercice expiré. Cet état de situation doit donner un résultat concordant avec le compte administratif du maire, c'est-à-dire qu'il fait ressortir la somme qui forme l'excédant de recette ou de dépense de l'exercice. (D. 27 janv. 1866; Inst. Min. des Fin. du 30 janv. 1866.)

607. Le receveur municipal rédige, en outre, deux états, l'un des recettes qui restent à recouvrer pour l'exercice expiré, l'autre des dépenses qui restent à payer.

Au moyen de ces documents, le conseil municipal rédige le budget supplémentaire. Il inscrit comme premier article de recette ou de dépense, l'excédant que font ressortir le compte administratif du maire et l'état de situation du receveur municipal; et ensuite au chapitre Ier, les recettes et les dépenses établies comme restes à recouvrer ou à payer, dans les états rédigés par le receveur municipal.

608. Au chapitre II des recettes, il est porté celles qui n'auraient pas été prévues lors de la formation du budget primitif.

Au chapitre II des dépenses, le maire peut inscrire des dépenses nouvelles dans les limites du crédit resté disponible, et dont le compte administratif du maire a révélé l'existence.

609. Si le premier article à porter au budget supplémentaire était un excédant de dépense, le conseil municipal aurait à aviser aux mesures à prendre pour combler le déficit de la commune.

ART. 4. — APPROBATION DU BUDGET.

610. Le budget de chaque commune, proposé par le maire et voté par le conseil municipal, est définitivement réglé par le préfet (D. 31 mai 1862, art. 490). Les budgets des villes et établissements de bienfaisance ayant 3 millions au moins de revenus sont soumis à l'approbation du Chef de l'État, sur la proposition du ministre de l'intérieur. (L. 24 juill. 1867, art. 15.)

611. Toutefois, pour les villes dont les revenus sont de 100,000 fr. et au delà, le budget est réglé par un décret, lorsqu'il présente des impositions extraordinaires proprement dites, mais seulement pour l'exercice qui donne lieu à la demande de ces impositions et dans le cas prévu par l'art. 7 de la loi du 24 juillet 1867, c'est-à-dire si les centimes votés dépassent le maximum fixé par le conseil général.

Le revenu d'une commune est réputé atteindre 100,000 fr. lorsque les recettes ordinaires, constatées dans les comptes, se sont élevées à cette somme pendant les trois derniers exercices.

Il n'est réputé être descendu au-dessous de 100,000 fr. que lorsque, pendant les trois derniers exercices, les recettes ordinaires sont restées inférieures à cette somme.

612. Toute contribution extraordinaire dépassant le maximum fixé par le conseil général et tout emprunt remboursable sur ressources extraordinaires, dans un délai excédant douze années, sont autorisés par décret.

Le décret est rendu en Conseil d'État s'il s'agit d'une commune ayant un revenu supérieur à 100,000 fr.

Il est statué par une loi si la somme à emprunter dépasse un million ou si ladite somme, réunie au chiffre d'autres emprunts non encore remboursés, dépasse un million. (*L. 24 juill.* 1867, *art.* 7.)

613. Dans le cas où le budget d'une commune n'aurait pas été approuvé avant le commencement de l'exercice, les recettes et les dépenses ordinaires continueraient à être faites jusqu'à l'approbation de ce budget, conformément à celui de l'année précédente. (*L. 18 juill.* 1837, *art.* 35 ; *D.* 31 *mai* 1862, *art.* 492.)

614. S'il arrivait qu'un maire négligeât de dresser ou de soumettre au conseil municipal le budget de la commune, le préfet, après l'en avoir requis, pourrait y suppléer par lui même ou par un délégué spécial. (*L. 18 juill.* 1837, *art.* 15.)

615. Les dépenses proposées au budget d'une commune sont susceptibles d'être rejetées ou réduites par le préfet, qui règle ce budget ; mais le préfet ne pourrait les augmenter ni en introduire de nouvelles qu'autant qu'elles seraient obligatoires. (*L. 18 juill.* 1837, *art.* 36 *et* 38.)

Toutefois, lorsque le budget communal pourvoit à toutes les dépenses obligatoires et qu'il n'applique aucune recette extraordinaire aux dépenses, soit obligatoires, soit facultatives, les allocations portées audit budget par le conseil municipal pour les dépenses facultatives ne peuvent être ni changées ni modifiées par l'arrêté du préfet ou par le décret qui règle le budget. (*L. 24 juill.* 1867, *art.* 2)

616. Si un conseil municipal n'allouait pas les fonds exigés pour une dépense obligatoire, ou n'allouait qu'une somme insuffisante, l'allocation nécessaire serait inscrite au budget, selon le cas, par arrêté du préfet en conseil de préfecture, ou par décret, le conseil municipal ayant d'abord été appelé à en délibérer (*voy.* n° 623). La dépense est-elle annuelle et variable, elle sera inscrite pour sa quotité moyenne pendant les trois dernières années. Est-elle annuelle et fixe de sa nature, s'agit-il d'une dépense extraordinaire, elle sera inscrite pour sa quotité réelle. Les ressources de la commune sont-elles insuffisantes pour subvenir aux dépenses obligatoires inscrites d'office, il y sera pourvu par l'administration communale,

et, dans le cas de refus de sa part, il y aura lieu de lever une contribution extraordinaire, établie, par *décret*, dans les limites du maximum fixé annuellement par la loi de finances, et par *une loi spéciale,* si la contribution doit excéder ce maximum. (*L. 18 juill.* 1837, *art.* 39; *L.* 24 *juill.* 1867 *et D.* 31 *mai* 1862, *art.* 497.)

617. La somme inscrite pour les dépenses imprévues ne peut être réduite ou rejetée qu'autant que les revenus ordinaires, après avoir satisfait à toutes les dépenses obligatoires, ne permettraient pas d'y faire face, ou qu'elle excéderait le dixième de la recette ordinaire. (*L. 18 juill.* 1837, *art.* 37.)

Pour les autres dispositions relatives à l'intervention du préfet, voyez les différents chapitres.

ART. 5. — EXÉCUTION DU BUDGET.

618. Le maire et le receveur municipal concourent simultanément à l'exécution du budget communal. Le receveur est l'agent spécial de la recette, sur laquelle le maire ne peut exercer qu'un droit de surveillance, tandis que, au contraire, le maire est l'agent légal de la dépense que le receveur contrôle dans une certaine mesure pour sauvegarder sa responsabilité.

619. *Attributions du maire.* Lorsqu'un créancier a acquis un droit sur une commune, soit par la réalisation d'un service, soit par une livraison et qu'il veut se faire payer, il fait constater ou vérifier les services accomplis tant sous le rapport des qualités et des quantités que relativement à l'application des tarifs convenus. L'ensemble des opérations nécessaires pour établir le montant exact de la dette contractée par l'ordonnateur et la réunion des pièces justificatives constitue ce que l'on a appelé la *liquidation.*

La libération de la commune a lieu au moyen de deux opérations successives, *l'ordonnancement* et le *paiement.* Cette subdivision est le résultat du concours obligé du maire qui a ordonné la dépense, et du receveur qui seul dispose du maniement des fonds, et la conséquence de ce principe fondamental : que l'ordonnateur de la dépense doit toujours être distinct de celui qui effectue le paiement.

620. Les mandats délivrés par les maires énoncent le nom de l'ayant droit, la nature de la dépense et le motif du paiement, la somme à payer, l'exercice et le crédit du budget sur lequel la dépense est imputée (*O.* 31 *mai* 1838, *art.* 447, *et D.* 31 *mai* 1862, *art.* 503); ils doivent être appuyés des pièces justificatives prescrites par les règlements et dont le tableau est donné dans l'Instruction générale du 20 juin 1859, art. 1542 et 1543. Tout paiement qui serait effectué sans l'accomplissement de ces formalités resterait à la charge du comptable. (*L.* 11 *frim. an* VII; *D.* 27 *févr.* 1811; *O.* 23 *avril* 1823.)

Si le maire ou l'adjoint qui le remplace refusait l'ordonnancement d'une dépense régulièrement autorisée et liquidée, il en serait référé au préfet. L'arrêté du préfet, pris en conseil de préfecture, tiendrait lieu du mandat du maire.

621. *Attributions du receveur municipal.* Le receveur municipal est chargé, sous sa responsabilité personnelle, de la recette des deniers communaux et du recouvrement des legs et donations et autres ressources affectées au service communal ; de faire faire contre le débiteur en retard de payer, et à la requête de la commune, les exploits, significations, poursuites et commandements nécessaires ; d'avertir le maire de l'échéance des baux ; d'en écher les prescriptions ; de veiller à la conservation des domaines, droits, privilèges et hypothèques de la commune ; de requérir à cet effet au bureau des hypothèques l'inscription de tous les titres qui en sont susceptibles, et de tenir registre desdites inscriptions, et autres poursuites et diligences. (*Instr. gén. Fin.*, n° 849.) À cet effet, il est autorisé à se faire délivrer par le maire une expédition en forme de tous les contrats, titres nouveaux, déclarations, baux, jugements, et autres actes concernant le domaine, dont la perception lui est confiée, ou à se faire remettre par tous dépositaires lesdits titres et actes contre un récépissé. (*D.* 22 *mai* 1862.)

622. En général, c'est le percepteur qui remplit les fonctions de receveur de la commune. Toutefois les conseils municipaux des communes dont le revenu excède 30,000 fr. peuvent demander la nomination d'un receveur spécial.

Les préfets nomment les receveurs municipaux des villes dont le revenu ne dépasse pas 300,000 francs. (*D.* 25 *mars* 1852, *art.* 5.)

623. Les receveurs municipaux recouvrent aux échéances déterminées par les titres de perception ou par l'administration, les divers produits qui constituent les revenus de la commune.

Les recouvrements effectués directement sur les contribuables ou sur les débiteurs des communes sont :

1° Le produit des maisons, usines, prés et autres biens ruraux appartenant à la commune;

2° Les rentes foncières dues par les individus;

3° Le prix des coupes, les produits accessoires des bois des communes, ainsi que celui de la vente d'écorces provenant de coupes affouagères;

4° Les taxes affouagères, de pâturage et de tourbage ;

5° La taxe des chiens ;

6° Les centimes additionnels, quelle que soit leur dénomination, ainsi que l'attribution des communes sur la contribution des patentes.

Toutefois, ces centimes additionnels ne pouvant pas être perçus indépendamment du principal des contributions, le receveur municipal ne les recouvre directement sur le contribuable que lorsqu'il est en même temps percepteur. Dans tous les cas, c'est chez le receveur des finances qu'est établi le décompte de la portion revenant à la commune;

7° Les prestations en nature rachetées ou payables en argent, ainsi que les subventions particulières et les souscriptions volontaires pour les chemins vicinaux ;

8° Le produit des permis de chasse ;

9° Les droits de voirie ;

10° Le prix des concessions dans les cimetières ;

11° Le prix des biens aliénés ;

12° Les dons et legs à réaliser en numéraire, à moins que l'autorité supérieure n'en prescrive le versement dans une autre caisse ;

13° Les capitaux remboursés par des particuliers ou le prix du rachat de rentes.

624. D'autres ressources communales arrivent dans la caisse, par l'entremise du trésorier général, comme le produit de rentes sur l'État, l'intérêt de fonds placés au trésor public, les subventions accordées pour réparations aux édifices communaux ou autres dépenses, les restitutions, dommages et intérêts prononcés en faveur des communes ; les subventions sur les fonds départementaux pour les dépenses des chemins vicinaux, les indemnités pour les enrôlements militaires, les frais de casernement.

625. Il existe encore des revenus communaux, perçus par l'intermédiaire de préposés, de fermiers, etc., ou sous d'autres formes particulières, telles que la régie simple ou intéressée, la ferme, l'abonnement. Les produits perçus de la sorte sont les droits de places dans les halles et marchés, sur la voie publique, les péages, les droits de pesage et de mesurage, les droits d'octroi, d'abatage. Les droits sur les expéditions des actes de l'état civil, ainsi que les droits de deuxièmes ou ultérieures expéditions des actes administratifs, sont perçus par les employés des mairies. Le produit doit être versé, à la diligence des maires, dans la caisse municipale. Les receveurs municipaux doivent réclamer ces versements à l'expiration de chaque trimestre. (*Instr. gén., art.* 793.)

626. Les taxes particulières dues par les habitants ou propriétaires, en vertu des lois ou des usages locaux, sont réparties par délibération du conseil municipal, approuvée par le préfet, et perçues suivant les formes établies pour le recouvrement des contributions publiques.

627. Dans toutes les communes, le premier article de recette se compose du produit des cinq centimes communaux. Ce produit, ainsi que celui provenant des différentes impositions extraordinaires autorisées se perçoit en même temps que les autres contributions directes publiques. À des époques déterminées (tous les trois mois), il est procédé, à la trésorerie générale, à la liquidation de la portion appartenant aux communes dans les recouvrements de l'impôt. (Les différentes contributions de l'État, du département et des communes sont comprises dans le même bulletin, et le produit en est alloué pour en être appliqué à l'ensemble des dépenses de la commune.)

Les autres recettes sont recouvrées en vertu d'états ou de titres remis au receveur municipal. Ce comptable ne peut recevoir directement aucun titre de recette sans encourir des peines disciplinaires.

628. En dehors des différentes recettes prévues par le budget, il peut s'en produire d'autres ayant un caractère tout à fait imprévu ; dans ce cas, ces recettes font l'objet d'états rendus exécutoires par les sous-préfets (*art.* 63).

Les oppositions, lorsque la matière est de la compétence des tribunaux ordinaires, sont jugées comme affaires sommaires, et la commune peut y défendre sans autorisation du conseil de préfecture. (*L.* 18 *juill.* 1837, *art.* 63.)

629. Les budget et état rendus exécutoires par le préfet sont transmis par lui au trésorier-payeur général, lequel les fait parvenir au receveur par l'intermédiaire du receveur des finances.

Le receveur municipal, par l'effet de la transmission des budgets et des titres dont se composent les recettes, devient responsable de ces recettes. Lorsque certaines recettes deviennent irrecouvrables, il ne peut en obtenir la décharge qu'en vertu d'états de valeurs irrecouvrables, qu'il rédige en suivant les formes tracées par les instructions sur la comptabilité. Ces états doivent être approuvés par le conseil municipal et par le préfet. Alors, il les joint à l'appui de ses comptes, et le conseil de préfecture prononce définitivement, si les justifications régulières sont produites, la décharge desdites valeurs.

630. Le receveur municipal est autorisé à refuser ou retarder le paiement des mandats dans les cas suivants : où la somme ordonnancée ne porterait pas sur un crédit régulier, ou bien elle excéderait ce crédit ; où le mandat aurait été présenté après l'époque fixée pour la clôture de l'exercice (*Instr. gén.*) ; où les pièces produites seraient insuffisantes ou irrégulières ; où il y aurait eu opposition dûment signifiée entre les mains du comptable, contre le paiement réclamé ; où, par une suite de retards dans le recouvrement des revenus, il y aurait insuffisance de fonds dans la caisse du receveur.

Le droit de contrôle du receveur ne s'étend pas jusqu'à la critique et au refus des mandats et pièces qui lui sont présentés. Ces mandats sont délivrés sous la responsabilité seule du maire. Seulement si le receveur municipal s'apercevait de faits pouvant lui révéler des abus, ou des irrégularités, il aurait pour devoir d'en informer le maire, et dans le cas où il serait invité par lui à passer outre, il devrait acquitter le mandat (*art.* 1003 *de l'Instr. gén.*).

631. Lorsque le receveur municipal refuse d'acquitter un mandat de paiement, il doit faire connaître les motifs de refus par écrit. Si ces motifs sont jugés non fondés, il peut devenir passible de dommages-intérêts (*art.* 1001 *et* 1002 *de l'Instr. gén.*).

632. Les parties prenantes doivent dater elles-mêmes leurs quittances, y désigner la commune où le paiement a lieu. Les receveurs municipaux sont tenus de veiller à l'accomplissement de cette formalité et de la remplir eux-mêmes si les parties prenantes sont illettrées. Dans ce dernier cas, lorsque le mandat à payer n'excède pas 150 fr., le paiement peut être effectué en présence de deux témoins. Si le mandat excède 150 fr. une quittance notariée est nécessaire, à moins qu'il ne s'agisse de prix de terrains cédés pour cause d'utilité publique, auquel cas la quittance est donnée dans la forme administrative.

Les receveurs municipaux doivent s'assurer avec soin de l'identité des parties prenantes (*art.* 661, 1005 *et* 1006 *de l'Instr. gén.*).

633. La loi du 23 août 1871 a apporté de nombreuses modifications aux lois précédentes sur le timbre, et aux applications qui en étaient faites.

634. Actuellement, il y a deux sortes de quittances :

La quittance au droit de 25 cent. (timbre de dimension), celle que délivre le comptable en cette qualité, et la quittance au droit fixe de 10 cent. Ce droit est dû pour chacune des quittances délivrées à titre d'à-compte ou de solde d'une quittance excédant 10 fr.

635. On applique la pluralité des droits lorsqu'il y a quittance collective, et que chaque partie reçoit une somme ou partie de somme excédant 10 fr.

636. Les quittances délivrées par les comptables (droit de 25 cent.) peuvent être écrites sur la même feuille timbrée. Il y a donc lieu de représenter la première quittance à chaque paiement.

637. Toutes les quittances des traitements des fonctionnaires, affranchies du droit de timbre par la loi du 13 brumaire an VII, sont aujourd'hui passibles du droit de 10 centimes, quelle que soit la quotité du traitement, s'il excède 10 fr.

La dispense du droit a été maintenue à l'égard des quittances des indigents, pour les secours qu'ils reçoivent, quelle que soit la quotité du secours.

638. Les travaux en régie exécutés pour le compte des communes donnent lieu à l'application des principes ci-après :

Les quittances données sur les mandats d'avances par les agents régisseurs sont des pièces d'ordre, exemptes de timbre. Les factures et mémoires sont soumis au timbre de dimension, quel que soit leur montant. Les quittances pour émargements de sommes reçues par les parties, donnent lieu au droit de quittance de 10 cent. par chaque ouvrier recevant plus de 10 fr. Les mémoires peuvent être écrits dans le corps du mandat ou au verso du mandat sans donner ouverture au droit de timbre de dimension, lorsque la somme est inférieure à 10 fr.

Les travaux faits sur des ateliers de charité par des ouvriers indigents sont dispensés des droits de quittance (application de l'art. 16 de la loi du 13 brumaire an VII).

639. En résumé, les mandats de paiement qui, autrefois, étaient passibles, à cause de l'acquit des parties prenantes, d'un droit de 50 cent., quelle que fût la dimension du papier, n'ont plus à supporter aujourd'hui qu'un droit de 10 cent., *qui remplace celui de 50 cent.* Quant aux factures ou mémoires qui accompagnent lesdits mandats, ils doivent toujours être rédigés sur papier timbré, suivant la dimension, au prix de 60 cent., 1 fr. 20 et 2 fr. 40 c., etc., et si le *pour acquit* est donné sur ces pièces, on doit y apposer, en outre, le timbre spécial de quittance de 10 cent. ; mais dans ce cas, si la quittance est donnée en double, au bas du mandat de paiement, cette dernière quittance est simplement d'ordre et n'est assujettie à aucun timbre. (*Circ. dir. gén. de la Compt. publ.* 14 avril 1872, nᵒ 1042.)

640. Il convient de faire remarquer que les quittances sous signatures privées sont seules soumises au droit de 10 cent., établi par la loi du 23 août 1871. Par conséquent une quittance notariée, écrite sur timbre ne serait pas passible de ce droit : d'où il suit qu'une quittance sous seings privés, écrite sur timbre de dimension, donnerait, par surcroît, satisfaction à la loi établissant le nouveau droit de 10 cent. qui, dès lors, ne devrait pas être perçu.

641. Les dépenses inscrites sur les budgets, lorsqu'il s'agit de travaux ou de dépenses ne se reproduisant pas annuellement, constituent de simples prévisions. Le mandat de paiement doit donc être appuyé de la délibération visant le crédit et en autorisant l'emploi, et, selon les cas, des mémoires, factures et autres pièces justificatives de la dépense. Deshairis.

Sect. 2. — Comptabilité.

ART. 1. — ÉCRITURES ET COMPTE DU MAIRE.

642. Chaque année, le maire doit soumettre au conseil municipal, avant la délibération sur le budget, le compte de l'exercice clos. Ce compte doit présenter, par colonne distincte et dans l'ordre des chapitres et des articles du budget : *En recette,* 1° la nature des recettes ; 2° les évaluations du budget; 3° la fixation définitive des sommes à recouvrer d'après les titres justificatifs; 4° les sommes recouvrées pendant la première année de l'exercice et les trois premiers mois de la seconde année ; 5° les sommes restant à recouvrer et devant être reportées au budget de l'exercice suivant ; — *En dépense :* 1° les articles de dépenses du budget; 2° le montant des crédits ; 3° le montant des sommes payées sur ces crédits, soit dans la première année, soit dans les trois premiers mois de la deuxième; 4° les restes à payer qui doivent être reportés au budget de l'exercice suivant; 5° les crédits ou portions de crédit à annuler, faute d'emploi dans les délais prescrits. (*D.* 31 *mai* 1862, *art.* 510.)

A ce compte le maire doit joindre les développements et explications nécessaires pour permettre au conseil municipal d'apprécier les actes administratifs de ce fonctionnaire pendant l'exercice qui vient de se terminer. (*Id.*)

643. Les comptes des maires sont soumis ensuite à l'approbation du préfet pour les communes ayant moins de trois millions de revenus. Pour celles qui ont un revenu de trois millions au moins, les comptes sont soumis à l'approbation du président de la République, sur la proposition du ministre de l'intérieur. (*Id.; L.* 24 *juill.* 1871, *art.* 15.)

Une copie conforme du compte d'administration, tel qu'il a été vérifié par le conseil municipal et examiné par le préfet, doit être transmise par le comptable à la juridiction compétente comme élément de contrôle du compte de sa gestion. (*O.* 24 *janv.* 1843, *art.* 2.)

644. Les comptes administratifs restent déposés à la mairie où toute personne imposée aux rôles de la commune a droit d'en prendre connaissance. Ils sont rendus publics par la voie de l'impression dans les communes dont le revenu est de 100,000 fr. et plus, et dans les autres, quand le conseil municipal a voté la dépense de l'impression. (*L.* 18 *juill.* 1837, *art* 69.)

645. Pour que le compte du maire soit exactement dressé, ce fonctionnaire doit, au fur et à mesure de chaque opération d'ordonnancement, en tenir ou en faire tenir écriture sur un registre spécial. Dans les grandes administrations municipales les maires doivent faire tenir un *journal* et un *grand-livre* pour y consigner sommairement toutes les opérations financières concernant la fixation des crédits, la liquidation, l'ordonnancement et le paiement des dépenses. Ces opérations doivent être en même temps décrites avec détail dans les livres ou registres auxiliaires, dans la forme

déterminée par les préfets, suivant la nature et l'importance des diverses parties de ce service. (*D.* 31 *mai* 1862, *art.* 509.)

ART. 2. — ÉCRITURES DES RECEVEURS.

646. Ces écritures sont tenues en partie simple. Elles diffèrent suivant que le comptable est percepteur-receveur ou receveur spécial.

Les percepteurs-receveurs doivent employer : 1° un journal à souche pour l'enregistrement de toutes les recettes et pour la délivrance des quittances aux parties versantes ; 2° un registre de quittances timbrées pour les quittances à délivrer aux débiteurs des communes lorsque ces quittances exigent la formalité du timbre ; 3° des livres de détail dans lesquels les recettes et les dépenses relatives au service des communes sont classées par nature ; 4° un livre des comptes divers par services, destiné à ouvrir un compte distinct pour les recettes et les dépenses propres à chacun des services dont ces comptables sont chargés concurremment ; 5° un carnet des titres de perception et des dépenses payables en plusieurs années ; 6° un livre récapitulatif destiné à présenter la situation complète de chaque percepteur sur tous les services qui lui sont confiés. (*Voy. Instr. gén. fin.,* art. 1445 à 1512.)

Les receveurs spéciaux doivent employer : 1° le journal à souche, les livres de détail et le carnet indiqués ci-dessus; 2° un journal général présentant toutes les opérations décrites sur les livres de détail et la situation journalière de la caisse ; 3° un grand-livre contenant le rapport, à chacun des comptes qui y sont ouverts, des recettes et des dépenses inscrites au journal général. (*Voy. Instr. gén. fin.,* art. 1576.)

647. Les percepteurs-receveurs doivent remettre aux receveurs des finances : 1° au commencement de chaque mois, un bordereau de situation sommaire présentant le tableau des opérations, la position de chaque service, l'excédant de recette ou de dépense qui en résulte, et la situation de la caisse ; 2° tous les trois mois, un bordereau détaillé indiquant les recettes et les dépenses faites sur chacun des articles portés aux budgets. (*Voy. Instr. gén. fin.,* art. 1293, 1513 à 1517.)

Une expédition de chaque bordereau détaillé est conservée par le comptable, et, à l'expiration du deuxième trimestre, elle est mise au courant et envoyée au receveur des finances, qui envoie en échange l'expédition qu'il avait d'abord reçue.

648. Les receveurs spéciaux forment, à l'expiration de chaque mois, une balance des comptes de leur grand-livre ; ils établissent par dizaine une situation sommaire, et par mois, ou au moins par trimestre, un bordereau détaillé de leurs recettes et de leurs dépenses. (*Id.,* art. 1577.)

Le bordereau de situation (*n°* 659) est remplacé par la balance des comptes du grand-livre (*art.* 1578.)

649. Au 31 décembre de chaque année, le maire de la commune, assisté d'un membre du conseil municipal, doit constater l'existence des valeurs matérielles qui représentent l'excédant des recettes sur les dépenses de la commune, ainsi que de chacun des services dont le receveur est chargé, et procéder à la clôture des registres. Il dresse, à cet effet, un procès-verbal et fait établir, à l'appui, le bordereau de situation sommaire au 31 décembre. Puis il transmet les deux pièces au sous-préfet. Une ampliation en est remise au comptable et une autre est transmise par ce dernier au receveur des finances. (*Instr. gén. fin., art.* 1519.)

ART. 3. — COMPTES DES RECEVEURS.

650. Les receveurs des communes sont tenus de rendre chaque année un compte de gestion. A cet effet, chaque receveur établit le compte des opérations complémentaires de l'exercice aussitôt après sa clôture, et comprend ces opérations dans le même document que le compte des opérations des douze premiers mois, auxquelles elles sont réunies pour présenter des résultats qui concordent avec ceux du compte du maire. (*D.* 20 *janv.* 1866, *art.* 1er.)

651. Les opérations des deux périodes de l'exercice clos, appuyées de toutes les justifications, sont disposées d'une manière distincte, par gestion, et suivies : 1° de la situation du comptable envers la commune au 31 décembre, de telle sorte que l'excédant de recette à cette époque étant reporté en tête du compte suivant, les comptes sont liés les uns aux autres sans interruption selon le vœu des règlements ; 2° du résultat final de l'exercice au moment de sa clôture, lequel résultat est également reporté en tête du compte suivant et compris dans la situation du receveur au 31 décembre. (*Id., art.* 2.)

652. Le budget doit être transcrit littéralement dans le compte de gestion, avec des annotations pour les crédits supplémentaires et les petits excédants de dépense imputés sur les dépenses imprévues. (*Voy. Instr. gén. fin., art.* 1533.)

653. Une expédition du compte de gestion est remise au maire pour être jointe au projet de budget et envoyée à la préfecture, qui a ainsi connaissance des services hors budget. (*D.* 20 *janv.* 1866, *art.* 2.)

654. Le compte de gestion, affirmé sincère et véritable, daté et signé par le receveur, doit être vérifié et certifié exact dans ses résultats par le receveur des finances (*D.* 20 *janv.* 1866, *art.* 3; *Instr. gén. fin., art.* 1550, 1554). Il est ensuite examiné, débattu et arrêté par le conseil municipal dans la session de mai, sauf règlement définitif (*L.* 18 *juill.* 1837, *art.* 23). Il est encore vérifié sur pièces d'une manière approfondie par le receveur des finances, et présenté à l'autorité chargée de le juger, avant le 1er septembre de l'année qui suit celle pour laquelle il est rendu. (*D.* 20 *janv.* 1866, *art.* 3.)

655. Pour qu'un compte soit en état d'examen, il doit être accompagné des pièces suivantes : 1° une expédition du budget primitif et du budget supplémentaire, et un tableau des autorisations spéciales ; 2° une copie certifiée du compte administratif ; 3° une copie de la délibération du conseil municipal ; 4° un état de l'actif de la commune (propriétés foncières, rentes et créances); 5° un état du passif ; 6° le procès-verbal de la situation de la caisse au 31 décembre ; 7° une copie du bordereau de situation sommaire à la même époque (pour les receveurs spéciaux, une copie de la balance des comptes du grand-livre); 8° l'état annexe à ce bordereau présentant par commune le développement des comptes relatifs aux services hors budget ; 9° un inventaire des pièces générales. (*Voy. Instr. gén. fin., art.* 849, 1551 et 1554 ; *Circ. fin.* 30 *janv.* 1866, 15 *nov.* 1869.)

656. Le nombre des exemplaires du compte de gestion est fixé à quatre : 1° la minute timbrée à conserver par le comptable ; 2° une expédition qui doit être transmise à la préfecture par l'entremise du maire ; 3° une expédition pour le conseil municipal ; 4° une expédition pour la Cour des comptes ou le conseil de préfecture. (*Circ. fin.* 30 *janv.* 1866.)

ART. 4. — JUGEMENT DES COMPTES.

657. Les comptes sont apurés définitivement par le conseil de préfecture pour les communes dont les revenus ordinaires n'excèdent pas 30,000 fr., sauf le recours à la Cour des comptes ; ils sont jugés et apurés par cette Cour pour les communes dont les revenus ordinaires dépassent 30,000 fr. (*L.* 18 *juill.* 1837, *art.* 66). Les comptes des communes dont les revenus ordinaires, précédemment inférieurs à 30,000 fr., se sont élevés à cette somme pendant trois exercices consécutifs, sont mis par les préfets sous la juridiction de la Cour des comptes. Les arrêtés pris à cet effet doivent être immédiatement transmis aux ministres de l'intérieur et des finances, ainsi qu'au procureur général de la Cour des comptes. (*O.* 23 *avril* 1823, *art.* 10.)

Cette compétence s'étend : 1° aux demandes formées par les communes à l'effet d'obtenir la révision des comptes et de faire déclarer les comptables responsables envers elle (*Arr. du C.* 4 *avril* 1856); 2° aux particuliers qui se chargeraient du recouvrement et de l'emploi de souscriptions destinées à une dépense communale. (*Arr. du C.* 12 *août* 1848.)

658. Le receveur qui n'a pas présenté son compte de gestion dans les délais fixés, peut être condamné par l'autorité compétente, à une amende de 10 fr. à 100 fr. par chaque mois de retard, lorsqu'il est justiciable du conseil de préfecture, et de 50 à 500 fr. lorsqu'il est justiciable de la Cour des comptes. Ces amendes sont attribuées aux communes que concernent les comptes en retard. Elles sont assimilées aux débets de comptables et le recouvrement peut en être suivi par corps. (*L.* 18 *juill.* 1837, *art.* 66.)

659. Les jugements sont notifiés par l'entremise des receveurs des finances. Ces comptables doivent, dans un délai de 15 jours, transmettre au greffier en chef de la Cour des comptes le récépissé constatant la notification faite aux justiciables de cette Cour (*D.* 27 *janv.* 1866, *art.* 5). Le délai est le même pour les conseils de préfecture (*Circ. fin.* 1er *mars* 1866). La notification est faite simultanément et sous forme de tableau pour toutes les communes d'une même perception dont les comptes sont jugés par le conseil de préfecture (*D.* 27 *janv.* 1866, *art.* 5). Le récépissé est transmis au préfet et déposé au greffe du conseil. (*Circ. fin.* 30 *juin* 1866.)

Si la notification n'a pas été faite dans le délai

fixé, toute partie intéressée peut requérir expédition de l'arrêté de compte et la signifier par huissier. (*O.* 28 *déc.* 1830, *art.* 4.)

660. L'autorité investie du jugement ne juge que sur pièces. Elle n'apporte aucun changement au résultat général de chaque compte, à moins d'inexactitude dans le rapport du reliquat fixé par un arrêt précédent. Les modifications consistent, savoir : *Sur la recette*, 1° en augmentations provenant de forcements prononcés par l'arrêt définitif, soit pour des articles de non-valeurs dont le comptable a demandé la décharge sans produire des justifications suffisantes, soit pour des sommes omises au préjudice de la commune ; 2° en diminutions pour des sommes portées de trop en recette ; et *sur la dépense*, 1° en diminutions, soit pour des dépenses rejetées comme irrégulières, soit pour des sommes portées de trop en dépense ; 2° en augmentations pour des sommes omises. (*Instr. gén. fin.*, *art.* 1557.)

Il est procédé au jugement des comptes suivant les formes indiquées dans l'article **Cour des comptes**, nos 61 à 67.

661. Dans les trois mois de la notification, les communes et les comptables peuvent se pourvoir par appel devant la Cour des comptes contre les arrêtés du conseil de préfecture. La requête est rédigée en double original. L'un des doubles est remis à la partie adverse, qui en donne récépissé ; si elle refuse ou si elle est absente, la signification est faite par huissier. L'appelant adresse l'autre original, sur papier timbré, à la Cour des comptes et y joint l'expédition de l'arrêté qui lui a été notifié. Ces pièces doivent parvenir à la Cour, au plus tard, dans le mois qui suit l'expiration du délai de l'appel. (*Id.*, *art.* 5.)

662. Si la Cour admet la requête, la partie poursuivante a, pour faire la production des pièces à l'appui, un délai de deux mois, à partir de la notification de l'arrêt d'admission. (*Id.*, *art.* 6.)

663. Faute de productions suffisantes, dans ce délai, la requête est rayée du rôle, à moins que, sur la demande des parties intéressées, la Cour ne consente à accorder un second délai dont elle détermine la durée. La requête rayée du rôle ne peut être reproduite. (*Id.*, *art.* 7.)

664. Toute requête rejetée pour défaut d'accomplissement des formalités prescrites peut néanmoins être reproduite, si le délai de trois mois accordé pour l'appel n'est pas expiré. (*Id.*, *art.* 8.)

665. Il ne peut être formé de pourvoi, devant le Conseil d'État, contre les arrêts de la Cour des comptes, que pour violation des formes ou de la loi. Ce pourvoi doit être introduit dans les trois mois de la notification de l'arrêt et conformément au règlement sur le contentieux du Conseil d'État. (*O.* 28 *déc.* 1830, *art.* 8.)

666. Les comptables, les administrations municipales et les ministres de l'intérieur et des finances peuvent demander, devant les premiers juges, la révision des arrêts ou arrêtés définitifs, pour erreurs, omissions, double ou faux emploi reconnus par la vérification d'autres comptes, et à raison de pièces justificatives recouvrées depuis l'arrêt ou l'arrêté. (*L.* 16 *sept.* 1807, *art.* 17.)

667. La Cour des comptes, soit d'office, soit sur la réquisition du procureur général, et le conseil de préfecture, sur la réquisition du préfet, peuvent aussi procéder, dans les mêmes cas, à la révision des arrêts ou arrêtés définitifs qu'ils ont rendus. (*Id.*, *art.* 14.)

ART. 5. — SURVEILLANCE.

668. Le maire est chargé de surveiller la comptabilité communale (*L.* 18 *juill.* 1837, *art.* 10). S'il reconnaît des irrégularités graves dans la gestion d'un percepteur receveur, il doit les signaler au sous-préfet, et si le comptable est receveur spécial municipal, le maire peut le suspendre et nommer un gérant intérimaire, sauf à en informer le sous-préfet.

669. Les receveurs des finances sont tenus, sous leur responsabilité, de surveiller la gestion des percepteurs-receveurs, les recouvrements et paiements, la conservation des deniers, la reddition des comptes (*voy.* pour les détails *O.* 31 *mai* 1862, *art.* 543, 544, 545 ; *Instr. gén. fin.*, *art.* 1285 à 1316). Les mêmes receveurs sont aussi chargés, en ce qui concerne les receveurs spéciaux, de surveiller la caisse, la tenue d'écritures, l'exactitude des recouvrements et des paiements, la reddition des comptes ; ils doivent vérifier à domicile, une fois par trimestre, la caisse et la comptabilité, et se faire remettre : 1° tous les dix jours, une situation sommaire ; 2° tous les mois, la balance des comptes du grand-livre ; 3° au moins tous les trois mois, un bordereau détaillé des recettes et des dépenses (*Instr. gén. fin.*, *art.* 1317 *et* 1318). Mais pour la partie administrative du service, les receveurs des finances ne peuvent qu'appeler l'attention de l'autorité locale sur les faits qui la réclament. En cas d'irrégularités graves, ils peuvent, soit placer près d'un receveur un agent spécial, soit provoquer auprès du maire la suspension du receveur et son remplacement par un gérant provisoire, soit, en cas d'urgence, y pourvoir d'office, sauf à en rendre compte au préfet et au ministre. (*Id.*, *art.* 1320 *et* 1321.)

670. Les inspecteurs des finances ont le droit de vérifier la gestion des receveurs spéciaux, et ils peuvent les suspendre de leurs fonctions en cas de déficit, sauf à en donner avis à l'autorité compétente et au receveur des finances. (*Id.*, *art.* 1322.)

671. En cas de déficit ou de débet de la part d'un percepteur-receveur, le receveur des finances en paie le montant et exerce son recours sur le cautionnement, les biens et la personne du débiteur par subrogation aux droits de la commune. Toutefois, si le déficit provient de force majeure ou de circonstances indépendantes de la surveillance, le receveur des finances peut obtenir le remboursement des sommes qu'il a payées, en capital et intérêts. Le ministre des finances prononce, après avoir pris l'avis du ministre de l'intérieur et celui de la section des finances du Conseil d'État, sauf appel au Conseil statuant au contentieux. (*O.* 18 *nov.* 1826 *et* 17 *sept.* 1837.) Pour les receveurs spéciaux, les communes exercent leur recours contre ces comptables. (*Instr. gén. fin.*, *art.* 1315.)

SMITH.

BIBLIOGRAPHIE.

Code municipal, ou Recueil des principaux édits qui intéressent les officiers municipaux et de police. 2 vol. in-12. Grenoble. 1760.

Traité général du gouvernement des biens et affaires des communautés d'habitants, de villes, bourgs, etc., par Delapoix-Freminville. In-4°. Paris. 1768.

Recueil des règlements et recherches concernant la municipalité, par Boileau. 5 vol. in-12. Paris, 1785.

Recherches historiques sur les municipalités, pour servir à les éclairer sur leurs droits, leur juridiction et leur organisation, par Fabvier. In-8°. Paris. 1789.

Code municipal, ou Traité méthodique et complet des attributions des maires, par J. C. B. Meynier. In-8°. Lons-le-Saulnier, Courbet; Paris, Arthus-Bertrand. 1812.

De la juridiction des maires de village, ou Traité des contraventions de police, d'après les Codes pénal et d'instruction criminelle, par M. Victor Loiseau. 1 vol. in-12. Paris, Longchamps. 1813.

Dissertation historique sur les communes de France, leur origine, leurs progrès, leur régime, par M. G. In-8°. Paris, Delaunay, Rondonneau. 1819.

Jurisprudence communale et municipale, ou Exposition raisonnée des lois et de la jurisprudence concernant les biens, les dettes et les procès des communes, par A. C. Guichard. Paris, Renard. 1820.

Précis historique de l'administration et de la comptabilité des revenus communaux, par M. le baron Dupin. In-8°. Paris, impr. de Leblanc. 1820.

Lettres sur le projet d'organisation municipale présenté à la Chambre des députés, le 21 février 1821, par J. Fiévée. In-8°. Paris, Lenormant. 1821.

De l'organisation municipale en France et du projet présenté aux Chambres, en 1821, par le comte Lanjuinais et M. Kératry. In-8°. Paris, Baudouin frères. 1821.

Réflexions sur les attaques portées au projet de loi relatif à l'organisation des communes, et notamment sur l'ouvrage de M. Kératry, intitulé : De l'organisation municipale en France, etc. In-8°. Paris, Delaunay. 1821.

Essai sur un traité des droits des communes, des ci-devant vassaux inféodés, des afféagistes arrentatoires et autres, sur les terres vaines et vagues, particulièrement en Bretagne, contenant l'examen des lois, des arrêts, des autorités, d'après l'ancien et le nouveau droit, par L. L. F. Lemerle. 1 vol. in-8°. Nantes, impr. de Hérault. 1822.

Lois des communes, extraites de la collection in-1°, dite du Louvre, et du Bulletin des lois. Recueil, etc., par M. Dupin. 2 vol. in-8°. Paris, Guillaume. 1823.

Manuel des percepteurs et des receveurs municipaux des communes, contenant, etc., par E. Durieu. 3e édit. 1 vol. in-12. Paris, l'auteur. 1824.

Manuel complet des maires, de leurs adjoints et des commissaires de police, contenant par ordre alphabétique, etc., des formules, etc., par M. Dumont. 8e édit. 2 vol. in-8°. Paris, Roret. 1825.

Code administratif, ou Recueil des lois, décrets et ordonnances sur l'administration communale et départementale, par M. le chevalier Ernest de Lépinois. In-8°. Paris, L. G. Michaud. 1825.

Législation des Conseils municipaux, Recueil des lois, décrets, ordonnances, règles et usages, concernant les attributions des Conseils municipaux, par J. M. Durieu. In-8°. Paris, Moessard. 1826.

Des biens des communes sur les biens communaux, ou Examen historique et critique des démembrements des usages communaux, opérés autrefois sous les noms de Réserves et de Triages, et aujourd'hui sous celui de Cantonnement, par M. Latruffe-Montmeylian. 2 vol. in-18. Paris, Delaforest. 1826.

Éléments pratiques d'administration municipale, par Péchart, éditeur. 3e édit. 1 vol. in-8°. Paris, l'éditeur. 1828.

Histoire critique du pouvoir municipal, de la condition des cités, des villes et des bourgs, et de l'administration comparée des communes, en France, depuis l'origine de la monarchie jusqu'à nos jours, par M. C. Leber. 1 vol. in-8°. Paris, Audot. 1828.

Examen des projets de loi sur l'organisation municipale et départementale, par M. Joseph Aubernon. In-8°. Paris, F. Didot; Mesnier, Bréauté. 1829.

Histoire du droit municipal en France sous la domination romaine et sous les trois dynasties, par M. Reynouard. 2 vol. in-8°. Paris, Sautelet; A. Mesnier. 1829.

Histoire de l'administration locale, etc. Œuvre posthume de M. le baron C. F. E. Dupin, précédée d'une notice biographique sur l'auteur, par son fils, et d'une préface, par M. Dupin aîné. In-8°. Paris, Baudouin. 1829.

De la nature du pouvoir municipal, par P. A. Delacon. In-8°. Paris, Mongie aîné. 1829.

Guide des maires, etc., avec des formules, etc., par M. Léopold. Nouv. édit., revue, etc., par R. D. V. In-12. Paris, Audin, Bouquin de la Souche. 1830.

Manuel complet des maires, des conseillers municipaux et des commissaires de police, par Dumont Sainte-Croix. 9e édit. augmentée, par Massé. 2 vol. Paris. 1831.

Nouveau Manuel des maires et adjoints selon la Charte constitutionnelle de 1830, et les lois organiques publiées en 1831. contenant, etc., par L. Rondonneau. 4e édit. 2 vol. in-8°. Paris, Chamerot. 1831. Une édition antérieure parut chez Tourneux.

État du pouvoir municipal et de ses variations depuis la Restauration jusqu'au 28 février 1828, et examen de quelques questions élevées sur l'organisation de ce pouvoir, par M. Crosnier. In-8°. Paris, Delaforest. 1829. Avec une suite. Paris. 1830. (Une troisième lettre du même parut en 1831.)

Questions de droit municipal, ou Recueil de décisions judiciaires et administratives, par Girardon et Nabon-Devaux. 4 vol. in-8°. 1833.

Lois municipales, rurales, administratives et de police, par Duquenel. 2e édit. 2 vol. in-8°. 1833.

Du pouvoir municipal et de la police intérieure des communes, par le président Henrion de Pansey. 3e édit., augmentée par M. Parent-Réal. In-8°. Paris, Théophile Barrois père et Benjamin Duprat. 1833. La 1re édition est de 1820.

Des biens communaux et de la police rurale et forestière, par le président Henrion de Pansey. 3e édit., corrigée et augmentée. In-8°. Paris, Théophile Barrois et Benjamin Duprat. 1833.

Des partages des biens communaux, par Deschamps. 1 vol. 1834.

Traité des droits d'usage, servitudes réelles, du droit de superficie et de la jouissance des biens communaux et des établissements publics, par Proudhon et Curasson. 2e édit. 3 vol. in-8°. Dijon. 1836.

Droit municipal, par Foucard. Revue de législ. et de jurispr., t. V, p. 401. (1836-1837.)

Loi sur l'organisation municipale. Recueil contenant les ordonnances et circulaires relatives à la loi du 18 juillet 1837, sur l'administration municipale, et un exposé des principes de législation et des règles de jurisprudence administrative et judiciaire qui président à l'administration des communes, par M. de Cormenin. In-8°. Paris, Dupont, Pourchet. 1838.

Code municipal annoté, contenant, etc., par C. Leber et A. de Puibusque. In-8°. Paris, P. Dupont. 1839.

Traité de l'organisation et des attributions des corps municipaux, d'après la législation et la jurisprudence actuelles, par M. A. Bost. 2e édit. 2 vol. in-8°. Paris, l'auteur; Goubert. 1840.

Recueil des lois municipales, contenant, etc., par M. Émile Renard. 1 vol. in-8º. Paris, Dupont. 1840.

Formulaire municipal, contenant, etc., par E. M. M. Miroir. 6 vol. in-8º. Paris, Roret. 1841 et années suiv.

Essai sur l'esprit de la législation municipale en France, par Théodore Morin. In-8º. Valence, Marc Aurel. 1841.

Comptabilité des communes et établissements publics. Nomenclature des pièces soumises au timbre ou exemptes de cette formalité, par MM. Roy et P. Baudouin. In-8º. Alais, M. Roy. 1841.

Formulaire de la comptabilité des percepteurs et des receveurs des communes, des hospices et des bureaux de bienfaisance, contenant, etc., par E. Durieu. In-8º. Paris, Dupont. 1842.

Cours pratique à l'usage des receveurs des communes et des établissements de bienfaisance, par Laurent Drouhin. 1 vol. Paris, Dupont. 1842.

Nouveau Manuel municipal, ou Répertoire des maires, adjoints, conseillers municipaux, etc., par M. Boyard. 2 vol. in-8º. Paris, Roret. 3e édit. 1843.

Du passé, du présent et de l'avenir de l'organisation municipale en France, par Champagnac. 1 vol. Saint-Flour. 1843.

Régime administratif et financier des communes, par J. B. Davenne. 4e édit. In-8º. Paris, Carilian-Gœury et Dalmont; Dupont. 1843.

Code des perceptions municipales de la ville de Paris et des établissements publics productifs, par E. Durieu. In-8º. Paris, Dupont, l'auteur. 1844.

La Mairie pratique, par Moitié et Labrosse, avec une introduction par Michel. 2e édit. 1 vol. Moulins. 1845.

Code des municipalités, avec formulaire, par M. Étienne Fauchet. 3 vol. in-8º. Grenoble, l'auteur; Paris, Cosse, Marchal, etc.

Cours complet de droit communal, par Migneret. In-8º. Langres, impr. de Dejussieu. 1846.

Résumé théorique et pratique de droit municipal, par Leignadier. In-12. Paris, Joubert. 1846.

Le maire de village, par Cormenin. 1 vol. in-18. 1847.

Traité de la responsabilité des communes, ou Commentaire de la loi du 11 vendémiaire an IV, par Amb. Rendu. 1 vol. Paris. 1847.

Annuaire des municipalités, Recueil annuel de législation, de jurisprudence et de doctrine en matière municipale et rurale, par Roche. 1848.

Manuel militaire des communes et de toutes les autorités civiles, par M. Gonvot. In-8º. Paris, Dumaine. 1848

Organisation de la commune en France, par Éd. Gorges. In-8º. Paris, Sartorius. 1848.

Réflexions sur le nouveau projet de loi communale, cantonale et départementale, et sur la loi électorale du 31 mai 1850, par M. A. d'Arthuys. In-8º. Angers, Pignet. 1851.

De la responsabilité des communes, par Féraud-Giraud. Revue de législ. et de jurispr., t. XLV, p. 322. (1852.)

Manuels-Roret. Nouveau Guide des maires, etc., par M. Boyard. In-18. Paris, Roret. 1853.

Des autorisations de plaider nécessaires aux communes et établissements publics, par E. Reverchon, 2e édit. In-8º. Paris, Cotillon. 1853.

Traité historique, théorique et pratique de la législation des portions communales ou ménagères, par Legentil. In-8º. 1854.

Guide général du maire et du secrétaire de mairie, etc., par Hallez. 2e édit. In-12. Paris, Borrani et Droz; Metz, Alcan. 1854.

Le secrétaire de la mairie, par J. Dubarry. 3e édit. In-8º. Paris, P. Dupont. 1854.

La mairie, mémorial des fonctionnaires municipaux. 2 vol. in-8º. Valence, Marc-Aurel. 1855.

Recueil pratique d'administration communale, et conseils sur la formation des budgets et des comptes des communes, par E. Javouré. 2e édit. In-8º. Paris, P. Dupont. 1855.

Nouveau manuel pratique des communes, par E. Charles-Chabot. In-8º. Paris, Gennequin aîné. 1856.

De l'aliénation et de la prescription des biens des communes, dans le droit ancien et moderne, par Des Gloyeux. In-8º. Paris, A. Durand. 1859.

De la propriété communale en France et de sa mise en valeur. Étude historique et administrative, par Ferrand. In-8º. Paris, P. Dupont. 1859.

Guide pratique des secrétaires de mairie, par Mauger. In-12. Saintes, Fontanier. 1859.

Nouveau manuel des maires, par de Puibusque. 2 vol. in-8º. Paris, P. Dupont. 1859.

Guides des maires et des receveurs municipaux pour l'administration des biens des communes, pour le paiement de leurs dépenses, etc., par Favret. 2e édit. In-8º. Paris, Cosse et Marchal. 1859.

Des droits de propriété des communes, pour les biens communaux, de leur mise en valeur, de l'emploi de leur prix de locations et de ventes, par Caffin. In-8º. Paris, A. Durand. 1860.

Mémoire sur le régime municipal en France, depuis les Romains jusqu'à nos jours, par Serrigny. In-8º. Paris, Cotillon. 1861.

Principes d'administration communale, par Brast. 2e édit. 2 vol. in-12. Paris, A. Durand. 1861.

Traité de l'administration communale, par L. Smith. In-12. Strasbourg, Ve Berger-Levrault et fils. 1861.

De l'organisation communale, par Brisson. In-8º. Paris, Dumineroy. 1861.

Droit municipal au moyen âge, par Béchard. In-8º. Paris, Durand. 1861. T. II. 1862. T. III et dernier. 1863.

Mémorial de l'administration municipale et la mise en pratique de cette administration, par Lober. In-8º. Lille, Guillot. 1863.

Des sections de commune, et des biens communaux qui leur appartiennent. De l'origine, de la constitution, des droits, des charges, des ressources propres des sections, de la gestion, de l'aliénation, du partage de leurs biens et de la représentation de leurs intérêts, par Léon Aucoc. In-18. Paris, P. Dupont. 1864.

Manuel du maire et de l'adjoint et du conseiller municipal, par Cère. 6e édit. In-12. Paris, Cotillon. 1864.

Manuel de la mairie. Guide pratique des maires, adjoints, etc., par Pringuez et Leroy. In-18. Amiens, Lembert-Caron. 1865.

Droit municipal dans les temps modernes, par Béchard. In-8º. Paris, Durand. 1866.

Des biens communaux; administration, jouissance et mise en valeur, par Langlois. In-8º. Paris, Cotillon. 1866.

Le budget communal; résumé pratique et méthodique de la législation et de la jurisprudence sur ces matières, par Brunel. In-8º. Moulins, Desrosiers. 1866.

Questions de jurisprudence municipale, par Bezon. In-8º. Paris, Grassart et Meyrueis. 1866.

Nouveau manuel des maires et des secrétaires de mairie, par M. Peyrard. Paris, P. Dupont. 1866.

Attributions des préfets, sous-préfets et maires, d'après les décrets de décentralisation de 1852 et 1861 et la législation en vigueur. In-8º. Paris, Berger-Levrault et Cie. 1867.

Traité de l'organisation municipale et des élections communales, par M. le marquis de Sainte-Hermine. In-18. Paris, P. Dupont. 1860. 4e édit. In-12. 1863. 5e édit. 1867.

Traité de l'administration financière et de la comptabilité des communes, par M. Lucien Roy. 5e édit. (la première est de 1842). In-18. Paris, P. Dupont. 1867.

Commentaire sur la loi du 24 juillet 1867, concernant les conseils municipaux, suivi des instructions du ministre de l'intérieur sur les dispositions de cette loi, par MM. Wion d'Honzy et Saint-Yves. Paris, P. Dupont. 1868.

Code des attributions des conseils municipaux, par Taulier. In-8°. Paris, Durand; Grenoble, Prudhomme. 1868.

Le corps municipal, ou Guide théorique et pratique des maires, par J. Le Berquier. 3e édit. Paris, P. Dupont. 1868. (La 1re édition est de 1845.)

Dictionnaire municipal à l'usage des maires et des secrétaires de mairie, par M. Lober. In-18. Lille, Six-Horemans. 1869. (1re partie, 938 p.)

Guide pratique du travail des mutations dans les communes, etc., par M. T. Faivre. In-8°. Paris, Berger-Levrault et Cie. 1869.

Guide des maires, des conseillers municipaux, etc., par Simonin. In-8°. Besançon, Roblot. 1869.

Guide pratique des élections au conseil municipal, par M. Bidault. In-18. Paris, P. Dupont et Pagnère. In-32. 1869.

Administration financière des communes, par Braff. In-18. Paris, Durand et Pedone-Lauriel. 1869.

De l'administration des communes en France. Origine, transformation, état actuel, par de Toulze. In-18. Paris, Durand et Pedone-Lauriel. 1869.

Commentaire des lois du 5 mai 1855 et 24 juillet 1867 sur l'organisation municipale, par Taillefer. In-8°. Paris, Durand et Pedone-Lauriel. 1869.

Dictionnaire municipal, par Paul Dupont. 7e édit. 2 vol. in-8°. Paris. 1870.

La commune et le canton. Pétition au Sénat, par M. L. Bourel. In-8°. Paris, Guillaumin et Cie. 1870.

Étude sur l'organisation communale, par O. Vernet. In-8°. Paris, Dentu. 1870.

Éléments de droit municipal, ou Notions d'administration communale et de tenue des registres de l'état civil, par M. A. Giraud. In-18 jésus. Paris, Durand et Pedone-Lauriel. 1870.

De la responsabilité des communes, aux termes du décret du 10 vendémiaire an IV, par M. Valframbert. In-8°. Paris, Larose, Dentu. 1871.

Les octrois et les budgets municipaux; étude sur l'organisation communale, par M. Deloynes. In-8°. Paris, Guillaumin; Pedone-Lauriel et Cie. 1871.

Commentaire de la loi municipale du 14 avril 1871, par M. A. Taulier. In-8°. Paris, Durand. 1871.

Organisation des municipalités dans les communes rurales et urbaines, par M. le marquis de Biencourt. In-18. Tours, Georges-Joubert. 1873.

Des conseils cantonaux, par M. Ed. Cournault. In-8°. Nancy et Paris, Berger-Levrault et Cie. 1873.

Administration départementale et communale. Lois, décrets, jurisprudence, etc. Gr. in-4°. Paris, Germer-Baillière. 1873.

Nouveau guide pratique des maires, adjoints, etc., contenant les lois, arrêtés, décrets, etc., sur toutes les matières de l'administration municipale, par M. Durand de Nancy. 4e édit. In-8° jésus. Garnier frères. 1874.

Code de police municipale et départementale, contenant les codes, décrets, arrêtés municipaux, etc., par M. Cl. Pain. In-8°. Versailles, Cerf. 1874.

La loi sur l'électorat municipal expliquée, par MM. Cohn et Pasquier. In-16. Paris, Le Chevallier. 1874.

Manuel pour les receveurs municipaux, les maires, les agents voyers, etc., par M. Ferriez. 2e édit. In-8°. Valence, Combier et Favier. 1874.

Étude sur la responsabilité des communes dans le droit ancien et moderne, et en particulier sur la loi du 10 vendémiaire an IV, par Léon Choppard, docteur en droit, avocat à la cour d'appel de Paris. 1 vol. gr. in-8°. 1874.

Journal des communes et des établissements de bienfaisance, Recueil de jurisprudence administrative, depuis 1828.

Courrier des communes (mensuel), paraît depuis 1832 et années suiv.

École des communes, journal des progrès administratifs. 1832 et années suiv.

Journal des conseillers municipaux. Recueil de jurisprudence administrative, depuis le mois d'août 1833.

Mémorial des percepteurs et des receveurs des communes, bureaux de bienfaisance et autres établissements publics, Recueil administratif, sous la direction d'E. Durieu. 1833 et années suiv.

Répertoire administratif des maires et des conseillers municipaux. Paris, Durand. 1834 et années suiv.

Revue municipale, journal administratif, historique et littéraire, paraissant les 1er et 16 de chaque mois. In-4°. Paris, impr. de Dondey-Dupré. 1848 et (quelques) années suiv.

Bulletin officiel du ministère de l'intérieur. (Publication mensuelle.)

Voy. aussi tous les traités généraux de droit administratif, notamment les *Instituts* de Gerando, le *Cours* de Macarel et les ouvrages de MM. Blanche, Dufour, Foucart, Laferrière, Trolley, Ducrocq, le *Répertoire* de Dalloz, etc., au mot Commune.

ADMINISTRATION COMPARÉE.

Sommaire.

Chap. I. — Royaume-Uni.

L'organisation communale n'est pas identique en Angleterre, en Écosse et en Irlande, et, dans le même royaume, on peut encore voir fonctionner simultanément plusieurs législations. Nous nous bornerons à en indiquer les principales.

1° *Angleterre.*

L'organisation communale n'a reçu un développement rationnel que dans les villes; dans les campagnes, le système municipal s'est développé spontanément, la coutume a fait le principal, la loi est intervenue seulement pour consolider, non sans quelques velléités en faveur de l'uniformité, mais en reculant, dans ses timides tentatives en faveur de la symétrie, devant le moindre obstacle. C'est que le respect des traditions — peut-être aussi la défiance contre le nouveau — est trop enraciné en Angleterre, et ce sentiment a pour effet de faire conserver les vieux noms, tout en réformant la chose; en France, nous tenons avant tout à de nouveaux noms, de la vient sans doute qu'on a « tout change, et c'est toujours la même chose ». L'espace ne nous permettant pas d'aborder ici l'historique de la législation communale anglaise, nous renvoyons sur ce point à l'excellent ouvrage de M. Gneist[1]; nous n'exposerons que l'organisation en vigueur.

Les communes rurales.

L'administration locale est divisée entre le comté, le canton — qui s'appelle tantôt *district*, tantôt *union* — et la commune proprement dite ; celle-ci porte encore le nom de paroisse, mais on a quelquefois soin maintenant d'ajouter le mot *civile*, pour la distinguer de la paroisse religieuse[2].

Les paroisses (civiles) n'ont en Angleterre ni maire, ni conseil municipal. Ce dernier est remplacé par l'assemblée des habitants payant leur cotisation aux frais de la commune ; cette réunion s'appelle le *vestry*, ou aussi *open vestry*, vestry ouvert à tous les paroissiens, pour le distinguer du *select vestry*, vestry élu, tel qu'il existe dans quelques villes, et qui peut être comparé au conseil municipal. La réunion s'appelle *vestry*, du lieu de sa réunion, la sacristie, mais la loi de 1853-14 Vict., c. 57, donne au *Local government board* (direction générale de l'administration locale), le pouvoir d'interdire, pour l'avenir, les réunions dans les églises ou les sacristies ; la commune doit se procurer un autre local ; mais ce pouvoir ne semble pas avoir de sanction.

Le maire est remplacé par des personnages différents, selon la nature de l'attribution, mais le fonctionnaire ou dignitaire communal qui lui ressemble le plus, c'est le *churchwarden*, littéralement gardien de l'église, c'est-à-dire marguillier. Il y en a généralement deux, mais on recommande aux communes de s'en contenter d'un (p. ex. Holdworth).Il est naturel que lorsqu'on se réunit dans la sacristie, c'est le marguillier qui préside ; encore ce n'est que par tolérance, car le droit en revient au ministre ou pasteur, mais il n'en use que lors de délibérations relatives au culte.

Les *churchwardens* ont pour mission principale de veiller aux choses du culte, aussi sont-ils nommés avec le concours du pasteur. Le plus souvent, le pasteur en nomme un, la commune élit l'autre ; ils sont rarement élus tous les deux (à Londres, par exemple), souvent les *churchwardens* en fonctions présentent leurs successeurs. Le mode de nomination est une affaire de coutume locale. Tout contribuable peut être marguillier ; mais s'il ne professait pas la religion anglicane. Avant 1868, l'évêque diocésain pouvait refuser de le reconnaître et annuler l'élection. On ne poussait cependant pas toujours les choses à l'extrême ; si l'élu était un homme considéré, il pouvait choisir un *deputy* (sous-marguillier) parmi les fidèles du culte dominant. La loi de 1868 (31-32 Vict., c. 109) qui dispense les dissidents de contribuer aux frais d'entretien de l'église anglicane, et sépare ainsi implicitement la paroisse civile de la paroisse ecclésiastique, a institué des *church trustees* (fidéicommissaires de l'église). Jusqu'alors les *churchwardens* administraient la fortune de l'église, les biens, les fondations, etc., depuis lors, la paroisse ecclésiastique peut faire administrer sa fortune par des *trustees* spéciaux et dégager le plus possible les *churchwardens* de leurs attributions religieuses.

Les attributions civiles des *churchwardens* se réduisent aux suivantes : ils réunissent le *vestry* (quand ils le croient nécessaire ou sur la demande de cinq contribuables), répartissent l'impôt, assistent l'inspecteur des pauvres (quelquefois les deux fonctions sont réunies), établissent la liste du jury. On les avait chargés aussi de veiller à l'inscription des mariages, pour lesquels il existe maintenant un service spécial, ainsi que de quelques attributions de police, par exemple : de veiller à ce que les boutiques ne soient pas ouvertes le dimanche, que les fous ne vaguent pas dans les rues, que les noyés soient enterrés ; mais ces attributions sont maintenant exercées par la police proprement dite. En l'absence d'un maire, on s'adressait à la personne influente qu'on trouvait sous la main pour les services dont on n'avait pas chargé un fonctionnaire, un magistrat ou un comité spécial.

Dans les communes qui ont un *select vestry*, le *churchwarden* en est membre de droit. La loi 1-2 Will. IV, c. 60, indique les formalités et conditions à remplir pour obtenir un *vestry* élu. La paroisse doit préposer au moins 800 âmes et le conseil ne peut pas avoir moins de 12 membres ; à 2,000 âmes, il doit y avoir 36 *vestrymen*, et au-dessus de ce chiffre, 12 par 1,000 habitants en plus, jusqu'au maximum de 120.

Les *churchwardens* sont nommés ou élus pour un an, aux environs du 28 mars (Pâques) ; ils ont à rendre compte de leur gestion, et en sont responsables ; ils ne peuvent refuser ces fonctions que dans les cas spécifiés par la loi.

En dehors des *churchwardens*, il y a dans les communes rurales un inspecteur des pauvres (*overseer*), un surveillant (*surveyor*) des chemins, un comité pour les écoles. Ce sont autant de démembrements des fonctions du maire, du moins elles sont re:tées dans la commune, tandis que la police de sûreté et la police administrative (salubrité, etc.) ont été plus ou moins réservées au comté (département) ; du reste, nous allons voir que les chemins vicinaux, aussi bien que l'assistance publique, ten-

dent à passer dans les unions ou districts et à sortir ainsi de la paroisse. (*Voy.* pour les comtés, le mot Département.)

Les chemins ne sont pas divisés en catégories : nationaux, départementaux, vicinaux de grande, moyenne et petite communication ; on ne connaît que des chemins publics *highways*, entretenus par le comté, et des chemins vicinaux (*parish roads*). Une variété de *highways*, qui s'appelait *turnpike roads*, chemins à barrières ou à péages, et qui étaient pour la plupart des entreprises semblables à nos ponts à péages, tend à disparaître. Or, l'entretien des chemins vicinaux incombe à la commune, dans la limite de son territoire. Tous les ans, au printemps, elle nomme un des habitants établis *surveyor*, lequel doit accepter cette fonction ou payer une amende de 500 fr. La commune peut cependant aussi nommer un *surveyor* payé, qui est alors ni plus ni moins qu'un agent voyer.

La loi de 1835 (*highway act* 4 et 5, Guill. IV, c. 50) prévoit aussi que plusieurs communes s'entendront pour former une circonscription de voirie (*highway district*). Si les communes ne s'entendent pas, les lois de 1862 et 1864 (25-26 Vict., c. 61, et 27-28 Vict., c. 101) autorisent les juges de paix réunis en sessions trimestrielles à former des circonscriptions et à les réglementer. Ces sessions trimestrielles remplacent à la fois nos préfets, nos conseils généraux et nos conseils de préfecture. Les chemins du district sont confiés à un bureau (*board*, commission) pour lequel chaque commune élit un ou plusieurs *waywardens* (gardiens des chemins), qui remplacent alors les *surveyors*. Le bureau du district nomme un agent d'exécution, qui lui propose un aperçu des dépenses. Les dépenses approuvées sont réparties entre les communes et par elles entre les contribuables (*rate-payers*) sous la forme d'impositions.

Les juges de paix (c'est presque comme si l'on disait : le préfet ; *voy.* Département) restent chargés de la haute surveillance des chemins. Si une route n'est pas en bon état d'entretien, chaque habitant peut adresser une plainte aux juges de paix du district, qui envoient une injonction au bureau des chemins, ou au membre (*waywarden*) représentant la commune intéressée. S'il y a contestation, si, par exemple une commune soutient qu'elle n'est pas tenue à l'entretien de telle voie de communication, si quelqu'un se plaint de la taxe à laquelle il a imposé été, c'est à la réunion trimestrielle des juges de paix qu'il doit s'adresser ; c'est la première instance pour le contentieux administratif, comme la cour civile en est la seconde.

Les frais d'entretien des chemins vicinaux sont imputés à un fonds commun du district ; ce fonds est levé en même temps que les *poor rates*, d'après les mêmes principes et par les mêmes agents.

Le pivot de l'administration communale anglaise semble être l'assistance publique et l'organisation qui s'y rattache. Les *poorlaws*, lois sur l'assistance publique, remontent à Elisabeth, 43e année de son règne, chapitre 2 (c'est-à-dire deuxième loi de l'année). L'administration qui en a été chargée a d'abord été purement communale : un ou plusieurs *overseers* désignés par les juges de paix, généralement sur une liste de présentation dressée par le vestry, *mais la présentation n'était pas de rigueur*. La nomination avait lieu tous les ans, du 25 au 29 mars (54 G. III, c. 91). Si les juges de paix ne nommaient pas d'*overseer*, ils pouvaient y être forcés par un *mandamus* de la Cour du Banc de la Reine. La loi de 1834 (4-5 W. IV, c. 76), introduisit, entre autres, trois innovations principales : 1o l'agglomération des communes en *union* équivalant, dans une certaine mesure, à nos cantons (ou plutôt à des syndicats de commune) ; 2o l'établissement d'un bureau de gardiens: on maintient il est vrai les *overseers* — fonction souvent réunie maintenant avec celle des *churchwardens*, — mais seulement comme agents financiers, et l'on charge de l'assistance les *gardiens* élus ; 3o la création d'une administration centrale à Londres, armée de grands pouvoirs (voy. Assistance publique). Les gardiens, élus des diverses communes, forment un *board* (bureau de bienfaisance) dont les juges de paix sont membres de droit, et cela, selon un auteur, moins comme autorité publique que comme représentants de la propriété. Toutes les communes font maintenant partie d'une *union* et sont représentées dans le *board*.

Ce n'est pas le lieu de traiter de l'assistance publique ; ce que nous avons à faire ressortir ici, c'est uniquement que cette attribution communale est dévolue à un comité spécial. De plus, en l'absence d'un pouvoir exécutif communal, de même qu'autrefois on chargeait les *churchwardens* des attributions nouvelles qui pouvaient surgir, on s'adresse maintenant de préférence à l'autorité légale du bureau des gardiens. C'est ainsi que ce bureau, ou un comité qu'il désigne dans son sein, est chargé de la salubrité publique, avec pouvoir de faire des règlements, de donner des ordres, de lever des taxes. Ces taxes viennent grossir, à titre de chapitre spécial, le budget de l'assistance. Du reste, le bureau des voies de communication aussi peut être chargé de cette attribution, la loi permettrait même l'installation d'un comité spécial, mais il y a des difficultés pratiques. Les lois qui régissent cette matière sont de 1855 (18-19 Vict., c. 121), 1860 (23-24 Vict., c. 77), 1866 (29-30 Vict., c. 90), 1868 (31-32 Vict., c. 115), 1870 (33-34 Vict., c. 53).

1. Traduit en français (Paris, Lacroix et Cie) et même en anglais.
2. On emploie aussi quelquefois le mot *township* comme synonyme de commune (civile), mais plus souvent on le prend comme synonyme de section de paroisse. Le sens en est vague, on ne sait pas bien qu'en faire, et les auteurs se bornent à répéter un vieil axiome « une *township* est, où il y a un constable » ; mais cette définition ne répond à rien.

Une attribution nouvelle est échue aux communes par la loi de 1870 (33-34 Vict., c. 75), c'est celle de former un *school board* (bureau scolaire) chargé de créer des écoles, de veiller à leur entretien et à leur bonne tenue, autorisé à faire des règlements y relatifs, à introduire l'obligation scolaire, et à faire punir les parents des enfants qui ne fréquentent pas l'école. Naturellement, le bureau a le droit de lever les impôts nécessaires ; il peut aussi faire un emprunt pour bâtir une école, même exproprier un terrain pour ce but. Il déclare au bureau des gardiens, ou aux *overseers* qui détiennent la liste des contribuables ou la matrice des imposables, la somme qu'il leur faut ; au besoin ils répartiraient directement les impositions.

La police a été longtemps exercée dans les paroisses par un constable, qui devait être un habitant respectable domicilié ; le constable recevait les ordres des juges de paix. Plus tard, l'habitant désigné se déchargeait de ces désagréables fonctions sur un autre personnage, qu'il indemnisait et qui, ayant prêté serment, était personnellement responsable de l'exercice de ses pouvoirs. Souvent le même agent était payé tous les ans par un autre habitant, de sorte qu'on en vint à nommer un constable directement payé par la caisse communale. Diverses lois (2-3 Vict., c. 93 ; 3-4 Vict., c. 28 ; 19-20 Vict., c. 69) ont prescrit ou facilité la création d'un corps d'agents de police du comté, formant une compagnie sous un chef. Cette force publique est sous les ordres des juges de paix et rend inutile maintenant la création de constables des paroisses. Les juges de paix ne sont pas des magistrats de la commune, mais du comté (du département).

Nous pouvons maintenant résumer l'organisation municipale des petites communes anglaises : le conseil municipal est remplacé par l'assemblée générale des habitants, le maire par un certain nombre de fonctionnaires, agents ou comités, ayant chacun une attribution déterminée, agissant chacun pour son propre compte et sans vue d'ensemble. Il en résulte, entre autres, que si un besoin imprévu, une nouvelle attribution surgit, il n'y a personne pour l'exercer, si ce n'est le juge de paix qui, on ne doit le l'oublier, joue en cette circonstance le rôle de préfet.

Élections municipales. — Tous les contribuables sont électeurs, même les non-résidants ; c'est qu'on distingue les *habitants* — auxquels la plupart des fonctions sont réservées — et les *paroissiens*, terme qui comprend tous ceux qui payent les impositions (*rates*). Actuellement le vote a lieu par bulletins (*in writing*). Les électeurs jouissent d'un nombre de voix proportionnel au montant de leur impôt. Celui qui est imposé à raison d'un revenu cadastral de 50 livres sterling et au-dessous à une voix ; un revenu imposable de 50 à 100 l. donne droit à deux voix ; 100 à 150 l., à trois voix ; 150 à 200 l., à quatre voix ; 200 à 250 l., à cinq voix ; 250 l. et au-dessus, à six voix (*L.* 7-8 Vict., c. 101). Les absents peuvent voter par un délégué (*proxy*) ; les corporations, par un de leurs fonctionnaires. La liste électorale est dressée par les *overseers*.

Finances communales. — Il est de principe que toutes les dépenses communales doivent être couvertes en première ligne, s'il y a lieu, par des revenus de biens ou de fondations, et en second lieu, par des *rates*, taxes directes sur le revenu qu'on tire de la localité. Ces taxes indirectes ne peuvent être levées qu'en vertu d'un acte du parlement. Il en est de même des emprunts.

La matrice cadastrale (la liste des imposables) est dressée par un comité pris dans le bureau des gardiens des pauvres ; toutes les impositions communales sont réparties sur les bases adoptées pour la matrice. Le *collector* (receveur) est maintenant généralement un agent rétribué. Il est nommé par le bureau des gardiens et confirmé par le *Local government board*. Le receveur dépose un cautionnement. Ses comptes sont apurés par le *Local government board*.

Les villes dites *Municipal boroughs*.

Dans les villes, l'organisation municipale ressemble à celle qu'on rencontre sur le continent, puisqu'elles ont un maire et un conseil municipal, mais il y a néanmoins encore de notables particularités. Celle qui nous intéresse le moins se rapporte à un classement dont nous nous bornons à expliquer les termes. Le mot *city* — d'un emploi, d'ailleurs, assez rare — n'a jamais eu qu'une signification honorifique, comme l'appellation « bonnes villes » en France. C'était l'usage d'en décorer le siège d'un évêque ; ce seraient alors des *villes à cathédrale*. Le mot *borough*, en Écosse *burgh* (bourg), s'applique à la ville légale, le *town* est seulement l'agglomération de beaucoup de maisons. Le *borough* possède soit purement le droit d'envoyer au moins un député au parlement (*parliamentary borough*, au nombre de 83), soit seulement le droit de corporation municipale (*municipal borough*, au nombre de 46), c'est-à-dire celui de former une unité municipale complète ; il en est aussi qui réunissent le droit parlementaire au droit municipal (au nombre de 163). Il y a en outre quelques centaines de villes, dont une trentaine ont plus de 20,000 habitants, qui n'ont ni l'un ni l'autre de ces droits ; les chiffres que nous venons de donner sont susceptibles de varier légèrement, nous ne les donnons que parce que les nombres contribuent à la clarté.

Si une ville jouit en outre des droits de comté — d'avoir un sheriff, un coroner, des sessions trimestrielles à part, — elle est une *city of a county* (il y en a 19). Nous aurons à parler plus loin d'autres combinaisons, mais ici nous ne traiterons que des villes jouissant des droits municipaux, qu'elles soient, ou non, en même temps bourgs parlementaires ; encore nous restreindrons-nous aux (163+46) 209 villes qui ont accepté la loi du 9 septembre 1835 (5-6 W. IV, c. 76). Il y a en effet encore quatre-vingts et quelques boroughs anciens, jouissant d'une charte municipale, mais il s'agit, sauf quelques exceptions, de localités sans importance ; nous ne les mentionnons que pour être complets, et sans nous y arrêter.

La loi de 1835 avait pour but de mettre de l'uniformité dans l'organisation des villes et de faire disparaître certains abus ; elle était d'ailleurs le complément logique de la réforme électorale de 1832. Les habitants jouissant des droits civiques sont des *burgesses* (bourgeois). Est burgess tout Anglais domicilié, ayant un loyer d'au moins 10 livres sterl. (250 fr.), âgé de 21 ans, payant ses taxes depuis deux ans ; n'ayant pas reçu d'aumône dans les douze derniers mois (l'année finit le 31 août), et porté sur le rôle des électeurs. Depuis la loi de 32-33 Vict., c. 55, une année de résidence suffit pour être porté sur ce rôle. Il en est une classe d'électeurs, les *freemen*, qui possèdent ce droit héréditairement — ils le possédaient seuls avant 1835 ; — mais il n'y a aucun intérêt à insister sur ce point. Les électeurs municipaux nomment les conseillers municipaux (*town councillors*), parmi les personnes dont la propriété imposable est d'au moins 500 livres sterling dans les (petites) villes qui ne sont pas divisées en au moins 4 sections (*wards*), et de 1,000 livres dans les villes de 4 sections et au-dessus. Les conseillers sont élus pour 3 ans, renouvelables par tiers, mais rééligibles. Les conseillers nomment dans leur sein des *aldermen* qui restent à leur poste pendant 6 ans, se renouvellent par moitié tous les 3 ans et sont rééligibles. Les conseillers nomment aussi le maire (*mayor*) pour un an, commençant le 9 novembre ; pour les conseillers, l'année commence le 1er novembre.

Ce qui caractérise les villes, c'est que la plupart des pouvoirs municipaux y sont réunis dans les mains du conseil municipal, soit en vertu de la loi de 1835, soit par des lois subséquentes — chaque loi réglant une spécialité. — L'administration s'exerce par le maire, par les aldermen, par des commissions permanentes prises dans le conseil, enfin par des fonctionnaires salariés : le secrétaire de la ville, le trésorier, etc., nommés par le conseil. Les attributions du conseil comprennent toujours : l'administration des biens communaux et autres revenus, la levée d'impositions communales, le vote des dépenses, puis les matières sanitaires (*L.* 1872), la voirie, le pavage et l'éclairage, l'administration des hôpitaux, certaines matières de police municipale, comme la police des marchés, les poids et mesures, etc. L'assistance publique reste généralement, et l'instruction publique (*schoolboard*) un service spécial, seulement le conseil vote les fonds qu'on lui demande [1].

La police est exercée par des juges de paix (non rétribués) nommés par le Gouvernement, concurremment avec le maire en exercice et le maire de l'année précédente. Dans un certain nombre de villes, il y a aussi des juges rétribués (*stipendiary magistrats*), mais ceux-là n'ont aucune influence administrative. Les conseils municipaux peuvent faire des règlements de police municipale, en les soumettant au double contrôle de la publicité et de l'examen supérieur : ils sont affichés pendant 40 jours et en même temps adressés au ministre de l'intérieur. Pendant ces 40 jours une ordonnance royale en conseil privé peut supprimer les dispositions critiquables.

Les villes qui sont complètement détachées des comtés, ont également leurs sessions trimestrielles, dans lesquelles siègent les juges de paix, sous la présidence du maire ou d'un juge urbain rétribué qui porte le titre de *recorder*. Ces sessions ont un but judiciaire, mais leur compétence s'étend presque toutes les matières que les lois françaises attribuent aux conseils de préfecture.

Les communes semi-urbaines.

C'est le nom que nous nous risquons de donner à des localités qui, sans être *borough* sont au moins dotées d'une *improvement-commission*, ou aussi d'un *local board* (comité municipal). Les *improvement-commissions* sont surtout chargées de la salubrité publique, termes très-compréhensifs, car on y peut faire entrer plus de la moitié des services communaux. Cette matière a été « consolidée » (codifiée) dans une loi de 1847. Dans le même but qu'on a créé des *local-boards* en 1848, loi amendée et développée en 1858 (21-22 Vict., c. 98). Des boroughs peuvent adopter et s'appliquer les dispositions de cet acte, c'est-à-dire que les attributions du *local board* se confondent avec celles du maire et du conseil, c'est une extension de leurs pouvoirs [2] ; mais en thèse générale cette loi s'applique aux com-

1 Dans les bourgs, les pouvoirs des *improvement-commissions* sont conférés au maire assisté du conseil municipal.
2 Il est de principe que personne ne jouit de pouvoirs que ceux qui lui ont été conférés par la loi ; la loi de 1835 n'ayant pas tout dit, le *town council* se déclare en même temps *local board*, afin d'étendre ses pouvoirs.

munes non incorporées. En 1873, 721 villes ou communes — dont 146 *boroughs*, l'avaient acceptée, et dans cette même année 26 autres communes ont demandé au ministère de l'intérieur que cette loi leur fût appliquée.

Le ministre se borne à indiquer le nombre de membres dont le comité doit se composer, les contribuables le nomment, et l'autorié est constituée. Ce comité a tout pouvoir sur les matières qui intéressent la salubrité, l'eau potable, les égouts, la voirie, y compris la construction des chemins, le pavage et l'éclairage, la police autre que la police de sûreté. Cette attribution a été transportée, par la loi de 1866, du ministère de l'intérieur proprement dit au *Local government board*, qui n'en est au fond qu'un démembrement, mais a tout droit d'initiative et même de coercition nécessaire, tant pour ce qui concerne l'assistance publique que la salubrité. En 1872 (35-36 Vict., c. 79), les pouvoirs des *local-boards* ont encore été étendus ; ils ont le droit de lever des impositions, de sorte qu'il n'y a plus de différences bien sensibles entre ces communes et celles qui ont adopté la loi de 1835 (les *boroughs*).

Londres, la cité et la métropole.

Le nom de Londres n'appartient, à proprement parler, qu'à la *city*, l'antique ville que gouverne un lord mayor annuel, 26 *aldermen* élus à vie par les *wards* ou sections, et 206 conseillers municipaux (*common councilmen*). De plus, comme la cité a les droits d'un comté, il y a 2 sheriffs, sans compter les fonctionnaires rétribués, le recorder, le serjeant, le trésorier et le secrétaire. Le lord mayor est élu annuellement le 29 septembre, parmi les *aldermen* qui ont été sheriff ; les électeurs sont les membres des 76 *Livery-Companies* (nombre des membres, 7,060 [1]). Ces compagnies — qui représentent les anciennes corporations des arts et métiers, — présentent 2 noms à la cour des aldermen, et, comme ce ne sont là que des formalités, la cour choisit invariablement le premier sur la liste. Le maire ainsi élu, doit aller chercher la confirmation royale, le 9 novembre, dans ce cortège pittoresque que l'on sait. Les *aldermen* sont élus par les *freemen* de chaque ward (nombre total des *freemen* ou électeurs, 20,000). Les *freemen* sont des chefs de familles (*householders*) qui sont *paying scot and bearing lot* (contribuables et jurés). Le maire et les *aldermen* sont juges de paix et exercent une juridiction effective. Le conseil a le droit de faire des règlements (*byelaws*), mais ces règlemens doivent d'abord figurer un mois dans le journal officiel (*London Gazette*), puis être imprimés et se vendre 1 penny (10 centimes).

Mais l'organisation de la cité, sa grande fortune communale, ses qualités et ses défauts sont connus, nous allons donc consacrer quelques lignes à cette agglomération de communes qu'on appelle la métropole (*Metropolis*). Elle se compose de deux cités : London et Westminster ; de six bourgs parlementaires : Marylebone, Finsbury, Tower Hamlets, Southwark, Lambeth, Greenwich (ce qui fait 8 circonscriptions électorales), et d'un certain nombre de paroisses, dont 5 appartiennent au comté de Middlesex, 7 au comté de Surrey, 6 au comté de Kent. Ces localités réunies, qui se touchent sans solution de continuité, forment une unité aux points de vue que nous allons énumérer et qui ne sont peut-être pas les seuls :

1. *État civil.* — Le *metropolitan district du registrar general* a sa délimitation spéciale et ses 32 sous-districts. Au point de vue du *registrar*, Londres compte 3,254,000 habitants. Les autres délimitations en diffèrent sensiblement.

2. *Police.* — Le *metropolitan police district* a été formé en 1829, en traçant, autour de l'endroit appelé *Charing Cross*, un cercle de 15 milles de rayon, (le mille = 1,609 mètres). Ce district (population, 3,885,641 habitants) est sous les ordres de fonctionnaires et magistrats nommés (sauf pour la city) par le ministre de l'intérieur, ce qui est considéré comme un moindre degré d'indépendance que si les magistrats — juges de police simple et correctionnelle — étaient nommés par le ministre de la justice [2]. Londres est divisé en 15 ressorts de tribunaux de police et en 20 divisions de force publique.

3. *Assistance publique.* — Divisé en 30 districts qui s'occupent chacun de leurs pauvres, Londres a une législation commune, des établissements et un fonds commun. En 1872, 661,889 l. imputables sur ce fond commun, furent employées à égaliser les impositions dans les différentes parties du *metropolitan district*.

4. *Travaux publics, voirie, salubrité.* — Ce sont les attributions du *metropolitan board of work*. Ce bureau ou comité se compose de 46 membres, dont 3 sont élus par le conseil

[1] Les diverses compagnies ou corporations se distinguaient autrefois par un costume particulier, livrée.
[2] L'honorable M. Georges C. Brodrick, dans les *Cobden Club Essays*, volume *Local Government and Taxation*, par J. W. Probyn, dit, p. 57 : « It is needless to point out that, in these respects, London enjoys a less degree of independence than provincial boroughs, whose councils regulate the borough police, and whose magistrates, instead of being appointed by the home secretary, as head of the imperial Executives, are appointed by the Lord Chancellor, as head of the law. » Nous ne savons si nous avons bien compris : c'est en tout cas la première fois que nous voyons le ministre de l'intérieur désigné comme chef de l'Exécutif, nous avons toujours cru que c'est au premier lord de la Trésorerie que ce titre revenait.

---

municipal de la cité, les autres par les *boards* ou *vestrymen* des différentes parties de Londres. Ce comité est considéré comme l'embryon du futur conseil municipal. Ses pouvoirs s'étendent sur l'agglomération entière (3,266,987 hab.), et il a le droit de lever des impositions (*metropolitan consolidated rate*; loi de 1855). Il reçoit aussi les deux tiers de l'octroi sur le vin et sur le charbon arrivant à Londres.

5. *Instruction primaire.* — Il y a à Londres un *school board* commun ; la ville est donc unifiée à ce point de vue. Constatons aussi qu'il s'agit du même Londres que pour les travaux publics.

6. Pour le service de la *poste* et du *télégraphe*, Londres forme également une circonscription.

Pour toutes les attributions qui n'appartiennent pas à un service central, les paroisses sont réunies en districts administrés par des *local boards*; ces bureaux locaux se composent de membres élus par les paroisses, et leur organisation repose, le plus souvent, sur des lois spéciales.

2° *Écosse et Irlande.*

Les deux « *Sisters-Kingdoms* » de l'Angleterre ont une organisation communale qui diffère en quelques points de celle que nous venons d'esquisser, mais il y a aussi de nombreux points de ressemblance. On distingue également la paroisse du bourg, donnant à ce dernier à peu près la plénitude du pouvoir municipal et maintenant la paroisse dans une certaine dépendance du comté. Dans la paroisse écossaise, ce sont les *parochial boards* (vestry anglais), dont tous les habitants, ayant un revenu de 20 l. st. au moins, font partie de droit. Les membres du *board* ont de 1 à 6 voix selon le montant de leur revenu imposable. On leur adjoint quelques membres élus par et parmi les habitants qui ont moins de 20 l. de revenu. En matière d'assistance publique, les paroisses écossaises sont sous la direction d'une commission dite *boards of supervision* et siègent à Édimbourg. En Irlande, il y a un *Local government board*, mais les communes y sont, dans une mesure plus forte, sous une sorte de tutelle exercée par les autorités du comté (*grand juries*), et des *baronial sessions*, qui sont des subdivisions du comté.

Les villes ont, en Écosse et en Irlande, également un maire, des *aldermen* et des conseillers municipaux, et une certaine indépendance ; mais il n'y a pas de uniformité absolue. Il est assez d'usage, de l'autre côté de la Manche, de faire une loi municipale et de laisser aux villes la liberté de l'adopter ou de continuer leurs anciens errements. Nous ne savons si cette diversité, poussée un peu loin, est bien utile aux villes ; la diversité rend la surveillance par le contrôle difficile et favorise les abus, la routine, la négligence ; elle rend plus difficile la connaissance de la législation et contribue au remplacement des magistratures gratuites par des fonctionnaires rétribués. Nous aurions bien voulu donner un aperçu plus complet de l'organisation communale de l'Écosse et de l'Irlande, mais pour être intelligible, nous aurions dû donner des développements que notre cadre ne saurait comporter. Nous nous bornons à renvoyer au livre de M. Probyn, *Local Government and Taxation* (London, Cassel, Petter et Galpin), en exprimant le regret que les auteurs ont trop écrit pour les Écossais et les Irlandais, et pas assez pour les habitants du continent.

Chap. II. — Allemagne.

L'organisation communale n'est pas de la compétence du gouvernement central de l'Empire, chaque État allemand est souverain en cette matière. Il est cependant des points sur lesquels l'Empire est en droit de tracer des règles, que les États sont appelés à développer et à appliquer. De ce nombre est, par exemple, la question du domicile de secours qui se rattache, on le sait, étroitement à l'assistance publique (voy. **Assistance publique**), matière essentiellement communale. Mais ce ne sont là que des exceptions.

Nous ne pourrions pas, dans les pages qui suivent, parler de tous les États allemands, nous nous bornerons donc à esquisser les législations de Prusse, de Bavière, de Saxe et de Wurtemberg.

1° *Prusse.*

La législation communale de la Prusse distingue entre les villes et les campagnes. Cette distinction est le résultat du développement naturel des choses. Au moyen âge, un grand nombre de villes avaient conquis leur liberté et s'administraient elles-mêmes, tandis que les campagnes étaient restées plus ou moins dans les liens du servage, le seigneur étant alors le chef de la commune. Plus tard, le servage s'adoucit peu à peu, mais les villes virent leur liberté réduite et puis détruite par l'absolutisme envahissant des gouvernements des xviie et xviiie siècles.

Telle était la situation lorsque la bataille de Iéna mit la Prusse à deux doigts de sa perte. Ce pays avait alors à sa tête quelques hommes aussi intelligents qu'énergiques ; ils avaient vu que le pays avait été abaissé par le despotisme, ils résolurent de le relever par la liberté. Le servage fut aboli (*Édit* du 9 oct. 1807) et l'on ne recula pas devant l'adoption d'une loi agraire. Les villes reçurent, le 19 novembre 1808, la première loi organique (*Stædte-Ordnung*), et l'on promit en même temps une législation communale aux campagnes, promesse dont la réalisation se fit attendre. La loi de 1808 a été suivie de diverses autres qui l'ont profondément modifiée ; aussi nous bornerons-nous à extraire quelques passages du préambule de la loi de 1808 et d'analyser les lois postérieures.

Le préambule proclame ce qui suit : « L'absence devenue de plus en plus sensible de dispositions convenables sur l'organisation et la représentation des communes urbaines, la division des intérêts de la bourgeoisie par classes et par corporations de métiers, la nécessité urgente de faire participer les habitants à l'administration communale, nous (dit le roi Frédéric-Guillaume III) donne la conviction qu'il est indispensable de donner aux villes une organisation plus indépendante, d'y établir un centre et de leur conférer le droit d'influer activement sur leur administration, afin de faire naître ainsi un esprit public... »

Nous allons maintenant exposer séparément la législation relative aux villes et celle qui concerne les campagnes, en nous bornant aux anciennes provinces ; nous mentionnerons en passant quelques particularités saillantes des autres.

Organisation des villes.

La loi encore en vigueur dans les six provinces orientales est du 30 mai 1853. Cette loi confère le droit de bourgeoisie, c'est-à-dire l'électorat, à tout Prussien — il faut dire maintenant : à tout Allemand (*L.* 1er nov. 1867) — majeur, qui habite la ville depuis un an, qui n'est pas à la charge de l'assistance publique, acquitte ses impositions communales, et possède une maison ou un établissement industriel, ou qui paie au moins 4 thalers (12 marks ou 15 fr.) d'impôt sur le revenu. Un projet de loi de 1876, mais sur lequel les Chambres ne sont pas tombées d'accord, demande seulement un cens de 6 marks, mais en laissant les villes libres de modifier cette disposition par un statut local (règlement municipal approuvé). Ce même projet exigeait aussi, dans la plupart des cas, un séjour de deux années. On peut prendre part aux élections municipales sans habiter la ville, si l'on y paie une contribution plus élevée que l'un des trois contribuables les plus imposés (§ 8). Ce même droit appartient aux personnes civiles (sociétés anonymes, établissements publics, etc.) qui se font représenter par un de leurs directeurs.

Les électeurs élisent le conseil municipal. Le conseil a 12 membres dans les villes de moins de 2,500 habitants ; 18 dans les villes de 2,500 à 5,000 ; 24 pour 5,001 à 10,000 ; 30 pour 10,001 à 20,000 ; 36 pour 20,001 à 30,000 ; 42 pour 30,001 à 50,000 ; 48 pour 50 à 70,000 ; 54 pour 70 à 90,000, et 60 pour 90 à 120,000. Dans les villes de plus de 120,000 habitants, on ajoute 6 conseillers pour chaque 50,000 habitants en sus. Le projet de 1876 réduit un peu les proportions, car la population a augmenté, et les conseils pourraient devenir trop nombreux [1]. D'ailleurs, l'art. 12 permet à une ville de modifier ces proportions par statut local.

Voici comment les conseillers municipaux sont élus. Les électeurs sont classés en trois collèges : les plus imposés, jusqu'à concurrence du tiers de l'ensemble des contributions directes, forment un collège ; la classe intermédiaire forme le second, et les moins imposés le troisième, de manière à ce que chaque collège représente le tiers du montant de l'impôt. Le nombre des membres est loin d'être le même dans chaque collège. Si nous supposons qu'un ensemble de 10,000 électeurs paient 300,000 fr. d'impôts, il faudra peut-être 100 ou 200 contribuables pour parfaire les 100,000 fr. du premier collège, 1,000 ou 1,500 pour les 100,000 fr. du deuxième, et le troisième collège comptera plus de 8,000 membres. Ces chiffres, qui varient d'ailleurs d'une localité à l'autre, peuvent donner une idée de la combinaison ; on comprend qu'elle a pour but de mettre l'influence du contribuable en accord avec les charges communales qu'il supporte, car chaque collège nomme le tiers des membres du conseil municipal (*art.* 13). Les grandes villes peuvent être divisées en circonscriptions électorales, soit pour les trois classes à la fois, soit pour l'une ou l'autre seulement ; si des villages faisaient partie de la municipalité urbaine, on leur réserverait un certain nombre de conseillers. L'art. 16 de la loi de 1853 veut aussi que la moitié du conseil municipal se compose de propriétaires (ou usufruitiers, ou fermiers emphytéotiques) d'une maison, mais cette disposition ne se retrouve pas dans le projet de 1876.

Les incompatibilités sont assez nombreuses : ni ceux qui surveillent la commune, par exemple le préfet ou sous-préfet, ni ceux qui touchent des rétributions à la caisse municipale, comme les curés et instituteurs, ni les fonctionnaires du ministère public, ni les agents de police, ne peuvent être membres du conseil municipal.

Les conseillers sont élus pour 6 ans et se renouvellent par tiers tous les deux ans ; le projet de 1876 voulait les renouveler par moitié tous les trois ans. Suivant la loi publique dans la loi de 1853 (*art.* 25), l'électeur signe sa liste ou dicte les noms ; mais le projet de 1876 rend le scrutin secret. Si les candidats

n'ont pas obtenu la majorité absolue des voix au premier tour, il y a scrutin de ballottage entre les candidats, au nombre double, qui ont eu le plus de voix.

A la tête de chaque ville est placé, soit un comité exécutif dit *magistrat*, soit un fonctionnaire unique dit *bourgmestre*, élus par le conseil municipal. Le magistrat [1] se compose du bourgmestre président, d'un ou deux deuxièmes bourgmestre (ou adjoints) et de 2 à 12 échevins ou conseillers (ou aussi un nombre égal du 6e de celui des conseillers municipaux). Ces échevins ne sont pas rétribués, mais le conseil municipal peut décider qu'on adjoindra aux échevins des membres rétribués, par exemple un syndic (un légiste chef du contentieux), un trésorier, un architecte, un inspecteur des écoles et d'autres hommes spéciaux. Les membres non rétribués du magistrat, qui doivent toujours en former la majorité, sont élus pour 6 ans, le premier bourgmestre et les autres membres rétribués pour 12 ans ; ils sont rééligibles. Les membres du magistrat, bourgmestre, adjoint, échevins, conseillers rétribués, doivent être confirmés par le Gouvernement. Si le Gouvernement refuse de les confirmer, le conseil doit présenter d'autres candidats ; si les nouveaux candidats sont également rejetés, le Gouvernement peut, en attendant, nommer un commissaire. Le projet de 1876 se borne à demander la confirmation du bourgmestre et de ses adjoints, le Gouvernement renonçant à confirmer les conseillers. Le bourgmestre et les autres membres du magistrat prêtent serment.

Les petites villes partout, les grandes dans la province rhénane, sont administrées par un bourgmestre sans magistrat. Le bourgmestre et ses adjoints sont également élus et confirmés ; dans la province rhénane, ils sont nommés. Le projet de 1876 confère à toutes villes le droit de passer d'un régime à l'autre, c'est-à-dire de remplacer le bourgmestre par le magistrat ou *vice versa*. Ajoutons encore que les membres non rétribués du magistrat (sorte d'*aldermen* [voy. plus haut]) doivent être élus parmi les habitants de la commune, tandis que le bourgmestre et les membres rétribués peuvent être appelés du dehors par le vote du conseil municipal [2].

Le conseil municipal peut se réunir aussi souvent qu'il le juge à propos et ses séances sont publiques. Dans les villes régies par un magistrat, le conseil municipal élit son président ; dans les villes administrées par un bourgmestre, c'est ce dernier qui préside le conseil. Le conseil municipal contrôle l'ensemble de l'administration communale ; il règle par son vote tout ce qui concerne aux finances et aux propriétés des villes, et il influe plus ou moins sur l'ensemble des intérêts communaux. Le conseil peut voter des centimes additionnels, mais l'adhésion du Gouvernement est toujours nécessaire lorsqu'il s'agit de centimes sur l'impôt sur le revenu ou sur des contributions indirectes ; pour d'autres impôts directs que sur le revenu, le conseil peut voter 50 centimes additionnels sans avoir besoin d'autorisation. Mais il faudrait l'agrément du Gouvernement pour toute imposition d'une forme nouvelle, pour tout emprunt (*art.* 50), pour l'aliénation de propriétés, pour changer le mode de jouissance de revenus communaux, produit de forêts, de pâturage, etc.

C'est le magistrat — ou le bourgmestre, lorsqu'il est seul — qui exécute les décisions du conseil municipal. Mais le magistrat a aussi des attributions propres. Il est chargé d'appliquer les lois et d'exécuter les prescriptions des autorités supérieures ; de préparer les projets de décision à soumettre au conseil municipal et notamment le budget ; de surveiller les établissements communaux ; d'administrer les biens et les revenus de la ville ; d'en répartir les impositions ; de nommer — après avoir pris l'avis du conseil municipal — les fonctionnaires communaux ; de représenter la ville vis-à-vis des tiers ; de conserver ses archives. Mais un de ses pouvoirs les plus importants, c'est celui de refuser, s'il y a lieu, d'exécuter les décisions du conseil municipal qui dépassent les droits de ce conseil, qui transgressent une loi, ou sont nuisibles à l'État ou à la commune. Ce droit considérable peut causer des conflits, et il y en a des exemples. Selon les cas, les affaires sur lesquelles les deux parties du corps municipal ne peuvent pas s'entendre, ou restent en suspens, ou sont portées devant le tribunal administratif (disons le conseil de préfecture) du département.

Les droits du bourgmestre, dans les villes qui n'ont pas de magistrat, ne sont pas aussi étendus ; il ne peut pas tenir en échec le conseil municipal, comme dit la loi de 1853 (*art.* 73), il n'a pas, comme le magistrat, à donner son adhésion (*Zustimmung*) ; il peut seulement : 1o demander une seconde délibération ; 2o refuser d'exécuter les décisions qui constituent

---

[1] Le projet du Gouvernement portait 48 pour 75 à 100,000 habitants ; les Chambres ont réduit ces 48 à 42. Nous rappelons que ce projet n'a pas abouti ; si nous le citons, c'est pour marquer les tendances de l'époque.

[1] Il ne faut pas confondre l'acception allemande de ce mot avec celle qu'il a en France ; le magistrat allemand est toujours une autorité collective et représente *dans son ensemble* le maire. Ses décisions sont prises à la majorité des voix.

[2] On trouve assez souvent, dans les journaux allemands, des annonces demandant une personne qualifiée pour être bourgmestre. Les candidats s'adressent au conseil municipal intéressé. Beaucoup de communes croient qu'on ne peut pas être bon bourgmestre sans avoir appris l'administration communale. Le concours public est prescrit par la loi bavaroise de 1869, art. 177. Les bourgmestres ont droit à pension.

un excès de pouvoir ou qui sont contraires aux lois. Du reste, même dans les villes à magistrat, le bourgmestre exerce une influence supérieure à celle d'un autre membre du magistrat, il est toujours le chef de l'administration, et certaines attributions lui appartiennent partout en propre.

Ces attributions se rapportent à la police. La police est considérée comme une délégation de l'État. L'art. 166 de la loi organique des villes de 1808 dit expressément : « L'État se réserve d'établir dans les villes des autorités spéciales de police, ou d'en charger le magistrat, qui l'exerce alors par délégation (der sie sodann vermöge Auftrags ausübt). » L'art. 167 ajoute que la police ayant pour but d'assurer la sécurité des habitants de la ville, c'est à celle-ci d'en supporter les frais. La loi du 11 mars 1850, qui est spéciale à « l'administration de la police » (voy. Police), dit que la police est exercée au nom du roi. La loi du 30 mai 1853 sur l'administration des villes dispose (art. 62) que le bourgmestre — personnellement, et non le magistrat — lorsque le gouvernement n'en a pas chargé un fonctionnaire spécial, exerce la police locale et représente l'autorité supérieure, dont il est l'agent d'exécution. Le projet de loi de 1876 conférait au bourgmestre seul le droit d'exercer la police ; un amendement voté par la Chambre des députés en chargeait le magistrat (dont le bourgmestre exécute les décisions, prises à la majorité des voix), du moins en ce qui concerne la réglementation ; mais la Chambre des seigneurs a rétabli, sauf rédaction, le projet du Gouvernement.

Un article du projet de 1876 prévoit aussi des conflits entre le bourgmestre et les autres membres du magistrat, lesquels sont naturellement résolus par l'autorité supérieure, mais l'espace ne nous permet pas d'entrer dans trop de développements. Nous ne pouvons pas parler non plus de la division des grandes villes en arrondissements ou quartiers ayant à leur tête des maires de quartier, placés sous les ordres du magistrat.

Nous nous bornerons à dire quelques mots de « la surveillance de l'État ». Il en a déjà été question dans ce qui précède, mais comme la loi de 1853, ainsi que le projet de 1876, consacre tout un Titre à cette matière, nous trouvons à y relever quelques points.

La surveillance est exercée par le préfet et par le ministre de l'intérieur. Il y a, on le sait, en Prusse, un préfet de département (Regierungspresident) et un préfet de province (Oberpresident) qui se partagent la surveillance (art. 76). Ces préfets sont maintenant entourés de ce que nous appellerions par analogie un conseil de préfecture (Bezirksrath et Provinzialrath), qui se compose de membres nommés et de membres élus. Nous en avons parlé au mot Département.

Si le conseil municipal prenait une décision contraire à la loi, ou qui dépasserait ses pouvoirs, le préfet pourrait inviter le bourgmestre ou le magistrat à ne pas donner suite à la délibération et à lui faire un rapport. La décision du préfet doit être motivée (art. 77).

Si le conseil municipal omettait ou oubliait de porter au budget ou de voter extraordinairement un crédit destiné à l'acquittement d'une obligation communale (Leistungen), le préfet, en visant (citant) la loi (qui impose l'obligation), fait inscrire d'office cette dépense (art. 78).

Un conseil municipal peut être dissous par ordonnance royale ; le nouveau conseil doit être élu dans les six mois. Cette disposition se trouvait dans le projet de 1876 présenté par le Gouvernement, elle a été rejetée par la Chambre des députés, mais rétablie, avec raison, par la Chambre des seigneurs.

Administration des communes rurales.

La législation relative aux communes rurales s'est longtemps ressentie des influences féodales ; les deux lois du 14 avril 1856, qui ne se rapportent toutefois qu'aux six provinces de l'Est, en étaient encore très-fortement empreintes, et la loi du 13 décembre 1872, qui constitue cependant un grand progrès, en a conservé encore une trace, celle de maintenir une autonomie communale aux grandes propriétés qui jouissaient déjà de cette indépendance. D'un autre côté, les lois de 1856 favorisaient déjà l'annexion des grandes propriétés à une commune, en permettant à cette dernière d'accorder au possesseur de ce bien plusieurs voix à l'assemblée communale. La loi de 1872 remplace complètement l'une des lois du 14 avril, celle qui est relative aux autorités locales, mais elle maintient jusqu'à nouvel ordre, du moins en partie, celle qui concerne l'organisation locale.

La loi du 13 décembre 1872 s'appelle « la loi organique des arrondissements » et si l'on y a parlé des communes : c'est d'une part, pour marquer leur place dans l'organisme assez compliqué de l'arrondissement ; et de l'autre, pour indiquer les pouvoirs de l'arrondissement sur la commune, le conseil et la commission d'arrondissement se partageant la tutelle de la commune rurale, du moins en première instance.

L'innovation la plus remarquable introduite par la loi de 1872, c'est la réunion des communes en cantons ; en d'autres termes, l'arrondissement est divisé en cantons, à la tête desquels se trouvent des baillis ou maires cantonaux ; les com-

munes n'en ont pas moins chacune leur maire. Les villes qui forment un canton n'ont pas de bailli, le maire ou bourgmestre en remplit les fonctions. Nous allons analyser le deuxième titre de la loi de 1872.

Chaque commune rurale a un maire et deux ou trois échevins, élus pour six ans par l'assemblée communale (ou par le conseil municipal), et confirmés par le sous-préfet (Landrath). Si la confirmation est refusée, une nouvelle élection a lieu, et si le choix n'est pas encore satisfaisant, le sous-préfet peut nommer une commission en attendant une élection meilleure. Le maire ni les échevins ne sont rétribués, mais le maire peut être indemnisé de ses frais. Le maire est l'autorité locale, il doit maintenir la sécurité publique. Il peut arrêter les perturbateurs, à la charge d'en aviser le bailli dans les douze heures. Il doit exécuter les prescriptions de l'autorité supérieure.

Nous avons dit que certaines propriétés forment à elles seules une commune ; elles supportent toutes les charges et sont soumises à toutes les obligations d'une commune (entretenir les chemins, les écoles, les pauvres, etc.). Le propriétaire en est le maire de droit, mais il peut, ou présenter un remplaçant convenable, ou passer ses pouvoirs au maire d'un village voisin. Le choix d'un remplaçant ou mandataire est de rigueur quand la propriété appartient à une société ou à un établissement public, quand elle appartient à un étranger, quand le propriétaire n'habite pas la localité ou le voisinage, quand la maladie, etc., le rend hors d'état de remplir ses devoirs[1]. Mais le propriétaire aussi a besoin de la confirmation du sous-préfectorale pour exercer les pouvoirs publics que la loi lui confie. Cette disposition (art. 33) est une conséquence de l'art. 46, qui supprime la police féodale et déclare que la police sera exercée au nom du roi (ou de l'État). Le propriétaire a donc besoin d'une investiture.

Les bailliages contiennent soit une ville, soit plusieurs villages, ou des villages et des propriétés indépendantes (Gutsbezirke), mais toujours formées d'un seul territoire et séparé. Ils ont les droits d'une corporation, c'est-à-dire qu'ils sont personne civile. Les organes de l'administration du bailliage sont : la commission de bailliage et le chef du bailliage ou bailli, c'est-à-dire le conseil et l'action. La commission se compose de représentants des communes, soit des maires et des échevins et au besoin de membres spécialement élus, le nombre des représentants étant proportionnel au chiffre de la population et au montant des contributions. Dans les communes qui forment à elles seules le bailliage, c'est le conseil municipal qui exerce les fonctions de la commission.

Ces fonctions sont : contrôler les dépenses communes du bailliage ; délibérer sur les règlements de police que le bailli peut prendre avec l'assistance de la commission ; donner son avis sur les changements de limites du bailliage ; nommer, s'il y a lieu, des commissions chargées d'une attribution spéciale ; donner son avis ou délibérer sur les affaires qui peuvent lui être soumises. La commission est présidée par le bailli.

Le bailli est nommé par le président supérieur (préfet de la province), sur une liste de présentation dressée par le conseil d'arrondissement ; ses fonctions durent six ans. On nomme en même temps un suppléant. En principe, le bailli doit habiter le canton, mais dans certains cas des exceptions peuvent être admises.

Les attributions du bailli comprennent la police de sûreté et de la tranquillité publique, celle des mœurs, de la santé publique, des domestiques, de l'indigence, de la voirie, la police rurale, industrielle, etc., en un mot, la police judiciaire et administrative. Il a en outre les attributions qui lui ont été conférées par les lois spéciales. La viabilité des chemins vicinaux est confiée à ses soins. Il est juge de police. Les maires des communes, les chefs des propriétés indépendantes, les gendarmes, doivent répondre à ses réquisitions. Le sous-préfet, seul ou en commission d'arrondissement, est le chef hiérarchique du bailli.

Le bailli n'est pas rétribué, mais il a droit à une indemnité pour ses frais de bureau, etc.; cette indemnité est supportée en partie par l'État et en partie par la caisse du bailliage. C'est une dépense obligatoire que la commission d'arrondissement (composée du sous-préfet et de quelques représentants élus) peut imposer d'office aux intéressés.

Nous empruntons maintenant à la loi du 14 avril 1856 les dispositions qui n'ont pas encore été abolies.

Le droit électoral dans les communes rurales, ou la participation aux assemblées générales communales, est déterminé par le statut local, c'est-à-dire par la coutume, la tradition (art. 3). Si, pour une raison quelconque, une commune voulait ou était tenue de régler à nouveau cette question, l'assemblée communale prendrait une décision qui aurait besoin d'être confirmée par le préfet (la Régierung). Si cette assemblée n'arrive pas à une résolution, le préfet, disait la loi de 1853, c'est-

---

1. Nous venons de reproduire presque textuellement l'art. 32. L'art. 31 dit que la femme mariée sera remplacée par son époux, les mineurs par leur père ou tuteur, mais il n'est question ni de veuves ni de demoiselles majeures, de sorte que ces dames pourraient bien se croire en droit d'être maires.

à-dire la *Regierung* (voy. l'art. **Département**[1], après avoir entendu le conseil d'arrondissement, fixe les conditions de l'électorat, mais ce règlement doit être approuvé par le ministre de l'intérieur (art. 4). La loi de 1872 confère aux commissions d'arrondissement le droit de l'approuver.

Ce règlement doit d'ailleurs se conformer aux principes formulés dans les articles 5 et 6 de la loi et que nous allons résumer. Ne peuvent être électeurs : 1° que les chefs de famille domiciliés dans la commune ; 2° ou les propriétaires d'exploitations rurales, de fabriques ou d'usines situées sur le territoire de la commune, lors même qu'ils n'habitent pas (*forense*, forains) ; 3° les possesseurs de grandes propriétés peuvent obtenir plusieurs voix ; 4° les habitants peuvent aussi être divisés en plusieurs classes (une voix, moins d'une voix, plus d'une voix) ; 5° plusieurs petits propriétaires peuvent disposer ensemble d'une voix collective, et se faire représenter par l'un d'eux à l'assemblée communale (art. 5).

Le droit électoral étant ainsi rattaché à une propriété, des incapables peuvent en jouir, mais il doit être exercé en leur nom, par les mineurs par leur père ou tuteur, pour la femme mariée par son époux, pour des demoiselles majeures, par un autre électeur.

La commune peut désirer remplacer l'assemblée communale par un conseil municipal (art. 8). Elle peut aussi demander à être déclarée ville, et en revanche une ville peut obtenir la permission d'adopter le régime des communes rurales (art. 17). Le ministre peut dissoudre le conseil municipal et prescrire de nouvelles élections (art. 9).

Nous pouvons dire sans exagération que l'organisation des petites communes de l'est de la Prusse est bien primitive, car presque en toutes choses c'est la coutume qui les gouverne. La loi de 1872 a réglé les points importants, mais il reste à compléter la législation. La loi complémentaire est prévue dans la loi de 1872.

C'est peut-être parce que ces petites communes ne peuvent pas se suffire que l'art. 53 de la loi de 1872 autorise les communes à charger, par une décision spéciale, le bailliage de diverses attributions qui leur incombent, en mettant à sa disposition les revenus destinés à couvrir la dépense. Pour ces matières déléguées, la commission cantonale fonctionne comme conseil municipal. Cet article pourra bien avoir pour effet de constituer peu à peu un canton municipal.

Les communes rurales aussi bien que les bailliages sont sous la surveillance et même sous la tutelle de la commission (permanente ou exécutive) d'arrondissement. On sait que cette commission est composée du sous-préfet et de quelques habitants notables de l'arrondissement. Elle est compétente pour les changements de limite, réunions de territoires ; la modification des conditions de l'électorat dans les communes rurales ; pour les autorisations d'aliénation ou de vente d'immeubles situés hors du territoire communal, et de contracter des dettes (à la place des tribunaux indiqués dans le Code général de 1794) ; pour approuver les nouvelles impositions (à la place du préfet et du ministre de l'intérieur) ; pour reviser les comptes de la caisse municipale, et pour beaucoup d'autres affaires qui étaient autrefois dans les attributions du préfet (de la *Regierung*). On entrevoit que la loi du 13 décembre 1872 procède à une sérieuse décentralisation, mais elle n'était que le point de départ d'une série de lois que nous avons exposées ailleurs. (*Voy.* **Département.**)

Provinces de l'Ouest.

La province de Westphalie est la première qui ait eu des baillis, et son organisation a peut-être influencé le législateur de 1872. Dans la province rhénane aussi il y avait des maires cantonaux dès la loi de 1845 (23 juillet) ou même antérieurement, la loi du 16 mai 1856 n'a fait que les maintenir. C'est à ces matières que le titre de bourgmestre est réservé dans les campagnes, les villages ayant leur chef ou échevin (*Schœffe*) ; les petites villes forment naturellement un canton et en général un bourgmestre à elles seules. Le droit électoral est en général attaché à un cens (souvent de 7 fr. 50 c.). Lorsqu'une commune (village) ne compte que 18 habitants ayant leur droit électoral, ces habitants forment l'assemblée communale ; si le nombre des habitants est plus grand, ils doivent élire un conseil municipal. Ce conseil ne peut se réunir que lorsqu'il est convoqué. Il est présidé par le bourgmestre, ou par l'échevin communal délégué par lui ; dans ce dernier cas, le vote doit être communiqué immédiatement au bourgmestre.

L'échevin communal (*Schœffe, Vorsteher,* maire) est nommé par le sous-préfet sur la proposition du bourgmestre (maire cantonal). Le *Schœffe* n'est pas rétribué. Le bourgmestre est nommé pour six ans par le préfet, sur la proposition du sous-préfet. Les bourgmestres sont rétribués. Les attributions du bourgmestre et celles du conseil municipal ou cantonal ne diffèrent pas sensiblement de ce qui est en vigueur ailleurs.

Les provinces nouvelles formées en 1866 : le Hanovre, la

Hesse et le Nassau, le Schleswig-Holstein, ont presque entièrement conservé leur législation communale, mais nous ne croyons pas devoir signaler les dispositions de détail qui diffèrent, les points principaux sont presque identiques. Le projet de loi de 1876 sur l'organisation des villes devait s'étendre aux provinces de l'Est et en même temps à la Westphalie et au Rhin, mais non au Hanovre, à la Hesse et au Schleswig-Holstein.

2° *Bavière.*

La loi communale bavaroise est du 29 avril 1869, avec des amendements du 19 janvier 1872, elle s'applique à la fois aux villes et aux communes rurales. La loi de 1869 définit les communes : « des corporations publiques (des établissements publics) ayant le droit de s'administrer elles-mêmes, en se conformant aux lois ».

Sont électeurs tous les Allemands majeurs qui habitent la commune, y paient une contribution directe, et qui ont *demandé* le droit de bourgeoisie. Ce droit est conféré par l'administration communale, et la loi fixe le maximum des taxes d'admission à percevoir. Le maximum est (art. 20), dans les grandes villes, de 200 fr., dans les petites, de 50 fr. (Nous évaluons le florin à 2 fr.)

La fortune de la commune doit rester intacte, des aliénations ne peuvent avoir lieu qu'avec l'autorisation du Gouvernement, sous des conditions qui sont développées à l'art. 27 de la loi de 1869. Les communes sont tenues à certaines dépenses, lesquelles sont couvertes en première ligne par les revenus des propriétés communales, par les droits, taxes et amendes à payer à la caisse municipale, par des impositions et même par des droits d'octroi. La loi pose des règles pour l'assiette de ces divers impôts. Pour l'introduction de nouvelles contributions, les plus forts imposés sont appelés à siéger au conseil, mais seulement ceux des cinq qui supportent à eux seuls au moins le tiers de l'ensemble de la cote communale. Ces forts contribuables peuvent se faire représenter par des délégués. Les membres du conseil jouissent, dans les séances où il s'agit de créer un impôt nouveau ou d'élever les impositions existantes, d'une voix pour moins de 20 fr. d'impôts, et d'une voix pour chaque 20 fr. en sus ; mais personne ne peut disposer à lui seul de plus du tiers des voix (art. 47). La commune peut voter des prestations, soit en travaux, soit en service de police (patrouilles, etc.). La commune peut contracter des emprunts, mais elle a besoin de l'autorisation supérieure si la dette dépasse 1,000 fr. dans les communes de 2,500 habitants, 2,000 fr. dans les communes de 2,500 à 5,000 habitants, 10,000 fr. dans celles de 5,000 à 20,000 habitants, 20,000 fr. dans les communes plus grandes.

L'organisation administrative des villes diffère de celle des communes rurales.

Les villes ont un magistrat[1] et des « mandataires » (*Bevollmæchtigte*) ou conseillers municipaux. Le magistrat se compose d'un bourgmestre (ou de 2 et même 3) et de 6 à 20 conseillers, non compris un ou plusieurs membres rétribués (un juriste, un architecte ou ingénieur, etc.). Les membres du magistrat sont élus pour six ans par le conseil municipal. Les membres non rétribués se renouvellent par moitié tous les trois ans. Le premier bourgmestre peut être rétribué. Son élection, ainsi que celle des conseillers rétribués (conseillers techniques), a besoin de confirmation (du préfet[2] ou du ministre, selon le cas) : au bout de trois ans, ces fonctionnaires peuvent être nommés à vie. Le magistrat exerce les attributions ordinaires du maire, y compris la police ; le bourgmestre est en outre conciliateur. Les conseillers municipaux, « mandataires communaux », sont élus pour neuf ans et se renouvellent par tiers ; ils ne sont pas rétribués. Les pouvoirs de ce conseil sont très-étendus, et nous trouvons (art. 117) une abstention, lors d'un vote, est interdite.

Les communes rurales sont organisées de la même manière ; seulement, au lieu d'un magistrat, il y a un bourgmestre seul, et le conseil municipal s'appelle *Ausschuss* (commission de l'assemblée communale).

La surveillance du Gouvernement s'applique surtout à la police ; dans ses affaires propres, surtout lorsque le magistrat et le conseil municipal sont d'accord, le Gouvernement intervient peu. Cette loi de 1869, qui compte 206 articles, souvent très-longs, mériterait d'être l'objet d'une étude spéciale.

3° *Saxe.*

Le royaume de Saxe est régi par la triple loi du 24 avril 1873, dont l'une organise les grandes communes ou villes ; l'autre, les moyennes et petites communes ; la troisième, les communes rurales. Elles sont naturellement conçues dans le même esprit ; on a seulement simplifié les rouages administratifs pour les localités plus petites. La tutelle est aussi plus étroite pour les petites communes. Nous n'analyserons pas les lois de 1873 qui, dans leur ensemble, ont beaucoup d'analogie avec les lois prussiennes et bavaroises, mais nous relèverons quelques articles saillants.

---

1. C'était, jusqu'en ces derniers temps, un comité administratif qui remplaçait le préfet ; mais des lois récentes ont donné au président de ce comité une telle prééminence qu'on peut très-bien le comparer au préfet.

1. C'est-à-dire : comité municipal.

2. Nous mettons préfet par analogie ; la *Kreisregierung* (gouvernement du cercle) est une autorité collective.

Pour être électeur, il faut être bourgeois. Ont droit à se faire délivrer le titre de bourgeois par le conseil urbain (Stadtrath, synonyme de magistrat) : les Saxons âgés de 25 ans, jouissant de leurs droits, habitant depuis deux ans, etc., et payant au moins un thaler (3 fr. 75 c.) d'impôt direct ; sont obligés à se faire recevoir bourgeois : les individus mâles, habitant depuis trois ans et payant au moins 3 thalers d'impôt (L. 1873, Villes, art. 17). Le nouveau bourgeois promet solennellement de remplir ses devoirs, etc. (art. 16). Les femmes non en puissance de père ou de mari ne peuvent pas voter dans les villes (L. Villes, art. 44) ; dans les villages (L., Communes rurales, art. 34), il y a des électrices, mais elles ne sont pas éligibles.

Dans la répartition des impositions, les traitements et pensions ne sont évalués qu'aux 4/5 de leur montant (art. 30).

Le bourgmestre doit (muss) être rétribué (art. 83). Il est élu par le conseil urbain et le conseil municipal en séance collective, et confirmé par le Gouvernement. Le conseil municipal est élu pour trois ans et se renouvelle par tiers tous les ans. Il peut être formé de représentants de classes ou catégories de citoyens (tant d'agriculteurs, tant d'industriels, etc.). [Voyez plus loin l'Espagne.] Le conseil municipal élit le conseil urbain pour six ans, il est renouvelable par tiers. Les membres rétribués sont généralement nommés à vie.

Dans les petites villes, le conseil urbain se compose du bourgmestre (rétribué) et d'un ou plusieurs adjoints, de plus du conseil municipal. C'est ce conseil qui élit le bourgmestre et les adjoints ; c'est au sous-préfet à les confirmer.

L'administration d'une commune rurale se compose du chef de la commune (maire), d'un ou deux « anciens » (échevins) et de plusieurs conseillers municipaux. Dans les communes qui comptent 25 électeurs au plus, l'assemblée communale remplace le conseil. Le maire et les anciens sont élus et confirmés.

En Saxe aussi, il est des propriétés qui ne font pas partie du territoire d'une commune. Les possesseurs en sont maire de droit, mais ils sont aussi soumis aux obligations imposées aux communes. Du reste, la loi favorise leur accession à une commune, en leur accordant l'entrée héréditaire dans le conseil (L., Communes rurales, art. 38), et en ne permettant pas de revenir sur l'accession lorsqu'une fois elle a été décidée (art. 82, etc.).

Mentionnons encore comme caractérisant plus particulièrement la loi communale saxonne — on retrouve d'ailleurs cette disposition presque partout en Allemagne — la disposition qui veut que chaque ville ait son statut. La loi saxonne ne se borne pas ici, comme d'autres lois, à permettre : elle ordonne. Le statut local dispose de tout ce qui n'est pas réglé dans la loi, qui d'ailleurs lui abandonne expressément le règlement d'un grand nombre de points. La loi n'est censée établir que des principes généraux. (Voyez le chapitre consacré à l'Autriche-Hongrie.)

4° Wurtemberg.

La législation communale en vigueur remonte en partie à la loi dite Verwaltungs-Edict du 1er mars 1822 ; elle a été modifiée par plusieurs lois postérieures que nous aurons l'occasion de citer.

Le législateur ne distingue pas les villes des villages, mais l'ensemble des communes a été divisé par la loi de 1822 en trois classes caractérisées par le chiffre de la population : 1° communes de plus de 5,000 hab. ; 2° communes de 1,000 à 5,000 hab. ; 3° communes de moins de 1,000 hab. Ce classement a une influence sur l'étendue des pouvoirs accordés à chacune d'elles.

Disons d'abord, qu'il s'est maintenu une différence entre le bourgeois (Bürger) et l'habitant (Beisitzer), mais en cette matière, la loi du 4 décembre 1833 a été sensiblement modifiée par la loi du 6 juillet 1849, par la Constitution et enfin par les lois fédérales des 4 mai 1868, 6 juin 1870 et autres. Les habitants jouissent depuis 1849 des droits politiques des bourgeois, c'est-à-dire qu'ils sont électeurs municipaux et éligibles ; seulement ils ne participent pas à l'affouage et à la jouissance en nature des autres produits des biens communaux. L'acquisition des droits de bourgeoisie a été, du reste, rendue plus facile par les lois récentes, et la distinction entre les habitants et ce qu'on pourrait appeler les résidants ou séjournants est presque complètement effacée.

Est électeur tout bourgeois ou habitant âgé de 23 ans et payant une imposition communale quelconque, jouissant de ses droits et ne vivant pas d'aumônes. Le scrutin est secret.

Les électeurs communaux nomment les membres de l'autorité municipale. Cette autorité se compose : 1° d'un maire (Schultheiss) ; 2° du conseil municipal ; 3° du comité des bourgeois (Bürgerausschuss), chargé de contrôler le conseil municipal et dans certains cas d'agir en commun avec cette assemblée.

Pour l'élection du maire, chaque électeur porte trois noms sur son bulletin : parmi les trois personnes qui ont obtenu le plus de voix, le roi, pour les communes de première classe, le préfet (ou son équivalent) dans les autres, choisit le maire, qui se trouve ainsi nommé à vie et qui jouit d'un traitement et

même de rétributions spéciales. Ajoutons que si l'un des élus a réuni les deux tiers des voix, il doit être nommé de préférence.

Les membres du conseil municipal sont élus pour six ans et se renouvellent par tiers tous les deux ans ; ils sont rééligibles. Le comité des bourgeois est élu pour deux ans, se renouvelle par moitié, mais les membres sortants ne sont pas immédiatement rééligibles. L'élection se fait par scrutin de liste.

Le maire représente à la fois la commune et l'État ; c'est par lui que les prescriptions de la loi et celles de l'autorité supérieure trouvent leur application dans la commune. Outre ses attributions administratives, il a encore conservé quelques attributions judiciaires. Il est, par exemple, juge de paix conciliateur et a droit à une rémunération pour tout acte de son ministère ; toutefois comme conciliateur il ne peut réclamer la taxe de 1 mark payable par chaque partie, que s'il réussit[1].

Le conseil municipal se compose de 5 à 24 membres ; ses attributions consistent, avant tout, dans l'administration des intérêts communaux, mais il seconde aussi le maire dans quelques-unes de ses attributions judiciaires. Les sections de communes (Theilgemeinden) ont un conseil municipal divisionnaire (Theilgemeinderath) composé d'au moins trois membres, et en outre du procureur (Anwalt) qui fait fonctions de maire et de secrétaire communal. Ce conseil municipal spécial est formé par les membres du conseil qui habitent la section, et, s'il n'y en a pas 3, la section complète ce nombre par voie d'élection.

Le comité des bourgeois, d'après M. Zeller, n'a plus guère d'autre fonction que celle de renforcer le conseil municipal pour la discussion des questions importantes. C'est un peu, comme en France, l'adjonction des plus imposés, seulement le comité n'est pas restreint aux questions financières.

Il convient aussi de nommer ici le conseil des fondations ou œuvres pieuses, composé du curé ou pasteur et des membres du conseil municipal qui professent la même religion. C'est dans le conseil des fondations qu'est pris le bureau des marguilliers (Kirchenconvent).

C'est naturellement le conseil municipal qui vote le budget ; il ne peut y avoir ni recette, ni dépense sans son adhésion formelle. Une assez grande latitude est laissée à l'administration communale, mais un certain nombre de décisions doivent être soumises à l'approbation du sous-préfet (Oberamt) ou du préfet (Kreisregierung). Voici les principales d'entre ces décisions : aliénations d'immeubles ou de droits utiles ; emprunts ou tout autre engagement communal durable ; extension de la jouissance en nature du revenu des biens communaux ; création ou modification de foires et marchés ; établissement de péages, etc.

La police locale est exercée par le maire ; il peut prendre des arrêtés et faire des règlements, mais les dispositions destinées à durer ont besoin d'être confirmées par le conseil municipal et doivent en outre être soumises au sous-préfet qui accuse réception. Si le sous-préfet n'annule pas la décision dans les 30 jours, elle est considérée comme approuvée ; elle pourrait être appliquée plus tôt si elle était expressément approuvée par le sous-préfet.

Chap. III. — Russie.

C'est surtout pour suivre l'ordre géographique que nous parlons maintenant de la Russie, mais c'est aussi à cause de la ressemblance, du moins extérieure, de ses institutions communales avec celles de la Prusse. Les villes et les communes rurales ont des législations séparées et le mécanisme des services publics a un certain air de famille, mais cette fois du moins il est impossible de dire que la Russie ait copié, car ses lois sont antérieures (sauf quelques dispositions). Ajoutons qu'il n'est pas probable non plus que la Prusse ait copié, car sa loi de 1872 déjà a été présentée en 1869 et le germe en existait auparavant. En fait, il y a ressemblance, parce qu'on s'est placé au même point de vue, le selfgovernment communal et provincial sous la surveillance de l'État, les deux germes identiques se sont développés sous l'influence de milieux différents.

1° Organisation des villes.

La législation en vigueur est celle du 16 juin 1870 (calendrier russe, donc 28 juin du nôtre), et l'on y est arrivé après bien des tentatives que raconte, entre autres, M. P. Schwanebach dans une publication intitulée : Russische Stadtordnung (Saint-Pétersbourg, chez C. Rœttger, 1874). Nous nous bornerons à donner une courte analyse de la loi de 1860, en nous servant en partie de la traduction de M. Kapnist[2], insérée dans l'Annuaire de la législation étrangère, mais en la commentant quelquefois.

Est électeur tout habitant russe âgé de 25 ans, domicilié depuis deux ans, propriétaire d'un immeuble situé sur le territoire de la ville et soumis à la contribution foncière, ou chef d'un établissement industriel ou commercial, et s'acquittant régulièrement du paiement des impositions communales (art. 17). Les établissements publics, sociétés, etc., soumis à la contribution foncière ou à la patente, les absents, les propriétaires incapables (femmes, mineurs), peuvent se faire représenter aux

---

1. Zeller, Handbuch für die Würtemb. Gemeindebehörden. Heidelberg, 1876. § 81.

2. Gentilhomme de la chambre de S. M. l'Empereur de Russie.

élections (art. 20 et 21). Personne ne peut avoir plus de deux voix, la sienne et celle de la personne qu'il représente (art. 23). Le vote a lieu au scrutin secret (art. 21). Citons à titre de singularité l'art. 32 : « Le moyen de s'assurer de l'identité des électeurs est laissé à la sagacité du maire », et l'art. 33 : « Il n'est exigé aucune preuve par rapport à l'âge et aux autres conditions prescrites... », mais on lit à haute et intelligible voix l'article du code pénal indiquant la peine qui atteint les faux électeurs. C'est le système répressif dans toute sa pureté. A quoi donc sert la liste électorale (art. 21 et suiv.) ?

Pour l'élection des membres du conseil municipal, les électeurs sont divisés, selon le montant de leur impôt, comme en Prusse, en trois classes, formant chacune un collège électoral et nommant le tiers du nombre des conseillers municipaux (art. 24).

L'administration de la ville se compose du conseil municipal (*Gorodskaïa douma*) et d'un comité exécutif (*Gorodskaïa ouprava*) semblable au magistrat allemand et que M. KAPNIST a traduit à tort par *régence*. Les pouvoirs de la *douma* (conseil municipal), dont les membres sont élus pour quatre ans, sont très-étendus : elle élit le maire et le comité exécutif, l'*ouprava*, ainsi que la plupart des fonctionnaires et employés municipaux, et en fixe les traitements ; elle vote le budget, délibère sur les impôts, accepte les donations, apure les comptes, règle le mode d'administration des biens, inspire et contrôle le comité exécutif. Le conseil municipal est tenu de se réunir deux fois par an, puis aussi souvent que les affaires l'exigent. Il est convoqué spontanément par le maire, ou sur la demande du gouverneur (préfet) ou sur celle d'un cinquième des membres du conseil. La douma est présidée par le maire.

Le maire préside aussi le comité exécutif (*ouprava*). Le nombre des membres de ce comité ne peut pas être inférieur à deux, sauf dans les petites villes ; mais il est généralement supérieur à ce chiffre. Le comité prépare et exécute les décisions du conseil municipal ; dans les matières de sa compétence propre, les décisions sont prises à la majorité des voix, mais si le vote semble au maire contraire aux lois, il sursoit à l'exécution et soumet l'affaire au gouverneur, qui la renvoie à un comité spécial (art. 77). Ce comité se compose du sous-gouverneur, du président de la chambre des finances, du procureur du tribunal et de plusieurs autres fonctionnaires. Il peut y avoir aussi des conflits entre la douma et l'ouprava ; dans ce cas, le même comité (art. 11) prononce.

Le maire et les membres de l'ouprava sont élus pour quatre ans et renouvelables par moitié, mais rééligibles. Avant leur installation ils prêtent un serment professionnel.

Les attributions de la police se divisent entre le chef de la police locale, qui est un fonctionnaire de l'État chargé de la police de sûreté, la douma et l'ouprava. La douma vote les règlements de police administrative et les soumet au chef de la police, qui peut d'ailleurs provoquer la rédaction d'un règlement jugé nécessaire par lui. S'il n'y a pas accord entre les deux autorités, le projet est soumis au comité spécial mentionné plus haut. S'il y a accord, le règlement voté est transmis au gouverneur qui, s'il n'a pas d'objection à soulever, le fait insérer dans le journal de la province. C'est une simple approbation, mais non une promulgation, c'est au conseil municipal (douma) à porter le règlement à la connaissance de ses administrés (art. 106). Les règlements de police relatifs aux marchés ont besoin d'une approbation expresse du gouverneur ou du ministre de l'intérieur (dans les chefs-lieux de province).

L'ouprava autorise la construction de quais de déchargement, l'établissement de bains, théâtres, fabriques et manufactures non incommodes ni nuisibles, et, en général, applique les règlements rédigés ou votés par la douma.

L'administration des biens de la ville est dirigée par l'ouprava conformément aux règles tracées et aux votes émis par la douma. Celle-ci peut (art. 110) acquérir ou aliéner au nom de la ville des biens meubles et immeubles, passer des contrats, intenter et soutenir des procès. Les terrains du domaine public ne peuvent pas être aliénés (art. 120). C'est naturellement l'ouprava qui est l'organe de la douma.

Le conseil municipal est autorisé, une fois pour toutes, à établir, au profit de la ville, les impositions suivantes :

1° Une contribution foncière proportionnelle ;

2° Une patente, faisant dépendre le droit d'ouvrir un atelier ou un magasin du paiement de cette taxe ;

3° Un impôt spécial sur les cabarets, restaurants, auberges et hôtels ;

4° Un impôt sur le roulage et les transports ;

5° et 6° De même sur les chevaux de luxe et sur les chiens.

Les impôts 3° à 6° doivent être approuvés par voie législative. Les péages et contributions indirectes que la douma voudrait établir ne seraient exécutoires qu'après avoir reçu l'approbation du ministre de l'intérieur, les ministres des finances et des voies de communication consultés. L'approbation du ministre de l'intérieur est nécessaire pour tout emprunt dont le montant dépasse la somme des revenus de la ville pendant les deux années précédentes.

L'intervention du Gouvernement a lieu surtout dans les cas suivants. Le choix du maire et de son adjoint doit être ratifié par le ministre de l'intérieur pour les chefs-lieux de province et par les gouverneurs pour les autres villes (art. 92). Si l'administration urbaine néglige de remplir une des obligations que la loi met à sa charge, elle peut y être contrainte par le gouverneur (art. 12). Il en résulte que l'art. 139 de la loi énumère les dépenses obligatoires : si ces dépenses n'étaient pas couvertes par le vote du conseil municipal, le gouverneur imposerait d'office les centimes additionnels nécessaires. Voici l'indication sommaire des dépenses obligatoires : frais d'administration ; — entretien des bâtiments et monuments publics ; — paiement des dettes (intérêt et amortissement) ; — subventions promises à des établissements publics ; — casernement ; — prisons ; — contingent aux frais de police de la ville (l'État y contribue de son côté) ; entretien d'un corps de pompiers et de tout le matériel nécessaire pour éteindre les incendies. Nous avons déjà vu qu'en matière de police le Gouvernement s'est réservé son droit de surveillance (art. 103-106, 111-113). Enfin, le Gouvernement intervient en matière financière et vérifie les comptes.

2° *Organisation des communes rurales.*

La commune rurale proprement dite (*Mir*) est plutôt une unité économique qu'une unité administrative ; la plus petite unité administrative est peut-être le *volost* (voloste), mot qu'on traduit généralement par canton. La commune rurale, dans une très-grande partie de la Russie, est caractérisée par la possession collective des terres. Chaque chef de famille y a droit à un champ d'une grandeur déterminée, et dont il jouit jusqu'à la prochaine distribution. Il est vrai que les distributions ne sont plus annuelles, qu'elles reviennent à des époques de plus en plus éloignées, mais le droit existe et partant il faut en tenir compte [1]. Cette organisation a naturellement exercé une influence sur la législation, et elle a dû maintenir à la commune des pouvoirs qu'on ne lui aurait pas laissés dans d'autres pays. Nous signalons notamment le droit « d'expulser de la commune des membres reconnus dangereux ».

L'organisation établie par la loi du 19 février (3 mars 1861) est d'ailleurs très-simple : l'ensemble des chefs de famille forme l'assemblée communale, laquelle est présidée par le *starosta* (ancien), qu'elle a élu pour trois ans. C'est ainsi en famille que se traitent les affaires communes, parmi lesquelles, outre la question des terres, il faut nommer celles des impôts et du recrutement. Il est probable que les nouvelles lois sur le recrutement diminueront un peu la responsabilité des communes sur ce point, mais la commune restera toujours solidaire pour l'impôt. Du reste, elle l'est dans tous les pays pour les impôts de répartition. C'est le starosta qui doit veiller à la rentrée des contributions, bien que les communes aient l'habitude d'élire ou de désigner un percepteur. Le starosta veille aussi à l'entretien des chemins, bacs et ponts, à la bonne tenue des écoles et des hospices, s'il y en a, enfin à la sécurité publique, en arrêtant les malfaiteurs et, en tout cas, en avertissant la police. C'est un vrai maire.

Le volost ou canton a un chef ou maire qui porte le titre de *starchina* ; il est assisté et contrôlé par un conseil (municipal) cantonal. Ce conseil se compose de tous les fonctionnaires électifs des communes et du canton, et, de plus, d'un délégué par dix feux ; les hameaux de moins de dix feux peuvent également envoyer un délégué. Ce conseil est chargé de l'élection des fonctionnaires et agents cantonaux, y compris les juges du tribunal de paix du canton ; de l'établissement et de la répartition des impositions cantonales ; de la révision des listes de recrutement ; de l'instruction et de l'assistance publiques ; en un mot, de tous les intérêts cantonaux. Faisons remarquer, en passant, que les terres des seigneurs ne font partie ni de la commune, ni du canton ; elles ne sont représentées que dans le conseil de district, qui correspond à l'arrondissement.

Le *starchina*, assisté des *starosti*, forme le comité exécutif cantonal. Le starosta ne semble pas avoir besoin de confirmation, mais le starchina, qui est élu pour trois ans par le conseil cantonal, est confirmé, la loi de 1861 disait par « l'arbitre de paix », mais ce fonctionnaire, créé pour régler les détails de l'émancipation, a été supprimé en 1874 et remplacé par un conseil composé presque uniquement de fonctionnaires et dont le sous-préfet ou chef de district fait partie. C'est ce conseil qui est chargé de

---

1. On croit généralement que le territoire de la commune appartenant à l'ensemble des chefs de famille, on répartit les terres en portions de plus en plus petites à mesure que le nombre des chefs de famille augmente. Par exemple : si le territoire était de 1,000 hectares et le nombre des familles de 100, chaque famille recevrait 10 hectares ; si le nombre des familles s'élevait à 200, la part de chacune ne serait plus que de 5 hectares. En fait, les choses se passent autrement. Une unité de convention, *taglo* (un lot généralement assez grand pour nourrir une famille), est adoptée dans chaque village ; chaque chef de famille reçoit un taglo ; si le territoire de la commune est étendu, il reste une superficie disponible pour y tailler de futurs taglos ; cette superficie sert en attendant au parcours commun. Le taglo ainsi que la superficie est réduit si le nombre des ayants droit dépasse celui des taglos, alors on dit à ceux auxquels le tirage au sort a été défavorable : Tâchez de gagner votre vie comme vous pourrez, si un lot devient vacant, un jour, on vous le réserve

la tutelle des communes et des cantons. Le *starchina* a la responsabilité de l'administration cantonale ; le comité exécutif n'a, dans le plus grand nombre des cas, que voix consultative.

Ajoutons, pour terminer cette rapide esquisse, que les cantons — comme les communes — ont des dépenses obligatoires, savoir : 1° les frais d'administration ; 2° les dépenses pour la vaccination, et, s'il y a lieu, celles causées par les épidémies et les épizooties ; 3° les frais d'entretien des greniers communaux ; 4° l'entretien des chemins ; 5° les secours aux personnes âgées ou infirmes ; 6° les mesures en cas de calamité publique [1].

Chap. IV. — Autriche-Hongrie.

Les deux moitiés de cet empire, la *Cisleithanie* et la *Transleithanie*, sont complètement autonomes relativement aux affaires communales ; nous les traiterons donc séparément.

1° *Autriche*.

L'Autriche (Cisleithanie), ou comme on dit souvent dans les actes officiels, « les pays représentés au parlement de Vienne », a une loi municipale générale et des lois provinciales. La loi générale est datée du 5 mars 1862, elle pose des principes et les laisse développer par la législature de Bohême, de Galicie, de l'Archiduché, du Tyrol et des autres « pays de la couronne ». L'espace ne nous permettant pas d'entrer dans des détails, nous emprunterons tantôt à la loi générale, tantôt aux lois spéciales ou provinciales, les dispositions qui nous paraîtront le plus susceptibles de donner une idée exacte de l'organisation communale.

Les trois premiers articles de la loi du 1862 prescrivent que toute localité et tout citoyen fassent partie d'une commune, et laissent chaque citoyen libre de s'établir où il veut. Ce dernier point, qui est une des conquêtes des temps modernes, a été plus clairement exprimé dans la Constitution du 21 décembre 1867. L'art. 1er de la loi de 1862 prévoit qu'il y aura dans certaines provinces des propriétés formant à elles seules des communes : elles auront à en remplir tous les devoirs, mais elles ne jouiront que des droits publics (c'est-à-dire, le propriétaire ne sera pas investi des pouvoirs) indispensables pour l'accomplissement de ces devoirs.

L'art. 4 distingue les attributions de la commune en : 1° propres et 2° déléguées. Par l'expression d'attributions propres (*selbständige*) on ne veut pas résoudre une question théorique sur l'étendue naturelle, originelle des pouvoirs municipaux, mais seulement constater un fait : la loi reconnaît aux communes, en certaines matières, l'initiative et une certaine autonomie ; au fond ces « attributions propres » du n° 1 constituent une *délégation générale* qui ne confère nullement l'autonomie, puisque le Gouvernement conserve son droit de surveillance ou d'intervention, tandis que le n° 2 se borne à tenir la porte ouverte aux délégations spéciales. Les « attributions propres » des communes sont énumérées à l'art. 5.

Traduisons-en le premier paragraphe : « Le cercle d'activité *propre* est celui à l'intérieur duquel les communes peuvent, en se conformant aux lois en vigueur, régler et décider les affaires ; il embrasse tous les intérêts particuliers des communes, et tout ce qui peut être exécuté par la commune sur son propre territoire avec ses propres forces. » La loi tente ensuite une énumération qui n'a pas l'intention d'être limitative, elle est précédée de « notamment » (*insbesondere*) : 1° libre administration de la fortune et des affaires communales ; 2° sécurité de la personne et des propriétés ; 3° entretien et police des voies publiques ; 4° police des marchés, des subsistances, des poids et mesures ; 5° hygiène publique ; 6° règlements relatifs aux domestiques et aux ouvriers ; 7° police des mœurs ; 8° assistance publique ; 9° surveillance des constructions, mesures contre l'incendie ; 10° instruction primaire élémentaire et primaire supérieure ; 11° arbitrage en cas de contestation ; 12° vente aux enchères volontaires d'objets mobiliers. L'art. 5 ajoute que les lois spéciales pourront retirer la police locale aux agents de la commune et en conférer les attributions à des fonctionnaires de l'État. Les « attributions déléguées » ne sont pas énumérées dans la loi de 1862, l'art. 6 se borne à renvoyer à la législation en général, c'est-à-dire que les fonctionnaires spéciaux sont seuls à les connaître : il faudrait parcourir l'ensemble du *Bulletin des lois* pour trouver les quelques dispositions auxquelles on fait ici allusion, c'est un de ces procédés comme on en trouve ailleurs, où le législateur se décharge de sa besogne sur le citoyen qui est toujours censé connaître la loi.

L'art. 8 dit que chaque commune aura une « représentation », laquelle se divisera en un chef, *Vorstand*, et une commission élue, *Ausschuss*. Le mot *Vorstand* qui se trouve aussi dans les lois allemandes, n'a pas d'équivalent français, car il indique aussi bien un chef individuel qu'un chef collectif, c'est une autorité dirigeante : le maire seul est *Vorstand*, le bourgmestre et les échevins réunis forment *Vorstand*, tout comme le *magistrat*, l'*uprava*, la *giunta*, etc. Le mot *Ausschuss* et les différents termes employés dans les lois provinciales peuvent être traduits par conseil municipal. L'art. 8 ajoute : « Les lois spéciales (provinciales) déterminent si et quand des membres de la commune peuvent faire partie du conseil municipal sans avoir été élus, et s'ils peuvent s'y faire représenter. » Cette disposition a pour but d'assurer la représentation des plus forts imposés. Le mode d'application est très-différent selon les provinces.

Le conseil municipal est élu. Le droit électoral est attaché à la qualité d'Autrichien, chef de famille ou d'établissement, domicilié depuis au moins un an et payant des impôts directs (*Constitution de décembre* 1867). Dans quelques provinces le minimum de l'impôt est fixé à 1 florin (2 fr. 50 c.), dans d'autres à 2 florins. Les « capacités » n'ont pas besoin de payer un impôt pour être électeurs. En principe, le droit électoral doit être exercé en personne, mais les femmes auxquelles leurs propriétés confèrent le droit électoral, les officiers en activité de service, ne peuvent voter qu'en donnant procuration ; les absents en mission communale, ainsi que les propriétaires d'un bien situé sur le territoire de la commune, mais qu'ils n'habitent pas, peuvent aussi faire voter par un représentant.

Les électeurs sont divisés en trois collèges ou corps électoraux, comme en Prusse, en Russie, etc. (*voy. plus haut*) : les plus imposés forment le premier collège, le second, les peu imposés, le troisième collège ou « corps électoral ». Chaque collège représente ainsi le tiers de l'impôt. Dans les petites communes, on se borne à former deux collèges, dont chacun représente la moitié de l'impôt.

Le nombre des membres du conseil municipal est proportionnel à la population. Ni les membres suppléants, ni les « plus imposés » qui sont membres de droit du conseil, ne sont compris dans les nombres réglementaires.

Le *Vorstand* est élu par le conseil municipal et en fait partie ; il se compose au moins d'un bourgmestre et de deux conseillers (échevins). Le nombre des échevins (nous choisissons ce mot pour plus de clarté) est fixé par le conseil, mais ne peut pas dépasser le tiers de ses membres.

Nous venons d'analyser surtout les lois spéciales, car la loi générale renferme beaucoup de dispositions qui doivent nécessairement trouver leur place dans la loi, mais que précisément pour cette raison nous n'avons pas besoin de relever. Ainsi, il va sans dire qu'il y a des cas d'indignité qui excluent du corps électoral (*L.* 1862, *art.* 9 et 10) ; il va sans dire aussi que (*art.* 12) le conseil municipal décide et contrôle et que les bourgmestres et échevins exécutent ou administrent. Les administrateurs sont responsables (*art.* 13). Les séances du conseil sont publiques, ses comptes des dépenses doivent être rendus accessibles à l'examen de tous.

Les art. 15 et 21 sont relatifs aux matières financières, et nous n'avons à parcourir de nouveau les législations des « États de la couronne », c'est-à-dire provinciales. Le budget est voté par le conseil municipal et les revenus patrimoniaux servent, en première ligne, à couvrir les dépenses. Quand des revenus ne suffisent pas, le conseil municipal vote des impositions communales sous la forme de centimes additionnels, soit aux contributions directes, soit au droit de consommation — dans ce cas, en évitant de nuire à la production ou au commerce. — Le conseil

---

1. Nous empruntons ce qui suit au *Temps* du 13 novembre 1871.

On écrit de Saint-Pétersbourg à la *Gazette nationale* de Berlin :

« Une des plus singulières anomalies de notre temps (?), c'est la distinction faite en Russie entre les villes et les villages. La plupart de nos villes sont des centres administratifs qui sont souvent créés tout exprès au milieu des gouvernements, des cercles et des arrondissements, pour rendre possible la surveillance officielle et l'administration gouvernementale. Souvent le centre du cercle gouvernemental a été déplacé ; alors les villes, reconnues autrefois pour telles, restaient inscrites à leur rang, tandis que l'industrie et la partie la plus importante de la population émigraient et s'établissaient dans des villages et bourgs non revêtus de la dignité de ville. C'est ainsi que s'explique ce fait singulier ; nous avons 148 villes dont les habitants dépassent le nombre de 10, mais n'atteignent pas celui de 100 ; nous avons même 4 villes qui ne comptent pas 10 habitants. Par contre, nous avons des villages industriels, comme Iwanowo, dans le gouvernement de Wladimir, qui possèdent une population dont des villes plus connues pourraient s'enorgueillir. Très-longtemps le Gouvernement n'avait même pas connaissance de ce fait, parce que ce n'est que depuis peu d'années que l'on a commencé à compter la population réelle, au lieu de la population supposée ou présumée. J'ai appris où nous nous étions convaincu nous-même que la ville d'Azoff comptait tout au plus 300 à 400 âmes, les registres officiels portaient la population à 14,000 âmes.

« Les *Archives statistiques militaires* ont été les premières qui aient donné les chiffres véritables. Ce fut une révélation plus triste que les pessimistes et les satiriques n'eussent pu l'imaginer. C'est ainsi que dans le gouvernement de Saratow, à Karsk appartient également aux 182 villes qui n'ont pas plus de 10 à 100 habitants, tandis que, à côté, Telzay déploie avec sa nombreuse population une activité industrielle et commerciale gigantesque et exporte chaque année pour plus de 8 millions de roubles de blé et de produits manufacturés, sans compter au nombre des villes. Cette dénomination de villes et de villages a une grande portée, en vertu du développement historique de notre droit local. Dans les villages, c'est le droit de la campagne qui est en vigueur, le droit entraîne lui-même des conséquences graves, sans que le genre d'activité de la population puisse rien y changer. Dans les villages, les lois autorisent exclusivement les citoyens-paysans (ou mieux, les paysans ayant droit de bourgeoisie) à acheter des terres. Les industriels ne peuvent louer des terrains que sous des restrictions diverses et pour 12 ans seulement ; après ce délai, ils sont tenus de rendre aux citoyens (bourgeois) de l'endroit les bâtiments qu'ils ont élevés. Par conséquent, il leur est impossible, dans ces délais si courts, de s'arranger des greniers convenables ; ils se contentent de granges et huttes les plus misérables, lesquelles, couvertes de chaume, ne résistent point au feu et ne protègent point leurs biens. »

---

peut aussi voter des taxes à titre de rétribution pour service rendu (droit de stationnement, de marché, etc.), et d'autres impositions qui n'entrent pas dans la catégorie des centimes additionnels, ainsi que des prestations en nature.

Le conseil ne peut voter qu'une somme déterminée de centimes ; pour en voter davantage, il faut une autorisation. La limite diffère selon les provinces : en Bohème et en Moravie, elle est de 10 pour les impôts directs et de 15 pour les contributions indirectes ; dans la Bukovine, elle est de 50 et de 75 centimes ; dans la Galicie, de 10 et de 20. Dans d'autres provinces, la proportion est retournée : le conseil peut imposer plus fortement les contributions directes. Dans la Basse Autriche, par exemple, la limite est de 20 centimes pour les directes, et de 10 pour les indirectes ; dans le Tyrol et le Voralberg, 150 pour les contributions directes et 15 seulement pour les contributions indirectes. Ailleurs, la limite est la même pour les deux sortes de contributions. L'autorisation est donnée par le conseil du district (conseil d'arrondissement). Souvent même il y a deux limites, et la plus élevée ne peut être dépassée qu'en vertu d'une loi locale.

Des impositions d'une forme nouvelle ne peuvent être établies qu'en vertu d'une loi provinciale (*Landesgesetz*).

L'art. 16 de la loi générale de 1862 réserve à l'État son droit de surveillance. C'est le préfet ou le fonctionnaire équivalent qui exerce ce droit. Il peut intervenir chaque fois qu'une loi est transgressée ou que l'autorité communale s'est rendue coupable d'un excès de pouvoir. Il a toujours le droit de demander des éclaircissements et de se faire envoyer les dossiers.

L'aliénation d'une propriété communale, les emprunts dont le montant dépasse le revenu d'une année, ont besoin d'une autorisation du préfet.

Relativement aux impositions d'office, la plupart des provinces ont une disposition conçue à peu près ainsi : Si un conseil municipal omet ou refuse de remplir une des obligations de la commune, l'autorité politique (le préfet ou gouverneur) prend les mesures nécessaires aux frais et aux risques de la commune intéressée. Si la faute en est au bourgmestre, il peut être puni. Le Gouvernement peut dissoudre un conseil municipal, mais des élections doivent suivre dans les six semaines. (*L. gén.* 1862, art. 16).

Les bourgmestres, dans les villes ou communes ordinaires, n'ont pas besoin d'être confirmés ; mais certaines villes, comme les capitales et les villes balnéaires, qui ont reçu un statut particulier en vertu d'une loi provinciale, doivent présenter l'élection de leur bourgmestre à l'approbation impériale.

Ajoutons que, comme la Russie, la Prusse, la Belgique, l'Italie et autres pays — parmi lesquels il ne faut pas oublier la France, — l'Autriche fait exercer une partie de la tutelle administrative des communes par les représentants des districts.

2° *Hongrie.*

La législation communale de la Hongrie repose sur la loi XVIII de l'année 1871 [1].

Chaque ville doit faire partie d'une commune. Pour être électeur, il faut être âgé de vingt ans au moins et figurer depuis deux ans au rôle des contributions directes. Les établissements publics, sociétés et institutions, etc., qui ont des propriétés dans la commune et y paient l'impôt, jouissent du droit électoral. Chaque citoyen peut s'établir dans n'importe quelle commune ; lorsque celle-ci possède assez de propriétés pour que les revenus de ses biens suffisent à couvrir toutes les dépenses, elle peut imposer au nouveau venu une légère taxe à titre de droit d'entrée.

Les communes ont un conseil municipal dont la moitié est élue pour six ans et se renouvelle partiellement tous les trois ans. L'autre moitié se compose des plus imposés. Le conseil est présidé par le maire, qui s'appelle bourgmestre ou juge. On distingue les villes, les grandes et les petites communes. Les villes ont un comité exécutif, dit magistrat, dont le bourgmestre fait partie ; les grandes communes, c'est-à-dire celles qui peuvent se soutenir seules et remplir toutes leurs obligations municipales, ont également un comité exécutif, composé du bourgmestre ou juge et d'un adjoint, de quatre conseillers (échevins) au moins, d'un trésorier, d'un secrétaire (notaire), d'un tuteur des orphelins et d'un médecin : les communes plus petites n'ont qu'un juge (maire), un adjoint et un secrétaire. Enfin les communes hors d'état d'entretenir seules un état-major municipal et de remplir les autres obligations communales se réunissent pour ce but à des communes voisines.

Dans les grandes et petites communes (rurales), le maire, comme les membres électifs du conseil municipal, est élu pour trois ans par le corps des électeurs ; dans les villes, le maire et les membres du magistrat sont élus par le conseil municipal pour six ans.

La commune administre elle-même ses affaires. Le conseil municipal délibère et le bourgmestre ou magistrat exécute. Les pouvoirs municipaux s'étendent sur l'administration de la fortune communale, sur les impositions, sur les écoles et autres

établissements publics, sur l'assistance publique et la police de sûreté. Les magistrats ont en outre la police sanitaire, etc. Toutes les communes sont chargées de l'entretien de la voie publique.

Les décisions de l'autorité communale sont soumises à l'approbation de ce qu'on peut appeler le préfet (les *juridictions*) lorsqu'elles concernent les centimes additionnels, l'augmentation ou la diminution de la fortune communale, des baux de plus de six ans, des emprunts, la création ou la suppression de fonctions, des contrats non prévus au budget, des travaux publics, des monuments historiques, et autres matières dont la loi a prévu la nécessité de l'approbation. D'ailleurs tout membre de la commune peut réclamer auprès du préfet contre une décision du conseil municipal, et, au besoin, en appeler au ministre de l'intérieur.

Nous ne nous servons ici du terme de préfet que par analogie ; nous avons expliqué, au mot **Département** (ADMINISTRATION COMPARÉE), l'organisation et le fonctionnement des comitats. La ville de Bude-Pesth a un statut particulier, de même les villes royales, qui forment à elles seules un comitat.

Chap. V. — Suède.

La loi de 1862, amendée par une loi de 1869, a réorganisé l'administration communale. Elle a séparé les affaires religieuses des affaires civiles en constituant une assemblée spéciale pour le culte, *Kyrkostæmma*, et une autre pour les matières communales proprement dites, *Kommunalstæmma*. Cette distinction, qui se retrouve aussi en Allemagne, est surtout prononcée en Suisse, où elle se complique et où nous l'expliquerons en quelques mots. (*Voy. plus loin.*)

L'organisation des communes rurales est très-simple. Au-dessous de 3,000 habitants, c'est l'assemblée communale qui délibère, c'est un comité exécutif de 3 à 11 membres (*Kommunalnæmnd*) qui administre. Dans les communes plus grandes, on nomme un conseil municipal de vingt membres et au delà, selon le chiffre de la population, et ce conseil choisit dans son sein un comité exécutif. Dans les villes, le comité exécutif s'appelle magistrat et se compose du bourgmestre et d'un nombre de conseillers qui ne peut pas dépasser le tiers du nombre total des conseillers municipaux. Les conseillers municipaux sont élus pour quatre ans, et c'est pour la même période que le comité exécutif est nommé.

Les conditions de l'électorat comprennent l'obligation de payer un impôt. Le nombre des voix est même proportionnel au montant des contributions auxquelles on est assujetti. La loi de 1862 accordait autant de voix que l'électeur payait d'unités d'impôt [1], sans restriction, et il arrivait ainsi quelquefois qu'un seul habitant avait à lui seul plus de voix que tous les autres électeurs réunis. C'était pousser le principe à l'extrême ; aussi la loi de 1869 réduit-elle à cent au maximum le nombre de voix qu'un contribuable puisse réunir, mais seulement lorsque le nombre total des voix atteint 5,000, car le même électeur ne peut en aucun cas disposer de plus du cinquantième de l'ensemble des voix. Les sociétés et corporations payant l'impôt ont également droit au vote.

Le bourgmestre des villes est nommé par le roi, sur une liste de trois candidats présentés par le conseil municipal.

La commune administre ses affaires assez librement ; elle ne peut aliéner des biens ni contracter des emprunts dont l'amortissement exigerait plus de deux ans ; diverses autres décisions encore ont besoin de l'approbation du Gouvernement. Les matières financières, ainsi que l'administration des propriétés, sont confiées à un conseil spécial, élu par le conseil municipal, c'est la « chambre des finances » (*Drœtsel Kammare*). Les écoles étant dans les attributions de la commune religieuse, les principales attributions du bourgmestre se rapportent à la police et à la voirie ; il exécute d'ailleurs l'ensemble des décisions du conseil.

La tutelle administrative est en partie entre les mains de l'État, et en partie entre celles d'un corps élu, analogue au conseil général en France.

Chap. VI. — Danemark.

La distinction entre les villes et les campagnes est assez fortement prononcée dans la législation communale danoise. L'administration des villes de province a été réglée par la loi du 26 mai 1868 (il y a pour Copenhague une loi du 4 mars 1857). Le droit électoral se rattache à la qualité de Danois, qui doit être âgé de 25 ans, domicilié au moins depuis un an dans la commune et payer ses contributions.

L'élection du conseil municipal a lieu d'après les bases suivantes : on forme deux collèges électoraux, l'un composé des électeurs payant les deux tiers de l'impôt — mais qui ne doivent pas compter moins du cinquième du nombre total des électeurs, — l'autre de ceux qui paient le troisième tiers. Ce second collège élit la moitié plus un des membres du conseil municipal, et l'autre collège élit la petite moitié du conseil. Le conseil municipal est toujours composé d'un nombre impair de membres (de 7 à 19).

1. Au lieu de donner la date des lois, on les numérote chaque année, mais en chiffres romains.

1. Ou plus exactement, l'unité était une voix par 100 risdalers (140 fr.) de revenu imposable.

Le pouvoir exécutif des villes est confié à un bourgmestre nommé par le roi ; à Copenhague, le bourgmestre, qui est également nommé par le roi, est secondé par un comité dit magistrat. Dans la capitale et les cinq plus grandes villes, la police est administrée par un fonctionnaire de l'État nommé par le ministre de la justice. La dépense causée par la police est cependant en partie à la charge de la commune.

La commune urbaine s'administre elle-même, la Constitution de 1849 lui ayant promis l'autonomie. Mais l'État n'a pas renoncé pour cela à son droit de tutelle. Ainsi la commune ne peut pas s'imposer plus d'un cinquième en sus de la moyenne des trois dernières années sans une autorisation du ministre de l'intérieur ; aussi le budget annuel doit être approuvé. Aucune propriété communale ne peut être aliénée sans l'assentiment du Gouvernement.

La commune rurale est régie par la loi du 6 juillet 1867, mais les principes sont les mêmes que dans la ville : l'élection du conseil, qui est composé de 5 à 9 membres, se fait en deux collèges, et les pouvoirs de la représentation communale rencontrent les mêmes limites dans la loi ; seulement le maire des villages n'est pas nommé par le roi, il est simplement élu par le conseil, et ce n'est pas le ministre de l'intérieur, mais la commission départementale qui est chargée de la majeure partie de la tutelle. Cette commission revise aussi les comptes.

Les attributions des communes embrassent, outre les recettes et dépenses et l'administration des biens, les chemins, les écoles, l'assistance publique, l'hygiène publique, la police, en un mot, toutes les attributions naturelles, propres ou déléguées, qu'ont les communes dans presque tous les pays.

Chap. VII. — Pays-Bas.

La loi du 29 juin 1851 s'applique à la fois aux villes et aux villages, les communes ne se distinguant plus que par le chiffre de leur population. Ce chiffre a une influence, non-seulement sur le nombre des conseillers municipaux, qui est de 7 dans les communes de moins de 3,000 habitants et qui s'élève graduellement jusqu'au maximum de 38 pour les communes de plus de 100,000 habitants, mais encore sur le bourgmestre. Ce dernier est toujours nommé par le roi (art. 59 de la loi de 1851) pour six ans, et il peut toujours être révoqué par le Chef de l'État (art. 60) ; mais dans les petites localités le bourgmestre peut cumuler avec cette fonction celle de secrétaire de la commune ; dans d'autres localités le receveur est en même temps secrétaire, mais dans les grandes communes le cumul n'a pas lieu. Les fonctionnaires communaux et même les membres du conseil municipal prêtent serment à la Constitution (la formule se trouve à l'art. 39 de la loi).

Le bourgmestre est assisté de 2 à 4 échevins (wethouders), selon que la commune a moins ou plus de 20,000 habitants. Les échevins sont nommés pour six ans par les conseillers municipaux et choisis dans le sein du conseil. Les membres du conseil sont également élus pour six ans et se renouvellent, par tiers, tous les deux ans.

Est électeur tout Néerlandais majeur, habitant la commune depuis un an et payant un impôt au moins égal au cens de l'électorat politique.

La loi règle minutieusement, dans ses 294 articles avec de nombreuses subdivisions, les droits et les devoirs du bourgmestre, des échevins, du conseil ; mais comme la législation néerlandaise ne diffère pas bien sensiblement de celle de la Belgique, nous nous bornerons à dire que la plus grande partie de la tutelle est confiée au conseil général (gedeputeerde staten), avec faculté d'appel au roi. Il suffira d'indiquer, d'après les art. 194 et suivants, les points principaux qui doivent être soumis à l'approbation du conseil général. Ce sont : les emprunts, les garanties d'intérêts et le taux d'amortissement, la vente, l'achat, etc., d'immeubles, de rentes sur l'État et d'autres valeurs ; l'acceptation de legs et de donations faites à la commune ; l'amodiation à l'amiable de biens communaux ; les entreprises de travaux publics ; les procès. Les raisons sont également revus par ce conseil, qui intervient aussi dans des cas spéciaux. Dans des matières d'intérêt public, l'intervention du commissaire du roi (préfet) remplace celle du conseil général. D'ailleurs, si le bourgmestre est chargé de la police administrative, il y a aussi des commissaires de police nommés par le roi (art. 190).

Malgré les restrictions que nous venons d'indiquer, les pouvoirs des conseils municipaux sont très-étendus, car aucune mesure d'administration communale quelque importante ne peut être prise sans le consentement du conseil.

Chap. VIII. — Belgique.

La Belgique a longtemps été considérée comme le pays qui possède l'organisation communale la plus libérale du continent européen ; sa législation a souvent été citée comme modèle, plusieurs pays l'ont imitée et peut-être dépassée, au moins dans quelques points ; mais ces raisons nous croyons devoir donner quelques développements à ce chapitre. La législation communale belge est fondée sur les art. 3, 31, 108, 110, 129, 137 et 139 de la Constitution ; elle est formulée dans la loi du 3 mai 1836, amendée par les lois des 30 juin 1842, 1er et 31 mars, 13 avril, 1er et 20 mai 1848, 12 juin 1871. Ajoutons que la loi du 31 mars

1874 est censée avoir supprimé la différence entre les villes et les communes rurales, mais elle s'est bornée à rayer les mots villes et rurales en maintenant le mot commune. Il n'y a en effet moins une différence entre les communes de plus ou de moins de 5,000 âmes.

Le corps municipal se compose : d'un conseil municipal élu par l'assemblée des électeurs, du bourgmestre et des échevins. Le roi nomme le bourgmestre — au besoin hors du conseil, mais parmi les électeurs de la commune (L. de 1848) ; — les échevins sont également nommés par le roi, mais pris parmi les membres du conseil (L. de 1836, art. 1 et 2). Il y a 2 échevins dans les communes de moins, et 4 dans celles de plus de 20,000 habitants. Le bourgmestre est le président du corps des échevins (art. 3). Le nombre des conseillers est de 7 dans les communes de moins de 1,000 habitants, proportionnellement à la population, jusqu'à 31 pour 70,000 âmes et au-dessus (art. 4). La durée des fonctions de bourgmestre, échevins et conseillers, est de six ans, mais le conseil municipal se renouvelle tous les trois ans.

Le droit électoral est attaché à ceux qui, selon la loi de 1848, était pour les plus petites communes de 15 fr. (et même de moins, s'il n'y avait que 25 électeurs (art. 9)], et de 42 fr. 32 c. pour les communes de plus de 15,000 âmes. La loi du 12 juin 1871 a réduit le cens communal uniformément à 10 fr., et le cens provincial à 20 fr. Les impôts de la femme profitent au mari, ceux de la veuve à un de ses enfants, et le fermier peut compter en sa faveur le tiers de la contribution due par la propriété sans diminution des droits du propriétaire (art. 8).

Les attributions du conseil municipal sont étendues. Le conseil règle tout ce qui est d'intérêt communal ; il délibère sur tout autre objet qui lui est soumis par l'autorité supérieure (L. 1836, art. 75). « Néanmoins, sont soumis à l'avis de la députation permanente [1] du conseil provincial et à l'approbation du roi les délibérations du conseil sur les objets suivants » (nous résumons) :

1o Aliénations, échanges, etc., de biens communaux, baux emphytéotiques, emprunts, constitution d'hypothèques (lorsque la valeur n'excède pas 1,000 fr., ou le dixième du budget [à moins que ce dixième ne dépasse 20,000 fr.], l'autorisation de la députation est suffisante) ;

2o Les péages et droits de passe ;

3o L'acceptation des dons et legs d'une valeur de plus de 3,000 fr. (pour les sommes moindres, l'approbation de la députation suffit) ;

4o Il en est de même pour les demandes en acquisition des immeubles ou droits immobiliers ;

5o L'établissement, le changement ou la suppression d'impositions communales et des règlements y relatifs ;

6o Le changement de mode de jouissance de biens communaux ;

7o La fixation de grande voirie, les plans généraux d'alignement des villes, l'ouverture et l'élargissement des rues ;

8o La démolition ou les réparations à faire à des monuments antiques (art. 76).

Toutes les matières qui précèdent ont besoin de l'approbation du roi. Pour les matières suivantes énumérées par l'art. 77, dont nous résumons la rédaction, les délibérations des conseils municipaux n'ont besoin d'être approuvées que par la députation provinciale :

1o Les actions à intenter ou à soutenir ;

2o Le mode de jouissance du pâturage, de l'affouage et des fruits communaux, lorsqu'il y a réclamation ;

3o Les ventes, échanges et transactions qui ont pour objet des créances, obligations et actions ;

4o Les règlements relatifs au parcours et à la vaine pâture ;

5o Les règlements ou tarifs relatifs à la perception du prix des places dans les halles, foires, marchés, abattoirs, sur la voie publique, ainsi que les droits de pesage et mesurage ;

6o La reconnaissance et l'ouverture de chemins vicinaux (l'expropriation réservée) ;

7o Les projets de construction, grosses réparations et de démolitions d'édifices communaux ;

8o Les budgets des dépenses communales et les moyens d'y pourvoir ;

9o Le compte annuel des recettes et dépenses ;

10o Les règlements organiques des administrations de monts-de-piété.

Le conseil fait les règlements d'administration intérieure et de police, qui naturellement ne peuvent être contraires aux lois, et il en transmet, dans les 48 heures, les expéditions à la députation provinciale (art. 78). Les budgets et comptes des administrations hospitalières sont soumis à l'approbation du conseil municipal ; en cas de réclamation, la députation provinciale statue (art. 79). Le conseil nomme les répartiteurs des contributions (art. 80) ; il arrête les conditions de fermage, d'usage,

---

1. Cette députation est l'équivalent de notre commission départementale et en même temps du conseil de préfecture ; les membres en sont rétribués (4,000 fr., depuis la loi du 26 mars 1874 ; antérieurement, 3,000 fr.).

d'adjudication, etc. (art. 81) ; il nomme à certains emplois communaux (art. 84 amendé par la loi du 3 juin 1859), avec pouvoir de révoquer les personnes qu'il a nommées (art. 85).

« Lorsqu'une commune a pris une résolution qui sort de ses attributions ou qui blesse l'intérêt général, le gouverneur (préfet) peut en suspendre l'exécution. Dans ce cas, la députation du conseil provincial décide si la suspension peut être maintenue, sauf l'appel au roi, soit par le gouverneur (si la députation ne la maintient pas), soit par le conseil municipal (si la députation approuve la suspension). Les motifs de la suspension sont immédiatement communiqués au conseil municipal. Si l'annulation n'intervient pas dans les quarante jours à partir de la communication au conseil, la suspension est levée » (art. 86). Le roi peut prononcer, par arrêté motivé, l'annulation du vote du conseil (art. 87). Après deux avertissements, le gouverneur ou la députation peuvent envoyer, aux frais des communes, des commissaires sur les lieux pour régler d'autorité l'affaire qui a été l'objet des avertissements.

Nous devons emprunter à la loi provinciale du 30 avril 1836 (art. 132 et suiv.) quelques dispositions sur les commissaires d'arrondissement, fonctionnaires qui répondent hiérarchiquement à nos sous-préfets. Les commissaires d'arrondissement sont spécialement chargés, sous la direction du gouverneur et de la députation, de surveiller l'administration des communes de moins de 5,000 habitants. Ils inspectent, au moins une fois par an, dans chaque commune, les registres de l'état civil, les caisses communales, les établissements communaux ; ils font des rapports à la députation sur la situation des communes, sur les irrégularités qu'ils peuvent avoir découvertes, etc.

Nous revenons à la loi communale du 30 mars 1836 pour indiquer les attributions du « collège des bourgmestres et échevins ». Ces attributions sont dans leur ensemble à peu près les mêmes que celles des maires, c'est-à-dire qu'elles sont tout aussi variées et qu'elles portent sur les mêmes objets ; seulement, dans la plupart des cas où notre maire agit et surtout décide seul, sans être tenu de consulter ses adjoints, le bourgmestre forme comité avec les échevins, et le comité décide à la majorité des voix. Cela a lieu en toute matière plus spécialement communale, mais en matière de police et autres qui concernent l'État, le bourgmestre agit seul (L. 30 juin 1842). Il en est de même dans les cas d'urgence, sauf à en référer sur-le-champ au conseil municipal et à en envoyer immédiatement copie au gouverneur. Le bourgmestre et les échevins sont rétribués. (L. 1836, art. 103.)

Nous avons dit que le bourgmestre est seul chargé de la police, mais il est secondé, dans les grandes communes, par des commissaires de police. Les commissaires de police sont nommés et révoqués par le roi. La nomination de ces magistrats a lieu sur une liste de deux candidats présentés par le conseil communal, auxquels le bourgmestre peut en ajouter un troisième. C'est la loi de 1842 qui confère ou bourgmestre seul, la loi de 1836 l'avait donné au collège des bourgmestres et échevins. Les gardes champêtres sont nommés par le gouverneur, sur une liste double de candidats présentés par le conseil municipal.

La loi impose à la commune des dépenses obligatoires. Les principales d'entre ces dépenses ont été énumérées dans l'art. 131 de la loi de 1836 ; en voici la liste :

1° L'achat des registres de l'état civil ;

2° L'abonnement au Bulletin des communes et au Mémorial administratif (bulletin de la préfecture) ;

3° Les contributions assises sur les biens communaux ;

4° Les dettes communales ;

5° Les traitements des fonctionnaires et employés communaux ;

6° Les frais de bureau de l'administration communale ;

7° et 8° Entretien des bâtiments communaux, loyer des maisons louées pour un service communal ;

9° Secours aux fabriques d'églises et aux consistoires ;

10° Frais de l'instruction publique dans les limites de la loi ;

11° Police de sûreté et de salubrité ;

12° Dépense de la garde civique, conformément à la loi ;

13° Indemnité de logement, s'il y a lieu, aux ministres des cultes ;

14° Frais d'impression pour les élections, les tribunaux de commerce, la comptabilité communale ;

15° Les pensions ;

16° Les frais causés par les aliénés indigents, les indigents admis aux dépôts de mendicité, etc. ;

17° Les frais d'entretien et d'instruction des aveugles et des sourds-muets (avec subvention de l'État et de la province) ;

18° De même pour les enfants trouvés ;

19° Les dépenses de la voirie communale et des chemins vi-

cinaux, des fossés, aqueducs et des ponts, qui sont légalement à la charge de la commune.

Toutes ces dépenses peuvent être inscrites d'office par la députation du conseil provincial, après avoir entendu le conseil communal (art. 163), sauf appel au roi.

Le budget des recettes aussi bien que celui des dépenses étant soumis à la députation, il s'ensuit que la commune ne peut pas créer des impositions sans autorisation. Les réclamations contre la répartition doivent être portées par le contribuable qui se croit lésé, d'abord devant le conseil municipal, et en appel auprès de la députation provinciale. C'est la députation, d'ailleurs, qui rend le rôle exécutoire. En principe, les dépenses doivent rester dans les limites budgétaires, mais dans des cas imprévus et urgents, le conseil municipal peut prendre une résolution motivée pour pourvoir à une dépense urgente ; copie doit en être adressée sans délai à la députation. Du reste, dans des cas exceptionnels le collège des bourgmestres et échevins peut, sous sa responsabilité, pourvoir à la dépense.

Les communes belges, pour pouvoir ester en justice, ont besoin d'une autorisation de la députation provinciale. Le reste de la législation est presque identique à celle de la France.

Chap. IX. — Espagne.

L'Espagne a eu successivement plusieurs législations communales, dont l'étude comparative ne serait pas sans intérêt. Nous venons de relire les chapitres qui s'y rapportent dans l'excellent Traité [1] de Don Manuel Colmeiro, l'un des meilleurs ouvrages qui aient été écrits sur l'administration d'un pays, et nous avons ensuite étudié la loi municipale faite sous la République et promulguée le 20 août 1870. Mais comme on annonce une nouvelle loi (voy. plus loin), nous devons nous borner à indiquer en quelques traits les dispositions caractéristiques de la loi de 1870.

La commune — ou plutôt le district communal (termino municipal) — est le territoire sur lequel s'étend l'action administrative d'un ayuntamiento (corps municipal). Pour pouvoir être formé en commune, le territoire doit avoir une population d'au moins 2,000 habitants, et ces habitants doivent être en état de supporter les frais d'une municipalité. La commune peut donc se composer de plusieurs localités (pueblos), et si ces localités ou sections ont 60 chefs de famille, elles peuvent avoir une administration séparée pour leurs intérêts particuliers.

Chaque commune (termino) est administrée par un ayuntamiento et par une junta municipal. L'ayuntamiento se compose d'un alcade (maire), de tenientes (adjoints) et de regidores, terme qu'on traduit souvent par conseillers ; dans la loi espagnole, tous les membres de l'ayuntamiento, l'alcade compris, sont des conseillers. L'ayuntamiento est un comité exécutif, semblable au magistrat allemand, seulement ses regidores, qu'on peut comparer aux aldermen anglais, sont bien nombreux ; il y en a au moins 5, mais le nombre allant en croissant avec le chiffre de la population, on arrive au nombre de 33 pour les communes de 100,000 habitants. Autrefois, l'ayuntamiento formait seul le corps municipal, et l'alcade était nommé par le roi ou le gouverneur (préfet), sur une liste de 3 membres ; actuellement il y a, outre l'ayuntamiento, un conseil municipal dit asamblea de vocales. Les deux corps ou assemblées réunis forment la junte municipale.

L'assemblée des vocales doit être au moins triple en nombre de celui des membres de l'ayuntamiento. Les vocales sont tirés au sort parmi les membres de collèges électoraux formés, soit par groupes d'industries, soit par groupes de contributions ; ce n'est que dans les localités où les industries sont peu variées ou peu nombreuses et où les cotes des contribuables sont peu différentes, que les collèges électoraux sont formés par divisions territoriales. On assigne aux sections ou divisions un nombre de vocales en proportion de la somme de l'impôt qu'elles paient.

L'ayuntamiento est élu par les habitants établis (vecinos) ; la durée de ses fonctions est de quatre ans ; il se renouvelle tous les deux ans par moitié. L'alcade est élu au scrutin secret par les membres de l'ayuntamiento. Ni l'alcade ni les conseillers ne sont rétribués.

Les attributions de l'ayuntamiento sont très-nombreuses, et avec l'aide de l'assemblée des vocales, le corps municipal jouit d'une assez grande autonomie ; mais même dans cette organisation, où la théorie a joué un si grand rôle, on a dû faire la part de l'État et maintenir le droit de surveillance.

Nous recevons, au moment de mettre sous presse, la loi du 16 décembre 1876, qui maintient, mais amende dans le sens conserva eur, la loi municipale du 20 août 1870. Voici les dispositions nouvelles les plus importantes. Elles sont données comme amendements numérotés et sans renvois aux articles modifiés de la loi 1870.

1° Il faut 2 ans de jour, au lieu de 6 mois, pour être électeur ; il faut, en outre, payer depuis un an un impôt direct quelconque, ou avoir été fonctionnaire, officier, etc., ou avoir obtenu un diplôme scientifique. Sont éligibles, dans les localités de plus de 1,000 électeurs, ceux qui l'habitent depuis au moins 4 ans et qui figurent parmi les contribuables les plus

---

1. C'est avec une sagesse profonde qu'on a nommé le gouverneur président de la députation. (L. 30 avril 1836, art. 104.) La députation se compose de six membres élus, mais rétribués. Ce sont — pour parler notre langue administrative — des conseillers généraux devenus, par l'élection, conseillers de préfecture, sans perdre leur qualité antérieure.

1. Derecho administrativo español, 2e édit. Madrid y Santiago, 1858.

imposés jusqu'à concurrence des $2/3$ de l'ensemble du contingent communal ; dans les localités de 400 à 1,000 électeurs, il suffit d'être parmi ceux qui fournissent les $4/5$ de la contribution totale ; dans les localités de moins de 400 électeurs, tous les électeurs sont éligibles sans autres conditions.

Le procédé électoral vise à protéger les minorités, du moins est-ce ainsi que s'explique la disposition qui prescrit de ne mettre que 2 noms sur le bulletin quand on doit élire 3 conseillers, 3 noms pour 4 conseillers, 4 noms pour 6 et 5 pour 7.

On ne peut pas être en même temps conseiller général (député provincial) et membre d'un conseil municipal, etc., etc.

2° Les ayuntamientos éliront dans leur sein les alcades (maires) et leurs adjoints. Dans les chefs-lieux de provinces et d'arrondissements, et dans les villes de plus de 6,000 habitants, le maire sera nommé par le roi et choisi parmi les membres du conseil municipal. Le maire et les adjoints de Madrid seront pris en dehors du conseil.

6° Ce numéro confère au gouverneur (préfet) certains pouvoirs qu'exerçaient les députations provinciales. Il s'agit en partie de mesures d'ordre et en partie de mesures de tutelle.

8° Le maire peut suspendre l'exécution d'une délibération du conseil municipal, pour cause d'incompétence, de préjudice aux intérêts généraux ou d'ordre public ; il doit en référer au gouverneur, qui avise.

9° Le budget doit être approuvé par le gouvernement.

Ajoutons que la loi du 20 août 1870, dans son article 127, énumère les dépenses obligatoires, les voici : 1° personnel (traitement du) et matériel des bureaux ; 2° pensions, frais de justice, dettes reconnues et autres conséquences de contrats ; 3° encouragement des plantations d'arbres ; 4° moyens d'éteindre les incendies et de sauver les naufragés ; 5° abonnement au *Bulletin officiel* de la province, et dans les chefs-lieux ainsi que dans les communes de plus de 2,000 habitants, aussi l'abonnement à la *Gaceta de Madrid* (*Journ. offic.*) ; 6° contingent de la commune dans la répartition provinciale ; 7° une somme destinée à couvrir les frais de calamités publiques, mais cette somme ne peut dépasser 10 % du revenu communal.

Pour le vote des impositions, la loi du 16 décembre 1876 demande l'adjonction « d'un nombre de contribuables » (des plus imposés) égal au nombre des conseillers.

10° Les comptes municipaux de moins de 100,000 fr. sont revisés par le gouverneur, la commission provinciale entendue ; les comptes d'un montant supérieur à cette somme sont renvoyés à la Cour des comptes. Ils auront dans tous les cas été examinés d'abord par les conseils municipaux, qui se réunissent pour ce but en février.

Nous omettons les autres numéros, non-seulement comme moins importants, mais aussi comme n'étant intelligibles qu'après des explications ou des références à d'autres lois.

En somme, une grande partie de la loi très-libérale du 20 août 1870 a été maintenue.

Chap. X. — Portugal.

On doit distinguer en Portugal la commune proprement dite, ou la paroisse, du district municipal (*concelho*), qui est considéré comme la seule commune civile.

La commune ou *concelho* comprend en effet un certain nombre de paroisses qui formeraient ailleurs autant de communes distinctes. Elle occupe dans l'ordre administratif la première place après le département ou district, et elle est gouvernée par un « administrateur » nommé par le Gouvernement et chargé, sous l'autorité du gouverneur du district ou préfet, de l'exécution des lois et de la police générale. L'administrateur n'est pas rétribué par l'État ; il perçoit à son profit certains droits et reçoit une allocation de la chambre municipale.

L'étendue de la commune, à laquelle la présence d'un fonctionnaire politique donne l'un des caractères d'un arrondissement français, permet d'associer, dans l'intérêt général, des ressources inégalement réparties ou trop bornées pour pouvoir être employées efficacement ; mais elle accroît en même temps le rôle du comité exécutif, ou, comme on dit ici, de la chambre, qui préside à son administration. Les chambres municipales sont nommées pour deux ans et se composent de 5 membres (*vereadores*), excepté celles de Porto et de Lisbonne, qui en comptent 11 et 13 ; elles ont les attributions des maires de France en ce qui concerne la police locale, les écoles, les finances et les biens de la commune et les hospices ; elles s'adjoignent, sous le nom de conseil, les principaux contribuables (5 à 7 *vogaes*) pour la confection du budget ou l'établissement de contributions extraordinaires. Le roi a le droit de les dissoudre ; mais, en cas de dissolution, de nouvelles élections doivent avoir lieu dans le délai de trente jours. Les électeurs sont censitaires.

Chaque commune a un secrétaire rétribué, nommé à vie et confirmé par le roi.

La paroisse, qui est une subdivision de la commune, a une junte composée de 2 ou de 4 membres et dont le curé est de droit le président. La junte n'est guère autre chose qu'un conseil de fabrique et un bureau de bienfaisance. A côté d'elle se trouve un représentant du pouvoir central, qui est le *regedor*. Choisi sur la désignation de l'administrateur par le gouvernement du district, le *regedor* exécute les décisions de la junte et maintient l'ordre à l'aide de constables ou sergents de police nommés comme lui pour un an, et dont les fonctions sont, comme les siennes, à peu près gratuites. La paroisse possède en outre un juge qu'on nomme le juge élu ; et ce magistrat, quoique ayant une compétence très-inférieure à celle du juge de paix, dont la juridiction s'étend sur plusieurs paroisses, n'en rend pas moins de grands services en tranchant sans retard et à peu de frais les contestations auxquelles donnent lieu les transactions journalières.

Les décisions des chambres municipales ont besoin de l'approbation de la junte provinciale ; le budget est soumis au gouverneur, et s'il dépasse 10 contos de reïs (le conto = 5,620 francs.), au roi.

Chap. XI. — Italie.

En Italie aussi, le pouvoir exécutif communal est confié à un comité, *giunta municipale*, qui exécute les décisions du *consiglio communale* ou conseil communal (L. 20 mars 1865, art. 10 et suiv.). Ce conseil compte 80 membres dans les communes de 250,000 habitants ; 60, si la population est de 60,000 à 250,000 habitants ; 40, pour 30,000 à 60,000 ; 30, pour 10,000 à 30,000 ; 20, pour 3,000 à 10,000 ; 15, pour les communes ayant moins de 3,000 habitants. Le conseil est élu par des censitaires ; le cens est de 5 fr. au moins et s'élève avec le chiffre de la population jusqu'au maximum de 25 fr. pour les villes de 60,000 habitants et au-dessus. Mais à côté des censitaires, il y a les « capacités ». On est électeur sans payer de cens, non-seulement parce qu'on est membre de l'Académie, docteur, fonctionnaire, etc., mais parce qu'on a été décoré *per atti di corragio o di umanità* (art. 18). Les électeurs sont éligibles, sauf s'il y a incompatibilité, mais les *analfabeti* (ceux qui ne savent pas lire) ne sont ni électeurs ni éligibles (art. 26). Ajoutons (décembre 1876) qu'on prépare une loi destinée à réduire notablement le cens électoral.

Le conseil communal, dont les membres sont élus pour cinq ans, nomme dans son sein la *giunta*, laquelle est renouvelée par moitié tous les ans. A la tête de ce comité est le syndic (*il sindaco*) ou maire, que l'art. 97 de la loi de 1865 qualifie de « chef de l'administration communale et fonctionnaire du Gouvernement ». C'est le roi qui le nomme — pour trois ans — parmi les membres du conseil municipal ; il peut le renommer indéfiniment.

Les attributions du conseil municipal embrassent les matières financières (vote du budget, révision du compte annuel), la nomination des fonctionnaires communaux, l'administration et le mode de jouissance des biens, les actions en justice, les travaux publics et autres intérêts communaux. Les séances du conseil sont publiques.

La *giunta* s'occupe de préparer le budget, de voter les règlements et de quelques autres affaires, mais c'est le syndic qui est le vrai chef de la commune ; les art. 102 et suivants en énumèrent les attributions et distinguent entre celles qu'il a comme administrateur de la commune et celles qui lui sont déléguées comme représentant du Gouvernement. Cette dernière catégorie d'attributions ou de pouvoirs comprend : la publication des lois et règlements ; la tenue des registres de l'état civil ; l'obligation de pourvoir aux besoins de la sécurité et de la salubrité publiques ; d'informer le Gouvernement de tout ce qui intéresse l'ordre public, etc.

La commune doit soumettre la plupart de ses délibérations au visa du sous-préfet ou du préfet, et dans un certain nombre de cas les décisions sont expressément approuvées par ces fonctionnaires. Le préfet, en conseil de préfecture, peut annuler les délibérations des conseils qui seraient contraires aux lois ou entachées d'excès de pouvoir. Le préfet veille aussi à ce que les communes inscrivent sur leurs budgets les dépenses obligatoires énumérées à l'art. 116.

Si le préfet surveille la commune au point de vue de l'État, c'est à la députation provinciale qu'incombent spécialement les matières de tutelle ; la classification de ces matières n'est peut-être pas théoriquement très-exacte, mais dans la pratique tout est transaction. C'est bien un acte de tutelle que l'autorisation d'acheter ou de vendre des propriétés, de placer des fonds, l'approbation des règlements concernant l'usage et l'administration des biens communaux, et même celle des tarifs d'impôt. Mais l'approbation des foires et marchés, pour lesquels les députations sont également compétentes, rentre plutôt dans le *self-government* provincial. Les tarifs d'octroi, les règlements de police et d'hygiène publique, etc., sont soumis au préfet.

Du reste, la loi a soin de poser directement certaines limites. C'est ainsi que la loi du mois de juin 1866 a limité à 50 le maximum du nombre des centimes additionnels qu'on pourra ajouter à l'impôt foncier. Une loi du mois de mai 1870 a interdit aux communes et aux provinces de faire peser des centimes additionnels sur la richesse mobilière (sur le revenu) ; cette dernière supporte déjà 13.20 p. 100 du revenu. Mentionnons ici, à titre de curiosité, la loi d'avril 1871 qui, non-seulement a chargé les communes (comme en Angleterre et en Amérique) du recouvrement, à leurs frais, des impôts dus à l'État, mais encore les a autorisées (ainsi que les provinces, pour les provinces) à céder la perception à des receveurs qui, dans une adjudication publique, se contentent des remises les moins fortes. Les contrats avec les *esattore* sont conclus pour cinq ans.

Chap. XII. — Suisse.

Une grande diversité de régimes se trouvent réunis dans cette agglomération de 25 petites républiques qu'on appelle la Suisse. Le problème communal comporte naturellement un grand nombre de solutions, mais en Suisse des causes historiques les ont variées et compliquées plus qu'ailleurs. La principale de ces causes est l'esprit d'exclusivisme étroit dont les communes avaient fait preuve jusqu'au commencement de ce siècle, dont elles cherchent, il est vrai, à se guérir depuis 1848, mais dont elles ont une grande peine à se débarrasser. Les divers cantons marchent d'un pas inégal vers le progrès. Autrefois il y avait, même pour l'habitant du même canton, de sérieuses difficultés à vaincre pour devenir membre d'une autre commune; c'était comme une naturalisation à obtenir. Pour les citoyens d'un autre canton, les difficultés étaient plus grandes encore, et pour l'étranger elles semblent avoir été insurmontables. Il y aurait long à dire sur cette intéressante matière, mais l'espace dont nous disposons étant court, nous devons condenser, comprimer même notre exposé.

Il suffit de dire que très-souvent les localités sont habitées par deux communes qui s'emboîtent pour ainsi dire : la commune des bourgeois (*Bürgergemeinde*), qui en est le noyau, et la commune des habitants (*Einwohnergemeinde*), qui l'entoure. Nous ne citons que pour mémoire les « séjournants » (*Aufenthalter*), habitants plus ou moins temporaires qui paient, mais qui ne votent pas. Il y a d'ailleurs, comme on le verra plus loin, diverses natures de communes : communes politiques, communes ecclésiastiques, scolaires, etc. Le *Bürger* (bourgeois [1]) seul jouit de tous les droits ; il est *Vollbürger*, littéralement, bourgeois plénier ou effectif [2]. Ce qui le caractérise surtout, c'est sa participation à la jouissance des biens communaux ; il y a droit, même s'il habite l'étranger ; il conserve aussi son domicile de secours, malgré son absence prolongée. Il a toujours le droit électoral, le droit de vote. Les concessions faites à l'habitant — il s'agit de citoyens suisses — varient d'un canton à l'autre; nous ne pouvons pas les passer en revue : elles s'étendent souvent jusqu'au droit de suffrage, mais d'autres fois elles s'arrêtent en deçà. Toutefois, notre époque comportant de fréquentes migrations, la commune des bourgeois tend partout à être en minorité, car Pierre ou Paul, qui est bourgeois à Paris, est habitant à Berne, et *vice versâ* : il en résultera nécessairement, avec le temps, que toute distinction sera supprimée. Mais au lieu de rester dans les généralités, nous allons choisir quelques cantons types, dont nous analyserons les lois communales, sauf à emprunter à d'autres lois quelques particularités intéressantes.

Commençons par Zurich, la loi communale du 28 avril 1866 traitant d'à peu près toutes les variétés de communes.

Les communes de Zurich sont des communes politiques (la vraie commune administrative) et des communes ecclésiastiques (*Kirchengemeinden*), c'est-à-dire des paroisses. Cela ne veut pas dire que telle localité est une paroisse et telle autre une commune, mais seulement qu'on les envisage à un autre point de vue, et que les limites des circonscriptions peuvent ne pas concorder.

Les paroisses (*Kirchengemeinden*) peuvent se diviser en plusieurs communautés scolaires (*Schulgenossenschaften*), et les communes politiques en communes civiles (*Civilgemeinden*) ou sections. La formation de ces corporations ou leur réunion a lieu en vertu d'une loi. Les paroisses sont chargées de l'assistance publique. Le but des communautés est indiqué par leur nom ; elles sont régies par la loi sur l'instruction publique. La commune civile peut être chargée de quelques-unes des attributions de la commune politique, par exemple de la police locale, mais les unes et les autres sont soumises à l'intervention du Gouvernement dans les cas prévus par la loi.

Les habitants des communes (de toutes sortes) sont ou des gens établis (*Niedergelassene*), ou des séjournants (*Aufenthalter*). Chaque sorte de commune ou de communauté a son assemblée générale composée de bourgeois et de gens établis de nationalité suisse, mais pour l'administration des biens des pauvres, ainsi que des biens appartenant uniquement aux bourgeois, et pour conférer le droit de bourgeoisie, l'assemblée des bourgeois (*Bürgergemeinde*) est seule consultée.

Le droit de bourgeoisie complet ou effectif s'acquiert comme la nationalité (par la naissance, le mariage, etc.), et de plus

par le paiement d'un droit d'admission (*art.* 25 à 50), qui est *art.* 40) de 25 à 800 fr. pour participer à la propriété des biens communaux, de 10 à 50 fr. pour les biens de l'Église, de 50 à 250 fr. pour les biens des pauvres, de 15 à 150 fr. pour les biens scolaires. C'est le minimum et le maximum, entre lesquels le Gouvernement fixe le chiffre afférent à chaque commune. Une série d'articles (51 à 81) exposent les conditions à remplir pour jouir du droit de s'établir (*niederlassen*).

C'est l'assemblée communale — l'assemblée des chefs de famille — qui exerce les fonctions dévolues en France au conseil municipal. Nous avons déjà dit que chaque sorte de commune a son assemblée, mais elles ne sont pas souveraines, car si une assemblée refusait de prendre une décision sur une des matières de sa compétence, l'autorité supérieure se chargerait de l'exécuter aux frais de la commune.

Chaque sorte de commune a son comité exécutif, — mais nous nous bornerons à parler de la commune politique. Celle-ci a un conseil communal [1] dont le nombre des membres est fixé par l'assemblée communale (*art.* 112). L'assemblée élit le conseil pour quatre ans ; elle en élit aussi le président et le secrétaire. Ce conseil, dont les membres sont rétribués, se renouvelle par moitié tous les deux ans. Le conseil a des attributions analogues à celles d'un maire ; l'espace ne nous permet pas d'en faire l'énumération (*art.* 123 à 146).

L'assemblée élit aussi pour quatre ans un maire qui porte le titre de *Gemeindammann*, lequel choisit un suppléant, choix qui est soumis à l'approbation du préfet (*Statthalter*). Le maire est sous les ordres du préfet ; il est son agent en matière de police et en matière judiciaire (*art.* 152). En cas d'urgence, le maire prend des mesures sous sa responsabilité, mais généralement il s'appuie sur le comité exécutif (conseil communal).

Les communes du canton de Zurich, malgré la liberté dont elles jouissent, n'en sont pas moins sous la tutelle, en partie de la loi et en partie de l'administration. Les art. 165 et suivants entrent dans des détails sur le mode de gestion des biens, sur les impositions, etc. Dans bien des cas, la commune doit obtenir l'assentiment du conseil de district, par exemple pour les travaux publics (*art.* 202).

La loi communale du canton de Berne est du 6 décembre 1852 et elle a été amendée par une loi du 12 septembre 1861. La distinction entre les bourgeois et les habitants est très-caractérisée dans ce canton, mais la loi de 1861 accorde aux habitants le droit électoral en toute matière qui concerne la commune politique. Pour être électeur, il faut être Suisse, majeur, d'une réputation intacte et payer des impôts. Le paiement de l'impôt est la condition importante, car des incapacités, des mineurs, des femmes, même des absents, qui sont sur la liste des contribuables, ont le droit de vote, mais ne peuvent exercer ce droit que par un représentant. La commune d'habitants (*Einwohnergemeinde*), qui s'appelle à Zurich commune de gens établis, et ailleurs commune locale (*Ortsgemeinde*), est la vraie commune ; les bourgeois n'y forment guère qu'un noyau privilégié.

La commune s'administre par une assemblée communale et un conseil ou un comité exécutif. L'art. 26 énumère les affaires qui doivent nécessairement être réglées par l'assemblée. Nous trouvons sur la liste : le choix du président, celui du conseil et du secrétaire, le budget, la création d'impôts, les travaux communaux, les acquisitions, aliénations, etc., de biens, la reddition des comptes, les actions en justice, la fondation d'églises, d'écoles, d'établissements de bienfaisance, etc.

Le conseil se compose du président et de 4 conseillers élus pour deux ans au moins et six ans au plus (*art.* 30). Ce conseil est chargé de l'administration et, en outre, de la police locale. Le président, les conseillers, le secrétaire, prêtent serment.

L'art. 48 dit : « Toutes les communes et toutes les autorités municipales sont sous la surveillance du Gouvernement ; la surveillance est exercée par les directions, le procureur général et les préfets......» Le Gouvernement peut demander la révocation des fonctionnaires communaux qui ne remplissent pas leurs devoirs (*art.* 52). Le préfet a le droit et, selon le cas, le devoir d'assister aux réunions de l'assemblée, du conseil et des autres autorités communales, et au besoin d'intervenir dans l'intérêt des lois et de l'ordre (*art.* 53). Le président de l'assemblée communale et le président du conseil sont tenus de procurer l'exécution des prescriptions de l'autorité supérieure (*art.* 54). On peut en appeler d'une décision de la commune au préfet (*art.* 57 à 59).

Nous ne rappelons ici la commune ecclésiastique (paroisse) que pour mémoire, l'espace ne nous permettant pas les détails.

---

1. Le mot *Bürger* veut dire aussi citoyen, mais ici il s'agit des membres des communes.

2. On pourrait dire aussi bourgeois actif, comme on disait, en 1789, citoyen actif.

1. La Suisse abuse un peu du mot *conseil*, ce qui rend difficile aux étrangers de distinguer les autorités. Le gouvernement central se compose du Conseil national (chambre des députés), du Conseil des États (Sénat), du Conseil fédéral (pouvoir exécutif). Il y a dans les cantons le Conseil d'État, le grand et le petit conseil, puis le conseil communal, le conseil de district et tous les conseils spéciaux.

Nous relevons cependant ce point, que le conseil de l'église (le bureau des marguilliers) est chargé de la censure des mœurs.

La loi communale de Genève est du 14 février 1849. Chaque commune a un conseil municipal, dont les membres sont élus pour quatre ans; ils prêtent le serment à la Constitution et celui de s'acquitter de leurs fonctions « avec honneur, zèle et exactitude » (art 5). A Genève, l'administration municipale est confiée à un conseil administratif (comité exécutif) composé de cinq membres élus par le conseil municipal et pris dans ce corps. Dans les autres communes, l'administration est confiée à un maire et à des adjoints. Les membres du conseil administratif, les maires et adjoints sont élus pour quatre ans et rééligibles; le président du conseil de Genève est élu pour un an et ne peut être réélu qu'à une année d'intervalle.

La loi énumère en détail les attributions des conseils municipaux et administratifs; ces attributions sont à peu près les mêmes que partout ailleurs, car elles sont dans la nature des choses. Ce qui est particulier à chaque État, c'est surtout l'étendue de la surveillance ou de la tutelle; résumons donc l'art. 16 : « Les délibérations des conseils municipaux sont transmises au Conseil d'État (au Gouvernement). Elles sont exécutoires de plein droit, sans qu'il soit besoin de l'autorisation ou de l'approbation du Conseil d'État, à moins qu'il ne s'agisse des objets suivants pour lesquels cette autorisation est nécessaire » : le budget annuel et le compte financier; les aliénations, partages, etc., de biens; baux de plus de 9 ans; les actions en justice; acceptation de dons et legs contenant des conditions; ouverture et suppression de chemins et projets généraux d'alignement; questions d'expropriation.

Ajoutons (art. 19) que le maire est chargé, « sous l'autorité du Gouvernement », de la police générale et administrative.

Ce que nous pourrions citer des autres cantons nous forcerait à de fréquentes répétitions; nous trouverions aussi des curiosités à noter. Quelques cantons, comme Appenzell (Rh. int.), n'ont pas ainsi dire qu'une commune (quelques auteurs parlent de deux). Uri se divise en deux communes de bourgeois; ce sont de vrais districts, dont l'un compte seize communes politiques et l'autre une seule, composée de quatre villages. Uri est l'un des cantons forestiers, et toute cette région, de même que les Grisons, est pleine de vestiges administratifs du passé. Il ne saurait entrer dans notre cadre de nous y arrêter. Puisque nous mentionnons les Grisons, constatons que dans quelques villages de ce canton le pouvoir exécutif est décentralisé comme dans les villages anglais et comme dans la plupart des villages américains.

Chap. XIII. — États-Unis.

L'organisation communale, aux États-Unis, semble dans une voie de transformation lente. Les premiers colons y ont naturellement importé le système anglais, et certains États, surtout ceux qui forment ce qu'on appelait autrefois *New-England*, l'ont encore conservé en partie. Le pouvoir exécutif municipal y est encore décentralisé ou éparpillé, mais déjà il y a un comité exécutif, *select men* (les élus), dont les pouvoirs encore restreints embrasseront nécessairement un jour la totalité des attributions municipales. Cette extension est dans la nature humaine, comme l'idée qui pourrait venir à des Européens de reprendre le système américain simplement pour changer, bien que l'expérience ne lui soit point favorable : les *improvemen commissions*, les *local boards* de l'Angleterre ont été créés pour le prouver. Nous suivrons, dans le court exposé que nous allons donner, la grande publication officielle de M. Francis Walker, en la complétant au moyen des constitutions et des lois communales que nous avons pu nous procurer.

Constatons avant tout qu'aux États-Unis on distingue aussi les villes des campagnes. Les villes (*cities*) ont un maire (*mayor*) et un conseil municipal et, comme en Angleterre, ce conseil municipal élit des *aldermen*. Chaque ville a du reste sa charte (*charter*). Nous avons sous les yeux la charte de Boston, adoptée en 1822 et amendée en 1854, celle de 1822 étant en vigueur. L'administration y est composée d'un *mayor*, d'un conseil de 12 *aldermen* et d'un conseil urbain de 48 membres. Sont électeurs tous les *citizens* (habitants nationaux ou naturalisés bourgeois de la ville) âgés de 21 ans, à l'exception des pauvres et des incapables (*under guardianship*), habitant la République (de Massachusetts) depuis un an, la cité même depuis au moins six mois, et payant impôt (art. 57).

Le maire (*mayor*) est élu pour un an par l'ensemble des électeurs. — Les 12 *aldermen* sont élus par les *citizens* au scrutin de liste (art. 19), mais pour le conseil urbain, ou municipal, chacun des douze quartiers choisit 4 membres. Les *aldermen* et les conseillers municipaux, élus les uns et les autres pour un an, siègent séparément, mais les deux corps se réunissent dans des cas déterminés. Les décisions doivent successivement obtenir l'assentiment des deux corps municipaux et celui du maire, qui a un droit de veto (art. 35). Les pouvoirs sont répartis avec soin par la loi. Les *aldermen*, qui correspondent aux *select men* (art. 33), ont plus particulièrement la charge de la police des routes (le bureau des *aldermen* remplit les fonctions de *surveyors of highways*, dit l'art. 41), le conseil municipal (*city council*) plutôt les matières financières, l'administration des propriétés, etc. Il y a un bureau spécial pour les matières scolaires, il est présidé par le maire. La charte de 1842 avait prévu un bureau des pauvres spécial (art. 52), mais cette disposition a été supprimée en 1854, et l'attribution a passé aux corps municipaux.

Le législateur s'est expressément réservé le droit de modifier cette charte (art. 62). Ajoutons qu'elle ne donne qu'une faible idée, soit de l'intervention du Gouvernement (qui entretient, par exemple, un préfet de police spécial à Boston), soit de la réglementation qui émane des corps municipaux. Cette réglementation est poussée bien loin, aussi loin qu'elle peut l'être en Europe, les dispositions ne portent pas toujours sur les mêmes points, elles ne sont peut-être pas non plus appliquées, mais il est certain qu'elles sont sur le papier, et que les *bylaws* du self-government ont une ressemblance extraordinaire avec les *règlements* plus ou moins approuvés par des préfets, gouverneurs et comités de toute dénomination.

L'organisation des villes, surtout dans les grandes, diffère peu d'un État à l'autre, mais ce qu'on pourrait appeler les communes rurales présente une certaine variété. On distingue deux systèmes principaux : l'un, en vigueur dans le Nord, est dit le *town* système, l'autre, établi dans le Midi, est le *county* système; il y a ensuite un système mixte ou intermédiaire[1]. Le *town* (dans l'Ouest, *township*) répond à notre commune, le comté — en quelque sorte — au département[2]; les États dans lesquels le *town system* domine, accordent à la commune la plénitude des pouvoirs municipaux, en ne réservant guère aux comtés que des attributions judiciaires. La commune élit ses fonctionnaires, règle ce qui est relatif aux chemins, à la police, à l'instruction publique, s'impose les taxes, et ses électeurs perçoivent, avec les impositions locales, les taxes à verser dans les caisses de l'État. Il y a pour chacune de ces matières des lois spéciales auxquelles les communes ont à se conformer.

Les fonctionnaires, dans ces communes, sont généralement élus pour un an : ce sont le secrétaire communal, les 3 à 9 *select men* ou *élus*, des répartiteurs, des inspecteurs des pauvres, un trésorier, des surveyors de routes et chemins, des délégués scolaires, des constables, des collecteurs ou percepteurs. Les *select men* doivent dresser la liste électorale, établir des mesures contre les incendies, indiquer les voies vicinales à tracer, ou reconnaître comme publics les chemins existants, instituer des gardes de nuit, accorder des autorisations, s'il y a lieu, et s'occuper de toute affaire publique pour laquelle il n'y a pas de fonctionnaires spéciaux. Les *select men* sont un comité exécutif; c'est l'assemblée communale (l'ensemble des électeurs) qui remplace le conseil municipal.

Dans ces États, le comté est une division territoriale judiciaire dont nous n'avons pas à nous occuper. Nous devons aussi passer sous silence diverses particularités relatives aux communes incomplètes (gores, grants, locations, etc.), mais nous mentionnerons que le Rhode-Island a remplacé les mots *select men* par *town council* (conseil urbain). C'est peut-être poser un jalon. L'État de New-Jersey, qui est pourtant du groupe du Nord, a déjà adopté le système mixte.

Le *county system* existe dans les États du Sud : Alabama, Arkansas, Californie, Delaware, Florida, Georgia, Kentucky, Louisiane, Maryland, Mississippi, Nebraska, Nevada, Oregon, Tennessee, Texas. Les deux Caroline et les deux Virginie tendent à développer un système mixte. Prenons l'Alabama comme type. Ses fonctionnaires, élus pour trois ans, sont des commissaires, des répartiteurs, un trésorier, un receveur, un surintendant des écoles, des agents voyers. La cour des commissaires administre le comté... Nous ne pouvons pas, comme par exemple M. Galpin, confondre ces comtés avec une commune, et d'autant moins qu'ils renferment des *municipal corporations*. Une loi de cet État dispose que les localités ayant 100 habitants au moins et 3,000 au plus (il faut une loi pour les autres[3]), peuvent être incorporées (juge de *probate* du comté et recevoir les pouvoirs d'une municipalité. En cette qualité, la localité est administrée par un intendant (maire) et 5 à 9 conseillers. Les impositions municipales sont limitées à 1 p. 100 du revenu cadastral, et de plus à une taxe électorale (*poll-tax*) de 2 dollars par tête. Du reste, la plupart des towns de l'Alabama ont des chartes spéciales comme ailleurs les cités, et, comme ces dernières, elles possèdent les droits que le législateur a jugé bon de leur conférer. En dehors des villes, towns ou cités, les habitants du comté n'ont pas une vie municipale très-active; ils ne se réunissent que pour élire leurs élus, tandis que dans les towns il y a de fréquentes meeting où l'on discute les intérêts communs.

Dans le système mixte (*compromise system*), auquel appartiennent, avec New-York et Pensylvanie, un grand nombre d'États du Centre et du Sud, Michigan, Indiana, Ohio, Vir-

---

1. *The minor political divisions of the U. S.*, by S. A. Galpin. Tocqueville connaissait déjà les différences, mais il n'a guère parlé que du Nord.

2. L'assimilation est ici très-difficile, mais nous ne pouvons nous étendre sur ce point.

3. Le chiffre de la population requise diffère selon les États.

ginia, etc., ces communes ont les pouvoirs municipaux dans toute leur étendue, mais leurs décisions doivent souvent être approuvées par le comté. Dans l'Illinois, une partie des comtes est organisée d'après le *town* (ici on dit *township*) *system*, d'autres d'après une combinaison mixte ; mais ici nous ne trouvons pas, du moins dans la loi de 1872, la tutelle attribuée au comté : le législateur a restreint directement le pouvoir de l'autorité municipale et l'a spécifié en détail, notamment pour les matières financières.

Dans l'État de New-York, le comté est divisé en towns ou communes territoriales. Ces communes administrent leurs propres affaires, fondent leurs écoles, entretiennent leurs chemins, etc., mais les autorités du comté (*supervisors*) doivent approuver tous les votes financiers, elles peuvent imposer d'office les dépenses obligatoires (par exemple le paiement d'une dette). Ces autorités peuvent même changer les limites d'un town, ce qui, dans le Nord, exige le concours du législateur (voyez plus haut). Dans les comtés de New-York il y a aussi des corpora ions municipales dites *villages*. Les villages sont des fractions de town incorporées, c'est-à-dire des sections auxquelles il est accordé une certaine indépendance. Les villages ont un président, trois *trustees* (membres du comité d'exécution, ce sont des conseillers ou *select men*), des répartiteurs, un percepteur, un secrétaire, des gardiens chargés des mesures contre l'incendie. Les *trustees* représentent le village, font tous actes d'autorité, formulent les règlements (*byelaws*) de police sanitaire et autres. Les villages ne cessent pas de faire partie de leur town en matière d'élection et de taxation, ils ne sont pas représentés séparément dans la commission administrative (*board*) du comté. Les cités sont incorporées par une loi (une charte) et cessent de faire partie d'un town ou d'un township ; elles sont représentées dans la commission.

Il y aurait encore de nombreuses particularités à relever, par exemple la différence de « grade » établie par l'Ohio (loi de 1869) entre les communes de plus de 20,000 habitants (cités de 1re classe), de 5,000 à 20,000 habitants (cités de 2e classe) et de 500 à 5,000 habitants (villages incorporés), et beaucoup d'autres, mais nous devons nous borner à de rapides aperçus. En tout cas, on aura remarqué que si les communes jouissent d'une grande liberté aux États-Unis, elles ne sont nullement autonomes. Les limites de leurs pouvoirs sont fixées par les lois : elles ne peuvent pas s'imposer au delà d'un maximum déterminé, ni contracter des dettes à volonté, et très-souvent la loi prescrit les procédés à suivre. Cela n'est certes pas l'autonomie.

Le système américain est-il préférable au système européen ? Personne ne le sait ni ne peut le savoir avant d'avoir vécu dix ans sous chacun de ces deux régimes; encore le tempérament de l'individu influera-t-il sur son jugement. Un point semble acquis, c'est que le système européen — nous parlons du continent — est moins cher et n'assure pas moins aux populations tous les bienfaits d'une bonne administration communale.   MAURICE BLOCK.

ORGANISATION JUDICIAIRE. *Voy.* **Juridictions civiles, commerciales et criminelles.**

ORGANISATION MILITAIRE. *Voy.* **Armée, Justice militaire, Recrutement,** etc.

ORPHELIN. Aucune loi spéciale ne s'étant occupée des frais nécessaires à l'entretien et à l'éducation des orphelins, ce sont les administrations locales qui doivent, en vertu des lois générales, des secours à ceux qui sont pauvres; dans l'usage, elles les assimilent aux enfants trouvés et abandonnés, et les confondent sous la dénomination d'enfants assistés (*voy. ce mot*). Cette assimilation est le résultat du décret du 19 janvier 1811, qui, après avoir établi trois catégories distinctes parmi les enfants confiés à la charité publique, les enfants trouvés, les enfants abandonnés et les orphelins, et après avoir assigné d'une manière précise les caractères propres à chacune d'elles, a seulement pourvu aux dépenses de l'éducation des enfants appartenant aux deux premières catégories, sur les fonds de l'État et des départements, laissant ainsi les dépenses des orphelins à la charge des communes et des hospices. Il s'ensuit que les administrations locales, lorsqu'elles n'ont pas de ressources suffisantes pour faire élever les orphelins, sont réduites à les faire délaisser, pour les recueillir à titre d'*enfants abandonnés*.

ORPHELINAT. L'intérêt qu'inspirent les *orphelins pauvres* a fait multiplier, surtout dans les grands centres de population, les asiles destinés à les recevoir et à leur donner l'éducation nécessaire. Aucun de ces asiles, désignés quelquefois sous le nom d'*orphelinat*, ne peut exister régulièrement qu'en vertu d'une décision du Chef de l'État, rendue sur l'avis du Conseil d'État (*Édits de déc.* 1666 *et d'août* 1749 : *Avis du C.* 17 *janv.* 1806). Par conséquent, toute proposition faite à cet égard, soit par des particuliers, soit par des communes ou des établissements publics, lorsqu'elle paraît susceptible de recevoir une suite utile, doit être transmise par les préfets au ministre de l'intérieur pour être soumise au Chef de l'État. (*Circ. Min. Int.* 5 *mai* 1852.)

OUÏE DE LA COGNÉE, terme de forêts. Distance, à partir des limites d'une coupe, à laquelle peut être entendu le bruit de la cognée abattant un arbre. Cette distance est fixée à 250 mètres par l'article 31 du Code forestier.

OUTRAGE. *Voy.* **Fonctionnaire.**

OUVRIER. *Voy.* **Chambres syndicales, Coalitions, Écoles des arts et métiers, Enfants (Travail des), Industrie, Livret, Société de secours mutuels,** etc.

OUVROIR. 1. Maison de travail destinée à donner aux jeunes filles le bienfait d'une instruction professionnelle spéciale et à leur fournir gratuitement les matières premières des divers objets qu'elles apprennent à confectionner.

2. Exclusivement dus à la charité privée, les ouvroirs doivent être classés parmi les établissements particuliers de bienfaisance et par conséquent les lois et règlement relatifs à ces établissements leur sont applicables.

3. Le mot *ouvroir* a encore une acception synonyme d'atelier de charité pour les femmes. (*Voy.* **Ateliers de charité.**)

BIBLIOGRAPHIE.
Ouvroirs campagnards, par M. de Cormenin. In-8°. Paris, impr. de Cosson. 1845.
Ouvroirs professionnels des jeunes filles, par Mad. Marie-Amélie Mévil. In-8°. Paris, Plon. 1851.

P

PACAGE. Ce mot a deux sens. 1° C'est le droit de mener paître des bestiaux sur certains fonds; il constitue, soit le droit de parcours, soit le droit de vaine pâture, soit le droit de pâturage. 2° C'est le terrain même sur lequel s'exerce ce droit.

PAIN. *Voy.* **Boulangerie.**

PAISSON. C'est dans une première acception le droit de faire paître, dans un bois ou une forêt, les porcs à l'époque de la glandée. Dans une autre acception on appelle paisson tout ce qui, dans les bois ou forêts, sert de nourriture aux bestiaux.

PAIX (ÉTAT DE). *Voy.* **État de paix,** etc.

PAMPHLET, synonyme de libelle (*voy. ce mot*). Quelques personnes l'emploient comme synonyme de brochure de circonstance, sans acception défavorable.

PANAGE. Ce mot exprime, comme l'une des significations de *paisson*, le droit de faire paître les porcs dans un bois ou une forêt.

PAPIER. 1. Les fabricants de papier sont soumis, indépendamment de l'impôt de la patente et des conditions relatives à l'emploi des jeunes ouvriers (*voy.* **Enfants employés dans l'industrie**) et aux établissements dangereux de deuxième classe (*voy.* **Établissements dangereux**), à un impôt spécial sur le papier fabriqué et à un droit de licence. Cet impôt et ce droit furent établis par la loi du 4 septembre 1871, amendée par la loi du 21 juin 1873. Puis les dispositions nécessaires à l'exécution de ces lois furent déterminées par un décret du 16 août 1873.

2. Le droit de fabrication est établi sur les papiers de toute sorte, papiers à écrire, à imprimer et à dessiner, papiers d'enveloppe et d'emballage, papiers-cartons, papiers de tenture et tous autres. La perception s'effectue à l'enlèvement ou par la voie d'abonnement annuel, réglé de gré à gré entre la régie et les fabricants.

3. Le droit est fixé ainsi qu'il suit, décimes compris : 1° Papiers à cigarettes, papiers-soie, papiers-pelure, papiers-parchemin de toute espèce et de toute couleur, 15 fr. les 100 kilog. ; 2° papiers à lettres de toute espèce et de tout format, 11 fr. les 100 kilog. ; 3° papiers à écrire, à imprimer, à dessiner, papiers pour musique et assimilables ; papiers de couleur fabriqués, soit exclusivement avec de la pâte blanche ou blanchie, soit avec un mélange de pâte blanche ou blanchie et de pâte de couleur naturelle ; papiers blancs de tenture, papiers coloriés et marbrés pour reliure et assimilables ; papiers buvards blancs et tous similaires, papiers à filtrer blancs ; cartons blancs, papiers-cartons blancs, papiers d'enveloppe ou d'encartage, 10 fr. les 100 kilog. ; 4° papiers-bulle ou papiers de couleur fabriqués avec de la pâte bulle ; cartons, papiers-cartons, papiers d'enveloppe ou d'emballage, papiers de tenture, papiers buvards et papiers à filtrer à pâte de couleur naturelle ayant reçu ou non une addition de matières colorantes, 5 fr. les 100 kilog.

Le papier employé à l'impression des journaux et autres publications périodiques assujetties au cautionnement est soumis, en outre, à un droit de 20 fr. par 100 kilog. Il a été déclaré que cet impôt remplace le timbre auquel les journaux avaient été assujettis antérieurement.

Les papiers peints, les papiers ou cartons revêtus d'un enduit, les cartes ou cartons-porcelaine, sont imposés, eu égard à la nature du papier ou du carton, sous les déductions suivantes : 1° papier dit *taille-douce*, néant ; 2° papier de couleur sans fond, papier ciré et carte ou carton-porcelaine enduit d'un seul côté, $1/_8$; 3° papier blanc sans fond, papier étamé ou argenté, $1/_5$; 4° papier mat, papier mat doré et tous autres papiers à fond, cartes et cartons-porcelaine enduits des deux côtés, $1/_3$; 5° papiers avec fond satiné et doré, mat doré et verni, $1/_2$; 6° papiers

veloutés et veloutés dorés, papiers verrés et émerisés, cartons bitumés, $2/_3$.

4. Les droits indiqués ci-dessus sont perçus, en sus de ceux des douanes, sur les papiers importés de l'étranger, y compris les papiers, cartons et cartonnages servant d'enveloppe ou d'emballage à des marchandises. La douane perçoit à la fois le droit d'entrée et le droit intérieur.

5. Les papiers, cartons ou cartes et les objets confectionnés en papier, carte ou carton, pour lesquels les marchands ou commissionnaires produisent des certificats réguliers d'exportation délivrés par le service des douanes et ayant moins de six mois de date, sont affranchis du droit.

6. Les fabriques sont soumises aux visites et exercices des employés des contributions indirectes suivant les dispositions de la loi du 28 avril 1816. En conséquence, tout fabricant qui s'établit, doit en faire la déclaration dans un délai de dix jours avant le commencement des travaux, et acquitter en même temps le prix de la licence, qui est fixé à 20 fr. Tant que les fabricants n'ont pas déclaré cesser leur industrie, ils sont tenus de payer le droit de licence le 1er janvier de chaque année. Faute de paiement, le recouvrement est poursuivi comme en matière de contributions indirectes.

7. Tout changement dans l'outillage, les procédés de fabrication ou le régime des fabriques doit être déclaré. Les fabricants doivent disposer les locaux pour l'exercice, suivant les règles prescrites par le décret de 1873, séparer les papiers venant de l'extérieur des papiers fabriqués dans leur établissement, et inscrire sur un registre fourni par l'administration les quantités fabriquées, par espèce et par catégorie, ainsi que les préparations ou transformations de nature à changer la classification. Les envois de fabrique à fabrique sont autorisés sous certaines conditions indiquées dans le décret. Les fabricants peuvent aussi, sous certaines autres conditions, recevoir, avec le crédit de l'impôt intérieur, les papiers étrangers destinés à être façonnés. Ils n'ont point à payer l'impôt sur les papiers qu'ils déclarent expédier directement à destination de l'étranger ou des colonies françaises ; il est délivré alors un acquit-à-caution garantissant l'impôt pour le cas où l'exportation ne serait pas justifiée dans un délai de six mois.

8. Les marchands en gros, les commissionnaires exportateurs et tous ceux qui font subir des transformations à des papiers destinés à être exportés, peuvent obtenir le crédit de l'impôt, à la charge de se munir d'une licence de fabricant, de se soumettre à l'exercice et de fournir une caution qui s'engage, solidairement avec eux, à payer les droits sur les quantités imposables.

9. Il est accordé aux fabricants, ainsi qu'aux marchands en gros et commissionnaires pourvus d'une licence, des déductions, remises, bonifications et décharges dans des cas et sous des conditions déterminés dans les art. 13 et 16 à 21 du décret de 1873.

10. Les abonnements sont discutés entre les fabricants et les directeurs des contributions indirectes ; ils ne sont définitifs qu'après l'approbation de l'autorité supérieure. Ils sont basés sur

la moyenne de la production des trois dernières
années de fabrication normale, sauf les modifications apportées dans les moyens de production et
les circonstances qui peuvent influer sur la fabrication pendant la durée de l'abonnement. Il peut
être accordé une décharge pour une interruption
de travail d'une journée entière ; mais il n'en
peut être accordé aucune qu'autant que les quantités fabriquées représentent une somme d'impôt
inférieure au montant de l'abonnement. Tous
changements dans les moyens de production doivent être déclarés. Toute contravention donne à
l'administration le droit de résilier l'abonnement.

11. Les imprimeries de journaux ou autres publications périodiques sont soumises à l'exercice
comme les fabriques. Les directeurs ou gérants
sont tenus : 1° de faire la déclaration indiquée
ci-dessus ; 2° d'inscrire sur un registre, comme
les fabricants, le nombre et le poids des feuilles
de papier introduites, livrées à l'impression, tirées ou constituant des non-valeurs ; 3° de fournir tous les dix jours aux agents de la régie
l'indication du tirage journalier. Les quantités
imprimées ou dont l'emploi ne serait pas justifié
sont passibles du droit, sauf les non-valeurs justifiées dans la limite de 5 p. 100.

12. Toute fabrication faite sans déclaration, ou
toute autre contravention à la loi ou au décret est
punie d'une amende de 100 à 1,000 fr., sans préjudice de la confiscation des objets saisis et du
remboursement du droit fraudé.

13. L'espace manque ici pour entrer dans de
plus grands détails. Nous ne pouvons qu'indiquer
pour le surplus le décret du 16 août 1873.

Smith.

PARAPHE. 1. C'est un signe fait ordinairement
après la signature ou pour en tenir lieu.

2. On doit parapher dans tous les actes les
renvois, apostilles et même les mots rayés. Le
paraphe sert aussi à reconnaître des pièces de
famille, des feuilles de registre, répertoires ou
actes et à en constater le nombre.

3. Aux termes de l'art. 49 de la loi du 25 ventôse an XI, avant d'entrer en fonctions, les notaires doivent déposer au greffe de chaque tribunal de première instance de leur département,
et au secrétariat de la municipalité de leur résidence, leurs signature et paraphe ; les notaires à
la résidence de cours d'appel doivent en outre
faire ce dépôt aux greffes des autres tribunaux de
première instance de leur ressort. Cette disposition
de la loi de ventôse est appliquée aux fonctionnaires, qui sont obligés d'effectuer ce dépôt à
leurs supérieurs. Le but de ce dépôt est de pouvoir vérifier les signatures et paraphes apposés
sur les actes, et de servir de base aux légalisations.

PARCOURS. *Voy.* **Pacage** et **Organisation communale.**

PAROISSE (catholique). 1. Ce mot signifie le
territoire dépendant d'une église desservie par un
curé ; il est, en outre, employé pour désigner une
église érigée en cure.

On l'applique également, dans le monde, aux
succursales ; mais, dans les actes administratifs et
dans le style officiel, il doit être réservé pour les
cures, conformément à l'art. 60 de la loi du 18

germinal an X, aux art. 5, 6 et 13 du décret du
30 décembre 1809, et à la jurisprudence de l'administration des cultes.

2. Déjà nous avons fait connaître les dispositions relatives aux églises érigées en cures (*voy.*
Cure, *n*ᵒˢ 4 à 15). Nous exposerons ici les règles
générales sur les paroisses considérées comme
circonscription de territoire pour l'exercice du
culte catholique.

3. La France est partagée, sous le rapport religieux, en paroisses et en succursales, comme elle
l'est, sous le rapport civil, en communes ; il n'y a,
en France, aucune portion du territoire, quelque
petite qu'elle soit, qui ne dépende d'une division
ecclésiastique. Le culte catholique est célébré sous
la direction du curé dans chaque paroisse (*L.* 18
germ. an X, art. 9, 31), et l'administration temporelle des biens et revenus de l'église curiale
ou succursale, et des édifices religieux situés dans
sa circonscription, appartient au conseil de fabrique (*Id., art.* 76 ; *D.* 30 *mai et* 31 *juill.* 1806,
30 *sept.* 1807, 30 *déc.* 1809.) Par conséquent il
est impossible, sous la législation actuelle, de placer une chapelle, ou un autre local quelconque,
en dehors de toute paroisse. (*Décis. min.* 18 *oct.*
1855.)

4. Aucun plan de circonscription, aucune érection ni aucun démembrement de paroisse ne doivent être mis à exécution sans l'autorisation
expresse du Gouvernement. Dès lors l'autorité
diocésaine ne peut pas changer seule les limites
d'une paroisse. (*Concordat de 1801, art.* 9 ; *L.*
18 *germ. an X, art.* 61 *et* 62 ; *Avis du C.* 10 *juill.*
1862.)

Le conseil municipal de chaque commune intéressée doit toujours être appelé à donner son avis
sur les circonscriptions relatives au culte. (*L.* 18
juill. 1837, *art.* 21, *n*° 1.) S'il n'était pas consulté sur la modification d'une circonscription paroissiale, le décret qui autoriserait cette modification, serait irrégulier. (*Avis du C.* 14 *juill.* 1858.)

5. Depuis la Révolution de 1789, la circonscription générale des paroisses de la France a été
faite trois fois, en vertu : 1° de l'art. 6 de la loi
des 12 juillet-24 août 1790 et du décret des 15-
24 novembre 1790 ; 2° du décret du 11 prairial
an XII ; 3° du décret du 30 septembre 1807.
Cette dernière circonscription générale, approuvée
par le décret du 28 août 1808, est toujours en
vigueur, sauf les modifications que les changements survenus depuis plus d'un demi-siècle et
la création de nouvelles succursales ont forcé d'y
apporter.

6. Les demandes de modification d'une circonscription paroissiale peuvent être formées, soit
par les communes, soit par les particuliers qui
veulent obtenir la distraction de leurs propriétés
d'une paroisse trop éloignée et leur réunion à une
paroisse plus rapprochée. On doit produire à l'appui les pièces suivantes, savoir : la délibération
du conseil municipal de la commune ou la pétition motivée du particulier, le plan des lieux, l'état
de la population et de la superficie de chacune des
paroisses à modifier, le certificat de l'ingénieur de
l'arrondissement constatant les distances et les
difficultés de communication, le procès-verbal
d'enquête *de commodo et incommodo,* les déli-

bérations des conseils municipaux et des conseils de fabrique des paroisses intéressées dans le projet ; les avis de l'évêque et du préfet. Il est statué sur chaque demande par un décret du Chef de l'État, rendu sur le rapport du ministre des cultes et sur l'avis du Conseil d'État. (*Circ. min.* 12 *août* 1836 ; *L.* 18 *juill.* 1837, *art.* 21 ; *Avis du C.* 28 *nov.* 1843.)

7. Ce décret est un acte purement administratif qui ne saurait être l'objet d'un pourvoi au Conseil d'État par la voie contentieuse. (*Arr. du C.* 21 *avril* 1836.)

8. Lorsqu'une paroisse est composée de plusieurs communes, la répartition des frais du culte est faite entre elles au marc le franc de leurs contributions respectives, savoir : de la contribution mobilière et personnelle, s'il s'agit de dépenses pour la célébration du culte ou de réparations d'entretien de l'église et du presbytère ; et des contributions foncière et mobilière, s'il s'agit de grosses réparations ou reconstructions (*L.* 14 *févr.* 1810, *art.* 4). Cette répartition des frais du culte doit être arrêtée sans aucune distinction entre les habitants catholiques des communes comprises dans la paroisse et ceux qui professent un autre culte. (*Avis du C.* 18 *janv.* et 23 *sept.* 1830, 25 *janv.* 1835 ; *Décis. min.* 6 *juill.* 1868.) Les difficultés de toute nature, que l'exécution de la loi du 14 février 1810 soulève dans la pratique, prouvent combien il importe de mettre la circonscription ecclésiastique en harmonie avec la circonscription civile.

Lorsqu'il existe dans une commune plusieurs paroisses, et que les fabriques de ces paroisses, ou l'une d'elles, ne peuvent, en raison de l'insuffisance de leurs ressources, pourvoir aux dépenses du culte, la commune est tenue d'allouer une subvention à chacune de ces fabriques, comme s'il n'en existait qu'une seule. (*Avis du C.* 23 *juin* 1864 ; *Décis. min.* 18 *août* 1842, 14 *avril* 1843, 10 *sept.* 1867.)

9. Sous l'ancien régime, les mots *paroisse* et *communauté d'habitants* étaient synonymes (*D.* 14 *déc.* 1789, *art.* 1er). Souvent les personnes âgées et les ecclésiastiques se servent dans leurs testaments du mot paroisse pour désigner les communes. Dans le but de prévenir les contestations qu'on pourrait élever sur l'interprétation de leurs intentions, il a été convenu entre les ministres des cultes et de l'intérieur que le legs fait à une paroisse doit être accepté *par la fabrique*, lorsqu'il est grevé de services religieux ou affecté aux besoins du culte, et *par la commune*, lorsqu'il est destiné aux pauvres, à l'instruction primaire ou à d'autres œuvres communales. (*Voy.* **Dons et legs.**)   N. DE BERTY.

ADMINISTRATION COMPARÉE.

Par le mot paroisse on entend en France une circonscription, un territoire dont une église ou un temple est le centre, le mot anglais *parish*, ou le mot allemand *Kirchspiel* (*Parochie*), sont pris dans le même sens, car ces termes datent d'une époque où tous les habitants d'une ville ou d'un village appartenaient au même culte. Depuis que les mêmes localités réunissent souvent des adhérents de plusieurs religions, on a dû employer encore d'autres expressions, et les termes corporation, société ou association, ainsi que communauté religieuse, ont été employés dans les pays étrangers ; en France, du moins en ce qui concerne les protestants, le mot paroisse s'applique aussi à un groupe de personnes, même dispersées sur le territoire de plusieurs communes.

Les facilités qu'une législation donne aux adhérents d'une religion de se grouper et d'être reconnus par l'autorité comme unité (corporation, personne civile) caractérisent le degré de liberté des cultes (*voy.* **Cultes**) existant dans un pays. Un grand nombre de contrées sont encore peu disposées à conférer une liberté entière à la création de nouvelles paroisses ou corporations. Les catholiques et les branches principales du protestantisme (les adhérents à la Confession d'Augsbourg, dits luthériens ; les adhérents de l'Église réformée, dits calvinistes) ont conquis une liberté assez étendue à la pointe de l'épée, par une guerre de trente ans : leurs droits sont inscrits aux traités de Westphalie. Les israélites ont acquis dans ces derniers temps des droits analogues..... à la pointe de la plume et à l'aide des « principes de 89 ». Restent les « dissidents » chrétiens. La législation qui les concerne n'est pas bien claire dans plus d'une contrée. En effet, il est vrai que la Constitution date déjà de 20 ou 30 ans, qui dans le premier alinéa d'un article accorde la liberté des cultes (c'est, on le sait, plus que la « liberté de conscience »), tandis que le second alinéa du même article ajoute : « Une loi spéciale réglera l'exercice de cette liberté. » Supposons que cette disposition soit dans l'art. 31 et qu'à la fin de la Constitution on lise, par exemple, dans un art. 109, que la législation antérieure restera en vigueur jusqu'à « l'émanation » de la loi ou lois promises. On comprend que, si un gouvernement se fait un devoir de ne pas présenter la loi promise à l'art. 31, l'art. 109 peut annuler les bonnes intentions de la Constitution. On croira peut-être qu'en pareil cas, notre tâche consiste à exposer la législation ancienne, quitte à la voir modifier le lendemain, mais on se tromperait. Dans aucun pays une Constitution ne peut rester lettre morte. Les lois qui la contredisent tombent partiellement en désuétude ; la lettre reste, mais on en mitige l'application, quelquefois on tourne la loi, de sorte qu'il devient impossible d'exposer la situation en quelques traits. Tout ce qu'il est possible de faire, lorsqu'on ne dispose pas d'assez d'espace pour entrer dans beaucoup de détails, c'est de relever certains points caractéristiques.

En Prusse, l'art. 30 de la Constitution accorde le droit de réunion pour toute chose, sauf pour la politique ; par conséquent, on peut se réunir librement pour l'exercice public du culte. Mais les fidèles ne forment pas pour cela une corporation : il faut une loi pour qu'un groupe de fidèles devienne une paroisse (*Constitution prussienne*, art. 13). Cependant, les cultes reconnus au moment de la promulgation de la Constitution de 1850 n'ont pas besoin de loi. Les cultes non reconnus étaient autrefois « tolérés », actuellement ils sont simplement ignorés, sauf en ce qui concerne la surveillance ou la protection de la police. Les associations religieuses non reconnues sont naturellement libres de s'organiser et de s'administrer comme elles l'entendent, l'autorité publique n'a rien à voir dans leurs affaires et elle n'a pas à réglementer le choix des ecclésiastiques. Pour les églises reconnues, il existe encore en Prusse le *patronat* ou patronage, c'est-à-dire le droit de présenter ou de nommer le prêtre ou pasteur. Le Gouvernement n'a plus à choisir les ecclésiastiques en vertu de son droit de souveraineté, ou, comme on dit, *jure territoriali*, mais seulement comme patron, là où il n'y en a pas d'autre que l'État. (*Voy.* **Cultes** et **Fabrique.**)

En Angleterre, le mot paroisse se confond avec le mot commune (qui n'a d'ailleurs pas encore droit de bourgeoisie dans la langue) pour que la législation puisse nous fournir de nombreux éléments de comparaison. Il semble que le nom de paroisse est réservé au groupe de fidèles dominant dans la localité, anglicans en Angleterre, presbytériens en Écosse, catholiques dans une grande partie de l'Irlande ; les dissidents forment des associations libres, dont l'autorité ne s'occupe pas, si ce n'est qu'elle demande l'enregistrement de l'église ou de la chapelle pour que les mariages qui s'y célèbrent n'encourent pas le reproche de la clandestinité (*voy.* **État civil**). Cependant les dissidents, si la loi leur impose encore — on pourrait dire involontairement — une certaine infériorité, jouissent néanmoins d'une grande liberté réelle, car ils peuvent nommer et renvoyer à volonté leurs ministres et autres fonctionnaires religieux, tandis que chez les anglicans règne encore le système du patronage, le patron présentant le ministre et l'évêque l'agréant, sans que les fidèles soient consultés.

En Belgique, la Constitution, art. 14 et suiv., que nous avons reproduite au mot **Cultes** (p. 727), rend les paroisses complètement indépendantes de l'État ; les paroisses catholiques n'en sont que plus dépendantes des évêques. Les paroisses des autres cultes, qui d'ailleurs sont peu nombreuses, n'ont de relation avec l'autorité que sous le rapport temporel, car leurs fabriques, comme celles des paroisses catholiques, sont soumises à la surveillance de l'autorité (*voy.* **Fabrique**). Nous ne savons pas si la loi du 4 mars 1870, dont il est question au mot **Fabrique**, ne contredit pas un peu les articles précités de la Constitution belge ; s'il n'y a pas contradiction, cela peut venir de ce que l'intervention n'est interdite qu'à l'État et non à la commune civile ; le droit de cette dernière à l'intervention se fonde rait sur le devoir de contribuer au culte (entretien des bâtiments, etc.) en cas d'insuffisance des revenus propres des fabriques.

En Suisse, la législation semble en ce moment dans une phase transitoire, mais elle ne paraît jamais avoir été très-libérale en matière de religion. Les populations ont toujours été trop ardentes, trop passionnées pour admettre volontiers qu'on ne soit pas de leur opinion. Mais dans l'intérieur de la paroisse, l'élection joue un certain rôle.

L'Italie s'est déclarée partisan du principe : « l'Église libre dans l'État libre » ; elle ne s'occupe donc que de la police extérieure du culte. Il peut se former des paroisses dissidentes, mais elles ne pourront jamais être considérées que comme une association libre. (Voy. Culte et Fabrique.)

M. B.

PAROISSE (PROTESTANTE). 1. *Organisation.* Le décret du 26 mars 1852 appelle paroisse un groupe de protestants habitant une ou plusieurs communes et pour lesquels l'État rétribue un ou plusieurs pasteurs. Lorsque la paroisse est composée de plusieurs communes, celle où réside légalement le pasteur est le chef-lieu de la paroisse.

2. Les paroisses protestantes sont des établissements d'utilité publique; elles peuvent posséder, acquérir ou aliéner, en se conformant aux lois spéciales.

3. D'après l'art. 1er du décret organique, chaque paroisse est représentée par un *conseil presbytéral*, chargé de maintenir l'ordre et la discipline dans la paroisse, de veiller à l'entretien des édifices religieux du ressort paroissial, d'administrer les biens des églises et les deniers provenant des aumônes, de présenter des candidats aux places vacantes, de nommer, sous l'approbation du Consistoire, les pasteurs auxiliaires appelés à desservir des annexes, et d'agréger, sous la même réserve, les suffragants proposés par les pasteurs titulaires, et enfin d'accepter, avec l'autorisation du Gouvernement, les legs ou donations faites aux églises de la paroisse.

4. Le conseil presbytéral est composé de quatre membres laïques au moins, de sept au plus ; savoir :

Dans les Églises du culte réformé,

5 membres pour les paroisses de 1 pasteur ;
6 — — de 2 pasteurs ;
7 — — de 3 pasteurs et au-dessus.

Dans les Églises de la Confession d'Augsbourg,
4 membres pr les paroisses au-dessous de 800 prot.
5 — — de 800 à 1500 protest.
6 — — de 1500 à 2000 —
7 — — de 2000 et au-dessus.

5. Le conseil presbytéral est présidé par le plus ancien des pasteurs de la paroisse.

Le secrétaire, choisi parmi les membres laïques, est élu à la majorité absolue des suffrages.

6. Les conseils presbytéraux sont renouvelés par moitié tous les trois ans. Les membres sortants peuvent être réélus. On procède à la nomination du secrétaire à chaque renouvellement.

7. *Administration.* Le conseil presbytéral, en la personne du pasteur qui le préside, a la surveillance de la caisse. Le receveur ou caissier (ou trésorier) ne peut faire aucune dépense avant qu'elle n'ait été ordonnancée par le pasteur.

8. Il est dressé un *budget* ou état des recettes et des dépenses présumées du culte pour l'exercice suivant, afin de servir de base au compte que le caissier doit rendre à la fin de l'année.

Les *comptes* sont présentés par le caissier,

revus par le conseil presbytéral, et envoyés en triple expédition au Consistoire, qui, dans les églises de la Confession d'Augsbourg, les transmet, après révision, au Directoire.

9. La caisse du culte s'alimente des aumônes, des quêtes, du produit de la location des places, de la vente des biens donnés à l'église, des fondations et des intérêts des capitaux placés au nom de la caisse du culte.

10. Là où il y a une fabrique, toutes les dépenses sont ou peuvent être à sa charge[1].

En cas d'insuffisance des ressources de la fabrique, les dépenses pour frais de culte et mobilier des églises sont à la charge de la caisse du culte. Enfin, en cas d'insuffisance des revenus de cette caisse, ces dépenses sont supportées par la commune, dans le budget de laquelle se reproduit annuellement l'article : *Déficit de la fabrique protestante.* (L. 18 germ. an XI, 5 mai 1806; D. 30 déc. 1809, art. 62 ; L. 15 mai 1818, 18 juill. 1837.)

11. Au reste, la plupart des dispositions légales, citées au mot **Fabrique** (catholique), nos 51 à 85, s'appliquent également aux fabriques protestantes, avec les seules différences qui résultent de celles de l'organisation des deux cultes. Cette matière, en ce qui concerne le culte protestant, a été traitée, avec tous les développements qu'elle comporte, par M. le pasteur Buob, dans son *Code-Manuel ecclésiastique*, à l'usage des deux Églises protestantes de France. (Paris et Strasbourg, Ve Berger-Levrault et fils, 1855. In-8o.)

Ch. Read.

PARQUET. Ce terme est pris dans deux acceptions : 1o c'est le domicile légal des magistrats du ministère public ; c'est le lieu où l'on dépose les actes qu'on doit souvent leur communiquer ou leur signifier, les plaintes qu'on veut leur faire parvenir ; 2o ce sont les officiers mêmes du ministère public.

PARTIE CIVILE. On appelle ainsi la personne privée qui forme une plainte contre une autre soit par voie principale, soit par adjonction au ministère public. Plus spécialement on donne ce nom au plaignant qui réclame des dommages-intérêts.

PARTIE PUBLIQUE. C'est l'organe du ministère public. Ce nom lui vient de ce qu'il est créé pour agir dans l'intérêt de la société. On l'appelle *partie principale*, quand c'est lui qui agit comme demandeur, et *partie jointe*, quand il donne ses conclusions dans une instance intentée par un autre.

PASSALIS. Voy. Pertuis.

PASSE-DEBOUT. D'après l'art. 28 de la loi de finances du 28 avril 1816, le conducteur de boissons peut leur faire traverser un lieu sujet aux droits d'entrée, ou les y laisser séjourner moins de vingt-quatre heures sans payer ces droits, en obtenant un permis, à la condition, si

_____

1. « Souvent le conseil presbytéral n'a rien à gérer que les aumônes, ni d'autres biens à surveiller que les biens curiaux. Quand il est également appelé à gérer des biens spécialement affectés à l'entretien du culte et des bâtiments religieux, on a l'habitude de dire que l'église a une fabrique. C'est d'elle et de ses biens possédés par la paroisse qu'il s'agit ici. Les églises des départements de l'Est sont à peu près les seules qui possèdent des fabriques. »

Buob.

le chargement ne peut pas être escorté, de consigner ces droits ou d'en faire cautionner le montant. Or, c'est précisément ce permis qu'on nomme *passe-debout*. Le même article ajoute que la somme consignée est restituée ou que la caution est libérée au départ ou à la sortie des boissons de ce lieu. Les boissons conduites à un marché, dans un lieu sujet à ces droits, sont aussi soumises aux formalités du passe-debout (*art.* 29). Si le séjour doit dépasser vingt-quatre heures, le conducteur est tenu, d'après l'art. 30 de la même loi, de faire dans ce délai, et avant le déchargement, une déclaration de *transit*. (*Voy. ce mot.*)

PASSE-PORT. **1.** Le passe-port est un acte de l'autorité publique, qui permet à celui qui en est porteur d'aller et de venir librement d'un lieu à un autre.

2. *Historique.* Avant 1789, l'usage des passe-ports n'existait que pour certaines catégories de personnes, par exemple, pour celle qui voulait passer dans les Échelles du Levant et en Barbarie. (*Édit du 3 mars* 1781.)

Aboli par la loi des 3-4 septembre 1791, l'usage des passe-ports fut rétabli et généralisé le décret du 29 mars 1792, puis supprimé de nouveau par les décrets des 8 et 19 septembre 1792, puis enfin remis en vigueur par la loi du 6 février 1793 et le décret du 10 vendémiaire an IV, qui forme encore aujourd'hui la base de la législation en cette matière. Il convient d'ajouter qu'en fait le passe-port est rarement demandé et qu'il ne doit l'être qu'en cas de suspicion. Du reste, il est admis, qu'on peut se légitimer par tout autre papier. Bien que la législation sur les passe-ports soit suspendue depuis 1860, nous croyons devoir reproduire la législation telle qu'elle existe, et telle qu'elle pourrait être appliquée si les circonstances en rendaient l'application désirable au Gouvernement.

3. *Passe-port à l'intérieur ou pour l'étranger.* C'est le maire qui délivre le passe-port pour l'intérieur, et le préfet ou le sous-préfet pour l'étranger ; à Paris, et dans les deux cas, c'est le préfet de police. (*L.* 10 *vend. an IV, art.* 1 et 2.)

4. Par exception, les présidents des Chambres législatives peuvent délivrer des passe-ports aux membres de ces Chambres. (*D.* 28 *mars* 1792 *et* *Circ.* 20 *août* 1816.)

5. Les passe-ports des ambassadeurs et ministres étrangers et des personnes de leur famille et de leur suite sont délivrés par le ministre des affaires étrangères. (*D.* 23 *et* 27 *août* 1792.) Le même ministre en délivre également aux personnes chargées d'une mission, même scientifique.

6. Les fonctionnaires publics qui délivrent des passe-ports doivent, si les requérants ne leur sont pas connus personnellement, exiger l'assistance de deux témoins connus et domiciliés, lesquels sont désignés dans le passe-port. (*L.* 17 *vent. an IV, art.* 1er, *et C. P., art.* 155.)

7. Les feuilles de route remplacent les passe-ports pour les militaires. (*D.* 28 *mars* 1792.)

8. Les diplômes accordés aux membres des sociétés de secours mutuels approuvées, remplacent aussi les passe-ports pour les ouvriers. (*D.* 26 *mars* 1852, *art.* 12. *Voy.* **Société de secours mutuels.**) Il en est de même des livrets des ouvriers. (*L.* 22 *juin* 1854, *art* 9.)

9. Tout passe-port doit être individuel. Cependant le même passe-port peut comprendre le mari et la femme et même les enfants au-dessous de 16 ans. Il peut comprendre également deux frères ou deux sœurs, si l'un est en bas âge et sous la surveillance de l'autre. (*Instr. min.* 6 *août* 1827.)

10. Les passe-ports ne sont valables que pour un an, du jour de leur délivrance. (*D.* 11 *juill.* 1810, *art.* 4.)

11. Le prix des passe-ports est fixé à 2 fr. pour l'intérieur de la France et à 10 fr. pour l'étranger (*Décis.* 11 *juill.* 1810, *art.* 9), plus 2 décimes imposés par la loi du 2 juin 1875.

Les visas sont gratuits. (*D.* 18 *sept.* 1807, *art.* 5.)

12. Des passe-ports gratuits peuvent être accordés aux personnes indigentes et hors d'état d'en acquitter le prix. (*Avis du C.* 22 *déc.* 1811.) L'indigence est constatée par un certificat du commissaire de police. (*O. de pol.* 25 *avril* 1812.)

13. Des passe-ports gratuits avec secours de route (*voy. ce mot*) peuvent être délivrés aux mendiants et aux indigents régnicoles qui veulent regagner leurs foyers, ainsi qu'aux étrangers sans aveu qui doivent quitter le territoire français (*L.* 13 *juin* 1790). La délivrance des passe-ports gratuits avec secours de route appartient aux préfets. (*Circ. min.* 25 *oct.* 1833.)

14. Tous les agents de l'autorité publique ont le droit d'exiger la représentation du passe-port des voyageurs. (*D.* 29 *juill.* 1792.)

15. *Faux en matière de passe-ports.* Celui qui fabrique un faux passe-port, ou falsifie un passe-port originairement véritable, ou fait usage d'un passe-port fabriqué ou falsifié, est puni d'un emprisonnement d'une année au moins et de cinq ans au plus. (*C. P., art.* 153.) Cette peine est toujours élevée au maximum lorsqu'elle s'applique à des porteurs de faux passe-ports, vagabonds ou mendiants. (*C. P., art.* 281.) L'usage d'un faux passe-port consiste notamment dans son exhibition aux officiers de police et aux logeurs.

16. Le *port* d'un faux passe-port n'équivaut pas à l'usage de ce passe-port. Aussi l'art. 281 du Code pénal, qui fait une circonstance aggravante du délit de mendicité ou de vagabondage, de la circonstance que les auteurs de ce délit sont *porteurs* de faux passe-ports, doit se combiner et se commenter, pour son application, avec l'art. 153, qui suppose, non le simple port, mais encore l'usage (CHAUV. et HÉLIE, *Th. C. P.,* tome IV, p. 13.)

17. Celui qui prend, dans un passe-port, un nom supposé, ou qui concourt, comme témoin, à faire délivrer un passe-port sous un nom supposé, est puni d'un emprisonnement de trois mois à un an. (*C. P., art.* 154.) L'officier public qui délivre un passe-port à une personne sous un nom supposé et qui connaît cette supposition, est puni du bannissement. (*C. P., art.* 155, § 2.)

ADMINISTRATION COMPARÉE.

Allemagne. La législation qui imposait un passe-port à chaque voyageur et qui exigeait des visas ne pouvait plus se soutenir en présence des chemins de fer. Aussi remplaça-t-on, dès 1850 (convention du 21 octobre), les passe-ports par de simples cartes d'identité, qu'on avait rarement à exhiber, et dont on se munissait dans son propre intérêt. Elles n'imposaient qu'une minime dépense. Mais on alla plus loin. Convaincus que le passe-port ne rend aucun service à l'ordre public, tandis qu'il gêne le voyageur, les gouvernements allemands se sont entendus pour faire la loi du 12 octobre 1867. Selon l'art. 1er de cette loi, personne — ni Allemand, ni étranger — n'a besoin de passe-port pour circuler dans le pays, ce qui ne supprime pas, bien entendu, le droit de la police de demander des papiers à une personne suspecte. En fait, jamais des papiers ne sont demandés ; les visas sont abolis (art. 5). Cependant, comme il y a encore des pays où des passe-ports sont demandés [1], l'autorité compétente en délivre à qui en demande. Il y a pour ce but des cadres identiques pour tout le pays (art. 7) et la taxe ne doit pas dépasser 1 thaler ou 3 fr. 75 c. (art. 8). Toutefois, en cas de guerre ou de troubles, le passe-port peut ê re introduit d'une manière *temporaire* (*vorübergehend*), dit l'art. 9. Le même passe-port ne peut pas être valable pendant plus de deux ans. (*Décis. min.* 27 *mars* 1868.)

Les cartes d'identité (*Passkarten*) introduites le 21 octobre 1850 continuent à être en vigueur ; elles ont été réglementées en Prusse par un arrêté du ministre de l'intérieur du 31 décembre 1860.

En Angleterre, les passe-ports ne sont pas exigés, mais on en donne à ceux qui en demandent ; une loi du 14 juin 1858 en a réduit le prix, en remplaçant le timbre de 5 sh. par un timbre de 6 pence (62 1/2 centimes).   M. B.

PASTEUR. *Voy.* **Cultes non catholiques** et **Paroisse (protestante).**

PATENTE BRUTE, NETTE. *Voy.* **Régime sanitaire.**

PATENTES.

SOMMAIRE.

CHAP. I. BASES DE LA LÉGISLATION, 1 à 7.
   II. DU DROIT FIXE, 8 à 16.
   III. DU DROIT PROPORTIONNEL, 17 à 22.
   IV. DES EXEMPTIONS, 23 à 26.
   V. FORMATION DES MATRICES ET DES RÔLES, 27.
   VI. DU PAIEMENT, DU RECOUVREMENT ET DE LA POURSUITE, 28 à 35.
   VII. DES CENTIMES ADDITIONNELS ET DES PRÉLÈVEMENTS, 36 à 39.

CHAP. I. — BASES DE LA LÉGISLATION.

1. L'impôt des patentes, contribution directe et de quotité, date de la Révolution. Il fut établi par la loi des 2-17 mars 1791, la même qui, supprimant le régime des jurandes et des maîtrises, affranchit l'industrie de ses entraves et en proclama le libre exercice.

Son principe ne fut pas admis sans une grande résistance de la part de l'école des physiocrates, à laquelle une partie de l'Assemblée constituante appartenait. Cet impôt, tel qu'il fut établi par la loi de 1791, était proportionnel aux loyers des bâtiments occupés par les industriels, et en raison progressive de ces loyers. Dans sa conception primitive, il faisait donc en quelque sorte double emploi avec l'impôt mobilier.

2. Ce fut pour ces motifs que la Convention supprima l'impôt des patentes par la loi du 21 mars 1793. Il reparut dans la loi du 4 thermidor an III, mais il ne frappa que certaines professions. Pour éviter le reproche que l'on avait fait à la loi de 1791, le principe du droit fixe fut substitué à celui du droit proportionnel à la valeur locative ; on établit une série de droits fixes, gradués d'après la nature de l'industrie, son importance et la population du lieu dans lequel elle était exercée. Les patentes étaient divisées en patentes générales qui s'appliquaient à tous les négoces, et patentes particulières qui s'appliquaient aux diverses professions. La loi du 6 fructidor an IV, qui remplaça la loi de l'an III, concerna toutes les

professions et créa, en combinant un droit fixe avec un droit proportionnel, un système plus rationnel, que les lois du 9 frimaire et du 9 pluviôse an V, du 7 brumaire an VI et du 1er brumaire an VII se bornent à perfectionner.

3. La loi de l'an VII, qui est restée en vigueur, presque sans altération, jusqu'à la loi du 25 avril 1844, mérite d'arrêter notre attention. L'impôt dut atteindre toutes les professions que n'exemptait pas une disposition formelle de la loi. Les métiers omis dans les prévisions du législateur durent être classés par assimilation à ceux qui étaient énumérés dans un tableau annexé. Les droits fixes furent déterminés par deux tarifs : le premier ne contenait qu'un petit nombre de professions taxées d'après un tarif exceptionnel ; dans le deuxième, l'ensemble des industries était réparti en 7 classes suivant leur nature ; chaque classe était subdivisée en 7 degrés suivant la population des lieux où l'industrie était exercée ; pour quelques professions, par exception, le tarif ne tenait pas compte de la population. Quant au droit proportionnel, il consistait d'une manière uniforme dans le 10e du loyer de l'habitation du patentable, ainsi que des locaux affectés à l'exercice de sa profession.

4. La contribution rattachée à la délivrance d'une formule constatant le droit d'exercice de la profession, reçut de cette circonstance le nom de contribution des patentes. Ce fut peut être aussi pour le même motif qu'elle fut considérée, jusqu'à l'arrêté du 26 brumaire an X, comme un droit d'acte et perçue par les directeurs de l'enregistrement.

5. La loi de l'an VII, quoique modifiée dans plusieurs de ses dispositions par les lois du 25 mars 1817, du 15 mai 1818 et du 17 juillet 1819 (qui cherchèrent à établir un rapport plus direct entre les taxes et l'importance réelle des industries auxquelles elles s'appliquaient, et ajoutèrent pour certaines industries au droit fixe un nouvel élément, la taxe variable), présenta bientôt des lacunes et parut exiger une refonte. De nouvelles industries avaient pris naissance ; la détermination du droit fixe qu'elles devaient supporter nécessitait de nombreux classements par analogie. En outre, les valeurs locatives s'étaient accrues dans des proportions qui ne permettaient pas la stricte application des règles existantes quant à la fixation du droit proportionnel.

6. Aussi en 1830 des réformes importantes furent proposées à la législation des patentes ; l'impôt devait comprendre trois droits différents : un droit fixe, un droit variable et un droit proportionnel ; le classement des professions devait être supprimé et le revenu de chaque patentable atteint séparément ; mais les événements politiques empêchèrent la discussion du projet de loi qui consacrait ces réformes, dont la hardiesse aurait peut-être d'ailleurs amené le rejet.

7. Un projet de loi présenté en 1834 ne vint pas en discussion. Enfin, en 1843, le Gouvernement soumit aux Chambres un nouveau projet qui devint la loi du 25 avril 1844. Cette loi est encore la base de la législation actuelle. Diverses lois sont venues la compléter ; ce sont les lois des 18 mai 1850, 10 juin 1853, 4 juin 1858, 26 juillet 1860, 2 juillet 1862, 13 mai 1863, 18 juillet

---

1. En 1876, seulement en Russie et en Portugal. En France aussi, malgré les circulaires qui dispensent les voyageurs d'en avoir, on leur demande souvent le passe-port, mais s'ils n'en ont pas, ils passent tout de même, de sorte qu'on ne voit pas pourquoi le passe-port est demandé.

1866, 2 août 1868, 8 mai 1869, 27 juillet 1870, 29 mars, 16 et 23 juillet 1872[1].

CHAP. II. — DU DROIT FIXE.

8. De l'ensemble des textes que nous venons de citer ressortent les règles que nous allons exposer.

Tout individu, Français ou étranger, qui exerce un commerce, une profession, une industrie, non compris dans les exceptions déterminées par la loi, est assujetti à la contribution des patentes. Cette contribution se compose, comme sous l'empire des lois de l'an IV et de l'an VII, d'un droit fixe et d'un droit proportionnel.

9. Le droit fixe a pour but d'atteindre les industries relativement à leur importance naturelle. Il est déterminé par trois tableaux, sur lesquels toutes les professions ont été inscrites : 1° dans le tableau A, un nombre considérable de professions sont réparties, suivant leur importance, en 8 classes, et dans chaque classe la taxe est graduée suivant la population ; 2° le tableau B est spécial à quelques professions pour lesquelles une échelle particulière est établie ; le chiffre de la population ne sert pas moins à en déterminer le droit fixe ; 3° le tableau C comprend les industries dont l'importance n'est pas proportionnelle à la population ; elles sont pour la plupart établies à la campagne ou dans la banlieue des grandes villes ; la considération de la population y est remplacée, tantôt par le montant du capital de l'entreprise, tantôt par le nombre des ouvriers, colliers de voitures, métiers, chaudières ou hauts-fourneaux que les industries emploient, tantôt encore par le nombre de kilomètres exploités. Ces tableaux ont été l'objet de modifications et d'additions nombreuses dans la loi du 18 mai 1850 et dans les lois ultérieures.

10. Les droits fixes de la plupart des patentables compris dans le tableau C, ont été élevés d'un 5° par la loi du 29 mars 1872. Cette même loi a abrogé l'art. 17 de la loi de 1850, d'après lequel les droits fixes des professions, commerces et industries tarifés en raison du nombre des ouvriers, machines et autres moyens de production, sans égard au nombre des habitants, ne pouvaient dépasser le maximum établi pour celle des industries exercées passible du droit fixe le plus élevé. Enfin, si le droit est déterminé d'après ces bases, les ouvriers de moins de 16 et de plus de 65 ans ne sont comptés dans les éléments de cotisation que pour la moitié de leur nombre. (*L. 4 juin* 1858.)

1. DES MODIFICATIONS RÉCEMMENT PROPOSÉES. En présence des besoins exceptionnels du Trésor, diverses propositions furent faites à l'Assemblée nationale en vue de créer, sous des formes différentes, de nouveaux impôts sur les revenus industriels, commerciaux et professionnels. Les unes se bornaient à demander un remaniement des patentes et un rehaussement des tarifs appliqués à certaines professions ; les autres demandaient l'établissement de taxes sur le revenu ou le chiffre des affaires. Les premières seules, après les discussions très-vives, furent prises en considération. Les principales réformes subies par la législation des patentes dans les lois de 1872 ont été indiquées dans le texte.

Conformément à la promesse d'une révision générale de la matière que contenait la loi du 16 juillet 1872, le Gouvernement a présenté à l'Assemblée, le 20 mai 1873, un projet de loi qui a été l'objet d'un rapport déposé le 14 novembre. Ce projet n'a pas abouti, mais un nouveau projet, peu différent d'ailleurs, a été présenté en 1876 ; s'il est voté, nous en reproduirons les dispositions dans le *Supplément annuel*.

11. Lorsqu'un nouveau recensement fait passer une commune dans une catégorie supérieure à celle dont elle faisait précédemment partie, l'augmentation du droit fixe des industries qui y sont établies (on sait qu'il est en rapport avec le chiffre de la population), n'a lieu que pour moitié dans les cinq premières années.

12. Les patentables exerçant, dans la banlieue d'une commune de 5,000 habitants et au-dessus, des professions imposées à raison de la population, ne paient le droit fixe que d'après le tarif applicable à la population non agglomérée, tandis que ceux qui exercent leurs professions dans la partie agglomérée sont imposés à raison du nombre total des habitants.

13. Les commerces, industries et professions omis dans les tableaux de la loi du 25 avril 1844 et leurs annexes, doivent être taxés par analogie en vertu d'arrêtés spéciaux des préfets. Mais tous les cinq ans des tableaux additionnels contenant la nomenclature des industries taxées par voie d'assimilation depuis trois ans au moins, doivent être soumis à la sanction législative.

14. La loi de 1844 ne soumettait le patentable qui a plusieurs établissements de même nature ou de nature différente, qu'à un seul droit fixe, qui d'ailleurs était toujours le plus élevé de ceux qu'il aurait eu à payer s'il avait été assujetti à autant de droits fixes qu'il exerçait de professions. D'après la loi du 4 juin 1858, au contraire, il était imposable au droit fixe entier pour l'établissement donnant lieu au droit fixe le plus élevé, et pour chacun des autres établissements à la moitié du droit fixe afférent à la profession qui y était exercée. — Enfin, depuis la loi du 29 mars 1872, il est passible d'un droit fixe entier, en raison de la profession exercée dans chacun de ses établissements.

15. Si plusieurs professions, au contraire, sont exercées dans le même local, un seul droit fixe est dû, le plus élevé. C'est une pensée de protection pour certains petits commerçants de la campagne qui a fait édicter cette règle ; le cumul de plusieurs industries, loin d'être un signe de bénéfices sérieux, indique au contraire fréquemment l'exiguïté des profits.

16. Des dispositions particulières régissent les sociétés commerciales et industrielles. Sont-elles anonymes, un seul droit fixe est payé. Sont-elles en nom collectif, l'associé principal paie seul le droit fixe entier ; un deuxième droit fixe se divise en autant de parties égales qu'il y a d'associés, et une de ces parts est imposée à chaque associé secondaire, mais sans qu'elle puisse dépasser le vingtième du droit fixe imposable au nom de l'associé principal pour ceux des associés qui sont habituellement employés comme simples ouvriers dans les travaux de l'association. (*L. 18 mai* 1850 *et 26 juill.* 1860.)

CHAP. III. — DU DROIT PROPORTIONNEL.

17. Le droit proportionnel est basé sur la valeur locative de chaque local industriel muni de tous ses moyens de production et de toutes ses dépendances, et sur l'habitation principale du patentable. Si ce dernier ne dirige pas lui-même son établissement, le droit pèse sur l'habitation de son gérant. — S'agit-il de société, il est établi sur tous les locaux servant à l'industrie sociale, et de plus, si la société est en nom collectif ou en commandite, sur l'habitation de l'associé principal.

18. Précédemment fixé au 10e, le droit proportionnel a été réduit par la loi de 1844 au 20e de la valeur locative. Cette modification ayant coïncidé avec une plus grande exactitude dans les évaluations, n'a pas amené un dégrèvement considérable. Par exception et en vertu de dispositions formelles, certaines professions ont à payer un droit différent; pour les unes, telles que les professions libérales qui ne paient pas de droit fixe, le droit proportionnel est du 15e; pour d'autres il s'abaisse au 25e, au 30e, au 40e et même au 50e. Enfin il est des professions qui ne sont assujetties qu'au droit fixe.

19. La loi du 29 mars 1872 a porté le taux du droit proportionnel du 15e au 10e, pour tous les patentables du tableau B et de ses annexes et modifications, et pour ceux de la classe du tableau A, également modifié; du 20e au 15e pour ceux des 2e et 3e classes de ce dernier tableau.

20. La détermination de la valeur locative des locaux industriels et de la maison d'habitation ne doit pas être approximative, mais absolument précise. Aussi a-t-elle pour base des baux authentiques, ou, à leur défaut, une notoriété certaine ou une minutieuse appréciation. On cherche ici la valeur réelle, parce qu'il s'agit d'un impôt de quotité, dont le produit dépend par conséquent des valeurs sur lesquelles il est assis. Pour l'impôt mobilier au contraire, qui est un impôt de répartition, la valeur locative peut à la rigueur être atténuée sans inconvénient; il suffit que l'atténuation soit générale et ait lieu dans les mêmes proportions pour que la répartition soit équitable.

21. Un patentable exerce souvent diverses professions, toutes passibles d'un droit proportionnel différent. Les exerce-t-il dans un même local ou dans des locaux non distincts, il est imposé d'après le taux applicable à la profession pour laquelle il paie le droit fixe. Les exerce-t-il dans des locaux différents, il paie autant de droits proportionnels qu'il y a de locaux distincts, et pour chaque local le droit applicable à l'industrie qui y est exercée. — Mais dans ce dernier cas, tandis que sa maison d'habitation était taxée suivant la loi de 1844, d'après le taux applicable à la profession pour laquelle il était imposé au droit fixe, depuis la loi du 29 mars 1872, qui a soumis le patentable à autant de droits fixes qu'il a d'établissements distincts, le droit proportionnel qu'elle supporte est désormais réglé d'après la profession pour laquelle le patentable paie le droit fixe le plus élevé.

22. La combinaison, pour la plupart des professions, du droit fixe et du droit proportionnel a pour but de rendre la taxe proportionnelle aux bénéfices présumés des patentables.

CHAP. IV. — DES EXEMPTIONS.

23. La loi de 1844, qui avait posé en principe que l'impôt des patentes devait frapper tout commerce, toute profession, toute industrie, contenait cependant une liste de professions dispensées de la patente plus étendue encore que celle de la loi de l'an VII.

24. La loi du 18 mai 1850 a consacré sur ce point une réforme importante, en soumettant à un droit proportionnel du 15e la plupart des professions libérales que l'art. 13 de la loi de 1844 avait exemptées de tout droit. Ce droit est une véritable taxe mobilière supplémentaire, avec la seule différence qu'il est dû non-seulement pour l'habitation, mais encore pour les locaux affectés à l'exercice de la profession. C'est que les professions libérales ne sont assujetties à aucun droit fixe.

25. Les fonctionnaires publics et les employés salariés par l'État, les départements ou les communes, sont exemptés de la patente; leur assujettissement à l'impôt équivaudrait à une réduction de traitement. D'autres exemptions sont fondées sur l'intérêt de l'agriculture. Mais l'article 18 de la loi de 1850 a restreint ici l'art. 13 de la loi de 1844 et a soumis au droit les industries qui ne sont pas absolument agricoles, et dont certaines avaient pris depuis quelques années une extension notable. Le législateur de 1850, qui n'avait obéi qu'à des considérations budgétaires en taxant les professions libérales et n'était entré qu'à regret dans cette voie, a omis, volontairement sans doute, d'imposer certaines de ces professions. Ce sont autant d'exemptions dont il est quelquefois difficile d'expliquer le motif.

26. De nombreuses exemptions sont basées sur le peu d'importance de la profession, sur l'exiguïté des bénéfices. Le nombre en était assez restreint dans la loi de 1844, mais il a été étendu dans des proportions considérables, en présence des légitimes réclamations et de la situation digne d'intérêt de la plupart des petits patentables, par les lois de finances de 1854, de 1858, de 1862, de 1868, qui ne sont d'ailleurs que la légalisation et le développement de l'interprétation sage et libérale que la jurisprudence du Conseil d'État avait donnée à l'art. 13 de la loi de 1844.

CHAP. V. — FORMATION DES MATRICES ET DES RÔLES.

27. La contribution des patentes étant un impôt de quotité, le recensement annuel des imposables et la formation des matrices des rôles appartiennent au contrôleur des contributions directes, sans que la commission des répartiteurs ait à intervenir. Ce travail consiste simplement dans l'application à chaque patentable des droits fixés par la loi; les représentants des contribuables n'ont donc pas besoin d'y prendre part. Les matrices préparées par le contrôleur sont soumises au maire, qui, après avoir laissé un certain délai aux intéressés pour produire leurs observations, doit donner son avis et adresser les matrices au sous-préfet dont l'approbation est aussi nécessaire. Si le maire et le sous-préfet proposent dans le travail du contrôleur des modifications auxquelles il se refuse, le directeur des contributions directes doit soumettre la contestation au préfet avec son avis motivé. La question est tranchée par le préfet, s'il adopte les conclusions du directeur; sinon il en est référé au ministre des finances. Les matrices sont destinées à rester entre les mains du directeur, qui fait dresser dans les bureaux les rôles que le préfet rend ensuite exécutoires. (*Voy.* **Contributions directes.**)

CHAP. VI. — DU PAIEMENT, DU RECOUVREMENT ET DE LA POURSUITE.

28. La contribution des patentes, que la loi de l'an VII déclarait exigible pour le tout dans les trois premiers mois de l'exercice, est payable aujourd'hui par douzième; le recouvrement en est poursuivi comme celui des contributions directes en général. (*Voy.* **Contributions directes.**)

29. Néanmoins les patentables dont la profession n'est pas exercée à demeure fixe doivent acquitter le montant total de leur cote au moment où la patente leur est délivrée : cette exception se justifie par le peu de garantie qu'offre le caractère nomade de ces professions. — Le patentable, quel qu'il soit, perd également le bénéfice du paiement par douzième quand il déménage hors du ressort de la perception ou en cas de vente volontaire ou forcée.

30. La patente est due pour l'année entière par toute personne exerçant au 1er janvier une profession imposable. Cette règle de l'annalité de l'impôt comporte deux exceptions: 1° en cas de cession d'établissement, la patente est, sur la demande du cédant, transférée à son successeur; il s'agit ici, il est vrai, moins d'un dégrèvement que d'une mutation de cote ; 2° si un magasin, une boutique, un atelier sont fermés par suite de décès ou de faillite déclarée, le droit n'en est dû que pour le passé et le mois courant; sur la réclamation des intéressés, il est accordé décharge du surplus de la taxe.

31. Lorsqu'il s'agit d'impôts de répartition, aucun droit n'est dû pendant le reste de l'année par ceux qui ne sont pas imposables au 1er janvier; c'est qu'il est naturel qu'une fois la répartition faite à ses divers degrés, aucun contribuable ne puisse être ajouté. Mais la contribution des patentes est un impôt de quotité, il en résulte que si une profession sujette à patente est entreprise après le mois de janvier, la contribution est due à partir du 1er du mois dans lequel on a commencé à l'exercer. Cependant, si par sa nature l'industrie ne peut être exercée pendant toute l'année, si elle constitue ce qu'on appelle une campagne, la contribution est due pour l'année entière, quelle que soit l'époque à laquelle elle a été entreprise.

32. Des suppléments de droits fixes peuvent être exigés des patentables qui, dans le courant de l'année, entreprennent une profession d'une classe supérieure à celle qu'ils exerçaient d'abord, ou passibles d'un droit proportionnel plus élevé ou qui transportent leur établissement dans une commune d'une plus forte population. Il peut enfin être dû des suppléments de droit proportionnel par ceux qui prennent des locaux d'une valeur locative supérieure à celle des locaux pour lesquels ils ont été primitivement imposés.

33. Quand un patentable déménage furtivement, son propriétaire doit, dans les trois jours, en donner avis au percepteur. Si le déménagement a lieu hors du ressort de la perception, il doit, un mois avant le départ de son locataire, lui demander la présentation de ses quittances, sinon avertir le même agent. L'inexécution de ces obligations emporte pour le propriétaire la responsabilité du dernier douzième échu et du douzième courant.

34. Les règles de compétence relatives au contentieux de l'impôt des patentes ne sont autres que celles applicables aux contributions directes en général. (*Voy.* **Contributions directes.**)

35. Non-seulement l'exercice d'une profession assujettie, par les individus non munis de patente, donne lieu à diverses mesures de rigueur, mais encore nul ne peut former de demande, ester en justice ou faire aucun acte extra-judiciaire relatif à son commerce, sans qu'il soit fait mention, en tête des actes, de sa patente, qui constitue pour ainsi dire la base de son état industriel ou commercial.

CHAP. VII. — DES CENTIMES ADDITIONNELS ET DES PRÉLÈVEMENTS.

36. Le nombre des centimes additionnels généraux proposé dans le budget de 1877 est de 57 c. $^6/_{10}$; il se divise ainsi : 14 c. $^6/_{10}$ additionnels sans affectation spéciale, et 43 centimes additionnels généraux extraordinaires.

37. Parmi les centimes spéciaux additionnels à l'impôt des patentes, les uns, les centimes départementaux et communaux, ne sauraient nous arrêter ici; les autres, au nombre de 5, contribuent à alimenter le fonds de non-valeurs, sur lequel sont imputées, en outre des remises et modérations d'impôts en général, les décharges et réductions en matière de patentes.

38. La loi du 4 juin 1858 a affranchi du droit de timbre les formules de patente et a ajouté en remplacement 4 centimes additionnels au principal de l'impôt. Pour tenir compte de l'accroissement du droit de timbre dont ces formules auraient été passibles, le nombre de ces centimes a été augmenté de 3 c. $^6/_{10}$, par la loi du 23 juillet 1872.

39. Dans le but d'intéresser les administrations municipales à la perception de l'impôt des patentes, il est attribué sur son principal 8 centimes au profit des communes. Il est prélevé en outre, annuellement, une somme déterminée qui est attribuée au compte spécial établi en exécution de l'art. 19 de la loi du 18 juillet 1866 sur les courtiers en marchandises, et qui a pour but d'indemniser les courtiers en exercice au moment de la promulgation de cette loi qui proclama la liberté de leur profession. Cette somme s'élève, d'après les prévisions du budget de 1877, à 1,119,200 fr.

E. DE PARIEU.

PATRONAGE DES LIBÉRÉS. 1. Le patronage est le mode de protection accordée aux individus sortis des prisons ou établissements d'éducation correctionnelle.

2. Dans la pensée de ses défenseurs, le patronage a un double but : l'amélioration individuelle des libérés et l'augmentation des conditions de sécurité publique par la diminution du nombre des récidives. Il est né de cette constatation trop réelle que beaucoup de condamnés se trouvant, au moment de leur libération, sans travail et sans ressources, avec la circonstance aggravante d'un jugement qui les signale à la défiance et à la répulsion, ne peuvent réussir à gagner leur vie et sont fatalement voués à une rechute prochaine si personne ne leur vient en aide. Offrir à tous les libérés bien intentionnés la faculté de se relever par le travail, c'est en outre ôter aux incorrigibles le droit d'arguer devant les tribunaux de l'injustice de la société, fournir aux magistrats des éléments d'appréciation du plus haut intérêt, et donner aux pouvoirs publics le moyen d'appliquer aux malfaiteurs incurables les mesures nécessaires pour le maintien de l'ordre social, avec des garanties de discernement qui manquaient au roi Louis XIV quand il interdit le séjour de Paris aux vagabonds et aux mendiants par son édit de 1656, et à la Convention nationale qui décréta leur transportation.

3. Le patronage des libérés est, depuis longtemps, dans plusieurs pays étrangers, une institution florissante, notamment en Angleterre, où sont établies quarante-huit sociétés de ce genre, et dans les États-Unis, où douze États possèdent des associations destinées à venir en aide aux individus sortis de prison.

4. La question du patronage des libérés n'a guère été sérieusement soulevée en France que sous la monarchie de Juillet, lors de ce vif mouvement des esprits qui se produisit pour la réforme pénitentiaire, sous l'impulsion d'hommes éminents, comme M. Bérenger (de la Drôme) et M. le comte Duchâtel, ministre de l'intérieur.

5. Le premier document officiel français relatif au patronage est une circulaire de ce ministre, en date du 28 mai 1842, où il est dit que « les libérés étant une cause incessante de trouble et de danger pour l'ordre public, tout le monde comprend qu'il faut atténuer ce mal qu'il sera peut-être impossible de faire cesser entièrement ». Puis sont examinés, avec beaucoup de développements, les moyens à employer. Suivant M. le comte Duchâtel, « il est nécessaire qu'à l'expiration de leur peine les libérés trouvent une main charitable pour les soutenir et les aider à surmonter les difficultés qui les attendent. Doit-on établir, à cet effet, des asiles spéciaux ? Ce serait, au fond, organiser la charité légale et créer un privilège dont le contraste offenserait la morale publique. Ce sont là des institutions locales, bonnes en elles-mêmes, surtout pour les femmes, mais qu'il ne conviendrait pas de transformer d'une manière générale en ateliers permanents. C'est la charité privée qui doit fonder des sociétés de patronage, et, sous la direction des commissions de surveillance des prisons, s'occuper du relèvement des libérés par le placement individuel. » La circulaire conclut à une consultation des conseils généraux sur diverses questions relatives à cet objet.

6. C'est de cette époque que date la fondation des premières sociétés de patronage en France : le 5 juin 1843, celle des jeunes détenus et des jeunes libérés du département de la Seine, créée sur l'initiative de M. Bérenger (de la Drôme), était reconnue comme établissement d'utilité publique, et celle des jeunes filles envoyées en correction, du même département, établie par Mmes de Lamartine et la marquise de Lagrange, en 1837, recevait une consécration identique le 6 août 1870. La loi du 5 août 1850 sur les jeunes détenus reconnaissait l'utilité du patronage et lui donnait un caractère officiel par son art. 19 ainsi conçu : « Les jeunes détenus désignés aux art. 3, 4, 10 et 16, §§ 2 et 3, sont à l'époque de leur libération

placés sous le *patronage* de l'Assistance publique, pendant trois années au moins... »

7. Le patronage des adultes, plus difficile que celui des enfants, moins intéressant à cause de l'âge des sujets auxquels il s'applique, n'a reçu un commencement d'exécution que vers ces dernières années. C'est à un publiciste dont l'existence a été vouée tout entière à la propagation du patronage sous toutes ses formes, qu'est due l'initiative qui a amené la fondation, dans notre pays, d'institutions en faveur des condamnés jugés postérieurement à leur seizième année.

8. M. Jules de Lamarque a créé, le 9 juin 1872, une société générale pour le patronage des libérés, dont le programme comporte un double objet : 1° la propagande en vue de la formation, en France, d'associations poursuivant le même but ; 2° l'essai, à Paris, du patronage des individus appartenant au département de la Seine. Cette œuvre, d'après ses derniers comptes rendus (1875), a patronné plus de 500 individus, sur lesquels la moyenne de la récidive ne dépasse pas 13 p. 100, tandis que, suivant la statistique criminelle, elle s'élève à 45 p. 100 pour la masse des libérés. (*Voy. plus loin la note*.) Un décret du 4 novembre 1875 a reconnu cette société comme établissement d'utilité publique.

9. Il existe également à Paris une société spéciale pour les libérés protestants, dont le fondateur est M. le pasteur Robin ; une œuvre pour le patronage des femmes de la prison de Saint-Lazare, appartenant au culte réformé, fondée par Mme Mallet.

10. Dans les départements, des sociétés de patronage ont été fondées à Lyon, Rouen, Bordeaux, Dijon, Laon, Versailles, etc., sous l'impulsion et d'après les principes de la société générale de Paris. Plusieurs refuges pour les femmes repenties, dirigés par la congrégation des sœurs de Marie-Joseph, accueillent un grand nombre de libérées.

11. Les pouvoirs publics ne se sont pas moins préoccupés que la bienfaisance privée du sort des libérés : au mois d'octobre 1869, une commission fut nommée par le Gouvernement avec mission d'étudier spécialement cette question, mais les événements de l'année 1870 arrêtèrent ses travaux. Dès 1871, la commission d'enquête parlementaire sur les établissements pénitentiaires nommée par l'Assemblée nationale accordait au patronage une large place dans ses délibérations. Par l'organe de ses rapporteurs, MM. Louis La Caze et d'Haussonville, elle a exprimé l'opinion, conformément à l'avis unanime de la Cour de cassation et des cours d'appels consultées, que « c'est à faciliter l'œuvre du patronage que doit tendre tout l'ensemble des institutions pénitentiaires d'un pays civilisé ». Les conseils généraux, d'autre part, en 1874 et 1875, ont presque tous émis des vœux, sur la demande de la société générale, en faveur du développement du patronage des libérés en France.

Enfin, l'administration a encouragé de son appui moral et pécuniaire les sociétés déjà fondées et signalé aux préfets, à différentes reprises, le prix qu'elle attacherait à leur extension. Une circulaire du ministre de l'intérieur, en date du 15 octobre 1875, a invité ces fonctionnaires à user de leur influence pour engager les commissions de surveillance des prisons à se constituer en comités de patronage, avec l'adjonction, pour cet objet spécial, de collaborateurs supplémentaires et suivant les principes ci-après adoptés par la société générale : 1° ne donner assistance qu'aux libérés présumés amendés ; 2° abandonner ceux qui ne s'appliquent pas au travail ; 3° n'accorder que des secours consistant en bons pour la nourriture, le coucher ou l'achat d'outils, sous forme d'avance et à condition de remboursement[1]. MAURICE FAURE.

BIBLIOGRAPHIE.
Voyez le mot Prisons.

PATURAGE. C'est le droit de faire paître des bestiaux sur certains fonds. Il se dit de toutes les bêtes, à la différence du *pacage,* qui ne s'entend que du droit de faire pâturer des bêtes à cornes : c'est donc un terme parfaitement général. Quant aux fonds sur lesquels le droit de pâturage s'exerce, ce sont des fonds privés dont un autre est propriétaire, des biens communaux ou des bois.

On appelle aussi pâturages les terrains couverts d'herbes trop rares ou trop courtes pour qu'on puisse les faucher et qui ne peuvent, en conséquence, être utilisées qu'en y conduisant les bestiaux.

PAVAGE. *Voy.* Voirie.

PAYEURS.

CHAP. I. — PAYEURS DU TRÉSOR.

1. On a donné ce titre aux comptables ayant pour mission d'acquitter les dépenses publiques.

2. La loi du 24 novembre 1790 supprima les receveurs généraux et particuliers et créa les receveurs de district qui furent chargés de la dépense. Plus tard, l'Assemblée nationale décréta la création de payeurs départementaux autorisés à avoir des préposés ou à employer les receveurs de district pour les dépenses locales. (*L.* 12 *oct.* 1791.) — A cette organisation succéda celle des payeurs généraux de la guerre, de la marine, de la dette publique et des dépenses diverses, et des payeurs divisionnaires militaires (*Arr. du gouv.* 1er *pluviôse an VIII* [*févr.* 1800]), qui furent supprimés par l'ordonnance royale du 18 novembre 1817.

3. A partir du 1er janvier 1818, le service des dépenses fut confié à un directeur des dépenses, à deux payeurs principaux pour les dépenses payables à Paris, et à un payeur par département pour celles à acquitter dans les départements.

1. S'il en est ainsi, il n'est pas étonnant que la société fondée par M. de Lamarque (voy. n° 8) n'ait que 13 p. 0/0 de récidives. Du reste, soyons reconnaissants de ce qu'on a fait sans trop discuter les résultats. M. B.

4. Le directeur des dépenses fut supprimé en 1824, et les deux payeurs principaux de Paris furent remplacés par un payeur central des dépenses qui, en 1848, réunit les fonctions de caissier, sous le titre de caissier-payeur central du trésor public.

5. Enfin une ordonnance du 1er novembre 1829 supprima les payeurs spéciaux de la marine et les préposés de la guerre et de la marine, et réorganisa le service des payeurs des départements tel qu'il a existé jusqu'à la fin de 1865, époque à laquelle ces comptables et les receveurs généraux furent remplacés par des trésoriers-payeurs généraux. (*D.* 21 *nov.* 1865). (*Voy.* **Trésoriers-Payeurs généraux** *et* **Comptabilité publique,** *n°s* 113 à 152.)

CHAP. II. — TRÉSORIERS-PAYEURS EN ALGÉRIE ET PRÉPOSÉS.

6. Dans le principe, il n'existait qu'un seul trésorier-payeur en Algérie, chargé du service de la trésorerie et des postes.

7. L'ordonnance du 16 décembre 1843 créa, pour le remplacer, trois trésoriers-payeurs aux résidences d'Alger, de Constantine et d'Oran. Ces comptables remplissent, pour le service des recettes et des dépenses par province, les mêmes fonctions que les trésoriers-payeurs généraux en France. (*O.* 21 *août* 1839, 17 *janv.* 1845 *et* 2 *janv.* 1846.) Toutefois, un décret du 7 février 1860 a distrait le service des postes de celui de la trésorerie.

8. Les trésoriers-payeurs ont sous leurs ordres des payeurs particuliers chargés d'acquitter pour leur compte les dépenses à la charge du Trésor, ainsi que les dépenses locales et municipales autorisées par les crédits budgétaires.

9. Les payeurs particuliers sont nommés, comme les trésoriers-payeurs, par des décrets rendus sur la proposition du ministre des finances. (*O.* 2 *janv.* 1845.)

10. Ces comptables sont placés dans les localités suivantes:

Province d'Alger. — Trésorier-payeur à Alger. Préposés payeurs à Aumale, Blidah, Médéah, Milianah, Orléansville, Ténez, Tizi-Ouzou.

Province de Constantine. — Trésorier-payeur à Constantine. Préposés payeurs à Bône, Philippeville, Sétif, Batna, Bougie, Biskra.

Province d'Oran. — Trésorier-payeur à Oran. Préposés payeurs à Mascara, Mostaganem, Nemours, Tlemcen.

CHAP. III. — TRÉSORIERS-PAYEURS COLONIAUX.

11. Il existe dans les colonies françaises des trésoriers-payeurs qui exercent les fonctions de receveurs des finances et de payeurs du Trésor pour l'acquittement des dépenses publiques. (*L.* 25 *juin* 1841.)

12. Ces comptables sont également chargés du service de trésorier des invalides, de caissier des gens de mer et de caissier des prises.

13. Ils sont nommés par des décrets rendus sur la proposition du ministre des finances et sur l'avis du ministre de la marine et des colonies.

14. Leur service et leurs écritures ont été déterminés par décret du 26 septembre 1855. Ce décret qui vise le sénatus-consulte du 3 mai 1854, ainsi que les décrets du 31 juillet et 29 août 1855, auxquels il convient de se reporter, embrasse l'ensemble du service financier de toutes les colonies.

15. Dans les grandes colonies, il peut exister un ou plusieurs trésoriers particuliers, selon l'importance et la division du territoire de la colonie. Ces comptables sont placés sous les ordres des trésoriers-payeurs, qui répondent de leur gestion. (*D.* 26 *sept.* 1855, *art.* 178.)

16. Les colonies où sont établis actuellement des trésoriers-payeurs sont les suivantes : Martinique, Guadeloupe, Réunion, Guyane, Sénégal, Côte-d'Or et Gabon, Saint-Pierre et Miquelon, Sainte-Marie de Madagascar, Mayotte, Océanie, Nouvelle-Calédonie, Inde, Cochinchine.

17. Il a été créé, en outre, des trésoriers particuliers à Saint-Pierre (Martinique), à la Pointe-à-Pitre (Guadeloupe), à Saint-Paul (Réunion), à Dakar (Sénégal).

18. Les trésoriers particuliers sont nommés par le ministre des finances, sur l'avis du ministre de la marine et des colonies.

19. Leurs cautionnements, ainsi que celui des trésoriers-payeurs, ont été fixés par l'art. 182 du décret du 26 septembre 1855.

CHAP. IV. — PAYEURS AUX ARMÉES.

20. Les payeurs aux armées exercent les mêmes fonctions et suivent les mêmes règles que les trésoriers-payeurs généraux en France, avec les modifications que peut nécessiter le service des armées actives sur le pied de guerre.

21. Aux armées, toutes les recettes en numéraire, quelles qu'en soient la nature et l'origine, s'effectuent à la diligence des payeurs, en vertu des ordres émanés du commandant en chef et notifiés par l'intendant militaire. Elles sont constatées au moyen de procès-verbaux dressés par les soins des fonctionnaires de l'intendance.

22. Les payeurs sont autorisés, au besoin, à requérir la force armée pour assurer la rentrée des sommes à recouvrer ; les chefs militaires sont tenus de déférer à leur réquisition et de les aider de tout leur concours. (*Règl. min. de la guerre* 3 *avril* 1869, *art.* 258.)

23. Les payeurs aux armées remplissent en outre les fonctions de préposés des domaines dans les opérations relatives aux ventes qui exigent l'intervention de ces agents. (*Règl. précité, art.* 259 *et* 260.)

24. Le payeur général a sous ses ordres des payeurs principaux, des payeurs particuliers, des payeurs adjoints et des commis de trésorerie.

25. Il est chargé d'exécuter le service des postes, en se conformant aux lois, règlements et instructions de cette administration.

26. Le cautionnement du payeur général, son traitement et celui de ses agents sont fixés par décision du ministre des finances.

CHAP. V. — AGENT COMPTABLE DES TRAITES DE LA MARINE.

27. Pour subvenir aux besoins des bâtiments de guerre et à ceux de plusieurs services accessoires, le département de la marine est conduit à faire sur tous les points du globe des dépenses dont le montant s'élève chaque année à une somme fort importante.

28. Il est pourvu à l'acquittement de cette masse de dépenses extérieures au moyen de traites que les trésoriers coloniaux, les consuls et les capitaines de bâtiments, selon les circonstances, sont autorisés à émettre, en transmettant au ministre de la marine les pièces justificatives des dépenses pour lesquelles ils ont tiré ces traites.

29. Une ordonnance royale du 13 mai 1838 a institué auprès du ministre de la marine un agent comptable justiciable de la Cour des comptes, spécialement chargé du service des traites tirées pour les dépenses de ce département.

30. Cet agent comptable n'a aucun maniement de fonds. Il revêt d'un vu bon à payer les traites acceptées par le ministre de la marine. Ces traites sont payées pour son compte par le caissier-payeur central du Trésor, lequel les lui remet quittancées contre son récépissé dûment contrôlé. L'agent comptable prend charge, dans ses écritures, du montant des traites acquittées, et poursuit auprès du ministre de la marine la liquidation définitive des dépenses, ainsi que la délivrance des ordonnances ministérielles nécessaires pour en assurer la régulière imputation sur les crédits législatifs.

31. Les dispositions de l'ordonnance royale précitée du 13 mai 1838 ont été modifiées et complétées dans leurs détails par celles de l'ordonnance royale du 30 novembre 1845.

E. LEGRAND.

PÉAGE. 1. Lorsque l'État veut établir une nouvelle voie de communication sans se charger de la dépense, il peut, en vertu de la loi du 14 floréal an X, offrir l'entreprise à l'industrie privée moyennant un péage que le concessionnaire est autorisé à percevoir à son profit. En général, ces péages sont limités à une durée qui ne dépasse pas quatre-vingt-dix-neuf ans, mais qui est souvent moindre, et ils peuvent toujours être supprimés par voie d'expropriation ou de rachat.

2. Chaque année, la loi des recettes autorise la perception des péages établis par le Gouvernement. On trouvera exposés dans les articles **Bacs ou passages d'eau, Canaux** et **Chemins de fer,** les droits et obligations des concessionnaires, ainsi que les tarifs et les exemptions. On suit, pour les écluses, débarcadères ou autres ouvrages de navigation, des règles analogues à celles qui existent pour les canaux. Quant aux péages établis sur des ponts ou sur des parties de routes, voyez **Travaux publics.** Chaque décret qui établit des droits de péage en renferme un tarif détaillé par piétons, animaux et voitures de diverses espèces ; les exemptions sont les mêmes que pour les bacs ou passages d'eau. (*Voy.* **Bacs.**)

3. Le Gouvernement peut, en vertu d'un décret rendu dans la forme des règlements d'administration publique, prolonger la concession d'un péage à certaines conditions, par exemple en imposant au concessionnaire l'obligation de reconstruire un ouvrage, ou de substituer le fer au bois dans un pont, etc. Un péage peut aussi être prolongé par arrêté du conseil de préfecture, en interprétation du cahier des charges, lorsqu'il y a lieu à garantie de la part de l'État, notamment s'il a été stipulé dans le contrat qu'en cas d'interruption du passage, le temps d'interruption serait ajouté à la concession. (*Arr. du C.* 3 *mars* 1837.)

4. D'après la loi du 10 août 1871, art. 46, les conseils généraux statuent, sauf le contrôle établi par l'art. 47, sur l'établissement et l'entretien des bacs et passages d'eau sur les routes et chemins à la charge du département, ainsi que sur la fixation des tarifs de péage.

5. Les communes peuvent être autorisées, soit à établir un péage sur un pont destiné au service d'une voie communale, ou sur un débarcadère ou autre ouvrage de navigation, soit à concéder l'entreprise moyennant un péage au profit du concessionnaire. (*Voy.* **Organisation communale.**) Le règlement de perception et le tarif du péage sont dressés par le conseil municipal ; le préfet y joint son avis motivé et transmet le dossier au ministre de l'intérieur, qui le communique au ministre des travaux publics ; puis il est statué, s'il y a lieu, par un décret rendu dans la forme des règlements d'administration publique. Lorsque la perception en régie simple ou en régie intéressée est préférée, le conseil municipal règle le nombre, le service et le traitement des préposés dans une délibération qui est soumise à l'approbation du préfet.

6. L'administration et la police des péages établis sur des ponts appartiennent aux préfets des départements dans lesquels ces ponts sont situés, « sans préjudice de la surveillance de l'administration municipale de chaque lieu » (*L. 6 frim. an VII*). Quand un pont touche à deux départements limitrophes, l'administration et la police du péage appartiennent au préfet « dans le département duquel se trouve située la commune la plus prochaine du pont ; en cas d'égalité de distance, la population la plus forte est déterminante » (*ibid.*). Ces règles, qui servent de même à déterminer la compétence des tribunaux, s'appliquent seulement aux bacs dans la loi précitée du 6 frimaire an VII ; mais par voie d'analogie une jurisprudence constante les a étendues aux ponts.

7. Les concessionnaires étant de véritables entrepreneurs, les contestations qui s'élèvent entre eux et l'administration, sur l'exécution de leur contrat, sont de la compétence des conseils de préfecture (*L. 28 pluv. an VIII*). Quant aux difficultés qui s'élèvent entre les concessionnaires ou préposés d'un péage et des particuliers sur la perception des droits, c'est aux tribunaux qu'il appartient d'en connaître (*Cass. 9 juill.* 1851). Si la légalité du péage est contestée et qu'il y ait lieu d'interpréter des actes administratifs, l'interprétation appartient à l'autorité administrative. (*Cass. 2 déc.* 1846.)

8. Lorsqu'un particulier ne croit point devoir le droit qui lui est demandé, et le consigne néanmoins en totalité, en se réservant de réclamer devant qui de droit, la contestation est de la compétence du juge de paix (*L. 11 sept.* 1790; *2 vend. et 27 frim. an VII*). Mais dans le cas où un particulier ne veut consigner qu'un droit inférieur à celui qui lui est demandé, ou refuse d'acquitter le droit, ou tente de se soustraire à cette obligation, ces faits constituent une contravention de la compétence du tribunal de police (*Cass. 8 juill.* 1852, 25 *févr.* 1853). Outre la restitution des droits, le tribunal peut infliger une amende de la valeur d'une à trois journées de travail, et, en cas de récidive, un emprisonnement d'un à trois jours.

L'affiche du jugement est aux frais du contrevenant (*L. 6 frim. an VII*). La peine encourue a un caractère de fiscalité qui exclut le principe du non-cumul des peines, et elle doit être appliquée autant de fois qu'il y a de contraventions (*Cass.* 24 *fév.* 1853). Si le refus d'acquitter le droit est accompagné d'injures, menaces, violences ou voies de fait, le coupable est traduit devant le tribunal de police correctionnelle et peut être condamné, outre les dommages-intérêts, à une amende d'un à cent francs et à un emprisonnement de trois mois au plus. Ces dispositions sont établies seulement pour les bacs dans la loi précitée de l'an VII ; mais la jurisprudence les a étendues aux ponts ; il en est de même de celles qui sont indiquées au numéro suivant.

9. Le tribunal de police est chargé de connaître des plaintes portées contre des concessionnaires ou préposés qu'on accuse d'avoir exigé des sommes plus fortes que celles qui sont portées dans les tarifs. Outre la restitution des sommes indûment perçues, le tribunal peut infliger une amende d'une à trois journées de travail et un emprisonnement d'un à trois jours. Le jugement est imprimé et affiché aux frais du contrevenant. En cas de récidive, ou si l'exaction est accompagnée d'injures, menaces, violences ou voies de fait, le prévenu est traduit devant le tribunal de police correctionnelle, et peut être condamné, indépendamment des dommages-intérêts, à une amende d'un à cent francs et à un emprisonnement de trois mois au plus. (*L. 6 frim. an VII.*)

SMITH.

PÊCHE FLUVIALE.

CHAP. I. — NOTIONS HISTORIQUES ET PRINCIPES GÉNÉRAUX.

1. La pêche fluviale, dont l'exercice n'était soumise à aucune entrave par la législation romaine, a été régie, au contraire, en France, depuis les premiers temps de la monarchie jusqu'à nos jours, par des dispositions légales ou réglementaires nombreuses, par la raison que les eaux formaient une partie importante du domaine et fournissaient une nourriture abondante. Les grands souverains qui se sont succédé depuis Charlemagne jusqu'à Louis XIV ont témoigné du haut intérêt qu'ils portaient à cette branche de la richesse publique, en rendant des ordonnances détaillées et empreintes d'une assez grande sévérité pour combattre les abus de toute nature. La multiplicité et la diversité de ces actes, dont plusieurs ne s'appliquaient qu'à certaines provinces, avaient toutefois engendré une telle confusion que, sous le règne de Louis XIV, la célèbre ordonnance des eaux et forêts d'août 1669 réforma complètement la législation de la pêche fluviale, en établissant, pour la France entière, des prescriptions simples et uniformes qui ont eu force de loi durant près de deux siècles.

2. Pour mettre cette législation de 1669 en harmonie avec nos mœurs actuelles, avec les progrès et les idées qui avaient prévalu à la suite de la révolution de 1789, le titre XXXI de l'ordonnance de 1669 a été remplacé par la loi unique du 15 avril 1829 sur la pêche fluviale. Cette loi a maintenu les principes généraux de l'ordonnance de 1669, confirmés par d'autres édits royaux, par des lois spéciales et par notre Code civil, en ce qui concerne les droits de l'État sur la pêche dans les fleuves, rivières et canaux navigables et flottables. Elle a sanctionné aussi les droits attribués aux riverains, par l'avis du Conseil d'État du 27 pluviôse an XIII et par le Code civil, sur la pêche dans les cours d'eau non navigables ni flottables.

3. Mais les cours d'eau étant solidaires et les poissons qui les peuplent formant en quelque sorte une propriété indivise, la loi de 1829 a attribué à l'État, dans un but d'intérêt général, la police et la surveillance de la pêche dans toutes les eaux publiques.

4. En même temps, la loi de 1829 a édicté les mesures indispensables pour la conservation du poisson, elle a défini les délits, réglé le mode de leur poursuite et déterminé les peines. Une loi du 6 juin 1840, touchant seulement le mode d'administration du droit de pêche appartenant à l'État, a modifié d'une manière peu importante quelques articles de la loi du 15 avril 1829, et ces deux lois ont été ainsi fondues en une seule qui a conservé la date du 15 avril 1829.

5. Pour être efficace, la nouvelle législation devait stipuler, parmi les mesures de conservation, l'interdiction de la pêche pendant la saison où le poisson se multiplie et prohiber les filets, engins et procédés, dont l'emploi aurait pour conséquence de sacrifier les ressources de l'avenir à un gain momentané. Or, les dispositions insérées à cet égard dans le projet de loi de 1829, ayant donné lieu, dans les Chambres, à des discussions qui n'aboutissaient à aucun résultat, il fut décidé, par ladite loi, qu'on les placerait sous le régime des ordonnances. Ensuite, pour appliquer plus promptement la loi, le Gouvernement pensa qu'il convenait de scinder les matières à régler par des ordonnances, et de prescrire d'abord, dans une ordonnance générale, datée du 15 novembre 1830, quelques dispositions uniformes, et de laisser aux administrations départementales le pouvoir de statuer sur les autres points avec le concours des conseils généraux, sous réserve de l'homologation par l'autorité supérieure.

6. Cependant les plaintes sur le dépeuplement des eaux publiques, qui avaient précédé la loi du 15 avril 1829, ayant continué après sa mise en vigueur, le Gouvernement a dû renforcer les moyens de protéger la production des poissons. A cet effet, une loi rendue le 31 mai 1865 a sanctionné une disposition analogue à celle de la loi sur la chasse, qui empêche en temps prohibé la vente du poisson et de son frai. Cette loi a autorisé en outre l'établissement de réserves de reproduction où la pêche est interdite d'une manière absolue pendant toute l'année, et elle a permis d'appliquer de nouveaux procédés que la science moderne a imaginés ou remis en lumière, tant pour la fécondation artificielle des œufs, que pour faciliter la remonte des poissons à travers les barrages.

7. D'un autre côté, la latitude laissée aux administrations départementales pour fixer les époques d'interdiction de la pêche correspondantes aux saisons du frai et pour déterminer les engins et procédés de pêche nuisibles, avait engendré des anomalies considérables qui facilitaient la fraude et rendaient illusoire la surveillance. Il devint donc indispensable de substituer à l'ordonnance générale du 15 novembre 1830 et aux règlements locaux qui en dérivaient, une réglementation uniforme plus complète sur les points capitaux intéressant la conservation des espèces. Ce fut l'objet d'un décret du 25 janvier 1868, qui, à cause de ses dispositions sévères, suscita de vives critiques. Le Gouvernement a donc été conduit à étudier avec soin la révision de ce décret, en cherchant à satisfaire toutes les demandes légitimes, sans sacrifier les principes fondamentaux, mais en laissant aux préfets des pouvoirs plus étendus sur les points secondaires. C'est pourquoi le décret du 25 janvier 1868 a été remplacé par le décret du 10 août 1875, délibéré en Conseil d'État et réglementant l'application des lois de 1829 et de 1865.

8. Enfin, la loi du 31 mai 1865 ayant disposé que les époques d'interdiction de la pêche et les dimensions au-dessous desquelles certaines espèces ne pourraient être péchées, seraient réglées d'une manière uniforme pour la pêche fluviale et pour la pêche maritime, dans les fleuves, rivières et canaux affluant à la mer, un décret du 20 novembre 1875, concordant avec celui du 10 août 1875, a satisfait à cette prescription.

9. Aujourd'hui la législation et la réglementation de la pêche fluviale se trouvent donc contenues dans les deux lois des 15 avril 1829 et 31 mai 1865, et dans le décret du 10 août 1875 qui se confond avec celui du 20 novembre 1875, ainsi que dans les arrêtés préfectoraux spéciaux à chaque département et revêtus de l'approbation ministérielle.

CHAP. II. — DROIT DE PÊCHE ET EXERCICE DE CE DROIT.
Sect. 1. — Droit de l'État et exercice de ce droit dans les voies navigables.
ART. 1. — DROIT DE L'ÉTAT.

10. Aux termes de la loi du 15 avril 1829, art. 1er, le droit de pêche, qui comprend aussi le gibier d'eau, est exercé au profit de l'État : 1° dans tous les fleuves, rivières, canaux et contre-fossés navigables et flottables, avec bateaux, trains ou radeaux, et dont l'entretien est à la charge de l'État ou de ses ayants cause ; 2° dans les bras, noues, boires et fossés qui tirent leurs eaux des fleuves et rivières navigables et flottables, dans lesquels on peut en tout temps passer ou pénétrer librement en bateau de pêcheur et dont l'entretien est également à la charge de l'État. Sont exceptés toutefois, les canaux et fossés existants ou qui seraient creusés dans des propriétés particulières et entretenus aux frais des propriétaires. Il a été entendu, lors de la discussion de la loi, que cette exception comprend les canaux et fossés servant de délimitation à deux héritages.

11. Il est à remarquer que les limites ainsi fixées du droit de pêche appartenant à l'État, sur les voies navigables et flottables, sont plus restreintes que les limites du domaine public sur les mêmes voies, car le domaine public y est délimité par la ligne des eaux coulant à pleins bords, tandis que le droit de pêche ne peut s'y exercer au profit de l'État que sur les espaces aquatiques accessibles en tout temps, c'est-à-dire même pendant les eaux basses, aux petits bateaux de pêcheurs. C'est là une cause de diminution des produits qui devraient appartenir à l'État et une

source de difficultés entre l'État et les propriétaires riverains. Mais le législateur a voulu, de la sorte, protéger plus sûrement les propriétés riveraines contre l'accès trop rapproché des pêcheurs.

12. L'art. 3 de la loi du 15 avril 1829 porte que des ordonnances royales détermineront, après une enquête, les parties des fleuves et rivières et les canaux où le droit de pêche sera exercé au profit de l'État, ainsi que les limites entre la pêche fluviale et la pêche maritime, dans les fleuves et rivières affluant à la mer. Il a été satisfait à cette prescription, d'abord par l'ordonnance du 10 juillet 1835, puis par une série d'autres ordonnances et décrets qui la complètent ou la modifient.

13. Le même art. 3 de la loi du 15 avril 1829 a décidé, dans l'intérêt des marins, que les limites entre la pêche fluviale et la pêche maritime, dans les fleuves et rivières affluant à la mer, seront les mêmes que celles de l'inscription maritime. Toutefois, la pêche faite dans l'intervalle compris entre les points où cesse la salure des eaux et la limite de l'inscription maritime, est soumise aux règles de police et de conservation établies pour la pêche fluviale. Divers décrets rendus le 4 juillet 1853 et postérieurement, ont fixé les limites de l'inscription maritime et les points de cessation de la salure des eaux sur les côtes de l'Océan et de la Méditerranée.

14. Les décrets portant déclaration de navigabilité d'un cours d'eau, et par suite attribution du droit de pêche à l'État, ne sont susceptibles d'aucun recours par la voie contentieuse ; mais dans le cas où, postérieurement à la loi du 15 avril 1829, les cours d'eau sont rendus ou déclarés navigables ou flottables, les propriétaires privés de leur droit de pêche reçoivent une indemnité préalable. (*Art. 3 de cette loi.*)

15. Le droit de pêche de l'État dans les voies navigables et flottables comporte une restriction spécifiée à l'art. 5 de la loi du 15 avril 1829, qui permet à tout individu d'y pêcher à la ligne flottante tenue à la main, le temps du frai excepté, sans payer aucune redevance. Cette disposition, adoptée en vue surtout de procurer un délassement à la classe ouvrière, est devenue en France une cause d'abus, en raison du perfectionnement de la ligne flottante, tandis que beaucoup de législations étrangères frappent d'un impôt les permis de pêche dans les mêmes conditions.

16. La loi du 15 avril 1829 prive-t-elle du droit de pêche dans les cours d'eau du domaine public les particuliers qui en jouissaient en vertu d'anciens titres et de possessions maintenus par l'ordonnance de 1669 ? L'art. 83 de cette loi, en décidant que les droits acquis seront appréciés d'après les lois antérieures, permet de considérer comme encore subsistants les droits de pêche d'origine non féodale concédés par l'État avant 1566.

ART. 2. — EXERCICE DES DROITS DE L'ÉTAT DANS LES VOIES NAVIGABLES ET FLOTTABLES.

17. La pêche au profit de l'État est exploitée, selon la loi du 15 avril 1829, amendée par celle du 6 juin 1840, soit par voie d'adjudication publique, soit par concessions de licences à prix d'argent.

18. Le mode de concessions par licences n'est

employé que lorsque l'adjudication a été tentée sans succès (*L.* 1829, *art.* 10). Les adjudications ont toujours lieu avec publicité et concurrence (*L.* 1829, *art.* 20); elles peuvent se faire au rabais, aux enchères et à l'extinction des feux, ou par soumissions cachetées. (*O.* 28 oct. 1840.) La durée des baux et licences est ordinairement de 9 ans.

19. La décision des contestations qui s'élèvent pendant les opérations de l'adjudication, sur leur validité, appartient au fonctionnaire qui préside la séance (*L.* 1829, *art.* 14); celles qui naissent entre l'administration et les adjudicataires, relativement à l'exécution des baux et, par suite, à la fixation des cantonnements respectifs de plusieurs fermiers, ou entre l'administration et ses ayants cause et des tiers intéressés à raison de leurs droits ou de leurs propriétés, doivent être portées devant les tribunaux ordinaires. (*L.* 1829, *art.* 4.)

20. Les fermiers et porteurs de licences ne peuvent user, sur les fleuves et canaux navigables, que du chemin de halage, et sur les rivières flottables que du marchepied, sauf à traiter de gré à gré avec les propriétaires riverains sur l'usage des terrains dont ils peuvent avoir besoin pour retirer et asséner leurs filets. (*L.* 1829, *art.* 35.)

Le produit total de la pêche appartenant à l'État atteignait seulement 471,000 fr. de 1840 à 1849, tandis qu'il s'est élevé à 820,000 fr. environ à partir de 1872, déduction faite de la valeur afférente à la portion de territoire cédée à l'Allemagne par le traité de paix de 1871.

Sect. 2. — Droits des riverains et exercice de la pêche dans les cours d'eau et canaux non navigables ni flottables.

21. Dans les rivières et canaux non navigables ni flottables, les propriétaires riverains ont exclusivement, chacun de son côté, le droit de pêche jusqu'au milieu du cours de l'eau, sans préjudice des droits contraires établis par possessions ou titres, et en se conformant aux lois et règlements particuliers sur la pêche (*L.* 1829, *art* 2). Ce droit des riverains est fréquemment illusoire ou susceptible de controverse, en raison de la difficulté d'observer la limite du milieu du lit dans les cours d'eau étroits, ou bien à cause de la faible longueur des propriétés riveraines.

22. Le droit de pêche dans les eaux non navigables ni flottables n'a pas une existence isolée et ne peut être vendu ni prescrit indépendamment du fonds riverain auquel il est attaché (*C. civ.*). Il peut toutefois être transmis temporairement à titre d'usage, d'usufruit ou de bail à loyer.

Sect. 3. — Droits de pêche dans les étangs ou réservoirs.

23. La pêche dans les étangs ou réservoirs n'est que l'exercice du droit de propriété privée; elle n'est pas soumise aux dispositions des lois et règlements.

Sont considérés comme étangs ou réservoirs les fossés et canaux appartenant à des particuliers, dès que leurs eaux cessent naturellement de communiquer avec les rivières.

CHAP. III. — MESURES DE CONSERVATION.

24. Les dispositions légales et réglementaires relatives à la conservation du poisson peuvent être distinguées en *deux sortes,* selon qu'elles ont pour objet *d'empêcher le dépeuplement* ou bien de *favoriser la reproduction.* Les unes sont d'ailleurs *générales* et *uniformes,* en ce sens qu'elles s'appliquent à la France entière et qu'elles se trouvent explicitement contenues dans les lois de 1829 et 1865, ainsi que dans le décret réglementaire de 1875; tandis que les autres sont *particulières* et *locales,* comme émanant des autorités départementales en vertu des pouvoirs délégués par la loi de 1829 et le décret de 1875.

Sect. 1. — Mesures générales destinées à empêcher le dépeuplement.

ART. 1. — CONDITION EXIGÉE POUR L'EXERCICE DU DROIT DE PÊCHE.

25. La pêche ne peut être exercée sans la permission de celui à qui le droit appartient. (*L.* 1829, *art.* 5.)

ART. 2. — ÉPOQUES D'INTERDICTION DE LA PÊCHE DURANT LA SAISON DU FRAI.

26. En France, les poissons qu'il est utile de protéger de la sorte peuvent être rangés dans deux catégories correspondant à deux périodes de ponte : celle d'hiver pour les salmonidés, et celle d'été pour les autres espèces. Ces deux périodes, durant lesquelles la vente et le colportage eussent dû être interdits, auraient embrassé des intervalles de temps très-considérables si l'on avait voulu respecter rigoureusement les lois naturelles de la reproduction, qui varient selon les climats et selon la rapidité, la qualité et la température des eaux ; mais l'administration s'est appliquée à trouver un intervalle moyen entre les saisons extrêmes du frai, de manière à protéger suffisamment les espèces les plus hâtives comme les espèces les plus tardives, et elle semble avoir atteint ce résultat en fixant la période de la ponte d'hiver du 20 octobre au 31 janvier, et celle de la ponte d'été du 15 avril au 15 juin. Le moyen le plus rationnel sans doute eût été de délimiter les régions soumises à une même période d'interdiction par bassins, ou par groupes de rivières, ainsi que cela existe dans la Grande-Bretagne ; mais une telle division aurait engendré des difficultés tout aussi grandes que la division par départements. Au reste, dans la Grande-Bretagne, on a reconnu la nécessité de réduire à un très-petit nombre de temps distincts les époques d'interdiction établies auparavant en correspondance avec les bassins. Enfin, l'uniformité des périodes d'interdiction se trouvait commandée en quelque sorte par les dispositions législatives interdisant la vente et le transport du poisson en temps prohibé et par la rapidité actuelle des communications. (*D.* 1875, *art* 1er.)

27. La pêche n'est permise que depuis le lever jusqu'au coucher du soleil, sauf pour l'anguille, la lamproie et l'écrevisse, sous certaines réserves relatives aux engins employés. Le saumon, dont la pêche de nuit a été vivement sollicitée dans l'intérêt de nos marins, n'a point été favorisé par une exception analogue. (*D.* 1875, *art.* 6.)

La pêche est cependant permise la nuit pour

tous les poissons au moyen d'engins fixes, sous la condition de ne relever ces engins que de jour. (*D.* 1875, *art.* 7.)

ART. 3. — ÉPOQUES DE PROHIBITION DE VENTE ET TRANSPORT DU POISSON.

28. Il est interdit de mettre en vente, de vendre, d'acheter, de transporter, de colporter, d'importer et d'exporter les diverses espèces de poissons, de leur frai et de leurs alevins, pendant le temps où la pêche en est interdite. Mais cette disposition n'est point applicable aux poissons provenant des étangs ou réservoirs. (*L.* 1865, *art.* 5 *et* 8, *et D.* 1875, *art.* 4.)

ART. 4. — DIMENSIONS AU-DESSOUS DESQUELLES LES POISSONS NE PEUVENT ÊTRE PÊCHÉS.

29. Ces dimensions sont de quatre longueurs différentes selon les espèces, afin de protéger les jeunes générations. (*L.* 1829, *art.* 30, *et D.* 1875, *art.* 8 [1].)

ART. 5. — DÉTERMINATION DES MAILLES DES FILETS.

30. Les dimensions des mailles des filets et l'espacement des verges des bires, nasses et autres engins employés à la pêche des poissons, sont de quatre grandeurs correspondantes aux espèces dont les longueurs sont déterminées. Le mode de mesurage des mailles a été fixé par l'art. 9 de la loi de 1865, en abrogeant l'ancienne disposition de l'art. 32 de la loi de 1829, qui prescrivait le plombage des filets comme garantie de leur mesure. (*L.* 1865, *art.* 2, *et D.* 1875, *art.* 9 [2].)

ART. 6. — DIMENSIONS EN LONGUEUR ET LARGEUR DES FILETS ET ENGINS DE TOUTE NATURE.

31. Il est interdit de placer dans les rivières navigables ou flottables, les canaux et ruisseaux, aucun barrage, appareil ou établissement quelconque de pêcherie, ayant pour objet d'empêcher entièrement le passage du poisson. (*L.* 1829, *art.* 24.)

32. Les filets fixes ou mobiles et les engins de toute nature ne peuvent excéder en longueur, ni en largeur, les deux tiers de la largeur mouillée des cours d'eau, dans les emplacements où on les emploie (*D.* 1875, *art.* 11). Les filets fixes

1. Voici cet art. 8 du décret :
Art. 8. Les dimensions au-dessous desquelles les poissons et écrevisses ne peuvent être pêchés, même à la ligne flottante, et doivent être immédiatement rejetés à l'eau, sont déterminées comme il suit pour les diverses espèces :
1° Les saumons et anguilles, 25 centimètres de longueur ;
2° Les truites, ombres chevaliers, ombres communs, carpes, brochets, barbeaux, brèmes, meuniers, muges, aloses, perches, gardons, tanches, lottes, lamproies et lavarets, 14 centimètres de longueur ;
3° Les soles, plies et flets, 10 centimètres de longueur ;
Les écrevisses à pattes rouges, 8 centimètres de longueur ; celles à pattes blanches, 6 centimètres de longueur ;
La longueur des poissons ci-dessus mentionnés est mesurée de l'œil à la naissance de la queue ; celle de l'écrevisse, de l'œil à l'extrémité de la queue déployée.
2. Nous reproduisons également l'art. 9 :
Art. 9. Les mailles des filets, mesurées de chaque côté après leur séjour dans l'eau, et l'espacement des verges des bires, nasses et autres engins employés à la pêche des poissons, doivent avoir les dimensions suivantes :
1° Pour les saumons, 4 millimètres au moins ;
2° Pour les grandes espèces autres que le saumon et pour l'écrevisse, 27 millimètres au moins ;
3° Pour les petites espèces, telles que goujons, loches, vérons, ablettes et autres, 10 millimètres. (Voy. *le n° 42 dans le texte.*)
La mesure des mailles et de l'espacement des verges est prise avec une tolérance d'un dixième.
Il est interdit d'employer simultanément, à la pêche, des filets ou engins de catégorie différente.

employés à la pêche doivent être soulevés par le milieu pendant trente-six heures de chaque semaine, sur une longueur équivalente au dixième de leur développement et sur une hauteur de 50 centimètres. (*Id., art.* 12.)

33. Il est interdit d'établir dans les cours d'eau des appareils pour rassembler le poisson dans des endroits dont il ne peut plus sortir, ou de le contraindre à passer par une issue garnie de pièges. (*Id., art.* 14.)

ART. 7. — FILETS PROHIBÉS.

34. Sont prohibés tous les filets traînants, à l'exception du petit épervier jeté à la main et manœuvré par un seul homme. Sont réputés traînants tous filets coulés à fond au moyen de poids et promenés sous l'action d'une force quelconque. (*D.* 1875, *art.* 13.)

35. Il est interdit aux contre-maîtres, employés du balisage et mariniers qui fréquentent les voies navigables ou flottables, d'avoir dans leurs bateaux ou équipages aucun filet ou engin de pêche même non prohibé. (*L.* 1829, *art.* 33.)

ART. 8. — MODES ET PROCÉDÉS DE PÊCHE PROHIBÉS.

36. Il est défendu de jeter dans les eaux des drogues ou appâts qui soient de nature à enivrer le poisson ou à le détruire. (*L.* 1829, *art.* 25.)

37. Il est interdit d'accoler aux écluses, barrages, chutes naturelles, pertuis, vannages, coursiers d'usines et échelles à poissons, des nasses, paniers et filets à demeure ; de pêcher avec tout autre engin que la ligne flottante tenue à la main, dans l'intérieur des écluses, barrages, pertuis, vannages, coursiers d'usines et passages ou échelles à poissons, ainsi qu'à une distance de 30 mètres en amont ou en aval de ces ouvrages ; de pêcher à la main, de troubler l'eau et de fouiller au moyen de perches sous les racines ou autres retraites fréquentées par les poissons ; de se servir d'armes à feu, de poudre de mine, de dynamite ou de toute autre substance explosible. (*D.* 1875, *art.* 15.)

38. Il est interdit de pêcher dans les parties des rivières, canaux ou cours d'eau dont le niveau serait accidentellement abaissé, soit pour y opérer des curages ou travaux quelconques, soit par suite du chômage des usines ou de la navigation. (*D.* 1875, *art.* 17.)

Sect. 2. — **Mesures particulières et locales pour empêcher le dépeuplement.**

39. Cette section comprend les mesures susceptibles d'être prises par les administrations départementales, en vertu des pouvoirs qui leur ont été donnés par le décret réglementaire du 10 août 1875, ainsi que cela a été expliqué dans le chapitre Ier. Les arrêtés rendus par les préfets comportent d'ailleurs l'avis préalable des conseils généraux, sans obligation de se conformer auxdits avis, et ils ne sont exécutoires qu'après l'approbation du ministre des travaux publics.

ART. 1. — DISPOSITIONS CONCERNANT LES ÉPOQUES D'INTERDICTION DE LA PÊCHE.

40. Afin de tempérer ce qu'il y a de trop absolu dans l'article 1er du décret du 10 août 1875, qui fixe d'une manière uniforme les deux époques pendant lesquelles la pêche est interdite, les préfets peuvent :

1° Interdire exceptionnellement la pêche de

toutes les espèces de poissons pendant l'une ou l'autre période, lorsque cette interdiction est nécessaire pour protéger les espèces prédominantes ;

2° Augmenter, pour certains poissons désignés, la durée desdites périodes, sous la condition que les périodes ainsi modifiées comprennent la totalité de l'intervalle de temps fixé par l'art. 1er;

3° Excepter de la seconde période la pêche de l'alose, de l'anguille, de la lamproie, ainsi que des autres poissons vivant alternativement dans les eaux douces et les eaux salées ;

4° Fixer une période d'interdiction pour la pêche de la grenouille. (*D.* 1875, *art.* 2.)

ART. 2. — PÊCHE DE NUIT DE CERTAINES ESPÈCES.

41. Les préfets peuvent autoriser la pêche de nuit de l'anguille, de la lamproie et de l'écrevisse dans des cours d'eau désignés et à des heures fixées, en déterminant la nature et la dimension des engins dont l'emploi est autorisé pour cette pêche. (*D.* 1875, *art.* 6.)

ART. 3. — RÉDUCTION DES MAILLES DES FILETS POUR CERTAINES ESPÈCES.

42. Des arrêtés préfectoraux peuvent réduire les mailles des filets et l'espacement des verges des engins employés uniquement à la pêche de l'anguille, de la lamproie et de l'écrevisse, sous la condition de l'emploi de ces filets et engins dans des emplacements déterminés. Des arrêtés peuvent aussi déterminer les emplacements limités en dehors desquels l'usage des filets à petites mailles n'est pas permis. (*D.* 1875, *art.* 10.)

ART. 4. — INTERDICTION D'ENGINS ET PROCÉDÉS DE PÊCHE, EN OUTRE DE CEUX SPÉCIFIÉS AU DÉCRET DE 1875.

43. Les préfets peuvent ajouter aux engins et procédés de pêche interdits spécialement par le décret du 10 août 1875, d'autres engins et procédés de nature à nuire au repeuplement des cours d'eau. Ils peuvent aussi déterminer les espèces de poissons avec lesquels il est défendu d'appâter les hameçons, nasses, filets ou autres engins. (*D.* 1875, *art.* 16.)

ART. 5. — PÊCHES EXTRAORDINAIRES POUR DÉTRUIRE CERTAINES ESPÈCES.

44. Des arrêtés préfectoraux peuvent autoriser, dans des emplacements déterminés et à des époques qui ne coïncident pas avec les périodes d'interdiction, les manœuvres d'eau et des pêches extraordinaires pour détruire certaines espèces, dans le but d'en propager d'autres plus précieuses. (*D.* 1875, *art.* 18.)

ART. 6. — ROUISSAGE DANS LES COURS D'EAU ET ÉVACUATION DES MATIÈRES PROVENANT DES ÉTABLISSEMENTS INDUSTRIELS.

45. Des arrêtés préfectoraux, pour lesquels les conseils de salubrité et les ingénieurs sont consultés, déterminent :

1° La durée du rouissage du lin et du chanvre dans les cours d'eau et les emplacements où cette opération peut être pratiquée avec le moins d'inconvénient pour le poisson ;

2° Les mesures à observer pour l'évacuation, dans les cours d'eau, des matières et résidus sus-

ceptibles de nuire aux poissons et provenant des fabriques et établissements industriels quelconques. (*D.* 1875, *art.* 19.)

Sect. 3. — **Mesures générales pour favoriser la reproduction du poisson.**

ART. 1. — ÉTABLISSEMENT DE RÉSERVES DE REPRODUCTION.

46. La loi du 31 décembre 1865 a donné à l'administration les moyens de protéger la reproduction du poisson d'une manière plus efficace que par la simple interdiction de la pêche à l'époque du frai des diverses espèces, en créant des réserves. A cet effet, dans les parties des cours d'eau et canaux quelconques reconnues favorables pour le frai, la pêche peut être absolument interdite pendant l'année entière par des décrets rendus après avis des conseils généraux des départements, et cette interdiction, susceptible d'être prononcée pour cinq ans au plus, peut être renouvelée. (*L.* 1865, *art.* 1 et 2.)

47. Les indemnités dues à ce sujet aux propriétaires pour la privation de leur droit de pêche sont à régler par le conseil de préfecture, après expertise, conformément à la loi du 16 septembre 1807. (*L.* 1865, *art.* 3.) Une première application de ces dispositions a été faite pour cinq ans, dans un grand nombre de voies navigables et flottables seulement, par divers décrets de 1868 et 1869, puis un décret d'ensemble du 12 janvier 1875, révisant lesdits décrets, a établi des réserves analogues, mais sur des étendues moindres, pour une nouvelle période de cinq ans.

ART. 2. — ÉTABLISSEMENT DE PASSAGES OU ÉCHELLES A TRAVERS LES BARRAGES POUR FACILITER LA REMONTE DES POISSONS.

48. Pour faciliter les migrations périodiques des poissons voyageurs à travers les barrages, la loi du 31 mai 1865, imitant ce qui était déjà pratiqué dans la Grande-Bretagne, en vertu de dispositions législatives, a permis d'établir dans ces barrages des passages ou échelles que le poisson puisse franchir; mais des décrets doivent être rendus pour cela, après enquêtes et avis des conseils généraux des départements (*L.* 1865, *art.* 1er). Les échelles construites jusqu'à la fin de l'année 1875 étaient au nombre de 52 en tout, dont 50 sur 13 rivières navigables ou flottables, et 2 sur deux cours d'eau non navigables ni flottables.

ART. 3. — CONDITIONS IMPOSÉES AUX FERMIERS DE L'ÉTAT ET APPLICATION DE LA PISCICULTURE ARTIFICIELLE.

49. L'adjudication de la pêche appartenant à l'État est réglée par un cahier des charges dans lequel on a introduit diverses conditions reconnues utiles pour faciliter la reproduction du poisson. Ainsi, les fermiers peuvent former des associations en vue d'exploiter la pêche d'une manière plus rationnelle ; ils sont assujettis à repeupler les parties stériles soit par des moyens naturels, en y introduisant de jeunes sujets et en disposant convenablement des frayères, soit par les procédés de fécondation artificielle.

50. La loi du 31 mai 1865 (*art.* 6 et 8) autorise d'ailleurs de prendre et de transporter, en temps prohibé, le poisson, le frai et l'alevin destinés à la reproduction [1].

CHAP. IV. — **MOYENS D'ASSURER L'EXÉCUTION DES LOIS ET DES RÈGLEMENTS.**

Sect. 1. — **Police et surveillance.**

51. Le Gouvernement exerce la surveillance et la police de la pêche dans l'intérêt général. (*L.* 1829, *art.* 36.) Ce service est aujourd'hui confié à l'administration des ponts et chaussées. (*D.* 29 avril 1862.)

52. Les employés et agents chargés de la surveillance doivent être âgés de 25 ans accomplis. (*L.* 1829, *art.* 6.) Ils ne peuvent entrer en fonctions qu'après avoir prêté serment devant le tribunal de première instance de leur résidence et avoir fait enregistrer leur commission. (*L.* 1829, *art.* 7.) Ces agents ainsi que les gardes champêtres, éclusiers des canaux et autres officiers de police judiciaire, sont tenus de constater les délits au moyen de procès-verbaux. Ils exercent conjointement avec les officiers du ministère public toutes les poursuites. (*L.* 1829, *art.* 36 *et* 38.)

53. Les infractions concernant la pêche, la vente, l'achat, le transport, le colportage, l'exportation et l'importation du poisson, peuvent être recherchées et constatées par les agents des domaines, les employés des contributions indirectes et des octrois. (*L.* 1865, *art.* 10.)

54. Les délits qui portent préjudice aux fermiers de la pêche, aux porteurs de licences et aux propriétaires riverains, peuvent être constatés aussi par leurs gardes, lesquels sont assimilés aux gardes-bois des particuliers. (*C. F.*, *art.* 188.)

55. Les actions en réparation de délits en matière de pêche se prescrivent par un mois à compter du jour où les délits ont été constatés, lorsque les prévenus sont désignés dans les procès-verbaux. Dans le cas contraire, le délai de prescription est de trois mois. (*L.* 1829, *art.* 62.)

Sect. 2. — **Délits prévus et peines édictées.**

56. Les délits prévus et les peines édictées par les lois des 15 avril 1829 et 31 mai 1865 sont résumés dans les indications suivantes :

Pêche sans autorisation. — Amende de 20 à 100 fr. Confiscation facultative des filets et engins. Restitution du prix du poisson. Dommages-intérêts. (*L.* 15 *avril* 1829, *art.* 3.)

Établissement d'un barrage. — Amende de 50 à 500 fr. Dommages-intérêts. Destruction du barrage. (*Art.* 24.)

Drogues et appâts malfaisants. — Amende de 30 à 300 fr. Emprisonnement d'un à trois mois. (*Art.* 25.)

Pêche en temps prohibé. — Amende de 30 à 200 fr. (*Art.* 27.)

Filets, engins et modes de pêche prohibés. — Amende de 30 à 100 fr. Destruction des filets et engins saisis. (*Art.* 28 *et* 41.)

Même délit en temps de frai. — Amende de 60 à 200 fr. Destruction des filets et engins saisis. (*Art.* 28.)

Emploi pour une autre pêche de filets permis pour celle du poisson de petite espèce. — Amende de 30 à 100 fr. (*Art.* 29.)

1. Pour encourager les fermiers de l'État aussi bien que tous les particuliers jouissant du droit de pêche, à repeupler les eaux, le Gouvernement avait construit à Huningue, un grand établissement de pisciculture qui a fonctionné de 1854 à 1870 en distribuant ses produits gratuitement, mais qui est passé, depuis 1871, sous la domination étrangère.

Même délit en temps de frai. — Amende de 60 à 200 fr. (*Art.* 29.)

Port d'engins prohibés. — Amende de 20 fr. Confiscation et destruction des engins prohibés. (*Art.* 29 *et* 41.)

Pêche, colportage et vente de poissons n'ayant pas les dimensions voulues. — Amende de 20 à 50 fr. Confiscation du poisson. (*Art.* 30.)

Emploi d'appâts prohibés. — Amende de 20 à 50 fr. (*Art.* 31.)

Détention de filets ou engins par les contremaîtres, employés du balisage et mariniers. — Amende de 50 fr. Confiscation des filets. (*Art.* 33.)

Refus par les mariniers de laisser visiter les bateaux. — Amende de 50 fr. (*Art.* 33.)

Refus par les fermiers, porteurs de licences et pêcheurs en général, de laisser visiter les bateaux et boutiques à poisson. — Amende de 50 fr. (*Art.* 34.)

Refus par les délinquants de remettre les filets prohibés. — Amende de 50 fr. (*Art.* 41.)

Délits commis en récidive. — Amende double. (*Art.* 69.)

Délits commis la nuit. — Amende double. (*Art.* 70.)

Pêche en tout temps dans des parties réservées pour la reproduction. — Amende de 30 à 300 fr. Confiscation du poisson. (*L.* 31 *mai* 1865, *art.* 1 *et* 7.)

Vente, achat, transport, importation et exportation en temps prohibé. — Amende de 30 à 300 fr. Confiscation du poisson. (*Art.* 5 *et* 7.)

Pêche et transport de frai de poisson ou d'alevin en temps prohibé. — Amende de 30 à 300 fr. Confiscation du poisson. (*Art.* 8.)

Délits commis soit en récidive, soit la nuit, soit par enivrement ou empoisonnement. — Amende double. Emprisonnement de dix jours à un mois. (*Art.* 7.)

Transport par bateaux, voitures ou bêtes de somme du poisson pêché en délit. — Amende double. Emprisonnement de dix jours à un mois. (*Art.* 7.)

J. COUMES.

PÊCHES MARITIMES. **1.** En général, tous les peuples maritimes réservent à leurs nationaux l'exercice de la pêche, ou du moins leur accordent des privilèges importants. En effet, outre que la pêche contribue à l'alimentation publique, elle offre de précieuses ressources à toute la population des côtes, et contribue puissamment, en formant de bons marins, au recrutement de la flotte.

2. En France, la pêche maritime est divisée en deux catégories : 1° la petite pêche, ou pêche côtière ; 2° les grandes pêches, ou pêches de la baleine et de la morue.

Des encouragements de diverse nature sont accordés à cette industrie, et, par suite, des obligations sont imposées à ceux qui l'exercent.

SOMMAIRE.

CHAP. I. — PÊCHE CÔTIÈRE.

3. La pêche côtière comprend non-seulement la pêche du poisson frais, mais encore de certains poissons, tels que le hareng et le maquereau, qui, à l'état de primeur, se consomment frais, et qui sont salés pour être conservés et consommés dans l'arrière-saison, ainsi que la pêche des huîtres.

4. Les poissons de pêche française sont admis à la consommation en exemption de tout droit de douane.

5. Les poissons de pêche étrangère doivent, au contraire, acquitter des droits établis comme suit, par 100 kilogrammes :

Poissons frais	5 fr.
Morue.	48
Autres poissons secs, salés ou fumés . . .	10

6. Nos pêcheurs trouvent ainsi un premier encouragement dans les dispositions du tarif des douanes ; mais ce n'est pas le seul que la législation générale leur accorde. Ils obtiennent la délivrance, en franchise du droit de consommation, des sels employés, soit en mer, soit à terre, à la salaison du hareng et du maquereau et autres poissons.

7. *Hareng et maquereau.* Les armements pour la pêche du hareng et du maquereau peuvent être préparés dans tous les ports, et sans obligation spéciale quant à la composition des équipages, aux filets et autres objets d'armement et d'avitaillement.

8. La pêche de ces poissons avec ou sans salaison à bord est permise en tout temps et en tous lieux.

9. L'expédition des bateaux et l'importation des produits, soit par ces bateaux, soit par les navires *chasseurs,* peuvent avoir lieu dans tous les bureaux où il existe un agent de la marine et un receveur des douanes.

10. Ces deux agents ont à rechercher, chacun en ce qui le concerne, si l'armement a été fait en vue de la pêche, et ils statuent, de concert, sur l'origine du poisson pour son admission en franchise. (*D.* 24 *sept.* 1864.)

11. Les bateaux armés pour la pêche du hareng et du maquereau avec salaison à bord, peuvent embarquer des quantités illimitées de sels français ou étrangers. (*D.* 11 *mai* 1861.)

12. *Autres poissons.* Il n'existe, non plus, aucune restriction, quant aux armements, pour la pêche des autres poissons.

13. A l'égard de ceux-ci, le receveur des douanes peut statuer seul sur l'admission des produits. (*D.* 11 *juin* 1806.)

14. Tout patron de bateau doit être muni d'un livret de pêche, qui est coté et paraphé conformément à l'art. 224 du Code de commerce. (*Même D., art.* 6.)

Tout patron de bateau sortant d'un port de France est tenu de présenter au receveur des douanes ou à son délégué, le livret de pêche dont il est muni ; le visa apposé sur ledit livret, au départ et au retour, fait foi pour constater la durée de l'absence du bateau. (*Même D., art.* 13.)

15. Toute opération ou association de pêche avec des bateaux étrangers est formellement interdite. (*Même D., art.* 14.)

16. Tout achat ou toute tentative d'achat, toute introduction ou tentative d'introduction de harengs de pêche étrangère, par un bateau français armé pour la pêche, entraîne la saisie de tout le poisson qui se trouve à bord, ainsi que celle du bateau, de ses agrès, appareils et ustensiles de pêche. L'armateur, en cas de complicité, est condamné à une amende de 500 à 2,000 fr.

17. Dans le cas de condamnations prononcées par les tribunaux, le patron du bateau saisi et les hommes de l'équipage peuvent être levés pour le service de la flotte : ils y sont maintenus pendant un an au moins et trois ans au plus, avec réduction du tiers de la solde intégrale pour les officiers mariniers et les quartiers-maîtres, et du quart pour les matelots. Toutefois, les conseils d'avancement du bord peuvent, après six mois au moins d'embarquement, prononcer leur réintégration à la solde entière. (*D.* 28 *mars* 1852, *art.* 6.)

18. Le simple refus de l'immunité des droits est appliqué à l'égard des harengs frais ou salés, rapportés dans les cas suivants :

1° Lorsqu'il est constaté que l'armement du bateau ne se trouve plus dans les conditions rappelées au livret ;

2° Quand le livret de pêche n'est pas représenté à tous les agents autorisés à en exiger l'exhibition ; quand un ou plusieurs feuillets en ont été arrachés ; qu'on y a fait des ratures ou des surcharges, etc. ;

3° Lorsqu'une ou plusieurs infractions aux règlements ont été commises par le patron ou l'armateur ;

4° Enfin si les engagements du patron et de l'équipage ne sont pas faits à la part. (*Même D., art.* 8.)

19. La constatation de l'engagement entre les armateurs, patrons et marins, ainsi que le règlement des comptes après le voyage, sont faits en présence du commissaire de l'inscription maritime, qui veille à l'exécution des engagements respectifs. (*Même D., art.* 12.)

20. Les procès-verbaux dressés pour contravention, sont visés pour timbre et enregistrés en débet. (*Même D., art.* 14.)

21. *Huîtres.* Tous les ans, dans la première quinzaine du mois d'août, il est procédé, sur l'ordre des administrateurs de l'inscription maritime, à la visite des anciens bancs et à la constatation des huîtrières découvertes ou formées récemment. (*D.* 4 *juill.* 1853, *art.* 84.)

22. Dans leurs rapports, les commissions de visite indiquent l'état des huîtrières anciennes, le gisement et le degré d'importance des bancs découverts ou formés récemment ; les huîtrières ou portions d'huîtrières susceptibles d'être mises en exploitation ; l'époque où cette exploitation peut commencer, et même, s'il y a lieu, le nombre de jours pendant lesquels la pêche est permise, ainsi que le nombre de bateaux à y employer. (*Même D., art.* 86.)

23. Les bancs ou portions de bancs définitivement désignés pour être pêchés, sont indiqués par des affiches faisant connaître les bancs ou portions de bancs, leur situation, leurs amers ou la position des bouées. (*Même D., art.* 89.)

24. Si, dans le cours de la pêche, il est reconnu qu'un ou plusieurs bancs ont été suffisamment exploités, les officiers, fonctionnaires et agents spécialement chargés de la police de la pêche sur ces bancs, doivent en suspendre immédiatement l'exercice. (*Même D.*, art. 90.)

25. Il est interdit à tout pêcheur de draguer sur les bancs d'huîtres en dehors des marées pendant lesquelles la pêche a été autorisée. Il leur est également défendu de draguer sur des bancs autres que ceux qui ont été désignés comme pouvant être pêchés. (*Même D.*, art. 92.)

26. Dans les localités où les dragues ne servent qu'à la pêche des huîtres, elles sont déposées, après avoir été numérotées, dans des lieux déterminés par les administrateurs de l'inscription maritime, depuis la clôture jusqu'à l'ouverture de la pêche.

Elles sont également laissées à terre pendant la période d'ouverture, lorsque les bateaux sortent pour faire la pêche du poisson frais. (*Même D.*, art. 97.)

CHAP. II. — GRANDES PÊCHES.
Sect. 1. — Historique.

27. Depuis longtemps des encouragements spéciaux sont accordés à la pêche de la morue, de la baleine et du cachalot.

Dès 1767 un arrêt du Conseil d'État du roi établit une prime à l'exportation des morues de pêche française destinées aux îles françaises du Vent. D'abord fixée à 2 fr. 55 c. par 100 kilogrammes, la prime fut élevée à 24 fr. 40 c. par arrêt du 26 septembre 1785. Elle resta à ce taux jusqu'à l'ordonnance du 21 octobre 1818 qui la porta à 40 fr. par 100 kilogrammes ; puis elle fut successivement réduite à 24 fr. par la loi du 21 avril 1832 et à 22 fr. par celle du 25 juin 1841.

28. Dans le résumé qui précède, il n'est question que de la prime afférente aux exportations dirigées sur les colonies françaises. Mais dès 1802, cet encouragement fut considéré comme insuffisant et on jugea nécessaire de favoriser l'exportation sur d'autres points que les colonies. Dans cet ordre d'idées des primes de 14, 12 et 10 fr. par 100 kilogrammes furent attribuées aux morues exportées en Espagne, dans les pays d'Italie et dans les échelles du Levant. Ces primes subsistèrent jusqu'à la loi du 22 juillet 1851 qui règle aujourd'hui la matière et dont nous donnerons tout à l'heure les principales dispositions.

29. C'est également de 1802 que datent les primes allouées à l'armement des navires destinés à la pêche de la morue, soit à la côte de Terre-Neuve, soit à la mer d'Islande et au Dogger-Bank. Ces primes furent d'abord fixées à 50 fr. par homme d'équipage pour la pêche à Terre-Neuve, dite grande pêche, et à 15 fr. pour celle d'Islande et du Dogger-Bank, dite petite pêche. Ces primes subsistèrent jusqu'à l'ordonnance du 7 décembre 1829, qui doubla celle accordée à la pêche d'Islande, dont le taux fut ainsi porté à 30 fr. par homme d'équipage. Enfin la loi du 25 juin 1841 porta les primes au taux qui a été maintenu par la loi de 1851 et qu'on trouvera *infrà* au n° 41.

30. Les premières primes accordées à la pêche de la baleine et du cachalot remontent à la loi du 23 mai 1792 ; elles étaient de 50 fr. par tonneau

de jauge pour les navires expédiés à la pêche dans les mers du Sud et du Nord. Une ordonnance du 8 février 1816 doubla cette prime, dont moitié, 50 fr., fut allouée au départ, et l'autre moitié, soit également 50 fr., au retour du navire.

31. Ce système d'une prime au départ et d'une prime au retour s'est continué jusqu'à nos jours, avec des phases diverses, c'est-à-dire que tantôt les primes ont été élevées, tantôt elles ont été abaissées. D'un autre côté, pour faciliter les armements, on a permis de composer les équipages tant avec des marins français qu'avec des marins étrangers.

32. L'ordonnance du 14 février 1819 est la première qui ait inauguré ce système ; elle accordait, tant à l'aller qu'au retour, une prime de 60 fr. par tonneau aux armements exclusivement composés de Français ; de 50 fr., lorsque le nombre des marins étrangers n'excédait pas le tiers de la totalité de l'équipage, et 40 fr. seulement, lorsque les marins étrangers étaient de moitié de l'équipage. Ce régime s'est perpétué jusqu'à la loi du 22 avril 1832, qui n'a plus admis que deux catégories d'armement, savoir : armement composé de marins français, et armement composé en partie de marins français et en partie de marins étrangers, mais à la condition que ceux-ci n'excédent pas la moitié de l'équipage total. En même temps cette loi a admis un système de primes décroissantes d'année en année, et dont le maximum fixé à 70 fr. au départ et à 50 fr. au retour, devait s'abaisser, au bout de la cinquième année, à 54 fr. au départ et à 38 fr. au retour. Ce même principe a été continué par la loi du 9 juillet 1836. Sous l'empire de cette législation, les primes ne devaient plus être, au bout de la cinquième année, soit en 1841, que de 34 fr. au départ et de 25 fr. au retour.

33. Mais, réduites à ce taux, les primes n'offraient plus un encouragement suffisant à nos armateurs, et la pêche de la baleine et du cachalot dépérissait de plus en plus.

La loi du 25 juin 1841 vint porter remède à cette situation, en élevant à 40 fr. la prime au départ et à 27 fr. celle au retour.

Les faits ne tardèrent pas à prouver que le législateur s'était montré trop parcimonieux, et, lorsqu'on s'occupa, en 1851, de refaire la législation sur les grandes pêches maritimes, on comprit la nécessité de reporter à l'ancien taux de 70 fr. et de 50 fr. la prime au départ et la prime au retour [1].

34. Nous allons maintenant faire connaître les principales dispositions de la loi du 22 juillet 1851, ainsi que les formalités à remplir pour l'obtention des primes accordées aux grandes pêches maritimes.

Sect. 2. — Pêche de la morue.

35. A partir du 1er janvier 1852 jusqu'au 30 juin 1881, les primes accordées pour l'encouragement de la pêche de la morue sont fixées ainsi qu'il suit :

36. *Primes d'armement.*

50 fr. par homme d'équipage pour la pêche, avec sécherie, soit à la côte de Terre-Neuve, soit à Saint-Pierre et Miquelon, soit au grand banc de Terre-Neuve ;

1. Nous n'examinons pas ici la question 'des primes, nous indiquons la manière de voir de l'administration. **M. B.**

50 fr. par homme d'équipage pour la pêche, sans sécherie, dans les mers d'Islande ;

30 fr. par homme d'équipage pour la pêche, sans sécherie, sur le grand banc de Terre-Neuve ;

15 fr. par homme d'équipage pour la pêche au Dogger-Bank. (*L. 22 juill.* 1851, art. 1er.)

Nota. — Les dispositions de la loi du 22 juillet 1851 et des règlements d'administration publique rendus en exécution de cette loi, valable d'abord pour dix ans, ont été successivement prorogées de 10 années en 10 années jusqu'au 1er juillet 1881.

37. La prime d'armement n'est accordée qu'une fois par campagne de pêche, quand même le navire aurait fait plusieurs voyages dans une même saison.

Elle n'est accordée que pour les hommes de l'équipage inscrits définitivement aux matricules de l'inscription maritime, et pour ceux qui, n'étant que provisoirement inscrits, n'ont pas atteint l'âge de vingt-deux ans à l'époque du départ. (*Même L.*, art. 3, et *L.* 28 juill. 1860.)

38. Ne donnent pas droit à la prime les hommes non inscrits faisant partie de l'équipage, ni les hommes inscrits ou non inscrits qui, sous le nom de passagers ou sous toute autre dénomination, seront transportés à Saint-Pierre et Miquelon ou à Terre-Neuve, à l'effet d'y faire la pêche pour leur propre compte. (*D. 29 déc.* 1851, *art.* 2.)

39. Les armateurs qui expédient des navires à la pêche de la morue pour une des destinations déterminées par l'art. 1er de la loi du 22 juillet 1851, sont tenus, pour avoir droit à la prime :

1° De déclarer, avant le départ, au commissaire de l'inscription maritime du port d'armement, la destination de l'expédition ;

2° De comprendre dans l'équipage de tout armement destiné pour la pêche, soit à Saint-Pierre et Miquelon, soit sur la côte de Terre-Neuve, 50 hommes au moins, si le navire jauge 158 tonneaux et plus ; 30 hommes au moins pour 100 à 158 tonneaux, et 20 hommes au moins au-dessous de 100 tonneaux ;

3° De comprendre dans l'équipage de tout armement destiné pour la pêche au grand Banc, avec sécherie, 50 hommes, si le navire jauge plus de 158 tonneaux, et 20 hommes pour les navires de 158 tonneaux et au-dessous ;

4° D'effectuer leur départ avant le 1er juillet, lorsqu'ils auront pour destination les îles Saint-Pierre et Miquelon, le grand banc de Terre-Neuve avec sécherie. (*Même D.*, art. 2.)

40. Au retour des navires pêcheurs, l'armateur est tenu de justifier de la destination accomplie. (*Même D.*, art. 5.)

Dans le cas où une circonstance quelconque de force majeure empêcherait un navire d'accomplir sa destination ou d'effectuer son retour en France, l'armateur est tenu d'en justifier dans le délai d'une année, à dater du départ du navire. (*Même D.*, art. 6.)

41. *Primes sur les produits de la pêche.*

1° 20 fr. par quintal métrique pour les morues sèches de pêche française, expédiées soit directement des lieux de pêche, soit des entrepôts de France, à destination des colonies françaises de l'Amérique et de l'Inde, ainsi qu'aux établissements de la côte occidentale d'Afrique et des autres pays transatlantiques, pourvu qu'elles soient importées dans les ports où il existe un consul français ;

2° 16 fr. par quintal métrique pour les morues sèches de pêche française, expédiées soit directement des lieux de pêche, soit des entrepôts de France, à destination des pays européens et des États étrangers sur les côtes de la Méditerranée, moins l'Algérie et la Sardaigne ;

3° 16 fr. par quintal métrique, pour l'importation aux colonies françaises de l'Amérique et de l'Inde, et aux autres pays transatlantiques, des morues sèches de pêche française, lorsque ces morues sont exportées des ports de France sans y avoir été entreposées ;

4° 12 fr. par quintal métrique pour les morues sèches de pêche française, expédiées soit directement des lieux de pêche, soit des ports de France, à destination de l'Algérie et de la Sardaigne. (*L. 22 juill.* 1851, art. 1er.)

42. Les rogues de morue que les navires pêcheurs rapportent en France du produit de leur pêche reçoivent une prime de 20 fr. par quintal métrique. (*L. 22 juill.* 1851, art. 1er.)

43. Les primes sur les produits de la pêche ne sont acquises que pour les morues parvenues, introduites et reconnues propres à la consommation alimentaire dans les lieux de destination. (*Même L.*, art. 4.)

44. Le transport des morues chargées aux lieux de pêche pour les destinations susceptibles de primes, peut être fait, soit par les navires pêcheurs, soit par des navires partis des ports de France pour aller recevoir les produits de la pêche, pourvu que les navires soient commandés par des capitaines au long cours. (*Même L.*, art. 5.)

45. Le temps minimum que les navires armés pour la pêche de la morue doivent passer sur les lieux de pêche est fixé ainsi qu'il suit :

Pêche avec sécherie.	À Saint-Pierre et Miquelon	30 jours.
	À la côte de Terre-Neuve. . . .	
	Au grand banc de Terre-Neuve . . .	
Pêche sans sécherie.	En Islande (selon le tonn. du nav.) 20 ou	40 jours.
	Au grand banc de Terre-Neuve . . .	25 jours.
	Au Dogger-Bank	30 jours.

46. Les chargements de morues faits aux îles de Terre-Neuve ou de Saint-Pierre et Miquelon, par des navires pêcheurs ou non pêcheurs, doivent être accompagnés d'un certificat délivré, savoir : À Saint-Pierre et Miquelon, par le commandant de ces îles, et sur les côtes de Terre-Neuve, par un des capitaines ou officiers des bâtiments de l'État composant la station de ces parages, ou, à défaut, par le capitaine prud'homme du havre où le chargement aura été effectué ; ou enfin, dans le cas d'impossibilité, par trois capitaines de navires pêcheurs appartenant à d'autres armateurs que celui du navire chargeur.

Ce certificat doit indiquer le nom du navire, ceux de l'armateur et du capitaine, le poids net de la morue et le nom du ou des navires français qui l'ont pêchée ; il doit attester, en outre, la bonne qualité de la morue. (*D. 29 déc.* 1851, *art.* 8.)

47. Tout armateur qui expédie des ports de France un chargement de morue pour une destination susceptible de primes, est tenu de déclarer à la douane du lieu d'expédition :

1° Le nom du navire, ceux du capitaine et de l'expéditeur ;

2° La destination ;

3° La quantité de morue à embarquer ;

4° La saison de pêche dont elle provient et le lieu où elle a été séchée.

Cette déclaration doit être accompagnée d'un certificat attestant que la morue est de bonne qualité et bien conditionnée.

48. L'administration des douanes, après avoir fait constater le poids brut de la morue, délivre à l'armateur une expédition de sa déclaration qui doit accompagner le chargement. (*Même D.*, *art.* 9.)

49. Lorsque les morues de pêche française sont arrivées à leur destination, les directeurs des douanes, dans les colonies et dans les possessions françaises, et les agents consulaires de France dans les pays étrangers, procèdent à la reconnaissance et à la vérification des chargements.

Quelle que soit la provenance, la morue doit être reconnue en totalité, pesée avec soin et les poids brut et net indiqués en kilogrammes. Son état de conservation et sa bonne qualité sont, en outre, scrupuleusement vérifiés, et il doit être formellement constaté, à moins de perdre tout droit à la prime, qu'elle est propre à la consommation alimentaire. (*Même D.*, *art.* 12.)

50. La liquidation des primes est faite par le ministre de l'agriculture et du commerce (*art.* 18).

51. Les pièces fournies par les armateurs doivent être sur papier timbré, régulières dans leur libellé, sans surcharge, rature ou altération, sous peine de n'être point admises à la liquidation, et les signatures doivent, en outre, être légalisées. (*Même D.*, *art.* 19.)

Sect. 3. — Pêche de la baleine et du cachalot.

52. Jusqu'au 30 juin 1881, les primes accordées pour l'encouragement de la pêche de la baleine et du cachalot sont fixées ainsi qu'il suit :

1º PRIMES AU DÉPART.

70 fr. par tonneau de jauge pour les armements entièrement composés de Français, et 48 fr. pour les armements composés en partie d'étrangers.

2º PRIMES AU RETOUR.

50 fr. par tonneau de jauge pour les armements composés entièrement de Français, et 24 fr. pour les armements composés d'équipages mixtes, lorsque le navire aura fait la pêche, soit dans l'océan Pacifique, en doublant le cap Horn ou en franchissant le détroit de Magellan, soit au sud du cap Horn, à 62 degrés de latitude au moins, soit à l'est du cap Bonne-Espérance, à 48 degrés de longitude du méridien de Paris, et à 48 et 50 degrés de latitude méridionale, si le produit de la pêche est de la moitié au moins du chargement, ou si le navire justifie d'une navigation de 16 mois au moins. (*L.* 22 *juill.* 1851, *art.* 8.)

53. Il est alloué, en outre, aux navires spécialement armés pour la pêche du cachalot dans l'océan Pacifique, et après une navigation de trente mois au moins, pendant laquelle ils se seront élevés au delà du 28e degré de latitude nord, une prime supplémentaire de 15 fr. par quintal métrique sur l'huile de cachalot et la matière de tête provenant de leur pêche.

La même prime est allouée aux navires armés pour la pêche de la baleine, pourvu qu'ils aient rempli les conditions de navigation énoncées ci-dessus. (*L.* 22 *juill.* 1851, *art.* 9.)

54. Les navires armés pour la pêche de la baleine et du cachalot peuvent prendre des passagers à bord. (*Même L.*, *art.* 10.) Toutefois, le nombre des passagers ne peut excéder 20 p. 100 du tonnage légal du navire, de telle sorte que, déduction faite de l'espace occupé par les avitaillements et les ustensiles de pêche, il reste toujours, pour chaque passager, un espace vide égal à deux tonneaux et demi. (*D.* 20 *août* 1851, *art.* 1er.)

55. De plus, l'embarquement des marchandises autres que les provisions de bord étant interdit aux navires baleiniers ou cachalotiers, les passagers ne peuvent avoir à bord que les effets destinés à leur propre usage. (*Même D.*, *art.* 2.)

56. Aucun navire armé pour la pêche de la baleine ou du cachalot n'a droit à la prime que jusqu'à concurrence du maximum de 600 tonneaux.

57. Pour avoir droit à la prime, l'équipage mixte ne peut être composé en étrangers que du tiers des officiers, harponneurs et patrons, sans que le nombre puisse excéder deux pour la pêche du Sud et cinq pour la pêche du Nord.

58. Les armateurs pour la pêche de la baleine et du cachalot, alors même qu'ils renonceraient à la prime, sont tenus de conférer moitié au moins des emplois d'officiers, de chefs d'embarcations et harponneurs à des marins français, sous peine d'être privés de la jouissance des avantages attachés à la navigation nationale. (*L.* 22 *juillet* 1851, *art.* 11.)

59. Tout armateur qui veut expédier un navire à la pêche de la baleine et du cachalot, est tenu, pour avoir droit à la prime, d'en faire la déclaration préalable devant le commissaire de l'inscription maritime du port d'armement. (*D.* 20 *août* 1851, *art.* 1er.)

60. Il est procédé, à la requête de l'armateur, au jaugeage des navires, conformément au mode déterminé par la loi du 12 nivôse an II et par l'ordonnance du 18 novembre 1837 (*art.* 2).

61. Le rôle d'équipage des navires destinés à la pêche de la baleine et du cachalot doit indiquer les noms, prénoms, âge, lieu de naissance, grades et fonctions des individus embarqués, et se terminer par la récapitulation séparée des marins français et étrangers composant l'état-major et l'équipage desdits navires. (*Même D.*, *art.* 3.)

Dans le cas où une circonstance de force majeure quelconque empêcherait un navire d'accomplir sa destination ou d'effectuer son retour en France, l'armateur doit en justifier dans le délai de cinq ans à dater du départ du navire (*art.* 10).

62. Tout marin âgé au moins de 24 ans, qui aura fait cinq voyages, dont les deux derniers en qualité d'officier, à la pêche de la baleine, est admissible au commandement d'un navire baleinier, s'il justifie de connaissances suffisantes pour la sûreté de la navigation. (*L.* 22 *juill.* 1851, *art.* 13.)

63. Tout marin non reçu capitaine au long cours qui veut être admis au commandement d'un navire baleinier, doit satisfaire à un examen sur les connaissances ci-après : le gréement ; la manœuvre des bâtiments et des embarcations ; l'usage de l'octant et du sextant ; le calcul de la latitude par la hauteur méridienne du soleil et de la lune ; le calcul de la longitude par les montres marines ; le calcul de la variation par l'amplitude et l'azimut ; l'usage des tables astronomiques et des cartes hydrographiques. (*D.* 22 *août* 1851, *art.* 1er.)

64. Les candidats sont interrogés par une commission composée : du chef de service de la marine ou du commissaire de l'inscription maritime du port où l'examen aura lieu ; d'un officier de la marine ; d'un examinateur de la marine ou d'un professeur d'hydrographie. (*Même D.*, *art.* 2.)

Sect. 4. — Dispositions communes à la pêche de la baleine et de la morue.

65. Tout armateur qui n'aurait pas fait suivre à son armement la destination portée en sa soumission, sera passible du paiement du double de la prime qu'il aurait reçue ou demandée. (*L.* 22 *juill.* 1851, *art.* 15.)   J. OZENNE[1].

1. Mis à jour par M. E. B.

BIBLIOGRAPHIE.

Considérations sur la pêche de la baleine, par A. de la Jonkaire. In-8º. Paris, Dufart. 1830.

De la pêche côtière dans la Manche, spécialement de la pêche du hareng, par le baron Pichon. In-8º. Paris, Dentu. 1831.

Code de la pêche maritime, ou Commentaire sur les lois et ordonnances qui régissent la pêche maritime, par L. B. Hautefeuille. Grandes pêches. In-8º, Paris, impr. de Ducessois. 1844.

Pêche côtière, par le comte Jean d'Harcourt. In-8º. Paris, Amyot. 1846.

PÉCULAT. *Voy.* **Fonctionnaires.**

PEINE. 1. La *peine* est le châtiment imposé à celui qui commet une infraction à une loi ou à un règlement.

2. La principale division des peines est celle de peines *criminelles* (pour les crimes), peines *correctionnelles* (pour les délits) et peines de *simple police* (pour les contraventions). Néanmoins cette division n'est pas absolue; car il y a des peines communes aux matières criminelles et correctionnelles.

3. Les *peines criminelles* se subdivisent en peines *afflictives et infamantes* et en peines *infamantes.* Les premières sont : 1º la mort ; 2º les travaux forcés à perpétuité; 3º la déportation ; 4º les travaux forcés à temps; 5º la détention ; 6º la réclusion. Les secondes sont : 1º le bannissement ; 2º la dégradation civique. (*C. P., art.* 6 à 8.)

4. Les *peines communes aux matières criminelles et correctionnelles* sont : 1º le renvoi sous la surveillance spéciale de la haute police; 2º l'amende ; 3º la confiscation spéciale, soit du corps du délit, quand la propriété en appartient au condamné, soit des choses produites par le délit, soit de celles qui ont servi ou qui ont été destinées à le commettre. (*C. P., art.* 11.)

5. Les *peines correctionnelles* sont : 1º l'emprisonnement à temps dans un lieu de correction; 2º l'interdiction à temps de certains droits civiques, civils et de famille ; 3º l'amende. (*C. P., art.* 9.)

6. Les *peines de simple police* sont : 1º l'emprisonnement ; 2º l'amende ; 3º la confiscation, soit des choses saisies en contravention, soit des choses produites par elle, soit des matières ou des instruments qui ont servi ou étaient destinés à la commettre. (*C. P., art.* 464 *et* 470.)

7. On divise encore les peines en *corporelles* et *pécuniaires.* Les premières se subdivisent elles-mêmes en *perpétuelles* (travaux forcés à perpétuité et déportation) et en *temporaires* (toutes les autres). Sous un autre point de vue on divise encore les peines en *principales* et *accessoires.*

8. Les peines ne peuvent être cumulées, à moins que la loi n'ait formellement ordonné le cumul. Dans un grand nombre de cas, les tribunaux peuvent atténuer les peines prévues par la loi. (*C. d'I. C., art.* 341; *C. P., art.* 463.)

9. Nulle contravention, nul délit, nul crime, ne peuvent être punis de peines qui n'étaient pas prononcées par la loi avant qu'ils fussent commis.

(*C. P., art.* 4.) [*Voy.* **Amendes, Crimes, Surveillance de la haute police,** *etc., etc.*]

PENSIONS. 1. On entend par *pension* la rémunération sous forme de prestation périodique, accordée, après la cessation de l'activité, au fonctionnaire ou à la veuve et aux enfants du fonctionnaire qui a servi pendant un temps et dans des conditions déterminés ou que certaines circonstances ont empêché d'accomplir le temps fixé. La pension constitue un supplément de traitement que l'État règle et détermine au même titre que le traitement d'activité. (*Rapp. sur le projet de loi relatif aux pensions civiles. Mon.* 5 *mai* 1853.)

SOMMAIRE.

Bibliographie.
Administration comparée.

CHAP. I. — PENSIONS CIVILES.
Sect. 1. — Historique et introduction.

2. La concession arbitraire des récompenses pécuniaires avait occasionné sous l'ancien régime des abus qui faisaient à l'Assemblée constituante un devoir de porter sur ce point son esprit de réforme. Elle traça dans le titre Ier du décret du 3 août 1790, les *règles générales sur les pensions et autres récompenses.*

3. L'art. 1er établit en principe que « l'État doit récompenser les services rendus au corps social, quand leur importance et leur durée méritent ce témoignage de reconnaissance ». L'art. 17 déclare « qu'aucun citoyen, hors le cas d'infirmités contractées dans l'exercice de fonctions publiques, et qui le mettent hors d'état de les continuer, ne pourra obtenir de pension, qu'il n'ait trente ans de services effectifs et ne soit âgé de cinquante ans, le tout sans préjudice de ce qui sera statué par des articles particuliers relatifs aux pensions de la guerre et de la marine ».

4. Mises en oubli pendant la Révolution, ces dispositions furent de nouveau appliquées lorsque le premier Consul eut rétabli l'ordre dans les finances. La loi du 15 germinal an XI statua que le fonds de pensions formerait chaque année un article particulier de la loi sur les dépenses publiques, et un décret du 13 septembre 1806 régla le mode et la mesure de la rémunération. Les dispositions de ce décret sont restées jusqu'en 1853 exclusivement applicables aux fonctionnaires placés en dehors du régime des caisses de retenue.

5. Pendant la période révolutionnaire, la désorganisation des services financiers força diverses administrations à recourir, chacune dans l'intérêt de ses employés, à des mesures propres à remédier à l'insuffisance des secours à attendre de l'État. Des retenues effectuées sur le traitement des employés servirent à former un fonds commun de pensions et de secours, mais ce n'est qu'en 1811 que la mesure prit un certain caractère de généralité.

6. Depuis, de nombreuses caisses de retenues avaient été fondées, mais on attendait en vain qu'un règlement général vînt les soumettre à un régime uniforme, et la coexistence des pensions sur caisses de retenues et des pensions sur fonds généraux accordées en vertu de la loi de 1790, rendait le défaut d'unité encore plus frappant et la réforme plus désirable. Elle a été accomplie par la loi du 9 juin 1853, qui ramène à des bases uniformes la liquidation des pensions, généralise l'application du système à tous les fonctionnaires et employés, centralise au Trésor les recettes et les dépenses relatives aux pensions, et supprime les caisses spéciales de retraite en attribuant leur actif à l'État (*art.* 1er).

7. En même temps qu'il s'est mis en possession de l'actif, l'État a pris à sa charge le passif des caisses supprimées, passif qui se composait : 1° des pensions existantes ou en cours de liquidation pour les services terminés avant le 1er janvier 1854 ; 2° des pensions et indemnités concédées pour cause de réforme, en vertu de l'art. 4 de la loi du 1er mai 1822 et du décret du 22 mai 1848 ; 3° des pensions et secours annuels à concéder, à titre de réversibilité, aux veuves et orphelins des pensionnaires inscrits en vertu des deux paragraphes qui précèdent (*art.* 2).

8. La loi nouvelle ne régit, d'ailleurs, que les services postérieurs au 1er janvier 1854. La liquidation des pensions, en tant qu'elle a pour objet la rémunération de services rendus avant cette époque, a lieu conformément aux lois et règlements antérieurs. (*Voy.* n° 16.) Ces lois et règlements antérieurs sont même les seuls applicables aux fonctionnaires et employés qui, au 1er janvier 1854, avaient acquis le droit à la retraite (*art.* 18).

Sect. 2. — Des pensions accordées à titre d'ancienneté.

ART. 1. — NATURE DES SERVICES EXIGÉS.

9. Les fonctionnaires et employés *directement rétribués par l'État*, et nommés à partir du 1er janvier 1854, ont droit à pension s'ils remplissent, d'ailleurs, les autres conditions stipulées par la loi (*art.* 3). Il ne suffirait pas que les services eussent le caractère de services publics, il faut, alors même que les fonctions auraient été exercées en vertu d'une commission émanée du ministre, qu'elles aient été rétribuées directement par l'État. (*Arr. du C.* 11 *juill.* 1845, 30 *mars* 1846, 29 *juin* 1849, 4 *juill.* 1862, 20 *févr.* 1868.)

10. Toutefois, les fonctionnaires de l'enseignement rétribués en tout ou en partie sur les fonds départementaux et communaux, ou sur le prix des pensions payées par les élèves des lycées, ont droit à pension et supportent, sur leur traitement et leurs différentes rétributions, la retenue déterminée par l'art. 3.

Il en est de même des fonctionnaires et employés qui, sans cesser d'appartenir au cadre permanent d'une administration publique, et en conservant leurs droits à l'avancement hiérarchique, sont rétribués en tout ou en partie sur les fonds départementaux ou communaux, sur les fonds des compagnies concessionnaires et même sur les remises et salaires payés par les particuliers (*art.* 4).

11. La loi des 3-22 août 1790, qui a créé les pensions sur fonds généraux, ne contenait aucune énonciation précise des emplois de nature à comporter la concession de pensions à la charge du Trésor. Elle déclarait seulement que les seuls services qu'il convenait de récompenser étaient ceux qui intéressaient la société entière (*art.* 1er) ; et le décret du 13 septembre 1806 n'était pas plus explicite, mais l'usage et la jurisprudence y suppléaient. Parmi les fonctionnaires qui avaient un droit incontesté aux pensions de cette nature, on peut citer les ministres, les sous-secrétaires d'État, les préfets et sous-préfets, les directeurs généraux des administrations, les directeurs des services coloniaux, les conseillers à la Cour des comptes, les conseillers de préfecture, les agents des lignes télégraphiques, les employés des monnaies, les professeurs et savants attachés au Collège de France, au Muséum d'histoire naturelle, au Bureau des longitudes, à l'Observatoire de Marseille et à l'école des langues orientales vivantes.

12. La classe très-nombreuse des employés préposés à la perception de l'impôt direct, receveurs généraux et particuliers, et percepteurs, était considérée comme étrangère au régime institué par le décret de 1806, et faute d'être assujettie aux retenues, restait en dehors de la législation des pensions.

13. Pour ce qui concernait les pensions payées sur les diverses caisses de retraite, la nature des services qui conféraient l'aptitude à les obtenir ne pouvait donner lieu à aucune difficulté, puisqu'elles étaient accordées aux seuls fonctionnaires qui se trouvaient, aux termes de chaque règlement spécial, tributaires de la caisse de retenues.

ART. 2. — VERSEMENT DES RETENUES.

14. En même temps qu'elle a rendu l'avantage de la pension commun à tous les fonctionnaires, la loi de 1853 les a soumis à des conditions uniformes, dont la première est de supporter indistinctement, sans pouvoir la répéter dans aucun cas : 1° une retenue de 5 p. 100 sur les sommes payées à titre de traitement fixe ou éventuel, de préciput, de supplément de traitement, de remises proportionnelles, de salaires, ou constituant, à tout autre titre, un émolument personnel ; 2° une retenue du douzième des mêmes rétributions lors de la première nomination, ou dans le cas de réintégration, et du douzième de toute augmentation ultérieure ; 3° les retenues pour cause de congé et d'absence ou par mesure disciplinaire. (*L. 9 juin* 1853, *art.* 3.)

15. Les fonctionnaires et employés rétribués sur d'autres fonds que ceux de l'État doivent effectuer le versement de la retenue, par trimestre et dans les premiers jours du trimestre qui suit le trimestre échu, à la caisse du receveur des finances. Ceux qui résident à l'étranger sont autorisés à ne faire qu'un versement par année. (*D. 9 nov.* 1853, *art.* 13.)

16. Pour les fonctionnaires et employés qui sont rétribués par des remises et des salaires variables, la retenue du premier douzième des augmentations s'exerce en se reportant au dernier prélèvement subi par le titulaire, soit à titre de premier mois de traitement, soit à titre de premier douzième d'augmentation, et la différence existant entre la moyenne du traitement frappée de la dernière retenue et celle des émoluments afférents au nouvel employé constitue l'augmentation passible de la retenue du premier douzième. (*Id., art.* 23.)

17. Les receveurs généraux des finances, les receveurs particuliers et les percepteurs des contributions directes, ainsi que les agents ressortissant au ministère des finances, qui sont rétribués par des salaires ou remises variables, supportent ces retenues sur les trois quarts seulement de leurs émoluments de toute nature, le dernier quart étant considéré comme indemnité de loyer et de frais de bureau. (*L. 9 juin* 1853, *art.* 3.)

18. Les indemnités payées à titre de frais de bureau, de voyage, de représentation, de supplément de traitement colonial ne sont pas sujettes à la retenue. (*Id., art.* 3, *et D. 9 nov.* 1853, *art.* 21.)

ART. 4. — DURÉE DES SERVICES EXIGÉS ; AGE REQUIS.

§ 1. — *Pensions sur fonds de retenue.*

19. Le droit à la pension de retraite est acquis par ancienneté à soixante ans d'âge et après trente ans de service. Il suffit de cinquante-cinq ans d'âge et de vingt-cinq ans de service pour les fonctionnaires qui ont passé quinze ans dans la partie active (*L. 9 juin* 1853, art. 5, § 1 *et* 2). Un tableau annexé à la loi que nous citons donne l'énumération des employés et agents composant le service actif dans les administrations des douanes, des contributions indirectes et tabacs, des forêts de l'État et des postes. Aucun autre emploi ne peut être compris au service actif ni assimilé à un emploi de ce service qu'en vertu d'une loi (*Id., art.* 5, *et Arr. du C. 6 mars* 1872). Les services militaires ne peuvent être invoqués pour compléter les quinze années dans la partie active (*Arr. du C.* 16 *juill.* 1869). Une assimilation du genre de celles qui sont prévues par l'art. 5, a été prononcée par la loi du 17 août 1876, en faveur des instituteurs communaux et des institutrices communales, des inspecteurs de l'enseignement primaire et des directeurs, directrices, maîtres adjoints ou maîtresses adjointes des écoles normales primaires.

20. Les services civils susceptibles d'entrer dans le calcul du temps exigé ne sont comptés que de la date du premier traitement et à partir de l'âge de vingt ans accomplis (*art.* 23). Cette règle est applicable aux services commencés sous la législation précédente (*Arr. du C.* 2 *juill.* 1847). Le temps du surnumérariat n'est jamais compté (*Arr. du C.* 7 *mai* 1852, 15 *nov.* 1872). Pour les fonctionnaires rangés dans la partie active par la loi du 17 août 1876 (*voy* n° 19), les années passées à partir de l'âge de vingt ans, en qualité d'élèves, dans les écoles normales sont comprises dans le compte des états de service lors de la liquidation de la pension. (*L.* 17 *août* 1876, *art.* 2.)

21. En général, les services rendus dans diverses administrations s'ajoutent les uns aux autres pour composer le temps exigé; mais les services militaires à joindre à des services civils font l'objet d'une disposition spéciale. « Les services dans les armées de terre et de mer concourent avec les services civils pour établir le droit à pension et seront comptés pour leur durée effective, pourvu, toutefois, que la durée des services civils soit au moins de douze ans dans la partie sédentaire, ou de dix ans dans la partie active. Si les services militaires de terre et de mer ont été déjà rémunérés par une pension, ils n'entrent pas dans le calcul de la liquidation. S'ils n'ont pas été rémunérés par une pension, la liquidation est opérée d'après le minimum attribué au grade par les tarifs annexés aux lois des 11 et 18 avril 1831 (*art.* 8). » Il y a lieu, en pareil cas, de compter en sus les années de campagne. (*Arr. du C.* 30 *nov.* 1850, *voy. infrà* n° 66.)

22. La loi consacre aussi une faveur spéciale au profit des employés des préfectures et des sous-préfectures rétribués sur les fonds d'abonnement. Leurs services sont réunis, pour l'établissement du droit à pension et pour la liquidation, aux services rémunérés conformément aux dispositions générales que nous avons parcourues jusqu'ici, pourvu que la durée de ces derniers services soit au moins de douze ans dans la partie sédentaire, ou de dix ans dans la partie active. (*Id., art.* 9 *et Arr. du C.* 4 *août* 1866.)

23. Les services civils rendus hors d'Europe par les fonctionnaires et employés envoyés d'Europe par le gouvernement français sont comptés pour moitié en sus de leur durée effective, sans, toutefois, que cette bonification puisse réduire de plus d'un cinquième le temps de services effectifs exigé pour constituer le droit à pension.

Après quinze ans de services rendus hors d'Europe, la pension peut être liquidée à cinquante-cinq ans d'âge.

A l'égard des agents extérieurs du département des affaires étrangères et des fonctionnaires de l'enseignement, le temps d'inactivité pendant lequel ils ont été assujettis à la retenue est compté comme service effectif; mais il ne peut être admis dans la liquidation pour plus de cinq ans (*art.* 10).

§ 2. — *Pensions sur fonds généraux; législation transitoire.*

24. Les conditions d'âge et d'ancienneté pour les pensions sur fonds généraux sont fixées par l'art. 3 du décret du 13 septembre 1806. « La pension, y est-il dit, ne pourra être liquidée s'il n'y a trente ans de service effectif et soixante ans d'âge, à moins que ce ne soit pour cause d'infirmités. » Il faut entendre par service *effectif* le service réel, par opposition à celui qu'on ne fait figurer dans le calcul qu'en vertu de la disposition de l'art. 5, § 2, du titre I de la loi du 3 août 1790, qui permet de compter pour deux années les années de service hors d'Europe.

25. Un tableau annexé à la loi du 9 juin 1853 contient l'énumération des vingt caisses affectées aux divers départements ministériels. Chacune de ces caisses avait, quant aux conditions d'âge et d'ancienneté, sa législation spéciale. La loi du 9 juin 1853 ayant posé en principe le respect des droits acquis, les anciens règlements ont conservé tout leur empire pour les fonctionnaires qui, au 1er janvier 1854, avaient accompli le temps de service qu'ils déterminent; à l'égard des autres fonctionnaires qui n'avaient à faire valoir que de simples espérances, le législateur a réglé à nouveau les conditions constitutives du droit. Il faut qu'ils accomplissent trente ans de service et qu'ils aient atteint l'âge de soixante ans; seulement, par une faveur particulière, le temps de service accompli avant le 1er janvier 1854 est calculé et la liquidation à raison de ce temps de service est opérée d'après les anciens règlements.

26. Ainsi, jusqu'en 1884, il y aura lieu de tenir compte, aux fonctionnaires admis à la retraite, des avantages de liquidation afférents aux années de service accomplies sous l'ancienne législation. Par exemple, si le règlement ancien prenait pour base du chiffre de la pension la moyenne du traitement des *trois* dernières années d'activité, les soixantièmes du traitement moyen (*infrà n°* 27) pourront être notablement plus élevés qu'ils ne le seront pour la période postérieure à 1854 où ils sont calculés d'après la moyenne des six dernières années. Nous reviendrons tout à l'heure sur ce sujet pour rappeler les dispositions du règlement des principales caisses de retenue à cet égard. (*Infrà, n°* 36.)

ART. 4. — QUOTITÉ DE LA PENSION.

27. La pension est réglée, pour chaque année de services civils, à un soixantième du traitement moyen. Néanmoins, pour vingt-cinq ans de services entièrement rendus dans la partie active, elle est de la moitié du traitement moyen, avec accroissement, pour chaque année de services en sus, d'un cinquantième du traitement (*art.* 7, §§ 1er *et* 2).

28. Les fonctionnaires et employés qui, antérieurement, ne subissaient pas de retenues et qui n'étaient pas placés sous le régime des loi et décret du 22 août 1790 et 13 septembre 1806, sont admis à faire valoir la totalité de leurs services admissibles, pour constituer leur droit à pension; toutefois cette pension n'est liquidée que pour le temps pendant lequel ces fonctionnaires auront subi la retenue, et n'est réglée qu'à raison d'un cent-vingtième du traitement moyen pour chaque année de services civils; mais le montant de la pension ainsi fixée est alors augmenté d'un trentième pour chacune des années liquidées. Cette base exceptionnelle cesse lorsque le titulaire se trouve dans les conditions voulues par l'art. 5 de la loi du 9 juin (*art.* 18).

29. Dans la même hypothèse, les fonctionnaires et employés de la partie active, pour lesquels la pension s'acquiert par vingt-cinq ans de services, sont liquidés à raison d'un centième du traitement moyen pour chaque année de services assujettis à la retenue dans la partie active, et le montant de la pension ainsi fixée est augmenté d'un vingt-cinquième pour chacune des années liquidées. (*D.* 9 *nov.* 1853, *art.* 37.)

30. Le traitement moyen s'établit en prenant la moyenne des traitements et émoluments de toute nature soumis à des retenues, dont l'agent a joui pendant les six dernières années d'exercice (*art.* 6, § 1er, *et Arr. du C.* 7 *mai* 1852). On doit écarter de la composition du traitement moyen tout ce qui a été perçu à titre d'indemnité occasionnelle, les remises touchées par un fonctionnaire à l'occasion des intérims qu'il a remplis et le supplément accordé aux fonctionnaires des colonies (*art.* 10, § 2).

31. Pour déterminer la base de liquidation des pensions des conseillers référendaires de la Cour des comptes, on divise par leur nombre le fonds annuel qui leur est réparti à titre de préciput et de récompense de travaux. La somme produite par cette division est réunie au traitement fixe pour former le total des émoluments sur lesquels la pension est liquidée. (*D.* 9 *nov.* 1853, *art.* 26, § 1er.)

32. Le montant annuel des salaires payés aux courriers et postulants courriers des postes est divisé par leur nombre et le produit de cette division forme le traitement moyen à prendre pour base du calcul de la pension des agents de cette classe. (*Id.*, § 2.)

33. Pour les principaux des collèges communaux qui administrent leur compte, le traitement moyen est réglé sur le traitement du régent le mieux rétribué, surélevé d'un quart. (*Id.*, § 3.)

34. Pour les agents extérieurs du département des affaires étrangères et les fonctionnaires de l'enseignement qui sont admis à la retraite dans la position d'inactivité prévue par le § 4 de l'art. 10 de la loi du 8 juin 1853, le traitement moyen s'établit sur les six années de services qu'ils ont rendus comme titulaires d'emploi avant leur mise en non-activité. (*Id.*, *art.* 27.)

35. Le traitement moyen des agents qui sont rétribués par des salaires ou remises variables sujettes à liquidation (*voy. suprà*, *n°* 17), est établi sur les six années antérieures à celle dans le cours de laquelle cesse l'activité. (*Id.*, *art.* 28, *et Arr. du C. 14 nov.* 1873.)

36. Les règlements antérieurs donnaient aussi pour base à la pension le traitement moyen des dernières années d'activité. Pour la plupart, le traitement moyen se calculait sur les trois dernières années. Telle était la disposition de l'ordonnance du 16 mai 1816, applicable aux employés de la grande chancellerie de la Légion d'honneur (*art.* 7); — de l'ordonnance du 23 septembre 1814, applicable aux membres de la magistrature, aux juges de paix et aux employés des bureaux du ministère de la justice, de la chancellerie et du Conseil d'État (*art.* 10); — du décret du 18 octobre 1810, applicable aux conseillers et inspecteurs de l'université, recteurs, inspecteurs des académies, doyens, professeurs des facultés, proviseurs des lycées, censeurs et professeurs des lycées (*art.* 3); — de l'ordonnance du 25 juin 1825, applicable aux principaux et régents des collèges communaux, secrétaires des académies et des facultés, économes des lycées, agrégés professeurs des collèges particuliers, maîtres d'étude (*art.* 6).

37. La moyenne était encore calculée sur les trois dernières années, aux termes du décret du 4 juillet 1806, applicable aux employés des ministères de l'intérieur, de l'agriculture et du commerce, des travaux publics (*art.* 9); — de l'ordonnance des 20 juin-23 juillet 1827, applicable à l'administration des haras et des écoles vétérinaires (*art.* 14); — du décret du 7 fructidor an XII (25 août 1804), applicable aux ingénieurs des ponts et chaussées, aux conducteurs des ponts et chaussées, aux inspecteurs de la navigation attachés au département des travaux publics (*art.* 36); — du décret du 18 novembre 1810 sur les pensions des ingénieurs des mines, qui les assujettit aux mêmes règles que les ingénieurs des ponts et chaussées (*art.* 82 *et* 84); — du décret du 2 février 1808, applicable aux employés du ministère de la guerre, aux agents de l'administration générale des poudres et salpêtres, aux commis entretenus pour le service des bureaux de l'intendance militaire, aux employés des écoles militaires, aux contrôleurs et réviseurs d'armes (*art.* 5); — d'un autre décret du 2 février 1808, applicable aux employés du ministère de la marine (*art.* 5, *et décret du 4 mars* 1808); — du décret du 10 février 1811, applicable aux employés de la Cour des comptes (*art.* 9).

38. Le calcul de la moyenne s'établissait sur les quatre dernières années pour les agents extérieurs et employés des bureaux du ministère des affaires étrangères (*O.* 19 *nov.* 1823, *art.* 4); — pour les employés du Conservatoire de musique, directeurs et professeurs (*O.* 31 *août*-19 *septembre* 1832, *art.* 6); — pour les employés

des prisons (*O.* 8-23 *sept.* 1831, *art.* 14); — pour les fonctionnaires et employés des finances, de l'enregistrement et des domaines, des forêts, des douanes, des contributions indirectes, des postes (*O.* 12 *janv.* 1825, *art.* 10); — la caisse d'amortissement, des dépôts et consignations était régie par l'ordonnance du 28 août 1822, qui élevait à dix années la période sur laquelle se calculait le traitement moyen.

39. Ce dernier règlement offre l'exemple d'un cas où l'application de la législation précédente pourra être désavantageuse; mais la règle est générale, la quotité de la pension est fixée dans les proportions et aux conditions réglées par la loi du 9 juin pour les services postérieurs, et pour les services antérieurs, conformément soit aux loi et décret des 22 août 1790 et 13 septembre 1806, qui régissaient les pensions sur fonds généraux, soit aux règlements spéciaux des diverses caisses de retenue. (*L.* 9 *juin* 1853, *art.* 18.)

40. En aucun cas, et alors même que l'ancien règlement admettrait un maximum plus élevé, la pension ne peut excéder les trois quarts du traitement moyen (*Id.*, *art.* 7). Le plus souvent elle est restreinte dans des limites plus étroites, conformément à un tableau annexé à l'art. 7 de la loi et portant le n° 3. Ce tableau se divise en trois sections : la première est consacrée tout entière aux agents diplomatiques et consulaires qui ont des traitements considérables, à raison des exigences de leur position, et auxquels les règles ordinaires attribueraient une retraite trop élevée. La seconde concerne les magistrats de l'ordre judiciaire et de la Cour des comptes, les fonctionnaires de l'enseignement et les ingénieurs des mines et ponts et chaussées. Le maximum est, pour ces fonctionnaires, des deux tiers du traitement moyen, sans pouvoir dépasser 6,000 fr. La troisième section embrasse tous les fonctionnaires qui ne sont pas l'objet des exceptions consacrées par les deux premières. L'échelle de ce maximum est fixée ainsi qu'il suit : traitement de 1,000 fr. et au-dessous, 750 fr.; de 1,001 à 2,400 fr., deux tiers du traitement moyen, sans pouvoir descendre au-dessous de 750 fr.; de 2,401 à 3,200 fr., 1,600 fr.; de 3,201 à 8,000 fr., moitié du traitement moyen; de 8,001 à 9,000 fr., 4,000 fr.; de 9,001 à 10,500 fr., 4,500 fr.; de 10,501 à 12,000 fr., 5,000 fr.; au-dessus de 12,000 fr., 6,000 fr.

41. Le chiffre de la pension de retraite ne peut être inférieur à 600 fr. pour un instituteur, et à 500 fr. pour une institutrice et une directrice de salle d'asile communale. (*L.* 17 *août* 1876, *art.* 3.)

Sect. 3. — Des pensions pour blessures ou infirmités.

ART. 1. — CIRCONSTANCES QUI FONT NAITRE LE DROIT A PENSION.

42. Les règles exposées jusqu'ici s'appliquent aux fonctionnaires et employés qui acquièrent le droit à la pension par l'exercice de leurs fonctions régulièrement continué pendant le temps exigé. On devait, en outre, prévoir les cas déjà indiqués par la loi de 1790, art. 17 (*voy. suprà*, *n°* 3), qui rendent l'employé incapable de continuer ses fonctions et lui donnent le droit de recevoir de l'État un secours annuel, en remplacement du traitement dont il est privé.

43. Nous n'avons pas à tenir compte ici de la législation antérieure à 1853, car il ne peut être aujourd'hui question que de droits ouverts sous le régime inauguré par la loi nouvelle, et comme cette loi, dans son art. 18, ne statue que pour les pensions accordées à titre d'ancienneté, on retombe sous l'empire de cette règle, qui veut que toute pension soit liquidée d'après la législation en vigueur au moment de l'admission à la retraite. (*Arr. du C.* 18 *avril* 1821, 16 *nov.* 1825, 31 *mars* 1843.)

44. « Peuvent exceptionnellement obtenir pension, quels que soient leur âge et la durée de leur activité|: 1° les fonctionnaires et employés qui auront été mis hors d'état de continuer leur service, soit par suite d'un acte de dévouement dans un intérêt public, ou en exposant leurs jours pour sauver la vie d'un de leurs concitoyens, soit par suite de lutte ou. de combat soutenu dans l'exercice de leurs fonctions ; 2° ceux qu'un accident grave résultant notoirement de l'exercice de leurs fonctions met dans l'impossibilité de les continuer. Peuvent également obtenir pension, s'ils comptent cinquante ans d'âge et vingt ans de service dans la partie sédentaire, ou quarante-cinq ans d'âge et quinze ans de service dans la partie active, ceux que des infirmités graves, résultant de l'exercice de leurs fonctions, mettent dans l'impossibilité de les continuer ou dont l'emploi aura été supprimé. (*L.* 9 *juin* 1853, *art.* 11.)

45. Dans les cas spécifiés aux §§ 1 et 2 de ce dernier article, l'événement donnant ouverture au droit à pension doit être constaté par un procès-verbal en due forme, dressé sur les lieux, au moment où il est survenu. A défaut de procès-verbal, cette constatation peut s'établir par un acte de notoriété rédigé sur la déclaration des témoins de l'événement ou des personnes qui ont été à même d'en connaître et d'en apprécier les conséquences. Cet acte doit être corroboré par les attestations conformes de l'autorité municipale et des supérieurs immédiats du fonctionnaire.

46. La jurisprudence ne considère comme un *acte de dévouement* que celui qui suppose un danger couru et affronté avec énergie, de propos délibéré. L'employé qui a fait une chute en courant vers le théâtre d'un incendie, celui qui, à la suite d'une marche rapide et prolongée, a été atteint d'une maladie du cœur, n'ont fait que prêter leur concours dans des circonstances ordinaires et n'ont pas droit à la récompense exceptionnelle promise par le § 1er de l'art. 11. (*Arr. du C.* 29 *mars* 1853, 11 *juill.* 1867.)

47. L'*accident grave* n'a pas non plus été défini par la loi ; sans prétendre en donner une définition dont le législateur s'est abstenu à dessein, on peut dire que le caractère d'accident grave ne se rencontre pas là où rien d'extraordinaire, d'anormal, n'a signalé l'exercice des fonctions : l'apoplexie survenue à la suite d'une fatigue excessive, d'un travail trop prolongé, sera considérée comme un accident grave. Si elle se produit, au contraire, pendant l'exercice ordinaire et régulier

des fonctions, elle n'apparaîtra plus que comme une conséquence des prédispositions de l'employé, et le § 2 de l'art. 11 ne sera pas applicable. (*Arr. du C.* 27 *mars* 1856, 4 *juin* 1860, 19 *mai* 1864, 2 *mars* 1870.)

48. Pourvu que la relation entre l'accident grave et l'incapacité d'exercer les fonctions ne soit pas douteuse, le bénéfice de l'art. 11, n° 2, est acquis, alors même que l'incapacité ou le décès ne seraient survenus que longtemps après l'accident. (*Arr. du C.* 12 *févr.* 1857, 12 *mai* 1859.)

49. Dans le cas d'infirmités prévu par l'art. 11, § 3, ces infirmités et leurs causes sont constatées par les médecins qui ont donné leurs soins au fonctionnaire et par un médecin désigné par l'administration et assermenté. Les certificats doivent être confirmés par l'attestation de l'autorité municipale et celle des supérieurs immédiats du fonctionnaire. (*D.* 9 *nov.* 1853, *art.* 36.)

50. Les magistrats mis à la retraite en vertu du décret du 1er mars 1852, se trouvent placés, par le seul fait qu'ils ont atteint la limite d'âge, sous le coup d'une sorte de présomption d'infirmités. Il suffit, pour qu'ils aient droit à pension, que leurs services aient duré vingt ans (*art.* 11, *in fine*).

51. Les fonctionnaires dont l'emploi a été supprimé sont assimilés à ceux qui ont été atteints d'infirmités (*L.* 9 *juin* 1853, *art.* 11, § 3). Pour avoir droit à pension, il faut qu'ils comptent cinquante ans d'âge et vingt ans de services dans la partie sédentaire ou quarante-cinq ans d'âge et quinze ans de services dans la partie active. — L'acceptation de nouvelles fonctions fait perdre le droit antérieurement acquis à la pension pour cause de suppression d'emploi. (*Arr. du C.* 28 *nov.* 1861.)

ART. 2. — QUOTITÉ DE LA PENSION.

52. La quotité des pensions accordées aux employés que des accidents ou infirmités contraignent à renoncer à leurs fonctions avant le temps voulu pour la retraite, varie suivant que l'employé est mis hors de service à la suite d'un engagement, d'une lutte ou d'un accident survenu à l'occasion de ses fonctions ou dans l'accomplissement d'un acte de dévouement, ou que l'employé est devenu infirme par trait de temps et par suite de fatigues et justifie en outre de certaines conditions d'âge et de service. Dans le premier cas, la pension est de moitié du dernier traitement d'activité sans pouvoir dépasser le maximum fixé pour la pension d'ancienneté ; dans le second cas, elle est liquidée, selon que l'ayant droit appartient à la partie sédentaire ou à la partie active, à raison d'un soixantième ou d'un cinquantième du dernier traitement pour chaque année de services civils, sans pouvoir descendre au-dessous du sixième de ce traitement. (*L.* 9 *juin* 1853, *art.* 12.)

53. Dans l'un et l'autre cas, il est tenu compte à l'employé de ses services militaires de terre et de mer, suivant le mode spécial de rémunération réglé par l'art. 8 de la loi, et la liquidation s'établit sur le traitement moyen des six dernières années, lorsqu'il est plus favorable à l'employé que le dernier traitement d'activité. (*D.* 9 *nov.* 1853, *art.* 36.)

Sect. 4. — Droits des veuves et orphelins.

54. Les veuves d'employés morts en jouisssance de la pension de retraite ou en possession de droits à cette pension, ont elles-mêmes droit à une pension viagère (*art.* 13). Dans le cas où un employé ayant servi alternativement dans la partie active et dans la partie sédentaire, décède avant d'avoir accompli les trente années de service exigées pour constituer le droit à pension de la veuve, un cinquième de son temps de service dans la partie active est ajouté fictivement en sus du service effectif pour compléter les trente années nécessaires. La liquidation ne s'opère néanmoins que sur la durée effective des services (*art.* 15).

55. La réversibilité est également accordée : 1° à la veuve du fonctionnaire ou employé qui, dans l'exercice ou à l'occasion de ses fonctions, a perdu la vie dans un naufrage ou dans un des cas spécifiés au § 1er de l'art. 11 (*voy. supra* n° 44) ; 2° à la veuve dont le mari aura perdu la vie par un des accidents prévus au § 2 de l'art. 11, ou par suite de cet accident. (*Art.* 14, *et Arr. du C.* 7 *mai* 1857.)

56. Pour que la veuve ait droit à la réversibilité d'une pension à titre d'ancienneté, il faut que le mariage ait été contracté six ans avant la cessation des fonctions du mari (*art.* 13) ; il suffit, au contraire, s'il s'agit d'une pension de réforme, que le mariage ait été contracté antérieurement à l'événement qui a occasionné la mort ou la mise à la retraite du mari (*art.* 14).

57. Le droit à pension n'existe pas pour la veuve dans le cas de séparation de corps prononcée sur la demande du mari (*art.* 13, *in fine*) ; mais la réconciliation fait cesser l'incapacité. (*Arr. du C.* 7 *avril* 1841, 12 *janv.* 1844.) Aucune disposition de loi ne prive la veuve qui se remarie de la jouissance de la pension.

58. Le taux de la pension varie selon le titre auquel celle du mari lui était acquise. Elle est du tiers de celle que le mari aurait obtenue ou pu obtenir à titre d'ancienneté. Elle ne peut être, dans ce cas, inférieure à 100 fr., sans toutefois excéder celle que le mari aurait obtenue ou pu obtenir (*art.* 13). Elle est également du tiers de celle que le mari a obtenue ou aurait pu obtenir à raison d'infirmités graves survenues dans l'exercice de ses fonctions (*art.* 14), et s'élève aux deux tiers de celle que le mari a obtenue ou aurait pu obtenir après avoir été mis hors de service par suite d'un des événements prévus par l'art. 11, § 1er. (*Id.*)

59. L'orphelin ou les orphelins mineurs d'un fonctionnaire ou employé ayant obtenu sa pension ou ayant accompli la durée de services exigée par l'art. 5 de la loi du 9 juin, ou ayant perdu la vie dans un des cas prévus par les §§ 1 et 2 de l'art. 11, ont droit à un secours annuel lorsque la mère est ou décédée, ou inhabile à recueillir la pension, ou déchue de ses droits, si, d'ailleurs, le mariage dont ils sont issus a précédé la mise à la retraite de leur père. (*Art.* 16, § 1er, *et D.* 9 *nov.* 1853, *art.* 34.)

60. Ce secours est, quel que soit le nombre des enfants, égal à la pension que la mère aurait obtenue ou pu obtenir conformément aux art. 13,

14 et 15. Il est partagé entre eux par portions égales et payé jusqu'à ce que le plus jeune des enfants ait atteint l'âge de 21 ans accomplis, la part de ceux qui décéderaient ou celle des majeurs faisant retour aux mineurs. S'il existe une veuve et un ou plusieurs orphelins mineurs provenant d'un mariage antérieur du fonctionnaire, il est prélevé sur la pension de la veuve, et sauf réversibilité en sa faveur, un quart au profit de l'orphelin du premier lit, s'il n'en existe qu'un en âge de minorité, et la moitié s'il en existe plusieurs (*art.* 16, §§ 2 *et* 3).

61. Le droit de la veuve et des enfants est acquis à l'époque même de la constitution de la pension du mari ou père et doit en conséquence être réglé par la législation de cette époque. (*Arr. du C.* 25 *mars* 1846, 27 *fév.* 1847, 6 *déc.* 1865 ; 13 *déc.* 1866, 22 *nov.* 1872.) Il résulte notamment de ce principe que l'on devrait, même aujourd'hui, refuser la réversibilité à la veuve d'un fonctionnaire qui aurait vu liquider sa pension en vertu des anciens règlements, si cette veuve avait elle-même demandé et obtenu la séparation de corps, car les anciens règlements ne faisaient pas à cet égard la distinction éminemment juste qui a été adoptée par la loi nouvelle.

Sect. 5. — Pensions des employés des administrations départementales et communales.

62. Les considérations de justice et d'utilité publique qui ont présidé à l'institution des pensions ne sont pas moins applicables aux départements et aux communes qu'à l'État lui-même. Le Gouvernement s'est donc efforcé d'amener les départements et les principales communes à instituer des caisses de retraites au profit de leurs employés. Aujourd'hui, tous ou presque tous les départements et un certain nombre de communes possèdent des caisses de retraites dont les règlements particuliers, soumis à la délibération du conseil général ou du conseil municipal et à l'approbation du ministre de l'intérieur et du Conseil d'État, ont été homologués par des ordonnances ou décrets du pouvoir exécutif.

63. Pour les départements, des règles uniformes ont été tracées par une circulaire du 1er mai 1823, à laquelle les divers règlements ont emprunté leurs dispositions. D'après cette circulaire, les conditions pour être admis à la pension sont d'avoir soixante ans d'âge et trente ans de service, dont dix au moins dans une préfecture, à moins d'infirmités constatées ou de réformes pour cause de suppression d'emploi ; dans ces deux cas, la pension peut être accordée après dix ans de service, dans une préfecture, si l'employé a quarante ans révolus.

64. Les veuves et orphelins ont droit à une pension, lorsque le mari ou le père se trouvait, à l'époque de son décès, avoir une pension sur le fonds de retenue, ou remplissait les conditions exigées pour en obtenir une.

65. Les employés des sous-préfectures ne sont pas compris dans ce système de retraite, mais on doit compter aux employés des préfectures les services qu'ils ont pu rendre dans les bureaux des sous-préfets. On a vu plus haut que le temps d'activité passé dans les administrations des préfectures doit être compté pour la liquidation des pensions à la charge de l'État. (*Supra*, n° 22.)

66. La liquidation a lieu conformément aux dispositions du décret du 4 juillet 1806, relatif aux pensions du ministère de l'intérieur (*suprà*, n° 37). En l'absence de règlement particulier, ce décret sert de règle pour les pensions à accorder aux employés des administrations départementales et municipales. (*Avis du C.* 17 nov. 1811, *Arr. du C.* 21 mars 1844, 8 fév. 1851, 18 nov. 1858.)

67. L'art. 8 du décret de 1806 porte que, pour la pension de retraite après trente ans de service actif, on comptera tout le temps d'activité dans d'autres administrations publiques qui ressortissent au Gouvernement, quoique étrangères à celle dans laquelle les employés se trouvent placés ; cette disposition s'applique aux employés des administrations municipales, et l'on doit faire entrer dans la liquidation définitive de leurs pensions les services qu'ils justifient avoir rendus dans d'autres administrations (*Arr. du C.* 21 mars 1844). Cependant les communes peuvent faire insérer des dispositions contraires à ce principe dans les règlements qui accompagnent les décrets approbatifs de leurs caisses spéciales de retraites.

68. Aucune pension ne peut être ordonnancée par les maires, payée par les receveurs municipaux, ni allouée par la Cour des comptes ou par les conseils de préfecture dans les comptes des communes, si la pension n'a pas été accordée par arrêté du préfet (*Arr. du C.* 16 janv. 1874), et s'il n'en est justifié par les parties prenantes lors du paiement et par le receveur lors de la reddition du compte. (*D.* 4 juin 1809 et 25 mars 1852, *tableau A.*)

69. Le paiement des pensions régulièrement liquidées et approuvées constitue pour les communes une dépense obligatoire. (*L.* 18 juill. 1837, *art.* 30, n° 7.)

A Paris, la même caisse est commune aux employés de la préfecture et à ceux des diverses administrations municipales, notamment de la commission des contributions directes, des mairies, des abattoirs généraux et du bureau central du poids public. Leurs pensions sont liquidées conformément au décret du 4 juillet 1806, modifié en certains points par un décret du 13 décembre 1870 (*O.* 13 nov. 1822, *art.* 1 et 5). Les administrateurs et employés des hospices et hôpitaux, dans la capitale, ont une caisse créée et régie par un décret du 7 février 1809 ; et les employés du mont-de-piété sont sous le régime d'une ordonnance du 21 décembre 1832, insérée au Bulletin des lois sous la date du 14 janvier 1833.

CHAP. II. — PENSIONS MILITAIRES.

Sect. 1. — Pensions pour ancienneté de service.

ART. 1. — DES DROITS A LA PENSION.

70. Le droit à la pension de retraite par ancienneté est acquis, pour les officiers, à trente ans de service effectif (*L.* 11 avril 1831, *art.* 1er), et pour les sous-officiers, caporaux, brigadiers et soldats, à vingt-cinq ans accomplis de service effectif. (*L.* 26 avril 1855, *art.* 20.)

71. Les années de service se comptent de l'âge où la loi permet de contracter un engagement volontaire (*L.* 11 avril 1831, *art.* 2), c'est-à-dire de dix-huit ans (*C. civ.*, *art.* 374). Toutefois le service des marins incorporés dans l'armée de terre peut se compter à partir de l'âge de seize ans.

(*L.* 11 avril 1831, *art.* 3, et *L.* 18 avril 1831, *art.* 2.)

Il est compté quatre années de service effectif, à titre d'études préliminaires, aux élèves de l'École polytechnique, au moment où ils entrent comme officiers dans les armes spéciales. (*L.* 11 avril 1831, *art.* 5.)

72. Le temps passé dans un service civil dépendant directement de l'État, rétribué par lui et qui donne droit à pension, est compté pour la pension militaire de retraite, pourvu, toutefois, que la durée des services militaires soit au moins de vingt ans (*Id.*, *art.* 4, et *Arr. du C.* 16 fév. 1836, 16 avril 1841). Le temps passé hors de l'activité, avec jouissance d'une pension de retraite, ne peut entrer dans la supputation du service effectif. (*Id.*, *art.* 6.)

ART. 2. — DU BÉNÉFICE DE CAMPAGNE.

73. L'art. 7 de la loi a pour objet de stipuler les bénéfices attachés au service de campagne. « Sera compté pour la totalité, en sus de sa durée effective, le service militaire qui aura été fait : 1° sur le pied de guerre, 2° dans un corps d'armée occupant un territoire étranger, en temps de paix ou de guerre ; 3° à bord, pour les troupes embarquées en temps de guerre maritime ; 4° hors d'Europe, en temps de paix, pour les militaires envoyés d'Europe ; le même service, en temps de guerre, leur sera compté pour le double, en sus de sa durée effective[1]. Sera compté de la même manière le temps de captivité, à l'étranger, des militaires prisonniers de guerre. Sera compté pour moitié, en sus de sa durée effective : 1° le service militaire sur la côte, en temps de guerre maritime ; 2° le service militaire, à bord, pour les troupes embarquées en temps de paix. »

L'art. 8 ajoute que, dans la supputation de ces services privilégiés, chaque période dont la durée aura été moindre de douze mois, sera comptée comme une année accomplie, sans que, cependant, on puisse compter plus d'une année de campagne dans une période de douze mois, et que la fraction qui excédera chaque période dont la durée aura été de plus d'une année, comptera pour une année.

74. A partir du 1er janvier 1862, le service militaire en Algérie n'est plus compté que pour le double de sa durée effective. (*L.* 25 juin 1861, *art.* 3.)

75. La portée de ces diverses dispositions est marquée par le § 2 de l'art. 9 de la loi du 11 avril 1831, qui statue que chaque année de service au delà de trente ans et chaque année de campagne, supputée selon les art. 7 et 8, ajoutent à la pension un vingtième de la différence du minimum au maximum, jusqu'à concurrence de ce maximum, que la loi déclare acquis à cinquante ans de services, campagnes comprises.

ART. 3 — QUOTITÉ DE LA PENSION.

76. La durée des services qui fait la base du droit à pension doit également être prise en considération pour en fixer le taux, mais cet élément n'est pas le seul à faire entrer dans le cal-

1. Il faut, en général, pour que le bénéfice du doublement en sus de la durée effective soit acquis, que les services aient été rendus sur le théâtre de la guerre ; ainsi des services en Océanie, pendant la guerre de Crimée, n'ont point été considérés comme rendus en temps de guerre. (*Arr. du C.* 23 nov. 1863.)

cul. La pension du militaire qui a accompli trente ans de service effectif, se règle sur le grade dont ce militaire était titulaire et conformément à un tarif annexé à la loi du 25 juin 1861.

Les pensions des généraux de division et généraux de brigade, ainsi que celles des intendants et inspecteurs du service de santé qui leur sont assimilés ne peuvent, en aucun cas, excéder la somme attribuée selon le grade aux officiers généraux dans le cadre de réserve. (*L.* 25 *juin* 1861, *art.* 1er.)

77. Si l'ayant droit demande sa retraite avant d'avoir deux ans d'activité dans son grade, la pension se règle sur le grade immédiatement inférieur. (*L.* 11 *avril* 1831, *art.* 10.)

78. La pension de retraite de tout officier, sous-officier, caporal et brigadier, ayant douze ans accomplis d'activité dans son grade, est augmentée du cinquième. Ce bénéfice est accordé alors même que l'ayant droit a atteint le maximum déterminé par le tarif (*art.* 11). Les gendarmes ayant douze ans de service dans la gendarmerie, jouissent de la même augmentation. (*Id.*)

La pension est liquidée sur le grade immédiatement inférieur si, à raison de l'augmentation d'un cinquième prévue par l'art. 11 de la loi du 11 avril 1831, il y a avantage pour le militaire dans ce mode de liquidation. (*L.* 25 *juin* 1861, *art.* 4.)

79. Est réputé temps d'activité, pour le bénéfice de l'art. 11 de la loi du 11 avril 1831 : 1° le temps passé avec jouissance de non-activité, régie par les ordonnances des 20 mai 1818 et 5 mai 1824 ; 2° le temps passé en réforme, suivant les règles posées par les ordonnances des 5 février 1823 et 8 février 1829 (*art.* 33).

Sect. 2. — Pensions pour blessures et infirmités.

ART. 1. — DES DROITS A LA PENSION.

80. Les blessures donnent droit à la pension de retraite lorsqu'elles sont graves et incurables et qu'elles proviennent d'événements de guerre, ou d'accidents éprouvés dans un service commandé. Les infirmités donnent le même droit lorsqu'elles sont graves et incurables et qu'elles sont reconnues provenir des fatigues ou des dangers du service militaire. (*L.* 11 *avril* 1831, *art.* 12.)

81. Si les blessures ou infirmités ont occasionné la cécité, l'amputation ou la perte absolue de l'usage d'un ou de plusieurs membres, elles ouvrent un droit immédiat à la pension (*art.* 13). Dans les cas moins graves, les blessures ou infirmités ne donnent lieu à la pension que sous les conditions suivantes : 1° pour l'officier, si elles le mettent hors d'état de rester en activité et lui ôtent la possibilité d'y rentrer ultérieurement ; 2° pour le sous-officier, caporal, brigadier ou soldat, si elles le mettent hors d'état de servir et de pourvoir à sa subsistance (*art.* 14).

ART. 2. — FIXATION DU TAUX DE LA PENSION.

82. Pour l'amputation d'un membre ou la perte absolue de l'usage de deux membres, les officiers, sous-officiers, caporaux, brigadiers et soldats, ainsi que leurs assimilés, reçoivent le maximum de la pension qui leur est attribuée par la loi du 25 juin 1861 ou celle du 26 avril 1855. (*L.* 25 *juin* 1861, *art.* 5.)

En cas d'amputation de deux membres ou de perte totale de la vue, ce maximum est augmenté, pour les officiers et assimilés, de 20 p. 100, et pour les sous-officiers, caporaux, brigadiers et soldats et assimilés de 30 p. 100. Dans cette dernière augmentation se trouve compris le supplément alloué par l'art. 33 de la loi du 28 fructidor an VII. (*Ibid.*)

83. Les sous-officiers, caporaux et soldats des armées de terre et de mer, admis à la retraite pour blessures reçues devant l'ennemi ou pour infirmités contractées en campagne ayant entraîné l'amputation d'un membre, la perte de l'usage de deux membres, la perte de l'usage d'un membre, ainsi que les anciens militaires mutilés qui touchaient un supplément de pension payé par l'ancienne liste civile, reçoivent une allocation élevant leur pension au minimum de 600 fr. (*L.* 27 *nov.* 1872.)

Les blessures ou infirmités qui occasionnent la perte absolue de l'usage d'un membre ou qui y sont équivalentes donnent droit au minimum de la pension d'ancienneté, quelle que soit la durée des services. Chaque année de service, y compris les campagnes, supputées selon les art. 7 et 8, ajoute à cette pension un vingtième de la différence du minimum au maximum d'ancienneté. Le maximum est acquis à vingt ans de services, campagnes comprises. (*L.* 11 *avril* 1831, *art.* 16.)

La perte totale et permanente de la vision de l'un des deux yeux est équivalente à la perte absolue de l'usage d'un membre dans le sens de cette disposition. (*Arr. du C.* 9 *janv.* 1868.)

84. Pour les blessures ou infirmités qui mettent le militaire dans une des positions prévues par l'art. 14 (*suprà, n°* 81), les pensions sont fixées pareillement au minimum d'ancienneté ; mais elles ne sont augmentées, dans la proportion déterminée par l'art. 16, que pour chaque année de service au delà de trente ans, campagnes comprises. Le maximum est acquis à cinquante ans de service, y compris les campagnes (*art.* 17).

85. La pension, pour cause de blessures ou infirmités, se règle par le grade dont le militaire est titulaire. L'art. 11 (*suprà, n°* 78) est applicable à la pension pour cause de blessures ou d'infirmités (*art.* 18).

86. En cas d'aggravation consécutive des blessures ou infirmités, il peut être procédé à une nouvelle liquidation de la pension de retraite (*D.* 20 *août* 1864). Mais il est nécessaire que les blessures ou infirmités aient été régulièrement constatées avant que le militaire ne quittât le service. (*Arr. du C.* 6 *juill.* 1865.)

Sect. 3. — Droits des veuves et orphelins.

87. Les veuves des militaires morts en jouissance de la pension de retraite ou en position de l'obtenir, ont droit à une pension viagère.

Il en est de même des veuves de militaires tués sur le champ de bataille ou dans un service commandé, ou qui ont péri à l'armée ou hors d'Europe, et dont la mort a été causée, soit par des événements de guerre, soit par des maladies contagieuses ou endémiques, aux influences desquelles ils ont été soumis par les obligations de leur service, ou qui sont morts par suite de blessures reçues, soit sur le champ de bataille, soit dans un service commandé (*art.* 19). Jusqu'en 1855, le choléra n'avait pas été considéré comme ayant le caractère contagieux dans le sens de cet article, mais depuis cette époque, il est rangé au nombre des maladies donnant droit à pension, lorsqu'il est reconnu avoir régné épidémiquement, soit sur le bâtiment, soit dans le lieu où le militaire ou marin était appelé par son service.

88. Le droit de la veuve est subordonné à diverses conditions : la première est qu'elle justifie de l'autorisation que les officiers et soldats sont tenus d'obtenir pour se marier ; la seconde, qui ne concerne que les pensions à raison d'ancienneté de service ou de mort par suite de blessures, c'est que le mariage soit antérieur, dans le premier cas, de deux ans à la cessation de l'activité ou du traitement, et ait, dans le second cas, précédé les blessures (*art.* 19, §§ 3 *et* 4). La femme contre laquelle la séparation de corps a été admise n'a pas droit à la réversion (*L.* 25 *juin* 1861, *art.* 6). En ce cas, les enfants, s'il y en a, sont considérés comme orphelins ; mais le convol à de secondes noces laisse subsister le droit à pension.

89. Après le décès de la mère, ou lorsque, par l'effet des dispositions de l'art. 19, elle se trouve déchue de ses droits à pension, l'enfant ou les enfants des militaires morts dans les cas prévus par l'art. 19, ont droit, quel que soit leur nombre, à un secours annuel égal à la pension que la mère aurait été susceptible d'obtenir. Ce secours est payé jusqu'à ce que le plus jeune d'entre eux ait atteint l'âge de vingt et un ans accomplis ; la part des majeurs est réversible sur les mineurs, (*art.* 21).

90. Quant au chiffre de la pension de la veuve, il est fixé au quart du maximum de la pension d'ancienneté affectée au grade dont le militaire était titulaire, quelle que soit la durée de son activité dans ce grade (*L.* 1831). Néanmoins, la pension des veuves des maréchaux de France est fixée à 6,000 fr. ; celle des veuves des caporaux, brigadiers, soldats et ouvriers ne peut être moindre de 100 fr. (*L.* 11 *avril* 1831, *art.* 22.)

CHAP. III. — PENSIONS DE LA MARINE NATIONALE.
Sect. 1. — Pensions à titre d'ancienneté.
ART. 1. — DES DROITS A LA PENSION.

91. Le droit à la pension de retraite d'ancienneté est acquis, pour les officiers de marine et pour les marins de tous grades, à vingt-cinq ans accomplis de service effectif. Dans les autres corps de la marine, le même droit est acquis à trente ans accomplis de service effectif.

Toutefois, les individus de ces derniers corps qui réunissent, ou six ans de navigation sur les vaisseaux de l'État, ou neuf ans tant de navigation sur ces vaisseaux que de service dans les colonies, sont assimilés aux marins. Mais, dans aucun cas, le service des colonies ne motive de réduction sur la durée légale des services que pour les individus envoyés d'Europe. (*L.* 18 *avril* 1831, *art.* 1er.)

92. Les aumôniers ont droit à pension à vingt et un ans de services effectifs, s'ils comptent douze ans de navigation sur les bâtiments de l'État. (*L.* 26 *juin* 1861, *art.* 1er.)

93. Les années de service dans la marine ne se comptent que de l'âge de seize ans. Il n'est d'exception à ce principe que pour le temps passé dans les conditions qui donnent droit aux bénéfices de campagne.

La *navigation*, faite dans ces conditions, de l'âge de dix à seize ans, est comptée pour la durée effective, mais à titre de bénéfice seulement (*L.* 18 *avril* 1831, *art.* 2 *et* 7). En outre, la navigation faite sur les bâtiments de l'État antérieurement à la loi de 1831 est comptée comme service effectif, à partir de l'âge de dix ans (*art.* 33).

94. L'art. 5 accorde quatre années de service effectif, à titre d'études préliminaires, aux élèves de l'École polytechnique, au moment où ils entrent dans les corps de la marine, et admet aussi comme service effectif le temps passé à l'École navale à partir de seize ans.

95. Le temps passé dans un service civil donnant droit à pension est compté pour la pension de marine, pourvu toutefois que la durée des services dans ce dernier département soit au moins de vingt ans en France, ou de dix ans dans les colonies pour les individus envoyés d'Europe (*art.* 4).

96. Le service des militaires entrés dans la marine leur est compté, pour le temps antérieur à cette admission, d'après les lois qui régissent les pensions de l'armée de terre. Il leur suffit même de justifier, à l'époque de la liquidation, de six ans de navigation sur les vaisseaux de l'État, ou de neuf ans tant de navigation sur ces vaisseaux que de service dans les colonies, pour être assimilés aux marins, relativement à toute la durée de leur service (*art.* 3).

97. En cas de rappel au service, le temps passé hors de l'activité, avec jouissance d'une pension de retraite, ne peut entrer dans la supputation du service effectif (*art.* 6).

ART. 2. — BÉNÉFICE DE CAMPAGNE.

98. Les officiers, marins et autres qui ont le temps de service exigé pour la pension d'ancienneté, sont admis à compter en sus les bénéfices de campagne, d'après les règles suivantes :

Est compté pour la totalité, en sus de la durée effective, le service qui a été fait : 1° en temps de guerre maritime, à bord d'un bâtiment de l'État ; 2° à terre, en temps de guerre, soit dans les colonies françaises, soit sur d'autres points hors d'Europe, pour les individus envoyés d'Europe ; 3° le temps de captivité à l'étranger des officiers, marins et autres, faits prisonniers sur les bâtiments de l'État (ou à terre dans un service commandé) ; 4° le temps de navigation des voyages de découverte ordonnés par le Gouvernement ;

Est compté pour moitié en sus de la durée effective : 1° le service en paix maritime à bord d'un bâtiment de l'État ; 2° le service à terre en temps de paix, soit dans les colonies françaises, soit sur d'autres points hors d'Europe, pour les individus envoyés d'Europe ;

Est compté pour la durée simple, le service fait, en temps de guerre, à bord d'un bâtiment armé en course, ainsi que le temps de captivité en cas de prise ; et pour une moitié de sa durée effective, le service fait, en guerre comme en paix, sur les bâtiments ordinaires du commerce.

Dans tous les cas spécifiés ci-dessus, la navigation faite à l'âge de dix à seize ans est comptée pour sa durée effective, mais à titre de bénéfice seulement.

Les bénéfices résultant de la navigation sur tous autres bâtiments que ceux de l'État ne peuvent jamais entrer pour plus d'un tiers dans l'évaluation totale des services qui donnent droit à pension (*art.* 7).

Même en temps de guerre, le service accompli à bord d'un bâtiment de l'État ne comporte le bénéfice de campagne qu'autant que le bâtiment a fait campagne ou a eu cette destination. (*Arr. du C.* 23 *nov.* 1865.)

99. L'art. 8 donne des règles pour calculer la durée des services auxquels est attaché le bénéfice de campagne. La principale est que la campagne dans laquelle l'officier, marin ou autre, a été blessé et mis hors de service, compte pour une année entière.

ART. 3. — FIXATION DU TAUX DE LA PENSION.

100. La pension d'ancienneté est fixée entre un minimum et un maximum déterminés par un tarif annexé à la loi du 26 juin 1861, pour chaque grade. Le minimum est acquis à l'expiration du temps rigoureusement exigé, et s'accroît, par chaque année de service en sus et chaque année de campagne, d'un vingtième de la différence du minimum au maximum. (*L.* 18 *avril* 1831, *art.* 9.)

Le maximum est acquis, pour les officiers de la marine et marins, à quarante-cinq ans, et pour les individus des autres corps de la marine à cinquante ans de service, campagnes comprises. (*Ibid.*)

101. Pour avoir droit à la pension d'un grade, on est tenu de justifier de deux ans d'activité dans ce grade (*art* 10). Une augmentation du cinquième de la pension, même au delà du maximum, est accordée à tout officier, sous-officier, quartier-maître et caporal ayant douze ans accomplis d'activité dans son grade (*art.* 11); mais c'est là un avantage particulier aux militaires ou à ceux qui leur sont assimilés d'après l'art. 1er de la loi (*voy. suprà, n*o 91), et qui remplissent, d'ailleurs, la condition imposée par cet article. (*Arr. du C.* 9 *mai* 1845, 8 *juin* 1847, 24 *janv.* 1849.)

Sect. 2. — **Pensions pour blessures et infirmités.**

102. Les blessures et infirmités donnent droit à une pension spéciale. La condition est pour les blessures, qu'elles soient graves et incurables, et qu'elles proviennent d'événements de guerre ou d'accidents éprouvés dans un service commandé; pour les infirmités, qu'elles soient graves et incurables, et qu'elles soient reconnues provenir des fatigues ou des accidents du service (*art.* 12).

103. Une ordonnance du 26 janvier 1832 a tracé les règles à suivre pour justifier de l'existence de ces conditions.

Dès que les blessures ou infirmités ont occasionné la cécité, l'amputation ou la perte absolue de l'usage d'un ou de plusieurs membres, le droit à la pension est acquis. Dans les cas moins graves, il faut, pour l'officier, qu'elles le mettent hors d'état de rester en activité, et lui ôtent la possibilité d'y rentrer ultérieurement; pour tout individu au-dessous du rang d'officier, qu'elles le mettent hors d'état de pourvoir à sa subsistance (*art.* 13 *et* 14).

104. Les art. 15, 16 et 17 fixent la quotité de la pension, et l'art. 18 dispose expressément que la fixation a pour base le grade dont l'officier, marin ou autre, est titulaire, et que ce genre de pen-

sion comporte l'augmentation du cinquième, dans les cas et aux conditions déterminés pour la pension d'ancienneté.

Le ministre, avant de statuer sur une demande de pension, doit faire procéder à l'examen *personnel* du fonctionnaire qui l'a formée. (*Arr. du C.* 31 *janv.* 1873.)

105. Pour l'amputation d'un membre ou la perte absolue de l'usage de deux membres, les officiers, officiers mariniers, assimilés et autres agents du département de la marine et des colonies, reçoivent le maximum de la pension qui leur est attribuée par le tarif annexé à la loi du 26 juin 1861.

106. En cas d'amputation de deux membres ou de la perte totale de la vue, le maximum est augmenté de 20 p. 100 pour les officiers et fonctionnaires assimilés compris dans la première section du tarif annexé à la loi du 26 juin 1861, et de 30 p. 100 pour les marins et autres assimilés dont les pensions sont réglées par la loi du 21 juin 1856, ainsi que pour les agents compris dans la deuxième section du tarif. — Dans cette dernière augmentation de 30 p. 100 se trouve compris le supplément alloué par l'art. 33 de la loi du 28 fructidor an VII. (*L.* 26 *juin* 1861, *art.* 4.)

107. La garantie d'un minimum de 600 fr. accordée, par l'art. 1er de la loi du 27 novembre 1872, aux sous-officiers, caporaux et soldats blessés ou amputés, est commune à l'armée de mer. (*Voy. suprà n*o 83.)

Sect. 3. — **Droits des veuves et orphelins.**

108. Les veuves d'officiers, marins ou autres, morts en jouissance de la pension de retraite ou en possession de droits à cette pension, ont droit à la réversion, pourvu que le mariage ait été contracté deux ans avant la cessation de l'activité du mari, ou qu'il existe un ou plusieurs enfants (*art.* 19). Ont également droit à pension : 1o les veuves d'officiers, marins ou autres, qui ont été tués dans un combat, ou qui ont péri dans un service commandé ou requis ; 2o les veuves d'officiers, marins ou autres, qui ont péri sur les bâtiments de l'État ou aux colonies, et dont la mort a été causée soit par des événements de guerre, soit par des maladies contagieuses ou endémiques, aux influences desquelles ils ont été soumis par les obligations de leur service ; 3o les veuves d'officiers, marins ou autres, qui sont morts des suites de blessures reçues, soit dans un combat, soit dans un service commandé ou requis. (*Id.*)

109. Le droit à la pension pour la veuve, et même pour les enfants, est subordonné à la condition que le mariage ait été autorisé conformément aux décrets des 16 juin et 3 août 1808. (*Id.*). La séparation de corps emporte déchéance lorsqu'elle a été prononcée contre la femme (*L.* 26 *juin* 1861, *art.* 2). Les enfants, s'il y en a, sont alors considérés comme orphelins.

110. A défaut de la veuve, décédée ou frappée de déchéance, l'enfant ou les enfants mineurs ont droit, quel que soit leur nombre, à un secours annuel égal à la pension que la mère aurait été susceptible d'obtenir. Ce secours leur est payé jusqu'à ce que le plus jeune ait atteint vingt et un ans accomplis, et la part des majeurs est réversible sur les mineurs (*art.* 21).

111. Quant à la quotité de la pension pour les

veuves et les enfants, elle est une et absolue. Elle est fixée, d'après les mêmes principes que pour l'armée de terre (voy. n° 90), au quart ou à la moitié du maximum de la pension d'ancienneté affectée au grade dont le mari était titulaire. Néanmoins la pension des veuves des amiraux est de 6,000 fr., et celle des veuves des marins ou autres au-dessous du rang d'officier ne peut descendre au-dessous de 100 fr. (*Art. 22 et le tarif annexé à la loi du 26 juin* 1861.)

112. Une ordonnance du 18 janvier 1839 détermine les justifications à faire pour établir le droit à pension, attribué aux veuves et aux orphelins dans le cas où un bâtiment de guerre serait réputé avoir péri corps et biens.

CHAP. IV. — PENSIONS ECCLÉSIASTIQUES.

113. Une somme considérable était distribuée annuellement à des ecclésiastiques pauvres à qui l'autorité diocésaine avait permis de résigner leurs fonctions. En réunissant le montant de cette subvention aux ressources créées par le décret du 22 janvier 1852, le Gouvernement a fondé, par un décret du 28 juin 1853, une caisse générale pour le service des pensions ecclésiastiques.

114. Ces pensions ont un caractère distinct de celui que nous avons reconnu aux pensions civiles, en ce qu'elles constituent une libéralité dont le refus ne peut jamais motiver le recours au Conseil d'État, et dont le prêtre pourrait être privé, si, après l'avoir obtenue, il refusait de se conformer à la discipline ecclésiastique. (*Circ. Min. Cultes* 30 *nov.* 1853.)

115. Deux conditions sont imposées pour la concession d'une pension ecclésiastique. Elle ne peut d'abord être accordée qu'à un prêtre âgé ou infirme et entré dans les ordres depuis plus de trente ans ; il faut ensuite la présentation de l'évêque diocésain, à qui seul il appartient de désigner les membres de son clergé qu'il juge hors d'état de continuer leurs fonctions. (*D.* 28 *juin* 1853, *art.* 1er.)

116. En outre, les pensions, comme les secours qu'elles sont destinées à remplacer, ne doivent être concédées qu'aux prêtres dont les ressources personnelles ont été reconnues insuffisantes. Cette appréciation délicate est du ressort des évêques diocésains et des préfets.

117. Quant au chiffre de la pension, il n'y a pas de règle fixe à cet égard, si ce n'est que le taux doit en être proportionné, autant que possible, aux besoins du prêtre qui la demande. En aucun cas, la totalité des pensions ne peut excéder le montant des ressources réalisées par la caisse des retraites.

118. Les propositions de l'évêque diocésain doivent être accompagnées des pièces suivantes : 1° la demande du prêtre, indiquant ses nom, prénoms, qualités et son adresse ; 2° son acte de naissance ; 3° un certificat de l'évêque du diocèse où il aura son domicile réel, constatant l'époque où l'ecclésiastique a reçu l'ordre du sous-diaconat, les fonctions qu'il a successivement exercées, la durée totale de ses services et le montant de la pension inscrite au ministère des finances dont il pourrait déjà jouir sur le trésor public ; 4° l'avis motivé de l'évêque sur la demande. Cet avis doit contenir les renseignements pris par l'évêque sur

les moyens d'existence de chaque ecclésiastique. (*Circ.* 30 *nov.* 1853.).

CHAP. V. — DE L'ADMISSION A LA RETRAITE, DE LA CONCESSION ET DE LA JOUISSANCE DE LA PENSION.

Sect. 1. — Admission à la retraite.

119. Les fonctionnaires ou employés démissionnaires, destitués, révoqués d'emploi, sont non recevables à demander la pension de retraite (*L.* 9 *juin* 1853, *art.* 25). Il en est de même de celui qui a perdu la qualité de Français. (*Voy. infrà,* n° 142.)

120. Aucune pension n'est liquidée qu'autant que le fonctionnaire aura été préalablement admis à faire valoir ses droits à la retraite par le ministre au département auquel il ressortit (*art.* 19). L'État peut donc conserver les fonctionnaires civils dans leur emploi aussi longtemps que son intérêt l'exige ou que leurs forces le permettent. (*Arr. du C.* 7 *avril* 1846, 17 *fév.* 1853, 2 *mai* 1868). Il en est autrement pour les militaires et marins ; dès qu'ils ont acquis le droit à la pension, ils peuvent en exiger la liquidation. (*L.* 11 *avril* 1831, *art.* 1 et 24 ; *L.* 18 *avril* 1831, *art.* 1 et 26.)

121. Mais s'il appartient à l'administration seule de prononcer sur la mise à la retraite d'un fonctionnaire ou employé civil, elle n'est pas maîtresse d'accorder ou de refuser la pension à celui qu'elle remplace ou dont l'emploi est supprimé, lorsque, d'ailleurs, il fournit les justifications exigées pour la pension à titre d'ancienneté ou la pension de réforme. (*Arr. du C.* 9 *mai* 1838, 5 *mai* 1849.) Le recours par la voie du contentieux est ouvert contre la décision ministérielle. Il doit être formé, à peine de déchéance, dans le délai de trois mois. (*Arr. du C.* 28 *fév.* 1873.)

122. S'agit-il d'examiner, non pas si l'employé doit cesser ses fonctions ou les continuer, mais si les infirmités qui le rendent incapable de les remplir résultent de l'exercice de ses fonctions, ici encore l'appréciation n'est pas exclusivement du ressort de l'administration, elle est aussi de l'office du juge. (*Arr. du C.* 26 *nov.* 1839.)

123. Il est statué sur l'admission à la retraite d'un fonctionnaire par l'autorité qui, aux termes des règlements sur la hiérarchie, avait qualité pour prononcer la révocation. L'acte d'admission à la retraite spécifie les circonstances qui donnent ouverture au droit à pension et indique les articles de la loi applicables au fonctionnaire. (*D.* 9 *nov.* 1853, *art.* 29.)

124. Alors même que l'admission à la retraite est un fait accompli, le pensionnaire peut encore, si l'intérêt du service l'exige, être maintenu momentanément en activité. (*Id., art.* 47.) Tant que la pension n'est pas liquidée, et même après la liquidation, dans les cas exceptionnels prévus par l'art. 27 de la loi du 9 juin 1853, le ministre peut rapporter l'arrêté de mise à la retraite et destituer l'employé. (*Arr. du C.* 9 *fév.* 1850.)

Sect. 2. — Formes de la demande de pension.

125. C'est au ministre dans le département duquel le réclamant a effectué son dernier service que la demande doit être adressée avec les pièces justificatives. (*L.* 9 *juin* 1853, *art.* 22.) Elle doit être, à peine de déchéance, présentée avec les pièces à l'appui dans le délai de cinq ans, à partir, savoir : pour le titulaire, du jour où il a été admis à faire valoir ses droits à la retraite ou du jour de la cessation de ses fonctions, s'il a été autorisé à les continuer après cette admission, et pour la veuve, du jour du décès du fonctionnaire.

Les demandes de secours annuels pour les orphelins doivent être présentées dans le même délai, à partir du jour du décès de leur père ou mère. (L. 9 juin 1853, art. 22.)

126. Le fonctionnaire admis à la retraite doit produire, indépendamment de son acte de naissance et d'une déclaration de domicile :

1° Pour la justification des services civils, un extrait dûment certifié des registres et sommiers de l'administration ou du ministère auquel il a appartenu, énonçant ses nom et prénoms, sa qualité, la date et le lieu de sa naissance, la date de son entrée dans l'emploi avec traitement, la série de ses grades et services, l'époque et les motifs de leur cessation et le traitement dont il a joui pendant chacune des six dernières années de son activité. Lorsqu'il n'aura pas existé de registres, ou que tous les services ne se trouveront pas inscrits sur les registres existants, il y sera suppléé, soit par un certificat du chef ou des chefs compétents des administrations où l'employé aura servi, relatant les indications ci-dessus énoncées, soit par un extrait des comptes et des états d'émargement certifié par le greffier de la Cour des comptes.

Les services civils rendus hors d'Europe sont constatés par un certificat distinct délivré par le ministre compétent. Ce certificat énonce, pour chaque mutation d'emploi, le traitement normal du grade et le supplément accordé à titre de traitement colonial.

À défaut de ces justifications, et lorsque, pour cause de destruction des archives dont on aurait pu les extraire, ou du décès des fonctionnaires supérieurs, l'impossibilité de les produire aura été prouvée, les services pourront être constatés par un acte de notoriété.

2° Pour la justification des services militaires de terre et de mer : un certificat directement émané du ministère de la guerre ou de celui de la marine.

Les actes de notoriété, les congés de réforme et les actes de licenciement ne sont pas admis pour la justification des services militaires. Lorsque des actes de cette nature sont produits, ils sont renvoyés au ministère de la guerre ou à celui de la marine, qui les remplace, s'il y a lieu, par un certificat authentique.

Les services des employés de préfecture et de sous-préfecture sont justifiés par un certificat du préfet ou du sous-préfet, constatant que le titulaire a été rétribué sur les fonds d'abonnement, et ce certificat doit être visé par le ministre de l'intérieur. (D. 9 nov. 1853, art. 21.)

127. Les veuves prétendant à pension fournissent, indépendamment des pièces que leur mari aurait été tenu de produire : 1° leur acte de naissance ; 2° l'acte de décès de l'employé ou pensionnaire ; 3° l'acte de célébration du mariage ; 4° un certificat de non-séparation de corps ; 5° dans le cas où il y aurait eu séparation de corps, la veuve

doit justifier que cette séparation a été prononcée sur sa demande (art. 32).

128. Les orphelins prétendant à pension fournissent, indépendamment des pièces que leur père aurait été tenu de produire : 1° leur acte de naissance : 2° l'acte de décès de leur père ; 3° l'acte de célébration de mariage de leurs père et mère ; 4° une expédition ou un extrait de l'acte de tutelle ; 5° en cas de prédécès de la mère, son acte de décès ; en cas de séparation de corps, expédition du jugement qui a prononcé la séparation, ou un certificat du greffier du tribunal qui a prononcé le jugement ; en cas de second mariage, acte de célébration. (Id.)

129. Les veuves ou orphelins prétendant à pension ont, en outre, à produire le brevet délivré à leur mari ou père, lorsqu'il est décédé en jouissance de la pension, ou une déclaration constatant la perte de ce titre. (Id.)

130. Si le fonctionnaire a été justiciable de la Cour des comptes, soit en deniers, soit en matières, il doit produire un certificat de la comptabilité générale des finances ou du ministère compétent, constatant, sauf justification ultérieure du *quitus* de la Cour des comptes, que la vérification provisoire de la gestion ne révèle aucun débet à sa charge. Si le prétendant à pension n'est pas justiciable direct de la Cour des comptes, sa situation, à fin de gestion, est constatée par un certificat du comptable supérieur duquel il relève (art. 33).

131. Tout militaire, veuve ou orphelin de militaire, qui se trouve en demeure de faire valoir ses droits à l'obtention d'une pension ou d'un secours annuel, est tenu de se pourvoir en liquidation auprès du ministre de la guerre, dans un délai qui ne peut excéder cinq années et qui court du jour de l'événement qui ouvre le droit à la liquidation. (L. 17 avril 1833, art. 6.)

132. Quant aux pensions pour blessures et infirmités, le militaire qui peut faire valoir des droits de cette nature, doit faire sa demande avant de quitter le service. Les demandes sont adressées au ministre de la guerre par la voie hiérarchique ; une ordonnance du 2 juillet 1831 et une instruction du ministre de la guerre, du 20 septembre de la même année, indiquent les formes à suivre et les pièces à fournir.

133. Deux ordonnances, des 26 janvier et 11 septembre 1832, relatives aux pensions de la marine, déterminent les justifications à produire à l'appui des demandes, les autorisations à obtenir et les conditions à remplir par les pensionnaires résidant à l'étranger.

Sect. 3. — De la liquidation et du recours contre la liquidation.

134. Le ministre à qui la demande est adressée, et qui a dû statuer sur l'admission à la retraite, opère la liquidation d'après la durée des services, en négligeant, sur le résultat final du décompte, les fractions de mois et de franc (L. 9 juin 1853, art. 23 et 24). Sa proposition est ensuite transmise au ministre des finances, qui donne son avis, et soumet le projet de liquidation à l'examen de la section des finances du Conseil d'État. (L. 24 mai 1872 ; D. 21 août 1872, art. 1 et 5.)

135. L'avis de la section clôt l'instruction sur

la liquidation ; les pièces reviennent au ministre, et il prononce. S'il refuse, le refus est exprimé par une décision ministérielle ; le plus souvent, par simple lettre.

136. S'il juge qu'il y a lieu d'admettre, il fait procéder à la liquidation définitive, et soumet à la signature du président de la République le décret de concession, que le ministre des finances doit à son tour contre-signer, (*L. 9 juin* 1853, *art.* 24). Le décret est inséré au Bulletin des lois. (*Id.*)

137. Si le ministre des finances refuse de contre-signer la liquidation établie par son collègue, il doit, à notre avis, notifier sa décision à la partie intéressée, qui pourra se pourvoir devant le Conseil d'État. Le recours a lieu, en la forme ordinaire (*voy.* **Conseil d'État**), sans que le ministère d'un avocat au Conseil d'État soit obligatoire (*D.* 2 *nov.* 1864. *art.* 1er). Il doit être formé, pour toutes les pensions autres que celles de l'armée de terre et de mer, dans le délai de trois mois à partir du jour où le réclamant a eu connaissance de la décision ministérielle ou du décret du président de la République. La remise du brevet ou la délivrance du certificat d'inscription équivalent à la notification. (*Arr. du C.* 2 *avril* 1852; 17 *août* 1866.)

138. Pour les pensions de l'armée de terre et de mer, le délai court à partir du jour du premier paiement d'arrérages, et pourvu qu'avant ce premier paiement, les bases de la liquidation aient été notifiées. (*L.* 11 *avril* 1831, *art.* 25 ; 18 *avril* 1831, *art.* 27.)

Sect. 4. — Jouissance de la pension.

ART. 1. — EXERCICE OU SUSPENSION DU DROIT
DE PERCEVOIR LA PENSION.

139. La jouissance de la pension commence du jour de la cessation du traitement ou du lendemain du décès du fonctionnaire ; celle du secours annuel, du lendemain du décès du fonctionnaire ou du décès de la veuve (*L.* 9 *juin* 1853, *art.* 25). Il ne peut, d'ailleurs, jamais y avoir lieu au rappel de plus de trois années d'arrérages antérieurs à la date de l'insertion au Bulletin des lois du décret de concession, à moins que le retard qui a fait intervenir le décret de concession plus de trois ans après la cessation du traitement d'activité, ne soit pas imputable à l'employé. (*Arr. du C.* 25 *févr.* 1864, 10 *avril* 1867, 27 *juill.* 1870, 7 *mai* 1875.)

140. Les pensions sont incessibles. Aucune saisie ou retenue ne peut être opérée, du vivant du pensionnaire, que jusqu'à concurrence d'un cinquième pour débet envers l'État ou pour des créances privilégiées, aux termes de l'art. 2101 du Code civil, et d'un tiers dans les circonstances prévues par les art. 203, 205, 206, 207 et 214 du même Code. (*Id., art.* 26 ; *L.* 11 *avril* 1831, *art.* 28 ; *L.* 18 *avril* 1831, *art.* 30.)

141. La pension, une fois concédée, n'est pas irrévocablement acquise. Celui qui est constitué en déficit pour détournement de deniers ou de matières ou convaincu de malversations, perd ses droits à la pension, alors même qu'elle aurait été liquidée ou inscrite (*art.* 27). La même disposition est applicable au fonctionnaire convaincu de s'être démis de son emploi, à prix d'argent, et à celui

qui aura été condamné à une peine afflictive ou infamante. Dans ce dernier cas, s'il y avait réhabilitation, les droits à la pension seraient rétablis (*id.* et *Arr. du C.* 14 *nov.* 1873). La perte du droit à pension est prononcée par un décret rendu sur la proposition du ministre des finances, après avoir pris l'avis du ministre liquidateur et après avoir consulté la section des finances du Conseil d'État. (*D.* 9 *nov.* 1853, *art.* 43.)

142. Le droit à l'obtention, à la jouissance ou à la réversion d'une pension est suspendu par les circonstances qui font perdre la qualité de Français (*L.* 9 *juin* 1853, *art.* 29, *et Arr. du C.* 27 *juill.* 1870). S'il s'élève des difficultés sur l'existence de ces circonstances, c'est aux tribunaux civils qu'il appartient de prononcer (*Arr. du C.* 27 *avril* 1847). La pension est de nouveau inscrite si celui qui avait perdu la qualité de Français vient à la recouvrer, mais ce rétablissement ne peut donner lieu à aucun rappel d'arrérages (*Id., art.* 29). Le pensionnaire indûment rayé qui obtient sa réinscription a droit aux arrérages à dater du jour de sa réclamation. (*Arr. du C.* 18 *nov.* 1869.)

143. Le paiement de la pension est également suspendu lorsque le fonctionnaire est remis en activité dans le même service (*Id., art.* 28). Quand un fonctionnaire déjà pensionné a repris du service, il a le choix, au moment où cesse la deuxième période d'activité, de conserver son ancienne pension, en demandant la liquidation d'une pension nouvelle, correspondant aux services rendus depuis sa rentrée, ou bien d'abandonner la première pension, en demandant qu'il soit procédé à une nouvelle liquidation embrassant la généralité de ses services. (*L.* 9 *juin* 1853, *art.* 28, § 3.)

ART. 2. — DU CUMUL.

144. La pension constitue une sorte de continuation du traitement d'activité. Elle ne peut donc se cumuler avec lui. Toutefois, le cumul d'une pension et d'un traitement est autorisé, en général, jusqu'à concurrence de 1,500 fr. lorsque l'employé remis en activité entre dans un service autre que celui où il se trouvait lors de son admission à la retraite (*art.* 28, § 2).

145. Le cumul de deux pensions est autorisé dans la limite de 6,000 fr., pourvu qu'il n'y ait pas double emploi dans les années de service présentées pour la liquidation (*art.* 31).

Tout pensionnaire est tenu de déclarer dans son certificat de vie, qu'il ne jouit d'aucun traitement ou pension. Les fausses déclarations peuvent donner lieu à la radiation et en outre à des poursuites en restitution des sommes indûment reçues. (*D.* 9 *nov.* 1853, *art.* 46.)

146. Il faut, au surplus, observer que la loi, dans les restrictions qu'elle impose au cumul, n'envisage que les sommes payées par l'État et pour la rétribution de *services publics*. Ainsi rien n'empêche de cumuler un traitement payé sur les fonds municipaux avec une pension de retraite. (*Arr. du C.* 17 *mai* 1826.)

ART. 3. — DU PAIEMENT DES PENSIONS, ET DES
CERTIFICATS DE VIE.

147. Les arrérages des pensions et secours annuels sont payés par trimestre, à Paris, au ministère des finances, et dans les départements, par l'intermédiaire des agents du Trésor. Le paiement est fait au porteur du brevet. Néanmoins, les propriétaires de rentes et pensions sur l'État qui, ne pouvant recevoir eux-mêmes les arrérages échus, ne jugent pas à propos de confier leurs inscriptions à des tiers, sont autorisés à y suppléer par des procurations passées devant notaire. (*O. 1er mai 1816.*)

148. A chaque paiement d'arrérages, il doit être justifié de l'existence du titulaire. Cette justification se fait par la production d'un *certificat de vie.* (*Voy. ce mot.*)

149. Les pensions dont les arrérages n'ont pas été réclamés pendant trois années, à compter de l'échéance du dernier paiement, sont censées éteintes, et ne doivent plus être portées dans les états de paiement : si les pensionnaires se présentent après la révolution de ces trois années, les arrérages ne recommencent à courir qu'à compter de la réclamation. (*L. 9 juin 1853, art.* 30.)

La même déchéance est applicable aux héritiers ou ayants cause des pensionnaires qui n'ont pas justifié de leurs droits dans les trois ans qui suivent la date du décès de leur auteur. (*Id.*)

150. Quant aux conditions à remplir par les héritiers ou ayants cause pour toucher la portion d'arrérages échue au moment du décès, elles n'ont rien que de conforme au droit commun.

G. DUFOUR[1].

1. Mis à jour par M. C. F.

BIBLIOGRAPHIE.

Les Pensions sur fonds de retenue, ou Observations sur le règlement général des pensions de retraite des fonctionnaires et employés du ministère des finances. In-8°. Paris, Dondey-Dupré fils, Ponthieu. 1825.

Résumé du procès-verbal des séances de la commission des pensions, instituée par ordonnance du 4 janvier 1833. Compte rendu de ses travaux. 2 br. in-4°.

Essai sur les pensions de retraite, par Flour de Saint-Geniès. In-8°. Paris, Merklein. 1833.

Observations sur le travail de la commission instituée par ordonnance royale du 4 janvier 1833, pour la révision de la législation sur les pensions. In-8°. Paris, Bachelier. 1834.

Des pensions de retraite, par M. J. J. Julien. 2e édit. In-8°. Paris, Delaunay. 1835.

Mémoire sur les pensions des employés, par A. J. J. Le Barbier. In-8°. Paris, Bachelier, Delaunay. 1835.

Traité général sur les pensions civiles. Examen et réfutation du projet présenté par le Gouvernement, par A. F. Baudron. In-8°. Paris, l'auteur. 1837.

Considérations sur les pensions de retraite, par Napoléon Lemesl. In-8°. Paris, Dupont. 1837.

Manuel des pensionnaires de l'État, contenant un traité des règles générales applicables aux diverses espèces de pensions, les lois et la jurisprudence du Conseil d'État, par Dumesnil. 1 vol. in-18. 1841.

Pensions civiles. Note concernant les employés de préfecture et de sous-préfecture. In-8°. Paris, impr. de Dupont. 1845.

Code des pensions civiles, par M. Dareste. In-18. Paris, impr. de Dupont. 1853.

Des Pensions civiles d'après la loi du 13 juin 1853, commentée en tant qu'elle a rapport aux pensions de retraite des juges de paix, par J. L. Jay. In-18. Paris, l'auteur. 1854.

Traité des pensions, par M. ****. Paris, 1855.

Manuel des pensions civiles, par Casimir Fournier. Paris, Plon. 1864.

Les pensions de retraite des instituteurs; dispositions légales et réglementaires, par M. C. Brunel. In-18. Paris, L. Hachette et Cie. 1870.

Dictionnaire des pensions inscrites au trésor public ; texte des lois, décrets, etc., qui leur sont applicables, par M. Eug. Ourry. In-8°. Paris, Dumaine. 1874.

Voyez aussi le Répertoire de Dalloz, etc.

ADMINISTRATION COMPARÉE.

Les points qu'une législation sur les pensions doit régler, sont avant tout les suivants : 1o quels sont les fonctions qui peuvent donner droit à pension ? Il semblerait, à première vue, que toutes fonctions devraient conférer des titres à pension, mais la plupart des législations ont commencé par distinguer telle ou telle fonction, ou ont fait des règlements différents, par catégories de services publics, et le progrès consistait à unifier la législation ou du moins à tendre vers l'égalité. 2o Quels sont la durée de service, l'âge, etc., exigés pour qu'on ait droit à pension ? 3o Y a-t-il des versemens à faire ou une retenue à subir pour jouir de ce droit ? 4o Quel est le taux de la pension ? 5o Quels sont les droits de la veuve et des orphelins du titulaire ? Voilà les points les plus importants.

Grande-Bretagne. Fonctionnaires et employés de tout rang ont un égal droit à la retraite, *superannuation,* mais il faut avoir servi au moins 10 ans pour que ce droit puisse trouver son application. La pension est calculée à raison de $1/60$ du traitement par année de service, jusqu'au maximum de $40/60$. Personne ne peut obtenir, à titre de retraite, plus des $2/3$ de son traitement d'activité. En cas d'infirmités contractées dans l'exercice des fonctions, l'employé peut obtenir $1/6$ de son traitement, même s'il n'a pas encore 10 années de services. Sauf le cas d'infirmité, la pension n'est acquise qu'à l'âge de 60 ans, si ce n'est en cas de suppression d'emploi. La législation confère dans certains cas à l'autorité supérieure un droit d'appréciation pour augmenter ou diminuer le taux légal; les décisions ainsi prises doivent être soumises au parlement. (Lois 4-5 W. IV, c. 24, amendée par 20-21 Vict., c. 37, et 22 Vict., c. 26.)

Des lois de 1869 et 1870, mais surtout le *commutation act* de 1871, permettent de remplacer la pension par une somme proportionnelle une fois payée. En 1875 et 1876 des *parliamentary papers* font connaître les cas de commutation qui ont eu lieu et les conditions du rachat (capital payé pour chaque pension).

Prusse. Le droit à pension avait été régi longtemps par l'ordonnance royale du 30 avril 1825, les principales dispositions de cette ordonnance ont été reproduites sans de grands changements dans la loi du 27 mars 1872. Le fonctionnaire ou employé de l'État a droit à pension si, après au moins 10 années de service, il devient pour une cause quelconque, incapable de continuer ses fonctions. Si l'incapacité est l'effet même du service, le droit à pension s'ouvre même avant l'expiration des 10 ans. N'ont droit à pension que les fonctionnaires nommés à vie (ce qui exclut les auxiliaires, les intérimaires, etc.), sauf lorsqu'ils sont portés sur les états de traitement. Toutefois il peut être accordé une pension même aux employés qui n'avaient pas figuré sur les états, pourvu qu'ils n'aient pas été chargés d'un service purement temporaire.

Le taux de la pension est, au bout de 10 ans, de $20/60$ et croît de $1/60$ par année de service, jusqu'au maximum de $36/60$ ($3/4$) du traitement. La loi explique ce qu'il faut entendre par traitement. Ainsi le logement et autres prestations en nature (chauffage et éclairage, etc.), s'ils sont portés sur les états, entrent en ligne de compte pour la fixation de la retraite. Les émoluments d'une nature variable sont évalués d'après la moyenne des trois dernières années, tandis que des gratifications et autres revenus extraordinaires ne sont pas comptés du tout. L'ensemble des produits de la place ne peut jamais être estimé à un chiffre supérieur au maximum de traitement que cette place comporte, et en tout cas la base de la retraite ne saurait dépasser 4,000 thalers ou 12,000 M. (15,000 fr.).

Pour supputer la durée du service, on ajoute aux années pendant lesquelles les fonctions ont été réellement exercées, le temps de service militaire effectif ; en cas de mobilisation, on compte chaque campagne pour une année ; enfin on peut aussi comprendre dans le calcul, les services communaux et autres, mais non les fonctions exercées avant l'âge de 18 ans. Le fonctionnaire retraité qui croit devoir se plaindre du chiffre de sa pension, a un droit de recours au contentieux. Il n'y a pas de limite d'âge supérieure qui prescrive la mise à la retraite, il n'y a pas non plus de limite inférieure au-dessous de laquelle on n'a pas droit. Au fond, c'est toujours pour cause d'infirmité que la retraite a lieu, soit que le fonctionnaire la demande, soit que les supérieurs en prennent l'initiative. La pension se paie mensuellement et d'avance (sans qu'on ait besoin de présenter un certificat de vie). Il n'est question des veuves et orphelins (si ce n'est pour le paiement du mois qui suit le décès); c'est qu'il y a une caisse générale des veuves, à laquelle les fonctionnaires sont tenus (et en quelques cas admis) à faire des versements. Ces versements sont en général proportionnels au traitement, mais une certaine latitude est laissée aux intéressés. (*Voy.* le *Journ. off. allem.* du 24 sept. 1872.) Cette caisse a été fondée par Frédéric II; elle a été plusieurs fois réorganisée et reçoit des subventions de l'État. Il y a, du reste, des caisses spéciales pour les veuves de plusieurs catégories de fonctionnaires.

La loi de finances (budget) de 1868 supprime la retenue pour pension; depuis le 1er janvier de cette année, les fonctionnaires prussiens touchent la totalité de leur traitement, même le 1er mois.

Des lois spéciales (*L. allem. des 27 juin 1871 et 4 avril 1874*) règlent les pensions des militaires et des marins. Quant aux professeurs des facultés, en principe, ils n'ont pas droit à la retraite; la pension leur est d'ailleurs inutile, car ils sont inamovibles. Toutefois, lors de leur nomination on peut leur promettre une pension et dans ce cas, il y a engagement, ou aussi la pension peut être accordée par le roi à titre gracieux. Les professeurs des gymnases, lycées, collèges, écoles normales et autres institutions analogues ont droit à pension, laquelle est réglée conformément aux dispositions de l'ordonnance royale du 28 mai 1846. Autant que nous avons pu comprendre les dispositions compliquées de cette ordonnance et de quelques autres actes, les professeurs sont moins bien placés que les autres fonctionnaires; les instituteurs n'ont même aucun droit formel, quoiqu'ils obtiennent généralement une pension.

Bavière. En Bavière, les appointements d'un fonctionnaire se divisent théoriquement en traitement de rang (*Standesgehalt*) et traitement d'emploi (*Dienstgehalt*); c'est le premier qui reste au fonctionnaire après sa mise à la retraite. Lorsqu'il n'y a pas de dispositions spéciales, la division s'opère d'après les principes qui suivent: dans les 10 premières années on considère $^7/_{10}$ comme appartenant au grade; de 10 à 20 ans, $^8/_{10}$, de 20 à 30 ans, $^9/_{10}$; s'il y avait un revenu accessoire, sans le faire entrer directement en ligne de compte, on attribue au grade, dans les 10 premières années $^8/_{10}$ du traitement principal et dans les années suivantes $^9/_{10}$; les 1 à 3 dixièmes restants sont attribués à l'emploi. Le fonctionnaire qui se croit lésé peut réclamer par la voie contentieuse.

Allemagne. La loi allemande du 31 mars 1873, qui règle les droits et les devoirs des fonctionnaires de l'empire, renferme, quant aux pensions, des règles presque identiques à celles de la loi prussienne de 1872. (*Voy. suprà.*)

Autriche. D'après un décret impérial du 9 décembre 1866, la pension est de $^1/_3$ après 10 ans et jusqu'à la 15e année de service, de $^2/_3$ pour 15 à 20 ans, de $^4/_8$ pour 20 à 25 ans, de $^5/_8$ pour 25 à 30 ans, de $^6/_8$ pour 30 à 35 ans, de $^7/_8$ pour 35 à 40 ans, et de la totalité du traitement pour plus de 40 années de service.

Les fonctionnaires qui n'auraient pas 10 années de service pourraient recevoir une indemnité (*Abfertigung*) s'élevant au chiffre de leur traitement d'une année et même de 18 mois. Le paragraphe ou art. 3 ajoute: « Si un fonctionnaire admis à la retraite préférait à la pension une indemnité une fois payée, cette indemnité, calculée à raison du montant de deux années de traitement d'activité, pourrait lui être accordée, s'il présente un *certificat de santé* digne de foi et s'il renonce en même temps, pour lui et sa famille, à tous ses droits sur l'État à raison de ses services. » Ce principe d'une sorte de rachat, par un capital, du paiement de la rente, se retrouve en Angleterre; il semble s'appliquer en Autriche à des personnes ayant un petit nombre d'années de service et espérant se créer un petit établissement industriel avec leur capital.

La législation autrichienne n'admet pas le recours au contentieux contre la fixation de la pension.

Belgique. La loi belge (21 juill. 1844 et 17 févr. 1849) ne donne droit à pension qu'à l'âge de 65 ans et après 30 années de service. En cas d'infirmités, on peut être mis à la retraite après 10 années, et si les infirmités ont été contractées dans l'exercice des fonctions, après 5 années de service. En cas de blessures ou d'accidents, aucune condition d'âge ni de service n'est requise. La pension est liquidée à raison de $^1/_{65}$ par an (*L.* 17 févr. 1849) du traitement moyen des 5 dernières années. En cas de blessures, la pension est d'un quart, augmentée de $^1/_{50}$ pour chaque année de service au delà de 5. Le maximum de la pension ne peut dépasser les $^2/_3$ du traitement ni la somme de 5,000 fr. Les fonctionnaires subissent une retenue de 1 p. 100. Le clergé a droit à pension. Il y a une caisse spéciale pour les veuves de fonctionnaires.

Pays-Bas. Les pensions civiles ne sont dues qu'à l'âge de 65 ans et après 40 années de service; le taux est de $^1/_{60}$ par an, le maximum est des $^2/_3$ du traitement. En cas d'infirmité, 10 ans suffisent; en cas de blessures, aucune condition de durée n'est requise. La pension est liquidée à raison de $^1/_{60}$ par année de service. Pour les professeurs, la pension est calculée à raison de $^1/_{40}$. Le maximum de la pension est de 4,000 fl. (plus de 8,000 fr.) pour les ministres et de 3,000 fl. pour les autres fonctionnaires. Une loi spéciale règle les pensions du clergé et des fonctionnaires coloniaux.

La retenue ordinaire est de 2 p. 100 du traitement.

Il existe une caisse spéciale pour les veuves; elle est alimentée par les versements des fonctionnaires et employés. En cas d'accident, la veuve reçoit, sur les fonds du Trésor, les $^3/_4$ de la pension à laquelle le défunt avait droit. (*L.* 8 mai 1846 et 3 mai 1851.) Les pensions militaires sont réglées par les lois des 28 août 1851 et 8 août 1861.

Italie. Les fonctionnaires ont droit à la retraite après 40 années de service; s'ils ont 65 ans, après 25 années. S'ils ont contracté des infirmités, ou en cas de suppression d'emploi, 25 années suffisent, même si la condition d'âge n'est pas remplie. Si les infirmités sont l'effet de la fonction, s'il y a eu blessure, aucune autre condition n'est requise pour donner droit à pension. Le minimum de la pension est de 150, le maximum de 8,000 fr. ou des $^5/_6$ du traitement. Le taux est de $^1/_{40}$ pour les traitements de moins de 2,000 fr., de $^1/_{60}$ pour les traitements plus élevés. Des faveurs sont accordées aux magistrats, aux professeurs, aux machinistes et chauffeurs des chemins de fer. La veuve a droit au tiers de la pension dont le mari aurait joui; si elle convole à de secondes noces, elle perd ses droits. Toutes les contestations relatives aux pensions sont du ressort de la Cour des comptes. Les pensions civiles sont réglées par une loi de 1864, les pensions militaires par la loi du 27 juin 1850.

Autres pays. La Suisse n'accorde que très-peu de pensions; elle constitue l'exception. On trouve les pensions plus fréquemment dans les communes, probablement parce que les communes sont tenues de venir en aide aux pauvres. En vérité, un fonctionnaire suisse est si faiblement rétribué qu'il ne lui est pas possible de rien mettre de côté, comme le démontre d'une manière irréfutable le *Bund* du 1er février 1866. Aussi a-t-on examiné la question s'il n'y avait pas lieu, pour l'État, de prendre une assurance sur la vie en faveur de chacun de ses fonctionnaires. La question a été discutée, mais nous n'avons pas vu qu'elle ait abouti; c'est, du reste, une affaire de temps.

Les autres pays de l'Europe se chargent d'une pension. En Suède (*J. off. allem.* du 18 mars 1869) on avait proposé de remplacer la pension par une caisse d'assurance, afin d'exonérer l'État; mais la proposition n'a pas passé et les pensions ont été maintenues.

Aux États-Unis il n'y a que très-peu de pensions, parce que la plupart des fonctionnaires arrivent et s'en vont avec le président de la République. Ce système a de très-graves inconvénients, et il est beaucoup question, de l'autre côté de l'Océan, de réformer le « service civil », en rendant les fonctions permanentes, en posant des conditions d'admission et en assurant aux fonctionnaires une pension à la fin de leur carrière. Mais ces bonnes intentions n'ont pas encore été réalisées.

MAURICE BLOCK.

PERCEPTEURS.

1. Ainsi qu'il est dit au mot **Comptabilité publique** (*service des perceptions*, nos 68 à 87), les percepteurs sont les agents du Trésor chargés du recouvrement des contributions directes, des taxes spéciales y assimilées et du produit des amendes et condamnations pécuniaires. Ils sont en même temps, pour la plupart, receveurs des communes, hospices et bureaux de bienfaisance situés dans le ressort de leur perception.

2. Leurs attributions, en cette dernière qualité, étant détaillées aux mots **Organisation communale** et **Hospices**, nous ne nous occuperons ici que de celles dont ils sont chargés comme agents du Trésor.

3. Quant aux conditions attachées aux fonctions des comptables de cette catégorie, elles sont indistinctement applicables aux percepteurs des contributions directes et aux percepteurs-receveurs des communes et établissements de bienfaisance.

SOMMAIRE.

CHAP. I. — FONCTIONS DES PERCEPTEURS.

4. Les percepteurs ont seuls titre pour effectuer et poursuivre le recouvrement des contributions directes appartenant soit à l'État, soit aux départements, soit aux communes. (*Instr. gén. fin.* 20 juin 1859, *art.* 69.)

5. Les règles relatives au recouvrement, à

l'exercice des poursuites, au privilége du Trésor, à l'apurement des rôles, etc., ainsi que la majeure partie des services annexes qui sont confiés aux percepteurs, sont définies et développées aux mots **Comptabilité publique** et **Contributions directes**; il serait superflu de les reproduire. On ne les rappellera donc que pour mémoire, et on se bornera à y ajouter quelques attributions essentielles qui ne figurent point sous les rubriques précitées.

6. Les percepteurs concourent aux travaux préparatoires relatifs à l'établissement des matrices et des rôles des contributions directes, en fournissant aux contrôleurs tous les renseignements relatifs aux changements à opérer sur les rôles. (*Voy.* **Contributions directes**, *n*os 34, 37 *et* 39.)

7. Dépositaires des rôles qui leur sont remis par les receveurs des finances, ils sont tenus de délivrer, sur la demande des intéressés, moyennant une rétribution de 25 centimes par article, les extraits relatifs à leurs contributions, et tout autre extrait de rôle ou certificat négatif; ils doivent fournir gratuitement aux préfets, aux sous-préfets, aux maires, ainsi qu'à la régie de l'enregistrement et des domaines, les extraits de rôles et les renseignements dont ils peuvent avoir besoin. (*Instr. gén., art.* 60.)

8. Les percepteurs, même dans les villes où le service de la perception des contributions directes et le service financier des communes sont divisés, participent, de concert avec les maires et les répartiteurs, à la rédaction de l'état-matrice des personnes imposables à la taxe municipale sur les chiens (*Ibid., art.* 902). Il leur est accordé, à raison de leur intervention, une rétribution de douze centimes par article. (*Ibid., art.* 912.)

9. Ils prêtent leur concours, dans des conditions déterminées, au service des caisses d'épargne, pour la réception et le remboursement des fonds versés par les déposants. (*Voy.* **Comptabilité publique**, *n*° 85.)

10. Ils concourent également à l'exécution de la loi du 11 juillet 1868 sur les caisses d'assurances en cas de décès ou d'accidents, en recevant les propositions d'assurance, ainsi que les versements des primes uniques ou annuelles. (*D.* 10 *août* 1868; *Circ. compt. publ.* 28 *déc.* 1868.)

11. Les syndicats *autorisés* (*L.* 21 *juin* 1865) peuvent charger l'un des percepteurs de la circonscription syndicale du recouvrement et de l'emploi des fonds affectés à leurs travaux; les percepteurs doivent, dans ce cas, se conformer aux dispositions qui régissent la comptabilité des communes et des établissements de bienfaisance (*Instr. gén., art.* 636). Le versement de leur cautionnement en cette qualité et la fixation de leurs remises sont soumis à des conditions spéciales. (*Voy. n*os 31 *et* 38.)

CHAP. II. — CONDITIONS ATTACHÉES AUX FONCTIONS DES PERCEPTEURS.

12. Les perceptions des contributions directes (y compris, lorsqu'il y a lieu, le service financier des communes et établissements de bienfaisance) sont divisées en cinq classes : la 1re comprend les emplois d'un produit supérieur à 8,000 fr. ;

la 2e, ceux d'un produit de 5,001 à 8,000 fr. ; la 3e, ceux d'un produit de 3,601 à 5,000 fr. ; la 4e, ceux d'un produit de 2,401 à 3,600 fr. ; la 5e, ceux d'un produit de 2,400 fr. et au-dessous. (*Instr. gén., art.* 1197.)

13. Sauf les exceptions nécessitées par les circonstances locales, les perceptions sont formées de communes dépendant d'un même canton. En général, les cantons sont divisés en deux ou trois perceptions. (*Ibid., art.* 1198.)

14. Des percepteurs-surnuméraires sont placés dans chaque département, celui de la Seine excepté. Leur nombre est fixé à 260, soit un sur environ 20 perceptions. (*D.* 3 *févr.* 1876.)

15. Nul ne peut être nommé percepteur-surnuméraire s'il a moins de vingt ans et plus de trente (*ibid.*), s'il ne justifie de moyens d'existence assurés pour toute la durée de son surnumérariat, et s'il n'a été reconnu admissible à la suite d'un examen d'aptitude qui doit être passé devant une commission désignée par le préfet. (*Instr. gén., art.* 1200; *Arr. min.* 3 *oct.* 1873.)

16. Les aspirants peuvent toutefois subir l'examen lorsqu'ils ont dix-neuf ans accomplis. (*D.* 3 *févr.* 1876.)

17. Les percepteurs-surnuméraires sont nommés par le préfet, sur la présentation du trésorier-payeur général (*Instr. gén., art.* 1202), lequel est tenu de désigner à l'administrateur du département, lorsqu'il y a lieu de pourvoir à une vacance d'emploi, celui des candidats admissibles qui occupe, par ordre de mérite, le premier rang sur le tableau. (*Décis. min. fin.* 26 *juill.* 1873.)

18. Les percepteurs-surnuméraires sont placés sous les ordres du trésorier général du département dans lequel ils sont nommés; ils sont employés, sous la direction des receveurs d'arrondissement, aux travaux relatifs aux services confiés aux percepteurs titulaires. Ils peuvent aussi être appelés, sous la responsabilité des receveurs des finances, à remplir les fonctions d'agents spéciaux et de gérants intérimaires. (*Instr. gén., art.* 1216.)

19. Il est interdit aux receveurs des finances d'employer dans leurs bureaux, à titre de commis rétribués, les percepteurs-surnuméraires placés dans leur arrondissement. (*Ibid.*)

20. Nul ne peut être nommé percepteur s'il n'a exercé pendant deux ans comme percepteur-surnuméraire ou s'il ne remplit les conditions indiquées aux n°s 23 à 26 ci-après. Les percepteurs-surnuméraires ne sont admissibles qu'aux perceptions de 5e classe. (*Ibid., art.* 1204.)

21. Aucun percepteur ne peut obtenir une perception d'une classe supérieure, s'il ne compte *trois années d'exercice, au moins*, dans la classe immédiatement inférieure. Cette condition de trois ans d'exercice n'est pas exigée pour les mutations qui peuvent avoir lieu dans une même classe. (*Ibid., art.* 1206.)

22. Les percepteurs sont nommés par le ministre des finances et sont placés sous les ordres des trésoriers-payeurs généraux et des receveurs particuliers. (*Ibid., art.* 1207.) Le tiers des perceptions de 5e classe est à la nomination des préfets, sur la présentation des trésoriers généraux. (*D.* 13 *avril* 1861, *art.* 5, § 6.)

23. Sont dispensés des conditions de surnumérariat indiquées au n° 20, et sont admissibles aux perceptions des diverses classes : 1° les individus qui justifieraient de *sept ans, au moins,* de services administratifs rétribués directement par l'État ou de services militaires ; 2° les individus que des blessures, reçues dans un service commandé, auraient mis hors d'état de continuer leur carrière ; 3° les employés des administrations publiques dont les fonctions auraient cessé ou cesseraient par suite de suppression d'emploi. Toutefois ces admissions ne peuvent excéder la proportion du tiers des vacances dans les diverses classes. Pour les agents des services financiers en Algérie, la durée des services exigés n'est que de *cinq* ans. (*Instr. gén.,* art. 1208.)

24. Un tiers des perceptions de 4° et de 5° classe est, en outre, réservé, dans la proportion des vacances annuelles, aux sous-officiers ayant passé douze ans sous les drapeaux dans l'armée active, dont quatre ans avec le grade de sous-officier. Ils ne sont toutefois admissibles à ces emplois que jusqu'à l'âge de trente-six ans et s'ils satisfont, d'ailleurs, des conditions d'aptitude déterminées. (*L. 24 juill.* 1873, *art.* 1er.)

25. Sont enfin admissibles aux fonctions de percepteurs les services des maires et ceux des employés des préfectures, des sous-préfectures, des recettes des finances et des anciens payeurs du Trésor, bien que non rétribués directement par l'État. A l'égard de ces employés, les services ne sont comptés qu'autant qu'ils ont été rétribués et rendus après l'âge de vingt et un ans accomplis. (*Instr. gén., art.* 1209.)

26. La limite d'âge d'admission pour les postulants qui font l'objet des n°° 23 et 24 ci-dessus, est fixée à cinquante ans. Toutefois les anciens militaires qui jouissent de pensions de retraite peuvent être admis jusqu'à l'âge de cinquante-cinq ans. (*Ibid., art.* 1212.)

27. Les percepteurs remplissent les fonctions de receveur municipal des communes de leur circonscription, et, dans tous les cas de vacance d'une recette municipale spéciale, le service doit leur en être immédiatement remis, sans qu'il y ait lieu de réclamer l'intervention de l'autorité administrative. (*Ibid., art.* 1217 ; *voy.* **Organisation communale.**)

28. Les cautionnements à fournir par les percepteurs-receveurs municipaux sont fixés dans chaque arrêté de nomination, et doivent être réalisés avant l'installation des comptables. Ils sont calculés ainsi qu'il suit :

Pour la perception des contributions directes, 10 p. 100 sur les premiers 100,000 fr. du montant des rôles généraux et supplémentaires du dernier exercice ; 6 50 p. 100 sur les 400,000 fr. suivants ; 5 p. 100 sur l'excédant. (*Inst. gén., art.* 1221.)

Pour le service des communes et des établissements de bienfaisance, les mêmes bases sont appliquées au montant des recettes ordinaires du dernier exercice. (*L. 8 juin* 1864, *art.* 25.)

29. Lorsque les revenus des établissements de bienfaisance d'une même perception ne s'élèvent pas à 1,000 fr., les receveurs sont dispensés de fournir un cautionnement. (*Instr. gén., art.* 1222.)

30. Les cautionnements sont solidairement affectés aux diverses gestions dont un même comptable se trouve chargé cumulativement. (*Ibid., art.* 1223.)

31. Les cautionnements des percepteurs-receveurs des communes et établissements de bienfaisance doivent être faits en numéraire et versés au trésor public. (*Ibid., art.* 1226.) Celui auquel ils sont assujettis en qualité de trésoriers d'associations syndicales (*voy.* n°11), fixé par le préfet sur la proposition de la commission syndicale et l'avis du receveur des finances, doit être également réalisé en numéraire, mais il est versé à la caisse des dépôts et consignations. (*Ibid., art.* 636.)

32. Pour être installés dans leurs fonctions, les nouveaux percepteurs doivent justifier de la réalisation de leurs cautionnements et prêter serment devant le préfet ou le sous-préfet. (*Ibid., art.* 1234.) L'acte de prestation de serment est soumis aux droits d'enregistrement, fixés à 22 fr. 50 cent. pour les comptables dont le traitement excède 1,500 fr., et à 4 fr. 50 cent. pour ceux qui ont un traitement inférieur. (*L. 28 févr.* 1872.)

33. Les percepteurs nommés à d'autres perceptions ne sont pas tenus de prêter un nouveau serment. Ils peuvent être dispensés par le receveur des finances du versement d'un nouveau cautionnement, sur la production : 1° du procès-verbal de remise de service, ou, à défaut, d'un certificat constatant la situation régulière de la caisse des comptables ; 2° du certificat d'inscription du cautionnement relatif à l'ancienne gestion ; 3° d'un certificat du directeur du contentieux constatant qu'il n'existe ni opposition ni privilége de second ordre sur ce cautionnement, ou, s'il en existe, le consentement du bailleur de fonds à ce que le cautionnement soit appliqué à la nouvelle gestion ; 4° d'un certificat de non-opposition délivré par le greffier du tribunal civil ; 5° du récépissé du supplément de cautionnement. (*Instr. gén., art.* 1235.)

34. Les commissions des percepteurs sont sujettes au timbre de dimension. (*Ibid., art.* 1236.)

35. Tout percepteur est tenu, sous peine de déchéance, de prendre possession de son emploi dans le délai d'un mois à compter du jour où sa nomination lui a été notifiée et à l'époque fixée par le receveur des finances. En cas d'empêchement justifié, un percepteur en mutation d'emploi peut être admis à se faire représenter par un fondé de pouvoir, qui gère pour son compte et sous sa responsabilité. Dans le cas contraire, et lorsqu'il s'agit d'un percepteur récemment nommé, s'il ne le présente pas *personnellement* au jour indiqué pour l'installation, le service est remis à un gérant intérimaire. Il en est alors référé au ministre, qui peut seul le titulaire en défaut de la déchéance encourue. (*Ibid., art.* 1237.)

36. Les remises des percepteurs sur le service des contributions directes se composent : 1° d'une rétribution fixe pour chaque article des rôles généraux et supplémentaires dont le taux est déterminé par le ministre des finances ; 2° de remises proportionnelles sur le montant des rôles, calculées d'après un tarif décroissant dont le ministre fixe également les bases; 3° d'une allocation uniforme de trois centimes par franc du montant des impositions communales et des impositions pour frais de bourses et de chambres de commerce; 4° d'une remise uniforme de 3 p. 100 sur les taxes assimilées aux contributions directes et sur divers produits accessoires (*ibid.*, *art.* 1238); 5° d'une remise de 3 p. 100 sur le recouvrement des amendes, laquelle est élevée à 6 p. 100 lorsqu'il s'agit d'articles antérieurement admis en non-valeurs. (*Instr. spéciale du* 20 *sept.* 1875, *art.* 322.)

37. Jusqu'au 1er janvier 1877 les percepteurs-receveurs des communes, hospices et bureaux de bienfaisance, de même que les receveurs spéciaux, étaient rémunérés en cette qualité au moyen de remises déterminées par les ordonnances des 17 avril et 23 mai 1839. Un décret du 27 juin 1876 a substitué à ce mode de rémunération, à partir du 1er janvier 1877, un traitement fixe basé sur une moyenne de remises de cinq années. (*Voy.* **Organisation communale.**)

38. Lorsque les percepteurs sont choisis comme trésoriers d'associations syndicales, ils ont droit à des remises qui sont réglées, sur la proposition des syndicats, par le préfet, dans le cas où il n'est pas dérogé aux tarifs déterminés par les ordonnances des 17 avril et 23 mai 1839 concernant le service municipal. (*D.* 13 *avril* 1861.) Dans le cas contraire, le ministre des finances intervient pour autoriser, s'il y a lieu, l'adoption d'un tarif exceptionnel. (*Circ. compt. publ.* 3 *mai* 1861.)

39. Depuis le 1er janvier 1854, les percepteurs supportent au profit du Trésor, pour le service des pensions civiles, conformément à l'art. 3 de la loi du 9 juin 1853, les retenues de 5 p. 100 et celles du premier douzième de leur traitement ou de leur augmentation de traitement, ainsi que les retenues pour cause de congé et d'absence ou par mesure disciplinaire. Ces retenues portent sur les trois quarts des émoluments, le dernier quart étant considéré par la loi comme indemnité de loyer et de frais de bureau. (*Instr. gén., art.* 342, 343 et 1246.)

D'après les art. 3 et 20 du décret du 9 novembre 1853 concernant l'exécution de la loi du 9 juin précédent, les percepteurs qui sont en même temps receveurs des communes et des établissements de bienfaisance sont soumis aux retenues prescrites par cette loi pour les trois quarts de la totalité de leurs émoluments personnels payés, soit sur les fonds de l'État, soit sur ceux des communes et des établissements.

40. Une retenue dont le maximum est fixé à deux mois de traitement, peut être infligée par mesure disciplinaire pour inconduite, négligence ou manquement au service, sans préjudice des autres pénalités prononcées par les règlements pour les infractions sur lesquelles l'art. 17 du décret du 9 novembre 1853 n'a pas statué. Les receveurs des finances peuvent, par exemple, suspendre les comptables en cas d'irrégularités graves (*Instr. gén.* 1310), leur envoyer des exprès à leurs frais en cas de retard dans la production des bordereaux de situation ou autres pièces (*ibid., art.* 1295), placer auprès d'eux, pour cause d'arriéré de recouvrement et de dé-

sordre d'écritures, des agents spéciaux pendant tout le temps nécessaire. (*Ibid., art.* 1297.) Seulement dans ce dernier cas, comme dans celui de simple retenue disciplinaire, un quart du montant brut des émoluments, représentant les frais de service, est toujours laissé aux comptables. (*L.* 9 *juin* 1853 *art.*, 3.)

41. Les percepteurs sont tenus de résider au chef-lieu de leur perception, à moins qu'une ville ou commune étrangère à cette perception n'ait été désignée comme résidence par une mesure organique; ils ne peuvent fixer leur domicile dans une autre commune qu'en vertu d'une autorisation expresse du ministre. (*Instr. gén., art.* 1247.) Ils ne peuvent s'absenter pour une cause étrangère au service, ni interrompre l'exercice de leurs fonctions, s'ils n'ont préalablement obtenu un congé. (*ibid., art.* 1252.)

42. Le congé est à la fois un moyen d'émulation et de discipline. En conséquence, il est accordé des congés *avec retenue* à un taux variable et des congés *sans retenue*. Après trois mois de congé, consécutifs ou non, dans la même année, l'intégralité du traitement, déduction faite du quart (*voy.* n° 39), est retenue, et le temps excédant les trois mois n'est pas compté comme service effectif pour la pension. (*Ibid., art.* 1253.)

43. Les percepteurs sont tenus d'exercer *personnellement* leurs fonctions; ils ne peuvent se faire représenter par un fondé de pouvoirs que *temporairement* et dans les cas d'absence autorisée, de maladie ou d'empêchement légitime. Les titulaires de perceptions d'une certaine importance qui se font aider par un ou plusieurs commis, n'en doivent pas moins conserver la direction de leur service, tenir leur caisse, faire leurs tournées de recouvrement dans les communes et délivrer eux-mêmes quittance aux contribuables. (*Ibid., art.* 1268 *et* 1269.)

44. Chaque comptable ne doit avoir qu'une seule caisse, dans laquelle sont réunis tous les fonds appartenant aux divers services dont il est chargé. Il serait déclaré en déficit des fonds qui n'existeraient pas dans cette caisse unique. (*Ibid., art.* 1270.)

45. En cas de vol commis à sa caisse, aucun comptable public ne peut en obtenir la décharge s'il ne justifie que ce vol est l'effet d'une force majeure; que, outre les précautions ordinaires, il avait eu celle de faire coucher un homme sûr dans le lieu où il tenait ses fonds, et que, si c'était au rez-de-chaussée, il avait eu soin de le faire solidement griller. Lorsqu'il y a vol de fonds, le comptable qui, à moins d'empêchement dûment constaté, n'a pas fait sa déposition à l'autorité locale dans les vingt-quatre heures, est par ce seul fait déclaré responsable. Le ministre des finances statue sur les réclamations des percepteurs-receveurs municipaux tendant à la décharge de leur responsabilité, sauf pourvoi au Conseil d'État. (*Ibid., art.* 1271.)

46. Il est statué dans les mêmes formes sur les demandes en décharge pour pertes de fonds motivées sur des circonstances de force majeure. (*Ibid., art.* 1272.)

47. Il y a incompatibilité entre deux emplois, lorsque le titulaire de l'un d'eux est tenu d'exercer ou de concourir à exercer une surveillance médiate ou immédiate sur la gestion du titulaire de l'autre emploi. En conséquence, les percepteurs-receveurs municipaux ne peuvent cumuler leurs fonctions avec celles de maire, adjoint, conseiller municipal ou membre de commission administrative d'établissement de bienfaisance, conseiller de préfecture.

Les parents ou alliés, jusqu'au degré de cousin germain inclusivement, ne peuvent être chargés de fonctions dans lesquelles ils exerceraient ou concourraient à exercer l'un sur l'autre une surveillance médiate ou immédiate.

Il y a également incompatibilité entre l'emploi de percepteur-receveur et les fonctions de juge de paix, greffier, notaire, avocat, avoué, huissier, commissaire-priseur, agent de change, courtier, secrétaire de mairie ou de commission administrative, commis de préfecture, de trésorerie générale, de recette particulière, receveur-buraliste et débitant de tabac. Enfin il est interdit aux percepteurs de cumuler avec leur emploi une profession, un commerce ou une industrie quelconque. (*Ibid., art.* 1273.)

48. Les percepteurs-receveurs de communes ou d'établissements sortis de fonctions ou leurs ayants cause ne peuvent obtenir le remboursement de leurs cautionnements ou leur application à la garantie de nouveaux services, sans justifier de leur libération, savoir : sur le service des contributions directes, par un certificat de quitus du receveur des finances de l'arrondissement; sur les services des communes, des établissements, par les certificats de quitus des maires et par un certificat de libération délivré par le préfet du département. (*Ibid., art.* 1274.)

49. Les percepteurs sont placés, pour toutes les gestions qui leur sont confiées, sous la surveillance des receveurs des finances, en ce qui touche le recouvrement exact des produits aux échéances fixées par les titres et par l'administration, l'acquittement régulier et la justification des dépenses, la conservation des deniers, la tenue des écritures, la reddition et l'apurement des comptes. (*Ibid., art.* 1284.)

50. La surveillance dont il vient d'être fait mention est garantie par la responsabilité des receveurs des finances qui, en cas de déficit ou de débet de la part des percepteurs-receveurs de communes et établissements, sont tenus d'en solder immédiatement le montant de leurs deniers personnels, en demeurant toutefois subrogés à tous les droits du Trésor, des communes et des établissements sur les cautionnements et les biens du comptable reliquataire. (*Ibid., art.* 1285.)

51. Les garanties des receveurs des finances contre les effets de la responsabilité qui leur est imposée consistent, d'une part, dans les actions et priviléges qui leur sont accordés sur les cautionnements et les biens de leurs subordonnés, de l'autre dans les moyens de contrôle et de surveillance que les règlements ont mis à leur disposition. (*Ibid., art.* 1286.)

52. Dans tous les cas de mutation de comptables, le receveur des finances doit faire effectuer personnellement entre ses mains la remise du service, qu'il transmet au nouveau titulaire, en sorte que celui-ci commence une gestion nouvelle sans avoir aucun intérêt à débattre avec son prédécesseur. (*Ibid., art.* 1329.) Il établit la situation de l'ancien percepteur sur tous les services dont il était chargé, et, sur la proposition du receveur des finances, le préfet ou le sous-préfet nomme, s'il y a lieu, un commis d'office, chargé de dresser et de présenter les comptes de l'ancien percepteur. (*Ibid., art.* 1335 *et* 1336.)

53. La responsabilité pour le solde des rôles de l'année expirée porte: 1° sur l'ancien percepteur, lorsque la remise de service a été faite le 1er mars ou postérieurement à cette époque, qui est fixée pour la formation des états de cotes irrecouvrables; 2° sur le nouveau percepteur, lorsque la remise du service a été faite à lui-même ou à un gérant pour son compte avant le 1er mars. (*Ibid., art.* 1340.) Toutefois le nouveau percepteur a, dans ce dernier cas, un délai de deux mois pour examiner la situation des contribuables et la réalité des restes à recouvrer, et l'époque de la présentation des états de cotes irrecouvrables est reculée de *deux mois* à partir du jour de son installation. (*Ibid., art.* 1341.)

54. Les écritures des percepteurs-receveurs des communes et établissements de bienfaisance sont tenues en partie simple sur des modèles uniformes déterminés par les règlements. (*Ibid., art.* 1440.)

55. Les percepteurs n'ont point de comptes de gestion annuelle à rendre pour le service des contributions directes, attendu que leur libération se trouve suffisamment établie par la représentation des récépissés qui constatent le versement intégral, en numéraire ou en pièces de dépenses, des sommes à recouvrer d'après les rôles, et qu'au moyen des éléments de contrôle et de surveillance fourni aux receveurs des finances, ces derniers comptables peuvent apurer successivement, et à des époques rapprochées, la gestion des percepteurs. (*Ibid., art.* 1529.)

Comme receveurs des communes et des établissements de bienfaisance, ils sont tenus de rendre, chaque année, un compte de gestion pour leurs opérations de l'année précédente, d'après les règles tracées pour les receveurs spéciaux des communes et des établissements. (*Ibid., art.* 1530.) [*Voy.* **Organisation communale.**]

H. LACOCHE.

PÉREMPTION D'INSTANCE. 1. On appelle ainsi l'anéantissement d'une procédure par la discontinuation des poursuites pendant un laps de temps déterminé par la loi. Mais la péremption d'instance n'éteint pas l'action même. (*C. de Pr., art.* 401, § 1er.) C'est une sorte de prescription créée dans le but d'empêcher la prolongation indéfinie des procès. Elle se fonde sur la présomption que le demandeur reconnaît par son silence que sa prétention est peu fondée. Aussi : 1° elle court même contre l'État, les établissements publics et toutes personnes, même mineures, sauf leurs recours contre les administrateurs et tuteurs (*C. de Pr., art.* 398); 2° c'est le demandeur principal qui est condamné à tous les frais de l'instance périmée. (*C. de Pr., art.* 401, § 2.)

2. Toute instance, encore qu'il n'y ait pas eu constitution d'avoué, est éteinte par la discontinuation des poursuites pendant trois ans. Ce délai doit être augmenté de six mois dans tous les cas où il y a lieu à demande en reprise d'instance ou en constitution de nouvel avoué. (*C. de Pr.*, *art.* 397.)

3. La péremption n'a pas lieu de droit. Elle se couvre par les actes valables faits par l'une ou l'autre des parties avant la demande en péremption. (*Arr. de Règl. du Parlement de Paris*, 23 *mars* 1601 ; *C. de Pr.*, *art.* 399.)

4. Elle est demandée par requête d'avoué à avoué, à moins que l'avoué ne soit décédé, ou interdit, ou suspendu, depuis le moment où elle a été acquise. (*C. de Pr.*, *art.* 400.)

5. Les instances portées devant le Conseil d'État ne sont pas frappées en péremption. Le règlement organique du 22 juillet 1806 ne l'a pas autorisé. Cela a été décidé ainsi au surplus par un arrêt de ce Conseil du 9 janvier 1832.

PERFECTIONNEMENT (Brevet de). *Voy.* **Brevet d'invention.**

PERMIS DE CHASSE. *Voy.* **Chasse.**

PERQUISITIONS. On appelle ainsi les recherches faites par le procureur de la République, le juge d'instruction ou les autres officiers de police judiciaire, dans le domicile d'un prévenu ou d'un individu soupçonné. Elles ont lieu quand l'infraction à la loi est d'une nature telle que l'inspection des papiers, pièces et effets qui sont en la possession du prévenu, est utile à la manifestation de la vérité. Elles ont encore lieu dans les cas de flagrant délit. (*C. d'I. C.*, *art.* 36, 49 *et suiv.*, 87 *et suiv., etc.*)

PERRON EN SAILLIE. *Voy.* **Voirie.**

PERSONNE CIVILE. 1. On appelle ainsi en droit un être moral (ou abstrait), collectif ou impersonnel, auquel la loi reconnaît une partie importante des droits civils exercés par les citoyens.

2. La qualité de personne civile est :

1° Intrinsèque, originelle, innée, sociale : l'État ;

2° Créée par des dispositions générales de la loi : telles sont celles qui autorisent les départements, les communes, les sections de commune, les lycées, les évêchés, les cures, les temples, les établissements publics (*voy. ces mots*), à posséder, vendre et acquérir, ester en justice ;

3° Conférée par un acte spécial du Gouvernement. Il faut compter dans cette catégorie les sociétés scientifiques ou de bienfaisance et les autres institutions déclarées établissements d'utilité publique ;

4° Acquise à un certain ordre d'associations syndicales autorisées ou approuvées, qui, sans former un établissement d'utilité publique, ne constituent une personne civile que pour les actes nécessaires au but de leur création. Tels sont les syndicats d'associations d'arrosants, d'endiguement ou de desséchement ;

5° Obtenue, sans l'intervention du Gouvernement, par l'effet de certaines formalités remplies conformément aux prescriptions du Code de commerce (*art.* 42 *et suiv. et des lois spéciales*). Telles sont les sociétés en nom collectif ou en commandite et, depuis, aussi les sociétés anonymes et les sociétés à capital variable.

3. C'est à tort qu'on a confondu les mots *personnes civiles* et *établissements publics*. Il y a

entre ces deux mots la différence qui existe entre un substantif et son attribut. En effet, l'un des caractères de l'établissement public est d'être une personne civile ; mais, comme on l'a vu au n° 2, il est des personnes civiles auxquelles le nom d'établissements publics ne convient pas.

4. On ne doit pas confondre non plus la personne civile avec le *mandataire*. Ce dernier parle ou agit au nom d'un individu ou d'une collection d'individus qui doivent être unanimes pour former un être collectif, ou plutôt ils ne forment jamais un être collectif. Chaque membre de la réunion conserve toujours le droit de retirer sa confiance au mandataire, qui cesse alors de le représenter. Il n'y a toujours qu'une agrégation d'individus. De là la locution : X et consorts.

Dans la personne civile, au contraire, lors même qu'il s'agit d'une société, l'individu disparaît ; la majorité fait la loi à la minorité, qui figure rarement comme unité indépendante. De plus, la personne civile n'agit pas par un mandataire, mais directement, personnellement, par son organe naturel, prévu, désigné d'une manière générale et non pour un cas particulier. Ce qui n'empêche pas que cet organe peut avoir besoin d'une autorisation spéciale (donnée par un conseil ou par l'autorité supérieure) pour certains actes ; mais une fois l'acte autorisé, c'est toujours lui qui l'exécute. Et quand il parle ou agit (en se conformant aux lois ou aux statuts), ce n'est pas précisément un individu qui parle ou agit au nom d'une institution ou d'une autre personne, même collective ou fictive, comme nous le disions déjà en d'autres termes, c'est cette personne fictive (ou civile) elle-même qui parle ou agit.

Il en résulte qu'en général, lorsque les personnes civiles sont représentées par un mandataire, ce dernier agit au nom de l'organe légal (du maire, du préfet, du directeur ou président) de la personne civile.

5. Le caractère de personne civile a une portée différente, selon l'établissement ou l'institution auxquels il se rattache : la capacité de ces établissements est plus ou moins étendue. Ce sont tantôt des mineurs parfaits, tantôt des mineurs plus ou moins émancipés. N'ayant dans cet article d'autre but que de donner une définition du mot qui en fait le sujet, nous n'avons qu'à renvoyer aux articles spéciaux consacrés aux établissements formant personne civile (*comparez*, outre les mots auxquels il a été renvoyé plus haut, aussi **Mainmorte**).   MAURICE BLOCK.

ADMINISTRATION COMPARÉE.

La constitution prussienne de 1850 promet, art. 31, qu'une loi déterminera les conditions requises pour pouvoir être reconnu comme personne civile, littéralement : pour être admis à jouir des droits corporatifs. Cette loi n'a pas encore paru, elle a été officiellement déclarée difficile à faire, à quoi il a été répondu par le parlement, que ce n'était pas une raison pour ne pas essayer. En attendant, la concession de la qualité corporative dépend de l'appréciation du Gouvernement, sauf pour les associations religieuses (congrégations aussi bien que paroisses), qui ne peuvent être reconnues que par une loi.

En Angleterre, il faut généralement une loi pour être *incorporé*, mais il est des cas où une *licence* du Gouvernement suffit (voy. **Prud'hommes**) ; d'autres fois même un simple enregistrement confère la personnalité civile, comme par exemple, pour les sociétés de secours mutuels.

D'ailleurs, il est des personnes civiles qui sont presque partout dispensées maintenant d'une autorisation, ce sont les sociétés anonymes : il leur suffit, pour se constituer, de remplir les formalités prévues par la loi.   M. B.

PERSONNELLE (Contribution). *Voy.* **Contributions directes.**

PERTES CAUSÉES PAR LES SINISTRES.
Voy. **Assurance, Indemnité** et surtout **Sinistres.**

PERTUIS ou PASSALIS. Le mot *pertuis*, qu'on remplace quelquefois par celui de *passalis*, désigne un passage laissé libre pour la navigation et le flottage sur les cours d'eau où sont établis des gords ou barrages.

Les conditions de leur établissement, ainsi que le temps pendant lequel ils doivent être tenus ouverts ou fermés, sont déterminés par des décrets particuliers. Lorsqu'il n'existe pas de règlements, les pertuis doivent avoir au moins une largeur de huit mètres. (*Instr.* 24 *pluv. an V.*)

PÉTITION. 1. C'est une demande, un vœu, ou une plainte adressée à l'autorité supérieure.

2. Le droit de pétition est un droit naturel ; il a été reconnu par toutes les constitutions depuis 1789. (*Constit. du* 22 *frim. an VIII, art.* 83 ; *Chartes de* 1814, *art.* 53 ; *de* 1830, *art.* 45 ; *Constit. de* 1848, *art.* 8 ; *de* 1852, *art.* 45.)

3. Des pétitions peuvent être adressées au Sénat, à la Chambre des députés, au président de la République, aux ministres et aux administrations publiques. Les pétitions adressées aux Chambres ou au Chef de l'État, ne sont pas soumises au timbre, mais celles qu'on adresse au ministre et aux administrations, même en forme de lettres, sont assujetties au droit de timbre (*L.* 13 *brum. an VIII, art.* 12). Les pétitions qui ont pour objet des demandes de congés, absolus ou limités, et de secours ne sont pas soumis à cette obligation. (*Id., art.* 16.)

4. Nous croyons devoir reproduire l'extrait du règlement de l'Assemblée nationale, modifié le 3 juillet 1870, faisant connaître quelques règles et qui ne semble pas avoir sensiblement varié depuis lors :

Art. 90. Toute pétition doit être rédigée par écrit et signée ; elle doit, en outre, indiquer la demeure du pétitionnaire ou de l'un d'eux si elle est revêtue de plusieurs signatures. Les signatures des pétitionnaires doivent être légalisées. Si la légalisation était refusée, le pétitionnaire ferait mention de ce refus à la suite de la pétition. Les pétitions doivent être adressées au président de l'Assemblée. Elles peuvent également être déposées par un représentant qui fait, en marge, mention du dépôt et signe cette mention. Une pétition apportée ou transmise par un rassemblement formé sur la voie publique ne pourra être reçue par le président ou déposée sur le bureau. Tout représentant qui se sera constitué intermédiaire entre le rassemblement et l'Assemblée sera passible, suivant la gravité des cas, de l'une des peines portées à l'art. 113 de ce règlement.

Art. 91. Les pétitions, dans l'ordre de leur arrivée, sont inscrites sur un rôle général contenant le numéro d'ordre de la pétition, le nom et la demeure du pétitionnaire, ainsi que l'indication sommaire de l'objet de la demande ; et, lorsqu'elle n'aura pas été adressée directement au président, le nom du représentant qui l'aura déposée. Ce rôle est imprimé et distribué à l'Assemblée.

Art. 92. Les pétitions inscrites sur le rôle sont renvoyées à la commission des pétitions. Néanmoins, celles relatives à une proposition actuellement soumise à l'examen d'une commission spéciale sont directement renvoyées à cette commission par le président de l'Assemblée. Ce renvoi peut être également ordonné par la commission des pétitions. Tout membre de l'Assemblée pourra prendre communication des pétitions en s'adressant au président de la commission chargée de leur examen.

Art. 93. Chaque pétition est, dans la commission, l'objet d'un rapport et d'une résolution. Avis est donné au pétitionnaire de la résolution adoptée ou du renvoi prononcé, avec l'indication du numéro d'ordre de sa pétition. La commission rapporte, en séance publique, les pétitions sur lesquelles elle conclut au renvoi à un ministre et celles qu'elle juge utile de soumettre à l'examen de l'Assemblée. La priorité ou l'urgence peut être demandée pour l'examen d'une pétition ; l'Assemblée décide dans ce cas, par assis et levé, sans débat.

Art. 94. Un feuilleton, distribué chaque semaine aux membres de l'Assemblée, mentionne le nom et le domicile du pétitionnaire, l'indication sommaire de l'objet de la pétition, le nom du rapporteur, enfin la résolution adoptée par la commission avec le résumé succinct de ses motifs. Toutefois, la commission peut, lorsqu'à l'unanimité des membres présents elle l'a jugé convenable, faire figurer la pétition au feuilleton que par son numéro d'ordre et le nom de son auteur, avec indication de la résolution adoptée. Si dans le mois de la distribution du feuilleton, un représentant demande le rapport d'une pétition en séance publique, ce rapport sera fait de plein droit. Cette demande devra être adressée par écrit au président de l'Assemblée.

Art. 95. Après l'expiration du délai ci-dessus indiqué, les résolutions de la commission deviennent définitives à l'égard des pétitions qui ne doivent pas être l'objet d'un rapport public, et sont mentionnées au *Journal officiel*. Les commissions spéciales auxquelles des pétitions auront été renvoyées devront en faire mention dans leurs rapports. Dans un délai de six mois, les ministres feront connaître, par une mention portée au feuilleton distribué aux membres de l'Assemblée, la suite qu'ils ont donnée aux pétitions qui leur ont été respectivement renvoyées.

PÉTITOIRE. *Voy.* **Possessoire.**

PÉTROLE. *Voy.* **Huiles** et **Transport de marchandises dangereuses.**

PHARES ET FANAUX. 1. Les phares sont des feux allumés au sommet de hautes tours, soit en maçonnerie, soit en métal, pour indiquer, pendant la nuit, la position ou le voisinage des côtes ou des écueils.

Sur quelques points du littoral constamment baignés par la mer, où la construction d'une tour eût été impossible ou eût entraîné à des dépenses trop considérables, il existe un certain nombre de feux destinés principalement à indiquer l'entrée des rades ou la direction des passes. Ces feux sont mouillés sur pontons et sont désignés sous la dénomination de *feux flottants.*

2. Les phares sont classés en feux de 1er ordre, de 2e ordre, de 3e ordre, de 4e ordre et de 5e ordre. Ces derniers prennent plus particulièrement la dénomination de feux de port ou *fanaux.*

3. Les feux de 1er ordre, élevés sur des caps ou promontoires saillants ou sur des récifs en mer, font connaître, la nuit, aux navigateurs revenus après une longue traversée, les parages où ils sont arrivés. Ces feux leur signalent aussi la route qu'ils ont à suivre pour éviter les écueils au large.

4. Les feux de 2e et de 3e ordre éclairent, concurremment avec les feux flottants, les écueils les plus rapprochés des côtes, et indiquent l'entrée des baies et rades foraines.

5. Enfin les feux de port guident les bâtiments à l'entrée et dans l'intérieur des rades, à l'embouchure des rivières et à l'entrée des ports.

6. Les phares et fanaux, si favorables à la navigation, pourraient donner lieu à de funestes méprises. On peut, à une grande distance, les confondre avec les étoiles ou se tromper dans leur reconnaissance. Pour éviter ce danger, on diversifie les feux.

7. Les feux se distinguent aujourd'hui, en France et dans la plupart des contrées maritimes, en : *feux fixes ; feux à éclipses ; feux variés par des éclats précédés et suivis de courtes éclipses ; feux scintillants ; feux diversement colorés.*

Les *feux fixes* des côtes de France ne diffèrent entre eux, au premier aspect, que par leur plus ou moins grande intensité, si l'on en excepte toutefois quelques *feux de port* ou *de direction*, qui sont colorés en rouge ou en vert.

Les *feux à éclipses* n'offrent généralement de différences bien tranchées que dans la durée de leurs phases. Les éclipses se succèdent régulièrement à des intervalles qui varient d'un phare à l'autre de dix secondes à une minute, selon la disposition des appareils. Les *éclats*, qui alternent avec les *éclipses* dans les feux de ce genre, acquièrent progressivement, en quelques secondes, leur maximum d'intensité, et décroissent ensuite jusqu'au moment où ils disparaissent.

Un feu à éclipses peut être rouge.

Les *feux variés par des éclats précédés et suivis de courtes éclipses* se distinguent des feux tournants ordinaires par l'intensité et la durée de la *lumière fixe* qui succède à chaque *éclat*, après une éclipse, en se maintenant pendant deux, trois ou quatre minutes, selon la disposition de l'appareil.

Dans les *feux à éclipses*, aussi bien que dans les *feux variés par des éclats*, les éclipses sont rarement complètes, du moins pour un observateur placé dans un rayon qui varie, en temps ordinaire, entre 6 et 12 milles marins, suivant la puissance de l'appareil d'éclairage. Durant tout l'intervalle de temps qui sépare la fin d'un éclat du commencement de l'éclat suivant, la plupart des phares de ce genre présentent une petite lumière fixe à l'aide de laquelle on peut continuer sans interruption les opérations de relèvement aux approches de la côte. Les éclipses sont totales dans les phares où elles se succèdent à de courts intervalles.

Feux scintillants. On donne le nom de *scintillants* à des feux dont les éclipses se succèdent à des intervalles de cinq secondes et au-dessous. Il y en a deux espèces : dans les uns, la durée des éclats est très-faible comparativement à celle des éclipses, et dans les autres, c'est l'inverse qui a lieu, les éclipses y sont de très-courte durée.

Les *feux diversement colorés* présentent différents caractères : les uns sont à éclipses ; dans ce cas, les éclats sont alternativement rouges et blancs, ou bien un éclat rouge succède à deux éclats blancs ; d'autres sont des feux blancs variés par des éclats rouges se succédant à des intervalles de deux, de trois ou de quatre minutes.

La commission des phares n'a pas jugé que cette diversité de caractères fût suffisante en toutes circonstances et elle a adopté, dans ces dernières années, pour être appliquée à l'un des phares du littoral de l'Océan, une nouvelle apparence de feu. Dans ce phare, le feu est alternativement *fixe* pendant trente secondes et *scintillant* pendant le même intervalle de temps.

8. Le système des appareils lenticulaires, dû au génie d'un savant français, l'illustre ingénieur Augustin Fresnel, a permis d'augmenter considérablement l'intensité et la portée de la lumière des phares.

9. La portée des phares de 1er ordre est de 35 à 50 kilomètres ; celle des phares de 2e ordre, de 28 à 33 kilomètres ; celle des phares de 3e ordre et de 4e ordre, de 24 à 26 kilomètres ; la portée des fanaux n'excède pas 15 à 18 kilomètres.

10. En 1819, l'éclairage des côtes de France, longtemps négligé, ne comptait encore que 10 anciens phares et 20 petits fanaux sur un littoral de 2,500 kilomètres, non compris la Corse. A cette époque, cette question si importante fut mise à

l'étude, et, en 1825, un programme général pour l'éclairage complet des côtes fut arrêté. Vingt années ont été nécessaires pour conduire à terme cette vaste entreprise. On peut la considérer aujourd'hui comme terminée.

11. Actuellement les côtes de France, y compris celles de la Corse, sont éclairées par 45 phares de 1er ordre, 6 phares de 2e ordre, 31 phares de 3e ordre, 33 phares de 4e ordre, 254 phares de 5e ordre. Feux flottants : 10.

12. Quelques-uns de ces phares sont des édifices remarquables, soit par leur hauteur, soit par la solidité de leur construction, soit par les difficultés que présentait leur établissement sur des rochers sous-marins, situés à des distances plus ou moins grandes du littoral. On peut citer entre autres les phares de Dunkerque, de Calais, de la baie d'Étaples, de Barfleur, de la pointe d'Anderville, de Belle-Isle, du Four, du bassin d'Arcachon, de la Camargue, et plus particulièrement celui de Cordouan, à l'embouchure de la Gironde.

13. Ce magnifique système d'éclairage est combiné de telle sorte qu'un navigateur ne peut approcher pendant la nuit des points abordables de notre littoral, sans avoir au moins un feu en vue, et qu'après avoir pris connaissance des feux les plus puissants, il en trouve d'autres de moindre portée, qui le dirigent jusque dans le port, terme de son voyage.

14. La dépense de ces travaux s'est élevée à plus de 13 millions de francs. La France en a doté gratuitement la navigation étrangère comme la navigation nationale. En Angleterre au contraire, et dans d'autres contrées maritimes, la navigation est obligée d'acquitter des droits de phares et de fanaux, perçus soit par les gouvernements, soit par des associations particulières.

15. D'abord placés dans les attributions du département de la marine, par un décret des 15-20 septembre 1792, la surveillance et l'entretien des phares et fanaux ont été confiés, par un décret du 7 mars 1806, à l'administration des ponts et chaussées, qui les revendique comme une de ses attributions les plus importantes.

16. Toutes les questions qui se rattachent à ce service, sont d'ailleurs soumises à l'examen d'une commission spéciale, instituée près du ministre des travaux publics, sous la dénomination de commission des phares. Cette commission est composée de membres choisis dans le sein de l'Académie des sciences, parmi les officiers généraux et les ingénieurs hydrographes de la marine et dans le corps des ponts et chaussées.

17. L'administration publie périodiquement une description des phares et fanaux allumés sur les côtes de France. Cette publication, tirée, aux frais du Gouvernement, à un très-grand nombre d'exemplaires, est distribuée dans tous les ports maritimes, et adressée à toutes les puissances étrangères qui font le commerce avec la France.

M. A. Dumoustier.

BIBLIOGRAPHIE.
État de l'éclairage et du balisage des côtes de France au 1er janvier 1873. — Ministère des travaux publics ; ponts et chaussés. Gr. in-8°. Paris, impr. nationale. 1873.

PHARMACIEN. *Voy.* **Médecine (Exercice de la).**

PIED CORNIER. Arbre destiné à fixer les limites d'une propriété forestière ou seulement d'une coupe. (*Voy.* **Forêts,** *n°* 57, *etc.*)

Celui qui déplace ou supprime des pieds corniers ou autres arbres plantés ou reconnus pour établir les limites entre différents héritages, est puni d'un emprisonnement qui ne peut être au-dessous d'un mois ni excéder une année, et d'une amende égale au quart des restitutions et des dommages-intérêts qui, dans aucun cas, ne peut être au-dessous de 50 fr. (*C. P.,* art. 456.)

PIGEONS. *Voy.* **Police.**

PILLAGE. 1. Action de s'emparer avec violence d'objets, de quelque nature qu'ils soient, appartenant à autrui.

2. Nous avons rangé le pillage des propriétés publiques et de celles d'une généralité de citoyens, à l'aide de bandes armées, parmi les crimes contre la sûreté intérieure de l'État (*voy.* **Complots et Attentats,** *n°* 4). Nous ne rappelons ici que les dispositions du Code pénal en ce qui concerne le pillage des propriétés particulières.

3. Tout pillage, tout dégât de denrées ou marchandises, effets, propriétés mobilières, commis en réunion ou bande, et à force ouverte, est puni de travaux forcés à temps; chaque coupable est de plus condamné à une amende de 200 à 1,000 francs. (*C. P.,* art. 440.) Ceux qui prouvent avoir été entraînés par des provocations ou sollicitations à prendre part à ces violences, peuvent n'être punis que de la réclusion. (*Id.,* art. 441.) Si les denrées pillées ou distraites sont des grains, grenailles ou farines, substances farineuses, pain, vin ou autre boisson, la peine des chefs, instigateurs ou provocateurs seulement, est le maximum des travaux forcés à temps et celui de l'amende prononcée par l'art. 440 précité. (*Id.,* art. 442.)

4. Le Code pénal punit d'une amende de 6 à 10 fr. inclusivement, et d'un emprisonnement de cinq jours, en cas de récidive, ceux qui, le pouvant, auraient refusé ou négligé, en cas de pillage, de porter le secours dont ils auraient été requis (*art.* 475, *n°* 12, *et* 478). Pour la responsabilité des communes, voyez le mot **Organisation communale.**

5. Le pillage commis par des militaires est passible d'une pénalité spéciale. (*L.* 13 *brum. an* V, *titre* V.)

PILON (**Mettre au**). Action de lacérer des papiers pour les mettre en pâte.

Une instruction du ministre de l'intérieur du 24 juin 1844, concernant la suppression des papiers inutiles déposés aux archives des préfectures et sous-préfectures, prescrit la mise au pilon de certaines pièces qui ne pourraient, sans inconvénients, être livrées aux ventes publiques. (*Voy.* **Archives.**)

PILOTE LAMANEUR. 1. Agent de l'administration maritime chargé de diriger les navires et autres bâtiments de mer à l'entrée et à la sortie des ports, et de porter secours à ceux qui se trouvent en danger.

2. Le nombre des pilotes, dans chaque port, est fixé par le ministre de la marine, sur les propositions des chefs d'administration de la marine et de l'avis des chambres de commerce. (*D.* 12 *déc.* 1806, *art.* 1er.)

3. Nul ne peut être reçu pilote lamaneur s'il n'est âgé de vingt-quatre ans; s'il n'a six ans de navigation, pendant lesquels il a fait deux campagnes de trois mois au moins au service de l'État, et s'il n'a satisfait à un examen sur la manœuvre, la connaissance des marées, des bancs, courants, écueils et autres empêchements qui peuvent rendre difficile l'entrée ou la sortie des rivières, ports et havres du lieu de son établissement. (*Id.,* art. 2.)

4. L'examen des pilotes est fait, en présence de l'administrateur de quartier des classes, par un officier de vaisseau ou du port, deux anciens pilotes lamaneurs et deux capitaines du commerce nommés par l'officier commandant du port. (*Id.,* art. 3.)

5. Pour être reconnus en leur qualité, les pilotes portent une petite ancre d'argent de 50 millimètres à la boutonnière de leur habit ou gilet. (*Id.,* art. 6.)

6. L'inspection du service des pilotes est exercée par les officiers militaires, chefs des mouvements maritimes, par les officiers préposés à la direction du pilotage, et, en l'absence de ceux-ci, par les officiers des ports du commerce. (*Id.,* art. 12.)

7. Les droits de pilotage ou salaires dus par les capitaines de navire aux pilotes lamaneurs, sont fixés, pour chaque localité, par des règlements et tarifs préparés d'abord par l'administration de la marine et le tribunal de commerce, examinés et discutés ensuite par le conseil d'administration de la marine établi dans le chef-lieu de la préfecture maritime, et enfin soumis par le ministre à l'approbation du Chef du Gouvernement [1]. (*Id.,* art. 41.)

8. Les contestations qui s'élèvent entre les capitaines de navires et les pilotes sont ordinairement réglées, sans frais, par le commissaire de l'inscription maritime et le président du tribunal de commerce; mais ce règlement, purement officieux, n'ôte point aux parties qui n'en sont pas satisfaites, le droit de faire prononcer judiciairement sur ces contestations par le tribunal de commerce, conformément à l'art. 50 du décret de 1806.

9. Indépendamment des pilotes lamaneurs, il y a des aspirants pilotes dont le nombre ne peut excéder le quart des premiers et qui sont destinés à les seconder et à les remplacer. Les marins admis à servir en qualité d'aspirants pilotes doivent réunir les conditions de capacité et de connaissances nautiques exigées des pilotes.

PIQUEUR. 1. On appelle ainsi certains agents des ponts et chaussées et des haras.

2. Les piqueurs du service des ponts et chaussées sont chargés de seconder les conducteurs

---

1. Les règlements et tarifs actuellement appliqués dans chacun des cinq arrondissements maritimes de la France ont été approuvés, savoir : 1° pour le premier arrondissement, par le décret du 29 août 1854; 2° pour le deuxième, par le décret du 25 avril 1857; 3° pour le troisième, par le décret du 13 août 1853; 4° pour le quatrième, par le décret du 3 mars 1858; 5° et pour le cinquième, par le décret du 23 juillet 1859; mais ces actes, qui comprennent les tarifs applicables à chacun des ports desdits arrondissements, ont été modifiés sur divers points par des décrets rendus en la même forme et spéciaux aux ports pour lesquels la modification est demandée par les pilotes ou par le commerce. Nous renvoyons, pour ces décrets d'intérêt local, au Bulletin des lois.

dans les lieux où le nombre de ces derniers est insuffisant.

3. Ils font écriture de tous les faits de l'atelier; ils y maintiennent l'ordre, reçoivent en compte les matériaux et surveillent le bon emploi du temps des ouvriers employés en régie. (*Instr.* 19 *déc.* 1806 ; *Règl. spéc. sur la compt. du min. des trav. publ.* 28 *sept.* 1849.)

4. Ils sont divisés en quatre classes, aux traitements de 1,000 fr., 800 fr., 600 fr. et 400 fr. (*D.* 17 *août* 1853, *art.* 3.)

5. Des décisions ministérielles fixent chaque année, sur la proposition de l'ingénieur en chef et sur l'avis du préfet et de l'inspecteur général, le nombre des piqueurs des différentes classes attachés à chaque service d'ingénieur en chef. La répartition de ces employés entre les arrondissements des ingénieurs ordinaires et leurs résidences sont déterminées par l'ingénieur en chef, suivant les besoins du service. (*Id.*, *art.* 4.)

6. Les piqueurs des ponts et chaussées sont nommés par le préfet, sur la proposition de l'ingénieur en chef. (*Id.*, *art.* 5.)

7. Nul ne peut être nommé piqueur, s'il n'a été déclaré admissible à la suite d'un examen sur les connaissances ci-après : écriture, principes de la langue française, arithmétique élémentaire, exposition du système métrique des poids et mesures, notions de géométrie relatives à la mesure des angles des surfaces et des solides, éléments de dessin linéaire. Les candidats doivent être âgés de plus de dix-huit ans et de moins de vingt-huit ans au moment de l'examen. Toutefois les militaires porteurs d'un congé régulier peuvent concourir jusqu'à trente-deux ans. (*Id.*, *art.* 6.)

8. Les piqueurs, étant autorisés à dresser des procès-verbaux, doivent être assermentés. (*D.* 16 *déc.* 1811, *art.* 112 ; *L.* 20 *mars* 1842, *art.* 2 ; *Arr. du C.* 18 *avril* 1845 ; *L.* 15 *juill.* 1845, *art.* 12.)

9. Le piqueur des haras est un agent chargé de la surveillance et du dépôt des remontes des haras. Il est nommé par le ministre de l'agriculture et du commerce. (*D.* 17 *juin* 1852. *Voy.* **Haras.**)

PIRATERIE. 1. A proprement parler, dans le sens le plus restreint et le plus généralement adopté, les pirates ou forbans sont ceux qui courent les mers de leur propre autorité pour y commettre des actes de déprédation, pillant à main armée, soit en temps de paix ou en temps de guerre, les navires de toutes les nations ; les actes criminels commis par de tels malfaiteurs, constituent le crime de *piraterie*.

2. Cette définition, que nous empruntons aux *Règles internationales du droit de la mer* de M. Ortolan, est celle de la piraterie d'après le droit des gens ; mais il y a une distinction importante à faire entre la piraterie suivant le droit des gens et la piraterie suivant les lois spéciales d'un État. Celle-ci n'est justiciable que des tribunaux du pays qui a édicté ces mêmes lois spéciales. Le droit des gens, au contraire, mettant les pirates hors la loi de toutes les nations, il est permis à chacun de s'en emparer, et la punition de leurs crimes appartient à l'État dont relèvent ceux qui en ont fait la capture.

3. La loi du 10 avril 1825, comblant les la-

cunes que présentait, sous ce rapport, l'ordonnance générale de la marine d'août 1681, a défini les caractères de la piraterie, déterminé la compétence des tribunaux appelés à en connaître et édicté les peines qui doivent atteindre ce crime. Le texte de cette loi est assez précis pour qu'il nous paraisse superflu d'en faire ici le commentaire. Nous devons donc nous borner à y renvoyer, en faisant seulement remarquer que la mise en jugement des prévenus du crime de piraterie doit être suspendue jusqu'à ce qu'il ait été statué sur la validité de la prise; celle-ci s'instruit d'ailleurs et se juge comme une prise de guerre. (*Voy.* **Prises.**)   C. de Vallat.

PISCICULTURE. *Voy.* **Pêche fluviale.**

PISTOLET. *Voy.* **Armes.**

PLACARD. *Voy.* **Affiche.**

PLACES FORTES, etc. *Voy.* **État de paix, de guerre et de siége** et **Servitudes défensives.**

PLAINTE. 1. C'est un acte par lequel on fait à l'autorité la déclaration d'un dommage, d'une injure, d'un excès quelconque qu'on a souffert de la part d'un tiers, ou d'une incommodité, d'un inconvénient grave pour la santé ou pour les propriétés.

2. Lorsque la plainte doit avoir pour effet de provoquer l'action de la justice, pour faire prononcer une punition, elle peut être adressée soit au procureur de la République, soit au juge d'instruction, soit encore aux officiers auxiliaires de police. (*C. d'I. C.*, *art.* 63 *et* 64.)

3. Lorsqu'il ne s'agit pas d'un délit ou d'une contravention, mais d'un danger, d'une incommodité à faire cesser, on porte plainte devant l'autorité administrative, municipale, préfectorale ou supérieure, selon la nature de la réclamation.

PLANS D'ALIGNEMENT. *Voy.* **Voirie.**

PLANT. Jeune arbre ou jeune plante quelconque venus d'une semence et *destinés à être transplantés.* On appelle aussi *plant*, une jeune plantation forestière. Voyez, aux art. 194 et 195 du Code forestier, la pénalité contre ceux qui enlèvent des plants.

PLAQUES. 1. La loi du 30 mai 1851 sur la police du roulage et des messageries publiques, qui abroge toutes les lois antérieures sur cette matière, dispose (*art.* 3) que toute voiture circulant sur les routes nationales ou départementales et sur les chemins vicinaux de grande communication doit être munie d'une plaque. Un décret du 10 août 1852 (*art.* 16), portant règlement d'administration publique, a décidé que cette plaque devait être en métal, placée en avant des roues au côté gauche de la voiture, portant en caractères apparents et lisibles, ayant au moins 5 millimètres de hauteur, les nom, prénoms et profession du propriétaire, le nom de la commune, du canton et du département de son domicile.

2. Sont exceptées de cette disposition : 1° les voitures particulières destinées au transport des personnes, mais étrangères au service public des messageries ; 2° les malles-poste et autres voitures appartenant à l'administration des postes; 3° les voitures d'artillerie, chariots et fourgons appartenant aux départements de la guerre et de la marine. Des décrets du Chef de l'État déter-

minent les marques distinctives que doivent porter les voitures désignées aux 2° et 3° ci-dessus, et les titres dont leurs conducteurs doivent être munis ; 4° les voitures employées à la culture des terres, au transport des récoltes, à l'exploitation des fermes, qui se rendent de la ferme aux champs ou des champs à la ferme, ou qui servent au transport des objets récoltés du lieu où ils ont été recueillis jusqu'à celui où, pour les conserver ou les manipuler, le cultivateur les dépose ou les rassemble.

3. Les locomobiles sont également assujetties à l'obligation de la plaque. (*Voy.* **Machines à vapeur.**)

4. Quant aux plaques des commissionnaires, voyez **Commissionnaires.**

PLOMBAGE. 1. En matière de douanes, on comprend sous ce mot l'application de petits sceaux de plomb sur les colis de marchandises pour garantir leur identité.

2. Le prix de chaque plomb appliqué dans les douanes, est à la charge des expéditeurs ; il est fixé par la loi ou par des arrêtés du ministre des finances, avec défense aux préposés d'exiger plus que le tarif, sous peine de destitution.

3. Le produit de la taxe du plombage est distribué trimestriellement entre les employés des douanes.

4. Les actes et documents relatifs au plombage sont fort nombreux. Nous mentionnerons seulement la loi du 2 juillet 1836 ; les ordonnances royales des 26 juin 1841 et 25 décembre 1847 ; le décret du 21 mars 1852 et un arrêté ministériel du 3 septembre 1839.

PLUMITIF. 1. Registre ou cahier particulier sur lequel le greffier tient note des dispositions du jugement, que le plus souvent il se trouve dans l'impossibilité d'écrire en entier à l'audience sous la dictée du magistrat qui le prononce.

2. Il ne faut pas confondre la feuille d'audience avec le plumitif. Le plumitif n'est qu'un memento, tandis que la feuille d'audience, qui est approuvée par le président, contient le jugement dans toute sa teneur, avec les motifs qui lui servent de base.

3. Le plumitif est tenu sur papier libre.

POIDS ET MESURES. 1. Avant 1789, les poids et mesures en usage en France différaient d'un district, souvent d'une commune à l'autre. Il en résultait des inconvénients si nombreux et si évidents que, dès 1790, l'Assemblée constituante tendit à établir en France un système uniforme de pesage et de mesurage. Il ne saurait être notre intention de faire ici l'historique des vicissitudes par lesquelles passa cette grande mesure avant de devenir définitive par l'effet de la loi du 4 juillet 1837 [1]. Nous nous bornerons à

faire connaître dans cet article l'état actuel de la législation relative aux poids et mesures, à leur vérification et à leur fidèle usage.

SOMMAIRE.

CHAP. I. DU SYSTÈME LÉGAL DES POIDS ET MESURES, 2 à 6.

II. DES VÉRIFICATEURS, 7 à 17.

III. DE LA VÉRIFICATION.

Sect. 1. Des étalons et poinçons, 18 à 20.

2. De la vérification première, 21, 22.

3. De la vérification périodique, 23 à 33.

CHAP. IV. DE LA SURVEILLANCE DE L'EXACTITUDE ET DU FIDÈLE USAGE DES POIDS ET MESURES, 34 à 36.

V. DES CONTRAVENTIONS ET DU MODE DE LES CONSTATER, 37 à 47.

VI. DES DROITS DE VÉRIFICATION, 48 à 55.

VII. DES ÉTALONS MÉTRIQUES, COMMISSION INTERNATIONALE, 56 à 59.

CHAP. I. — DU SYSTÈME LÉGAL DES POIDS ET MESURES.

2. Les seules dénominations de poids et mesures dont l'usage soit permis en France sont les suivantes (*L.* 18 *germ. an III,* 19 *frim. an VIII,* 4 *juill.* 1837) :

Mesures de longueur : MÈTRE [1] ; *myriamètre* (10,000 mètres), *kilomètre* (1,000 mètres), *hectomètre* (100 mètres), *décamètre* (10 mètres), *décimètre* ($^1/_{10}$ de mètre), *centimètre* ($^1/_{100}$ de mètre), *millimètre* ($^1/_{1000}$ de mètre). L'hectomètre est peu usité.

Mesures agraires ou de superficie : ARE (100 mètres carrés), *hectare* (100 ares), *centiare* ($^1/_{100}$ d'are ou mètre carré).

Mesures de capacité : LITRE (décimètre cube), avec ses dérivés de *kilo, hecto, décalitre* pour les multiples, *décilitre* et *centilitre* pour les fractions.

Mesures de solidité : STÈRE (mètre cube), *décastère* (10 stères), *décistère* ($^1/_{10}$ de stère).

Mesures de pesanteur ou poids : KILOGRAMME (1,000 grammes), poids, dans le vide, d'un litre d'eau distillée à la température de 4 degrés centigrades ; *hectogramme* (100 grammes), *décagramme* (10 grammes) ; GRAMME, dont les fractions décimales sont *décigramme, centigramme* et *milligramme.*

3. Les instruments indiqués plus loin sous la rubrique : *Désignation et composition des séries de poids et mesures en usage,* sont seuls autorisés par l'administration pour l'application du système métrique décimal.

Ceux qui ont ou qui emploient dans leurs magasins, boutiques, ateliers ou maisons de commerce, ou dans les halles, foires ou marchés, d'autres poids et mesures que ceux légalement reconnus, sont punis d'une amende de 11 à 15 fr. (*L.* 4 *juill.* 1837, *C. P.,* art. 479.)

De plus, le commerçant trouvé possesseur de mesures ou poids anciens et non légaux, ne peut être excusé sous prétexte qu'il ne les détenait pas comme « instruments effectifs de son commerce,

---

1. Voici les principaux actes législatifs et réglementaires relatifs aux poids et mesures antérieurs à la loi du 4 juillet 1837. Ceux qui sont marqués d'un * ont été expressément abrogés par l'ordonnance du 17 avril 1839 : L. 15-28 mars 1790, art. 17, 18, 21 ; 8 mai - 22 août 1790 ; 12-20 août 1790 ; 26-30 mars 1791 ; 3 avril 1792 ; 7 sept. 1792 ; 31 mars 1793 ; 1er août 1793 ; 11 sept. 1793 ; 1er brum. an II (22 oct. 1793) ; 28 frim. an II (18 déc. 1793) ; 18 germ. an III (7 avril 1795) ; D. constit. du syst. métr., *Bull. des lois,* CXXXV, n° 749 ; Const. 5 fruct. an III (22 août 1795), art. 374 ; 1er vend. an IV (23 sept. 1795) ; Arr. du Direct. 3 niv. an VI (23 déc. 1797) ; * 27 pluv. an VI (15 févr. 1798) ; * 19 germ. an VII (8 avril 1799) ; * 28 mess. an VII (16 juill. 1799) ; * 11 therm. an VII (29 juill. 1799) ; L. 19 frim. an VIII (10 déc. 1799) ; L. qui

fixe définitivement la valeur du mètre et du kilogramme ; *Arr. 7 flor. an VIII (27 avril 1800) ; * 13 brum. an IX (5 nov. 1800 et 19 juin 1801) ; D. 12 févr. 1812 ; Arr. min. 28 mars 1812 ; *D. 18 déc. 1825 ; *7 juin 1826 ; 21 déc. 1832 ; *18 mai 1838 ; D. 26 fév. 1873 ; Arr. min. 27 fév. 1870 ; 5 mars 1870 ; Arr. min. 5 mars 1873 ; D. du 16 nov. 1875 et Circ. du 17 déc. 1875 concernant les dépotoirs.

1. Le mètre équivaut à la dix-millionième partie du quart du méridien terrestre et sert de base à toutes les autres mesures.

pour l'exercice duquel ils auraient été inutiles ». (*Cass. 23 juin* 1854. *Voy. aussi Cass.* 8 *juill.* 1842.)

4. Toutes dénominations de poids et mesures autres que celles établies par la loi du 18 germinal an III (*voy. n° 2*) sont interdites dans les actes publics ainsi que dans les affiches et annonces, les actes sous seing privé, les registres de commerce et autres écritures privées produites en justice. Ainsi, il est défendu de se servir des termes de. pied, aune, setier, etc.

Les officiers publics contrevenants sont passibles d'une amende de 20 fr., qui est recouvrée sur contrainte, comme en matière d'enregistrement. Mais ils peuvent copier les dénominations anciennes sur d'anciens actes. (*Instr. contr. ind.* 30 *août* 1842.)

L'amende est de 10 fr. pour les autres contrevenants ; elle est perçue pour chaque acte ou écriture sous signature privée ; les registres de commerce ne donnent lieu qu'à une seule amende pour chaque contestation dans laquelle ils sont produits. (*L.* 4 *juill.* 1837, *art.* 5.)

5. Il est défendu aux juges et arbitres de rendre aucun jugement ou décision en faveur des particuliers sur des actes, registres ou écrits dans lesquels les dénominations interdites auraient été insérées avant que les amendes encourues aient été payées. (*Id., art.* 6.)

6. Les vérificateurs des poids et mesures sont chargés de constater les contraventions prévues par les lois et règlements et d'en provoquer la répression (*Id., art.* 7), sans préjudice du droit qu'a tout officier de police de constater les délits et les contraventions commis au moyen de poids et mesures.

CHAP. II. — DES VÉRIFICATEURS.

7. Le personnel du service de la vérification se compose de vérificateurs en chef, de vérificateurs, et de vérificateurs adjoints. (*D.* 26 *fév.* 1873.)

Le décret de décentralisation du 25 mars 1852 avait confié aux préfets la nomination des vérificateurs et des vérificateurs adjoints ; en exécution du décret du 26 février 1873, cette nomination appartient de nouveau au ministre de l'agriculture et du commerce.

8. Il y a, dans chaque arrondissement, un vérificateur des poids et mesures, dont le bureau est établi au chef-lieu. Lorsque le service l'exige, il peut, en outre, être nommé des vérificateurs adjoints ; ils sont soumis aux mêmes conditions et ont les mêmes attributions que les vérificateurs. (*O.* 16 *juin* 1839, *art.* 2.)

9. Le nombre des vérificateurs est fixé à trois cent soixante-quinze, répartis en cinq classes, savoir :

25 de 1re classe ; 50 de 2e classe ; 75 de 3e classe ; 100 de 4e classe ; 125 de 5e classe.

Les traitements par classes sont fixés ainsi qu'il suit :

1re classe, 2,800 fr. ; 2e classe, 2,400 fr, ; 3e classe, 2,100 fr. ; 4e classe, 1,800 fr. ; 5e classe, 1,600 fr.

Le nombre des vérificateurs adjoints est réglé suivant les besoins du service ; leur traitement est fixé à 1,400 fr.

10. Les vérificateurs et les vérificateurs adjoints reçoivent annuellement des indemnités de déplacement réglées par abonnement conformément à l'importance et à l'étendue de leur arrondissement. Cette indemnité comprend également les frais de bureau, ceux d'entretien et de transport des instruments de vérification, ainsi que les frais de confection des matrices des rôles.

La location des bureaux de vérification est à la charge de l'administration.

11. Nul ne peut être nommé vérificateur adjoint s'il n'a été déclaré admissible à la suite d'un examen public, et s'il est âgé de moins de vingt-cinq ans, ou de plus de trente-six ans. Les vérificateurs de 5e classe sont pris exclusivement parmi les vérificateurs adjoints ayant au moins deux ans de service. (*D.* 26 *fév.* 1873.) Aucun vérificateur ne peut être élevé de classe qu'après trois ans de service dans la classe immédiatement inférieure. (*Arr. min.* 27 *fév.* 1873.)

12. Il est ouvert tous les ans un examen pour l'admission aux fonctions de vérificateur adjoint. Cet examen a lieu simultanément dans les cinq chefs-lieux de circonscription régionale dont il est parlé plus loin (*voy. n° 16*). Il porte sur les matières déterminées au programme fixé par l'arrêté ministériel du 5 mars 1873. Un jury spécial nommé par chaque région dresse le classement des candidats par ordre de mérite. Les propositions motivées de chaque jury sont adressées au ministre. Un jury central institué à Paris examine les diverses propositions et arrête un classement définitif des candidats admis par les jurys spéciaux. Les nominations sont faites, d'après cette liste de présentation, au fur et à mesure des vacances. (*Arr. min.* 27 *fév.* 1873.)

13. L'emploi de vérificateur est incompatible avec toute autre fonction publique et toute profession assujettie à la vérification (*O.* 17 *avril* 1839, *art.* 4). La circulaire du ministère de l'intérieur, de l'agriculture et du commerce du 6 avril 1852 entre sur ce point dans des détails que l'espace ne nous permet pas de reproduire.

14. Les vérificateurs ne peuvent entrer en fonction qu'après avoir prêté serment devant le tribunal de première instance de l'arrondissement pour lequel ils sont commissionnés (*L.* 4 *juill.* 1837, *O. préc.*). Ce serment est exempt du droit de greffe ; il n'y a lieu d'acquitter qu'un franc par rôle pour les expéditions délivrées et le droit d'enregistrement de 15 fr. (*Circ.* 30 *août* 1839.)

15. Dans le cas d'un changement de résidence ou de mission temporaire, les vérificateurs ne prêtent pas un nouveau serment ; ils sont seulement tenus de faire viser leur commission et leur acte de serment au greffe du tribunal dans le ressort duquel ils sont envoyés (*O.* 17 *avril* 1839, *art.* 5). Les frais de tournées extraordinaires leur sont remboursés (*art.* 8).

16. Le service de la vérification des poids et mesures est divisé en cinq circonscriptions régionales ; un vérificateur en chef est chargé de l'inspection et du contrôle du service dans chaque circonscription. (*Arr. min. du* 27 *fév.* 1873.)

La 1re circonscription comprend les départements de la Seine, de Seine-et-Oise, de Seine-et-Marne, de la Seine-Inférieure, de l'Eure, de l'Oise, d'Eure-et-Loir, du Loiret, de l'Yonne, du Cher, de la Nièvre et de l'Allier. La résidence du vérificateur en chef est à Paris.

La 2ᵉ circonscription comprend les départements du Finistère, des Côtes-du-Nord, du Morbihan, d'Ille-et-Vilaine, de la Manche, du Calvados, de l'Orne, de la Mayenne, de la Sarthe, de la Loire-Inférieure, de Maine-et-Loire, d'Indre-et-Loire, de Loir-et-Cher, de la Vendée, des Deux-Sèvres, de la Vienne, de l'Indre, de la Haute-Vienne et de la Creuse; la résidence du vérificateur en chef est à Tours.

La 3ᵉ circonscription comprend les départements du Nord, du Pas-de-Calais, de la Somme, de l'Aisne, des Ardennes, de la Marne, de la Meuse, de Meurthe-et-Moselle, de l'Aube, de la Haute-Marne, des Vosges, de la Côte-d'Or, de la Haute-Saône, de Saône-et-Loire, du Jura, du Doubs et de la partie française du département du Haut-Rhin. La résidence du vérificateur en chef est à Bar-le-Duc.

La 4ᵉ circonscription comprend les départements de la Charente-Inférieure, de la Charente, de la Gironde, de la Dordogne, de la Corrèze, du Cantal, du Lot, de Lot-et-Garonne, des Landes, du Gers, de Tarn-et-Garonne, de l'Aveyron, du Tarn, de l'Aude, des Pyrénées-Orientales, de l'Ariège, de la Haute-Garonne, des Hautes-Pyrénées, des Basses-Pyrénées et de l'Hérault. La résidence du vérificateur en chef est à Bordeaux.

La 5ᵉ circonscription comprend les départements du Puy-de-Dôme, de la Loire, du Rhône, de l'Ain, de la Haute-Savoie, de la Savoie, de l'Isère, de la Haute-Loire, de la Lozère, de l'Ardèche, de la Drôme, des Hautes-Alpes, des Basses-Alpes, des Alpes-Maritimes, du Var, des Bouches-du-Rhône, de Vaucluse, du Gard et de la Corse. La résidence du vérificateur en chef est à Avignon.

17. Les vérificateurs en chef sont choisis parmi les vérificateurs ayant au moins dix ans de service; ils sont nommés par le ministre; leur traitement est de 4,000 fr. Ils reçoivent, en outre, une indemnité annuelle de 2,000 fr. pour frais de bureau et de tournées.

CHAP. III. — DE LA VÉRIFICATION.

Sect. 1. — Des étalons et des poinçons.

18. Chaque bureau de vérification doit être pourvu de l'assortiment nécessaire d'étalons vérifiés et poinçonnés au dépôt des prototypes établi près du ministère de l'agriculture et du commerce. Ces étalons doivent être vérifiés de nouveau tous les dix ans.

Les poinçons nécessaires à la vérification sont fabriqués sur l'ordre du ministre. Ils portent des marques distinctes pour chaque année, et, de plus, chaque bureau a un poinçon particulier, portant un numéro d'ordre. (*D.* 15 *juill.* 1853.)

Les poinçons destinés à la vérification première diffèrent de ceux qui sont employés pour les vérifications périodiques successives.

19. Les étalons et les poinçons des bureaux de vérification sont conservés par les vérificateurs, sous leur responsabilité et sous la surveillance des préfets et des sous-préfets (*Id.*, *art.* 6). L'inventaire, dressé d'après les prescriptions de l'arrêté ministériel du 6 avril 1827 et de la circulaire du 3 septembre 1844, doit être tenu à jour.

20. La forme des poids et mesures servant à peser ou à mesurer les marchandises, ainsi que

les matières avec lesquelles ces poids et mesures peuvent être fabriqués, ont été déterminées par le règlement d'administration publique du 16 juin 1839 et par les circulaires des 15 septembre 1839, 29 février et 2 mai 1840, 4 juin 1844, 27 novembre 1852; le décret du 5 novembre 1853, la circulaire du 18 mars 1853, etc.

Sect. 2. — De la vérification première.

21. Les poids et mesures, les membrures destinées au commerce du bois de chauffage, les balances, romaines et bascules, nouvellement fabriqués ou rajustés, doivent être présentés au bureau du vérificateur, vérifiés et poinçonnés de la marque primitive et du numéro d'ordre du bureau avant d'être livrés au commerce. (*D.* 15 *juill.* 1853.)

22. Ces poids et mesures doivent porter, d'une manière lisible et distincte, le nom qui leur est affecté par le système métrique. Toutefois le ministre peut excepter de l'exécution de cette obligation les poids ou mesures dont la dimension ne s'y prêterait pas. (*O.* 17 *avril* 1839, *art.* 10, 11, 22 *et* 23; *Arr. min.* 16 *févr.* 1853.)

Sect. 3. — De la vérification périodique.

23. Le tableau *A* annexé au décret du 26 février 1873 indique les commerces, les industries et les professions qui sont assujettis à la vérification. Les commerces, industries et professions analogues à ceux qui sont énumérés dans ce tableau, et qui n'y ont pas été compris, peuvent être soumis à la vérification par arrêtés spéciaux des préfets, sauf l'approbation du ministre de l'agriculture et du commerce.

Tous les trois ans, des tableaux additionnels, contenant les commerces, industries et professions assujettis en vertu de ces arrêtés, sont l'objet de décrets rendus dans la forme des règlements d'administration publique.

24. Les assujettis doivent être pourvus des séries complètes des poids et mesures dont ils font usage d'après la nature de leurs opérations, conformément aux désignations du tableau *B* annexé au décret du 26 février 1873. Ils choisissent eux-mêmes les séries d'instruments qui leur sont nécessaires, et ne sont plus astreints, comme par le passé, à posséder les séries dont la désignation était faite par les préfets. Ils sont tenus de présenter à une vérification périodique les séries de poids et mesures, les balances et autres instruments de pesage dont ils ont fait choix.

Chacune de ces vérifications est constatée par l'apposition d'un nouveau poinçon (*O.* 17 *avril* 1839, *art.* 13, 15, 22). Les mesures non poinçonnées sont considérées comme fausses. (*Cass.* 3 août 1849.)

Désignation et composition des séries de poids et mesures en usage.
(*Décret du 26 février 1873.*)

Poids en fer.

§ 1ᵉʳ. — *Poids hors série.*

1ᵒ Poids de 50 kilogrammes.
2ᵒ Poids de 20 kilogrammes.

Nota. — Les poids de 50 kilogrammes sont d'usage très-rare. Le poids de 20 kilogrammes, en se répétant plus ou moins de fois, compose le gros ou principal des fortes pesées dont les poids de séries viennent former l'appoint.

§ 2. — *Séries à composer, désigner et taxer comme suit:*

SÉRIE Nᵒ 1.

Fer. . . . . { 20 kilogr., 10 kilogr., 10 kilogr., 5 kilogr., 2 kilogr., 1 kilogr., 1 kilogr., 5 hectogr. ou demi-kilogr., 2 hectogr., 1 hectogr., 1 hectogr., demi-hectogr.

Cuivre |20 gr., 10 gr., 10 gr., 5 gr., 2 gr., 1 gr.,
complémentaire. | 1 gr.

SÉRIE Nº 2.

. . . . 10 kilogr., 5 kilogr., 2 kilogr.,
1 kilogr., 1 kilogr., 5 hectogr. ou demi-kilogr., 2 hectogr.,
1 hectogr., 1 hectogr., demi-hectogr.

Cuivre. . . . . |20 gr., 10 gr., 10 gr., 5 gr., 2 gr., 1 gr.,
| 1 gr.

SÉRIE Nº 3.

. . . . 5 kilogr., 2 kilogr.,
1 kilogr., 1 kilogr., 5 hectogr. ou demi-kilogr., 2 hectogr.,
1 hectogr., 1 hectogr., demi-hectogr.

Cuivre. . . . . |20 gr., 10 gr., 10 gr., 5 gr., 2 gr., 1 gr.,
| 1 gr.

SÉRIE Nº 4.

. . . . 2 kilogr.,
1 kilogr., 1 kilogr., 5 hectogr. ou demi-kilogr., 2 hectogr.,
1 hectogr., 1 hectogr., demi-hectogr.

Cuivre. . . . |20 gr., 10 gr., 5 gr., 2 gr., 1 gr., 1 gr.

SÉRIE Nº 5.

. . . .
. . . . 1 kilogr., 5 hectogr. ou demi-kilogr., 2 hectogr.,
1 hectogr., 1 hectogr., demi-hectogr.

Cuivre. . . . |20 gr., 10 gr., 10 gr., 5 gr., 2 gr., 1 gr., 1 gr.

SÉRIE Nº 6.

. . . . 5 hectogr. ou demi-kilogr., 2 hectogr.,
1 hectogr., 1 hectogr., demi-hectogr.

Cuivre. . . . . |20 gr., 10 gr., 10 gr., 5 gr.

NOTA. — La série nº 6 manque des poids de 2 et de 1 gr. Elle est destinée aux petits marchands ambulants.

Poids en cuivre.

SÉRIE Nº 7.

20 kilogr., 10 kilogr., 10 kilogr., 5 kilogr., 2 kilogr., 1 kilogr.,
1 kilogr., 500 gr., 200 gr., 100 gr., 100 gr., 50 gr., 20 gr.,
10 gr., 10 gr., 5 gr., 2 gr., 1 gr., 1 gr.

SÉRIE Nº 8.

. . . . 10 kilogr., 5 kilogr., 2 kilogr., 1 kilogr., 1 kilogr.,
500 gr., 200 gr., 100 gr., 100 gr., 50 gr., 20 gr., 10 gr., 10 gr.,
5 gr., 2 gr., 1 gr., 1 gr.

SÉRIE Nº 9.

. . . . 5 kilogr., 2 kilogr., 1 kilogr., 1 kilogr.,
500 gr., 200 gr., 100 gr., 100 gr., 50 gr., 20 gr., 10 gr.,
10 gr., 5 gr., 2 gr., 1 gr., 1 gr.

SÉRIE Nº 10.

. . . . 2 kilogr., 1 kilogr., 1 kilogr.,
500 gr., 200 gr., 100 gr., 100 gr., 50 gr., 20 gr., 10 gr.,
10 gr., 5 gr., 2 gr., 1 gr., 1 gr.

SÉRIE Nº 11.

. . . . 1 kilogr.,
500 gr., 200 gr., 100 gr., 100 gr., 50 gr., 20 gr., 10 gr.,
10 gr., 5 gr., 2 gr., 1 gr., 1 gr.

SÉRIE Nº 12.

500 gr., 200 gr., 100 gr., 100 gr., 50 gr., 20 gr., 10 gr.,
10 gr., 5 gr., 2 gr., 1 gr., 1 gr.

SÉRIE Nº 13.

. . . . 200 gr., 100 gr., 100 gr., 50 gr., 20 gr., 10 gr.,
10 gr., 5 gr., 2 gr., 1 gr., 1 gr.

SÉRIE Nº 14.

. . . . 100 gr., 50 gr., 20 gr., 10 gr.,
10 gr., 5 gr., 2 gr., 1 gr., 1 gr.

SÉRIE Nº 15.

. . . . 50 gr., 20 gr., 10 gr.,
10 gr., 5 gr., 2 gr., 1 gr., 1 gr.

SÉRIE Nº 16.

. . . . 20 gr., 10 gr.,
10 gr., 5 gr., 2 gr., 1 gr. 1 gr.

Instruments de pesage.

SÉRIE Nº 17[1].

1 Balance de magasin.

SÉRIE Nº 18.

1 Balance de comptoir.

SÉRIE Nº 19.

1 Pont à bascule de 5,000 kilogr.

SÉRIE Nº 20.

1 Balance-bascule (portée : au-dessus de 200 kilogr.).

SÉRIE Nº 21.

1 Balance-bascule (portée : au-dessus de 100 kilogr.).

SÉRIE Nº 22.

1 Romaine de toute portée, jusqu'à 40 kilogr.

SÉRIE Nº 23.

1 Romaine de 200 kilogr. et au-dessus.

1. Conformément à un usage établi, chacun des instruments de pesage
prend un numéro de série pour désignation abréviative.

Mesures de capacité.

Pour les matières sèches.

MESURES HORS SÉRIE.

Double hectolitre; hectolitre; demi-hectolitre.

SÉRIE Nº 24.

Hectolitre; demi-hectolitre; double décalitre; demi-décalitre.

SÉRIE Nº 25.

Demi-hectolitre; double décalitre; décalitre; demi-décalitre.

SÉRIE Nº 26.

Décalitre; demi-décalitre; double litre; litre; demi-litre.

SÉRIE Nº 27.

Double litre; litre; demi-litre.; double décilitre; décilitre;
demi-décilitre.

Pour les liquides.

MESURES HORS SÉRIE.

Double hectolitre; hectolitre; demi-hectolitre (D. 16 nov.
1875.); double décalitre; décalitre; demi-décalitre; double
litre.

Dépotoirs.

Double hectolitre et au delà; hectolitre; demi-hectolitre.
(D. 16 nov. 1875.)

SÉRIE Nº 28.

Litre; demi-litre; double décilitre; décilitre; demi-décilitre;
double centilitre; centilitre.

SÉRIE Nº 29.

Double décilitre; décilitre; demi-décilitre; double centilitre; centilitre.

Mesures de capacité.

En fer-blanc.

MESURES HORS SÉRIE.

Double litre.

SÉRIE Nº 30.

Litre; demi-litre; double décilitre; décilitre; demi-décilitre.

SÉRIE Nº 31.

Double centilitre; centilitre.

Mesures de solidité.

Membrures pour le bois de chauffage.

MESURES HORS SÉRIE.

Décastère; demi-décastère; double stère.

SÉRIE Nº 32.

Double stère; stère; demi-stère.

SÉRIE Nº 33.

Stère; demi-stère.

Mesures agraires et de longueur.

MESURES HORS SÉRIE.

Double décamètre; décamètre; demi-décamètre; double
mètre.

SÉRIE Nº 34.

Double mètre; mètre; demi-mètre.

SÉRIE Nº 35.

Mètre ou demi-mètre.

SÉRIE Nº 36.

Double décimètre.

Les poids et mesures isolés autres que les poids
ou mesures hors séries ne sont pas tolérés.

25. Les fabricants et marchands de poids et
mesures ne sont assujettis à la vérification périodique que pour ceux dont ils font usage dans leur
commerce.

Les poids, mesures et instruments de pesage
neufs ou rajustés, qu'ils destinent à être vendus,
doivent seulement être marqués du poinçon de la
vérification première.

26. Le négociant ou industriel qui, dans une
même ville, ouvre au public plusieurs magasins,
boutiques ou ateliers distincts et placés dans des
maisons non contiguës, doit pourvoir chacun d'eux
de l'assortiment exigé pour la profession qu'il y
exerce. (*Id.*, art. 15, 16, 17.)

27. La vérification périodique se fait chaque
année dans toutes les communes. (*D.* 26 *févr.*
1873.) Le préfet règle l'ordre dans lequel les diverses communes du département sont vérifiées.
(*D.* 26 *fév.* 1873.) Du reste, les vérificateurs
peuvent toujours faire soit d'office, soit sur la
réquisition des maires et du procureur de la République, soit sur l'ordre du préfet et des sous-
préfets, des visites extraordinaires et inopinées
chez les assujettis (*art.* 20).

28. Le vérificateur est tenu de suivre l'itiné-

raire qui lui a été assigné, et de se transporter au domicile de chacun des assujettis inscrits au rôle dressé dans ce but.

Il vérifie et poinçonne les poids, mesures et instruments qui lui sont exhibés, tant ceux qui composent la série complète inscrite au tableau *B* annexé au décret du 26 février 1873, que ceux que le commerçant posséderait de surplus. Il fait note de tout sur un registre portatif, qu'il fait émarger par l'assujetti, et, si celui-ci ne sait ou ne veut signer, il le constate (*art.* 19).

29. La vérification périodique peut être faite aux mairies ou dans tout autre local où cette opération est jugée d'une plus facile exécution; sans toutefois que cette mesure puisse être obligatoire pour les assujettis, et sauf le droit d'exercice ou de visite inopinée à domicile (*art.* 20).

30. Les marchands ambulants qui font usage de poids et mesures sont tenus de les présenter, dans les trois premiers mois de chaque année de l'exercice de leur profession, à l'un des bureaux de vérification dans le ressort desquels ils colportent leurs marchandises (*art.* 21).

31. Sont soumis, en outre, à la vérification périodique ou à l'exercice : les membrures de stère, double stère et demi-décastère qui se trouvent dans les chantiers (*art.* 23); les poids et mesures des bureaux d'octroi, de poids public, ponts à bascule, hospices et hôpitaux, prisons, établissements de bienfaisance et tous les autres établissements publics (*art.* 24); ceux employés dans les halles, foires et marchés (*art.* 25).

32. Les visites ordinaires ou imprévues des vérificateurs doivent avoir lieu pendant le temps que les lieux de vente sont ouverts au public, mais habituellement le jour (*art.* 26). Si la visite a lieu avant le lever ou après le coucher du soleil, ces agents doivent être accompagnés du juge de paix ou d'un officier de police. (*Voy. le n°* 41.)

33. Les préfets fixent, par des arrêtés, pour chaque commune, l'époque à laquelle commence la vérification de l'année et celle où elle doit être terminée. À l'expiration de ce dernier délai, et après l'achèvement de la vérification dans la commune, si ce délai a dû être dépassé pour une cause quelconque, il est interdit aux commerçants ou industriels d'employer et de garder en leur possession des poids, mesures et instruments de pesage qui n'auraient pas été soumis à la vérification périodique et marqués au poinçon de l'année (*art.* 27).

CHAP. IV. — DE LA SURVEILLANCE DE L'EXACTITUDE ET DU FIDÈLE USAGE DES POIDS ET MESURES.

34. Les maires, adjoints, commissaires et inspecteurs de police doivent faire plusieurs fois dans l'année des visites dans les boutiques et magasins, dans les places publiques, foires et marchés, à l'effet de s'assurer de l'exactitude, du *fidèle usage* et du bon état des poids, mesures, balances et autres instruments de pesage; de constater si ces instruments, poids et mesures portent les marques des poinçons de vérification; de veiller à la fidélité du débit dans la vente des marchandises de toute espèce, mais surtout de celles qui, étant fabriquées au moule ou à la forme, se vendent à la pièce ou au paquet, comme correspondant à un poids déterminé.

35. Le maire et les officiers de police constatent

les contraventions ou délits qu'ils découvriraient ainsi et en dressent procès-verbal en invoquant, selon le cas, les art. 423, 424 ou 479 du Code pénal. (*O*., *art.* 29 à 31), ou la loi du 4 juillet 1837. (*Voy. le chap. Ier supra.*)

Les infractions que les officiers de police peuvent avoir l'occasion de constater sont extrêmement variées ; nous en indiquerons quelques-unes d'après la jurisprudence de la Cour de cassation.

Les balances sont assimilées aux poids et mesures (*Cass.* 12 *juill.* 1822), et lorsque l'un des plateaux d'une balance placée *sur un comptoir* est trouvé plus pesant que l'autre, le détenteur de l'instrument est présumé en avoir fait usage, et il y a lieu de le renvoyer devant le tribunal correctionnel et non devant le tribunal de simple police. (*Cass.* 30 *août* 1822.)

Il en est de même du commerçant possesseur de balances à plateaux inégaux (*Cass.* 8 *déc.* 1832), ou ayant placé dans le plateau destiné à recevoir la marchandise un paquet de papier sous la feuille disposée pour la propreté du service, lors même que la fraude ne serait pas prouvée (*Cass.* 29 avril 1832). Le poinçonnage n'est exigible que pour les balances montées. (*Cass.* 6 *avril* 1833.)

Sont considérés comme faux poids et fausses mesures, non-seulement ceux qui donnent de faux résultats, mais encore ceux qui ne sont pas conformes aux dispositions de l'ordonnance du 16 juin 1839, du 5 novembre 1852 et de quelques décisions ministérielles, ainsi que ceux qui ne sont pas marqués de la marque primitive (*Cass.* 30 *mai* 1822) ou annuelle (*Cass.* 6 *sept.* 1826, 1er *août* 1825), qui ont une forme prohibée, quoique ne donnant pas de résultat faux. (*Cass.* 30 *avril* 1830, 21 *févr.* 1834, 25 *août* 1836, 9 *déc.* 1842. *Voy. aussi supra, n°s 2 et 17.*)

36. Conformément à la loi du 1er août 1793, rappelée par la circulaire du 30 août 1839, il doit y avoir dans chaque commune une collection des principaux étalons des poids et mesures décimaux. Cette collection, dit la circulaire précitée, « fournit au maire et aux officiers de police des moyens de comparaison qui rendent leur surveillance plus facile et offre aux instituteurs primaires l'avantage de pouvoir mettre sous les yeux de leurs élèves des modèles propres à faciliter la connaissance d'un système qu'ils sont chargés de leur enseigner exclusivement ».

CHAP. V. — DES CONTRAVENTIONS ET DU MODE DE LES CONSTATER.

37. Le Code d'instruction criminelle a conféré aux officiers de police judiciaire le droit, et l'ordonnance du 17 avril 1839 leur impose le devoir de provoquer la punition de tout délit et contravention relatifs aux poids et mesures; mais les vérificateurs ne peuvent constater que les contraventions que nous allons indiquer. Leur autorité est restreinte dans les limites de l'arrondissement pour lequel ils sont commissionnés et assermentés. Leurs procès-verbaux font foi en justice jusqu'à preuve contraire. (*L.* 4 *juill.* 1837, *art.* 7.)

Ils sont tenus de justifier de leur commission aux assujettis qui le requièrent.

38. Les vérificateurs saisissent tous les poids et mesures autres que ceux maintenus par la loi du 4 juillet 1837 (*voy. n°* 2), ainsi que les poids, mesures et instruments de pesage altérés ou défectueux, ou qui ne seraient pas revêtus des marques légales de la vérification. Ils déposent à la mairie les objets saisis, toutes les fois que cela est possible. (O. 17 avril 1839, art. 35.)

39. Ils doivent faire connaître les circonstances qui ont accompagné, soit la possession, soit l'usage des poids ou des mesures dont l'emploi est interdit.

S'ils trouvent des mesures qui, par leur état d'oxydation, puissent nuire à la santé des citoyens, ils en donnent avis aux maires et aux commissaires de police (art. 36, 37).

40. Les assujettis à la vérification sont tenus d'ouvrir leurs magasins, boutiques et ateliers, et de ne pas quitter leur domicile le jour pour lequel le maire aura fait connaître, au moins 48 heures à l'avance, et dans la forme ordinaire, la visite du vérificateur.

Ils sont également tenus de se prêter à l'exercice lors des visites extraordinaires que l'administration pourrait ordonner (art. 38).

41. Dans le cas de refus d'exercice, et lorsque les vérificateurs croient devoir procéder aux visites avant le lever et après le coucher du soleil, ils ne peuvent s'introduire dans les maisons, bâtiments ou magasins qu'en présence, soit du juge de paix ou de son suppléant, soit du maire, de l'adjoint ou du commissaire de police (art. 39 et 40). La présence du garde champêtre n'est pas considérée comme suffisante. (Cass. 13 févr. 1819, 15 mai et 4 déc. 1835; voy. aussi C. d'I. C., art. 16.)

42. Les fonctionnaires dénommés au numéro précédent ne sauraient se refuser à accompagner sur-le-champ les vérificateurs, lorsqu'ils en sont requis par eux. Les procès-verbaux qui sont dressés, s'il y a lieu, sont signés par l'officier en présence duquel ils ont été faits, sauf au vérificateur, en cas de refus, d'en faire mention sur le procès-verbal (art. 40).

43. Les vérificateurs dressent leurs procès-verbaux dans les vingt-quatre heures de la contravention par eux constatée. Ils les écrivent eux-mêmes, ils les signent et affirment, au plus tard, le lendemain de la clôture des procès-verbaux, par-devant le maire ou l'adjoint, soit de la commune de leur résidence, soit de celle où l'infraction a été commise; l'affirmation est signée tant par les maires ou adjoints que par les vérificateurs (art. 41).

Le délai de vingt-quatre heures dans lequel les vérificateurs des poids et mesures doivent dresser leurs procès-verbaux, à partir de la contravention par eux constatée, est prescrit à peine de nullité. (Cass. 28 sept. 1850.)

44. Leurs procès-verbaux sont enregistrés dans les quinze jours qui suivent celui de l'affirmation; ils sont visés pour timbre et enregistrés en débet, sauf à suivre le recouvrement des droits contre les condamnés. (Art. 42, et L. 25 mars 1817, art. 74.)

Dans le même délai, ces procès-verbaux sont remis au juge de paix, qui se conforme aux règles établies par les art. 20, 21 et 139 du Code d'instruction criminelle (art. 43).

45. Si les affiches ou annonces contiennent des dénominations de poids et mesures autres que celles portées dans la nomenclature que nous en avons donnée au n° 2, conformément au tableau annexé à la loi du 4 juillet 1837, cette contravention devra être constatée :

Par les maires, adjoints et commissaires de police, qui dressent procès-verbal et l'envoient immédiatement au receveur de l'enregistrement (O., art. 45);

Par le vérificateur et les autres agents de l'autorité publique, tels que gendarmes, gardes champêtres, qui, sans dresser procès-verbal, se bornent à signaler l'infraction au receveur de l'enregistrement. (Circ. 30 août 1839.)

A défaut de ces dénonciations d'office par le receveur d'enregistrement lui-même, ce dernier dirige contre les contrevenants les poursuites prescrites par l'art. 5 de la loi du 4 juillet 1837. (Voy. le n° 3.)

46. Les vérificateurs des poids et mesures étant dans de certaines limites officiers de police judiciaire, sont sous la surveillance des procureurs de la République, sans préjudice de leur subordination à l'égard de leurs supérieurs dans l'administration. (O., art. 44.)

47. Les arrêtés pris par les préfets en matière de poids et mesures, à l'exception de ceux qui concernent le classement des communes pour la vérification périodique (voy. n° 27), ne sont exécutoires qu'après l'approbation du ministre de l'agriculture et du commerce (art. 33).

Cette formalité remplie, ils sont obligatoires (Cass. 10 sept. 1819, 15 mai 1829), même pour les marchands forains (Cass. 6 avril 1833). Il en est de même des arrêtés des maires pris pour l'exécution des arrêtés des préfets.

CHAP. VI. — DES DROITS DE VÉRIFICATION.

48. Les droits de vérification sont perçus conformément au tarif contenu dans le tableau C annexé au décret du 26 février 1873. (Voy. n° 51.)

49. La vérification première des poids, mesures et instruments de pesage neufs ou rajustés est soumise aux mêmes droits que la vérification périodique. (D. 26 févr. 1873.)

50. Les droits de la vérification périodique sont payés pour tous les poids, mesures et instruments de pesage désignés au tarif et que les assujettis ont en leur possession.

51. Sont vérifiés et poinçonnés gratuitement :

Les poids, mesures et instruments appartenant aux bureaux d'octroi et aux établissements publics indiqués au n° 31, ainsi que ceux présentés par des individus non assujettis (art. 48).

Tarif des rétributions pour la vérification périodique des poids et mesures et des instruments de pesage et de mesurage.

(Décret du 26 février 1873.)

MESURES DE LONGUEUR.

Double décamètre . .	0f30	Mètre simple (ployant ou à charnières) . .	0f12
Décamètre	0 30		
Demi-décamètre . .	0 30	Demi-mètre	0 12
Double mètre (ordinaire ou brisé) . .	0 18	Double décimètre . .	0 06
		Décimètre	0 06

MESURES DE CAPACITÉ POUR LES GRAINS ET AUTRES MATIÈRES SÈCHES.

Double hectolitre . .	1f .	Double litre	0f06
Hectolitre	0 90	Litre	0 06
Demi-hectolitre . . .	0 60	Demi-litre	0 06
Double décalitre . .	0 18	Double décilitre . . .	0 06
Décalitre	0 12	Décilitre	0 06
Demi-décalitre . . .	0 09	Demi-décilitre . . .	0 06

MESURES DE CAPACITÉ POUR LES LIQUIDES.

Double bectolitre (*D*.		Litre	0f18
16 nov. 1875.) . .	2f00	Demi-litre	0 12
Hectolitre (*Id.*) . . .	2 00	Double décilitre. . .	0 12
Demi-hectolitre (*Id.*).	2 00	Décilitre.	0 12
Double décalitre. . .	0 60	Demi-décilitre . . .	0 12
Décalitre.	0 60	Double centilitre . .	0 12
Demi-décalitre . . .	0 60	Centilitre	0 12
Double litre	0 24		

DÉPOTOIRS A LIQUIDES. (*D.* 16 nov. 1875.)

Double hectolitre.	2f00
Hectolitre	2 00
Demi-hectolitre.	2 00
Au-dessus de 200 litres jusqu'à 300 litres, chacun . .	3 00
Au-dessus de 300 litres jusqu'à 400 litres, chacun . .	4 00

Et ainsi de suite, avec une augmentation de 1 fr. pour chaque hectolitre ou fraction d'hectolitre en plus.

MESURES DE CAPACITÉ.
(*En fer-blanc.*)

Double litre	0f12	Double décilitre. . .	0f06
Litre	0 12	Décilitre, etc., jusqu'au	
Demi-litre.	0 06	centilitre, chacun .	0 06

MESURES DE SOLIDITÉ.
(*Membrures pour les bois de chauffage.*)

Décastère	1f00	Stère	0f90
Demi-décastère. . .	1 00	Demi-stère.	0 90
Double stère . . .	0 90		

POIDS EN CUIVRE SIMPLES.

20 kilogrammes. . .	0f45	Hectogramme. . . .	0f09
10 kilogrammes. . .	0 45	Demi-hectogramme .	0 09
5 kilogrammes. . .	0 45	Double décagramme .	0 09
Double kilogramme .	0 18	Décagramme. . . .	0 09
Kilogramme	0 18	Demi-décagramme . .	0 09
Demi-kilogramme. .	0 18	Double gramme. . .	0 09
Double hectogramme.	0 09	Gramme.	0 09

POIDS EN FER.

50 kilogrammes. . .	0f60	Kilogramme	0f12
20 kilogrammes. . .	0 30	Demi-kilogramme . .	0 06
10 kilogrammes. . .	0 30	Double hectogramme .	0 06
5 kilogrammes. . .	0 30	Hectogramme. . . .	0 06
Double kilogramme .	0 12	Demi-hectogramme .	0 06

INSTRUMENTS DE PESAGE.

Balances de magasin.	0f50
Balances de comptoir	0 25

Sont réputées balances de magasin toutes balances dont les fléaux ont plus de 65 centimètres de longueur.

Sont réputées balances de comptoir toutes celles de la plus petite dimension jusqu'à 65 centimètres.

Pont à bascule de 5,000 kilogr., avec 1 fr. d'augmentation pour chaque 1,000 kilogr. en sus.	5 00
Balance-bascule (portée au-dessus de 200 kilogr.) .	2 40
Balance-bascule (portée au-dessus de 100 kilogr.) . .	1 20

Il est perçu pour la vérification périodique de chacun des poids attachés à l'usage desdites balances-bascules une rétribution égale à celle de tout autre poids de la même nature et de la même valeur.

Romaine de toute portée, jusqu'à 40 kilogr.	0 60

(0f22-50 en outre pour chaque portée de 20 kilogr. en sus.)

Romaine de 200 kilogr., et jusqu'à 1,000 kilogr. . . .	3 00

(Au-dessus de 1,000 kilogr., la surtaxe de 1 fr. pour chaque augmentation de 1,000 kilogr.)

52. La perception de ce droit a lieu, non sur des rôles établis d'avance par le contrôleur, mais sur des rôles dont les états-matrices sont dressés d'après le résultat de leurs observations.

Ces états sont adressés au préfet, qui les transmet au directeur des contributions directes à mesure que les opérations sont terminées dans les communes dépendant de la même perception et, au plus tard, le 1er août de chaque année. (*O.*, art. 50, *et Circ.* 30 août 1839.)

53. Les directeurs des contributions directes, après avoir vérifié et arrêté ces états-matrices, procèdent à la confection des rôles, lesquels sont rendus exécutoires par le préfet, pour être mis immédiatement en recouvrement par les mêmes voies et avec les mêmes termes de recours, en cas de réclamation, que pour les contributions directes (*art.* 51).

54. Les marchands ambulants qui font usage

de poids et de mesures doivent les présenter, dans les trois premiers mois de chaque année de l'exercice de leur profession, à l'un des bureaux de vérification dans le ressort duquel ils colportent leurs marchandises. Le paiement des droits a lieu de la manière suivante : Le vérificateur règle, d'après la série adoptée par le marchand, la rétribution dont le montant doit être immédiatement payé par le redevable chez le percepteur, qui en donne quittance. Ce n'est qu'après l'acquittement du droit que le vérificateur peut procéder à la vérification des poids et mesures.

Cet agent doit, en outre, donner avis de cette perception au directeur des contributions, et la comprendre d'une manière distincte et séparée, soit dans la matrice ou état-minute des rétributions à établir pour la commune, s'il n'est pas encore formé, soit dans l'état supplémentaire prévu par l'art. 52 de l'ordonnance du 17 avril 1839. (*Circ.* 30 août 1839.)

55. La perception des droits de vérification est faite par les agents du trésor public.

Le montant intégral des rôles est exigible dans la quinzaine de leur publication.

CHAP. VII. — ÉTALONS MÉTRIQUES.

56. *Commission internationale du mètre. Conférence diplomatique.* Le système métrique, rendu obligatoire en France, en 1837, ne tarda pas à être apprécié par les autres nations, qui reconnurent la nécessité d'adopter un système uniforme de poids et mesures, afin de rendre plus faciles les transactions du commerce international : le système métrique décimal français parut le plus simple et le plus logiquement déduit.

En 1869, à la suite d'un vœu émis par l'Académie des sciences, et sur la proposition du ministre de l'agriculture et du commerce, le Gouvernement, désirant s'associer aux efforts universellement tentés par la science pour répandre l'usage des mesures métriques, décida qu'il serait fait, par les soins d'une commission spéciale, une copie légale du mètre déposé aux Archives de France, et que les gouvernements étrangers seraient invités à déléguer des savants chargés de prendre part à toutes les études et à toutes les résolutions propres à donner une confiance entière dans l'exactitude des étalons secondaires dérivés de ceux des Archives.

57. Presque tous les gouvernements d'Europe et d'Amérique adhérèrent à la proposition qui leur fut faite, et la commission internationale du mètre fut constituée. Elle se réunit pour la première fois en 1870; mais les événements politiques la contraignirent à s'ajourner, et elle ne put tenir sa seconde séance qu'au mois de septembre 1872; vingt-sept États y étaient représentés. La commission adopta une série de résolutions ayant pour objet de fixer les conditions dans lesquelles devaient être construits les nouveaux prototypes internationaux du mètre et du kilogramme, en prenant pour point de départ le mètre et le kilogramme des Archives de France; elle décida, en outre, la construction d'un certain nombre d'étalons métriques, destinés à être répartis entre les divers États; elle confia l'exécution des prototypes internationaux et des étalons secondaires aux soins de la section française, c'est-à-dire des savants français qu'elle comptait parmi ses membres, et qui, par les moyens dont ils disposaient au Conservatoire des arts et métiers, étaient particulièrement en mesure de conduire à bonne fin des opérations aussi difficiles et aussi délicates; elle choisit enfin dans son sein un « comité permanent » composé de douze membres appartenant à des nationalités différentes et chargé de diriger et de surveiller l'exécution de ses décisions.

58. La section française entreprit la confection des mètres et des kilogrammes qui lui était attribuée; conformément aux décisions de la commission, elle employa pour la fabrication de ces étalons, un alliage composé de platine et d'iridium fondus dans une fonte unique. Le prix de revient de ces étalons sera réglé d'après l'ensemble des dépenses, et remboursé par les États à raison du nombre d'étalons demandés par chacun d'eux.

La commission émit, en outre, le vœu que les gouvernements intéressés s'entendissent pour fonder à Paris un bureau international des poids et mesures, dont les principales attributions consisteraient à effectuer les nombreuses comparaisons nécessaires pour la vérification des nouveaux prototypes internationaux. C'est pour satisfaire à ce vœu qu'une conférence diplomatique se réunit à Paris au mois de mars 1875. Elle adopta, le 20 mai suivant, une convention signée par dix-sept États[1], ayant pour objet de fonder à Paris, et d'entretenir à frais communs un bureau international des poids et mesures, scientifique et permanent; à la convention est annexé un règlement qui fixe les détails d'organisation de ce bureau, qui a été depuis déclaré établissement d'utilité publique. Il fonctionnera sous la direction et la surveillance d'un comité international qui est lui-même placé sous l'autorité d'une conférence générale formée des délégués de tous les gouvernements contractants. La présidence de cette conférence générale est déférée au président en exercice de l'Académie des sciences de Paris.

59. Le bureau international sera installé à Saint-Cloud, dans le pavillon de Breteuil, approprié à cet usage.

Les États qui étaient représentés à la commission internationale de 1872, et qui ne sont point parties contractantes à la convention, n'en recevront pas moins leurs étalons métriques livrés dans toutes les conditions de garantie arrêtées par cette commission. En outre, leurs délégués seront admis de droit, au sein de la conférence générale, dans la réunion qui aura pour objet de sanctionner les étalons et d'en faire la répartition.   GIRARD.

POIDS PUBLIC. *Voy.* **Organisation communale** et **Poids et mesures.**

POISON. *Voy.* **Substances vénéneuses.**

POLICE. 1. La police est cette partie de la puissance publique qui est chargée de protéger les personnes et les choses contre toutes les attaques, contre tous les maux que la prudence humaine peut empêcher ou, du moins, atténuer

dans leurs effets. Maintenir l'ordre public, protéger la propriété et la liberté individuelle, surveiller les mœurs, assurer la salubrité publique, tels sont les principaux objets confiés aux soins de la police.

Bibliographie.
Administration comparée.

CHAP. I. — INTRODUCTION.

2. En présence de la variété infinie des circonstances dans lesquelles la police est appelée à exercer son action (*voy.* **Administration**, chap. III), le législateur s'est sagement abstenu d'entrer dans des détails trop précis: il s'est borné à poser les principes généraux et s'il est parfois entré dans les détails, c'est moins dans l'intention de limiter l'action de la police que pour la guider, lui donner de la force et prévenir les abus.

3. Pour protéger efficacement les intérêts qui sont confiés à sa garde, le pouvoir de police a, en effet, besoin de cette liberté d'action. Les attaques ou les maux dont la société, les hommes et les propriétés sont menacés étant souvent aussi imprévus que subits, le Gouvernement ou ses agents ont dû être investis, par voie de délégation générale, du pouvoir de prendre des mesures aussi variées que les exigences auxquelles il s'agit de pourvoir, et cela sans jamais se trouver arrêtés, ni par les stipulations des particuliers, ni même par des actes ou des décisions antérieures. Les propres actes du pouvoir de police n'ont rien de définitif ni d'irrévocable vis-à-vis de lui-même: la mesure prise aujourd'hui peut être remplacée demain par une mesure différente ou contraire, pourvu que cette dernière ait sa raison d'être dans un intérêt public.

4. La police, si l'on envisage les différentes matières qui composent son domaine, peut être subdivisée en:

1° Police politique. (*Voy. les mots* Affiches, Association, Attroupement, Complot, Émeute, Force publique, Imprimerie et librairie, Presse, Réunion, etc.)

2° Police des cultes. (*Voy.* Appel comme d'abus, Association, Congrégation religieuse, Culte, etc.)

---

1. La France, l'Allemagne, la République Argentine, l'Autriche-Hongrie, la Belgique, le Brésil, le Danemark, l'Espagne, les États-Unis, l'Italie, le Pérou, le Portugal, la Russie, la Suède et la Norvége, la Suisse, la Turquie et le Venezuela.

3° Police des mœurs. (*Voy.* Cabaret, Débauche, Enfants trouvés, Mendicité, Théâtres, etc.)

4° Police sanitaire. (*Voy.* Boues et immondices, Cimetière, Eaux minérales, Épidémies, Établissements insalubres, Hygiène publique, Médecine [Exercice de la], Régime sanitaire, Remèdes secrets, Substances vénéneuses, etc.)

5° Police de la sécurité personnelle. (*Voy.* Armes, Gendarmerie, Passe-ports, etc.)

6° Police des subsistances. (*Voy.* Boucherie, Boulangerie, Céréales, Foires et marchés, Mercuriales, Subsistances, etc.)

7° Police rurale et forestière. (*Voy.* Épizootie, Forêts, Gardes champêtre et particulier, Irrigation, etc.)

8° Police industrielle et commerciale. (*Voy.* Agent de change, Apprentissage, Assurances, Banque, Bourse, Brevets d'invention, Commissaires-priseurs, Courtiers, Livrets, Machines à vapeur, Mines, Poids et mesures, Propriété littéraire, Propriété industrielle, Sociétés anonymes, Tontines, Usine, etc.)

9° Police de la voirie. (*Voy.* Bateaux à vapeur, Chemins de fer, Cours d'eau navigables, Navigation, Voirie, etc.)

10° Police judiciaire, chargée de provoquer ou de faciliter la répression des infractions [1].

5. Cette énumération, nécessairement incomplète, fournit du moins un aperçu de l'ensemble et de la variété des attributions de la police. La division par matières n'est, d'ailleurs, jamais entrée complétement dans la pratique, car bien des attributions qui se rattachent en réalité à la police sont classées sous un autre nom, surtout quand le fonctionnaire qui les exerce n'est pas un agent de police proprement dit [2].

6. On divise plus fréquemment la police en police administrative et police judiciaire. La première a pour objet « le maintien habituel de l'ordre public dans chaque lieu et dans chaque partie de l'administration générale ». La seconde a pour objet « de rechercher les délits, d'en rassembler les preuves, et d'en livrer les auteurs aux tribunaux chargés de les punir » (*Code de brum. an IV. art.* 19, *et Code d'inst. crim., art.* 8). De Gerando divise ensuite la police administrative en *générale* et *municipale*. Brissot de Warville et Miroir distinguent, au contraire, trois branches de la police ayant chacune leur caractère spécial : police administrative, municipale et judiciaire.

7. La classification des matières qui sont l'objet de la police a des relations très-étroites avec certains principes fondamentaux du droit public et touche notamment à celui de la séparation des pouvoirs. Elle ne peut donc être indifférente, et, selon nous, celle qui est le plus usitée a le défaut de laisser supposer l'existence séparée d'une police administrative proprement dite et d'une

police municipale, ayant toutes deux leur sphère d'action distincte et exercées par des pouvoirs d'institution différente. Henrion de Pansey a soutenu, en effet (*Du pouv. mun.*, liv. II, chap. Ier), que le pouvoir de faire, dans la circonscription de chaque municipalité, les règlements que le maintien de la police locale exige n'est pas une concession de la puissance publique, mais qu'au contraire les officiers municipaux le tiennent de leur mandat et de cette règle qui autorise tous les individus et, par conséquent, les corporations d'habitants qui, relativement à la grande famille, ne sont elles-mêmes que des individus, à veiller à leur conservation [1]. C'est là, selon nous, une erreur contre laquelle on ne saurait trop se mettre en garde : le maire n'a pas dans la commune la plénitude du pouvoir réglementaire ; dans tout ce qui n'a pas été réglé par la loi elle-même, ce pouvoir appartient au Chef de l'État. Ce dernier délègue ensuite au maire cette partie de son autorité, qui ne peut être convenablement exercée que par un fonctionnaire local ; il ne se dessaisit ainsi que de certaines attributions expressément et limitativement déterminées, se réservant d'ailleurs un droit de contrôle, de surveillance, de révision des actes du maire, et même, en certains cas, le droit de devancer son action ou d'y suppléer. Pour trouver une application exacte de la pensée du savant magistrat, il faudrait remonter à l'époque où le pouvoir central, impuissant à défendre et à protéger la commune, la laissait forcément maîtresse de son régime intérieur ; elle constituait alors un véritable État dans l'État et les magistrats promulgaient des règlements, non pas en vertu d'un simple pouvoir de police, mais d'un droit de souveraineté que personne n'attribuera au maire dans notre pays, actuellement unitaire et centralisé. Si donc on peut dire qu'il y a une police municipale, en ce sens que la loi délègue au maire le soin de réglementer, dans le sein de la commune, certaines matières qu'elle confie à sa vigilance, il n'en faut pas induire qu'il y ait un *pouvoir municipal propre* dans le sens que Henrion de Pansey et d'autres auteurs attachaient à ces expressions. En un mot, la police municipale n'est pas une police d'une nature particulière, mais un démembrement (que nous désirons aussi large que possible) de la police générale, c'est une attribution que le législateur a confiée au maire dans l'intérêt général aussi bien que dans l'intérêt de la localité. C'est dans ce sens seulement qu'on peut parler d'une police municipale.

La jurisprudence de la Cour de cassation peut être invoquée en faveur de notre manière de voir. En effet, chaque fois que la Cour suprême est appelée à se prononcer sur la légalité d'un règlement municipal, elle n'examine qu'un point : Le maire a-t-il agi dans la limite de la compétence qui lui a été déléguée *expressément* par la loi ? A défaut d'une disposition expresse, le maire est déclaré incompétent.

L'étendue, naturellement très-limitée, d'un article de dictionnaire, ne nous permet pas de

_____

1. Voici, d'après le célèbre *Traité de police* de Delamarre (Paris, 1705, in-fol., p. 4), quel est l'objet de la police :

« La police, selon nous, est donc toute renfermée dans ces onze parties que l'on vient de parcourir : la religion ; la discipline des mœurs ; la santé ; les vivres ; la sûreté et la tranquilité publique ; la voirie ; les sciences et les arts libéraux ; le commerce, les manufactures et les arts mécaniques ; les serviteurs domestiques, les manouvriers et les pauvres. »

2. Cela s'applique, par exemple, à la bienfaisance, du moins en tant qu'assistance publique.

_____

1. Mais le droit de veiller à sa conservation ne renferme pas celui de punir, droit que la police possède cependant.

donner à notre opinion sur ce point tous ses développements, mais nous croyons que ce qui précède suffit pour faire saisir notre pensée. Voyez du reste l'*Administration comparée* tant du présent article que de l'article **Organisation communale**; voyez aussi notre livre : *les Communes et la Liberté*.

CHAP. II. — DES AUTORITÉS OU FONCTIONNAIRES QUI PEUVENT PUBLIER DES RÈGLEMENTS DE POLICE, ET DES MATIÈRES SUSCEPTIBLES D'ÊTRE L'OBJET D'UN RÈGLEMENT DE POLICE.

Sect. 1. — Police générale.

8. Il est presque inutile de dire que la loi peut édicter directement des règlements de police. Le législateur a cru souvent devoir faire usage de ce droit ; par exemple, dans le IV° livre du Code pénal et dans les lois suivantes :

28 septembre-6 octobre 1791, Police rurale ;
26 ven ôse an IV (16 mars 1796), Échenillage des arbres ;
19 brumaire an VI (9 nov. 1798), Garantie des matières et ouvrages d'or et d'argent ;
6 frimaire an VII (26 nov. 1798), Police des bacs et bateaux ;
21 germinal an XI, tit. IV (11 avril 1803), Police de la pharmacie ;
22 germinal an XI, tit. II (12 avril 1803), Police des manufactures, fabriques et ateliers ;
21 octobre 1814, 8 octobre 1817, 17 mai 1819 et lois subséquentes sur l'imprimerie, la librairie, la presse, etc. ;
21 mai 1827, Code forestier ;
15 avril 1829, Police de la pêche ;
10 décembre 1830 et 16 février 1834, Afficheurs et crieurs publics ;
10 avril 1831, Attroupements ;
24 mai 1834, Détention d'armes ou de munitions de guerre ;
22 mars 1841 et 19 mai 1874, Travail des enfants dans les manufactures ;
3 mai 1844, Police de la chasse ;
15 juillet 1845, Police des chemins de fer ;
19 juillet 1845, Vente de substances vénéneuses ;
13-22 avril 1850, Logements insalubres ;
2-9 juillet 1850, Mauvais traitements envers les animaux domestiques ;
27 mars 1851 et 5 mai 1855, Répression de la fraude dans la vente des marchandises ;
8 juin 1868, Réunions publiques ;
18 juin 1870, Transport de marchandises dangereuses ;
23 janvier 1873, Ivresse.

9. Nous ne citons ici, bien entendu, que les lois les plus importantes, et nous négligeons les dispositions isolées si nombreuses qu'on trouve dans les lois générales, ainsi que les règlements émanés des pouvoirs dictatoriaux qui réunissaient les pouvoirs législatif et exécutif.

10. Mais la complication des rapports sociaux et l'étendue des États modernes ne permettent pas au pouvoir législatif de réglementer l'infinie variété des matières, de prévoir tous les besoins, de porter remède à tous les maux d'un vaste pays. Le pouvoir exécutif, au contraire, par les moyens d'action directe sur les individus, par le nombre de délégués qu'il possède sur tout le territoire, est on ne peut mieux placé pour apprécier les diverses exigences qui appellent des mesures de différente nature. La police rentre donc essentiellement dans ses attributions. C'est le Chef de l'État, ce sont les fonctionnaires sous ses ordres, c'est l'administration enfin qui doivent l'exercer, soit en publiant des règlements, soit en les faisant exécuter. C'est en vertu des lois, il est vrai, que l'administration, ce terme pris dans son acception la plus élevée, est investie de ce pouvoir, mais il est tellement inhérent à la nature de l'autorité gouvernementale ou administrative que souvent la loi oublie de conférer expressément un droit dont elle semble supposer la préexistence et qu'elle se borne à régler, à circonscrire.

11. Le Chef de l'État, nous l'avons dit, est investi de la plénitude du pouvoir réglementaire. Il décrète les dispositions secondaires, destinées à mettre la loi en action, à en procurer l'exécution par des prescriptions de détail trop spéciales, trop sujettes à de fréquentes modifications pour que le pouvoir législatif puisse les édicter lui-même. (*Voy.* **Règlement administratif** et **Règlement d'administration publique.**)

12. L'action du pouvoir exécutif, en matière de police, se manifeste par des actes rendus dans la forme ordinaire de ses décisions et qui reçoivent, on le sait, le nom de règlements ou de décrets, selon qu'ils embrassent un ensemble de prescriptions et règlent tout un ordre d'intérêts, ou qu'ils consacrent des mesures d'application isolée et individuelle.

13. Le préfet, représentant du Gouvernement dans le département, exerce *jure proprio* le pouvoir réglementaire pour les besoins de la circonscription qu'il administre, à la charge de se conformer aux lois et décrets et sous le contrôle de l'autorité supérieure.

14. L'art. 2 de la section III de la loi du 22 décembre 1789 renferme l'énumération de certains objets qui sont de nature à motiver des mesures particulières au département. Ce sont la police des mendiants et des vagabonds, celle des prisons, maisons d'arrêt et de correction, la conservation des propriétés publiques, celle des forêts, rivières, chemins et autres choses communes, le maintien de la sûreté, de la salubrité et de la tranquillité publiques. Ces dernières expressions contiennent, à vrai dire, la police tout entière. Elles trouveront leur développement quand nous suivrons l'action préfectorale dans ses rapports avec les objets qui sont du domaine de la police municipale.

15. En outre, et à mesure que la législation s'est complétée, le préfet a été investi de délégations spéciales. Ainsi le décret des 26-27 juillet 1791 lui confère le droit de requérir la force publique pour repousser les attaques de brigands ou voleurs et les attroupements séditieux, et les lois postérieures ont conservé et agrandi à cet égard son autorité (*voy.* **Attroupements**) ; la loi du 30 juin 1838 le charge des mesures à prendre pour le placement des aliénés (*voy.* **Aliénés**) ; les décrets des 8 juin 1806 et 30 juin 1852 lui attribuent la police des théâtres (*voy.* **Théâtres**) ; la loi du 18 germinal an X, celle des cultes (*voy.* **Culte catholique**). D'autres pouvoirs leur ont été conférés en vertu d'autres lois ou décrets. (*Voy.* **Département.**)

Sect. 2. — Police municipale.

16. Les règles qui dominent la police municipale ont été posées par l'Assemblée constituante dont la tâche immense a été de renouveler tout ce qu'elle ne créait pas. C'est en effet dans la loi du 14 décembre 1789, sur les municipalités, que l'on rencontre les premières dispositions législatives édictées à ce sujet.

« Les corps municipaux, dit l'art. 49, auront deux espèces de fonctions à remplir ; les unes propres au pouvoir municipal, les autres propres à l'administration générale de l'État et déléguées par elle aux municipalités. »

« Les fonctions propres [1] au pouvoir municipal sous la surveillance et l'inspection des assemblées administratives du département, continue l'art. 50, de régir les biens et revenus communaux,..... de faire jouir les habitants des avantages d'une bonne police, notamment de la propreté, de la salubrité, de la sûreté et de la tranquillité dans les rues, lieux et édifices publics. »

« Si un citoyen, dit enfin l'art. 60, croit être personnellement lésé par quelque acte du corps municipal, il pourra exposer ses sujets de plainte à l'administration ou au directoire du département, qui y fera droit sur l'avis de l'administration du district qui sera chargée de vérifier les faits. »

17. Ces dispositions indiquent clairement le but de la police municipale, déterminent les autorités auxquelles elle est confiée, et posent, en même temps, le principe du recours contre les actes de ceux qui sont chargés de l'exercer; mais il restait à préciser les limites de l'institution et à organiser ses moyens d'action. La loi des 16-24 août 1790 établit, à cet égard, un système complet; le titre XI contient, en effet, les articles suivants:

« Art. 1er. Les corps municipaux veilleront et tiendront la main, dans l'étendue de chaque municipalité, à l'exécution des lois et règlements de police, et connaîtront du contentieux auquel cette exécution peut donner lieu.

« Art. 2. Le procureur de la commune poursuivra d'office les contraventions aux lois et aux règlements de police; et cependant chaque citoyen qui en ressentira un tort ou un danger personnels pourra intenter l'action en son nom.

« Art. 3. Les objets de police confiés à la vigilance et à l'autorité des corps municipaux sont: 1° tout ce qui intéresse la sûreté et la commodité du passage dans les rues, quais, places et voies publiques; ce qui comprend le nettoiement, l'illumination, l'enlèvement des encombrements, la démolition ou la réparation des bâtiments menaçant ruine, l'interdiction de rien exposer aux fenêtres ou autres parties des bâtiments qui puisse nuire par sa chute, et celle de rien jeter qui puisse blesser ou endommager les passants ou causer des exhalaisons nuisibles ; 2° le soin de réprimer et de punir les délits contre la tranquillité publique, tels que les rixes et disputes accompagnées d'ameutements dans les rues, le tumulte excité dans les lieux d'assemblées publiques, les bruits et les attroupements nocturnes qui troublent le repos des citoyens ; 3° le maintien du bon ordre dans les endroits où il se fait de grands rassemblements d'hommes, tels que les foires, marchés, réjouissances et cérémonies

1. Le mot *propre* n'a pas ici le sens d'une qualité intrinsèque, originelle, née avec la commune, il veut seulement dire que ces pouvoirs lui appartiennent logiquement, par convenance sociale et politique. Voyez d'ailleurs plus loin, n° 27, l'art. 3 de la loi des 16-24 août 1790, où il est dit : « *Les objets de police confiés à la vigilance et à l'autorité des corps municipaux.....* » (Voy. *aussi, plus loin*, n°s 18 *et* 44, puis au mot **Organisation communale**, la partie consacrée aux pays étrangers.)

publiques, spectacles, jeux, cafés, églises et autres lieux publics ; 4° l'inspection sur la fidélité du débit des denrées qui se vendent au poids, à l'aune ou à la mesure, et sur la salubrité des comestibles exposés en vente publique ; 5° le soin de prévenir, par les précautions convenables, et celui de faire cesser, par la distribution des secours nécessaires, les accidents et fléaux calamiteux, tels que les incendies, les épidémies, les épizooties, en provoquant aussi, dans ces deux derniers cas, l'autorité des administrateurs du département et du district ; 6° le soin d'obvier ou de remédier aux événements fâcheux qui pourraient être occasionnés par les insensés ou les furieux laissés en liberté, et par la divagation des animaux malfaisants ou féroces. »

18. Les art. 5 et 6 déterminaient ensuite les peines applicables aux contraventions de police et les juridictions appelées à les prononcer, soit en première instance, soit en appel ; mais, chose remarquable et qui tient à l'esprit du temps, aucune des dispositions rapportées jusqu'ici ne conférait expressément aux corps municipaux le pouvoir de faire des règlements de police. L'art. 46, tout en réservant, pour l'autorité supérieure, la faculté de contrôler et de réformer leurs actes, leur accorda le droit de faire des arrêtés sur les objets qui suivent : « 1° lorsqu'il s'agira d'ordonner des précautions locales sur les objets confiés à leur vigilance et à leur autorité par les art. 3 et 4 du titre XI du décret des 16-24 août, sur l'organisation judiciaire (*voy. suprà*, n° 17); 2° de publier de nouveau les lois ou règlements de police, ou de rappeler les citoyens à leur observation. »

19. Ce dernier article, par la généralité de ses termes, montre assez quel caractère il faut reconnaître à la nomenclature de la loi de 1790. Son énumération est limitative, si l'on considère le but à atteindre, qui est de procurer, dans l'enceinte de la commune, satisfaction à un intérêt d'ordre et de sécurité ; mais elle est purement énonciative en ce qui concerne les moyens d'atteindre le but proposé et d'écarter les obstacles qui s'y opposeraient. Les faits cités comme de nature à troubler la tranquillité publique, les mesures recommandées comme propres à assurer la sûreté et le repos publics, ne sont cités qu'à titre d'exemple des objets qui peuvent appeler l'attention de l'autorité municipale. Quelques-uns de ces objets sont expressément énoncés dans le décret du 12 messidor an VIII, relatif à l'organisation municipale de la ville de Paris. (*Voy. infrà*, n°s *67 et suiv.*)

20. Ce n'est pas le lieu de suivre l'autorité municipale dans les diverses transformations qu'elle a subies à la suite de nos révolutions politiques. Le maire tient toujours, pour ce qui concerne la police, la place des corps municipaux. « Il est chargé, sous la surveillance de l'administration supérieure : 1° de la police municipale, de la *police rurale* et de la voirie municipale, et de pourvoir à l'exécution des actes de l'autorité qui s'y rattachent.... » (*L.* 18 *juill.* 1837, art. 10.)

21. On remarque l'expression de *police rurale.* La loi de 1837 ne fait à cet égard que confirmer aux maires une attribution qu'ils tenaient déjà de la loi du 6 octobre 1791, qui, dans l'art. 1er de son titre XI, déclare que « la police des campagnes est spécialement sous la juridiction des juges de paix et des officiers municipaux », et qui porte, art. 9 : « Les officiers municipaux veilleront généralement à la tranquillité, à la salubrité et à la sûreté des campagnes ; ils seront tenus particulièrement de faire, au moins une fois par an, la visite des fours et cheminées de toutes maisons et de tous bâtiments éloignés de moins de cent toises d'autres habitations. Ces visites seront préalablement annoncées huit jours d'avance. Après la visite, ils ordonneront la réparation ou la démolition des fours et cheminées qui se trouveront dans un état de délabrement qui pourrait occasionner des incendies ou autres accidents. »

22. Ce texte ne consacre, à vrai dire, qu'une disposition de police municipale, mais on peut, à plus juste titre, comprendre, dans la police rurale, l'art. 2 de la loi du 4 août 1789, relatif à la fermeture des fuies et colombiers. D'après cet article, pour prévenir les dommages que les pigeons peuvent causer aux époques des semailles et des récoltes, ils doivent être renfermés lorsque l'intérêt des communes l'exige, et s'ils sont laissés libres dans le temps où ils ne devraient pas l'être, chaque particulier a le droit de les tuer sur son terrain.

L'arrêté pris par le maire, à l'effet de fixer les époques de l'année où les pigeons doivent être renfermés, n'est pas sanctionné seulement par la faculté laissée au propriétaire ou fermier de les tuer sur son terrain. Ce droit de défense, accordé aux citoyens pour faire cesser eux-mêmes le dommage qu'ils voient commettre sur leur propriété ne peut devenir un obstacle à l'application de la pénalité qui réprime les infractions aux arrêtés qui se rapportent à la conservation des récoltes et au maintien d'une bonne police dans les campagnes. (*Cass.* 5 *déc.* 1834, 28 *sept.* 1838, 15 *févr.* 1844.)

23. La vaine pâture est aussi l'un des objets sur lesquels s'exerce la police rurale. (*Voy.* **Organisation communale.**)

24. Chaque propriétaire est libre de faire sa récolte au moment et de la manière qui lui convient. Néanmoins, dans l'intérêt de la conservation des récoltes, il peut être fait chaque année un règlement, pour déterminer l'époque des vendanges dans les communes où le ban de vendanges est en usage (*voy.* **Ban de vendanges**). Les bans de fauchaison sont également obligatoires, lorsqu'ils résultent d'un usage immémorial dans la commune pour laquelle ils sont faits, et que, d'ailleurs, ils ont été légalement rendus par l'autorité compétente et dans le cercle de ses attributions. (*C. P.*, art. 475 ; *Cass.* 6 *mars* 1834.)

25. Rangeons encore parmi les dispositions relatives à la police rurale la loi du 26 ventôse an IV, sur l'échenillage (*voy. ce mot*), et l'art. 3 du titre XI de la loi du 24 août 1790, qui autorise le maire à prendre les mesures nécessaires pour prévenir les maladies contagieuses parmi les bêtes à cornes ou empêcher la propagation de ces maladies. (*Voy.* **Épizootie.**)

26. Nous ferons présentement un retour sur quelques-uns des objets de police municipale dont nous n'avons jusqu'ici présenté que l'énumération. Nous ne parlerons ici que des **objets** qui n'ont pas été traités dans des articles spéciaux, (*Voy.*, par exemple, **Boucherie, Boulangerie, Foires et Marchés**, etc.)

27. Maintenir le bon ordre et garantir la tranquillité et la sûreté des citoyens, c'est le premier des devoirs de l'autorité municipale. Les mesures qu'elle prend à cet égard peuvent avoir trait, soit à la police des lieux ouverts au public, soit à celle de la voie publique elle-même.

L'art. 3, tit. XI, de la loi du 24 août 1790, lorsqu'il confère à l'autorité municipale le droit d'assurer la tranquillité publique dans les lieux où il se fait de grands rassemblements d'hommes, tels que théâtres (*voy. ce mot*), églises (*voy.* **Culte catholique**), maisons de jeux et *autres lieux publics*, indique suffisamment par ces derniers mots que son énumération n'a rien de limitatif. (*Cass.* 7 *nov.* 1833.)

28. Le Gouvernement a cru devoir prendre lui-même des mesures pour obvier à la multiplicité toujours croissante des cafés, cabarets et débits de boissons, cause de désordre et de démoralisation, et souvent lieux de réunion et d'affiliation des sociétés secrètes. (*Voy. le mot* **Cabaret**.)

29. On doit distinguer les hôtels et auberges des cabarets. L'art. 475 du Code pénal frappe d'une amende de 6 à 10 fr. inclusivement les aubergistes, hôteliers, logeurs ou loueurs de maisons garnies, qui auront négligé d'inscrire de suite et sans aucun blanc, sur un registre tenu régulièrement, les nom, qualités, domicile habituel, dates d'entrée et de sortie de toute personne qui aurait couché ou passé une nuit dans leur maison. La même peine est applicable à ceux d'entre eux qui auraient manqué de représenter ce registre aux époques déterminées par les règlements, ou lorsqu'ils en auraient été requis, aux maires, adjoints, officiers ou commissaires de police ou autres citoyens commis à cet effet.

Cette dernière partie de la prescription législative est seule confiée aux soins de l'autorité municipale. Elle a la faculté de régler plus particulièrement, par des règlements spéciaux, comment, quand et dans quel lieu devra s'effectuer la présentation des registres, indépendamment de l'exhibition qui peut être demandée à domicile lorsque les agents de l'administration locale jugent convenable de s'y transporter. (*Cass.* 23 *juill.* 1830.) Les logeurs peuvent être tenus, par exemple, de soumettre leurs registres au commissaire de police, soit à la mairie, soit même au domicile de ce fonctionnaire (*Cass.* 14 *oct.* 1847), et même de lui envoyer *chaque jour* un relevé de leur livre.

30. Les injonctions de cette nature n'atteignent que ceux qui font profession de loger des voyageurs ou de louer en garni ; ainsi le propriétaire qui donne en location pour un mois une chambre dans la maison qu'il habite, n'est assurément pas assujetti à la tenue du registre (*Cass.* 9 *sept.* 1853), mais on comprend qu'il est des cas où il sera bien difficile de distinguer le propriétaire louant en garni du logeur de profession. Cette appréciation délicate est évidemment du ressort des tribunaux.

A Paris, où les précautions d'ordre public sont plus nécessaires que partout ailleurs, l'administration impose la tenue d'un registre même aux personnes qui louent en garni une ou plusieurs pièces détachées de leur appartement.

31. L'arrêté par lequel un maire interdirait aux accoucheurs et sages-femmes de recevoir chez eux aucune personne sans en faire la déclaration, serait nul comme pris en dehors des limites de l'autorité municipale et comme contraire au secret professionnel (*Cass.* 30 *août* 1833, 18 *juin* 1846); mais dans l'intérêt de la sûreté publique, il pourrait être interdit aux habitants d'admettre chez eux sans livret un domestique étranger à la commune (*Cass.* 9 *nov.* 1843). Une mesure de ce genre a été prise, à Paris, par l'ordonnance de police du 1er août 1853. (*Voy.* **Livrets.**)

32. L'art. 471 du Code pénal, dans son § 6, interdit le jet ou l'exposition sur la voie publique de choses de nature à nuire par leur chute, et il appartient au maire de prendre les arrêtés nécessaires pour assurer l'effet de cette prohibition; ainsi, il prescrira aux habitants de ne pas jeter le bois ou le foin par la lucarne de leurs greniers, de ne pas exposer aux fenêtres des objets de literie ou des pots à fleurs. Comme de tels arrêtés, cependant, n'ont pas d'autre but que de prévenir les accidents, le maire peut, au lieu d'interdire absolument l'exposition de certains objets, des pots à fleurs, par exemple, se contenter de prescrire des mesures pour détourner toute éventualité de péril, comme l'emploi de barres de fer solidement scellées. Mais, qu'on le remarque bien, c'est là le droit de l'autorité municipale seule, car il n'appartiendrait pas plus aux tribunaux qu'aux particuliers de se constituer juges des précautions par l'effet desquelles l'exposition de certains objets deviendrait sans danger. (*Cass.* 17 *juin* 1853.)

33. Dans un autre ordre d'idées, mais toujours comme une conséquence de son droit de faire les règlements nécessaires au maintien du bon ordre dans les lieux publics et les endroits où il se fait de grands rassemblements, le maire peut réserver exclusivement certains travaux à des individus nommés et commissionnés par lui et régler le mode d'exercice de certaines professions, donner, par exemple, aux portefaix médaillés le droit exclusif de faire les débarquements et transports de marchandises, lorsque ces opérations ne sont pas effectuées par les maîtres de marchandises eux-mêmes. (*Cass.* 16 *sept.* 1807.)

34. L'intérêt de la sûreté publique peut encore donner lieu à des mesures relatives aux *bruits et tapages*, aux *attroupements*, aux *bals et concerts publics*, à l'*éclairage de la voie publique*, à la *cessation du travail des dimanches et jours fériés*, à la *surveillance des jeux de hasard*, à la *prostitution* (débauche), aux *spectacles publics*, aux *ventes à l'encan*, à la *voirie municipale*, aux *voitures publiques*, à l'exposition ou à la mise en vente d'*emblèmes* de nature à troubler la paix publique. (*Voy. les articles consacrés à ces matières.*)

35. C'est un intérêt de *salubrité* qui motive les mesures que prend l'autorité municipale pour le balayage des voies publiques et l'enlèvement des boues et immondices. (*Voy. les articles* **Balayage** et **Boues et immondices.**) L'obligation du balayage s'étend à toutes les parties de la *voie publique*, à moins que le règlement ne soit conçu dans des termes limitatifs. Pour déterminer ce qu'il faut entendre par voie publique, ce n'est pas tant la propriété du sol qui est à considérer que l'usage et la destination. Ainsi une impasse fermée au public pendant la nuit, mais livrée pendant le jour à la circulation, constitue une voie publique au point de vue de l'obligation du balayage. (*Cass.* 2 *juin* 1837.)

36. Le nettoiement de la voie publique comprend l'enlèvement des herbes qui disjoignent les pavés, entretiennent l'humidité et nuisent à l'efficacité du balayage. Le maire peut donc enjoindre aux habitants de faire arracher l'herbe qui croît devant leurs maisons. (*Cass.* 17 *déc.* 1824.)

37. Le rouissage du chanvre, lorsqu'il s'opère en petit, n'est pas soumis à la législation sur les *établissements dangereux, insalubres ou incommodes*. C'est à l'autorité municipale qu'il appartient de faire à cet égard les règlements convenables dans l'intérêt de la santé publique. Une circulaire du ministre du commerce, du 7 juillet 1832, recommande de consulter les conseils ou commissions de salubrité d'arrondissement ou de canton, sur les moyens de rendre le rouissage moins malsain. Ces moyens peuvent varier selon la nature des lieux et les usages du pays; mais, en général, il convient de rouir et laver le chanvre aussi loin que possible des lieux habités et dans les eaux courantes.

38. Les établissements classés par la loi au rang des ateliers insalubres sont soumis par elle à des conditions d'existence qu'il n'appartient pas à l'autorité municipale de changer ou d'aggraver (*Cass.* 1er *juin* 1855); mais dans tout ce qui se rapporte aux établissements non classés, quoique susceptibles de l'être, le maire conserve l'exercice de son droit de police. Il peut ordonner de transporter hors de la ville un dépôt de marchandises répandant une odeur putride et dangereuse pour la salubrité (*Cass.* 21 *déc.* 1848); interdire de conserver à l'intérieur des habitations particulières des dépôts de suifs ou de graisses fraîches (*Cass.* 8 *mai* 1850); défendre de placer des écuries le long de la voie publique. (*Cass.* 1er *mars* 1851.)

39. C'est encore l'intérêt de la salubrité qui autorise le maire à prendre des arrêtés portant prohibition d'élever dans l'intérieur des villes des animaux qui répandent des émanations malsaines (*voy.* **Animaux**); à réglementer, à ce point de vue, les professions de boucher et de charcutier (*voy.* **Abattoir, Boucherie**); celles de pharmacien, droguiste, herboriste, épicier, etc. (*voy.* **Médecine** [**Exercice de la**]); à déterminer les conditions de distance et de construction nécessaires pour les puisards, cloaques, et égouts (*voy. ces mots*); pour les fosses d'aisance et pour la vidange de ces fosses. (*Voy.* **Fosse d'aisance** et **Vidange.**)

40. Toute personne est libre de faire tel commerce, d'exercer telle profession, art ou métier qu'elle trouvera bon, à la condition de se pourvoir d'une patente et d'en acquitter le prix (*L.* 2-17 *mars* 1791, *art.* 7). L'autorité municipale ne peut donc prendre que les mesures conciliables avec la liberté accordée au commerce et à l'industrie, et sans lesquelles l'administration publique se trouverait dans l'impossibilité absolue de remplir les obligations d'ordre public que ces attributions lui imposent. Ces principes doivent guider les maires lorsqu'ils rendent des arrêtés relatifs à la fidélité du débit des denrées qui se vendent au poids ou à la mesure, à la salubrité des comestibles exposés en vente publique, à la tenue des halles, foires et marchés, aux ventes mobilières, etc.

41. Certaines professions bruyantes compromettent la tranquillité des habitants. Le maire peut ordonner qu'elles ne s'exerceront que dans des ateliers fermés et couverts, et fixer les heures pendant lesquelles le travail sera suspendu (*Cass.* 18 *mars* 1847, 4 *août* 1853). Toutefois il ne pourrait astreindre les ouvriers exerçant des états à marteau à ne s'établir dans certains quartiers de la ville qu'après en avoir obtenu l'autorisation. (*Cass.* 3 *mars* 1842, 18 *mars* 1847.)

42. Tel est le tableau succinct des attributions de la police municipale. Les actes du maire dans l'exercice du pouvoir que la loi lui confie prennent la dénomination générale d'arrêtés ; mais l'art. 11 de la loi du 18 juillet 1837 les divise virtuellement en deux catégories bien distinctes : les uns, qui portent règlement permanent, c'est-à-dire qui statuent d'une manière générale sur quelques-unes des attributions comprises dans les attributions de l'autorité municipale, comme serait, par exemple, un arrêté sur la tenue des foires et marchés, sur la police des lieux publics, etc.; les autres, qui n'ont pas ce caractère d'intérêt général, mais qui statuent seulement sur les demandes individuelles des citoyens, comme serait l'autorisation de construire ou de réparer un bâtiment situé le long de la voie publique, l'autorisation d'ouvrir un bal public ou de faire telle autre chose pour laquelle la permission du maire est nécessaire. Nous reviendrons sur cette importante distinction. (*Voy. infrà.*)

CHAP. III. — DES AUTORITÉS INVESTIES DU POUVOIR DE POLICE, ET DE LEURS AUXILIAIRES.

Sect. 1. — Limites des attributions respectives des préfets et des maires.

43. Lorsqu'il a énuméré dans les lois des 14 décembre 1789, 24 août 1790 et 22 juillet 1791, les objets sur lesquels peut s'exercer l'action de l'autorité municipale, en matière de police, le législateur n'a pas entendu conférer à cette autorité une attribution exclusive, mais seulement indiquer parmi les objets de police générale ceux qui étaient de nature à motiver dans le sein de la commune des mesures spéciales, en sorte que l'énumération n'apporte aucune limite au pouvoir du préfet pour la police du département.

44. Aussi est-il hors de doute que le préfet, mandataire de la puissance exécutive, peut ordonner, dans sa circonscription administrative, toutes les mesures de sûreté générale qui se trouvent énoncées dans les lois où le maire lui-même trouve la source de son pouvoir (*Cass.*, *Ch. réunies*, 12 *sept.* 1845). Quand le préfet a fait du pouvoir de police un semblable exercice, le maire n'a plus qu'à assurer l'exécution de l'arrêté intervenu (*Cass.* 23 *avril* 1835). Il ne peut ni le remplacer par un nouvel arrêté, ni l'abroger, ni même autoriser une dérogation spéciale.

45. Mais si les arrêtés des préfets régissent sans difficulté les diverses communes du département ou d'une fraction du département considérées collectivement, il n'en est pas de même quand les objets de police à régler ne concernent que le territoire d'une seule commune. C'est alors au maire qu'il appartient de prescrire les mesures nécessaires, de faire les règlements que comportent les circonstances, et d'en ordonner l'exécution. (*Voy. le rapport de* M. VIVIEN *sur la loi du* 18 *juill.* 1837.)

46. Cette règle, toutefois, pour se concilier avec le contrôle nécessaire de l'autorité supérieure, a besoin d'un correctif qui se trouve dans l'art. 15 de la loi du 18 juillet 1837, qui stipule que : « Dans le cas où le maire refuserait ou négligerait de faire des actes qui lui sont prescrits par la loi, le préfet, après l'en avoir requis, pourra y procéder d'office, par lui-même ou par un délégué spécial. »

Les termes de cet article sont si clairs qu'on ne comprend même pas que dans son instruction du 1er juillet 1840, le ministre de l'intérieur ait eu à résoudre des doutes élevés sur ce point.

« Il est incontestable, dit cette circulaire, que la loi du 18 juillet 1837 a laissé entre les mains des maires des pouvoirs propres dont les lois des 14 décembre 1789 et 19 juillet 1791 les avaient investis, et les préfets ne peuvent, en thèse générale, se substituer aux maires en prenant des arrêtés qui rentrent dans les attributions de la police municipale ; mais si cette autorité reste inactive malgré la réquisition de l'autorité supérieure, celle-ci peut et doit agir comme lui en donne le droit l'art. 15 de la loi du 18 juillet 1837. L'arrêté que prendra le préfet, dans ces limites, pour assurer l'exécution d'une disposition de loi, sera donc parfaitement légal et obligatoire pour les citoyens comme l'aurait été l'arrêté municipal qu'il est destiné à remplacer. »

47. Dans tous les autres cas, le préfet n'exerce qu'un droit de contrôle et de révision que la législation antérieure à 1837 lui attribuait déjà sur les arrêtés des maires. L'application de ce droit et les limites qu'il convient de lui donner exigent quelques explications. « Les arrêtés pris par le maire, dit l'art. 11 de la loi du 18 juillet 1837, sont immédiatement adressés au sous-préfet. Le préfet peut en annuler ou en suspendre l'exécution. Ceux de ces arrêtés qui portent règlement permanent ne sont exécutoires qu'un mois après la remise de l'ampliation constatée par les récépissés donnés par le sous-préfet. » On voit que la loi n'admet aucune exception : quel que soit l'objet sur lequel porte l'arrêté et si minime qu'en puisse être l'importance, il doit nécessairement être soumis au contrôle du préfet, et le maire qui négligerait de remplir cette obligation contreviendrait à une disposition formelle de la loi. Mais si le préfet n'use pas du droit d'annuler, ou s'il ne suspend pas l'exécution, les arrêtés des maires sont exécutoires de plein droit, savoir : ceux qui statuent sur un intérêt individuel, du moment où le récépissé en a été délivré par le sous-préfet, et ceux qui portent règlement permanent, un mois après la remise de l'ampliation constatée par le récépissé du sous-préfet.

48. En règle générale, les préfets ne doivent donc pas apposer sur les arrêtés des maires un visa approbatif que la loi n'exige pas d'eux et qui pourrait les gêner plus tard dans l'exercice du droit d'annulation dont ils sont investis, en ce qu'ils sembleraient alors se mettre en contradiction avec l'approbation d'abord exprimée. Toutefois, il est des circonstances dans lesquelles une approbation du préfet peut donner plus de force morale aux arrêtés du maire en témoignant de l'approbation et du concours de l'autorité supérieure, et comme aucune disposition de la loi ne s'oppose à ce que les préfets donnent une telle approbation, si elle leur est demandée, il n'y a pas d'empêchement à ce qu'ils la donnent, même spontanément, lorsque l'intérêt public leur paraît l'exiger, et ils le font fréquemment dans la pratique.(*Cass.* 17 *mai* 1825; *Circ. Int.* 1ᵉʳ *juill.* 1840.)

49. « Il a été demandé, dit la circulaire que nous venons de citer, si, pour des arrêtés d'intérêts individuels, il y avait un délai passé lequel les préfets ne pouvaient plus les suspendre ou les annuler. Le texte même de l'art. 11 de la loi de 1837 répond pleinement à cette question. Les arrêtés de maires doivent tous et sans exception être envoyés au préfet aussitôt qu'ils sont rendus, et il en est donné récépissé. Ceux de ces arrêtés qui ne portent pas règlement permanent, c'est-à-dire qui statuent sur des cas individuels, n'étant soumis par la loi à aucun délai pour leur mise à exécution (*voy. toutefois* nᵒˢ *47 et* 101), sont exécutoires de plein droit dès que le récépissé en a été donné; mais aussi, le préfet peut les annuler à quelque époque que ce soit, car cette attribution lui est conférée d'une manière générale, absolue, et sans restriction de temps. Il est entendu, toutefois, que les faits accomplis pendant que ces arrêtés étaient exécutoires sont légalement accomplis et que l'annulation de l'arrêté n'entraîne pas la nullité de ce qui a été fait précédemment en vertu de cet acte. »

50. « Une question analogue, dit encore la même circulaire, a été faite relativement aux arrêtés de maires portant règlement permanent; il a été demandé si les préfets avaient perdu le droit d'annuler ces actes ou d'en suspendre l'exécution lorsqu'ils avaient laissé s'écouler, sans user de ce droit, un mois après la remise de l'ampliation. Le doute manifesté sur ce point ne peut provenir que de ce que l'on n'a pas bien saisi la corrélation qui existe entre les §§ 3 et 4 de l'art. 11 de la loi de 1837. En effet, tous les arrêtés des maires quels qu'ils soient, doivent être adressés en ampliation au préfet par l'intermédiaire du sous-préfet qui en délivre récépissé. Ceux de ces arrêtés qui portent règlement permanent, c'est-à-dire qui sont d'intérêt général, ne sont pas, comme les autres, exécutoires de plein droit. Du moment que le récépissé de l'ampliation a été délivré, un mois est accordé à l'autorité supérieure pour examiner si l'arrêté soumis à sa révision est ou n'est pas conforme à la législation sur la matière, si les dispositions en sont bonnes et utiles, ou si leur exécution n'aurait pas des inconvénients qui auraient pu échapper à l'auteur de cet acte; et pendant ce délai d'un mois, le maire ne pourrait, sans contrevenir

à la loi, mettre son arrêté à exécution. Mais de ce que les arrêtés portant règlement permanent sont soumis ainsi à un examen plus prolongé que les autres, ils n'en restent pas moins sous l'empire de la disposition générale contenue dans le § 3 de l'art. 11 de la loi, qui dit : *Le préfet peut les annuler ou en suspendre l'exécution.* Cette disposition est faite en termes absolus; elle s'applique, par sa généralité, aux arrêtés portant règlement permanent comme aux autres. »

« Si donc le délai d'un mois ne suffit pas au préfet pour bien apprécier la légalité ou l'utilité de l'acte soumis à son contrôle, il pourrait, avant l'expiration de ce délai, suspendre l'exécution de cet acte, car la loi n'a apporté aucune restriction de délai au droit de suspension donné à l'autorité supérieure. Si le préfet laisse écouler le délai d'un mois sans avoir notifié au maire l'annulation ou la suspension de l'arrêté, cet acte devient alors exécutoire de plein droit; mais le préfet n'en demeure pas moins investi du droit absolu que lui donne le § 3 de l'art. 11 de la loi, d'annuler l'arrêté ou d'en suspendre l'exécution, à quelque époque que ce soit et pendant quelque temps qu'il ait déjà été exécuté; le préfet ne serait même pas empêché dans son droit d'annulation ou de suspension, par l'approbation qu'il aurait d'abord donnée à l'arrêté, car il n'a pu se dépouiller, par cette approbation, du droit absolu et permanent que lui donne la loi; seulement, les faits accomplis sous l'empire de l'arrêté, pendant qu'il avait une existence légale, ne sont pas atteints par l'annulation ou la suspension de cet acte. »

51. L'art. 11, qui donne au préfet le droit d'annuler ou de suspendre, ne lui confère pas celui de modifier. On a pensé, sans doute, que le droit d'annulation suffisait à l'intérêt public, et que le concert qui doit exister entre les maires et le préfet donne toujours la certitude de voir disparaître, des arrêtés municipaux, les dispositions qui devaient apporter à leur exécution un empêchement absolu. En effet, pendant le délai d'examen d'un arrêté portant règlement permanent, le préfet doit signaler au maire les dispositions de cet acte qui, se trouvant en opposition avec la législation ou l'intérêt public, feraient obstacle à ce que force exécutoire y fût laissée; il peut indiquer au maire quelles modifications, quelles suppressions devraient y être faites. Il n'est pas douteux que ces avertissements auront presque toujours pour résultat d'amener le maire à modifier son premier travail; s'il en était autrement, le droit d'annulation resterait entier et devrait être exercé. (*Circ.* 1ᵉʳ *juill.* 1840.)

52. La disposition de l'art. 11 a donné lieu à une dernière question sur laquelle une divergence complète se manifeste entre l'interprétation consacrée par la circulaire ministérielle et celle qui a été adoptée par la Cour de cassation. On s'est demandé si, lorsqu'un arrêté paraît bon et utile, le préfet peut en autoriser l'exécution immédiate, en déclarant qu'il n'usera pas du droit d'annuler ou de suspendre, ou bien si le délai d'un mois indiqué par la loi est tellement obligatoire qu'il doive nécessairement s'écouler avant que cet arrêté puisse devenir exécutoire.

53. Dans l'opinion émise par le ministre de l'intérieur, le délai d'un mois n'a été établi que pour donner aux préfets la possibilité d'un mûr examen ; il est bien évident que l'intérêt des tiers n'a pas été pris en considération, sans quoi des formes auraient été consacrées par la loi dans cet intérêt ; ainsi, par exemple, si le délai d'un mois eût dû toujours être observé, la loi eût prescrit de constater, sur l'arrêté même porté à la connaissance du public, la date de la remise de l'ampliation à la sous-préfecture, afin d'établir que le délai d'un mois était expiré. Le législateur n'a pas prescrit cette mention, parce qu'en donnant à l'autorité supérieure, dans l'intérêt public, un délai d'examen, il ne créait pas un droit pour l'intérêt privé ; or, dès qu'il est reconnu que le délai d'un mois n'a été établi que dans l'intérêt public, il est évident que l'autorité supérieure peut, dans ce même intérêt public, renoncer à se prévaloir de ce délai.

54. Suivant la Cour de cassation, au contraire, les règlements permanents de l'autorité municipale, alors même qu'ils auraient été revêtus de l'approbation préfectorale avant l'expiration du mois, ne sont obligatoires que lorsqu'il s'est écoulé un mois à compter de la remise qui en a été faite au sous-préfet (*Cass.* 20 *juill.* 1838, 17 *mars* 1848). Malgré ce que cette autorité a d'imposant, nous n'hésitons pas à embrasser la première opinion ; car si le préfet ne pouvait pas, dans certaines circonstances graves et urgentes, autoriser l'exécution immédiate d'un arrêté municipal portant règlement permanent, s'il fallait nécessairement attendre un mois avant de mettre un arrêté à exécution, il pourrait y avoir dommage public, et telle n'a pu être l'intention du législateur (*Circ.* 1er *juill.* 1840). La Cour de cassation elle-même nous paraît avoir senti et reconnu le vice de sa jurisprudence en s'appuyant, pour refuser à un règlement permanent la force exécutoire avant le délai d'un mois, sur une circonstance d'où il paraissait résulter *qu'il n'y avait pas urgence* (*Cass.* 6 *janv.* 1844) ; s'il est vrai que l'urgence doive faire exception à la règle, il dépendrait toujours du préfet et du maire d'assurer l'exécution immédiate de l'arrêté, en faisant une déclaration d'urgence, que les tribunaux judiciaires n'auraient pas le pouvoir de contrôler [1].

Sect. 2. — Des préfets.

ART. 1. — DES PRÉFETS DES DÉPARTEMENTS.

55. Le pouvoir du préfet doit être envisagé au point de vue de la police administrative et de la police judiciaire. En ce qui concerne la première, nous avons fait connaître ses attributions dans la section précédente ; il nous reste à parler de la forme de ses actes et des recours dont ils sont susceptibles.

56. On sait que les actes émis dans l'ordre des fonctions du préfet, sont rédigés en forme d'*arrêtés*. Parmi ces arrêtés, les uns se produisent à titre de prescriptions générales, et les autres ne consacrent que des dispositions individuelles.

Les prescriptions réglementaires d'une application générale, bien que faites par le préfet en vertu du pouvoir qui lui appartient de prendre les mesures réclamées par les besoins du département, n'échappent pas au contrôle du pouvoir central

---

1. Les arrêts précités de la Cour de cassation fournissent un argument en faveur de l'établissement ou du maintien de tribunaux administratifs.

(*L.* 22 *déc.* 1789, *sect. III, art.* 1 et 2, *et L.* 12-20 *août* 1790, *chap.* 1er, § 1er). Le Gouvernement peut toujours intervenir pour interdire ou suspendre l'application d'un arrêté préfectoral. C'est, dans ce cas, le ministre, dans les attributions duquel rentre l'objet de l'arrêté, qui est le dépositaire de l'autorité centrale, et c'est à lui d'agir, soit d'office, soit sur la provocation des droits ou des intérêts lésés par l'acte de son subordonné.

57. Lorsque les faits échappent à des dispositions générales, le préfet exerce son pouvoir de police par des permissions, des injonctions ou des prohibitions individuelles. Ainsi il ordonne la démolition des travaux qui empiètent sur le lit d'une rivière, la réparation d'un bâtiment limitrophe d'une grande route qui menace ruine ; il fixe la hauteur d'un déversoir ; il autorise l'établissement d'une manufacture.

Quelle que soit la nature de la question administrative tranchée par le préfet, le recours au ministre est de règle générale (*D.* 25 *mars* 1852, *art.* 6). Le recours par la voie contentieuse n'est ouvert, au contraire, qu'à ceux qui ont à se prévaloir d'un droit méconnu, ou à se plaindre d'un excès de pouvoir. Le Conseil d'État, sauf quelques exceptions, doit rester étranger aux questions d'opportunité et à l'appréciation des exigences administratives.

58. Les préfets n'étant pas subordonnés au procureur général, la loi n'a pas fait d'eux des officiers de police judiciaire ; mais il est dans la nature des choses qu'ils puissent, en certaines occasions, faire acte de police judiciaire à l'encontre des faits qu'ils ont découverts au moyen de la police administrative. En les obligeant à recourir au juge d'instruction, au procureur de la République ou à leurs auxiliaires, on les eût exposés à compromettre le fruit de leurs découvertes. De là l'art. 10 du Code d'instruction criminelle : « Les préfets des départements et le préfet de police à Paris pourront faire personnellement, ou requérir les officiers de police judiciaire, chacun en ce qui le concerne, de faire tous les actes nécessaires, à l'effet de constater les crimes, délits et contraventions, et d'en livrer les auteurs aux tribunaux chargés de les punir, conformément à l'art. 8 ci-dessus. »

59. Le but que nous reconnaissons à l'attribution indique sa portée. Elle n'a trait, en général, qu'aux crimes et délits dont l'effet ne serait pas seulement de porter à l'ordre public une atteinte locale, et qui, avant d'amener le préfet à faire des actes d'instruction judiciaire, ont provoqué son action préventive ou répressive. Aussi, bien que ce point ait soulevé des controverses théoriques, nous concilions facilement l'action du préfet avec celle des officiers de police judiciaire. Si la poursuite a été commencée par ces derniers, le préfet ne peut les dessaisir ; si lui-même a commencé l'information, il lui appartient d'apprécier si les motifs qui l'ont engagé à prendre l'initiative subsistent encore et doivent le porter à continuer. En cas de concurrence pour une poursuite à commencer, l'action devrait, croyons-nous, être exercée par le procureur de la République ou ses auxiliaires, à raison de l'attribution générale dont ils sont investis; du reste, l'accord constant des deux autorités ne permettra pas à la question de se poser.

60. Le préfet, lorsqu'il agit en vertu de l'art. 10 du Code d'instruction criminelle, est soumis à l'observation des règles que le même Code trace pour les officiers de police judiciaire et pour leurs auxiliaires, et notamment à l'art. 49. Lorsqu'il juge l'information terminée, il transmet les actes au procureur de la République, qui alors saisit le juge d'instruction. Si le procureur de la République a besoin de renseignements, il les demande par écrit au préfet. (*D. 4 mai* 1812, *art.* 3.)

Les attributions particulières de police conférées par la loi du 5 mai 1855 aux préfets dans les chefs-lieux de 40,000 âmes et au-dessus leur ont été retirées par la loi du 24 juillet 1867.

L'art. 23 de cette loi dispose cependant ce qui suit :

« Dans les villes chefs-lieux de département ayant plus de 40,000 âmes de population, l'organisation du personnel chargé des services de la police est réglée, sur l'avis du conseil municipal, par un décret impérial, le Conseil d'État entendu.

« Les inspecteurs de police, les brigadiers, sous-brigadiers et agents de police sont nommés par le préfet, sur la présentation du maire.

« Si un conseil municipal n'allouait pas les fonds exigés pour la dépense, ou n'allouait qu'une somme insuffisante, l'allocation nécessaire serait inscrite au budget par décret impérial, le Conseil d'État entendu. »

Enfin la loi du 20 janvier 1874, art. 3, confère aux maires le droit de nommer les inspecteurs, brigadiers, sous-brigadiers et agents de police, à la charge de les faire agréer par le préfet. Ces agents de divers grades peuvent être suspendus par le maire, mais le préfet peut seul les révoquer.

ART. 2. — DU PRÉFET DE POLICE.

61. Les pouvoirs du préfet de police sont différents, selon qu'ils s'exercent dans les limites de la ville de Paris, dans les communes du département de la Seine, ou dans les communes de Saint-Cloud, Meudon et Sèvres, qui dépendent du département de Seine-et-Oise. À Paris, il est à la fois préfet et maire pour tout ce qui concerne la police ; dans les communes rurales du département de la Seine, ses attributions sont les mêmes, sauf certains objets que la loi du 10 juin 1853 soustrait à son action directe ; dans les communes du département de Seine-et-Oise, au contraire, la délégation qui lui est faite perd son caractère de généralité. Il n'est plus compétent que pour les objets énumérés, d'une manière limitative, par l'arrêté du 3 brumaire an IX.

62. Les actes du préfet de police peuvent être, comme ceux des préfets, des dispositions générales ou des injonctions individuelles. Dans l'un et l'autre cas, ils sont soumis aux règles tracées plus haut (*voy. suprà*, n°ˢ 56 *et suiv.*), seulement les règlements émanés du préfet de police prennent le titre d'*ordonnances* et non d'arrêtés.

63. Le préfet de police exerce ses fonctions sous l'autorité immédiate des ministres, et correspond directement avec eux pour les objets qui

dépendent de leurs départements respectifs (*Arr.* 12 *mess. an VIII, art.* 1ᵉʳ). La sphère de son action s'est élargie par l'effet du décret du 25 mars 1852, sur la décentralisation. « L'exception à l'application de ce décret, stipulée par son art. 7, pour ce qui concerne l'administration départementale proprement dite et celle de la ville de Paris, n'a point trait aux attributions du préfet de police. Il profite, par conséquent, de l'extension donnée aux pouvoirs préfectoraux pour les objets énumérés dans les tableaux B, C, D, annexés au décret du 25 mars 1852. »

64. Considéré comme préfet et maire de Paris, le préfet de police délivre les passe-ports pour voyager de Paris dans l'intérieur de la France et à l'étranger, vise les passe-ports des voyageurs, délivre les cartes de sûreté et les permis de séjour (*Arr.* 22 *mess. an VIII, art.* 3, 4 *et* 5 ¹). Il veille à l'exécution des dispositions qui interdisent le séjour de Paris et celui de la banlieue de cette ville à tous les individus placés sous la surveillance de la haute police (*D.* 8 *déc.* 1851, *art.* 4 ; *C. pénal, art.* 44 ; *L.* 23 *janv.* 1874. *Voy.* **Surveillance,** etc.). Il fait exécuter les lois sur la mendicité et le vagabondage, et peut, en conséquence, envoyer les mendiants, vagabonds et gens sans aveu aux maisons de détention, même à celles qui sont hors de Paris, dans l'enceinte du département de la Seine. Dans ce dernier cas, les individus détenus par ordre du préfet de police ne peuvent être mis en liberté que d'après son autorisation. Il fait délivrer, s'il y a lieu, aux indigents sans travail, qui veulent retourner dans leur domicile, les secours autorisés par la loi des 30 mai-13 juin 1790. (*Id., art.* 5. *Voy.* **Secours de route.**)

65. Il a la police des prisons, maisons d'arrêt, de justice, de force et de correction de la ville de Paris et de la maison de Bicêtre, et nomme aux emplois de concierges, gardiens et guichetiers de ces maisons. Il délivre les permissions de communiquer avec les détenus pour faits de police. Il fait délivrer aux détenus indigents, à l'expiration du temps de détention porté en leurs jugements, les secours pour se rendre à leur domicile, suivant l'arrêté du 23 vendémiaire an V. Il fait exécuter les lois et règlements de police concernant les hôtels garnis et les logeurs. Il fait, en conformité de la loi des 19-22 juillet 1791, surveiller les maisons de débauche, ceux qui y résident et ceux qui s'y trouvent. (*Id., art.* 6 à 9.)

66. Il prend les mesures propres à prévenir ou à dissiper les attroupements, les réunions tumultueuses ou menaçant la tranquillité publique. Il fait exécuter les lois de police sur l'imprimerie et la librairie, en tout ce qui concerne les offenses faites aux mœurs et à l'honnêteté publique. (*Id., art.* 10 *et* 11.)

67. Il a la police des théâtres en ce qui touche la sûreté des personnes, les précautions à prendre pour prévenir les accidents et assurer le maintien de la tranquillité et du bon ordre tant au dedans qu'au dehors (*Id., art.* 12). Quant à l'autorisation exigée pour la représentation, elle est donnée, à Paris, par le ministre des Beaux-Arts, et dans les départements, par les préfets. (*D.* 23 *juin* 1854.)

1. Nous reproduisons ce texte bien qu'il n'ait heureusement qu'une application partielle et de plus en plus rare.

68. Il surveille la distribution et la vente des poudres et salpêtres et délivre les permis de chasse (*D.* 12 *mess. an VIII, art.* 13 *et* 18). Il fait faire la recherche des militaires ou marins déserteurs et des prisonniers de guerre évadés (*art.* 19).

69. La surveillance du préfet de police s'étend aussi aux lieux où l'on se réunit pour l'exercice des cultes (*Id., art.* 17); et son droit ne s'applique pas seulement aux églises, temples ou synagogues : il suit les réunions religieuses partout où elles ont lieu. C'est en vertu de ce droit qu'a été rendue, le 3 mai 1833, une ordonnance de police qui interdit toute cérémonie hors des édifices consacrés au culte.

70. Il fait observer, dit l'art. 20, les lois et arrêtés sur les fêtes publiques. Cette attribution comporte le droit de prendre toutes les mesures propres à assurer la circulation et à prévenir les dangers qui résultent ordinairement d'un grand concours de personnes sur un même point.

71. La plupart des attributions que nous venons de parcourir répondent au titre de *police générale* sous lequel l'arrêté du 12 messidor an VIII les a classées. Poursuivons avec cet arrêté le détail de ses attributions pour ce qui concerne la police telle que nous l'avons vu exercer par les maires dans le sein de la commune. Les maires des vingt arrondissements de Paris n'y prennent aucune part. (*Voy.* **Seine.**)

72. Le préfet de police peut publier de nouveau les lois et règlements de police et rendre des ordonnances tendant à en assurer l'exécution (*art.* 2).

73. Il était, jusqu'au décret du 10 octobre 1859, chargé de tout ce qui a rapport à la petite voirie, depuis lors, l'attribution a passé en grande partie au préfet de la Seine (*voy. ce mot.*).

74. Il procure la liberté et sûreté de la voie publique; il est chargé, à cet effet, d'empêcher que personne n'y commette de dégradation, mais en vertu du décret précité de 1859, c'est maintenant le préfet de la Seine qui est chargé de faire éclairer la voie publique et surveiller le balayage auquel les habitants sont tenus devant leurs maisons, et de maintenir aux frais de la ville la propreté dans les rues, jardins et édifices publics : de faire sabler, s'il survient du verglas, et déblayer, au dégel, les ponts et lieux glissants des rues ; d'empêcher qu'on expose sur les toits ou fenêtres rien qui puisse blesser les passants en tombant. Il fait observer les règlements sur l'établissement des conduits pour les eaux de pluie et les gouttières.

Mais le préfet de police empêche qu'on ne laisse vaguer des furieux, des insensés, des animaux malfaisants ou dangereux ; qu'on ne blesse les citoyens par la marche trop rapide des chevaux ou des voitures ; qu'on n'obstrue la libre circulation en arrêtant ou en déchargeant les voitures et marchandises devant les maisons, dans les rues étroites ou de toute autre manière. Le préfet de la Seine fait effectuer l'enlèvement des boues, matières malsaines, neiges, glaces, décombres, vases sur les bords de la rivière après les crues des eaux. Il fait faire les arrosements dans la ville, dans les lieux et dans la saison convenables. (*Arr.* 12 *mess. an VIII, modifié par le déc. du* 10 *oct.* 1859.)

75. Le préfet de police assure la salubrité de la ville en prenant des mesures pour prévenir et arrêter les épidémies, les épizooties, les maladies contagieuses ; en faisant observer les règlements relatifs aux inhumations ; en faisant enfouir les cadavres d'animaux morts, surveiller les fosses vétérinaires[1] ; en faisant arrêter, visiter les animaux suspects de mal contagieux et mettre à mort ceux qui en sont atteints ; en surveillant les échaudoirs, fondoirs, salles de dissection et basse geôle ; en empêchant d'établir, dans l'intérieur de Paris, des ateliers, manufactures, laboratoires et maisons de santé qui doivent être hors de l'enceinte des villes suivant les lois et règlements ; en empêchant qu'on ne jette ou qu'on ne dépose dans les rues aucune substance malsaine ; en faisant saisir et détruire dans les halles, marchés et boutiques, chez les bouchers, boulangers, marchands de vin, brasseurs, limonadiers, épiciers, droguistes, pharmaciens ou tous autres, les comestibles ou médicaments gâtés, corrompus et nuisibles. (*Arr. messid. an VIII, art.* 23.)

76. Il est chargé de prendre les mesures propres à arrêter les incendies. Il donne des ordres aux pompiers, requiert les ouvriers charpentiers, couvreurs, requiert la force publique et en détermine l'emploi. Il a la surveillance du corps des sapeurs-pompiers, le placement et la distribution des corps de garde et magasins de pompes, réservoirs, tonneaux, seaux, machines et ustensiles de tout genre destinés à arrêter les incendies.

77. En cas de débordement et de débâcle, il ordonne les mesures de précaution telles que le déménagement de maisons menacées, la rupture des glaces, le garage des bateaux. Il est chargé de faire administrer des secours aux noyés. Il détermine, à cet effet, le placement des boîtes fumigatoires et autres moyens de secours. Il accorde et fait payer les gratifications et récompenses promises par les lois et règlements à ceux qui retirent les noyés de l'eau. (*Id., art.* 24.)

78. Il a la police de la Bourse. Il procure la sûreté du commerce, en faisant faire des visites chez les fabricants et les marchands pour vérifier les balances, poids et mesures, et faire saisir ceux qui ne sont pas exacts ou étalonnés ; en faisant inspecter les magasins, boutiques et ateliers des orfèvres et bijoutiers, pour assurer la marque des matières d'or et d'argent, et l'exécution des lois sur la garantie. (*Id., art.* 25 et 26.)

79. Il fait observer les taxes légalement établies et publiées. Il fait tenir les registres des mercuriales et constater le cours des denrées de première nécessité.

C'est le préfet de la Seine qui arrête le taux des taxes.

Il assure la libre circulation des subsistances suivant les lois. (*Id., art.* 27 *et* 28.)

Il exige la représentation des patentes des marchands forains et peut se faire représenter les patentes des marchands domiciliés. (*Id., art.* 29.)

80. Il fait saisir les marchandises prohibées par les lois. Il fait surveiller spécialement les foires, marchés, halles, places publiques et les marchands

---

1. Mais la construction, l'entretien et la vidange des fosses d'aisance rentrent maintenant dans les attributions du préfet de la Seine. (*D.* 1859 *précité.*)

forains, colporteurs, revendeurs, portefaix, commissionnaires; la rivière, les chemins de halage, les ports, chantiers, quais, berges, gares, estacades, les coches, galiotes, les établissements qui sont sur la rivière, pour les blanchisseries, le laminage ou autres travaux, les magasins de charbons, les passages d'eaux, bacs, batelets, les bains publics, les écoles de natation, et les mariniers, ouvriers, arrimeurs, chargeurs, déchargeurs, tireurs de bois, pêcheurs et blanchisseurs; les abreuvoirs, puisoirs, fontaines, pompes, et les porteurs d'eau; les places où se tiennent les voitures publiques pour la ville et pour la campagne, et les cochers, postillons, charretiers; les fripiers brocanteurs; les nourrices et les meneurs (*Id.*, *art.* 31 *et* 32). Mais les permissions de stationnement sur la Seine ou dans les places et rues, les traités et tarifs, sont dans les attributions du préfet de la Seine. En ce qui concerne le bureau des nourrices, voyez **Nourrices** (**Bureau des**).

81. Il fait inspecter les marchés, ports et lieux d'arrivage des comestibles, boissons et denrées dans l'intérieur de la ville. Il fait également inspecter les marchés où se vendent les bestiaux pour l'approvisionnement de Paris et rend compte au ministre de l'agriculture et du commerce, des renseignements recueillis sur l'état des approvisionnements de la ville de Paris. (*Id.*, *art.* 33.)

82. Enfin, il veille à ce que personne n'altère ou ne dégrade les monuments et édifices publics appartenant à la nation ou à la cité. Il indique au préfet du département et requiert les réparations, changements ou constructions qu'il croit nécessaires à la sûreté ou à la salubrité des prisons et maisons de détention qui sont sous sa surveillance. Il requiert aussi, quand il y a lieu, les réparations et l'entretien des corps de garde de la force armée sédentaire; des corps de garde des pompiers, des pompes, machines et ustensiles; des halles et marchés; des voiries et égouts (le curage n'est pas dans ses attributions [*D.* 10 *oct.* 1859]); des fontaines, regards, aqueducs, conduits, pompes à feu et autres; des murs de clôtures; des carrières sous la ville et hors des murs; des ports, quais, abreuvoirs, bords, francs-bords, puisoirs, gares, estacades, et des établissements et machines placées près de la rivière pour porter secours aux noyés; de la Bourse; des temples destinés aux cultes (*Id.*, *art.* 34). L'entretien des édifices communaux est dans les attributions du préfet de la Seine. (*D.* 10 *oct.* 1859.)

83. Cette énumération, malgré ses nombreux détails, n'est pas limitative. Le préfet de police a, sur tous les objets qui intéressent la police municipale, les mêmes pouvoirs que nous avons reconnus aux maires, et peut, comme eux, pourvoir à toutes les exigences de sûreté, de salubrité, d'ordre public, qui sont définies par la loi des 16-24 août 1790 (*Cass.* 31 *nov.* 1834; *Arr. du C.* 5 *févr.* 1841). C'est ainsi qu'en vertu de la disposition qui confie à la vigilance des maires tout ce qui intéresse la sûreté et la commodité du passage dans les rues, quais, places et *voies publiques*, le préfet de police a pris et prend encore fréquemment des ordonnances pour régler le service des chemins de fer de la banlieue de Paris. (*Voy.*, à titre d'exemple, *O. de pol.* 26 *août* 1837,

Chemin de Paris à Saint-Germain; 6 *sept.* 1839, *Chemin de Versailles, rive droite;* 8 *sept.* 1840, *Chemin de Versailles, rive gauche;* 19 *sept.* 1840, *Chemin de Paris à Corbeil.*)

84. Le préfet de police a pour auxiliaires, en dehors du personnel de la préfecture, les commissaires de police distribués dans les vingt arrondissements municipaux (*L.* 28 *pluv. an VIII*, *art.* 12; *Arr.* 12 *mess. an VIII*, *art.* 35; *voy. infrà*, n° 125). En outre, il a sous sa haute direction un personnel dont un décret du 27 novembre 1859 a déterminé le cadre conformément au tableau ci-dessous.

1° *Police municipale:* 1 commissaire de police, chef de la police municipale, 1 chef adjoint, 20 commis; 4 inspecteurs spéciaux; 32 officiers de paix dont 20 d'arrondissement, 4 préposés à la direction des brigades centrales; 7 chargés de services divers, 1 placé à la tête du service de sûreté; 16 inspecteurs principaux, 78 brigadiers, 427 sous-brigadiers, 3,676 sergents de ville [1], 321 auxiliaires, 1 médecin, chef du service médical, 12 médecins d'arrondissement.

2° *Contrôle général:* 1 commissaire de police, contrôleur des services extérieurs de la préfecture, 1 secrétaire, 1 officier de paix, 1 brigadier, 2 sous-brigadiers, 20 inspecteurs.

Un décret du 8 décembre de la même année fixe (en principe) à 80 (1 par quartier) le nombre des commissaires de police de Paris. Le décret du 17 décembre 1857 n'en établit que 65, nombre porté en 1863 (*D.* 23 *mai*) à 67.

Ajoutons que les chiffres ci-dessus subissent de temps à autre des changements, aussi ne les donnons-nous que pour mieux faire comprendre l'organisation du service [2].

L'État se charge d'une partie de la dépense causée par la police de Paris; le décret du 17 décembre 1854 en avait fixé la part aux deux cinquièmes, la loi du 6 juillet 1860 l'avait fixée à 3,847,000 fr., celle du 13 juin 1866 à 4,247,000 fr., celle du 13 juin 1867 à la moitié des 10.414,000 fr. d'alors, enfin la loi du 25 janvier 1872 l'a portée à 6,929,425 fr.

85. Dans les autres communes du département de la Seine, le préfet de police exerce, dit l'art. 1er de la loi du 10 juin 1853, toutes les fonctions qui lui sont déférées par l'arrêté des Consuls du 12 messidor an VIII. « Toutefois les maires des communes du département de la Seine resteront chargés, sous la surveillance du préfet de la Seine, sans préjudice des attributions tant générales que spéciales qui leur sont conférées par les lois, de tout ce qui concerne la petite voirie, la liberté et la sûreté de la voie publique, l'établissement, l'entretien et la conservation des édifices communaux, cimetières, promenades, places, rues et voies publiques ne dépendant pas de la grande voirie, l'éclairage, le balayage, les arrosements, la solidité et la salubrité des constructions privées, les mesures relatives aux incendies, les secours aux noyés, la fixation des mercuriales, l'établissement et la réparation des fontaines,

1. On les appelle actuellement gardiens de la paix. On sait qu'après chaque révolution on change le nom des agents de police de Paris.
2. On trouvera les chiffres dans notre *Statistique de la France*, t. II, p. 465.

aqueducs, pompes et égouts, les adjudications, marchés et baux. » (*Art.* 2.)

86. « Un décret, continue l'art. 3, déterminera le nombre et le traitement des commissaires de police et des agents nécessaires pour la surveillance des communes du département de la Seine (Paris excepté). La proportion dans laquelle chaque commune participera aux dépenses du service sera fixée par le préfet du département de la Seine en conseil de préfecture. » Un décret du 23 novembre 1853, modifié le 17 décembre 1859, le 17 novembre 1872 et le 28 décembre 1867, a, en effet, fixé le nombre et le traitement des commissaires de police, secrétaires et agents affectés à la police du département de la Seine.

87. C'est l'arrêté du 3 brumaire an IX qui place sous l'autorité du préfet de police les communes de Saint-Cloud, Meudon et Sèvres du département de Seine-et-Oise. Il exerce, à l'égard de ces communes, les fonctions qui lui sont conférées par l'arrêté des Consuls du 12 messidor an VIII : art. 5, sur le vagabondage et la mendicité; art. 6, §§ 1, 2, 3, sur la police des prisons ; art. 7, 8 et 9, sur les maisons publiques ; art. 10, sur les attroupements; art. 11, sur la librairie et l'imprimerie ; art. 13, sur les poudres et salpêtres ; art. 14, sur les émigrés ; art. 19, sur la recherche des militaires et marins déserteurs, prisonniers de guerre, mais par droit de suite lorsqu'ils se seront réfugiés de Paris dans les autres communes du département ; art. 23, sur la salubrité ; art. 24, § 4, sur les débordements et débâcles ; art. 26, sur la sûreté du commerce; art. 32, §§ 1, 2 et 3, sur la surveillance des places, lieux publics ; art. 33, sur les approvisionnements. (*Voy. art.* 1er.)

88. Le préfet de police a, à cet effet, sous ses ordres, pour cette partie de ses attributions seulement, les maires et adjoints des communes, et les commissaires de police dans les lieux où il en existe; il correspond avec eux directement, ou par l'intermédiaire des officiers publics sous ses ordres, et il peut requérir, immédiatement ou par ses agents, l'assistance de la garde nationale (actuellement il faut dire : de la force publique) de ces communes (*art.* 2).

C'est au préfet de police et non à celui du département de la Seine que les habitants des mômes communes doivent demander les passe-ports pour l'étranger (*art.* 3). [*Voy. aussi l'article* **Lyon.**]

Sect. 3. — **Des maires.**

89. Les pouvoirs des maires peuvent être envisagés sous le rapport de la police générale, de la police municipale et de la police judiciaire.

90. *Police générale.* Le maire est chargé de l'exécution des lois et règlements et de l'exécution des mesures de sûreté générale (*L.* 18 *juill.* 1837, *art.* 9, 1er et 3°). Dans l'exercice de ces fonctions, il est entièrement subordonné au préfet. (*Voy. les mots* **Affiche, Afficheur, Armes, Associations, Attroupements, Cimetières, Cours d'eau, Cultes, Étrangers, Garantie, Imprimerie, Mendicité, Organisation communale, Passe-port, Poids et mesures, Poste, Poudres, Théâtre, Voirie,** etc.)

91. *Police municipale.* Les détails donnés plus haut aux nos 14 à 42 ont fait connaître les objets sur lesquels s'exercent les pouvoirs des maires en matière de police municipale. Il nous reste à parler de la forme des règlements, de leur publication et de leur force obligatoire.

92. La loi n'a prescrit aucune forme dont les arrêtés de police municipale doivent nécessairement être revêtus ; mais, évidemment, il est certaines énonciations, telles que la date, la qualité du fonctionnaire, qui sont substantielles et à défaut desquelles la décision n'existerait pas. S'il est convenable, d'ailleurs, et utile que les arrêtés de police soient motivés et contiennent le visa des lois qui régissent la matière, il n'y a cependant là rien d'obligatoire pour les maires.

93. La publication des arrêtés n'est soumise, non plus, à aucune forme sacramentelle. Toutefois, c'est un principe de justice qu'une règle ne soit obligatoire que si elle peut être connue; il faut que, par un mode quelconque, par affiche, publication à son de trompe, signification ou notification individuelle, l'arrêté ait été porté à la connaissance de ceux à qui il s'adresse (*Cass.* 18 *mars* 1836). Pour prévenir, à cet égard, toute difficulté, les maires feront sagement d'établir eux-mêmes ou de faire rédiger, le jour de la publication, par leur adjoint ou par le commissaire de police, un procès-verbal qui constate et le fait et le mode de publication.

94. Les tribunaux peuvent réclamer une expédition des arrêtés portant règlement lorsque des contrevenants sont poursuivis, mais aucune loi n'oblige les auteurs de ces règlements à en donner préalablement connaissance aux tribunaux. (*Cass.* 3 *août* 1821.)

§ 95. Outre le droit de faire des règlements de police, la loi du 18 juillet 1837, dans son art. 11, confère au maire celui «de publier de nouveau les lois et règlements de police et de rappeler les citoyens à leur observation». On comprendra facilement cette disposition si l'on considère la sphère d'action différente où se meuvent l'autorité administrative et l'autorité judiciaire. Pour cette dernière, une loi ou un règlement ne peuvent tomber en désuétude; tant qu'ils n'ont pas été légalement abrogés, les tribunaux doivent appliquer la sanction pénale. Mais l'autorité administrative, dont la mission se résume en une appréciation des besoins de la société, a pu, par tolérance, laisser sans application une loi ou un règlement dont plus tard elle est amenée à faire un usage plus fréquent ou plus rigoureux. C'est pour des cas semblables que le maire peut rappeler par une publication nouvelle les prescriptions qu'il se propose de faire exécuter d'une manière plus suivie. Quant aux anciennes lois ou aux anciens règlements légalement abrogés, ils ne peuvent évidemment être remis en vigueur par l'autorité municipale. (*Cass.* 13 *août* 1813.)

96. Puisque la publication, par le maire, des lois et règlements ne peut avoir pour but la promulgation d'une disposition nouvelle, mais constitue seulement le rappel d'une prescription existante, il en résulte qu'il n'a pas le droit de modifier les lois qu'il publie, non plus que les règlements originairement émanés d'un pouvoir supérieur au sien. S'ils émanent d'un pouvoir égal, il peut les réformer, mais c'est alors une disposition nouvelle qu'il édicte. Il s'ensuit encore qu'il ne peut publier que des lois ou règlements

qui, dans l'origine, se sont appliqués à la commune dans laquelle a lieu la nouvelle publication (*Cass.* 28 *avril* 1832). L'ancienne législation a légué à la nouvelle un grand nombre de ces dispositions réglementaires : ainsi l'on doit considérer comme subsistant encore toutes celles des lois et règlements antérieurs au Code pénal qui sont relatives à la police rurale, à l'état civil, aux maisons de jeu, aux loteries non autorisées et autres objets semblables que le Code n'envisage que dans quelques-unes de leurs branches (*Avis du C.* 8 *févr.* 1812). Ajoutons que depuis 1812 bien des points régis antérieurement par la coutume ont été réglés par la loi. (*Voy.*, par exemple, **État civil, Loterie,** etc.)

97. Si nous avons à parler de la force obligatoire des règlements de police à l'égard des habitants de la commune et des personnes qui s'y trouvent même momentanément (*Cass.* 27 *févr.* 1847), c'est moins pour insister sur le principe qui est incontestable, que pour préciser la portée de l'attribution faite aux maires.

98. L'autorité municipale, sauf le cas où l'intérêt public provoque, de sa part, des injonctions ou des prohibitions individuelles et spéciales, ne peut et ne doit exercer le pouvoir dont elle est investie que par voie de disposition réglementaire et conséquemment générale. La généralité des dispositions est, en effet, la meilleure garantie de leur impartialité.

99. Un règlement, d'ailleurs, ne serait pas réellement d'une application générale, si, tant qu'il subsiste, il était permis à son auteur d'y déroger par des décisions particulières en permettant à un ou plusieurs individus ce qu'il a jugé nécessaire d'interdire indistinctement à tous. Les arrêtés rendus par l'autorité municipale, en vertu de la loi des 16-24 août 1790 et des lois analogues (*voy.* n⁰ˢ 17 *et suiv.*), sont donc obligatoires pour elle-même comme pour les citoyens qu'ils concernent, tant que cette autorité ou l'administration supérieure ne les a pas rapportés ou modifiés par des dispositions également générales. (*Cass.* 15 *déc.* 1836, 12 *déc.* 1846.)

100. Toutefois, et nous avons commencé par cette réserve, il est des cas où l'intérêt public exige que l'autorité municipale procède par voie d'injonction individuelle ou qu'elle fasse cesser par une prohibition spéciale un fait nuisible aux personnes ou aux choses qu'elle doit protéger. Elle ne peut, le conçoit se trouver désarmée ; les mesures qu'elle prendra seront valables et obligatoires si elles puisent leur raison d'être dans un véritable intérêt de police, mais outre la garantie ordinaire qu'on trouve dans le contrôle du juge appelé à vérifier la légalité de l'arrêté, et le recours à l'autorité supérieure, il y aura lieu au recours par la voie contentieuse.

101. Des arrêtés individuels peuvent évidemment être pris par l'autorité municipale pour prévenir les infractions qui pourraient être commises à un règlement général, et ces arrêtés, véritables actes d'exécution, ne sont pas soumis au délai suspensif établi par l'art. 11 de la loi du 18 juillet 1837. (*Cass.* 8 *avril* 1852. *Voy.* n⁰ˢ 48 *et suiv.*)

102. Que la prescription soit générale ou individuelle, il faut qu'elle ait trait à l'un des objets que les lois confient à la vigilance de l'autorité municipale, et qu'elle n'aille pas, d'ailleurs, à l'encontre des lois ou des principes constitutionnels de liberté individuelle, civile et religieuse, ou du moins n'impose à cette liberté que les restrictions absolument indispensables. C'est surtout, en matière industrielle qu'il s'élève à cet égard des questions nombreuses et délicates. Disons seulement qu'en général les maires peuvent, dans les limites indiquées plus haut (*suprà*, n⁰ˢ 39 *et suiv.*), prescrire toutes les précautions qu'ils jugent nécessaires dans l'intérêt de la sûreté, de la salubrité et même de la commodité des habitants ; imposer au commerce des restrictions en vue d'assurer la fidélité du débit des denrées ou le repos des citoyens ; mais qu'ils ne peuvent créer des priviléges ou monopoles, interdire absolument l'exercice d'une profession (*Cass.* 1ᵉʳ *avril* 1826) ou mettre obstacle à ce qu'une industrie soit librement pratiquée (*Cass.* 4 *déc.* 1840, 1ᵉʳ *déc.* 1849) ; prescrire aux habitants l'emploi exclusif de tel ou tel moyen d'approvisionnement (*Cass.* 11 *août* 1842) ; ordonner la fermeture d'un établissement industriel au lieu de se borner à prescrire les mesures de précaution nécessaires (*Cass.* 23 *nov.* 1850) ; aggraver le régime sous lequel les établissements insalubres ont été placés par la législation spéciale (*Cass.* 25 *nov.* 1853, 1ᵉʳ *juin* 1855) ; mais l'autorité municipale peut prohiber les ventes mobilières aux enchères publiques faites à la lumière. (*Cass.* 16 *oct.* 1847.)

103. Il est aussi quelquefois difficile de fixer la limite des sacrifices que la propriété doit aux intérêts que le maire représente. Les arrêtés de police ne sauraient imposer aucune servitude sur les propriétés particulières (*Cass.* 3 *mai* 1833, 2 *juin* 1333) ; mais les mesures qu'ils prescrivent pour assurer la salubrité publique doivent recevoir leur exécution, quels que soient les droits de propriété ou de servitude que puissent invoquer ceux que ces mesures concernent (*Cass.* 11 *févr.* 1830, 19 *août* 1836, 2 *juin* 1838, 24 *août* 1843). Ainsi, l'arrêté par lequel un maire prohibe les couvertures en paille, chaume ou roseau, et défend aux habitants de réparer les couvertures de leurs demeures autrement qu'en tuiles ou ardoises est obligatoire (*Cass.* 19 *mars* 1836) ; le droit de l'autorité municipale va même jusqu'à pouvoir, pour prévenir les incendies et autres accidents, désigner les matériaux à employer dans la construction des bâtiments (*Cass.* 1ᵉʳ *juill.* 1853). Il y aurait, au contraire, violation du droit de propriété dans l'arrêté qui prescrirait la *destruction* des couvertures de maison en paille, chaume ou roseau, au lieu de leur remplacement en tuiles ou ardoises (*Cass.* 3 *déc.* 1840), ou qui interdirait aux habitants de pénétrer dans leurs propriétés chargées de récoltes sans la permission préalable de l'autorité (*Cass.* 28 *nov.* 1839). Mais l'arrêté municipal qui, dans l'intérêt de la sûreté et de la salubrité publiques, ordonne la clôture d'un terrain joignant la voie publique est parfaitement légal. (*Cass.* 3 *mai* 1850.)

104. *Police judiciaire.* Outre leurs fonctions administratives, les maires tiennent de la loi des attributions judiciaires. Ils ne sont plus[1] juges de

---

[1]. L'art. 166 du Code de 1808 n'a guère été appliqué ; il était d'ailleurs contraire au principe de la séparation des pouvoirs.

police dans les communes non chefs-lieux de canton (*C. d'I. C.*, *art.* 138 et 166, modifiés par la loi du 27 janvier 1873); mais ils sont officiers du ministère public près le tribunal de police tenu par le juge de paix, en cas d'empêchement ou à défaut de commissaire de police (*Id.*, *art.* 144; *voy.* *infrà*, n° 142); enfin, comme officiers de police judiciaire, ils procèdent tantôt à des actes qu'ils ont directement et personnellement le pouvoir de faire (*C. d'I. C.*, *art.* 11 [1]), tantôt à des actes qu'ils ne font que par exception, par exemple, dans le cas de flagrant délit, ou dans le cas de réquisition de la part d'un chef de maison, en qualité d'auxiliaires du ministère public. (*Id.*, *art.* 49 *et* 50.)

105. Les maires et adjoints, dans l'exercice de leurs fonctions de police judiciaire, ont, en général, les mêmes pouvoirs que les commissaires de police, dont les attributions se trouvent développées aux n°s 132 et suivants, et, à cet égard, ils ne relèvent pas de leur supérieur administratif, mais du procureur général. (*C. d'I. C.*, *art.* 279.)

106. Ce n'est qu'à défaut de commissaire de police, dans les communes où il n'y en a point, ou en remplacement du commissaire de police quand il est empêché, que la loi impose au maire ou, en son absence, à l'adjoint le devoir d'agir comme officier de police judiciaire (*C. d'I. C.*, *art.* 11 *et* 14); mais il n'est pas nécessaire, pour que le maire procède à la constatation d'une infraction, que l'empêchement du commissaire soit légalement établi. Par cela seul que ce dernier ne s'est pas trouvé sur les lieux, on doit présumer qu'il a été empêché, et le maire a pu prendre valablement toutes les mesures d'instruction nécessaires. (*Cass.* 6 *sept.* et 15 *déc.* 1838.)

107. Les adjoints, dans l'ordre de leur nomination, remplacent de plein droit le maire absent ou empêché. Dans ce cas, l'adjoint exerce le pouvoir de police municipale au même titre que le maire lui-même et avec la même étendue (*L.* 18 *juill.* 1837, *art.* 14). Mais il faut, on le comprend, pour que l'adjoint fasse usage de ce droit, que l'absence ou l'empêchement du maire soient d'une certaine durée, à moins qu'il ne s'agisse de ces dispositions de police qui ne souffrent aucun retard, comme, par exemple, les mesures à prendre en cas d'incendie ou d'inondation. On sait qu'en cas d'absence ou d'empêchement du maire et de ses adjoints, le maire est remplacé par le conseiller municipal désigné par le préfet, ou, à défaut de cette désignation, par le conseiller le premier disponible dans l'ordre du tableau (*L.* 5 *mai* 1855, *art.* 4). En outre, l'art. 14 de la loi du 18 juillet 1837 autorise expressément le maire à déléguer, en l'absence des adjoints, partie de ses fonctions à ceux des conseillers municipaux qui, d'après leur rang sur le tableau, sont appelés à en faire fonctions.

1. « **Art.** 11. Les commissaires de police, et dans les communes où il n'y en a point, les maires, à défaut de ceux-ci les adjoints de mairie, rechercheront les contraventions de police, même celles qui sont sous la surveillance spéciale des gardes forestiers et champêtres, à l'égard desquels ils auront concurrence et même *prévention* (préférence). Ils recevront les rapports, dénonciations et plaintes qui seront relatifs aux contraventions de police; ils consigneront, dans les procès-verbaux qu'ils rédigeront à cet effet, la nature et les circonstances des contraventions, le temps et le lieu où elles auront été commises, les preuves ou indices à la charge de ceux qui en seront présumés coupables. »

Sect. 4. — Des commissaires de police.

108. L'institution des commissaires de police n'est pas d'origine moderne. Leurs charges avaient été, sous l'ancienne législation, érigées en titre d'offices. L'abolition de la vénalité des offices entraîna leur suppression; mais on ne tarda pas à sentir la nécessité de les rétablir. Aux termes de la loi des 21-29 septembre 1791, leurs fonctions durent consister à veiller au maintien et à l'exécution des lois de police municipale et correctionnelle, et à dresser les procès-verbaux en matière criminelle, mais sans qu'ils pussent procéder aux informations. La loi du 19 vendémiaire an IV (*art.* 11 *et* 19), le Code du 3 brumaire an IV (*art.* 25, 28 *et suiv.*), l'arrêté du Gouvernement du 19 nivôse an VIII, et enfin la loi du 28 pluviôse an VIII, à laquelle se rattache l'organisation actuelle, complétèrent et développèrent le système des commissariats de police.

109. Ce système, toutefois, ne répondait plus suffisamment aujourd'hui aux exigences du service public, et il importait, pour le maintien de l'ordre et de la sécurité, que le droit de surveillance des commissaires de police fût plus étendu. Les décrets du 28 mars 1852 et du 17 janvier 1853 ont pourvu à ce besoin et constitué l'institution sur des bases nouvelles.

ART. 1. — ORGANISATION.

110. Les commissaires de police des villes de 6,000 âmes et au-dessous sont nommés par les préfets. La révocation, pour être définitive, doit être approuvée par le ministre de l'intérieur. Ceux des villes de plus de 6,000 âmes sont nommés par le Chef de l'État, sur la proposition du ministre de l'intérieur (*D.* 28 *mars* 1852, *art.* 6). Ils doivent prêter le serment professionnel (*voy.* **Fonctionnaire**, n° 40) entre les mains du préfet, ou, en cas d'empêchement, entre celles du sous-préfet de l'arrondissement de leur résidence, et non entre les mains du maire. (*Circ. Min. Int.* 14 *déc.* 1854.)

111. Les commissaires de police ne peuvent joindre à leurs fonctions celles de secrétaire de mairie (*Décis. Min. Int.* 17 *mai* 1854). Ils ne peuvent être ni maires, ni adjoints, ni conseillers municipaux. (*L.* 5 *mai* 1855, *art.* 5 et 10.)

112. Aux termes de la loi du 28 pluviôse an VIII, chaque ville doit avoir un commissaire de police par 10,000 habitants. Cette disposition, qui, pendant longtemps, n'avait pas toujours été suivie, a été appliquée plus exactement à partir de 1855 (*Circ. Min. Int.* 10 *mars* 1855). Il n'est pas sans intérêt de rappeler, à cette occasion, que, pour apprécier le chiffre de la population légale, qui doit servir de base à la nomination des commissaires de police, il n'y a pas de distinction à faire entre la population sédentaire et la population flottante. Ces deux éléments doivent concourir, au même titre, pour la formation du chiffre de la population totale. (*Avis du C.* 6 *avril* 1849.)

113. Sous l'empire, le but poursuivi par le Gouvernement était de doter chaque canton d'un commissaire de police (*D.* 28 *mars* 1852, *art.* 7). Le nombre en fut, en effet, augmenté, mais on trouva plus tard qu'il y avait des cantons où l'intérêt public n'exige pas la présence d'un commissaire. (Il y a sur ce point des fluctuations d'opinion auxquelles la politique n'est pas complétement étrangère.)

114. En outre, l'action du commissaire de police n'est pas renfermée dans le sein de la commune qu'il habite. Dans tout canton où il existe un commissaire de police, soit au chef-lieu, soit dans une autre commune, sa juridiction s'étend à toutes les communes du canton. Dans tout canton où il existe plus d'un commissaire de police, la juridiction de chacun de ces fonctionnaires s'étend à toutes les communes du canton. Néanmoins le préfet peut, dans l'intérêt du service, déterminer les limites de la circonscription placée spécialement sous la surveillance de chacun d'eux. Dans les villes divisées en plusieurs cantons, et dans lesquelles il n'existe qu'un commissaire de police, la juridiction de ce fonctionnaire s'étend à toutes les communes de ces cantons. Dans les villes où il existe plusieurs cantons et plus d'un commissaire de police, la juridiction de chacun de ces fonctionnaires s'étend à toutes les communes de ces cantons ; mais le préfet peut, dans l'intérêt du service, déterminer les limites de la circonscription placée spécialement sous la surveillance de chacun d'eux. (*D.* 29 *janv.* 1853, *art.* 2.)

115. Comme les commissaires de police cantonaux, créés par le décret du 28 mars 1852, doivent, indépendamment de leurs attributions municipales, concourir à l'action de la police générale, on avait cru nécessaire d'établir au-dessus d'eux une impulsion et une surveillance hiérarchique, et, par un décret du 5 mars 1853, l'on avait créé, au chef-lieu de chaque département, un commissaire départemental agissant sous l'autorité du préfet. L'expérience n'a pas été favorable à cette création, qui compliquait les rapports dont la simplicité et la rapidité doivent être le premier mérite. Un décret du 22 mars 1854 a supprimé les commissaires départementaux, sauf toutefois pour les départements des Bouches-du-Rhône, de la Haute-Garonne et de la Gironde.

L'autorité qui leur avait été conférée disparaît avec l'institution et ne passe pas en d'autres mains. C'est dans les bureaux des préfectures et sous-préfectures que se concentre désormais et se centralise tout ce qui se rattache à la surveillance administrative et politique du département et des arrondissements.

116. Toutefois, dans les localités dont le service exige le concours simultané de plusieurs commissaires, il y avait inconvénient à laisser ces agents procéder isolément. Pour les soumettre à une direction commune, les commissaires centraux ont été institués par le décret du 22 mars 1854, de manière à imprimer au service de la police une direction unique, sans déplacer ni affaiblir l'action incessante que doit avoir sur lui l'administration. (*Circ. Min. Int.* 3 *avril* 1854.)

117. Indépendamment des attributions dont il est investi par son titre de commissaire de police, le commissaire central est le chef, responsable vis-à-vis de l'autorité, de tout le service de la ville chef-lieu de sa résidence. Les autres commissaires de police du chef-lieu sont sous son autorité directe. C'est à lui qu'ils adressent leurs rapports, et c'est par son intermédiaire qu'ils reçoivent les instructions et les ordres relatifs à

leur service, sauf toutefois les exceptions motivées par les circonstances particulières, dont l'appréciation est laissée entièrement aux représentants de l'autorité administrative et judiciaire. — A ces attributions permanentes, en ce qui concerne la ville où il réside, et à raison desquelles il est investi d'une initiative complète, le commissaire central réunit le pouvoir exceptionnel d'instrumenter dans toute l'étendue de l'arrondissement ; mais l'exercice de ce droit est subordonné à une autorisation spéciale du préfet et du sous-préfet.

118. Les commissaires de police résidant dans les autres parties de l'arrondissement restent chefs de service dans leurs circonscriptions respectives. Ils correspondent directement, suivant les cas, avec les représentants de l'autorité administrative ou de l'autorité judiciaire ; le préfet peut cependant déléguer au commissaire central, en tout ou en partie, l'autorité dont il est investi lui-même, et il lui appartient, dans ce cas, d'en régler l'exercice suivant les circonstances, une entière latitude lui étant laissée à cet égard. (*Id.*)

119. Avant la promulgation du décret du 28 mars 1852, les commissariats de police, établis sous l'empire de la loi du 28 pluviôse an VIII, dans les communes dont la population atteignait le chiffre de 5,000 âmes, avaient une existence légale et indépendante de la volonté des communes ; les dépenses auxquelles ils donnaient lieu, dans les limites fixées par les arrêtés des Consuls des 23 fructidor an IX et 17 germinal an XI, et par le décret du 22 mars 1813, étaient une charge obligatoire, alors même que le commissariat aurait été créé sans leur assentiment. Il en était autrement pour les commissariats établis dans les localités inférieures à 5,000 habitants ; la création n'ayant pu avoir lieu que sur l'initiative des communes, le caractère obligatoire de la dépense pouvait être légitimement contesté. Le décret du 28 mars 1852 a fait cesser cette différence. Les commissariats de police qui existaient à cette époque sont assujettis à la même règle, quelle que soit la population de la résidence, et la totalité de la dépense à laquelle ils donnent lieu est obligatoire pour les communes comprises dans la circonscription cantonale, d'après la répartition qui en est faite entre elles par le préfet en conseil de préfecture. (*Circ. Min. Int.* 10 *mars* 1855.)

120. Les commissariats dont la création est postérieure au décret du 28 mars 1852 sont régis par les mêmes dispositions. Les traitements et les frais de bureau de ces commissariats sont une dépense également obligatoire pour les communes, avec cette différence, toutefois, que l'art. 7 du décret a déterminé un minimum de la subvention qui doit être exigée des communes dans lesquelles est établie la résidence. Cette contribution ne peut être inférieure à 300 fr. pour les communes dont la population est au-dessous de 1,500 habitants ; à 500 fr. pour celles dont la population est de 1,500 à 3,000 habitants, et à 600 fr. pour celles dont la population est de 3,000 à 5,000 habitants. (*Id.*)

121. Ainsi, dans l'état actuel des choses, les traitements et frais de bureau des commissaires de police constituent une dépense obligatoire, quelle que soit la date de leur création, et en cas de refus des communes, l'administration aurait le droit d'user à leur égard de tous les moyens d'action dont elle est investie par la loi du 18 juillet 1837 pour les dépenses de cette catégorie. (*Voy.* **Organisation communale**, chap. VII.)

122. L'art. 5 du décret du 28 mars 1852 établissait en principe cinq classes de commissariats de police. Le traitement et les frais de bureau attribués à chacune de ces classes ont été réglés ainsi qu'il suit par le décret du 27 février 1855 :

	Traitement.	Frais de bureau.	Total.
1re classe	4,000f	800f	4,800f
2e —	3,000	600	3,600
3e —	2,000	400	2,400
4e —	1,500	300	1,800
5e —	1,200	240	1,440

123. La répartition entre cinq classes des commissariats créés ou à créer est réglée par décret dans les limites ci-après :

Peuvent être portés à la première classe : 1° les commissaires de police ayant le titre de commissaires centraux dans les villes qui ont cinq commissaires de police et au-dessus, y compris le commissaire central : 2° les commissaires de police des villes ayant une population supérieure à 100,000 habitants ; 3° les commissaires centraux des villes qui sont le siége d'une cour d'appel ou d'une cour d'assises, le chef-lieu d'une division militaire ou le siége d'une préfecture maritime, lorsque ces villes ont au moins trois commissaires de police, y compris le commissaire central. (*Id.,* *art. 2 et 3.*)

Peuvent être portés à la deuxième classe : 1° les commissaires centraux de police institués dans les villes qui ne sont pas comprises dans la première classe ; 2° les commissaires de police des villes dans lesquelles les commissaires centraux appartiennent à la première classe, d'après les dispositions ci-dessus ; 3° les commissaires de police des villes dont la population excède 20,000 habitants et qui n'ont pas de commissaire central ; 4° les commissaires de police des villes qui sont le chef-lieu d'un département, d'une cour d'assises, d'un arrondissement de sous-préfecture ou d'un tribunal civil, et dont la population est de 15,000 habitants et au-dessus. (*Id.,* *art.* 4.)

Peuvent être portés à la troisième classe : 1° les commissaires de police des villes dont la population est supérieure à 70,000 habitants, et qui ne sont comprises dans aucune des catégories déjà indiquées ; 2° les commissaires de police des villes qui sont le chef-lieu d'un département, alors même que la population desdites villes est inférieure à 7,000 habitants. (*Id.,* *art.* 5.)

Peuvent être portés à la quatrième classe, les commissaires de police des villes et communes dont la population, inférieure à 7,000 habitants, est supérieure à 5,000, ou qui, ayant une population inférieure à 5,000 habitants, sont le siége d'une sous-préfecture, ou d'un tribunal civil ou de commerce. (*Id.,* *art.* 6.)

Les commissaires de police des villes et communes dont la population est inférieure à 5,000 habitants et qui ne seraient pas comprises dans l'une des quatre premières catégories, appartiennent à la cinquième classe. (*Id.,* *art.* 7.)

124. Les dispositions qui précèdent ne sont pas applicables aux commissariats de police compris dans le ressort de la préfecture de police de la Seine ou établis dans la ville de Lyon, ni aux commissaires spéciaux, dont le traitement est à la charge de l'État. (*Id.,* *art.* 8.)

125. A Paris, chaque arrondissement municipal est divisé en quatre quartiers à chacun desquels un commissaire de police est attaché [1]. En outre, il existe un commissaire adjoint attaché au quartier des Champs-Élysées et chargé particulièrement de la section de Chaillot, des commissaires de police affectés aux délégations judiciaires et dont le nombre varie suivant les besoins du service, un commissaire de police chargé de la surveillance de la Bourse, un commissaire remplissant les fonctions de ministère public près le tribunal de police municipale ; deux commissaires interrogateurs, un commissaire de police vérificateur en chef des poids et mesures et sept commissaires inspecteurs de la même partie. Nous avons mentionné déjà le commissaire chef de la police municipale et celui qui est chargé du contrôle des services extérieurs. (*Voy. suprà, n*° 84.)

126. Les commissaires de quartier peuvent exercer leurs fonctions dans toute l'étendue de la ville ; c'est seulement pour l'ordre du service qu'une circonscription particulière leur est assignée.

127. Les commissariats établis pour les divers quartiers de la ville de Paris sont de première ou de seconde classe. Le préfet de police désigne ceux de ces commissariats qui appartiennent à la première classe et ceux qui font partie de la seconde. Cette désignation peut être renouvelée de cinq en cinq ans (*O.* 31 *août* 1830, *art.* 1 et 2). Un traitement de 6,000 fr. et une indemnité de 1,500 fr. pour frais de bureau sont affectés aux commissariats de police de première classe. Un traitement de 5,400 fr. et une indemnité de 1,200 fr. pour frais de bureau sont affectés aux commissariats de police de seconde classe. Nul ne peut être nommé à un commissariat de police de première classe, s'il n'a exercé pendant deux ans au moins dans un ou plusieurs commissariats de seconde classe. (*Id.,* *art.* 3 et 4.)

128. Chaque commissaire a, pour l'assister dans ses fonctions, un secrétaire qui est nommé par le préfet de police. Les secrétaires ne peuvent signer aucun acte ou expédition ; en cas d'absence du commissaire, ils peuvent rédiger les actes, mais ils les font signer par le commissaire de police chargé de l'intérim du titulaire absent. (*Déc. Préf. de pol.* 2 *flor. an XII.*) En outre, un inspecteur de police et un sonneur, nommés également par le préfet de police, sont attachés à chaque commissariat.

129. Le costume des commissaires de police a fait l'objet d'un décret rendu à la date du 31 août 1852. Il convient que les commissaires de police en soient revêtus lorsqu'ils sont dans l'exercice de leurs fonctions, mais l'absence du costume n'empêcherait pas qu'ils constatassent valablement une contravention (*Cass.* 6 *juin* 1807, 10 *mars* 1815). Le port de l'écharpe ou ceinture tricolore qui leur sert d'insigne (*Arr.* 17 *flor. an VIII, art.* 4 et 5), est au contraire indispensable (*voy.* **Attroupement**, *n*° 2). Toutefois, les ou-

---

1. En fait, plusieurs commissaires sont chargés de deux quartiers.

trages envers un commissaire de police, dans l'exercice de ses fonctions, seraient considérés et punis comme faits à un fonctionnaire public et non à un simple particulier, quoiqu'il ne fût revêtu ni de son costume ni de son écharpe, au moment où il les a reçus, si celui qui l'a outragé connaissait sa qualité. (*Cass.* 5 *sept* 1812, 6 *mars* 1813.)

130. Les articles 13 et 14 du Code d'instruction criminelle ont réglé le mode suivant lequel les commissaires de police absents ou empêchés doivent être suppléés ou remplacés dans leur service. Dans les communes ayant plusieurs commissaires de police et divisés en plusieurs arrondissements, l'intérim doit être confié à l'un des commissaires de l'arrondissement voisin ; mais s'il s'agit d'une commune ayant un seul commissaire de police, c'est au maire ou à son adjoint qu'il appartient d'en remplir les fonctions pendant toute la durée de l'empêchement. La désignation qui serait faite par le préfet, soit d'un commissaire de police appartenant à une autre résidence, soit d'un agent auxiliaire pour remplacer le commissaire de police absent ou empêché, constituerait une infraction à la loi. (*Circ. Min. Int.* 10 *févr.* 1855.)

131. Dans un seul cas, les commissaires de police peuvent exercer leurs fonctions hors de ressort, c'est lorsqu'ils continuent les visites nécessaires chez les personnes soupçonnées du crime de fabrication, introduction ou distribution de faux billets de banque (*C. d'I. C.*, *art.* 464; *D.* 28 *mars* 1852, *art.* 4). Toutefois, si les commissaires de police ne peuvent rechercher et constater les contraventions que dans l'étendue de leur circonscription territoriale, rien ne s'oppose à ce qu'ils reçoivent la plainte d'une contravention commise en dehors de cette circonscription, et une telle plainte peut servir légalement de base à une poursuite contre le contrevenant. (*Cass.* 4 *nov.* 1853.)

Art. 2. — FONCTIONS DES COMMISSAIRES DE POLICE.

132. Les commissaires de police sont à la fois magistrats de l'ordre administratif et de l'ordre judiciaire. En cette dernière qualité ils agissent tantôt comme officiers de police judiciaire, tantôt comme officiers du ministère public près les tribunaux de simple police.

133. Comme fonctionnaires administratifs, ils veillent au maintien et à l'exécution des lois et des règlements de police municipale (*D.* 21-29 *sept.* 1791, *art.* 2). Ils peuvent, au besoin, requérir les gardes champêtres et les gardes forestiers de leur circonscription. Ces gardes doivent les informer de tout ce qui intéresse la tranquillité publique (*D.* 28 *mars* 1852, *art.* 3). Aux termes d'une circulaire du directeur général des forêts, c'est seulement lorsque la tranquillité publique est menacée que les commissaires de police doivent user du droit de requérir les gardes forestiers. Dans les cas ordinaires, ces gardes ne doivent pas être employés à un service de police étranger à leurs fonctions, et les commissaires de police doivent recourir à l'intermédiaire des gardes généraux pour les communications qu'ils ont à leur faire parvenir. (*Circ.* 12 *nov.* 1853.)

134. Outre les attributions générales de police municipale, les commissaires de police sont spé-

cialement chargés de parapher le registre sur papier timbré que doivent tenir les aubergistes et logeurs pour l'inscription de tous ceux qui couchent chez eux ; de tenir la main à la sévère exécution de la loi sur ce point, de se faire représenter le registre tous les quinze jours, et plus souvent s'il est nécessaire (*L.* 19-22 *juill.* 1791, *art.* 5) ; ils veillent à ce qu'aucune personne non domiciliée dans le canton ne puisse s'y introduire sans passe-port, et font arrêter les individus qui voyageraient sans en avoir (*L.* 2 *germ. an IV, art.* 8) [1]. Ils concourent à assurer l'exécution des lois sur les poids et mesures, assistent les inspecteurs dans l'exercice de leurs fonctions, et obtempèrent à leur réquisition pour les visites et la rédaction des procès-verbaux de contravention. (*Arr.* 29 *prair. an IX, art.* 16 ; *O.* 18 *déc.* 1852, *art.* 2 ; *L.* 4 *juill.* 1837.)

135. Chaque fois qu'il constate une contravention, le commissaire de police dresse un procès-verbal qui doit mentionner la nature et les circonstances du fait, le temps et le lieu où il a été commis, les preuves et les indices à la charge de ceux qui sont présumés coupables (*C. d'Inst. crim.*, *art.* 11). La formalité de l'affirmation n'est pas exigée. (*Cass.* 12 *févr.* 1829.)

136. Les procès-verbaux de cette nature font foi en justice *jusqu'à preuve contraire* (*Cass.* 11 *déc.* 1851) des faits dont le commissaire de police déclare avoir acquis personnellement connaissance. Ainsi, il est clair que la simple énonciation de la plainte de la partie lésée n'établit pas jusqu'à preuve contraire le fait objet de cette plainte (*Cass.* 8 *oct.* 1852). De même, pour renvoyer le prévenu des fins d'un procès-verbal rédigé par le commissaire, mais sur le rapport d'un agent de police, le juge n'est pas obligé de recourir à la preuve contraire (*Cass.* 24 *févr.* 1855). Le juge, en effet, se trouve seulement en présence de la déclaration de l'agent de police, qui ne vaut que comme simple renseignement, alors même que son contenu est affirmé sous serment à l'audience par l'agent rédacteur. (*Même arrêt.*)

137. Lorsqu'il dresse ainsi des procès-verbaux, le commissaire de police échange ses fonctions de surveillance administrative contre *celles d'officier de police judiciaire* (*C. d'I. C.*, *art.* 9). En cette qualité, l'art. 11 du Code d'instruction criminelle lui impose, en général, le devoir de « rechercher les contraventions de police, même celles qui sont sous la surveillance spéciale des gardes forestiers et champêtres, à l'égard desquels il a concurrence et même prévention (préférence). Il reçoit les rapports, dénonciations et plaintes qui sont relatifs aux contraventions de police. » Ce texte, il faut le remarquer, n'accorde le droit de concurrence ou même de préférence aux commissaires de police sur les gardes forestiers ou champêtres que pour ce qui concerne les *contraventions*. Leur compétence ne s'étend donc pas aux *délits* [2]

1. Cette disposition, qui porte le cachet d'une époque révolutionnaire pleine de troubles, de guerre civ.le et de violences de toute sorte, est heureusement devenue d'une application impossible. On devrait expressément la supprimer.
2. C'est sans doute, contrairement à l'intention du législateur, qu'on prend à la lettre le mot contravention, le garde champêtre n'étant habituellement appelé qu'à constater des contraventions, tandis que le commissaire peut également constater les crimes et délits.

qui portent atteinte à la propriété rurale ou forestière.

138. Pour ce qui concerne cette attribution, le commissaire de police est placé sous l'autorité directe des cours d'appel. Il en est de même pour les attributions qui lui sont conférées par diverses lois spéciales, en matière de grande voirie (*L. 29 flor. an X, art.* 2 ; *voy.* **Voirie**), de police des Bourses de commerce (*Arr. 29 germ. an IX, art.* 14, *et* 27 *prair. an X* ; *voy.* **Agents de change et Bourses de commerce**), de police de la pharmacie (*L.* 21 *germ. an XI, art.* 30; *voy.* **Médecine** [**Exercice de la**]) ; de police de l'imprimerie et de la librairie. (*O.* 13 *sept.* 1829, *art.* 2 ; *voy.* **Imprimerie, Librairie.**)

139. Le commissaire de police n'agit plus, au contraire, en vertu d'une délégation directe, mais comme officier auxiliaire du procureur de la République lorsqu'il constate les crimes et délits. « Il est tenu d'en donner avis sur-le-champ au procureur de la République près le tribunal dans le ressort duquel ce crime ou délit aura été commis ou dans lequel le prévenu pourrait être trouvé, et de transmettre à ce magistrat tous les renseignements, procès-verbaux et actes qui y sont relatifs. » (*C. d'I. C., art.* 29.) Dans le cas de flagrant délit, ou dans le cas de réquisition de la part d'un chef de maison, il dresse les procès-verbaux, reçoit les déclarations de témoins, fait les visites et les autres actes, qui sont, auxdits cas, de la compétence des procureurs de la République, le tout dans les formes et suivant les règles établies au chapitre des procureurs de la République. (*Id , art.* 49.)

140. Le commissaire de police, comme, en général, les officiers de police auxiliaires, doit renvoyer sans délai les dénonciations, procès-verbaux et autres actes par lui faits, dans les cas de sa compétence, au procureur de la République, qui est tenu d'examiner sans retard les procédures et de les transmettre, avec les réquisitions qu'il juge convenables, au juge d'instruction. Dans les cas de dénonciation de crimes ou délits autres que ceux qu'ils sont directement chargés de constater, les commissaires de police transmettent aussi, sans délai, au procureur de la République les dénonciations qui leur ont été faites, et le procureur les remet au juge d'instruction avec son réquisitoire. (*Id., art.* 53 *et* 54.)

Le procureur de la République, lorsqu'il exerce son ministère sur la constatation des crimes, peut, s'il le juge utile ou nécessaire, charger le commissaire de police de partie des actes de sa compétence. Il peut également, si le commissaire de police l'a précédé sur les lieux et commencé l'information, l'autoriser à la continuer. (*Id., art.* 51 *et* 52.)

141. Les commissaires de police peuvent être chargés, mais par exception seulement, de commissions rogatoires (*Circ. Min. Intér.* 12 *mai* 1855). Lorsqu'ils se transportent dans leur canton pour procéder à des informations judiciaires, ils ne peuvent, en aucun cas, prétendre à l'indemnité allouée aux juges et officiers du ministère public par l'art. 88 du décret du 18 juin 1811, pour les déplacements nécessités par le service judiciaire. Toutefois, les frais inaccoutumés faits pour l'exécution d'une commission rogatoire qui aurait nécessité un transport de plus de cinq kilomètres de leur résidence peuvent leur être remboursés sur les fonds du ministère de la justice, à titre de dépense extraordinaire, mais à la condition d'être indiqués par un mémoire détaillé et accompagné, autant que possible, de pièces justificatives. (*Id.*)

142. Il reste, pour compléter le tableau des attributions des commissaires de police, à parler des fonctions du ministère public qu'ils exercent près des tribunaux de simple police. Ils jouissent, en cette qualité, de tous les droits qui appartiennent au procureur de la République dans les limites de cette attribution. Les citations sont données à leur requête (*C. d'I. C., art.* 145) ; ils peuvent, avant le jour de l'audience, requérir le juge de paix d'estimer ou faire estimer les dommages (*Id., art.* 148) ; ils font citer les témoins, résument l'affaire à l'audience et prennent des conclusions (*Id., art.* 153), requièrent l'application des peines légales aux témoins défaillants (*Id., art.* 157 *et* 158), et enfin poursuivent l'exécution du jugement. (*Id., art.* 165.)

Sect. 5. — Des agents de police.

143. La loi reconnaît et consacre l'existence d'individus qui, sous le titre de *sergents de ville, gardes de ville, gardiens de la paix, appariteurs,* ou simplement d'*agents de police,* sont institués par l'autorité municipale pour concourir, sous ses ordres, à la police en exerçant une surveillance ostensible ou occulte.

144. L'art. 77 du décret du 18 juin 1811 assimile les agents de police aux agents de la force publique et leur impose les mêmes obligations, soit lorsqu'ils sont requis de prêter main-forte à l'exécution des jugements, soit lorsque, porteurs eux-mêmes de mandements de justice, ils sont chargés d'arrêter les prévenus, accusés ou condamnés et de les traduire devant le magistrat compétent. En cette qualité, ils jouissent de la protection accordée par l'art. 224 du Code pénal aux agents dépositaires de la force publique, et les outrages qu'ils ont reçus doivent être punis des peines prononcées par cet article. (*Cass.* 29 *août* 1829.)

145. Lorsque, sous les ordres de l'autorité municipale qui les a institués, ils exercent la surveillance qui leur a été confiée, ils sont compris dans la dénomination des *agents d'une autorité publique,* et les injures qui leur sont adressées pour des faits relatifs à leurs fonctions, doivent être réprimées conformément aux dispositions prescrites par l'art. 19 de la loi du 17 mai 1819. (*Id.*)

146. Il y a plus, si l'agent de police est chargé de remplir un *service de ministère public,* par exemple, de conduire une patrouille, il se trouve dès lors placé sous la protection de l'art. 230 du Code pénal, en sorte que, s'il a été l'objet de violence ou de coups, le prévenu doit être renvoyé devant la juridiction criminelle. (*Cass.* 6 *oct.* 1831.)

147. Le caractère d'officiers de police judiciaire n'appartient pas aux agents de police (*Cass.* 9 *févr.* 1809 ; 29 *août* 1829). Leurs rapports n'ont d'autorité devant les tribunaux que lorsqu'ils sont appuyés par des preuves légales et sont regardés seulement comme des éléments de poursuite et des documents utiles aux investigations de la justice (voy. suprà, n° 136). Comme ces rapports ne constituent pas, à proprement parler, des procès-verbaux, il n'y a jamais lieu de discuter leur régularité.

148. Les agents de police, hors des cas où ils sont porteurs de mandats légaux (D. 18 juin 1811, art. 77), n'ont aucun droit coercitif sur les personnes et ne peuvent les arrêter qu'en cas de flagrant délit. Ils ne peuvent faire de leur chef aucun acte de poursuite ni s'introduire dans le domicile des citoyens.

149. Dans les communes qui n'ont pas de commissaire de police, ils sont placés sous les ordres immédiats du maire. Dans les autres, ils sont subordonnés au commissaire de police et agissent sous sa direction. C'est aussi leur devoir d'obtempérer aux réquisitions qui peuvent leur être adressées par les juges de paix agissant comme auxiliaires du procureur de la République.

150. A Paris, les agents de police sont nommés et révoqués par le préfet de police. Dans le tableau que nous avons donné (suprà, n° 84) de la police municipale de Paris, d'après le décret du 27 novembre 1859, on a remarqué les officiers de paix. Leurs fonctions ont trait exclusivement à la police ; ce sont des agents de police d'un ordre supérieur, dont la mission consiste à diriger les inspecteurs de police et les gardiens de la paix.

Sect. 6. — Des agents spéciaux.

151. Il n'entre pas dans le plan de cet article, consacré à des matières d'administration, de parler des fonctionnaires qui, comme le juge d'instruction, le procureur de la République et les substituts, le juge de paix, ne concourent à l'action de la police que dans l'ordre judiciaire. L'art. 11 du Code d'instruction criminelle range encore parmi les officiers de police judiciaire les gardes champêtres et forestiers et les officiers de gendarmerie. Les premiers sont seulement officiers de police judiciaire, sans avoir la qualité d'auxiliaire du ministère public, qui appartient aux seconds. (Voy. Forêts, Gardes champêtres et Gendarmerie.)

152. Il existe, en outre, de nombreux agents spéciaux adjoints à la police judiciaire et autorisés seulement à constater des infractions déterminées. Il suffira de les énumérer en renvoyant pour les détails aux matières auxquelles se rattachent les fonctions de ces agents. (Voy. aussi Procès-verbaux.)

153. Les conducteurs des ponts et chaussées ont qualité pour constater : 1° les contraventions à la grande voirie (L. 29 flor. an X, art. 2) ; 2° les contraventions à la police des mines (L. 21 avril 1810, art. 23) ; 3° les contraventions relatives aux chemins de fer (L. 15 juill. 1845, art. 11, 12 et 23) ; 4° les contraventions commises dans l'exploitation des bois destinés au service des ponts et chaussées (C. F., art. 143). Les piqueurs des ponts et chaussées peuvent aussi constater les contraventions de grande voirie (L. 23 mars 1842, art. 2). Les cantonniers jouissent d'un droit analogue ; ils ont la surveillance des routes et constatent les contraventions de grande

voirie. (Voy. Cantonniers, Piqueurs, Ponts et chaussées, Voirie.)

154. Les ingénieurs des ponts et chaussées constatent : 1° les contraventions en matière de grande voirie (L. 29 flor. an X, art. 2 ; D. 16 déc. 1811, art. 30) ; 2° les contraventions de grande voirie commises sur les chemins de fer, les infractions aux clauses du cahier des charges de l'exploitation relatives au service de la navigation, à la viabilité des routes et à l'écoulement des eaux ; enfin, les crimes, délits et contraventions concernant la sûreté de la circulation sur les chemins de fer. (L. 15 juill. 1845, art. 11, 12 et 23.)

155. Les commissaires et sous-commissaires des chemins de fer sont chargés de constater les crimes, délits et contraventions commis dans l'enceinte des chemins de fer et leurs dépendances (L. 27 févr. 1850, art. 3 ; voy. Chemins de fer). Ils ont, concurremment avec les surveillants et les inspecteurs des lignes télégraphiques, le droit de constater les infractions à la police de ces lignes. (D. 27 déc. 1851, art. 10. Voy. Télégraphe.)

156. Les ingénieurs des mines constatent les contraventions et délits survenus dans l'exploitation des mines ou les infractions aux mesures prises pour la conservation des édifices et la sûreté du sol (L. 21 avril 1810, art. 47 et 93 ; D. 3 janv. 1813, art. 13 et 21). Ils constatent également les accidents causés par les appareils à vapeur et les délits relatifs à la sûreté des chemins de fer (O. 22 mai 1843, art. 75 ; L. 15 juill. 1845, art. 12 et 23). Les gardes-mines constatent les contraventions : 1° à la police des mines (L. 21 avril 1810, art. 93) ; 2° aux règlements sur l'exploitation des mines (D. 3 janv. 1813, art. 13 ; 3° aux clauses des cahiers de charges de chemins de fer concernant la voirie. (L. 15 juill. 1845, art. 12. Voy. Carrières et Mines.)

157. Les gardes d'écluse et de halage constatent : 1° les détériorations commises sur les canaux, fleuves et rivières (L. 29 flor. an X, art. 2) ; 2° les délits de pêche (L. 15 avril 1829, art. 36). Les gardes de chaussées et des digues constatent les dégradations faites aux chaussées et digues. (D. 14 nov. 1807 et 15 mai 1813.)

158. Les délits forestiers et de la pêche fluviale sont constatés par des agents qui sont les conservateurs, inspecteurs, sous-inspecteurs, gardes généraux, arpenteurs, maîtres de la marine, gardes-ventes, gardes-pêches et gardes-pêches des fermiers et des riverains. (L. 14 flor. an X, art. 17 ; C. f., art. 5, 44, 56, 134, 160 ; O. 1er août 1827, art. 11, 19 et 22 ; L. 15 avril 1829, art. 7.)

159. Les employés des contributions indirectes et des douanes constatent les contraventions aux lois sur ces matières, et notamment aux lois sur les boissons, les tabacs, les poudres à feu, les cartes à jouer, les sels, les sucres indigènes, etc. (L. 28 avril 1816, art. 41, 68, 169, 223, 255 et suiv. ; L. 21 avril 1818, art. 65 ; 31 mai 1846, art. 27.) Les employés de l'octroi constatent les contraventions relatives à la perception des octrois (O. 17 déc. 1814, art. 75) ; les contraventions aux lois sur les contributions indirectes (D. 17 mai 1809, art. 155). Ils concourent même à la recherche des délits de police. (D. 17 mai

1809, *art.* 156. *Voy.* **Boissons, Contributions indirectes, Douanes, Octrois.**)

160. Les receveurs, contrôleurs et inspecteurs des postes ont le droit de rechercher et de constater les contraventions relatives au transport des lettres. (*Arr.* 27 *prair. an IX. Voy.* **Postes.**)

161. Les commandants d'armes, les gardes du génie et les portiers-concierges des places de guerre ont le droit de constater les dégradations commises aux ouvrages et bâtiments militaires. (*L.* 8-10 *juill.* 1791, *tit. Ier ; L.* 29 *mars* 1806, *art.* 2; *D.* 24 *déc.* 1811, *art.* 65.)

162. Les membres des autorités sanitaires exercent les fonctions d'officiers de police judiciaire pour tous les crimes, délits et contraventions commis dans l'enceinte et les parloirs des lazarets et autres lieux réservés. (*L.* 3 *mars* 1822, *art.* 17 ; *O.* 7 *août* 1822, *art.* 72.)

163. Les inspecteurs du travail des enfants dans les manufactures constatent les contraventions à la loi sur cette matière. (*L.* 22 *mars* 1841 et 19 *mai* 1874.)

CHAP. IV. — DES JURIDICTIONS CHARGÉES DE RÉPRIMER LES INFRACTIONS AUX LOIS DE POLICE.

164. L'organisation et les attributions des tribunaux chargés de réprimer les crimes et délits constituant des infractions aux lois de police sont du ressort du droit pénal et non de l'administration.

165. La répression des contraventions appartient aux conseils de préfecture et aux tribunaux de simple police. (*Voy.* **Conseil de préfecture.**)

166. Les tribunaux de police connaissent des contraventions de police simple, c'est-à-dire des faits qui sont prévus par les dispositions du 4e livre du Code pénal (*art.* 471 *et suiv.*), et qui peuvent donner lieu, soit à 15 fr. d'amende et au-dessous, soit à cinq jours d'emprisonnement ou au-dessous, qu'il y ait ou non confiscation des choses saisies et quelle qu'en soit la valeur. (*C. d'I. C., art.* 137.)

167. Quoique les simples contraventions de police soient d'un autre ordre que les violations de la loi, la juridiction qui les réprime est assujettie à une marche tout aussi régulière que celle de la justice criminelle. La procédure à suivre devant cette juridiction est réglée par le chap. 1er, tit. Ier, liv. II, du Code d'instruction criminelle. Nous ferons remarquer ici que la loi du 27 janvier 1873 a modifié les articles 138, 144 et 178 du Code d'instruction criminelle.

168. L'autorité municipale, tout en jouissant du droit de faire des règlements obligatoires pour les particuliers, n'a pas celui d'attacher une sanction pénale à ces règlements. C'est la loi elle-même qui a pris soin de déterminer la peine applicable aux contrevenants (*C. P., art.* 471 *et suiv.*). Le juge appelé à réprimer une contravention aura donc à se mettre à la fois en présence du règlement applicable et de la loi qui édicte une pénalité susceptible d'être graduée suivant la gravité de l'infraction.

169. En ce qui concerne cette dernière partie de la tâche, nulle question d'appréciation ; mais quant au règlement, le juge est appelé à en vérifier le caractère et la légalité. Il doit se refuser à l'appliquer, si le règlement est illégal, soit qu'il

constitue de la part de son auteur un excès de pouvoir, soit qu'il renferme des dispositions contraires à la loi, soit enfin qu'il statue sur des matières étrangères au domaine de l'autorité réglementaire.

170. L'exercice régulier de ce droit n'entraîne aucune immixtion dans les actes de l'administration ; il n'implique pas même la condamnation comme illégal de l'acte administratif invoqué. Il y a seulement refus de concours de la part du juge qui délaisse l'administration à faire exécuter l'acte émané d'elle par les moyens d'action qui lui sont propres. C'est ce qui est exprimé dans un arrêt rendu le 12 mai 1813, suivi, d'ailleurs, d'un grand nombre de décisions analogues ; « attendu que si les tribunaux ne peuvent s'immiscer dans les actes administratifs, ni mettre des entraves à leur exécution, ils ne peuvent non plus aider à leur exécution que par des moyens qui rentrent dans le cercle de leur autorité, et au cas d'infraction à des règlements faits par des administrations, les tribunaux ne peuvent punir cette infraction qu'autant que ces règlements se rattachent à l'exécution des lois existantes et portant une peine contre les contrevenants, ou qu'ils rentrent dans les objets confiés à la vigilance et à l'autorité des administrations municipales par l'art. 3, tit. XI, de la loi des 16-24 août 1790. » Maurice Block.

BIBLIOGRAPHIE.

Traité de la police, où l'on trouve l'histoire de son établissement, toutes les lois et tous les règlements qui la concernent, avec une description topographique de Paris, etc., par Delamare. Paris, 3 vol., publiés en 1705, 1710 et 1719. 2e édit. 1722. — Continuation, par Leclerc et Brillet. 1 vol., ensemble 4 vol. in-fol. Paris, 1739.

Dictionnaire ou Traité de la police des villes, bourgs, paroisses et seigneuries de la campagne, par Delapoix de Freminville. 1 vol. in-4o. Paris, 1757. 2e édit. In-8o. 1778.

Traité des fonctions, droits et priviléges des commissaires au Châtelet de Paris, par Sallé. Paris, 1759. 2e édit. 1765. 2 vol. in-4o.

Code de police, ou Analyse des règlements de police, par Duchesne. 2 vol. in-12. Paris, 1767-1768.

Dictionnaire universel de police, contenant l'origine et les progrès de cette partie de l'administration, les lois, règlements, etc., qui y ont rapport, par Desessarts. 8 vol. in-4o. 1786 et années suiv. (Cet ouvrage s'arrête à la lettre P.)

Dictionnaire de police de l'Encyclopédie méthodique, formant les 9e et 10e vol. de la *Jurisprudence.* 1788-1790.

Code de police, par Guichard. 1 vol. in-8o. 1791. L'édit. de 1794 contient la *police révolutionnaire.*

Code de la police révolut., par Rondonneau. An II.

Code correctionnel et de simple police, par Sagnier. An VII. (Renferme les anciennes ordonnances de police encore en vigueur.)

Législation de police administrative de 1789 à 1814. 1 vol. in-4o.

Collection des lois, ordonnances et règlements de police depuis le xiiie siècle jusqu'à l'année 1818, par M. Peuchet. 8 vol. in-8o. Paris, Lottin de Saint-Germain. 1819.

Dictionnaire de police moderne pour toute la France, contenant, etc.; suivi de modèles d'actes en matière de police, par M. Alletz. 4 vol. in-8o. Paris, l'auteur, Lottin de Saint-Germain, Décle. 1820.

Code de simple police, à l'usage des juges de paix, commissaires de police, maires et adjoints, par Boucher-d'Argis. In-8o. Paris, B. Varée oncle. 1821.

Code administratif, ou Recueil alphabétique de matières de toutes les lois nouvelles et anciennes relatives aux fonctions administratives de police des préfets, des sous-préfets, maires, etc., etc., jusqu'au 1er avril 1819, etc., par M. Fleurigeon; avec un supplément et une table alphabétique jusqu'au 1er septembre 1822. In-8°. Paris, Bavoux. 1822.

Dictionnaire général de la police administrative et judiciaire de la France, contenant, etc., par M. Léopold. 3e édit. In-8°. Paris, Eymery, A. Bavoux. 1822.

Essai en forme de commentaire sur la législation de police simple, etc., par M. Biret. 3e édit. In-8°. Paris, Arthus-Bertrand. 1823.

Manuel portatif des commissaires de police, contenant, etc., etc., par M. Rabasse. 2e édit. In-12. Paris, Bouquin de la Souche, A. Eymery, Lugan. 1825. 3e édit. 1837.

Dictionnaire de la police municipale, ou Lois et arrêtés de la Cour de cassation, relatifs à cette partie, mis par ordre alphabétique, par L. J. Leclaire-Joly. In-12. Paris, Raynal; Bruxelles, l'auteur. 1826.

Manuel, ou Abrégé de police raisonné sur les contraventions qui en sont l'unique objet, etc., par Jean-Antoine-Raphaël Bertrand. In-8°. La Rochelle, Bouyer. 1827.

Manuel de la police rurale et forestière, de la chasse et de la pêche, contenant tous les lois et règlements de la matière, etc., par A. Ch. Guichard. In-8°. Paris, N. Pichard. 1829.

Code des commissaires de police, etc., par M. Ancest. In-8°. Paris, Charles-Béchet. 1829.

Instruction du procureur du roi près le tribunal de la Seine (Jacquinot-Pampelune), aux juges de paix, officiers de gendarmerie, maires et commissaires de police, avec formules. 2e édit. 1 vol. 1831.

Des contraventions, des délits ou des peines, ou Législation sur les contraventions et les peines en matière de simple police, etc., par E. M. M. Miroir. In-8°. Grenoble, l'auteur. Paris, Roret. 1833.

Nouveau dictionnaire de police, ou Recueil analytique et raisonné des lois, etc., par MM. Éloin, A. Trébuchet, Elven et Lebat. In-8°. Paris, Béchet jeune, Alex. Gobelet, Joubert. 1834 et 1835.

Lois municipales, rurales, administratives et de police, contenant, etc., et Dictionnaire municipal, rural, administratif et de police, par M. Duquenel. 2e édit. 2 vol. in-8°. Paris, l'auteur. 1835.

Nouveau Manuel de la police de France, contenant le résumé alphabétique des dispositions législatives, applicables aux crimes, délits et contraventions, suivi d'une liste des établissements insalubres, par P. Truy. In-18. Paris, Roret. 1839. — Nouvelle édit. 1853.

Code de police municipale de la ville de Lyon, ou Recueil des ordonnances, arrêtés, règlements, etc., concernant la police de cette ville, par Pionin. 1 vol. in-8°. Lyon, 1840.

Du pouvoir municipal et de la police intérieure des communes, par le président Henrion de Pansey. 4e édit., précédée d'une introduction et mise au courant de la législation et de la jurisprudence. par E. V. Foucart. In-8°. Paris, Benjamin-Duprat, Videcoq. 1840.

Législation et jurisprudence des tribunaux de simple police, par Bost et Daussy. 1 vol. 1841.

Manuel de police judiciaire, par Ch. Berriat Saint-Prix. 2e édit. In-18. Paris, Dupont. 1841. 4e édit. 1862.

Des officiers de police judiciaire ordinaires et exceptionnels, par Ch. Berriat Saint-Prix. In-8°. Paris, impr. de Fournier. 1842.

De la police, de son organisation et du classement de ses agents, par S. de Lacipière. In-8°. Paris, Dentu, Dupont. 1842.

Manuel des agents de police, par J. J. Ph. Liebert. In-12. Nîmes, Ballivet. 1843.

Manuel de police rurale, par Félix Thiroux. 3e édit. In-18. Châlons-sur-Marne, Martin. 1843.

Formulaire annoté, à l'usage de tous les militaires, de la gendarmerie départementale et de la police municipale de Paris, par Perreve et Cochet de Savigny. 1 vol in-8°. 1844.

Le Préfet de police, par Vivien. In-8°. Paris, impr. de Lottin de Saint-Germain. 1845.

Collection officielle des ordonnances de police, depuis 1800 jusqu'à 1844; imprimé par ordre de M. Gabriel Delessert. 4 vol. Continué jusqu'en 1850 par ordre de M. Piétri. Paris, Paul Dupont. 1853. 1 vol. in-8°.

Le Guide du maire en matière de police municipale et rurale, contenant, etc., par D. Lacroix. In-12. Compiègne, Groux. 1846.

Traité de police municipale et rurale, etc., par E. M. M. Miroir et E. Brissot de Warville. 2 vol. in-8°. Paris, Dupont. 1846.

Traité de la police municipale, ou De l'autorité des maires, de l'administration et du Gouvernement en matières réglementaires, par le comte Napoléon de Champagny. 3 vol. in-8°. Paris, Videcoq père et fils. 1847. Nouv. édit. Maresq. 1859. 4e vol. 1863. Nouv. édit. Dupont. 1865.

Mémorandum de police administrative, à l'usage de MM. les maires, adjoints, etc., par F. A. Ramel. 2 vol. in-12. Aix, Pardigon; Paris, Dupont. 1848.

Histoire de l'administration de la police de Paris, depuis Philippe-Auguste jusqu'aux états généraux de 1789, ou Tableau moral et politique de la ville de Paris durant cette période, considéré dans ses rapports avec l'action de la police. par M. Frégier. 2 vol. in-8°. Paris. Guillaumin. 1850.

Étude sur la police, par Eugène Anglade. In-8°. Paris, Gérard. 1852.

Manuel de police, à l'usage des commissaires cantonaux et des préposés de l'administration, par MM. Émile Jæglé et Gustave Manny. In-12. Paris, Boucquin. 1853.

Coup d'œil sur l'organisation de la police en France, par J. A. Tarrade. In-4°. Paris, Carrère. 1854.

Manuel du fonctionnaire chargé de la police judiciaire, administrative et municipale, par Paul Cère. In-18. Paris, Cotillon. 1854.

Journal des commissaires de police, publication mensuelle depuis 1855. In-8°. Paris, P. Dupont. 1870.

Nouveau Manuel complet de la police de France, par L. Truy. In-18. Paris, Roret. 1855.

Dictionnaire-formulaire du commissaire de police, par J. P. Sorbet. In-8°. Toulouse, veuve Sens et Savy. 1855.

Code annoté de la police administrative, judiciaire et municipale. In-8°. Paris, Arthus-Bertrand. 1856.

Code annoté de la police administrative, judiciaire et municipale, par Napoléon Bacqua de Labarthe. In-8°. Paris, Dupont. 1857.

Traité de la police administrative, générale et municipale, par Grün. In-12. Paris, veuve Berger-Levrault. 1862.

Notice historique sur les officiers, magistrats de police, par Mainard. In-12. Paris, Dentu. 1862.

De la surveillance de haute police et de la réhabilitation, par Alfred Giraud. In-8°. Paris, A. Durand. 1862.

Traité élémentaire théorique et pratique des fonctions de la police judiciaire, administrative et municipale, 2e édit. in-12. Paris, Léautey. 1863.

La surveillance de la haute police, de sa suppression et des moyens d'y suppléer, par Frémont. In-8°. Orléans, Herluison. 1869.

De la surveillance de la haute police, par Duzies. In-8°. Paris. Thorin. 1869.

Des commissaires de police et des commissariats de police cantonaux. In-8°. Paris, Pichon-Lamy et Dewez. 1870.

Répertoire de toutes les contraventions en matière de simple police, avec le texte des lois pénales, par M. Berlier. In-8°. Brest, Robert. 1871.

Études sur les contraventions de police, par M. Blanche. In-8°. Paris, Cosse, Marchal et Billard. 1872.

ADMINISTRATION COMPARÉE.

Allemagne. Nous venons de relire, pour la rédaction du présent article d'administration comparée, quelques-uns des ouvrages allemands les plus remarquables sur l'administration et sur la police; nous nommerons, par exemple, la nouvelle édition du *Handbuch* de M. L. DE STEIN, livre dans lequel l'éminent auteur a su allier la *clarté* à sa profondeur habituelle, puis les livres de ROBERT DE MOHL, de LETTE, de ROENNE, BLUNTSCHLI, HOLTZENDORFF, sans parler des articles insérés dans les recueils de BLUNTSCHLI et BRATER, d'une part, et de ROTTECK et WELCKER de l'autre, mais nous ne pouvons nous empêcher de penser que la courte définition que nous avons donnée plus haut, p. 1497, est tout aussi compréhensive que les longs développements de quelques-uns de ces auteurs, et en même temps plus exacte. Nous trouvons en effet que la police ne s'occupe pas seulement de la sécurité — comme le croit M. DE STEIN, — ni qu'elle est un démembrement de la justice, comme l'enseignent quelques autres. Les recherches, les réflexions, les discussions que les publicistes allemands prodiguent à ce mot de *police* s'expliquent par leur histoire : 2° ils ont conservé l'absolutisme plus longtemps que nous, et l'on sait que, sous ce régime, la police c'est toute l'administration; 2° notre administration a été réformée, reconstituée par le législateur d'une part, par des hommes d'État ou administrateurs de l'autre, dans les deux cas, par des hommes préoccupés exclusivement de la pratique; en Allemagne, au contraire, ce sont les savants qui ont élaboré la matière, ils l'ont étudiée dans son histoire, dans son essence, dans son action politique et sociale, en d'autres termes, ils ont surtout fait de la théorie. Quoi qu'il en soit, la lecture et la méditation de ces livres ont une assez grande utilité pour que nous regrettions de ne pas pouvoir reproduire ici les pages les plus saillantes de quelques-uns d'entre eux. Ce ne sont pas tant les principes ou règles à appliquer dont on nous parle, que du fondement de ces principes et de leurs rapports avec la philosophie de la société.

Du reste, avec la consolidation du régime constitutionnel en Allemagne, le besoin de justifier la police en la faisant dériver des principes supérieurs sera moins vivement senti. En effet, autrefois toutes les dispositions de l'autorité qui se rapportaient à la police, prennent le caractère d'un règlement ou d'un ordre individuel fondé sur l'appréciation d'un fonctionnaire; ces dispositions ressemblaient ainsi quelque peu à des actes arbitraires, et dans la pratique — cela est inévitable — l'arbitraire jouait un certain rôle. Mais depuis une série d'années la législation est occupée à restreindre de plus en plus les chances d'arbitraire en réduisant le champ de l'appréciation au strict nécessaire. Les lois de police se multiplient, on sépare le droit de faire des règlements, du droit de prononcer des peines ; mais il reste encore à l'administration le droit d'édicter des mesures de coercition. La loi arrête le maximum des amendes (à 30 marks selon le cas) ou de la prison (3 jours) qui peut être fixé par l'autorité (bailli ou maire, *voy.* **Organisation communale**), mais il n'en reste pas moins que l'administra ion peut formuler une prescription en ajoutant : « à peine de 10M. d'amende », et que lesdits 10M. seront perçus par voie de poursuite. Toutefois, le délinquant a un moyen simple de se libérer vis-à-vis de l'administration, il n'a qu'à demander son jugement devant le tribunal de police. Une fois le tribunal saisi, l'administration est dessaisie. En revanche, quand l'amende administrative est payée, le tribunal n'a plus à intervenir, car ici s'applique le *non bis in idem*. Du reste, pour toute contravention passible d'une peine supérieure à 15 M. (le mark= 1 fr. 25 c.), le délinquant ne peut être poursuivi que devant le tribunal ; l'administration met l'affaire entre les mains du ministère public ou du fonctionnaire chargé de la poursuite judiciaire.

Quelle que puisse être l'opinion des divers auteurs sur la nature ou l'essence de la police, il est certain que les lois allemandes la considèrent comme une attribution de l'État, ce qui n'empêche pas, bien entendu, la délégation partielle des pouvoirs aux autorités locales. On distingue en Allemagne, comme en France, la police générale de la police municipale, et les règles admises en France sur la répartition de l'exercice du pouvoir entre le préfet et le maire (ou leurs équivalents) sont aussi en vigueur en Allemagne. Du reste, il est reconnu que les principes français ont été adoptés sur ce point sans modifications bien essentielles.

Concernant les attributions de la police locale ou les matières de sa compétence, la loi prussienne sur l'administration de la police, du 11 mars 1850, § ou art. 6, dit : Les matières sur lesquelles l'autorité locale peut prendre des règlements de police sont :

a) La protection de la personne et de la propriété ;

b) L'ordre, la sécurité, la facilité des communications dans les rues, sur les chemins, places publiques, ponts, rivages et sur les cours d'eau ;

c) Les marchés et la vente des subsistances ;

d) Le maintien de l'ordre et de la légalité dans toute réunion nombreuse d'hommes ;

e) Les hôtels, auberges, cabarets, brasseries, cafés, restaurants ;

f) Hygiène et salubrité publique ;

g) Protection contre l'incendie dans le mode de construction ; protection contre les dangers et accidents de toutes sortes ;

h) Protections des champs, prés, pâturages, forêts, plantations, vignes, etc. ;

i) Toute autre disposition qui peut devenir nécessaire dans l'intérêt de la commune ou de ses habitants.

Cette énumération, surtout à cause du dernier alinéa, est complète, mais il y a lieu de remarquer que l'art. 7 de la loi ajoute : « Les prescriptions relatives à la police rurale ont besoin (pour être valables) de l'assentiment du conseil municipal. La délibération a lieu sous la présidence du fonctionnaire chargé de la police locale (le maire). » Le droit d'émettre des prescriptions sur les objets du domaine de la police a été réglementé dans plusieurs lois postérieures ; nous en avons parlé aux mots **Département** et **Organisation communale**. Mais si, en Prusse, on a créé des baillis (maires cantonaux) qui réduisent la compétence des maires des petites communes rurales, le droit de surveillance de l'autorité supérieure — sous-préfet, préfet, ministre — est maintenu.

Angleterre. Pendant qu'en France, en Allemagne et dans presque tous les pays du continent européen, la police est exercée par des autorités administratives similaires, et d'après des principes qui ne diffèrent que par des nuances, le système anglais conserve un caractère particulier. Si l'on remonte à l'époque anglo-saxonne, on rencontre une organisation du pays par dizaines et par centaines qui avait pour but d'assurer la sécurité publique. Dix propriétaires formaient ce que nous pourrions, par une lointaine analogie, assimiler aux communes et cent propriétaires (dix dizaines) un canton. Les habitations rurales, en effet, n'étaient pas agglomérées. Les membres d'un même groupe s'engageaient les uns envers les autres, ils se connaissaient personnellement et pouvaient, par conséquent, considérer toute autre personne comme un intrus, un suspect, et si un crime avait été commis, c'était à l'étranger à prouver son innocence. Ce système, qui a existé aussi un moment sur le continent, ne put que s'altérer, il a légué à l'époque actuelle qu'une disposition, importante d'ailleurs, celle de la responsabilité des communes en cas de dommage causé lors d'une émeute ou seulement d'un attroupement. Au moyen âge, si ce n'est déjà antérieurement, la commune était responsable même d'un crime ordinaire. Ainsi, on lit dans les *Annales de l'Échiquier* : « 16e année d'Édouard Ier (1288). Assassinat et brigandage : la commune de Tyndon mise à l'amende, le crime ayant été commis le jour, et l'on n'a pas pris le délinquant. » C'est cet énergique Édouard Ier qui créa la Chambre des communes, en convoquant les représentants des villes et des comtés. Du reste, les témoins étaient également responsables, car on lit plus loin dans les mêmes *Annales* : « 6e année d'Édouard II (1313) : meurtre par suite d'une querelle commis sur la route de Wrotham.... trois témoins mis à l'amende parce qu'ils étaient présents lorsque ledit Robert tua ledit John, et qu'ils ne se sont pas emparés du meurtrier. »

Cette loi ou coutume existait encore du temps d'Élisabeth, mais il y avait des siècles qu'on en connaissait l'inefficacité. Pour renforcer les membres des constables ; c'était l'un d'un des dix ou l'un des cent (*tything or hundreds*) dont nous venons de parler ; il était nommé pour un an par ses collègues ou voisins, ses fonctions gratuites, mais aussi d'une utilité très-restreinte. Il a fallu du temps avant qu'on arrivât à des constables payés, puis à l'établissement d'une force publique régulière, composée d'agents rétribués, organisés hiérarchiquement et bien dirigés. Mais ce n'est que le bras de la police, où en était, où en est la tête ?

C'est demander, qui fait les règlements de police ? La réponse est faite, c'est généralement le législateur, très rarement l'administration. C'est là un des points principaux par lesquels le droit public anglais diffère de celui du continent. Dans bien des cas la loi française, la loi allemande, la loi des autres pays, la Suisse comprise, pose les principes et confère à l'administration, aux agents du pouvoir exécutif, le droit de développer la loi. Les *byelaws*, ou règlements, ne sont pas inconnus en Angleterre, mais les lois ne leur laissent qu'un champ restreint, car elles précisent elles-mêmes les dispositions et formulent les prescriptions, accompagnées de leur sanction. Quelques lois, plus ou moins récentes, laissent plus de jeu à la réglementation, en chargeant tel ou tel ministre, ou le roi en conseil, à prendre des arrêtés (order in council), mais ce n'est là qu'une conséquence forcée, d'une part, de la complication des affaires dans les sociétés modernes, et de l'autre, du remplacement des agents du *self-government* par les fonctionnaires rétribués. En principe, le règlement de police se confond avec un texte de loi, sauf lorsqu'il consiste en une coutume. En ce qui concerne les pouvoirs des conseils municipaux des villes, voyez **Organisation communale.**

C'est le juge de paix, fonctionnaire gratuit et inamovible, qui juge les contraventions et la plupart des délits, qui instruit les affaires criminelles plus graves. Il est à la fois juge et administrateur, mais il est plus juge qu'administrateur.

Autres pays. Les pays du continent ont tous une organisation plus ou moins semblable à celle de la France et de l'Allemagne ; on ne pourrait relever les différences qu'en entrant dans les détails.   MAURICE BLOCK.

POLICE ADMINISTRATIVE, GÉNÉRALE, JUDICIAIRE, MUNICIPALE, RURALE. *Voy.* **Police.**

POLICE DE LA NAVIGATION. *Voy.* **Navigation fluviale.**

POLICE DES PORTS. *Voy.* **Ports.**

POLICE DU ROULAGE. *Voy.* **Roulage.**

POLICE MÉDICALE. *Voy.* **Médecine (Exercice de la).**

POLICE SANITAIRE. *Voy.* **Épidémie, Établissements insalubres, Hygiène publique, Médecine (Exercice de la), Régime sanitaire, Remèdes secrets, Substances vénéneuses,** etc.

POLICE VÉTÉRINAIRE. *Voy.* **Épizootie** et **Vétérinaire.**

POLYTECHNIQUE (ÉCOLE). *Voy.* **Écoles militaires.**

POMPES FUNÈBRES. 1. Les cérémonies usitées avant la Révolution pour les convois funèbres, suivant les différents cultes, furent rétablies par le décret du 23 prairial an XII.

2. Le service des pompes funèbres a été réglé, en général, par le décret précité et par le décret du 18 mai 1806. Nous verrons tout à l'heure (*voy. infra*, n° 16) les règles spéciales de ce service à Paris.

3. Les frais relatifs aux convois funèbres se composent : 1° des rétributions dues aux ministres du culte et autres personnes attachées aux églises pour leur assistance aux convois, et 2° des fournitures relatives à la pompe matérielle des cérémonies dans l'église, au transport et à l'inhumation des corps des décédés.

4. Les familles sont libres de régler la dépense des convois selon « leurs moyens et facultés ». (*D. 23 prair. an XII, art.* 18.)

Les droits funéraires ne doivent pas être établis sur la fortune des défunts. Ils ne doivent être que la représentation des dépenses faites pour les cérémonies religieuses demandées par les familles. (*Avis du C.* 12 *avril* 1817.)

5. Les fabriques font par elles-mêmes, ou font faire par entreprise aux enchères, toutes les fournitures pour le service des morts et la pompe des convois dans l'intérieur des églises (*D.* 18 *mai* 1806, *art.* 7). Elles dressent, à cet effet, des tarifs et des tableaux gradués par classe, qui sont communiqués aux conseils municipaux et aux préfets, pour avoir leur avis, et soumis par le ministre des cultes à l'approbation du Chef de l'État. (*Id.*)

Dans les grandes villes, toutes les fabriques se réunissent pour ne former qu'une seule entreprise. (*Id., art.* 8.)

6. Le transport des corps des décédés est fait par les soins des fabriques ou de l'entrepreneur qui s'en est rendu adjudicataire (*Id., art.* 9). Dans le premier cas, le mode de transport est réglé par les conseils municipaux et les préfets. (*Id.*)

7. Lorsque les fabriques ne jugent pas à propos de faire faire elles-mêmes ce transport, les autorités municipales, de concert avec les fa-

briques, en font adjuger l'entreprise aux enchères. (*Id.*, *art.* 9 *et* 10.)

8. Le transport des corps est assujetti à une taxe fixe. Les familles qui veulent l'accompagner de quelque pompe, traitent suivant un tarif dressé à cet effet. Les règlements et marchés qui fixent cette taxe et ce tarif sont délibérés par les conseils municipaux, et soumis ensuite, avec l'avis du préfet, par le ministre de l'intérieur, à l'approbation du Chef de l'État. (*Id.*, *art.* 11.)

9. Il est défendu d'établir aucun dépositoire dans l'enceinte des villes. (*Id.*, *art.* 13.)

10. Les curés et desservants doivent officier gratuitement pour les morts indigents, et leur transport aux cimetières doit avoir lieu sans aucuns frais et décemment. (*Id.*, *art.* 4 *et* 11.)

L'indigence est constatée par un certificat du maire. (*Id.*)

Et même, lorsque l'église est tendue pour un convoi funèbre assujetti à la taxe, elle ne doit être détendue qu'après l'enlèvement du corps de l'indigent. (*Id.*, *art.* 5.)

11. L'adjudication des entreprises de convois funèbres est faite selon le mode établi par les lois et règlements pour les travaux publics. (*D.* 18 *mai* 1806, *art.* 15.)

Le prix de cette adjudication consiste dans une remise déterminée, faite aux fabriques et aux consistoires sur le produit de l'entreprise.

Cette remise doit avoir lieu sur tous les objets fournis, encore bien que plusieurs d'entre eux ne seraient pas mentionnés au tarif. (*Cass.* 27 *août* 1823.)

12. Nul ne peut exercer, au détriment des fabriques et sans s'être rendu adjudicataire, l'entreprise des services funèbres. (*Id., art.* 7.)

13. L'art. 23 du décret du 23 prairial an XII consacrait l'emploi des sommes provenant de l'exercice ou de l'affermage du droit sur les pompes funèbres, à l'entretien des églises et des lieux d'inhumation, ainsi qu'au paiement des desservants. Mais cette disposition se trouve implicitement abrogée par le décret du 30 décembre 1809, qui indique, sans affectation spéciale, comme un des revenus des fabriques, le produit du droit dont il s'agit.

14. Les frais funéraires sont privilégiés sur la généralité des meubles de la succession (*C. civ., art.* 2100). Toutefois, pour que le privilége existe, ils doivent être proportionnés à la qualité et à la fortune du défunt, sous peine de réduction. (TROPLONG, *Hyp.*, n° 135.)

15. L'action des fabriques et des entrepreneurs de pompes funèbres, en paiement de ces frais, rentrant dans le § 3 de l'art. 2271 du Code civil, se prescrit par six mois. Cette action est du ressort des tribunaux ordinaires. Mais les contestations entre les fabriques ou les communes et les entrepreneurs relèvent de la juridiction administrative. (*D.* 18 *mai* 1806, *art.* 15.)

16. *Service des pompes funèbres à Paris.* À Paris, le service des inhumations est spécialement régi par le décret du 18 août 1811 et par l'ordonnance royale du 25 juin 1832, et diverses dispositions postérieures [1].

---

1. On trouvera, sur les pompes funèbres de Paris, d'amples renseignements dans notre *Statistique de la France* (Paris, Guillaumin, t. II, p. 453 et suiv.).

17. Ce service est divisé en neuf classes. Le prix fixé pour chacune de ces classes est le maximum qu'il est interdit de passer, sous peine, en cas de contestation, de ne pouvoir répéter l'excédant devant les tribunaux, et d'une amende qui peut s'élever à 1,000 fr. (*D.* 18 *août* 1811, *art.* 1 *et* 3, *et O.* 25 *juin* 1832, *art.* 1er.)

Mais ce prix peut être diminué dans la proportion des objets compris dans le tableau de chaque classe, qui ne sont pas demandés par les familles.

Tout ordre pour un convoi doit être donné par écrit, indiquer la classe, désigner les objets fixés dans le tarif supplémentaire, et qui sont demandés par les familles. (*D.* 18 *août* 1811, *art.* 2.)

18. Le produit est divisé entre la ville, les fabriques, et l'*entrepreneur*; nous maintenons ce mot, bien que depuis 1871 le service des inhumations ait été mis en régie. La situation actuelle semble purement transitoire, nous croyons ne pas devoir la décrire ici. Les sommes payées par les familles comprennent donc trois éléments : la taxe d'inhumation perçue par la ville, et qui s'élève avec les classes; 2° les sommes versées aux fabriques et qui sont en rapport avec la pompe des cérémonies faites dans les églises; 3° la rémunération pour le service de l'enterrement proprement dit, corbillard, ornements dans les églises et en dehors, et pour les fournitures diverses.

19. Les fabriques de Paris forment un syndicat régi par un conseil d'administration composé de 10 délégués des fabriques catholiques, 1 du consistoire de l'Église réformée, 1 du consistoire de la Confession d'Augsbourg, et 1 du consistoire israélite (*D.* 27 *oct.* 1875). Chaque culte a dans le produit une part proportionnelle.

POMPIERS. *Voy.* **Sapeurs-pompiers.**

PONTS. *Voy.* **Péage** et **Travaux publics.**

PONTS ET CHAUSSÉES. 1. C'est une institution dont la France a offert le modèle aux autres nations de l'Europe. Plusieurs se la sont appropriée, ou l'ont imitée chez elles. Elle consiste en un corps d'ingénieurs tirés de l'École polytechnique et formés par l'État, pour dresser les projets des grands travaux de ports maritimes et de commerce, de phares et travaux de côtes, routes et ponts, etc., exécutés et entretenus aux frais de l'État, pour surveiller les entrepreneurs, liquider les dépenses et régler les comptes.

Les compagnies exécutantes ou fermières auxquelles des canaux de navigation et des chemins de fer ont été concédés ou donnés à bail, ont généralement voulu et ont pu, sous l'autorisation du Gouvernement, confier leurs travaux à nos ingénieurs des ponts et chaussées. Ceux-ci sont, à cet effet, temporairement détachés du service de l'État, sans perdre ni leurs grades ni leurs droits à l'avancement.

SOMMAIRE.

CHAP. I. — NOTIONS HISTORIQUES.

2. A la suite d'événements désastreux pour la France, nos rois, par un instinct des plus sûrs, ont, dès le seizième siècle, dirigé leurs vues vers les voies de communication, afin de rendre le mouvement et la vie à la société, en facilitant les transports et en rendant des débouchés à l'agriculture et au commerce. C'est ainsi que François Ier ordonna la construction du canal d'Ille et Rance, en Bretagne, qui, en conduisant les marchandises par l'intérieur, de Vannes à Saint-Malo, épargnait au commerce 30 à 40 lieues d'une navigation autrefois très-périlleuse; il fit étudier le premier projet du canal des deux mers (1535). Henri IV, pour l'amélioration et l'entretien des routes, institua la charge de grand-voyer (1607); sous son règne fut commencé et conduit presqu'à sa fin le canal de Briare, le premier canal à point de partage qui ait été exécuté en Europe. Il fut repris et achevé, sous Louis XIII, par la première compagnie concessionnaire que nous ayons eue. Sous Louis XIV, le canal du Midi fut adjugé à Riquet, qui en fut reconnu propriétaire. Mais il reçut, pour l'amener à sa perfection, de forts subsides de la couronne et des états du Languedoc. Colbert, qui présidait à ce grand travail, s'occupa beaucoup aussi des routes pour toute la France. Il existait, dans nos provinces, des architectes chargés de ces travaux sous le titre d'ingénieurs du Roi.

3. En présence des désastres dont se ressentait encore le pays, à la suite des revers qui ont signalé la fin du règne de Louis XIV, le régent de France, résolu d'apporter un remède aux souffrances de l'agriculture, de l'industrie et du commerce, adopta le projet de couvrir le territoire du royaume d'un vaste réseau de routes d'une étendue de 12,000 lieues. Pour l'exécution de ce vaste plan, il institua, en 1722, l'administration des ponts et chaussées, consistant dans un corps hiérarchique d'ingénieurs, ayant deux chefs à sa tête, l'intendant des ponts et chaussées pour les questions financières et administratives, et le premier ingénieur de France pour la partie technique, placés l'un et l'autre sous l'autorité du contrôleur général des finances.

4. Dans le cours de plus de cinquante ans, les belles routes qui sillonnent encore la France, dans toute son étendue, furent exécutées sous les soins des intendants de Trudaine père et fils, et sous la direction de l'ingénieur Péronnet. C'est sans contredit le monument le plus remarquable du règne de Louis XV et celui dont on s'est le moins occupé dans l'histoire du temps.

5. En 1750, l'École des ponts et chaussées fut fondée et placée sous la direction du même ingénieur Péronnet, qui a fourni dans ces fonctions une longue carrière. Les états de Languedoc et de Bretagne établirent des écoles à l'instar de celle de Paris.

6. Par un décret du 19 janvier 1791, l'Assemblée constituante a maintenu le corps des ponts et chaussées, avec sa hiérarchie et une seule école, celle de Paris.

7. Sous l'Empire, ce corps a reçu une nouvelle organisation en vertu du décret du 7 fructidor de l'an XII (25 août 1804). Un directeur général a été placé à sa tête, sous l'autorité du ministre de l'intérieur. L'École des ponts et chaussées a été aussi réorganisée.

8. En 1817, les ponts et chaussées et les mines formèrent une seule direction générale. En 1836, elle passa dans les attributions du ministre de l'agriculture, du commerce et des travaux publics. Puis, en 1839, fut créé le ministère des travaux publics, avec un sous-secrétaire d'État chargé de la direction des ponts et chaussées et des mines et de l'administration de leurs écoles. En 1853, le ministère de l'agriculture et du commerce se trouva de nouveau confondu avec celui des travaux publics pour en être séparé encore en 1869. (*D.* 17 *juill.*)

9. Le corps des ingénieurs et l'École des ponts et chaussées ont reçu leur organisation par deux décrets, en date du 13 octobre 1851, dont quelques dispositions de détail ont été modifiées postérieurement.

CHAP. II. — ADMINISTRATION CENTRALE DES PONTS ET CHAUSSÉES, INSPECTEURS GÉNÉRAUX ET CONSEIL GÉNÉRAL.

10. L'administration centrale des ponts et chaussées se forme du ministre des travaux publics, des directeurs des ponts et chaussées et des chemins de fer, du conseil général des ponts et chaussées et des bureaux.

11. Le ministre approuve les projets de travaux neufs et de grosses réparations, répartit les crédits législatifs, prépare les décrets relatifs au personnel des ingénieurs, à partir du grade d'ingénieur de 2ᵉ classe.

Les directeurs ont la correspondance avec les préfets et les ingénieurs et préparent toutes les mesures d'administration qui doivent être soumises à la signature du ministre.

12. Le conseil général des ponts et chaussées est composé surtout des inspecteurs généraux de 1ʳᵉ et de 2ᵉ classe. (*Voy.* les détails au décret du 15 septembre 1859.)

13. Les attributions du conseil général consistent à donner son avis : 1° sur les projets et plans des travaux, sur toutes les questions d'art qui lui sont soumises ; 2° sur les questions de comptabilité ; 3° sur le contentieux de l'administration relatif aux usines à eau ; 4° sur toutes les questions contentieuses qui devront être portées au Conseil d'État ou décidées par le ministre. (*Id.*)

14. Le territoire de la France est divisé en seize inspections. Dès le principe, il a été établi autant d'inspecteurs divisionnaires. En 1855, ils ont reçu le titre d'inspecteurs généraux de seconde classe.

15. Ces inspecteurs font chaque année, dans le territoire de leur inspection, une tournée dont la durée est de trois mois. Leurs comptes de tournées sont rendus en se servant de formules imprimées qui sont préparées et remplies, pour ce qui

le concerne, par l'ingénieur en chef ; elles contiennent une marge destinée à recevoir les observations de cet ingénieur ; une autre marge reçoit celles de l'inspecteur de la division. Ces formules s'appliquent à six objets : 1° le personnel ; 2° les routes, ponts et chemins de fer ; 3° les rivières, canaux, quais ; 4° les ports maritimes, phares, dessèchements et dunes ; 5° les usines, bacs, etc. ; 6° la comptabilité. Les rapports sur le personnel peuvent, à cause du secret qu'ils exigent souvent, être adressés au ministre par lettres missives. (*Circ.* 15 *avril* 1839.)

16. Cinq inspecteurs généraux des chemins de fer sont exclusivement chargés de l'exploitation commerciale et du contrôle de la gestion financière des compagnies. Ils sont *membres du comité consultatif des chemins de fer*, dans le sein duquel ils forment une section permanente, chargée de donner son avis au ministre dans toutes les affaires qu'il lui renvoie, et notamment en ce qui concerne : 1° l'établissement des tarifs et leur application ; 2° les traités particuliers et les conventions internationales relatives à leur application ; 3° les émissions d'obligations ; 4° les questions de prêts ou subventions, de garantie d'intérêts aux compagnies, ou de partage des bénéfices avec l'État (*D.* 17 *juin* 1854). Les inspecteurs généraux des chemins de fer siègent aussi dans le conseil général des ponts et chaussées et dans le conseil général des mines pour les affaires concernant leur service. (*D.* 15 *févr.* 1868.)

17. Cette commission adresse, chaque mois, au ministre un rapport sur la situation financière et commerciale des compagnies, accompagné de tous les documents statistiques sur la circulation des voyageurs et des marchandises. Ces rapports mensuels sont résumés, chaque année, dans un rapport général adressé au ministre. (*D.* 17 *juin* 1854 *et* 15 *févr.* 1868.)

CHAP. III. — INGÉNIEURS EN CHEF ET ORDINAIRES ; RAPPORTS HIÉRARCHIQUES ENTRE EUX.

18. Les mêmes objets, dans le service départemental, occupent successivement les ingénieurs ordinaires, l'ingénieur en chef, et surtout l'inspecteur général de la division. Les uns sont inhérents au service et en sont les éléments nécessaires, tels que : 1° l'étude et la préparation des projets ; 2° la préparation et l'ouverture des crédits ; 3° l'exécution des travaux par entreprise ou par régie ; 4° la tenue des bureaux (*Instr.* 28 *juill.* 1852) ; 5° les paiements pour ouvrages, la délivrance des mandats ; 6° la discussion des affaires contentieuses ; 7° les travaux du mouvement du personnel.

D'autres opérations du service naissent de circonstances particulières et d'une manière contingente ; tels sont les travaux des commissions d'enquête, les simples enquêtes *de commodo*, les rapports et procès-verbaux au sujet des contraventions en matière de grande voirie, les expertises, etc.

19. Les projets, états de dépenses, marchés, devis estimatifs, les décomptes de fin d'année, tous les rapports de service, sont soumis par l'ingénieur ordinaire à l'étude et au contrôle de l'ingénieur en chef, qui fait suivre de son avis personnel les rapports, les états de métrés, les procès-verbaux de réception et les décomptes de fin d'année qu'il a reçus de l'ingénieur ordinaire. Il y a ainsi coopération constante des deux ingénieurs pour tous les objets essentiels du service, dualité continue dans l'examen des affaires.

20. Il est cependant une exception à cette règle pour les alignements de grande voirie, dans le cas où il appartient, soit au préfet, soit au sous-préfet, de les délivrer d'après le tracé de l'ingénieur d'arrondissement. Mais les cas exceptionnels, comme celui-ci, sont peu nombreux. (*Circ.* 18 *mai* 1849.)

21. Pour les projets généraux, tels que ceux ayant pour objet l'amélioration des fleuves et rivières navigables et flottables, des routes nouvelles, ou une ligne de chemin de fer traversant plusieurs départements, les travaux des ingénieurs ordinaires et des ingénieurs en chef peuvent être soumis à l'inspecteur général de la division, qui mettra la dernière main aux études dans les vues d'un système général et bien coordonné. (*D.* 25 *avril* 1804, *art.* 12.)

22. Les ingénieurs ordinaires sont particulièrement chargés de la direction des travaux, sur les chantiers, ainsi que dans leur cabinet. Ils doivent s'appliquer constamment à obtenir des entrepreneurs l'exact accomplissement des conditions qu'ils ont souscrites dans leurs marchés. Ils surveillent partout de près les constructions d'ouvrages d'art et font faire sous leurs yeux les métrés et vérifications qui doivent précéder la réception des travaux (*art.* 14). Les plus grands ménagements à l'égard de la propriété, dans les cas d'occupation et de passage ou autres troubles inévitables, sont recommandés aux ingénieurs. (*Circ.* 18 *mai et* 21 *oct.* 1853.)

23. Les ingénieurs des ponts et chaussées ne peuvent devenir entrepreneurs, ni concessionnaires de travaux publics, sous peine d'être considérés comme démissionnaires. (*D.* 13 *oct.* 1851, *art.* 27.)

CHAP. IV. — RECRUTEMENT DU SERVICE ; CADRES ; POSITIONS DIVERSES DES INGÉNIEURS.

24. Le recrutement des ingénieurs des ponts et chaussées n'a eu lieu jusqu'ici qu'au moyen de l'École nationale des ponts et chaussées, où sont admis exclusivement, comme élèves ingénieurs de l'État, les élèves de l'École polytechnique appelés par leur rang de mérite, à choisir, utilement pour eux, ce service.

25. Cependant, la loi du 30 octobre 1850 a réservé le sixième des places d'ingénieurs à ceux des conducteurs des ponts et chaussées ayant dix années de service, qui se seraient présentés au concours ouvert pour eux et à la suite duquel ils seraient déclarés admissibles. Les conditions du concours, etc., fixées d'abord par le décret du 23 août 1851, sont réglées actuellement par le décret du 7 mars 1868, auquel nous renvoyons.

26. La loi du 5 juillet 1850 portait : « Des règlements d'administration publique détermineront les conditions d'avancement et d'admission pour tous les services publics où ces conditions ne sont pas réglées par une loi. » C'est pour l'accomplissement de cette disposition qu'a été rendu le décret d'organisation du corps des ponts et chaussées du 13 octobre 1851. Il est divisé en trois titres, savoir : le 1er, division du service des ponts et chaus-

sées ; le 2e, des grades, des cadres et de l'avancement ; le 3e, positions diverses de l'ingénieur, congés, sortie des cadres.

27. Le service des ponts et chaussées se divise en trois branches : le service *ordinaire*, le service *extraordinaire* et les *services détachés*. Le service ordinaire comprend tous les services permanents. Le service extraordinaire consiste dans la direction des travaux non permanents, et qui, après leur achèvement, sont destinés à rentrer dans l'une des catégories du service ordinaire (*art.* 1 *et* 3).

28. Le service ordinaire se divise en service général, service spécial et services divers : *général,* ou direction et exécution, dans chaque département, des travaux ordinaires des ponts et chaussées ; *spécial,* direction de travaux distraits du service départemental ; *services divers,* le secrétariat du conseil général, l'École des ponts et chaussées, le dépôt des cartes et plans. (*D.* 1851, *art.* 2, §§ 1 à 4.)

29. Les services détachés comprennent tous les services qui, n'étant pas rétribués sur le budget des travaux publics, sont néanmoins obligatoires pour les ingénieurs des ponts et chaussées : le service des ports maritimes et des colonies, de l'Algérie, des eaux et du pavé de la ville de Paris et autres villes (*D.* 28 *oct.* 1868), des canaux du Midi, d'Orléans et du Loing. (*D.* 1851, *art.* 4.)

30. Aux différents grades répondent les traitements qui suivent, savoir : inspecteurs généraux de 1re classe, 15,000 fr. ; de 2e classe, 12,000 fr. ; ingénieurs en chef de 1re classe, 8,000 ou 7,000 fr. ; de 2e classe, 6,000 fr. ; ingénieurs ordinaires de 1re classe, 4,500 fr. ; de 2e classe, 3,500 fr. ; de 3e classe, 2,500 fr. ; enfin, élèves ingénieurs, 1,800 fr.

Le nombre des ingénieurs en chef ayant le maximum du traitement ne peut excéder le cinquième de l'effectif de la 1re classe et ne peut être obtenu qu'après deux ans de service dans la 1re classe.

31. Les ingénieurs ont droit, en outre, à une somme annuelle, qui est réglée par le ministre, à titre de frais fixes, pour frais et loyers de bureau, traitement d'un secrétaire et autres dépenses du service.

32. Il leur est dû des honoraires et frais pour les travaux dont ils auront été chargés pour le compte du département, des communes, des associations de propriétaires ; ou pour l'instruction d'affaires dans lesquelles leur intervention aura été requise à la fois dans l'intérêt général et dans un intérêt particulier. (*D.* 13 *oct.* 1851, *art.* 5, § 4.)

33. Les ingénieurs des ponts et chaussées et les agents placés sous leurs ordres ne reçoivent aucuns honoraires lorsque les constatations ou vérifications qu'ils ont à faire, quoique intéressant les communes et les associations ou particuliers, ont lieu dans l'intérêt public, pour assurer l'exécution des lois et règlements généraux et particuliers.

Dans les autres cas, le décret du 10 mai 1854 contient le tarif des honoraires et frais de déplacement qui leur sont dus pour leur intervention dans les affaires d'intérêt communal ou privé.

34. Cependant les ingénieurs n'ont jamais à réclamer eux-mêmes ces frais et honoraires des communes ni des particuliers. Les mandats exécutoires, délivrés par les préfets, sont recouvrés par les percepteurs des contributions directes. (*D.* 27 *mai* 1854.)

35. Dans le cas où un mandat exécutoire a été délivré par le préfet contre des particuliers, pour le recouvrement des honoraires dus aux ingénieurs commis pour constater une entreprise sur une rivière navigable, l'autorité administrative est seule compétente pour connaître des contestations qui s'élèvent, quant au point de savoir par qui devront être supportés les frais des mesures ordonnées par l'administration et quant à la quotité de la dépense. (*D.* 20 *nov.* 1850.)

36. Les honoraires doivent être proportionnés non au montant de la dépense (*D.* 7 *fruct. an XII, art.* 75), mais à l'importance du travail. (*D.* 1er *déc.* 1849.)

37. Enfin, les ingénieurs ont droit à des indemnités en cas de tournées extraordinaires ou de changements de destination ordonnés dans l'intérêt du service. (*D.* 13 *oct.* 1851, *art.* 5, § 5.)

38. Le personnel des ingénieurs se divise en quatre ordres : celui du service ordinaire, qui ne peut être modifié que par un décret ; celui du service extraordinaire, qui peut être modifié par le ministre, suivant les besoins du service, et en raison des crédits ouverts pour les travaux extraordinaires ; celui des services détachés, qui est réglé par le ministre des travaux publics, d'après les demandes de ceux de ses collègues sous l'autorité desquels doivent se trouver les ingénieurs en service détaché ; enfin, le cadre de non-activité comprenant tous les ingénieurs sortis à divers titres de l'activité (*art.* 7).

39. Le recrutement et l'avancement dans le corps des ingénieurs ont lieu de la manière suivante :

Sont nommés ingénieurs de 3e classe les élèves ingénieurs ayant complété leurs études à l'École nationale des ponts et chaussées, et, jusqu'à concurrence du sixième des places vacantes, les conducteurs qui s'y seraient fait reconnaître admissibles suivant le mode prescrit par la loi du 30 novembre 1850. (*Voy. suprà, n° 25.*)

Les ingénieurs de 2e classe sont pris parmi ceux de la 3e classe ayant deux années de service au moins. Il faut également deux ans de service aux ingénieurs de la 2e classe pour passer dans la 1re ; deux ans aux ingénieurs ordinaires de 1re classe pour devenir ingénieurs en chef de 2e classe ; trois ans à ceux-ci pour monter à la 1re classe ; trois ans au moins aux ingénieurs en chef de 1re classe pour devenir inspecteurs généraux de 2e classe ; enfin, quatre ans dans ce grade pour devenir inspecteurs généraux de 1re classe (*art.* 10, 11, 12 *et* 13).

40. La nomination aux grades a lieu par décret du Chef de l'État, sur la proposition du ministre des travaux publics. Les avancements de classe ont lieu par décision du ministre (*art.* 14).

41. Les positions diverses de l'ingénieur sont au nombre de six : 1° l'activité ; 2° la disponibilité ; 3° le congé illimité ; 4° le retrait d'emploi ; 5° le congé temporaire ; 6° la sortie des cadres.

42. La disponibilité est prononcée d'office par le ministre, par défaut d'emploi ou pour cause de maladie et d'infirmités temporaires entraînant cessation de travail pendant plus de trois mois. L'ingénieur en disponibilité peut obtenir les deux tiers de son traitement, en cas de retrait d'emploi ; il n'a droit qu'à la moitié en cas de maladie ou d'infirmités temporaires (*art.* 18).

43. Le congé illimité est accordé aux ingénieurs pour s'attacher au service des compagnies, ou au service de l'étranger, ou pour toute autre cause. Cette position ne comporte pas de traitement : mais elle compte, pour la durée de cinq ans au plus, dans la liquidation de la retraite. L'ingénieur y conserve ses droits à l'avancement. Pendant cinq années, il est maintenu sur les cadres ; au delà de cinq ans, le temps passé en dehors du service de l'État ne compte plus, ni pour l'avancement, ni pour la retraite (*art.* 19). Les inspecteurs généraux ne sont plus qu'exceptionnellement réadmis dans le service de l'État. (*D.* 23 *janv.* 1864.)

44. Le retrait d'emploi est prononcé par le ministre comme mesure disciplinaire ; l'ingénieur en retrait d'emploi pour cette cause n'a pas droit à un traitement ; il ne peut conserver, si le ministre y consent par une faveur spéciale, que les deux cinquièmes de son traitement d'activité sans accessoires. Ses droits à l'avancement sont suspendus ; il conserve ses droits à la retraite (*art.* 20).

45. Les ingénieurs placés dans les positions diverses ci-dessus indiquées ne conservent leurs droits à la retraite qu'à la charge de continuer de verser à la caisse des pensions les retenues imposées et calculées sur le montant intégral du traitement d'activité de leur grade (*art.* 21).

46. Les congés temporaires sont accordés aux ingénieurs par les préfets pour dix jours au plus ; par le ministre, pour trois mois au plus. S'ils excèdent le délai de congé, ils sont privés de leurs appointements pendant tout le temps du congé, sans préjudice des mesures disciplinaires. Après trois mois, l'ingénieur qui a excédé son congé peut être présumé démissionnaire (*art.* 22).

47. La sortie des cadres a lieu pour trois causes : 1° la révocation, qui ne peut avoir lieu que par décret, sur la proposition du ministre et l'avis du conseil général des ponts et chaussées. Elle comporte la perte des droits à la retraite ; 2° la démission. Elle a le même effet pour les droits à la retraite. Les ingénieurs démissionnaires ne peuvent quitter leur poste avant que la démission ait été acceptée par le Chef de l'État (*art.* 24, 25, 26).

48. Enfin, 3° la retraite. L'admission à la retraite a lieu de plein droit sur la demande des ingénieurs de tout grade ayant trente ans de service. Elle a lieu nécessairement pour les ingénieurs ordinaires âgés de soixante ans ; pour les ingénieurs en chef âgés de soixante-deux ans ; pour les inspecteurs généraux de la 2e classe, à soixante-cinq ans ; de la 1re, à soixante-dix ans. Le vice-président du conseil général des ponts et chaussées peut être maintenu en fonctions, quel que soit son âge (*art.* 30).

CHAP. V. — RAPPORTS INTÉRIEURS ET EXTÉRIEURS DU SERVICE.

49. Chaque ingénieur a autorité sur les collègues qui lui sont subordonnés, aussi bien que sur les agents du service. « Les ingénieurs des différents grades et des différentes classes conserveront la subordination envers le grade et la classe supérieurs. » (*D. 25 août* 1804, *art.* 16.)

Les ingénieurs du grade supérieur peuvent réprimer, relativement à ceux du grade inférieur qui leur sont soumis dans le service, les écarts de conduite par un *avertissement*, un *blâme*, une *censure*. Ils doivent, si les faits sont graves, les porter à la connaissance de l'autorité supérieure.

Les peines que celle-ci peut prononcer et appliquer sont : la privation d'appointements, le retrait d'emploi, la démission présumée, la destitution. (*D.* 13 oct. 1851, *art.* 20, 22, 23.)

50. Le service des ponts et chaussées a des rapports nécessaires ou accidentels avec les autres ministères : avec le ministère des finances pour les travaux de la comptabilité ; avec le ministère de la guerre et de la marine relativement aux travaux de routes ou de ports maritimes de commerce dans le voisinage de places fortes ou de fortifications; avec les régies financières, contributions directes, contributions indirectes, le domaine, les eaux et forêts; avec les compagnies exécutantes et les propriétaires dont les fonds sont riverains des fleuves et rivières, de tous les cours d'eau en général, ainsi que des routes et des chemins de fer. On trouvera aux mots **Cours d'eau navigables, Travaux publics**, etc., les principes à suivre dans ces différents rapports.

CHAP. VI. — ÉCOLE NATIONALE DES PONTS ET CHAUSSÉES.

51. Un second décret, du 13 octobre 1851, portant organisation de l'École nationale des ponts et chaussées, a pour effet de régulariser et coordonner les nombreuses modifications qui s'étaient successivement introduites dans son régime.

52. L'École des ponts et chaussées est placée sous l'autorité du ministre des travaux publics.

Elle ne recevait d'abord que des élèves sortis de l'École polytechnique, admis dans le service des ponts et chaussées avec le titre d'élève ingénieur, et nommés, après trois années d'études, au grade d'ingénieur de 3° classe.

Actuellement les personnes étrangères au corps des ponts et chaussées peuvent, à la charge de remplir les conditions d'admission, de faire les travaux indiqués, et, en s'engageant à subir des examens à la fin de chaque session. être reçues élèves externes à l'École des ponts et chaussées; elles jouissent de l'avantage d'être admises dans les salles, de faire usage des modèles appartenant à l'École et de recevoir les conseils des professeurs sur les travaux mis au concours entre les élèves. (*D.* 13 oct. 1851, *art.* 4.)

Un certain nombre de jeunes gens envoyés à Paris par les gouvernements étrangers, de l'Allemagne, du Portugal, des États-Unis d'Amérique, ont également profité de la faculté de suivre les cours de l'École des ponts et chaussées, et ont obtenu des diplômes attestant les résultats utiles de leur travail.

53. Les candidats qui se présentent pour être admis à l'École des ponts et chaussées en qualité d'élèves externes, subissent des examens sur les connaissances déterminées par un programme. Les épreuves commencent le 1er octobre de chaque année et finissent le 15 du même mois ; elles consistent en une composition écrite, un dessin de géométrie descriptive, un lavis d'architecture et des examens oraux.

Les candidats nés en France doivent être âgés de dix-huit ans au moins et de vingt-cinq ans au plus. (*Arr. min.* 14 *févr.* 1852, *art.* 1 à 6.)

54. Les élèves de l'École polytechnique qui auront été déclarés admissibles dans un service public ou qui auront obtenu le certificat de capacité que le jury d'examen de cette école peut délivrer aux élèves exclus de la liste de sortie par des causes étrangères au défaut d'instruction (*Déc.* 18 *août* 1851), sont dispensés de ces épreuves (*art.* 10).

55. Les conditions d'admission indiquées au n° 53 sont imposées également aux étrangers qui désirent être reçus à l'École des ponts et chaussées. Cependant, dans des circonstances exceptionnelles, ils peuvent être dispensés de l'accomplissement de tout ou partie de ces conditions par décision spéciale du ministre (*art.* 10).

56. Enfin, aujourd'hui, les amphithéâtres de l'École des ponts et chaussées sont ouverts au public, et les cours annoncés par les journaux. Il suffit de demander une carte d'entrée pour être admis à suivre tous les cours.

57. Le personnel de l'enseignement se compose de professeurs, de professeurs adjoints, du chef des travaux graphiques et de maîtres de langues.

58. L'enseignement proprement dit ayant pour objet de former des ingénieurs, constructeurs des travaux publics, se compose de trois parties : 1° tout ce qui se rapporte aux voies de communication par terre et par eau, les routes, les chemins de fer, les canaux, les rivières et fleuves, les ports maritimes ; 2° les travaux d'utilité publique que dirige toujours l'État, alors même qu'ils ne s'exécutent pas à ses frais, comme les irrigations, les desséchements, la réglementation des cours d'eau et des usines, la distribution des eaux ; 3° et enfin, des parties des sciences diverses dont la connaissance est nécessaire à nos ingénieurs, en mécanique, en architecture civile, en minéralogie et géologie, en agriculture, en administration et droit administratif.

De là dix cours sur les objets ci-dessus énumérés. (*D.* 13 *nov.* 1851, *art.* 10.)

59. Outre l'enseignement proprement dit, le système d'instruction de cette école comprend encore l'enseignement pratique des missions. Le cours complet d'études a une durée de trois ans (*art.* 29).

60. L'enseignement de l'école embrasse : 1° les leçons orales données par les professeurs ; 2° des études graphiques, des rédactions de mémoires et des concours sur des projets d'art; 3° des manipulations et des essais de matériaux de construction; 4° des exercices de nivellement et de lever des plans ; 5° des visites d'ateliers (*art.* 30).

61. Les cours et études de l'intérieur de l'école durent du 1er novembre au 30 avril.

62. L'école est dirigée par un inspecteur général de 1re classe des ponts et chaussées, ayant le titre de directeur, et par un ingénieur en chef ou inspecteur général de 2e classe, chargé de la direction des études et du détail, sous le titre d'inspecteur de l'école.

63. Les propositions importantes touchant l'instruction, le régime et la discipline sont, avant d'être soumises à l'approbation du ministre, délibérées dans le conseil de l'école.

64. Le conseil de l'école se forme du directeur, de l'inspecteur de l'école, de deux inspecteurs généraux des ponts et chaussées et des professeurs. Il est présidé par le ministre, et, en son absence, par le directeur de l'école.

65. Chaque année, à la fin des cours, un jury, appelé *Conseil de perfectionnement;* apprécie le mérite de l'ensemble des travaux produits par les élèves, et propose les mesures qu'il juge utiles pour améliorer de plus en plus l'instruction de l'école. (*Id., art.* 6-16 *et* 20.)

CHAP. VII. — CONDUCTEURS DES PONTS ET CHAUSSÉES ET AGENTS AUXILIAIRES.

66. Les conducteurs des ponts et chaussées sont nommés par le ministre. Ils sont divisés en quatre classes, en outre des conducteurs principaux. Leurs traitements sont fixés comme il suit : conducteurs principaux, 2,800 fr.; conducteurs de 1re classe, 2,400 fr.; de 2e classe, 2,100 fr.; de 3e classe, 1,800 fr.; de 4e classe, 1,400 fr.

Le titre de *sous-ingénieur* peut être conféré par arrêté du ministre aux conducteurs principaux remplissant depuis cinq ans les fonctions d'ingénieur (*D.* 21 *déc.* 1867). Leur traitement est de 3,000 fr. (*Budget de* 1875.)

67. Nul ne peut être admis conducteur auxiliaire, sans avoir été déclaré admissible à la suite d'un examen public, d'après le programme approuvé par le ministre (*art.* 35).

68. Les conducteurs de 4e classe sont pris parmi les conducteurs auxiliaires ayant au moins deux années de service; ceux de la 3e et de la 2e classe, parmi ceux de la suivante ayant deux années de service; mais pour passer de la 2e classe dans la 1re, et de celle-ci parmi les conducteurs principaux, il faut avoir passé trois années dans la précédente (*art.* 36).

69. Les dispositions relatives aux positions diverses et aux congés des ingénieurs sont applicables aux conducteurs embrigadés.

70. Les conducteurs sont déclarés démissionnaires, révoqués ou admis à la retraite par décision du ministre. La révocation est prononcée sur le rapport du chef de service et l'avis de l'inspecteur de la division (*art.* 37).

CHAP. VIII. — DÉPÔTS DES CARTES, PLANS ET ARCHIVES DES PONTS ET CHAUSSÉES.

71. Le dépôt des cartes et plans figure, dans le décret du 13 octobre 1851, au nombre des services divers (*art.* 1er, § 4). Il existe en vertu du décret du 25 août 1804, art. 76, portant:

« Il sera formé auprès de l'administration des ponts et chaussées, des archives où seront réunis tous les plans, projets, mémoires, titres et papiers relatifs à cette administration.

« Les cartes, plans et projets de travaux dont l'exécution sera ordonnée, seront déposés dans les archives respectives des dépôts, pour être communiqués à toute réquisition aux ingénieurs chargés de l'exécution de ces travaux. Ils en prendront des copies, et néanmoins ces originaux *leur* seront provisoirement remis pour l'exécution des travaux et jusqu'à l'exécution des copies. »

Art. 77. « Il sera fait un inventaire détaillé de tous les plans, papiers et cartes, des instruments et du mobilier appartenant à l'État dans les bureaux des ingénieurs en chef et des ingénieurs ordinaires. »

« En cas de décès d'un ingénieur, les sous-préfets feront des oppositions aux scellés, s'il en a été apposé; et ce pour la conservation des objets appartenant à l'État. Ils inform·ront de ces mesures le ministre, qui désignera un ingénieur pour faire le triage de ce qui appartiendra à l'État. »

72. Si parmi les papiers, cartes et plans appartenant à la succession, il s'en trouve qui puissent être utiles au service des ponts et chaussées, ils seront retenus, en en payant la valeur, conformément à l'art. 3 de l'arrêté du 13 nivôse an X. (*Instr. sur la tenue des bureaux des ingénieurs, du* 28 *juill.* 1852.)

73. Le dépôt des cartes et plans et archives des ponts et chaussées est confié à un ingénieur en chef, directeur. Il a sous ses ordres un chef de bureau, des dessinateurs et des expéditionnaires.

COTELLE[1].

1. Mis à jour par M. B.

BIBLIOGRAPHIE.

Travaux des ponts et chaussées depuis 1800, ou Tableau des constructions faites, sous le règne de Napoléon, en routes, ponts, canaux, etc., par Courtin, secrétaire général de la direction. 1 vol. in-8o. Paris, 1812.

Lois, instructions, etc., qui concernent spécialement le service des ponts et chaussées, depuis 1789 jusqu'à 1806, mis en ordre par M. Poterlet jeune. In-12. Paris, Gœury. 1819.

Essai sur l'administration et le corps royal des ponts et chaussées, depuis leur origine jusqu'à nos jours, par J. Couderc. In-8o. Paris, Carilian-Gœury. 1829.

Annales des ponts et chaussées. Mémoires et documents relatifs à l'art des constructions et au service de l'ingénieur ; lois, ordonnances et autres actes concernant l'administration des ponts et chaussées. Paris, à partir de 1831; 3 vol. par année.

Considérations administratives sur les ponts et chaussées, les chemins vicinaux, l'organisation départementale et la police du roulage, par L. A. Beaudemoulin. In-8o. Paris, Carilian-Gœury. 1833.

Direction générale des ponts et chaussées et des mines; situation des travaux. Public. offic. annuelle. 1835 à 1847.

Essai d'un Code d'administration des ponts et chaussées, des chemins vicinaux et des cours d'eau, par M. Mondot de Lagorce. In-8o. Paris, Carilian-Gœury et Dalmont. 1841.

Code des ponts et chaussées et des mines, ou Collection complète des lois, arrêtés, etc., par Th. Ravinet. 2e édit. 4 vol. in-8o. Paris, Carilian-Gœury et V. Dalmont. 1847.

Esquisse historique sur l'institution des ponts et chaussées en France. In-8o. Paris, impr. de Dupont. 1848.

Guide des conducteurs et piqueurs des ponts et chaussées pour la partie administrative de leur service, par J. P. Sesquières fils. In-8o. Montauban, Forestié fils ; Toulouse, l'auteur. 1851.

Conférence sur le droit administratif, par M. L. Aucoc, faite à l'École des ponts et chaussées. Paris, Dunod. 1870-1876. 3 vol.

Mémoire sur l'administration des ponts et chaussées; considérations sur son rôle dans l'organisme politique, administratif et militaire de la France, par M. Lévy. In-8o. Paris, Dunod. 1872.

Manuel du conducteur des ponts et chaussées, par M. E. Endrès. 5ᵉ édit. T. I. Partie théorique. T. II. Partie pratique. In-8°. Paris, Gauthier-Villars. 1873.

Pratique du service du conducteur des ponts et chaussées, contenant les connaissances administratives exigées par l'arrêté ministériel du 9 mai 1874, par M. Amédée Réger. In-8°. Paris, P. Dupont. 1874.

Commentaire des clauses et conditions imposées aux entrepreneurs des travaux des ponts et chaussées, par M. Châtaignier. 7ᵉ édition, mise au courant par M. A. Barry. In-18. Paris, Cosse, Marchal et Villard. 1874.

POPULATION. **1.** Un certain nombre de dispositions législatives et réglementaires se rattachant au chiffre de la population, l'administration doit procéder périodiquement à des dénombrements (ou recensements). Un premier décret prescrit le dénombrement, fixe les dates et charge le ministre de l'intérieur de l'exécution de la mesure; les opérations achevées, un second décret déclare authentiques et seuls valables jusqu'au dénombrement suivant les résultats qu'on vient d'obtenir.

2. Il est nécessaire de connaître aussi le mouvement annuel des naissances, décès et mariages, et ce renseignement s'obtient en relevant les faits consignés sur les registres de l'état civil.

SOMMAIRE.

CHAP. I. DU DÉNOMBREMENT QUINQUENNAL, 3 à 18.

   II. DU MOUVEMENT ANNUEL DE LA POPULATION, 19, 20.

   III. DE L'INFLUENCE DU CHIFFRE DE LA POPULATION EN MATIÈRE ADMINISTRATIVE ET FISCALE, 21 à 26.

CHAP. I. — DES DÉNOMBREMENTS QUINQUENNAUX.

3. *Dispositions générales.* Il n'existe qu'une seule loi relative aux dénombrements : c'est la loi de police du 22 juillet 1791. Aux termes de l'art. 1ᵉʳ de cette loi, les corps municipaux sont tenus de faire constater, chaque année, soit par des commissaires de police, soit par des citoyens commis à cet effet, l'*état des habitants*. Les renseignements, ainsi recueillis, doivent être inscrits sur un registre permanent. Ils comprennent : les nom et prénoms, l'âge, le sexe, la profession ou tous autres moyens d'existence. Il y a lieu de croire que cette loi n'a jamais été exécutée. Au moins n'en trouve-t-on aucune trace dans les archives des départements, des villes ou de l'État.

4. De 1790 à 1801, des essais de dénombrement paraissent avoir eu lieu dans divers départements en vertu d'ordres supérieurs, mais sans succès. On trouve même, dans les circulaires du ministre de l'intérieur des 10 mars, 17 juin et 25 juillet 1793, la preuve que ce fonctionnaire réclame inutilement le tableau de la population des villes de 2,000 âmes et au-dessus.

5. Le premier dénombrement régulièrement opéré en France, remonte à 1800. Il fut prescrit par une circulaire du ministre de l'intérieur du 26 floréal an VIII (16 mai 1800). Ce dénombrement fit connaître le nombre des habitants par département et par arrondissement, divisés par sexe et état civil. Une colonne spéciale fut affectée à l'énumération des militaires sous les drapeaux.

Le deuxième dénombrement eut lieu en 1806 (*Circ.* 3 *nov.* 1805) dans les mêmes conditions que celui de 1801, quant à la nature des renseignements demandés.

6. Ce n'est qu'en 1821 que l'administration songea à renouveler cette importante opération (*Circ.* 26 *juin* 1820). Une ordonnance royale du 16 janvier 1822 arrêta le *tableau officiel de la population,* tel qu'il résultait des états transmis par les préfets, et le déclara authentique pour cinq années à partir du 1ᵉʳ janvier 1821. La même ordonnance décida qu'un dénombrement général serait effectué tous les cinq ans.

7. Conformément à cette disposition, il aurait dû en être fait un nouveau en 1826, mais l'administration se contenta de prescrire aux préfets de compléter l'état de la population de 1821 par l'excédant des naissances sur les décès de 1821 à 1826. Ce document, tout inexact qu'il devait être nécessairement, fut déclaré *authentique* par ordonnance royale pour une seconde période de cinq ans.

Les autres dénombrements ont eu lieu en 1831, 1836, 1841, 1846, 1851, 1856, 1860, 1866, 1872[1] 1876.

8. *Formes du dénombrement. Renseignements à recueillir.* Le dénombrement doit être *personnel et nominatif,* c'est-à-dire qu'il est enjoint aux agents auxquels les opérations sont confiées de se présenter dans les maisons pour recueillir, autant que possible, des habitants eux-mêmes les renseignements demandés par la circulaire ministérielle. Il n'y a d'exception que pour les populations flottantes ou mobiles qui doivent être recensées en bloc. (*Voy. plus loin, nᵒ 14.*)

9. Jusqu'en 1851, l'administration ne paraît pas avoir demandé d'autre renseignement que l'indication des sexes et de l'état civil. En 1851, elle a cru devoir y joindre celle de l'âge, de la profession, de la nationalité et du culte. Elle a désiré connaître, en outre, le nombre des aliénés à domicile et dans les asiles privés ou publics, ainsi que celui des aveugles, des sourds-muets et des individus atteints d'infirmités visibles (déviation de la taille, pieds bots, goitreux, mutilés, etc.).

Il n'y a rien de fixe dans les renseignements demandés. Généralement les ministères de l'intérieur et du commerce s'entendent sur ce point. Dans cette entente, le ministre de l'intérieur représente l'intérêt administratif et le ministre de l'agriculture et du commerce l'intérêt scientifique.

10. La question de savoir si le dénombrement ne doit comprendre, dans chaque commune, que les habitants domiciliés dite *population de droit* et que le *Bulletin des lois* nomme « population municipale », a été longtemps agitée. Décidée affirmativement pour tous les dénombrements opérés de 1801 à 1836 inclusivement, elle a été résolue en sens contraire pour ceux de 1841 et périodes suivantes (*voy. nᵒ 7*). La France et tous les autres pays civilisés relèvent maintenant la *population de fait ;* c'est celle qui a couché dans la localité dans une nuit déterminée, la même pour l'ensemble de la contrée. Cette disposition est de rigueur pour la population flottante.

11. Le modèle des cadres du dénombrement

1. Au lieu de 1871, à cause de la guerre. En 1876, la Société de statistique de Paris et la Société d'économie politique ont demandé et obtenu qu'on en revînt à la série primitive.

par commune et du tableau récapitulatif par département, est transmis par le ministre aux préfets, qui font imprimer le premier et en adressent deux exemplaires à chaque maire. De ces deux exemplaires, l'un est transmis à la préfecture pour y être dépouillé, l'autre est déposé aux archives de la commune.

12. *Agents du dénombrement.* Nous avons vu qu'aux termes de la loi du 22 juillet 1791, les maires sont seuls chargés du dénombrement. En exécution de la loi du 18 juillet 1837, ils doivent y procéder sous l'autorité de l'administration supérieure, représentée dans cette circonstance par le ministre de l'intérieur.

13. Dans les villes, les maires peuvent se faire aider par les agents des contributions directes et indirectes, qui reçoivent habituellement du ministre des finances des instructions spéciales à ce sujet. Ce concours est d'autant plus utile à l'autorité municipale, qu'il prévient les inconvénients d'un second dénombrement que ces agents ont le droit de demander, dans l'intérêt du Trésor, soit quand ils sont autorisés à douter de l'exactitude du premier (*L. 28 avril* 1816, *art.* 22 ; *Avis du C.* 11 *oct.* 1837), soit lorsqu'il s'élève des difficultés en ce qui concerne la catégorie à laquelle une commune devra appartenir pour la fixation du contingent dans la contribution des portes et fenêtres, ou pour l'application du tarif des patentes. (*L. de fin.* 4 *août* 1844, *art.* 4.)

14. *Populations flottantes.* C'est dans le cours des opérations du dénombrement prescrit en 1841 que, pour la première fois, les populations dites en bloc ou flottantes ont été recensées séparément. On se souvient que la simultanéité de ce dénombrement avec celui des portes et fenêtres et des valeurs locatives avait provoqué au sein des populations (convaincues à tort que les deux opérations s'effectuaient dans le même but, c'est-à-dire dans un but fiscal), des émotions fort vives. Dans cette circonstance, le Gouvernement crut devoir consulter le Conseil d'État, qui répondit par un avis du 23 novembre 1841, aux termes duquel l'ordonnance royale à intervenir pour consacrer les résultats du nouveau dénombrement, devait statuer : « *que le chiffre de la population mobile ne sera pas compris dans l'évaluation destinée à servir de base aux divers tarifs des impôts de toute nature, ni dans les conditions numériques prévues par les lois sur l'organisation municipale.* »

Cet avis ayant été adopté par le Gouvernement, les préfets reçurent l'ordre de faire dénombrer séparément les populations mobiles ou flottantes, et l'ordonnance du 20 décembre 1842, qui déclara l'authenticité, pour une nouvelle période de cinq ans, des résultats du recensement de 1841, statua que ces populations ne compteraient pas dans le chiffre numérique servant de base à l'assiette des impôts ou à l'application des lois sur l'organisation municipale. Cette disposition a été reproduite par l'ordonnance du 30 janvier 1847 et par les décrets des 1er février 1851 et 9 février 1856 et autres postérieurs. Toutefois, pour l'exécution du décret du 28 pluviôse an VIII, qui prescrit que chaque ville doit avoir un commissaire de police par 10,000 habitants, la population flottante est comprise dans la population totale. (*Avis du C.* 6 *avril* 1849.)

15. Voici ce qu'on appelle la population flottante : l'armée de terre et de mer ; les détenus des établissements pénitentiaires de toute nature et des dépôts de mendicité ; les aliénés des asiles publics ; les infirmes des hospices ; les élèves internes des lycées, séminaires, écoles spéciales, maisons d'éducation et écoles avec pensionnat ; les individus appartenant aux communautés religieuses ; les réfugiés à la solde de l'État ; les marins du commerce absents pour les voyages de long cours.

S'il n'y a pas lieu de recenser nominativement les individus appartenant à ces diverses catégories de population, les agents du dénombrement n'en doivent pas moins recueillir sur chacun d'eux les renseignements divers réclamés par les instructions. Nous devons répéter que les populations flottantes doivent, en tout cas, être recensées à jour fixe et être inscrites sur un cadre distinct.

16. En outre des populations flottantes, les maires doivent recenser séparément, ou du moins faire figurer séparément, dans le tableau du dénombrement, les populations *agglomérées* qui seules servent de base aux impôts dont l'assiette est en tout ou partie déterminée par la population. Doit être considérée comme agglomérée la population des maisons contiguës ou réunies entre elles par des parcs, jardins, vergers, chantiers, ateliers ou autres enclos de ce genre, lors même que ces habitations ou enclos seraient séparés l'un de l'autre par une rue, un fossé, un ruisseau, une rivière ou une promenade.

17. *Des frais du dénombrement.* L'art. 30 de la loi du 18 juillet 1837 a classé ces frais parmi les dépenses obligatoires à la charge des communes. Ils comprennent à la fois les dépenses du *matériel* et du *personnel.*

18. *Publication du dénombrement.* Il paraît au *Bulletin des lois,* au commencement de l'année qui suit le dénombrement, sous la forme d'un décret. Les chiffres sont publiés par cantons et résumés par arrondissement et par département ; puis une autre série de tableaux donne les communes de 2,000 âmes et au-dessus, en distinguant la population municipale de la population flottante, et la population agglomérée de la population éparse.

CHAP. II. — DU MOUVEMENT ANNUEL DE LA POPULATION.

19. Tous les ans, dans les premiers jours de janvier, les maires doivent préparer, conformément au modèle qui leur est transmis par les préfets, en exécution des circulaires ministérielles, le tableau des naissances, mariages et décès qui ont été inscrits sur les registres de l'état civil dans le cours de l'année précédente. Ce tableau est rédigé en double exemplaire. L'un de ces doubles est déposé dans les archives de la commune, l'autre est adressé au préfet, qui prépare un tableau récapitulatif pour le département et en transmet un exemplaire à la fois au ministre de l'intérieur, dans un intérêt administratif, et au ministre de l'agriculture et du commerce, dans un intérêt statistique.

20. La différence des intérêts au nom desquels l'envoi de ce document est prescrit par les deux ministères, justifie celles que présente le tableau qui leur est adressé par les préfets, et explique notamment les renseignements très-détaillés que contient seul l'état transmis au ministre de l'agriculture et du commerce.

CHAP. III. — DE L'INFLUENCE DU CHIFFRE DE LA POPULATION EN MATIÈRE ADMINISTRATIVE ET FINANCIÈRE.

21. *Influence sur l'organisation et l'administration municipales.* Le chiffre de la population détermine : 1° le nombre des adjoints et des conseillers municipaux dans chaque commune (*L. 5 mai 1855, art.* 6); 2° les incompatibilités, pour cause de parenté, en ce qui concerne les élections municipales (*Id., art.* 11); 3° la durée du scrutin dans ces élections (*Id., art.* 33); 4° mentionnons pour mémoire les cas où le préfet doit remplir, dans la ville chef-lieu du département, les fonctions de préfet de police, cas prévus par la loi de 1855 (*art.* 50), mais que la loi de 1867 a sensiblement réduits.

22. Les frais d'administration de chaque commune sont réglés d'après le chiffre de la population (*Arr.* 17 *germ. an XI*). Nous doutons cependant que cette règle, peu justifiable, soit observée.

23. La loi oblige les communes qui ont un certain nombre d'habitants : à faire les frais du traitement d'un commissaire de police (*L.* 19 *vend. an IV et* 28 *pluv. an VIII; voy. le mot Police,* n°⁵ 110 *et suiv.*); à soumettre un plan d'alignement à l'approbation de l'autorité supérieure (*L.* 16 *sept.* 1807; *Instr. min.* 7 *août* 1813 *et* 7 *avril* 1818); à entretenir une école primaire pour les filles. (*L.* 15 *mars* 1850.)

24. Les conseils généraux règlent, en prenant le chiffre de leur population pour base, le concours des communes à la dépense des aliénés. (*L.* 30 *juin* 1838.)

25. *Matières financières.* La population sert de base : 1° à l'assiette de la contribution des portes et fenêtres (*L.* 21 *avril* 1832 ; *O.* 28 *avril* 1832, *art.* 24); 2° de la contribution mobilière (*même loi*); 3° de l'impôt des patentes, en ce qui concerne le droit fixe (*L.* 23 *avril* 1844 *et O.* 25 *avril* 1844, *art.* 3 *et* 12); 4° du droit d'entrée sur les boissons (*L.* 12 *déc.* 1830 ; *O.* 28 *avril* 1832, *art.* 35); 5° au dégrèvement d'impôts pour vacances de maisons dans les villes d'un certain chiffre d'habitants (*O.* 28 *juin* 1833, *art.* 5); 6° à la fixation des cautionnements des officiers ministériels (*L.* 18 *vent. an IX, pour les agents de change; L.* 28 *avril* 1816, *pour les officiers ministériels*); 7° au traitement de plusieurs fonctionnaires, magistrats, etc., notamment des préfets, sous-préfets et conseillers de préfecture (*D.* 25 *mars* 1852); des commissaires de police (*Arr.* 19 *germ. an XI et D.* 22 *mars* 1813); des juges de paix et de leurs greffiers (*L.* 21 *juin* 1845); des pasteurs des églises protestantes (*L.* 15 *germ. an XII*). Nous ne citons ces dispositions qu'à titre d'exemple; on trouvera naturellement dans chaque article celles qui se rapportent à la matière traitée.

26. *Autres matières.* Les circonscriptions judiciaires (*L.* 8 *pluv. an IX pour les justices de paix*) ont été principalement déterminées par le chiffre de la population, et son accroissement ou sa diminution exercent une grande influence sur

les modifications dont elles peuvent être l'objet. Nous en dirons autant des circonscriptions administratives (*Circ.* 29 *août* 1849), et des circonscriptions religieuses. (*L.* 18 *germ. an X, pour les églises consistoriales, et O.* 25 *oct.* 1844, *pour les consistoires israélites.*)

Enfin, en matière judiciaire, le chiffre de la population sert de base à la taxe des frais et dépens dans le cas prévu par l'art. 3 du décret du 16 février 1807.

PORT D'ARMES. 1. C'est ainsi qu'on appelait autrefois le *permis de chasse.* (*Voy.* **Chasse.**)

2. L'expression est encore conservée pour les militaires, et sur ce point nous ne pouvons mieux faire que de reproduire la circulaire suivante du ministère de la guerre, du mois de mai de 1868 :

Général, la malveillance recherche et s'empresse de signaler toutes les rixes où des militaires dégainent le sabre qui leur est confié, pour menacer ou frapper des adversaires désarmés.

Bien qu'ordinairement les faits de cette nature soient exagérés, et parfois singulièrement défigurés, on ne peut nier que trop souvent il y ait un fond de vérité dans les récits qui les portent à la connaissance du public.

Généralement les coupables sont des hommes en état d'ivresse. Or, il ne faut pas hésiter à reconnaître que *tout homme qui est sujet à s'enivrer ne doit pas rester armé en dehors du service,* et il importe de rappeler aux chefs de corps leurs droits et leurs devoirs à cet égard.

Le règlement du 2 octobre 1833 sur le service intérieur limitait à soixante jours pour les caporaux et brigadiers, et à quatre-vingt-dix jours pour les soldats, la durée du temps pour lequel pouvait être interdit le port du sabre. Une circulaire ministérielle, en date du 12 mars 1846, a fixé à six mois le temps pour lequel l'interdiction du port de l'arme pouvait être prononcée.

Pour qu'aucune restriction limitant les moyens d'action à la disposition des chefs de corps ne puisse atténuer leur responsabilité, je les autorise à *interdire indéfiniment le port du sabre à tous les hommes d'une mauvaise conduite habituelle ou sujets à s'enivrer.*

J'ai remarqué que c'est souvent après l'appel du soir que des militaires se trouvent engagés dans des rixes. J'en conclus que, contrairement aux dispositions du règlement, on accorde des permissions à des hommes dont la conduite n'est pas habituellement régulière ; il n'en devrait pas être ainsi dans les corps où les chefs sont soucieux de la discipline.

Les dispositions préventives que je viens d'indiquer et une sévère répression suivie, presque toujours, de l'envoi devant le conseil de guerre du militaire qui s'est servi de son arme en dehors du cas de légitime défense, auront, je l'espère, pour effet d'empêcher de se reproduire des plaintes qui, lorsqu'elles sont fondées, sont de nature à ébranler la confiance qu'a toujours inspirée la discipline de l'armée.

Toutes les fois que vous apprendrez qu'un militaire a abusé de l'arme qui lui est confiée, vous devrez m'adresser à ce sujet un rapport spécial et détaillé.

Je vous prie de m'accuser réception de la présente circulaire, dont vous porterez le contenu à la connaissance des officiers généraux et de tous les chefs de corps sous vos ordres.

Agréez, etc.   *Le Ministre de la guerre,* NIEL.

PORTES ET FENÊTRES. *Voy.* **Contributions directes.**

PORTS MARITIMES. 1. Les ports sont des lieux disposés par la nature ou créés par l'art pour recevoir les bâtiments de mer et les tenir à l'abri des tempêtes pendant le temps nécessaire pour les armements ou les opérations commerciales. On distingue, selon leur destination, les ports maritimes militaires et les ports maritimes de commerce.

On donne également le nom de *ports* aux lieux où les bateaux peuvent stationner commodément dans les fleuves, rivières et canaux, pour charger et décharger des marchandises.

Enfin, on donne quelquefois le nom de *ports* aux portions de **rivage** disposées de manière à y ranger commodément les marchandises débarquées ou à embarquer.

On n'examinera dans cet article que les questions qui concernent les ports maritimes.

2. *Description.* La France possède cinq grands ports maritimes militaires : Cherbourg, Brest, Lorient, Rochefort et Toulon. La statistique générale des ports de commerce, publiée en 1839 par les soins du ministère des travaux publics, comprend quatre cents ports. Le classement de ces ports est divisé en trois régions : celle de la Manche, celle de l'Océan et celle de la Méditerranée. A chaque région on a rattaché les îles, qui doivent en être regardées comme une dépendance. La première région comprend 102 ports; la seconde 215, et la troisième 83. Ces ports sont d'ailleurs distribués ainsi qu'il suit : sur les bords de la mer, 145; sur les parties maritimes des rivières, 176; au pourtour des îles, 79.

3. Au point de vue économique, on distingue les ports, selon leur importance, en ports de grande navigation, ports de cabotage et ports de pêche du littoral. Nous ne pouvons donner ici la nomenclature de tous ces ports; nous ne pouvons mieux faire que de renvoyer sur ce point à la statistique générale dont nous avons parlé plus haut. Cette statistique fait exactement connaître la position géographique de chaque port, ses dispositions principales; les constructions qui ont pour objet d'abriter et d'en fixer l'entrée; celles qui sont destinées au stationnement, au chargement et au déchargement des navires; les moyens employés pour conserver la profondeur des chenaux; les ouvrages propres à la construction et à la réparation des navires; les voies d'eau et de terre qui y aboutissent; le tonnage moyen et la nature des opérations commerciales qui s'y pratiquent plus particulièrement. Nous nous bornerons à indiquer sommairement les principaux ouvrages qui existent dans la plupart des ports, afin d'en faciliter l'entrée et de les mettre en état de remplir leur destination.

4. A cet égard il importe de distinguer les ports construits dans la région de la Manche et dans celle de l'Océan et ceux qui sont établis dans la région de la Méditerranée. On sait que la Méditerranée n'est pas soumise, comme la Manche et l'Océan, aux effets du flux et du reflux.

5. Les premiers ouvrages que l'on rencontre lorsque l'on se présente à un port, en venant de la mer, sont ceux qui l'abritent ou qui en fixent l'entrée. La plupart du temps on se sert indifféremment des mots *brise-lames, môles* ou *jetées* pour les désigner; mais, dans un langage plus rigoureux, chacune de ces expressions s'applique plus particulièrement à un genre de constructions déterminées. Ainsi, le brise-lame est un ouvrage tout à fait isolé à la mer, et qui a pour but d'assurer le calme aux navires, en protégeant l'intérieur des ports contre l'action du vent et de la lame.

6. Le môle remplit la même destination; mais, au lieu d'être isolé, il fait suite au rivage et n'en est que la saillie ou le prolongement.

7. Quant aux jetées, elles ont pour but de fixer l'entrée des ports et de diriger les eaux qui s'échappent à la mer, soit qu'elles proviennent d'une rivière, d'un étang littoral ou d'une écluse de chasse.

8. Le brise-lame, les môles, les jetées, sont des ouvrages communs aux ports de l'Océan et aux ports de la Méditerranée.

9. Nous avons dit que les jetées avaient pour but de faciliter le déblaiement du chenal. Cette opération est, en effet, de la plus haute importance; car un des grands défauts de nos ports de toutes les régions, c'est leur tendance à s'atterrir. Tantôt ce sont les débris des côtes, tantôt des alluvions charriées par les rivières, tantôt les sables remués dans les profondeurs de la mer même qui viennent les combler. Les moyens que l'on emploie dans les ports de ces différentes régions pour l'entretien des ports maritimes ne sauraient être les mêmes.

10. Dans l'Océan et dans la Manche, la mer s'élève et s'abaisse deux fois en vingt-quatre heures. En se retirant, elle laisse le fond des ports à découvert; l'on profite de cet intervalle pour enlever les alluvions et les galets qui encombrent les chenaux; cet enlèvement à bras d'homme serait lent, imparfait et très-coûteux. On y joint l'action même de la nature aidée par les ressources de l'art. On a donc imaginé de rassembler et de retenir à marée montante les eaux de la mer dans de vastes réservoirs, et lorsque la mer s'est abaissée, ces réservoirs s'ouvrent et lancent avec toute la vigueur due à la différence des niveaux les eaux qu'ils contiennent. Ces eaux en retournant à la mer, balayent et creusent les chenaux, rompent les bancs qui se trouvent à leur entrée et frayent ainsi la route des navires. Les réservoirs prennent le nom de *bassins de retenue* et *d'écluses de chasse.*

11. Sur la Méditerranée, on ne peut employer les mêmes moyens pour approfondir les chenaux. Là, les ports n'assèchent jamais, et, sauf les variations dues à l'influence des vents, le niveau de l'eau y est à peu près constant. Toutefois, comme la main de l'homme serait impuissante, on emploie des machines flottantes mues par la vapeur, à l'aide desquelles on cure les passes.

12. Après les ouvrages placés à l'entrée des ports, viennent ceux qui servent au chargement et au déchargement des marchandises; au stationnement et au radoub des navires; ce sont les quais, les estacades, les cales, les débarcadères, les formes et les grils de carénage. Ces différents ouvrages existent dans les ports des différentes régions. A cette nomenclature il convient d'ajouter pour les ports à marée les bassins à flot.

13. L'obligation pour les navires en station dans les ports de la Manche et de l'Océan, d'échouer à chaque marée, les expose à des avaries fréquentes, surtout dans les localités où le fond du port se compose d'un sol dur et résistant. De là l'idée de creuser des bassins dans lesquels les eaux sont retenues à une hauteur suffisante pour que les bâtiments restent constamment à flot. Ces bassins sont mis en communication avec la partie ouverte du port ou le chenal, au moyen d'une écluse qui sert à l'entrée et à la sortie des navires.

14. Les bassins à flot sont ordinairement bordés de quais et les quais sont bordés eux-mêmes de bâtiments qui appartiennent habituellement à des particuliers et où se trouvent des magasins pour les marchandises; mais lorsque les bassins et les bâtiments qui les entourent ne constituent qu'une seule et même propriété entre les mains d'une compagnie, et forment en quelque sorte un quartier à part, le bassin prend le nom de *dock*.

15. Tel est l'ensemble des ouvrages qui constituent un port de commerce.

16. Dans ces ports, l'État n'a à s'occuper que de la partie hydraulique; dans les ports militaires, outre que cette partie doit être développée sur une échelle beaucoup plus grande, il faut encore établir les magasins, les casernes et, en un mot, les constructions considérables que nécessite un arsenal.

17. Un arrêté du 8 mars 1800 (17 ventôse an VIII), en organisant le service des travaux maritimes, avait attribué le service des ports de commerce au département de la marine, qui administrait déjà les grands ports militaires; mais un arrêté du 11 juin 1802 (22 prairial an X) a fait rentrer les ports de commerce dans les attributions du département de l'intérieur, duquel relevait alors l'administration des ponts et chaussées. Ce service appartient aujourd'hui au ministère des travaux publics.

18. *Police.* Les ports forment une dépendance de la grande voirie. Un décret du 10 avril 1812 rend applicable aux ports maritimes de commerce et aux travaux à la mer, le titre 9 du décret du 16 décembre 1811, prescrivant des mesures répressives de grande voirie et complétant la loi du 29 floréal an X, relative aux contraventions en cette matière.

19. L'ordonnance de la marine du mois d'août 1681, livre IV, constitue le règlement général de la police des ports. Cette ordonnance a été maintenue en vigueur, comme tous les règlements généraux sur la voirie, par la loi des 19-22 juillet 1791.

20. Un règlement spécial, rendu applicable à chaque port, a complété les dispositions de l'ordonnance de 1681. Ce règlement renferme onze chapitres. Il contient toutes les instructions que nécessite la police des ports et des quais. Nous analyserons sommairement les principales dispositions de ce règlement.

21. Le chapitre Ier réglemente l'entrée des navires dans les ports. Cette entrée est confiée à la direction de pilotes, qui manœuvrent sous leur responsabilité.

22. Tout navire, en entrant dans un port, doit arborer le pavillon de sa nation, et tout capitaine, après avoir rempli les prescriptions sanitaires, doit, dans les vingt-quatre heures, déclarer par écrit aux officiers du port le nom, le tirant d'eau, le tonnage, le nombre d'hommes d'équipage de son navire et la nature de son chargement. Aucun navire ne peut être admis à se placer à quai sans avoir rempli ces conditions.

23. Le chapitre II renferme les prescriptions indispensables pour l'entrée des navires dans les bassins. Ces prescriptions importent essentiellement à la sûreté des bâtiments, et il est nécessaire que les officiers et maîtres de port tiennent rigoureusement la main à leur exécution.

24. Le chapitre III concerne le séjour et les mouvements des navires dans le port et dans les bassins.

25. Aucun mouvement ne peut être fait dans un port qu'avec l'autorisation et conformément aux ordres des officiers de port.

26. Tout capitaine doit se rendre à la place

qui lui est assignée, et en accostant les quais, prendre les mesures nécessaires pour ne pas les dégrader. Il doit garnir son navire amarré de défenses convenables pour éviter les avaries, souffrir le passage des navires au large et recevoir leurs amarres; tout navire désarmé doit avoir un gardien. S'il faut exécuter une manœuvre que le gardien ne peut opérer seul, ou si les hommes de service sur un navire amarré sont insuffisants, les officiers du port ont le droit de placer à bord des hommes de corvée aux frais du capitaine, de l'armateur ou du propriétaire. Un état des dépenses est dressé par les officiers de port et rendu exécutoire par le préfet.

27. Le balayage des quais doit être fait par les soins de chaque capitaine dans un espace déterminé. Ce balayage doit être effectué chaque jour. Enfin, tout navire doit hisser le pavillon de sa nation, les dimanches et jours de fête, toutes les fois que le pavillon du port est arboré.

28. Le chapitre IV a pour objet les chargements et les déchargements des navires. Il détermine l'ordre dans lequel les chargements et déchargements doivent être effectués, le mode à suivre pour ces opérations, selon la nature des marchandises, règle leur dépôt sur les quais, les délais d'enlèvement, et prescrit les mesures à prendre en ce qui touche les marchandises infectes.

29. Le chapitre V concerne le lestage et le délestage des navires.

Jusque vers 1865, le soin d'assurer ce service avait été exclusivement confié, sans donner lieu à aucune réclamation, à des entrepreneurs sur marchés passés par voie d'adjudication publique. Mais à partir de cette époque, des plaintes se sont fait entendre : on a prétendu que l'adjudicataire était investi d'un privilège portant une grave atteinte à la liberté du commerce.

Les tribunaux ont été saisis de ces difficultés et par deux arrêts en date des 22 décembre 1864 et 29 juillet 1865, la Cour de cassation a déclaré que l'on ne pouvait inférer d'un contrat intervenu entre l'administration et un tiers, le droit exclusif en faveur de ce dernier de charger et de décharger le lest des navires, sans contrevenir aux dispositions de l'ordonnance de 1681, qui donnent aux capitaines la faculté d'employer les gens de leur équipage aux opérations de cette nature, et aussi à la loi du 2 mars 1791 qui a proclamé la liberté de l'industrie.

En présence de cette jurisprudence, il n'a pas été possible à l'administration de ne pas admettre, malgré tous ses inconvénients dans l'application, le principe de la libre concurrence en cette matière. Toutefois, lorsque la demande lui en est formellement adressée par les chambres de commerce, elle n'hésite pas à revenir à l'ancien système qui, on ne saurait le mettre en doute, présente plus de garanties au double point de vue de la promptitude et de la régularité.

30. Le chapitre VI renferme les prescriptions applicables aux bateaux à vapeur. Ces bateaux sont assujettis à des règles spéciales dont on comprend toute l'importance. Ainsi ils sont astreints à la surveillance des officiers de port en tout ce qui concerne le chauffage, la police des départs et des arrivées, les lieux de stationnement et d'amarrage et la sûreté des voyageurs. Ils ne peuvent avoir de feux allumés tant qu'ils sont dans les ports, et l'allumage pour la sortie ne peut avoir lieu qu'en présence des officiers du port ou de leurs préposés, lesquels ne peuvent quitter le bâtiment que lorsqu'il pousse au large. (*Voy.* **Bateaux à vapeur.**)

31. Le chapitre VII détermine les précautions à prendre contre l'incendie. Aucun navire ne peut entrer dans le port avec ses canons ou autres armes à feu chargés, et il doit immédiatement débarquer ses poudres. Tout bâtiment dont la cargaison se compose de matières inflammables doit porter un pavillon rouge et être rangé à part; des précautions spéciales sont indiquées pour le déchargement des marchandises. Enfin, ce même chapitre prescrit toutes les mesures à prendre en cas de sinistre. Tous les bâtiments se doivent aide et secours, et les hommes qui composent les équipages ne peuvent refuser leur concours.

Les dispositions que renferme cette partie du règlement ont été complétées par un décret intervenu à la date du 2 septembre 1874, à l'effet d'arrêter les mesures spéciales à observer pour la manutention des pétroles et autres matières inflammables dans les ports maritimes de commerce. (*Voy.* **Transport de matières explosibles.**)

32. Nous avons dit plus haut qu'il existe dans les ports des chantiers de construction et des grils pour le radoubage et le carénage des navires.

Le chapitre VIII indique les mesures à prendre pour faciliter ces diverses opérations, sans nuire au service des quais et au mouvement du port.

33. Le chapitre IX concerne la police proprement dite du port. Ce chapitre contient de nombreuses interdictions, toujours en vue d'assurer le meilleur emploi de l'emplacement consacré au commerce, et en même temps de garantir, autant que possible, la conservation des ouvrages d'art. Les pilotes, maîtres et patrons sont d'ailleurs responsables des avaries que leurs bâtiments peuvent causer aux ouvrages dépendant des ports, les cas de force majeure exceptés, et toutes les dégradations sont réparées à leurs frais, sans préjudice des poursuites à exercer pour le fait de la contravention.

34. Le chapitre X détermine les attributions des officiers et maîtres de port. Ces attributions, que les dispositions que nous avons successivement indiquées font à peu près connaître, sont très-étendues. On comprend qu'il est indispensable d'investir ces agents d'un pouvoir qui leur permette de résoudre toutes les difficultés. La police d'un port est une condition essentielle. Sans une police rigoureuse, le désordre apparaît, et les préjudices que le commerce en éprouverait, seraient considérables. Les officiers de port sont d'ailleurs des hommes qui par leur caractère et leurs antécédents présentent toute garantie de capacité et d'impartiale justice. La plupart de ces fonctionnaires sont d'anciens officiers de la marine nationale.

35. Enfin, le chapitre XI a pour titre : *Contraventions et peines.*

36. Les contraventions au règlement que nous faisons connaître, et tous les délits et contraventions concernant la police des ports, des bassins et des quais, sont constatés par des procès-verbaux dressés par les officiers et maîtres de port, commissaires de police et autres agents ayant qualité pour verbaliser.

37. Les procès-verbaux constatant des contraventions de simple police sont déférés aux tribunaux de simple police; ceux qui constatent des délits de nature à entraîner des peines correctionnelles sont transmis au procureur de la République, et ceux qui constatent des contraventions assimilées par le décret du 10 avril 1812 aux contraventions de grande voirie, sont transmis à l'ingénieur des ponts et chaussées pour être déférés, s'il y a lieu, au conseil de préfecture.

38. Lorsqu'un capitaine ou patron ou une personne de l'équipage a commis une contravention aux règles de police d'un port, et que le tribunal compétent n'a pas encore prononcé, le navire ne peut partir qu'après le capitaine a fourni caution.   M. A. DUMOUSTIER.

POSSESSOIRE ET PÉTITOIRE. 1. Par l'action possessoire, le demandeur conclut à être maintenu ou réintégré dans sa possession; par l'action pétitoire, c'est la propriété même d'une chose possédée par un autre qu'il revendique.

2. Lorsqu'il y a trouble seulement dans la possession, l'action possessoire prend, suivant les circonstances, le nom de *Complainte* ou de *dénonciation de nouvel œuvre;* lorsqu'il y a dépossession, le nom de *réintégrande.*

3. En principe, tout immeuble susceptible d'être acquis par *prescription* peut être l'objet d'une action possessoire. Par conséquent, les choses du domaine public proprement dit (*voy.* **Domaine**) étant *imprescriptibles,* ne peuvent être l'objet des actions possessoires.

4. La complainte ne peut également avoir lieu : 1° pour le trouble résultant d'un acte administratif (*Arr. du C.* 22 nov. 1826); 2° à l'occasion des travaux publics. (*L.* 28 pluv. an VIII, art. 4.)

5. L'action pétitoire est de la compétence du tribunal de première instance; l'action possessoire (*voy. ce mot*) doit être portée devant le juge de paix de la situation de l'objet litigieux. (*C. de Pr.,* art. 3; *L.* 16 août 1798, tit. 3, art. 10; *L.* 26 oct. 1790; *L.* 25 mai 1838; art. 6.)

Quant aux formes à suivre par les communes, pour le cas où elles ont à intenter une action possessoire, voyez **Organisation communale.**

POSTE.

CHAP. I. — INTRODUCTION.

1. Le mot *poste* vient du verbe latin *ponere* (placer). On l'a primitivement appliqué aux relais qui étaient placés sur les grandes routes; plus tard, il a servi à désigner le service public qui avait les relais dans ses attributions, et qui s'en servait pour transporter les correspondances, les voyageurs, de petites sommes d'argent et de petits colis. Aujourd'hui que les relais ont cessé d'exister en France, et que le transport des voyageurs, des espèces monnayées et des objets de messagerie ne s'opère plus que par les soins de l'industrie privée, le mot « poste » ne s'entend plus, chez nous, que du service public qui a dans ses attributions le transport des lettres, des cartes postales, des papiers d'affaires, des journaux, des imprimés et des échantillons de marchandises, qu'on désigne sous le nom générique de *correspondances*.

2. L'institution des relais est de la plus haute antiquité. Florissante dans l'empire romain, elle fut détruite lors de l'invasion des barbares, et malgré les efforts de Charlemagne et des souverains qui tentèrent de rétablir l'unité du gouvernement en Europe, elle ne revit le jour qu'au déclin de la féodalité. L'honneur d'avoir restauré cette institution revient, en France, à Louis XI, et en Allemagne à Roger, comte de Taxis, qui, vers la même époque, réorganisèrent les relais de poste : et, par une bizarrerie du sort, l'œuvre de Louis XI, restée presque intacte jusqu'à nos jours, a été supprimée à quelques années de distance de la dépossession, par la Prusse, des derniers débris de l'office des postes féodales d'Allemagne restés aux mains de l'héritier de Taxis. Par décision ministérielle du 4 mars 1873, les dernières lignes de poste ayant été supprimées, les relais qui subsistent en France restent à l'état d'établissements privés sans priviléges et sans obligations envers l'État.

3. Le service de la poste, dans l'acception actuelle du mot, est une création toute moderne. Les gouvernements dans l'antiquité et au moyen âge se préoccupaient peu de la correspondance des particuliers; il n'en est fait aucune mention dans l'édit de Louis XI de 1464. Nous possédons assez de lettres des anciens pour savoir que la correspondance épistolaire existait de leur temps, mais cette correspondance émanait de personnages qui avaient leur *tabellarii* ou porteurs de tablettes, ou qui étaient à même de profiter des courriers du Gouvernement. Les autres avaient recours aux messagers publics, rouliers, marchands ambulants et autres dont l'industrie tend à disparaître.

La correspondance épistolaire ne s'est véritablement généralisée que par l'importation en Europe du procédé de fabrication du papier de chiffon, dont l'usage était moins coûteux et plus commode que celui des papyrus, des parchemins et des tablettes. Aussi, dès le xive siècle, l'Université de Paris avait-elle créé un service de messagers qui se chargeaient non-seulement des lettres et des commissions des étudiants, mais de la correspondance des particuliers. Si Louis XI n'avait pas organisé la poste aux lettres et s'il avait même défendu aux maîtres de poste « de bailler aucuns chevaux à qui que ce soit et de quelque qualité qu'il puisse être, sans le mandement du roi ou du grand-maître des coureurs de France à peine de la vie », il n'avait pas interdit à ces mêmes coureurs de se charger des lettres des particuliers ; et c'est de là que la poste aux lettres tira son origine. Le public usa de cette faculté, les coureurs en firent leur profit, le grand-maître en eut sa part et l'institution prospéra en concurrence avec les messagers particuliers. Lorsque Sully commença à mettre de l'ordre dans les finances, il prit la poste aux lettres à son compte en payant au Trésor 32,000 écus par an. Sous l'administration de Richelieu, le Gouvernement prescrivit aux fonctionnaires de se servir de cette institution qui ne lui occasionnait aucuns frais, et de réserver l'usage des courriers pour les circonstances graves. Un arrêt du Conseil d'État du 16 octobre 1627 donna force de loi au premier règlement de la taxe des lettres et autorisa les envois de petites sommes d'argent par la poste, mais laissa subsister la concurrence des messagers particuliers. Le privilége naquit de l'intérêt fiscal. L'exploitation des postes et messageries avait été affermée en 1627 à Lazare Patin, moyennant une redevance annuelle de 1,200,000 fr. Ce fermier obtint deux arrêts du Conseil des 18 juin et 29 novembre 1681 par lesquels il fut fait défense expresse à tous « messagers, maîtres des coches, carrosses et litières, poulailliers, beurriers, muletiers, piétons, bateliers, mariniers, rouliers, voituriers, tant par terre que par eau, et à toute autre personne » de se charger de lettres ou paquets de lettres à peine de 300 livres d'amende par chaque contravention. Dix-neuf fermes suivirent celle de Lazare Patin de 1683 à 1786. La poste aux chevaux fut réunie à la poste aux lettres en 1787 ; les voitures d'eau en faisaient partie. La Révolution fit cesser le régime des fermes, mais le monopole fut maintenu.

4. Le bail des fermiers des postes ayant été résilié par décret du 12 juin 1790, la loi du 26 août de la même année réunit la poste aux lettres, la poste aux chevaux et les messageries sous l'autorité d'un commissaire des postes nommé par le roi. Les agents de tout grade furent astreints à prêter serment de garder et observer la foi due au secret des lettres et de dénoncer aux tribunaux toutes les contraventions qui pourraient parvenir à leur connaissance. Il fut interdit aux autorités administratives et judiciaires d'ordonner aucun changement dans le travail, la marche ou l'organisation du service, et les tribunaux ordinaires furent déclarés compétents en matière d'application des tarifs. A la chute du gouvernement royal, la poste fut placée sous l'autorité

d'un directoire composé de 9 administrateurs, et l'exploitation de la messagerie fut abandonnée à l'industrie privée (*L.* 23-24 *et* 30 *juill.* 1793). Une loi du 25 frimaire an VIII érigea la poste en régie intéressée, sous la surveillance d'un commissaire. Enfin la poste fut érigée en direction générale dépendant du ministère des finances, par la loi du 28 ventôse an XII.

CHAP. II. — ÉTENDUE DU SERVICE ET ATTRIBUTIONS.

Sect. 1. — Étendue du service.

5. Le service postal français comprend la France, la Corse et l'Algérie. Les colonies françaises autres que l'Algérie ont des services de poste indépendants de celui de la métropole et qui relèvent du ministère de la marine et des colonies.

6. En dehors du territoire français, l'administration des postes a établi, pour la réception ou la distribution des correspondances transportées par les paquebots-poste français, des bureaux ou agences dont les attributions varient suivant les localités. Ces établissements se composent, savoir :

1° De 8 bureaux de plein exercice à Constantinople, à Beyrouth, à Alexandrie d'Égypte, aux Dardanelles, à Smyrne, à Shang-Haï, à Yokohama et à Tunis ;

2° De 24 bureaux de distribution à Alexandrette, à la Cavalle, à Dédéagh, à Enos, à Inéboli, à Jaffa, à Kerrassund, à Kustendjé, à Lattaquié, à Mersna, à Ordou, à Port-Saïd, à Rhodes, à Rodossto, à Salonique, à Samsoun, à Suez, à Sulina, à Trébizonde, à Tripoli de Syrie, à Tulscha, à Varna, à La Goulette près Tunis et à Tanger.

3° De 11 agences sédentaires : à Colon-Aspinwall, au cap Haïtien, à la Guayra, à la Havane, à Porto-Cabello, à Mayaguez, à Santiago de Cuba, à Savanilla, à Saint-Thomas, à la Vera-Cruz et à Port-au-Prince.

Sect. 2. — Attributions de la poste.

ART. 1. — ATTRIBUTIONS PRIVILÉGIÉES.

7. La loi attribue à la poste le transport exclusif en France :

1° Des dépêches expédiées pour le service de l'État, à l'exception des avertissements des percepteurs aux contribuables de leur circonscription, des lettres de service transportées sous bandes, d'une poste à l'autre, par les agents des douanes qui en ont reçu commission de leurs chefs, et des avertissements des receveurs de l'enregistrement distribués ouverts et sans frais, par les soins des maires, aux redevables de cette administration, mais sans réciprocité de la part des destinataires ;

2° Des lettres particulières cachetées ou non cachetées (*Arr.* 27 *prairial an IX*) et généralement de tout objet manuscrit, à l'exception des correspondances expédiées par exprès entre particuliers, des dossiers de procédure suivie devant un tribunal, des factures accompagnant les marchandises, des lettres de voiture et correspondances de service des entrepreneurs de transport, des notes leur donnant exclusivement commission de remettre ou de rapporter un article de messagerie (*Arr.* 27 *prairial an IX*, art. 2) ; des étiquettes jointes à des pièces d'étoffe échangées entre fabricants et ouvriers par la voie des messageries ou des chemins de fer et sur lesquelles sont inscrits les numéros seulement (*Décis. min.*

14 *févr.* 1876); des étiquettes également jointes à des pièces d'étoffe échangées entre fabricants et ouvriers et sur lesquelles sont inscrites des instructions relatives à la nature du travail à exécuter ou des renseignements sur le travail effectué, mais seulement, dans ce dernier cas, lorsqu'elles sont transportées par des exprès ou par des personnes attachées spécialement au service des fabricants ou commerçants expéditeurs ou destinataires (*Décis. min.* 14 *févr.* 1876); des bulletins-fiches ou étiquettes en général, joints à des marchandises quelconques, fabriquées ou non fabriquées, expédiées par messageries ou par chemin de fer et contenant, indépendamment des numéros d'ordre, les indications en chiffres, lettres ou mots nécessaires à la reconnaissance et à la livraison de ces marchandises ; des bordereaux récapitulatifs accompagnant également lesdites marchandises et contenant les mêmes indications (*Décis. min.* 3 *mai* 1876);

3° De tout imprimé tenant lieu d'une correspondance personnelle ou générale ;

4° Des journaux et ouvrages périodiques, à moins qu'ils ne forment un paquet pesant plus d'un kilogramme ou qu'ils ne fassent partie d'un paquet de librairie pesant ce poids, et à la condition expresse d'être adressés et destinés à une seule personne. (*Arr.* 27 *prairial an IX* ; *L.* 25 *juin* 1856 ; *D.* 16 *oct.* 1870.)

ART. 2. — ATTRIBUTIONS NON PRIVILÉGIÉES.

8. La loi confère, en outre, au service des postes, le transport, mais sans privilége exclusif, des échantillons sans valeur, des imprimés non soumis à son privilége, et la transmission effective ou par mouvement de fonds, également sans privilége exclusif, des valeurs, finances et objets précieux, sous forme d'articles d'argent (*Régl.* 16 *oct.* 1827) et de valeurs déclarées. (*L.* 4 *juin* 1859 *et* 25 *janv.* 1873, art. 8.)

Enfin les agents des postes sont tenus de recevoir les abonnements au *Bulletin des communes*, au *Bulletin des lois*, au *Bulletin des arrêts de la Cour de cassation*. Ils sont, en outre, admis à participer au service des caisses d'assurance en cas de décès ou d'accident, au service des caisses d'épargne, à celui de la télégraphie et des mandats télégraphiques.

Sect. 3. — Pénalités sanctionnant les droits de la poste.

9. Tout individu étranger à l'administration des postes, convaincu de s'être immiscé dans le transport d'objets dont la poste a le monopole ou de tenir dans les ports de mer, bureau ou entrepôt pour l'envoi, la réception ou la distribution des correspondances de ou pour les colonies ou l'étranger, est passible d'une amende de 16 fr. à 300 fr. (*Arr.* 27 *prairial an IX et* 19 *germinal an X, et D.* 24 *août* 1848), et le tribunal peut ordonner l'affiche du jugement à 50 exemplaires aux frais du contrevenant. En cas de récidive dans les trois ans, l'amende ne peut être moindre de 300 fr. ni excéder 3,000 fr. (*L.* 22 *juin* 1854.)

Les mêmes peines sont applicables au délit d'insertion, dans les dépêches en franchise, de correspondances étrangères au service de l'État (*D.* 24 *août* 1848, *art.* 6) ou de lettres ou notes manuscrites non autorisées dans un objet de correspondance admis à circuler par la poste moyennant une taxe inférieure à celle des lettres, ainsi qu'au délit d'insertion de lettres dans les boîtes contenant des bijoux ou objets précieux confiés à la poste. L'administration peut faire vérifier ces boîtes en présence du destinataire. (*L. 25 janv.* 1873.)

10. L'emploi fait sciemment, la vente ou tentative de vente de timbres-poste ayant déjà servi à l'affranchissement d'un objet de correspondance, est puni d'une amende de 50 à 1,000 fr. En cas de récidive, la peine est d'un emprisonnement de 5 jours à un mois et l'amende portée au double (*L. 16 oct.* 1849). La contrefaçon des timbres-poste rentre dans la classe des faux punis par l'art. 142, § 2, du Code pénal. Les timbres-poste dont fait usage le public peuvent être marqués d'un signe distinctif obtenu au moyen d'un emporte-pièce, pourvu que ce signe ne dépasse pas le tiers de la surface du timbre et n'altère pas le chiffre exprimant sa valeur (*Décis. min.* 15 nov. 1876); autrement ils sont considérés comme nuls.

11. Est punie d'une amende de 50 à 500 fr., savoir :

1° L'insertion dans les objets de correspondance de l'or ou de l'argent, de bijoux et autres effets précieux ;

2° L'insertion de billets de banque ou de bons, chèques, coupons de dividendes ou d'intérêts échus payables au porteur, dans les lettres non soumises à la formalité du chargement de valeurs déclarées ou à celle de la recommandation (*L. 4 juin* 1859 *et 25 janv.* 1873);

3° L'insertion dans les boîtes de valeurs déclarées de monnaies françaises ou étrangères. (*L. 25 janv.* 1873.)

12. Est puni d'un emprisonnement d'un mois au moins et d'un an au plus et d'une amende de 16 à 500 fr., tout individu convaincu d'avoir déclaré à la poste l'insertion dans une lettre de valeurs supérieures à la valeur réellement insérée, en vue d'imposer à l'administration la responsabilité de valeurs fictives. (*L. 4 juin* 1859.)

13. D'après la jurisprudence, la pénalité applicable au délit d'insertion dans les objets affranchis à prix réduits d'objets ayant le caractère de correspondance, est également applicable au cas d'expédition, à prix réduit, des avis entièrement imprimés qui ont le caractère de correspondance personnelle. (*Arr. de la C. C. des* 14 *juill.* 1870 *et* 2 *oct.* 1873.)

Sect. 4. — Devoirs professionnels.

14. Le secret des lettres confiées à la poste est inviolable (*L.* 26 *et* 29 *août* 1790 *et* 10 *juill.* 1791), et il est interdit aux agents des postes de prendre connaissance des inscriptions figurant au verso des cartes postales. Il y a violation du secret des lettres, non-seulement lorsqu'on prend connaissance par quelque moyen que ce soit de ce qu'elles contiennent, mais encore lorsqu'on cherche à connaître ou qu'on divulgue le nom des personnes qui les expédient ou qui les reçoivent. Ce dernier bénéfice du principe d'inviolabilité est acquis à tout objet de correspondance circulant par la poste et soumis à la vérification des agents.

15. Il est défendu aux agents des postes de donner à qui que ce soit communication ou extrait des pièces, registres ou documents administratifs, ou de certifier qu'une lettre ou tout objet de correspondance a été expédié ou reçu. Il leur est également interdit de s'immiscer dans les abonnements et souscriptions des particuliers aux journaux et publications de librairie, de recevoir des lettres sous leur couvert pour de tierces personnes. Ces lettres doivent être classées en rebuts.

CHAP. III. — CONSTITUTION DU PERSONNEL.

Sect. 1. — Administration supérieure.

16. Le service des postes est régi, au nom et pour le compte de l'État, par une administration spéciale qui forme une des directions générales du ministère des finances. Un directeur général (app. 25,000 fr.) et trois administrateurs (app. 15,000 fr.) nommés par le Chef de l'État, sur la proposition du ministre des finances, composent, avec un chef de bureau secrétaire, sans voix délibérative, le conseil de l'administration (*D.* 30 *nov.* 1851). Le reste du personnel administratif se compose des chefs de bureau (app. de 6,000 à 9,000 fr.), sous-chefs (app. de 4,000 à 5,500 fr.), de commis (app. de 1,200 à 4,000 fr.), et de gardiens de bureau (app. de 1,000 à 1,200 fr.).

17. Le bureau central et du personnel relève du directeur général. Chaque administrateur dirige une division. La 1re division comprend le bureau de la correspondance intérieure, le bureau de l'organisation du service local, le bureau des franchises, contentieux et tarifs; la 2e division comprend le bureau de la correspondance étrangère, le bureau des services maritimes et le bureau du matériel; la 3e division comprend le bureau de l'ordonnancement des dépenses, le bureau des rebuts et réclamations de lettres, le bureau des articles d'argent et le bureau de la vérification des produits. Chacun des bureaux administratifs est chargé de l'interprétation des règlements qui régissent les parties du service rentrant dans ses attributions et propose, sur le rapport des chefs du service actif, les mesures disciplinaires nécessitées par l'inobservation de ces règlements.

Sect. 2. — Service actif.

18. Les agents chargés de la direction et du contrôle sont les directeurs (app. 5,000 à 9,000 fr., à Paris 12,000 fr.); les contrôleurs (app. 2,500 à 4,000 fr., à Paris 3,500 à 8,000 fr.); les commis de direction (app. 1,200 à 2,100 fr., et 3,000 fr. à Paris), et les brigadiers facteurs (app. de 1,000 à 1,800 fr.).

19. Les directeurs sont chefs de service de leur département et correspondent seuls avec l'administration et la direction générale de la comptabilité publique. Ils sont chargés de l'instruction des candidatures aux emplois, de l'étude des mesures d'organisation, de la suite des affaires contentieuses, de l'ordonnancement des dépenses et de la vérification des comptes des receveurs. Les contrôleurs participent aux travaux de la direction et procèdent aux opérations de surveillance et d'installation. Les commis sont à la disposition du directeur pour les travaux d'ordre, d'écriture et de comptabilité. Les brigadiers facteurs ont la surveillance particulière du service de distribution.

20. Les établissements de poste sédentaires se composent de bureaux sédentaires de plein exercice, divisés en recettes composées, c'est-à-dire comportant un receveur et des commis nommés par l'administration; en recettes simples gérées par un receveur seul ou assisté d'aides choisis par lui et agréés par l'administration, et en bureaux à opérations limitées gérés par des facteurs bottiers, qui joignent à une partie des attributions des receveurs l'exécution de la distribution à domicile.

Le service est assuré en France au moyen de 5,126 bureaux de plein exercice, dont 294 bureaux composés (app. de 2,500 à 8,000 fr.); 5,000 bureaux simples (app. de 800 à 2,200 fr.); de commis de recette (app. de 1,200 à 3,000 fr.); de facteurs bottiers (app. de 600 à 1,800 fr.); de facteurs de ville (app. 800 à 1,200 fr., à Paris de 900 à 1,800 fr.); de facteurs ruraux (app. de 400 à 900 fr.); de gardiens de bureau et chargeurs (de 800 à 1,200 fr., à Paris de 1,000 à 1,800 fr.).

21. Le personnel ambulant se compose des directeurs de ligne (app. de 5,000 à 7,000 fr.); de contrôleurs (app. de 3,500 à 4,000 fr.); de chefs de brigade (app. de 2,400 à 3,000 fr.); de commis principaux (app. 2,400 fr.); de commis (app. de 1,200 à 2,100 fr.), de gardiens de bureau et chargeurs.

22. Le personnel des receveurs et commis à l'étranger ou sur les paquebots rentre dans les conditions des mêmes agents à l'intérieur; les distributeurs et agents sédentaires à l'étranger reçoivent de simples indemnités. Le service de l'Algérie est au compte du ministère de la guerre.

23. Pour accompagner les dépêches dans les trains qui ne comportent pas de bureaux ambulants, l'administration emploie soit des courriers convoyeurs (app. de 1,000 à 1,800 fr.), soit des courriers auxiliaires, et utilise aussi les agents des chemins de fer. Les transports par voie de terre sont mis en adjudication et les entrepreneurs chargés de ce service ne font pas partie du personnel des postes.

Sect. 3. — Conditions d'admission.

24. Tout postulant au surnumérariat des postes doit être Français, âgé de 17 ans au moins et de 25 ans au plus; cependant les sujets qui justifient de services dans l'instruction publique, de 7 ans de services militaires ou de 3 ans de participation en qualité d'aide au travail d'un bureau de poste, peuvent être admis jusqu'à 30 ans. Nul, s'il ne fait déjà partie du service, ne peut être nommé à un bureau de poste avant 25 ans et après 35 ans. Toutefois, si les candidats comptent déjà des services valables pour la retraite, la limite de 35 ans peut être reculée d'un nombre d'années égal à la durée de ces services, jusqu'à 45 ans. Pour les facteurs et gardiens de bureau, l'âge d'admission est 17 ans pour les premiers et 18 ans pour les seconds; la limite extrême de 30 ans et 40 ans, s'ils ont des services antérieurs valables pour la retraite. Les courriers auxiliaires et gardiens d'entrepôt ne peuvent être admis avant 18 ans, et les aides assermentés gérants provisoires intérimaires ou auxiliaires avant 16 ans.

25. Les bureaux de poste dont le traitement n'excède pas 1,000 fr. sont réservés, sous les conditions d'âge énoncées plus haut, aux anciens serviteurs de l'État qui comptent au moins 7 ans

de services civils ou militaires, ou qui justifient de ne les avoir cessés que par suite de blessures reçues ou d'infirmités contractées dans l'exercice de leurs fonctions; aux femmes, filles ou sœurs de ceux des anciens serviteurs de l'État qui comptent au moins 10 ans de service ou qui sont morts en activité de service sans avoir droit à une retraite; aux fonctionnaires publics non rétribués comptant au moins 7 ans d'exercice ou à leurs femmes, filles ou sœurs, si ces fonctionnaires comptent 10 ans d'exercice. Aux personnes qui comptent 5 ans de service en qualité de gérant ou d'aide assermenté dans un bureau de poste ou qui possèdent la connaissance du service télégraphique.

26. Les fonctions d'employé des postes sont incompatibles avec toutes autres fonctions publiques rétribuées ou municipales, avec l'exercice de toute industrie et avec la profession d'officier ministériel, d'employé ou d'intéressé dans une agence ou dans un cabinet d'affaires. Les mêmes incompatibilités s'étendent à la femme et au mari.

27. Les candidats aux recettes de début ou au surnumérariat doivent subir un examen d'aptitude, et en cas d'échec peuvent passer un second et un dernier examen. Aucun des emplois de directeur départemental, chef ou sous-chef, receveur de bureau composé de 1re et 2e classe et de commis rédacteur à l'administration centrale, ne peut être conféré qu'à un agent ayant satisfait à un examen spécial du second degré. L'examen ne peut être subi que 3 ans au moins après la nomination à un emploi rétribué et jusqu'à l'âge de 32 ans ou de 35 ans pour les sujets qui comptent des services antérieurs.

28. Les directeurs, contrôleurs, receveurs de bureaux composés, chefs de section et chefs de brigade sont nommés par le ministre des finances sur la proposition du directeur général des postes. Les receveurs des bureaux simples de 1,000 fr. et au-dessous, les facteurs bottiers et les facteurs ruraux et locaux sont nommés par les préfets, sur la proposition des directeurs départementaux (*D.* 25 *mars* 1852). Tous les autres agents sont nommés par le directeur général des postes.

29. Tout agent susceptible de participer au service de manipulation doit, avant d'entrer en fonctions, prêter serment de garder et observer exactement la foi due au secret des lettres et de dénoncer aux tribunaux toutes les contraventions qui viendraient à sa connaissance. (*D.* 26-29 *août* 1790 *et* 5 *sept.* 1870.)

Sect. 4. — Dispositions d'ordre général.

30. Les directeurs, contrôleurs, receveurs des bureaux composés et commis principaux sont tenus de porter un costume dans les réunions officielles; mais les brigadiers facteurs, entreposeurs, courriers, facteurs, gardiens de bureau et chargeurs sont seuls astreints au costume dans l'exercice de leurs fonctions. Tous les agents des bureaux ambulants portent, en service, une casquette d'uniforme.

31. Aucune personne étrangère au service des postes ne doit pénétrer dans les locaux où se manipulent les lettres. Toute plainte ou pétition concernant l'organisation ou les faits du service peut être déposée par écrit ou reçue verbalement au guichet des bureaux de poste.

32. Les directeurs peuvent suspendre provisoirement de leurs fonctions les agents auxquels est imputé un crime ou délit résultant de leurs fonctions ou pour fait d'insubordination ou d'inconduite. La sanction pénale est graduée depuis l'avertissement simple jusqu'à la révocation. Indépendamment des peines qui peuvent leur être infligées par la loi, les employés des postes encourent la révocation pour avoir violé le secret des lettres, fait usage de timbres-poste ayant déjà servi, retenu ou détruit des objets de correspondance, frauduleusement distribué des correspondances, perçu des droits non autorisés, altéré ou retenu des taxes et fait ou favorisé la fraude en matière de douane ou d'octroi. Les facteurs encourent, en outre, la révocation pour enlèvement de boîtes aux lettres ou des lettres-timbres dont ces boîtes sont garnies et pour application d'autres timbres que ceux de ces boîtes.

33. Les receveurs sont tenus de fournir un cautionnement. Les cautionnements dans les départements sont fixés dans la proportion des recettes, de 10 p. 100 jusqu'à 50,000 fr.; 4 p. 100 sur les 150,000 fr. suivants; 1 p. 100 sur les 800,000 fr. qui viennent ensuite et ½ p. 100 pour le surplus. Le cautionnement ne peut être de moins de 500 fr. et n'est ni augmenté ni diminué tant que le receveur exerce dans le même bureau. A Paris, le cautionnement est égal à trois jours de la recette du bureau; exceptionnellement celui du receveur principal est de 75,000 fr. (*D. 27 nov.* 1864, *art.* 4, *et* 24 *déc.* 1868, *art.* 1er.)

34. Tout agent commissionné, à l'exception des courriers auxiliaires et des gardiens d'entrepôt, est apte à obtenir une pension de retraite. La législation des retraites des employés des postes résulte de la loi du 9 juin 1853.

CHAP. IV. — SERVICE DE LA POSTE.
Sect. 1. — Tarif des objets de correspondance.

35. Tout objet de correspondance confié à la poste est soumis à la taxe, excepté la correspondance des fonctionnaires publics exclusivement relative au service de l'État qui, seule et à de certaines conditions, est admise à la franchise. (*Voy.* **Franchise.**)

36. Les lettres circulant en France peuvent être expédiées affranchies ou non affranchies, au choix de l'envoyeur, mais tous les autres objets de correspondance doivent être affranchis.

37. La taxe des lettres est encore, au moment où nous mettons sous presse, celle qui a été fixée par la loi du 3 août 1875, savoir : pour la lettre simple affranchie de 15 grammes, 15 centimes dans la circonscription du même bureau et de Paris pour Paris; 25 centimes de bureau à bureau. Les lettres non affranchies paient 25 et 40 centimes. La lettre qui pèse 15 à 30 grammes supporte double taxe; la lettre qui pèse 30 à 50 grammes triple taxe; à partir de 50 grammes, 25 ou 50 centimes pour chaque 50 grammes en sus. Ainsi, une lettre de 100 grammes affranchie payerait de Paris pour Paris 45 + 25 = 70 centimes; de bureau à bureau 1 fr. 25 c.; non affranchie, elle serait chargée de 1 fr. 15 c. et de 1 fr. 95 c.[1]

1. Un projet de loi propose une notable réduction des taxes; si la loi passe, on la trouvera dans le *Supplément annuel.*

Lorsque les timbres-poste apposés sur une lettre représentent une somme inférieure au prix de l'affranchissement, la lettre est frappée sur l'adresse d'un timbre portant le mot : *affranchissement insuffisant* et taxée comme non affranchie, sauf déduction de la valeur du timbre-poste. (*L.* 24 *août* 1871, *art.* 4.)

La taxe des billets d'avertissement en conciliation adressés aux justiciables est de 15 centimes par chaque avis sans distinction de destination, sauf en cas de réexpédition. (*L.* 2 *mai* 1855; *D.* 24 *nov.* 1871.)

38. La taxe des lettres pour les militaires et marins présents sous les drapeaux ou pavillons, aux colonies et à l'étranger, est la même qu'à l'intérieur quand les lettres sont transportées par des services français (*L.* 27 *juin* 1792). Les lettres jouissent de l'exemption de taxe quand les militaires font partie de corps en campagne, et la franchise est maintenue pour ceux qui restent après la guerre dans les hôpitaux. (*L.* 30 *mai* 1871.)

39. La taxe d'affranchissement des cartes postales est de 10 centimes dans la circonscription du bureau et de 15 centimes de bureau à bureau. L'administration les fournit, mais le public a la faculté d'en faire faire en se conformant au modèle fourni par l'administration. Le *recto* des cartes postales ne doit contenir que l'adresse du destinataire, sauf l'indication facultative du nom, de la profession et de l'adresse de l'expéditeur. Il est défendu de joindre aucun objet aux cartes postales. (*L.* 20 *déc.* 1872.)

40. La taxe des journaux et ouvrages périodiques varie selon que ces publications traitent ou non de politique ou d'économie sociale. La taxe des journaux et ouvrages périodiques traitant de politique ou d'économie sociale est de 4 centimes par exemplaire de 40 grammes et au-dessous. Au-dessus de 40 grammes, le port est augmenté d'un centime par 10 grammes ou fraction de 10 grammes (*L.* 25 *juin* 1856, *art.* 1er). Les suppléments consacrés aux débats législatifs, rapports et documents législatifs, sont exempts de taxe supplémentaire. (*L.* 2 *mai* 1861, *art.* 1er; 11 *mai* 1868, *art.* 5.)

41. La taxe des journaux consacrés aux lettres, aux sciences et aux arts et paraissant au moins une fois par trimestre, est de 2 centimes par exemplaire de 20 grammes et au-dessous. Il est perçu pour excédant de poids 1 centime par 10 grammes ou fraction de 10 grammes. (*L.* 25 *juin* 1856, *art.* 2.)

42. Les journaux circulant dans l'intérieur du département ne sont passibles que de la moitié de la taxe. (40 *et* 41). Cette réduction s'applique également aux journaux publiés dans d'autres départements que la Seine et Seine-et-Oise pour les départements limitrophes. (*L.* 25 *juin* 1856, *art.* 3.)

43. Le port des circulaires électorales et bulletins de vote est d'un centime par exemplaire pour 5 grammes et au-dessous, avec addition d'un centime par 5 grammes excédant. Au-dessus de 50 grammes, le port est de 10 centimes jusqu'à 100 grammes et de 1 centime par 10 grammes excédant. (*L.* 25 *juin* 1856, *art.* 4, *et* 24 *août* 1871, *art.* 9.)

44. Le port des imprimés non périodiques, gravures, photographies, et de tous imprimés autres que ceux désignés ci-dessus (40, 41, 42, 43), est pour chaque paquet adressé sous bandes à un seul destinataire : jusqu'à 5 grammes inclusivement, de 2 centimes; de 5 à 10 grammes, 3 centimes; de 10 à 15 grammes, 4 centimes; de 15 à 50 grammes, 5 centimes, et au-dessus de 50 grammes, de 5 centimes par 50 grammes ou fraction de 50 grammes. (*L.* 3 *août* 1875, *art.* 7.) [Voyez aussi le *Supplément annuel.*]

45. Les avis imprimés pliés en forme de lettre ouverte ou sous enveloppe coupée sur le côté, les cartes de visite sous enveloppe non cachetée, sont passibles d'une taxe de 10 centimes de bureau à bureau et de 5 centimes dans le ressort du bureau, par chaque 10 grammes ou fraction de 10 grammes. (*L.* 25 *juin* 1856; *Arr.* 9 *juill.* 1856.)

46. Le port des échantillons de marchandises avec ou sans imprimés, des épreuves corrigées, des papiers de commerce ou d'affaires placés sous bandes mobiles, dans des enveloppes non fermées ou dans des sacs ou boîtes faciles à ouvrir est pour chaque paquet, portant une adresse particulière, de 5 centimes par 50 grammes ou fraction de 50 grammes. (*L.* 3 *août* 1875, *art.* 6.) Sont considérés comme papiers d'affaires, les actes, les lettres de voitures, les polices et plaques d'assurance, les pièces de comptabilité, les manuscrits et dossiers de procédure, les notes de frais, les factures acquittées ou non, les lettres d'une date ancienne expédiées comme document et généralement tout écrit à la main n'ayant pas le caractère d'une correspondance actuelle et personnelle ou pouvant en tenir lieu.

47. Le maximum de poids des paquets d'imprimés ou de papiers d'affaires est de 3 kilogrammes; ils ne peuvent avoir sur aucune de leurs faces une dimension de plus de 45 centimètres. Les échantillons ne peuvent dépasser le poids de 300 grammes et ne peuvent avoir une dimension de plus de 25 centimètres de chaque côté. Toutefois, les cartes d'échantillons peuvent atteindre la dimension de 45 centimètres. Les journaux, imprimés, échantillons et papiers d'affaires doivent être placés sous bandes mobiles couvrant au plus le tiers de la surface. Les bandes ne doivent porter d'autre écriture que l'adresse du destinataire et, selon le cas, celle de l'envoyeur, le titre du journal et la fin de l'abonnement. Ils peuvent aussi être sous enveloppe ouverte aux deux extrémités. Les échantillons et papiers d'affaires peuvent être placés dans des boîtes ou sacs faciles à ouvrir, mais dont le poids est soumis à la taxe des objets (*L.* 25 *juin* 1856, *art.* 6, *et* 24 *août* 1871, *art.* 7). Les cartes, plans et gravures peuvent être en forme de rouleau, maintenus par des ficelles faciles à dénouer. Les objets de nature à salir les correspondances où à en compromettre la sûreté, ceux qui sont soumis aux droits de douane ou d'octroi sont exclus du service.

48. Les taxes d'affranchissements sont représentées par des figurines de différentes valeurs appelées timbres-poste. Les taxes ou compléments de taxe à recouvrer sur les destinataires sont indiquées sur la suscription des objets par l'application de timbres humides, de chiffres à la main ou de timbres gommés appelés chiffres-taxes. Ces chiffres-taxes sont appliqués sur les lettres non affranchies nées et distribuées dans le ressort du même bureau. Les timbres-poste doivent être appliqués autant que possible à l'angle droit supérieur de la suscription des objets affranchis.

49. Les timbres-poste mis en circulation pour l'affranchissement des correspondances représentent des valeurs de 1, 2, 4, 5, 10, 15, 20, 25, 30, 40, 80 centimes et 5 fr. Il est accordé à tous les agents préposés à la vente des timbres-poste et à toute personne munie d'une autorisation spéciale une remise de 1 p. 100 sur le montant brut de la valeur de ces timbres.

50. Les envoyeurs peuvent, moyennant affranchissement préalable, faire charger ou recommander les objets dont ils veulent tirer un reçu et dont la remise doit être faite sur reçu aux destinataires; le chargement s'applique aux lettres ou boîtes renfermant des valeurs déclarées; la recommandation s'applique à toute espèce d'objet de correspondance. Les objets chargés ou recommandés ne peuvent être adressés sous des initiales, La limite de garantie pour les valeurs-papiers contenues dans les lettres est de 10,000 fr. La déclaration pour les bijoux ou objets précieux contenus dans les boîtes ne peut être inférieure à 50 fr. (*L.* 25 *janv.* 1873). L'évaluation à faire pour les valeurs-papiers porte sur le montant des sommes échues et payables au porteur et non sur le capital du titre. (*L.* 4 *juin* 1859; *Arr. min.* 6 *juill.* 1859.)

51. La taxe des lettres contenant des valeurs déclarées se compose, indépendamment du port de la lettre, d'un droit fixe de 50 centimes et d'un droit de 20 centimes pour chaque 100 fr. ou fraction de 100 fr. en sus jusqu'à 10,000 fr. (*L.* 24 *août* 1871). Le port des boîtes contenant des valeurs déclarées se compose du droit fixe de chargement de 50 centimes; d'une taxe de 1 p. 100 de la valeur déclarée jusqu'à 100 fr. et de 50 centimes en sus par 100 fr. ou fraction de 100 fr. jusqu'à 10,000 fr. (*L.* 25 *janv.* 1873, *art.* 8.)

52. Les lettres contenant des valeurs déclarées doivent être sous enveloppe, scellées de deux cachets au moins en cire fine, de même couleur, avec empreinte particulière à l'envoyeur et de manière à retenir les quatre côtés de l'enveloppe. Les boîtes doivent être closes à l'avance et ne peuvent excéder 5 centimètres de hauteur, 8 centimètres de largeur et 10 centimètres de longueur. Elles doivent être entourées d'un croisé de ficelle solide, scellé sur les quatre faces latérales de cachets en cire réunissant les conditions indiquées pour les lettres chargées, être garnies sur les deux faces de papier blanc pour recevoir l'adresse, la déclaration de la valeur et les timbres de la poste. En cas de perte ou de détérioration résultant de la fracture des boîtes ayant moins de 8 millimètres d'épaisseur, la poste n'est tenue à aucune indemnité. (*L.* 25 *janv.* 1873, *art.* 8.)

53. Les objets recommandés ne supportent, en sus de la taxe d'affranchissement, qu'un droit fixe de 50 centimes pour les lettres et de 25 centimes pour les autres objets. Ils ne sont assujettis à aucun mode spécial de fermeture en raison de la recommandation. (*L.* 25 *janv.* 1873, *art.* 5.)

54. L'expéditeur de toute lettre ou paquet

chargé ou recommandé peut demander, au moment du dépôt, moyennant un droit de 20 centimes, qu'il lui soit donné avis à la résidence qu'il indique, en France ou en Algérie, de la réception de cette valeur par le destinataire. (*Arr. minist. du 6 juill.* 1859 *et L.* 24 *août* 1871, *art.* 6.)

55. Les objets admis à la modération de taxe trouvés aux boîtes sans affranchissement sont taxés comme lettres; s'ils sont insuffisamment affranchis en timbres-poste, ils sont frappés d'une taxe égale ou triple de l'insuffisance d'affranchissement. (*L.* 25 *juin* 1856, *art.* 8, 24 *août* 1871, *art.* 7; 3 *août* 1875, *art.* 8.)

56. En principe, les imprimés ne doivent contenir ni chiffre ni écriture à la main, si ce n'est la date et la signature, et il est défendu d'insérer dans un paquet d'imprimés, d'échantillons ou de papiers d'affaires, aucune note manuscrite ayant le caractère de correspondance (9 et 13); mais par exception le caractère de circulaire est maintenu lorsque les additions à la main sont telles qu'une même circulaire annotée puisse être adressée à tous les destinataires. Les prix courants et mercuriales peuvent porter les chiffres de prix à la main; les livres une dédicace; les échantillons peuvent contenir des étiquettes et des indications manuscrites, pourvu qu'elles n'aient aucun caractère de correspondance (*Décis. min.* 12 *mai* 1875). Les affiches sur papier de couleur, les papiers revêtus de points en relief à l'usage des aveugles, lorsqu'ils n'ont pas le caractère de correspondance, les cartes de visite, les avertissements des agents du Trésor aux contribuables, sont admis comme imprimés quoiqu'en tout ou en partie à la main. Les traits destinés à appeler l'attention du destinataire sur un mot ou un passage d'un texte imprimé ne constituent pas une contravention. (*Décis. min.* 9 *oct.* 1875.) L'avis qu'un imprimé est adressé comme spécimen ou pour échange est admis. (*Décis. min.* 11 *mai* 1876.)

57. L'addition de notes manuscrites ayant le caractère de correspondance est autorisée sur les échantillons, papiers d'affaires, cartes et plans moyennant l'acquit préalable, soit en numéraire, soit en timbres-poste, d'un port supplémentaire de 10 centimes lorsque les objets sont pour la circonscription postale du bureau, et de 15 centimes lorsqu'ils doivent circuler en-dehors du bureau (port d'une carte postale), à l'exclusion des notes détachées jointes à ces objets. (*Décis. min.* 12 *mai* 1875.)

Sect. 2. — Service des correspondances.

58. Le service des correspondances consiste en trois opérations principales : la réception, le transport et la distribution. Il a lieu en France tous les jours de la semaine. Les fêtes et dimanches il est diminué de quatre heures; la dernière levée des boîtes et la dernière distribution sont généralement supprimées. Chaque établissement de poste est désigné, indépendamment du nom de la localité, par un numéro d'ordre. Les bureaux sont situés au rez-de-chaussée, autant que possible au centre de la partie agglomérée de la population, et communiquent par un guichet avec l'espace réservé au public, dans lequel les heures d'ouverture et de fermeture sont affichées.

59. La réception s'opère au guichet pour les objets chargés et recommandés, pour la correspondance officielle, les échantillons, les papiers d'affaires, les journaux et imprimés. Les lettres ordinaires et les cartes postales doivent être déposées dans les boîtes aux lettres placées sur la voie publique. Indépendamment des boîtes des bureaux, il y a une boîte aux lettres dans chaque commune et dans tout village ou agglomération d'habitants de quelque importance. Les facteurs ruraux sont autorisés, en outre, à recevoir, à la main, les objets de correspondance. En dehors des boîtes fixes, il y a des boîtes mobiles aux gares de chemins de fer ou transportées par les courriers de terre. Les boîtes des bureaux sont levées avant le départ de chaque courrier et au moment des travaux préparatoires à chaque distribution. Il y a de 1 à 7 levées par jour pour les boîtes supplémentaires dans les villes, et de 1 à 4 levées de boîtes rurales. Les boîtes des gares sont levées aux passages des bureaux ambulants ou des courriers; celles des courriers de terre le sont par les bureaux qu'ils desservent. Dans certaines villes trois levées exceptionnelles peuvent avoir lieu après la dernière levée réglementaire pour les lettres, moyennant un droit supplémentaire de 20 centimes pour le 1er délai, 40 centimes pour le 2e délai, et 60 centimes pour le dernier délai. (*L.* 9 *mai* 1863, *art.* 3.)

60. A son entrée dans le service, tout objet est frappé sur l'adresse d'un timbre à date indiquant le bureau qui l'a recueilli. Les correspondances venant de l'étranger sont frappées de la même manière d'un timbre en encre rouge indiquant la date de leur entrée dans le service français; le pays qui les a livrées et le bureau qui les a reçues. Les timbres-poste des lettres sont annulés au moyen du timbre à date de l'établissement qui en fait usage. Les lettres insuffisamment affranchies sont frappées du timbre *affranchissement insuffisant*. Les lettres non affranchies pour l'étranger sont frappées du timbre T (à taxer). Les correspondances sont triées et taxées et celles pour d'autres bureaux sont réunies en paquets appelés *dépêches*, sous papier ou dans des sacs. Chaque dépêche est accompagnée d'une feuille d'avis. Les objets chargés et recommandés sont inscrits nominativement sur une feuille spéciale.

61. Lorsqu'une lettre n'a pas encore été expédiée, l'auteur peut en rectifier l'adresse ou même la retirer du service, moyennant les justifications nécessaires et en se soumettant à demeurer garant et responsable envers qui de droit de tous les effets de la suppression ou du retard de la lettre. Après la fermeture des dépêches dans les bureaux sédentaires ou une demi-heure avant le départ d'un bureau ambulant, si la lettre s'y trouve, aucune demande de rectification ou de retrait n'est admise.

62. La création des chemins de fer a donné lieu d'organiser, pour le service de transport, les bureaux ambulants, wagons disposés de façon que les employés puissent en route, de jour et de nuit, faire le tri des correspondances contenues dans les dépêches qui leur sont adressées et en former eux-mêmes d'autres dépêches, soit pour les bureaux sédentaires, soit pour d'autres bureaux ambulants. La France est divisée en huit lignes de bureaux ambulants dont les dénominations indiquent suffisamment la circonscription, Paris étant considéré comme point central. Ces lignes sont celles de l'Ouest, de l'Est, de la Méditerranée, du Sud-Ouest, du Nord-Ouest, des Pyrénées, du Nord et de Lyon. Les bureaux ambulants d'une même ligne sont distingués, suivant l'heure du départ, par les chiffres 1°, 2°, 3°. Par les trains qui n'ont pas de bureaux ambulants et qui peuvent être utilisés, les dépêches sont confiées à des courriers dont certains d'entre eux sont, en outre, chargés de prendre aux gares et de déposer en route des correspondances. Les dépêches expédiées par les routes de terre sont confiées aux courriers d'entreprise.

63. Le Gouvernement français subventionne, pour le service maritime des malles, les paquebots des lignes ci-après : ligne de Corse (375,000 fr.); lignes de l'Algérie (910,000 fr.); ligne de Calais à Douvres (100,000 fr.); lignes de la Méditerranée (3,076,091 fr.); lignes du Brésil et de la Plata (2,306,172 fr.); lignes de l'Indo-Chine, de la Chine, du Japon, avec les annexes de Calcutta, Maurice et Batavia (9,632,437 fr.); lignes des États-Unis, du Mexique et des Antilles (10,145,173 fr.). Des agents des postes embarqués sur les lignes du Brésil, de l'Indo-Chine et des Antilles remplissent en mer des fonctions analogues à celles des agents des bureaux ambulants. Des boîtes mobiles sont établies à bord des paquebots pour recevoir la correspondance des voyageurs et celle apportée au moment du départ, dans les ports où cette faculté est accordée au public.

64. Indépendamment de ces services réguliers, l'administration des postes peut profiter de tous les paquebots et navires du commerce pour faire transporter ses dépêches, en payant aux capitaines ou armateurs un décime par lettre et un franc par kilogramme d'imprimés et d'échantillons. Tout capitaine d'un navire en partance est tenu de déclarer le jour du départ de ce navire et ne peut obtenir son billet de sortie qu'après avoir justifié qu'il a pris les dépêches de la poste ou qu'elle n'en avait pas à lui remettre. A l'arrivée, les capitaines sont également tenus de remettre à la poste les lettres qui leur ont été confiées, pour des particuliers, dans les pays d'outre-mer. (*L.* 19 *germ. an X, et D.* 12 *juill.* 1856.)

65. Enfin, l'administration française peut profiter des services de transports étrangers aux conditions fixées par les traités de poste pour les relations de bureau français à bureau français, bureau colonial ou bureau étranger.

66. A l'arrivée des dépêches dans les bureaux de destination, le contenu en est reconnu et réparti par les facteurs pour entrer en distribution. Les objets adressés poste restante et ceux dont la forme, le poids ou le volume rend la distribution impossible par les facteurs, sont conservés pour être délivrés au guichet, ainsi que ceux que les destinataires envoient chercher ou qui sont adressés aux corps de troupe et à de grands établissements. La justification pour retirer une lettre adressée *poste restante* consiste dans la production d'une lettre précédemment adressée au nom de la personne qui se présente, ou dans l'exhibition d'un

acte, d'une pièce quelconque et même d'une carte de visite. Les lettres adressées sous des initiales ne peuvent être remises qu'autant que les initiales sont bien celles désignées par le réclamant et qu'elles se trouvent dans l'ordre indiqué par lui. Les lettres adressées poste restante sont conservées pendant trois mois et tombent ensuite en rebut.

67. La distribution à domicile est la contrepartie du relevage des boîtes. Ce service s'est accompli pendant longtemps par des facteurs aux gages des buralistes, qui recevaient une indemnité à cet effet. Mais les lettres n'étaient pas portées hors des limites de la ville où le bureau avait son siège. Les communes rurales envoyaient prendre leurs correspondances par des messagers. Une loi du 3 juin 1829 créa le service rural. Les facteurs devaient lever les boîtes et distribuer les lettres de deux jours l'un, dans toutes les communes, et une taxe fixe d'un décime était allouée à l'administration pour ce service. La loi du 21 avril 1832 rendit le service quotidien, mais subordonna l'exécution de la mesure aux nécessités du service. Aujourd'hui le décime rural n'est plus perçu et le service de distribution s'opère au moins une fois par jour dans toute la France.

Sect. 3. — Rebuts et réclamations.

68. Tout objet qui n'a pas été distribué pour cause de changement de résidence du destinataire, fausse direction ou vice d'adresse, est réexpédié sans augmentation de frais à la nouvelle ou véritable résidence du destinataire.

69. Les objets confiés à la poste qui n'ont pu, par un motif quelconque être ni dirigés, ni distribués, ni réexpédiés, tombent en rebut et sont renvoyés à Paris chaque jour ou conservés au bureau de destination deux mois, y compris celui de leur arrivée, suivant les causes de leur non-distribution. Les lettres et autres objets de correspondance compris dans les rebuts journaliers sont ouverts immédiatement; les autres sont ouverts aussitôt que l'impossibilité d'en essayer le placement a été reconnue (*O.* 20 *janv.* 1819). Les lettres reconnues, à leur ouverture, présenter de l'intérêt ou contenir des valeurs et qui n'ont pu être remises dans le service, et les papiers d'affaires sont conservés pendant huit ans. A l'expiration de ce délai, ces objets sont détruits. Les procès-verbaux d'ouverture sont conservés pendant dix ans. (*Ord. du* 20 *janv.* 1819, *art.* 5.)

Les journaux et imprimés sans valeur, dont on n'a pu retrouver les envoyeurs, sont détruits immédiatement; les échantillons et les livres sont conservés pendant un an et livrés ensuite à l'administration des domaines.

70. Les valeurs trouvées dans les lettres en rebut sont acquises à l'État après un délai de huit ans, à partir du jour où elles ont été déposées. (*L.* 5 *mai* 1855.)

71. Les objets en rebut d'origine étrangère sont réexpédiés au pays d'origine.

72. Les bureaux de poste sont autorisés à opérer immédiatement la détaxe ou la réduction de taxe des objets originaires des bureaux français qui ont été indûment taxés ou trop taxés d'après les tarifs. Lorsque la demande est basée sur le poids d'une lettre, la réclamation n'est admise qu'autant que la lettre n'a pas été ouverte ou qu'elle ne l'a été qu'en présence d'un préposé. Dans tous les cas de détaxe ou de réduction opérée au bureau, le réclamant doit émarger l'état où la détaxe est inscrite. Tout objet que le destinataire suppose indûment taxé peut être rendu au facteur pour que la taxe soit vérifiée au bureau. Les réclamations en matière de détaxe ou de surtaxe d'objets originaires de l'étranger doivent être faites par écrit avec les enveloppes ou suscriptions de lettres à l'appui. Lorsque la demande est basée sur le poids d'une lettre, ce poids doit être constaté dans un bureau de poste avant ouverture de la lettre.

73. Les réclamations d'objets non parvenus sont reçues dans tous les bureaux de poste, verbalement ou par écrit, et il y est donné immédiatement suite.

Sect. 4. — Constatation des contraventions.

74. Les agents des postes de tout grade porteurs de leur commission et tous les agents de l'autorité ayant qualité pour constater les contraventions peuvent opérer toutes perquisitions sur les messagers et entrepreneurs de transport et sur leur matériel, à l'effet de constater les infractions aux lois constitutives du privilége postal (*L.* 22 *juin* 1854, *art.* 1er). A moins d'ordre spécial, les perquisitions n'ont lieu qu'aux stationnements.

75. Toute perquisition doit être constatée par un procès-verbal. Si les perquisitions ont fait découvrir des objets transportés en fraude, le procès-verbal, après avoir été enregistré, est envoyé au directeur du département, chargé d'y donner suite. Si le destinataire ou l'expéditeur des objets saisis les réclame avant l'envoi du procès-verbal, ils lui sont remis moyennant l'engagement d'en représenter à la première réquisition et d'en acquitter le double de la taxe. (*Arr.* 2 *messidor an XII.*)

76. Le destinataire de tout objet expédié par la voie de la poste est présumé en contravention aux lois, est invité à se rendre au bureau de poste de destination. Si l'objet en question a été taxé pour emploi de timbres contrefaits ou ayant déjà servi, le destinataire est invité à en payer la taxe avant d'en prendre communication ; mais l'objet demeure annexé au procès-verbal. Toute infraction à la loi du 25 juin 1856, qui défend l'insertion de notes de correspondances dans les objets affranchis à prix réduits, est constatée de la même manière, mais l'objet, sauf les bandes et enveloppes, peut être remis au destinataire, moyennant le paiement d'une double taxe. Si la contravention consiste dans l'envoi de valeurs prohibées (*L.* 4 *juin* 1859 *et* 25 *janv.* 1873), le contenu est remis au destinataire moyennant qu'il désigne l'expéditeur. Les contraventions en matière de douane sont constatées en présence d'un agent des douanes ou des contributions indirectes et du destinataire, et les objets sont saisis.

CHAP. V. — ARTICLES D'ARGENT.

Sect. 1. — Service intérieur et colonial.

77. Les receveurs des postes, distributeurs et facteurs boîtiers de France ou d'Algérie, sont autorisés à recevoir, sous le nom d'articles d'argent, des sommes en échange desquelles ils délivrent des mandats payables en France, en Algérie ou dans les colonies françaises, ainsi qu'à tout militaire, marin ou employé de l'État aux armées, sur les bâtiments de la flotte et dans les villes du Levant, de la Chine et du Japon, où la France entretient des bureaux de poste.

78. Le service des mandats d'articles d'argent est fait moyennant un droit de 1 p. 100 de la somme versée (*L.* 20 *déc.* 1872), perçu sur l'envoyeur. Les fractions de franc paient comme un franc, pour 50 centimes et au-dessus. Il n'est pas reçu de dépôt au-dessous de 50 centimes. Les distributeurs d'Algérie et les facteurs boîtiers ne reçoivent ni ne paient les sommes de plus de 50 fr. Les mandats sur les colonies ne peuvent être de plus de 300 fr., et la même personne ne peut prendre plus d'un mandat de cette somme le même jour pour le même destinataire. Sauf ces réserves, le versement des sommes est illimité.

79. Les mandats de 300 fr. et au-dessous sont payables à vue, quelle que soit la destination indiquée par l'envoyeur ; au-dessus de 300 fr., les mandats ne sont payables qu'au bureau désigné et après réception de l'avis d'émission. A cet effet, et pour le cas d'insuffisance de fonds au bureau payeur, l'administration se réserve, en pareil cas, un délai de huit jours.

80. La durée de validité des mandats est ainsi fixée : *deux mois* pour les mandats délivrés en France, en Algérie, dans les stations du Levant ou par le bureau français de Tunis au profit de particuliers résidant en France, en Algérie ou à Tunis ; *trois mois* pour les mandats délivrés par les mêmes bureaux au profit de militaires de l'armée de terre en France, en Europe ou en Algérie ; *neuf mois* pour les mandats créés par les bureaux ou agents coloniaux hors d'Europe (l'Algérie, Tunis et les bureaux du Levant exceptés) pour tout destinataire et pour les mandats de toute origine délivrés au profit des particuliers hors d'Europe (l'Algérie et Tunis exceptés), des militaires de l'armée de terre employés hors d'Europe (l'Algérie exceptée), des marins et des militaires de l'armée de mer pour toute destination, des transportés aux colonies pénitentiaires et des détenus aux bagnes. Faute de réclamation du paiement dans les délais ci-dessus, les mandats sont périmés, mais les délais peuvent être renouvelés au moyen d'un visa pour date. La prescription est acquise à l'État après un délai de huit ans à partir du jour du dépôt. (*L.* 31 *janv.* 1833.)

81. Les mandats excédant 10 fr. sont passibles du droit fixe de timbre de 25 centimes (*L.* 13 *brumaire an VII et* 23 *août* 1871, *art.* 2) ; mais les agents ne peuvent se refuser à délivrer plusieurs mandats de 10 fr. au lieu d'un seul de plus de 10 fr.

82. Les mandats sont remis aux destinataires qui en assurent l'envoi à leurs frais. Il leur est également remis une déclaration de dépôt à conserver en cas de réclamation.

83. Le paiement des mandats adressés aux personnes résidant dans l'arrondissement postal du bureau peut être effectué sur la présentation de la lettre d'envoi seulement ; mais si le porteur est étranger à la circonscription, il doit, en outre, présenter une pièce indicative d'identité ou la faire attester par deux témoins. Les mandats acquittés d'avance peuvent être touchés par un tiers si la signature de l'ayant droit est accompagnée de l'empreinte du timbre de la mairie, d'un timbre officiel quelconque ou même de la griffe commerciale de sa maison. Enfin, à défaut de griffe, il suffit que le tiers-porteur présente un passe-port, permis de chasse ou tout autre acte officiel au même nom que le destinataire des fonds. Les mandats pour les militaires, marins, malades des hôpitaux, détenus, etc., sont payés aux vaguemestres des corps ou établissements.

84. Tout mandat qui n'a pas été payé au destinataire peut être remboursé à l'envoyeur, mais le prix du mandat est acquis au Trésor.

Sect. 2. — Service télégraphique.

85. Le public peut employer la voie télégraphique pour faire payer à destination, jusqu'au maximum de 5,000 fr., les sommes déposées à la poste (*L.* 4 *juill.* 1868 *et D.* 25 *mai* 1870). Les droits sont les mêmes que pour les mandats ordinaires. Le paiement des mandats télégraphiques ne peut être réclamé que dans les cinq jours qui suivent l'arrivée au bureau de destination.

CHAP. VI. — SERVICE INTERNATIONAL.
Sect. 1. — Service des correspondances.

86. Les rapports entre l'administration des postes de France et les pays étrangers sont réglés par des traités ou conventions diplomatiques dont la ratification doit être autorisée par une loi, et par des règlements arrêtés entre les administrations chargées d'assurer l'exécution de ces traités.

87. Il a été conclu à Berne, le 9 octobre 1874, entre tous les États d'Europe, l'Égypte et les États-Unis de l'Amérique du Nord, un traité dit d'*Union générale des Postes*, à l'effet de former de tous les États contractants comme un seul territoire, dans toute l'étendue duquel l'affranchissement, le conditionnement et la transmission des correspondances s'opéreraient aussi uniformément que possible, en tenant compte toutefois de certaines convenances monétaires ou autres particulières à chaque État. Pour l'affranchissement, le traité a fixé un maximum et un minimum de prix dans les limites desquels chaque État est libre de déterminer le montant des taxes perçues à son profit. Les taxes perçues sur les correspondances circulant dans l'union postale ne sont donc pas identiques ; mais les taxes perçues dans chaque État sont les mêmes par rapport à tous les autres États. Quant aux poids, aux conditions d'envoi, aux limites maximum de poids et de dimension, aux modes de fermeture et autres mesures d'exécution, ils sont fixés par le traité. Depuis l'inauguration de ce traité, l'Angleterre ayant demandé l'admission dans l'union de son empire de l'Inde, la France a fait la même demande pour ses colonies, et un arrangement spécial à ce sujet a été signé à Berne le 27 janvier 1876.

88. La taxe générale de l'union est fixée, pour les lettres affranchies, à 25 centimes par 15 gr. ou fraction de 15 gr. ; mais elle peut varier entre 20 et 32 centimes. Le port des lettres non affranchies est le double de la taxe d'affranchissement. Le prix d'affranchissement des cartes-correspondance est moitié de celui des lettres. Le prix d'affranchissement

des journaux, imprimés, échantillons et papiers d'affaires est de 7 centimes par 50 gr. ou fraction de 50 gr., mais peut varier de 5 centimes à 11 centimes. Pour tout transport maritime de plus de 300 milles marins, il peut être ajouté un demi-port en sus, sauf pour l'Inde anglaise et les colonies françaises, pour lesquelles il peut être perçu en sus le maximum de la taxe de l'union. Tout objet peut être expédié comme recommandé, aux conditions de recommandation en vigueur dans les pays d'origine, et en cas de perte une indemnité de 50 fr. est payée à l'ayant droit si la législation du pays où la perte a eu lieu admet ce genre de responsabilité. Les demandes d'avis de réception peuvent également être accueillies pour autant que le pays de destination fournit des avis de réception. Les affranchissements ont lieu exclusivement en timbres-poste, et sauf le cas où les objets étant originaires ou à destination de pays étrangers à l'union, sont passibles de taxes étrangères à l'union, chaque pays garde le produit des perceptions qu'il a opérées.

89. Tous frais de transports intermédiaires sont à la charge de l'administration du pays d'origine et se comptent sur le pied de 2 fr. par kilog. de lettres, et 25 centimes par kilog. d'autres objets, lorsque la distance sur le territoire parcouru est de moins de 750 kilom., et sur le pied du double si la distance est de plus de 750 kilom. Les transports par mer sont payés seulement pour les parcours de plus de 300 milles marins, à raison de 6 fr. 50 centimes par kilog. de lettres, et 50 centimes par kilog. d'autres objets. Les transports maritimes avec l'Inde anglaise et les colonies françaises sont payés à raison de 25 fr. par kilog. de lettres ou de cartes-correspondance, et de 1 fr. par kilog. d'autres objets, à répartir, sauf arrangement contraire, entre les administrations qui peuvent concourir à ces transports, sur la base des distances.

90. Un bureau international, qui fonctionne à Berne sous la surveillance de l'administration suisse, est chargé de coordonner, publier et distribuer tous les renseignements qui concernent l'ensemble de l'union postale.

91. Le tarif des taxes à percevoir en France, en Algérie et dans les bureaux français du Levant, de Tunis et de Tanger, sur les correspondances des ou pour les pays de l'union, est fixé ainsi qu'il suit :
1° Par rapport à l'empire d'Allemagne, à l'Autriche-Hongrie, à la Belgique, au Danemark (y compris l'Islande et les Feroe) ; à l'Égypte (y compris la Nubie et le Soudan) ; à l'Espagne (y compris les Baléares, les Canaries et les établissements espagnols de la côte septentrionale d'Afrique et de la côte occidentale du Maroc) ; la Grande-Bretagne (y compris les îles anglo-normandes, Héligoland, Malte et Gibraltar) ; la Grèce et les îles Ioniennes ; l'Italie et la République de Saint-Marin, le Luxembourg, le Monténégro, la Norwège, les Pays-Bas, le Portugal (y compris Madère et les Açores) ; la Roumanie, l'empire de Russie (y compris le grand-duché de Finlande) ; la Serbie, la Suède, la Suisse et la Turquie (Europe et Asie) : lettres affranchies, 30 centimes par 15 gr. ; lettres non affranchies, 60 centimes par 15 gr. ; cartes postales, 15 centimes ;

papiers d'affaires, échantillons, journaux et imprimés, 5 centimes par 50 gr. [1].

2° Par rapport aux États-Unis de l'Amérique du Nord, aux colonies françaises et à l'Inde anglaise : lettres affranchies, 40 centimes par 15 gr.; lettres non affranchies, 70 centimes par 15 gr.; cartes postales, 20 centimes ; papiers d'affaires, échantillons, journaux et imprimés, 8 centimes par 50 gr.

Les droits pour la recommandation et les avis de réception sont les mêmes que pour l'intérieur.

92. Le traité de l'union postale n'a pas fixé les conditions d'envoi des valeurs déclarées dans les lettres affranchies et recommandées. Ces conditions, réglées au moyen d'arrangements particuliers, sont les suivantes pour l'Allemagne (y compris l'île anglaise d'Héligoland), la Belgique, les Pays-Bas, la Suisse et le Luxembourg. Indépendamment des prix de port et des droits de recommandation, il est perçu (sauf pour les Pays-Bas) 20 centimes par 100 fr. ou fraction de 100 fr., et pour les Pays-Bas, indépendamment du prix de port, 1 fr. 80 c. jusqu'à 800 fr., et 20 centimes en sus par 100 fr. ou fraction de 100 fr. excédant 800 fr. Le maximum de déclaration admise est de 2,000 fr. pour le Luxembourg, et de 10,000 fr. pour les autres pays. (*L. 3 août* 1875, *D. des* 29 *oct.* 1875 *et* 4 *mai* 1876.)

93. Pour les conditions d'envoi des correspondances échangées avec les pays d'outre-mer qui ne font pas partie de l'union, se référer aux décrets des 10 novembre 1875, concernant divers pays étrangers, et 16 novembre 1855, concernant le Brésil.

Sect. 2. — Mandats internationaux.

94. Des traités ont été conclus entre la France et l'Allemagne, la Belgique, la Grande-Bretagne, l'Italie, le Luxembourg, les Pays-Bas et la Suisse, pour la transmission de sommes d'argent au moyen de mandats de poste. Les mandats délivrés en France donnent lieu à la perception d'un droit de 20 centimes par 10 fr. ou fraction de 10 fr., dont le produit est partagé par moitié entre l'administration française et l'administration étrangère. Les mandats de la Belgique, du Luxembourg, de l'Italie et de la Suisse sur la France sont passibles des mêmes droits que ceux de la France sur ces pays, mais les mandats allemands, anglais et néerlandais sont soumis à des tarifs différents. Les mandats de poste internationaux ne peuvent donner lieu à la perception d'aucun droit autre que ceux énoncés ci-dessus. Le maximum des mandats de poste est de 375 fr. pour l'Allemagne, 350 fr. pour les Pays-Bas, 300 fr. pour la Suisse et l'Italie, 252 fr. pour la Grande-Bretagne, et 200 fr. pour les autres pays.

95. Les mandats internationaux ne sont délivrés et payés que par certains bureaux français. La propriété des mandats français peut être transmise par voie d'endossement. Ils ne sont payables qu'au bureau désigné et pendant trois mois à partir du jour de leur émission. Pour en obtenir le paiement, le porteur ou tiers porteur doit faire connaître au bureau payeur les nom et prénoms de l'envoyeur. Les mandats périmés doivent être

1. Il est question (janvier 1877) de réduire la taxe à 25 centimes (voy. le *Supplément annuel*).

visés pour date. Les mandats perdus, égarés ou détruits sont remplacés par des autorisations de remboursement. Les sommes versées pour des mandats français sur l'étranger, qui n'ont pas été touchés, deviennent, après huit ans, la propriété de l'État.   DESENNE.

BIBLIOGRAPHIE.

Manuel du service des recettes des postes, préparatoire au surnumérariat des postes et des lignes télégraphiques, par M. E. Serre. In-12. Montpellier, impr. de Martel aîné. 1870.

Extrait de l'instruction générale sur le service des postes, approuvée le 20 décembre 1855, augmentée des lois des 9 avril 1869 et 14 août 1871. In-16. Paris, Léautey. 1875.

Guide pratique des postes et des télégraphes, par M. H. A. de Conty. 3e édit. In-18. Paraît depuis 1873. Paris, Chaix et Cie. 1873.

Annuaire des postes de la France, ou Manuel du service de la poste aux lettres. In-8o. Paris, hôtel des Postes. 1874.

Tarif général des taxes que doivent percevoir les bureaux de poste de la France et de l'Algérie, pour les correspondances à destination ou provenant des colonies françaises et des pays étrangers, ainsi que pour les mandats de poste à destination de certains pays étrangers. Paris, Imprimerie nationale. 1875.

Instruction générale sur le service des postes. 2e édit. Paris, Imprimerie nationale. 1876. (Se vend, ainsi que les publications officielles suivantes, à l'Administration centrale des postes, à Paris.)

Traité théorique et pratique de la correspondance par lettres missives et télégrammes, par Rodolphe Rousseau, avocat à la Cour de Paris. Paris, chez Pichon. 1876.

Bulletin mensuel de l'administration des postes. Imprimerie nationale.

Annuaire des postes. Paris, impr. Mourgues.

L'*Union postale*, journal publié par le bureau international des postes à Berne. Prix d'abonnement : 4 fr. 60 c. par an.

POUDRES et SALPÊTRES.

SOMMAIRE.

CHAP. I. — DISPOSITIONS GÉNÉRALES.

1. Des considérations tirées de l'intérêt de la défense nationale et du maintien de l'ordre public, ont fait réserver à l'État le monopole de la fabrication et de la vente de la poudre à feu. (*L. 13 fruct. an V, art.* 16 *et* 24.)

L'introduction en France de poudres étrangères est prohibée (*Ibid., art.* 21.)

La loi ne se borne pas à défendre aux particuliers de fabriquer et de vendre la poudre ; nul ne peut, sans une permission administrative, être détenteur d'une quantité quelconque de poudre de guerre ou de plus de 2 kilog. de toute autre poudre. (*L. 13 fruct. an V et 24 mai* 1834.)

2. Les règlements généraux sur les poudres à feu sont applicables aux matières fulminantes résultant de certaines préparations chimiques ; mais depuis la loi du 13 mars 1818, l'achat, la vente et la circulation du salpêtre dans l'intérieur du pays sont affranchis de toute entrave. D'un autre côté, et par dérogation à la loi du 13 fructidor an V, qui réserve à l'État le monopole de la fabrication et de la vente des poudres, la dynamite et les explosifs à base de nitro-glycérine peuvent être fabriqués dans des établissements particuliers moyennant le paiement d'un impôt qui est fixé, pour la nitro-glycérine, à 4 fr. le kilog., et qui, pour la dynamite, ne peut excéder 2 fr. le kilog. (*Voy.* Dynamite.)

L'importation de la dynamite est sujette à un droit de 2 fr. 50 c. par kilog. (*L.* 8 *mars* 1875.)

Les poudres dynamites livrées à l'exportation sont affranchies de l'impôt. Toutes les autres espèces de poudres destinées à l'exportation (étranger et colonies françaises autres que l'Algérie) sont livrées par le monopole à prix réduits. (*O.* 18 *juill.* 1829; *L.* 8 *mars* 1875.)

Les déclarations relatives à l'exportation des poudres doivent être visées, pour les opérations maritimes, par le commissaire de la marine du lieu de l'armement ou de l'embarquement, et pour les autres opérations, par le préfet du département où réside l'exportateur. (*Ibid.*)

3. Le monopole de l'État est exercé, en ce qui concerne la fabrication, par le ministère de la guerre; les opérations relatives à la vente sont placées dans les attributions du ministre des finances.

CHAP. II. — FABRICATION DES POUDRES.

4. La direction de la fabrication des poudres et autres substances explosibles monopolisées est confiée à un corps spécial d'ingénieurs se recrutant directement à l'École polytechnique, placé sous l'autorité directe du ministre de la guerre, et dont les membres portent le nom d'ingénieurs des poudres et salpêtres. (*L.* 13 *mars* 1875.)

Elle constitue au ministère de la guerre un service spécial et indépendant des services consommateurs. (*D.* 9 *mai* 1876.)

Un comité spécial consultatif est institué pour donner son avis sur les questions administratives et techniques relatives au service. (*D.* 9 *mai* 1876.)

CHAP. III. — VENTE DES POUDRES.

Sect. 1. — Service de la vente des poudres.

5. Le service de la vente des poudres de chasse, de mine et de commerce, et des poudres de guerre destinées aux armateurs du commerce maritime et à la consommation des artificiers patentés, est réuni à celui des contributions indirectes.

6. L'administration des contributions indirectes reçoit des poudreries les quantités demandées par elle. Les poudres sont expédiées à ses entreposeurs, lesquels les vendent directement aux consommateurs ou les livrent aux débitants de leur arrondissement.

Les obligations des entreposeurs et des débitants, en ce qui concerne la vente des poudres, sont en général identiques à celles qui leur sont imposées pour la vente des tabacs.

Aux termes du décret du 25 mars 1852, les débitants de poudres à feu sont nommés par les préfets.

7. Les débitants de poudres à feu doivent tenir un registre indiquant jour par jour, au fur et à mesure des ventes, leur date, la qualité et la quantité des poudres vendues, et les nom, profession et domicile des acheteurs. L'administration a le droit d'exiger en toute circonstance qu'il lui soit

donné communication de ce registre. Les entreposeurs, pour les ventes qu'ils font dans certains cas aux particuliers, délivrent des factures à souche présentant les mêmes indications.

8. D'après une décision en date du 17 août 1832, concertée entre les ministres des finances, de la guerre et de l'intérieur, et rappelée par une circulaire du ministre des finances du 31 août 1848, les préfets peuvent ne permettre la vente des poudres qu'aux débitants établis au chef-lieu d'arrondissement, et leur imposer l'obligation de ne vendre aucune quantité de poudre que sur un bon délivré au consommateur par le maire de la commune et visé par le sous-préfet. Les préfets peuvent même, selon les circonstances, suspendre ou interdire la vente des poudres dans certains arrondissements, et même faire retirer les poudres des mains des débitants.

Ces dispositions ne reçoivent d'application que dans des temps troublés. Avec le calme renaît, pour les débitants et les entreposeurs, la liberté de vendre des poudres à tout acheteur quelconque. Il n'y a de restrictions que relativement à la poudre de mine et à la poudre de guerre. (*Voy.* 11 *et* 12.)

Sect. 2. — Prix de vente et règles spéciales.

9. Les prix de vente des diverses espèces de poudres sont aujourd'hui fixés de la manière suivante :

	PRIX auquel les poudres sont livrées aux débitants par les entreposeurs.	PRIX DE VENTE aux consommateurs	
		dans les entrepôts.	dans les débits.
	Par kilog.	Par kilog.	Par kilog.

Ventes pour la consommation intérieure.

Poudre de chasse	fine	11f25c	11f85c	11f85c
	superfine	14 40	15 00	15 00
	ex ra-fine	18 75	19 35	19 35
Poudre de mine	lente	1 75	1 75	2 00
	ordinaire	2 25	2 25	2 50
	forte	2 60	2 60	2 85
Poudre de guerre		»	3 40	»
Dynamite (¹)	n° 3	3 70	4 00	4 00
	n° 2	5 10	5 50	5 50
	n° 1	6 90	7 50	7 50

Ventes pour l'exportation.

Poudre de chasse en boîtes	fine	»	4f00c	»
	superfine	»	4 50	»
	extra-fine	»	5 00	»
Poudre de chasse en vrac	fine	»	3 25	»
	superfine	»	3 75	»
	extra-fine	»	4 25	»
Poudre de mine ordinaire		»	1 25	»
Poudre de commerce extérieur		»	1 10	»

Usages spéciaux.

		Prix d'exportation.	
Poudres de chasse contenues dans les cartouches d'essai. Poudre de chasse fine destinée à l'essai des armes			
		2f00c	
Poudre de guerre destinée à exporter sous forme de pièces d'artifices		1 60	
Poudre de mine destinée à la fabrication des mèches de sûreté	forte	1 60	
	ordinaire	1 40	

1. L'État ne vend de la dynamite que sur les points où l'industrie privée ne peut pourvoir à la consommation.

Un tableau, fourni par l'administration et indiquant les prix de vente, est affiché dans chaque débit. Le débitant ne peut excéder ces prix sous peine de révocation.

10. Des règles spéciales sont établies pour la vente des diverses espèces de poudre. Ainsi, les poudres de chasse sont vendues en boîtes par les entreposeurs et les débitants ; les poudres de mine et de commerce extérieur, les poudres de guerre destinées aux armateurs et artificiers patentés, sont vendues en barils. Sauf le cas d'échange, le prix des barils est payé en sus du prix des poudres.

11. L'administration, pour faciliter l'exploitation des mines, des carrières, et l'exécution des travaux publics en général, accorde, par exception, à quelques débitants l'autorisation de vendre de la poudre de mine, mais cette poudre ne doit être délivrée aux carriers ou aux autres consommateurs que sur le vu d'un certificat délivré par le maire ou par l'ingénieur chargé de surveiller les travaux, et constatant l'emploi auquel elle est destinée.

12. L'administration peut délivrer aux artificiers patentés la poudre de guerre qu'ils justifient leur être nécessaire, en s'engageant à produire, à toute réquisition, le certificat d'achat de ladite poudre (*D.* 23 *pluv. an XIII, art.* 5). Les directeurs des contributions indirectes peuvent, pour la célébration des fêtes publiques, faire des livraisons de poudre de guerre ou de mine ; mais ces livraisons ne peuvent avoir lieu que sur une demande des autorités, indiquant d'une manière précise par qui le prix de ces poudres sera remboursé. (*Circ.* 21 *nov.* 1840 *et* 9 *févr.* 1849.)

13. En 1875. le produit de la vente des poudres s'est élevé à 13,502,072 fr., savoir : chasse, 5,249,755 fr. ; mine, 8,087,266 fr. ; guerre, 53,200 fr. ; commerce extérieur, 111,851 fr.

Sect. 3. — Circulation des poudres.

14. La circulation des poudres est placée sous la surveillance de l'autorité locale. Les chargements de poudre doivent, autant que possible, être escortés par la gendarmerie. Les transports de poudres effectués, soit pour le compte du service des poudres et salpêtres ou de l'administration des contributions indirectes, soit pour les débitants et les consommateurs, ne peuvent avoir lieu qu'en vertu de passe-ports, d'acquits-à-caution ou de factures justifiant de leur destination.

CHAP. IV. — PÉNALITÉS, POURSUITES, COMPÉTENCE.

15. La fabrication illicite de la poudre est punie d'un emprisonnement d'un mois à deux ans, d'une amende de 3,000 fr. et de la confiscation des poudres fabriquées et des ustensiles servant à leur confection (*L.* 13 *fruct. an V, art.* 27, *et* 24 *mai* 1834, *art.* 2). La vente illicite est punie d'une amende de 300 fr. à 1,000 fr., et d'un emprisonnement d'un mois à deux ans (*L.* 24 *mai* 1834, *art.* 2 ; 25 *juin* 1841, *art.* 25). Le colportage illicite est puni de 300 fr. à 1,000 fr. d'amende, ainsi que de la confiscation de la poudre et des moyens de transport. (*L.* 25 *juin* 1841, *art.* 25 ; *voy. aussi L.* 13 *fruct. an V, art.* 30.)

16. Tout individu nanti d'une quantité quelconque de poudre de guerre est puni comme coupable de fabrication illicite (*D.* 23 *pluv. an XIII, art.* 4 ; *L.* 24 *mai* 1834, *art.* 2). Tout détenteur

de plus de 2 kilog. de poudre autre que la poudre de guerre, est puni d'un emprisonnement d'un mois à deux ans, et d'une amende de 100 fr. (*L.* 13 *fruct. an V, art.* 28, *et* 24 *mai* 1834, *art.* 2.)

17. La loi du 13 fructidor an V, art. 21, défend à toute personne d'introduire en France des poudres étrangères, sous peine de confiscation de la poudre introduite et des moyens de transport, et d'une amende de 20 fr. 44 c. par kilogramme. Si l'entrée a lieu par mer, l'amende est doublée. Un décret du 1er mars 1852 porte que l'introduction en France de poudre à feu sera désormais, outre l'amende, punie des peines établies par la loi pour les importations des marchandises prohibées. L'existence à bord d'un bâtiment marchand de poudres non déclarées dans les 24 heures de l'arrivée au port, est punie d'une amende de 500 fr. (*L.* 13 *fruct. an V, art.* 31.)

18. Les services des douanes et des contributions indirectes sont spécialement chargés de rechercher et de saisir les poudres étrangères ou fabriquées hors des poudreries de l'État qui circuleraient ou seraient vendues en fraude.

19. Les contraventions aux lois et arrêtés concernant les poudres sont constatées par des procès-verbaux. Dans le cas de fabrication frauduleuse, de détournement de poudres de l'État et de colportage ou vente illicite de poudres quelconques, les employés des contributions indirectes, des douanes et des octrois, les agents de police, les gendarmes, et toutes autres personnes qui constatent les contraventions, reçoivent, quel que soit le nombre des saisissants, une prime de 15 fr. par chaque individu arrêté, et de 3 fr. par kilog. de poudre saisie (*O.* 17 *nov.* 1819 ; *L.* 25 *juin* 1841 ; *O.* 5 *oct.* 1842). Le produit net des amendes, confiscations et primes de saisie appartient en totalité aux saisissants, s'ils ne sont pas employés d'une administration financière. Dans le cas contraire, ils reçoivent les $^3/_4$ du produit net, et l'autre quart est attribué aux fonds communs de retraites. (*Décis. min. fin.* 26 *mars* 1819.)

20. La répression des infractions aux lois sur les poudres appartient aux tribunaux de police correctionnelle (*D.* 16 *mars* 1813, *art.* 4 ; *L.* 24 *mai* 1834, *art.* 4). Il peut être fait application de l'art. 463 du Code pénal, relatif aux circonstances atténuantes (*D.* 16 *mars* 1813, *art.* 11) ; toutefois cette disposition ne s'applique pas aux peines pécuniaires. (*Cass.* 8 *nov.* 1849.)

21. L'art. 6 du décret du 16 mars 1813 portait que les transactions sur procès-verbaux en matière de poudres à feu ont lieu dans la même forme et d'après les mêmes règles que celles établies pour la régie des contributions indirectes. D'après une circulaire du 7 décembre 1835, les directeurs pouvaient transiger sur l'amende et la confiscation, après s'être concertés avec le ministère public, et avoir obtenu l'assentiment du préfet. Aux termes d'une décision du ministre des finances du 10 juin 1851, concertée avec les ministres de l'intérieur et de la justice, l'administration des contributions indirectes ne transige plus sur les délits commis en matière de poudres à feu, et les tribunaux sont toujours appelés à statuer. CHARLES ROBERT[1].

1. Mis à jour par B. et R.

ADMINISTRATION COMPARÉE.

Angleterre. L'autorisation (licence) de construire une fabrique ou un magasin de poudre à feu, et celle d'en vendre, est accordée, dans les villes par le conseil municipal, à la campagne par les juges de paix (en *petty session* 24-25 Vict., c. 130), avec l'approbation du ministre de l'intérieur, du moins pour les emplacements. En effet, pour les fabriques et magasins de matières explosives, c'est bien avant tout de l'emplacement qu'il s'agit, tandis que pour la simple vente de poudre ou d'artifices, c'est à la personne que la licence est accordée. La demande de licence se fait avec publicité, des affiches doivent être apposées aux portes des églises et chapelles (même dissidentes) des communes voisines, avant le commencement du service divin, et au moins 10 jours à l'avance (23-14 Vict., c. 139). La licence peut être accordée sous certaines conditions ou en prescrivant des mesures de précaution. Un certain nombre de précautions usuelles sont indiquées dans la loi, qui limite aussi le maximum de la quantité de poudre qu'on peut tenir, soit dans une fabrique (200 livres anglaises), soit dans un magasin de vente (50 l.). Le maximum alloué à la fabrique montre qu'il ne s'agit pas d'une fabrique dans laquelle on combine le salpêtre, le charbon et le soufre, mais d'un établissement où l'on fait des cartouches et des pièces d'artifices.

Allemagne. La loi du 21 juin 1869 comprend les fabriques de poudre parmi les établissements dangereux qui ont besoin d'être autorisés. L'art. 367, nᵒ 4, du code pénal allemand édicte des peines (50 thalers ou 6 semaines de prison) contre celui qui fabrique de la poudre sans autorisation, et le nᵒ 5 du même article renferme la sanction des prescriptions réglementaires pour la conservation de la poudre et pour l'observation des mesures de prudence prévues dans les règlements. On trouvera le détail de ces prescriptions dans le recueil des décisions du ministre de l'intérieur (*Circ.* 14 sept. 1846, 31 mai 1856 *relatives aux fabriques de poudre*, et 19 avril 1847 *concernant les objets d'artifice*, enfin 8 janv. 1866, *emploi des machines à vapeur dans les poudreries*). Les fabriques de poudre de l'armée à Spandau et à Neisse, bien entendu, ne sont pas soumises au ministère de l'intérieur. Du reste, les règlements deviennent de moins en moins restrictifs; le colportage de la poudre continue à être interdit, mais la vente dans un magasin n'a plus besoin d'être autorisée. (*L.* 21 juin 1869.)   M. B.

POURSUITES. On comprend sous ce mot les actes, les exploits, les citations et généralement toutes les procédures qui se font pour obtenir une décision de l'une des diverses juridictions civile, commerciale, criminelle ou administrative.

On emploie aussi le mot *poursuite,* pour exprimer les recherches faites à raison de crimes, délits ou contraventions dont on veut découvrir les auteurs ou assurer la répression.

POURVOI. Le pourvoi, ou le recours, a lieu lorsqu'on en appelle de la décision d'une autorité inférieure à celle d'une autorité supérieure, ou même quelquefois de l'autorité supérieure à l'autorité supérieure mieux informée. Toutefois, les termes de pourvoi et de recours sont plus particulièrement en usage lorsqu'il s'agit du Conseil d'État, de la Cour de cassation et de la Cour des comptes. (*Voy.* **Conseil d'État** et **Cour des comptes.**)

PRÉDICATION. *Voy.* **Appel comme d'abus,** etc.

PRÉEMPTION. 1. Faculté accordée par la loi à l'administration des douanes de retenir pour la valeur déclarée et le dixième en sus, les marchandises importées ou exportées dont les droits se perçoivent *ad valorem,* lorsqu'elle présume que la valeur déclarée est fausse. (*L.* 6-22 août 1791, *tit.* II, *art.* 23.)

2. La préemption pouvait autrefois se faire, soit pour compte du trésor public, soit pour compte des employés des douanes qui trouvaient là un stimulant à la sévérité. Le dernier de ces deux modes ayant été, à plusieurs reprises, l'objet de vives critiques, le droit de préemption ne peut plus être exercé qu'au nom et pour compte de l'État, ainsi d'ailleurs que l'avait réglé primitivement la loi organique du 4 germinal an II. (*Décis. min.* 10 juin 1848 ; *Circ. adm.* 23 juin suiv.)

3. D'après la même décision, les directeurs, inspecteurs, sous-inspecteurs et receveurs des douanes, ne sont plus compris dans la répartition du produit des préemptions. Les parts qui leur étaient attribuées forment un fonds commun dont le directeur de l'administration propose, chaque année, au ministre des finances, la répartition entre les divers agents du service de grades inférieurs à ceux de sous-inspecteur et de receveur principal.

4. Le procès-verbal signifié, en cas de préemption, à celui qui déclare les marchandises, doit être rédigé par deux employés et affirmé devant le juge de paix. (*Arr. min. fin.* 24 juin 1827.)

5. La valeur déclarée de la marchandise, augmentée du dixième, doit être payée dans la quinzaine qui suit la notification du procès-verbal. (*L.* 4 flor. an IV.)

6. La préemption n'a pas lieu sur les marchandises qui ne paient qu'un quart p. 100 de leur valeur. (*Circ.* ❀ *sept.* 1823.)

7. La loi du 21 avril 1818 a créé pour les marchandises avariées un droit de préemption particulier. Suivant cette loi, complétée par le règlement du 25 juillet 1827, lorsque les marchandises avariées sont vendues publiquement, l'administration peut, dans les vingt-quatre heures de l'adjudication, déclarer qu'elle prend l'adjudication à son compte en payant au dernier enchérisseur 5 p. 100 en sus.

8. Il est exercé en faveur de la caisse des pensions civiles un prélèvement de 25 p. 100 sur le produit net des préemptions. (*D.* 9 nov. 1853.)

PRÉFET, PRÉFECTURE. *Voy.* **Département.**

PRÉFET DE POLICE. *Voy.* **Police, Seine.**

PRÉFET MARITIME. *Voy.* **Marine.**

PRÉPOSÉS. *Voy.* **Fonctionnaires.**

PRESBYTÈRE ET ÉGLISE. *Voy.* **Culte catholique, Cultes non catholiques, Édifices diocésains, Fabriques, Organisation communale** et **Paroisse.**

PRESCRIPTION. 1. En droit, la prescription est un moyen d'*acquérir* ou de se *libérer* par le simple effet du temps et sous les conditions déterminées par la loi. (*C. civ., art.* 2219.)

2. Sont prescrites, par trente ans, toutes les actions, tant réelles que personnelles, sans que celui qui allègue cette prescription soit obligé d'en rapporter un titre ou même qu'on puisse lui opposer l'exception déduite de la mauvaise foi. (*C. civ., art.* 2262.)

3. Celui qui acquiert de bonne foi et par juste titre un immeuble, en prescrit la propriété par dix ans, si le véritable propriétaire habite dans le ressort de la cour d'appel dans l'étendue de laquelle l'immeuble est situé ; et, par vingt ans, s'il n'y est pas domicilié. (*C. civ., art.* 2265.)

4. Les rentes, les loyers de maisons, les fermages, les intérêts, et généralement tout ce qui est payable par an ou à des termes périodiques plus courts, se prescrit par cinq ans. Il en est de même des créances sur l'État non ordonnancées (*voy.* **Dettes de l'État**). D'autres actions se prescrivent dans un temps encore moins long : celles des médecins, pharmaciens, maîtres de pension, au bout d'un an; celles des maîtres et professeurs des sciences et arts, ouvriers, hôteliers, au bout de six mois. (*C. civ., art* 2271 *et* 2272.)

5. Pour qu'une chose soit prescriptible, il faut, indépendamment de l'étendue du temps, qu'elle soit *aliénable,* qu'elle soit dans le commerce (*C. civ.,* art. 2226). Il s'ensuit que les objets qui constituent le domaine public, comme les fleuves, les ports, etc., sont imprescriptibles, puisqu'ils sont inaliénables. (*Voy.* **Domaine.**)

6. Quant aux domaines de l'État autres que ceux affectés à un usage public, ils sont soumis au droit commun. C'est également par le droit commun que doit être réglée la prescription relative aux communes et établissements publics. (*C. civ.,* art. 2227.)

7. Ajoutons que si l'État, les communes et les établissements publics sont en général soumis aux mêmes prescriptions que les particuliers, ils peuvent aussi profiter de toutes celles que le droit civil a introduites contre ceux-ci.

8. Parmi les choses en dehors de toute prescription possible, conformément au principe énoncé ci-dessus (n° 5), nous mentionnerons encore : 1° *les bonnes mœurs;* 2° les lois de *police générale;* 3° les matières qui tiennent à *l'ordre public.* Sont, par conséquent, imprescriptibles : l'obligation de subir un alignement; celle de demander une autorisation pour établir un bac, pour construire un moulin sur une rivière navigable et flottable ; le droit de pratiquer des saignées dans un cours d'eau; celui de faire rouir des chanvres contrairement aux règlements, etc. (TROPLONG, *Traité de la prescription, n°* 189.)

9. Pour ce qui est des autres principes qui régissent la prescription, ils se réduisent aux suivants : 1° On peut renoncer, soit expressément soit tacitement, à se prévaloir de la prescription; seulement il faut qu'elle soit acquise, nul ne pouvant se lier d'avance à cet égard; 2° la prescription peut être interrompue *naturellement* ou *civilement;* naturellement, lorsque le possesseur est privé pendant un an de la jouissance de la chose; civilement, par une citation en justice, un commandement, une saisie, la reconnaissance de la dette ; 3° elle est suspendue à l'égard des mineurs et interdits.

10. La prescription qui, en matière civile, est un moyen d'acquérir la propriété, est aussi, en matière criminelle, un moyen d'obtenir l'impunité. Ainsi l'action publique et l'action civile résultant d'un crime de nature à entraîner, soit la peine de mort, soit des peines afflictives ou infamantes, se prescrivent après dix ans révolus, à compter du jour où le crime a été commis, si, dans cet intervalle, il n'a été fait aucun acte d'instruction ni de poursuite (*C. d'I. C.,* art. 637). La durée de la prescription est réduite à trois ans s'il s'agit d'un délit de nature à être puni correctionnellement, et à une année pour une contravention de police. (*Même C., art.* 638 *et* 640.)

11. Le bienfait de la prescription s'étend encore aux peines lorsqu'elles ont été prononcées. Sont prescrites par vingt ans, à compter de la date des arrêts ou jugements, les peines portées en matière criminelle; par cinq ans, celles portées en matière correctionnelle ; par deux ans, celles prononcées en simple police. (*Même C., art.* 635, 636 *et* 642.)

12. Relativement aux prescriptions en matière de commerce, de société et de droit maritime, voyez le Code de commerce, art. 189 et 430 à 434).

BIBLIOGRAPHIE.

Traité des prescriptions, suivant les nouveaux Codes français, par F. A. Vazeille. Nouvelle édition. 2 vol. in-8°. Paris, Alex. Gobelet. 1832.

Mémoire sur la durée et sur la suspension de la prescription, par M. Berriat Saint-Prix. In-8°. Paris, Langlois. 1841.

Dictionnaire des prescriptions en matière civile, commerciale, criminelle, en matière de délits et de contraventions, etc., par J. Bousquet. 2e édit. In-8°. Paris, l'auteur, Pissin, Vidcoq. 1843.

Voy. aussi le Répertoire de DALLOZ, etc.

PRÉSÉANCES DES AUTORITÉS PUBLIQUES.

1. Les rangs hiérarchiques des divers fonctionnaires dans les services auxquels ils appartiennent ont été déterminés par les dispositions organiques de ces services. Nous devons nous borner ici à y renvoyer d'une manière générale.

2. Les rangs respectifs des diverses autorités publiques dans les cérémonies où des fonctionnaires appartenant à des services distincts se trouvent réunis, ont été déterminés par le règlement d'administration publique du 24 messidor an XII et divers autres actes dont nous analyserons les principales dispositions.

3. Aux termes des dispositions encore en vigueur du décret de messidor an XII (*tit. Ier., art.* 1 *et* 8) et de quelques dispositions complémentaires ou modificatives survenues depuis, notamment le règlement d'administration publique du 28 décembre 1875, les autorités qui, d'après les ordres du président de la République, sont convoquées aux cérémonies publiques, y prennent rang dans l'ordre suivant : les cardinaux (*Déc. mess.*), les ministres (*D. m.*), les maréchaux de France, les amiraux (*D. m.*) et le grand-chancelier de la Légion d'honneur (*D.* 4 *fév.* 1806 *et* 26 *mars* 1816), les conseillers d'État chargés de missions extraordinaires en vertu de décrets du président de la République (*D. m.; O.* 5 *nov.* 1828 ; *D.* 28 *déc.* 1875, *art.* 1er); — dans toute l'étendue de leur commandement, les généraux de division, gouverneur de Paris, gouverneur de Lyon, commandant les corps d'armée et les régions de corps d'armée; — dans l'étendue de l'arrondissement maritime, les vice-amiraux commandant en chef, préfets maritimes (*D. déc.* 1875); — les grand-croix et grands-officiers de la Légion d'honneur convoqués par le grand-chancelier et n'exerçant pas de fonctions publiques qui leur assurent un rang supérieur (*D. m.;* voir aussi *Décis. min. guerre* 26 *sept.* 1832, *et D.* 28 *déc.* 1875); — dans toute l'étendue de leur commandement, les généraux de division commandant les régions après le départ des commandants des corps d'armée mobilisés (*D.* 28 *déc.* 1875), — le président de la cour d'appel (*D. m.*), l'archevêque (*D. m.*); — dans toute l'étendue de leur commandement, mais hors du chef-lieu dans le cas seulement où leur voyage a été annoncé officiellement par le général commandant en chef le corps d'armée et la région, les généraux de division commandant une division et en même temps un groupe de subdivisions de région en vertu de décisions prises par le ministre de la guerre (*D. déc.* 1875); — le préfet accompagné du secrétaire général de la préfecture (*D. m.*); — dans les chefs-lieux d'assises autres que les chefs-lieux de cours d'appel, le président de la cour d'assises (*D. m. et Avis du C. d'État* 28 *août* 1812. *appr.* 13 *oct.*)[1]; — l'évêque (*D. m.*); — dans toute l'étendue de leurs subdivisions, mais hors du chef-lieu dans le cas seulement où leur voyage a été annoncé officiellement par le général commandant le corps d'armée et la région, les généraux de brigade commandant une brigade et en même temps des subdivisions de région en vertu de décisions du ministre de la guerre (*D.* 28 *déc.* 1875); — dans le chef-lieu de l'arrondissement maritime, le contre-amiral major général de la marine (*D.* 28 *déc.* 1875); — les généraux de brigade appelés à commander les subdivisions de région après le départ du corps d'armée mobilisé (*D.* 28 *déc.* 1875), le sous-préfet (*D. m.*); — dans le chef-lieu de l'arrondissement maritime, le major général de la marine lorsqu'il n'est pas contre-amiral (*D.* 28 *déc.* 1875, *art.* 5); — le président du tribunal civil de première instance (*D. m.*), le président du tribunal de commerce (*D. m.*), le maire (*D. m.*), le commandant de place ou d'armes (*D. m.*), les présidents des consistoires (*D. m.*).

4. Les personnes désignées ci-dessus marchent dans les cérémonies suivant l'ordre où elles sont classées; la personne à qui la préséance est due doit toujours avoir à sa droite celle à qui appartient le second rang, à sa gauche celle à qui appartient le troisième. Ainsi se forme la première ligne du cortége; les autres sont formées d'une manière analogue[2]. (*D. mess., tit. Ier, art.* 8.)

5. Après les personnes ayant rang individuel viennent les membres de la cour d'appel (*D. m.*), l'état-major des gouverneurs de Paris et de Lyon, l'état-major des corps d'armée de la région, l'état-major de la préfecture maritime, l'état-major de la région après le départ du corps d'armée, l'état-major de la division (*D.* 28 *déc.* 1875), le conseil de préfecture (*D. m.*), le tribunal civil de première instance (*D. m.*), l'état-major de la majorité générale de la marine (*D.* 28 *déc.* 1875), l'état-major de la brigade (*D.* 28 *déc.* 1875), le corps municipal (*D. m.*), le corps académique (*D.* 15 *nov.* 1811), l'état-major de la place (*D. messid. et* 28 *déc.* 1875), le tribunal de commerce (*D. m.*), la chambre de commerce (*D.* 1er *sept.* 1851), les juges de paix (*D. m.*), les commissaires de police (*D. m.*).

Les règlements militaires indiquent dans quelles conditions les officiers de la gendarmerie et autres armes spéciales, les officiers de santé militaires et les officiers d'administration ainsi que les officiers en retraite prennent place, pour les cérémonies publiques, dans les états-majors (*Voy. D.* 1er *mars* 1854, *art.* 157, 158; 13 *oct.* 1863, *art.* 291 *et suiv.; Avis du C. d'État* 5 *brum. an XIII; Circ. min. guerre* 8 *juill.* 1826, *etc.*)

6. Les commandeurs, officiers et chevaliers de la Légion d'honneur qui sont convoqués aux cérémonies publiques y prennent rang après les autorités constituées. (*D.* 11 *avril* 1809; 26 *mars* 1816.)

1. Au sujet de la place à attribuer aux magistrats qui assistent le président des assises, voyez les Avis du Conseil d'État du 28 mai 1811 et du 28 août 1812, approuvés par l'Empereur les 1er juin 1811 et 13 octobre 1812.
2. Voyez, au sujet du mode de réunion et de retour des cortéges, un avis du Conseil d'État en date du 8 août 1859 et une circulaire du ministre de l'intérieur du 11 novembre 1858.

7. Le Sénat, la Chambre des députés, le Conseil d'État, et dans les villes où le Chef de l'État est présent, les divers corps administratifs et judiciaires sont convoqués sur son ordre aux cérémonies publiques (*Rég. mess., tit. Ier, art.* 2). Le Sénat et les autres grands corps de l'État sont classés entre eux dans l'ordre où nous venons de les énumérer (*D.* 19 *avril* 1852). La Cour de cassation prend rang après le Conseil d'État (*D. mess., tit. Ier, art.* 2); la Cour des comptes (*L.* 16 *sept.* 1807, *art.* 7), puis le conseil supérieur de l'instruction publique (*O.* 17 *fév.* 1815, *et* 1er *nov.* 1820) prennent rang immédiatement après la Cour de cassation.

8. L'usage a déterminé le rang des fonctionnaires ou corps à l'égard desquels il n'est point intervenu de dispositions spéciales. On aura, sur ce point, une indication assez étendue en se reportant au tableau des réceptions du président de la République pour le 1er janvier[1]. Voici, abstraction faite des bureaux et membres du Sénat et de la Chambre des députés reçus séparément à Versailles, le tableau des réceptions faites à Paris le 1er janvier 1877 (*Journ. offic. du* 1er *janv.* 1877). Autour du président de la République, les cardinaux, ministres, maréchaux, le grand-chancelier de la Légion d'honneur, le gouverneur de Paris, le gouverneur de l'hôtel des invalides. Ordre de la réception: corps diplomatique, ambassadeurs et ministres plénipotentiaires de France présents à Paris, sous-secrétaires d'État, Conseil d'État, ordre et conseil de l'ordre de la Légion d'honneur, Cour de cassation, Cour des comptes, Conseil supérieur de l'instruction publique, Institut de France, cour d'appel de Paris (l'archevêque de Paris avait, comme cardinal, sa place auprès du président), gouverneur et sous-gouverneurs de la Banque de France, secrétaires généraux, directeurs généraux, directeurs, chefs de division et administrateurs des ministères et de la chancellerie de la Légion d'honneur, chapitre de Saint-Denis, clergé catholique de Paris, conseil central des Églises réformées, consistoire de l'Église réformée de Paris, consistoire de l'Église de la Confession d'Augsbourg de Paris, consistoire central israélite, préfet de la Seine et secrétaire général de la préfecture de la Seine, conseil de préfecture, préfet de police et secrétaire général de la préfecture de police, conseil municipal de Paris et conseil général de la Seine, maires et adjoints de Paris, sous-préfets de Saint-Denis et Sceaux, vice-recteur de l'Académie de Paris et corps académique, tribunal de première instance de la Seine, tribunal de commerce de la Seine, chambre de commerce de Paris, juges de paix de Paris, conseils de prud'hommes de Paris, commissaires de police de Paris, corps des ponts et chaussées et des mines, administrateurs et professeurs des écoles des ponts et chaussées, des mines, du génie maritime, des écoles polytechnique et spéciale militaire, Collège de France, école nationale des langues orientales vivantes, école nationale des chartes, muséum d'histoire naturelle, académie de médecine, conservatoire des arts et métiers, école des beaux-arts, cons. des avocats au Conseil d'État et à la Cour de cassation, cons. des référendaires au sceau de France, chambre

1. Voy. aussi TOUSSAINT, *Code des préséances*, p. 360.

des notaires de Paris, chambre des avoués près la cour d'appel et le tribunal de première instance, chambre syndicale des agents de change, chambre des commissaires-priseurs, chambre syndicale des courtiers d'assurances. — Les députations militaires forment un groupe distinct et terminant la liste de la réception : état-major du ministre de la guerre, directeurs généraux et chefs de service du ministère, présidents des comités et conseils, intendants généraux inspecteurs, état-major du gouverneur de l'hôtel des invalides, commandants de l'école d'application d'état-major, de l'école polytechnique, directeur de l'école d'application de médecine et pharmacie militaires, commandants en second ou sous-directeurs de ces écoles avec une députation (officiers supérieurs), état-major du ministre de la marine et des colonies, directeurs et chefs de service du ministère, présidents des comités, état-major général du gouverneur de Paris (officiers généraux et supérieurs), officiers généraux et supérieurs sans troupes et fonctionnaires mil. placés sous les ordres immédiats du gouverneur de Paris, officiers généraux commandant les divisions et brigades stationnées dans le gouvernement mil. de Paris, et chefs des corps (avec une députation des officiers supérieurs), général commandant la place de Paris, chefs de corps (avec une députation des officiers supérieurs), députation des officiers supérieurs sans troupes et des fonctionnaires militaires placés sous les ordres immédiats du commandant de la place de Paris, officiers généraux et supérieurs des armées de terre et de mer présents à Paris et n'y étant pas employés, officiers généraux de l'armée de terre et de mer du cadre de réserve.

A la réception spéciale des autorités du département de Seine-et-Oise, le trésorier-payeur général, les directeurs et inspecteurs des services financiers, sont, dans l'ordre de la réception, placés après les juges de paix et avant les membres du corps des ponts et chaussées et des mines, l'inspecteur du service télégraphique vient après ces derniers et avant le commissaire central de police.

9. Dans les cérémonies publiques, les membres des autorités nationales [1], c'est-à-dire des autorités qui représentent l'État avec un caractère général (ministres, conseillers d'État, etc.), les personnes assimilées aux membres des autorités nationales (cardinaux, etc.), doivent être placés au centre du local où a lieu la réunion, en leur absence le centre est réservé; à droite sont placés les trois fonctionnaires ayant rang individuel, qui, en dehors des membres des autorités nationales ou personnes assimilées, viennent les premiers dans l'ordre des préséances; à gauche et en arrière, ceux qui sont classés après. (*D. mess. tit. I*er, *art. 9* [2].)

10. Lorsque, dans les cérémonies religieuses, il y a impossibilité à placer dans le chœur la totalité des membres des corps invités, ces membres sont placés dans la nef et en un ordre analogue

à celui des chefs (*D. mess.*, *art.* 10). Néanmoins l'autorité religieuse, d'accord avec l'autorité civile et militaire, doit réserver le plus de stalles qu'il sera possible : elles sont destinées de préférence aux présidents et chefs de parquet des cours et tribunaux, aux principaux officiers des états-majors, à l'officier supérieur de gendarmerie, au doyen et aux membres du conseil de préfecture (*art.* 11) [1].

11. Le corps ou le fonctionnaire qui a fait l'invitation conserve sa place habituelle; les autorités invitées gardent entre elles leur rang ordinaire. (*D. mess.*, *art.* 4.)

12. Dans un arsenal ou sur les terrains de la marine, les autorités maritimes ont la droite, dans la place la droite appartient aux autorités militaires (*D.* 13 *oct.* 1863, *art.* 293). Dans les ports qui ne sont pas siège d'une préfecture maritime, le chef du service de la marine et les autres officiers ou fonctionnaires de la marine se réunissent aux états-majors militaires, suivant des distinctions prévues aux règlements. (Voy. *Déc.* 13 *oct.* 1863, *art.* 294 *et* 295.)

13. Dans aucun cas le rang attribué à un corps n'appartient individuellement aux membres qui le composent. (*D. mess.*, *tit.* I*er*, *art.* 3.)

14. Les personnes qui exercent par intérim ou en l'absence des titulaires soit un commandement, soit une fonction, ne jouissent pas généralement du droit de préséance attribué au titulaire. (*D. mess.*, *tit. XXV*, *art.* 6; *D.* 6 *frim. an XIII*, *art.* 65, *etc.*)

CHARLES TRANCHANT.

BIBLIOGRAPHIE.
Décret impérial relatif aux cérémonies publiques, préséances, honneurs civils et militaires, édictés au palais de Saint-Cloud, le 24 messidor an XII. In-18. Metz, Verronnais, et Paris, Dumaine. 1849.
Les différents ouvrages cités en la Bibliographie de l'article HONNEURS.

PRESSE PÉRIODIQUE. 1. La législation sur la presse subit le contre-coup de toutes les révolutions politiques; c'est dire qu'elle a fréquemment varié en France depuis quatre-vingts ans. Nous analyserons les principaux textes actuellement en vigueur, qui règlent la publication des journaux, établissent le cautionnement, déterminent les crimes et délits de presse, et organisent la répression de ces crimes et de ces délits.

2. *Publication.* Sous le régime du décret-loi du 17 février 1852, aucun journal ou écrit périodique traitant de matières politiques ou d'économie sociale, et paraissant soit régulièrement et à jour fixe, soit par livraisons et irrégulièrement, ne pouvait être créé et publié sans l'autorisation préalable du Gouvernement.

Actuellement, aux termes de la loi du 11 mai 1868, tout Français majeur et jouissant de ses droits civils et politiques peut, sans autorisation préalable, publier un journal ou écrit périodique paraissant soit régulièrement et à jour fixe, soit par livraisons et irrégulièrement.

3. Aucun journal ou écrit périodique ne peut

---

1. Voir sur le sens à attribuer à cette expression, une décision du ministre des cultes en date du 22 juillet 1837.
2. D'après un avis du Conseil d'État, en date du 11 août 1839, lorsqu'un fonctionnaire ayant rang dans les cérémonies publiques se trouve absent, sa place ne doit pas rester vacante, elle doit être occupée par le fonctionnaire qui vient immédiatement après dans l'ordre hiérarchique.

1. Par une circulaire du 17 février 1859, le ministre de l'intérieur a recommandé que quand le corps consulaire ou des consuls individuellement témoignent le désir d'assister à une cérémonie publique, on leur donne une place distinguée. Une circulaire un peu postérieure du même ministre (6 *juill.* 1859) contient des indications au sujet des places d'honneur à réserver aux sénateurs, députés, conseillers d'État.

être publié s'il n'a été fait à Paris, à la préfecture de police, et dans les départements à la préfecture, et quinze jours au moins avant la publication, une déclaration contenant : 1° le titre du journal ou écrit périodique et les époques auxquelles il doit paraître ; — 2° le nom, la demeure et les droits des propriétaires autres que les commanditaires ; — 3° le nom et la demeure du gérant ; — 4° l'indication de l'imprimerie où il doit être imprimé. — Toute mutation dans les conditions ci-dessus énumérées est déclarée dans les quinze jours qui la suivent.

4. Dans les villes ou départements soumis à l'état de siège, aucun journal ne peut être publié sans l'autorisation préalable du général ou gouverneur qui commande l'état de siège.

5. *Journaux étrangers.* Les journaux politiques ou d'économie sociale publiés à l'étranger ne peuvent circuler en France qu'en vertu d'une autorisation du Gouvernement. (*D.* 17 *févr.* 1852.)

6. *Dépôt.* Au moment de la publication de chaque feuille ou livraison du journal ou écrit périodique, il doit être remis à la préfecture pour les chefs-lieux de département, à la sous-préfecture pour ceux d'arrondissement, et pour les autres villes à la mairie, deux exemplaires signés du gérant responsable ou de l'un d'eux, s'il y a plusieurs gérants responsables. Pareil dépôt doit être fait au parquet du procureur de la République ou à la mairie, dans les villes où il n'y a pas de tribunal de première instance. (*L.* 11 *mai* 1868, *art.* 7, *et* 6 *juill.* 1871, *art.* 6.).

7. *Signature des auteurs.* La loi du 16 juillet 1850 exigeait (*art.* 3) que tout article de discussion politique, philosophique et religieuse, inséré dans un journal, fût signé de son auteur ; en cas de fausse signature, elle édictait des peines sévères tant contre l'auteur de la fausse signature que contre l'auteur de l'article et l'éditeur responsable du journal. Ces dispositions ne sont plus appliquées depuis la révolution du 4 septembre 1870 et semblent tombées en désuétude.

8. La publication de tout article traitant de matières politiques et d'économie sociale, et émanant d'un individu condamné à une peine afflictive et infamante, ou infamante seulement, est interdite. Les éditeurs, gérants, imprimeurs, qui auront concouru à cette publication, sont passibles solidairement d'une amende de 1,000 à 5,000 fr. (*D.-L.* 17 *fév.* 1852, *art.* 21.)

9. La publication, par un journal ou écrit périodique, d'un article signé par une personne privée de ses droits civils et politiques, ou à laquelle le territoire de France est interdit, est punie d'une amende de 1,000 à 5,000 fr., qui est prononcée contre les éditeurs ou gérants dudit journal ou écrit périodique. (*L.* 11 *mai* 1868, *art.* 9.)

10. *Cautionnement.* Le cautionnement des journaux et écrits périodiques, supprimé par le décret du 10 octobre 1870, a été rétabli par la loi du 6 juillet 1871 pour tous les journaux politiques sans exception, et pour les journaux et écrits périodiques non politiques paraissant plus d'une fois par semaine.

Sont seules exceptées les feuilles quotidiennes ou périodiques ayant pour unique objet la publication des avis, annonces, affiches judiciaires, ar-

rivages maritimes, mercuriales et prix courants, les cours de la Bourse et des halles et marchés.

11. Le cautionnement, pour les journaux ou écrits périodiques qui y sont assujettis, est :

De 24,000 fr. dans le département de la Seine, si la publication paraît plus de trois fois par semaine, soit à jours fixes, soit par livraisons irrégulières en une ou plusieurs éditions ;

De 18,000 fr. si la publication n'a lieu que trois fois par semaine au plus.

Dans tous les autres départements, le cautionnement est de 12,000 fr. pour les écrits paraissant plus de trois fois par semaine, si la publication a lieu dans une ville de 50,000 âmes et au-dessus, et de de 6,000 fr. si elle a lieu dans toute autre ville. Il est de moitié seulement desdites sommes pour les journaux ou écrits périodiques paraissant trois fois par semaine seulement ou à des intervalles plus éloignées.

12. La publication est censée faite, pour la fixation du cautionnement, au lieu où siège l'administration ou la rédaction du journal ou écrit périodique, quel que soit le lieu de l'impression.

13. Le cautionnement est affecté par privilège, et dans l'ordre ci-après déterminé, au paiement : 1° des frais ; 2° des dommages-intérêts ; 3° des amendes auxquels les propriétaires, gérants ou auteurs des articles incriminés, peuvent être condamnés. Le cautionnement peut également être grevé, en tout ou en partie, du privilège de second ordre au profit des bailleurs de fonds qui ont rempli les conditions exigées en pareil cas.

14. Tout journal ou écrit périodique qui a encouru dans la personne de son gérant ou dans celle de l'auteur d'un article incriminé, une condamnation à l'amende et à des réparations civiles affectant son cautionnement, est tenu de satisfaire à ces condamnations dans un délai de quinze jours à partir du jour où elles sont devenues définitives, ou de cesser sa publication, qu'il ne peut reprendre qu'après avoir justifié de la complète libération de son cautionnement.

15. *Timbre.* L'impôt du timbre sur les journaux et autres publications a été aboli par le décret du 5 septembre 1870. — Il a été remplacé par un impôt spécial de 20 fr. par 100 kilogrammes de papier employé à l'impression des journaux et autres publications périodiques. (*L.* 4 *sept.* 1871, *art.* 7.)

16. *Crimes et délits commis par la voie de la presse.* Nous ne pouvons énumérer toute la série des crimes et délits qui ont été prévus par nos différentes lois sur la presse. Nous citerons seulement, parmi les dispositions actuellement en vigueur, celles qui sont le plus souvent appliquées.

17. *Crimes et délits contre la chose publique.* Quiconque, soit par des discours, des cris ou menaces proférés dans des lieux ou réunions publics, soit par des écrits, des imprimés, des dessins, des gravures, des peintures ou emblèmes vendus ou distribués, mis en vente, ou exposés dans les lieux ou réunions publics, soit par des placards et affiches exposés au regard du public, a provoqué l'auteur ou les auteurs de toute action qualifiée crime ou délit à la commettre, est réputé complice et puni comme tel. (*L.* 17 *mai* 1819, *art.* 1er.)

Si la provocation à commettre un ou plusieurs crimes n'a été suivie d'aucun effet, elle est punie d'un emprisonnement de trois mois à cinq ans et d'une amende de 50 à 6,000 fr. (*Id.*, *art.* 2.)

La provocation à commettre un ou plusieurs délits, non suivie d'effet, est punie d'un emprisonnement de trois jours à deux ans, et d'une amende de 30 à 4,000 fr., ou de l'une de ces deux peines seulement, sauf le cas où la loi prononcerait une peine moins grave contre l'auteur même du délit, laquelle sera alors appliquée au provocateur. (*Id.*, *art.* 3.)

18. Est punie également la provocation, par l'un des mêmes moyens, à la désobéissance aux lois. (*Id.*, *art.* 6.)

19. Tout outrage à la morale publique et religieuse ou aux bonnes mœurs, par l'un des moyens énoncés en l'art. 1er de la loi du 17 mai 1819, est puni d'un emprisonnement d'un mois à un an, et d'une amende de 16 à 500 fr.

20. Toute attaque par l'un des moyens énoncés en l'art. 1er de la loi du 17 mai 1819, soit contre les lois constitutionnelles, soit contre les droits et les pouvoirs du gouvernement de la République qu'elles ont établi, sous peine des peines édictées par l'art. 1er du décret du 11 août 1848, sauf application de l'art. 463 du Code pénal. (*L.* 29 *déc.* 1875, *art.* 1er.)

21. Quiconque, par l'un des moyens énoncés en l'art. 1er de la loi du 17 mai 1819, cherche à troubler la paix publique en excitant le mépris ou la haine des citoyens les uns contre les autres, est puni d'un emprisonnement de quinze jours à deux ans et d'une amende de 100 à 4,000 fr. (*D.* 11 *août* 1848, *art.* 7.)

22. Le décret du 11 août 1848, art. 3, la loi du 27 juillet 1849, art. 3, punissent l'attaque contre la liberté des cultes, le principe de propriété et les droits de la famille, contre le respect dû aux lois et l'inviolabilité des droits qu'elles ont consacrés, enfin toute apologie des faits qualifiés crimes ou délits par la loi pénale.

23. L'offense contre la personne des souverains et chefs des gouvernements étrangers, la diffamation contre les ambassadeurs et autres agents diplomatiques, sont punies par la loi du 17 mai 1819 (*art.* 12, 17, 19).

24. *Crimes ou délits envers des fonctionnaires ou des particuliers.* La diffamation ou l'injure envers les fonctionnaires ou des particuliers constituent des délits prévus par les art. 16, 18, 19 et 20 de la loi du 17 mai 1819.

25. Nul n'est admis à prouver la vérité des faits diffamatoires, si ce n'est dans le cas d'imputation contre les dépositaires ou agents de l'autorité, ou contre toutes personnes ayant agi dans un caractère public, de faits relatifs à leurs fonctions. — La preuve des faits imputés met l'auteur de l'imputation à l'abri de toute peine (*L.* 26 *mai* 1819, *art.* 20). Cette même loi détermine les formes dans lesquelles doit être faite la preuve des faits diffamatoires, lorsqu'elle est permise (*art.* 20 *et suiv.*).

26. Toute publication, dans un écrit périodique relative à un fait de la vie privée constitue une contravention punie d'une amende de 500 fr. La poursuite ne peut être exercée que sur la

plainte de la partie intéressée. (*L.* 11 *mai* 1868, *art.* 11.)

27. *Répression des crimes et délits commis par la voie de la presse.* Le législateur de 1852 avait constitué les tribunaux correctionnels juges de droit commun en matière de crimes et délits de presse. La loi du 15 avril 1871 (*art.* 1er) a au contraire remis en vigueur, sauf certaines restrictions, la loi du 27 juillet 1849 qui attribuait la connaissance des procès de presse aux jurys de cours d'assises.

28. La loi du 29 décembre 1875 a maintenu en principe la compétence du jury; mais elle y a apporté d'assez nombreuses exceptions.

Les tribunaux correctionnels doivent, d'après cette dernière loi, connaître :

1° Des délits de diffamation, d'outrage et d'injure publique contre toute personne et tout corps constitué;

2° Du délit d'offense envers le président de la République ou l'une des deux Chambres, ou envers la personne d'un souverain ou du chef d'un gouvernement étranger;

3° De tous délits de publication ou reproduction de nouvelles fausses, de pièces fabriquées, falsifiées ou mensongèrement attribuées à des tiers;

4° Du délit de provocation à commettre un délit, suivie ou non d'effet;

5° Du délit d'apologie de faits qualifiés crimes ou délits par la loi;

6° Des délits commis contre les bonnes mœurs par la publication, l'exposition, la distribution et la mise en vente d'écrits, dessins ou images obscènes;

7° Des cris séditieux publiquement proférés;

8° Des infractions purement matérielles aux lois, décrets et règlements sur la presse.

29. Dans le cas d'offense envers les Chambres ou l'une d'elles, et de diffamation ou d'injures contre les cours, tribunaux ou autres corps constitués, la poursuite a lieu d'office; elle a lieu pour diffamation ou injure contre tous dépositaires ou agents de l'autorité publique, soit sur la plainte de la partie offensée, soit d'office, sur la demande adressée au ministre de la justice par le ministre dans le département duquel se trouve le fonctionnaire diffamé ou injurié.

En cas d'offense contre la personne des souverains ou chefs des gouvernements étrangers, la poursuite a lieu, soit à la requête des souverains ou chefs des gouvernements étrangers, soit d'office, sur leur demande adressée au ministre des affaires étrangères et par celui-ci au ministre de la justice.

30. Tous les crimes ou délits commis par la voie de la presse, et non réservés par la loi du 29 décembre 1875 aux tribunaux correctionnels, sont portés devant la cour d'assises du département où le dépôt de l'écrit doit être effectué, si la session est ouverte et si les délais permettent de donner la citation en temps utile.

Dans le cas contraire, les crimes et délits sont déférés à la cour d'assises du ressort de la cour d'appel qui sera ouverte ou qui s'ouvrira le plus prochainement, et si deux cours d'assises sont ouvertes en même temps dans le même ressort, à la cour d'assises la plus rapprochée. — En cas de défaut, la compétence sur opposition est réglée de même. (*L.* 29 *déc.* 1875, *art.* 8.)

34. Enfin, la loi du 29 décembre 1875 contient une dernière disposition importante : elle a retiré à l'autorité administrative le droit d'interdire à un journal déterminé la vente et la distribution sur la voie publique.

Nous devons faire connaître, en terminant ce résumé de la législation sur la presse, que la Chambre des députés vient de nommer une commission chargée de coordonner et réviser l'ensemble des lois sur la matière. (Si la révision aboutit, on trouvera la nouvelle loi dans notre *Supplément annuel.*) H. CHAUFFARD.

BIBLIOGRAPHIE.

Manuel théorique et pratique de la liberté de la presse, par Eug. Hatin. 2 vol. in-8º. Paris, Pagnerre. 1868.

Code alphabétique. Dictionnaire des crimes, délits et contraventions commis par la voie de l'imprimerie, la presse périodique, l'affichage, etc., par M. de Gonet. In-8º. Montpellier, Gras. 1869.

Code complet de la presse, contenant toutes les dispositions en vigueur des lois sur la presse, l'imprimerie et la librairie, 2e tirage, par M. Antoine Giboulot. In-18 jésus. Paris, Cosse Marchal et Billard. 1872.

Code manuel de la presse, contenant toutes les lois sur l'imprimerie, la presse périodique, les délits de presse, etc., par M. Armand Ravelet. 2e édition. In-18. Paris, Firmin Didot frères, fils et Cie. 1872.

De la responsabilité de l'imprimeur en matière de presse. In-8º. Paris, Dubuisson et Cie. 1872.

Presse, imprimerie, librairie. — Manuel administratif suivi d'un recueil des lois sur la presse, annotées, par M. Robaglia. In-8º. Lyon, Gallet. 1874.

ADMINISTRATION COMPARÉE.

Nous renvoyons, pour la législation étrangère relative à la presse, à l'article étendu que nous avons consacré à cette matière dans notre *Dictionnaire général de la Politique*. Paris, Lorenz. 2e édition. M. B.

PRESTATION EN NATURE. *Voy.* **Chemins vicinaux.**

PRÊTS D'HONNEUR (BANQUE DE). Institution privée, destinée à venir en aide, par des prêts d'argent, aux besoins légitimes des classes laborieuses et pauvres, et à combattre les abus de l'usure, qui ruine les campagnes et les petites industries. Les prêts ne sont constatés par aucune obligation notariée, aucune hypothèque, aucun engagement écrit, et ne donnent jamais lieu à une poursuite judiciaire. Voilà ce dont, dans une circulaire du 20 février 1850, le ministre de l'intérieur a vivement recommandé la création aux préfets, en leur transmettant à cet effet des modèles de statuts, dans lesquels le maximum du prêt est fixé à 200 fr.

De semblables institutions ont été créées alors à Saint-Agnan-d'Hautefort (Dordogne), à Chervaix, à Tourtoirac, à Saint-Astier (Dordogne), à Saint-Maixent-de-Beugé (Deux-Sèvres), à Beaumont-sur-Sardole (Nièvre) et peut-être ailleurs, mais nous ne savons si l'idée a eu des suites.

PRÉVARICATION. *Voy.* **Fonctionnaires.**

PRIMES. *Voy.* **Pêche maritime.**

PRISE A PARTIE. *Voy.* **Fonctionnaires.**

PRISES MARITIMES. 1. Une prise est la saisie d'un navire et de tout ou partie de sa cargaison, faite, en temps de guerre, par un belligérant, ou en son nom et par celui auquel il en a donné

le pouvoir, dans le but de se l'approprier et d'en dépouiller le propriétaire.

CHAP. I. — DES CAPTURES.

2. C'est un principe du droit des gens qu'en temps de guerre maritime un belligérant peut légitimement capturer, pour s'en emparer, les navires appartenant aux sujets de son ennemi.

Ce droit de capture peut être exercé, soit directement par l'État belligérant lui-même, soit indirectement, et par délégation de cet État, par des corsaires ou armateurs particuliers pourvus de commissions spéciales.

3. Cependant, dès l'année 1854, lors de la guerre d'Orient, les gouvernements français et anglais, mus par le désir de diminuer autant que possible les maux de la guerre et d'en restreindre les opérations aux forces régulièrement organisées de l'État, déclarèrent, les 28 et 29 mars 1854, que leur intention était de ne pas délivrer des lettres de marque pour autoriser les armements en course contre le pavillon russe.

A la paix, en 1856, la course fut abolie par la déclaration des plénipotentiaires siégeant au Congrès de Paris, dont le paragraphe premier est ainsi libellé : « La course est et demeure abolie. »

A l'exception de l'Espagne et des États-Unis d'Amérique, toutes les puissances maritimes ont successivement adhéré à cette déclaration. Le refus opposé par les États-Unis ne provenait pas du désir de voir conserver l'institution barbare des corsaires. Leur gouvernement demandait l'abolition complète du droit de capture. Il n'a pas pu l'obtenir : la question est restée ouverte et l'on a vu, malheureusement, pendant la guerre de sécession, des corsaires recevoir des lettres de marque en bonne forme.

Dans les guerres qui ont eu lieu en Europe depuis l'année 1856, il n'a pas été fait d'autres captures sur mer que celles qui ont été effectuées par des bâtiments de guerre appartenant aux belligérants.

4. Le droit de saisir en mer les navires marchands en temps de guerre s'exerce non-seulement sur les navires portant le pavillon de l'État ennemi, mais également sur les navires réputés ennemis ou faisant acte d'ennemi, et, en certains cas, sur les navires neutres, alliés ou nationaux. C'est là un principe général qui, tout incontesté qu'il soit, a cependant donné lieu, dans son application pratique, à de grandes difficultés et a soulevé des divergences considérables, non-seulement dans l'opinion des publicistes, mais également dans les doctrines adoptées par les principaux gouvernements de l'Europe et de l'Amérique.

5. En effet, les questions qui naissent de l'exercice du droit de blocus et de celui de saisir la contrebande de guerre ne sont pas, dans tous les pays, résolues de la même façon, et l'on ne s'accorde pas davantage, quant à l'étendue du droit de capture, sur la distinction à faire entre le navire et son chargement.

6. La législation française, la seule dont nous ayons à nous occuper ici, déclare de bonne prise: 1° tous bâtiments appartenant aux ennemis de l'État ou commandés par des pirates, forbans ou autres gens courant la mer sans commission spéciale d'aucune puissance ; 2° tout bâtiment combattant sous un autre pavillon que celui de l'État dont il a commission, ou ayant commission de deux puissances différentes; 3° les bâtiments et leurs chargements, en tout ou en partie, dont la neutralité n'est pas justifiée conformément aux règlements ou traités. (*Arr.* 2 *prair. an XI, art.* 51, 52 *et* 53.)

7. Bien que l'arrêté de prairial an XI, en déclarant de bonne prise les bâtiments appartenant aux ennemis de l'État, ne fît pas mention de leurs chargements, ceux-ci ont toujours été en France de bonne prise, quel qu'en fût le propriétaire, neutre ou allié. (*O. d'août* 1681, *liv. III, tit. IX, art.* 7.)

8. La déclaration impériale du 29 mars 1854 dérogea toutefois en faveur des neutres à ce principe de notre droit en décidant que, pendant la guerre contre la Russie, la propriété des neutres, autre que la contrebande de guerre, trouvée à bord des bâtiments ennemis, ne serait pas confisquée.

Cette dérogation est devenue une règle de notre législation, que la célèbre déclaration du 16 avril 1856 a consacrée en ces termes : « La marchandise neutre, à l'exception de la contrebande de guerre, n'est pas saisissable sous pavillon ennemi. »

9. D'après la définition que nous avons donnée des *prises maritimes,* il ne saurait y avoir de prise légitime sans guerre déclarée. Ce principe ne doit cependant pas être entendu dans ce sens qu'une déclaration de guerre officielle soit indispensable pour légitimer la course en mer; il est au contraire admis que des actes hostiles peuvent également constituer l'état de guerre réel, et c'est ainsi qu'un blocus, par exemple, lorsqu'il est officiellement déclaré au gouvernement de l'État dont les ports sont bloqués, et notifié aux navires neutres qui tenteraient de commercer avec ces ports, donne ouverture à une juste application du droit de prise.

10. Quelquefois cependant, même après une déclaration de guerre formelle, le droit de prise peut ne pas s'exercer immédiatement ou ne s'exercer que sur certains navires ennemis. C'est ainsi qu'au début de la guerre contre la Russie, les gouvernements de France et d'Angleterre, voulant concilier les intérêts du commerce avec les nécessités de la guerre et protéger les opérations engagées de bonne foi, accordèrent aux navires russes qui se trouvaient dans les ports de leur domination, un délai suffisant pour en sortir librement et se rendre directement dans un port neutre ou un port russe non bloqué, sans crainte d'être capturés dans l'intervalle. (*Décl. imp.* 27 *mars et* 15 *avril* 1854.)

11. D'un autre côté, plusieurs traités de commerce stipulent un certain délai après la déclaration de guerre, pendant la durée duquel les chargements d'articles réputés contrebande de guerre faits dans l'ignorance de la rupture, ou les marchandises chargées par les neutres à bord des bâtiments ennemis, ne seront point confisqués.

Cette dernière stipulation ne saurait plus aujourd'hui recevoir d'application pratique qu'à l'égard du commerce des nations dont les gouvernements n'ont pas adhéré à la déclaration du Congrès de Paris.

12. Lorsqu'une guerre vient à finir, il est d'usage de fixer, au moment de la conclusion de la paix, un délai proportionné à la distance des lieux, passé lequel les prises doivent être rendues à leurs propriétaires.

13. Les prises ne deviennent point de plein droit la propriété du capteur: leur sort dépend de juges institués pour prononcer sur leur validité.

C'est une question célèbre dans l'histoire du droit des gens maritime que celle de savoir quel est le juge compétent de la légitimité des prises et des saisies faites sur les neutres en temps de guerre. L'usage moderne a cependant généralement attribué ce jugement à la juridiction de l'État belligérant dont les forces navales ont opéré la capture.

14. Le titre IX du livre III de l'ordonnance d'août 1681, le règlement du 26 juillet 1778, les arrêtés des 29 frimaire et 6 germinal an VIII, 9 ventôse an IX et 2 prairial an XI, la déclaration impériale du 29 mars 1854 et le décret du 18 juillet 1854, constituent l'ensemble de notre législation actuelle sur les prises. Nous allons analyser sommairement leurs principales dispositions.

CHAP. II. — DU JUGEMENT DES PRISES.

Sect. 1. — De l'instruction.

15. Aussitôt après la prise d'un navire, le capitaine qui l'a effectuée doit dresser ou faire dresser, par le commissaire ou l'écrivain de marine embarqué à son bord, un procès-verbal qui constate exactement le lieu et l'époque de la capture, ainsi que toutes ses circonstances. Il saisit ensuite et place sous scellés tous les papiers de bord et les marchandises qui composent la cargaison, fait dresser l'inventaire du navire capturé et met à bord un équipage pour le conduire en France.

On procéderait de la même manière s'il s'agissait de la prise d'un corsaire ou d'un pirate ; mais dans le cas de capture d'un bâtiment de guerre, il suffit de constater le fait sur le journal de bord, et le capitaine capteur a toute latitude pour pourvoir à la conduite de sa prise de la manière la plus conforme à la sécurité des équipages auxquels il la confie. (*Arr.* 2 *prair. an XI, art.* 59 ; *D.* 15 *août* 1851, *art.* 292 *et* 293.)

16. Le capitaine qui a capturé un corsaire ou un bâtiment marchand ne peut distraire de sa prise aucun des individus trouvés à bord; mais le commandant d'un croiseur qui a pris un bâtiment de guerre ennemi peut toujours, s'il le juge utile, transborder sur son propre navire une partie de l'équipage du navire capturé.

17. Toutes les lettres officielles ou particulières trouvées à bord des bâtiments capturés doivent être adressées sans délai au ministre de la marine. (*Arr.* 2 *prair. an XI, art.* 68.)

18. Toute prise devant être jugée, il n'est pas permis au capitaine qui en a fait une de consentir à un traité de rançon, sauf le cas de force majeure, et encore l'acte de rançon doit-il alors être déféré à la juridiction chargée du jugement des prises.

19. Les prises doivent être conduites dans le port de France le plus rapproché, le plus accessible et le plus sûr, ou dans un port de la possession française la plus voisine ; mais si des circonstances de force majeure ne permettent pas de conduire une prise en France, elle peut être amenée dans un port allié ou même neutre où réside un consul de France, avec lequel l'officier conducteur doit alors se concerter pour assurer, si c'est possible, son envoi ultérieur en France.

20. Dès qu'une prise est arrivée dans un port français, le capitaine conducteur est tenu d'en faire la déclaration à l'officier d'administration de la marine. Cette déclaration est le premier acte de la procédure à laquelle toute prise doit donner lieu. (*O. d'août* 1681, *liv. III, tit. IX, art.* 21 ; *Arr.* 2 *prair. an XI, art.* 66.)

21. L'officier d'administration du port procède ensuite, de concert et avec l'assistance du principal préposé des douanes, à l'instruction de la procédure qui conduit au jugement de la prise.

Cette instruction, qui doit être commencée dans les vingt-quatre heures, au plus tard, de la réception du rapport de l'officier conducteur et de la remise des pièces qui l'accompagnent, consiste dans la vérification des scellés, la réception et l'affirmation des rapport et déclaration du chef conducteur, l'interrogatoire de trois prisonniers ou moins, dans le cas où il s'en trouve un pareil nombre, et celui de l'équipage conducteur lorsqu'une prise est amenée sans prisonniers, l inventaire des pièces, états ou manifestes de chargement qui ont été remis ou qui ont été trouvés à bord, la traduction des pièces de bord par un interprète juré, lorsqu'il y a lieu. (*Arr.* 2 *prair. an XI, art.* 69 *à* 75.)

22. Lorsque la procédure d'instruction est terminée, l'officier d'administration de la marine qui y a procédé doit lever les scellés, faire décharger les marchandises qui composent le chargement de la prise, et même en ordonner la vente provisoire, lorsque la nécessité en a été constatée par des experts commis *ad hoc.* (*Arr.* 2 *prair. an XI, art.* 78 *à* 81.)

23. Dans les dix jours qui suivent la clôture de l'instruction, l'officier d'administration de la marine doit envoyer au ministre de la marine tous les actes par lui faits et toutes les pièces trouvées à bord. (*Arr.* 6 *germ. an VIII, art.* 12.)

24. Lorsque des prises sont conduites dans des ports de nos colonies, il est procédé de la même manière et par les mêmes agents que lorsqu'elles sont conduites dans un port de notre territoire continental. (*Arr.* 6 *germ. an VIII, art.* 19.)

25. Quant aux prises conduites dans des ports étrangers, les consuls, appelés à suppléer les administrateurs de la marine, ne peuvent en faire l'instruction que lorsque les traités conclus entre la France et les puissances sur le territoire desquelles ces consuls résident, les y autorisent. (*Arr.* 6 *germ. an VIII, art.* 23.)

En aucun cas, d'ailleurs, les consuls ne sont compétents pour juger les prises, et il leur est prescrit de se borner, le cas échéant, à faire les actes d'instruction sommaire et à prendre les mesures conservatoires que l'état particulier d'une prise entrée en relâche forcée dans le port de leur résidence peut réclamer.

Sect. 2. — Du conseil des prises.

26. Le conseil des prises, qui a été rétabli par le décret du 18 juillet 1854, est chargé de statuer sur la validité de toutes les prises maritimes dont le jugement doit appartenir à l'autorité française. Il statue également sur les contestations relatives à la qualité des navires neutres ou ennemis, naufragés ou échoués et sur les prises maritimes amenées dans les ports de nos colonies. (*D.* 18 *juill.* 1854, *art.* 2.)

27. Les prises dont le jugement appartient à la juridiction française sont, indépendamment de celles faites isolément par un ou plusieurs bâtiments de la marine nationale : 1° celles qui ont pu être faites en commun par les forces navales alliées, lorsque c'est un officier français qui a eu le commandement supérieur pendant l'action ; 2° les bâtiments marchands français qui ont pu être capturés par un croiseur allié. (*Convention avec la Grande-Bretagne* 10 mai 1854, *art.* 1 et 3.)

28. Le conseil des prises est composé : 1° d'un conseiller d'État, président; 2° de six membres, dont deux pris parmi les maîtres des requêtes au Conseil d'État ; 3° d'un commissaire du Gouvernement. Un secrétaire-greffier est en outre attaché au conseil. (*D.* 18 *juill.* 1854, *art.* 3.)

29. Le ministre de la marine transmet au commissaire du Gouvernement, pour en saisir le conseil, les dossiers d'instruction qui lui sont adressés des ports et en accompagne l'envoi d'un avis motivé.

Il est alors procédé à l'instruction complémentaire devant le conseil ; celle-ci a lieu par simples mémoires signés par les parties, c'est-à-dire les défendeurs, ou, en leur nom, par un avocat au Conseil d'État.

Le commissaire du Gouvernement donne ses conclusions sur chaque affaire. La remise de ces conclusions au membre du conseil chargé de rapporter l'affaire en séance et de préparer le projet de décision clôt l'instruction, dont la durée totale ne peut dépasser trois mois pour les prises conduites dans les ports de la Méditerranée, et deux seulement pour celles qui ont été amenées dans un de nos autres ports, le tout à compter du jour de l'enregistrement du dossier au secrétariat du conseil. (*Arr.* 6 *germ. an VIII, art.* 13 ; *D.* 18 *juill.* 1854, *art.* 3 et 7.)

30. Les séances du conseil ne sont pas publiques et ses décisions ne peuvent être rendues que par cinq membres au moins. (*D.* 18 *juill.* 1854, *art.* 4.)

31. Les décisions du conseil ne sont exécutoires que huit jours après la communication officielle qui en est faite aux ministres des affaires étrangères et de la marine par le commissaire du Gouvernement. (*Id. art.* 5.)

32. Ces décisions peuvent être déférées en appel au Conseil d'État, soit par le commissaire du Gouvernement, soit par les parties intéressées.

Ce recours, sauf toutefois pour la répartition définitive du produit des prises, n'a pas d'effet suspensif, à moins que le conseil n'ait ordonné que l'exécution de sa décision n'aurait lieu qu'à la charge de fournir caution.

Il doit être exercé par le commissaire du Gouvernement dans les trois mois de la décision, et par les parties intéressées dans les trois mois de la notification de cette décision. (*D.* 18 *juill.* 1854, *art.* 6.)

33. Cette notification doit avoir lieu à la diligence des parties intéressées. En fait, c'est au nom du commissaire du Gouvernement qui représente les équipages de la marine nationale, que les décisions du conseil des prises sont notifiées aux capturés, c'est-à-dire aux parties qui se sont présentées, ou, à leur défaut, au capitaine qui, dans une procédure de prise, représente légalement tous les intéressés, tant dans l'armement que dans la cargaison du navire qu'il commandait.

34. C'est également à la diligence des parties intéressées, mais avec le concours et la présence de l'officier d'administration de la marine et du principal préposé des douanes, que les décisions du conseil des prises sont mises à exécution. (*Arr.* 6 *germ. an VIII, art.* 14, *et* 2 *prair. an XI, art.* 84.)

Sect. 3. — Du jugement sur appel.

35. Ce n'est que dans le court intervalle de 1800 à 1806 que le conseil des prises a été juge en dernier ressort de la validité ou de l'invalidité des prises. Sous l'ancienne monarchie, on appelait de ses décisions devant le conseil des finances, et, de 1806 à 1814, ce fut au Conseil d'État qu'elles furent déférées.

Dans des matières qui, comme celles des prises, impliquent autant de questions contentieuses ou politiques, cette procédure en plusieurs instances est, il faut bien le reconnaître, une précieuse garantie tant pour les capturés que pour les capteurs, et elle prévient, en outre, les réclamations diplomatiques contre la décision des premiers juges. Notre droit conventionnel, notamment notre traité de 1742 avec le Danemark, pose d'ailleurs cette double juridiction comme un principe formel et comme une obligation.

36. Dans l'état actuel de notre législation, les appels des décisions du conseil des prises sont jugés, en assemblée générale du Conseil d'État, sur le rapport de la section compétente. Ces recours ne peuvent être introduits devant le Conseil d'État dans les formes établies pour les affaires contentieuses. (*D.* 11 *janv.* 1855.)

37. Quant à la forme dans laquelle cet appel doit être interjeté et soutenu, elle est la même que dans toutes les affaires portées au Conseil d'État et suivies par les avocats près ce conseil, chargés exclusivement de signer les mémoires présentés au nom des parties.

38. Le Conseil d'État peut toujours, du reste, avant de juger au fond, ordonner, par une décision préparatoire, qu'il sera sursis à l'exécution d'une décision du conseil des prises contre laquelle un pourvoi est dirigé, ou qu'il sera fourni une caution avant cette exécution. (*D.* 18 *juill.* 1854, *art.* 6.)

CHAP. III. — DE LA LIQUIDATION ET DE LA RÉPARTITION DES PRISES.

39. En matière de prises, il faut distinguer entre la liquidation particulière et la liquidation générale. La première est celle qui se fait pour établir le produit net de chaque prise. La seconde est celle qui avait pour but de déterminer, par la comparaison du compte de mise hors des frais de croisière d'un bâtiment armé en course, avec les liquidations particulières de ses prises, la perte ou le bénéfice qui en résultait, ainsi que la répartition de cette perte ou de ce bénéfice entre les divers intéressés à l'armement.

40. L'administration de la marine est seule chargée des liquidations, tant générales que particulières, des prises faites par les bâtiments de l'État, ou éventuellement par des corsaires, soit seuls, soit concurremment avec des bâtiments de l'État. (*Arr.* 6 *germ. an VIII, art.* 16, 17 *et* 18.)

41. Les liquidations générales des croisières des corsaires devaient toujours être effectuées au port d'armement, tandis que la liquidation particulière de chaque prise se fait dans le port où le navire a été amené et vendu.

Quant aux prises faites par les bâtiments de l'État, leur liquidation particulière s'effectue également dans le port où elles ont été vendues, et leur liquidation générale se fait dans le port d'attache du capteur.

42. Les chapitres III, IV et V du titre II de l'arrêté du 2 prairial an XI, contiennent l'ensemble de notre législation sur les liquidations, tant particulières que générales, des prises faites par les corsaires, ainsi que sur leur répartition.

Quant aux prises faites par les bâtiments de la marine nationale, à leur liquidation et à la distribution de leurs produits, tant entre la caisse des invalides de la marine qu'entre les équipages capteurs, l'arrêté spécial du 9 ventôse an IX établit à cet égard des règles précises et complètes auxquelles il nous suffit de renvoyer.

C. DE VALLAT.

BIBLIOGRAPHIE.

Traité des prises, ou Principes de la jurisprudence française concernant les prises qui se font sur mer, par R. J. Valin. La Rochelle, 1763. 2 vol. in-8°.

De la saisie des bâtiments neutres, ou du droit qu'ont les nations belligérantes d'arrêter les navires des peuples amis, par M. Hubner. Londres, 1778. 2 vol. in-12.

Essai concernant les armateurs, les prises et surtout les reprises, par F. de Mariens. Gœttingue, 1759. In-8°.

Nouveau Code des prises, etc., par Lebeau. Paris, impr. de la République, ans VII-IX. 3 vol. in-4°.

Droit maritime de l'Europe, par M. D. A. Azuni. Paris, 1805. 2 vol. in-8°.

Traité des prises maritimes, etc., par A. de Pistoye et Ch. Duverdy. Paris, 1855. 2 vol. in-8°.

Voyez aussi les traités de droit des gens.

PRISONS.

SOMMAIRE.

CHAP. I. — INTRODUCTION.

1. Le régime pénitentiaire doit avoir pour résultat, moins de punir le détenu des infractions qu'il a commises que de le moraliser et de lui inculquer le respect de la loi [1].

Les Chambres, sous le règne de Louis-Philippe, s'étaient inspirées de cette pensée lorsqu'elles discutaient les projets de loi dont MM. de Tocqueville et Bérenger étaient les rapporteurs, et qui avaient pour objet l'introduction du système cellulaire dans toutes les prisons. Ces projets ont disparu au milieu des révolutions qui ont agité notre pays. L'administration n'en a pas moins continué les améliorations qu'elle avait entreprises, et sa tâche a été singulièrement facilitée par la loi du 5 mai 1855, qui, en faisant passer au budget de l'État des dépenses des maisons d'arrêt, de justice et de correction, désignées plus sommairement sous le nom de prisons départementales, a permis de donner à ce service l'unité qui lui manquait et de supprimer de nombreux abus.

La loi du 5 août 1850 sur l'éducation et le patronage des jeunes détenus a été également un progrès en cette matière. Enfin la loi du 5 juin 1875, qui autorise l'application du régime de l'isolement, principalement aux courtes peines, sera peut-être le point de départ d'innovations depuis longtemps réclamées.

2. On distingue deux sortes de prisons : les prisons civiles et les prisons militaires.

Les prisons civiles comprennent des maisons de dépôt, municipales, chambres de sûreté, prisons départementales, maisons centrales, maisons de détention, établissements de jeunes détenus, maisons de dépôt pour les forçats, colonies pénitentiaires pour les transportés et les déportés.

Les prisons militaires se composent : 1° d'ateliers de travaux publics, de pénitenciers et de prisons militaires ; 2° de prisons maritimes.

Les prisons civiles relèvent du ministère de l'intérieur, les prisons militaires du ministère de la guerre, les prisons maritimes et les colonies pénales du ministère de la marine.

CHAP. II. — RÈGLES ADMINISTRATIVES COMMUNES À TOUTES LES PRISONS.

3. *Garanties contre les arrestations arbitraires.* Nul gardien ne peut, à peine d'être puni comme coupable de détention arbitraire, recevoir ni retenir aucune personne, qu'en vertu de mandats de dépôt ou d'arrêt décernés dans les formes légales, ou qu'en vertu d'un jugement et sans

que la transcription en ait été faite sur son registre. (*C. d'I. C., art.* 606, 610.)

Des registres d'écrou, cotés et paraphés, constatent les entrées et servent à la transcription des actes qui les ont motivées ; ils mentionnent les levées d'écrou. (*C. d'I. C., art.* 607, 610.)

4. *Régime économique.* D'après les prescriptions de la loi, les détenus doivent recevoir une nourriture suffisante et saine.

On leur accorde, deux fois par semaine, de la viande dans les maisons centrales. La ration de pain est de 75 décagrammes pour les hommes et de 70 décagrammes pour les femmes ; on y ajoute un litre de soupe. Ce régime est plus substantiel dans les prisons militaires, où le salaire ne permet pas aux détenus de se procurer des suppléments de vivres.

5. *Costume pénal.* Les condamnés doivent porter un costume pénal ; ils sont assujettis au travail, sauf ceux condamnés à la détention et à la déportation.

6. *Culte.* Les détenus catholiques sont tenus d'assister aux offices religieux. Ceux appartenant aux cultes dissidents sont assistés par des ministres de leur communion.

Le prosélytisme est expressément défendu dans les prisons. (*Arr. 6 mai* 1839.)

7. *Instruction primaire.* Elle comprend : la lecture, l'écriture, l'orthographe, les quatre règles, le système légal des poids et mesures. On fait en outre aux condamnés des conférences sur des sujets de religion, de morale ou d'utilité pratique. On leur prête des livres de lecture.

8. *Catégories pénales, etc., etc.* En attendant une plus large application du régime cellulaire (suivant les prescriptions de la loi du 5 juin 1875), le régime de la vie commune, avec séparation des sexes, des âges, des catégories pénales, reste partout en vigueur.

9. *Discipline.* Le silence est prescrit aux condamnés. Il leur est défendu de s'entretenir entre eux, même à voix basse, dans quelque partie que ce soit de la prison. Il leur est défendu d'avoir de l'argent sur eux. Les jeux tumultueux et de hasard, les trafics, leur sont interdits. Il en est de même de l'usage du tabac, du vin et des boissons fermentées. Leur correspondance est examinée au départ et à l'arrivée, sauf les lettres qu'ils adressent aux autorités. Ils ne peuvent être visités que par des personnes munies d'autorisations spéciales. Ils doivent la réparation pécuniaire des dégâts qu'ils ont commis.

10. Les infractions aux règlements de la prison sont punis de l'interdiction de la promenade dans le préau, de la privation de toute dépense à la cantine, de la suppression des visites, de la réclusion solitaire avec ou sans travail, de la mise aux fers, dans les cas prévus par l'art. 614 du Code d'instruction criminelle. (*Arr. 10 mai* 1839.)

11. Les crimes et délits commis dans les prisons sont dénoncés à la justice et poursuivis conformément aux lois pénales. (*C. d'I. C.; Circ.* 7 *août* 1854.)

12. Indépendamment des récompenses accordées au travail et à la bonne conduite dans l'intérieur de la prison, les détenus peuvent obtenir

---

[1]. Ce qui autorise la société à infliger une peine, c'est son droit incontestable de légitime défense. Si, en même temps, elle parvient à moraliser le détenu, elle a rendu un service signalé à l'humanité. — Ajoutons, au reste, que le *Dictionnaire* ne se propose pas d'établir une doctrine pénitentiaire, mais seulement d'exposer la législation française sur cette matière.

M. B.

leur grâce, des commutations ou des remises partielles de peine.

13. La grâce, à moins de circonstances exceptionnelles, n'est octroyée qu'à ceux qui ont subi la moitié de leur peine ou qui sont détenus depuis *dix* ans quand ils ont été frappés d'une peine perpétuelle. (*Voy.* **Grâce**, **Réhabilitation**.)

14. *Transfèrements.* Voyez ce mot.

15. *Dépenses.* Il est pourvu, aux frais de l'État, aux dépenses qu'entraînent la détention des condamnés et l'éducation des jeunes détenus. Deux modes sont employés pour subvenir à l'entretien des détenus : celui de l'entreprise, et celui de la régie. Dans le premier, c'est un entrepreneur qui est tenu d'assurer le service, en se conformant aux clauses et conditions d'un cahier des charges arrêté par l'administration et qui détermine ses obligations.

16. L'entrepreneur, pour se couvrir de ses déboursés, reçoit de l'État le prix de journée résultant soit d'une adjudication, soit d'un marché de gré à gré consenti à son profit, auquel vient s'ajouter la totalité des dixièmes qui ne sont pas attribués aux détenus par l'ordonnance du 27 décembre 1843.

17. Dans le système des régies, c'est l'État qui se fait entrepreneur et pourvoit par ses propres agents à la gestion des différents services. Il en supporte les charges et en recueille les bénéfices. Les deux systèmes ont leurs avantages et leurs inconvénients. L'État peut, sans trop de difficultés, nourrir et entretenir les détenus, mais il lui est malaisé de leur procurer du travail. Il est obligé, dans ce cas, de recourir à l'entremise de sous-traitants qui se chargent d'établir des industries dans ses établissements. Les fabricants présentent en général, au point de vue de la solvabilité, moins de garanties que les entrepreneurs généraux, et il semble que l'État a tout intérêt à confier à ces derniers tous les services des prisons, sauf à veiller activement à ce qu'ils s'acquittent honnêtement de toutes leurs obligations. Elles sont parfaitement définies dans les cahiers des charges, qui ont été fréquemment remaniés afin de prévenir les abus et les causes de conflits. Avec le système de la régie, les services économiques sont peut-être plus convenablement assurés qu'avec celui de l'entreprise. Mais d'un autre côté les directeurs, sur qui pèse la responsabilité de ces services, sont livrés à des préoccupations absorbantes qui doivent nuire à la partie morale de leur mission. A ce point de vue, il semble préférable de les affranchir d'une semblable tâche. L'État cependant a usé de la régie avec succès dans plusieurs maisons centrales, notamment dans celles de Clairvaux, de Melun, etc., etc.

18. *Commissions de surveillance.* Ces commissions ont été instituées pour les maisons centrales par l'ordonnance du 27 novembre 1847, dont on a reconnu les inconvénients et qui n'a jamais été appliquée ; pour les prisons départementales, par l'ordonnance du 9 avril 1819, modifiée par celle du 25 juin 1823 ; pour les colonies et maisons pénitentiaires de jeunes détenus, par la loi du 5 août 1850, qui leur a donné le nom de *conseils*. Ce rouage n'a jamais bien fonctionné, et cependant si les commissions de surveillance,

au lieu de réclamer des attributions administratives qui ne sauraient leur être accordées sans nuire à l'action des directeurs, se renfermaient dans le rôle qui leur est assigné, et s'occupaient du patronage des libérés, elles pourraient faire le plus grand bien.

Les membres des commissions et conseils de surveillance sont nommés par les préfets. (*D.* 25 *mars* 1862 *et* 13 *avril* 1861.)

19. *Personnel.* Le cadre des fonctionnaires et employés préposés à l'administration des maisons centrales, pénitenciers agricoles et colonies publiques de jeunes détenus, se compose de directeurs, inspecteurs, greffiers ou agents comptables, commis aux écritures, gardiens chefs ; le cadre du personnel préposé aux services spéciaux des maisons centrales et des établissements assimilés se compose d'aumôniers catholiques ou des autres cultes reconnus par l'État, instituteurs, médecins, pharmaciens, architectes, et en outre, dans les établissements en régie, d'économes, teneurs de livres, régisseurs des cultures, conducteurs des travaux agricoles ou de construction.

La garde et la surveillance des détenus sont exercées par des premiers gardiens, gardiens ordinaires, des surveillantes laïques ou religieuses. (*D.* 24 *déc.* 1869.)

20. Le personnel des prisons départementales est à peu près le même, mais il est beaucoup plus restreint, si ce n'est dans les grandes prisons, telles que celles de Paris, Rouen, Lyon, Marseille, etc., qui en raison de leur importance sont assimilées aux maisons centrales.

21. Le ministre nomme les fonctionnaires et employés des maisons centrales, pénitenciers agricoles, colonies publiques de jeunes détenus, directeurs, inspecteurs, greffiers-comptables et gardiens chefs des prisons départementales. Les employés des services spéciaux et les agents de garde et de surveillance des maisons d'arrêt, de justice et de correction sont nommés par les préfets, sauf approbation du ministre.

22. Les attributions des fonctionnaires, employés et agents de tous les services sont déterminées par le règlement du 5 octobre 1831. La même autorité les admet à faire valoir leurs droits à la retraite. (*O.* 8 *sept.* 1831 ; *Circ.* 20 *avril* 1854, 28 *juill.* 1855.) [*Voy.* **Pensions.**]

23. Nul ne peut être admis aux emplois d'instituteur, de teneur de livres ou de commis aux écritures, s'il n'est âgé de 20 ans au moins, s'il a plus de 30 ans, et s'il n'a satisfait à un examen dont le programme est arrêté par le ministre de l'intérieur. Les candidats aux emplois d'instituteur doivent en outre produire leur brevet de capacité. C'est parmi ces employés que s'opère le recrutement des greffiers, agents comptables et économes. Les emplois d'inspecteur leur sont exclusivement attribués. Les directeurs sont pris parmi les inspecteurs, les sous-chefs et commis principaux du ministère de l'intérieur (service des prisons) et les directeurs des maisons d'arrêt et de correction.

24. Les fondateurs d'établissements privés de jeunes détenus qui ne peuvent pas exercer eux-mêmes les fonctions de directeur, présentent pour remplir cet emploi un candidat qui doit être agréé par le ministre (*L. 5 août* 1850). Ils doivent en outre faire agréer par le préfet les employés et surveillants placés sous leurs ordres. (*Règl. gén.* 10 *avril* 1869.)

25. *Inspection générale.* Les maisons centrales, prisons départementales et colonies pénitentiaires de jeunes détenus sont visitées tous les ans, et plus souvent s'il y a lieu, par des fonctionnaires relevant du ministre de l'intérieur et qui portent le titre d'inspecteurs généraux des prisons.

Dans l'intervalle de leurs tournées, ils se réunissent en conseil et donnent leur avis sur toutes les questions ou affaires dont l'administration leur confie l'examen.

Les attributions, le costume, les traitements des inspecteurs généraux sont déterminés par les décrets des 15 janvier et 10 mars 1852, 12 août 1856, 14 février 1873.

26. Les maisons pénitentiaires consacrées à l'éducation des jeunes filles détenues sont soumises au contrôle de dames inspectrices.

CHAP. III. — PRISONS CIVILES.

Sect. 1. — Chambres municipales.

27. Ces prisons sont destinées aux délinquants pris en flagrant délit et qui ne peuvent être immédiatement interrogés. Elles reçoivent aussi les individus arrêtés sur la voie publique pour de légers délits ou par mesure de police.

Sect. 2. — Chambres de sûreté.

28. Ces prisons sont annexées aux casernes de gendarmerie (*L.* 8 *germinal an VI, O.* 1820). On y dépose les prisonniers que l'on transfère. Les préfets et sous-préfets sont chargés de veiller à ce qu'elles soient convenablement entretenues. Leurs dépenses sont à la charge de l'État ou à celle des communes, suivant la catégorie à laquelle appartiennent les transférés. (*Circ.* 11 *juill.* 1811.)

Sect. 3. — Prisons départementales.

29. Ces établissements se décomposent en maisons d'arrêt, maisons de justice, maisons de correction ; elles sont au nombre de 393, y compris celles de l'Algérie.

Dans beaucoup de localités ces trois maisons se trouvent réunies et ne forment qu'une seule prison, mais chaque maison doit occuper un local distinct, de même qu'il doit y avoir un quartier spécial pour chaque catégorie de détenus.

30. *Population légale.* Les maisons d'arrêt renferment : 1° les prévenus adultes ; 2° les jeunes détenus ; 3° les détenus pour dettes en matière criminelle, correctionnelle ou de police, et les faillis ; 4° les condamnés correctionnels à plus d'un an et attendant leur transfèrement ; 5° les passagers civils ; 6° les passagers militaires. Les maisons de justice renferment : 1° les accusés ; 2° les jeunes détenus ; 3° les condamnés jugés par les cours d'assises attendant leur transfèrement. Les maisons de correction servent à la détention des condamnés à un an de correction et au-dessous.

31. *Division administrative.* Les maisons d'arrêt, de justice et de correction forment 45 circonscriptions comprenant chacune un ou plusieurs départements et administrés par un directeur sous l'autorité respective des préfets des départements de la circonscription. (*Arr.* 31 *mai* 1871. *art.* 1er.)

Le nombre des directeurs spécialement chargés d'une circonscription est fixé à 28 ; 17 autres circonscriptions sont confiées à des directeurs de maisons centrales. (*Ibid.*)

Ces fonctionnaires visitent tous les trois mois, et plus souvent s'il y a lieu, les prisons dont ils ont la gestion ou le contrôle.

32. *Régime de la séparation individuelle.* — La loi du 5 juin 1875 a apporté une importante innovation dans le régime des prisons départementales. Aux termes de cette loi, les inculpés, les prévenus et les accusés devront être à l'avenir individuellement séparés pendant le jour et la nuit. Il en sera de même des condamnés à un emprisonnement d'un an et un jour qui en obtiendraient l'autorisation sur leur demande : les uns et les autres subiront, dans ce cas, leur peine dans les maisons de correction départementales (*art.* 1er, 2 *et* 3).

33. La durée des peines subies sous le régime de l'emprisonnement individuel sera diminuée d'un quart. La réduction ne s'opérera pas sur les peines de trois mois et au-dessous (*art.* 4).

34. A l'avenir la reconstruction ou l'appropriation des prisons départementales ne pourra avoir lieu qu'en vue de l'application du régime cellulaire (*art.* 6), qui sera mis en pratique au fur et à mesure de la transformation des prisons (*art.* 8).

35. Des subventions pourront être accordées par l'État, suivant les ressources du budget, pour venir en aide aux départements pour les dépenses de reconstruction et d'appropriation. Il sera tenu compte, dans leur fixation, de l'étendue des sacrifices précédemment faits par eux pour leurs prisons, de la situation de leurs finances et du produit du centime départemental.

Elles ne pourront, dans aucun cas, dépasser : la *moitié* de la dépense pour les départements dont le centime est inférieur à 20,000 fr. ; le *tiers* pour ceux dont le centime est supérieur à 20,000 fr., mais inférieur à 40,000 fr. ; le *quart* pour ceux dont le centime est supérieur à 40,000 francs.

36. Un règlement d'administration publique fixera la condition d'organisation du travail et déterminera le régime intérieur des maisons consacrées à l'emprisonnement individuel (*art.* 5). En attendant on applique, dans les prisons, l'arrêté du 13 août 1843 portant règlement spécial pour les prisons départementales soumises au régime de l'isolement individuel. (*Circ.* 10 *août* 1875 [1].)

37. Un conseil supérieur des prisons, pris parmi les hommes s'étant notoirement occupés des questions pénitentiaires, est institué auprès du ministre de l'intérieur pour veiller, d'accord avec lui, à l'exécution de la nouvelle loi. (*L.* 5 *juin* 1875, *art.* 9.)

---

1. Au moment où la loi du 5 juin 1875 a été adoptée, il y avait dans les départements : 1° 51 prisons construites en vue de l'isolement individuel et contenant ensemble 2,688 cellules ; 2° 29 prisons mixtes avec 1,318 cellules.

L'administration étudie des projets pour la réappropriation de ces prisons, dans lesquelles le régime de l'emprisonnement individuel n'est plus pratiqué depuis 23 ans. Deux prisons seulement ont pu être déclarées cellulaires : celles de Mazas et de la Santé, à Paris.

Les préfets doivent demander aux procureurs de la République leur avis sur le choix de l'emplacement destiné aux nouvelles prisons. (*Circ.* 14 *oct.* 1875.)

Sect. 4. — Établissements d'éducation correctionnelle des jeunes détenus.

38. Les mineurs des deux sexes détenus à raison de crimes, délits, contraventions aux lois fiscales ou par correction paternelle, reçoivent, soit pendant leur détention préventive, soit pendant leur séjour dans les établissements pénitentiaires, une éducation morale, religieuse et professionnelle. (*L.* 5 *août* 1850, *art.* 1er.)

39. Les jeunes détenus acquittés en vertu de l'art. 66 du Code pénal comme ayant agi sans discernement, mais non remis à leurs parents, sont conduits dans une colonie pénitentiaire ; ils y sont élevés en commun, sous une discipline sévère, et appliqués aux travaux de l'agriculture ainsi qu'aux principales industries qui s'y rattachent ; il est pourvu à leur instruction élémentaire. (*Ibid.*, *art.* 2.)

40. Les directeurs de colonies peuvent être autorisés par le ministre à employer aux travaux sédentaires les enfants qui, à raison de leur âge, de leur constitution physique, de leur apprentissage antérieur, devraient être préférablement appliqués aux travaux industriels. (*Règl. gén.* 10 *avril* 1869, *art.* 76.)

41. Les colonies pénitentiaires reçoivent également les jeunes détenus condamnés à un emprisonnement de plus de six mois et qui n'excède pas deux ans. Pendant les trois premiers mois, les jeunes détenus sont enfermés dans un quartier distinct et appliqués à des travaux sédentaires. A l'expiration de ce terme, le directeur peut, en raison de leur bonne conduite, les admettre aux travaux agricoles de la colonie. (*L.* 5 *août* 1850, *art.* 3.)

42. Il est établi soit en France, soit en Algérie, une ou plusieurs colonies correctionnelles où sont conduits et élevés : 1° les jeunes détenus condamnés à un emprisonnement de plus de deux années ; 2° les jeunes détenus des colonies pénitentiaires déclarés insubordonnés. (*Ibid.*, *art.* 10.)

Les jeunes filles qui se trouvent dans la même situation sont renfermées dans un quartier correctionnel annexé à la prison de Nevers. (*Circ.* 24 *juin* 1868.)

43. Des maisons dites pénitentiaires reçoivent : 1° les mineures détenues par voie de correction paternelle ; 2° les jeunes filles de moins de 16 ans condamnées à l'emprisonnement pour une durée quelconque ; 3° les jeunes filles acquittées comme ayant agi sans discernement et non remises à leurs parents. (*L.* 5 *août* 1850, *art.* 16.)

44. Les jeunes détenus des colonies et maisons pénitentiaires peuvent obtenir, à titre d'épreuve et sous des conditions déterminées par un règlement d'administration publique, d'être placés provisoirement hors des établissements correctionnels. (*Ibid.*, *art.* 9 *et* 15.)

45. Un conseil de surveillance est formé auprès de chaque établissement d'éducation correctionnelle ; il se compose, pour les colonies pénitentiaires : d'un délégué du préfet, d'un ecclésiastique désigné par l'évêque du diocèse, de deux délégués du conseil général, d'un membre du tribunal civil de l'arrondissement élu par ses collègues.

Pour les maisons pénitentiaires : d'un ecclésiastique désigné par l'évêque du diocèse, de quatre dames désignées par le préfet du département. (*L.* 5 *août* 1850, *art.* 8 *et* 18.)

Les membres du conseil de surveillance des colonies établies en Algérie doivent être au nombre de cinq, désignés par le préfet du département. (*Ibid.*, *art.* 12.)

46. Les colonies pénitentiaires et correctionnelles sont soumises à la surveillance spéciale du procureur général du ressort, qui est tenu de les visiter chaque année. Elles sont en outre visitées par un inspecteur général délégué par le ministre de l'intérieur (*Ibid.*, *art.* 14), par le directeur de la circonscription pénitentiaire dans laquelle elles sont situées. (*Circ.* 30 *mars* 1876.)

Les maisons affectées aux jeunes filles sont visitées par une dame inspectrice.

47. Les jeunes détenus de l'un et de l'autre sexe (sauf les enfants appartenant à la catégorie de la correction paternelle) sont, à l'époque de leur libération, placés sous le patronage de l'assistance publique pendant trois ans au moins. (*Ibid.*, *art.* 19.) [*Voy.* le mot **Patronage des libérés.**]

48. Sont à la charge de l'État : 1° les frais de création et d'entretien des colonies correctionnelles et des établissements publics servant de colonies et de maisons pénitentiaires ; 2° les subventions aux établissements privés auxquels des jeunes détenus sont confiés[1].

Sect. 5. — Maisons centrales de force et de correction.

49. Les maisons centrales, au nombre de 25, servent à la détention : 1° des correctionnels des deux sexes condamnés à un emprisonnement de plus d'un an ; 2° des réclusionnaires des deux sexes ; 3° des forçats dès qu'ils ont atteint l'âge de soixante ans accomplis ; 4° des femmes condamnées aux travaux forcés.

50. Il y a des maisons spéciales pour les correctionnels et pour les réclusionnaires. Les femmes occupent un quartier distinct dans les maisons de force. La population dépasse habituellement le chiffre de 12,000 pour les hommes et celui de 2,000 pour les femmes.

51. Depuis la fin de l'année 1865, les condamnés non récidivistes de toute catégorie et de l'un et de l'autre sexe sont, après un temps d'observation, placés dans les quartiers d'épreuve et d'amendement, où l'on s'occupe avec une sollicitude toute spéciale de leur moralisation. (*Circ.* 6 *avril* 1857, 24 *juin* 1868.)

52. *Régime disciplinaire.* Il a été déterminé par l'arrêté du 10 mai 1839, dont les principales dispositions consistent dans l'obligation du silence imposé aux détenus, la privation du tabac et du vin, de la bière et de toute autre boisson fermentée. Il n'y a d'exception à ces prohibitions que dans les pénitenciers de la Corse, en raison du climat. Les peines édictées pour infractions aux règlements sont prononcées publiquement par

1. Il existe actuellement 5 colonies publiques, 25 colonies privées, 18 maisons pénitentiaires, 5 quartiers correctionnels qui tiennent lieu des colonies correctionnelles prévues par la loi de 1850 ; un quartier correctionnel pour les jeunes filles condamnées à un emprisonnement de plus de 2 ans et pour les insubordonnées.
Au 1er juin 1876, ces établissements renfermaient ensemble, en chiffres ronds, 10,000 jeunes détenus, savoir : 8,000 garçons et 2,000 jeunes filles.

le directeur au prétoire de justice disciplinaire. (*Voy.* n° 9.)

53. *Travail.* Les détenus sont astreints au travail, en vertu des prescriptions du Code pénal. Une partie du produit de leur main-d'œuvre, plus ou moins élevée, suivant la nature et le nombre des condamnations qu'ils ont subies, leur est abandonnée, pour se procurer quelques adoucissements, s'ils les méritent, et se créer un fonds de réserve pour l'époque de leur libération. La plupart d'entre eux sont appliqués à des travaux industriels, tels que le tissage et le cardage de la soie, la cordonnerie, la bonneterie, la filature, la brosserie, etc. Les autres sont employés à l'agriculture, en exécution du décret du 15 février 1852.

54. Les entrepreneurs de travaux industriels doivent fournir un cautionnement proportionné à l'importance des industries dont leur marché leur assure l'exploitation.

55. Aucun genre de travail n'est mis en activité avant d'avoir été autorisé par le ministre et avant que le prix de la main-d'œuvre ait été fixé, ce n'est à titre d'essai et sous des conditions déterminées. Les prix de main-d'œuvre et de journée sont réglés d'après un tarif arrêté et, au besoin, renouvelé tous les ans par le ministre, sur la proposition des préfets et sur l'avis d'une chambre de commerce. Les prix sont exactement conformes à ceux des industries libres, sauf déduction d'un cinquième accordé à l'entrepreneur pour frais d'apprentissage, mauvaise confection, fourniture de métiers, etc., etc.

Cette réglementation, qui fait l'objet de l'arrêté du 1er mars 1852, garantit l'industrie libre contre toute concurrence.

56. Le produit du travail des condamnés appartient intégralement à l'État; les correctionnels ont seuls droit à une portion de leur main-d'œuvre. Néanmoins toutes les catégories de détenus sont admises par les règlements à prélever un certain nombre de dixièmes sur le produit de leur main-d'œuvre, savoir : les correctionnels 5/10, les réclusionnaires 4/10, les condamnés aux travaux forcés 3/10. Les récidivistes perdent un certain nombre de dixièmes, mais ils peuvent accroître leur gain par un travail et une bonne conduite soutenus pendant six mois. (*O.* 27 *déc.* 1843; *Arr.* 25 *mai* 1854.)

57. Le produit du travail du détenu est divisé en deux parties : l'une, dite pécule disponible, dont il peut faire usage dans la maison pour suppléments de nourriture et autres dépenses autorisées par les règlements; l'autre, la masse de réserve, qui lui est remise après sa libération pour subvenir à ses premiers besoins. Un crédit spécial est ouvert à cet effet au budget du ministère de l'intérieur, sous le titre de remboursement sur le produit du travail des détenus.

58. *Comptabilité.* Tous les mois et plus souvent s'il y a lieu, le directeur fait verser par le greffier-comptable, à la caisse du receveur des finances de l'arrondissement, les sommes disponibles provenant du travail des détenus et des produits accessoires. Les formalités à suivre en pareil cas sont déterminées par des lois de finances et circulaires codifiées dans le règlement général du 4 août 1864.

Les règles relatives à la comptabilité des maisons et colonies publiques en régie font notamment l'objet de l'arrêté du 27 décembre 1843, des circulaires des 26 décembre 1853 et 11 novembre 1855 et du règlement général du 8 août 1864.

Sect. 6. — Maisons de détention.

59. Deux établissements, celui de Belle-Ile-en-Mer (Morbihan) et celui de Thouars (Deux-Sèvres), sont affectés aux condamnés de cette catégorie, et soumis aux principaux règlements appliqués dans les maisons centrales.

60. Les détenus admis sur leur demande dans les ateliers, doivent se conformer à toutes les règles d'ordre et de police concernant l'organisation du travail dans l'établissement. Il leur est accordé une partie du produit de leur main-d'œuvre. (*Arr.* 26 *mars* 1872.)

61. Ils sont astreints sans exception à porter le costume réglementaire. (*Arr.* 5 *nov.* 1873.)

Sect. 7. — Colonies pénales de transportation et de déportation. (*Voy.* **Colonies pénales.**)

CHAP. IV. — PRISONS MILITAIRES ET MARITIMES.

62. *Prisons militaires.* Les militaires condamnés à des peines qui ne les excluent pas des rangs de l'armée, sont écroués dans des établissements pénitentiaires spéciaux formant trois catégories : ateliers de condamnés aux travaux publics, pénitenciers militaires, prisons militaires. Ces établissements relèvent du ministère de la guerre.

63. Les ateliers de travaux publics reçoivent les militaires condamnés par les conseils de guerre pour des crimes ou délits prévus par le Code de justice militaire (*tit. II, liv. IV*), ainsi que ceux qui ont obtenu la commutation d'une peine plus grave en celle correctionnelle des travaux publics. Ces ateliers sont établis en Algérie et sont régis par le règlement du 23 juillet 1856.

64. Les pénitenciers reçoivent les militaires condamnés à l'emprisonnement, ainsi que ceux qui ont obtenu la commutation d'une peine plus grave. Ils sont au nombre de six, situés en France et en Algérie. Le règlement précité leur est applicable.

65. Les prisons militaires reçoivent : 1° les militaires en prévention; 2° les militaires voyageant sous l'escorte de la gendarmerie; 3° les militaires condamnés attendant une destination; 4° les militaires condamnés à un emprisonnement de courte durée (deux ans au plus) et qui, par ce motif, n'ont pas paru susceptibles d'être dirigés sur les pénitenciers. Les détenus sont astreints au travail.

Les punitions disciplinaires de prison sont subies au corps, sauf en ce qui concerne les officiers, auxquels des chambres sont réservées dans plusieurs prisons militaires.

66. Les prisons militaires sont régies :

1° Par le règlement du 8 juin 1863, applicable en France et en Algérie;

2° Par le règlement du 6 février 1865 concernant l'organisation administrative des prisons militaires de l'intérieur.

67. *Prisons maritimes.* Chaque port possède une prison maritime affectée à la détention des marins ou militaires du département ayant à subir la peine correctionnelle de l'emprisonnement, ou frappés d'une punition disciplinaire.

68. Toute prison maritime comporte trois divisions : la maison d'arrêt, la maison de justice et la maison de correction, où sont détenus les marins selon la catégorie à laquelle ils appartiennent, comme punis par voie disciplinaire, comme prévenus ou condamnés. (*L. 4 juin* 1858.)'

69. La nourriture des hommes est à peu près la même que celle des matelots des divisions.

70. Aucune punition n'est infligée sans qu'il en soit référé à l'autorité supérieure du port.

71. Le travail est obligatoire. J. DE LAMARQUE.

BIBLIOGRAPHIE.

Rapport fait à la Convention nationale sur les prisons, par Pagane. 1790.

Rapport sur les prisons, par Thierret-Grandpré. 1795.

Rapport au Roi sur les prisons. Paris. 1819. In-4°.

Société royale pour l'amélioration des prisons. Rapports, etc. Paris. 1819. 1 vol.

Des maisons centrales de détention, par Marquet-Vasselot. Agen, Guillot. 1822. In-8°.

Amélioration des prisons. Rapport de M. le comte Barbé-Marbois. 1825. In-8°. Paris, Didot.

Du système pénitentiaire en Europe et aux États-Unis, par Ch. Lucas. 1828-1830. 3 vol. in-8°.

Rapport sur les prisons, par M. de Montbel. 19 janvier 1830.

Leçons sur les prisons, par le Dr Julius, traduites de l'allemand par Mittermaier. 2 vol. in-8°. Paris et Strasbourg, Levrault. 1831.

Rapport sur les prisons départementales. Paris. 1837. In-4°. Impr. royale.

Projet de loi sur la réforme du régime général des prisons, par M. le comte de Rémusat. 1840.

Manuel des prisons, par Grellet-Vammy. 1840. 1 vol. in-8°.

Instruction et programme pour la construction des maisons d'arrêt et de justice. Atlas de plans de prisons cellulaires. In-fol. Paris, impr. royale. 1841.

Observations concernant les changements apportés au projet de loi sur le régime des prisons, par la commission de la Chambre des députés chargée de l'examen du projet, par M. Charles Lucas. In-8°. Paris, impr. de Cosson. 1842.

Essai sur les peines et le système pénitentiaire etc., par Alauzet. Paris. 1842.

Revue pénitentiaire sous la direction de Moreau-Christophe. Paris, Marc-Aurel. 1844 à 1847. 4 vol. in-8°.

De la réforme des prisons, par Léon Faucher. 1844.

Projet de loi sur les prisons. Observations des Préfets. Paris, impr. royale. 1844. 1 vol. in-4°.

Projet de loi sur les prisons. Observations de la Cour de cassation et des cours royales. Impr. royale. 1844. 1 vol. in-4°.

Rapports du préfet de police au ministre de l'intérieur sur le pénitencier des jeunes détenus. 1838 à 1845.

Rapport au ministre sur la régie de Melun. Paris. 1846. In-4°.

Résumé sur le système pénitentiaire, par De Metz. 1847. Impr. roy.

Traité des diverses institutions complémentaires du régime pénitentiaire, par Bonneville. Paris, Joubert. 1847. 1 vol. in-8°.

Rapport fait à la Chambre des pairs sur le projet de loi sur le régime des prisons, par M. Bérenger, de la Drôme. 1847.

Théorie de l'emprisonnement, par Charles Lucas. 3 vol. in-8°.

Défense du travail libre contre la concurrence des maisons centrales de détention. Rapport à la Chambre du commerce de Troyes, par M. Gréau, aîné. In-8°. Troyes, Bouquot. 1848.

Du travail dans les prisons, par le baron de Watteville. 1848. (Guillaumin.)

Rapport et projet de loi sur les jeunes détenus par M. Corne. (Séance du 14 décembre 1849.)

Tutelle des jeunes détenus, etc. Procès-verbaux des séances du conseil des inspecteurs généraux des services administratifs. — 1850. Impr. nationale.

Rapport fait à M. le préfet de police par la commission chargée de l'examen des conditions physiques et morales des détenus dans la prison cellulaire de Mazas. In-4°. Paris, impr. de Boucquin. 1850.

Des prisonniers et de l'emprisonnement, par le docteur Ferrus. Paris, J.-B. Baillière. 1850. 1 vol. in-8°.

Études sur les colonies agricoles de mendiants, jeunes détenus, etc., de France, Belgique, etc., par G. de Lurieu et H. Romand. 1851. Dusacq.

Rapport sur un projet de transportation des condamnés criminels et correctionnels, et sur l'établissement de colonies agricoles pénitentiaires en Algérie et en Corse, par L. Perrot. 1852. Impr. nationale.

Mémoire sur la déportation, suivi de considération sur l'emprisonnement cellulaire, par M. Lélut. In-8°, Paris, Durand. 1853.

De l'expatriation pénitentiaire, pour faire suite à l'ouvrage: Des prisonniers, de l'emprisonnement et des prisons, par G. Ferrus. In-8°. Paris, Germer-Baillière. 1853.

Système pénitentiaire: le bagne, la prison cellulaire, la déportation, par Alm. Lepelletier. Grand in-8°. Le Mans, Monnoyer; Paris, Plon frères. 1853.

Tableau de la situation morale et matérielle en France des jeunes détenus et des jeunes libérés, et Recherches statistiques sur les colonies agricoles et les sociétés de patronage, par Paul Bucquet. Paris, 1853. Paul Dupont, Guillaumin.

Note sur l'emprisonnement cellulaire, par L. Vidal. 1853. Paris, Ledoyen.

Rapport à l'Empereur sur l'administration des établissements pénitentiaires. 1854. P. Dupont.

Atlas des projets-spécimens pour la construction des prisons départementales, dressés d'après les ordres du ministre de l'intérieur, par MM. Grillon et Al. Normand. In-fol. 1854.

Rapport au ministre de l'intérieur sur les établissements pénitentiaires, par L. Perrot. 1855 et années suivantes. Paris, P. Dupont.

Patronage des jeunes détenus et des jeunes libérés, par M. J. de Lamarque. 1855. Paris, Adr. Le Clerc.

Rapport sur les colonies agricoles, par M. De Metz. 1855. Tours, impr. de Ladevèze.

De la répression pénale, de ses formes et de ses effets, par M. Bérenger, de la Drôme. 2 vol. gr. in-8°. F. Didot. 1855.

Les prisons de France, par Moreau Christophe. 1 vol. in-8°. Paris, Marc-Aurel.

Des colonies pénitentiaires, par M. J. de Lamarque. Nancy et Paris, Berger-Levrault et Cie. 1863.

Traité pratique de l'administration et du service des prisons, par Barban et Calvo. In-8°. Paris, Dentu et P. Dupont. 1866.

Prisons et détenus, par M. A. Corne. In-18 jésus. Paris, Hachette et Cie. 1869.

Considérations sur la nécessité d'une loi organique sur les prisons et le régime pénitentiaire, par M. L. Vidal. In-8°. Paris, Chaix et Cie. 1870.

Prisons et détenus, par le Dr Fraisse. In-8°. Paris, J.-B. Baillière et fils. 1870.

Code des prisons, recueil complet des lois, ordonnances, circulaires, etc., concernant le régime économique et disciplinaire des prisons et établissements pénitentiaires. T. V. (1er janvier 1870 au 31 décembre 1873). Publié par ordre du ministère de l'intérieur. P. Dupont. 1874.

Enquête parlementaire sur le régime des établissements pénitentiaires. In-4°. Paris, impr. nationale. 1874-1875.

Le patronage des libérés dans les départements, par M. J. de Lamarque. In-12. Nancy et Paris, Berger-Levrault et Cie. 1875.

PROCÉDURE ADMINISTRATIVE. *Voy.* **Conseils de préfecture, Enquête, Pourvois,** etc. La procédure spéciale a été indiquée aux différentes matières traitées dans le *Dictionnaire.*

PROCESSION. *Voy.* **Culte catholique.**

PROCÈS-VERBAUX DE CONTRAVENTION.

1. La constatation légale d'un fait par un officier public ou agent dans ses attributions se nomme *procès-verbal.* Les procès-verbaux de scellés, d'inventaire, d'expertise, de saisie-exécution, etc., sont faits par les notaires, les experts, les huissiers, etc. Il ne s'agira ici que des procès-verbaux ayant pour objet la constatation des crimes, délits et contraventions aux lois de police ; et plus particulièrement celles des contraventions aux règlements administratifs concernant la grande voirie, les chemins de fer, la navigation, le roulage et les messageries, les fortifications et les bâtiments militaires.

SOMMAIRE.

CHAP. I. DES AGENTS QUI DRESSENT LES PROCÈS-VERBAUX. CONDITIONS DE CAPACITÉ ET D'ADMISSION. COMMISSION ET SERMENT, 2 à 8.

II. IDONÉITÉ DES AGENTS. RÉDACTION DES PROCÈS-VERBAUX. ENREGISTREMENT. TIMBRE, 9 à 19.

III. AFFIRMATION. DÉLAIS. LECTURE ET SIGNATURE, 20 à 33.

IV. FOI ATTACHÉE AUX PROCÈS-VERBAUX, SOIT JUSQU'A INSCRIPTION DE FAUX, SOIT JUSQU'A PREUVE CONTRAIRE, 34 à 50.

V. RÈGLES SPÉCIALES A CERTAINS PROCÈS-VERBAUX, 51 à 62.

CHAP. I. — DES AGENTS QUI DRESSENT LES PROCÈS-VERBAUX. CONDITIONS DE CAPACITÉ ET D'ADMISSION. COMMISSION ET SERMENT.

2. La police judiciaire recherche les crimes, les délits et les contraventions de simple police, en rassemble les preuves, en cite les auteurs aux tribunaux compétents. Cette police est confiée aux procureurs de la République et à leurs substituts, aux juges d'instruction, aux commissaires généraux de police, aux commissaires de police, aux juges de paix, aux officiers de gendarmerie, aux gardes forestiers, gardes champêtres et aux gendarmes. Ils consignent, dans leurs procès-verbaux, la nature et les circonstances du fait contraire à l'ordre public et aux lois et règlements, ainsi que les preuves et indices à la charge de ceux qui en seront présumés coupables (*C. d'I. C.,* art. 9 et 11). Par un décret du 29 avril 1862, la surveillance, la police et l'exploitation de la pêche dans les fleuves, rivières et canaux navigables et flottables, non compris dans les limites de la pêche maritime, ainsi que la surveillance et la police dans les canaux, rivières, ruisseaux et cours d'eau quelconques, non navigables ni flottables, sont placées dans les attributions du ministère des travaux publics et confiées à l'administration des ponts et chaussées.

3. Les préfets des départements et le préfet de police, à Paris, peuvent dresser des procès-verbaux et faire tous actes à l'effet de constater les crimes, délits et contraventions. (*Id.* art. 10.)

4. Les agents administratifs dépendant des administrations des ponts et chaussées, des forêts, des contributions indirectes, des octrois, des tabacs, de la marque des matières d'or ou d'ar-

gent, des poudres et salpêtres, sont institués pour constater les délits et contraventions aux lois et règlements de ces différents services. Il appartient aux tribunaux de police correctionnelle ou aux tribunaux de simple police d'appliquer les amendes et les peines d'emprisonnement, conformément aux dispositions de ces lois et règlements. (*C. F.,* art. 160 ; *L.* 15 *avril* 1829, 24 *avril* 1806, 16 *mars* 1813, 28 *avril* 1816, *etc.*)

5. D'autres agents administratifs sont établis pour constater les contraventions aux lois et règlements qui ont pour objet de maintenir la liberté de circulation sur les grandes routes, les chemins de fer, les chemins vicinaux, les fleuves et rivières navigables, les canaux de navigation sur les chemins de halage, dans les ports maritimes de commerce.

Ces contraventions sont punies, tantôt de simples amendes édictées par les anciennes ordonnances, les anciens règlements de la grande voirie, ou par des lois nouvelles ; et, dans ce cas, la répression ne peut être poursuivie qu'administrativement ; tantôt les délinquants sont justiciables des tribunaux correctionnels, de ceux de simple police, selon la nature de la contravention. (*L.* 28 *pluv. an VIII,* 29 *flor. an X ; D.* 16 *déc.* 1811 ; *O.* 1669, 1672, 1681, 1683 ; *Arr. du C.* 3 *mai* 1720, 17 *juin* 1721, 27 *févr.* 1765, 23 *juill.* 1783 ; *Arr. du C.* 7 *sept.* 1755 ; *L.* 15 *juill.* 1845, 30 *mai* 1851.)

6. Les fonctionnaires publics de tout rang, même les agents de l'autorité de l'ordre le plus subalterne, sont tenus de prêter le serment professionnel (*D.* 8-22 *mars,* 15 *avril,* 5 *mai* 1852). Il est inutile d'ajouter qu'il faut être Français pour être apte à dresser procès-verbal. (*Voy.* n° 40.)

7. Pour les officiers de police judiciaire, agents et gardes forestiers, gardes champêtres, préposés des contributions indirectes, l'acte de la prestation du serment professionnel doit être enregistré et transcrit au greffe, à peine de nullité de leurs procès-verbaux. (*D.* 15 *sept.,* 28 *sept.* 1791, 1ᵉʳ *germ. an XIII ; Cass.* 29 *févr.* 1829 ; *C. de Nancy* 28 *mai* 1833 ; *C. F.,* art. 170.)

8. Les agents administratifs appelés à dresser des procès-verbaux en matière de grande voirie, autres que ceux qui, d'après les lois concernant leur service, doivent prêter en justice le serment de leur fonction (par exemple, les agents voyers [*L.* 11 *mai* 1836, *art.* 11]), sont tenus de le prêter devant le préfet ; cette règle s'applique aux ingénieurs des ponts et chaussées, leurs conducteurs, les agents de la navigation, les gardes des ports et des canaux de navigation, etc. (*L.* 29 *flor. an X, art.* 2) ; les piqueurs des ponts et chaussées et cantonniers chefs, commissionnés et assermentés à l'effet de dresser des procès-verbaux (*L.* 23 *mars* 1842, *art.* 2) ; les agents de surveillance et gardes des chemins de fer, nommés par l'administration. (*L.* 15 *juill.* 1845, *art.* 23.)

CHAP. II. — IDONÉITÉ DES AGENTS. RÉDACTION DES PROCÈS-VERBAUX. ENREGISTREMENT. TIMBRE.

9. *Idonéité*[1] *des agents.* La constatation des délits et contraventions est l'œuvre ou d'agents spéciaux pour la matière dont il s'agit, ou d'agents

1. Ce mot peut être considéré ici comme à peu près synonyme de compétence.

qui prêtent leur ministère en d'autres services que le leur propre. Les procès-verbaux sont nuls si leurs auteurs ne sont pas compétents dans la matière, tels que les employés de l'octroi, s'il s'agit de contraventions aux règlements concernant la poste aux lettres (*T. de Bourg* 27 *sept.* 1841); les gardes champêtres, au sujet de la police urbaine (*Cass.* 2 *mars* 1866); les maires, pour la marque des matières d'or et d'argent, s'il ne s'agit pas de marchands ambulants. (*Cass.* 15 *avril* 1838.)

10. *Formes des procès-verbaux.* Lorsque les agents d'un service sont aptes à dresser des procès-verbaux en dehors de ce service, ils ne sont pas tenus à d'autres formalités que celles qui leur sont propres. Exemples : Les procès-verbaux des gendarmes sont dispensés de l'affirmation en matière de délit de chasse, aussi bien qu'en matière de simple police (*Cass.* 30 *juill.* 1825. *Voy. cependant n° 30, infrà.*) Le procès-verbal d'un garde champêtre est nul lorsqu'il a été écrit et rédigé par l'instituteur communal. (*Cass.* 24 *janv.* 1861.)

11. *Costume.* Aucune loi ne subordonne la validité des procès-verbaux à la condition que l'officier ou agent soit revêtu de son costume, ou des marques distinctives de la fonction. (*Cass.* 18 *févr.* 1820, 11 *nov.* 1826.)

12. *Rédaction.* L'intitulé d'un procès-verbal contient les noms, prénoms, fonctions et prestation de serment de celui ou de ceux qui en sont les auteurs. Sa teneur établira avec clarté et précision les faits et circonstances du délit, le lieu, ceux qui l'auront commis, s'ils sont connus; il sera daté et signé.

13. *Écriture.* Très-anciennement la condition de savoir lire et écrire était exigée pour obtenir la commission de garde forestier (*O. de* 1515). Aujourd'hui cette précaution n'est plus nécessaire ; mais en cas de blessure ou autre empêchement de l'agent, les procès-verbaux peuvent être écrits d'une main étrangère ; ceux d'un garde champêtre peuvent être rédigés par le juge de paix, le maire ou son adjoint. (*C. rur.*, 1791 ; *C. F.*, *art.* 165.)

14. *Date.* L'erreur de date est visée par un procès-verbal lorsque la date peut être suppléée et rétablie par les énumérations même de l'acte. (*Cass.* 3 *janv.* 1833.)

15. *Signature.* La signature est une formalité substantielle ; mais l'approbation des ratures, interlignes, surcharges et renvois, ne l'est pas. (*Cass.* 9 *févr.* 1811, 4 *janv.* 1821.)

16. *Timbre et enregistrement.* Les procès-verbaux sont assujettis au timbre et à l'enregistrement dans l'intérêt du Trésor (*L.* 13 *brum.* an VI, *tit. II, art.* 12, et 22 *frim.* an V, *art.* 70). Ils sont faits ordinairement sur du papier visé pour timbre, ou bien les agents les font viser pour timbre et enregistrer avant de les déposer. Quoique la loi du 21 mai 1836 ne soumette pas les procès-verbaux des agents voyers à la formalité du timbre et de l'enregistrement, ils n'en sont pas affranchis, cette loi ne dérogeant pas aux lois générales concernant l'impôt. (*Arr. du C.* 1er *févr.* 1851.)

17. La formalité de l'enregistrement est de

règle ; mais son absence n'emporte nullité du procès-verbal que dans les cas où il s'agit d'intérêts privés, et non dans ceux qui intéressent l'ordre et la sécurité publiques (*Cass.* 23 *févr.* 1821, 2 *août* 1828, 31 *mars* 1848, 20 *avril* et 18 *nov.* 1865). Dans ces derniers cas, l'intérêt du Trésor est sauvegardé par le soin qu'on prend de comprendre le coût du timbre et le droit d'enregistrement dans les frais auxquels le délinquant est condamné.

18. Généralement il n'y a pas de délai prévu pour l'enregistrement des procès-verbaux. On a écrit quelque part, mais à tort, que ceux des gardes du génie devaient être enregistrés dans le délai de quatre jours. Les lois de la matière disent simplement qu'ils seront visés pour timbre et enregistrés en débet (*L.* 29 *mars* 1806, *art.* 3), et que les contraventions seront constatées conformément à la loi du 29 floréal an X, relative aux contraventions de grande voirie. (*O.* 1er *août* 1821, *art.* 31.)

19. Cependant, en matière de police du roulage et des messageries publiques, les procès-verbaux doivent être enregistrés dans les trois jours de leur date ou de leur affirmation, à peine de nullité. (*L.* 30 *mai* 1851, *art.* 19 ; *Cass.* 16 *avril* 1863 et 16 *avril* 1870.)

CHAP. III. — AFFIRMATION. DÉLAIS. LECTURE ET SIGNATURE.

20. *Affirmation.* L'agent qui a dressé un procès-verbal est tenu de le déclarer sincère et véritable, devant le maire ou l'adjoint de la commune sur le territoire de laquelle il a verbalisé, ou devant le juge de paix du canton. Les délais sont fixés par la loi.

21. Les procès-verbaux des gardes champêtres doivent être affirmés dans les vingt-quatre heures de la clôture du procès-verbal, devant le juge de paix ou son suppléant (*D.* 15-29 *sept.* 1791 ; *Cass.* 2 *mess. an XIII*). Il en est donné acte à la suite du procès-verbal.

22. Les gardes forestiers sont également tenus d'affirmer leurs procès-verbaux, au plus tard, le lendemain de leur clôture. (*C. F.*, *art.* 165.)

23. Les procès-verbaux que les agents forestiers, conservateurs, inspecteurs, sous-inspecteurs, les gardes généraux ou les gardes à cheval, dressent, soit isolément, soit avec le concours d'un autre, ne sont point soumis à l'affirmation. (*Id.*, *art.* 167.)

24. Sont exempts de la formalité de l'affirmation, les procès-verbaux concernant la pêche dressés par les agents des ponts et chaussées ; les poursuites sont prises en main par le ministère public. (*Circ. du* 6 *mars* 1863.)

25. Doivent être affirmés, dans les vingt-quatre heures de leur rédaction, devant le juge de paix du canton, les procès-verbaux des gardes du génie et ceux des portiers-concierges des bâtiments et établissements militaires, dressés pour la conservation des fortifications, des casernes et de leurs dépendances. (*L.* 29 *mars* 1806 ; *D.* 16 *sept.* 1811 ; *O.* 1er *août* 1821.)

26. Les procès-verbaux des agents des contributions indirectes, qui, pour les contraventions concernant les boissons, brasseries et distilleries, tabacs, voitures publiques, sels, poudres et salpêtres, sont dressés par deux d'entre eux, doivent être affirmés dans les trois jours. (*L.* 5 *vent. an XII*, 24 *avril* 1806, 28 *avril* 1816.) [Voir aussi les lois du 28 février 1872 pour la répression de la fraude sur les spiritueux, et du 21 juin 1873 sur les contributions indirectes.]

27. Les procès-verbaux des employés de la douane doivent être affirmés, au moins par deux des saisissants, dans les vingt-quatre heures, s'il s'agit d'un fait de la compétence du juge de paix, et dans les trois jours, s'il s'agit d'un fait de la compétence des tribunaux de police correctionnelle. (*L,* 29 *flor. an VII.*)

28. Pour la garantie des matières d'or et d'argent, l'affirmation des procès-verbaux n'est pas exigée, même dans le cas où ils sont rapportés par les agents des contributions indirectes. Elle est seulement recommandée comme un gage de plus de la sincérité de leurs actes. (*Circ. min.* 17 *juin* 1820 ; *Cass.* 2 *janv.*, 1er *mai* 1806, 26 *janv.* 1809.)

29. Les contraventions en matière de police du roulage devant être constatées par les préposés aux contributions indirectes et aux octrois, concurremment avec les conducteurs et autres agents des ponts et chaussées, il était déjà admis dans la jurisprudence du Conseil d'État, avant la loi du 30 mai 1851, que tous les procès-verbaux de contravention en matière de grande voirie devaient être affirmés dans le délai de trois jours.

30. Les procès-verbaux des commissaires de police, ceux des maires et adjoints, en matière de simple police, n'étant soumis à aucune formalité spéciale par le Code d'instruction criminelle (*art.* 11), ne sont pas sujets à l'affirmation.

Les procès-verbaux des agents voyers ne sont pas davantage soumis à cette formalité. (*L.* 21 *mai* 1836, *art.* 11 ; *Cass.* 5 *janv.* 1838.)

Cependant, en matière de police de roulage et de messageries, tous les procès-verbaux, porte l'art. 17 de la loi du 30 mai 1841, rédigés par les agents mentionnés dans le § 1er de l'art. 15 de la même loi, doivent être affirmés dans les trois jours, à peine de nullité. Or, les maires et adjoints, les commissaires de police, les gendarmes, les agents voyers, sont formellement compris dans l'énumération de l'art. 15. Ce texte a prononcé contrairement à un point de doctrine fixé par la jurisprudence de la Cour de cassation. (*Voy. ci-dessus, n°* 10.)

31. *Lecture à l'affirmant ; sa signature.* Aucune loi n'exige que le procès-verbal d'affirmation soit signé de l'affirmant (*Arr. du C.* 18 *mars* et 6 *juill.* 1843). Il doit en être donné lecture aux gardes forestiers. (*C. F.*, *art.* 165, § 2 ; *Cass.* 18 *déc.* 1844.)

32. Si un procès-verbal est affirmé devant le maire, dont la qualité n'y est pas énoncée, la nullité n'en résulte pas si cette qualité est constante (*Cass.* 17 *janv.* 1845). — Est nul l'acte d'affirmation dans lequel c'est le maire, et non le garde rédacteur, qui atteste la sincérité du procès-verbal. (*Cass.* 9 *mars* 1866.)

33. *Omission de formalités substantielles.* Toute formalité que ne constate pas le procès-verbal, est censée avoir été omise (*Cass.* 29 *mars* 1810). L'aveu du prévenu couvre toute nullité

(*Cass.* 15 *oct.* 1852). Il appartient aux tribunaux de distinguer les formalités substantielles de celles qui ne le sont pas.

CHAP. IV. — FOI ATTACHÉE AUX PROCÈS-VERBAUX, SOIT JUSQU'A INSCRIPTION DE FAUX, SOIT JUSQU'A PREUVE CONTRAIRE.

34. Pour que les procès-verbaux fassent foi jusqu'à l'inscription de faux, il est nécessaire qu'une loi précise y attache cet effet. Dans ce cas, le procès-verbal a l'autorité d'un témoignage en écriture publique. Pour être témoin dans les actes publics, il faut avoir la qualité de Français. Un réfugié polonais, simplement autorisé à résider en France, mais non devenu Français, ne serait pas apte, en qualité de garde du génie, à rédiger des procès-verbaux faisant foi jusqu'à inscription de faux. (*Instr. Min. Guerre* 1832.)

35. Font foi jusqu'à inscription de faux, les procès-verbaux des agents des contributions indirectes destinés à constater les contraventions concernant les boissons, brasseries, distilleries, tabacs, les voitures publiques, les cartes à jouer, les poudres et salpêtres (*L.* 5 *vent. an XII ; D.* 1er *germ. an XIII,* 28 *avril* 1816, 24 *avril* 1806, 16 *mars* 1813 ; 21 *juin* 1873) ; les procès-verbaux en matière de garantie d'or ou d'argent (*L.* 19 *brum. an XI ; D.* 28 *flor. an XIII ; O.* 5 *mai* 1824) ; les procès-verbaux dressés par deux agents ou gardes forestiers, quelles que soient les condamnations auxquelles ils peuvent donner lieu (*C. F.,* art. 176), ou par un seul agent ou garde lorsque le délit n'entraîne pas une condamnation de plus de 100 fr.; ceux des gardes du génie et des portiers-concierges des bâtiments et établissements militaires qui appartiennent, soit aux communes dans les villes fortifiées, soit à l'État dans les villes non fortifiées ; les procès-verbaux dressés par les employés des contributions indirectes et des octrois en matière de navigation intérieure, canaux et droits de bacs. (*D.* 1er *germ. an XIII ; L.* 14 *brum. an VII.*)

36. Les procès-verbaux dressés par les agents forestiers et des contributions indirectes ne font foi, comme on vient de le dire, jusqu'à inscription de faux que relativement aux infractions aux lois et règlements de leurs services respectifs. Car s'ils constatent des faits de rébellion, des injures et autres actes commis envers eux à l'occasion de l'exercice de leur service et pouvant entraîner la peine d'emprisonnement ou des peines plus graves, ils ne font foi que jusqu'à preuve contraire. (*L.* 14 *mess. an VII, art.* 26.)

37. Quand il y a lieu de recourir à l'inscription de faux pour faire écarter le procès-verbal, on agit, suivant les distinctions du droit, ou par la voie en faux principal, ou par celle du faux incident civil. (*C. d'I. C.,* art. 458 ; *C. F., art.* 179 ; *C. de Pr.,* art. 214 *et suiv.* — Voy. **Inscription de faux.**)

38. *Preuve contraire.* Un procès-verbal ne peut être écarté et le prévenu renvoyé de la poursuite, sans qu'il ait été discuté et soumis à la preuve contraire (*Cass.* 15 *janv.* 1844). Ainsi, l'arrêté d'un maire ayant défendu de siffler au théâtre, le prévenu ne pourrait pas être mis hors de cause sur sa simple dénégation. (*Cass.* 11 *avril* 1854.)

39. Lorsque le tribunal de simple police renvoie le prévenu d'après les justifications faites aux débats par celui-ci, la preuve contraire est censée en être sortie. (*Cass.* 30 *août* 1844.)

40. La preuve contraire étant admissible, le tribunal ne peut pas rejeter les conclusions du prévenu qui demande à établir par témoins la fausseté des énonciations du procès-verbal. (*Cass.* 13 *déc.* 1844, 10 *mai* 1845.)

41. La foi due aux procès-verbaux ne peut être détruite par des certificats émanés de leurs auteurs. Au sujet d'injures, l'auteur du procès-verbal déclarera inutilement à l'audience qu'il n'a pas bien entendu les paroles prononcées par le délinquant. (*Cass.* 17 *août* 1844, 5 *févr.* 1846, 19 *juill.* 1851, 28 *mai* 1853, 24 *févr.* 1854.)

42. Un témoin unique, entendu sur serment, peut suffire pour détruire le procès-verbal d'un commissaire de police. (*Cass.* 11 *déc.* 1851.)

43. La loi s'en rapporte aux juges sur la pertinence des faits allégués contre le procès-verbal ; ils peuvent, après leur articulation, refuser d'entendre les témoins du prévenu. (*Cass.* 10 *mai* 1811, 2 *févr.* 1816.)

44. Les juges ne peuvent écarter le procès-verbal en se fondant soit sur une prétendue notoriété publique, ni même sur leur connaissance personnelle des faits. (*Cass.* 21 *mars* 1833, 24 *juill.* 1835, 9 *août* 1838.)

45. Les témoignages et les rapports d'experts ne peuvent être admis contre les procès-verbaux qu'autant que les témoins et les experts ont prêté serment. Les témoignages à titre de simples renseignements ne peuvent pas servir. (*Cass.* 21 *févr.* 1822, 6 *déc.* 1826, 24 *juill.* 1835, 6 *juin et* 4 *juill.* 1851.)

46. *Poursuite sans procès-verbal.* L'absence de procès-verbal, quand un prévenu a été cité à l'audience, n'ôte pas au ministère public la faculté de faire ses preuves à l'audience. Ainsi, le jet d'immondices peut résulter de l'état de la voie prouvé par témoins. (*Cass.* 2 *mars* 1830, 4 *juin* 1842, 21 *mars* 1845, 10 *févr.* 1848.)

47. *Effets de la nullité du procès-verbal.* Le procès-verbal entaché de nullité devient un simple renseignement, une dénonciation. Son auteur peut être entendu comme témoin. (*Cass.* 3 *févr.* 1816, 7 *juill.* 1821, 13 *août* 1841.)

48. *Effets des simples renseignements.* Les rapports de simples agents de surveillance non aptes à rédiger des procès-verbaux, tels que les sergents de ville, les gardiens de la paix, les gardes de nuit, sont repoussés par une simple dénégation, à défaut d'autres preuves. (*Cass.* 17 *mai* 1845, 11 *déc.* 1851, 8 *oct.* 1852.)

49. *Cas d'excuse.* Les délinquants ne peuvent invoquer que les excuses admises par la loi, telles que celle de la nécessité (*C. P.*, *art.* 471, 4°). L'allégation que des matériaux de démolition ou le mauvais état d'un évier s'opposaient au balayage, ne forme pas une excuse valable. (*Cass.* 10 *févr.* 1848.)

50. *Prescription.* La poursuite sur un procès-verbal se prescrit à compter du jour où les faits ont été commis, du dernier acte d'instruction et de poursuite, ou, dans certains cas, du jour où l'arrêt ou le jugement ne pourront plus être attaqués par la voie de l'appel : pour les crimes, par

dix ans ; pour les délits de police correctionnelle, par trois ans, et pour les contraventions de simple police, par une année. (*C. d'I. C.*, *art.* 637 à 640.)

CHAP. V. — **RÈGLES SPÉCIALES A CERTAINS PROCÈS-VERBAUX.**

51. *Routes-traverses des villes. Autorité qui connaît des procès-verbaux.* Dans les parties de routes formant traverses d'une ville ou d'un bourg, les anticipations et encombrements peuvent être constatés par les agents de la voirie urbaine aussi bien que par les conducteurs des ponts et chaussées et cantonniers chefs. Selon qu'un agent de l'une ou de l'autre classe aurait verbalisé, la compétence pour la répression du délit serait différente ; d'après la jurisprudence de la Cour de cassation, la poursuite devrait se faire devant les tribunaux de simple police, si le procès-verbal était rédigé par un agent de la voirie urbaine, et administrativement, s'il avait été dressé par un agent de la grande voirie (*Cass.* 15 *avril* 1824 ; *Chambres réunies* 8 *avril* 1837). La compétence administrative est la seule que reconnaisse le Conseil d'État pour les délits commis sur le sol des routes, à l'effet d'appliquer les amendes édictées par les règlements spéciaux de la grande voirie. (*Arr. du C.* 17 *nov.* 1824.)

52. *Délits contre les règlements de la police fluviale.* Les empêchements apportés à la navigation dans le cours des fleuves et rivières doivent être constatés par les agents de la grande voirie et poursuivis administrativement, et ne sont pas des contraventions de simple police ; par exemple, le fait d'un bateau à vapeur qui s'est arrêté dans sa marche, contrairement aux règlements de la police fluviale. (*Cass.* 5 *janv.* 1837 ; *Circ.* 30 *nov.* 1817 ; *Arr. du C.* 23 *févr.* 1841.)

53. *Surveillance du service de la navigation.* La police des canaux, rivières navigables, ports maritimes de commerce et ports à la mer, a ses agents spéciaux, les gardes-rivières, gardes-pêche, capitaines de ports, et est en outre confiée aux agents et préposés établis pour verbaliser sur les routes. (*L.* 29 *flor. an X, art.* 1er, *et D.* 10 *août* 1812.)

54. *Part des amendes appartenant aux préposés.* Le tiers des amendes qui sont prononcées pour délits de grande voirie appartient aux agents qui ont constaté des dégâts et dommages (*D.* 16 *déc.* 1811, *art.* 107.) — Il en est de même en matière de pêche (*D.* 2 *déc.* 1865.)

55. *Procès-verbaux, rapports de service.* Lorsque les ingénieurs, dans leurs tournées et visites des travaux, constatent des usurpations et empiétements sur le sol des routes ou dans le cours d'une rivière, ils se contentent souvent de les signaler dans leurs rapports de service. Cependant, ce sont là de simples actes d'information, des dénonciations faites à l'autorité, mais n'offrant pas le caractère de preuve légale ; seulement sur la citation qui aurait été donnée aux prévenus, les ingénieurs pourraient être appelés et, entendus comme témoins oculaires des faits par le Conseil de préfecture. (*Voy.* COTELLE : *Traité des procès-verbaux en matière administrative.*)

56. C'est ainsi qu'un procès-verbal étant nul pour défaut d'affirmation dans les trois jours, il y a été suppléé par le témoignage écrit de deux ingénieurs résultant de leurs rapports de service où les mêmes faits se trouvaient signalés ; la nullité de forme du procès-verbal a été jugée couverte, mais le Conseil de préfecture aurait pu exiger le témoignage oral de ces ingénieurs. (*Arr. du C.* 26 *mai* 1837.)

57. *Prescription annale, amende, contravention permanente.* Les contraventions de grande voirie se prescrivent par un an (*Arr. du C.* 21 *avril et* 2 *août* 1848). Quoique les délits aient plus d'une année de date, les agents qui en ont connaissance ne doivent pas moins les constater, pour deux causes : 1° la prescription annale ne s'applique pas à des délits occultes, tels que des travaux confortatifs d'un mur de face pratiqués sans permission à l'intérieur ou dans des caves : la prescription ne peut courir que de la date du procès-verbal ou de la connaissance acquise par les agents (*Arr. du C.* 2 *sept.* 1829) ; 2° nonobstant la prescription acquise, le délinquant doit être condamné à supprimer à ses frais le corps du délit ; les contraventions permanentes ne peuvent subsister. L'amende seule se prescrit. (*Arr. du C.* 27 *févr. et* 13 *mai* 1836.)

58. *Police des chemins de fer.* Toute entreprise des concessionnaires des chemins de fer nuisible au service de la navigation, à la viabilité des routes nationales, départementales, vicinales, doit être constatée par les ingénieurs des ponts et chaussées et des mines, et les conducteurs et gardes-mines dûment assermentés. (*L.* 15 *juill.* 1845, *art.* 11 *et* 12.)

59. Les crimes, délits et contraventions intéressant la sûreté des voyageurs, sont constatés par les officiers de police judiciaire, concurremment avec les ingénieurs et conducteurs des ponts et chaussées et des mines, les gardes-mines et piqueurs, les agents de surveillance de l'administration et des concessionnaires ou fermiers. (*Id., art.* 11, 12 *et* 23.)

60. Les procès-verbaux des agents de surveillance et gardes assermentés doivent être affirmés. Ceux des ingénieurs et conducteurs des ponts et chaussées et des mines sont exemptés de cette formalité sur les chemins de fer (*art.* 23).

61. *Conservation des travaux de desséchement et celle des digues contre les torrents, rivières et fleuves.* Des gardes-digues sont établis pour la surveillance des ouvrages de desséchement et autres analogues. Toutes réparations et dommages sont poursuivis par la voie administrative comme en matière de grande voirie. Les délits sont poursuivis par la voie ordinaire, soit devant les tribunaux de police correctionnelle, soit devant les cours d'assises. (*L.* 16 *sept.* 1808, *art.* 27.)

62. *Police et juridiction relatives aux mines.* Les contraventions des propriétaires de mines exploitants, non encore concessionnaires, ou autres personnes, sont dénoncées et constatées, comme les contraventions en matière de voirie et de police. Les procès-verbaux contre les contrevenants sont affirmés dans les formes et délais prescrits par les lois. (*L.* 21 *avril* 1810, *art.* 93 *et* 94. *Voy.* notre *Traité des procès-verbaux de contravention en matière administrative.* In-8°. 1848.)

CotELLE.

PROCUREUR GÉNÉRAL, etc. *Voy.* **Ministère public.**

PROMULGATION. Publication officielle ou solennelle d'une loi ou d'un décret. Elle avait lieu autrefois par l'insertion dans le *Bulletin des lois* (*O.* 27. *nov.* 1816) et même dans le *Moniteur des communes* (*D.* 12 *févr.* 1852), qui a cessé d'exister. L'insertion dans le *Moniteur universel,* alors officiel, n'était pas obligatoire, mais habituelle. C'est la première de ces publications seule, faite dans les formes d'usage et avec la formule exécutoire, qui constituait la *promulgation* (*C. civ., art.* 1er; *D.* 2 *déc.* 1852). Depuis le décret-loi du 5 novembre 1870, les reproductions ultérieures ne sont que des publications. Le Chef du pouvoir exécutif peut seul *promulguer* une loi ; tout fonctionnaire peut la publier ; tout particulier peut la reproduire ou réimprimer. (*O.* 12 *janv.* 1820.)

La formule de la promulgation change avec le régime ; elle a été fixée en dernier lieu par le décret du 6 avril 1876, nous la reproduisons d'après le *Bulletin des lois* :

« Le Sénat et la Chambre des députés ont « adopté,

« Le Président de la République promulgue « la loi dont la teneur suit :

(Texte de la loi.)

« La présente loi, délibérée et adoptée par le « Sénat et la Chambre des députés, sera exécutée « comme loi de l'État.

« Fait à . . . . »

ADMINISTRATION COMPARÉE.

Les lois ne sont obligatoires, ne commandent obéissance qu'après leur promulgation ; car pour que tout le monde soit censé connaître la loi, il faut qu'il y ait eu publication. En Prusse, la promulgation a lieu par le Bulletin des lois (*Gesetzsammlung*). Un délai est laissé au bulletin pour arriver aux diverses provinces (*L.* 3 *avril* 1846, *art.* 2 ; *O.* 1er *déc.* 1866 et 29 *juin* 1867), et ce délai est bien long, puisqu'il est à Berlin même de 8 jours et dans les provinces extrêmes de 14 (15) jours. Toutefois, en cas d'urgence, une disposition de la loi ou de l'ordonnance fixe elle-même la date, plus rapprochée, de sa mise en vigueur. En Angleterre, la feuille officielle qui est l'organe des promulgations est la *Gazette de Londres,* et dans chaque autre pays une publication spéciale est également désignée pour ce but dans la loi.

Dans un grand nombre de contrées les autorités provinciales ont des feuilles pour la publication de leurs réglements, arrêtés ou autres décisions.
M. B.

PROPRIÉTÉ INDUSTRIELLE.

SOMMAIRE.

CHAP. I. — INVENTIONS ET DÉCOUVERTES. (*Voy.* **Brevets d'invention.**)

CHAP. II. — DESSINS DE FABRIQUE.

1. Il n'existe pas en France de loi générale qui assure aux fabricants la propriété des dessins de leur invention. Il n'a été rendu pour cet objet qu'une loi spéciale aux fabricants de soieries de Lyon, laquelle est datée du 18 mars 1806 et charge les prud'hommes de cette ville de recevoir et de conserver les esquisses et échantillons de dessins que les fabricants devront déposer pour pouvoir en revendiquer ensuite la propriété devant le tribunal de commerce.

Mais les décrets ou ordonnances qui, depuis 1806, ont établi des conseils de prud'hommes dans différentes villes, leur ont conféré successivement la même attribution, et une ordonnance royale du 29 août 1825 a autorisé les fabricants qui ne se trouveraient pas dans le ressort d'un conseil de prud'hommes, à déposer leurs dessins au greffe du tribunal de commerce, ou au greffe du tribunal civil dans les arrondissements où la juridiction des tribunaux de commerce est exercée par les tribunaux civils. De plus, l'effet de ces mesures a été secondé par les tribunaux : la jurisprudence suppléant à l'insuffisance de la loi de 1806, en a étendu l'application à tous les dessins de fabrique, quelle que soit l'industrie, grande ou petite, à laquelle ils sont destinés (*Cass.* 30 *déc.* 1865), et de nombreuses décisions judiciaires ont résolu par voie d'analogie les questions qui n'étaient pas prévues, notamment en ce qui concerne la contrefaçon et les formalités de la saisie.

2. La propriété est indépendante du dépôt ; c'est l'invention qui la confère (*Cass.* 1er *juill.* 1850, 17 *mai* 1853). Mais c'est par le dépôt que l'auteur du dessin manifeste l'intention de s'en réserver la propriété ; en conséquence, il ne peut exercer l'action en contrefaçon qu'après qu'il a rempli cette formalité (*Cass.* 30 *juin* 1865), et il faut qu'il la remplisse avant de mettre en vente le produit. (*Cass.* 15 *nov.* 1853.)

3. Le dépôt n'est que la voie ouverte au fabricant pour qu'il puisse revendiquer ultérieurement la propriété de son dessin. Il appartient au juge saisi du litige d'apprécier si le dessin constitue une œuvre nouvelle, et dans le cas où il n'y reconnaît aucun caractère de nouveauté, de décider que le fabricant n'a aucun droit de propriété sur le dessin. (*Voy. Cass.* 24 *avril* 1858.)

4. Les déposants peuvent limiter leur droit exclusif d'exploitation à une, trois ou cinq années, ou se le réserver à perpétuité. Ils ont à payer un droit que les prud'hommes sont chargés de régler, dans la limite d'un franc pour chaque année de jouissance et de 10 fr. pour la jouissance perpétuelle. Ce droit est perçu au profit des communes, en raison des dépenses des conseils de prud'hommes qui sont à leur charge ; en conséquence le droit n'est pas dû dans les villes où les dépôts se font au greffe du tribunal de commerce ou du tribunal civil. Les déposants alors n'ont à payer qu'un droit de 3 fr. pour la délivrance du certificat qui constate le dépôt.

5. Les secrétaires des conseils de prud'hommes, ou les greffiers apposent sur les enveloppes cachetées renfermant les dessins, leur visa et le sceau de la juridiction du tribunal : ils dressent un procès-verbal de chaque dépôt, et en délivrent une expédition. Les paquets ne sont ouverts qu'à l'expiration du privilège, à moins qu'il ne s'élève une contestation.

6. Le propriétaire d'un dessin déposé peut faire procéder à la saisie des produits qu'il prétend exécutés d'après ce dessin, en vertu d'une ordonnance du président du tribunal civil, ou du juge de paix à défaut de tribunal civil. Le conseil de prud'hommes, ou le président du tribunal de

commerce ou du tribunal civil de première instance, suivant les cas, procède à l'ouverture du paquet déposé au secrétariat ou au greffe, dresse un procès-verbal constatant le nom du fabricant qui a la priorité de date, et délivre une expédition de ce procès-verbal. Puis la partie lésée peut, à son choix, soit se pourvoir par la voie civile devant le tribunal de commerce, afin d'obtenir des dommages-intérêts, soit rendre plainte et se constituer partie civile devant le tribunal de police correctionnelle. La peine encourue par le contrefacteur consiste en une amende de 100 à 2,000 fr.; de plus, les produits exécutés sur le dessin contrefait, et les instruments qui ont servi à la contrefaçon, sont confisqués et peuvent être remis à la partie lésée, sans préjudice de plus amples dommages-intérêts, s'il y a lieu. L'introducteur en France et le débitant de produits exécutés sur un dessin contrefait, encourent les mêmes poursuites et les mêmes pénalités que le contrefacteur, sauf l'excuse de bonne foi et cette différence que l'amende, à l'égard du débitant, est de 25 à 500 fr. seulement. (C. P., art. 425, 426 et 427.)

7. Les étrangers jouissent des droits énoncés ci-dessus moyennant les conventions diplomatiques qui établissent une garantie réciproque. Leurs esquisses ou échantillons doivent être déposés au secrétariat de celui des quatre conseils de prud'hommes de Paris duquel relèvent les industries auxquelles s'appliquent les dessins. Le dépôt des esquisses ou échantillons des Français à l'étranger se fait dans le lieu qui est spécifié par chaque convention; les formalités et les pénalités sont déterminées par la loi de chaque pays.

CHAP. III. — MODÈLES DE FABRIQUE.

8. Ce terme sert à désigner les diverses formes données aux produits industriels.

Les unes constituent, soit un produit ou un procédé nouveau, soit une application nouvelle d'un procédé connu, et rentrent, par conséquent, dans le domaine des inventions dont l'exploitation exclusive ne peut être garantie que par des brevets. (*Voy. ce mot* et *Cass.* 10 *mars* 1858.)

Une autre catégorie, nommée vulgairement *sculpture industrielle*, comprend les formes qui ont un caractère artistique ; elle est admise par la jurisprudence à profiter du bénéfice des lois du 19 juillet 1793 et du 8 avril 1854. Des lois ou propriétaires de modèles semblables possèdent, durant leur vie, le droit exclusif de vendre, faire vendre, distribuer leurs produits, et d'en céder la propriété en tout ou en partie. Leurs veuves jouissent pendant leur vie de ces mêmes droits, et la jouissance en est accordée aux enfants pendant trente ans à partir, soit du décès de l'auteur, soit de l'extinction des droits de la veuve. Comme il faut que l'auteur de chaque modèle manifeste son intention de s'en réserver l'exploitation exclusive, il doit en déposer un dessin (*voy. nos* 1, 2, 3 et 5). Moyennant cette formalité, les contrefaçons peuvent être poursuivies et punies comme il est dit au n° 6.

La troisième catégorie de modèles se compose des formes qui n'ont qu'un caractère d'utilité ou de pur agrément. La propriété en est garantie comme la sculpture industrielle, pourvu qu'ils aient un caractère propre et spécial qui permette d'en apprécier l'origine et d'en reconnaître l'individualité (voy. Cass. 2 août 1854 et 28 juill. 1856). L'auteur de chaque modèle doit en déposer un dessin (voy. n⁰ˢ 1, 2, 3 et 5). La durée du privilége et les droits à payer sont les mêmes que pour les dessins de fabrique (n° 4).

9. Les modèles des étrangers participent à la garantie moyennant la réciprocité et suivant les formes indiquées au n° 7.

CHAP. IV. — MARQUES.

10. La loi du 23 juin 1857 qui règle la propriété des marques de fabrique et de commerce reconnaît comme tels « les noms sous une forme distinctive, les dénominations, emblèmes, empreintes, timbres, cachets, vignettes, reliefs, lettres, chiffres, enveloppes et tous autres signes servant à distinguer les produits d'une fabrique ou les objets d'un commerce ». Les noms de fabricants ou de villes de fabrique font l'objet d'une loi spéciale. (Voy. n° 21.)

11. La marque est facultative, à moins qu'un décret rendu dans la forme des règlements d'administration publique ne la déclare obligatoire pour un produit déterminé (L. 23 juin 1857, art. 1ᵉʳ). Il n'a été rendu aucun décret semblable.

12. Nul ne peut revendiquer la propriété d'une marque s'il n'a été déposé par le propriétaire ou par un prédécesseur deux exemplaires du modèle de cette marque au greffe du tribunal de commerce de son domicile (art. 2). Le modèle doit consister en un dessin, une empreinte ou une gravure exécutée au milieu d'un papier carré de 18 centimètres de côté. L'un des deux exemplaires reste au greffe et l'autre est transmis au Conservatoire des arts et métiers pour y être conservé dans un dépôt central. Le greffier colle l'exemplaire sur un registre, dresse sur un autre registre en papier timbré le procès-verbal du dépôt et en délivre une expédition au déposant, qui doit en échange lui remettre : 1° un franc pour chaque marque ; 2° le montant des frais de timbre et d'enregistrement. Les modèles déposés dans les greffes et au Conservatoire, ainsi que les procès-verbaux, doivent être communiqués sans frais à tous ceux qui veulent les consulter. Les expéditions délivrées ultérieurement se payent comme il est dit ci-dessus. (Voy. art. 4 et D. 26 juill. 1858.)

13. Le dépôt n'a d'effet que pour quinze ans ; on peut le renouveler pour une période semblable. (Voy. art. 2.)

Il confère le droit de procéder, en cas de contrefaçon ou d'usurpation de marque, soit par la voie correctionnelle, soit par la voie civile, tandis que les marques employées sans dépôt préalable restent soumises au droit commun ; les propriétaires n'ont que l'action en dommages-intérêts.

Les actions civiles sont portées devant les tribunaux civils et jugées comme matières sommaires. En cas d'action intentée par la voie correctionnelle, si le prévenu soulève des questions de propriété, le tribunal statue sur l'exception (art. 16).

14. Le propriétaire d'une marque peut faire procéder par huissier à la description détaillée, avec ou sans saisie, des produits qu'il prétend marqués en contravention aux dispositions légales, en vertu d'une ordonnance du président du tribunal civil ou du juge de paix à défaut de tribunal civil.

L'ordonnance est rendue sur simple requête et sur la présentation du procès-verbal constatant le dépôt de la marque. Elle contient, s'il y a lieu, la nomination d'un expert pour aider l'huissier dans la description. Le juge peut exiger que le requérant dépose préalablement un cautionnement. Il doit être laissé copie aux détenteurs des objets saisis ou décrits, de l'ordonnance et de l'acte constatant le dépôt du cautionnement, s'il y a lieu, à peine de nullité et de dommages-intérêts contre l'huissier. Si le demandeur ne s'est pas pourvu au civil ou au correctionnel dans le délai de quinzaine, outre un jour par cinq myriamètres entre le lieu où se trouvent les objets et le domicile de la partie adverse, la description ou la saisie est nulle, sans préjudice des dommages-intérêts qui peuvent être réclamés, s'il y a lieu (art. 17 et 18).

15. La loi punit d'une amende de 50 à 3,000 fr. et d'un emprisonnement de trois mois à trois ans, ou de l'une de ces peines seulement : 1° ceux qui ont contrefait une marque ou fait usage d'une marque contrefaite ; 2° ceux qui ont frauduleusement apposé sur leurs produits une marque appartenant à autrui ; 3° ceux qui ont sciemment vendu ou mis en vente des produits revêtus d'une marque contrefaite ou frauduleusement appliquée (art. 7). Sont punis d'une amende de 50 à 2,000 fr. et d'un emprisonnement d'un mois à un an : 1° ceux qui ont fait d'une marque une imitation de nature à tromper l'acheteur ou ont fait usage d'une marque frauduleusement imitée ; 2° ceux qui ont fait usage d'une marque portant des indications propres à tromper l'acheteur sur la nature du produit ; 3° ceux qui ont sciemment vendu ou mis en vente des produits revêtus d'une marque frauduleusement imitée ou portant des indications propres à tromper l'acheteur (art. 8). Sont punis d'une amende de 50 à 1,000 fr. et d'un emprisonnement de 15 jours à 6 mois, ou de l'une de ces peines seulement, ceux qui ont vendu ou mis en vente des produits ne portant pas une marque obligatoire. La peine la plus forte est seule prononcée : mais en cas de récidive dans le délai de 5 ans, les peines peuvent être élevées au double. L'art. 463 du Code pénal est applicable (art. 10, 11, 12).

16. Les délinquants peuvent, en outre, être privés du droit de participer, pendant un temps qui ne peut excéder 10 ans, aux élections des membres des tribunaux ou chambres de commerce, des chambres des arts et manufactures et des conseils de prud'hommes. Le tribunal peut ordonner l'affiche du jugement et l'insertion dans des journaux aux frais du condamné (art. 13). Il peut, même en cas d'acquittement, prononcer la confiscation des produits et des instruments ou ustensiles ayant servi à les fabriquer. (Voy. art. 14 et 15.)

17. Les produits étrangers portant soit la marque ou le nom d'un fabricant résidant en France, soit l'indication du nom ou du lieu d'une fabrique française, peuvent être saisis, soit par l'administration des douanes, soit à la requête du ministère public ou de la partie lésée (art. 19). Le délit n'existe pas quand c'est du consentement du fabricant que son nom et sa marque sont apposés sur des produits fabriqués à l'étranger. (Cass. 9 avril 1864.)

18. Les étrangers qui possèdent en France des établissements d'industrie ou de commerce, jouissent pour les produits de ces établissements du bénéfice de la loi française, en remplissant les formalités qu'elle prescrit. Le même droit appartient aux étrangers et aux Français dont les établissements sont situés hors de France, des conventions diplomatiques ont établi la réciprocité pour les marques françaises. Dans ce cas, le dépôt des marques étrangères se fait au greffe du tribunal de commerce de la Seine (*art.* 5, 6). Les conventions spécifient le lieu où doivent être déposées les marques françaises à l'étranger, et les formalités ainsi que les pénalités sont déterminées par la loi du pays.

19. Toutes les dispositions qui précèdent sont applicables aux produits de l'agriculture (*art.* 20).

Elles ont été étendues aux colonies par une loi du 8 août 1873, sauf quelques exceptions. Les délais sont augmentés d'un jour par deux myriamètres. L'exemplaire de la marque qui est destiné au Conservatoire est remis au directeur de l'intérieur de la colonie et transmis au ministre. Le droit est fixé à 2 fr. (*art.* 2, 3, 4).

20. Un surcroît de garantie est offert aux propriétaires de marques par une loi du 26 novembre 1873. Toute personne qui a fait le dépôt d'une marque est admise, sur sa réquisition écrite, à faire apposer par l'État, soit sur les étiquettes, bandes ou enveloppes en papier, soit sur les étiquettes ou estampilles en métal sur lesquelles figure sa marque, un timbre ou poinçon spécial, destiné à affirmer l'authenticité de cette marque. Il est perçu au profit de l'État, pour chaque apposition du timbre, un droit de 1 cent. à 1 fr., et pour chaque apposition du poinçon sur les objets eux-mêmes un droit de 5 cent. à 5 fr. La quotité des droits est fixée par des règlements d'administration publique. La vente des objets à un prix supérieur à la quotité du timbre est punie d'une amende de 100 à 5,000 fr. Ceux qui ont contrefait ou falsifié les timbres ou poinçons, et ceux qui ont fait usage des timbres ou poinçons falsifiés ou contrefaits, sont punis des peines portées en l'art. 140 du Code pénal, sans préjudice des réparations civiles. Tout autre usage frauduleux de ces timbres ou poinçons, et des étiquettes, bandes, enveloppes et estampilles qui en sont revêtues, est puni des peines portées en l'art. 142 du même Code. La poursuite peut être exercée par le propriétaire de la marque comme par l'État. Ces dispositions sont applicables aux colonies et en Algérie. Les détails d'exécution sont réglés par deux décrets du 25 juin 1874.

CHAP. V. — NOMS DE FABRICANTS OU DE VILLES DE FABRIQUE.

21. La propriété de ces noms est protégée contre les usurpations par une loi du 28 juillet 1824, qui interdit « d'apposer ou de faire apparaître par addition, retranchement ou altération quelconque, sur des objets fabriqués, le nom d'un fabricant autre que celui qui en est l'auteur, ou la raison commerciale d'une fabrique autre que celle où lesdits objets ont été fabriqués, ou enfin le nom d'un lieu autre que celui de la fabrication. » Les infractions sont punies des peines établies par l'art. 423 du Code pénal, sans préjudice des

dommages-intérêts, s'il y a lieu. « Tout marchand, commissionnaire ou débitant quelconque, est passible des effets de la poursuite lorsqu'il a sciemment exposé en vente ou mis en circulation les objets marqués de noms supposés ou altérés. » Si les objets ont été fabriqués à l'étranger, le débitant peut être poursuivi comme s'il avait commis lui-même la contrefaçon, par analogie avec les dispositions de l'art. 426 du Code pénal.

22. Il n'y a point de dépôt préalable comme pour les marques; la partie lésée a le droit de faire saisir les objets revêtus du faux nom et de poursuivre le contrefacteur, soit par la voie civile devant le tribunal de commerce, soit en rendant plainte et en se portant partie civile devant le tribunal de police correctionnelle. La peine est celle qui est établie par l'art. 423 du Code pénal, sans préjudice des dommages-intérêts, s'il y a lieu.

23. Les fabricants étrangers n'ont d'action pour l'usurpation de leurs noms en France que si la réciprocité est établie par des traités. (*Voy. Cass.* 12 *juillet* 1848 *et C. Bordeaux* 20 *juin* 1853.)

CHAP. VI. — ENSEIGNES, NOMS DE PRODUITS, ÉTIQUETTES, ENVELOPPES, COULEURS OU DIMENSIONS DES PRODUITS, FONDS DE COMMERCE, ACHALANDAGE.

24. Les atteintes portées à la propriété d'un objet de ce genre ne sont prévues ni punies par aucune loi spéciale; elles ne peuvent donner lieu qu'à une action civile en dommages-intérêts devant le tribunal de commerce.

CHAP. VII. — SECRETS DE FABRIQUE.

25. La révélation des secrets de fabrique est punie par la loi pénale. « Tout directeur, commis, ouvrier de fabrique, qui aura communiqué à des étrangers ou des Français résidant en pays étranger, des secrets de la fabrique où il est employé, sera puni de la réclusion et d'une amende de 500 fr. à 20,000 fr. Si ces secrets ont été communiqués à des Français résidant en France, la peine sera d'un emprisonnement de trois mois à deux ans et d'une amende de 16 fr. à 200 fr. » (*C. P., art.* 418.)   SMITH.

PROPRIÉTÉ LITTÉRAIRE ET ARTISTIQUE.

1. Vingt et un décrets, lois, ordonnances, indépendamment de plusieurs dispositions des codes, régissent en France la propriété littéraire et artistique. Elle se compose de deux droits distincts, l'un qui comprend la reproduction des œuvres littéraires, des compositions musicales et des objets d'art, l'autre relatif à la représentation et à l'exécution des œuvres dramatiques et des compositions musicales.

2. Les lois et décrets des 13 janvier et 19 juillet 1791, 1er septembre 1793, 8 juin 1806, 15 octobre 1812, 3 août 1844, 8 avril 1854, concernent la représentation et l'exécution des œuvres dramatiques et des compositions musicales; ceux des 19 juillet 1793, 25 prairial an III (13 juin 1795), 1er et 7 germinal an XIII (22 et 29 mars 1805), 20 février 1809, 5 février 1810, 21 et 24 octobre 1814, 28 juillet 1824, 9 janvier 1828, 17 février et 28 mars 1852, 8 avril 1854, 14 juillet 1866, sont relatifs à la propriété littéraire et artistique.

3. L'art. 8 de la loi de douane du 6 mai 1841 et l'ordonnance du 13 décembre 1842 contiennent les conditions et restrictions auxquelles, dans l'intérêt de l'ordre public et de la propriété littéraire, l'importation de la librairie étrangère est subordonnée.

4. La loi du 8 avril 1854 embrasse à la fois la question de la durée et de la propriété littéraire et artistique et du droit de représentation des œuvres dramatiques.

5. Des conventions conclues avec presque tous les États étrangers régissent les droits de propriété littéraire et artistique des auteurs et artistes français dans ces pays. Mais, avant d'examiner la situation du droit international, il convient d'exposer, aussi succinctement que possible, celle du droit français.

6. *Législation française.* Le droit exclusif de vendre, faire vendre, distribuer leurs ouvrages et d'en céder, en tout ou en partie, la propriété, appartient, leur vie durant, aux auteurs d'écrits en tout genre et de compositions musicales. La durée des droits accordés aux héritiers, successeurs irréguliers, donataires ou légataires des auteurs, compositeurs ou artistes, est fixée à 50 ans, à partir du décès de l'auteur. Pendant cette période de 50 ans, le conjoint survivant, quel que soit le régime matrimonial, et indépendamment des droits qui peuvent résulter en faveur de ce conjoint du régime de la communauté, a la simple jouissance des droits dont l'auteur prédécédé n'a pas disposé par acte entre vifs ou par testament. Toutefois, si l'auteur laisse des héritiers à réserve, cette jouissance est réduite au profit de ces héritiers, suivant les proportions et distinctions établies par les art. 913 et 915 du Code civil. Cette jouissance, accordée au conjoint survivant, n'a pas lieu lorsqu'il existe, au moment du décès, une séparation de corps prononcée contre ce conjoint; elle cesse au cas où le conjoint contracte un nouveau mariage.

7. Le propriétaire par succession, ou à d'autres titres, d'un ouvrage posthume, a les mêmes droits que l'auteur, sous l'obligation d'imprimer séparément cette œuvre posthume. Sans cette condition, les dispositions des lois sur la propriété exclusive des auteurs et sur la durée de cette propriété, cessent de lui être applicables.

8. L'autorisation des auteurs ou celle de leurs ayants cause est nécessaire pour faire des traductions littérales en un autre idiome que celui de l'édition originale, si toutefois ces traductions portent sur une œuvre de propriété privée, quel qu'en soit l'idiome; si, au contraire, l'œuvre est du domaine public, il n'y a pas lieu à autorisation. Mais dans les deux cas, on ne peut, sans commettre le délit de contrefaçon, reproduire ou imiter chaque nouvelle traduction, attendu que cette traduction constitue une propriété privée.

9. Un auteur jouit et dispose de sa propriété comme bon lui semble; et la durée de son droit, lors même que, pour tout le temps garanti par les lois, il en aurait fait une cession partielle ou intégrale à des tiers, n'en continue pas moins de reposer sur sa tête et sur celle de sa veuve et de ses enfants ou héritiers.

10. Les auteurs d'œuvres publiées originairement en France et les auteurs étrangers, pour leurs ouvrages publiés à l'étranger, ont en France les mêmes priviléges. Mais l'étranger dont l'œuvre a été publiée originairement en pays étranger, ne peut profiter du bénéfice des conventions nationales, qui lui est au contraire acquis si son œuvre a paru originairement en France; réciproquement, le bénéfice des conventions appartient, en pays étranger, seulement aux auteurs français et étrangers des ouvrages publiés originairement en France.

11. Le dépôt de deux exemplaires de leurs ouvrages au ministère de l'intérieur (bureau de l'imprimerie et de la librairie) à Paris, ou, dans les départements, au chef-lieu de préfecture, fait seul admettre en justice les auteurs étrangers et français, ou leurs ayants cause, à poursuivre les contrefaçons. Ce dépôt n'est pas obligatoire, en ce qui concerne les publications effectuées à l'étranger, pour les auteurs des États avec lesquels les conventions ne stipulent pas cette formalité, dont les œuvres de sculpture sont d'ailleurs exemptes.

12. Les planches gravées, lithographiées, photographiées, les dessins et peintures à la main, les sculptures, les œuvres artistiques et toutes les productions du domaine des beaux-arts, sont compris dans les diverses dispositions qui précèdent et jouissent des mêmes avantages.

13. Le consentement, formel et par écrit, des auteurs est nécessaire pour toute représentation d'œuvres dramatiques et pour toute exécution de compositions musicales. Les droits de propriété accordés aux auteurs, à leurs veuves, à leurs enfants ou à leurs héritiers pour la représentation et l'exécution de ces œuvres, sont les mêmes que pour leur reproduction. Les priviléges dont jouissent les auteurs d'œuvres représentées et exécutées originairement en France, s'étendent également aux auteurs étrangers pour la représentation et l'exécution de leurs œuvres d'abord produites à l'étranger; mais le bénéfice des conventions internationales n'appartient qu'aux œuvres originairement représentées et exécutées en France.

14. *Droit international.* Les premiers traités conclus par la France remontent à 1843 (26 août); depuis lors il en a été conclu avec tous les pays de l'Europe; nous ne mentionnerons que les suivants:

Le Portugal, 12 avril 1851 et 11 juillet 1866;
La Grande-Bretagne, 3 novembre 1851;
La Belgique, 22 août 1852, 27 mai 1861 et 7 janvier 1869;
L'Espagne, 15 novembre 1853;
Les Pays-Bas, 29 mars 1855 et 27 juillet 1860;
La Russie, 6 août 1861;
L'Italie, 29 juin 1862;
La Prusse, 2 août 1862; d'autres ont été conclus avec les petits États allemands;
La Suisse, 30 juin 1864;
Le Grand-Duché de Luxembourg, 16 décembre 1865;
L'Autriche, 11 décembre 1866.

15. Dans la Grande-Bretagne, en Belgique et en Portugal, le dépôt d'un exemplaire, et de deux en Espagne, dans les trois mois de la publication, est obligatoire. Dans les autres États mentionnés ci-dessus, la formalité du dépôt n'est pas exigée.

16. La réserve du droit de traduction doit être expressément mentionnée sur l'ouvrage, conformément aux prescriptions des conventions conclues avec la Grande-Bretagne, la Belgique, l'Espagne et le Portugal.

La Grèce, le Danemark, la Suède et la Norvége admettent le principe de réciprocité proclamé par le décret du 28 mars 1852.

Entre autres pays avec lesquels le gouvernement français n'a pu jusqu'à ce jour, malgré ses efforts, conclure de conventions, il faut citer les États-Unis, qui ont refusé d'admettre le principe de la réciprocité.

17. Comme on le voit, la loi n'accorde qu'une simple protection contre la contrefaçon et la reproduction illicites, aux auteurs d'œuvres littéraires, et c'est cette protection à laquelle l'usage a donné, à tort peut-être, le nom de *propriété littéraire*. Les œuvres littéraires sont naturellement et incontestablement la propriété particulière de leurs auteurs, et c'est manquer à cette loi naturelle et incontestable que de s'en emparer et de les reproduire. Mais l'existence de cette propriété n'impliquait pas qu'on la respectât. La protection de l'autorité fut nécessaire au propriétaire pour empêcher qu'il ne fût porté atteinte à son droit; de là l'origine et l'usage des *priviléges d'imprimer* accordés aux libraires et aux auteurs, dès les premières années de la découverte de l'imprimerie. La valeur de ces priviléges varia fréquemment ou fut souvent contestée, jusqu'au 30 août 1777, date du règlement qui parut sur cette matière. Tout en fixant la valeur et la durée des priviléges, ce règlement les admettait, non pas comme un droit de propriété, mais seulement à titre d'une jouissance de grâce; leur durée fut limitée, jusqu'au 27 juillet 1791, époque de la concession du dernier privilége, à dix années, avec droit d'en profiter pendant la vie des auteurs. La Révolution devait amener et amena, en effet, une nouvelle réglementation des droits d'auteurs et de la protection acquise à leurs œuvres. Les priviléges furent complétement abolis et firent place à la loi du 19 juillet 1793, en vertu de laquelle les auteurs ou leurs ayants cause furent nantis du droit exclusif de vendre, faire vendre, distribuer leurs ouvrages et d'en céder la propriété en tout ou en partie, protection légale dont la durée fut alors limitée à dix ans. Cette législation a été successivement modifiée et toujours au profit des auteurs ou de leurs ayants cause. Ainsi la loi de 1793 n'accordait que dix ans après la mort de l'auteur, sans distinction d'enfants ou d'autres héritiers; le décret du 5 février 1810 a accordé vingt ans, mais en faveur des enfants seulement; il laissait à la femme commune en biens la jouissance viagère, et le droit de vingt ans accordé aux enfants, ne courait que du jour de son décès; il maintenait pour les autres héritiers la durée de dix ans concédée par la loi de 1793. La loi du 8 avril 1854 a porté à trente ans, ainsi qu'il est dit plus haut, le droit de jouissance des enfants après la mort de l'auteur ou l'extinction des droits de la veuve, sans étendre celui des autres héritiers qui est resté fixé à dix ans.

Ces dispositions n'étaient applicables qu'aux auteurs d'ouvrages publiés originairement en France. Le décret du 28 mars 1852 a généreusement accordé, sans obligation de réciprocité, les mêmes droits aux auteurs d'ouvrages publiés en pays étranger[1].

Ces rapprochements, qu'il serait superflu de

1. Sous la seule condition de déposer deux exemplaires de leurs publications au ministère de l'intérieur, à Paris (bureau de l'imprimerie et de la librairie). Ce dépôt n'est pas obligatoire pour les États avec lesquels les conventions signées dispensent de cette formalité. De même, lorsque les conventions, tout en maintenant le dépôt, en modifient les conditions et le mode, cette formalité doit être remplie dans les termes nouvellement prescrits. Les conventions qui ont maintenu le dépôt, ont prescrit l'accomplissement de cette formalité dans les trois mois de la publication. Quant aux dépôts faits conformément au décret du 28 mars 1852, aucun délai n'a été fixé par la législation.

multiplier, témoignent des progrès qu'a faits dans le monde la question de la propriété littéraire. Le temps n'est pas éloigné, sans doute, où, au lieu d'être considérée comme une protection plus ou moins étendue et efficace, elle sera envisagée à son vrai point de vue et deviendra réellement une propriété. PAUL JUILLERAT[1].

1. Mis à jour par M. X.

BIBLIOGRAPHIE.

Réflexions sur les lois concernant la propriété littéraire, par A. J. Q. Beuchot. In-8°. Paris, Pillet. 1817.

De la propriété littéraire, des lois qui la règlent, etc. In-8°. Paris, impr. de Doublet. 1817.

Commission de la propriété littéraire : collection des procès-verbaux. In-4°. Paris, impr. de Pillet ainé. 1826.

Observations sur la nature de la propriété littéraire, par M. Auger. In-4°. Paris, impr. de Pillet ainé. 1826.

Observations sur la nature de la propriété littéraire, par M. le marquis de Lally-Tollendal. In-4°. Paris, impr. de Pillet ainé. 1826.

Principes et développements sur la nature de la propriété littéraire, par M. Lemercier. In-4°. Paris, impr. de Pillet ainé. 1826.

Traité de la législation et de la jurisprudence des théâtres, avec un appendice sur la propriété des ouvrages dramatiques, par MM. Adolphe Lacan et Ch. Paulmier. 2 vol. in-8°. Paris, Durand. 1853.

De la propriété littéraire et artistique en Belgique et en France; histoire, législation, jurisprudence, convention du 12 août 1852, avec commentaire, règlements d'exécution en Belgique et en France, etc., par Victor Capellemans. 1 vol. in-12. Bruxelles. 1854.

Code international de la propriété industrielle, artistique et littéraire, etc., par J. Pataille et A. Huguet. 1 vol. in-8°. Paris, Marescq et Dujardin. 1855.

Traité de la contrefaçon en tous genres, et de sa poursuite en justice, etc., par Étienne Blanc. 4e édit. 1 vol. in-8°. Paris, Plon. 1855.

Traité pratique de droit industriel, ou Exposé de la jurisprudence sur les établissements industriels, les brevets d'invention, la propriété industrielle, artistique et littéraire, par MM. Amb. Rendu et Ch. Delorme. 1 vol. in-8°. Paris, Cosse. 1855.

Législation de la propriété littéraire, avec notes interprétatives, par Jules Delalain. 6e tirage. In-12. Paris, Delalain. 1855.

De la propriété et des œuvres de l'intelligence; comprenant les productions littéraires, dramatiques, musicales, etc., avec le texte des lois et décrets sur la matière, par M. Éd. Calmels. 1 fort vol. in-8°. Paris, Cosse. 1856.

Études sur la propriété littéraire, perpétuité, droit international, par M. F. d'Azevedo. In-18 jésus. Paris, veuve Ailland, Guillard et Cie. 1873.

PROROGATION. 1. On a fait plusieurs applications de ce mot en matière de procédure et de droit civil; nous en citerons quelques-unes :

2. La *prorogation d'enquête* est un acte par lequel le juge, sur la demande de l'une ou de l'autre des parties, accorde l'autorisation de continuer une enquête au delà du terme dans lequel elle devait être effectuée. (*C. de Pr.*, art. 279, 280 *et* 409.)

3. On appelle *prorogation de juridiction* la déclaration des parties qui se présentent volontairement devant un juge pour lui demander jugement dans une contestation hors de sa compétence ordinaire, *soit à raison de domicile, soit à raison de la situation de l'objet litigieux*. La prorogation de juridiction donne au juge le pouvoir de juger, c'est-à-dire la compétence. Il est important de remarquer seulement que la prorogation de juridiction n'est jamais possible, lorsque l'incompétence existe à raison de la matière. Ainsi on consentirait vainement à ce qu'un tribunal civil connût d'une action criminelle ou d'une affaire administrative, et réciproquement.

4. Nous mentionnerons également la *prorogation de terme*, qui est, en droit civil, un acte par lequel le créancier accorde à son débiteur un nouveau délai, lorsqu'il n'a pu se libérer au temps préfixé. (*C. civ.*, art. 2039.)

5. Enfin, on se sert du mot *prorogation* pour exprimer l'acte par lequel les séances d'un parlement sont suspendues et la continuation remise à une époque plus ou moins prochaine.

PROSTITUTION. *Voy.* **Débauche.**

PROTOCOLE. Les diplomates réunis en congrès ou en conférences, nomment ainsi le procès-verbal dressé à la suite d'une ou de plusieurs séances.

Protocole diplomatique se dit aussi pour exprimer le cérémonial à suivre dans les rapports officiels entre les États et les ministres. Il existe au ministère des affaires étrangères un bureau du protocole.

Enfin, dans la pratique administrative, le *protocole* est un recueil contenant les formules diverses à employer pour terminer les lettres ou rapports, les titres et qualifications honorables à donner avec l'indication de leur place (c'est-à-dire s'ils doivent être mis à la ligne ou en vedette), et généralement toutes les formes extérieures à suivre dans l'expédition de la correspondance de service, selon le rang de la personne à qui l'on s'adresse. (*Voy.* **Correspondance administrative.**)

Ajoutons qu'on applique par extension le mot *protocole* à la formule elle-même qui termine une lettre déterminée, ainsi qu'à la qualification et à la forme données dans cette lettre conformément aux règles tracées.

PROVOCATION A LA DÉSERTION. *Voy.* **Désertion.**

PRUD'HOMMES (Conseils de).

SOMMAIRE.

CHAP. I. — ATTRIBUTIONS.

1. Les conseils de prud'hommes sont chargés : 1° de concilier les différends qui s'élèvent entre les fabricants et les chefs d'atelier, contre-maîtres, ouvriers ou apprentis, et de prononcer sur ces différends quand ils n'ont pu se concilier (*L.* 18 *mars* 1806, *art.* 6); 2° de juger les demandes à fin d'exécution ou de résolution des contrats d'apprentissage, ainsi que les réclamations dirigées contre des tiers en cas de détournement d'apprentis (*L.* 22 *févr.* 1851); 3° de régler, à défaut de stipulations expresses, les indemnités ou restitutions dues au maître ou à l'apprenti en cas de résolution du contrat d'apprentissage (*Id.*); 4° de juger les contestations relatives à la délivrance des congés d'acquit ou à la rétention des livrets d'ouvriers (*L.* 14 *mai* 1851. *Voy.* **Livrets**); 5° d'accomplir diverses formalités en matière de dessins ou mo-

dèles de fabrique et de livres d'acquit. (*Voy.* **Propriété industrielle** *et* **Livret.**)

«Tout délit tendant à troubler l'ordre et la discipline de l'atelier, tout manquement grave des apprentis envers leurs maîtres, peuvent être punis par les prud'hommes d'un emprisonnement qui n'excède pas trois jours. » (*L.* 3 *août* 1810.)

CHAP. II. — ORGANISATION.

2. Les communes étant chargées de fournir le local nécessaire et de subvenir aux dépenses (*D.* 11 *juin* 1809 *et L.* 18 *juill.* 1837) les conseils de prud'hommes ne sont établis que sur la demande ou avec le consentement des conseils municipaux. A la délibération prise à ce sujet s'ajoutent l'avis de la chambre de commerce ou de la chambre consultative des arts et manufactures dans le ressort de laquelle le conseil serait compris, et l'avis du préfet, accompagné de renseignements détaillés sur l'état des industries locales. Ces documents sont soumis au ministre du commerce, communiqués au ministre de la justice, et, en cas d'assentiment de la part de ce dernier, un projet de décret est soumis à la section compétente du Conseil d'État pour être porté, s'il y a lieu, devant l'assemblée générale.

3. Les conseils se composent de patrons et d'ouvriers en nombres égaux, avec un président et un vice-président.

4. Les décrets d'institution déterminent, suivant les circonstances locales, les professions distraites de la juridiction ordinaire pour être rangées sous celle des prud'hommes, la circonscription de chaque conseil et le nombre des membres; ce nombre doit être de six au moins, non compris le président et le vice-président. Lorsque le ressort d'un conseil ne comprend qu'un petit nombre de professions, on assigne à chacune d'elles un membre patron et un membre ouvrier. Lorsque les professions sont nombreuses, on les divise par groupes suivant les rapports d'analogie, et on assigne à chaque groupe un nombre de prud'hommes proportionné à la quantité des affaires qui s'y présentent communément. Les prud'hommes d'ailleurs sont appelés à tour de rôle à délibérer indistinctement sur toutes les affaires.

5. Les fonctions de prud'hommes sont électives. Le corps électoral se compose : 1° des patrons âgés de vingt-cinq ans accomplis, et patentés depuis cinq ans au moins et depuis trois ans dans la circonscription du conseil; 2° des chefs d'atelier[1], contre-maîtres et ouvriers âgés de vingt-cinq ans accomplis, exerçant leur industrie depuis cinq ans au moins, et domiciliés depuis trois ans dans la circonscription du conseil (*L.* 1er *juin* 1853, *art.* 4). De plus, aux termes de l'art. 15 de la loi du 22 juin 1854, les ouvriers auxquels l'art. 1er de cette loi impose l'obligation d'être munis d'un livret, doivent justifier de l'accomplissement de cette formalité pour être inscrits sur les listes électorales des conseils de prud'hommes.

6. Dans chacune des communes que renferme la circonscription établie, le maire, assisté de deux assesseurs, qu'il choisit, l'un parmi les électeurs

1. On entend par *chef d'atelier* un ouvrier à façon qui, dans son domicile, soit seul, soit avec l'aide d'un ou plusieurs compagnons, façonne les matières qui lui sont confiées à cet effet par un marchand fabricant.

patrons, l'autre parmi les électeurs ouvriers, inscrit d'office, d'après les renseignements qu'il s'est procurés, ou sur la demande des ayants droit, d'une part, les chefs d'établissements, et, d'autre part, les chefs d'atelier, les contre-maîtres et les ouvriers qui remplissent les conditions prescrites. Le tableau est transmis au préfet, et ce fonctionnaire dresse et arrête une double liste électorale, qui est déposée à la mairie de la commune où siège le conseil et communiquée à tout requérant. Le jour même de ce dépôt, avis en est donné par affiches aux lieux accoutumés. Les réclamations doivent être produites dans un délai de dix jours ; dans le cas où le préfet ne croit pas devoir y donner suite, le recours est ouvert devant le conseil de préfecture. Si la demande implique la solution préjudicielle d'une question d'état, les parties sont renvoyées préalablement à se pourvoir devant les juges compétents. La procédure a lieu suivant les règles établies pour les élections municipales, et notamment elle est gratuite. (*Voy.* **Élections,** n°s 10 à 14.)

7. Le préfet convoque les électeurs par un arrêté qui est publié dans la forme ordinaire, et des lettres d'avis leur sont en outre adressées individuellement. Le bureau est composé suivant la loi municipale.

« Les patrons, réunis en assemblée particulière, nomment les prud'hommes patrons ; les chefs d'atelier, contre-maîtres et ouvriers, également réunis en assemblée particulière, nomment les prud'hommes ouvriers, en nombre égal à celui des patrons. » (*L.* 1er *juin* 1853, *art.* 9.) Chacune des catégories d'industries élit séparément le prud'-homme ou les prud'hommes qui lui sont assignés. Lorsqu'il y a plusieurs prud'hommes à élire, l'élection se fait par scrutin de liste. Les membres sont élus au scrutin secret et à la majorité absolue des votants. Lorsqu'il est nécessaire de procéder à un second tour de scrutin, la majorité relative est suffisante. Les élections peuvent être arguées de nullité, soit par des électeurs présents à l'assemblée, soit par le préfet. Dans ces deux cas, le procès-verbal est transmis au conseil de préfecture, qui statue dans le délai de huit jours, sauf recours au Conseil d'État.

8[1]. Pour être élu, il faut être âgé de 30 ans accomplis, savoir lire et écrire (*L.* 1er *juin* 1853, *art.* 5), et remplir les conditions énoncées sous le n° 5 pour la durée du domicile et de l'exercice de la profession. Il n'est pas nécessaire d'être inscrit sur la liste électorale. (*Arr. du C.* 11 août 1859.)

9. Ne peuvent être électeurs, ni élus, les étrangers, ni aucun des individus indiqués au n° 7 de l'article **Élections.** (*L.* 1er *juin* 1853, *art.* 6.)

10. Les présidents et les vice-présidents sont nommés par le président de la République. Ils peuvent être choisis en dehors du corps électoral. Leurs fonctions durent trois ans. Ils peuvent être nommés de nouveau. Le préfet présente une liste de trois candidats entre lesquels se fait le choix du Gouvernement.

11. A chaque conseil est attaché un secrétaire que le préfet nomme et peut révoquer sur la proposition du président. Ce secrétaire tient la plume

---

1. Un projet de loi est en ce moment en discussion ; s'il aboutit, on le trouvera dans le *Supplément annuel.*

dans les audiences, a soin des archives, rédige les minutes des jugements et des procès-verbaux, délivre les expéditions et les lettres de citation, et tient le rôle des causes.

12. Chaque conseil rédige, pour la tenue des audiences, un règlement qui est soumis à l'approbation du ministre du commerce.

13. Les conseils de prud'hommes sont renouvelés par moitié tous les trois ans. Le sort désigne la première fois ceux des prud'hommes qui doivent être remplacés, et les sorties sont ensuite déterminées par l'ancienneté. Les tirages au sort sont faits par le président, en présence du conseil assemblé. Les membres sortants sont rééligibles. (*Voy. L.* 1er *juin* 1853, *art.* 10.)

14. La discipline est réglée par une loi du 4 juin 1864. Tout prud'homme qui, sans motif légitime et après une mise en demeure, se refuse à remplir le service auquel il est appelé, peut être déclaré démissionnaire par le préfet après avoir été entendu par le conseil ou dûment appelé ; si le conseil n'émet pas son avis dans le délai d'un mois, il est passé outre. En cas de réclamation, il est statué par le ministre, sauf recours au Conseil d'État.

De plus, si un prud'homme manque gravement à ses devoirs dans l'exercice de ses fonctions, il est appelé à s'expliquer devant le conseil, qui doit émettre son avis dans le délai d'un mois. Le prud'homme peut être puni par arrêté ministériel, soit de la censure, soit de la suspension pour un temps qui ne doit pas excéder six mois, et il peut être déclaré déchu de ses fonctions par un décret. Dans ce dernier cas, le prud'homme ne peut être réélu pendant six ans.

15. Les prud'hommes patrons remplissent gratuitement leurs fonctions (*L.* 18 *mars* 1806). Une indemnité peut être allouée, sous forme de jetons de présence, aux prud'hommes chefs d'atelier, contre-maîtres ou ouvriers ; la somme nécessaire est portée au budget communal parmi les dépenses facultatives.

16. Les conseils de prud'hommes peuvent être dissous par un décret, sur la proposition du ministre du commerce. (*L.* 1er *juin* 1853.)

17. Les villes doivent fournir le local nécessaire et subvenir à toutes les dépenses (*D.* 11 *juin* 1809 ; *L.* 18 *juill.* 1837). Les jetons de présence ne sont que facultatifs. Quant aux frais d'élections, la loi du 7 août 1850 les range parmi les dépenses obligatoires de la commune dans laquelle se fait l'élection.

CHAP. III. — JURIDICTION ET COMPÉTENCE.

18. La juridiction s'étend non-seulement sur les chefs d'établissements situés dans la circonscription, et sur les chefs d'atelier, contre-maîtres, ouvriers ou apprentis qu'ils occupent et qui résident dans cette circonscription, mais encore sur tous les chefs d'atelier, contre-maîtres, ouvriers, et apprentis qui travaillent pour les établissements dont il s'agit, sans avoir néanmoins leur domicile ou leur résidence dans la circonscription. La compétence est limitée aux contestations qui s'élèvent sur les travaux dont les ouvriers sont chargés et sur les conventions dont ces travaux sont l'objet.

CHAP. IV. — PROCÉDURE.

19. Chaque conseil de prud'hommes siége en bureau particulier et en bureau général. Le bureau

particulier est chargé de concilier les parties ; il est composé d'un patron et d'un ouvrier, sous la présidence du président du conseil, ou du vice-président en cas d'absence du président, ou du prud'homme patron en cas d'absence du président et du vice-président. Lorsque le bureau particulier ne peut concilier les parties, il dresse un procès-verbal de non-conciliation et renvoie l'affaire devant le bureau général qui est chargé de la juger. Ce dernier bureau se compose, « indépendamment du président ou du vice-président, d'un nombre toujours égal de prud'hommes patrons et de prud'-hommes ouvriers ; ce nombre est au moins de deux prud'hommes patrons et de deux prud'hommes ouvriers. » (*L. 1er juin* 1853, *art.* 11.)

20. Le défendeur est invité par une lettre du secrétaire à comparaître devant le bureau particulier. Il doit se présenter en personne ; en cas d'absence ou de maladie, il ne peut se faire représenter que par un de ses parents, et ce parent doit être chef d'établissement, ou bien chef d'atelier, contre-maître ou ouvrier. (*Voy. D.* 11 *juin* 1809.)

21. Si le défendeur ne comparaît pas, une citation lui est remise par l'huissier du conseil. Il doit y avoir un jour au moins entre celui où la citation est remise et le jour indiqué pour la comparution, si la partie est domiciliée dans la distance de trois myriamètres ; si elle est domiciliée au delà de cette distance, il est ajouté un jour pour trois myriamètres. (*D.* 11 *juin* 1809.)

22. « Les parties ne sont admises à faire signifier aucunes défenses. Elles sont tenues de s'expliquer avec modération et de se conduire avec respect ; si elles ne le font pas, elles sont rappelées à leur devoir par un avertissement du président ; en cas de récidive, le bureau peut les condamner à une amende qui n'excède pas 10 fr., avec affiches du jugement dans la ville où siège le conseil. Dans le cas d'insulte ou d'irrévérence grave, le bureau particulier en dresse procès-verbal et peut condamner celui qui s'en est rendu coupable, à un emprisonnement dont la durée ne peut excéder trois jours. Dans ces deux cas, les jugements sont exécutoires par provision. » (*D.* 11 *juin* 1809.)

23. Lorsque des parties sont renvoyées devant le bureau général, ce bureau doit, après les avoir entendues, statuer sur-le-champ (*D.* 11 *juin* 1809). Les jugements sont signés par le président et par le secrétaire. (*L.* 1er *juin* 1853.)

24. Si une des parties « déclare vouloir s'inscrire en faux, dénie l'écriture ou déclare ne pas la reconnaître, le président du bureau lui en donne acte, paraphe la pièce et renvoie la cause devant les juges auxquels en appartient la connaissance.» (*D.* 11 *juin* 1809.)

25. Les jugements sont définitifs et sans appel lorsque le montant de la demande n'excède pas 200 fr. en capital. Au-dessus de 200 fr., les jugements sont sujets à l'appel devant le tribunal de commerce, et le jugement peut ordonner l'exécution immédiate et à titre de provision, jusqu'à concurrence de cette somme, sans qu'il soit besoin de fournir caution. Pour le surplus, l'exécution provisoire ne peut être ordonnée qu'à la charge de fournir caution (*L.* 1er *juin* 1853). Les jugements sont signifiés par l'huissier du conseil à la partie

condamnée, et l'appel n'est plus recevable après les trois mois de la signification faite par l'huissier. (*D.* 11 *juin* 1809.)

26. Les règles concernant les jugements par défaut et les oppositions sont les mêmes que devant la justice de paix (*voy. C. de Pr. civ., art.* 19 à 22). Les jugements par défaut qui n'ont pas été exécutés dans un délai de six mois sont réputés non avenus. (*L.* 1er *juin* 1853.)

La procédure est également la même que devant la justice de paix, en ce qui concerne les jugements préparatoires et les enquêtes. (*Voy. C. de Pr. civ., art.* 28, 31, 34 à 40.)

27. Un ou plusieurs prud'hommes peuvent être récusés comme les juges de paix (*C. de Pr. civ., art.* 44, 45 *et* 46). Si le prud'homme récusé refuse de s'abstenir ou ne répond pas à l'acte signifié par la partie au secrétaire du conseil, une expédition de cet acte et de la déclaration du prud'homme, s'il y en a, est envoyée par le président du conseil au président du tribunal de commerce, et la récusation y est jugée en dernier ressort, dans la huitaine, sans qu'il soit besoin d'appeler les parties. » (*D.* 11 *juin* 1809.)

28. Les prud'hommes peuvent être aussi pris à partie. (*Voy.* **Fonctionnaires publics.**)

29. Les actes de procédure, ainsi que les jugements et les actes nécessaires à l'exécution de ces jugements, sont rédigés sur papier visé pour timbre, conformément à la loi du 22 frimaire an VII, art. 70. L'enregistrement a lieu en débet. Ces dispositions sont également applicables aux causes du ressort des conseils de prud'hommes portées en appel ou devant la Cour de cassation. Le visa pour timbre est donné sur l'original au moment de l'enregistrement. La partie qui succombe est condamnée aux dépens envers le Trésor. (*L.* 7 *août* 1850.)

30. Le décret du 11 juin 1809 attribue au secrétaire un droit de 30 cent. pour chaque lettre d'invitation à se rendre au conseil ; de 40 cent. pour chaque rôle d'expédition, et 30 cent. pour l'expédition du procès-verbal de non-conciliation. « Au moyen de cette taxation, les frais de papier, de registres et d'expédition, sont à la charge des secrétaires.»

31. Les témoins qui ont une profession, ont droit à une indemnité équivalente à une journée de travail, et même à deux, s'ils ont été obligés de se faire remplacer dans leur profession. «Cette taxation est laissée à la prudence des conseils et des maires.» (*D.* 11 *juin* 1809.) Quand un témoin n'a pas de profession, la taxe est de 2 fr. On n'alloue point d'indemnité pour frais de déplacement aux témoins domiciliés dans le canton ; ceux qui sont domiciliés en dehors et à une distance de plus de deux myriamètres et demi du lieu où ils font leur déposition, reçoivent «autant de fois une somme double de journée de travail, ou une somme de 4 fr., qu'il y a de fois cinq myriamètres de distance entre leur domicile et le lieu où ils ont déposé.» (*D.* 11 *juin* 1809.) Smith.

BIBLIOGRAPHIE.

Manuel des prud'hommes, contenant, etc., par Blondin fils. In-12. Metz, Verronnais ; Paris, Lecointe et Durey. (1827.)

Code des prud'hommes, etc., par A. Durut. In-12. Arras, Gorillot-Legrand. 1837.

De la compétence des conseils de prud'hommes et de leur organisation, avec un appendice, contenant, etc., par Mollot. In-8°. Paris, Joubert. 1842.

Code des prud'hommes, par M. A. Franque. In-18. Paris, Paulin. 1842.

Manuel des conseils de prud'hommes, contenant les lois, décrets, ordonnances, etc., réunis et annotés, par C. Binot de Villiers. 1 vol. in-12. Paris, Cosse et Delamotte. 1845.

Code des prud'hommes, contenant, etc., par C. Jacob. In-32. Paris, Marescq. 1845.

Dictionnaire raisonné de la législation usuelle des prud'hommes et de leurs justiciables, avec formules des actes, etc., par A. Durut. In-12. Paris, Roret. 1846.

Manuel des patrons et ouvriers justiciables des conseils de prud'hommes du département de la Seine, et spécialement du conseil de prud'hommes pour les industries diverses, par P. G. Toussaint. In-18. Paris, Bonaventure et Ducessois. 1850.

Code pratique des prud'hommes, contenant les lois et décrets relatifs aux prud'hommes, par M. Th. Sarrazin. 2e édition. In-18. Paris, Cosse, Marchal et Billard. 1872.

Les prud'hommes ; code et manuel, par M. Louis Pauliat. 3e édition. In-32. Paris, librairie de la Bibliothèque ouvrière. 1873.

ADMINISTRATION COMPARÉE.

Plusieurs pays ont établi des conseils de prud'hommes qui ne diffèrent des nôtres que par des détails, mais nous n'analyserons que la loi anglaise, qui s'éloigne le plus de la loi française et qui, en outre, touche à une question qu'il est utile de mentionner.

La loi anglaise à laquelle nous faisons allusion est du 15 août 1867 (30-31 Vict., c. 105) et amende une loi de la 9e année de George IV (c. 96) pour l'arbitrage et le jugement des contestations entre patrons et ouvriers. Les patrons et les ouvriers d'une localité peuvent organiser un *meeting* et s'entendre pour former un conseil de prud'hommes. Les intéressés doivent adresser une pétition au ministre de l'intérieur ou à Sa Majesté, et demander une licence. La licence peut être accordée après avoir été annoncée dans un journal. Le conseil ne doit pas se composer de moins de 2, ni de plus de 10 membres et d'un président, tous élus par les intéressés (pairons et ouvriers) et parmi eux (*among themselves*), 30 jours après la réception de la licence. Le conseil prononce sur les questions qui lui sont soumises, et il a les pouvoirs nécessaires pour faire exécuter son jugement, en s'adressant à un juge de paix, lequel est tenu d'ordonner les mesures coercitives (saisie et emprisonnement). Mais ce conseil ne peut

prononcer que sur des faits accomplis. *Il lui est expressément défendu de délibérer sur le taux futur des salaires, sur le prix du travail futur.* La loi insiste sur ce point. Le conseil nomme un comité de conciliation. Aucun avocat ou avoué ne peut être entendu devant le comité, si ce n'est avec le consentement des deux parties.

Une liste électorale doit être dressée et tenue à jour. La loi donne les modèles de cadre ou formules nécessaires pour l'exécution des jugements.   **M. B.**

PUBLICATION. *Voy.* **Promulgation.**

PURGE. 1. La purge est un moyen prescrit par le législateur (*C. civ., art.* 2183 *et suiv.*) pour garantir les tiers détenteurs d'immeubles de l'effet des poursuites des créanciers privilégiés ou hypothécaires.

2. Le droit commun considère la purge comme facultative pour les particuliers ; elle est obligatoire pour ceux qui administrent les biens de l'État ou des communes. (*O.* 14 *sept.* 1822, *art.* 15 ; *Instr. de la régie* 1er *août* 1837.)

3. Toutefois, une ordonnance royale du 18 avril 1842 porte que les maires, autorisés à cet effet par délibération des conseils municipaux, pourront se dispenser de remplir les formalités de purge légale lorsqu'il s'agira d'acquisitions faites de gré à gré et dont le prix n'excédera pas 100 fr.

4. La loi du 3 mai 1841 sur les expropriations pour cause d'utilité publique, décide également que l'administration pourra, sauf les droits des tiers, payer le prix des acquisitions dont la valeur ne s'élèvera pas au-dessus de 500 fr., sans accomplir les formalités de purge (*art.* 19).

5. Nous ajouterons ici qu'en matière d'expropriation, les conservateurs des hypothèques ne peuvent, dans le cas où le prix des immeubles doit être payé par le Trésor, réclamer aucun salaire, soit pour le dépôt ou la transcription des contrats ou des jugements, soit pour la délivrance des états d'inscriptions et des certificats négatifs, de même que pour toute espèce de renseignements donnés dans l'intérêt de l'État. (*Instr. précitée. — Voy.* **Hypothèque.**)

Q

QUART DE RÉSERVE. *Voy.* **Forêts,** *n^{os}* 182 *et suiv.*

QUESTIONS (OU EXCEPTIONS) PRÉJUDICIELLES. 1. Celles qui s'élèvent dans le cours d'un débat et dont la solution, pouvant influer sur le jugement de l'action principale, doit le précéder.

2. Il est de principe que tout juge compétent pour statuer sur un point dont il est saisi, l'est par cela même pour statuer sur une question préjudicielle, à moins que la loi n'ait expressément attribué à une autre autorité la connaissance exclusive du fond de cette question. Ainsi lorsqu'une exception préjudicielle se fonde sur l'interprétation d'un acte émanant de l'autorité administrative, elle doit être soumise à cette autorité qui peut seule en fixer le sens, à l'exclusion de l'autorité judiciaire. De même, lorsque le jugement d'un tribunal administratif est subordonné à une exception préjudicielle de *propriété, d'un droit*

réel immobilier, ce tribunal ne peut prononcer et doit renvoyer devant les tribunaux civils pour faire statuer préalablement sur l'exception, puisque les questions de propriété sont exclusivement réservées aux tribunaux civils.

3. La jurisprudence a éclairci les points obscurs et résolu les principales difficultés relatives à la compétence. Nous ne citerons que deux espèces à titre d'exemples :

C'est à l'autorité administrative seule qu'il appartient de décider si un chemin est ou non public. Par conséquent, si un individu, prévenu d'avoir construit sur la voie publique sans alignement préalable, prétend que le terrain le long duquel il a construit n'est pas un chemin public, c'est là une question préjudicielle dont le juge saisi de la prévention ne peut connaître, et dont il doit renvoyer le jugement à l'autorité administrative. (*Cass.* 12 *juin* 1845.)

Les baux des biens communaux passés par

l'autorité municipale ne sont pas des actes administratifs proprement dits, parce que ces actes n'ont rien qui les fasse sortir des conventions privées ; l'autorité municipale n'est intervenue que comme mandataire des habitants de la commune. Dès lors, s'il s'élève devant l'autorité judiciaire une question préjudicielle relativement à leur interprétation, le tribunal saisi de l'action principale peut en connaître sans recourir à l'autorité administrative, pourvu, toutefois, que l'acte ne soit point attaqué quant aux formes voulues pour la validité des actes administratifs et qu'il s'agisse seulement de l'étendue et de la portée des clauses. (*Cass. 2 janv.* 1817.)

4. Il existe des matières spéciales pour lesquelles la loi a statué qui sera juge des questions préjudicielles. Ainsi en matière de contributions indirectes, les contestations qui peuvent s'élever sur *le fond des droits* établis ou maintenus, doivent être portées devant les tribunaux de première instance. Ceux-ci prononcent dans la chambre du conseil avec les mêmes formalités que celles prescrites pour le jugement des contestations qui s'élèvent en matière de paiement des droits perçus par la régie de l'enregistrement. (*L. 5 vent. an VII, tit. III, art.* 88.)

5. En matière d'octroi, les contestations sur le fond du droit sont de la compétence des juges de paix.

6. Les tribunaux ne doivent admettre une question préjudicielle qu'autant qu'elle est fondée, soit sur un titre apparent, soit sur des faits équivalents et articulés avec précision. Il faut aussi que le titre produit ou les faits articulés soient de nature, dans le cas où ils seraient reconnus par l'autorité compétente, à ôter tout prétexte à la poursuite, tout caractère de délit ou de contravention. Enfin le jugement qui admet une exception préjudicielle doit, à peine de nullité, fixer un délai dans lequel le tribunal compétent devra en être saisi. (*Voy. sur ce point l'art.* 182 *du Code forestier.*)

QUÊTE, COLLECTE. 1. On distingue deux sortes de quêtes : celles à domicile, celles dans les églises. La quête à domicile ou dans une réunion, etc., s'appelle souvent *collecte*.

2. Le droit de quête dans les églises appartient aux fabriques et aux bureaux de bienfaisance ; hors des églises, il n'appartient, en principe, qu'aux bureaux de bienfaisance (*Arr. Min. Int.* 5 *prair. an XI; D.* 30 *déc.* 1809 ; *Lettres Min. Int.* 14 *mars* 1838, *et Min. Cultes* 5 *déc. suiv.*). Toute quête faite par d'autres personnes est assimilée à la mendicité.

3. Il a été jugé néanmoins qu'on ne peut poursuivre comme coupable du délit de mendicité ceux qui font des quêtes dans les communes au nom des prêtres desservant des paroisses (*Cass.* 11 *nov.* 1808 *et* 16 *févr.* 1824). A plus forte raison le prêtre est-il autorisé à la faire lui-même sans qu'il y ait lieu de demander l'autorisation du maire.

4. Notons aussi que les administrateurs des bureaux de bienfaisance sont autorisés à confier les quêtes qu'ils ont qualité de faire à domicile ou dans les églises, soit aux filles de charité vouées au service des pauvres, soit à d'autres dames charitables. (*Arr. Min. Int.* 5 *prair. an XI.*)

5. Dans les communes où il n'y a pas de bureau de bienfaisance, la quête pour les pauvres peut être faite et organisée par le maire.

6. Les quêtes dans les églises, qui ont ordinairement pour objet les frais du culte ou les pauvres, doivent être autorisées, *sur le rapport des marguilliers,* par l'évêque diocésain, celui-ci règle tout ce qui les concerne (*même arrêté ; D.* 30 *déc.* 1809, *art.* 75). Il est à remarquer seulement que l'autorité ecclésiastique ne peut s'opposer à ce qu'il en soit fait dans une église au profit des pauvres, lorsque le bureau de bienfaisance en fait la demande. (*Même décret.*)

7. Le produit des quêtes faites pour les frais du culte doit être versé dans la caisse de la fabrique (*même décret, art.* 36). Quant à celles faites pour les pauvres, leur produit doit être exclusivement remis au bureau de bienfaisance, celui-ci étant le seul représentant légal des pauvres. (*Avis Com. int.* 6 *juill.* 1831, *basé sur la loi du* 17 *frim. an V.*) [*Voy. aussi* **Bureaux de bienfaisance, Dons et legs, Souscriptions,** *etc.*]

QUITTANCE. 1. C'est un acte par lequel le créancier déclare qu'il a reçu de son débiteur tout ou partie de l'objet de l'obligation de ce dernier, et qu'il l'en tient quitte.

2. Dans la comptabilité publique, les quittances ou les acquits étant les pièces justifiant la dépense ou le paiement de la dette, les parties prenantes qui ne sauraient pas signer sont obligées de recourir au ministère des notaires. Cependant, pour toutes les sommes inférieures à 150 fr., la loi du 18 nivôse an XI exige seulement que, sur la déclaration de ne pas savoir signer, faite par la partie prenante au comptable, en présence de deux témoins, le comptable inscrive immédiatement la déclaration sur les pièces justificatives, qu'il la signe lui-même et la fasse signer aux deux témoins.

3. Tout préposé à la perception des deniers publics est tenu de délivrer une quittance à souche pour chaque somme perçue (*Arr. Min. Fin., art.* 4. 5 *et* 6 ; *O.* 31 *mai* 1838, *art.* 263). Sont toutefois exceptées de la formalité d'une quittance à souche les recettes opérées par les receveurs de l'enregistrement, du timbre, des domaines (*O.* 8 *déc.* 1832, *art.* 9). La même exception est applicable au produit de la taxe des lettres. (*O.* 31 *mai* 1838, *art.* 264.)

4. Les quittances de 10 fr. et au-dessus, quel que soit le montant de la somme, sont assujetties à un timbre de 10 centimes. (*L.* 23 *août* 1871.)

QUITUS. 1. Certificat que doivent produire les comptables publics, lorsqu'ils veulent obtenir, après cessation de leurs fonctions, le remboursement de leur cautionnement. (*O.* 22 *mai* 1825 *et* 25 *juin* 1835.)

2. Le certificat de quitus doit être délivré, dans les quatre mois qui suivent la cessation de service, par l'autorité supérieure *sous la responsabilité de laquelle les comptables ont géré.* Il constate que la vérification du dernier compte de leur gestion n'a fait reconnaître aucun débet à leur charge.

3. Lorsque les comptables sont justiciables directs de la Cour des comptes, ils doivent produire,

outre le certificat que nous venons de mentionner, l'arrêté de quitus et de décharge définitive, rendu par la Cour des comptes sur tous les comptes de leur gestion, jusques y compris celui du dernier exercice auquel ils ont concouru. Cet arrêté est délivré par le ministre des finances. (*O.* 22 *mai* 1825, *art.* 3.)

4. Pour le retrait de leur cautionnement, les commissaires-priseurs et les huissiers sont également tenus de représenter un quitus, constatant alors leur libération du produit des ventes qu'ils ont opérées. Ce quitus est délivré par la chambre de discipline, sur le vu des quittances de produit des ventes faites, ou sur celui du récépissé des consignations des fonds qui n'ont pas été remis ; il doit être, en outre, visé par le procureur de la République du lieu où a exercé l'officier public (*D.* 24 *mars* 1809). S'il n'y a pas de chambre de discipline, le certificat est délivré : 1° aux huissiers, par les huissiers audienciers du tribunal ; 2° aux commissaires-priseurs, par le procureur de la République du ressort. Il est alors visé par le président du tribunal ou, pour les huissiers, par le procureur de la République.

QUOTITÉ (IMPÔT DE) et IMPÔT DE RÉPARTITION. 1. La répartition de l'impôt peut se faire d'une manière absolue et d'une manière relative. Lorsque le taux de l'impôt se rattache simplement à la faculté du contribuable (en une proportion déterminée avec son revenu) ou à un signe extérieur, un fait, un objet qui est coté à une taxe selon un tarif fixé par la loi, l'impôt est de quotité, la loi déterminant pour ainsi dire directement la cote de chaque contribuable, qui est la même pour tous ceux qui se trouvent dans le même cas. Mais la contribution est un impôt de répartition lorsqu'au lieu de partir la taxe individuelle, la loi fixe la somme totale de l'impôt, qu'elle répartit ensuite entre les grandes divisions territoriales, qui la subdiviseront entre les districts plus petits, lesquels font la part de chaque commune, à l'intérieur desquelles des répartiteurs assignent à chacun sa cote.

2. Ainsi l'impôt de quotité procède du simple au composé, l'impôt de répartition du composé au simple. Dans le premier cas, le contribuable sait d'avance ce qu'il aura à payer, dans le second, il dépend dans une certaine mesure des hasards de la répartition.

3. En revanche, par l'impôt de répartition l'État sait d'avance ce que la contribution produira, car les non-valeurs (les cotes non acquittées) sont réimposées, supplémentairement, aux autres contribuables, mais il ne profite pas de l'accroissement naturel des richesses. C'est pourquoi l'impôt de quotité, comme il est au fond le plus juste, est en même temps le plus avantageux et le plus productif pour le Trésor.

L'impôt de quotité n'a pas pu s'acclimater en France ; l'impôt foncier, l'impôt mobilier, l'impôt des portes et fenêtres sont traités en impôts de répartition, bien que de leur nature ils soient, et que de l'intention du législateur ils dussent être : des impôts de quotité.   M. B.

R

RABAIS. *Voy.* **Adjudication.**
RABBIN. *Voy.* **Cultes non catholiques.**
RAGE. *Voy.* **Chiens.**
RAPATRIEMENT. 1. Ce mot s'emploie pour désigner l'action de conduire ou de faire conduire quelqu'un dans son pays, dans les lieux qu'il habitait.

2. On rapatrie un enfant d'origine française abandonné à l'étranger, ou celui d'origine étrangère abandonné en France, un aliéné étranger soigné en France, et *vice versâ*. C'est aux préfets qu'il appartient, dans ces divers cas, de traiter, avec les gouvernements étrangers, des questions relatives au rapatriement ; mais ils ne peuvent le faire que par l'entremise du ministre des affaires étrangères. Ils ne doivent pas non plus correspondre avec les agents français à l'étranger. En cas de contestation entre un gouvernement étranger et un département au sujet de la dépense occasionnée par un enfant abandonné ou un aliéné français, les préfets sont tenus d'en référer au ministre de l'intérieur. (*D.* 25 *mars* 1852, *Circ. Int.* 5 *mai* 1852.)

3. Dans la législation maritime, le rapatriement est un droit accordé au marin qui se trouve éloigné de son quartier, et l'administration doit y pourvoir, quelle qu'en soit la cause, même celle de désertion d'un navire marchand (*O.* 1784, *tit. XIV, art.* 16 ; *D.* 7 *avril* 1860). Il est à remarquer seulement que les frais de retour ne restent pas toujours à la charge de l'État. Tantôt c'est l'armateur, tantôt le capitaine et tantôt le matelot rapatrié qui les doit, suivant les conditions conventionnelles ou légales attachées à l'engagement de celui-ci. Dans tous les cas, lorsque l'État a opéré le rapatriement d'un matelot, il est subrogé aux droits de ce dernier.

4. Tout navire français, prêt à faire voile pour l'un des ports de France ou pour une colonie française, est tenu, à la réquisition du consul, de recevoir les matelots de l'État ou du commerce, ou même des passagers de l'ordre civil à rapatrier. Les conditions de passage sont réglées conformément au décret du 7 avril 1860.

Les hommes rapatriés sont embarqués à titre de remplaçants, de passagers gagnant leur passage, ou simplement de passagers.

Les gens de mer naviguant pour le commerce ont droit à une indemnité de route pour se rendre dans leurs quartiers, s'ils ne sont pas ramenés au port d'armement du navire à bord duquel ils étaient embarqués. Les gens de mer débarqués hors de France et rapatriés, et ceux qui ont été embarqués en cours de voyage, peuvent exiger cette indemnité de route, ou conduite, lors même qu'ils sont ramenés au port d'armement.

L'équipage peut renoncer à ces frais de conduite, mais non aux frais de rapatriement. Les frais de conduite sont réglés conformément au décret du 14 septembre 1874.

5. Les dépenses faites à l'extérieur pour le rapatriement des marins naufragés sont acquittées, lorsqu'il y a lieu, en traites sur le trésor public.

Ces traites, payables après le visa d'acceptation du ministre de la marine, sont émises, sous toute responsabilité de droit, savoir: 1° dans les colonies, par le trésorier colonial avec l'attache du gouverneur, du commissaire de la marine remplissant les fonctions d'ordonnateur, et du commissaire ou sous-commissaire chargé du contrôle; 2° dans les consulats, par le consul titulaire, avec l'attache des officiers commandant des bâtiments de guerre, toutes les fois qu'il s'agit d'acquitter les dépenses relatives à ces bâtiments ; 3° dans les pays où il n'existe pas de consuls, par les officiers commandants, conjointement avec les commis d'administration sous leurs ordres. Il ne doit être émis de traites qu'après la liquidation des dépenses. (*O.* 31 *mai* 1838, *art.* 73.)

RAPPORT D'EXPERT. 1. Exposé par écrit de l'opération par laquelle des commissaires spéciaux, des hommes de l'art procèdent, en vertu du mandat d'un tribunal, à l'examen de questions ou de faits que le juge ne peut apprécier, parce qu'ils exigent des connaissances spéciales ou un déplacement plus ou moins prolongé.

2. En principe, le rapport des experts n'est autre chose qu'un document destiné à renseigner les juges ; ceux-ci peuvent, si leur conviction s'y oppose, rejeter ses conclusions.

3. Les experts nommés ne doivent dresser qu'un seul rapport et ne former qu'un seul avis à la pluralité des voix. Ils indiquent cependant, en cas d'avis différents, les motifs des divers avis, sans faire connaître quel a été l'avis personnel de chacun d'eux. Si les juges ne trouvent pas dans le rapport des éclaircissements suffisants, ils peuvent ordonner d'office une nouvelle expertise.

4. Toutefois ces règles, et, du reste, toutes celles tracées par le Code de procédure civile (*art.* 302 *et suiv.*), relativement aux expertises, ne sont d'une rigoureuse application que dans les débats qui sont du domaine exclusif de l'autorité judiciaire ; en matière administrative, elles sont considérées seulement comme l'expression de ce qui est juste et convenable. Tel est du moins l'avis de la plupart des jurisconsultes, et les faits sont conformes à la doctrine.

5. Nous ajouterons que des règles spéciales ont été tracées à l'égard des expertises qui ont lieu en matière d'expropriation pour cause d'utilité publique. (*Voy.* **Expropriation.**)

6. En matière de douane, toutes les fois qu'il s'élève entre la régie et le commerce des difficultés sur l'espèce, l'origine ou la quantité des marchandises, les tribunaux sont tenus de renvoyer l'examen de ces difficultés aux commissaires spéciaux institués par la loi du 27 juillet 1822, art. 19, sans pouvoir procéder eux-mêmes à cet examen. (*Voy.* **Douane.**)

RASSEMBLEMENT. *Voy.* **Attroupement** et **Émeute.**

RATELAGE. 1. Le râtelage, tel que nous le considérons ici, n'est autre chose que l'action de glaner à l'aide d'un râteau.

2. Il est défendu aux râteleurs d'entrer dans les champs non encore entièrement dépouillés et vidés de leurs récoltes, ou avant le moment du lever, ou après celui du coucher du soleil. (*C. P.*, *art.* 471, *n°* 10.)

3. Le râtelage est interdit dans tout enclos rural tel qu'il est défini en l'art. 6 de la 4ᵉ section du titre Iᵉʳ de la loi des 28 septembre et 6 octobre 1791.

4. Le glanage avec des râteaux en fer, dans les champs ensemencés, est punissable, aux termes des anciens règlements. Ce n'est pas l'espèce de glanage prohibé par l'art. 471 du Code rural ; pour ce cas non prévu, il y a renvoi aux règlements particuliers mentionnés en l'art. 484. (*Cass.* 23 *déc.* 1841.)

RÉBELLION. 1. Toute attaque, toute résistance avec violences et voies de fait envers les officiers ministériels, les gardes champêtres ou forestiers, la force publique, les préposés à la perception des taxes et des contributions, les porteurs de contraintes, les préposés des douanes, les séquestres, les officiers ou agents de la police administrative ou judiciaire, agissant pour l'exécution des lois, des ordres ou ordonnances de l'autorité publique, des mandats de justice ou jugements, est qualifiée, selon les circonstances, crime ou délit de rébellion. (*C. P.*, *art.* 209.)

2. Si la rébellion a été commise par plus de vingt personnes armées, les coupables sont punis des travaux forcés à temps, et de la réclusion, s'il n'y a pas eu port d'armes (*art.* 210). Si la rébellion a été commise par une réunion armée de trois personnes au plus, jusqu'à vingt inclusivement, la peine est la réclusion ; s'il n'y a pas eu port d'armes, la peine est un emprisonnement de six mois au moins et de deux ans au plus (*art.* 211). Si la rébellion n'a été commise que par une ou deux personnes, avec armes, elle est punie d'un emprisonnement de six mois à deux ans, et si elle a lieu sans armes, d'un emprisonnement de six jours à six mois (*art.* 212). Il y a rébellion avec armes lorsqu'on se saisit de pierres, n'en eût-on pas fait usage, dans un moment de résistance envers l'autorité publique (*Cass.* 30 *avril* 1824). Le port de gros bâtons constitue également une rébellion armée. (*Cass.* 30 *oct.* 1817 ; *C. P.*, *art.* 213 *et suiv.*)

3. L'officier public insulté dans l'exercice de ses fonctions doit dresser procès-verbal de rébellion. (*C. de Pr.*, *art.* 555. — *Voy. aussi* **Attroupement.**)

4. En ce qui concerne le débiteur, l'huissier peut, en cas de rébellion, établir garnison aux portes pour empêcher l'évasion et requérir la force armée ; et le débiteur doit être poursuivi conformément aux dispositions du Code d'instruction criminelle. (*Id.*, *art.* 785.)

REBOISEMENT ET GAZONNEMENT. 1. Il n'est question ici que des terrains situés en montagne et dont la conservation est réclamée par l'intérêt général. Voyez en outre **Dunes, Marais,** etc.

SOMMAIRE.

CHAP. I. — INTRODUCTION.

2. S'il n'est pas prouvé que les forêts aient une influence appréciable sur la distribution générale des pluies et de la chaleur à la surface du globe et sur les courants principaux qui traversent l'atmosphère, on ne conteste pas que, lorsque le déboisement s'effectue sur un terrain en pente rapide, il n'ait pour conséquence d'augmenter la masse et la vitesse des eaux qui s'écoulent à la superficie, et de les transformer en torrents aussi funestes pour la montagne qu'ils dépouillent de sa terre végétale, que pour les plaines qu'ils couvrent de leurs déjections.

3. M. l'ingénieur Surrel, dans un livre devenu classique, a mis ces effets en évidence d'une manière qui ne permet plus de les contredire : il établit péremptoirement que la destruction d'une forêt livre le sol en proie aux torrents; que le développement des forêts provoque l'extinction des torrents; que la chute des forêts revivifie les torrents éteints; que de la présence des forêts sur les montagnes dépendent, par conséquent, l'existence des cultures et la vie des habitants.

4. Ces conclusions étaient formulées en 1840; elles eurent un grand retentissement. Le Gouvernement dut satisfaire aux réclamations de l'opinion publique; un projet de loi fut présenté au Corps législatif en 1845. On évaluait à cette époque l'étendue des terrains susceptibles de reboisement à environ 1,100,000 hectares. Le projet de loi demandait : 1° que tous les terrains en montagne, boisés ou à reboiser, gazonnés ou à gazonner, fussent, en vertu d'ordonnances rendues en Conseil d'État et portant déclaration d'utilité publique, soumis au régime forestier ou à la réglementation du pâturage; que les propriétaires de ces terrains, après avoir été invités à exécuter les travaux prescrits, fussent expropriés dans le cas où ils s'y refuseraient.

5. Ce projet parut trop radical : on s'effraya surtout du droit que le Gouvernement voulait s'arroger d'intervenir dans la gestion de propriétés qui ne devaient pas être, toutes, en nature de bois. On prescrivit de nouvelles études que la révolution de 1848 interrompit. La question ne fut reprise qu'après les terribles inondations de 1856, et reçut, quatre ans plus tard, par la loi du 28 juillet 1860, un commencement de solution.

6. Cette loi, pour ne pas inquiéter les communes pastorales, avait laissé les pâturages en dehors de toute intervention de la part du Gouvernement; elle ne rendait obligatoire que le reboisement des terrains ruinés, improductifs ou près de l'être; elle abandonnait la restauration des autres terrains à l'initiative individuelle, sauf à l'encourager par des subventions. Elle n'en excita pas moins, dès le premier jour, de vives défiances; les populations crurent qu'on voulait transformer en bois tous leurs pâturages. Le Gouvernement jugea nécessaire de les rassurer, et alors intervint une nouvelle loi, la loi du 8 juin 1864, qui statua que les travaux de reboisement devraient être remplacés, autant que possible, par des travaux de gazonnement; que les encouragements accordés au reboisement le seraient également au gazonnement, et que les communes pourraient obtenir des indemnités en cas de privation temporaire du pâturage sur les terrains qu'il serait nécessaire de reboiser ou de gazonner.

7. Pour assurer l'exécution de cette dernière loi et de celle du 28 juillet 1860, qu'elle était appelée à compléter, il fut rendu ensuite, le 10 novembre 1864, un décret portant règlement d'administration publique. Nous allons analyser ces trois documents en maintenant la distinction que le législateur a établie entre les travaux facultatifs et les travaux obligatoires.

CHAP. II. — TRAVAUX FACULTATIFS.

8. *Dispositions générales.* Des subventions en nature (graines ou plants) ou en argent peuvent être accordées aux communes, aux établissements publics et aux particuliers, pour le reboisement ou le gazonnement des terrains situés sur le sommet ou sur la pente des montagnes. (*L.* 28 *juillet* 1860, *art.* 1 *et* 2; L. 8 *juin* 1864, *art.* 2.)

9. *Dispositions spéciales aux terrains des particuliers.* Les propriétaires qui désirent prendre part aux subventions doivent en adresser la demande au conservateur des forêts. (*D.* 10 *nov.* 1864, *art.* 1er.)

10. Les primes en argent ne peuvent être délivrées qu'après l'exécution des travaux, sur le vu d'un procès-verbal de réception dressé par l'agent forestier local. (*L.* 28 *juill.* 1860, *art.* 3; *L.* 8 *juin* 1864, *art.* 2; *D.* 10 *nov.* 1864, *art.* 4.)

11. L'estimation en argent des subventions en nature délivrées à un particulier doit être acceptée par lui. Le montant peut en être répété par l'État en cas de mauvaise exécution des travaux ou de détournement des graines ou plants. (*D.* 10 *nov.* 1864, *art.* 4.)

12. Le § 1er de l'art. 224 du Code forestier, qui autorise le défrichement des jeunes bois pendant les 20 premières années après leur semis ou plantation, n'est point applicable aux reboisements effectués avec primes ou subventions accordées en exécution de la loi sur le reboisement. Les propriétaires des terrains reboisés, avec primes ou subventions, ne peuvent les livrer au parcours sans une autorisation de l'administration des forêts, jusqu'au moment où les bois auront été reconnus défensables par cette administration. (*L.* 28 *juill.* 1860, *art.* 12.)

13. *Dispositions spéciales aux terrains des communes ou des établissements publics.* Les communes ou les établissements publics qui désirent obtenir des subventions doivent en adresser la demande au préfet, qui la transmet au conservateur avec son avis motivé. (*D.* 10 *nov.* 1864, *art.* 1er.)

14. Les terrains des communes ou des établissements publics sur lesquels des travaux de restauration sont entrepris à l'aide de subventions sont de plein droit soumis, savoir : les parties reboisées au *régime forestier*, et les parties gazonnées à la réglementation du pâturage, conformément aux dispositions de la 8ᵉ version du titre III du Code forestier et de la 9ᵉ section du titre II de l'ord. du 1ᵉʳ août 1827. (*D.* 10 *nov.* 1864, *art.* 2, 21.)

15. Si les terrains à restaurer appartiennent à plusieurs communes, il peut être créé une commission syndicale, conformément à la loi du 18 juillet 1837.

16. En cas de mauvaise exécution des travaux, ou faute par les communes ou les établissements publics de se soumettre à la réglementation du pâturage, le préfet peut prendre un arrêté qui ordonne la restitution des subventions allouées. (*D.* 10 *nov.* 1864, *art.* 3.)

CHAP. III. — TRAVAUX OBLIGATOIRES.

Sect. 1. — Dispositions générales.

17. L'intérêt public peut exiger que les travaux, de reboisement ou de gazonnement soient rendus obligatoires. Dans ce cas, un décret déclare l'utilité publique des travaux, fixe le périmètre dans lequel il est nécessaire de les exécuter et règle les délais d'exécution. (*L.* 28 *juill.* 1860, *art.* 4, 5; *L.* 8 *juin* 1864, *art.* 1 et 2.)

18. Ce décret est précédé : 1º d'une enquête ouverte dans chacune des communes intéressées; 2º d'une délibération des conseils municipaux de ces communes, prise avec l'adjonction des plus imposés; 3º de l'avis d'une commission composée du préfet, d'un membre du conseil général, d'un membre du conseil d'arrondissement, d'un ingénieur de l'État, d'un agent forestier et de deux propriétaires appartenant aux communes intéressées; 4º de l'avis du conseil d'arrondissement et de celui du conseil général. (*L.* 28 *juill.* 1860, *art.* 5; *L.* 8 *juin* 1864, *art.* 2.)

19. Le décret est affiché dans les communes intéressées et notifié, en extrait, à chacune des parties intéressées, avec l'indication du délai dans lequel les travaux doivent être exécutés, et, s'il y a lieu, des offres de subventions de l'administration. (*L.* 28 *juill.* 1860, *art.* 6.)

20. Le procès-verbal de reconnaissance des terrains, le plan des lieux et l'avant-projet des travaux restent déposés à la mairie pendant l'enquête, dont la durée est fixée à un mois. (*L.* 28 *juill.* 1860, *art.* 5.)

À l'expiration de ce délai, un commissaire, désigné par le préfet, reçoit à la mairie, pendant trois jours consécutifs, les déclarations des habitants. (*D.* 10 *nov.* 1864, *art.* 8.)

21. Les délits constatés dans l'étendue des périmètres de reboisement ou de gazonnement obligatoires, sont poursuivis comme délits commis dans les bois soumis au régime forestier. (*L.* 28 *juill.* 1860, *art.* 11; *L.* 8 *juin* 1864, *art.* 2.)

Sect. 2. — Dispositions spéciales aux terrains des particuliers.

22. Si les particuliers refusent d'exécuter les travaux, ce qu'ils doivent faire connaître dans le délai d'un mois, à partir de la notification du décret déclaratif d'utilité publique (*D.* 10 *nov.* 1864, *art.* 13), il peut être procédé à l'expropriation pour cause d'utilité publique, conformément à la loi du 3 mai 1841. Toutefois, le propriétaire exproprié a le droit d'obtenir sa réintégration dans sa propriété après l'achèvement des travaux, à la charge de restituer l'indemnité d'expropriation et

le prix des travaux en principal et intérêts. Il peut s'exonérer du remboursement du prix des travaux en abandonnant la moitié de la valeur de sa propriété s'il s'agit de terrains reboisés, et le quart s'il s'agit de terrains gazonnés. Pour obtenir sa réintégration totale ou partielle, il doit en faire la déclaration à la sous-préfecture, à peine de déchéance, dans les cinq ans qui suivent la notification à lui faite de l'achèvement des travaux. (*L.* 28 *juill.* 1860, *art.* 7; *L.* 8 *juin* 1864, *art.* 5; *D.* 10 *nov.* 1864, *art.* 17.)

23. La notification de l'achèvement des travaux doit contenir, outre le prix des travaux en principal et intérêts, le chiffre de la dépense présumée pour l'entretien. (*D.* 10 *nov.*, *art.* 16.)

24. Si une partie des travaux a été faite par le propriétaire, il lui en est tenu compte dans le partage par une déduction proportionnelle sur le lot échu à l'État. (*D.* 10 *nov.* 1864, *art.* 19.)

25. Les travaux faits par les particuliers, avec ou sans subvention, sont soumis à la surveillance de l'administration des forêts. (*D.* 10 *nov.* 1864, *art.* 15.)

Sect. 3. — Dispositions spéciales aux terrains des communes et des établissements publics.

26. La délibération du conseil municipal de chaque commune intéressée, relativement à l'enquête, doit être prise avec l'adjonction des plus imposés, en nombre égal à celui des conseillers municipaux en exercice. Cette délibération fait connaître, s'il y a lieu, si le conseil municipal autorise les travaux sur une étendue plus considérable que celle fixée par les lois des 28 juillet 1860 et 8 juin 1864. (*D.* 10 *nov.* 1864, *art.* 9.)

27. Les communes et les établissements publics doivent faire connaître dans le délai d'un mois, à partir du décret déclaratif d'utilité publique, s'ils veulent exécuter les travaux, à défaut de quoi l'État passe outre et les exécute lui-même. (*D.* 10 *nov.* 1864, *art.* 21.)

28. L'État peut : soit acquérir à l'amiable les terrains que les communes ou les établissements publics ne voudront ou ne pourront restaurer, soit prendre tous les travaux à sa charge. Dans ce dernier cas, il conserve la jouissance des terrains jusqu'à complet remboursement de ses avances en principal et intérêts. Néanmoins, la commune jouira du droit de pâturage sur les terrains reboisés reconnus défensables. (*L.* 28 *juill.* 1860, *art.* 8; *L.* 8 *juin* 1864, *art.* 2.)

29. Les communes et les établissements publics peuvent, dans tous les cas, s'exonérer de toute répétition de l'État, s'il s'agit de terrains reboisés, par l'abandon de la moitié de ces terrains (*L.* 28 *juill.* 1860, *art.* 9); s'il s'agit de terrains gazonnés, par l'abandon de la jouissance de la moitié au plus de ces terrains, pendant le temps nécessaire pour couvrir l'État de ses avances, ou, à leur choix, par l'abandon de la propriété d'une partie des terrains, laquelle ne pourra jamais excéder le quart, le tout à dire d'expert. (*L.* 8 *juin* 1864, *art.* 3.)

30. Si une partie des travaux a été faite par la commune, il doit lui en être tenu compte dans le partage par une réduction proportionnelle sur le lot échu à l'État, quand il s'agit de terrains reboisés. Pour les terrains gazonnés, le partage se fait à dire d'expert. (*D.* 10 *nov.* 1864, *art.* 31, 32.)

31. Les reboisements ne peuvent être faits annuellement, dans chaque commune, que sur le vingtième au plus de la superficie de ses terrains, à moins que le conseil municipal ne les ait autorisés sur une étendue plus considérable (*L.* 28 *juill.* 1860, *art.* 10). Sous la même réserve, les gazonnements et mises en défens ne peuvent avoir lieu simultanément, dans chaque commune, que sur le tiers au plus de ses terrains. (*L.* 8 *juin* 1864, *art.* 4.)

32. Des indemnités pour privation temporaire de pâturage peuvent être accordées aux communes et il leur est tenu compte, dans ce cas, de l'engagement qu'elles peuvent prendre de supprimer le pâturage des chèvres. (*L.* 8 *juin* 1864, *art.* 6; *D.* 10 *nov.* 1864, *art.* 34.)

33. Les terrains reboisés ou à reboiser sont soumis de plein droit au régime forestier et les terrains gazonnés ou à gazonner, à la réglementation du pâturage, conformément aux dispositions du titre III du Code forestier et du titre II de l'ordonnance du 1er août 1827. (*D.* 10 *nov.* 1864, *art.* 21, 29.)

34. Lorsque les terrains appartiennent à plusieurs communes, il est créé si, toutes, elles déclarent se charger des travaux, une commission syndicale, conformément aux art. 70, 71, 72 de la loi du 18 juillet 1837. (*D.* 10 *nov.* 1864, *art.* 23.)

35. Chaque année il doit être remis à chaque commune un état des dépenses d'établissement et d'entretien faites pour son compte par l'administration et un état des produits perçus par cette dernière. Les demandes en rectification de ces états doivent, à peine de déchéance, être portées devant le conseil de préfecture dans le délai de six mois, à partir de la notification. (*D.* 10 *nov.* 1864, *art.* 25, 27, 28.)

36. Après l'achèvement des travaux, le compte général de la dépense, en principal et intérêts, est arrêté par le ministre des finances, et notifié à la commune. (*D.* 10 *nov.* 1864, *art.* 25.)

TASSY.

ADMINISTRATION COMPARÉE.

Nous n'avons rien trouvé en Angleterre qui ressemblât à notre législation sur le reboisement, et par une double raison : 1o la tutelle de la commune est à beaucoup d'égards moins étroite, et 2o l'Angleterre proprement dite renferme peu de montagnes qu'il y aurait intérêt à reboiser.

En Allemagne, une loi prussienne du 6 juillet 1875 règle ce qu'elle appelle des *forêts de protection (Schutzwaldungen)* et prévoit l'établissement de syndicats pour leur conservation. Ces forêts ont pour but :

1o D'arrêter l'ensablement en fixant les sables ou en leur opposant un obstacle;

2o D'empêcher les terres de pentes de montagne d'être emportées par les eaux, et en général de consolider le sol des montagnes;

3o De protéger les rives d'un cours d'eau;

4o De prévenir le tarissement de sources ou la diminution du volume des eaux d'une rivière;

5o De servir de rideau contre les vents du large qui pourraient nuire aux cultures des terres situées dans le voisinage de la mer.

Cette loi ne s'applique pas à la fixation des dunes, et ne touche en rien aux dispositions spéciales relatives aux forêts de l'État, des communes et des corporations.

Lorsque, dans un des cas prévus ci-dessus, un danger se manifeste, le propriétaire menacé, l'autorité communale ou l'État peuvent provoquer des mesures de protection. Ces mesures consistent ou dans la conservation des forêts protectrices, ou dans des plantations *ad hoc*. La loi règle la création d'un syndicat, indique sa composition, dispose tant en ce qui concerne les indemnités à donner à ceux qui peuvent être lésés, que relativement à ceux qui doivent contribuer aux dépenses, et règle la compétence (tribunaux administratifs). Les dispositions étant

nombreuses et minutieuses, nous nous bornons à renvoyer à la loi précitée.

L'Autriche n'a pas de législation spéciale sur le reboisement, mais le Code forestier du 3 décembre 1852 renferme des mesures en quelque sorte préventives. Ainsi l'art. 6 dispose que si le sol se compose de sable mouvant, ou s'il est situé sur une pente élevée, l'abatage des arbres ne doit avoir lieu que par bandes étroites, avec reboisement immédiat, ou aussi l'exploitation doit avoir lieu par coupes successives. L'art. 7 veut que le long des rives ou sur les pentes où des terres ou des pierres pourraient glisser, l'exploitation des bois ne puisse avoir lieu qu'avec toutes les précautions nécessaires. L'enlèvement des souches, notamment, ne doit être permis que si le terrain est immédiatement reconsolidé. — L'art. 5 prescrit de maintenir dans certains cas un rideau de bois de 120 pieds de largeur pour protéger contre le vent un jeune peuplement.

Du reste, l'art. 2 de la loi fait dépendre les défrichements d'une autorisation, et lorsqu'on a procédé sans permission expresse, on est tenu à reboiser, et la loi arme l'autorité de moyens coercitifs.

L'Italie a une loi du 4 juillet 1874, dans laquelle il est question de reboisement, mais cette loi ne semble pas être viable, et il nous paraît improbable qu'elle ait été mise à exécution.

La constitution fédérale suisse du 29 mai 1874 a mis le soin de conserver les forêts entre les mains du gouvernement central; il pourra donc, ou décréter les mesures nécessaires, ou provoquer la rédaction des lois spéciales. Mais dans certains cantons il existe déjà des règlements, et comme la moindre infraction pourrait entraîner des dévastations terribles, il faut penser qu'on y tient la main. La loi de Berne est de 1786. Généralement l'abatage du bois n'était permis que contre l'engagement formel de repeupler, ou au moins de reboiser (ailleurs) une même étendue de terrain.

L'Espagne aussi a pensé au reboisement. Colmeiro cite sur ce point les ordonnances royales des 20 novembre 1841, 21 mars 1847 et 9 octobre 1848, mais sans les analyser.   M. B.

RECENSEMENT. *Voy.* **Population.**

RÉCÉPISSÉ. C'est un écrit par lequel on reconnaît avoir reçu en communication ou en dépôt des pièces, des effets ou titres quelconques. On donne aussi le même nom aux reconnaissances de sommes ou autres objets versés dans une caisse publique.

Les récépissés sont généralement à talon, c'est-à-dire qu'ils sont coupés dans un registre; le morceau qui reste adhérent répète les principales indications du récépissé.

Les formules des récépissés sont réglées par le ministre des finances (*L.* 24 *avril* 1833; *D.* 31 *mai* 1862, *art.* 312, 313, 314, 343, 353, 357, 475, 839, 850, 853. — *Voy. aussi les circulaires des* 15 *oct. et* 10 *nov.* 1864, 10 *juin* 1865, 20 *juin* 1866, 27 *avril* 1867.)

Les receveurs ne doivent jamais délivrer de récépissé par duplicata. Si par un motif quelconque il leur est demandé une pièce destinée à remplacer un récépissé, ils fourniront une déclaration de versement dans une forme particulière déterminée par l'administration des finances.

RÉCEPTION D'OUVRAGE. *Voy.* **Travaux publics.**

RECEVEURS. Voyez, pour les *receveurs particuliers des finances*, l'article ci-après, ainsi que les mots **Percepteurs, Trésoriers-payeurs généraux** et **Comptabilité publique**; pour les receveurs des communes, le mot **Organisation communale**; pour les autres receveurs, les services auxquels ils appartiennent, notamment : **Contributions indirectes** (les dispositions du service des douanes n'en diffèrent pas sensiblement), **Enregistrement, Hypothèque, Postes, Tabacs.**

1. RECEVEURS PARTICULIERS DES FINANCES. Les receveurs particuliers ou d'arrondissement ont été institués par la loi du 27 ventôse an VIII (18 *mars* 1800), en remplacement des préposés aux recettes dont l'organisation remontait au 22 brumaire an VI (12 nov. 1797).

Ils sont nommés par décret du Chef de l'État, sur la présentation du ministre des finances.

2. L'admission aux emplois de receveur particulier est réglée comme il suit : un tiers des vacances est réservé aux percepteurs remplissant la condition de dix années de services publics, dont cinq au moins dans un service placé sous les ordres du ministre des finances ; un tiers aux autres candidats remplissant la même condition, et un tiers au choix du Gouvernement. (*D. 23 sept. 1872, art. 2.*)

3. Les receveurs particuliers doivent justifier de la propriété de la moitié au moins de leur cautionnement. (*D. 23 sept. 1872, art. 3.*)

4. Les cautionnements des receveurs particuliers sont fixés à cinq fois le montant de leurs émoluments de toute nature. Les émoluments étant calculés d'après l'importance des opérations des comptables, il en résulte que les cautionnements sont eux-mêmes proportionnés à ces opérations.

Le chiffre du cautionnement, fixé au moment de la nomination, est invariable pendant la durée de la même gestion. Il n'est modifié qu'en cas de changement d'attributions ou de résidence.

5. Les receveurs particuliers n'étant pas justiciables de la Cour des comptes, et leur gestion étant simplement apurée par le trésorier-payeur général responsable, il suffit d'un *certificat de quitus* délivré par ce comptable supérieur pour obtenir le remboursement du cautionnement. Ce remboursement doit avoir lieu dans les quatre mois qui suivent la cessation des fonctions, à moins de cas graves et d'une autorisation spéciale du ministre des finances.

6. Les émoluments des receveurs particuliers se composent : 1° de traitements fixes (1re classe, 3,600 fr. ; 2e classe, 3,000 fr. ; 3° classe, 2,400 fr.);

2° De commissions sur les recettes calculées sur l'ensemble de l'arrondissement et conformément au tarif ci-après :

1° Pour tous les arrondissements, sauf celui du Hàvre et les quatre arrondissements de sous-préfecture de la Corse :

0f50c p. % sur les premiers 300,000 fr. ;
0 40 p. % sur les 300,000 fr. suivants ;
0 30 p. % sur les 300,000 fr. suivants ;
0 25 p. % sur les 900,000 fr. suivants ;
0 20 p. % sur les 500,000 fr. suivants ;
0 15 p. % sur les 300,000 fr. suivants ;
0 10 p. % sur les 1,500,000 fr. suivants ;
0 05 p. % sur les 3,900,000 fr. suivants ;
0 04 p. % sur toute somme excédant 8 millions.

2° Pour l'arrondissement du Hàvre :

0f15c p. % sur les 10 premiers millions ;
0 10 p. % sur les 5 millions suivants ;
0 08 p. % sur les 5 millions suivants ;
0 05 p. % sur les 5 millions suivants ;
0 03 p. % sur toute somme excédant 25 millions.

3° Pour les arrondissements de sous-préfecture de la Corse :

2f00c p. % sur les premiers 100,000 fr. ;
1 50 p. % sur les 400,000 fr. suivants ;
1 00 p. % sur toute somme excédant 500,000 fr.

7. Les receveurs particuliers supportent, sur les trois quarts de leurs émoluments de toute nature, les retenues prescrites par l'art. 3 de la loi du 9 juin 1853, pour le service des pensions civiles, l'autre quart étant considéré comme indemnité de loyer et de frais de bureau. (*D. 28 fév. 1866.*)

8. Pour compléter le recouvrement des contributions de chaque exercice, les receveurs particuliers sont obligés de verser au Trésor, de leurs deniers personnels, la partie des rôles non recouvrée au 30 novembre de l'année qui suit celle

dont l'exercice prend son nom (*art. 93 de l'inst. gén.*). [*Voy.* **Comptabilité publique**, chap. V, sect. 2. *Service du receveur particulier des finances,* 88 à 112.] Alfred Bélot.

RÉCIDIVE. *Voy.* **Contravention**, etc.

RÉCLUSION. Cette peine consiste pour le condamné à être enfermé dans une maison de force et employé à des travaux dont les conditions sont déterminées par des règlements administratifs (*voy.* **Prisons**). La réclusion est une peine afflictive et infamante ; elle emporte la dégradation civique ; sa durée est de cinq ans au moins et de dix ans au plus. (*C. P., art.* 7, 21, 28.)

RÉCOLEMENT. 1. C'est, en général, une vérification ayant pour but de constater l'existence des objets portés sur inventaire. On doit faire tous les ans le récolement du mobilier de l'État placé dans un bâtiment public.

2. En matière forestière, c'est le procès-verbal de visite que font les agents de l'administration forestière pour constater si une coupe de bois a été faite selon les conditions imposées à l'adjudicataire par son cahier des charges.

3. En termes de procédure, c'est la vérification des effets compris dans un procès-verbal de saisie, dans un inventaire, à l'effet de suppléer à la description et à l'estimation de ces effets.

RÉCOLTES. *Voy.* **Ban, Céréales, Glanage, Subsistances**, etc.

RÉCOMPENSES NATIONALES 1. Tous les peuples ont senti la nécessité de récompenser par des distinctions particulières et d'autant plus précieuses qu'elles émanent de la puissance publique, les personnes qui rendent des services signalés à leur patrie ou à la société.

Les gouvernements qui se sont succédé en France ont compris les avantages qu'offrait pour le bien public ce puissant moyen d'action.

Nous rappellerons pour mémoire les *ordres de noblesse et de chevalerie* sous l'ancien régime, les *armes d'honneur* (constitution du 22 frimaire an VIII, arrêté du 4 nivôse an VIII), les *majorats* concédés sur le domaine extraordinaire sous le premier Empire (*D. 30 mars et 5 juin* 1806), les *titres de noblesse* accordés par les précédents gouvernements. Nous devons nous borner à résumer les règles qui régissent aujourd'hui cette matière.

2. *Décorations.* Pour ce qui concerne la Légion d'honneur et les décorations militaires, nous nous référons à l'article spécial. (*Voy.* **Légion d'honneur**.)

3. Le Chef de l'État confère aux personnes qui se sont dévouées pour leurs semblables, des *médailles d'honneur* qui sont accordées sur la proposition du ministre de l'intérieur. Cette institution remonte au mois de mars 1820. Pour les militaires, les propositions doivent être transmises au ministre de l'intérieur par l'autorité militaire. (*Circ.* 3 nov. 1834.)

4. Des *médailles de sauvetage* décernées sur la proposition du ministre de la marine ont pour but spécial de récompenser les actes de dévouement qui ont eu la mer pour théâtre.

Les rubans autorisés pour le port des médailles d'honneur et de sauvetage ne peuvent être portés sans la médaille. (*Circ. Int.* 12 mai 1849 et 8 janvier 1867.)

5. Des *diplômes* récompensent les actes de courage lorsqu'ils ne paraissent point justifier la collation d'une médaille.

Les sapeurs-pompiers qui comptent 30 ans de service et qui ont fait constamment preuve de dévouement peuvent recevoir du ministre de l'intérieur un *diplôme d'honneur*. (*D.* 29 déc. 1875, *art.* 32.)

6. Un ordre spécial a été institué pour récompenser les services rendus à l'instruction publique; il comprend les *officiers d'académie* et les *officiers de l'instruction publique*. (*D.* 9 déc. 1850, *art.* 1er). Ces décorations sont accordées par le ministre de l'instruction publique; le décret du 7 avril 1866 en détermine le signe distinctif.

7. *Pensions à titre de récompense nationale.* Les pensions attribuées aux combattants de juillet 1830 (*L.* 13 *déc.* 1830), aux gardes nationaux victimes des événements de l'Ouest et des journées de juin 1832 à Paris (*L.* 21 *avril* 1833), des événements de novembre 1831 à Lyon, et d'avril 1834 à Paris (*L.* 15 *juin* 1836), des journées des 12 et 13 mai 1839 (*L.* 25 *juin* 1839), aux citoyens blessés et aux familles de ceux qui ont succombé en combattant pour l'ordre dans les journées de mai et juin 1848 (*L.* 13 *juin* 1850), sont en grande partie éteintes. Celles qui subsistent sont inscrites au budget du ministère des finances sous la mention de pensions à titre de récompense nationale, et s'élèvent à plus de 300,000 fr.

8. Les Assemblées législatives ont aussi accordé, à titre de récompense nationale et par mesures individuelles, des pensions à certains citoyens qui avaient rendu à la patrie des services exceptionnels, à leurs veuves ou à leurs descendants.

D'autres fois elles ont rendu un hommage public à la mémoire d'hommes illustres ou victimes de leur dévouement en mettant à la charge de l'État les dépenses occasionnées par leurs obsèques ou leur sépulture.

9. *Hommages publics décernés par les départements, les villes ou les particuliers.* Il arrive fréquemment que les départements, les communes ou même un groupe de souscripteurs veulent décerner un témoignage de reconnaissance publique, soit par l'érection d'un monument, d'une statue, soit par l'attribution d'un nom à une voie publique, soit par une inscription commémorative placée sur un édifice public. Une ordonnance du 10 juillet 1816, basée en même temps sur les abus qui pourraient résulter de l'initiative privée abandonnée à elle-même, en cette matière, et sur le principe d'après lequel l'État seul a qualité pour juger les services rendus au point de vue de l'intérêt général, dispose qu'il ne peut être rendu d'hommage public qu'autant qu'il est sanctionné par le Chef de l'État. Tout acte ou délibération qui accorde un témoignage de reconnaissance publique ne peut donc recevoir son exécution qu'après avoir été approuvé par décret.

10. En principe, cette approbation n'est point accordée quand l'hommage s'adresse à un personnage encore vivant. (*Circ. Int.* 20 *oct.* 1875.)

11. En ce qui concerne particulièrement la dénomination des voies publiques, nous ferons remarquer que c'est aux maires et non aux conseils municipaux qu'appartient le choix des noms. (*Circ. Int.* 3 août 1841.) [*Voy.* **Noms des rues.**]

12. Se fondant sur l'ordonnance du 10 juillet 1816, le Conseil d'État a dénié aux conseils généraux le droit d'accorder des récompenses honorifiques, notamment des médailles pour actes de dévouement. (*D.* 25 juin 1874 *annulant une délibération du conseil général des Vosges.*)

RECOURS. Action qu'on peut avoir contre quelqu'un pour être garanti et indemnisé. Ce mot se dit aussi pour exprimer l'action de se pourvoir contre une décision, un arrêt.

En matière administrative, on distingue les recours formés par la voie *gracieuse*, des recours formés par la voie *contentieuse*. (*Voy.* **Administration**, n° 20). Pour le recours en grâce, voyez **Grâce.**

RECOURS COMME D'ABUS. *Voy.* **Appel comme d'abus.**

RECOUSSE. *Voy.* **Reprise.**

RECRUTEMENT. On appelle recrutement le mode employé pour former l'armée.

SOMMAIRE.

**CHAP. XI. NOMENCLATURE DES LOIS, DÉCRETS ET INS-
TRUCTIONS QUI RÉGISSENT LE RECRUTEMENT
ET L'ORGANISATION DE L'ARMÉE**, 205.
Bibliographie.
Administration comparée.

CHAP. I. — HISTORIQUE.

1. Chez les Indiens et les Égyptiens, l'armée
formait une caste qui seule pouvait porter les
armes. Chez les Perses, l'armée se composait de
contingents fournis par les différentes provinces.
Chez les Grecs et les Romains, tous les citoyens se
devaient à la défense de la patrie. Après l'époque
féodale, ce système s'établit peu à peu parmi
toutes les nations civilisées.

2. Les Gaules pendant la domination romaine
fournissaient aux armées des recrues qui étaient
levées par conscription. Après l'invasion des
Francs (448), il n'y eut longtemps en France aucune armée permanente, des contingents fournis
sous l'autorité des leudes, ducs et comtes, par les
propriétaires tenanciers en raison de l'étendue de
leurs possessions territoriales, étaient levés au
moment même d'entrer en campagne.

3. Pendant la période confuse de la guerre
perpétuelle caractérisée par l'époque de la féodalité, période qui s'étend sur plusieurs siècles,
nous voyons des vassaux venir momentanément,
selon leur intérêt ou leur caprice, se ranger sous
la bannière de leur suzerain. Nous assistons aux
grandes émigrations des croisades, aux conquêtes
tentées par esprit d'aventure, plutôt que par
esprit politique, aux dévastations des bandes conduites et agglomérées dans l'unique but de ra-
pine et de pillage, aux luttes et aux rivalités incessantes des seigneurs entre eux, au soulèvement
des communes contre leurs oppresseurs, mais
nulle part nous n'apercevons l'idée ou la trace
d'une armée nationale permanente. Il faut arriver
à Charles VII pour rencontrer, du moins en
germe, l'idée de la création de la première armée permanente (1440). Sous le règne de ce
prince, à l'issue de nos guerres contre la maison
d'Angleterre, tour à tour soutenue ou attaquée
par l'antagonisme ou l'ambition des grands vassaux de la couronne de France, chaque paroisse
dut fournir un homme de choix sur cinquante
feux, pour servir en qualité d'archer, et les villes
et les bourgs durent entretenir quinze compagnies d'ordonnance de six cents hommes chacune.

4. Les francs-archers, supprimés par Louis XI,
furent remplacés par des mercenaires suisses et
écossais (1466), auxquels Charles VIII et ses successeurs adjoignirent des mercenaires allemands,
connus sous le nom de reîtres et de lansquenets
(1494).

5. Louis XII substitua aux levées forcées les enrôlements volontaires (1498). Mais sous Henri IV,
on dut revenir au système des levées forcées,
en instituant des milices fournies par les provinces (1601). Ces levées s'effectuaient avec peine.
L'institution des milices continua sous les règnes
suivants, concurremment avec l'enrôlement volontaire; elle déclina, plutôt qu'elle ne s'amé-
liora, en traversant les règnes de Louis XIII, de
Louis XIV, de Louis XV et de Louis XVI, c'est-à-
dire une période de près de deux siècles, de 1610
à 1788. Au moment où commence la Révolution

française (5 mai 1789), la classe des miliciables
soumis au tirage se trouvait, par suite de priviléges et d'immunités concédés, réduite à un chiffre aussi arbitraire qu'insignifiant. C'est l'enrôlement volontaire, ou pour mieux dire le racolage
forcé, qui formait, au point de vue du recrutement,
le fonds de l'armée en France. A l'insuffisance du
nombre de troupes nationales, il était suppléé
par l'entretien de régiments mercenaires composés de Suisses, d'Allemands, d'Italiens, de Sué-
dois, de Hongrois et de Polonais.

6. Après la chute de la royauté (22 sept. 1792),
chacun en France devint, en principe, soumis au
service militaire de la garde nationale. Cette nouvelle milice, versée en majeure partie dans les
rangs de l'ancienne armée, préserva la France de
l'invasion en contribuant puissamment, par son
élan patriotique, aux victoires de Valmy et de
Jemmapes (20 sept. et 6 nov. 1792). En face de
l'Europe coalisée, la Convention décréta (24 févr.
1793) la levée en masse au moyen de la réquisition permanente de tous les Français de dix-huit
à quarante ans non mariés ou veufs sans enfants.
Cette loi transitoire, en poussant un million
d'hommes sous les drapeaux[1], nous releva de l'échec
subi à Neerwinden (18 mars 1793) ainsi que des
revers éprouvés au Nord, à l'Est et au Sud par
la prise de Valenciennes et de Toulon, par la reddition de Mayence et le blocus de Landau. Grâce
à cette mesure de salut public et grâce au génie
de Carnot, l'organisateur de la tactique moderne,
nos armées, victorieuses à Weissembourg (26 déc.
1793) et à Fleurus (25 juin 1794), portèrent la
guerre au delà de nos frontières délivrées de
l'invasion.

7. La loi transitoire du 24 février 1793 fut
remplacée, sous le Directoire, par celle du 19
fructidor an IV (6 sept. 1796). Cette loi, qui
introduisait la conscription dans la législation
française, en fit le mode principal de recrutement
des armées. Peu modifiée sous le Consulat et
sous l'Empire, elle fournit aux armées du vain-
queur de Marengo, d'Austerlitz et d'Iéna, la masse
des soldats dont il avait besoin pour maintenir sa
domination étendue du Nord au Midi.

8. Après les désastres de 1814 et de 1815, on
chercha, sous la Restauration, mais en vain, à
abandonner la conscription, en déclarant, dans la
loi du 10 mai 1818, que l'enrôlement volontaire
serait à l'avenir le mode principal, et la conscription le mode accessoire de recrutement, et qu'ainsi
ce serait seulement en cas d'insuffisance d'engagements volontaires que l'armée se recruterait
par des appels. Mais en fait, la conscription ou
l'appel forcé continua à fournir la masse de l'armée, tandis que l'engagement volontaire n'en resta
que le complément accessoire.

9. A la loi du 10 mars 1818, modifiée par celle
du 9 juin 1824, succéda la loi du 31 mars 1832
qui confirma le système du recrutement basé sur
la combinaison des appels de contingents votés
par les Chambres et des engagements volontaires, avec la faculté de la substitution et du remplacement. L'application de ce régime ne subit
aucune atteinte jusqu'en 1855 où la loi du 26

---

1. Ce chiffre est contesté par des historiens très-sérieux.
Mais nous n'écrivons pas l'histoire ici.   M. B.

avril substitua au remplacement direct, d'homme à homme, toléré par les lois de 1818, de 1824 et de 1832, l'exonération du service au moyen de prestations en argent, versées dans les caisses de l'État.

10. Les événements accomplis en Allemagne à la suite de la bataille de Sadowa (3 juillet 1866) éveillèrent l'attention publique sur le danger du régime mercenaire introduit dans notre système de recrutement. Cette attention provoqua la loi du 1er février 1868 qui, en supprimant l'exonération, rétablissait le remplacement tel que l'avait organisé la loi du 21 mars 1832, et constituait, avec les inscrits de chaque classe non compris dans le contingent attribué à l'armée active, c'est-à-dire avec les inscrits reconnus valides, mais libérés par leur numéro de tirage, exemptés ou dispensés en vertu de la loi, une garde nationale mobile, laquelle, en cas de guerre, était susceptible d'être appelée sous les drapeaux.

11. La loi du 1er février 1868, bien qu'elle ne fût qu'un timide acheminement vers l'obligation du service personnel, témoignait cependant d'un progrès sensible par rapport à la loi du 21 mars 1832.

12. La campagne malheureuse de 1870-1871 et le traité douloureux qui en fut la conséquence, en dissipant de funestes illusions, démontra la nécessité de modifier de fond en comble le régime militaire de la France. L'opinion publique, unanime à cet égard, imposa le vote de la loi du 27 juillet 1872.

CHAP. II. — APPELS.
Sect. 1. — Recensement.

13. Le mode de levée des classes, comparé à celui établi par la loi du 21 mars 1832, n'a pas sensiblement varié sous le rapport de l'ordre et de l'accomplissement des opérations pratiques.

Ces opérations traversent cinq phases principales : le recensement; le tirage au sort ; la révision, à laquelle se rattachent les cas d'exemption et de dispenses ; l'établissement des listes du recrutement cantonal ; la composition du registre matricule.

14. *Inscription.* Les tableaux de recensement sont ouverts, chaque année, le 1er janvier et dressés par les maires des communes du domicile légal des jeunes gens qui ont atteint l'âge de 20 ans révolus dans l'année précédente, soit au moyen des déclarations auxquelles sont tenus les jeunes gens ou leur famille, soit au moyen des registres de l'état civil et autres documents analogues, soit enfin au moyen des avis de signalement que les autorités administratives échangent entre elles (*Instr.* 26 nov. 1872). Ces tableaux sont publiés au plus tard le 15 janvier de chaque année, dans les mêmes formes que celles qui concernent les publications de mariage. Un avis publié dans les mêmes formes indique le lieu et le jour où il sera procédé au tirage au sort (*art.* 8).

15. Les jeunes gens qui, mis en demeure, ne peuvent produire, avant le tirage, un extrait de leur état civil, sont considérés, d'après la notoriété publique, comme ayant l'âge requis et portés sur les tableaux de recensement de la classe appelée (*art.* 11). Ceux qui ont été omis aux tirages des années précédentes sont inscrits sur les tableaux de recensement de la classe appelée après

la découverte de l'omission; ils sont passibles, en cas de fraude, des pénalités édictées à l'art. 60 de la loi (*art.* 12). Les premiers numéros au tirage au sort peuvent leur être attribués de droit (*art.* 14). Dans tous les cas, ils s'exposent à retarder leur libération dans l'armée active et dans les réserves d'autant d'années qu'il est compté de classes à partir de leur omission sur le tableau de celle à laquelle ils appartenaient par leur âge.

16. *Domicile.* C'est un préjugé assez généralement répandu que les conscrits d'une classe doivent être inscrits sur les tableaux de recensement de la commune où ils sont nés. C'est là une erreur complète. En réalité, l'inscription des jeunes gens d'une classe appelée a pour base le domicile légal de ces jeunes gens, même majeurs ou émancipés, engagés, établis au dehors, expatriés, absents ou en état d'emprisonnement, c'est-à-dire le domicile du père, mère ou tuteur des inscrits (*art.* 10 *et instr.* 26 *nov.* 1872). Il ne peut y avoir de dérogation à ce principe absolu que pour ceux des inscrits qui sont mariés ou qui n'ont ni parents, ni tuteur. Dans ce cas, ils ont la faculté de se faire inscrire sur les tableaux de recensement de la commune du lieu de leur propre domicile ou résidence.

17. La même faculté est laissée aux jeunes gens placés sous la tutelle des commissions administratives des hospices ; ils sont, par mesure d'ordre, inscrits sur les tableaux de recensement de la commune où ils résident au moment de la formation des tableaux de recensement. (*Instr.* 26 *nov.* 1872.)

18. Pour les jeunes gens nés à l'étranger de parents français et pour ceux nés en France mais expatriés avec leur famille, ils doivent être inscrits sur le tableau de recensement de la commune où leurs parents possédaient leur dernier domicile au moment de quitter la France.

Sect. 2. — Extranéité.

19. Les individus nés en France de parents étrangers et les individus nés à l'étranger de parents étrangers naturalisés Français, et mineurs au moment de la naturalisation de leurs parents, concourent, dans les cantons où ils sont domiciliés, au tirage qui suit la déclaration faite par eux en vertu de l'art. 9 du Code civil et de l'art. 2 de la loi du 7 février 1851 (*art.* 9).

20. La déclaration indiquée à l'art. 9 du Code civil doit, pour produire son effet, être faite par l'étranger, né en France, dans l'année qui suit l'époque de sa majorité. Toutefois, la loi du 22 mars 1849 autorise le même étranger, même après l'année qui suit celle de sa majorité, c'est-à-dire après 22 ans accomplis, à faire ladite déclaration, s'il sert ou s'il a servi dans les armées de terre ou de mer, ou bien s'il a satisfait à la loi du recrutement sans exciper de son extranéité.

Les individus déclarés Français en vertu de l'art. 1er de la loi du 7 février 1851, c'est-à-dire les fils nés en France de parents étrangers, qui eux-mêmes y sont nés, concourent, également dans le canton où ils sont domiciliés, au tirage qui suit l'année de leur majorité, s'ils n'ont pas excipé et justifié de leur qualité d'étranger, conformément aux prescriptions de la loi du 16 décembre 1874.

Les uns et les autres ne sont assujettis qu'aux obligations de service de la classe à laquelle ils appartiennent par leur âge.

Sect. 3. — Tirage au sort.

21. Un décret fixe, chaque année, l'époque du tirage au sort de la classe qui est levée; l'examen et la rectification, s'il y a lieu, du tableau de recensement doivent précéder l'opération du tirage (*Instr.* 26 *nov.* 1872). Le tirage a lieu entre les inscrits au chef-lieu de canton, en séance publique, devant le sous-préfet, assisté des maires du canton. Si une commune forme un ou plusieurs cantons, le sous-préfet est assisté du maire et de ses adjoints. Dans les villes divisées en plusieurs arrondissements, le préfet ou son délégué est assisté d'un officier municipal de l'arrondissement. Dans les cantons composés de plusieurs communes, l'ordre dans lequel elles sont appelées est chaque fois indiqué par le sort (*art.* 13).

22. Les jeunes gens, appelés dans l'ordre du tableau, prennent part directement et personnellement au tirage. L'opération du tirage achevée est définitive; elle ne peut être recommencée; chacun doit garder le numéro qu'il a tiré ou qu'on a tiré pour lui. Le maire tire pour les absents de sa commune, à moins qu'ils ne soient représentés au tirage par leurs parents ou tuteurs, qui sont admis à tirer pour eux. La liste du tirage est publiée et affichée dans chaque commune du canton (*art.* 15).

Sect. 4. — Exemption et dispenses.

23. *Exemption.* — L'infirmité dûment constatée constitue seule le cas à l'exemption. (*Art.* 16; *Instr. du conseil de santé* 3 *avril* 1873.)

24. *Dispense provisoire.* — La législation actuelle admet que les jeunes gens qui se trouvent dans certains cas expressément spécifiés, puissent encore être, non plus exemptés, mais provisoirement dispensés, et seulement en temps de paix, du service d'activité. Tels sont, énumérés à l'art. 17 :

L'aîné d'orphelins de père et de mère; le fils unique ou aîné ou, à défaut de fils ou de gendre, le petit-fils unique ou aîné d'une veuve ou d'une femme dont le mari a été légalement déclaré absent; le fils unique ou aîné d'un père aveugle ou entré dans sa soixante-dixième année; l'aîné de deux frères concourant au même tirage, si le plus jeune est reconnu propre au service; le frère d'un militaire en activité de service, ou réformé ou mort sous les drapeaux. Ces dispositions ne sont applicables qu'aux enfants légitimes.

Pour produire leur effet, les causes de dispense doivent exister au jour où le conseil de révision est appelé à statuer. Néanmoins, l'appelé ou l'engagé qui, postérieurement soit à la décision du conseil de révision, soit au 1er juillet, soit à son incorporation, devient l'aîné d'orphelins de père et de mère; le fils unique ou l'aîné des fils, ou, à défaut du fils ou du gendre, le petit-fils unique ou l'aîné des petits-fils d'une femme veuve, d'une femme dont le mari a été légalement déclaré absent ou d'un père aveugle, ou par suite du décès d'un frère, d'un père septuagénaire, est, sur sa demande, renvoyé dans ses foyers en disponibilité, à moins que, en raison de sa présence sous les drapeaux, il n'ait procuré la dispense de service à un frère puîné actuellement vivant.

25. *Dispense conditionnelle.* — La loi, dans son art. 20, admet aussi la dispense, même en temps de guerre, en faveur des jeunes gens qui, en raison de la carrière qu'ils embrassent, sont considérés comme destinés à rendre un service à l'État, mais sous la réserve formelle que ces jeunes gens rempliront d'une manière complète tous les engagements, toutes les obligations en échange desquels ils obtiennent une dispense toute conditionnelle. Tels sont : les membres de l'instruction publique, les élèves de l'École normale supérieure, les membres novices des associations religieuses vouées à l'enseignement, reconnues comme établissements d'utilité publique, dont l'engagement de se vouer, pendant dix ans, à la carrière de l'enseignement, aura été accepté par le recteur de l'Académie, avant le tirage au sort, et s'ils réalisent cet engagement; les professeurs des institutions nationales des sourds-muets et des institutions nationales des jeunes aveugles, aux mêmes conditions que les membres de l'instruction publique; les élèves pensionnaires de l'École des langues orientales vivantes et les élèves de l'École des chartes nommés après examen, à condition de passer dix ans tant dans lesdites écoles que dans un service public; les artistes qui ont remporté les grands prix de l'Institut, à condition qu'ils passeront à l'École de Rome les années réglementaires et rempliront toutes leurs obligations envers l'État; les élèves ecclésiastiques désignés à cet effet par les archevêques et par les évêques, et les jeunes gens autorisés à continuer leurs études pour se vouer au ministère dans les cultes salariés par l'État, sous la condition qu'ils seront assujettis au service militaire s'ils cessent les études en vue desquelles ils auront été dispensés, ou si, à vingt-six ans, les premiers ne sont pas entrés dans les ordres majeurs, et les seconds n'ont pas reçu la consécration.

26. Les dispensés conditionnels qui cessent d'être dans une des positions qui leur a valu la dispense, sont tenus d'en faire la déclaration au maire de la commune dans les deux mois; puis d'accomplir dans l'armée active le service prescrit par la loi et de faire ensuite partie des réserves selon la classe à laquelle ils appartiennent (*art.* 21). Faute par eux de faire la déclaration et de la soumettre au visa du préfet du département dans le délai d'un mois, ils deviennent passibles des peines édictées à l'art. 60 de la loi. Les jeunes gens liés au service en vertu d'un brevet et qui cessent leur service, les jeunes marins qui se font rayer de l'inscription maritime, sont soumis aux mêmes obligations.

27. Un article spécial, l'art. 19, règle la position des élèves de l'École polytechnique et des élèves de l'École forestière. (*Circ.* 12 *fév.* 1874.)

Sect. 5. — Soutiens de famille et sursis d'appel.

28. *Soutiens de famille.* — Le législateur a fait également la part des situations malheureuses en autorisant, jusqu'à concurrence de 4 p. 100 du nombre des jeunes gens reconnus propres au service et compris dans la première partie des listes du recrutement cantonal, le maintien dans leurs foyers de ceux des inscrits d'une classe désignés par les conseils municipaux comme étant les indispensables soutiens de leur famille (*art.* 22).

29. *Sursis d'appel.* — Enfin la loi autorise, dans une proportion également de 4 p. 100, l'octroi du sursis d'appel aux jeunes gens qui le réclament et qui établissent que, soit pour terminer leur apprentissage, soit pour les besoins de l'exploitation agricole, commerciale ou industrielle à laquelle ils se livrent pour leur compte ou pour celui de leurs parents, il est indispensable qu'ils ne soient pas enlevés immédiatement à leurs travaux, à leurs occupations (*art.* 23).

30. Mais ce sursis d'appel, qui peut être accordé pendant deux années de suite, ne confère ni exemption, ni dispense, et retarde d'autant la libération de celui qui l'obtient. Le sursis ne peut être accordé que sur l'avis du conseil municipal du domicile de l'inscrit (*art.* 24). Du reste, les jeunes gens ayant obtenu un sursis d'appel, de même que ceux dispensés en vertu de l'art. 17 ou comme soutiens de famille, sont soumis, en temps de paix, à des revues et à des exercices, et appelés, en temps de guerre, comme les hommes de leur classe. En ce qui concerne les dispensés, dans les cas de l'art. 17 de la loi, et les soutiens de famille, si les causes qui les ont fait dispenser viennent à cesser, ils sont tenus de rejoindre immédiatement leurs drapeaux (*art.* 25 *et* 26).

Sect. 6. — Service auxiliaire et ajournement.

31. *Service auxiliaire.* Nous avons vu que le cas d'infirmité dûment constatée constituait le seul cas de réforme, c'est-à-dire l'unique cas d'exemption. L'insuffisance de développement physique, ainsi que la taille restée au-dessous du minimum (1^m,54), n'entraînent plus, comme avec la loi du 21 mars 1832, l'exemption absolue, immédiate et définitive du service militaire.

La législation, sous ce rapport, a subi une modification essentielle. Aujourd'hui, les hommes atteints d'infirmités composent deux catégories :

Dans la première catégorie sont rangés les hommes atteints d'infirmités qui les rendent tout à fait impropres au service militaire; ceux-ci sont définitivement, irrévocablement exemptés.

La seconde catégorie comprend les hommes dont les infirmités n'ont pas le même caractère d'impropriété; ceux-là sont rangés dans le service auxiliaire.

32. Le service auxiliaire est destiné à fournir à l'armée, pour le cas de mobilisation, des commis et des ouvriers d'administration, et à maintenir dans les rangs de l'armée les hommes valides qui en étaient distraits pour assurer, en temps de guerre, les services administratifs, bureaux d'intendance et ateliers.

33. *Ajournement.* Quant aux hommes jugés momentanément trop faibles par suite de développement encore incomplet pour supporter les fatigues du service, ils peuvent être ajournés à un nouvel examen pendant deux années de suite, délai après lequel ils sont, selon leur état physique, ou exemptés, ou classés soit dans le service actif, soit dans le service auxiliaire.

34. Il en est de même de ceux dont la taille n'atteint pas le minimum réglementaire fixé, pour le soldat, à 1^m,54.

35. Après un ajournement, qui peut aller jusqu'à deux années consécutives, ils sont, suivant qu'ils ont atteint ou non la taille de 1^m,54, ou placés dans le service actif, ou classés dans le service auxiliaire. Car, aujourd'hui, l'insuffisance de taille, à moins qu'elle ne se lie à une débilité générale du sujet, n'est plus de nature à motiver la réforme.

Sect. 7. — Conseil de révision.

36. Les opérations du recrutement sont revues, les réclamations auxquelles ces opérations peuvent donner lieu sont entendues, les causes d'exemption et de dispense prévues par les art. 16, 17 et 20 de la loi sont jugées, en séance publique, par un conseil de révision (*art.* 28). La durée de la session des conseils de révision, session que l'on désigne aussi par le terme de tournée, est fixée chaque année, pour toute la France, sur la proposition du ministre de la guerre, par un décret du président de la République. (*Instr.* 28 *avril* 1873.)

37. Le conseil de révision, qui siège dans chaque département, est composé : du préfet, président, ou, à son défaut, du secrétaire général ou du conseiller de préfecture délégué par le préfet; d'un conseiller de préfecture désigné par le préfet; d'un membre du conseil général autre que le représentant élu dans le canton où la révision a lieu; d'un membre du conseil d'arrondissement également autre que le représentant élu dans le canton où la révision a lieu : tous deux désignés par la commission permanente du conseil général, conformément à l'art. 82 de la loi du 10 août 1871; d'un officier général ou supérieur désigné par l'autorité militaire; ces cinq membres ont voix délibérative (*art.* 27).

38. Deux autres membres du conseil général sont adjoints au conseil de révision dans la séance où il prononce sur les demandes de soutiens de famille et sur celles de sursis d'appel (*art.* 32).

39. Un membre de l'intendance, le commandant du recrutement, un médecin militaire, ou, à défaut, un médecin civil désigné par l'autorité militaire, assistent aux opérations du conseil de révision. Le membre de l'intendance est entendu, dans l'intérêt de la loi, toutes les fois qu'il le demande, et peut faire consigner ses observations au registre des délibérations.

40. Ces trois membres, le sous-intendant militaire, l'officier de recrutement et le médecin militaire ou civil, sont considérés comme ayant voix consultative.

41. Le conseil de révision se transporte dans les divers cantons. De là le mot *tournée* substitué au mot *session*. Toutefois, suivant les localités, le préfet peut exceptionnellement réunir, dans le même lieu, plusieurs cantons pour les opérations du conseil.

42. Le sous-préfet ou le fonctionnaire par lequel il aura été suppléé pour les opérations du tirage, assiste aux séances que le conseil de révision tient dans son arrondissement. Il a voix consultative. Les maires des communes du canton révisé assistent également aux séances du conseil et peuvent être entendus.

43. Si, par suite d'une absence, le conseil de révision ne se compose que de quatre membres, il peut délibérer, mais la voix du président n'est pas prépondérante. — La décision ne peut être prise qu'à la majorité de trois voix. En cas de partage, elle est ajournée (*art.* 27).

44. Les jeunes gens portés sur les tableaux de recensement et ayant pris part au tirage, ainsi que ceux des classes précédentes qui ont été ajournés pour cause de faiblesse ou par suite d'insuffisance de taille, sont convoqués, examinés et entendus par le conseil de révision.

45. Leur aptitude pour l'arme à laquelle ils peuvent être affectés est constatée par l'officier de recrutement qui assiste le conseil (*art.* 28).

46. S'ils ne se rendent pas à la convocation, ou s'ils ne se font pas représenter, ou s'ils n'obtiennent pas un délai, il est procédé comme s'ils étaient présents, c'est-à-dire qu'ils sont déclarés propres au service armé, comme étant absents, et classés immédiatement dans la 1re partie de la liste du recrutement cantonal. Cette 1re partie comprend tous les jeunes soldats qui seront appelés à l'activité.

47. Dans le cas d'exemption pour infirmités, le conseil ne prononce qu'après avoir entendu le médecin qui assiste le conseil.

48. Les cas de dispenses, soit à titre provisoire, soit à titre conditionnel, soit à titre de déduction, sont jugés sur la production de documents authentiques tels que : acte de naissance, acte de décès, acte de mariage, jugement déclaratif d'absence, certificats de présence sous les drapeaux, de réforme, de blessure, brevet de pension, brevet de commission, acte d'engagement, certificat délivré, selon le cas, par les recteurs d'Académie, directeurs d'écoles nationales, archevêques, évêques, présidents de consistoire, enfin par le ministre de l'instruction publique. (*Art.* 28, *Instr.* 28 *avril* 1873.)

49. Pour les causes de dispenses provisoires accordées en vertu de l'art. 17 de la loi, les pièces authentiques justificatives des droits à la dispense doivent toujours être accompagnées d'un certificat signé de trois pères de famille domiciliés dans le même canton, dont les fils sont soumis à l'appel ou ont été appelés. Le certificat doit, en outre, être signé et approuvé par le maire de la commune du réclamant (*art.* 28).

50. Les termes : *dispensés à titre de déduction*, s'appliquent aux jeunes gens qui, bien que susceptibles d'être considérés comme réellement liés à un service militaire, tels que : les élèves des Écoles polytechnique et forestière, les inscrits maritimes, les engagés volontaires de cinq ans, les engagés conditionnels d'un an, les jeunes gens liés au service en vertu d'un brevet ou d'une commission, sont cependant classés dans la 3e partie de la liste du recrutement cantonal, avec les jeunes gens conditionnels dispensés du service militaire à titre de membres voués à l'enseignement ou au culte, c'est-à-dire à titre de personnes se consacrant à des carrières publiques exclusivement civiles. Pour les dispensés à titre de déduction, le terme *dispensé* ne signifie plus dispensé du service militaire, mais dispensé de comparaître devant le conseil de révision pour être soumis à la visite physique.

51. Un décret du 20 mars 1876 détermine les assimilations de grades à donner aux anciens élèves de l'École polytechnique et de l'École forestière, en exécution de l'art. 19 de la loi du 27 juillet 1872 et de l'art. 36 de la loi du 24 juillet 1873.

52. Lorsque des jeunes gens portés sur les tableaux de recensement ont fait des réclamations dont l'admission ou le rejet dépend de la décision à intervenir sur des questions judiciaires relatives à leur état ou à leurs droits civils, le conseil de révision ne prend qu'une décision conditionnelle et renvoie les parties se pourvoir devant les tribunaux compétents (*art.* 29).

53. Le préfet est généralement défendeur ; il lui suffit, pour rendre le débat contradictoire, de faire occuper devant le tribunal, en son nom, comme représentant l'État, par le ministère public. Il est de jurisprudence que le demandeur, quelle que soit la teneur du jugement intervenu, supporte les dépens de l'instance, le préfet étant considéré comme n'ayant agi que dans l'intérêt de la loi.

54. Hors les cas ci-dessus prévu, les décisions du conseil de révision sont définitives. Elles peuvent néanmoins être attaquées devant le Conseil d'État pour incompétence et excès de pouvoirs (*art.* 30).

Sect. 8. — Liste du recrutement cantonal.

55. Après avoir terminé la visite physique des jeunes gens inscrits, examiné les différents genres de réclamations portées devant lui et statué sur les cas d'exemption, de radiation ou de dispense qui lui ont été soumis, le conseil de révision arrête et signe, pour chaque canton, la liste du recrutement. Cette liste est divisée en cinq parties :

56. La première partie comprend tous les inscrits du canton reconnus propres au service armé et qui ne se trouvent, à aucun titre, dans l'un des cas de dispense provisoire ou conditionnelle, ou dans l'un des cas de déduction prévus par la loi.

Cette première partie de la liste est partagée plus tard en deux portions, d'après la décision rendue, après la clôture des opérations, par le ministre de la guerre, à qui est dévolu le droit légal de fixer lui-même le contingent d'hommes à prélever sur l'ensemble de la première partie de toutes les listes du recrutement cantonal, pour être maintenus pendant cinq ans sous les drapeaux, à partir du 1er juillet de l'année où le tirage au sort de la classe a eu lieu. Le surplus du contingent n'est plus appelé qu'à servir de six mois à un an, d'après l'ordre des numéros de tirage, en commençant par les plus élevés.

57. La 2e partie de la liste comprend les jeunes gens du canton dispensés en exécution de l'art. 17 de la loi, à titre d'aîné d'orphelins, de fils de veuve, de frère de militaire, etc.

58. Sur la 3e partie de la liste figurent les jeunes gens conditionnellement dispensés en vertu de l'art. 20 (membres de l'enseignement, personnes vouées au culte, etc.), ainsi que les jeunes gens déduits de la 1re partie de la liste comme étant déjà liés au service en vertu d'un engagement volontaire, d'un brevet, d'une commission, ou comme jeunes marins inscrits.

59. Sur la 4e partie de la liste sont portés les jeunes gens qui, soit par défaut de taille (moins de 1m,54), soit pour cause de faiblesse ou en raison d'infirmités, ont été dispensés du service dans l'armée active, mais ont été reconnus aptes à faire partie d'un des services auxiliaires de l'armée. (*Instr. du Conseil de santé* 3 *avril* 1873, *D.* 26 *févr.* 1876.)

60. Enfin la 5e partie comprend les jeunes gens qui ont été ajournés à un nouvel examen du conseil de révision, ajournement qui ne peut, en aucun cas, être prolongé au delà de deux années.

Sect. 9. — Registre matricule.

61. Parallèlement aux listes de recrutement cantonal et au moyen de ces listes, le commandant de recrutement de chaque département dresse ou fait dresser par les bureaux de sa circonscription le registre matricule institué par l'art. 33. (*Circ.* 14 *juill. et* 16 *déc.* 1873.)

62. Sur ce registre matricule sont portés tous les jeunes gens qui n'ont pas été déclarés impropres à tout service militaire ou qui n'ont pas été ajournés à un nouvel examen, autrement dit tous les jeunes gens inscrits sur les quatre premières parties de la liste cantonale.

Il mentionne l'incorporation de chaque homme inscrit ou la position dans laquelle il est laissé, disponibilité ou réserve, et successivement tous les changements qui peuvent survenir dans sa situation jusqu'à ce qu'il passe dans l'armée territoriale.

83. Nous venons de prononcer les mots de disponibilité et de réserve, il convient d'expliquer la différence essentielle qui existe entre ces deux termes.

La disponibilité est formée : 1° des jeunes gens qui, après un temps qui varie de six mois à un an passé sous les drapeaux, sont renvoyés dans leurs foyers et restent, jusqu'au moment de leur passage dans la réserve, à la disposition du ministre de la guerre ; 2° des jeunes gens des classes incorporées, qui, à un titre quelconque, soit provisoire, soit conditionnel, n'ont pas été appelés à l'activité, autrement dit qui se trouvent dispensés du service, soit en vertu des art. 17 et 22, soit en exécution de l'art. 20 de la loi.

La réserve proprement dite ne comprend que les hommes qui ont accompli, soit sous les drapeaux, soit dans la disponibilité, leurs cinq années du service actif. Les réservistes cessent d'être susceptibles, comme le sont les disponibles, d'être soumis à des revues et à des exercices à la volonté de l'autorité militaire, et d'être constamment surveillés quant à la position légale qui les a fait dispenser du service d'activité (*Circ. min.* 29 *nov.* 1873). Leur situation militaire est mieux définie. En effet, si les hommes de la réserve restent toujours rappelables en temps de guerre, ils ne peuvent, en temps de paix, être assujettis, pendant toute la durée de leurs quatre années de réserve, qu'à prendre part à deux manœuvres, chaque manœuvre ne pouvant excéder quatre semaines.

Sect. 10. — Changement de domicile.

64. Tout homme inscrit sur le registre matricule, disponible ou réserviste, qui change de domicile, est tenu d'en faire la déclaration à la mairie de la commune qu'il quitte et à la mairie du lieu où il vient s'établir. Il est en droit de réclamer un récépissé de sa déclaration. De son côté, le maire doit transmettre dans les huit jours, par l'intermédiaire du préfet, copie de ladite déclaration, au bureau du registre matricule de la cir-

conscription dans laquelle se trouve la commune (*art.* 34).

65. Le disponible et le réserviste sont en outre tenus de faire viser, au point de départ et au point d'arrivée, par la gendarmerie, le titre qui constate leur position au point de vue du service militaire. En cas de changement seulement de résidence ou d'absence prolongée au delà de deux mois pour cause de voyage, ils peuvent se borner à faire leur déclaration, soit verbalement, soit par écrit, à la gendarmerie de la localité où ils viennent momentanément résider. Si la résidence ou l'absence n'excède pas deux mois, la déclaration devient facultative. (*L.* 18 *nov.* 1875, *art.* 2 *et* 3.)

66. A l'étranger, les déclarations de changement de domicile, de résidence ou de déplacement pour voyager sont faites aux agents consulaires.

Les hommes appartenant à l'armée territoriale ou à sa réserve, ainsi qu'aux cadres et aux divers services de cette armée, sont assujettis aux mêmes obligations et aux mêmes déclarations. (*L.* 18 *nov.* 1875, *art.* 1er.)

CHAP. III. — SERVICE MILITAIRE.
Sect. 1. — Mode et durée du service.

67. *Mode du service.* Tout Français qui n'est pas déclaré impropre au service militaire fait partie (*art.* 36) de l'armée active pendant cinq ans ; de la réserve de l'armée active pendant quatre ans ; de l'armée territoriale pendant cinq ans ; de la réserve de l'armée territoriale pendant six ans.

68. Un article spécial, l'art. 37, détermine la composition de l'armée de mer.

Cette armée , indépendamment des hommes fournis par l'inscription maritime, se forme : 1° des hommes admis à s'engager volontairement ou à se rengager (*D.* 18 *juin et circ.* 24 *sept.* 1873); 2° des jeunes gens qui, au moment des opérations du conseil de révision, auront demandé à entrer dans un des corps de la marine, et auront été reconnus propres à ce service; 3° enfin, et à défaut d'un nombre suffisant d'hommes compris dans les deux catégories précédentes, du contingent du recrutement affecté, par décision du ministre de la guerre, à l'armée de mer. Ce contingent, fourni par chaque canton dans la proportion fixée par la décision ministérielle, est composé des jeunes gens compris dans la première partie de la liste du recrutement cantonal, liés au service de cinq ans, et auxquels sont échus les premiers numéros sortis au tirage au sort.

69. La loi autorise les permutations entre les jeunes gens affectés à l'armée de mer et ceux de la même classe affectés à l'armée de terre. Un décret du 18 juin 1873 fixe les conditions dans lesquelles ces permutations peuvent avoir lieu.

70. *Durée du service.* Pour les hommes qui ne proviennent pas de l'inscription maritime, le temps de service actif dans l'armée de mer est de cinq ans et de quatre ans dans la réserve. Sous ce rapport, l'armée de mer est traitée comme l'armée de terre. Toutefois, après avoir accompli leurs neuf années d'activité et de réserve, les hommes affectés à l'armée de mer passent immédiatement, non dans l'armée territoriale, mais dans la réserve de cette armée, en vertu de la loi du 4 décembre 1875, modificative de l'art. 37 de la loi du 27 juillet 1872.

71. Dans l'armée de terre comme dans l'armée de mer, la durée du service compte du 1er juillet de l'année du tirage au sort (*art.* 38).

72. Chaque année, en temps de paix, les militaires qui ont achevé le temps de service réglementaire reçoivent, suivant la catégorie de l'armée à laquelle ils appartiennent, un certificat constatant : leur envoi dans la première réserve, celle de l'armée active ; leur envoi dans l'armée territoriale ; leur envoi dans la deuxième réserve, celle de l'armée territoriale. A l'expiration du temps de service dans cette réserve, les hommes reçoivent un congé définitif.

73. En temps de guerre ils reçoivent ces certificats immédiatement après l'arrivée au corps des hommes de la classe destinée à remplacer celle à laquelle ils appartiennent.

74. Cette disposition est applicable, en tout temps, aux hommes appartenant aux équipages de la flotte en cours de campagne.

75. En ce qui concerne les engagés volontaires, la jurisprudence ministérielle, pour déterminer l'époque du passage des engagés, de l'armée active dans la réserve, et de la réserve dans l'armée territoriale, règle leur situation, non par la classe à laquelle ils appartiennent par leur âge, mais par celle dans laquelle ils doivent fictivement compter par la date de leur engagement. (*Circ.* 24 mai 1876.)

Sect. 2. — Armée active, disponibilité, réserve.

76. *Armée active.* Tous les jeunes gens de la classe appelée, qui ne sont pas exemptés pour cause d'infirmités, ou ne sont pas dispensés en application des dispositions de la loi, ou n'ont pas obtenu de sursis d'appel, ou ne sont pas affectés à l'armée de mer, sont immatriculés dans les divers corps de l'armée active et envoyés, soit dans lesdits corps, soit dans les bataillons et écoles d'instruction (*art.* 39).

77. Après une année de service, le ministre de la guerre ne maintient plus sous les drapeaux que les hommes dont il fixe lui-même, chaque année, le chiffre. Ce chiffre est proportionné aux ressources budgétaires dont il dispose. Les hommes sont pris par ordre de numéros sur la première partie de la liste du recrutement et dans la proportion déterminée par la décision du ministre. Cette décision est rendue aussitôt après que toutes les opérations du recrutement sont terminées (*art.* 40).

78. Le militaire compris dans la catégorie de ceux qui ne doivent pas rester cinq ans sous les drapeaux, mais qui, après une année de service, ne sait pas lire et écrire, et ne satisfait pas aux examens déterminés par le ministre de la guerre, peut être maintenu au corps une seconde année. Par contre, le militaire placé dans la même catégorie qui, par l'instruction acquise antérieurement à son entrée au service et par celle qu'il a reçue sous les drapeaux, remplit toutes les conditions exigées, peut, après six mois, et avant l'expiration de l'année de service réglementaire, être envoyé en disponibilité dans ses foyers (*art.* 41).

79. *Disponibilité.* Les jeunes gens qui, après un an ou six mois de service, ne sont pas maintenus sous les drapeaux, restent en disponibilité de l'armée active, dans leurs foyers, et à la dis-

position du ministre de la guerre. Ils sont soumis à des revues et à des exercices (*art.* 42).

80. Les mêmes dispositions doivent s'appliquer aux jeunes gens dispensés du service de l'armée active aux termes de l'article 17, à ceux dispensés à titre de soutiens de famille, ainsi qu'à ceux qui ont obtenu des sursis d'appel. Ils sont susceptibles d'être appelés, en cas de guerre, comme les hommes de leur classe, et versés dans les différents corps de la région selon les besoins de l'armée.

81. L'armée active se recrute sur l'ensemble du territoire de la France. (*L.* 24 *juill.* 1873, *art.* 11.)

82. Les hommes de la première portion du contingent, c'est-à-dire ceux assujettis à cinq années de service, sont répartis, suivant leur aptitude, entre les régiments des différentes armes stationnés ou non dans la région de leur domicile. Lorsqu'ils entrent dans la réserve, ils sont immatriculés dans un des corps de la région dans laquelle ils ont déclaré vouloir être domiciliés.

83. Les jeunes soldats de la 2e portion, c'est-à-dire ceux susceptibles de n'être conservés qu'une année sous les drapeaux, sont exclusivement répartis entre les compagnies du régiment d'infanterie correspondant à la subdivision de région de leur domicile. A leur passage dans la disponibilité, ils sont affectés, autant que possible, aux compagnies dans lesquelles ils ont accompli leur année de service et reçoivent un certificat constatant leur immatriculation dans le corps qu'ils doivent rejoindre en cas d'appel ou de mobilisation.

84. La même disposition est applicable aux engagés conditionnels d'un an, après leur année de service accomplie, ainsi qu'aux sous-officiers et soldats envoyés en disponibilité avant l'expiration des cinq années de service dans l'armée active. (*L.* 24 *juill.* 1873, *art.* 11.)

85. *Réserve.* Nous venons de voir qu'en principe tous les hommes placés en disponibilité restent à la disposition du ministre de la guerre sans distinction de classe. D'autres conditions règlent la situation des hommes envoyés dans la réserve. En effet, le rappel de la réserve de l'armée active peut être fait d'une manière distincte et indépendante pour l'armée de terre et pour l'armée de mer ; il peut également être fait par classe en commençant par la moins ancienne (*art.* 44).

86. Les hommes de la réserve de l'armée active sont assujettis, pendant le temps de service de ladite réserve, à prendre part à deux manœuvres, soit une manœuvre tous les deux ans. La durée de chacune de ces manœuvres ne peut dépasser quatre semaines.

87. Les hommes de la disponibilité de l'armée active et les hommes de la réserve peuvent se marier sans autorisation. (*Circ. min.* 3 *déc.* 1873.) Les hommes mariés restent soumis aux obligations de service imposées aux classes auxquelles ils appartiennent. Toutefois, les hommes en disponibilité ou en réserve qui sont pères de quatre enfants vivants, passent de droit dans l'armée territoriale (*art.* 44).

Sect. 3. — Congé de réforme.

88. Les hommes appartenant à un titre quelconque à l'armée active, à la réserve de l'armée active, à l'armée territoriale ou à la réserve de l'armée territoriale, qui, avant l'époque de leur libération, sont jugés hors d'état de faire un service actif, reçoivent des congés de réforme. (*Instr.* 6 *nov.* 1875.) Ces congés sont de deux espèces :

Le congé n° 1 est délivré lorsque la réforme a été prononcée, soit pour blessures reçues dans un service commandé, soit pour infirmités contractées dans les armées de terre ou de mer. Le congé n° 1 ouvre droit à indemnité ou pension. Les titulaires de ce congé confèrent à leurs frères le droit à la dispense de service prévue à l'art. 17 de la loi du 27 juillet 1872.

Le congé n° 2 est délivré dans les cas où la réforme a été prononcée, soit pour blessures reçues hors du service, soit pour des infirmités contractées hors des armées de terre et de mer. Ce congé n'ouvre aucun droit à celui qui en est porteur, lequel ne procure, en aucun cas, la dispense prévue à l'art. 17.

89. Une commission spéciale de réforme est établie au chef-lieu de chaque subdivision de région. Des commissions semblables sont également instituées à Paris, à Versailles et à Lyon.

90. La commission spéciale de réforme se compose : d'un général de brigade, président ; d'un membre de l'intendance militaire ; du commandant du bureau de recrutement de la subdivision de région ; de l'officier commandant la gendarmerie de l'arrondissement.

En cas de partage des voix, celle du président est prépondérante.

Deux médecins militaires assistent la commission. A défaut de médecins militaires, le président désigne, pour les suppléer, des médecins civils attachés aux hôpitaux civils.

91. La commission spéciale de réforme examine les jeunes soldats renvoyés devant elle par l'autorité militaire, lors de la revue de départ qui précède la mise en activité des contingents appelés sous les drapeaux.

92. Tout homme immatriculé sur les contrôles soit de la disponibilité, soit de la réserve de l'armée active, soit de l'armée territoriale et de sa réserve, à qui, depuis son incorporation ou immatriculation, il est survenu des infirmités de nature à le rendre impropre au service militaire, a la faculté de réclamer son renvoi devant la commission spéciale de réforme.

93. Il doit adresser, à cet effet, une demande au commandant du recrutement de la subdivision de région où il est incorporé. Ce commandant, après enquête faite par la gendarmerie, cite le réclamant devant la commission, qui prononce ou rejette la réforme.

94. Les instructions ministérielles recommandent expressément aux hommes classés, à un titre quelconque, dans la réserve de l'armée active ou dans l'armée territoriale, et devenus hors d'état de servir, de ne pas attendre l'ordre d'appel ou de mobilisation pour réclamer leur renvoi devant la commission de réforme. Leur négligence, dans ce cas, les expose, à moins d'une infirmité notoire qui les rende tout à fait impropres à tout service

militaire, à les faire mettre en activité et affecter à un des corps de l'armée. (*Circ.* 6 *nov.* 1875.)

CHAP. IV.—ENGAGEMENT ET RENGAGEMENT VOLONTAIRES.

Sect. 1. — Engagements.

95. La législation nouvelle consacre, hors le cas de guerre, deux sortes d'engagements volontaires : l'engagement de cinq ans, l'engagement conditionnel d'un an.

En cas de guerre, elle admet l'engagement pour la durée de la guerre.

Elle autorise encore, en temps de paix, les jeunes soldats envoyés en disponibilité à compléter cinq années de service.

Enfin, elle admet les militaires sous les drapeaux à des rengagements de deux ans au moins et de cinq ans au plus.

96. Tout Français qui demande à contracter dans l'armée un engagement volontaire, doit satisfaire aux conditions suivantes (*art.* 46, *D. et Instr.* 30 *nov.* 1872) :

S'il entre dans l'armée de mer, avoir 16 ans accomplis, sans être tenu d'avoir la taille prescrite par la loi ($1^m,54$), mais sous la condition qu'à l'âge de dix-huit ans il ne pourra être maintenu s'il n'a pas atteint le minimum de la taille réglementaire. (*D.* 18 *juin* 1873.)

S'il entre dans l'armée de terre, avoir dix-huit ans accomplis, et au moins la taille de $1^m,54$ (*D.* 30 *nov.* 1872) ; être sain, robuste et bien constitué ; jouir de ses droits civils ; n'être ni marié ni veuf avec enfants.

97. L'aptitude au service militaire ainsi qu'à l'arme à laquelle l'engagé désire être affecté, doit être constatée et certifiée par le commandant du recrutement de la subdivision de région où l'acte d'engagement est souscrit, ou bien par le chef du corps dans lequel l'engagé a l'intention de servir.

98. Dans beaucoup de cas, l'aptitude est subordonnée à la taille réglementaire imposée, comme condition, à l'engagé volontaire, suivant l'arme de son choix.

99. Pour s'engager, selon l'arme, dans les différents corps de l'armée, la taille réglementaire, comme minimum et comme maximum, est fixée ainsi qu'il suit :

TAILLE EXIGÉE.

	Minimum.	Maximum.
Régiments d'infanterie	1^m54	»
Chasseurs à pied, zouaves et tirailleurs algériens	1 54	»
Sapeurs-pompiers de la ville de Paris . .	1 70	»
Cuirassiers	1 70	»
Dragons	1 66	1^m72
Chasseurs.	1 63	1 70
Hussards	1 63	1 70
Chasseurs d'Afrique et spahis.	1 63	1 72
Artillerie	1 67	»
Pontonniers.	1 67	»
Train d'artillerie.	1 66	»
Ouvriers d'artillerie et canonniers artificiers	1 64	»
Génie	1 66	»
Train des équipages.	1 64	»
Ouvriers constructeurs	1 64	»
Ouvriers d'administration	1 54	»
Sections de commis aux écritures du bureau de l'intendance	1 54	»
Sections d'infirmiers militaires	1 54	»

100. La taille réglementaire exigée des engagés volontaires diffère peu de celle qui sert de base pour la répartition, entre les différents corps et les différentes armes, des jeunes soldats provenant de l'appel d'une classe. Une tolérance existe pour la cavalerie légère, l'artillerie et le train des équipages, où le minimum de taille peut baisser d'un ou deux centimètres à l'égard des jeunes soldats immatriculés.

101. L'engagé doit, au moment de la signature de son acte d'engagement, être porteur d'un certificat de bonne vie et mœurs délivré par le maire de la commune de son dernier domicile. S'il ne compte pas au moins une année de séjour dans cette commune, il doit produire un autre certificat du maire des communes où il a été domicilié dans le cours de cette année; le certificat, indépendamment de la mention du domicile et de la jouissance des droits civils, doit attester que l'engagé n'a jamais été condamné à une peine correctionnelle pour vol, escroquerie, abus de confiance ou attentat aux mœurs (*art.* 46).

102. Si l'engagé a moins de vingt ans, il doit justifier du consentement écrit de ses père, mère ou tuteur, ce dernier dûment autorisé par une délibération du conseil de famille.

103. Enfin il doit savoir lire et écrire. L'application de cette disposition est ajournée au 1er janvier 1880, en vertu de la loi du 9 décembre 1875.

104. La durée de l'engagement volontaire est de cinq ans. La durée compte du jour où il a été souscrit; cette disposition est applicable aux jeunes gens qui, après s'être engagés, sont compris comme jeunes soldats dans une classe, autrement dit, les années de leur engagement volontaire comptent dans la durée de leur service militaire (*art.* 47).

105. En cas de guerre, le Français qui a accompli le temps de service prescrit pour l'armée active et la réserve de ladite armée, est admis à contracter un engagement pour la durée de la guerre, mais cet engagement ne lui ouvre aucun droit de conférer l'une des dispenses prévues à l'art. 17 de la loi.

106. Les hommes qui, après avoir accompli une année ou six mois de service sont envoyés en disponibilité, peuvent être admis à rester dans l'armée pour compléter leurs cinq années de service (*art.* 48). Tout engagé volontaire ou tout homme autorisé à compléter ses cinq années de service ne peut, sans son consentement, être renvoyé dans ses foyers avant l'expiration de son engagement (*art.* 49).

107. Les actes d'engagement volontaire sont contractés dans les formes prescrites par les art. 34, 35, 36, 37, 38, 39, 40, 42 et 44 du Code civil, devant les maires des chefs-lieux de canton (*art.* 50).

Ces actes doivent donc énoncer l'année, le jour et l'heure où ils sont reçus, les noms, prénoms, âge, profession et domicile de tous ceux qui y sont dénommés comme ayant assisté et concouru à l'établissement de l'acte. Les témoins produits à l'acte doivent être majeurs et du sexe masculin. Les conditions relatives à la durée des engagements sont insérées dans l'acte même. Les autres conditions sont lues aux contractants avant la signature, et mention en est faite à la fin de l'acte, le tout sous peine de nullité. Les actes d'engagement, pour être valables, doivent être signés par le maire, par les comparants et les témoins.

Dans toutes les lois sur le recrutement appliquées depuis la période de 1789, le législateur a voulu entourer des garanties les plus sérieuses la sincérité de l'acte de l'engagement volontaire. Les actes d'engagement volontaire, non-seulement sont établis, comme tous les actes de l'état civil, dans une forme authentique et d'une manière publique, mais les diverses pièces produites par l'engagé, annexées à la minute de l'acte, sont déposées au greffe du tribunal pour que l'on puisse y recourir si l'acte est attaqué en nullité soit par le contractant, soit par l'administration.

Sect. 2. — Rengagements.

108. Les militaires en activité peuvent contracter des rengagements soit pour le corps où ils sont présents, soit même pour un autre corps où ils veulent entrer. Ces rengagements dont la durée ne peut être inférieure à deux ans ni supérieure à cinq, ne peuvent être reçus que pendant le cours de la dernière année de service sous les drapeaux (*art.* 51).

109. Ils sont renouvelables jusqu'à l'âge de vingt-neuf ans accomplis pour les caporaux et soldats, et jusqu'à l'âge de trente-cinq ans accomplis pour les sous-officiers.

110. Les rengagements après cinq ans de service donnent droit à une haute paye (*art.* 51).

111. Les engagements souscrits par les hommes envoyés en disponibilité et les rengagements réalisés par les militaires sous les drapeaux sont contractés devant les intendants ou sous-intendants militaires, sur la preuve que le contractant peut rester ou être admis dans le corps pour lequel il se présente, et dans la forme de ceux contractés devant les maires, officiers de l'état civil (*art.* 52).

CHAP. V. — VOLONTARIAT OU ENGAGEMENTS CONDITIONNELS D'UN AN.

Sect. 1. — Jeunes gens diplômés.

112. Afin de favoriser les carrières libérales et de ménager, dans une certaine mesure, les carrières agricoles, commerciales et industrielles, le législateur a admis dans l'armée des engagements d'un ordre spécial. Ce sont les engagements conditionnels dont l'institution constitue le volontariat d'un an.

113. L'engagement conditionnel d'un an est autorisé dès l'âge de dix-huit ans, mais, à peine de déchéance du droit, il doit, comme dernière limite, être souscrit l'année qui précède le tirage au sort de la classe à laquelle appartient par son âge celui qui veut le contracter. (*D. et Instr.* 1er déc. 1872.)

114. Ce genre spécial d'engagement est de droit absolu pour les jeunes gens qui ont obtenu des diplômes de bachelier ès lettres, de bachelier ès sciences, des diplômes de fin d'études, ou des brevets de capacité institués par la loi du 21 juin 1865, portant organisation de l'enseignement secondaire spécial;

Pour ceux qui font partie de l'école centrale des arts et manufactures, des écoles nationales des arts et métiers, des écoles nationales des beaux-arts, du conservatoire de musique. Pour les élèves des écoles nationales vétérinaires et des écoles nationales d'agriculture, les élèves externes de l'école des mines, de l'école des ponts et chaussées, de l'école du génie maritime, les élèves de l'école des mineurs de Saint-Étienne (*L.* 1872,

art. 53), ceux des haras du Pin (*L.* 1er *déc.*
1875) et ceux des fermes-écoles et des écoles
pratiques d'agriculture qui auront obtenu le brevet
de capacité aux examens de sortie (*L.* 30 *juillet*
1875.)

115. Les écoles des arts et métiers sont celles
d'Aix, d'Angers et de Châlons, et l'école d'horlogerie de Cluses (Haute-Savoie). (*D. et instr.* 1er *déc.*
1872; *Circ.* 16 *juin* 1873.)

Les écoles nationales des beaux-arts sont celles
de Paris, de Dijon et de Lyon.

Le conservatoire de musique comprend celui
de Paris et ses succursales à Lille, à Toulouse,
à Dijon et à Nantes.

Les écoles nationales vétérinaires sont à Alfort près Paris, à Lyon et à Toulouse.

Les écoles nationales d'agriculture sont celles
de Grignon (Seine-et-Oise), de Grandjouan (Loire-
Inférieure) et de Montpellier (Hérault). (*D. et
Instr.* 1er *déc.* 1872.)

Sect. 2. — Examen professionnel.

116. Indépendamment des jeunes gens compris
dans l'une des catégories ci-dessus, sont admis,
avant le tirage au sort de leur classe, les jeunes
gens non pourvus de diplôme qui satisfont aux
examens exigés d'après le programme annexé au
décret du 31 octobre 1872. (*L.* 27 *juill.* 1872,
art. 54.)

117. Ce décret impose aux candidats qui demandent à contracter un engagement conditionnel
d'un an, l'obligation de subir deux épreuves successives devant une commission composée d'examinateurs nommés par le ministre de la guerre
et choisis parmi les citoyens exerçant ou ayant
exercé une profession agricole, commerciale ou
industrielle.

Des membres de l'enseignement public, représentés par des professeurs appartenant à un
lycée ou à une école primaire, peuvent être adjoints
à la commission d'examen. (*Circ.* 9 *juin* 1875.)

118. Les candidats, rangés à l'avance en trois
séries, correspondant respectivement à l'agriculture, au commerce, à l'industrie, passent, selon la
série, devant un examinateur différent.

119. La première épreuve consiste en une
dictée écrite en français; la seconde épreuve est
un examen oral public.

120. L'examen oral se compose de deux parties:
la première partie s'applique aux matières composant l'enseignement que le candidat a dû recevoir
à l'école primaire.

La seconde partie porte spécialement sur les
notions élémentaires et pratiques relatives à l'exercice même de la profession des candidats, suivant
les indications générales du programme annexé
au décret du 31 octobre.

L'interrogatoire s'étendra, selon la profession
du candidat, sur les matières suivantes : ·

Agriculture. — Natures diverses des terrains au point de vue
de la culture : engrais et amendements, climats, saisons ; leurs
rapports avec la culture, moyen d'utiliser les eaux ou de s'en
préserver. Instruments et machines agricoles. Conservation des
récoltes, bestiaux et animaux domestiques. Comptabilité agricole, débouchés des principaux produits agricoles de la région.

Commerce. — Marchandises qui font l'objet de la spécialité
du candidat ; leur provenance, leur emploi et leur prix de revient.

Comptabilité et tenue des livres ; dénomination des livres de
commerce ; principales opérations de commerce ou de banque ;
formules usuelles du billet à ordre, de la lettre de change, du

mandat, du chèque, etc. Signification des principaux termes de
commerce ou de banque.

Industrie. — Caractères et propriétés des matières premières
ou matériaux, leur extraction, leur préparation, leur transformation ou leur emploi. Moteurs, machines, instruments et outils
dont le candidat fait habituellement usage. Procédés au moyen
desquels il obtient les produits de son industrie spéciale. Nature de ces produits. (*D.* 31 *oct.* 1872.)

121. Le nombre des engagés d'un an dans les
conditions de l'art. 53 de la loi de 1872 (bacheliers ou élèves des écoles nationales) n'est pas
limité; il peut l'être pour les engagés dans les
conditions de l'art. 54 (examen professionnel),
le ministre de la guerre ayant, d'après la loi, la
faculté de fixer, chaque année, le nombre des
engagements conditionnels d'un an susceptibles
d'être souscrits par les jeunes gens qui appartiennent ou se destinent aux carrières professionnelles.

Sect. 3. — Assimilation.

122. Les jeunes gens classés dans l'un des cas
de l'art. 53 ou placés dans les conditions de l'art. 54
de la loi, qui, s'étant présentés en temps utile
(*voy.* n° 116) pour contracter l'engagement conditionnel, n'y sont pas admis pour cause d'inaptitude physique, et qui, ensuite, sont reconnus
propres au service par le conseil de révision de
leur classe, peuvent réclamer, bien qu'ils aient
concouru au tirage au sort, les avantages du volontariat. Ils sont considérés alors comme assimilés
aux engagés conditionnels et mis en route avec
ces engagés, si d'ailleurs ils remplissent les conditions requises pour le volontariat d'un an. (*Art.* 54
et L. 31 *déc.* 1875.)

Sect. 4. — Prestation.

123. L'engagé volontaire d'un an est habillé,
monté, équipé et entretenu à ses frais. L'obligation, pour l'engagé conditionnel de s'habiller, de
s'équiper, de se monter et de s'entretenir, a été
transformée en une prestation individuelle dont
le montant uniforme a été fixé à 1,500 fr. par un
arrêté ministériel du 7 décembre 1872.

Toutefois, le ministre de la guerre peut exempter de tout ou partie de ces obligations les jeunes
gens qui ont donné dans leur examen des preuves
de capacité et justifient être dans l'impossibilité
de subvenir aux frais de leur entretien comme
engagé. (*L.* 1872, *art.* 55.)

124. Les jeunes gens admis à contracter l'engagement d'un an, après avoir satisfait aux examens
professionnels, sont seuls susceptibles d'obtenir
l'exemption du versement de la prestation, soit
totale, soit partielle, mais rien ne s'oppose à ce
que les jeunes gens placés dans les conditions
de l'art. 53, renonçant au privilège que leur assure
leur diplôme ou leur titre d'élève d'une des
écoles nationales mentionnées, se présentent aux
examens afin de pouvoir bénéficier de l'exemption.
Seulement, ceux qui obtiennent une exemption
totale ou partielle perdent le droit aux sursis
prévus par l'art. 57 de la loi. (*Instr.* 1er *déc.* 1872.)

125. Le nombre des engagés qui sert de base
à la fixation des exemptions de versement est celui
des jeunes gens admis à l'engagement dans les
conditions de l'art. 54, c'est-à-dire après examen.

126. Le chiffre des exemptions, réglé à raison
de 1 p. 100 du nombre de ces jeunes gens, est
calculé de manière que les départements qui comptent de 25 à 49 engagés ont droit à l'exemption

d'un quart de la prestation; ceux qui en comptent de 50 à 74, à l'exemption de la moitié de la prestation; de 75 à 99, à l'exemption des trois quarts; de 100 à 124, à une exemption totale; de 125 à 149, à une exemption et un quart et ainsi de suite. (*Circ.* 8 *juin* 1874.)

127. Les départements ayant moins de 25 engagés ont droit à l'exemption d'un quart de la prestation, quelque faible que soit le nombre de leurs engagés.

128. L'exemption totale attribuée à un département peut être répartie entre deux, trois ou quatre candidats, mais la répartition doit toujours être faite par quart, moitié ou trois quarts de la prestation et jamais par tiers.

129. Pour obtenir la faveur de l'exemption totale ou partielle du versement de la prestation, l'engagé doit réunir la double condition d'avoir mérité à l'examen professionnel la mention *très-bien*; de pouvoir faire établir par une délibération du conseil municipal de la commune de son domicile légal l'impossibilité où il est de satisfaire aux obligations pécuniaires imposées par la loi. (*D. et Instr.* 1er *déc.* 1872.)

130. Le préfet, après avis de la commission permanente du conseil général, prononce au nom du ministre de la guerre et répartit entre les candidats les exemptions attribuées. (*Instr.* 1er *déc.* 1872.)

Sect. 5. — Obligations.

131. L'engagé volontaire d'un an est incorporé et soumis à toutes les obligations de service imposées aux hommes présents sous les drapeaux (*art.* 56).

Il est astreint aux examens prescrits par le ministre de la guerre. (*Programmes du* 26 *oct.* 1875 *annexés à la circulaire du* 27 *du même mois.*)

132. Si, après un an de service, l'engagé volontaire ne satisfait pas à cet examen, il est obligé de rester une seconde année au service.

Si, après cette seconde année, l'engagé ne satisfait pas à cet examen, il est, par décision du ministre de la guerre, déchu des avantages réservés aux volontaires d'un an, et il reste soumis aux mêmes obligations que celles imposées aux hommes de la première partie de la classe à laquelle il appartient par son âge. Il en est de même pour le volontaire qui, pendant la première ou la seconde année, a commis des fautes graves et répétées contre la discipline. Dans tous les cas, le temps passé dans le volontariat compte en déduction de la durée du service prescrit par l'art. 36 de la loi.

133. En temps de guerre, l'engagé volontaire d'un an est maintenu au service; en cas de mobilisation, il marche avec la première partie de la classe à laquelle il appartient par son âge.

Sect. 6. — Sursis de départ.

134. Dans l'année qui précède l'appel de leur classe, les jeunes gens mentionnés à l'art. 53 de la loi du 27 juillet 1872 et dans la loi additionnelle du 31 décembre 1875, c'est-à-dire ceux pourvus de diplômes ou admis aux cours des écoles spécifiées, qui n'auraient pas terminé les études de la Faculté ou des écoles auxquelles ils appartiennent, mais qui voudraient les achever dans un temps déterminé, peuvent, tout en contractant

l'engagement d'un an, obtenir de l'autorité militaire un sursis avant de se rendre au corps pour lequel ils se sont engagés. Le sursis peut être renouvelé d'année en année et leur être accordé jusqu'à l'âge de vingt-quatre ans accomplis. Mais, une fois parvenus à cet âge, les engagés en sursis sont tenus de rejoindre les drapeaux et de remplir les obligations militaires de leur engagement (*art.* 57).

135. Les jeunes gens qui se destinent à l'école polytechnique, à l'école forestière et à l'école de Saint-Cyr, sont admis, après leur engagement, comme les jeunes gens placés dans les conditions de l'art. 53, au bénéfice des sursis.

La loi du 31 décembre 1875 a étendu le même droit aux élèves des écoles d'agriculture subventionnées par l'État et aux écoles supérieures de commerce subventionnées par les chambres de commerce et agréées par le ministre de la guerre.

Par suite de cette disposition législative additionnelle, les jeunes gens appelés à profiter supplémentairement du bénéfice des sursis, appartiennent aux écoles suivantes : écoles d'agriculture (*voy.* **Enseignement agricole**), institut agronomique de Lille; écoles supérieures de commerce de Paris, Rouen, le Havre, Lille, Bordeaux, Lyon et Marseille. (*Circ.* 10 *oct.* 1876.)

Sect. 7. — Grades.

136. Après avoir satisfait, à l'expiration de son année de service, aux examens réglementaires, l'engagé volontaire d'un an peut obtenir un brevet de sous-officier ou une commission équivalente.

137. Si le même engagé consent à rester une seconde année sous les drapeaux, il peut obtenir, au bout de cette seconde année et après examen, un brevet d'officier à titre auxiliaire. Il passe alors avec son grade dans la disponibilité, puis dans la réserve de l'armée active, et plus tard dans l'armée territoriale.

Sect. 8. — Formalités préalables à l'engagement conditionnel.

138. Avant de conclure leur engagement, les aspirants au volontariat sont tenus, à peine de déchéance du droit, de remplir, aux époques déterminées par le ministre de la guerre, les formalités suivantes (*D. et Instr.* 1er *déc.* 1872 ; *Circ.* 26 *juin* 1873, 8 *juin* 1874, 9 *juin* 1875, 11 *juin* 1876, 10 *février* 1877) :

139. Tout candidat au volontariat doit adresser, du 1er juillet au 31 août, au préfet du département dans lequel il désire contracter son engagement, une demande rédigée sur papier timbré, énonçant les nom et prénoms du candidat, le lieu et la date de sa naissance, son domicile et sa résidence, l'arme dans laquelle il désire servir, régiments d'infanterie de ligne ou bataillons de chasseurs à pied, cuirassiers, dragons, chasseurs, hussards, régiments d'artillerie, régiments du génie, escadrons du train des équipages, sections d'infirmiers militaires, sections de commis ou ouvriers d'administration.

140. Si le candidat se trouve dans l'un des cas de l'art. 53, il indique le titre qui lui ouvre le droit à l'engagement conditionnel; si, au contraire, il est placé dans les conditions de l'art. 54, il indique sa profession et désigne la série dans laquelle il désire être rangé pour subir l'examen professionnel : agriculture, commerce, industrie.

141. A la demande doivent être joints l'acte de naissance et le certificat d'acceptation délivré par le commandant du recrutement, constatant l'aptitude non-seulement au service militaire, mais encore à l'arme à laquelle on désire être affecté.

Les jeunes gens pourvus de diplômes ou élèves des écoles spécifiées doivent, en outre, joindre à leur demande un certificat de diplôme ou d'études.

142. Lorsqu'ils se destinent aux armes à cheval, les postulants doivent, préalablement à la visite du commandant de recrutement, se présenter devant une commission militaire chargée de les examiner au point de vue de l'équitation et de constater que, pour la cavalerie, ils savent bien monter à cheval ; que pour l'artillerie, ils ont l'habitude du cheval ; que pour le train d'artillerie ou le train des équipages militaires, ils savent monter à cheval, soigner les chevaux, conduire les voitures.

143. Les jeunes gens assimilés aux engagés conditionnels remplacent le certificat d'acceptation délivré par le commandant de recrutement par un certificat d'assimilation que leur remet le général commandant la subdivision de région.

144. Les commissions instituées pour procéder aux examens professionnels ouvrent leur session du 15 au 30 septembre.

145. Le versement de la prestation de 1,500 fr. doit s'effectuer entre les mains des préposés à la caisse des dépôts et consignations (en province chez les trésoriers généraux ou les receveurs d'arrondissement ; à Paris, à la caisse centrale), du 10 octobre au 4 novembre. Le versement en peut être accepté que sur la production d'un bulletin indicatif délivré par le préfet.

146. Le choix des corps et la réception des actes d'engagement ont lieu du 25 octobre au 4 novembre.

147. Entre la date de la clôture des examens professionnels et celle de l'appel des candidats pour le choix du corps, il est procédé à un tirage au sort entre les jeunes gens susceptibles de contracter l'engagement conditionnel, à l'effet de déterminer le rang d'après lequel ils seront appelés par le commandant du recrutement pour désigner, suivant leur aptitude, parmi les corps indiqués, celui dans lequel ils désirent servir. (*Circ.* 11 *juin et* 10 *oct.* 1876.)

148. Les jeunes gens qui ont obtenu le diplôme de docteur en médecine, les étudiants en médecine qui ont satisfait à deux examens de fin d'année, les aspirants au diplôme de pharmacien de 1re classe qui ont passé avec une bonne note les deux premiers examens de fin d'études, sont autorisés à accomplir dans les hôpitaux militaires, pour être employés dans leur spécialité, le temps de service auquel ils sont tenus par leur engagement.

149. Les jeunes gens appartenant à l'une des professions suivantes : employé dans une maison de commerce, d'industrie, de finances ; commerçant en céréales et farines ; commerçant en denrées coloniales ; commerçant en denrées fourragères ; commerçant en draperies, rouenneries ;

commerçant en bestiaux divers ; les employés des administrations publiques et les clercs de notaire, d'avoué et d'huissier, peuvent, à la suite d'un examen passé devant une commission d'intendance, être admis, à raison de 10 par corps d'armée, dans une section de commis et ouvriers militaires d'administration ou d'infirmiers militaires. (*Circ.* 7 *oct.* 1875 *et* 10 *oct.* 1876.)

150. Les actes d'engagement sont reçus exclusivement par les maires des villes chefs-lieux de département. Ils ne peuvent être contractés que pour l'armée de terre.

151. Les jeunes gens, même mineurs, ont la faculté de choisir le département dans lequel ils désirent souscrire leur engagement conditionnel, mais ils sont tenus d'y accomplir sans exception, toutes les formalités préalables de l'engagement d'un an.

152. Les conditions et les formes de l'acte d'engagement d'un an sont les mêmes que celles de l'engagement pour cinq ans : être Français ; avoir, au moment de la signature de l'acte d'engagement, au moins 18 ans accomplis ; être sain, robuste et bien constitué ; n'être lié au service ni dans l'armée de terre, ni dans celle de mer ; jouir de ses droits civils et être de bonne vie et mœurs.

Sont considérés comme Français, et peuvent dès lors être admis à l'engagement conditionnel les individus nés en France de parents étrangers qui ont réclamé la qualité de Français conformément à l'art. 9 du Code civil, ainsi que les individus nés en France d'un étranger qui lui-même y est né, si, dès qu'ils ont leur majorité, ils ont renoncé à la faculté de réclamer leur qualité d'étranger. (*L.* 7 *févr.* 1851, *art.* 1er.) L'admission à l'engagement conditionnel est également concédée aux fils d'étrangers qui se trouvent dans l'un des cas prévus par l'art. 2 de la loi du 7 février 1851.

153. Le certificat de bonne vie et mœurs est établi par le maire de la commune du domicile de l'engagé volontaire, sur la production d'un extrait de casier judiciaire. Cet extrait doit être réclamé par l'intéressé au greffe du tribunal civil dans le ressort duquel se trouve placée la commune où l'aspirant à l'engagement conditionnel est né.

154. Si l'engagé a moins de 20 ans, il doit produire le consentement de son père, de sa mère ou de son tuteur, ce dernier dûment autorisé par une délibération du conseil de famille.

155. A la différence des engagés pour 5 ans, l'engagé d'un an, quoique marié ou veuf avec enfants, reste admissible, en vertu du décret du 30 janvier 1873, à contracter l'engagement conditionnel.

156. Enfin, il doit, selon le corps où il servira, avoir atteint la taille minimum réglementaire suivante :

Infanterie, Génie	1m,54
Sections de commis et ouvriers d'administration ou d'infirmiers militaires	1 ,54
Cuirassiers.	1 ,68
Dragons, Chasseurs, Hussards.	1 ,60
Artillerie, batteries à pied et batteries montées, train d'artillerie et train des équipages . . .	1 ,64

157. Après la signature de l'acte d'engagement, l'engagé qui n'a pas droit au sursis doit se présenter à l'intendance pour retirer sa feuille de route.

158. L'engagé qui a droit au sursis et qui le réclame, doit adresser à cet effet au général commandant la subdivision une demande à laquelle il joindra, outre son acte d'engagement, le certificat délivré par le recteur de la faculté ou le directeur de l'école dont il fait partie, constatant que, pour continuer ou achever ses études, il a besoin d'une année.

159. Les engagés conditionnels renvoyés avant leur incorporation pour cause d'inaptitude physique, les jeunes gens qui, après avoir contracté l'engagement conditionnel, sont admis aux écoles polytechnique, forestière et de Saint-Cyr, ont droit au remboursement du montant de la prestation dont ils ont effectué le versement.

160. La mise en route des engagés conditionnels a lieu, chaque année, du 5 au 8 novembre.

CHAP. VI. — DISPOSITIONS PÉNALES.

161. Tout homme inscrit sur le registre matricule et classé dans la disponibilité ou dans la réserve de l'armée active, qui n'a pas fait les déclarations de changement de domicile ou de résidence prescrites par les art. 34 et 35 de la loi du 27 juillet 1872, et par l'art. 3 de la loi du 18 novembre 1875, peut être puni d'une amende de 16 à 200 fr., et condamné, en outre, à un emprisonnement de 15 jours à 3 mois (*art.* 59).

Les mêmes dispositions pénales sont applicables aux hommes inscrits sur les contrôles de l'armée territoriale, en conformité de l'art. 32 de la loi du 24 juillet 1873 et des art. 20 et 21 de la loi du 18 novembre 1875.

En temps de guerre la peine est double.

162. Les pénalités édictées aux art. 60, 61, 62, 63, 65 et 66 prévoient les cas d'omission sur les tableaux de recensement par la suite de fraudes ou de manœuvres; d'insoumission ou de recel d'un insoumis; de mutilation ou de simulation d'infirmités; d'abus d'autorité de la part des fonctionnaires chargés d'appliquer la loi. Les mêmes pénalités atteignent les complices des fraudes et manœuvres, mutilations et simulations. Si ces complices sont des médecins, chirurgiens ou officiers de santé, la peine, à leur égard, peut être doublée.

163. En temps de guerre la pénalité devient plus rigoureuse. Indépendamment de l'aggravation dans la durée de l'emprisonnement, les individus condamnés peuvent, s'ils sont militaires, être envoyés dans une compagnie de discipline. Enfin, aux termes de l'art. 64, le temps passé en état de détention, en vertu d'un jugement, par tout militaire, ne lui compte jamais comme années de service.

CHAP. VII. — DISPOSITIONS PARTICULIÈRES ET DISPOSITIONS TRANSITOIRES.

164. *Dispositions particulières.* Les dispositions particulières qui font l'objet des art. 69, 70 et 71 de la loi du 27 juillet 1872, s'occupent de l'instruction à donner sous les drapeaux aux jeunes gens appelés à faire partie de l'armée, de l'organisation du service religieux, des avantages à garantir aux anciens sous-officiers, pour les engager à prolonger leur séjour dans les rangs de l'armée.

165. Les lois des 24 juillet 1873 et 31 décembre 1875, le décret du 28 octobre 1874, ainsi que l'instruction ministérielle du 25 mars 1875 déterminent le nombre et la nature des emplois civils et militaires à réserver aux anciens sous-officiers des armées de terre et de mer, et règlent en même temps les conditions à remplir, par ces sous-officiers, pour obtenir les emplois qui leur sont réservés. Une autre loi, celle du 10 juillet 1874, prescrit des dispositions particulières en vue de l'amélioration de la situation des sous-officiers.

166. Le service religieux est réglé par la loi du 20 mai 1874, relative à l'organisation de ce service dans l'armée de terre.

167. Quant à l'instruction à donner aux jeunes gens appelés sous les drapeaux, elle leur est donnée suivant leurs grades, pour la partie pédagogique (enseignement primaire), d'après des programmes arrêtés par le ministre de la guerre; pour la partie tactique, celle relative aux manœuvres et au service militaire, d'après les règlements approuvés par le ministre.

168. L'art. 72 de la loi du 27 juillet 1872 déclare que nul ne peut être admis, avant l'âge de 30 ans accomplis, à un emploi public, s'il ne justifie avoir satisfait aux obligations du service militaire.

169. *Dispositions transitoires.* Les dispositions transitoires s'appliquent principalement aux classes de 1871, 1870, 1869, 1868 et 1867; elles déterminent, pour ces classes, la durée de leur service dans la réserve de l'armée active et l'époque de leur passage dans l'armée territoriale (*art.* 71, 75 *et* 76).

170. Les mêmes dispositions prescrivent la formation de l'armée territoriale, portion active et portion de réserve, avec les hommes des classes antérieures appelées en vertu de la loi du 21 mars et qui, au moment de la promulgation de la loi (17 août 1872), n'avaient pas encore atteint l'âge de 40 ans. Elles déterminent le mode de recensement et de révision des hommes susceptibles de concourir à la composition de cette armée. (*Circ.* 13, 16 *et* 24 *déc.* 1874, 8 *et* 25 *janv.* 1875 *et* 28 *févr.* 1876.)

CHAP. VIII. — ARMÉE TERRITORIALE.
Sect. 1. — Organisation.

171. L'armée territoriale est le doublement de l'armée active; à ce titre elle doit avoir, en tout temps, des cadres entièrement constitués. Elle est formée, conformément à l'art. 36 de la loi du 27 juillet 1872, confirmé par l'art. 30 de la loi du 24 juillet 1873, des hommes domiciliés dans la région.

172. Les militaires de tout grade qui la composent restent dans leurs foyers et ne sont réunis ou appelés à l'activité que sur l'ordre de l'autorité militaire.

173. L'armée territoriale est partagée en deux portions: la première portion, ou premier ban, constitue l'armée territoriale active; la deuxième portion, ou second ban, ou la réserve, laquelle n'est appelée à l'activité qu'en cas d'insuffisance de ressources fournies par l'armée territoriale. Dans ce cas, l'appel se fait par classe et en commençant par la moins ancienne.

174. L'effectif permanent soldé de l'armée territoriale ne comprend que le personnel nécessaire à l'administration, à la tenue des contrôles, à la comptabilité et à la préparation des mesures qui ont pour objet l'appel à l'activité des hommes de ladite armée.

175. Les cadres des troupes et des divers services de l'armée territoriale sont recrutés : pour les officiers et fonctionnaires, parmi les officiers et fonctionnaires démissionnaires ou en retraite des armées de terre et de mer, parmi les anciens engagés conditionnels d'un an qui ont obtenu des brevets d'officiers auxiliaires ou des commissions, enfin parmi les anciens sous-officiers de la réserve et les anciens engagés conditionnels munis du brevet de sous-officier, qui peuvent, à la suite d'examens, être promus au grade de sous-lieutenant dans l'armée territoriale.

176. Pour les sous-officiers et employés, parmi les anciens sous-officiers et employés de la réserve, parmi les anciens engagés conditionnels d'un an munis du brevet de sous-officier, et parmi les anciens caporaux et brigadiers présentant les conditions d'aptitude nécessaires.

177. La nomination des officiers et des fonctionnaires est faite par le président de la République, sur la proposition du ministre de la guerre ; celle des sous-officiers et des employés par le général commandant le corps d'armée de la région.

178. La formation des divers corps de l'armée territoriale a lieu par subdivision de région, pour l'infanterie, et sur l'ensemble de la région pour les autres armes, cavalerie, génie, artillerie, train et services d'administration.

179. En cas de mobilisation, les corps de troupe de l'armée territoriale peuvent être affectés à la garnison des places fortes, aux postes et lignes d'étapes, à la défense des côtes, des lignes stratégiques ; ils peuvent être formés en brigades, divisions et corps d'armée destinés à tenir campagne ; ils peuvent être aussi détachés pour faire partie de l'armée active.

180. L'armée territoriale, lorsqu'elle est mobilisée, est soumise aux lois et règlements qui régissent l'armée active, et lui est assimilée pour la solde et les prestations de toute nature.

Sect. 2. — Obligations.

181. La loi du 18 novembre 1875, qui coordonne les lois des 27 juillet 1872, 24 juillet 1873, 13 mars, 19 mars et 6 novembre 1875 avec le Code de justice militaire, rend justiciables des tribunaux militaires, en temps de paix comme en temps de guerre, pour tous crimes et délits, les officiers et soldats de l'armée territoriale, complétement assimilés, sous ce rapport, aux officiers et soldats de la disponibilité et de la réserve de l'armée active, savoir :

En cas de mobilisation, à partir du jour de leur appel à l'activité jusqu'à celui où ils sont renvoyés dans leurs foyers ; hors le cas de mobilisation, lorsqu'ils sont convoqués pour des manœuvres, exercices ou revues, depuis l'instant de leur réunion jusqu'au jour où ils sont renvoyés dans leurs foyers.

182. Ils sont toujours justiciables des tribunaux militaires, pour les faits d'insoumission,

pour tous les crimes et délits prévus au titre II du livre IV du Code de justice militaire, lorsqu'ils sont employés dans les services publics et dans les chemins de fer ou qu'ils font partie des compagnies de sapeurs-pompiers, des places fortes ou lorsque, au moment où les faits incriminés ont été commis, les délinquants étaient revêtus d'effets d'uniforme.

183. Comme les hommes de l'armée active, les hommes de l'armée territoriale sont laissés à la répression directe de l'autorité militaire pour être l'objet des punitions disciplinaires prononcées en cas d'infractions contre le devoir militaire : retard non justifié en cas de convocation pour des manœuvres, exercices ou revues ; infractions commises contre la discipline, étant revêtus d'effets d'uniforme ; tout acte de désobéissance aux ordres de l'autorité militaire donnés en exécution des lois.

CHAP. IX. — LE RECRUTEMENT EN ALGÉRIE.

184. Les jeunes gens nés dans les colonies françaises et qui y ont, à l'époque du tirage au sort de leur classe, leur domicile légal, ne sont pas inscrits sur les tableaux de recensement, attendu qu'ils doivent être considérés comme étant tenus à un service dans une milice spéciale organisée pour la défense de ces colonies. (*Instr. minist.* 30 *nov.* 1872.)

185. Il n'en est pas de même des jeunes gens nés ou domiciliés en Algérie : une loi spéciale, celle du 6 novembre 1875, règle leur position sous le rapport du recrutement.

186. D'après l'art. 1er de cette loi, les Français nés en Algérie et qui y ont conservé leur domicile, ceux qui, n'y étant pas nés, y sont domiciliés, ou qui ayant leurs parents domiciliés sur le territoire continental de la France, ont fixé en Algérie leur résidence habituelle et prennent devant le maire, avant leur inscription sur le tableau de recensement, l'engagement de résider dix ans en Algérie, sont soumis à l'obligation du service militaire personnel imposé à tout Français par la loi du 27 juillet 1872. Il n'y a de différence que dans la durée du service.

187. En effet, les Français désignés à l'art. 1er de la loi du 6 novembre 1875, ne sont soumis qu'à une année de présence effective sous les drapeaux à partir de l'appel, qui ne peut être retardé au delà du 1er septembre de la même année. A l'expiration de leur année de service effectif, ils restent inscrits, pendant huit années, sur les contrôles de la réserve et passent ensuite dans l'armée territoriale.

188. Pour les jeunes gens inscrits en France, la durée du service compte du 1er juillet de l'année de l'appel de leur classe ; pour ceux inscrits en Algérie, cette durée compte du 1er avril.

189. En France, les hommes ne sont assujettis aux obligations du service militaire que jusqu'à l'âge de 40 ans ; en Algérie, les hommes au-dessus de 40 ans peuvent, en cas d'insurrection et si les ressources fournies par la réserve de l'armée active et de l'armée territoriale sont insuffisantes, être rappelés au service et incorporés dans l'armée territoriale.

190. Les jeunes soldats levés en Algérie font leur service dans les corps stationnés dans cette colonie. Cependant, exceptionnellement et par mesure d'ordre, le ministre de la guerre, sur la proposition du Gouverneur général, peut envoyer dans les corps de troupe du midi de la France, pour y faire leur année de service, un certain nombre de ces jeunes soldats d'origine indigène.

191. Comme corollaire à l'art. 1er de la loi du 6 novembre 1875, l'art. 25 dispose que le Français domicilié en Algérie qui quitte la colonie sans esprit de retour avant l'âge de vingt-neuf ans, ou avant d'avoir rempli les conditions de l'engagement prévu par l'art. 1er, est tenu d'accomplir le temps de service actif prescrit par la loi du 27 juillet 1872, déduction faite du temps qu'il aura déjà passé sous les drapeaux. Il reste ensuite assujetti aux obligations que la classe dont il fait partie par son âge a encore à remplir.

192. Les autres dispositions insérées dans la loi du 6 novembre et relatives au recensement, à l'inscription, au domicile, à l'extranéité, aux exemptions, aux dispenses, aux sursis d'appel, à la révision, aux conditions pour un grade, au mariage des hommes de la réserve, aux engagements et rengagements et au volontariat d'un an, aux pénalités, sont la reproduction exacte des dispositions prévues à la loi du 27 juillet 1872 sur le recrutement de l'armée en France.

193. A titre de disposition particulière et transitoire, la loi du 6 novembre admet que les jeunes gens de 20 à 30 ans, remplissant les conditions déterminées à l'art. 1er, qui ont concouru au tirage au sort et qui sont compris dans la portion du contingent appelée à passer cinq années sous les drapeaux, soient, sur leur demande, renvoyés dans leurs foyers après une année de service et inscrits sur les contrôles de la réserve de l'Algérie. En retour, elle prescrit l'inscription dans l'armée territoriale des hommes âgés de moins de 40 ans, qu'ils aient ou non figuré sur le tableau de recensement de leur classe.

CHAP. X. — DIVISION MILITAIRE DE LA FRANCE EN RÉGIONS.

Sect. 1. — Division régionale.

194. Le territoire de la France est divisé, au point de vue du recrutement et pour l'organisation de l'armée active, de la réserve de l'armée active, de l'armée territoriale et de sa réserve, en dix-huit régions et subdivisions de région.

Chaque région est occupée par un corps d'armée qui y tient garnison.

Un corps d'armée spécial est, en outre, affecté à l'Algérie.

195. Chaque région est divisée en huit subdivisions, ce qui porte à 144, pour toute la France, le nombre de subdivisions de région. (*D.* 6 *août* 1874.)

A chaque subdivision correspond un régiment d'infanterie d'armée active et d'armée territoriale.

196. Au chef-lieu de chacune des subdivisions se trouve un bureau dit de *mobilisation*, duquel relèvent tous les hommes de la subdivision de région soumis au service, les jeunes soldats de la 1re et de la 2e portion du contingent, aussi bien que les disponibles, les réservistes et les hommes de l'armée territoriale.

197. Le département de la Seine, uni à celui de Seine-et-Oise, la ville de Lyon, avec quatre

cantons du département du Rhône (Neuville, Givors, Villeurbanne et Saint-Genis-Laval), forment deux territoires spéciaux désignés sous le titre de: *Gouvernements militaires de Paris et de Lyon.* Les corps de troupe qui composent la garnison de ces deux territoires sont empruntés aux corps d'armée cantonnés dans les dix-huit régions.

198. Chacun des corps d'armée des dix-huit régions comprend deux divisions d'infanterie, une brigade de cavalerie, une brigade d'artillerie, un bataillon du génie, un escadron du train des équipages, ainsi que les états-majors et les divers services nécessaires.

199. Chaque corps d'armée est pourvu, en tout temps, du commandement, des états-majors, des services administratifs et auxiliaires, du matériel, des hôpitaux et des magasins d'approvisionnement en munitions et en effets d'habillement, d'équipement, de harnachement et de campement, qui lui sont nécessaires pour entrer en campagne, de manière à pouvoir, en cas de mobilisation, passer immédiatement du pied de paix sur le pied de guerre.

200. En cas de mobilisation, chaque commandant de corps d'armée a le droit de requérir, dans l'étendue de sa région, les chevaux et juments, les mulets et mules, qu'il juge nécessaires aux besoins de son corps d'armée. L'état des animaux susceptibles d'être requis est dressé, chaque année, à l'avance, par les soins des maires, de concert avec l'autorité militaire. (*L.* 1er *août* 1874.)

201. *Composition des* 18 *régions ou corps d'armée.* La 1re région, dont le centre est à Lille, comprend les départements du Nord et du Pas-de-Calais;

La 2e région, dont le centre est à Amiens, comprend les départements de l'Aisne, de l'Oise, de la Somme, et une portion de ceux de la Seine et de Seine-et-Oise;

La 3e région, dont le centre est à Rouen, comprend les départements du Calvados, de l'Eure, de la Seine-Inférieure, et une portion de ceux de la Seine et de Seine-et-Oise;

La 4e région, dont le centre est au Mans, comprend les départements d'Eure-et-Loir, de la Mayenne, de l'Orne, de la Sarthe, et une portion de ceux de la Seine et de Seine-et-Oise;

La 5e région, dont le centre est à Orléans, comprend les départements du Loiret, de Loir-et-Cher, de Seine-et-Marne, de l'Yonne, et une portion de ceux de la Seine et de Seine-et-Oise;

La 6e région, dont le centre est à Châlons-sur-Marne, comprend les départements des Ardennes, de l'Aube, de la Marne, de Meurthe-et-Moselle, de la Meuse et des Vosges;

La 7e région, dont le centre est à Besançon, comprend les départements de l'Ain, du Doubs, du Jura, de la Haute-Marne, du Haut-Rhin, de la Haute-Saône, et une portion de celui du Rhône;

La 8e région, dont le centre est à Bourges, comprend les départements du Cher, de la Côte-d'Or, de la Nièvre, de Saône-et-Loire, et une portion de celui du Rhône;

La 9e région, dont le centre est à Tours, comprend les départements de Maine-et-Loire, d'Indre-et-Loire, de l'Indre, des Deux-Sèvres et de la Vienne;

La 10e région, dont le centre est à Rennes, comprend les départements des Côtes-du-Nord, de la Manche et d'Ille-et-Vilaine;

La 11e région, dont le centre est à Nantes, comprend les départements du Finistère, de la Loire-Inférieure, du Morbihan et de la Vendée;

La 12e région, dont le centre est à Limoges, comprend les départements de la Charente, de la Corrèze, de la Creuse, de la Dordogne et de la Haute-Vienne;

La 13e région, dont le centre est à Clermont-Ferrand, comprend les départements de l'Allier, de la Loire, du Cantal, et une portion de celui du Rhône;

La 14e région, dont le centre est à Grenoble, comprend les départements des Hautes-Alpes, de la Drôme, de l'Isère, de la Savoie, de la Haute-Savoie, et une portion de celui du Rhône;

La 15e région, dont le centre est à Marseille, comprend les départements des Basses-Alpes, des Alpes-Maritimes, de l'Ardèche, des Bouches-du-Rhône, de la Corse, du Gard, du Var et de Vaucluse;

La 16e région, dont le centre est à Montpellier, comprend les départements de l'Aude, de l'Aveyron, de l'Hérault, de la Lozère, du Tarn et des Pyrénées-Orientales;

La 17e région, dont le centre est à Toulouse, comprend les départements de l'Ariége, de la Haute-Garonne, du Gers, du Lot, de Lot-et-Garonne et de Tarn-et-Garonne;

La 18e région, dont le centre est à Bordeaux, comprend les départements de la Charente-Inférieure, de la Gironde, des Landes, des Basses-Pyrénées et des Hautes-Pyrénées.

202. Le 19e corps d'armée, stationné en Algérie, a son centre de commandement à Alger et comprend les provinces d'Alger, d'Oran et de Constantine.

Sect. 2. — Division spéciale du département de la Seine.

203. Le département de la Seine fournit au recrutement des 2e, 3e, 4e et 5e corps d'armée; il est partagé en quatre zones situées au nord et au sud, à l'est et à l'ouest de Paris et formées, chacune, d'un nombre inégal d'arrondissements de Paris et de cantons de banlieue.

204. Chaque zone qui correspond à un corps d'armée, relève, comme recrutement, d'un bureau de mobilisation dit bureau annexe.

La 1re zone, dont le bureau annexe de recrutement est établi au poste-caserne no 5, près de la porte de la chapelle Saint-Denis, et qui correspond au 2e corps d'armée cantonné à Amiens, se compose des 10e, 19e et 20e arrondissements de Paris et des cantons de Saint-Denis et de Pantin;

La 2e zone, dont le bureau annexe de recrutement est établi au poste-caserne no 8, près de la porte de Passy, et qui correspond au 3e corps d'armée cantonné à Rouen, comprend les 1er, 7e, 8e, 9e, 15e, 16e, 17e et 18e arrondissements de Paris et les cantons de Courbevoie et de Neuilly;

La 3e zone, dont le bureau annexe de recrutement est situé au poste-caserne no 12, entre les portes de Vanves et de Châtillon, et qui correspond au 4e corps d'armée cantonné au Mans, comprend les 5e, 13e et 14e arrondissements de Paris et les cantons de Sceaux et de Villejuif;

La 4e zone, dont le bureau annexe fonctionne au poste-caserne no 1, près la porte de Charenton, et qui correspond au 5e corps d'armée cantonné à Orléans, comprend les 2e, 3e, 11e et 12e arrondissements de Paris et les cantons de Charenton et de Vincennes.

Les quatre bureaux annexes relèvent d'un bureau central établi à Paris, rue Saint-Dominique, 147.

CHAP. XI. — NOMENCLATURE DES LOIS, DÉCRETS ET INSTRUCTIONS RÉGISSANT LE RECRUTEMENT ET L'ORGANISATION DE L'ARMÉE.

205. Afin de mettre à même le lecteur, désireux de renseignements plus détaillés et plus approfondis, de remonter aux sources de la législation et de la jurisprudence, nous croyons utile de joindre à cet essai sur le recrutement de l'armée, la nomenclature des principales lois, décrets et instructions qui régissent l'organisation actuelle de nos forces militaires.

Voici cette nomenclature :

Sect. 1. — Lois.

Loi du 27 juillet 1872, sur le recrutement de l'armée;

Loi du 24 juillet 1873, sur l'organisation de l'armée;

Loi du 24 juillet 1873, sur les emplois civils et militaires réservés aux anciens sous-officiers des armées de terre et de mer;

Loi du 20 mai 1874, sur l'organisation du service religieux;

Loi du 10 juillet 1874, relative à l'amélioration de la situation des sous-officiers;

Loi du 1er août 1874, relative à la conscription des chevaux;

Loi du 16 décembre 1874, modificative de celle du 7 février 1871, sur les petits-fils d'étranger;

Loi du 13 mars 1875, sur les cadres et effectifs de l'armée;

Loi du 19 mars 1875, sur la mobilisation par voie d'affiches et de publications sur la voie publique;

Loi du 6 novembre 1875, sur le recrutement spécial à l'Algérie;

Loi du 18 novembre 1875, relative à la coordination des nouvelles lois militaires avec le Code de justice militaire;

Loi du 4 décembre 1875, modificative de l'art. 37 de la loi du 27 juillet 1872, en ce qui concerne le service dans l'armée de mer;

Loi du 9 décembre 1875, modificative de l'art. 79 de la loi du 27 juillet 1872 relativement à l'obligation pour l'engagé ou pour le soldat de savoir lire et écrire;

Loi du 31 décembre 1875, modificative de la loi du 24 juillet 1873, sur les emplois réservés aux anciens sous-officiers;

Loi du 31 décembre 1875, modificative des art. 53 et 57 de la loi du 27 juillet 1872, en ce qui concerne les engagements conditionnels d'un an;

Loi du 31 décembre 1875, additionnelle à l'art. 54 de la loi du 27 juillet 1872, touchant l'assimilation aux engagés conditionnels.

Sect. 2. — Décrets.

Décret du 31 octobre 1872, pour l'application de l'art. 54 de la loi du 27 juillet 1872, relatif à l'examen professionnel;

Décret du 30 novembre 1872, relatif aux engagements et rengagements volontaires;

Décret du 1er décembre 1872, relatif aux engagements conditionnels d'un an;

Décret du 30 janvier 1873, qui admet les jeunes gens mariés à contracter l'engagement conditionnel;

Décret du 18 juin 1873, relatif aux engagements et rengagements dans l'armée de mer;

Décret du 18 juin 1873, fixant les conditions dans lesquelles les permutations pourront avoir lieu dans les armées de terre et de mer;

Décret du 28 septembre 1873, pour faire suite à la loi sur l'organisation de l'armée (24 juillet 1873);

Décret du 28 septembre 1873, relatif à l'application de l'article 58 de la loi du 27 juillet 1872, sur l'examen de sortie exigé des volontaires d'un an;

Décret du 6 août 1874, portant règlement d'administration publique pour l'exécution de l'article 1er de la loi du 24 juillet 1873, sur l'organisation générale de l'armée;

Décret du 23 octobre 1874, rendu en exécution de la loi du 1er août 1874, pour le classement des chevaux et mulets susceptibles d'être requis, en cas de mobilisation, pour le service de l'armée;

Décret du 28 octobre 1874, relatif à l'application de la loi du 24 juillet 1873, sur les emplois civils et militaires réservés aux anciens sous-officiers des armées de terre et de mer;

Décret du 23 novembre 1874, complémentaire de la loi du 23 octobre 1874, pour le classement des chevaux;

Décret du 20 mars 1876, portant règlement d'administration publique sur les assimilations de grades au profit des anciens élèves de l'école polytechnique et de l'école forestière;

Décret du 26 février 1876, relatif au mode d'appel des hommes classés dans les services auxiliaires de l'armée;

Décret du 18 juillet 1876, modifiant les dispositions qui régissent le service des frais de route.

Sect. 3. — Instructions.

Instruction du 26 novembre 1872, relative aux opérations préliminaires de l'appel des classes;

Instruction du 30 novembre 1872, relative aux engagements et rengagements ;

Instruction du 1er décembre 1872, relative aux engagements conditionnels d'un an ;

Instruction du conseil de santé approuvée le 3 avril 1873 ;

Instruction du 28 avril 1873, relative aux opérations du conseil de révision ;

Instruction du 23 octobre 1874 pour le classement des chevaux et mulets susceptibles d'être requis, en cas de mobilisation, pour le service de l'armée ;

Instruction du 25 mars 1875, pour l'application de la loi du 24 juillet 1873 sur les emplois civils ou militaires réservés aux anciens sous-officiers des armées de terre et de mer ;

Programme des connaissances que doivent posséder les engagés conditionnels de 1re et 2e année à l'expiration de leur temps de service, approuvé par le ministre de la guerre le 26 octobre 1875 ;

Instruction du 6 novembre 1875, relative à la délivrance des congés de réforme ;

Instruction du 15 février 1876, relative au recensement annuel des jeunes gens soumis à la loi du recrutement en Algérie.

Programme (13 janvier 1877) des connaissances générales professionnelles exigées des candidats, dans les différentes armes (infanterie, cavalerie, artillerie, train d'artillerie, train des équipages), au grade de sous-lieutenant de réserve (anciens officiers et sous-officiers de l'ex-garde mobile, appartenant à la réserve de l'armée active [art. 41 de la loi du 24 juillet 1873 et art. 39 modifié de la loi du 13 mars 1875]), et des candidats aux grades de sous-lieutenant ou lieutenant ou de capitaine dans l'armée territoriale (art. 31 et 41 de la loi du 24 juillet 1873).

PHILIPPE BUSONI.

BIBLIOGRAPHIE.
Lois annotées sur l'organisation et le recrutement de l'armée, suivies des décrets, etc. Nouvelle édition, revue et augmentée. In-32. Paris, Garnier frères. 1873.

Nouveau Code annoté du recrutement de l'armée, par M. E. Célières. In-8o. Paris, Muzard. 1872.

Manuel pratique du recrutement de l'armée, selon la loi du 27 juillet 1872. 2 forts vol. in-12. Avec supplément, par M. C. Jolivot. Nancy et Paris, Berger-Levrault et Cie. 1874.

Code manuel du recrutement de l'armée; loi du 27 juillet 1872, suivie des décrets. 3e édition. In-8o. Paris, Dumaine. 1873.

Code de la conscription. Guide de la révision d'après la loi du 27 juillet 1872, contenant, etc., par M. A. Bonnefont. In-12. Paris, Dumaine. 1873.

Recrutement des armées de terre et de mer; loi promulguée le 16 août 1872. Compte rendu in extenso des trois délibérations, loi du 27 juillet 1872, et décrets relatifs aux engagements, etc. Rapport de la commission, etc. In-4o. 3 col. Paris, Germer-Baillière. 1873.

Lois militaires de la France commentées et annotées, comparées avec les législations étrangères par Amédée Le Faure. In-8o, Paris, Dumaine, 1876.

ADMINISTRATION COMPARÉE.

Allemagne. Le système allemand, tel qu'il est formulé dans les lois du 9 novembre 1867 et 2 mai 1874, ne diffère pas essentiellement de la législation française adoptée en 1872 ; les différences ne peuvent être indiquées qu'en entrant dans les détails, mais nous devons nous borner à relever les points saillants.

Les forces défensives se divisent en armée de terre et marine ; l'une se compose (L. 1867, art. 3) de l'armée permanente et de la *landwehr* (littéralement : défense territoriale) ; l'autre de la flotte et de la *seewehr* (défense maritime). Il y a en outre le landsturm, qui correspond à notre armée territoriale (et non à la levée en masse). La durée du service dans l'armée permanente est de 7 ans, dont 3 dans l'armée active et 4 dans la réserve ; la durée du service dans la landwehr est de 5 ans, ensemble 12 (de l'âge de 20 à 32 ans). Le landsturm comprend les hommes de 17 à 42 ans qui ne figurent ni dans l'armée, ni dans la marine (L. 1867, art. 5 et 6). Les hommes de la réserve sont appelés deux fois sous les drapeaux pour des exercices qui ne doivent pas dépasser 8 semaines chaque fois ; les hommes de la landwehr, deux fois pour 8 à 15 jours (art. 6 et 7).

Pour gêner le moins possible les études des jeunes gens, ceux qui sont reconnus aptes au service peuvent être admis sous les drapeaux dès l'âge de 17 ans (art. 10) ; ceux qui remplissent certaines conditions d'instruction, qui s'équipent et s'entretiennent à leurs frais, entrent dans la réserve au bout d'un an (L. 1867, art. 11). Ces jeunes gens ne tirent pas au sort, ce sont des volontaires. (L. 1874, art. 13.)

En dehors de la réserve composée des soldats (et officiers) en congé illimité, il y a la réserve de remplacement (*Ersatz-Reserve*), qui se compose de ceux qui ont un numéro élevé lors du tirage, et qui, pour cette raison, n'ont pas eu à servir. Ils sont divisés en deux catégories : la première comprend les 5 classes les plus jeunes, celles-ci sont appelées lors de la mobilisation ; la deuxième catégorie embrasse les 5 classes plus anciennes, les hommes de celles-ci peuvent également être appelés au service en temps de guerre sous certaines conditions ; mais à l'âge de 31 ans les hommes de la réserve de remplacement sont complètement rayés des contrôles. En temps de paix, avoir un numéro élevé, c'est virtuellement être libéré.

L'art. 40 de la loi de 1874 dispose : « Les militaires de l'état de paix ne peuvent se marier qu'avec le consentement de leurs supérieurs. » Ils ne peuvent pas non plus être tuteur, (art. 41), ni accepter des fonctions dans l'administration communale (conseiller municipal) ou dans l'administration du culte (marguillier [art. 47]), sans autorisation. La disposition relative au mariage s'applique aux soldats sous les drapeaux, — c'est-à-dire pour eux jusqu'à l'âge de 23 ans accomplis, — aux officiers et aux fonctionnaires assimilés.

Le droit électoral des militaires proprement dits, c'est-à-dire non compris les fonctionnaires civils attachés à l'armée, est suspendu tant que ces militaires sont dans le service actif. Ils ne peuvent pas non plus prendre part à des réunions ou associations politiques. (L. 1874, art. 49.)

Les instituteurs et les jeunes gens qui ont obtenu le brevet de capacité sont renvoyés à la réserve après avoir appris l'exercice (en fait, on les en dispense complètement) ; mais celui qui abandonne la carrière de l'enseignement avant l'âge de 25 ans, peut être appelé sous les drapeaux. (L. 1874, art. 41.)

L'art. 20 indique ceux relativement auxquels on réserve la décision sur leur admissibilité ; ce sont les « ajournés » (*Zurückgestellte*). C'est une des manières de dispenser du service, bien que la loi ne parle que d'*un ou deux ans* :

1o L'unique soutien de parents ou de frères et sœurs ;

2o Le fils d'un cultivateur, fermier ou industriel infirme et hors d'état de diriger ou surveiller sa culture ou son établissement, si ce fils est indispensable à la conservation du bien ou de l'affaire ;

3o Le frère d'un militaire mort sous les drapeaux, s'il est utile à sa famille ;

4o Celui qui vient d'hériter d'un bien rural qui cesserait d'être productif si le propriétaire était obligé de l'abandonner pour servir ;

5o Il en est de même pour des fabriques ou établissements commerciaux ;

6o L'ajournement peut être de 4 ans pour celui qui apprend un art ou une profession, si l'interruption pouvait lui causer un grand dommage.

En ces matières la lettre de la loi est toujours un peu plus sévère que la pratique, afin que l'autorité soit suffisamment armée contre les abus.

Citons encore l'art. 66 qui rassure contre la perte de leur place les fonctionnaires membres de la réserve ou de la landwehr, et qui seraient appelés sous les drapeaux, et l'art. 69 fixant quelques règles relatives au changement de domicile, aux migrations et émigrations.

Grande-Bretagne. La Grande-Bretagne est le seul pays d'Europe qui n'ait pas introduit la conscription, ou plus exactement l'obligation universelle du service (voy. *plus loin ce qui est dit de la milice*). En principe, les hommes sont enrôlés, ce sont des engagés volontaires. Des sergents parcourent le pays ; il y a aussi des bureaux de recrutement fixes. C'est en donnant une pièce de monnaie (1 shilling) au jeune homme que l'engagement provisoire a lieu ; le sergent et la recrue doivent se présenter dans les 24 heures devant un juge de paix pour renouveler la déclaration de l'engagement. Pendant ces 24 heures le jeune homme a le droit de se rétracter en rendant l'argent qu'il a reçu, et en payant une amende de 20 shillings ; il est libre.

Cependant l'enrôlé a encore une épreuve à subir. Conduit au dépôt, il est visité par le médecin, et renvoyé s'il n'est pas reconnu apte au service. S'il remplit les conditions de taille et de santé, il reçoit la prime d'enrôlement qui est, selon les époques (état de paix ou menace de guerre), de 2 à 7 liv. st. On a calculé que, tous frais compris, chaque recrue, en temps de paix, revient à 20 liv. st. Le soldat anglais est d'ailleurs relativement bien payé, il reçoit un shilling par jour, et, selon le cas, une haute paye (L. 1870). Il s'agit ici de l'armée active, dans laquelle on peut s'engager pour 3 ans, ou 6 ans, ou 12 ans, avec faculté de se rengager pour 9 autres années, au maximum 21 ans. Le soldat est tenu de servir en Angleterre ou dans les colonies selon les nécessités du service. [Nous renvoyons pour plus amples détails à la loi du 9 août 1870 [1]

1. Nous l'avons analysée dans notre *Dictionnaire général de la politique*, Paris, O. Lorenz, I, vo GRANDE-BRETAGNE.

[*Voy. aussi la loi de 1867 et des muting acts de 1872 et de 1873].*)

En dehors de l'armée active il y a la réserve ; elle est fixée par la loi de 1867 à 50,000 h. et se compose de deux classes, la première devant servir en Angleterre et ailleurs, la deuxième en Angleterre seulement. Elle est composée d'anciens soldats rendus à la vie civile, mais qui peuvent être appelés sous les drapeaux dans des cas spécifiés.

La loi de 1852 avait aussi créé une milice, et une loi (15 et 16 Vict., c. 50) en a codifié (*consolidated*) la législation. Il s'agit d'une force de 120,000 hommes au maximum. On commence par enrôler le nombre des hommes nécessaires, en offrant une prime de 6 liv. st. au plus ; chaque comté est obligé de fournir un contingent proportionnel. Dans les comtés ou communes qui n'ont pas donné le nombre de volontaires qui leur incombe, on dresse une liste des hommes âgés de moins de 35 ans n'étant ni étudiants, ni professeurs, ni instituteurs, et sur cette liste on tire au sort le nombre d'hommes nécessaires pour compléter le contingent. La milice est exercée pendant un certain nombre de jours (35 jours selon la loi 17 et 18 Vict., c. 13) ; elle est réunie en cas de guerre ou de danger national (33 et 34 Vict., c. 68). [*Voy.* aussi les lois 22-23 Vict., c. 38 ; 23-24 Vict., c. 120, et 31-32 Vict., c. 76, amendée par la loi 32-33 Vict., c. 66.]

Le corps des volontaires (*volunteer force*) se recrute tout à fait librement ; sa réglementation se trouve dans une loi de 1863 (26 et 27 Vict., c. 65).

Suisse. La Suisse a également une législation spéciale pour le recrutement ; elle est plutôt cantonale que fédérale, mais elle se trouve en ce moment dans un état transitoire ; nous ne la mentionnons donc que pour mémoire. Il est un point particulier dans cette législation qui mérite une étude particulière, c'est celui qui impose aux libérés pour défaut de taille ou autre, une taxe de compensation. Cette taxe a des adversaires, surtout parce qu'il est difficile d'établir le principe d'après lequel cette taxe serait calculée ; elle diffère d'ailleurs d'un canton à l'autre. Nous regretterions de la voir disparaître, car l'idée est juste : ceux qui ne peuvent pas donner leur temps et au besoin leur sang, doivent au moins se racheter par de l'argent.

MAURICE BLOCK.

RECUEIL DES ACTES ADMINISTRATIFS. *Voy.* **Bulletin.**

RÉCUSATION. 1. Action par laquelle on demande qu'un juge s'abstienne de connaître d'une affaire qui lui est régulièrement soumise, lorsqu'on craint que son impartialité ne soit altérée par l'intérêt personnel, par des affections, des inimitiés, et généralement pour toutes les causes exprimées en l'art. 378 du Code de procédure civile.

2. Les causes de récusation relatives aux juges sont applicables à un juré, à un expert, à un arbitre, à un interprète, à un témoin. Suivant plusieurs jurisconsultes, qui argumentent de l'art. 33 de l'ordonnance du 18 septembre 1839, elles s'appliquent également aux juges administratifs; mais cette opinion est combattue par d'autres auteurs, notamment par CORMENIN. Cet auteur se fonde, à l'égard des conseillers d'État, sur ce qu'ils ne sont point de véritables juges ; qu'ils ne sont appelés qu'à émettre des *avis,* et que dès lors la récusation qui ne convient qu'aux juges ne saurait leur être appliquée (t. Ier, p. 69)[1]. Quant aux conseillers de préfecture, « ils ne peuvent, dit-il (t. Ier, p. 188), s'abstenir en matière contentieuse pour cause de récusation ; sans cela, il arriverait qu'au gré de l'intérêt, des passions ou des menaces d'un citoyen, l'administration, dont la marche doit être rapide, se verrait sans cesse paralysée. Tous actes de récusation de préfets ou de conseillers de préfecture, n'étant pas autorisés par la loi, sont annulés par le Conseil d'État, ainsi que les arrêtés qui les admettent. » (*Arr. régl.* 19 *fruct. an IX,* art. 6 ; Arr. 15 *brum. an X.*)

3. Nous ferons remarquer, de notre côté,

1. Sous le régime établi par la République, la section du contentieux au Conseil d'État est un véritable tribunal ; les conseillers d'État membres de ce tribunal sont donc des juges.

qu'une décision du Conseil d'État, du 2 avril 1828, sur une récusation proposée contre un membre d'une commission de desséchement, porte que les causes de récusation devant les tribunaux administratifs n'ayant été déterminées par aucune loi, il y a lieu de suivre les règles tracées par le Code de procédure civile. Cette solution nous parait parfaitement logique. Voyez d'ailleurs DALLOZ, *Jurisprud. gén.,* année 1860, 3° partie, p. 1, qui se prononce également pour l'affirmative.

RÉDACTEUR. Dans beaucoup de ministères et autres grandes administrations, les simples employés sont divisés en expéditionnaires, commis d'ordre, rédacteurs et commis principaux. La signification de ces termes est trop connue pour qu'il soit nécessaire de les définir.

REDEVANCE DES MINES. *Voy.* **Mines.**

RÉFÉRÉ. 1. Procédure sommaire qui a pour but de faire juger avec rapidité par le président du tribunal civil : 1° les affaires qui exigent une solution immédiate ou du moins plus prompte que celle qu'on pourrait obtenir en suivant les délais ordinaires ; 2° les difficultés relatives à l'exécution des jugements et des titres exécutoires (C. *de Pr., art.* 806). Dans l'un et l'autre cas, le référé n'est toujours qu'une décision provisoire, qui laisse intact le fond de la contestation et ne peut y préjudicier.

2. Le juge du référé est compétent pour statuer sur un arrêté du conseil de préfecture ou un arrêt du Conseil d'État rendu en matière contentieuse, car ces actes sont de véritables jugements dont l'exécution est poursuivie par les voies ordinaires; mais il ne le serait pas pour connaître des difficultés auxquelles peut donner lieu *un acte administratif* proprement dit, puisqu'il n'appartient pas aux tribunaux civils d'en fixer le sens et l'effet, du moins lorsque l'exécution en est poursuivie par *voie administrative.*

3. La procédure consiste dans une assignation donnée directement et un exposé verbal des moyens des parties. La décision qui intervient est appelée *ordonnance de référé.*

RÉFÉRENDAIRE AU SCEAU. *Voy.* **Sceau.**

REFERENDUM. Dépêche qu'un agent diplomatique expédie à son Gouvernement pour lui demander des instructions nouvelles lorsque les négociations qu'il poursuit l'entraînent hors de la limite de ses pouvoirs. Dans ce cas, et en attendant qu'il ait reçu la réponse, il ne peut négocier que *ad referendum* et *sub sperati,* c'est-à-dire sauf approbation de son Gouvernement.

En Suisse, on appelle referendum, la ratification par le suffrage universel d'une loi votée par le parlement.

RÉFUGIÉS. 1. On appelle ainsi les étrangers qui, sans passe-port, sans relation avec aucun ambassadeur, éloignés de leur pays par des causes politiques, viennent demander l'hospitalité à la France, et reçoivent souvent du Gouvernement des secours qui leur permettent de subsister.

2. Pendant longtemps les réfugiés ne furent en France l'objet d'aucune législation particulière. Les règles du droit commun, établies à l'égard des étrangers par l'art. 7 de la loi du 28 vendémiaire an VII, leur étaient seules applicables. Mais les révolutions qui éclatèrent en Europe, après 1830, amenèrent sur le sol de la France un nombre considérable de réfugiés, à l'égard desquels on dut prendre des mesures spéciales qui se formulèrent dans la loi du 21 avril 1832. Toutefois, il fut bien entendu que le Gouvernement ne se proposait pas d'abroger la loi de vendémiaire an VII, mais qu'il se réservait le droit d'en faire usage au besoin.

3. Aux termes de la loi de 1832, le Gouvernement fut autorisé à réunir, dans une ou plusieurs villes désignées par lui, les étrangers réfugiés qui demandaient à résider en France. Il pouvait les astreindre à se rendre dans celles des villes qu'il leur indiquait, et leur enjoindre de sortir du territoire français s'ils ne se rendaient pas à cette destination, ou s'il jugeait leur présence susceptible de troubler l'ordre et la tranquillité publique (*art.* 1 *et* 2).

4. Les dispositions de cette loi étaient transitoires et ne pouvaient être appliquées qu'en vertu d'un ordre signé par un ministre, et seulement pendant une année. Le délai fut prorogé d'abord par la loi du 6 avril 1833, puis, jusqu'à la fin de la session de 1836, par la loi du 1er mai 1834; et enfin, d'année en année, par des lois successives jusqu'en 1849. Deux de ces lois, celles du 1er mai 1834 et du 24 juillet 1839, apportèrent seules à la loi de 1832 quelques modifications reproduites par les lois postérieures.

Prorogée pour trois ans, à partir du 1er janvier 1850 (*L.* 6, 13, 20 *nov.* 1849), la loi de 1832 ne l'a pas été depuis, elle a donc cessé de plein droit d'avoir son effet.

5. Aujourd'hui les droits du Gouvernement à l'égard des réfugiés reposent sur l'art. 7 de la loi sur la naturalisation et le séjour des étrangers en France, du 3 décembre 1849, ainsi conçu : « Le ministre de l'intérieur pourra, par mesure de police, enjoindre à tout étranger voyageant ou résidant en France, de sortir immédiatement du territoire français, et le faire conduire à la frontière. »

Il aura le même droit à l'égard de l'étranger qui aura obtenu l'autorisation d'établir son domicile en France; mais après un délai de deux mois, la mesure cessera d'avoir effet, si l'autorisation n'a pas été révoquée suivant la forme indiquée dans l'art. 3 de la présente loi.

Dans les départements frontières, le préfet aura le même droit à l'égard de l'étranger non résidant, à la charge d'en référer immédiatement au ministre de l'intérieur.

6. Aux dispositions législatives que nous avons mentionnées, nous devons ajouter qu'un crédit spécial est ouvert, chaque année, au ministre de l'intérieur, pour être distribué en secours aux réfugiés.

7. Un règlement arrêté par le ministre de l'intérieur, le 30 mai 1848, a prescrit aux autorités administratives les mesures à prendre en ce qui concerne l'arrivée, le séjour des étrangers en France, et le paiement des subsides qui leur sont alloués. Nous en donnons succinctement les principales dispositions.

8. Les étrangers arrivant sur le territoire français doivent se présenter au maire de la première commune qu'ils trouvent sur leur passage, et demander à ce magistrat une passe provisoire pour se rendre au chef-lieu du département. Cette passe doit porter le signalement du réfugié, donner

exactement ses nom, prénoms et qualités, et indiquer sommairement ses déclarations. L'itinéraire de la route qu'il aura à suivre pour se rendre au chef-lieu doit y être tracé.

9. Le préfet apprécie la position du réfugié et lui délivre un passe-port pour la résidence qu'il a choisie. Dans tous les cas, ce fonctionnaire doit immédiatement prévenir le ministre de l'intérieur (direction générale de la sûreté publique) de l'arrivée du réfugié, de ses déclarations et du lieu qu'il a choisi.

10. Parvenus à leur destination, les réfugiés font connaître leur véritable et exacte position, l'époque où ils ont quitté leur pays, les faits politiques qui les y ont compromis et tous les renseignements propres à établir leur identité. Ces déclarations, consignées sur un bulletin individuel, sont immédiatement transmises par les préfets au ministre de l'intérieur.

11. Les subsides accordés aux réfugiés sont réglés suivant le grade ou la position personnelle de chacun. Aucun subside ordinaire ou exceptionnel ne peut être alloué que par décision spéciale du ministre de l'intérieur. Chaque année, les préfets adressent au ministre un contrôle nominatif des réfugiés subventionnés de leur département. Ce contrôle indique la nature des occupations et les ressources pécuniaires de chacun de ces étrangers. A cette occasion, les préfets proposent, après mûr examen, les économies que motiveraient les améliorations notables survenues dans la position des réfugiés. Les subsides ne peuvent être retirés à aucun réfugié sans une décision spéciale du ministre; cependant les préfets, dans certains cas, tels que la sortie de France, le décès, etc., peuvent faire opérer la radiation sur les contrôles.

RÉGIE. 1. Le plus communément le mot *régie* exprime la perception directe de certains impôts ou revenus par l'administration ou les communes.

2. La régie est simple, lorsque l'administration exploite elle-même ses revenus au moyen d'agents placés sous ses ordres immédiats, par exemple, lorsque les maires font percevoir les droits d'octroi communaux par des préposés à la solde de la commune.

3. La régie est intéressée, lorsque la perception est confiée à un régisseur ou à une compagnie, qui s'engagent à rendre, chaque année, une somme fixe, sous la condition de partager avec l'administration l'excédant de cette somme, dans une proportion convenue.

4. On emploie encore le mot régie pour désigner un mode d'exécution de travaux publics. Elle est alors régie par économie; mais dans les deux cas, les travaux sont toujours exécutés sous la direction et la surveillance des agents de l'État. [*Voy.* **Économie** (**Travaux par**), **Travaux publics**.]

5. On donne aussi quelquefois le nom de régie à une administration financière, telle que celle des contributions indirectes, de l'enregistrement et des domaines, etc. Mais cette expression est peu en usage aujourd'hui; elle a pris naissance à l'époque où l'administration cessa d'affermer ses revenus pour les régir et les exploiter elle-même.

RÉGIME SANITAIRE. 1. On désigne particulièrement sous ce nom l'ensemble des mesures prises pour empêcher l'importation des maladies pestilentielles, considérées comme étant contagieuses ou comme pouvant être transportées d'un pays dans un autre à l'aide des foyers d'infection formés à bord des navires. Les trois grandes maladies pestilentielles en vue desquelles le régime sanitaire est surtout établi, sont : la peste, la fièvre jaune et le choléra-morbus asiatique.

Les pays limitrophes de la France étant habituellement sains et soumis à une police plus ou moins sévère, ce n'est que dans des cas fort rares et temporairement qu'il peut y avoir lieu d'organiser un service sanitaire sur les frontières de terre.

Il ne sera question dans cet article que du service établi sur le littoral.

CHAP. I. — INTRODUCTION.

2. Les Vénitiens paraissent être les premiers qui eurent l'idée d'isoler les navires venant du Levant, ainsi que leurs passagers, et de soumettre les marchandises apportées par ces navires à certaines purifications, afin de se préserver de la peste, et l'efficacité de ces précautions ayant été généralement admise, le système des quarantaines et des lazarets, sur lequel elles reposent, fut adopté dans les principaux ports de la Méditerranée.

3. En France, jusqu'au commencement du siècle, la peste était la seule maladie exotique contre l'invasion de laquelle on avait cru devoir se prémunir. Aussi avait-il paru suffisant de construire des lazarets dans les ports de Toulon et de Marseille, et d'assujettir les provenances du Levant à faire quarantaine dans l'un de ces ports, avant de pouvoir débarquer leurs passagers et mettre leurs cargaisons à terre. Diverses ordonnances ou déclarations du roi, divers arrêts du Conseil avaient prononcé des peines contre les infractions qui pouvaient être commises par les bâtiments venus des lieux suspects de peste.

4. Créée seulement pour les ports de la Méditerranée et contre la peste, cette législation, confirmée par la loi du 9 mai 1793, ne pouvait être appliquée que par une analogie assez éloignée aux autres côtes de la France et servir à régler les précautions à prendre contre d'autres maladies qui étaient ou sont encore considérées comme contagieuses. Sous la Restauration, le Gouvernement crut donc à propos de faire préparer un Code sanitaire applicable à tout le littoral de la France, et la commission chargée d'élaborer cette législation

nouvelle n'avait pas encore terminé ses travaux, d'où sont sorties la loi du 3 mars et l'ordonnance royale du 7 août 1822, lorsque la fièvre jaune éclata en Espagne.

5. La loi du 3 mars 1822 est encore aujourd'hui la base sur laquelle repose notre régime sanitaire. Cette loi attribue au Chef de l'État le soin de déterminer par des règlements : 1° les pays dont les provenances doivent être habituellement ou temporairement soumises au régime sanitaire; 2° les mesures à observer sur les côtes, dans les ports et rades, dans les lazarets et autres lieux réservés; 3° les mesures extraordinaires que l'invasion ou la crainte d'une maladie pestilentielle rendraient nécessaires sur les frontières de terre ou dans l'intérieur. Elle lui confie en outre le pouvoir de régler les attributions, la composition et le ressort des autorités et administrations chargées de l'exécution de ces mesures et de leur déléguer le droit d'appliquer provisoirement, dans des cas d'urgence, le régime sanitaire aux portions du territoire qui seraient inopinément menacées.

6. La même loi du 3 mars 1822 a établi contre la violation des mesures sanitaires un système de pénalités très-rigoureuses.

7. L'ordonnance royale du 7 août 1822, rendue en exécution de la loi du 3 mars, qui posa les règles générales de la police sanitaire, organisa en même temps sur tout le littoral de la France, sous le nom d'intendances et de commissions, un ensemble d'administrations collectives qui ont subsisté jusqu'au commencement de 1851.

8. La loi du 3 mars 1822 avait établi que les provenances, par mer, de pays qui ne sont pas habituellement sains, ou qui se trouvent accidentellement infectés, seraient, relativement à leur état sanitaire, rangées sous l'un des trois régimes suivants :

Sous le régime de la *patente brute*, si elles étaient ou avaient été, depuis le départ, infectées d'une maladie réputée pestilentielle, si elles venaient des pays qui en fussent infectés, ou si elles avaient communiqué avec des lieux, des personnes ou des choses qui auraient pu leur transmettre la contagion;

Sous le régime de la *patente suspecte*, si elles venaient de pays où régnait une maladie soupçonnée d'être pestilentielle, ou de pays qui, quoique exempts de soupçons, étaient ou venaient d'être en libre relation avec des pays qui s'en trouvaient entachés, ou enfin, si des communications avec des provenances de ces derniers pays, ou des circonstances quelconques, faisaient suspecter leur état sanitaire;

Sous le régime de la *patente nette*, si aucun soupçon de maladie pestilentielle n'existait dans le pays d'où elles venaient, si ce pays n'était point ou ne venait point d'être en libre relation avec des lieux entachés de ce soupçon, et enfin si aucune communication, aucune circonstance quelconque ne faisaient suspecter leur état sanitaire.

9. Le régime de la patente suspecte, qui était la cause de tant d'embarras pour les relations commerciales, a été abandonné depuis nombre d'années, et l'on n'admet plus aujourd'hui que celui de la patente brute ou la patente nette.

10. Les recherches de CHERVIN et d'autres médecins sur la fièvre jaune et les discussions dont

leurs travaux ont été l'objet dans les corps savants, ont d'ailleurs amené, depuis 1822, des adoucissements considérables dans les mesures quarantenaires adoptées à l'égard des provenances des pays où règne habituellement ou accidentellement cette maladie.

11. Pour la peste, les travaux de l'Académie de médecine en 1846 et les enquêtes administratives faites vers la même époque sur les institutions sanitaires nouvellement créées en Égypte et dans les autres provinces de l'empire ottoman, eurent pour conséquence un changement considérable dans le système qui avait été suivi jusqu'alors à l'égard des provenances du Levant. On pensa que l'on pourrait se relâcher beaucoup des anciennes précautions, sans aucun danger pour la santé publique, s'il était possible d'être toujours exactement informé de l'état sanitaire des contrées où la peste peut se développer spontanément, et l'on fut ainsi conduit à l'idée d'instituer des médecins sanitaires français dans les principaux ports du Levant et dans certaines villes de l'intérieur des terres.

12. Les réformes que nous venons d'indiquer ont été consacrées successivement par les ordonnances royales des 13 septembre 1839, 20 mai 1845 et 18 avril 1847, et par un décret du 10 août 1849.

13. Pendant que la France poursuivait ainsi avec persévérance la réforme de son régime sanitaire, elle avait plusieurs fois essayé d'amener les autres États qui ont des possessions sur la Méditerranée à se concerter dans le but d'arriver à l'adoption d'un système de mesures sanitaires aussi uniformes que possible et aussi favorables aux relations commerciales que pourrait le comporter le grand intérêt de la santé publique.

14. C'est cette pensée qui a donné naissance aux conférences sanitaires tenues à Paris en 1851 et 1852 entre des représentants de la France, de l'Autriche, des États italiens, de l'Espagne, de la Grande-Bretagne, de la Grèce, du Portugal, de la Russie et de la Turquie, et d'où sont sortis une convention et des règlements sanitaires internationaux. Les mesures restrictives y étaient déterminées avec précision pour la peste, la fièvre jaune et le choléra; les mesures hygiéniques y occupaient une grande place, et l'uniformité voulue s'étendait jusqu'aux détails de l'organisation administrative. Cette organisation rencontra des obstacles insurmontables; si bien que le Piémont et le Portugal, qui avaient seuls adhéré aux mesures adoptées par la conférence internationale, ne tardèrent pas à y renoncer.

15. Quoi qu'il en soit, la convention et le règlement sanitaire annexé furent mis en vigueur en France par un décret du 4 juin 1853 et depuis lors sont devenus la règle principale des pratiques sanitaires dans notre pays.

16. Une nouvelle conférence, cette fois purement diplomatique, fut convoquée à Paris en 1859, mais elle n'eut pas plus de succès que la première. Toutefois, l'opinion médicale, éclairée par une étude plus approfondie des épidémies pestilentielles récentes, était devenue plus favorable aux mesures préventives.

17. En 1865, l'importation et la rapide propagation en Europe du choléra par les pèlerins de la Mecque, achevèrent de montrer combien étaient insuffisantes les mesures préventives contre cette maladie. Cette dernière épidémie motiva une nouvelle conférence dont la France eut encore l'initiative et qui se réunit à Constantinople en 1866. Tous les États de l'Europe, plus l'Égypte et la Perse, y furent représentés.

18. A la suite des travaux de la conférence de Constantinople, un nouveau règlement contre le choléra fut mis en vigueur en France par un décret du 23 juin 1866; ce règlement combla les lacunes et vint remédier à l'insuffisance du règlement promulgué par le décret de 1853.

19. Enfin, en 1874, le gouvernement austro-hongrois prit l'initiative de convoquer à Vienne une nouvelle réunion dans le but de constituer une commission internationale permanente chargée d'étudier toutes les questions relatives à l'étiologie et à la prophylaxie du choléra. Mais une entente générale ne put s'établir au sujet des quarantaines, que l'on proposait de remplacer par une simple inspection médicale suivie, au besoin, de désinfection. La conférence admit les deux systèmes, et chaque État demeura libre de choisir celui qui convenait le mieux à ses intérêts. Nous restions dès lors en présence de cinq règlements. Chacun de ces règlements porte l'empreinte des préoccupations du moment; ils renferment des prescriptions qui, très-sévères en 1822, ont été un peu adoucies dans la seconde période; mais ils contenaient encore des dispositions qui donnèrent lieu à de nombreuses réclamations.

20. Les chambres de commerce se sont faites l'écho de ces réclamations, qui étaient surtout formulées par le commerce des ports du Nord. Dans le Sud, au contraire, à Marseille notamment, on insistait pour qu'une plus grande rigueur fût apportée dans les mesures préventives.

21. Une commission, dans le sein de laquelle furent appelés les représentants des chambres de commerce des principaux ports de France et de nos deux plus importantes compagnies de navigation, fut constituée le 9 juillet 1875, dans le but de rechercher les points de nos règlements sur lesquels MM. les représentants du commerce avaient des remarques ou des objections à produire.

22. Le comité consultatif d'hygiène publique de France fut ensuite chargé, par M. le ministre de l'agriculture et du commerce, de procéder à la révision générale de nos règlements, en tenant compte des conclusions adoptées.

23. Un nouveau règlement, basé sur la loi du 3 mars 1822, a été promulgué par décret du 22 février 1876, et comprend toutes les dispositions essentielles en vue de protéger notre pays contre les invasions des trois grandes maladies contagieuses et de celles dont l'apparition peut, à raison de leur caractère transmissible, nécessiter l'application de mesures préventives; il donne en même temps au commerce et à la navigation toutes les satisfactions compatibles avec les exigences de la santé publique. En abrogeant les règlements antérieurs, il établit dans le service une uniformité qui fera disparaître toute difficulté d'interprétation.

24. L'espace dans lequel nous devons nous

renfermer nous oblige à n'indiquer que les articles les plus essentiels du nouveau règlement ; toutefois, nous nous sommes appliqué à en exposer les parties saillantes et à faire ressortir l'utilité des prescriptions qu'il renferme.

CHAP. II. — DES MESURES SANITAIRES.
Sect. 1. — Dispositions générales.

25. Trois maladies pestilentielles exotiques, nous l'avons déjà dit, motivent aujourd'hui, en France, des précautions quarantenaires : ce sont la peste, la fièvre jaune et le choléra.

26. D'autres maladies graves, transmissibles et importables, peuvent, dans certaines conditions, nécessiter aussi des mesures préventives ; tels sont, par exemple, le typhus, la scarlatine, une épidémie diphthérique.

27. Enfin, des mesures d'assainissement peuvent être prises à l'égard des navires qui se présentent dans des conditions d'hygiène dangereuses par le fait de leur cargaison ou par toute autre cause.

28. Tout navire arrivant dans un port français doit, avant toute communication, être soumis à la reconnaissance sanitaire. Cette formalité obligatoire a pour objet de constater la provenance du navire et les conditions sanitaires dans lesquelles il se présente.

29. Sont soumis à l'arraisonnement les navires dont les conditions sanitaires présentent quelque doute.

30. L'arraisonnement peut motiver une inspection médicale.

31. Sont dispensés de la reconnaissance les bateaux qui font la petite pêche sur les côtes de France, les bâtiments de la douane, les bateaux-pilotes, les navires gardes-côtes, et, en général, les bateaux qui s'écartent peu du rivage et qui peuvent être reconnus à la simple inspection.

32. La présentation d'une patente de santé est obligatoire en tout temps pour les navires provenant des côtes orientales de la Turquie d'Europe, du littoral de la mer Noire et de tous les pays situés hors de l'Europe, l'Algérie exceptée.

33. Les navires faisant le cabotage de port français à port français, l'Algérie comprise, sont dispensés de se munir d'une patente de santé en tout temps.

34. Les navires provenant du nord de l'Europe sont généralement dispensés de la patente en temps ordinaire.

35. La patente de santé devient obligatoire pour les navires provenant de tous les pays ou d'une partie des pays situés dans une région contaminée.

36. La patente de santé doit mentionner, dans une formule précise, l'état sanitaire du pays de provenance, et particulièrement la présence ou l'absence des maladies qui motivent des précautions sanitaires.

37. Le règlement sanitaire a déterminé les autorités chargées de délivrer la patente de santé, soit en France, soit à l'étranger ; il impose l'obligation au capitaine de ne pas s'en dessaisir jusqu'au port de destination définitive et de la faire viser à chaque escale du navire.

38. Un navire ne doit avoir qu'une seule patente de santé, afin que l'autorité sanitaire puisse connaître toutes les circonstances de l'itinéraire du navire ; l'exécution de cette prescription est essentielle.

39. Une sanction pénale est attachée au défaut ou à l'irrégularité de la patente de santé pour un navire qui est dans l'obligation d'en présenter une, indépendamment de la quarantaine à laquelle le navire peut être assujetti et des poursuites prévues par la loi en cas de fraude.

40. Il n'y a que deux espèces de patente : la patente nette et la patente brute. La patente est nette quand elle constate l'absence de toute maladie pestilentielle dans le pays ou les pays d'où vient le navire ; elle est brute quand la présence d'une maladie de cette nature y est signalée.

Sect. 2. — Mesures sanitaires à prendre avant le départ des navires.

41. Lorsqu'une maladie pestilentielle vient à éclater dans un port ou ses environs, le devoir de l'autorité sanitaire de ce port est de constater la maladie, d'en faire immédiatement la déclaration officielle et de signaler le fait sur la patente de santé qu'elle délivre.

42. La cessation complète de la maladie doit de même être annoncée officiellement et mentionnée sur la patente de santé, avec la date de la cessation.

43. En temps d'épidémie, l'autorité sanitaire, avant de délivrer la patente de santé, vérifie l'état sanitaire et hygiénique du navire français en partance, et signale à l'autorité compétente les infractions aux prescriptions hygiéniques des règlements maritimes.

Sect. 3. — Mesures sanitaires pendant la traversée.

44. Les navires affectés au transport de nombreux voyageurs et qui font des trajets d'une certaine importance, sont tenus d'avoir à bord un médecin pourvu du diplôme de docteur ou d'officier de santé.

45. Le médecin embarqué, outre qu'il doit veiller à la santé des voyageurs et de l'équipage, a pour obligation de faire observer à bord les règles de l'hygiène, de protester au besoin contre l'embarquement de substances nuisibles et de tenir note exacte, sur un registre *ad hoc*, de tout ce qui a pu intéresser la santé des voyageurs et de l'équipage pendant la traversée.

46. Pour les navires qui n'ont pas de médecin, les renseignements relatifs à l'état sanitaire et aux communications en mer sont recueillis par le capitaine et inscrits sur son livre de bord.

Sect. 4. — Mesures sanitaires à l'arrivée.

ART. 1. — RECONNAISSANCE DE L'ÉTAT SANITAIRE DES NAVIRES.

47. Tout capitaine arrivant dans un port français est tenu :

1° D'empêcher toute communication, tout déchargement de son navire avant que celui-ci ait été reconnu et admis à libre pratique ;

2° De se conformer aux règles de la police sanitaire, ainsi qu'aux ordres qui lui sont donnés par les autorités chargées de cette police ;

3° De produire auxdites autorités tous les papiers de bord ; de répondre, après avoir prêté serment de dire la vérité, à l'interrogatoire sanitaire et de déclarer tous les faits, de donner tous les renseignements venus à sa connaissance pouvant intéresser la santé publique.

48. Le médecin sanitaire embarqué, commissionné ou non, est tenu de répondre à l'interrogatoire de l'autorité sanitaire et de lui donner tous les renseignements pouvant intéresser la santé publique.

49. Des règlements locaux déterminent les formalités particulières de la police sanitaire à l'arrivée dans nos principaux ports.

50. Les navires dispensés de produire une patente de santé sont admis à la libre pratique immédiatement après la reconnaissance sanitaire, à moins de circonstances exceptionnelles.

51. Les navires munis d'une patente nette sont admis immédiatement à la libre pratique, après la reconnaissance ou l'arraisonnement, sauf les cas prévus par le règlement général.

ART. 2. — QUARANTAINES.

52. La quarantaine est la mise en séquestration, pendant un temps plus ou moins long, d'une provenance contaminée, ou supposée telle d'après les résultats de l'arraisonnement.

Tout navire arrivant avec patente brute est passible de quarantaine.

53. Les navires passibles de quarantaine sont partagés en deux catégories : les navires seulement suspects et les navires infectés ; selon qu'ils sont suspects ou infectés, ils sont assujettis à la quarantaine d'observation ou à la quarantaine de rigueur.

54. Les diverses mesures quarantenaires, applicables selon les cas et selon les circonstances, sont prescrites par le règlement général.

ART. 3. — DÉSINFECTION.

55. La désinfection est employée comme moyen préventif contre les maladies pestilentielles ; elle est appliquée aux effets à usage, à la cargaison et au navire lui-même ; les procédés de désinfection varient selon les cas.

56. Les objets et les marchandises à bord d'un navire qu'il peut y avoir lieu de désinfecter, sont classés en trois catégories : la première catégorie comprend les objets et les substances considérées comme particulièrement susceptibles de s'imprégner du germe contagieux et pour lesquels la désinfection est obligatoire ; la deuxième catégorie comprend les substances moins susceptibles et pour lesquelles la désinfection est facultative ; dans la troisième catégorie se trouvent placés les objets et les marchandises qui sont considérés comme non susceptibles de s'imprégner des germes contagieux, et pour lesquels il n'y a point à opérer de désinfection.

57. En cas de patente brute ou d'infection à bord, les lettres, papiers et paquets sont soumis aux purifications d'usage.

58. Les animaux vivants peuvent être l'objet de mesures de désinfection.

59. Les procédés de désinfection sont appropriés à la nature des objets auxquels on les applique, depuis l'objet de prix qu'il faut désinfecter sans l'altérer, jusqu'à la substance sans valeur qu'il peut être inconvenable de détruire.

60. Des instructions spéciales déterminent les procédés à mettre en pratique.

61. Lorsqu'un navire et sa cargaison doivent être désinfectés, il importe de procéder au déchargement dit sanitaire. Le déchargement sanitaire ne doit commencer que quand toutes les personnes inutiles à bord ont été débarquées.

ART. 4. — LAZARETS.

62. Il y a deux ordres de lazarets : les grands lazarets, qui sont installés dans les ports de mer principaux, et les petits lazarets, qui ont été disposés dans quelques ports très-fréquentés du littoral pour recevoir quelques malades dans le cas où un navire, ayant à bord une maladie pestilentielle, viendrait à s'y présenter. Ces derniers lazarets ont pour but de délivrer le navire du danger résultant de la présence des malades à bord, et de lui permettre de se rendre, dans de meilleures conditions, au lazaret où il doit purger sa quarantaine.

63. Les grands lazarets aujourd'hui existants sont au nombre de six, savoir : dans la Méditerranée, ceux de Marseille, de Toulon et d'Ajaccio ; sur l'Océan, celui de Trompeloup dans la Gironde, celui de Mindin à l'entrée de la Loire, et celui de Brest.

64. Les lazarets de Toulon et de Brest sont plus spécialement affectés à la marine militaire.

65. Les petits lazarets d'ordre inférieur se trouvent au Havre, à Cherbourg et à Dunkerque pour la Manche, à Cette et à Villefranche pour la Méditerranée.

66. Ces créations permanentes n'excluent pas l'établissement de lazarets temporaires sur d'autres points du littoral lorsque les circonstances l'exigent.

67. Le règlement détermine les conditions que doivent remplir les lazarets ; il en règle la direction et la police, etc.

68. Un médecin est attaché à chaque lazaret de premier ordre pour visiter, soigner les quarantenaires, constater leur état de santé à l'expiration de la quarantaine, et veiller à l'exacte exécution des mesures sanitaires.

69. Les malades reçoivent dans les lazarets, sous le rapport religieux et médical, tous les secours et tous les soins qu'ils trouveraient dans un établissement hospitalier ordinaire. Les personnes venues du dehors pour les visiter ou leur donner des soins sont, en cas de compromission, constituées en quarantaine.

70. Chaque malade a la faculté de se faire traiter par un médecin de son choix, sous la même condition.

71. Les visites réglementaires du médecin du lazaret sont gratuites. Les quarantenaires ne paient que les soins étrangers au service sanitaire proprement dit.

Les frais pour soins particuliers donnés aux quarantenaires (garde-malade, médicaments, nourriture) sont à la charge de ceux-ci.

72. Les indigents et, en général, les personnes exemptées du droit de séjour au lazaret, sont traités et nourris gratuitement.

73. Les règlements locaux déterminent, autour de chaque lazaret, une zone réservée dans laquelle sont interdits le stationnement des navires en libre pratique, les habitations particulières et les rassemblements quelconques.

CHAP. III. — DES DROITS SANITAIRES.

74. Les droits sanitaires à percevoir se composent : 1° du droit général de reconnaissance proportionné au tonnage et au genre de navigation des navires ; 2° du droit journalier de station, également proportionné au tonnage, pour les navires mis en quarantaine ; 3° du droit journalier de séjour au lazaret pour chaque personne ; 4° des droits pour la désinfection des marchandises.

75. Les droits sanitaires comprennent les taxes suivantes :

A. *Droit de reconnaissance à l'arrivée,* payable par tous les navires, sauf les exceptions indiquées plus loin :

Navires naviguant au cabotage, de port français à port français, d'une mer à l'autre, par tonneau. . .	0f05c
Navires naviguant au cabotage étranger, par tonneau	0 10
Navires naviguant au long cours, par tonneau . .	0 15
Paquebots, arrivant à jour fixe, d'un port européen dans un port de la Manche ou de l'Océan, par tonneau.	0 05
Paquebots venant d'un port étranger dans un port français de la Méditerranée, si la durée habituelle et totale de la navigation n'excède pas douze heures, par tonneau	0 05

Les paquebots appartenant à ces deux dernières catégories peuvent contracter des abonnements de six mois ou d'un an. L'abonnement est calculé à raison de 50 centimes par tonneau et par an, quel que soit le nombre des voyages.

B. *Droit de station,* payable par les navires soumis à une quarantaine, par tonneau, pour chaque jour de quarantaine. 0f03c

C. *Droit de séjour au lazaret,* par jour et par personne, sauf les exceptions indiquées plus loin :

1re classe	2f00c
2e classe	1 00
3e classe	0 50

D. *Droits pour la désinfection des marchandises :*

Marchandises emballées, par 100 kilogrammes . .	0 50
Cuirs, les 100 pièces.	1 00
Petites peaux non emballées, les 100 pièces . . .	0 50

Pour les chiffons et les drilles, les frais occasionnés par la désinfection et la manipulation sont au compte de la marchandise.

Les dépenses résultant de la désinfection des navires sont à la charge de l'armement.

76. En ce qui concerne la 4e catégorie des droits, les frais occasionnés par la désinfection et la manipulation des chiffons et des drilles sont au compte de la marchandise. Les dépenses résultant de la désinfection des navires sont à la charge de l'armement.

77. Les navires naviguant de port français à port français dans la même mer sont exemptés du droit de reconnaissance.

78. Les navires qui, pendant le cours d'une même opération, *entreront successivement* dans plusieurs ports situés sur la même mer, ne paieront le droit de reconnaissance qu'une seule fois au port de première arrivée.

79. Sont dispensés du droit de séjour au lazaret : les enfants au-dessous de sept ans, les indigents embarqués aux frais du Gouvernement ou d'office par les consuls ; toute personne qui aura été transportée au lazaret par ordre de l'autorité sanitaire.

80. Sont exempts de tous les droits sanitaires : 1° les bâtiments de guerre ; 2° les bâtiments en relâche forcée, même lorsqu'ils sont admis à libre pratique, pourvu qu'ils ne se livrent à aucune opération de commerce dans le port où ils abordent ; 3° les bateaux de pêche français ou étrangers, pourvu qu'ils ne fassent pas d'opération de commerce dans le port de relâche.

CHAP. IV. — DES AUTORITÉS SANITAIRES.

81. Les autorités sanitaires comprennent deux éléments bien distincts : l'un représentant l'autorité centrale, c'est-à-dire l'intérêt général, que la police sanitaire est appelée à sauvegarder, c'est l'élément administratif et exécutif ; l'autre représentant les intérêts locaux dans leurs rapports avec le service sanitaire, c'est l'élément local chargé de contrôler le fonctionnement de ce service et consulté sur toutes les questions qui intéressent spécialement le port ou la circonscription qu'il représente.

82. Le littoral est divisé en circonscriptions sanitaires, dont le nombre et l'étendue sont fixés par un arrêté du ministre de l'agriculture et du commerce.

83. Dans chaque circonscription est placé un agent supérieur qui prend le titre de *directeur de la santé.*

84. Il y a, de plus, des agents principaux, des agents ordinaires et des sous-agents répartis dans les différents ports. Ces divers agents relèvent tous du directeur de la santé de qui ils reçoivent des instructions.

85. Chaque direction comporte, en outre, un personnel d'officiers, d'employés et de gardes en nombre proportionné aux besoins du service.

86. Le directeur de la santé et tous les agents placés sur le littoral sont chargés de veiller à l'exécution des règlements et des instructions sanitaires.

87. Ils reconnaissent ou font reconnaître l'état sanitaire des provenances, et leur donnent la libre pratique, s'il y a lieu. Ils font exécuter les règlements ou décisions qui déterminent la mise en quarantaine et les précautions particulières auxquelles les provenances infectées ou suspectes doivent être soumises.

88. Ils délivrent ou visent les patentes de santé.

89. Le directeur de la santé est pris dans le corps médical ; il est le chef du service dans sa circonscription.

90. Les agents principaux et ordinaires du service sanitaire sont pris, autant que possible, parmi les agents du service des douanes ; ils reçoivent, en qualité d'agents sanitaires, une indemnité sur les fonds affectés aux dépenses sanitaires.

91. Les médecins sanitaires établis dans le Levant complètent, par leurs informations sur l'état sanitaire des pays où ils résident, les garanties données par les précautions prises sur le littoral français. Les patentes de santé sont délivrées ou visées par nos consuls sur leur rapport.

92. Dans chaque circonscription sanitaire, il y a un conseil sanitaire au moins. Ce conseil est institué au port le plus important, et au besoin dans plusieurs des ports de la circonscription.

93. Font partie de droit des conseils sanitaires : 1° le directeur de la santé ou l'agent principal du service sanitaire ; 2° le maire ; 3° le plus élevé en grade parmi les officiers généraux ou supérieurs attachés à un commandement territorial ; 4° dans les ports de commerce, le commissaire chargé du service maritime, et dans les ports militaires, le préfet maritime, le major général et le médecin le plus élevé en grade du service de santé de la marine ; 5° le directeur ou inspecteur des douanes, ou, à défaut, le plus élevé en grade des employés dans ledit service ; 6° l'ingénieur en chef ou ordinaire attaché au service maritime du port ; 7° dans les chefs-lieux de préfecture, deux conseillers de préfecture.

94. Chaque conseil renferme, en outre, trois membres au moins et six au plus désignés par l'élection, savoir : un tiers nommé par le conseil municipal, un tiers par la chambre de commerce, ou, à son défaut, par le tribunal de commerce du ressort, et un tiers par le conseil d'hygiène et de salubrité de la circonscription.

95. Les membres élus du conseil sanitaire sont nommés pour trois ans et renouvelés par tiers chaque année.

96. Les préfets et sous-préfets sont présidents-nés des conseils sanitaires établis au siège de leur résidence.

97. Les conseils sanitaires exercent une surveillance générale sur le service sanitaire de leur circonscription. Ils ont pour mission d'éclairer le directeur ou agent sur les questions qui intéressent spécialement leur ressort, et de donner leur avis sur les mesures importantes à prendre.

CHAP. V. — DISPOSITIONS PÉNALES.

98. Les fonctions d'officiers de police judiciaire, attribuées par l'art. 17 de la loi du 3 mars 1822 aux autorités sanitaires, sont exercées par les directeurs, agents principaux et ordinaires du service sanitaire, et, concurremment avec eux, par les capitaines de lazaret.

99. La nature et l'étendue de ces fonctions sont spécifiées dans les chapitres 1, 2, 4 et 15 du livre Ier du Code d'instruction criminelle.

100. Les jugements à rendre par les autorités sanitaires, en matière de simple police, et en vertu de l'art. 18 de la loi du 3 mars 1822, sont rendus par le directeur de la santé ou l'agent principal, assisté de deux délégués du conseil sanitaire, les fonctions du ministère public étant remplies par un troisième délégué dudit conseil, et celles de greffier par un agent ou employé du service sanitaire.

101. Conformément à l'art. 14 de la loi du 3 mars 1822, les simples contraventions en matière sanitaire (celles qui sont de la compétence des autorités sanitaires) peuvent être punies d'un emprisonnement de trois à quinze jours et d'une amende de 5 à 50 fr.

102. Seront au surplus observés, en tout ce qui ne sera pas contraire au titre III de la loi du 3 mars 1822 et aux présentes dispositions, les articles 146, 147, 148, 149, 150, 151, 152, 153, 154, 155, 156, 157, 158, 159, 160, 161, 162, 163, 164 et 165 du Code d'instruction criminelle.

103. Les fonctions de l'état civil, énoncées dans l'art. 19 de la loi du 3 mars 1822, seront remplies, conformément aux dispositions dudit article, par le directeur de la santé ou agent principal.   GIRARD.

REGISTRES. Les administrations, établissements et fonctionnaires publics sont tenus d'avoir des registres pour y inscrire les actes ou affaires de chaque jour (voy. **Répertoire, Enregistrement des dépêches**). C'est ainsi que les délibérations des conseils municipaux doivent être notamment inscrites par ordre de dates sur un registre coté et paraphé par les sous-préfets. (L. 18 juill. 1837, art. 28.)

REGISTRES DE L'ÉTAT CIVIL. Voy. **État civil** et **Mariage des militaires.**

RÈGLEMENT ADMINISTRATIF. 1. Acte spontané du Gouvernement, formulant, en vertu des pouvoirs *généraux* qui lui ont été expressément conférés par les lois constitutionnelles (*Charte* 1814, *art.* 14; 1830, *art.* 13; *Const.* 1852, *art.* 6, *etc.*), ou qui résultent implicitement de la délégation de la puissance exécutive, un ensemble de prescriptions obligatoires pour la totalité des citoyens ou seulement pour une partie déterminée ou une catégorie d'entre eux. Un acte administratif relatif à un individu ou même à un cas isolé, quoique concernant une collection de citoyens, ne saurait jamais être qualifié de *règlement*.

2. Les règlements, a-t-on dit, sont des actes de magistrature, les lois sont des actes de souveraineté. La distinction ainsi établie ne se rapporte pas à la nature de ces actes, car les règlements aussi bien que les lois créent des obligations ou des devoirs ; elle ne saurait avoir d'autre but que d'indiquer leur portée respective. En effet, les lois créent ces devoirs en vertu de pouvoirs propres, primitifs et, pour ainsi dire, illimités ; les règlements, en vertu de pouvoirs délégués et en conséquence limités, soit expressément, soit implicitement, par la législation, la jurisprudence ou même les mœurs.

3. Demander quelles matières sont de la compétence du pouvoir réglementaire, et quelles sont les limites de cette compétence, c'est demander d'un côté l'énumération de toutes les matières administratives, et de l'autre l'indication du point exact où s'arrête le pouvoir législatif. Nous disons où *s'arrête*, car en théorie le législateur peut statuer sur tout, mais dans la pratique il en délègue sagement le soin à l'administration chaque fois qu'il s'agit d'entrer dans des détails minutieux ou que les faits à prévoir sont d'une nature trop variée, trop variable ou même encore trop peu connue. (*Voy.* **Règlement d'administration publique,** n° 4.)

Or, cette délégation peut avoir lieu d'une manière générale, par exemple dans la constitution, ou d'une manière particulière, pour un cas spécial. Cette dernière catégorie de règlements étant traitée au mot **Règlement d'administration publique,** nous ne parlerons dans cet article que des règlements faits en vertu de la délégation générale.

4. C'est le président de la République qui « fait les règlements nécessaires pour l'exécution des lois ». Un règlement obligatoire pour toute la France ne peut, en effet, émaner que du Chef de l'État. Mais il est des matières qu'il y aurait des inconvénients à régler d'une manière uniforme pour toute la France ; il en est d'ailleurs qui ne se rapportent qu'à certaines localités ; ces matières, ce sont les préfets ou les maires qui les règlent par délégation spéciale ou générale (voy. **Département, Organisation communale, Police**). On ne doit pas confondre avec le règlement administratif le règlement intérieur qui n'oblige que les subordonnés vis-à-vis de leur chef; les ministres signent ceux qui concernent les matières placées dans leurs attributions.

5. Les règlements administratifs légalement pris sont obligatoires pour les juges, qui doivent punir les infractions qui leur sont déférées par qui de droit (*C. P.*, art. 417, n° 15, *et lois spéciales*). Des dispositions illégales contenues dans un règlement à côté de dispositions légales, n'infirment pas ces dernières. (*Cass.* 29 *mai* 1846.)

6. Comme le règlement d'administration publique (*voy. ce mot*), le règlement administratif émané du Chef du Gouvernement peut également être soumis au Conseil d'État ; mais cette formalité n'est pas obligatoire, quoiqu'elle ait lieu habituellement dans la pratique. L'avis du Conseil d'État, quelque utile qu'il soit au point de vue de la valeur intrinsèque de l'acte, n'ajoute rien à sa valeur légale, lorsque cet avis a été demandé spontanément par l'administration. Il est bien entendu, au contraire, que l'avis est un élément indispensable de sa légalité, lorsque la loi a prescrit de consulter le Conseil d'État.

7. Toute disposition obligatoire pour le citoyen doit être portée à sa connaissance. En conséquence, le règlement administratif émané du président de la République (décret), doit être inséré dans le *Journal officiel* (*voy.* **Promulgation**) ; les règlements préfectoraux doivent être publiés dans le recueil des actes de la préfecture, et les règlements municipaux affichés dans la commune.

Maurice Block.

RÈGLEMENT D'ADMINISTRATION PUBLIQUE. 1. Le règlement d'administration publique est un acte législatif complémentaire, dont la rédaction a été déléguée au Chef de l'État par une disposition *expresse* ou spéciale de la loi[1]. Un règlement non prévu par la loi n'est qu'un acte administratif fait en vertu des pouvoirs généraux conférés par la loi au Chef de l'État (*Charte de* 1814, *art.* 14 ; *Id. de* 1830, *art.* 13 ; *Const. de* 1852, *art.* 6), ou même à certains fonctionnaires (préfets et maires). [*Voy.* **Règlement administratif.**]

2. Aucun texte n'a formulé une définition légale du règlement d'administration publique, et les auteurs ne paraissent même pas l'avoir distingué nettement du règlement administratif. Macarel, par exemple, se sert indifféremment de l'une ou de l'autre expression[2]. C'est pourtant à tort qu'on les confond, puisque la loi fait une différence entre

le règlement d'administration publique et le décret rendu *dans la forme* d'un tel règlement. Or, si le règlement d'administration publique consistait simplement en un décret rendu, le Conseil d'État entendu, il ne se distinguerait plus d'un décret rendu dans la forme du règlement d'administration publique, et les mots *dans la forme* n'auraient aucune signification. Il en résulte donc que le règlement d'administration publique n'a de raison d'être et n'a un caractère propre que lorsqu'on le considère comme un acte réservé au pouvoir exécutif pour formuler des dispositions législatives, en vertu d'une délégation spéciale du pouvoir législatif.

C'est la confusion qui a régné sur cette matière jusqu'à ce jour qui nous a engagé à insister sur notre définition.

3. Il convient d'ajouter que la confusion que nous venons de signaler est très-excusable en présence de celle qui règne dans les faits. En effet, la ligne de démarcation entre le domaine de la loi et celui du règlement est très-difficile à tracer. Les principes généraux, s'il en existe d'universellement admis, laissent subsister bien des doutes qui ont été résolus différemment, selon les époques. Des matières évidemment réglementaires ont été soumises au législateur, et des dispositions législatives ont été prises par le pouvoir exécutif. Il n'est donc pas étonnant que les rédacteurs de certaines lois n'aient pas toujours distingué entre les règlements qui sont dans les attributions ordinaires du Chef du Gouvernement et ceux qui dépassent sa compétence, et dont la rédaction doit lui être déférée expressément.

De là vient que nous trouvons quelquefois des délégations spéciales où de simples règlements administratifs auraient suffi. Toutefois, le législateur y ayant mis son attache, l'importance théorique de l'acte en a été augmentée, mais non son importance pratique, car on doit autant d'obéissance au règlement légal qu'à la loi elle-même.

4. Les arguments qu'on a fait valoir pour démontrer l'utilité, la nécessité même du règlement administratif, militent également en faveur du règlement d'administration publique. Ces arguments ont été présentés, dans les termes suivants, par M. Dumon, dans son rapport sur le projet de loi relatif à l'organisation du Conseil d'État. (*Chambre des Députés, séance du 6 juillet* 1843.)

«Quand même le pouvoir législatif et le pouvoir exécutif seraient réunis dans les mêmes mains, il ne serait pas sans inconvénients de comprendre dans le même texte les principes et leurs applications, les lois qui doivent demeurer stables et les mesures d'exécution, que l'expérience corrige et perfectionne sans cesse. Lorsque le pouvoir législatif et le pouvoir exécutif sont séparés, la distinction que nous venons d'établir est encore plus nécessaire. Le pouvoir législatif a seul autorité pour décréter les dispositions fondamentales qui constituent une loi ; mais les dispositions secondaires, destinées à mettre la loi en action, exigent un examen trop minutieux, des dispositions trop spéciales, des modifications trop fréquentes pour que le pouvoir législatif puisse les prendre lui-même. Il délègue ce droit au pouvoir exécutif. Ces règlements dérivent donc de la source même des lois

---

1. « Nous n'ignorons pas que cette définition est nouvelle, et qu'en conséquence elle ne sera pas généralement admise. Mais la distinction que nous établissons entre le règlement d'administration publique et le règlement administratif nous paraît assez logique et assez utile pour que nous puissions espérer la voir reçue avec faveur. » Voilà ce que nous écrivions en 1856. Depuis lors, nous avons eu la satisfaction de voir que notre distinction a été admise par des hommes considérables. Quelques auteurs ont maintenu la confusion antérieure, et ont continué de confondre l'acte qui a la *forme* d'un règlement d'administration publique avec le règlement d'administration publique même.

2. **M. Sérigny** dit (*Traité de l'organisation de la compétence*, etc., t. Ier, nᵒ 4) : « Ainsi donc, le caractère distinctif des règlements d'administration publique consiste dans la délibération de l'assemblée générale du Conseil d'État après instruction préalable. » L'auteur base cette définition sur l'art. 25 de l'ordonnance royale du 18 septembre 1839, ainsi conçu : « Les ordonnances rendues après délibération de l'*assemblée générale* du Conseil mentionnent que le Conseil d'État a été entendu. Cette mention n'est insérée dans aucune autre ordonnance. » Il nous semble que M. Sérigny a trop étendu la portée de cet article, qui n'a d'autre but que d'interdire la mention « le Conseil d'État entendu », lorsqu'on n'a consulté qu'un comité ou une section. L'art. 25 ne défend pas l'usage de la mention pour les ordonnances rendues *dans la forme* des règlements d'administration publique.

M. Ducrocq, dans son *Cours* (4ᵉ édit., 1874, t. Ier, p. 38), confond les deux sortes de règlements, ce qui nous étonne de la part d'un esprit aussi distingué. Mais ce qui nous étonne davantage, c'est que le recueil alphabétique de MM. Rigaud et Maulde, tout en trouvant la distinction subtile et inutile, consacre des articles séparés à chacun des deux sortes de règlements.

et ont la même autorité qu'elles. » On comparera utilement avec ce passage ce que nous avons dit au mot **Administration** (*Admin. comparée*).

5. Nous ' devons maintenant faire remarquer l'une des conséquences les plus importantes de la distinction tranchée, que nous avons fait ressortir, entre le règlement administratif et le règlement d'administration publique. Le premier ne saurait créer de pénalités en dehors de celles prévues par les lois spéciales, et, à défaut de lois spéciales, de l'art. 471, § 15, du Code pénal(*Cass.* 28 *sept.* 1827, 17 *janv.* 1829, 12 *nov.* 1830, 13 *mars* 1834); le second, au contraire, peut posséder ce droit, car le règlement d'administration publique est une loi que le pouvoir exécutif a été chargé de faire.

6. Nous ne citerons que deux exemples à l'appui de cette doctrine. Voici le premier : L'art. 10 de la loi du 27 juillet 1822 est ainsi conçu : « Des ordonnances détermineront les bureaux de douanes par lesquels il sera permis d'introduire les bestiaux au *minimum* des droits, lorsque les droits sont différents pour une même espèce. Elles prescriront également les moyens d'ordre et de police jugés nécessaires pour empêcher la fraude que pourraient favoriser les établissements ruraux situés dans la demi-lieue de la frontière la plus rapprochée de l'étranger. »

Une ordonnance du 28 juillet 1822 ayant assujetti les détenteurs de bœufs et de vaches, habitant à une demi-lieue des frontières, à des déclarations du nombre, etc., des pièces qu'ils auraient dans leur étable, et édicté la peine du double droit contre ceux qui seraient surpris avec un excédant, un juge de police et, après lui, un tribunal refusèrent d'appliquer une peine établie par une ordonnance royale.

Sur le pourvoi de l'administration des douanes, la cassation fut prononcée par un arrêt du 12 août 1835, par le motif « que la généralité des expressions de l'art. 10 de la loi du 17 juillet 1822, il résulte que le législateur n'a pas seulement conféré au roi le droit (dont il est investi par la Charte) de faire des règlements pour l'exécution des lois, mais il a voulu, de plus, que ces règlements fussent le complément de la loi elle-même, et que le roi pût, en conséquence, en assurer l'exécution par une sanction pénale, sans laquelle les lois et les ordonnances rendues pour son exécution seraient toujours demeurées sans effet. »

7. Prenons notre second exemple dans une loi d'une date plus récente. L'art. 5 de la loi du 2 mai 1855, relative à l'établissement d'une taxe municipale sur les chiens, est ainsi conçu : « Un règlement d'administration publique déterminera les formes à suivre pour l'assiette de l'impôt et les cas ou l'infraction donnera lieu à un accroissement de taxe. Cet accroissement ne pourra s'élever à plus du quadruple de la taxe fixée par les tarifs. »

C'est donc ici la loi elle-même qui confère expressément au règlement d'administration publique le pouvoir d'édicter des pénalités, et, en effet, en exécution de cette loi, le décret du 3 août suivant fixe, aux art. 10 et 11, les peines auxquelles les infractions et fraudes peuvent donner lieu.

8. C'est précisément cette autorité particulière inhérente aux règlements d'*administration pu-*

blique qui a fait établir comme principe immuable qu'il doit être discuté par le Conseil d'État, en assemblée générale (*D.* 30 *janv.* 1852, *art.* 13). Aussi les règlements d'administration publique portent-ils tous en tête, après le *visa* de la loi sur laquelle le règlement est fondé, la formule : « le Conseil d'État entendu ».

9. Toutefois, tous les décrets portant en tête cette formule, et même le *visa* d'une loi, ne sont pas des règlements d'administration publique. Afin de donner plus de maturité à ses mesures, le Gouvernement use volontiers de son droit de consulter le Conseil d'État et se prévaut de l'avis qui lui a été donné : ce sont alors des règlements administratifs *ayant la forme* des règlements d'administration publique, mais sans l'être, puisqu'ils ne sont pas faits en vertu d'une délégation spéciale, mais seulement en vertu des pouvoirs généraux. Or, le règlement administratif ne gagne qu'en autorité morale de l'avis du Conseil d'État, tandis que cet avis est indispensable à la validité du règlement d'administration publique. (*Cass.* 14 *juin* 1844.)

Il est certains décrets individuels que la loi prescrit de soumettre au Conseil d'État sans qu'ils soient pour cela seul d'administration publique. Le simple examen de la matière que le décret est appelé à régler fera connaître, mieux que les explications les plus détaillées, si l'acte est ou non un règlement.

10. Comme la loi, le règlement d'administration publique doit être inséré dans le *Journal officiel*. MAURICE BLOCK.

RÈGLEMENT D'EAU. *Voy.* **Irrigation.**

RÈGLEMENT DE JUGES. Décision par laquelle une autorité supérieure déclare lequel de deux ou plusieurs tribunaux qui lui sont subordonnés doit connaître d'une contestation ou d'une affaire quelconque, dont ils se trouvent simultanément saisis.

Il y a lieu à règlement de juges par le Conseil d'État, lorsqu'il existe deux décisions par lesquelles l'autorité administrative et l'autorité judiciaire ont respectivement déclaré leur incompétence. [*Voy.* **Conflit** (*Conflit négatif*).]

RÈGLEMENT DE POLICE. *Voy.* **Police.**

RÈGLEMENT DE VOIRIE. *Voy.* **Police** et **Voirie.**

RÉHABILITATION. 1. La réhabilitation a pour effet de relever un condamné ou un failli de toutes les incapacités qui résultaient soit de la condamnation, soit du jugement déclaratif de la faillite.

2. Peuvent obtenir leur réhabilitation :

Le condamné à une peine afflictive ou infamante, ou à une peine correctionnelle, qui a subi sa peine, ou qui a obtenu des lettres de grâce (*C. d'I. cr.*, art. 619, *modifié par le décret-loi du 7 septembre* 1870). [C'est le ministre de la justice et non plus la cour d'appel du ressort qui statue.]

Le failli qui a intégralement acquitté, en principal, intérêts et frais, toutes les sommes dues par lui. (*C. de comm.*, art. 604.)

La loi du 19 mars 1864 étend aux notaires, greffiers et officiers ministériels destitués les bénéfices de la loi du 3 juillet 1832, avec laquelle on doit comparer le décret-loi du 7 septembre 1870.

3. Les formes de la réhabilitation, en matière commerciale, sont exposées au titre III du Code de commerce.

4. La grâce et la réhabilitation diffèrent essentiellement dans leur principe et dans leurs effets. La grâce dérive de la clémence du Chef de l'État, la réhabilitation de sa justice.

L'effet de la grâce n'est pas d'abolir le jugement, mais seulement de faire cesser la peine; la grâce ne saurait donc relever le condamné des incapacités qu'il a encourues, et qui sont des garanties données par la loi, soit à la société, soit aux tiers. (*Avis du C. 8 janv.* 1823.)

RELAIS DE LA MER. *Voy.* **Lais et relais.**

RELIEF DE DÉCHÉANCE (LETTRES DE). Ce sont des lettres patentes que le Chef du Gouvernement accorde à celui qui veut recouvrer la qualité de Français, pour l'affranchir provisoirement, c'est-à-dire jusqu'à sa réintégration, des déchéances spéciales prononcées par le décret du 26 août 1811. Ces lettres sont accordées, comme les lettres de grâce, sur la proposition du ministre de la justice, chargé de les délivrer. (*D. précité, art.* 12 *et* 15.)

REMBLAIS. *Voy.* **Déblais.**

REMÈDES SECRETS. 1. Parmi les obligations que l'art. 32 de la loi du 21 germinal an XI impose aux pharmaciens, figure celle de ne vendre aucun remède secret, et l'art. 36 de la même loi prohibe toute annonce et affiche imprimée qui indiquerait des remèdes secrets.

2. On ne tarda pas à s'apercevoir qu'une interdiction aussi absolue portait atteinte à des droits acquis, et qu'elle pourrait en outre s'opposer à la vente de remèdes nouveaux reconnus utiles : en conséquence un décret du 25 prairial an XIII déclara que la défense d'annoncer et de vendre des remèdes secrets ne concernait pas les préparations et remèdes qui, avant la publication de la loi du 21 germinal an XI, avaient été approuvés, et dont la distribution avait été permise dans les formes alors usitées. Suivant le même décret, cette défense ne devait pas s'appliquer non plus aux préparations et remèdes qui, d'après l'avis des écoles ou sociétés de médecine ou de médecins commis à cet effet, avaient été ou seraient approuvés, et dont la distribution avait été ou serait permise par le Gouvernement, quoique leur composition ne fût pas divulguée.

3. Le décret du 25 prairial an XIII ajoutait que les auteurs ou propriétaires des remèdes dont il vient d'être question, pourraient les vendre par eux-mêmes, et qu'ils pourraient aussi les faire vendre et distribuer par un ou plusieurs préposés, dans les lieux où ils jugeraient convenable d'en établir, à la charge de les faire agréer, à Paris, par le préfet de police, et dans les autres villes par le préfet, sous-préfet, ou, à défaut, par le maire, autorisés, en cas d'abus, à retirer leur agrément.

4. Les choses étaient ainsi réglées, lorsque fut rendu le décret du 18 août 1810, portant que les permissions accordées pour la vente des remèdes secrets cesseraient d'avoir leur effet à partir du 1er janvier 1811, et qu'avant cette époque, les inventeurs ou propriétaires des remèdes de cette nature auraient à en déposer la recette pour qu'elle fût examinée par une commission nommée à cet effet par le ministre de l'intérieur, qui avait alors l'administration sanitaire dans ses attributions. Ils devaient joindre à la recette du remède une notice des maladies auxquelles il pouvait s'appliquer, et des expériences qui en avaient déjà été faites.

5. La commission devait être composée de cinq personnes, dont trois seraient prises parmi les professeurs des écoles de médecine. Elle avait pour mission : 1° d'examiner la composition du remède, et de reconnaître si son administration ne pouvait être dangereuse ou nuisible en certains cas; 2° de déclarer si le remède était bon en soi, s'il avait produit et produisait encore des effets utiles à l'humanité; 3° de faire connaître quel prix il convenait de payer, pour son secret, à l'inventeur du remède reconnu utile, en proportionnant ce prix : 1° au mérite de la découverte; 2° aux avantages qu'on en avait obtenus, ou qu'on pouvait en espérer pour le soulagement de l'humanité; 3° aux avantages personnels que l'inventeur en avait retirés, ou pourrait en attendre encore.

6. En cas de réclamation de la part des inventeurs, le ministre devait nommer une commission de révision à l'effet de faire l'examen du travail de la première, d'entendre les parties et de donner un nouvel avis.

7. Le ministre, d'après le compte qui lui serait rendu par chaque commission, et après avoir entendu les inventeurs, devait présenter un rapport sur chacun des remèdes secrets examinés, et prendre les ordres de l'Empereur sur la somme à accorder à chaque inventeur ou propriétaire. Un traité devait ensuite être passé avec les inventeurs, le traité homologué en Conseil d'État, et le secret livré à la publicité.

8. La même marche devait être suivie à l'égard de tout remède nouveau dont l'inventeur voudrait qu'on fît usage.

9. Le 26 décembre 1810, un nouveau décret prorogea jusqu'au 1er avril 1811 le délai accordé aux inventeurs pour déposer les secrets de leurs remèdes. Le même décret dispensait de l'obligation de faire examiner de nouveau leur recette les inventeurs ou propriétaires de remèdes secrets qui avaient fait connaître au Gouvernement, avant le décret du 18 août, le secret de leur composition, dans le cas où cette composition avait déjà été examinée par une commission, et qu'il aurait été reconnu qu'elle ne contenait rien de nuisible ou de dangereux : mais la commission restait chargée du soin de constater si le remède était bon en soi, s'il avait produit et produisait encore des effets utiles à l'humanité, et d'indiquer les sommes qu'il convenait d'allouer à l'inventeur, comme prix de sa découverte.

10. Si les deux décrets dont nous venons d'analyser les dispositions avaient reçu leur pleine et entière exécution, il ne pourrait plus aujourd'hui exister légalement de remèdes secrets : mais il n'en a pas été ainsi : en fait, le délai fixé d'abord au 1er janvier, puis au 1er avril 1811, et ensuite au 1er juillet de la même année, en vertu d'un avis du Conseil d'État du 9 avril précédent, ce délai s'est trouvé indéfiniment ajourné, et dans cette situation, l'administration n'a pas cessé de considérer le décret du 25 prairial an XIII comme étant toujours en vigueur.

11. Les remèdes auxquels ce décret s'applique sont : 1° les pilules du docteur Belloste ; 2° les grains de santé du docteur Franck ; 3° la poudre d'Irroé ; 4° le rob Laffecteur ; 5° la pommade Farnier ; 6° l'élixir vermifuge de Chiarini ; 7° l'eau de mélisse Roger.

12. Les biscuits antisyphilitiques du docteur Olivier, et la poudre de Sency contre le goître, remèdes sur lesquels l'Académie de médecine a porté un jugement favorable, quoique non définitif en ce qui concerne la poudre de Sency, ont été assimilés à ceux auxquels s'applique le décret du 25 décembre 1810, et la vente en est soumise aux conditions établies par le décret du 25 prairial an XIII et indiquées plus haut sous le n° 3.

13. Sous l'empire de ces règlements, la jurisprudence de la Cour de cassation avait établi qu'on devait considérer comme rentrant dans la classe des remèdes secrets prohibés par la loi du 21 germinal an XI, toute préparation qui n'était point inscrite au Codex, ou qui n'avait pas été composée par un pharmacien, sur l'ordonnance d'un médecin, pour un cas particulier, ou qui n'aurait pas été spécialement autorisée par le Gouvernement.

14. La même jurisprudence a établi, en outre, qu'on ne doit considérer comme remède ni comme médicament, les préparations simplement hygiéniques, qui sont parfois tout aussi bien du domaine du confiseur ou du parfumeur que de celui du pharmacien ; telles sont les pâtes pectorales de guimauve, de jujube, de Regnault et autres du même genre, les eaux de Cologne et de Portugal, l'eau de mélisse des Carmes, etc.

15. En présence de cette jurisprudence, les jurys médicaux s'étaient trouvés dans l'obligation de sévir contre plusieurs préparations médicinales dont l'utilité avait été reconnue par l'Académie de médecine et constatée par l'expérience. Pour remédier à cet inconvénient, il a été rendu, le 3 mai 1850 un décret, portant que les remèdes qui auront été reconnus nouveaux et utiles par l'Académie de médecine, et dont les formules, approuvées par le ministre de l'agriculture et du commerce, conformément à l'avis de cette compagnie savante, auront été publiées dans son *Bulletin*, avec l'assentiment des inventeurs ou possesseurs, cesseront d'être considérés comme remèdes secrets, et qu'ils pourront être, en conséquence, vendus librement par les pharmaciens, en attendant que la recette en soit insérée dans une nouvelle édition du Codex.

16. En annonçant aux préfets par une circulaire du 2 novembre 1850, que les jurys médicaux seraient tenus au courant des remèdes autorisés en vertu du décret du 3 mai 1850, le ministre de l'agriculture et du commerce ajoutait : « Quant à ceux qui ont été, dans ces derniers temps et antérieurement au décret, l'objet de rapports favorables de l'Académie de médecine, et qui sont, on peut le dire, passés dans la pratique, tels que : 1° les pilules de carbonate ferreux de Vallet ; 2° les pains ferrugineux de Dérouet-Boissières ; 3° les lactates de fer de Gélis et Conté ; 4° le citrate de magnésie de Rogé ; 5° le cousso, remède contre le ténia, apporté d'Abyssinie par M. Rochet d'Héricourt ; 6° la poudre et les pastilles de char-

bon végétal du docteur Belloc, ceux-là, dis-je, me semblent aujourd'hui à l'abri de toute poursuite et ne pouvoir être assimilés à des remèdes secrets.

17. Les remèdes nouveaux approuvés depuis cette époque par l'administration, conformément à l'avis de l'Académie de médecine, et dont les formules ont été insérées dans le *Bulletin* de cette compagnie savante, sont : 1° le tannate de quinine de M. Barreswil ; 2° l'opium indigène de pavot pourpre, l'extrait d'opium indigène de pavot pourpre, le vin indigène de pavot pourpre, la teinture d'opium indigène de pavot pourpre et le sirop d'opium indigène de pavot pourpre de M. Aubergier, pharmacien de Clermont-Ferrand ; 3° le lactuarium et l'extrait alcoolique de cette substance du même pharmacien ; 4° la digitaline, les granules et le sirop de digitaline de MM. Quévenne et Homolle, de Paris ; 5° enfin, un médicament du même M. Quévenne, qui consiste en fer réduit par l'hydrogène [1].

18. Il résulte de l'art. 36 de la loi du 21 germinal an XI, interprété par celle du 29 pluviôse an XIII, que toute annonce et affiche imprimée qui indiquerait des remèdes secrets, sous quelque dénomination que ce soit, est un fait punissable d'une amende de 25 à 600 fr., et en outre, en cas de récidive, d'un emprisonnement de trois jours au moins et de dix au plus.

19. Bien que l'art. 36 de la loi de l'an XI ne parle que de l'annonce et de l'affiche, il a été jugé par la Cour de cassation qu'il résultait du rapprochement de cet article des décrets des 25 prairial an XIII et 18 août 1810, qu'il défend à plus forte raison la distribution et la vente des remèdes secrets, de quelque manière qu'elle soit faite, et qu'en conséquence, tout individu, même pharmacien, qui débite des remèdes de ce genre, est passible des peines indiquées sous le numéro précédent. (*Arr.* 16 *déc.* 1836, *Ch. réunies; arr.* 18 *janv.* 1839, *Ch. crim; Cass.,* 17 *août* 1867.)

20. Nous terminerons cet article en rappelant que l'art. 3 de la loi du 5 juillet 1844 range les compositions pharmaceutiques ou remèdes de toute espèce parmi les objets non susceptibles d'être brevetés. **L. FOUBERT.**

REMISE DES RECEVEURS. *Voy.* **Receveurs.**

REMONTE DE LA CAVALERIE. *Voy.* **Armée** *et* **Haras.**

REMPLACEMENT MILITAIRE. Il a été supprimé par la loi de 1872 sur l'armée.

RENTES SUR L'ÉTAT. 1. On appelle ainsi les rentes constituées par l'État, comme représentation des intérêts annuels de capitaux empruntés ou de dettes contractées, sans aucun engagement de sa part de rembourser à une époque déterminée. Ces rentes sont cotées à la Bourse et le taux d'après lequel ont lieu la vente et l'achat des titres se nomme *Cours de la rente.*

2. Les rentes sur l'État sont *meubles* par la détermination de la loi (*C. civ. art.* 529). Elles sont *imprescriptibles* et *insaisissables*. L'imprescriptibilité du capital des rentes résulte de ce fait que l'État ne pourrait se prévaloir de l'abstention

1. Cette liste est complète jusqu'au jour de la rédaction de l'article ; est-il nécessaire de dire que les autorisations postérieures ne peuvent pas s'y trouver. D'ailleurs, notre but n'est pas de faire connaître les remèdes, mais la législation qui les concerne. **M. B.**

de son créancier, attendu que celui-ci n'a pas le droit de réclamer le remboursement du capital de la rente ; on ne saurait, dès lors, assigner un point de départ quelconque au délai de prescription. (*Avis du Com. des fin.* 27 *juin* 1834 *et* 14 *juill.* 1838.)

Le principe de l'insaisissabilité a été posé par la loi du 8 nivôse an VI (*art.* 4) et étendu par la loi du 22 floréal an VII. Le transfert et le paiement d'une inscription de rente ne peuvent être suspendus qu'à la requête du titulaire ou de ses représentants légitimes.

3. *Diverses espèces de rentes.* Les rentes sur l'État sont *perpétuelles* ou *viagères.* La *rente perpétuelle* est celle qui est due pour un temps non limité dans sa durée ; la *rente viagère* est celle qui s'éteint avec la vie du rentier. Remarquons ici que la qualification de *perpétuelle* n'entraîne pas l'idée de l'irrédimibilité de la rente. C'est par opposition surtout aux rentes viagères qu'elle est employée.

4. Les rentes perpétuelles sont classées en quatre fonds différents (3, 4, 4 $\frac{1}{2}$ et 5 p. 100), suivant le taux nominal auquel elles ont été constituées.

Elles sont de trois sortes : 1° les rentes *nominatives* ; 2° les rentes *mixtes,* c'est-à-dire nominatives quant au capital, mais pourvues de coupons d'arrérages au porteur. Ces rentes, qui n'existent pas dans les fonds 4 et 4 $\frac{1}{2}$ p. 100, ne peuvent être inscrites qu'au nom de personnes ayant la pleine disposition de leurs biens ; 3° les rentes *au porteur,* dont la création a eu pour but de faciliter la négociation et la transmission des titres.

5. La conversion en rentes au porteur de rentes purement nominatives ou mixtes constitue une véritable aliénation. Il est, en conséquence, indispensable de procéder par voie de transfert, consenti par le titulaire et certifié par un agent de change. (*O. roy.* 29 *avril* 1831, *art.* 2.)

De même, la conversion des rentes purement nominatives en rentes mixtes, impliquant une dépossession partielle, n'est effectuée que sur la demande du titulaire dont la signature est certifiée par un notaire ou un agent de change. (*D.* 18 *juin* 1864.)

Au contraire, la conversion en rentes purement nominatives ou mixtes des rentes au porteur peut être requise par toute personne ; elle s'opère sans frais, sans le concours d'un officier ministériel et sur le simple dépôt des titres accompagnés d'un bordereau énonçant l'immatricule des rentes à inscrire.

6. *Du grand-livre.* Le grand-livre de la dette publique est le titre fondamental des créanciers de rentes sur l'État. Sa création est l'œuvre de la Convention ; elle fut ordonnée par la loi du 24 août 1793, qui réunit en une seule *dette perpétuelle* toutes les dettes antérieures et fit du grand-livre un titre unique pour les divers créanciers de l'État.

7. Il est délivré à chaque créancier un extrait *d'inscription au grand-livre* (*L.* 1793, *art.* 6). Tout extrait est enregistré sur un double du grand-livre. Il est signé par le directeur de la dette inscrite et par deux agents comptables, chargés sous leur responsabilité, l'un de vérifier tous les faits

relatifs à la création et au transfert des rentes, l'autre de procéder à l'inscription et d'en délivrer l'extrait. Cet extrait, pour former titre valable contre le Trésor, doit être visé au contrôle, conformément à la loi du 24 avril 1833.

8. Les extraits d'inscription de rentes au porteur sont à talon et peuvent toujours, sur la demande des parties intéressées, être rapprochées de la souche. (*O.* 29 *avril* 1831, *art.* 5 ; 31 *mai* 1838, *art.* 180.)

9. Toute émission nouvelle de rentes doit être autorisée par une loi. Il n'est point fait d'inscription pour une somme inférieure à 3 francs de rentes. (*D.* 19 *août* 1870.)

10. *Transferts et mutations.* Nous avons déjà fait connaître, en partie, en traitant des *dettes de l'État,* les formalités relatives aux transferts ; nous nous bornerons à compléter les détails donnés à cet article.

On distingue deux sortes de transferts : 1° le *transfert réel,* qui a lieu lorsque la propriété de la rente a été transmise d'une personne à une autre au moyen d'une *vente véritable ;* 2° le *transfert de forme,* plus généralement appelé *mutation,* qui s'effectue lorsqu'il y a soit affectation en nantissement, soit transmission de propriété par suite de *succession, jugement, donation testamentaire* ou *entre vifs,* etc., etc., et même lorsqu'il survient quelque changement dans l'état civil des titulaires inscrits (interdiction, majorité, mariage, viduité, etc.) ; c'est encore au moyen d'un transfert de forme que s'opèrent les réunions, divisions d'inscriptions et les renouvellements de titres au porteur et mixtes démunis de coupons et de titres nominatifs ayant plus de dix ans de date.

L'inscription transférée en totalité ou en partie pour quelque motif que ce soit est débitée au grand-livre ; le montant en est reporté à de nouveaux comptes. (Voyez aussi le décret du 12 mars 1877, ainsi que l'arrêté du ministre des finances de même date qui l'accompagne, portant organisation du service des reconversions et des renouvellements des rentes au porteur. Ces actes ont été insérés au *Journal officiel* du 15 mars 1877.)

11. Dans le cas de vente, le transfert est signé par le *vendeur* (*L.* 28 *flor. an VII*) et par un *agent de change* (*Arr.* 27 *prair. an X*). Celui-ci en fait la déclaration au Trésor (bureau des transferts) et y dépose l'ancien extrait d'inscription avec un bordereau certifié par lui, tant pour la réalité de la propriété entre les mains du vendeur que pour l'exactitude des noms et prénoms des acquéreurs et la quotité des portions de rente à attribuer à chacun. L'extrait de la nouvelle inscription est remis deux jours après la déclaration. (*D.* 10 *therm. an XIII ; O.* 26 *févr.* 1821.)

12. Le transfert de forme ou mutation s'opère sur la remise des titres appuyés, suivant les cas, soit d'un *certificat de propriété* (*voir ce mot*) soit des pièces nécessaires pour constater les modifications survenues dans les droits et qualités civiles des titulaires.

13. Quand la mutation ou le transfert porte sur une inscription dont le titulaire est décédé, le certificat de propriété doit être accompagné d'un certificat délivré gratuitement par le receveur de l'enregistrement qui a reçu la déclaration de

succession. Ce certificat mentionne la rente par somme, numéro et série, et constate que les droits ont été payés ou qu'ils n'étaient pas dus (*L.* 18 *mai* 1850 *et* 8 *juill.* 1852). Il n'y a pas lieu de le produire : 1° lorsque le décès est antérieur au 18 mai 1850 ; 2° lorsque les titulaires décédés étaient domiciliés en Algérie ou dans les colonies françaises ; 3° lorsque les titulaires, décédés avant le 2 mars 1871, étaient domiciliés en Alsace-Lorraine ; 4° lorsqu'il s'agit de successions en déshérence recueillies par le domaine ; 5° lorsque, par suite du décès d'un usufruitier, l'usufruit se réunit à la propriété.

14. *Titres perdus.* On a aussi recours au transfert de forme quand il y a lieu de remplacer un titre de rente adiré.

S'il s'agit d'une inscription nominative, le titulaire fait une déclaration de perte devant le maire de la commune de son domicile, en présence de deux témoins : la déclaration doit être timbrée et enregistrée ; la signature du maire est légalisée par le préfet ou le sous-préfet. Cette pièce, une fois rapportée au Trésor et reconnue régulière, le ministre, *après l'échéance du terme courant,* autorise les agents comptables de la dette inscrite à débiter le compte de l'inscription perdue et à la porter à nouveau compte. Il est remis ensuite au réclamant un extrait original de l'inscription de ce nouveau compte.

Ces formalités sont pareillement applicables aux titres *mixtes.* Mais les parties sont tenues, en outre, de réaliser un cautionnement en rente ou en numéraire suffisant pour garantir le Trésor contre la reproduction éventuelle des coupons jusqu'au jour où il sera couvert par la prescription quinquennale.

15. Quant aux inscriptions *au porteur,* elles peuvent être remplacées moyennant le dépôt préalable d'un cautionnement réalisé en inscriptions nominatives et représentant le capital des inscriptions adirées plus cinq années d'arrérages. La durée de ce cautionnement est de vingt ans. (*D.* 3 *mess. an XII,* 18 *déc.* 1869 ; *L.* 15 *juin* 1872, *art.* 16.)

16. *Paiement des arrérages.* Le paiement des arrérages de rentes perpétuelles s'effectue par semestre pour les inscriptions 4 et 4 ¹/₂ p. 100, et par trimestre pour les inscriptions 3 et 5 p. 100. Les échéances des rentes 4 et 4 ¹/₂ p. 100 sont fixées aux 22 mars et 22 septembre, celles des rentes 3 p. 100 aux 1ᵉʳ janvier, 1ᵉʳ avril, 1ᵉʳ juillet et 1ᵉʳ octobre, et celles des rentes 5 p. 100 aux 16 février, 16 mai, 16 août et 16 novembre.

Quinze jours avant chaque échéance a lieu ce qu'on appelle le *détachement du coupon.* Toute inscription expédiée, par suite de transfert ou de mutation, pendant cette période porte jouissance de l'échéance suivante.

17. Les arrérages de rentes nominatives sont payés au porteur de l'extrait d'inscription. Il donne quittance du paiement, qui est en outre constaté par l'apposition, au dos de l'extrait d'inscription, d'un timbre indiquant le trimestre ou le semestre pour lequel le paiement a eu lieu. (*L.* 22 *flor. an VII, art.* 3 et 5 ; *D.* 31 *mai* 1862, *art.* 214 et 215.)

Les arrérages de rentes mixtes ou au porteur

sont payés sur la remise des coupons détachés des titres et accompagnés d'un bordereau signé par le porteur.

18. Les échéances des rentes viagères sont fixées, savoir : pour les rentes viagères d'ancienne origine, aux 22 mars et 22 septembre ; pour les rentes viagères (vieillesse), aux 1ᵉʳ mars, 1ᵉʳ juin, 1ᵉʳ septembre et 1ᵉʳ décembre.

Le paiement de ces rentes s'effectue comme celui des rentes nominatives ; seulement, le porteur du titre donne quittance des arrérages payés, au pied d'un certificat constatant l'existence et l'identité de la personne sur la tête de laquelle repose la rente. (*Voy.* **Certificat de vie.**)

19. Les arrérages des rentes perpétuelles et viagères se prescrivent par cinq ans. (*L.* 24 *août* 1793, *art.* 156 ; *C. civ. art.* 2277 ; *Avis du C.* 13 *avril* 1809 ; *D.* 31 *mai* 1862, *art.* 141.) [*Voy.* **Dette de l'État.**]

20. *Règles spéciales aux inscriptions départementales.* La loi du 14 avril 1819 et l'ordonnance réglementaire, en date du même jour, ont établi certaines règles spéciales pour faciliter dans les départements la transmission des rentes et le paiement de leurs arrérages.

Aux termes de la loi de 1819, il est ouvert au grand-livre de la dette publique, au nom de la trésorerie générale de chaque département, celui de la Seine excepté, un compte collectif qui comprend, sur la demande des rentiers, les inscriptions individuelles dont ils sont propriétaires (*art.* 1ᵉʳ). Chaque trésorier-payeur général tient, en conséquence, comme livre auxiliaire du grand-livre, un registre spécial où sont nominativement inscrits les rentiers participant au compte collectif tenu au ministère des finances (*art.* 2). Il est délivré à chaque rentier inscrit sur ce registre, une inscription départementale, signée du trésorier-payeur général, visée et contrôlée par le préfet (*art.* 3). (*Voy.* **Comptabilité publique,** nᵒˢ 144 *et suiv.*)

21. La vente des rentes représentées par les inscriptions départementales s'opère par un émargement sur le livre auxiliaire et par une déclaration de transfert reçue par le trésorier-payeur général. L'émargement et la déclaration sont signés du propriétaire de la rente, assisté d'un agent de change ou, à défaut, d'un notaire. Les mutations autres que les ventes ont lieu sur la production d'un certificat de propriété, dans la forme prescrite par la loi du 28 floréal an VII. (*L.* 14 *avril* 1819, *art.* 6 et 7.)

22. La conversion d'une inscription départementale en une inscription au grand-livre s'effectue, sur la seule demande du porteur, après confrontation au talon. Quant à l'échange d'une inscription départementale contre un titre semblable dans un autre département, il s'effectue de la manière suivante : l'inscription est d'abord présentée au trésorier-payeur général signataire ; celui-ci l'annule et délivre au titulaire une lettre d'avis adressée au receveur général du département où la rente doit être transportée ; puis l'inscription est envoyée au ministre des finances, pour qu'il fasse augmenter d'une somme égale le compte de la trésorerie générale où doit passer la nouvelle inscription, et diminuer de la même somme le compte d'où la rente a été extraite. (*Même L., art.* 9 *et* 10.)

RENVOI. Lorsque dans un acte ou document public il y a lieu de faire une addition ou même une correction, elle doit être faite soit en marge, soit à la fin de l'acte, et signée ou paraphée par toutes les personnes qui ont signé l'acte.

RÉPARTEMENT. Synonyme administratif de **Répartition des impôts**.

RÉPARTITION (Impôt de). *Voy.* **Quotité** *et* **Contributions directes**.

RÉPERTOIRE. Registre sur lequel certains fonctionnaires ou officiers publics doivent inscrire sommairement et dans l'ordre chronologique tous les actes qu'ils reçoivent ou rédigent. C'est une sorte de table de matière authentique et pouvant en certains cas faire preuve.

Ils sont, en tous cas, une mesure d'ordre et de bonne administration. Voyez le mot **Registre**, qui est quelquefois employé comme synonyme de répertoire, ainsi que **Organisation communale**, n° 513.

REPRISE D'INSTANCE. 1. Acte par lequel on reprend une instance interrompue par la mort naturelle ou civile de l'une des parties ou par la cessation des fonctions de l'un des avoués qui occupait l'instance.

2. Nous ferons remarquer ici : 1° qu'il ne suffit pas, pour qu'une instance puisse être reprise, qu'elle ait été interrompue ; il faut de plus qu'elle soit *en état*, conformément à ce qui est dit à l'art. 343 du Code de procédure civile ; 2° que ni le changement des parties, ni la cessation des fonctions dans lesquelles elles procédaient, n'empêchent la continuation des procédures (*C. de Pr.*, art. 345). Il n'y a donc pas lieu de reprendre une instance lorsqu'un maire, agissant au nom de sa commune, est remplacé par son adjoint ou par un autre maire.

3. Tout ce qui est relatif aux formalités particulières, à l'assignation en reprise, au délai qui doit être observé, aux contestations auxquelles peut donner lieu la reprise et à ses suites, est réglé par le Code de procédure civile, art. 344 et suivants.

REPRISES. 1. Une prise enlevée à l'ennemi qui l'avait faite s'appelle *reprise* ou *recousse*. Les reprises doivent se juger d'après les mêmes règles que les prises ; quant au droit de les faire et à la forme des procédures, voyez **Prises**. La seule question spéciale aux reprises est celle de savoir si elles doivent être restituées à leur propriétaire primitif.

2. En France, lorsqu'un navire national ou allié était repris par des corsaires sur les ennemis de l'État, après qu'il avait été vingt-quatre heures entre les mains de ces derniers, il appartenait aux corsaires ; si la reprise avait été faite avant les vingt-quatre heures, le droit de recousse n'était alors que du tiers de la valeur du navire recous et de sa cargaison. La France ne donnant plus de lettres de course, il n'y a plus de corsaire.

3. Lorsqu'un navire est repris par un bâtiment de l'État, il est restitué à ses propriétaires, moyennant paiement, aux équipages repreneurs, du trentième de sa valeur si la reprise a été faite avant les vingt-quatre heures, et du dixième si elle a eu lieu après les vingt-quatre heures. (*Arr. du 2 prair. an XI, art.* 54.)

REQUÊTE CIVILE. 1. La requête civile est une voie extraordinaire ouverte contre les jugements et arrêts qui ne sont susceptibles d'opposition ni d'appel. Aux termes de l'art. 480 du Code de procédure, il y a lieu à requête civile : 1° s'il y a eu dol personnel ; 2° si les formes prescrites à peine de nullité ont été violées, soit avant, soit lors des jugements, pourvu que la nullité n'ait pas été couverte par les parties ; 3° s'il a été prononcé sur choses non demandées ; 4° s'il a été adjugé plus qu'il n'a été demandé ; 5° s'il a été omis de prononcer sur l'un des chefs de demande ; 6° s'il y a contrariété de jugements en dernier ressort, entre les mêmes parties et sur les mêmes moyens, dans les mêmes cours ou tribunaux ; 7° si, dans un même jugement, il y a des dispositions contraires ; 8° si, dans les cas où la loi exige la communication du ministère public, cette communication n'a pas eu lieu, et que le jugement ait été rendu contre celui pour qui elle était ordonnée ; 9° si l'on a jugé sur pièces reconnues ou déclarées fausses depuis le jugement ; 10° si, depuis le jugement, il a été retrouvé des pièces décisives, et qui avaient été retenues par le fait de la partie.

2. La requête civile n'est ouverte, dans aucun autre cas, au profit d'autres personnes que celles qui y auront été en cause (*art.* 480) ; elle doit être exercée dans les deux mois de la signification du jugement (*C. de Pr.*, art. 483, *amendé par la loi du 3 mai* 1862). Ce délai court contre l'État et les établissements publics ; il ne court pas contre les mineurs (*art.* 484). Le délai est prolongé de huit mois pour les personnes habitant l'Algérie ou qui seraient absentes de France (*L.* 3 *mai* 1862). La requête civile est admise contre toute espèce de jugement en dernier ressort, même en matière d'enregistrement ; contre les jugements interlocutoires et préparatoires ; contre les jugements des tribunaux de commerce, des juges de paix, des prud'hommes ; des arbitres forcés ou volontaires. (*Voy. cependant, pour ces derniers, les exceptions portées aux art.* 1026 *et* 1027 *du C. de Pr.*)

3. On ne peut attaquer par la requête civile les jugements susceptibles d'appel, lors même que le délai d'appel est passé, ni les arrêts de la Cour de cassation, ni aucun jugement ou arrêt rendu en matière criminelle.

4. La requête civile n'est pas reçue contre les décisions des tribunaux administratifs du premier degré, qui ressortissent en appel au Conseil d'État (Cormenin, *Droit administr.*, t. II, p. 434 ; Serrigny, *Id.*, t. II, n°8 937 et 1000 ; Chevalier, *Jurispr. admin.*, t. II, p. 367 et 373 ; Chauveau, *C. de Pr. admin.*, n° 804). Nous croyons qu'il faut donner la même solution pour les décisions rendues en dernier ressort par les tribunaux administratifs autres que le Conseil d'État. Notre principale raison est qu'un texte serait nécessaire pour ouvrir le droit et que le texte n'existe pas pour le Conseil d'État. (Chauveau, *loc. cit.*, n° 805.)

5. Quant aux décisions du Conseil d'État, elles peuvent être attaquées dans deux cas seulement : si elles ont été rendues sur pièces fausses, ou si la partie a été condamnée faute de représenter une pièce décisive qui était retenue par l'adversaire ; hors ces deux cas, l'avocat qui présenterait une requête serait puni d'amende et destitué, ou tout au moins suspendu, après récidive (*D.* 22 *juill.* 1806, *art.* 32). Le décret organique du Conseil d'État du 25 janvier 1852 a ajouté un 3ᵉ cas, violation des formalités prescrites par les art. 17 à 24 de ce décret.

6. Comme les mineurs, l'État, les communes et les établissements publics sont reçus à se pourvoir, s'ils n'ont pas été défendus, ou s'ils ne l'ont pas *été valablement* (*C. de Pr., art.* 481). Il résulte de cet article qu'il y a lieu à requête civile pour une commune, lorsque les pièces ignorées au moment du procès ont été retrouvées depuis; il n'est pas nécessaire, comme pour les particuliers, que ces pièces aient été retenues par l'adversaire : le fait de leur non-production rend la défense non valable (*C. de Metz,* 20 *août* 1840). La Cour de cassation a également admis à la requête civile une commune condamnée comme responsable du pillage d'une propriété particulière, sise en partie seulement sur son territoire, sans qu'on ait fait valoir qu'une partie du dommage avait été commise sur un territoire qui lui était étranger. (*Cass.* 23 *mars* 1830.)

Par analogie, il faut appliquer la même règle à tous les cas où un fait décisif a été omis; mais l'omission d'un moyen de droit ou d'une nullité de forme ne constituerait pas une défense non valable, et dès lors ne donnerait pas ouverture à requête civile. (PIGEAU, *Proc.,* t. Iᵉʳ, p. 655; DEMIAU, p. 344; CARRÉ, p. 1771.) PAUL ANDRAL.

REQUÊTES (MAÎTRE DES). *Voy.* **Conseil d'État.**

RÉQUISITION. 1. La *réquisition* est une injonction faite par l'autorité de mettre à la disposition de l'État, soit le service des *personnes,* soit certaines *choses* nécessaires à un service public. Les réquisitions ne peuvent avoir lieu que dans un intérêt général, elles s'appliquent aux calamités publiques, incendies, inondations, etc., et surtout à la guerre.

SOMMAIRE.

CHAP. I. — RÉQUISITIONS CIVILES.

2. Les réquisitions faites par l'autorité civile en temps de paix s'appliquent principalement aux personnes ou plutôt à leurs services pour remédier à des accidents ou à des fléaux calamiteux. Elles sont faites par l'autorité municipale, en vertu de l'art. 3, titre II, de la loi du 24 août 1790. Elles peuvent l'être également par l'autorité judiciaire et par les agents de la force publique, dans les cas de brigandages, pillages, flagrants délits, clameurs publiques. (*Voy. le décret du* 1ᵉʳ *mars* 1854 *sur la gendarmerie, art.* 634.)

3. En cas d'accident ou de calamité, il peut cependant y avoir lieu aussi à requérir des choses, par exemple, des voitures attelées pour transporter des pompes à feu, des seaux et même les hommes qui se rendent sur les lieux du sinistre. On peut requérir des bateaux de sauvetage, etc.

4. L'individu qui refuse d'obtempérer à une de ces réquisitions, qui lui sont adressées par un fonctionnaire compétent, est puni conformément à l'art. 475 du Code pénal, à moins qu'il n'ait été dans l'impossibilité absolue de prêter le secours demandé. Le refus d'obéir à une réquisition faite par l'autorité à l'occasion d'un accident purement individuel, n'est pas passible des peines édictées dans cet art. 475. (*Cass.* 13 *mai* 1854 *et autres.*)

5. Les réquisitions sont données, soit par écrit, soit verbalement, au moment même de l'accident; mais, dans ce dernier cas, elles doivent être constatées ultérieurement par un procès-verbal. (*Voy. aussi* **Force publique** *et* **Gendarmerie.**)

6. L'autorité administrative possède en tout temps le droit de requérir la force publique pour assurer l'exécution des lois et autres actes publics. (*O.* 20 *nov.* 1820, *art.* 50 *et* 58.)

7. Le ministère public peut également requérir des ouvriers, à la charge cependant de payer le prix de leurs travaux, lorsque les instruments nécessaires aux exécutions des arrêts criminels n'existent pas ou sont en mauvais état, ainsi que pour transporter et mettre en place ces instruments (*L.* 22 *germ. an IV*); mais cette disposition que la Cour de cassation admettait encore en 1870 (*Arr. du* 20 *janv.*), peut être considérée comme abrogée à partir de 1871. (*Voy. D.* 25 *nov.* 1870, *au mot* **Exécution.**)

8. La personne dont les services ont été réquisitionnés pour porter secours en cas de calamité, a droit à un salaire qui est à la charge de la commune. (*Cass.* 27 *janv.* 1858.)

CHAP. II. — RÉQUISITIONS MILITAIRES.

9. En temps de guerre le droit de réquisition peut devenir une nécessité, une mesure de salut public. Aussi les lois n'ont-elles pas manqué de sanctionner les mesures prises en cas d'urgence. Elles les ont même prévues. Ainsi, les décrets des 26-29 avril 1792 et 18-24 juin de la même année prescrivirent d'abord les mesures à prendre pour les réquisitions de voitures, charrettes, bêtes de somme ou de trait, chevaux, paille, fourrages.

10. Des décrets ultérieurs, des ordres émanés de toutes les autorités, étendirent successivement, sous la République, le droit de réquisition sur presque tous les objets nécessaires, soit à l'armement, soit à la nourriture, soit à l'entretien des armées. On mit seulement à l'abri : 1° les matières premières que les fabricants justifieraient avoir fait venir de l'étranger pour l'aliment de leurs fabriques (*L.* 26 *vend. an III*); 2° les denrées et marchandises non prohibées, importées par la voie du commerce extérieur. (*L.* 6 *frim. an III.*)

11. Sous le Consulat et le premier Empire, les réquisitions ont également été l'objet de plusieurs actes. Un décret du 10 avril 1806, après avoir chargé les corps de pourvoir au transport de leurs gros bagages et des militaires convalescents ou éclopés, ainsi que des effets d'un usage journalier, porte que, lorsqu'un corps n'aura pu traiter de gré à gré pour la fourniture des chevaux et voitures nécessaires, les maires des lieux de gîte devront les lui procurer, conformément aux réquisitions par écrit des chefs de corps ou de détachement (*art.* 11).

12. Si un marché de prévoyance avait été passé pour cet objet avec un entrepreneur et que, pour quelque motif, le service se trouvât interrompu, le maire devrait y pourvoir aux risques et périls de l'entrepreneur, soit par des marchés d'urgence, soit par des réquisitions. (*D. préc.*)

13. Les différentes dispositions portées depuis

1792, en ce qui concerne les réquisitions de choses, n'ayant point été abrogées, on s'accorde généralement à les considérer comme étant toujours en vigueur. Par conséquent, dans le cas de refus d'obéir à une réquisition de grains, il y aurait lieu de prononcer l'emprisonnement et une amende égale à la valeur des denrées refusées (*L. 3 pluv. an III, art.* 2). Celui qui refuserait de fournir des chevaux et des voitures pour les transports militaires, après en avoir été requis dans la forme prescrite par le décret de 1806, serait condamné à payer au trésor public une amende égale au prix que coûterait la fourniture refusée. (*D. 3 août 1808, art.* 1er.)

14. Il semble cependant que les lois sur la réquisition ne soient pas considérées comme une législation définitive, mais comme des mesures transitoires, puisqu'elles sont renouvelées chaque fois que l'état de guerre se reproduit. Ainsi, une loi du 28 juin 1815 autorise le Gouvernement à assurer pendant l'année 1815, par voie de réquisitions, la subsistance des armées. Deux décrets des 22 octobre et 11 novembre 1870 attribuent aux comités militaires, puis au ministre de la guerre les droits de réquisition nécessaires pour accélérer la mise en défense du territoire. Un décret du 22 novembre 1870 détermine les réquisitions à faire pour assurer la construction de batteries d'artillerie. Un décret du 28 novembre 1870 attribue aux ingénieurs en mission pour la défense, les droits de réquisition.

15. C'est aux autorités administratives qu'il appartient de faire, sur la demande de l'autorité militaire, les réquisitions en nature pour le compte de l'État et de régler tout ce qui concerne les livraisons. (*L. 26-29 juin* 1792 *et 19 brum. an III; D.* 15 *déc.* 1813.)

16. L'espèce, la quantité des objets requis, le délai et le lieu de la livraison, ainsi que l'époque du paiement, doivent être fixés lors de chaque réquisition. (*L. 19 brum. an III, art.* 3 *et* 4.)

17. Le préfet, auquel il a été fait demande de réquisitions, nomme un commissaire pour recevoir le versement des denrées requises et en délivrer aux contribuables un récépissé qui leur sert de titre. (*D.* 15 *déc.* 1813, *art.* 1 *et* 2.)

18. Le commissaire du préfet est seul chargé des livraisons à faire aux gardes-magasins militaires. A cet effet, il est tenu entre eux un compte ouvert, arrêté et signé chaque jour. (*Même l., art.* 3.)

19. Les décrets de 1870 précités attribuent le droit de réquisition au ministre de la guerre et aux ingénieurs en mission pour la défense, sans cependant retirer le droit de réquisition aux autorités administratives lorsque l'autorité militaire emploie leur intermédiaire.

20. La législation, assez confuse, qui régit les réquisitions militaires a reçu un commencement de codification dans un projet de loi présenté à l'Assemblée nationale le 22 novembre 1875, et à la Chambre des députés le 21 mars 1876 par le ministre de la guerre, adopté avec certaines modifications par une commission parlementaire dont le rapport est du 27 juillet 1876. Le projet autorise les réquisitions en cas de mobilisation de l'armée et en cas de rassemblement de troupes. Le droit de réquisition reconnu à l'État ouvre aux

particuliers un droit de dédommagement au moyen d'une indemnité (*voy. ce mot*), non préalable, représentative de la valeur des prestations[1].

RÉQUISITOIRE. En procédure, on appelle *réquisitoire* les plaidoiries et conclusions du ministère public.

RESCISION. 1. Se dit de l'action qui a pour but d'annuler un contrat, de remettre les choses dans l'état où elles étaient avant la convention (*voy.* **Résiliation**). On appelle *rescindants* les moyens employés pour obtenir la *rescision*, et *rescisoire* la décision obtenue en vertu de ces moyens.

2. La rescision doit toujours reposer sur des vices radicaux de l'acte attaqué, tels que *l'erreur, le dol, la fraude, la violence, la lésion.* Elle a pour effet d'obliger celui dont le contrat a été rescindé à restituer tout ce qui a été perçu et payé.

3. Le Code civil semble avoir confondu la *nullité* avec la *rescision*, en les soumettant (*art.* 1117, 1234, 1304 *et suiv.*) aux mêmes règles quant à leur forme et à leur prescription. Cependant, il y a une distinction essentielle à faire. Celui qui oppose la rescision a besoin de prouver qu'il a été *lésé*, que son consentement n'a pas été valable, et le juge peut admettre ou repousser la demande suivant les faits qu'il est chargé d'apprécier. La *nullité*, résultant simplement de vices de forme, ne peut, au contraire, être rejetée lorsqu'elle est proposée pour une des causes prévues par la loi. Ensuite, un acte nul par la forme ne peut être exécuté même provisoirement ; il en est autrement d'un titre seulement rescindable : il est réputé valable jusqu'au jugement qui, reconnaissant le vice dont il est entaché, le déclare nul.

4. La *rescision* diffère aussi de la *résolution*. Celle-ci suppose que le contrat a existé valablement ; la première suppose, au contraire, qu'il n'y a eu qu'une apparence de contrat, et qu'un vice empêchait la convention d'avoir une existence réelle. La cause de la résolution réside dans un événement postérieur à la naissance du contrat ; celle de la rescision, dans une nullité qui remonte à la naissance. (Troplong, *Commentaire sur la vente*, n° 689.)

RÉSIDENCE A L'ÉTRANGER (Autorisations de). 1. Il s'agit ici seulement des pensionnés de l'État, qui, en principe, doivent résider en France.

2. *Pensions de l'armée de terre.* Sont compris sous cette dénomination tous les traitements ci-après désignés, dont jouissent les anciens militaires de l'armée de terre par suite de leur admission à la retraite ou à la réforme : 1° pensions de retraite (payables sur le Trésor) ; 2° soldes de réforme (*id.*) ; 3° soldes temporaires de réforme (payables sur les fonds du ministère de la guerre) ; 4° gratifications renouvelables de réforme (payables sur les fonds du ministère de la guerre) ; 5° traitements sur la Légion d'honneur (assimilés aux pensions militaires) [*art.* 13 *de la loi du 23 mai* 1834] ; 6° compléments de pensions militaires (payables sur la caisse des offrandes nationales, Guerre). [*L.* 27 *nov.* 1872.]

A l'exception des « gratifications renouvelables de réforme » qui, accordées exclusivement à des

---

1. Si, comme il paraît probable maintenant, le projet de loi sur les *réquisitions militaires* aboutit, on le trouvera dans le prochain *Supplément annuel.*

sous-officiers et ayant le caractère d'un secours essentiellement temporaire et révocable, cessent d'être servies par le seul fait du séjour des intéressés hors de France, les titulaires des autres traitements indiqués plus haut sont tenus de se pourvoir d'une autorisation du Chef de l'État lorsqu'ils ont besoin de se rendre en pays étranger *et d'y séjourner plus d'un an*, sous peine de perdre le droit à la jouissance de leurs pensions pendant tout le temps qu'aura duré leur absence.

3. La législation positive au sujet de cette obligation imposée aux pensionnés militaires date de l'ordonnance du 27 août 1814, dont l'art. 16 est ainsi conçu : « Un Français ne pourra jouir de sa solde de retraite hors du royaume, s'il n'en a obtenu la permission du roi. »

L'ordonnance du 5 juin 1816, en réglementant les conditions du droit à la pension des anciens militaires étrangers, fit une exception en faveur des Suisses qui auront servi en France dans les régiments auxiliaires de leur nation, et décida (*art.* 13) que ces militaires pourront, à leur choix, jouir de la solde de retraite et des autres récompenses dans le royaume sans être tenus de s'y faire naturaliser, ou dans leur pays sans avoir besoin de la permission prescrite par l'ordonnance de 1814.

Viennent ensuite les ordonnances des 7 décembre 1816 et 13 juillet 1820 applicables, la première aux militaires pensionnés et la seconde à leurs veuves, qui décident qu'une retenue d'un tiers de la pension sera faite aux titulaires ayant obtenu la permission de résider à l'étranger. Rien n'est changé au droit qu'ont les militaires suisses ou leurs veuves de jouir intégralement de leurs pensions dans leur patrie.

4. Lors de la promulgation de la loi du 11 avril 1831 sur les pensions de l'armée de terre, les ordonnances des 7 décembre 1816 et 13 juillet 1820 cessèrent d'être exécutoires et il devint nécessaire d'assurer l'exécution des dispositions de la nouvelle loi, portant :

« *Art.* 26. Le droit à l'obtention ou à la jouissance des pensions militaires est suspendu par la résidence hors du royaume, sans l'autorisation du roi, lorsque le titulaire de la pension est Français ou naturalisé Français.

« *Art.* 28. Les pensions militaires et leurs arrérages sont *incessibles et insaisissables*, excepté dans le cas de débet envers l'État ou dans les circonstances prévues par les art. 203 et 205 du Code civil. »

C'est dans le but de régler définitivement la situation des titulaires de pensions militaires, désirant se rendre ou se trouvant déjà à l'étranger, que fut rendue l'ordonnance du 24 février 1831 qui régit actuellement la matière.

5. Aux termes de cette ordonnance, si l'absence du territoire français ne dépasse pas une année, le titulaire est considéré comme n'ayant pas élu domicile hors de France, et les divers traitements dont il est toujours en jouissance sont payés à lui ou à son mandataire, sur la production du certificat d'inscription et d'un certificat de vie.

Deux cas peuvent ici se présenter : ou le titulaire vient toucher lui-même les arrérages d'un an, et alors son certificat de vie délivré par le maire du domicile doit mentionner qu'il n'a pas

résidé plus d'un an hors de France (*O. de* 1832, *art.* 8); ou le titulaire charge une personne de son choix de toucher trimestriellement ses pensions; bien que la loi soit muette, dans ce cas il est prudent de faire également mentionner sur le certificat de vie délivré à l'étranger, que le titulaire réside à l'étranger *depuis moins d'un an*. On évitera ainsi tout refus de paiement de la part des agents payeurs.

6. Quant aux formalités à remplir lorsque, l'absence devant se prolonger plus d'un an, les intéressés ont besoin d'une autorisation du Chef de l'État, si l'impétrant est encore en France, il doit :

1° Préparer une demande sur papier timbré au ministre de l'intérieur (*O.* 1832, *art.* 3) ;

2° Produire une déclaration des causes qui obligent à résider à l'étranger. Cette déclaration doit être faite devant le maire du domicile, en présence de deux témoins français, qui la signent ainsi que le postulant et le maire qui la reçoit. Pour être valable, ce document doit se trouver conforme au modèle n° 1 annexé à l'ordonnance du 24 février 1832, et désigner exactement le chiffre des divers traitements, leurs numéros d'inscription et les administrations où ces traitements sont inscrits (*art.* 3) ;

3° La demande et la déclaration réglementaire seront transmises au ministre de l'intérieur par les soins du maire et du préfet du département, qui sont tenus tous deux d'émettre un avis motivé sur le mérite de la demande (*art.* 3).

7. Si l'impétrant se trouve déjà en pays étranger :

1° La demande au ministre de l'intérieur peut être formulée sur papier libre ;

2° La déclaration des causes de l'absence devra être faite devant l'agent diplomatique ou consulaire français le plus voisin de la résidence du postulant, en présence de deux témoins français et se trouver en tout conforme au modèle n° 2 annexé à l'ordonnance du 24 février 1832. L'agent qui reçoit la déclaration émettra un avis motivé sur le mérite de la demande et transmettra le dossier au ministre de l'intérieur, par l'intermédiaire du ministre des affaires étrangères (*art.* 4).

8. La demande ayant été examinée et accueillie, le ministre de l'intérieur soumet à la signature du Chef de l'État un projet de décret autorisant le pétitionnaire à résider à l'étranger, et une ampliation de ce document est adressée à l'intéressé ainsi qu'aux diverses administrations sur les fonds desquelles le titulaire est inscrit pour un traitement militaire (*art.* 6).

9. Nous abordons la question du paiement.

Les pensions ne pouvant être payées qu'en France, les titulaires devront choisir un mandataire qui touchera le montant des pensions et, s'il y a lieu, les arrérages, en produisant les titres et le certificat de vie du titulaire, délivré dans la forme du modèle n° 3 annexé à l'ordonnance du 24 février 1832.

10. On doit faire remarquer que les dispositions de l'ordonnance du 24 février 1832 ne sont point applicables :

1° Aux veuves de militaires français ou naturalisés, pourvu qu'elles déclarent dans leurs certificats de vie, délivrés hors du territoire français, n'avoir point perdu leur qualité de Françaises par un mariage avec un étranger ;

2° Aux pensionnaires militaires qui, conformément à l'art. 13 de l'ordonnance du 5 juin 1816 (Suisses), ou en vertu d'arrangement diplomatique, sont dispensés de se pourvoir d'une autorisation pour continuer à jouir de leurs pensions hors de France (*art.* 9).

11. La guerre de 1870-1871 et la cession de l'Alsace-Lorraine à l'Allemagne ont fait surgir des difficultés nombreuses en ce qui concerne l'exécution de l'ordonnance du 24 février 1832, à l'égard des anciens militaires originaires des pays cédés et qui, voulant rester Français, désiraient, d'autre part, continuer à séjourner en Alsace-Lorraine, où les retenaient des motifs d'intérêt et de famille. Au commencement de l'année 1872, un grand nombre de demandes dans ce sens étant parvenues à l'administration, M. le ministre des finances voulut bien prendre en considération la situation exceptionnelle des postulants et décida que les pensions seraient instinctement payées aux titulaires jusqu'au 1er octobre 1872, date extrême fixée par le traité de Francfort en vue de l'acte d'option que les natifs de l'Alsace-Lorraine étaient tenus de faire entre la nationalité française ou allemande. Toute libérale qu'elle fut, cette décision ne résolvait pas la question de principe. Plusieurs combinaisons furent vainement recherchées afin de concilier les intérêts de nos nationaux et l'exécution des formalités légales exigées d'eux. A la principale difficulté, provenant du défaut d'agents consulaires français dans les anciennes provinces, vint s'ajouter la déclaration du gouvernement allemand, qui émit la prétention *d'englober dans la nationalité allemande* tous les individus qui, *nés ou simplement domiciliés en Alsace-Lorraine,* n'auraient pas élu domicile effectif en France, à la date du 1er octobre 1872, en se réservant, en outre, le droit d'annuler les actes d'option des Alsaciens-Lorrains qui, à cette époque, ne se seraient pas effectivement transportés dans le domicile de leur choix.

L'administration française n'hésita plus, et, dans la pensée de prévenir un incident diplomatique ou une erreur dans la condition des intéressés, elle se vit dans la nécessité de réclamer des Alsaciens-Lorrains un surcroît de formalités.

12. Actuellement tout titulaire de pension militaire originaire d'Alsace-Lorraine, qui désire résider dans son pays d'origine, doit faire parvenir au ministre de l'intérieur, par l'intermédiaire du préfet dans le département duquel il a élu domicile légal, les pièces suivantes :

1° Une demande sur papier timbré ;

2° La déclaration réglementaire faite devant le maire du domicile légal (modèle n° 1);

3° Un certificat d'option pour la nationalité française ;

4° Un permis de séjour de l'autorité allemande ou toute autre pièce établissant que cette autorité ne conteste pas sa qualité de Français.

13. *Pensions de l'armée de mer.* La loi du 18 avril 1831 sur les pensions de l'armée de mer ayant décidé (*art.* 28) que le droit à l'obtention

ou à la jouissance d'une pension de retraite est suspendu par la résidence hors du royaume sans l'autorisation du roi, lorsque le titulaire est Français ou naturalisé, le 11 septembre 1832 fut rendue une ordonnance qui, reproduisant les dispositions de celle du 24 février 1832, impose aux anciens marins titulaires de pensions de retraite, l'obligation de s'adresser au ministre de la marine et des colonies pour obtenir l'autorisation de résider en pays étranger, lorsque leur absence doit se prolonger au delà d'une année.

14. Les modèles des déclarations et certificat de vie sont annexés à l'ordonnance du 11 septembre 1832. Toutefois, les mandataires choisis par les titulaires sont tenus d'être munis d'une procuration notariée pour pouvoir toucher le montant ou les arrérages de ces pensions.

15. *Pensions civiles.* Les titulaires de pensions sur l'État *autres que les pensions militaires,* ne sont pas tenus de se pourvoir d'une autorisation de résidence à l'Étranger. (*D.* 31 *mai* 1862 *sur la comptabilité publique, art.* 143.)

Tout se réduit donc, pour les titulaires de pensions civiles qui élisent domicile à l'étranger, à choisir un mandataire en France qui touchera le montant de leur pension sur la production du certificat d'inscription et d'un certificat de vie délivré à l'étranger par un représentant français (modèle n° 3 annexé à l'ordonnance de 1832).

LAROCHE.

RÉSIDENT. *Voy.* **Agent diplomatique.**

RÉSILIATION, RÉSOLUTION. 1. La résiliation est l'action d'annuler un acte, et spécialement un bail, sans anéantir ses effets pour le passé. (*Voy.* **Rescision.**)

Elle ne doit pas être confondue avec l'action en *résolution.* Tandis que celle-ci emporte avec elle l'anéantissement de tous les droits, de la même manière que si le contrat primitif n'eût jamais existé, la *résiliation* est tout simplement un nouveau contrat qui ne porte nullement préjudice aux droits acquis. (*Voy.* **Département, Hôpitaux, Organisation communale.**)

RESPONSABILITÉ.

SOMMAIRE.

CHAP. I. — RESPONSABILITÉ DE L'ÉTAT ET DES ADMINISTRATIONS PUBLIQUES.

1. L'État est en principe soumis au droit commun pour les obligations qui naissent des délits, mais il n'est jamais que civilement responsable du fait de ses agents, « attendu qu'il ne peut jamais être réputé l'auteur d'un délit ou d'une contravention » (*Cass.* 14 *août* 1848). Les amendes et les confiscations lui sont point applicables. Il ne peut être passible que de réparations civiles. Ce sont les agents qui sont atteints, s'il y a lieu, par les peines corporelles.

2. L'État est responsable, en dehors de la loi civile, des dommages causés aux particuliers par l'exécution de travaux publics et résultant d'actes commandés par l'administration dans la limite de ses pouvoirs (*voy.* **Travaux publics**). Dans ce cas, l'obligation de donner des indemnités dérive, soit de lois spéciales qui, en conférant à l'administration le droit d'user de telle ou telle manière de la propriété des particuliers, lui imposent cette obligation, par exemple les anciens arrêts sur la voirie et la loi du 16 septembre 1807, soit de l'équité qui ne permet pas de sacrifier absolument les intérêts privés à l'intérêt général.

3. D'après la jurisprudence de la Cour de cassation, l'État est responsable des dommages résultant soit de faits ordonnés ou exécutés par le Gouvernement (*C. civ., art.* 1382, 1383), soit de dommages causés par le fait, la négligence ou l'imprudence des agents des administrations publiques. (*C. civ., art.* 1384 ; *Cass.* 30 *janv.* 1843.)

Toutefois les actes de la puissance publique et les mesures générales prises dans un intérêt d'ordre public et de police échappent à cette responsabilité.

L'action à raison du fait d'un agent est soumise à la double condition que l'acte dommageable ait été commis par l'agent dans l'exercice de ses fonctions et que cet acte constitue une faute caractérisée. Le demandeur, d'ailleurs, doit établir la faute.

4. Le Conseil d'État admet la responsabilité de l'État pour des faits ordonnés ou exécutés par le Gouvernement. Mais quant aux faits des agents, le Conseil a décidé, par un arrêt du 1er juin 1854, que l'État n'avait à répondre que des actes accomplis par les fonctionnaires dans les limites de leurs pouvoirs, et il a été jusqu'à poser en thèse, par deux arrêts du 6 décembre 1855 et du 20 février 1856, qu'en l'absence de dispositions formelles de la loi, la responsabilité de l'État, en cas de faute, de négligence ou d'erreur commises par un agent de l'administration, n'est ni générale, ni absolue ; qu'elle se modifie suivant la nature et les nécessités de chaque service, que c'est à l'administration qu'il appartient de régler les conditions des services publics, de déterminer les rapports qui s'établissent, à raison de ces services, entre les agents et les particuliers, et par conséquent d'apprécier le caractère et l'étendue des droits et des obligations réciproques qui doivent en naître. Cette doctrine se rattache à celle qui est indiquée dans l'article **Dettes de l'État.**

A l'arrêt ci-dessus de 1854, M. SOUDAT objecte : 1° que l'État ne peut être assimilé au mandant ordinaire, les citoyens étant libres de traiter ou non avec des mandataires et de vérifier leurs pouvoirs, tandis qu'ils ne peuvent discuter l'autorité des agents de l'administration ; 2° que, d'après l'arrêt, les citoyens ne seraient point garantis contre les abus de pouvoir commis par des fonctionnaires à l'occasion de leurs fonctions, mais en dehors de leurs attributions légales, c'est-à-dire dans les cas les plus graves.

Relativement aux deux derniers arrêts (de 1855 et 1856), le même auteur fait observer qu'ils reviennent à dire ceci : au fond la responsabilité de l'État n'existe pas, elle ne sera reconnue qu'au gré de l'administration elle-même et sans aucune règle qui la détermine à l'avance.

5. Des lois spéciales ont précisé et restreint dans ses applications le principe de la responsabilité de l'État. Plusieurs de ces dispositions se trouvent relatées dans l'article **Postes**. Nous ajouterons seulement que lorsqu'une lettre ou des valeurs sont soustraites par un agent de l'administration, cette dernière est responsable d'après la jurisprudence de la Cour de cassation, tandis que le Conseil d'État décide que les lois spéciales qui ont limité la responsabilité de cette administration relativement aux lettres perdues, ne font aucune distinction relativement aux circonstances. (*Arr.* 12 *juill.* 1851.)

L'État est responsable des fautes que commettent, dans l'exercice de leurs fonctions, des agents chargés de prévenir ou de rechercher les délits et contraventions aux lois fiscales. Lorsqu'une saisie opérée par les agents des douanes est déclarée mal fondée, le propriétaire a droit à une indemnité réglée par la loi du 9 floréal an VII, et dans un cas semblable la régie des contributions indirectes peut être condamnée, non-seulement aux frais, mais encore à une indemnité. (*L.* 1er *germ. an XIII.*)

L'État n'est soumis à aucune responsabilité à raison du service télégraphique (*L.* 28 *nov.* 1850). Les agents seuls, en cas de faute personnelle, peuvent être actionnés par les parties lésées.

6. L'État, d'après la jurisprudence, est responsable des accidents arrivés par la négligence ou l'imprudence de ses agents, soit dans la conception des entreprises de travaux publics, soit dans le mode d'exécution (*Arr. du C.* 28 *mai* et 19 *déc.* 1839). Quand des entrepreneurs sont chargés des travaux, l'État est responsable des accidents si ces entrepreneurs n'ont fait que suivre les plans ou les ordres qui leur ont été donnés. Mais si les accidents résultent de l'imprudence personnelle des entrepreneurs ou de leur défaut de surveillance, l'État ne peut être tenu de réparer les dommages que s'il s'agit de faits que les agents de l'administration ont connus ou qu'ils ont dû connaître et empêcher. (*Arr. du C.* 27 *mai* 1839.)

L'État n'est pas responsable des dommages causés par la négligence ou l'imprudence des militaires dans leurs exercices (*Trib. Seine* 16 *août* 1845) ; mais il est responsable lorsque des soldats logés dans un bâtiment particulier y causent un incendie (*voy. T. conflits* 23 *mai* 1851 ; *Arr. du C.* 13 *févr.* 1864), et des accidents causés par les chevaux de troupe, s'ils résultent de la faute des cavaliers. (*C. de Paris* 5 *mars* 1846.) [*Voy. aussi* **Dettes de l'État, Indemnité en cas de guerre, Réquisition,** etc.]

CHAP. II. — RESPONSABILITÉ DES DÉPARTEMENTS, COMMUNES ET ÉTABLISSEMENTS PUBLICS.

7. Ces corps ne peuvent comme l'État s'abriter sous la présomption légale qu'ils n'ont jamais donné mandat à leurs préposés de commettre un délit. A la vérité, il est difficile de supposer qu'ils puissent se rendre coupables d'un fait réprimé par la loi pénale, mais ils peuvent, en le laissant commettre, encourir des peines pécuniaires. La responsabilité civile de droit commun existe donc pour ces corps aux conditions ordinaires, et la loi fait elle-même des applications expresses de cette règle générale. Ainsi les communes sont déclarées responsables des condamnations pécuniaires prononcées : 1° contre les pâtres communs pour les délits forestiers ou ruraux commis par eux pendant le temps de leur service (*C. For.*, *art.* 72 ; *L.* 28 *sept.* 1791 *et C. P.*) ; 2° contre les entrepreneurs des coupes qui leur sont délivrées, en cas de délits et contraventions (*C. For.*, *art.* 82). Une commune propriétaire de terrains sur lesquels a été faite illégalement une plantation de tabac, est responsable de cette contravention si les auteurs n'en sont pas connus. (*L.* 28 *avril* 1816, *art.* 180, 181 ; *Cass.* 13 *déc.* 1839.)

De plus, les communes sont soumises à une responsabilité exceptionnelle par la loi du 10 vendémiaire an IV, relativement aux attentats collectifs et publics commis sur leur territoire envers les personnes ou les propriétés. (*Voy.* **Organisation communale**, *chap. VI.*)

8. Les départements, les communes et les établissements publics sont civilement responsables des dommages causés par la faute de leurs préposés dans l'exercice de leur mandat et par celle des ouvriers qu'ils emploient. Ils répondent de même des dommages qu'ils occasionnent en manquant à leurs engagements (*Cass.* 31 *mai* 1827) ; et comme l'État, ils doivent des indemnités pour les dommages résultant de leurs travaux d'utilité publique.

9. Les communes ne sont pas responsables des délits que commettraient les maires ou les adjoints, même dans l'exercice de leur administration. Mais si, en agissant dans l'intérêt de leur commune, ces administrateurs faisaient un acte de gestion préjudiciable à un particulier, la commune pourrait avoir à répondre des conséquences, lors même que le conseil municipal aurait donné son autorisation ou son approbation, et même précisément à cause de cette approbation. (*Voy. Cass.* 19 *avril* 1836.)

10. Les préposés de l'octroi n'étant pas nommés par le maire, c'est contre l'administration de l'octroi que doivent être intentées les actions en responsabilité à raison des faits de ses agents.

CHAP. III. — RESPONSABILITÉ DES FONCTIONNAIRES PUBLICS.

11. On trouvera indiquées dans l'article **Fonctionnaires publics**, les pénalités encourues par ceux qui manquent à leurs devoirs. Les ministres, les préfets, les sous-préfets et les maires sont en outre soumis à la responsabilité civile pour les actes préjudiciables qui émaneraient d'eux dans l'exercice de leurs attributions. Les comptables sont responsables, non-seulement envers l'État, mais encore envers les particuliers auxquels ils causeraient des dommages par leur fait personnel. Les conservateurs des hypothèques ont une double responsabilité : 1° envers l'État, pour l'exercice de leurs fonctions telles qu'elles sont déterminées par les art. 2196 et suivants du Code civil, et pour les recettes qu'ils font pour le compte de l'État ; 2° envers les particuliers, pour l'inexécution des formalités spécifiées dans les art. 2197 et suivants du Code civil.   SMITH.

RESSORT. 1. C'est, en général, l'étendue du territoire sur lequel un tribunal a le droit d'exercer sa juridiction, ou un officier public ses fonctions.

2. Le mot *ressort* s'emploie aussi comme synonyme de *juridiction.* On dit, en effet, *juger en premier ressort* ou *remplir le premier degré de juridiction.* On nomme *degrés de juridiction* les différents tribunaux devant lesquels on peut porter successivement la même affaire. (*Voy.* **Organisation judiciaire.**)

3. Par extension, on dit enfin qu'une affaire est du *ressort* administratif, pour exprimer qu'elle est de la dépendance, de la compétence de l'administration. (Dire ressortir *à* et non ressortir *de.*)

RETENUE. 1. En matière administrative, c'est un prélèvement fait sur le traitement des fonctionnaires ou agents des divers services.

2. Les retenues sont permanentes ou temporaires. Les retenues permanentes ont pour objet de pourvoir aux frais de pensions (*voy.* **Pensions**) ; les retenues temporaires sont opérées à la requête des créanciers personnels. (*Voy.* **Opposition à paiement.**)

3. Dans les corps de troupe, les dettes des officiers, particulièrement celles qui ont pour objet leur subsistance, leur logement, leur habillement ou d'autres fournitures relatives à leur état, peuvent être payées au moyen d'une retenue sur leurs appointements, ordonnée *d'office* par le chef du corps. (*O.* 25 *déc.* 1837, *art.* 447.)

4. Le ministre de la guerre peut aussi prescrire sur la solde des officiers ou employés militaires une retenue pour aliments dus par eux à leurs femmes, à leurs enfants ou ascendants, dans les cas prévus par les art. 203, 205 et 214 du Code civil. La retenue ainsi faite est indépendante de toute autre que subirait déjà l'officier pour une autre cause ; elle s'opère par déduction sur les mandats et est effectuée par l'intendant militaire. (*Même O.*, *art.* 444.)

5. La solde et les suppléments de solde des officiers de la marine sont également, dans les mêmes cas, passibles d'une retenue en faveur des femmes, enfants et ascendants. Cette retenue s'exerce en vertu de décisions spéciales du ministre de la marine et s'opère par précompte sur les états de solde. (*Règl. de la compt. Min. Marine* 31 *oct.* 1840, *art.* 3.)

RETRAITE. *Voy.* **Pensions.**

RETRAITES POUR LA VIEILLESSE (CAISSE DES). *Voy.* **Caisse des retraites**, etc.

RÉUNIONS PUBLIQUES. 1. Les réunions publiques n'ont pas toujours été suffisamment distinguées des associations, bien que la différence ait quelquefois été accentuée par la loi. Les réunions des associations sont périodiques ; elles sont fondées sur une organisation permanente et n'admettent généralement que les membres ; les réunions publiques sont accidentelles, ne supposent pas d'organisation permanente et sont ouvertes, soit absolument à tout venant, soit à des catégories déterminées de citoyens (*voy.* **Association**). Ce qui a fait tort aux réunions publiques en France, c'est qu'elles ont surtout servi à des hommes passionnés comme moyen de propager leurs idées politiques ou sociales, souvent utopiques. Mais à un certain moment, le Gouvernement a pensé que l'abus possible n'était pas une raison suffisante pour interdire l'usage d'une chose, et il présenta et fit voter la loi du 6 juin 1868, modifiée en partie par la loi du 2 août 1875, et dont nous allons reproduire les dispositions.

CHAP. I. — DES RÉUNIONS PUBLIQUES POLITIQUES.

Sect. 1. — Réunions discutant des matières politiques et religieuses.

2. Les réunions publiques ayant pour objet de traiter de matières politiques ou religieuses ne peuvent avoir lieu qu'en vertu d'une autorisation préalable. (*L. 6 juin* 1868, *art.* 1er, § 2.)

Il ne peut guère y avoir de difficulté sur l'interprétation des mots *matières religieuses*, mais les termes de *matières politiques* sont restés vagues; il a été seulement dit que les questions économiques n'y sont pas comprises (*voy.* n° 22).

3. « Les cours isolés, dont la publicité n'est pas restreinte aux auditeurs régulièrement inscrits, restent soumis aux prescriptions des lois sur les réunions publiques », dit la loi du 12 juillet 1875, art. 2. (*Voy.* **Instruction supérieure,** n° 119.)

Les banquets auxquels on est invité par la voie des journaux sont assimilés aux réunions publiques.

Il en est de même de la réunion de confréries religieuses.

Sect. 2. — Réunions préparatoires à l'élection d'un sénateur.

4. Les réunions électorales pour la nomination d'un sénateur peuvent être tenues depuis le jour de la nomination des délégués jusqu'au jour du vote inclusivement. (*L. 2 août* 1875, *art.* 16, *n°* 1.)

Ces réunions doivent être précédées d'une déclaration faite la veille, au plus tard, par 7 électeurs sénatoriaux de l'arrondissement et indiquant le local, le jour et l'heure où la réunion doit avoir lieu, et les noms, profession et domicile des candidats qui s'y présenteront. (*Id., n°* 2.)

5. L'autorité municipale veillera à ce que nul ne s'introduise dans la réunion s'il n'est député, conseiller général, conseiller d'arrondissement, délégué ou candidat. (*Id., n°* 3.)

Le délégué justifiera de sa qualité par un certificat du maire de sa commune, le candidat par un certificat du fonctionnaire qui aura reçu la déclaration. (*Même article.*)

6. Les prescriptions de la loi du 6 juin 1868, qui ne sont pas contradictoires avec les dispositions qui précèdent, ont été maintenues en vigueur par la loi du 2 août 1875; ces prescriptions se retrouvent toutes dans les n°s ci-après [1].

1. Au mot **Élection,** n° 99 (p. 853, 1re col.), les quatre dernières lignes doivent être supprimées.

Dans ce même article **Élection,** au lieu de loi du 30 décembre 1875, c'est la loi du 30 novembre qu'il faut lire. L'erreur est très-excusable, car cette loi n'a paru au *Journal officiel* que le 31 décembre, et le *Bulletin des lois*, qui aurait pu rectifier l'erreur, n'a paru que le 22 janvier 1876.

Sect. 3. — Réunions publiques préparatoires à l'élection d'un député.

7. Ces réunions sont régies par l'art. 8 de la loi du 6 juin. Cet article leur rend applicables toutes les dispositions relatives aux réunions non politiques, qu'on trouvera plus loin n°s 9 à 21, et de plus les suivantes. Nous les reproduisons textuellement :

« Des réunions électorales peuvent être tenues à partir de la promulgation du décret de convocation d'un collège pour l'élection d'un député au Corps législatif (à la Chambre des députés) jusqu'au 5e jour avant celui fixé pour l'ouverture du scrutin [1].

« Ne peuvent assister à cette réunion que les électeurs de la circonscription électorale et les candidats qui ont rempli les formalités prescrites par l'art. 1er du sénatus-consulte du 17 février 1858. (Il s'agit, pour les candidats, du serment de fidélité à l'empereur. Cette disposition est remplacée par la simple déclaration certifiée qu'on est candidat [2].)

« Ils doivent, pour y être admis, faire connaître leurs noms, qualité et domicile.

« La réunion ne peut avoir lieu qu'un jour franc après la délivrance du récépissé qui doit suivre immédiatement la déclaration. »

Sect. 4. — Réunions publiques préparatoires à l'élection de conseillers généraux, d'arrondissement, municipaux.

8. Ces réunions sont considérées comme politiques, et si elles sont publiques, elles ne peuvent avoir lieu qu'en vertu d'une autorisation. Aussi la loi de 1868 ne les mentionne-t-elle pas, mais il est question d'elles dans l'Exposé des motifs. Voici en quels termes : « Le Gouvernement ne se dissimule pas que les réunions électorales, en devenant plus fréquentes, pourront occasionner une certaine agitation, et cette préoccupation n'est pas étrangère à la résolution qu'il a prise de ne pas les permettre pour les élections des conseils généraux et des conseils municipaux. Le besoin que peuvent avoir les électeurs de se concerter et de s'entendre quand ils ont à nommer un député, n'existe plus lorsqu'ils ont à choisir, entre des candidats connus de tous, les représentants du département ou de la commune. Les élections départementales ou municipales se renouvellent, d'ailleurs, fréquemment. Elles éveillent des compétitions nombreuses, et si ces réunions qui ne reviennent qu'à de longs intervalles ne paraissent

1. Voici comment l'Exposé des motifs cherche à justifier cette *retraite* de cinq jours :

« C'est aussi dans l'intérêt de la liberté des votes et de la loyauté des élections que le Gouvernement vous demande de ne pas autoriser les réunions électorales dans les cinq derniers jours qui précèdent l'ouverture du scrutin. A ce moment, les candidats ont fait connaître leurs titres; les électeurs ont entendu ou demandé les explications nécessaires pour déterminer leur choix; il convient de laisser chacun d'eux réfléchir et fixer son vote. L'exercice du droit de suffrage est l'acte le plus important de la vie politique du citoyen; il doit s'accomplir librement et consciencieusement, sans être influencé par les résolutions précipitées ou par les impressions plus ou moins éphémères d'une nombreuse assemblée. » Une proposition qui tend à obtenir pour les députés les mêmes droits que pour les sénateurs, si elle aboutit, on la trouvera au *Supplément annuel.*

2. Cette déclaration n'est pas nécessaire pour pouvoir être élu, car il n'en est pas question dans la loi du 30 novembre 1875, mais seulement pour pouvoir être admis dans les réunions. Le candidat est admissible dans toutes les réunions ou sections de la circonscription.

pas de nature à menacer la paix publique, des assemblées répétées, qui se perpétueraient presque sans interruption, créeraient bientôt dans le pays des divisions regrettables et de dangereuses excitations. Le Gouvernement croit faire, à son heure, un acte de justice et de sage confiance, en donnant des facilités nouvelles au droit de réunion s'exerçant pour l'élection des députés. Il ne veut être ni imprudent ni téméraire en s'exposant à troubler par des concessions inopportunes la sécurité des bons citoyens. »

[Dans la pratique, on y supplée par des réunions privées (voy. nᵒˢ 24 et suiv.). N'est-ce pas une raison pour étendre à ces réunions les dispositions de l'art. 8 de la loi ?]

CHAP. II. — RÉUNIONS PUBLIQUES NON POLITIQUES.

9. Les réunions publiques non politiques peuvent avoir lieu sans autorisation préalable, sous les conditions prescrites par les articles suivants. (L. 6 juin 1868, art. 1er). [Voy. aussi le nᵒ 21.

10. Chaque réunion doit être précédée d'une déclaration signée par sept personnes [1] domiciliées dans la commune où elle doit avoir lieu et jouissant de leurs droits civils et politiques. (Quelques auteurs croient que la légalisation est nécessaire, bien qu'elle ne soit pas exigée par la loi. Mais comme le sous-préfet ne le préfet est en droit de l'exiger s'il ne connaît pas les personnes, il est prudent de remplir cette formalité.)

Cette déclaration indique les noms, qualité et domicile des déclarants, le local, le jour et l'heure de la séance, ainsi que l'objet spécial et déterminé de la réunion.

Elle est remise, à Paris, au préfet de police; dans les départements, au préfet ou au sous-préfet.

Il en est donné immédiatement un récépissé qui doit être représenté à toute réquisition des agents de l'autorité. (L. 1868, art. 2, §§ 1 à 4.)

11. La réunion ne peut avoir lieu que trois jours francs après la délivrance du récépissé. (L. 1868, art. 2, § 5.)

12. Une réunion ne peut être tenue que dans un local clos et couvert. Elle ne peut se prolonger au delà de l'heure fixée par l'autorité compétente pour la fermeture des lieux publics. (L. 1868, art. 3.)

13. Chaque réunion doit avoir un bureau composé d'un président et de deux assesseurs au moins, qui sont chargés de maintenir l'ordre dans l'assemblée et d'empêcher toute infraction aux lois.

Les membres du bureau ne doivent tolérer la discussion d'aucune question étrangère à l'objet de la réunion (art. 4).

14. Un fonctionnaire de l'ordre judiciaire ou administratif (juge de paix, commissaire de police etc.), délégué par l'administration, peut assister à la séance.

Il doit être revêtu de ses insignes et prend une place à son choix (art. 5).

15. Le fonctionnaire qui assiste à la réunion a le droit d'en prononcer la dissolution : 1° si le

1. Disposition empruntée aux Anglais, mais qui n'est pas dans l'esprit de notre législation. Elle jure avec l'art. 5 et avec d'autres dispositions de la loi. En présence de l'art. 5, une seule personne devrait suffire pour organiser une réunion.

bureau, bien qu'averti, laisse mettre en discussion des questions étrangères à l'objet de la réunion; 2° si la réunion devient tumultueuse.

Les personnes réunies sont tenues de se séparer à la première réquisition.

Le délégué dresse procès-verbal des faits et le transmet à l'autorité compétente (art. 6).

16. Il n'est pas dérogé par les articles 5 et 6 aux droits qui appartiennent aux maires en vertu des lois existantes (art. 7). C'est-à-dire que le maire a le droit de veiller à la tranquillité publique, si elle était menacée par le tumulte qui trouble l'assemblée. Il pourrait requérir au besoin la force publique, mais ce n'est pas à lui à apprécier le caractère politique de la discussion, si un délégué spécial de l'autorité assiste à la réunion. Si aucun délégué spécial n'y assiste, il pourrait prononcer, ce semble, la dissolution.

Quant au délégué spécial, en cette qualité, il n'a pas le droit de requérir la force publique, il dresse procès-verbal, voilà tout.

CHAP. III. — DISPOSITIONS GÉNÉRALES.

17. Toute infraction aux prescriptions des art. 2, 3 et 4 et des paragraphes 1, 2 et 4 de l'art. 8 (voy. les nᵒˢ 10 à 13 et le nᵒ 7) constitue une contravention punie d'une amende de 100 fr. à 3,000 fr. et d'un emprisonnement de six jours à six mois. Sont passibles de ces peines :

1° Ceux qui ont fait une déclaration ne remplissant pas les conditions prescrites par l'art. 2, si cette déclaration a été suivie d'une réunion ;

2° Ceux qui ont prêté ou loué le local pour une réunion, si la déclaration n'a pas été faite, ou si le local n'est pas conforme aux prescriptions de l'art. 3 ;

3° Les membres du bureau, ou, si aucun bureau n'a été formé, les organisateurs de la réunion, en cas d'infraction aux art. 2, 3, 4 et 8, paragraphes 1 et 4 ;

4° Ceux qui se sont introduits dans une réunion électorale en contravention au deuxième paragraphe de l'art. 8 (c'est-à-dire s'ils ne sont ni électeurs ni candidats).

Sans préjudice des poursuites qui peuvent être exercées pour tous crimes ou délits commis dans ces réunions publiques, et de l'application des dispositions pénales relatives aux associations ou réunions non autorisées (art. 9).

18. Tout membre du bureau ou de l'assemblée qui n'obéit pas à la réquisition faite à la réunion par le représentant de l'autorité, d'avoir à se disperser, est puni d'une amende de 300 à 6,000 fr. et d'un emprisonnement de quinze jours à un an, sans préjudice des peines portées par le Code pénal pour résistance, désobéissance et autres manquements envers l'autorité publique (art. 10). C'est au tribunal (police correctionnelle) de connaître de l'infraction.

19. Quiconque se présente dans une réunion avec des armes apparentes ou cachées est puni d'un emprisonnement d'un mois à un et d'une amende de 300 fr. à 10,000 fr. (art. 11).

20. L'art. 463 du Code pénal est applicable aux délits et aux contraventions prévus par la loi du 6 juin 1868 (art. 12). Il s'agit des circonstances atténuantes, ce qui permet au juge d'abaisser la pénalité jusqu'à 16 fr.

21. Le préfet de police à Paris, les préfets dans les départements, peuvent ajourner toute réunion qui leur paraît de nature à troubler l'ordre ou à compromettre la sécurité publique.

L'interdiction de la réunion ne peut être prononcée que par décision du ministre de l'intérieur (*art.* 13).

CHAP. IV. — DES RÉUNIONS PRIVÉES.

22. La réunion privée a lieu sans autorisation, quelles que soient les matières qui y seraient traitées (*C. de Rennes* 16 *déc.* 1876), car chacun est maître chez soi et le domicile est inviolable. D'ailleurs, la loi de 1868 n'en parle pas.

23. Une réunion est privée lorsqu'elle a lieu : 1° au domicile d'un citoyen, et 2° que l'on y est admis par suite d'une invitation spéciale. La nécessité d'une invitation a été reconnue dans tous les jugements et arrêts qui ont passé sous nos yeux ; quant au domicile, ce terme a été pris par les cours et tribunaux dans un sens plus ou moins large. On a pensé avec raison que l'usage permettant de louer une salle pour des fêtes, fêtes de famille des plus intimes même, comme un mariage, on pouvait aussi louer une salle pour une conférence, un discours. L'essentiel était de rester dans certaines limites. Ces limites sont un peu vagues, nous ne saurions donc mieux faire que de chercher quelques jalons dans la jurisprudence. Nous les empruntons au *Recueil* DALLOZ.

24. *Appréciation du caractère de la réunion.* Il appartient au juge de déterminer le caractère public ou privé d'une réunion, d'après l'ensemble des circonstances dans lesquelles elle a été organisée et tenue. (*Cass.* 7 et 9 *janv.* 1869.)

25. *Bonne foi. Responsabilité.* L'infraction commise par l'individu qui a laissé dégénérer en réunion publique une réunion convoquée par lui dans un lieu privé, et pour laquelle il n'avait pas rempli les formalités prescrites par la loi du 6 juin 1868, est une simple contravention matérielle, punissable même en cas de bonne foi. Par suite, il n'est pas nécessaire de prouver, contre l'organisation de la réunion, que c'est par sa volonté que des personnes non invitées ont pris part à celle-ci ; il suffit d'établir que c'est par sa faute et à raison de l'insuffisance des précautions et du contrôle. (*Cass.* 9 *janv.* 1869.)

26. Sont punissables comme complices du fait de réunion politique non autorisée, non-seulement ceux qui ont loué ou prêté sciemment leur maison pour la réunion, mais encore ceux qui en ont accordé ou consenti l'usage dans la pensée que cette réunion était autorisée. Peu importe également que la réunion politique tenue dans la maison ait eu lieu avec les tolérances de l'autorité locale. (*Cass.* 8 *janv.* 1875.)

27. *Publicité déduite de la nature du local et de la forme des invitations.* Le domicile perd son caractère privé (et il en est de même des réunions qui s'y tiennent) si, nonobstant une convocation à l'aide de cartes, le domicile d'un citoyen a été réellement accessible au public, soit que ces cartes aient été distribuées avec une facilité excessive, même sur la voie publique au premier venu (*Cass.* 9 *janv.* 1869) ou dans un bureau de journal à tous ceux qui s'y sont présentés pour en demander (*Cass.* 4 *juin* 1869), ou que la distribution des cartes se soit faite d'une autre manière en dehors du contrôle du propriétaire du local. (*C. d'Agen* 19 *mars* 1869.)

On a fait valoir contre cet arrêt que le propriétaire pouvait déléguer son droit d'invitation. Voici d'ailleurs, dans ce sens, un arrêt de la cour de Rennes du 16 décembre 1874 : « Pour que la réunion soit publique, il faut que le local ait été, par la volonté de son propriétaire ou possesseur, ouvert à tout venant, ou que des lettres de convocation aient été distribuées au premier venu, sans choix et sans indication nominative, ou enfin que, en dehors des invités, l'accès de la réunion ait été permis à d'autres personnes qui s'y seraient présentées. Mais la réunion ne devient pas publique à raison de ce qu'on invite et reçoit dans son domicile, soit par recommandation, soit pour toute autre cause, des personnes que l'on n'a jamais vues, ... ni à raison de ce que quelques lettres de convocation en blanc ont été trouvées dans un cabaret, si le ministère public ne prouve pas que la remise de ces lettres est le fait des organisateurs de la réunion ou de leurs mandataires autorisés à cet effet.

« Par suite, *est privée* la réunion de 800 électeurs au conseil général, tenue dans un magasin clos et couvert dépendant du domicile de l'organisateur, alors que les lettres d'invitation, adressées aux trois quarts des électeurs du canton, portant leurs noms et leurs adresses, leur ont été remises à domicile, que personne n'a été admis sans présenter sa lettre de convocation, et que le seul individu non invité qui se soit introduit dans la réunion n'y est parvenu qu'en se servant de la lettre destinée à un autre électeur. »

Ces exemples suffisent pour montrer combien l'appréciation est une affaire délicate, mais aussi que les tribunaux font tous leurs efforts pour distinguer une réunion vraiment privée d'une réunion publique déguisée. (Nous ne discutons pas la loi, nous l'exposons.)   MAURICE BLOCK.

ADMINISTRATION COMPARÉE.

L'art. 1er de la loi prussienne du 11 mars 1850 est ainsi conçu : « L'organisateur d'une réunion dans laquelle on discutera des matières d'intérêt public, doit faire à l'autorité locale une déclaration 24 heures à l'avance ; l'autorité doit immédiatement certifier la déclaration. Si la réunion ne commence pas au plus tard une heure après l'heure indiquée dans la déclaration, la réunion qui commence plus tard n'est pas considérée comme régulièrement déclarée. Il en est de même si la réunion rentre en séance après une interruption de plus d'une heure. » Ces dernières dispositions ont pour but d'empêcher qu'une seule déclaration couvre toute une série de réunions. Le terme d'*intérêts publics* est plus large que celui de *politique*, il comprend les matières politiques, religieuses, administratives, communales, etc. ; pour les autres matières, aucune déclaration ne semble exigée. En tout cas, c'est le juge qui apprécie la nature des matières traitées ; la loi ne les définit pas.

Pour que la réunion puisse avoir lieu hors d'un endroit clos et couvert, *unter freiem Himmel* (sans autre abri que le ciel), il faut une permission spéciale de l'autorité locale, que l'organisateur doit demander 48 heures à l'avance, permission, dit l'art. 9 de la loi de 1850, « qui ne doit être refusée que si la réunion menace de troubler l'ordre ou la sécurité publique ». La loi ajoute : « Si la réunion doit avoir lieu sur une place publique, dans des villes ou autres localités, sur la voie publique, l'autorité locale, en accordant la permission, doit en même temps prendre les mesures nécessaires pour que la circulation ne soit pas interrompue. » A une distance de deux milles (15 kilomètres) de la résidence du roi ou du siège du parlement, mais ce dernier seulement pendant la session, l'autorité locale ne peut pas permettre de réunion sur une place ou sur la voie publique (art. 11).

L'autorité locale peut se faire représenter dans les réunions discutant des matières d'intérêt public, mais ses délégués doivent être en uniforme ou porter une marque distinctive. Le représentant de l'autorité doit avoir une place convenable. Il peut dissoudre l'assemblée — sans préjudice des poursuites, s'il y a lieu, ou lorsque : 1° le président ne peut pas montrer de certificat de déclaration ; 2° lorsqu'on propose des actes contraires aux lois; 3° lorsque des hommes armés assistent à la séance et refusent de sortir. — Nous ne croyons pas utile d'énumérer les pénalités.

Nous n'avons guère trouvé, dans les livres de droit anglais, que des dispositions sur les *meetings séditieux*, les *meetings* ordinaires ne semblent pas être réglementés. On sait d'ailleurs que très-souvent on prie le maire de présider la réunion.

RÉVÉLATION. 1. Avant la révision du Code pénal (*L.* 28 *avril* 1832), la révélation, en matière de complots contre la sûreté de l'État, était obligatoire, sous la sanction d'une pénalité rigoureuse. Moins sévère, la législation actuelle se borne à prononcer l'exemption des peines portées contre les auteurs de complots ou d'autres crimes contre la sûreté de l'État, en faveur de ceux des coupables qui, avant toute exécution ou tentative de ces complots ou de ces crimes, et avant toutes poursuites commencées, auront, les premiers, donné à l'autorité connaissance de ces complots ou crimes, et de leurs auteurs ou complices, ou qui, même depuis le commencement des poursuites, auront procuré l'arrestation de ces auteurs ou complices.

2. Si la loi, dans certains cas, fait en quelque sorte un devoir de la révélation, il en est d'autres où elle la punit comme une infraction. Les médecins, chirurgiens et autres officiers de santé, ainsi que les pharmaciens, les sages-femmes et toutes autres personnes dépositaires, par état ou profession, des secrets qu'on leur confie, qui, hors le cas où la loi les oblige à se porter dénonciateurs, révèlent ces secrets, sont punis d'un emprisonnement d'un mois à six mois, et d'une amende de 100 à 500 fr. (*C. P.*, *art.* 378.)

RÉVERBÈRES. Du temps où il n'y avait pas de becs de gaz on appelait ainsi les lanternes servant à l'éclairage public. Les dispositions ci-après sont encore applicables.

L'établissement des candélabres, consoles et réverbères est généralement à la charge des villes, sauf les stipulations qui peuvent être faites à ce sujet soit avec les propriétaires ou concessionnaires autorisés à former des rues nouvelles, soit avec les entrepreneurs d'éclairage. L'autorité municipale peut désigner les maisons où doivent être attachés les réverbères, attendu qu'elles sont assujetties à recevoir et à supporter les crocs, caisses, tuyaux et poulies composant le système de suspension. (*Voy.* Husson, *Traité de la législation des travaux publics*, p. 960.) [*Comparez* **Éclairage, Gaz, Organisation communale.**]

RÉVOCATION. *Voy.* **Fonctionnaires.**

RIVAGES DE LA MER. *Voy.* **Cours d'eau, Lais** et relais, **Mer, Pêche maritime.**

RIVIÈRE. *Voy.* **Cours d'eau navigables** *ou* **Cours d'eau non navigables.**

ROUISSAGE. 1. Macération que l'on fait subir aux matières textiles, telles que le lin et le chanvre, en les laissant séjourner dans l'eau, afin de faciliter la séparation de l'écorce filamenteuse d'avec la tige ligneuse qu'elle recouvre.

2. Le lieu où s'opère le rouissage s'appelle *routoir*. Les routoirs étant un foyer d'infection et d'insalubrité pour les habitations voisines, surtout quand l'opération se fait en grand, le décret du 15 octobre 1810 et l'ordonnance du 14 janvier 1815

les rangent dans la première classe des établissements insalubres. (*Voy.* **Établissements insalubres.**)

3. Il est à remarquer, du reste, que l'autorité municipale peut toujours, en vertu de l'art. 3 de la loi du 24 août 1790, prendre les mesures nécessaires pour prévenir les inconvénients qui pourraient en résulter.

ROULAGE. 1. Transport des marchandises ou autres objets analogues par voitures à roues, sur les chemins publics ordinaires.

En examinant les dispositions qui réglementent en France le roulage, nous laisserons de côté ce qui concerne les voitures de messageries ou autres voitures de même espèce servant au transport des voyageurs et désignées sous le nom générique de voitures publiques. (*Voy. le mot* **Voitures publiques.**)

SOMMAIRE.

CHAP. I. **CONDITIONS DE LA CIRCULATION DES VOITURES,** 2 à 8.

   II. **PÉNALITÉS,** 9 à 16.

   III. **PROCÉDURE,** 17 à 33.

   IV. **ALGÉRIE,** 34.

Bibliographie.

CHAP. I. — **CONDITIONS DE LA CIRCULATION DES VOITURES.**

2. Sous l'ancienne monarchie, à partir de 1724 (*Déclar. du Roi* 14 *nov.* 1724), des mesures générales avaient été prises pour protéger les routes contre les dangers qui pouvaient résulter pour elles de la circulation de voitures trop chargées ou construites d'une manière vicieuse[1].

Deux moyens ont été employés pour arriver à la limitation du poids : la limitation du nombre des chevaux et un système de pesage public (ponts à bascule).

Après une laborieuse expérience, de nombreux tâtonnements[2], des enquêtes sérieuses et réitérées[3], la loi du 30 mai 1851 est venue remplacer à peu près par la liberté l'ancien système de protection économique. C'est dans cette loi, dans un règlement d'administration publique édicté le 10 août 1852 en vertu d'une délégation législative[4], dans des décrets subséquents du 24 février 1858 et du 26 août 1863, enfin dans un arrêté du ministre des travaux publics en date du 20 avril 1866, qu'il faut chercher les règles actuellement applicables : elles ont été développées par des circulaires du ministre des travaux publics en date des 25 août 1852, 9 mars 1858, 15 septembre 1863, 7 mai 1870.

1. Dès 1670, on avait pris des mesures locales. (*Arr. du C.* 18 *juill.* relatif à la Normandie.)

2. Voyez les arrêts du Conseil des 7 avril 1771, 20 avril et 28 décembre 1783 ; les lois des 9 vendémiaire et 3 nivôse an VI 7 germinal an VIII, 29 floréal an X, 7 ventôse an XII, 28 juin 1828 ; le décret du 23 juin 1806 ; les ordonnances royales des 24 décembre 1814, 23 décembre 1816, 20 juin 1821, 21 mai 1823, 29 octobre 1828 et 15 février 1837 ; — les projets de lois présentés à la Chambre des pairs les 12 décembre 1832, 15 janvier 1838, 17 janvier 1842 et 10 mai 1843 ; les rapports de MM. Mounier et Barthélemy ; les discussions de la Chambre ; — les projets de lois présentés à la Chambre des députés en 1833, 1837, 1838, 1842, 1843 et 1844 ; les rapports de MM. Piscatory, Ducos, Mathieu ; la discussion de la Chambre en avril 1843 ; les projets de lois préparés par le Gouvernement et le Conseil d'État en 1850.

3. Voyez les rapports administratifs provoqués par le Gouvernement et rédigés par M. Tarbé (commission de 1814), par M. Brisson (1828), M. Navier (1832), M. Arthur Morin (1839), M. H. C. Emmery (1841), M. Dupuit (1849) ; les réponses aux questions posées en 1849 par le ministre des travaux publics aux conseils généraux des départements et aux ingénieurs en chef des ponts et chaussées.

4. L. 30 mai 1851, art. 2.

3. La loi du 30 mai 1851 pose en principe (*art.* 1er) que toute voiture peut circuler sur les routes nationales, départementales et sur les chemins vicinaux de grande communication, sans condition de réglementation du poids et de largeur des jantes.

4. La loi a réservé seulement, au point de vue de la conservation des routes, le principe de quelques dispositions relatives à la forme des bandes de roue, des clous de bande, aux mesures à prendre pour régler momentanément la circulation pendant les jours de dégel, et à la protection des ponts suspendus (*art.* 2). Ces dispositions ont pris place dans le règlement d'administration publique du 10 août 1852[1]; elles ont été remaniées en ce qui concerne les barrières de dégel, par les décrets du 24 février 1858 et du 26 août 1863. La circulaire du 7 mai 1870 a transmis aux préfets un modèle d'arrêté qui ajoute, en ce qui concerne le passage sur les ponts suspendus, quelques prescriptions spéciales à celles contenues dans le décret de 1852.

5. A part les dispositions restrictives dont nous venons de parler, le législateur s'est seulement proposé d'éviter les accidents qui peuvent résulter de la manière dont les voitures sont construites, attelées, chargées, conduites, et d'assurer la répression des contraventions.

6. Afin d'éviter les accidents, il a posé le principe de diverses conditions.

Les unes sont communes aux voitures de roulage et à toutes autres (*art.* 2). Elles concernent la forme des moyeux, le maximum de la longueur des essieux et de leur saillie au delà des moyeux, — le maximum du nombre des chevaux que peut comporter dans les attelages la libre circulation des routes. — Ces conditions ont été précisées dans le règlement du 10 août 1852 (*art.* 2, 3, 4, 5, 6), que le défaut d'espace nous empêche de citer ici autrement que par renvoi.

Les autres sont spéciales aux voitures de roulage (*art.* 2); elles concernent la largeur du chargement, la saillie des colliers des chevaux, les modes d'enrayage, le nombre des voitures qui peuvent être réunies en un même convoi, l'intervalle qui doit rester libre d'un convoi à un autre et le nombre de conducteurs exigé pour la conduite de chaque convoi; enfin, les mesures de police qui peuvent être imposées aux conducteurs relativement à d'autres détails, notamment au stationnement sur les routes, et les règles à suivre pour éviter ou dépasser une voiture.

Les conditions spéciales aux voitures de roulage sont développées dans les art. 9, 10, 12, 13[2], 14 et 15 du règlement du 10 août, et par les paragraphes correspondants de la circulaire du ministre des travaux publics, en date du 25 août 1852.

7. Dans le but d'assurer la répression des contraventions, le législateur a exigé (*L.* 1851, *art.* 3) que toute voiture de roulage circulant sur les routes nationales et départementales, ainsi que sur les chemins vicinaux de grande communication, fût munie d'une plaque conforme à un modèle déterminé par voie de règlement. Aux

1. Voyez les art. 2, 7 et 8 du règlement.
2. Modifié par l'art. 3 du décret du 24 février 1858.

termes du règlement du 10 août (*art.* 16), la plaque doit être en métal et posée en avant des roues du côté gauche de la voiture : elle doit indiquer en caractères apparents et lisibles, hauts de cinq millimètres au moins, les nom, prénoms et profession du propriétaire, la commune, le canton et le département de son domicile. Sont exceptées de cette prescription, les voitures appartenant aux départements de la guerre ou de la marine, ou à l'administration des postes; les marques distinctives que doivent porter ces voitures et les titres dont leurs conducteurs doivent être munis, sont déterminés par des décrets spéciaux.

Sont exemptées de l'obligation de la plaque, les voitures employées à la culture des terres, au transport des récoltes, à l'exploitation des fermes, mais seulement, lorsqu'elles se rendent de la ferme aux champs ou des champs à la ferme, et lorsqu'elles servent au transport des objets récoltés du lieu où ils ont été recueillis jusqu'à celui où, pour les conserver ou les manipuler, le cultivateur les dépose ou les rassemble. (*Règl.*, *art.* 16.)

8. Un arrêté du ministre des travaux publics, en date du 20 avril 1866, rendu en complément du règlement du 10 août 1852 et en exécution des dispositions d'un article du décret du 12 décembre 1865, relatif aux machines à vapeur, a déterminé les conditions relatives à la circulation des locomotives sur les routes ordinaires. Aux termes de cet arrêté, l'autorisation du préfet ou du ministre des travaux publics est nécessaire suivant que la circulation doit s'opérer dans un ou plusieurs départements. Le maximum de la charge est 8,000 kilogrammes, le maximum de vitesse 20 kilomètres à l'heure. Deux circulaires ministérielles, en date du 30 avril et du 30 juin 1866, ont développé les indications de l'arrêté.

CHAP. II. — PÉNALITÉS.

9. Les contraventions aux art. 1, 2, 3, 7, 8, 11, 12 du règlement du 10 août 1852, sont punies d'une amende de 5 à 30 fr. (*L.*, *art.* 5.)

10. Les contraventions aux art. 13, 14, 15, sont punies d'une amende de 6 à 10 fr., et d'un emprisonnement d'un à trois jours. En cas de récidive, l'amende peut être portée à 15 fr., et l'emprisonnement à cinq jours. (*L.*, *art.* 5.)

11. Tout propriétaire d'une voiture circulant sans plaque est puni d'une amende de 6 à 15 fr., et le conducteur, d'une amende de 1 à 5 fr. (*L.*, *art.* 7.) Tout conducteur d'une voiture dépourvue de plaque, qui aura déclaré un nom ou domicile autre que le sien ou celui du propriétaire pour le compte duquel la voiture est conduite; tout propriétaire ou conducteur de voiture qui aura fait usage d'une plaque portant un nom ou domicile faux ou supposé, sera puni d'une amende de 50 à 200 fr., et d'un emprisonnement de six jours à six mois (*art.* 8).

12. Lorsque, par la faute ou l'imprudence du conducteur, une voiture aura causé un dommage quelconque à une route ou à ses dépendances, le conducteur sera condamné, indépendamment des frais de la réparation, à une amende de 3 à 50 fr. (*art.* 9.)

13. Les art. 222 et suivants du Code pénal sont applicables en cas d'outrages ou violences envers les fonctionnaires et agents chargés de constater les délits et contraventions en matière de police du roulage (*art.* 11). En outre et indépendamment aussi des peines qui pourraient être encourues pour toute autre cause, est puni d'une amende de 16 à 100 fr. tout voiturier ou conducteur qui, sommé de s'arrêter par l'un des fonctionnaires ou agents chargés de constater les contraventions, refuserait d'obtempérer à l'injonction et de se soumettre aux vérifications prescrites (*art.* 10).

14. Lorsqu'une même contravention ou un même délit prévu aux art. 4, 5 et 7 de la loi a été constaté à plusieurs reprises, il n'est prononcé qu'une seule condamnation, pourvu qu'il ne se soit pas écoulé plus de vingt-quatre heures entre la première et la dernière constatation (*art.* 12). En dehors de ces exceptions, il est prononcé autant de condamnations qu'il y a eu de contraventions constatées (*Id*).

15. Tout propriétaire de voiture est responsable des amendes, des dommages-intérêts et des frais de réparation prononcés, en vertu de la loi, contre toute personne préposée par lui à la conduite de sa voiture. — Si la voiture n'a pas été conduite par ordre et pour le compte du propriétaire, la responsabilité est encourue par celui qui a préposé le conducteur (*art.* 13).

16. L'art. 463 du Code pénal est applicable dans tous les cas où des condamnations correctionnelles ou de simple police interviennent en vertu de la loi de 1851 (*art.* 14).

CHAP. III. — PROCÉDURE.

17. Les contraventions aux dispositions relatives à la forme des moyeux, des essieux, des bandes de roue et clous de bande, au nombre de chevaux de l'attelage, aux barrières de dégel, à la largeur du chargement, à la saillie des chevaux, et à l'enrayage (*art.* 1 et 4 *de la loi*) rentrent dans la compétence du conseil de préfecture du département dans lequel le procès-verbal a été dressé (*art.* 17). Ce tribunal statue aussi dans le cas de dommage causé à une route ou à ses dépendances par la faute ou la négligence d'un conducteur (*art.* 17 et 9). Tous autres délits ou contraventions prévus par la loi sont de la compétence des tribunaux judiciaires.

18. Les contraventions et délits prévus par la loi de 1851 peuvent être constatés par les maires et adjoints, les commissaires et agents assermentés de police, les ingénieurs des ponts et chaussées, les officiers et sous-officiers de gendarmerie, les personnes commissionnées par l'autorité départementale pour la surveillance de l'entretien des voies de communication, *spécialement* les conducteurs, agents-voyers, cantonniers chefs et autres employés du service des ponts et chaussées ou des chemins vicinaux de grande communication, commissionnés à cet effet, — les gendarmes, les gardes champêtres, les employés du service des contributions indirectes, agents forestiers ou des douanes, les employés du service des poids et mesures et du service des octrois, ayant droit de verbaliser (*art.* 15).

19. Les dommages prévus en l'art. 9 sont constatés, pour les routes nationales et départementales, par les ingénieurs, conducteurs et autres employés du service des ponts et chaussées commissionnés à cet effet, et, pour les chemins vicinaux de grande communication, par les agents voyers, sans préjudice du droit réservé à tous les fonctionnaires et agents qui peuvent, en vertu de la loi, constater les délits et contraventions, de dresser procès-verbal du fait de la dégradation qui aurait lieu en leur présence. (*Id.*)

20. Les procès-verbaux dressés pour constater des contraventions, délits ou dommages, font foi jusqu'à preuve contraire. (*Id.*)

21. Les procès-verbaux rédigés par les agents chargés spécialement de constater les délits et contraventions doivent être affirmés dans les trois jours, à peine de nullité, devant le juge de paix du canton ou devant le maire de la commune soit du domicile de l'agent qui a verbalisé, soit du lieu où la contravention a été constatée (*art.* 18).

22. Les procès-verbaux doivent être enregistrés en *débet* dans les trois jours de leur date ou de leur affirmation, à peine de nullité (*art.* 19).

23. Toutes les fois que la plaque de la voiture porte l'indication d'un nom ou d'un domicile faux ou supposé, ou que la voiture est dépourvue de plaque et que le propriétaire n'est pas connu; — toutes les fois que le conducteur contrevenant n'est pas connu dans le lieu où la contravention s'est produite et qu'il n'est point régulièrement muni d'un passe-port, d'un livret, d'une feuille de route, ou s'il ne justifie que la voiture appartient à une entreprise de roulage, ou s'il ne prouve, par la présentation soit d'une lettre de voiture, soit d'autres papiers, que la voiture appartient à celui dont le domicile est désigné sur la plaque (*art.* 21); — toutes les fois aussi que le contrevenant n'est pas domicilié en France, — la voiture est provisoirement retenue et le procès-verbal est immédiatement porté à la connaissance du maire de la commune dans laquelle il a été dressé, ou de la commune la plus prochaine sur la route que suit le prévenu. Le maire arbitre provisoirement le montant de l'amende et, s'il y a lieu, des frais de réparation; il en ordonne la consignation immédiate, à moins qu'il ne lui soit présenté une caution solvable[1]. A défaut de consignation ou de caution, la voiture est retenue jusqu'à ce qu'il ait été statué sur le procès-verbal. Les frais qui en résultent sont à la charge du propriétaire (*art.* 20).

Le contrevenant domicilié à l'étranger est tenu d'élire domicile dans le département du lieu où la contravention a été constatée. A défaut d'élection de domicile, toute notification lui est valablement faite au secrétariat de la commune dont le maire a arbitré l'amende ou les frais de réparation (*art.* 20.)

24. Les procès-verbaux dressés en exécution de la loi du 30 mai 1851 doivent être envoyés, dans les deux jours de l'enregistrement, au sous-préfet de l'arrondissement. Le sous-préfet les transmet, dans les deux jours de la réception, au préfet, s'il s'agit d'une contravention de la compétence administrative; au procureur de la République, s'il s'agit d'une contravention de la compétence judiciaire (*art.* 22). Dans le premier cas, copie du procès-verbal ainsi que de l'affirmation, quand elle est prescrite, est notifiée avec citation par

---

1. Voyez, au sujet de la consignation des amendes et frais de réparation, la circulaire du directeur général de la comptabilité publique aux trésoriers généraux en date du 20 mai 1874.

voie administrative au domicile du propriétaire, tel qu'il est indiqué sur la plaque ou tel qu'il a été déclaré par le contrevenant et, quand il y a lieu, à celui du conducteur. Cette notification a lieu dans le mois de l'enregistrement, à peine de déchéance. Le délai est étendu à deux mois lorsque le contrevenant n'est pas domicilié dans le département où la contravention a été constatée; il est étendu à un an lorsque le domicile du contrevenant n'a pas été constaté au moment du procès-verbal. Si le domicile du conducteur est resté inconnu, toute notification qui lui est faite au domicile du propriétaire est valable (art. 23).

25. Devant les tribunaux judiciaires, les poursuites, le jugement et les recours ont lieu dans les conditions et suivant les formes indiquées par le Code d'instruction criminelle. (*Liv. II, tit. Ier, chap. Ier; tit. VII, chap. V, etc.*)

26. Devant le conseil de préfecture, le prévenu est tenu de produire, dans le délai de trente jours, ses moyens de défense. Le délai court à compter de la date de la notification du procès-verbal; mention en est faite dans ladite notification; à l'expiration du délai, le jugement intervient, lors même que les moyens de défense n'auraient pas été produits.

27. La décision du conseil de préfecture est notifiée au contrevenant, dans la forme administrative, dix jours au moins avant toute exécution; si la condamnation a été prononcée par défaut, la notification faite au domicile énoncé sur la plaque est valable.

28. L'opposition à l'arrêté rendu par défaut doit être formée dans le délai de quarante jours, à compter de la date de la notification (*art. 24*).

29. Le recours au Conseil d'État contre l'arrêté du conseil de préfecture peut avoir lieu par simple mémoire déposé au secrétariat général de la préfecture, ou à la sous-préfecture, et sans l'intervention d'un avocat au Conseil d'État. Il est délivré au déposant récépissé du mémoire, qui doit être immédiatement transmis par le préfet (*art. 25*).

Si le recours est formé au nom de l'administration, il doit l'être dans les trois mois de la date de l'arrêté. (*Id.*)

30. L'instance à raison des contraventions de la compétence des conseils de préfecture, est périmée par six mois, à compter de la date du dernier acte de poursuite, et l'action publique est éteinte, à moins de fausses indications sur la plaque ou de fausse déclaration en cas d'absence de plaque (*art. 26*).

31. Les amendes se prescrivent par une année, à compter de la date de l'arrêté du conseil de préfecture ou à compter de la décision du Conseil d'État, s'il y a eu pourvoi. En cas de fausse indication sur la plaque, de fausse déclaration de nom ou de domicile, la prescription n'est acquise qu'après cinq années (*art. 27*).

32. Lorsque le procès-verbal du délit ou de la contravention a été dressé par l'un des agents chargés spécialement de la constatation (*voy. ci-dessus le nº 18*), le tiers de l'amende prononcée appartient à l'agent, sauf s'il s'agit du cas où le contrevenant a refusé de s'arrêter et de se soumettre aux vérifications prescrites (*art. 10*), ou bien s'est rendu coupable d'outrages, de violences envers l'agent (*art. 11*). Les deux autres tiers sont

attribués soit au trésor public, soit aux départements, soit aux communes, suivant que la contravention ou le dommage intéresse une route nationale, une route départementale, ou un chemin vicinal de grande communication. Il en est de même du total des frais de réparation auxquels les conducteurs peuvent être condamnés en vertu de l'art. 9 de la loi (*voy. nº 12*), ou du total de l'amende lorsqu'aucune portion ne doit revenir à l'agent (*art. 28*).

33. Par une circulaire en date du 25 mars 1856, le ministre des travaux publics a donné des indications au sujet de l'instruction des recours en grâce.

CHAP. IV. — ALGÉRIE.

34. Un décret impérial du 3 novembre 1855, complété, pour les dispositions de son art. 3 (plaque), par un arrêté du ministre de la guerre, en date du 18 décembre 1856, a appliqué à l'Algérie, sauf quelques modifications nécessitées par l'organisation administrative du pays, la nouvelle législation du roulage.

Un arrêté du ministre de la guerre en date, comme le décret, du 3 novembre 1855, a réglé les dispositions de détail. L'art. 6 de cet arrêté (routes ou chemins qui ne sont pas à l'état d'entretien) a été modifié par un arrêté du gouverneur général en date du 18 août 1865.

Un arrêté du gouverneur général de l'Algérie, du 22 février 1868, a appliqué à l'Algérie les dispositions de l'arrêté du ministre des travaux publics, en date du 20 avril 1866, relatif à la circulation des locomotives sur les routes. (*Voy. nº 8.*)

CHARLES TRANCHANT.

BIBLIOGRAPHIE.

Essai sur le roulage et améliorations à introduire dans cette partie, par M. François. In-8º. Paris, Gueffier. 1828.

Mémoires sur les routes et sur le roulage, par MM. Corrèze et Manès. In-8º. Paris, Carilian-Gœury. 1832.

Police du roulage. Ornières. Moyens d'en purger les routes sans rien changer aux dépenses actuelles d'entretien ni au tarif des chargements, par J. Cheronnet. In-8º. Paris, impr. d'Auffray. 1833.

Considérations sur les principes de la police du roulage et sur les travaux d'entretien des routes, suivies d'un appendice contenant un extrait des diverses enquêtes parlementaires anglaise, etc., par M. Navier. In-8º. Paris, Carilian-Gœury. 1835.

De la police du roulage, considérée par rapport aux routes, au roulage et aux messageries, par Eugène Flachat et Jules Barat. In-8º. Paris, Carilian-Gœury. 1836.

Mémoire sur quelques questions relatives à la police du roulage, par M. Léon. In-8º. Paris, Carilian-Gœury. 1836.

De la police du roulage, par P. Braff. In-8º. Paris, Léautey. 1849.

Manuel de la police de roulage, par Eugène Célières. In-8º. Montauban, impr. Lapie Fontanel. 1849.

Code formulaire de la police du roulage et des messageries, et de l'impôt sur les voitures publiques. In-8º. Grenoble, Prudhomme. 1853.

Loi du 30 mai 1851, sur la police du roulage, par Nadau de la Richabaudière. In-18. Paris, Blot. 1855.

Traité de la police du roulage dans ses rapports avec la compétence des tribunaux de simple police, par N. A. Guilbon. 1 vol. in-8º. Paris, Durand. 1857. Supplément contenant l'explication et le commentaire du décret du 24 février 1858. In-8°. Paris, chez Durand. 1858.

Police du roulage. Nouveau Code théorique et pratique, par Verlet Dumesnil. In-8°. Paris, Durand. 1858.

Traité de la police du roulage, par Rousset. In-12. 1re édition. Paris, P. Dupont. 1861. 2e édition. 1865.

Conférences sur l'administration et le droit administratif, faites à l'École des ponts et chaussées, par M. Léon Aucoc. In-8°. Tome III. Paris, chez Dunod. 1876.

ROUTE. Les routes se divisent, selon leur importance, en routes nationales et départementales. (*Voy.* **Voirie**, ainsi que **Ponts et chaussées** et **Travaux publics**, puis **Arbres**, **Fossés**, etc.)

RUE. *Voy.* **Noms des rues**, **Numérotage** *et* **Voirie**.

ROUTES STRATÉGIQUES. 1. Les routes stratégiques sont celles qui ont pour but de favoriser les opérations militaires.

2. La loi du 27 juin 1833 a établi, par son art. 6, un système de routes stratégiques qui ne sont pas classées au nombre des routes nationales départementales ou communales.

Le nombre et la direction des routes qui viendraient à être ouvertes à l'avenir, devraient être arrêtés par décrets. (*Id.*)

3. Les travaux des routes stratégiques, en ce qui concerne les occupations permanentes ou temporaires de terrains et bâtiments, sont assimilés aux travaux militaires et régis par les mêmes lois (*Id., art.* 8. *Voy.* **Travaux mixtes**.)

4. Les frais d'entretien des routes stratégiques sont supportés, concurremment par les communes, les départements et le Trésor, dans des proportions arrêtées par des règlements d'administration publique, après avoir entendu les conseils municipaux et les conseils généraux du département. (*Id., art.* 9.)

Aux termes de la loi du 1er avril 1837, les frais d'entretien des routes stratégiques sont partagés dans la proportion de deux tiers pour l'État et d'un tiers pour les départements.

5. Les routes stratégiques sont, au reste, utilisées comme les autres au profit des usages généraux, et elles sont destinées à perdre peu à peu leur caractère particulier et à rentrer dans la classe des voies ordinaires. (*Voy.* **Voirie**.)

Stéphane Perrot.

RUISSEAUX. *Voy.* **Cours d'eau non navigables ni flottables.**

S

SAGE-FEMME. *Voy.* **Médecine** (**Exercice de la**).

SAILLIES SUR LA VOIE PUBLIQUE. *Voy.* **Voirie**.

SAINT-DOMINGUE (**Colons de**). **1.** Le contrecoup de la révolution de 1789 s'est fait sentir à Saint-Domingue avec d'autant plus de violence que la population noire, soumise à toutes les rigueurs de l'esclavage, avait amassé plus de haine contre la race blanche. Le dernier acte des sanglantes représailles exercées contre les anciens colons de Saint-Domingue par les nègres, a été l'incendie du Cap, le 20 juin 1793.

2. Violemment dépossédés de leurs biens, la plupart des anciens colons de Saint-Domingue étaient tombés dans le dénûment le plus absolu, et le Gouvernement dut songer à leur venir en aide. Une loi du 27 vendémiaire an III (17 oct. 1794) a établi en leur faveur le principe d'un secours alimentaire. Mais ce n'est que quatre ans plus tard que le service des secours a été régulièrement constitué par la loi du 28 germinal an VII (17 avril 1799), qui en même temps a déterminé le mode d'admission et les pièces à produire par les impétrants. Cette loi, qui règle encore la matière, a d'ailleurs un caractère plus général que celle qui l'avait précédé.

3. Les événements qui suivirent la révolution de 1789 n'eurent pas seulement pour effet la dépossession des colons de Saint-Domingue. Nos colonies, perdues et envahies par les Anglais, laissèrent sans ressource les Français qui y étaient installés comme colons.

Ainsi, les habitants de Saint-Pierre et Miquelon furent déportés par les Anglais. Il en fut de même des Canadiens et Acadiens, dont toutes les possessions furent envahies.

4. Trois classes de réfugiés pouvaient donc prendre part aux secours accordés par la loi du 28 germinal an VII :

1° Les réfugiés de Saint-Domingue ;

2° Les déportés des îles Saint-Pierre et Miquelon ;

3° Les Canadiens et Acadiens.

5. Les colons sont admis aux secours à deux titres :

1° Comme propriétaire de leur chef dans l'une de ces colonies, pourvu que la constatation de la propriété remonte à 1791 ;

2° Comme conjoints ou descendants à titre direct d'anciens colons propriétaires, pourvu que le mariage du conjoint ou de l'auteur dont sont issus les descendants ait été contracté avant le 1er janvier 1794.

Toutefois les conjoints ou descendants des *Miquelonnais* ne pouvaient obtenir la réversibilité des secours. (*Décis. min.* 18 *août* 1825.)

6. Ces secours ont continué jusqu'à ce jour pour les ayants droit, mais leur nombre diminuant de plus en plus, le chiffre des secours a été réduit au budget de 1877, et comme il ne reste plus guère de survivants, il nous semble inutile d'entrer dans de plus amples détails.

SAISIE. 1. La saisie est l'ensemble des actes par lesquels le créancier met tout ou partie des biens de son débiteur sous la main de la justice, pour le contraindre à remplir ses obligations ; la saisie porte en général sur les biens et, dans certains cas seulement, sur la personne du débiteur. (*Voy.* **Contrainte par corps**.)

2. Il y a plusieurs espèces de saisies : Les unes (saisie conservatoire — saisie-gagerie — saisie foraine — saisie-revendication) ne sont que de simples mesures de précaution : elles se forment sans titre exécutoire et ont pour but de mettre provisoirement la chose sous la main de la justice, jusqu'à l'obtention d'un titre exécutoire. Les autres constituent ce qu'on appelle des voies d'exécution forcée ; elles sont l'exercice d'un droit certain, prouvé par un acte authentique revêtu de la formule exécutoire, et procurent au créancier le paiement de ce qui lui est dû, en lui permettant de faire vendre les biens du débiteur et de se faire payer sur le prix. Elles se divisent en : saisies mobilières (saisie-exécution — saisie-brandon — saisie des rentes (saisie des navires) et en saisie immobilière. La saisie-arrêt ou opposition est à la fois une mesure conservatoire et une voie d'exécution.

3. La saisie conservatoire est pratiquée par le créancier qui, n'ayant pas de titre, a obtenu par ordonnance du président du tribunal de commerce l'autorisation de saisir. (*C. de Pr., art.* 417). Cette saisie, uniquement conservatoire, n'est suivie d'aucun acte d'exécution. L'ordonnance du président peut être attaquée par la voie de l'opposition et de l'appel.

4. La saisie-gagerie est un acte conservatoire par lequel le propriétaire ou principal locataire d'un immeuble met sous la main de la justice les objets garnissant les lieux loués par lui, dans le but d'assurer l'utile exercice du privilège qui lui est conféré par l'art. 2102 du Code civil. (*C. de Pr., art.* 819, 820 *et* 821.)

5. La saisie foraine est celle qu'un créancier, même sans titre, mais avec la permission du président du tribunal civil ou du juge de paix, pratique sur les effets trouvés en la commune qu'il habite, et appartenant à un débiteur *forain*, c'est-à-dire non Français. (*C. de Pr., art.* 822 *à* 825.)

6. La saisie-revendication est l'acte par lequel le propriétaire d'une chose perdue ou volée cherche à se la faire restituer aux termes de l'art. 2279 du Code civil. On donne le même nom à la procédure suivie par le propriétaire ou principal locataire qui, pour assurer le paiement des loyers, obtient du président du tribunal civil une ordonnance l'autorisant à faire saisir les objets mobiliers qu'il prétend avoir été détournés des lieux loués par lui. (*C. de Pr., art.* 826 *à* 831.)

7. La saisie-exécution, ou saisie mobilière proprement dite, est celle par laquelle un créancier met sous la main de la justice les *meubles* de son débiteur autres que les fruits pendants par racine, afin de les faire vendre pour obtenir son paiement sur le prix. Les formes à suivre dans les saisies-exécutions et les ventes qu'elles amènent, ainsi que pour la revendication, par le véritable propriétaire, d'objets saisis sur un tiers non propriétaire, sont consignées au Code de procédure, art. 583 à 625. Notons qu'aux termes de l'art. 587, si l'huissier trouve closes les portes du lieu où il va saisir, il doit, pour les faire ouvrir, requérir l'assistance du juge de paix ou du commissaire de police, et à leur défaut, du maire. Tous les objets mobiliers peuvent être frappés de saisie-exécution, à moins d'une exception formelle de la loi. (*Voy. ces exceptions infrà, dans la note du n° 13.*)

8. La saisie-brandon, régie par les art. 626 à

635 du Code de procédure, n'est autre chose que la saisie-exécution des fruits pendants par racine et non encore détachés du sol, c'est-à-dire les blés, foins, légumes, raisins, bois et fruits des arbres.

9. Des formalités spéciales sont imposées pour la saisie des rentes constituées sur particuliers ; on les trouvera aux art. 636 à 655 du Code de procédure.

10. En ce qui concerne la saisie des navires, voyez l'art. 215 du Code de commerce et la loi du 10 déc. 1874 sur l'hypothèque maritime, art. 18.

11. La saisie immobilière est celle que peut pratiquer tout créancier sur les immeubles de son débiteur, dans le but de les faire vendre et de se faire payer sur le prix (*Art.* 2092, *Code civil*). Aucuns débiteurs, pour une cause quelconque, même les comptables de l'État, ne peuvent être saisis immobilièrement et expropriés en dehors des formes ordonnées au Livre V du Code de procédure, Titre XII (*Arr. du C.* 6 janv. 1807). Tout ce qui concerne la saisie immobilière, la vente sur saisie des immeubles et la répartition du prix de la vente, est réglé par le Code de procédure aux art. 673 et 779. Nous ne pouvons songer même à résumer cette matière, qui exigerait seule un volume, et qui n'a d'ailleurs aucun rapport avec les questions spécialement traitées dans ce dictionnaire.

12. La saisie-arrêt (ou opposition) est un acte par lequel le créancier *arrête* entre les mains d'un tiers les deniers et effets appartenant à son débiteur, et *s'oppose* à ce qu'ils soient remis à ce dernier. Les formes à suivre sont énumérées aux art. 557 à 582 du Code de procédure. On ne peut saisir-arrêter directement qu'en vertu d'un titre, authentique ou privé (*C. de Pr., art* 557), et pour des créances certaines, exigibles et liquides ; lorsque le créancier n'a point de titre, il peut obtenir du président du tribunal civil une ordonnance rendue sur requête et l'autorisant à pratiquer la saisie-arrêt (*C. de Pr., art.* 558 et 559). Les art. 561 et 569 règlent particulièrement ce qui doit être fait quand la saisie est pratiquée entre les mains des receveurs, dépositaires ou administrateurs des caisses ou deniers publics. L'on peut saisir-arrêter tous biens mobiliers, sauf ceux déclarés insaisissables par la loi aux art. 580, 581 et 582, dont il sera ci-après parlé.

13. On a déjà indiqué au mot *opposition à paiement* la proportion dans laquelle la saisie des traitements pouvait avoir lieu. Nous nous bornons ici à compléter l'énumération des objets insaisissables qui n'ont pas été indiqués dans cet article ; ce sont : les deniers appartenant au fisc ou sommes dues à un titre quelconque à l'État, et par analogie aux communes (*Cass.* 16 *therm. an X* ; *Id.* 31 *mars* 1819 ; *C. de Paris* 2 *mars* 1831) ; les revenus des majorats, dans les limites des décrets du 1er mars et 21 décembre 1808 ; les objets énumérés à l'art. 592 du Code de procédure, combiné avec l'art. 593 [1] ; les provisions et

1. Voici ces deux articles :
« 592. Ne pourront être saisis : 1o les objets que la loi déclare immeubles par destination ; 2o le coucher nécessaire des saisis, ceux de leurs enfants vivant avec eux, les habits dont ils sont couverts ; 3o les livres relatifs à la profession du saisi, jusqu'à la somme de 300 fr. à son choix ; 4o les machines et instruments servant à l'enseignement pratique ou exercice

pensions alimentaires ; les objets faisant partie de la quotité disponible et donnés ou légués avec clause d'insaisissabilité, à moins que la saisie ne soit elle-même faite pour cause d'aliment, ou, dans le cas de legs et de donation, à moins qu'il ne s'agisse d'une créance postérieure au legs ou à la donation; les sommes en compte courant dans les banques autorisées (*L.* 24 *germ. an XI*, *art.* 33, *relative à la Banque de France*); le montant des lettres de change, sauf les cas de perte du titre ou de faillite du porteur (*C. de C.*, *art.* 149); les fonds des communes déposés à la caisse d'amortissement (*Avis du C.* 18 *juillet et* 12 *août* 1808); les sommes appartenant à des communes entre les mains des receveurs (*Avis des* 11 *et* 26 *mai* 1813); les lettres confiées à la poste, par suite de l'inviolabilité des correspondances, mais non les envois d'argent, le produit des droits réunis (*D.* 15 *germ. an XIII.*, *art.* 48); les fonds destinés aux entrepreneurs de travaux pour le compte de l'État, et, par analogie, des communes (*D.* 26 *pluv. an II*); les chevaux, les ustensiles, etc., destinés au service de la poste aux lettres (*C.* 24 *juill.* 1793, *art.* 76); les bestiaux destinés à l'approvisionnement de Paris (*Édit* 7 *sept.* 1453).

14. La loi du 22 floréal an VII règle les oppositions sur le paiement de rentes, de pensions dues par l'État (*voy.* **Opposition à paiement.**) Un arrêté du 7 thermidor an X interdit la signification au Trésor de transports, cessions ou délégations de pensions à la charge de l'État. Les décrets des 13 pluviôse et 28 floréal an XIII règlent les formes à suivre pour les saisies-arrêts pratiquées entre les mains de préposés de l'enregistrement et des domaines.

15. Le Code pénal (*art.* 400) punit de l'emprisonnement, de l'amende et de l'interdiction des droits civils, la destruction, le détournement et le recel d'objets saisis. Les complices de ces délits sont punis comme l'auteur principal.

16. Est-il nécessaire d'ajouter qu'en droit criminel les magistrats instructeurs, les magistrats du parquet et leurs auxiliaires, lorsqu'ils instruisent sur un crime ou sur un délit, peuvent et doivent saisir le corps du délit et tous les objets pouvant servir de pièce de conviction ? A. et L.

SALLES D'ASILE. 1. Établissements d'éducation où les enfants des deux sexes, de deux à sept ans, reçoivent les soins que réclame leur développement moral et physique[1].

des sciences et arts, jusqu'à concurrence de la même somme et au choix du saisi ; 5° les équipements des militaires, suivant l'ordonnance et le grade ; 6° les outils des artisans nécessaires à leur occupation personnelle ; 7° les farines et menues denrées nécessaires à la consommation du saisi et de sa famille pendant un mois ; 8° enfin une vache, ou trois brebis, ou deux chèvres, au choix du saisi, avec les pailles, fourrages et grains nécessaires pour la litière et la nourriture desdits animaux pendant un mois.

« 593. Lesdits objets ne pourront être saisis pour aucune créance, même celle de l'État, si ce n'est pour matières fournies à la partie saisie, ou sommes dues au fabricant ou vendeur desdits objets, ou à celui qui aura prêté pour les acheter, fabriquer ou réparer ; pour fermages et moissons des terres à la culture desquelles ils sont employés ; loyer des manufactures, moulins, pressoirs, usines dont ils dépendent, et loyer des lieux servant à l'habitation personnelle du débiteur.

« Les objets spécifiés sous le n° 2 du précédent article ne pourront être saisis pour aucune créance. »

1. En 1848, un arrêté de M. Carnot, alors ministre de l'instruction publique, leur donna le nom d'*écoles maternelles*, mais cette dénomination n'a pas prévalu.

CHAP. I. INTRODUCTION.
Sect. 1. — Caractère de l'institution.

2. « C'est pour suppléer aux soins, aux impressions, aux enseignements que chaque enfant devrait recevoir de la présence, de l'exemple et des paroles de sa mère, qu'il a paru nécessaire d'ouvrir des salles d'*hospitalité* et d'*éducation* en faveur du premier âge. »

Ces mots que nous empruntons à l'auteur du *Manuel des salles d'asile*, caractérisent parfaitement l'institution ; ils sont l'expression exacte de sa destination, telle que l'a conçue la pensée créatrice, pensée essentiellement charitable et morale.

3. Au point de vue administratif, la salle d'asile est cependant plutôt un établissement d'*éducation* qu'une institution *charitable*. Nous ne saurions mieux faire comprendre la pensée de l'administration supérieure qu'en reproduisant ici ce que le ministre de l'instruction publique écrivait à ce sujet aux préfets le 18 mai 1855 :

« D'un côté, on ne saurait, sous peine d'en altérer essentiellement le caractère, confondre les salles d'asile avec cette classe d'établissements qui, uniquement destinés à soulager les besoins physiques, sont rangés, à juste titre, parmi les établissements d'*assistance :* ma circulaire, en date du 31 octobre dernier, vous a fait connaître que vous devez considérer l'institution des asiles comme la base de notre système d'enseignement primaire. D'un autre côté, il importe essentiellement de ne point transformer les refuges de la première enfance en établissements d'instruction proprement dite, de ne point faire dégénérer la salle d'asile en école. Donner dans la salle d'asile un enseignement technique et complet serait, en premier lieu, changer en leçons fastidieuses pour un si jeune âge d'attrayants exercices... Ensuite ne faudrait-il pas craindre que les petits élèves possédant tant bien que mal, au sortir de l'asile, les connaissances indispensables, un grand nombre de parents se crussent autorisés à leur imposer, dès l'âge de sept ans, ces travaux prématurés qui, dans les centres industriels, sont trop souvent funestes au développement physique des enfants et multiplient en même temps, pour eux, les causes d'une corruption précoce. Il convient donc que la salle d'asile précède l'école, qu'elle y prépare et qu'elle y conduise ; mais il serait fâcheux qu'elle en tînt lieu. »

Sect. 2. — Précédents historiques.

4. La première tentative de fondation de ces utiles établissements appartient à Oberlin, vénérable pasteur du Ban-de-la-Roche, dans les Vosges. Il avait fondé, en 1770, dans cinq communes de ce département, des écoles de petits enfants qu'on appelait des *écoles à tricoter*, parce qu'on y apprenait à travailler en même temps qu'à chanter et à dire des prières : mais l'œuvre du saint pasteur, après avoir subsisté pendant cinquante-cinq ans, cessa d'exister ; vers 1827, tout était encore à créer.

5. Ce fut à cette époque que M. J. D. M. Cochin, dont le nom est attaché d'une manière ineffaçable à tout ce qui touche à l'institution des salles d'asile, se mit à l'œuvre spontanément, créant d'un côté, avec ses propres deniers, une *salle d'asile modèle* à l'imitation des *Infant Schools* qui avaient pu se fonder solidement en Angleterre, associant d'un autre côté ses efforts intelligents et dévoués à un comité de dames, formé également dans le but de créer un asile et à la tête duquel était placée une femme d'un haut mérite, Mme la marquise DE PASTORET. Cette fois, le succès fut si décisif, les résultats obtenus si heureux, que, dès 1837, l'institution avait fait en France assez de progrès pour que l'administration dût intervenir [1]. Tel fut l'objet d'une ordonnance royale, en date du 22 décembre 1837, rendue sur la proposition de M. DE SALVANDY, et complétée par un règlement général délibéré en conseil royal de l'instruction publique, le 24 avril 1838.

6. Cette ordonnance plaçait, près du ministre de l'instruction publique, une *commission supérieure*, composée de dames que leur position mettait en mesure d'exercer une salutaire influence sur les salles d'asile, avec mission d'y maintenir la meilleure méthode d'enseignement et d'aider à leur propagation. A chaque établissement, elle attachait une *dame inspectrice* pour veiller à sa direction morale et intellectuelle. Elle constituait des commissions d'examen, composées de *mères de famille*, pour s'assurer de l'aptitude des surveillantes conformément à des programmes approuvés et promulgués par le ministre.

7. La loi du 15 mars 1850 sur l'enseignement, conçue dans la pensée de réunir les autorités religieuses, politiques, judiciaires et administratives, pour diriger, au nom de la société tout entière, l'instruction publique, avait préparé et promis de profondes modifications dans toute cette organisation. Elles ont été réalisées par le décret du 21 mars 1855.

Aux inspectrices attachées à chaque établissement ont été substitués des *comités locaux de patronage*, où la religion, l'administration et la charité ont leurs représentants naturels. Parmi les membres des commissions d'examen, composées autrefois exclusivement de mères de famille, figurent aujourd'hui des ministres des cultes et membres de l'enseignement. A la commission supérieure avait succédé un *comité central* de patronage, qui a été supprimé par décret du 6 juillet 1871.

8. Nous allons exposer, aussi succinctement que possible, cette organisation dont les bases

1. Consulter, pour de plus amples détails, la *Notice sur l'origine et les progrès des salles d'asile*, en tête du *Manuel des salles d'asile*.

sont posées dans les actes que nous avons cités ci-dessus.

CHAP. II. — ORGANISATION GÉNÉRALE.
Sect. 1. — Création.

9. Les formalités que doivent remplir les communes ou les particuliers, préalablement à l'établissement et à l'ouverture d'une salle d'asile, sont exactement les mêmes que celles prescrites pour les établissements d'instruction primaire. Nous ne reviendrons pas sur ces formalités, qui ont été exposées au mot **Instruction primaire** ; nous rappellerons seulement quelques distinctions fondamentales qu'il importe de faire, dans l'ensemble des asiles créés, au point de vue de l'application des règles tracées.

10. La loi du 15 mars 1850 (*art.* 53) reconnaît deux espèces de salles d'asile :

1° Les asiles fondés ou entretenus par les communes, les départements ou l'État, et qui prennent le nom de *salles d'asile publiques* ;

2° Ceux fondés et entretenus par des particuliers ou par des associations, et qui prennent le nom de *salles d'asile libres*.

Les *salles d'asile modèles* forment une 3° classe parmi ces établissements. Ce titre peut être conféré par le ministre à celles des salles d'asile signalées pour l'emploi judicieux et intelligent des meilleurs moyens d'éducation et de premier enseignement, l'entretien attentif du mobilier, la continuité des soins donnés aux enfants (*D.* 1855, *art.* 8). C'est une distinction purement honorifique, une consécration des efforts accomplis, un moyen d'encouragement employé par l'administration en vue d'améliorer les salles d'asile existantes.

11. Il y a cependant un privilége attaché à ce titre de *salle d'asile modèle*. C'est seulement sur la déclaration de la directrice d'un établissement modèle, qu'après ratification du comité local de patronage, l'inspecteur d'académie délivre le *certificat de stage* (*D.* 1855, *art.* 31) que doivent produire, en certaines circonstances, comme nous l'indiquerons plus loin, les jeunes personnes qui se destinent à la carrière de l'enseignement dans les salles d'asile. A Paris, par exception, le certificat est délivré par le vice-recteur de l'Académie, soit sur l'attestation de la directrice d'une *salle d'asile modèle*, soit sur celle de la directrice du *cours pratique*[1], certifiée par la commission de surveillance de cet établissement.

Le stage ou le temps d'exercice dans une *salle d'asile modèle* doit être de deux mois au moins.

1. Le cours pratique, qui portait autrefois le titre un peu trop présomptueux d'*école normale*, est destiné : 1° à former, pour Paris et les départements, des directrices ou des sous-directrices de salles d'asile ; 2° à conserver le principe de la méthode établie ; 3° à expérimenter les nouveaux procédés d'éducation et de premier enseignement dont l'essai serait recommandé par le comité central de patronage (*D.* 1855, *art.* 8). Il s'y fait deux cours par an ; chaque cours dure quatre mois, de janvier en mai, de juillet en novembre. Le prix de la pension, tous frais compris, est de 60 fr. par mois, ou de 240 fr. pour les quatre mois d'un cours. L'inscription des aspirantes au *cours pratique*, soit comme boursières, soit comme externes, est faite au chef-lieu de l'Académie. Le dépôt des pièces prescrites a lieu entre les mains du vice-recteur, chargé de donner les avis nécessaires. Les aspirantes subissent, avant d'être admises, deux examens, ayant pour but de constater leur degré d'aptitude et d'intelligence. (*Arr. min.* 28 avril 1848 et 3 févr. 1852 ; *Circ. aux préfets* 19 août 1850.)

Sect. 2. — Surveillance et inspection.

12. Les salles d'asile publiques sont des établissements essentiellement communaux. Elles sont placées sous la surveillance immédiate du maire, mais à titre d'établissements publics elles relèvent du préfet et du recteur.

L'inspection primaire, l'inspection académique et généralement toutes les autorités chargées, par la loi du 15 mars 1850, de la surveillance des écoles primaires, ont un droit de contrôle sur les asiles.

13. Le maire est assisté dans sa tâche par les *Comités locaux de patronage* dont le curé fait partie de droit. Le comité local, qui est présidé par le maire, se compose de dames nommées par le préfet. Il a pour mission de recueillir les offrandes faites en faveur des asiles de son ressort, de veiller au bon emploi des fonds attribués à ces établissements par les communes, le département ou l'État, et au maintien des méthodes adoptées.

Un ou plusieurs médecins, nommés par le maire, visitent au moins une fois par semaine les salles d'asile publiques. (*D.* 21 *mars* 1855, *art.* 14, 15 *et* 16; *Circ.* 18 *mai*.)

14. L'action de l'administration supérieure s'exerce avec le concours de quatre dames rétribuées sur les fonds de l'État et nommées par le ministre avec le titre de *Déléguées générales* (*art.* 18 *et D.* 20 *févr.* 1872).

Chargées de maintenir, dans l'ensemble du service des salles d'asile, l'unité de vues et de direction, les déléguées générales sont envoyées par le ministre partout où leur présence est jugée nécessaire; organe spécial de l'administration supérieure, elles ne prennent point de décisions par elles-mêmes, mais elles communiquent au ministre tous les renseignements qui peuvent provoquer d'utiles réformes. (*Circ. Instr. publ.* 18 *mai* 1855.)

15. Les *déléguées spéciales* pour l'inspection sont rétribuées sur les fonds de l'État et placées sous l'autorité du recteur, qui détermine l'ordre des tournées à faire. Elles correspondent directement avec les comités locaux de patronage; elles veillent à l'application des règlements et au maintien des méthodes; elles assistent aux examens des aspirantes au brevet d'aptitude; elles envoient à chacun des inspecteurs d'académie un rapport *spécial* sur les salles d'asile du département; enfin, chaque année, à la fin d'avril, elles adressent au recteur un autre rapport *général* sur la situation du service des salles d'asile dans toute l'étendue du ressort. (*D.* 1855, *art.* 17; *Circ.* 18 *mai*.)

16. Ce rapport doit contenir des détails précis: 1° sur l'action exercée par les comités locaux de patronage; 2° sur le personnel des maîtresses (aptitude, pratique de la méthode, dispositions morales, conduite); 3° sur le personnel des aspirantes au brevet d'aptitude (leur nombre, manière dont elles se préparent, ou résultats de l'examen); 4° sur l'état matériel des salles d'asile (salubrité des locaux, préaux, mobilier, etc.); 5° sur les créations réalisées ou projetées sur le cours de l'année; 6° sur l'influence morale ou pédagogique des salles d'asile du ressort. Il est rédigé en double expédition et transmis au ministre par le recteur, qui y joint ses observations. Il peut être également présenté au conseil académique. (*Circ. aux recteurs* 16 *juin* 1855.)

17. Le *conseil départemental* peut frapper d'interdiction *absolue* une directrice d'asile public ou libre, sauf appel devant le conseil supérieur de l'instruction publique. Il peut encore interdire une directrice de salle d'asile *libre* de l'exercice de ses fonctions dans la commune où elle réside. (*D.* 1855, *art.* 24.)

Sect. 3. — Direction.

18. Aux termes de l'art. 5 de l'ordonnance de 1837, la direction des salles d'asile pouvait être confiée, soit à des femmes, soit à des hommes *assistés d'une femme.* Désormais les salles d'asile publiques ou libres doivent être exclusivement dirigées par des femmes (*D.* 1855, *art.* 19). Les préposées à la direction portent le titre de *directrices,* plus exact et plus convenable que celui de *surveillantes.*

19. Nulle ne peut diriger une salle d'asile publique ou libre avant l'âge de vingt-quatre ans accomplis, et si elle ne justifie d'un certificat d'aptitude ou de lettres d'obédience délivrées par les supérieures des communautés religieuses régulièrement reconnues et attestant que les postulantes ont été particulièrement exercées à la direction d'une salle d'asile. Sont admises toutefois à diriger provisoirement dès l'âge de vingt et un ans, lorsque l'établissement ne reçoit pas plus de trente à quarante enfants: 1° les sous-directrices (*voy. infrà, n° 24*) pourvues d'un certificat de stage; 2° les membres de communautés religieuses pourvues d'une lettre d'obédience (*art.* 20).

20. Le certificat d'aptitude est délivré, au nom du recteur, par l'inspecteur d'académie dans les départements, et, à Paris, par le vice-recteur, après des épreuves soutenues devant une commission spéciale d'examen instituée dans chaque département (*art.* 27 *et* 28).

21. Cette commission tient une ou deux sessions par an. Elle se compose de: 1° de l'inspecteur d'académie, président; 2° d'un ministre du culte professé par la postulante; 3° d'un membre de l'enseignement public ou libre; 4° de deux dames patronnesses des asiles; 5° d'un inspecteur de l'instruction primaire, faisant fonctions de secrétaire. Ses membres sont nommés pour trois ans par le préfet, sur la proposition du conseil départemental de l'instruction publique. A Paris, la commission est nommée, sur la proposition du préfet, par le ministre de l'instruction publique, qui fixe le nombre des membres dont elle doit être composée (*art.* 27).

22. L'examen se compose de deux parties distinctes: 1° un examen d'instruction; 2° un examen pratique. L'examen d'instruction comprend l'histoire sainte, le catéchisme, la lecture, l'écriture, l'orthographe, les notions les plus usuelles du calcul et du système métrique, le dessin au trait, les premiers éléments de géographie, le chant, le travail manuel. L'examen pratique a lieu dans une salle d'asile. Les postulantes sont tenues de diriger les exercices de cette salle pendant une partie de la journée (*art.* 30).

23. Pour être admises à l'examen, les postulantes doivent être âgées de vingt et un ans et déposer, entre les mains de l'inspecteur d'académie, un mois avant l'ouverture de la session : 1° leur acte de naissance ; 2° des certificats attestant leur moralité et indiquant les lieux où elles ont résidé et les occupations auxquelles elles se sont livrées depuis cinq ans au moins. La veille de la session, l'inspecteur d'académie arrête, sur la proposition de la commission d'examen, la liste des postulantes admises à subir l'examen (*art.* 29).

24. Dans toute salle d'asile publique qui reçoit plus de quatre-vingts enfants, la directrice est aidée par une sous-directrice. Nulle ne peut être nommée sous-directrice avant l'âge de vingt ans, et si elle n'est pourvue d'un certificat de stage. Les sous-directrices sont nommées et révoquées par les maires, sur la proposition du comité de patronage (*art.* 25 *et* 26).

25. Quant aux directrices des salles d'asile publiques, c'est aux préfets qu'appartiennent leur nomination et leur révocation, sur la proposition toutefois de l'inspecteur d'académie. Elles sont choisies, après avis du comité local de patronage, soit parmi les membres des congrégations religieuses, soit parmi les laïques, et, dans ce dernier cas, autant que possible, parmi les sous-directrices (*art.* 23).

26. Les directrices des salles d'asile publiques reçoivent, sur les fonds communaux, un traitement fixé au minimum de 250 fr., et les sous-directrices un traitement au minimum de 150 fr., non compris le logement dont elles jouissent gratuitement (*art.* 32).

27. Leurs traitements sont prélevés d'abord sur le produit de la rétribution mensuelle payée pour les enfants. A défaut de cette rétribution, le conseil municipal doit aviser aux moyens de compléter le minimum du traitement prescrit, soit sur les revenus ordinaires de la commune, soit sur le restant disponible des centimes spéciaux affectés à l'instruction primaire, soit enfin par le vote d'une imposition spéciale. Quant aux départements, qui ne sont pas, en principe, obligés d'intervenir dans cette dépense, il leur est loisible de secourir les communes pauvres sur le restant disponible de leurs deux centimes spéciaux, ou sur des fonds votés spécialement en vue de cette dépense. (*D.* 1855, *art.* 34 ; *Rapp. à l'empereur sur ce décret.*)

28. Les dispositions de la loi du 9 juin 1853 sur les pensions civiles sont applicables aux directrices et sous-directrices des salles d'asile publiques (*art.* 32).

CHAP. III. — RÉGIME INTÉRIEUR.

Sect. 1. — De l'admission des enfants et des soins à leur donner.

29. L'art. 11 du décret de 1855 porte : « Les salles d'asile publiques sont ouvertes gratuitement à tous les enfants dont les familles sont reconnues hors d'état de payer la rétribution mensuelle. » C'est l'application du principe établi pour les écoles primaires par la loi du 15 mars 1850.

Pour l'exécution de cette disposition, il est dressé par le maire, de concert avec les ministres des différents cultes, une liste des enfants qui doivent être admis gratuitement ; cette liste est arrêtée par le conseil municipal. (*D.* 1855, *art.* 12.)

30. Il est à remarquer cependant que la directrice de l'asile doit recevoir provisoirement tous

les enfants qui lui sont présentés par les familles, sans s'informer si elles sont en état de payer une rétribution : elle leur fait seulement savoir que dans la huitaine elles doivent obtenir du maire un billet d'admission définitive ; celui-ci délivre alors le billet d'admission, soit à titre gratuit, soit à titre onéreux. (*D.* 1855, *art.* 10, 11 *et* 13.)

31. La rétribution à exiger des familles en état de payer est perçue, pour le compte de la commune, par le receveur municipal. Le taux en est fixé par le préfet, en conseil départemental, sur l'avis des conseils municipaux et des délégués cantonaux. (*D.* 1855, *art.* 33 *et* 34.)

32. Avant l'admission provisoire dans une salle d'asile, libre ou publique, les parents doivent présenter un certificat de médecin constatant que leur enfant n'est atteint d'aucune maladie contagieuse et qu'il a été vacciné. (*D.* 1855, *art.* 10.)

33. Lorsqu'un enfant arrive à la salle d'asile, la directrice doit s'assurer par elle-même de son état de santé et de propreté, de la quantité et de la qualité des aliments qu'il apporte dans son panier. (*Règl.* 1855, *art.* 4.)

Nous ne saurions reproduire, relativement aux soins à donner aux enfants, les minutieuses précautions que les sentiments de tendre affection et d'expérience ont inspirées à l'administration, et qu'elle a cru devoir prescrire aux autorités préposées à la direction des salles d'asile. Nous nous bornerons à dire, en renvoyant au règlement de 1855, que tout a été prévu, les conditions hygiéniques, les indispositions des enfants, les exercices corporels, les punitions, les récompenses, etc.

34. Les salles d'asile publiques doivent être ouvertes tous les jours, les dimanches et les jours fériés exceptés, savoir : 1° du 1er mars au 1er novembre depuis sept heures du matin jusqu'à sept heures du soir ; 2° du 1er novembre au 1er mars, depuis huit heures du matin jusqu'à six heures du soir. Des exceptions à cette règle ne peuvent être autorisées que par le maire, sur la proposition du comité local de patronage. Dans les cas urgents, les directrices doivent garder les enfants après les heures déterminées. (*Règl.* 1855, *art.* 1 *et* 2.)

Sect. 2. — De l'enseignement.

35. L'enseignement dans les salles d'asile, publiques ou libres, comprend : l'instruction religieuse, la lecture, l'écriture, le calcul verbal, le dessin linéaire, des connaissances usuelles et des ouvrages manuels à la portée des enfants, des chants religieux, des exercices moraux et des exercices corporels.

36. Les leçons et les exercices moraux ne durent jamais plus de dix à quinze minutes, et sont toujours entremêlés d'exercices corporels. (*D.*1855, *art.* 2.)

37. L'instruction religieuse est donnée sous l'autorité de l'évêque dans les salles d'asile catholiques. Les ministres des cultes non catholiques président à l'instruction religieuse dans les salles d'asile de leur culte. (*D.* 1855, *art.* 3.)

Sect. 3. — Du local et du mobilier.

38. Les salles d'asile doivent être situées au rez-de-chaussée, planchéiées et éclairées, autant que possible, des deux côtés, par des fenêtres fermées avec des châssis mobiles ; les dimensions des salles d'exercice sont calculées de manière qu'il y ait, au moins, deux mètres cubes d'air pour chaque enfant admis.

39. A l'extrémité de chaque salle sont établis plusieur rangs de gradins, au nombre de cinq au moins et de dix au plus. Il est réservé, au milieu et de chaque côté de ces gradins, un passage destiné à faciliter le classement et les mouvements des enfants. (*Règl.* 1855, *art.* 20.)

40. Des bancs fixés au plancher sont placés dans le reste de la salle avec un espace vide au milieu pour les évolutions.

41. Dans la salle destinée aux repas, des planches sont disposées le long des murs, et des patères ou crochets sont fixés au-dessous pour recevoir les paniers des enfants et les divers objets à leur usage.

42. Il y a dans chaque salle d'asile publique du culte catholique un crucifix et une image de la sainte Vierge.

Sect. 4. Dispositions générales.

43. Les directrices des salles d'asile publiques tiennent : 1° un registre sur lequel sont inscrits les noms et la demeure des enfants admis provisoirement, le nom du médecin qui a délivré le certificat mentionné plus haut n° 32, la date de l'admission provisoire ; 2° un registre sur lequel sont inscrits, jour par jour, sous une même série de numéros, les noms et prénoms des enfants admis définitivement, les noms, demeures et professions des parents ou tuteurs, et les conventions relatives aux moyens d'amener ou de reconduire les enfants ; 3° un registre sur lequel le médecin, nommé par le maire pour visiter l'asile, au moins une fois par semaine, conformément à l'art. 16 du décret de 1855, inscrit ses observations ; 4° un registre sur lequel les dames patronnesses chargées de la surveillance de la salle d'asile inscrivent leurs remarques sur la tenue de l'établissement, au moment de leur visite ; 5° un registre de présence des enfants. (*Règl.* 1855, *art.* 23.)

44. La femme de service est choisie dans chaque salle d'asile par la directrice, avec l'approbation du comité local de patronage ; elle est révoquée dans la même forme.

45. Les salles d'asile publiques sont ouvertes aux personnes qui désirent les visiter.

46. Il y a dans chaque salle d'asile un tronc destiné à recevoir les dons de la bienfaisance publique. La clef du tronc est déposée entre les mains de l'une des dames patronnesses chargées de la surveillance de la salle d'asile. L'emploi des deniers déposés dans ce tronc est réglé par le comité local de patronage.

47. Telle est l'analyse exacte des règles contenues dans les différents actes consacrés aux salles d'asile ; elle suffira à ceux qui voudront avoir une idée nette des moyens réguliers de fonder ou de diriger ces utiles et populaires établissements. Notre but était uniquement de les faire connaître ; pour les faire aimer, ce n'est pas à la loi à se faire entendre ; l'enfance et la pauvreté ont un langage compris, en France, par tous les cœurs.

AUGUSTIN COCHIN[1].

1. Mis à jour par B.

BIBLIOGRAPHIE.

Nouvelle législation des salles d'asiles, par M. Delalain. In-12. Paris, Delalain. 1855.

Code des salles d'asile, Recueil complet des lois, décrets et instructions ministérielles sur cette matière depuis 1850, par J. Dubarry. In-12. Paris, Durand. 1856.

SALPÊTRIER. La fabrication du salpêtre était autrefois soumise à une législation très-rigoureuse, tant en ce qui concerne les fabricants ou salpêtriers commissionnés, qu'en ce qui regarde les simples propriétaires de maisons ou plutôt des matériaux provenant de leur démolition. Cette législation est résumée dans la loi du 13 fructidor an V (30 août 1797).

La facilité d'importer du salpêtre en quantité suffisante fit adoucir cette législation en 1819 (*L.* 10 *mars et O.* 11 *août*), et depuis elle est presque complétement tombée en désuétude, sans néanmoins avoir été formellement abrogée.

SALTIMBANQUES. 1. Nous comprenons sous ce titre les bateleurs, baladins, faiseurs de tours, charlatans, et, en général, tous les individus qui, sur la voie publique, attirent la foule autour d'eux par l'attrait d'un spectacle quelconque.

2. Le stationnement des saltimbanques dans les rues et sur les places peut gêner la libre circulation des piétons et des voitures. D'autre part, ces individus cherchent souvent à exploiter la crédulité publique. Quelques-uns même distribuent des drogues et pratiquent des opérations chirurgicales qui ne sont pas sans danger. C'est à l'autorité municipale, chargée par la loi du 24 août 1790 de la police des lieux publics, qu'il appartient de surveiller l'exercice de cette profession. Une circulaire du ministre de l'intérieur, adressée aux préfets le 10 octobre 1829, résume les principales obligations imposées à l'autorité municipale en cette matière.

3. Tous saltimbanques et bateleurs qui arrivent dans une commune ne peuvent ouvrir leurs établissements, de quelque nature qu'ils soient, tant dans l'intérieur d'un bâtiment que sur la voie publique, sans en avoir préalablement obtenu l'autorisation à la mairie. Cette permission doit toujours être accordée par écrit, indiquer la nature du spectacle, faire mention des noms, prénoms et domiciles de tous les individus attachés à ces établissements, ainsi que des passe-ports dont ils sont munis.

4. Avant d'accorder ces autorisations, les maires doivent se faire remettre les descriptions détaillées des spectacles et représentations, et s'assurer que les objets proposés à la curiosité publique ne peuvent offrir aucun danger. L'autorité doit veiller soigneusement à ce que les prescriptions imposées par elle aux saltimbanques soient exactement remplies, afin de constater les contraventions, d'en déférer les auteurs à la justice, et surtout de retirer immédiatement l'autorisation dont on aurait abusé.

5. Une circulaire ministérielle du 6 janvier 1863 prescrit qu'à l'avenir les saltimbanques devront obtenir avant tout une autorisation du préfet du département dans lequel ils sont domiciliés, et cette autorisation sera donnée sur un carnet contenant vingt-quatre pages cotées et paraphées, pages sur lesquelles les maires porteront leur visa. Nous devons renvoyer, pour les détails, à la circulaire précitée.

SALUBRITÉ. *Voy.* **Hygiène publique.**

SANCTION. Ce mot est quelquefois synonyme de confirmation, mais plus souvent la sanction d'une loi étant ce qui en assure l'exécution, on applique aussi ce mot à la peine édictée contre les infractions à une disposition législative.

SAPEURS-POMPIERS. 1. Les corps des sapeurs-pompiers sont établis pour prévenir et combattre les incendies. Ils sont régis par les dispositions du règlement d'administration publique du 29 décembre 1875 publié en exécution de la loi du 25 août 1871.

2. Les sapeurs pompiers peuvent être exceptionnellement appelés, en cas de sinistre autre que l'incendie, à concourir à un service d'ordre ou de sauvetage, et à fournir, avec l'assentiment de l'autorité militaire supérieure, des escortes dans les cérémonies publiques. (*D*. 29 *déc.* 1875, *art.* 1er.)

3. Le corps des sapeurs-pompiers relève du ministère de l'intérieur. Ils peuvent néanmoins recevoir des armes de l'État, mais ils ne peuvent se réunir en armes qu'avec l'assentiment de l'autorité militaire (*art.* 2).

4. Ils sont organisés par communes, en vertu d'arrêtés préfectoraux qui fixent leur effectif d'après la population et l'importance du matériel de secours en service de la commune (*art.* 3).

5. Ils peuvent être suspendus ou dissous. La suspension est prononcée par arrêté préfectoral pour une durée qui ne peut excéder une année. Elle cesse d'avoir effet si elle n'est confirmée dans le délai de deux mois par le ministre de l'intérieur. La dissolution est prononcée par un décret du président de la République (*art.* 4).

6. Les officiers sont nommés pour cinq ans par le président de République, sur la proposition des préfets. Ils peuvent être suspendus par le préfet et révoqués par décret. La suspension ne peut excéder six mois. Les sous-officiers et caporaux sont nommés par les chefs de corps (*art.* 5).

7. Toute commune qui veut obtenir l'autorisation de former un corps de sapeurs-pompiers doit justifier qu'elle possède un matériel de secours suffisant ou des ressources nécessaires pour l'acquérir. Elle doit, en outre, s'engager à subvenir, pendant une période minimum de cinq ans, aux dépenses nécessaires. (*Voy. nos 15 et suiv.*)

La délibération, qui est transmise au préfet, énonce les voies et moyens à l'aide desquels la commune compte pourvoir à la dépense et indique les avantages et immunités qu'elle se propose d'accorder aux sapeurs-pompiers (*art.* 6).

8. Les sapeurs-pompiers se recrutent au moyen d'engagements volontaires parmi les hommes qui ont satisfait à la loi du recrutement ou qui, bien qu'appartenant à l'armée active, à la réserve ou à l'armée territoriale, sont laissés ou renvoyés dans leurs foyers. Ils restent soumis à toutes les obligations que leur impose la loi militaire. Ils sont choisis de préférence parmi les anciens officiers, sous-officiers et soldats du génie et de l'artillerie, les agents des ponts et chaussées, des mines et du service vicinal, les ingénieurs, les architectes et les ouvriers d'art (*art.* 7).

9. Le service des sapeurs-pompiers est incompatible avec les fonctions de maire et d'adjoint (*art.* 8).

10. Sont exclus des corps de sapeurs-pompiers les individus privés par jugement de tout ou partie de leurs droits civils (*art.* 9).

11. L'admission est prononcée : s'il s'agit de corps déjà constitués, par le conseil d'administration des corps. S'il s'agit de corps à créer ou à réorganiser, par une commission composée du maire ou de son adjoint, président; de deux membres du conseil municipal nommés par le conseil, et de trois délégués choisis par le préfet. En cas de partage, la voix du président est prépondérante (*art.* 10).

12. Tout sapeur-pompier prend, au moment de son admission, l'engagement de servir pendant cinq ans et de se soumettre à toutes les obligations résultant du règlement du service tel qu'il sera arrêté en exécution de l'art. 16. Cet engagement est constaté par écrit. Il est toujours renouvelable. Il ne peut être résilié que pour des causes reconnues légitimes par le conseil d'administration [1]. Tout sapeur-pompier qui se retire avant l'expiration de son engagement, ou qui est rayé des contrôles, perd tous ses droits aux avantages pécuniaires ou autres auxquels il pouvait prétendre (*art.* 11).

13. Les sapeurs-pompiers d'une commune forment, suivant l'effectif, une subdivision de compagnie, une compagnie ou un bataillon. Tout corps, dont l'effectif, cadre compris, est inférieur à 51 hommes, forme une subdivision de compagnie. Les compagnies sont de 51 hommes au

1. Nous extrayons d'une lettre du ministre de l'intérieur, du 23 septembre 1876, et adressée à un député, les passages qui suivent :

Vous m'avez fait l'honneur de m'écrire, le 2 de ce mois, pour appeler mon attention sur les difficultés que rencontrerait l'application de l'art. 11 du décret du 29 décembre 1875, qui impose à tout homme voulant faire partie d'un corps de sapeurs-pompiers l'obligation de contracter un engagement de cinq ans. On vous assure que cette obligation, qui ne paraît pas indispensable, rendrait quelquefois impossible le recrutement de ces corps si utiles.

Avant de préparer le projet de décret qui a été adopté par le Conseil d'État, tous les préfets ont été consultés, et la plupart ont été d'avis que le caractère absolument facultatif du service dans le corps des sapeurs-pompiers était une cause permanente de désorganisation, à laquelle il fallait absolument remédier.

Rendre le service obligatoire pour certaines catégories de citoyens eût été une mesure souverainement injuste. Il eût fallu au moins, comme compensation, accorder aux sapeurs-pompiers inscrits certaines dispenses relatives au service militaire, ce qui n'a pas paru possible tant que la réorganisation de nos forces militaires ne sera pas terminée. On a donc substitué à l'obligation du service un contrat volontairement souscrit pour une période déterminée, et toujours renouvelable.

Par suite de ce contrat librement souscrit, le service devient obligatoire pendant toute la durée de l'engagement, et l'on n'aura plus à regretter de voir des corps créés souvent à l'aide de sacrifices considérables de la part des communes exposés à des chances sans cesse renouvelées de désorganisation, par suite de démissions non justifiées.

L'engagement quinquennal des sapeurs-pompiers a pour corollaire l'engagement pris par la commune de pourvoir, pendant la même période, aux dépenses du service, et c'est au conseil municipal à vaincre les hésitations qu'il pourrait rencontrer de la part des candidats, en leur assurant des avantages suffisants.

La seule perspective de l'engagement quinquennal ne saurait, d'ailleurs, arrêter les hommes qui désirent sérieusement se rendre utiles; car, aux termes du décret du 29 décembre, le conseil d'administration peut toujours accepter la démission fondée sur des motifs légitimes.

L'hésitation ne se comprendrait donc que de la part de ceux qui voudraient se réserver la faculté de se retirer à la moindre contrariété, à la moindre peine disciplinaire; mais la présence de ces derniers ne peut que nuire à une bonne organisation, et leur abstention n'est pas à regretter.

moins, de 250 au plus. Lorsque l'effectif dépasse 250 hommes, il peut, avec l'autorisation du ministre de l'intérieur, être formé un bataillon. Le bataillon ne peut pas dépasser 500 hommes. L'arrêté ministériel détermine la composition de l'état-major du bataillon (*art.* 12). Les articles 15 à 28 du décret de 1875 règlent ce qui est relatif aux cadres, au commandement, à la discipline et à l'armement; nous y renvoyons.

14. En cas d'incendie, la direction et l'organisation des secours appartiennent exclusivement à l'officier commandant ou au sapeur-pompier le plus élevé en grade, qui donne seul des ordres aux travailleurs (*art.* 21).

Lorsque le corps de plusieurs communes se trouvent réunis sur le lieu d'un sinistre, le commandement appartient à l'officier le plus élevé en grade, et, en cas d'égalité de grade, au plus ancien. A égalité de grade, l'officier qui a dirigé les premières opérations conserve le commandement (*art.* 21).

L'autorité locale conserve ses droits pour le maintien de l'ordre pendant le sinistre.

15. Les dépenses énumérées dans le décret (*art.* 29) se rapportent à la solde des tambours et clairons, les frais d'habillement des sapeurs-pompiers et sous-officiers qui ne peuvent s'habiller à leurs frais, le loyer, les réparations d'armes, ou le prix de celles qui seraient détériorées (c'est l'État qui les fournit, s'il y a lieu, *art.* 28), les frais de registres et autres de bureau, les secours et pensions.

Ces dépenses sont réglées par le maire, sur mémoires visés par le chef de corps, et acquittées de la même manière que les autres dépenses municipales (*art.* 29). En dehors des tambours et clairons aucune solde n'est prévue, mais il peut y avoir des gratifications.

16. Dans les communes possédant un corps de sapeurs-pompiers, où il sera créé une caisse de secours et de retraites, cette caisse pourra être constituée et administrée conformément aux art. 8 et 10 de la loi du 5 avril 1851. Elle pourra être organisée sous forme de société de secours mutuels *approuvée* et sera alors régie par les lois et décrets relatifs aux associations de cette nature (*art.* 3).

17. Les ressources de ces caisses se composent: 1° Des allocations votées par les conseils municipaux; 2° des cotisations des membres honoraires ou participants; 3° du produit des amendes prévues à l'art. 23; 4° d'une part prélevée sur le produit des services rétribués (bals, concerts, théâtres) et dont l'importance est fixée par le règlement local; 5° des subventions qui peuvent être allouées par le conseil général ou l'État; 6° du produit des dons et legs qu'elles peuvent être autorisées à recevoir; 7° des dons et souscriptions provenant des compagnies d'assurance contre l'incendie (*art.* 31).

18. Les sapeurs-pompiers qui compteront trente années de service et qui auront fait constamment preuve de dévouement, pourront recevoir du ministre de l'intérieur un diplôme d'honneur. Des médailles seront accordées par décret du président de la République à ceux d'entre eux qui se seront particulièrement signalés. En cas

de condamnation criminelle ou correctionnelle, la médaille pourra être retirée par décret (*art.* 32).

19. Il pourra être créé dans le département où le conseil général aura voté les fonds nécessaires, un emploi d'inspecteur du service des sapeurs-pompiers, lequel sera nommé par le préfet. Plusieurs départements pourront être réunis en une seule inspection par arrêté du ministre de l'intérieur, qui pourvoira dans ce cas à la nomination (*art.* 33).

20. *Sapeurs-pompiers de Paris.* Le corps des sapeurs-pompiers de la ville de Paris a été créé par le décret du 18 septembre 1811 et réglementé par les ordonnances des 7 novembre 1821 et 28 août 1822.

Dissous par le décret du 27 avril 1850, il a été réorganisé par un second décret rendu à la même date et depuis par les décrets de 1855, 1856, 1859, 1862, et enfin du 5 décembre 1866, celui dont nous allons faire connaître les dispositions principales.

21. Le régiment de sapeurs-pompiers de Paris fait partie intégrante de l'arme de l'infanterie. Tous les emplois sont donnés soit à l'avancement du corps, soit à des officiers déjà pourvus du grade et appartenant à l'arme de l'infanterie. Ce régiment est placé dans les attributions du ministre de la guerre, pour tout ce qui concerne son organisation, son recrutement, le commandement militaire, la police intérieure, la discipline, l'avancement, les récompenses, les gratifications et l'administration intérieure. Toutefois, le ministre de l'intérieur intervient dans la fixation de l'ensemble des dépenses. (*D.* 27 *mai* 1850, *art.* 2.)

22. Le service contre l'incendie s'exécute sous la direction et d'après les ordres du préfet de police. (*Id.*, *art.* 2.)

23. Le régiment de sapeurs-pompiers se compose d'un état-major, d'un petit état-major et de deux bataillons formant douze compagnies; il est commandé par un colonel.

Le complet du corps est fixé à 1,548 officiers [1], sous-officiers, caporaux et sapeurs-pompiers.

24. La ville de Paris doit pourvoir aux dépenses de service et d'entretien du régiment de sapeurs-pompiers.

L'administration et la comptabilité intérieure du régiment sont régies d'après les règles générales de l'ordonnance du 10 mai 1844, concernant les corps de toutes armes. Un règlement spécial, approuvé par le ministre de la guerre, détermine les exceptions particulières que nécessite la spécialité du régiment de sapeurs-pompiers de Paris.

25. Le régiment de sapeurs-pompiers de la ville de Paris se recrute exclusivement au moyen de soldats tirés du corps d'infanterie de l'armée.

Les demandes de rengagement des sous-officiers, caporaux et sapeurs-pompiers du régiment, sont soumises au ministre de la guerre.

26. L'avancement dans le régiment est régi par

1. Cadres : 1 colonel; 1 lieutenant-colonel; 1 major; 2 chefs de bataillon ; 1 capitaine-ingénieur; 2 capitaines adjudants-majors ; 1 capitaine-trésorier; 1 capitaine d'habillement; 1 médecin-major ; 2 médecins aides-majors; 1 capitaine instructeur de gymnastique; 12 capitaines commandant les compagnies ; 12 lieutenants; 12 sous-lieutenants. Ensemble 58 officiers, de plus 1,498 sous-officiers, caporaux et soldats. Total : 1,548.

les dispositions de l'ordonnance du 16 mars 1838, sauf les modifications suivantes :

27. Les nominations au grade de caporal sont faites par le colonel. Les nominations au grade de sous-officier sont faites par le ministre de la guerre.

28. Les nominations aux emplois d'officiers sont faites par le Chef de l'État, sur la proposition du ministre de la guerre.

29. Lorsqu'un sous-officier du régiment de sapeurs-pompiers est promu sous-lieutenant, il peut être envoyé dans un corps d'infanterie de l'armée, d'où, en échange, est tiré un officier du même grade pour le régiment de sapeurs-pompiers ; il prend rang dans ce corps à la date de son admission, tout en conservant son ancienneté de grade (*Id., art.* 29). Le même mode est suivi pour les sous-lieutenants et lieutenants du régiment qui obtiennent de l'avancement.

30. Les capitaines du régiment concourent pour l'avancement avec les autres capitaines de l'armée appartenant à l'arme de l'infanterie.

31. Les capitaines adjudants-majors sont choisis dans l'arme de l'infanterie.

32. Les officiers de santé sont nommés par le ministre de la guerre, comme dans les autres corps de l'armée.

Dans le cas où le médecin aide-major obtient de l'avancement, les dispositions ci-dessus, n° 29, lui sont applicables. (*Id., art.* 35.)

33. Le capitaine-trésorier est nommé par le Chef de l'État sur la proposition du ministre de la guerre ; il est tenu de verser, avant son installation, un cautionnement dont le chiffre est fixé par le ministre de l'intérieur. (*Art.* 6 *et* 36 *du D.* 27 *avril* 1850.)

34. Les dispositions de la loi sur les pensions de l'armée de terre sont applicables aux militaires du régiment de sapeurs-pompiers de la ville de Paris. Les militaires du régiment sont également susceptibles d'obtenir, en raison de leurs bons services, les mêmes récompenses que ceux des autres corps de l'armée. (*Id., art.* 39.)

Les pensions et récompenses sont accordées suivant les règles observées dans les régiments d'infanterie et sur la proposition du ministre de la guerre.   B.

SART. *Voy. Mer.*

SAVONS. 1. La nécessité d'augmenter les ressources budgétaires étant impérieuse, le Gouvernement avait proposé de retirer l'exemption d'impôt concédée par la législation aux sels employés pour la fabrication de la soude. L'Assemblée nationale a préféré soumettre à une taxe de consommation intérieure le *savon*, qui est l'un des principaux dérivés de la soude.

2. Cette taxe a été fixée à 5 fr. les 100 kilogr. et rendue applicable, par voie d'inventaires, aux quantités qui, lors de la promulgation de la loi, existaient en la possession des *fabricants* et des *commerçants.*

3. Les savons importés ont à supporter le droit de consommation intérieure de 5 fr. les 100 kilogr., indépendamment du droit spécial de douane.

4. Les savons exportés ont droit à la *décharge* de l'impôt (*voy.* § 16). [*L.* 30 *déc.* 1873, art. 7.]

5. Sont exemptés de l'impôt les savons servant à la préparation des *soies*, des *laines* et des *cotons*, pourvu que l'emploi en soit suffisamment justifié. Les industriels qui réclament le bénéfice de cette exemption sont assujettis aux vérifications des agents des contributions indirectes, et ils ont à payer les frais résultant de ces vérifications. (*Même loi, art.* 8.)

6. En étendant la franchise, sous les mêmes conditions, aux savons mis en œuvre dans l'industrie des *fils* et *autres matières textiles*, la loi du 5 août 1874 a disposé qu'elle s'applique à la *préparation* ou *dégraissage*, à la *teinture* et au *blanchiment* de toutes les matières à l'*état brut* ou à l'état de *tissus* n'ayant pas encore reçu le dernier apprêt que comporte leur fabrication. (*L.* 5 août 1874, art. 8.) L'administration a reconnu dès lors que les établissements spéciaux de blanchisserie doivent profiter de l'immunité pour les matières premières et les tissus qui ne sont pas sortis du domaine de la fabrication pour entrer dans la consommation. (*Circ.* n° 147 *du* 9 *avril* 1875.)

7. L'impôt sur le savon paraît devoir être abandonné. Déjà, sur la proposition du Gouvernement, la Chambre des députés en a voté la suppression immédiate. Quant au Sénat, il s'est borné à ajourner l'examen de la question. Du reste, cet impôt ne figurant pas au projet du budget des recettes de 1878, cessera d'exister le 31 décembre 1877, s'il n'est pas de nouveau voté par les deux Chambres. Dans cette situation, nous croyons devoir indiquer seulement à grands traits le régime de perception.

8. L'impôt sur les savons produits en France est assuré par le service des contributions indirectes au moyen de l'exercice des fabriques. Il est exigible, le cas échéant, à l'enlèvement des usines.

9. Les fabricants de savon ont à payer annuellement (en dehors de la patente) une licence dont le taux est de 20 fr. en principal, soit 25 fr. y compris les deux décimes et demi. (*L.* 30 *déc.* 1873, art. 7.)

10. Ils sont tenus de faire une déclaration descriptive de leur établissement. Cette déclaration indique la situation de l'usine, la nature des savons fabriqués, le mode de fabrication, la nature, le nombre et la contenance des chaudières, cuves, *mises* ou formes servant à la fabrication, et le régime de la fabrique pour les jours et heures de travail. (*Règl.* 8 *janv.* 1874, art. 2.)

11. Les fabricants constatent eux-mêmes, sur un registre qui leur est remis par la régie, toutes les opérations de cuite et de transvasion ou mise en formes.

12. Les fabricants peuvent recevoir de l'étranger ou des colonies françaises, *avec* ou *sans* le crédit de l'impôt, toutes quantités de savon.

Sont également autorisés, *avec* ou *sans* le crédit de l'impôt, tous envois de fabrique à fabrique.

13. Le crédit de l'impôt pour les savons de toute provenance est accordé par l'administration aux simples marchands qui font le commerce d'exportation ou qui font des livraisons à des établissements industriels pouvant prétendre à l'immunité de l'impôt. Ces marchands doivent se munir de la licence du fabricant ; ils sont soumis à l'exercice et tenus de fournir une caution solvable.

14. À l'égard des savons importés, la douane

délivre des acquits-à-caution pour tous les chargements expédiés, *avec* ou *sans* le crédit de l'impôt intérieur, à destination des fabricants ou des négociants pourvus de la licence de fabricant. Elle délivre également des acquits-à-caution pour les savons destinés à des établissements industriels qui réclament la franchise du droit intérieur. Dans tous les autres cas, elle délivre des laissez-passer avec quittance.

Les fabricants et les négociants entrepositaires sont affranchis de l'obligation de faire au bureau de la régie les déclarations relatives aux envois pour la consommation intérieure. Ces déclarations sont inscrites *par eux* sur un registre à souche qui leur est remis par le service.

15. Dans un rayon de deux myriamètres autour des fabriques (mais non des simples entrepôts), les savons *provenant de ces établissements* ne peuvent circuler qu'en vertu d'acquits-à-caution ou de laissez-passer que les conducteurs sont tenus de représenter à la première demande des employés de la régie. Cependant la représentation de ces expéditions n'est plus obligatoire au delà de la gare de chemin de fer où s'est terminé le transport par la voie de terre ou d'eau. (*Régl., art.* 15.)

16. La remise de l'impôt sur les savons exportés n'est donc autorisée que par *décharge.* Elle ne peut donc être accordée qu'aux fabricants ou négociants munis de la licence de fabricant et seulement pour des quantités non libérées de l'impôt. En d'autres termes, l'exportation ne donne lieu, en aucun cas, à une restitution de droits. (*L.* 30 *déc.* 1873.)

Les sommes dues par les fabricants ou marchands entrepositaires sur les quantités livrées à la consommation intérieure et sur les manquants sont réglées en fin de mois.

Si le décompte mensuel dépasse le chiffre de 300 fr., le paiement peut en être fait en une obligation cautionnée à 4 mois de terme.

17. Les acquits-à-caution en vertu desquels les établissements industriels reçoivent des savons pour lesquels l'immunité de l'impôt est réclamée, ne sont déchargés qu'après vérification à l'arrivée et prise en charge au compte des destinataires.

Ceux-ci tiennent un registre sur lequel ils constatent, à la fin de chaque journée, les quantités de matières textiles ou autres qui ont subi des préparations et les quantités de savon qu'ils ont mises en œuvre. Une déclaration première indique comme éléments de contrôle, les conditions dans lesquelles le savon est utilisé et la quantité qui est habituellement employée par 100 kilogr. de tissu ou de matières textiles

Le droit est dû sur les manquants non justifiés.

Les frais d'exercice qu'ont à supporter les industriels sont réglés à la fin de chaque année par le ministre des finances. Ils doivent représenter la dépense réellement effectuée par la régie. (*Règl.* 18 *janv.* 1874, *art.* 11; *Règl.* 8 *mars* 1875, *art.* 1 à 6.)

18. Toute contravention est punie d'une amende de 100 fr. à 500 fr., et, en cas de récidive, de 500 fr. à 1,000 fr., indépendamment de la confiscation des marchandises et du remboursement des taxes fraudées.

19. Le droit de transaction accordé à la régie s'étend à ces pénalités.

20. En 1876 les fabrications opérées à l'intérieur se sont élevées à. . . . 163,109,911[k]
et les importations à. 513,426

Total 163,623,337

Les quantités soumises à l'impôt ont été de . . . . 123,332,961[1]
Les quantités exportées de . . 18,296,392[2]
et les quantités livrées en franchise à des établissements industriels de 18,284,157

Total 159,913,510

La différence entre les *charges* et les *portées* tient à des variations dans les stocks.

CHARLES ROUCOU.

SCEAU. 1. Le décret du 24 juin 1808 avait établi, pour toutes les demandes susceptibles d'être examinées au conseil du sceau, la nécessité pour les parties d'employer l'intermédiaire de l'un des avocats au Conseil d'État.

Les avocats au Conseil d'État furent réunis aux avocats à la Cour de cassation et les uns comme les autres furent désignés sous la dénomination générale d'avocats aux Conseils et à la Cour de cassation (*voy. ce mot*). L'ordonnance du 15 juillet 1814 modifia les attributions, et décida que toutes les affaires qui y ressortissaient, seraient dorénavant attribuées à de nouveaux officiers ministériels qui prirent le nom de référendaires au sceau.

2. Le nombre en avait été fixé par cette ordonnance à 6; élevé à 10 par l'ordonnance du 9 décembre 1815, il a été porté plus tard à 12.

3. L'ordonnance du 31 octobre 1830 a réuni au ministère de la justice l'administration du sceau; la commission qui avait succédé à l'ancien conseil du sceau impérial a été remplacée par le conseil d'administration établi près du ministre de la justice, et les droits qui profitaient à l'ancienne caisse du sceau supprimée par le même acte ont été versés directement au Trésor par les mains des référendaires, dont l'intervention pour cet objet est restée obligatoire. En effet, l'art. 5 de cette ordonnance porte que les référendaires continueront à être seuls chargés de la poursuite des affaires du sceau (titres nobiliaires et majorats), et les astreint à déposer un cautionnement de 500 fr. de rente. Le conseil du sceau a été rétabli sous le second empire par le décret du 8 janvier 1859, puis de nouveau supprimé et remplacé par le conseil d'administration, le 10 janvier 1872.

4. Les honoraires alloués successivement aux avocats au Conseil d'État et plus tard aux référendaires ont été établis par le décret du 18 décembre 1809 pour toutes les affaires qui, jusqu'à cette époque, ressortissaient au sceau. Un tarif à cet effet était annexé au décret.

5. L'ordonnance du 8 octobre 1814 a changé les droits à payer pour les concessions et renouvellements de titres de noblesse, tels qu'ils avaient été fixés par les décrets de Napoléon Ier; elle a déterminé en même temps ceux qui seraient dus dorénavant pour les dispenses d'âge et de parenté, auxquelles il a fallu ajouter, plus tard, les dis-

---

1. L'impôt a produit 21 millions de savon mou et 102 millions de savon dur.

2. Dont 262,477 kilogr. de savons parfumés.

penses d'alliance pour mariage entre beaux-frères et belles-sœurs, pour les naturalisations et les autorisations de se faire naturaliser ou de servir à l'étranger. Elle a réglé également les honoraires dus aux référendaires, mais, en ce qui concerne la présentation des demandes, le ministère de ces derniers n'est obligatoire que pour les affaires du sceau proprement dites.

6. La loi des finances du 28 avril 1816, art. 55, a visé cette ordonnance, et a énuméré de nouveau les droits de sceau qu'elle avait établis, pour y ajouter un droit proportionnel d'enregistrement de 20 p. cent.

Les droits dus pour les changements et additions de nom ont été établis par la loi du 20 juillet 1837.

7. Les actes donnant lieu à la perception des droits de sceau étaient délivrés, avant le 24 février 1848, sous la forme de lettres patentes ; à partir de cette époque, cette forme a été changée, mais le montant des droits à payer est resté le même ; les actes qui les avaient établis ont été confirmés, en tant que de besoin, par la loi du 7 août 1850, qui a assimilé, sous ce rapport, les admissions à domicile aux naturalisations.

Ces droits sont de 300 fr. 25 c. pour les dispenses de parenté et d'alliance ; de 175 fr. 25 c. pour les dispenses d'âge ; de 650 fr. pour les additions et changements de noms ; de 675 fr. 25 c. pour les autorisations de servir ou de se faire naturaliser à l'étranger ; de 175 fr. 25 c. pour les admissions à domicile, les naturalisations et les réintégrations dans la qualité de Français. Dans ces chiffres sont compris les honoraires dus aux référendaires, qui sont uniformément fixés, dans tous les cas, à la somme de 50 fr.

8. Remise totale ou partielle de ces droits peut être accordée par le Chef de l'État, sur la proposition du ministre de la justice, et cette remise porte sur les honoraires des référendaires comme sur les perceptions du Trésor.

Les référendaires sont nommés par décret rendu sur le rapport du ministre de la justice.

J. ALAUZET.

BIBLIOGRAPHIE.
Dictionnaire des droits de sceau, contenant toutes les lois en vigueur au 1er janvier 1854, par Sorel. In-12. Paris, Guiraudet. 1854. (Quelques taxes ont été modifiées depuis cette époque.)

SCELLÉ. 1. Le *scellé* est une mesure au moyen de laquelle on assure dans certains cas déterminés par la loi, tels que ceux d'absence, de faillite, de décès, la conservation d'effets qu'il serait facile de détourner dans l'absence des intéressés. On appose pour ce but sur les ouvertures des appartements ou des meubles une bande de papier qu'on attache aux deux bouts par de la cire ; puis on applique sur cette cire un sceau particulier, dont l'empreinte prend elle-même le nom de *scellé*.

2. L'apposition des scellés est faite par les juges de paix. Cependant, en matière criminelle, lorsqu'il s'agit de conserver des objets qui peuvent servir à la constatation d'un crime ou d'un délit, ils peuvent être aussi apposés par les officiers de police judiciaire.

3. En cas de décès, le scellé doit être apposé, soit à la diligence du ministère public, soit sur la déclaration du maire, et même d'office par le juge de paix : 1° si le mineur est sans tuteur, et que

le scellé ne soit pas requis par un parent ; 2° si le conjoint, les héritiers ou l'un d'eux, sont absents ; 3° si le défunt était dépositaire public. Seulement, dans ce dernier cas, le scellé n'est apposé que pour raison de ce dépôt et sur les objets qui le composent. (*C. de Pr.*, art. 911.)

4. Aux termes d'un arrêté des consuls du 13 nivôse an X, aussitôt après le décès d'un officier général ou officier supérieur de toute arme, d'un commissaire-ordonnateur, inspecteur aux revues, intendant ou sous-intendant militaire, officier de santé en chef des armées, retirés ou en activité de service, les scellés doivent être apposés par le juge de paix du lieu sur les cartes, plans et mémoires militaires, autres que ceux dont le décédé est l'auteur. Il en est immédiatement donné avis au ministre de la guerre et au général commandant la division militaire. Ce dernier nomme, dans les dix jours qui suivent, un officier pour être témoin à la levée des scellés et à l'inventaire des objets ci-dessus mentionnés (*art.* 1 et 2).

5. On doit observer dans l'apposition des scellés les formalités prescrites par le Code de procédure civile, art. 928 et suivants.

6. Le *bris des scellés* est puni, suivant la gravité des cas, de la réclusion ou des travaux forcés. (*C. P.*, art. 249-256.)

SCHISTE. *Voy.* **Huile.**

SECOURS AUX NOYÉS, ASPHYXIÉS ET BLESSÉS. 1. L'organisation des secours publics aux noyés, asphyxiés ou blessés n'est pas ancienne. Ce n'est que vers le milieu du siècle dernier que l'on songea à prendre des mesures administratives, soit pour prévenir les accidents, soit pour sauver ceux qui en étaient victimes. En 1740, RÉAUMUR rédigea par ordre du Gouvernement *un avis pour donner du secours à ceux qu'on croit noyés.* Cet avis fut réimprimé en 1758 et en 1769 et répandu avec profusion.

2. Nous n'aborderons pas l'historique des sociétés de secours formées vers la même époque dans quelques villes d'Europe, notamment à Hambourg, à Amsterdam ; nous passerons également sous silence les importants travaux par lesquels des hommes éminents, tels que FOTHERGILL, HUNTER, HARMANT, GARDANNE, donnèrent une impulsion heureuse aux sociétés dont nous venons de parler. Cette revue rétrospective, tout intéressante qu'elle puisse être, nous paraît étrangère au but de cet article.

3. En France, ce fut PIA, *échevin de la ville de Paris,* qui organisa définitivement, en 1772, le service des secours publics. C'est à lui qu'on doit les *boîtes-entrepôts* où se trouvaient réunis tous les remèdes et appareils nécessaires à l'administration des secours ; il en établit un nombre suffisant sur les deux rives de la Seine et forma un corps dit de *secouristes* choisis dans la garde permanente des ports, et que l'on exerça au maniement des instruments de sauvetage.

4. Les institutions de PIA, tombées en désuétude pendant nos troubles révolutionnaires, furent remises en vigueur au commencement de ce siècle. Le 29 avril 1800, le préfet de police rendit un arrêté concernant *les secours à administrer aux noyés pour les rappeler à la vie, et les moyens*

de se servir des boîtes fumigatoires. Plus tard, le 26 août 1806, cet arrêté fut renouvelé avec une instruction spéciale.

5. A partir de 1815, le Dr Marc, membre du conseil de salubrité, continua avec une remarquable persévérance l'œuvre de Pia; nommé directeur des secours publics, il apporta à ce service, pendant 25 ans qu'il en fut chargé, toutes les améliorations dont il était susceptible. M. le Dr Voisin lui succéda, et, grâce aux efforts de ces deux médecins, ce service est devenu l'un des plus importants et des plus utiles de la préfecture de police.

6. Les ordonnances de police et les instructions sur les secours publics ont été renouvelées à plusieurs époques et ont subi les modifications que l'expérience et l'état de la science rendaient nécessaires. Ce service longtemps régi, à Paris, par l'ordonnance de police du 17 juillet 1850 et par les instructions du conseil de salubrité des 19 avril et 6 septembre 1850, a vu ces instructions se renouveler en 1872: nous les donnons plus loin. C'est l'ordonnance du 7 mai qui les déclare applicables.

7. Bien que les secours à donner en cas d'accidents doivent être réglementés par le pouvoir municipal, comme dans un très-grand nombre de communes il n'existe aucune disposition sur ce point, nous croyons devoir analyser les ordonnances de police de 1850 et 1872. Elles portent, entre autres dispositions, celles qui suivent :

8. Tout individu trouvé blessé sur la voie publique, ou retiré de l'eau en état de suffocation, ou asphyxié par des vapeurs méphitiques, par le froid ou par la chaleur, doit être immédiatement transporté au dépôt de secours le plus voisin ou dans un hôpital, s'il s'en trouve à proximité, pour y recevoir les secours nécessaires.

9. Lorsqu'un individu est retiré de la rivière, il n'est pas nécessaire, comme on paraît le croire assez généralement, de lui laisser les pieds dans l'eau jusqu'à l'arrivée des agents de l'autorité. Les personnes présentes doivent immédiatement s'occuper à lui administrer des secours, sans attendre l'arrivée des hommes de l'art ou des agents de l'autorité.

On doit également porter des secours immédiats à tout individu trouvé en état d'asphyxie par strangulation (pendaison). Les personnes qui arrivent les premières sur le lieu de l'événement doivent s'empresser de couper le lien qui entoure le cou.

10. Si l'individu rappelé à la vie a besoin de secours ultérieurs, il sera transporté à son domicile s'il le demande, sinon à l'hôpital le plus voisin.

11. Aussitôt qu'un officier de police judiciaire est averti qu'une personne a été asphyxiée, noyée, blessée ou victime de tout autre accident grave, il se transporte à l'endroit où se trouve l'individu ou sur le lieu de l'événement, et il en dresse procès-verbal. Il doit être assisté d'un médecin.

Le procès-verbal contiendra : 1° la désignation du sexe, le signalement, les nom, prénoms, qualité et âge de l'individu, s'il est possible de les connaître ; 2° la déclaration de l'homme de l'art sur l'état actuel de l'individu ; 3° les renseignements recueillis sur le fait ou sur l'accident ; 4° les dépositions des témoins et de toutes les personnes qui auraient connaissance de l'événement.

12. Il est alloué, à titre d'honoraires, récompense ou salaire, aux personnes qui ont repêché, secouru ou transporté un noyé, un asphyxié ou un blessé, savoir :

1° Pour le repêchage d'un noyé, rappelé à la vie, 25 fr. ;

2° Pour le repêchage d'un noyé, mort ou non rappelé à la vie, 15 fr. ;

3° Pour le transport à l'hôpital ou à son domicile, d'un noyé, asphyxié ou blessé, 3 à 5 fr., suivant les distances. Néanmoins, les maires des communes du ressort de la préfecture de police peuvent, lorsque le transport exige l'emploi d'une charrette et d'un cheval, allouer au voiturier la somme qui leur paraît rigoureusement juste ;

4° A l'homme de l'art, les honoraires déterminés par le décret du 18 juin 1811 ; plus, s'il y a lieu, une indemnité calculée sur la durée et l'importance des secours.

Ces frais sont payés à la caisse de la préfecture de police, après réception du procès-verbal et sur le vu des certificats séparés qui seront délivrés aux personnes intéressées.

13. Des médailles pourront être décernées aux personnes qui se sont distinguées par leur dévouement lors du sauvetage.

14. Les propriétaires des bains chauds et des bains froids, établis sur la rivière, sont tenus d'avoir à leurs frais, et d'entretenir en bon état, une boîte de secours dans chacun de leurs établissements.

15. Voici maintenant les instructions de 1872 du conseil de salubrité sur les secours à donner aux noyés, asphyxiés et blessés, dont il a été question plus haut.

1° INSTRUCTION SUR LES SECOURS
A DONNER AUX NOYÉS ET ASPHYXIÉS.

Cette instruction traite des soins à donner aux personnes asphyxiées par submersion ; par la vapeur de charbon, les émanations des fours à chaux, des cuves à raisin, à bière, à cidre ; par les gaz des fosses d'aisance, des puisards, égouts et citernes ; par les gaz impropres à la respiration ; par le gaz d'éclairage ; par strangulation, suspension ou suffocation ; par le froid, la chaleur et la foudre.

Remarques générales.

1° Les personnes asphyxiées ne sont souvent que dans un état de mort apparente.

2° Pour les personnes étrangères à la médecine, la mort apparente ne peut être distinguée de la mort réelle que par la putréfaction.

3° La couleur rouge, violette ou noire du visage, le froid du corps, la raideur des membres ne sont pas des signes certains de mort.

4° La rigidité des mâchoires, dans la submersion, est un indice favorable au succès des secours.

5° On doit, à moins que la putréfaction ne soit évidente, administrer des secours à tout individu noyé ou asphyxié, même après un séjour prolongé dans l'eau ou dans le lieu où il a été asphyxié.

6° Les secours les plus essentiels à prodiguer aux asphyxiés peuvent leur être administrés par toute personne intelligente ; mais pour obtenir de les donner, *sans se décourager,* quelquefois pendant plusieurs heures de suite. On a des exemples d'asphyxiés par le charbon qui ont été rappelés à la vie après des tentatives qui avaient duré 6 heures et plus.

7° Quand il s'agit d'administrer des secours à un asphyxié, il faut éloigner toutes les personnes inutiles ; cinq à six individus suffisent pour les donner ; un plus grand nombre ne pourrait que gêner ou nuire.

8° Le local destiné aux secours ne devra pas être trop chaud ; la meilleure température est de 17 degrés du thermomètre centigrade (14 degrés de celui de Réaumur).

9° Enfin les secours doivent être administrés avec activité, mais sans précipitation et avec ordre.

ASPHYXIÉS PAR SUBMERSION.
Règles à suivre par ceux qui repêchent un noyé.

1º Dès que le noyé est retiré de l'eau, on ne doit le coucher, ni sur le ventre, ni sur le dos, mais sur le côté, et de préférence sur le côté droit. On incline légèrement la tête en la soutenant par le front ; on écarte doucement les mâchoires, et l'on facilite ainsi la sortie de l'eau qui pourrait s'être introduite par la bouche et par les narines. On peut même, immédiatement après le repêchage du noyé, pour mieux faire sortir l'eau, placer à différentes reprises la tête *un peu plus bas que le corps, mais il ne faut pas la laisser chaque fois plus de quelques secondes dans cette position.* Par conséquent, il faut bien se garder de la pratique suivie par quelques personnes et qui consiste à suspendre le malade par les pieds, dans l'intention de lui faire rendre l'eau qu'il pourrait avoir avalée. Cette pratique est excessivement dangereuse,

2º Après l'évacuation des mucosités, on replace le malade sur le dos et on comprime ensuite doucement et alternativement le bas-ventre de bas en haut, et les deux côtés de la poitrine, de manière à faire exercer à ces parties les mouvements qu'on exécute lorsqu'on respire.

3º Immédiatement après ces premiers soins, qui n'occuperont que quelques instants, le noyé doit être enveloppé, suivant la rigueur de la saison, de couvertures, ou, à défaut de couvertures, de foin ou de paille, et transporté au poste de secours, promptement et sans secousses.

Pendant ce transport, la tête et la poitrine seront placées et maintenues dans une position un peu plus élevée que le reste du corps ; la tête restera libre et le visage découvert.

En même temps on fera prévenir un médecin.

Des soins à donner lorsque le noyé est arrivé au dépôt des secours médicaux.

1º Aussitôt après l'arrivée du noyé, on lui ôtera ses vêtements le plus promptement possible, en commençant toujours par ceux du cou. Il sera essuyé, posé sur une paillasse ou un matelas, enveloppé d'une couverture de laine et revêtu, si la température est basse, d'un peignoir également de laine.

2º On couchera encore, une ou deux fois, le corps sur le côté droit ; on fera légèrement pencher la tête en la soutenant par le front, pour faire rendre l'eau. Cette opération, comme il a été dit, ne devra durer que quelques secondes chaque fois. Il est inutile de la répéter s'il ne sort pas d'eau, de mucosités ou d'écume.

3º Si les mâchoires sont serrées, il convient de les écarter légèrement et sans violence, en employant le *petit levier en buis.*

Dans le cas où les mucosités ou glaires ne s'écouleraient qu'avec peine, on en faciliterait la sortie à l'aide du doigt, des barbes d'une plume, ou d'un bâtonnet couvert de linge.

Le *speculum laryngien* peut être utilement employé à cet effet.

Il faut toujours veiller à ce que la langue ne se renverse pas en arrière et la maintenir hors de la bouche.

4º L'aspiration de bouche à bouche ou tout au moins à l'aide d'une pompe munie d'une embouchure, a été plusieurs fois suivie de succès.

5º On cherchera à provoquer la respiration par la méthode suivante due à Sylvester :

Étendre le patient sur une surface, autant que possible, légèrement inclinée et à la hauteur d'une table ; faire saillir un peu la poitrine en avant, au moyen d'un coussin ou de vêtements roulés ; se placer à la tête du patient, lui saisir les bras à la hauteur des coudes, les tirer vers soi doucement en les écartant l'un de l'autre, les tenir étendus en haut pendant deux secondes, puis les ramener le long du tronc en comprimant latéralement la poitrine en même temps qu'une autre personne la pressera d'avant en arrière.

Par l'élévation des bras, on fait entrer dans la poitrine le plus d'air possible et on l'en fait sortir par leur abaissement et par la pression. Cette double manœuvre a pour but d'imiter les deux mouvements de la respiration.

On répétera cette manœuvre alternativement quinze fois environ par minute et jusqu'à ce qu'on aperçoive un effort du patient pour respirer [1].

6º Aussitôt que la respiration tend à se rétablir, il faut cesser de donner au noyé les soins qui viennent d'être indiqués et s'occuper des moyens de le réchauffer.

7º On remplira d'eau bien chaude la bassinoire et on la promènera, par-dessus le peignoir en laine, sur la poitrine, sur le bas-ventre, le long de l'épine du dos, en s'arrêtant plus longtemps au creux de l'estomac et aux plis des aisselles ; on l'appliquera également à la plante des pieds [2].

8º Les moyens indiqués ci-dessus doivent être employés en ayant soin de se régler sur la température extérieure ; il faut veiller à ce que le corps du noyé ne soit pas exposé à une cha-

---

1. On peut même, à de longs intervalles, imprimer des secousses brusques à la poitrine, avec les mains largement étendues sur les côtés de cette cavité. Mais ce moyen ne peut être mis en pratique que par une personne habituée à l'administration des secours.

2. Les médecins qui sont appelés à donner des secours pourront faire usage du marteau de Mayor, Son application, faite 5 à 6 fois au niveau des dernières côtes, ne devra durer que quelques secondes.

---

leur supérieure à trente-cinq degrés centigrades. Quoique l'eau de la bassinoire soit à une température plus élevée, cette chaleur, dont l'action ne s'exerce qu'au travers d'une couverture ou d'un peignoir de laine, ne peut avoir aucun inconvénient.

9º A ces divers moyens, qui ont pour but de réchauffer le noyé et de rétablir la respiration, on ajoutera, pour développer progressivement la chaleur, des frictions assez fortes, à l'aide de flanelle en laine chauds, sur les côtés de l'épine du dos, ainsi que sur les membres.

Ces frictions seront faites avec ménagement à la région du cœur, au creux de l'estomac, aux flancs et au ventre.

On brossera doucement, mais longtemps, la plante des pieds, ainsi que la paume des mains.

Si l'on s'aperçoit que le noyé fait des efforts pour respirer, il faut discontinuer, pendant quelque temps, toute manœuvre qui pourrait comprimer la poitrine ou le bas-ventre et contrarier leurs mouvements, mais, dans ce cas, il serait utile de passer rapidement et à plusieurs reprises le flacon d'ammoniaque sous le nez.

10º Si, pendant les efforts plus ou moins pénibles que fait le noyé pour respirer, on voit qu'il a des envies de vomir, il faut provoquer le vomissement en chatouillant le fond de la bouche avec les barbes d'une plume.

11º Il ne faut pas donner de boisson à un noyé avant qu'il ait repris ses sens et qu'il puisse facilement avaler. Cependant on peut, en vue de le ranimer, lui introduire dans la bouche quelques gouttes d'eau-de-vie ordinaire, d'eau de mélisse ou d'eau de Cologne, et, à défaut de ces spiritueux, de l'eau-de-vie camphrée qui se trouve dans les appareils.

12º Si le ventre est tendu, on donne un demi-lavement d'eau tiède, dans lequel on a fait fondre une forte cuillerée à bouche de sel commun.

13º Après une demi-heure d'administration assidue, mais inutile des soins indiqués plus haut, on pourra recourir, sous la direction d'un médecin, à l'insufflation de la fumée de tabac par l'anus [1].

14º Quand le noyé est revenu à la vie, il faut le coucher dans un lit bassiné et l'y laisser reposer une heure ou deux. A défaut de lit, on portera le noyé à l'hôpital en prenant les précautions convenables pour le soustraire à l'action du froid.

Si, pendant le sommeil, la face du malade, de pâle qu'elle était, se colore fortement, et si, après avoir été éveillé, il retombe aussitôt dans un état de somnolence, on lui appliquera des sinapismes *en feuilles* ou en pâte entre les épaules, ainsi qu'à l'intérieur des cuisses et aux mollets ; on lui posera en même temps 6 ou 8 sangsues derrière chaque oreille.

Il est entendu qu'on n'aura recours à ces moyens qu'en l'absence d'un médecin.

ASPHYXIÉS PAR LES GAZ MÉPHITIQUES OU AUTRES.

1º *Asphyxiés par la vapeur du charbon, par les émanations des fours à chaux, des cuves à vin, à bière, à cidre.* (Les gaz produits sont de l'acide carbonique mélangé ou non d'oxyde de carbone.)

Le traitement qui convient dans ces circonstances est le suivant :

1º Le malade doit être retiré le plus tôt possible du lieu méphitisé, exposé au grand air et débarrassé de ses vêtements.

2º Il doit être assis dans un fauteuil ou sur une chaise et maintenu dans cette position, en le soutenant la tête verticalement. On lui jettera alors, avec force, de l'eau froide par potée sur le corps et au visage ; cette opération doit être continuée longtemps.

3º Si l'asphyxie commence à donner quelques signes de vie, il ne faut pas discontinuer les affusions d'eau froide ; seulement on évitera de lui jeter de l'eau principalement sur la bouche, pendant qu'il fait des efforts d'inspiration.

4º S'il fait des efforts pour vomir, il faut les favoriser en chatouillant l'arrière-bouche avec les barbes d'une plume.

5º Dès que l'asphyxié pourra avaler, on devra lui faire boire de l'eau de mélisse ou de l'eau-de-vie additionnée d'un peu d'eau.

---

1. *Manière de pratiquer l'insufflation.*

L'appareil qui sert à cet usage se nomme appareil fumigatoire, Pour le mettre en jeu, on humecte du tabac à fumer, on en charge le fourneau de l'appareil et on l'allume avec un morceau d'amadou ou avec un charbon ; ensuite on adapte le soufflet à la machine ; quand on voit la fumée sortir abondamment par le bec du chapiteau, on ajoute la canule que l'on introduit dans l'anus et l'on fait mouvoir le soufflet avec précaution.

A défaut de l'appareil fumigatoire, on pourra se servir de deux pipes : on charge une que l'on allume et dont on introduit le tuyau dans l'anus du noyé en guise de canule ; on souffle par le tuyau de l'autre, qui est appliquée sur la première, fourneau contre fourneau.

Chaque injection de fumée devra durer au moins deux minutes au plus, et, dans aucun cas, elle ne devra être prolongée au point de provoquer le gonflement du ventre.

Après chaque opération, qui pourra être répétée plusieurs fois de quart d'heure en quart d'heure, on exercera, à plusieurs reprises, une légère pression sur le bas-ventre, de haut en bas, et avant de procéder à une nouvelle fumigation, on introduira dans l'anus une canule fixée à une seringue ordinaire, vide, dont on tirera le piston vers soi, de manière à enlever l'air ou la fumée qui pourrait se trouver en excès dans les intestins.

6º Lorsque la respiration sera rétablie, il faudra, après avoir bien essuyé le malade, le coucher dans un lit bassiné, la tête maintenue élevée, et lui administrer un lavement avec de l'eau tiède dans laquelle on aura fait fondre gros comme une noix de savon ou mis deux cuillerées à bouche de vinaigre.

2º *Asphyxie par fosses d'aisance, puisards, égouts et citernes. (Les gaz produits sont de l'acide sulfhydrique plus ou moins chargé de sulfhydrate d'ammoniaque, ou de l'azote.)*

1º Le malade devra être retiré le plus tôt possible du lieu méphitisé, exposé au grand air et débarrassé de ses vêtements [1].

2º Aussitôt que l'asphyxie aura été ramené à l'air libre, on procédera à la désinfection de ses vêtements. A cet effet, on les arrosera largement d'eau chlorurée [2].

3º On déshabillera ensuite le malade et on le lavera rapidement avec la même solution chlorurée.

Dès qu'il est déshabillé et lavé, on le soumet aux différentes pratiques indiquées plus haut pour le rétablissement de la respiration chez les noyés.

4º Dès que des indices de respiration apparaissent, on place sous le nez du malade du chlorure de chaux humecté d'eau et additionné de quelques gouttes de vinaigre.

5º S'il fait quelques efforts pour vomir, il faut les favoriser en chatouillant l'arrière-gorge avec les barbes d'une plume.

Le reste des soins, comme dans les autres asphyxies.

3º *Asphyxiés par les gaz impropres à la respiration. (Caves renfermant de la drèche, air confiné ou non renouvelé.)*

Il suffit, en général, d'exposer le malade au grand air, d'enlever tout linge autour du cou et de chercher à rétablir la respiration par les moyens indiqués plus haut pour les noyés.

4º *Asphyxiés par le gaz d'éclairage.*

Le traitement qui convient est celui qui a été indiqué pour les malades asphyxiés par la vapeur du charbon.

On placera le malade au grand air et on usera des moyens les mieux appropriés pour ramener chez lui la respiration, ainsi que ce qui est dit plus haut.

ASPHYXIÉS PAR STRANGULATION, SUSPENSION OU SUFFOCATION.

1º Il faut tout d'abord détacher ou plutôt, afin d'aller plus vite, couper le lien qui entoure le cou et, s'il y a pendaison, descendre le corps en le soutenant de manière qu'il n'éprouve aucune secousse.

Tout cela doit être fait sans délai et sans attendre l'arrivée de l'autorité de police.

On enlèvera ensuite ou on desserrera les jarretières, la cravate, la ceinture du pantalon, les cordons de jupes, le corset, en un mot toute pièce de vêtement qui pourrait gêner la circulation.

2º On placera le corps, mais sans lui faire éprouver de secousses, selon que les circonstances le permettront, sur un lit, sur un matelas, sur de la paille, etc., de manière cependant qu'il y soit commodément et que la tête ainsi que la poitrine soient plus élevées que le reste du corps.

3º Si le malade est porté dans une chambre, elle ne doit être ni trop chaude ni trop froide, et il faut veiller à ce qu'elle soit convenablement aérée.

4º Il est indispensable d'appeler d'urgence un homme de l'art, parce que la question de savoir s'il y a lieu de pratiquer une saignée reposant en grande partie sur les connaissances anatomiques et sur l'examen de la corde et du lien; il n'y a que le médecin qui puisse bien apprécier ces sortes de cas et ordonner ce qui convient.

5º Lorsque, après l'enlèvement du lien, les veines du cou restent gonflées, la face rouge tirant sur le violet, si l'homme de l'art tarde à arriver, on peut mettre derrière chaque oreille, ainsi qu'à chaque tempe, six à huit sangsues.

6º Si la suspension ou la strangulation a eu lieu depuis peu de minutes, il suffit quelquefois, pour rappeler le malade à la vie, d'appliquer sur le front et sur la tête des linges trempés dans l'eau froide et de faire en même temps des frictions aux extrémités inférieures.

Dans tous les cas et dès le commencement il faut exercer sur la poitrine et le bas-ventre des pressions intermittentes, comme pour les noyés, afin de provoquer les mouvements de la respiration.

On ne négligera pas non plus de frictionner l'asphyxié avec des flanelles ou des brosses surtout à la plante des pieds et dans le creux des mains.

7º Dès qu'il peut avaler, on lui fera prendre par petites quantités de l'eau tiède additionnée d'un peu d'eau de mélisse, de Cologne, de vin ou d'eau-de-vie.

8º Si, après avoir été complètement rappelé à la vie, le malade éprouve de la stupeur, des étourdissements, les applications d'eau froide sur la tête deviennent utiles.

9º En général, l'asphyxie par suspension, strangulation ou suffocation, doit être traité, après le rétablissement de la vie, avec les mêmes précautions que dans les autres espèces d'asphyxie.

ASPHYXIÉS PAR LE FROID.

1º On portera l'asphyxié, le plus promptement possible, de l'endroit où il a été trouvé au lieu où il devra recevoir des secours; pendant ce trajet, on enveloppera le corps de couvertures, de paille ou de foin, en laissant la face libre. On évitera aussi d'imprimer au corps et surtout aux membres, des mouvements brusques.

2º Dans l'asphyxie par le froid, il est de la plus haute importance de ne rétablir la chaleur que lentement et par degrés. Un asphyxié par le froid qu'on approcherait du feu, ou que, dès le commencement des secours, on ferait séjourner dans un lieu trop chauffé, serait irrévocablement perdu. Il faut, en conséquence, le porter dans une chambre sans feu et lui administrer les premiers secours que réclame sa position [1].

3º Si l'asphyxie par un froid de plusieurs degrés au-dessous de zéro, on déshabillera le malade dont on couvrira tout le corps, y compris les membres, de linges trempés dans l'eau et à laquelle on aura ajouté des glaçons concassés.

Il y aurait même avantage à le plonger dans une baignoire contenant assez d'eau additionnée de glace pour que le tronc et les membres en fussent couverts.

Enfin il y a utilité à pratiquer des frictions avec de l'eau glacée et mieux encore avec de la neige.

4º Lorsque le malade commence à se réchauffer, ou lorsqu'il se manifeste des signes de vie, on l'essuie avec soin, et on le place dans un lit, en s'abstenant toutefois d'allumer du feu dans la pièce où est le lit tant que le corps n'a pas recouvré sa chaleur naturelle.

5º Aussitôt que le malade peut avaler, on peut lui faire prendre un demi-verre d'eau froide dans lequel on aura mis une cuillerée à café d'eau de mélisse, d'eau de Cologne, ou de tout autre liquide spiritueux.

6º Dans le cas où l'asphyxié aurait de la propension à l'assoupissement, on lui administrera des lavements irritants, soit avec de l'eau salée [2], soit avec de l'eau de savon.

Il est utile de faire observer que, de toutes les asphyxies, l'asphyxie par le froid est celle qui laisse, selon l'expérience des pays septentrionaux, le plus de chances de succès, même après plusieurs heures de mort apparente.

Mais d'un autre côté cette asphyxie exige aussi plus que toute autre une grande précision dans l'emploi des moyens destinés à la combattre, et notamment dans le réchauffement lent et progressif du malade.

ASPHYXIÉS PAR LA CHALEUR.

1º Si l'asphyxie a eu lieu par l'effet du séjour dans un lieu trop chaud, il faut transporter l'asphyxié dans un lieu plus frais et lui enlever, sans délai, tout vêtement qui pourrait gêner la respiration et la circulation.

2º Dans toute asphyxie par la chaleur, la première chose à faire est de débarrasser le cerveau, en tirant du sang. S'il n'y a pas de médecin pour pratiquer une saignée et si quelqu'un des assistants est apte à le faire, il ne devra pas hésiter un seul instant, principalement dans les contrées et les saisons chaudes.

3º Les sinapismes en pâte ou en feuilles seront très-utilement appliqués aux extrémités inférieures.

4º Dès que le malade peut avaler, il faut lui faire boire, par petites gorgées, de l'eau fraîche acidulée avec du vinaigre ou du jus de citron, et lui donner des lavements d'eau vinaigrée, mais un peu plus chargée en vinaigre que l'eau destinée à être bue.

Chez les asphyxiés par la chaleur, les boissons aromatiques ou vineuses sont toujours nuisibles.

5º En cas de persistance des accidents et si aucun des assistants n'est apte à pratiquer une saignée, on peut, sans attendre l'arrivée du médecin, appliquer huit à dix sangsues derrière chaque oreille, ou quinze à vingt à l'anus.

6º Si l'asphyxie a été déterminée par l'action du soleil, comme cela arrive surtout aux moissonneurs et aux militaires, le traitement est le même, mais il faut, dans ce cas, faire des applications d'eau froide sur la tête; il est à noter que c'est surtout dans ces circonstances que la saignée est efficace.

7º Pendant l'administration des secours, le malade doit être maintenu dans une position droite et la tête élevée.

1. Il existe des appareils qui permettent de pénétrer et de séjourner pendant un certain temps dans des milieux méphitisés.

Chaque poste de secours dépendant de la préfecture de police renferme un de ces appareils, qui doit être mis, dans l'occasion, à la disposition des sauveteurs.

Lorsque l'agent méphitique est de l'*acide sulfhydrique* ou du *sulfhydrate d'ammoniaque*, comme cela a lieu dans les fosses d'aisance, on se sert avec avantage d'un *sachet* contenant une certaine quantité de chlorure de chaux, humecté d'eau et placé au-devant de la bouche.

2. On peut faire usage de chlorure de chaux sec (une cuillerée comble), délayée dans un litre d'eau.

1. Dans quelques localités on a l'habitude de mettre les asphyxiés par le froid dans des tas de fumier; cette pratique est extrêmement dangereuse sous le double rapport de la chaleur produite et de l'acide carbonique dégagé sous l'influence de la fermentation du fumier.

2. Une cuillerée de sel dans un demi-lavement.

ASPHYXIÉS PAR LA FOUDRE.

Si une personne a été asphyxiée par la foudre, il faut la porter immédiatement au grand air, la débarrasser sans délai de ses vêtements, faire des affusions d'eau froide comme dans les cas d'asphyxie par les gaz méphitiques; pratiquer des frictions aux extrémités et chercher à rétablir la respiration par des pressions alternatives de la poitrine et du bas-ventre et par les autres moyens employés dans les soins à donner aux noyés.

La commission se composait de MM. DEVERGIE, GUÉRARD, LARREY, VERNOIS, membres du conseil, et de M. VOISIN, directeur des secours publics.

Lu et adopté la présente instruction en la séance du 9 février 1872.

Le Vice-Président,   Le Secrétaire,
BUIGNET.   LASNIER.

ÉTATS DES OBJETS QUI DOIVENT ÊTRE CONTENUS DANS LES BOITES DE SECOURS, SUIVANT L'ORDRE DANS LEQUEL ON LES EMPLOIE ORDINAIREMENT.

1° Une paire de ciseaux de seize centimètres de long, à lames mousses,
2° Un peignoir en laine,
3° Un bonnet de laine,
4° Un levier en buis,
5° Un caléfacteur de demi-litre à un litre,
6° Deux frottoirs en laine,
7° Deux brosses,
8° Une bassinoire ou eau bouillante,
9° Le corps de la machine fumigatoire,
10° Son soufflet,
11° Un tuyau et une canule fumigatoire,
12° Une boîte contenant du tabac à fumer,
13° Une seringue à lavement avec canule,
14° Une aiguille à dégorger la canule,
15° Des plumes pour chatouiller la gorge,
16° Une cuiller armée,
17° Un gobelet d'étain,
18° Un biberon,
19° Une bouteille contenant de l'eau-de-vie camphrée,
20° Un flacon contenant de l'eau de mélisse spiritueuse,
21° Un flacon renfermant un demi-litre d'alcool,
22° Une petite boîte renfermant plusieurs paquets d'émétique de cinq grammes chacun,
23° Un flacon à l'émeri, à large ouverture, contenant cinq cents grammes de chlorure de chaux en poudre,
24° Un flacon contenant cent grammes de vinaigre,
25° Un flacon à l'émeri contenant cent grammes d'éther sulfurique,
26° Un flacon à l'émeri, contenant cent grammes d'ammoniaque (alcali volatil),
27° Cent grammes de sel gris,
28° Des bandes à saigner, des compresses, de la charpie et une plaque de taffetas d'Angleterre,
29° Un nouet de poivre et de camphre pour la conservation des objets en laine,
30° Une palette graduée pour la saignée,
31° Un briquet,
32° Un spéculum laryngien,
33° Un marteau de Mayor.

Outre ces objets, on placera un thermomètre centigrade dans chaque localité où il sera possible de le faire.

2° INSTRUCTION SUR LES SECOURS
A DONNER AUX BLESSÉS.

Lorsqu'une personne est trouvée blessée ou indisposée sur la voie publique, les premiers secours à lui donner, en attendant l'arrivée de l'homme de l'art, qu'il faut toujours appeler immédiatement, sont :

1° Dans tous les cas, relever le blessé ou le malade avec précaution, et le conduire ou le transporter sur un brancard au poste le plus voisin, ou dans le lieu le plus rapproché où il puisse être secouru.

2° En cas de plaie, si le médecin tarde à arriver, et s'il paraît y avoir du danger, il faut découvrir doucement la partie blessée, en coupant, s'il est nécessaire, les vêtements avec des ciseaux, afin de s'assurer de l'état de la blessure. On lavera celle-ci avec une éponge ou du linge imbibé d'eau fraîche, pour la débarrasser du sang ou des corps étrangers qui peuvent la souiller.

3° S'il n'y a qu'une simple coupure, et que le sang soit arrêté, on doit rapprocher les bords de la plaie et les maintenir en cet état, en la couvrant d'un morceau de taffetas gommé, dit taffetas d'Angleterre, ou de bandelettes de sparadrap, qu'on aura soin de passer, au besoin, sur une bougie allumée ou au-dessus de charbons ardents, pour les rendre collantes.

4° En cas de contusion ou de bosse, il faut appliquer, sur la partie, des compresses imbibées d'eau fraîche, avec addition d'extrait de saturne, une cuiller à café d'extrait de saturne

pour un verre d'eau; à défaut d'extrait de saturne, on peut mettre du sel commun. Ces compresses seront maintenues en place au moyen d'un mouchoir ou de tout autre bandage médiocrement serré, et on les arrosera fréquemment, afin de les tenir humides avec le mélange indiqué ci-dessus.

5° S'il y a perte de sang abondante ou hémorrhagie par une plaie, on devra chercher à l'arrêter en appliquant sur cette plaie, soit des morceaux d'amadou, soit des gâteaux de charpie, soutenus au moyen de la main, d'un mouchoir ou de tout autre bandage qui comprime suffisamment, sans exagération.

Si le sang s'échappe très-abondamment, et que le blessé soit pâle, défaillant, il importe d'exercer de suite avec les doigts une forte compression sur l'endroit d'où part le sang, puis d'appliquer sur la plaie un tampon d'amadou, de charpie ou de linge imbibé de solution normale de perchlorure de fer étendu de quatre fois son volume d'eau. L'appareil sera maintenu à l'aide d'une compresse et d'une bande pliée en plusieurs doubles.

6° Si le blessé crache ou vomit du sang, il faut le placer sur le dos ou sur le côté correspondant à la blessure, la tête et la poitrine légèrement élevées, doucement soutenues, et lui faire prendre, par petites gorgées, de l'eau fraîche.

Les plaies qui fournissent aussi du sang seront fermées au moyen d'un linge fin posé sur elles, et d'un gâteau de charpie surmonté de compresses et d'un bandage. Des compresses trempées dans de l'eau fraîche pourront, au besoin, être appliquées sur la poitrine ou sur le creux de l'estomac.

7° Dans le cas de brûlure, il faut conserver et replacer avec le plus grand soin les parties d'épiderme soulevées ou en partie arrachées.

On percera les ampoules avec une épingle et on en fera sortir le liquide. On couvrira ensuite la partie brûlée avec des compresses imbibées d'eau fraîche que l'on arrosera fréquemment, et on les enveloppera d'une ouate non gommée.

8° Dans le cas de foulure ou d'entorse, il faut plonger, s'il est possible, la partie blessée dans un vase rempli d'eau fraîche et l'y maintenir pendant très-longtemps, en renouvelant l'eau à mesure qu'elle s'échauffe. Si la partie ne peut être plongée dans l'eau, il faut la couvrir ou l'envelopper de compresses imbibées d'eau, que l'on entretiendra fraîche au moyen d'un arrosement continuel.

9° Dans toute lésion d'une jointure, il faut éviter avec le plus grand soin de faire exécuter au membre aucun mouvement brusque et étendu. On placera et on soutiendra ce membre dans la position qui occasionne le moins de douleur au blessé, et l'on attendra ainsi l'arrivée du chirurgien.

10° Dans le cas de fracture, il faut éviter aussi d'imprimer au membre aucun mouvement; pendant le transport du blessé, on doit le porter ou le soutenir avec la plus grande précaution.

S'il s'agit du bras, de l'avant-bras ou la main, on rapprochera doucement le membre du corps et on le soutiendra avec une écharpe dans la position la moins pénible pour le blessé.

Si la lésion existe à la cuisse ou à la jambe, il importe, avant tout, d'immobiliser le membre tout entier en le soutenant également dans toute son étendu; on place ensuite le blessé sur le brancard ou sur un lit, on étend avec précaution le membre fracturé sur un oreiller, et on l'y maintient à l'aide de deux ou trois rubans, suffisamment serrés par-dessus l'oreiller.

On peut aussi, à défaut d'autre moyen, rapprocher le membre blessé du membre sain, et les unir ensemble dans toute leur longueur, sans trop les serrer, mais de manière que le membre sain soutienne l'autre et prévienne le dérangement de la fracture. Un point important est de soutenir le pied immobile par rapport à la jambe, et fléchi sur elle, et de l'empêcher de se déplacer en dedans ou en dehors. Ici encore il y a lieu de recourir à l'application de compresses d'eau froide, etc.

11° Dans le cas de syncope ou perte de connaissance il faut tout d'abord desserrer les vêtements, enlever ou relâcher tous les liens qui peuvent comprimer le cou, la poitrine ou le ventre. On couchera ensuite le malade horizontalement, et on s'efforcera de le ranimer au moyen de fortes aspersions d'eau fraîche sur le visage, et frictions avec du vinaigre sur les tempes et autour du nez. On pourra passer rapidement un flacon d'ammoniaque sous les narines, on fera des frictions sur la région du cœur avec de l'alcool camphré ou toute autre liqueur spiritueuse : ces secours doivent quelquefois être prolongés longtemps avant de produire le rappel à la vie. Si le malade a perdu beaucoup de sang et s'il est froid, il faut réchauffer son lit et pratiquer par-dessous la couverture, et sur tout le corps des frictions avec de la flanelle.

Lorsque la syncope commence à se dissiper et que le malade reprend ses facultés, on peut lui faire avaler de l'eau sucrée avec quelques gouttes d'alcool de mélisse ou vulnéraire.

Lorsque la perte de connaissance complique des blessures considérables au crâne, il faut se contenter de placer le blessé dans la situation la plus commode, la tête médiocrement soulevée et soutenue avec soin, maintenir la chaleur du corps, surtout des pieds, en attendant l'arrivée du médecin.

Si le blessé est dans un état d'ivresse qui paraisse dangereux par l'agitation extrême qu'il excite, ou par l'anéantissement profond des forces qu'il détermine, on peut lui administrer par gorgées, à quelques minutes d'intervalle, un verre d'eau légèrement sucrée, avec addition d'une cuillerée à café d'acétate d'ammoniaque. L'administration de cette préparation pourra être répétée une fois, s'il en est besoin.

Il importe de se rappeler qu'un nombre trop grand de personnes autour des individus blessés ou autres, qui ont besoin de secours, est toujours nuisible. Pour être efficaces, ces secours doivent être donnés avec calme et appropriés exactement aux différents cas spécifiés dans la présente instruction.

La commission se composait de MM. DEVERGIE, GUÉRARD, LARREY, VERNOIS, membres du conseil, et de M. VOISIN, directeur des secours publics.

Lu et adopté la présente instruction en la séance du 8 mars 1872.

    Le Vice-Président,   *Le Secrétaire,*
      BUIGNET.   LASNIER.

ÉTATS DES OBJETS ET MÉDICAMENTS QUE DOIVENT CONTENIR LES BOITES A PANSEMENT.

1° Une paire de ciseaux de seize centimètres de long, à pointes mousses,

2° Cinq coussins de balle d'avoine (deux longs pour la cuisse, et trois plus courts pour la jambe),

3° Deux attelles pour fractures de cuisse,

4° Trois attelles pour fractures de jambe,

5° Deux attelles pour fractures d'avant-bras,

6° Trois attelles pour fractures de bras,

7° Deux pièces de toile pour drap fanon, pour cuisse et pour jambe,

8° Une pièce de ruban de fil écru,

9° Une éponge et son enveloppe en taffetas gommé; une ouate,

10° Étui, épingles, aiguilles et fil,

11° Quatre grands flacons contenant: Alcool vulnéraire, — Alcool camphré, — Acétate de plomb liquide, — Perchlorure de fer,

12° Cinq petits flacons contenant: Éther, — Acétate d'ammoniaque liquide, — Vinaigre des Quatre-Voleurs, — Alcool de mélisse, — Huile d'amandes douces,

13° Bandes,

14° Compresses,

15° Charpie,

16° Sparadrap, dans une boîte de fer-blanc,

17° Gobelet d'étain,

18° Cuiller en fer étamé,

19° Palette graduée pour la saignée,

20° Agaric de chêne,

21° Une boîte de sinapismes en feuilles,

22° Un appareil Scultet,

23° Une pince à couper les épingles.

SECRET. 1. Tout fonctionnaire public, tout agent du Gouvernement, ou toute autre personne qui, chargée ou instruite officiellement, ou à raison de son état, du secret d'une négociation ou d'une expédition, l'a livré aux agents d'une puissance étrangère ou de l'ennemi, est punie de la peine de la déportation. (*C. P., art.* 76 ; *L.* 8-16 *juin* 1850.)

2. Tout directeur, commis, ouvrier de fabrique qui a communiqué à des étrangers, ou à des Français résidant en pays étranger, des secrets de la fabrique où il est employé, est puni de la réclusion et d'une amende de 500 à 20,000 fr. Si ces secrets ont été communiqués à des Français résidant en France, la peine est d'un emprisonnement de trois mois à deux ans, et d'une amende de 16 à 200 fr. (*C. P., art.* 418.)

3. En ce qui concerne les complots contre la sûreté de l'État, et les secrets confiés aux médecins, etc., voyez **Révélation**. En ce qui concerne le secret des lettres, voyez **Postes**. (*Voy.* aussi **Scellé** [1].)

4. *Secret (mise au).* Mettre un prisonnier au secret, c'est lui interdire de communiquer avec qui que ce soit. Aucun prisonnier ne peut être tenu au secret qu'en vertu d'une ordonnance du juge d'instruction ou du président des assises (*Acte des constitutions* 22 *frim. an* VIII, *art.* 80, *et C. P.,*

1. Nous avons traité, dans notre *Dictionnaire général de la politique* (Paris, O. Lorenz), la délicate question des *Secrets d'État.*

art. 613). Toutefois ce moyen ne doit être employé qu'avec beaucoup de réserve, et seulement lorsqu'il est indispensable à la manifestation de la vérité.

La mise au secret n'existe pas dans la procédure anglaise.

SECRÉTAIRE DE MAIRIE. 1. Le décret du 14 décembre 1789 qui organisa les municipalités, établit auprès de chacune d'elles un secrétaire-greffier qui avait un caractère public et pouvait, entre autres attributions, délivrer des expéditions ou extraits authentiques. En l'an VIII, le maire ayant été investi, dans le 28 pluviôse, de la plénitude de l'autorité administrative, les secrétaires-greffiers furent réduits à l'état de simples employés, et comme certains d'entre eux continuaient néanmoins d'agir comme précédemment, un avis du Conseil d'État, en date du 2 juillet 1807, invita le ministre de l'intérieur à leur rappeler que cette loi ne leur a point donné de signature publique et qu'ils ne pouvaient conséquemment rendre authentiques aucun acte ni aucun extrait des actes des autorités.

2. La loi du 18 juillet 1837 a maintenu les secrétaires de mairie parmi les employés que le maire nomme et qu'il peut révoquer. Comme ils sont indispensables, leurs émoluments font partie des frais de bureau qui sont rangés parmi les dépenses obligatoires. Dans les petites communes, le secrétaire de la mairie prépare seul les affaires qui en dépendent, pour la signature et sous la direction du maire ; dans les communes et les villes où les affaires sont plus considérables, il a sous ses ordres des employés chargés de différents services municipaux.

3. Un secrétaire de mairie ne peut être ni maire, ni adjoint, ni conseiller municipal (*L.* 5 *mai* 1855). Il ne peut suppléer le secrétaire que le conseil municipal doit nommer au commencement de chaque session. Il ne doit point assister aux séances du conseil ; s'il prenait part à une délibération, elle pourrait être annulée [1].

4. Les secrétaires de mairie étant agents d'une administration publique, si l'un d'eux agréait des offres ou promesses, ou recevait des dons ou présents pour faire un acte de son emploi, même juste, mais non sujet à salaire, les peines établies dans l'article 177 du Code pénal lui seraient applicables.

5. L'emploi de secrétaire de mairie ne peut être confié à l'instituteur de la commune qu'avec l'autorisation du conseil départemental. (*Voy. L.* 15 *mars* 1850, *art.* 32.)

6. Les traitements des secrétaires et des employés sont fixés par les conseils municipaux, sauf l'approbation du préfet. (*Voy.* **Organisation communale**, n° 107). Sont-ils saisissables intégralement suivant le droit commun, ou seulement dans les proportions déterminées par la loi du 21 ventôse an IX ? Cette question n'est pas résolue. (*Voy.* **Opposition**, nos 7 à 11.)

Quant aux pensions de retraite, voyez **Organisation communale**, nos 460 et suiv.

SECRÉTAIRE D'ÉTAT. Au mot ministère nous avons parlé de l'origine des secrétaires d'État. Nous ferons seulement remarquer ici qu'après la suppression, en 1814, du ministre secrétaire

1. L'art. 51 du projet de loi sur l'organisation communale présentée en 1877 — ou plutôt l'art. 51 du rapport — prévoit la création d'une place de secrétaire adjoint assistant aux séances, mais sans pouvoir prendre part aux délibérations.

d'État créé par Napoléon Ier, chacun des ministres prit le titre et les fonctions de secrétaire d'État pour son département. Cet état de choses subsiste encore aujourd'hui. C'est ce qui explique qu'il y a des sous-secrétaires d'État.

SECRÉTAIRE INTERPRÈTE DU GOUVERNEMENT. *Voy.* **Interprète.**

SECRÉTAIRE GÉNÉRAL. 1. Il y a des secrétaires généraux dans quelques ministères ainsi que dans toutes les préfectures depuis le décret du 28 octobre 1865.

2. Les secrétaires généraux des *ministères* sont nommés par le Chef de l'État. Placés sous l'autorité immédiate du ministre, ils sont investis de la direction des bureaux et du personnel. Leurs fonctions embrassent aussi presque toujours l'expédition des arrêtés ministériels, circulaires et instructions; le matériel et les dépenses intérieures; la garde des archives; quelquefois la comptabilité ou d'autres services généraux.

3. Les secrétaires généraux des *préfectures* sont chargés de l'enregistrement et de la conservation des pièces, de la signature des ampliations des actes administratifs et des décisions du conseil de préfecture (*L.* 21 *juin* 1865) et de la surveillance des employés (*L.* 28 *pluv. an VIII, art.* 8). Ils remplissent en outre les fonctions de sous-préfet dans l'arrondissement du chef-lieu (*D.* 2 *juill.* 1853, *art.* 2). Enfin ils exercent auprès des conseils de préfecture les fonctions de commissaire du gouvernement et donnent leurs conclusions dans les affaires contentieuses. (*D.* 30 *déc.* 1862 *et L.* 21 *juin* 1865.)

4. L'institution des secrétaires généraux de préfecture a subi de nombreuses vicissitudes. Créés par la loi des 22 décembre 1789 et 8 janvier 1790, ces fonctionnaires, à l'exception de celui attaché à la préfecture du département de la Seine, ont été supprimés une première fois, dans un but d'économie, par une ordonnance du 9 avril 1817. Cette suppression ayant laissé une lacune véritable, ils furent rétablis par une ordonnance du 1er décembre 1820, pour être de nouveau supprimés par une autre ordonnance du 1er mai 1832. On en conserva toutefois six : ceux des préfectures des Bouches-du-Rhône, de la Gironde, du Nord, du Rhône, de la Seine et de la Seine-Inférieure, auxquels plus tard, en 1842, on ajouta celui du département de la Haute-Garonne.

5. Cette organisation administrative a duré jusqu'en 1848, où tous les secrétaires généraux, celui de la Seine excepté, furent pour la troisième fois supprimés lors du vote du budget de 1849. On ne tarda pas encore à sentir toute l'importance de ces fonctionnaires et le Gouvernement dut songer à les rétablir dans neuf préfectures. Tel a été l'objet du décret du 2 juillet 1853. Le décret du 1er mai 1858 en augmenta le nombre, et la loi du 21 juin 1865 ainsi que le décret du 25 octobre de la même année généralisèrent l'institution.

6. Ces fonctionnaires sont nommés par le Chef de l'État. (*L.* 28 *pluv. an VIII, art.* 18.)

7. Lorsque le préfet s'absente, il peut se faire représenter par le secrétaire général, sous l'approbation du ministre de l'intérieur. Cette approbation n'est pas toutefois nécessaire en cas d'absence du chef-lieu seulement (*O.* 29 *mars* 1821, *art.* 1er); mais il est à remarquer que, dans ce cas, le secrétaire général n'a pas qualité pour viser les exploits signifiés au préfet dans l'intérêt de l'État, spécialement la notification d'un jugement. L'exploit doit alors, à peine de nullité, être visé par le juge de paix ou par le procureur de la République. (*C. de Pr., art.* 69.)

8. Si le secrétaire général lui-même est empêché ou chargé par délégation des fonctions de préfet, il est remplacé dans ses fonctions par le conseiller de préfecture le dernier dans l'ordre du tableau. (*O.* 1821, *art.* 4.)

9. Le secrétaire général ne peut pas être membre du conseil général dans le département où il exerce ses fonctions. (*L.* 10 *août* 1871, *art.* 8.)

10. Aux termes d'un arrêté du ministre de l'intérieur, en date du 29 floréal an X, la présidence des conseils de préfecture ne peut être déléguée aux secrétaires généraux de préfecture. D'après l'opinion de M. CHAUVEAU-ADOLPHE (*Journal du droit administratif,* 3e année, p. 283 et 428), cet arrêté a seulement voulu interdire une délégation spéciale pour la présidence du conseil de préfecture. Toutes les fois qu'un fonctionnaire (secrétaire général ou conseiller de préfecture) est appelé à remplacer le préfet absent par tournée, congé, décès, démission, etc., il exerce dans leur plénitude les fonctions attribuées au préfet lui-même, et, par conséquent, le droit de présider le conseil de préfecture.

11. Le traitement des secrétaires généraux des préfectures a été fixé en dernier lieu par le décret du 4 avril 1872.

SECTION. *Voy.* **Organisation communale.**

SEINE. On appelle seine ou traîneau un filet garni de pierres ou de plombs par le bas pour le faire descendre au fond de l'eau, et de liége par le haut pour qu'il puisse se tenir perpendiculairement dans l'eau. Il occupe toute la largeur d'une rivière, ou du moins une grande partie de cette largeur ; des hommes le tirent au moyen de cordes attachées aux deux extrémités.

SEINE (DÉPARTEMENT DE LA) ET VILLE DE PARIS.

CHAP. I. — PRÉLIMINAIRES.

1. Des considérations d'ordre politique et d'ordre économique n'ont pas permis d'appliquer au département de la Seine, sans en modifier le fonctionnement, l'organisation administrative à laquelle le reste du territoire français est soumis. Une organisation spéciale devenait nécessaire en présence de l'immensité de la population agglomérée et de l'importance des transactions commerciales.

2. Deux préfets, le préfet de la Seine et le

préfet de police, sont chefs de l'administration départementale, chacun pour la part qui lui est dévolue. Le département est représenté par un conseil général.

3. Le département de la Seine forme trois arrondissements, celui de Saint-Denis, celui de Sceaux [1] et celui que compose à elle seule la ville de Paris ; les deux arrondissements ruraux possèdent un conseil d'arrondissement. Paris est placé sous l'autorité directe du préfet. (*L.* 28 *pluv. an VIII, art.* 11, *et* 20 *avril* 1834, *art.* 9.)

4. La ville de Paris est divisée en 20 arrondissements municipaux et 80 quartiers. (*L.* 16 *juin et décret* 1er *nov.* 1859.)

5. Le corps municipal de la ville de Paris se compose du préfet de la Seine, du préfet de police, possédant chacun une partie des attributions des maires, et du conseil municipal.

CHAP. II. — DU PRÉFET DE LA SEINE.

6. Le préfet de la Seine est tout à la fois le chef de l'administration départementale pour le département de la Seine et le chef de l'administration municipale pour la ville de Paris. Comme chef de l'administration départementale, il est investi des attributions des préfets des autres départements, à l'exception de celles qui sont réservées au préfet de police. Il est notamment chargé :

De la direction et de la surveillance des travaux publics dans le département ; de toutes les opérations relatives au recrutement de l'armée ; de mettre à exécution les rôles pour le recouvrement des contributions directes et d'apprécier les demandes en décharge et modération ; de l'exercice de la tutelle administrative, dans la limite que les lois et règlements ont assignée aux préfets ; de l'exercice du droit d'élever le conflit, dans la limite des attributions confiées à son autorité ; de la surveillance de l'instruction publique ; de l'exercice des actions de l'État devant les tribunaux judiciaires ou administratifs ; de la convocation du conseil général et des conseils d'arrondissements et de l'ouverture de la session du conseil général; de préparer et de présenter le budget du département et de soumettre au Conseil général son compte annuel d'administration ; de rendre exécutoires les votes et états des contributions extraordinaires et des ressources éventuelles du département et d'en surveiller le recouvrement ; de mettre à exécution les délibérations du conseil général, régulièrement autorisées, relatives à des acquisitions, aliénations et échanges de propriétés départementales, ainsi qu'aux changements de destination des édifices et bâtiments départementaux ; d'approuver lui-même et d'exécuter sans autorisation préalable, mais seulement le conseil de préfecture entendu, les acquisitions, aliénations et échanges, lorsqu'il ne s'agit que d'une valeur n'excédant pas 20,000 fr. (*L.* 10 *mai* 1838, *art.* 29) ; de poursuivre la demande d'au-

torisation nécessaire pour accepter les legs et donations faits au département et d'y pourvoir à titre conservatoire ; d'exercer les actions du département et de faire tous les actes conservatoires ou interruptifs de déchéance ; d'accepter pour le département les transactions régulièrement autorisées.

7. Les attributions respectives du préfet de la Seine et du préfet de police, en ce qui touche l'administration municipale de la ville de Paris, ont été déterminées par l'arrêté du 12 messidor an VIII et par le décret du 10 octobre 1859. Quelques points spéciaux peuvent cependant donner lieu à des conflits entre la préfecture de la Seine et la préfecture de police.

8. Le préfet de la Seine, comme chef de l'administration municipale et comme maire central de Paris, possède toutes les attributions des maires, à l'exception de celles qui ont été laissées au préfet de police. C'est ainsi qu'il est chargé, aux termes de l'arrêté du 12 messidor an VIII : de la gestion financière de la ville ; de la répartition des contributions directes ; de l'état civil et politique des citoyens ; des formalités relatives à toutes les élections, à l'exception de la formation des listes électorales ; de la direction et de la surveillance des travaux de la ville ; de l'administration et de la surveillance des propriétés communales ; de la surveillance de l'instruction publique ; de la direction et de la surveillance des établissements de bienfaisance ; de la grande voirie ; de l'exercice des actions de la ville de Paris, tant en demande qu'en défense. — *Le décret du* 10 *octobre* 1859 *l'a chargé en outre :* de la petite voirie ; de l'éclairage, du balayage, de l'arrosage de la voie publique ; de l'enlèvement des boues, neiges et glaces ; du curage des égouts et des fosses d'aisance ; des permissions pour établissements sur la Seine, les canaux et les ports ; des traités et tarifs concernant les voitures publiques ; de la concession des lieux de stationnement de ces voitures et de celles qui servent à l'approvisionnement des halles et marchés ; des tarifs, de l'assiette et de la perception des droits municipaux de toute sorte dans les halles et marchés ; de la boulangerie et de ses approvisionnements ; de l'entretien des édifices communaux de toute nature ; des baux, marchés et adjudications relatifs aux services administratifs de la ville de Paris. Toutefois ces baux doivent être soumis à l'appréciation du préfet de police lorsqu'ils intéressent la circulation et la salubrité. Il en est de même lorsqu'il s'agit de la concession d'emplacement d'échoppe ou d'établissement fixe ou mobile, de lieux de stationnement sur la voie publique, ainsi que des autorisations concernant les établissements sur la rivière. Le ministre de l'intérieur prononce en cas de dissentiment. (Du-vou, *Traité général de droit administratif,* t. I.)

9. Le préfet de la Seine nomme les employés des bureaux de l'administration départementale et municipale ; les commissaires voyers et les inspecteurs de la voirie ; les architectes et les inspecteurs des travaux ; les employés des ponts et chaussées au-dessous du grade de conducteur ; les employés et agents des services annexes de la préfecture, de l'octroi, de l'administration de l'assistance publique et du mont-de-piété (toutefois les

1. Une loi votée par la Chambre des députés, dans sa séance du 2 février 1877, a prononcé la suppression des sous-préfectures de Sceaux et de Saint-Denis, la réunion des deux arrondissements et le remplacement des sous-préfets par un fonctionnaire résidant à Paris. Cette loi n'a pas encore été adoptée par le Sénat, qui a ordonné une enquête dans laquelle les conseils municipaux, le conseil général et les conseils d'arrondissement ont été entendus. L'organisation nouvelle, dans le cas où la loi serait adoptée par le Sénat, sera l'objet d'un article au *Supplément annuel.*

directeurs de ces trois administrations sont nommés, le premier par le ministre des finances, les deux autres par le ministre de l'intérieur, sur la proposition du préfet); les instituteurs, institutrices et directrices des salles d'asile; les secrétaires des conseils des prud'hommes, etc.

10. Le nombre des membres du conseil de préfecture du département de la Seine est fixé à huit, y compris le président. Il est partagé en deux sections. (*D. 12 mars 1871 et 3 fév. 1874.*)

CHAP. III. — DU PRÉFET DE POLICE.

11. Le préfet de police à Paris exerce ses fonctions sous l'autorité immédiate des ministres. Il correspond directement avec eux pour les objets qui dépendent de leurs départements respectifs. (*Arr. 12 mess. an VIII.*)

Il peut publier de nouveau les lois et règlements de police et rendre des ordonnances tendant à en assurer l'exécution. Il préside le conseil de préfecture dans les matières du contentieux administratif relatif à ses attributions (*Arr. 6 mess. an X*). Il est seul compétent pour des conflits dans les affaires de son ressort. Il nomme les employés et agents de son administration, les directeurs, concierges et gardiens des maisons d'arrêt, de détention et de correction, les membres des conseils d'hygiène et de salubrité du département de la Seine et des commissions d'hygiène des arrondissements de Saint-Denis et de Sceaux.

12. Pour compléter les indications relatives à la compétence du préfet de la Seine et du préfet de police, il y a lieu de faire remarquer que les dispositions du décret du 25 mars 1852 sur la décentralisation administrative ont été rendues applicables au département de la Seine, en ce qui concerne l'administration départementale proprement dite et celle de la ville et des établissements de bienfaisance de Paris, par le décret du 9 janvier 1861.

CHAP. IV. — DU CONSEIL GÉNÉRAL ET DES CONSEILS D'ARRONDISSEMENT.

13. Le conseil général du département de la Seine se compose des 80 membres du conseil municipal de Paris et de 8 membres élus dans les arrondissements de Saint-Denis et de Sceaux, à raison d'un membre par canton (*L. 20 avril 1834, 14 avril, 10 août et 16 sept. 1871, et 7 juill. 1874*). L'organisation et les attributions du conseil général sont régies par les lois des 16 septembre 1871 et 19 mars 1875. Les dispositions des lois des 2 juin 1833, 10 mai 1838 et 18 juillet 1866, sont applicables au département de la Seine. (*Voy.* **Conseil de préfecture**, **Conseil général**, **Département** et **Organisation communale**.)

14. Il y a un conseil d'arrondissement composé de 9 conseillers dans chacun des arrondissements de Saint-Denis et de Sceaux (*L. 20 avril 1834*). Les attributions de ces conseils sont les mêmes que celles des autres conseils d'arrondissement.

CHAP. V. — DU CONSEIL MUNICIPAL.

15. Depuis l'année 1848 jusqu'au 4 septembre 1870, les attributions du conseil municipal ont été exercées par une commission dont les membres étaient désignés par le pouvoir exécutif (*L. 3 juill. 1848 et 5 mai 1855*). Le conseil ainsi nommé se composait primitivement de 36 membres; il fut

porté à 60 membres à la suite de l'extension des limites de Paris. (*L. 16 juin 1859.*)

16. Le conseil municipal est aujourd'hui composé de 80 membres, élus pour trois ans, à raison d'un membre par quartier. Il tient annuellement, comme les autres conseils, quatre sessions ordinaires, dont la durée ne peut excéder dix jours, à l'exception de la session ordinaire pendant laquelle le budget est discuté et qui peut durer six semaines (*L. 11 avril 1871, art. 10 et 11*). Le président, les deux vice-présidents et les quatre secrétaires sont nommés au scrutin secret au début de chaque session ordinaire. Le bureau de la dernière session ordinaire est maintenu pour les sessions extraordinaires tenues dans l'intervalle de deux sessions. (*Id., art. 12.*)

17. Le préfet de la Seine et le préfet de police ont entrée au conseil. Ils sont entendus toutes les fois qu'ils le demandent. (*Id., art. 13.*)

18. Le Conseil ne peut s'occuper, à peine de nullité de ses délibérations, que des matières d'administration communale telles qu'elles sont déterminées par les lois en vigueur sur les attributions municipales. Les délibérations illégales sont annulées par décret. (*Id., art. 13.*)

19. Les incapacités et les incompatibilités établies par la loi du 22 juin 1833 sur les conseils généraux sont applicables aux conseillers municipaux de Paris, indépendamment de celles qui sont établies par la loi en vigueur sur l'administration municipale. (*Id., art. 16.*)

20. Le conseil municipal ne s'assemble que sur la convocation du préfet. Il ne peut délibérer que sur les questions que lui soumet le préfet et lorsque la majorité des membres assiste à la séance. (*L. 20 avril 1834, art. 17, 18 juill. 1837, 5 mai 1855, art. 15 et 16. — Voir le Journal officiel du 20 mars 1875.*)

CHAP. VI. — DES MAIRES ET ADJOINTS.

21. Il y a un maire et trois adjoints pour chacun des 20 arrondissements de Paris. Ils sont nommés par le chef du pouvoir exécutif. Ces fonctions sont incompatibles avec celles de conseiller municipal. (*L. 4 avril 1871, art. 16 et 17.*)

22. Les attributions principales des maires étant à Paris dévolues au préfet de la Seine et au préfet de police, les maires n'en possèdent qu'un petit nombre dont les plus importantes sont énumérées ci-après :

Ils reçoivent les actes de l'état civil et en délivrent des expéditions (*L. 28 pluv. an VIII*). Ils reçoivent les déclarations relatives au domicile (*C. civ., art. 104*). Ils sont membres de droit des conseils de fabrique des paroisses de leur arrondissement, s'ils sont catholiques (*D. 30 déc. 1809*). Ils font partie de la commission chargée de dresser la liste annuelle des jurés (*D. 7 août 1848*). Ils sont chargés des opérations de recrutement attribuées aux magistrats municipaux. Ils dressent la liste provisoire des électeurs commerçants de l'arrondissement (*L. 27 juill. 1872. — Voy.* **Notables**). Ils surveillent les écoles privées et publiques (*L. 15 mars 1850*). Ils reçoivent les réclamations des contribuables et examinent les matrices des patentes avec le délégué du préfet (*L. 2 mess. an VIII et 25 avril 1844*). Ils dressent les listes

électorales et les révisent chaque année (*L. 7 juill.*
1874; *D. 2 fév.* 1852; *L. 30 nov.* 1875). Ils
président les bureaux de bienfaisance (*O. 29 avril*
1831). Ils délivrent les certificats et légalisent
les signatures comme les maires des autres communes. (*Arr. 24 avril* 1849.)

**CHAP. VII. — HALLES ET MARCHÉS, ABATTOIRS
ET ENTREPÔTS DES LIQUIDES.**

23. L'action libre du commerce semble suffire
aujourd'hui, grâce au perfectionnement des moyens
de communication et de transport, pour conjurer le
danger d'une pénurie et d'une cherté excessive.
Aussi l'intervention administrative, en matière
d'approvisionnement, tend à se borner de plus en
plus aux mesures de police et à la perception des
taxes établies sur les objets de consommation.

24. Parmi les professions se rattachant à l'alimentation, l'une des plus importantes, la boulangerie, avait été soumise à une réglementation rigoureuse. Cette industrie est rentrée dans le droit
commun; toutefois l'art. 30 de la loi du 19-22
juillet 1791 n'ayant pas été abrogé, l'administration municipale a conservé le droit d'établir une
taxe officielle. (*D. 22 juin et 31 août 1863 et
17 déc.* 1870.) [*Voy.* **Boucherie** *et* **Boulangerie.**]

25. L'administration des halles et marchés à
Paris est placée sous l'autorité du préfet de la
Seine en tout ce qui touche à leur gestion comme
propriétés communales, aux tarifs, à l'assiette
et à la perception des droits de toute nature.
(*L. 14 déc.* 1789, 11 *frim. an VII,* 24 *pluv.
an VIII,* 18 *juill.* 1837, *et D.* 10 *oct.* 1859.)

26. Le préfet de police est chargé de tout ce
qui concerne la surveillance, la sûreté, la salubrité et la fidélité du débit. (*L.* 16-24 *août* 1790,
19-22 *juill.* 1791, 28 *pluv. an VIII; Arr.* 12 *mess.
an VIII.*)

27. Les marchés se divisent, à Paris, en marchés d'approvisionnement et en marchés de détail. Les marchés d'approvisionnement sont réunis
dans les Halles centrales pour toutes les denrées
autres que les grains et farines et les liquides. Des
facteurs, au nombre de 53, nommés par le préfet
de police, y procèdent à la vente en gros du poisson
d'eau douce, des huîtres, de la marée, de la saline,
de la volaille et du gibier, des beurres, œufs et
fromages, des fruits et légumes et de la viande.
Ces agents privilégiés sont percepteurs des droits
municipaux sur les ventes en gros soumises à
une taxe *ad valorem.* Ils sont responsables, vis-à-
vis du vendeur qui a usé de leur ministère, du
paiement du prix de la vente.

Les grains et farines sont vendus à la Halle
aux blés.

28. Il existe dans la plupart des quartiers de
la ville, des marchés de détail régis directement
par l'administration municipale ou par des concessionnaires; il y a de plus quelques marchés
libres. Des marchés spéciaux sont établis pour la
vente des chiens, des chevaux, des fourrages, des
oiseaux et des fleurs.

29. Les bestiaux sont vendus exclusivement au
marché de la Villette, ouvert le 21 octobre 1867.
Ce marché est réglementé par les arrêtés préfectoraux des 8 mai 1869 et 25 juin 1873.

L'abatage des bestiaux se fait en grande partie
aux abattoirs généraux de la Villette et dans trois
abattoirs de moindre importance pour le reste. Ces
abattoirs sont régis par divers arrêtés préfectoraux.
La perception des droits d'abatage est fixée par un
règlement annexé à l'ordonnance du 23 décembre
1846.

30. Un double personnel dépendant de la préfecture de la Seine et de la préfecture de police
est chargé de la perception des droits et de l'application des mesures de police dans les halles,
marchés et abattoirs.

31. Deux entrepôts sont affectés au commerce
des liquides. L'entrepôt du quai Saint-Bernard,
administré par le service de l'octroi, est réglementé
par l'ordonnance royale du 22 mars 1833 et l'arrêté préfectoral du 6 juin 1866. Les entrepôts
provisoires de Bercy sont régis par le décret du
27 novembre 1869 et l'arrêté préfectoral du 11 février 1870.

CHAP. VIII. — DE L'ASSISTANCE PUBLIQUE.

32. L'administration générale de l'assistance
publique, à Paris, comprend les hôpitaux et hospices
civils et le service des secours à domicile. Elle est
en général soumise aux mêmes règles que les établissements de bienfaisance communaux; elle n'en
diffère que par l'organisation administrative. (*L.*
10 *janv. et D.* 24 *avril* 1849.) [*Voy.* **Assistance
publique.**]

33. Cette administration est placée sous l'autorité du ministre de l'intérieur et du préfet de la Seine
qui, comme maire central de Paris, la représente
auprès du conseil municipal lorsque celui-ci doit
être consulté. Les lois du 18 juillet 1837 et du
7 août 1851 sur les hôpitaux et hospices, énumèrent les objets principaux sur lesquels le conseil
municipal est appelé à délibérer. Cette énumération n'est pas limitative.

34. Le directeur est nommé par le ministre de
l'intérieur, sur la proposition du préfet; il exerce
son autorité sur les services intérieurs et extérieurs.
Il prépare les budgets, ordonnance toutes les dépenses et présente le compte de son administration. Il représente les établissements hospitaliers
et de secours à domicile en justice. (*L.* 10 *janv.*
1849, art. 2 et 3.)

35. Un conseil de surveillance est appelé à
donner son avis sur les objets ci-après: les budgets, les comptes et en général toutes les recettes
et dépenses des établissements hospitaliers et de
secours à domicile; les acquisitions, échanges,
ventes de propriétés et tout ce qui intéresse leur
conservation et leur amélioration; les conditions
des baux à ferme ou à loyer des biens affermés ou
loués par ces établissements ou pour leur compte;
les projets de travaux neufs, de grosses réparations et de démolitions; les cahiers des charges
des adjudications et l'exécution des conditions qui
y sont insérées; l'acceptation ou la répudiation des
dons et legs faits aux établissements hospitaliers
et de secours à domicile; les placements de fonds
et les emprunts; les actions judiciaires et les
transactions; la comptabilité tant en deniers qu'en
matières; les règlements du service intérieur des
établissements et du service de santé; toutes les
questions de discipline concernant les médecins,
chirurgiens et pharmaciens; toutes les communications qui lui sont faites par l'autorité supérieure et
par le directeur. (*L.* 10 *janv. et Arr.* 24 *avril* 1849.)

36. Le conseil de surveillance est composé ainsi qu'il suit : le préfet de la Seine, président; le préfet de police; deux membres du conseil municipal; deux maires ou adjoints; deux administrateurs des bureaux de bienfaisance; un conseiller d'État ou un maître des requêtes; un membre de la Cour de cassation; un médecin des hôpitaux en exercice; un professeur de la Faculté de médecine; un membre de la chambre de commerce; un membre d'un des conseils des prud'hommes; cinq membres pris en dehors des catégories ci-dessus. (*Arr.* 24 *avril* 1849, *art.* 1er.)

37. Les membres du conseil sont nommés par décret, sur la proposition du ministre de l'intérieur; ils sont renouvelés par tiers tous les deux ans. Le conseil est présidé par le préfet de la Seine ou par un vice-président (*Id., art.* 2 *et* 4). Le directeur de l'administration de l'assistance publique peut assister aux séances (*Id., art.* 5). Le conseil se réunit au moins une fois tous les quinze jours, sur la convocation du préfet.

38. L'autorité du préfet de la Seine à l'égard de l'assistance publique s'exerce soit par voie d'action, soit par voie de surveillance. Il prononce souverainement en matière d'acquisitions, d'aliénations et d'échanges de propriétés, de dons et legs, lorsqu'il n'y a pas de réclamations des familles; de transactions, de baux à longs termes, de marchés d'une durée de plus d'un an; d'approbation des plans et devis de travaux n'excédant pas 2,000 fr. Il veille à l'exécution des lois et règlements, et n'a qu'un rôle de surveillance dans les matières que les administrations hospitalières sont autorisées à régler elles-mêmes d'après la loi du 7 août 1851, art. 8.   Truche.

BIBLIOGRAPHIE.
Publications officielles.
Recueil des actes administratifs de la préfecture de la Seine. 1 vol. par année. In-8°. Depuis 1844.
Procès-verbaux du conseil général de la Seine. In-8°. Depuis 1838.
Procès-verbaux du conseil municipal de Paris. In-4°. Depuis 1871.
Recueil des décisions du conseil de préfecture de la Seine. 5 vol. in-12. Depuis 1863.
Recueil des lois et décrets concernant l'administration de la ville de Paris et du département de la Seine. In-8°. Paris. 1876.
Comptes et budgets de la ville de Paris, publiés depuis 1818.
Notes sur les services compris dans la direction de l'administration générale de la préfecture de la Seine, par M. Pelletier, directeur. 2 vol. in-4°. Paris. 1871-1875.
Notes du directeur des travaux de Paris à l'appui des budgets, par M. Alphand. 2 vol. in-4°. 1872-1876.
Mémoire sur l'enseignement primaire à Paris et dans le département de la Seine, par M. Gréard. 2 vol. in-4°. Paris. 1871-1875.
Recueil des documents officiels relatifs à la reconstitution des actes de l'état civil de Paris. In-8°. Paris. 1875.
Bulletin de statistique municipale, publié mensuellement depuis l'année 1864. In-4°.
Recherches statistiques sur la ville de Paris et le département de la Seine. 6 vol. in-4°. Paris. 1833-1860.
Des halles et marchés et du commerce des objets de consommation à Paris et à Londres, par Robert de Massy. 2 vol. in-8°. Paris. 1862.
Recueil des arrêtés, instructions et circulaires,

concernant l'administration de l'assistance publique à Paris. In-4°. Paris. 1855.
Étude sur les hôpitaux, par M. Husson. In-4°. Paris. 1862.

Publications particulières.
Code des perceptions municipales de la ville de Paris, par Durieu. In-8°. Paris. 1844.
Études administratives, par Vivien. 2 vol. in-8°. Paris. 1850.
Étude sur l'administration de la ville de Paris, par Horace Say. In-8°. Paris, Guillaumin. 1846.
Résumé statistique des recettes et dépenses de la ville de Paris, de 1817 à 1850, par Martin Saint-Léon. In-4°. Paris. 1842-1870.
Répertoire de législation et de jurisprudence, par Dalloz. T. XXVII et XLIV, *et passim.* Paris. 1852-1863.
Les consommations de Paris, par A. Husson. In-8°. Paris. 1875.
De l'administration de la ville de Paris et des anciens documents inédits, par A. J. Meindre. Paris, Dubuisson. 1857.
Administration de la commune de Paris et du département de la Seine, traité pratique, etc., par J. Le Berquier. In-8°. Paris, Dupont et Cie. 1868.
Le nouveau Paris. Qu'est-ce donc que la Commune, par J. Le Berquier. Brochure in-8°. Paris. 1871.
Paris, ses organes, ses fonctions et sa vie, par M. Du Camp. 6 vol. in-8°. Paris, Hachette et Cie. 1875.

SELS. 1. Le sel se tire des eaux de la mer ou de celles des sources salées, soumises soit à l'évaporation naturelle, soit à l'action du feu. Il se rencontre aussi dans le sol et, sous cette forme, constitue le sel gemme. C'est une denrée d'un usage général, et qui, à raison de son mode de production, peut être soumise à une surveillance efficace, sans être irritante. La réunion de ces diverses qualités, dans un objet de consommation, permet d'en tirer aisément un revenu considérable et certain : aussi le sel a-t-il été dès les longtemps soumis à l'impôt.

SOMMAIRE.

CHAP. I. — HISTORIQUE.

2. En 1789, l'impôt sur le sel n'était supporté, dans la même proportion, ni par tous les habitants, ni par toutes les parties du territoire. Sous le nom de franc salé, appartenait à certaines personnes le privilège honorifique de recevoir, franc de droit ou sous un droit modéré, le sel nécessaire à leur consommation. Le royaume se divisait en provinces de grandes et de petites gabelles, de salines franches, rédimées et pays de quart bouillon. La production du sel marin était libre, mais les salines où se fabriquait le sel ignigène ne pouvaient appartenir qu'au roi.

3. Dans les provinces franches, qui tenaient leurs droits des traités qui avaient précédé leur réunion à la France, et dans les provinces rédimées, qui, moyennant un capital une fois payé, sous Henri II, s'étaient affranchies de la gabelle, cette denrée n'était grevée que d'un faible droit de traite ou d'un droit d'extraction. Le prix du sel variait dans chacune de ces divisions du territoire, et la vente, grevée d'un droit exorbitant, descendait à neuf livres environ par tête d'habitant dans les pays de grandes gabelles, tandis qu'elle s'élevait à près du double dans les provinces franches et rédimées.

4. Dans les pays de gabelles, toutes sortes de mesures vexatoires, destinées à prévenir la fraude, venaient joindre au poids de l'impôt la gêne des transactions. Il fallait acheter le sel en gros dans les greniers du roi, en détail, chez les regrattiers. Au voisinage des pays exempts, les habitants étaient tenus de prendre une quantité de sel déterminée d'après leurs besoins présumés, et encore ne pouvaient-ils, sous peine d'amende et de confiscation, l'employer aux grosses salaisons. Mais ni la surveillance, étendue des frontières des pays soumis à la gabelle jusqu'à six lieues à l'intérieur des pays exempts, ni les visites nocturnes autorisées même dans les maisons, ni la rigueur des châtiments, ne parvenaient à déjouer la contrebande, qui, sollicitée par l'appât d'un profit considérable, travaillait incessamment à rétablir, entre les diverses parties du territoire, l'uniformité de prix détruite par les lois. C'était en vain que le Gouvernement appelait à son aide l'autorité des évêques, et cherchait à obtenir de l'intervention du clergé, auprès d'une population religieuse, les résultats que l'autorité publique était impuissante à assurer (*Circ. de M. de Chamillard* 4 *nov.* 1705). Un fait suffit à prouver quelle était, en dépit de tous ces efforts, l'activité de la contrebande. Le nombre des hommes envoyés annuellement aux galères pour la fraude du sel et du tabac s'élevait à plus de trois cents ; le nombre total des captifs, à dix-sept ou dix-huit cents : c'était à peu près le tiers des forçats.

5. Tel était le régime auquel était soumise cette branche du revenu public, dont la perception, bornée à la moitié environ du royaume, ne produisait pas moins de soixante millions. Les inconvénients en étaient vivement sentis, et l'opinion appelait une réforme, quand éclata la Révolution. La déclaration du roi du 23 juin 1789 invitait l'Assemblée nationale à discuter avec soin les fâcheux effets de l'impôt sur le sel, et à proposer au moins les moyens d'en adoucir la perception. La résolution de l'Assemblée ne se fit pas attendre. Un décret des 23 septembre - 3 novembre 1789 abaissa le prix de vente du sel dans les provinces soumises à la gabelle, supprima le sel d'impôt et l'interdiction de faire de grosses salaisons sans déclaration préalable, ou d'y employer le sel acheté chez les regrattiers, défendit les visites domiciliaires, et régla qu'à l'avenir le faux-saunage ne donnerait plus lieu à des procédures criminelles, mais seulement à des amendes. Ces mesures ne semblent pas longtemps suffisantes. Un nouveau décret supprime la gabelle, les droits de traite et de quart bouillon, et, pour indemniser le Trésor jusqu'à concurrence des deux tiers du produit annuel des droits sur le sel, établit une contribution dite de *remplacement*, qui doit être assise par addition aux impositions réelles et personnelles, et répartie entre les départements en rai-

son de la consommation qu'ils faisaient du sel soumis aux droits (21-30 *mars* 1790). Plusieurs décrets pourvoient à la vente des sels appartenant à la nation et restés en approvisionnement dans les magasins et greniers de la ci-devant ferme générale (20-27 *mars* 1790, 22-25 *mars* 1791, 12 *juin*-16 *août* 1792). Enfin l'impôt de *remplacement* est supprimé à son tour (*D.* 17-25 *prair. an II*), et ainsi disparaît du système de nos finances jusqu'au souvenir de cet antique impôt des gabelles que, dès le temps de Richelieu, l'on avait appelé les Indes du roi de France.

6. L'origine du droit aujourd'hui perçu sur les sels remonte à la loi du 24 avril 1806. Depuis cette époque un grand nombre d'actes législatifs ou réglementaires ont déterminé tout ce qui concerne la production de cette denrée, l'établissement et le recouvrement des droits auxquels elle est assujettie, la surveillance, les poursuites et la répression qui ont pour objet d'assurer la perception de ces droits.

CHAP. II. — FABRICANTS DE SEL.

7. L'exploitation des marais salants n'est soumise à aucune autorisation ; elle n'est assujettie qu'à une surveillance qui peut être exercée en tout temps dans l'enceinte des marais et des magasins.

8. La recherche des mines, sources et puits d'eau salée ne peut, à peine d'interdiction des travaux, commencer qu'un mois après déclaration faite à la préfecture, et leur exploitation ne peut avoir lieu qu'en vertu d'une concession consentie par décret délibéré en Conseil d'État et précédé d'une instruction, dont les formes sont réglées par les titres Ier et II de l'ordonnance du 7 mars 1841.

9. Les concessions ne peuvent excéder 20 kilomètres carrés, s'il s'agit d'une mine ; 1 kilomètre carré, s'il s'agit d'une source ou d'un puits d'eau salée. Toutefois il ne peut exister, concurremment dans le même périmètre, deux concessions, l'une de mine de sel, l'autre de source salée, et le droit d'exploiter les dépôts de sel qui viennent à être découverts dans le périmètre de la concession d'une source, est accordé au concessionnaire de la source.

10. Tout concessionnaire est tenu de fabriquer annuellement 500,000 kilogrammes de sel, pour être livrés à la consommation intérieure et assujettis à l'impôt. Un décret peut autoriser une fabrication moins considérable, mais cette autorisation est toujours révocable. Les concessions elles-mêmes peuvent être révoquées dans les cas prévus par l'art. 49 de la loi du 21 avril 1810 et en suivant les formes établies par la loi du 27 avril 1838.

11. Les concessionnaires sont assujettis à une redevance au profit des propriétaires de la surface ; mais il n'en est exigé aucune par l'État : elle eût fait double emploi avec l'impôt spécial, dont est grevée la substance exploitée. Les salines, salins et marais salants sont, d'ailleurs, assujettis à la contribution foncière : les bâtiments à raison de leur valeur locative, les terrains et emplacements sur le pied des meilleures terres labourables. (*D.* 11 *juin* 1806, *art.* 8 ; *D.* 15 *oct.* 1810 ; *L.* 17 *juin* 1840, *art.* 1, 2, 4, 5 et 17 ; *O.* 7 *mars* 1841, *art.* 17-22.)

12. Aucune fabrique ou chaudière de sel ne peut être établie qu'après l'accomplissement de la déclaration prescrite par l'art. 51 de la loi du 24 avril 1806, sans préjudice de l'application des règlements concernant les établissements dangereux et insalubres. (*L. 9 mai 1866, avis cons. gén. des mines approuvé en août* 1869.)

13. Avant toute exploitation des matières salifères ou fabrication de sel à la chaudière, il doit être fait une déclaration, qui, suivant la situation de l'établissement, est reçue au plus prochain bureau des douanes ou des contributions indirectes, et ne peut être admise qu'autant que l'établissement de l'usine a été autorisé.

14. La recherche des fabriques clandestines appartient exclusivement aux employés des douanes dans le rayon soumis à leur surveillance : hors de ce rayon, elle appartient aux mêmes employés, concurremment avec ceux des contributions indirectes, avec la gendarmerie et les gardes champêtres et forestiers. Elles sont interdites par arrêté du préfet, sans préjudice des peines portées en l'art. 10 de la loi du 17 juin 1840.

15. Les usines légalement établies doivent être entourées d'une enceinte en bois ou en maçonnerie, ne présentant qu'une seule communication avec l'extérieur. En cas de contravention aux règlements sur la fabrication du sel, l'administration peut exiger la construction d'une enceinte en maçonnerie.

16. Les bâtiments compris dans l'enceinte de fabrication, même les logements, doivent être ouverts, à toute réquisition, aux employés préposés à la surveillance. Si le travail commence avant le lever ou se prolonge après le coucher du soleil, les visites peuvent avoir lieu de nuit, mais seulement dans les magasins et ateliers.

17. Les sels fabriqués, s'ils ne sont pas immédiatement livrés à la consommation, doivent être emmagasinés. Lors des inventaires trimestriels, le fabricant est tenu d'acquitter les droits sur les quantités qui forment la différence entre les entrées et les sorties constatées, et sous déduction de 8 p. 100 pour déchets de magasin. (*L. 24 avril 1806, art.* 51 ; *D.* 11 *juin* 1806, *art.* 15 *à* 19 ; *L.* 15 *déc.* 1814, *art.* 28 ; *O.* 19 *mars* 1817, *art.* 7 ; *L.* 17 *juin* 1840, *art.* 5 *et* 7 ; *O.* 7 *mars* 1841, *tit. IV* ; *O.* 26 *juin* 1841.)

CHAP. III. — ÉTABLISSEMENT, QUOTITÉ, PERCEPTION DU DROIT SUR LE SEL.

18. En supprimant la taxe d'entretien des routes, la loi du 24 avril 1806 établit au profit du Trésor un droit à percevoir sur les sels au moment où ils étaient enlevés des lieux de fabrication, et affecta le produit de cette contribution à l'entretien des routes et aux travaux des ponts et chaussées. Le droit sur le sel, fixé d'abord à 2 décimes par kilogramme, puis porté à 4 décimes par le décret du 11 novembre 1813, était perçu, depuis 1816, à raison de 3 décimes par kilogramme (*L.* 28 *avril* 1816, *art.* 18) quand il fut supprimé, le 18 avril 1848, par décret du Gouvernement provisoire. Rétabli par la loi du 28 décembre 1848, et fixé à 10 fr. par 100 kilogrammes sur les sels indigènes et sur ceux importés de l'Algérie et des colonies, l'impôt sur le sel a été porté à 12 fr. 50 c. par quintal, en exécution de la loi du

2 juin 1875, qui a soumis aux 2 décimes et demi édictés depuis 1871 les droits de douanes, de contributions indirectes, etc., existant avant 1870 et qui, depuis cette époque, n'ont pas été augmentés en principal ou en décimes. Par la loi du 26 décembre 1876, l'impôt sur le sel a été réduit à 10 fr. les 100 kilogr. La prohibition qui frappait les sels étrangers, est remplacée par un droit à l'importation déterminé par la loi du 18 juillet 1850.

19. Le droit sur le sel doit être perçu sur les quantités réellement fabriquées et non d'après le rendement présumé des eaux. Il est dû par l'acheteur au moment de la déclaration d'enlèvement. Toutefois les sels transportés par mer n'acquittent le droit qu'au moment du débarquement ; ceux qui remontent en rivière, qu'au bureau de douane le plus avancé en rivière ; enfin les sels admis à l'entrepôt dans les ports et les villes de l'intérieur, où il en a été établi, acquittent le droit à mesure qu'ils sont retirés pour la consommation.

20. Le paiement des droits est effectué au comptant, sans escompte. Néanmoins, le redevable peut être admis à présenter des obligations dûment cautionnées, à quatre mois d'échéance, lorsque la somme à payer, d'après chaque décompte, s'élève à 300 fr. au moins.

Les obligations donnent lieu à un intérêt de retard et à une remise spéciale dont le taux et le montant sont fixés par des arrêtés du ministre des finances. Les fabricants qui cessent leur fabrication sont tenus d'acquitter immédiatement les droits sur les sels qui se trouvent en leur possession, un mois après qu'ils ont cessé de fabriquer. (*L.* 24 *avril* 1806, *art.* 52, 53 ; *L.* 23 *avril* 1833, *art.* 11 ; *O.* 26 *juin* 1841 ; *O.* 27 *nov.* 1843 ; *L.* 17 *juin* 1840, *art.* 5, 6 ; *L.* 8 *août* 1847, *art.* 7 ; *L.* 15 *févr.* 1875, *art.* 1, 2, 3.)

CHAP. IV. — DÉCHETS, FRANCHISES ET MODÉRATIONS.

21. Les droits ne sont dus que sous la déduction d'une remise accordée, à titre de déchet, sur la quantité réellement enlevée. Cette remise, déterminée en raison des lieux de production, ne peut excéder 5 p. 100. Elle a été fixée à 3 p. 100 pour les sels récoltés sur les marais salants de la Méditerranée, pour les sels ignigènes, raffinés et pour ceux étuvés sur les marais salants ; à 5 p. 100 pour les sels bruts récoltés sur les marais salants de l'Océan et de la Manche, sur les sels ignigènes et étuvés transportés par mer et en vrac, et sur les sels des marais salants du Midi expédiés, par les mêmes modes de transport, à destination des ports de l'Océan. Il n'est alloué aucune remise pour déchet sur les sels étrangers et sur ceux provenant de l'Algérie et des colonies. (*L.* 17 *juin* 1840, *art.* 15 ; *O.* 8 *déc.* 1843 ; *O.* 10 *avril* 1846 ; *L.* 28 *déc.* 1848, *art.* 5 ; *D.* 23 *juill.* 1849.)

22. Des règlements d'administration publique peuvent autoriser, sous les conditions qu'ils déterminent, l'enlèvement, le transport et l'emploi en franchise et modération des sels ou matières salifères à destination des établissements agricoles ou manufacturiers, et de la salaison, soit en mer, soit à terre, des poissons de toute sorte. La franchise de droit n'est accordée aujourd'hui qu'aux sels destinés à l'étranger, à la pêche maritime, aux salaisons destinées à l'approvisionnement de la marine et des colonies, enfin aux salaisons de poissons en mer ou à terre, sous les conditions réglées par le décret du 11 juin 1806, l'ordonnance du 30 octobre 1816 et le décret du 27 octobre 1849. (*Voy.* **Pêche maritime**.)

23. Les sels destinés aux fabriques de soude sont délivrés en franchise des droits, sous des conditions qui ont pour but d'en assurer l'arrivée à destination et d'en surveiller l'emploi à l'usage déclaré. A cet effet, les sels sont expédiés sur les fabriques de soude, sous le plomb de l'administration des douanes ou des contributions indirectes, selon qu'ils proviennent soit de marais salants ou de salines exploitées dans le rayon des douanes, soit des salines de l'intérieur. Les fabriques de soude sont soumises à la surveillance permanente des préposés de l'administration. A titre d'indemnité d'exercice, les fabricants sont tenus de payer une redevance annuelle dont le montant est fixé à 30 centimes par 100 kilogrammes du sel employé à la fabrication. (*L.* 27 *juill.* 1862, *art.* 16; *D.* 13 *déc.* 1862, relatif à l'exercice des fabriques de soude.)

24. Les sels destinés à la nourriture des bestiaux, à la préparation des engrais ou à l'amendement direct des terres, sont livrés en franchise des droits, sous la condition d'être dénaturés par un mélange préalable, conformément à l'un des procédés autorisés. La trituration des sels, leur mélange, doivent être effectués aux frais des intéressés, sous la surveillance du service des douanes ou de celui des contributions indirectes. L'opération ne peut se faire que dans les marais salants, salines, fabriques de sels, bureaux d'importation, entrepôts généraux des douanes, fabriques de produits chimiques soumises à l'exercice, ou dans les autres établissements autorisés, à cet effet, par le ministre des finances. Des dépôts de sels mélangés peuvent être établis, avec l'autorisation de l'administration des douanes ou de celle des contributions indirectes, dans les lieux où il existe un poste d'agents appartenant à l'un de ces deux services. (*L.* 17 *juin* 1840, *art.* 12, 13; *D.* 8 *nov.* 1869.)

CHAP. V. — CIRCULATION DES SELS, SURVEILLANCE.

25. La fraude est prévenue par les entraves apportées à la libre circulation des sels et la surveillance exercée par les agents des contributions indirectes et des douanes. Cette surveillance s'étend sur un rayon de quinze kilomètres autour des mines de sel, des sources d'eau salée et des usines qui en exploitent les produits. Elle s'avance à l'intérieur jusqu'à la même distance des côtes. Dans le rayon de surveillance, les sels ne peuvent circuler sans être accompagnés d'un congé ou d'un acquit-à-caution, dont il doit être justifié à toute réquisition : le transport ne peut en être effectué, avant le lever ou après le coucher du soleil, que sur une permission expresse : le tout à peine de confiscation des sels et des moyens de transport. Faute par les fabricants de se faire représenter les acquits de paiement ou les acquits-à-caution avant l'enlèvement, ils sont tenus de payer le double droit sur les sels qu'ils ont vendus.

26. La recherche des dépôts de sel dans le rayon de surveillance des douanes ne peut avoir lieu avant le lever ou après le coucher du soleil; elle n'est permise que dans les communes de moins

de 2,000 habitants. Les préposés doivent être accompagnés d'un officier municipal, et les dépôts peuvent être saisis, quand ils excèdent 50 kilogrammes, maximum présumé de l'approvisionnement d'une famille. (*D.* 11 *juin* 1806, *art.* 1, 2, 6, 7, 16; *D.* 25 *janv.* 1807; *D.* 6 *juin* 1807; *L.* 17 *déc.* 1814, *art.* 32; *L.* 17 *juin* 1840, *art.* 9; *O.* 26 *juin* 1841, *art.* 16 *et suiv.*)

CHAP. VI. — POURSUITES. COMPÉTENCE.

27. Les procès-verbaux constatant les fraudes et contraventions sont assujettis aux formalités prescrites par les lois aux employés des douanes et des contributions indirectes. Les contraventions sont poursuivies à la requête de l'administration des douanes ou de celle des contributions indirectes. Les infractions aux art. 5, 6, 7 et 9 de la loi du 17 juin 1840 et des ordonnances qui en règlent l'application sont poursuivies devant les tribunaux correctionnels et punies : 1° de la confiscation des sels, matières salifères, ustensiles de fabrication et moyens de transport; 2° d'une amende de 500 à 5,000 fr.: en cas de récidive, le maximum de l'amende est appliqué et elle peut même être portée jusqu'au double; 3° du paiement du double droit sur le sel.

28. Les contraventions qui ne rentrent pas dans la catégorie précédente, sont poursuivies devant le juge de paix, sauf appel, et punies, outre la confiscation des objets saisis, d'une amende individuelle de 100 fr. Mais, si le prévenu est en état de récidive, ou si la fraude a été commise par une réunion de trois individus au moins, les coupables sont traduits devant le tribunal de police correctionnelle, qui prononce contre eux une amende individuelle de 200 à 500 fr. et un emprisonnement de 15 jours à 2 mois. (*L.* 24 *avril* 1806, *art.* 57; *L.* 17 *déc.* 1814, *art.* 29, 30, 31; *L.* 17 *juin* 1840, *art.* 10 *à* 14.)

CHAP. VII. — SALPÊTRIERS, RAFFINEURS DE SEL ET FABRICANTS DE PRODUITS CHIMIQUES.

29. Il était nécessaire d'assurer la perception de l'impôt sur les sels qui se produisent accessoirement dans certaines opérations industrielles. C'est dans ce but que les salpêtriers et les fabricants de produits chimiques ont été successivement soumis à l'obligation, imposée aux fabricants de sel, de faire une déclaration préalable, un mois avant d'entreprendre ou de cesser leur fabrication; qu'ils sont tenus de se soumettre à la surveillance des agents des douanes et des contributions indirectes, et d'acquitter l'impôt jusqu'à concurrence de la quantité de sel pur contenue dans leur fabrication. Les mêmes obligations sont imposées aux raffineurs de sel.

30. Les sels obtenus dans la fabrication du salpêtre et dans celle des produits chimiques ne peuvent être livrés à la consommation qu'après qu'il a été constaté qu'ils ne contiennent aucune substance nuisible à la santé. (*D.* 16 *fév.* 1807; *L.* 10 *mars* 1819, *art.* 7 *et* 8; *L.* 17 *juin* 1840, *art.* 11; *O.* 26 *juin* 1841, *art.* 21 *et* 22; *D.* 17 *mars* 1852, *art.* 13; *D.* 19 *mars* 1852.)

A. PLICHON [1].

1. Mis à jour par M. D.

SÉMINAIRE. 1. Maison d'instruction pour ceux qui se destinent à l'état ecclésiastique. (*L.* 23 *vent. an XII, art.* 1er.)

2. Il y a deux sortes de séminaires, qu'on nomme vulgairement le grand et le petit séminaire.

Le grand séminaire, ou *séminaire diocésain,* est l'établissement où les jeunes gens étudient la théologie et se préparent à recevoir les ordres sacrés.

Le petit séminaire, dont le nom légal est *école secondaire ecclésiastique,* a pour but de donner une éducation et une instruction spéciales aux enfants qui montrent des dispositions pour le sacerdoce.

3. Déjà les règles relatives aux écoles secondaires ecclésiastiques ont été exposées dans l'article **Instruction secondaire.** Nous nous bornerons à résumer ici la législation qui concerne le séminaire sous trois rapports distincts : 1° comme maison d'instruction ecclésiastique ; 2° comme établissement public ; 3° comme édifice diocésain.

4. Conformément aux prescriptions du concile de Trente et de l'ancienne législation, le concordat de 1801 (*art.* 11) confère aux évêques le droit d'avoir un séminaire dans leur diocèse. Les prélats peuvent l'instituer avec l'autorisation du Gouvernement ; ils sont chargés de son organisation , mais ils doivent soumettre les règlements de cette organisation à l'approbation du Chef de l'État. (*L.* 18 *germ. an X, art.* 11 *et* 23 ; *D.* 17 *mars* 1808, *art.* 3.)

5. Dans le concordat, le Gouvernement ne s'est pas obligé à doter les séminaires ; toutefois, peu de temps après sa promulgation, la loi du 23 ventôse an XII, en créant d'abord un séminaire par chaque circonscription métropolitaine, contient la disposition suivante : « Il sera accordé une maison nationale et une bibliothèque pour chacun de ces établissements, et il sera assigné une somme convenable pour l'entretien et les frais desdits établissements » (*Voy. les rapports de* PORTALIS, 12 *vent. an XII,* 12 *août* 1806). Depuis cette époque, un séminaire a été formé dans chaque évêché ; actuellement il en existe 84 en France, non compris les évêchés de l'Algérie et des colonies.

6. L'instruction, dans les séminaires, dépend exclusivement des archevêques et des évêques, chacun dans son diocèse. (*D.* 17 *mars* 1808, *art.* 3 ; *Circ.* 24 *avril* 1809.)

7. C'est aux prélats qu'il appartient de nommer et de révoquer les supérieurs, directeurs et professeurs de ces établissements, entièrement placés sous leur autorité. (*D.* 17 *mars* 1808, *art.* 3.)

8. On doit enseigner dans les séminaires la morale, le dogme, l'histoire ecclésiastique, les maximes de l'Église gallicane, et les règles de l'éloquence sacrée. (*L.* 23 *vent. an XII, art.* 2 ; *L.* 18 *germ. an X, art.* 24 ; *D.* 25 *févr.* 1810.)

9. Dans le double but de faciliter les études théologiques des jeunes gens pauvres et le recrutement du clergé , le décret du 30 septembre 1807, confirmé par les ordonnances des 5 juin 1816, 8 mai 1826, 6 juillet 1831 et 2 novembre 1835, a fondé dans les séminaires diocésains des bourses de 400 fr. et des demi-bourses de 200 fr., à la charge de l'État.

Ces bourses sont accordées par le Chef de l'État, sur la présentation des évêques ; elles sont payées par trimestre, à compter du jour du décret de nomination pour les élèves présents au séminaire, et pour les autres, à partir du jour de leur entrée au séminaire (*O.* 2 *nov.* 1835 ; *Circ.*

16 *nov.* 1835, 21 *mars* 1836). 3,500 élèves environ profitent de la somme de 1,172,200 fr. allouée à cet effet au budget des cultes de l'année 1876.

10. D'après un certificat délivré par l'évêque et visé par le préfet, les élèves des grands séminaires, régulièrement autorisés à continuer leurs études ecclésiastiques, sont dispensés du service militaire (*L.* 21 *mars* 1832, *art.* 14 ; *L.* 27 *juill.* 1872, *art.* 20 ; *Circ. min.* 22 *mars* 1873) ; ils étaient aussi dispensés du service de la garde nationale. (*L.* 22 *mars* 1831, *art.* 12 ; *L.* 18 *juin* 1851, *art.* 8.)

Les élèves des séminaires qui résident depuis plus d'une année dans ces établissements et réunissent les conditions prescrites par la loi du 14 avril 1871 pour être électeurs, ont le droit d'être inscrits sur la liste des électeurs municipaux. (*C. de cass.* 15 *mai* 1872, 22 *avril et* 9 *juin* 1873.)

11. Considérés comme établissements publics reconnus par la loi, les séminaires constituent des personnes civiles capables de posséder, d'acquérir, d'aliéner et de recevoir des libéralités avec l'autorisation du Gouvernement ; les dons et legs qui leur sont faits sont acceptés, en leur nom, par l'évêque. (*L.* 2 *janv.* 1817 ; *D.* 30 *déc.* 1809, *art.* 113 ; *D.* 6 *nov.* 1813, *art.* 67 ; *O.* 2 *avril* 1817, *art.* 1 *et* 3 ; *O.* 14 *janv.* 1831, *art.* 1, 2, 3.)

12. Leurs biens sont régis et administrés, selon les règles posées dans les art. 65, 66 et suivants du décret du 6 novembre 1813, par un conseil appelé *le bureau d'administration du séminaire.*

Ce bureau est composé de l'un des vicaires généraux, qui préside en l'absence de l'évêque, du supérieur et de l'économe du séminaire, et d'un quatrième membre remplissant, sans aucune rétribution, les fonctions de trésorier, qui est nommé par le ministre des cultes, sur l'avis de l'évêque et du préfet. Le secrétaire de l'archevêché ou de l'évêché est en même temps le secrétaire de ce bureau, dont les membres sont ainsi au nombre de cinq. (*D.* 6 *nov.* 1813, *art.* 62 *et* 63.)

13. Chaque année, au mois de janvier, le trésorier et l'économe sont tenus de rendre leurs comptes en recette et en dépense. Ces comptes sont visés par l'évêque, qui doit les transmettre au ministre des cultes ; si aucun motif ne s'oppose à leur approbation, le ministre les renvoie à l'évêque, qui les arrête définitivement et en donne décharge. (*Id., art.* 79 *et* 80 ; *Arr. du C.* 4 *mars* 1835 ; *Circ.* 4 *déc.* 1813, 8 *janv.* 1824, 26 *juill.* 1831, 30 *avril* 1835.)

14. Enfin, le séminaire est l'un des édifices diocésains à la charge de l'État. Aux termes de l'art. 107 du décret du 30 décembre 1809, les départements devaient pourvoir aux dépenses des grosses réparations et des reconstructions des séminaires ; mais, depuis 1824, cette disposition a cessé d'être obligatoire. C'est l'État qui subvient maintenant, en cas d'insuffisance des ressources des séminaires, aux frais d'entretien, d'acquisitions, de constructions et de réparations de leurs bâtiments. Un crédit est à cet effet ouvert au budget des cultes par les lois annuelles de finances ; il est réparti suivant les besoins, et sur la production des pièces exigées par les règlements administratifs, en vertu de décisions ministérielles.

(*Régl.* 31 *déc.* 1841, *art.* 207, 209 ; *D. 7 mars* 1853; *Circ.* 4 *févr.* 1825, 22 *déc.* 1841, 15 *avril* et 21 *juin* 1853.)

15. Les bâtiments des séminaires, comme étant employés à un service public, ne sont point assujettis aux contributions foncière, mobilière et des portes et fenêtres (*L.* 3 *frim. an VII, art.* 105; *Décis. min.* 22 *mars* 1808; *Arr. du C.* 24 *oct.* 1835, 22 *févr.* 1838, 14 *janv.* 1839). Il a été décidé que les locaux d'une maison de campagne appartenant à un séminaire, qui sont affectés à l'instruction des élèves du séminaire, sont exempts de la contribution mobilière et de celle des portes et fenêtres. (*Arr. du C.* 28 *juin* 1869.)   N. DE BERTY.

SÉNAT. *Voy.* **Constitution.**

SÉPULTURE. *Voy.* **Cimetière**, **Inhumation**, **Pompes funèbres.**

SÉQUESTRATION. En droit criminel, la *séquestration* est un acte qui consiste à détenir illégalement ou arbitrairement une personne. Ce crime, l'un des plus graves qui puissent être commis contre les personnes, est prévu par le Code d'instruction criminelle (*art.* 615) et le Code pénal (*art.* 341).

SÉQUESTRE. 1. C'est le dépôt d'une chose litigieuse entre les mains d'un tiers, afin qu'elle puisse être retrouvée dans l'état où on l'a laissée. Le dépositaire, auquel on donne aussi le nom de *séquestre*, doit la conserver jusqu'à ce que la contestation soit terminée. (*C. civ.*, *liv. III, tit. XI, chap.* 3; *C. de Pr.*, *art.* 688; *C. de C.*, *art.* 106.)

2. Le séquestre s'applique aux immeubles tout aussi bien qu'à des meubles. Il peut être établi du consentement des parties, ou par ordre de justice lorsqu'une des parties se refuse à adhérer au dépôt. Dans le premier cas, il est *conventionnel;* dans le second, *judiciaire.*

3. D'après la loi française, les biens du condamné par contumace doivent être mis sous le séquestre national (*C. d'I. C.*, *art.* 465). La gestion en appartient à l'administration des domaines. (*Voy.* **Contumace.**)

4. Tous les biens non déclarés lors des opérations cadastrales, et dont les propriétaires sont inconnus, sont également placés, à titre de séquestre, sous la main de la même administration. Celle-ci doit les rendre en cas de réclamation du propriétaire. (*Circ.* 26 *sept.* 1806 ; *Instr. gén.* 14 *août* 1809.)

SERMENT. Le serment politique (fidélité à la Constitution ou au Chef de l'État) a été aboli en 1870 (*D.* 5 *sept.*); il ne reste plus que le serment professionnel imposé à certains fonctionnaires, officiers publics, etc., c'est-à-dire l'affirmation solennelle de remplir consciencieusement les devoirs de la profession. (*D.* 11 *sept.* 1870.) [*Voy.* aussi **Fonctionnaires**, *etc.*]

SERVITUDES (OU SERVICES FONCIERS). 1. « Une servitude est une charge imposée sur un héritage, pour l'usage et l'utilité d'un héritage appartenant à un autre propriétaire », dit l'art. 637 du Code civil. Les questions qui se rattachent à ces servitudes sont de droit civil et leur exposé ne rentre pas dans notre cadre. Nous avons cependant eu à mentionner quelques dispositions relatives aux servitudes qui dérivent de la situation des lieux, aux mots **Bornage**, **Eaux**, **Haie**, **Sources**, **Mi-**

toyenneté, **Parcours.** (*Voy.*, du reste, le Code civil, art. 637 à 710.)

2. Mais nous nous sommes surtout arrêtés sur les servitudes légales qui ont pour objet l'utilité publique et qui sont ainsi plus ou moins dans les attributions de l'administration. Nous donnons le nécessaire aux mots **Chemins vicinaux**, **Cours d'eau navigables** (*Chemin de halage*), **Travaux publics**, **Voirie** et autres. Voyez notamment l'article qui suit.

SERVITUDES DÉFENSIVES MILITAIRES. 1. On comprend sous cette dénomination certaines restrictions apportées, dans l'intérêt de la défense du territoire national, aux droits de jouissance inhérents à la propriété foncière.

2. Il y a deux espèces de servitudes défensives : 1° celles établies dans la zone de défense des frontières ; 2° celles imposées aux propriétés situées dans le voisinage des places de guerre et autres points fortifiés. Nous ne traiterons que des secondes, tout ce qui concerne les premières étant exposé au mot **Travaux mixtes.**

3. Les servitudes, dont est grevée la propriété foncière dans le voisinage des places de guerre, sont d'origine fort ancienne. Les ordonnances et arrêts du Conseil des 16 juillet 1670, 14 août 1680, 9 décembre 1713, 7 février 1744, 31 décembre 1776, portaient défense de bâtir et de faire, sans permission, aucuns travaux dans un rayon déterminé en avant des fortifications. La prohibition a été maintenue par les lois des 10 juillet 1791, 17 juillet 1819, 10 juillet 1851 ; mais ces textes, par des dispositions favorables à la propriété, ont tempéré la rigueur du principe. Un décret du 10 août 1853, portant règlement d'administration publique et fait en exécution de l'art. 8 de la loi du 10 juillet 1851, a réuni et coordonné dans leur ensemble toutes les dispositions des lois concernant les servitudes militaires. C'est le texte fondamental de la matière.

4. Les servitudes n'existent qu'autant que la place a été l'objet d'un classement. Le décret du 10 août 1853 avait attribué au Chef de l'État le droit de créer, de classer et de supprimer les places fortes. C'était une dérogation à la loi du 10 juillet 1851, qui avait réservé ce droit au législateur ; mais cette dérogation était la conséquence du régime établi par la Constitution de 1852. Aujourd'hui, cette Constitution ayant cessé d'exister, le droit de créer et de supprimer les places de guerre a de nouveau passé dans le domaine législatif : c'est du moins ce qui résulte implicitement de plusieurs lois déjà rendues et par lesquelles ont été classées ou déclassées diverses fortifications.

5. Les places de guerre sont divisées en deux séries, dont la deuxième comprend tous les postes militaires. Les charges imposées à la propriété sont plus ou moins lourdes suivant la série dans laquelle la place est classée.

6. Sauf à Paris, où il ne comprend qu'une seule zone de 250 mètres, le rayon de défense est divisé en trois zones : la première s'étend à 250 mètres, la deuxième à 487 mètres, et la troisième à 974 mètres s'il s'agit d'une place, et à 584 mètres s'il s'agit d'un poste. (*D.* 10 *août* 1853, *art.* 5.)

7. Ces distances sont comptées à partir de la

crête des parapets des chemins couverts les plus avancés, ou des murs de clôture ou d'escarpe lorsqu'il n'y a pas de chemin couvert, ou enfin quand il n'y a ni chemin couvert ni mur de clôture ou d'escarpe, à partir du mur de la crête intérieure des parapets des ouvrages. Elles sont mesurées sur les capitales de l'enceinte, des dehors et des ouvrages extérieurs et, pour les ouvrages curvilignes et autres qui n'ont pas de capitales, sur des perpendiculaires aux escarpes et aux lignes de feu ou de gorge. Les capitales et les autres lignes pouvant servir à la délimitation sont choisies de telle sorte que les périmètres des zones forment des polygones les moins irréguliers possible. Ce choix est fait par le ministre de la guerre. (*D.* 1853, *art.* 17 *et* 18.)

8. Les limites extrêmes des zones de servitudes sont fixées par des bornes rattachées à des points fixes et rapportées sur un plan spécial dit de délimitation. Le chef du génie et l'ingénieur des ponts et chaussées procèdent au bornage, en présence du maire et contradictoirement avec les propriétaires intéressés, dûment appelés par voie d'affiches ou autres moyens de publication en usage. Ils dressent un procès-verbal sur lequel le maire consigne ses observations. Ce procès-verbal, ainsi que le plan et ses annexes, sont déposés pendant trois mois à la mairie de la place ou du poste, afin que chacun puisse en prendre connaissance. Les intéressés ont un délai de trois mois à partir du jour où il leur a été donné avis du dépôt par affiches et autres publications, pour se pourvoir devant le conseil de préfecture contre l'opération matérielle du bornage. Un recours contre la décision du conseil de préfecture peut être formé devant le Conseil d'État.

9. Après qu'il a été définitivement statué sur les réclamations, le plan de délimitation, ses annexes et le procès-verbal de bornage sont adressés par le directeur des fortifications au ministre de la guerre, qui les fait homologuer et rendre exécutoires par un décret. Une expédition de toutes ces pièces est déposée dans le bureau du génie de la place, et une autre à la sous-préfecture, où l'on peut la consulter, mais sans qu'il soit permis d'en prendre copie ou extrait. (*D.* 1853, *art.* 19, 20, 21.)

10. Dans la première zone, il ne peut être fait aucune construction, de quelque nature qu'elle soit, à l'exception des clôtures en haies sèches ou en planches à claire-voie, sans pans de bois ni maçonnerie ; les haies vives et les plantations d'arbres ou d'arbustes formant haies y sont spécialement interdites.

11. Dans la deuxième zone, il est également interdit, autour des places de la première série, d'élever aucune construction en maçonnerie et en pisé ; mais il est permis d'y élever des constructions en bois et en terre, à la charge de les démolir sans indemnité, à la première réquisition de l'autorité militaire, dans le cas où ces places, déclarées en état de guerre, seraient menacées d'hostilités. Autour des places de la deuxième série et des postes militaires, il est permis d'élever toute construction, à la condition de démolir, sans indemnité, à la première réquisition.

12. Enfin, dans la troisième zone, il ne peut être fait aucun chemin, aucune levée ni chaussée, aucun exhaussement de terrain, aucune fouille ou excavation, aucune exploitation de carrière, aucune construction au-dessous du niveau du sol, aucun dépôt de matériaux, sans que leur alignement et leur position aient été concertés avec les officiers du génie et que le ministre de la guerre ait déterminé ou fait déterminer par un décret les conditions auxquelles les travaux doivent être assujettis. Il est également défendu d'exécuter aucune opération de topographie sans le consentement de l'autorité militaire, consentement qui ne peut être refusé lorsqu'il s'agit d'opérations relatives à l'arpentage des propriétés. (*D.* 10 *août* 1853, *art.* 7, 8 *et* 9.)

13. Aux termes de l'art. 10 du décret de 1853, les reconstructions totales de maisons, clôtures et autres bâtisses sont soumises aux mêmes prohibitions que les constructions neuves, quelle qu'ait pu être la cause de la destruction. Les art. 11 et 12 réglementent les conditions auxquelles est soumis l'entretien des bâtisses en bois, en bois et terre ou en maçonnerie.

14. Certaines dispositions du décret de 1853 ont adouci la rigueur des prescriptions que nous venons d'indiquer. Ainsi lorsqu'il est possible de réduire l'étendue des zones de servitudes du côté de quelque centre important de population sans compromettre la défense ou porter atteinte aux intérêts du Trésor, cette réduction est prononcée par un décret (*art.* 6). D'autre part, par l'étendue même des zones de servitudes, des décrets déterminent les terrains pour lesquels, à raison des localités, il est possible, sans nuire à la défense, de tolérer l'exécution de bâtiments, clôtures et autres ouvrages (*art.* 15). Enfin, les art. 13, 14 et 16 contiennent de nombreuses exceptions aux règles que nous avons retracées.

15. Les travaux qui sont l'objet d'une autorisation générale (*D.* 1853, *art.* 7, 8, 11, 12, 13 *et* 24) ne peuvent être entrepris qu'après une déclaration au chef du génie, accompagnée d'une soumission de démolir sans indemnité, à la première réquisition de l'autorité militaire, dans le cas où la place, déclarée en état de guerre, serait menacée d'hostilités. (*D.* 1853, *art.* 26.)

16. Les travaux nécessitant une permission spéciale (*voy. les art.* 9, 14, 15 *et* 16) ne peuvent être commencés qu'après une permission du directeur des fortifications, s'il s'agit de constructions comprises dans un polygone exceptionnel, et, dans les autres cas, qu'après une permission du ministre. Le propriétaire doit, dans tous les cas, s'engager à démolir sans indemnité, ainsi qu'il a été dit plus haut. Toute permission spéciale dont il n'a point été fait usage dans le délai d'un an est considérée comme nulle et non avenue. (*D.* 1853, *art.* 27 à 29.)

17. Indépendamment des zones de servitudes, il y a la zone des fortifications ou terrain militaire. La zone des fortifications s'étend depuis la limite intérieure de la rue militaire ou du rempart jusqu'aux lignes qui terminent le glacis, et comprend, s'il y a lieu, les terrains extérieurs annexes de la fortification. Elle est inaliénable et imprescriptible et les constructions particulières y sont prohibées. (*D.* 1853, *art.* 22.)

18. Toutefois s'il arrive que des constructions, qui existaient au moment où la rue militaire est établie, empiètent sur la limite intérieure de la rue, les propriétaires ne peuvent être troublés dans leur jouissance : mais dans le cas de démolition de leurs maisons, bâtisses ou clôtures pour une cause quelconque, ils sont tenus de se reculer sur l'alignement fixé. Dès que les emplacements ainsi occupés par des particuliers cessent d'être bâtis ou clos, ils sont réunis de plein droit à la fortification, sans qu'il soit besoin d'un décret déclaratif d'utilité publique, et les particuliers sont indemnisés à raison de la valeur du sol, s'ils justifient qu'ils en sont possesseurs à titre légitime. (*D.* 1853, *art.* 24.)

19. Les opérations relatives au bornage et à l'homologation du plan de circonscription du terrain militaire, sont les mêmes que celles qui ont pour objet la délimitation des zones de servitudes. (*D.* 1853, *art.* 25.)

20. Les règles relatives à la répression des contraventions aux lois sur les servitudes défensives sont écrites dans les art. 40 à 49 du décret du 10 août 1853. Les gardes du génie et d'artillerie, ainsi que les gardiens de batterie (*L.* 21 *mai* 1858) dûment assermentés, recherchent et constatent les contraventions. A cet effet, ils dressent des procès-verbaux qui font foi jusqu'à inscription de faux. Ces procès-verbaux doivent être affirmés, dans les 24 heures, devant le juge de paix ou le maire du lieu où la contravention a été commise ; notification en est faite au contrevenant, avec sommation de suspendre sur-le-champ les travaux indûment entrepris et de rétablir les lieux dans l'état où ils étaient avant la contravention.

21. Si dans les 24 heures le contrevenant n'a pas interrompu les travaux commencés, le chef du génie en informe le directeur des fortifications. Celui-ci transmet l'acte de notification au préfet, qui convoque d'urgence le conseil de préfecture, à l'effet de prononcer immédiatement la suspension des travaux, nonobstant toute inscription de faux. Dans les 24 heures qui suivent le jugement, le préfet adresse au directeur des fortifications une expédition de l'arrêté du conseil de préfecture. Cet arrêté est notifié au contrevenant et dès le lendemain, l'exécution en est assurée au besoin par la force publique.

22. Dans le cas où le contrevenant ne rétablit pas les lieux dans leur état primitif, le directeur des fortifications adresse au préfet un mémoire, avec plan à l'appui, tendant à obtenir que le conseil de préfecture prononce la répression de la contravention. Ce mémoire est notifié au contrevenant en la forme administrative, avec citation devant le conseil de préfecture et sommation de présenter ses moyens de défense dans le délai d'un mois. Sauf le cas d'inscription de faux, le conseil de préfecture statue dans le mois suivant.

23. L'arrêté du conseil de préfecture, dans les huit jours au plus tard de sa date, est adressé par le préfet au directeur des fortifications. Si l'arrêté ne fait pas droit aux conclusions de l'autorité militaire, le directeur en réfère immédiatement au ministre de la guerre. Dans le cas con-

traire, il fait notifier l'arrêté au contrevenant, avec sommation de démolir les travaux et de rétablir les lieux dans le délai fixé par le conseil de préfecture. A l'expiration du délai, l'exécution du jugement peut avoir lieu par l'intervention de la force armée.

24. Outre la démolition à leurs frais des ouvrages indûment exécutés, les contrevenants encourent, selon les cas, les peines applicables aux contraventions analogues en matière de grande voirie, conformément à l'art. 13 de la loi du 17 juillet 1819. L'action publique, en ce qui concerne la peine de l'amende qui serait prononcée par application de l'arrêt du Conseil du 27 février 1765, est prescrite après une année révolue, à compter du jour où la contravention a été commise. Mais l'action principale à l'effet de faire prononcer la démolition des travaux indûment entrepris, est imprescriptible, dans l'intérêt toujours subsistant de la défense de l'État.

F. ROZE.

SIÉGE (ÉTAT DE). *Voy.* **État de paix, de siége,** etc.

SIGNALEMENT. On appelle ainsi la description de tous les caractères et signes extérieurs qui distinguent une personne et peuvent servir à la faire reconnaître. Le signalement d'un criminel évadé ou d'un individu sous le coup d'un mandat d'arrestation, qui s'est dérobé à l'action de la justice, est transmis, aussi exactement que possible, aux agents qui ont la mission de le rechercher. On ne délivre aucun passe-port, aucun permis de port d'armes, sans que ces actes ne contiennent le signalement de ceux qui doivent s'en servir. Il en est de même pour les passes délivrées aux réfugiés. Mais les passe-ports dits *de cabinet,* destinés aux agents diplomatiques et aux personnes chargées d'une mission du Gouvernement, ne contiennent pas de signalement.

On commence à remplacer le signalement par une photographie, seulement ce moyen, excellent en soi-même, n'est pas toujours applicable.

SIGNATURE. 1. En règle générale, la signature d'un magistrat, d'un officier public, apposée au bas d'un acte, a pour effet de certifier la véracité de cet acte, de le rendre valable, de lui donner le caractère d'authenticité nécessaire.

2. La loi présume que la signature de l'officier public est connue de tout le monde ; mais, comme cette présomption, établie dans les vues d'ordre public n'est, à proprement parler, qu'une fiction et que, si l'effet en était porté trop loin, la société pourrait en éprouver des préjudices, le législateur a exigé que l'on recourût à la formalité de la *légalisation* toutes les fois que l'acte servirait hors du ressort de l'officier public qui l'aurait signé. (*Voy.* **Légalisation.**)

3. Les règles tracées en ce qui concerne la signature des actes administratifs sont trop nombreuses pour que nous puissions les résumer ici. Nous nous bornerons seulement à en signaler quelques-unes.

4. Une circulaire du ministre des travaux publics du 26 décembre 1840 veut que, dans les contrats administratifs où figure une partie qui ne sait pas signer, l'identité de cette partie soit constatée, non par des témoins, mais par un conseiller de préfecture.

5. Le procès-verbal de la délibération du conseil municipal doit être signé par les membres présents, par le maire, comme président, et par le secrétaire qui rédige ce procès-verbal. Si le maire et le secrétaire, ou l'un des deux, refusaient de signer cette pièce, le conseil pourrait prendre une délibération pour suppléer à ces formalités, dont l'absence ne peut être une cause de nullité des décisions prises dans la séance. Le refus que ferait la minorité du conseil de signer sur le procès-verbal ne saurait non plus être une cause de nullité de la délibération. Ce refus devrait seulement être constaté par le secrétaire.

6. Les arrêtés des conseils de préfecture doivent être en général revêtus de la signature de tous les membres qui y ont concouru (*Arr. du C.* 22 *févr.* 1821). Néanmoins la signature du président suffirait pour les rendre valables (*Arr. du C.* 1825), si les arrêtés ne laissaient, du reste, aucun doute sur la régularité de la composition du conseil. (*Voy. aussi le mot* Paraphe.)

SIGNES DE RALLIEMENT. Nous entendons par ces mots tous les emblèmes séditieux arborés publiquement dans le but de provoquer le désordre.

Aux termes de la loi du 25 mars 1822, le port public de tous les signes extérieurs de ralliement non autorisés, l'exposition dans les lieux publics, la distribution ou la mise en vente de tous les signes ou symboles destinés à propager l'esprit de rébellion ou à troubler la paix publique, sont punis d'un emprisonnement de quinze jours à deux ans et d'une amende de 100 à 4,000 fr.

Si le port de drapeaux ou autres signes de ralliement a eu lieu dans un mouvement insurrectionnel, pour provoquer ou faciliter le rassemblement des insurgés, les coupables sont punis de la détention. (*L.* 24 *mai* 1834, *art.* 9.) [*Voy.* **Émeute.**]

SIGNIFICATION. 1. Acte ayant pour but de donner légalement connaissance d'une pièce, d'une décision, d'un jugement ou d'un acte quelconque.

2. Dans l'organisation judiciaire, les huissiers ont été expressément institués pour faire toutes les significations d'actes. Mais en matière administrative, on manque d'agents revêtus spécialement à cet effet d'un caractère officiel ; on ne dispose guère que des gardes champêtres et des gendarmes, dont les pouvoirs ne sont toutefois pas encore bien définis. Aussi l'administration a-t-elle ordinairement recours au ministère des huissiers.

3. En procédure, on distingue les *significations à partie* et les *significations à avoué.* Ces dernières ont pour objet de mettre en rapport les divers avoués constitués dans une même cause et ne sont, pour ainsi dire, assujetties à aucune formalité ; il suffit que l'huissier constate qu'il a fait remise de l'acte. Les *significations à partie,* nommées aussi *significations à domicile,* sont, au contraire, soumises à des règles rigoureuses dont l'observation est le plus ordinairement prescrite à peine de nullité. Ainsi l'acte n'est valable qu'autant que l'huissier en fait la remise à la **partie** elle-même, dans ses propres mains, ou à *son domicile* entre les mains d'une personne ayant qualité pour la recevoir. Cette remise ne peut être faite : 1° depuis le 1er octobre jusqu'au 31 mars, avant six heures du matin et après six heures du soir ; 2° depuis le 1er avril jusqu'au 30 septembre, avant quatre heures du matin et après neuf heures du soir.

4. Toutes significations faites à des personnes publiques préposées pour les recevoir, doivent être visées par elles, sans frais, sur l'original. En cas de refus, l'original est visé par le procureur de la République près le tribunal de première instance de leur domicile. Les refusants peuvent être condamnés, sur les conclusions du ministère public, à une amende qui ne peut être moindre de 5 fr. (*C. de Pr., art.* 1039.)

SINISTRES (Secours spéciaux en cas de). **1.** L'art. 4 de la loi du 9 germinal an V (29 mars 1797) portait que les *centimes* ou *sous* additionnels de la contribution foncière formeraient une masse commune à tous les départements de la France, destinée aux indemnités dues aux cantons dévastés par la grêle, les incendies et autres accidents.

2. Aux termes de la loi du 10 prairial an V (29 mai 1797), le ministre de l'intérieur devait employer en indemnités pour incendies, inondations, etc., le quart des sommes mises annuellement à sa disposition.

3. La loi du 19 vendémiaire an VI (10 octobre 1797) a décidé (*art.* 31) que les 15 millions qui, aux termes de la loi du 9 germinal an V, sont pris sur les accessoires ou centimes additionnels de la contribution foncière, doivent subvenir aux secours à accorder au pays et aux citoyens ravagés par la grêle, les inondations, les incendies et épizooties.

4. La loi du 11 frimaire an VII (1er décembre 1798), l'arrêté consulaire du 24 floréal an VIII (14 mai 1800), la loi du 21 ventôse an IX (12 mars 1801), celle du 7 brumaire an X (29 octobre 1801) et celle du 3 germinal an X (24 mars 1802) contiennent les mêmes dispositions.

5. Ce n'est qu'à partir de 1819 que les lois de finances ont alloué annuellement au Gouvernement un fonds qui est le produit d'un centime spécial additionnel au montant des contributions foncière, personnelle et mobilière. Ce crédit, connu sous le titre de *secours spéciaux pour pertes matérielles et événements malheureux,* est commun à tous les départements de la France et destiné à venir en aide aux habitants nécessiteux et non assurés, victime de pertes résultant d'incendies, épizooties, orages, grêle, gelées, accidents divers, inondations et blessures ou morts accidentelles.

6. L'allocation des secours a souvent varié. Les pertes dites totales, c'est-à-dire celles résultant d'incendies, épizooties et accidents divers, tels que l'écroulement des maisons, etc., étaient, à partir de 1819, l'objet d'une allocation de 6, 5 et 4 p. 100, suivant qu'elles ne dépassaient pas 20,000 fr. ou qu'elles atteignaient 40,000 fr.

Les pertes dites temporaires, c'est-à-dire celles résultant d'orages, grêle, gelées et inondations, et ne frappant que le revenu, motivaient une allocation de 3 et de 2¹/₂ p. 100.

7. À partir de 1846, la proportion des secours a été, pour toute nature de sinistre, de 5 p. 100 pour les pertes en capital et 2¹/₂ pour les pertes en revenu. En 1851, le taux des secours a été rendu uniforme pour toutes les pertes tant en capital qu'en revenu. Le taux était, à cette époque, de 6

p. 100 ; à partir de 1869, il a été abaissé à 5, et, depuis 1874, il est à 4 p. 100.

La proportion est fixée, chaque année, par un arrêté ministériel, d'après le chiffre des ressources et d'après les dépenses indiquées par la moyenne des années antérieures.

8. Quant aux allocations accordées aux ouvriers pour blessures, ou aux veuves pour la perte de leurs maris, elles sont fixées d'après une note du préfet faisant connaître la durée de l'incapacité de travail, la gravité de la blessure, les charges de famille de la veuve, au moyen de certificats du maire et du médecin.

Toutefois ces allocations ne peuvent dépasser le chiffre de 200 fr.

9. La constatation des dommages, d'après une circulaire ministérielle du 24 décembre 1850, relatant les principales prescriptions de l'arrêté consulaire du 24 floréal an VIII, est faite pour les pertes de bestiaux par les vétérinaires brevetés, et pour les autres pertes par les agents des contributions directes ou, à leur défaut, par une commission d'experts nommée par le préfet et dont le travail est contrôlé par le maire du canton ou le sous-préfet de l'arrondissement.

10. A ce crédit est attachée une condition de spécialité d'exercice, par suite de laquelle un secours ne peut être accordé pour d'autres pertes ou accidents que ceux survenus pendant la durée de l'année qui donne son millésime audit exercice.

11. Conformément aux dispositions de la loi de finances du 21 juin 1826, le crédit des secours spéciaux jouit de la faculté de report et s'accroît du montant des fonds restés disponibles sur l'avant-dernier exercice. Les droits constatés, mais non suivis de paiement pendant la durée de l'exercice, peuvent être reproduits et acquittés sur les exercices suivants, pendant une durée de cinq ans.

12. Le crédit du centime spécial s'est élevé, en 1874, à 2,178,000 fr. ; en 1875, à 2,200,000 fr. ; en 1876, à 2,209,000 fr. Ce crédit peut s'accroître, en vertu de la loi du 21 juin 1826, des fonds non employés de l'avant-dernier exercice.

PORLIER [1].

1. Mis à jour par B.

SOCIÉTÉS A CAPITAL VARIABLE. 1. Les sociétés à capital variable ont été organisées par la loi du 24 juillet 1867. Elles ont pour origine les sociétés coopératives qui s'étaient formées entre ouvriers, depuis un certain nombre d'années, sous le nom de sociétés de consommation, de crédit mutuel et de production. L'obstacle que rencontrait, dans les lois générales, la création des associations ouvrières, était surtout la fixité du capital et l'impossibilité de modifier cet élément important sans une liquidation ruineuse pour des intérêts modestes. La loi de 1867 a eu pour objet de lever cet obstacle ; aux termes de l'art. 48, « il peut être stipulé dans les statuts de toute société, que le capital social sera susceptible d'augmentation par des versements successifs faits par les associés ou l'admission d'associés nouveaux, et de diminution par la reprise totale ou partielle des apports effectués ». Il est à remarquer que les termes de cet article sont généraux et s'appliquent à toute société, tandis que

le projet de loi parlait uniquement des sociétés de coopération.

2. Les sociétés à capital variable peuvent se constituer sous la forme de société en nom collectif, de société anonyme, de commandite simple ou de commandite par actions. En principe, elles sont soumises aux règles particulières à la société dont elles ont pris la forme ; mais ce principe subit des exceptions, dont les unes constituent des faveurs accordées aux sociétés à capital variable, les autres des précautions prises contre les abus que pourraient engendrer les facilités mêmes qui leur étaient données.

3. Parlons d'abord des premières : 1° Quand la société est formée par actions, le taux de l'action peut être fixé à 50 fr., mais sans pouvoir être inférieur à ce chiffre ; 2° le versement du dixième suffit pour la constitution définitive de la société ; 3° de nouveaux associés peuvent être admis. Chaque associé peut se retirer quand il le juge convenable, à moins de conventions contraires. Par suite, la société n'est pas dissoute par la mort, la retraite, l'interdiction, la faillite ou la déconfiture de l'un des associés. En cas de retraite d'un associé, la loi n'exige pas de publication nouvelle, sauf le cas où l'associé serait un gérant ou un administrateur.

Toutefois une restriction est apportée au droit qu'ont les associés de se retirer : les statuts doivent, en effet, déterminer une somme au-dessous de laquelle le capital ne pourra être réduit par la reprise des apports. Cette somme ne peut être inférieure au dixième du capital social.

Enfin, l'associé qui cesse de faire partie de la société, soit par l'effet de sa volonté, soit par suite d'une décision de l'assemblée générale (*art.* 52), reste tenu pendant cinq ans, envers les associés et les tiers, de toutes les obligations existant au moment de sa retraite.

4. Venons maintenant aux précautions prises par la loi. Elles sont au nombre de trois : 1° Il est essentiel que le public connaisse exactement la nature de la société. A cet effet, l'extrait de l'acte constitutif de la société, qui doit être publié conformément aux art. 56 et suivants de la loi de 1867, doit contenir l'indication de la somme au-dessous de laquelle le capital social ne peut être réduit. Mention de la nature de la société doit être faite dans tous actes, factures, annonces, etc. (*art.* 64). 2° Lorsque la société est formée par actions, les actions ou coupons d'actions restent nominatifs, même après leur entière libération. En proscrivant la forme du titre au porteur, la loi a voulu rendre plus difficile la spéculation sur les titres des sociétés à capital variable. De plus, les statuts peuvent donner, soit au conseil d'administration, soit à l'assemblée générale, le droit de s'opposer au transfert. 3° Le capital social fixé par les statuts constitutifs de la société ne peut excéder 200,000 fr., mais il peut être augmenté par des délibérations de l'assemblée générale prises d'année en année, chacune des augmentations ne pouvant être supérieure à 200,000 fr.

5. Quelle que soit sa forme, la société est valablement représentée en justice par ses administrateurs. Cette disposition a pour objet de prévenir la controverse qui aurait pu s'élever sur la personnalité morale de la société, au cas où la société serait une société civile.

FERDINAND ROZE.

BIBLIOGRAPHIE.

Voy. **Sociétés anonymes.**

SOCIÉTÉS ANONYMES. 1. La société anonyme est ainsi appelée parce qu'elle n'est désignée par le nom d'aucun des associés : elle est qualifiée par la désignation de l'objet de son entreprise.

SOMMAIRE.

CHAP. I. — HISTORIQUE.

2. La société anonyme était connue avant la promulgation du Code de commerce : cependant elle n'a rien de commun avec la société que l'on désignait de ce nom sous le régime de l'ordonnance de 1673 et dont SAVARY donnait la définition suivante : « La société anonyme s'appelle ainsi parce qu'elle est sans nom et qu'elle n'est connue de personne, comme n'important en aucune façon au public. Tout ce qui se fait, achat ou vente, ne regarde que les associés, *chacun en droit soi*, en sorte que celui des associés qui achète s'oblige seul et paie au vendeur ; celui qui vend reçoit de l'acheteur..... Il y a de ces sociétés verbales ; d'autres sont formées par écrit ; d'autres résultent de lettres missives. Il n'y a souvent qu'un seul article et la société finit le jour même où elle est faite. »

3. Les véritables sociétés anonymes étaient celles qui ne portaient pas ce nom, mais qui étaient constituées par des actes spéciaux du Gouvernement ; par exemple, les compagnies des Indes orientales et occidentales et d'autres sociétés privilégiées. Là le but à atteindre était, comme dans les sociétés anonymes actuelles, assez important pour exiger les efforts communs d'un grand nombre d'associés et le concours de nombreux capitaux. En outre, une partie des règles actuellement en vigueur avaient été posées dès cette époque ; ainsi le fonds social était divisé en actions : on ne pouvait sortir de la société qu'en vendant ses actions ; enfin, à quelque titre qu'on fût engagé dans l'entreprise, on n'était tenu que jusqu'à concurrence des sommes pour lesquelles on s'était engagé.

4. Les désastres de la compagnie fondée par Law portèrent un coup funeste à ces sociétés ; plus tard, sous la première République, elles furent vues avec défaveur, supprimées, et il fut défendu d'en établir de nouvelles (*L.* 26-29 *germ. an II.*) Cette interdiction fut levée par la loi du 30 brumaire an IV. Dès lors beaucoup d'associations furent créées ; mais l'absence de règlement donna lieu à de nombreux abus et le législateur dut intervenir pour fixer le régime des sociétés anonymes. Ce fut l'œuvre du Code de commerce.

5. Sous l'empire du Code de commerce, la société anonyme ne pouvait exister qu'avec l'auto-

risation du Gouvernement et avec son approbation pour l'acte qui la constituait. Cette approbation devait être donnée dans la forme prescrite pour les règlements d'administration publique. La nécessité de l'autorisation a été maintenue d'une façon absolue jusqu'en 1863 ; on pensait alors que l'autorisation et la surveillance du Gouvernement donnaient aux capitaux une entière sécurité et offraient aux tiers les garanties les meilleures. C'est sous la forme de l'anonymat autorisé que se sont constituées un grand nombre des compagnies importantes, notamment les compagnies fondées pour la construction et l'exploitation des chemins de fer. Mais l'expérience prouva que le succès des grandes compagnies étaient dus plutôt à la forme anonyme prise en elle-même qu'à l'autorisation et à la surveillance du Gouvernement. Cette autorisation avait d'ailleurs l'inconvénient d'entraîner des lenteurs souvent préjudiciables et de faire peser sur l'¶ une responsabilité dangereuse, le public n'était que trop disposé à voir dans l'examen préalable du Gouvernement un gage assuré de succès pour les opérations de la société.

6. Ces considérations amenèrent le législateur à affranchir les sociétés anonymes de la nécessité de l'autorisation. Un premier pas fut fait dans cette voie par la loi du 23 mai 1863 ; cette loi permettait aux sociétés dont le capital social ne devait pas dépasser 20 millions de francs, de se former sans autorisation. La garantie des tiers consistait dans la réglementation établie par la loi pour les sociétés nouvelles qui prenaient le nom de sociétés à responsabilité limitée.

7. La loi du 23 mai 1863 fut abrogée par la loi du 24 juillet 1867, dont l'art. 21 porte : « A l'avenir, les sociétés anonymes pourront se former sans l'autorisation du Gouvernement. » Toutefois, en posant cette règle, la loi a réservé les droits acquis par les sociétés autorisées, avant sa promulgation ; aux termes de l'art. 46, « les sociétés anonymes actuellement existantes continueront à être soumises, pendant toute leur durée, aux dispositions qui les régissent. Elles pourront se transformer en sociétés anonymes dans les termes de la présente loi, sans obtenir l'autorisation du Gouvernement et en observant les formes prescrites pour la modification de leurs statuts. »

8. D'autre part, une restriction a été apportée par l'art. 66 au régime de liberté établi par la loi. D'après cet article, les associations de la nature des **tontines** et les sociétés d'assurances sur la vie, mutuelles ou à primes, restent soumises à l'autorisation et à la surveillance du Gouvernement. Les motifs qui ont déterminé le législateur à maintenir la nécessité de l'autorisation pour les tontines, sont ceux qui étaient exposés dans le préambule de l'avis du Conseil d'État du 1er avril 1809 : « Une association de la nature des tontines sort évidemment de la classe commune des transactions entre citoyens. La nature de ces établissements, qui ne permet aux associés aucun moyen efficace et réel de surveillance, leur durée toujours inconnue et qui peut se prolonger pendant un siècle, la foule de personnes de tout état, de tout sexe, de tout âge qui y prennent des intérêts, le mode dont ces associations se forment, les chances sur lesquelles repose la combinaison et que ne peuvent guère apprécier les petits capitaux appelés à y prendre part, tout cela exclut une liberté qui pourrait trop facilement être dangereuse. » Les sociétés d'assurances sur la vie, mutuelles ou à primes, présentent à peu près les mêmes caractères. (Voy. **Assurances et Tontines.**)

9. Quant aux sociétés d'assurances autres que celles sur la vie, le législateur s'est arrêté à un moyen terme entre le régime de la liberté et celui de l'autorisation. L'art. 66, § 2, porte qu'elles pourront se former sans autorisation, mais qu'un règlement d'administration publique déterminera les conditions sous lesquelles elles pourront être constituées. Ce règlement est intervenu à la date du 22 janvier 1868.

10. Enfin l'art. 67 contient une disposition transitoire : « Les sociétés d'assurances désignées dans le § 2 de l'article précédent, qui existent actuellement, pourront se placer sous le régime qui sera établi par le règlement d'administration publique, sans l'autorisation du Gouvernement, en observant les formes et les conditions prescrites pour la modification de leurs statuts. » Ainsi tandis que pour la conversion d'une société anonyme ancienne en société anonyme nouvelle, l'autorisation du Gouvernement est nécessaire, pour la conversion des sociétés d'assurances l'autorisation n'est pas exigée.

11. Toutefois l'exposé des motifs et le rapport disaient, en termes formels, que la disposition de l'art. 67 ne s'appliquait pas aux sociétés d'assurances qui auraient été constituées sous la forme anonyme. Pour celles-là, elles devaient être régies par l'art. 46 et ne pourraient dès lors se transformer qu'avec l'autorisation du Gouvernement. Malgré ces explications, le Conseil d'État, à la date du 10 octobre 1872, a exprimé l'avis qu'une société d'assurances mutuelles qui, avant la loi de 1867, était soumise par la jurisprudence administrative à la nécessité de l'autorisation, comme les sociétés anonymes, pouvait opérer sa transformation sans l'autorisation du Gouvernement, sous la seule condition de se conformer aux prescriptions de ses statuts et d'adopter le régime institué par le décret du 22 janvier 1868. Le Conseil a considéré que la généralité des dispositions des art. 66 et 67 n'est infirmée par celles de l'art. 46 qu'en ce qui touche les sociétés d'assurances à primes fixes, les seules qui se fussent constituées en sociétés anonymes proprement dites avant la loi de 1867.

CHAP. II. — CARACTÈRES DE LA SOCIÉTÉ ANONYME.

12. Les caractères distinctifs de la société anonyme sont les suivants : 1° elle n'a pas de raison sociale ; elle est qualifiée uniquement par la désignation de l'objet de son entreprise : 2° la division du capital social en actions, facultative pour les sociétés en commandite, est obligatoire pour les sociétés anonymes ; 3° les associés, même ceux qui sont administrateurs de la société, n'encourent pas une responsabilité illimitée ; ils ne sont tenus que jusqu'à concurrence de leur intérêt dans l'entreprise et sont passibles seulement de la perte de leurs mises ; 4° l'administration ne peut être confiée qu'à des associés.

13. Nous n'avons pas à exposer ici les opéra-

tions purement commerciales des sociétés anonymes, émissions d'actions et d'obligations, amortissement, distribution des dividendes, etc. Nous nous bornerons à indiquer les principales règles relatives à la constitution, à l'administration, à la dissolution des sociétés anonymes.

CHAP. III. — CONSTITUTION.

14. Les conditions constitutives de la société anonyme sont les suivantes : 1° *acte écrit*. D'après l'art. 40 du Code de commerce, la société anonyme ne pouvait être formée que par acte public. Cet article a été abrogé par l'art. 21 de la loi du 24 juillet 1867, aux termes duquel la société peut, quel que soit le nombre des associés, être formée par un acte sous seing privé fait en double original.

15. 2° *Existence de 7 associés au moins*. L'art. 23 de la loi du 24 juillet 1867, qui porte que la société ne peut être constituée si le nombre des associés est inférieur à 7, est la reproduction textuelle de l'art. 2 de la loi du 23 mai 1863, emprunté lui-même à la loi anglaise du 14 juillet 1856. Le législateur a vu dans la fixation de ce minimum une garantie offerte au public de l'importance réelle de la société.

16. 3° *Taux de l'action*. La société ne peut diviser son capital en actions ou coupons d'actions de moins de 100 fr. lorsque le capital n'excède pas 200,000 fr., et de moins de 500 fr. lorsqu'il est supérieur. La pensée de la loi a été d'empêcher que les fondateurs des sociétés anonymes, en abaissant le taux des actions, ne s'adressassent à ceux qui ont réalisé de petites économies et que l'appât du gain aurait pu entraîner dans des spéculations dangereuses.

17. 4° *Souscription de la totalité du capital social et versement du quart*. Cette règle est destinée à prévenir le danger que pourrait présenter le fonctionnement d'une société dont une partie seulement du capital aurait été souscrite ; pareille société aurait commencé ses opérations au risque d'être bientôt obligée de liquider. Si la loi n'exige que le versement du quart, c'est que souvent, au début d'une opération, on n'a pas besoin de la totalité des fonds, et que d'autre part la nécessité d'un versement intégral eût présenté de trop grandes difficultés. Le quart est formé au moyen du versement, par chaque actionnaire, du quart des actions par lui souscrites. La nullité de la société, pour défaut de souscription intégrale des actions, et du versement effectif du quart desdites actions, est applicable aux augmentations ultérieures du capital social.

18. 5° *Déclaration notariée et vérification de sa sincérité*. L'art. 24 de la loi de 1867 impose aux fondateurs de la société anonyme l'obligation de faire constater, par acte notarié, la souscription et les versements. A cette déclaration sont annexés la liste des souscripteurs, l'état des versements effectués, l'un des doubles de l'acte de société s'il est sous seing privé, et une expédition s'il est notarié et s'il a été passé devant un notaire autre que celui qui a reçu la déclaration. La déclaration est soumise, avec pièces à l'appui, à la première assemblée générale, qui en vérifie la sincérité.

19. 6° *Conditions relatives à la négociabilité*

de l'action. Tant que l'action ou les actions ne sont pas entièrement libérées, on ne délivre aux souscripteurs qu'un titre provisoire, connu sous le nom de promesse d'action, titre qui est échangé contre un titre définitif, après versement intégral des valeurs souscrites. Aux termes de l'art. 2 de la loi de 1867, « les actions ou coupons d'actions sont négociables après le versement du quart ». On entend par négociation d'une action la transmission de cette action par la voie commerciale, soit au moyen d'un transfert sur les registres de la société, soit par endossement pour les actions à ordre, soit par vente à la Bourse. Pour que les actions soient négociables, il ne suffit pas que celles qu'on veut négocier aient été l'objet du versement prescrit ; il faut encore que ce versement ait eu lieu pour toutes les actions, la société n'étant pas jusque-là valablement constituée. Bien qu'elles ne soient pas négociables, les actions peuvent faire l'objet d'une cession suivant les modes prévus par le droit civil ; elles sont susceptibles d'aliénation forcée.

20. 7° *Conditions relatives à la conversion des actions en actions au porteur et à la responsabilité du souscripteur qui a aliéné.* Avant la loi de 1867, les actions devaient rester nominatives jusqu'à ce qu'elles fussent entièrement libérées. La loi de 1867 permet leur conversion en actions au porteur dès qu'elles seront libérées de moitié, mais à la condition que la conversion soit autorisée par une clause formelle des statuts et qu'elle soit approuvée par une délibération de l'assemblée générale des actionnaires. Soit que les actions restent nominatives après cette délibération, soit qu'elles aient été converties en actions au porteur, les souscripteurs primitifs qui ont aliéné les actions et ceux auxquels ils les ont cédées avant le versement de moitié, restent tenus au paiement du montant de leurs actions pendant un délai de deux ans, à partir de la délibération de l'assemblée générale.

21. 8° *Vérification et approbation des apports et des avantages particuliers.* Aux termes de l'art. 4 de la loi de 1867, lorsqu'un associé fait un apport qui ne consiste pas en numéraire, ou stipule à son profit des avantages particuliers, la première assemblée générale fait apprécier la valeur de l'apport ou la cause des avantages stipulés. La société n'est définitivement constituée qu'après l'approbation de l'apport ou des avantages, donnée par une autre assemblée générale après une nouvelle convocation. Cette assemblée ne peut statuer qu'après un rapport imprimé et tenu à la disposition des actionnaires cinq jours au moins avant sa réunion. La délibération est prise par la majorité des actionnaires présents. Cette majorité doit comprendre le quart des actionnaires et représenter le quart du capital social en numéraire. Les associés qui ont fait l'apport ou stipulé des avantages soumis à l'appréciation de l'assemblée n'ont pas voix délibérative. A défaut d'approbation, la société reste sans effet à l'égard de toutes les parties. L'approbation ne fait pas obstacle à l'exercice ultérieur de l'action qui peut être intentée pour cause de fraude ou de vol. Ces dispositions ne sont pas applicables au cas où la société à laquelle est fait l'apport, est formée entre ceux seulement qui en étaient propriétaires par indivis.

22. 9° *Nomination des premiers administrateurs et des premiers commissaires.* L'assemblée générale des actionnaires, convoquée, à la diligence des fondateurs de la société, postérieurement à l'acte qui constate la souscription du capital social et le versement du quart du capital, nomme les premiers administrateurs, et, pour la première année, les commissaires de surveillance. Le procès-verbal de la séance constate leur acceptation ; la société est constituée à partir de cette acceptation.

23. *Quelle est la sanction des dispositions qui précèdent ?* C'est d'abord la nullité de la société ; cette nullité est opposable entre associés, mais peut-elle être opposée par les associés aux tiers ? Si la loi est muette sur ce point, il est conforme à son esprit de décider que les actionnaires, lesquels sont au moins coupables de négligence, ne peuvent opposer la nullité aux tiers.

24. Une seconde sanction consiste en des dommages-intérêts dont peuvent être tenus les fondateurs auxquels la nullité est imputable, les administrateurs en fonctions au moment où la nullité a été encourue, enfin ceux des associés dont les apports ou les avantages n'auraient pas été vérifiés et approuvés conformément à l'art. 24. Cette responsabilité existe à l'égard tant des créanciers de la société que des actionnaires. Toutefois, pour que l'actionnaire ait droit à des dommages-intérêts, il faut que lui-même ne soit pas en faute, et en second lieu que le préjudice qui lui est causé provienne de la mauvaise constitution de la société.

25. Enfin, la loi contient dans ses art. 13, 14, 15 et 16, applicables aux sociétés anonymes, certaines dispositions pénales que nous nous bornons à signaler.

26. *Publicité.* Les formalités relatives à la publicité de l'acte de société sont tracées dans les art. 55 et suivants de la loi de 1867. Elles consistent : 1° dans le dépôt au greffe de la justice de paix et à celui du tribunal de commerce d'un double de l'acte constitutif, s'il est sous seing privé, ou d'une expédition, s'il est notarié, avec pièces à l'appui ; 2° dans la publication d'un extrait de l'acte constitutif et des pièces annexées, dans un journal d'annonces légales. L'inobservation de ces formalités entraîne la nullité de la société, nullité qui n'est pas opposable aux tiers. Toute personne a le droit de prendre communication des pièces déposées aux greffes, lesquelles d'ailleurs doivent être affichées d'une manière apparente dans les bureaux de la société, et d'exiger qu'il lui soit délivré, au siège de la société, une copie certifiée des statuts, moyennant une somme qui ne peut excéder 1 fr.

27. Doivent également être rendus publics tous actes et délibérations ayant pour objet la modification des statuts, la continuation de la société au delà du terme fixé pour sa durée, sa dissolution avant le terme, etc. Enfin dans tous les actes, factures, annonces, etc., émanés des sociétés anonymes, la dénomination sociale doit toujours être précédée ou suivie des mots « société anonyme » et de l'énonciation du montant du capital social, sous peine d'une amende de 50 à 1,000 fr.

CHAP. IV. — ADMINISTRATION.

28. Il y a trois éléments dans l'administration des sociétés anonymes : 1° les administrateurs ; 2° les commissaires de surveillance ; 3° les assemblées d'actionnaires.

29. *Administrateurs.* Le pouvoir d'administrer les intérêts communs appartient en principe à l'ensemble des actionnaires; mais comme il ne peut s'exercer autrement que par délégation, ce pouvoir est confié à un ou plusieurs mandataires.

30. Sous l'empire du Code de commerce, les statuts déterminaient le mode de nomination et de révocation des administrateurs; c'était à défaut de clauses particulières, qu'ils étaient nommés par l'assemblée générale des actionnaires. La loi de 1867, comme la loi de 1863, confère le droit de nomination, pour les premiers administrateurs, à l'assemblée générale, dont il a été parlé plus haut, et, pour les autres, à l'assemblée générale annuelle. Mais, à la différence de la loi de 1863, la loi de 1867 permet que les premiers administrateurs soient désignés par les statuts, sans que leur nomination soit soumise à l'approbation de l'assemblée générale. Il a paru juste et utile de permettre aux fondateurs de la société de choisir ceux qui devront diriger ses débuts.

31. Sous l'empire du Code, la durée des fonctions était fixée par les statuts : toutefois les administrateurs étaient nécessairement nommés à temps et révocables. La loi du 23 mai 1863 a fixé à six années la durée des fonctions, les administrateurs sortants étaient rééligibles à moins de clauses contraires. La loi de 1867 a maintenu cette règle, sauf le cas où les premiers administrateurs sont désignés par les statuts ; ils ne peuvent alors être nommés pour plus de trois ans. Dans tous les cas, les administrateurs peuvent être révoqués par l'assemblée des actionnaires. La clause qui les déclarerait irrévocables serait nulle.

32. D'après l'art. 31 du Code de commerce, les administrateurs pouvaient être pris parmi les associés ou en dehors des membres de la société. La loi de 1867, reproduisant une disposition de la loi de 1863, ne permet de les prendre que parmi les associés, mais tandis que la loi de 1863 exigeait qu'ils fussent propriétaires, par parts égales, du vingtième du capital social, la loi de 1867 laisse aux statuts le soin de déterminer le nombre d'actions dont les administrateurs devront être propriétaires. Ces actions sont affectées en totalité à la garantie de tous les actes de la gestion, même de ceux qui seraient exclusivement personnels à l'un des administrateurs. Elles sont nominatives, inaliénables, frappées d'un timbre indiquant l'inaliénabilité et déposées dans la caisse sociale.

33. Les administrateurs peuvent recevoir un salaire. Ils peuvent choisir parmi eux un directeur chargé de l'administration d'une manière permanente, et de la gestion duquel ils ne sont responsables que sur les actions de garantie. Ils peuvent également, si les statuts le permettent, se substituer un mandataire, même étranger à la société, et ils sont personnellement responsables des fautes de ce mandataire envers elle.

34. Les pouvoirs des administrateurs sont réglés par les statuts, et, dans le silence des statuts, d'après les principes généraux du mandat.

35. Les administrateurs sont responsables, envers la société ou envers les tiers, des infractions aux dispositions de la loi de 1867, et des fautes qu'ils auraient commises dans leur gestion (mauvais choix des employés, distribution de dividendes fictifs, publication d'un rapport mensonger sur la situation de la société, etc.). A moins qu'ils n'y aient été autorisés par l'assemblée générale, il leur est interdit de prendre ou de conserver aucun intérêt direct ou indirect dans une entreprise ou dans un marché fait avec la société ou pour son compte.

36. Si la faute commise par les administrateurs est imputable à tous, ils sont tenus solidairement. Si la faute est particulière à l'un d'eux, ils ne sont tenus solidairement que sur le montant de leur cautionnement.

37. *Commissaires de surveillance.* L'assemblée des actionnaires doit désigner, tous les ans, un ou plusieurs commissaires chargés de surveiller la gestion des administrateurs. Ils peuvent être pris en dehors de la société; ils sont nommés pour un an, mais sont rééligibles. Ils doivent faire un rapport à l'assemblée générale de l'année suivante sur la situation de la société, sur le bilan et sur les comptes des administrateurs. A cet effet, ils ont le droit, pendant le trimestre qui précède la réunion de l'assemblée générale, de prendre communication des livres et d'examiner les opérations de la société. L'état sommaire de la situation active et passive de la société, qui doit être dressé chaque semestre, est mis à leur disposition. Enfin, l'inventaire annuel contenant l'indication des valeurs mobilières et immobilières et de toutes les dettes actives et passives de la société, le bilan et le compte des profits et pertes, doivent leur être communiqués le 40° jour au plus tard avant l'assemblée générale.

L'étendue et les effets de la responsabilité des commissaires envers la société sont déterminés d'après les règles générales du mandat.

38. *Assemblées des actionnaires.* Il faut distinguer : 1° l'assemblée constitutive de la société; 2° les assemblées ordinaires ; 3° les assemblées extraordinaires.

39. La première a pour mission de constater si la société est régulièrement constituée, de vérifier les apports en nature, de nommer les premiers administrateurs et commissaires de surveillance. Cette assemblée est régie par des règles spéciales : tandis que, pour les autres assemblées, les statuts déterminent le nombre d'actions qu'il est nécessaire de posséder pour être admis à prendre part aux délibérations, et le nombre de voix appartenant à chaque actionnaire eu égard au nombre d'actions et par porteur, dans la première assemblée, tout actionnaire a droit de prendre part aux délibérations, quel que soit le nombre des actions dont il est porteur, et d'autre part aucun actionnaire ne peut avoir un nombre de voix supérieur à dix. Enfin cette première assemblée doit être composée d'un nombre d'actionnaires représentant au moins la moitié du capital social, sinon elle ne peut prendre qu'une délibération provisoire, laquelle devient définitive si elle est approuvée par une nouvelle assemblée générale composée d'un nombre d'actionnaires représentant le cinquième au moins du capital social.

40. Les assemblées ordinaires sont au moins annuelles. L'objet de leur réunion est d'entendre le rapport fait par les administrateurs, de nommer les commissaires de surveillance, de confirmer ou de remplacer les administrateurs, s'ils sont arrivés au terme de leurs fonctions. Ces assemblées sont moins importantes que la précédente ; aussi la loi exige-t-elle seulement qu'elles se composent d'un nombre d'actionnaires représentant le quart du capital social. Si cette condition n'est pas remplie, une nouvelle assemblée est convoquée, et elle délibère valablement, quelle que soit la portion du capital représentée par les actionnaires présents.

41. Quinze jours au moins avant la réunion de l'assemblée, tout actionnaire peut prendre, au siége social, communication de l'inventaire et de la liste des actionnaires, et se faire délivrer copie du bilan résumant l'inventaire et du rapport des commissaires.

42. Les assemblées extraordinaires sont celles dont la réunion a pour objet de modifier les statuts de la société. L'art. 31 de la loi de 1867 contient une dérogation au droit commun ; en principe, pour modifier un contrat, il faut l'accord unanime des parties contractantes. Ici, l'assemblée délibère valablement si elle réunit un nombre d'actionnaires représentant la moitié au moins du capital social. L'unanimité eût été impossible à obtenir. L'assemblée peut voter la prorogation de la société au delà du terme fixé, sa dissolution avant ce terme ; elle peut modifier les statuts, par exemple les règles relatives à la composition des assemblées, au cautionnement des administrateurs et à la fixation du fonds de réserve ; mais elle ne peut pas changer l'objet de la société, ni même augmenter le capital social en exigeant de nouveaux versements.

CHAP. V. — DISSOLUTION ET LIQUIDATION.

43. L'art. 1865 du Code civil détermine les causes générales de dissolution des sociétés. Parmi elles, il en est qui s'appliquent aux sociétés anonymes ; ainsi la société prend fin par l'expiration du temps pour lequel elle a été contractée, par l'extinction de la chose ou la consommation de la négociation. D'autres, au contraire, ne sauraient être appliquées ; ce sont celles qui sont établies en considération de la personne même des associés. La société anonyme n'étant pas formée *intuitû personæ*, la mort, l'interdiction, la faillite ou la déconfiture de l'un des associés n'entraîne pas la dissolution de la société.

44. Il en est de même au cas où la société étant formée pour une durée illimitée, un ou plusieurs associés exprimeraient la volonté de ne plus être en société. En effet, dans la société anonyme, le principe « nul n'est associé qui ne veut » est suffisamment sauvegardé par la liberté qu'a chaque actionnaire de vendre ses actions.

45. Une autre cause de résolution applicable à la société anonyme, c'est l'exécution du contrat, en vertu du principe général écrit dans l'art. 1184 du Code civil. Il a été jugé que dans le cas où la société formée pour l'inexécution de certains travaux, ne les exécutait qu'en partie, l'actionnaire était fondé à se refuser aux versements appelés et à demander la dissolution de la société à son égard.

46. Aux termes de l'art. 37 de la loi du 24 juillet 1867, en cas de perte des trois quarts du capital social, les administrateurs sont tenus de provoquer la réunion de l'assemblée générale à l'effet de statuer sur la question de savoir s'il y a lieu de prononcer la dissolution de la société. Si les administrateurs n'ont pas convoqué l'assemblée ou qu'elle n'ait pu se constituer régulièrement, tout intéressé peut demander la dissolution devant les tribunaux. L'art. 38 donne le même droit à tout intéressé, lorsqu'un an s'est écoulé depuis l'époque où le nombre des associés est réduit à moins de 7.

47. Quant à la liquidation, on suit les règles générales relatives à la liquidation des sociétés, dans le détail desquelles nous ne pouvons entrer ici.

CHAP. VI. — SOCIÉTÉS ANONYMES ÉTRANGÈRES.

48. Avant la loi de 1857, les tribunaux français avaient reconnu aux sociétés étrangères la faculté d'exercer leurs droits en France et d'ester en justice, sans autre condition que celle d'avoir une existence légale dans le pays où elles s'étaient formées. Jusqu'en 1849, les tribunaux belges avaient accordé la même faculté aux sociétés anonymes françaises. Mais en 1849 la Cour de cassation de Belgique refusa de reconnaître à ces sociétés une existence légale tant qu'elles n'auraient pas obtenu l'autorisation du gouvernement belge.

49. À la suite des négociations engagées entre le gouvernement français et le gouvernement belge à l'occasion des difficultés auxquelles avait donné lieu ce changement de jurisprudence, une loi promulguée en Belgique le 14 mars 1855 autorisa les associations anonymes, commerciales, industrielles ou financières françaises, à exercer tous leurs droits et ester en justice, en Belgique, toutes les fois que les associations de même nature légalement établies en Belgique jouiraient des mêmes droits en France. C'est pour consacrer en faveur des sociétés belges le principe de réciprocité établi par cette loi, que fut rendue en France la loi du 30 mai 1857, qui autorise les sociétés légalement constituées en Belgique à exercer leurs droits et à ester en justice en France, en se conformant aux lois françaises (*art.* 1er).

50. L'art. 2 de la loi de 1857 donne au Gouvernement la faculté d'appliquer à tous autres pays, par décret rendu en Conseil d'État, le bénéfice de l'art. 1er. Il a été dit, au cours de la discussion de l'art. 2, qu'il n'était pas question de traités individuels avec des sociétés isolées, mais de traités avec les gouvernements étrangers, de conventions internationales. De nombreux décrets rendus en exécution de cet article ont autorisé à exercer leurs droits en France les sociétés anonymes et autres fondées dans la plupart des pays de l'Europe.

51. Une société anonyme étrangère qui ne peut invoquer le bénéfice de la loi de 1857, peut cependant exercer ses droits en France si, sous l'empire de l'art. 37 du Code de commerce, elle s'y est établie avec l'autorisation du Gouvernement. Cette autorisation peut tenir lieu du décret exigé par la loi de 1857. Mais les sociétés qui se sont établies postérieurement à l'abrogation de l'art. 37 du Code de commerce par la loi du 24 juillet 1867, ne peuvent exercer leurs droits en France qu'à la condition d'y avoir été habilitées conformément à la loi du 30 mai 1857.

FERDINAND ROZE.

BIBLIOGRAPHIE.

Des sociétés à responsabilité limitée en France. Historique, commentaire, statuts, par Innocent et Desvaux. In-8°. Paris, Cotillon. 1863.

Commentaire abrégé de la loi sur les sociétés du 24 juillet 1867. d'après les documents officiels et les discussions parlementaires, par MM. Mathieu et Bourguignat. In-8°. Paris, Cosse, Marchal et Cie. 1868.

Commentaire de la loi du 24 juillet 1867 sur les sociétés, par Rivière. In-8°. Paris, Marescq aîné. 1868.

Les sociétés anonymes. Examen de la loi du 24 juillet 1867, par M. Alf. de Courcy. In-18. Paris, Auger. 1869.

De la condition légale des sociétés étrangères en France, par M. Lyon-Caen. In-8°. Paris, Cotillon. 1870.

Manuel des sociétés coopératives anonymes, à capital et personnel variables, par M. J. F. Dupont (de Bussac). In-16. Paris, Le Chevalier. 1872.

ADMINISTRATION COMPARÉE.

La plupart des pays ont suivi l'exemple donné en 1867 par la France et ont supprimé la nécessité de l'autorisation pour les sociétés anonymes. Les différentes contrées, malgré la période d'excès de spéculation par laquelle elles ont passé depuis, ont manifesté l'intention de maintenir cette disposition lors des modifications qu'elles projettent d'introduire dans la législation, afin de rendre plus sévère la répression des abus. Un projet de réforme français, dont il a été question dans les journaux, s'exprime dans le même sens.

Si pendant longtemps on a imposé aux sociétés l'obligation de se faire autoriser, c'est parce qu'elles devenaient une personne civile ou collective, et l'on s'imaginait autrefois que l'unité collective ne pouvait être créée que par l'État. C'est aussi une théorie de la nature de la doctrine des droits régaliens. C'est l'Angleterre qui la première a fait dépendre les droits corporatifs d'un simple enregistrement. Quant à la possibilité d'abuser, elle existe partout et en toute chose; si on voulait la supprimer, c'est toute liberté qu'il faudrait abolir. En 1853 et 1854 on a vu en France, commettre, à l'aide de sociétés en commandite, les mêmes excès que l'Allemagne a vus naître après 1870, en rendant libre la société anonyme (L. 11 juin 1870). D'ailleurs, rien n'empêcherait la société en nom collectif, ou même une raison sociale individuelle de se mettre à la tête d'affaires véreuses collectives, si la vogue du moment portait le public à s'associer à ce genre d'entreprises. On en a vu des exemples scandaleux à Munich et à Naples qui ont eu un très-grand retentissement. (Il s'agit de maisons de banque qui prétendaient donner 20 ou 30 p. 100 et qui ont entretenu l'illusion pendant quelque temps en payant les intérêts avec les capitaux qu'on leur confiait.)   M. B.

SOCIÉTÉ D'AGRICULTURE. Voy. **Comices agricoles.**

SOCIÉTÉ DE BIENFAISANCE. 1. Se dit de toute association particulière ayant pour objet le soulagement des malheureux.

2. Conformément aux règles tracées pour les associations en général (voy. **Association**), les sociétés de bienfaisance, lorsqu'elles réunissent plus de vingt membres, ne peuvent se former qu'avec l'autorisation du préfet. Pour obtenir cette autorisation, on adresse à ce magistrat l'acte constitutif, lequel précise la nature et l'objet de l'association, son organisation, ses moyens d'existence. Le préfet prend ensuite les avis du maire et du sous-préfet.

3. Les sociétés de bienfaisance peuvent être dé-clarées d'utilité publique, et, par conséquent, recevoir des legs ou donations et posséder des immeubles; mais ce privilége ne leur est accordé que lorsque l'administration s'est bien assurée de leur utilité et qu'elles comptent un certain nombre d'années d'existence. Aussi la plupart des sociétés de bienfaisance existant aujourd'hui sont simplement autorisées par les préfets et ne possèdent aucune propriété. Leurs ressources se composent du produit des cotisations volontaires que leurs membres s'imposent ou de collectes qu'elles font dans leur sein. Quelques-unes sont soutenues par l'État, les communes ou les départements.

4. Une société de bienfaisance ne peut être reconnue comme établissement d'utilité publique que par décret rendu dans la forme des règlements d'administration publique. La demande, accompagnée des statuts de la société, doit être adressée au préfet, qui la transmet ensuite au ministre de l'intérieur, avec son avis et les observations du maire et du sous-préfet.

SOCIÉTÉ DE CHARITÉ MATERNELLE. Voy. **Charité maternelle.**

SOCIÉTÉS DE SECOURS MUTUELS. 1. Associations ayant pour but d'assurer des secours temporaires à leurs membres malades, blessés ou infirmes, une pension de retraite aux sociétaires âgés, de pourvoir à leurs funérailles et de contracter des assurances collectives en cas de décès.

2. Il existe trois catégories de sociétés de secours mutuels : 1° les sociétés *libres* ou simplement *autorisées* en vertu de l'art. 291 du Code pénal et de la loi du 10 avril 1834 sur les associations ; 2° les sociétés *reconnues* par le Gouvernement comme établissements d'utilité publique, conformément à la loi du 15 juillet 1850, complétée par le décret réglementaire du 14 juin 1851 ; 3° les sociétés *approuvées* en vertu du décret organique du 26 mars 1852.

CHAP. I. — DES SOCIÉTÉS AUTORISÉES.

3. Avant 1848, les sociétés de secours mutuels, sans aucune exception, étaient placées, comme toutes les associations, sous l'empire de l'art. 291 du Code pénal, et complété par l'art. 1er de la loi du 10 avril 1834. Elles étaient, par conséquent, soumises à la nécessité de se pourvoir d'une *autorisation préalable*.

4. En consacrant la liberté absolue et illimitée de réunion et d'association, la révolution de février

1848 abolit implicitement les dispositions que nous venons de rappeler et les sociétés de secours mutuels demeurèrent libres de toutes formalités préliminaires. Une condition leur fut pourtant imposée par l'art. 14 du décret du 28 juillet 1848 sur les clubs, celle de faire connaître à l'autorité municipale, lorsqu'elles se réunissaient, le local et l'objet de leur réunion, ainsi que les noms des fondateurs et administrateurs (*Cir. Min. Int.* 31 août 1848). Quant à leur organisation, elle était laissée complétement à l'arbitraire des fondateurs. Bien plus, le Gouvernement ne pouvait dissoudre les sociétés dont l'existence lui paraissait dangereuse pour l'ordre public, qu'après avoir obtenu contre elles une condamnation judiciaire.

5. Tel était le régime légal des sociétés de secours mutuels, lorsque la loi du 15 juillet 1850 statua (*art.* 12) que les sociétés non autorisées, c'est-à-dire celles s'administrant librement, pourraient être désormais dissoutes, *le Conseil d'État entendu,* dans le cas de gestion frauduleuse, ou si elles sortaient de leur condition de sociétés mutuelles de bienfaisance.

6. Aucune disposition n'a formellement supprimé la procédure à suivre dans ce cas ; mais son abrogation résulte implicitement du décret du 25 mars 1852 (décret qu'il ne faut pas confondre avec celui du 26 mars sur les sociétés de secours mutuels), qui a remis en vigueur, pour toutes les associations, l'art. 291 du Code pénal et la loi du 10 avril 1834, sans faire d'exception au profit des sociétés mutuelles. Il s'ensuit que les sociétés *libres,* comme toutes les associations en général, peuvent aujourd'hui être dissoutes sans qu'il soit besoin d'en référer au Conseil d'État. (*Circ. Min. Pol.* 28 oct. 1852.)

7. D'un autre côté, et toujours par l'application du décret du 25 mars 1852 sur les associations, aucune société de secours mutuels ne peut se fonder *sans une autorisation préalable,* toutes les fois qu'elle compte plus de vingt membres. C'est aux préfets qu'il appartient d'accorder et de retirer cette autorisation. À Paris, ce droit est dans les attributions du préfet de police. (*Voy.* **Association.**)

8. L'autorisation donnée par les préfets, en vertu de l'art 291 du Code pénal, ne confère aux associations que le droit de se réunir, sans ajouter les avantages accordés aux sociétés reconnues ou approuvées. Elles sont admises, seulement après cette autorisation, à verser en leur nom aux caisses d'épargne, à verser en leur nom aux caisses d'épargne, jusqu'à concurrence de 8,000 fr., en y comprenant l'accumulation des intérêts (*L.* 30 *juin* 1851, *art.* 4). Elles peuvent aussi, lorsqu'elles versent à la caisse des retraites pour la vieillesse, déposer sur la tête d'un même individu toute somme nécessaire pour constituer une rente viagère de 600 fr., et demander la jouissance immédiate de la rente, tandis que les autres déposants ne peuvent verser plus de 2,000 fr. par an et doivent laisser s'écouler un intervalle d'au moins deux ans entre le versement et la jouissance de la rente (*L.* 28 *mai* 1853, *art.* 6). Elles peuvent enfin, en souscrivant un abonnement de un franc par jour (*Arr. Min. Int.* 10 *juill.* 1874), faire recevoir leurs membres dans les asiles pour les *ouvriers convalescents ou mutilés,* institués par le décret du 8 mars 1855.

CHAP. II. — DES SOCIÉTÉS RECONNUES.

Sect. 1. — Autorisation des sociétés reconnues et avantages qui leur sont accordés.

9. La loi du 15 juillet 1850 est la première qui soit intervenue sur les sociétés de secours mutuels. Le but du législateur a été le développement et le perfectionnement de ces associations en leur accordant certains avantages.

C'est ainsi que la loi de 1850 dispose (*art.* 1er) que les sociétés de secours mutuels pourront à l'avenir, sur leur demande, être déclarées établissements d'utilité publique. (*Voy. ce mot.*)

10. Les sociétés mutuelles sont reconnues comme établissements d'utilité publique par décret rendu dans la forme des règlements d'administration publique. Toute association qui veut obtenir cette reconnaissance doit adresser sa demande au ministre de l'intérieur, par l'entremise du préfet, avec les pièces suivantes : 1° un acte notarié contenant les statuts ; 2° un état nominatif, certifié par le notaire, des membres adhérents ; 3° un exemplaire du règlement intérieur. Le préfet joint à la demande son avis motivé sur le mérite de la société, l'intérêt dont elle est digne, ses ressources. (*D.* 1851, *art.* 1, 2 et 3 ; *Circ. Min. Agr. et Comm.* 6 *sept.* 1851.)

11. Les statuts doivent faire connaître le but de la société, la circonscription dans laquelle elle exercera ses opérations, les conditions d'admission et d'exclusion des sociétaires, leurs droits aux secours et aux frais funéraires, leurs obligations, le mode de perception des cotisations, le mode de placement des fonds, et, enfin, le mode d'administration de la société. (*D.* 1851, *art.* 4, *et Circ. précitée.*)

12. La reconnaissance donne à l'institution qui l'obtient, le droit d'acquérir des immeubles avec l'autorisation du Gouvernement et de recevoir des dons ou legs, sauf approbation du Gouvernement, de biens mobiliers ou immobiliers, quelle que soit leur valeur. Toutefois, s'il s'agit de sommes d'argent ou d'objets mobiliers dont la valeur n'excède pas cinq mille francs, les dons et legs peuvent être acceptés en vertu d'un simple arrêté du préfet (*D.* 26 *mars* 1852, *art.* 8). L'acceptation de dons et legs d'objets immobiliers ne peut être autorisée que par un décret du président de la République. Les gérants et administrateurs des sociétés mutuelles peuvent toujours accepter les dons et legs à titre conservatoire ; la décision de l'autorité, qui intervient ultérieurement, reçoit alors son effet à dater du jour de cette acceptation. (*L.* 15 *juill.* 1850, *art.* 7.)

13. Indépendamment du droit de posséder des biens et de recevoir des dons et legs, les sociétés reconnues sont appelées à jouir de tous les avantages accordés aux sociétés approuvées et elles sont soumises aux mêmes conditions réglementaires. (*Voy. infrà, n° 29.*)

Sect. 2. — Conditions imposées.

14. En cas de dissolution *volontaire ou forcée,* on doit d'abord restituer aux sociétaires le montant de leurs versements respectifs, jusqu'à concurrence des fonds existants, et déduction faite des secours reçus personnellement par chacun d'eux. Les fonds restés libres après cette restitution sont ensuite répartis, par arrêté du ministre, entre les sociétés du même genre, ou, à leur défaut, entre les sociétés de secours mutuels dûment autorisées du même département, au prorata du nombre de leurs membres. (*L.* 1850, *art.* 10; *D.* 1851, *art.* 18.)

15. La liquidation se fait sous la surveillance du préfet ou de son délégué. Les comptes sont adressés au ministre. (*D.* 1851, *art.* 17.)

16. Quelques précautions ont été également prises relativement à l'emploi des fonds. Ainsi, lorsque les fonds réunis dans la caisse d'une société s'élèvent au-dessus de la somme de trois mille francs, l'excédant doit être versé à la caisse des dépôts et consignations. Si la société est composée de moins de cent membres, le versement doit avoir lieu lorsque les fonds réunis dépassent mille francs. Le taux de l'intérêt des sommes ainsi déposées est fixé à quatre et demi pour cent par an. (*L.* 1850, *art.* 6.)

17. Lors d'un premier versement effectué à la caisse des dépôts et consignations, les sociétés doivent produire : 1° une copie certifiée du décret qui les a déclarées établissements d'utilité publique ; 2° un mandat au ordre de dépôt émanant du président de la société ; 3° deux exemplaires de leurs statuts. (*Circ. dir. gén. de la caisse des dépôts, etc.,* 1 *mai* 1854.)

18. Les sociétés reconnues sont placées spécialement sous la protection et la surveillance de l'autorité municipale. Le maire ou son adjoint, par lui délégué, ont toujours le droit d'assister à toutes les séances ; lorsqu'ils y assistent, ils les président. (*L.* 1850, *art.* 4.)

19. Le préfet peut suspendre les pouvoirs des administrateurs en cas de fraude dans la gestion ou d'irrégularité grave dans la tenue des registres ou des pièces de comptabilité. Les sociétaires sont, dans ce cas, immédiatement convoqués par le maire pour pourvoir au remplacement provisoire de l'administration suspendue. En cas de négligence ou de refus des sociétaires, le maire y pourvoit d'office. (*D.* 1851, *art.* 10.)

20. La société elle-même peut être suspendue par le préfet lorsqu'elle sort de sa condition de société mutuelle de bienfaisance. Dans l'un et dans l'autre cas, tous les arrêtés sont notifiés à l'administration de la société et au maire de la commune, chargé d'en assurer l'exécution. Ils sont ensuite transmis au ministre de l'intérieur avec un rapport motivé. (*D.* 1851, *art.* 11 *et* 12.)

21. Quant à la dissolution de la société, elle ne peut être prononcée que par un décret rendu dans la forme des règlements d'administration publique, sur l'avis du maire et du préfet et sur le rapport du ministre de l'intérieur (*D.* 1851, *art.* 16). La dissolution volontaire ne peut être demandée qu'en vertu d'une délibération prise sous la présidence du maire ou de son délégué, à la majorité des trois quarts des membres présents et à la majorité absolue des membres de la société. (*Id.,* *art.* 13.)

CHAP. III. — DES SOCIÉTÉS APPROUVÉES.

Sect. 1. — De l'approbation et de ses avantages.

22. Jusqu'au moment où fut promulgué le décret du 26 mars 1852, l'administration n'avait en réalité qu'une seule mission à remplir vis-à-vis des sociétés de secours mutuels, celle de les surveiller.

23. Le décret du 26 mars a profondément changé cet état de choses. Il commence par déclarer (*art.* 1er) qu'une société de secours mutuels

sera créée par les soins du maire et du curé dans chacune des communes où l'utilité en aura été reconnue par le préfet, après avoir pris l'avis du conseil municipal. Il institue en même temps une commission supérieure de dix membres, avec mission de développer ces associations et de soumettre chaque année au président de la République, dans un rapport, les propositions propres à les perfectionner (*art.* 19 *et* 20).

24. D'un autre côté, afin d'élever les sociétés de secours mutuels jusqu'à la hauteur d'une institution publique sans formalités difficiles à remplir, le législateur de 1852 a établi un degré intermédiaire entre les sociétés libres et les sociétés reconnues comme établissements d'utilité publique. Ce degré intermédiaire est l'*approbation*.

25. L'approbation est conférée, dans le département de la Seine, par le ministre de l'intérieur, sur la proposition de la commission supérieure ; dans les autres départements, par les préfets (*art.* 7).

26. Toute société qui veut être approuvée doit joindre à sa demande les pièces ci-après : 1° deux exemplaires de ses statuts, mis en harmonie avec le modèle annexé à l'instruction ministérielle du 29 mai 1852 ; 2° une liste nominative des membres honoraires, c'est-à-dire des personnes qui ont adhéré aux statuts avec obligation de payer les cotisations fixées sans participer aux bénéfices de l'association ; 3° une liste des membres participant aux bénéfices, avec l'âge et la profession de chacun d'eux. (*Circ. Min. Int.* 7 *sept.* 1854.)

27. La société est administrée par un bureau composé d'un président, de vice-présidents, trésorier, secrétaire, pris parmi les membres honoraires ou participants. Le président est élu en assemblée générale pour cinq ans (*D.* 18 *juin* 1864 *et* 27 *oct.* 1870). Les autres membres du bureau sont élus pour la durée fixée par les statuts. (*D.* 26 *mars* 1852, *art.* 3.)

28. Le président et le bureau prononcent l'admission des membres honoraires (*art.* 4).

Les membres participants ne peuvent être reçus qu'au scrutin et à la majorité des voix de l'assemblée générale.

Le nombre des sociétaires participants ne doit pas excéder cinq cents ; il peut être augmenté en vertu d'une autorisation du préfet (*art.* 5).

29. De très-grands avantages sont accordés aux sociétés approuvées. Ils se résument ainsi : 1° faculté de prendre des immeubles à bail, de posséder des objets mobiliers et de recevoir, avec l'autorisation du préfet, les dons et legs dont la valeur n'excède pas 5,000 fr. (*D.* 1852, *art.* 8) ; au delà de ce chiffre, l'acceptation des dons et legs est autorisée par décret du président de la République (*Avis du C.* 12 *juill.* 1864 ; *C. de Douai* 10 *août* 1874) ; 2° obligation par la commune de leur fournir gratuitement un local pour les réunions, ainsi que les livrets et registres de comptabilité [1] (*Même D.,* *art.* 9 ; *Circ. min.* 18 *août* 1853) ; 3° exemption des droits de timbre et d'enregistrement pour les actes qui les concernent, même pour les extraits des actes de l'état civil à produire par les socié-

----

1. Le nombre et la forme des imprimés ont été déterminés par deux arrêtés ministériels, en date des 5 janvier et 16 avril 1853. (*Voy. aussi Circ.* 20 *avril* 1853 *et* 3 *févr.* 1855.)

taires, sous la seule condition que ces extraits seront demandés par les présidents des sociétés (*Décis. Min. Fin.* 25 *févr.* 1854; *D.* 1852, *art.* 11), et sauf l'application de la loi du 23 août 1871, en ce qui concerne les quittances (*Circ. Min. Int.* 28 *mars* 1874); 4° exonération de l'impôt sur les cercles, lieux de réunion, etc., etc., établi par la loi du 16 septembre 1871; 5° autorisation de faire aux caisses d'épargne, moyennant un intérêt de 4 p. 100 (*L.* 7 *mai* 1853, *art.* 1er), des dépôts de fonds égaux à la totalité de ceux qui seraient permis au profit de chaque sociétaire individuellement (*D.* 1852, *art.* 14); 6° faculté de verser : *a*) à la caisse des dépôts et consignations (trésoriers-payeurs généraux et receveurs particuliers préposés), moyennant un intérêt de 4 1/2 p. 100, leurs excédants disponibles; *b*) à la caisse des dépôts et consignations (fonds de retraites), leurs fonds libres destinés à constituer des pensions de retraites à leurs vieillards, avec droits aux subventions annuelles de l'État (*D.* 26 *avril* 1856); 7° réduction des deux tiers du droit municipal sur les convois, dans les villes où ce droit existe (*art.* 10); 8° possibilité de se servir du diplôme de sociétaire comme passe-port et comme livret (*art.* 12); 9° réserve à leur profit de la subvention de 10 millions affectés aux sociétés de secours mutuels par le décret du 22 janvier 1852 (*Circ. Min. Agr. et Com.* 21 *sept.* 1852 *et D.* 28 *nov.* 1853); 10° droit de contracter près de la caisse des dépôts et consignations des assurances collectives en cas de décès, soit pour solder les frais funéraires, soit pour allouer des secours aux veuves et aux orphelins (*L.* 11 *juill.* 1868); 11° admission des membres participants convalescents du département de la Seine, moyennant un prix de journée de 75 cent., aux asiles nationaux de Vincennes et du Vésinet (*Arr. Min. Int.* 10 *juill.* 1874); 12° participation aux récompenses honorifiques décernées par le président de la République. (*D.* 26 *mars* 1852, *art.* 19, *et* 27 *mars* 1858.)

Sect. 2. — Des diplômes.

30. Le privilége attaché au diplôme de membre d'une société de secours mutuels est une des dispositions les plus importantes du décret de 1852. Aussi l'administration supérieure a-t-elle cru devoir entourer la délivrance d'un pareil titre de toutes les précautions et de toutes les garanties que réclame la sécurité publique.

31. Ainsi l'art. 2 d'un arrêté ministériel, en date du 5 janvier 1853, dispose à l'égard des diplômes : « Les sociétaires ne pourront en obtenir la délivrance qu'*un an au moins après leur admission dans la société*, et après le dépôt à son secrétariat du livret ou du passe-port dont ils pourraient être nantis; ou, à défaut, d'une déclaration signée d'eux portant qu'ils ne sont munis d'aucun de ces titres. »

32. Une autre garantie consiste dans le droit attribué au préfet de police pour le département de la Seine, aux maires pour les autres départements, de s'opposer à la délivrance du diplôme. Pour faciliter l'exécution de cette disposition, le diplôme n'est délivré au sociétaire qu'un mois après son dépôt à la préfecture de police ou à la mairie. (*Arr. min.* 5 *janv.* 1853, *art.* 4.)

33. Les maires doivent adresser aux préfets un *état des membres qui réclament le diplôme* avec leurs observations. Si le maire n'exprime aucun doute sur la moralité des candidats, et si le préfet lui-même n'a aucune raison de la tenir pour suspecte, l'état est renvoyé purement et simplement au maire. Dans le cas contraire, le préfet demande des renseignements, soit au chef du parquet, soit au préfet de police, suivant les circonstances. Ces renseignements sont ensuite transmis au maire par le préfet, si ce dernier le juge nécessaire. (*Circ. Min. Int.* 3 *févr.* 1855.)

34. Les diplômes doivent énoncer les nom, prénoms, âge, profession et signalement du sociétaire, l'époque de son entrée dans la société. Ils sont délivrés sur des feuilles à souche d'après un modèle déterminé. Ils sont signés par le président, le secrétaire et le sociétaire. Ils portent le timbre de la société. Copie des énonciations du diplôme est transcrite sur un registre spécial tenu par la société, et signée par le président et le sociétaire. Ce registre est paraphé, à Paris, par le préfet de police au son membre; ailleurs, par le maire. Il doit être représenté à toute réquisition de l'autorité administrative. (*Arr.* 5 *janv.* 1853, *art.* 3, 4 *et* 5.)

35. L'apposition de la signature du président et du timbre de la société doit être renouvelée tous les deux ans, sous peine de nullité du diplôme comme passe-port. Dans le cas d'exclusion ou de sortie volontaire de la société, le diplôme est remis au bureau et annulé. Avis de l'annulation ainsi que du renouvellement est donné dans les quarante-huit heures par le bureau à la préfecture de police ou à la mairie, suivant les cas. (*Même Arr., art.* 9 *et* 10.)

36. Lorsque le sociétaire veut voyager, il est tenu de faire viser son diplôme, à Paris, par le préfet de police; ailleurs, par le maire. (*Même Arr., art.* 7.)

Sect. 3. — Des obligations des sociétés approuvées.

37. Les obligations imposées aux sociétés, pour jouir des avantages conférés par le décret du 26 mars 1852, sont les mêmes que celles tracées pour les sociétés *reconnues* (*voy. suprà*, nos 14 à 21); elles doivent admettre des membres *honoraires*, ou du moins consacrer par les statuts le principe de l'admission de ces derniers et leur accorder voix délibérative avec droit d'éligibilité aux fonctions administratives de la société (*D.* 1852, *art.* 2 *et* 3); elles sont tenues de communiquer leurs livres, registres, procès-verbaux et pièces de toute nature aux préfets, sous-préfets et maires et à leurs délégués. Cette communication a lieu sans déplacement, sauf le cas où le déplacement serait ordonné par arrêté du préfet. (*D.* 14 *juin* 1851, *art.* 6.)

38. Quant aux sociétés fondées *antérieurement* au décret de 1852, voici ce que dit à leur sujet l'instruction du 29 mai 1852 adressée aux préfets par le ministre de l'intérieur : « Si elles demandent l'approbation, vous vous empresserez de les accueillir, et vous n'exigerez de changement dans leur règlement que pour les articles en contradiction flagrante avec l'esprit du décret. Toute société ancienne ou nouvelle devra, pour être approuvée, *admettre des membres honoraires, faire nommer* son président par le *président de la Répu-*

blique et *ne pas promettre de secours contre le chômage ;* hors de là, vous avez toute latitude pour accepter ce que le temps et l'expérience auront consacré dans les statuts des sociétés déjà existantes. L'approbation donnée à une de ces sociétés vous dispensera de provoquer une fondation nouvelle, si la première suffit aux besoins et à la population de la localité. »

Sect. 4. — Caisse de pensions de retraites.

39. L'art. 6 du décret du 26 mars 1852 avait permis aux sociétés approuvées de promettre des pensions de retraite, mais à la condition qu'elles posséderaient un nombre suffisant de membres honoraires. Le développement considérable des sociétés approuvées a déterminé le législateur à supprimer cette réserve ; néanmoins, il faut reconnaître que la prospérité d'une caisse de retraites ne peut être assurée sans le concours de membres honoraires.

40. Aux termes du décret réglementaire du 26 avril 1856, les fonds de retraites se composent : 1° des prélèvements faits par les sociétés sur les excédants de recettes et dont le versement est autorisé, pour le département de la Seine, par le ministre de l'intérieur, et pour les autres départements, par les préfets (*D.* 13 *avril* 1861, *art.* 1er, § 11) ; 2° des subventions spéciales accordées par l'État, le département ou la commune ; 3° des dons et legs faits à la société avec affectation spéciale au service des pensions et dont l'acceptation a été autorisée par l'autorité compétente. (*Art.* 910 *et* 937 *du Code civil; D.* 26 *mars* 1852, *art.* 8.)

41. Conformément à l'art. 6 du décret du 26 avril 1856, la quotité de la pension est fixée, sur la proposition du bureau, en assemblée générale. Elle ne peut être inférieure à trente francs, ni excéder le décuple de la cotisation annuelle de la société (*art.* 8).

Le maximum de la rente viagère que la caisse des retraites est autorisée à faire inscrire sur la même tête est fixé à mille cinq cents francs. (*L.* 4 *mai* 1864.)

Pour être présenté à l'assemblée générale, le candidat à la pension doit avoir plus de cinquante ans et avoir acquitté la cotisation sociale pendant dix ans au moins. (*D.* 26 *avril* 1856, *art.* 6.)

Pour la liquidation de la pension, le président adresse au ministre de l'intérieur, pour le département de la Seine, et au préfet pour les autres départements : 1° l'extrait de la délibération contenant le vote et la quotité de la pension, ainsi que la mention de la date de l'admission du sociétaire ; 2° l'acte de naissance délivré sur papier libre par le maire.

Après le décès du pensionnaire, le président transmet, aux mêmes autorités, l'extrait sur papier libre de l'acte mortuaire, pour la réintégration à la caisse des retraites de la société, en exécution de l'art. 4, des fonds affectés à la constitution de la pension.

42. Les pensions sont servies par la caisse générale des retraites pour la vieillesse (*art.* 5). Les intérêts que le service des pensions n'a pas absorbés sont capitalisés chaque année (*art.* 2).

Le montant de la rente viagère est fixé conformément à des tarifs, tenant compte pour chaque pensionnaire : 1° de l'intérêt composé du capital à raison de 5 p. 100 par an ; 2° des chances de mortalité en raison de l'âge auquel commence la retraite, calculées d'après les tables dites *de Deparcieux.* (*L.* 18 *juin* 1850, *art.* 3 ; *L.* 20 *déc.* 1872, *art.* 17.) [*Voy.* **Caisse de retraite.**]

Ces rentes sont incessibles et insaisissables, jusqu'à concurrence seulement de trois cent soixante francs. (*L.* 18 *juin* 1850, *art.* 5.)

Les certificats, actes de notoriété et autres pièces exclusivement relatives à l'exécution de la loi du 18 juin 1850, sont délivrés gratuitement et dispensés des droits de timbre et d'enregistrement (*art.* 11, *ibid.*).

43. Les étrangers sont aptes à recevoir des pensions de retraite, de même que les nationaux. (*L.* 12 *juin* 1861, *art.* 3.)

44. Les versements effectués à la caisse des retraites par les sociétés de secours mutuels approuvées ne sont soumis à aucune limite (*art.* 5, *ibid.*).

L'entrée en jouissance de la pension est fixée à partir de chaque année d'âge accomplie de cinquante à soixante-cinq ans. Les tarifs sont calculés jusqu'à ce dernier âge. Les rentes viagères au profit de personnes âgées de plus de soixante-cinq ans sont liquidées suivant les tarifs déterminés pour cet âge (*art.* 6, *ibid.*).

Les tarifs, dressés en exécution des art. 3 de la loi du 18 juin 1850 et 2 de la loi du 12 juin 1861, sont établis sur l'unité de franc (*D.* 27*juill.* 1861, *art.* 26) ; pour l'application des tarifs, les trimestres commencent les 1er janvier, 1er avril, 1er juillet et 1er octobre (*art.* 27, *ibid.*).

45. Les rentes viagères dont les arrérages n'ont point été réclamés pendant trois années consécutives, à compter de l'échéance du dernier semestre payé, sont présumées éteintes et ne sont plus comprises dans les états de paiement. (*D.* 8 *ventôse an XIII* [27 *févr.* 1805], *art.* 1er.)

Les pensionnaires qui ont perdu l'extrait d'inscription de leur rente viagère en font la déclaration devant le maire de la commune de leur domicile ; cette déclaration a lieu en présence de deux témoins qui constatent l'individualité du déclarant. (*D.* 3 *messidor an XII* [22 *juin* 1804], *art.* 2.)

Sect. 5. — Assurances collectives en cas de décès.

46. Aux termes de l'art. 7 de la loi du 11 juillet 1868, les sociétés de secours mutuels approuvées sont autorisées à contracter, près de la caisse des dépôts et consignations, des assurances collectives, à l'effet de s'assurer, au décès de chacun de leurs sociétaires, une somme fixe, qui, dans aucun cas, ne peut excéder mille francs. Ces assurances, contractées pour une année à partir du premier jour du mois qui suit le versement de la prime, ont lieu sur la demande du président, adressée au directeur général de la caisse des dépôts et consignations ; la proposition d'assurance contient, en outre, le nom de la société et celui du président qui la représente, le montant de la prime collective versée, la somme à recevoir au décès de chacun des membres de la société et l'année pour laquelle l'assurance est contractée. A cette proposition est jointe une liste nominative de tous les membres qui composent la société ;

cette liste mentionne les noms et prénoms des sociétaires, la date de leur naissance et la prime correspondant à l'âge de chacun d'eux, conformément au tarif de la caisse des dépôts et consignations.

Sect. 6. — Dissolution.

En outre des causes générales qui peuvent motiver des mesures de rigueur prises contre les sociétés approuvées, en exécution de l'art. 291 du Code pénal et de la loi du 10 avril 1834, ces sociétés peuvent être suspendues ou dissoutes par le préfet pour mauvaise gestion, inexécution de leurs statuts ou violation des dispositions du décret du 26 mars 1852 (*art.* 16).

47. En cas de dissolution volontaire ou imposée, il est restitué aux sociétaires faisant en ce moment partie de la société le montant de leurs versements respectifs, jusqu'à concurrence des fonds existants et déduction faite des dépenses occasionnées par chacun d'eux. Les fonds restés libres, après cette restitution, sont partagés entre les sociétés de même genre ou les établissements de bienfaisance situés dans la commune; à leur défaut, entre les sociétés de secours mutuels approuvées du même département, au prorata de leurs membres (*art.* 15, *ibid.*).

48. Quant au fonds de retraite, lorsque les membres participants ont été désintéressés, comme il est dit ci-dessus, des pensions de retraite peuvent être créées en faveur des anciens sociétaires; s'il ne reçoit pas cette destination, il est attribué aux autres sociétés de la même commune possédant déjà un fonds de retraite, ou, à défaut, à une ou plusieurs sociétés du même département. (D. 26 *avril* 1856, *art.* 3; *Arr. du C.* 13 *nov.* 1874.)

BIBLIOGRAPHIE.

Notice historique et documents statistiques sur les sociétés de secours mutuels, par Taissier. In-8°. Paris, Guillaumin. 1860.

Guide pour l'organisation et l'administration des sociétés de secours mutuels, recommandé par le ministre de l'Intérieur. 3e édit. in-12, par M. Victor Robert. Nancy et Paris. Berger-Levrault et Cie. 1869.

Législation et organisation des sociétés de secours mutuels en Europe, par M. E. Desmarest. 2 édit. in-18 jésus. P. Dupont. 1874.

Commentaire sur le décret-loi du 26 mars 1852, par M. E. Desmarest. 1 vol. in-18. P. Dupont.

Bulletin des sociétés de secours mutuels, revue mensuelle (depuis 1854). P. Dupont.

ADMINISTRATION COMPARÉE.

L'*Allemagne* possède depuis longtemps des sociétés de secours mutuels, mais elle en a renouvelé ou codifié la législation en 1876. Il s'agit de deux lois. L'une, du 8 avril 1876, développe l'art. 141 de la loi organique de l'industrie (*Gewerbeordnung*) du 21 juin 1869. Cet article 141 est subdivisé en 141, 141 *a*, 141 *b*, jusqu'à 141 *f*, et rend obligatoire la participation à une caisse de retraite.

L'art. 141 dispose qu'un statut local (règlement municipal organique [*voy.* **Organisation communale**, ADMIN. COMP.]) peut prescrire l'organisation de sociétés de secours mutuels pour les ouvriers; lorsque cette disposition existe, le maire, après avoir entendu les intéressés, peut organiser les caisses et assurer leur bonne administration. Le statut, dit l'art. 141 *a*, peut en rendre obligatoire la participation aux ouvriers âgés de 16 ans et au-dessus qui ne prouveraient pas qu'ils font partie d'une société enregistrée conformément à la loi du 7 avril 1876. (*Voy. plus loin.*) L'ouvrier qui ne fait pas partie d'une société de secours peut être obligé par la caisse de secours mutuels municipale à verser sa quote-part pour les dépenses auxquelles cette caisse est tenue. L'art. 141 *b* dispense de la participation les ouvriers qui, dans certains pays allemands (par exemple en

Bavière), sont tenus de verser à la caisse communale une contribution pour secours en cas de maladie.

Le statut local peut encore, dit l'art. 141 *c*, prescrire : 1° que les patrons doivent verser directement à la caisse la cotisation prescrite, en la retenant sur les salaires; 2° que les fabricants doivent verser à la caisse, dans leur propre nom, une contribution égale à la moitié de la cotisation de leurs ouvriers; 3° que les patrons doivent déclarer leurs ouvriers à la caisse. Ceux qui ne se soumettraient pas à cette obligation seraient tenus de contribuer aux dépenses [pour une ,somme égale à celle que les ouvriers auraient versée, s'ils avaient été inscrits. Les dettes provenant des obligations créées par l'art. 141 *e* se prescrivent à la fin de l'année (art. 141 *d*).

Des cantons ou des arrondissements peuvent se substituer aux communes et organiser pour leur circonscription une caisse unique.

Diverses dispositions tendent à forcer les caisses de secours mutuels libres à se faire enregistrer. Aussi,|à partir de 1844, les caisses non enregistrées perdront le droit d'exempter leurs membres de la participation à une caisse de secours communale.

La loi du 7 avril 1876 est relative aux *caisses de secours enregistrées*. Nous allons en donner une analyse.

Les caisses de secours mutuels en cas de maladie obtiennent, aux conditions ci-après, les droits d'une caisse de secours enregistrée (art. 1er) : La caisse doit adopter un nom particulier et y ajouter la désignation de : *caisse enregistrée* (art. 2). Les statuts doivent renfermer des indications sur : le siège et la destination de la caisse; l'entrée et la sortie des membres; le montant des cotisations des membres, et, s'il y a lieu, le taux des contributions des patrons; le droit aux secours et leur taux; la formation du bureau de la société et la part qu'y serait faite aux patrons, lorsque ces derniers sont obligés à faire des versements; la composition, la convocation et les décisions des assemblées générales; les modifications à introduire aux statuts; l'emploi des fonds en cas de dissolution ou de fermeture de la caisse; le mode de compte rendu annuel. Les statuts ne peuvent comprendre des dispositions qui ne seraient pas d'accord avec la destination de la caisse ou qui seraient contraires aux prescriptions de la présente loi (art. 3).

Le président de la société remet au maire deux exemplaires des statuts; le maire les transmet à l'autorité supérieure, qui doit faire connaître sa décision dans les 6 semaines. L'autorité ne peut refuser l'admission ou l'enregistrement, que si les statuts ne sont pas conformes à la loi; le refus doit être motivé.

La caisse peut prendre des engagements en son propre nom, mais elle n'est responsable que jusqu'à concurrence de sa fortune propre (art. 5). Les membres doivent signer les statuts; on ne peut leur imposer en même temps des obligations étrangères à la caisse [1] (art. 6). On n'a droit au secours qu'après avoir été membre pendant au moins trois mois. Le membre qui sort de la société après avoir acquis le droit au secours, garde son droit pendant trois mois (trois mois après le dernier versement) [art. 7]. Les membres ne doivent que la cotisation prévue, mais on peut établir plusieurs classes de cotisations, donnant droit à des secours correspondants (art. 8). Le droit au secours ne peut être cédé, les secours ne peuvent être saisis (art. 10).

Une série d'articles réglemente minutieusement le taux des secours, puis le rapport de la caisse avec l'autorité municipale, le mode de placement des fonds. Voici quelques dispositions intéressantes : si les patrons sont tenus de contribuer à la caisse, ils ont droit à un nombre proportionnel de voix, mais ils ne peuvent pas avoir un nombre de voix supérieur à la moitié de celles des ouvriers (art. 21). Tous les cinq ans, la caisse doit faire vérifier ses engagements par un expert. Si son avoir ne suffit pas, les secours doivent être réduits au minimum légal ou les cotisations doivent être élevées (art. 24 et 25). Les caisses libres peuvent se dissoudre à la volonté de ses membres (art. 28). La caisse peut aussi être fermée par une disposition de l'autorité dans les cas prévus par l'art. 29. L'autorité est toujours le droit de faire inspecter les caisses et de prendre connaissance des livres (art. 33). L'art. 35 permet aux caisses de s'unir pour s'aider mutuellement (pour se fédérer). Il se forme un syndicat qui, naturellement, est également sous la surveillance de l'autorité.

La loi du 7 avril 1876 n'infirme pas les lois spéciales des États, et surtout ne s'applique pas aux caisses spéciales des ouvriers mineurs (*Knappschaften*). Cette loi de 1876 n'est pas sans avoir été influencée par la politique. Il ne serait pas sans intérêt de suivre le fonctionnement de cette loi.

L'*Angleterre* a vu se renouveler sa législation en 1875, par la loi du 11 août (38-39 Vict., c. 60).

Les sociétés dont il est question dans cette loi sont d'abord les « sociétés amicales » (*friendly societies*) proprement dites, qui donnent des secours en cas de maladie, ou lors de la naissance d'un enfant, ou du décès d'un parent, ou dans un certain nom-

---

1. Cette disposition a pour but d'empêcher qu'on mette ces caisses en rapport avec la participation à des sociétés de résistance, ou à des fonds de chômage.

bre d'autres cas spécifiés ; puis les sociétés d'assurance contre la mortalité du bétail, les sociétés charitables (*benevolent*), ayant un but charitable, les clubs (cercles) d'ouvriers destinés à la récréation et à l'instruction ; enfin toute autre société que le Trésor trouvera bon d'autoriser.

Pour qu'une de ces sociétés puisse être enregistrée, c'est-à-dire reconnue personne civile, elle doit compter au moins 7 membres et avoir un nom particulier, qui l'empêche d'être confondue avec une autre société. Les sociétés qui assurent une annuité (une pension de retraite pour la vieillesse) à leurs membres ne peuvent être enregistrées que si les tarifs des cotisations sont certifiés par l'*actuaire* de la commission de la dette publique. L'actuaire est un homme spécial, expert à la fois dans la législation des assurances et dans les calculs ou les combinaisons mathématiques auxquels l'assurance sur la vie et l'intérêt composé peuvent donner lieu. Cette disposition, soit dit en passant, a été fortement critiquée. Elle a été provoquée par la découverte qu'un grand nombre de ces sociétés n'étaient pas au niveau de leurs engagements envers leurs membres, mais on a soutenu, à tort ou à raison, que le certificat de l'actuaire engageait la responsabilité du Gouvernement, sans garantir efficacement la société contre toute erreur.

Il est impossible d'analyser ici le *Friendly society act* de 1875 — c'est sous ce titre qu'il est cité ; nous pouvons seulement dire que, selon l'habitude des législateurs anglais, on a prévu un grand nombre de cas, et formulé des dispositions préventives autant que répressives.

Les autres pays suivent plus ou moins le système français, ou ceux d'Angleterre et d'Allemagne.   **M. B.**

SOCIÉTÉS D'ASSURANCE. *Voy.* **Assurances et Société anonyme.**

SOCIÉTÉS SECRÈTES. 1. Associations illicites d'individus qui se recrutent et se rassemblent clandestinement, obéissent à des chefs secrets, et trament des complots qui ont pour but de changer l'ordre politique ou social du pays, le plus souvent tous les deux à la fois.

2. Avant 1830, les sociétés secrètes étaient soumises aux dispositions générales de l'art. 291 du Code pénal, qui défend les associations de plus de vingt personnes. Mais en présence des complots incessants qui se formèrent sous le Gouvernement de Juillet, et se traduisirent en sanglantes émeutes, on ne tarda pas à reconnaître l'impuissance de la loi contre ces dangereuses affiliations. La loi du 10 avril 1834 fut rendue surtout en vue d'atteindre les sociétés politiques qui échappaient à l'application de l'art. 291, en se divisant en sections composées de moins de vingt membres. Entre autres dispositions, cette loi portait que les attentats contre la sûreté de l'État, ou les délits politiques commis par les associations, seraient jugés et punis conformément aux art. 28 et 69 de la charte de 1830.

3. Le 28 juillet 1848, un décret adopté par l'Assemblée nationale, dans le but d'organiser le droit de réunion, interdit en termes formels les sociétés secrètes, et cette interdiction a été maintenue par le décret du 25 mars 1852, qui abroge celui de 1848, à l'exception de l'art. 13, ainsi conçu :

4. Les sociétés secrètes sont interdites. Ceux qui seront convaincus d'avoir fait partie d'une société secrète seront punis d'une amende de 100 à 500 fr., d'un emprisonnement de six mois à deux ans, et de la privation des droits civiques de un an à cinq ans. Ces condamnations pourront être portées au double contre les chefs ou fondateurs desdites sociétés. Ces peines seront prononcées sans préjudice de celles qui pourraient être encourues pour crimes ou délits prévus par les lois. [*Voy.* **Complots et Attentats,** *ainsi que le mot* **Internationale.** *Comparez* **Association** *et* **Réunion (Droit de).**]

SŒUR DE CHARITÉ. *Voy.* **Congrégations religieuses** et **Hôpitaux.**

SOIES (Conditionnement des). *Voy.* **Conditionnement.**

SOIT-COMMUNIQUÉ (Ordonnance de). 1. Ordre que donne le président du Conseil d'État, sur l'exposé de l'auditeur, de communiquer aux parties intéressées une requête présentée au Conseil, afin qu'elles puissent fournir leurs défenses dans les délais déterminés (*D.* 11 *juin* 1806, *art.* 29). Cet acte est de même nature que celui dont il est parlé au paragraphe 2 de l'art. 72 du Code de procédure civile.

2. L'ordonnance de *soit-communiqué* est ordinairement apposée en marge ou au bas de la requête. Elle est ainsi nommée parce qu'elle commence par ces mots : « Soit la présente requête communiquée ».

3. Une fois délivrée, l'ordonnance de *soit-communiqué* doit être signifiée dans un délai de trois mois sous peine de déchéance (*Règl.* 22 *juill.* 1806, *art.* 12). Ceux qui demeurent hors de la France continentale ont, outre le délai de trois mois, celui réglé par l'art. 73 du Code de procédure civile. (*Règl.* 1806, *art.* 13.)

4. La signification doit être faite, savoir : entre particuliers ou corporations, par exploit d'huissier à la personne ou au domicile du défendeur ; entre les particuliers et les ministres représentant l'État, par l'intermédiaire du garde des sceaux. (*Règl.* 1806, *art.* 16, 17 *et* 22.)

5. La déchéance encourue à défaut de signification est prononcée, soit sur la demande de la partie intéressée, soit d'office par le Conseil d'État, en tant qu'elle touche à l'ordre public, qui est effectivement intéressé à ce que les instances administratives ne s'éternisent pas. C'est au demandeur qu'il incombe naturellement de justifier que la signification a eu lieu ; faute par lui de le faire, le Conseil d'État prononce la déchéance.

6. Après la signification en forme, les parties adverses sont tenues de répondre, savoir : dans quinze jours, si leur demeure est à Paris, ou n'en est pas éloignée de plus de cinq myriamètres ; dans le mois, si elles demeurent à une distance plus éloignée dans le ressort de la cour d'appel de Paris, ou l'un des ressorts des cours d'appel d'Orléans, Rouen, Amiens, Douai, Nancy, Dijon et Bourges ; dans deux mois pour les ressorts des autres cours d'appel de France. A l'égard des colonies et des pays étrangers, les délais doivent être réglés en raison des distances par l'ordonnance de *soit-communiqué.* Ces différents délais commencent à courir du jour de la signification de la requête à personne ou domicile par le ministère d'un huissier. Dans les matières provisoires ou urgentes, les délais peuvent être abrégés par le président du Conseil d'État. (*Règl.* 1806, *art.* 4.)

7. A l'expiration des délais, il est passé outre au rapport. (*D.* 11 *juin* 1806, *art.* 29.)

8. La signature de l'avocat au pied de la requête, soit en demande, soit en réponse, vaut constitution et élection de domicile chez lui. (*Règl.* 22 *juill.* 1806, *art.* 5.) [*Voy.* **Conseil d'État.**]

SOLDE. *Voy.* **Armée.**

SOMMATION. Acte par lequel on déclare à

quelqu'un que s'il ne fait pas quelque chose dans un délai fixé, il y sera contraint par les voies de droit.

Nous avons parlé au mot **Attroupement** des sommations faites par les magistrats et officiers civils, chargés de la police judiciaire, pour dissiper les rassemblements tumultueux. Il existe en matière civile une foule de cas où la loi a prévu et réglé l'usage des sommations. Les avoués font des sommations de fournir des défenses, de venir plaider, de donner des copies de pièces, etc. Les huissiers font des sommations de payer, d'être présent à telle opération, etc. Nous devons mentionner aussi les sommations respectueuses, ou plutôt les actes respectueux adressés par les enfants à leurs parents, à l'effet d'obtenir leur consentement pour contracter un mariage. L'acte respectueux doit être fait par deux notaires, ou par un seul en présence de deux témoins. (*C. civ.*, art. 154.)

SONNEUR. *Voy.* **Cloches, Fabrique.**

SOPHISTICATION. *Voy.* **Subsistances.**

SOULTE. Se dit de la somme payée pour rétablir l'égalité dans un partage, dans un échange (*C. civ.*, art. 833 *et* 1476). C'est le synonyme de *Retour*. Dans le commerce, *Soulte* se dit aussi pour *Solde de compte*.

SOUMISSION. 1. Se dit particulièrement, en parlant des marchés avec concurrence que propose l'administration, de l'offre par écrit de faire une acquisition moyennant tel prix, ou de se charger, soit d'une entreprise, soit d'une fourniture à telles ou telles conditions.

2. Une soumission ne peut être accueillie, si elle n'est en tout point conforme au modèle donné dans le cahier des charges (*O.* 10 *mai* 1829, *art.* 16). Elle doit toujours être remise en séance publique et dans une enveloppe cachetée à l'autorité qui préside à l'adjudication (*O.* 4 *déc.* 1836, *art.* 7). A l'heure fixée, la soumission est ouverte, lue à haute voix en présence des concurrents, et le soumissionnaire qui a fait l'offre la plus avantageuse est réputé adjudicataire. (*O.* 10 *mai* 1829, art. 13.) [*Voy.* **Adjudication.**]

3. Lorsqu'une clause du cahier des charges de l'adjudication d'un service public a défendu expressément le retrait d'aucune soumission avant que le ministre, appelé à approuver le traité fait en suite de l'adjudication, ait pu examiner les qualités des soumissionnaires, l'infraction à cette clause autorise le ministre à refuser son approbation et à prescrire une nouvelle adjudication. (*Arr. du C.* 23 *déc.* 1829.)

4. En matière de contributions, on donne le nom de *soumissions* aux engagements, contractés par les contribuables, de payer des droits, des suppléments de droits, des frais ou des amendes dont ils se reconnaissent débiteurs, afin d'éviter les frais de poursuites.

5. *Soumission* se dit aussi de l'action par laquelle on offre de payer en matière de cautionnements. Les cautions judiciaires font au greffe du tribunal leur soumission. (*C. P.*, art. 519 *et* 522 ; *C. d'I. C.*, art. 120.)

6. Il y a enfin la *soumission de juridiction.* Elle consiste à soumettre par avance à un tribunal qui ne serait pas le juge naturel des parties contractantes, toute contestation qui pourrait s'élever relativement au contrat qu'elles passent. Elle a les mêmes résultats que la *prorogation* volontaire de juridiction (*voy.* **Prorogation**). Elle admet aussi l'application des mêmes règles. Seulement elle se fait dans la prévoyance d'une contestation *possible,* tandis que la prorogation n'a lieu qu'à l'occasion d'une contestation *née.*

7. La *soumission de juridiction* s'opère ordinairement d'une manière tacite par l'élection de domicile conformément à l'art. 111 du Code civil. Cependant elle peut avoir lieu par toute autre stipulation indépendante de cette élection.

SOURCE. 1. Lieu où l'eau commence à sortir de terre pour prendre son cours et former, soit de simples fontaines, soit des ruisseaux, des rivières ou des fleuves.

2. Celui qui a une source dans son fonds peut en user à volonté : mais lorsqu'elle fournit aux habitants d'une commune, village ou hameau l'eau qui leur est nécessaire, son propriétaire ne peut en changer le cours (*C. civ.*, art. 643). Il est à remarquer seulement que, si les habitants de la commune n'ont pas acquis ou prescrit l'usage de la source, le propriétaire peut réclamer une indemnité qui est réglée par expert.

3. L'administration a seule le droit de décider si telle ou telle réunion d'habitants éloignée du chef-lieu de la commune ou du village doit être considérée comme un hameau.

4. Quant aux sources qui surgissent dans les chemins publics, c'est à la police locale qu'il appartient de régler l'usage de leurs eaux, et, lorsqu'un propriétaire a des plaintes à former à cet égard, c'est à l'administration qu'il doit s'adresser. (*Voy. aussi* **Cours d'eau non navigables, Irrigation,** etc.)

SOURDS-MUETS. 1. La première création en France d'un établissement destiné aux sourds-muets est due au vénérable abbé DE L'ÉPÉE, qui fonda, en 1760, l'institution de Paris. L'institution de Bordeaux ne fut ouverte qu'en 1785, et la direction en fut confiée à l'abbé SICARD.

Deux ans après la mort de l'abbé DE L'ÉPÉE, un décret du 21-29 juillet 1791 assura la perpétuité de son œuvre en mettant au rang des établissements nationaux les deux institutions de Paris et Bordeaux. Ces établissements relèvent du ministère de l'intérieur.

2. Les établissements dans lesquels les sourds-muets peuvent recevoir le bienfait d'une éducation primaire et professionnelle, sont de deux sortes : 1° les *établissements publics ;* 2° les *établissements privés.*

3. *Établissements publics.* Les établissements publics sont au nombre de trois : ceux de Paris, de Bordeaux et Chambéry. L'établissement de Paris ne reçoit que des garçons (*D.* 11 *sept.* 1859), celui de Bordeaux que des filles, tandis que l'établissement de Chambéry reçoit des sourds-muets des deux sexes.

4. L'âge d'admission est fixé à 9 ans, au moins, et 14 ans au plus (*Circ. min.* 28 *août* 1869). Toute demande en admission doit être accompagnée de l'acte de naissance de l'enfant, d'un acte constatant l'infirmité de surdi-mutisme avec ses causes, d'un certificat attestant qu'il n'est atteint d'aucune autre infirmité ni de maladies contagieuses et qu'il a été vacciné.

Pour les demandes de bourses gratuites, il faut joindre un certificat d'indigence.

Toutes ces pièces doivent être légalisées et adressées au ministre de l'intérieur.

5. Le prix de la bourse entière est à Paris de 600 fr., celui du trousseau de 320 fr. pour toute la durée du cours d'études, ou de 50 fr. par année pour les élèves qui viennent y compléter leur instruction. Il n'existe point de limite d'âge pour ces derniers, mais ils doivent quitter l'institution dès qu'ils ont atteint leur 21e année.

À Bordeaux, le prix de la bourse entière est de 500 fr. et celui du trousseau de 300 fr., une fois payé ; à Chambéry, de 400 fr. et de 240 fr. Dans ces deux dernières institutions, les élèves sont admis jusqu'à l'âge de 15 ans, à Bordeaux, à partir de l'âge de 9 ans, et à Chambéry depuis l'âge de 10 ans.

6. La durée de l'instruction des élèves est de 6 ans. L'enseignement se compose de l'étude de la langue française, du calcul mental et chiffré, de l'écriture, du dessin linéaire, et se complète par l'apprentissage d'une profession industrielle, telle que cordonnier, menuisier, imprimeur-lithographe, tailleur, peintre sur porcelaine, etc.

Les enfants incapables sont rendus à leur famille ; ceux qui, avant les six ans, sont en état d'exercer la profession enseignée, sont placés chez des industriels par les soins de l'administration ou par une des deux sociétés de patronage fondées en leur faveur à Paris.

7. *Établissements privés.* On compte un certain nombre d'établissements privés. Aucune condition n'est exigée de la part des fondateurs, qui n'ont droit à aucune subvention et ouvrent ces établissements à leurs risques et périls. Du reste, plusieurs de ces établissements reçoivent une subvention du Conseil général. Les établissements privés sont seulement soumis à la surveillance de la police municipale.

SOUSCRIPTION. 1. La souscription est l'engagement de contribuer à une œuvre de bienfaisance ou d'utilité publique (nous faisons abstraction des œuvres d'intérêt privé, comme n'entrant pas dans notre cadre). La souscription peut être une simple promesse, elle peut aussi consister en un versement effectif.

2. Une souscription donnée par écrit lie le signataire si l'œuvre a été réalisée en temps normal. Si le versement a été effectué, il est acquis à l'œuvre. D'ailleurs, les statuts doivent régler ce point et les dispositions qui s'y trouvent constituent la loi des adhérents.

3. Ils doivent aussi prévoir la destination qu'on donnerait aux fonds recueillis, dans le cas où l'œuvre ne pourrait pas être réalisée. Si ce point n'avait pas été prévu, les souscripteurs, s'ils réclament individuellement, ne peuvent qu'exiger le remboursement des sommes qu'ils ont versées (*Arr.* 15 *déc.* 1857, *cour d'Agen*). Ils ne peuvent notamment considérer comme une propriété commune, l'immeuble acheté avec les fonds de l'œuvre et en demander la licitation pour rentrer dans leur souscription (*même arr.*).

4. Les produits d'une souscription ouverte par une fabrique pour la construction d'une église appartiennent à la fabrique et non à la commune (*Avis du C.* 16 *mars* 1868). En cas de contestation entre la commune et la fabrique, l'affaire est du ressort du Conseil d'État. (*Arr. du C.* 21 *mai* 1867 ; *Cass.* 20 *avril* 1870.)

5. Les souscriptions consenties par un habitant envers la commune, par exemple pour l'entretien d'une route, sont traitées comme une contribution directe et perçues par le receveur communal sur rôle nominatif.

6. Les particuliers qui se chargent de faire le recouvrement et l'emploi de souscriptions destinées à une dépense communale et comprises dans le budget de la commune, se constituent, par là même, comptables de deniers publics. Par suite, il appartient exclusivement au conseil de préfecture de statuer sur la demande en reddition de compte dirigée par la commune contre ces particuliers. (*Arr. du C.* 12 *août* 1848.) [*Voy. aussi* **Dons et legs** *et* **Quêtes.**]

SOUS-DÉTAIL DES PRIX. Terme de pratique employé pour désigner un état détaillé des prix, des dépenses, qui ont servi de base à l'évaluation d'un travail, d'une construction. C'est le synonyme d'analyse des prix. (*Voy.* **Analyse des prix.**)

SOUS-PRÉFET. *Voy.* **Arrondissement.**

SOUS-SECRÉTAIRES D'ÉTAT. 1. Fonctionnaires placés dans l'ordre hiérarchique immédiatement après les ministres, et dont les attributions consistent à les seconder, et même à les suppléer au besoin.

2. Création d'un gouvernement constitutionnel qui l'avait empruntée à l'Angleterre, l'institution des sous-secrétaires d'État a eu surtout pour but de confier à ces hauts fonctionnaires le soin d'expédier les affaires courantes, tandis que les ministres restaient plus particulièrement chargés des questions politiques et des débats parlementaires. La première trace de cette institution se trouve dans une ordonnance royale du 9 mai 1816, ainsi conçue :

« Art. 1. Des sous-secrétaires d'État nommés par nous seront attachés à nos ministres secrétaires d'État, lorsque ceux-ci le jugeront nécessaire pour le bien du service.

« Art. 2. Les sous-secrétaires d'État seront chargés de toutes les parties de l'administration et de la correspondance générale qui leur seront déléguées par nos ministres secrétaires d'État dans leur département respectifs. »

3. Il résulte des termes mêmes de cette ordonnance que les sous-secrétaires d'État sont subordonnés aux ministres, qui restent leurs supérieurs hiérarchiques. Ce qui les distingue de tous les autres fonctionnaires attachés à un ministère, c'est la supériorité du rang ; c'est la faculté d'être investis par le ministre d'une délégation générale qui leur donne le droit d'étendre leur autorité sur tous les services d'un département ministériel, et qui commande l'obéissance des agents de tout grade.

4. Les sous-secrétaires d'État sont généralement — et peut-être exclusivement — membres du Parlement et peuvent parler au nom du Gouvernement, mais seulement dans les affaires du département ministériel auquel ils sont attachés.

SPECTACLES. *Voy.* **Droit des indigents, Saltimbanques, Théâtres.**

STATIONS AGRONOMIQUES. 1. Les stations agronomiques sont des établissements libres qui ont pour but d'éclairer la pratique agricole et de la faire avancer dans la voie du progrès par des recherches et des expériences sur la production des végétaux et des animaux ; quelques-unes, telles que les stations viticoles, séricicoles, spécialisent l'objet de leurs études. Elles exécutent aussi des analyses de terre, d'eau et d'engrais pour le compte des cultivateurs qui en font la demande. Pour accomplir leur mission, elles doivent posséder un laboratoire et un champ d'expériences.

2. Les stations sont généralement fondées avec le concours des départements et des associations agricoles. L'État leur vient en aide, dans la première période de leur existence, au moyen de subventions proportionnées aux services qu'on doit en attendre.

3. Indépendamment des bulletins dont les stations règlent elles-mêmes la périodicité, leurs travaux les plus importants sont insérés dans les *Annales agronomiques*, publiées avec le concours du ministère de l'agriculture et du commerce.

4. Une station complète est annexée à l'école d'agriculture de Grignon ; celle de Montpellier possède une station viticole et une station séricicole.

STATISTIQUE. 1. Au point de vue de l'*administration pratique*, la statistique est la réunion de documents numériques, indispensables à la marche des services publics[1]. Il n'est guère de mesure gouvernementale qui ne suppose ou exige la connaissance de l'étendue du territoire, du chiffre de la population, du montant des revenus publics, du nombre des indigents, des criminels, de la production agricole, de la force des troupes ou d'autres renseignements analogues.

2. L'administration doit donc recueillir la statistique, et elle le fait de trois manières différentes :

1° En utilisant au besoin comme document statistique certains chiffres consignés sur des registres administratifs dans un but de comptabilité, de contrôle ou de surveillance, ou dans un autre but administratif quelconque. Tels sont les tableaux des douanes, de l'état civil, du recrutement, tous les états financiers et un grand nombre de renseignements qui en dépendent.

2° En chargeant certains fonctionnaires ou agents d'opérer des relevés spéciaux, soit accidentellement, soit périodiquement.

Ici plusieurs cas sont possibles :

a) L'agent est nommé expressément et exclusivement pour recueillir un ordre de renseignements, comme, par exemple, certains agents pour aider à faire le recensement quinquennal dans les grandes villes ;

b) Le fonctionnaire ou agent fait accessoirement la statistique des matières qui sont l'objet de son service spécial, comme les procureurs généraux relèvent la statistique judiciaire, les ingénieurs des mines celle de la production minérale ;

c) Les fonctionnaires administratifs ayant des attributions qu'on pourrait appeler *universelles*, le préfet et le maire sont chargés de faire opérer un relevé qui n'est dans les attributions d'aucun agent spécial.

3° Enfin, le troisième mode principal de recueillir les données de la statistique consiste à associer les efforts gratuits des particuliers à ceux de l'administration.

3. Les statistiques, relevées par les fonctionnaires et agents de l'administration, sont élaborées soit dans des bureaux spéciaux dont la statistique est l'attribution unique, soit dans des bureaux administratifs dont elle n'est qu'un accessoire. Nous allons passer en revue ces différents services.

4. *Bureaux de statistique spéciaux.* Nous nommerons d'abord le bureau de la statistique générale de France, ministère de l'agriculture et du commerce, dans les attributions duquel se trouvent les commissions de statistique (*voy. n° 6*), et qui s'occupe de la population, de l'agriculture, de l'industrie et de relevés sur plus de vingt matières différentes, et, en général, de toute statistique pour laquelle il n'existe pas un bureau spécial.

D'autres bureaux spéciaux se trouvent :

Au ministère des travaux publics : le bureau de la statistique des chemins de fer et le bureau de la statistique des mines ;

Au ministère de la justice : le bureau de la statistique judiciaire (justice civile et criminelle);

Au ministère des finances : le bureau de statistique générale des finances ; le bureau de la statistique du commerce extérieur.

Au ministère de la guerre : le bureau de statistique et d'étude des armées étrangères (ne semble rien publier) ;

Au ministère de l'instruction publique : service de la statistique de l'instruction primaire.

5. Accessoirement, la statistique est faite dans les ministères et bureaux qui suivent :

Ministère de l'intérieur : bureau des secours mutuels; bureau de l'administration générale (dénombrements, élections) ; enfants assistés, aliénés, etc. (accidentellement) ; administration financière des communes (id.) ; construction des chemins vicinaux ; l'un des bureaux de la direction des prisons ; police administrative (permis de chasse et émigration); service de l'Algérie ; l'un des bureaux du service des télégraphes.

Ministère des finances : dans la direction générale des contributions indirectes, deux bureaux de la 3° division relèvent des statistiques (*a.* sels et sucres, *b.* navigation fluviale); la direction générale des « manufactures de l'État[1] » (bureau de la comptabilité) publie des comptes et des statistiques annuels ; l'administration des postes publie un *Annuaire;* la direction générale des forêts relève des renseignements, mais n'en publie que rarement; la direction des monnaies donne ses résultats pour le *compte général.* Du reste, le budget et les divers comptes, surtout le *compte définitif,* renferment de nombreuses et très-importantes statistiques.

Ministère de la guerre : bureau du recrutement, puis les bureaux de la justice militaire et des hôpitaux militaires.

Ministère de la marine : bureau de la justice maritime ; bureau de la pêche ; bureau de l'administration générale des colonies.

---

1. Nous ne savons pas pourquoi on ne dit pas tout court : *Direction générale des tabacs,* car ce service ne comprend ni les Gobelins, ni Sèvres, comme on pourrait le croire d'après son nom.

1. « La statistique, c'est le budget des choses. » NAPOLÉON Ier.

Ministère de l'instruction publique : le 1er bureau de la direction de l'instruction supérieure et le 1er bureau de la direction de l'instruction secondaire relèvent les renseignements qui concernent ces services. Il en est de même du bureau des monuments historiques.

Ministère de l'agriculture et du commerce : bureau du mouvement général du commerce (documents étrangers) ; bureaux des subsistances ; le 2e bureau du service des haras.

6. *Commissions de statistique.* L'organisation des commissions de statistique, créée par le décret du 1er juillet 1852, a son centre dans le bureau de statistique générale au ministère de l'agriculture et du commerce. Nous allons donner un aperçu de cette organisation. Il existe au chef-lieu de chaque canton une commission de statistique dont les membres sont nommés par le préfet. Les fonctions des membres des commissions de statistique sont gratuites. (*D.* 1er *juill.* 1852, *art.* 1er *et* 2.)

7. Dans les villes chefs-lieux de département ou d'arrondissement, la commission est présidée par le préfet ou le sous-préfet, ou par les personnes que ces fonctionnaires ont déléguées pour les représenter. Dans les chefs-lieux de canton, le président est nommé par le préfet. (*Id., art.* 3 et 6.) Chaque commission élit, à la simple majorité, un ou plusieurs secrétaires-archivistes. (*Id., art.* 7.)

8. Dans les villes chefs-lieux comprenant plusieurs cantons, il ne doit y avoir qu'une seule commission (*Id., art.* 4). A Paris et à Lyon, il y a une commission de statistique par arrondissement communal, présidée par le maire. (*Id., art.* 5.)

9. Les commissions de statistique sont chargées de remplir les divers tableaux que le ministre de l'agriculture et du commerce peut leur adresser, soit accidentellement, soit périodiquement (*art.* 9). Les documents recueillis par les commissions cantonales sont contrôlés par la commission du chef-lieu, et à Paris et à Lyon, par une commission centrale spéciale (*art.* 12). En principe, les tableaux de statistique agricole doivent, en outre, être soumis aux chambres consultatives d'agriculture (*art.* 13), mais nous croyons que cette disposition est tombée en désuétude.

10. Les dépenses de matériel auxquelles peuvent donner lieu les travaux des commissions de statistique, sont à la charge de la commune chef-lieu de canton (*art.* 22).

11. Pour compléter cet article, nous faisons suivre une liste, par ordre de ministères, des principales publications statistiques officielles.

Maurice Block.

BIBLIOGRAPHIE.
Principales publications statistiques de la France.
Ministère des Finances.
Budgets; Comptes généraux; Comptes définitifs; Tableau général du commerce extérieur; Tableaux mensuels des opérations de douane; Mouvement du cabotage; Mouvement de la navigation intérieure; Rapport de la caisse des dépôts et consignations; Bulletin de Statistique.
Ministère de l'Intérieur.
Recensement quinquennal de la population; Rapport sur les chemins vicinaux; Statistique des établissements pénitentiaires; Statistique des sociétés de se-

cours mutuels; Rapport sur les établissements de bienfaisance (accidentellement); Tableau de la situation de l'Algérie.
Ministère de la Guerre.
Compte rendu du recrutement de l'armée; Compte général de la justice militaire; Statistique médicale de l'armée.
Ministère de la Marine.
Tableaux sur la population, des cultures, du commerce et de la navigation des colonies; Compte général de la justice maritime; Compte de la justice aux colonies; Statistique des pêches; Compte du matériel de la marine.
Ministère de l'Agriculture et du Commerce.
Dénombrement statistique de la population; Statistique générale de la France, comprenant :
Mouvement de la population; Statistique de l'agriculture; Statistique de l'industrie; Octrois; Prix et salaires; Bureaux et établissements de bienfaisance; Hôpitaux, hospices et enfants assistés; Asiles d'aliénés; Monts-de-piété; Libéralités aux établissements publics; Sinistres.
Comptes des caisses d'épargne; Rapport sur les opérations de la caisse des retraites pour la vieillesse, Annales du commerce extérieur; Bulletin consulaire.
Ministère des Travaux publics.
Statistique de l'industrie minérale; Statistique des chemins de fer.
Ministère de l'Instruction publique.
Statistique de l'instruction primaire, secondaire et supérieure; Statistique des bibliothèques.
Ministère de la Justice.
Statistique de la justice civile et commerciale; Statistique de la justice criminelle.
Diverses autorités du département de la Seine.
Recherches statistiques sur la ville de Paris et le département de la Seine, pour les années 1821, 23, 26, 29 et 44. 5 vol. in-4°. Publication préfectorale.
Le préfet du département de la Seine et le préfet de police publient tous les ans leur budget et le compte définitif de leurs recettes et de leurs dépenses.
Statistique de l'industrie de la ville de Paris, publiée à 3 époques différentes, par la Chambre de commerce.
Budgets, comptes financiers et comptes moraux de l'administration des hôpitaux de Paris.
Compte rendu des opérations de la caisse d'épargne de Paris.
Mouvement de la population de Paris (Bulletin municipal).
Il convient d'ajouter que la Banque de France, les sociétés de Crédit foncier, de Crédit mobilier, le Comptoir d'escompte, le Mont-de-piété, etc., publient des comptes rendus d'un grand intérêt.
Les départements fournissent également leur contingent aux publications statistiques. Les préfets font imprimer leurs budgets et leurs comptes, ainsi que les procès-verbaux des Conseils généraux. Il paraît aussi des *Annuaires* dans plus de 60 départements.
Nous sommes sur le point de publier, à la librairie Guillaumin et Cie, un *Traité théorique et pratique de Statistique*, dans lequel on trouvera tous les détails nécessaires. Ce traité sera en vente vers le mois de novembre 1877. M. B.

STATISTIQUE (Droit de). **1.** Un droit de statistique dont la perception est confiée au service des douanes est établi sur les marchandises de toute nature importées de l'étranger, de l'Algérie et des colonies ou exportées à toute destination.

Affranchi de toute taxe additionnelle, ce droit est perçu ainsi qu'il suit :

10 centimes par colis sur les marchandises en caisses, futailles, sacs ou tout autre emballage;

10 centimes par 1,000 kilogrammes ou par mètre cube sur les marchandises en vrac ;

10 centimes par tête sur les animaux vivants ou abattus des espèces chevaline, bovine, ovine, caprine et porcine. (*L. 22 janv.* 1872, art. 3.)

2. Sont exempts du droit de statistique : les objets adressés aux membres du corps diplomatique, les envois de fonds du Trésor, les colis de bagages accompagnant les voyageurs, les récoltes des propriétés limitrophes, les bestiaux et troupeaux envoyés ou amenés au pacage, les chevaux et bêtes de somme affectés à des transports entre la France et l'étranger, les bêtes attelées et celles servant aux usages agricoles, les animaux attelés et montés servant à des particuliers, les animaux conduits aux foires et marchés ou qui en sont ramenés ; le poisson frais, de pêche française et *dans la Méditerranée;* le poisson frais rapporté par les pêcheurs catalans et italiens ; les restants de provisions de bord ; les poissons de navires pêcheurs français et le lest proprement dit.

3. Le droit de statistique n'est pas exigé sur les objets expédiés en cabotage ou *empruntant momentanément le territoire étranger.*

4. Les expéditions en transit direct ne donnent lieu qu'au paiement du droit *à l'entrée.* Il en est de même des réexportations ou transbordements immédiats par le même bureau ou port.

5. Les marchandises extraites d'entrepôts pour la consommation ou pour une mutation d'entrepôt, ne sont pas soumises au droit de statistique. Ce droit n'est dû qu'à la sortie pour toute destination hors de France.   E. BACQUÈS.

STATUTS. 1. Ce mot s'applique à toutes sortes de lois et de règlements. On l'emploie surtout en matière de questions mixtes ou de droit international privé pour désigner les lois des diverses nations dont il s'agit de faire l'application.

2. Les jurisconsultes distinguent à cet égard le *statut personnel* relatif aux personnes et le *statut réel* relatif aux choses, aux biens. Le statut personnel est la loi de la nation dont l'individu est membre et elle le suit partout. Le statut réel, c'est la loi de la nation où sont situés les biens que l'étranger a acquis ou qu'il possède.

3. On nomme aussi *statuts* l'ensemble des règles à suivre par une société anonyme, une corporation, une compagnie, une congrégation religieuse, etc.

4. Sous l'ancien droit, on appelait *statuts locaux* les règlements qui régissaient chacune des diverses parties du territoire. Les statuts locaux ont été abandonnés; cependant, dans le cas où les lois s'en réfèrent aux usages particuliers, on suit encore les usages locaux.

Les statuts locaux — ou communaux — sont fréquents dans certains pays. (*Voy.* Organisation communale, ADMIN. COMP.)

STÉARINE. (IMPÔT SUR LES BOUGIES, CIERGES, ETC.).

SOMMAIRE.

CHAP. I. — TARIFICATION.

1. Les bougies proprement dites ont généralement pour base principale l'acide stéarique. Les cierges sont ordinairement en cire ; mais il y en a en stéarine ou en mélanges d'acide stéarique et de cire. Tous ces produits tombent sous l'application des dispositions portant textuellement « qu'il est établi sur l'acide stéarique et les autres matières à *l'état de bougies* ou *de cierges,* un droit de consommation intérieure de 30 fr. les 100 kilogr. (25 fr. en principal, plus deux décimes [1]) ».

2. Sont imposables comme bougie stéarique, tous les mélanges ou composés factices d'acide stéarique et d'autres substances.

3. Quelle qu'en soit la composition, les chandelles et bougies à *mèche tissée, tressée* ou *moulinée ayant subi une préparation chimique,* sont passibles de la même taxe que les bougies ordinaires.

4. Sauf cette réserve, les chandelles de suif et les chandelles de résine sont affranchies de l'impôt. (*L. 30 décembre* 1873 ; *Circ. n°* 109 *du* 11 *janv.* 1874.)

5. L'acide stéarique et la cire affectés à d'autres usages que la fabrication de bougies ou de cierges sont exempts de la taxe intérieure. Ainsi l'impôt n'est point exigible sur celles de ces matières qui sont employées dans leur industrie spéciale par les mouleurs, sculpteurs, fabricants de bâches, de tentures, fabricants de poupées, etc.

6. L'immunité de l'impôt est étendue aux allumettes en cire, aux mèches dites veilleuses, et aux pelotes-bougies dites rats de cave. (*Circ. n°* 109.)

7. Indépendamment de la taxe de consommation intérieure, les bougies, cierges et produits assimilés provenant d'importations ont à payer un droit de douane fixé comme suit :

Acide stéarique en masses, blocs ou plaques. . . . . 5 p. % de la valeur.
Bougies, cierges et similaires . . . 10 p. % de la valeur.
(*L. 30 déc.* 1873, art. 10).

8. Les produits exportés sont affranchis de l'impôt intérieur *par voie de décharge au compte des fabricants* (voy. *n°* 44) [art. 11 *de la loi précitée*].

CHAP. II. — MODE DE PERCEPTION. OBLIGATIONS DES FABRICANTS ET MARCHANDS.

9. La taxe de consommation sur les produits fabriqués en France est assurée par le service des contributions indirectes au moyen de l'exercice des fabriques et magasins de vente d'acide stéarique, des fabriques de bougies, de cierges et de produits similaires.

10. Les simples fabricants de cire, de paraffine et de toute substance autre que l'acide stéarique sont affranchis de la déclaration et de l'exercice.

Il en est de même des marchands de bougies et de cierges qui ne réclament pas le crédit de l'impôt (voy. *n°* 16). Toutefois les commerçants quelconques ont eu à payer la taxe, par suite

1. Le nombre des fabriques spéciales d'acide stéarique est seulement de 4. Généralement les fabriques de bougies produisent elles-mêmes l'acide stéarique.
Le nombre total des fabriques de bougies et de cierges est actuellement de 1,133, chiffre dans lequel les petits ateliers de fabrication de cierges entrent pour plus des 4/5.
En 1876, l'impôt a atteint 22,273,081 kilogr. de bougies ordinaires et 1,893,855 kilogr. de cierges et de bougies d'église.
Le Trésor a perçu 7,251,900 fr.

d'inventaires, sur les quantités existant en leur possession au moment de la promulgation de la loi (*art.* 11, 12, 13, 14 *et* 17 *de la loi*).

11. Les bougies, les cierges et les produits assimilés ne peuvent être livrés au commerce et exposés en vente qu'en paquets fermés et disposés de telle sorte qu'ils puissent être efficacement *scellés* au moyen de timbres ou de vignettes portant la marque de l'État (*art.* 12 *et* 15 *de la loi; art.* 6 *du Règlement d'administration publique du 8 janv.* 1874).

12. Le nombre des types ou calibres de paquets ou boîtes est limité de la manière suivante (*art.* 6 *du règl.*) :

Bougies ordinaires et chandelles-bougies. . .	500 gr.
Cierges ordinaires	500 1000
Bougies et cierges de luxe ou de fantaisie. . .	200 500 1000

13. De nouvelles dispositions réglementaires paraissent devoir admettre les calibres de 5 kilogr. en caissettes pour les bougies ordinaires et de 100 grammes en paquets pour les bougies ou cierges de fantaisie. Déjà l'administration use de tolérance à cet égard. D'un autre côté, elle a effacé toute limitation de poids en ce qui concerne les cierges de grande dimension.

14. Quand le poids réel des boîtes ou paquets, ainsi que des cierges isolés s'écarte des calibres règlementaires, toute fraction de moins de 100 grammes est comptée pour 100 grammes. (*Circ. n° 109; Circ. n° 115 du 14 février* 1874; *Instr. part.*)

15. Les fabricants d'acide stéarique et les fabricants de bougies ou de cierges sont tenus de faire une déclaration descriptive de leurs établissements et de payer annuellement pour chaque usine une licence (indépendante de la patente) dont le taux est fixé à 20 fr. en principal (25 fr., décimes compris) [*art.* 11 *et* 13 *de la loi*].

16. Les simples marchands d'acide stéarique, de bougies ou de cierges qui réclament le crédit des droits ont à payer la même licence. Ils doivent en outre fournir une caution solvable (*art.* 9 *du règl.*).

17. La déclaration descriptive qu'ont à faire les fabricants indique l'espèce de produits fabriqués, le mode de fabrication, la nature et les espèces des appareils servant à la fabrication de l'acide stéarique ou des produits similaires, le nombre d'appareils servant à fabriquer la bougie, les cierges, et, par appareil, le nombre et le calibre des moules, le nombre et l'espèce des instruments employés pour achever la fabrication et pour marquer les produits, enfin le régime de la fabrique pour les jours et heures de travail.

Tout changement entraîne une nouvelle déclaration (*art.* 2 *du règl.*).

18. A l'extérieur du bâtiment principal de toute fabrique d'acide stéarique, de bougies ou de cierges doivent être inscrits en caractères apparents les mots: *fabrique d'acide stéarique, de bougies ou de cierges* (*art.* 3 *du règl.*).

19. La régie peut exiger que les jours et fenêtres donnant sur les propriétés voisines soient garnies d'un treillis de fer, que la fabrique et ses dépendances n'aient qu'une entrée habituellement ouverte et que toute communication avec les maisons contiguës soit scellée (*art.* 4 *du règl.*).

20. Les employés de la régie sont autorisés à pénétrer dans les fabriques et dans leurs dépendances à toute heure du jour et *même la nuit*, lorsqu'il résulte de déclarations que les établissements sont en activité.

Les fabricants sont tenus de fournir à l'intérieur des usines un local convenable pour servir de bureau aux employés. Le loyer en est à la charge de la régie (*art.* 11 *et* 14 *de la loi; art.* 5 *du règl.*).

21. Quelle qu'en soit la provenance, l'acide stéarique en masse, blocs ou plaques, est expédié en vertu d'acquits-à-caution consacrant le crédit de l'impôt intérieur et garantissant le quadruple du droit afférent à une égale quantité de bougie. La cire, de même que les autres substances, circule librement, sauf le cas où elle sort d'une fabrique exercée (*art.* 12 *de la loi; art.* 8 *du règl.*).

22. Les bougies, cierges et produits similaires qui sont revêtus de timbres ou vignettes de la régie peuvent circuler sans titre de mouvement. En l'absence de timbres ou vignettes ils ne peuvent circuler qu'en vertu d'acquits-à-caution (*art.* 6 *du règl.*).

23. Les fabricants qui se bornent à produire de l'acide stéarique n'ont point à déclarer leurs opérations successives; mais ils ne peuvent effectuer aucun envoi si ce n'est par acquit-à-caution et sous le plomb de la régie. Le service intervient quand il le juge à propos et, par voie d'inventaires, il établit le compte des entrées et des sorties. Les manquants non justifiés sont constatés par procès-verbal (*art.* 11, 12 *et* 14 *la loi*).

24. Les fabricants d'acide stéarique qui sont en même temps fabricants de bougies n'ont pas non plus à déclarer les opérations spéciales à la production de l'acide stéarique. Ici encore il incombe au service de constater les quantités produites (*art.* 7 *et* 8 *du règl.; circ. n°* 109).

25. Les fabricants qui reçoivent du dehors de l'acide stéarique ou de la cire doivent immédiatement l'inscrire sur un registre qui est mis à leur disposition par le service, et ils sont tenus dès lors d'en justifier l'emploi par des envois réguliers au dehors ou par la représentation d'une quantité correspondante de bougies.

26. Il est accordé décharge jusqu'à concurrence de 2 p. 100 des manquants imputables aux déchets de fabrication. Si la fabrique est restée inactive depuis l'arrêté de compte, la réception ou la fabrication, les manquants qui ressortent sur les quantités d'acide stéarique ou de cire reçues ou prises en charge sont passibles du quadruple du droit afférent à une égale quantité de bougies (*art.* 8 *du règl.*)

27. L'introduction, la fabrication et l'emploi de toutes substances autres que l'acide stéarique et la cire n'entraînent aucune déclaration. (*Art.* 12 *de la loi; art.* 8 *du règl.; Circ. n°* 115.)

28. Les fabricants, y compris les négociants pourvus de la licence de fabricant, peuvent recevoir de l'étranger ou des colonies françaises, avec le crédit de l'impôt intérieur, toute quantité d'acide stéarique, de bougies, de cierges ou de produits similaires, soit en paquets, soit en *vrac*.

29. Tous envois d'acide stéarique et de cire, tous envois de bougies, de cierges et de produits similaires en *vrac* ou en paquets sont de même autorisés avec transfert du crédit de l'impôt, soit de fabrique à fabrique, soit de fabrique à entrepôt, et *vice versâ.*

30. Dans l'un et dans l'autre cas il est délivré au départ des acquits-à-caution qui ne sont déchargés à l'arrivée que sur la représentation des chargements.

31. Des acquits-à-caution sont également délivrés pour les chargements qui doivent être exportés.

32. L'administration pourrait exiger que ces divers envois eussent lieu sous le plomb de la douane ou de la régie des contributions indirectes ; mais, en fait, l'objet principal du plombage est de soustraire l'industrie et le commerce à des vérifications minutieuses sur les points de sortie ou d'arrivée. Quand donc les intéressés se soumettent sciemment et volontairement à ces vérifications, on peut faire fléchir la règle. Mais toute tentative d'abus devrait amener la stricte application de la loi.

Lorsque des envois de stéarine, de bougies ou de produits similaires ont lieu par wagons entiers, le plombage peut être appliqué aux wagons eux-mêmes.

33. Les fabricants et marchands entrepositaires ne peuvent recevoir, comme libérés d'impôt, de la bougie, des cierges ou des produits similaires qu'en paquets revêtus de timbres ou de vignettes. Dans ce cas encore, il est délivré au lieu de départ des acquits-à-caution qui ne sont déchargés à l'arrivée que sur la représentation des produits ; mais alors la formalité du plombage n'est pas imposée.

34. Le prix des plombs est de 10 centimes. (*Art. 8 et 10 du règl.; Circ. n° 115 du 14 févr.*)

35. Quand l'impôt a été payé à l'importation ou à l'enlèvement d'une fabrique, d'un entrepôt, les quantités reçues par le destinataire, fabricant ou marchand entrepositaire sont inscrites à son compte comme libérées de l'impôt. Les envois que celui-ci effectue ensuite à la consommation intérieure sont successivement et jusqu'à due concurrence imputés à ce compte spécial (*art. 8 et 14 du règl.*).

36. Les importateurs qui prennent l'impôt à leur charge sont tenus de faire à leurs frais l'apposition des timbres ou vignettes. Ces timbres ou vignettes leur sont remis par le service des douanes qui en perçoit le prix pour le compte de l'administration des contributions indirectes (*art. 15 du règl.*).

37. A l'égard des produits importés, le paiement des droits et la formalité de l'apposition des timbres peuvent être reportés à l'arrivée même quand les produits sont à destination d'un simple consommateur. La douane plombe alors les colis et délivre un acquit-à-caution. (*Extension rationnelle de la règle posée en matière d'allumettes par la circulaire n° 144 du 17 mars 1875.*)

38. Les fabricants et les marchands entrepositaires ne peuvent livrer à la consommation intérieure que des bougies, cierges ou produits similaires revêtus de timbres ou vignettes. Ils sont tenus d'apposer à leurs frais ces timbres ou vi-

gnettes dont la remise leur est faite, *sur un reçu,* en quantités proportionnelles à leurs besoins (*art. 15 de la loi; art. 11 du règl.*).

39. A la fin de chaque journée ou à 6 heures du soir si le travail est continu de jour et de nuit, les fabricants de bougies, de cierges ou de produits similaires sont tenus, d'une part, d'inscrire sur un registre qui leur est remis par la régie et qu'ils doivent représenter à toute réquisition des employés, le nombre, par nature et par catégorie, des boîtes ou paquets qu'ils ont composés ainsi que les quantités laissées en *vrac*; d'autre part, de placer dans des locaux spéciaux les quantités de bougies ou de produits similaires dont la fabrication se trouve achevée.

Toutefois, et à la condition d'assurer préalablement la formalité de l'apposition des timbres, ils peuvent disposer, pour un envoi immédiat, de quantités non encore sorties des ateliers de fabrication.

Les prescriptions ci-dessus indiquées se rapportent également aux produits reçus du dehors.

40. Sous la condition de les emmagasiner distinctement par calibre, les fabricants ont la faculté de timbrer les boîtes ou paquets à mesure qu'ils sont formés. Ils conservent néanmoins le crédit de l'impôt jusqu'à l'enlèvement (*art. 7 et 8 du règl.*).

41. Pour tous les envois qui entraînent la délivrance d'acquits-à-caution, la déclaration d'enlèvement est faite au bureau de la régie. Au contraire, les fabricants et négociants assimilés délivrent eux-mêmes, au moyen d'un registre à souche qui leur est remis par la régie, les simples laissez-passer nécessaires pour régulariser les envois à la consommation intérieure.

Indépendamment du nombre et du poids net des boîtes ou paquets, la souche et l'ampliation de ce registre doivent pour chaque envoi, indiquer, en toutes lettres, sans surcharge ni rature, l'heure précise de l'enlèvement, le nom et la qualité du destinataire, le lieu de destination, ainsi que les voies de communication et les moyens de transport qui seront employés.

Le timbre des ampliations est de 10 cent.

Quoiqu'ils donnent lieu à la délivrance d'acquits-à-caution, les envois *sans transfert* du crédit de l'impôt, soit de fabrique à fabrique, soit de fabrique à entrepôt, et *vice versâ,* sont inscrits au même registre, mais seulement à la souche : l'ampliation est annulée.

Ce registre peut être retiré aux fabricants ou marchands à défaut d'inscription ou en cas d'inscription inexacte (*art. 12 du règl.*).

42. Les réintégrations en fabrique doivent être déclarées et constatées de la même manière (acquit-à-caution) que les réceptions d'une autre fabrique (*art. 13 du règl.*).

43. Si, postérieurement à la prise en charge chez les fabricants, des bougies, des cierges ou des produits similaires jugés défectueux sont remis en fabrication, le service en accorde décharge à la condition que la refonte soit effectuée sous ses yeux. Nonobstant de telles manipulations, les fabricants qui reçoivent du dehors l'acide stéarique ou la cire demeurent soumis au *minimum* de rendement tel qu'il est déterminé par le règlement.

Il peut être également accordé décharge des droits afférents aux bougies, cierges, etc., qui seraientdétruits soit par accident en cours de transport, soit dans les usines ou magasins-entrepôts par un événement de force majeure. L'administration statue dans ce cas (*art.* 15 *du règl.*).

44. Il est de règle que les bougies, les cierges et les produits similaires soient livrés à l'exportation en *vrac* ou en paquets non revêtus de timbres ou de vignettes. Cependant sur des justifications particulières les directeurs de la régie peuvent autoriser l'exportation en franchise de paquets déjà timbrés. Dans ce cas, comme dans le cas de refonte, les timbres sont détruits ou oblitérés par le service (*art.* 10 *du règl.*).

Autorisée seulement par voie de *décharge*, l'exemption relative aux exportations ne peut profiter qu'aux fabricants et marchands qui jouissent du crédit des droits. Ainsi l'exportation ne donne jamais lieu à restitution.

45. Les employés de la régie suivent à un registre portatif toutes les opérations des fabricants et marchands soumis à l'exercice. Le même registre présente un compte spécial en ce qui concerne l'emploi des timbres et vignettes.

CHAP. III. — **PAIEMENT DES DROITS.**

46. Les fabricants et marchands sont tenus de payer immédiatement le prix des timbres dont l'emploi n'est pas justifié. Ils doivent payer immédiatement aussi les droits afférents aux produits manquant à leur charge (*art.* 11 *du règl.*).

47. À l'égard des produits régulièrement livrés à la consommation, le compte des fabricants est réglé en fin de mois. Quand le décompte dépasse le chiffre de 300 fr., le paiement peut en être effectué en une obligation cautionnée à 4 mois de terme. Toutefois les redevables qui souscrivent ainsi des obligations sont tenus de payer un *intérêt* de retard dont le taux est fixé par le ministre des finances (actuellement 3 p. 100), plus la remise d'un tiers p. 100 à titre de prime d'assurance en faveur du comptable. (*L.* 15 *fév.* 1875, *art.* 2 *et* 3 ; *Arr. minist.* 17 *fév.* 1875.)

À défaut de paiement immédiat en numéraire ou en une obligation, le recouvrement des droits est poursuivi par voie d'avertissement et de contrainte.

CHAP. IV. — **DES DÉTAILLANTS.**

48. Les marchands non pourvus de la licence de fabricant ne peuvent avoir en leur possession que des bougies, cierges et produits similaires revêtus des marques légales. Nul commerçant ne peut d'ailleurs fractionner, pour la vente en détail, plus d'un paquet de chaque variété des types réglementaires (*art.* 6 *du règl.*).

49. La vente en détail est interdite aux fabricants de bougies ordinaires. Elle est permise aux fabricants de cierges et de bougies d'église (*art.* 12 *du règl.; Circ. n°* 115).

50. Sur divers points les fabriques d'église et les trésoriers de confréries cèdent à des marchands, pour être revendus, des bougies et des cierges qui n'ont été utilisés que pendant quelques instants. En l'absence des marques de la régie, les bougies, les cierges ne peuvent pas rentrer dans le commerce. Quand on veut en tirer profit (des distributions gratuites à des consommateurs doivent

être tolérées), il faut ou les soumettre à un nouveau timbrage, ou les livrer, en vertu d'acquits-à-caution, à des fabricants chez lesquels ils sont considérés comme de simples matières premières ne comportant aucune remise d'impôt. Si cependant le paiement du droit était matériellement prouvé, les quantités réintroduites en fabrique ou en magasin pourraient donner lieu à la remise de l'impôt par voie de compensation. (*Circ. n°* 115.)

CHAP. V. — **PÉNALITÉS.**

51. Sauf l'exception indiquée au § 21, les acquits-à-caution délivrés pour les bougies, cierges et produits assimilés garantissent, à défaut de décharge, le double du droit afférent aux quantités déclarées.

52. Les agents du service des contributions indirectes sont spécialement chargés de constater les contraventions en matière de bougies et de cierges. (*L.*, *art.* 11.)

53. Toute fabrication sans déclaration est punie d'une amende de 300 à 3,000 fr. ; les autres contraventions sont punies d'une amende de 100 à 1,000 fr. ; le tout indépendamment de la confiscation des objets trouvés en fraude et du remboursement des taxes fraudées.

54. Le produit net des amendes et confiscations est attribué : 1|4 au Trésor, 1/4 au service des pensions, et 2/4 aux saisissants. (*L.*, *art.* 16.)

CHARLES ROUCOU.

STUDBOOK. *Voy.* Haras.

SUBSISTANCES. 1. Les questions qui se rattachent à l'alimentation des populations ont été, en tout temps, une des grandes préoccupations des gouvernements.

2. Les mesures prises à ce sujet peuvent se rattacher à trois chefs principaux, et se diviser en trois classes, savoir : 1° les dispositions adoptées en vue d'une situation normale ; 2° les dispositions qui ont pour but de prévenir la disette ou tout au moins la trop grande élévation du prix des grains ; 3° celles qui sont prises dans les temps de cherté et qui ont un caractère purement transitoire comme les circonstances au milieu desquelles elles se produisent.

3. En France, les mesures rentrant dans la première des trois classes se sont étendues assez longtemps aux objets suivants : 1° à l'importation et l'exportation des grains et farines ; 2° à la circulation des grains à l'intérieur ; 3° à l'exercice des professions de boucher et de boulanger ; 4° à la tenue et à la police des marchés ; 5° à la salubrité et à la fidélité du débit des substances et denrées alimentaires. Mais la plupart des dispositions restrictives ou réglementaires qui concernent ces objets ont été supprimées, on les trouverait au besoin dans la 1ʳᵉ édition de ce Dictionnaire.

4. Quant aux dispositions adoptées dans les époques de crise alimentaire, elles ont nécessairement varié suivant les circonstances, et surtout suivant l'opinion qu'on avait, à chaque époque, sur les effets de l'intervention plus ou moins directe de l'autorité dans les transactions commerciales et sur l'influence de l'action gouvernementale dans la détermination des prix ; mais le cadre nécessairement très-restreint dans lequel cet article doit être renfermé ne nous permet pas d'entrer à ce sujet dans des développements historiques. Nous devons donc nous borner à indiquer d'une manière très-sommaire ce qui s'est fait dans des temps déjà éloignés de nous, et, afin de rester fidèle au caractère pratique de ce Dictionnaire, nous exposerons avec plus de détail les mesures adoptées dans ces dernières années.

SOMMAIRE.

CHAP. I. — CIRCULATION DES GRAINS.

5. On sait qu'avant la révolution de 1789, la circulation des grains était soumise habituellement en France à de nombreuses entraves, et qu'en général cette circulation était plus difficile encore dans les temps de cherté.

6. Dans le préambule de l'arrêt du Conseil du 13 septembre 1774, Turgot avait, il est vrai, démontré jusqu'à la dernière évidence les inconvénients graves d'un pareil régime, et les avantages d'une libre circulation qui aurait pour conséquence une répartition aussi équitable que possible de tous les produits de la récolte entre les différentes provinces du royaume. Ces idées nouvelles, converties un moment en loi de l'État, n'avaient pu prévaloir contre des préjugés invétérés et des habitudes séculaires.

7. En 1789, un des premiers actes de l'Assemblée constituante fut de remettre en vigueur les principes proclamés par Turgot en 1774 touchant la liberté du commmerce intérieur des grains et farines, et la libre circulation de ces denrées dans toute l'étendue de la France. (*D. 29 août, 18 sept. et 5 oct. 1789, 2 juin et 15 sept. 1790 et 26 sept. 1791.*)

8. Pendant la terrible crise qu'elle eut à traverser, la Convention nationale ne tarda pas, à la vérité, à s'écarter de ces règles nouvelles. Mais la tourmente révolutionnaire n'était pas encore apaisée, que cette assemblée proclamait de nouveau, par une loi du 20 prairial an V, la complète liberté de circulation des grains dans l'intérieur du pays.

9. Cette loi du 21 prairial an V est toujours en vigueur, et l'exécution n'en a été temporairement et partiellement suspendue que pendant la disette de 1812. A cette époque, un décret ordonna de porter tous les grains et farines sur les marchés et défendit d'en vendre ou acheter ailleurs. Ce décret, qui était daté du 4 mai 1812, n'avait d'effet que jusqu'au 1er septembre de la même année.

10. Il est à remarquer, du reste, que le décret du 4 mai 1812, bien que très-contraire à la liberté du commerce des grains, et obligeant de les apporter sur les marchés, n'interdisait pas la circulation de cette denrée d'une province à une autre; il prescrivait, au contraire, de protéger cette circulation entre tous les départements de l'empire.

11. Néanmoins, tel qu'il était, le décret de 1812 donna lieu dans l'application à de grandes difficultés, et depuis cette époque, les divers gouvernements qui se sont succédé dans notre pays

ont complétement renoncé à l'idée d'apporter aucun obstacle à la libre circulation des grains. Ils l'ont, au contraire, protégée constamment, et, dans plusieurs occasions, des instructions ministérielles ont rappelé aux préfets l'obligation de tenir la main à ce que cette liberté de circulation n'éprouvât pas d'entrave.

12. Aux termes de l'art. 2 de la loi du 21 prairial an V, toute personne convaincue d'avoir porté atteinte à la circulation des grains doit être poursuivie et condamnée, outre la restitution, à une amende de la moitié des valeurs des grains arrêtés, amende pour le paiement de laquelle le délinquant doit donner caution; faute de quoi, la peine de six mois d'emprisonnement est prononcée. De plus, les art. 440, 441 et 442 punissent de la peine de la réclusion ou des travaux forcés à temps, suivant la gravité des cas, tout pillage ou dégât de grains et farines.

On sait d'ailleurs que la loi du 10 vendémiaire an IV rend les communes responsables des pillages, vols et autres délits commis sur leur territoire. (*Voy.* Organisation communale.)

CHAP. II. — DES MESURES QUI ONT POUR OBJET D'ASSURER LA SALUBRITÉ ET LA FIDÉLITÉ DU DÉBIT DES SUBSTANCES ET DENRÉES ALIMENTAIRES.

13. Les lois des 16-24 août 1790 et 19-22 juillet 1791 ont rangé parmi les attributions de l'autorité municipale l'inspection sur la salubrité et la fidélité du débit des marchandises, et l'art. 471 du Code pénal punit d'une amende de 1 à 5 fr. les infractions aux règlements que les maires peuvent prendre pour assurer cette inspection. En cas de récidive, il y a lieu, en outre, à un emprisonnement de trois jours au plus.

14. D'un autre côté, l'art. 423 du même Code porte que quiconque aura trompé l'acheteur sur la nature de toutes marchandises; quiconque, par usage de faux poids ou de fausses mesures, aura trompé sur la quantité des choses vendues, sera puni de l'emprisonnement pendant trois mois au moins, un an au plus, et d'une amende qui ne pourra excéder le quart des restitutions et dommages-intérêts, ni être au-dessous de 50 fr.

15. Aux termes de la loi du 27 mars 1851, sont punis des peines édictées par l'art. 423 :

1° Ceux qui falsifient des substances ou denrées alimentaires destinées à être vendues;

2° Ceux qui vendent ou mettent en vente des substances ou denrées alimentaires ou médicamenteuses, qu'ils savent être falsifiées ou corrompues;

3° Ceux qui ont trompé ou tenté de tromper, sur la quantité des choses livrées, les personnes auxquelles ils vendent ou achètent, soit par l'usage de faux poids ou de fausses mesures, ou d'instruments inexacts servant au pesage ou au mesurage, soit par des manœuvres ou procédés tendant à fausser l'opération du pesage ou du mesurage, ou à augmenter frauduleusement le poids ou le volume de la marchandise, même avant cette opération, soit, enfin, par des indications frauduleuses tendant à faire croire à un pesage ou mesurage antérieur et exact.

16. S'il s'agit d'une marchandise contenant des matières nuisibles à la santé, l'amende est de 50 à 500 fr., à moins que le quart des restitutions et dommages-intérêts n'excède cette dernière somme ; l'emprisonnement est de trois mois à deux ans. Cette disposition est applicable même au cas où la falsification nuisible est connue de l'acheteur.

17. La même loi du 27 mars 1851 punit d'une amende de 16 à 25 fr., et d'un emprisonnement de six à dix jours, ou de l'une des deux peines seulement, suivant les circonstances, ceux qui, sans motifs légitimes, ont dans leurs magasins, boutiques, ateliers ou maisons de commerce, ou dans les halles, foires ou marchés, soit des poids ou mesures faux, ou autres appareils inexacts servant au pesage ou au mesurage, soit des substances alimentaires ou médicamenteuses qu'ils savent être falsifiées ou corrompues.

18. Si la substance falsifiée est nuisible à la santé, l'amende peut être portée à 50 fr., et l'emprisonnement à quinze jours.

19. En cas de récidive dans les cinq années qui ont suivi le premier délit, la peine peut être élevée jusqu'au double du maximum, et l'amende peut même être portée jusqu'à 1,000 fr., si la moitié des restitutions et des dommages-intérêts n'excède pas cette somme; le tout sans préjudice de l'application, s'il y a lieu, des art. 57 et 58 du Code pénal.

20. Les objets dont la vente, usage ou possession constitue le délit, sont confisqués, conformément à l'art 423 et aux art. 477 et 481 du Code pénal.

21. S'ils sont propres à un usage alimentaire ou médical, le tribunal peut les mettre à la disposition de l'administration, pour être attribués aux établissements de bienfaisance.

22. S'ils sont impropres à cet usage ou nuisibles, les objets sont détruits ou répandus aux frais du condamné. Le tribunal peut ordonner que la destruction ou effusion aura lieu devant l'établissement ou le domicile du condamné.

23. Le tribunal peut ordonner l'affiche du jugement dans les lieux qu'il indique, et l'insertion de ce même jugement soit intégral, soit par extrait, dans les journaux qu'il désigne, le tout aux frais du condamné.

24. L'art. 463 du Code pénal est applicable aux délits prévus par la loi du 27 mars 1851. Cet article permet au tribunal, si les circonstances paraissent atténuantes, de réduire l'emprisonnement au-dessous de six jours et l'amende au-dessous de 16 fr., même en cas de récidive; de prononcer séparément l'une ou l'autre de ces peines, et même de substituer l'amende à l'emprisonnement, sans qu'en aucun cas elle puisse être au-dessous des peines de simple police.

25. Les deux tiers du produit des amendes sont attribués aux communes dans lesquelles les délits ont été constatés.

26. Les dispositions de la loi du 27 mars 1851 sont applicables aux boissons. (*L. 5 mai* 1855.)

27. Le n° 14 de l'art. 475 et le n° 5 de l'art. 479 du Code pénal ont été abrogés par la loi du 27 mars 1851, et l'art. 368, ainsi que le n° 6 de l'art. 475, par celle du 5 mai 1855.

CHAP. III. — APPROVISIONNEMENTS DE RÉSERVE.

28. L'idée de mettre en réserve, dans les temps d'abondance, l'excédant de la production des blés sur les besoins de la consommation, pour compenser l'insuffisance de la récolte dans les années

de disette, paraît remonter à une très-haute antiquité.

29. En France, les communautés religieuses étaient autrefois dans l'usage de former des approvisionnements assez considérables auxquels le Gouvernement ou les provinces pouvaient faire des emprunts dans les temps difficiles. Quant aux mesures prises par l'autorité pour organiser des réserves, elles étaient basées sur une disposition de l'ordonnance de Henri III, du 27 novembre 1577.

30. Cette disposition, que l'on considérait comme étant encore en vigueur au commencement du xviiie siècle, était ainsi conçue : « Permet et néanmoins enjoint ledit Seigneur (le roi) aux officiers et magistrats des corps communaux des bonnes villes, mêmement de la ville de Paris, de faire pourvoyance et réserve en greniers publics de telle quantité de grains, qu'elle puisse servir de prompts secours en cas de nécessité, et suffire pour fournir aux habitants desdites villes, l'espace de trois mois pour le moins, et pour cet effet leur permet ledit Seigneur, prendre deniers à tout intérêt et y obliger tous leurs biens et revenus. » Il s'agissait, comme on voit, de dispositions purement municipales.

31. DELAMARRE, qui rapporte, dans son *Traité de la police,* l'ordonnance de 1577, n'indique pas dans quelle mesure elle fut exécutée par les communes. Quoi qu'il en soit, il paraît que c'est seulement sous le règne de Louis XV que le Gouvernement songea à prendre des mesures permanentes pour assurer l'approvisionnement de Paris. Sous ce règne, on acheta l'établissement de Corbeil, qui était composé de magasins spacieux et de plusieurs moulins, et on y entretint un approvisionnement permanent, qui fut d'abord administré en régie : mais ce mode d'administration fut abandonné comme trop onéreux, et, de 1776 à 1789, le service fut confié à des maisons de commerce avec lesquelles on passa des marchés.

32. L'approvisionnement de réserve consistait en 25,000 sacs de farine. Les entrepreneurs s'engageaient par un traité à les tenir continuellement à la disposition du Gouvernement, et à les vendre, lorsqu'ils en recevraient l'ordre, au prix courant sur le carreau de la halle.

33. Il leur était alloué, pour l'entretien et la conservation de cette réserve, une prime, qui fut portée successivement de 25 à 96,000 fr. par an. Les magasins et moulins de Corbeil, qui appartenaient alors au Roi, étaient mis gratuitement à la disposition des négociants qui se chargeaient d'entretenir la réserve. En 1789, cette réserve fut supprimée.

34. Le 9 août 1793, la Convention nationale rendit un décret portant qu'il serait formé un grenier d'abondance dans chaque district, et que la trésorerie nationale tiendrait une somme de cent millions à la disposition du Conseil exécutif pour l'achat des grains. Le même décret invitait les citoyens à acquitter en nature, dans les greniers d'abondance, les contributions publiques arriérées ou courantes.

35. Il paraît que ces dispositions eurent pour résultat de constituer immédiatement un certain approvisionnement de réserve dans un grand nombre de localités; car, le 30 septembre de la même année, il fut décidé par un décret que les citoyens qui auraient besoin d'une avance de grains pour leur subsistance seulement, pourraient se présenter devant la municipalité du lieu de leur résidence, qui, après s'être assurée de la réalité de ces besoins et du degré de la solvabilité de ceux qui demanderaient l'avance, leur délivrerait un bon pour se présenter au grenier public de l'arrondissement, où la quantité de grains spécifiés sur le bon leur serait délivrée à crédit.

36. Quoi qu'il en soit, ce système de greniers d'abondance fut promptement abandonné ; mais, en l'an VI, on reprit l'idée d'avoir à Paris ou dans les environs un dépôt permanent de 25,000 à 30,000 sacs de farine. En l'an VIII, l'acquéreur des anciens moulins et magasins de Corbeil, fut chargé de ce service, mais son traité ne dura que deux ans, et ne fut pas renouvelé.

37. La récolte de 1801 ayant été mauvaise, le Gouvernement fit faire par plusieurs négociants et banquiers des achats importants de grains et de farines. Les quantités achetées, évaluées en grains, s'élevèrent à 573,000 quintaux métriques environ.

38. Sur les grains achetés, il restait, à la fin de l'an XI (1803), environ 245,000 quintaux métriques à la disposition du Gouvernement. Par ordre du premier Consul, 150,000 quintaux métriques, représentant à peu près 62,000 sacs de farine, en furent distraits, pour être tenus constamment en réserve dans les magasins de l'État et renouvelés au besoin. C'est l'origine de la réserve de Paris, qui a subsisté jusque vers 1830.

39. Dans les années 1806 et 1807, la réserve fut portée successivement à 250,000 quintaux métriques. Mais, après la mauvaise récolte de 1811, cette ressource fut bientôt épuisée.

40. En 1813, on s'occupa de rétablir la réserve sur la base de 250,000 quintaux métriques. Ce chiffre n'avait pas encore été atteint, lorsque survinrent les désastres de 1814 et de 1815, et, pendant la disette de 1816 et 1817, on eut recours à de nouveaux achats. Les quantités qui restaient disponibles au commencement de 1818, s'élevaient à 50,000 quintaux métriques de grains environ.

41. Aux termes d'une ordonnance royale du 3 décembre 1817, cet approvisionnement devait être porté progressivement à 260,000 quintaux métriques. Au mois d'octobre 1828, il se composait de 146,000 quintaux métriques de blé et de 25,000 sacs de farine, représentant à peu près 200,000 quintaux métriques de blé.

42. Cependant les idées de l'administration sur l'utilité des approvisionnements de réserve, formés par l'État ou par les villes, s'étaient profondément modifiées. On n'attaqua pas d'abord l'existence de l'institution elle-même ; mais, comme, pendant les disettes de 1812 et de 1816 et 1817, on avait plusieurs fois vendu des blés et farines provenant de la réserve de Paris à un prix inférieur au cours de la halle, on fit remarquer qu'une semblable combinaison tendrait à paralyser les opérations du commerce, tandis qu'on devrait en encourager le développement, surtout dans les temps de crise ; car, loin d'y suppléer complétement, l'administration ne peut se flatter de le faire que pour une très-faible portion et avec des sacrifices énormes.

43. Une fois engagé dans cet ordre d'idées, on ne devait pas tarder à s'apercevoir qu'il ne suffisait pas, pour rassurer le commerce, de déclarer que désormais l'autorité ne ferait plus vendre de grains ou de farines au-dessous du cours. On fut bientôt amené à reconnaître que, tant qu'il existerait un approvisionnement de réserve que le Gouvernement pourrait faire jeter sur la place, soit en totalité, soit en partie, le commerce se tiendrait nécessairement en défiance, lors même qu'il aurait la conviction que l'autorité saurait résister aux entraînements du moment, et ne ferait jamais vendre de marchandises au-dessous du cours.

44. De plus, on fit observer que la formation, la conservation, la gestion d'un approvisionnement de 250,000 quintaux métriques de blé étaient un extrême embarras et occasionnaient une dépense énorme, et qu'il serait bien préférable d'affecter les sommes que la réserve coûtait chaque année à la formation et à l'accroissement d'un fonds destiné aux secours publics dans les temps de pénurie.

45. La question était encore en suspens, lorsque la mauvaise récolte de 1828 vint en précipiter la solution. Le prix du pain s'étant élevé à 40 cent. le kilogramme, le conseil municipal vota la mise en consommation de la réserve. Nous avons dit tout à l'heure qu'elle se composait alors de 146,000 quintaux métriques de blé et de 25,000 sacs de farine. L'écoulement de cet approvisionnement commença vers la fin d'octobre 1828, et fut achevé vers le mois de juillet 1829.

46. Après la révolution de 1830, on eut un moment le projet de reconstituer encore une fois cette réserve ; mais le conseil municipal de Paris se refusa formellement à faire les fonds nécessaires, et depuis cette époque il n'a plus été question de la rétablir.

47. Les magasins connus sous le nom de *greniers d'abondance,* et dont Napoléon 1er avait ordonné la construction, dans la pensée d'y placer la réserve qui était disséminée dans les environs de Paris, ont été affectés pendant longtemps au dépôt de l'approvisionnement que les boulangers de Paris étaient tenus de placer dans un grenier public. Ces magasins servaient en outre à recevoir les farines qui étaient envoyées aux facteurs et qui n'étaient pas immédiatement vendues, mais cette organisation fut supprimée par le décret du 22 juin 1863. (*Voy.* Boulangerie.)

CHAP. IV. — DES MESURES PRISES EN TEMPS DE DISETTE ET DE CHERTÉ.

48. En l'an X, pour ne pas remonter au delà du siècle, la seule mesure extraordinaire à laquelle on eut recours, consista en achats de grains et de farines, qui se traduisirent, pour le Trésor, en une perte sèche de 15 millions environ. Mais, en 1812, on ne se borna pas à faire des achats considérables de grains et de farinés, dont la revente occasionna des pertes énormes ; on voulut, par des mesures administratives, arrêter la hausse du prix des grains, comme on avait tenté de le faire, sous l'ancienne monarchie, à presque toutes les époques de disette, et sous la République, en 1793.

49. Obligation imposée à tout individu qui voulait acheter des grains et farines pour en approvisionner les départements qui avaient des besoins, de le faire publiquement après en avoir fait la déclaration au préfet ou au sous-préfet; défense à toute personne de faire aucun achat ou approvisionnement de grains ou de farines pour les garder, les emmagasiner et en faire un objet de spéculation; en conséquence, injonction à tous individus: 1° de déclarer au préfet ou sous-préfet les quantités par eux possédées et les lieux où elles étaient déposées; 2° de conduire dans les halles et marchés qui leur seraient indiqués par les préfets ou sous-préfets, les quantités nécessaires pour tenir ces halles et marchés suffisamment approvisionnés ; ordre à tout farinier, cultivateur ou propriétaire ayant des grains, de faire les mêmes déclarations, et de se soumettre également à assurer l'approvisionnement des marchés lorsqu'il en serait requis : injonction de porter tous les grains sur les marchés, et défense d'en vendre ou acheter ailleurs, telles furent d'abord les principales dispositions adoptées. (*D.* 4 *mai* 1812.)

50. Mais, peu de jours après, elles étaient jugées insuffisantes, et un décret du 8 mai 1812 fixait à 33 fr. par hectolitre le maximum du prix auquel le blé pourrait être vendu dans les départements de la Seine, Seine-et-Oise, Seine-et-Marne, Aisne, Oise, Eure-et-Loir, ainsi que dans ceux où les blés récoltés et existants suffisaient aux besoins de la consommation. Quant aux départements qui s'approvisionnaient hors de leur territoire, les préfets devaient fixer le prix du blé conformément aux instructions du ministre du commerce, et en prenant en considération les prix de transport et les légitimes bénéfices du commerce.

51. L'exécution de ces mesures souleva de grandes difficultés, et sur divers points on fut obligé de renoncer en tout ou en partie à plusieurs des dispositions prescrites. On voulait empêcher des spéculations que l'on considérait comme abusives, et l'on paralysa tellement l'action du commerce qu'il en résulta les conséquences les plus fâcheuses pour l'approvisionnement de certaines parties de l'empire.

52. En 1816 et 1817, on protégea, au contraire, la liberté du commerce des grains à l'intérieur, et l'on encouragea les importations par des primes; mais en même temps le Gouvernement crut devoir recourir, comme dans les crises précédentes, à des achats considérables de grains, sur la revente desquels il eut à subir une perte de 22 millions, ainsi que le constate le rapport présenté au Roi, le 22 décembre 1817, par M. Laisné, ministre de l'intérieur, et ces opérations durent paralyser celles du commerce. On voit, en outre, par le même rapport, que le Gouvernement dépensa 24 millions pour maintenir à Paris, pendant toute la durée de la crise, le prix du pain à un taux inférieur à celui qui résultait du cours des farines.

53. Depuis cette époque, le Gouvernement a renoncé au système des achats extraordinaires, et, en 1846, comme pendant la crise qui a commencé en 1853, c'est par des mesures de douanes, par les facilités accordées aux transports par cabotage, par les voies fluviales et par les chemins de fer, par le développement des travaux de l'État, des départements et des communes, par celui de l'assistance publique et de la charité privée, qu'on s'est efforcé d'atténuer les effets de l'insuffisance de la récolte des céréales.

54. Les mesures transitoires destinées, pendant les années 1853 à 1855 [1], à favoriser l'importation des grains étrangers et des farineux alimentaires, ainsi que le mouvement du cabotage, sont devenues depuis 1863, en très-grande partie, la législation permanente du pays. (*Voy.* Céréales.)

55. Les mesures ayant pour but de faciliter les mouvements du commerce et la circulation des denrées alimentaires à l'intérieur sont : la faculté accordée aux compagnies de chemins de fer qui abaissent leurs tarifs sur le transport des grains et farines et des pommes de terre, de les relever dans les limites du maximum autorisé par les cahiers de charges, sans attendre l'expiration des délais portés dans ces cahiers de charges (*D.* 2 *sept.* 1855); l'exemption des droits de navigation intérieure sur les fleuves, rivières et canaux, pour les transports de denrées alimentaires effectués par bateaux français ou étrangers. (*D.* 5 *sept.* 1853.)

56. Quant aux mesures qui ont été adoptées pour atténuer les effets de la crise alimentaire en venant directement en aide aux populations, celles qui sont émanées directement du Gouvernement consistent principalement dans l'ouverture de crédits accordés au ministère de l'intérieur pour subventions aux travaux d'utilité communale, et distribution de secours par les bureaux de bienfaisance (*D.* 22 *nov.* 1854, crédit de 4 millions de francs pour subvention aux travaux d'utilité communale; *D.* 1er *et* 26 *févr.* 1854, crédit de 4 millions pour le même objet; *D.* 20 *déc.* 1854, crédit de 5 millions, subventions aux travaux d'utilité communale et secours aux travaux de bienfaisance; *D.* 22 *sept.* 1855, crédit de 10 millions de francs pour le même objet.)

57. A ces fonds pris sur le budget de l'État sont venus partout se joindre les fonds votés par les conseils généraux et par les conseils municipaux pour organiser des travaux et des secours. Des combinaisons diverses ont en outre été adoptées soit par les administrations municipales, soit par la charité privée, pour réduire, dans l'intérêt des classes pauvres, le prix des denrées alimentaires les plus essentielles. Dans un grand nombre de localités on a délivré aux personnes nécessiteuses des *bons* ou *cartes de différence,* permettant à ceux qui en étaient porteurs d'obtenir chez les boulangers le pain à un prix inférieur au prix réel, les communes se chargeant de tenir compte aux boulangers de la différence. Sur d'autres points, des achats de blés, de farines, de riz, de pommes de terre ont été effectués dans le but de livrer ces denrées à prix réduits aux consommateurs pauvres. Enfin des associations alimentaires (fourneaux économiques, etc., etc.) se sont formées dans plusieurs villes afin de procurer aux ouvriers, à des prix inférieurs à ceux du commerce, des denrées alimentaires préparées ou non préparées. (*Voy. aussi* **Boulangerie,** n°s 17 *et suiv.*)

58. Nous ne terminerons pas cet article sans

1, Ces mesures n'ont plus qu'un intérêt historique. Nous n'avons pas cru devoir reproduire les dates de nombreux décrets qu'on trouvera réunis dans les tables des années 1853, 1854 et 1855 du *Bulletin des lois.*

rappeler au lecteur que le Gouvernement a pris soin de faire connaître lui-même au public, à deux reprises différentes, par l'organe du *Moniteur* alors officiel, les considérations qui l'ont déterminé à ne pas intervenir dans le commerce des grains, soit par des achats et des ventes de blé, soit par des mesures coercitives comme celles auxquelles on a eu recours à diverses époques. (*Voir le Moniteur universel des 17 nov.* 1853 *et* 20 *sept.* 1855.) L. FOUBERT[1].

1. Mis à jour par M. B.

SUBSTANCES VÉNÉNEUSES. 1. La vente des substances vénéneuses a été soumise, pendant près d'un demi-siècle, aux art. 34 et 35 de la loi du 21 germinal an XI, dont les dispositions avaient été empruntées en partie à l'édit du mois de juillet 1680. Ces dispositions ont été remplacées par une ordonnance royale du 29 octobre 1846, rendue en vertu d'une loi du 19 juillet 1845.

2. Les prescriptions de l'ordonnance de 1846 s'appliquent non pas à toutes les substances toxiques dont il est fait usage dans les arts, l'industrie et la thérapeutique, mais seulement à celles de ces substances dont il a paru nécessaire de réglementer la vente et l'emploi dans l'intérêt de la sûreté publique.

3. Aujourd'hui, les substances vénéneuses dont la vente est assujettie à la réglementation établie par l'ordonnance de 1846, sont comprises dans le tableau suivant, annexé au décret du 8 juillet 1850 :

Acide cyanhydrique.	Cyanure de potassium.
Alcaloïdes végétaux vénéneux et leurs sels.	Digitale, extrait et teinture.
	Émétique.
Arsenic et ses préparations.	Jusquiame, extrait et teinture.
Belladone, extra t et teinture.	Nic. iane.
Cantharides entières, poudre et extrait.	Nitrate de mercure.
	Opium et son extrait.
Chloroforme.	Phosphore et pâte phosphorée.
Ciguë, extrait et teinture.	Seigle ergo é.
Coque du Levant. (*D.* 1ᵉʳ oct. 1864.)	Stramonium, extrait et teinture.
Cyanure de mercure.	Sublimé corrosif.

4. Quiconque veut faire le commerce des substances comprises dans le tableau qui précède, est tenu d'en faire préalablement la déclaration devant le maire de la commune, en indiquant le lieu où est situé son établissement. Les chimistes, fabricants ou manufacturiers, employant une ou plusieurs de ces substances, sont également tenus d'en faire la déclaration dans la même forme. Cette déclaration est inscrite sur un registre à ce destiné, et dont un extrait est remis au déclarant ; elle doit être renouvelée dans le cas de déplacement de l'établissement; à Paris et dans le ressort de la préfecture de police, les déclarations sont faites devant le préfet de police.

5. Sauf ce qui sera dit plus loin, en ce qui concerne les applications médicales, les substances ci-dessus indiquées ne peuvent être vendues ou livrées qu'aux commerçants, chimistes, fabricants ou manufacturiers qui en font la déclaration prescrite ou aux pharmaciens. Ces substances ne doivent être livrées que sur la demande écrite et signée de l'acheteur.

6. Tout achat ou vente de substances vénéneuses doit être inscrit sur un registre spécial, coté et paraphé par le maire ou par le commissaire de police. Les inscriptions sont faites de suite et sans aucun blanc, au moment même de

l'achat ou de la vente ; elles indiquent l'espèce et la quantité des substances achetées ou vendues, ainsi que les noms, professions et domiciles des vendeurs ou des acheteurs.

7. Les fabricants et manufacturiers employant des substances vénéneuses, doivent en surveiller l'emploi dans leur établissement, et constater cet emploi sur un registre spécial, coté et paraphé comme il vient d'être dit.

8. La vente des substances vénéneuses ne peut être faite, pour l'usage de la médecine, que par les pharmaciens et sur la prescription d'un médecin, chirurgien, officier de santé ou d'un vétérinaire breveté. Cette prescription doit être signée, datée, et énoncer en toutes lettres la dose desdites substances, ainsi que le mode d'administration des médicaments.

9. Les pharmaciens sont tenus de transcrire les prescriptions qui leur sont présentées, avec les indications qui précèdent, sur un registre spécial, coté et paraphé par le maire ou le commissaire de police. Ces transcriptions doivent être faites de suite et sans aucun blanc.

10. Les pharmaciens ne doivent rendre les prescriptions que revêtues de leur timbre et après y avoir indiqué le jour où les substances ont été livrées, ainsi que le numéro d'ordre de la transcription sur le registre. Ce registre est conservé pendant vingt ans au moins, et doit être représenté à toute réquisition de l'autorité.

11. L'art. 7 de l'ordonnance du 29 octobre 1846 porte en outre qu'avant de délivrer la préparation médicale, le pharmacien y apposera une étiquette indiquant son nom et son domicile, et rappelant la destination interne ou externe du médicament ; mais, malgré cette précaution, on a eu plusieurs fois à déplorer des empoisonnements par imprudence, résultant surtout de la confusion des médicaments destinés à être pris à l'intérieur avec ceux réservés pour l'usage externe. Pour prévenir autant que possible le retour de ces déplorables erreurs, une circulaire ministérielle du 25 juin 1855 a prescrit, conformément à l'avis du comité consultatif d'hygiène publique, l'adoption, dans toute la France, d'un signe de convention apparent que chacun puisse facilement reconnaître, susceptible d'attirer l'attention et d'éveiller la méfiance des personnes illettrées. Ce signe consiste dans une étiquette spéciale, de couleur rouge-orangé, et portant seulement les mots : *Médicament pour l'usage externe,* imprimés en noir et en caractères aussi distincts que possible. Cette étiquette spéciale ne dispense pas de l'étiquette ordinaire, qui doit être imprimée sur papier blanc. On a pensé que la présence de ces deux étiquettes, dont les couleurs tranchent vivement l'une avec l'autre, serait de nature à fixer l'attention des personnes qui ne seraient pas initiées à l'avance à leur signification respective.

12. Aux termes de l'art. 8 de l'ordonnance du 29 octobre 1846, l'arsenic et ses composés ne peuvent être vendus pour d'autres usages que la médecine, que combinés avec d'autres substances, et, conformément aux dispositions de cet article, il a été demandé à l'école vétérinaire d'Alfort et à l'école de pharmacie de Paris des formules de préparations arsénicales, pouvant servir soit au traitement des animaux domestiques, soit à la destruction des animaux nuisibles, ou à la conservation des peaux et autres objets d'histoire naturelle, sans donner lieu à de dangereuses méprises, ou pouvoir devenir l'instrument du crime. Un arrêté ministériel du 28 mars 1848 a approuvé les formules présentées par ces deux écoles. Plus tard, le 26 février 1875, une formule de dénaturation de l'acide arsénieux a été approuvée par arrêté ministériel.

13. Les préparations dont il vient d'être parlé ne peuvent être vendues ou délivrées que par les pharmaciens, et seulement à des personnes connues et domiciliées. Les quantités livrées, ainsi que le nom et le domicile des acheteurs, sont inscrits sur le registre spécial que doivent tenir tous les pharmaciens.

14. La vente et l'emploi de l'arsenic et de ses composés sont interdits pour le chaulage des grains, l'embaumement des corps et la destruction des insectes.

15. Les substances vénéneuses doivent toujours être tenues par les commerçants, fabricants, manufacturiers ou pharmaciens, dans un endroit sûr et fermé à clef.

16. L'expédition, l'emballage, le transport, l'emmagasinage et l'emploi de ces substances doivent être effectués par les expéditeurs, voituriers, commerçants et manufacturiers, avec les précautions nécessaires pour prévenir tout accident. Les fûts, récipients ou enveloppes, ayant servi directement à contenir les substances vénéneuses, ne peuvent recevoir aucune autre destination.

17. Les maires et commissaires de police, assistés, s'il y a lieu, soit d'un docteur en médecine, soit de deux professeurs d'une école de pharmacie, soit d'un membre du jury médical et d'un des pharmaciens adjoints à ce jury, désignés par le préfet, doivent s'assurer de l'exécution des dispositions qu'on vient d'indiquer par des visites spéciales faites dans les officines des pharmaciens, les boutiques et magasins des commerçants et manufacturiers vendant ou employant des substances vénéneuses. (*O. 29 oct.* 1846, *art.* 1er, *et D.* 3 *juill.* 1850, *art.* 2.) Ils se font représenter les registres mentionnés plus haut, et constatent les contraventions. Leurs procès-verbaux sont transmis au procureur de la République pour l'application des peines prononcées par l'art. 1er de la loi du 19 juillet 1845.

18. Les peines édictées par cette loi consistent en une amende de 100 fr. à 3,000 fr. et un emprisonnement de six jours à six mois, sauf application, s'il y a lieu, de l'art. 463 du Code pénal. Dans tous les cas, les tribunaux peuvent prononcer la confiscation des substances saisies en contravention.   L. FOUBERT.

SUBSTITUT. *Voy.* **Ministère public.**

SUBVENTION. Se dit en général d'un secours pécuniaire quel qu'il soit, et surtout des fonds que l'État, les départements ou les communes accordent pour soutenir un établissement, une entreprise, pour encourager une branche d'industrie qu'on juge utile au pays.

Les subventions émanant des communes ont généralement pour but de venir en aide à des associations charitables. Celles des départements ont aussi quelquefois la même destination; mais, le plus souvent, les subventions inscrites au budget départemental sont destinées à venir en aide à des communes ou affectées à la création et à l'entretien d'établissements ayant un caractère d'intérêt public général.

Quant aux subventions émanant de l'État, l'objet, la forme et l'espèce en sont très-variés. Les unes, comme les subventions données aux théâtres, sont soumises au vote annuel de la législature; les autres sont accordées sur des fonds affectés chaque année au budget des différents ministères et dont la répartition appartient exclusivement au ministre compétent.

SUCCESSION (DROITS DE). *Voy.* **Enregistrement,** n° 115.

SUCCESSION VACANTE. 1. L'art. 811 du Code civil est ainsi conçu : « Lorsque, après l'expiration des délais pour faire inventaire et délibérer, il ne se présente personne qui réclame une succession, qu'il n'y a pas d'héritiers connus ou que les héritiers connus y ont renoncé, cette succession est réputée *vacante.* »

2. Autre chose est la succession en *déshérence.* Celle-ci suppose le manque *constaté* d'héritiers légitimes ou autres (*voy.* **Déshérence**); tandis que la succession vacante suppose qu'il ne se présente point d'héritiers, qu'ils ne sont pas connus, ou bien encore qu'on ignore s'il en existe.

3. Quand une succession est vacante, elle doit être pourvue d'un curateur (*C. civ., art.* 812). Celui-ci est nommé par le tribunal de première instance dans l'arrondissement duquel la succession s'est ouverte, sur la demande des personnes intéressées ou sur la réquisition du procureur de la République.

4. Le curateur à une succession vacante a l'administration des biens qui en dépendent, et il suit, à cet égard, les dispositions prescrites pour l'héritier bénéficiaire (*C. civ., art.* 814). Seulement il ne peut toucher aucuns deniers quelconques : il doit faire verser ceux provenant du prix des meubles ou immeubles vendus, à la caisse des dépôts et consignations pour la conservation des droits de qui il appartiendra. (*C. civ., art.* 813; *L.* 22 *avril* 1816, *art.* 110; *O.* 3 *juill.* 1816, *art.* 13.)

5. De plus, en faisant faire les versements de deniers à la caisse des dépôts et consignations, il doit toujours en rendre compte aux receveurs des domaines.

6. Les receveurs des domaines peuvent exiger des curateurs le compte provisoire de leur gestion toutes les fois qu'ils ont lieu de penser que ces curateurs restent détenteurs de deniers provenant des successions. Ils procèdent à la vérification et à la discussion de ce compte, et en cas de reliquat à la charge des curateurs, ils en poursuivent le recouvrement par voie de contrainte. (*Déc. min. fin.* 20 *oct.* 1826 *et* 10 *sept.* 1829.)

7. Il est interdit au curateur de faire les dépenses ou d'acquitter les dettes de la succession. Ces dépenses doivent être payées en vertu de jugements ou d'ordonnances des tribunaux, par les préposés de la caisse des dépôts et consignations, sur les deniers provenant de la succession. (*Instr. Régie* 24 *germ. an XII*; 6 *pluv. an XIII et* 6 *mars* 1806; *Circ. min. just.* 8 *juill.* 1806.)

8. Dans les colonies, l'administration des successions vacantes est confiée aux receveurs de l'enregistrement. (*O.* 16 *mai* 1832.)

SUCCURSALES. *Voy.* **Banque de France, Caisse d'épargne, Cure.**

SUCRE. 1. Substance alimentaire extraite d'un grand nombre de plantes, mais surtout de la canne et de la betterave. Le sucre de betterave livré au commerce est en majeure partie un produit indigène ; le sucre de canne est un produit colonial ou étranger.

SOMMAIRE.

CHAP. I. TARIFICATION DES SUCRES INDIGÈNES ET EXO-
TIQUES, 2 à 11.
    II. DES FABRIQUES DE SUCRE INDIGÈNE, 12 à 23.
    III. DES RAFFINERIES DE SUCRE, 24 à 29.
    IV. CIRCULATION DES SUCRES, 30 à 36.
    V. DISPOSITIONS GÉNÉRALES, 37 à 42.
CHAP. I. — TARIFICATION DES SUCRES INDIGÈNES
ET EXOTIQUES.

2. La sucrerie de betterave est une industrie toute moderne. Née en France dans les premières années de ce siècle, elle a été longtemps protégée contre les produits coloniaux étrangers par l'exemption de tout impôt. De là, une législation compliquée et fréquemment remaniée.

3. C'est en 1837 seulement que le sucre de betterave a été taxé pour la première fois. Fixé d'abord à 10 fr. les 100 kilogrammes par la loi du 18 juillet de cette année, le droit de fabrication fut ensuite élevé à 15 fr. par une ordonnance de juillet 1839, puis à 25 fr. par la loi du 3 juillet 1840, pour être porté par la loi du 2 juillet 1843 au même taux que le droit payé à l'importation des sucres des colonies, c'est-à-dire à 45 fr.

4. Sous ce régime d'égalité, la production du sucre indigène n'avait cessé de s'accroître au détriment des colonies françaises. Afin de maintenir l'équilibre, la loi du 13 juin 1851 statua (*art.* 15) que le sucre colonial acquitterait cinq francs de moins que le sucre indigène. Cette faveur a été plus tard étendue par le décret du 27 mars 1852, qui dispose ainsi : « Le sucre colonial acquittera, pendant quatre ans, *sept francs* de moins que le sucre indigène. » Cette détaxe a pris fin au 1er janvier 1870.

5. Successivement modifiés par les lois du 13 juin 1851, le décret-loi du 27 mars 1852, les lois des 23 mai 1860, 2 juillet 1862, 7 mai 1864, 8 juillet 1871, 22 janvier 1872 et 30 décembre 1873, les droits sur les sucres sont fixés aujourd'hui, pour les sucres bruts *de toute origine* au-dessous du n° 13, à 65 fr. 52 c. les 100 kilogrammes ; du n° 13 au n° 20, à 68 fr. 64 c. ; à 70 fr. 20 c. pour les poudres blanches au-dessus du n° 20, et à 73 fr. 32 c. pour les sucres raffinés dans les fabriques de sucre indigène. Les sucres extraits des mélasses libérées d'impôt, par les procédés barytiques ou autres, sont actuellement imposés à raison de 26 fr. les 100 kilogrammes ; ceux extraits des mélasses non libérées d'impôt sont taxés, suivant leur type, comme les sucres ordinaires.

6. Les glucoses sont assujetties au droit de 11 fr. 44 c. par 100 kilogrammes ; sont compris sous la dénomination de glucoses tous les produits saccharins non cristallisables, quelle que soit la matière première dont ils sont extraits, lorsque ces produits sont concentrés à 25 degrés, ou exportés hors de la fabrique où ils ont été confectionnés.

Les droits établis sur les sucres indigènes sont applicables aux glucoses granulées présentant l'apparence des sucres cristallisables. (*L.* 2 *juill.* 1843, 31 *mai* 1846, 8 *juill.* 1871, 22 *juill.* 1872, 4 *déc.* 1872 *et* 30 *déc.* 1873.)

7. Les sucres importés des pays hors d'Europe par navires étrangers et les sucres importés des pays et des entrepôts d'Europe, quel que soit le mode de transport, sont soumis à une surtaxe de 3 fr. 12 c. par 100 kilogrammes, décimes compris. (*L.* 7 *mai* 1864, 8 *juill.* 1871, 22 *janv.* 1872, 30 *nov.* 1873.)

Les sucres belges sont surtaxés seulement de 2 fr. (Traité de commerce de 1861, remis en vigueur à l'expiration de la convention du 8 nov. 1864.)

8. Jusqu'en 1864, un drawback était accordé aux sucres coloniaux et étrangers réexportés après raffinage. Les sucres indigènes ne pouvaient être exportés en exemption de droits qu'à l'état brut. Ce régime constituait une inégalité au détriment de la sucrerie indigène. La loi du 7 mai 1864 la fit cesser en substituant au drawback l'admission temporaire en franchise qui s'étend aux sucres de *toute* origine. Toutefois, les sucres coloniaux et étrangers ne sont admissibles au raffinage pour l'exportation que lorsqu'ils ont été importés directement par mer des pays hors d'Europe.

Les sucres déclarés pour l'admission temporaire donnent lieu à des obligations cautionnées. Celles-ci sont apurées dans un délai de 2 mois (*L.* 8 *juill.* 1865, *art.* 27), soit par l'exportation, après raffinage, ou la mise en entrepôt d'une quantité de raffiné correspondante aux rendements légaux, soit par le paiement des taxes et surtaxes applicables aux sucres bruts soumissionnés. Les sucres déclarés pour l'admission temporaire sont divisés en 4 classes : sucres des n°s 15 à 18, au rendement de 94 p. cent ; des n°s 10 à 14, au rendement de 88 p. cent ; des n°s 7 à 9, au rendement de 80 p. cent ; des n°s 1 à 6, au rendement de 67 p. cent. (*L.* 7 *mai* 1864, *convention internationale du* 8 *nov.* 1864, *déclaration diplomatique du* 20 *nov.* 1866, *D.* 26 *mars* 1867.)

La loi du 30 décembre 1875, art. 15, a étendu ce régime aux sucres indigènes d'une nuance supérieure au n° 18 et aux sucres de canne des mêmes qualités, importés des pays hors d'Europe. Le rendement en est fixé à 97 pour cent.

La convention de 1864, conclue entre la France, la Belgique, la Grande-Bretagne et les Pays-Bas, avait pour but de supprimer les primes accordées réciproquement par chacun de ces pays à l'exportation de leurs produits. Elle a pris fin le 1er mars 1876[1].

9. Longtemps, le *type* a été l'un des moyens de reconnaître la richesse du sucre. Le sucre pur est blanc : lorsqu'il est mêlé de matières étrangères, il est coloré. Sa coloration est d'autant plus prononcée que les matières étrangères sont plus

1. Des négociations sont engagées pour la faire revivre avec les modifications conseillées par l'expérience, mais ces négociations n'ont pas encore abouti.

abondantes. Sur cette donnée, les Hollandais ont construit une échelle de types comptant 20 numéros, représentant une gamme de tons, depuis la couleur la plus noire jusqu'à la plus claire. Que le sucre dût être livré à la consommation ou exporté après raffinage, on le classait en confrontant la nuance avec celle des étalons-types, qui sont au nombre de deux pour la consommation (le n° 13 et le n° 20) et de quatre pour l'admission temporaire (7, 10, 15, 19). Des abus s'étant introduits (coloration factice des sucres, etc.), la loi du 29 juillet 1875, art. 3, a prescrit le recours aux procédés saccharimétriques pour contrôler l'indication des types, et celle du 30 décembre suivant a indiqué les conditions dans lesquelles doit s'opérer le classement des sucres à l'analyse. Des échantillons des types officiels sont déposés dans les fabriques de sucre indigène, dans les entrepôts, ainsi que dans les douanes ouvertes à l'importation des sucres. Ils sont communiqués sur place au commerce toutes les fois qu'on en fait la demande. Ce sont les commissaires experts institués par l'art. 19 de la loi du 27 juillet 1822 qui procèdent à leur remplacement lorsqu'il y a lieu. (*D.* 1er *sept.* 1852, *art.* 34.)

10. Aux termes de l'art. 36 du règlement du 1er septembre 1852, les sucres indigènes acquittent la taxe sur le *poids effectif*. A l'égard des sucres exotiques importés en futaille, il est accordé une tare légale fixée à 13 p. cent. pour les sucres des colonies françaises, et à 12 p. cent. pour les sucres étrangers. (*D.* 30 *nov.* 1852 ; *Circ. douanes* 30 *déc.* 1852.)

11. Les droits sont dus sur les sucres indigènes à la date de l'enlèvement. Ils doivent être acquittés au comptant : ces paiements ne donnent pas lieu à l'escompte. Néanmoins, le redevable peut être admis à présenter des obligations dûment cautionnées, à 4 mois d'échéance, lorsque la somme à payer, d'après chaque décompte, s'élève à 300 fr. au moins. Ces obligations donnent lieu à un intérêt de retard et à une remise spéciale, dont le taux et le montant sont déterminés par des arrêtés du ministre des finances. Sont considérés comme effectués au comptant les paiements faits dans les cinq jours de l'enlèvement et, au plus tard, à la première tournée du receveur, si la fabrique est comprise dans la circonscription d'une recette ambulante. (*D.* 1er *sept.* 1852, *art.* 36 ; *L.* 15 *févr.* 1875.)

CHAP. II. — DES FABRIQUES DE SUCRE INDIGÈNE.

12. Les conditions imposées aux fabricants de sucre dans le but d'assurer la perception des droits sont particulièrement tracées : 1° par la loi du 31 mai 1846 ; 2° par le décret du 27 mars 1852 ; 3° par celui du 1er septembre 1852, qui a remplacé l'ordonnance royale du 29 août 1846; 4° par la loi du 7 mai 1864.

13. D'après l'art. 1er du décret du 1er septembre 1852, les fabriques de sucre sont soumises à la surveillance permanente du service des contributions indirectes. Les employés chargés de cette surveillance sont autorisés à entrer dans les fabriques et dans tous les locaux enclavés dans la même enceinte ou y attenant, de sept heures du matin à six heures du soir pendant les mois de janvier, février, novembre et décembre ; de six

heures du matin à sept heures du soir pendant les mois de mars, avril, septembre et octobre ; de cinq heures du matin à huit heures du soir pendant les mois de mai, juin, juillet et août ; et, en outre, à toute heure de nuit et de jour, en toute saison, lorsque les travaux se continuent pendant la nuit (*L.* 28 *avril* 1816, *art.* 235 *et* 236 ; *L.* 1846, *art.* 6). Ils tiennent pour chaque fabrique un compte des produits de la fabrication, tant en jus et sirops qu'en sucres achevés ou imparfaits (*L.* 1846, *art.* 7). Ils vérifient et prennent en compte le volume des sirops versés dans les formes ou cristallisoirs. Ils peuvent marquer ces vaisseaux ou désigner, par une étiquette générale, tous les sirops provenant du même empli. (*D.* 1er *sept.* 1852, *art.* 11.)

14. Quiconque veut fabriquer du sucre, préparer ou concentrer des jus ou sirops cristallisables, est tenu de faire au bureau de la régie des contributions indirectes une déclaration présentant la description de la fabrique et indiquant le nombre et la capacité des vaisseaux de toute espèce destinés à contenir des jus, sucres, sirops, mélasses et autres matières saccharines. Le fabricant doit, en outre, prendre une licence. Cette licence est de 100 fr. en principal. Elle n'est valable que pour un seul établissement et pour l'année dans laquelle elle a été délivrée. (*L.* 1846, *art.* 3 *et* 4. *L.* 1er *sept.* 1871, *art.* 6.)

15. Toute communication intérieure des lieux déclarés par le fabricant, avec les maisons voisines non occupées par lui, est interdite. Les jours et fenêtres du magasin affecté au dépôt des sucres achevés doivent être garnis d'un treillis de fer avec des mailles de 5 centimètres d'ouverture au plus. L'administration peut même exiger : 1° que tous les jours et fenêtres de la fabrique et des bâtiments attenants soient garnis d'un treillis de même dimension ; 2° qu'il n'existe aucune communication intérieure avec tout autre bâtiment; 3° que la fabrique et ses dépendances n'aient qu'une porte principale habituellement ouverte. (*D.* 1er *sept.* 1852, *art.* 2.)

16. A l'extérieur du bâtiment principal de l'établissement doivent être inscrits les mots : *Fabrique de sucre*. (*Id.*, *art.* 3.)

17. Tout fabricant est tenu d'inscrire les principales opérations de sa fabrique sur des registres qui lui sont fournis à cet effet par l'administration. Ces registres, cotés et paraphés par le chef de service, doivent être à toute réquisition, et à l'instant même de la demande, représentés aux employés qui y apposent leur visa. (*L.* 1846, *art.* 5 ; *D.* précité, *art.* 7.)

18. Chaque année, et quinze jours au moins avant l'ouverture des travaux de défécation, le fabricant déclare aux employés exerçant la fabrique : 1° le procédé qu'il emploiera pour l'extraction des jus ; 2° les heures de travail pour chaque jour de la semaine. Tout changement dans le procédé d'extraction des jus ou dans le régime de la fabrique, pour les jours et heures de travail, doit être précédé d'une nouvelle déclaration. Lorsque le fabricant veut suspendre ou cesser les travaux de sa fabrique, il en fait également la déclaration. (*D.* 1er *sept.* 1852, *art.* 6.)

19. Les sucres en cristallisation ne peuvent

être retirés des formes ou cristallisoirs qu'à la suite d'une déclaration faite pour toutes les opérations de la journée. Cette déclaration indique le nombre des formes ou cristallisoirs de chaque série qui doivent être *lochés*. Les sucres doivent être extraits en présence du *service*, qui en vérifie le poids et le prend en charge. Les lochages ne doivent avoir lieu que de jour. (*D. précité, art.* 13.)

Dans les établissements où l'on emploie les appareils à force centrifuge, le fabricant déclare, par journée, les sirops qui doivent passer à la turbine. Il indique la nature des sirops et leur quantité. Le sucre obtenu ne peut être enlevé qu'après vérification et prise en charge de son poids par le service. (*D. préc., art.* 14.)

20. Il est fait par les employés, avant la reprise et après la cessation des travaux de chaque campagne, ainsi qu'à la fin des défécations, un inventaire général des produits de la fabrication. Les quantités de sucre excédant le résultat de la balance de compte sont ajoutées aux charges ; le droit est dû sur les quantités manquantes (*L.* 1846, *art.* 8), mais le ministre des finances peut en accorder la remise. (*D.* 7 *janv.* 1860.)

21. Il ne peut être introduit de sucres indigènes ou exotiques, de sucres imparfaits, sirops ou mélasses dans les fabriques. Les résidus des établissements, après cessation complète de l'exploitation, sont seuls exceptés en tout temps. Néanmoins, le fabricant *raffineur* peut recevoir des sucres indigènes ou exotiques, achevés, libérés et non libérés d'impôt. (*L.* 1846, *art.* 10. *D.* 17 *avril* 1858, *art.* 2. *Déc. min.*)

22. Sont saisis tous les sucres, sirops et mélasses recélés dans la fabrique ou ses dépendances, ainsi que ceux appartenant aux fabricants, qui seraient trouvés dans des magasins ou dépôts non déclarés, soit dans la commune où est située la fabrique, soit dans les communes limitrophes. (*L.* 1846, *art.* 14.)

23. La fabrication des glucoses est en principe soumise aux mêmes règles que celle des sucres de betterave.

CHAP. III. — DES RAFFINERIES DE SUCRE.

24. Le raffinage est l'opération par laquelle on dégage le sucre de toute matière étrangère pour obtenir une cristallisation qui présente une masse nette, blanche et brillante.

25. L'importation du sucre raffiné est prohibée (*D.* 27 *mars* 1852, *art.* 1er). Les sucres destinés à être exportés après raffinage sont placés sous le régime de l'admission temporaire. (*L.* 7 *mai* 1864, *art.* 5.)

26. Les raffineurs sont soumis aux visites et vérifications des employés de la régie des contributions indirectes, conformément aux art. 235 et 236 de la loi du 28 avril 1816. Ils sont tenus de leur ouvrir, à toute réquisition, leurs ateliers, magasins, greniers, maisons, caves et celliers, et tous autres bâtiments enclavés dans la même enceinte que la raffinerie ou y attenant (*D.* 27 *mars* 1852, *art.* 2). Le ministre des finances peut, en outre, soumettre à l'exercice les raffineries de sucre situées dans l'arrondissement où il existe une fabrique de sucre et dans les cantons limitrophes de cet arrondissement. (*Même D., art.* 3.)

27. Lorsqu'une raffinerie a été soumise à l'exercice, notification doit en être donnée au raffineur. Dans un délai de quinze jours, à partir de cette notification, le raffineur fait au bureau de la régie la plus prochaine une déclaration analogue à celle prescrite pour les fabriques de sucre. Il doit aussi se munir d'une licence et faire inscrire à l'extérieur du bâtiment principal la destination de son établissement. (*D.* 1er *sept.* 1852, *art.* 28 et 29.)

28. Il ne peut être introduit que des matières libérées d'impôt dans les raffineries de sucre. Nulle introduction ne peut avoir lieu qu'à la suite d'une déclaration du raffineur et qu'après vérification par les employés. Les quantités vérifiées sont prises en charge d'après le poids reconnu à l'arrivée ; elles doivent être représentées aux employés à toute réquisition. (*Même D., art.* 31.)

29. Les quantités de sucre qui doivent être mises en fabrication ou en décomposition dans les raffineries soumises à l'exercice sont déclarées par journées et vérifiées par les employés. Elles donnent ouverture, d'après le résultat de la vérification, à un crédit de fabrication de 90 kilogr. de sucre pur pour 100 kilogr. de sucre brut que les raffineurs ont reçu. (*D.* 11 *août* 1860.)

CHAP. IV. — CIRCULATION DES SUCRES.

30. Aucune expédition ne peut être faite des fabriques de sucre que sur déclaration du fabricant et après vérification par les employés chargés du service et la délivrance d'un acquit-à-caution, qui doit toujours accompagner les sucres dans l'étendue de tout arrondissement où il existe une fabrique et dans les cantons limitrophes de cet arrondissement. (*L.* 1846, *art.* 15 ; *D.* 1er *sept.* 1852, *art.* 26.)

31. Les sucres, sirops et mélasses ne peuvent être enlevés que de jour. Ils doivent être transportés dans des colis fermés suivant les usages du commerce (*même D., art.* 27). Dans le cas où ces colis doivent être plombés, l'expéditeur rembourse les frais de cette opération au taux déterminé par le ministre des finances. (*L.* 1846, *art.* 20.)

32. Il n'est délivré d'acquit-à-caution pour régulariser le transport en franchise des sucres libérés d'impôts que sur la justification du paiement des droits et sur la représentation des sucres. (*D.* 1er *sept.* 1852, *art.* 38.)

33. Les chargements doivent être conduits à la destination déclarée dans le délai porté sur l'acquit-à-caution. Ce délai est fixé en raison des distances à parcourir et du mode de transport. (*D. précité, art.* 40.)

34. Les voituriers, bateliers et tous autres qui conduisent des chargements de sucre, sont tenus d'exhiber sur tous les points soumis à la surveillance, et à l'instant même de la réquisition des employés des contributions indirectes, des douanes ou des octrois, les expéditions de la régie dont ils doivent être porteurs. (*L.* 1846, *art.* 18.)

35. Tout conducteur d'un chargement de sucre, accompagné d'un acquit-à-caution délivré par la régie des contributions indirectes, est affranchi de l'obligation de lever un passavant pour circuler dans les lignes soumises à la surveillance des douanes. (*D.* 1er *sept.* 1852, *art.* 41.)

36. Les règles que nous venons d'exposer sur la circulation des sucres souffrent toutefois quelques exceptions : 1° au-dessous de 20 kilogr., les quantités qui ne sont enlevées ni des fabriques, ni des magasins d'un fabricant peuvent toujours circuler sans expédition (*L.* 1846, *art.* 15); 2° la circulation des sucres de toute espèce, et quelle qu'en soit l'origine, demeure affranchie de toute formalité dans l'intérieur des villes assujetties à un droit sur les boissons au profit du Trésor, perçu à l'effectif aux entrées, et dans lesquelles il n'y a pas de fabrique de sucre, sans préjudice cependant des obligations imposées à la circulation dans le rayon des douanes (*L.* 1846, *art.* 17); 3° celle des sucres raffinés, provenant de tout autre lieu que d'une usine soumise à l'exercice, a lieu seulement sous laissez-passer (*D.* 1er sept. 1852, *art.* 37); 4° la circulation des sucres en poudre peut aussi être effectuée sous laissez-passer, lorsque la quantité expédiée ne dépasse pas, pour le même expéditeur, 1,000 kilogr. par mois et par destinataire (*D. précité, art.* 37); 5° pour les glucoses à l'état de sirop ou à l'état concret, la surveillance ne s'exerce que dans un rayon de 1,000 mètres autour de la fabrique. (*L.* 1846, *art.* 23.)

CHAP. V. — DISPOSITIONS GÉNÉRALES.

37. Aux termes de l'art. 4 du décret du 27 mars 1852, les contestations relatives à la qualité ou à la richesse des sucres indigènes et des matières sucrées de toute nature, provenant des fabriques ou raffineries de sucre et des fabriques de glucose, sont déférées aux commissaires experts institués par l'art. 19 de la loi du 27 juillet 1822. C'est ce qui se pratique, du reste, en vertu de la législation générale des douanes, pour les sucres des colonies ainsi que pour les sucres étrangers. (*D.* 1er sept. 1852, *art.* 20.)

38. Toute infraction aux règlements est punie d'une amende de 1,000 fr. à 5,000 fr. et de la confiscation des sucres, glucoses, sirops et mélasses fabriqués, recélés, enlevés ou transportés en fraude. En cas de récidive, l'amende peut être portée à 10,000 fr. Lorsqu'il a été constaté plus de deux contraventions à la charge d'un fabricant ou d'un raffineur, un arrêté du ministre des finances peut ordonner la fermeture de l'établissement dans lequel la fraude a été commise. (*L.* 1846, *art.* 26 ; *D.* 27 mars 1852, *art.* 7. *L.* 30 déc. 1873, *art.* 3.)

39. Les contraventions aux lois et règlements concernant la perception des droits imposés sur le sucre et sur la glucose, sont constatées et poursuivies dans les formes propres à l'administration des contributions indirectes.

40. Pour la pesée des sucres et des glucoses, lors des exercices, recensements et inventaires, ainsi que pour la vérification des chargements au départ ou à l'arrivée, les fabricants, les expéditeurs et les destinataires sont obligés de fournir les ouvriers et les poids, balances et autres ustensiles nécessaires à l'effet d'opérer la pesée et de reconnaître la nuance des sucres. Les fabricants sont tenus également de fournir, sur la demande des employés, les ouvriers, l'eau, les vases et ustensiles nécessaires pour vérifier, au moyen de l'empotement, la contenance des vaisseaux. (*L.* 1846, *art.* 25.)

41. Deux entrepôts pour les sucres sont établis aux frais de l'État, l'un à Paris, l'autre à Lille. Il peut en être établi dans toutes les autres villes lorsque celles-ci prennent l'engagement de pourvoir à tous les frais. (*L.* 1846, *art.* 21.)

42. Les fabriques et les raffineries de sucre sont considérées comme des établissements insalubres. (*Voy.* **Établissements insalubres.**) B. et D.

SUPPLÉANT. 1. Dans la magistrature, les suppléants sont des juges sans fonctions habituelles, institués pour remplacer momentanément, et selon l'ordre de leur nomination, soit les juges, soit les officiers du ministère public. (*L.* 27 vent. an VIII.)

2. Des juges suppléants sont institués auprès de tous les tribunaux de première instance. Ils sont nommés, comme les juges, par le Chef de l'État, sur la proposition du ministre de la justice. Ils sont également inamovibles. Ils ne reçoivent pas de traitement ; mais ils touchent le droit d'assistance du juge qu'ils remplacent. Ce droit est perçu sur une masse formée par la moitié du traitement fixe des membres du tribunal ; il se distribue, non par jour, mais par séance, entre les membres présents, d'après le registre de pointe dont la tenue est ordonnée par l'art. 11 du décret du 30 mars 1808. (*L.* 27 vent. an VIII, *art.* 19 ; *D.* 30 janv. 1811, *art.* 30.)

3. Le nombre des juges suppléants attachés aux tribunaux de première instance varie selon la population et l'importance des villes. (*Voy., par exemple, les tableaux annexés au décret du 18 août 1810; consulter aussi les budgets de chaque année.*)

4. Il y a, auprès de chaque juge de paix, deux suppléants qui le remplacent dans les cas de maladie, d'absence ou autre empêchement. (*L.* 22 frim. an VIII, *art.* 60; *S.-C.* 16 therm. an X, *art.* 8 ; *L.* 29 vent. an IX, *art.* 123.)

5. Aux tribunaux de commerce sont également attachés des juges suppléants. Leur nombre est fixé par le décret du 6 octobre 1809. Les suppléants des tribunaux de commerce et des justices de paix sont nommés ou institués comme les juges qu'ils sont appelés à remplacer.

6. Il n'y a pas de juges suppléants dans les juridictions supérieures, telles que les cours d'appel et la Cour de cassation.

7. Les professeurs des diverses Facultés peuvent avoir des suppléants. Ceux-ci concourent à l'enseignement universitaire avec les professeurs titulaires. Les suppléances sont confiées par le ministre de l'instruction publique à des agrégés des Facultés ou à des docteurs. Au Collège de France, au Conservatoire des arts et métiers, les suppléants ne sont pas tenus à être docteurs.

SURENCHÈRE. 1. Former une surenchère c'est offrir d'un immeuble adjugé ou vendu un prix plus élevé que celui porté au contrat.

2. Les règles en matière de surenchère varient suivant qu'il s'agit d'une vente volontaire ou d'une vente forcée.

Les ventes volontaires sont celles qui ont lieu sans contrainte, soit devant notaire, soit même en justice, par exemple, dans l'intérêt des mineurs. Les ventes forcées ont lieu par adjudication judiciaire sur la poursuite d'un créancier.

3. Dans le premier cas, après que l'acquéreur ou le donataire qui veut purger l'immeuble vendu des privilèges et hypothèques dont il est grevé, à notifié son contrat à tous les créanciers inscrits, en déclarant qu'il est prêt à acquitter sur-le-champ les dettes et charges hypothécaires jusqu'à concurrence seulement du prix, tout créancier dont le titre est valable peut requérir la mise de l'immeuble aux enchères et adjudications publiques ; c'est ce qu'on appelle former une surenchère. Certaines conditions sont imposées au surenchérisseur, entre autres celle de porter ou faire porter le prix à un dixième en sus de celui qui a été stipulé dans le contrat, ou déclaré par le nouveau propriétaire. (*C. civ., art.* 2183, 2184 *et* 2185.)

4. Dans le cas où la vente est forcée par suite d'une saisie immobilière, toute personne peut, dans les huit jours qui suivent l'adjudication, faire, par le ministère d'un avoué, une surenchère, pourvu qu'elle soit du sixième au moins du prix principal de la vente. (*C. de Pr., art.* 708.)

5. Les adjudications administratives faites par les communes, ne se trouvant pas placées dans la catégorie des ventes dont nous venons de parler, nul n'a le droit de surenchérir après ces adjudications. Cependant, comme le cahier des charges contient toujours la réserve expresse que l'adjudication ne sera définitive qu'après avoir été approuvée par le préfet, il s'ensuit que tant que cette approbation n'est pas donnée, il n'y a pas de contrat parfait entre la commune et l'adjudicataire. En la refusant, le préfet peut donc mettre l'adjudication à néant. Mais l'administration ne doit user de ce moyen qu'avec une extrême réserve et seulement dans le cas où l'offre d'une somme notablement supérieure à celle obtenue par l'adjudication révélerait une erreur évidente dans l'estimation qui a servi de mise à prix. Dès lors, il y aurait pour le préfet un juste motif de ne pas approuver, et d'inviter l'administration municipale à préparer le cahier des charges d'une nouvelle adjudication sur une mise à prix égale aux offres des surenchérisseurs. (*Circ. min.* 6 mars 1840 ; *Dict. gén. d'adm.*)

SURETÉ PUBLIQUE. *Voy.* **Police.**

SURNUMÉRAIRE. 1. Employé en sus du nombre réglementaire. Le plus souvent on désigne par ce mot des jeunes gens admis à travailler dans les bureaux, sans traitement, et qui sont nommés, après un stage plus ou moins long, employés définitifs.

2. Dans quelques administrations, le surnumérariat est de rigueur ; dans d'autres, au contraire, on n'admet jamais de surnuméraire ; dans d'autres, enfin, on débute comme *aspirant* surnuméraire.

3. Le surnuméraire est nommé par un arrêté du chef de l'administration (ministre ou directeur général) dans laquelle il entre.

4. La nomination au surnumérariat ne donne généralement aucun droit à la nomination à une place rétribuée. C'est une raison pour en limiter la durée. Les règlements intérieurs des ministères renferment quelquefois des dispositions sur ce point, mais elles sont assez variables.

5. Le temps du surnumérariat ne compte pas pour la retraite, car le surnuméraire, n'ayant pas de traitement, ne subit pas de retenue ; mais ce temps peut être compté pour compléter les vingt ans nécessaires pour être nommé, s'il y a lieu, dans la Légion d'honneur.

SURTAXE. Ce mot a plusieurs acceptions : 1° il se dit d'une taxation trop forte. Il peut y avoir surtaxe dans l'établissement de presque tous les droits qui frappent la jouissance des propriétés mobilières et immobilières et la consommation des produits industriels. Relativement aux formes à suivre pour obtenir le dégrèvement, aux délais dans lesquels la demande en réduction doit être adressée, voyez **Contributions directes.**

2° Il se dit aussi d'une augmentation de taxe purement relative. Par exemple à une certaine époque, le sucre indigène, taxé à 45 fr. par 100 kilogrammes, était surtaxé de 7 fr. par rapport au sucre colonial, qui acquittait seulement un droit de 38 fr.

3° Enfin on emploie encore le mot *surtaxe* pour désigner une taxe additionnelle, une imposition extraordinaire ajoutée à une autre. C'est ainsi qu'une commune peut obtenir une surtaxe sur les boissons quand ses ressources normales sont insuffisantes. (*Voy.* **Organisation communale.**)

SURVEILLANCE DE LA HAUTE POLICE. 1. Le renvoi sous la surveillance de la haute police est une peine accessoire, commune aux matières criminelles et correctionnelles (*C. P., art.* 11), introduite dans la législation par l'art. 131 du sénatus-consulte du 28 floréal an XII. Cette peine accessoire est réglée par les art. 44 et suivants du Code pénal.

2. D'après le Code pénal de 1810, le Gouvernement avait le droit d'exiger des individus placés sous cette surveillance une caution solvable de leur bonne conduite ; à défaut de cette caution, les condamnés pouvaient être éloignés de certains lieux ou assujettis à une résidence fixe. En cas de désobéissance, le Gouvernement avait le droit de les détenir pendant un laps de temps qui pouvait s'étendre à toute la durée de leur surveillance.

L'expérience démontra le vice de ce mode de surveillance ; il fut successivement modifié par les lois du 28 avril 1832, le décret-loi du 8 décembre 1851, celui du 24 octobre 1870. Le système actuel de la surveillance est fondé sur la loi du 23 janvier 1874 que mettent à exécution le décret du 30 avril 1875 et la circulaire du ministre de l'intérieur du 5 novembre 1875. Ce sont ces actes que nous reproduisons ou analysons.

3. La loi du 23 janvier 1874 modifie les articles 44, 46, 47 et 48 du Code pénal, dont voici la nouvelle rédaction :

« Art. 44. L'effet du renvoi sous la surveillance de la haute police sera de donner au Gouvernement le droit de déterminer certains lieux dans lesquels il sera interdit au condamné de paraître après qu'il aura subi sa peine.

« Le condamné devra déclarer, au moins quinze jours avant sa mise en liberté, le lieu où il veut fixer sa résidence ; à défaut de cette déclaration, le Gouvernement la fixera lui-même.

« Le condamné sous la surveillance ne pourra quitter la résidence qu'il aura choisie ou qui lui aura été assignée, avant l'expiration d'un délai de six mois, sans l'autorisation du ministre de l'intérieur.

« Néanmoins, les préfets pourront donner cette autorisation :

« 1° Dans les cas de simples déplacements dans les limites mêmes de leur département ;

« 2° Dans les cas d'urgence, mais à titre provisoire seulement.

« Après l'expiration du délai de six mois, ou avant même l'expiration de ce délai, si l'autorisation nécessaire a été obtenue, le condamné pourra se transporter dans toute résidence non interdite, à la charge de prévenir le maire huit jours à l'avance.

« Le séjour de six mois est obligatoire pour le condamné dans chacune des résidences qu'il choisira successivement pendant tout le temps qu'il sera soumis à la surveillance, à moins d'autorisation spéciale, donnée conformément aux dispositions précédentes, soit par le ministre de l'intérieur, soit par les préfets.

« Tout condamné qui se rendra à sa résidence recevra une feuille de route réglant l'itinéraire dont il ne pourra s'écarter et la durée de son séjour dans chaque lieu de passage.

« Il sera tenu de se présenter, dans les vingt-quatre heures de son arrivée, devant le maire de la commune qu'il devra habiter.

« Art. 46. En aucun cas, la durée de la surveillance ne pourra excéder vingt années.

« Les coupables condamnés aux travaux forcés à temps, à la détention et à la réclusion, seront de plein droit, après qu'ils auront subi leur peine et pendant vingt années, sous la surveillance de la haute police.

« Néanmoins, l'arrêt ou le jugement de condamnation pourra réduire la durée de la surveillance ou même déclarer que les condamnés n'y seront pas soumis.

« Tout condamné à des peines perpétuelles, qui obtiendra commutation ou remise de sa peine, sera, s'il n'en est autrement disposé par la décision gracieuse, de plein droit sous la surveillance de la haute police pendant vingt ans.

« Art. 47. Les coupables condamnés au bannissement seront de plein droit sous la même surveillance pendant un temps égal à la durée de la peine qu'ils auront subie, à moins qu'il n'en ait été disposé autrement par l'arrêt ou le jugement de condamnation.

« Dans les cas prévus par le présent article et par les paragraphes 2 et 3 de l'article précédent, si l'arrêt ou le jugement ne contient pas dispense ou réduction de la surveillance, mention sera faite, à peine de nullité, qu'il en a été délibéré.

« Art. 48. La surveillance pourra être remise ou réduite par voie de grâce. — Elle pourra être suspendue par mesure administrative. — La prescription de la peine ne relève pas le condamné de la surveillance à laquelle il est soumis. — En cas de prescription d'une peine perpétuelle, le condamné sera de plein droit sous la surveillance de la haute police pendant vingt années. — La surveillance ne produit son effet que du jour où la prescription est accomplie. »

4. La surveillance est encore ordonnée dans d'autres articles du Code pénal. Ainsi les vagabonds ou gens sans aveu, qui ont été légalement déclarés tels, sont renvoyés, après avoir subi leur peine, sous la surveillance de la haute police pendant cinq ans au moins et dix ans au plus. (*Id.*, *art.* 271.)

Les mendiants qui ont été condamnés aux peines portées par les art. 277 à 281 du Code pénal, sont également renvoyés, après l'expiration de leur peine, sous la même surveillance pendant cinq ans au moins et dix ans au plus. (*Id.*, *art.* 282.)

5. La peine de la surveillance de la haute police ne peut être prononcée par les tribunaux qu'autant qu'ils y sont autorisés par une disposition particulière. (*Id.*, *art.* 59.)

6. L'art. 2 de la loi du 23 janvier 1874 avait annoncé un règlement d'administration publique sur le mode d'exercice de la surveillance et sur les conditions sous lesquelles, après un temps d'épreuve, cette surveillance pourra être suspendue; ce règlement porte la date du 30 août 1875. Nous allons en reproduire les dispositions en les commentant à l'aide de la circulaire ministérielle du 5 novembre suivant :

7. La feuille de route avec itinéraire obligé remise au condamné libéré qui se rend à sa résidence est établie en la forme ordinaire des passeports gratuits, sauf l'insertion, avant la date, de la mention suivante, écrite à la main : « Délivré en exécution de la loi du 23 janvier 1874. » (*D.* 30 *août* 1875, *art.* 1er.)

Il s'agit d'éviter que le caractère spécial du passe-port ne soit reconnu par le premier venu.

8. Dans les vingt-quatre heures de son arrivée à destination, le surveillé doit déposer sa feuille de route à la mairie, ou au bureau de police dans les communes où il existe un ou plusieurs commissaires de police ; il lui est remis en échange un permis de séjour délivré par le maire, qui transmet la feuille de route à la préfecture, où elle est conservée en dépôt (*art.* 2).

La circulaire ministérielle du 5 novembre, commentant cette disposition, ajoute :

Bien que préférable au reçu que le maire ou le commissaire de police remettrait généralement au surveillé en échange de sa feuille de route, le permis de séjour, qui est à peu près tombé en désuétude, ne constitue pas, pour le condamné qui veut se relever par le travail, une recommandation suffisante.

La loi ne s'oppose pas, il est vrai, à ce qu'il soit muni d'un livret professionnel ; mais ce livret lui est souvent refusé, dans la crainte qu'il ne puisse s'en servir comme d'un titre de voyage, en surprenant le visa du maire.

Il m'a paru que ce danger pourrait être évité si l'on prenait soin d'inscrire à la première page des livrets remis aux surveillés et sous les mots : « livret professionnel », la mention suivante : « Ne pouvant servir de titre de voyage ».

Cette précaution permettra de ne plus refuser désormais la délivrance du livret aux surveillés qui la demande, et dont les sérieuses intentions de travail paraîtront mériter les encouragements de l'administration. Vous voudrez bien, Monsieur le Préfet, donner des instructions à ce sujet aux maires de votre département, en leur signalant l'importance que le Gouvernement attache à ce que des défiances exagérées n'empêchent plus les individus frappés par la justice de demander à un travail régulier leurs moyens d'existence.

9. Dans les huit jours qui précèdent le changement de résidence du surveillé, sa feuille de route est renvoyée par le préfet au maire qui la vise pour la nouvelle destination du surveillé, et la remet à celui-ci en échange du permis de séjour.

Si cette feuille de route est périmée, le préfet en fait parvenir une nouvelle au maire, qui la remet au surveillé en échange du permis de séjour et la vise au moment du départ (*art.* 3).

Dans le cas où le surveillé aurait reçu un livret professionnel, ce livret sera remis au maire avec le permis de séjour ; le livret sera envoyé à la préfecture qui le fera parvenir à la nouvelle résidence, où il sera restitué au surveillé en échange de son passe-port. (*Circ. 5 nov.*)

10. Le surveillé sera tenu de faire constater sa présence au lieu de sa résidence en se présentant à la mairie, ou au bureau de police, à des époques qui seront déterminées, pour chaque surveillé, par le maire, sauf l'approbation du préfet.

Le préfet pourra, après avoir pris l'avis du maire, dispenser le surveillé de cette obligation, à charge de faire constater sa présence de toute autre façon (*art.* 4).

La circulaire du 5 novembre ajoute :

Pas plus que la forme du passe-port, le mode de constatation de la présence du surveillé au lieu de sa résidence ne doit indiquer sa situation légale au public ; l'administration seule a le devoir de la connaître ; il faut qu'elle seule en ait la possibilité. Les formalités qui seraient de nature à la divulguer, et en premier lieu l'obligation de se présenter corporellement au bureau de police, ne doivent donc être maintenues qu'autant que le caractère, les antécédents et les habitudes du surveillé ne permettraient pas de considérer un autre mode de contrôle comme suffisamment efficace. En tout cas, il importe d'éviter que tous les condamnés libérés d'une même ville se rencontrent périodiquement au bureau de police et puissent y contracter des relations dangereuses pour l'ordre public. L'article 4 du décret du 30 août a prescrit, en conséquence, de convoquer chaque surveillé à une époque spéciale.

La surveillance pourra être suspendue par le ministre de l'intérieur, sur la proposition du préfet, après un temps d'épreuve qui ne devra jamais être inférieur à la moitié de la durée totale de cette surveillance.

Cette mesure pourra toujours être rapportée par une décision ultérieure du ministre de l'intérieur, qui sera notifiée au surveillé La notification aura pour effet de replacer le surveillé sous l'application des articles 44 et 45 du Code pénal ; il sera mis en demeure de souscrire immédiatement une déclaration de résidence, et, à défaut de cette déclaration, il sera procédé d'office, conformément à l'art. 44, § 2, du Code pénal (*art.* 5). **M. B.**

ADMINISTRATION COMPARÉE.

Le Code pénal allemand du 31 mai 1870 dispose dans son art. 38 que, dans les cas prévus par la loi, la surveillance de la haute police peut être édictée comme peine accessoire. Lorsque cette peine est prononcée, l'autorité supérieure de police (le préfet), après en avoir conféré avec l'administration des prisons, peut placer le condamné sous la surveillance de police pendant cinq ans au plus. Ces cinq ans comptent à partir du jour où la peine principale a été subie ou qu'elle a été remise ou qu'elle est prescrite.

Selon l'art. 39 la surveillance a les effets qui suivent :

1. L'autorité peut interdire au condamné le séjour dans certaines localités.

2. L'étranger peut être banni du territoire allemand.

3. Les perquisitions peuvent être faites à toute heure.

En lisant le texte du Code précité, on est porté à croire que la surveillance est prononcée par le tribunal et que l'administration n'intervient que pour exécuter le jugement ; mais il résulte d'une *instruction* du ministre de l'intérieur du 12 avril 1871 que le tribunal se borne à déclarer que le condamné *pourra* être mis sous la surveillance de la police ; le moment venu, l'administration examine s'il y a lieu d'appliquer cette peine accessoire. Lorsque le condamné n'a pas donné lieu à des plaintes pendant son séjour dans la prison, lorsqu'il a de quoi vivre, ou lorsqu'il ne donne pas lieu à craindre qu'il fera un mauvais usage de sa liberté, on ne doit pas le mettre sous surveillance. Quinze jours avant la sortie de prison d'un condamné que le jugement permet de mettre sous surveillance, l'administration de la prison doit adresser à l'autorité locale un certificat sur la conduite du prisonnier et y joindre son avis, en examinant s'il y a lieu, ou non, de le soumettre à la surveillance, et pour combien de temps. L'autorité locale transmet les pièces, avec son propre avis, au préfet (*Regierung*) qui décide, sans être tenu de suivre cet avis. La décision est en dernier ressort. Le préfet peut modifier ses décisions dans un sens ou un autre, mais après avoir pris l'avis de l'autorité locale, c'est-à-dire

celle de la localité où séjourne le surveillé. La surveillance ne peut pas dépasser cinq ans, elle ne peut pas être moindre de six mois.

L'autorité locale ne peut pas aggraver la situation du surveillé, en lui imposant des obligations non prévues dans le Code. « Et spécialement, on ne doit pas lui imposer des actes de présence périodiques, ou d'autres mesures extraordinaires de contrôle qui seraient de nature à restreindre sa liberté. » (*Instruction de* 1871, § 9.)

Cette législation adoucit celle du 22 mai 1866 qui était déjà un progrès notable sur celle du Code du 14 avril 1851. **M. B.**

SUSPENSION. *Voy.* **Fonctionnaire.**

SYNDIC. 1. On appelle ainsi un mandataire quelconque chargé de veiller aux intérêts d'une association, d'une compagnie, etc.

2. Des syndics existent dans les chambres de discipline des notaires, des commissaires-priseurs, des avoués, des avocats à la Cour de cassation et au Conseil d'État. Ils ont généralement pour mission spéciale l'instruction et la poursuite des affaires disciplinaires.

3. Les agents de change et les courtiers de commerce ont des chambres *syndicales* composées d'un *syndic* et d'*adjoints*. Le syndic des agents de change correspond avec le Gouvernement ; il est chargé d'envoyer exactement, chaque jour, le bulletin du cours du change au ministre des finances, à la caisse des dépôts et consignations, au préfet de police et au ministre de l'intérieur. Le syndic des courtiers correspond avec le ministre de l'agriculture et du commerce pour les intérêts généraux du commerce et de l'administration. (*Voy.* **Agents de change et Courtiers de commerce.**)

4. Des corporations d'une autre nature possèdent également des syndics : tels sont, par exemple, les bouchers et les boulangers. (*Voy.* **Boucherie, Boulangerie, Chambres syndicales.**)

5. En matière de faillite, la loi donne la qualification de syndics aux délégués représentant la masse des créanciers. Les devoirs des *syndics de faillite* sont tracés par le Code de commerce (*art.* 468-536) et par la loi du 18 mai 1838.

6. Dans plusieurs autres circonstances, la loi a encore consacré l'institution de mandataires spéciaux, appelés *syndics*, agissant seuls, ou réunis en *commissions syndicales*. Ainsi, lorsque plusieurs communes ont des biens ou des droits par indivis, cet intérêt commun peut être, sur la demande de l'une d'elles, confié à l'administration et à la garde d'une commission syndicale formée conformément à l'art. 70 de la loi du 18 juillet 1837 (*voy.* **Organisation communale**). Si une section de commune est dans le cas d'intenter ou de soutenir une action judiciaire contre la commune elle-même ou contre une section de la même commune, il est formé par cette section une commission syndicale. (*L.* 18 *juill.* 1837, *art.* 56 et 57.) [*Voy.* **Organisation communale.**]

7. En matière de dessèchement de marais, il doit être formé entre les propriétaires, relativement à l'exécution des travaux, un *syndicat* chargé de représenter les intérêts. (*Voy.* **Marais.**)

8. Il peut aussi être établi des *syndicats* pour arriver à tirer des eaux le plus grand profit possible au point de vue de l'irrigation des prairies ou du travail des usines, ou pour établir des digues ou pour d'autres travaux d'intérêt commun. (*Voy.* **Syndicat des travaux.**)

9. Quant aux syndics des gens de mer, voyez ce mot.

SYNDICATS ou ASSOCIATIONS SYNDICALES.

CHAP. I. — HISTORIQUE.

Sect. 1. — Introduction.

1. Les syndicats ou associations syndicales sont des réunions de propriétaires intéressés qui se constituent soit dans un but de défense ou de préservation, soit dans un but d'utilisation et de production, soit enfin dans un but d'assainissement.

2. L'origine des associations syndicales est fort ancienne et plusieurs d'entre elles remontent au moyen âge.

3. L'administration des Watteringues du Nord date de l'année 1169. Par ses soins une partie considérable de l'arrondissement de Dunkerque a été assainie, mise à l'abri des inondations de la mer et de l'envahissement des eaux pluviales, enfin sillonnée de canaux qui servent à la fois au desséchement et à l'irrigation.

4. En Provence et dans le Comtat, les propriétaires se sont réunis depuis longtemps pour endiguer les rives du Rhône et de la Durance, et creuser ces canaux d'arrosage si précieux sous le climat brûlant du Midi.

Ces sociétés portent encore le nom primitif d'Œuvre d'Arles, de Craponne, etc. Elles remontent au xii° siècle pour les travaux d'endiguement, au xv° pour le desséchement, et au xvi° pour l'exécution des grands travaux d'arrosage.

5. Les communautés d'arrosants du Roussillon sont plus anciennes encore; elles se sont formées sous l'empire de la législation des Visigoths et des Arabes.

6. Dans le Poitou, l'Aunis et la Saintonge, et dans d'autres provinces, depuis la fin du xvi° siècle, des syndicats de propriétaires sont préposés à la conservation et à l'entretien des marais desséchés en vertu des édits d'Henri IV, datant de 1599 et 1607.

7. Il serait sans intérêt de se livrer ici à l'étude de la législation qui a présidé, sous l'ancienne monarchie, à ces grands travaux et réglé le régime des associations qui les ont exécutés.

Il suffira de dire qu'en général et sur la constatation plus ou moins précise de l'adhésion de la majorité des intéressés, le Conseil du roi et les intendants étaient investis, à cet égard, d'un pouvoir à peu près absolu, que les parlements possédaient également.

Sect. 2. — Des associations syndicales depuis la Révolution jusqu'à la loi du 21 juin 1865.

8. Quant aux dispositions législatives et réglementaires qui ont régi les syndicats depuis la chute de l'ancienne monarchie jusqu'à la loi du 21 juin 1865, elles sont éparses dans diverses lois; elles manquent de précision et d'harmonie et présentent de nombreuses lacunes.

Voici, par ordre chronologique, l'indication sommaire de cette législation : loi des 12-20 août 1790, chapitre VI (écoulement des eaux); loi des 28 septembre-6 octobre 1791, titre II, art. 16 (responsabilité des propriétaires ou fermiers des moulins et usines établis sur les cours d'eau); loi du 4 pluviôse an VI (25 janvier 1798) sur le desséchement des marais; loi du 14 floréal an XI (4 mai 1803) sur le curage des canaux et rivières non navigables; loi du 16 septembre 1807, art. 7, § 1er, et art. 26 et 42 (desséchement des marais), art. 33 et 34 (construction de digues à la mer ou contre les fleuves, rivières et torrents navigables ou non navigables); loi du 27 avril 1838 sur l'asséchement et l'exploitation des mines; décret de décentralisation du 25 mars 1852, rectifié par celui du 13 avril 1861 (art. 4 du D. de 1852 et §§ 6 et 8 du tableau D annexé au D. de 1861); loi du 10 juin 1854 sur le drainage; loi du 28 mai 1858, complétée par un règlement d'administration publique en date du 15 août 1858, et relative à l'exécution des travaux destinés à mettre les villes à l'abri des inondations; loi annuelle des finances contenant certaines dispositions pour la perception des taxes relatives à l'exécution ou l'entretien des travaux faisant l'objet d'associations syndicales.

9. Sous l'empire du décret de décentralisation du 25 mars 1852, donnant aux préfets un grand nombre des attributions autrefois réservées au pouvoir central, les associations syndicales avaient pris une grande extension, et, en 1864, on n'en comptait pas moins de 2,475, réparties dans 63 départements.

10. On distinguait les associations syndicales *forcées* et les associations syndicales *libres*.

11. Les associations syndicales *forcées*, c'est-à-dire celles qui, d'après la législation en vigueur, pouvaient être imposées aux intéressés malgré leur résistance même unanime, avaient pour objet l'exécution et l'entretien de travaux de défense contre la mer, les fleuves, les torrents, les rivières navigables ou non navigables; — de travaux destinés à mettre les villes à l'abri des inondations; — de travaux de curage, approfondissement, redressement et régularisation des canaux et cours d'eau non navigables ni flottables, et des canaux de desséchement et d'irrigation; — de travaux de desséchement des marais, d'assainissement des terres humides et insalubres; — de travaux pour l'asséchement des mines.

12. Nous devons, en ce qui concerne les associations syndicales constituées pour l'exécution et l'entretien de ces derniers travaux, signaler ce fait que la loi du 27 avril 1838, citée plus haut, leur est toujours applicable et qu'il n'y a pas été dérogé par la législation postérieure.

13. Les associations *volontaires* se formaient par l'accord unanime de tous les intéressés; elles étaient approuvées par décret ou par simple arrêté préfectoral, ou se constituaient même sans aucune participation de l'autorité publique. Les unes et les autres avaient pour objet l'exécution et l'entretien de travaux d'irrigation et de drainage.

CHAP. II. — EXPOSÉ DE LA LÉGISLATION.

Sect. 1. — Des associations syndicales depuis la loi du 21 juin 1865.

14. La loi du 21 juin 1865 est venue coordonner et régulariser les dispositions diverses qui régissaient antérieurement les associations syndicales; elle a même consacré plusieurs additions que nous signalerons plus loin.

15. Nous suivrons, dans cette étude, l'ordre même des 5 titres que comprend cette loi, et qui renferment 26 articles. Mais avant d'aborder cette étude, il est deux faits que nous devons mettre en lumière: le premier, c'est que les associations *forcées*, dont il a été parlé plus haut, sont supprimées par la nouvelle loi, qui réduit les associations à deux catégories: les associations *libres* et les associations *autorisées*; le second, c'est que la constitution de ces dernières associations, dont l'objet peut être le même que celui des anciennes associations *forcées*, est autorisée par simple arrêté préfectoral, alors que la plupart des associations forcées n'existaient qu'en vertu d'un acte du pouvoir central. L'autorisation préfectorale suffit, même lorsque les travaux qui font l'objet de l'association doivent être autorisés par un décret rendu en Conseil d'État. Quant aux associations *libres*, qui sont les anciennes associations *volontaires*, lesquelles étaient autorisées, selon le cas, par décret ou par arrêté préfectoral, ou se formaient sans aucune participation de l'autorité publique, elles se forment aujourd'hui, sans exception, sans l'intervention de l'administration.

16. La loi du 21 juin 1865 a été complétée par le règlement d'administration publique du 17 novembre 1865, déterminant la forme des enquêtes administratives auxquelles doivent être soumis les plans, avant-projets des travaux, ainsi que le projet d'association. La loi et le règlement ont fait l'objet de deux circulaires ministérielles en date des 12 août et 29 novembre 1865, adressées aux préfets.

17. D'après l'art. 1er de la loi de 1865, peuvent être l'objet d'une association syndicale, entre propriétaires intéressés, l'exécution et l'entretien de travaux:

1° De défense contre la mer, les fleuves, les torrents et les rivières navigables ou non navigables [1];

1. Nous avons consacré des articles spéciaux au Curage, à l'Inondation, aux Irrigations et aux Marais (Dessèchement des), voici maintenant les parties de l'ancien article Endiguement qui ont conservé leur in érê, malgré la loi de 1865, ou qu'il a suffi de modifier légèrement. L'article Endiguement était dû à M. Demousière.

La législation antérieure à 1789 ne présente pas de système complet, uniforme, pour les travaux d'endiguement; chaque province était à cet égard soumise à des édits ou règlemens rendus suivant l'exigence des circonstances et des lieux. Ces règlements particuliers sont en grand nombre. Le plus remarquable paraît être un arrêt du Conseil, du 10 octobre 1765, relatif à la province du Dauphiné.

Aujourd'hui toute la législation sur la question se résume

2° De curage, approfondissement, redressement et régularisation des canaux et cours d'eau non navigables ni flottables et des canaux de dessèchement et d'irrigation;

3° De dessèchement de marais;

4° Des étiers et ouvrages nécessaires à l'exploitation des marais salants;

5° D'assainissement des terres humides et insalubres;

dans la loi du 14 floréal an XI et quelques articles de la loi du 16 septembre 1807.

La loi du 14 floréal an XI dispose par son art. 1er qu'il sera pourvu au curage des canaux et rivières non navigables et à l'entretien des digues et ouvrages d'art qui y correspondent de la manière prescrite par les anciens règlements ou d'après les usages locaux.

L'art. 2 ajoute que lorsque l'application des règlements ou l'exécution du mode consacré par l'usage éprouvera des difficultés, ou lorsque des changemens survenus exigeront des dispositions nouvelles, il y sera pourvu par le Gouvernement dans un règlement d'administration publique rendu sur la proposition du préfet du département, de manière que la quotité de la contribution de chaque imposé soit toujours relative au degré d'intérêt qu'il aura aux travaux qui devront s'effectuer.

L'art. 3 établit que les rôles de répartition des sommes nécessaires au paiement des travaux d'entretien, réparation ou construction, seront dressés sous la surveillance du préfet, rendus exécutoires par lui, et que le recouvrement s'en opérera de la même manière que celui des contributions publiques.

Enfin par l'art. 4 et dernier, toutes les contestations relatives au recouvrement des rôles, aux réclamations des individus imposés et à la confection des travaux, sont déférées au conseil de préfecture, sauf recours au Conseil d'État.

Cette loi n'a pas, comme on le voit, un caractère de généralité qui la rende applicable à tous les cas. Elle renferme cependant des principes utiles et qui reçoivent leur application dans tous les travaux d'endiguement; celui du recouvrement des rôles de répartition dans les formes et avec les privilèges établis pour les contributions directes, et celui de la compétence du conseil de préfecture pour toutes les contestations relatives au recouvrement des rôles de contributions, aux réclamations des individus imposés et à la confection des travaux.

La loi du 16 septembre 1807 a posé des règles plus générales.

L'art. 33, le plus important de la question, s'exprime ainsi: « Lorsqu'il s'agira de construire des digues à la mer, ou contre les fleuves, rivières et torrents navigables, la nécessité en sera constatée par le Gouvernement, et la dépense supportée par les propriétés protégées, dans la propor ion de leur intérêt aux travaux, sauf le cas où le Gouvernement croirait utile et juste d'accorder des secours sur les fonds publics. »

L'art. 34 ajoute: « Les formes précédemment établies et l'intervention d'une commission spéciale seront appliquées à l'exécution du précédent article. Lorsqu'il y aura lieu de pourvoir aux dépenses d'entretien et de réparation des mêmes travaux, ou des canaux qui sont en même temps de navigation et de dessèchement, il sera fait des règlements d'administration publique qui fixeront la part contributive du Gouvernement et des propriétaires. »

Les formes dont il est question dans cet article consistent dans l'organisation d'un syndicat, la rédaction d'un plan périmétral, la classification provisoire des terrains et les formalités d'enquêtes auxquelles sont soumis le plan ainsi que le projet de classification. (*Voy. le texte ci-dessus de l'article* Syndicats.)

Quant à la commission dont l'intervention est prescrite par le même article, c'est la commission spéciale dont l'organisation et les attributions sont réglées par les art. 42 et suivants de la loi. Cette commission, composée de sept membres, statue sur tout ce qui concerne la fixation du périmètre et le classement des propriétés. (*Voy.* Marais *et* Syndicats, n° 56, 57 et 75.)

Il importait d'assurer la conservation des digues construites dans un but de défense. L'art. 27 établit que la conservation des digues contre les torrents, rivières et fleuves, et sur le bord des lacs et de la mer, est confiée à l'administration publique. Toutes réparations et tous dommages sont poursuivis, d'après cet article, par voie administrative comme pour les objets de grande voirie. Les délits sont poursuivis par les voies ordinaires, soit devant les tribunaux de police correctionnelle, soit devant les cours crimin lles, en raison des cas.

La loi a prévu l'hypothèse où, sans admettre l'action directe des propriétaires riverains, l'administration croirait devoir concéder le droit d'endiguement. D'après l'art. 41, le Gouvernement peut concéder, à des conditions déterminées, les marais, lacs, relais de mer, *le droit d'endigage*, les atterrissements et

6° D'irrigation et de colmatage;

7° De drainage;

8° De chemins d'exploitation et de toute autre amélioration agricole ayant un caractère d'intérêt collectif. (*Voy. d'ailleurs, pour les travaux ci-dessus énumérés, les mots:* **Canaux, Cours d'eau non navigables, Curage, Drainage, Inondations, Irrigations, Marais, Marais salants.**)

18. La plupart des travaux énoncés dans ces

alluvions des fleuves, rivières et torrents, quant à ceux de ces objets qui forment propriété publique ou domaniale; le Gouvernement a bien rarement usé de cette faculté en ce qui touche le droit d'endigage.

Enfin, nous citerons encore quelques articles qui, sans être spéciaux aux travaux de défense, peuvent néanmoins s'y appliquer dans une certaine mesure; ce sont les art. 30, 31 et 32 qui disposent que lorsque, par suite des travaux énoncés dans la loi, des propriétés privées auront acquis une notable augmentation de valeur, ces propriétés pourront être chargées de payer une indemnité qui pourra s'élever jusqu'à la moitié des avantages qu'elles auront acquis.

Et l'art. 33 qui décide que dans le cas où, par les alignements arrêtés, un propriétaire pourra recevoir la faculté de s'avancer sur la voie publique, il sera tenu de payer la valeur du terrain qui lui sera cédé. Cette dernière disposition, bien qu'elle soit stipulée pour les routes, s'applique par voie d'assimilation aux fleuves et rivières.

Tel est l'ensemble des dispositions législatives qui règlent en ce moment la matière des endiguements.

Ces dispositions établissent les principes suivants: constatation des travaux par le Gouvernement; paiement des dépenses par les propriétés protégées, dans la proportion de leur intérêt, avec ou sans subvention du Gouvernement; réunion des propriétaires en associations syndicales pour veiller à la défense commune, fixation, après enquête régulière de la circonscription, des propriétés protégées en diverses classes, suivant leur degré d'intérêt aux travaux; jugement de toutes les réclamations élevées, soit sur l'étendue assignée au périmètre, soit sur la classification des terrains, par une sorte de jury temporaire, constitué sous le nom de commission spéciale; recouvrement des taxes réglées d'après la décision de la commission spéciale, avec les formes et les privilèges établis pour les contributions publiques; jugement par un tribunal permanent, le conseil de préfecture, de toutes les contestations qui peuvent s'élever au sujet du recouvrement des rôles et de l'exécution des ouvrages; enfin, assimilation des travaux d'endiguement aux objets de grande voirie, tant pour leur conservation que pour tou es réparations et dommages. (Voyez ci-dessus, dans le texte, les modifications apportées par la loi du 21 juin 1865 aux dispositions de la loi de 1807 en ce qui touche les contestations relatives à la fixation du périmètre des terrains, à la répartition et à la perception des taxes, etc..., n°ˢ 56, 57, 71 à 75.)

Il convient d'ajouter que ces dispositions s'appliquent aux cours d'eau de toute nature, fleuves, rivières, torrents navigables ou non navigables; elles ont donc un caractère de généralité suffisante pour parer à tous les cas.

Ces dispositions législatives ont soulevé de nombreuses critiques. Maintes fois dans ces dernières années on a cherché à leur substituer une législation plus complète, embrassant tous les cas, résolvant toutes les difficultés; ainsi, plusieurs propositions de lois émanées, soit du Gouvernement, soit de l'initiative parlementaire, ont été successivement présentées aux assemblées législatives.

Ces propositions, en même temps qu'elles tendaient à régler d'une manière précise les rapports des propriétaires intéressés et de l'État, cherchaient à établir explicitement un droit de contrainte à l'égard des propriétaires qui refuseraient de concourir aux travaux de défense; enfin, toutes réglaient l'attribution des terrains conquis sur le lit des fleuves, rivières et torrents, de telle sorte que ces terrains devinssent la récompense et le prix des ouvrages de défense. Ces propositions sont demeurées sans résultats.

Le droit de contrainte existe virtuellement dans l'art. 33 de la loi du 16 septembre 1807, et il n'est pas nécessaire, comme nous le verrons plus loin, d'en faire l'objet d'une nouvelle disposition législative. Quant à l'attribution de la propriété des terrains conquis, c'est-à-dire des alluvions artificielles, elle ne pouvait être enlevée aux riverains; l'application du droit de plus-value, réglé par les art. 30, 31 et 32 de la loi, suffit d'ailleurs pour assurer aux auteurs de l'endiguement une sorte de compensation des dépenses faites dans l'intérêt de tous, mais dont quelques-uns tireraient un plus grand avantage. Nous ne reviendrons pas sur les questions que soulève la propriété des alluvions artificielles; elles ont été examinées au mot **Cours d'eau navigables**; nous renvoyons à ce mot.

huit paragraphes pouvaient déjà, sous l'empire de la législation antérieure à la loi de 1865, être l'objet d'associations syndicales. Cependant, ainsi que nous l'avons signalé plus haut, la nouvelle loi a consacré les additions suivantes:

19. Le second paragraphe comprend, indépendamment du simple curage, *l'approfondissement*, le *redressement* et la *régularisation* des canaux et cours d'eau non navigables ni flottables des canaux de dessèchement et d'irrigation. Toutefois les travaux de cette nature ne doivent être entrepris qu'avec une extrême réserve, et lorsqu'ils sont nécessaires pour former le complément d'un curage efficace. Dans ce cas, ils doivent être autorisés par un décret rendu en Conseil d'État après l'accomplissement des formalités d'enquête.

20. Le quatrième paragraphe s'applique à une nature d'ouvrages qui présentent un caractère tout spécial; ce sont les canaux nommés *éliers*, destinés à introduire les eaux de la mer dans les marais salants, notamment sur le littoral de l'Ouest, et, en outre, les fossés intérieurs et les bassins où ces eaux subissent une première évaporation. Ces ouvrages, nécessaires pour la fabrication du sel, constituent des propriétés communes à tous les intéressés et dont la conservation doit peser sur chacun d'eux dans la proportion de son intérêt. La réunion des propriétaires en associations syndicales est donc une mesure parfaitement justifiée et d'une incontestable utilité.

21. L'assainissement des terres humides et insalubres, qui fait l'objet du cinquième paragraphe, ne doit pas être confondu avec le dessèchement des marais, qui est énoncé au troisième paragraphe. Il ne s'agit pas ici de marais proprement dits qui ont, en général, un aspect et un caractère parfaitement définis; il s'agit de ces terrains qui sont quelquefois désignés sous le nom de terres mouillées, et qui ne doivent leur état d'humidité et, par suite, d'insalubrité qu'à des obstacles accidentels qui arrêtent l'écoulement naturel des eaux. Il suffit, le plus souvent, soit de rétablir un cours d'eau qui a disparu par suite du défaut de curage, soit d'ouvrir quelques rigoles secondaires, soit d'augmenter le débouché d'un pont pour rendre la fertilité et la salubrité à des terrains longtemps improductifs et insalubres.

22. Le sixième paragraphe comprend, outre l'irrigation, le colmatage des terres. Cette dernière opération consiste à exhausser un bas-fonds habituellement immergé, ou à couvrir des terrains infertiles, tels que des sables ou des graviers, au moyen d'alluvions entraînées par les eaux courantes. Cette opération, très-pratiquée surtout en Toscane, avait été appliquée avec succès, antérieurement à la loi de 1865, sur divers points de la France, notamment sur les bords de la Moselle et de quelques cours d'eau du Midi; elle méritait donc d'être encouragée, et, depuis la loi de 1865, elle peut devenir l'objet d'une association syndicale.

23. Enfin, le dernier paragraphe énonce les chemins d'exploitation et toute autre amélioration agricole ayant un caractère d'intérêt collectif. Le terme « chemins d'exploitation » s'applique exclusivement à des chemins qui ne doivent servir qu'à l'exploitation de propriétés privées. Pour ceux qui ont un caractère public et dont l'administration et la police sont placées dans les attributions de l'autorité municipale, on ne saurait admettre qu'une association syndicale pût se substituer à cette autorité. La loi a eu seulement pour but de faciliter, par la formation d'associations syndicales, l'ouverture des voies d'accès utiles à un certain nombre de propriétaires. En ajoutant d'ailleurs à cette énonciation « toute autre amélioration agricole d'intérêt collectif », le législateur a voulu laisser la voie ouverte à l'exécution de tous les travaux utiles à l'agriculture, tels que fixation de dunes, construction de ponts, ensemencement de landes, travaux qui, par leur nature, peuvent exiger le concours d'un certain nombre de propriétaires. Par ces dispositions nouvelles, la loi donne une utile extension à l'action des associations syndicales.

24. Jusqu'à la promulgation de la loi de 1865, aucune loi ni règlement n'avait prévu la formation d'une association syndicale *libre*, réunie par la seule volonté des intéressés et n'empruntant aucun droit à l'autorité publique. Une association ainsi formée (*voy. suprà, n° 13*) ne constituait par le fait qu'une simple société civile, dont tous les membres devaient être assignés individuellement sur les demandes intéressant l'association, et non collectivement en la personne de leurs syndics.

25. L'art. 2 de la loi a fait disparaître cette entrave; d'après cet article, les associations syndicales sont *libres* ou *autorisées*.

26. L'art. 3 décide que les unes comme les autres peuvent ester en justice par leurs syndics, acquérir, vendre, échanger, transiger, emprunter et hypothéquer.

27. D'après l'art. 4, « l'adhésion à une association syndicale est valablement donnée par les tuteurs, par les envoyés en possession provisoire et par tout représentant légal pour les biens des mineurs, des interdits, des absents et d'autres incapables, après autorisation du tribunal de la situation des biens, donnée sur simple requête en la chambre du conseil, le ministère public entendu. Cette disposition est applicable aux immeubles dotaux et aux majorats. »

L'art. 4 a donc fait disparaître la difficulté que rencontrait la constitution *volontaire* des associations, en donnant aux représentants des incapables le pouvoir d'adhérer en leur nom à une association syndicale. Cette disposition est empruntée à l'art. 13 de la loi du 3 mai 1841 sur l'expropriation pour cause d'utilité publique. Toutefois la nouvelle rédaction attribue d'une manière expresse, au tribunal de la *situation des biens,* compétence pour accorder aux représentants des incapables l'autorisation de donner leur adhésion. Il a paru que ce tribunal était mieux à même que le tribunal du domicile des parties d'apprécier l'utilité de l'opération projetée, et qu'ainsi la décision serait à la fois plus prompte et plus éclairée.

Sect. 2. — Des associations syndicales libres.

28. Ces associations se forment sans l'intervention de l'administration, par le consentement unanime des associés. Ce consentement doit être constaté par écrit, c'est-à-dire par acte notarié

ou par un simple acte sous seing privé spécifiant le but de l'association (*art. 5 de la loi*).

Cet acte règle en outre le mode d'administration de la société et fixe les limites du mandat confié aux administrateurs ou syndics; il détermine les voies et moyens nécessaires pour subvenir à la dépense, ainsi que le mode de recouvrement des cotisations.

29. Un extrait de l'acte d'association devra, dans le délai d'un mois à partir de sa date, être publié dans un journal d'annonces légales de l'arrondissement, ou, s'il n'en existe aucun, dans l'un des journaux du département. Il sera en outre transmis au préfet et inséré dans le recueil des actes de la préfecture (*art. 6*).

30. La publication dont il vient d'être parlé est prescrite dans l'intérêt des tiers, et c'est d'ailleurs à l'observation de cette formalité qu'est attaché l'exercice des droits conférés par l'art. 3 de la loi (*voy. suprà, n° 26*). C'est ce qui résulte de l'art. 7, qui n'attache de sanction qu'au défaut de publication dans un journal d'annonces légales, et n'en attache aucune au défaut d'insertion dans le recueil des actes de la préfecture.

Cette insertion, faite dans un recueil administratif et qui a surtout pour but de conserver, dans les archives de chaque mairie, l'extrait de l'acte d'association, est absolument gratuite.

31. Quant à la forme de l'extrait, il suffit, pour remplir le but de la loi, d'y comprendre les clauses principales de l'acte, telles qu'elles sont énoncées dans le dernier paragraphe de l'art. 5.

Cet extrait sera fait suivant les prescriptions de l'art. 44 du Code de commerce : ainsi, il sera signé, pour les actes publics, par les notaires rédacteurs, et, pour les actes sous seing privé, par tous les associés.

32. « Les associations syndicales libres peuvent, dit l'art. 8, être converties en associations autorisées par arrêté préfectoral, en vertu d'une délibération prise par l'assemblée générale, conformément à l'art. 12 ci-après, sauf les dispositions contraires qui pourraient résulter de l'acte d'association.

« Elles jouissent, dès lors, des avantages accordés à ces associations par les art. 15, 16, 17 18 et 19. »

33. Les dispositions de l'art. 8 sont très-importantes : il est à remarquer, en effet, que les associations syndicales libres, se formant sans l'intervention de l'administration et par le seul consentement des intéressés constaté par écrit, n'ont aucun caractère officiel et qu'elles ne peuvent prétendre à aucun des avantages spéciaux réservés aux associations autorisées. Elles esteront bien en justice par leurs syndics; elles pourront acquérir, vendre, échanger, transiger, emprunter et hypothéquer, suivant le droit commun, comme de simples particuliers; mais elles n'exerceront aucun des droits appartenant à l'autorité publique. C'est ce que la circulaire ministérielle du 12 août 1865 fait ressortir en ces termes:

« Les associations syndicales libres, formées par application des art. 5, 6 et 7, jouissent du bénéfice des art. 3 et 4, qui leur confèrent sans doute des droits importants, mais elles n'en conservent pas moins leur caractère de société privée. Ainsi, soit pour le recouvrement des cotisations, soit pour le jugement des contestations relatives à la répartition et à la perception des taxes, soit pour l'acquisition de terrains ou l'établissement de servitudes, elles restent placées sous le régime du droit commun, et ne disposent d'aucun des moyens d'action que peut conférer l'intervention de l'autorité publique. »

34. La conversion des associations syndicales libres en associations autorisées, dans les conditions prévues par l'art. 12 ci-après, offre donc des avantages réels et importants. Nous allons les faire connaître en étudiant la constitution, le fonctionnement et les attributions des associations syndicales autorisées.

Sect. 3. — Des associations syndicales autorisées.

35. D'après l'art. 9 de la loi, « les propriétaires intéressés à l'exécution des travaux spécifiés dans les nᵒˢ 1, 2, 3, 4, 5 de l'art. 1ᵉʳ peuvent être réunis, par arrêté préfectoral, en association syndicale autorisée, soit sur la demande d'un ou de plusieurs d'entre eux, soit sur l'initiative du préfet. »

36. Cet article, combiné avec l'art. 12 ci-après, détermine donc ceux des travaux énoncés en l'art. 1ᵉʳ qui peuvent, sur la demande d'une majorité fixée par ledit art. 12, devenir l'objet d'une association autorisée: il décide, par voie de conséquence, que les autres travaux ne peuvent être entrepris qu'avec le consentement unanime des intéressés.

37. En ce qui touche les endiguements et les curages compris sous les nᵒˢ 1 et 2 de l'art. 1ᵉʳ, la loi du 16 septembre 1807 et celle du 14 floréal an XI consacraient à l'avance le droit des majorités, puisque ces lois donnent à l'autorité un droit absolu de coercition. Mais pour les dessèchements comme pour les ouvrages destinés à l'exploitation des marais salants, ainsi que pour l'assainissement de terres humides et insalubres, la loi pose une règle nouvelle; car les travaux de ce genre ne pouvaient jusqu'ici être entrepris que par l'unanimité des intéressés. Les motifs de cette disposition sont tirés de la nature même de ces ouvrages. Il est évident, en effet, que le dessèchement des marais, l'assainissement des terres humides et insalubres, le bon entretien des marais salants, présentent un caractère incontestable d'intérêt public, et l'on ne saurait admettre que des entreprises aussi utiles fussent entravées par la résistance ou par l'inertie d'un petit nombre d'intéressés. Aussi est-ce avec raison que la loi a donné à la majorité le droit de vaincre ces obstacles.

38. Quant aux travaux énoncés aux §§ 6, 7 et 8 de l'art. 1ᵉʳ, c'est-à-dire l'irrigation, le colmatage, le drainage, les chemins d'exploitation et autres améliorations agricoles, ils ne présentent pas, comme ceux qui figurent aux paragraphes précédents, ce caractère de solidarité absolue qui ne permet pas de détacher de l'opération une portion quelconque des terrains compris dans un périmètre déterminé. Ces travaux peuvent, au contraire, en vertu de la législation spéciale sur l'écoulement des eaux d'irrigation et de drainage, être entrepris sur un certain nombre de parcelles

non contiguës. Dès lors, rien ne s'oppose à ce que les propriétaires consentants se réunissent spontanément en association libre, sauf à réclamer ultérieurement, s'ils le jugent convenable, leur conversion en association autorisée.

39. Les art. 10 et 11 règlent les formalités préliminaires à remplir pour arriver à la constitution d'une association autorisée.

D'après l'art. 10, « le préfet soumet à une enquête administrative, dont les formes seront déterminées par un règlement d'administration publique, les plans, avant-projets et devis des travaux, ainsi que le projet d'association.

« Le plan indique le périmètre des terrains intéressés et est accompagné de l'état des propriétaires de chaque parcelle.

« Le projet d'association spécifie le but de l'entreprise et détermine les voies et moyens nécessaires pour subvenir à la dépense. »

40. Le règlement d'administration publique prévu par l'art. 10 est intervenu le 17 novembre 1865; il a été notifié aux préfets par une circulaire ministérielle du 29 du même mois. (*Voy. suprà, nᵒ* 16.)

Voici le texte du décret:

« Art. 1ᵉʳ. Lorsqu'il y a lieu d'ouvrir une enquête sur une entreprise d'amélioration agricole et sur un projet d'association, par application de l'art. 10 de la loi du 21 juin 1865 sur les associations syndicales, le préfet prend un arrêté pour prescrire cette enquête.

« Art. 2. Le projet d'association détermine :

« 1ᵒ Le minimum d'étendue de terrain ou d'intérêt qui donne droit à chaque propriétaire de faire partie de l'assemblée générale des intéressés;

« 2ᵒ Le maximum de voix à attribuer à un même propriétaire ou à chaque usinier, et le maximum de voix attribué aux usiniers réunis;

« 3ᵒ Les bases de la répartition des dépenses de l'entreprise;

« 4ᵒ Le nombre des syndics à nommer, leur répartition, s'il y a lieu, entre diverses catégories d'intéressés et la durée de leurs fonctions.

« Art. 3. Le projet d'association, les plans et devis des travaux étudiés d'office par les ordres du préfet, ou sur l'initiative des intéressés, sont déposés à la mairie de la commune sur le territoire de laquelle les travaux doivent être exécutés. Si les travaux s'étendent sur plusieurs communes, le préfet désigne celle de ces communes où les pièces doivent être déposées.

« Art. 4. Aussitôt après la réception de l'arrêté préfectoral qui ordonne l'ouverture de l'enquête, avis du dépôt des pièces est donné à son de trompe ou de caisse, et une affiche contenant les énonciations prescrites par la loi est apposée à la porte de la mairie et dans un lieu apparent, près ou sur les portes de l'église.

« Art. 5. Indépendamment de ces publications, notification du dépôt des pièces est faite par voie administrative à chacun des propriétaires dont les terrains sont compris dans le périmètre intéressé aux travaux; il est gardé original de cette notification; en cas d'absence, la notification est faite aux représentants des propriétaires ou à leurs fermiers et métayers, et, à défaut de représentants ou fermiers, elle est laissée à la mairie.

« L'acte de notification invite les propriétaires à déclarer, dans les délais et dans les formes ci-après déterminés, s'ils consentent à concourir à l'entreprise.

« Ces notifications doivent être faites au plus tard dans les cinq jours qui suivent l'ouverture des enquêtes.

« Art. 6. Pendant vingt jours à partir de l'ouverture de l'enquête, il est déposé dans chacune des mairies intéressées un registre destiné à recevoir les observations soit des propriétaires compris dans le périmètre, soit de tous autres intéressés.

« Art. 7. Le préfet désigne, dans l'arrêté qui ordonne l'enquête, un commissaire choisi parmi les notables propriétaires, agriculteurs ou industriels, parmi les membres du conseil général ou parmi les juges de paix des cantons traversés par les travaux. Ledit commissaire ne doit avoir aucun intérêt personnel à l'opération projetée.

« Art. 8. A l'expiration de l'enquête, dont les formalités sont certifiées par les maires de chaque commune, le commissaire recevra pendant trois jours consécutifs, à la mairie de la commune désignée par le préfet et aux heures indiquées par lui, les déclarations des intéressés sur l'utilité des travaux projetés.

« Après avoir clos et signé le registre de ces déclarations, le commissaire les transmettra immédiatement au préfet, avec son avis motivé et avec les autres pièces de l'instruction qui auront servi de base à l'enquête. »

41. Quelques observations suffiront pour expliquer ou compléter le sens et la portée des dispositions du décret du 17 novembre 1865.

42. L'enquête réglée par ce décret ressemble beaucoup à celle que l'ordonnance du 28 août 1835 a prescrite pour les travaux d'utilité communale. Elle est complétée cependant par une formalité nouvelle qui mérite d'appeler l'attention, et au sujet de laquelle la circulaire ministérielle du 29 novembre 1865 porte ce qui suit : « Cependant, en raison de l'intérêt direct des propriétaires qui sont appelés à faire partie des syndicats projetés, et des conditions de majorité qui, d'après la loi, doivent être réunies pour constituer ces associations, il convenait de compléter par une disposition spéciale le mode de publication. L'avis du dépôt des pièces à la mairie, donné à son de trompe ou de caisse, n'eût pas été suffisant. Il était essentiel d'*adresser cet avis à chaque intéressé* et de le mettre en demeure de faire connaître s'il donne son adhésion à l'entreprise. »

Telle est, en effet, l'objet de l'art. 5 du décret dont il s'agit.

43. L'irrégularité de l'enquête, soit pour cause d'inobservation de cet art. 5, soit pour toute autre cause essentielle, motiverait le recours indiqué dans l'art. 13 de la loi (*Voy. infrà, n° 49.*)

44. Quant à la rédaction des avant-projets qui doivent être soumis à l'enquête, il y est procédé, soit par les soins d'un ou de plusieurs des inté-

ressés, que le préfet autorise par un arrêté à poursuivre leurs études sur les terrains appartenant aux tiers, soit par l'initiative même du préfet.

Toute latitude est laissée à ce dernier, ainsi qu'aux intéressés, pour le choix des agents auxquels ce travail est confié. Le plus souvent, les études sont confiées aux ingénieurs des ponts et chaussées, surtout quand l'administration agit d'office. Dans ce dernier cas, il y a lieu d'appliquer les dispositions du décret du 10 mai 1854.

45. « Après l'enquête, les propriétaires qui sont présumés devoir profiter des travaux sont convoqués en assemblée générale par le préfet, qui en nomme le président, sans être tenu de le choisir parmi les membres de l'assemblée.

« Un procès-verbal constate la présence des intéressés et le résultat de la délibération. Il est signé par les membres présents et mentionne l'adhésion de ceux qui ne savent pas signer.

« L'acte contenant le consentement par écrit de ceux qui l'ont envoyé en cette forme est mentionné dans ce procès-verbal et y reste annexé.

« Le procès-verbal est transmis au préfet. »

Telles sont les dispositions textuelles de l'art. 11.

46. La disposition du § 1er de cet article, qui donne au préfet le droit de nommer le président de l'assemblée même en dehors de cette assemblée, lui permet, lorsque des intérêts contraires se trouvent en présence, de désigner comme président une personne désintéressée dans la question, qui, en éclairant les esprits sur l'utilité de l'entreprise projetée, et en dirigeant les délibérations avec une entière impartialité, pourra exercer une heureuse influence sur le résultat de cette réunion préparatoire.

Le préfet peut lui-même présider l'assemblée.

47. L'art. 12 contient l'une des dispositions les plus importantes de la loi. Il décide que si la majorité des intéressés, représentant au moins les deux tiers de la superficie des terrains, ou les deux tiers des intéressés, représentant plus de la moitié de la superficie, ont donné leur adhésion, le préfet peut autoriser l'association syndicale.

Un extrait de l'acte d'association et l'arrêté du préfet en cas d'autorisation, et, en cas de refus, l'arrêté du préfet, sont affichés dans les communes de la situation des lieux et insérés dans le recueil des actes de la préfecture.

48. La loi, en consacrant le principe des majorités, a combiné avec le nombre des propriétaires l'importance des intérêts qu'ils représentent, de manière à donner une garantie sérieuse des avantages probables de l'entreprise.

49. En outre, par l'art. 13, elle ouvre un recours contre l'arrêté constitutif de l'association, non-seulement aux propriétaires dissidents, mais encore à tous les propriétaires intéressés et même aux tiers qui, ne se trouvant pas dans l'association, se croiraient lésés par l'opération projetée.

Ce recours est formé devant le ministre des travaux publics dans le délai d'un mois à partir de l'affiche. Il est déposé à la préfecture et transmis, avec le dossier, au ministre, dans le délai de quinze jours. Il est statué par un décret rendu en Conseil d'État.

50. Par l'art. 14, la loi donne aux propriétaires qui n'auront pas adhéré au projet d'association, mais seulement en ce qui concerne les travaux spécifiés aux nᵒˢ 3, 4 et 5 de l'art. 1ᵉʳ, la faculté de déclarer, dans le délai d'un mois, à partir de l'affiche prescrite par l'art. 12, qu'ils entendent délaisser, moyennant indemnité, les terrains leur appartenant et compris dans le périmètre. Cette faculté ne pouvait évidemment s'appliquer aux travaux d'endiguement et de curage auxquels les lois de 1807 et de l'an XI ont attribué un caractère obligatoire.

L'indemnité à la charge de l'association est fixée conformément à l'art. 16 de la loi du 21 mai 1836.

51. Dans le cas où il se produirait à la fois un recours contre l'arrêté constitutif de l'association et une déclaration de délaissement, il est évident que cette dernière demande ne pourra recevoir de suite que lorsque l'association aura été définitivement constituée par décret délibéré en Conseil d'État, et que, dans le cas de rejet, elle devra être considérée comme non avenue.

52. La faculté de délaissement se justifie par de puissantes considérations d'équité, car un propriétaire peut très-légitimement refuser de s'associer à une entreprise dont les avantages lui paraissent incertains ou insuffisants. Mais, par cela même, il est juste que l'indemnité qui lui est due soit réglée et payée avant l'exécution des travaux projetés et, par conséquent, avant que les terrains délaissés aient acquis, par le fait de ces travaux, une plus-value à laquelle le propriétaire ne saurait avoir droit.

53. Les terrains ainsi délaissés et payés sur les fonds de l'association deviennent nécessairement une propriété indivise entre tous les intéressés et doivent être administrés par les soins et pour le compte de l'association. Mais il est désirable que cette situation provisoire se prolonge le moins de temps possible et que la propriété délaissée soit revendue au profit de la Société, à charge par l'acquéreur d'adhérer à l'acte d'association.

54. Le délai d'un mois accordé aux intéressés, soit pour former un recours (art. 13), soit pour déclarer leur intention d'user de la faculté de délaissement (art. 14), court à partir de la date de l'affiche posée dans les communes de la situation des lieux, conformément à l'art. 12 de la loi. Il convient donc que l'affiche soit, autant que possible, apposée le même jour dans toutes les communes, et qu'en tous cas l'accomplissement de cette formalité soit certifiée par le maire de chaque commune.

55. L'art. 15 dispose que les taxes ou cotisations sont recouvrées sur des rôles dressés par les syndics, approuvés, s'il y a lieu, et rendus exécutoires par le préfet, et que le recouvrement est fait comme en matière de contributions directes. Cet article rentre dans les termes de la loi du 15 floréal an XI, qui se trouve ainsi généralisée pour toutes les opérations énoncées à l'art. 1ᵉʳ de la loi.

56. D'après l'art. 16, « les contestations relatives à la fixation du périmètre des terrains compris dans l'association, à la division des terrains

en différentes classes, au classement des propriétés en raison de leur intérêt aux travaux, à la répartition et à la perception des taxes, à l'exécution des travaux, sont jugées par le *conseil de préfecture,* sauf recours au Conseil d'État.

« Il est procédé à l'apurement des comptes de l'association selon les règles établies pour les comptes des receveurs municipaux. »

57. Cet article contient une modification importante et réclamée depuis longtemps aux dispositions de la loi du 16 septembre 1807 : en vertu de cette loi, toutes les contestations relatives à la fixation du périmètre des terrains intéressés à une opération de desséchement ou d'endiguement, au classement des propriétés en raison de leur intérêt aux travaux, à la répartition des taxes, sont jugées par une *commission spéciale* établie, pour chaque entreprise, par un décret du pouvoir central ; la loi du 14 floréal an XI, au contraire, décide que les contestations de même nature, relatives au curage des cours d'eau non navigables ni flottables, sont déférées au *conseil de préfecture.*

L'attribution au conseil de préfecture de toutes les questions de ce genre, à quelque nature de travaux qu'elles s'appliquent, a fait cesser une anomalie qui n'était motivée par aucune raison sérieuse, et a été en définitive un retour au droit commun.

58. Aux termes de l'art. 17, nul propriétaire compris dans l'association ne pourra, après le délai de quatre mois, à partir de la notification du premier rôle des taxes, contester sa qualité d'associé ou la validité de l'association.

Cet article a eu pour but de lever les difficultés que pouvaient éprouver les associations syndicales à obtenir des prêts des grands établissements de crédit, si ces établissements devaient vérifier la validité de l'acte d'association, relativement à chacune des personnes qui y concouraient ou qui y seraient représentées. A l'expiration du délai fixé par ledit art. 17, l'association peut offrir à ses prêteurs une complète garantie de solvabilité.

59. L'art. 18 détermine les règles à suivre pour l'expropriation des terrains nécessaires à l'exécution de travaux entrepris par une association syndicale autorisée. Cette expropriation ne peut avoir lieu, à moins du consentement formel des propriétaires à exproprier, qu'après déclaration d'utilité publique par décret rendu en Conseil d'État. En conséquence, lorsqu'il y aura lieu de déclarer l'utilité publique, le préfet devra adresser au ministre des travaux publics, avec le projet des travaux à exécuter, les pièces de l'enquête à laquelle ce projet aura été soumis, en vertu de l'art. 10 de la loi, afin que le tout puisse être soumis à l'examen du Conseil d'État.

Quant à la fixation de l'indemnité, elle sera faite conformément à l'art. 16 de la loi du 21 mai 1836, sur les chemins vicinaux, ledit article ainsi conçu :

« Lorsque, pour l'exécution du présent article, il y aura lieu de recourir à l'expropriation, le jury spécial chargé de régler les indemnités ne sera composé que de quatre jurés. Le tribunal d'arrondissement désignera pour présider et diriger le jury un de ses membres ou le juge de paix du canton. Ce magistrat aura voix délibérative en cas de partage. Le tribunal choisira sur la liste générale (dressée aujourd'hui par le conseil général du département, conformément à la loi du 3 mai 1841) quatre personnes pour former le jury spécial et trois jurés supplémentaires. L'administration et les intéressés auront respectivement le droit d'exercer une récusation péremptoire. Le juge recevra les acquiescements des parties. Son procès-verbal entraînera translation définitive de propriété. »

Ces formes, tout en offrant aux intéressés des garanties complètes, sont plus simples et plus expéditives que celles de la loi du 3 mai 1841.

60. L'art. 19 règle d'une manière générale une question de compétence qui a reçu des solutions différentes, d'une part, dans les lois des 29 avril 1845 et 11 juillet 1847 sur les irrigations, de l'autre, dans les lois du 10 juin 1854 sur le drainage, du 19 juin 1857 sur les landes de Gascogne, et enfin du 28 juillet 1860 sur la mise en valeur des marais communaux. Désormais, pour tous les travaux énoncés à l'art. 1er, les contestations relatives à l'établissement de servitudes prévues par les lois, au profit d'associations syndicales, seront jugées suivant les dispositions de l'art. 5 de la loi du 10 juin 1854, lequel est ainsi libellé :

« Les contestations auxquelles peuvent donner lieu l'établissement et l'exercice de la servitude, la fixation du parcours des eaux, l'exécution des travaux de drainage ou d'assèchement, les indemnités et les frais d'entretien, sont portées en premier ressort devant le juge de paix du canton qui, en prononçant, doit concilier les intérêts de l'opération avec le respect dû à la propriété.

« S'il y a lieu à expertise, il pourra n'être nommé qu'un seul expert. »

Sect. 4. — De la représentation de la propriété dans les assemblées générales des syndics.

61. Le titre IV de la loi (section 4 du présent article) qui règle la représentation de la propriété dans les assemblées générales ainsi que la formation des syndicats, a admis en principe, d'une part, que l'intérêt dans l'association dérivant de la propriété, la représentation de la propriété dans les assemblées devait être, dans une juste mesure, proportionnelle à cet intérêt; d'autre part, que le choix des syndics ou administrateurs de l'association devait appartenir aux intéressés.

62. L'art. 20, qui règle l'application du premier de ces principes, est ainsi conçu :

« L'acte constitutif de chaque association fixe le minimum d'intérêt qui donne droit à chaque propriétaire de faire partie de l'assemblée générale.

« Les propriétaires de parcelles inférieures au minimum fixé peuvent se réunir pour se faire représenter à l'assemblée générale par un ou plusieurs d'entre eux, en nombre égal au nombre de fois que le minimum d'intérêt se trouve compris dans leurs parcelles réunies.

« L'acte d'association détermine le maximum de voix attribué à un même propriétaire, ainsi que le nombre de voix attaché à chaque usine d'après son importance et le maximum de voix attribué aux usiniers réunis. »

63. Cet article assure donc, autant que possible, la représentation de tous les intérêts, sans méconnaître leur importance relative et la proportionnalité qui doit en résulter ; les droits des usiniers qui peuvent être opposés en certains cas aux droits des propriétaires purement fonciers, y sont spécialement reconnus.

64. Le nombre des syndics, leur répartition, s'il y a lieu, entre diverses catégories d'intéressés et la durée de leurs fonctions seront déterminés par l'acte constitutif de l'association (art. 21).

65. Les syndics sont élus par l'assemblée générale, parmi les intéressés.

Lorsque les syndics doivent être pris dans diverses catégories, la liste d'éligibilité est divisée en sections correspondantes à ces diverses catégories. Les syndics sont nommés par le préfet dans le cas où l'assemblée générale, après deux convocations, ne se serait pas réunie ou n'aurait pas procédé à l'élection des syndics (art. 22).

Dans le cas où, sur la demande du syndicat, il est accordé une subvention par l'État, par le département ou par une commune, cette subvention donne droit à la nomination, par le préfet, d'un nombre de syndic proportionnel à la part que la subvention représente dans l'ensemble de l'entreprise (art. 23).

66. Les syndics élisent l'un d'eux pour remplir les fonctions de directeur, et, s'il y a lieu, un adjoint qui remplace le directeur en cas d'absence ou d'empêchement. Le directeur et l'adjoint sont toujours rééligibles.

67. Lorsque, sur la demande du syndicat, il a été accordé une subvention par l'État, par le département ou par une commune (art. 23), les syndics correspondants peuvent ne pas être pris parmi les intéressés : il est désirable, sans doute, que les intéressés soient préférés, mais il peut y avoir des cas où les intérêts en jeu seraient mieux représentés par d'autres personnes; toutefois ni la loi ni les instructions ministérielles ne limitent le choix du préfet au cercle des intéressés.

68. Le nombre des syndics varie ordinairement de sept à neuf. Quelle sera, dans un syndicat ainsi composé, la part proportionnelle de nominations qui appartiendra au préfet, dans le cas de l'art. 23. La circulaire ministérielle du 12 août 1865 indique nettement la pensée de l'administration : « Cette disposition (celle de l'art. 23) se justifie d'elle-même ; néanmoins, je vous recommande de l'appliquer avec ménagement et de réserver la plus large part au choix des intéressés. Ainsi, dans le cas où le nombre des syndics serait de neuf, et où les subventions cumulées de l'État, du département et des communes s'élèveraient au quart de la dépense, vous auriez à nommer deux syndics seulement et quatre pour une subvention de moitié. Ces syndics devront d'ailleurs être choisis parmi les personnes qui, à raison de leur connaissance des lieux et de leur aptitude spéciale, seront le mieux à même de représenter les intérêts de la commune, du département et de l'État. »

Sect. 5. — Dispositions générales.

69. Le titre V et dernier de la loi ne renferme que les deux art. 25 et 26 :

« Art. 25. À défaut, par une association,

d'entreprendre les travaux en vue desquels elle aura été autorisée, le préfet rapportera, s'il y a lieu et après mise en demeure, l'arrêté d'autorisation.

« Il sera statué, par un décret rendu en Conseil d'État, si l'autorisation a été accordée en cette forme.

« Dans le cas où l'interruption ou le défaut d'entretien des travaux entrepris par une association pourrait avoir des conséquences nuisibles à l'intérêt public, le préfet, après mise en demeure, pourra faire procéder d'office à l'exécution des travaux nécessaires pour obvier à ces conséquences. »

70. La disposition des deux premiers alinéas de l'art. 25 ne s'applique évidemment qu'aux associations autorisées ; celle du dernier alinéa, au contraire, s'applique aux associations libres comme aux associations autorisées. Il a paru en effet que, dans toute circonstance, et quelle que fût l'organisation de la société, le préfet avait le droit et le devoir d'intervenir, par mesure de police, pour faire cesser un état de choses nuisible à l'intérêt public. Cet intérêt, qui est le principe de son intervention, doit aussi en être la limite.

71. « Art. 26. La loi du 16 septembre 1807 et celle du 14 floréal an XI continueront à recevoir leur exécution à défaut de formation d'associations libres ou autorisées, lorsqu'il s'agira de travaux spécifiés aux nos 1, 2 et 3 de l'art. 1er de la présente loi.

« Toutefois, il sera statué à l'avenir, par le conseil de préfecture, sur les contestations qui, d'après la loi du 16 septembre 1807, devaient être jugées par une commission spéciale.

« En ce qui concerne la perception des taxes, l'expropriation et l'établissement de servitudes, il sera procédé conformément aux art. 15, 16, 18 et 19 de la présente loi. »

72. Ainsi donc l'art. 26 maintient formellement, à défaut de formation d'associations libres ou autorisées, l'application des lois du 16 septembre 1807 et du 14 floréal an XI, en ce qui concerne :

1º Les travaux de défense contre la mer, les fleuves, les torrents et les rivières navigables ou non navigables ;

2º Le curage, approfondissement, redressement et régularisation des canaux et cours d'eau non navigables ni flottables et des canaux de desséchement et d'irrigation :

3º Le desséchement des marais.

73. La circulaire ministérielle du 12 août 1865, expliquant les termes de l'art. 26, porte :

« La loi nouvelle a eu pour but et aura, on peut l'espérer, pour effet d'encourager l'initiative individuelle des propriétaires, de provoquer l'esprit d'association et de faciliter ainsi l'exécution des travaux d'amélioration agricole ; mais elle n'a pas entendu enlever au Gouvernement les pouvoirs dont il est investi par la législation actuelle, à l'effet d'assurer, après que l'utilié en a été régulièrement constatée, l'exécution par les propriétaires intéressés, de travaux qui, à raison de leur nature spéciale, touchent directement à la sécurité ou à la salubrité publique. Tels sont ceux que je viens d'énumérer plus haut, et qui, par ce motif, sont soumis à des règles particulières.

« Le Gouvernement peut donc prescrire d'office l'exécution de travaux d'endiguement ou de curage, et prononcer la concession d'un desséchement de marais, en se conformant aux dispositions des lois de 1807 et de l'an XI ; mais l'exercice de ce droit exige toujours, sauf pour les curages opérés conformé-

ment aux anciens règlements ou aux usages locaux, l'intervention d'un décret délibéré en Conseil d'État, et ce n'est qu'en présence d'un intérêt public incontestable que l'administration se déterminera à imposer à des propriétaires l'exécution de travaux dont ils auraient refusé de reconnaître l'utilié. »

74. Des explications qui précèdent, on pourrait être amené à conclure que, malgré les déclarations échangées lors de la loi de 1865 tant au Conseil d'État qu'au Corps législatif, il pourra encore y avoir des syndicats *forcés*. Nous ne le pensons pas ; non, sous le régime de la loi de 1865 les associations syndicales seront *libres* ou *autorisées*, mais il y aura en outre des *syndicats* ou plutôt des *syndics nommés par l'autorité* pour représenter l'intérêt collectif, *sans association*, soit relativement aux règlements de police concernant l'usage des eaux pour l'industrie ou pour l'agriculture, soit en matière d'endiguement, de desséchement de marais et de curage, lorsque la tentative d'une association syndicale aura échoué.   **M.**

BIBLIOGRAPHIE.

Des associations syndicales, leur régime avant et depuis la loi du 21 juin 1865, par A. Godoffre. Paris, Cosse, Marchal et Cie. 1867.

SYNDICS DES GENS DE MER. 1. Agents employés dans les quartiers, et particulièrement dans les localités éloignées des centres de population, à l'exécution du recrutement maritime, sous les ordres du commissaire ou de l'administrateur de l'inscription maritime (*L. 3 brum. an IV; Règl. gén. 7 nov.* 1866). Ils exercent aussi, à l'égard des marins inscrits et de leurs familles, le patronage attribué, dans les grands centres, aux commissaires pour les quartiers. Chaque quartier et sous-quartier d'inscription maritime est divisé en syndicats, dont le nombre varie, pour chaque quartier, selon l'étendue du littoral ou l'agglomération de la population maritime. Un syndic des gens de mer réside au chef-lieu du quartier d'inscription maritime ; les autres au chef-lieu de leur syndicat.

2. La nomination des *syndics des gens de mer* appartient au ministre de la marine (*L. 3 brum. an IV, art.* 9). Ils doivent résider dans l'étendue de leur syndicat (*O.* 1784, *tit.* 8, *art.* 1er). Ils tiennent, en ce qui concerne ce syndicat, un extrait de la matricule dressée par le commissaire pour tout le quartier, et sur cet extrait ils suivent le mouvement des gens de mer.

Quand ils ont reçu du commissaire un extrait de répartition pour la levée de ces derniers, ils forment des listes nominatives pour chacune des communes qui composent leur syndicat. Ils transmettent ensuite les ordres du départ, et, en cas de retard dans l'exécution, ils doivent requérir la force publique. (*D. 3 brum. an IV, art.* 20, 22 et 23.)

3. Ils rendent compte au commissaire ou à l'administrateur de l'inscription maritime de tous les événements de mer survenus dans leur syndicat. Ils se transportent sur le lieu des naufrages et prennent les premières mesures de sauvetage avant l'arrivée du commissaire ou de l'administrateur. (*Arr. 17 flor. an IX, règl.* 17 *juill.* 1816.)

4. Ils transmettent les demandes de pensions, secours, avec les pièces à l'appui (*L. 13 mai*

1791); ils prennent toutes les mesures administratives nécessaires pour mettre les marins ou leurs familles en possession des sommes qui leur sont dues à titre de salaires ou délégations. (*Circ.* 12 *sept.* 1837; *Instr. déc.* 1859; *Circ.* 18 *juin* 1862.)

5. Les *syndics des gens de mer sont des agents civils*; ils reçoivent de l'État un traitement annuel variant suivant l'importance du syndicat

(*Arr.* 3 *fruct. an IX*). Ils cumulent leur traitement avec la pension de retraite ou la pension dite demi-solde dont ils peuvent être titulaires (*Arr.* 21 *vent. an IV; L.* 25 *mars* 1817). Ils reçoivent aussi, en certaines circonstances, des frais de voyage et de vacation. (*Arr.* 29 *pluv. an IX.*)

SYNODE. *Voy.* **Culte catholique** et **Cultes non catholiques.**

SYSTÈME MÉTRIQUE. *Voy.* **Poids et mesures.**

T

TABAC. Nous ne considérons ici, bien entendu, le tabac que comme matière imposable, et plus spécialement comme un monopole exploité par l'État.

SOMMAIRE.

Bibliographie.
Administration comparée.

CHAP. I. — PRIVILÉGE DE L'ÉTAT.

1. En France, le Gouvernement n'autorise la culture du tabac que dans un petit nombre de départements; seul il achète la récolte; seul aussi il en opère la fabrication et le débit.

2. Ce monopole existait depuis longtemps lors de la révolution de 1789. Seulement il était exercé par des fermiers spéciaux. La culture du tabac était restreinte à trois provinces : la Franche-Comté, la Flandre et l'Alsace. La fabrication ne pouvait avoir lieu qu'à Paris, Dieppe, Morlaix, Tonneins, le Havre, Toulouse et Valenciennes.

3. Une loi des 20-27 mars 1791 fit succéder à cet état de choses une liberté entière pour la culture, la fabrication et la vente du tabac ; mais cette liberté fut bientôt restreinte par la loi du 22 brumaire an VII, qui établit une taxe spéciale sur la fabrication du tabac. Le décret du 16 juin 1808 (*art.* 1er) imposait ensuite à tout particulier qui « voudrait *cultiver* du tabac, l'obligation d'en faire la déclaration aux agents du fisc ». Enfin, le monopole de la vente et de la fabrication fut rétabli par le décret du 29 décembre 1810, complété par celui du 12 janvier 1811.

4. Les lois des 24 décembre 1814, 28 avril 1816, 28 avril 1819, 17 juin 1824, 19 avril 1829, 12 février 1835, 23 avril 1840, 3 juillet 1852, 22 juin 1862, ont consacré le régime établi par le décret de 1810. La dernière loi qui l'a maintenu est celle du 29 décembre 1872.

Il est à remarquer toutefois que le législateur n'a voulu conserver le monopole de la fabrication et de la vente du tabac, tel qu'il existe aujourd'hui, qu'à *titre temporaire*. Ainsi, d'après la loi de 1872, le régime actuel doit cesser d'avoir son effet au 1er janvier 1883 (s'il n'est renouvelé).

5. Jusqu'en 1831, tout ce qui concerne l'exploitation de ce monopole a été exclusivement confié à la *Régie des droits réunis*, appelée depuis

Administration ou *Régie des contributions indirectes*. A cette époque, et par une ordonnance du 5 janvier 1831, un directeur spécial, assisté d'un sous-directeur, fut chargé de la fabrication et des approvisionnements (*art.* 1er). La vente des tabacs dans les entrepôts et dans les bureaux de débit, la surveillance qu'elle exige et le personnel des entreposeurs et des débitants restèrent seulement dans les attributions de l'administration des contributions indirectes (*art.* 2).

Un arrêté du ministre des finances, en date du 5 avril 1848, a supprimé la direction générale des tabacs et rétabli les choses telles qu'elles étaient avant l'ordonnance de 1831. La direction générale des tabacs fut rétablie par le décret du 12 mars 1860 : un décret du 17 juin 1865 attribua à cette direction la fabrication des poudres de commerce ; les deux services réunis prirent le titre de Direction générale des manufactures de l'État, en vertu du décret du 9 novembre 1865. Enfin, par décret du 13 novembre 1873, le service des poudres a été rattaché au ministère de la guerre, et la direction générale des manufactures de l'État a été maintenue au ministère des finances.

CHAP. II. — CULTURE DU TABAC.

6. La culture du tabac n'est autorisée que dans quinze départements, savoir : Alpes-Maritimes, Bouches-du-Rhône, Dordogne, Gironde, Ille-et-Vilaine, Lot, Lot-et-Garonne, Meurthe-et-Moselle, Nord, Pas-de-Calais, Haut-Rhin, Haute-Saône, Savoie, Haute-Savoie, Var. Elle est permise, à titre d'essai, dans certaines régions des départements de l'Isère, des Landes, de la Meuse, du Puy-de-Dôme, des Hautes-Pyrénées et des Vosges. La désignation des départements autorisés à cultiver le tabac est faite par des décrets.

La culture du tabac est libre en Algérie.

7. Celui qui veut cultiver le tabac dans les départements que nous venons d'indiquer doit en faire préalablement la déclaration et obtenir une permission. Il n'était pas admis de déclaration pour moins de 20 ares en une seule pièce. (*L.* 1816, *art.* 180 *et* 202.) Aujourd'hui, en ce qui concerne la plantation pour l'approvisionnement des manufactures, il peut être fait des déclarations pour des parcelles de 5 ares au minimum pourvu que l'ensemble de la déclaration représente au moins 10 ares (*L.* 21 *décembre* 1872, *art.* 3). Les permissions sont données dans chaque arrondissement par une commission spéciale de cinq membres, composée du préfet ou d'un de ses délégués, président, du directeur des contributions indirectes, du directeur du service des tabacs ou d'un agent supérieur du service de culture, d'un membre du conseil général et d'un membre du conseil d'arrondissement, résidant dans l'arrondissement, et non planteur. Ces deux derniers membres sont désignés par leur conseil respectif, et, à défaut, par le préfet. (*L.* 12 *févr.* 1835, *art.* 2.)

8. Le ministre des finances fixe annuellement le *nombre d'hectares* à cultiver, ainsi que les *quantités* de tabac à demander aux départements où la culture est permise, de manière à assurer au plus les quatre cinquièmes des approvisionnements des manufactures de l'État aux tabacs indigènes. Il fixe aussi chaque année, et pour chaque arrondissement, les prix des diverses qualités des tabacs de la récolte suivante ; l'avis en est donné par voie d'affiches et de publications (*L.* 1835, *art.* 3 *et* 4). Il peut être accordé en sus des prix fixés, à titre d'encouragement de culture, 10 cent. par kilogramme de tabac, pour les qualités dites *surchoix*. (*L.* 1816, *art.* 192.)

9. C'est l'administration des manufactures de l'État qui fait connaître, au mois d'octobre de chaque année, dans chacun des départements où la culture est autorisée, le nombre d'hectares à cultiver pour produire le nombre de quintaux métriques de tabac qui lui sont nécessaires, et qui devront lui être fournis sur la récolte de l'année suivante. Le préfet, en conseil de préfecture, répartit ensuite ce nombre d'hectares entre les arrondissements où la culture est autorisée.

10. Les planteurs de tabac sont tenus de représenter à la régie le produit intégral de leur récolte ; mais ils ont la faculté de destiner cette récolte, soit à l'approvisionnement des manufactures de l'État, soit à l'exportation, à charge par eux d'opter pour l'une ou l'autre destination au moment où ils font leur déclaration. S'il y a déficit dans les quantités qu'ils doivent représenter conformément aux évaluations faites, ils payent la valeur de celles manquantes au taux du tabac de cantine (*L.* 1816, *art.* 182 *et* 199). Seulement, dans le cas où des accidents quelconques et l'intempérie des saisons auraient endommagé la récolte, le planteur est admis à le faire constater par les employés de la régie, en présence du maire et de concert avec lui. En cas de contestation, il est statué par experts à la nomination du préfet. Il est également admis à présenter au magasin de réception les tabacs avariés depuis la récolte. Il lui en est tenu compte sur ce qu'il devait représenter. (*Id., art.* 197 *et* 198.)

11. Quand la régie a reçu les quantités dont elle a besoin, elle veille à ce qu'il ne soit conservé aucune provision. Elle force même les planteurs à détruire et arracher, immédiatement après la récolte, les tiges et souches de leurs plantations. En cas de refus, elles sont détruites à leurs frais par les ordres du sous-préfet. (*Id., art.* 181 *et* 196.)

12. Tout ce qui concerne le mode de déclaration, permission, décharge, classification, expertise et livraison de la récolte, est déterminé par des arrêtés préfectoraux. (*Id., art.* 188.)

13. La surveillance de la culture est confiée à des employés spéciaux. S'il est constaté par ces employés qu'il y a un excédant de plus d'un cinquième, soit sur l'étendue des terres déclarées, soit sur le nombre des pieds de tabac, selon le mode fixé par le règlement de culture, il est dressé procès-verbal et le contrevenant est condamné à une amende de 25 fr. par cent pieds de tabac plantés en excédant, sans que cette amende puisse s'élever au-dessus de 1,500 fr., et sans préjudice de l'augmentation de charges qui en résulte au compte du cultivateur. (*Id., art.* 193.)

En cas de contestation sur le mesurage des terres plantées en tabac, ou sur le nombre des pieds de tabac excédant, la vérification en est ordonnée d'office par le préfet, et les frais en restent à la charge de celle des parties dont l'estimation présente la différence la plus forte avec la contenance réelle. (*Id., art.* 194.)

14. Indépendamment des tabacs nécessaires pour l'approvisionnement des manufactures de l'État, les propriétaires et fermiers, s'ils sont reconnus solvables par le préfet et le directeur des contributions indirectes ou s'ils fournissent caution, peuvent être autorisés à cultiver du tabac pour l'exportation, mais seulement dans les départements maintenus en possession de la permission de planter pour cette destination. Le préfet, en conseil de préfecture, après avoir entendu deux des principaux planteurs de chaque arrondissement, et d'après l'avis du directeur des contributions indirectes du département et du directeur du service des tabacs, détermine, dans ce cas, le mode de déclaration, vérification, contrôle et charges des cultivateurs pour l'exportation. (*Id., art.* 202 *et* 203).

15. L'exportation doit être effectuée avant le 1er août de l'année qui suit la récolte, à moins que le cultivateur n'obtienne du préfet, sur l'avis du directeur du service des tabacs du département, une prolongation de délai qui, en aucun cas, ne peut dépasser le 1er septembre, et qui n'est accordée qu'autant que le cultivateur justifie que sa récolte est intacte. Néanmoins, si ce dernier, au lieu d'exporter ses tabacs, préfère les déposer dans les magasins de la régie, ils y sont admis en entrepôt et y restent jusqu'à l'exportation. Les frais de magasinage et autres sont payés par le cultivateur d'après un tarif dressé par le préfet. (*Id. art.* 206.)

CHAP. III. — DE LA FABRICATION.

16. La fabrication du tabac s'opère dans des établissements nationaux que l'on nomme *Manufactures nationales de tabac*. Il y a en France quinze manufactures de tabac. Elles sont établies dans les villes dont les noms suivent : Paris, deux (Gros-Caillou et Reuilly), le Havre, Morlaix, Toulouse, Bordeaux, Tonneins, Marseille, Lyon, Lille, Nantes, Châteauroux, Dieppe, Nancy, Riom. Des ateliers d'essai fonctionnent en outre à Dijon.

17. Toutes les affaires intéressant les manufactures sont traitées en conseil. Ce conseil se compose du directeur, président, de l'ingénieur et du contrôleur, auxquels est adjoint un sous-ingénieur avec voix consultative.

Le conseil délibère sur les marchés à passer, la vente des objets hors de service, la destruction des matières, les excédants et déchets, la principe et le règlement des dépenses, le compte raisonné, les erreurs de tare dans les expéditions. Il fait procéder d'office aux dépenses urgentes et à l'achat des menues fournitures.

Les membres du conseil se réunissent chaque jour pour conférer sur la situation du service et régler les travaux du jour et du lendemain ; ils discutent dans ces conférences les procédés, les méthodes, les approvisionnements, la mise en œuvre pour chaque fabrication. (*Enquête de* 1872, *p.* 416).

18. Les attributions du personnel sont suffisamment indiquées par le nom de la fonction : le directeur est le chef de l'établissement, il dirige l'ensemble du service ; l'ingénieur, aidé du sous-ingénieur, est plus particulièrement chargé de la partie technique du service, de la fabrication, de la construction, du personnel ouvrier ; les soins du contrôleur s'appliquent à la fois aux ustensiles, aux fournitures et aux dépenses de toutes sortes. Il s'assure de la concordance des écritures, assiste à l'inventaire annuel, etc., mais ne prend pas part à la direction technique des travaux.

Un garde-magasin est comptable des matières prises en charge ; il surveille la conservation des matières premières et expédie les tabacs et matières qui sortent sur l'ordre du directeur.

19. Quant au service des cultures et des magasins, dans les départements où se trouvent réunis une manufacture et un service de culture et des magasins, la direction supérieure de l'ensemble du service est confiée au directeur de la manufacture, qui prend alors le titre de Directeur des tabacs. Cet employé supérieur ajoute à ses attributions relatives à la gestion des manufactures, les attributions du directeur de la culture et des magasins.

20. Le personnel spécial de ce service se compose : d'un directeur de la culture et des magasins, qui est le chef supérieur de la culture et des magasins dans le département, qui donne l'impulsion, prend les mesures, signe les décisions ; d'un inspecteur de culture qui est spécialement chargé de l'exécution des mesures arrêtées en conférence : dans certains départements l'ensemble du service est confié à un inspecteur ; d'un entreposeur qui est directement responsable des matières dont il a le dépôt, il est à ce titre justiciable de la Cour des comptes ; d'un contrôleur de magasin chargé du contrôle, de la comptabilité et de la tenue d'écritures du magasin ; d'un contrôleur des cultures dont les fonctions sont essentiellement actives ; enfin de vérificateurs et commis de culture qui visitent journellement les plantations ou les planteurs, dirigent ceux-ci, en se conformant aux instructions de leurs chefs dans les soins à donner aux cultures.

21. Nous devons maintenant mentionner les services centraux, qui font également partie du service extérieur et qu'on ne doit pas confondre avec la direction générale établie à Paris. Les services centraux se composent : 1° de l'École d'application, dans laquelle les élèves ingénieurs sortis de l'École polytechnique complètent leur instruction pratique et où ils restent deux ans ; 2° du service de l'expertise relatif à l'achat de tabacs exotiques, comprenant un directeur et cinq experts,

dont deux sont constamment en mission à la Havane, où ils font les achats directs de cigares et de feuilles ; 3° du service central des constructions, qui est chargé de rédiger les avant-projets des constructions nouvelles, des grosses réparations et des installations mécaniques dans les divers établissements.

22. Voici le taux des cautionnements auxquels les fonctionnaires des tabacs sont assujettis.

Sous-ingénieur	3,000 fr.
Ingénieur	4,000
Directeur de manufacture.	12,000
Directeur de culture.	10,000
Garde-magasin de manufacture de 1ʳᵉ cl. .	4,000
Id. de 2ᵉ cl .	3,000
Contrôleur de magasin de 1ʳᵉ classe . . .	4,000
Id. de 2ᵉ classe. . . .	3,000
Entreposeur de feuilles.	4,000

Pour les entreposeurs de tabac, le taux est variable.

23. Les réparations et les fournitures importantes des manufactures doivent être adjugées, au rabais, devant les conseils des établissements, sous la présidence du directeur, sur soumissions cachetées et en vertu d'un cahier des charges approuvé par le ministre des finances.

24. L'arrivée dans la manufacture des tabacs en feuilles et des diverses fournitures est constatée par procès-verbal signé du directeur et du garde-magasin. En cas d'avarie ou de détérioration des marchandises parvenues à la fabrique, l'état doit en être constaté conformément à l'art. 106 du Code de commerce, c'est-à-dire par experts nommés par le président du tribunal de commerce où, à son défaut, par le juge de paix, et par ordonnance au pied d'une requête.

25. À la fin de chaque année, il est fait, par les employés supérieurs, un inventaire des tabacs existants dans la manufacture pour établir le compte définitif de l'année.

26. Les tabacs fabriqués par l'administration des manufactures de l'État sont livrés à l'administration des contributions indirectes, qui est chargée de la vente.

CHAP. IV. — DE LA VENTE.

27. La vente des tabacs se fait dans des *entrepôts* et dans des *bureaux de débit*. Les entreposeurs les vendent aux débitants et ceux-ci au public. Les tabacs en carottes à pulvériser sont exclusivement vendus par les entreposeurs. (*Arr. du Prés. de la Rép.* 14 mai-14 juin 1849.)

28. Les entreposeurs sont comptables directs envers la Cour des comptes des matières déposées entre leurs mains. Ils sont sous-comptables envers les receveurs principaux des contributions indirectes des deniers par eux encaissés. Il est à remarquer, du reste, que les entrepôts sont généralement réunis aux recettes principales et particulières de cette administration. Souvent aussi les entreposeurs de tabacs sont en même temps entreposeurs de poudres à feu.

29. Les débitants de tabacs sont porteurs d'une commission donnée par la régie. Ils sont nommés par le ministre des finances pour les débits dont le produit net dépasse 1,000 fr., et par le préfet de chaque département pour ceux dont le produit est égal ou inférieur à ce chiffre. Un décret du président de la République, en date du 28 novembre 1873, porte que les débits de tabac seront réservés aux personnes justifiant de services rendus

à l'État et dont les moyens d'existence seront reconnus insuffisants ; une commission de neuf membres, renouvelable chaque année et composée de
députés et de conseillers d'État, est instituée pour
l'examen des conditions.

30. A Paris, les débitants ne peuvent s'approvisionner par quantités au-dessous de 25 kilogrammes. Partout ailleurs, le minimum des livraisons est fixé à 10 kilogrammes. Cependant les
débitants des campagnes sont quelquefois autorisés
par le directeur des contributions indirectes à
s'approvisionner par quantités de *cinq* et même
de *trois* kilogrammes.

31. La vente des tabacs étant toujours faite au
comptant dans les entrepôts, les débitants ne sont
point assujettis au dépôt d'un cautionnement. (*L.*
10 *août* 1839, *art.* 9.)

32. Indépendamment des différentes sortes de
tabac fabriqué par la régie pour répondre aux
usages que l'on fait de cette production, l'administration fait vendre dans les entrepôts et bureaux
de débit : 1° des tabacs fabriqués à l'étranger
(*L.* 1816, *art.* 173 *et* 177), et spécialement des
cigares fabriqués à la Havane (*O.* 5 *mai* 1830, 14
juill. 1833 *et* 16 *juin* 1844); 2° des *cigarettes*
composées avec des tabacs étrangers (*O.* 22 *oct.*
1843). Les tabacs étrangers autres que les cigares, ne sont point détaillés chez les débitants ;
ils y sont vendus seulement, savoir : ceux en
poudre, par boîtes d'un demi-kilogramme et de
deux hectogrammes ; ceux à fumer, en paquets de
un et deux hectogrammes.

33. Pour combattre autant que possible la fraude
dans les départements qui se trouvent sur nos
frontières du Nord et de l'Est, et qui sont en contact avec des contrées où le tabac est moins imposé qu'en France, l'administration y fait vendre,
à prix réduits, des tabacs de qualité inférieure,
dits de cantine. (*L.* 1816, *art.* 175 *et* 176.)
Les ordonnances des 2 février 1826, 24 août
1830, 18 mars 1832, 14 juillet 1833, 17 janvier
1834, le décret du 21 décembre 1849 et la loi du
29 février 1872 ont statué sur la fabrication de
tabacs semblables et sur les localités dans lesquelles
ils peuvent être vendus.

34. Les tabacs vendus par la régie comme tabacs de *cantine* doivent être saisis, comme étant
en fraude, s'ils sont trouvés dans des lieux où la
vente n'en est pas autorisée (*L.* 1816, *art.* 219).
Il en est de même à l'égard des tabacs de cette
espèce trouvés dans les lieux où la vente en est
autorisée, toutes les fois que la provision excède
trois kilogrammes. (*L.* 24 *juill.* 1843, *art.* 3.)

35. Les tabacs sont livrés par la régie aux débitants et vendus par ceux-ci aux consommateurs
à des prix fixés par des décrets (*voy. le tableau
au n° 36*). La loi du 28 avril 1816 (*art.* 179)
autorise cependant la régie à vendre pour l'*exportation*, à des prix déterminés par le ministre
des finances (*Déc. min. fin.* 17 *janv.* 1817), soit
des tabacs fabriqués, soit des tabacs en feuilles,
soit encore des résidus de fabrication. Dans ce cas,
il est délivré à l'acheteur un acquit-à-caution avec
obligation de justifier de la sortie des tabacs. Le
mot *exportation* doit être apposé au moyen d'une
estampille sur les paquets et colis de tabacs à exporter.

Les prix réduits auxquels les tabacs fabriqués
sont livrés soit aux exportateurs, soit aux capitaines des navires naviguant au long cours, sont
présentement déterminés par les arrêtés ministériels du 10 octobre 1874 et du mois de juin 1875.

36. Voici le tableau des prix dont il vient d'être
question.

TABLEAU DES PRIX
auxquels les tabacs sont vendus aux débitants et aux consommateurs.

(*D. imp.* 14 *juill.* 1860, 16 *août* 1862, 29 *juin* 1863, 14 *mai*
1864 ; *D. Prés. de la Républ.* 23 *déc.* 1871 ; *L.* 29 *févr.* 1872 ;
D. 11 *juin* 1872, 25 *avril* 1876.)

ESPÈCES DE TABACS.	PRIX DE VENTE par kilogramme		PRIX de vente par cigare.
	aux consomm.	aux débitants.	
1° CIGARES DE LA HAVANE.			
Imperiales	150 f » c	140 f » c	» f 60 c
Cazadores	125 »	116 »	» 50
Conchas	100 »	92 »	» 40
Londrès extra	87 50	80 »	» 35
Londrès	75 »	68 »	» 30
2° CIGARES DE MANILLE.			
Terceras	50 »	44 »	» 20
Cuartas	37 50	33 »	» 15
3° CIGARES DE FRANCE.			
Londrès extra	87 50	80 »	» 35
Londrès	75 »	68 »	» 35
Trabucos	62 50	56 »	» 25
Londrès chicos.	50 »	44 »	» 20
Médianitos	50 »	44 »	» 20
Nouveau modèle spécial . .	37 50	33 »	» 15
Dits étrangers	25 »	22 »	» 10
Ordinaires cylindriques . .	18 75	16 50	» 075
Canis dits Esquichados . .	18 75	16 50	» 075
Bouts tournés et bouts coupés .	12 50	11 »	» 05
4° CIGARETTES.			
Façon russe.	50 »	44 »	»
Ordinaires	25 »	22 »	»
De la Havane	25 »	22 »	»
Vizir en paquets de 20 . .	30 »	28 »	»
Vizir en boîtes.	32 50	30 50	»
Levant supérieur en paquets .	25 »	23 25	»
Levant supérieur en boîtes. .	27 50	25 75	»
Caporal supérieur.			
Maryland . . . . } en paq. de 20	20 »	18 75	»
Levant fort ou doux			
Lataquiels . . . }			
Lataquiels en boîtes . . .	22 50	21 »	»
Caporal ordinaire en paq. de 20	15 »	13 90	»
Caporal ordinaire en boîtes. .	17 50	17 40	»
5° TABACS ÉTRANGERS ET SUPÉ-RIEURS.			
Poudre supérieure ou étrangère			
Scaferlaty supérieur . . .			
Scaferlaty étranger (Virginie, Maryland, Varinas). . . .	16 »	15 »	
Roles menu filés			
6° TABACS ORDINAIRES.			
Poudre.			
Scaferlaty.	12 50	11 50	
Rôles			
Carottes à fumer.			

Le prix des tabacs de *cantine* s'accroît à mesure que l'on pé-
nètre dans l'intérieur de la France ; il s'élève successivement,
savoir (*L.* 29 *févr.* 1872) :
  Pour les consommateurs, de 3f00c à 8f50c le kil.
  Pour les débitants, de. . 2 60 à 7 20 —

37. Il peut être encore vendu aux pharmaciens,
aux artistes vétérinaires et aux propriétaires de
bestiaux, des tabacs en feuilles au même prix que
celui du tabac de cantine. (*L.* 1816, *art.* 178.)

38. Une décision ministérielle du 1er juillet 1872 autorise la régie à livrer aux particuliers des jus de tabac aux prix suivants :

0 f 04c le litre pour les jus marquant 1o à l'aréomètre,
0 08 le litre pour les jus marquant 2o à l'aréomètre,
0 12 le litre pour les jus marquant 3o à l'aréomètre,
et ainsi de suite avec un accroissement de 4 cent. par degré de l'aréomètre de Baumé.

39. Aux troupes de terre et de mer, et aux marins de l'État seulement, il est livré du tabac de cantine à fumer au prix de 1 fr. 50 c. le kilogramme, des rôles à 2 fr. le kilogramme ; mais la livraison s'en effectue seulement à raison de 10 grammes par jour pour chaque ayant droit. (*D.* 29 *juin et* 10 *août* 1853; *L.* 29 *fév.* 1872.)

40. Le décret du 31 mai 1854 a statué sur le prix et les conditions auxquels les tabacs fabriqués dans les manufactures de l'État doivent être vendus en Algérie. Ces prix ont été modifiés par un décret du 11 mars 1873, s'appliquant également à la vente des tabacs en Corse.

41. Un tableau fourni par l'administration et indiquant les prix de vente est affiché dans chaque débit de tabac. Le débitant qui vend les tabacs à des prix plus élevés est poursuivi comme concussionnaire.

CHAP. V. — DISPOSITIONS PROHIBITIVES ET PÉNALES.

42. Les tabacs fabriqués à l'étranger, de quelque pays qu'ils proviennent, sont prohibés à l'entrée sur le territoire, à moins qu'ils ne soient achetés pour le compte de la régie (*L.* 1816, *art.* 173), ou que la quantité importée n'excède pas 10 kilogrammes (*L.* 7 *juin* 1820, *art.* 1er). Dans ce dernier cas, la douane perçoit pour le compte de la régie des contributions indirectes un droit de 25 fr. par chaque kilogramme. S'il s'agit de cigares et cigarettes, le droit perçu est de 36 fr. (*L.* 8 *juill.* 1871.)

43. Les tabacs de toute espèce, soit en feuilles, soit fabriqués, ne peuvent circuler sans *acquit-à-caution*. Il suffit toutefois qu'ils soient accompagnés d'un *laissez-passer* de la régie, lorsqu'il s'agit de tabac en feuilles enlevés de chez le cultivateur pour être versés dans les magasins de l'État, ou lorsque la quantité de tabacs fabriqués est inférieure à 10 kilogrammes. Si les quantités de 1 à 10 kilogrammes sont revêtues des marques et vignettes de la régie, le laissez-passer n'est pas nécessaire (*L.* 1816, *art.* 215). Cette dernière disposition n'est pas applicable aux tabacs de cantine, qui ne peuvent circuler en quantités supérieures à 1 kilogramme. (*L.* 23 *avril* 1840.)

En cas de contravention à ces dispositions, les chevaux, voitures, bateaux et autres objets servant au transport, sont saisis et confisqués et le contrevenant est puni d'une amende de 100 fr. à 1,000 fr. Toute personne convaincue d'avoir fourni le tabac saisi en fraude est également passible de cette dernière amende. (*L.* 1816, *art.* 216.)

44. Nul ne peut avoir en sa possession des tabacs en feuilles s'il n'est cultivateur dûment autorisé. Nul ne peut avoir en provision des tabacs fabriqués autres que ceux provenant des manufactures de l'État, et cette provision ne peut excéder 10 kilogrammes, à moins que les tabacs ne soient revêtus des marques et vignettes de la régie. Dans les lieux où la vente des tabacs de cantine est autorisée, nul ne peut avoir en provision plus de 3 kilogrammes de tabacs de l'espèce, lors même qu'ils seraient revêtus des marques et vignettes de la régie. Les contraventions à ces défenses sont punies de la confiscation et d'une amende de 10 fr. par kilogramme de tabac saisi. L'amende ne peut excéder la somme de 3,000 fr., ni être au-dessous de 100 fr. (*L.* 1816, *art.* 217 *et* 218.)

45. Les tabacs plantés sans déclaration préalable ou sans autorisation, soit pour l'approvisionnement des manufactures de l'État, soit pour l'exportation, sont détruits aux frais des cultivateurs, sur l'ordre que le sous-préfet en donne à la réquisition du directeur des contributions indirectes. Les contrevenants sont, en outre, condamnés à une amende de 50 fr. par cent pieds de tabac si la plantation est faite sur un terrain ouvert, et de 150 fr. si le terrain est clos de murs, sans que cette amende puisse en aucun cas excéder 3,000 fr. (*Id.*, *art.* 181 *et* 202.) En vertu de la loi du 23 avril 1836, cette amende, prononcée par l'article 181 de la loi du 28 avril 1816, doit être réglée en proportion du nombre de pieds *au-dessous* de cent comme au-dessus.

46. Les communes sont responsables, vis-à-vis de la régie des contributions indirectes, des plantations illicites de tabac faites sur un terrain communal, lorsque les auteurs de ces plantations sont restés inconnus. C'est du moins ce qui a été décidé par la Cour de cassation, le 12 décembre 1839, invoquant, d'une part, les dispositions de l'art. 1383 du Code civil, qui déclare qu'on est responsable du dommage causé par sa négligence, et considérant, de l'autre, que si la commune dont il s'agissait n'avait pas négligé la surveillance de ses propriétés, il n'y aurait pas été planté de tabac.

47. Sont considérés comme fabricants frauduleux les particuliers chez lesquels il est trouvé des ustensiles, machines ou mécaniques propres à la fabrication ou à la pulvérisation, et en même temps des tabacs en feuilles ou en préparation, quelle qu'en soit la quantité, ou enfin plus de 10 kilogrammes de tabac fabriqué et non revêtu des marques de la régie. Les tabacs et ustensiles, machines ou mécaniques doivent être saisis et confisqués et les contrevenants condamnés à une amende de 1,000 à 3,000 fr. En cas de récidive, l'amende est double. (*L.* 1816, *art.* 221.)

48. Quiconque est trouvé vendant ou colportant en fraude du tabac est arrêté et condamné à une amende de 300 fr. à 1,000 fr., avec confiscation des tabacs saisis. Les fraudeurs et colporteurs doivent être sur-le-champ conduits devant un officier de police judiciaire ou remis à la force armée pour être traduits devant le juge compétent, lequel statue immédiatement sur son emprisonnement ou sa mise en liberté. Le prévenu peut être mis en liberté s'il offre bonne et suffisante caution de se présenter en justice et d'acquitter l'amende encourue, ou s'il consigne le montant de cette amende. (*L.* 1816, *art.* 222 *et* 224.)

49. Toute personne qui, dans le cas de vente et de colportage frauduleux, arrête ou concourt à arrêter les délinquants, reçoit une prime de 15 fr. par chaque individu arrêté (*O.* 31 *déc.* 1817). La prime n'est acquise qu'autant que les délinquants ont été constitués prisonniers.

50. Les employés des contributions indirectes,

des douanes et des octrois, les gendarmes, les préposés forestiers, les gardes champêtres et généralement tous les employés assermentés peuvent verbaliser et procéder à l'arrestation des fraudeurs et colporteurs (*L.* 1816, *art.* 223). Il est à remarquer seulement que les gendarmes, les gardes champêtres et tous les agents autres que les employés des contributions indirectes, n'ont le droit de constater la fraude sur le tabac que lorsqu'ils opèrent en dehors du domicile des particuliers, ou qu'ils procèdent à des visites domiciliaires, non pas directement et en vertu de l'art. 223 de la loi du 28 avril 1816, mais accidentellement, par suite et en exécution des lois spéciales qui les concernent. Ils ne peuvent, en cas de soupçon de fraude, s'introduire dans le domicile de simples particuliers (*Trib. de Nancy* 10 *mars* 1837). Des visites domiciliaires ne peuvent être faites, dans ce cas, que par les employés des contributions indirectes. Ces derniers sont même tenus de se faire assister du juge de paix, du maire ou du commissaire de police, lesquels sont obligés de déférer à leur réquisition transcrite en tête du procès-verbal. Les visites domiciliaires doivent toujours être ordonnées par un employé supérieur du grade de contrôleur au moins. Celui-ci rend compte des motifs au directeur des contributions indirectes du département.

Les marchandises transportées en fraude, qui, au moment d'être saisies, sont introduites dans une habitation pour les soustraire aux employés, peuvent y être suivies par eux, sans qu'ils soient tenus alors d'observer les formalités ci-dessus indiquées. (*L.* 1816, *art.* 237.)

51. La fabrication du tabac factice ou de toute autre matière préparée pour être vendue comme tabac, est interdite, et toutes les dispositions que nous venons d'exposer sont applicables à ces matières. (*L.* 12 *févr.* 1835, *art.* 5.)

BIBLIOGRAPHIE.

Enquête sur les tabacs. 1 vol. 1847.

Mémoire consultatif sur l'organisation du service des tabacs, par les anciens élèves de l'École polytechnique attachés à ce service. In-4°. Paris, impr. de Firmin Didot. 1848.

Compte du produit de la fabrication et de la vente exclusive des tabacs. In-4°. Publication annuelle.

Rapports concernant la fabrication et la vente exclusive des tabacs, publiés par l'administration des tabacs, et Rapports fait au ministre des finances sur la vente des tabacs et des poudres à feu. In-4°. Publication annuelle.

Le tabac, sa culture au point de vue du rendement, combustibilité, etc., par Th. Schlœsing, directeur de l'École d'application des manufactures de l'État, avec introduction par L. Grandeau. Paris, librairie de la Maison rustique. 1868.

Enquête parlementaire sur l'exploitation du monopole des tabacs et des poudres. In-4°. Paris, impr. nationale. 1876.

ADMINISTRATION COMPARÉE.

Un certain nombre de pays, notamment l'Autriche et l'Italie, ont, comme la France, établi le monopole du tabac, seulement l'exploitation a lieu en régie en Autriche, tandis qu'elle est affermée en Italie. Les autres pays ont ou prohibé le cul ure ou se bornant à prélever un droit de douane, comme l'Angleterre, ou aussi ont permis la culture en l'imposant (tant par hectare) et en la protégeant même contre la concurrence (par des droits de douane), comme en Allemagne.

En Angleterre, la matière est réglée par la loi du 27 mars 1863 (26 Vict., c. 7). Les cigares paient 5 shil. la livre de 456 grammes, le tabac à fumer dit *Cavendish* ou *Negrohead* (tête

de nègre) 4 sh. 1/2, le tabac à priser 3 sh. 9 à 4 sh. 6 selon le degré d'humidité, les tabacs non manufacturés 3 sh. à 3 sh.1/4 selon leur degré d'humidité. Cette loi renferme cependant un élément de protection : le tabac à fumer fabriqué en Angleterre *in bond*, c'est-à-dire en entrepôt (avant le paiement des droits) paie moins que le tabac qu'on importe tout fabriqué. Il y a, sur cette fabrication, toute une réglementation que la loi de 1863 autorise l'administration des douanes d'édicter selon les nécessités de la surveillance et dans l'intérêt du Trésor. Le moyen employé consiste dans la défense de vendre le tabac autrement qu'en paquets d'un certain poids entourés de bandes fournies par l'administration.

La méthode suivie en Russie a quelque analogie avec celle qui est en usage en Angleterre ; dans les deux pays les droits indirects sont accompagnés de la nécessité de prendre une licence, c'est-à-dire une patente particulière.

En Allemagne régnait jusqu'en 1868 une grande diversité de régime, l'absence complète de taxe, une taxe proportionnelle au produit, une taxe proportionnelle à la superficie cultivée, tantôt la même pour les terres de toute classe, tantôt graduée selon la qualité du sol ; la loi fédérale du 26 mai 1868 établit une législation générale dont les principes sont restés les mêmes, mais dont le taux de la taxe a été élevé. La fabrication et la vente sont libres ; le tabac étranger paie un droit d'importation, le tabac indigène supporte un impôt de 6 groschen (60 pfenninge ou 75 centimes par 6 perches carrées (24 mètres carrés environ). Un terrain de moins de 24 mètres carrés est exempt. Le cultivateur doit déclarer, en juillet, l'étendue de sa culture de tabac à l'administration des contributions, laquelle délivre un bulletin constatant la déclaration. L'administration le contrôle, calcule le montant de l'impôt qui doit être acquitté après la récolte, la moitié en décembre et l'autre moitié en avril. Si les intempéries ou un sinistre ont détruit ou réduit la récolte, l'impôt subit une modération, ou même est remis en entier. L'impôt est rendu pour les quantités de 25 kil. et au-dessus qui ont été exportées.

Les droits d'importation sont considérés comme protecteurs de la fabrication et même de la culture indigène.

Plusieurs pays, comme la Suisse, la Belgique, les Pays-Bas se bornent à imposer faiblement le tabac importé.

TABLES DÉCENNALES DE L'ÉTAT CIVIL. *Voy.* **État civil.**

TABLE DE MALADIE, DE MORTALITÉ. 1. On appelle *table de maladie* un tableau indiquant pour chaque âge la durée moyenne annuelle des maladies auxquelles un individu est exposé. La *table de mortalité* (plus exactement la table de *survie*) exprime, par une série décroissante de nombres, la loi en vertu de laquelle un groupe d'individus d'âge égal doit arriver successivement à la mort. Ces tables, dressées d'après des observations statistiques, servent principalement à résoudre la plupart des questions financières qui se rattachent aux sociétés de secours mutuels, aux assurances sur la vie humaine et aux caisses de pensions et de retraites.

2. Plusieurs tables de mortalité ont été calculées. Les plus connues en France sont les tables données par DUVILLARD et DEPARCIEUX. Celles de DEPARCIEUX, publiées en 1746 dans l'*Essai sur les probabilités de la vie humaine,* et reproduites chaque année dans l'*Annuaire du Bureau des longitudes*, ont servi de base aux tarifs de la caisse des retraites pour la vieillesse instituée par la loi du 18 juin 1850.

3. Aux termes de l'art. 5 de la loi du 15 juillet 1850 et de l'art. 7 du décret du 26 mars 1852, les sociétés de secours mutuels, pour être approuvées ou autorisées comme établissements d'utilité publique, doivent régler les cotisations de leurs membres d'après des tables de mortalité et de maladie confectionnées ou approuvées par le Gouvernement (*voy.* **Sociétés de secours mutuels**). Jusqu'à la confection de ces tables dont s'occupe au ministère de l'intérieur, l'administration se borne à s'assurer que les quotités des cotisations sont à peu près en rapport avec ce que le temps et l'expérience ont consacré [1].

1. On trouvera, sur les tables de mortalité, un chapitre étendu dans notre *Traité théorique et pratique de statistique*, qui doit paraître à la librairie Guillaumin en novembre 1877.

TAILLE-DOUCE (Lithographie). *Voy.* **Imprimerie.**

TAILLIS. *Voy.* **Forêts.**

TAPAGE NOCTURNE. *Voy.* **Bruit et tapage.**

TARE. 1. Se dit, dans le commerce, du poids des caisses, tonneaux, sacs et emballages des marchandises, et, par extension, du rabais ou de la diminution que l'on fait par rapport au poids. Avant la diminution, le poids de la marchandise est le *poids brut*; après la diminution, le *poids net*.

2. Dans les douanes, pour éviter de peser les caisses et emballages, on a fixé, d'après l'expérience, le montant de la tare qui doit être accordée pour certaines marchandises taxées au poids. Ainsi, le décret du 30 novembre 1852, fixe pour tous les sucres importés en futaille des colonies françaises, la tare à 13 p. 100, et à 12 p. 100 seulement pour les sucres importés dans les mêmes conditions des pays étrangers. La tare, pour chaque marchandise soumise à un droit spécifique, est indiquée au *Tarif général* des douanes.

3. L'art. 19 de la loi du 6 mai 1841 confère au Chef de l'État le droit de modifier les tares légales accordées aux marchandises qui acquittent des droits de douane sur le poids net.

TARIF. Tableau contenant, pour un certain ordre de matières, l'énumération des taxes qui doivent être acquittées conformément aux prescriptions de la loi. Il existe de nombreux tarifs et il en est parlé aux articles spéciaux. Nous nous bornons à mentionner ici quelques-uns de ceux qui sont le plus souvent appliqués. Tels sont : le tarif des frais et dépens en matière civile, comprenant les taxes des greffiers, des huissiers, des avoués, des notaires, des commissaires-priseurs, etc. ; le tarif général des frais en matière criminelle, comprenant les frais de transport des prévenus ou accusés, les frais d'extradition, l'indemnité accordée aux officiers de justice dans le cas de transport sur le lieu du crime, les frais d'exécution des jugements criminels et les gages des exécuteurs, etc. ; le tarif des procédures devant le Conseil d'État, comprenant les dépens d'avocat et les frais de greffe ; le tarif des douanes, contenant les taxes que doivent acquitter les marchandises, soit à l'entrée, soit à la sortie ; le tarif des bacs ou passages d'eau, faisant connaître le péage à percevoir au profit du fermier; les tarifs annexés à toutes les lois de concessions de chemins de fer, déterminant les maxima des prix de péage et de transport dus aux compagnies.

TAXES ASSIMILÉES (aux contributions directes). Sous ce nom, les budgets et comptes réunissent depuis 1871 un certain nombre d'impôts, auxquels s'appliquent la définition qu'on donne des contributions directes, mais qui, ou n'existaient pas antérieurement, ou se confondaient avec les « recettes diverses » ; ce sont les suivants : *Mainmorte*, *Mines* (redevances sur les), *Poids et mesures* (taxe de vérification des), *Droit de visite chez les pharmaciens* (voy. **Médecine** [exercice de la]), *Chevaux et voitures, Billards, Cercles* (voy. ces mots).

Les impôts spéciaux que nous venons d'énumérer sont peu productifs ; on a cru leur faire trop d'honneur en les appelant purement et simplement *Contributions directes* (voy. ce mot),

comme les contributions foncière, mobilière, des portes et fenêtres, des patentes : on s'est donc borné à les « assimiler », et, s'il y a eu assimilation, ce n'est pas à cause de la nature économique des taxes, mais par des raisons administratives : c'est parce qu'elles sont perçues par les percepteurs des contributions directes. Il est d'autres impôts, auxquels s'applique la définition, p. 636, mais qui ne sont pas traités en contributions directes, telle est la *licence* (voy. ce mot) et l'impôt sur le revenu des *valeurs mobilières ;* ce dernier n'est pas compté administrativement parmi les impôts directs, bien qu'il appartienne évidemment à cette catégorie de taxe, simplement parce qu'il est perçu par l'administration de l'enregistrement et du timbre. (*Voy.* **Valeurs mobilières.**)

TÉLÉGRAPHIE. 1. La télégraphie est l'art de correspondre, avec une grande rapidité, à des distances considérables.

L'invention des télégraphes mérite de prendre place parmi les découvertes les plus importantes, tant pour les résultats déjà obtenus que pour ceux que l'on doit en attendre.

CHAP. I. — HISTORIQUE.

2. Extrêmement simple à son origine, l'art de la télégraphie est fort ancien. On lit, en effet, dans les historiens grecs et romains, qu'on employait alors des signaux de feu pour correspondre au loin.

3. Au moyen âge, cet art fut entièrement négligé.

4. Les premiers travaux de télégraphie chez les modernes sont dus au docteur HOOKE, qui vivait au dix-septième siècle.

Dans le siècle suivant, LINGUET, détenu à la Bastille, demandait, pour prix de sa liberté, à faire exécuter un instrument pour correspondre aux plus grandes distances.

5. Mais l'art de la télégraphie a pris un corps et n'est véritablement passé de la théorie dans la pratique avec une valeur réelle et incontestable que depuis 1792, par l'invention du télégraphe aérien de CHAPPE. L'avenir de la télégraphie fut dès lors assuré. On construisit successivement le vaste réseau de télégraphes aériens qui couvrait la France avant l'application du système électrique. Ce réseau se composait de cinq grandes lignes qui, partant de Paris, aboutissaient à Lille, Brest, Perpignan, Toulon et Strasbourg.

6. Mais en même temps que l'invention des chemins de fer multipliait les rapports entre les particuliers et ouvrait des communications d'une grande rapidité entre les divers pays, la découverte du télégraphe électrique est venue donner à la pensée humaine des voies nouvelles d'une célérité jusqu'alors inconnue. De ces deux grandes inventions attachées l'une à l'autre et se prêtant un mutuel secours, ressort un nouvel état de choses qui doit profondément modifier les relations sociales.

CHAP. II. — CORRESPONDANCE TÉLÉGRAPHIQUE PRIVÉE.

7. Autrefois l'usage du télégraphe était exclusivement réservé au Gouvernement. On pensait qu'il y aurait de graves inconvénients pour l'ordre et la sécurité publics à laisser les simples particuliers jouir de ce mode de correspondance.

8. Mais depuis l'invention des chemins de fer, l'administration a compris que les inconvénients de livrer au public l'usage du télégraphe pourraient bien n'être pas aussi grands qu'on le craignait, et qu'au moyen de certaines garanties cet usage n'offrirait pas plus de dangers que celui des chemins de fer et des instruments de progrès en général. En conséquence, le ministre de l'intérieur présenta, le 1er mars 1850, à l'Assemblée législative un projet de loi destiné à mettre la télégraphie électrique au service des intérêts privés. Ce projet forme aujourd'hui la loi du 29 novembre 1850, dont les dispositions ont été successivement développées et modifiées par des règlements postérieurs.

Sect. 1. — Formalités imposées à la correspondance privée.

9. Les bureaux télégraphiques sont ouverts tous les jours aux heures fixées par arrêté du ministre de l'intérieur. Les heures d'ouverture et de clôture sont affichées à la porte de chaque bureau. (*D.* 8 *mai* 1867, *art.* 1er.)

10. Les dépêches peuvent être rédigées en langage ordinaire ou en langage secret. Elles doivent être écrites lisiblement, en caractères usités en France, et signées par l'expéditeur: (*Id.*, *art.* 3.)

11. L'adresse doit contenir toutes les indications nécessaires pour assurer la remise de la dépêche. (*Id.*)

12. Les dépêches peuvent être formulées, soit en français, soit en latin, soit dans une des langues admises par la convention internationale [1]. Dans ce dernier cas l'expéditeur peut être tenu d'en donner la traduction par écrit. (*Id.*, *art.* 4.)

13. Toute dépêche composée en langage ordinaire, mais inintelligible, est assimilée à une dépêche en langage secret. (*Id.*)

14. Les dépêches en langage secret peuvent être composées : 1° exclusivement de chiffres arabes; 2° exclusivement de lettres de l'alphabet; 3° de chiffres arabes et de mots; 4° de lettres de l'alphabet et de mots. Mais l'adresse et la signature doivent être en langage ordinaire. (*Id.*, *art.* 5.)

Sect. 2. — Restrictions imposées à la correspondance privée.

15. La transmission de la correspondance télégraphique privée est toujours subordonnée aux besoins du service télégraphique de l'État (*L.* 20 *nov.* 1850, *art.* 1er). Ainsi les dépêches officielles ont la priorité sur celles des particuliers. Les dépêches relatives au service des chemins de fer et qui intéressent la sécurité des voyageurs doivent aussi obtenir la priorité sur les autres dépêches. (*Id.*, *art.* 10.)

16. Le directeur du télégraphe peut, dans l'intérêt de l'ordre public et des bonnes mœurs, refuser de transmettre les dépêches. En cas de réclamation, il en est référé, à Paris, au ministre de l'intérieur, et, dans les départements, au préfet ou au sous-préfet, ou à tout autre agent délégué par le ministre de l'intérieur. Cet agent, sur le vu de la dépêche, statue d'urgence (*L.* 29 *nov.* 1850, *art.* 3). La minute est rendue ou renvoyée au déposant, revêtue d'une mention signée du directeur et indiquant le motif du refus. (*D.* 8 *mai* 1867, *art.* 7.)

17. Si, à l'arrivée au lieu de destination, le directeur estime que la communication d'une dépêche peut compromettre la tranquillité publique, il en réfère à l'autorité administrative, qui a le droit de retarder ou d'interdire la remise de la dépêche. (*L.* 29 *nov.* 1850, *art.* 3.)

18. Le Gouvernement peut même, s'il le juge convenable, suspendre, pour des motifs d'ordre public, la correspondance télégraphique privée, soit sur une ou plusieurs lignes séparément, soit sur toutes les lignes à la fois. (*Id.*, *art.* 4.)

19. La question de savoir si la justice a le droit de requérir la communication des dépêches télégraphiques s'est déjà présentée plusieurs fois dans la pratique.

Il est de jurisprudence constante aujourd'hui que les procureurs de la République, les juges d'instruction, les préfets des départements et les préfets de police, dans les villes où il en existe, ont le droit de saisir les lettres, confiées à la poste, entre les mains des préposés de cette administration. (*Cass.* 13 *oct.* 1832, 27 *mars et* 6 *avril* 1833, 23 *juill.* et 21 *nov.* 1853.)

Il résulte de là qu'ils ont, à plus forte raison, le droit de requérir dans les bureaux télégraphiques la communication des dépêches privées qu'ils

---

1. Français, latin, allemand, anglais, arménien, espagnol, flamand, grec, hébreu, hollandais, italien, portugais, russe, scandinave, slave, hongrois, bohème, polonais, ruthène, serbe, croate, illyrien, roumain, turc.

présument renfermer des indications utiles à la découverte des crimes et délits dont ils poursuivent la répression. Rien, en effet, ne doit échapper aux investigations de la justice.

Sect. 3. — Responsabilité de l'État.

20. L'État n'est soumis à aucune responsabilité à raison du service de la correspondance privée par la voie télégraphique (*L. 29 nov.* 1850, *art.* 6). Ainsi, en cas de retard dans la remise des dépêches, de même qu'en cas d'erreur dans la transmission, ni l'expéditeur, ni le destinataire ne seraient fondés à intenter un recours en dommages-intérêts contre l'État.

La juridiction administrative serait d'ailleurs seule compétente pour connaître du recours mal à propos intenté dans ces circonstances (*L. 22 déc.* 1789 ; 5 *vend. an II et* 16 *fruct. an III ; Arr. du C. 6 déc.* 1855, 15 *sept.* 1870, 21 *janv.* 1871). Ce dernier arrêt, rendu par suite d'un arrêté de conflit pris par le préfet de la Seine, dans une instance où le tribunal civil s'est déclaré compétent en cette matière, s'appuie surtout sur ce motif que les fonctions judiciaires sont distinctes, et doivent toujours demeurer séparées des fonctions administratives ; que défenses sont faites aux tribunaux de troubler, en quelque manière que ce soit, les opérations des corps administratifs, de citer devant eux l'administration, pour raison de leurs fonctions, et de connaître des actes d'administration de quelque espèce qu'ils soient.

21. Mais c'est à l'autorité judiciaire qu'il appartient de connaître des actions en dommages-intérêts intentées contre les agents de l'administration, non en leur qualité d'agents, mais à raison des faits qui leur seraient personnels, en vertu de l'art. 1382 du Code civil. Et il en est ainsi, notamment, de la demande en indemnité formée par un particulier contre des employés de l'administration des télégraphes, sur ce motif que, par leur faute, une dépêche n'aurait pas été remise à destination, alors qu'il est déclaré par le demandeur que la responsabilité de l'État n'est pas engagée par son action (*Tribunal des conflits 7 juin* 1873). — Dans l'espèce de ce jugement, la jurisprudence en vertu de laquelle l'autorité administrative est seule compétente pour statuer sur les demandes en responsabilité formées contre l'État à raison des fautes imputées à ses agents, ne pouvait recevoir aucune application. En effet, l'action dirigée limitativement contre l'agent, considéré comme simple particulier, ne réfléchissait pas contre l'État, et il n'y avait, dès lors, aucun motif pour soustraire la contestation à l'autorité judiciaire.

Sect. 4. — Violation du secret de la correspondance télégraphique.

22. Tout fonctionnaire public qui viole le secret de la correspondance télégraphique est puni des peines portées en l'art 187 [1] du Code pénal. (*L. 29 nov.* 1850, *art.* 5.)

Un serment professionnel rappelle aux agents télégraphiques la sainteté de ce devoir. Ce serment est ainsi conçu : « Je jure de garder fidèlement le

1. La peine portée par cet article consiste dans une amende de seize francs à quinze cents francs, et un emprisonnement de trois mois à cinq ans. Le coupable est, de plus, interdit de toute fonction ou emploi public pendant cinq ans au moins et dix ans au plus.

secret des dépêches qui me seront confiées et de n'en donner connaissance à qui que ce soit, sans un ordre préalable du directeur général des lignes télégraphiques. »

En outre, et par application de l'art. 1382 du Code civil, l'auteur de la violation pourrait être actionné civilement en réparation du préjudice que la divulgation de la dépêche aurait pu occasionner tant à l'expéditeur qu'au destinataire.

Sect. 5. — Tarif des dépêches.

ART. 1. — ÉTAT GÉNÉRAL DU RÉSEAU TÉLÉGRAPHIQUE.

23. Le réseau télégraphique dont les lignes françaises font partie, relie par des communications continues :

En Europe, tous les États ;

En Afrique, l'Algérie, la Tunisie et l'Égypte, les îles Madère et Saint-Vincent (Cap-Vert) ;

En Asie, les provinces asiatiques de la Russie et de la Turquie, Aden, la Perse, les Indes britanniques, la Birmanie, la Cochinchine, la Chine et le Japon ;

En Amérique, les îles Saint-Pierre et Miquelon, les possessions anglaises et les États-Unis de l'Amérique du Nord, le Mexique, les Antilles et Panama, la Guyane anglaise et la Guyane française, le Brésil, l'Uruguay, la République Argentine, le Chili, et le Pérou ;

En Océanie, les Indes néerlandaises (Java et Sumatra), l'Australie, la Tasmanie et la Nouvelle-Zélande.

24. Le réseau français communique *directement* avec :

Les îles Britanniques par six câbles ; le Danemark par un câble ; la Belgique par neuf lignes ; le Luxembourg par une ligne ; l'Allemagne par huit lignes ; la Suisse par six lignes ; l'Autriche par une ligne ; l'Italie par six lignes ; l'Algérie par deux câbles ; l'Espagne par cinq lignes ; les États-Unis par un câble.

ART. 2. — RÉGIME DES CORRESPONDANCES.

25. Ce régime est de deux sortes : intérieur et extérieur ou international.

Dans le service intérieur, les tarifs et les règles de la correspondance télégraphique sont déterminés par des lois, décrets et règlements; dans le service international, par des conventions avec les États étrangers et les compagnies privées.

26. Le régime intérieur s'applique :

1° A l'intérieur de la France, de la Corse, de l'Algérie et de la Tunisie ; 2° entre l'Algérie et la Tunisie ; 3° entre la France et la Corse, la France ou la Corse et l'Algérie ou la Tunisie (par les voies mixtes et lorsque les correspondances n'empruntent, sur aucune partie de leur parcours, les lignes télégraphiques d'Italie).

27. Le régime international s'applique à toute correspondance échangée avec l'étranger.

28. L'unité de tarif (la taxe applicable à la dépêche simple) est déterminée :

Dans le service intérieur :

Pour la France, par les lois des 4 juillet 1868 et 4 avril 1872 (correspondance ordinaire); par la loi de finances du 8 mai 1869, art. 28 (sémaphores) ;

Pour l'Algérie, par le décret du 5 septembre 1868 ;

Entre la France et l'Algérie ou la Tunisie,

par les décisions des 17 octobre et 4 novembre 1864, les décrets des 9 octobre 1869, 5 février et 27 décembre 1870 et la loi du 4 avril 1872.

Dans le service international:

Pour la correspondance avec tous les pays d'Europe, à l'exception des pays limitrophes de la France et du Portugal, et, hors d'Europe, avec la Russie et la Turquie d'Asie, la Perse, le golfe Persique, les Indes anglaises et néerlandaises et la Cochinchine, par la convention de Saint-Pétersbourg du 22 juillet 1875, approuvée par la loi du 9 décembre 1875.

Pour la correspondance échangée par la France avec les États limitrophes et le Portugal, par les conventions et déclarations suivantes: Belgique, 30 novembre 1865; Luxembourg, 2 mars 1866 et 22 décembre 1869; Allemagne, 27 décembre 1864 (convention passée avec la Prusse seule, mais étendue à toute l'Allemagne à dater du 15 juin 1871); Suisse, 23 décembre 1865; Italie, 24 juin 1864; Espagne, 30 décembre 1863; Portugal, 10 septembre 1864; Angleterre, convention du 23 juin 1868.

Pour la correspondance échangée avec l'Amérique, par la convention conclue avec la compagnie du câble franco-américain le 20 juillet 1869, et par les décisions spéciales des compagnies transatlantiques et américaines.

Pour la correspondance échangée avec l'extrême Orient, tant par la convention de Saint-Pétersbourg que par les décisions spéciales des compagnies qui le desservent.

29. Les taxes accessoires, les règles de taxation, transmission et autres, sont déterminées:

Dans le service intérieur, par les lois des 29 novembre 1850, 3 juillet 1861, 13 juin 1866, loi de finances du 8 mai 1869 (art. 29) et le règlement d'administration publique du 18 mai 1867 (correspondance ordinaire); par le règlement d'administration publique du 23 octobre 1866 (sémaphores);

Dans le service international: par la convention de Saint-Pétersbourg, sauf de rares exceptions pour quelques compagnies non encore adhérentes.

ART. 3. — DÉTERMINATION DES TAXES.

30. Les taxes des dépêches sont établies, savoir:

Pour l'intérieur, pour toute l'Europe, la Russie d'Asie, la Turquie d'Asie, et la Perse (régime européen), les taxes s'appliquent à la dépêche de vingt mots; elles s'accroissent de moitié par série indivisible de dix mots au-dessus de vingt.

Pour l'Égypte, l'Asie (la Russie, la Turquie et la Perse exceptées), l'Océanie et l'Amérique (régime extra-européen), la taxe s'applique par mot, avec ou sans minimum de dix mots.

31. 1° Correspondance intérieure [1] (vingt mots):

A l'intérieur d'un département	0f60c
Entre deux départements (Corse comprise). . .	1 40
Entre Monaco et les Alpes-Maritimes	1 50
Entre Monaco et la Corse.	3 00
Entre Monaco et les autres départements . . .	2 00
Entre un sémaphore et un navire, et vice versâ.	1 00

[1]. Il est question de réduire la taxe, voir les prochains Suppléments.

32. 2° Correspondance avec les colonies:

Algérie et Tunisie (20 mots).	Par câble direct	4f40c
	Par Italie et câble	9 40
	Par poste Marseille	1 40
Cochinchine, 1 mot		8 25
Indes françaises, 1 mot.		5 00
Guadeloupe, 10 mots.		107 85
Martinique, 10 mots.		110 95
Cayenne, 10 mots.		154 80

33. 3° Correspondance avec l'étranger.

Nous ne pouvons indiquer que quelques taxes:

Aden, 1 mot		4f30c
Allemagne (20 mots).	Alsace-Lorraine	2 00
	A l'ouest du Weser et de la Werra.	3 00
	A l'est du Weser et de la Werra .	4 00
Amérique.	Nouvelle-Écosse, 1 mot	3 75
	Québec, 1 mot.	3 75
	Californie, 1 mot.	4 80
	Louisiane, 1 mot.	4 60
	Maryland, 1 mot.	3 95
	New-York, 1 mot	3 75
	Pensylvanie, 1 mot.	3 95
	Barbude, 10 mots	116 90
	Trinité, 10 mots.	118 75
	Montevideo, 10 mots	186 50
	Buenos-Ayres, 10 mots	193 00
Birmanie, 1 mot		5 45
Chine, 1 mot		9 75
Danemark, 20 mots		6 50
Égypte, 1 mot		1 70
Espagne, 20 mots		4 00
Golfe Persique, 1 mot		4 10
Grèce, 20 mots		10 00
Iles Britaniques, 20 mots.	Londres.	5 00
	Angleterre, Écosse et Irlande.	6 00
Italie, 20 mots		4 00
Japon, 1 mot.		10 00
Luxembourg, 20 mots		2 50
Malte, 20 mots		9 00
Norwége, 20 mots.		8 50
Pays-Bas, 20 mots.		4 00
Perse, 20 mots		23 00
Portugal, 20 mots.		5 00
Roumanie, 20 mots		7 00
Russie (20 mots)	d'Europe	11 00
	du Caucase	15 00
	d'Asie { 1re région	26 00
	{ 2e région	41 00
Serbie, 20 mots.		8 00
Suisse, 20 mots.		3 00
Turquie (20 mots.)	Continent. { 1re région . .	10 00
	{ 2e région . .	14 00
	{ 3e région . .	18 00
	Iles. { Rhodes. . . .	16 00
	{ Chypre. . . .	17 00
	{ Candie. . . .	18 00

ART. 4. — REMBOURSEMENT DES TAXES.

34. Pour les correspondances à l'intérieur, la taxe perçue est remboursée aux ayants droit: 1° lorsque la transmission n'a pas été effectuée par le fait du service télégraphique; 2° lorsque le destinataire d'une dépêche affranchie n'a pas usé de cette franchise dans le délai de huit jours; 3° lorsque par suite d'un retard imputable au service télégraphique, ou d'une erreur grave de transmission, la dépêche n'a pu manifestement remplir son objet. (D. 8 mai 1867, art. 31.)

Pour les correspondances internationales, est remboursée à l'expéditeur par l'administration qui l'a perçue, sauf recours contre les autres administrations, s'il y a lieu: 1° la taxe intégrale de tout télégramme qui a éprouvé un retard notable, ou qui n'est pas parvenu à destination par le fait du service télégraphique; 2° la taxe intégrale de tout télégramme collationné qui, par suite d'erreurs de transmission, n'a pu manifestement remplir son objet. En cas d'interruption d'une ligne sous-marine, l'expéditeur de tout télégramme a droit au remboursement de la partie de la taxe afférente au parcours non effectué, déduction faite des frais déboursés, le cas échéant, pour remplacer la voie télégraphique par un mode de transport quelconque. (*Convention de Saint-Pétersbourg 22 juill.* 1875, § 67, *et de Rome du 14 janv.* 1872, *art.* 51.)

ART. 5. — MANDATS TÉLÉGRAPHIQUES.

35. La loi du 4 juillet 1868 porte, art. 4, qu'un règlement d'administration publique déterminera les mesures propres à faire concourir le service télégraphique aux envois d'argent par la poste. Ce règlement fait l'objet du décret du 25 mai 1870.

36. Aux termes de ce décret, le public est admis à employer la voie télégraphique pour faire payer à destination, jusqu'à concurrence de 5,000 francs au maximum, les sommes déposées dans les bureaux de poste (*art.* 1er).

37. Les mandats établis par les receveurs des postes sont signés par le déposant, qui ne peut y apporter aucune modification. Ils sont remis ensuite au déposant, qui reste chargé d'en requérir la transmission télégraphique. Cette transmission est effectuée en son nom (*art.* 2).

38. Au lieu de destination, le bureau télégraphique expédie le mandat-dépêche au bureau de poste chargé d'en effectuer le paiement, et il donne avis de cette expédition au titulaire du mandat (*art.* 4).

39. Les taxes sont perçues, pour le dépôt des fonds, d'après le tarif de l'administration des postes, et pour la transmission télégraphique, d'après le tarif fixé par la loi pour les dépêches ordinaires. — L'expéditeur devra payer, en outre, conformément à l'art. 4 de la loi du 28 mai 1853, le coût de l'avis donné au titulaire du mandat, lequel est fixé à 50 centimes, plus, s'il y a lieu, les frais d'exprès (50 centimes par kilomètre) déterminés par l'art. 26 du décret du 8 mai 1867 (*art.* 5).

40. La transmission des mandats est soumise à toutes les règles applicables aux dépêches privées, et notamment aux dispositions de l'art. 6 de la loi du 29 novembre 1850 (*art.* 6). [*Voy. supra, n°* 20.]

41. Les mandats télégraphiques ne sont délivrés, transmis et payés que dans les bureaux spécialement désignés à cet effet par l'administration des lignes télégraphiques et par celle des postes (*art.* 1er). La catégorie de ces bureaux comprend tous ceux des chefs-lieux de département et d'arrondissement, ainsi qu'un certain nombre de bureaux établis dans les chefs-lieux de canton importants.

CHAP. III. — FRANCHISE TÉLÉGRAPHIQUE.

42. Le droit à la franchise télégraphique est réglé aujourd'hui par un arrêté du ministre de l'intérieur en date du 1er juillet 1875.

43. La franchise télégraphique illimitée n'appartient qu'au président de la République, au président du Sénat et au président de la Chambre des députés (*art.* 1er).

44. La franchise administrative illimitée n'appartient qu'aux ministres et aux sous-secrétaires d'État (*art.* 2).

45. Les magistrats, fonctionnaires et officiers dénommés à l'état général annexé à l'arrêté pré-cité sont autorisés à expédier directement en franchise leurs dépêches administratives urgentes. Ce droit ne peut s'exercer que dans les limites fixées par le même état général et dans les conditions indiquées par une instruction également annexée audit arrêté (*art.* 3).

46. Le droit à la franchise télégraphique implique pour la correspondance des fonctionnaires et agents des services publics qui en sont investis, d'une part, l'exonération de la taxe, de l'autre la priorité de transmission. (*Instr., art.* 1er.)

47. Ce droit ne s'applique qu'aux dépêches *officielles urgentes*, c'est-à-dire aux communications relatives au service et que la poste ne pourrait transmettre en temps utile. (*Ibid., art.* 2.)

La franchise télégraphique est directe ou indirecte. (*Ibid., art.* 3.)

La franchise directe n'appartient qu'aux fonctionnaires auxquels elle a été conférée par décision du ministre de l'intérieur et dans les limites fixées par la décision. (*Ibid., art.* 4.)

La franchise indirecte s'obtient par le visa des fonctionnaires investis de la franchise directe. (*Ibid., art.* 6.)

48. Tout destinataire d'une dépêche officielle impliquant réponse est admis, sur la présentation de la dépêche, à user du droit de franchise pour la transmission de cette réponse avec dispense du visa. (*Ibid., art.* 8.)

49. Il y a abus de franchise toutes les fois qu'une dépêche présentée comme officielle a trait à des affaires privées, ou dépasse la limite de la franchise accordée, ou bien ne présente aucun caractère d'urgence. (*Ibid., art.* 9.)

Les dépêches constituant des abus de franchise sont néanmoins acceptées et transmises gratuitement par les bureaux télégraphiques ; mais elles sont immédiatement signalées, avec copie à l'appui, à l'administration supérieure. (*Ibid., art.* 10.)

CHAP. IV. — POLICE DES LIGNES TÉLÉGRAPHIQUES.

Sect. 1. — Établissement et usage des lignes télégraphiques.

50. Aucune ligne télégraphique ne peut être établie ou employée à la transmission des correspondances que par le Gouvernement ou avec son autorisation. (*D.* 27 *déc.* 1851, *art.* 1er.)

ART. 1. — FORMALITÉS PRESCRITES POUR L'ÉTABLISSEMENT DES LIGNES TÉLÉGRAPHIQUES.

51. Les formalités relatives aux demandes d'établissement de lignes télégraphiques sont été réglées par une circulaire du ministre de l'intérieur en date du 25 novembre 1852.

52. Les compagnies des chemins de fer ont toutes été autorisées, sur leur demande, à établir des communications télégraphiques pour les besoins de leur exploitation. L'autorisation est donnée par le ministre de l'intérieur. Ces communications sont établies sous la surveillance des agents de l'administration, aux frais et par les soins des compagnies.

53. Dans certaines gares déterminées, les appareils télégraphiques sont manœuvrés par des employés de l'État, qui sont chargés de contrôler le travail des transmissions. Ces employés font à la fois le service de la compagnie et celui du Gouvernement et des particuliers. Leur traitement est, en partie, à la charge de la compagnie.

54. Les établissements commerciaux et industriels peuvent également obtenir la concession de bureaux télégraphiques privés. Ces bureaux sont installés et desservis aux frais des concessionnaires. Ils sont reliés par un fil électrique spécial au bureau de l'État le plus voisin, qui tient compte des télégrammes transmis, et encaisse, à la fin de chaque mois, le montant des taxes afférentes à ces télégrammes. — Les frais faits pour établir le fil spécial sont supportés par les intéressés, qui ont à payer, en outre, une redevance annuelle pour l'entretien de ce fil. Cette redevance est calculée à raison de 50 fr. par kilomètre.

ART. 2. — RÉPRESSION DES TRANSMISSIONS NON AUTORISÉES.

55. Quiconque transmet, sans autorisation, des signaux d'un lieu à un autre, soit à l'aide de machines télégraphiques, soit par tout autre moyen, est puni d'un emprisonnement d'un mois à un an, et d'une amende de 1,000 fr. à 10,000 fr. (*D.* 27 *déc.* 1851, *art.* 1er.)

Cette prohibition comprend toutes les transmissions de signaux, quels que soient les moyens employés pour les faire passer d'un lieu à un autre, et quelque innocentes que soient ces transmissions. Toutefois ce serait faire une application trop rigoureuse de la loi que d'empêcher les signaux qui sont entrés dans la vie habituelle et qui se rapportent aux travaux des champs ou de l'industrie. (*Circ. Min. Int.* 25 *nov.* 1852.)

ART. 3. — DESTRUCTION DES APPAREILS TÉLÉGRAPHIQUES NON AUTORISÉS.

56. Lorsqu'il intervient une condamnation relative à la transmission de signaux télégraphiques non autorisés, le Gouvernement peut ordonner la destruction des appareils et machines électriques. (*D.* 27 *déc.* 1851, *art.* 1er.)

Cette disposition doit être complétée en ce sens qu'elle s'applique également aux appareils et machines autres que les appareils et machines électriques. Cela résulte nécessairement de ce que la prohibition de transmettre des signaux sans autorisation est applicable aux signaux transmis par les machines *télégraphiques* en général, et même *par tout autre moyen.* La disposition dont il s'agit, est donc incomplète et doit être généralisée.

Sect. 2. — **Des contraventions, délits et crimes relatifs aux lignes télégraphiques.**

57. Quiconque, par imprudence ou involontairement, a commis un fait matériel pouvant compromettre le service de la télégraphie électrique ; quiconque a dégradé ou détérioré, de quelque manière que ce soit, les appareils des lignes de télégraphie électrique ou les machines des télégraphes aériens, est puni d'une amende de 16 à 300 fr. La contravention est poursuivie et jugée comme en matière de grande voirie. (*Id., art.* 2.)

58. Quiconque, par la rupture des fils, par la dégradation des appareils ou par tout autre moyen, a volontairement causé l'interruption de la correspondance télégraphique, électrique ou aérienne, est puni d'un emprisonnement de trois mois à deux ans et d'une amende de 100 à 1,000 fr. (*Id., art.* 3.)

59. Sont punis de la détention et d'une amende de 1,000 à 5,000 fr., sans préjudice des peines que pourrait entraîner leur complicité avec l'insurrection, les individus qui, dans un mouvement insurrectionnel, ont détruit ou rendu impropres au service un ou plusieurs fils d'une ligne de télégraphie électrique ; ceux qui ont brisé ou détruit un ou plusieurs télégraphes, ou qui ont envahi, à l'aide de violences ou de menaces, un ou plusieurs postes télégraphiques, ou qui ont intercepté par tout autre moyen, avec violences et menaces, les communications ou la correspondance télégraphique entre les divers dépositaires de l'autorité publique, ou qui s'opposent, avec violences ou menaces, au rétablissement d'une ligne télégraphique. (*Id., art.* 4.)

60. Toute attaque, toute résistance, avec violences et voies de fait envers les inspecteurs et les agents de surveillance des lignes télégraphiques, électriques ou aériennes, dans l'exercice de leurs fonctions, est punie des peines appliquées à la rébellion, suivant les distinctions établies au Code pénal. (*Id., art.* 5.)

61. Le décret distingue, comme on le voit, deux catégories de faits pouvant mettre en péril la correspondance télégraphique. Les uns, commis sans intention de nuire, sont rangés dans la classe des simples contraventions et justiciables des conseils de préfecture. Les autres, commis avec une intention coupable, sont classés au nombre des crimes et des délits, et sont justiciables des tribunaux ordinaires.

Sect. 3. — **Des contraventions commises par les concessionnaires de chemins de fer et de canaux.**

62. Beaucoup de lignes électriques, placées le long des chemins de fer, sont en contact presque immédiat avec tout le mouvement qu'entraînent ces grandes exploitations. Il fallait protéger ces lignes contre les dangers que la circulation sur ces voies pouvait leur faire courir, et empêcher les compagnies d'abuser de leur position et de compromettre cet important service administratif. Le législateur a pourvu à cette nécessité en élevant la pénalité en proportion du péril.

63. Lorsque, sur la ligne d'un chemin de fer ou d'un canal concédé ou affermé par l'État, l'interruption du service télégraphique a été occasionnée par l'inexécution soit des clauses du cahier des charges et des décisions rendues en exécution de ces clauses, soit des obligations imposées aux concessionnaires ou fermiers, ou par l'inobservation des règlements ou arrêtés, procès-verbal de la contravention est dressé par les inspecteurs du télégraphe, par les surveillants des lignes télégraphiques, ou par les commissaires ou sous-commissaires préposés à la surveillance des chemins de fer. Les procès-verbaux, dans les quinze jours de leur date, sont notifiés administrativement au domicile élu par le concessionnaire ou le fermier, à la diligence du préfet, et transmis dans le même délai au conseil de préfecture du lieu de la contravention. (*D.* 27 *déc.* 1851, *art.* 6 *et* 7.)

Ces contraventions sont punies d'une amende de 300 à 3,000 fr. (*Id., art.* 8.)

Sect. 4. — **Dispositions générales.**

64. Les crimes, délits ou contraventions relatifs aux lignes télégraphiques sont constatés par des procès-verbaux dressés concurremment par les officiers de police judiciaire, les commissaires et sous-commissaires préposés à la surveillance dès chemins de fer, les inspecteurs des lignes télégraphiques, les agents de surveillance nommés ou agréés par l'administration et dûment assermentés. Ces procès-verbaux font foi jusqu'à preuve contraire (*Id., art.* 10). Ils doivent être visés pour timbre et enregistrés en débet. Ceux qui ont été dressés par des agents de surveillance assermentés doivent être affirmés dans les trois jours, à peine de nullité, devant le juge de paix ou le maire, soit du lieu du délit ou de la contravention, soit de la résidence de l'agent. (*Id., art.* 11.)

65. L'administration peut prendre immédiatement toutes les mesures provisoires pour faire cesser les dommages résultant des crimes, délits et contraventions dont il s'agit, et le recouvrement des frais qu'entraîne l'exécution de ces mesures est poursuivi administrativement, le tout ainsi qu'il est procédé en matière de grande voirie. (*Id., art.* 12.)

66. L'art. 463 du Code pénal, c'est-à-dire l'admission de circonstances atténuantes, est applicable aux condamnations qui sont prononcées en matière de police des lignes télégraphiques. (*Id., art.* 13.)

67. En cas de conviction de plusieurs crimes ou délits en cette matière, la peine la plus forte doit être seule prononcée. (*Id., art.* 14.)

CHAP. V. — ORGANISATION DU SERVICE TÉLÉGRAPHIQUE.

68. *En France.* Cette organisation est réglée aujourd'hui par les décrets des 20 janvier 1862, 7 mai 1862, 17 mai 1862, 28 janvier 1865, 28 juillet 1866, 10 juillet et 30 novembre 1876, par la loi du 6 décembre 1873 et par les arrêtés du ministre de l'intérieur des 28 janvier 1862, 28 février 1869 et 26 décembre 1874.

Le personnel se compose de : 1 directeur de l'administration ; 2 inspecteurs généraux, de directeurs régionaux placés à chaque chef-lieu de région militaire, d'inspecteurs chargés du service dans chaque département, de sous-inspecteurs, de chefs principaux de transmission, de chefs de transmission, de commis principaux, d'employés, de chefs surveillants, de surveillants, de facteurs et d'ouvriers.

Les fonctionnaires détachés aux colonies et dans les services autres que celui des régions et des départements sont considérés comme hors cadre, en conservant leur rang et leurs droits à l'avancement. (*D.* 30 *nov.* 1876, *art.* 4.)

69. Le directeur de l'administration est nommé par le président de la République. Les inspecteurs généraux, les directeurs régionaux, les inspecteurs, les sous-inspecteurs et les chefs principaux de transmission sont nommés par le ministre, tous les autres agents sont nommés par le directeur de l'administration.

70. Le traitement de ces fonctionnaires et agents est fixé ainsi qu'il suit : directeur de l'administration, 20,000 fr. ; inspecteurs généraux, 12,000 fr.; directeurs régionaux, 10,000 et 9,000 fr.; inspecteurs, 8,000, 7,000, 6,000, et 5,000 fr. ; sous-inspecteurs, 4,000 fr. ; chefs principaux de transmission, 3,500 et 3,000 fr. ; chefs de transmission, 2,800 et 2,600 fr. ; commis principaux, 2,500 fr.; employés, 2,400, 2,100, 1,800, 1,600 et 1,400 fr. ; chefs surveillants, 1,800, 1,600 et 1,400 fr. ; surveillants, 1,200, 1,100 et 1,000 fr ;

facteurs, 1,000, 900 et 800 fr.; ouvriers, 1,000 et 900 fr.

71. *En Algérie.* — Les fonctionnaires et agents de la télégraphie en Algérie sont mis à la disposition du gouverneur général par le ministre de l'intérieur. Ils sont considérés comme détachés pour un service public des cadres de la métropole, dans lesquels ils sont aptes à rentrer avec leur grade après cinq ans de service en Algérie. Ils reçoivent, indépendamment du traitement de France, une indemnité coloniale du quart en sus. (*D.* 16 *août* 1859 *et* 7 *mai* 1862.)

72. Le service de la télégraphie relève, en Algérie, d'un directeur régional, placé sous l'autorité du gouverneur général, et qui, en cas d'absence ou d'empêchement, est remplacé par un inspecteur en résidence à Alger.

Stéphane Perrot.

TÉMOIN. 1. En droit, on distingue deux espèces de témoins : 1° les *témoins instrumentaires,* qui assistent un officier public pour donner plus d'authenticité à l'acte et sont chargé de recevoir ou pour constater l'identité des parties : 2° les *témoins judiciaires,* ou ceux appelés par justice pour l'instruction d'une affaire pendante devant elle.

L'intervention de témoins instrumentaires est nécessaire auprès de l'autorité municipale lorsqu'il s'agit pour elle de délivrer les passe-ports, des certificats de vie ou de recevoir les actes de l'état civil. Ainsi la loi exige deux témoins pour un acte de naissance ou de décès (*C. civ., art* 56 *et* 78) ; elle en exige quatre pour la célébration du mariage (*Id., art.* 75). Les témoins produits aux actes de l'état civil doivent être du sexe masculin et âgés de vingt et un au moins. Ajoutons pour le passe-port et les certificats de vie que les témoins ne sont pas nécessaires si la personne qui les demande est connue de celui qui doit délivrer l'acte.

2. Le Code de procédure civile et le Code d'instruction criminelle déterminent tout ce qui est relatif à la citation des témoins judiciaires, à leur récusation, à leur audition, aux peines qu'encourent ceux qui refusent de paraître ou ceux qui se rendent coupables de faux témoignage.

3. Le président du Conseil d'État, les conseillers d'État chargés d'une administration publique, les généraux en service, les ambassadeurs et autres agents diplomatiques près les cours étrangères, et les préfets, peuvent, à raison de leurs fonctions, lorsqu'ils sont cités comme témoins, se dispenser de fournir leur déposition dans les formes ordinaires. Dans ce cas, les officiers chargés de l'instruction, après qu'ils se sont entendus avec eux sur le jour et l'heure, doivent venir dans leur demeure pour recevoir leur déposition. (*D.* 1812, *art.* 3, 4 *et* 6.)

4. Si les fonctionnaires ci-dessus désignés comparaissent, ils sont reçus par un huissier à la première porte du palais de justice et, après avoir été introduits dans le parquet, ils sont placés sur un siège particulier. Ils sont reconduits de la même manière qu'ils ont été reçus. (*Id., art.* 5.)

TENANTS ET ABOUTISSANTS. 1. On appelle

ainsi les confins d'un bien, d'une terre. *Aboutissants* se dit particulièrement des propriétés situées aux deux bouts ou aux limites de la longueur; *tenants* de celles situées aux côtés ou aux limites de la largeur.

2. Les tenants et aboutissants doivent être indiqués dans les assignations en matière réelle ou mixte (*C. de Pr.*, *art.* 64), dans les procès-verbaux de saisie-brandon et de saisie immobilière (*Id.*, *art.* 627 et 675). L'omission de cette énonciation entraîne la nullité du procès-verbal.

TERRAIN MILITAIRE. *Voy.* **Servitudes défensives** et **Travaux mixtes.**

TERRIER. Se disait autrefois d'un registre que tenaient les seigneurs féodaux et qui contenait les noms de ceux qui relevaient de leur *terre,* ainsi que le détail des droits, cens et rentes qu'ils devaient. Ces registres ont été abolis par la loi du 15 mars 1790, qui dispose ainsi (*tit.* Ier, *art.* 5):
« Les formes ci-devant usitées de reconnaissances par aveux et dénombrements, déclarations à terriers, gages-pleiges, plaids et assises, sont abolies ; et il est défendu à tout propriétaire de fiefs de continuer aucuns terriers, gages-pleiges, plaids et assises, commencés avant la publication des présentes. »

Actuellement beaucoup de personnes verraient avec satisfaction établir un livre-terrier indiquant dans chaque commune le propriétaire réel de chaque immeuble. La transcription serait de rigueur, la vente, la mutation ne seraient accomplies qu'après avoir été portées sur ce livre, qui ferait preuve jusqu'à inscription de faux.

THALWEG. On appelle ainsi le milieu du courant d'un fleuve, d'une rivière. Le thalveg est quelquefois pris pour une ligne séparative des territoires de deux nations voisines.

THÉATRES ET SPECTACLES.

SOMMAIRE.

CHAP. I. — OUVERTURE DES THÉATRES ET SPECTACLES PUBLICS.

1. L'ouverture des théâtres était, avant la grande Révolution, subordonnée à l'autorisation de l'administration (*Édit de nov.* 1706, XX, etc.). La loi des 13-19 janvier 1791 détruisit le régime de l'autorisation préalable, qui fut repris quelques années après [1] (*D.* 8 *juin* 1806, *art.* 1 et 2), pour disparaître de nouveau en 1864, aux termes du décret du 6 janvier de cette année [2]. D'après le décret de 1864, tout individu peut construire et exploiter un théâtre, à la charge de faire une déclaration, pour Paris, au ministère des beaux-

1. Voy. aussi les décrets des 29 avril 1807, art. 7 et 8, 13 août 1811, art. 12, la loi du 9 septembre 1835, art. 21, abrogée par le décret-loi du 6 mars 1848.

2. La réforme de 1864 a son origine dans l'enquête célèbre faite par une commission du Conseil d'État en 1849, sous la direction de M. VIVIEN.

arts et à la préfecture de police, pour les départements à la préfecture (*art.* 1er), et de se conformer aux ordonnances, décrets et règlements pour tout ce qui concerne l'ordre, la sécurité et la salubrité publics (*art.* 2). Les théâtres d'enfants sont interdits (*art.* 3).

2. Les spectacles, tels qu'exercices équestres, joutes, dioramas, concerts publics (*Arr. C. Paris, Ancessy,* 20 *fév.* 1844), parades de saltimbanques, exhibitions d'animaux, marionnettes, feux d'artifice, etc., ne peuvent s'établir sans l'autorisation de l'administration municipale (*D.* 8 *juin* 1806, *art.* 15; *L.* 16-24 *août* 1790; *D.* 6 *janv.* 1864, *art.* 6). L'administration municipale met à l'autorisation les conditions qu'elle juge convenables : sa décision ne peut être attaquée par voie contentieuse. A Paris, les autorisations sont délivrées par le préfet de police ; à Lyon, par le préfet (*Arr. Cons.* 12 *mess. an VIII; L.* 4 *avril* 1873). Les cafés-concerts, comme les autres cafés, ne peuvent, aux termes du décret-loi du 29 décembre 1851, s'ouvrir sans l'autorisation du préfet (*art.* 1er) et peuvent être fermés par lui par mesure de sûreté publique ou en cas de condamnation pour contravention (*art.* 2).

CHAP. II. — REPRÉSENTATIONS, JEUX, EXHIBITIONS.

3. Conformément à des traditions administratives remontant au commencement du XVIIIe siècle [1] et interrompues seulement depuis à de rares intervalles (1791 [2], 1830, 1848), les représentations des pièces de théâtre sont soumises à une autorisation préalable. Toute œuvre dramatique, avant d'être représentée, doit être examinée et autorisée par le ministre de l'instruction publique et des beaux-arts à Paris, par le préfet dans les départements [3] (*D.* 30 *déc.* 1852 [4], 6 *fév.* 1864, 19 *fév.* 1871). La décision intervient, à Paris, sur le rapport d'une commission spéciale instituée auprès de la direction des beaux-arts (*D.* 1er *fév.* 1874, *L.* 24 *juin* 1874), dans les départements sur le rapport des bureaux de la préfecture. Aucun recours contentieux n'est ouvert en cas de refus d'autorisation. L'autorisation accordée peut toujours être retirée pour un motif d'ordre public. (*D.* 30 *déc.* 1852, *art.* 2).

4. En ce qui concerne les simples spectacles, l'administration peut toujours, quand elle le croit opportun, déterminer, en vertu des droits généraux qu'elle a pour leur autorisation, le programme des représentations, jeux ou exhibitions. Par des circulaires, en date des 23 et 27 novembre 1872, les ministres des beaux-arts et de l'intérieur ont prescrit certaines règles spéciales pour

1. Voy. la lettre du comte de PONTCHARTRAIN, secrétaire d'État, au lieutenant général de police de Paris, en date du 31 mars 1701, dans la *Correspondance administrative sous le règne de Louis XIV,* publiée par G. B. DEPPING, t. II, p. 739. — Les premières origines de ces traditions remontant bien au delà. (Voy. l'ordonnance de police du 12 novembre 1609, relative aux comédiens de l'hôtel de Bourgogne et de l'hôtel d'Argent, reproduite dans le *Traité de la police* de DELAMARE, 2e édit., t. I, p. 472, et l'ordonnance du prévôt de Paris en date du 3 juin 1398.)

2. Loi des 13-19 janvier.

3. Voy. au sujet de l'exercice des droits de censure par les préfets, les circulaires du ministre de l'intérieur en date des 3 août et 29 octobre 1850.

4. Ce décret a pris la place de la loi temporaire du 30 juillet 1851 qui elle-même succédait à la loi du 30 juillet 1850. — La prohibition n'a plus pour sanction pénale l'amende édictée par la loi de 1851, mais seulement celle édictée par l'art 471, 15°, du Code pénal. (Voy. *Arr. Cass., Thibaud,* 17 *avril* 1856.)

les représentations des cafés-concerts ou cafés chantants.

5. Les ouvrages dramatiques de tous les genres peuvent être représentés sur tous les théâtres (*D.* 6 *janv.* 1864, *art.* 4). Sous le régime qui subordonnait l'ouverture des théâtres à l'autorisation préalable, le ministre pouvait assigner à chaque théâtre le genre à exploiter. (*D.* 8 *juin* 1806, *art.* 5.)

CHAP. III. — POLICE DES THÉÂTRES ET SPECTACLES PUBLICS.

6. Sans préjudice des droits généraux de l'Administration supérieure [1] et au point de vue particulier de la sécurité, du bon ordre intérieur et extérieur, la police des théâtres et spectacles publics est confiée à l'autorité municipale (*L.* 16-24 *août* 1790, 19 *janv.* 1791, 1er *sept.* 1793; *Arr. du Direct.* 25 *pluv. an IV*; *D.* 17 *frim. an XIV*). La loi du 5 mai 1855 (*art.* 50) avait en ce qui concernait les villes chefs-lieux de département de 40,000 âmes et au-dessus, fait attribution, à cet égard, aux préfets des pouvoirs de police municipale attribués déjà précédemment, pour la ville de Paris, au préfet de police par l'arrêté consulaire du 12 messidor an VIII, art. 12. L'art. 23 de la loi du 24 juillet 1867 a abrogé l'art. 50 de la loi de 1855 et laissé seulement aux préfets un droit d'intervention dans la désignation du personnel de la police municipale. Le préfet du Rhône seul a conservé pour Lyon, aux termes de la loi du 4 avril 1873, les droits du préfet de police. L'administration a pris souvent, dans les centres importants, des mesures réglementaires. Les arrêtés pris pour la ville de Paris, par la préfecture de police, offrent des modèles précieux : ces arrêtés ont été, en grande partie, résumés par l'ordonnance du 1er juillet 1864 [2].

7. La loi des 13-19 janvier 1791 et divers règlements généraux (*Arr. Direct.* 11 *germ. an IV*, 1er *germ. an VII*; *D.* 8 *juin* 1806 *et* 29 *juill.* 1807 ; *Arr. Min. Int.* 25 *avril* 1807 *et* 15 *mai* 1813 ; *O.* 8 *déc.* 1824 *et* 13 *mai* 1831, etc.) avaient édicté au sujet de la police des théâtres et spectacles, une série de dispositions dont un grand nombre n'ont plus leur raison d'être depuis la réforme libérale accomplie par le décret du 6 janvier 1864.

CHAP. IV. — REDEVANCES SPÉCIALES.

8. La seule redevance véritablement spéciale qui subsiste dans la législation en ce qui concerne les théâtres et spectacles est celle qu'on appelle le *droit des pauvres* ou *droit des indigents* : elle fait l'objet d'un article spécial du Dictionnaire. (*Voy. le mot* Droit des indigents.) D'anciennes dispositions réglementaires (*D.* 8 *juin* 1806, *art.* 15 ; *Circ. Min. Int.* 22 *mai* 1813 ; *Arr. min.* 15 *mai* 1815, *art.* 21 ; *O. R.* 8 *déc.* 1824, *art.* 11) avaient imposé aux spectacles de curiosité, à titre de condition générale d'autorisation, une redevance au profit des directeurs de troupes de théâtre du département. Cette rede-

vance a été supprimée par l'art. 6 du décret du 6 janvier 1864. Dès 1831, une ordonnance royale avait supprimé une autre redevance que diverses dispositions, notamment un décret du 13 août 1811, avaient établie sur les théâtres secondaires et les petits théâtres en faveur de l'Opéra.

CHAP. V. — THÉÂTRES SUBVENTIONNÉS.

9. Dans l'intérêt de l'art, l'État subventionne un certain nombre de théâtres à Paris. Voici le détail des subventions qui figurent au budget de 1877 : Opéra, 800,000 fr. ; Théâtre-Français, 240,000 fr.; Opéra-Comique, 240,000 fr. ; Théâtre-Lyrique, 200,000 fr. ; Odéon, 60,000 fr. A certaine époque même, l'État avait pris directement en mains la gestion de l'Opéra. (*Voy. D.* 29 *juin* 1854.)

10. Le Théâtre-Français est soumis à un régime spécial : il a à sa tête une société dont la constitution remonte à l'an XII et qui est formée des principaux acteurs. L'État est représenté dans l'administration du théâtre par un fonctionnaire qui porte le titre d'administrateur général et qui préside le comité d'administration. Ce fonctionnaire est à la nomination du ministre de l'instruction publique et des beaux-arts. (*D.* 27 *avril* 1850, 19 *nov.* 1859, 22 *avril* 1869, 19 *fév.* 1871.)

11. Il y a, auprès des théâtres subventionnés, un commissaire du Gouvernement institué pour surveiller l'emploi de la subvention : un agent spécial est chargé de la conservation du matériel que l'État possède à l'Opéra.

12. Les communes subventionnent un certain nombre de théâtres (Bordeaux, Dijon, Lille, Lyon, Marseille, Nantes, etc.).

CHAP. VI. — THÉÂTRES ET SPECTACLES NON OUVERTS AU PUBLIC.

13. Les théâtres et spectacles purement privés ne sont assujettis à aucune réglementation. Des mesures n'ont été prises à leur égard que quand ils se sont clandestinement transformés en théâtres et spectacles publics. (*Voy. O. Préfet de police* 31 *janv.* 1829.)

CHAP. VII. — COMMISSION DES THÉÂTRES.

14. Auprès du ministre de l'instruction publique et des beaux-arts existe une commission consultative dite des théâtres dont l'organisation actuelle a été déterminée par le décret du 30 avril 1872. Elle donne son avis sur les questions de législation et d'administration relatives aux théâtres et sur les règlements concernant le Conservatoire de musique et de déclamation. Ne peuvent faire partie de la commission les directeurs de théâtre et les personnes ayant un intérêt direct dans une exploitation théâtrale [1].   CHARLES TRANCHANT.

BIBLIOGRAPHIE.

Code des théâtres, ou Manuel à l'usage des directeurs, entrepreneurs et actionnaires des spectacles, des auteurs et artistes dramatiques, etc., par MM. Vulpian et Gauthier. In-8°. Paris, Warée aîné. 1829.

[1.] Nous ne pouvons aborder, dans cet article, les questions relatives à la propriété des œuvres dramatiques, aux droits et obligations réciproques des auteurs et des directeurs, aux contrats passés entre les directeurs et les acteurs pour la représentation des pièces. Ces questions se rattachent complètement au droit privé. On trouvera, du reste, en ce qui concerne des détails étendus dans les ouvrages mentionnés à l'appendice bibliographique, le *Traité de législation et de jurisprudence des théâtres*, par MM. Lacan et Paulmier, le *Code des théâtres*, de M. Charles Constant, et dans le *Répertoire* de Dalloz, article *Théâtre-Spectacle.*

[1.] Voy. en ce qui concerne la surveillance administrative des pièces à Paris, les circulaires adressées aux directeurs des théâtres par le ministre d'État, à la date des 6 et 30 décembre 1861, par le ministre de la maison de l'Empereur et des beaux-arts, le 28 février 1868.

[2.] Quelques détails restent réglés par des dispositions spéciales. (*Voy. notamment les arrêtés des* 18 *déc.* 1838 *et* 10 *juin* 1875.)

Code théâtral, physiologie des théâtres; Manuel complet de l'auteur, du directeur, de l'acteur et de l'amateur, contenant, etc., par J. Rousseau. In-18. Paris, Roret. 1829.

Traité de la législation des théâtres, ou Exposé complet et méthodique des lois et de la jurisprudence relativement aux théâtres et aux spectacles publics, par MM. Vivien et Ed. Blanc. 2e édit. 1 vol. in-8o. Paris, Brissot-Thivars, Mad. veuve Charles-Béchet. 1832.

Répertoire raisonné de jurisprudence théâtrale, etc., recueil complet de lois, de décrets, de jugements, avec annotations et commentaires, etc., par MM. Maud'heux et Ch. d'Argé. In-8o. Paris, Ch. Tresse, Hingray. 1843.

Rapport présenté par M. Ed. Charton au nom d'une commission du Conseil d'État chargée de préparer un projet de loi sur les théâtres. (Adopté par le Conseil d'État le 3 mars 1850.) In-4o. Paris, impr. nat. 1850.

Conseil d'État. Section de législation. Commission chargée de préparer la loi sur les théâtres. Enquête sur les théâtres, rédigée par M. Ch. Tranchant, secrétaire de la commission. In-4o. Paris, impr. nat. (Déc. 1849.)

Traité de la police administrative des théâtres de la ville de Paris, par M. Simonet. In-8o. Paris, Thorel. 1850.

Organisation des théâtres de la province en France, la ville de Paris exceptée. In-18. Paris, Michel Lévy frères. 1850.

De l'administration de la société du Théâtre-Français. In-4o. Paris, impr. de Mad. Dondey-Dupré. 1850.

De l'administration du Théâtre-Français. Documents et pièces justificatives. In-4o. Paris, Maulde. 1850.

Mémoire au Conseil d'État, section du contentieux, pour la société du Théâtre-Français, demandant l'annulation de deux décrets de M. le président de la République, en date du 15 novembre 1849. In-4o. Paris, impr. de Mad. Dondey-Dupré. 1850.

Réponse pour les sociétaires de la Comédie-Française à un Factum ayant pour titre : De l'administration du Théâtre-Français, documents et pièces justificatives. Février 1850. In-4o. Paris, impr. de Mad. Dondey-Dupré. 1850.

Théâtre de l'Opéra-Comique, par Émile Perrin. In-4o. Paris, Lange-Lévy. 1850.

Situation du Théâtre-Italien, par G. Ronconi. In-4o. Paris, impr. de Plon. 1850.

Code-Manuel des artistes dramatiques et des artistes musiciens. Ouvrage dans lequel sont exposés méthodiquement leurs obligations et leurs droits respectifs, d'après le texte des lois, la jurisprudence des cours et des tribunaux, l'opinion des auteurs et les usages, par Émile Agnel. In-12. Paris, Mansut. 1851.

Décrets concernant la Comédie-Française. In-8o. Paris, impr. de Mad. Dondey-Dupré. 1851.

Note sur la subvention accordée par l'État au Théâtre-Italien. Budget de 1852. In-4o. Paris, impr. de Vinchon. 1851.

Études administratives, par Aug. Vivien. 2e édit. Paris. Guillaumin. 1852.

Traité de la législation et de la jurisprudence des théâtres, précédé d'une introduction, avec un appendice sur la propriété des ouvrages dramatiques, etc., 2 vol. in-8o, par Ad. Lacan et Charles Paulmier. Paris, Durand. 1853.

Code des théâtres, par Charles Constant. Paris, Pedone-Lauriel. 1876.

Les spectacles de la foire, documents inédits recueillis aux Archives nationales, par Émile Campardon. 2 vol. in-8o. Paris et Nancy, chez Berger-Levrault et Cie. 1877.

Annuaire de la société des auteurs dramatiques. Paris, commission des auteurs dramatiques (30, rue Saint-Marc). Public. annuelle.

Voy. aussi le Répertoire de Dalloz, article *Théâtre-Spectacle.*

ADMINISTRATION COMPARÉE.

En Angleterre, les théâtres et toute représentation théâtrale (ces termes pris dans leur acception la plus large, mais sans l'étendre à d'autres spectacles) dépendent du lord chamberlain et dans une certaine mesure des juges de paix. Il faut le concours de quatre juges de paix pour donner une « licence » au d.recteur (*menager*). Les juges de paix peuvent réglementer les théâtres au point de vue de l'ordre et de la police (*order and decency*), ils peuvent donner l'autorisation sous conditions, mais la censure des pièces appartient exclusivement au lord chamberlain (6-7 Vict., c. 68). Parmi les conditions que les juges de paix ont imposées à des directeurs, nous trouvons celle de ne pas demander l'autorisation d'annexer un buffet (*alehouse*) au théâtre. C'est que l'administration des contributions indirectes ne peut délivrer la licence, pour un cabaret, qu'aux personnes autorisées à cet effet par les juges de paix (*voy.* Cabaret, p. 302], un directeur de théâtre est censé autorisé (35-36 Vict., c.94, art. 72). Un auteur pense que les juges de paix de Leicester qui ont posé la condition ci-dessus pourraient bien avoir dépassé leur droit.

Nous avons sous les yeux une circulaire du lord chamberlain, datée du 21 décembre 1874 (voy. Times du 22), dans laquelle il se plaint des costumes peu décents et des danses impudiques de certains théâtres et menace de les fermer d'autorité si ces abus ne cessaient pas.

En Prusse, la loi organique de l'industrie de 1869 fait dépendre l'ouverture d'un théâtre d'une autorisation du préfet, mais le préfet ne peut refuser son autorisation que s'il y a des faits graves à opposer à la personne du directeur.

TIERCE-OPPOSITION. 1. Acte que fait signifier celui qui, n'ayant point été partie dans une contestation jugée, prétend que le jugement ou l'arrêt lui fait tort.

2. Tout jugement préjudiciable à un tiers qui n'y a point été partie ni représenté, peut être attaqué par la voie de la tierce-opposition (*C. de Pr.*, *art.* 474). Une commune, par exemple, qui a procédé en première instance par son maire, sans être valablement autorisée, est recevable à former tierce-opposition à l'arrêt rendu sur l'instance d'appel dans laquelle elle n'a pas figuré. (*Cass.* 27 *janv.* 1830.)

3. Les propriétaires qui ont des intérêts opposés à ceux de la généralité des habitants d'une commune, n'étant pas en fait représentés par le maire autorisé à plaider au nom de la commune, ont le droit de former tierce-opposition aux arrêts rendus contre la commune, si ces arrêts préjudicient à leurs droits. (*C. d'Amiens* 12 *janv.* 1821.)

4. La tierce-opposition est admise devant les conseils de préfecture comme devant les tribunaux civils (*Arr. du C.* 27 *mai* 1816, 13 *juin* 1821, 25 *mai* 1830, 17 *mars* 1835, 8 *janv.* 1836). Elle doit être portée au conseil de préfecture qui a rendu l'arrêté, et non directement au Conseil d'État. (*Arr. du C.* 8 *janv.* 1836.)

5. Ceux qui veulent s'opposer à des décisions du Conseil d'État rendues en matière contentieuse doivent former leur opposition par requête. Sur le dépôt qui doit être fait de cette requête au secrétariat du Conseil, il est procédé conformément aux dispositions de l'art. 37 du titre Ier du règlement du 22 juillet 1806.

6. La partie dont la tierce-opposition est rejetée devant un tribunal civil est condamnée à une amende qui ne peut être moindre de 50 fr., sans préjudice des dommages-intérêts, s'il y a lieu (*C. de Pr.*, *art.* 479). Devant le Conseil d'État, l'amende est de 150 fr. (*Règl. précité*, *art.* 38). Le Conseil peut cependant la réduire de 150 à 50 fr., en ayant égard à la position des parties. (*Arr. du C.* 31 *oct.* 1821.)

TIMBRE. *Historique et législation.* **1.** Le timbre est une marque imprimée ou apposée par l'État ou en son nom, sur les papiers et parchemins destinés à certains actes et écrits déterminés par la loi.

2. L'impôt du timbre résulte de l'obligation d'employer, pour ces actes et écrits, du papier revêtu de cette marque et de payer un droit pour cette marque ou empreinte: l'impôt du timbre est donc un impôt sur les actes.

3. L'usage du timbre remonte à une époque très-ancienne: il consistait d'abord dans l'inscription, en tête de l'acte, de *formules* qui avaient uniquement pour objet de donner plus d'authenticité aux écrits. Louis XIV (édit du mois d'avril 1674) oblige les officiers publics à employer des papiers *marqués* pour la rédaction de leurs actes.

4. En 1790 l'Assemblée constituante abrogea l'ancien timbre. Un décret-loi des 12 décembre 1790-19 février 1791 établit un nouveau timbre, détermina les actes soumis à la formalité, édicta un tarif des droits, dont le plus faible était de 2 sous 6 deniers, et le plus fort de 1 fr. 6 sous, et, enfin en confia la perception à l'administration de l'enregistrement. Plusieurs lois et décrets successifs changèrent et modifièrent l'assiette de l'impôt. La loi du 13 brumaire an VII abrogea toute la législation antérieure et posa les bases du système de perception qui régit encore aujourd'hui les droits de timbre.

5. Bien des lois (*L.* 28 *août* 1816, 24 *mai* 1834, 5 *juin* 1850, 2 *juill.* 1862, 23 *août* 1871, 30 *mars* 1872, 19 *février* 1874, pour ne citer que les principales) sont depuis intervenues en cette matière, mais peu ont posé des principes nouveaux: presque toutes n'ont fait qu'interpréter la loi fondamentale, en ajoutant à ses dispositions, en les modifiant, en les retirant.

6. En l'état actuel de la législation la contribution du timbre est de trois sortes: 1° droit de timbre imposé et tarifé à raison de la *dimension* du papier dont il est fait usage; 2° droit de timbre dont la quotité varie à raison des sommes et valeurs exprimées, sans égard à la dimension du papier: c'est le droit de timbre *proportionnel* ou *gradué*; 3° droit de timbre *spécial*, établi à raison de la nature même de certains écrits.

SOMMAIRE.

CHAP. I. — DES DIFFÉRENTES MANIÈRES DE PERCEVOIR L'IMPÔT.

7. L'impôt du timbre est perçu: 1° par la débite; 2° par le timbre extraordinaire et l'abonnement; 3° par le visa pour timbre.

Sect. 1. — Débite et timbres mobiles.

8. La *débite* est la vente de *papiers* blancs *timbrés* et de *timbres mobiles*, faite au comptant et pour le prix du tarif légal, au profit de l'État, par les préposés de l'enregistrement.

9. Les papiers de la débite, fabriqués par l'industrie particulière dans des dimensions déterminées par la loi, sont timbrés à Paris dans un atelier dit *atelier général*, dirigé par le directeur des domaines de la Seine, qui a sous ses ordres des gardes-magasins généraux, des contrôleurs, des timbreurs, des tourne-feuilles, des compteurs; ils portent un filigrane particulier imprimé dans la pâte même à la fabrication.

10. Le timbrage consiste à marquer chaque feuille de deux empreintes, l'une en noir, l'autre frappée à sec; chaque timbre noir porte distinctement son prix; dans le segment inférieur du timbre sec figure une lettre qui, changée tous les ans, permet de reconnaître l'année pendant laquelle les papiers débités ont été timbrés.

11. La vente de papiers timbrés ne comprend que des papiers destinés aux actes soumis au droit de timbre de dimension, aux effets ou billets passibles du droit de timbre proportionnel; des formules pour passe-ports, permis de chasse, certificats de vie et contraintes.

12. Les *timbres mobiles* sont également confectionnés à l'atelier général; ils consistent dans de petites gravures ou vignettes portant l'indication du droit de timbre et qui sont apposées sur les papiers pour lesquels l'emploi en est autorisé, et oblitérées ensuite selon des formes prescrites. Il existe des timbres mobiles destinés à acquitter certains droits de timbre de dimension, proportionnels et spéciaux.

Les *timbres mobiles* de *dimension* ne peuvent être apposés et oblitérés que par les *receveurs d'enregistrement* et exceptionnellement, quand il s'agit de lettres de voiture, par les *receveurs des douanes,* autorisés à timbrer ces écrits, au moyen de timbres mobiles, dans toutes les localités sans distinction. (*Arr. min. du 20 juill.* 1864.)

13. De l'atelier général s'expédient dans les Directions les papiers timbrés et timbres mobiles nécessaires pour les besoins des départements. Des employés, qui portent le nom de gardes-magasins du timbre, sont tenus, sous la surveillance immédiate du directeur, de prendre charge de ces papiers et de ces timbres et d'expédier aux receveurs, chargés de la débite, les envois qui sont demandés.

14. La vente du papier timbré et des timbres mobiles au public est faite par les receveurs, exclusivement au comptant (*L. 28 avril* 1816, *art.* 71). Aux termes de l'art. 27 de la loi du 13 brumaire an VII, aucune personne ne peut vendre ou distribuer du papier timbré qu'en vertu d'une commission de l'administration, à peine d'une amende de 20 fr. (*L. 16 juin* 1824, *art.* 10), de 300 fr. en cas de récidive, et de la confiscation des papiers saisis. Pendant longtemps les préposés de l'enregistrement ont été seuls à vendre des papiers timbrés; à Paris seulement on avait établi des bureaux de distribution dont les titulaires recevaient les papiers timbrés de 'atelier et étaient soumis, pour la débite, aux mêmes obligations que les receveurs. Aujourd'hui, pour la commodité des contribuables, les débitants de tabacs, tant à Paris que dans les départements, peuvent être autorisés à vendre certaines espèces de papiers et de timbres mobiles, à toutes personnes, hormis aux officiers publics et ministériels qui doivent toujours s'approvisionner au bureau d'enregistrement. Les directeurs se concertent avec les préfets pour la création de ces distributions auxiliaires partout où il est nécessaire.

15. Les passe-ports ne sont pas vendus directement aux particuliers.

Les passe-ports à l'intérieur sont débités par les receveurs de chaque chef-lieu d'arrondissement et par le receveur du timbre dans les chefs-lieux de préfecture, aux percepteurs-receveurs municipaux; l'autorité municipale se fait donner par ces receveurs les formules dont elle a besoin et les remet ensuite aux particuliers.

Les passe-ports à l'étranger sont remis, par ces mêmes receveurs, aux préfets et sous-préfets.

Les passe-ports gratuits à l'intérieur sont débités par tous les receveurs, et remis aux maires suivant certaines formalités.

Les passe-ports gratuits pour l'étranger sont remis au préfet directement par le garde-magasin de la direction.

16. Les formules de *permis de chasse* sont remises aux préfets par le receveur du chef-lieu du département, chargé du timbre extraordinaire, et aux sous-préfets par le receveur du chef-lieu d'arrondissement.

17. Les *certificats de vie*, formules timbrées, rédigées dans la forme tracée par le décret du 21 août 1806, l'ordonnance du 20 juin 1817 et l'arrêté ministériel du 12 août 1817, et destinées aux propriétaires de rente viagère et pensionnaires de l'État, qui doivent les produire à l'appui de leur demande en paiement, sont exclusivement débités par les receveurs d'enregistrement.

18. Les formules de *contraintes*, imprimées et timbrées, destinées à la rédaction des actes de poursuites à la requête de l'administration de l'enregistrement, sont exclusivement employées par les agents du timbre; le droit de timbre de ces contraintes, dont l'avance est faite par les receveurs sur les fonds du Trésor, s'ajoute aux autres frais dus par le contribuable.

Sect. 2. — Timbre extraordinaire et abonnement.

ART. 1. — TIMBRE EXTRAORDINAIRE.

19. Le *timbre extraordinaire* consiste en l'apposition d'empreintes de timbres sur les papiers présentés par les parties et pour lesquels la loi l'a autorisée ou ordonnée. (*L. 13 brum. an VII, art.* 18.)

20. Les notaires, huissiers, greffiers et tous autres officiers ou fonctionnaires publics ne peuvent se servir, pour leurs actes et les copies ou expéditions qu'ils en délivrent, à l'exception de celles qui sont faites sur parchemin, de papiers timbrés à l'extraordinaire; ils sont tenus d'employer du papier timbré de la débite. (*L. 13 brum. an VII, art.* 26.)

21. Le timbre extraordinaire est donné au chef-lieu de chaque département pour les papiers destinés aux actes des administrations publiques et des particuliers, aux affiches, aux connaissements, papiers qui ne sont revêtus que d'un timbre noir. Il ne peut être donné qu'à Paris, à l'atelier général, pour les papiers destinés; 1° aux coupons pour effets de commerce; 2° aux lettres de voiture (*L. 11 juin* 1842); 3° aux bordereaux et arrêtés des agents de change et de courtiers (*L. 2 juill.* 1862, *art.* 19); 4° aux actions dans les sociétés et aux obligations négociables des départements, villes, communes, établissements publics, compagnies (*D. du 27 juill.* 1850); aux récépissés de dépôts de marchandises délivrés par les magasins généraux (*L.* 28 *mai* 1858), qui doivent être revêtus d'un timbre noir et d'une empreinte sèche. (*D.* 17 *août* 1806, *art.* 5.)

22. Ces timbre et empreinte sont appliqués au haut du côté droit de la feuille.

ART. 2. — ABONNEMENT.

23. L'*abonnement* est un contrat passé avec l'État, en vertu duquel les parties, autorisées à s'affranchir du paiement immédiat des droits de timbre, s'engagent à verser, pendant un certain temps, une somme déterminée et liquidée suivant des bases variables, d'après la nature des droits de timbre exigibles.

Le paiement de ces droits est constaté par un enregistrement en recette, et les papiers pour lesquels un abonnement a été souscrit sont revêtus d'empreintes à l'extraordinaire, apposées sans frais.

Sect. 3. — Visa pour timbre.

24. Le *visa pour timbre* est une formalité tenant lieu de l'apposition de l'empreinte et donnée par le receveur de l'enregistrement moyennant le paiement du droit. Elle comprend un enregistrement sur un registre spécial et une mention inscrite sur les papiers visés. Le visa pour timbre a lieu au comptant, en débet ou gratis.

25. Depuis la création de timbres mobiles, l'usage du visa pour timbre au comptant est désormais restreint, en principe, aux cas où il n'est pas possible de constater la perception par l'apposition d'un ou plusieurs de ces timbres.

26. Le visa pour timbre en débet ou gratis est donné spécialement à certains actes intéressant l'État ou le Trésor public.

Sect. 4. — Vente frauduleuse de papiers timbrés et usage de timbres mobiles ayant déjà servi.

27. Ceux qui abuseraient des *timbres* pour timbrer et vendre frauduleusement du papier timbré seront punis des peines prononcées, par le Code pénal, contre les contrefacteurs des timbres. (*L.* 13 *brum. an VII, art.* 28.)

28. Les papiers revêtus de timbres mobiles ayant déjà servi sont considérés comme non timbrés et les contrevenants, passibles des amendes prononcées en matière d'actes ou écrits non timbrés.

29. Le fait d'avoir fait usage d'un timbre mobile ayant déjà servi, constitue quelquefois plus qu'une *contravention* passible d'amendes fiscales; ce même fait peut présenter un *caractère délictueux;* il appartient alors au ministère public seul, à qui le délit est signalé, d'en poursuivre la répression devant le tribunal correctionnel et en dehors de l'administration de l'enregistrement.

30. C'est ce qui résulte des art. 21 de la loi du 11 juin 1859, 21 de la loi du 2 juillet 1862, 6 de la loi du 27 juillet 1870, 18 et 24 de la loi du 23 août 1871, 7 de la loi du 30 mars 1872, et 4 de la loi du 25 mai 1872, aux termes desquels ceux qui auront sciemment employé, vendu ou tenté de vendre des timbres mobiles ayant déjà servi seront poursuivis devant le tribunal correctionnel et punis d'une amende de 50 à 1,000 fr. En cas de récidive, la peine sera d'un emprisonnement de cinq jours à un mois et l'amende sera doublée. Il pourra être fait application de l'art. 463 du Code pénal.

CHAP. II. — TIMBRE DE DIMENSION.

31. Sont assujettis au timbre de dimension :

1° Les actes des notaires et les extraits, copies et expéditions qui en sont délivrés ; ceux des huissiers et autres officiers publics et ministériels, et les copies et expéditions qu'ils en délivrent ; les actes et les procès-verbaux des gardes et de tous autres employés ou agents ayant droit de verbaliser, et les copies qui en sont délivrées ; les actes et jugements de la justice de paix, des bureaux de paix et de conciliation, de la police ordinaire, des tribunaux et des arbitres, et les extraits, copies et expéditions qui en sont délivrés ; les avertissements en conciliation ; les actes particuliers des juges de paix et de leurs greffiers, ceux des autres juges et des procureurs de la République, et ceux reçus au greffe par les particuliers, ainsi que les extraits, copies et expéditions qui s'en délivrent ; les actes des avoués ou des avocats près des tribunaux, et les copies ou expéditions qui en sont faites et signifiées ; les consultations, mémoires, observations et pièces signés des hommes de loi et défenseurs officieux ; les actes des autorités administratives et des établissements publics qui sont assujettis à l'enregistrement ou qui se délivrent aux citoyens, et toutes les expéditions et extraits des actes, arrêtés et délibérations desdites autorités qui seront délivrés aux citoyens ; les pétitions et mémoires, même en forme de lettres, présentés au gouvernement, aux ministres, à toutes autorités constituées, aux commissaires du Trésor, à ceux de la comptabilité, au directeur de la liquidation générale et aux administrations et établissements publics ; les actes entre particuliers sous signatures privées ; le double des comptes de recette ou gestion particulière et généralement tous actes et écritures, extraits, copies et expéditions, soit publics, soit privés, devant ou pouvant faire titre, ou être produits pour obligation, décharge, justification, demande ou défense ; les registres de l'autorité judiciaire où s'écrivent les actes sujets à l'enregistrement, et les répertoires des greffiers ; les répertoires des préfectures, sous-préfectures et mairies : ceux des notaires, huissiers et autres officiers publics et ministériels ; les registres des receveurs des droits et des revenus des communes et généralement tous registres et minutes de lettres qui sont de nature à être produits en justice et dans le cas d'y faire foi, ainsi que les extraits et expéditions qui sont délivrés desdits livres et registres ; les registres des assurances tenus par les notaires : les registres hypothécaires (*L.* 13 *brum. an VII, art.* 12 ; 15 *mai* 1818, *art.* 78 ; 5 *juin* 1850, *art.* 47 ; 21 *vent. an VII, art.* 16) ; 2° les lettres de voiture (*L.* 21 *juin* 1842, *art.* 7); 3° les polices d'assurances (*L.* 5 *juin* 1850) ; 4° les affiches (*L.* 28 *août* 1816, *art.* 65 ; 18 *juill.* 1866, *art.* 4.)

Sect. 1. — Du timbre des actes et registres, des lettres de voiture.

ART. 1. — TARIFS.

32. Les droits de timbre de dimension, dus sur les actes et écrits dénommés sous les paragraphes 1° et 2° du n° 31, fixés d'abord par la loi du 13 brumaire an VII, augmentés par la loi du 28 avril 1816, sont, depuis la loi du 2 juillet 1862, payés aux divers taux ci-après, augmentés de deux décimes (*L.* 23 *août* 1871, *art.* 2), suivant les dimensions de la feuille : demi-feuille de petit papier, 50 c. ; petit papier, 1 fr. ; moyen papier, 1 fr. 50 c. ; grand papier, 2 fr. ; grand registre, 3 fr.

33. Quelle que soit la dimension du papier, il n'y a point de droit de timbre supérieur à 3 fr., ni inférieur à 50 c.

34. Les formules imprimées pour les certificats de vie des rentiers et des pensionnaires de l'État (*voy. n°* 17) ne sont timbrées qu'au droit de 50 c., bien que d'une dimension supérieure à cette quotité.

35. Les formules pour les contraintes décernées par l'administration (*voy. n°* 18) sont imprimées sur un format unique de la dimension du timbre à 50 c.

ART. 2. — OBLIGATIONS DES OFFICIERS PUBLICS, DES PARTIES ET DES RECEVEURS, ET PEINES PRONON-CÉES CONTRE LES CONTREVENANTS.

§ 1. — *Actes et registres.*

36. La loi du 13 brumaire an VII oblige les notaires, huissiers, secrétaires des administrations centrales et municipales et autres officiers et fonctionnaires publics, les arbitres et les avoués ou défenseurs officieux près les tribunaux, à n'employer, pour les actes qu'ils rédigent et leurs copies et expéditions, d'autre papier que celui timbré et fourni par la régie. Néanmoins les notaires peuvent faire timbrer à l'extraordinaire des parchemins lorsqu'ils sont dans le cas d'en employer. (*L.* 13 *brum. an VII, art.* 17 *et* 18.)

37. Les administrations publiques conservent la faculté accordée aux citoyens d'employer d'autre papier que celui fourni par la régie, en le faisant timbrer avant d'en faire usage. (*Id.*)

38. Les notaires, greffiers, arbitres et secrétaires des administrations ne peuvent employer, pour les expéditions qu'ils délivrent des actes retenus en minutes et de ceux déposés ou annexés, d'autre papier que celui timbré à 1 fr. 50 c. Les huissiers et autres officiers publics ou ministériels sont tenus de se servir du même papier pour les expéditions des procès-verbaux de ventes de mobilier. (*L.* 13 *brum. an VII, art.* 19 ; *L.* 28 *avril* 1816, *art.* 63.) Amende prononcée : 10 fr.

39. Les papiers employés à ces expéditions ne peuvent contenir, compensation faite d'une feuille à l'autre, savoir : plus de vingt-cinq lignes par page de moyen papier, plus de trente lignes par page de grand papier et plus de trente-cinq lignes par page de grand registre (*L.* 13 *brum. an VII, art.* 20), sous peine d'une amende de 5 fr.

40. Les papiers employés aux copies faites par les huissiers ne peuvent contenir sur le petit papier (feuilles et demi-feuilles), seul format autorisé (*voy. n°* 179), plus de 30 lignes à la page et de 30 syllabes à la ligne (*D.* 30 *juill.* 1862, *art.* 1er ; *L.* 29 *déc.* 1873, *art.* 2), sous peine d'une amende de 25 fr.

41. Les greffiers des cours, des tribunaux civils et de commerce, des justices de paix, ne peuvent écrire, sur les minutes ou feuilles d'audience et sur les registres timbrés, plus de 30 lignes à la page et de 20 syllabes à la ligne, sur une feuille au timbre de 1 fr. ; de 40 lignes à la page et 25 syllabes

à la ligne, lorsque la feuille est au timbre de 1 fr. 50 c., et plus de 50 lignes à la page et de 30 syllabes à la ligne, lorsque la feuille est au timbre de 2 fr., sous peine d'une amende de 5 fr. (*D.* 8 *déc.* 1862, *art.* 4.)

42. Il ne peut être fait ni expédié deux actes à la suite l'un de l'autre sur la même feuille de papier timbré. Sont exceptés : les ratifications des actes passés en l'absence des parties ; les quittances de prix de vente et celles de remboursement de contrats de constitution ou obligation ; les inventaires, procès-verbaux et autres actes qui ne peuvent être consommés dans un même jour et dans la même vacation ; les procès-verbaux de reconnaissance et levée de scellés qu'on pourra faire à la suite du procès-verbal d'apposition, et les significations des huissiers qui peuvent également être écrites à la suite des jugements et autres pièces dont il est délivré copie. Il pourra aussi être donné plusieurs quittances sur une même feuille de papier timbré pour à-compte d'une seule et même créance ou d'un seul terme de fermage ou loyer. (*L.* 13 *brum. an VII, art.* 23.)

Cette dernière disposition n'est pas applicable aux quittances données *par acte sous signature privée*. (*Voy. n°* 133.)

43. Les contraventions à l'art. 23 sont punies d'une amende de 5 fr. lorsqu'elles sont constatées dans un acte sous seing privé, et d'une amende de 20 fr. si elles le sont dans un acte public.

44. L'empreinte du timbre ne peut être couverte d'écriture ni altérée, et le papier timbré qui a été employé à un acte quelconque ne peut plus servir pour un autre acte, quand même le premier n'aurait pas été achevé. (*L.* 13 *brum. an VII, art.* 22.)

45. L'art. 24 de la loi de brumaire fait, en outre, défense aux notaires, huissiers, greffiers, arbitres et experts d'agir, aux juges de prononcer aucun jugement et aux administrations publiques de rendre aucun arrêté sur un acte, registre ou effet de commerce non écrit sur papier timbré du timbre prescrit ou non visé pour timbre, sous peine d'une amende de 20 fr. Cependant une exception a été créée par l'art. 13 de la loi du 16 juin 1824 en faveur des notaires, qui peuvent agir sur des actes sous seing privé non timbrés, à la condition que l'acte sous seing privé demeurera annexé à celui dans lequel il se trouvera mentionné, qu'il sera soumis avant lui à la formalité de l'enregistrement, et que les notaires seront personnellement responsables, non-seulement des droits, mais des amendes. L'administration, d'accord avec la jurisprudence, admet en outre que les notaires peuvent agir dans les inventaires et dans les testaments, et quelquefois dans les actes de partage, en vertu d'actes non timbrés.

46. Afin d'assurer plus étroitement encore l'exécution des dispositions de la loi de brumaire, la loi du 5 juin 1850, tout en maintenant la législation antérieure, a imposé aux officiers publics ou ministériels une nouvelle obligation. D'après l'article 49 de cette loi, lorsqu'un acte quelconque, sujet au timbre et non enregistré, sera mentionné dans un acte public, judiciaire ou extrajudiciaire et ne devra pas être représenté au receveur lors de l'enregistrement de cet acte, l'officier public ou ministériel sera tenu, sous peine d'une amende de 10 fr., de déclarer expressément dans l'acte public si le titre est revêtu du timbre prescrit et d'énoncer le montant du droit de timbre payé. Une législation spéciale régit l'énonciation des titres étrangers. (*Voy. n*^{os} *127 et 129.*)

47. Quant aux receveurs de l'enregistrement, il leur est défendu : 1° d'enregistrer aucun acte qui ne serait pas sur papier timbré du timbre prescrit ou qui n'aurait pas été visé pour timbre ; 2° d'admettre à la formalité de l'enregistrement des protêts d'effets négociables sans se faire représenter ces effets en bonne forme. (*L. 13 brum. an VII, art.* 25.) L'amende est de 10 fr. par chaque contravention.

48. Les particuliers qui rédigent sur papier non timbré un acte soumis au droit de timbre de dimension ordinaire, encourent une amende de 50 fr. (*L. 2 juill.* 1862, *art.* 22.)

49. Dans tous les cas, les contrevenants doivent payer les droits de timbre en sus des amendes.

50. Bien des écrits privés ne font partie d'aucune des catégories énumérées par l'art. 12 de la loi du 13 brumaire an VII, et ne sont pas toutefois compris parmi les exceptions. Ces écrits ne sauraient donc être assujettis au timbre par le seul fait de leur rédaction, puisqu'aucune loi ne les y soumet. Dans ce cas, s'ils doivent être produits en justice, ils rentrent dans les écritures désignées par les termes généraux de l'art. 12 de la loi précitée et deviennent sujets au timbre comme devant faire titre ou être produits pour demande ou défense. L'amende, en cas de contravention, est de 5 fr. (*L. 13 brum. an VII, art.* 30.) Parmi ces écritures on peut ranger les lettres missives et les mémoires ou factures — autres que ceux produits en matière de comptabilité communale ou publique — non approuvés ni acceptés par le débiteur.

51. Toutes les fois qu'un acte intervient entre l'État et les particuliers, le droit de timbre est toujours à la charge des particuliers. (*L. 13 brum. an VII, art.* 29.)

§ 2. — *Lettres de voiture.*

52. La rédaction d'une lettre de voiture (*C. com., art.* 101 *et* 102) n'est pas obligatoire ; mais toute lettre de voiture saisie entre les mains d'un voiturier, doit être rédigée sur papier timbré. (*L. 21 juin* 1842, *art.* 7.)

53. Pour toute lettre de voiture ou pour tout écrit en tenant lieu, trouvé non timbré entre les mains du voiturier, la contravention est punie d'une amende de 50 fr. en principal (*L. 2 juill.* 1862, *art.* 22), payable solidairement par l'expéditeur et par le voiturier. (*L. 11 juin* 1842, *art.* 7.)

54. Les préposés des douanes, des contributions indirectes, des octrois (*D.* 16 *mess. an XIII, art.* 1er, *et L.* 2 *juill.* 1862, *art.* 21), les gendarmes (*D. M.* 14 *févr.* 1817) ont le droit, comme les préposés de l'enregistrement, de constater les contraventions au timbre des lettres de voiture. La moitié des amendes payées est accordée à titre d'indemnité à ces divers agents.

55. L'écrit qu'un propriétaire remet à son voiturier ou à son propre domestique ou fermier,

qui transporte le produit de ses récoltes, n'est pas une lettre de voiture, un contrat de transport ne pouvant intervenir entre le maître et celui qui agit en son lieu et place ; un tel écrit ne peut donc, comme lettre de voiture, être soumis à l'impôt.

Sect. 2. — *Des polices d'assurances.*

56. La loi du 5 juin 1850, qui a réglementé d'une manière spéciale le paiement du droit de timbre sur les contrats d'assurances, s'occupe distinctement des assurances non maritimes et des assurances maritimes.

ART. 1. — ASSURANCES AUTRES QUE LES ASSURANCES MARITIMES.

57. Tout contrat d'assurance, ainsi que toute convention postérieure ou avenant contenant prolongation de l'assurance, augmentation dans la prime ou le capital assuré, doit être rédigé sur papier timbré de dimension, sous peine d'une amende de 50 fr. contre l'assureur, sans aucun recours contre l'assuré. Si l'assuré en fait l'avance, il a un recours contre l'assureur. — Lorsque, par une clause de tacite reconduction contenue dans la police, l'assureur et l'assuré conviennent qu'à l'expiration du terme pour lequel la police est contractée, elle continuera d'être exécutée à défaut de résolution contraire manifestée par l'une des parties, cette clause, qui constitue un nouveau contrat, doit être soumise au visa pour timbre, dans le délai de 5 jours de sa date, sous la même peine de 50 fr. contre l'assureur. Le droit de ce visa est le même que celui du timbre employé pour l'acte. (*L. 5 juin* 1850, *art.* 33.)

58. Dans le but de faciliter aux préposés la surveillance de l'exécution de l'art. 33 et pour assurer en général l'exécution des lois sur le timbre, le législateur oblige les assureurs et les sociétés d'assurances mutuelles à primes ou autres sous quelque dénomination que ce soit, à déclarer au bureau d'enregistrement du lieu où est leur principal établissement, la nature de leurs opérations et le nom du chef de la société ; à tenir un répertoire des polices ; à présenter ce répertoire au visa, à des époques déterminées ; à le communiquer à toute réquisition, au siége de l'établissement, aux agents de l'enregistrement ; à représenter à ces agents, tant au siége de l'établissement ou au siége social que dans les succursales et agences, leurs polices, livres, registres titres, pièces de recette, de dépense et de comptabilité. (*L.* 5 *juin* 1850, *art.* 34, 35, 36 ; 23 août 1871, *art.* 22 ; 21 juin 1875, *art.* 7.)

Les contraventions à ces diverses dispositions sont punies d'amendes qui varient de 10 à 1,000 fr.

59. Les assureurs et les compagnies d'assurances contre l'incendie, contre la grêle et sur la vie (*L.* 5 *juin* 1850, *art.* 37), contre la mortalité des bestiaux, contre la gelée, les inondations et autres risques agricoles (*L.* 9 *mai* 1860), peuvent s'affranchir de l'obligation de rédiger sur papier timbré, au comptant, leurs polices et avenants désignés dans l'art. 33 de la loi du 5 juin 1850, en contractant avec l'État un *abonnement* annuel ; cet abonnement est de 3 centimes (plus 2 décimes) par 1,000 fr., pour les assurances contre l'incendie et pour celles contre les risques agricoles ; il est de 1 p. 100 (plus 2 décimes) pour les caisses départementales administrées gratuitement dans le but de secourir les incendiés ; de 2 p. 1,000 (plus 2 décimes) en cas d'assurances sur la vie. Il se calcule sur le montant des collectes de l'année pour les caisses départementales de secours ; dans les autres cas, sur le chiffre *total des opérations* de l'année précédente, c'est-à-dire sur le *montant intégral des sommes payées par les assurés*, à quelque titre que ce soit. (*L. 5 juin* 1850, *art.* 37 ; 2 *juill.* 1862, *art.* 18 ; 30 *mars* 1872, *art.* 3.)

60. Les sociétés abonnées qui cessent leur abonnement paient 60 cent. pour chaque police en cours d'exécution, quels que soient la dimension du papier et le nombre des doubles. (*L. 5 juin* 1850, *art.* 38.)

61. La faculté de l'abonnement, exclusivement réservée par le législateur aux sociétés ci-dessus dénommées, a été depuis accordée, par diverses décisions ministérielles, à des sociétés d'assurances mutuelles à primes fixes *contre les accidents,* dont les statuts permettaient de les faire rentrer dans la catégorie des *assurances sur la vie.* Le droit d'abonnement est alors calculé sur le taux de 2 p. 1,000.

ART. 2. — ASSURANCES MARITIMES.

62. Tout contrat d'assurance maritime, ainsi que toute convention postérieure contenant prolongation de l'assurance, augmentation dans la prime ou dans le capital assuré, ou bien, en cas de police flottante (police par laquelle un négociant assure une somme fixe sur des marchandises qui lui sont expédiées d'un port étranger) portant désignation d'une somme en risque ou d'une prime à payer, doit être rédigé sur papier d'un timbre de dimension, sous peine de 50 fr. d'amende contre chacun des assureurs et assurés.

63. Les conventions postérieures énoncées dans le paragraphe précédent peuvent être inscrites à la suite de la police, à la charge pour chacun d'un visa pour timbre au même droit que celui de la police.

Le visa doit être apposé dans les deux jours de la date des nouvelles conventions. (*L. 5 juin* 1850, *art.* 42.)

64. Les compagnies d'assurances maritimes doivent faire une déclaration d'existence, comme les compagnies d'assurances non maritimes ; seulement cette déclaration est faite au siège de chaque agence ; c'est là que doit être tenu le répertoire. (*L. 5 juin* 1850, *art.* 43, 44 *et* 45.)

ART. 3. — DISPOSITIONS SPÉCIALES AUX NOTAIRES ET COURTIERS.

65. Le Code de commerce prescrit aux courtiers d'inscrire sur un livre spécial toutes les conditions des assurances faites par leur ministère. Ce livre est assujetti au timbre de dimension. — Les notaires sont tenus d'avoir un registre semblable, timbré, pour y inscrire les contrats d'assurance qu'ils rédigent. — Ces deux livres sont soumis au visa des préposés de l'enregistrement lorsque ceux-ci le requièrent. — Toute contravention emporte une amende de 50 fr. (*L. 5 juin* 1850, *art.* 47.)

66. Toute police d'assurance, toute expédition ou extrait de police, rédigé sur papier non timbré, rend le notaire ou le courtier passible d'une

amende de 500 fr., et en cas de récidive de 1000 fr. outre les peines disciplinaires. (*L. 5 juin* 1850, *art.* 48.)

ART. 4. — ASSURANCES PASSÉES A L'ÉTRANGER.

67. La disposition absolue de la loi du 5 juin 1850, qui frappe d'un droit de timbre de *dimension* toutes les polices d'assurances passées par des compagnies françaises, atteignait même les *polices passées en pays étranger et pour des biens situés à l'étranger ;* elle nuisait donc au développement des compagnies d'assurances françaises agissant à l'étranger, dans des pays où les compagnies régnicoles n'étaient assujetties à aucun droit de timbre semblable au timbre français. La concurrence était difficile et coûteuse.

68. Pour remédier à un tel état de choses, le Gouvernement a présenté à la Chambre des députés un projet de loi voté le 27 juillet 1876, amendé par le Sénat dans la séance du 29 novembre 1876, et ainsi conçu : « Le droit de timbre établi par les art. 33 et 37 de la loi du 5 juin 1850 cessera d'être perçu sur les contrats d'assurances passés en pays étranger et ayant exclusivement pour objet des immeubles, des meubles ou des valeurs situées à l'étranger. Mais ces contrats doivent être soumis au timbre moyennant le paiement du droit au comptant, avant qu'il puisse en être fait aucun usage en France, soit dans un acte public, soit dans une déclaration quelconque, soit devant une autorité judiciaire ou administrative, à peine d'une amende de 50 fr.

« Les mêmes dispositions sont applicables aux contrats de réassurances passés en France par actes sous signatures privées applicables à des polices souscrites à l'étranger et ayant également pour objet exclusif des immeubles, des meubles ou des valeurs situées à l'étranger. »

Sect. 3. — Des affiches.

69. Les affiches sont des feuilles écrites ou imprimées qui sont placardées sur les murs, dans un lieu public, pour porter un fait à la connaissance de tous.

70. On ne s'occupe pas ici des affiches judiciaires, légales ou placards, qui sont de véritables actes judiciaires et assujettis comme tels aux droits ordinaires de timbre.

71. Imprimées ou manuscrites, les affiches doivent être timbrées, sauf les exceptions indiquées au n° 187, §§ 3, 4, 5.

72. Le droit de timbre des affiches est fixé, plus 2 décimes, à 5 centimes par feuille de 12 décimètres et demi carrés et au-dessus ; à 10 centimes au-dessus de 12 décimètres et demi, jusqu'à 25 décimètres carrés ; à 15 centimes au-dessus de 25 décimètres jusqu'à 50 décimètres carrés ; à 20 centimes au delà de cette dernière dimension. Ce maximum est toujours exigible si l'affiche contient plusieurs annonces distinctes, et il est doublé lorsque l'affiche contient plus de cinq annonces. (*L. 18 juin* 1866, *art.* 4.)

73. Ces droits sont acquittés au moyen de l'application du timbre extraordinaire ou de l'apposition de timbres mobiles s'il s'agit d'affiches imprimées.

74. Les timbres mobiles sont collés et oblitérés par les imprimeurs, dans des conditions déterminées et à leurs risques et périls. (*D.* 21 *déc.* 1872.)

Ils ne peuvent pas être employés pour les affiches manuscrites.

75. Les agents de l'enregistrement ont seuls qualité pour constater les contraventions au timbre des affiches.

76. On ne peut se servir, pour l'*impression* des affiches soumises au timbre, de papier de *couleur blanche*. En cas de contravention, l'imprimeur est passible d'une amende de 20 fr. Cette contravention est toute d'ordre public.

77. Les affiches peuvent être imprimées sur papier non timbré, pourvu que le timbre y soit apposé avant l'affichage. (*L.* 18 *juill.* 1866, *art.* 4.)

78. Si une affiche imprimée est placardée sans être timbrée ou revêtue d'un timbre mobile irrégulièrement oblitéré, l'imprimeur est passible d'une amende de 50 fr.

Celui qui est convaincu d'avoir fait afficher une telle affiche encourt une amende de 20 fr., sans préjudice des peines de police contre l'afficheur.

L'amende est solidaire (*L.* 28 *avril* 1816, *art.* 69). Mais cette solidarité doit-elle être appliquée à l'imprimeur, à l'auteur de l'affiche, à l'afficheur ou aux deux premiers, ou au dernier? C'est là une question qui, surtout depuis l'usage des timbres mobiles, n'a pas encore été résolue d'une manière définitive.

On admet toutefois que les afficheurs ne sont passibles que des peines déterminées par l'article 474 du Code pénal.

79. En matière d'affiche manuscrite non timbrée, une seule amende de 20 fr. est encourue par l'écrivain.

80. Bien que la loi édicte un droit de timbre par *feuille*, l'administration admet qu'une *affiche unique*, imprimée, composée de plusieurs fragments ou morceaux de papier réunis ensemble, ne donne ouverture qu'à un seul droit de timbre calculé d'après la *dimension totale* de l'affiche.

81. Les *journaux* et *écrits périodiques* et *non périodiques* traitant de matières politiques et d'économie sociale, les avis et annonces imprimés distribués dans les lieux publics, ont été pendant longtemps assujettis à l'impôt du timbre; depuis la loi du 23 juin 1857 et le décret du 5 septembre 1870 l'impôt du timbre sur ces divers écrits et publications a été aboli. (*Voy.* **Papier, Presse.**)

CHAP. III. — TIMBRE PROPORTIONNEL.

82. Le droit de timbre, gradué en raison des sommes à inscrire sur le papier, frappe :

I. Les effets de commerce, et sous cette dénomination sont compris : 1° les lettres de change, billets à ordre ou au porteur, mandats, traites et tous autres effets négociables ; 2° les billets simples, obligations non négociables, reconnaissances de dettes, délégations et tous mandats non négociables servant à se procurer une remise de fonds de place à place ; 3° les warrants endossés séparément des récépissés.

II. Les obligations et lettres de gage du Crédit foncier, les billets au porteur ou à ordre de la Banque de France, les mandats des receveurs des finances.

III. Les bordereaux des agents de change et courtiers.

IV. Les valeurs françaises suivantes : 1° actions

dans les sociétés de commerce, de finance, d'industrie : 2° obligations négociables souscrites par ces mêmes sociétés, les départements, communes et établissements publics.

V. Les valeurs étrangères suivantes : actions et obligations des sociétés, villes, provinces, corporations et effets publics des gouvernements ou fonds d'État.

Sect. 1. — Du timbre proportionnel sur les effets négociables ou non négociables.

83. Le tarif des droits de timbre de ces effets, après avoir subi des variations assez nombreuses dans sa quotité, est aujourd'hui réglé comme il suit (sans décimes), d'après les sommes à y exprimer :

0 f 15 c	pour une somme de 100 f et au-dessous.			
0 30	pour une somme au-dessus de	100 f	jusqu'à	200 f
0 45	d°	200	d°	300
0 60	d°	300	d°	400
0 75	d°	400	d°	500
0 90	d°	500	d°	600
1 05	d°	600	d°	700
1 20	d°	700	d°	800
1 35	d°	800	d°	900
1 50	d°	900	d°	1,000
3 00	d°	1,000	d°	2,000
4 50	d°	2,000	d°	3,000

et ainsi de suite, en suivant la même progression, de 1 fr. 50 c. par 1,000 fr., sans fraction.

84. Le tarif ci-dessus est applicable aux effets et autres écrits, négociables ou non négociables, souscrits en France et payables hors de France ou dans les colonies dans lesquelles le timbre n'est pas établi, et réciproquement. (*L.* 5 *juin* 1850, *art.* 3 et 8, 19 *fév.* 1874, *art.* 4.)

85. Le droit est réduit à 50 centimes par 2,000 fr. ou fraction de 2,000 fr. pour les effets tirés de l'étranger sur l'étranger et circulant en France. (*L.* 20 *déc.* 1872, *art.* 3.)

86. Celui qui reçoit du souscripteur un effet créé en France sur papier non timbré ou revêtu d'un timbre insuffisant, est tenu de le faire viser pour timbre dans les quinze jours de sa date et, dans tous les cas, avant toute négociation. Ce visa pour timbre sera soumis à un droit de 45 centimes par 100 fr., qui s'ajoutera au montant de l'effet, nonobstant toute stipulation contraire. (*L.* 5 *juin* 1850, *art.* 2 ; 23 *août* 1871, *art.* 2, n° 1 ; 19 *fév.* 1874, *art.* 3.)

87. *Timbres mobiles.* Des timbres mobiles, dont le prix est le même que celui des coupons débités par l'administration, peuvent être employés pour le paiement du droit de timbre auquel sont assujettis les effets créés en France ou à l'étranger et les warrants. (*L.* 11 *juin* 1854, *art.* 19 ; 2 *juill.* 1862, *art.* 25 ; 27 *juill.* 1870, *art.* 6.)

Au-dessus de 20,000 fr. il n'existe pas de coupons débités par l'administration ; le coupon dont on voudrait faire usage, pour une somme supérieure à 20,000 fr., devrait être soumis au visa pour timbre ou revêtu de timbres mobiles, à raison de 1 fr. 50 c. par 1,000 fr. ou fraction de 1,000 fr. (*L.* 13 *brum. an VII, art.* 11 ; 27 *juill.* 1870, *art.* 6 ; 23 *août* 1871, *art.* 2 ; 19 *fév.* 1874, *art.* 3 et 4 ; *D.* 19 *fév.* 1874.)

D'un autre côté, il n'a pas été créé de timbres mobiles d'une quotité supérieure au droit exigible pour un effet de 10,000 fr., mais le paiement du droit de timbre des effets négociables et des warrants peut, même pour les sommes supérieures à 10,000 fr., être constaté par l'apposition de plusieurs timbres mobiles. (*D.* 19 *fév.* 1874, *art.* 2.)

88. L'emploi des timbres mobiles n'est pas autorisé pour les effets non négociables.

89. *Apposition.* Le timbre mobile est apposé avant tout usage, c'est-à-dire au moment même de la rédaction de l'effet, alors que cet effet ne devrait être mis en circulation qu'ultérieurement. Il est collé, savoir :

1° Pour les effets créés en France, au recto de l'effet, à côté de la signature du souscripteur ; 2° pour les effets venant de l'étranger ou des colonies, au recto de l'effet, à côté de la mention de l'acceptation ou de l'aval ; à défaut d'acceptation ou d'aval, au verso, avant tout endossement ou acquit, si l'effet n'a pas encore été négocié, et, en cas de négociation, immédiatement après le dernier endossement souscrit en pays étranger ou dans les colonies ; 3° pour les warrants, au dos des warrants et au-dessus du premier endossement. (*D.* 19 *fév.* 1874, *art.* 3.)

90. *Oblitération.* Chaque timbre mobile est oblitéré au moment même de son apposition, savoir :

Par le souscripteur pour les effets créés en France ; par le signataire de l'acceptation, de l'aval, de l'endossement ou de l'acquit s'il s'agit d'effets venant de l'étranger ou des colonies ; par le premier endosseur en ce qui concerne les warrants. L'oblitération consiste dans l'inscription à l'encre noire usuelle et à la place réservée à cet effet sur le timbre mobile : 1° du lieu où l'oblitération est opérée ; 2° de la date (quantième, mois et millésime) à laquelle elle est effectuée ; 3° de la signature, suivant les cas prévus ci-dessus, du signataire de l'effet, de l'acceptation, de l'aval, de l'endossement ou de l'acquit. (*D.* 19 *fév.* 1874, *art.* 4.)

91. Les sociétés, compagnies, maisons de banque ou de commerce (et cette dernière expression comprend le *commerçant* qui opère seul) peuvent, avec l'agrément de l'administration, se servir, pour l'oblitération, d'une griffe apposée sur le timbre, à l'encre grasse, et faisant connaître le nom et la raison sociale, le lieu où l'oblitération est opérée, enfin la date à laquelle elle est effectuée. (*D.* 19 *fév.* 1874, *art.* 5.)

92. En cas de protêt, faute d'acceptation, d'un effet venant de l'étranger ou des colonies, le timbre est collé par le porteur et oblitéré par le receveur chargé de l'enregistrement du protêt. Il appose sur ce timbre la griffe de son bureau et sa signature. (*D.* 19 *fév.* 1874, *art.* 4.)

93. *Pénalités.* I. *Effets négociables ou de commerce, et non négociables servant à procurer une remise de fonds de place à place.* Le souscripteur, l'accepteur, le bénéficiaire ou premier endosseur d'un effet non timbré ou non visé pour timbre dans les quinze jours de sa date, ou revêtu, soit d'un timbre mobile apposé sans les conditions prescrites, soit d'un timbre mobile ayant déjà servi, sont passibles chacun et solidairement d'une amende de 6 p. 100. (*L.* 5 *juin* 1850, *art.* 4 ; 11 *juin* 1854, *art.* 20 ; 2 *juill.* 1862, *art.* 26 ; 27 *juill.* 1870, *art.* 6, sans minimum [*voy.* n ° 94].)

Si la contravention ne consiste que dans l'em-

ploi d'un timbre inférieur à celui qui devait être employé, l'amende ne porte que sur la somme pour laquelle le droit de timbre n'aura pas été payé. (*L.* 5 *juin* 1850, *art.* 4 *et* 6.)

Le porteur d'une lettre de change non timbrée ou non visée pour timbre, n'a d'action, en cas de non-acceptation, que contre le tireur ; en cas d'acceptation, il a seulement action contre l'accepteur et contre le tireur, si ce dernier ne justifie pas qu'il y avait provision à l'échéance. Le porteur de tout autre effet non timbré n'a d'action que contre la souscripteur. Toutes stipulations contraires sont nulles (*art.* 5, *même loi*).

Il est interdit d'encaisser ou de faire encaisser des effets de commerce non timbrés, sous peine d'une amende de 6 p. 100 du montant des effets (*art.* 7. *même loi*).

94. II. *Billets et effets non négociables ne servant pas à procurer une remise de fonds de place à place.* En cas de contravention, le souscripteur et, le cas échéant, le premier cessionnaire sont passibles chacun et solidairement d'une amende de 6 p. 100 (*L.* 24 *mai* 1834, *art.* 19) avec un minimum de 5 fr.

95. L'emploi du timbre de dimension pour un effet ou pour une obligation négociable ou non négociable ne donne lieu ni à un droit de timbre proportionnel, ni à une amende, à moins que le prix du timbre de dimension de la feuille employée ne soit inférieur au taux du droit de timbre proportionnel qui eût été exigible. (*L.* 16 *juin* 1824, *art.* 12, *dernier alinéa*.)

Sect. 2. — Du timbre proportionnel sur les obligations, lettres de gage du Crédit foncier, billets de banque et mandats sur le Trésor public.

96. Le droit de timbre dû sur les lettres de gage ou obligations du Crédit foncier, se paye par abonnement, au taux de 5 centimes par 1,000 fr., sans décimes. (*L.* 30 *mars* 1872, *art.* 1er, § 3.)

97. Les billets de banque sont soumis au timbre proportionnel des effets de commerce, mais le droit est payé au moyen d'un abonnement calculé d'après la moyenne des billets en circulation pendant le cours de l'année. (*L.* 30 *juin* 1840, *art.* 9.)

98. Les mandats émis par les receveurs des finances, sur la caisse centrale du Trésor, sont soumis à un droit de timbre proportionnel de 1 fr. 65 c. par mille, décimes compris, et liquidé d'après le *montant total* des diverses sommes portées sur les mandats par chaque comptable.

Ce droit est versé, par trimestre, par la direction du mouvement général des fonds, à la caisse d'un receveur d'enregistrement à Paris. (*O.* 10 *oct.* 1834, *art.* 4 *et* 9 ; *D. min.* 25 *juill.* 1850.)

Sect. 3. — Du timbre des bordereaux des agents de change et courtiers.

99. Les bordereaux des agents de change et courtiers qui servent à constater les achats et les ventes faits par le ministère de ces officiers (*C. com., art.* 109), soumis d'abord au droit de timbre de dimension, ont été assujettis par la loi du 2 juillet 1862, art. 19, au droit de timbre du total des sommes employées aux opérations qui y sont mentionnées ; ce droit est tarifé :

pour les } de 10,000 fr. et au-dessous, à 50 cent. ; sommes } au-dessus de 10,000 fr., à 1 fr. 50 c. , augmenté de deux décimes.

Le papier destiné à ces écrits est fourni par les agents de change et courtiers, et frappé, à l'extraordinaire, d'un timbre noir et d'un timbre sec. (*L.* 11 *juin* 1842, *art.* 6.)

100. En cas de contravention, l'agent est passible d'une amende de 500 fr. (*L.* 5 *juin* 1850, *art.* 13.)

Sect. 4. — Du timbre des actions et obligations dans les sociétés françaises.

ART. 1. — ACTIONS.

101. La loi du 5 juin 1850 a assujetti au droit de timbre proportionnel les titres ou certificats d'actions dans les sociétés ; mais elle n'est pas applicable aux actions dont la cession n'est parfaite à l'égard des tiers qu'au moyen des conditions déterminées par l'art. 1690 du Code civil.

Aux termes de l'art. 14 de la loi de 1850, chaque titre d'action, dans une société quelconque, financière, commerciale, industrielle ou civile, que l'action soit d'une somme fixe ou d'une quotité, qu'elle soit libérée ou non libérée, émise à partir du 1er janvier 1851, est assujetti au timbre proportionnel de 50 cent. par 100 fr. du capital nominal pour les sociétés dont la durée n'excédera pas dix ans, et à 1 p. 100 pour celles dont la durée dépassera dix années. A défaut de capital nominal, le droit se calculera sur le capital réel dont la valeur sera déterminée d'après les règles établies par les lois sur l'enregistrement. Ces droits sont aujourd'hui passibles de deux décimes.

102. Les actions sont détachées d'un registre à souche ; le timbre est apposé sur la souche et le talon. Le dépositaire du registre est tenu de le communiquer aux préposés de l'enregistrement ; ceux-ci doivent se présenter au domicile du dépositaire, mais sans pouvoir s'y rendre les jours de repos, ou faire, dans les autres jours, des séances de plus de quatre heures. Le refus du dépositaire sera établi jusqu'à inscription de faux par le procès-verbal de l'agent, affirmé dans les vingt-quatre heures, et puni d'une amende de 100 fr. à 5,000 fr. (*L.* 5 *juin* 1850, *art.* 16 ; 23 *juin* 1857, *art.* 10 ; *D.* 17 *juill.* 1857, *art.* 9.)

103. Le timbre du titre primitif de l'action dispense d'un nouveau droit les certificats ou titres délivrés par suite de transfert ou de renouvellement, qui sont timbrés ou visés pour timbre gratis. Le renouvellement consiste dans la délivrance d'un titre nouveau que la même société donne en échange d'un ancien titre adiré, lacéré, dans un état marqué de vétusté, etc. Le titre nouveau doit être de même forme et de même valeur que celui qu'il est destiné à remplacer. (*L.* 5 *juin* 1850, *art.* 17.)

104. Toute action qui n'est pas timbrée ou qui n'est pas extraite d'un livre à souche, rend la compagnie passible d'une amende de 12 p. 100 du montant du titre.

L'agent de change ou le courtier qui a concouru à la cession ou au transfert d'une action non timbrée est passible d'une amende de 10 p. 100 du montant de l'action. Ces amendes se calculent sur le montant intégral de l'action, qu'elle soit ou non libérée. (*L.* 5 *juin* 1850, *art.* 18 et 19.)

105. Les titres d'actions délivrés antérieurement au 1er janvier 1851 (*L.* 5 *juin* 1850, *art.*

20), sur papier non timbré, ont dû être timbrés à l'extraordinaire ou visés pour timbre, sans amende, au droit de 5 centimes par cent francs. Les titres de cette nature qui seraient aujourd'hui renouvelés doivent être assujettis à ce même droit de 5 centimes, augmenté seulement de deux décimes. La disposition de l'art. 17 (*voy.* n° 103) ne leur est pas applicable. (*L.* 5 *juin* 1850, *art.* 21.)

Ce droit de 5 centimes, plus les décimes, est également applicable aux actions émises antérieurement au 1er janvier 1851, qui n'ont pas été timbrées conformément à l'art. 21 et qui seraient aujourd'hui présentées à la formalité.

106. L'abonnement est permis, comme au cas d'assurance, pour les sociétés françaises, mais la compagnie n'a point la faculté de rompre son abonnement. Il est contracté pour toute la durée de la société. Le droit est annuel et de 5 cent. p. 100 — augmenté de deux décimes, — du capital nominal de chaque action émise ou, à défaut, du capital réel. Le paiement du droit se fait à la fin de chaque trimestre (*L.* 5 *juin* 1850, *art.* 22.) Les titres d'actions qui supportent le droit par abonnement, sont marqués, sans frais, d'une empreinte spéciale, à l'extraordinaire.

107. Le droit au comptant et le droit d'abonnement ne devenant exigibles que par l'*émission* des titres, il importe de déterminer ce qui constitue l'émission d'une action.

108. Lorsque le droit est payé *au comptant,* l'émission n'a lieu qu'autant qu'il a été *créé, rédigé un titre,* soit définitif, soit provisoire, sur lequel l'empreinte du timbre puisse être apposée ; le droit est alors acquis au Trésor, puisqu'il est dû à raison de l'emploi du papier et doit être payé avant tout usage de l'acte, suivant les règles fondamentales de l'impôt du timbre auxquelles il n'a pas été dérogé par la loi du 5 juin 1850.

109. S'il y a *abonnement,* l'émission de l'action doit être entendue d'une manière plus générale. Le droit d'abonnement, en effet, ne dérive pas immédiatement de l'apposition du timbre, puisqu'il est annuel et doit être payé pendant toute la durée de la société. On ne saurait donc exiger, dans ce cas, la preuve matérielle de la rédaction des titres ; aussi a-t-il été reconnu qu'à l'égard des sociétés abonnées *il suffit,* pour que le droit devienne exigible, *que l'action soit placée ou attribuée,* c'est-à-dire qu'elle forme le titre d'un actionnaire.

110. Bien des sociétés ne prospèrent pas ; le législateur, dans une pensée équitable, a cru ne pas devoir aggraver par l'impôt du timbre d'abonnement la position critique des sociétés infructueuses ; il a donc dispensé du droit les sociétés abonnées qui, depuis leur abonnement, se sont mises ou ont été mises en liquidation, et celles qui, *postérieurement* à leur abonnement, n'ont, dans les deux dernières années, payé ni dividendes, ni intérêts. Mais, pour ces dernières sociétés, la dispense cesse aussitôt qu'elles ont pu effectuer une répartition de dividende ou un paiement d'intérêts. (*L.* 5 *juin* 1850, *art.* 24.)

111. Lorsqu'une société, établie pour un laps de temps n'excédant pas dix ans, se renouvelle, les titres et certificats d'actions doivent être timbrés de nouveau. S'il existe un abonnement, il se trouve prorogé pour toute la durée de la société. (*L. 5 juin* 1850, *art.* 26.)

La loi ne vise pas le cas de renouvellement d'une société excédant dix ans ; il faut en conclure que, s'il n'existe pas d'abonnement, les actions ne doivent pas être soumises à de nouveaux droits de timbre au comptant.

Art. 2. — OBLIGATIONS.

112. Des règles similaires à celles qui régissent le timbre des actions ont été établies par la loi du 5 juin 1850, en ce qui concerne le timbre des *obligations négociables* souscrites par les départements, communes, établissements publics et compagnies. (*L. 5 juin* 1850, *art.* 27, 28 *et* 29.)

113. Le droit de timbre, lorsqu'il est payé au comptant, est fixé à 1 p. 100 (augmenté de deux décimes) du montant du titre.

114. En cas d'abonnement, il est dû un droit spécial sur chaque titre et ce droit n'est exigible que pendant la durée du titre : il est fixé à 5 centimes (augmenté de deux décimes), liquidé par année et payable par trimestre. L'extinction successive des titres doit donc amener des modifications dans le total des droits à percevoir chaque année. (*L. 5 juin* 1850, *art.* 31.)

115. Les dispositions analysées ci-dessus, comme toutes celles de la loi du 5 juin 1850 sur le timbre des obligations négociables, ne sont pas applicables aux obligations dont la cession n'est parfaite à l'égard des tiers qu'au moyen des conditions déterminées par l'art. 1690 du Code civil (*L. 5 juin* 1850, *art.* 25 *et* 32), ni aux obligations qui auraient été formellement dispensées de ces dispositions par une loi spéciale.

Sect. 5. — Du timbre des actions et obligations dans les sociétés étrangères et des titres des gouvernements étrangers.

116. La loi du 5 juin 1850 ne parle pas des valeurs étrangères. Cependant de nombreuses sociétés ou compagnies établies dans les pays étrangers, les gouvernements étrangers eux-mêmes, venaient chercher en France des capitaux pour l'exploitation de leurs entreprises et émettre des titres qui faisaient concurrence aux valeurs françaises. La justice et la raison demandaient qu'on leur fît supporter au moins les mêmes droits et les mêmes charges qu'aux sociétés françaises.

Tel a été le but de la loi du 23 juin 1857, du décret du 17 juillet suivant, des lois des 30 mars, 25 mai, 29 juin 1872.

117. Sous le régime de ces lois, les *actions* et *obligations* des sociétés, des compagnies, entreprises, villes, provinces, corporations étrangères et de tout autre établissement public étranger, sont soumises à des droits de timbre *équivalents* à ceux qui sont établis sur les valeurs similaires françaises.

118. Ces titres ne peuvent être négociés, exposés en vente, émis en France, cotés aux bourses françaises, qu'autant que les sociétés, compagnies étrangères auront obtenu l'autorisation préalable du ministre des finances, auront fait agréer un représentant responsable en France et se seront particulièrement soumises à payer par *abonnement* le droit de timbre de ces titres.

Les titres ne sont pas frappés de l'empreinte du timbre. Un avis inséré au *Journal officiel* en tient lieu. (*D. 17 juill.* 1857 *art.* 11.)

119. Le service de l'abonnement au timbre est suspendu pour les sociétés étrangères, dont les titres sont cotés, qui justifient que pendant les deux dernières années elles n'ont pu payer ni dividendes ni intérêts.(*D. 28 mars* 1868, *art.* 1er.)

120. Le législateur ayant pensé, avec raison, que les titres des sociétés étrangères ne circulaient pas exclusivement en France, un décret du 24 mai 1872 porte que la quotité du capital social (actions et obligations) qui est passible de l'impôt, sera déterminée pour une période de trois ans, par le ministre des finances, sur l'avis d'une commission consultative dans laquelle les intérêts du Trésor et ceux des sociétés sont représentés. Le droit est liquidé sur le capital nominal des titres.

121. Les *titres* des *gouvernements étrangers*, désignés sous le nom d'effets publics ou de fonds d'État, sont soumis à quelques règles particulières.

Pour ces titres le droit de timbre est payable *au comptant*, soit avant toute négociation, exposition en vente, s'ils ont été émis à l'étranger, soit avant toute remise aux souscripteurs, dans le cas d'émission ou de souscription en France, mais non nécessairement avant l'admission à la cote de la Bourse. (*L. 13 mai* 1863, *art.* 7; 30 *mars* 1872, *art.* 2; 25 *mai* 1872, *art.* 2 *et* 3.)

122. Le droit, *qui n'est pas assujetti aux décimes*, est perçu ainsi qu'il suit :

75 centimes pour chaque titre de 500 fr. et au-dessous;

1 fr. 50 c. pour chaque titre au-dessus de 500 fr. jusqu'à 1,000 fr.;

3 fr. pour chaque titre au-dessus de 1,000 fr. jusqu'à 2,000 fr.;

Et ainsi de suite, à raison de 1 fr. 50 c. par 1,000 fr. ou fraction de 1,000 fr.

Il est liquidé sur le capital nominal des titres, déterminé suivant les bases fixées annuellement par un décret pour la conversion des monnaies étrangères en monnaies françaises.

123. Le paiement de l'impôt, d'après le texte même de la loi (*L. 30 mars* 1872, *art.* 2, § 2), doit être constaté par une mention de visa pour timbre ; mais en fait, surtout lorsqu'il s'agit d'émission en France et alors qu'un nombre considérable de titres doit être immédiatement jeté sur le marché financier, la formalité est donnée, par exception, au moyen de l'apposition d'empreintes à l'extraordinaire.

124. Si les titres émis l'ont été sous la forme de *certificats provisoires,* le titre définitif *correspondant* est timbré sans frais sur la représentation du certificat. (*L. 25 mai* 1872, *art.* 2.)

Le mot « *correspondant* » n'est pas interprété dans son sens purement grammatical; l'administration autorise l'échange *gratis*, jusqu'à concurrence du *capital* frappé du droit lors du timbrage des certificats provisoires, sans exiger qu'il y ait *concordance absolue* de numéros ou de sommes entre les deux espèces de titres.

125. En cas de *renouvellement,* pour une cause quelconque, d'un titre de rente ou effet public d'un gouvernement étranger, un nouveau droit de timbre deviendrait exigible.

126. On voit, d'après ce qui précède, que le fait de la cote à la Bourse, s'il fournit la preuve du paiement des droits de timbre pour les titres des sociétés, compagnies, villes étrangères et de tout autre établissement étranger, ne fournit pas cette preuve pour les titres des gouvernements étrangers.

D'un autre côté, il est bien certain que des titres de sociétés étrangères circulent encore en France sans être timbrés.

127. Aussi le législateur, après avoir défendu la négociation, l'exposition en vente de toute espèce de titres étrangers qui ne seraient pas timbrés ou pour lesquels l'abonnement n'aurait pas été contracté, exige que l'énonciation des titres de sociétés, villes étrangères, dans des actes de prêt, de dépôt, de nantissement ou dans tout autre acte ou écrit, à l'exception des inventaires, et qui ne sont pas cotés en France, soit suivie d'une mention constatant que le droit a été réellement payé.

S'il s'agit de l'énonciation, dans les mêmes circonstances, de fonds d'État étranger, l'acte doit toujours contenir cette mention relative au paiement, lors même que ces fonds seraient cotés à la Bourse.

128. Le droit de timbre exigible sur un titre étranger (autre qu'un titre de fonds d'État) non coté, est fixé à 1 p. 100 du capital nominal.

129. Les contraventions sont en cette matière punies d'une amende de 5 p. 100 de la valeur nominale du titre, sans que l'amende puisse être inférieure à 50 fr. Si la contravention a été commise dans un acte public, l'officier public ou ministériel est tenu personnellement d'une amende de 50 fr. Toutes les parties sont solidaires pour le recouvrement des droits et amendes.

130. Les contraventions peuvent être constatées dans tous les lieux ouverts au public, ce qui comprend les boutiques et comptoirs de change.

CHAP. IV. — DROITS DE TIMBRE SPÉCIAUX.

131. Sont soumis à des droits de timbre spéciaux : 1° les quittances, reçus et décharges donnés sous signatures privées; 2° les chèques; 3° les quittances délivrées par les comptables de deniers publics; les quittances de sommes envoyées par la poste; 4° les écrits constatant les expéditions et transports de marchandises par chemins de fer ou par mer et sur les fleuves, rivières, canaux, dans le rayon de l'inscription maritime; 5° les écrits constatant les transports de valeurs; 6° les copies des exploits et des pièces signifiées; 7° les marques commerciales ou de fabrique; 8° les passe-ports et permis de chasse.

Sect. 1. — Timbre des quittances, reçus et décharges.

132. Sont soumis à un droit de timbre de 10 centimes : les quittances ou acquits donnés au pied des factures et mémoires, les quittances pures et simples, reçus ou décharges de sommes, titres, valeurs ou objets et généralement tous les titres de quelque nature qu'ils soient, signés ou non signés, qui emporteraient libération, reçu ou décharge, et spécialement les quittances ou bordereaux constatant le paiement de dividendes ou intérêts, les quittances des traitements et émoluments des fonctionnaires, officiers des armées

de terre et de mer et employés salariés par l'État, les départements, les communes et tous les établissements publics. (*L.* 23 *août* 1871, *art.* 18 *et* 20.)

133. C'est la constatation de la libération qui est atteinte par l'impôt et il est dû un droit par chaque constatation distincte; mais le droit n'est applicable qu'aux actes sous seing privé ne contenant pas d'autres dispositions que celles qui viennent d'être spécifiées.

134. Le droit de 10 centimes peut être acquitté par l'apposition d'un timbre mobile, par l'apposition d'une empreinte à l'extraordinaire, par le versement du droit sans apposition d'aucun timbre.

135. Le droit de timbre de 10 centimes est à la charge du débiteur.

136. Les formules imprimées ou papiers pour quittances, reçus ou décharges, doivent être présentés à la formalité du timbre extraordinaire, non remplis, c'est-à-dire sans écriture constatant la libération, le reçu ou la décharge. Une remise de 2 p. 100, calculée sur le prix du timbre, est accordée à titre de déchet à ceux qui font ainsi préalablement timbrer ces formules ou papiers.

137. Toutefois les formules d'états de solde ou de paiement, dits *états d'émargement,* les registres de factage ou de camionnage et les autres documents pour lesquels il est dû un droit de timbre par chaque mention de quittance, reçu ou décharge, ne peuvent être timbrés à l'extraordinaire qu'autant que le droit à percevoir par chaque page correspond à l'une des quotités des timbres de dimension en usage, soit 60 centimes (six mentions par page), 1 fr. 20 c. (douze mentions), 1 fr. 80 c., 2 fr. 40 c., 3 fr. 60 c., représentant les droits dus pour 18, 24, 36 mentions par page.

138. Le *timbre mobile* de 10 centimes doit être collé et immédiatement oblitéré par l'apposition, à l'encre noire, en travers du timbre, de la *signature* de celui qui donne reçu ou décharge, ainsi que de la date de l'oblitération. *Le fait seul de la rédaction d'une quittance,* reçu ou décharge, donne donc ouverture à l'exigibilité et à la perception du droit, alors même que ces écrits ne seraient préparés que pour être remis ultérieurement à la partie intéressée.

139. L'*oblitération* peut aussi être faite par une griffe apposée à l'encre grasse, faisant connaître la résidence, le nom ou la raison sociale du créancier et la date de l'oblitération. (*D.* 27 *nov.* 1871, *art.* 2.)

140. Les comptables publics peuvent revêtir eux-mêmes du timbre mobile tous les écrits constatant les paiements qui sont effectués par leurs caisses; mais lorsqu'ils prennent ainsi le rôle du créancier, ils sont soumis à la responsabilité encourue pour défaut d'oblitération. (*D.* 27 *nov.* 1871, *art.* 3.)

Cette faculté, sous la même responsabilité, est accordée aux sociétés et compagnies assujetties aux vérifications des agents de l'enregistrement (*id.*).

141. L'art. 6 du décret du 27 novembre 1871 et divers arrêtés et décisions ministérielles ont autorisé, sous certaines conditions et justifications, le paiement du droit de 10 centimes sans emploi d'aucun timbre :

1° Pour les billets de place et bulletins de bagage que délivrent les compagnies de chemins de fer : 2° pour les billets de place dans les théâtres ; 3° pour les états de solde et d'émargement concernant les administrations publiques de l'État, les administrations municipales et particulières.

142. *Pénalités.* L'amende est de 50 fr. (62 fr. 50 c. avec les décimes) pour chaque acte, écrit, reçu ou décharge non timbré ou revêtu soit d'un timbre mobile apposé sans les conditions prescrites, soit d'un timbre ayant déjà servi (*voy. n° 28*). (*L. 23 août 1871, art. 23 et 24.*) Dans ce cas, le législateur veut que le droit et l'amende soient à la charge de celle des parties de qui émane l'écrit. C'est ce qu'exprime la disposition de l'art. 23 de la loi du 23 août 1871, ainsi conçue : « Le créancier qui a donné quittance, reçu ou décharge en contravention aux dispositions de l'art. 18 de la loi du 23 août 1871, est tenu personnellement et sans recours, nonobstant toute stipulation contraire, du montant des droits, frais et amendes. » Lorsqu'une contravention est constatée, l'administration de l'enregistrement n'a donc pas à examiner et à rechercher quel est, *en droit*, le véritable débiteur de la taxe de 10 centimes, *puisqu'en fait* c'est toujours contre le signataire de l'écrit incriminé que le recouvrement de ce droit et de l'amende est poursuivi.

Sect. 2. — Timbre des chèques.

143. Les chèques sur place doivent être timbrés à l'extraordinaire au droit fixe de 10 centimes. (*L. 23 août 1871, art. 18, n° 2.*)

144. Les chèques de place à place sont soumis à un droit additionnel de 10 centimes, soit au total à un droit de 20 centimes. (*L. 19 fév. 1874, art. 8.*)

145. Les timbres mobiles à 10 centimes peuvent être employés, dans les conditions ci-dessus (*voy. n°s 138 et 139*) : 1° pour le paiement du droit additionnel de 10 centimes établi sur les chèques de place à place créés en France (*L. 19 fév. 1874, art. 8*) ; 2° pour timbrer avant tout endossement en France, au droit de 20 centimes (c'est-à-dire en employant deux timbres mobiles à 10 centimes), les chèques tirés hors de France et payables en France (*art. 9, même loi*).

148. *Pénalités.* L'émission d'un chèque sur place, sur papier non timbré à l'extraordinaire au droit de 10 centimes, est passible d'une amende de 50 fr. (*L. 23 août 1871, art. 23.*)

147. L'émission d'un chèque de place à place non timbré au droit de 20 centimes, donne lieu à l'application des dispositions pénales édictées pour les effets négociables ou de commerce non timbrés (*L. 19 fév. 1874, art. 8.*)

148. Lorsqu'un chèque tiré hors de France et payable en France n'a pas été timbré avant tout usage en France, le bénéficiaire, le premier endosseur et le porteur sont passibles solidairement d'une amende de 6 p. 100. (*Id., art. 9.*)

149. L'émission et la souscription d'un chèque sont soumises à certaines règles et formalités spéciales qui font l'objet des lois des 14 juin 1865 et 19 février 1874.

150. Les contraventions au timbre de 10 centimes peuvent être constatées par les employés de l'enregistrement, les officiers de police judiciaire, les agents de la force publique, les préposés des douanes, des contributions indirectes et ceux des octrois. Il leur est alloué un quart des amendes recouvrées en principal. (*L. 23 août 1871, art. 23.*)

Sect. 3. — Du timbre des quittances délivrées par les comptables de deniers publics.

151. Sont soumises à un droit de timbre de 25 centimes, les quittances de sommes envoyées par la poste (*L. 23 août 1871, art. 2*) et les quittances de produits et revenus de toute nature délivrées par les *comptables de deniers publics* (*L. 8 juill.* 1865, *art. 4* ; *L. 23 août 1871, art. 2*), c'est-à-dire les trésoriers-payeurs généraux, receveurs des finances, percepteurs, receveurs des administrations financières, agents comptables des divers ministères, receveurs des communes et des établissements publics (hospices, bureaux de bienfaisance), etc., etc.

152. La délivrance de ces quittances est obligatoire. Le prix du timbre s'ajoute de plein droit au montant de la somme due et est soumis au même mode de recouvrement.

153. Ce droit est acquitté au moyen d'un timbre mobile à 25 centimes qu'apposent et annulent immédiatement les receveurs et comptables qui délivrent la quittance.

154. *Oblitération.* L'oblitération est opérée au moyen de la griffe dont ces agents sont détenteurs. (*Arr. 20 juill.* 1863.)

155. *Pénalités.* Le comptable qui ne délivre pas une quittance, dans le cas où cette délivrance est obligatoire, n'est passible que de peines disciplinaires.

Le comptable qui délivre sur papier non timbré une quittance sujette au timbre est passible d'amendes qui varient suivant la qualité du comptable et la nature des infractions à la loi.

Sect. 4. — Timbre des écrits constatant les expéditions et transports de marchandises.

ART. 1. — CHEMINS DE FER.

§ 1. — *Récépissés.*

156. Les compagnies de chemins de fer sont tenues de délivrer aux expéditeurs qui ne demandent pas de lettres de voiture, un écrit timbré en tenant lieu, désigné sous le nom de récépissé et destiné à constater les conditions du transport.

157. Le droit de timbre de ce récépissé est, en grande vitesse, de 35 centimes ; en petite vitesse, de 70 centimes, sans décimes, et y compris la taxe de 10 centimes exigible à l'occasion de la décharge des objets transportés, donnée par le destinataire.

158. Les récépissés au timbre de 70 centimes peuvent servir de lettres de voiture pour les transports qui, indépendamment des voies ferrées, empruntent les routes, canaux et rivières. De plus les modifications qui surviennent en cours d'expédition, tant dans la destination que dans le prix et les conditions du transport, peuvent être écrites sur ces récépissés. (*L. 30 mars* 1872, *art.* 1er.)

159. Ces récépissés, extraits d'un livre à souche, sont timbrés à l'extraordinaire. Un double du récépissé remis à l'expéditeur doit toujours accompagner la marchandise. En cas de contravention, la compagnie est passible d'une amende de 50 fr. (*L.* 13 *mai* 1863, *art.* 10.)

§ 2. — *Groupage.*

160. Les compagnies de chemins de fer perçoivent les prix du transport des marchandises, d'après certaines quotités de poids qui ne peuvent être fractionnés. Afin de profiter des différences de poids, des entrepreneurs de messageries ou de roulage ont songé à réunir, dans un envoi unique, des colis ou paquets adressés à des destinataires distincts et de faire ce qu'on appelle du *groupage.* Cette industrie frustrait les compagnies des avantages que leur aurait procurés la perception des prix de transport par colis, sans fractionnement : d'un autre côté, elle causait un préjudice sensible au Trésor, qui, avec le groupage, ne percevait qu'un droit de timbre par *group,* considéré comme une expédition unique, alors que si les colis avaient été directement remis au chemin de fer par les expéditeurs réels, il aurait perçu un droit de timbre par colis adressé à un destinataire réel différent.

161. Pour placer les groupeurs sur la même ligne que les compagnies de chemins de fer, en ce qui concerne le paiement de l'impôt, la loi du 30 mars 1872 exige que les entrepreneurs de messageries ou de roulage qui font le groupage, qu'il s'agisse d'expéditions en grande ou petite vitesse, d'expéditions de France à l'étranger, remettent aux gares expéditrices un bordereau détaillé et certifié, écrit sur papier non timbré et faisant connaître le nom et l'adresse de chacun des destinataires réels, et joignent à ce bordereau autant de récépissés qu'il y a de destinataires. Ces récépissés *individuels* sont extraits d'un registre à souche *timbré,* mis à la disposition des entrepreneurs, par les compagnies, moyennant remboursement des droits et frais.

Indépendamment de ces récépissés individuels, il est délivré par la gare expéditrice un récépissé timbré applicable à l'envoi collectif, c'est-à-dire au group.

162. Les récépissés individuels jouissent des mêmes avantages et produisent les mêmes effets que s'ils étaient rédigés par les compagnies elles-mêmes ; ils peuvent, en conséquence, suivre les marchandises jusqu'à destination, pourvu que l'expédition ne soit pas interrompue.

163. Les dispositions de la loi du 30 mars 1872 sur le groupage ne sont pas applicables *aux négociants :* ceux-ci, n'étant pas des entrepreneurs de transports, peuvent expédier par chemin de fer des colis groupés sans créer des récépissés individuels ; un seul récépissé pour le group est nécessaire.

164. Mais elles régissent les groups expédiés de France à l'étranger et ceux qui sont envoyés de l'étranger en France. Dans ce dernier cas, le timbre afférent aux récépissés spéciaux est perçu par les agents des douanes, à l'entrée en France et au moyen de timbres mobiles sur les documents accompagnant les envois et pouvant tenir lieu de ces récépissés.

165. Les contraventions aux diverses dispositions de la loi du 30 mars 1872 sur le groupage

sont punies d'une amende de 50 fr. en principal et de 100 fr. en cas de récidive dans le délai d'un an.

Aucune portion de l'amende recouvrée n'est allouée à titre d'indemnité à l'agent verbalisateur.

ART. 2. — CONNAISSEMENTS.

166. Jusqu'à la loi du 30 mars 1872, les quatre originaux de connaissements (*C. Com., art.* 282) soumis en principe au droit de timbre de dimension, échappaient souvent à cet impôt. Le législateur moderne a pensé que le plus sûr moyen d'assurer l'exécution de la loi consistait à déclarer obligatoire la rédaction d'un connaissement pour tout transport par mer et sur les fleuves, rivières et canaux, dans le rayon de l'inscription maritime, et, d'un autre côté, à faire reporter les droits exigibles pour les quatre originaux, sur le connaissement dont le capitaine doit être nanti aux termes de l'art. 226 du Code de commerce, et à obliger le capitaine à représenter l'original qui est entre ses mains à toute réquisition des employés des douanes.

167. Le droit est fixé, par original de connaissement, au minimum du droit de timbre de dimension, soit 60 centimes, décime compris, quelle que soit la dimension de la feuille employée.

168. Le droit dû s'élève ainsi à 2 fr. 40 c. pour les quatre originaux de connaissements créés en France ; il est réduit à 1 fr. 20 c. pour les expéditions par le petit cabotage de port français à port français et fixé au même taux pour les connaissements venant de l'étranger.

169. Les droits de 1 fr. 20 c. et de 2 fr. 40 c., dus sur les connaissements créés en France, peuvent être acquittés soit au moyen de la formalité du timbre extraordinaire, dans chaque chef-lieu de département ; soit par l'apposition de timbres mobiles.

170. Une empreinte portant l'indication du prix est apposée sur la formule destinée au capitaine ; une estampille, sans indication de prix, est apposée sur la formule destinée à la rédaction des autres connaissements. Cette estampille ne peut donc être apposée qu'autant qu'il est présenté au timbre extraordinaire un nombre correspondant de formules destinées au capitaine.

171. *Timbres mobiles.* Il existe des timbres mobiles spéciaux de connaissements aux droits de 2 fr. 40 c., 1 fr. 20 c. et 60 centimes.

Chaque timbre mobile de 2 fr. 40 c. ou de 1 fr. 20 c., destiné aux connaissements créés en France, se compose d'une empreinte portant l'indication du prix et de trois empreintes dites estampilles de contrôle. Chaque timbre mobile de 60 centimes, destiné à chaque original supplémentaire, se compose d'une empreinte et d'une estampille de contrôle.

Chaque timbre mobile de 1 fr. 20 c., destiné aux connaissements venant de l'étranger, se compose d'une empreinte portant l'indication du prix et d'une estampille de contrôle. (*D.* 30 *avril* 1872.)

172. *Apposition et oblitération.* Les timbres mobiles pour connaissements principaux ou supplémentaires, créés en France, doivent être apposés au moment même de la rédaction des connaissements. Les timbres avec indication de prix sont appliqués sur le connaissement du capitaine, les estampilles de contrôle sont appliquées sur les autres originaux. L'oblitération des timbres mobiles et estampilles a lieu immédiatement soit au moyen de l'apposition, à l'encre noire, de la signature du chargeur ou de l'expéditeur et de la date de l'oblitération, soit par l'apposition, à l'encre grasse, d'une griffe faisant connaître le nom et la raison sociale du chargeur ou de l'expéditeur, ainsi que la date de l'oblitération. (*D.* 30 *avril* 1872, *art.* 1 *et* 2, *et* 24 *juill.* 1872, *art.* 1 *et* 2.)

Les timbres et estampilles de contrôle destinés aux connaissements venant de l'étranger sont apposés et oblitérés par les agents des douanes. (*D.* 30 *avril* 1872, *art.* 3 *et* 4.)

173. *Pénalités.* Tout connaissement créé en France et non timbré, ou revêtu d'un timbre apposé sans les conditions prescrites, donne lieu à des amendes de 50 fr. contre le chargeur, le capitaine et l'armateur ou l'expéditeur du navire. (*L.* 30 *mars* 1872, *art.* 6 *et* 7, 25 *mai* 1872, *art.* 4.)

174. La loi attribue à titre d'indemnité, à l'agent qui constate toute contravention au timbre des connaissements, le quart de l'amende recouvrée en principal.

Sect. 5. — Timbre des écrits constatant les transports de valeurs.

175. Les colis remis aux compagnies de chemins de fer par des entrepreneurs de transports sont souvent expédiés *contre remboursement* du prix ; dans ce cas, la question s'était élevée de savoir qui, de la compagnie chargée d'effectuer le recouvrement du prix, ou de l'expéditeur des marchandises, devait légalement supporter le droit de timbre de 10 centimes dû à l'occasion de la quittance ou de la décharge donnée lors du versement des sommes recouvrées.

176. Pour mettre fin à ces difficultés, l'art. 10 de la loi du 19 février 1874 oblige de créer un récépissé ou une lettre de voiture timbrée à 35 c. pour chaque recouvrement dont les fonds sont transmis matériellement ou par une opération d'écritures à l'expéditeur ; il établit en outre un droit unique de 35 centimes pour tous transports réels ou fictifs de monnaies ou de valeurs effectués par les entrepreneurs de transports, quelle que soit la voie employée, qu'il s'agisse d'un envoi ou d'un recouvrement.

177. *Pénalités.* La loi du 19 février 1874 n'a édicté aucune pénalité en cas de contravention à ces dispositions ; on peut donc craindre que le Trésor ne retire pas de l'établissement de cet impôt spécial un produit bien considérable.

Sect. 6. — Timbre des copies d'exploits et des pièces signifiées.

178. Pour assurer au Trésor le paiement du droit de timbre exigible à l'occasion de la rédaction des copies d'exploits et des pièces signifiées, qui le plus souvent ne sont pas remises aux parties, la loi du 29 décembre 1873 a prescrit certaines mesures spéciales.

179. L'original de l'exploit continue d'être fait sur du papier au timbre de dimension de la débite, timbré en noir.

Quant aux *copies,* elles ne peuvent être rédigées que sur un *papier spécial* de la dimension des feuilles aux droits de 60 cent. et de 1 fr. 20 c., et timbré en couleur. Ce papier est fourni gratuitement par l'administration ; mais en même temps l'officier ministériel est tenu d'acheter des timbres mobiles spéciaux pour une valeur équivalente au droit de timbre exigible à raison de la dimension des papiers délivrés gratuitement. Ces timbres mobiles, au prix de 60 cent., 1 fr. 20 c., 3 fr. 60 c., 6 fr. et 12 fr., sont collés par l'huissier sur la marge de l'original de l'exploit, en nombre et en quotité suffisants pour représenter le montant des droits de timbre dus à raison des copies signifiées. Une mention spéciale inscrite au bas de l'original fait connaître le montant de ces droits. Le receveur, lors de l'enregistrement, s'assure que les timbres mobiles correspondent aux indications de cette mention et il oblitère les timbres mobiles collés en marge et qui ont dû lui être représentés intacts.

180. *Pénalités.* Chaque contravention à ces dispositions est punie d'une amende de 50 fr.

Les actes autres que les copies d'exploits et de pièces signifiées qui auraient été écrits sur le papier spécial exclusivement destiné à ces copies, seront considérés comme non timbrés.

Sect. 7. — Timbre des marques de fabrique.

181. La loi du 26 novembre 1873 a établi un timbre un signe spécial destiné à être apposé sur les marques commerciales ou de fabrique.

Par chaque apposition de timbre il est perçu, au profit de l'État, un droit qui peut varier de 1 cent. à 1 fr. ; le droit dû pour chaque apposition du signe sur les *objets eux-mêmes* ne peut être inférieur à 5 cent. ni excéder 5 fr.

L'apposition du timbre n'est exercée que dans certains bureaux. (*Voy.* **Marques de fabrique.**)

Les mesures d'exécution de la loi du 26 novembre 1873 sont déterminées par un règlement d'administration publique du 25 juin 1874.

Sect. 8. — Timbre des passe-ports et permis de chasse.

182. Les prix des passe-ports sont fixés, savoir : pour les passe-ports à l'intérieur, à 2 fr. 40 c. ; pour les passe-ports à l'étranger, à 12 fr. (décimes compris). [*Voy.* **Passe-port.**]

Les passe-ports pour l'Algérie et pour les colonies sont délivrés sur des formules à 2 fr. 40. c.

183. Le prix des permis de chasse, fixé à 25 fr. par la loi du 3 mai 1844 (dont 15 fr. pour l'État et 10 fr. pour la commune de l'impétrant), porté à 40 fr. (dont 10 fr. pour la commune) par la loi du 23 août 1871, réduit à l'ancien taux de 25 fr. par la loi du 20 décembre 1872, est aujourd'hui, depuis la loi du 2 juin 1875, qui a établi deux décimes, de 28 fr. : 18 fr. pour l'État et 10 fr. pour la commune. (*Voy.* **Chasse.**)

184. Ces prix, qui comprennent les frais de papier, timbre et expédition, sont imprimés sur la formule.

185. Le prix de permis régulièrement délivrés ne peut être restitué.

CHAP. V. — DES EXEMPTIONS DE TIMBRE.

186. Les écrits exempts du timbre sont en général : 1° les actes faits par l'autorité publique dans l'intérêt de la société et de l'État, ou ceux qui concernent la police intérieure d'une administration publique ou d'un établissement public ; 2° les effets publics et les inscriptions sur le grand-livre de la dette publique.

Sect. 1. — Timbre de dimension.

187. Sont exemptés du droit de la formalité du timbre de dimension, spécialement :

1° Les actes de la Chambre des députés et ceux du Sénat ; les minutes de tous les actes, arrêtés, décisions et délibérations de l'administration publique en général, et de tous les établissements publics, dans tous les cas où aucun de ces actes n'est sujet à l'enregistrement sur la minute, et les extraits, copies et expéditions qui s'expédient ou se délivrent par une administration ou un fonctionnaire public à une autre administration publique ou à un autre fonctionnaire public, lorsqu'il y est fait mention de cette destination ; tous les comptes rendus par les comptables publics ; les doubles, autres que celui du comptable, de chaque compte de recette ou gestion particulière et privée ; les engagements, enrôlements, congés, certificats, cartouches, passe-ports, billets d'étape, de subsistance et de logement et autres pièces ou écritures concernant les gens de guerre, tant pour le service de terre que pour le service de mer ; les pétitions présentées aux Chambres, celles qui ont pour objet des demandes de congés absolus ou limités, et de secours, et les pétitions des déportés et réfugiés des colonies tendant à obtenir des certificats de résidence, passe-ports et passages pour retourner dans leur pays ; les certificats d'indigence ; les rôles qui sont fournis pour l'appel des causes ; les actes de police générale et de vindicte publique et ceux des procureurs de la République, non soumis à la formalité de l'enregistrement, les copies des pièces de procédure criminelle qui doivent être délivrées sans frais.

2° Les registres de toutes les administrations publiques et des établissements publics pour ordre et administration générale, ceux des tribunaux et du ministère public, où il ne se transcrit aucune minute d'acte soumis à la formalité de l'enregistrement ; ceux des receveurs des contributions publiques et autres préposés publics. (*L.* 13 *brum.* an VII, *art.* 16.)

3° Les affiches d'actes émanés de l'autorité publique. (*L. du* 9 *vend. an* VII, *art.* 56.)

4° Les affiches électorales d'un candidat contenant sa profession de foi, une circulaire signée de lui ou seulement son nom. (*L.* 11 *mai* 1818, *art.* 3.)

5° Les affiches sur papier ou sur bois appliquées sur la demeure des citoyens pour annoncer une location ou une industrie ; les écriteaux et enseignes.

188. A ces exceptions il convient d'ajouter celles qui ont été édictées soit par le Code civil, soit par des lois postérieures et principalement par :

Le Code civil, art. 77 (permis d'inhumer) ; art. 470 (états de situation de tutelle) ; art. 1394, nouveau (certificats de contrat de mariage) ; décrets 21 décembre 1808, art. 1er (pensions militaires) ; 4 juin 1804, art. 26 (diplômes) ; 18 juin 1811, art. 146 (mémoires de frais de justice n'excédant pas 10 fr.) ; 14 juin 1813, art. 89 (chambres de discipline des huissiers) ; lois 21 avril 1832, art. 28 (réclamations, contributions, cote inférieure à 30 fr.) ; 22 mars 1841, art. 22 (travail dans les manufactures) ; 23 juin 1846, art. 3 (pêche) ;

3 juillet 1846 (écoles primaires) ; 15 mars 1849, art. 13 (actes judiciaires en matière électorale) ; 10 décembre 1850, art. 4, § 2 (mariages d'indigents) ; règl. 8 thermidor an XIII, art. 89, et loi 24 juin 1857, art. 8 (monts-de-piété) ; décret 2 février 1852, art. 4 (élection des députés) ; lois 4 juin 1858, art. 12 (patentes) ; 26 nov. 1872, (taxes spéciales imposées pour l'organisation des gardes nationales mobilisées, contestations; 20 mars 1874, art. 9 (bons de liquidation, certificats) ; 19 mai 1874, art. 9 (travail des enfants dans l'industrie, certificats) ; 28 juillet 1874, art. 6 (défense nationale, dédommagement, certificats) ; 5 juin 1875, art. 4 (actes civils de Paris, reconstitution, expéditions) ; décret 30 décembre 1809, art. 81 (fabriques, registres) ; lois 5 juin 1835, art. 9 (caisses d'épargne) ; 26 juillet 1860, art. 20 (écoles de pharmacie, registres d'inscriptions) ; 2 mai 1855, art. 2 (justice de paix) ; 15 mai 1818, art. 80, et décret 8 novembre 1872 (actes de l'état civil, autorités d'Alsace-Lorraine).

189. Certains actes, tout en étant exempts du droit de timbre de dimension, sont soumis à la formalité du timbre, mais donnée au moyen d'un *visa gratis*, tels sont, dans certains cas : les registres de l'état civil (*L. mars* 1817, *art.* 75) ; les actes en matière d'expropriation pour cause d'utilité publique (*L.* 3 *mai* 1841, *art.* 58) ; concernant les mariages d'indigents (*L.* 3 *juill.* 1846, *art.* 3 ; 10 *déc.* 1850, *art.* 4, § 1er) ; le service des caisses de retraite pour la vieillesse (18 *juin* 1850, *art.* 11, *et D.* 27 *juill.* 1861, *art.* 28) ; les sociétés de secours mutuels (*D.* 26 *mars* 1852, *art.* 11) ; la gendarmerie (*D.* 1er *mars* 1852, *art.* 491) ; la reconstitution des consignations. (*L.* 15 *sept.* 1871, *art.* 6.)

Sect. 2. — Timbre proportionnel.

190. Les exemptions du droit et de la formalité du timbre proportionnel sont beaucoup moins nombreuses que celles prononcées en matière de timbre de dimension.

Elles concernent spécialement :

Les inscriptions sur le grand-livre de la dette publique française et les effets publics du gouvernement français (*L.* 13 *brum. an* VII, *art.* 16) ;

Les effets négociables du Trésor, mandats des receveurs généraux des finances pour service public (*O.* 10 *oct.* 1834) ;

Les duplicata de lettres de change lorsque la première, timbrée, est jointe au duplicata (*L.* 5 *juin* 1850, *art.* 11) ;

Les actions dans les sociétés et les obligations négociables qui en ont été formellement dispensées par une disposition de loi. (*L.* 5 *juin* 1850, *art.* 25.)

Sect. 3. — Droits de timbre spéciaux.

ART. 1. — TIMBRE A 10 CENTIMES.

191. Sont exemptés du droit et de la formalité du timbre de 10 centimes :

Les quittances de 10 fr. et au-dessous quand il ne s'agit pas d'un à-compte ou d'une quittance finale sur une plus forte somme (*L.* 13 *brum. an* VII, *art.* 16 ; *L.* 23 *août* 1871, *art.* 20) ;

Les acquits inscrits sur les chèques, ainsi que sur les lettres de change, billets à ordre et autres effets de commerce assujettis au droit proportionnel (*L.* 23 *août* 1871, *art.* 20) ;

Les reconnaissances et reçus donnés soit par lettre, soit autrement, pour constater la cession d'effets de commerce à négocier, à accepter ou à encaisser (*L.* 30 *mars* 1872, *art.* 4);

Les quittances pour prêts et fournitures concernant les militaires et les marins (*L.* 13 *brum. an VII et* 23 *août* 1872, *art.* 20);

Les quittances des traitements et émoluments des militaires et marins non-officiers (*L.* 23 *août* 1871, *art.* 20);

Les quittances de secours payés aux indigents et des indemnités pour inondations, incendies, épizooties et autres cas fortuits (*L.* 13 *brum. an VII et* 23 *août* 1871, *art.* 20);

Les quittances ou récépissés délivrés aux collecteurs et receveurs de deniers publics. (*Id.*)

ART. 2. — TIMBRE A 25 CENTIMES.

192. Sont exemptées du droit et de la formalité du timbre de quittance à 25 centimes:

Les quittances que les collecteurs de *contributions directes* peuvent délivrer aux contribuables (*L.* 13 *brum. an VII, art.* 16, *et* 23 *août* 1871, *art.* 20);

Les quittances des douanes, des contributions indirectes, des postes, qui sont soumises à une législation spéciale.

CHAP. VI. — PROCÉDURE ET PRESCRIPTION.

Sect. 1. — Moyens et mode de constater les contraventions.

193. L'art. 24 de la loi du 13 brumaire an VII défend à tout fonctionnaire ou officier public d'agir en vertu d'un titre non timbré du timbre prescrit ou non visé pour timbre. Afin d'assurer l'application de cet article et de faciliter la découverte des contraventions de timbre, le législateur, dans les lois des 5 juin 1850, art. 49, et 30 mars 1872, art. 2, a édicté des dispositions générales et spéciales tendant à obliger l'officier public à déclarer expressément, sous peine d'amende, si les actes et titres énoncés sont timbrés et le montant du droit de timbre payé.

194. D'un autre côté, en vertu de l'art. 22 de la loi du 23 août 1871 et de celle du 15 décembre 1875, art. 4, les agents de l'enregistrement, pour s'assurer de l'exécution des lois sur le timbre, sont autorisés à se faire représenter les livres, registres, titres, pièces de recettes, de dépenses et de comptabilité des : mairies et établissements publics, hospices; dépositaires des registres de l'état civil, des rôles des contributions et autres, chargés des archives et dépôts de titres publics ; notaires, huissiers, greffiers, secrétaires des administrations centrales et municipales ; sociétés, compagnies, entreprises, industries quelconques constituées par actions ; magasins généraux ; entrepreneurs de messageries et de transports, roulage, chemins de fer, groupage.

Dans les sociétés, compagnies, entreprises par actions, la communication peut être demandée tant au siège social que dans les succursales ou agences.

195. Tout refus de communication doit être constaté par procès-verbal et est puni d'une amende de 100 à 1,000 fr.

196. D'autres agents peuvent, en outre, concurremment avec les employés de l'enregistrement, constater certaines contraventions aux lois sur le timbre. C'est ainsi que les contraventions au timbre des écrits sous seings privés en général peuvent être constatées par les préposés des douanes, des contributions indirectes et des octrois ; que ces mêmes employés, les officiers de police judiciaire et les agents de la force publique ont le droit de verbaliser en matière d'infractions au timbre de 10 centimes, au timbre des connaissements, des récépissés de chemins de fer, et qu'outre ces divers agents, les commissaires de surveillance administrative sont autorisés à relever les contraventions relatives au groupage. (*L.* 2 *juillet* 1862, *art.* 23; 23 *août* 1871, *art.* 23 ; 30 *mars* 1872, *art.* 2.)

197. Bien que le droit de timbre soit un impôt sur le papier destiné aux actes et autres écritures définis par la loi, l'exigibilité n'en est pas toujours déterminée uniquement par la création même de ces actes ou écritures; l'impôt n'est quelquefois exigible que par suite d'un certain usage de la pièce.

198. Dans le premier cas la contravention ne peut être régulièrement constatée qu'au vu même de l'écrit incriminé; dans le second cas, au contraire, les droits et amendes peuvent être exigés sans qu'il soit nécessaire de voir la pièce, du moment que le fait de l'usage de cette pièce, contrairement aux prescriptions de la loi, est constaté, par exemple en matière d'énonciation de titres dans les actes.

199. Mais dans les deux cas, la contravention, à moins qu'il n'y ait paiement immédiat de l'amende encourue et des droits, doit être constatée par un procès-verbal rédigé au moment même où la contravention est découverte.

200. La loi autorise d'ailleurs les agents verbalisateurs à retenir les actes en contravention à la loi sur le timbre pour les joindre à leurs procès-verbaux ; il faut toutefois que la découverte de la contravention ne résulte d'aucun moyen illicite.

Les contrevenants peuvent éviter la saisie des pièces incriminées en signant les procès-verbaux rapportés contre eux, ou en payant sur-le-champ les droits et amendes.

Sect. 2. — Poursuites.

201. En cas de contestation, le procès-verbal est suivi de la rédaction d'une contrainte en paiement signifiée au redevable.

202. Les effets de cette contrainte ne peuvent être arrêtés que par l'opposition du redevable, motivée et signifiée à l'administration avec assignation devant les juges compétents.

203. L'opposition constitue l'instance et arrête le cours de la prescription annale résultant, aux termes de l'art. 61 de la loi du 22 frimaire an VII, de l'interruption des poursuites.

204. L'instruction des instances se fait ensuite sur simples mémoires respectivement signifiés.

205. Les jugements définitifs qui interviennent sont sans appel et ne peuvent être attaqués que par la voie de cassation ; mais cette disposition de l'art. 32 de la loi du 13 brumaire an VII n'interdit point la voie de l'opposition contre les jugements par défaut.

206. Le pourvoi doit être formé dans les deux mois de la signification du jugement ; l'arrêt de la chambre des requêtes qui admet le pourvoi doit être signifié dans les deux mois de sa date, sous peine de déchéance.

207. *Solidarité.* Sont solidaires pour le paiement des droits et amendes : tous les signataires pour les actes synallagmatiques ; les prêteurs et les emprunteurs pour les obligations ; les créanciers et les débiteurs, pour les quittances, autres que celles soumises à la taxe de 10 centimes; les officiers ministériels qui auront reçu ou rédigé des actes énonçant des actes ou écrits non timbrés. (*L. 28 avril 1816, art.* 75.)

Sect. 3. — Prescription.

208. Les amendes de contravention aux lois sur le timbre se prescrivent par trente ans. (*D. Min. fin.* 12 *sept.* 1825 ; *délib.* 21 *juill.* 1846.)

209. Cette prescription est réduite à deux ans, lorsque le préposé ou l'agent a été mis à même de constater la contravention, et elle court du jour où il a pu exercer cette faculté. (*L.* 22 *frim. an VII, art.* 61, *n°* 1 ; 16 *juin* 1824, *art.* 14.)

210. A défaut d'une disposition spéciale dans les lois fiscales, la prescription pour le recouvrement des droits de timbre dus indépendamment des amendes, est régie par les règles qu'a établies en cette matière l'art. 2262 du Code civil, aux termes duquel toutes les actions, tant réelles que personnelles, sont prescrites par trente ans. (*Arr.* 28 *juill.* 1875.)

211. Bien que les amendes, véritables peines pécuniaires, tombent sous l'application du *droit de grâce*, la prescription biennale s'oppose à ce que des amendes légalement dues et perçues depuis plus de deux ans, soient restituées *à titre de remise* (*Déc. min.*, 4 *nov.* 1844.)

212. Quant aux droits de timbre, les parties ont certainement trente ans, à partir du jour de la perception, pour en demander le remboursement ; mais, en fait, elles ne jouissent jamais de cette prescription trentenaire, l'administration étant fondée à leur opposer la déchéance établie par l'art. 9 de la loi du 29 janvier 1831 ; les parties n'ont que cinq ans si elles sont domiciliées en Europe, et six ans si elles résident hors du territoire européen, à partir du 1er janvier de l'année dans laquelle la perception a été effectuée, pour demander la restitution de droits de timbre.

CHAP. VII. — LE TIMBRE DANS LES COLONIES.

213. *Algérie.* En exécution d'une ordonnance du 10 janvier 1843, des décrets successifs ont rendu applicables en Algérie la plupart des lois qui régissent l'impôt du timbre en France. La loi du 25 mai 1872, sur le timbre des titres de rentes et effets publics des gouvernements étrangers, n'a pas toutefois été encore promulguée dans les colonies (*juin* 1877).

214. *Martinique et Guadeloupe.* La contribution du timbre a été établie dans ces deux colonies par un décret du 24 octobre 1860 ; plusieurs arrêtés du gouverneur, le conseil général entendu, y ont ensuite réglé le tarif. Jusqu'en 1875 les droits et amendes de timbre de toute nature étaient les mêmes que ceux qui existaient en France avant la loi du 23 août 1871. Un décret du 28 août-23 novembre 1874 a depuis approuvé deux délibérations du conseil général de la Martinique, en date des 12 novembre 1872 et 28 novembre 1873, déclarant applicables dans la co-

lonie, à partir du 1er janvier 1875, les dispositions des art. 18, 19, 20, 21, 22, 23 et 24 de la loi du 23 août 1871. Une délibération du conseil général de la Guadeloupe, du 8 décembre 1874, a établi dans la colonie le tarif de la loi du 23 août 1871 sur les effets négociables *circulant dans l'île*, et celui de la loi du 19 février 1874, en ce qui concerne les effets *tirés de la Guadeloupe sur France.*

215. *Réunion.* L'impôt du timbre existe dans la colonie depuis l'an XII. (*Arrêté du gouverneur* 28 *vendém.*) Les règles fondamentales de l'impôt sont, à l'exception du tarif, les mêmes qu'en France. (*D.* 21 *sept.* 1864.) Le droit de timbre des effets de commerce est fixé à 50 c. pour 1,000 fr., avec un droit minimum de 25 c. pour les effets de 500 fr. et au-dessous. Le droit de timbre de dimension est le tarif français antérieur à la loi du 2 juillet 1862, c'est-à-dire celui de 35 c., 70 c., 1 fr. 25 c., 1 fr. 50 c., 2 fr. (*Arrêté du gouverneur* 22 *déc.* 1864.) Les titres des actions et obligations ne sont pas tarifés.

216. *Sénégal.* L'impôt du timbre date, dans cette colonie, de 1860. (*D.* 4 *août.*) Le tarif des droits de timbre de dimension est celui de la loi du 2 juillet 1862; les droits de timbre proportionnel sont ceux édictés par la loi du 23 août 1871. Un arrêté du gouverneur, du 24 février 1872, a établi dans la colonie, la taxe de 10 centimes.

217. *Nouvelle-Calédonie.* Un arrêté du gouverneur, en date du 1er juillet 1859, a établi l'impôt du timbre dans cette colonie. Un nouvel arrêté du 1er février 1877 édicte des droits de *timbre fixe* à 3 fr., 1 fr. 50 c., augmenté de deux décimes; des droits de *timbre proportionnel*, dont le tarif est celui de la métropole; soumet à l'impôt les actions et obligations des sociétés, et crée des *timbres mobiles* pour le paiement des *droits de timbre de toute nature.*

218. *Guyane.* La loi du 23 août 1871 est seule en vigueur dans cette colonie; un arrêté du gouverneur, du 23 décembre 1873, a cependant adopté le tarif métropolitain en ce qui concerne le timbre proportionnel.

219. *Cochinchine, Taïti, Inde, Mayotte, Nossi-bé, Saint-Pierre et Miquelon.* L'impôt du timbre n'existe pas dans ces diverses colonies.

220. *Banques coloniales.* Des banques, avec privilège d'émettre des billets au porteur, remboursables à vue, ont été créées en Algérie et dans les colonies désignées sous les n°s 214 à 218. Ces banques sont admises à jouir du bénéfice accordé à la Banque de France, par l'art. 9 de la loi du 30 juin 1840, pour le paiement des droits de timbre de leurs billets. (*L.* 4 *août* 1851, *art.* 14 ; *D.* 4 *mars et* 22 *avril* 1863.)

JACQUES CHARDON.

ADMINISTRATION COMPARÉE.

Ce n'est pas sans regret que nous nous sommes abstenu, au mot Enregistrement, et que nous nous abstenons au mot Timbre, de donner des indications d'administration comparée : en matière d'impôts, les tarifs sont importants à connaître, mais ces tarifs, et surtout les explications qu'ils exigent, prennent beaucoup de place et changent fréquemment, de sorte que nous devons nous borner à dire ici que le timbre existe maintenant dans tous les pays de l'Europe et de l'Amérique, ainsi qu'en Égypte et au Japon; que c'est le plus souvent un simple impôt sur les actes; que généralement c'est un moyen de percevoir les frais de justice, et dans les pays, comme en Prusse et en Angleterre, où les droits d'enregistrement n'existent pas, pour recevoir la taxe de succession. La loi anglaise en vigueur est de 1870 (33-34 Vict., c. 97) ; on y trouve un tarif complet des taxes. La législation prussienne est fondée sur la loi du 7 mars 1822, complétée par le tarif des frais de justice du 10 mai 1851, la loi du 2 septembre 1862, qui admet les timbres mobiles, même pour les actes, contrats, etc., enfin par les ordonnances des 19 juillet et 7 août 1867. Nous passons ici la législation spéciale du timbre des calendriers (L. 10 janv. 1868 [1]), les cartes à jouer (L. 16 juin 1838 et 23 déc. 1867), les journaux (L. 29 juin 1861 et 26 sept. 1862). La loi russe est du 17 avril 1874 ; elle a été traduite en allemand et se trouve à la librairie C. Rœttger, de Saint-Pétersbourg.

TIMBRE-POSTE. *Voy.* **Poste.**

TISSAGE ET BOBINAGE. *Voy.* **Livret.**

TITRAGE DES SOIES. *Voy.* **Conditionnement.**

TITRE (**Destruction de**). *Voy.* **Suppression** et **Code pénal, art. 439.**

TITRE GRATUIT, ONÉREUX. On appelle contrat à titre gratuit ou de bienfaisance une convention par laquelle l'une des parties procure à l'autre un avantage purement gratuit (*C. civ., art.* 1105), tels sont les contrats de prêt, de commodat, de dépôt, de mandat, de donation et de cautionnement.

Le contrat à titre onéreux est celui qui assujettit chacune des parties à donner ou à faire quelque chose (*C. civ., art.* 1106). Il doit être considéré comme tel toutes les fois qu'il offre un intérêt à chacune des parties, comme dans la vente, le louage, la société, le prêt à intérêt.

Il peut exister aussi des contrats mixtes qui tiennent de la nature des deux espèces de convention que nous venons de définir. Nous rangerons dans ce nombre les donations faites sous quelque charge imposée au donataire.

TONTINES. 1. Les tontines, autrement dites *assurances mutuelles sur la vie,* sont des associations dans lesquelles plusieurs individus mettent en commun des capitaux destinés à être répartis entre les *seuls survivants,* à une époque déterminée et au prorata des mises de chacun d'eux. Quelquefois aussi les tontines ont pour objet de répartir entre les *ayants droit des décédés* la masse sociale. Dans le premier cas, ce sont des associations *en cas de survie ;* dans le second, des associations *en cas de mort.* (*Voy.* Assurance.)

2. *Nature des opérations tontinières.* Au point de vue de leurs opérations, les associations, en cas de survie, telles qu'elles se pratiquent, se divisent en cinq catégories : 1° sociétés d'accroissement de revenu sans aliénation du capital ; 2° sociétés d'accroissement du revenu avec aliénation du capital ; 3° sociétés d'accroissement du capital sans aliénation du revenu ; 4° sociétés d'accroissement du capital avec aliénation totale ou partielle du revenu ; 5° sociétés de formation d'un capital par l'accumulation du revenu, sans aliénation du capital des mises.

3. Dans les sociétés d'*accroissement du revenu sans aliénation du capital,* l'intérêt produit pour les mises sociales est réparti, aux époques déterminées par le contrat, entre les seuls sociétaires qui justifient de l'existence des individus sur la tête desquels l'assurance repose. À l'expiration de la société, le capital des mises retourne aux souscripteurs ou à leurs ayants droit, suivant les termes de leur contrat.

4. Dans les sociétés d'*accroissement du revenu avec aliénation du capital,* l'intérêt pro-

duit par les mises sociales se répartit, à des époques déterminées par le contrat ; et, à l'expiration de la société, le capital des mises est partagé.

5. Dans les sociétés d'*accroissement du capital sans aliénation du revenu,* les arrérages des mises sociales sont, jusqu'au terme de l'association, servis chaque année aux souscripteurs ou à leurs ayants droit ; mais, à l'expiration de la société, le capital des mises est réparti entre les sociétaires qui prouvent l'existence des individus assurés, le capital des sociétaires qui ont fait cette justification s'accroissant ainsi des parts afférentes à ceux qui ne l'ont pas faite.

6. Dans les sociétés d'*accroissement du capital avec aliénation totale du revenu,* l'intérêt produit par les mises sociales s'ajoute successivement au capital jusqu'au terme de l'association ; dans les sociétés d'*accroissement du capital avec aliénation partielle du revenu,* les souscripteurs ou les autres personnes désignées par le contrat, jouissent, leur vie durant, de l'intérêt produit par les mises sociales, et ce n'est qu'à partir de leur décès que le revenu s'accumule avec le capital. À l'expiration de ces sociétés, le capital des mises, réuni au capital provenant de l'accumulation de revenu, est réparti entre les seuls sociétaires justifiant de l'existence des assurés.

7. Dans les sociétés de *formation d'un capital par l'accumulation du revenu, sans aliénation du capital des mises,* l'intérêt produit par les mises sociales s'accumule, de semestre en semestre, jusqu'au terme de la société. À cette époque, le capital des mises retourne aux souscripteurs ou à leurs héritiers, et le capital formé par l'accumulation du revenu est réparti entre les souscripteurs qui établissent l'existence des assurés.

8. Les associations, en cas de mort, se prêtent aux mêmes combinaisons. Il peut être, par exemple, formé des sociétés d'accroissement du revenu avec ou sans aliénation du capital, ou d'accroissement du capital avec ou sans aliénation du revenu, dans lesquelles la répartition s'opère entre les ayants droit qui justifient du décès de l'assuré.

9. *Historique.* — *Législation.* L'idée première des tontines, ainsi que l'implique l'étymologie de ce mot, appartient à Lorenzo Tonti, banquier napolitain. Tonti y avait vu un moyen de faciliter les emprunts des États. C'est en 1653 qu'il vint proposer son plan au cardinal Mazarin. Celui-ci l'accueillit et fit rendre un édit qui en ordonnait l'application, mais qui resta sans exécution, le parlement ayant refusé de l'enregistrer. Ce n'est qu'en 1689, sous Louis XIV, que fut ouverte la première tontine ; elle fut établie, suivant le projet de Tonti, sous forme d'emprunt. Plusieurs autres fur nt plus tard ouvertes dans le même but. La dernière remonte à quelques années avant 1763, où une déclaration du Roi interdit pour l'avenir ce système d'emprunt, comme trop onéreux pour l'État.

10. Les associations tontinières actuellement existantes sont nées d'un tout autre principe ; elles se composent d'individus qui désirent se préparer des ressources ou assurer un capital, un patrimoine à leurs enfants. Les deux plus importantes qui aient été fondées dans ce but, sont : 1° la

---

[1]. Nous croyons nous souvenir d'avoir vu un texte supprimant cet impôt, mais nous l'avons en vain recherché pour nous en assurer.

caisse **Lafarge**, autorisée en 1759, supprimée en 1770 et ouverte de nouveau le 22 août 1791 ; 2° la compagnie royale d'assurances, autorisée le 3 novembre 1787. Ces entreprises eurent dans le principe un grand succès ; mais, comme elles étaient établies sur des calculs erronés, de pénibles déceptions furent la conséquence de leur inexpérience. Leur situation devint même si déplorable, qu'en 1809 le Gouvernement les mit en gérance, et prescrivit, par un décret du 25 mars de cette année, décret qui est toujours en vigueur (*voy.* les motifs de ce décret), qu'aucune association tontinière ne serait désormais établie sans une autorisation du Chef de l'État.

11. *De l'autorisation.* La demande en autorisation doit être adressée au ministre de l'agriculture et du commerce, par l'intermédiaire du préfet du département où la société a son siège ; à Paris et dans le département de la Seine, par l'intermédiaire du préfet de police. Ces fonctionnaires prennent toutes les informations nécessaires pour vérifier les qualités et la moralité des auteurs du projet ; ils donnent leur avis sur l'utilité de la fondation et la probabilité de son succès ; ils déclarent si elle n'est pas contraire aux mœurs ou au bon ordre des affaires en général. Les pièces et l'avis sont envoyés au ministre.

12. Le ministre, après avoir fait étudier toutes les dispositions statutaires, renvoie la demande au Conseil d'État, où elle est examinée d'abord en section, puis en assemblée générale. Si le Conseil d'État trouve des combinaisons sagement conçues, morales dans leur objet, d'accord avec la science, un décret portant autorisation est présenté à la signature du Chef de l'État. Les statuts approuvés sont insérés au Bulletin des lois à la suite du décret.

13. Après l'approbation des statuts, nul changement ne peut plus y être fait, sans une nouvelle autorisation, dans la même forme que la primitive. La société ne peut non plus étendre ses opérations à aucun objet qui n'est pas compris dans les statuts. Si elle s'écarte des limites dans lesquelles elle a été placée, elle est dans le cas d'être interdite.

14. *Des statuts.* L'engagement du sociétaire est constaté par son adhésion aux statuts ; celui de la société par la délivrance d'un acte appelé *police.*

Tout projet de statuts de sociétés tontinières doit faire connaître les bases de leur constitution, la nature de leurs opérations, leur mode d'administration, les rapports réciproques de la société et des souscripteurs, et tout ce qui se rattache au versement et à l'emploi des fonds, à la répartition du produit général entre les ayants droit et à la remise à chacun d'eux de la part qui peut lui revenir.

15. D'après la jurisprudence administrative, il doit y être inséré, entre autres conditions : 1° qu'aucune association ne pourra être constituée avec moins de dix membres ; 2° qu'aucune souscription ne sera reçue dans les cinq années qui précèdent le terme de chaque société ; 3° que, si une société s'éteint avant l'époque fixée pour la répartition, par le décès de tous les assurés ou par la déchéance de tous les souscripteurs, les fonds profiteront à l'État. Il doit être aussi stipulé un terme

assez long, pendant lequel la déchéance peut être rachetée, en ajoutant au versement arriéré un supplément calculé sur les chances de mortalité et augmenté d'un intérêt déterminé.

16. Aux statuts doivent être annexés des tarifs pour ramener à l'égalité proportionnelle les souscriptions faites par des sociétaires d'âges différents, et pour compenser les différences des époques de versement. Il est énoncé dans les statuts à l'aide de quelles tables de mortalité ces tarifs ont été établis, et à quel taux d'intérêts ils ont été calculés ; de telle sorte que l'administration et les souscripteurs puissent raisonner, comprendre les avantages des souscriptions, se fixer même sur leurs résultats probables.

17. *De l'administration.* Les tontines sont gérées par des mandataires placés en dehors des associations, et qui sont autorisés à toucher à titre d'indemnité, pour toutes dépenses d'administration, un droit de 5 p. 100 sur le montant de chaque souscription.

18. Ces mandataires sont ou des sociétés anonymes agissant par leur directeur et leur conseil d'administration, ou de simples particuliers qui, le plus souvent, créent à cet effet des sociétés en commandite. Dans le second cas, le Gouvernement impose au gérant, comme garantie de sa gestion, un cautionnement fixé au minimum de 5,000 fr. de rentes et au maximum de 25,000 fr. de rentes 3 p. 100, à raison d'une augmentation progressive de 1,000 fr. de rentes pour chaque augmentation de 200,000 fr. dans la totalité des versements annuels, lorsqu'ils ont dépassé un million.

19. Le gérant ou directeur d'une association tontinière a pour mission spéciale, sous le contrôle et la surveillance d'un conseil composé de sociétaires tontiniers les plus intéressés, de prononcer sur l'admission ou le rejet des souscriptions proposées, d'exécuter tous les actes d'administration et de comptabilité nécessaires. Il s'engage à ouvrir les séries ou associations particulières, à les constituer, à les compléter, à les fixer et à surveiller les versements des souscriptions. Il représente en justice les associations pour tous les cas de transaction, compromis ou discussions judiciaires.

20. *Emploi des fonds.* Le directeur reçoit aussi les souscriptions de chaque sociétaire. Ces souscriptions pouvant s'élever à des chiffres considérables, l'autorité exige que les fonds encaissés soient convertis en rentes sur l'État *cinq jours* au plus après celui où le montant de ces fonds s'élève à une somme suffisante pour acquérir une inscription de rentes. Les titres sont pris au nom de l'établissement et spécialement au nom de chacune des séries auxquelles appartiennent les fonds, avec stipulation de l'époque à laquelle ces fonds doivent être répartis. S'il s'agit, par exemple, d'une série de dix ans, ouverte en 1856, l'inscription porte : Série, dix ans, ouverte en 1856, devant expirer en 1866. Ce sont, par conséquent, des valeurs immobilisées jusqu'à la répartition, et irréalisables même à cette époque par le directeur, puisqu'elles doivent être converties par le trésor public en titres partiels au nom de chacun des survivants. (*Voy. infrà,* n° 23.)

21. Les arrérages des rentes sont perçus sur quittance signée du directeur et de l'un des membres du conseil de surveillance, et leur conversion en rentes se fait avec les mêmes précautions et dans les mêmes délais que ceux indiqués au n° 20.

22. *Répartition.* Lorsqu'une association en cas de survie arrive à son terme, les souscripteurs sont invités par lettre à fournir, dans un délai ordinairement fixé à trois ou six mois, un certificat de vie de la personne sur la tête de laquelle repose l'assurance. Le délai expiré, le conseil de surveillance de l'association nomme une commission à l'effet de constater le nombre des certificats fournis. Cette commission dresse un procès-verbal et communique son rapport au conseil de surveillance, qui statue sur tout ce qui touche à la forclusion, aux déchéances et à la régularité des pièces produites.

23. Le directeur dresse ensuite les états de répartition conformément aux conditions du contrat et les soumet au conseil de surveillance pour qu'il les approuve. Une fois approuvé, le travail est remis à la commission instituée par le Gouvernement près les tontines. (*Voy. n°ˢ 24 et suiv.*) Celle-ci fait un rapport au ministre de l'agriculture et du commerce, qui renvoie la répartition, après l'avoir lui-même approuvée, au ministre des finances, pour que les coupons de rentes soient inscrits et transférés au nom de chaque ayant droit. Le transfert est adressé au bénéficiaire avec la fraction en espèces qui peut lui revenir.

24. *Commission de surveillance.* Les opérations des sociétés et agences tontinières sont soumises à une surveillance toute spéciale, exercée, sous l'autorité du ministre de l'agriculture et du commerce, par une commission composée de cinq membres, y compris le président. (*O.* 12 *juin* 1842, *art.* 1ᵉʳ.)

25. Les membres de la commission de surveillance sont nommés et peuvent être révoqués par le ministre de l'agriculture et du commerce.

26. Tous les ans, le ministre répartit entre les membres de la commission la surveillance à exercer sur les sociétés et agences tontinières. Cette surveillance peut être exercée collectivement ou séparément. Le même commissaire ne peut être, pendant plus d'une année consécutivement, chargé de la surveillance du même établissement.

27. Les membres de la commission prennent, dans chaque établissement, communication des livres, registres et documents propres à éclairer leur surveillance. Ils constatent, au moins une fois par semaine, la situation des sociétés ouvertes et fermées, le nombre des admissions, le montant des mises versées, leur emploi en rentes sur l'État, et généralement l'accomplissement des formalités prescrites par les statuts de chaque agence pour la constitution, l'administration et la liquidation des sociétés, et pour la distribution, soit des arrérages, soit des capitaux.

28. Ils prennent connaissance des conditions spéciales de chaque société, et s'assurent de l'exactitude et de l'application des tarifs servant de base à la perception, soit des annuités, soit des frais de gestion. Ils veillent particulièrement à l'exécution des conditions relatives au versement ou au retrait du cautionnement des directeurs.

29. La commission, sur le compte qui lui est rendu de la surveillance exercée par chacun de

ses membres, transmet ses observations au ministre de l'agriculture et du commerce. Elle peut suspendre provisoirement l'exécution de celles des opérations qui lui paraissent contraires aux lois, statuts et règlements, ou de nature à porter atteinte à l'ordre public ou aux intérêts des sociétaires ; dans ce cas, il en est référé au ministre dans les vingt-quatre heures.

Un duplicata des états de situation remis, par chaque société ou agence tontinière, au ministre de l'agriculture et du commerce, doit être transmis à la commission.

30. Tous les ans la commission adresse au ministre un rapport détaillé sur les opérations de chacune des sociétés et agences tontinières qui sont soumises à sa surveillance, et un rapport général sur la situation comparée et la gestion des différents établissements.

31. Les membres de la commission de surveillance jouissent d'un traitement qui est déterminé par le ministre de l'agriculture et du commerce. Il est pourvu au paiement de ce traitement, ainsi qu'à l'acquittement des frais de toute nature, résultant de la surveillance des agences tontinières, au moyen d'un fonds spécial, à la formation duquel les établissements soumis à cette surveillance concourent dans une proportion déterminée, chaque année, par le ministre, et qui ne peut excéder le maximum fixé par chacune des ordonnances d'autorisation.

32. *Contrôle de l'administration des finances.* Les sociétés et agences tontinières sont, en outre, soumises à la vérification des inspecteurs des finances. Ces fonctionnaires portent leurs investigations sur la gestion et la comptabilité de ces établissements. Ils se font représenter les livres et tous les autres documents ; ils vérifient la régularité des écritures et l'exactitude de la caisse ou portefeuille. Ils rendent compte de leurs vérifications et adressent leurs avis et propositions au ministre des finances. Ce dernier communique leurs rapports au ministre de l'agriculture et du commerce. (*D.* 16 *janv.* 1854.)

TORTS ET DOMMAGES. 1. En principe, chacun est responsable des torts et dommages qu'il a causés non-seulement par son fait, mais encore par sa négligence ou par son imprudence. Cette règle du droit commun (*C. civ.*, *art* 1832) est également applicable à l'État ; il répond des torts et dommages causés aux propriétés par le fait de l'administration ou des personnes qu'elle emploie.

2. Les difficultés qui peuvent s'élever au sujet des dommages résultant du fait de l'administration, doivent être jugées par les tribunaux civils. Néanmoins, la connaissance des contestations relatives aux dommages causés par l'exécution de travaux publics, est expressément réservée aux conseils de préfecture, *toutes les fois qu'il s'agit de simples torts et dommages, temporaires et réparables* [1]. La jurisprudence du Conseil d'État est fixée en ce sens par un grand nombre d'arrêts.

---

1. Lorsqu'il y a *expropriation* ou une *dépréciation* qui, continue ou discontinue, peut être envisagée comme une atténuation de la propriété, les conseils de préfecture ne sont plus compétents pour statuer sur l'action en dommages-intérêts ; c'est aux tribunaux civils ou au jury d'expropriation, suivant le cas, qu'il appartient de prononcer. (Voyez, à cet égard, le *Cours de droit administratif* de COTELLE, t. II, p. 472 et suiv.)

Elle se fonde sur les lois des 24 août, 7 septembre et 22 décembre 1790, sur l'art. 4 de la loi du 28 pluviôse an VIII et sur la loi du 16 septembre 1807.

3. En matière de travaux publics, il y a encore une distinction à établir entre ce qu'on appelle le *fait de l'administration* et le *fait personnel des entrepreneurs*. L'administration est responsable des travaux ordonnés par ses agents, des conséquences de l'exécution, des ordres de service et des accidents survenus dans les ouvrages du Gouvernement ; elle répond, par exemple, de l'interruption de la viabilité au préjudice des jardins et habitations ; de l'ébranlement des bâtiments, des troubles de jouissance (*Arr. du C.* 29 *avril* 1832) ; elle répond encore des pertes éprouvées par un débordement provenant des travaux de construction d'une écluse (*Arr. du C.* 16 *nov.* 1832), etc. ; mais, dès qu'en vertu d'une adjudication, d'un marché de gré à gré ou d'une concession, un entrepreneur a été chargé de la confection d'un ouvrage, la responsabilité de son exécution pèse sur lui personnellement et directement, soit qu'il n'ait fait que suivre les prévisions du devis, soit qu'il ait agi de son propre mouvement ou causé du dommage à autrui par imprudence ou négligence. Dans tous les cas où le dommage résulte de son *fait personnel*, il en est responsable et passible de l'action en réparation et indemnité. Si donc cette action est dirigée contre l'administration elle-même, elle peut décliner la responsabilité, de telle sorte que celui qui l'a intentée poursuive l'entrepreneur devant le conseil de préfecture, conformément au texte formel de la loi du 28 pluviôse an VIII. (*Voy* **Responsabilité**.)

TOURBIÈRES. 1. Sous le régime de la loi du 28 juillet 1771, art. 2 du titre Ier, les tourbes sont comptées parmi les substances exploitées par les propriétaires, sans qu'il soit nécessaire d'obtenir aucune permission. Aussi voit-on le ministre de l'intérieur insister, dès 1801, auprès de préfets pour les exciter à poursuivre, notamment en ce qui concerne les tourbières communales, la détermination d'un plan particulier à chaque vallée pour assurer l'écoulement des eaux et, par suite, la salubrité du pays.

2. C'est uniquement pour atteindre ce but, que le législateur moderne de la propriété minérale s'est occupé des tourbières. Seulement il importe de remarquer que la loi du 21 avril 1810 (*voy.* **Mines**) présente une erreur de classification, qui se retrouve dans l'exposé des motifs de Regnaud de Saint-Jean-d'Angely et dans le rapport de Stanislas de Girardin au Corps législatif.

Tandis que l'art. 3 de cette loi classe les tourbes parmi les *minières* (*voy.* **Mines**, n° 3), ce qui n'est pas exact, l'article 83 stipule qu'elles ne peuvent être exploitées que par le propriétaire du sol ou de son consentement, ce qui range les tourbières, au point de vue de la propriété, dans la catégorie des *carrières* (*ibid.*) ; les tourbières et les carrières se trouvent ainsi rationnellement rapprochées dans le corps de ladite loi, dont le même titre (VIII) réunit les premières (*art.* 81 *et* 82) et les secondes (*art.* 83 *à* 85).

3. Un règlement d'administration publique détermine, pour une vallée tourbeuse, la direction générale des travaux d'extraction et des rigoles de desséchement, ainsi que toutes les mesures propres à faciliter l'écoulement des eaux et l'atterrissement des entailles tourbées (*art.* 85). Ainsi il n'existe pas de règlement général pour l'exploitation des tourbières ; il a seulement été fait, pour une dizaine de départements, des règlements spéciaux qui se trouvent dans les *Annales des mines*. C'est donc sous le rapport de la salubrité publique que l'administration des mines réglemente l'exploitation des tourbières. Aux termes de l'art. 84 de la loi de 1810, on ne peut commencer les travaux qu'après avoir fait une déclaration à la sous-préfecture de l'arrondissement et obtenu l'autorisation du préfet du département, à peine d'une amende de 100 fr. Les mesures d'ordre et de police sont nécessairement analogues à celles prescrites pour l'exploitation des carrières, et il est inutile de faire ici autre chose que mentionner le fait.

4. L'exploitation de la tourbe est surveillée et même dirigée par les ingénieurs des mines et les agents sous leurs ordres. La surveillance prend plus particulièrement le caractère d'une direction lorsqu'il s'agit de tourbières communales ; il en est notamment ainsi dans le département de la Somme, en vertu d'une ordonnance royale du 17 août 1825. Dans tous les cas, les frais de lever de plans, de nivellement, de sondages, d'études pour le tracé des rigoles et autres travaux, y compris la rémunération des ingénieurs des mines et de leurs agents, les dépenses de l'ouverture et de l'entretien des rigoles, fossés d'égouttement, etc., sont à la charge des exploitants. La répartition de ces frais et dépenses est réglée proportionnellement au degré d'intérêt dans les travaux, les exploitants entendus ; elle s'opère, ainsi que le recouvrement, conformément aux prescriptions des art. 35 à 37 de la loi du 16 septembre 1807. Pour les tourbières communales, les conseils municipaux des communes intéressées sont naturellement consultés.

TRADUCTEUR ASSERMENTÉ. *Voy.* **Interprète.**

TRAIN. Ce mot a des acceptions diverses. Un train d'artillerie comprend tout le matériel roulant d'un parc d'artillerie. Le train des équipages se compose des caissons de vivres ou de ceux d'ambulance. On appelle encore train la réunion des voitures de toutes classes remorquées par une locomotive et qui forment un convoi de chemin de fer. Pour ce qui concerne les trains ou radeaux employés sur les rivières navigables, voyez **Flottage**.

TRAITÉS ET CONVENTIONS DE COMMERCE. 1. On appelle ainsi des contrats entre gouvernements par lesquels chacun assure au commerce ou à la navigation de ses nationaux dans le pays de l'autre un traitement avantageux La *convention* ne diffère du *traité* que par la moindre importance ou la moindre étendue de ses stipulations. Les stipulations les plus restreintes prennent la forme et le nom d'une simple *déclaration* échangée entre les puissances. Quelquefois des dispositions plus ou moins importantes au sujet du commerce et de la navigation, au lieu de faire l'objet d'un acte spécial, sont réunies dans un même acte à celles d'un traité politique. Certains actes diplomatiques, enfin, qui rentrent dans la catégorie des conventions commerciales, par exemple, les conventions pour garantir la propriété des œuvres de littérature et d'art, sont désignés par leur objet particulier.

2. C'est le Chef de l'État qui fait les traités de commerce, de même que ceux d'alliance et de paix.

Cependant les projets de traités de commerce et de navigation sont au nombre des matières sur lesquelles le conseil supérieur du commerce, de l'agriculture et de l'industrie, présidé par le ministre de l'agriculture et du commerce, est appelé à donner son avis.

3. La négociation et la conclusion des traités de commerce sont dans les attributions du ministre des affaires étrangères, soit qu'il les négocie lui-même, soit qu'il confère à des agents des pouvoirs à cet effet.

Indépendamment de l'avis du conseil supérieur, ces négociations sont habituellement précédées d'une correspondance ou de conférences entre les ministres compétents, le ministre des affaires étrangères, celui de l'agriculture et du commerce et celui des finances. C'est d'un commun accord que sont arrêtées les bases sur lesquelles on traitera avec le pays étranger.

4. L'acte conclu et signé par les plénipotentiaires respectifs a besoin d'être soumis, dans un délai convenu, à la *ratification* des gouvernements. Ces ratifications étant échangées, un décret le promulgue et en prescrit l'exécution. Les administrations spéciales en publient le texte dans leurs recueils officiels. Des instructions pour sa mise en vigueur sont adressées, s'il y a lieu, par l'administration des douanes aux agents qu'elle concerne.

5. Les traités ou conventions de commerce conclus par la France depuis 1814, en y comprenant les conventions littéraires et les traités politiques contenant des stipulations relatives au commerce et à la navigation, sont très-nombreux, on en trouvera l'analyse dans les *Annales du commerce extérieur*. Il existe aussi des recueils reproduisant *tous* les traités français et même étrangers. (Librairie Amyot.)

6. Le jour de l'exécution d'un traité de commerce est ou fixé par l'acte même, ou ultérieurement réglé entre les parties.

Un traité est perpétuel pour la totalité ou pour une partie de ses stipulations, ou bien la durée en est limitée. Dans ce dernier cas, suivant les termes de l'acte, il cesse de plein droit ses effets après l'époque marquée pour son expiration ; ou, ce qui est plus fréquent, il continue par *tacite reconduction*, et reste en vigueur, à moins qu'une des parties ne l'ait *dénoncé*, c'est-à-dire n'ait déclaré, six mois ou un an d'avance, son intention de ne plus l'exécuter ; plus tard, il peut généralement être résilié par une déclaration faite dans les délais convenus ; quelquefois, cependant, cette résiliation ne peut avoir lieu qu'au bout d'un certain nombre d'années.

7. On peut distinguer dans les traités de commerce trois espèces de stipulations : *politiques, civiles* et *commerciales proprement dites*.

8. Sous la dénomination de *politiques* se rangent les stipulations relatives à l'institution de

consuls dans les pays respectifs, aux immunités dont jouissent ces agents et aux droits qui leur sont conférés à l'égard de leurs nationaux sur le territoire de leur résidence ; ces stipulations forment quelquefois l'objet d'arrangements particuliers ou de *conventions consulaires*, mais on les trouve dans plusieurs traités de commerce et de navigation. Celles qui règlent les conséquences de l'état de guerre, en ce qui concerne le commerce des parties contractantes, appartiennent à la même catégorie.

9. Les stipulations *civiles* sont celles qui déterminent la situation des sujets ou des citoyens de chaque État sur le territoire de l'autre, celles, par exemple, qui leur assurent la protection de leurs personnes et de leurs propriétés, le facile accès des tribunaux, le libre exercice de leur culte ; celles qui les autorisent à séjourner ou à voyager, à commercer tant en gros qu'en détail, à louer des maisons, des boutiques et des magasins, à acquérir toute espèce de biens par vente, échange, donation, testament ou par toute autre voie, aux mêmes conditions que les nationaux ; à faire leurs affaires par eux-mêmes ou par l'entremise des agents consulaires de leurs nations, etc.

10. Les traités avec les pays d'Europe, dont la législation traite généralement avec libéralité les étrangers qui résident sur leur territoire, offrent peu de ces stipulations ; mais il en est autrement de ceux qui ont été conclus avec la plupart des pays hors d'Europe, soit avec les États naissants et agités de l'Amérique centrale et méridionale, soit avec les puissances d'Asie et d'Afrique, dont la civilisation diffère profondément de la nôtre. Avec ces derniers pays, les garanties détaillées d'un contrat solennel ont été jugées nécessaires à la sécurité de nos nationaux. (*Voy.* **Capitulations.**)

11. Les stipulations *commerciales proprement dites* concernent le traitement des *navires* et celui des *marchandises ;* elles se subdivisent, par conséquent, en deux classes.

Celles qui concernent les navires ont pour objet d'assurer à la navigation marchande de chaque État un accès facile dans les ports de l'autre et de faire diminuer ou supprimer les droits et taxes.

12. Les stipulations relatives aux marchandises se bornent le plus souvent à la garantie générale d'un bon traitement, à l'assurance que les marchandises des parties contractantes ne seront pas traitées plus mal ou autrement que celles des autres pays, mais elles se rapportent souvent aussi au tarif, question que nous ne pouvons pas aborder ici.

13. Les conventions littéraires présentent, indépendamment de leurs stipulations civiles, des stipulations commerciales qui concernent les marchandises de l'espèce. La stipulation commerciale ordinaire consiste dans la prohibition générale d'entrée des contrefaçons ; quelquefois, comme dans les conventions avec l'Angleterre, il s'y ajoute celle d'un tarif spécial à l'entrée des livres et objets d'art, ou même à l'entrée des papiers, de l'encre et des caractères d'imprimerie.

14. En principe, les stipulations de nos traités de commerce ne s'appliquent qu'au territoire même de la France, et non à ses colonies, dont le ré-

gime est distinct de celui de la métropole. Dans un certain nombre de ces actes, toutefois, elles s'étendent aussi à ces établissements, avec réciprocité de la part des puissances qui possèdent elles-mêmes des colonies, soit d'une manière générale aux colonies et possessions françaises, ou aux possessions françaises hors d'Europe, soit spécialement aux colonies d'Amérique, comme dans les traités avec certains États américains, ou autres.

15. Quelles que soient la nature et l'étendue des stipulations, une clause qui se trouve reproduite dans beaucoup de traités, est celle du *traitement de la nation la plus favorisée;* elle constitue même la stipulation unique de quelques-uns. Cette clause est rarement interprétée d'une manière rigoureuse, c'est-à-dire qu'elle n'entraîne pas nécessairement pour la puissance l'application de tous les avantages que d'autres pays ont pu obtenir; elle ne donne pas droit en France, par exemple, au cabotage, qui n'est ouvert qu'au pavillon espagnol. On la revêt, du reste, habituellement d'une formule qui n'a rien d'absolu ; les deux gouvernements s'engagent à s'appliquer réciproquement toute faveur, en matière de commerce et de navigation, qu'ils accorderaient à un autre État, gratuitement ou *avec compensation,* suivant que la faveur dont il s'agit aura été elle-même gratuite ou conditionnelle : cette formule, on le voit, laisse à régler une question difficile, celle de la compensation. La clause du traitement de la nation la plus favorisée est, cependant, une garantie générale, qui confère souvent des avantages réels à la puissance qui l'a stipulée.

16. Les traités de commerce avec les pays en dehors de la civilisation chrétienne diffèrent essentiellement par leur caractère de ceux qui se concluent entre pays chrétiens ; la réciprocité qui est la base de ceux-ci, est étrangère à ceux-là, ou du moins, quand elle y est stipulée, comme dans notre traité avec l'iman de Mascate, qui assure aux sujets des deux parties contractantes le traitement de la nation la plus favorisée, elle est illusoire à l'égard de pays dont les négociants visitent rarement nos ports. C'est ainsi que les traités avec l'empire ottoman et avec le Céleste-Empire déterminent purement et simplement le régime de notre commerce en Turquie et en Chine. De tels actes n'ont d'autre objet que de soustraire nos nationaux à l'arbitraire et aux exactions de gouvernements relativement barbares, en les plaçant sous la sauvegarde d'engagements précis et solennellement jurés.　　Henri Richelot [1].

[1]. Modifié par M. B.

TRAITE DES NOIRS. 1. La traite des noirs, que la France a eu la première l'honneur de déclarer « *contraire aux principes de la liberté* » (*D.* 11 août 1792), a été abolie par un décret impérial du 29 mars 1815.

2. Le Gouvernement de la Restauration, lié par les engagements collectifs pris au congrès de Vienne, publia le 8 janvier 1817 une ordonnance qui assimila la traite aux infractions contre les lois de douane particulières aux colonies. Bientôt après, la loi du 18 avril 1818 et plus tard celle du 25 avril 1827 vinrent donner satisfaction à l'opinion publique en rangeant la traite des noirs

au nombre des crimes réprimés par nos lois pénales.

3. Enfin la loi du 4 mars 1831, qui forme aujourd'hui notre droit particulier sur la question de la traite des noirs, en aggravant la sévérité des dispositions de celle de 1827, a nettement défini les divers caractères que peut revêtir le crime de la traite des noirs, déterminé les règles de procédure à suivre pour son instruction ainsi que la compétence des juridictions appelées à en connaître, et édicté les peines qui doivent atteindre ses auteurs ou leurs complices de tout genre.

4. Cette loi n'eût peut-être pas suffi pour faire complètement cesser la traite sous notre pavillon, si elle n'avait pas été secondée par l'action des croisières combinées des marines française et étrangères.

5. Ces croisières ont été établies en vertu de conventions qui ont reconnu dans certaines zones aux commandants des bâtiments de guerre des États respectifs, dûment commissionnés *ad hoc,* le droit de visiter et d'arrêter réciproquement les navires marchands des deux pays.

6. La France est aujourd'hui liée par des conventions stipulant un droit de visite réciproque, avec la Grande-Bretagne (*Conv. des 30 nov. 1831, 22 mars 1833 et 29 mai 1845*), l'Italie (*Conv. du 8 août 1834 et art. add. du 8 déc. suiv.*), la Suède et la Norwége (*Conv. du 21 mai 1836*), et Haïti (*Conv. du 29 août 1840*).

7. Les navires capturés pour fait de traite des noirs sont de bonne prise et les capteurs ont sur eux les mêmes droits que ceux que les lois et règlements leur accordent sur les prises maritimes. (*L. 4 mars 1831, art.* 16. [*Voy.* **Prises**].)

8. La loi française, n'attribuant pas à la traite des noirs les caractères de la piraterie, d'après le droit des gens, les tribunaux français ne peuvent connaître des faits de traite qui ont eu lieu sous pavillon étranger qu'autant que leur compétence à cet égard a été formellement consacrée par une clause du droit conventionnel. (*O.* 31 mars 1847.)

9. La loi du 4 mars 1831, ne parlant que de la traite des noirs, ne s'applique, en fait, qu'au trafic qui a lieu sur les côtes d'Afrique, et, comme toutes les lois pénales, elle ne saurait être étendue. Cependant, l'attentat à la liberté n'existe pas seulement quand il s'agit des noirs des côtes d'Afrique, il est tout aussi réel lorsqu'il est commis en Amérique, dans le Levant, dans l'Inde ou ailleurs, et quelle que soit la couleur des hommes qui en sont les victimes. Pour la répression des actes de cette dernière espèce, il faut recourir à l'ordonnance du 18 janvier 1823 ; celle-ci prononce l'arrestation de tout navire français employé au transport des esclaves, ordonne le renvoi de ceux-ci dans un lieu où leur sûreté et leur liberté soient garanties, et punit le capitaine coupable de l'interdiction perpétuelle de tout commandement.　　C. de Vallat.

TRAMWAYS. 1. Dits aussi *chemins de fer américains.* Ils consistent dans l'établissement de voies ferrées sur le sol des routes et chemins, avec un matériel roulant desservi le plus souvent par des chevaux, parfois par la vapeur, et destiné soit au transport des voyageurs, c'est le cas le plus fréquent, soit au transport des marchandises.

2. On sait que les Anglais se servaient, dès le milieu du XVIIe siècle [1] de rails en bois pour faciliter la traction des véhicules employés à l'exploitation des mines.

3. Le premier exemple de tramway autorisé en France remonte à l'établissement de l'embranchement du chemin de fer d'Andrezieux à Roanne, dont la concession, votée par la loi du 26 avril 1833, comprenait un des accotements de la route départementale n° 1 de Lyon à Montbrison.

4. Ce mode de locomotion a pris une très-grande extension en France et à l'étranger, surtout depuis 1870, principalement dans nos grandes villes comme Paris, Lyon, Marseille, Lille, Rouen, Nancy, Versailles, Tours, Orléans, Dunkerque, Roubaix, etc. En 1876, un décret du 18 août a même autorisé le département de l'Eure à établir et exploiter un réseau de voies ferrées sur des routes départementales et des chemins vicinaux.

5. Mais il n'existe encore aucune législation spéciale, en France, sur les tramways, tandis qu'en Belgique ils sont réglementés par une loi du 9 juillet 1875. Un projet de loi avait été présenté, il est vrai, le 17 mars 1875, à l'Assemblée nationale, par le ministre des travaux publics ; il avait même fait l'objet d'un rapport favorable déposé le 30 juillet 1875, mais il ne put être discuté. Il est présumable que des règles de police et des précautions spéciales ne tarderont pas à être édictées, tout au moins pour ceux des tramways qui comportent la traction par locomotives [2].

En l'absence de ces dispositions légales, l'établissement des tramways a été soumis aux règles appliquées pour les matières analogues. Le transport étant toujours effectué à titre onéreux, c'est-à-dire moyennant une sorte de péage, on comprend tout d'abord que ce mode de perception ne pouvait être opéré qu'en vertu d'une décision prise dans la forme des règlements d'administration publique (*L. 14 flor. an X, art. 10 et 11*). La jurisprudence du Conseil d'État (*Avis de la section des travaux publics du 22 févr.* 1872) a décidé, en effet, qu'un décret rendu sur l'avis du Conseil d'État, après enquête, est indispensable pour autoriser l'établissement des tramways, et elle dénie aux préfets le droit de les approuver, alors même que les conseils généraux et municipaux ont donné leur consentement à la création de ces voies ferrées.

6. Dans la pratique, l'État concède directement les tramways sur les routes nationales, et il pourrait se réserver le même droit pour les routes départementales, les chemins vicinaux et les voies purement communales ; mais il abandonne le plus souvent la concession aux départements et aux villes en imposant un cahier des charges qui donne satisfaction au public, sans nuire au service de la voirie ordinaire, et avec faculté pour les départements et les villes de rétrocéder la concession à des entrepreneurs. Un projet de formule-type pour les traités de cession a été délibéré et adopté par le Conseil d'État, dans sa

séance du 9 mars 1876 ; il stipule notoirement, art. 3, le paiement à la ville ou au département d'une redevance annuelle, à titre de droit de stationnement, et le versement d'un cautionnement en garantie de la bonne exécution des travaux et des charges de la concession (*art.* 4).

7. Il importe de remarquer que lorsque la concession est donnée sur une route nationale ou départementale, c'est le ministre des travaux publics qui provoque le décret après l'enquête prescrite par l'ordonnance royale du 18 février 1834 ; tandis que si la concession est délivrée sur une voie dépendant de la petite voirie, l'enquête a lieu dans les formes déterminées par l'ordonnance royale du 23 août 1835, et le décret est soumis à la signature du président de la République par le ministre de l'intérieur [1].

8. Les cahiers des charges des concessions de tramways se rapprochent sensiblement, pour le cadre comme pour certaines dispositions, de ceux des chemins de fer.

9. Ils fixent, dans les art. 3 à 11, les conditions d'exécution des travaux ; règlent, dans les art. 12, 13 et 15, les conditions de l'entretien qui est toujours soumis au contrôle des ingénieurs de l'État, déterminent, dans l'art. 14, ce qui concerne le matériel roulant. Les art. 16 à 22 posent les règles relatives à la durée et à la déchéance de la concession. Nous signalerons à ce sujet les art. 17 et 18 dont la rédaction a été modifiée par avis du Conseil d'État, en date du 9 mars 1876, et arrêtée dans les termes suivants :

« Art. 17. À l'expiration de la concession et par le seul fait de cette expiration, le Gouvernement sera subrogé à tous les droits du concessionnaire sur les voies ferrées ; l'État entrera immédiatement en jouissance de ces voies et de leurs dépendances établis sur la voie publique, tant sur les routes nationales et départementales que sur les rues des tramways vicinaux, et le concessionnaire sera tenu de lui remettre le tout en bon état d'entretien et sans indemnité. Quant aux autres objets mobiliers ou immobiliers servant à l'exploitation, l'État se réserve le droit de les reprendre en totalité ou pour telle partie qu'il jugera convenable, à dire d'experts, mais sans pouvoir y être contraint.

« Ces dispositions ne sont applicables qu'au cas où le Gouvernement déciderait que les voies ferrées doivent être maintenues en tout ou en partie.

« Art. 18. Dans le cas où le Gouvernement déciderait au contraire que les voies ferrées doivent être supprimées, en tout ou en partie, les

---

[1] Les pièces à fournir par la personne qui demande une concession, sont :

1° Un plan à l'échelle de 0^m,005 par mètre, indiquant les voies à parcourir et l'emplacement des rails ;

2° Un profil en long à l'échelle du plan général ;

3° Des profils en travers, à la même échelle de 0^m,005 par mètre, partout où la disposition du terrain présentera quelques difficultés, notamment dans les courbes, au croisement des chemins et dans les traverses ;

4° Des dessins indiquant le système de rails à employer ;

5° Un détail estimatif de la dépense ;

6° Une évaluation probable du trafic pour les voyageurs et les marchandises ;

7° Un tarif à appliquer aux voyageurs et aux marchandises ;

8° Un mémoire explicatif ;

9° Un cahier des charges.

---

[1] Les Allemands soutiennent que les premiers ont été établis dans les mines du Harz.

[2] Nous les donnerons dans le *Supplément annuel*.

voies supprimées seront enlevées et les lieux remis dans l'état primitif par les soins et aux frais du concessionnaire, sans qu'il puisse prétendre à aucune indemnité.....

« 2° Que la formule de traité de rétrocession par les villes, proposée par le conseil général des ponts et chaussées, peut être adoptée, sauf à en retrancher les articles 5, 6 et 7, mais qu'il convient que l'administration poursuive, autant que possible, l'instruction simultanée des demandes en concession de tramways et des demandes en rétrocession, de manière à faire approuver l'ensemble de l'affaire par un seul et même décret. »

10. La durée de la concession est généralement de quarante ans, mais la concession est toujours révocable.

11. Les articles 22 à 29 fixent les taxes et conditions relatives au transport des voyageurs et marchandises, les tarifs demeurant révisables tous les cinq ans.

L'art. 29 stipule qu'aucune indemnité ne pourra être réclamée par la ville pour dommages aux voies ferrées occasionnés par le roulage ordinaire, les travaux publics, l'ouverture de nouvelles voies de communication et l'établissement de nouveaux services de transport en concurrence avec celui du concessionnaire, et toute autre circonstance résultant du libre usage de la voie publique.

Aux termes des autres articles, les agents et cantonniers chargés de la surveillance et de l'entretien des voies ferrées peuvent être présentés à l'agrément du préfet et assermentés pour dresser des procès-verbaux.

Telles sont les principales dispositions du cahier des charges.

12. Quant à la compétence, c'est le conseil de préfecture qui doit statuer, d'après l'art. 4 de la loi du 28 pluviôse an VIII, sur les difficultés qui s'élèveraient entre l'État et le concessionnaire sur l'exécution du marché, ainsi qu'entre le concessionnaire et le département ou la ville. Les questions relatives à l'application du tarif devraient être, au contraire, portées devant l'autorité judiciaire, si elles s'élèvent entre les concessionnaires ou rétrocessionnaires et les particuliers ; elles ne seraient réservées au conseil de préfecture que pour les difficultés soulevées par l'administration à l'occasion des avantages spéciaux qui lui auraient été réservés.

Le droit commun serait, d'ailleurs, appliqué pour les dommages causés aux tiers par les travaux.

13. La seule différence notable qui existe entre la législation française et la loi belge du 9 juillet 1875, c'est que cette dernière permet aux communes, aux députations permanentes des conseils provinciaux et aux conseils provinciaux aussi bien qu'à l'État, de concéder directement, après enquête et sous réserve de l'approbation du roi, l'établissement de tramways selon la nature de la *voie* sur laquelle les tramways doivent être créés. L'art. 3 de cette loi porte que « les concessions de tramways ne peuvent être accordées que par voie d'adjudication publique, pour 50 années au plus, l'adjudication devant porter sur la durée de la concession, le taux des péages ou sur le montant des redevances. » Cette obligation n'existe point en France, les autres dispositions de la loi belge se rapprochent sensiblement de notre législation [1].

                                   Dusacq.

TRANSACTION. 1. L'art. 2044 du Code civil est ainsi conçu : « La transaction est un contrat par lequel les parties terminent une contestation née ou préviennent une contestation à naître. »

2. Pour transiger valablement, il faut être capable non-seulement de s'obliger, mais encore de disposer des objets que l'on entend abandonner en tout ou partie (*C. civ., art.* 2045). Dès lors, les transactions consenties pour les communes par les conseils municipaux ne peuvent être exécutées qu'après l'homologation du préfet. (*Voy.* **Organisation communale.**)

3. Les hospices, de même que tous les autres établissements publics, ne peuvent également transiger qu'avec l'autorisation du préfet (*D.* 25 *mars* 1852). Cette autorisation est accordée sur la remise des pièces suivantes, savoir : 1° une expédition authentique de la transaction ou du projet de transaction ; 2° un avis du comité consultatif ; 3° une délibération de la commission administrative ; 4° une délibération du conseil municipal ; 5° l'avis du sous-préfet ; 6° l'avis du conseil de préfecture. (*Arr.* 21 *frim. an XII ; Instr.* 8 *févr.* 1823 ; *L.* 18 *juill.* 1837, *art.* 21.)

4. Les transactions des départements, pour être valables, doivent être délibérées par le conseil général et autorisées par décret, le Conseil d'État entendu (*L.* 10 *mai* 1838, *art.* 38). Il est utile de faire remarquer ici que ces formes doivent être suivies, quelle que soit la nature du litige que la transaction a pour but de terminer.

5. Toute transaction a, entre les parties, l'autorité de la chose jugée en dernier ressort. Elle ne peut donner lieu à rescision que lorsqu'il y a erreur sur la personne ou sur l'objet de la contestation. (*C. civil., art.* 2056 à 2058.)

TRANSFÈREMENT.

CHAP. I. — TRANSFÈREMENT DES CONDAMNÉS DESTINÉS AUX DÉPÔTS DE FORÇATS ET MAISONS CENTRALES.

1. Les condamnés criminels ou correctionnels restent, jusqu'à leur transfèrement à leur destination définitive, dans la maison d'arrêt ou de justice où ils étaient lors de leur condamnation. Ils doivent être séparés des prévenus et des accusés. (*Règl.* 30 *oct.* 1841, *art.* 89 ; *Circ.* 5 *avril* 1817, 15 *avril* 1833, 10 *mars* 1856.)

Les condamnés détenus dans les maisons cen-

1. M. Challot, chef de division au ministère des travaux publics, vient de faire paraître un ouvrage sur les tramways (1877).

trales de force et de correction et frappés de plusieurs peines doivent subir dans ces établissements les condamnations à un emprisonnement d'un an et au-dessous. (*Circ.* 18 *mars* 1856.)

2. Les condamnés pour les bagnes étaient autrefois conduits dans ces établissements par le *service des chaînes*. Voici en quoi consistait ce mode de transfèrement : l'opération dite du ferrement précédait le départ. Au cou de chaque forçat était rivé un collier de fer ; une chaîne suspendue à ce collier le rattachait à une autre chaîne plus longue et plus pesante qui séparait en deux files environ trente hommes. Cette section de condamnés s'appelait un *cordon ;* quatre, cinq ou six cordons composaient une *chaîne*. Les condamnés étaient placés sur de longues charrettes, dos à dos, et restaient exposés aux regards de la multitude. Un entrepreneur était chargé de les conduire ; il était responsable et payait 3,000 fr. pour chaque captif qui s'échappait et n'était pas repris dans les six mois. Il était autorisé à faire voyager à pied, tour à tour, un tiers des forçats, et donnait 25 cent. par jour à ceux qui consentaient à marcher. C'est ainsi qu'ils parcouraient des routes de 140 à 220 lieues en vingt-deux à trente jours. (*Rapport au Roi* 9 *déc.* 1836.)

L'ordonnance royale du 9 décembre 1836 supprima le service des chaînes et décida que le transport des forçats aux bagnes s'opérerait dans des voitures fermées et par des moyens accélérés[1].

En 1837, le transport cellulaire en poste des forçats fut concédé à un entrepreneur qui, en 1839, obtint également le transport des condamnés destinés aux maisons centrales.

Conformément aux dispositions de la loi du 30 mai 1854, la peine des *travaux forcés* se subit dans une de nos possessions françaises, à la Nouvelle-Calédonie et à la Guyane, suivant la provenance et l'origine des condamnés. Les forçats du continent français attendent leur embarquement dans les dépôts de Saint-Martin-de-Ré et d'Avignon. (*Voy.* **Colonies pénitentiaires.**)

Depuis le 1er janvier 1853, époque de la cessation du marché avec l'entreprise, le service est exécuté directement, au compte de l'administration, par voie de régie économique. (*Circ.* 30 *déc.* 1852.)

3. *Régie des voitures cellulaires.* L'arrêté du 20 novembre 1852 a réglé le personnel administratif de ce service qui forme aujourd'hui un bureau spécial.

4. *Itinéraire, ordres de service.* La situation numérique des maisons d'arrêt, de justice et de correction est transmise, tous les quinze jours, au ministre de l'intérieur. Une mention toute spéciale est faite sur ces bulletins de population des condamnés *prêts à partir,* c'est-à-dire de ceux dont les actes de condamnation ont été délivrés à l'autorité administrative. Cette indication permet à l'agent spécial du service de transfèrement d'organiser les convois et de régler les itinéraires des voitures. (*Circ.* 15 *juill.* 1839, 28 *mai* 1844.)

L'administration a le droit de choisir et de désigner l'établissement dans lequel chaque condamné, d'après sa catégorie pénale, devra être

1. C'est à M. Charles Lucas que cette amélioration est due.

transféré et subir sa peine (*voy.* **Prisons**). En général, elle rapproche les détenus des secours et des visites de leur famille, et évite de les éloigner de leur domicile, afin de diminuer les dangers et les frais d'un retour trop long.

5. L'itinéraire une fois réglé, il est remis au gardien comptable du wagon cellulaire un ordre de service contenant la désignation des lieux où seront pris les condamnés. Avis du passage de la voiture est donné en temps utile aux préfets. (*Circ.* 28 *mai* 1853.)

6. *Wagon cellulaire.* Les voitures cellulaires ont été remplacées par des wagons cellulaires contenant 18 places et que l'on encadre dans les trains du chemin de fer.

7. Chaque wagon voyage sous la surveillance et la direction d'un *gardien comptable* chargé de toutes les dépenses, et qui reçoit, à cet effet, la somme jugée nécessaire pour subvenir à toutes les dépenses, et d'un ou deux *gardiens* qui aident dans sa surveillance le gardien comptable.

8. *Remise des condamnés.* Les gardiens-chefs des prisons départementales sont tenus, à quelque heure de la nuit ou du jour que ce soit, de remettre, sans le moindre retard, les condamnés désignés pour partir les premiers, ainsi que les extraits des jugements et arrêts de condamnation qui les concernent et un état des vêtements leur appartenant.

Ils ne peuvent remettre aucun condamné malade ou en état d'ivresse, aucun détenu atteint de maladie cutanée et contagieuse, aucune femme allaitant son enfant ou se trouvant dans un état de grossesse apparente, à moins que, dans ce dernier cas, le médecin de la prison n'ait certifié que le transport pourrait avoir lieu sans danger. (*Règl.* 30 *oct.* 1841.)

On ne doit laisser aux condamnés transférés aucun argent ; les gardiens-chefs doivent remettre celui qu'ils pourraient avoir aux agents chargés du transfèrement. (*Circ.* 6 *mars* 1852.)

9. *Mesures de sûreté.* Les condamnés sont ferrés au moyen d'anneaux passés aux jambes et réunis par une chaîne. Les condamnés à un emprisonnement de moins de 5 ans, non récidivistes, peuvent être dispensés du ferrement par l'autorité administrative ; les condamnés septuagénaires peuvent l'être également.

Les femmes condamnées, quelle que soit la nature de leur peine, ne sont pas enchaînées. (*Arr.* 12 *mars* 1839.)

10. Les hommes condamnés doivent être changés de cellules et leurs fers visités au moins une fois toutes les 24 heures.

11. *Régime disciplinaire. Police.* Les condamnés que l'on transfère doivent observer le silence ; ils ne peuvent avoir sur eux ni couteau, ni argent, ni tabac ; il leur est défendu de dégrader leur cellule ou leurs effets.

En cas d'infraction, en cas d'insubordination, de résistance, révolte, tentative d'évasion ou de tout désordre quelconque, ils sont punis, suivant la gravité des faits, savoir : de la privation des vivres autres que le pain, des poucettes, de la privation de coussinets qui garnissent leurs cellules. Au besoin ils sont liés par les deux bras.

Les voies de fait sur les gardiens et les tentatives

d'évasion avec violence sont repoussées par la force des armes. (*Arr.* 30 *juin* 1837.)

12. *Régime économique.* Le régime économique est le même que sous l'entreprise. La nourriture consiste en pain, fromage, charcuterie ou viande. (*Cahier des charges de l'entreprise* 6 *février* 1839, *art.* 18.)

Tous les forçats transférés aux dépôts portent le costume prescrit par l'administration. Les hommes et les femmes transférés aux maisons centrales peuvent conserver leurs vêtements personnels, à moins que pour des motifs d'ordre, de sûreté ou de propreté, l'administration n'exige que les condamnés prennent en totalité ou en partie seulement l'habillement réglé par elle et affecté au service de chacune des voitures cellulaires. (*Arr.* 12 *mars* 1839.)

13. *Dépenses.* Le transport des condamnés de toute catégorie et des jeunes détenus, opéré en 1873 par le service cellulaire et par d'autres moyens, a occasionné une dépense de 571,105 fr. 78 c.

CHAP. II. — TRANSFÈREMENT DES PRÉVENUS, ACCUSÉS ET CONDAMNÉS DIRIGÉS SUR LES PRISONS DÉPARTEMENTALES.

14. Les frais de translation des prévenus et accusés sont compris, par le décret du 18 juin 1811, sous la dénomination de frais de justice criminelle et sont, à ce titre, à la charge du ministère de la justice.

CHAP. III. — TRANSFÈREMENT DES JEUNES DÉTENUS.

15. Le transfèrement des jeunes détenus (garçons) s'opère de la même manière que celui des adultes, au moyen de wagons cellulaires. Les filles seules sont conduites à leur destination par des personnes de leur sexe.

Les frais de transport sont avancés par les chefs d'établissement et réglés sur bordereau détaillé mentionnant tous les frais particuliers ou collectifs de voiture, de nourriture, de séjour, de salaires, d'escorte, auxquels aura donné lieu le parcours. Ce bordereau doit être inscrit au dos de l'ordre de transfèrement qui est renvoyé à l'administration avec les pièces justificatives. Le double sur timbre de ce bordereau est transmis après visa par le préfet et ensuite renvoyé à ce fonctionnaire, avec la décision portant règlement, pour être produit à l'appui du mandat de paiement. (*Circ.* 20 *dec.* 1855, 18 *févr.* 1856.)

CHAP. IV. — TRANSFÈREMENT DES CONDAMNÉS DESTINÉS AUX ÉTABLISSEMENTS PÉNITENTIAIRES EXTRACONTINENTAUX.

16. Les forçats désignés pour les établissements de la Guyane sont dirigés sur le port de Toulon, et ceux destinés à la Nouvelle-Calédonie sont embarqués au dépôt de Saint-Martin-de-Ré.

On envoie à la Guyane les forçats arabes que l'on centralise préalablement au dépôt d'Avignon.

La discipline militaire est applicable aux transportés. Ils sont occupés autant que possible pendant la traversée, en évitant toutefois de les mêler à l'équipage. Ils reçoivent les consolations religieuses de l'aumônier du bâtiment.

17. Les condamnés destinés aux pénitenciers de la Corse sont embarqués sur les navires de l'État qui transportent, de Marseille à Bastia, ceux désignés pour Casabianca, et à Ajaccio ceux qui

doivent subir leur peine dans les établissements de Chiavari et de Castelluccio.

CHAP. V. — RESPONSABILITÉ DES AGENTS PRÉPOSÉS AU TRANSFÈREMENT.

18. Les préposés à la conduite ou au transport des détenus, lorsqu'ils les laissent évader par négligence ou par connivence, sont passibles de peines proportionnées à la nature des crimes ou délits ou des peines auxquelles sont condamnés les détenus qu'ils transfèrent. Ils peuvent être condamnés de six jours d'emprisonnement à la peine des travaux forcés à perpétuité. (*L.* 4 *vend. an VI*; C. P., *art.* 237 à 247.)

19. *Chemins de fer.* Les concessionnaires de lignes de chemins de fer sont tenus, à toute réquisition, de faire partir, par convoi ordinaire, les wagons cellulaires employés au transport des prévenus, accusés ou condamnés.

Les employés de l'administration, les gardiens et les prisonniers, placés dans les wagons ou voitures cellulaires, ne sont assujettis *qu'à la moitié de la taxe du tarif de la dernière classe.*

Le transport des wagons est gratuit.

PAUL BUCQUET [1].

1. Mis à jour par M. de L.

TRANSIT.

SOMMAIRE.

CHAP. I. — INTRODUCTION.

1. On désigne par le mot de *transit* l'opération qui consiste à emprunter momentanément un territoire étranger pour le passage d'une marchandise expédiée à destination d'un pays non limitrophe. Ainsi, par exemple, les marchandises originaires de la Suisse ou de l'Allemagne centrale qui ont les États-Unis d'Amérique pour destination, passent par la France dont elles empruntent momentanément le territoire avant d'arriver dans le pays auquel elles sont destinées.

2. Pendant tout le temps du transit, la marchandise est sur un territoire neutre ; le régime du transit se lie donc à celui des entrepôts qui offrent aux marchandises étrangères un abri dans lequel elles sont considérées comme étant encore à l'étranger, c'est-à-dire en dehors des atteintes du fisc.

3. L'ordonnance de 1687 est la première qui se soit occupée de réglementer le transit. Mais, un an après, en 1688, l'ordonnance fut rapportée, et c'est seulement la loi du 8 floréal an XI qui rétablit à la fois le transit et les entrepôts.

Toutefois les dispositions de cette dernière loi étaient fort incomplètes en ce sens que les marchandises prohibées étaient exclues du transit. Ce régime restrictif dura jusqu'à la loi du 9 février 1832, qui a donné au transit toutes les facilités compatibles avec les intérêts de l'industrie intérieure.

4. Ce ne fut pas sans une vive opposition que le Gouvernement parvint à faire triompher le principe de liberté en matière de transit. L'industrie française craignait que la faculté d'amener dans nos entrepôts les marchandises prohibées, outre la possibilité des abus en cours de transport, n'exerçât une influence fâcheuse sur nos exportations, les acheteurs étrangers pouvant, à leur gré, composer leurs assortiments de produits étrangers aussi bien que de produits français. L'expérience a prouvé que ces craintes étaient sans fondement, et que loin de nuire à notre commerce d'exportation, la présence des produits étrangers sur nos marchés était souvent une occasion de vente pour nos propres produits attendu que plus un marché est bien approvisionné, plus il attire les acheteurs.

Nous allons faire connaître maintenant les principales formalités dont les lois des 8 floréal an XI, 17 décembre 1814, 9 février 1832, 9 juin 1845 et l'arrêté du 31 décembre 1848 entourent le transit des marchandises étrangères, ou la faculté de transport en franchise, par le territoire français, des marchandises passibles de droits de douane ou frappées de prohibition.

Le transit se divise en transit ordinaire et transit international. Le transit ordinaire a lieu par toutes les voies indistinctement, l'*emprunt de la mer* excepté, sous la responsabilité des expéditeurs. Le transit international s'effectue exclusivement par les chemins de fer, sous la responsabilité des propriétaires de ces chemins.

La distinction entre le transit du prohibé et du non-prohibé n'existe pas pour le transit international. (*Voy. le n° 30.*)

CHAP. II. — **TRANSIT DES MARCHANDISES NON PROHIBÉES.**

5. Ceux qui veulent jouir du transit, soit à l'arrivée des marchandises, soit par extraction des entrepôts réels, sont tenus d'en déclarer à la douane les quantités, espèces et qualités, et de les faire vérifier, plomber et expédier par acquit-à-caution. (*L. 17 déc. 1814, art. 5.*)

6. Les fausses déclarations faites au bureau d'entrée pour obtenir irrégulièrement le transit, entraînent l'application des peines portées par les art. 18, 20, 21 et 22, titre II du règlement général du 22 août 1791, comme si les marchandises faussement déclarées étaient destinées à la consommation intérieure. (*Même L., art. 6.*)

7. Les préposés du bureau d'entrée doivent exiger, avant l'expédition, la réparation des colis défectueux et qui seraient propres à favoriser des soustractions malgré le plombage. (*Même L., art. 7.*)

8. Les marchandises destinées au transit ne peuvent être présentées que séparément, par espèces et qualités, selon les distinctions du tarif, de manière qu'une seule espèce forme le contenu d'un colis, à moins qu'il n'existe, dans l'intérieur des caisses, des compartiments servant à séparer les marchandises d'espèces particulières, ou que chaque marchandise n'ait un emballage particulier. (*L. 9 févr. 1832, art. 13.*)

9. Le plombage des colis est obligatoire pour toutes les marchandises qui peuvent être emballées. Certaines de ces marchandises sont soumises soit à un double plombage avec double emballage, soit, si les intéressés le préfèrent, à un simple plombage avec prélèvement d'échantillons. (*L. 17 déc. 1814, 21 avril 1818, 9 févr. 1832 et 16 mai 1863.*)

10. Le commerce conserve la faculté de réunir en fardeaux deux sacs ou ballots de marchandises. Réunis par une corde, les sacs ou ballots peuvent ne faire l'objet que d'une seule pesée, et au lieu d'être plombés séparément, ils ne sont revêtus que d'un seul plomb. Le fardeau qu'il ferme est considéré comme *unité*. (*Circ. 24 juill. 1836, n° 1555.*)

11. Ceux qui veulent jouir du transit doivent fournir à la douane une soumission cautionnée portant engagement de faire sortir les marchandises, et d'en justifier en rapportant l'acquit-à-caution dûment revêtu du certificat de décharge et de sortie. (*L. 17 déc. 1814, art. 5.*)

12. Le transit est entièrement aux risques et périls des soumissionnaires, sans qu'ils puissent être exemptés du paiement des droits en alléguant la perte totale ou partielle des marchandises. Toutefois, lorsque la perte, résultant de force majeure, est dûment constatée, l'administration peut dispenser du paiement des droits ou de la simple valeur si la marchandise est prohibée. (*Même L., art. 8., et L. 16 mai 1863, art. 7.*)

13. Les marchandises expédiées en transit sont réputées d'une qualité saine, si le propriétaire n'a pas fait constater qu'elles étaient avariées, et indiquer, dans l'acquit-à-caution, le degré d'avarie. A défaut de cette formalité, les marchandises présentées avariées au bureau de sortie perdent la faculté du transit. Toutefois, l'acquit-à-caution peut être déchargé, en payant immédiatement au bureau de sortie le simple droit d'entrée sur lesdites marchandises, et le propriétaire a la faculté d'en disposer dans l'intérieur de la France. Sont exceptées des dispositions qui précèdent, les marchandises dont l'avarie n'excède pas 2 p. 100 de la valeur. (*L. 17 déc. 1814, art. 9.*)

14. Le conducteur de marchandises expédiées en transit doit les présenter au bureau de douanes de seconde ligne pour obtenir le visa des employés après que ceux-ci ont reconnu que le chargement est intact ainsi que les enveloppes, les cordes et les plombs.

Si le conducteur ne satisfait pas à cette obligation, il est passible, solidairement avec le soumissionnaire, d'une amende de 500 fr. (*L. 9 févr. 1832, art. 12.*)

15. Les marchandises expédiées en transit peuvent rester en France en payant les droits d'entrée, lorsque, après vérification au bureau désigné par l'acquit-à-caution, elles sont déclarées pour la consommation, et que par leur nature et la quotité des droits dont elles sont passibles, elles sont admissibles par ce même bureau. (*Décis. 22 sept. 1818.*)

16. Les marchandises expédiées en transit, des frontières de terre sur les ports où il existe un entrepôt réel, peuvent y être admises comme si elles arrivaient par mer. (*L. 17 mai 1826, art. 13.*)

17. Si les marchandises déclarées en transit ont été soustraites ou qu'il en ait été substitué d'autres, il y a lieu au paiement du quadruple des droits de consommation et à une amende de 500 fr. contre les contrevenants avec décimes en sus. (*L. 8 flor. an XI, art. 54, et L. 17 déc. 1814, art. 5.*)

Les négociants convaincus d'avoir, à la faveur du transit, effectué des soustractions, substitutions ou versements dans l'intérieur de la France, peuvent être privés de la faculté du transit. (*L. 8 flor. an XI, art.* 83.)

CHAP. III. — TRANSIT DES MARCHANDISES PROHIBÉES.

18. Le transit des marchandises prohibées est soumis aux conditions générales qui viennent d'être indiquées; de plus, les règles suivantes lui sont applicables.

19. Les marchandises doivent être portées sous leur véritable désignation, soit au manifeste, si elles arrivent par mer, soit en la déclaration sommaire prescrite par la loi du 4 germinal an II, si elles arrivent par terre; et de plus elles doivent être déclarées en détail et à la fois par espèce, qualité, nombre, mesure, poids brut et net et en valeur.

20. Tous les colis portés aux manifestes ou déclarations doivent être présentés à la visite, et en cas de déficit, le signataire du manifeste ou de la déclaration est condamné à une amende de 1,000 fr. par colis manquant, pour sûreté de laquelle le bâtiment ou les autres moyens de transport seront retenus, à moins que le montant de l'amende ne soit immédiatement consigné ou qu'il soit fourni une bonne et suffisante caution.

21. Si la vérification fait découvrir un ou plusieurs colis excédant le nombre déclaré, ou si les marchandises ont été faussement déclarées, quant à l'espèce ou à la qualité, lesdits colis et marchandises sont confisqués avec amende du triple de la valeur.

22. Si la différence porte sur le nombre, la mesure ou le poids, le signataire de la déclaration est condamné à une amende du triple de la valeur réelle des quantités formant excédant, ou de la valeur des quantités manquantes, établie sur celle des marchandises reconnues à la vérification. Toutefois, l'amende est réduite à la simple valeur si l'excédant ou le déficit ne dépasse pas le vingtième du nombre, de la mesure ou du poids déclarés.

23. Si la douane juge que la valeur des marchandises n'a pas été déclarée à son véritable taux, elle peut d'office en assigner une plus exacte, sauf, si l'expéditeur conteste, à recourir aux commissaires-experts institués par l'art. 19 de la loi du 17 juillet 1822. (*L. 9 févr.* 1832, *art.* 4.)

24. La valeur doit être celle de la marchandise en France. (*Circ.* 15 *juill.* 1834, n° 1450.)

25. Lorsque les marchandises sont présentées en colis pressés et fortement comprimés, la visite s'en opère de la manière suivante : les objets sont retirés de leur emballage et mis à nu sans être dégagés du lien servant à les réunir, de telle sorte qu'on puisse en reconnaître la qualité, l'espèce et le nombre sans déploiement ou mesurage des fils et tissus.

Toutefois, en cas d'indice de fraude, la douane peut, tant à l'entrée qu'à la sortie, exiger la rupture des liens et se livrer à une visite approfondie. (*L. 9 févr.* 1832, *art.* 5.)

26. Si l'acquit-à-caution n'est pas déchargé en temps utile par le bureau désigné, le soumissionnaire est contraint au paiement : 1° de la valeur des marchandises telle qu'elle est indiquée dans l'acquit-à-caution ; 2° et en outre d'une amende égale au triple de la valeur. (*Même L., art.* 6.)

27. Si le bureau de sortie reconnaît qu'il y a

eu soustraction d'une partie des marchandises décrites en l'acquit-à-caution, il ne donnera décharge que pour ce qui aura été réellement exporté, et le conducteur sera personnellement condamné à une amende égale à la valeur des moyens de transport, lesquels sont retenus si l'amende n'est immédiatement consignée ou s'il n'est fourni bonne et suffisante caution.

Si aux marchandises décrites il en est substitué d'autres, celles-ci sont confisquées et le conducteur est également passible de l'amende.

L'amende à prononcer dans les deux cas ci-dessus, est indépendante des poursuites à exercer contre le soumissionnaire de l'acquit-à-caution, pour ce qui n'aura pas été réellement exporté. (*Même L., art.* 7.)

28. Les peines déterminées par les art. 6 et 7 ci-dessus indiquées (*n*os 26 *et* 27) sont appliquées toutes les fois que les plombs et cachets apposés sur le colis intérieur sont reconnus avoir été levés ou altérés. (*Même L., art.* 8.)

29. Les contrefaçons en librairie, ainsi que les marchandises portant de fausses marques de fabrique française, sont exclues du transit à titre absolu. (*L.* 6 *mai* 1841 *et* 23 *juin* 1857.)

Il en est de même des armes et munitions de guerre, sauf à l'égard de celles qui ont fait l'objet d'une autorisation du ministère de la guerre.

Le transit est en outre interdit pour le poisson et le gibier pendant la fermeture de la pêche et de la chasse.

Le décret du 20 juillet 1875 a enfin défendu le transit du poivre et du piment par la frontière d'Espagne.

30. Le transit international a pour effet d'affranchir de la visite les bagages des voyageurs et les marchandises au passage par notre frontière tant à l'entrée qu'à la sortie.

En vertu des traités, un régime analogue est appliqué dans les pays voisins. (*Arr.* 31 *déc.* 1848 *et Conv. des* 8 *oct.* 1848, 14 *déc.* 1853, *etc.*)

31. Les marchandises et bagages arrivant de l'étranger sous le régime du transit international n'ont pas à rompre charge à leur entrée en France.

32. Tous les wagons contenant des marchandises expédiées en transit international doivent être plombés par la douane.

33. En cas de rupture du plombage, le fait est constaté par les préposés des douanes, ou à défaut par le commissaire de surveillance, ou le juge de paix, le maire, ou tout officier municipal, ou enfin par le chef de la gendarmerie.

Les wagons sont scellés par l'agent qui rédige le procès-verbal. Les formalités sont les mêmes en cas d'accident de toute autre nature.

34. Pour les marchandises qui sortent par la frontière de terre, le service des douanes a seulement à s'assurer du bon état du plombage et à escorter le convoi jusqu'à l'étranger. Dans les ports, lorsque le chemin de fer est relié au quai, le convoi est escorté jusqu'au navire et transbordé en présence des employés ; dans tout autre cas, le transport et l'embarquement ont lieu sous la surveillance du service.

Quand les marchandises arrivées en transit international doivent rester à l'intérieur, elles sont déclarées conformément aux règles générales sur les importations.

35. Toutes les marchandises arrivées à Paris en transit international, peuvent y rompre charge sous certaines conditions.

36. Un délai de douze jours est accordé pour le dépôt en gare des marchandises arrivées par le transit international. A l'expiration de ce délai, les objets non réclamés sont transportés à l'entrepôt réel, aux frais de la compagnie.

37. La douane peut considérer le transit comme n'étant pas accompli régulièrement toutes les fois que les wagons ne sont pas présentés sous plombs intacts.   Ozenne [1].

1. Mis à jour par M. Émile Bacquès.

TRANSPORTATION. *Voy.* **Colonies pénales.**

TRAVAIL DES ENFANTS. *Voy.* **Enfants (Travail des).**

TRAVAUX FORCÉS. Les travaux forcés, soit à temps, soit à perpétuité, sont une peine afflictive et infamante (*C. P., art.* 7). [*Voy.* **Colonies pénales.**]

TRAVAUX MIXTES. 1. On entend par travaux mixtes les travaux à exécuter dans l'étendue de la zone frontière et dans le rayon des servitudes autour des places fortes. Aux termes d'une ordonnance du Roi en date du 9 décembre 1713, il était interdit de construire dans un rayon de 250 toises autour des places fortes, et une ordonnance du 31 décembre 1776 portait défense de faire aucune construction d'ouvrages dans les départements frontières, sans que les projets eussent été communiqués au ministre de la guerre. La loi du 19 janvier 1791 détermina la nature des travaux qui ne pouvaient être exécutés, sans que les projets eussent été soumis à l'examen préalable d'une commission mixte des travaux publics. L'organisation et les attributions de cette commission furent fixées par un décret du 22 décembre 1812 et deux ordonnances, l'une du 15 septembre 1816, l'autre du 28 décembre 1828. Enfin, les limites de la zone frontière furent déterminées par une ordonnance du 27 février 1815 et une décision royale du 25 janvier 1839.

2. Tels étaient les textes qui réglaient cette partie importante du système de la défense nationale. Mais si l'intérêt de la défense exige que des restrictions soient apportées aux droits de la propriété, il ne faut pas que des prohibitions trop rigoureuses aient pour résultat de nuire au développement du commerce et de l'agriculture dans les départements frontières. Aussi une révision des lois et ordonnances antérieures était-elle reconnue nécessaire; ce fut l'objet de la loi du 7 avril 1851 et du décret portant règlement d'administration publique en date du 16 août 1853. Dans le rapport à l'Empereur, qui précède ce règlement, le ministre de la guerre s'exprime ainsi :

« Désormais les ingénieurs de tous les services ainsi que les administrateurs des départements et des communes trouveront dans le nouveau règlement, qui forme un code complet sur la matière, un guide sûr pour arriver à la prompte solution des affaires mixtes. C'est là une amélioration considérable au point de vue administratif. Mais ce n'est pas le seul résultat important du nouveau

règlement ; il en est un autre qui intéresse à un haut degré la défense du pays et les progrès de l'agriculture et du commerce. Je veux parler de la nouvelle délimitation de la zone frontière et des polygones réservés... Ces polygones ont été réduits partout au strict nécessaire, néanmoins ils comprennent encore tous les grands obstacles naturels, fleuves, forêts, massifs de montagnes, etc., qui bordent nos frontières. »

3. *Limites de la zone frontière et des territoires réservés.* La loi du 7 avril 1851 est relative à la délimitation de la zone frontière et à la compétence de la commission mixte. Elle stipule que la limite de la zone frontière et des polygones réservés sera déterminée par un règlement d'administration publique, que le pouvoir exécutif pourra, par un décret, réduire cette limite, mais que cette limite, une fois réduite, ne pourra être augmentée que dans les formes d'un règlement d'administration publique et sur l'avis d'une commission de défense (*art.* 1, 3 *et* 4).

4. On désigne sous le nom de polygones réservés des portions de territoire où les règles établies pour les travaux mixtes doivent, par exception, être appliquées aux travaux des chemins vicinaux, la loi de 1851 ayant, en principe, affranchi ces travaux de toute surveillance de l'administration militaire. Les terrains, situés dans la zone des fortifications autour des places ou dans le rayon des servitudes des enceintes fortifiées, sont au nombre des territoires réservés. (*D.* 16 *août* 1853, *art.* 2.)

5. Les limites de la zone frontière et des territoires réservés ont été fixées dans un tableau et une carte annexés au règlement d'administration publique du 16 août 1853, puis dans un tableau et des cartes annexés au règlement du 15 mars 1862, enfin dans des états descriptifs et des cartes annexés au règlement du 3 mars 1874. L'art. 2 du décret du 3 mars 1874 a étendu le rayon des enceintes fortifiées, en ce qui concerne les travaux mixtes de toute nature, à un myriamètre autour des places et postes militaires compris dans la zone frontière. Cette distance est comptée à partir des ouvrages les plus avancés. Toutefois, il appartient au ministre de la guerre de déterminer les localités pour lesquelles il est possible, sans nuire à la défense, d'admettre des exceptions à la disposition qui précède.

6. *Travaux mixtes.* L'art. 7 du décret du 16 août 1853 énumère les travaux qui doivent être compris sous la dénomination de travaux mixtes. Ce sont : 1° les travaux concernant les routes nationales et départementales ; les chemins de fer, les chemins vicinaux de toutes classes, ainsi que les chemins forestiers, tant dans les bois et dans les forêts de l'État que dans ceux des communes ou des établissements publics, mais seulement lorsqu'ils sont situés dans l'étendue des territoires réservés ; les ponts à établir sur les cours d'eau navigables ou flottables pour le service des chemins vicinaux ou forestiers, même en dehors de ces territoires ; les cours d'eau navigables ou flottables, les canaux et rigoles d'alimentation, d'irrigation ou de dessèchement avec leurs francs-bords, levées et chemins de halage ; les ports militaires et de commerce, les havres, les rades et les mouillages ; les phares, les fanaux et les amers ; les écluses de navigation, de desséchement, d'irrigation et de chasse et les autres ouvrages analogues d'intérêt public, tels que digues, batardeaux, épis, enrochements, ponts, quais, bassins, jetées, brise-lames, etc. ; les passages des portes d'eau et des portes de terre dans la traversée des fortifications, des places de guerre et des postes militaires ; les modifications à apporter dans un intérêt civil aux arsenaux, casernes, magasins et autres établissements militaires ; les desséchements des lacs, étangs et marais ; les marais salants et leurs dépendances, lorsque les travaux projetés doivent faire l'objet d'une concession ou d'une autorisation préalable du Gouvernement ;

2° Les défrichements des forêts et des bois ;

3° Les concessions des lais et relais de la mer, celles des dunes et lagunes et celles des accrues, atterrissements et alluvions dépendant du domaine de l'État, mais seulement au point de vue des conditions à imposer en être réservés à faire dans l'intérêt de la défense du territoire ;

4° Les concessions et les règlements d'eau de moulins et autres usines, toutes les fois que les modifications qui peuvent en être la suite, à l'égard du régime des eaux, sont susceptibles d'avoir de l'influence sur les inondations défensives ;

5° Les concessions d'enrochements ou d'endiguements à la mer ou sur le rivage ;

6° Les alignements ou le tracé des rues qui servent dans les enceintes fortifiées de communications directes entre les places publiques, les établissements militaires et les remparts ; des rues, des carrefours et des places des villes fortifiées et autres qui bordent les établissements de la guerre ou de la marine ou qui sont consacrés par le temps et l'usage aux exercices ou rassemblements des troupes ;

7° Tous les objets d'intérêt public, civil ou maritime, non compris sous les six numéros précédents, qu'un décret déclarerait de nature à influer sur la défense du territoire ;

8° Les travaux de fortifications ou de bâtiments militaires dont l'exécution apporterait des changements aux routes, aux chemins, aux canaux et autres ouvrages d'intérêt civil ou maritime ci-dessus mentionnés ;

9° Les questions relatives à la jouissance, à la police ou à la conservation des ouvrages ayant à la fois une destination civile et une destination militaire ;

10° Enfin les affaires d'un caractère purement administratif, qui sont les accessoires d'affaires principales du ressort de la commission, telles que les remises mutuelles de jouissance de terrains, et la répartition, entre les services intéressés, de l'exécution des travaux mixtes et des dépenses de ces travaux.

7. Des exceptions ont été apportées aux dispositions de l'article que nous venons de reproduire. Rappelons d'abord que la loi du 7 avril 1851 avait affranchi de la surveillance de l'autorité militaire les chemins vicinaux de toutes classes, sauf le cas où ils étaient situés dans les territoires réservés. Cette exception a été étendue par l'art. 7 du décret de 1853 aux chemins forestiers. En

outre, aux termes de l'art. 2 du décret du 15 mars 1862, les chemins vicinaux et forestiers, dans l'intérieur même des territoires réservés, peuvent être exécutés librement, si leur largeur n'excède pas 6 mètres dans leur tracé général et qu'en même temps leur empierrement n'ait pas plus de 4 mètres de largeur.

8. Il en est de même des travaux concernant les ponts établis ou à établir sur les cours d'eau navigables ou flottables pour le service des chemins vicinaux ou forestiers, lorsque l'ouverture des ponts entre culées ne dépasse pas 4 mètres, s'il s'agit d'un pont avec voûte en maçonnerie, ou 6 mètres, s'il s'agit d'un pont avec tablier en fer ou en bois. (*D.* 15 *mars* 1862, *art.* 3.)

9. Néanmoins, dans l'étendue des zones de servitudes des places de guerre et des postes militaires, tous les chemins vicinaux et forestiers, ainsi que les ponts qui les desservent, restent soumis aux règlements sur les travaux mixtes, quelles que soient leurs dimensions. (*D.* 15 *mars* 1862, *art.* 4.)

10. L'art. 5 du décret du 15 mars 1862 réserve en outre au ministre de la guerre la faculté de faire exécuter, aux frais de son département, les travaux qui lui paraissent indispensables à la défense, tant sur les chemins vicinaux ou forestiers à ouvrir ou à rectifier, que sur les ponts à construire ou à reconstruire pour le service de ces chemins dans toute l'étendue de la zone frontière, lorsque, par leurs dimensions, ces chemins et ces ponts cessent d'être soumis aux règlements sur les travaux mixtes. A cet effet, avant qu'il soit procédé par les services civils à l'exécution ou à l'adjudication des travaux relatifs à ces chemins ou à ces ponts, les projets sont communiqués par le préfet ou le conservateur des forêts au directeur des fortifications, qui doit faire connaître, dans le délai de deux mois, et immédiatement, en cas d'urgence, les travaux qu'il serait nécessaire d'exécuter dans l'intérêt de la défense. Si dans le délai de deux mois, le directeur des fortifications n'a fait aucune réserve, il est passé outre à l'exécution des travaux.

11. L'art. 8 du décret de 1862 exempte de l'application des règlements sur les travaux mixtes les travaux des ponts établis au croisement d'une voie de terre classée et d'une voie d'eau navigable ou flottable, lorsque la portée de ces ponts n'excède pas 4 mètres ou 6 mètres, suivant le mode de construction, ainsi qu'il est dit à l'art. 3.

12. Sont encore exceptés, aux termes de l'art. 8 du décret du 16 août 1853, les travaux d'entretien ou de réparation, c'est-à-dire ayant uniquement pour objet de conserver un ouvrage ou de le remettre dans l'état où il était précédemment, sans modifications à cet état.

13. Enfin, le même article excepte les voies de terre et d'eau spécialement exonérées. L'art 40 du décret de 1853 donne au ministre de la guerre le droit de désigner parmi les voies de terre et d'eau comprises dans la zone frontière, celles qui peuvent être exonérées de la surveillance de l'autorité militaire. Les voies de terre, objet de l'exonération, peuvent, sans l'intervention de l'autorité militaire, recevoir les modifications et les améliorations, dont elles sont susceptibles, pourvu que ces améliorations ou modifications ne changent pas leur direction générale, n'ouvrent pas de communications nouvelles ou ne prolongent pas celles qui existent. Il en est de même à l'égard des voies d'eau, mais seulement pour les travaux qui peuvent être faits tant au lit de ces voies, à leurs digues, à leurs francs-bords et à leurs fossés qu'à leurs écluses et à leurs ouvrages d'art, pourvu qu'il ne soit rien changé ni au tracé de ces voies ni au régime des eaux (*art.* 41). Sont exceptés de l'exonération les travaux concernant : 1° les ponts établis au croisement d'une voie de terre classée et d'une voie d'eau navigable ou flottable (sauf application de la disposition ci-dessus mentionnée de l'art. 8 du décret de 1862; 2° les portions de communication de terre ou d'eau situées dans la zone des fortifications ou dans le rayon des servitudes des enceintes fortifiées (*art.* 42).

14. Aux termes de l'art. 220 de la loi du 18 juin 1859, il peut être formé opposition au défrichement des bois appartenant aux particuliers et dont la conservation est reconnue nécessaire à la défense du territoire, dans la partie de la zone frontière qui sera déterminée par un règlement d'administration publique. Cette partie de la zone frontière a été délimitée d'abord par le décret du 22 novembre 1859, puis par le décret du 31 juillet 1861, enfin par le décret du 3 mars 1874.

15. *Organisation de la commission mixte.*— Une commission spéciale, dite commission mixte, est chargée d'examiner et de discuter les projets dont l'exécution peut intéresser à la fois la défense du territoire et un ou plusieurs services civils ou militaires, d'apprécier les intérêts des divers services, de les concilier, d'indiquer dans quelle limite on peut leur donner satisfaction, sans compromettre la défense du pays. (*D.* 16 *août* 1853, *art.* 3.)

16. La commission est composée de 4 conseillers d'État, dont l'un est président de la commission; de 2 inspecteurs généraux du génie militaire, d'un inspecteur général d'artillerie, de 2 inspecteurs généraux des autres armes, de 2 inspecteurs généraux des ponts et chaussées, d'un officier général de la marine, d'un inspecteur général, membre du conseil des travaux de la marine. (*L.* 7 *avril* 1851, *art.* 5.)

17. Le président et les membres de la commission sont nommés par le Chef de l'État, sur la présentation des ministres compétents. Le secrétaire est nommé par le ministre de la guerre et pris parmi les officiers supérieurs du génie attachés au dépôt des fortifications ou parmi les ingénieurs en chef des ponts et chaussées. Assistent aux séances avec voix consultative: le secrétaire du comité des fortifications, le secrétaire du comité de l'artillerie, le secrétaire du conseil général des ponts et chaussées, le secrétaire du conseil d'amirauté, le secrétaire du conseil des travaux de la marine. (*D.* 16 *août* 1853, *art.* 4.)

18. *Instruction des affaires du ressort de la commission mixte.* Les affaires de la compétence de la commission mixte sont traitées et expédiées d'urgence à tous les degrés de la hiérarchie administrative. Elles comportent deux degrés d'instruction dans les localités, à moins qu'elles ne fassent l'objet d'un projet de loi ou d'une adhésion directe. (*D.* 1853, *art.* 11.)

·19. L'instruction au premier degré est faite, suivant la nature de l'affaire, par les chefs du génie, les commandants et sous-directeurs d'artillerie, les ingénieurs ordinaires des ponts et chaussées, les officiers de la marine militaire et de l'artillerie de marine, les ingénieurs des travaux hydrauliques et des bâtiments civils de la marine, les sous-inspecteurs et gardes généraux des forêts, et les receveurs des domaines. Des conférences ont lieu entre ces divers chefs de service, dès l'époque de la rédaction primitive des projets et sur l'initiative de l'officier ou ingénieur que l'affaire concerne, autorisé de son supérieur. Dans ces conférences, sont entendus les représentants des intéressés, compagnies concessionnaires, syndics d'association, agents voyers, maires et adjoints. Le procès-verbal ne doit renfermer que les propositions, adhésions ou réserves auxquelles chaque chef de service s'arrête définitivement et ne présenter que le résumé des avis communs ou des opinions respectives, avec leurs motifs. Il est fait du procès-verbal, des dessins et autres pièces à y annexer, autant d'expéditions qu'il y a d'officiers ou d'ingénieurs chargés de l'instruction au premier degré. (*D.* 16 *août* 1853, *art.* 12 à 15.)

20. L'instruction au second degré est faite, suivant les cas, par les directeurs des fortifications, les directeurs d'artillerie de terre, les ingénieurs en chef des ponts et chaussées, les majors-généraux de la marine dans les ports militaires, les directeurs d'artillerie de marine, les directeurs des travaux hydrauliques et des bâtiments civils de la marine, les inspecteurs des forêts, les directeurs des domaines. Aussitôt que ces fonctionnaires ont reçu des officiers, ingénieurs et agents sous leurs ordres, les pièces relatives à l'instruction d'une affaire au premier degré, ils les visent et échangent mutuellement leurs observations et leurs apostilles. Si l'un d'eux réclame exceptionnellement une conférence, elle a lieu sans retard. Les dossiers sont ensuite transmis respectivement aux divers ministres que l'affaire concerne : les préfets des départements et les préfets maritimes auxquels sont adressés les dossiers des ponts et chaussées et de la marine y consignent leurs opinions et leurs propositions. (*D.* 1853, *art.* 16.)

21. Si les chefs de service chargés de l'instruction au second degré sont d'accord entre eux, l'affaire peut se terminer là. En effet, chaque directeur ou chaque ingénieur en chef peut adhérer immédiatement, au nom du service qu'il représente, à l'exécution des travaux mixtes proposés par une autre administration, quand ces travaux lui paraissent sans inconvénients pour son service ou que les inconvénients peuvent disparaître moyennant certaines dispositions qu'il impose comme condition de son adhésion. Cette faculté ne peut s'étendre toutefois aux travaux qu'une autorité supérieure aurait signalés comme nuisibles, ni à ceux qui seraient à faire sur un terrain affecté au service dont l'adhésion est nécessaire. Les adhésions sont transmises aux ministres compétents et conservées dans les archives de la commission mixte. (*D.* 16 *août* 1853, *art.* 18.)

22. En cas de désaccord entre les chefs de service chargés de l'instruction au second degré, les dossiers sont transmis aux ministres compétents et sont l'objet, dans chaque ministère, d'un examen fait par les conseils spéciaux, comité des fortifications, comité de l'artillerie, conseil général des ponts et chaussées, conseil d'amirauté, conseil des travaux de la marine. L'affaire est ensuite portée devant la commission mixte. S'il y a accord entre les conseils et les comités sur les conclusions à prendre, la commission constate l'accord par un avis conforme à ces conclusions. Dans le cas contraire, le président nomme un rapporteur pour chacun des services intéressés, et l'affaire est débattue contradictoirement. Une expédition du procès-verbal de la délibération est adressée à chacun des ministres que l'affaire concerne avec le dossier y relatif (*art.* 19 *et* 20).

23. Chacun des ministres fait connaître immédiatement aux autres ministres intéressés s'il donne ou non son approbation aux conclusions de la délibération de la commission mixte. S'il y a approbation, le ministre dont dépend le service qui a présenté le projet donne à l'affaire la suite qu'elle comporte. Si tous les ministres n'adhèrent pas aux conclusions de la commission, il est statué par décret (*art.* 21).

24. *Exécution et réception des travaux mixtes.* Les travaux sont exécutés par les soins des services qui ont rédigé les projets de détail, à moins qu'ils ne soient l'objet d'une concession, auquel cas ils sont faits par le concessionnaire sous la surveillance des ingénieurs et officiers des services intéressés, ou que pour des motifs exceptionnels, il ne soit pris une décision contraire par les ministres compétents, après délibération de la commission mixte. En cas de désaccord à cet égard, il est statué par décret. La remise de tout ouvrage exécuté par un service pour le compte d'un autre service donne lieu à un procès-verbal dressé de concert par les chefs de ces deux services. La remise n'est définitive qu'après que le procès-verbal a été approuvé par les ministres compétents, quand il s'agit des services de l'État, et par les préfets, quand il s'agit des administrations locales (*art.* 23 à 26).

25. *Imputation et paiement des dépenses.* La demande du crédit nécessaire à l'exécution des travaux doit être accompagnée d'une répartition entre chaque département ministériel des fonds afférents aux travaux qu'il doit spécialement faire exécuter. Si, à raison de la connexité des travaux ou autres circonstances, le crédit est affecté à un seul département ministériel et que cependant une partie des travaux doive être exécutée par les agents d'un autre ministère, le maximum du chiffre de la dépense à faire par ces derniers est réglé par la commission mixte, après le vote du crédit total (*art.* 27).

26. Chaque service tient la comptabilité des travaux qu'il exécute au compte d'un autre service de la même manière que celle de ses propres travaux. Les administrations ou les compagnies qui ont consenti des dépenses à leur charge pour l'exécution des travaux, doivent acquitter les dépenses par provision, sans s'immiscer dans la gestion ou dans la tenue de la comptabilité du

service qui dirige les travaux. Mais ce dernier doit fournir au service auquel incombent les paiements, toutes les pièces comptables nécessaires pour la justification des dépenses faites (*art.* 28 et 29).

27. *Répression des contraventions.* Les règles relatives à la répression des contraventions sont écrites dans les art. 30 à 39 du décret du 16 août 1853. Les détails dans lesquels entre le règlement sur le mode de constatation, la poursuite et la répression des contraventions, sont trop nombreux pour être reproduits ici. Nous nous bornerons à signaler la distinction suivante.

28. Si les contraventions sont commises par des particuliers, elles sont, en vertu d'un procès-verbal dressé par un garde du génie, déférées au conseil de préfecture, qui peut ordonner la démolition des travaux, le rétablissement des lieux en l'état primitif et condamner le contrevenant à une amende.

29. Il en est de même s'il s'agit de travaux exécutés pour le compte d'une commune. Mais dans le cas où il s'agit de travaux exécutés pour le compte de l'État ou des départements et où le fait constaté par le procès-verbal résulterait d'ordres donnés par un fonctionnaire ou agent du Gouvernement, le procès-verbal est communiqué à ce fonctionnaire et transmis aux ministres compétents qui en font d'urgence le renvoi à la commission mixte, laquelle examine l'affaire suivant les formes prescrites par le décret de 1853. Jusqu'à la décision à intervenir, les travaux demeurent suspendus.   Ferdinand Roze.

TRAVAUX PUBLICS. 1. La qualification de travaux publics, restreinte pendant longtemps aux travaux exécutés pour les services de l'État, aux dessèchements de marais et aux routes départementales, s'étend aujourd'hui à tous les travaux ayant un caractère d'utilité publique, qu'ils soient entrepris par l'État, les départements, les communes, les établissements publics ou les associations syndicales autorisées.

SOMMAIRE.

CHAP. I. — TRAVAUX DES PONTS ET CHAUSSÉES.

2. Ces travaux comprennent : 1° la construction et l'entretien des routes nationales et des ponts qui en font partie ; 2° la construction et l'entretien des ports maritimes de commerce, des digues et travaux à la mer, des canaux et ouvrages de navigation maritime et intérieure ; l'établissement et l'entretien des phares, feux de port, balises et amers ; l'entretien et l'amélioration de la navigation sur les fleuves et rivières ; la construction et l'entretien des chemins de halage, barrages, écluses, quais, bas-ports ; les travaux de défense contre les rivières et torrents ; le curage des cours d'eau non navigables ni flottables ; l'exécution des canaux d'irrigation ; les travaux de desséchement et d'assainissement ; les plantations de routes et de dunes ; 3° la construction et l'entretien des chemins de fer.

Sect. 1. — Préparation et approbation des projets.

ART. 1. — TRAVAUX NEUFS OU DE GROSSES RÉPARATIONS.

3. Les travaux de routes nationales, canaux, chemins de fer, canalisation de rivières, bassins et docks, entrepris par l'État ou par des compagnies particulières, avec ou sans péage, avec ou sans subside du Trésor, avec ou sans aliénation du domaine public, ne peuvent être autorisés que par une loi rendue après une enquête administrative dont les formalités sont déterminées par une ordonnance du 18 février 1834.

Des décrets rendus dans la forme des règlements d'administration publique et également précédés d'une enquête, peuvent autoriser l'exécution des canaux et chemins de fer d'embranchement de moins de 20 kilomètres de longueur, des lacunes et rectifications de routes nationales, des ponts et de tous autres travaux de moindre importance.

En aucun cas les travaux dont la dépense doit être supportée en tout ou en partie par le Trésor ne peuvent être mis à exécution qu'en vertu de la loi qui crée les voies et moyens, ou d'un crédit préalablement inscrit dans un des chapitres du budget. (L. 27 juill 1870.)

4. Les travaux de grosses réparations sont décidés par le ministre dans la limite des crédits ouverts. Il n'est procédé à une enquête que lorsque le travail équivaut à une reconstruction.

5. Les ingénieurs procèdent sur le terrain aux plans, nivellements, sondages et jaugeages nécessaires, sous les conditions énoncées aux nos 118 à 141. Puis ils rédigent un avant-projet qui comprend un mémoire, un devis-cahier des charges, un détail estimatif, un sous-détail des prix, un avant-métré des ouvrages et des extraits de cartes, plans, profils et types d'ouvrages d'art, suivant la circulaire du 14 janvier 1850.

6. Lorsque l'avant-projet est approuvé par l'administration, l'ingénieur procède à la rédaction du projet définitif, qui comprend : 1° un mémoire ; 2° un devis et un cahier de charges ; 3° un avant-métré ; 4° une analyse des prix ; 5° un détail estimatif ; 6° des dessins spécifiés dans la circulaire du 14 janvier 1850 ; 7° un bordereau des pièces. Si des expropriations sont nécessaires, le projet est accompagné : 1° d'un état sommaire des indemnités à payer : 2° de plans parcellaires par commune ; 3° d'un tableau des surfaces des terrains à acquérir.

7. Pour des parties de routes, les ingénieurs ont seulement à dresser un plan du tracé, des profils en long et en travers, une description sommaire des ouvrages et une évaluation approximative des dépenses.

8. Lorsque l'entreprise est destinée à être confiée à un concessionnaire (n° 25), les ingénieurs rédigent seulement un avant-projet destiné à faire connaître le tracé, les dispositions des ouvrages, l'appréciation sommaire des dépenses, et un mémoire indiquant les avantages de l'entreprise et le tarif des droits à établir. S'il s'agit d'un canal, l'avant-projet doit être accompagné d'un nivellement en longueur et de profils transversaux. Les projets définitifs sont rédigés par le concessionnaire.

9. Pour les chemins de fer, les pièces dont les avant-projets et les projets définitifs doivent se composer, sont spécifiées dans une circulaire du 14 janvier 1850 (voy. Chemins de fer). Les avant-projets, pour ces chemins comme pour les autres ouvrages dont des personnes aspirent à devenir concessionnaires, peuvent être dressés par elles ; mais il leur est interdit d'entreprendre les études sur le terrain sans être munies d'une autorisation du ministre, et ce dernier est libre, non-seulement d'adopter ou de rejeter les projets, mais encore d'adopter le projet d'un des aspirants et d'en concéder l'exécution à un autre, sauf à stipuler une indemnité en faveur du premier. (Voy. Chemins de fer, nos 8 et suiv.)

La construction des chemins de fer d'intérêt local est soumise à des règles spéciales indiquées dans l'article qui concerne ces chemins.

10. Il existe enfin des règles spéciales pour les dessèchements de marais (*voy.* **Marais**), pour les routes départementales (*voy.* n° 210), pour les reboisements (*voy. ce mot*), pour les plantations de routes (*voy. deux circulaires du 9 août 1850 et du 17 juin* 1851), et pour les travaux destinés à mettre les villes à l'abri des inondations. (*Voy. ce mot.*)

11. Lorsque des travaux passent à travers des fortifications ou dans les limites du terrain militaire, ce sont les officiers du génie qui rédigent les projets et qui dirigent et surveillent l'exécution des travaux. Hors de ces limites, la direction et la surveillance appartient aux ingénieurs des ponts et chaussées; mais ceux-ci doivent se concerter pour les projets avec l'autorité militaire et régler les jours et les heures d'exécution avec le commandant d'armes et le commandant du génie. Il en est de même pour les travaux à faire aux ponts dormants et aux ponts-levis situés sur des portions de routes qui traversent des fortifications et ne servent pas à la défense (*D.* 4 août 1811 et 31 janv. 1813). Le mode de procéder pour les travaux à faire dans la zone frontière est indiqué dans l'article **Travaux mixtes.**

12. Lorsque des travaux de routes entraînent des changements dans des fortifications, les officiers du génie font exécuter l'ensemble des travaux sur les fonds des travaux publics. Lorsque ce sont des travaux de défense qui font changer des routes, la direction appartient aux ingénieurs des ponts et chaussées ou aux officiers du génie, selon les distinctions indiquées au n° 11, et la dépense est imputée sur les fonds de la guerre.

13. Les préfets sont autorisés à approuver, sur la proposition de l'ingénieur en chef, tous les projets dont la dépense ne doit pas excéder 5,000 fr.; mais les travaux ne peuvent être exécutés qu'autant que les fonds ont été crédités. (*O.* 10 mai 1829.) Les crédits sont réglés comme il est dit au n° 58.

14. Quand les ingénieurs jugent impossible de ne pas dépasser le montant des dépenses autorisées, ils doivent dresser un état motivé des augmentations et en attendre l'approbation avant de donner aucun ordre aux entrepreneurs, sauf les cas d'urgence, ou lorsque les augmentations résultent de l'application de la clause du devis général des travaux de routes, qui autorise au besoin une nouvelle classification des déblais au fur et à mesure de l'exécution. (*Voy.* Circ. 15 juill. 1850.)

ART. 2. — TRAVAUX D'ENTRETIEN OU DE RÉPARATIONS ORDINAIRES.

15. L'ingénieur soumet à son chef de service un rapport accompagné d'un devis, et ces documents servent de base à la répartition des fonds assignés à chaque département par le ministre (*voy.* n° 58). La sous-répartition est faite dans le département par un conseil composé, sous la présidence du préfet, de l'ingénieur en chef et de deux membres du conseil général délégués par le ministre. Les ingénieurs ordinaires sont admis dans ce conseil avec voix consultative. Le préfet

arrête la répartition et approuve les projets, s'il y a lieu.

16. Les travaux d'entretien des routes qui traversent des fortifications sont exécutés par les ingénieurs des ponts et chaussées sur les fonds des routes, lorsqu'ils ne changent en rien les constructions ou qu'il s'agit de reconstructions qui n'entraînent que de légères modifications. Mais les ingénieurs doivent se concerter pour les jours et heures d'exécution avec le commandant d'armes et le commandant du génie. (*Voy. D.* 4 août 1811.)

Sect. 2. — Exécution des travaux.

17. Les ingénieurs et les conducteurs dirigent et surveillent l'exécution des travaux. L'administration peut les faire exécuter elle-même, soit par des ouvriers à la journée, soit en régie simple ou par économie, soit en régie intéressée. Elle peut traiter avec un entrepreneur qui se charge d'exécuter les travaux à forfait moyennant une somme convenue ou par un marché sur séries de prix, ou par un marché dit à l'unité de mesure. Elle peut encore traiter avec un entrepreneur qui se charge d'exécuter et d'entretenir certains ouvrages moyennant la jouissance d'un péage ou d'autres avantages: c'est le système des concessions.

ART. 1. — OUVRIERS A LA JOURNÉE.

18. Ce mode d'exécution ne s'emploie que pour l'entretien des voies publiques, et pour des travaux de peu d'importance ou d'urgence en cas d'accidents.

ART. 2. — RÉGIE SIMPLE OU PAR ÉCONOMIE, ET RÉGIE INTÉRESSÉE.

19. La régie simple est la direction du travail par un agent de l'administration qui procure les ouvriers et les matériaux, fait les commandes à la tâche ou à la journée et solde les dépenses, au moyen des avances qui lui sont faites (*voy., pour la comptabilité, n°* 63). Le régisseur est payé sur les fonds des travaux.

20. Dans la régie intéressée, un entrepreneur se charge d'exécuter un travail et de payer les dépenses à titre d'avances, sur l'ordre du chef de service. Le régisseur est indemnisé tant de ces avances que de la location et de l'usure des outils, ustensiles et machines qu'il est chargé de fournir.

21. La régie simple et la régie intéressée s'emploient: 1° pour les travaux dont il n'est pas possible de prévoir l'importance; 2° pour des travaux qui ne sont l'objet d'aucune offre, lorsqu'ils sont mis en adjudication; 3° pour les menus ouvrages qui s'exécutent sur la somme à valoir, comprise ordinairement dans les projets; 4° pour les travaux qui ne sont pas exécutés par les entrepreneurs conformément au devis ou aux ordres de service. (*Voy.* n° 98.)

ART. 3. — ENTREPRISES A FORFAIT.

22. Ce mode d'exécution a cessé de se pratiquer à cause de l'inconvénient qu'il a de ne permettre aucun contrôle, aucune modification, et de rendre très-difficile le jugement des contestations.

ART. 4. — ENTREPRISES PAR SÉRIES DE PRIX.

23. Les travaux exécutés par séries de prix sont ceux dont la quantité ne peut s'évaluer, par exemple des rejointoiements, des fournitures de matériaux, des journées d'ouvriers dans des cas imprévus, ou des travaux qui exigent des moyens préparés à l'avance et toujours disponibles, tels que l'entretien et la réparation d'ouvrages à la mer ou en rivière. Les ingénieurs soumettent au ministre une série de prix fixes pour chaque espèce de matériaux et pour la main-d'œuvre de chaque ouvrage. Ils y joignent les documents indiqués au n° 5, ainsi que la soumission de l'entrepreneur, et lorsque le ministre a donné son approbation, le projet devient la base d'un marché par adjudication, qui ne peut dépasser trois années consécutives. (Voy. n° 42.)

ART. 5. — ENTREPRISES A L'UNITÉ DE MESURE.

24. C'est le mode d'exécution le plus usité. Il diffère des deux précédents en ce que la quantité des ouvrages est fixée en même temps que la série des prix de chaque ouvrage; de plus, ce mode comporte les changements nécessaires. C'est à lui que s'applique particulièrement le cahier des clauses et conditions générales dont le texte est donné ci-après (n° 68), avec les principales décisions de la jurisprudence.

ART. 6. — CONCESSIONS.

25. L'entrepreneur s'engage à exécuter et à entretenir un ouvrage à ses risques et périls moyennant certains avantages. Ainsi le concessionnaire d'un chemin de fer l'exploite après l'avoir construit, en transportant les voyageurs et les marchandises aux prix fixés par des tarifs. Des droits sont établis au profit des concessionnaires de canaux, de ponts, d'écluses, de débarcadères ou autres ouvrages de navigation, ainsi que de parties de routes destinées à remplacer des pentes trop rapides; l'entrepreneur qui dessèche des marais a droit à une partie de la plus-value des terrains, et celui qui ouvre une rue ou qui construit un nouveau quartier profite de la location ou de la vente des immeubles dont il se rend propriétaire. Dans le cas où ces produits ne paraissent pas devoir être assez élevés pour décider l'industrie privée à se charger des travaux, on y ajoute, soit des subventions, soit des prêts, soit la garantie d'un minimum d'intérêt. Il existe des exemples de concession à perpétuité; mais maintenant les péages ont généralement une durée déterminée, qui est plus ou moins longue, suivant les circonstances, sans dépasser quatre-vingt-dix-neuf années.

26. Les concessions se font, soit par adjudication avec publicité et concurrence, soit directement et sans concurrence. La loi du 15 juillet 1845 sur les chemins de fer a établi pour eux des règles spéciales qui sont indiquées dans l'article qui les concerne. La loi ou le décret qui autorise les travaux (n° 3) est accompagné d'un cahier des charges d'après lequel il est procédé à la concession par adjudication ou par la voie directe. Dans ce second cas, les conditions sont débattues entre le ministre des travaux publics et les prétendants à la concession; puis une convention est arrêtée entre eux et approuvée par un décret rendu dans la forme des règlements d'administration publique.

Les décrets par lesquels est concédée la construction des ponts communaux sont rendus sur le rapport du ministre de l'intérieur; mais les projets doivent être préalablement communiqués au ministre des travaux publics.

27. Les cahiers des charges renferment, avec les obligations imposées aux concessionnaires, les profits correspondants, par exemple la perception des droits de péage ou de transport, réglée d'après des tarifs.

28. Les concessionnaires sont substitués, à raison et dans la limite de leur entreprise, aux droits et obligations de l'État; ils jouissent des priviléges conférés aux entrepreneurs de travaux publics pour l'expropriation, l'extraction des matériaux et l'occupation des terrains, moyennant indemnité. (Voy. n°⁹ 118 à 141.)

29. Les concessionnaires sont tenus d'exécuter les travaux conformément aux cahiers des charges. Ils ne peuvent y apporter aucune modification sans l'autorisation préalable de l'administration. Si les travaux ne sont pas commencés à l'époque fixée, la déchéance est encourue sans mise en demeure, et elle entraîne la perte du cautionnement qui a dû être déposé d'après le cahier des charges. Si les travaux ne sont pas achevés à l'époque fixée, le concessionnaire peut être déclaré déchu, et l'administration est maîtresse de procéder à une nouvelle adjudication aux risques et périls du concessionnaire. Elle ne lui doit que le prix des travaux exécutés, tel qu'il résulte de la nouvelle adjudication.

30. Les travaux dans le rayon des places ou dans la zone des servitudes sont exécutés par les concessionnaires sous le contrôle des officiers du génie. Sur le terrain militaire, il faut l'autorisation du ministre de la guerre.

31. L'administration surveille l'exécution des travaux, mais elle ne doit point s'immiscer dans le détail des opérations. Elle n'a pas le droit d'exiger des changements entraînant des dépenses imprévues, à moins de payer une indemnité. (Arr. du C. 5 janv. 1854.)

32. Les concessionnaires ne peuvent livrer les travaux au public qu'après que l'administration a constaté que la circulation peut avoir lieu sans danger. A mesure que des parties d'ouvrage sont terminées, des commissaires désignés par l'administration procèdent à la réception de ces parties, qui peuvent être mises en service dès que l'administration a homologué le procès-verbal. Mais ces réceptions partielles ne deviennent définitives qu'après la réception générale.

33. Les ouvrages et dépendances sont protégés par les lois et règlements sur la grande voirie, et des mesures spéciales sont établies pour les chemins de fer par la loi du 15 juillet 1845 et l'ordonnance du 15 novembre 1846. Mais les concessionnaires doivent aussi veiller à l'entretien des ouvrages. Si les ouvrages ne sont pas bien entretenus, il y est pourvu d'office aux frais du concessionnaire, et le montant des avances est recouvré comme en matière de contributions directes. De même, en cas d'interruption partielle ou totale de l'exploitation, l'administration peut prendre, aux frais et risques du concessionnaire, les mesures nécessaires pour assurer provisoirement le service. Si, dans un délai de trois mois, les concessionnaires ne justifiaient pas des moyens de reprendre l'exploitation, et que l'interruption d'ailleurs ne provînt pas de force majeure dûment constatée, la déchéance pourrait être prononcée par le ministre.

34. L'arrêté qui prononce la déchéance est une mesure de pure administration ; elle échappe donc à la juridiction contentieuse. Le concessionnaire peut seulement demander une indemnité par cette voie. Si l'administration ne remplissait pas ses obligations, le concessionnaire aurait l'action en résolution en vertu de l'art. 1184 du Code civil, à moins qu'il ne préférât réclamer une indemnité.

35. Les ouvrages ne sont pas la propriété des concessionnaires. Ils ne peuvent donc être expropriés à la requête des créanciers, et les concessionnaires n'ont point à payer la taxe représentative des droits de transmission. (*Arr. du C.* 1er *mars* 1860.)

A l'expiration de la concession, les ouvrages doivent être remis en bon état. Les objets mobiliers doivent être repris à dire d'experts par l'État, si le concessionnaire le requiert, et cédés par le concessionnaire, si cette cession est requise par l'État. Quant aux approvisionnements, l'État n'est tenu de reprendre que ceux qui sont nécessaires au service pendant six mois.

36. Une concession peut être interrompue par voie d'expropriation ou par voie de rachat. Les cahiers des charges réservent au Gouvernement la faculté d'opérer ce rachat après l'expiration d'un certain nombre d'années, et déterminent les bases sur lesquelles serait réglé le prix du rachat. Dans le cas où la faculté n'est pas réservée, les concessionnaires peuvent être dépossédés en vertu d'une loi spéciale et moyennant une indemnité.

37. La mort d'un concessionnaire n'entraîne pas la fin de la concession, comme pour une entreprise de travaux publics.

38. En concédant une entreprise, l'État ne se prive point de la faculté de concéder ultérieurement une entreprise analogue sur un point plus ou moins rapproché, si le public doit y trouver un avantage réel, ni de la faculté d'abaisser les droits à percevoir sur des voies rivales déjà existantes (*Arr. du C.* 30 *mars* 1846, 26 *mai* 1853, 2 *déc.* 1858). Si l'État, après s'être engagé à ne pas concéder une autre entreprise dans un certain rayon, n'observait pas ultérieurement cette condition, le premier concessionnaire ne pourrait réclamer qu'une indemnité, et encore faudrait-il qu'il justifiât d'une concurrence. (*Arr. du C.* 26 *mai* 1853.)

39. Lorsque l'État se charge de l'exécution de certains ouvrages, le cahier des charges stipule, au profit du concessionnaire, un délai de garantie qui est ordinairement d'un an pour les terrassements et de deux ans pour les ouvrages d'art. Après l'expiration de ce délai, l'État est déchargé de toute responsabilité. (*Voy. Arr. du C.* 8 *mai* 1861.)

40. La durée des concessions peut être prolongée par des décrets rendus dans la forme des règlements d'administration publique. Ces décrets ne peuvent être attaqués par la voie contentieuse.

ART. 7. — MARCHÉS PAR ADJUDICATION PUBLIQUE.

41. Les marchés se passent en général par adjudication publique et avec concurrence ; ils ne peuvent se passer de gré à gré que dans des cas exceptionnels indiqués au n° 56, ou lorsqu'ils forment des concessions (*n*os 25 *et suiv.*).

§ 1. — *Travaux neufs ou de grosses réparations.*

42. Les adjudications sont annoncées un mois au moins à l'avance par des affiches que le préfet doit faire apposer, tant dans les principales villes du département que dans celles des départements limitrophes, et par des avis insérés dans un ou plusieurs journaux du lieu désigné pour l'ouverture du concours. Lorsque la mise à prix s'élève à plus de 5,000 fr., l'adjudication doit être annoncée dans le *Journal officiel* et dans un ou plusieurs journaux de la capitale. Le délai d'un mois peut être réduit en cas d'urgence, mais avec l'autorisation ou sur l'ordre du ministre des travaux publics. Les avis doivent faire connaître l'objet et les principales conditions du marché, le lieu où l'on pourra prendre connaissance du cahier des charges, l'autorité chargée de procéder à l'adjudication, ainsi que le lieu, le jour et l'heure fixés pour cette opération. Pendant le délai entier, les projets, devis, plans, cahiers des charges et autres documents sont communiqués au public.

43. Chaque concurrent prépare une soumission qui doit être rédigée, à peine de nullité, conformément au modèle renfermé dans une circulaire du ministre des travaux publics en date du 10 juillet 1858. Cette soumission est cachetée et renfermée sous enveloppe avec les autres pièces destinées à constater l'accomplissement des garanties exigées. Ainsi chaque concurrent doit fournir un certificat de capacité et un acte régulier de cautionnement, ou au moins un engagement, en bonne forme, de fournir le cautionnement. Cet engagement doit être réalisé dans les huit jours de l'adjudication. Il est fait exception à cette règle pour les fournitures de matériaux destinés à l'entretien des routes et pour les terrassements dont la dépense n'excède pas 20,000 fr. Dans ces cas, il ne doit pas être exigé de certificat de capacité.

44. Les certificats de capacité doivent être délivrés par des hommes de l'art. Ils ne doivent pas avoir plus de trois ans de date au moment de l'adjudication. Il y est fait mention de la manière dont les soumissionnaires ont rempli tous leurs engagements dans les travaux qu'ils ont exécutés, surveillés ou suivis, et ces travaux doivent avoir été faits dans les dix dernières années. Les certificats de capacité doivent être présentés, huit jours au moins avant l'adjudication, à l'ingénieur qui doit les viser à titre de communication.

45. Le certificat et l'acte de cautionnement ou l'engagement doivent être joints à la soumission ; mais celle-ci doit être placée sous un second cachet.

46. Le cahier des charges détermine la nature et le montant du cautionnement. Si rien n'est stipulé à cet égard, le cautionnement est fourni en numéraire ou en inscriptions de rentes sur l'État, et le montant en est fixé au trentième de l'estimation des travaux, déduction faite de toutes les sommes portées à valoir pour dépenses imprévues et ouvrages en régie, ou pour indemnités de terrain.

Le versement ou la constitution du cautionnement, ainsi que le remboursement s'opèrent suivant les règles indiquées dans l'article **Marchés administratifs**.

Le ministre peut, dans le cours de l'entreprise, autoriser la restitution du cautionnement en totalité ou en partie.

47. Il peut être fixé par le cahier des charges un délai pour recevoir des offres de rabais sur le prix de l'adjudication. Si pendant ce délai, qui ne doit pas dépasser 30 jours, il est fait une ou plusieurs offres de rabais d'au moins 10 p. 100 chacune, il est procédé à une réadjudication entre le premier adjudicataire et l'auteur ou les auteurs des offres de rabais, pourvu, bien entendu, que ceux-ci remplissent les conditions prescrites.

48. Au jour fixé pour l'adjudication, le préfet réunit, sous sa présidence, les conseillers de préfecture et l'ingénieur en chef des ponts et chaussées. Les paquets des soumissionnaires sont remis par eux au préfet en séance publique, puis numérotés et rangés sur le bureau par ordre de présentation. L'indication du maximum de prix ou du minimum de rabais qui ont été arrêtés d'avance par le ministre ou par le fonctionnaire qu'il a délégué, doit aussi être déposée cachetée sur le bureau à l'ouverture de la séance. A l'instant fixé pour l'ouverture des paquets, le premier cachet est rompu en présence du public; le préfet en retire les pièces justificatives et en fait un état, en tenant en réserve le pli cacheté renfermant la soumission. L'état dressé, les concurrents et toutes les autres personnes se retirent; le préfet prend l'avis des conseillers et de l'ingénieur et arrête la liste des concurrents agréés. Le public est réadmis et le préfet annonce la décision prise; puis les soumissions sont ouvertes, et le soumissionnaire qui a offert d'exécuter les travaux aux conditions les plus avantageuses pour l'État, est déclaré adjudicataire.

49. Lorsqu'un certificat de capacité n'a pas été admis, la soumission qui l'accompagne n'est pas ouverte. Dans le cas où plusieurs soumissionnaires offrent le même prix et où ce prix est le plus bas de ceux qui sont portés dans les soumissions, il doit être procédé séance tenante à une réadjudication, soit sur de nouvelles soumissions, soit à l'extinction des feux, entre ces soumissionnaires seulement. Lorsque la soumission la plus favorable excède les prix du projet, ou s'il paraît à craindre qu'il n'existe une coalition entre les entrepreneurs, le préfet doit surseoir à l'adjudication, examiner avec ses assesseurs les mesures à prendre, et en référer au ministre, s'il y a lieu. (*Circ.* 1er *oct.* 1830.)

50. La signature que l'adjudicataire est tenu d'apposer au bas du procès-verbal le lie envers l'administration; mais celle-ci n'est pas liée par la signature du préfet. Les adjudications et réadjudications ne sont valables qu'après l'approbation de l'autorité compétente, et l'entrepreneur ne peut prétendre à aucune indemnité dans le cas où l'adjudication n'est pas approuvée.

51. Le préfet est autorisé à approuver les adjudications autorisées par le ministre, pour des travaux imputables sur les fonds du Trésor ou sur ceux des départements, lorsque les soumis-

sions ne renferment aucune clause qui ne se trouve dans le cahier des conditions générales, et où il n'est présenté ni réclamation ni protestation. (*D.* 13 *avril* 1861.)

52. Le préfet peut déléguer aux sous-préfets le pouvoir de passer des adjudications de travaux neufs dont la dépense n'excède pas 15,000 fr. Le sous-préfet a pour assesseurs le maire du chef-lieu d'arrondissement et l'ingénieur ordinaire des ponts et chaussées. Il procède suivant les règles énoncées aux nos 42 à 49.

53. Aussitôt après l'adjudication, le préfet délivre à l'entrepreneur, sur son récépissé, une expédition vérifiée par l'ingénieur en chef et légalisée, du bordereau des prix et du détail estimatif, ainsi qu'une copie certifiée du procès-verbal d'adjudication et un exemplaire imprimé des clauses et conditions générales. Les ingénieurs lui délivrent en outre, gratuitement, une expédition certifiée des dessins et autres pièces nécessaires à l'exécution des travaux. (*Cl. et cond. gén.*)

54. L'entrepreneur verse à la caisse du trésorier-payeur général le montant des frais du marché. Ces frais, dont l'état est arrêté par le préfet, ne peuvent être autres que ceux d'affiches et de publication, ceux de timbre et d'expédition du devis, du bordereau des prix, du détail estimatif et du procès-verbal d'adjudication, et le droit fixe d'enregistrement d'un franc. (*Id.*)

§ 2. — *Travaux d'entretien ou de réparations ordinaires.*

55. Le préfet prescrit et passe les adjudications sous la surveillance de l'administration supérieure. Il peut déléguer aux sous-préfets le droit de les passer dans leurs arrondissements. Les adjudications se font comme il est dit aux nos 42 à 49, excepté qu'on n'exige pas de certificat de capacité pour la fourniture des matériaux (*O.* 10 *mai* 1829), et qu'on prend pour base un devis général dont l'usage est prescrit par une circulaire du 31 août 1833. Les adjudications sont approuvées par le préfet. Les adjudicataires sont d'ailleurs soumis aux clauses et conditions générales établies pour le service des ponts et chaussées. (*Voy.* nos 68 *et suiv.*)

ART. 8. — MARCHÉS DE GRÉ A GRÉ.

56. L'administration peut traiter de gré à gré : 1° pour les travaux dont la dépense totale n'excède pas 10,000 fr. ; 2° lorsqu'il s'agit d'un marché pour plusieurs années, et dont la dépense annuelle n'excède pas 3,000 fr. ; 3° lorsque les circonstances exigent que les opérations du Gouvernement soient tenues secrètes ; 4° pour les travaux qui n'ont été l'objet d'aucune offre aux adjudications, ou à l'égard desquels il n'a été proposé que des prix inacceptables ; 5° pour les travaux qui, dans les cas d'urgence évidente, ne peuvent pas subir les délais des adjudications. Les marchés de gré à gré sont passés par le ministre ou par le fonctionnaire qu'il a délégué à cet effet, soit sur un engagement souscrit à la suite d'un cahier des charges, soit sur une soumission souscrite par l'entrepreneur. Les marchés passés par des délégués du ministre sont subordonnés à son approbation, à moins de nécessité résultant de force majeure, ou à moins d'une autorisation spéciale, ou dérivant des règlements, circonstances qui doivent être relatées dans les marchés (*O.* 4 *déc.* 1836). Du reste, le soumissionnaire est soumis aux obligations énoncées ci-après dans les nᵒˢ 68 à 141, et à celles qui sont indiquées, en ce qui le concerne, dans l'article **Marchés administratifs.**

57. D'après la majorité des auteurs, les marchés qui seraient passés de gré à gré en dehors des cas énoncés ci-dessus, ou par un subordonné sans l'autorisation d'un ministre, devraient être considérés comme nuls, mais seulement dans l'intérêt du Trésor, et non sur la demande de l'entrepreneur.

Sect. 3. — Comptabilité spéciale.

58. Les ingénieurs en chef dressent chaque année, pour l'exercice suivant, des projets de budget relatifs aux travaux neufs ou de grosses réparations et aux travaux d'entretien ou de réparations ordinaires. Le ministre arrête ces projets et règle la répartition des crédits entre les départements pour les travaux neufs ou de grosses réparations, ainsi que la sous-répartition de la somme allouée à chaque département. Quant aux travaux d'entretien et de réparations ordinaires, le ministre répartit seulement les crédits entre les départements et la sous-répartition se fait de la manière indiquée au nᵒ 15.

59. Les préfets peuvent, sur l'avis des ingénieurs en chef, proposer des virements dans les budgets arrêtés par le ministre. Si la sous-répartition ne modifie que les portions de crédit d'un même ouvrage, le préfet peut l'approuver (*Circ.* 22 *janv.* 1823). Le préfet peut aussi approuver une sous-répartition rectifiée des fonds d'entretien, quand il n'existe aucune augmentation sur les dépenses autorisées. (*D.* 25 *mars* 1852.)

60. Le ministre, par une ordonnance de délégation, autorise le préfet de chaque département à disposer d'une partie du crédit qui lui a été alloué pour tel ou tel service. Les préfets sous-délèguent cette ordonnance aux ingénieurs en chef, et ces derniers délivrent aux créanciers des mandats de paiement sur des certificats rédigés par les ingénieurs ordinaires. (*Voy.* nᵒ 66.)

61. Les préfets sont autorisés : 1° à approuver les décomptes définitifs des entreprises, quand il n'y a pas d'augmentation sur les dépenses autorisées ; 2° à approuver, dans la limite des crédits ouverts, les propositions des ingénieurs en chef, relatives aux dépenses suivantes : 1° acquisition de terrains, d'immeubles, etc., dont le prix ne dépasse pas 25,000 fr. ; 2° indemnités mobilières ; 3° indemnités pour dommages ; 4° frais accessoires aux acquisitions d'immeubles, aux indemnités mobilières et aux dommages ci-dessus désignés ; 5° loyers de magasins, terrains, etc. ; 6° secours aux ouvriers réformés, blessés, etc., dans les limites déterminées par les instructions (*D.* 13 *avril* 1861). Les préfets rendent compte des approbations qu'ils accordent, au moyen d'états trimestriels établis par les ingénieurs et adressés au ministre.

62. Chaque conducteur tient un journal ou carnet d'attachements sur lequel il inscrit tous les faits de dépenses par ordre de date. Les agents placés sous ses ordres sont pourvus de carnets semblables et les résultats sont rapportés par le conducteur sur son journal. Les carnets sont dé-

livrés par l'ingénieur en chef à l'ingénieur ordinaire, qui en numérote et paraphe les feuillets. Lorsqu'un carnet est rempli, l'ingénieur ordinaire le vise *ne varietur* et le dépose dans les archives de son bureau. Les attachements qui doivent être contradictoires sont signés par la partie intéressée ; en cas de refus de sa part, le conducteur prévient l'ingénieur.

63. Pour les travaux en régie, on se sert d'un *livret de caisse* sur lequel l'ingénieur constate le résultat des vérifications qu'il doit faire des écritures, des pièces et de la caisse du régisseur. Les journées d'ouvriers sont constatées par des feuilles d'attachement qui sont tenues par le piqueur ou surveillant, remises au conducteur et envoyées à la fin du mois à l'ingénieur ordinaire.

64. Les faits de dépenses inscrits par le conducteur sur son journal ou carnet d'attachements, sont rapportés par article sur un sommier où un compte particulier est ouvert à chacun des crédits dont ce conducteur est chargé de surveiller l'emploi. A la fin de chaque mois, cet agent établit des états de situation qu'il envoie à l'ingénieur ordinaire.

65. Les registres de comptabilité que doivent tenir les ingénieurs ordinaires, les règles qu'ils ont à suivre à ce sujet, ainsi que les états mensuels, trimestriels et annuels qu'ils doivent fournir, sont spécifiés dans le règlement du 28 septembre 1849.

66. Lorsqu'il y a lieu de faire un paiement, l'ingénieur ordinaire transmet à l'ingénieur en chef un *certificat pour paiement*, accompagné d'un décompte en quantités et en deniers des ouvrages exécutés et des dépenses faites. L'ingénieur en chef délivre les mandats de paiement aux créanciers eux-mêmes ou à leurs fondés de pouvoir et seulement après avoir communiqué les mandats au trésorier-payeur général avec les pièces justificatives. Si le mandat est irrégulier ou s'il manque des pièces justificatives, le trésorier-payeur général refuse de payer jusqu'à ce que l'irrégularité soit réparée. Toutefois sa responsabilité est couverte si l'ordonnateur requiert par écrit qu'il soit passé outre au paiement. Les mandats réguliers sont visés par le trésorier et renvoyés par lui à l'ingénieur en chef.

67. Le paiement des travaux en régie s'opère, soit au moyen de mandats nominatifs délivrés par l'ingénieur en chef, soit par les mains du régisseur qui reçoit les avances sur un mandat de l'ingénieur en chef et doit rapporter les pièces justificatives dans le délai d'un mois.

Sect. 4. — Obligations réciproques de l'administration et des entrepreneurs.

68. Ces obligations résultent des règles du Code civil concernant les devis ou marchés, des règles spéciales contenues dans le cahier des clauses et conditions générales arrêté le 16 novembre 1866, du devis de chaque entreprise, et des décisions de la jurisprudence.

69. Le devis ou cahier des charges fait loi pour les conditions de l'exécution des travaux, et le bordereau des prix pour les prix.

70. L'entrepreneur est tenu d'élire un domicile à proximité des travaux et de faire connaître le lieu de ce domicile au préfet. Faute par lui de remplir cette obligation dans un délai de quinze jours, à partir de l'approbation de l'adjudication, toutes les notifications qui se rattachent à son entreprise sont valables lorsqu'elles ont été faites à la mairie de la commune désignée à cet effet par le devis ou par l'affiche de l'adjudication. (*Cl. et cond. gén., art.* 8.)

71. L'entrepreneur ne peut céder à des sous-traitants une ou plusieurs parties de son entre-prise sans le consentement de l'administration. Dans tous les cas, il demeure personnellement responsable, tant envers l'administration qu'en-vers les ouvriers et les tiers. Si un sous-traité est passé sans autorisation, l'administration peut, suivant les cas, soit prononcer la résiliation pure et simple de l'entreprise, soit procéder à une nouvelle adjudication à la folle enchère de l'entre-preneur (*art.* 9).

72. L'entrepreneur doit commencer les travaux dès qu'il en a reçu l'ordre de l'ingénieur, et se conformer strictement aux plans, profils, tra-cés, ordres de service, et, s'il y a lieu, aux types et modèles qui lui sont donnés par l'ingénieur ou par ses préposés, en exécution du devis. Il doit également se conformer aux changements qui lui sont prescrits pendant le cours du travail, mais seulement lorsque l'ingénieur les a ordonnés par écrit et sous sa responsabilité. Il ne lui est tenu compte de ces changements que s'il justifie de l'ordre écrit de l'ingénieur (*art.* 10).

73. L'entrepreneur est tenu d'observer tous les règlements qui sont faits par le préfet, sur la pro-position de l'ingénieur en chef, pour le bon ordre des travaux et la police des chantiers. Il est in-terdit à l'ingénieur de faire travailler les ouvriers les dimanches et jours fériés ; il ne peut être dé-rogé à cette règle que dans les cas d'urgence et en vertu d'une autorisation écrite ou d'un ordre de service de l'ingénieur (*art.* 11).

74. Pendant la durée de l'entreprise, l'adjudi-cataire ne peut s'éloigner du lieu des travaux qu'a-près avoir fait agréer par l'ingénieur un repré-sentant capable de le remplacer, de manière qu'aucune opération ne puisse être retardée ou suspendue à raison de son absence. Il accompagne les ingénieurs dans leurs tournées toutes les fois qu'il en est requis (*art.* 12).

75. L'entrepreneur ne peut prendre pour com-mis et chefs d'atelier que des hommes capables de l'aider et de le remplacer au besoin dans la conduite et le métrage des travaux. L'ingénieur a le droit d'exiger le changement ou le renvoi des agents et ouvriers de l'entrepreneur pour insu-bordination, incapacité ou défaut de probité. L'en-trepreneur demeure d'ailleurs responsable des fraudes ou malfaçons qui seraient commises par ses agents et ouvriers dans la fourniture et dans l'emploi des matériaux (*art.* 13).

76. Le nombre des ouvriers de chaque pro-fession est toujours proportionné à la quantité d'ouvrage à faire. Pour mettre l'ingénieur à même d'assurer l'accomplissement de cette condition, il lui est remis périodiquement, et aux époques fixées par lui, une liste nominative des ouvriers (*art.* 14).

77. L'entrepreneur paie les ouvriers tous les mois ou à des époques plus rapprochées, si l'ad-

ministration le juge nécessaire. En cas de retard régulièrement constaté, l'administration se réserve la faculté de faire payer d'office les salaires arrié-rés sur les sommes dues à l'entrepreneur, sans préjudice des droits réservés par la loi du 26 plu-viôse an II aux fournisseurs qui auraient fait des oppositions régulières (*art.* 15).

78. Une retenue d'un centième est faite sur les sommes dues à l'entrepreneur, à l'effet d'assurer, sous le contrôle de l'administration, des secours aux ouvriers atteints de blessures ou de maladies occasionnées par les travaux, à leurs veuves et à leurs enfants, et de subvenir aux dépenses du service médical. La partie de cette retenue qui reste sans emploi à la fin de l'entreprise est remise à l'entrepreneur (*art.* 16).

79. S'il y a lieu de faire des épuisements ou autres travaux dont la dépense soit imputable sur la somme à valoir, l'entrepreneur doit, s'il en est requis, fournir les outils et machines nécessaires pour l'exécution de ces travaux. Le loyer et l'en-tretien de ce matériel lui sont payés aux prix de l'adjudication (*art.* 17).

80. L'entrepreneur est tenu de fournir à ses frais les magasins, équipages, voitures, ustensiles et outils de toute espèce, nécessaires à l'exécu-tion des travaux, sauf les exceptions stipulées au devis. Sont également à sa charge l'établissement des chantiers et chemins de service, et les indem-nités qui s'y rapportent, les frais de tracé des ouvrages, les cordeaux, piquets et jalons, les frais d'éclairage des chantiers, s'il y a lieu, et généralement toutes les menues dépenses et tous les faux frais relatifs à l'entreprise (*art.* 18).

81. Les matériaux sont pris dans les lieux dé-signés au devis ou par des décisions spéciales. L'entrepreneur y ouvre, au besoin, des carrières à ses frais. Il est tenu, avant de commencer, de prévenir les propriétaires suivant les formes dé-terminées par les règlements. Il paie, sans recours contre l'administration et en se conformant aux lois et règlements sur la matière, tous les dom-mages qu'ont pu occasionner la prise ou l'extrac-tion, le transport et le dépôt des matériaux, ainsi que les subventions dues pour les dégradations de chemins vicinaux.

Dans le cas où le devis prescrit d'extraire des matériaux dans des bois soumis au régime fores-tier, l'entrepreneur doit se conformer, en outre, aux prescriptions de l'art. 145 du Code forestier, ainsi que des art. 172, 173 et 175 de l'ordon-nance du 1ᵉʳ août 1827, concernant l'exécution de ce Code.

L'entrepreneur doit justifier, toutes les fois qu'il en est requis, de l'accomplissement des obli-gations énoncées ci-dessus, ainsi que du paiement des indemnités pour établissement de chantiers et de chemins de service (*art.* 19).

82. Si l'entrepreneur demande à substituer aux carrières indiquées dans le devis d'autres carrières fournissant des matériaux d'une qualité que les ingénieurs reconnaissent au moins égale, il reçoit l'autorisation de les exploiter et ne subit sur les prix de l'adjudication aucune réduction pour cause de diminution des frais d'extraction, de transport et de taille des matériaux (*art.* 20).

83. L'entrepreneur ne peut livrer au commerce,

sans l'autorisation du propriétaire, les matériaux qu'il a fait extraire dans les carrières exploitées par lui en vertu du droit qui lui a été conféré par l'administration (*art.* 21).

84. Les matériaux doivent être de la meilleure qualité dans chaque espèce, être parfaitement travaillés et mis en œuvre conformément aux règles de l'art ; ils ne peuvent être employés qu'après avoir été vérifiés et provisoirement acceptés par l'ingénieur ou par ses préposés. Nonobstant cette réception provisoire et jusqu'à la réception définitive des travaux, ils peuvent, en cas de surprise, de mauvaise qualité ou de malfaçon, être rejetés par l'ingénieur et ils sont alors remplacés par l'entrepreneur (*art.* 22).

85. L'entrepreneur ne peut, de lui-même, apporter aucun changement au projet. Il est tenu de faire immédiatement, sur l'ordre des ingénieurs, remplacer les matériaux ou reconstruire les ouvrages dont les dimensions ou les dispositions ne sont pas conformes au devis. Toutefois si les ingénieurs reconnaissent que les changements faits par l'entrepreneur ne sont contraires ni à la solidité, ni au goût, les nouvelles dispositions peuvent être maintenues ; mais alors l'entrepreneur n'a droit à aucune augmentation de prix à raison des dimensions plus fortes ou de la valeur plus considérable que peuvent avoir les matériaux ou les ouvrages. Dans ce cas, les métrages sont basés sur les dimensions prescrites par le devis. Si, au contraire, les dimensions sont plus faibles ou la valeur des matériaux moindre, les prix sont réduits en conséquence (*art.* 23).

86. Si l'entrepreneur est tenu de démolir d'anciens ouvrages, les matériaux sont déplacés avec soin pour pouvoir être façonnés de nouveau et réemployés s'il y a lieu (*art.* 24).

87. L'administration se réserve la propriété des matériaux qui se trouvent dans les fouilles et démolitions faites dans les terrains appartenant à l'État, sauf à indemniser l'entrepreneur de ses soins particuliers. Elle se réserve également les objets d'art et de toute nature qui pourraient s'y trouver, sauf indemnité à qui de droit (*art.* 25).

88. Lorsque les ingénieurs jugent à propos d'employer des matières neuves ou de démolition appartenant à l'État, l'entrepreneur n'est payé que des frais de main-d'œuvre et d'emploi, d'après les éléments des prix du bordereau, rabais déduit (*art.* 26).

89. Lorsque les ingénieurs présument qu'il existe dans les ouvrages des vices de construction, ils ordonnent, soit en cours d'exécution, soit avant la réception définitive, la démolition et la reconstruction de ces ouvrages.

Les dépenses de cette vérification sont à la charge de l'entrepreneur lorsque les vices de construction ont été constatés (*art.* 27).

90. Il n'est alloué à l'entrepreneur aucune indemnité pour les pertes, avaries ou dommages occasionnés par négligence, imprévoyance, défaut de moyens ou fausses manœuvres. Il peut être alloué une indemnité si les pertes, avaries ou dommages résultent de force majeure, mais pourvu que les faits aient été signalés par l'entrepreneur dans le délai de dix jours au plus, et que l'indemnité soit approuvée par l'administration. Passé

le délai de dix jours, l'entrepreneur n'est plus admis à réclamer (*art.* 28).

91. Lorsqu'il est jugé nécessaire d'exécuter des ouvrages non prévus, ou d'extraire des matériaux dans des lieux autres que ceux qui sont désignés dans le devis, les prix en sont réglés d'après les éléments de ceux de l'adjudication ou par assimilation aux ouvrages les plus analogues. Dans le cas où il est absolument impossible de faire une assimilation, on prend pour terme de comparaison les prix courants du pays (*art.* 29). Le préfet est chargé d'approuver les prix supplémentaires, dans le cas où il n'en résulte aucune augmentation dans la dépense. Dans le cas contraire, le ministre prononce.

92. En cas d'augmentation dans la masse des travaux, l'entrepreneur est tenu d'en continuer l'exécution jusqu'à concurrence d'un sixième en sus du montant de l'entreprise. Au delà de cette limite, l'entrepreneur a droit à la résiliation de son marché (*art.* 30).

93. En cas de diminution, l'entrepreneur ne peut élever aucune réclamation tant que la diminution n'excède pas le sixième du montant de l'entreprise. Si la diminution est de plus du sixième, l'entrepreneur a le droit de demander la résiliation du contrat, à moins qu'il ne préfère une indemnité (*art.* 31).

94. Lorsque les changements ordonnés ont pour résultat de modifier l'importance de certains genres d'ouvrages, de telle sorte que les quantités prescrites diffèrent de plus d'un tiers, en plus ou en moins, des quantités portées au détail estimatif, l'entrepreneur peut présenter, en fin de compte, une demande d'indemnité, basée sur le préjudice que lui ont causé les modifications (*art.* 32).

95. Si, pendant le cours de l'entreprise, les prix subissent une augmentation telle que la dépense des ouvrages restant à exécuter d'après le devis se trouve augmentée d'un sixième comparativement aux estimations du projet, le marché peut être résilié sur la demande de l'entrepreneur (*art.* 33).

96. L'administration peut, en vertu de l'art. 1794 du Code civil, faire cesser les travaux et prononcer la résiliation du marché, sans que l'entrepreneur soit en faute ; mais elle doit alors dédommager l'entrepreneur des pertes qu'il subit et lui tenir compte du bénéfice dont il est privé. (*Arr. du C.* 6 *juill.* 1863, 19 *mai* 1864.)

97. L'administration peut aussi ajourner les travaux. Si l'ajournement excède une année, soit avant, soit après un commencement d'exécution, l'entrepreneur a le droit de demander la résiliation de son marché, sans préjudice de l'indemnité qui peut lui être allouée, s'il y a lieu. Si les travaux ont reçu un commencement d'exécution, l'entrepreneur peut requérir qu'il soit procédé immédiatement à la réception provisoire des ouvrages exécutés et à leur réception définitive après l'expiration du délai de garantie (*art.* 34).

98. Lorsque l'entrepreneur ne se conforme pas, soit aux dispositions du devis, soit aux ordres de service qui lui sont donnés par les ingénieurs, un arrêté du préfet le met en demeure d'y satisfaire dans un délai déterminé. Ce délai, sauf les cas d'urgence, n'est pas de moins de dix jours à dater de la notification de l'arrêté de mise en demeure. A l'expiration de ce délai, si l'entrepreneur n'a pas exécuté les dispositions prescrites, le préfet, par un second arrêté, ordonne l'établissement d'une régie aux frais de l'entrepreneur. Dans ce cas il est procédé immédiatement, en sa présence ou après qu'il a été dûment appelé, à l'inventaire descriptif du matériel de l'entreprise. Il en est aussitôt rendu compte au ministre qui peut, selon les circonstances, soit ordonner une nouvelle adjudication à la folle enchère de l'entrepreneur, soit prononcer la résiliation pure et simple du marché, soit prescrire la continuation de la régie (*art.* 35).

99. Pendant la durée de la régie, l'entrepreneur est autorisé à en suivre les opérations, sans qu'il puisse toutefois entraver l'exécution des ordres des ingénieurs. Il peut d'ailleurs être relevé de la régie s'il justifie des moyens nécessaires pour reprendre les travaux et les mener à bonne fin. (*Id.*)

100. Les excédants de dépense qui résultent de la régie ou de l'adjudication sur folle enchère sont prélevés sur les sommes qui peuvent être dues à l'entrepreneur, sans préjudice des droits à exercer contre lui en cas d'insuffisance. Si la régie ou l'adjudication sur folle enchère amène au contraire une diminution dans les dépenses, l'entrepreneur ne peut réclamer aucune part de ce bénéfice qui reste acquis à l'administration. (*Id.*)

101. En cas de décès ou de faillite de l'entrepreneur, le contrat est résilié de plein droit, sauf à l'administration à accepter, s'il y a lieu, les offres qui peuvent être faites par les héritiers ou par les créanciers pour la continuation des travaux (*art.* 36 *et* 37).

102. A défaut de stipulations dans le devis, les comptes sont établis d'après les quantités d'ouvrages réellement effectuées, suivant les dimensions et les poids constatés par des métrés définitifs et des pesages faits en cours ou en fin d'exécution, sauf les cas prévus au n° 85, et les dépenses sont réglées d'après les prix de l'adjudication. L'entrepreneur ne peut, dans aucun cas, pour les métrés et les pesages, invoquer en sa faveur les us et coutumes (*art.* 38).

103. Les attachements sont pris au fur et à mesure de l'avancement des travaux, par l'agent chargé de leur surveillance, en présence de l'entrepreneur et contradictoirement avec lui. Celui-ci doit les signer au moment de la présentation qui lui en est faite.

Lorsque l'entrepreneur refuse de signer les attachements, ou ne les signe qu'avec réserve, il lui est accordé un délai de dix jours, à dater de la présentation des pièces, pour formuler par écrit ses observations. Passé ce délai, les attachements sont censés acceptés par lui comme s'ils étaient signés sans réserve. Dans ce cas, il est dressé procès-verbal de la présentation et des circonstances qui l'ont accompagnée. Ce procès-verbal est annexé aux pièces non acceptées.

Les résultats des attachements inscrits sur les carnets ne sont portés en compte qu'autant qu'ils ont été admis par les ingénieurs (*art.* 39).

104. A la fin de chaque mois il est dressé un décompte des ouvrages exécutés et des dépenses faites, et à la fin de chaque année il est dressé un décompte de l'entreprise que l'on divise en deux parties : la première comprend les ouvrages et portions d'ouvrages dont le métré a pu être arrêté définitivement, et la seconde les ouvrages et portions d'ouvrages dont la situation n'a pu être établie que d'une manière provisoire.

Ce décompte, auquel sont joints les métrés et les pièces à l'appui, est présenté, sans déplacement, à l'acceptation de l'entrepreneur ; il est dressé procès-verbal de la présentation et des circonstances qui l'ont accompagnée.

L'entrepreneur, indépendamment de la communication qui lui est faite de ces pièces, est autorisé à faire transcrire par ses commis, dans les bureaux des ingénieurs, celles dont il veut se procurer des expéditions.

En ce qui concerne la première partie du décompte, l'acceptation de l'entrepreneur est définitive. S'il refuse d'accepter ou s'il ne signe qu'avec réserve, il doit déduire ses motifs par écrit, dans les vingt jours qui suivent la présentation des pièces. Passé ce délai, il n'est plus admis à élever de réclamations au sujet des pièces indiquées ci-dessus, et le décompte est censé accepté par lui, quand même il ne l'aurait pas signé ou ne l'aurait signé qu'avec une réserve dont les motifs ne seraient pas spécifiés. Le procès-verbal de présentation doit toujours être annexé aux pièces non acceptées.

En ce qui concerne la deuxième partie du décompte, l'acceptation de l'entrepreneur n'est considérée que comme provisoire.

Les stipulations des §§ 2, 3 et 4 ci-dessus s'appliquent au décompte général et définitif de l'entreprise. Elles s'appliquent aussi aux décomptes définitifs partiels qui peuvent être présentés à l'entrepreneur dans le courant de la campagne (*art.* 40 *et* 41).

105. Le préfet approuve les décomptes définitifs quand il n'y a pas d'augmentation sur les dépenses autorisées (*D.* 13 *avril* 1861.)

106. D'après la jurisprudence du Conseil d'État, il n'appartient ni aux bailleurs de fonds, ni aux cautions, ni aux associés, sous-traitants ou agents qui n'ont pas figuré en nom dans le marché, d'intervenir dans le règlement des décomptes. (*Arr. du C.* 22 *fév.* 1821, 14 *juill.* 1830, 15 *mars* 1849.)

Quant aux créanciers, dont l'intervention n'est pas non plus admise par le Conseil d'État (*voy. Arr. du C.* 10 *fév.* 1859), des auteurs soutiennent que l'art. 1166 leur est applicable, le droit de demander paiement d'un travail n'étant pas attaché exclusivement à la personne.

107. L'entrepreneur ne peut, sous aucun prétexte, revenir sur les prix du marché auxquels il a consenti. (*Cl. et cond. gén.*) Cette clause ne s'applique pas, bien entendu, aux objets qui n'ont pas été prévus dans le devis. (*Arr. du C.* 10 *janv.* 1856.)

108. Dans les cas de résiliation indiqués aux n° 96, 97 et 101, et en cas de décès de l'entrepreneur, les outils et équipages existant sur les chantiers et qui eussent été nécessaires pour l'achèvement des travaux, sont acquis par l'État si l'entrepreneur ou ses ayants droit en font la demande, et le prix en est réglé de gré à gré ou à dire d'experts. Les bêtes de trait ou de somme qui auraient été employées ne sont pas comprises dans cet achat. La reprise du matériel est facultative dans les cas prévus aux n°⁵ 71, 92, 95 et 98, et en cas de faillite de l'entrepreneur (art. 43).

109. Dans tous les cas de résiliation, l'entrepreneur est tenu d'évacuer les chantiers, magasins et emplacements utiles à l'entreprise, dans le délai qui est fixé par l'administration.

Les matériaux approvisionnés par ordre et déposés sur les chantiers, s'ils remplissent les conditions du devis, sont acquis par l'Etat aux prix de l'adjudication. Ceux qui ne sont pas déposés sur les chantiers ne sont pas portés en compte. (Id.)

110. Des à-compte sont alloués en attendant l'achèvement des travaux. Ils se paient tous les mois, en raison de la situation des travaux exécutés, sauf une retenue d'un dixième pour la garantie et d'un centième pour la caisse de secours des ouvriers. Il est en outre délivré des à-compte sur le prix des matériaux approvisionnés, jusqu'à concurrence des quatre cinquièmes de leur valeur. Le tout sous la réserve énoncée au n° 114 (art. 44).

111. Si la retenue du dixième est jugée devoir excéder la proportion nécessaire pour la garantie de l'entreprise, il peut être stipulé au devis ou décidé en cours d'exécution qu'elle cessera de s'accroître lorsqu'elle aura atteint un maximum déterminé (art. 45).

112. Immédiatement après l'achèvement des travaux, il est procédé à une réception provisoire par l'ingénieur ordinaire, en présence de l'entrepreneur ou après qu'il a été appelé par écrit. En cas d'absence de l'entrepreneur, il en est fait mention au procès-verbal (art. 46).

Il est procédé de la même manière à la réception définitive, après l'expiration du délai de garantie. A défaut de stipulation expresse dans le devis, ce délai est de six mois, à dater de la réception provisoire, pour les travaux d'entretien, les terrassements et les chaussées d'empierrement, et d'un an pour les ouvrages d'art. Pendant la durée de ce délai, l'entrepreneur demeure responsable de ses ouvrages et est tenu de les entretenir (art. 47).

113. Le dernier dixième n'est payé à l'entrepreneur qu'après la réception définitive et lorsqu'il a justifié de l'accomplissement des obligations énoncées au n° 81 (art. 48).

114. Les paiements ne pouvant être faits qu'au fur et à mesure des fonds disponibles, il ne doit être jamais alloué d'indemnités pour retard de paiement pendant l'exécution des travaux. Si l'entrepreneur ne peut être entièrement soldé dans les trois mois qui suivent la réception définitive, il a droit, à partir de l'expiration de ce délai, à des intérêts calculés d'après le taux légal pour la somme qui lui reste due (art. 49 et cond. gén.). Mais les intérêts ne sont pas dus quand le retard provient du fait de l'entrepreneur. (Arr. du C. 13 mars 1867.)

115. L'entrepreneur reste soumis, après la réception définitive, à la responsabilité décennale. (Arr. du C. 21 juill. 1853.)

116. Il est interdit aux créanciers particuliers d'un entrepreneur de former, pendant la durée de l'entreprise, aucune saisie-arrêt sur les sommes dues à cet entrepreneur (D. 26 pluv. an II). Mais cette interdiction ne s'applique point aux ouvriers employés par l'entrepreneur pour l'exécution des travaux dont il est chargé, ni aux fournisseurs de matériaux et autres objets destinés à ces travaux ; ces créanciers peuvent arrêter les paiements d'à-compte à faire aux entrepreneurs (Id.), tandis que les autres créanciers ne peuvent exercer leurs droits que sur le solde qui reste dû à l'entrepreneur après la réception finale des travaux, et lorsque les créances privilégiées, notamment celles des ouvriers et fournisseurs, ont été acquittées suivant les art. 2101, 2102 et 2103 du Code civil. (Avis du Com. int. 12 fév. 1819.)

117. Le privilège établi au profit des fournisseurs de matériaux s'étend aux propriétaires des terrains dans lesquels des extractions ont été faites lorsqu'il s'agit de carrières en exploitation. (Cass. 23 fév. 1846.)

Sect. 5. — Extractions de matériaux.

118. Il est parlé aux n°⁵ 81 et suiv. des fouilles et extractions de matériaux que les entrepreneurs peuvent faire dans les fonds privés désignés aux devis, ou postérieurement par des décisions spéciales. C'est en vertu d'une servitude établie au profit de l'administration par une suite d'arrêts du Conseil, dont le premier est daté du 3 octobre 1667 et qui ont été confirmés par la loi du 28 septembre-6 octobre 1791, celle du 28 pluviôse an VIII, l'art. 650 du Code civil, celle du 16 septembre 1807, du 25 juillet 1845 sur les chemins de fer, et du 21 mai 1836 sur les chemins vicinaux. Mais les arrêts du Conseil du 7 septembre 1755 et du 20 mars 1870 affranchissent de cette servitude les cours, jardins, vergers et autres propriétés rurales fermées de murs ou d'autres clôtures équivalentes, suivant les usages du pays, et attenant aux habitations, de façon à être comprises dans la même clôture. De plus, l'exercice du droit conféré à l'administration est soumis à plusieurs conditions énoncées dans les actes précités et dans un décret du 6 mars 1868.

119. Le droit d'extraction peut être transmis par l'administration, soit aux entrepreneurs qu'elle charge d'exécuter les travaux, soit aux concessionnaires avec qui elle traite, soit aux simples fournisseurs de matériaux. (Arr. du C. 9 mai 1867.)

120. L'exercice du droit d'extraction est soumis à plusieurs conditions résultant des actes précités et d'autres dispositions indiquées ci-après, entre autres d'un décret du 8 février 1868.

Il faut une autorisation donnée par arrêté du préfet et indiquant : 1° le nom de la commune où le terrain est situé ; 2° les numéros que les parcelles dont il se compose portent sur le plan cadastral ; 3° le nom du propriétaire. Dans l'arrêté doit être visé le devis qui désigne le terrain à occuper, ou le rapport par lequel l'ingénieur en chef a proposé l'occupation, et un exemplaire du décret du 8 février 1868 doit y être annexé. Le préfet envoie une ampliation de son arrêté à l'ingénieur en chef et au maire de la commune, l'ingénieur en chef en remet une copie certifiée à l'entrepreneur, et le maire notifie l'arrêté au propriétaire du terrain ou à son représentant. (*D.* 8 *févr.* 1868.)

121. Si des matériaux doivent être pris dans un autre département, le préfet du département eù doivent s'exécuter les travaux indique le lieu d'extraction, et le préfet de l'autre département autorise l'extraction. Si la même propriété est exploitée pour des ouvrages dépendant de départements différents et qu'il s'élève des difficultés, les préfets ont à régler entre eux le partage de la carrière, et s'ils ne tombent pas d'accord, il est statué par le ministre.

122. Lorsque le droit d'occupation et d'extraction doit s'exercer dans des bois soumis au régime forestier, il faut observer les règles tracées par le Code forestier, art. 144 et 145, et par les ordonnances du 1er août 1827, art. 169 à 175, et du 4 décembre 1844. (*Voy.* **Forêts.**)

123. Il est défendu de faire des fouilles, sans une autorisation de l'autorité compétente : 1° à moins de 974 mètres des places de guerre, et de 584 mètres des postes militaires (*O.* 1er *août* 1821, *art.* 4); 2° à moins de 58m,50 du pied des arbres des routes ou de 62m,40 à partir du bord extérieur des fossés (*Règl. de* 1633 *à* 1781); 3° à moins de 11m,70 du rivage des fleuves ou rivières navigables ou flottables. (*O.* 16 *août* 1669.)

124. Les matériaux extraits ne doivent être employés qu'aux ouvrages pour lesquels l'autorisation a été accordée, à peine de dommages-intérêts envers le propriétaire. (*Arr. du C.* 7 *sept.* 1755 ; *voy.* n° 226.)

125. Si l'indemnité due au propriétaire n'est pas fixée à l'amiable, l'entrepreneur, avant d'occuper le terrain, doit notifier par lettre chargée, au propriétaire ou à son représentant, le jour où il compte se rendre sur les lieux, et l'inviter à désigner comme lui un expert. En même temps, l'entrepreneur doit annoncer par écrit au maire la notification qu'il a faite. Il doit y avoir un intervalle de dix jours au moins entre la notification et l'expertise. (*Voy. D.* 8 *févr.* 1868, *art.* 4.)

Lorsque les travaux sont exécutés par l'administration elle-même, la notification est faite par l'ingénieur, et l'expert de l'administration est nommé par le préfet. (*Id., art.* 9.)

126. Au jour fixé, les deux experts constatent l'état des lieux et dressent un procès-verbal en trois expéditions, dont l'une est remise au propriétaire du terrain, une autre à l'entrepreneur et la troisième au maire de la commune (*art.* 5).

127. Si dans le délai de dix jours au moins le propriétaire refuse ou néglige de nommer son expert, le maire en désigne un d'office (*art.* 6).

128. Immédiatement après que l'état des lieux a été constaté, l'entrepreneur peut occuper le terrain et commencer les travaux. Toutefois, s'il existe sur le terrain des arbres fruitiers ou de haute futaie qu'il soit nécessaire d'abattre, l'entrepreneur est tenu de les laisser subsister jusqu'à ce que l'estimation en ait été faite suivant les formes prescrites par la loi. En cas d'opposition de la part du propriétaire, l'occupation a lieu avec l'assistance du maire ou de son délégué (*art.* 7).

129. Quand l'extraction est terminée, les en-

trepreneurs doivent, à moins d'arrangement contraire, rejeter à leurs frais, dans les fouilles et ouvertures, les terres et décombres qui en ont provenus. (*Arr. du C.* 7 *sept.* 1755.)

130. Les experts reviennent constater l'état des lieux, et le dommage est évalué par comparaison. Les experts font eux-mêmes cette évaluation si les parties y consentent. (*Voy. D.* 8 *févr.* 1868, *art.* 5.)

131. La valeur des matériaux extraits ne doit être comprise dans le règlement de l'indemnité avec le dommage causé au terrain, que lorsque l'extraction a eu lieu dans une carrière déjà en exploitation (*L.* 16 *sept.* 1807, *art.* 55). Mais il n'est pas nécessaire que la carrière soit exploitée régulièrement au moment de l'autorisation; il suffit qu'elle ne soit pas complètement abandonnée (*Arr. du C.* 3 *mai* 1850, 18 *mai* 1859). Il n'est pas nécessaire non plus que les fouilles nouvelles aient lieu précisément dans les ouvertures déjà pratiquées (*Arr. du C.* 3 *janv.* 1839), ni qu'après avoir été ouverte pour des travaux publics, la carrière ait continué à être exploitée pour des travaux semblables. (*Arr. du C.* 15 *juill.* 1841.)

132. Les matériaux extraits doivent être évalués d'après leur prix courant dans la localité, abstraction faite de l'existence et des besoins de la route pour laquelle ils sont pris, ou des constructions auxquelles on les destine (*L.* 16 *sept.* 1807, *art.* 55), et déduction faite des frais d'extraction et d'exploitation (*Arr. du C.* 4 *mai* 1826). On ne peut prendre pour base des traités antérieurs conclus entre le propriétaire et des tiers. (*Arr. du C.* 16 *avril* 1863.)

133. Lorsque des pierres sont ramassées dans les champs ou dans les vignes, la valeur n'en est due ; le propriétaire n'a droit qu'à une indemnité pour les dégâts commis.

134. Quand les travaux durent plusieurs années, les indemnités doivent être payées par année d'après l'état des lieux constaté à la fin de chaque campagne.

Dans le cas où les fouilles et extractions sont opérées par l'administration elle-même, les indemnités sont payées sur la proposition de l'ingénieur en chef approuvée par le préfet.

135. C'est aux propriétaires des terrains que les indemnités doivent être payées (*L.* 16 *sept.* 1807, *art.* 55), et non aux fermiers ou locataires. Si ceux-ci se croient en droit de réclamer des dommages-intérêts, ils doivent s'adresser aux propriétaires. (*Arr. du C.* 30 *juill.* 1846, 22 *juin* 1854.)

Sect. 6. — **Occupations temporaires de terrains.**

136. A défaut de texte de loi, la jurisprudence assimile ces occupations aux extractions de matériaux pour les formalités à remplir, et elle leur applique, relativement aux indemnités, les règles établies à l'égard des dommages.

Sect. 7. — **Dommages causés aux propriétés privées.**

137. Une indemnité est due, non-seulement au particulier dépossédé d'un immeuble ou au locataire, fermier ou usager privé de la jouissance de ses droits (*Voy.* **Expropriation**), mais encore à tout particulier qui, par suite de travaux publics, éprouve un dommage autre qu'une dépossession complète. Ces dommages sont : 1° la détérioration ou la dépréciation d'une propriété immobilière ou mobilière; 2° le trouble apporté à la jouissance d'un locataire, fermier ou usager; 3° les accidents causés à des personnes; 4° l'établissement d'une servitude passive ou la suppression d'une servitude active. La répartition des dommages donne lieu à des questions très-nombreuses dont la solution se trouve dans les recueils de jurisprudence; nous ne pouvons indiquer ici que quelques décisions principales.

138. L'indemnité est due lors même que le dommage se produit longtemps après l'exécution des travaux. Elle est due non-seulement lorsque des murs sont ébranlés ou renversés, mais encore lorsque des maisons sont privées d'une partie des jours et de l'air dont elles jouissaient, lorsque l'accès des propriétés est rendu moins facile, lorsque les travaux occasionnent des amas d'eaux entre elles et la voie publique.

139. Il n'est pas dû d'indemnité lorsque les dommages sont le résultat d'une force majeure; lorsqu'ils proviennent du fait du propriétaire, ou n'atteignent qu'une jouissance précaire, ou ne sont qu'éventuels; lorsque l'administration use du droit qu'aurait tout propriétaire suivant le droit commun. Il n'en est pas dû pour un allongement de parcours résultant du déplacement d'une voie publique, ni lorsqu'une rue est fermée à l'une de ses extrémités et reste par l'autre en communication avec d'autres rues, ni lorsque la circulation est gênée momentanément.

140. Les concessionnaires répondent, d'après leurs cahiers de charges, de tous les dommages qu'ils occasionnent, et les entrepreneurs répondent, d'après le cahier des conditions générales, des faits d'exécution des travaux. La responsabilité de l'État est-elle néanmoins engagée envers les tiers? Dans quelle mesure l'est-elle? La jurisprudence n'est pas fixée sur ce point.

141. En cas d'accidents causés aux personnes, l'administration est responsable si les travaux sont exécutés en régie. Lorsque des entrepreneurs en sont chargés, l'administration n'est responsable que des accidents qui résultent de mesures imposées par le contrat ou d'ordres de service.

L'indemnité doit toujours être réglée en argent. Les intérêts sont dus à dater du jour de la demande.

Sect. 8. — Plus-value.

142. Lorsqu'une entreprise de construction procure à des propriétés privées une notable augmentation de valeur, les propriétaires peuvent être obligés de payer une indemnité qui se règle comme pour les desséchements de marais. (*Voy.* **Marais.**) Mais cette obligation ne peut leur être imposée que par un décret portant règlement d'administration publique et après qu'ils ont été entendus. De plus, les débiteurs ont la faculté de s'acquitter, soit en argent ou en rentes constituées à 4 p. 100 net, soit en délaissant une partie de la propriété si elle est divisible. Ils peuvent aussi délaisser les immeubles sur lesquels porte la plus-value; l'estimation en est faite d'après la valeur qu'avaient ces immeubles avant l'exécution des travaux. (*L.* 16 *sept.* 1807, *art.* 31, 32.)

En cas de délaissement partiel, il n'y a lieu

qu'au droit fixe d'un franc pour l'enregistrement de l'acte de mutation de propriété. L'hypothèque de tout individu inscrit avant l'exécution des travaux est restreinte à une portion de propriété égale en valeur à la première valeur estimative des immeubles, au moyen de la transcription de l'acte qui ordonne les travaux, dans le bureau ou dans les bureaux des hypothèques de la situation de ces immeubles. (*Id., art.* 21, 23.)

143. Lorsqu'il y a lieu en même temps à payer une indemnité à un propriétaire pour des terrains occupés et à recevoir de lui une plus-value pour des avantages acquis à ses propriétés restantes, il y a compensation jusqu'à concurrence, et le surplus seulement, selon les résultats, est payé au propriétaire ou acquitté par lui. (*Id., art.* 54.)

144. « Lorsqu'il y a lieu d'ouvrir ou de perfectionner une route ou des moyens de navigation dont l'objet est d'exploiter avec économie des forêts ou bois, des mines ou minières, ou de leur fournir un débouché, toutes les propriétés de cette espèce, générales, communales ou privées qui doivent en profiter, sont appelées à contribuer pour la totalité de la dépense dans les proportions variées des avantages qu'elles doivent en recueillir. » (*L.* 16 *sept.* 1807, *art.* 38.) Les estimations se font et les propriétaires se libèrent dans les formes établies pour les desséchements de marais (*Voy.* **Marais.**)

145. Si des propriétaires refusaient de payer la plus-value, le préfet délivrerait un mandat exécutoire dont le percepteur poursuivrait le recouvrement. (*Avis du C.* 26 *avril* 1843.)

Sect. 9. — Taxes imposées aux propriétaires.

146. Les propriétaires intéressés aux travaux défensifs contre les inondations, ainsi que les communes et les départements, sont tenus de contribuer aux dépenses. (*Voy.* **Inondations.**)

Les riverains des cours d'eau non navigables ni flottables ont à supporter les frais de curage. (*Voy.* **Cours d'eau.**)

Sect. 10. — Servitudes d'utilité publique.

147. Les servitudes (*voy. ce mot*) dont les propriétés privées peuvent être grevées par suite de travaux publics sont indiquées dans les articles **Voirie** et **Cours d'eau.**

CHAP. II. — TRAVAUX DES MINES.

148. Les mines font l'objet d'un article spécial.

CHAP. III. — TRAVAUX DES BÂTIMENTS CIVILS.

149. Ces travaux consistent dans la construction, la réparation et l'entretien des monuments et édifices destinés à des services publics non militaires et appartenant à l'État. Ils se divisent entre plusieurs ministères.

Sect. 1. — Travaux dépendant du ministère des travaux publics.

150. La préparation et l'approbation des projets, l'exécution des travaux et les formes de la comptabilité sont réglées par un décret du 25 janvier 1862, qui est relaté textuellement dans l'article **Bâtiments civils.**

151. Les adjudications sont passées par le préfet en conseil de préfecture et en présence de l'architecte, suivant les règles indiquées dans l'article **Adjudication,** n°s 8 à 13. Les soumissionnaires doivent produire deux certificats de capacité délivrés par deux architectes en chef des bâtiments civils, ou par un ingénieur en chef des ponts et chaussées et un architecte en chef des bâtiments civils. Ces certificats sont délivrés conformément au modèle déterminé par l'administration. Il y est fait mention des travaux que les soumissionnaires ont exécutés et surveillés, et de la manière dont ils ont rempli leurs engagements. Les certificats doivent être soumis au visa de l'architecte en chef des travaux huit jours au moins avant l'adjudication. Ils doivent aussi être visés par le secrétaire général du ministère ou par le directeur des bâtiments civils.

152. Chaque concurrent doit verser un cautionnement provisoire en numéraire. A moins de stipulation contraire, le montant est du trentième des travaux. L'adjudicataire doit en outre verser un autre trentième dans les huit jours qui suivent la notification de l'approbation de l'adjudication. Mais le ministre a la faculté d'autoriser la remise partielle du cautionnement pendant le cours de l'entreprise, et de ne garder que la somme jugée suffisante. Si le cautionnement n'était pas versé, l'adjudication, après une mise en demeure, serait annulée et le trentième versé à titre de cautionnement provisoire resterait acquis à l'administration.

153. Les adjudications sont subordonnées à l'approbation du ministre (*voy. n°* 50), sauf les exceptions énoncées dans les cahiers des charges.

154. L'adjudicataire ne peut céder tout ou partie de son entreprise sans que l'administration y ait formellement consenti ; et, dans tous les cas, il reste entièrement responsable. Il doit avoir constamment la quantité de matériaux et le nombre d'ouvriers qui sont prescrits par l'architecte ; il doit être constamment aux ordres de ce dernier pendant les heures de travail ; mais il peut se faire suppléer par un préposé. Les matériaux doivent être de la meilleure qualité et façonnés suivant les règles de l'art ; aucune partie n'en peut être détournée pour un autre service sans une autorisation écrite de l'architecte. Toutefois, à la différence de ce qui existe dans les ponts et chaussées, les matériaux restent la propriété de l'entrepreneur jusqu'à ce qu'ils soient employés, et ils peuvent dès lors être saisis par ses créanciers.

155. Les ordres de l'architecte doivent être donnés par écrit et s'accorder avec les détails portés au devis. L'entrepreneur doit s'y conformer, notamment pour le changement et le renvoi des préposés et ouvriers. L'architecte fixe les époques auxquelles les diverses parties d'ouvrages doivent être terminées ; en cas de réclamation de l'entrepreneur, cette fixation est faite par l'administration.

156. L'architecte décide les questions relatives aux constructions, à la qualité des matériaux ou à la police de l'atelier ; si l'entrepreneur ne se soumet pas à la décision de l'architecte, il est statué par l'inspecteur général et par le ministre. (*Voy. n°* 217.)

157. En cas d'augmentation ou de diminution dans la quantité des ouvrages, l'entrepreneur est tenu d'en continuer l'exécution tant que le tiers du montant de l'entreprise n'est pas dépassé. Au delà de cette limite, et sauf stipulation contraire dans le devis, l'entrepreneur peut demander la résiliation du marché.

158. Lorsque l'entrepreneur apporte des retards dans l'exécution des ouvrages, ou s'il se trouve hors d'état de les continuer, l'administration peut établir une régie aux frais de cet entrepreneur, ou procéder à une réadjudication à sa folle enchère, ou résilier le marché. Des à-compte sont accordés, sur la proposition de l'architecte, en raison de l'avancement des travaux ; ils peuvent s'élever jusqu'au quatre cinquièmes du montant du marché et doivent être de 500 fr. au moins ; mais il n'en est pas accordé sur les approvisionnements, ni sur les ouvrages non livrés. Tous les faux frais sont à la charge de l'entrepreneur. Aucune indemnité ne lui est accordée pour les difficultés d'exécution, ni pour des variations dans les prix des matériaux ou de la main-d'œuvre.

159. Les entrepreneurs sont responsables, pendant dix ans, des travaux qu'ils ont exécutés, hormis ceux pour lesquels ils se seraient conformés aux plans donnés par les architectes. Quant à ces derniers, ils sont responsables, indépendamment des dispositions de l'art. 1792 du Code civil : 1° des travaux exécutés sans approbation ; 2° des changements apportés sans autorisation aux devis approuvés ; 3° de toute imputation inexacte des dépenses par exercice et par chapitre.

160. Les monuments historiques font l'objet d'un article spécial.

161. Les honoraires et rétributions des architectes, vérificateurs et autres agents sont indiqués dans l'article **Bâtiments civils**.

Sect. 2. — Travaux dépendant du ministère de l'intérieur.

162. Ces travaux consistent dans la construction, la réparation et l'entretien des bâtiments des cours d'appel et des lignes télégraphiques (*voy.* **Travaux départementaux**). Le ministre fait remettre à l'architecte un programme d'après lequel ce dernier dresse un projet composé de plans, d'un devis et d'un cahier des charges. Ce projet est soumis à l'examen du conseil général des bâtiments civils, et les travaux s'exécutent suivant les règles établies à l'égard de ces bâtiments. Pour les travaux d'entretien ou les réparations qui n'excèdent pas 2,000 fr., l'autorisation du ministre se donne sur des devis sommaires. Les réparations locatives et les réparations urgentes qui n'excèdent pas 150 fr. peuvent s'exécuter sans autorisation. (*O.* 7 *juill.* 1844.)

163. Les projets d'établissement de lignes télégraphiques, la répartition du crédit alloué pour le matériel, ainsi que les marchés autres que les marchés d'urgence, sont soumis à l'examen d'une commission composée des inspecteurs généraux, puis à l'approbation du ministre. Les terrains nécessaires sont loués par baux à terme indéfini. Pour l'exécution des travaux, on suit communément les conditions générales (*n°* 68). Les marchés sont passés à prix convenu, ou, si les prix ne peuvent être fixés d'avance, les mémoires sont réglés par des vérificateurs patentés.

Sect. 3. — Travaux dépendant du ministère des cultes.

164. Les travaux ordinaires d'entretien des édifices diocésains sont dirigés par des architectes ayant leur résidence dans le diocèse et nommés par le ministre des cultes, sur l'avis des évêques et des préfets. (*Voy. les détails au mot* **Édifices diocésains.**)

Sect. 4. — Travaux dépendant du ministère des finances.

165. Le ministre fait exécuter les travaux de construction et de réparation nécessaires pour les casernes de douanes et les manufactures de poudre et de tabac. Il désigne les architectes. Les travaux s'exécutent suivant les règles indiquées aux nᵒˢ 150 et suivants.

Sect. 5. — Travaux dépendant du ministère de l'agriculture et du commerce.

166. Ces travaux ont pour objet les bâtiments du Conservatoire des arts et métiers, de l'École centrale des arts et manufactures, des écoles d'arts et métiers, des écoles vétérinaires, des bergeries et des haras.

Les travaux d'entretien sont exécutés, dans la limite des crédits, par l'architecte attaché à chaque établissement, ou, s'il n'y a pas d'architecte particulier, par l'architecte du département. Les projets sont préparés par les architectes sur l'avis des chefs des établissements et soumis à l'approbation du ministre. Quant aux constructions nouvelles ou aux grosses réparations qui exigent des crédits spéciaux, c'est le ministre des travaux publics qui les fait exécuter. (*Voy.* **Bâtiments civils.**)

CHAP. IV. — TRAVAUX DÉPENDANT DU MINISTÈRE DE LA GUERRE.

Sect. 1. — Travaux du génie.

167. Ces travaux consistent dans la construction, la réparation et l'entretien des fortifications, citadelles, batteries de côte, forts en mer et bâtiments militaires.

168. Les projets sont dressés par les officiers du génie suivant les bases établies par les directeurs des fortifications et conformément aux détails et aux modèles contenus dans l'instruction ministérielle du 22 mars 1842.

169. Les projets dits annuels, pour des travaux partiels ou des réparations d'entretien sont soumis aux directeurs des fortifications. Ces officiers y joignent des apostilles sur chaque article et sur chaque section ; puis ils les envoient au ministre, qui les communique au comité des fortifications et statue ensuite. Ces projets doivent comprendre un' mémoire, un état estimatif des travaux, des dessins, un mémoire militaire, des procès-verbaux de convenance, et un relevé des observations des inspecteurs.

170. Les travaux d'urgence sont proposés par le chef du génie. Si le directeur des fortifications reconnaît qu'ils ne peuvent être différés, il donne l'ordre de les exécuter et en rend compte au ministre, en demandant les fonds nécessaires. Si l'urgence ne paraît pas établie, le directeur se borne à faire connaître au ministre le montant présumé de la dépense, et n'envoie de projet détaillé que si le ministre en réclame. Ces projets sont rédigés comme les projets annuels ; seulement le mémoire est remplacé par un simple rapport, à la suite duquel les détails de l'état estimatif peuvent être transcrits.

171. Les projets généraux servent de base aux projets annuels, et sont rédigés d'après les mêmes principes ; mais on n'y joint pas les dessins de détail, et l'on se borne, en général, à un article par front.

172. Pour les travaux exécutés sur le terrain militaire, voyez nᵒˢ 11 et 12.

173. Les fonds alloués pour les travaux d'entretien et de réparations courantes sont répartis par les directeurs des fortifications entre les places de leur direction. Pour les autres ouvrages, la répartition des crédits est arrêtée par les décisions ministérielles qui approuvent les projets. (*Circ.* 15 oct. 1839, 30 nov. 1867.)

174. Les menues réparations des bâtiments destinés au casernement peuvent être opérées, par les ordres du chef du génie, sur les fonds alloués annuellement pour les entretiens courants. Les réparations qui ont pour objet l'entretien des bâtiments et les convenances du service, ne sont exécutées qu'après avoir été soumises au directeur des fortifications et approuvées par le ministre. Le directeur peut autoriser les réparations d'urgence, sauf à en rendre compte au ministre. S'il existe des dégradations du fait des occupants, elles sont constatées par un officier du génie, et le sous-intendant en dresse un procès-verbal, qui est présenté à la signature de l'officier de casernement ; si ce dernier refuse de signer, le sous-intendant passe outre. Les réparations sont exécutées sur-le-champ, si la saison le permet, d'après l'état estimatif fourni par l'officier du génie, et la somme due est acquittée, à la diligence du sous-intendant et à la charge du corps. Toutefois la retenue sur chaque paiement de la solde ne peut en excéder le cinquième. (*Règl.* 17 août 1824.)

175. Les travaux sont exécutés, dans chaque place, sous la direction et la surveillance du chef du génie. Il est secondé par les officiers placés sous ses ordres, et ces derniers sont aidés eux-mêmes par des gardes du génie. (*Circ.* 7 juill. 1835.) Tout officier chef d'atelier peut, avec l'autorisation du chef du génie et l'approbation du directeur, charger le garde sous ses ordres de faire exécuter les travaux. (*Instr.* 21 juin 1867.)

176. Les travaux se font généralement à l'entreprise et rarement en régie. La durée ordinaire des marchés est de six années, avec faculté réciproque de résiliation à l'expiration des trois premières. C'est dans le courant de décembre qu'il est procédé à l'adjudication sur soumissions cachetées. Le sous-intendant militaire fait placarder des affiches, et le public peut prendre connaissance, à la mairie, au bureau du sous-intendant et au bureau du génie, des conditions du devis et du bordereau des prix. Au jour fixé, l'adjudication a lieu devant le maire et le sous-intendant, et quelquefois en présence du chef du génie. Pour être admis à concourir, il faut être Français ou au moins légalement domicilié en France, fournir une caution, justifier, par un certificat du maire, de sa propre solvabilité et de celle de la caution, enfin être agréé par le chef du génie, qui s'assure de la capacité des candidats. On exige quelquefois la promesse d'un cautionnement mobilier ou immobilier, qui ne peut être moindre du quart présumé de la dépense annuelle. La liste des concurrents est arrêtée par le chef du génie, ou par le directeur, s'il est présent, et envoyée au sous-intendant. Les offres portent sur l'ensemble des articles du bordereau des prix. On n'admet de rabais ou de surenchère que par unités ou demi-unités. L'adjudication n'est définitive qu'après avoir été approuvée par le ministre. (*Devis-modèle*.)

177. Lorsqu'il y a lieu d'exécuter des ouvrages qui n'ont pas été prévus dans le marché, le chef du génie établit pour ces ouvrages, de concert avec l'entrepreneur, des prix d'estimation passibles des mêmes rabais ou augmentations que s'ils faisaient partie du bordereau, et ces prix sont soumis à l'approbation du directeur, lequel peut, s'il trouve les prix trop élevés, faire exécuter les travaux, soit en régie, soit au moyen d'ouvriers fournis par l'entrepreneur, soit à des prix convenus avec les ouvriers. Les dépenses pour lesquelles l'entrepreneur n'intervient que comme payeur, sont dites dépenses sèches, et lui sont remboursées avec l'addition d'un bénéfice de 2 à 5 p. 100 suivant les localités. (*Circ. 7 juill.* 1835.)

178. Les soldats peuvent être employés par motif d'économie ou en cas d'urgence. L'entrepreneur est tenu de leur fournir les outils, machines, etc., dont ils ont besoin, et de leur payer la fraction du prix du bordereau qui est allouée par le ministre. Si les soldats sont employés au compte de l'État, l'entrepreneur est remboursé de ses avances de la manière indiquée au n° 177, et avec le même bénéfice que pour les dépenses sèches ; il reçoit, en outre, pour les objets prêtés, un prix de location fixé par le bordereau pour chaque nature d'ouvrage. Si les soldats sont employés au compte de l'entrepreneur, ce dernier n'a droit qu'au remboursement de la somme qu'il leur a payée, à moins que le directeur ne reconnaisse que l'insuffisance d'ouvriers ne provient pas de la faute de l'entrepreneur ; dans ce cas, ce dernier est indemnisé de ses frais et de ses avances de fonds.

179. Si l'entrepreneur ne peut exécuter les travaux ordonnés, la caution doit achever les travaux commencés et fournir un principal commis suffisamment capable, ou payer celui que choisirait l'officier du génie. L'entrepreneur doit résider habituellement dans la place où sont ses travaux ; il ne peut se faire suppléer qu'en cas de maladie. S'il est chargé de travaux dans plusieurs places, il doit établir sa résidence dans celle où sa présence est jugée le plus utile, et avoir dans les autres des principaux commis agréés par les chefs du génie.

180. Au renouvellement du marché, si l'ancien entrepreneur n'est pas adjudicataire, le nouvel entrepreneur est obligé de reprendre de l'ancien les matériaux que ce dernier aurait en approvisionnement, mais seulement pour les ouvrages à exécuter pendant la campagne suivante. Le nouvel entrepreneur reprend aussi les outils et machines destinés au service du génie ; mais la reprise de ces objets n'est obligatoire qu'autant qu'ils sont en bon état de service.

181. L'entrepreneur dédommage de gré à gré ou à dire d'experts, les propriétaires des terrains militaires dont l'usage est nécessaire pour l'exécution des travaux ordonnés. Il est tenu de se conformer, non-seulement aux dispositions des devis, mais encore aux ordres du chef du génie, sauf à observer aussi les règlements de police. (*Cass.* 13 nov. 1835.)

182. Le chef du génie peut faire remplacer tel ou tel ouvrier pour inconduite ou incapacité. Lorsque par sa faute l'entrepreneur n'a pas exécuté, aux époques fixées par le chef du génie, les travaux ordonnés, cet officier peut les faire exécuter au compte de l'entrepreneur, et ce dernier paie la dépense avant toute autre. Quand les travaux sont urgents et que les troupes en garnison ont fourni toutes les ressources qu'on peut en attendre, les administrations civiles sont tenues, sur la réquisition du chef du génie ou du directeur des fortifications, de procurer les ouvriers nécessaires par tous les moyens légalement praticables, et ces administrations fixent leur salaire (*Devis-modèle*). Il en est de même pour les moyens de transport par terre ou par eau.

183. Les ouvriers blessés sont traités dans les hôpitaux militaires, et il peut leur être alloué une indemnité.

184. Aucun travail ne doit être exécuté que sur un ordre écrit du chef du génie, et aucun ouvrage ne doit être commencé avant que les attachements en aient été pris, en présence de l'entrepreneur ou de son commis, par l'officier du génie chargé du détail de l'ouvrage, à moins que celui-ci n'ait jugé cette mesure inutile. L'entrepreneur doit se conformer aux plans, profils et élévations qui lui sont donnés par le chef du génie. Les officiers chargés des détails peuvent faire démolir aux frais de l'entrepreneur, ou refuser tous ouvrages mal construits ou dont les dimensions seraient trop fortes ou trop faibles. S'il n'y a pas d'inconvénient à laisser subsister ces derniers ouvrages, on mesure suivant les dimensions prescrites ceux dont les dimensions sont trop fortes, et l'on mesure, suivant les dimensions effectives, ceux dont les dimensions sont trop faibles. Les officiers peuvent aussi rebuter les matériaux qui ne seraient pas conformes aux conditions du devis, et dans le cas où l'entrepreneur en aurait employé de mauvais, il serait tenu de démolir l'ouvrage et de le reconstruire à ses frais. (*Devis-modèle*.)

185. Pour éviter toute discussion sur la qualité et la façon des ouvrages de serrurerie, objets d'ameublement, ustensiles, etc., l'entrepreneur prend connaissance des modèles déposés dans le magasin du génie, et il est tenu de s'y conformer. Toute pièce non conforme, pour la façon et la qualité des matières, est rejetée. L'entrepreneur fait marquer au feu, à ses frais, de la lettre G et de l'année de la fabrication, les outils, ustensiles et objets d'ameublement qu'il fournit.

186. Si pendant la construction d'un ouvrage le chef du génie juge à propos d'y faire des changements qui portent préjudice à l'entrepreneur, ce dernier a droit à une indemnité qui est réglée par le directeur des fortifications, et soumise par lui à l'approbation du ministre. (*Id.*)

187. Lorsque l'entrepreneur est chargé de faire des démolitions pour le compte de l'État, il est responsable des matériaux. Il doit livrer les ouvrages aux époques fixées par le chef du génie, et il est responsable de ces ouvrages pendant un an à compter du jour de l'arrêté définitif du compte général. Les avaries provenant de force majeure ne sont point à sa charge, à moins qu'il ne soit prouvé qu'il s'est écarté des ordres de l'officier du génie. (*Id.*)

188. En cas de suspension des travaux pour causes imprévues, l'entrepreneur peut demander la résiliation de son marché, et réclamer des dédommagements pour la perte des objets qu'il se trouve avoir en approvisionnement d'après les ordres reçus. On constate dans un inventaire certifié par le chef du génie les matériaux enlevés à l'entrepreneur ou dont la perte pour lui serait une suite nécessaire de la suspension des travaux. L'estimation de ces objets est faite d'après les prix du marché ou à dire d'experts, s'il y a lieu, et elle est soumise à l'acceptation du ministre. (*Id.*)

189. Les travaux s'exécutent et se règlent par campagne ou par exercice. Mais l'entrepreneur a droit à des paiements au fur et à mesure de l'avancement des ouvrages et de l'ordonnancement des crédits. Il ne doit être en avance que du sixième de la dépense à faire, dans l'année, pour l'exécution des travaux ordinaires, et du douzième pour les travaux extraordinaires, sans y comprendre la dépense faite en approvisionnements généraux. (*Id.*) Le solde des travaux est payé après l'année de garantie, lorsque la liquidation définitive a été opérée par le ministre. (*Règl.* 1er déc. 1838.)

En cas de retard dans les paiements, l'entrepreneur a droit à des intérêts à partir du jour de la demande.

190. Lorsque les travaux sont mis en régie, le gérant est nommé par le ministre sur la proposition du directeur. Il jouit d'un traitement sur le fonds des travaux ; il a pour fonctions de procurer les ouvriers et les matériaux nécessaires, de recevoir les fonds accordés par le ministre et de payer les dépenses. Il cherche des entrepreneurs particuliers pour les approvisionnements, les terrassements, la maçonnerie, la charpente, et passe des marchés qui deviennent définitifs après avoir été signés par le chef du génie, et approuvés par le directeur. Les ouvrages pour lesquels on ne peut trouver des entrepreneurs, et qui ne peuvent être donnés à la tâche ou à forfait, sont exécutés par des ouvriers à la journée.

191. Tous les éléments servant à établir la comptabilité des travaux sont inscrits jour par jour par les officiers du génie chargés des détails et par l'entrepreneur ou ses commis, sur leurs carnets respectifs. Chaque dimanche ces carnets sont signés à la suite des inscriptions faites dans la semaine, celui de l'entrepreneur par l'officier du génie et celui de l'officier par l'entrepreneur ou son commis. De plus, aux époques fixées par le chef du génie, l'entrepreneur signe l'arrêté de chaque article de dépense au registre de comptabilité, en même temps que l'officier chargé du détail. S'il refuse de le faire, le chef du génie l'inscrit en note, et il est passé outre, sauf à l'entrepreneur à présenter ses réclamations devant qui de droit. L'entrepreneur peut aussi avoir un registre de comptabilité qui est mis à jour, arrêté et signé par le chef du génie.

Lorsqu'un garde est chargé de la direction d'un travail, il tient des carnets qui sont arrêtés par l'officier chef d'atelier, et ce dernier approuve le contenu sous sa responsabilité. (*Instr.* 21 juin 1855.)

Les registres, carnets, livrets et feuilles de dépenses qui doivent être tenus sont indiqués dans deux circulaires des 7 juillet 1835 et 14 août 1837.

Après la clôture des travaux, on dresse des comptes d'exercice, et c'est d'après le règlement général et définitif compris dans ces comptes que s'opère la liquidation. (*Voy. Circ.* 7 juill. 1835.)

192. L'entrepreneur garantit pendant dix ans, suivant le droit commun, les gros ouvrages ; il garantit les autres pendant un an à compter du jour de la clôture des travaux de l'exercice. Toutefois les dégradations ou avaries dues, soit à la nature du sol, soit à une cause de force majeure, ne sont au compte de l'entrepreneur qu'autant qu'il est prouvé qu'il s'est écarté d'une façon préjudiciable des ordres qu'il avait reçus, ou qu'il y a eu malfaçon ou emploi de mauvais matériaux.

Sect. 2. — Travaux des bâtiments de l'artillerie.

193. Ce service comprend les écoles et les directions d'artillerie, les arsenaux de construction, les fonderies, les forges, les manufactures d'armes, les ateliers de réparations, les poudreries et raffineries de salpêtre, ainsi que les ateliers de fabrication de capsules de guerre. Les magasins à poudre sont construits par le génie ; l'artillerie n'est chargée que des travaux d'entretien et de l'aménagement intérieur.

194. Les projets sont préparés par les officiers d'artillerie.

Les travaux neufs font seuls l'objet de projets détaillés qui se composent : 1° d'un mémoire ; 2° de plans et dessins ; 3° d'un croquis de la partie de l'établissement où est situé le bâtiment ; 4° d'un aperçu de la dépense. Ces documents sont soumis au comité de l'artillerie et approuvés, s'il y a lieu, par le ministre. Ce n'est qu'après sa décision que l'on dresse et qu'on lui soumet le devis et le cahier des charges. (*Voy. Règl.* 25 mai 1840.)

195. Les travaux s'exécutent, soit par adjudication publique, soit par des marchés de gré à gré ou par régie, moyennant l'autorisation du ministre.

Dans les poudreries, les fonderies, les forges, les manufactures d'armes et les arsenaux de construction, les travaux sont exécutés par des ouvriers à la journée sous les ordres des chefs des établissements.

196. Les marchés de gré à gré sont passés par le conseil d'administration (*Règl.* 25 mai 1840). Les adjudications ont lieu en présence du sous-intendant militaire ou du maire et de l'officier d'artillerie ; elles sont annoncées quinze jours à l'avance par la voie des affiches. Nul n'est admis à l'adjudication s'il ne s'est fait inscrire sur la liste des concurrents, s'il n'a fourni un cautionnement égal au moins à la moitié du montant de l'adjudication ou présenté une caution solvable, et s'il ne fournit un certificat de capacité délivré par un ingénieur des ponts et chaussées, ou par un directeur d'artillerie ou du génie, ou par un architecte avantageusement connu. Le rabais à offrir doit être de 1 p. 100 au moins et doit porter sur la totalité des articles du devis. L'adjudicataire ne peut céder son entreprise en totalité ou en partie sans l'approbation du ministre ; il reste, dans tous les cas, seul responsable de l'exécution des travaux. L'adjudication n'est définitive qu'après avoir été approuvée par le ministre. L'adjudicataire est tenu de commencer les travaux huit jours au plus tard après la notification par écrit de cette approbation.

197. L'entrepreneur est tenu de se conformer aux ordres que lui donne l'officier chargé de la surveillance des travaux. Dans le cas où des changements lui sont prescrits, il ne peut réclamer une indemnité qu'autant que ces changements occasionnent un surcroît de dépense et rendent inutiles des approvisionnements faits pour l'exécution du marché. Quant aux ouvrages qui n'ont pas été prévus ou qui ne sont pas susceptibles d'être mesurés, ils s'exécutent par économie, si le chef du service en donne l'ordre.

198. Si l'entrepreneur n'achève pas les travaux à l'époque fixée par le cahier des charges, il perd le dixième du montant de l'adjudication. S'il n'emploie pas un nombre suffisant d'ouvriers, l'officier chargé de la surveillance peut exiger que ce nombre soit augmenté, et en cas de refus, l'augmenter d'office aux frais de l'entrepreneur. Les travaux faits par les ouvriers supplémentaires sont payés directement sur les premiers fonds disponibles sans avoir égard à ce qui est dû à l'entrepreneur, et l'augmentation qui peut en résulter est imputée sur le décompte de ce dernier. Si pendant le cours ou après l'achèvement des travaux on reconnaît des vices de construction dans des ouvrages, l'entrepreneur doit les démolir et les refaire à ses frais, et s'il ne remplit pas cette obligation, l'officier fait faire les travaux aux frais de l'entrepreneur.

199. Pendant le cours des travaux, des à-compte peuvent être donnés à l'entrepreneur en raison des ouvrages dont l'exécution est constatée par des métrés partiels. Mais aucun à-compte ne peut être accordé avant que l'entrepreneur ait exécuté la dixième partie des travaux, et, en aucun cas, la totalité des à-compte ne doit excéder les sept dixièmes de la valeur des ouvrages exécutés. L'entrepreneur et sa caution restent, pendant une année, responsables de l'exécution des travaux; ils doivent assister à la réception définitive et ils signent le procès-verbal.(*Circ.* 26 *nov.* 1818 *et* 6 *janv.* 1821.)

CHAP. V. — TRAVAUX DE LA MARINE MILITAIRE.

200. Ce service comprend la construction, la réparation et l'entretien : 1° des navires ; 2° des ports, bassins, quais, canaux, cales, digues, etc. ; et 3° des bâtiments dits civils, c'est-à-dire des arsenaux, magasins, ateliers, hangars, casernes, hôpitaux, phares, etc.

201. Le corps du génie maritime est chargé exclusivement de la construction et de la réparation des navires ; les machines de bâtiments à vapeur peuvent seules être commandées à des particuliers pour être construites au forfait. Chaque projet est dressé par un officier du génie maritime, puis soumis à l'examen et au visa du directeur des constructions navales qui le transmet au préfet maritime. Ce fonctionnaire le présente au conseil d'administration du port et l'adresse ensuite au ministre, qui l'approuve, s'il y a lieu, après avoir pris l'avis du conseil des travaux. (*O.* 14 *juin* 1844.)

202. Les constructions navales sont exécutées, sous la surveillance de maîtres chefs d'atelier, par des ouvriers à la journée, ou à la tâche et à prix faits d'après des tarifs. Lorsque ce dernier mode est adopté pour l'ensemble des travaux d'un atelier, l'administration contracte avec les ouvriers réunis en association et représentés par des gérants qui doivent être agréés par le directeur des constructions. L'État fournit les ateliers, les outils et les ustensiles ; les ouvrages sont reçus par une commission spéciale et payés au mois. L'association supporte les frais de timbre, d'enregistrement et d'expédition des marchés.

203. Les réparations légères des bâtiments rentrés au port et désarmés sont exécutées, sous la responsabilité des maîtres des escouades de gardiennage, par les gardiens à la solde de la marine (*O.* 1er *juill.* 1831). L'entretien et la réparation des navires en campagne sont effectués, d'après les ordres des commandants et sous la direction des ingénieurs, par les ouvriers et calfats embarqués (*O.* 31 *oct.* 1827). Quant aux bâtiments rentrant en commission, on procède conformément à l'ordonnance du 1er juillet 1831 et aux circulaires du 14 septembre 1835 et du 22 novembre 1844.

204. Les constructions hydrauliques et les bâtiments dits civils sont exécutés dans les cinq grands ports, sous la surveillance des ingénieurs des ponts et chaussées détachés auprès du ministère de la marine. Dans les ports de Saint-Servan, Bayonne et Indret, ces travaux sont confiés aux officiers du génie maritime, et dans les autres ports, aux ingénieurs des ponts et chaussées. Quant aux constructions à faire dans les forges et fonderies de la marine, ce sont les chefs de ces établissements qui en sont chargés.

205. Les constructions neuves sont exécutées à l'entreprise par adjudication publique, à moins d'empêchements dont il doit être rendu compte au ministre. Les travaux d'entretien s'exécutent en régie, au moyen d'une escouade d'ouvriers à la journée. (*Circ.* 7 *juin* 1847.)

206. Les travaux sont autorisés par le ministre, excepté les travaux d'entretien et les menues réparations qui peuvent être exécutés d'après l'autorisation du préfet maritime ou du chef de l'établissement (*Instr.* 15 *mai* 1846 *et* 7 *juin* 1847). Les préfets peuvent aussi faire exécuter les travaux d'urgence dont l'estimation ne dépasse pas 2,000 fr., ainsi que les travaux nécessités par un accident, quelle que soit la dépense, sous la seule obligation d'en rendre compte au ministre. (*Instr.* 28 *août* 1826 ; *Arr. min.* 17 *vent. an VIII.*)

207. On suit, pour la préparation des projets et les conditions générales des marchés, les règles établies pour le service des ponts et chaussées. Il n'existe de différence que sur quelques points indiqués ci-après. Les adjudications sont faites par le commissaire général, assisté du directeur des travaux hydrauliques et du commissaire des travaux, en présence du contrôleur. Le dépôt de garantie et le cautionnement sont effectués en numéraire ou en inscriptions de rentes sur l'État. La quotité du cautionnement est calculée à raison du trentième au moins et du quinzième au plus des travaux. Il est interdit à l'entrepreneur de sous-traiter, mais il a la faculté de faire avec des ouvriers des transactions particulières pour l'exécution des ouvrages spéciaux. Les à-compte sur les matériaux approvisionnés peuvent s'élever aux cinq sixièmes de leur valeur et les à-compte sur les ouvrages peuvent être aussi des cinq sixièmes, déduction faite des à-compte payés sur le prix des matériaux. (*Conditions gén.* 6 *mai* 1846.)

208. Les ouvrages non prévus par les devis sont exécutés par l'entrepreneur à des prix réglés entre lui et l'administration. Les réceptions sont faites par la commission ordinaire des recettes du port, en présence de l'entrepreneur appelé par écrit. Si l'entrepreneur n'adhère pas à la décision de la commission, il doit, dans les vingt-quatre heures après la notification du procès-verbal, réclamer du préfet maritime la nomination d'une commission supérieure, dont l'avis est soumis à l'homologation du conseil d'administration du port. La guerre ou la paix maritime peut seule amener la résiliation des marchés; mais, le cas échéant, la résiliation n'a lieu que trois mois après la déclaration de guerre ou la promulgation de la paix. (*Idem.*)

CHAP. VI. — TRAVAUX DÉPARTEMENTAUX.

209. Ces travaux ont pour objet : 1° les routes départementales et les ponts qui en font partie ; 2° les chemins vicinaux de grande communication ou d'intérêt commun ; 3° les chemins de fer d'intérêt local ; 4° les bâtiments départementaux. Les règles relatives aux chemins vicinaux et aux chemins de fer d'intérêt local sont indiquées dans les articles qui concernent ces voies de communication.

Sect. 1. — Travaux des routes et ponts.

210. Les conseils généraux statuent définitivement : 1° sur le classement, la direction et le déclassement des routes départementales ; 2° sur les projets, plans et devis des travaux à exécuter pour la construction, la rectification et l'entretien de ces routes (*L.* 10 *août* 1871, *art.* 46). Les classements, directions et déclassements doivent toujours être précédés d'une enquête suivant l'ordonnance du 20 mars 1835, lors même qu'aucune acquisition de terrains ne serait nécessaire. (*Circ.* 14 *oct.* 1871.)

211. Les conseils généraux des départements qui sont traversés par une même route départementale se concertent, soit par l'entremise de leurs présidents, après en avoir averti les préfets, soit dans des conférences pour examiner les questions qui réclament une entente commune et faire des conventions pour l'exécution ou la conservation. (*Voy. L.* 10 *août* 1871, *art.* 89, 90.) Les préfets assistent aux conférences.

212. Les conseils généraux sont libres, soit de confier le service entier des routes départementales et des chemins vicinaux de grande communication ou d'intérêt commun aux ingénieurs des ponts et chaussées ou aux agents voyers, soit de diviser entre les deux services, soit de mettre un ingénieur des ponts et chaussées à la tête du service vicinal. Ils sont maîtres, par conséquent, de fixer la rétribution des ingénieurs comme celle des agents voyers. (*L.* 10 *août* 1871, *art.* 46, *Circ.* 14 *oct.* 1871.)

213. Les travaux se préparent et s'exécutent comme ceux des ponts et chaussées (*chap. I*), en ce qui peut se concilier avec les trois numéros qui précèdent.

Sect. 2. — Travaux des bâtiments.

214. Les conseils généraux statuent définitivement sur les projets, plans et devis de tous les travaux à exécuter sur les fonds départementaux et en confient la direction, soit à des architectes de leur choix, soit aux ingénieurs des ponts et chaussées, soit aux agents voyers (*L.* 10 *août* 1871, *art.* 76). Les projets peuvent être communiqués, soit au conseil des bâtiments civils, soit à un comité local de praticiens (*Circ.* 4 *août* 1866). Les projets relatifs aux prisons départementales et aux asiles publics d'aliénés doivent être communiqués par les préfets au ministère de l'intérieur. (*Id.*)

Les conseils généraux ont aussi le pouvoir de concéder à des associations, à des compagnies ou à des particuliers, des travaux d'utilité départementale. (*L.* 10 *août* 1871, *art.* 46.)

La commission départementale est chargée, après avoir entendu l'avis ou les propositions du préfet, de déterminer l'ordre de priorité des travaux, lorsque cet ordre n'a pas été fixé par le conseil général, et de fixer l'époque des adjudications.

CHAP. VII. — TRAVAUX COMMUNAUX, *voy.* **Organisation communale. — TRAVAUX DES CHEMINS VICINAUX,** *voy.* **Chemins vicinaux. — TRAVAUX DES CHEMINS DE FER D'INTÉRÊT LOCAL,** *voy. l'article spécial.* **— TRAVAUX DES ASSOCIATIONS SYNDICALES,** *voy.* **Syndicats. — TRAVAUX DES ÉTABLISSEMENTS PUBLICS,** *voy.* **Fabriques, Consistoires, Hôpitaux et Hospices.**

CHAP. VIII. — CONTENTIEUX ET COMPÉTENCE.

Sect. 1. — Marchés.

215. Lorsqu'un certificat de capacité est refusé, ou qu'une soumission est rejetée pour cause d'incapacité, ou qu'un des concurrents n'est point admis, ou qu'une adjudication n'est point approuvée, ou qu'une réadjudication est ordonnée à la folle enchère du premier adjudicataire, la décision forme un acte purement administratif qui ne peut être attaqué par la voie contentieuse. Mais les concurrents de l'adjudicataire peuvent demander et obtenir l'annulation de l'adjudication par la voie contentieuse, s'ils justifient d'une irrégularité qui a pu exercer une influence sur les rapports respectifs des entrepreneurs. (*Arr. du C.* 9 *janv.* 1868.)

216. La mise en régie n'est aussi qu'un acte de pure administration, contre lequel la voie contentieuse est ouverte seulement pour en contester la régularité et pour demander une indemnité. (*Arr. du C.* 30 *juill.* 1863.) Si l'irrégularité était reconnue, les augmentations de dépense seraient à la charge de l'administration, et les bénéfices appartiendraient à l'entrepreneur. (*Arr. du C.* 12 *août* 1848, 9 *avril* 1868.)

217. Si, dans le cours d'une entreprise, des difficultés s'élèvent entre un ingénieur ordinaire et l'entrepreneur, il en est référé à l'ingénieur en chef. (*Cl. et cond. gén., art.* 50.)

Dans les cas prévus aux n°ˢ 84, 85 et 89, si l'entrepreneur conteste les faits, l'ingénieur ordinaire dresse procès-verbal des circonstances et le notifie à l'entrepreneur qui doit présenter ses observations dans un délai de vingt-quatre heures. Le procès-verbal est transmis par l'ingénieur ordinaire à l'ingénieur en chef pour qu'il y soit donné telle suite que de droit. (*Id.*)

Dans tous les cas de contestations entre les ingénieurs et l'entrepreneur, ce dernier doit adresser au préfet, pour être transmis, avec l'avis des ingénieurs, au ministère, un mémoire dans lequel il indique les motifs et le montant de sa réclamation. Si dans le délai de trois mois, à partir de la remise du mémoire au préfet, l'administration n'a pas fait connaître sa réponse, l'entrepreneur peut, comme dans le cas où ses réclamations ne seraient pas admises, se pourvoir devant la juridiction compétente. (*Id.*, *art.* 51.)

De même, dans les travaux des bâtiments civils et dans ceux du génie et de l'artillerie, les entrepreneurs ne peuvent agir au contentieux qu'après avoir porté leurs réclamations devant le ministre.

218. Lorsque la résiliation d'un marché est prononcée par l'administration, la voie contentieuse n'est ouverte à l'entrepreneur que pour contester la régularité de cette décision et demander une indemnité (*Arr. du C.* 26 *juin* 1856). Si, au contraire, la résiliation est demandée par l'entrepreneur et refusée par l'administration, l'entrepreneur peut agir au contentieux. (*Arr. du C.* 28 *août* 1856.)

219. Les conseils de préfecture sont chargés, par l'art. 4 de la loi du 28 pluviôse an VIII, de prononcer sur les contestations qui s'élèvent entre les entrepreneurs de travaux publics et l'administration concernant le sens ou l'exécution des clauses de leurs marchés. Cette attribution étant d'ordre public, il n'est pas permis d'y déroger (*Arr. du C.* 31 *août* 1849 *et* 17 *mai* 1855). Mais elle ne s'étend pas, 1° aux travaux qui se rapportent à des biens patrimoniaux de l'État, des communes ou des établissements publics (*Arr. du C.* 8 *nov.* 1851) ; 2° aux questions de propriété ou à des contestations prenant leur source dans les dispositions du droit civil. (*Arr. du C.* 15 *avril* 1858.)

220. Les contestations entre les entrepreneurs et des tiers qui ne figurent pas en nom dans les marchés, doivent être jugées par les tribunaux civils, lors même qu'elles auraient ces marchés pour origine. Cette règle s'applique aux bailleurs de fonds, cautions, sous-traitants, associés, fournisseurs, agents salariés, ouvriers. (*Arr. du C.* 22 *févr.* 1821, 15 *mars* 1849, 2 *fév.* 1854, 7 *mai* 1857, 10 *févr. et* 17 *mars* 1859, 23 *juill.* 1868.) Les tribunaux civils connaissent des contestations entre un concessionnaire et un entrepreneur qui a traité avec lui (*Cass.* 28 *mai* 1866), entre deux entrepreneurs sur leurs marchés respectifs (*Arr. du C.* 6 *nov.* 1822). Mais les conseils de préfecture sont compétents quand la solution du débat peut réagir contre l'administration. Ainsi il leur appartient de statuer sur les débats entre d'anciens et de nouveaux entrepreneurs relativement au matériel ou aux matériaux laissés par les premiers. (*Arr. du C.* 21 *août* 1845.)

221. La compétence des conseils de préfecture continue après la réception des travaux, et elle comprend l'action en responsabilité décennale contre les entrepreneurs ou les architectes (*Arr.*

du *C.* 19 *janv.* 1854), ainsi que les contestations sur les honoraires dus aux architectes. (*Arr. du C.* 1er *mars* 1860.)

Sect. 2. — Extractions de matériaux.

222. Lorsque le propriétaire d'un terrain désigné par le préfet se croit fondé à réclamer, notamment s'il se considère comme exempté en vertu de l'arrêt de 1755 (n° 118), il doit s'adresser au préfet qui rapporte, modifie ou maintient sa décision. Dans ces deux derniers cas, le propriétaire peut recourir au ministre des travaux publics, et si le ministre maintient la décision, le recours est ouvert au contentieux devant le Conseil d'État pour cause d'excès de pouvoir. (*Arr. du C.* 5 *juin et* 29 *nov.* 1848.)

223. Si un propriétaire se refuse à se conformer à l'arrêté du préfet, les agents ont à se rendre auprès du maire ou du commissaire de police, et à le requérir, en vertu de l'arrêté, de leur prêter assistance et main-forte au besoin. En cas de résistance, le contrevenant est poursuivi en vertu de l'art. 471, § 15, du Code pénal, et si la résistance est accompagnée de voies de fait, l'art. 438 du Code pénal est applicable (*Cass.* 26 *janv.* 1860). Les tribunaux statuent, tant sur l'action publique que sur l'action privée en dommages-intérêts que l'entrepreneur peut intenter. (*Arr. du C.* 10 *déc.* 1846.)

224. Si un entrepreneur occupe un terrain et y fait des extractions, ou ramasse des matériaux, sans être muni d'une autorisation régulière, ou ne se conforme pas à l'autorisation qu'il a reçue, ou dépasse les limites qui lui sont assignées, le propriétaire peut le poursuivre, soit devant le tribunal de répression, soit devant le tribunal civil, et une autorisation postérieure à l'occupation ou aux fouilles n'a aucun effet rétroactif (*Cass.* 30 *mars* 1860 ; *Arr. du C.* 15 *juin et* 6 *août* 1861, 17 *févr.* 1869). Seulement s'il s'élève une question préjudicielle, par exemple, si l'autorisation est douteuse, ou s'il est nécessaire d'en apprécier l'étendue, le tribunal doit surseoir jusqu'à ce que l'autorité administrative ait prononcé sur ces questions qui sont de sa compétence. (*Trib. des confl.* 8 *mai* 1850 ; *Arr. du C.* 6 *avril* 1856 et 8 *août* 1865.)

225. Les conseils de préfecture sont chargés, par l'art. 4 de la loi du 28 pluviôse an VIII, de prononcer « sur les demandes et contestations concernant les indemnités dues aux particuliers à raison des terrains pris ou fouillés pour la confection des chemins, canaux ou autres ouvrages publics ». Les sous-traitants sont soumis à la même juridiction. (*Cass.* 18 *août* 1860.)

226. Les tribunaux civils sont compétents : 1° lorsque les extractions ont eu lieu en vertu d'un contrat privé entre le propriétaire et l'entrepreneur (*Arr. du C.* 10 *mai* 1860) ; 2° lorsqu'un entrepreneur a vendu des matériaux à des tiers (*Arr. du C.* 11 *août* 1849) ; 3° lorsqu'un propriétaire trouble l'entrepreneur dans son exploitation (*Arr. du C.* 10 *déc.* 1846) ; 4° lorsqu'il s'élève une contestation entre un locataire ou fermier et le propriétaire ; 5° lorsqu'il s'agit de fixer le prix de matériaux mis dans le commerce ou employés à d'autres travaux que ceux pour lesquels l'autorisation a été donnée. (*Arr. du C.* 11 *août* 1849.)

227. Toutes les fois qu'une indemnité est demandée devant le conseil de préfecture, ce conseil est tenu, avant de prononcer sur les allégations contradictoires, d'ordonner une expertise (*L.* 16 *sept.* 1807). Il ne peut s'en dispenser que s'il n'existe aucun doute sur le caractère des dommages (*Arr. du C.* 10 *mars et* 5 *août* 1869). « Les experts sont nommés pour les objets de travaux de grande voirie, l'un par le propriétaire, l'autre par le préfet; et le tiers expert, s'il en est besoin, est de droit l'ingénieur en chef du service intéressé. Lorsqu'il y a des concessionnaires, un expert est nommé par le propriétaire, un par le concessionnaire, et le tiers expert par le préfet. Quant aux travaux des villes, un expert est nommé par le propriétaire, un par le maire de la ville ou de l'arrondissement pour Paris, et le tiers expert par le préfet. » (*L.* 16 *sept.* 1807, *art.* 56.) Les experts peuvent être récusés; ils doivent prêter serment devant le préfet ou le délégué de ce fonctionnaire (*Arr. du C.* 6 *déc.* 1846). L'ingénieur en chef n'est pas soumis à cette obligation, et lorsqu'une première expertise à laquelle il a pris part se trouve annulée, il ne peut, à peine de nullité, être remplacé dans la nouvelle expertise (*Arr. du C.* 21 *juin* 1854). Lorsqu'il s'agit d'une entreprise dirigée par des ingénieurs spéciaux, comme un chemin de fer, l'ingénieur en chef de l'entreprise est appelé aux fonctions de tiers expert. (*Arr. du C.* 19 *janv.* 1850.)

228. En cas de refus ou du silence d'une partie mise en demeure de nommer son expert, le conseil de préfecture procède à cette nomination. (*Arr. du C.* 25 *mars* 1846.)

229. Les honoraires des experts sont fixés par le conseil de préfecture. Il n'en est pas dû aux ingénieurs.

230. Les conseils de préfecture ne peuvent prononcer que des indemnités pécuniaires; ils ne sauraient prescrire l'exécution de travaux destinés à réparer le dommage causé (*Arr. du C.* 28 *mai* 1852). L'indemnité doit être immédiatement payée; tout retard peut donner lieu à des intérêts qui courent du jour de la demande (*Arr. du C.* 27 *août* 1854). Les indemnités dues par l'administration sont payées sur la proposition de l'ingénieur en chef approuvée par le préfet. (*D.* 13 *avril* 1861.)

Sect. 3. — Occupations temporaires de terrains.

231. Ces occupations sont assimilées aux extractions de matériaux par la jurisprudence, quant aux formalités et à la compétence. Mais relativement à la fixation des indemnités, on suit les règles établies pour les dommages. Si une occupation se prolongeait indéfiniment, le conseil de préfecture serait incompétent et l'administration devrait faire procéder à l'expropriation. (*Voy. Arr. du C.* 5 *sept.* 1836, 20 *févr.* 1868.)

Sect. 4. — Dommages.

232. L'art. 4 de la loi du 28 pluviôse an VIII porte que les conseils de préfecture prononcent sur les réclamations des particuliers qui se plaignent de dommages procédant du fait des entrepreneurs et *non du fait* de l'administration. Mais il a été décidé par la jurisprudence qu'à plus forte raison les conseils de préfecture sont compétents pour connaître des réclamations auxquelles donne lieu le fait des agents de l'administration. (*Voy. Arr. du C.* 19

juin 1856.) Le mot *dommages* s'applique d'ailleurs aux propriétés mobilières comme aux propriétés immobilières. (*Arr. du C.* 16 *déc.* 1863.)

233. C'est aux tribunaux ordinaires qu'il appartient de statuer lorsque les dommages résultent de travaux exécutés sans une autorisation de l'administration, ou qui excèdent les limites de l'autorisation (*Arr. du C.* 15 *mai* 1856 ; *Cass.* 22 *août* 1860). Toutefois ces tribunaux ne peuvent ordonner la démolition des travaux dont l'utilité publique a été déclarée, ni ordonner la remise en possession du propriétaire ; mais ils peuvent ordonner la discontinuation des travaux. (*Arr. du C.* 15 *déc.* 1858.)

234. Les tribunaux ordinaires sont compétents pour connaître : 1° des questions de propriété ou de servitude soulevées à l'occasion des instances en indemnité (*Trib. des confl.* 12 *juin* 1850) ; 2° des dommages résultant de travaux autorisés par l'administration, mais dans le seul intérêt des particuliers (*Arr. du C.* 14 *févr.* 1861, 18 *nov.* 1869) ; 3° des dommages qui ne se rattachent pas nécessairement à l'exécution des travaux. (*Arr. du C.* 29 *déc.* 1858, 11 *juin* 1868.)

235. Ces tribunaux sont encore compétents pour apprécier, comme question préjudicielle, les titres privés produits par les réclamants. (*Voy. Arr. du C.* 12 *juin* 1850.) Il leur appartient de connaître : 1° des réclamations contre les dommages résultant du fait personnel des agents de l'entrepreneur ou du concessionnaire (*Arr. du C.* 29 *déc.* 1858, 15 *déc.* 1865), ou d'un délit commis par l'entrepreneur ou par ses préposés (*Cass.* 23 *juin* 1859) ; 2° des réclamations des ouvriers contre l'entrepreneur (*Arr. du C.* 4 *févr.* 1858) ; 3° des actions en dommages-intérêts formées par des locataires contre leur propriétaire. (*Arr. du C.* 5 *déc.* 1860.)

236. Quant aux dommages causés aux personnes, ce sont les tribunaux civils qui sont compétents lorsque l'action n'est pas dirigée contre l'État. (*Arr. du C.* 15 *avril* 1868.) Si elle l'est, il appartient au Conseil d'État de connaître du refus d'indemnité fait par le ministre. (*Arr. du C.* 22 *nov.* 1867.)　　Smith.

BIBLIOGRAPHIE.

Essai sur la construction et la législation des travaux publics, par M. J. Cordier. 2 vol. in-8°. Paris, Carilian-Gœury. 1829.

De l'administration des constructions en général, considérées comme ouvrages d'art et comme propriétés, par F. L. L. Desar. In-8°. Paris, Carilian-Gœury; l'auteur. 1832.

Des droits et des obligations des concessionnaires des travaux publics, par M. Ch. Delalleau. *Revue de législation et de jurisprudence*, t. I, p. 177. (1835.)

Cours de droit administratif, appliqué aux travaux publics, ou Traité théorique et pratique de législation et de jurisprudence, etc., 2e édit., par M. Cotelle. 2 vol. in-8°. Paris, Carilian-Gœury, Thorel, Potelet, 1838-1839. 3e édit. 4 vol. Paris, Dupont et Cie. 1865.

Des routes royales et départementales et des chemins vicinaux, considérés sous le rapport de leur destination respective ; des conditions qui en résultent dans leur tracé, dans leur construction et dans leur entretien, et de leurs conséquences dans les dépenses, par J. J. Jaquiné. In-8°. Nancy, Raybois. 1840.

Examen critique de la législation relative à la commission mixte des travaux publics, etc., par M. de Bussières. In-8°. Paris, impr. de Dupont. 1841.

Considération sur les frais d'entretien des routes, par J. Dupuit. In-8°. Paris, Carilian-Gœury et Dalmont. 1842.

Études sur la législation et la jurisprudence concernant les fouilles et extractions de matériaux, occupations temporaires et dommages causés à la propriété privée en dehors de l'expropriation, à l'occasion de l'exécution des travaux publics, par L. J. D. Féraud-Giraud. In-8°. Aix. Aubin. 1845.

Rapport sur les marchés publics en Angleterre, en Belgique, en Hollande et en Allemagne, par MM. Auger, Baltard et Husson. In-8°. 1846.

De la compétence en matière de travaux ordonnés par une commune, en cas de contestations entre la commune et l'entrepreneur, ou entre la commune ou l'entrepreneur et des tiers, par M. Féraud-Giraud. *Revue de législation et de jurisprudence*, t. XXVI, p. 313. (1846.)

Traité de la législation des bâtiments et constructions. Doctrine et jurisprudence civiles et administratives, concernant les devis et marchés, la responsabilité des constructeurs, leurs priviléges et honoraires, etc., par M. Frémy-Ligneville. In-8°. Paris, Carilian-Gœury et Dalmont. 1848.

Traité de la législation des travaux publics et de la voirie en France, par M. Armand Husson. 2 vol. in-8°. Paris. 2e édit. Videcocq. 1849.

Commentaires des clauses et conditions générales imposées aux entrepreneurs pour l'exécution des travaux de ponts et chaussées, d'après le dernier état de la jurisprudence du congrès d'État. 2e édit. In-18. Cosse et Marchal. 1858.

Annuaire des fonctionnaires du ministère des travaux publics et des administrations ressortissant au ministère, par MM. Piot, Dubrot et Hérault. 1874. In-12. Paris, impr. de Goupy.

Annuaire des bâtiments, des travaux publics et des arts industriels, par M. E. Sageret (paraissant tous les ans, 44e année, 1874). In-8°. Paris, Dumaine. 1874.

Traité de comptabilité et d'administration à l'usage des entrepreneurs de bâtiments et de travaux publics, etc., avec des types et modèles, par M. Dugué. In-8°. Paris, Dejey et Cie. 1874.

Voyez aussi : Aucoc, Conférences sur le droit administratif et le Répertoire de Dalloz.

TRANSPORTS DE MATIÈRES DANGEREUSES.

1. Ces transports sont soumis à des dispositions spéciales auxquelles nous réunissons dans cet article celles qui ont été établies par des motifs semblables, relativement à la fabrication, à l'emmagasinage et à la vente des mêmes matières.

SOMMAIRE.

CHAP. I. TRANSPORTS, 2 à 7.

II. FABRICATION, EMMAGASINAGE ET VENTE, 8.

CHAP. I. — TRANSPORTS.

2. Les matières dangereuses se sont multipliées par les découvertes des explorateurs et des savants, et les applications qui en ont été faites à la production industrielle et aux usages ordinaires de la vie, en ont accru la circulation par les voies de terre et de mer dans des proportions considérables. En même temps les dangers que présente le transport de ces matières ont été aggravés par les dissimulations ou les déclarations mensongères dont se sont rendus coupables certains expéditeurs pour ne pas payer le surcroît de prix légitimement exigé par les entrepreneurs de transport. D'après le droit commun, les expéditeurs sont civilement responsables des dommages occasionnés par leur fait, et ils sont en outre passibles des peines établies par les art. 319 et 320 du Code pénal en cas d'homicide, blessures ou coups résultant d'imprudence. Mais il a été jugé nécessaire d'ajouter à ces moyens de répression des mesures préventives.

3. Les premières de ces mesures furent prises en 1845 à l'égard des transports par les chemins de fer. La loi du 15 juillet de cette année punit d'une amende de 16 à 3,000 fr. toute contravention aux règlements d'administration publique sur la police, la sûreté et l'exploitation de ces entreprises, et l'ordonnance rendue pour cet objet le 15 novembre 1846 renferme deux articles ainsi conçus : « Art. 21. Il est défendu d'admettre dans les convois qui portent des voyageurs aucune matière pouvant donner lieu, soit à des explosions, soit à des incendies. Art. 66. Les personnes qui voudront expédier des marchandises de ce genre devront les déclarer au moment où elles les apporteront dans les stations du chemin de fer. Des mesures spéciales de précaution seront prescrites, s'il y a lieu, pour le transport de ces marchandises, la compagnie entendue. »

4. Quant aux transports par la voie maritime, l'Angleterre ayant imposé aux expéditeurs l'obligation de faire une déclaration préalable, il parut à propos de suivre cet exemple, et des incendies qui éclatèrent dans différents ports en 1868 et 1869, montrèrent que l'embarquement et le débarquement demandaient aussi des mesures de précaution. Puis l'idée vint de soumettre les expéditeurs par les voies de terre aux mêmes obligations que les expéditeurs par la voie maritime. De là est provenue la loi du 18 juin 1870 dont l'art. 1er est ainsi conçu :

« Quiconque embarque ou fait embarquer sur un bâtiment de commerce employé à la navigation maritime, ou à la navigation sur les rivières et canaux, expédie ou fait expédier par voie de terre des matières pouvant être une cause d'explosion ou d'incendie, sans en avoir déclaré la nature au capitaine, maître ou patron, au commissionnaire expéditeur, ou au voiturier, et sans avoir apposé des marques apparentes sur les emballages, encourt la peine d'une amende de 16 à 3,000 fr.

« Cette disposition est applicable à l'embarquement sur un navire étranger dans un port français ou sur un point quelconque des eaux françaises. »

5. La loi de 1870 chargea le Gouvernement de déterminer en détail, par des décrets portant règlement d'administration publique, les mesures de précaution nécessaires.

Un premier décret, rendu en vertu de cette délégation le 12 août 1874, spécifie les matières qui doivent être considérées comme pouvant donner lieu, soit à des explosions, soit à des incendies, et les divise en deux catégories, suivant le degré de danger qu'elles présentent. Celles de la première catégorie, qui sont les plus dangereuses, doivent être désignées par des marques de couleur rouge, et celles de la deuxième catégorie par des marques de couleur verte. Ces marques doivent être tracées au pinceau avec de l'huile, ou formées d'une peau ou étoffe solide quelconque. Les caisses doivent porter une de ces marques sur leurs six surfaces. Si les colis ont moins d'un décimètre cube, deux faces au moins doivent être marquées. Les fûts doivent être marqués sur quatre points opposés. Sur les touries, bonbonnes ou flacons emballés, les marques doivent être en bois peint, ou en étoffe, ou en peau, et appliquées en quatre points opposés.

6. Un second décret, rendu le 2 septembre 1874, détermine les précautions qui doivent être prises dans les ports pour l'amarrage des bâtiments porteurs de matières dangereuses. Ces bâtiments doivent s'arrêter dans la partie du port ou des mouillages extérieurs désignée par un arrêté du préfet ; ils doivent être amarrés avec des chaînes-câbles en fer, arborer un pavillon rouge, et rester éloignés des autres bâtiments à la distance fixée par les officiers du port. Ceux qui portent plus de 15,000 litres de matières dangereuses doivent être entourés d'une ceinture de barrages isolateurs, et ceux qui portent moins de 15,000 litres peuvent être soumis à la même mesure de précaution par les officiers du port. Le chargement et le déchargement ne peuvent avoir lieu que sur les quais ou portions de quai désignés à cet effet. Ces opérations doivent se faire de jour et sans désemparer, au moyen d'embarcations dont la construction et l'agencement sont déterminés par un arrêté du préfet. Les essences doivent être contenues dans des vases métalliques exactement fermés. Il est interdit de faire usage de feu, de lumière ou d'allumettes, ainsi que de fumer à bord des bâtiments, sur les allèges employées aux transports et sur les quais. Chaque bâtiment et chaque allège sont soumis à la surveillance d'un gardien spécial désigné par les officiers du port et dont la rétribution est à la charge des armateurs.

7. Un troisième décret, rendu le 31 juillet 1875, prescrit les mesures relatives aux transports par les voies navigables intérieures. Les bateaux doivent arborer un pavillon rouge au haut de leur mât, et à défaut de mât, au haut d'une perche de deux mètres placée à l'avant. Le chargement et le déchargement ne peuvent avoir lieu que sur des points désignés, qu'avec l'autorisation d'un agent de la navigation, et de jour seulement. Les essences doivent être contenues dans des vases métalliques. Les marchandises doivent être arrimées dans des compartiments isolés, à l'abri du soleil et sous une couche de sable humide ; sinon, il est interdit de faire usage de feu à bord et de fumer. Les bateaux ne doivent pas naviguer de nuit dans les villes et les ports ; ils doivent se tenir éloignés des bateaux, trains et ouvrages en bois. Pour les autres détails, voyez le décret.

CHAP. II. — **FABRICATION, EMMAGASINAGE ET VENTE.**

8. De même que pour les transports de matières dangereuses, il a été jugé nécessaire de prescrire des mesures de police préventives à l'égard de la fabrication, de l'emmagasinage et de la vente de ces matières, et afin d'éviter les inconvénients de la diversité des règlements locaux, le Gouvernement a usé lui-même du pouvoir conféré à l'autorité administrative par la loi du 22 décembre 1789. (*Voy.* **Police.**) Un décret du 19 mai 1873 range dans la première classe des établissements dangereux et insalubres, les usines destinées à la fabrication, la distillation et le travail en grand

du pétrole et de ses dérivés, des huiles de schiste et de goudron, des essences et autres hydrocarbures liquides pour l'éclairage et le chauffage, la fabrication des couleurs et vernis, le dégraissage des étoffes ou tout autre emploi. Les entrepôts et magasins de vente en gros des mêmes substances sont assujettis à des règles détaillées qui sont renfermées dans les art. 4 à 8 du même décret. Les débitants sont tenus d'adresser au maire et au sous-préfet une déclaration contenant la désignation du local, des procédés de conservation et de livraison des quantités de liquides inflammables auxquelles ils entendent limiter leur approvisionnement, et de l'emplacement affecté dans leur boutique aux récipients de ces liquides. Ils doivent se conformer pour le transport dans leur établissement, ainsi que pour la conservation et la livraison, à des règles énoncées dans les art. 9 à 14. Le transport doit être fait exclusivement dans des vases en métal, étanches et hermétiquement clos, ou dans des fûts en bois étanches et cerclés de fer. En cas d'infraction aux règles établies, les entrepôts ou magasins de vente en gros peuvent être fermés et la vente au détail peut être interdite, sans préjudice des peines encourues pour contravention aux règlements de police.

Smith.

TRÉSOR PUBLIC. 1. On emploie cette dénomination pour désigner tantôt les revenus ou les fonds de l'État, tantôt le lieu même où l'on garde les sommes destinées au service public. Quelquefois aussi on l'emploie comme synonyme de ministère des finances.

2. Dans notre organisation administrative actuelle, le ministre des finances réunit un double caractère, celui d'administrateur des deniers publics, et celui de chef du Trésor. Ainsi, d'une part, il dispose directement des crédits qui lui sont ouverts comme à ses collègues ; de l'autre, il est chargé d'exercer un contrôle général sur les actes de comptabilité des autres ministres. La Constitution de l'an III, afin de faire cesser cette dualité de fonctions qui existait aussi à cette époque, scinda les attributions du ministre des finances. Ce fonctionnaire devint simplement ministre des contributions publiques, c'est-à-dire qu'il n'avait plus à surveiller que l'assiette et la répartition de l'impôt. Quant à la trésorerie nationale, elle était remise dans les mains de cinq commissaires placés en dehors de l'action des ministres. L'arrêté du 1er pluviôse an VIII rendit au ministre des finances l'administration générale des fonds publics, en supprimant la trésorerie et confiant à un conseiller d'État, sous les ordres du ministre, la *direction générale du Trésor*. En 1802, le premier consul érigea en *ministère du Trésor public* la partie du service financier qui avait été confiée par l'arrêté précité à un directeur général. Cette organisation ne dura que douze ans. Le *ministère du Trésor public* fut supprimé en 1814, et depuis cette époque l'administration des finances et celle du Trésor ont toujours été concentrées entre les mains du ministre des finances [1].

1. Nous venons de lire (mai 1877) un projet de loi italien qui propose de scinder le ministère des finances et de créer un ministère du Trésor, afin, dit-on, que le ministre des finances ait plus de temps pour s'occuper de la réforme des impôts. Nous ne croyons pas cette idée heureuse : 1° la réforme des

3. Relativement aux attributions de l'administration des finances publiques et pour tout ce qui concerne notre système financier actuel, voyez **Comptabilité publique, Contributions directes, Contributions indirectes, Finances, Ministères,** etc.

TRÉSORERIE. *Voy.* **Comptabilité publique.**

TRÉSORIERS-PAYEURS GÉNÉRAUX. 1. Les trésoriers-payeurs généraux ont été institués par le décret du 21 novembre 1865 qui les a substitués aux droits et obligations attribués aux receveurs généraux et aux payeurs.

Ils sont nommés par décret du chef de l'État, sur la présentation du ministre des finances.

2. L'admission aux emplois de trésorier-payeur général est réglée comme il suit :

Deux tiers des vacances sont réservés aux receveurs particuliers et aux autres candidats comptant dix années de services publics dont cinq au moins dans un service placé sous les ordres du ministre des finances. Un tiers des vacances est réservé au choix du Gouvernement. (*D.* 23 *sept.* 1872, *art.* 1er.)

3. Les trésoriers-payeurs généraux doivent justifier de la propriété de la moitié au moins de leur cautionnement. (*D.* 23 *sept.* 1872, *art.* 3.)

4. Les cautionnements des trésoriers-payeurs généraux sont fixés à six fois le montant de leurs émoluments de toute nature. Les émoluments étant calculés d'après l'importance des opérations des comptables, il en résulte que les cautionnements sont eux-mêmes proportionnés à ces opérations.

Le chiffre du cautionnement, fixé au moment de la nomination, est invariable pendant toute la durée de la même gestion. Il n'est modifié qu'en cas de changement d'attribution ou de résidence.

5. Les comptables sont tenus en outre de constituer pour toute la durée de leur gestion une avance égale au montant de leur cautionnement.

6. Les trésoriers-payeurs généraux ont avec le Trésor un compte à intérêt réciproque. C'est au moyen du compte courant qu'ils peuvent entretenir leurs avances. Ces avances ne leur appartiennent pas toujours, elles sont fournies en partie par les tiers qui forment la clientèle de la trésorerie générale. Indépendamment des garanties sérieuses de gestion qu'elles offrent au Trésor, elles assoient l'influence des trésoriers-payeurs généraux, et leur permettent, lorsque l'État fait appel au crédit, de lui apporter l'appui des départements. C'est ainsi que dans les grandes opérations financières, le concours de ces comptables a puissamment contribué au succès des divers emprunts.

7. Les trésoriers-payeurs généraux peuvent,

aussitôt après la vérification de leur compte de gestion au ministère des finances, et si cette vérification ne fait ressortir aucun débet, obtenir le remboursement immédiat des deux tiers de leur cautionnement. Le surplus n'est remboursé qu'au vu de l'arrêt de libération définitive rendu par la Cour des comptes. Ils peuvent toutefois toucher immédiatement le troisième tiers en numéraire, à la condition de le remplacer préalablement par un cautionnement en rentes sur l'État. Un décret du 31 janvier 1872 a réglé que ce cautionnement en rentes serait calculé au cours moyen du jour de la décision ou de l'arrêté qui aura autorisé le remplacement demandé.

8. Les émoluments des trésoriers-payeurs généraux se composent :

1° D'un traitement fixe de 6,000 fr., quelle que soit la classe de ces comptables ;

2° De commissions sur les recettes calculées sur l'ensemble des recouvrements effectués, d'après un tarif décroissant uniforme pour tous les départements et établi comme suit :

0f11e p. % sur les	3 premiers millions ;	
0 10 p. % sur les	2 millions suivants ;	
0 08 p. % sur les	3 millions suivants ;	
0 07 p. % sur les	2 millions suivants ;	
0 06 p. % sur les	3 millions suivants ;	
0 04 p. % sur les	37 millions suivants ;	
0 03 p. % sur toute somme excédant 50 millions ;		

3° De commissions sur les dépenses calculées d'après un tarif décroissant applicable également à toutes les trésoreries générales (*D.* 14 *juin* 1877), savoir :

0f25 p. % sur les	4 premiers millions ;	
0 103 p. % sur les	6 millions suivants ;	
0 063 p. % sur les	10 millions suivants ;	
0 053 p. % sur les	10 millions suivants ;	
0 043 p. % sur toutes sommes excédant 30 millions ;		

4° De remises sur les produits des coupes de bois de l'État (33 centimes pour chaque 100 fr.).

9. Outre ces diverses natures d'émoluments, lesquels sont payés sur les crédits du budget, les trésoriers-payeurs généraux jouissent de certaines allocations à raison des opérations qu'ils effectuent pour le compte de la caisse des dépôts et consignations, de la Légion d'honneur et des communes. Ces allocations leur sont payées directement par ces administrations et par les communes.

10. Les trésoriers-payeurs généraux supportent sur la moitié de leurs émoluments de toute nature, les retenues prescrites par l'art. 3 de la loi du 9 juin 1853 pour le service des pensions civiles, l'autre moitié étant considérée comme indemnité de loyer et de frais de bureau. (*D.* 28 *fév.* 1866.)

11. Pour compléter le recouvrement des contributions de chaque exercice, il est accordé un délai fixé au 30 novembre de l'année qui suit celle dont l'exercice prend son nom (*O.* 8 *déc.* 1832, *art.* 3); mais ce délai a été porté au 30 juin de la troisième année : 1° pour le département de la Corse (*Déc. min.* 19 *juill.* 1848); 2° pour la recette centrale de la Seine (*Déc. min.* 21 *nov.* 1872). A l'expiration de ce délai, les trésoriers généraux et le receveur central de la Seine sont obligés de tenir compte au Trésor, de leurs deniers personnels, de la partie des rôles non recouvrée (*art.* 93 *de l'Instr. gén.*).

impôts n'est qu'une opération temporaire, tandis que la machine administrative doit être organisée d'après des principes rationnels peu variables de leur nature ; 2° pour bien voir les avantages et les inconvénients d'une contribution publique, il faut avoir pu la suivre dans toutes les directions ; 3° il n'est pas probable que les deux ministres des finances seront toujours d'accord, et, en cas de désaccord, c'est dans les vues du ministre du Trésor et non dans celles du ministre des finances que le conseil aurait le plus de confiance ; 4° il aurait beaucoup mieux valu charger un homme compétent de faire une étude (en le rétribuant) et puis de soumettre son travail à la discussion ; selon l'importance de la question, on fait faire deux ou trois études semblables par des hommes d'opinions diverses. Le ministre est toujours libre de ne prendre que la quintessence de ces travaux.   M. B.

12. Les trésoriers-payeurs généraux sont chargés de centraliser les contributions et revenus publics, de pourvoir, sur tous les points du département, aux dépenses ordonnancées sur les crédits législatifs, et de donner à leurs excédants de recettes la direction qui leur est indiquée par le ministère des finances.

13 Ils sont également chargés de contrôler l'emploi successif des crédits délégués aux ordonnateurs, et la manière dont les dépenses sont justifiées au point de vue, tant de la validité des créances que de leur constatation régulière.

14. C'est également aux comptables qu'incombe le soin de s'assurer des droits des parties et d'examiner les pièces d'hérédité ou les preuves judiciaires, lorsque des mandats sont payables par voie de représentation ou d'opposition.

15. Les fonctions du trésorier-payeur général sont entièrement distinctes de celles de l'ordonnateur ; il est seul responsable, envers la Cour des comptes, des paiements qu'il effectue pour le compte de l'État ou du département.

16. Les trésoriers-payeurs généraux reçoivent les versements des receveurs des administrations financières et leur remettent des fonds de subvention lorsque le service l'exige.

17. Ils effectuent des recouvrements et des paiements comme préposés de la caisse des dépôts et consignations, de la grande chancellerie de la Légion d'honneur et de la caisse des invalides de la marine.

18. Ils sont chargés, d'une manière générale et permanente, de recevoir les fonds destinés à être placés en bons du Trésor.

19. Ils opèrent, sans frais autres que ceux de courtage, justifiés par bordereaux d'agents de change, les achats et ventes de rente pour le compte des particuliers, des communes et des établissements publics.

20. Les fonds recouvrés pour le compte du Trésor public sont d'abord employés à assurer le service du département. Les excédants de recettes sont transmis ensuite au Trésor.

21. Les envois d'excédants de recettes doivent être effectués de préférence en effets de commerce sur Paris, mais ces effets doivent présenter le caractère et les garanties du bon papier de commerce ou de papier de banque de premier ordre. Ce papier ne doit jamais comprendre d'effets ayant plus de 30 jours à courir à partir du moment de l'escompte jusqu'à celui de l'échéance.

22. Les trésoriers-payeurs généraux ne sont autorisés à se livrer à des opérations d'escompte que proportionnellement à l'importance des excédants de recettes qu'ils ont à transmettre au Trésor, ou des négociations qu'ils sont obligés de faire pour réaliser les fonds nécessaires au service.

Ils ne peuvent, en conséquence, conserver en portefeuille que les papiers qu'ils ont acquis de leurs fonds personnnels.

23. Lorsque les ressources locales sont insuffisantes dans un département, le trésorier-payeur général y pourvoit : soit par des émissions de mandats sur le Trésor ; soit par des subventions fournies par les départements voisins ; soit par des ouvertures de crédit sur les succursales de la Banque ; soit enfin par des envois de fonds de Paris.

24. Les trésoriers-payeurs généraux sont tenus d'entretenir des encaisses proportionnés à l'importance de leur service.

Ils conservent toujours les ressources nécessaires pour payer exactement les dépenses des traitements et de la solde dues à terme échu.

25. Ils prêtent leur concours à la circulation des billets de banque et par suite reçoivent et donnent ces billets en paiement. Ils en conservent toujours dans leurs réserves un chiffre proportionné à l'importance des sommes qu'il est possible d'employer dans les paiements.

26. Ils tiennent compte au Trésor de l'intérêt de toutes les sommes qu'ils reçoivent, et il leur est tenu compte de l'intérêt de toutes celles qu'ils paient pour le service public.

Pour les indemniser des stagnations de fonds et des autres frais à leur charge, il leur est accordé une commission tant à la recette qu'à la dépense calculée ainsi qu'il est dit à l'art. 8.

27. Les fonds particuliers des trésoriers-payeurs généraux se composent des fonds qui leur appartiennent et de ceux qui leur sont confiés par des particuliers.

28. Les fonds confiés par des particuliers, soit à titre de dépôt, soit en compte courant, doivent être versés en totalité au Trésor et ne peuvent recevoir aucune autre destination. Il est formellement interdit aux trésoriers-payeurs généraux de les employer à des achats de valeurs, à des opérations d'escompte ou à des avances en compte courant. La somme versée au Trésor doit, en conséquence, toujours représenter au moins l'intégralité des dépôts et n'est susceptible d'aucune compensation.

29. Les opérations de banque ne sont permises aux trésoriers-payeurs généraux que dans la juste limite des convenances du Trésor, c'est-à-dire qu'autant que les mouvements de fonds qui en résultent facilitent le service de la trésorerie. Il leur est conséquemment interdit de prêter leur concours à l'achat ou à la vente d'une valeur industrielle.

30. Les fonctions des trésoriers-payeurs généraux sont incompatibles avec celles de membres des conseils d'administration ou de censeurs de sociétés financières, industrielles ou commerciales, ayant leur siège soit dans les départements, soit à Paris. Il ne peut y avoir d'exception qu'en ce qui concerne les fonctions de régents de la Banque de France et de censeurs auprès des succursales de ces établissements, ou celles d'administrateurs du Crédit foncier, sous la réserve, pour ces dernières, de l'agrément du ministre. (*Déc. mtn.* 9 *févr.* 1877.)

31. Les trésoriers-payeurs généraux sont autorisés à avoir jusqu'à deux fondés de pouvoirs. Ils ne pourraient en avoir trois qu'autant que deux de ces mandataires seraient obligés de signer ensemble, et que de plus ils seraient collectivement investis d'attributions parfaitement égales à celles de l'autre fondé de pouvoirs. (*Voy.* **Comptabilité publique,** chap. V, section 3, *Service des trésoriers-payeurs généraux,* n°ˢ 113 à 151.)

ALFRED BELOT.

TRIAGE se disait autrefois du droit qu'avait un seigneur de reprendre le tiers des bois ou marais concédés en toute propriété par lui ou ses auteurs à une commune de son territoire. *Triage* se dit aujourd'hui, en termes forestiers, de certains cantons de bois, eu égard aux coupes qu'on en fait, et plus particulièrement de la circonscription dans laquelle est renfermée la surveillance d'un garde.

TRIBUNAUX ADMINISTRATIFS. *Voy.* **Conseil de préfecture, Conseil d'État, Juridictions administratives.**

TRIBUNAUX DE PREMIÈRE INSTANCE. *Voy.* **Juridictions civiles, commerciales et criminelles.**

TRIBUNAUX MARITIMES. *Voy.* **Justice militaire** et surtout **Marine militaire.**

TRIBUNAUX MILITAIRES. *Voy.* **Justice militaire.**

TROTTOIRS. *Voy.* **Voirie.**

TUTELLE ADMINISTRATIVE. 1. Le droit français [1] déclare mineurs les établissements publics, départements, communes, hospices, et charge l'État ou l'administration d'exercer la tutelle.

2. La tutelle administrative a été attaquée dans son principe et dans quelques-uns de ses effets. Il n'entre pas dans notre cadre de défendre ici ce principe qui nous paraît fondé sur la nature des choses. Nous ferons seulement remarquer que les établissements publics ne sont pas, en général, la propriété de la génération actuelle, ni même d'aucune des générations à venir ; c'est un dépôt confié à chacune d'elles, avec faculté de jouissance d'usufruit, mais avec l'obligation de le transmettre intact aux successeurs. Or, qui mieux que l'État peut être constitué gardien suprême de ce dépôt, et le défendre contre les empiétements et les entreprises des usufruitiers actuels ?

Ajoutons en passant que dans certains cas la tutelle administrative est le gardien de l'unité politique du pays.

3. Ceux qui ont attaqué le principe de la tutelle administrative l'ont fait au nom du *selfgovernment*. Nous serions volontiers partisan de l'idée que ce mot est destiné à exprimer si nous n'avions pas vu que dans beaucoup de cas le *selfgovernment* indiquait l'absence d'administration, et en conséquence l'absence de nombreux bienfaits, achetés quelquefois, si l'on veut, au prix de quelques inconvénients, mais dont la grandeur est hors de toute proportion avec les sacrifices qu'ils occasionnent.

Ajoutons que si, en Angleterre, la tutelle des communes et des établissements publics n'est pas confiée à l'administration, il n'en résulte pas que les communes ou ces établissements se gouvernent tout à fait librement. La tutelle existe, seu-

lement elle est exercée par le Parlement et par les juges de paix nommés par le Gouvernement.

4. L'existence des inconvénients attachés à la tutelle administrative est reconnue même par ceux qui admettent le principe de la tutelle et qui se bornent à demander la suppression de quelques-uns de ses effets, comme la longueur des procédures administratives, la lenteur des décisions, etc.

En toutes choses, sans doute, l'abus est possible, et toute perte inutile de temps est un abus ; mais la lenteur des procédures judiciaires, aussi bien qu'administratives, est en général le résultat de formalités créées dans l'intérêt des parties. Presque toujours la rapidité est l'ennemie de la maturité. De plus, l'organisation administrative qui confierait la décision des affaires à un fonctionnaire unique, agissant sans contrôle et sans conseil, selon l'inspiration du moment, loin d'être considérée comme la plus parfaite, serait proclamée dénuée de garanties, c'est-à-dire laissant le public sans protection contre l'arbitraire ; or, c'est le besoin de *garanties* éprouvé par la nation qui, exprimé par le législateur, se traduit en formalités. Si ces formalités paraissent souvent trop nombreuses, il ne faut pas oublier qu'elles ne sont pas une création de l'administration faite à son profit, mais plutôt l'expression d'une certaine défiance contre elle.

5. La tutelle administrative a été souvent confondue avec la *centralisation* (*voy. ce mot*), du moins les arguments que la plupart des auteurs ont fait valoir contre la centralisation ne s'appliquent qu'à la tutelle. Les décrets des 25 mars 1852 et 13 avril 1861 ont fait un très-grand pas vers la décentralisation, sans produire, quant à la tutelle, autre chose qu'un déplacement : au lieu de s'exercer à Paris, elle s'exerce dans les préfectures.

6. En quoi consiste la tutelle administrative ? Presque uniquement dans la surveillance de la gestion des biens des établissements publics. Les acquisitions, échanges et aliénations, les contrats, les procès, les recettes et les dépenses, voilà presque tous les objets de la tutelle. Cette énumération démontre clairement que les actes de tutelle sont des actes de conservation ou de surveillance ayant pour but d'empêcher qu'on n'entame un dépôt que nous devons transmettre intact à nos descendants. (*Voy.* notre *Dictionnaire général de la politique* aux mots *Bureaux, Centralisation* et *Tutelle administrative*.

MAURICE BLOCK.

TYPHUS DES BÊTES A CORNES. *Voy.* **Épizooties.**

U

ULTIMATUM. Dans les négociations diplomatiques, l'*ultimatum* pose des conclusions formelles dont on est résolu à ne point se départir, ou une condition sans l'acceptation préalable de

laquelle on déclare qu'il sera impossible de s'entendre. On a tellement usé à une certaine époque de l'*Ultimatum,* qu'il a fallu créer un *Ultimatissimum* qui, lui-même, n'est pas toujours le dernier mot.

UNIFORME. Se dit de l'habillement fixé par des décrets ou des règlements administratifs pour

1. Nous pouvons dire : le droit public de tous les pays. *Voy. l'administration comparée* de l'article **Organisation communale.**

les officiers, sous-officiers et soldats de chaque régiment. Il se dit aussi, par extension, de l'ensemble des effets d'habillement, d'équipement, d'armement et de harnachement des troupes.

2. Les effets d'habillement et d'équipement sont en partie confectionnés dans les corps, en partie achetés tout confectionnés par voie de marché, par adjudication publique et au rabais. Ces marchés sont passés, soit directement par le ministre de la guerre ou de la marine, soit par les intendants militaires.

3. On se sert encore du mot *uniforme* pour désigner le costume qui distingue les personnes constituées en dignité ou chargées de fonctions publiques. Plusieurs décrets ont statué, en 1852, relativement à l'uniforme des principaux corps de l'État. (*Voy.* **Fonctionnaires.**)

4. Toute personne qui porte publiquement un uniforme ou costume qui ne lui appartient pas, est punie d'un emprisonnement de six mois à deux ans. (*C. P., art.* 259.)

USAGE. *Voy.* **Coutumes.**

USAGE (Droits d').

CHAP. I. — DÉFINITION ET PRINCIPES GÉNÉRAUX.

1. L'usage des bois et forêts, dit l'art. 636 du Code civil, est réglé par des lois particulières. Ces lois, comprises aujourd'hui dans le Code forestier, ne s'appliquent pourtant qu'au mode d'exercice des droits d'usage, au mode de leur rachat et à l'admissibilité des prétendant-droits dans les forêts domaniales ; sous les autres rapports, l'usage des bois et forêts est soumis au droit commun.

2. Le droit d'usage est une servitude réelle, discontinue et non apparente, qui donne à celui à qui il appartient, le droit d'exiger, pour ses besoins et à raison de son domicile, certains produits de la forêt d'autrui.

La servitude est réelle, car elle profite au possesseur, quel qu'il soit, du fonds pour lequel elle a été constituée ; elle est discontinue et non apparente, car l'exercice du droit qu'elle confère n'est pas constant et peut même être suspendu.

3. Il ne faut pas confondre avec le droit que nous venons de définir, celui qu'ont les habitants d'une commune à une certaine portion des produits de la forêt qui appartient à cette commune. Ce dernier droit n'est pas une servitude réelle, c'est seulement l'expression d'un mode de jouissance, lequel est d'ailleurs susceptible d'être modifié. (*C. F., art.* 105.)

4. Les droits d'usage dans les forêts se divisent en deux catégories principales, savoir :

1° Les droits au bois ; 2° les droits dits de parcours.

5. Les droits au bois sont nombreux ; mais on distingue ceux qui portent sur les bois de chauffage, ou droits d'affouage, et ceux qui portent sur les bois d'œuvre (bois de construction ou de maronage, bois de travail, bois de fente, etc.).

6. Les droits dits de parcours comprennent le droit de pâturage (dépaissance de toutes espèces de bestiaux), le droit de pacage (dépaissance des bêtes aumailles et des bêtes chevalines), le droit de panage (parcours des forêts par les porcs), le droit de glandée (panage, y compris le ramassage des glands).

7. L'origine des droits d'usage dans les forêts se perd dans la nuit des temps. On s'accorde toutefois à reconnaître que la plupart d'entre eux ont été constitués à l'époque de l'affranchissement des communes, et furent une des conditions du pacte même de cet affranchissement.

8. Les droits d'usage ne peuvent s'acquérir que par titres. Quelque longue qu'ait été la possession d'un droit d'usage, elle ne peut donner lieu à la prescription. (*C. de Lyon* 29 *janv.* 1850 ; *Cass.* 2 *avril* 1855.)

9. Les droits d'usage peuvent être éteints par la prescription trentenaire ; toutefois, cette prescription ne court pas contre l'usager qui, par suite d'une erreur, jouit d'une forêt comme propriétaire. (*Cass.* 10 *mai* 1844.)

10. Le non-paiement d'une redevance usagère, quand il s'est prolongé pendant trente ans, en opère la prescription, sans que la servitude dont elle est le prix soit éteinte. (*Id.,* 14 *mai* 1834.)

11. Dans le silence du titre, l'étendue d'un droit d'usage peut toujours être réduite aux besoins de l'usager. (*Id.,* 21 *août* 1828, 20 *août* 1833 *et* 18 *oct.* 1834.)

12. L'exercice d'un droit d'usage est toujours subordonné à la possibilité du fonds grevé.

13. L'usager est tenu de contribuer aux frais de garde et d'impôt, au prorata de la part qu'il a dans la jouissance, lorsque son titre ne l'exonère pas de ces charges (*Cass.* 4 *déc.* 1850). Cependant on verra plus bas, au n° 46, que, quand le titre est muet au sujet de cette contribution, elle ne doit pas être défalquée de l'émolument usager, dans la préparation des offres de cantonnement.

14. L'usager supporte les frais de devis et d'expertise, ainsi que ceux d'exploitation des bois qui lui sont délivrés. (*C. de Nancy* 14 *févr.* 1852.)

15. L'usager ne peut prescrire la propriété de la forêt grevée, à moins que le titre de la possession n'ait été interverti dans les termes de l'art. 2238 du Code civil. (*C. de Paris* 25 *mars* 1852.)

L'interversion des titres ne se présume jamais.

CHAP. II. — DROITS D'USAGE DANS LES FORÊTS DE L'ÉTAT.

Sect. 1. — Constitution des droits.

16. Le Code forestier (*art.* 62) a décidé qu'il ne serait plus fait à l'avenir, dans les forêts de l'État, aucune concession de droits d'usage, de quelque nature et sous quel prétexte que ce puisse être.

17. Les usagers admissibles à exercer un droit

quelconque, ont été partagés, par l'art. 61 de ce Code, en trois catégories, savoir :

1° Ceux dont les droits ont été, au jour de la promulgation dudit Code, reconnus fondés, soit par des actes du Gouvernement, soit par des jugements ou arrêts définitifs ;

2° Ceux dont les droits ont été ou seront reconnus fondés, par suite d'instances administratives ou judiciaires engagées à l'époque de la même promulgation ;

On entend par ces expressions : *instances administratives*, les arrêtés des Conseils de préfecture rendus ou à rendre par suite du dépôt des titres.

3° Ceux qui, étant en jouissance à cette époque sans pouvoir se prévaloir ni de titres reconnus, ni d'instances engagées devant les tribunaux, ont intenté leur action en maintenue, dans les deux ans qui ont suivi la promulgation du Code.

18. Pour constituer des actes du Gouvernement dans le sens de l'art. 61 du Code forestier, les arrêtés des conseils de préfecture portant reconnaissance de droits d'usage, doivent être revêtus de l'approbation du Gouvernement(*Cass.* 17 *juill.* 1838). De simples arrêtés de préfecture et des décisions ministérielles ne sont pas considérés comme actes du Gouvernement. (*Cass.* 6 *et* 27 *févr.* 1838.)

19. Les droits acquis antérieurement au Code forestier sont jugés d'après les lois et règlements antérieurs audit Code. (*C. F., art.* 218.)

L'étendue d'un droit d'usage concédé dans une province avant sa réunion à la France, doit être déterminée d'après la coutume de cette province. (*Cass.* 30 *déc.* 1844.)

20. Les tolérances accordées par l'administration pour l'enlèvement des feuilles mortes, des herbes, mousses et autres menus produits, ne constituent pas titres en faveur de ceux qui les ont obtenues, et ne peuvent, en aucun cas, être invoquées comme un droit. (*Circ.* 6 *janv.* 1838.)

Sect. 2. — Exercice des droits.

21. L'administration forestière est autorisée à réduire l'exercice des droits d'usage, suivant l'état et la possibilité des forêts (*C. F., art.* 65). S'il s'élève des contestations à ce sujet, c'est aux conseils de préfecture qu'il appartient de statuer, sauf pourvoi au Conseil d'État (*Id.*). Toutefois, lorsque ces contestations ne peuvent être résolues que par l'application des lois et des titres, elles sont du ressort des tribunaux. (*Arr. du C.* 25 *sept.* 1834 *et* 6 *mai* 1835.)

22. Les pourvois contre les décisions des Conseils de préfecture, en exécution de l'art. 65 du Code forestier, ont un effet suspensif jusqu'à la décision du Conseil d'État. (*O. régl.*1827, *art.*117.)

23. Les prescriptions du Code forestier, relativement au mode d'exercice des droits d'usage, sont d'ordre public et de police générale.

24. Les usagers qui ont droit à des livraisons de bois, de quelque nature que ce soit, ne peuvent prendre ces bois qu'après que la délivrance leur en a été faite par les agents forestiers, sous peine d'être condamnés et poursuivis comme s'ils avaient coupé lesdits bois en délit. (*C. F., art.* 79.)

25. La preuve de l'exercice des droits d'usage fondés en titre peut, en l'absence des procès-

verbaux de délivrance, être faite par témoins. (*Cass.* 23 *mars* 1842.)

26. Les usagers ne peuvent vendre ou échanger les bois qui leur sont délivrés, ni les employer à aucune autre destination que celle pour laquelle le droit d'usage a été accordé (*C. F., art.* 83), et ce, sous peine, s'il s'agit de bois de feu, d'une amende de 10 à 100 fr., et, s'il s'agit d'autres bois, d'une amende double de la valeur de ces bois, sans qu'elle puisse être inférieure à 50 fr.

27. *Bois de feu.* Les bois de chauffage se délivrent par stère ou par coupe. Dans le premier cas, ils sont mis en charge sur les coupes adjugées, et fournis aux usagers par les adjudicataires, aux époques fixées par le cahier des charges (*C. F., art.* 81 ; *O. régl., art.* 122). Dans le second cas, l'exploitation en est faite, aux frais des usagers, par un entrepreneur spécial qu'ils nomment, mais qui doit être agréé par l'agent forestier local. (*Id.*)

28. Pour les communes usagères, les bois sont délivrés au maire, qui en fait ensuite effectuer le partage entre les habitants.

29. Les entrepreneurs sont soumis aux mêmes règles, à la même responsabilité, et passibles des mêmes peines, en cas de délits et contraventions, que les entrepreneurs des coupes communales. (*C. F., art.* 82 *et* 112.)

30. Les usagers ou les communes usagères sont garants solidaires des condamnations pécuniaires prononcées contre lesdits entrepreneurs. (*C. F., art.* 82 *et* 112.)

31. En cas d'insuffisance des bois de feu, les usagers ne peuvent réclamer la délivrance de bois d'industrie ou de service pour compléter leur affouage. (*C. de Nancy* 11 *juill.* 1850 ; *Cass.* 21 *avril* 1856.)

32. *Bois mort, sec et gisant.* Il est défendu de se servir, pour l'enlèvement du bois mort, sec et gisant, de crochets ou de ferrements, sous peine d'une amende de 3 fr. (*C. F., art.* 80.)

33. Le droit au bois mort, sec et gisant ne s'étend pas aux chablis et autres arbres renversés par le vent. L'apposition du marteau du garde sur les chablis établit une présomption qu'au moment de leur chute ces arbres étaient encore verts. (*C. d'Orléans* 31 *juill.* 1848.)

34. *Bois de construction.* Aucune délivrance de bois, pour construction ou réparation, ne peut être faite que sur la présentation d'un devis constatant les besoins. (*O. régl., art.* 123.)

35. Cette présentation doit avoir lieu avant le 1er février de chaque année. L'agent forestier local la constate par un reçu. Le directeur général des forêts statue (*Id.*). La délivrance, s'il y a lieu de la faire, est mise en charge sur les coupes adjugées (*O. régl.* 1827, *art.* 123). Dans les cas d'urgence constatés par le maire, le préfet, sur l'avis du conservateur, peut autoriser la délivrance des bois qui sont exploités aux frais des usagers (*Id.*). L'emploi des bois doit être fait, sous peine de déchéance, dans le délai de deux ans. (*C. F., art.* 84.)

36. Lorsqu'une concession de droits de maronage a été faite au profit des habitants d'une commune, pour la construction et la réparation de leurs maisons, la commune n'est pas fondée à prétendre que cette concession s'étend à la construction et à la répartition des édifices communaux. (*C. de Colmar* 12 *juill.* 1839; *C. de Metz* 24 *nov.* 1846.)

37. *Parcours des bestiaux.* Toutes les dispositions du Code forestier et de l'ordonnance réglementaire, applicables à la jouissance des communes dans leurs propres bois, sont également applicables à l'exercice des droits de parcours, sauf les modifications ci-après:

38. Les porcs et bestiaux doivent être marqués d'une marque spéciale, différente pour chaque commune ou section de commune, sous peine d'une amende de 3 fr. par chaque tête de porc ou de bétail non marqué. (*C. F., art.* 73.)

39. L'usager est tenu de déposer l'empreinte de la marque au greffe du tribunal de première instance, et le fer servant à la marque au bureau de l'agent forestier local, le tout sous peine de 50 fr. d'amende. (*C. F., art.* 74.)

Ce dépôt doit être effectué avant l'époque fixée pour l'ouverture du pâturage ou du panage. (*O. régl., art.* 121.)

Sect. 3. — Extinction des droits.

40. Les droits d'usage peuvent s'éteindre par la renonciation des ayants droit, par la prescription (*C. civ., art.* 2262), par la confusion (*Id., art.* 705), enfin par le cantonnement et par le rachat.

Examinons ces deux derniers modes, qui sont particuliers aux servitudes forestières.

ART. 1. — CANTONNEMENT.

41. Le Gouvernement peut affranchir les forêts de l'État de tout droit d'usage en bois, moyennant un cantonnement qui est réglé de gré à gré, et, en cas de contestation, par les tribunaux. (*C. F., art.* 63.)

Le cantonnement a pour but de rendre l'usager propriétaire d'une partie du fonds asservi à son droit.

42. L'action en cantonnement n'appartient qu'au Gouvernement (*C. F., art.* 63)[1]. Elle est autorisée par le ministre (*D.* 12 *avril* 1854, *art.* 1 *et* 4) et poursuivie par le préfet.

43. Avant de recourir à la voie judiciaire, l'administration doit toujours tenter la voie amiable. Deux agents forestiers, désignés par elle, préparent donc une offre de cantonnement. Cette offre est soumise au ministre, qui prescrit, s'il y a lieu, au préfet de la signifier à l'usager. Si celui-ci l'accepte, il est passé entre le préfet et lui, et sous la forme administrative, acte de cette acceptation. Cet acte est ensuite soumis à l'homologation du Chef de l'État (*Id., art.* 2 et 3). Si l'usager refuse, le préfet en réfère au ministre des finances, lequel lui prescrit, s'il y a lieu, d'intenter action contre l'usager devant les tribunaux, conformément à l'art. 63 du Code forestier. (*Id., art.* 4.)

44. Tous les jurisconsultes sont d'accord pour reconnaître que le résultat nécessaire du cantonnement est de faire perdre aux usagers une portion des fruits qu'ils percevaient précédemment, et voici les règles à suivre, pour déterminer la portion de forêt que l'on doit à l'usager, en échange de son droit d'usage.

1. Non en qualité de Gouvernement, mais en qualité de propriétaire (voy. n° 59). En d'autres termes, le cantonnement peut être offert, mais non demandé.   M. B.

45. La première chose à faire, quand on a à déterminer une offre de cantonnement, est de fixer le produit annuel en argent du droit d'usage; puis on établit la valeur capitale de ce produit, et en dernier lieu on détermine une portion de forêt qui soit l'équivalent de cette valeur.

46. *Produit annuel de l'usage.* Il est fixé d'après l'étendue du droit, considéré au point de vue du titre constitutif, de la nature du droit, du nombre des parties prenantes; mais il ne peut dans aucun cas dépasser la possibilité de la forêt grevée.

La valeur brute du produit étant connue, on en retranche les frais de façonnage et d'abatage, la redevance usagère, les frais de conservation, d'administration, de garde et d'impôt, s'il y a lieu, et généralement la somme représentative de toutes les charges qui incombent à l'usager. (*Cass.* 4 *déc.* 1850.)

Il ne doit être fait aucune déduction, pour la contribution foncière, à moins que le paiement n'en ait été mis expressément par le titre à la charge de l'usager. Ne sont pas défalqués non plus les frais de timbre des actes relatifs aux délivrances usagères. (*D.* 19 *mai* 1857, *art.* 7.)

Les produits que les usagers retirent annuellement de leurs propres forêts ne doivent pas être précomptés en déduction de l'émolument du droit d'usage, à moins d'une stipulation formelle du titre. (*Id., art.* 8.)

47. *Capitalisation du revenu usager.* La servitude d'usage peut être considérée comme une rente foncière, et comme toute rente foncière se rachète suivant le taux de l'intérêt légal, c'est-à-dire, à raison de 5 p. 100; la jurisprudence a admis ce taux pour la détermination du capital de l'émolument usager (*C. de Nancy* 31 *mai* 1849 *et C. d'Orléans* 6 *déc.* 1851). Le juge n'en est pas moins investi d'un pouvoir discrétionnaire pour la capitalisation de l'émolument usager. (*Cass.* 16 *juill.* 1867.)

La capitalisation au denier vingt a été prescrite par le décret du 19 mai 1857, qui a de plus ordonné qu'à la valeur ainsi déterminée, il serait ajouté, à titre de concession gracieuse : 1° une somme égale à 15 p. 100 de la susdite valeur; 2° le capital au denier vingt des frais de garde et d'impôt que les usagers auront à supporter comme propriétaires; 3° le capital au denier vingt du revenu annuel qui pourrait être retiré du parcours sur la portion abandonnée en cantonnement, dans le cas où la forêt à affranchir du droit au bois, serait grevée d'un droit de parcours..

48. *Estimation d'une portion de forêt qui soit l'équivalent du capital usager.* Cette estimation doit être établie d'après les calculs auxquels se livre un simple particulier qui cherche à retirer de l'exploitation d'un terrain boisé, non susceptible de défrichement, les plus grands avantages pécuniaires. Il faut donc que la portion de forêt offerte en cantonnement ait une valeur commerciale égale au capital représentatif des droits d'usage, et c'est en vue de ces résultats que paraissent avoir été rédigées les instructions contenues dans le décret précité du 19 mai 1857.

49. Les frais du cantonnement, quand il est amiable, sont à la charge de l'État.

ART. 2. — RACHAT.

50. Les droits d'usage quelconques, autres que ceux en bois, ne peuvent être convertis en cantonnement, mais ils peuvent être rachetés moyennant des indemnités qui sont réglées de gré à gré ou, en cas de contestation, par les tribunaux. (*C. F., art* 64.)

51. Néanmoins le rachat ne peut être requis par l'administration, dans les lieux où l'exercice du pâturage est devenu d'une absolue nécessité, pour les habitants d'une ou plusieurs communes. Si cette nécessité est contestée, le conseil de préfecture statue, sauf recours suspensif au Conseil d'État. (*Id.*)

52. Les règles tracées pour l'exécution du cantonnement, sauf celles cependant indiquées au 2° alinéa du n° 47, sont également applicables au rachat ; mais ici il y a une difficulté de moins : Lorsque le capital des droits est fixé, tout est fini, puisque l'on n'a pas à transformer ce capital en un capital immobilier.

CHAP. III. — DROITS D'USAGE DANS LES BOIS DES COMMUNES ET DES ÉTABLISSEMENTS PUBLICS.

53. Les dispositions applicables à l'exercice des droits d'usage dans les bois de l'État, le sont également à l'exercice des mêmes droits dans les bois des communes et des établissements publics, à l'exception de celles contenues dans les n°ˢ 17, 18, 26, 32, 33, 38.

54. En outre, lorsqu'il y a lieu, pour les communes ou établissements publics, d'user de la faculté accordée au Gouvernement par les art. 63 et 64 du Code forestier, les conseils municipaux ou les administrateurs sont consultés, et le préfet soumet leurs délibérations, avec les observations des agents forestiers et son propre avis, au ministre des finances, qui présente au chef de l'État un projet de décret, après s'être concerté avec le ministre de l'intérieur. (*D.* 12 *avril* 1834, *art.* 6 *et* 7.)

CHAP. IV. — DROITS D'USAGE DANS LES BOIS DES PARTICULIERS.

55. Les dispositions relatives à l'exercice des droits d'usage dans les bois soumis au régime forestier, sont applicables à l'exercice des mêmes droits dans les bois des particuliers, en ce qui concerne : la défense de vendre ou d'échanger les bois provenant de l'usage, la défense de se servir de crochet ou ferrement pour l'enlèvement du bois sec et gisant, la durée du panage et de la glandée, l'introduction, la garde, la marque et la désignation des bestiaux, la défense de les introduire dans les cantons non défensables, le pacage des chèvres, brebis et moutons, la défense de ramasser et d'emporter les glands, faînes ou autres fruits. (*Voy. le mot* Forêts.)

56. Les droits de pâturage, panage et glandée, dans les bois de particuliers, ne peuvent être exercés que dans les parties de ces bois déclarées défensables par l'administration forestière, et suivant l'état et la possibilité des forêts, reconnus et constatés par un agent forestier, désigné par le conservateur, sur la demande des parties intéressées.

57. Les chemins par lesquels les bestiaux doivent passer pour aller au pâturage, et pour en revenir, sont désignés par le propriétaire. (*C. F., art.* 119.)

58. En cas de contestation entre le propriétaire et l'usager, il est statué par les tribunaux. (*C. F., art.* 121.)

59. Les particuliers jouissent de la même manière que le Gouvernement de la faculté d'affranchir leurs forêts de tous droits d'usage. (*C. F., art.* 118 *et* 120.)

CHAP. V. — AFFECTATION.

60. L'affectation consiste dans l'abandon, moyennant une rétribution qui n'est pas, en général, en rapport avec la valeur des matières livrées, des bois nécessaires à l'alimentation d'un établissement industriel.

61. Le droit d'affectation se distingue du droit d'usage : 1° en ce qu'il n'est pas subordonné aux besoins variables de la partie prenante ; 2° en ce qu'il n'a point en vue, comme le droit d'usage, les besoins personnels et domestiques d'une personne, mais ceux de l'industrie.

62. Les affectations de coupe de bois ou délivrances, soit par stères, soit par pieds d'arbres, qui ont été concédées nonobstant les prohibitions établies par les lois et les ordonnances alors existantes, ne sont maintenues qu'au profit des concessionnaires qui se sont pourvus devant les tribunaux, dans l'année qui a suivi la promulgation du Code forestier, et dont les prétentions ont été reconnues fondées. (*C. F., art.* 58.)

63. Les ayants droit à des affectations à titre particulier, ne peuvent effectuer l'exploitation des bois qu'après que la désignation et la délivrance leur en ont été faites régulièrement et par écrit par l'agent forestier chef de service. (*O. régl., art.* 109.)

64. Les règles établies par le Code forestier, pour le mode d'exercice des droits des usagers, sont applicables à ceux des affectataires. (*Cass.* 25 *juin* 1835.)

65. Lorsque les délivrances sont faites par stères, elles sont imposées sur les coupes adjugées, et les ayants droit ne peuvent enlever les bois qui leur sont dus, qu'après que le comptage en a été fait contradictoirement entre eux et l'adjudicataire, en présence de l'agent forestier local. (*O. régl., art.* 110.)

66. Les affectations concédées pour le service d'une usine, cessent en entier, de plein droit et sans retour, si le roulement de l'usine est arrêté pendant deux années consécutives, sauf le cas d'une force majeure dûment constatée. (*C. F., art.* 59.)

67. L'art. 60 du Code forestier a interdit à l'avenir toute concession d'affectation dans les bois de l'État.

68. Quelles que soient la nature et la durée d'une affectation, le Gouvernement a la faculté d'en affranchir les forêts de l'État, moyennant un cantonnement qui est soumis aux mêmes règles que celui des droits d'usage.

69. Les affectations dans les bois des communes, des établissements publics et des particuliers, sont soumises aux principes généraux de la loi civile. TASSY.

USINES. 1. La législation administrative renferme un assez grand nombre de textes spécialement applicables aux usines. Elles sont l'objet de dispositions réglementaires distinctes, selon qu'elles constituent des établissements dangereux, insalubres ou incommodes ; qu'elles sont situées dans la zône douanière ; qu'elles utilisent la force motrice fournie par les cours d'eau ou des appareils à vapeur. Certaines industries ne peuvent s'établir que dans des conditions déterminées à proximité des bois soumis au régime forestier [1].

L'exposé de la plupart de ces règles se trouve déjà dans ce Dictionnaire, sous les mots : **Établissements insalubres**, **Forêts** et **Machines à vapeur**. Il ne reste à parler ici de la réglementation des usines qu'au point de vue douanier et au point de vue hydraulique.

SOMMAIRE.

CHAP. I. — RÉGLEMENTATION DOUANIÈRE DES USINES.

2. Il résulte des lois des 6-22 août 1791, 21 ventôse an IX, 10 brumaire an XIV et 30 avril 1806, que nul ne peut, dans la zone des douanes, établir une usine ou manufacture quelconque, sans une permission de l'autorité supérieure, laquelle n'est délivrée que sur l'avis des autorités locales et du directeur des douanes, et seulement si ce dernier reconnaît que l'établissement à créer ne favorisera pas la fraude.

Si, une fois autorisée, l'usine trompait à cet égard l'attente de l'administration, son déplacement pourrait être ordonné, après constatation de la fraude ressortant d'un jugement rendu par la juridiction compétente.

Les moulins situés sur la frontière sont même passibles de mise en chômage, ordonnée par arrêté préfectoral, si le procès-verbal constate qu'ils servent à la contrebande des grains et farines.

Ces mesures essentiellement administratives, de même que le refus d'autorisation de l'usine, ne sauraient être frappées d'appel que devant l'administration elle-même ou, par la voie du recours pour excès de pouvoir, devant le Conseil d'État.

3. Les usines de la zone douanière sont, d'ailleurs, en ce qui concerne le droit de perquisition des préposés des douanes, comme en ce qui touche l'emmagasinage et la circulation de leurs produits, soumises aux dispositions générales des lois sur la police des douanes relatives aux établissements commerciaux ou industriels de la zone. Ces dispositions sont indiquées au mot **Douanes**, auquel nous renvoyons.

---

[1]. Aux termes des art. 73 à 78 de la loi du 21 avril 1810 sur les mines, était, en outre, subordonné à une autorisation l'établissement des fourneaux à fondre les minerais de fer et autres substances métalliques, des forges et martinets pour ouvrer le fer et le cuivre ; des usines servant de patouillets et de bocards, de celles pour le traitement des substances salines et pyriteuses dans lesquelles on consomme des combustibles. Une loi du 9 mai 1866 a purement et simplement abrogé ces restrictions à la liberté de l'industrie.

CHAP. II. — RÉGLEMENTATION HYDRAULIQUE DES USINES.

Sect. 1. — Sources.

4. L'usine située dans le même fonds que la source dont les eaux l'alimentent, échappe, au point de vue hydraulique, à toute réglementation. C'est une conséquence de la règle, établie par l'art. 641 C. C., que tout propriétaire ayant une source dans son fonds peut en user à sa volonté. (*A. du C. :* 13 *déc.* 1858, *Cornet d'Yzeux ;* 14 *juillet* 1859, *Bouctot ;* 14 *mars* 1861, *Duleau ;* 24 *juin* 1868, *de Rosambo.*)

5. Ce principe souffre naturellement exception, au cas, prévu par l'art. 643, où la source fournit aux habitants d'une commune l'eau nécessaire à leurs besoins. C'est un devoir pour l'administration d'imposer aux usines sur cours d'eau non navigables, telles prescriptions qu'elle juge convenable pour que ces établissements ne fassent pas obstacle à la transmission, aux populations inférieures, des eaux dont celles-ci font usage.

6. Mais lorsque entre la source et l'usine l'eau issue de la première et qui alimente la seconde, baigne ou traverse des héritages appartenant à des tiers, il n'y a nul compte à tenir du fait que la source et l'usine sont dans la même main. (*A. du C.* 9 *fév.* 1875, *Poirier.*)

L'usine se trouve alors mue par un véritable *cours d'eau*, au sens légal du mot, puisque, dès l'instant que les eaux quittent le fonds où elles ont surgi, elles prennent cette dénomination ; dès lors, il n'y a pas de raison pour qu'elle ne soit pas soumise aux règles communes à tous les établissements hydrauliques situés sur des rivières.

Sect. 2. — Étangs.

7. Un étang peut être formé, soit par des sources situées dans sa cuvette ou dans le fonds auquel il appartient, soit par des eaux pluviales. Il peut enfin résulter de l'épanouissement d'un cours d'eau barré transversalement par une digue ou levée.

L'usine mise en mouvement par un étang de l'une des deux premières catégories, échappe encore à l'action administrative, parce que les eaux pluviales, commes celles des sources, sont chose privée, d'après la loi.

Quant à celle alimentée par un étang de la dernière catégorie, elle est, par le fait, située sur un cours d'eau public et rentre, par conséquent, dans le droit commun de la matière, que nous allons exposer.

Sect. 3. — Cours d'eau non navigables ni flottables.

8. S'il est de jurisprudence que la pente des cours d'eau non navigables ni flottables rentre dans la catégorie des *res nullius* dont parle l'article 714 C. C. et n'est pas susceptible d'appropriation privée (*A. du C. :* 27 *août* 1857, *Robo ;* 18 *avril* 1866, *de Colmont*, etc.), il n'en est pas moins certain que *l'usage* de la force motrice résultant du cours des eaux sur ladite pente peut être la matière de véritables droits, fondés soit sur la loi, soit sur des titres.

9. D'abord, des droits de cette nature ont pu être constitués, antérieurement au Code civil, soit par suite de concessions des seigneurs qui étaient, sous l'ancien régime, propriétaires des cours d'eau non navigables, soit par suite de ventes nationales. De plus, on sait qu'aux termes du Code civil (*art.* 644), celui dont une eau courante traverse l'héritage peut *en user* dans l'intervalle qu'elle y parcourt, *à la seule condition* de la rendre, à la sortie du fonds, à son cours naturel. Rien ne s'oppose donc à ce qu'il s'en serve pour faire tourner une roue d'usine.

10. D'un autre côté, bien que l'art. 644 ne reconnaisse expressément au riverain d'une seule rive que le droit d'irrigation, jamais on n'a hésité à admettre que ce riverain peut également se servir de la force du cours d'eau ; seulement, s'il a besoin à cet effet d'établir un barrage dans le lit de la rivière, il ne pourra le faire sans l'autorisation du riverain opposé, la servitude d'appui de barrage, instituée par la loi du 11 juillet 1847 et qui, comme toutes les servitudes, est de droit étroit, étant spéciale aux irrigations.

11. Les riverains peuvent transférer à un tiers, à titre onéreux ou autrement, la faculté dont il vient d'être parlé.

12. Ce n'est donc pas, on le voit, de l'autorité administrative que les possesseurs des usines situées sur les cours d'eau non navigables tiennent leur jouissance. Cette autorité n'en a pas moins sur eux, en vertu des lois qui l'ont chargée de la police des cours d'eau non navigables (*voy. ce mot*), des pouvoirs si étendus que l'exercice de leur droit est entièrement subordonné à sa volonté.

Il résulte, en effet, de ces lois et de l'application qu'en fait la jurisprudence, que l'administration peut s'opposer à la création de ces usines ; qu'elle peut ordonner leur suppression, ou soumettre leur existence ou leur maintien aux conditions réglementaires qu'elle croit devoir leur imposer, conditions qu'elle inscrit, soit dans des règlements généraux de police applicables à un ou plusieurs cours d'eau, soit dans des actes particuliers dont, en principe, chaque établissement doit être pourvu et qui portent le nom de *permission d'usine.*

13. Ces pouvoirs s'étendent aussi bien aux usines créées sous le régime féodal qu'à celles qui l'ont été depuis la Révolution (*A. du C.* : 9 *févr.* 1854, *Poirier* ; 9 *déc.* 1864, *Aumont-Thiéville*) ; aussi bien aux usines déjà réglementées et dont les permissions peuvent être modifiées ou rapportées, qu'à celles qui ne le sont pas encore (*A. du C.* 25 *juillet* 1855, *Illiers*); enfin, dans l'exercice de ses pouvoirs l'administration n'est pas obligée de tenir compte des anciennes jouissances, des conventions et des titres privés. (*Cass.* 1er *juillet* 1859, *Bernardi, etc.*)

14. Les usines dont il est question ici relèvent naturellement aussi de l'autorité judiciaire, en ce qui touche les contestations qui peuvent s'élever entre elles et les autres usagers de la rivière ; l'art. 645 du Code civil et la loi du 25 mai 1838 sur les justices de paix le disent, d'ailleurs, expressément.

15. Les textes qui régissent la matière n'ont qu'imparfaitement précisé la nature et le domaine de chacune des deux compétences, et il en est résulté dans la pratique de nombreuses difficultés.

Présentement, la jurisprudence définit ainsi le caractère, la portée et les limites de l'intervention administrative en cette matière. *La protection des intérêts généraux qui pourraient souffrir de l'établissement de l'usine, si la police des eaux n'existait pas*, intérêts devant lesquels celui de l'usine doit s'incliner ; *voilà l'unique objet et la seule raison d'être de cette intervention.*

16. Les dispositions des règlements d'usine qui ont pour but d'assurer protection d'intérêts généraux, sont donc seules légales, alors même, d'ailleurs, qu'elles auraient été provoquées par des particuliers ou tourneraient, en fait, au profit de particuliers.

Celles, au contraire, qui ne sont dictées que par des considérations d'ordre privé, qui ne sauraient avoir pour effet que de donner satisfaction à des intérêts généraux, constituent, de la part de l'administration, un empiétement sur le domaine de l'autorité judiciaire ; elles sont entachées d'excès de pouvoir. (*Jurisp. constante. Voir notamment A. du C.* : 24 *fév.* 1865, *de Clauzade* ; 13 *mars* 1867, *d'Estampes* ; 19 *mars* 1868, *Champy* ; 4 *déc.* 1874, *Robelin, etc.*)

17. Les règles à suivre par l'administration dans l'accomplissement de sa mission sont indiquées par la circulaire ministérielle du 23 octobre 1851 et par la jurisprudence du Conseil d'État. Sur les cours d'eau non navigables une usine est susceptible de porter, de plusieurs manières, préjudice à l'intérêt général [1]. Elle pourrait, par exemple, par le relèvement exagéré du plan d'eau de la rivière et par l'insuffisance du débouché de ses ouvrages : Provoquer en amont, le débordement du cours d'eau et la submersion des propriétés riveraines ;

Compromettre la salubrité publique en asséchant outre mesure la rivière en aval de sa prise d'eau ; elle pourrait empêcher l'eau nécessaire à la satisfaction des besoins domestiques des populations d'aval d'arriver jusqu'à elles ou, tout au moins, ne leur permettre d'en user que dans de mauvaises conditions ;

Abuser des eaux au détriment des autres usines et des riverains de la vallée, au point que l'*industrie* ou l'*agriculture* ou l'une et l'autre en soient lésées ; ou aussi, entraver la libre circulation du poisson. Si elle était située dans la zone frontière ou dans le rayon des places fortes, elle pourrait influer défavorablement sur le régime des eaux de la contrée, en causant des inondations défensives en temps de guerre ; elle pourrait encore causer la suppression de gués ou de ponts existant en amont, etc., etc.

Il appartient donc à l'administration, si elle croit pouvoir autoriser la création ou le maintien de l'usine, de lui imposer les dispositions nécessaires pour que son existence n'entraîne aucun inconvénient : dispositions de la convenance desquelles l'autorité est, d'ailleurs, seule juge.

18. A cet effet, elle a le droit de fixer le niveau de la retenue de l'usine, c'est-à-dire le point jusqu'auquel pourra être relevé le plan d'eau de

---

1. Il n'est ici question que des usines fonctionnant par le moyen d'une chute d'eau, les seules ou à peu près qui existent sur les cours d'eau non navigables.

la rivière pour la création de la chute qui fera tourner la roue motrice.

L'administration peut encore déterminer la position, les dimensions et le mode de construction des ouvrages de prise d'eau du déversoir régulateur de la retenue, des ouvrages de décharge et même, exceptionnellement, des vannes motrices ; obliger l'usine à chômer à des époques et pendant des intervalles déterminés, etc., etc.

L'usine doit enfin, qu'il y ait ou non une clause à cet égard dans son règlement, concourir à l'entretien du cours d'eau non navigable, conformément aux règles établies par la loi du 14 floréal an XI, c'est-à-dire de la manière prescrite par les anciens règlements ou les usages locaux, (art. 1er) et s'il n'en existe pas, dans la proportion de son intérêt (art. 2).

19. Mais l'administration ne saurait, en aucun cas, s'occuper de ce qui touche à l'*utilisation* par l'usinier de la force motrice dont il dispose, les questions de cet ordre ne pouvant affecter en rien l'intérêt général.

Par suite, il est toute une partie des ouvrages de l'usine qui échappe à l'action de l'autorité : elle n'a à régler ni la chute d'eau, ni les dispositions du coursier et du moteur hydraulique, ni le mécanisme intérieur de l'établissement autorisé.

Par suite encore, l'usinier est absolument libre de donner à son établissement telle destination qu'il juge convenable et de changer cette destination, s'il ne doit résulter de ce changement aucune modification en ce qui touche les ouvrages soumis à la surveillance administrative. (*A. du C.:* 29 nov. 1851, *Rouyer;* 28 juill. 1866, *Ulrich.*)

20. Pour la même raison, l'administration doit généralement s'abstenir de réglementer la transmission des eaux en aval, cette transmission ne pouvant, sauf lorsque les intérêts de la salubrité, de l'alimentation de communes, de l'agriculture et de l'industrie sont en jeu, donner lieu qu'à des contestations d'ordre privé. (*A. du C.* : 24 nov. 1859, *Mongenot ;* 25 avril 1867, *de Cosnac.*)

21. Le droit de réglementation que possède l'administration à l'égard des usines hydrauliques implique celui de vérifier l'exécution de ses prescriptions. Il doit donc être toujours loisible à ses agents de pénétrer, à cet effet, dans le fonds où est située l'usine. La manœuvre des vannes de l'établissement peut même être faite au besoin par ces agents. Mais elle ne saurait contraindre le permissionnaire à laisser entrer chez lui, dans le même but, des particuliers. (*A. du C.:* 19 juin 1863, *de Conegliano ;* 25 févr. 1864, *Arson.*)

22. Les pouvoirs de l'administration sur les usines se répartissent, entre les divers représentants de l'autorité, comme ceux de même nature qu'elle possède sur les prises d'eau d'irrigation faites également dans les cours d'eau non navigables.

Depuis les décrets de décentralisation, l'autorité supérieure n'a plus à s'occuper de la réglementation des établissements que lorsqu'il s'agit de procéder à un partage d'eau entre l'agriculture et l'industrie, en dehors d'anciens règlements ou des usages locaux, ou contrairement à ces règlements ou usages. (*D.* 1852 et 1861, *tabl. D,* § 7.)

En pareil cas, il doit être statué par un décret rendu dans la forme des règlements d'administration publique. (*A. du C.* 26 août 1867, *Bardot.*)

Dans tous les autres cas, la décision est prise par le préfet, alors même qu'elle a pour but la révision d'un règlement établi avant 1852 par décret ou ordonnance (*D.* 1852 *et* 1861, *tabl. D. Voy. aussi A. du C.* 26 juill. 1855, *Illiers.*)

L'administration supérieure recommande seulement aux préfets (*Circ.* 7 août 1857) de ne jamais procéder à la révision des règlements existants sans la consulter.

23. Par quelque autorité qu'elles soient prises, les décisions de l'administration en cette matière doivent être précédées d'une instruction spéciale, dont les formes, prescrites par les circulaires des 19 ventôse an VI, 16 novembre 1834 et 23 octobre 1851, ont été également indiquées au mot **Irrigations.**

Rappelons les arrêts cités sous ce mot et aux termes desquels celles de ces formes qui constituent des garanties pour les particuliers doivent être observées à peine de nullité de la décision qu'elles précèdent.

24. Un délai est fixé aux permissionnaires pour se conformer aux dispositions à eux prescrites par l'administration. A l'expiration de ce délai, il est procédé par les ingénieurs à ce qu'on appelle le *récolement* de l'usine, c'est-à-dire à la vérification de l'exécution des travaux prescrits par le règlement. Procès-verbal de ce récolement doit être dressé. C'est au préfet qu'il appartient de l'approuver, s'il y a lieu.

25. En cas de non-exécution par le permissionnaire des prescriptions de son règlement, il est loisible à l'administration, soit de prononcer sa déchéance, s'il n'a donné aucune suite à sa demande, soit, dans le cas contraire, d'ordonner la mise en chômage de son établissement et même la destruction des ouvrages construits qui seraient reconnus dommageables pour l'intérêt public. (*Cons. d'État:* 15 févr. 1866, *Berrens ;* 3 août 1858, *Pouchard.*)

26. Le permissionnaire peut, en cas de contravention aux clauses de son règlement, être déféré au tribunal de simple police, compétent, aux termes des art. 471, 15°, et 474 C. P., pour prononcer sur les infractions de ce genre, et puni d'une amende de 1 à 5 fr. et, en cas de récidive, de 1 à 3 jours de prison.

Il peut même (*C. P., art.* 457), s'il a surélevé le plan d'eau de la rivière de manière à inonder les chemins ou les propriétés d'autrui, se voir traduit en police correctionnelle et condamné à une amende qui est, au minimum, de 50 fr. et peut s'élever jusqu'au quart des dommages causés, voire même à un emprisonnement de 6 jours à 1 mois.

27. Nous avons vu que l'administration pouvait, dans l'intérêt de la police et de la répartition des eaux, ordonner la suppression totale ou partielle de la force motrice d'une usine sur cours d'eau non navigable. Ce n'est pas à dire pour cela que ces mesures ne puissent intervenir que pour cet unique objet. Il est clair que si la propriété peut être supprimée ou endommagée pour cause d'utilité publique, quelle qu'elle soit, il doit en être à plus forte raison de même d'un simple droit d'usage.

Seulement il y a cette différence, entre le cas où l'usine est atteinte dans l'intérêt de la police et de la répartition des eaux et celui où elle a à souffrir de toutes autres mesures d'utilité publique, que dans le premier cas, l'usinier ne saurait réclamer d'indemnité, tandis que, dans le second, le droit à indemnité existe au profit de l'usinier, *alors même que le contraire aurait été stipulé dans le règlement de l'usine.* (*A. du C.* : 13 *juin* 1860, *de Clermont-Tonnerre* ; 9 *déc.* 1864, *Aumont-Thiéville* ; 20 *juin* 1865, *Lesquilbet* ; 20 *déc.* 1865, *Goldemberg.*)

28. Mais, d'après l'art. 48 de la loi du 16 septembre 1807 et l'interprétation qu'il a reçue de la jurisprudence, ce droit à indemnité est subordonné à la constatation de la légalité de l'existence de l'usine ; et cette légalité résulte, pour une usine sur cours d'eau non navigable, soit de ce que son origine est antérieure à 1790, époque de la suppression du régime féodal, soit de ce qu'elle a été l'objet d'une vente nationale, soit de ce qu'elle est pourvue d'une autorisation régulière, (*A. du C.* : 27 *juill.* 1859, *Roy* ; 10 *sept.* 1864, *Pierson*, etc.). L'usine qui ne se trouve dans aucune de ces conditions, si elle subit un dommage dans un intérêt public, ne peut donc, quelle que soit la nature de cet intérêt, prétendre à aucune indemnité.

29. La position légale de l'usine influe aussi sur l'évaluation de l'indemnité qui lui est due. Pendant longtemps il était de jurisprudence qu'il y avait lieu de ne fixer cette indemnité qu'à raison de la valeur de l'usine, au moment de sa constitution légale, sans qu'aucun compte dût être tenu des modifications introduites postérieurement, sans autorisation, soit dans les ouvrages intérieurs, soit dans les ouvrages extérieurs.

Cette doctrine, beaucoup trop absolue, a été équitablement tempérée dans ce sens qu'on doit avoir égard aux améliorations non autorisées, toutes les fois que l'usinier n'avait pas besoin d'autorisation pour les réaliser.

Ce n'est que des ouvrages qui ne pouvaient être établis ou modifiés sans le consentement de l'administration, qu'il convient de rechercher la constitution légale. Quant aux autres, on doit considérer leur état au moment du dommage. (29 *nov.* 1851, *Rouyer* ; 28 *juill.* 1866, *Ulrich.*)

30. Des décrets sur conflits ont décidé que la suppression ou la diminution de la force motrice d'une usine ne saurait jamais constituer qu'un *dommage*, au sens du mot en droit administratif, puisque cette force ne peut être l'objet d'une propriété ; que, dès lors, c'est aux conseils de préfecture, seuls compétents, aux termes des lois du 28 pluviôse an VIII et du 16 septembre 1807, pour statuer sur les questions de dommages résultant de mesures d'utilité publique, qu'il appartient, non-seulement de rechercher si l'usine est dans le cas d'être indemnisée, mais encore de régler l'indemnité qui peut lui être due (*D. confl.* : 27 *avril* 1857, *Robô* ; 15 *mai* 1858, *Dumont*) ; ce qu'ils ne pourraient faire d'ailleurs, à peine de nullité de leur décision, qu'à la suite de l'expertise spéciale dont les formes ont été tracées

par les art. 56 et 57 de la loi du 16 septembre 1807. (*Voy.* **Travaux publics.**)

31. Mais si l'exécution de travaux publics ou l'intérêt de la police des eaux nécessitait, avec la suppression de la force motrice, la démolition des bâtiments de l'usine, il va de soi qu'à cet égard, il y aurait une véritable expropriation qui ne saurait être consommée que de la manière réglée par la loi du 3 mai 1841, les deux questions devant, d'ailleurs, être jugées séparément. (*Cons. d'État* : 9 *avril* 1863, *Deshayes* ; 27 *avril* 1857, *Marchand.*)

32. Il suit de ce qui précède que, quand elle use de ses pouvoirs de police à l'égard des usines sur cours d'eau non navigables, l'administration, ne fait autre chose que réglementer l'exercice de droits privés supposés préexistants, pour autant qu'ils existent en effet et sous la réserve de ceux des tiers. De là les conséquences ci-après :

Dans le cas où le droit dont un particulier se prévaut pour demander à l'administration d'autoriser l'établissement d'une usine ou la modification de ses ouvrages hydrauliques, est contesté par un ou plusieurs autres usagers, l'administration doit suspendre sa décision jusqu'à ce que la question litigieuse ait été résolue par l'autorité judiciaire. (*Cass.* 15 *févr.* 1860, *Millardet* ; *A. du C.* 9 *mai* 1867, *Peulevey.*)

Mais le règlement administratif qu'elle accorde à l'usine ne fait, d'ailleurs, nul obstacle, *alors même que la réserve des droits des tiers n'y serait pas effectivement contenue*, à ce que ceux-ci fassent valoir devant les tribunaux, à l'encontre des autorisations accordées par ledit règlement, les droits qu'ils pourraient avoir à exercer contre le permissionnaire. (*Cass.* : 14 *mars* 1870, *Lambert contre Prunier* ; 16 *avril* 1873, *Lassalle contre Supervielle* ; 19 *janv.* 1875, *Turcat contre Laugier* ; 19 *juin* 1868, *Lautel* ; 19 *nov.* 1869, *Prat de l'Estang* ; 30 *janv.* 1874, *Rousseau-Robert* ; 4 *févr.* 1876, *Surcat.*)

33. Toutefois, les pouvoirs des tribunaux saisis de réclamations de cette nature ne semblent pas devoir être les mêmes dans tous les cas. En effet, l'autorisation administrativement donnée d'établir ou de développer, dans le lit d'un cours d'eau non navigable, les ouvrages d'une usine, ne constitue qu'un simple : *Je n'empêche* ; d'autre part, dans le règlement de l'usine, à côté de clauses ayant ce caractère, il y en a d'autres qui sont impératives ou prohibitives, qui constituent de véritables *conditions* auxquelles était subordonnée l'autorisation accordée. Il y en a même qui ont, à la fois, le double caractère de permissions et de prescriptions : telle, par exemple, celle relative à la fixation du niveau de la retenue.

Or, si les tribunaux, dans l'exercice de leurs attributions en cette matière, peuvent ne pas tenir compte de ce qui n'est véritablement qu'une *permission administrative* et, par exemple, ordonner la suppression d'une usine pourvue d'un règlement régulier ou de ceux de ses ouvrages à l'établissement desquels l'administration s'est bornée à ne pas s'opposer, ils ne sauraient, au contraire, porter effectivement la main sur les ouvrages de l'usine, dans un sens contraire aux *conditions* imposées à l'usinier dans l'intérêt général. En pareil cas, ils ne doivent pouvoir statuer en faveur des tiers que pourraient léser ces prescriptions, que sous forme d'allocation de dommages-intérêts. La jurisprudence n'est, cependant, pas encore bien fixée sur ce point. (*Voy. les arrêts mentionnés au paragraphe ci-dessus.*)

Sect. 4. — Cours d'eau navigables et flottables.

34. Il est de principe que *la possession d'une force motrice sur un cours d'eau navigable ne saurait être l'objet d'un droit quelconque* vis-à-vis de l'État, propriétaire du domaine public. C'est une conséquence de la règle de l'inaliénabilité et de l'imprescriptibilité de ce domaine, proclamée par l'édit de 1566. A ce principe il y a cependant deux exceptions.

La première, qui s'explique d'elle-même, a été établie au profit des usines créées en vertu d'une concession faite, antérieurement à 1566, alors que l'État pouvait disposer de tout ou partie de ses droits sur le domaine public. (*A. du C.* 11 *avril* 1863, *Couturier.*)

La seconde a été admise en faveur des usines vendues nationalement pendant la Révolution comme biens d'émigrés ou d'Église : elle dérive de la règle jugée supérieure de l'irrévocabilité des ventes nationales. (*A. du C.* 30 *juill.* 1862, *Vital.*)

Sauf les établissements compris dans ces exceptions, *aucune usine sur cours d'eau navigable n'existe donc que par la tolérance du Gouvernement.* Toutes sont, d'ailleurs, soumises à cette loi qu'elles ne peuvent subsister que sous les conditions réglementaires mises à leur maintien par l'administration, conditions que celle-ci peut modifier quand elle le juge à propos, et qu'elles doivent disparaître le jour où l'administration en reconnaît la nécessité.

35. De même qu'en matière de police des eaux non navigables, l'administration ne saurait, sans abus, user de ses pouvoirs dans des vues d'intérêt privé. C'est toujours l'intérêt général, ici celui de la navigation et du flottage, qui doit l'inspirer. Par exemple, si la création de l'usine nécessite le relèvement du plan d'eau de la rivière par un barrage, l'État obligera l'usinier à construire dans le corps de ce barrage, soit une écluse soit une porte marinière, soit un pertuis de flottage.

36. L'administration n'a pas à connaître de l'emploi fait par l'usinier de la force motrice à lui concédée. Mais elle doit régler la transmission des eaux en aval, la navigation étant intéressée à ce que cette transmission s'effectue dans de bonnes conditions.

37. L'administration a le droit de s'assurer par les visites de ses agents, de l'observation effective de ses prescriptions. A cet égard nous renvoyons à ce qui a été dit dans la section précédente.

38. Lorsque l'usine doit utiliser des ouvrages établis dans l'intérêt de la navigation, ou lorsque des ouvrages construits par l'usinier il doit résulter un profit pour la navigation, l'art. 34 de la loi du 16 septembre 1807 porte que les frais d'entretien de cet ouvrage sera partagé entre l'État et le permissionnaire par voie de règlement d'administration publique.

Le Conseil d'État est d'avis que la part de l'usinier doit être arrêtée à une somme fixe annuelle, et versée par lui, à titre de fonds de concours à l'exécution de travaux publics, à la caisse du receveur des contributions *directes*. Cette contribution est révisable tous les trente ans.

Par application du même article, les propriétaires des barrages d'usines établis dans le lit des cours d'eau navigables, peuvent être appelés à contribuer à l'entretien de ces cours d'eau,

39. Indépendamment des conditions techniques indiquées ci-dessus et de l'obligation où il peut mettre les usiniers sur cours d'eau navigables de concourir à l'entretien des ouvrages de la navigation et de la rivière elle-même, l'État puise, aux termes des lois de finances des 16 juillet 1840 et 14 juillet 1856, dans sa qualité de propriétaire et de gérant du domaine public, la faculté de leur imposer une redevance qui est à la fois une recette pour lui et la constatation de son droit sur l'eau concédée.

En l'absence de toute prescription légale ou réglementaire spéciale, cette redevance est d'un $\frac{1}{2}$ p. 100 de la valeur vénale, dans la localité, de la force brute concédée, mesurée en chevaux-vapeur.

Elle est payable annuellement, par quarts et d'avance, à la caisse des contributions *indirectes* et révisable aussi tous les trente ans.

Si la redevance n'a pas été stipulée dans l'acte de concession, rien ne s'oppose à ce qu'elle le soit par un acte postérieur spécial. L'administration peut même subordonner la continuation de la concession au paiement d'autant d'annuités de redevance qu'il s'est écoulé d'années depuis la concession, si elle est postérieure à 1840, l'art. 2277 du Code civil n'étant pas applicable en cette matière. (*Jurisp. du Conseil d'État.*)

40. Les règles ci-dessus sont sans application aux usines antérieures à l'an 1566, et à celles qui ont été vendues nationalement. Existant en vertu de droits acquis, elles n'ont rien à payer. Le Conseil d'État n'admet même pas qu'une redevance puisse être réclamée aux usines simplement réglées avant la loi du 16 juillet 1840.

Toutefois, sous l'empire de cette loi, lorsqu'un des établissements dont il vient d'être parlé obtient l'autorisation d'augmenter sa force motrice, il rentre, en ce qui touche ce supplément de force, dans le droit commun et devient alors, dans cette mesure, passible d'une redevance.

41. Les compagnies concessionnaires de canaux de navigation peuvent permettre à des particuliers de se servir de l'eau de ces canaux comme de force motrice, mais il faut qu'elles y soient autorisées, dans chaque cas, par l'administration, qui détermine les conditions techniques de la prise d'eau. La redevance payée par le permissionnaire est alors réglée par un traité particulier passé entre lui et la compagnie ; elle est perçue par cette dernière et à son profit.

42. Lorsqu'il y a lieu à répartition entre l'État et une usine de frais d'entretien d'ouvrages communs à la navigation et à l'usine du concessionnaire ou des frais de curage de la rivière, cette répartition doit faire l'objet d'un décret délibéré par l'assemblée générale du Conseil d'État, et *distinct* de l'acte administratif autorisant la prise d'eau, lequel acte, s'il doit avoir la forme d'un décret, doit n'être, de son côté, délibéré que par la section des travaux publics du Conseil. (*Jurisp. du Conseil.*)

43. Les règles relatives à l'instruction des règlements des prises d'eau d'irrigation sur les cours d'eau navigables s'appliquent aussi de tous points aux usines. Complétons seulement ce qui a été dit à cet égard en faisant remarquer que, lorsqu'il y a lieu à l'établissement d'une redevance pour prise d'eau dans le domaine public, l'administration des finances doit concourir à l'instruction, en la personne du directeur des contributions indirectes dans le département, et, s'il y a lieu, à décret du ministre des finances.

44. Quant aux règles relatives au récolement des usines sur cours d'eau navigables, à la sanction administrative de leurs règlements et aux recours dont ces règlements sont susceptibles, nous ne pouvons que nous référer à ce qui a été dit à la section précédente.

Il n'en est pas de même en ce qui touche la sanction judiciaire des règlements auxquels lesdites usines sont assujetties. Les cours d'eau navigables dépendant de la grande voirie, c'est aux conseils de préfecture qu'il appartient, aux termes des lois du 28 pluviôse an VIII et 29 floréal an X, de punir les contraventions des usiniers. On sait que les pénalités en cette matière sont réglées par d'anciens édits tempérés par la loi du 23 mars 1842. Les conseils de préfecture ont aussi qualité pour prescrire le rétablissement en leur état primitif des lieux altérés par l'usinier.

45. On voit qu'en dehors des établissements antérieurs à 1566 et de ceux qui ont été vendus nationalement, les usines sur cours d'eau du domaine public n'ont pas, vis-à-vis du Gouvernement, *d'existence légale.* Le jour donc où, pour des motifs d'utilité publique quelconque, tout ou partie de leur force motrice leur est retirée, le jour où un chômage temporaire ou définitif leur est causé par l'État, elles n'ont d'indemnité d'aucune sorte à lui réclamer. En d'autres termes, le droit à indemnité qui est la règle en pareils cas pour les cours d'eau non navigables, est, sur ceux du domaine public, l'exception. (*L. de finances* 16 *juill.* 1840.)

Quant aux usines à existence légale, les règles exposées à la section précédente relativement aux bases des indemnités qui peuvent être dues à celles des cours d'eau non navigables, à la juridiction qui doit liquider ces indemnités et aux formes dans lesquelles ladite juridiction doit procéder, leur sont applicables.

46. Ajoutons que, dans l'intérêt de l'approvisionnement de Paris en bois de toutes sortes, les usines situées sur les cours d'eau qui servent au flottage des bois destinés à la consommation de la capitale peuvent être pour cet objet, en vertu de l'ordonnance de décembre 1672, mises en chômage temporaire. Dans ce cas, une indemnité leur est due par les flotteurs eux-mêmes. Cette indemnité, dont le chiffre a été en dernier lieu fixé par une loi du 28 juillet 1824, est de 4 fr. en 24 heures. C'est aux tribunaux civils, en cas de contestations, qu'il appartient de la régler.

47. Comme les permissions mentionnées à la section précédente, les concessions accordées sur les cours d'eau navigables le sont sous la réserve des droits des tiers, et les tribunaux peuvent se trouver amenés à examiner des plaintes formées par d'autres particuliers contre le concessionnaire.

La jurisprudence n'a pas, croyons-nous, encore précisé leur pouvoir en pareil cas. Mais les intérêts publics engagés dans la réglementation des concessions de cette nature, sont trop considérables pour que ce pouvoir puisse être aussi étendu que quand il s'agit de différends nés de l'usage des petits cours d'eau.

Rien ne paraît s'opposer pourtant à ce que la justice ordinaire ordonne la suppression totale de l'établissement autorisé, mais il est infiniment douteux qu'elle puisse ordonner la modification, dans une mesure quelconque, de ses ouvrages; et il semble que si ces ouvrages, tels qu'ils se comportent, sont une cause de préjudice pour des tiers, le droit de ces derniers doive nécessairement se résoudre en dommages-intérêts.

A. B.

BIBLIOGRAPHIE.
Législation appliquée des établissements industriels, par Auguste Bourguignat. Paris, Victor Dalmont. 2 vol. in-8°. 1858 et 1859.
Des usines sur les cours d'eau, par Nadault de Buffont. 2 vol. 1874.
Étude sur le service hydraulique, par G. de Passy. 1 vol. 1876.
Conférences sur le droit administratif, par Aucoc.

USUFRUIT. 1. C'est le droit de jouir des choses dont un autre a la propriété, comme le propriétaire lui-même, mais à la charge d'en conserver la substance. (*C. civ., art.* 578.)

2. L'usufruit est établi par la loi ou par la volonté de l'homme. La loi accorde, par exemple, au père pendant le mariage, et après la dissolution du mariage au survivant des père et mère, l'usufruit des biens de leurs enfants jusqu'à l'âge de dix-huit ans accomplis ou jusqu'à leur émancipation, qui pourrait avoir lieu avant cet âge (*C. civ., art.* 384). L'usufruit est également accordé par la loi: 1° au profit des titulaires des bénéfices ecclésiastiques sur les biens qui composent ces bénéfices (*D. 6 nov.* 1813); et 2° sous le régime monarchique, au Chef de l'État sur les biens qui composent le domaine de la couronne. (*Voy.* **Dotation de la couronne.**)

3. Si l'usufruit est établi au profit d'une commune ou d'un établissement public, sa durée est fixée à trente ans (*C. civ., art.* 619). C'est là un terme au delà duquel la volonté de l'homme ne s'aurait s'étendre.

4. L'usufruitier ne peut entrer en jouissance qu'après avoir fait dresser, en présence du propriétaire, ou lui dûment appelé, un inventaire des meubles et un état des immeubles. Il doit donner caution lorsqu'il n'en est pas dispensé par le titre constitutif de l'usufruit, etc.... (*Voy. C. civ., art.* 600 *et suiv.*)

USURE. 1. Délit qui consiste dans la perception d'un taux d'intérêt supérieur à celui qui est spécifié par la loi.

2. C'est la loi du 3 septembre 1807, qui, en

exécution de l'art. 1707 du Code civil, a réglé le taux de l'intérêt comme suit :

L'intérêt conventionnel, ainsi que l'intérêt légal, ne doit excéder, en matière civile, cinq pour cent, ni en matière commerciale, six pour cent, le tout sans retenue (*art*. 1 *et* 2); cette disposition ne s'applique pas au taux de l'escompte de la Banque de France. (*L.* 9 *juin* 1857, *art*. 8).

3. Les dispositions de la loi de 1807 ont été modifiées, en ce qui concerne le délit d'usure, par la loi du 19 décembre 1850, ainsi conçue :

Lorsque, dans une instance civile ou commerciale, il sera prouvé que le prêt conventionnel a été fait à un taux supérieur à celui fixé par la loi, les perceptions excessives seront imputées de plein droit, aux époques où elles auront eu lieu, sur les intérêts légaux alors échus, et subsidiairement sur le capital de la créance.

Si la créance est éteinte en capital et intérêts, le prêteur sera condamné à la restitution des sommes indûment perçues, avec intérêt du jour où elles lui auront été payées.

Tout jugement civil ou commercial constatant un fait de cette nature sera transmis par le greffier au ministère public, dans le délai d'un mois, sous peine d'une amende qui ne pourra être moindre de 16 fr. ni excéder 100 fr. (*art*. 1er).

4. Le délit d'habitude d'usure sera puni d'une amende qui poura s'élever à la moitié des capitaux prêtés à usure, et d'un emprisonnement de six jours à six mois (*art*. 2).

5. En cas de nouveau délit d'usure, le coupable sera condamné au maximum des peines prononcées par l'article précédent, et elles pourront être élevées jusqu'au double, sans préjudice des cas généraux de récidive prévus par les art. 57 et 58 du Code pénal.

Après une première condamnation pour habitude d'usure, le nouveau délit résultera d'un fait postérieur, même unique, s'il s'est accompli dans les cinq ans à partir du jugement ou de l'arrêt de condamnation (*art*. 3).

6. S'il y a eu escroquerie de la part du prêteur, il sera passible des peines prononcées par l'art. 405 du Code pénal, sauf l'amende, qui demeurera réglée par l'art. 2 de la présente loi (*art*. 4).

7. Dans tous les cas, et suivant la gravité des circonstances, les tribunaux pourront ordonner aux frais du délinquant, l'affiche du jugement et son insertion par extrait dans un ou plusieurs journaux du département. Ils pourront également appliquer dans tous les cas, l'art. 463 du Code pénal (*art*. 5).

BIBLIOGRAPHIE.

Enquête officielle sur la législation relative au taux de l'intérêt. Paris, impr. imp. 1866.

UTILITÉ PUBLIQUE. *Voy.* **Expropriation pour cause d'utilité publique, Établissements d'utilité publique.**

V

VACANCES, VACATIONS. 1. Dans l'ordre judiciaire, on appelle *vacances* ou *vacations* le temps pendant lequel l'administration de la justice est suspendue « afin de donner aux juges un repos nécessaire » (*Préamb.* L. 21 *fruct. an IV*). Deux mois sont consacrés aux vacances : ceux de septembre et d'octobre (*D.* 16 *févr.* 1816). Les tribunaux sont, en outre, dans l'usage de prendre à Pâques quelques jours de vacances.

2. Tous les tribunaux ne profitent pas du bénéfice des vacances. La loi les accorde seulement aux cours d'appel et aux tribunaux civils de première instance (*D.* 16 *juill.* 1810, *art*. 31; *D.* 18 *août* 1810, *art*. 37); aux deux sections civiles de la Cour de cassation (*O.* 24 *août* 1815); à la Cour des comptes (*O.* 3 *juill.* 1816). Le Conseil d'État jouit d'avantages analogues.

3. Quant aux chambres d'accusation et aux chambres correctionnelles des cours d'appel, aux chambres correctionnelles des tribunaux d'arrondissement et aux cours d'assises, elles n'ont pas de vacances (*Arr.* 23 *août* 1800, *art*. 3 ; *D.* 6 *juill.* 1810, *art*. 29 *et* 30; *D.* 18 *août* 1810, *art*. 36 ; *Circ. min.* 8 *mars* 1843). Il en est de même des tribunaux de commerce, des conseils de prud'hommes, des conseils de préfecture et des juges de paix. Les membres des parquets et les juges d'instruction ne peuvent également s'éloigner du siège de leurs fonctions à aucune

époque de l'année, si ce n'est en vertu de congés. (*Circ. précitée.*)

4. En établissant des vacances pour les tribunaux civils, la loi a prévu le cas où des affaires réclament une prompte solution. De là l'institution d'une chambre siégeant pendant les vacances et connue sous le nom de *Chambre des vacations* (*D.* 16 *juill.* 1810, *art*. 32 ; 18 *août* 1810, *art*. 37). La chambre des vacations de chaque tribunal d'arrondissement est composée de trois juges au moins (*D.* 30 *mars* 1808, *art*. 75); celle des cours d'appel est composée d'un président et de sept conseillers (*Id.*, *art*. 40 *et suiv.*). Les fonctions du ministère public sont remplies, chaque année, alternativement par le procureur général, par le procureur de la République et leurs substituts. (*Id.*, *art*. 76.)

5. Au Conseil d'État, plusieurs membres sont aussi désignés chaque année pour examiner les affaires urgentes.

6. *Vacations* se dit aussi, en terme de tarif, du temps consacré par un officier public ou ministériel à une opération, et, par extension, de l'émolument qui lui est dû à raison de ce temps. Le décret du 16 février 1807 contient le tarif des vacations dues à la plupart des officiers ministériels.

7. On dit, enfin, *vacances* pour exprimer la suspension périodique des études dans les lycées, les collèges, les institutions, etc. C'est le ministre de l'instruction publique qui fixe la durée des vacances dans les lycées et colléges, ainsi que les époques où elles commencent et où elles finissent.

VACCINE. 1. La *vaccine* est, à proprement parler, une maladie pustuleuse et contagieuse qui survient aux pis des vaches; mais vulgairement on appelle ainsi l'opération qui consiste à inoculer cette maladie à l'homme, afin de le préserver d'une des maladies les plus destructives et les plus hideuses de celles qui affectent l'humanité, la petite vérole.

2. Depuis le commencement du siècle, où cette méthode, due à un médecin anglais appelé Édouard Jenner, fut introduite, en France, le Gouvernement n'a cessé de faire les plus grands efforts pour l'encourager et la propager, soit en décernant des récompenses, soit en faisant constater ses avantages avec la plus grande authenticité par des hommes de l'art investis de la confiance publique.

3. Aux termes de l'ordonnance royale du 20 décembre 1820, l'Académie de médecine est appelée à seconder l'action de l'administration. Elle est chargée de faire des envois de vaccin aux départements qui en font la demande; elle reçoit communication de tous les documents transmis par les préfets au ministre de l'agriculture et du commerce relativement à la vaccine, et spécialement du tableau des vaccinations pratiquées chaque année; elle soumet annuellement au même ministre un rapport sur les travaux entrepris pour la propagation de la vaccine. (*Arr. min.* 16 *juill.* 1823). Sur ses propositions, il est accordé chaque année aux plus zélés vaccinateurs, savoir: 1° un prix de 1,500 fr.; 2° quatre médailles en or; 3° cent médailles en argent. (*Décis. royale* 10 *déc.* 1823.)

4. Dans plusieurs départements on a institué des médecins qui sont chargés spécialement du service de la vaccine et qui reçoivent un traitement fixe, payé sur des fonds votés à cet effet par les conseils généraux. Dans d'autres départements, les vaccinateurs, nommés d'avance, touchent des indemnités proportionnelles au nombre des vaccinations qu'ils opèrent. Ailleurs tous les médecins sont appelés à concourir, sur la production de leurs états de vaccinations, à des primes décernées par les préfets.

5. Nous constaterons encore ici que la vaccination est pratiquée dans tous les hospices d'enfants et même dans les autres hospices. Ainsi, généralement il est disposé dans l'un des hospices de chaque chef-lieu de sous-préfecture une salle particulière, et séparée de celles qui sont affectées au service ordinaire, où les familles pauvres peuvent faire vacciner gratuitement leurs enfants.

6. Depuis une série d'années on constate, avec une évidence croissante, que la vaccination n'a qu'un effet temporaire, dix ou douze ans, dit-on. On conseille donc la revaccination et l'autorité compétente l'a recommandée à différentes reprises. Elle s'opère d'ailleurs gratuitement à diverses époques et dans des locaux désignés à cet effet dans toutes les villes.

VAGABONDAGE. 1. Le vagabondage est un délit. Les vagabonds, ou gens sans aveu, sont ceux qui n'ont ni domicile certain, ni moyen de subsistance, et qui n'exercent habituellement ni métier ni profession. (*C. P., art.* 269 *et* 270.)

2. La présence dans une commune de vagabonds, ou gens sans aveu, peut compromettre l'ordre et la sûreté publique, dont le maintien est confié à l'autorité municipale. Un maire peut donc statuer, par un arrêté de police, que tout individu étranger à la commune, et se trouvant dans les conditions que nous venons d'énoncer, sera arrêté et mis à la disposition du procureur de la République, comme se trouvant en prévention de vagabondage. Toutefois, un maire n'a pas le droit de déclarer préventivement vagabond tel ou tel individu (*Cass.* 12 *juin* 1845). Il n'y a de vagabonds que ceux qui sont déclarés tels par un jugement correctionnel. Le droit du maire se borne à signaler à l'autorité judiciaire les individus sur lesquels son attention doit se porter.

3. Les mesures qui concernent les vagabonds ont été réglées par le Code pénal. Nous croyons utile de reproduire ici ces dispositions, qui forment un système complet sur cette matière.

4. Les vagabonds, ou gens sans aveu, qui auront été légalement déclarés tels, seront, pour ce seul fait, punis de trois mois à six mois d'emprisonnement. Ils seront renvoyés, après avoir subi leur peine, sous la surveillance de la haute police pendant cinq ans au moins et dix ans au plus. Néanmoins, les vagabonds âgés de moins de seize ans ne pourront être condamnés à la peine d'emprisonnement; mais sur la preuve des faits de vagabondage, ils seront renvoyés sous la surveillance de la haute police jusqu'à l'âge de vingt ans accomplis, à moins qu'avant cet âge ils n'aient contracté un engagement régulier dans les armées de terre ou de mer (*art.* 271).

5. Les individus déclarés vagabonds par jugement pourront, s'ils sont étrangers, être conduits, par les ordres du Gouvernement, hors du territoire de la France (*art.* 272).

6. Les vagabonds nés en France pourront, après un jugement même passé en force de chose jugée, être réclamés par délibération du conseil municipal de la commune où ils sont nés, ou cautionnés par un citoyen solvable. Si le Gouvernement accueille la réclamation, ou agrée la caution, les individus ainsi réclamés ou cautionnés seront, par ses ordres, renvoyés ou conduits dans la commune qui les aura réclamés, ou dans celle qui leur sera assignée pour résidence sur la demande de la caution (*art.* 273).

7. Aux articles que nous venons de citer sont jointes certaines dispositions communes aux mendiants et aux vagabonds, pour lesquelles nous renvoyons aux art. 277 à 282 du Code pénal.

VAINE PATURE. *Voy.* **Organisation communale,** n°s 225 et suiv.

VALEURS MOBILIÈRES. 1. Dans l'usage, on donne la dénomination de *valeurs mobilières* aux biens incorporels, réputés meubles par la détermination de la loi (*C. civ., art.* 529), tels que actions, obligations, parts d'intérêts dans les compagnies de finance, de commerce ou d'industrie, créances, rentes. Nous n'avons à nous occuper ici des valeurs mobilières qu'au point de vue des droits et taxes dont elles sont frappées au profit du Trésor.

2. Avant 1850, on n'était pas exactement fixé sur le régime fiscal à appliquer aux actions dans les sociétés. Les titres qui les représentaient ne pouvaient être assujettis qu'à l'impôt du timbre ; mais, tandis que les uns soutenaient que le droit exigible, au moins pour les titres négociables, était celui de 50 cent. par 1,000 fr., par assimilation aux effets de commerce, d'autres n'y voyaient que des extraits de l'acte de société soumis au timbre de dimension en vertu du principe général contenu dans l'art. 12 de la loi du 13 brumaire an VII.

3. La loi du 5 juin 1850 a fait cesser toute incertitude en inaugurant un régime nouveau, dont les procédés ont été imités par celles des 23 juin 1857 et 29 juin 1872, si tant est que ces dernières n'en dérivent pas. Actuellement, les valeurs mobilières sont soumises, en vertu de ces lois, à trois taxes distinctes, dont l'administration de l'enregistrement est chargée d'opérer la perception : l'impôt du *timbre*, l'impôt de *transmission* et l'impôt sur le *revenu*. Disons de suite que les rentes sur l'État français sont exemptes de tout impôt. (*Voy.* **Rentes.**)

SOMMAIRE.

CHAP. I. DROITS DE TIMBRE, 4 à 6.
　II. DROITS DE TRANSMISSION, 7 à 12.
　III. IMPÔT SUR LE REVENU, 13 à 17.
　IV. VALEURS ÉTRANGÈRES, 18 à 22.
　V. TITRES PERDUS, 23 à 28.

CHAP. I. — DROITS DE TIMBRE.

4. Chaque titre ou certificat d'action dans une société, compagnie ou entreprise quelconque, financière, commerciale, industrielle ou civile, que l'action soit d'une somme fixe ou d'une quotité, qu'elle soit libérée ou non libérée, émis à partir du 1er janvier 1851, est assujetti à un droit de timbre de 50 cent. par 100 fr. du capital nominal, pour les sociétés dont la durée n'excède pas dix ans et de 1 p. 100 pour celles dont la durée dépasse dix ans (*L. 5 juin* 1850, *art.* 14). Les titres d'obligations souscrits à compter de la même époque par les départements, communes, établissements publics et compagnies, sous quelque dénomination que ce soit, dont la cession, pour être parfaite à l'égard des tiers, n'est pas soumise aux dispositions de l'art. 1690 du Code civil, sont assujettis au droit de timbre de 1 p. 100 du montant des titres (*Ibid.*, *art.* 27). Ces droits sont surtaxés de deux décimes (*L. 23 août* 1871, *art.* 2). Des dispositions spéciales, aujourd'hui d'un moindre intérêt, régissent les titres émis avant 1851.

5. Le droit de timbre est avancé par les sociétés qui ont émis les titres. Il peut être remplacé par un abonnement annuel de 5 cent. par 100 fr. (2 décimes en sus) du capital nominal des actions ou du montant de chaque titre d'obligation ; l'abonnement est contracté pour toute la durée de la société (actions) ou pour toute la durée des titres (obligations). Le droit est payé par trimestre. Les sociétés en liquidation ou celles qui sont infructueuses pendant deux années sont dispensées du paiement. (*Ibid.*, *art.* 14, 22, 31, 24.)

6. Les titres d'actions ou d'obligations doivent être extraits d'un livre à souche. Toute société convaincue d'avoir émis un titre non timbré ou non extrait d'un livre à souche, est passible d'une amende de 12 p. 100 du montant de l'action et de 10 p. 100 du montant de l'obligation (décimes en sus). (*Ibid.*, *art.* 18 *et* 27.) L'agent de change ou le courtier qui concourt à la cession ou au transfert d'un titre non timbré est passible d'une amende de 10 p. 100 (décimes en sus) du montant de ce titre (*Ibid.*, *art.* 19, 32). Enfin, lorsqu'un titre non enregistré est mentionné dans un acte public, l'officier rédacteur est tenu de déclarer dans l'acte si le titre est revêtu du timbre et d'énoncer le montant du droit payé, à peine de 10 fr. d'amende. (*Ibid.*, *art.* 49.)

CHAP. II. — DROITS DE TRANSMISSION.

7. En principe, toute transmission de bien est frappée d'un droit d'enregistrement perçu sur l'acte ou sur la déclaration qui la constate : c'est le droit de *mutation*. La transmission des titres n'étant pas, en général, constatée par un acte, l'impôt de *transmission* a été établi pour équivaloir au droit d'enregistrement ; toutefois, il ne remplace que le droit des mutations à titre onéreux (ventes), les autres mutations (donations, successions) restant soumises aux droits ordinaires (*voy.* **Enregistrement**). Tout d'abord, l'impôt du timbre était destiné à tenir lieu du droit de mutation (*L. 5 juin* 1850, *art.* 15) ; mais, sous la pression de nécessités financières, le législateur a établi un impôt spécial, régi par la loi du 23 juin 1857 et le décret du 17 juillet suivant.

8. Le droit de transmission est établi sur la cession de tous les titres négociables des sociétés, compagnies ou entreprises quelconques, financières, industrielles, commerciales ou civiles, quelle que soit la date de leur création (*L. 23 juin* 1857, *art.* 10) ; il frappe, en outre, les obligations des départements, communes, établissements publics et du Crédit foncier (*L. 16 sept.* 1871, *art.* 11). Il est de deux sortes, suivant la nature des titres.

9. Pour les titres dont le mouvement est susceptible d'être constaté (titres nominatifs dont la cession ne peut s'opérer que par un transfert sur les registres de la société), le droit est perçu, pour chaque transmission effective, au taux de 50 cent. p. 100 (sans décimes) de la valeur négociée. Il prend plus spécialement le nom de *droit de transfert* (*L. 23 juin* 1857, *art.* 6 ; 29 juin 1872, *art.* 3). Il est dû également pour la conversion des titres au porteur en titres nominatifs. (*L. 23 juin* 1857, *art.* 8.)

10. Pour les titres au porteur et pour ceux dont la transmission peut s'opérer sans un transfert sur les registres de la société, le droit est converti en une taxe annuelle et obligatoire dite *taxe de transmission,* payée par quart, chaque trimestre, et assise sur le nombre des titres existant au dernier jour du trimestre écoulé, multiplié par le chiffre de leur cours moyen à la Bourse pendant l'année précédente ou, à défaut, par le chiffre déclaré de leur valeur (*L. précitée.* *art.* 6, 7 ; *D.* 17 *juill.* 1857, *art.* 5). La taxe de transmission est donc une sorte d'abonnement à forfait. La quotité est actuellement de 20 cent. par 100 fr. et par an (sans décimes). (*L. 29 juin* 1872, *art.* 3.)

11. Les droits de transfert sont supportés par

les cessionnaires, et la taxe de transmission par les porteurs de titres ; mais ils sont payés au Trésor par les sociétés (*L.* 23 *juin* 1857, *art.* 7). Le paiement a lieu dans les vingt premiers jours de chaque trimestre, sur la présentation d'états certifiés, faisant connaître, d'une part, le détail de chaque transfert, et, d'autre part, le nombre des titres au porteur existant au dernier jour du trimestre écoulé et leur cours moyen pendant l'année précédente (*D.* 17 *juill.* 1857, *art.* 2, 5, 6). Toute omission ou insuffisance de déclaration est punie d'un droit en sus (*L. citée, art.* 10). Le retard dans le paiement des droits ou le dépôt des états est puni d'une amende de 100 fr. à 5,000 fr. (décimes en sus). (*Ibid.* et *D. cité, art.* 12.)

12. Toute société nouvelle a l'obligation de faire, dans le mois de sa constitution définitive, une déclaration d'existence relatant les principales conditions de son établissement. Pour assurer le contrôle de la perception, les sociétés sont tenues de communiquer, sur place, aux agents de l'enregistrement, à toute réquisition, les registres à souche, registres de transferts et toutes pièces relatives aux transferts (*D. cité, art.* 1 et 9). Les moyens de contrôle ont été bien élargis par les lois des 23 août 1871 (*art.* 23) et 21 juin 1875 (*art.* 7), d'après lesquelles les sociétés doivent communiquer, tant au siège social que dans les succursales, leurs livres, registres, titres, pièces de recette, de dépense et de comptabilité, afin d'assurer l'exécution des lois sur le timbre et l'enregistrement. Le refus est puni d'une amende de 100 fr. à 5,000 fr. (décimes en sus).

CHAP. III. — IMPÔT SUR LE REVENU.

13. La taxe sur le revenu des valeurs mobilières a été établie par la loi du 29 juin 1872. Elle n'a rien de commun avec l'impôt sur le revenu dont il a été si souvent question depuis 1871 ; tandis que cet impôt frapperait le revenu des personnes, la taxe dont nous nous occupons s'applique au revenu de certaines choses, les valeurs mobilières. Une loi du 28 juin 1872 édictait un impôt de 2 p. 100 sur le revenu des créances hypothécaires ; mais les charges qui pèsent sur ces valeurs sont déjà si lourdes que, devant les réclamations unanimes, cette loi a été abrogée le 20 décembre suivant, sans avoir été appliquée.

14. La taxe sur le revenu est indépendante des droits de timbre et de transmission. Elle frappe, à partir du 1er juillet 1872 : 1° les intérêts, dividendes, revenus et tous autres produits des actions ; les arrérages et intérêts annuels des emprunts et obligations des départements, communes, établissements publics, sociétés ; 3° les intérêts produits et bénéfices annuels des parts d'intérêts et commandites dans les sociétés dont le capital n'est par divisé en actions. (*L.* 29 *juin* 1872, *art.* 1er.)

Cette dernière désignation comprend les sociétés civiles, mais elle n'est pas applicable aux parts d'intérêts, autres que les commandites, dans les sociétés commerciales en nom collectif et les sociétés dites de coopération. (*L.* 1er *déc.* 1875.)

15. La taxe est de 3 p. 100 (sans décimes) du revenu, lequel est déterminé : 1° pour les actions, par le dividende fixé par la société ; 2° pour les obligations ou emprunts, par l'intérêt dis-

tribué dans l'année ; 3° pour les commandites, par les délibérations des conseils d'administration des intéressés ou, à défaut, à raison de 5 p. 100 de la valeur de la commandite, à forfait. (*L.* 29 *juin* 1872, *art* 2.)

16. La taxe de 3 p. 100 s'applique aux lots et primes de remboursement payés aux porteurs d'obligations, effets publics et autres titres d'emprunts (*L.* 21 *juin* 1875, *art.* 5). Ces lots et primes ne sont, en réalité, que des intérêts ou des arrérages réservés et répartis selon un mode particulier. La taxe frappe sur le montant même du lot, et pour les primes, sur la différence entre la somme remboursée et le taux d'émission de la valeur. (*Ibid.*)

17. L'impôt sur le revenu est payé par trimestre ; il est avancé, sauf leur recours, par les sociétés, communes, etc. Les sociétés ont l'obligation de déposer, dans les 20 jours de leur date, les comptes rendus et les extraits des délibérations portant fixation des intérêts et dividendes à distribuer. Le droit d'investigation dans les livres des sociétés, accordé aux agents de l'administration (*voy. supra* n° 12), leur permet de vérifier l'exactitude des documents qui servent de base à la perception de l'impôt. Les contraventions sont punies d'une amende de 100 à 5,000 **fr.** (décimes en sus).

CHAP. IV. — VALEURS ÉTRANGÈRES.

18. La loi du 23 juin 1857 dispose que les actions et obligations des sociétés, compagnies on entreprises étrangères sont soumises à des droits équivalents aux droits de timbre et de transmission (*art.* 9). Cette disposition a été étendue aux titres des villes, provinces, corporations et établissements publics étrangers (*L.* 30 *mars* 1872, *art.* 1er). Enfin les mêmes titres étrangers sont, en outre, soumis à un droit équivalent à la taxe sur le revenu des valeurs françaises. Ils ne peuvent être cotés, négociés, exposés en vente ou émis en France qu'en se soumettant à l'acquittement des trois impôts. (*L.* 29 *juin* 1872, *art.* 4 ; *D.* 15 *déc.* 1875, *art.* 5.)

Ajoutons que les sociétés étrangères dont les titres ne sont pas cotés, mais qui ont pour objet des biens situés en France, doivent la taxe sur le revenu à raison des valeurs françaises qui en dépendent. (*L.* 29 *juin* 1872, *art.* 4.)

19. Le taux des droits de timbre et de transmission et de la taxe sur le revenu est le même que pour les valeurs françaises. L'assiette de ces trois impôts peut reposer sur une quotité du capital social (*L.* 23 *juin* 1857, *art.* 9, et 29 *juin* 1872, *art.* 4), déterminée une période de 3 ans, par le ministre des finances, sur l'avis d'une commission consultative (*D.* 24 *mai* 1872, *art.* 1er). Cette quotité ne peut être inférieure à un dixième du capital-actions et à deux dixièmes du capital-obligations (*Ibid. art.* 2). La liquidation et le paiement des droits se font de la même manière et aux mêmes époques que pour les valeurs françaises. Aucune distinction n'est faite pour le droit de transmission, entre les titres nominatifs et les titres au porteur. (*D.* 17 *juill.* 1857, *art.* 10.)

20. Préalablement à l'admission à la cote ou à l'émission, les sociétés étrangères doivent désiguer et faire agréer par le ministre des finances un représentant responsable (*D.* 17 *juill.* 1657, *art.* 10, *et* 6 *déc.* 1872, *art.* 3). Ce représentant devient débiteur direct et personnel vis-à-vis du Trésor (*Seine,* 28 *déc.* 1867). Toute infraction est passible d'une amende de 100 à 5,000 fr. (décimes en sus).

21. Les titres de rentes, emprunts et tous autres effets publics des gouvernements étrangers sont soumis à un régime fiscal particulier. Ils ne sont passibles que d'un droit de timbre, payable une fois pour toutes avant toute transmission en France. Ce droit est de 75 cent. (sans décimes) pour chaque titre de 500 fr. et au-dessous ; de 1 fr. 50 c. pour les titres de 500 à 1,000 fr. et, ensuite, de 1 fr. 50 c. par chaque 1,000 fr. ou fraction de 1,000 francs de la valeur nominale des titres (*L.* 13 *mai* 1863, *art.* 6, *et* 25 *mai* 1872, *art.* 1er). Des dispositions prohibitives spéciales sont destinées à assurer le paiement du droit de timbre avant toute transmission ou émission. (*Mêmes lois, art.* 7 ; *art.* 2 et 3).

22. D'autres prohibitions s'appliquent, en ce qui concerne le timbre, aux titres étrangers *non cotés.* Nul ne peut, non-seulement les négocier ou exposer en vente, mais encore les énoncer dans les actes de vente, de dépôt, de nantissement ou dans tout autre acte ou écrit (les inventaires exceptés) sans qu'ils aient été timbrés au droit de 1 p. 100 du capital nominal (tarif non applicable aux effets publics des gouvernements). De plus, tout acte qui énonce un titre de rente, ou effet public d'un gouvernement étranger, ou tout autre titre étranger, doit relater toutes les indications de la mention de visa pour timbre. Chaque contravention est punie d'une amende de 5 p. 100 (décimes en sus) de la valeur nominale des titres (minimum 50 fr. et décimes). Toutes les parties sont solidaires pour le paiement des droits et amendes. L'officier public rédacteur de l'acte qui contrevient aux dispositions ci-dessus, encourt personnellement une amende de 50 fr. (*L.* 30 *mars* 1872, *art.* 2.)

CHAP. V. — TITRES AU PORTEUR PERDUS.

23. Le propriétaire dépossédé de titres au porteur (autres que rentes sur l'État, *voy.* **Rentes** et **Billets de banque**), pour se faire restituer contre cette perte, doit faire notifier, par huissier, à l'établissement débiteur, une opposition indiquant le nombre, la nature, la valeur nominale le numéro et la série des titres et, autant que possible, les dates et circonstances de l'acquisition et de la perte. (*L.* 15 *juin* 1872, *art.* 2.)

24. Si, dans le délai d'un an, l'opposition n'est pas contredite, et s'il a été payé au moins deux termes d'intérêts ou de dividendes, l'opposant peut, sur une ordonnance d'autorisation du président du tribunal de son domicile, toucher les intérêts et dividendes échus ou à échoir, mais en fournissant une caution solvable, responsable pendant 2 ans. A défaut de caution, l'opposant peut exiger le dépôt à la Caisse des dépôts et consignations, pour ne disposer des sommes versées que 2 ans après l'autorisation. En ce qui concerne le capital des titres, s'il est échu, le délai ci-dessus est porté à 10 ans depuis l'époque d'exigibilité, pourvu qu'il se soit écoulé 5 ans depuis l'autori-

sation (*même loi, art.* 3, 4 *et* 5). La caution peut encore être remplacée par un nantissement (*Ibid., art.* 6). Après 10 ans à partir de l'autorisation, l'opposant peut obtenir un duplicata de son titre, pourvu que le numéro en ait été publié pendant 10 ans (*voy. n*o 26). *Ibid., art.* 15.)

25. Si l'opposition ne frappe que sur des coupons détachés, l'opposant peut en toucher le montant, sans autorisation, après 3 ans à compter de l'échéance et de l'opposition (*Ibid., art.* 8). Après les délais ci-dessus, les tiers porteurs ne conservent de recours que contre l'opposant (*art.* 8). Si l'opposition est contredite, l'établissement doit retenir les titres qui lui sont présentés, avertir l'opposant et attendre que la justice ait prononcé. (*Ibid., art.* 9.)

26. Pour prévenir la négociation des titres perdus, il faut faire notifier opposition au syndicat des agents de change de Paris, avec réquisition de faire publier les numéros des titres dans le Bulletin officiel créé à cet effet, et payer d'avance, chaque année, un prix de 50 cent. par titre (*Ibid., art.* 11, *et D.* 10 *avril* 1873, *art.* 3). La publication continue pendant 10 ans, à moins qu'il ne soit justifié de la mainlevée de l'opposition. (*D. précité, art.* 6.)

27. L'insertion au Bulletin a lieu un jour franc après la notification, sous la responsabilité du syndicat des agents de change. Toute négociation faite postérieurement est nulle vis-à-vis de l'opposant et engage la responsabilité des agents de change envers les tiers porteurs. (*L.* 15 *juin* 1872, *art.* 12.)

28. Les parties intéressées peuvent obtenir du syndicat, moyennant rétribution, communication des numéros épuisés du Bulletin, copie des actes d'opposition ou de mainlevée, et l'indication du domicile de l'opposant (*D.* 10 *avril* 1873, *art.* 8 *et suiv.*). Les agents de change doivent inscrire sur leurs livres ainsi que sur les bordereaux d'achat les numéros des titres qu'ils négocient (*L. précitée, art.* 13). Il leur est alloué pour ces mentions 50 cent. par titre. (*D. art.* 11.) PAUL DUCROQUET.

VANNE. Espèce de porte dont on se sert pour retenir ou lâcher les eaux d'un étang, d'une écluse, d'un canal, etc. C'est à l'administration qu'il appartient, dans l'intérêt des propriétés riveraines, de la voirie, des usines, des approvisionnements et de l'irrigation, de fixer, surveiller, maintenir ou rectifier la dimension des vannes de moulins, établies sur les cours d'eau. (*L.* 20 *août* 1790, *et* 15 *oct.* 1791.)

VAPEUR. *Voy.* **Bateaux à vapeur** et **Machines à vapeur.**

VARECH. *Voy.* **Mer.**

VENDANGE. *Voy.* **Ban de vendange.**

VENTE AUX ENCHÈRES DE MARCHANDISES NEUVES. 1. Cette vente était prohibée en principe dans notre ancienne législation (*Arr. régl.* 23 *août* 1758), comme elle l'est encore aujourd'hui. La législation intermédiaire seule l'a permis en la soumettant aux mêmes règles que la vente aux enchères de tous les autres effets mobiliers, c'est-à-dire en ordonnant que la vente aurait lieu publiquement, en la présence et par le ministère d'officiers publics ayant qualité pour procéder (*L.* 22 *pluv. an VII*). Cette loi donna lieu à de vives réclamations, qui acquirent du poids par l'appui que leur prêta le conseil de commerce de Paris, en déclarant, le 10 ventôse an X, que ces ventes étaient fort nuisibles ailleurs que dans les ports de mer. Le Code de commerce de 1808 ne se prononça cependant pas sur cette question. Il se contenta, dans son art. 492, de permettre la vente dont il s'agit, dans le cas de faillite, ce qui, au surplus, a toujours été admis. Mais le décret du 22 novembre 1811 prépara le retour vers l'ancienne législation, en exigeant pour ces ventes l'autorisation du tribunal de commerce, donnée sur requête. Le décret du 18 avril 1812 fit un pas de plus. Il déclara qu'à Paris on ne pourrait vendre de la manière indiquée par le décret de 1811, que les marchandises énoncées dans un tableau annexé au décret; or, ce tableau ne contient que les denrées coloniales et toutes les marchandises autres que celles d'ameublement, de luxe et de toilette, lesquelles sont précisément seules nommées *marchandises neuves*. Pour les villes autres que Paris, le décret de 1812 ordonna qu'il fût dressé par les tribunaux et Chambres de commerce un état des marchandises dont il pourrait être nécessaire, dans certaines circonstances, d'autoriser la vente à la Bourse, aux enchères par le ministère des courtiers de commerce, avec l'approbation du ministre des manufactures et du commerce. Des ordonnances du 1er juillet 1818 et du 9 avril 1819 apportèrent d'autres dispositions sur des points de détail.

2. Les décrets de 1811 et 1812 furent peu appliqués, comme le prouve une circulaire du ministre de la justice du 6 mai 1829, qui en recommanda la stricte exécution aux chefs du parquet. Une loi nouvelle était donc nécessaire : elle fut rendue le 25 juin 1841. L'art. 1er de cette loi s'exprime ainsi : « Sont interdites les ventes en détail des marchandises neuves, à cri public, soit aux enchères, soit au rabais, soit à prix proclamé, avec ou sans l'assistance des officiers ministériels. » La vente est donc prohibée lorsque trois conditions sont réunies : 1° s'il s'agit de *marchandises neuves*, c'est-à-dire de marchandises faisant l'objet d'un commerce et non de marchandises qui, quoique neuves, auraient cessé d'être dans le commerce et se trouveraient entre les mains d'un consommateur (*Exposé des motifs de la loi par M. Martin [du Nord], dans le Moniteur des 24 février et 18 avril* 1841); 2° que la vente soit en détail; les ventes en gros peuvent avoir lieu, pourvu qu'elles soient faites par le ministère des courtiers et avec certaines formalités (*L.* 1841, *art.* 6); 3° que la vente ait lieu à cri public; ce mode de vendre, en effet, a souvent pour résultat de produire un prix dépassant la valeur de la marchandise. Peu importe d'ailleurs aujourd'hui que la vente ait lieu aux enchères, au rabais ou à prix proclamé : la vente au rabais n'est qu'une vente aux enchères déguisée, et la vente à prix fixe proclamé a pour but de faire acheter de mauvaises marchandises.

3. L'art. 2 de la loi de 1841 indique les ventes qui ne sont pas comprises dans la prohibition de l'art. 1er. Ce sont : 1° les ventes prescrites par la loi, telles que celles des effets déposés aux monts-de-piété; 2° les ventes faites par autorité de jus-

tice, comme celles qui ont lieu par suite d'une saisie-exécution; 3° les ventes après décès, faillite ou cessation de commerce; 4° les ventes à cri public de comestibles et objets de peu de valeur, connus dans le commerce sous le nom de *menue mercerie*; 5° les ventes qui sont jugées nécessaires par le tribunal de commerce. Cette dernière disposition est fort sage, car il était impossible au législateur de prévoir tous les cas de nécessité. On peut citer parmi ces circonstances une fin de bail, une gêne momentanée, une expropriation pour cause d'utilité publique, etc....

4. *Vente en gros.* La loi du 28 mai 1858 sur les magasins généraux (*voy. ce mot*) a rendu nécessaire de remanier la législation de la vente publique aux enchères des marchandises en gros. La loi qui intervint porte également la date du 28 mai 1858; elle a été complétée par les règlements d'administration publique (décrets) des 12 mars 1859, 8 mai 1861, 29 juin 1861 (le Havre), 30 mai 1863 (relatif à toute la France), sans compter des décisions spéciales à certaines villes, comme les décrets des 7 mars, 23 mai et 29 août 1863, 3 mars 1866 (Marseille), 27 septembre 1867 (palais de l'Exposition).

Cette législation supprime les décrets de 1811, 1812, 1818 et 1819.

5. La loi du 28 mai 1858 commence par autoriser, sans qu'il y ait lieu à intervention de la part du tribunal de commerce, la vente volontaire aux enchères, *en gros*, des marchandises comprises au tableau annexé à la loi, tableau qui peut-être a été modifié par des règlements d'administration publique postérieurs. (*Voy. notamment D.* 30 *mai* 1863.)

6. La vente a lieu par le ministère d'un courtier. Les courtiers établis dans une ville où siège un tribunal de commerce ont qualité pour procéder à ces ventes, dans toute localité dépendant du ressort de ce tribunal où il n'existe pas de courtier (*L.* 1858, *art.* 2). La loi du 18 juillet 1866, en prononçant la liberté du courtage a maintenu cette disposition. (*Voy.* **Courtiers.**)

7. Le décret du 12 mars 1859 est commun aux magasins généraux et à la vente publique en gros; cette dernière est réglementée par les art. 20 et suivants, mais ces articles ont été modifiés de leur côté par le décret du 30 mai 1863. Ce décret renferme les dispositions que nous allons reproduire :

8. Il sera procédé aux ventes publiques, à la Bourse ou dans les salles autorisées, conformément au présent décret; toutefois, le courtier est autorisé à vendre sur place, dans le cas où la marchandise ne peut être déplacée sans préjudice pour le vendeur, et où, en même temps, la vente ne peut être convenablement faite que sur le vu de la marchandise.

Le courtier peut également vendre sur place s'il n'existe pas de bourse ni de salle de vente autorisée dans la commune où la marchandise est déposée. (*D.* 1863, *art.* 20 *modifié.*)

9. Le lieu, les jours, les heures et les conditions de la vente, la nature et la quantité de la marchandise doivent être, trois jours au moins à l'avance, publiés au moyen d'une annonce dans l'un des journaux désignés pour les annonces ju-

diciaires de la localité et, en outre, au moyen d'affiches apposées à la Bourse, ainsi qu'à la porte du local où il doit être procédé à la vente et du magasin où les marchandises sont déposées.

Deux jours au moins avant la vente, le public doit être admis à examiner et vérifier les marchandises, et toutes facilités doivent lui être données à cet égard.

Toutefois, le président du tribunal de commerce du lieu de la vente peut, sur requête motivée, accorder dispense de l'exposition préalable prescrite par le paragraphe précédent, lorsqu'il s'agit de marchandises qui, à cause de leur nature ou de leur état d'avarie, ne pourraient pas y être soumises sans inconvénients. Mais, en tous cas, des mesures doivent être prises pour que le public puisse examiner les marchandises avant qu'il soit procédé à la vente. (*D.* 1863, *art.* 21 *modifié.*)

10. Avant la vente, il est dressé et imprimé un catalogue des denrées et marchandises à vendre, lequel porte la signature du courtier chargé de l'opération. Le catalogue est délivré à tout requérant. (*D.* 12 *mars* 1859, *art.* 22, *non modifié par le D. de* 1863.)

11. Le catalogue énonce les marques, numéros, nature et quantité de chaque lot de marchandises, les magasins où elles sont déposées, les jours et les heures où elles peuvent être examinées, et le lieu, les jours et les heures où elles seront vendues.

Sont mentionnées également les époques de livraison, les conditions de paiement, les tares, avaries et toutes les autres indications et conditions qui seront la base et la règle du contrat entre les vendeurs et les acheteurs.

La formation préalable de lots distincts n'est pas obligatoire pour les marchandises en grenier ou en chantier. Si elle n'a pas lieu, le catalogue doit mentionner la cause qui empêche d'y procéder et la manière dont s'opérera la livraison. La même mention doit être reproduite dans le procès-verbal de la vente. (*D.* 1863, *art.* 23 *modifié.*)

12. Lors de la vente, le courtier inscrit immédiatement sur le catalogue, en regard de chaque lot, le nom et domicile de l'acheteur, ainsi que le prix de l'adjudication. (*D.* 1859, *art.* 24.)

13. Les lots ne peuvent être, d'après l'évaluation approximative et selon le cours moyen des marchandises, au-dessous de 500 fr.

Ce minimum peut être élevé ou abaissé dans chaque localité, pour certaines classes de marchandises, par arrêté du ministre de l'agriculture et du commerce, rendu après avis de la chambre de commerce ou de la chambre consultative des arts et manufactures.

En cas d'avaries, les marchandises peuvent être vendues par lots d'une valeur inférieure au minimum fixé pour chacune d'elles; mais après autorisation donnée sur requête par le président du tribunal de commerce du lieu de la vente. Ce magistrat peut toujours, s'il le juge nécessaire, faire constater l'avarie par un expert qu'il désigne.

Le minimum de la valeur des lots est fixé à 100 fr. pour les ventes après protêt de warrant, de marchandises de toute espèce. (*D.* 1863, *art.* 25.)

VENTILATION. 1. En droit, ce mot se dit de l'action de déterminer la valeur de différentes parties d'un bien vendu en bloc; c'est l'estimation particulière de chacune des choses comprises dans une même vente, eu égard au prix total. Les formalités à suivre dans les ventilations judiciaires sont indiquées dans les art. 1601, 2192 et 2211 du Code civil.

2. Ce terme a encore une acception bien connue de ceux qui s'occupent d'hygiène. La nécessité de procurer un air salubre aux écoles et aux locaux où se réunissent les assemblées nombreuses, a donné lieu à des prescriptions d'ordre technique qu'il ne nous appartient pas de reproduire ici; nous avons seulement tenu à affirmer, en passant, l'importance de la question.

VÉRIFICATEUR. 1. On appelle communément *vérificateur* celui qui est commis soit pour vérifier des comptes ou des travaux exécutés, soit pour examiner si certains règlements sont observés.

2. Dans les différents services de l'administration, il existe de nombreux agents qui reçoivent cette dénomination, tels sont les vérificateurs de l'enregistrement (*voy.* **Enregistrement**); les vérificateurs des douanes (*voy.* **Douanes**); les vérificateurs des contributions indirectes (*voy.* **Contributions indirectes**); les vérificateurs des poids et mesures (*voy.* **Poids et mesures**).

3. Près des tribunaux il existe aussi des *experts vérificateurs*, chargés d'examiner si une écriture est vraie ou fausse dans le cas où celui auquel on oppose un acte sous seing privé désavoue son écriture ou sa signature, et dans le cas où ses héritiers déclarent ne les connaître point (*art.* 193 *à* 213) les formes à observer dans les vérifications d'écriture.

VÉTÉRINAIRES. 1. On désigne sous le nom de *vétérinaires* ceux qui s'adonnent au traitement et à la médecine des animaux domestiques.

2. La fondation des écoles vétérinaires est due à Bourgelat, le créateur de l'hippiatrique en France. Jusqu'en 1762, époque de l'ouverture de l'école de Lyon, la première en date, la médecine des animaux domestiques avait été abandonnée aux maréchaux ferrants. Bourgelat conçut le projet de constituer l'enseignement vétérinaire sur des bases scientifiques, et le ministre Bertin eut le mérite de comprendre sa pensée et de lui faciliter les moyens de la mettre à exécution. Plus tard des réformes furent introduites dans l'œuvre primitive de Bourgelat, sous l'inspiration d'hommes dont les noms sont restés célèbres: Vicq d'Azyr, Daubenton, Fourcroy, etc. Les écoles vétérinaires de France ont servi de modèle à toutes celles qui se sont successivement créées en Europe. Elles sont aujourd'hui au nombre de trois: celle de Lyon, ouverte le 1er janvier 1762; celle d'Alfort, fondée en 1766, et celle de Toulouse, qui fut inaugurée le 25 octobre 1828.

SOMMAIRE.

CHAP. I. **VÉTÉRINAIRES CIVILS**, 3 à 26.

II. **VÉTÉRINAIRES MILITAIRES**, 27 à 30.

CHAP. I. — VÉTÉRINAIRES CIVILS.

3. Les progrès de l'agriculture et de la zootechnie ont accru, dans une notable proportion, l'importance et l'utilité de la profession vétérinaire, et c'est pour répondre à des nécessités impérieuses que la sollicitude éclairée du Gouvernement a successivement doté la France de trois écoles où la médecine vétérinaire est enseignée dans sa théorie et dans sa pratique.

Ces écoles ont été réorganisées en dernier lieu par un décret en date du 19 mai 1873.

4. L'enseignement dans ces trois écoles repose sur les mêmes principes; il est divisé en sept chaires, dont l'une est occupée par le directeur.

5. La répartition des matières de l'enseignement entre les professeurs est fixée par le ministre de l'agriculture et du commerce, et peut être modifiée par lui lorsqu'il le juge convenable.

6. Les professeurs sont assistés, dans leurs fonctions, par des chefs de service, dont le nombre peut varier suivant les besoins de l'enseignement.

7. Chaque école est administrée par un directeur qui surveille toutes les parties de l'instruction et qui occupe, ainsi que nous l'avons dit plus haut, une des chaires de l'établissement.

Un inspecteur général visite annuellement les écoles, et adresse sur chacune d'elles un rapport spécial au ministre.

8. Le traitement des fonctionnaires et employés dans les écoles vétérinaires est fixé conformément au tableau ci-après:

	3ᵉ classe	2ᵉ classe	1ʳᵉ classe
Inspecteur général . .	10,000 et 4,000ᶠ de frais de route.		
Directeurs			8,000ᶠ
Professeurs	4,500ᶠ	5,000ᶠ	6,000ᶠ
Chefs de service	2,400	2,700	3,000
Régisseurs	3,500	4,000	5,000
Économes.	1,800	2,200	2,500
Surveillants en chef . . .	2,000	2,300	2,600
Surveillants.	1,500	1,700	2,000
Chefs d'atelier des forges et jardiniers chefs	1,500	1,800	2,200
Employés d'administration. .	1,500	1,800	2,200
Palefreniers.	1,000	1,200	1,500
Hommes de peine	De 800 à 1,400		

L'élévation à la classe supérieure ne peut avoir lieu, dans chaque ordre de fonctions, qu'après trois ans d'exercice au moins.

9. La nomination de tous les fonctionnaires et employés appartient au ministre de l'agriculture et du commerce. Mais les places de professeurs et de chefs de service ne sont accordées qu'après un concours devant un jury spécial.

La composition du jury ainsi que le mode et les conditions du concours sont déterminés par le ministre.

10. Dans chaque école, il est établi un conseil composé du directeur, président, et des professeurs. Lorsque l'inspecteur général se présente à l'école, il fait partie de droit du conseil et le préside. Le secrétaire est désigné par le président. Ce conseil arrête à la fin de chaque semestre, d'après les résultats des examens généraux passés par les élèves, la liste de classement dans chaque division et présente les plus méritants pour l'obtention des demi-bourses vacantes; il statue également sur les prix et les diplômes à décerner.

11. Les écoles vétérinaires reçoivent des élèves internes, des élèves externes et des auditeurs libres. Ces derniers sont reçus sans examen, sur l'autorisation du directeur de l'école et moyen-

nant l'acquittement d'un droit de 50 fr. par trimestre, payable d'avance entre les mains du régisseur de l'établissement. Pour les deux autres catégories d'élèves les demandes d'admission doivent être adressées écrites sur timbre, avant le 20 septembre, au ministre de l'agriculture et du commerce. Elles peuvent être faites, soit directement par le candidat, soit par l'intermédiaire du préfet de son département, de ses parents, de son tuteur ou de ses protecteurs.

12. Dans tous les cas, les pièces ci-après doivent être produites à l'appui, savoir : 1° l'acte de naissance du candidat; 2° un certificat du maire du lieu de sa dernière résidence, constatant qu'il est de bonnes vie et mœurs; 3° un certificat d'un médecin, attestant qu'il a été vacciné ou qu'il a eu la petite vérole; 4° une obligation souscrite sur papier timbré par les parents, le tuteur ou le protecteur du jeune homme, pour garantir le paiement, par trimestre et d'avance, de la pension pendant tout le temps de son séjour à l'école. Cette pièce doit désigner un correspondant demeurant, pour l'École d'Alfort, soit à Alfort, soit à Paris, et pour les autres écoles, dans les localités où elles sont situées.

Pour les étrangers, l'obligation doit être fournie par un correspondant résidant en France, en son propre nom, de telle sorte que le signataire se constitue ainsi, par son engagement, personnellement responsable du prix de la pension.

13. Sur le vu de ces pièces, dûment légalisées, le ministre examine s'il y a lieu d'autoriser le pétitionnaire à se présenter à l'examen préparatoire d'admission, qui se fait à l'école devant un jury spécial nommé par le ministre. Si l'autorisation est accordée, il en est donné avis au candidat ou à la personne qui a fait la demande en son nom.

14. Un jeune homme ne peut être admis dans une école vétérinaire à d'autre titre que celui d'élève payant pension. Il doit être âgé de 17 ans au moins et de 25 au plus, et faire preuve de connaissances sur la langue française, l'arithmétique, la géométrie, la géographie et l'histoire. Les bacheliers ès lettres ou ès sciences sont reçus sans examen, ainsi que les jeunes gens qui ont obtenu le diplôme délivré dans les écoles d'agriculture. Le certificat de grammaire donne droit au tiers des points représentant l'unanimité des notes exprimées par le mot *bon.*

15. Tous les jeunes gens autorisés à subir l'examen préparatoire d'admission doivent être rendus à l'école le 6 octobre au matin, pour justifier de l'autorisation qu'ils ont obtenue. Le directeur leur donne connaissance du jour et de l'heure de l'ouverture de cet examen.

Les candidats auxquels le résultat de l'examen est favorable sont admis immédiatement au nombre des élèves.

L'admission dans les écoles vétérinaires ne dispense nullement de l'obligation du service militaire, seulement les élèves ont le droit de contracter, avant le tirage au sort de leur classe, l'engagement conditionnel d'un an prévu par les art. 53 et suivants de la loi du 27 juillet 1872 sur le recrutement de l'armée. Ceux qui ont souscrit cet engagement peuvent obtenir de l'autorité militaire des sursis pour continuer leurs études, et ces sursis sont susceptibles d'être renouvelés jusqu'à ce que les jeunes gens aient accompli leur vingt-quatrième année.

16. La durée des cours est de quatre années, après lesquelles les élèves qui sont reconnus en état d'exercer la médecine des animaux domestiques reçoivent le diplôme de vétérinaire, à la charge de payer une somme de 100 fr.

17. La pension annuelle est fixée à 600 fr. par an, payables par trimestre et d'avance pour les internes, et à 200 fr. pour les externes. Le paiement doit en être effectué dans la caisse du trésorier-payeur général de la résidence de l'école. Néanmoins l'administration des finances a décidé que tous les receveurs des finances sont appelés à recevoir le prix des pensions et à en délivrer récépissé.

La somme due pour le diplôme doit être versée par les élèves, avant leur examen devant le jury, entre les mains du régisseur. Elle est restituée, après l'examen, à ceux qui n'obtiennent pas ce titre.

18. Des demi-bourses sont instituées dans les écoles vétérinaires au nombre de deux par département, y compris les trois départements algériens, et sont données au concours entre les élèves d'un même département d'après les résultats des examens généraux semestriels. En outre, 68 demi-bourses, dites ministérielles, réparties entre les trois écoles proportionnellement au nombre de leurs élèves, sont accordées dans chaque division aux élèves portés les premiers sur la liste de classement.

19. Les élèves ont à se pourvoir à leurs frais d'un trousseau, ainsi que du linge à leur usage personnel, à l'exception du linge de literie et des autres objets de coucher, qui sont fournis par l'État. Les frais d'entretien du trousseau des élèves demeurent à leur charge, excepté ceux d'entretien et de blanchissage de leur linge personnel, qui sont supportés par l'État. Les élèves ont également à se procurer à leurs frais les livres et instruments nécessaires à leurs études.

20. Le ministère de la guerre entretient dans les écoles vétérinaires 60 boursiers désignés sous le nom d'élèves militaires, 30 à Alfort, et 15 dans chacune des deux autres écoles.

Pour être admis à concourir pour l'obtention de ces bourses, il faut être porteur du certificat de grammaire et avoir moins de 18 ans.

21. Le service de la comptabilité dans les écoles vétérinaires est confié au régisseur, assisté d'un secrétaire ou d'un commis, et d'un économe garde-magasin.

Le régisseur ordonne toutes les dépenses suivant les instructions administratives et sur l'autorisation du directeur; il en acquitte le montant conformément aux règles de la comptabilité publique.

22. Le régisseur est également chargé de la comptabilité des hôpitaux, qui consiste dans le recouvrement du prix de la pension des animaux admis en traitement dans les infirmeries.

Le montant de ces pensions est versé par le régisseur au trésor public.

23. Les animaux malades que leurs propriétaires placent dans les infirmeries pour y être traités, y sont reçus moyennant l'acquittement d'avance, à la caisse du régisseur, d'un prix de pension qui varie selon que les animaux sont nourris ou non par l'école, du moins en ce qui concerne les chevaux.

Il est payé pour les animaux mis en traitement dans les écoles vétérinaires les sommes suivantes par quinzaine:

A Alfort . . .	Cheval nourri 45f00c, non nourri 12f00c
—	Chien nourri 15 00,	»
A Lyon. . . .	Cheval nourri 37 50, non nourri 15 00
—	Chien nourri 11 25,	»
A Toulouse . .	Cheval nourri 30 00, non nourri 11 25
—	Chien nourri 11 25,	»

Les animaux de l'espèce bovine sont reçus gratuitement à l'École d'Alfort et à celle de Lyon. A l'École de Toulouse ils paient 7 fr. 50 c. par quinzaine.

24. Si un animal vient à mourir ou à quitter l'établissement par la volonté de son propriétaire avant l'expiration de la quinzaine, il y a lieu au remboursement d'une somme proportionnelle au nombre de jours restant à courir sur cette quinzaine.

25. Des consultations gratuites ont lieu en outre, dans les trois écoles, pour les animaux malades qui sont présentés à la clinique par leurs propriétaires.

26. L'exercice de la profession vétérinaire n'est assujetti par la loi à aucune restriction. Néanmoins le titre de vétérinaire ne peut être pris que par ceux qui ont obtenu le diplôme délivré dans les écoles vétérinaires. De plus des instructions ministérielles des 10 juillet 1838 et 7 août 1841, prescrivent aux préfets de publier et de faire afficher tous les ans la liste des vétérinaires diplômés qui exercent dans le ressort de leur préfecture. Cette liste est soumise à l'approbation et au contrôle du ministre de l'agriculture et du commerce.

Dans le cas de perte de bestiaux, on ne peut prétendre à un dédommagement quelconque si l'on ne justifie pas qu'un vétérinaire a été appelé en temps utile. Il n'est fait d'exception à cette règle que s'il n'existe pas de vétérinaire dans un rayon de 8 kilomètres.

CHAP. II. — VÉTÉRINAIRES MILITAIRES.

27. Le cadre des vétérinaires militaires a été déterminé par la loi du 13 mars 1875 sur la constitution des cadres de l'armée. Il comprend 10 vétérinaires principaux, dont 5 de première classe et 5 de seconde classe; 143 vétérinaires en premier; 151 vétérinaires en second et 115 aides-vétérinaires, plus des aides-vétérinaires stagiaires en nombre proportionné aux besoins du recrutement du service. Les aides-vétérinaires stagiaires sont choisis parmi les vétérinaires ayant obtenu leur diplôme dans les écoles vétérinaires du Gouvernement, et qui, âgés de moins de 30 ans, justifient de leur moralité. Après avoir passé une année à l'école de cavalerie de Saumur, ils sont nommés aides-vétérinaires. Ceux-ci passent vétérinaires en second, moitié à l'ancienneté, moitié aux choix. Les vétérinaires en premier sont pris, pour un tiers à l'ancienneté et pour les deux autres tiers au choix, parmi les vétérinaires en second ayant trois ans de service au moins dans leur emploi.

Les vétérinaires principaux de première classe

sont pris au choix parmi les vétérinaires principaux de deuxième classe ayant au moins deux ans d'ancienneté dans leur classe. Les vétérinaires principaux de deuxième classe sont pris au choix parmi les vétérinaires en premier ayant

quatre ans de service au moins dans leur emploi.

28. La solde des vétérinaires militaires est réglée d'après le tarif ci-dessous, établi conformément à la loi du 28 janvier 1877 :

GRADES.	TRAITEMENT comprenant la retenue de 2 p.%.	TRAITEMENT dans les écoles.	INDEMNIT dans les remontes.	INDEMNITÉ par jour dans Paris.
Vétérinaire { de 1re classe.	6,557f14c	7,200f » c	»	3f75c
principal. { de 2e classe.	5,528 57	6,660 »	»	3 75
Vétérinaire { en premier	3,361 22	3,960 »	378f » c	2 55
{ en second.	2,664 89	3,240 »	324 »	2 30
Aide-vétérinaire.	2,424 49	2,880 »	»	2 15
Aide-vétérinaire stagiaire	1,800 »	»	»	2 15

29. Les vétérinaires militaires prennent rang entre eux selon leur grade et leur classe, et sont subordonnés les uns aux autres suivant les règles de discipline. Cette hiérarchie est toute spéciale et ne comporte l'exercice, ni directement, ni par assimilation de grade militaire.

Toutefois, conformément à l'art. 4 du décret organique du 30 avril 1875, en ce qui concerne les prérogatives, les vétérinaires prennent rang, savoir :

Le vétérinaire principal de première classe, après le lieutenant-colonel ;

Le vétérinaire principal de deuxième classe, après le chef d'escadrons ;

Le vétérinaire en premier, après le capitaine ;

Le vétérinaire en second, après le lieutenant ;

L'aide-vétérinaire, après le sous-lieutenant.

30. Les vétérinaires de tout grade sont nommés par décret du président de la République, et les dispositions de la loi du 19 mai 1834 sur l'état des officiers leur sont applicables.

A. Leblond.

VIADUC. Les *viaducs* sont des constructions semblables aux aqueducs et établies comme eux au-dessus d'une route, d'un vallon, mais servant pour le passage d'une voie de communication ou d'un chemin de fer. Ce sont de véritables ponts ; seulement on réserve le nom de *viaduc* aux ponts qui ne sont pas établis sur les cours d'eau.

VICAIRE, VICARIAT. 1. On appelle vicaire un ecclésiastique chargé d'aider et de remplacer le curé dans les fonctions du service paroissial.

Les vicaires exercent leur ministère sous la surveillance et la direction des curés. (*L.* 18 *germ. an X, art.* 31.)

2. L'évêque diocésain a seul le pouvoir de nommer les vicaires et de les révoquer. (*L.* 18 *germ. an X, art.* 31.)

3. Un vicariat est un titre de vicaire régulièrement établi dans une paroisse ; il est *permanent* lorsque la circonscription de la cure ou succursale est trop étendue et la population trop considérable pour que le curé ou le desservant puisse suffire au service paroissial. Il est *provisoire* lorsqu'un curé ou desservant, qui est devenu, par son âge ou ses infirmités, dans l'impuissance de remplir seul ses fonctions, use de la faculté que lui accorde l'art. 15 du décret du 17 novembre 1811, de demander un vicaire qui soit à la

charge de la fabrique, et subsidiairement de la commune.

4. Le nombre des vicaires attachés à chaque église est fixé par l'évêque, après que les marguilliers en ont délibéré et que le conseil municipal de la commune a donné son avis. (*D.* 30 *déc.* 1809, *art.* 38.)

5. Aux termes de l'art. 40 du décret du 30 décembre 1809, le traitement des vicaires est de 500 fr. au plus, et de 300 fr. au moins. C'est aux fabriques qu'il appartient d'en déterminer la quotité, comme étant les premières obligées de le payer. (*D.* 30 *déc.* 1809, *art.* 37, 39 *et* 46). L'évêque lui-même ne pourrait seul, de sa propre autorité, fixer le traitement des vicaires. (*Arr. du Min. des cultes* 2 *sept.* 1848). Il n'est pas dû de logement aux vicaires.

6. Si, dans le cas de nécessité d'un vicaire, reconnue par l'évêque, la fabrique n'est pas en état d'acquitter le traitement, la décision épiscopale doit être adressée au préfet ; il est procédé dans les formes prescrites par les art. 49 et 93 du décret du 30 décembre 1809, pour les dépenses de la célébration du culte qui tombent à la charge des communes quand les fabriques justifient de l'insuffisance de leurs revenus (*D.* 30 *déc.* 1809, *art.* 39; *Avis du Conseil d'État,* 19 *mai* 1811.) [*Voy. le mot* Fabrique, *n*os 74 *et* 75.]

7. Le traitement des vicaires régulièrement institués est une dépense obligatoire pour les communes dans tous les cas où les fabriques ne possèdent pas les moyens de le payer. Si un conseil municipal refuse de voter cette dépense, le préfet a le droit de l'inscrire d'office sur le budget de la commune. (*L.* 18 *juillet* 1837, *art.* 39; *Avis du C.* 15 *nov.* 1835, 21 *nov.* 1839, 30 *déc.* 1859; *Décis. min.* 13 *nov.* 1849; *Arr. du Conseil d'État* 6 *août* 1875.)

8. Lorsqu'un conseil municipal ne reconnaît pas la nécessité de l'établissement d'un vicaire, il doit exposer ses motifs dans sa délibération. Toutes les pièces de l'affaire sont transmises à l'évêque, qui prononce. Dans le cas où l'évêque n'adopte pas l'avis du conseil municipal, ce conseil peut s'adresser au préfet qui envoie, s'il ne partage pas l'opinion du prélat, toutes les pièces au ministre des cultes. Alors ce ministre soumet l'affaire à l'examen du Conseil d'État ; il est statué ensuite par un décret, qui autorise ou refuse l'établissement du vicariat. (*D.* 30 *déc.* 1809, *art.* 96 *et* 97.)

9. Les contestations qui ont pour objet la fixation du traitement des vicaires et l'obligation de le payer sur les fonds de la fabrique ou de la commune, rentrent dans les attributions de l'autorité administrative. Les tribunaux civils ne sont pas compétents pour en connaître.(*Avis du C.* 21 *août* 1837; *Décis. du Min. des cultes* 16 *juin* 1866.)

10. Il peut être alloué aux vicaires, sur les fonds de l'État, une indemnité annuelle entièrement distincte et indépendante du traitement que leur assurent les fabriques ou les communes. Cette indemnité, successivement augmentée depuis l'ordonnance du 5 juin 1816, est actuellement de 450 fr. (*D.* 23 *mars* 1872); mais elle ne peut être accordée qu'aux vicaires des communes dont la population ne dépasse pas cinq mille habitants (*O.* 7 *avril* 1817 *et* 6 *janvier* 1830; *D.* 23 *mars* 1872). Elle n'est point personnelle aux vicaires en exercice au moment de l'allocation; elle est attachée aux vicariats subventionnés par l'État en vertu des décisions rendues par le ministre des cultes, après la production des pièces désignées dans les circulaires des 9 août 1843 et 12 août 1844.

11. Le vicaire chapelain qui dessert une chapelle communale, peut être autorisé à recevoir cette indemnité de 450 fr. Dans ce cas, la chapelle, érigée sur la demande et aux frais de la commune, a le titre de chapelle vicariale. (*O.* 25 *août* 1819, *art.* 3 ; *Circ. min.* 16 *sept.* 1846.) [*Voy. le mot* Chapelle, *n°* 20.]   N. DE BERTY.

VICAIRE GÉNÉRAL. 1. Ecclésiastique chargé par un archevêque ou un évêque de l'aider dans l'administration de son diocèse et de le suppléer dans les fonctions qu'il lui délègue.

2. Chaque évêque peut nommer deux vicaires généraux et chaque archevêque peut en nommer trois. Les prélats les choisissent parmi les prêtres ayant les qualités requises pour être évêques, c'est-à-dire qui sont âgés de trente ans et originaires français. (*L.* 18 *germ. an X, art.* 16 *et* 21.)

La nomination de ces vicaires généraux doit être soumise à l'agrément du Chef de l'État. (*Arr.* 14 *ventôse an XI; O.* 29 *juin* 1816 *et* 13 *mars* 1832.)

3. Cependant il est libre aux évêques de se donner un plus grand nombre de coopérateurs que celui fixé par l'art. 21 de la loi du 18 germinal an X; mais les vicaires généraux qui n'ont pas été agréés par le Gouvernement, ne peuvent entretenir avec lui des relations officielles pour les affaires du diocèse et ne sont pas rétribués par l'État. (*Décis. min.* 29 *brum. an XII.*)

4. Les fonctions des vicaires généraux sont révocables à la volonté de l'évêque; elles cessent de droit avec celles de l'évêque qui les a nommés. (*D.* 28 *fév.* 1810, *art.* 5.)

5. Les traitements des vicaires généraux sont fixés par le décret du 22 janvier 1853, savoir : 1° le traitement du premier vicaire général de l'archevêque de Paris, à 4,500 fr.; 2° les traitements des deux autres vicaires généraux du diocèse de Paris et des premiers vicaires géné-

raux des autres archevêques, à 3,500 fr.; 3° ceux des deux autres vicaires généraux de ces archevêques et de tous les vicaires généraux des évêques, à 2,500 fr.

6. Les vicaires généraux dont la nomination a été agréée par le Chef de l'État jouissent du traitement attaché à leur titre, à dater du jour de leur prise de possession ; il est dressé procès-verbal de cette prise de possession par le chapitre cathédral ou métropolitain, qui doit en transmettre une expédition à l'évêque ou à l'archevêque et au préfet. (*O.* 13 *mars* 1832, *art.* 1er *et* 3; *Régl.* 31 *déc.* 1841, *art.* 173.)

7. On appelle vicaires généraux *capitulaires* ceux qui sont élus par le chapitre comme ses mandataires lorsque le siège épiscopal ou archiépiscopal vient à vaquer. Dès que la vacance a lieu, le chapitre doit en donner avis au Gouvernement et soumettre à son agrément l'élection des vicaires capitulaires. (*L.* 18 *germ. an X, art.* 37; *D.* 28 *fév.* 1810, *art.* 6.)

8. En France, depuis un temps immémorial, les chapitres sont dans l'usage d'élire trois vicaires généraux capitulaires pour les archevêchés vacants et deux pour les évêchés. M. le ministre des cultes, par une lettre-circulaire du 16 février 1872, a informé l'épiscopat que la cour de Rome consent à conserver cette coutume traditionnelle.

9. En leur qualité de représentants du chapitre, les vicaires capitulaires peuvent faire tous les actes de juridiction spirituelle et d'administration temporelle; mais ils ne peuvent se permettre aucune innovation dans les usages et coutumes du diocèse. (*L.* 18 *germ. an X, art.* 38.)

10. Le traitement des vicaires capitulaires est le même que celui des vicaires généraux, suivant les distinctions ci-dessus énoncées pour les archevêchés et les évêchés. Toutefois les vicaires capitulaires ont le droit de toucher leur traitement à partir du jour où ils ont été élus par le chapitre, après que le Chef de l'État a agréé leur nomination. (*Avis du Conseil,* 3 *déc.* 1840; *Régl.* 31 *déc.* 1841, *art.* 173.) [*Voy. suprà, n°* 6.]   N. DE BERTY.

VICE-CONSUL. *Voy.* Consul.

VICES RÉDHIBITOIRES. 1. On donne ce nom aux maladies ou défauts dont l'existence est une cause de nullité pour la vente d'un animal domestique. D'après la loi du 20 mai 1838, sont réputés vices rédhibitoires et donnent seuls ouverture à l'action résultant de l'art. 1641 du Code civil, dans les ventes ou échanges des animaux domestiques ci-dessous dénommés, sans distinction des localités où les ventes ou échanges ont eu lieu, les maladies ou défauts ci-après, savoir :

Pour le cheval, l'âne et le mulet: la fluxion périodique des yeux, l'épilepsie ou mal caduc, la morve, le farcin, les maladies anciennes de poitrine ou vieilles courbatures, l'immobilité, la pousse, le cornage chronique, le tic sans usure des dents, les hernies inguinales intermittentes, la boiterie intermittente pour cause de vieux mal.

Pour l'espèce bovine: la phthisie pulmonaire ou pommelière, l'épilepsie ou mal caduc, les suites de la non-délivrance, le renversement du vagin ou de l'utérus après le part chez le vendeur.

Pour l'espèce ovine : la clavelée ; cette maladie, reconnue chez un seul animal, entraîne la rédhibition de tout le troupeau ; la rédhibition n'a lieu, toutefois, que si le troupeau porte la marque du vendeur : le sang de rate : cette maladie n'entraîne la rédhibition du troupeau qu'autant que, dans le délai de la garantie, la perte constatée s'élève au quinzième au moins des animaux achetés. Dans ce dernier cas, la rédhibition n'a lieu également que si le troupeau porte la marque du vendeur.

2. L'action en réduction de prix, autorisée par l'art. 1644 du Code civil, ne peut être exercée dans les ventes et échanges d'animaux ci-dessus désignés.

3. Le délai pour intenter l'action résolutoire, c'est-à-dire dans lequel doit être donnée l'assignation en résiliation de la vente, est de trente jours pour le cas de fluxion périodique des yeux et d'épilepsie ou mal caduc, et de neuf jours pour tous les autres cas. Ce délai court à dater du jour fixé pour la livraison, mais ce jour n'y est point compris.

4. Si la livraison de l'animal a été effectuée ou s'il a été conduit, dans les délais ci-dessus, hors du lieu du domicile du vendeur, les délais sont augmentés d'un jour par cinq myriamètres de distance du domicile du vendeur au lieu où l'animal se trouve.

Dans tous les cas, l'acheteur, à peine d'être non recevable, est tenu de provoquer, dans le délai fixé, la nomination d'experts chargés de dresser procès-verbal. La requête doit être présentée au juge de paix du lieu où se trouve l'animal. Ce juge nomme immédiatement, suivant l'exigence des cas, un ou trois experts, qui doivent opérer dans le plus bref délai.

5. La demande est dispensée du préliminaire de la conciliation, et l'affaire instruite et jugée comme matière sommaire.

6. Si, pendant la durée des délais précités, l'animal vient à périr, le vendeur n'est pas tenu de la garantie, à moins que l'acheteur ne prouve que la perte de l'animal provient de l'une des maladies spécifiées plus haut.

7. Le vendeur est dispensé de la garantie résultant de la morve et du farcin pour le cheval, l'âne ou le mulet, et de la clavelée pour l'espèce ovine, s'il prouve que l'animal, depuis la livraison, a été mis en contact avec des animaux atteints de ces maladies. Mais les dispositions de la loi de 1838 ne s'appliquent pas aux animaux destinés à la consommation et vendus pour la boucherie. Telle est du moins la jurisprudence adoptée par la Cour de cassation et consacrée par un arrêt du 19 janvier 1841.

Dans ce cas, il faut nécessairement se reporter aux règles du Code civil, et particulièrement aux prescriptions de l'art. 1648, ainsi conçu : « L'action résultant des vices rédhibitoires doit être intentée par l'acquéreur dans un bref délai, suivant la nature des vices rédhibitoires et l'usage du lieu où la vente a été faite. »

8. Or, ces usages locaux présentent une très-grande variété, et c'est seulement à titre d'exemple, dans l'espèce qui nous occupe, que nous citerons l'ordonnance de police du 25 mars 1830, relative aux marchés de Sceaux et de Poissy, et dont l'art. 178

est ainsi conçu : « Si un bœuf vient à mourir dans les neuf jours de la vente, il sera procédé, d'après les règles établies en l'art. 7, au constatement des causes de la mort par un procès-verbal, pour assurer l'action en garantie contre le vendeur. » Or, l'art. 7 porte que, « si un bœuf périt dans les neuf jours, procès-verbal est dressé par le commissaire de police ou un de ses agents. Sur le vu de cet acte, le président du tribunal de commerce nomme deux vétérinaires pour faire l'autopsie. » Ces vétérinaires doivent, préalablement, prêter serment, à peine de nullité.

9. Au reste, les actions en garantie pour la vente des animaux de boucherie ont déjà donné lieu à de nombreuses difficultés, qui, dans l'intérêt de l'agriculture et du commerce de la boucherie, appellent une solution définitive.   Eugène Marie.

BIBLIOGRAPHIE.

Traité de jurisprudence vétérinaire, contenant la législation sur les vices rédhibitoires et la garantie dans la vente d'animaux domestiques, par M. A. Rey. 2e édit. in-8°. Paris, Savy. 1874.

VIDANGE DES FOSSES D'AISANCES. 1. La vidange des fosses d'aisances (voy. ce mot) et le transport des matières qui en sont extraites intéressent au plus haut degré la salubrité publique. L'autorité municipale peut donc, en principe, prescrire les mesures nécessaires pour que ces opérations soient faites avec toutes les garanties qu'exigent la santé publique et la vie des ouvriers. Elle tient ce droit de l'art. 3, titre XI, de la loi du 24 août 1790 et de l'art. 11 de la loi du 18 juillet 1837. (Cass. 4 janv. 1839.)

2. Nous exposerons ici les règlements généralement formulés par les arrêtés de police municipale, et nous ajouterons quelques dispositions spéciales en vigueur à Paris.

3. Le maire peut interdire l'exercice de la profession d'entrepreneur de vidange à tous ceux qui n'auraient pas fait une déclaration à la mairie et justifié qu'ils possèdent le matériel nécessaire. Toutefois, ce fonctionnaire excéderait ses pouvoirs, si, par un arrêté de police, il conférait à certaines personnes désignées le droit exclusif d'exercer la profession de vidangeur. Ce serait constituer un monopole contraire à nos lois. (Cass. 18 janv. 1838, 4 janv. 1839, 28 juin 1839 ; Décis. Min. Int. 21 juin 1838.)

4. La vidange des fosses d'aisances ne doit avoir lieu que la nuit, et les voitures employées à ce service ne peuvent circuler sur la voie publique que pendant les heures indiquées par les règlements. Elles doivent être munies, sur le devant, d'une lanterne allumée et d'une plaque indiquant les nom et demeure du propriétaire.

5. Les entrepreneurs faisant usage de tonnes sont tenus d'en fermer les bouches de déchargement au moyen d'une bande de fer transversale, fixée à demeure à la tonne par l'une de ses extrémités, et fermée à l'autre par un cadenas.

La contravention au règlement municipal qui prescrit de vider pendant la nuit les fosses d'aisances et de déposer la vidange dans des tonneaux fermés, ne peut être excusée sous aucun prétexte, si ce n'est pour cause de force majeure. (Cass. 23 avril 1841.)

6. Une lanterne allumée doit être placée, en

saillie sur la voie publique, à la porte de la maison où s'opère une vidange.

7. Il est défendu d'ouvrir une fosse d'aisances sans avoir pris les précautions nécessaires pour prévenir les accidents qui pourraient résulter du dégagement ou de l'inflammation des gaz qui y seraient renfermés. Il est enjoint aux entrepreneurs de fournir chaque atelier d'au moins deux bridages et d'un flacon de chlorure de chaux concentré, duquel il est fait usage, au besoin, pour prévenir les dangers d'asphyxie.

8. La vidange d'une fosse ne peut avoir lieu sans que préalablement il en ait été fait par écrit une déclaration à la mairie. Lorsque l'ouverture d'une fosse ne peut être trouvée, il faut, pour rompre la voûte, se munir d'une permission spéciale.

9. Les matières provenant de la vidange doivent être immédiatement déposées dans les récipients qui servent à leur transport. Ces vaisseaux doivent être fermés, lutés et nettoyés avec soin à l'extérieur, avant d'être portés à la voiture. (*Cass.* 23 avril 1835.)

10. La vidange opérée, les vidangeurs sont tenus de laver les emplacements qu'ils ont occupés, et la fosse ne peut être refermée qu'après l'inspection qui en est faite par l'autorité.

11. Les voitures de transport de vidanges doivent être construites avec solidité, entretenues en bon état, et chargées de manière que les vaisseaux reposent toujours sur la partie opposée à leur ouverture.

12. Les vaisseaux ou appareils contenant les matières doivent être conduits directement aux endroits désignés par l'autorité. Toutefois, le fait d'avoir transporté des vidanges du territoire de la ville sur celui d'une commune voisine, pour les enfouir comme engrais dans des terres cultivées, ne peut constituer aucune contravention punissable, nonobstant l'arrêté de police qui prescrit de déposer les vidanges dans un lieu déterminé, et non dans un autre. (*Cass.* 15 *mars* 1844.)

13. Les vaisseaux doivent être constamment entretenus en bon état, de telle sorte que rien ne puisse s'en échapper ou se répandre. En cas de versement de matières sur la voie publique, l'entrepreneur doit faire procéder immédiatement à leur enlèvement et au lavage du sol.

L'entrepreneur de vidange doit être poursuivi personnellement pour les contraventions commises par ses employés. (*Cass.* 15 *janv.* 1841, 4 *juin* 1842.)

14. En ce qui concerne les fosses mobiles, nul ne peut exercer la profession d'entrepreneur de ces sortes de fosses sans en avoir fait la déclaration, et justifié de la possession du matériel nécessaire.

15. Aucun appareil ne peut être placé sans déclaration préalable à la mairie. Ces appareils doivent être établis sur un sol rendu imperméable jusqu'à un mètre au moins au pourtour des appareils, autant que les localités le permettent, et disposés en forme de cuvette.

16. Tout appareil plein doit être enlevé, et remplacé avant que les matières ne débordent. Tout enlèvement de matières doit être précédé d'une déclaration: Les appareils à enlever sont fermés sur place, lutés et nettoyés avec soin avant d'être portés aux voitures.

17. Outre les règlements que nous venons d'a-

nalyser, il existe, pour le service de la vidange à Paris, certaines dispositions particulières qui se rapportent à la désinfection des matières contenues dans les fosses d'aisances. Nous allons reproduire, d'après l'ordonnance du préfet de police du 24 novembre 1854, ces mesures, qui ont été adoptées à la suite d'expériences nombreuses, et dont le but est de prévenir les causes d'insalubrité sur la voie publique.

18. Il est défendu de procéder à l'extraction et au transport des matières contenues dans les fosses d'aisances, avant que la désinfection en ait été complètement opérée, opération qui doit avoir lieu, autant que possible, dans la nuit qui précède l'extraction des matières. (En fait, elle a lieu seulement un peu avant l'extraction.)

19. Tout entrepreneur de vidange doit faire connaître son procédé à la préfecture de police, et ne peut l'employer qu'après que ce procédé a été approuvé par le préfet, sur l'avis du conseil de salubrité.

20. Les matières liquides désinfectées provenant des fosses à proximité des égouts, ne peuvent être écoulées dans ces égouts, lors de la vidange, qu'au moyen d'une conduite souterraine préalablement autorisée. Partout où il est impossible d'établir cette conduite, les matières liquides désinfectées peuvent être écoulées au moyen d'un tuyau aboutissant à la bouche de l'égout le plus voisin. Nous renvoyons, pour les détails, à l'arrêté du préfet de la Seine du 2 juillet 1867 sur l'écoulement des eaux vannes dans les égouts publics par voie directe, ainsi qu'aux deux arrêtés du 22 août de la même année et dont l'un établit le règlement de service, l'autre étant relatif aux voiries particulières.

BIBLIOGRAPHIE.

Dictionnaire historique et pratique de la voirie, etc. Fosses d'aisances, latrines, urinoirs, vidange. — Études des différents systèmes, législation, jurisprudence, par M. F. Liger. In-8°. Paris, Baudry. 1874.

VINAGE. 1. On appelle vinage l'opération qui consiste à verser sur du vin des alcools à l'état d'*eaux-de-vie* (50 à 60° de force alcoolique) ou plutôt encore à l'état d'*esprits* (85 à 95°).

2. Il est généralement admis que les vins dont la force alcoolique naturelle n'est que de 6 à 7 degrés centésimaux ne pourraient, sans s'altérer, subir des transports à grande distance et surtout des transports par mer. Il est également admis que les vins de l'extrême midi de la France, même quand leur force alcoolique naturelle est de plus de 10 à 12°, retiennent des principes sucrés qui, dans les longs transports, amèneraient une fermentation nouvelle et pernicieuse s'ils n'étaient neutralisés par une addition d'eau-de-vie ou d'esprit. Telles sont du moins les considérations qui, jusqu'en 1864, ont fait accorder l'exonération de l'impôt sur les alcools employés dans les vinages.

3. Sous l'empire des lois du 8 décembre 1814 (*art.* 80) et du 28 avril 1816 (*art.* 91), le vinage en franchise était autorisé partout dans la proportion de 5 p. 100 d'*eau-de-vie* par hectolitre de vin. Aucune limite n'était alors assignée à la force alcoolique des vins soumis au vinage, de sorte que, par des opérations répétées, on aurait pu en faire de véritables eaux-de-vie.

La loi du 24 juin 1824 autorisa le vinage en franchise dans la proportion de 5 p. 100 d'*alcool pur* ; mais elle n'accordait l'exemption de l'impôt que relativement aux vins dont la force alcoolique n'était pas déjà supérieure à 21°. C'était admettre encore que, par des opérations successives, le vin pouvait, avec l'immunité des droits propres à l'alcool, être porté à 26°.

4. Une addition de 1 à 2 p. 100 d'alcool paraît suffisante pour prévenir l'altération des vins dans les plus longs transports. Les concessions touchant le vinage étaient donc trop larges. Aussi de graves abus furent-ils bientôt révélés : on faisait arriver, surtout dans les villes affranchies des exercices chez les détaillants, Paris, Lyon, Marseille, etc., des vins qui, à raison de leur force alcoolique, comportaient et subissaient frauduleusement de larges dilutions.

Les revenus des communes à octroi étaient sérieusement affectés en même temps que ceux du Trésor. D'un autre côté, des plaintes très-vives contre une concurrence privilégiée s'élevaient dans les nombreux départements dont les vins ne sont pas assez chargés en couleur pour être l'objet de vinages en vue de dédoublements.

5. Le décret du 17 mars 1852 (*art.* 21) restreignit le vinage en franchise à 7 départements de l'extrême Midi : les Pyrénées-Orientales, l'Aude, le Tarn, l'Hérault, le Gard, les Bouches-du-Rhône et le Var. Il disposa de plus qu'au delà d'une force alcoolique naturelle ou factice de 18°, tous les vins livrés à la consommation intérieure seraient passibles de surtaxes. Les vins de 19 à 21° devaient supporter, en sus du droit propre au vin, les doubles droits de consommation et d'entrée sur l'alcool excédant le 18° degré. Les vins titrant plus de 21° étaient imposés comme alcool pur (*voy.* **Boissons**, *art.* 13). Néanmoins le mal auquel on avait voulu remédier ne tarda pas à s'aggraver, les départements essentiellement viticoles qui demeuraient autorisés à viner en franchise ayant trouvé, grâce aux chemins de fer, des débouchés sur tous les points du territoire. Les autres départements producteurs de vin continuaient d'ailleurs à réclamer énergiquement contre le privilège accordé à leurs concurrents et contre le vinage lui-même, qu'ils qualifiaient d'abus.

Malgré l'opposition des députés de l'extrême Midi, malgré l'opposition des députés de la région du Nord, d'où étaient généralement expédiés, par des distillateurs industriels de mélasses ou par des distillateurs agricoles de betteraves, les esprits que les commerçants des départements méridionaux employaient aux vinages, la loi du 8 juin 1864 (*art.* 5) retira l'exception consacrée en 1852.

6. Maintenant, et en vertu de la loi du 1er septembre 1871 (*art.* 3), les doubles droits de consommation et d'entrée sont exigibles, pour ce qui concerne la consommation intérieure, à partir de 15° jusqu'à 21°, les vins de plus de 21° demeurant imposables comme alcool pur. Seuls, les vins dont la force alcoolique *naturelle,* dûment constatée, est de plus de 15° à 18° sont exempts de surtaxes dans les mêmes limites de 15° à 18°. (*L.* 2 août 1872, *art.* 3.)

7. Le vinage en franchise est maintenu, sans limitation, pour les vins destinés à l'étranger ou aux colonies françaises. (*D.* 17 *mars* 1852 ; *L.* 8 *juin* 1864.)

En droit strict, le vinage des vins d'exportation devrait avoir lieu sur les ports d'embarquement ou aux points de sortie par terre. Mais, à cet égard, des concessions se sont imposées à l'administration. En fait, tous récoltants et marchands sont admis à viner leurs vins au moment où ils les font sortir de leurs celliers, de leurs magasins, à destination de l'étranger ou des colonies. D'un autre côté les fabricants de vins d'imitation et même les fabricants de vins de Champagne sont autorisés par la régie à opérer des vinages dans leurs magasins *sous le régime de l'entrepôt.* Ces fabricants obtiennent la remise des taxes et surtaxes propres à l'alcool quand ils exportent ; ils paient ces taxes et surtaxes, d'après la moyenne de l'alcoolisation, quand ils livrent à l'intérieur.

8. Depuis 1864, de nombreuses propositions tendant à faire admettre pour l'intérieur le vinage *à droits réduits,* ont été vainement soumises aux assemblées législatives en dehors de l'action du Gouvernement. Actuellement la Chambre des députés est encore saisie de propositions de même nature. La question demeure très-complexe. On pourrait même dire que la solution en est devenue plus difficile depuis que la loi du 14 décembre 1875, en rétablissant le privilège des bouilleurs de cru (ce qui infirme les indications du § 62 de l'art. **Boissons**), a rendu à ces bouilleurs la faculté de viner leurs vins *en franchise* jusqu'à concurrence de 15°. Les viticulteurs hostiles au vinage sont peu disposés à abandonner leur position de bouilleurs de cru. D'un autre côté, l'administration fiscale aimerait mieux percevoir des droits réduits que de n'en percevoir aucun.

CHARLES ROUCOU.

VINAIGRE. 1. *Motifs de l'établissement de l'impôt.* Le vin était autrefois l'élément presque exclusif de la fabrication du vinaigre destiné aux usages culinaires. C'est à peine si les vinaigres de cidre et de bière entraient pour un vingtième dans la consommation générale. Quant au vinaigre de bois, il n'était guère usité que dans l'industrie.

2. Telle n'est plus la situation. La fabrication des vinaigres de cidre et de bière est encore fort restreinte ; mais de grandes quantités de vinaigre sont maintenant produites au moyen d'alcools de bois et d'eaux-de-vie ou d'esprits provenant de la distillation de mélasses et de betteraves.

3. L'acide acétique de bois n'était sous aucune forme atteint par l'impôt sur les boissons. D'un autre côté, le vin converti en vinaigre avait été, à la faveur du silence de la loi, affranchi des taxes propres au vin. Au contraire, la loi déclarait formellement que la bière transformée en vinaigre était passible des mêmes taxes que la bière consommée en nature. L'exemption d'impôt n'était pas non plus reconnue pour le cidre qu'on acétifiait. Enfin la concession la plus large qu'il eût paru possible de faire, relativement aux alcools viniques convertis en vinaigre, avait consisté à les soumettre seulement au droit de dénaturation qui, sous l'empire de la loi du 2 juillet 1843, variait entre 9 fr. et 22 fr. 08 c. par hectolitre et qui actuellement, en vertu de la loi du 2 août 1872, est de 30 fr. en principal par hectolitre d'alcool.

Étendre l'immunité des droits à toutes les matières quelconques transformées en vinaigre, l'étendre même aux alcools viniques, c'eût été imposer à la régie, sans aucune compensation, une surveillance qui aurait été fort onéreuse et qui, d'ailleurs, eût été tout à fait insuffisante pour prévenir les abus.

4. En définitive, dans l'industrie de la fabrication du vinaigre, il y avait, au point de vue des charges fiscales, des inégalités qui étaient choquantes et contre lesquelles de vives réclamations s'élevaient à juste titre. C'est pour faire disparaître ces griefs plutôt que dans le but d'accroître les ressources budgétaires, que la loi du 17 juillet 1875 a établi une taxe de consommation sur les vinaigres et les acides acétiques de toute nature propres à la consommation, en affranchissant de tous droits spéciaux les matières premières employées à la fabrication des vinaigres.

5. *Exemptions.* Cette exemption n'est prononcée que pour les *vins, cidres, poirés, alcools et bières.* Il s'agit d'une énumération limitative. La remise de l'impôt n'est donc pas accordée relativement aux sucres, aux glucoses et autres matières quelconques qui seraient transformées en vinaigre. (*L. 17 juill.* 1875, *art.* 6.)

6. *Tarification.* Le droit sur les vinaigres et les acides acétiques est fixé ainsi qu'il suit :

	Par hectolitre en principal, plus 2 décimes et demi.
Vinaigre contenant ⎰ 8 p. % d'acide acétique et au-dessous.	4 fr.
de 9 à 12 p. %.	6
de 13 à 16 p. %.	8
Acides acétiques et vinaigres contenant 17 à 30 p. % d'acide.	15
Acides acétiques et vinaigres contenant de 31 à 40 p. % d'acide.	20
Acides acétiques et vinaigres contenant plus de 40° d'acide.	42
	Par 100 kil. en principal, plus 2 décimes et demi.
Acide acétique cristallisé ou à l'état solide . . .	50 fr.

7. Les mêmes droits sont exigibles, en sus des taxes de douane, sur les vinaigres et acides importés.

8. Sont affranchies de l'impôt les quantités dont la sortie du territoire est justifiée. (*L. 17 juill.* 1875, *art.* 1er; *Circ. n°* 61, *du* 1er *août* 1875.)

9. La taxe de consommation intérieure est applicable aux vinaigres et aux acides acétiques employés à la fabrication des vinaigres de toilette et autres produits de la parfumerie, ainsi qu'aux vinaigres et acides employés à la préparation des moutardes, conserves et produits alimentaires de toute nature (*art.* 5 *de la loi*).

10. *Mode de perception.* Les vinaigres et les acides acétiques en nature ou sous forme de préparation, sont soumis aux mêmes formalités de circulation que les vins, cidres et alcools (*Voy.* **Boissons**).

11. L'impôt sur les quantités venant de l'étranger est perçu (quittance, congé) ou garanti (acquit-à-caution) au moment même de l'importation.

12. Les quantités fabriquées à l'intérieur sont constatées par la voie de l'exercice et elles ne deviennent passibles de l'impôt qu'à l'enlèvement des fabriques.

13. Sont assujettis à l'exercice des employés des contributions indirectes, non-seulement les fabricants, mais encore les marchands en gros et les débitants de vinaigre ou d'acide acétique. Dans la pratique, l'exercice proprement dit ne s'étend qu'aux marchands en gros qui, vendant des quantités supérieures à 25 litres, usent de la faculté de réclamer le crédit de l'impôt.

14. Les fabricants ont à payer une licence annuelle de 20 fr. en principal. Les marchands en gros qui profitent de l'entrepôt sont soumis à une licence de 10 fr. en principal. Les autres marchands en gros ou en détail n'acquittent point de licence spéciale.

15. Les fabricants et les marchands entrepositaires ne peuvent effectuer des envois qu'en vertu de congés-quittances (paiement du droit) ou d'acquits-à-caution (garantie du droit) levés au bureau de la régie.

Les marchands en gros ou en détail qui ne jouissent pas du crédit des droits font leurs livraisons :

En vertu de simples passavants (50 centimes) pour les quantités de 50 litres et au-dessus ;

En vertu de laisser-passer entraînant la perception du timbre (10 centimes) pour les quantités de 11 à 50 litres ;

En vertu de laisser-passer sans perception du timbre pour les quantités de 10 litres et au-dessous.

Des facilités sont d'ailleurs accordées pour le colportage.

Les passavants doivent être levés au bureau de la régie. Les laisser-passer sont détachés de registres mis à la disposition des commerçants.

La libre circulation des vinaigres et acides acétiques sortant des simples débits est admise jusqu'à la concurrence de 3 litres.

16. En ce qui concerne les moutardes et les conserves, les limitations ci-dessus indiquées se rapportent, non pas au volume de ces produits eux-mêmes, mais à la quantité de vinaigre qu'ils contiennent. (*Art.* 2 *de la loi*; *Circ. n°* 161 *précitée et n°* 169, *du* 31 *août* 1875.)

17. Les fabriques de vinaigre et d'acide acétique reçoivent, en vertu d'acquits-à-caution et avec le crédit des droits, les vins, les cidres, les bières et les alcools destinés à leur industrie. Ils sont tenus de faire à l'avance au bureau de la régie la déclaration des quantités qu'ils veulent employer. Le service intervient ; il assiste soit à une dénaturation préalable au moyen de vinaigre ou d'acide acétique [1], soit au versement dans les cuves mères ; il donne décharge des quantités mises en œuvre et prend en compte, d'après la

---

[1]. Voici les procédés qui reçoivent leur application :

Vins, cidres et bières.

Vins, etc., dont la force alcoolique ne dépasse pas 8°. . . . . . ⎰ Addition de 10 p. % de vinaigre titrant 7°.

Vins, etc., une force acoolique présentant de 9 à 12° . . . . . ⎰ Addition de 15 p. % de vinaigre titrant 7°.

Vins, etc., dont la force alcoolique excède 12°. . . . . ⎰ Addition de 20 p. % de vinaigre titrant 7°.

Alcools.

Dilution de 15 à 16 p. % de vinaigre titrant 7°, et versement immédiat sur du vin ou de l'eau, de telle sorte que le mélange total ne contienne pas plus de 14 p. % d'alcool.

Ou bien,

Dilution jusqu'à 10° ou 12°, et versement immédiat sur des liquides en voie d'acétification.

déclaration des fabricants, et comme minimum de rendement, des quantités correspondantes de vinaigre ou d'acide acétique ; enfin il exerce sur les fabriques elles-mêmes la surveillance nécessaire pour assurer l'impôt sur tout ce qui a été produit.

18. En attendant qu'un règlement d'administration publique ait déterminé les obligations de tous les fabricants de vinaigre et d'acide acétique, notamment pour ce qui concerne les opérations mêmes de la fabrication, on a bien pu exiger que les industriels qui obtiennent l'acide acétique au moyen de bois ou d'autres matières dont la libre circulation est autorisée, fassent également des déclarations de fabrication ; mais ici une surveillance plus étroite et à vrai dire permanente peut seule placer sous le lien du fisc toutes les quantités fabriquées.

19. Les vinaigres et les acides acétiques *achevés* sont pris en charge à un compte particulier, et pour leur volume et pour la quantité d'acide acétique pur. Ce compte est atténué successivement des quantités livrées au dehors, en vertu de titres de mouvement. Des recensements effectués à des époques indéterminées établissent la situation du compte. Les excédants non justifiés sont saisis par procès-verbal. Les manquants sont frappés de l'impôt sous une déduction de 7 à 8 p. 100 (selon les départements) pour ouillage, coulage, etc.

20. Le compte des marchands entrepositaires se règle de la même manière. Il est d'ailleurs loisible à ces marchands, comme aux fabricants, non-seulement de mélanger entre eux leurs divers produits, mais encore de les diluer avec de l'eau. Toutefois ces dilutions constituent une fabrication qui doit être déclarée et qui, le cas échéant, entraîne la perception de l'impôt sur l'excédant de volume. (*Art.* 2 *et* 3 *de la loi* ; *Circ.* n°s 161 *et* 169.)

21. Les fabricants de vinaigre et d'acide acétique ne peuvent se livrer à la distillation des eaux-de-vie et esprits dans les dépendances de la vinaigrerie. Ils ne peuvent pas non plus s'y livrer au commerce des vins, cidres et alcools. Toutefois les fabricants qui, antérieurement à la loi du 17 juillet 1875, avaient été autorisés, soit à produire dans les vinaigreries de simples flegmes de 25° maximum, soit à exercer le commerce en gros des vins et des cidres dans l'enceinte de la vinaigrerie, sont maintenus en possession de cette faculté.

Il est à remarquer que cette dernière concession ne s'étend pas aux *alcools* (*art.* 4 *de la loi*).

22. Les dispositions qui précèdent sont applicables aux fabricants ou préparateurs de vinaigres de toilette, de moutardes et de conserves. Les industriels qui se livrent à ces fabrications, à ces préparations, sont dans la même situation que les marchands de vinaigre. Ils doivent se pourvoir d'une licence de marchand en gros s'ils veulent obtenir le crédit des droits sur le vinaigre ou l'acide acétique, et alors le régime de l'impôt s'étend aux préparations elles-mêmes. S'ils acquittent l'impôt sur les vinaigres et acides acétiques qu'ils reçoivent, ils font librement les préparations, et tous leurs produits, qui font l'objet d'un compte d'ordre, sont considérés comme libérés de l'impôt. (*Circ.* n° 161.)

23. *Produits employés à des usages industriels.* — Les vinaigres et acides acétiques employés à des usages industriels sont exempts de l'impôt, sous la garantie de l'exercice des établissements qui réclament cette exemption, en se soumettant au paiement des frais de surveillance selon le règlement arrêté par le ministre des finances. Dans ce cas, la régie peut exiger que les acides soient *dénaturés* en présence du service (*art.* 5 *de la loi*).

24. Ces dispositions visent spécialement les acides acétiques propres à la fabrication du vinaigre. Quant aux acides impurs qui ne peuvent, d'après leur nature, être utilisés que dans les arts et l'industrie, l'administration n'a pu se dispenser d'en faire surveiller la fabrication et de les soumettre aux formalités de circulation ; mais il ne lui a point paru nécessaire d'assujettir à l'exercice les établissements qui les reçoivent, et elle admet que les acquits-à-caution délivrés pour en régulariser le transport soient déchargés, avec exemption de l'impôt, pourvu que l'arrivée à destination ait été bien constatée. Dans les fabriques mêmes, elle laisse d'ailleurs en dehors de la prise en charge tous les acides acétiques combinés avec des substances qui les rendent impropres à la consommation de bouche. (*Circ.* n° 161 ; *Lettre commune* n° 49, *du* 1er *décembre* 1875.)

25. *Pénalités.* Les contraventions à la loi sur les vinaigres sont punies d'une amende de 200 à 1,000 fr., sans préjudice de la confiscation des objets saisis et du remboursement des droits fraudés (*art.* 9 *de la loi*).

26. *Répartition des amendes.* Le produit net des amendes et confiscations appartient un quart au Trésor, un quart au service des pensions, la moitié aux verbalisants (*même art.* 9).

CHARLES ROUCOU.

VISA. On appelle en général visa la formule apposée sur un acte dressé par un fonctionnaire ou un officier public, et qui prouve que cette pièce a été vue et approuvée par un fonctionnaire supérieur. Tel est, pour ne citer qu'un exemple, le visa approbatif des préfets sur les actes qui intéressent les communes. Cette formule se compose ordinairement des mots *vu et approuvé* suivis de la signature.

Dans le préambule placé en tête des décrets, ordonnances ou arrêtés, on est dans l'usage de viser ou rappeler les lois antérieures sur lesquelles se fonde la légalité de l'acte, ainsi que les rapports ou autres pièces justificatives, s'il y a lieu.

VŒU. 1. Ce mot a deux acceptions différentes. Exprimer des vœux, c'est, pour certains corps délibérants, user d'une forme autorisée par la lois pour faire parvenir leurs désirs ou leurs observations à l'autorité supérieure.

Contracter des vœux, c'est se lier par un serment à l'exercice d'une profession religieuse.

2. Les conseils municipaux peuvent exprimer des vœux sur tous les projets d'intérêt local. (*L.* 18 *juill.* 1837, *tit. II, chap. II, art.* 24.)

3. Les conseils généraux de département peuvent adresser directement au ministre chargé de l'administration départementale, des vœux dans l'intérêt spécial du département. (*L.* 10 *mai* 1838, *tit. Ier, art.* 7.)

4. En ce qui concerne les vœux contractés dans des congrégations religieuses, nous nous bornons à constater ici que la perpétuité des vœux a été abolie par la loi du 13 février 1790, mais que toutefois les vœux dont la durée n'excéderait pas cinq ans, peuvent être autorisés. (*L.* 18 *févr.* 1839, *art.* 8.) [*Voy.* **Congrégation religieuse.**]

VOIES ET MOYENS. On appelle ainsi, en termes de finances, l'énumération des ressources dont l'État peut disposer pour couvrir ses dépenses. Les voies et moyens ordinaires se composent des différents impôts et revenus publics ; les voies et moyens extraordinaires, des emprunts, de la dette flottante ou de la dette inscrite.

VOIRIE.

CHAP. I. — NOTIONS HISTORIQUES. GÉNÉRALITÉS.

1. Dans un sens général, le mot *voirie* s'applique à l'ensemble des voies de communication par terre ou par eau, c'est-à-dire aux chemins de fer, aux routes nationales et départementales, aux routes stratégiques, aux chemins vicinaux, aux rues des villes, des bourgs et des villages, enfin aux fleuves et rivières navigables et flottables, et aux canaux. Tout ce qui concerne les chemins de fer, la voirie vicinale et les voies navigables a été traité déjà aux mots **Chemins de fer, Chemins vicinaux,** et **Cours d'eau.** Nous n'avons donc à nous occuper dans le présent article que des routes et des rues.

2. L'ancienne législation française contient de nombreux règlements relatifs à la voirie, qui concernent, soit la France entière, soit certaines provinces, soit la ville de Paris seulement. Le plus ancien de ces règlements remonte à l'année 1270. Saint Louis avait investi de la fonction de voyer son chambellan, Jean Sarrazin, et Henri IV créa pour la direction du service général de la voirie en France un office de grand-voyer, dont son ministre Sully fut chargé. L'édit de décembre 1607 régla les attributions de ce fonctionnaire, la juridiction en matière de voirie et la police des rues et chemins. Aux termes de cet édit, le grand-voyer devait enjoindre aux particuliers de faire disparaître tous les empêchements ou encombrements de nature à compromettre la liberté de la circulation sur la voie publique (*art.* 3). Il lui est défendu « de permettre qu'il soit fait aucunes saillies, avances et pans de bois aux bâtiments neufs, et même à ceux où il y en a à présent, de contraindre les rééditier, ni faire ouvrages qui les puissent conforter, conserver et soutenir, ni faire aucun encorbellement en avance pour porter aucun mur, pan de bois ou autres choses en saillie,.... et pourvoir à ce que les rues s'embellissent et élargissent au mieux que faire se pourra, en se baillant les alignements, redresser les murs où il y aura pli ou coude » (*art.* 4). Défense est faite à tous particuliers d'établir devant leurs maisons des saillies non prohibées, telles que bornes, marches, auvents, etc., sans le congé et alignement du grand-voyer (*art.* 5). Le grand-voyer est chargé aussi par le même édit de tout ce qui concerne la salubrité, la sûreté, la propreté de la voie publique, et de la surveillance du pavage. En 1626, la charge de grand-voyer fut supprimée, et ses attributions furent conférées aux trésoriers de France qui, chargés de la surveillance des chemins publics par diverses ordonnances royales antérieures à l'édit de 1607, avaient conservé même après cet édit certains droits dont l'exercice donnait lieu à plus d'une difficulté entre eux et le grand-voyer. Il existait avant la Révolution, dans chaque généralité, un bureau des finances qui avait pouvoir réglementaire et juridiction en matière de domaine, de finance et de voirie, et où siégeaient les trésoriers de France. De nombreuses ordonnances du bureau des finances réglementèrent la voirie ; divers arrêts du Conseil d'État et des déclarations du roi intervinrent aussi sur cette importante matière.

3. D'après l'arrêt du Conseil du 6 février 1776, les routes étaient divisées en quatre classes ou ordres différents. La première classe comprenait les grandes routes qui traversaient la totalité du royaume, ou qui conduisaient de la capitale dans les principales villes, ports ou entrepôts de commerce. Dans la seconde classe étaient placées les routes faisant communiquer entre elles les provinces et les principales villes du royaume, ou conduisant de Paris à des villes considérables, mais moins importantes que celles désignées ci-dessus. La troisième classe comprenait les routes ayant pour objet la communication entre les villes principales d'une même province, ou de provinces voisines. Enfin, les chemins particuliers, destinés à la communication des petites villes ou bourgs, étaient rangés dans la quatrième classe. L'arrêt du Conseil du 27 février 1765, applicable à toutes les routes entretenues aux frais du roi, et confirmatif d'une ordonnance du bureau des finances du 29 mars 1754, est un des plus importants qui aient été rendus sous l'ancienne législation en matière de voirie ; il porte que les alignements pour construction ou reconstruction des maisons, édifices ou bâtiments généralement quelconques, en tout ou en partie, et tout le long et joignant les routes construites, par les ordres du roi, soit dans les traverses des villes, bourgs et villages, soit en pleine campagne, ainsi que les permissions pour toute espèce d'ouvrage aux faces desdites maisons, édifices et bâtiments, et pour établissement d'échoppes ou choses saillantes le long desdites routes, ne pourront être donnés en aucun cas par autres que par les trésoriers de France, commissaires de Sa Majesté pour les ponts et chaussées en chaque généralité, ou, à leur défaut et en leur absence, par un autre trésorier de France à ladite généralité qui serait présent sur les lieux et à ce requis. Les dispositions de cet arrêt ont exercé une influence des plus salutaires sur la viabilité des routes.

4. Les lois de la Révolution abolirent tous les droits seigneuriaux de propriété et de voirie existant sur les chemins publics et les rues et places des communes ; mais l'art. 29 de la loi des

19-22 juillet 1791 déclara « confirmer provisoirement les règlements qui subsistaient touchant la voirie, ainsi que ceux existant à l'égard de la construction des bâtiments et relatifs à leur solidité et sûreté ». Les anciens règlements, qui statuent d'une manière générale, sont ainsi devenus applicables à toute la France, même dans les provinces où ils n'avaient pas été enregistrés par les parlements (*Arr. du C.* 19 avril 1844 *et* 11 avril 1848). L'art. 484 du Code pénal dispose, en outre, que dans toutes les matières qui n'ont pas été réglées par ce Code et qui sont régies par des lois et règlements particuliers, les cours et tribunaux continueront de les observer. Lorsque le projet du Code pénal fut présenté au Corps législatif, il même observé que cet article visait précisément les règlements sur « *la forma-* « *tion, l'entretien et la conservation des rues,* « *chemins, voies publiques, ponts et canaux..,* « *la construction, l'entretien, la solidité, l'ali-* « *gnement des édifices et les matières de voi-* « *rie* ».

5. Il est certaines règles générales qui s'appliquent à toutes les voies publiques, de quelque nature qu'elles soient, et qui, par conséquent, concernent en même temps les routes et les rues ; mais quel que soit l'intérêt que présente le bon état de viabilité de ces dernières, la conservation des routes a été considérée comme plus importante encore. De cette distinction résulte l'existence de deux régimes différents en matière de voirie : l'un, applicable aux grandes voies de communication et aux rues de Paris, donne à l'administration une compétence et des pouvoirs proportionnés à la grandeur des intérêts qu'elle est appelée à défendre : c'est le régime de la *grande voirie* ; l'autre s'applique seulement à la voirie municipale, suivant l'expression de la loi du 18 juillet 1837, aux rues des villes autres que Paris, à celles des bourgs et des villages, aux chemins vicinaux de grande communication, aux chemins d'intérêt commun et chemins vicinaux ordinaires, enfin aux chemins publics ruraux. Leurs règles, appropriées aux nécessités locales, font une part plus large à la compétence de l'autorité judiciaire : c'est le régime de la *voirie urbaine,* désigné quelquefois sous le nom plus général de *petite voirie.* Il importe de remarquer, toutefois, que cette distinction n'est point applicable à la ville de Paris, pour laquelle on a maintenu l'ancienne division générale de la voirie, qui ne tenait compte que des mesures dont les voies de communication peuvent être l'objet. D'après cette division, la grande voirie consistait dans l'ouverture, la direction, l'alignement et la conservation des routes royales, des chemins des communes et de toutes les rues des villes, bourgs et villages. La petite voirie avait pour objet les mesures tendant à assurer la libre circulation sur les mêmes voies, en soumettant à une autorisation préalable et à des dimensions réglementaires certaines saillies telles que les auvents, enseignes, bornes, étalages, échoppes, etc.

Nous traitons plus amplement ce sujet au chapitre III de cet article (*n*os 104 *et suiv.*).

6. La grande voirie est placée sous l'autorité du ministre des travaux publics, sauf les rues de

Paris, qui rentrent, avec la petite voirie, dans les attributions du ministre de l'intérieur.

Dans les départements, l'administration, en matière de grande voirie, appartient aux préfets; elle s'applique aux grandes routes, dans toute l'étendue de la République, et comprend l'alignement de ces routes, même dans la traverse des villes, bourgs et villages où elles servent de rues. (*D.* 6 - 7 - 11 *sept.* 1790, *art.* 6 ; *D.* 7-14 *oct.* 1790.)

7. Les contraventions en matière de grande voirie, telles que les infractions aux lois et règlements sur l'alignement des grandes routes, les anticipations, dépôts de fumiers ou d'autres objets, et toutes les détériorations commises sur ces routes, sur les arbres et les fossés qui les bordent, sur les ouvrages d'art qui en font partie et sur les matériaux destinés à leur entretien, sont constatées, poursuivies et réprimées par la voie administrative. Le conseil de préfecture, chargé de prononcer sur toutes les difficultés qui s'élèvent en matière de grande voirie, est seul compétent pour juger ces contraventions. (*L.* 28 *pluv. an VIII, art.* 4 ; *L.* 29 *flor. an X, art.* 1er.)

8. Le régime de la grande voirie s'applique: 1° aux *routes nationales* et *départementales* et *aux rues des villes*, bourgs et villages qui font suite à ces routes et y sont incorporées ; 2° aux *rues de Paris*; la différence établie entre les rues de Paris et celles des autres villes, quant au régime auquel elles sont soumises, a son origine dans les anciens règlements et surtout dans la déclaration du roi du 10 avril 1783, qui ont soumis les rues de la capitale aux règles établies par l'arrêt du Conseil du 27 février 1765, pour les routes entretenues par le roi; le décret du 27 octobre 1808 et celui du 26 mars 1852 ont maintenu la même législation ; 3° aux *canaux, aqueducs et ouvrages hydrauliques* servant à l'alimentation de Paris en eau et connus sous la dénomination *d'eaux de Paris;* 4° aux chemins de fer construits ou concédés par l'État (*L.* 15 *juill.* 1845, *art.* 1er); 5° aux *rivages de la mer, ports maritimes de commerce* et *rivages en dépendant ;* 6° à la police des fleuves et rivières navigables et des ports maritimes (*L.* 29 *flor. an X ; D.* 16 *déc.* 1811 ; *D.* 10 *avril* 1812), à leurs ports et quais et, dans une certaine mesure, aux *chemins de halage ;* 7° aux *canaux de navigation* appartenant à l'État ou concédés par lui ; 8° aux *routes stratégiques.* Ces routes, établies dans les départements de l'Ouest, sont distinctes des routes nationales et départementales. En ce qui concerne leur création, elles sont assimilées aux travaux militaires et régies par les mêmes lois. Les frais de leur entretien sont supportés concurremment par les communes, les départements et le Trésor, dans les proportions arrêtées par les règlements d'administration publique, rendus après avoir entendu les conseils municipaux et les conseils généraux des départements (*L.* 27 *juin* 1833, *art.* 8 *et* 9). Les règles de la grande voirie sont applicables à ces routes, qui, sauf la question d'entretien, sont placées sous la législation commune des grandes routes et servent, comme elles, à l'usage public.

9. L'administration de la voirie et de la police

municipales est confiée aux maires, qui sont chargés de tout ce qui intéresse la sûreté et la commodité du passage dans les rues, places et voies publiques (*L.* 16-24 *août* 1790, *tit. XI, art.* 3 ; *L.* 18 *juill.* 1837, *art.* 10). La connaissance des contraventions de voirie urbaine et de police municipale est attribuée au tribunal de simple police (*C. d' I. C., art.* 138), qui applique les peines prononcées par le Code pénal (*art.* 471 *et* 475).

10. Le régime de la voirie urbaine s'applique aux rues et places des villes autres que Paris, à celles des bourgs et villages qui ne font point partie d'une route nationale ou départementale, et dans une certaine mesure à la voirie vicinale, qui comprend, comme nous l'avons dit plus haut, les chemins de grande communication, ceux d'intérêt commun et les chemins publics ruraux.

11. Avant d'exposer les règles applicables soit à la grande voirie, soit à la voirie urbaine, nous rappellerons que les riverains de la voie publique, qu'il s'agisse d'une route ou d'une rue, ont le droit d'y accéder et d'y ouvrir des jours et des issues. Bien que ces droits ne puissent pas constituer des servitudes dans les termes du droit commun, par le motif que le domaine public est inaliénable et imprescriptible, les atteintes qui seraient portées à leur exercice, soit par la suppression de la route ou de la rue, soit par les travaux publics qui y seraient exécutés par l'État, le département ou la commune, pourraient, s'il en résultait un dommage matériel et direct, donner aux propriétaires riverains un droit à indemnité qui serait apprécié par le conseil de préfecture, sauf recours au Conseil d'État.

12. Nous devons rappeler aussi que, lorsque, par l'ouverture de nouvelles rues, par la formation de places nouvelles ou par l'effet de tous autres travaux publics généraux, départementaux ou communaux, adoptés ou approuvés par le Gouvernement, des propriétés privées ont acquis une notable augmentation de valeur, ces propriétés peuvent être chargées de payer une indemnité qui peut s'élever jusqu'à la valeur de la moitié des avantages qu'elles ont acquis ; le tout est réglé dans les formes établies par la loi du 16 septembre 1807, jugé et homologué par la commission nommée à cet effet (*L.* 16 *sept.* 1807, *art.* 30). Les indemnités de plus-value sont acquittées, au choix des débiteurs, en argent ou en rentes constituées à 4 p. 100 net, ou en délaissement d'une partie de la propriété si elle est divisible ; ils peuvent aussi délaisser en entier les fonds, terrains ou bâtiments dont la plus-value donne lieu à l'indemnité, et ce, sur l'estimation réglée d'après la valeur qu'avait l'objet avant l'exécution des travaux qui ont eu la plus-value pour conséquence (*art.* 31). Les indemnités pour plus-value ne sont dues par les propriétaires des fonds voisins des travaux effectués que lorsqu'il a été décidé par un décret du Chef du pouvoir exécutif, rendu dans la forme des règlements d'administration publique, et après avoir entendu les parties intéressées, qu'il y a lieu à l'application des dispositions qui précèdent (*art.* 33). Ajoutons que, lorsque l'expropriation pour cause d'utilité publique, prononcée pour l'exécution des travaux de voirie, s'applique à une portion seulement d'une propriété privée, et que l'exécution des travaux doit avoir pour effet de procurer une augmentation de valeur immédiate et spéciale au reste de la propriété, cette augmentation doit être prise en considération dans l'évaluation du montant de l'indemnité. (*L.* 3 *mai* 1841, *art.* 51.)

CHAP. II. — GRANDE VOIRIE. ROUTES NATIONALES ET DÉPARTEMENTALES. RUES DE PARIS.

Sect. 1. — Classification et propriété des routes nationales et départementales.

13. Toutes les routes de France sont divisées en routes nationales et routes départementales (*D.* 16 *déc.* 1811, *art.* 1er). Les routes nationales étaient, en 1876, au nombre de 223, mesurant une longueur de 37,304 kilomètres. Les routes nationales se subdivisent en trois classes : la première comprend celles qui conduisent de la capitale aux frontières et aux grandes villes maritimes ; la seconde comprend les voies qui, suivant la même direction, ont cependant moins d'importance ; la troisième classe, enfin, est celle dans laquelle rentrent les routes qui assurent des communications d'intérêt général sans partir de la capitale pour aboutir à la frontière.

14. Les routes nationales et départementales font partie du domaine public et, à ce titre, elles sont inaliénables et imprescriptibles. (*C. civ.*, *art.* 538.)

15. Les portions de routes nationales délaissées par suite de changement de tracé ou d'ouverture d'une nouvelle route, peuvent, sur la demande ou avec l'assentiment des conseils généraux des départements ou des conseils municipaux des communes intéressées, être classées par des décrets soit parmi les chemins vicinaux de grande communication, soit parmi les chemins vicinaux ordinaires (*L.* 24 *mai* 1842, *art.* 1er). Au cas où ce classement n'est pas ordonné, les terrains délaissés sont remis à l'administration des domaines, qui est autorisée à les aliéner pour le compte de l'État. Néanmoins, il peut être réservé, eu égard à la situation des propriétés riveraines et par un arrêté du préfet en conseil de préfecture, un chemin d'exploitation dont la largeur ne peut excéder 5 mètres. Les propriétaires riverains sont mis en demeure d'acquérir, chacun en droit soi, dans les formes tracées par l'art. 61 de la loi du 3 mai 1841, les parcelles attenantes à leurs propriétés. À l'expiration du délai de trois mois fixé par cet article, il peut être procédé à l'aliénation des terrains, selon les règles qui régissent l'aliénation du domaine de l'État, ou par application de l'art. 4. de la loi du 20 mai 1836 (*art.* 3). Lorsque les portions de routes nationales délaissées ont été classées parmi les routes départementales ou les chemins vicinaux, les parcelles de terrain qui ne font pas partie de la nouvelle voie de communication ne peuvent être aliénées qu'à la charge, par le département ou la commune, de se conformer aux dispositions rappelées ci-dessus, qui établissent un droit de préemption en faveur des propriétaires riverains (*art.* 4).

16. C'est à l'autorité judiciaire qu'il appartient de connaître des contestations qui s'élèvent entre l'État et une ville, à la suite du classement d'une rue comme route nationale, au sujet de la propriété des portions de cette voie publique qui ne sont pas nécessaires pour l'établissement de la route, et que l'État prétend vendre à son profit ; mais l'autorité administrative est seule compétente pour déterminer préalablement quel était, avant ce classement, le caractère, comme voie publique, de la rue dont il s'agit, et les effets du classement de cette rue comme route nationale. (*Arr. du C.* 29 *mars* 1855.)

17. Le décret du 16 décembre 1811, en créant les routes départementales, n'a pas constitué les départements propriétaires des routes déjà existantes auxquelles il donnait ce nom, et dont il mettait à la charge des départements, pour l'avenir, la reconstruction, la plantation et l'entretien ; mais, depuis cette époque, les départements ont employé des centimes facultatifs ou spéciaux, à acquérir des terrains pour la construction de nouvelles routes départementales ou pour l'achèvement des anciennes ; dès l'instant où ils sont reconnus aptes à posséder, il faut également reconnaître que la propriété de ces routes et portions de routes résulte pour eux de l'acquisition qu'ils en ont faite. (*Avis du C.* 27 *août* 1834.)

18. En ce qui concerne la propriété des rues de Paris, voir au chapitre de la *Voirie urbaine*, n° 104.

Sect. 2. — Ouverture et entretien des routes nationales et départementales.

ART. 1. — OUVERTURE ET CLASSEMENT.

19. *Routes nationales.* D'après la loi du 3 mai 1841, l'ouverture d'une route nationale ne pouvait avoir lieu qu'en vertu d'une loi rendue après une enquête administrative (*art.* 3) ; le sénatus-consulte du 25 décembre 1852 était revenu au régime de 1811, mais la loi du 27 juillet 1870 a repris le système de la loi de 1841, et les routes nationales ne peuvent plus être créées maintenant que par une loi rendue après l'enquête prescrite par l'ordonnance du 18 février 1834. Quant aux rectifications et lacunes, il suffit d'un décret du président de la République, rendu en Conseil d'État après ouverture d'un crédit préalablement ouvert au budget.

20. *Routes départementales.* L'ouverture des routes départementales est ordonnée par décret à la suite d'une enquête (*L.* 3 *mai* 1841, *art.* 3). Aucune route ne peut être classée au nombre des routes départementales sans une délibération du conseil général et sans une enquête préalable faite par l'administration, soit d'office, soit sur la demande du conseil général (*L.* 20 *mars* 1835, *art.* 1er). Le décret du 16 décembre 1811, qui a institué les routes départementales, portait (*art.* 24) que les travaux de construction, de reconstruction et d'entretien des routes départementales seraient projetés, les devis seraient faits, discutés et approuvés dans les formes et règles suivies pour les routes nationales, et que les travaux seraient exécutés par les ingénieurs des ponts et chaussées.

21. La loi du 10 mai 1838 n'appelait les conseils généraux à délibérer que sur le classement et la direction des routes départementales, dont elle range l'entretien au nombre des objets de dépenses obligatoires de chaque département. Mais les lois du 18 juillet 1866 et du 10 août 1871 ont conféré aux conseils généraux le pouvoir de statuer définitivement sur le classement et le déclassement des routes départementales, désormais entretenues librement, soit par des ingénieurs des ponts et chaussées, soit par des agents voyers, au choix des départements, ainsi que sur tous les projets des travaux à la charge du département.

Ce droit *nouveau* conféré aux conseils généraux a apporté une innovation importante aux dispositions de la loi du 25 juin 1841 sur les routes qui s'étendaient sur plusieurs départements. Suivant la législation antérieure, quand il y avait accord entre les conseils généraux, un simple décret intervenait, tandis que le Gouvernement recourait à une loi, en cas de désaccord. Aujourd'hui, le conseil général statue définitivement sur le classement et la direction des routes départementales, sans distinguer entre celles qui s'étendent sur plusieurs départements et celles dont le tracé se trouve renfermé dans les limites d'un seul département. Le Gouvernement a perdu le droit de suspendre l'exécution de la décision prise par le conseil général, mais il peut annuler la délibération pour violation de la loi ou d'un règlement d'administration publique, et il a conservé le pouvoir de déclarer l'utilité publique, quand il s'agit d'ouvrir une route nouvelle ou de rectifier une route sur une partie de son tracé.

Quant à la dépense de premier établissement, le conseil général y pourvoit, dans la plupart des cas, par des centimes additionnels aux contributions directes, par la concession des travaux à des compagnies ou particuliers, quelquefois au moyen des subventions de l'État, ou par les contributions des communes, des associations et des particuliers, parfois enfin en recourant, dans certains cas exceptionnels, comme la rectification des routes et la correction des rampes, aux ressources spéciales des péages, autorisées et réglées par la loi de finances du 24 avril 1833 et les lois des 11 juin 1859 et 10 août 1871. Les tarifs à percevoir pour ces péages devraient être, en ce cas, approuvés par décret, comme ceux des ponts à péage, le pouvoir concédé aux conseils généraux par la loi de 1871 de régler les tarifs des bacs et bateaux ne pouvant être étendu par analogie.

22. Remarquons ici que les décrets qui autorisent la rectification d'une route nationale ou départementale n'ont pas pour effet de soustraire immédiatement au régime de la grande voirie les parties de cette route qui sont comprises dans l'ancienne direction. Pour que ces parties cessent d'être soumises aux règlements de la grande voirie, il faut que leur déclassement ait été prononcé par l'administration. (*Arr. du C.* 5 *janv.* 1855.)

23. La largeur des routes est déterminée par l'acte qui en ordonne l'ouverture ou l'élargissement, d'après l'importance des besoins qu'elles sont appelées à satisfaire. Un arrêt du Conseil du 6 février 1776, modifiant les dispositions de l'arrêt du Conseil du 3 mai 1720, avait fixé d'une manière générale la largeur des routes qui seraient construites à l'avenir. Cette largeur devait être, selon l'importance des routes, divisées alors en quatre classes, 42, 36, 30 ou 24 pieds (*voy. n°* 3). Toutefois dans les pays de montagnes ou

dans les endroits où la construction des chemins présente des difficultés extraordinaires et entraîne des dépenses très-fortes, la largeur des routes pouvait être moindre; d'un autre côté, elle pouvait être portée au delà de 42 pieds, mais sous la condition de ne pas dépasser 60 pieds, aux abords des grandes villes, où l'affluence des voitures peut occasionner des accidents. Les fossés et les talus bordant les routes ne sont pas compris dans les largeurs spécifiées par l'arrêt du 6 février 1776. La largeur des routes nationales est généralement de 12 mètres, celle des routes départementales de 8 mètres.

ART. 2. — ENTRETIEN.

24. Les routes nationales sont entretenues aux frais de l'État. Quant aux routes départementales, la dépense de leur entretien et de celui des ouvrages d'art qui en font partie, figure, aux termes de l'art. 12 de la loi du 10 mai 1838, au nombre des dépenses ordinaires des départements et est inscrite comme telle à la première section de leur budget.

25. Il faut rattacher à l'entretien des routes l'obligation, imposée par l'ordonnance de 1669 à tout propriétaire de forêts bordant un grand chemin, de laisser, entre la route et son bois, une étendue découverte de 60 pieds. Cette obligation, appelée servitude d'essartement, a pour objet de préserver la route de l'humidité résultant du voisinage immédiat des arbres et d'y rendre la circulation plus sûre. L'ordonnance de 1669 a été interprétée en ce sens que l'essartement des bois doit avoir lieu sur 60 pieds de largeur (19^m,49) de chaque côté des routes qui les traversent (*Avis du C.* 18 *oct.* 1824). L'administration peut toutefois réduire cette largeur à moins de 60 pieds. Les riverains des chemins de fer ne sont pas soumis à l'obligation d'essarter.

ART. 3. — PLANTATIONS ET FOSSÉS.

26. *Plantations.* Si le voisinage immédiat des forêts est préjudiciable pour les routes, la plantation d'une rangée d'arbres le long de leurs alignements présente, au contraire, des avantages depuis longtemps reconnus. La plantation des routes, déjà prescrite par diverses ordonnances, en date des 19 janvier 1552, mai 1579 et janvier 1583, est régie par les dispositions combinées de la loi du 9 ventôse an XIII et du décret du 16 décembre 1811. Les propriétaires riverains des routes nationales et départementales sont tenus de planter des arbres, soit sur le sol de la route, quand sa largeur le permet (*L.* 9 *vent. an XIII, art.* 1 *et* 2), soit, dans le cas contraire, sur leur propriété, à la distance d'un mètre du bord extérieur des fossés et suivant l'essence des arbres. (*D.* 16 *déc.* 1811, *art.* 88 et 90.)

En fait, depuis 1850, l'administration a renoncé à user de cette servitude toutes les fois que la disposition des lieux et la nature du terrain permettaient d'établir des plantations sur le sol même des routes, alors que ces routes présentent au moins dix mètres de largeur. (*Circ. Min. Trav. publ.* 9 *août* 1850, 17 *juin* 1851 *et* 9 *août* 1852.)

27. La loi du 9 ventôse an XIII attribuait aux riverains des routes la propriété des arbres plantés par eux sur le sol de ces routes. Aux termes du décret du 16 décembre 1811, les arbres existant, au moment de sa publication, sur le sol des routes nationales, à l'exception de ceux plantés en vertu de la loi du 9 ventôse an XIII, sont reconnus appartenir à l'État, et ceux plantés en dehors des routes, sur les propriétés particulières, sont reconnus appartenir aux riverains (*art.* 86 *et* 87). Quant aux plantations postérieures à ce décret, l'art 89 porte que les riverains demeureront propriétaires des arbres qu'ils auront plantés. Remarquons que la loi du 12 mai 1825 décide que les arbres existant sur le sol des routes nationales et départementales sont la propriété des particuliers qui justifieraient les avoir légitimement acquis à titre onéreux, ou les avoir plantés à leurs frais, en exécution des anciens règlements. Toutefois, ces arbres ne peuvent être abattus que lorsqu'ils dépérissent, et avec l'autorisation de l'administration. Une autorisation est également nécessaire pour en opérer l'élagage.

28. La conservation des plantations des routes est confiée à la surveillance et à la garde spéciale des cantonniers, gardes champêtres, gendarmes, agents et commissaires de police et des maires chargés par les lois de veiller à l'exécution des règlements de grande voirie. (*D. 16 déc.* 1811, *art.* 106.) [*Voy.* **Arbres.**]

29. *Fossés.* D'après le décret du 16 décembre 1811, les travaux d'entretien, de curement et de réparation des fossés qui bordent les grandes routes devaient être exécutés par les propriétaires riverains ou à leurs frais ; mais depuis le 1er janvier 1827, ces fossés sont établis, curés et entretenus aux frais de l'État (*L.* 12 *mai* 1825). Il convient de remarquer que, lorsqu'il n'existe pas de fossés le long d'une route, le préfet, saisi d'une demande d'alignement par le propriétaire riverain, peut, en accordant la permission de bâtir, réserver, outre la largeur de la route, le terrain nécessaire pour l'ouverture du fossé, sauf le droit du propriétaire à une indemnité au cas où le fossé serait effectivement ouvert sur le terrain resté libre. D'après les anciens règlements, qui n'ont pas été abrogés à cet égard, les propriétaires riverains sont tenus de recevoir sur leurs héritages les terres et les sables provenant du curage des fossés qui les bordent (*Arr. du C.* 3 *mai* 1720). Sur l'étendue du territoire de la généralité de Paris, les propriétaires sont également tenus de recevoir sur leurs fonds les eaux qui découleraient des routes et il leur est défendu, sous peine d'amende, de rien faire qui puisse gêner cet écoulement. (*O. du Bureau des finances des 3 fév.* 1741, 22 *juin* 1751, 29 *mars* 1754, 30 *avril* 1772 *et* 18 *juill.* 1781.)

La jurisprudence du Conseil d'État décide que tout acte consistant à faire refluer les eaux sur une route constitue une contravention de grande voirie, quelles que soient les exceptions de propriété soulevées par le riverain ; et que l'autorité judiciaire est compétente pour connaître de l'existence de la servitude aussi bien que pour régler l'indemnité due à l'administration, dans le cas où elle reconnaîtrait que la servitude n'existe pas.

30. *Indemnités dues aux riverains pour les dommages résultant des travaux des routes.* L'abaissement ou l'exhaussement du sol des routes peuvent causer aux riverains, propriétaires, locataires, industriels ou commerçants, des dommages qui leur donnent droit, d'après une jurisprudence constante du Conseil d'État, à des indemnités fixées par le conseil de préfecture ; mais il n'est pas dû d'indemnité pour une interruption de la circulation ou une gêne de courte durée occasionnée par des travaux de voirie.

Quant à la modification des accès, le retrait de l'accès direct donne seul ouverture à indemnité ; le déclassement d'une route ne constitue pas un droit à indemnité, si l'accès de la propriété est conservé sur une route parallèle ou perpendiculaire.

Sect. 3. — Alignements des routes nationales et départementales et des rues de Paris.

ART. 1. — CHARGES IMPOSÉES AUX PROPRIÉTAIRES.

31. On appelle alignement la limite, déterminée dans les formes légales, qui sépare ou doit séparer la voie publique des propriétés riveraines.

32. D'après l'arrêt du Conseil du 27 février 1765, confirmé par la loi des 19-22 juillet 1791 (*voy.* n° 4), nul ne peut construire, reconstruire ou réparer aucun édifice bordant une route entretenue aux frais de l'État, sans avoir obtenu de l'autorité compétente la délivrance de l'alignement, c'est-à-dire, la constatation régulière des limites de la voie publique, et la permission de bâtir. L'autorisation est nécessaire, quelle que soit la nature de la construction projetée.

33. L'obligation de demander l'alignement existe tant en matière de grande voirie qu'en matière de voirie urbaine, et sauf ce qui concerne la compétence, les observations qui suivent (n°s 34 à 46), sont communes aux routes, aux rues de Paris, et à celles des villes, bourgs et villages.

34. D'après les anciens règlements, la défense de construire, reconstruire ou réparer sans autorisation, et la pénalité encourue en cas de contravention, s'appliquent aux propriétaires et aux locataires, ainsi qu'aux entrepreneurs, maçons et autres ouvriers.

35. Le propriétaire d'une maison dont la façade est sujette à reculement, d'après les alignements arrêtés, ne peut plus y faire aucune réparation propre à en prolonger l'existence. Lorsque la maison, dont la consolidation est ainsi interdite, vient à être démolie, soit par la libre volonté du propriétaire, soit pour cause de vétusté, en vertu d'un ordre donné par l'administration dans l'intérêt de la sûreté publique, le propriétaire n'a droit à indemnité que pour la valeur du terrain qu'il est obligé de délaisser par l'effet du reculement auquel l'alignement soumet la limite de sa propriété (*L.* 16 *sept.* 1807, *art.* 50). Le droit à indemnité résultant de cet article s'ouvre au moment de la prise de possession, qui devient possible par le seul fait de la démolition et du déblaiement, et qui peut être effectuée par l'administration sans qu'elle soit tenue de remplir envers le propriétaire les formalités prescrites par la loi du 3 mai 1841 (*Avis du C.* 7 *juin* 1843). L'art. 50 de la loi du 16 septembre 1807 constitue une exception au principe d'après lequel nul ne peut être privé de sa propriété dans l'intérêt public, sans une indemnité préalable.

36. L'hypothèse contraire peut se présenter.

L'alignement, au lieu d'empiéter sur la propriété riveraine peut, au contraire, s'en éloigner, de manière à donner au propriétaire la faculté de s'avancer sur la voie publique; dans ce cas, le terrain compris entre sa propriété et la nouvelle limite de la voie publique lui est cédé, et s'il accepte la cession de ce terrain, il est tenu d'en payer la valeur (*L.* 16 *sept.* 1807, *art.* 53). La loi ajoute que les experts appelés à fixer cette valeur doivent avoir égard à ce que le plus ou le moins de profondeur du terrain cédé, la nature de la propriété, le reculement du reste du terrain bâti ou non bâti loin de la nouvelle voie, peuvent ajouter ou diminuer de valeur relative pour le propriétaire. Au cas où le propriétaire ne voudrait point acquérir, l'administration est autorisée à le déposséder de l'ensemble de sa propriété, en lui en payant la valeur telle qu'elle était avant l'entreprise des travaux. (*Id.*)

37. Sous l'empire de la loi du 8 mars 1810, c'était à l'autorité judiciaire qu'il appartenait de régler les indemnités pour terrains retranchés par voie d'alignement, et aucune disposition de cette loi n'autorisait à distinguer entre le règlement de l'indemnité due à un propriétaire dépossédé d'une partie de la propriété dans l'intérêt de la voie publique, et le règlement de l'indemnité due par un riverain à la propriété duquel est incorporée une portion de terrain distraite de la voie publique; aux termes de la loi du 7 juillet 1833 et de la loi du 3 mai 1841, qui l'a remplacée, un jury spécial a été chargé de fixer les indemnités dont le règlement avait été déféré aux tribunaux par la loi du 8 mars 1810; il suit de là que les indemnités dues, soit aux riverains par l'État ou la commune dans les cas de dépossession prévus par les art. 50 et 53 de la loi du 16 septembre 1807, soit à l'État ou à la commune, par le propriétaire riverain dans le cas d'incorporation à sa propriété, également prévu par ce dernier article, doivent être réglées, non par le conseil de préfecture, mais par le jury d'expropriation institué par la loi du 3 mai 1841. (*Avis du C.* 1er *avril* 1841 ; *Avis sect. d'adm.* 13 *juin* 1850 ; *Arr. du C.* 27 *janv.* 1853.)

38. Les prescriptions des anciens règlements relatives à l'alignement ne sont applicables qu'aux terrains riverains des voies publiques existantes; les terrains placés en dehors de ces voies, mais sur les limites d'une voie nouvelle projetée d'après des plans approuvés, n'y sont pas soumis. (*Arr. du C.* 24 *juill.* 1848.)

Contrairement à la jurisprudence de la Cour de cassation (*Arr. du* 16 *août* 1867, BUATIER et ROUSSILLE), applicable aux voies placées sous le régime de la petite voirie, sont affranchies des servitudes ordinaires de voirie les propriétés, en bordure des routes nationales ou départementales et des rues de Paris, qui doivent disparaître entièrement par suite d'un décret d'expropriation pour cause d'utilité publique postérieur au décret ou à l'ordonnance qui avait approuvé l'alignement d'une voie publique (*Arr. du C. du* 19 *mai* 1858, PERDUCET, *et du* 13 *juill.* 1866, LEBOUCHER). Mais les propriétaires n'en sont pas moins obligés de demander à l'autorité compétente une permission de voirie pour exécuter les travaux de réparation ou autres, qu'ils projettent aux propriétés placées dans cette situation exceptionnelle.

39. Aucune autorisation n'est nécessaire, en principe, au propriétaire qui veut construire en retraite d'un alignement arrêté (*Arr. du C.* 29 *juin* 1842. *Voy. cependant* n° 171) ; mais, dans l'intérêt de la propreté et de la salubrité publique, le propriétaire qui construirait de cette manière pourrait être obligé de se clore sur la limite de la voie publique. Le droit d'ordonner ainsi la clôture d'une propriété riveraine de la voie publique appartient aux préfets, en matière de grande voirie, d'après la loi du 22 décembre 1789, section 3, art. 2, et aux maires, en matière de voirie urbaine, d'après les lois des 16-24 août 1790, et 19-22 juillet 1791.

40. L'art. 4 du décret du 26 mars 1852, relatif aux rues de Paris, dispose, en outre, que *tout* constructeur de maison devra adresser à l'administration un plan et des coupes cotés des constructions qu'il projette, et se soumettre aux prescriptions qui lui seront faites dans l'intérêt de la sûreté publique et de la salubrité.

Les contrevenants à cette disposition, même pour les constructions édifiées en deçà de l'alignement et à l'intérieur de leurs propriétés, peuvent être poursuivis devant le tribunal de simple police et encourir, outre l'amende, la condamnation à la démolition des travaux exécutés, par application de l'art. 471 du Code pénal.

41. Lorsque l'alignement frappe de reculement, non-seulement le mur de face d'une maison, mais une portion de la maison elle-même, en arrière de ce mur, l'interdiction de construire et de réparer sans autorisation s'applique-t-elle seulement au mur de face? Le Conseil d'État a admis que le propriétaire peut faire sans autorisation toutes les réparations intérieures qu'il juge nécessaires, pourvu qu'elles n'aient pas pour effet de consolider ce mur; le propriétaire agit, dans ce cas, à ses risques et périls et sauf le droit de l'administration de vérifier en tout temps si les travaux faits par lui ne consolident pas le mur de face et, s'il en était ainsi, d'en poursuivre la démolition. (*Arr. du C.* 18 *avril* 1845.)

La jurisprudence du Conseil d'État admet même que lorsque la façade d'une maison, au lieu de joindre immédiatement la voie publique, en est séparée par un terrain clos de murs, le propriétaire peut faire à la façade de la maison intérieure tels travaux qu'il lui convient, pourvu que les travaux n'aient pas pour effet de réconforter directement ou indirectement le mur donnant sur la voie publique. Cette jurisprudence repose sur le motif qu'aucune loi ne défend aux propriétaires sujets à reculement, d'exécuter des travaux à l'intérieur desdits immeubles, si ces travaux n'ont pas pour effet de consolider le mur de face. (*Arr. des* 14 *juill.* 1831, 12 *déc.* 1834, 28 *mai* 1835, 22 *août* 1838, 27 *déc.* 1844, 26 *avril* 1847, 15 *janv.* 1849, 2 *fév.* 1854, 5 *janv.* 1860, 7 *mars* 1861.)

42. Lorsqu'une propriété est close, sur la voie publique, par une palissade en saillie, le propriétaire peut planter, sans autorisation, en arrière de cette palissade, une haie sèche, dans l'intérieur de sa propriété, sur la partie retranchable, si cette nouvelle clôture n'a pas pour effet de réconforter directement ou indirectement celle qui borde la voie publique. Toutefois, l'administration conserve le droit d'ordonner la destruction de la nouvelle clôture quand l'ancienne vient à tomber de vétusté ou est démolie. (*Arr. du C.* 21 *sept.* 1859.)

43. L'autorité compétente, pour statuer sur la délivrance des alignements et sur la permission de bâtir, doit se borner à accorder ou à refuser l'autorisation demandée et n'a pas le droit de la subordonner à des conditions arbitraires. De telles conditions sont nulles et doivent être réputées non écrites. Ainsi, l'administration ne pourrait imposer au propriétaire l'obligation de bâtir sur l'alignement s'il veut construire en retraite (*Arr. du C.* 6 *déc.* 1844), ni celle de ne construire qu'à une certaine distance de la voie publique (*Arr. du C.* 14 *mars* 1845), ni celle de se conformer à un plan de nivellement, sauf ce qui sera dit plus loin pour Paris et quelques autres villes (*voy.* n° 190); ni celle enfin de bâtir la façade de la maison sur la rue en se conformant à un plan déterminé.

44. Lorsqu'un propriétaire, en construisant, s'est conformé à l'alignement qui lui a été donné, et que, par suite d'un nouvel alignement rectificatif du premier, il est obligé de démolir les constructions commencées, il a droit à indemnité. (*Arr. du C.* 14 *juin* 1836.)

45. Les alignements donnés par l'administration sur les terrains longeant la voie publique ne préjugent en aucune manière les droits de propriété ou de servitude qui peuvent être prétendus au sujet de ces terrains; ces alignements sont donnés aux risques et périls de ceux qui les obtiennent et ne font pas obstacle à ce qu'il soit statué par l'autorité judiciaire entre les prétendants droits, sur les questions de propriété ou de servitude. (*Décis. Trib. des conflits* 5 *nov.* 1850; *Arr. du C.* 31 *mai* 1855.)

46. Il peut arriver, dans des cas heureusement fort rares, tels que pluies, inondations, affaissements du sol, que la circulation devienne momentanément impossible. La nécessité de maintenir les communications a fait imposer aux fonds riverains des routes l'obligation de souffrir alors le passage. Ce droit, inscrit dans la plupart de nos coutumes, a été sanctionné par l'art. 41 du titre II de la loi des 28 septembre-6 octobre 1791 et par la jurisprudence. (*Cass.* 29 *mess. an VIII,* 14 *therm. an XIII,* 21 *nov.* 1835, 24 *déc.* 1839, 27 *juin* 1845.)

Il faut que l'impraticabilité soit réelle et actuelle, qu'elle s'exerce dans les conditions les moins dommageables, et, autant que possible, qu'elle ait été prononcée par l'autorité administrative. A défaut d'interdiction ou de répression de la voie, c'est aux tribunaux ordinaires saisis de la plainte du propriétaire sur l'héritage duquel un voyageur se serait frayé passage, à ses risques et périls, à examiner et à décider si l'exception tirée de l'impraticabilité de la voie existe réellement.

Dans tous les cas, le passage donne lieu à ouverture d'indemnité réglée par les tribunaux administratifs et payable par la caisse chargée de pourvoir à l'entretien de la route reconnue impraticable.

Sont soumis à cette servitude les fonds riverains des routes nationales et départementales ainsi que des chemins vicinaux et de tous les chemins publics, mais les fonds riverains des voies privées non classées et des rues et places publiques dans les villes, bourgs et villages en sont affranchis.

En ce qui concerne les villes, bourgs et villages, si la circulation devient impossible dans une rue par une cause quelconque, c'est à l'autorité à prendre les mesures nécessaires, conformément aux pouvoirs que lui attribuent les lois de 1789 et années suivantes, pour que les citoyens aient le moins à souffrir de cet état de choses.

ART. 2. — FORMALITÉS ET COMPÉTENCE.

47. Les permissions de construire et la délivrance d'alignement sont données par écrit, dans la forme d'un acte administratif qui ne peut être suppléé par une autorisation tacite ou verbale (*Arr. du C.* 23 *fév.* 1839, *Cass.* 12 *juill.* 1849). Conformément au principe général en matière de contraventions, la bonne foi du contrevenant ne pourrait le soustraire à l'application de la peine qu'il aurait encourue pour avoir bâti sans autorisation régulière. Les permissions ne sont valables que pour un an. (*Lettres patentes* 22 *oct.* 1733.)

48. Aussitôt que les assises de retraite sur les murs de fondation sont posées, les propriétaires ou les entrepreneurs doivent requérir qu'il soit procédé au récolement de l'alignement. Ce récolement doit être fait dans les trois jours de la réquisition. Procès-verbal en est dressé, et une expédition reste entre les mains du requérant qui supporte les frais de l'opération. (*Édit de* 1607.)

49. Les principes qui viennent d'être rappelés (n°s 34 à 46) s'appliquent à la fois à la grande voirie et à la voirie urbaine. Les règles qui suivent concernent exclusivement la grande voirie.

50. Les préfets, sur l'avis des ingénieurs des ponts et chaussées, sont seuls compétents pour délivrer l'alignement et la permission de bâtir aux propriétaires riverains des routes nationales et départementales, et des rues qui sont la continuation de ces routes dans la traverse des villes, bourgs et villages.

51. Nous devons remarquer toutefois que lorsque ces rues sont seulement traversées par des routes qui n'occupent pas toute leur largeur, c'est au maire et non au préfet qu'il appartient de délivrer l'alignement; le préfet et l'administration des ponts et chaussées doivent se borner, dans ce cas, à déterminer les limites de la route, et renvoyer à l'autorité municipale les demandes d'alignement formées par les propriétaires des maisons situées au delà de ces limites. (*Arr. du C.* 26 *août* 1836.) [*Voy. plus loin,* n° 129.]

52. Il n'appartient qu'au président de la République de déterminer les rues qui, dans l'intérieur des villes, bourgs et villages, font partie des grandes routes qui les traversent. Les décrets qui interviennent à cet effet ne sont pas susceptibles d'être attaqués par la voie contentieuse. (*Arr. du C.* 8 *sept.* 1834.)

53. En ce qui concerne la ville de Paris, le préfet de la Seine est chargé de la délivrance des alignements et de la permission de bâtir. Il est assisté par des agents appelés commissaires voyers.

54. Le préfet, en délivrant les alignements,

doit se conformer aux plans généraux d'alignements, s'il en a été dressé. Dans le cas contraire,
il délivre des alignements provisoires.

55. Toutes les décisions des préfets en matière
d'alignement peuvent être déférées au ministre
compétent. Mais les réclamations dirigées contre un
alignement provisoire, délivré en l'absence de plan
général, ne peuvent être formées que par la voie
administrative, tandis que celles qui sont relatives
à l'application individuelle des plans généraux d'alignement ou à la délivrance d'un alignement partiel,
peuvent donner lieu à un recours contentieux devant
le Conseil d'État contre la décision du ministre.

ART. 3. — PLANS D'ALIGNEMENTS.

56. En matière de grande voirie, les plans
d'alignements, qui sont surtout nécessaires dans
l'intérieur des villes, ne sont dressés d'ordinaire
pour les routes que dans la traverse des villes,
bourgs ou villages où elles se trouvent bordées
d'habitations.

57. Les projets de plans d'alignements en matière de grande voirie sont soumis aux formalités
d'enquête prescrites par la loi sur l'expropriation
pour cause d'utilité publique (*Circ. dir. gén. des
ponts et chauss.*, 3 août 1833); une commission
d'enquête est appelée à donner son avis; le conseil municipal de la commune traversée par la
route qui fait l'objet du plan d'alignement est
nécessairement consulté (*L.* 18 *juill.* 1837, *art.* 21,
3°); le plan est soumis au conseil général des
ponts et chaussées, et approuvé, sur le rapport
du ministre des travaux publics, par décret rendu
en Conseil d'État; le décret qui intervient ainsi
après l'accomplissement des formes prescrites par
la loi sur l'expropriation, a, pour l'élargissement
de la voie à laquelle il s'applique, la valeur et
les effets d'une déclaration d'utilité publique.

58. Aux termes de l'art. 52 de la loi du 16 septembre 1807, les alignements sont donnés, dans
les villes, conformément aux plans généraux d'a-
lignements arrêtés en Conseil d'État. Cette disposition, sur laquelle nous aurons à revenir au chapitre de la *voirie urbaine*, n°s 104 et suivants,
est applicable à la ville de Paris, et le décret du
25 mars 1852, sur la décentralisation administrative, qui l'a modifiée en donnant aux préfets le
droit d'approuver les plans généraux d'alignements
des villes (*tabl. A, n°* 50), n'y a point dérogé en
ce qui concerne Paris (*art.* 7).

Sect. 4. — Ouvrages en saillie.

59. On appelle *saillies* les parties des bâtiments
ou les constructions accessoires qui dépassent la
ligne verticale d'un édifice, de manière à se trouver
en dehors de l'alignement. Ces saillies sont fixes
ou mobiles. On peut citer comme exemples les
bancs, marches, perrons ou bornes placés devant
les maisons, les balcons grands et petits, les
auvents et corniches, les enseignes, les tuyaux
de poêle et de cheminée, les gouttières saillantes, etc. On comprend que des ouvrages de ce
genre puissent être souvent une cause d'accidents
et d'embarras, et porter atteinte, d'un autre côté,
à la régularité de la voie publique. De nombreux
règlements ont été rendus autrefois pour interdire
les ouvrages en saillie ou pour réglementer l'é-
tablissement de ceux qui peuvent, par exception
être tolérés.

C'est ainsi, par exemple, que l'édit de décembre
1607, sur la police des rues et chemins, prohibait
absolument l'établissement de saillies, avances et
pans de bois aux bâtiments neufs, ainsi que la
réédification ou la consolidation des ouvrages de
ce genre déjà existants; il défendait aussi de faire
aucun encorbellement ou avance pour porter un
mur, un pan de bois ou autres choses en saillie;
tandis qu'il permettait d'établir, mais avec l'autorisation du grand voyer, des siéges, barrières,
contre-fenêtres, huis de caves, bornes, pas,
marches, montoirs à cheval, auvents, enseignes,
cages de menuiserie, châssis en verre et autres
avances.

60. Tout propriétaire riverain de la voie publique doit, avant de construire un ouvrage en saillie, de quelque nature qu'il soit, en avoir obtenu
l'autorisation; cette obligation résulte des dispositions encore en vigueur des anciens règlements.
Les autorisations données en cette matière ont
le caractère d'une permission révocable de laquelle
ne peut résulter qu'une possession précaire. Ces
règles s'appliquent à la grande voirie et à la voirie
urbaine.

61. Hors des villes, bourgs et villages, comme,
dans leur traverse, les permissions d'établir des
ouvrages en saillie sur les constructions bordant
les routes, sont accordées par les préfets. Les
contraventions qui résultent, soit de l'établissement d'une saillie sans autorisation, soit de ce
que le propriétaire ne s'est pas conformé à l'autorisation obtenue, sont jugées par le conseil de
préfecture, qui prononce la condamnation à l'a-
mende de 300 fr., édictée par l'arrêt du Conseil
du 27 février 1765, sauf toutefois l'application
de la loi du 23 mars 1842 (*voy.* n° 72), et ordonne la démolition des ouvrages formant saillie[1].
(*Arr. du C.* 28 *juill.* 1853.)

1. Le modèle du règlement du 20 septembre 1858 indique,
pour les grandes routes, les conditions dans lesquelles les saillies peuvent être autorisées. Il est important d'en reproduire
les principales dispositions.

« ART. 19. La nature et la dimension maximum des saillies
permises sont fixées ci-après, la mesure des saillies étant toujours prise sur l'alignement de la façade, c'est-à-dire à partir
de l'un des murs au-dessus de la retraite du soubassement :

« 1° soubassement, 0m,05.

« 2° Colonnes en pierre, pilastres, ferrures de portes et fenêtres, jalousies, persiennes, contrevents, appuis de croisées,
barres de support, 0m,10.

« 3° Tuyaux et cuvettes, ornements en bois de devantures, grilles
de boutiques et de fenêtres des rez-de-chaussée, enseignes, y
compris toutes pièces accessoires, 0m,16.

« 4° Socles de devantures de boutiques, 0m,20.

« 5° Petits balcons de croisée, au-dessus du rez-de-chaussée,
0m,22.

« 6° Grands balcons, lanternes, transparents, attributs, 0m,80.

« Ces ouvrages ne pourront être établis qu'à 4m,30 au moins
au-dessus du sol et seulement dans les rues dont la largeur ne
sera pas inférieure à 8 mètres. Toutefois, s'il y a devant la façade un trottoir de 1m,30 de largeur au moins, la hauteur de
4m,30 pourra être réduite jusqu'au minimum de 3m,50 pour
les grands balcons dans les rues ayant au moins 8 mètres de
largeur, et au minimum de 3 mètres pour les lanternes, transparents et attributs, quelle que soit la largeur de la rue.

« Ces ouvrages devront d'ailleurs être supprimés sans indemnité si l'administration, dans un intérêt public, est conduite à
exhausser ultérieurement le sol de la route.

« 7° Auvents et marquises, 0m,80.

« Ces ouvrages seront en bois ou en métal ; on ne les auto-
risera que sur des façades devant lesquelles il existe un trottoir
de 1m,30 de largeur au moins et à 3 mètres au moins au-dessus
de ce trottoir.

« 8° Baunes, 1m,50.

« Elles ne pourront être posées que devant les façades où il
existe un trottoir. La dimension maximum fixée ci-dessus sera

62. En ce qui concerne la ville de Paris, les autorisations relatives aux ouvrages en saillie sont accordées par le préfet de la Seine. (*D. 27 oct.* 1808 *et* 10 *oct.* 1859). [*Voy.* n°ˢ 180 *et suiv.*]

Le préfet de la Seine délivre toutes les permissions nécessaires à l'établissement des saillies, telles que pilastres, balcons, etc., qui sont régies par les principes de la grande voirie. Les commissaires voyers sont chargés de ce service.

Sect. 5. — Droits de police qui appartiennent à l'administration.

ART. 1. — DÉMOLITION DES ÉDIFICES MENAÇANT RUINE.

63. Dans l'intérêt de la sûreté publique, l'administration a le pouvoir d'ordonner la démolition des édifices menaçant ruine qui bordent la voie publique, soit que le danger provienne de la vétusté du bâtiment, soit qu'il résulte des vices d'une construction récente. Les déclarations du roi, des 18 juillet 1729 et 18 août 1730, ont reconnu ce droit de l'administration et en ont réglementé l'exercice en ce qui concerne la ville de Paris.

64. Suivant les indices donnés par M. Daubenton, il y a lieu de démolir un bâtiment pour cause de péril : 1° lorsque, par vétusté, une ou plusieurs jambes étrières, un ou plusieurs trumeaux ou pieds-droits sont en mauvais état; 2° lorsque le mur de face sur la voie publique est en surplomb de plus de moitié de son épaisseur; 3° lorsque le mur de face sur la voie publique est à fruit, c'est-à-dire légèrement incliné en arrière, et qu'il a occasionné sur la face opposée un surplomb égal au fruit de la façade sur la voie publique ; 4° lorsque les fondations sont mauvaises, alors même qu'il n'y aurait ni surplomb, ni fruit ; 5° lorsqu'il y a bombement égal au surplomb dans les parties inférieures du mur de face.

65. L'administration peut ordonner directement, et sans décision d'une juridiction quelconque, la démolition ou la réparation des bâtiments menaçant ruine. Les mesures d'exécution qu'elle croit devoir prendre en cette matière, ne sont susceptibles d'aucun recours devant le Conseil d'État par la voie contentieuse. (*Arr. du C.* 9 *févr.* 1854.)

réduite quand ce trottoir aura moins de 2 mètres, de manière que sa largeur excède toujours de 0ᵐ,50 au moins la saillie des bannes.

« Aucune partie des supports ne sera à moins de 2ᵐ,50 au-dessus du trottoir.

« 9° Corniches d'entablement.

« Leur saillie n'excédera pas 0ᵐ,16 quand elles seront en plâtre, ou l'épaisseur du mur à son sommet quand elles seront en pierre ou en bois.

« Les dimensions fixées ci-dessus sont applicables seulement dans les portions de route ayant plus de 6 mètres de largeur effective. Lorsque cette largeur n'est pas atteinte, l'arrêté pris par le préfet statue, dans chaque cas particulier, sur les dimensions des saillies qu'il y a lieu d'autoriser.

« ART. 21. Il est interdit d'établir, de remplacer ou de réparer des marches, bornes, entrées de cave ou tous ouvrages de maçonnerie en saillie sur les alignements et placés sur le sol de la voie publique. Néanmoins, il pourra être fait exception à cette règle pour ceux de ces ouvrages qui seraient la conséquence de changements apportés au niveau de la route ou lorsqu'il se présenterait des circonstances exceptionnelles.

« Dans ce dernier cas, il devra en être référé à l'administration supérieure.

« ART. 25. Partout où un trottoir sera construit, le riverain est tenu d'enlever les bornes qui se trouvent en saillie sur la façade des constructions.

« ART. 22. Aucune porte ne pourra s'ouvrir en dehors, de manière à faire saillie sur la voie publique. Les fenêtres et volets du rez-de-chaussée qui s'ouvriraient en dehors devront se rabattre sur le mur de face le long duquel ils seront fixés. »

66. Lorsque l'autorité compétente pour ordonner la démolition des constructions qui menacent ruine, c'est-à-dire le préfet ou le maire, suivant qu'il s'agit de grande voirie ou de voirie urbaine estime qu'il y a lieu, pour ce motif, d'abattre ou de réparer un bâtiment, il est procédé préalablement à une expertise contradictoire; le propriétaire intéressé désigne un expert qui opère conjointement avec celui de l'administration ; mais le propriétaire, sauf son recours à l'autorité supérieure, doit exécuter la décision du préfet ou du maire, dès qu'elle lui est notifiée. Faute par lui de s'y conformer, la démolition ou la réparation est faite d'office, à ses frais, par les soins de l'administration (*Déclar. du Roi du* 18 *juill.* 1729). La dépense de la démolition est remboursée par privilège sur le prix des matériaux, et subsidiairement sur la valeur du terrain. (*Id.*)

67. En cas d'urgence, et lorsqu'il y a péril imminent, le préfet ou le maire, suivant que l'un ou l'autre est compétent, peut ordonner, sans expertise préalable, la démolition immédiate du bâtiment qui menace ruine. Il peut ordonner également que les habitants de la maison seront tenus de quitter immédiatement les lieux, sauf règlement par l'autorité judiciaire de l'indemnité que prétendraient les locataires contre le propriétaire pour trouble dans la jouissance des baux et locations à eux consentis.

68. Une indemnité serait due au propriétaire, s'il était reconnu, après la démolition, qu'elle a été indûment ordonnée. Cette indemnité serait fixée par le conseil de préfecture (*Arr. du C.* 2 *juill.* 1820); mais aucune indemnité ne peut être réclamée par celui dont la maison était devenue une cause de péril par suite de la non-exécution des réparations nécessaires pour la consolider.

69. Le droit d'ordonner la démolition des édifices menaçant ruine, qui peuvent exister le long des routes nationales et départementales, appartient au préfet. Aucune difficulté ne peut s'élever à cet égard, quant à la portion de ces routes qui n'est pas comprise dans la traverse des villes, bourgs et villages ; mais on peut se demander, en ce qui concerne les fractions de routes comprises dans cette traverse, et qui servent en même temps de rues, si le droit d'ordonner les démolitions dont il s'agit appartient au préfet ou au maire, ou concurremment à tous deux? De ce que, d'après notre législation, la poursuite des contraventions de grande voirie et la conservation des routes sont confiées à l'autorité préfectorale, et de ce que, dans la traverse des villes, les routes, sans perdre leur caractère, ne sont affectées qu'accessoirement à l'usage municipal, il nous semble résulter que le préfet a seul le droit de faire démolir les constructions menaçant ruine qui existeraient le long de cette partie des routes nationales et départementales[1].

ART. 2. — DÉPÔTS SUR LA VOIE PUBLIQUE DE MATÉRIAUX ET AUTRES OBJETS.

70. La nécessité d'entretenir la voie publique dans un état convenable de salubrité, et d'y rendre la circulation facile et sûre, motive la défense

[1] On peut cependant aussi arguer des attributions du maire en matière de sécurité publique et lui reconnaître également le droit de faire démolir, au moins en cas d'urgence. M. B.

formelle faite à toute personne d'y effectuer aucun dépôt permanent ou temporaire de matériaux, bois, fumiers, gravois, immondices et autres objets (*Anciens règlements, L.* 16-24 *août* 1790 ; *L.* 29 *flor. an X ; D.* 16 *déc.* 1811; *C. P.*, *art.* 471). Les préfets sont seuls compétents pour autoriser, par exception, les dépôts de matériaux sur les lieux soumis au régime de la grande voirie. Ces exceptions très-rares sont réglées, pour Paris, par l'ordonnance de police du 8 août 1829. Les autorisations de cette nature sont des actes de pure tolérance qui sont toujours révocables.

ART. 3. — MESURES D'URGENCE.

71. Les infractions aux règles prescrites en matière de voirie peuvent être de nature à compromettre gravement la sécurité de la voie publique. Le préfet, chargé de l'administration en matière de grande voirie, peut, dans ce cas, sous sa responsabilité, et sauf le droit du propriétaire à une indemnité, s'il était reconnu ultérieurement qu'il n'y avait pas contravention, prescrire, en vertu de ses pouvoirs de police, les mesures provisoires rendues nécessaires par les besoins publics. Le sous-préfet peut ordonner la réparation immédiate du délit, s'il s'agit seulement de dégradations ou de dépôts de fumiers, d'immondices ou de matériaux. (*D.* 16 *déc.* 1811, *art.* 113.)

Sect. 6. — Contraventions.

ART. 1. — PRINCIPES GÉNÉRAUX ET PÉNALITÉS.

72. Les anciens règlements qui créent des contraventions en matière de voirie, les punissent d'amendes souvent très-considérables, qui, avant 1842, ne pouvaient être modérées par les conseils de préfecture dans l'application qu'ils étaient appelés à en faire, et l'impunité résultait fréquemment de l'excès même de la répression. Le roi seul, statuant en Conseil d'État sur les pourvois formés contre les condamnations prononcées par les conseils de préfecture, pouvait, en vertu de son droit de grâce, les modérer ou en accorder la remise. La loi du 23 mars 1842 dut intervenir pour donner plus de latitude aux conseils de préfecture. Cette loi porte qu'à dater de sa promulgation, les amendes fixes, établies par les règlements de grande voirie antérieurs à la loi des 19-22 juillet 1791, pourront être modérées, eu égard au degré d'importance ou aux circonstances atténuantes des délits, jusqu'au vingtième desdites amendes, sans toutefois que ce minimum puisse descendre au-dessous de la somme de 16 fr. Elle ajoute qu'à dater de la même époque les amendes dont le taux, d'après les règlements, était laissé à l'arbitrage du juge, pourront varier entre un minimum de 16 fr. et un maximum de 300 fr. Le conseil de préfecture commettrait un excès de pouvoirs, en condamnant le contrevenant à une amende inférieure au minimum fixé par la loi du 23 mars 1842. (*Arr. du C.* 21 *mai* 1852.)

73. *Alignement. Saillies.* Aux termes de l'arrêt du Conseil du 27 février 1765, et de l'ordonnance du bureau des finances du 18 juin suivant, les contraventions aux dispositions relatives à l'alignement et aux ouvrages en saillie sont passibles de 300 fr. d'amende et de la démolition.

74. La démolition des constructions faites en contravention aux lois et règlements doit-elle être prononcée toutes les fois que la contravention est constatée et qu'il y a condamnation à l'amende ? La jurisprudence du Conseil d'État, conforme, d'ailleurs, à l'esprit de l'édit de 1607, admet, en matière d'alignement, que la démolition ne doit être ordonnée que lorsque la construction, élevée sans autorisation, est contraire à l'alignement, et rentre dans la classe de celles qui ne peuvent être autorisées. (*Arr. du C.* 18 *nov.* 1846 *et autres.*) Quant aux constructions élevées dans Paris, en deçà de l'alignement et à l'intérieur de la propriété, sans la production préalable à la préfecture de la Seine, prescrite par l'art. 4 du décret du 26 mars 1852, elles tombent sous l'application de l'art. 471 du Code pénal et la juridiction du tribunal de simple police qui peut, en sus de l'amende, ordonner la démolition de ces constructions si elles ne satisfont pas aux conditions de la sécurité et de la salubrité publiques.

75. En ce qui concerne les réparations faites sans autorisation à des constructions sujettes à reculement, elles n'ont pas pour conséquence nécessaire la démolition de ces constructions; il y a lieu d'examiner préalablement si les réparations dont il s'agit constituent ou non un travail *confortatif,* c'est-à-dire de nature à consolider le mur de face, sujet à reculement ; cette distinction est consacrée par la jurisprudence du Conseil d'État, qui, dans le cas où les réparations sont confortatives, prononce à la fois l'amende et la démolition ; tandis que, dans le cas contraire, il se borne à condamner à l'amende. (*Arr. du C.* 19 *nov.* 1852, 3 *nov.* 1853.)

76. Tout en rappelant qu'en ces matières les circonstances spéciales de chaque affaire ont et doivent avoir une grande influence sur la solution, nous citerons quelques exemples, pour indiquer les caractères généraux auxquels on peut reconnaître si des travaux de réparation sont ou non confortatifs du bâtiment auquel ils ont été faits. Ainsi il a été jugé qu'un propriétaire pouvait faire aux étages supérieurs de sa maison toutes les constructions et réparations qu'il jugeait nécessaires, sans qu'on pût les regarder comme confortatives. Les peintures, les badigeons, quelquefois les plâtrages et recrépissages, l'application de certains revêtements extérieurs, les percements de jours, la surélévation des murs et étages supérieurs, les réparations intérieures qui ne sont pas de nature à consolider le mur de face, ont été considérés comme des travaux non confortatifs. En sens inverse, les travaux, même intérieurs, de nature à consolider le mur de face, la pose de poteaux ou de colonnes pouvant avoir pour effet de mieux soutenir ce mur, les réparations faites à la maçonnerie du rez-de-chaussée ont été, au contraire, reconnus confortatifs.

77. *Plantations.* Tout propriétaire qui est reconnu avoir coupé sans autorisation, arraché ou fait périr les arbres plantés sur son terrain, le long d'une route nationale ou départementale, est puni d'une amende égale au triple de la valeur de l'arbre détruit (*D.* 16 *déc.* 1811, *art.* 101), prononcée par le conseil de préfecture. Dans le cas où les arbres abattus ou arrachés appartiendraient à l'État, le contrevenant serait passible de la peine de l'emprisonnement édictée par les art. 445 et 448 du Code pénal. Cette peine serait prononcée par le tribunal de police correctionnelle.

78. Défense est faite, sous peine de 100 fr. d'amende, à tous conducteurs de bestiaux, de les laisser paître sur les bords des routes plantées d'arbres ou de haies (*Arr. du C.* 16 *déc.* 1759). Mais il faut remarquer qu'il n'y aurait pas contravention de grande voirie, en l'absence de toute dégradation causée à la route, dans le simple fait d'abandon et de pacage de bestiaux sur les routes non plantées (*Arr. du C.* 28 *mai* 1852). Un pareil fait tomberait sous l'application de l'art. 479 du Code pénal, portant que ceux qui auront dégradé ou détérioré, de quelque manière que ce soit, les chemins publics, seront punis d'une amende de 11 à 15 fr., et cette amende serait prononcée par le tribunal de simple police. (*Voy.* n° 84.)

79. Le fait seul de l'enlèvement des feuilles des mûriers plantés sur le bord d'une route nationale ou départementale, ne constitue pas une des détériorations qui peuvent, aux termes de l'art. 43 du titre II de la loi des 26 septembre-6 octobre 1791, et de l'art. 1er de la loi du 29 floréal an X, constituer une contravention de grande voirie. (*Arr. du C.* 1er *févr.* 1855, ROUGIER, *et du* 23 *mai* 1862, COQUART.)

80. *Fossés.* Les dégradations causées aux fossés qui bordent les routes, constituent des contraventions de grande voirie, punissables, aux termes de l'arrêt du Conseil du 4 août 1731, d'une amende de 500 fr. Le rejet, dans les fossés, des terres et sables provenant de leur curage, que les riverains sont tenus de recevoir sur leur propriété, en vertu de l'arrêt du Conseil du 3 mai 1720, est puni de la même amende. (*Arr. du C.* 2 *avril* 1849.)

81. *Dépôts. Dégradations.* Les dépôts faits sur une voie publique, soumise au régime de la grande voirie, de matériaux, fumiers, immondices ou autres objets encombrants, les dégradations aux berges des routes, les anticipations sur leur largeur, sont punis d'une amende de 500 fr. (*Arr. du C.* 4 *août* 1731.)

82. Le locataire ou le propriétaire d'un terrain bordant une route, qui dépose, même momentanément, sur l'accotement de cette route, des fumiers destinés à être transportés sur ce terrain, commet une contravention de grande voirie qui le rend passible de l'amende édictée par l'arrêt du 4 août 1731. (*Arr. du C.* 16 *févr.* 1853.)

83. La défense faite par l'arrêt du 4 août 1731, de créer aucun empêchement au passage public sur les routes, s'applique au fait d'établir, sans autorisation, un échafaudage pour construire ou réparer une maison. (*Arr. du C.* 5 *déc.* 1842.)

84. Le fait d'avoir occasionné des dégradations à une route non plantée, en y laissant pâturer des troupeaux à l'abandon, constitue, à la vérité, une contravention de grande voirie, mais qui ne résulte pas de l'arrêt du 4 août 1731 et qui n'est passible d'aucune amende par le conseil de préfecture. Les contrevenants doivent seulement être condamnés par ce conseil à la réparation du dommage causé. (*Arr. du C.* 14 *déc.* 1853.)

85. Il en est de même dans les cas où un voiturier, pour équilibrer son chargement à la descente d'une rampe, aurait enlevé d'un tas de matériaux

approvisionnés le long de la route et pour son entretien, des pierres qu'il a placées sur le talon de sa charrette, et qu'il a ensuite rejetées éparses sur la route au bas de la rampe; aucune amende n'est encourue, bien qu'il y ait contravention de grande voirie (*L.* 29 *flor. an X, art.* 1er), et le conseil de préfecture doit condamner le contrevenant à la réparation du dommage qui a pu être causé à l'État. (*Arr. du C.* 13 *janv.* 1853.)

86. *Écoulement des eaux.* Aux termes de l'ordonnance du bureau des finances de la généralité de Paris, du 17 juillet 1781, sur la police des chemins dans l'étendue de cette généralité, il est fait défense à tous propriétaires dont les héritages sont inférieurs aux chemins et en reçoivent les eaux, d'en interrompre le cours, soit par l'exhaussement, soit par la clôture de leur terrain ; il leur est enjoint de rendre libre le passage qu'ils auraient intercepté, si mieux ils n'aiment construire et entretenir, à leurs frais, les aqueducs, fossés et gargouilles nécessaires à cet usage, le tout sous peine de 50 livres d'amende.

87. Lorsqu'un particulier, en cessant de tenir en bon état d'entretien des ouvrages exécutés par ses auteurs, dans le but de faire déverser sur sa propriété les eaux d'une route nationale, a occasionné la stagnation des eaux sur la route, et par suite l'interruption de la circulation, il commet une contravention, et l'administration est en droit, sur son refus, de faire exécuter d'office, et à ses frais, les travaux nécessaires pour rendre aux eaux leur libre écoulement. (*Arr. du C.* 6 *janv.* 1853.)

88. *Ouvertures des carrières.* La circulation sur les routes ne présenterait pas la sécurité désirable si des excavations profondes pouvaient être ouvertes à une distance trop rapprochée de leurs bords. Aussi l'ordonnance du bureau des finances du 29 mars 1754 sur la police générale des chemins, et l'arrêt du Conseil du 5 avril 1772 défendent, sous peine de 300 fr. d'amende, d'ouvrir une carrière de pierres de taille, moellons ou grès, ou de faire des fouilles pour extraire de la marne, de la glaise ou du sable, à moins de 30 toises de distance du pied des arbres plantés le long des grandes routes ; et de pousser aucune fouille ou galerie souterraine du côté des routes, à moins de 30 toises de distance des plantations ou du bord extérieur de ces routes. La déclaration du roi, du 17 mars 1780, réduit cette distance à 8 toises pour les chemins autres que les grandes routes. La jurisprudence du Conseil d'État a maintenu ces arrêts en vigueur et décidé que les infractions aux règles qu'ils posent constituent des contraventions de grande voirie. (*Arrêts* CHATELLIER, 27 *oct.* 1837 ; ROME, 31 *janv.* 1845 ; MARTIN, 17 *janv.* 1849.)

Le règlement spécial du 21 mars 1813, sur la police des carrières dans le département de la Seine, réduit toutefois à 10 mètres la distance interdite pour les exploitations.

Ce règlement a été pris par suite de la loi du 21 avril 1810 ; il en a été rendu un certain nombre d'autres pour les départements autres que la Seine, et il convient de se reporter à chacun d'eux pour la distance à observer.

89. *Moulins à vent.* Le conseil de préfecture aurait à statuer, sauf recours au Conseil d'État, sur les infractions aux dispositions du règlement du conseil supérieur de l'Artois, en date des 2 décembre 1773 et 13 juillet 1774, et de l'ordonnance du bureau des finances de la généralité de Lille, du 2 décembre 1773, qui interdisent l'établissement de moulins à la distance de 250 pieds des routes, à peine de 200 livres d'amende. Cette prohibition, qui avait pour but d'éviter les accidents causés par les chevaux que le mouvement des ailes des moulins pourrait effrayer, ne peut être imposée dans d'autres localités que les anciens territoires de l'Artois et de la généralité de Lille. (*Arr. du Conseil d'État*, ANDRÉ, *du* 14 *août* 1852, *et* Débats *du* 15 *juillet* 1853.)

90. *Bâtiment menaçant ruine.* Le propriétaire qui n'a pas satisfait à l'injonction de l'autorité administrative de démolir un bâtiment menaçant ruine, peut être puni, par le juge du tribunal de simple police, d'une amende de 1 à 5 fr. en exécution de l'art. 471, § 5, du Code pénal.

91. Le *vol des matériaux* destinés à la construction ou à l'entretien des routes, fait prévu par l'ordonnance du roi du 4 août 1731, ne constitue pas une contravention de grande voirie tombant sous la juridiction du conseil de préfecture; c'est un délit qui doit être poursuivi, aux termes de l'art. 114 du décret du 16 décembre 1811, devant les tribunaux correctionnels.

ART. 2. — CONSTATATION, POURSUITE, COMPÉTENCE ET PRESCRIPTION.

92. Les contraventions en matière de grande voirie sont constatées, poursuivies et réprimées par la voie administrative. (*L.* 29 *flor. an X, art.* 1er.)

93. *Constatation.* Les agents qui sont chargés de constater les contraventions de grande voirie sont : les maires et adjoints, les ingénieurs et les conducteurs des ponts et chaussées, les commissaires de police, la gendarmerie (*L.* 29 *flor. an X, art.* 2), les cantonniers et les gardes champêtres (*D.* 16 *déc.* 1811, *art.* 112), les piqueurs des ponts et chaussées et les cantonniers chefs. (*L.* 23 *mars* 1842, *art.* 3.)

94. Ces fonctionnaires, auxquels la loi ne donne pas le privilège d'être crus dans leurs déclarations jusqu'à inscription de faux, constatent les contraventions dont il s'agit par des procès-verbaux qui font foi jusqu'à preuve contraire. (*C. d'J. C., art.* 154 : *Arr. du C. d'État du* 17 *mai* 1851, (GRIMARD), *et de la Cour de cassation, arrêt* LECLERCQ, *du* 13 *avril* 1851.)

95. Un procès-verbal de grande voirie, dans lequel l'agent rédacteur constate des faits qu'il n'a pas vus, mais qui lui ont été simplement rapportés, suffit pour motiver une condamnation dans le cas où l'auteur désigné de la contravention s'en est reconnu coupable, comme aussi dans le cas où l'existence de la contravention qui lui est imputée serait ultérieurement établie par l'instruction. (*Arr. du C.* 13 *avril* 1853.)

96. Les procès-verbaux destinés à constater les contraventions de grande voirie doivent nécessairement, pour faire foi, être affirmés dans les 3 jours devant le juge de paix, ou devant le maire, conformément à l'art. 2 du décret du 18 août 1810, et à l'art. 112 du décret du 16 décembre 1811 (*Arr. du C.* 23 *juin* 1853); mais il n'est

pas nécessaire que ces procès-verbaux soient affirmés sous serment (*Arr. du C.* 12 *févr.* 1849 *et* 30 *nov.* 1850), ni qu'ils soient visés pour timbre et enregistrés (*Arr. du C.* 29 *juin* 1853 *et* 19 *avril* 1854). Il est préférable que les procès-verbaux soient rédigés aussitôt que les faits sont constatés. Toutefois, le délai n'est pas déterminé par les lois et règlements, et le Conseil d'État n'admet pas qu'un conseil de préfecture prononce la nullité d'un procès-verbal par le motif qu'il aurait été dressé 12 jours après le fait incriminé (*Arrêt du* 13 *juill.* 1870, *Compagnie du canal du Midi*). Exceptionnellement et en matière de police du roulage seulement, l'enregistrement du procès-verbal est exigible dans les 3 jours, d'après l'art. 19 de la loi du 30 mai 1851 ; cependant si le dernier jour est un dimanche, il ne doit pas être compté, d'après l'art. 25 de la loi du 22 frimaire an VIII. L'affirmation du procès-verbal peut être faite, soit au lieu où le délit a été commis, soit au lieu du domicile de l'agent.

97. En ce qui concerne la ville de Paris, il faut ajouter aux fonctionnaires chargés de constater les contraventions de grande voirie (n° 89) des agents spéciaux placés auprès du préfet de la Seine, pour le service de la grande voirie, et qui portent le titre de commissaires voyers. Le Conseil d'État a admis (*Arr. du C.* 16 *juill.* 1840) que les rapports de ces agents, vérifiés et approuvés par l'administration, font foi jusqu'à preuve contraire.

98. *Poursuite.* En matière de grande voirie, les contraventions sont poursuivies par le préfet; les particuliers ne peuvent jamais, en alléguant l'intérêt public, saisir la juridiction compétente de la poursuite d'une contravention, ou intervenir dans une poursuite commencée. (*Arr. du C.* 15 *juillet* 1841.) Le préfet lui-même ne peut faire exécuter les mesures de police (suppression de marches, bornes, saillies, etc.) sans attendre la décision de la juridiction compétente que dans le cas où il y a urgence et péril imminent. (*Arr. du C. d'État,* VIET, *du* 5 *juill.* 1851, *et* MARTIN, *du* 30 *juill.* 1863.)

Les conseils de préfecture doivent statuer sans délai, suivant l'art. 114 du décret du 16 décembre 1811, sur les oppositions formées contre les décisions prises d'urgence par les préfets ou sous-préfets, mais ces conseils ne peuvent décider que de la question de contravention; ils n'ont pas qualité, non plus que le Conseil d'État, pour apprécier et empêcher la mesure dont l'exécution a été ordonnée par le préfet. (*Arr. du C.* 16 *nov.* 1850, DECAZE.)

99. *Compétence.* La répression des contraventions en matière de grande voirie appartient au conseil de préfecture, qui prononce, sauf recours au Conseil d'État. (*L.* 28 *pluv. an VIII, art.* 4 : *L.* 29 *flor. an X, art.* 1er.) Il est des contraventions qui sont réprimées à la fois par la législation sur la grande voirie et par la législation sur la petite voirie. La Cour de cassation (*Arr.* FLUQUET, 8 *avril* 1839 ; LEFEBVRE, 24 *fév.* 1842 ; LEPAGE, 3 *oct.* 1851) admet qu'en pareil cas la contravention peut être poursuivie concurremment devant le tribunal de simple police et devant le conseil de préfecture. Le Conseil d'État attribue, au contraire, exclusivement à ce dernier la connaissance de ces contraventions, considérant que la grande voirie doit absorber, avec la voirie urbaine, la surveillance et la répression des infractions aux mesures prises en vue de la conservation de la voie publique. (*Arr.* GROULS, *du* 16 *mars* 1836 ; BLANPAIN, *du* 22 *août* 1839 ; SABOULARD, *du* 30 *mars* 1846 ; LAPORTE, *du* 17 *juin* 1848, *et* POCHET, *du* 17 *juin* 1848.)

100. Le conseil de préfecture ne peut jamais prononcer la peine de l'emprisonnement ; il doit renvoyer aux tribunaux l'examen des faits qui pourraient entraîner d'autres pénalités que l'amende et la démolition. Le décret du 12 juillet 1865 règle les détails de la procédure à suivre devant les conseils de préfecture. (*Voy. ce mot.*)

101. Les communes peuvent être poursuivies aussi bien que les particuliers pour travaux exécutés en contravention aux règlements sur la grande voirie [1]. (*Arr. du C. d'État du 14 juin 1851*, COMMUNE DE TOURNON, *et du 23 nov.* 1865, COMMUNE D'HENNEBONT.)

102. Les préfets pourvoient à l'exécution des arrêtés du conseil de préfecture. Les amendes sont recouvrées par les préposés de l'enregistrement et des domaines (*D.* 29 *août* 1813, *art.* 2). Les contrevenants condamnés sont contraints par saisie de meubles et garnisaires. (*L* 29 *flor. an X, art.* 4 ; une loi de 1877 a supprimé les garnisaires). Les préfets, sous-préfets et maires, chacun en ce qui le concerne, assurent l'exécution des dispositions par lesquelles le conseil de préfecture a ordonné la démolition.

103. *Prescription.* En matière de contravention de grande voirie, la prescription de l'action publique qui a pour objet la condamnation aux amendes encourues par les contrevenants, s'accomplit par un an (*C. d'I. C., art.* 640). Quant à la démolition des travaux ou à la cessation des faits constitutifs de la contravention, elle peut et doit être poursuivie, quel que soit le laps de temps écoulé, dans l'intérêt de la viabilité pu-

---

[1]. Les anciens règlements, notamment l'arrêt du 27 février 1765, enveloppent dans la contravention les propriétaires ou locataires, avec les maçons, charpentiers et ouvriers qui auront exécuté les travaux. D'après la jurisprudence du Conseil d'État (*Arr. de* LYONNES, 23 *févr.* 1841, *et* BOURRIAT, 23 *déc.* 1845), les propriétaires doivent être poursuivis, condamnés à l'amende et à la démolition, alors même qu'ils prouveraient que le travail a été fait par un voisin ou par un locataire à leur insu. Cette jurisprudence a été admise par les auteurs, attendu que les mesures répressives de grande voirie, en matière de construction, doivent atteindre, pour être efficaces, le propriétaire de l'édifice et que l'amende participe, dans ce cas, de la nature des dommages-intérêts sous le nom desquels elle est à remarquer qu'elle est parfois désignée par les anciens règlements, notamment l'ordonnance du 4 août 1731.

Cette interprétation paraît rigoureuse et a été désavouée par quelques décisions plus récentes du Conseil d'État. Ainsi, deux arrêts, TERNAUX-COMPANS, du 22 juin 1850, et DELARIVIÈRE, du 14 février 1861, décident que le propriétaire d'un immeuble auquel il a été exécuté des travaux sans autorisation, avant le moment de son acquisition, ne doit pas être mis en cause, et que l'amende prononcée par le conseil de préfecture contre son vendeur ne peut être recouvrée contre lui que si le contrevenant décède pendant les poursuites ; la condamnation à l'amende ne peut être poursuivie contre les héritiers, bien que la démolition puisse être ordonnée contre ces héritiers ou les acquéreurs. (*Arr. du C. d'État,* ROGER, 13 *avril* 1850, *et* MASSÉ, 26 *juillet* 1851.)

Les maîtres sont civilement responsables de l'amende encourue par leurs domestiques, en cas de pâturage des bestiaux sur les grandes routes plantées d'arbres, aux termes de l'arrêt du Conseil du roi du 16 décembre 1759, et le Conseil d'État a également décidé que le maître doit être condamné à l'amende pour le fait de ses préposés qui causent une dégradation à une route. (*Arr.* LEMOINE, 2 *mai* 1845, *et* CLOSMÉNIL, 19 *avril* 1854.)

---

blique, contre lequel aucune prescription n'est possible (*Arr. du C.* 28 *juill.* 1848). Les amendes prononcées se prescrivent par un délai de deux ans. (*C. d'I. C., art.* 639.)

CHAP. III. — VOIRIE URBAINE. RUES DES VILLES, BOURGS ET VILLAGES.

Sect. 1. — Ouverture de nouvelles rues. Propriété des rues.

104. *Propriété.* Les rues et places des villes bourgs et villages qui ne font pas partie d'une route nationale ou départementale, sont comprises dans le domaine public municipal, et lorsqu'elles cessent d'être affectées à l'usage commun, le sol où elles étaient établies devient la propriété particulière et privée de la commune.

105. Les impasses font, comme les rues et les places publiques, partie du domaine public municipal des villes, bourgs et villages (*Cass.* 19 *nov.* 1840) : mais ce serait à tort que l'autorité municipale prétendrait exercer les droits d'autorisation qui lui appartiennent en matière de voirie urbaine, à l'égard d'une impasse qui n'aurait été comprise par aucun acte de l'autorité compétente parmi les voies publiques de la commune, et qui n'aurait jamais été soumise au régime de la voirie. (*Arr. du C.* 9 *janv.* 1848.)

106. Les avenues ou allées des promenades livrées à la circulation font, comme les rues, partie de la voirie urbaine ; les jardins publics et squares, entourés de grilles le plus souvent, n'en font, au contraire, point partie, bien qu'ils dépendent du domaine public municipal. Quant aux champs de foires et emplacements des marchés, ils se rattachent à la voirie urbaine, quand ils sont affectés aux mêmes usages que les rues et les places publiques.

107. *Ouverture.* Une rue nouvelle ne peut être ouverte, soit par la commune, soit par des particuliers, qu'en vertu d'un acte de l'autorité compétente pour approuver les plans d'alignement (*L.* 16 *sept.* 1807, *art.* 52 ; *D.* 25 *mars* 1852, *et notamment pour Paris, décl. du Roi du* 10 *avril* 1783). L'ouverture d'une rue par une commune est un travail d'utilité publique qui s'accomplit dans les conditions et suivant les formes établies par la loi du 3 mai 1841 sur l'expropriation pour cause d'utilité publique. Nous verrons plus loin (*nos* 181 *et suiv.*) que la ville de Paris et un certain nombre d'autres villes jouissent, pour l'ouverture, l'élargissement et le redressement des rues, de droits plus étendus que ceux qui résultent de cette loi.

108. Malgré ces règles générales, un certain nombre de rues et places se sont formées insensiblement, par la construction d'habitations, le long de chemins ou terrains communaux, et elles ont pris, conformément à un usage très-ancien, le caractère légal de rue, place, etc., sans qu'aucune autorité ne le leur ait attribué formellement. La Cour de cassation a consacré cet usage par un arrêt du 4 février 1825 (ROCCHE, *chambre crimin.*). C'est là l'une des différences qui distinguent les rues des chemins vicinaux, ceux-ci ne pouvant exister légalement qu'en vertu d'une décision de l'autorité compétente qui en a formellement prononcé le classement comme voies vicinales.

109. C'est au préfet qu'il appartient, aux termes du décret du 25 mars 1852 sur la décentralisation administrative, tableau A, n° 55, de prononcer le classement des rues, places, etc., dans les villes et communes autres que Paris où un décret est nécessaire. (*Décret du 26 mars 1852, art.* 1er ; *Avis de la section de l'intérieur du Conseil d'État, rappelé dans une dépêche ministérielle du 9 avril 1870.*)

Les arrêtés préfectoraux prononçant le classement des rues et places peuvent être déférés au ministre de l'intérieur, ou au contentieux du Conseil d'État, pour excès de pouvoirs ou omission des formalités essentielles. Ce dernier recours est également ouvert pour les décrets relatifs au classement des rues de Paris.

Quand les formalités ont été accomplies régulièrement, le préfet et le président de la République ont le droit d'accorder ou de refuser le classement, suivant qu'ils le jugent opportun ou inopportun, mais ils ne pourraient, dans aucun cas, l'imposer à la commune. Le classement est conféré implicitement aux voies publiques qui n'ont pas le caractère légal de rue, place, promenade, etc., par l'approbation des plans d'alignement sur lesquels elles figurent comme rues, places, promenades, etc.

110. Les décrets déclarant d'utilité publique l'établissement d'une rue nouvelle, et portant approbation du projet d'ouverture de cette rue, ne sont susceptibles d'aucun recours par la voie contentieuse, lorsqu'ils ont été précédés, conformément à l'ordonnance du 23 août 1835, d'une enquête dans laquelle les intéressés ont pu être entendus et d'une délibération du conseil municipal votant ledit classement. Si, sur le plan qui a servi de base à l'instruction, des erreurs ont été commises dans la désignation des propriétaires de terrains à exproprier, ces erreurs ne peuvent avoir aucune influence sur les questions de propriété qui seraient soulevées à l'occasion de ces terrains ; elles sont réservées à l'autorité judiciaire, seule compétente pour statuer en cette matière. (*Arr. du C. 7 juill.* 1853.)

111. La formation d'une rue peut aussi être projetée par des particuliers, qui, pour augmenter la valeur de leurs propriétés, demandent à l'administration l'autorisation d'ouvrir, à leurs frais, une voie de communication nouvelle. Les particuliers qui sollicitent ainsi la permission d'ouvrir une rue sur leur propriété, doivent prendre l'engagement de donner à la rue nouvelle la largeur que l'administration juge nécessaire pour les besoins de la circulation ; de lui assigner une direction droite entre deux lignes parallèles ; d'abandonner gratuitement à la voie publique le terrain que la rue nouvelle doit occuper ; d'établir des deux côtés de la rue des trottoirs en pierre dure ; de faire faire, à leurs frais, le premier pavage et le premier relevé à bout de ce pavage par l'entrepreneur du pavé public, et sous la direction des agents de l'administration ; de supporter les premiers frais de l'établissement de l'éclairage ; de pourvoir à l'écoulement des eaux. Ces conditions, qui sont ordinairement prescrites aux propriétaires, peuvent toutefois être modifiées suivant les circonstances. Avant que la nouvelle voie soit livrée à la circu-

lation, le maire doit constater par un procès-verbal l'exécution de toutes les obligations moyennant lesquelles le percement a été autorisé. A défaut d'exécution par les propriétaires des travaux qui leur ont été prescrits, l'administration municipale peut s'opposer à ce que la voie serve à la circulation et en ordonner la fermeture dans l'intérêt de la sécurité ou de la salubrité publique.

112. Les particuliers qui ont obtenu l'autorisation d'ouvrir une rue nouvelle, ne sont pas tenus envers l'administration d'en exécuter le percement ; mais si le projet a reçu son exécution, la nouvelle voie publique, livrée à la circulation, ne peut plus être supprimée que dans les formes ordinaires.

113. Lorsque des maisons sont construites sur une rue non encore ouverte ni autorisée, les constructeurs ne sont tenus de se conformer, sauf l'exception qui sera indiquée plus loin pour Paris, ni aux conditions spéciales d'une permission de bâtir dont ils n'ont pas besoin, ni aux prescriptions réglementaires auxquelles sont assujetties les maisons qui bordent la voie publique. (*Arr. du C.* 1er *juin* 1849.)

Sect. 2. — Alignements et saillies.

ART. 1. — PLANS D'ALIGNEMENTS.

114. Il est d'un grand intérêt, en matière de voirie urbaine, soit au point de vue général de la viabilité et de l'embellissement des villes, soit pour donner aux propriétaires des garanties contre les changements arbitraires qui pourraient survenir dans la fixation des alignements, que des plans généraux d'alignement soient dressés. Les anciens règlements renferment des dispositions relatives à cette opération. C'est ainsi que l'arrêt du Conseil du 27 février 1765 porte que les permissions de bâtir seront données par les trésoriers de France, en se conformant aux plans levés et arrêtés par les ordres du roi. Toutefois, au moment de la révolution de 1789, ces plans n'avaient été dressés que dans un petit nombre de villes. La loi du 16 septembre 1807, rappelée fréquemment aux préfets par le ministre de l'intérieur, dans les circulaires des 29 octobre 1812, 17 août 1813, 30 mai 1831, 23 janvier 1836, 25 octobre 1837, 23 août 1841, 5 mai 1852 et 12 mai 1869, a eu pour but de généraliser la levée de ces plans, en disposant par son art. 52 que, dans les villes, les alignements seraient donnés par les maires, conformément aux plans dont les projets auront été adressés aux préfets, transmis avec leur avis au ministre de l'intérieur, et arrêtés par décret en Conseil d'État. D'après une instruction du ministre de l'intérieur, du 17 août 1813, cet article prescrivait la levée d'un plan d'alignement dans toutes les communes ayant plus de 2,000 habitants de population agglomérée. Aux termes de la loi du 18 juillet 1837, les frais de confection des plans d'alignement sont mis au nombre des dépenses obligatoires des communes (*art.* 30, n° 18). Cette disposition s'applique indistinctement à toutes les communes ; mais l'administration, qui s'est activement occupée de presser la confection des plans d'alignement, a pensé qu'il ne fallait en exiger l'exécution que dans les villes proprement dites et dans les communes dont la population agglomérée s'élève au moins à 2,000 âmes. (*Circ. Min. Int.* 25 *oct.* 1837.)

115. Les projets de plan d'alignement sont soumis à une enquête spéciale qui a lieu dans la forme prescrite par l'ordonnance royale du 23 août 1835 (*Circ. Min. Int.* 23 *août* 1841). Le plan, rédigé par un agent voyer, par un architecte ou tout autre homme de l'art, doit être dressé en double expédition suivant les indications de tracé prescrites par la circulaire du ministre de l'intérieur, en date du 2 octobre 1815 ; le conseil municipal délibère sur le projet (*L.* 18 *juill.* 1837, *art.* 19, *n°* 7). Le plan adopté par le conseil municipal est déposé à la mairie pendant quinze jours, pour que chaque habitant puisse en prendre connaissance ; à l'expiration de ce délai, un commissaire désigné par le préfet reçoit à la mairie, pendant trois jours consécutifs, les déclarations des habitants. Ces délais ne courent qu'à dater de l'avertissement donné par voie de publication et d'affiches, et il est justifié de l'accomplissement de cette formalité par un certificat du maire (*O.* 23 *août* 1835, *art.* 3). Après avoir clos son procès-verbal, le commissaire enquêteur le transmet au maire avec son avis motivé et les pièces. Si le procès-verbal contient des oppositions, ou si l'avis du commissaire enquêteur n'est pas favorable, le conseil municipal est appelé à donner son avis. Le maire adresse les pièces au sous-préfet qui les transmet au préfet, avec son avis motivé.

116. Avant le décret du 25 mars 1852 sur la décentralisation administrative, les plans généraux d'alignement des villes étaient approuvés par des décrets rendus dans la forme des règlements d'administration publique, et ces décrets intervenant à la suite de l'enquête dont il vient d'être parlé, et après l'accomplissement des conditions prescrites par l'art. 3 de la loi du 3 mai 1841, avaient, quant aux propriétés riveraines des voies publiques soumises à l'alignement, la même valeur et les mêmes effets que des décrets portant déclaration d'utilité publique. Aux termes de l'art. 1er du décret du 25 mars 1852 (*tableau A, n°* 50), les préfets sont désormais compétents pour approuver, par leurs arrêtés, les plans d'alignement des villes autres que Paris. (*D.* 25 *mars* 1852, *art.* 7.) Par exception à cette règle, sont approuvés par décrets du président de la République les plans d'alignement des rues de Paris et des rues qui forment la traverse d'une route nationale ou départementale. Quant aux plans d'alignement des rues formant le prolongement d'un chemin vicinal, c'est au conseil général ou à la commission départementale qu'il appartient de les approuver, selon que le chemin est une ligne, soit de grande communication ou d'intérêt commun, soit un chemin vicinal ordinaire. (*Art.* 44 *et* 86 *de la loi du* 10 *nov.* 1871.)

117. Avant de statuer, le préfet, le conseil général ou la commission départementale doivent former, s'il n'existe déjà dans le département, un conseil des bâtiments civils, composé d'un ingénieur des ponts et chaussées, de l'agent voyer en chef, de l'architecte du département, et des autres hommes de l'art qu'ils jugeraient nécessaire d'y adjoindre. Si, d'après les observations du conseil des bâtiments, le préfet, le conseil général ou la commission départementale croyaient nécessaire

d'apporter des modifications aux alignements proposés, il devrait être procédé à une nouvelle enquête, et le conseil municipal devrait être appelé à délibérer de nouveau avant qu'il fût statué définitivement (*Circ. Min. Int.* 5 *mai* 1852). Le préfet peut, s'il le juge convenable, adresser le dossier au ministre de l'intérieur, pour avoir l'avis du conseil général des bâtiments civils. (*Voy.* **Bâtiments civils.**) Cette communication est obligatoire quand les alignements doivent affecter, soit un monument historique ou précieux sous le rapport de l'art, soit un bâtiment faisant partie du domaine de l'État. (*Id.*)

118. Un plan d'alignement peut recevoir des modifications pour redressement ou élargissement de la voie, à la condition que les formalités prescrites pour un plan nouveau soient remplies et qu'il soit homologué par l'autorité qui aurait qualité pour approuver ce plan nouveau. (*Avis du C. d'État* 7 *août* 1839.)

Ces modifications peuvent être prononcées par le préfet, le conseil général et la commission départementale, suivant les distinctions établies plus haut, pour les plans précédemment arrêtés par un acte du chef du pouvoir exécutif. (*Avis de la section de l'intérieur du C. d'État* 10 *avril* 1852.)

119. Après leur approbation, les plans généraux d'alignement des villes doivent être publiés. (*Circ. Min. Int.* 10 *déc.* 1846.)

120. Les arrêtés préfectoraux portant approbation des plans généraux d'alignement sont des actes d'administration qui ne sont susceptibles d'aucun recours par la voie contentieuse ; mais ils pourraient être annulés ou réformés par le ministre de l'intérieur, soit d'office, soit sur la réclamation des parties intéressées. (*D.* 25 *mars* 1852, *art.* 6.)

121. Les anciens plans d'alignement approuvés dans certaines villes avant la loi du 16 septembre 1807, doivent être exécutés jusqu'à ce qu'ils soient régulièrement remplacés par d'autres. (*Voy.* *n°* 118.)

122. L'effet des plans d'alignement régulièrement approuvés est de soumettre à la servitude d'alignement tous les propriétaires riverains des voies publiques dont ils modifient le tracé, sans que cette servitude crée aucun titre à indemnité. Si l'administration croyait utile de procéder immédiatement à l'élargissement d'une rue conformément à ces plans, elle devrait poursuivre l'expropriation de la propriété atteinte, dans les formes prescrites par la loi du 3 mai 1841, à laquelle le décret sur la décentralisation administrative n'a point dérogé. Aussi, toutes les fois qu'il y a lieu à expropriation pour l'exécution d'un plan d'alignement, le préfet doit transmettre le dossier de l'affaire au ministre de l'intérieur, qui provoque, s'il y a lieu, le décret portant déclaration d'utilité publique et fixation des alignements qu'il s'agit de réaliser immédiatement. (*Circ. Min. Int.* 5 *mai* 1852.)

123. Quand l'élargissement de la rue n'est pas urgent, l'administration municipale peut attendre que la démolition des constructions ou des clôtures ait lieu, soit par l'effet de la volonté du propriétaire, soit par suite de péril ou de danger pour la sécurité publique. L'indemnité due aux propriétaires ne consiste alors que dans la valeur des terrains nus réunis à la voie publique. Mais cette servitude ne saurait être étendue aux élargissements ou redressements qui consisteraient à réunir à une rue, soit d'un seul côté, des terrains qui occuperaient plus de la moitié au moins du tracé, soit des deux côtés de la voie publique, des parcelles qui représenteraient, ajoutées les unes aux autres, plus de cette moitié (*Avis du C. d'État* 5 *déc.* 1872 ; *Circ. Min. Int.* 17 *mai* 1873, 11 *août et* 23 *oct.* 1874). La même règle devrait être observée pour les modifications au périmètre d'une place qui n'auraient pas simplement pour but de faire disparaître des saillies ou des anfractuosités peu considérables.

124. Lorsqu'un plan d'alignement est régulièrement remplacé par un autre, les servitudes qui en résultaient cessent d'exister. Ainsi, les propriétés qui étaient sujettes à reculement d'après l'ancien plan et qui seraient enlevées en totalité pour l'élargissement de la voie publique, d'après le plan récent, se trouveraient alors affranchies de la servitude de reculement. L'administration municipale n'a, dans aucun cas, la faculté de choisir entre l'application du plan primitif et celle du nouveau, elle est tenue d'appliquer le tracé du plan homologué en dernier lieu. (*Arr. du C. d'État*, PERDUCET, 19 *mai* 1858 ; LE BOUCHER, 13 *juill.* 1866 ; *Instr. Min. Int. au préfet de la Seine* 2 *mars et* 26 *juill.* 1875.)

Les recours ouverts contre les décisions prononçant le classement des voies urbaines sont les mêmes pour les décisions approbatives des plans d'alignement.

125. En ce qui concerne les places de guerre, les plans d'alignement 1° des rues qui servent de communication directe avec la place d'armes, les bâtiments ou établissements militaires et la rue du rempart ; 2° des rues, carrefours et places qui environnent les bâtiments ou établissements militaires, ou qui sont consacrés, par le temps et l'usage, aux exercices ou rassemblements de troupes, doivent être concertés avec l'autorité militaire. En conséquence, le préfet doit toujours communiquer à l'autorité supérieure les plans en cours d'instruction qui affectent les voies publiques dont il s'agit. (*D.* 24 *déc.* 1811 ; *Circ.* 5 *mai* 1852.)

Quant aux servitudes spéciales imposées à la propriété privée par le voisinage des ouvrages militaires et fortifications, elles ont été réglées par la loi des 8-10 juillet 1791, titre I, art. 13 et 17, les art. 540 et 2226 du Code civil, les décrets des 16 août 1853, 31 juillet 1861, 15 mars 1862 et 3 mars 1874. Nous renvoyons, pour cette matière, à l'article où elle a été spécialement traitée. (*Voy.* **Servitudes défensives.**)

126. L'art. 52 de la loi du 16 septembre 1807 est applicable à la ville de Paris. D'après un arrêté du Directoire exécutif du 13 germinal an V, le ministre de l'intérieur était autorisé à régler, sur les plans des rues de Paris, les élargissements et redressements qu'exige chacune d'elles. Mais la ville de Paris a été replacée sous la règle commune, en vertu d'un avis du Conseil d'État du 3 septembre 1811. « Considérant, porte cet avis,

que, conformément à l'art. 52 de la loi du 16 septembre 1807, le Conseil de Sa Majesté ne peut autoriser des acquisitions pour l'ouverture de nouvelles rues, pour l'élargissement des anciennes, ou pour tout autre objet d'utilité publique, que pour les communes dont les projets auront été autorisés en Conseil d'État, le Conseil est d'avis, 1° que le ministre de l'intérieur soit invité, avant de proposer à Sa Majesté un projet d'acquisition de maisons ou terrains nécessaires à l'embellissement ou à l'utilité, soit de la ville de Paris, soit de toute autre ville ou commune, à faire précéder cette demande, soit du plan des alignements déjà arrêtés légalement, s'il y a lieu, soit d'un projet du plan d'alignement, pour ledit plan être arrêté en Conseil d'État, en exécution de l'art. 52 de la loi du 16 septembre 1807 ; 2° que, pour la ville de Paris spécialement, il est important de mettre de la régularité dans les alignements qui sont quelquefois donnés maison par maison, et sans système général, et qu'à cet effet le préfet du département de la Seine, dans les attributions duquel est ce travail, doit faire présenter dans le plus court délai, au ministre de l'intérieur, le plan des alignements, et, autant qu'il se pourra, des nivellements pour la ville de Paris, et que, pour faire jouir plus tôt ses habitants des avantages et de la sécurité qui en résulteront, ce plan soit présenté successivement, et par quartier, quand la chose sera possible, pour, sur le rapport du ministre de l'intérieur, y être statué par Sa Majesté aux termes dudit art. 52. »

ART. 2. — ALIGNEMENTS.

127. En matière de voirie urbaine, le droit de délivrer l'alignement et d'accorder les permissions de bâtir appartient au maire, sous l'approbation du préfet, qui, d'après l'art. 11 de la loi du 18 juillet 1837, peut prononcer l'annulation ou suspendre l'exécution des autorisations accordées par le maire. (*Arr. du C.* 14 *déc.* 1854.) Toute demande en autorisation de bâtir ou réparer un édifice ou un mur doit être faite sur papier timbré. (*L.* 13 *brum. an VII, art.* 12.) Elle est obligatoire pour tout constructeur qui projette l'édification d'un bâtiment ou d'un mur le long d'une rue ou d'une place, d'un boulevard, d'une ruelle ou d'un passage dépendant, soit de la voirie urbaine et vicinale, soit de la grande voirie. Cette obligation s'applique non-seulement aux édifices privés, mais aussi aux édifices publics destinés au service de l'armée ou d'une administration, aux gares, bâtiments et ouvrages d'art des chemins de fer élevés en bordure d'une rue ou place, et aux constructions à élever le long d'une voie ferrée. (*Édit du C.* 1607 ; *Arr. du Conseil du roi* 27 *févr.* 1765 ; *L.* 19-22 *juill.* 1791 ; *Cour de cass., ch. crim.,* 22 *févr.* 1839 ; CRÉPIN, 24 *juin* 1843 ; CLÉON, 26 *août* 1859 ; CAUSSE, *Avis du comité de l'intérieur du C. d'État* 11 *janv.* 1848 ; *C. de Cass., ch. crim.,* 30 *avril* 1863, GRAS ; *L.* 15 *juill.* 1845, *art.* 3.)

128. La demande en autorisation de construire n'est point obligatoire, au contraire, pour ceux des bâtiments qui seraient édifiés par l'administration de la guerre sur le terrain militaire des places fortes (*Arr. de la C. de cass., ch. crim.,* 30 *avril* 1863, GRAS, *déjà cité*), non plus que pour les constructions à élever sur des terrains compris dans le tracé d'une rue projetée ou contiguë aux limites de cette rue (*C. d'État, arr.* BERTRAND, 8 *avril* 1846 ; *d'*ECHERNY *et* CHAVIGNOT, 31 *janv.* 1848 ; LONGUET, 15 *janv.* 1849 ; LASSONNERY, 20 *mars* 1862,*et Arr. de la C. de cass., ch. crim.*, BARIL, 24 *févr.* 1846 ; MONTELS, 4 *juin* 1858, *et* DEHU, 28 *juin* 1861) ; sur des terrains en bordure dans les rues ou passages non classés comme voies publiques, bien qu'ils soient livrés à la circulation générale ; sur des immeubles contigus à des terrains communaux qui n'ont pas le caractère d'une rue ou d'une place (*C. de cass., ch. crim., arr.* PORTIER *et* PANAILLE, 2 *juin* 1854, *et* THOUNEL, 21 *janv.* 1859), alors même que ces terrains seraient affectés à usage de promenades ou marchés ; sur les terrains longeant les chemins de halage (*Arr. du 28 août* 1844, JOURDAN, *et* 19 *déc.* 1848, BATAILLE) ou les cours d'eau qui ne sont pas bordés d'une voie publique, sauf les exceptions formellement visées par un règlement spécial ayant force de loi, comme le décret du 29 mai 1808 qui soumet à la servitude de l'alignement les propriétaires qui doivent le chemin de halage le long de la Seine, et l'arrêt du Conseil du roi, du 26 février 1732, qui impose aux propriétaires riverains de la Bièvre l'obligation de demander la permission de bâtir et l'alignement individuel lorsqu'ils veulent élever des bâtiments ou constructions le long de cette rivière. Ne sont pas davantage tenus de demander l'alignement et la permission de bâtir, les propriétaires de terrains situés le long d'un simple chemin rural ou d'un chemin ou sentier communal non classé parmi les chemins vicinaux, s'il n'existe aucun règlement municipal imposant expressément cette obligation (*C. de cass., ch. crim., arr.* BLAISE, 12 *janv.* 1836 ; CLAUDON, 21 *janv.* 1839, *et* LALLEMAND, 17 *août* 1865), non plus que les propriétaires des forêts riveraines de la mer qui voudraient bâtir sur les fonds de la limite du rivage. (*Arr. du C.* 24 *janv.* 1849, SIMON *et* GODIN.)

La permission de construire est, d'après la jurisprudence de la Cour de cassation (*Ch. crim., arr.* PHILIPPE, 15 *nov.* 1833 ; OLLIVARY, 21 *juin* 1844 ; CALMELS, 12 *févr.* 1848 ; COTTAR, 5 *août* 1858 ; LEBRUN, 11 *avril* 1862), obligatoire, pour ceux-là même des édifices qui doivent être élevés à une faible distance de la limite de la voie publique. Le Conseil d'État, qui s'était d'abord prononcé dans le même sens (*Arr.* FUMEREY, 17 *juin* 1818), a décidé depuis, au contraire, par une jurisprudence invariable (*Arr.* LEGROS, 4 *févr.* 1824 ; HARDY *et* BOULANGER, 29 *juin* 1842 ; TAQUE, 6 *déc.* 1844 ; CATILLON, 17 *févr.* 1859), que l'autorisation n'est nécessaire que pour ceux des bâtiments et constructions projetés à la limite immédiate des voies dépendant de la grande voirie.

La permission est délivrée sur papier timbré ; elle n'est valable que pour une année à partir du jour de sa date, en matière de voirie urbaine.

129. Dans les autorisations qu'ils délivrent, les maires doivent se conformer aux plans généraux d'alignement, partout où il en existe. Pour les rues des villes empruntées par des routes nationales ou départementales, il n'appartient pas

au préfet, chargé de l'administration du domaine public de l'État ou du département, de faire d'acte ayant pour but ou pour effet de réduire la largeur totale de la rue à celle qui a été déterminée pour la route ; si des propriétaires s'adressent à lui, pour être renseignés sur la possibilité d'entreprendre les travaux qu'ils projettent, ce fonctionnaire doit se borner à leur indiquer les limites arrêtées pour les besoins de la grande voirie et les renvoyer devant le maire si les travaux à exécuter affectent la voirie municipale. (*O. et D. du C. d'État* 16 *janv.* 1828, VILLE D'EU ; 23 *août* 1839, VILLE DE MORTAGNE ; 16 *déc.* 1852, VILLE DE DARNEY ; 19 *févr.* 1857, VILLE DE MAULÉON ; 28 *nov.* 1861, COMMUNE DE VOIR.) Le même principe n'est plus applicable aux terrains qui se trouvent en dehors de la route, uniquement par suite d'une rectification de son tracé, et qui ne constituent pas à côté d'elle une voie contiguë : dans ce cas, ils peuvent être réunis par le préfet aux immeubles adjacents, sous la réserve des droits de propriété du sol. (*Arr. du C.* 18 *mars* 1858, COMMUNE D'ENTRAINS, *et du* 27 *mars* 1862, VILLE DE MORTAGNE.)

130. En l'absence de plan général, les maires peuvent délivrer des alignements partiels. Un décret du 27 juillet 1808 leur avait conféré ce droit à titre provisoire. Il portait que les alignements donnés par les maires dans les villes, après l'avis des ingénieurs et sous l'approbation des préfets, seraient exécutés jusqu'à ce que les plans généraux d'alignement eussent été arrêtés en Conseil d'État, et au plus tard pendant deux ans, à compter du jour de sa promulgation (*art.* 1er). En cas de réclamation des tiers intéressés, il devait être statué par décret en Conseil d'État sur le rapport du ministre de l'intérieur. La confection des plans généraux subissant des retards, le droit donné aux maires de délivrer des alignements partiels en l'absence de plan général, fut prorogé par deux décisions royales des 29 février 1816 et 18 mars 1818, jusqu'au 1er mai 1819. Il n'y eut pas de prorogation nouvelle après cette époque.

Dans ces circonstances, le droit des maires ayant été vivement contesté, la question fut soumise au Conseil d'État. Elle avait été résolue alors par un avis, en date du 3 avril 1824, en ce sens « que dans les villes, bourgs et villages, où il n'existe pas de plan général d'alignement arrêté en Conseil d'État, le droit de donner des alignements appartient au maire, sauf recours au préfet, et successivement devant le ministre de l'intérieur et le Conseil d'État : que le maire peut, en conséquence de ce droit, faire reculer les constructions dans un intérêt d'assainissement, de sûreté et d'amélioration locale, sous la réserve du règlement d'indemnité pour la perte du terrain ; que les contraventions aux alignements ainsi donnés par le maire doivent, après sommation par lui faite de détruire les constructions non autorisées, être poursuivies devant le tribunal de simple police ; qu'il peut, selon les circonstances, requérir la démolition des travaux faits en contravention. Si les constructions ont été faites en retraite d'alignement, qu'il ne peut en requérir la démolition, mais seulement ordonner par voie administrative la clôture de l'enfoncement irrégulier. » La Cour de cassation avait d'abord reconnu ces principes, mais elle a modifié depuis sa jurisprudence. Elle décide, en effet, aujourd'hui, de même que le Conseil d'État, qu'à défaut de plan d'alignement régulièrement approuvé, l'alignement doit être donné suivant les limites actuelles de la voie et non pas suivant celles d'un plan qui aurait pour effet d'élargir ou de rétrécir la voie. Cette jurisprudence nouvelle est fondée sur les dispositions de l'art. 19 de la loi du 18 juillet 1837 et sur le respect dû à la propriété privée. (*Arr. du C.* 5 *avril* 1862, 10 *févr.*, 31 *mars et* 5 *mai* 1865, 25 *mars et* 21 *mai* 1867, *et* 7 *janv.* 1869 ; *C. de cass.* 11 *déc.* 1869 *et* 14 *mars* 1870.)

131. Il n'est pas interdit, néanmoins, à la commune régulièrement autorisée, d'acquérir ou d'aliéner, par la voie amiable, en cas d'accord avec le propriétaire, les terrains qu'elle voudrait incorporer à la voie publique ou en détacher.

Le Conseil d'État a décidé, d'ailleurs, que par exception à la règle posée plus haut, si les nouvelles limites d'un chemin vicinal et, par suite, d'une rue qui en formerait le prolongement, ont été fixées d'une manière précise, en l'absence d'un plan, par des bornes ou autres points de repère que l'autorité compétente a posés pour modifier le tracé de la voie, ce sont les nouvelles limites et non les anciennes qui doivent être imposées par la permission d'alignement individuel. (*Arr. du C. d'État* 23 *mars et* 27 *avril* 1870.)

132. Le recours pris par les maires, en matière d'alignement, doit être porté devant le préfet. Le droit de former ce recours appartient au propriétaire et aux tiers intéressés. Le maire lui-même pourrait se pourvoir auprès du préfet, en réformation de son propre arrêté. (*Arr. du C.* 14 *juin* 1836.)

133. Quelle est la voie de recours ouverte contre l'arrêté du préfet ? C'est celle qui résulte de l'art. 6 du décret du 25 mars 1852, d'après lequel les parties qui croiraient devoir réclamer contre les décisions prises par les préfets sur des alignements partiels, ont le droit de se pourvoir devant le ministre de l'intérieur, qui peut annuler ou réformer ces décisions, contre lesquelles ce décret n'établit ou ne réserve aucun autre mode de recours. (*Arr. du C.* 19 *juill.* 1855.)

134. Le droit qui appartient à l'autorité administrative en matière d'alignement, laisse intacte la compétence judiciaire quant aux questions de propriété, et celle du jury d'expropriation quant aux indemnités dues en cas de dépossession ; il faut remarquer toutefois que l'art. 15 de la loi du 21 mai 1836, aux termes duquel les arrêtés des préfets, portant reconnaissance et fixation de la largeur des chemins vicinaux, attribuent définitivement à ces chemins le sol compris dans les limites qu'ils déterminent (le droit des propriétaires devant se résoudre en une indemnité qui est réglée, soit à l'amiable, soit par le juge de paix), s'applique sans distinction à toutes les propriétés comprises dans le tracé de ces chemins et particulièrement aux propriétés bâties situées le long des rues des villes, bourgs et villages, qui sont la prolongation des chemins vicinaux de grande communication. En conséquence, lorsque le propriétaire

d'un terrain, enclos de murs et joignant un chemin vicinal de grande communication dans la traverse d'un village, qui a été incorporé au sol de cette voie publique en vertu d'un arrêté du préfet par application de l'art. 15 de la loi du 21 mai 1836, forme devant le tribunal civil une demande tendant à faire déclarer qu'il ne pouvait être dépossédé qu'après fixation de l'indemnité par le jury, suivant les formes déterminées par la loi du 3 mai 1841, et qu'après le paiement de cette indemnité, et, en outre, à ce qu'il lui soit alloué des dommages-intérêts pour la prise de possession de sa propriété, le tribunal est incompétent pour statuer sur une semblable demande. (*D. sur confl.* 25 *mars* 1852.)

135. Les règles indiquées au chapitre de la grande voirie (*n*ᵒˢ 34 *à* 46) sur les principes généraux en matière d'alignement et sur la forme des permissions, sont également applicables à la voirie urbaine.

ART. 3. — OUVRAGES EN SAILLIE.

136. Les maires qui sont chargés de délivrer les permissions en matière de voirie urbaine, ont, d'après les lois qui règlent leurs attributions, le droit de réglementer d'une manière générale, sous l'approbation de l'autorité préfectorale, tout ce qui concerne les ouvrages en saillie. En l'absence d'arrêté réglementaire, ils peuvent autoriser, s'il y a lieu, par décisions individuelles et spéciales, l'établissement d'ouvrages semblables. (*L.* 16-24 *août* 1790, *tit. XI, art.* 3 ; *L.* 19-22 *juill.* 1791, *liv. I, art.* 46 ; *L.* 18 *juill.* 1837, *art.* 10 *et suiv.*)

Sect. 3. — **Obligations diverses des propriétaires.**

ART. 1. — MODE DE CONSTRUCTION DES MAISONS.

§ 1. *Hauteur des maisons.*

137. Il importe au maintien de la salubrité dans les villes, surtout dans celles où existe une grande agglomération d'habitants, que la hauteur des maisons soit limitée de manière à permettre la circulation de l'air, à procurer aux logements la lumière dont ils ont besoin, et à les préserver de l'humidité que le défaut de jour et d'espace entretient dans les rues étroites et sur les terrains trop resserrés.

138. La hauteur des maisons dans les villes autres que Paris (*voy. n*ᵒˢ 202 *et suiv.*) n'est point régie par des actes émanés de l'autorité souveraine ; l'autorité municipale, en vertu des pouvoirs qui lui sont conférés par les lois, a le droit de réglementer tout ce qui concerne cette matière ; ce droit lui a été reconnu par un arrêt de la Cour de cassation, en date du 30 mars 1827, rendu à l'occasion d'une contravention aux dispositions d'un règlement général de voirie fait par le maire de la ville de Lyon. « Attendu », porte cet arrêt, « qu'il est du devoir des tribunaux de police de réprimer les contraventions aux arrêtés pris par l'autorité municipale dans la sphère de ses attributions ; que l'art. 471, nᵒ 5, du Code pénal leur fait une obligation spéciale d'appliquer les peines qui y sont déterminées à ceux qui négligent ou refusent d'exécuter les règlements ou arrêtés concernant la petite voirie ; attendu que le règlement de voirie fait par le maire de la ville de Lyon, le 13 mai 1825, rentrait essentiellement dans ses attributions ; que la disposition, notamment, dont l'infraction a donné lieu aux poursuites, et par laquelle le maire s'est réservé de fixer la hauteur des maisons suivant la largeur des rues, se rattache directement à ce qui intéresse la solidité des bâtiments, la sûreté, la commodité, la propreté, la santé publique et la facilité de porter des secours en cas d'incendie ; que ces grands intérêts, que le maire a regardés comme compromis par l'état actuel des choses, et auxquels il a eu en vue de pourvoir pour l'avenir, sont spécialement confiés à la surveillance du pouvoir municipal ; que ce pouvoir est autorisé, par la loi des 19-22 juillet 1791, à les régler de la manière qu'il juge la plus utile au bien public et la plus avantageuse aux habitants ; que les dispositions des règlements de cette nature sont obligatoires pour les juges de police chargés d'en assurer l'exécution ; qu'il ne leur appartient pas d'apprécier le mérite de ces dispositions, dont la réformation, s'il y a lieu, appartient aux autorités supérieures ; qu'il leur suffit d'examiner et de s'assurer si le règlement a été fait dans l'étendue et dans les limites des attributions conférées à l'autorité municipale, et s'il statue sur les intérêts placés sous la surveillance de cette autorité... »

§ 2. — *Constructions en pans de bois.*

139. On appelle construction en pans de bois un assemblage de charpente qui sert de mur de face à un bâtiment. Il a été reconnu que dans les villes autres que Paris, ces constructions ne sont prohibées par aucune loi (*Arr. du C.* 22 *juin* 1811). Elles comportent néanmoins une autorisation préalable. Il faut ajouter que si, à raison des circonstances locales, les constructions en pans de bois présentaient des dangers, tels que celui d'augmenter les chances d'incendie, le maire, par un arrêté réglementaire, pourrait les prohiber dans l'intérêt de la sûreté publique. Il ne pourrait toutefois exercer ce pouvoir que sous la sanction de l'autorité supérieure, et ne devrait en user qu'en cas de nécessité absolue.

§ 3. — *Disposition des gouttières.*

140. Pour assurer la conservation du pavé des rues, et dans l'intérêt de la circulation, les maires peuvent ordonner aux propriétaires de disposer les gouttières de leurs maisons de la manière la plus favorable à l'écoulement des eaux pluviales. Les maires trouvent ce droit dans les pouvoirs réglementaires qui leur sont conférés par les lois, et dont ils doivent user pour assurer le bon entretien et le libre usage de la voie publique.

§ 4. — *Numérotage des maisons et inscription du nom des rues.*

141. Les dispositions des art. 9 et 11 du décret du 4 février 1805, relatif au numérotage des maisons dans la ville de Paris, et d'après lesquelles le premier établissement du numérotage est fait par la ville, et son entretien mis à la charge des propriétaires, ont été déclarées applicables, par l'ordonnance du 23 avril 1823, à toutes les villes ou communes où la même opération serait jugée nécessaire.

Quant aux dépenses que comporte l'inscription du nom des rues, elles ne sont pas à la charge des propriétaires ; elles font partie des frais généraux relatifs à la voirie que doivent supporter les communes (*L.* 11 *frim. an VII, art.* 4). Les propriétaires dont les maisons forment l'encoignure des rues doivent seulement disposer leur construc-

tion de manière à permettre le placement de l'inscription du nom de la rue (*voy. aussi* **Noms de rues**).

ART. 2. — PAVAGE.

142. La loi du 11 frimaire an VII, qui détermine le mode administratif des recettes et dépenses des départements et des communes, met au nombre des dépenses communales l'entretien du pavé des rues pour les parties qui ne sont pas grandes routes (*art.* 4).

143. Le Conseil d'État fut appelé, sur la demande du ministre de l'intérieur, à examiner la question de savoir « si dans toutes les communes le pavé des rues non grandes routes doit être mis à la charge des propriétaires des maisons qui les bordent, lorsque l'usage l'a ainsi établi, et si l'art. 4 de la loi du 11 frimaire an VII n'y apporte pas d'obstacle ». Aux termes de l'avis, approuvé par l'empereur, et inséré au *Bulletin des lois*, qui est intervenu sur cette question, le Conseil d'État estime « que la loi du 11 frimaire an VII, en distinguant la partie du pavé des villes à la charge de l'État de celle à la charge des villes elles-mêmes, n'a point entendu régler de quelle manière cette dépense serait acquittée dans chaque ville, et qu'on doit continuer à suivre à ce sujet l'usage établi pour chaque localité, jusqu'à ce qu'il ait été statué par un règlement général sur cette partie de la police publique ; en conséquence, que dans les villes où les revenus ordinaires ne suffisent pas à l'établissement, restauration ou entretien du pavé, les préfets peuvent en autoriser la dépense à la charge des propriétaires ainsi qu'il s'est pratiqué avant la loi du 11 frimaire an VII. »

144. Dans les villes où, conformément aux usages locaux, le pavage de tout ou partie des rues est à la charge des propriétaires riverains, l'obligation qui en résulte pour les frais de premier établissement ou d'entretien peut, en vertu d'une délibération du conseil municipal, être convertie en une taxe payable en numéraire, et recouvrable comme les cotisations municipales (*L. de fin.* 25 *juin* 1841, *art.* 28). Rappelons que les taxes particulières dues par les habitants ou propriétaires, en vertu des lois et des usages locaux, sont réparties par délibération du conseil municipal approuvée par le préfet. Ces taxes sont perçues suivant les formes établies pour le recouvrement des contributions directes. Il en résulte que le recours contre les arrêtés rendus par les conseils de préfecture, en matière de taxe de pavage, peut avoir lieu, comme lorsqu'il s'agit de contributions directes, par l'intermédiaire des préfets et sans le ministère d'un avocat au Conseil d'État. (*L.* 18 *juill.* 1837, *art.* 44.)

145. D'après l'art. 28 de la loi du 25 juin 1841, les tarifs de la conversion en taxe fixe des frais de pavage, devaient être approuvés par des ordonnances royales. Cet objet n'est pas mis explicitement, par le décret du 25 mars 1852 sur la décentralisation administrative, au nombre de ceux sur lesquels les préfets sont désormais compétents pour statuer ; mais il est implicitement compris dans le § 55 du tableau A annexé à ce décret, qui embrasse généralement tous les objets d'administration communale non exceptés de la décentralisation. (*Circ. Int.* 5 *mai* 1852.)

146. La conversion dont il s'agit doit être provoquée ou consentie par le conseil municipal, dont la délibération est soumise à une enquête, à laquelle il est procédé dans les formes prescrites par l'ordonnance royale du 23 août 1835. Une nouvelle délibération du conseil municipal doit intervenir pour discuter les réclamations consignées ou annexées au procès-verbal de l'enquête, et le préfet statue après avoir pris l'avis des ingénieurs des ponts et chaussées et du sous-préfet (*Circ. Int.* 5 *mai* 1852.)

147. Les communes ne sont pas tenues, avant d'appeler les propriétaires riverains à contribuer au pavage des rues, de faire constater préalablement les usages locaux en vertu desquels ces frais peuvent être mis à la charge desdits propriétaires; si ces derniers contestent l'existence de l'usage, c'est au conseil de préfecture qu'il appartient de statuer sur la contestation (*Arr. du C.* 16 *déc.* 1852). Lorsque l'usage local existant dans une commune ne l'autorise à faire exécuter le pavage aux frais des propriétaires que faute par eux de l'exécuter eux-mêmes, la commune ne peut, en dehors de l'application de la loi du 25 juin 1841, et sans observer les formes prescrites par cette loi, faire payer à ces propriétaires une taxe en numéraire pour acquitter la dépense du pavage qu'elle a fait exécuter directement. (*Id.*)

148. L'établissement et l'entretien du pavé des rues qui sont formées par les routes nationales et départementales, dans la traverse des villes, bourgs et villages, ne sont point à la charge des communes ou des propriétaires.

149. La répartition, entre l'État et les villes, des frais d'entretien du pavé de la chaussée qui, dans les ports de commerce, se trouve comprise entre le terre-plein des quais et les maisons, a été réglée par un décret du 5 janvier 1853. Aux termes de ce décret, les revers en pavé compris entre les maisons et le ruisseau de la rue latérale, sont entretenus, soit par le propriétaire, soit par la ville, conformément aux usages locaux (*art. 1er*). Lorsque, par suite de la délimitation des quais, il existe une rue latérale parallèle aux maisons, la chaussée de cette rue est entretenue sur les fonds du trésor public, si elle fait partie de la traverse d'une route nationale; sur les fonds du département, si la rue est considérée comme traverse d'une route départementale; à frais communs par l'État et par la ville, si elle n'appartient, ni à une route nationale, ni à une route départementale (*art.* 2). La chaussée de la rue comprise entre les maisons et le parapet, élevée sur un mur de soutènement suivi d'un quai ou d'une cale de débarquement, est entretenue aux frais de la ville, à moins qu'elle n'appartienne à une route nationale ou départementale (*art.* 3). Les pavages des terre-pleins spécialement affectés aux dépôts des marchandises, soit avant l'embarquement, soit après le débarquement, sont entretenus aux frais de l'État; mais lorsque la commune a été autorisée à percevoir des droits de location ou de dépôt sur quelques parties des quais, l'entretien de ces parties est mis à sa charge (*art.* 4). L'usage des portions de terre-pleins qui ne sont pas utilisés, soit pour le dépôt des marchandises, soit pour les mouvements du port, peut, sur l'autori-

sation du ministre des travaux publics, être accordé provisoirement à la ville qui, dans ce cas, prend à sa charge l'entretien du pavage. Cette autorisation est révocable à toute époque et sans indemnité (*art.* 5).

ART. 3. — TROTTOIRS.

150. « L'utilité publique commande, dans un grand nombre de lieux, l'établissement de trottoirs. Dans les villes et dans toutes les rues étroites, ils protégent les piétons contre les accidents graves auxquels les expose le nombre toujours croissant des voitures publiques et particulières ; partout ils leur offrent un sol plus uni, plus sûr et moins exposé à toutes les dégradations qu'occasionnent l'intempérie des saisons et souvent l'incurie municipale ; ils facilitent la circulation que la loi du 24 août 1790 a considérée comme un intérêt d'un ordre assez élevé pour placer le soin de l'assurer parmi les devoirs nécessaires des magistrats communaux. A ces avantages publics se joint, pour le propriétaire riverain, un profit personnel et direct. Les trottoirs sont aussi les protecteurs de l'édifice, à l'égard duquel ils remplacent heureusement les bornes placées ordinairement dans un but analogue ; au moyen d'une construction solide et imperméable, ils préviennent les infiltrations auxquelles un pavé mal joint et souvent dégradé, si même la rue est pavée, expose les fondations des maisons. Enfin, ils rendent l'accès du rez-de-chaussée plus commode, et établissent des rapports plus directs et plus aisés entre la boutique, qui expose et cherche à vendre, et le public qui veut voir et se propose d'acheter. » (*Rapp. de* M. VIVIEN *sur la loi du 7 juin* 1845. *Monit.* 13 *avril.*)

151. Ce sont les principes d'après lesquels a été faite la loi du 7 juin 1845 sur la construction des trottoirs. Aux termes de cette loi, dans les rues et places dont les plans d'alignement ont été arrêtés par ordonnances royales, et où, sur la demande des conseils municipaux, l'établissement de trottoirs est reconnu d'utilité publique, la dépense de la construction de ces trottoirs est répartie entre la commune et les propriétaires riverains, dans les proportions et après l'accomplissement des formalités que cette loi détermine (*art.* 1er). La délibération du conseil municipal qui provoque la déclaration d'utilité publique de l'établissement de trottoirs, désigne en même temps les rues et les places où les trottoirs seront établis, arrête le devis des travaux, selon les matériaux entre lesquels les propriétaires auront été autorisés à faire un choix, et répartit la dépense entre la commune et les propriétaires. La portion à la charge de la commune ne peut être inférieure à la moitié de la dépense totale. Il est procédé à une enquête *de commodo et incommodo*. Une ordonnance royale statue définitivement, tant sur l'utilité publique de l'établissement des trottoirs, que sur les autres objets compris dans la délibération du conseil municipal (*art.* 2). D'après le décret du 25 mars 1852, sur la décentralisation administrative, les préfets sont aujourd'hui compétents pour statuer sur l'établissement des trottoirs dans les villes (*tabl. A*, n° 54). C'est à eux, par conséquent, qu'il appartient de faire à cet égard la déclaration d'utilité publique, qui ne doit pas être confondue avec celle qui intervient en matière d'expropriation. (*Circ. Min. Int.* 5 *mai* 1852.)

La portion de la dépense à la charge du propriétaire est recouvrée dans la forme déterminée par l'art. 28 de la loi du 25 juin 1841, c'est-à-dire comme en matière de contributions directes (*art.* 3). Il n'est pas dérogé aux usages en vertu desquels les frais de construction de trottoirs seraient à la charge des propriétaires riverains, soit en totalité, soit dans une proportion supérieure à la moitié de la dépense totale (*art.* 4).

152. « Dans la plupart des villes, les propriétaires font les frais du premier pavage du revers qui longe leur immeuble ; à Marseille, où les trottoirs existent depuis un temps immémorial, l'établissement s'en fait entièrement à leurs frais. Dans beaucoup de villes, à Lyon, Soissons, à Paris entre autres, où les usages n'ont pas pu encore s'établir, la plupart des propriétaires ont volontairement consenti à payer les deux tiers de la dépense. » (*Rapport de* M. VIVIEN.)

153. La ville de Paris est donc régie par l'art. 2 de la loi du 7 juin 1845, aux termes duquel, en l'absence d'usage plus rigoureux pour les propriétaires, la portion des frais à la charge de la ville ne peut être inférieure à la moitié de la dépense totale. Mais depuis un certain nombre d'années, des conventions amiables interviennent entre les propriétaires et l'administration, d'après lesquelles la ville de Paris concourt pour un sixième à la construction des trottoirs en bitume, pour un quart à la construction des trottoirs en pavés, et pour un tiers à la construction des trottoirs en granit ; rien ne démontre toutefois qu'à aucune époque les propriétaires aient été contraints de supporter les cinq sixièmes ou les deux tiers de cette dépense. Remarquons que l'établissement des trottoirs dans la ville de Paris continue à être réglé par décret, l'art. 1er du décret du 25 mars 1852 sur la décentralisation administrative ne s'appliquant pas à cette ville.

154. La loi du 7 juin 1845 ne mentionne que la construction des trottoirs ; comment doit-il être pourvu à leur entretien ? Les trottoirs doivent être considérés comme un pavage perfectionné ; ils sont donc soumis aux règles qui s'appliquent au pavage dont ils prennent la place ; il suit de là que, si d'après les usages de la commune l'entretien du pavé est à la charge des propriétaires, l'entretien des trottoirs devra avoir lieu dans les mêmes conditions.

155. Il appartient au préfet de statuer sur les demandes en autorisation de reconstruire les trottoirs établis sur le sol des grandes routes dans la traverse des villes. Le préfet peut également, en accordant ces autorisations, prescrire le mode de reconstruction qui devra être suivi. (*Arr. du C.* 2 *févr.* 1854.)

Quant aux rues formant le prolongement des chemins vicinaux, s'il appartient au conseil général ou à la commission départementale, d'après la loi du 10 août 1871, de fixer leur direction et leurs limites, cette attribution n'infirme pas les pouvoirs que tient le préfet, du décret du 25 mars 1852, d'autoriser la construction des trottoirs. (*Inst. min.* 5 *févr.* 1874.)

156. Les dépenses relatives à l'entretien des trottoirs compris entre les maisons bâties sur un port de commerce et le ruisseau de la rue latérale sont réglées conformément aux prescriptions de la loi du 7 juin 1845. (*D.* 5 *janv.* 1853.)

ART. 4. — DROITS DE VOIRIE.

157. Aux termes des anciens règlements sur la voirie (*Décl.* 16 *juin* 1693, *Édit de nov.* 1697, *Lettres patentes* 31 *déc.* 1781), les permissions de bâtir ne pouvaient être délivrées que moyennant le paiement de certains droits. La loi des 19-22 juillet 1791 fut considérée comme ayant maintenu les dispositions de ces règlements. Sous la législation actuelle, la perception de droits semblables a lieu, en matière de voirie urbaine ; en effet, la loi du 18 juillet 1837, art. 31, n° 8, et la loi de finances du 21 avril 1832, art. 3, § 1er, dont les dispositions sont reproduites dans les lois postérieures, autorisent formellement les communes à percevoir, sous la dénomination de droits de voirie, des contributions pour la délivrance des alignements, et des permissions de bâtir ; ces droits varient selon les localités. Avant le décret du 25 mars 1852, sur la décentralisation administrative, les tarifs en étaient réglés par des ordonnances ou des décrets rendus dans la forme des règlements d'administration publique (*L.* 18 *juill.* 1837, *art.* 43). Ils sont réglés aujourd'hui par arrêté préfectoral (*D.* 25 *mars* 1852, *tabl. A,* n° 53). Il résulte de la loi du 28 juin 1833 que le trésor public ne perçoit aucun droit semblable sur les routes nationales et départementales, et que, dès lors, en ce qui concerne, les alignements et les permissions de voirie doivent être délivrés sans frais.

158. Les droits de voirie doivent être perçus au profit de la caisse municipale dans l'intérieur des villes ou communes sans égard à la classification des voies publiques, soit comme rues communales, soit comme portions de routes nationales ou départementales comprises dans la traverse des villes, bourgs et villages ; mais ce droit de perception attribué aux communes ne change rien aux règles de compétence établies quant à l'administration et au régime de la voie publique elle-même. Il résulte de cette observation que, pour les rues qui font partie des routes nationales et départementales, c'est au préfet qu'il appartient de déterminer par un arrêté spécial, et sur l'avis de l'ingénieur en chef des ponts et chaussées, la dimension des ouvrages en saillie qu'il croit pouvoir autoriser sans inconvénient pour la circulation. De son côté, le maire prend, comme règlement permanent, et en exécution de l'art. 11 de la loi du 18 juillet 1837, un arrêté semblable pour les rues qui appartiennent à la voirie urbaine. Sur le vu des arrêtés respectivement pris par le préfet et le maire, le conseil municipal, appelé à délibérer sur l'assiette et la quotité du droit, adopte un projet de tarif qu'il soumet à l'approbation du préfet. Le conseil municipal peut emprunter ses propositions à l'ordonnance royale du 24 décembre 1823, concernant les saillies dans les rues de Paris (*Circ. Min. Int.* 2 avril 1841). Pour ce qui concerne les droits de voirie dans la ville de Paris, voyez n° 221.

159. Le propriétaire qui fait exécuter, sans autorisation, des travaux donnant lieu à la perception de droits de voirie est passible d'une amende, en sus du paiement de ces droits (*C. d'État, arr.* 12 *mai* 1846 (LACHAT *et* LEROUDIER) ; il peut être, en outre, condamné à la démolition de ces travaux, si les constructions ne sont pas édifiées à l'alignement régulièrement ordonnancé.

160. Les droits de voirie ne sont pas exigibles sur les points du territoire de la commune où il n'existe pas de population agglomérée, non plus que pour les constructions élevées dans les voies privées *non classées,* et pour celles qui sont édifiées en deçà de la ligne qui sépare le fonds privé de la limite de la voie publique. Mais sur les points où les habitations sont agglomérées, les droits sont dus aussi bien par les particuliers que par l'État, les départements, les communes et les grandes administrations. (*Conseil d'État, avis du Comité de l'Intérieur du* 11 *janvier* 1848.)

161. Quant aux simples saillies, l'exemption des droits est accordée, à Paris, aux ambassades et aux consulats, ainsi qu'aux seuls établissements de l'État ; le même privilège est assuré à ces derniers dans quelques grandes villes, notamment à Lyon.

162. Le recouvrement des droits ne peut s'effectuer, sauf à Paris, dans la même forme que les contributions directes ; il doit être poursuivi sur états dressés par le maire et rendus exécutoires par le visa du sous-préfet, conformément à l'art. 63 de la loi du 18 juillet 1837. Les oppositions à ces états ne peuvent être déférées aux tribunaux administratifs, mais aux tribunaux civils qui les jugent comme affaires sommaires, et la commune peut y défendre sans autorisation du conseil de préfecture. (*C. d'État, arr.* 16 déc. 1858 (VILLATTE *et* PÉNÉLON). Le conseil de préfecture ne pourrait accorder un délai pour le paiement de ces droits et ordonner qu'ils ne seraient acquittés qu'au moment de l'exécution des travaux de construction en vue desquels l'alignement avait été demandé. (*C. d'État, arr.* 26 *août* 1858.)

ART. 5. — NETTOIEMENT DES RUES. (*Voy.* **Balayages, boues et immondices.**)

Sect. 4. — **Droits de police qui appartiennent à l'administration.**

163. L'art. 50 de la loi du 14 décembre 1789 charge les municipalités du soin de faire jouir les habitants des avantages d'une bonne police, notamment de la propreté, de la salubrité, de la sûreté et de la tranquillité dans les rues. D'après l'art. 3 du titre XI de la loi des 16-24 août 1790 et l'art. 10 de la loi du 18 juillet 1837, les maires sont chargés de la voirie et de la police municipales, et notamment de tout ce qui intéresse la sûreté et la commodité du passage dans les rues, quais, places et voies publiques, ce qui comprend le nettoiement, l'illumination, l'enlèvement des encombrements, la démolition ou la réparation des bâtiments menaçant ruine, l'interdiction de rien exposer aux fenêtres ou autres parties de bâtiments qui puisse nuire par sa chute, et celle de rien jeter qui puisse blesser ou endommager les passants, ou causer des exhalaisons nuisibles, etc. Nous allons entrer dans quelques explications à ce sujet.

ART. 1. — **DÉMOLITION DES BATIMENTS MENAÇANT RUINE ET MESURES D'URGENCE.**

164. Le maire a le droit d'ordonner, en cas de péril, la démolition des bâtiments menaçant ruine qui existeraient le long des rues qui ne font pas partie d'une grande route (*voy.* n° 69). L'arrêté du maire est adressé au sous-préfet et soumis au préfet (*L.* 18 *juill.* 1837, *art.* 11). Si le propriétaire ne se conforme pas à la sommation du maire, il commet une contravention. Le tribunal de simple police prononce l'amende encourue, mais sans pouvoir apprécier l'ordre de démolition. (*Voy.*, pour les principes généraux en cette matière, ce qui a été exposé au chapitre de la grande voirie, n°s 63 et suiv.) Si le péril est imminent, le maire peut faire exécuter d'office, aux frais du propriétaire, les travaux nécessaires à la sécurité publique.

165. Il est enjoint aux propriétaires de ne faire sur la voie publique aucun dépôt de nature à y gêner la circulation ; l'art. 471 du Code pénal précise à cet égard les prohibitions qui leur sont faites. Si les propriétaires contreviennent à ces règles, de manière à compromettre la sûreté publique ou à entraver la circulation, les maires peuvent, par mesure provisoire, ordonner d'urgence la réparation immédiate du délit ; ce pouvoir des maires s'applique d'une manière générale aux contraventions de voirie urbaine ; il faut remarquer toutefois que les attributions des maires, à cet égard, ne peuvent dépasser celles conférées en pareil cas aux sous-préfets en matière de grande voirie (*voy.* n° 71) ; les maires ne peuvent donc statuer d'urgence que lorsqu'il s'agit seulement de dégradations ou de dépôts de fumiers, d'immondices et d'objets encombrants. (*L.* 16-24 *août* 1790, *tit. XI, art.* 3.)

ART. 2. — **TRAVAUX SOUS LES RUES.**

166. Le droit de police de l'administration ne s'arrête pas à la surface des rues ; il s'étend aussi à la partie souterraine du sol sur lequel elles sont établies. (*Voy.* **Égouts**, *etc.*)

167. *Caves sous les rues.* C'est en vertu du principe qui vient d'être rappelé que les anciens règlements, et notamment l'édit de décembre 1607, faisaient défense à toutes personnes de faire ou creuser aucune cave sous les rues ; en effet, l'établissement d'excavations semblables pourrait compromettre la solidité de leur sol et la conservation du pavé qui les couvre. Toutefois, l'arrêt du Conseil du 3 août 1685, relatif aux caves des maisons supprimées pour ouvrir de nouvelles rues, portait que les propriétaires des maisons retranchées et à retrancher suivant les arrêts du Conseil, jouiront des caves qu'ils ont sous les rues, conformément aux contrats faits entre eux et les prévôts des marchands et échevins de la ville ; les voûtes desdites caves, préalablement vues et visitées par les trésoriers de France commis à cet effet. Cette faculté ne retire pas au maire le droit de prescrire la suppression des caves lorsqu'il la considère comme indispensable, au point de vue de la sécurité publique, sauf indemnité si la superficie du dessus n'a pas été acquise par la ville ou la commune. (*Arr. du* 23 *janv.* 1862 (LEGENDRE) ; *Cour de cassation* 27 *fév.* 1873 (PETIT).

168. *Conduites souterraines d'eau et de gaz.* L'établissement de conduites d'eau ou de gaz sous les rues ne peut avoir lieu qu'avec la permission essentiellement révocable de l'administration municipale. Tout ce qui concerne les conduites d'eau et de gaz appartenant aux particuliers a été réglé, pour la ville de Paris, par l'ordonnance de police du 8 août 1829, dont les dispositions pourraient être appliquées aux autres villes par des arrêtés municipaux.

ART. 3. — ATTRIBUTION OU CHANGEMENT DU NOM DES RUES.

169. Pour la détermination du nom des rues, voyez **Nom des rues.**

Sect. 5. — Contraventions.

ART. 1. — PRINCIPES GÉNÉRAUX. PÉNALITÉS.

170. Sont punis d'une amende de 1 à 5 fr. (*C. P., art.* 471, n° 5) et, en cas de récidive, d'un emprisonnement de trois jours au plus(*C. P., art.* 474) : 1° les particuliers qui négligent de nettoyer les rues et passages, dans les communes où ce soin est laissé aux habitants ; 2° ceux qui embarrassent la voie publique, en y déposant ou y laissant sans nécessité des matériaux ou des choses quelconques qui empêchent ou diminuent la liberté ou la sûreté du passage ; 3° ceux qui, en contravention aux lois et règlements, négligent d'éclairer les matériaux par eux entreposés ou les excavations par eux faites dans les rues et places publiques ; cette contravention ne peut être excusée sous le prétexte que la largeur de la voie publique et la place qu'y occupaient les matériaux déposés devaient prévenir tout accident, ou que ces matériaux n'étaient arrivés qu'après le départ des ouvriers dans le lieu où ils avaient été déposés(*Cass.* 8 *nov.* 1849) : l'éclairage des matériaux déposés sur la voie publique est obligatoire toute la nuit et pendant toutes les saisons(*Cass.* 21 *sept.* 1849) ; 4° ceux qui négligent ou refusent d'exécuter les règlements ou arrêtés concernant la petite voirie ou d'obéir à la sommation émanée de l'autorité administrative de réparer ou de démolir les édifices menaçant ruine ; 5° ceux qui jettent ou exposent au-devant de leurs édifices des choses de nature à nuire par leur chute ou par des exhalaisons insalubres ; 6° ceux qui auront contrevenu aux règlements légalement faits par l'autorité administrative, et ceux qui ne se seront pas conformés aux règlements ou arrêtés publiés par l'autorité municipale en vertu des art. 3 et 4, titre XI, de la loi des 16-24 août 1790, et de l'art. 46, titre Ier, de la loi des 19-22 juillet 1791.

171. Quant à la démolition des constructions faites sans autorisation, la Cour de cassation admet, comme le Conseil d'État le décide en matière de grande voirie, qu'une construction faite conformément à l'alignement, quoique sans autorisation, ne doit entraîner qu'une condamnation à l'amende, et qu'il n'y a pas lieu d'ordonner la démolition ; mais si les travaux faits sans autorisation s'appliquent à un mur sujet à reculement, cette cour a jugé que le tribunal de police, saisi de la contravention, devait ordonner la démolition des travaux, qu'ils fussent ou non confortatifs (*Cass.* 27 *août* 1853). La Cour de cassation a même admis que des travaux confortatifs faits à un bâtiment en retraite sur l'alignement, pouvaient être considérés comme préjudiciables à la voie pu-

blique sous le rapport de la propreté, de la salubrité, de la sûreté, de l'embellissement, et que la démolition devait en être ordonnée, à titre de dommages-intérêts, conformément à l'art. 161 du Code d'instruction criminelle(*Cass.* 25 *août* 1853). Elle a jugé, d'ailleurs, que toute construction faite le long de la voie publique sans alignement préalable délivré par l'autorité municipale, rend son auteur passible de l'amende prononcée par l'art. 461, n° 5, du Code pénal, encore qu'elle fût élevée en retraite de cette voie, mais à la condition toutefois que le public fût en jouissance du terrain séparatif. (*Cass.* 5 *nov.* 1853.)

ART. 2. — CONSTATATION, POURSUITE, COMPÉTENCE ET PRESCRIPTION.

172. *Constatation.* Les contraventions commises en matière de voirie urbaine sont constatées par des procès-verbaux dressés par les commissaires de police, les maires et adjoints et la gendarmerie. A la différence de ce qui est prescrit en matière de grande voirie, ces procès-verbaux ne sont pas soumis, pour faire foi en justice, à la nécessité de l'affirmation.

173. *Poursuite.* La poursuite a lieu par les soins du commissaire de police, du maire ou de l'adjoint chargé de remplir les fonctions du ministère public près le tribunal de simple police ; la citation des contrevenants s'effectue dans les formes prescrites par le titre Ier du livre II du Code d'instruction criminelle.

174. *Compétence.* La connaissance des contraventions commises sur les lieux dépendant de la voirie urbaine, est du ressort des tribunaux de simple police (*C. P., art.* 471), qui prononcent la condamnation à l'amende et ordonnent la démolition. (*Avis du Com. Int.* 14 *nov.* 1833.)

175. Aux termes de l'art. 172 du Code d'instruction criminelle, le jugement du tribunal de simple police peut être attaqué par voie d'appel devant le tribunal de police correctionnelle, lorsqu'il prononce un emprisonnement, ou lorsque les amendes, les restitutions et autres réparations civiles excèdent la somme de 5 fr. outre les dépens. Il résulte de là qu'un jugement qui ne prononcerait que la condamnation à une amende inférieure à 5 fr., ne pourrait être attaqué que devant la Cour de cassation : mais il faut remarquer que la voie de l'appel est toujours ouverte lorsque la démolition est ordonnée. La démolition, en effet, doit être considérée comme ayant le caractère des restitutions et réparations civiles dont parle l'art. 172 du Code d'instruction criminelle.

176. Bien qu'il semble résulter de la jurisprudence de la Cour de cassation, que les travaux faits sans autorisation aux bâtiments sujets à reculement doivent être démolis, qu'ils aient ou non le caractère de travaux confortatifs, on peut se demander quelle serait, en matière de voirie urbaine, l'autorité compétente pour décider si les travaux exécutés ainsi en contravention ont ou n'ont pas ce caractère. Il faut reconnaître, conformément aux principes, que cette question ne pourrait être tranchée par le tribunal de simple police et qu'il n'appartiendrait qu'à l'autorité administrative d'apprécier la nature et les effets de travaux motivant les poursuites (*Cass.* 17 *déc.* 1847). Ajoutons que les déclarations par lesquelles le ministre de l'intérieur, sur la demande que l'autorité judiciaire a faite à l'administration avant de statuer sur une contravention de voirie urbaine, confirme ou infirme un arrêté préfectoral déterminant la nature confortative ou non confortative de travaux exécutés dans une rue, ne sont pas susceptibles d'être déférées au Conseil d'État par la voie contentieuse. (*Arr. du C.* 6 *juill.* 1850.)

177. Mais si l'administration a seule le droit de trancher la question préjudicielle relative au caractère des travaux exécutés, elle est sans pouvoir pour statuer. L'arrêté préfectoral et la décision ministérielle qui ordonneraient la démolition, comme confortatifs, de travaux exécutés à la façade d'une maison sujette à reculement existant le long d'une voie publique dépendant de la voirie urbaine, seraient annulés pour excès de pouvoir, par le motif qu'il n'appartient qu'au tribunal de simple police de statuer sur les contraventions commises en matière de voirie urbaine. (*Arr. du C.* 7 *déc.* 1850.)

178. La question de savoir si les travaux exécutés sont ou ne sont pas confortatifs, n'est pas la seule devant laquelle le tribunal de simple police doive s'arrêter et en référer à l'administration. Au cas où il s'agirait d'examiner si la construction faite sans autorisation est ou non élevée à l'alignement, ou si la construction autorisée a eu lieu conformément à l'alignement délivré, le tribunal devrait aussi surseoir à statuer et renvoyer la solution de cette question préjudicielle à l'autorité administrative.

179. *Prescription.* L'action publique, pour une contravention commise en matière de voirie urbaine, se prescrit par un an à compter du jour où elle a été commise, si, dans l'intervalle, il n'est pas intervenu de condamnation (*C. d'I. C., art.* 640; *Cass.* 2 *juin* 1854); la peine prononcée se prescrit par deux ans (*C. d'I. C., art.* 639); mais, en cette matière, comme lorsqu'il s'agit de grande voirie, la prescription ne peut pas s'appliquer à la démolition des constructions indûment faites.

CHAP. IV. — RÈGLES CONCERNANT SPÉCIALEMENT PARIS ET CERTAINES VILLES.

Sect. 1. — Ville de Paris.

180. On a vu plus haut que les rues de la ville de Paris sont soumises au régime de la grande voirie. Il en résulte qu'il y a lieu de leur appliquer ce qui a été dit au chapitre Ier, au sujet des principes et des règles qui sont établies, pour les voies publiques soumises à ce régime, en ce qui touche l'alignement, les saillies fixes, les droits de police qui appartiennent à l'administration sur ces voies publiques, la compétence administrative ou contentieuse, et les contraventions en général. Mais, d'un autre côté, il convient de rappeler que tout ce qui concerne, dans la ville de Paris, la police municipale, en matière de petite voirie, ainsi que les contraventions qui s'y rapportent et les obligations des propriétaires riverains, est soumis, en principe général, et sauf les exceptions qui seront indiquées, au régime de la voirie urbaine. Nous nous bornerons donc, dans le présent chapitre, en renvoyant pour le surplus à ce qui précède, à exposer certaines règles spéciales à la ville de Paris, soit qu'elles dérogent aux principes généraux, soit qu'établies par application

de ces principes, elles comportent, à raison de l'importance de cette ville, une mention particulière.

ART. 1. — FORMATION, REDRESSEMENT, ÉLARGISSEMENT DES RUES DE PARIS.

181. Avant l'usage des plans, l'alignement était fixé sur place. Les registres du Parlement de Paris mentionnent une assemblée tenue le 7 juillet 1507, à laquelle assistaient, outre les membres de la cour, ceux de la Chambre des comptes, du chapitre de Notre-Dame et du bureau de la ville « pour raison de l'élargissement de la rue de la Juiverie » (aujourd'hui de la Cité).

La confection des plans ne remonte guère qu'à la seconde moitié du XVIIe siècle. Plusieurs plans furent, en effet, approuvés par des arrêts des 10 novembre 1671 (rue de la Verrerie), 6 juin 1672 (rue Galande), 2 octobre 1672 (rue de la Vieille-Draperie), etc. Le plan général de Paris fut achevé vers la même époque.

La déclaration du roi, du 10 avril 1783 portait qu'à dater du jour de son enregistrement, il ne pourrait être, sous quelque prétexte que ce soit, ouvert et formé, en la ville et faubourgs de Paris, aucune rue nouvelle qu'en vertu de lettres patentes accordées à cet effet, et que les rues nouvelles ne pourraient avoir moins de 30 pieds de largeur. Cette déclaration portait, en outre, que toutes les rues dont la largeur était inférieure à 30 pieds, seraient élargies successivement au fur et à mesure de la reconstruction des maisons et bâtiments situés sur ces rues. Cette déclaration, toutefois, n'a fixé ni un maximum, ni même un minimum invariable pour la largeur des rues de Paris. Cette largeur est fixée en raison des besoins de la circulation. L'existence d'une rue nouvelle, ouverte sans que l'autorisation prescrite par la déclaration royale du 10 avril 1783 ait été obtenue, constitue une contravention permanente qui doit être réprimée, quel que soit le temps écoulé, dans l'intérêt toujours subsistant de la grande voirie. (*Arr. du C.* 7 *juin* 1851.)

182. Les principes rappelés au chapitre de la voirie municipale, relativement à l'ouverture des rues, sont d'ailleurs applicables à la ville de Paris. Mais le grand intérêt qui s'attache à la salubrité et à l'embellissement de cette ville, a fait établir pour elle, en matière d'ouverture ou d'élargissement de rues, un droit spécial qui étend en sa faveur l'application du principe de l'expropriation pour cause d'utilité publique. D'après le droit commun, l'expropriation, motivée par la nécessité d'ouvrir une voie publique, ne s'applique qu'aux propriétés comprises entre les deux alignements de la voie projetée. L'art. 53 de la loi du 16 septembre 1807, en vue du cas où, par les alignements arrêtés, un propriétaire qui pourrait recevoir la faculté de s'avancer sur la voie publique, ne veut point acquérir la portion intermédiaire, donne seulement à l'administration le droit de le déposséder de l'ensemble de sa propriété. L'art. 50 de la loi du 3 mai 1841, qui a en vue l'intérêt du propriétaire, dispose que les bâtiments dont il est nécessaire d'acquérir une portion pour cause d'utilité publique, seront achetés en entier, si le propriétaire le requiert, dans le délai fixé, par une déclaration formelle adressée au magistrat directeur du jury, et qu'il en sera de même de toute parcelle de terrain qui, par suite du morcellement, se trouverait réduite au quart de sa contenance totale, si toutefois le propriétaire ne possède aucun terrain immédiatement contigu, et si la parcelle ainsi réduite est inférieure à 10 ares. Le décret législatif du 26 mars 1852 permet de prononcer l'expropriation directe, dans l'intérêt de la salubrité, d'immeubles situés en dehors de la voie projetée, à droite et à gauche de ses alignements.

183. Aux termes de l'art. 2 de ce décret, dans tout projet d'expropriation pour l'élargissement, le redressement ou la formation des rues de la ville de Paris, l'administration a la faculté de comprendre la totalité des immeubles atteints, lorsqu'elle juge que les parties restantes ne sont pas d'une étendue ou d'une forme qui permette d'y élever des constructions salubres.

184. Cette disposition ne devrait pas être comprise en ce sens que, postérieurement à un décret portant déclaration d'utilité publique de l'ouverture d'une rue, qui ne déterminerait pas le périmètre des terrains à exproprier en dehors des alignements, le préfet pourrait comprendre dans l'expropriation les immeubles qui ne lui paraîtraient pas susceptibles de recevoir des constructions salubres. La détermination de ce périmètre doit être soumise aux formalités de la loi du 3 mai 1841, précédée des enquêtes qu'elle prescrit, et approuvée par l'autorité compétente pour déclarer l'utilité publique de l'ouverture de la rue.

185. Remarquons aussi que cette disposition ne pourrait pas être rétroactivement appliquée au propriétaire d'un immeuble dont la portion principale, comprise dans les alignements de la rue nouvelle, aurait été acquise par la ville en vertu d'une déclaration d'utilité publique antérieure au décret législatif du 26 mars 1852, ou, s'il s'agit d'une ville autre que Paris, au décret qui l'a rendu applicable à cette ville.(*Voy. n° 204. — Avis. Sect. Int.* 27 *juin* 1855.)

186. L'administration a également le pouvoir de comprendre dans l'expropriation des immeubles situés en dehors des alignements, lorsque leur acquisition est nécessaire pour la suppression d'anciennes voies publiques jugées inutiles (*D.* 26 *mars* 1852, *art.* 2); mais l'administration ne pourrait provoquer l'expropriation d'immeubles semblables, avant que la suppression de la voie publique riveraine jugée inutile eût été régulièrement prononcée. (*Avis Sect. Int.* 27 *juin* 1855.)

187. Les parcelles de terrain acquises en dehors des alignements, et non susceptibles de recevoir des constructions salubres, sont réunies aux propriétés contiguës, soit à l'amiable, soit par l'expropriation de ces propriétés, conformément à l'art. 53 de la loi du 16 septembre 1807. (*D.* 26 *mars* 1852, *art.* 2.)

188. La fixation du prix de ces terrains est faite suivant les mêmes formes et devant la même juridiction que celles des expropriations ordinaires. (*Id.*)

189. Aux termes de l'art. 58 de la loi du 3 mai 1841, les plans, procès-verbaux, certificats, significations, jugements, contrats, quittances et autres actes faits en vertu de cette loi, sont visés pour timbre et enregistrés gratis, lorsqu'il y a lieu

à la formalité de l'enregistrement ; il n'est perçu aucun droit pour la transcription des actes au bureau des hypothèques, et les droits perçus sur les acquisitions amiables, faites antérieurement aux arrêtés du préfet, sont restitués lorsque, dans le délai de deux ans, à partir de la perception, il est justifié que les immeubles acquis sont compris dans ces arrêtés. Le décret du 26 mars 1852 déclare les dispositions de cet art. 58 applicables à tous les actes et contrats relatifs aux terrains acquis pour la voie publique par simple mesure de voirie.

ART. 2. — NIVELLEMENT ET SAILLIES.

190. *Nivellement.* Aux termes d'un arrêt du conseil du 22 mai 1725, sur les formalités à observer pour obtenir le règlement des pentes du pavé, « défense est faite à tous propriétaires de maisons de la ville et des faubourgs de Paris, aux architectes et aux maçons, de poser aucun seuil de porte plus bas ni plus haut que le niveau de pente du pavé des rues ; il est ordonné à ceux qui bâtissent des maisons dans les rues nouvelles qui ne sont point encore pavées, de se retirer pardevant les officiers que Sa Majesté a commis pour régler les pentes du pavé des rues, lesquels leur marqueront le niveau de pente qu'ils doivent observer » : les propriétaires de maisons, architectes et maçons qui, sans avoir pris le niveau de pente desdits officiers, auraient posé des seuils plus haut ou plus bas que le niveau de pente du pavé des rues où les maisons sont situées, ou qui auraient posé des seuils à des maisons bâties dans les rues nouvelles qui ne seraient point pavées, sont passibles, aux termes de cet arrêt, chacun de 50 livres d'amende, et obligés de rétablir les seuils conformément aux instructions du bureau des finances.

191. Depuis le décret du 26 mars 1852, l'étude de tout plan d'alignement de rue dans la ville de Paris doit nécessairement comprendre le nivellement, qui est soumis à toutes les formalités qui régissent l'alignement (*art.* 3), et tout constructeur de maisons, avant de se mettre à l'œuvre, doit demander le nivellement de la voie publique au-devant de son terrain, et s'y conformer (*id.*).

192. *Saillies.* Dans la ville de Paris, les saillies sont divisées en deux classes et régies par des principes différents, suivant qu'elles appartiennent à l'une ou à l'autre. Les saillies fixes sont soumises au régime de la grande voirie ; elles sont autorisées par le préfet de la Seine et, en cas de contravention, le conseil de préfecture est compétent ; pour les saillies mobiles, au contraire, qui sont également placées dans les attributions du préfet de la Seine, par le décret du 10 octobre 1859, la répression des contraventions doit être poursuivie devant le tribunal de simple police (*Arr. du C.* 12 *mess. an VIII ; Déc.* 27 *oct.* 1808 *sur les droits de voirie*). Une ordonnance royale du 24 décembre 1823, interprétée par une ordonnance de police du 9 juin 1824, a réglementé pour la ville de Paris tout ce qui concerne la matière des saillies. Elle fait connaître les dimensions que les saillies fixes ou mobiles ne doivent pas dépasser, et contient des dispositions particulières pour chaque espèce de saillie, ainsi que l'indication de celles qui sont absolument prohibées.

193. Les saillies fixes dont cette ordonnance détermine les dimensions, qui sont comptées pour toute saillie à partir du nu du mur au-dessus de la retraite, sont : les pilastres et colonnes en pierre, les grands balcons, les herses, chardons, artichauts et fraises, les auvents de boutiques, les petits auvents au-dessus des croisées, les bornes, les corniches en menuiserie sur boutique, les abat-jour de croisée, les moulinets de boulangers et poulies, les petits balcons, les seuils-socles, les colonnes isolées ou engagées en menuiserie, les pilastres en menuiserie, les barreaux et grilles de boutiques, les appuis de boutiques, les tuyaux de descente ou d'évier, les cuvettes, les devantures de boutiques, tableaux et enseignes, les jalousies, persiennes et contrevents, les appuis de croisée et barres de support.

194. Les saillies mobiles réglementées par l'ordonnance royale du 24 décembre 1823 et l'ordonnance de police du 9 juin 1824, sont : les lanternes ou transparents avec potence ou en forme d'applique, les tableaux, écussons, enseignes, montres, étalages, attributs, y compris les supports, bordures, crochets et points d'appui; les appuis de boutique, y compris les barres et crochets, les volets, contrevents ou fermetures de boutiques.

195. Il est défendu d'établir des barrières fixes au-devant des maisons et de leurs dépendances, quelles qu'elles puissent être, tant dans les rues et places que sur les boulevards, à moins qu'elles ne soient reconnues nécessaires à la propreté et qu'elles ne gênent point la circulation; leur saillie ne peut, dans aucun cas, excéder un mètre et demi. (*O.* 24 *déc.* 1823, *art.* 5.)

196. Il ne peut être permis de placer des bancs au-devant des maisons que dans les rues de 10 mètres de largeur et au-dessus. Ces bancs doivent être faits en pierre, et ne pas dépasser l'alignement de la base des bornes (*art.* 7). Il est défendu de construire des perrons en saillie sur la voie publique; il ne peut être accordé de permission que pour les pas et marches qui ne devront pas dépasser l'alignement de la base des bornes (*art.* 8).

197. Les permissions d'établir de grands balcons ne peuvent être accordées que dans les rues de 10 mètres de largeur et au-dessus, ainsi que dans les places et carrefours, et ce, après une enquête *de commodo et incommodo.* Dans aucun cas, les grands balcons ne peuvent être établis à moins de 6 mètres du sol de la voie publique (*art.* 10).

198. Il est défendu de construire des auvents et corniches en plâtre au-dessus des boutiques. Il ne peut en être établi qu'en bois, avec la faculté de les revêtir extérieurement de métal; toute autre manière de les couvrir est prohibée (*art.* 13).

199. Aucun tuyau de poêle ne peut déboucher sur la voie publique. Les tuyaux de cheminée en maçonnerie et en saillie sur la voie publique devront être démolis et supprimés lorsqu'ils seront en mauvais état ou que l'on fera de grosses réparations dans les bâtiments auxquels ils sont adossés (*art.* 15 *et* 16).

200. Les éviers pour l'écoulement des eaux ménagères sont permis, sous la condition expresse que leur orifice extérieur ne s'élèvera pas à plus d'un décimètre au-dessus du pavé de la rue ; il ne peut être établi en saillie sur la voie publique aucune espèce de cuvette pour l'écoulement des eaux ménagères des étages supérieurs (*art.* 19 *et* 20).

201. Les constructions en encorbellement sont prohibées (*art.* 21). Les entablements et corniches en plâtre au-dessus de 16 centimètres de saillie, sont prohibés dans toutes les constructions en bois (*art.* 22).

ART. 3. — OBLIGATIONS DIVERSES DES PROPRIÉTAIRES.

§ 1. — *Mode de construction des maisons.*

202. 1° *Hauteur des maisons.* On s'est préoccupé depuis longtemps des moyens d'obvier, dans Paris, aux inconvénients qui pouvaient résulter de la trop grande élévation des maisons. Divers actes émanés de l'autorité souveraine, notamment la déclaration royale du 10 avril 1783 (*art.* 5) et les lettres patentes du 25 août 1784, ont déterminé la hauteur des bâtiments et des combles en raison de la largeur des rues.

203. Aux termes des déclarations et lettres patentes, la hauteur des façades des maisons et bâtiments, dans la ville et les faubourgs de Paris, à l'exception des édifices publics, est fixée, à raison de la largeur des rues, de la manière suivante : dans les rues de 30 pieds (9ᵐ,75) de largeur et au-dessus, à 54 pieds (17ᵐ,54) : dans les rues depuis 24 pieds (7ᵐ,80) jusques et y compris 29 pieds (9ᵐ,42) de largeur, à 45 pieds (14ᵐ,62), et dans toutes celles au-dessous de 23 pieds (7ᵐ,47) de largeur, à 36 pieds (11ᵐ,69) ; le tout mesuré du pavé des rues jusques et y compris les corniches ou entablements, même les corniches des attiques, ainsi que la hauteur des étages en mansarde qui tiendraient lieu desdits attiques. Les façades ainsi fixées ne peuvent être surmontées que d'un comble de 10 pieds (3ᵐ,25) d'élévation au-dessus des corniches ou entablements jusqu'à son faîte, pour les corps de logis simples en profondeur, et de 15 pieds (4ᵐ,87) pour les corps de logis doubles (*voy. aussi Décl. du Roi* 10 *avril* 1783). En enregistrant ces lettres patentes le 7 septembre 1784, le Parlement a ajouté: « à la charge qu'à partir de dessus l'entablement, l'élévation des toits en hauteur ne pourra excéder la moitié de la profondeur des maisons ». Les peines encourues en cas de contravention sont fixées par la déclaration du roi du 10 avril 1783, à laquelle se réfèrent les lettres patentes de 1784. Les propriétaires contrevenants sont passibles d'une amende de 3,000 fr. et de la démolition. Les maçons, charpentiers et autres ouvriers, d'une amende de 5,000 fr.

204. Tout propriétaire de maisons et bâtiments situés à l'encoignure de deux rues d'inégale largeur, peut les reconstruire en suivant, du côté de la rue la plus étroite, la hauteur fixée pour la rue la plus large, mais seulement dans l'étendue de la profondeur du corps de bâtiment ayant face sur la plus grande rue. Au delà de cette étendue, la partie restante de la maison ayant façade sur la rue la moins large, est assujettie aux règles ordinaires. (*Lettres pat. de* 1784, *art.* 2.)

205. Mais les lettres patentes de 1784 ne disposent que pour les façades extérieures longeant la voie publique ; elles ne fixent aucune limite pour la hauteur des façades intérieures et des bâtiments construits dans les cours. L'absence de dispositions réglementaires à cet égard (*Arr. du C. 6 janv.* 1855) a eu pour conséquence une surélévation exagérée des bâtiments intérieurs. Dès 1842, le Gouvernement se préoccupa de cet état de choses. Le 15 juillet 1848, un arrêté du Chef du pouvoir exécutif intervint pour le modifier ; mais l'administration, reconnaissant que la légalité de cet arrêté pouvait être contestée, n'en poursuivit pas l'application.

206. Le décret législatif du 26 mars 1852 a décidé, par son article 7, qu'il serait statué par un décret ultérieur, rendu dans la forme des règlements d'administration publique, sur tout ce qui concerne, dans la ville de Paris, la hauteur des maisons, les combles et les lucarnes. Ce règlement est intervenu le 27 juillet 1859 et un décret postérieur du 18 juin 1872 en a modifié encore certaines dispositions. Aux termes de ce dernier décret, « les propriétaires d'immeubles en façade sur les rues et boulevards de 20 mètres de largeur et au-dessus, auront le droit de construire à la hauteur maxima de 20 mètres, sous les conditions ci-après :

« 1º Il ne peut être fait, en aucun cas, au-dessus du rez-de-chaussée, plus de 5 étages carrés, entresol compris ;

« 2º Dans chaque construction élevée à la hauteur de 20 mètres, il est ménagé une cour d'une surface de 40 mètres et dont le plus petit côté doit avoir au moins 4 mètres.

« Cette dernière disposition n'est pas applicable aux terrains prenant façade sur deux rues, et d'une dimension telle qu'il ne peut y être élevé qu'un seul corps de bâtiment double en profondeur et occupant tout l'espace compris entre les deux voies.

« En dehors de ce cas, si la dimension et la configuration du terrain ne permettent pas de ménager dans la propriété une cour de 40 mètres, la construction ne peut être élevée à la hauteur de 20 mètres qu'avec l'autorisation de l'administration municipale. »

L'art. 2 du même décret dispose que, quelle que soit la hauteur des maisons à construire, la surface des courettes ne peut, en aucun cas, être inférieure à 4 mètres. Le plus petit côté doit avoir au moins 1m,60. Les courettes ne peuvent servir à éclairer ni à aérer aucune pièce à usage de chambre à coucher, si ce n'est au dernier étage de la maison.

Quant à la hauteur des maisons en bordure des voies qui mesurent moins de 20 mètres de largeur, elle reste fixée aux dimensions prescrites par le décret du 27 juillet 1859. Cette hauteur, mesurée du trottoir ou du pavé, au pied des façades des bâtiments, et prise, dans tous les cas, au milieu de ces façades, ne peut excéder, y compris les entablements, attiques et toutes les constructions à plomb du mur de face, savoir :

11m,70 pour les voies publiques au-dessous de 7m,80 de largeur ;

14m,60 pour les voies publiques de 7m,80 et au-dessus jusqu'à 9m75,

Et 17m,55 pour les voies publiques de 9m,75 et au-dessus.

207. Le décret de 1859, qui n'est pas applicable aux édifices publics, fait, en outre, bénéficier tout bâtiment situé à l'encoignure de deux voies publiques d'inégale largeur, de la hauteur fixée pour la plus large, jusqu'à concurrence de la profondeur du corps de bâtiment ayant face sur la voie la plus large ; arrête la hauteur des constructions intérieures à 17m,55, sauf les exceptions justifiées par des besoins d'art, de science ou d'industrie ; détermine à 2m,60 la hauteur minima de chaque étage, et prescrit pour les combles les dispositions suivantes :

Des combles au-dessus des façades élevées au maximum de la hauteur légale. — Art. 7. Le faîtage du comble ne peut excéder une hauteur égale à la moitié de la profondeur du bâtiment, y compris les saillies et corniches.

Le profil du comble, sur la façade du côté de la voie publique, ne peut dépasser une ligne inclinée à 45 degrés partant de l'extrémité de la corniche ou de l'entablement.

Art. 8. Sur les quais, boulevards, places publiques et dans les voies publiques de 15 mètres au moins de largeur, ainsi que dans les cours et espaces intérieurs en dehors de la voie publique, la ligne droite inclinée à 45 degrés dans le périmètre indiqué ci-dessus peut être remplacée par un quart de cercle dont le rayon ne peut excéder la hauteur fixée par l'art. 7.

La saillie de l'entablement sera laissée en dehors du quart de cercle.

Art. 9. Les combles des bâtiments situés à l'angle d'une voie publique de 15 mètres au moins de largeur et d'une voie publique de moins de 15 mètres, peuvent, par exception, être établis sur cette dernière voie, suivant le périmètre déterminé par l'art. 8, mais seulement dans la même profondeur que celle fixée par l'art. 3.

Art. 10. Dans les cas prévus par les trois articles précédents, les reliefs de chéneaux et membrons ne doivent pas excéder la ligne inclinée à 45 degrés partant de l'extrémité de l'entablement, ou le quart de cercle qui, dans le cas prévu par l'art. 8, peut remplacer cette ligne.

Art. 11. Les murs de dossiers et les tuyaux de cheminée ne pourront percer la ligne rampante du comble qu'à 1m,50, mesurés horizontalement du parement extérieur du mur de face, ni s'élever à plus de 60 centimètres au-dessus du faîtage.

Art. 12. La face extérieure des lucarnes doit être placée en arrière du parement extérieur du mur de face donnant sur la voie publique, et à une distance d'au moins 30 centimètres.

Elles ne peuvent s'élever, compris leur toiture, à plus de 3 mètres au-dessus de la base des combles.

Leur largeur ne peut excéder 1m,50 hors œuvre.

Les joues des lucarnes doivent être parallèles entre elles.

Les intervalles auront au moins 1m,50, quelle que soit la largeur des lucarnes.

La saillie de leurs corniches, égouts compris, ne doit pas excéder 15 centimètres.

Il peut être établi un second rang de lucarnes, en se renfermant dans le périmètre déterminé par les art. 7 et 8.

Art. 13. Les combles au-dessus des façades qui ne seraient pas élevés au maximum de hauteur déterminé dans le titre 1er, peuvent dépasser le périmètre fixé par l'art. 7 ; mais ils ne doivent pas toutefois, ainsi que leurs chéneaux, membrons, lucarnes et murs de dossier, excéder le périmètre général des bâtiments, fixé, tant pour les façades que pour les combles, par les dispositions du titre 1er de la première section du présent titre.

Art. 14. Les dispositions du présent titre sont applicables à tous les bâtiments placés ou non sur la voie publique.

208. Les principes relatifs à l'autorisation préalable sont applicables à l'exhaussement des façades sur les rues, et aux travaux exécutés aux combles des maisons. Il n'y a pas lieu d'ordonner la démolition des travaux faits sans autorisation, lorsque ces travaux pouvaient être autorisés. Les contraventions aux règles sur la hauteur des maisons dans Paris sont des contraventions de grande voirie ; elles sont constatées, poursuivies et jugées comme telles.

209. 2º *Constructions en pans de bois.* Les anciens règlements interdisent de construire en pans de bois les façades sur rue dans la ville de Paris. Par tolérance, l'administration autorise ces constructions lorsque le terrain sur lequel on se propose de bâtir n'a pas huit mètres de profondeur réduite ; la façade du rez-de-chaussée doit, dans tous les cas, être en maçonnerie ; l'emploi du sapin est toujours prohibé. L'administration subordonne aux mêmes conditions l'autorisation de réédifier, conforter ou soutenir les façades en pans de bois. Les contraventions résultant de ce que des constructions en pans de bois ont été établies sans autorisation, sont punies de l'amende de 300 fr. prononcée par l'arrêt du Conseil du 27 février 1765, sauf la réduction autorisée par la loi du 23 mars 1842, et de la démolition. Elles sont jugées par le conseil de préfecture.

210. 3° *Pointes de pignon.* La construction de pointes de pignon dans la ville de Paris est interdite d'une manière absolue par l'ordonnance du 18 août 1667, et leur démolition, lorsqu'il en a été établi sans autorisation, doit toujours être ordonnée par le conseil de préfecture, alors même qu'elles seraient en charpente et n'auraient qu'un caractère tout à fait provisoire. Il y a lieu en outre, dans ce cas, de condamner le propriétaire et l'entrepreneur à l'amende. (*Arr. du C.* 1er *déc.* 1853.)

211. 4° *Gouttières saillantes.* L'ordonnance royale du 24 décembre 1823 a ordonné la suppression des gouttières saillantes, afin d'empêcher que les eaux pluviales provenant des toitures des maisons riveraines de la voie publique n'incommodent les passants et ne dégradent le pavé. Une ordonnance de police, du 30 novembre 1831, a prescrit aux propriétaires de ces maisons d'établir des chénaux ou des gouttières sous l'égout de leurs toits, et d'en conduire les eaux jusqu'au niveau de la rue, au moyen de tuyaux de descente appuyés le long des murs de face. Quand la maison est pourvue d'un embranchement particulier d'égout, les eaux pluviales doivent y être ramenées pour n'être pas déversées sur la voie publique.

212. 5° *Dispositions intérieures.* Tout constructeur de maisons dans la ville de Paris doit, avant de commencer ses travaux, adresser à l'administration un plan et des coupes cotés des constructions qu'il projette, et se soumettre aux prescriptions qui lui seraient faites dans l'intérêt de la sûreté publique et de la salubrité. Vingt jours après le dépôt de ces plans et coupes au secrétariat de la préfecture de la Seine, le constructeur peut commencer ses travaux d'après son plan, s'il ne lui a été notifié aucune injonction. Une coupe géologique des fouilles pour fondation de bâtiments doit être dressée par tout architecte ou constructeur de maisons, et remise à la préfecture de la Seine (*D.* 26 *mars* 1852, *art.* 4). Tout constructeur qui ne se conformerait pas à ces dispositions, même pour les constructions intérieures et élevées sur des voies non classées, s'exposerait à des poursuites devant le tribunal de simple police, en exécution de l'art. 471 du Code pénal. Le tribunal pourrait, dans ce cas, prononcer la démolition des travaux, s'il est reconnu que les constructions ne satisfont pas aux besoins de la sécurité publique et de la salubrité.

213. 6° *Égout.* Aux termes d'une ordonnance royale du 30 septembre 1814, l'arrêt du Conseil du 12 janvier 1785, portant défense à tout propriétaire de maisons dans Paris de pratiquer aucune ouverture ni communication avec les égouts pour l'écoulement des eaux et des latrines de ces maisons, a dû être exécuté sans dérogation en ce qui concerne les eaux provenant des fosses d'aisances, et sauf certaines exceptions en ce qui touche les eaux ménagères et pluviales. Aujourd'hui, d'après le décret du 26 mars 1852, toute construction nouvelle dans une rue pourvue d'égout, doit être disposée de manière à y conduire ses eaux pluviales et ménagères. La même disposition doit être prise pour toute maison ancienne, en cas de grosses réparations, et, en tout cas, avant dix ans (*art.* 6).

214. 7° *Numérotage des maisons et inscription du nom des rues.* (Voy. **Numérotage des maisons et Noms des rues**). Ajoutons que le refus fait par un propriétaire, à Paris, de disposer l'encoignure de sa maison de manière à recevoir, dans les conditions déterminées par les règlements, l'inscription indicative du nom de la voie publique, ne constitue pas une contravention de grande voirie. (*Arr. du C.* 29 *juin* 1850.)

215. 8° *Propreté des façades.* Les façades des maisons dans Paris doivent être constamment tenues en bon état de propreté. Elles sont grattées, repeintes ou badigeonnées, au moins une fois tous les dix ans, sur l'injonction qui est faite au propriétaire par l'autorité municipale. Les contrevenants sont passibles d'une amende dont le maximum est fixé à 100 fr. (*Déc.* 26 *mars* 1852, *art.* 5). Ce travail ne donne lieu ni à permission ni conséquemment à la perception d'aucun droit de voirie (*Arr. du C. d'État du* 19 *juill.* 1851, CHAMBERT, *et du* 26 *juill.* 1854, DUMAINE). La jurisprudence de la Cour de cassation maintient la nécessité d'une permission (*Arr.* CANET, *du* 20 *juill.* 1838, *et* LACAVE, *du* 11 *fév.* 1859); mais on sait que les rues de Paris, étant placées sous le régime de la grande voirie, relèvent de la juridiction du Conseil d'État[1].

§ 2. — *Pavage. Trottoirs. Balayage.*

216. Il est formellement reconnu par la jurisprudence qu'antérieurement à la loi du 11 frimaire an VII (*voy.* n° 126), il était d'usage constant dans la ville de Paris que les frais de premier établissement du pavage fussent supportés par les propriétaires riverains. Dès lors, en cas d'insuffisance des revenus ordinaires de la ville, le préfet peut aujourd'hui en autoriser la dépense à la charge de ces propriétaires.(*Arr. du C.* 9 *mars* 1853, *et autres.*)

217. Les propriétaires riverains des rues de Paris sont tenus de supporter, outre les frais de premier pavage de ces rues, ceux du premier pavage des élargissements qui viendraient à leur être donnés ; mais ils n'en sont tenus que dans les limites de la largeur spécialement assignée à chaque rue, en raison des besoins de la circulation et selon les vues d'utilité générale, par des or-

---

[1] Nous voudrions que la préfecture tînt la main à ce que le badigeonnage n'ait jamais lieu à la fois des deux côtés d'une même rue. Ces travaux font barrer les trottoirs et forcent le public à descendre sur la chaussée de la rue, où rien ne le protège contre les voitures. **M. B.**

donnances rendues conformément à la loi du 16 septembre 1807; en conséquence, lorsque par des considérations étrangères aux nécessités de la circulation, telles, par exemple, que le désir d'embellir la cité, de dégager les abords d'un monument public, une rue a reçu, sur un point déterminé, une largeur exceptionnelle, les propriétaires riverains doivent être exonérés de l'obligation de supporter les frais de premier pavage de tout l'excédant de largeur donné à cette rue sur le point dont il s'agit. (*Arr. du C. 23 mars 1850.*)

218. Les frais de l'entretien du pavage sont supportés par la ville de Paris.

219. Aux termes du décret du 26 mars 1852, les propriétaires riverains de voies publiques empierrées ou macadamisées supportent les frais de premier établissement des travaux d'empierrement ou de macadamisage, d'après les règles qui existent à l'égard des propriétaires riverains des rues pavées (*art.* 8).

220. En ce qui concerne les trottoirs dans la ville de Paris, voyez n°s 150 et 153.

Quant à la taxe de balayage, voyez **Balayage.**

§ 3. — *Droits de voirie.*

221. Un décret du 27 octobre 1808 a déterminé le tarif et le mode de perception des droits de voirie exigibles dans la ville de Paris, d'après les anciens règlements, soit en matière de grande voirie, pour la délivrance des alignements, des permissions de construire ou de réparer, et des autorisations d'établir certaines saillies; soit en matière de petite voirie, pour les autorisations relatives aux saillies et objets soumis à ce régime. La disposition du décret du 25 mars 1852 sur la décentralisation administrative, qui donne aux préfets le droit d'approuver les tarifs des droits de voirie, n'est pas applicable à la ville de Paris (*art.* 7).

Un décret du 28 juillet 1874 modifie le tarif établi par le décret du 27 octobre 1808, mais sans infirmer les dispositions de ce dernier décret, en ce qui concerne le mode de recouvrement des droits de voirie.

Il paraît intéressant de reproduire ici les chiffres du nouveau tarif. (Nous ne donnons, faute d'espace, que le tarif proprement dit; on trouvera au besoin les annotations au *Bulletin des lois*).

TARIF POUR LA GRANDE VOIRIE DE PARIS.

Section 1re. — *Travaux neufs.*

Construction :		
1° D'un bâtiment	2 fr.	M. l.[1]
	1	M. s.
2° D'un mur de clôture ou d'une grille . . .	2	M. l.
3° D'une clôture en planches ou treillage, ou	1	D. f.
toute autre clôture légère.	50 c.	M. l.
Baie	1 fr.	D. f.
Balcon. — Grand (dépassant 0m,22 de saillie). .	20	M. l.
— Petits (ne dépassant pas 0m,22 de saillie)	10	Id.
Barre d'appui, garde-fou	5	Id.
Barrière provisoire	50 c.	Id.
	50	M. s.
	(par trime).	

1. Voici l'explication des abréviations :
D. f. — Droit fixe.
M. l. — Droit au mètre linéaire.
M. s. — Droit au mètre superficiel.

Section 2. — *Travaux modifiant des constructions existantes.*

Surélévation d'un bâtiment	1 fr.	M. s.
— d'un mur de clôture.	1	M. l.
Chaperon	1	Id.
Conversion d'un mur de clôture en mur de face d'un bâtiment [1].		
Ravalement. — Entier	20	D. f.
— Partiel	10	Id.
Baie ouverte après coup ou agrandie :		
1° Dans un bâtiment, au rez-de-chaussée, de 2 mètres et plus.	20	Id.
2° Dans un bâtiment, au rez-de-chaussée, de 0m,80 à 2 mètres	10	Id.
3° Dans un bâtiment, au-dessus du rez-de-chaussée, de 0m,80 et au-dessus	10	Id.
4° Dans un mur de clôture, baie de porte charretière ou cochère	15	Id.
5° Dans un mur de clôture, baie de porte bâtarde	10	Id.
Baie de moins de 0m,80 (dans sa plus grande dimension)	10	Id.
Poitrail, ou toute fermeture de baie, de 2 mètres et au-dessus (soit en bâtiment, soit en mur de clôture)	20	Id.
Linteau, ou toute fermeture de baie, plate-bande, arc en pierre, etc., de 0m,80 à 2 mètres (soit en bâtiment, soit en mur de clôture)	10	Id.
Pied-droit, dosseret (soit en bâtiment, soit en mur de clôture) à rez-de-chaussée, pour baie de 2 mètres et au-dessus	20	Id.
— pour une baie de moins de 2 mètres.	10	Id.
Reprise dans la face d'un bâtiment. — Trumeau construit au rez-de-chaussée. — Bouchement de baie	3	M. s.
— Pile, colonne, poteau, jambe étrière . . .	20	D. f.
Échafaud	1	M. l.
Entablement, corniche. — Réfection entière . .	20	D. f.
— Réfection partielle . .	10	Id.
Étais	5	Id.

TARIF POUR LA PETITE VOIRIE DE PARIS.

Section 1re. — *Saillies considérées comme fixes.*

Appui de croisée, tablette la plus ordinaire en bois, posée au-dessus du soubassement d'une baie et ne dépassant pas 0m,16 de saillie . .	5 fr.	D. f.
Barreaux ou grille au droit d'une croisée. . . .	10	Id.
Chardon ou herse.	5	Id.
Tuyau de descente	10	Id.
Croisée en saillie, volet, persienne	5	Id.
Jalousie	20	Id.
Moulures en menuiserie formant cadre ou chambranle	5	Id.

Section 2. — *Saillies considérées comme mobiles.*

Abat-jour. — Appareil placé au-devant d'une baie pour modifier l'introduction de la lumière . .	10 fr.	D. f.
Réflecteur. — Appareil disposé au-dessus des baies pour y faire affluer plus de lumière . .	10	Id.
Baldaquin, marquise, transparent	4	M. l.
Banne	2	Id.
Store, en élévation, posé au droit d'une seule croisée et se développant en saillie	5	D. f.
Borne	5	Id.
Grande marquise au plus de 0m,80 de saillie . .	5	M. s.
Devanture de boutique. — Distinction faite du seuil.	5	M. l.
Socle ou seuil. — Parpaing recevant une devanture	2	Id.
Tableau d'enseigne de boutique sous corniche en bois ou en pierre.	2	Id.
Devanture en réparation. — Toute réparation ou renouvellement de châssis, porte, tableau, caisson ou soubassement	5	D. f.
Parement de décoration. — Lambris appliqués sur les murs en élévation	5	M. l.
Étalage	20	D. f.
Montre ou vitrine	10	Id.
Enseigne, tableau-enseigne, attribut, écusson . .	5	Id.
Enseignes découpées. — Lettres appliquées sur les balcons.	10	Id.
Grand tableau. — Frise courante portant enseigne.	1	M. l.

1. Voir construction d'un bâtiment neuf, sauf la déduction du droit d'alignement déjà perçu.

Marche, seuil (le tableau ne donne pas le chiffre ; il semble en résulter que ces saillies ne sont plus autorisées).

Pilastres, caissons isolés en menuiserie . . . . 5 fr. D. f.

Lanterne . . . . 5 *Id.*

Rampe et appareil d'illumination formant une saillie spéciale, composés de tubes droits ou recourbés et sur lesquels sont greffés de petits brûleurs avec ou sans globe . . . . 1 M. l.

Échoppe. — Construction mobile, non scellée, posée sur le sol de la voie publique. Droit proportionnel à la surface occupée et à la valeur du terrain. La valeur du terrain est délibérée par le conseil municipal.

ART. 4. — POLICE MUNICIPALE DE LA VILLE DE PARIS.

222. Avant le décret du 10 octobre 1859, le préfet de police était chargé, dans la ville de Paris, de tout ce qui a rapport à la petite voirie, sauf le recours au ministre de l'intérieur contre ses décisions. Il avait, à cet effet, sous ses ordres un commissaire chargé de surveiller, permettre ou défendre l'ouverture des boutiques et étaux, l'établissement des auvents ou constructions du même genre qui prennent sur la voie publique, l'établissement des échoppes ou étalages mobiles. Ces attributions sont exercées aujourd'hui par les commissaires voyers des 20 arrondissements de Paris. C'est le préfet de la Seine qui est compétent pour ordonner la démolition ou la réparation des bâtiments qui menacent ruine.

223. C'est également le préfet de la Seine qui doit procurer la liberté et la sûreté de la voie publique ; il est chargé, à cet effet, d'empêcher que personne n'y commette de dégradations ; de la faire éclairer ; de faire surveiller le balayage auquel les habitants sont tenus devant leurs maisons, et de le faire faire aux frais de la ville dans les places et la circonférence des jardins et édifices publics ; de faire sabler, s'il survient du verglas, et de déblayer, au dégel, les ponts et lieux glissants des rues ; d'empêcher qu'on n'expose rien sur les toits ou fenêtres qui puisse blesser les passants en tombant ; il fait observer les règlements sur l'établissement des conduits pour les eaux de pluie et les gouttières. Mais c'est le préfet de police qui empêche qu'on ne laisse vaguer sur la voie publique des furieux, des insensés, des animaux malfaisants ou dangereux ; qu'on ne blesse les citoyens par la marche trop rapide des chevaux ou des voitures ; qu'on n'obstrue la libre circulation en arrêtant ou déchargeant des voitures et marchandises devant les maisons, dans les rues étroites, ou de toute autre manière. De son côté, le préfet de la Seine fait aussi effectuer l'enlèvement des boues, matières malsaines, neiges, glaces, décombres, vases sur les bords de la rivière après les crues des eaux ; il fait faire les arrosements dans les lieux et dans la saison convenables. (*Arr. des Consuls* 12 *mess. an VIII, art.* 22 *modifié par le décret du* 10 *oct.* 1859.)

224. Une loi du 10 juin 1853 a autorisé le préfet de police à exercer, dans toutes les communes du département de la Seine, les fonctions qui lui sont déférées par l'arrêté du 12 messidor an VIII ; mais les maires de ces communes restent chargés, sous la surveillance du préfet de la Seine, de tout ce qui concerne la petite voirie, la liberté et la sûreté de la voie publique, l'établissement, l'entretien et la conservation des places, rues et

voies publiques ne dépendant pas de la grande voirie, l'éclairage, le balayage, les arrosements, la solidité et la salubrité des constructions privées. (*L.* 10 *juin* 1853, *art.* 2.)

Sect. 2. — Villes auxquelles le décret du 26 mars 1852 a été appliqué.

225. Le décret du 26 mars 1852 porte, art. 9, que ses dispositions pourront être appliquées à toutes les villes qui en feront la demande, par des décrets spéciaux rendus dans la forme des règlements d'administration publique.

226. Par une circulaire du 16 juin 1852, le ministre de l'intérieur a invité les préfets à appeler sur le décret du 26 mars 1852 l'attention particulière des conseils municipaux des villes pourvues d'un plan d'alignement. Cette circulaire détermine le mode d'instruction à suivre pour l'application du décret du 26 mars 1852 aux villes qui en feraient la demande. La délibération prise dans ce sens par le conseil municipal est soumise à une enquête dans la forme prescrite par l'ordonnance royale du 23 août 1835 ; les réclamations des habitants sont discutées par le conseil municipal ; le préfet donne son avis et transmet l'affaire au ministre de l'intérieur, qui saisit, s'il y a lieu, le Conseil d'État d'un projet de décret portant que le décret du 26 mars 1852 est rendu applicable à la ville dont il s'agit, à l'exception de ses art. 1 et 7.

227. Les dispositions du décret du 26 mars 1852, applicables aux villes autres que Paris, sont donc celles relatives : 1° à l'extension du droit d'expropriation (*art.* 2, n°s 182 *et suiv.*) ; 2° au nivellement des rues (*art.* 3, n° 190) ; 3° aux obligations des constructeurs (*art.* 4 *et* 6, n° 212 ; 4° à la propreté des façades (*art.* 5, n° 215) ; 5° aux obligations des riverains des rues empierrées (*art.* 8, n° 219.)

228. Le décret du 26 mars 1852, à l'exception des art. 1 et 7, a déjà été rendu applicable à 166 (cent-soixante-six) villes, et, en 1876, comprenant presque tous les chefs-lieux de préfecture et un certain nombre de villes de moindre importance. (*Voy. le Bulletin des lois.*) CHARLES ROBERT.

1. Mis à jour et considérablement augmenté par M. Lucien Dussaud.

BIBLIOGRAPHIE.

Traité de la police, de Delamarre. 1717 et années suivantes.

Traité de la voirie, par Isambert. 1829.

Annales des ponts et chaussées depuis 1831.

Code de la grande et de la petite voirie, par Fleurigeon. 5e édit. Aug. Menestrier, 1833.

Traité des chemins, par Garnier. 1834. Avec supplément. 1842.

Dictionnaire des travaux publics, v° ALIGNEMENT et v° VOIRIE, par Tarbé de Vauxclairs. 1835.

Recueil méthodique et raisonné des lois et règlements sur la voirie, les alignements et la police des constructions, par Davenne. 1836.

Code de la voirie des villes, bourgs et villages, par Daubenton. 1836.

Du pavage dans les villes, par Lorieux. 1836.

Traité de la grande voirie, par Gillon et Stourm.

Cours de droit public et administratif appliqué aux travaux publics, par Cotelle. Tome III. 1838. Nouvelle édit. Voy. *Travaux publics.*

Collection officielle des ordonnances de police applicables à la ville de Paris, depuis 1800 jusqu'à 1845, imprimée par ordre de M. G. Delessert, préfet de police.

Traité général de droit administratif appliqué, par Dufour. 1845. Il y a une nouvelle édition.

De la législation sur les alignements et des modifications qu'on pourrait y apporter, par Lebon et Robin. 1848.

Servitudes de voirie, voies de terre, par Féraud-Giraud. 1850.

Husson. Traité de la législation des travaux publics et de la voirie en France. Paris. 1850.

Anges de la Loriais. Mémoire sur la plantation des routes. Parthenay. 1851.

Journal de droit administratif de Chauveau.

Martel. Manuel de la salubrité, de l'éclairage et de la petite voirie. Paris. 1859. In-12.

Perrot. Dictionnaire de la voirie.

Exposé de l'origine et de l'administration de la grande voirie jusqu'en 1790, par M. J. B. Peigne. In-18. Paris, Dumoulin. 1857.

Répertoire des lois, règlements, arrêtés, décrets et ordonnances de police concernant la petite voirie, par Martel. In-12. Paris, Cosse et Marchal. 1859.

Études historiques sur l'administration des voies publiques en France aux XVIIe et XVIIIe siècles, par Vignon. 3 vol. in-8°. Paris, Dunod. 1862.

Traité de la grande voirie, de la voirie urbaine, vicinale et de celle de Paris. In-12. 1re édition. Paris, P. Dupont. 1861. 2e édit. 1865.

La navigation intérieure et la jurisprudence administrative en matière de voirie, par M. A. de Courcy. In-18 jésus. Paris, impr. de Renou et Maulde. 1870.

Dictionnaire historique et pratique de la voirie, de la police municipale et de la contiguïté. Fosses d'aisances, vidanges, etc. Étude des différents systèmes ; législation, jurisprudence, par M. F. Liger. In-8°. Paris, Baudry. 1874.

Traité de la grande voirie et de la voie urbaine, par Féraud-Giraud. In-12. Paris, Vve Berger-Levrault. 1865. 2e édit. 1875.

Aucoc (Léon). Conférences sur l'administration et le droit administratif. Tomes III. 1876.

Des Cilleuls. Traité de la législation et de l'administration de la voirie urbaine. Paris, chez Ducher. 1877.

Recueils de Dalloz.

ADMINISTRATION COMPARÉE.

Nous n'avons que peu d'observations à ajouter aux détails que nous avons donnés aux mots **Chemins vicinaux**, **Départements** et **Organisation communale**. Les points principaux à considérer sont : 1° qui est-ce qui trace la direction des routes, chemins, rues? 2° qui supporte la dépense; qui veille à la sécurité, à la viabilité, à la salubrité? Sur tous ces points, et d'autres, il tend à s'établir en Europe une unité remarquable de principes dont l'application ne diffère d'un pays à l'autre que par des nuances qui sont suffisamment indiquées dans les articles précités. Il faudrait faire un livre pour pénétrer dans les détails ; bornons-nous à dire que la petite voirie est partout dans le domaine de la police locale, et que la création, on peut dire, la diffusion, des chemins de fer, ces grandes voies perfectionnées, ont fait de plus en plus abandonner les routes et chemins à l'autorité départementale ou communale.

M. B.

VOITURES (Taxe sur les chevaux et). *Voy.* **Chevaux.**

VOLONTARIAT. *Voy.* **Recrutement.**

VOYER (Agent). *Voy.* **Agent voyer, Chemins vicinaux et Voirie.**

VOYER (Commissaire). *Voy.* **Voirie.**

VOITURE CELLULAIRE. *Voy.* **Transfèrement.**

VOITURES PUBLIQUES.

SOMMAIRE.

CHAP. I. — INTRODUCTION. HISTORIQUE.

1. On comprend sous la désignation commune de voitures publiques tous les véhicules servant publiquement au transport des personnes. Ainsi, cette désignation s'applique aux voitures de terre, aux bateaux, aux wagons de chemins de fer.

2. Au commencement du dix-huitième siècle, le nombre des entreprises de voitures publiques était encore très-restreint : les rapports d'intérêt, les relations d'affaires d'une province à l'autre étaient peu fréquents ; les voies de communication laissaient beaucoup à désirer.

A mesure que le commerce et l'industrie ont pris du développement, les services de voitures publiques se sont multipliés. Vers la fin du règne de Louis XIV les routes principales étaient desservies. Seulement les départs étaient rares et la marche des voitures très-lente.

3. Le transport des voyageurs et des objets de messagerie est devenu presque immédiatement une source de revenus pour l'État ; presque immédiatement il a été l'objet d'un privilège exclusif que le Gouvernement exploitait directement, ou qu'il concédait moyennant une redevance fixe. En 1780, le système de l'amodiation à des fermiers généraux prévalait. Le traité d'amodiation stipulait alors le paiement d'une somme de 1,800,000 livres par an.

En 1781, le Gouvernement adopta le système de la *régie intéressée*. Le privilège du transport des voyageurs et des objets de messagerie était toujours exploité par des fermiers généraux ; mais ceux-ci n'avaient plus à payer à l'État une somme fixe déterminée à l'avance : la part de l'État était proportionnelle aux produits réels. Dans son rapport au roi sur la situation des finances au commencement de 1781, Necker expliquait ce changement : le système d'amodiation avait amené la ruine de plusieurs fermiers généraux.

4. Le monopole du transport des voyageurs et des objets de messagerie disparut avec l'ancien régime politique. Le Gouvernement conserva l'exploitation directe de certains services de voitures publiques ; mais chacun eut alors la faculté de lui faire concurrence.

5. Cette concurrence était funeste au Trésor. Il parut indispensable d'entrer dans une autre voie. Par la loi du 9 vendémiaire an VI (30 *sept.* 1797) les voitures exploitées par les entrepreneurs particuliers furent soumises à un impôt ainsi fixé :

Voitures partant à jour et heure fixes pour se rendre d'une localité à une autre localité déterminée à l'avance.	10 p. 100 du prix des places.
Voitures d'occasion et à volonté, c'est-à-dire voitures de place, voitures de remise, fiacres et voitures quelconques servant à transporter les voyageurs sur des points que les voyageurs désignent eux-mêmes.	20 à 75 fr. par année, selon le nombre des places.

Les entrepreneurs de voitures de terre à service régulier obtenaient une déduction d'un quart pour places vides. D'un autre côté, l'impôt n'était pas applicable aux places dites d'impériale ou d'extérieur.

A l'égard des voitures d'eau, la loi consacrait le système de l'abonnement.

6. Au droit de 10 p. 100 du prix des places, la loi du 5 ventôse an XII ajouta, pour les entrepreneurs de voitures de terre à service régulier, un droit de 10 p. 100 du prix de transport des marchandises.

Un décret du 13 fructidor an XIII (31 *août* 1805) autorisa le système de l'abonnement pour les voitures de terre.

7. Dans la loi du 28 mars 1817, presque toutes les dispositions antérieures furent reproduites avec des additions ou des retranchements destinés à en mieux préciser le sens et la portée.

Cette loi établit un droit de licence quant aux voitures à service régulier, et, à l'égard de toutes les voitures indistinctement, elle supprima l'immunité prononcée relativement aux places d'impériale ou d'extérieur.

8. Par la loi du 17 juillet 1819, la déduction concédée pour places vides aux entreprises de voitures à service régulier fut portée du *quart* au *tiers*.

La loi du 28 juin 1833 modifia le tarif des droits afférents aux voitures d'occasion, et rangea dans cette classe de voitures les omnibus circulant dans les villes et les autres voitures à service régulier qui ne sortent pas d'un rayon de 15 kilomètres.

La loi du 20 juillet 1837 créa, au point de vue de l'impôt, une nouvelle espèce de voitures dites *voitures en service accidentel.* Il s'agit des voitures que les simples particuliers mettent exceptionnellement en circulation à prix d'argent.

9. Nous arrivons à l'époque de la mise en exploitation des premières lignes de fer établies en France.

Les concessionnaires des lignes de fer devaient nécessairement supporter l'impôt des voitures. La loi du 2 juillet 1838 disposa que l'impôt serait perçu, mais seulement sur la partie du tarif correspondant au *prix du transport proprement dit.* Les produits encaissés à titre de *péage,* produits formant en moyenne les deux tiers des recettes totales, étaient ainsi affranchis du droit, *voy.* **Chemins de fer** [1].

10. L'art. 3 de la loi du 14 juillet 1855 a fait disparaître l'exception consacrée par la loi de 1838 : il dispose que l'impôt du dixième, en ce qui concerne les chemins de fer, sera perçu sur le produit des places sans distinction entre le *péage* et le *transport* proprement dits, et que cet impôt de 10 p. 100 sera également perçu sur le produit des marchandises transportées *à grande vitesse.*

Un troisième paragraphe du même article a d'ail-

1. Les compagnies de chemins de fer voulant retenir le bénéfice des tarifs de leurs cahiers des charges, ajoutèrent l'impôt à ces tarifs. La régie des contributions indirectes se fondant sur le texte de la loi du 9 vendémiaire an VI, qui fixe comme base du calcul de la taxe le prix total des places, crut pouvoir régler l'impôt d'après le prix de transport, ainsi augmenté de la taxe. Par un arrêt du 25 juillet 1845, la Cour de cassation a repoussé cette prétention,

leurs formellement reconnu aux compagnies de chemins de fer la faculté de retenir le bénéfice intégral du tarif fixé dans leur cahier des charges : il stipule que ce tarif sera accru du montant de l'impôt.

11. L'impôt originaire (10° du prix des places et 10° du prix de transport des marchandises pour les voitures à service régulier; droit fixe par voiture ou par place pour les autres voitures) avait été surmonté d'un décime par la loi du 6 prairial an VII (25 mai 1799), et d'un deuxième décime par la loi du 14 juillet 1855. En ce qui concerne les voitures à service régulier (voitures de terre, voitures d'eau, chemins de fer), la loi du 16 septembre 1871 (*art.* 12) y a ajouté, dans les termes suivants, une surtaxe de 10 p. 100 :

« Il sera perçu au profit du trésor public une taxe additionnelle de 10 p. 100 *du prix* actuel :

« 1° Sur le prix des places des voyageurs transportés par chemins de fer, par voitures publiques, par bateaux à vapeur ou autres consacrés au public ;

« 2° Sur le prix des transports de bagages et messageries à grande vitesse par les mêmes voies.

« Dans l'application de la taxe il ne sera pas tenu compte de tout prix ou fraction de prix sur lesquels la taxe serait inférieure à 5 centimes. »

12. A l'égard des voitures de terre et des voitures d'eau à service régulier, l'impôt s'est trouvé ainsi porté de 12 à 22 p. 100 du prix total des places, et pour les voitures de terre à service régulier l'impôt sur le transport des marchandises a subi la même augmentation (les voitures d'eau sont exemptes de cet impôt, parce qu'elles paient une autre taxe dite de navigation). Quant aux chemins de fer, la taxe additionnelle, s'appliquant au prix total des places et au prix total du transport des marchandises à grande vitesse, tels qu'ils étaient fixés, impôt compris, représente 10 p. 100 du tarif propre aux compagnies, plus le 10° des 12 p. 100 d'impôt ancien, soit 11, 20 p. 100 ; mais ici encore les compagnies ont été autorisées à augmenter leurs tarifs de la taxe additionnelle, de sorte que sur le prix total payé par le public, abstraction faite, pour elles comme pour les entreprises de terre ou d'eau, des prix et fractions de prix de moins de 50 centimes, l'impôt total est seulement de 18 fr. 83 c. p. 100. C'est ce que font ressortir les calculs ci-après :

	Prix total.	Impôt.
Tarif propre aux compagnies	100f00	
Impôt ancien de 12 p. %.	12 00	12f00
	112f00	
Taxe additionnelle.	11 20	11 20
Totaux.	123f20	23f20

23f20 × 100 : 123f20 = 18f83.

Ce qui peut rétablir l'égalité pour les autres entreprises de voitures, c'est qu'il est alloué sur le *nombre* des places un déduction d'un tiers et sur le *prix* des places une déduction de 10 p. 100 à titre de *pourboire.*

13. Depuis, la loi du 31 décembre 1873 a augmenté d'un demi-décime le droit afférent aux voitures d'occasion et à volonté, ainsi qu'aux voitures en service accidentel.

14. Enfin la loi du 21 mars 1874 a établi une

taxe de 5 p. 100 sur le prix des expéditions effectuées en petite vitesse par les chemins de fer, à l'exception des expéditions de transit international et d'exportation. Ici encore les compagnies de chemins de fer ont été autorisées à augmenter leurs tarifs du montant de l'impôt.

15. En donnant ci-après le résumé, par espèce de voitures, de toutes les dispositions qui demeurent applicables quant à l'impôt, on fera connaître aussi les formalités particulières qui sont prescrites au point de vue spécial de la sécurité des voyageurs.

CHAP. II. — DÉSIGNATION DES DIVERSES ESPÈCES DE VOITURES.

16. La législation de l'impôt range les voitures publiques en trois catégories distinctes :

Les voitures de terre ;

Les voitures d'eau ;

Les voitures de chemins de fer.

Sect. 1. — Voitures de terre.

17. Les voitures de terre se divisent de la manière suivante :

Voitures à service régulier ;

Voitures d'occasion et à volonté ;

Voitures à service régulier assimilées aux voitures d'occasion ;

Voitures en service extraordinaire ;

Voitures en service accidentel.

ART. 1. — VOITURES A SERVICE RÉGULIER.

18. Les voitures à service régulier, c'est-à-dire les voitures faisant à jour et heure fixes le trajet d'un point à un autre, ne peuvent être mises en circulation qu'après déclaration au bureau de la régie des contributions indirectes. Cette déclaration doit être faite au siège principal de l'entreprise. Elle doit spécifier le nombre et l'espèce des voitures ; le nombre des places que contient chaque compartiment ; le prix des places de chaque compartiment pour le trajet entier, du point de départ au point d'arrivée ; enfin, les jours et heures de départ de chacun des points extrêmes. (*L.* 25 *mars* 1817, *art.* 115 *et* 116.)

19. Au moment de la déclaration première, la régie délivre pour chaque voiture :

1° Une ampliation portant quittance du prix de la licence (*voy.* Licence) ;

2° Un laissez-passer constatant la remise et l'apposition d'une estampille [prix, 2 fr.]. (*L.* 25, *mars* 1817, *art.* 115 *et* 117.)

20. A moins d'une déclaration modificative, la déclaration première est le redevable vis-à-vis de la régie jusqu'au dernier jour de l'année courante.

Une nouvelle déclaration est indispensable au commencement de chaque année, si l'exploitation continue. Une nouvelle déclaration doit également être faite chaque fois qu'il y a changement, soit dans le nombre ou dans le prix des places, soit dans les jours ou heures de départ. Toute substitution d'une voiture à une autre doit aussi être l'objet d'une déclaration. (*D.* 14 *fruct. an XII*, *art.* 9 ; *L.* 25 *mars* 1817, *art.* 116, 117 *et* 118.)

21. Les entrepreneurs de voitures à service régulier doivent tenir des registres cotés et paraphés par le sous-préfet ou tel autre officier public commis, à cet effet, par le préfet. Ils doivent y inscrire jour par jour : le nom des voyageurs, le prix des places, la nature, le poids et le prix du port des paquets et marchandises.

Au moment même du départ de chaque point extrême, une feuille de route présentant les mêmes indications quant au voyage qui va commencer, doit être remise au conducteur de la voiture. Tout chargement fait dans le cours de la route doit être immédiatement inscrit sur cette feuille par les soins du conducteur et reporté ensuite au registre tenu dans le bureau d'arrivée.

Les registres et feuilles dont il s'agit peuvent être établis sur papier libre.

Les registres doivent, à toute réquisition, être représentés aux employés de la régie. Il en est de même des feuilles de route ; toutefois le délai pendant lequel la représentation est obligatoire peut être considéré comme limité à un intervalle de dix jours. (*D.* 14 *fruct. an XII*, *art.* 3 *et* 5 ; *L.* 25 *mars* 1817, *art.* 118 ; *L.* 20 *juill.* 1837.)

22. Les entrepreneurs de voitures publiques à service régulier doivent payer l'impôt : 1° sur le produit des places ; 2° sur le produit du port des paquets et marchandises. (*L.* 9 *vend. an VI*; *L.* 4 *vent. an XII* ; *L.* 25 *mars* 1817.)

23. Le produit du transport des paquets et marchandises n'est point passible de l'impôt lorsque le transport a lieu au moyen de voitures spéciales qui ne servent pas en même temps au transport des voyageurs. (*Avis du C.* 1er *jour complément. an XII.*)

24. Le droit, quant au produit des places, s'établit pour chaque voyage, aller ou retour, d'après le nombre des places que les voitures contiennent, et d'après le prix déclaré pour le trajet de l'un à l'autre point extrême. Il est, en principal, de 10 p. 100 du prix des places.

Une déduction d'un tiers est accordée pour places vides.

Lorsqu'il résulte des déclarations des entrepreneurs qu'aucun pourboire n'est réclamé des voyageurs et que dès lors le pourboire se trouve compris dans le prix déclaré à la régie, une autre déduction de 10 p. 100 est accordée à titre de pourboire. (*L.* 25 *mars* 1817, *art.* 118 ; *L.* 17 *juill.* 1819, *art.* 4 ; *Jurispr. adm.*)

25. Le droit, quant au produit du transport des paquets et marchandises, s'établit au vu des registres tenus par les entrepreneurs et au vu des feuilles de route. Il est aussi, en principal, de 10 p. 100. (*L.* 5 *vent. an XII* ; *D.* 14 *fruct. an XII*; *L.* 25 *mars* 1817.)

26. Relativement aux voitures à service régulier qui effectuent une partie de leur parcours sur un territoire étranger, on établit un calcul proportionnel aux distances parcourues dans l'un et dans l'autre pays. (*Décis. Min. Fin.* 9 *frim. an XI.*)

27. Indépendamment du droit originaire de 10 p. 100, il est perçu 2 décimes, plus une taxe additionnelle de 10 p. 100 du prix payé par le public. (*Voy.* les nos 11 et 12.)

28. Les voitures à service régulier qui, dans leur trajet, empruntent des voies de fer, sont considérées, pour le parcours sur ces voies, comme appartenant à l'exploitation des chemins de fer. (*Jurispr. de la Cour de cass.*)

29. Le montant des droits afférents au transport des voyageurs et des marchandises est exigible tous les dix jours. Il doit être payé aux comptables de la régie dans la circonscription desquels se trouvent les points extrêmes de la route desservie. Chacun de ces comptables fait la perception pour les voyages dont le point de départ est situé dans sa circonscription. (*L.* 25 *mars* 1817, *art.* 118; *Inst. gén. de la régie.*)

En vertu d'une autorisation spéciale de la régie, quelques compagnies sont admises à payer tous les droits à Paris.

30. Des abonnements peuvent être consentis par la régie relativement aux voitures à service régulier (*L.* 25 *mars* 1817, *art.* 119). En fait, ce système ne reçoit qu'une application très-restreinte, et il n'est adopté que dans des conditions tout à fait exceptionnelles.

31. La loi du 30 mai 1851 a disposé que des règlements d'administration publique détermineront, *pour les voitures de messageries:* 1° les conditions relatives à la solidité et à la stabilité des voitures; 2° le mode de chargement, de conduite et d'enrayage des voitures; 3° le nombre de personnes qu'elles peuvent contenir; 4° la police des relais; 5° les autres mesures de police à observer par les conducteurs, les cochers, etc.

32. Conformément à ces dispositions, les entrepreneurs de voitures publiques allant à destination fixe, sauf ceux qui partent des frontières et desservent les routes de pays voisins, ont été soumis à l'obligation de déclarer tout d'abord à l'autorité préfectorale (dans le département de la Seine, au préfet de police), le siège principal de leur établissement, le nombre de leurs voitures, celui des places qu'elles contiennent, le lieu de destination, les jours et heures de départ et d'arrivée, la désignation des relais et le nom des relayeurs. Toute modification aux dispositions primitives entraîne une nouvelle déclaration. (*D.* 10 *août* 1852.)

33. Aussitôt après les déclarations premières ou modificatives, le préfet ou le sous-préfet ordonne la visite des voitures et désigne l'expert. L'entrepreneur a la faculté de nommer de son côté un expert appelé à opérer contradictoirement avec celui de l'administration. Le préfet prononce. (*D.* 10 *août* 1852.)

34. Aucune voiture à service régulier ne peut être mise en circulation avant la délivrance de l'autorisation du préfet. *A défaut de cette autorisation, la régie des contributions indirectes doit refuser toute déclaration quant à l'impôt.* (*D.* 10 *août* 1852.)

35. Toute voiture doit porter à l'intérieur des compartiments le numéro de chaque place, le prix de la place depuis le lieu de départ jusqu'à celui d'arrivée.

L'entrepreneur ne peut admettre dans les compartiments un plus grand nombre de voyageurs que celui indiqué dans l'autorisation du préfet. Le maximum des places d'impériale est fixé à trois. (*D.* 10 *août* 1852.)

36. Indépendamment des inscriptions et transcriptions prescrites par la loi de l'impôt, les entrepreneurs doivent former pour chaque voyageur et lui remettre un bulletin analytique de l'enregistrement. Entre autres indications, ce bulletin doit relater le numéro de la place.

À chaque bureau de départ et d'arrivée, ainsi qu'à chaque relais, il doit y avoir un registre coté et paraphé par le maire pour l'inscription des plaintes que les voyageurs peuvent avoir à former contre les conducteurs, cochers, etc. (*D.* 10 *août* 1852.)

ART. 2. — VOITURES D'OCCASION ET A VOLONTÉ.

37. La mise en circulation des voitures d'occasion et à volonté n'est subordonnée à aucune permission préalable de l'autorité administrative. Lorsqu'une autorisation est nécessaire, comme, par exemple, à Paris, c'est par suite de dispositions émanant de l'autorité locale. Mais, bien entendu, les prescriptions générales des règlements sur la police du roulage sont pleinement applicables à ces voitures.

38. En ce qui concerne l'impôt, une déclaration préalable est de rigueur. La déclaration doit contenir le signalement de la voiture et énoncer le nombre des places.

Les voitures d'occasion et à volonté doivent être estampillées; elles ne donnent pas lieu à la perception de la licence. (*L.* 9 *vend. an VI; L.* 25 *mars* 1817.)

39. Les entrepreneurs et les loueurs de voitures peuvent avoir des voitures non déclarées. La mise en circulation donne seule ouverture au paiement de l'impôt.

Ils peuvent, sans paiement d'un nouvel impôt, substituer une voiture à une autre voiture de même contenance; mais toute substitution de cette nature doit être l'objet d'une déclaration.

Lorsqu'à une voiture déclarée on substitue une voiture de plus grande capacité, il y a perception du droit pour les places en excédant. Il en est de même si la contenance de la voiture déclarée subit un accroissement.

Aucun changement ne peut d'ailleurs être apporté dans le signalement de la voiture, à moins d'une nouvelle déclaration.

Toute déclaration première ou modificative donne lieu à la délivrance d'un laissez-passer. (*L.* 14 *fruct. an XII; L.* 25 *mars* 1817.)

40. Le droit est dû dès qu'il y a transport moyennant rétribution.

L'impôt n'est pas dû par les simples loueurs de voitures. Il n'est pas dû non plus par les simples loueurs de chevaux. Ainsi, il n'y a pas ouverture à perception lorsqu'un voyageur se procure lui-même, d'une part, la voiture, et d'autre part, des chevaux et un conducteur. Mais le droit devient exigible si le transport est pleinement assuré, soit par le loueur de la voiture, soit même par un tiers. (*Jurispr.*)

41. Les entrepreneurs de voitures publiques ne peuvent prétendre à l'exemption de l'impôt pour celles des voitures qu'ils déclareraient employer uniquement à des transports gratuits. (*Cass.* 21 *avril* 1816.)

42. Voici le tarif des droits *en principal* pour les voitures d'occasion et à volonté:

		Par an.	Par trim.
Par voiture, quel que soit le nombre des roues,	à 1 et 2 places	40¹	10¹ ºᶜ
	à 3 places	60	15 .
	à 4 places	80	20 .
	à 5 places	90	22 50
	à 6 places	110	27 50
	pour chaque place au-dessus de 6	10	2 50

(*L.* 28 *juin* 1833.)

Le droit en principal est augmenté de deux décimes et demi. (*Voy. art.* 11 *et* 13.)

43. Le droit est payable par trimestre et d'avance. Il est dû, pour tout le trimestre, à quelque époque que l'exploitation commence ou cesse.

A défaut de déclaration de cesser, le droit devient successivement exigible pour tous les trimestres de la même année. A l'expiration de l'année, une nouvelle déclaration est nécessaire si le service continue. (*L.* 25 *mars* 1817.)

44. Les voitures à service régulier qui sont employées aussi comme voitures d'occasion sont soumises à la fois au droit fixe et au droit proportionnel. (*Jurispr.*)

ART. 3. — VOITURES A SERVICE RÉGULIER ASSIMILÉES AUX VOITURES D'OCCASION.

45. Sont considérées comme partant d'occasion et à volonté, et ne donnent lieu lors qu'à l'application du droit fixe, les voitures qui, dans leur service habituel d'un point fixe à un autre, ne sortent pas d'une même ville ou d'un rayon de 15 kilomètres de ses limites, pourvu qu'il n'y ait pas continuité immédiate de service pour un point plus éloigné, même après changement de voiture. (*L.* 28 *juin* 1833, *art.* 8.)

46. Le rayon de 15 kilomètres se détermine à vol d'oiseau, sans égard au parcours réel qui est effectué. Le trajet que font les voitures n'est, d'ailleurs, pas calculé d'après les points précis de départ et d'arrivée. On prend pour base la distance la plus faible qui existe de la limite extrême de la commune où se trouve l'un des points de départ, à la limite extrême de l'autre commune. (*Jurispr.*)

47. Le but des dispositions précitées a été de prévenir une surcharge d'impôt pour les entreprises placées dans des conditions exceptionnelles. Ces dispositions ne peuvent donc être considérées comme impératives. Les entrepreneurs qui préfèrent rester sous le régime général, doivent être admis à payer l'impôt d'après le tarif arrêté pour les voitures à service régulier. (*Instr. de la régie.*)

48. Les voitures dont il est question sont soumises aux règles de police qui concernent les autres voitures à service régulier. (*D.* 10 *août* 1852.)

ART. 4. — VOITURES EN SERVICE EXTRAORDINAIRE.

49. Les entrepreneurs de voitures à service régulier ne peuvent, parfois, transporter tous les voyageurs qui se présentent, qu'à la condition d'employer supplémentairement une ou deux voitures. C'est le cas du *service extraordinaire*.

A la demande des entrepreneurs, la régie des contributions indirectes délivre, pour les voitures ainsi employées, des laissez-passer valables pour un seul voyage, et elle fait alors *au comptant* la perception des droits exigibles.

50. Si les voitures doivent marcher concurremment avec les voitures ordinaires, les droits sont calculés comme pour ces voitures ordinaires, c'est-à-dire d'après le nombre des places que les voitures contiennent, sous la déduction d'un tiers, et d'après le prix ordinaire du transport pour le trajet habituel.

S'il s'agit, au contraire, d'un voyage isolé, les droits sont perçus à raison de 10 p. 100 (en principal) des sommes effectivement reçues par les entrepreneurs, sous la déduction d'un dixième pour le pourboire, s'il y a lieu. Au principal viennent

s'ajouter, bien entendu, les surtaxes (2 décimes et taxe additionnelle de 10 p. 100).

51. Les voitures que les entrepreneurs à service régulier mettent extraordinairement en circulation doivent être estampillées ; elles donnent lieu à la perception d'une licence ; leur emploi doit être préalablement autorisé par le préfet. (*L.* 25 *mars* 1817.)

52. A l'égard des entrepreneurs de voitures à service régulier, la faculté de déclarer des voitures en service extraordinaire ne pourrait être raisonnablement déniée ; elle peut donc être considérée comme un droit positif.

Il n'en est pas de même des entrepreneurs de voitures d'occasion. Ce n'est que par pure tolérance que ces entrepreneurs sont admis à faire de semblables déclarations. Lorsque la régie croit juste de les dispenser du paiement de la taxe fixe, la perception de l'impôt est opérée suivant ce qui est indiqué à l'art. 50, § 2. Lors de la première déclaration, et au commencement de chaque année, on exige, d'ailleurs, le paiement de la licence. Lors de la première déclaration, on exige aussi le paiement d'une estampille.

ART. 5. — VOITURES EN SERVICE ACCIDENTEL.

53. A Paris, à Lyon, à Bordeaux et dans presque toutes les grandes villes, des entrepreneurs de déménagement et autres voituriers utilisent leurs véhicules pour transporter le public aux fêtes patronales, foires, assemblées, etc., qui ont lieu dans les environs. Il n'eût pas été juste que ces voitures demeurassent exemptes de tout impôt ; mais, d'un autre côté, on n'aurait pu équitablement les soumettre aux mêmes droits que les voitures ordinaires dites d'occasion ou à volonté. Le législateur a décidé qu'elles supporteront une taxe de 15 cent. par place et par jour (*L.* 20 *juill.* 1837, *art.* 11). Cette taxe est passible de deux décimes et demi.

54. Les voitures en service accidentel doivent être l'objet d'une déclaration spéciale chaque fois qu'il en est fait usage pour le transport de voyageurs. Elles ne sont point assujetties à la formalité de l'estampille ; elles ne donnent lieu non plus à la perception de la licence ; enfin aucune permission préalable de l'autorité administrative n'est prescrite pour leur mise en circulation.

La perception du droit de 15 centimes est basée sur la capacité des voitures et non sur le nombre des places réellement occupées.

La quittance des droits sert de laissez-passer. (*Même art.*)

55. Il ne peut y avoir des déclarations pour des voitures en service accidentel que dans les localités où il existe des entrepreneurs de voitures publiques. A défaut d'une semblable restriction, les véritables entrepreneurs de voitures publiques se seraient eux-mêmes affranchis du paiement des taxes que comporte leur exploitation. (*Même art.*)

ART. 6. — VOITURES D'EAU.

56. Les voitures d'eau sont toutes imposables comme voitures à service régulier ; toutes supportent un droit fixé, en principal, à 10 p. 100 du produit des places, plus 2 décimes et la taxe additionnelle de 10 p. 100. (*Voy.* §§ 11 et 12.)

Elles donnent lieu à l'apposition de l'estampille

et à la perception du même droit de licence (5 fr. en principal) que les voitures de terre à quatre roues. Leur mise en circulation doit être précédée d'une déclaration et de la délivrance d'un laissez-passer énonçant le nombre et le prix des places. (*L.* 25 *mars* 1817, *art.* 115, 116 *et* 117.)

57. Le droit, quant aux voitures d'eau, est assuré par les trois modes ci-après indiqués :

D'après le nombre des places que contiennent les voitures et d'après le prix déclaré pour le trajet entier, sous la déduction d'un tiers pour places vides ;

Par un abonnement basé sur les recettes présumées ;

Au vu des registres de l'entreprise, d'après les recettes effectives.

Ce dernier mode reçoit surtout son application quant aux bateaux à vapeur.

L'abonnement est facultatif de la part de la régie. (*L.* 25 *mars* 1817.)

58. Le produit du transport des marchandises chargées sur les voitures d'eau, n'est point passible de l'impôt. (*L.* 5 *vent. an XII, art.* 75 ; *Déc. de la régie.*)

59. Les voitures d'eau ne sont passibles de l'impôt qu'autant qu'elles mettent en communication immédiate au moins deux points établis, à l'intérieur, sur des fleuves, rivières ou canaux, par exemple Paris et Rouen, ou Rouen et le Havre. Lorsque venant de la mer elles arrivent directement à un point quelconque de l'intérieur, et *vice versa*, l'impôt n'est pas dû. De même, il n'y a pas ouverture à la perception de l'impôt lorsque, sans point intermédiaire d'arrêt, elles mettent simplement en communication, par l'eau, deux ports situés même au-dessus de l'embouchure des fleuves ou rivières, comme par exemple Rouen et Caen. La navigation est alors considérée comme exclusivement maritime et l'on applique le principe du *mare liberum.* (*Jurispr.*)

60. Les entrepreneurs de voitures d'eau doivent, comme les entrepreneurs de voitures de terre à service régulier, inscrire sur un registre spécial le nom de tous les voyageurs transportés ; leurs conducteurs doivent aussi être munis de feuilles de route. (*Voy. art.* 21 ; *L.* 14 *fruct. an XII ; L.* 25 *mars* 1817.)

ART. 7. — CHEMINS DE FER.

§ 1. — *Grande vitesse.*

61. Les voitures servant au transport des voyageurs sur les chemins de fer doivent être toutes déclarées à la régie ; chacune d'elles donne lieu à l'apposition d'une estampille (2 fr.), à la perception d'une licence (5 fr. en principal) et à la délivrance d'un laissez-passer. (*L.* 2 *juill.* 1838.)

62. Au point de vue spécial de la police, la mise en circulation de ces voitures est subordonnée à la vérification de délégués du Gouvernement. (*Cahier des charges de l'adjudication.*)

63. L'impôt, quant au transport des voyageurs, est basé sur les recettes effectives, et calculé d'après la proportion de 29/154 ou 18,83 p. 100 (*voy. le n°* 12). Toutefois le produit des prix et fractions de prix de moins de 50 centimes est exempté de la taxe additionnelle de 10 p. 100 et ne supporte ainsi que l'impôt ancien de 12/112.

Quand les compagnies n'établissent à cet égard aucune distinction dans leur comptabilité, il est

accordé sur le montant de l'impôt, calculé à raison de 29/154, une déduction de 2 centimes par place. (*L.* 14 *juill.* 1855 *et* 16 *sept.* 1871.)

64. Indépendamment du droit afférent au produit des places, les compagnies de chemins de fer doivent payer à l'État un droit égal sur le produit des marchandises transportées *à grande vitesse.* Ce droit est calculé comme la taxe sur le produit des places. (*Mêmes lois.*)

65. La constatation de l'impôt a lieu au siège principal des entreprises. Les compagnies sont tenues d'y réunir tous les éléments de leur comptabilité, et de communiquer au service de la régie tous les documents nécessaires pour établir le contrôle des bases de la perception des droits. Les droits sont exigibles de dix jours en dix jours. (*L.* 25 *mars* 1817 ; *L.* 1er *juill.* 1838 ; *L.* 14 *juill.* 1855.)

66. Pour tout ce qui se rattache à leur service de contrôle et de surveillance, les employés de la régie ont libre accès dans les gares et stations ainsi que sur les voies de fer. (*L.* 25 *mars* 1817 ; *Cahier des charges de l'adjudication.*)

§ 2. — *Petite vitesse.*

67. La loi du 21 mars 1874, qui atteint les transports en petite vitesse, est ainsi conçue :

Art. 4. Il est perçu au profit du trésor public une taxe de 5 p. 100 du prix payé aux compagnies de chemins de fer pour le transport, le chargement et le déchargement effectués par les compagnies, les frais de gare et de transmission entre deux réseaux des marchandises et objets de toute nature expédiés aux conditions des tarifs de la petite vitesse.

Les tarifs des compagnies peuvent être accrus du montant de cette taxe, qui n'est pas sujette aux décimes.

Toutes les autres expéditions faites par les compagnies de chemins de fer, aux conditions de tarifs autres que ceux de la petite vitesse, restent soumises aux dispositions des lois du 14 juillet 1855 et du 16 septembre 1871.

Art. 5. Le Gouvernement peut, par décret, suspendre temporairement la perception de cette taxe en ce qui concerne les céréales.

Art. 6. Seront exemptés de l'impôt de 5 p. 100 :

1° Le transport des marchandises en transit d'une frontière à l'autre ;

2° Le transport des marchandises expédiées directement à destination d'un pays étranger.

Un décret rendu dans la forme de règlement d'administration publique déterminera les conditions sous lesquelles les exemptions ci-dessus seront accordées.

68. Pour que l'immunité attachée au régime du *transit* soit acquise il faut : 1° qu'à la douane d'importation les marchandises donnent lieu à un acquit-à-caution ou à une permission de transit pour une destination hors de France ; 2° qu'elles soient transportées directement à l'étranger sans subir aucun emmagasinement à l'intérieur ou à la frontière, pas même dans les entrepôts des douanes.

Toutefois la condition de l'expédition directe n'est point exclusive des déchargements et rechargements inhérents au transport lui-même. (*Régl.* 22 *mai* 1874, *art.* 1er.)

69. L'exemption d'impôt relative aux expéditions faites de l'intérieur s'applique : 1° aux transports directs d'un lieu quelconque du territoire à destination d'un point situé à l'étranger ou dans les possessions françaises *hors d'Europe* ; 2° aux transports directs d'un point quelconque du territoire à un point de la frontière de terre ou à un port d'embarquement. (*Même Régl., art.* 1er.)

70. Dans le premier cas, l'exportation est justifiée par la déclaration de sortie que prescrivent les règlements de la douane, faute de quoi les compagnies de chemins de fer sont responsables de la taxe de 5 p. 100. (*Même Règl., art.* 2.)

71. Dans le deuxième cas, les déclarations que les expéditeurs ont à remettre aux compagnies doivent spécifier que les envois sont destinés à l'exportation, et les compagnies ne peuvent mettre les marchandises à la disposition du consignataire chargé de réaliser l'exportation qu'autant que, par une soumission en double, le consignataire a garanti la taxe à défaut d'exportation régulièrement justifiée. (*Même Règl., art.* 2.)

72. Ces soumissions doivent être souscrites sur des imprimés fournis par la régie. L'une est remise par le consignataire aux compagnies, et par celles-ci au service des contributions indirectes. L'autre reste aux mains du consignataire pour être, par le service des douanes, revêtue de certificats de sortie à mesure que l'exportation s'accomplit. Après apurement elle est échangée contre l'ampliation retenue par le service des contributions indirectes. (*Même Règl., art.* 2.)

73. Dans tous les cas où les transports qui intéressent le public sont assujettis à l'impôt, les transports effectués pour le compte de l'État y sont également soumis. (*Circ.* 10 *juin* 1874, *n°* 121.)

74. Des circonstances de force majeure pourraient seules retarder l'exportation des marchandises mises en mouvement par les compagnies à destination d'un point fixe situé à l'étranger. Le règlement n'édicte rien à cet égard. Il dispose, au contraire, que les marchandises expédiées en franchise de la taxe sur les points de sortie par terre, par eau ou par chemin de fer, doivent être exportées dans un délai de 10 jours si le passage à l'étranger doit s'effectuer par chemin de fer, par terre, par un canal ou une rivière, et de 30 jours si le transport doit être continué par mer. (*Art.* 3 *du Règl.*)

Des prolongations de délai peuvent être accordées. (*Circ. n°* 121.)]

75. Quand, dans le cours du transport, des marchandises expédiées en franchise sont arrêtées pour être livrées à l'intérieur, les compagnies de chemins de fer ne peuvent s'en dessaisir qu'au vu d'une quittance de la régie constatant le paiement de la taxe, faute de quoi elles sont personnellement responsables de l'impôt. (*Art.* 4 *du Règl.*)

76. Lorsque la taxe de 5 p. 100 devient exigible par voie de répétition, elle est calculée d'après le tarif applicable à l'intérieur. Les compagnies de chemins de fer doivent fournir à cet égard les éléments du décompte. (*Art.* 5 *du Règl.*)

77. Les compagnies de chemins de fer sont tenues de dresser des feuilles d'expédition distinctes pour les marchandises expédiées en franchise. Si elles ne récapitulent pas à des comptes particuliers, d'une part, les articles comprenant l'impôt, d'autre part, les articles exemptés de l'impôt, elles doivent les faire figurer dans des colonnes distinctes sur leur compte unique et inscrire, en regard de chaque article comportant l'impôt, le montant de la taxe. (*Art.* 7 *du Règl.*)

78. À l'égard des chargements qui passent d'une ligne à une autre, les compagnies déterminent l'impôt en bloc pour l'ensemble des parcours.

Elles ont, de plus, réglé que le montant total de l'impôt inscrit aux feuilles d'expédition apparaîtrait dans la comptabilité de la compagnie destinataire. (*Circ. n°* 121.)

79. Les vérifications du service des contributions indirectes, soit dans les gares, soit au siège des compagnies, peuvent s'étendre à toutes les opérations de comptabilité concernant les transports. Les compagnies sont tenues, pendant un délai de quatre mois, de conserver et de représenter les feuilles d'expédition qui se rapportent aux transports effectués en franchise ou avec perception de l'impôt. (*Art.* 8 *du Règl.*)

Le contrôle de la régie a lieu par épreuve. (*Circ. n°* 121.)

80. Il paraît utile de rappeler ici que l'impôt sur la petite vitesse, de même que l'impôt sur la grande vitesse, est perçu par addition aux tarifs, les compagnies percevant ainsi les taxes pour le compte du Trésor.

81. Dans les limites de son réseau particulier, chaque compagnie distincte accomplit en franchise de l'impôt tous les transports propres aux services de l'*exploitation*, du *matériel* de la *construction* et de l'*entretien*. Aucun autre transport n'est exempté de la taxe. (*Circ. n°* 121.)

82. L'impôt n'est pas applicable aux chemins de fer exclusivement *privés*.

Certaines entreprises industrielles exploitent des chemins de fer construits spécialement en vue de leur industrie (mines, carrières, fabriques). Quand ces entreprises transportent des marchandises qui leur sont confiées par le public, elles doivent la taxe; mais elles n'ont point à payer l'impôt relativement au transport des marchandises provenant de leurs mines, carrières ou fabriques. (*Déc. du Min. des finances janv.* 1877.)

CHAP. III. — DISPOSITIONS GÉNÉRALES.

83. Les employés des contributions indirectes sont autorisés à arrêter et à vérifier les voitures publiques aux entrées et sorties des villes ainsi qu'aux relais. Ils sont autorisés à les vérifier partout ailleurs s'il y a halte.

Les préposés d'octroi peuvent les arrêter et les vérifier aux entrées et sorties des villes.

À première réquisition, les conducteurs de voitures publiques doivent représenter aux employés de la régie et aux préposés d'octroi agissant dans les limites ci-dessus déterminées, le laissez-passer applicable à leur voiture, et de plus une feuille de route s'il s'agit d'un service régulier.

Cette disposition concerne les voitures publiques de toute espèce. (*D.* 1er *germ. an XIII; O.* 9 *déc.* 1814 ; *L.* 25 *mars* 1817.)

84. Toute voiture circulant sans estampille ou sans laissez-passer, ou avec un laissez-passer inapplicable est, par ce seul fait, saisissable. Tout excédant de voyageurs, tout refus, toute opposition en ce qui concerne les vérifications des employés, constitue une contravention punie de l'amende. Enfin s'il s'agit de voitures à service régulier, toute déclaration inexacte du prix des places, toute omission ou inexactitude, quant à l'inscription du port des paquets et marchandises, entraîne également l'application d'une amende. (*L.* 5 *vent. an XII; D.* 14 *fruct. an XII; L.* 25 *mars* 1817.)

L'amende est de 100 à 1,000 fr. En cas de récidive, elle est toujours de 500 fr. au moins. (*L. 25 mars 1817, art.* 122.)

85. Les procès-verbaux que les employés de la régie et les préposés d'octroi rapportent en matière fiscale, sont en outre valables au point de vue spécial de la police du roulage. Les contraventions que ces agents constatent, en dehors des conditions déterminées par la loi fiscale, ne peuvent être poursuivies qu'en matière de police.

Les procès-verbaux dressés en matière de voitures publiques par les autres agents qui sont appelés à constater les contraventions à la législation de police, ne peuvent recevoir aucune suite quant à l'impôt. (*Jurispr.*)

86. En matière de voitures publiques, les formes de la procédure sont les mêmes qu'en matière de boissons (*voy.* **Boissons**). Les agents qui constatent les contraventions sont admis au partage des amendes. (*D. 1er germ. an XIII; L.* 25 *mars* 1817.)   Charles Roucou.

BIBLIOGRAPHIE.

Loi du 30 mai 1851 sur la police et les messageries publiques, par Nadau de la Richabaudière. In-18. Paris, Blot. 1855.

Manuel des messageries, par Villerme du Nand aîné. In-18. Lons-le-Saulnier. Gaultier. 1856.

Des voituriers par terre, par eau et par chemin de fer, ou Traité théorique et pratique des transports, par Galopin. In-8o. Paris, Plon. 1866.

W

WARRANT. *Voy.* **Magasins généraux.**

Z

ZONE DES SERVITUDES MILITAIRES. *Voy.* **Servitudes défensives.**

ZONE FRONTIÈRE. *Voy.* **Travaux mixtes.**

TABLE ALPHABÉTIQUE DES MATIÈRES

On a indiqué dans la Table les articles suivis d'une bibliographie (Bibl.) ou d'une administration comparée (Ad. comp.).

TABLE ALPHABÉTIQUE DES AUTEURS.

Les articles mis à jour figurent en général deux fois : une fois sous le nom du premier auteur, la deuxième, *et entre parenthèses*, sous le nom de celui qui l'a mis à jour. Les articles non signés ou marqués seulement d'une initiale ne figurent naturellement pas ci-après, ils appartiennent soit à plusieurs auteurs qui les ont successivement modifiés ou retouchés, soit à la direction. Le nom du premier auteur n'a été supprimé que lorsqu'il n'est à peu près rien resté de sa rédaction.

MICHEL (PAUL), Chef de bureau au ministère des finances. — (Navigation intérieure).

MIRET, ancien Chef de bureau au ministère de l'agriculture et du commerce. — Boucherie. — Boulangerie.

MOREAU, Contrôleur en chef de la garantie de Paris. — Garantie.

MORGAND (LÉON), Chef de bureau au ministère de l'intérieur. — (Aliéné.) — (Arrondissement). — Conseil général. — Département. — Enfants assistés. — Lyon. — Récompenses nationales.

OZENNE, Conseiller d'État, Secrétaire général au ministère de l'agriculture et du commerce. — Cabotage. — Douanes. — Entrepôt. — Navigation maritime. — Pêche maritime. — Transit.

PARIEU (DE), Membre de l'Institut, ancien Ministre. — Patentes.

PARIEU (JOSEPH DE). — Indemnité en cas de guerre.

PAUL DES CILLEULS, Sous-directeur au ministère de l'instruction publique. — Instruction supérieure.

PERROT (STÉPHANE), Inspecteur des télégraphes. — (Passe-port.) — Télégraphie.

PORLIER, Directeur au ministère de l'agriculture et du commerce. — Concours d'animaux. — Domicile. — Garde champêtre. — Louveterie. — Sinistres (Secours en cas de).

READ, Chef de la section des cultes non catholiques au ministère des cultes. — Cultes non catholiques. — Paroisse (protestante).

RENAUD (A.), Secrétaire en chef de mairie. — (État civil).

REVERCHON, Conseiller à la Cour de cassation. — Conflit. — Expropriation pour cause d'utilité publique. — Mainmorte (droit de).

RICHELOT (HENRI), Chef de bureau au ministère de l'agriculture et du commerce. — Mont-de-piété. — Traité de commerce.

ROBERT (CHARLES), ancien Conseiller d'État. — Poudres et salpêtres. — (Voirie.)

ROUCOU (CH.), Chef de bureau au ministère des finances (contributions indirectes). — Allumettes chimiques. — Boissons. — Cartes à jouer. — Contributions indirectes. — Licence. — Savons. — Stéarine. — Vinage. — Vinaigre. — Voitures publiques.

ROYER-COLLARD, Professeur à la Faculté de droit de Paris. — Droit des gens.

ROZE (FERD.), Auditeur au Conseil d'État. — (Déserteur.) — Édifices diocésains. — Gendarmerie. — Justice militaire. — Servitudes défensives militaires. — Société à capital variable. — Société anonyme. — Travaux mixtes.

SMITH, ancien Chef de bureau au ministère de l'agriculture et du commerce. — Balayage. — Boues et immondices. — Bruits et tapages. — Cabaret. — Cadastre. — Centimes additionnels. — Chambres consultatives des arts et manufactures. — Chèques. — Chevaux. — Chiens. — Coalition. — Comité, Commission, Chambre, Conseil. — Comité consultatif des arts et manufactures. — Commerce. — Compagnonnage. — Conditionnement, etc. — Conseil de préfecture. — Conservatoire des arts et métiers. — Décret. — Droits civils et politiques. — École française d'Athènes, de Rome. — Enfants de troupe. — Enfants employés dans l'industrie. — Enquête. — Enseignement industriel et commercial. — État de paix. — Expositions. — Fonctionnaires. — Force publique. — Industrie. — Inondations. — *Journal officiel*. — Marais. — Marchés administratifs. — Mer. — Organisation communale. — Papier. — Péage. — Propriété industrielle. — Prud'hommes (Conseils de). — Responsabilité. — Transport de marchandises dangereuses. — Travaux publics.

TASSY, Conservateur des forêts, professeur à l'Institut agronomique. — Défrichement. — Dunes. — Forêts. — Reboisement. — Usage (Droits d').

TOURNEUX, Inspecteur général des chemins de fer. — Chemins de fer. — Chemins de fer d'intérêt local.

TRANCHANT (CH.), Conseiller d'État. — Circonscriptions. — Cloches. — Collège de France. — Conservatoire de musique. — Dimanche. — Dispense. — Enseignement administratif. — Honneurs. — Loterie. — Préséances. — Roulage (Police du). — Théâtres.

TRÉBUCHET (A.), ancien Chef de bureau à la préfecture de police. — Cimetière.

TRUCHE. — Seine.

VAINBERG (S.), Avocat. — Constitution.

VALLAT (LE VICOMTE DE), Ministre plénipotentiaire. — Consul. — Contrebande de guerre. — Droit de chancellerie. — Extradition. — Jeunes de langues. — Neutralité. — Piraterie. — Prises maritimes. — Reprises. — Traite des noirs.

VANNACQUE (A.), Sous-chef de bureau au ministère de l'agriculture et du commerce. — Caisse d'assurance. — (Chambres de commerce.) — Chambres syndicales.

VERGÉ (CH. P.), Auditeur au Conseil d'État. — Désuétude. — Excès de pouvoir.

VERPY (ALBERT), Sous-chef au ministère des finances. — Domaine. — (Enregistrement.) — Lais et relais de la mer.

VUATRIN, Professeur à la Faculté de droit de Paris. — Octroi.

YVERNÈS, Chef de bureau au ministère de la justice. — Casier judiciaire. — Commutation de peine. — Exécuteur des hautes œuvres. — Internationale. — Ivresse. — Liberté individuelle.

Nancy, imp. Berger-Levrault et Cie.